gestrichen Abx 9-2011

Otto Ernst Kempen
Ulrich Zachert (Hrsg.)

# Tarifvertragsgesetz

**4. Auflage**

Begründet von: Christian Hagemeier, Otto Ernst Kempen, Ulrich Zachert und Jan Zilius

Autorinnen und Autoren:
Otto Ernst Kempen
Axel Stein
Ulrike Wendeling-Schröder
Ulrich Zachert

Unter Mitarbeit von Eva Kocher

Redaktion Marcus Kieper

**Bund-Verlag**

Dem Andenken Hugo Sinzheimers gewidmet

Zitiervorschlag:
Kempen/Zachert/*BearbeiterIn*, Tarifvertragsgesetz, 4. Aufl. 2005, § 1 Rn. 1

**Bibliografische Information Der Deutschen Bibliothek**
Die Deutsche Bibliothek verzeichnet diese Publikation in der Deutschen Nationalbibliografie; detaillierte bibliografische Daten sind im Internet über http://dnb.ddb.de abrufbar.


Herstellung: Inga Tomalla, Frankfurt am Main
Umschlag: Neil McBeath, Stuttgart
Satz: Dörlemann Satz, Lemförde
Druck: Offizin Hildburghausen GmbH
Printed in Germany 2006
ISBN 3-7663-3543-X



**www.bund-verlag.de**

Kommentar für die Praxis

Kempen/Zachert (Hrsg.)

Tarifvertragsgesetz

Kommentar für die Praxis

# Vorwort zur vierten Auflage

Die vierte Auflage knüpft an der Grundkonzeption der Vorauflagen an, ist aber zugleich nicht nur eine Überarbeitung der letzten Auflage von 1997, sondern in weiten Teilen eine völlig neue Kommentierung.

Was zunächst die Kontinuitäten betrifft: Bei allen rechtlichen Erörterungen wurde wieder besonderer Wert darauf gelegt, das »Phänomen Tarifvertrag« auch in seiner Wirkung zu begreifen und vorzustellen. Die beiden Begründer des Arbeitsrechts, *Hugo Sinzheimer*, dem wir dieses Buch seit der Erstauflage widmen und sein väterlicher Freund *Philipp Lotmar*, hatten jeweils in ihren Lehrbüchern (Lotmar, »Der Arbeitsvertrag«, 1902/08 und Sinzheimer, »Der korporative Arbeitsnormenvertrag«, 1907/08) den rechtlichen Überlegungen einen umfassenden Teil über die Empirie des »Arbeitsvertrages« bzw. des »Tarifvertrages« vorangestellt. Wenn man den Tarifvertrag, dessen Krise und nahes Ende vielfach beschworen wird, von Nahem anschaut, zeigt sich, dass es sich bei allen ungelösten Problemen und offenen Fragen auch aktuell um ein sehr »vitales Instrument« handelt, das Entgelt, Arbeitszeit, Arbeitsbedingungen sowie Beschäftigung in umfassender Weise gestaltet und sichert. Damit kommt dem Tarifvertrag als zentralem Element sozialstaatlicher Demokratie eine staatsentlastende Funktion zu. Der Tarifvertrag ist Ausdruck autonomer, dezentraler, flexibler und damit »unbürokratischer« Regelung der Arbeitsbeziehungen. Dies war die Einschätzung von *Hugo Sinzheimer*, und ähnlich hat es das Bundesverfassungsgericht in mehreren Entscheidungen formuliert. Wir legen diese Sichtweise unseren rechtlichen Bewertungen nach wie vor »als roten Faden« zu Grunde.

Bereits bei der Kommentierung der dritten Auflage deutete sich an, dass die Bedeutung der Rechtsprechung bei der Auslegung der Tarifverträge, der Austarierung ihres (Wechsel-)verhältnisses zum staatlichen Recht, zur betrieblichen Mitbestimmung und zum Arbeitsvertrag sowie zur Definition der Freiräume der Tarifparteien zunehmen würde. Diese Tendenz hat sich fortgesetzt. Insgesamt ist die Grundrichtung der Entscheidungen dadurch gekennzeichnet, dass sich die Gerichte weitgehend zurückhalten, »in Wertungsfragen der Tarifpolitik einzudringen«, wie es das Bundesarbeitsgericht in der »Burda«-Entscheidung im Jahre 1999 formuliert hat. Wir haben ein besonderes Augenmerk darauf gelegt, die zahlreichen Urteile, die seit der dritten Auflage ergangen sind und die Resonanz, die sie im wissenschaftlichen Diskurs gefunden haben, sorgfältig zu dokumentieren.

*Otto Kahn-Freund* wird der Satz zugeschrieben, im Arbeitsrecht sei eine Woche bereits eine lange Zeit. Das gilt erst recht für den Bereich der Tarifpolitik und damit des Tarifrechts, das nun seit vielen Jahren im Brennpunkt der rechtspolitischen und rechtlichen Auseinandersetzung steht. Die Kontroverse um das Günstigkeitsprinzip und die Vorschläge gesetzlicher Öffnungsklauseln für »betriebliche Bündnisse zur Beschäftigung« sind Beleg dafür; Fragen wie die eines

gesetzlichen Mindestlohns, des Gewerkschaftsbegriffs bei abnehmender Tarifbindung, der Folgen von Umstrukturierungen von Unternehmen für die Tarifgeltung, kollektivrechtlicher Vereinbarungen auf europäischer Ebene usw. bestätigen dies. Wir haben uns bemüht, allen diesen neuen Entwicklungen in der Kommentierung Rechnung zu tragen.
Die Fülle und Komplexität des Stoffes lässt es sinnvoll erscheinen, im Team zu arbeiten. Die Herausgeber haben für die Neuauflage Ulrike Wendeling-Schröder und Axel Stein als Mitautorin und Mitautor gewonnen. Zusätzlich hat Eva Kocher die Kapitel zum europäischen und internationalen Tarifrecht übernommen. Dieses Team hat sich über ca. vier Jahre regelmäßig getroffen und wesentliche Teile des Konzeptes miteinander diskutiert. Wir hoffen, dass bei allen unterschiedlichen Akzentsetzungen in der Kommentierung die auf diese Weise erzielte Übereinstimmung in Grundsatzfragen deutlich wird.
Last, but not least, ist die kreative und zuverlässige Arbeit von Marcus Kieper hervorzuheben, der bereits die Vorauflage redaktionell betreute: sein Beitrag zur Fertigstellung des Manuskriptes und zur Anfertigung des Stichwortverzeichnisses usw. ging weit über »formale Hilfestellung« hinaus.
Wir hoffen, dass der Kommentar der Rechtsprechung eine Hilfe ist, die wissenschaftliche Debatte bereichert und der Praxis nutzt.

Otto Ernst Kempen
Ulrich Zachert
Axel Stein
Ulrike Wendeling-Schröder

## Vorwort zur dritten Auflage

Obwohl an der Grundkonzeption der Vorauflagen festgehalten wurde, musste die dritte Auflage grundlegend überarbeitet werden. Das hat vor allem drei Gründe. Zum einen ist in den vergangenen Jahren kaum ein Anderes arbeitsrechtliches Gebiet stärker in Bewegung geraten als Tarifpolitik und Tarifrecht. Dies geht so weit, dass auch gewachsene Strukturelemente des Tarifrechts in Frage gestellt werden. Hierzu gehört die Debatte um Inhalt und Umfang der Tarifautonomie vor dem Hintergrund ihrer verfassungsrechtlichen Verankerung, ihr Verhältnis zum staatlichen Recht und vor allem zur zweiten Ebene kollektiver Regelungen, der Betriebsvereinbarung sowie zum individuellen Arbeitsvertrag. So war es unter anderem erforderlich, noch umfassender auf die betriebliche Ebene in ihrer Interdependenz mit dem Tarifvertrag und die komplexe Frage der Zuordnung individueller und kollektiver Freiheiten einzugehen. Aktuelle Tendenzen einer nachlassenden Bindungsfähigkeit beider Tarifparteien werfen Probleme im Hinblick auf Tarifzuständigkeit, Tarifbindung und Kompetenzverteilung zwischen Verbands- und Firmentarifvertrag auf. Schließlich sind mit dem Umwandlungsgesetz ab 1. Januar 1995 noch weitere tarifrechtliche Probleme entstanden. Darüber hinaus hat die Tarifpolitik neue Felder erschlossen. Beispielhaft genannt seien die Tarifverträge zur Arbeitszeitverkürzung und Beschäftigungssicherung sowie Ansätze einer positiven Gestaltung von Teilzeitarbeit. Auch spricht trotz

mancher faktischer und rechtlicher Hindernisse viel dafür, dass das Internationale Tarifrecht weiter an Bedeutung gewinnen wird.
Zweitens – und mit allem zusammenhängend – hat die Tarifpolitik ein derart starkes Interesse des Arbeitsrechts auf sich gezogen, dass dieses Gebiet sehr viel nachhaltiger rechtlich geprägt wird als in den ersten Jahrzehnten seit Bestehen der Bundesrepublik. Die mittel- und langfristigen Folgen für die Spielräume der Tarifautonomie könnten durchaus ambivalent sein. Wie auch immer diese Entwicklung einzuschätzen ist, jedenfalls mussten zahlreiche neue Entscheidungen und wissenschaftliche Beiträge eingearbeitet werden.
Schließlich konnten Christian Hagemeier und Jan Zilius ihre Arbeit am Kommentar wegen verantwortungsvoller Aufgaben im unternehmerischen Bereich nicht fortführen. Ihre Kapitel wurden zwischen Otto Ernst Kempen und Ulrich Zachert aufgeteilt. Wir danken beiden herzlich für ihre Arbeit an den Vorauflagen, ebenso wie Marcus Kieper, der die redaktionelle Bearbeitung und die Erstellung der Register besorgte. Unser Dank gilt auch Rosemarie Lemke und Hildegard Metzner für die Betreuung des Manuskripts.
Rechtsprechung und Literatur sind bis Frühjahr, wichtige Entwicklungen bis Mitte August 1996 berücksichtigt.

Otto Ernst Kempen
Ulrich Zachert

## Vorwort zur zweiten Auflage

Die Ausführungen der ersten Auflage wurden in allen Bereichen überarbeitet. Neue tarifpolitische und rechtliche Aspekte, die sich in großem Umfang stellten, sind eingearbeitet. Wir hoffen, dass der Kommentar allen Interessierten weiterhin eine gute Hilfe ist, und sind dankbar für Hinweise und Kritik.

Christian Hagemeier 1990
Otto Ernst Kempen
Ulrich Zachert
Jan Zilius

## Vorwort zur ersten Auflage

In den vergangenen Jahren ist die Bedeutung der Tarifautonomie wegen vielschichtiger Änderungen der Arbeitswelt stark gewachsen. Eine solche Entwicklung dürfte auch in der Zukunft anhalten, denkt man beispielhaft nur an die mit der Einführung neuer Technologien und der Entwicklung neuer Medien verbundenen Probleme. Dies hat uns veranlasst, einen neuen Kommentar zum Tarifvertragsgesetz als der wichtigsten Rechtsgrundlage für alle Tarifverträge vorzulegen. Dabei kam es nicht nur darauf an, die vielfältige neue Rechtsprechung darzustellen und zu erläutern, sondern auch die umfangreiche wissenschaftliche

Literatur zu erarbeiten. Die Tarifvertragsparteien schließen neue Tarifverträge ab und entwickeln neue tarifpolitische Konzepte, um mit den immer rascheren Veränderungen in Technik, Wirtschaft und Gesellschaft Schritt zu halten. Der Kommentar ordnet diese Entwicklung unter tarifrechtlichen Aspekten ein und versucht, insoweit neue Anregungen zu geben. Dabei haben wir uns durchgehend von einem einheitlichen, verfassungsrechtlich fundierten Verständnis der Tarifautonomie leiten lassen: Die kollektive, demokratischen Regeln unterliegende Selbstbestimmung der abhängig arbeitenden Menschen durch Tarifverträge und der hierdurch erreichte soziale Schutz rechtfertigen die mit der Koalitionsfreiheit ermöglichte autonome Rechtsetzung unter dem Grundgesetz. Wir greifen damit die theoretischen Ansätze Hugo Sinzheimers auf, dessen Andenken der Kommentar gewidmet ist. Unsere Ausführungen verbinden arbeitsrechtliche Theorien mit eigenen Erfahrungen in Praxis und Lehre. Wenn dieses Buch Anregungen und Hilfe für Tarifvertragsparteien, Wirtschaft, Rechtsprechung und Lehre gibt, hat es seinen Zweck erfüllt.

Christian Hagemeier 1984
Otto Ernst Kempen
Ulrich Zachert
Jan Zilius

# Verzeichnis der Bearbeiterinnen und Bearbeiter

Der vorliegende Kommentar ist eine Gemeinschaftsarbeit. Dabei lag die spezielle Bearbeitung im Einzelnen bei:

| | | |
|---|---|---|
| Grundlagen | Rn. 1 – 23 | Zachert |
| | Rn. 24 – 292 | Kempen |
| | Rn. 293 – 302 | Zachert |
| | Rn. 303 – 315 | Kocher |
| | Rn. 316 – 357 | Wendeling-Schröder |
| | Rn. 358 – 417 | Zachert |
| § 1 | Rn. 1 – 96 | Zachert |
| | Rn. 97 – 228 | Stein |
| | Rn. 229 – 556 | Zachert |
| | Rn. 557 – 606 | Wendeling-Schröder |
| | Rn. 607 – 708 | Zachert |
| | Rn. 709 – 725 | Kocher |
| | Rn. 726 – 808 | Zachert |
| § 2 | Rn. 1 – 86 | Kempen |
| | Rn. 87 – 146 | Stein |
| | Rn. 147 – 185 | Wendeling-Schröder |
| § 3 | Rn. 1 – 142 | Kempen |
| | Rn. 143 – 237 | Stein |
| | Rn. 238 – 258 | Wendeling-Schröder |
| § 4 | Rn. 1 – 24 | Stein |
| | Rn. 25 – 97 | Kocher |
| | Rn. 98 – 149 | Stein |
| | Rn. 150 – 188 | Wendeling-Schröder |
| | Rn. 189 – 224 | Stein |
| | Rn. 225 – 246 | Kempen |
| | Rn. 247 – 338 | Zachert |
| | Rn. 339 – 393 | Stein |
| | Rn. 394 – 441 | Wendeling-Schröder |
| | Rn. 442 – 529 | Stein |
| | Rn. 530 – 575 | Kempen |
| § 5 | | Kempen |
| § 6 – § 11 | | Zachert |
| § 12 – 12a | | Stein |
| § 12b – § 13 | | Ohne Bearbeitung |

# Inhaltsverzeichnis

# Abkürzungsverzeichnis

| | |
|---|---|
| a. A. | anderer Auffassung |
| a. a. O. | am angegebenen Ort |
| a. E. | am Ende |
| a. F. | alte Fassung |
| a. M. | anderer Meinung |
| ABIEG | Amtsblatt der Europäischen Gemeinschaften |
| AbkoSozPol | Abkommen über die Sozialpolitik von Maastrich |
| ABM | Arbeitsbeschaffungsmaßnahme |
| ABM-Anordnung | Anordnung des Verwaltungsrats der Bundesanstalt für Arbeit über die Förderung von allgemeinen Maßnahmen zur Arbeitsbeschaffung |
| Abs. | Absatz |
| AC | Assessment Center |
| ACD | Automatic Call Distribution (automatische Anrufverteilung) |
| AcP | Archiv für die civilistische Praxis (Zeitschrift) |
| ADGB | Allgemeiner Deutscher Gewerkschaftsbund |
| AFG | Arbeitsförderungsgesetz |
| AfP | Archiv für Presserecht (Zeitschrift) |
| AFRG | Arbeitsförderungsreformgesetz |
| AG | Arbeitgeber; Aktiengesellschaft; Die Aktiengesellschaft (Zeitschrift); Amtsgericht |
| AGB | Allgemeine Geschäftsbedingungen |
| AGB-DDR | Arbeitsgesetzbuch der (ehemaligen) DDR |
| AGBG | Gesetz zur Regelung des Rechts der Allgemeinen Geschäftsbedingungen |
| AiB | Arbeitsrecht im Betrieb (Zeitschrift) |
| AK-GG | *Denninger u.a. (Hrsg.),* Kommentar zum Grundgesetz – Reihe Alternativkommentare, 3. Bde., Loseblatt, 3. Aufl., Stand 2002 |
| AktG | Aktiengesetz |
| AMBV | Arbeitsmittelbenutzungsverordnung |
| Amtl. Begr. | Amtliche Begründung |
| Amtsbl. | Amtsblatt |
| AN | Arbeitnehmer |
| ANBA | Amtliche Nachrichten der Bundesanstalt für Arbeit |
| ÄndG | Änderungsgesetz |
| Ang. | Angestellter |
| Anm. | Anmerkung(en) |
| AO | Abgabenordnung |

## Abkürzungsverzeichnis

| | |
|---|---|
| AOG | Gesetz zur Ordnung der nationalen Arbeit |
| AOGö | Gesetz zur Ordnung der nationalen Arbeit in öffentlichen Verwaltungen und Betrieben |
| AöR | Archiv für öffentliches Recht (Zeitschrift) |
| AP | Arbeitsrechtliche Praxis (Nachschlagewerk des Bundesarbeitsgerichts) |
| APFG | Ausbildungsplatzförderungsgesetz |
| AR | Aufsichtsrat |
| Arb. | Arbeiter |
| ArbBl. | Arbeitsblatt (1949; fortgesetzt als Bundesarbeitsblatt, BABl.) |
| ArbG | Arbeitsgericht |
| ArbGeb | Der Arbeitgeber (Zeitschrift) |
| ArbGG | Arbeitsgerichtsgesetz |
| ArbKrankhG | Gesetz zur Verbesserung der wirtschaftlichen Situation der Arbeiter im Krankheitsfall |
| AR-Blattei | Arbeitsrecht-Blattei (Zeitschrift) |
| ArbnErfG | Gesetz über Arbeitnehmererfindungen |
| ArbPlSchG | Gesetz über den Schutz des Arbeitsplatzes bei Einberufung zum Wehrdienst (Arbeitsplatzschutzgesetz) |
| ArbRGgw | Das Arbeitsrecht der Gegenwart (Zeitschrift) – seit 1999: JbArbR |
| ArbSchG | Arbeitsschutzgesetz |
| ArbZG | Arbeitszeitgesetz |
| ARD | Arbeitsgemeinschaft der öffentlich-rechtlichen Rundfunkanstalten der Bundesrepublik Deutschland |
| ARGE | Arbeitsgemeinschaften |
| ARS | Arbeitsrechtssammlung (vormals Bensheimer Sammlung der Reichsarbeitsgerichts-Entscheidungen im Arbeitsrecht) |
| ARSt. | Arbeitsrecht in Stichworten |
| Art. | Artikel |
| AT | außertariflich(e) |
| AT-Angestellte | außertarifliche Angestellte |
| ATG | Altersteilzeitgesetz |
| AuA | Arbeit und Arbeitsrecht (Zeitschrift) |
| Aufl. | Auflage |
| AUG | Gesetz zur Regelung der gewerbsmäßigen Arbeitnehmerüberlassung |
| AuR | Arbeit und Recht (Zeitschrift) |
| AVE | Allgemeinverbindlichkeiterklärung |
| AVG | Gesetz zur Verbesserung der betrieblichen Altersversorgung |
| AVV | Allgemeine Verwaltungsvorschriften |
| AWD | Außenwirtschaftsdienst des »Betriebs-Beraters« |
| Az. | Aktenzeichen |
| AZG | Arbeitszeitgesetz |
| AZO | Arbeitszeitordnung |
| | |
| BABl. | Bundesarbeitsblatt (vormals ArbBl.) |
| BAFin | Bundesanstalt für Finanzdienstleistungsaufsicht |
| BAG | Bundesarbeitsgericht |

| | |
|---|---|
| BAGE | Amtliche Sammlung der Entscheidungen des Bundesarbeitsgerichts |
| BAnz. | Bundesanzeiger |
| BAT | Bundesangestelltentarifvertrag |
| BAU | Bundesanstalt für Arbeitsschutz und Unfallforschung |
| BAVAV | Bundesanstalt für Arbeitsvermittlung und Arbeitslosenversicherung (heute: Bundesanstalt für Arbeit) |
| BB | Der Betriebs-Berater (Zeitschrift) |
| BBergG | Bundesberggesetz |
| BBG | Bundesbeamtengesetz |
| BBiG | Berufsbildungsgesetz |
| Bd. | Band |
| BDA | Bundesvereinigung der Deutschen Arbeitgeberverbände |
| Bde. | Bände |
| BDSG | Bundesdatenschutzgesetz |
| Bea. | Beamte(r) |
| BErzGG | Gesetz über die Gewährung von Erziehungsgeld und Erziehungsurlaub |
| BeschäftFG | Beschäftigungsförderungsgesetz 1985 |
| BetrAVG | Gesetz zur Verbesserung der betrieblichen Altersversorgung |
| BetrVerf-ReformG | Gesetz zur Reform des Betriebsverfassungsgesetzes |
| BetrVG 1952 | Betriebsverfassungsgesetz 1952 |
| BetrVG 1972 | Betriebsverfassungsgesetz 1972 |
| BEV | Bundeseisenbahnvermögen |
| BFH | Bundesfinanzhof |
| BFHE | Entscheidungen des Bundesfinanzhofs |
| BG | Die Berufsgenossenschaft (Zeitschrift) |
| BGB | Bürgerliches Gesetzbuch |
| BGBl. | Bundesgesetzblatt |
| BGH | Bundesgerichtshof |
| BGHSt. | Amtliche Sammlung der Entscheidungen des Bundesgerichtshofs in Strafsachen |
| BGHZ | Amtliche Sammlung der Entscheidungen des Bundesgerichtshofs in Zivilsachen |
| BGL | Betriebsgewerkschaftsleitung |
| BGV | Berufsgenossenschaftliche Vorschriften über Unfallverhütung |
| BK | Basiskommentar |
| BKK | Betriebskrankenkasse |
| BKV | Betriebskollektivvertrag |
| BLAH | *Baumbach/Lauterbach/Albers/Hartmann*, Zivilprozessordnung, 63. Aufl. 2005 |
| BlStSozArbR | Blätter für Steuerrecht, Sozialversicherung und Arbeitsrecht (Zeitschrift) |
| BMA, BMAS | Bundesminister für Arbeit und Sozialordnung |
| BMJ | Bundesminister der Justiz |
| BMWA | Bundesminister für Wirtschaft und Arbeit |
| BPersVG | Bundespersonalvertretungsgesetz |
| BPSU | *Berg/Platow/Schoof/Unterhinninghofen*, Tarifvertragsgesetz und Arbeitskampfrecht, Basiskommentar, 1. Aufl. 2005 |

| | |
|---|---|
| BPG | Bergmannsprämiengesetz |
| BR | Betriebsrat |
| BRAGO | Bundesgebührenordnung für Rechtsanwälte |
| BRD | Bundesrepublik Deutschland |
| BR-Drucks. | Bundesrats-Drucksache |
| BRG | Betriebsrätegesetz |
| brit. | Britisch |
| BRRG | Rahmengesetz zur Vereinheitlichung des Beamtenrechts |
| BRTV-Bau | Bundesrahmentarifvertrag für das Baugewerbe |
| BSchGO | Bühnenschiedsgerichtsordnung |
| BSG | Bundessozialgericht |
| BT | Bundestag |
| BT-Drucks. | Bundestags-Drucksache |
| BUrlG | Mindesturlaubsgesetz für Arbeitnehmer (Bundesurlaubsgesetz) |
| BUV | Betriebs- und Unternehmensverfassung (Zeitschrift) |
| BV | Betriebsvereinbarung |
| BVerfG | Bundesverfassungsgericht |
| BVerwG | Bundesverwaltungsgericht |
| BVG | Besonderes Verhandlungsgremium |
| BVW | Betriebliches Vorschlagswesen (Zeitschrift) |
| BWG | Bundeswahlgesetz |
| BZRG | Bundeszentralregistergesetz |
| bzw. | beziehungsweise |
| CAD | Computer Aided Design (Computergestützte Konstruktion) |
| CAM | Computer Aided Manufacturing (Computergestützte Fertigung) |
| CDU | Christlich Demokratische Union |
| CGB | Christlicher Gewerkschaftsbund |
| CGBCE | Christliche Gewerkschaft Bergbau, Chemie und Energie |
| CGHB | Christliche Gewerkschaft Holz und Bau |
| CR | Computer und Recht (Zeitschrift) |
| CSU | Christlich Soziale Union |
| d.h. | das heißt |
| DAF | Deutsche Arbeitsfront |
| DAG | Deutsche Angestelltengewerkschaft |
| DB | Der Betrieb (Zeitschrift) |
| DBAG | Deutsche Bahn AG |
| DBGrG | Gesetz über die Gründung einer Deutsche Bahn Aktiengesellschaft |
| DDR | Deutsche Demokratische Republik |
| ders. | derselbe |
| DGB | Deutscher Gewerkschaftsbund |
| dies. | dieselbe(n) |
| DIN | Deutsche Industrienorm |
| DJT | Deutscher Juristentag |
| DKK | *Däubler/Kittner/Klebe (Hrsg.)*, Betriebsverfassungsgesetz mit Wahlordnung, Kommentar, 9. Aufl. 2004 |

| | |
|---|---|
| DM | Deutsche Mark |
| DMV | Deutscher Metallarbeiterverband |
| DP | Deutsche Partei |
| DPG | Deutsche Postgewerkschaft |
| DRiG | Deutsches Richtergesetz |
| DRiZ | Deutsche Richterzeitung (Zeitschrift) |
| DRK | Deutsches Rotes Kreuz |
| DSB | Datenschutzberater (Zeitschrift) |
| DSWR | Datenverarbeitung in Steuer, Wirtschaft und Recht (Zeitschrift) |
| DuR | Demokratie und Recht (Zeitschrift) |
| DV | Datenverarbeitung |
| DVO | Durchführungsverordnung |
| DZWir | Deutsche Zeitschrift für Wirtschaftsrecht (Zeitschrift) |
| E | Sammlung der Entscheidungen des BVerfG oder des BVerwG |
| e.V. | eingetragener Verein |
| EASUG | Gesetz zur Umsetzung der EG-Rahmenrichtlinie Arbeitsschutz und weiterer Arbeitsschutzrichtlinien |
| ebd. | ebenda |
| EBR | Europäischer Betriebsrat |
| EBRG | Gesetz über Europäische Betriebsräte |
| ed. | editor (Hrsg.) |
| EDV | Elektronische Datenverarbeitung |
| EFZG | Entgeltfortzahlungsgesetz |
| EG | Europäische Gemeinschaft |
| EGBGB | Einführungsgesetz zum Bürgerlichen Gesetzbuch |
| EGMR | Europäischer Gerichtshof für Menschenrechte |
| EGStGB | Einführungsgesetz zum Strafgesetzbuch |
| EGV | Vertrag zur Gründung der Europäischen Gemeinschaft |
| EigÜbG | Eignungsübungsgesetz |
| Einf. | Einführung |
| Einl. | Einleitung |
| EMRK | Konvention zum Schutze der Menschenrechte und Grundfreiheiten (Europäische Menschenrechtskonvention) |
| ErfK/Bearbeiter | *Dieterich, Hanau, Schaub (Hrsg.),* Erfurter Kommentar zum Arbeitsrecht, 5. Aufl. 2004 |
| Erl. | Erläuterung(en) |
| ESt. | Einigungsstelle |
| EStG | Einkommensteuergesetz |
| EStR | Einkommensteuer-Richtlinien |
| EU | Europäische Union |
| EuGH | Europäischer Gerichtshof |
| EuGHE | Sammlung der Rechtsprechung des Gerichtshofs der Europäischen Gemeinschaft |
| EuGRZ | Europäische Grundrechte-Zeitschrift (Zeitschrift) |
| EuGVO | Europäisches Verordnung Nr. 44/2001/EG |
| EuroAS | Europäisches Arbeits- und Sozialrecht (Informationsdienst) |
| EuZW | Europäische Zeitschrift für Wirtschaftsrecht (Zeitschrift) |

| | |
|---|---|
| evtl. | eventuell |
| EVÜ | Europäisches Übereinkommen über das auf vertragliches Schuldverhältnisse anzuwendende Recht |
| EWG | Europäische Wirtschaftsgemeinschaft |
| EWiR | Entscheidungen zum Wirtschaftsrecht |
| EzA | Entscheidungssammlung zum Arbeitsrecht |
| f. | folgend(e) |
| F.D.P. | Freie Demokratische Partei |
| FA | Fachanwalt Arbeitsrecht (Zeitschrift) |
| FAZ | Frankfurter Allgemeine Zeitung (Zeitung) |
| FDGB | Freier Deutscher Gewerkschaftsbund |
| ff. | folgende |
| FlaggenrechtsG | Flaggenrechtsgesetz |
| Fn. | Fußnote(n) |
| FormVAnpG | Gesetz zur Anpassung der Formvorschriften des Privatrechts und anderer Vorschriften an den modernen Rechtsgeschäftsverkehr (Formvorschriftenanpassungsgesetz) |
| FR | Frankfurter Rundschau (Tageszeitung) |
| FS | Festschrift |
| G | Gesetz |
| GBl. | Gesetzblatt |
| GBR | Gesamtbetriebsrat |
| GbR | Gesellschaft bürgerlichen Rechts |
| GBV | Gesamtbetriebsvereinbarung |
| GdED | Gewerkschaft der Eisenbahner Deutschlands |
| GefahrstoffVO | Verordnung über gefährliche Stoffe (Gefahrstoffverordnung) |
| gem. | gemeinsam; gemäß |
| GEMA | Gesellschaft für musikalische Aufführungs- und mechanische Vervielfältigungsrechte |
| gemB | gemeinsamer Betrieb |
| GenG | Gesetz betreffend die Erwerbs- und Wirtschaftsgenossenschaften (Genossenschaftsgesetz) |
| GenTG | Gentechnikgesetz |
| GenTSV | Verordnung über die Sicherheitsstufen und Sicherheitsmaßnahmen bei gentechnischen Arbeiten in gentechnischen Anlagen |
| GesO | Gesamtvollstreckungsordnung |
| GEW | Gewerkschaft Erziehung und Wissenschaft |
| GewO | Gewerbeordnung |
| GG | Grundgesetz |
| ggf. | gegebenenfalls |
| GJAV | Gesamt-Jugend- und Auszubildendenvertretung |
| GJV | Gesamtjugendvertreter; Gesamtjugendvertretung |
| GleiBG | Gleichberechtigungsgesetz |
| GK | *Fabricius/Kraft/Wiese/Kreutz/Oetker,* Gemeinschaftskommentar zum Betriebsverfassungsgesetz, 2 Bde., 8. Aufl. 2005 |

| | |
|---|---|
| GK-AktG | *Hopt/Wiedemann (Hrsg.),* Großkommentar zum Aktiengesetz, 4. Aufl. seit 1996ff. |
| GK-ArbGG | *Ascheid/Bader/Dörner,* Gemeinschaftskommentar zum Arbeitsgerichtsgesetz, Loseblattsammlung, 1995 |
| GK-BUrlG | *Stahlhacke/Bachmann/Bleistein,* Gemeinschaftskommentar zum Bundesurlaubsgesetz, 5. Aufl. 1992 |
| GMPM-G | *Germelmann/Matthes/Müller-Glöge/Prütting,* Arbeitsgerichtsgesetz, 5. Aufl. 2004 |
| GmbH | Gesellschaft mit beschränkter Haftung |
| GmbHG | Gesetz betreffend die Gesellschaften mit beschränkter Haftung |
| GmbHR | GmbH-Rundschau (Zeitschrift) |
| GMH | Gewerkschaftliche Monatshefte (Zeitschrift) |
| GmS-OGB | Gemeinsamer Senat der obersten Gerichtshöfe des Bundes |
| Grundl. | Grundlagen |
| GS | Gedächtnisschrift; Großer Senat |
| GSG | Gerätesicherheitsgesetz |
| GUG | Gesetz über die Unterbrechung von Gesamtvollstreckungsverfahren |
| GUS | Gemeinschaft Unabhängiger Staaten (Teilrechtsnachfolger der UdSSR) |
| GVBl. | Gesetz- und Verordnungsblatt |
| GVG | Gerichtsverfassungsgesetz |
| GWB | Gesetz gegen Wettbewerbsbeschränkungen (Kartellgesetz) |
| | |
| h. L. | herrschende Lehre |
| HKZZ | *Hagemeier/Kempen/Zachert/Zilius,* Tarifvertragsgesetz, Kommentar, 2. Aufl. 1984 |
| h. M. | herrschende Meinung |
| HAG | Heimarbeitsgesetz |
| HandwO | Gesetz zur Ordnung des Handwerks (Handwerksordnung) |
| HB | Handelsblatt (Tageszeitung) |
| HBG | Handelsgesetzbuch |
| HBV | Gewerkschaft Handel, Banken und Versicherung |
| HdA | Humanisierung des Arbeitslebens |
| HGB | Handelsgesetzbuch |
| Hrsg., hrsg. | Herausgeber; herausgegeben |
| HwO | Gesetz zur Ordnung des Handwerks (Handwerksordnung) |
| | |
| i. B. | in Bezug |
| i. d. F. | in der Fassung |
| i. d. R. | in der Regel |
| i.H.v. | in Höhe von |
| i.S.d. | im Sinne des(r) |
| i.S.v. | im Sinne von |
| i. V. m. | in Verbindung mit |
| IAO | Internationale Arbeitsorganisation |
| IEC | Internationale Elektronische Kommission |
| IG | Industriegewerkschaft |
| IG BE | Industriegewerkschaft Bergbau und Energie |

| | |
|---|---|
| ILO | International Labour Organization |
| insb. | insbesondere |
| InsO | Insolvenzordnung |
| IPR | Internationales Privatrecht |
| ISO | International Standard Organization |
| IT | Informationstechnik |
| IW | Institut der deutschen Wirtschaft (Köln) |
| JA | Juristische Arbeitsblätter (Zeitschrift) |
| JArbSchG | Gesetz zum Schutz der arbeitenden Jugend (Jugendarbeitsschutzgesetz) |
| JAV | Jugend- und Auszubildendenvertretung |
| JA-Versammlung | Jugend- und Auszubildendenversammlung |
| JAVG | Gesetz zur Bildung von Jugend- und Auszubildendenvertretungen in den Betrieben |
| JbArbR | Jahrbuch des Arbeitsrechts (Zeitschrift) – bis 1998: ArbRGgw |
| JöR | Jahrbuch des öffentlichen Rechts der Gegenwart (Zeitschrift) |
| JR | Juristische Rundschau (Zeitschrift) |
| JuS | Juristische Schulung (Zeitschrift) |
| JV | Jugendvertreter; Jugendvertretung |
| JVA | Justizvollzugsanstalt |
| JW | Juristische Wochenschrift (Zeitschrift) |
| JWG | Jugendwohlfahrtsgesetz |
| JZ | Juristenzeitung (Zeitschrift) |
| Kap. | Kapitel |
| Kapovaz | Kapazitätsorientierte variable Arbeitszeit |
| KBR | Konzernbetriebsrat |
| KG | Kammergericht; Kommanditgesellschaft |
| KGaA | Kommanditgesellschaft auf Aktien |
| KJ | Kritische Justiz (Zeitschrift) |
| KJAV | Konzern-Jugend- und Auszubildendenvertretung |
| KO | Konkursordnung |
| KontrR | Kontrollrat |
| KR | *Becker/Etzel/Fischermeier/Friedrich/Lipke/Pfeiffer/Rost/Spilger/Weigand/Wolff*, Gemeinschaftskommentar zum Kündigungsschutzgesetz und sonstigen kündigungsschutzrechtlichen Vorschriften, 7. Aufl. 2004 |
| KreisG | Kreisgericht |
| KRG | Kontrollratsgesetz |
| krit. | kritisch(e/r) |
| KritV | Kritische Vierteljahresschrift für Gesetzgebung und Rechtswissenschaft (Zeitschrift) |
| KSchG | Kündigungsschutzgesetz |
| KSPW | Kommission für die Erforschung des sozialen und politischen Wandels in den neuen Bundesländern e.V. |
| KTS | Konkurs-, Treuhand- und Schiedsgerichtswesen (Zeitschrift) |
| KUG | Kunsturhebergesetz |

| | |
|---|---|
| LAA | Landesarbeitsamt |
| LAG | Landesarbeitsgericht |
| LAGE | Sammlung der Entscheidungen der Landesarbeitsgerichte |
| LFZG | Gesetz über die Fortzahlung des Arbeitsentgelts im Krankheitsfalle (Lohnfortzahlungsgesetz) |
| LFZG | Gesetz über die Fortzahlung des Arbeitsentgeltes im Krankheitsfalle (Lohnfortzahlungsgesetz) |
| LG | Landgericht |
| lit. | Iitera (lat., Buchstabe) |
| LPG | Landwirtschaftliche Produktionsgenossenschaft |
| LPVG NRW | Landespersonalvertretungsgesetz Nordrhein-Westfalen |
| LRTV | Lohnrahmentarifvertrag |
| Ls. | Leitsatz |
| LSG | Landessozialgericht |
| LStR | Lohnsteuerrichtlinien |
| LugÜ | Lugano-Übereinkommen vom 16. September 1988 |
| | |
| m. E. | meines Erachtens |
| m.N. | mit Nachweisen |
| m.w.N. | mit weiteren Nachweisen |
| m.W.v. | mit Wirkung vom |
| MantelG | Mantelgesetz |
| MDR | Monatsschrift für Deutsches Recht (Zeitschrift) |
| MfS | Ministerium für Staatssicherheit der ehemaligen DDR |
| Min. | Minister(ium) |
| MindArbBG | Gesetz über die Festsetzung von Mindestarbeitsbedingungen |
| Mio. | Million(en) |
| MitbErgG | Gesetz zur Ergänzung des Gesetzes über die Mitbestimmung der Arbeitnehmer in den Aufsichtsräten und Vorständen der Unternehmen des Bergbaus und der Eisen und Stahl erzeugenden Industrie (Mitbestimmungsergänzungsgesetz) |
| Mitbest. | Die Mitbestimmung (Zeitschrift) |
| MitbestG | Gesetz über die Mitbestimmung der Arbeitnehmer (Mitbestimmungsgesetz) |
| MitbGespr | Das Mitbestimmungsgespräch (Zeitschrift) |
| MontanMitbG | Gesetz über die Mitbestimmung der Arbeitnehmer in den Aufsichtsräten und Vorständen der Unternehmen des Bergbaus und der Eisen und Stahl erzeugenden Industrie |
| Mrd. | Milliarde(n) |
| Ms. | Manuskript |
| MTB | Manteltarifvertrag für Arbeiter des Bundes |
| MTM | Methods of Time Measurement (Verfahren vorbestimmter Zeiten) |
| MTV | Manteltarifvertrag |
| MünchArbR/ Bearbeiter | *Richardi/Wlotzke (Hrsg.)*, Münchener Handbuch zum Arbeitsrecht, Bd. 1 (Individualarbeitsrecht I), Bd. 3 (Kollektives Arbeitsrecht), beide 2. Aufl. 2000 |

| | |
|---|---|
| MünchKomm/ Bearbeiter | *Rebmann/Säcker (Hrsg.)*, Münchener Kommentar zum Bürgerlichen Gesetzbuch, 4. Aufl. 2000ff. |
| MuSchG | Gesetz zum Schutz der erwerbstätigen Mutter (Mutterschutzgesetz) |
| | |
| n. rkr. | nicht rechtskräftig |
| n.F | neue Fassung |
| N.F. | Neue Folge |
| NachweisG | Nachweisgesetz |
| NATO | Nordatlantikpakt |
| Nds. | Niedersachsen |
| NGG | Gewerkschaft Nahrung-Genuß-Gaststätten |
| NJW | Neue Juristische Wochenschrift (Zeitschrift) |
| NJW-RR | Neue Juristische Wochenschrift-Rechtsprechungsreport |
| Nr. | Nummer |
| Nrn. | Nummern |
| NRW | Nordrhein-Westfalen |
| NZA | Neue Zeitschrift für Arbeits- und Sozialrecht (Zeitschrift) |
| NZA-RR | NZA, Rechtsprechungsreport |
| NZG | Neue Zeitschrift für Gesellschaftsrecht (Zeitschrift) |
| | |
| o. | oben |
| o. A. | ohne Autor/Angabe(n) |
| o.J. | ohne Jahr |
| OHG | Offene Handelsgesellschaft |
| OLG | Oberlandesgericht |
| OT | ohne Tarif |
| ÖTV | Gewerkschaft öffentlicher Dienst, Transport und Verkehr |
| OVG | Oberverwaltungsgericht |
| OWiG | Gesetz über Ordnungswidrigkeiten |
| | |
| ParteiG | Gesetz über die politischen Parteien |
| PC | Personalcomputer |
| PersR | Der Personalrat (Zeitschrift) |
| PersV | Die Personalvertretung (Zeitschrift) |
| PersVG | Personalvertretungsgesetz |
| PGH | Produktionsgenossenschaft des Handwerks |
| PostPersRG | Postpersonalrechtsgesetz |
| PR | Personalrat |
| Prot. | Protokoll |
| PSA-BV | Verordnung über Sicherheit und Gesundheitsschutz bei der Benutzung persönlicher Schutzausrüstungen bei der Arbeit |
| PTNeuOG | Postneuordnungsgesetz |
| | |
| RabelsZ | Zeitschrift für ausländisches und internationales Privatrecht (von Ernst Rabel begründete Zeitschrift) |
| RABl. | Reichsarbeitsblatt |
| RAG | Reichsarbeitsgericht |
| RdA | Recht der Arbeit (Zeitschrift) |
| RDV | Recht der Datenverarbeitung (Zeitschrift) |

| | |
|---|---|
| Refa | Verband für Arbeitsstudien (früher: Reichsausschuss für Arbeitsstudien) |
| RefE | Referentenentwurf |
| RegE | Regierungsentwurf |
| RFFU | Rundfunk-Fernseh-Film-Union |
| RG | Reichsgericht |
| RGBl. | Reichsgesetzblatt |
| RGSt. | Amtliche Sammlung der Entscheidungen des Reichsgerichts in Strafsachen |
| RGZ | Sammlung der Entscheidungen des Reichsgerichts in Zivilsachen |
| RiA | Das Recht im Amt (Zeitschrift) |
| RIW | Recht der internationalen Wirtschaft (Zeitschrift) |
| rkr. | rechtskräftig |
| RKV | Rahmenkollektivvertrag |
| RL | Richtlinie |
| Rn. | Randnummer(n) |
| RRG | Rentenreformgesetz |
| Rspr. | Rechtsprechung |
| RVO | Reichsversicherungsordnung |
| | |
| S. | Seite |
| s. | siehe |
| s.o. | siehe oben |
| s.u. | siehe unten |
| SAE | Sammlung arbeitsrechtlicher Entscheidungen (Zeitschrift) |
| SBG | Soldatenbeteiligungsgesetz |
| SchlVO | Verordnung über das Schlichtungswesen vom 30. Oktober 1923 |
| SchwbG | Schwerbehindertengesetz |
| SeemG | Seemanngesetz |
| SG | Sozialgericht |
| SGB | Sozialgesetzbuch |
| SKWPG | Gesetz zur Umsetzung des Spar-, Konsolidierungs und Wachstumsprogramms |
| SoldG | Gesetz über die Rechtsstellung der Soldaten |
| SozplKonkG | Gesetz über den Sozialplan im Konkurs- und Vergleichsverfahren |
| SozSich | Soziale Sicherheit (Zeitschrift) |
| SpA | Sprecherausschuss der leitenden Angestellten |
| SpA-WO | Sprecherausschuss-Wahlordnung |
| SPD | Sozialdemokratische Partei Deutschlands |
| SprAuG | Gesetz über Sprecherausschüsse der leitenden Angestellten (Sprecherausschussgesetz) |
| SpTrUG | Gesetz über die Spaltung der von der Treuhandanstalt verwalteten Unternehmen |
| StA | Staatsanwalt, Staatsanwaltschaft |
| StabG | Gesetz zur Förderung der Stabilität und des Wachstums der Wirtschaft (Stabilitätsgesetz) |
| ständ. | ständig(e) |

| | |
|---|---|
| StGB | Strafgesetzbuch |
| StPO | Strafprozessordnung |
| str. | Streitig |
| StrlSchVO | Strahlenschutz-Verordnung |
| StUG | Stasi-Unterlagen-Gesetz |
| StVollzG | Strafvollzugsgesetz |
| StVZO | Straßenverkehrs-Zulassungsordnung |
| SZ | Süddeutsche Zeitung (Zeitung) |
| TAZ | Die Tageszeitung (Zeitung) |
| TDSV | Telekommunikations-Datenschutzverordnung |
| TGL | Technische Gütebezeichnung und Lieferbedingungen |
| TK | Taschenkommentar |
| TKG | Telekommunikationsgesetz |
| TOA | Tarifordnung A für Gefolgschaftsmitglieder (Angestellte) im öffentlichen Dienst |
| TQM | Total Quality Management |
| TV | Tarifvertrag; Tarifvereinbarung |
| TVG | Tarifvertragsgesetz |
| TVG-DVO | Durchführungsverordnung zum Tarifvertragsgesetz |
| TVVO | Tarifvertragsverordnung vom 23. Dezember 1918 |
| TzBfG | Teilzeit- und Befristungsgesetz |
| u. | unten; unter; und |
| u.a. | und andere; unter anderem |
| u.ä. | und ähnliche(s) |
| u.ä.m. | und ähnliches mehr |
| u.U. | unter Umständen |
| UFITA | Archiv für Urheber-, Film-, Funk- und Theaterrecht (Zeitschrift) |
| ULA | Union der Leitenden Angestellten |
| UmwBerG | Umwandlungsbereinigungsgesetz |
| UmwG | Umwandlungsgesetz |
| UN | Unternehmen; Unternehmer |
| UrhG | Urheberrechtsgesetz |
| UrlG | Urlaubsgesetz |
| usw. | und so weiter |
| uv. | unveröffentlicht |
| UVV | Unfallverhütungsvorschrift |
| UWG | Gesetz gegen den unlauteren Wettbewerb |
| v. | von; vom |
| v.H. | vom Hundert |
| VA | Verwaltungsakt |
| VAG | Gesetz über die Beaufsichtigung der Versicherungsunternehmer |
| VBL | Versorgungsanstalt des Bundes und der Länder |
| VDE | Verband Deutscher Elektrotechniker |
| VDI | Verband Deutscher Ingenieure |
| VEB | Volkseigener Betrieb |

| | |
|---|---|
| ver.di | Vereinige Dienstleistungsgewerkschaft ver.di |
| Verf | Verfassung |
| VerfG | Verfassungsgericht |
| VerglO | Vergleichsordnung |
| VermBG | Gesetz zur Förderung der Vermögensbildung der Arbeitnehmer |
| VermBG | Vermögensbildungsgesetzes |
| VermG | Gesetz zur Regelung offener Vermögensfragen |
| VersR | Versicherungsrecht (Zeitschrift) |
| VG | Verwaltungsgericht |
| VG WORT | Verwertungsgesellschaft WORT |
| VGH | Verwaltungsgerichtshof |
| vgl. | vergleiche |
| VglO | Vergleichsordnung |
| VIZ | Zeitschrift für Vermögens- und Investitionsrecht (Zeitschrift) |
| VO | Verordnung |
| Voraufl. | *Kempen/Zachert,* Tarifvertragsgesetz, Kommentar, 3. Aufl. 1997 |
| Vorbem. | Vorbemerkung(en) |
| VVaG | Versicherungsverein auf Gegenseitigkeit |
| VVDStRL | Veröffentlichungen der Vereinigung der Deutschen Staatsrechtslehrer (Zeitschrift) |
| VwGO | Verwaltungsgerichtsordnung |
| VwV | Verwaltungsvorschrift |
| VwVfG | Verwaltungsverfahrensgesetz |
| WA | Wirtschaftsausschuss |
| Wi | Wirtschaftsrat |
| WiB | Wirtschaftliche Beratung (Zeitschrift) |
| Wi-Drucks. | Drucksache des Wirtschaftsrates |
| WiGBl. | Gesetzblatt der Verwaltung des Vereinigten Wirtschaftsgebietes |
| Wi-Mitt. | Mitteilungen der Verwaltung des Vereinigten Wirtschaftsgebietes |
| WissR | Wissenschaftsrecht |
| WO | Erste Verordnung zur Durchführung des Betriebsverfassungsgesetzes (Wahlordnung 1972) |
| WOPersVG | Wahlordnung zum Personalvertretungsgesetz |
| WOS | Zweite Verordnung zur Durchführung des Betriebsverfassungsgesetzes (Wahlordnung Seeschiffahrt) |
| WP | Wirtschaftsprüfer-Handbuch |
| WRP | Wettbewerb in Recht und Praxis (Zeitschrift) |
| WRV | Weimarer Reichsverfassung |
| WSI | Wirtschafts- und Sozialwissenschaftliches Institut des DGB in der Hans-BöcklerStiftung |
| WSI-Mitt. | WSI-Mitteilungen (Zeitschrift des Wirtschafts- und Sozialwissenschaftlichen Instituts des DGB in der Hans-Böckler-Stiftung) |
| WV | Wahlvorstand |

| | |
|---|---|
| WWI-Mitt. | WWI-Mitteilungen (Zeitschrift des Wirtschaftswissenschaftlichen Instituts des DGB) |
| Z | Sammlung der Entscheidungen des BGH in Zivilsachen |
| z. B. | zum Beispiel |
| z. T. | zum Teil |
| z. Z. | zur Zeit |
| ZA-NATO-Truppenstatut | Zusatzabkommen zum Nato-Truppenstatut |
| ZAS | Zeitschrift für Arbeitsrecht und Sozialrecht (Zeitschrift) |
| ZBR | Zeitschrift für Beamtenrecht (Zeitschrift) |
| ZBVR | Zeitschrift für Betriebsverfassungsrecht (Zeitschrift) |
| ZDF | Zweites Deutsches Fernsehen |
| ZDG | Zivildienstgesetz |
| ZDVG | Zivildienstvertrauensmann-Gesetz |
| ZfA | Zeitschrift für Arbeitsrecht (Zeitschrift) |
| ZfPR | Zeitschrift für Personalvertretungsrecht (Zeitschrift) |
| ZfRSoz. | Zeitschrift für Rechtssoziologie (Zeitschrift) |
| ZGR | Zeitschrift für Unternehmens- und Gesellschaftsrecht (Zeitschrift) |
| ZgStW | Zeitschrift für die gesamte Staatsrechtswissenschaft |
| ZHI | Verzeichnis von Sicherheitsregeln u. a., Schriften für Arbeitssicherheit und Arbeitsmedizin, Hauptverband der gewerblichen Berufsgenossenschaften |
| ZHR | Zeitschrift für das gesamte Handelsrecht und Wirtschaftsrecht (Zeitschrift) |
| ZIAS | Zeitschrift für ausländisches und internationales Arbeits- und Sozialrecht (Zeitschrift) |
| Ziff. | Ziffer(n) |
| ZInsO | Zeitschrift für das gesamte Insolvenzrecht |
| ZIP | Zeitschrift für Wirtschaftsrecht und Insolvenzpraxis (Zeitschrift) |
| zit. | zitiert |
| ZMR | Zeitschrift für Miet- und Raumrecht (Zeitschrift) |
| ZPO | Zivilprozessordnung |
| ZRP | Zeitschrift für Rechtspolitik (Zeitschrift) |
| ZSEG | Gesetz über die Entschädigung von Zeugen und Sachverständigen |
| ZTR | Zeitschrift für Tarifrecht (Zeitschrift) |
| ZVersWiss. | Zeitschrift für die gesamte Versicherungswissenschaft (Zeitschrift) |

# Literaturverzeichnis

*Ascheid/Bader/Dörner,* Gemeinschaftskommentar zum Arbeitsgerichtsgesetz, Loseblattsammlung, 1995 *(zit.: GK-ArbGG);*

*Baumbach/Lauterbach/Albers/Hartmann,* Zivilprozessordnung, 63. Aufl. 2005 *(zit.: BLAH);*

*Becker/Etzel/Fischermeier/Friedrich/Lipke/Pfeiffer/Rost/Spilger/Weigand/Wolff,* Gemeinschaftskommentar zum Kündigungsschutzgesetz und sonstigen kündigungsschutzrechtlichen Vorschriften, 7. Aufl. 2004 *(zit.:* KR-*Bearbeiter);*

*Berg/Platow/Schoof/Unterhinninghofen,* Tarifvertragsgesetz und Arbeitskampfrecht, Basiskommentar, 2005 *(zit.: BPSU);*

*Brox/Rüthers,* Arbeitskampfrecht, 2. Aufl. 1982;

*Buschmann/Ulber,* Arbeitszeitgesetz, 4. Aufl. 2004;

*Däubler (Hrsg.),* Arbeitskampfrecht, 2. Aufl. 1987;

*Däubler,* Das Arbeitsrecht, Bd. I, 15. Aufl. 1998;

*Däubler,* Das Arbeitsrecht, Bd. II, 11. Aufl. 1998;

*Däubler,* Das Grundrecht auf Mitbestimmung, 3. Aufl. 1975;

*Däubler,* Tarifvertragsrecht, 3. Aufl. 1993;

*Däubler (Hrsg.),* Kommentar zum Tarifvertragsgesetz, 2003 *(zit.:* Däubler/*Bearbeiter);*

*Däubler/Hege,* Koalitionsfreiheit – ein Kommentar, 1976;

*Däubler/Kittner/Klebe (Hrsg.),* Betriebsverfassungsgesetz mit Wahlordnung, Kommentar, 9. Aufl. 2004 *(zit.:* DKK-*Bearbeiter);*

*Denninger u.a. (Hrsg.),* Kommentar zum Grundgesetz – Reihe Alternativkommentare, 3. Bde., Loseblattsammlung, 3. Aufl., Stand 2002 *(zit.:* AK-GG-*Bearbeiter);*

*Dieterich, Hanau, Schaub (Hrsg.),* Erfurter Kommentar zum Arbeitsrecht, 5. Aufl. 2004 *(zit.:* ErfK/*Bearbeiter);*

*Dietz/Richardi,* Betriebsverfassungsgesetz, Kommentar, 9. Aufl. 2004;

*Fabricius/Kraft/Wiese/Kreutz/Oetker,* Gemeinschaftskommentar zum Betriebsverfassungsgesetz, 2 Bde., 8. Aufl. 2005 *(zit.:* GK-*Bearbeiter);*

*Fitting/Engels/Schmidt/Trebinger/Linsenmaier* (bearbeitet von Auffarth), Betriebsverfassungsgesetz, Handkommentar, 22. Aufl. 2004 *(zit.: Fitting);*

*Fitting/Wlotzke/Wissmann,* Mitbestimmungsgesetz, Kommentar, 2. Aufl. 1978;

*Gamillscheg,* Arbeitsrecht, Bd. I, 8. Aufl. 2000;

*Gamillscheg,* Arbeitsrecht, Bd. II, 6. Aufl. 1984;

*Gamillscheg,* Kollektives Arbeitsrecht, Bd. I, 1997;

*Germelmann/Matthes/Müller-Glöge/Prütting,* Arbeitsgerichtsgesetz, 5. Aufl. 2004 *(zit.: GMPM-G);*
*Grunsky,* Arbeitsgerichtsgesetz, 7. Aufl. 1995;

*Hagemeier/Kempen/Zachert/Zilius,* Tarifvertragsgesetz, Kommentar, 2. Aufl. 1984 *(zit.: HKZZ);*
*Hopt/Wiedemann (Hrsg.),* Großkommentar zum Aktiengesetz, 4. Aufl. seit 1996ff. *(zit.:* GK-AktG-*Bearbeiter);*
*Hueck/Nipperdey/Stahlhacke,* Tarifvertragsgesetz, 4. Aufl. 1964;
*Hueck/Nipperdey,* Lehrbuch des Arbeitsrechts, Bd. I, 7. Aufl. 1963, Bd. II, 7. Aufl. 1967/1970;

*Kehrmann/Pelikan,* Lohnfortzahlungsgesetz, 2. Aufl. 1973;
*Kempen/Zachert,* Tarifvertragsgesetz, Kommentar, 3. Aufl. 1997 *(zit.: Voraufl.);*
*Kissel,* Arbeitskampfrecht, München, 2002;
*Kittner,* Arbeits- und Sozialordnung, 30. Aufl. 2005;
*Kittner/Köstler/Zachert,* Aufsichtsratspraxis, 7. Aufl. 2002;
*Kittner/Zwanziger,* Arbeitsrecht, Handbuch für die Praxis, 3. Aufl. 2005 *(zit.:* Kittner/Zwanziger/*Bearbeiter);*

*Larenz/Canaris,* Methodenlehre der Rechtswissenschaft, 3. Aufl. 1999;
*Leibholz/Rinck/Hesselberger,* Grundgesetz für die Bundesrepublik Deutschland, Kommentar anhand der Rechtsprechung des Bundesverfassungsgerichts, Loseblattsammlung, 7. Aufl. 1993;
*Leibholz/Rupprecht,* Bundesverfassungsgerichtsgesetz, 1971;
*Löwisch/Rieble,* Tarifvertragsgesetz, 2. Aufl. 2004;

*Mangoldt/Klein/Starck,* Das Bonner Grundgesetz, 5. Aufl. 2005;
*Maunz/Schmidt-Bleibtreu/Klein/Ulsamer,* Kommentar zum Bundesverfassungsgerichtsgesetz, Loseblattsammlung 1979;
*Maunz/Dürig,* Grundgesetz-Kommentar, Loseblattsammlung, Stand Dezember 2004
*v. Münch/Kunig,* Grundgesetz-Kommentar, 5. Aufl. 2000ff.;

*Neumann/Fenski,* Kommentar zum Bundesurlaubsgesetz, 9. Aufl. 2003;
*Nikisch,* Arbeitsrecht, Bd. I, 3. Aufl. 1961, Bd. II, 2. Aufl. 1959, Bd. III, 1966;

*Palandt,* BGB-Kommentar, 65. Aufl. 2005 *(zit.:* Palandt/*Bearbeiter);*

*Rebmann/Säcker (Hrsg.),* Münchener Kommentar zum Bürgerlichen Gesetzbuch, 4. Aufl. 2000ff. *(zit.:* MünchKomm/*Bearbeiter);*
*Reichel/Ansey,* Tarifvertragsrecht, Loseblattsammlung;
*Richardi/Wlotzke (Hrsg.),* Münchener Handbuch zum Arbeitsrecht, Bd. 1 (Individualarbeitsrecht I), Bd. 3 (Kollektives Arbeitsrecht), beide 2. Aufl. 2000 *(zit.:* MünchArbR/*Bearbeiter);*

*Sachs,* Grundgesetz, Kommentar, 3. Aufl. 2003;
*Säcker/Oetker,* Grundlagen und Grenzen der Tarifautonomie, 1992;
*Schaub,* Arbeitsrechts-Handbuch, 11. Aufl. 2004;
*Söllner/Waltermann,* Grundriss des Arbeitsrechts, 13. Aufl. 2003;

*Soergel/Siebert*, BGB-Kommentar, 13. Aufl. 1999ff., erscheint seit 1987 *(zit.:* Soergel/*Bearbeiter);*
*Stahlhacke/Bachmann/Bleistein,* Gemeinschaftskommentar zum Bundesurlaubsgesetz, 5. Aufl. 1992 *(zit.: GK*-BUrlG);
*Stein, A.*, Tarifvertragsrecht, Lehrbuch, 1997;

*Wiedemann,* Tarifvertragsgesetz, 6. Aufl. 1999 *(zit.:* Wiedemann/*Bearbeiter);*
*Wiedemann/Stumpf,* Tarifvertragsgesetz, 5. Aufl., 1977;

*Zöllner/Loritz,* Arbeitsrecht, 5. Aufl. 1998.

# Tarifvertragsgesetz (TVG)

vom 9. April 1949 (WiGBl. 1949, 55, 68)
in der Fassung vom 25. August 1969 (BGBl. I, 1323), zuletzt geändert durch Art. 175 Abs. 5 vom 25. November 2003 (BGBl. I, 2304).

Das TVG vom 9. April 1949 (WiGBl., 55) wurde geändert durch das Gesetz zur Änderung des Tarifvertragsgesetzes vom 11. Januar 1952 (BGBl. I, 19) und neu gefasst am 25. August 1969 (BGBl. I, 1323) aufgrund des Ersten Arbeitsrechtsbereinigungsgesetzes vom 14. August 1969 (BGBl. I, 1106). Hinsichtlich seines Geltungsbereiches wurde es erweitert durch das Gesetz über die Erstreckung des Tarifvertragsgesetzes vom 23. April 1953 (BGBl. I, 156) und durch das Gesetz zur Einführung von Bundesrecht auf den Gebieten der Arbeitsbedingungen und des Familienlastenausgleichs im Saarland vom 30. Juni 1959 (BGBl. I, 361). In West-Berlin wurde es durch das Gesetz vom 16. Januar 1975 (GVBl., 193, 196) übernommen.

**Übersicht**



## § 1 Inhalt und Form des Tarifvertrags

(1) Der Tarifvertrag regelt die Rechte und Pflichten der Tarifvertragsparteien und enthält Rechtsnormen, die den Inhalt, den Abschluss und die Beendigung von Arbeitsverhältnissen sowie betriebliche und betriebsverfassungsrechtliche Fragen ordnen können.
(2) Tarifverträge bedürfen der Schriftform.

## § 2 Tarifvertragsparteien

(1) Tarifvertragsparteien sind Gewerkschaften, einzelne Arbeitgeber sowie Vereinigungen von Arbeitgebern.
(2) Zusammenschlüsse von Gewerkschaften und von Vereinigungen von Arbeitgebern (Spitzenorganisationen) können im Namen der ihnen angeschlossenen Verbände Tarifverträge abschließen, wenn sie eine entsprechende Vollmacht haben.
(3) Spitzenorganisationen können selbst Parteien eines Tarifvertrags sein, wenn der Abschluss von Tarifverträgen zu ihren satzungsgemäßen Aufgaben gehört.
(4) In den Fällen der Absätze 2 und 3 haften sowohl die Spitzenorganisationen wie die ihnen angeschlossenen Verbände für die Erfüllung der gegenseitigen Verpflichtungen der Tarifvertragsparteien.

## § 3 Tarifgebundenheit

(1) Tarifgebunden sind die Mitglieder der Tarifvertragsparteien und der Arbeitgeber, der selbst Partei des Tarifvertrags ist.
(2) Rechtsnormen des Tarifvertrags über betriebliche und betriebsverfassungsrechtliche Fragen gelten für alle Betriebe, deren Arbeitgeber tarifgebunden ist.
(3) Die Tarifgebundenheit bleibt bestehen, bis der Tarifvertrag endet.

## § 4 Wirkung der Rechtsnormen

(1) Die Rechtsnormen des Tarifvertrags, die den Inhalt, den Abschluss oder die Beendigung von Arbeitsverhältnissen ordnen, gelten unmittelbar und zwingend zwischen den beiderseits Tarifgebundenen, die unter den Geltungsbereich des Tarifvertrags fallen. Diese Vorschrift gilt entsprechend für Rechtsnormen des Tarifvertrags über betriebliche und betriebsverfassungsrechtliche Fragen.
(2) Sind im Tarifvertrag gemeinsame Einrichtungen der Tarifvertragsparteien vorgesehen und geregelt (Lohnausgleichskassen, Urlaubskassen usw.), so gelten diese Regelungen auch unmittelbar und zwingend für die Satzung dieser Einrichtung und das Verhältnis der Einrichtung zu den tarifgebundenen Arbeitgebern und Arbeitnehmern.
(3) Abweichende Abmachungen sind nur zulässig, soweit sie durch den Tarifvertrag gestattet sind oder eine Änderung der Regelungen zugunsten des Arbeitnehmers enthalten.
(4) Ein Verzicht auf entstandene tarifliche Rechte ist nur in einem von den Tarifvertragsparteien gebilligten Vergleich zulässig. Die Verwirkung von tariflichen Rechten ist ausgeschlossen. Ausschlussfristen für die Geltendmachung tariflicher Rechte können nur im Tarifvertrag vereinbart werden.
(5) Nach Ablauf des Tarifvertrags gelten seine Rechtsnormen weiter, bis sie durch eine andere Abmachung ersetzt werden.

## § 5 Allgemeinverbindlichkeit

(1) Das Bundesministerium für Wirtschaft und Arbeit kann einen Tarifvertrag im Einvernehmen mit einem aus je drei Vertretern der Spitzenorganisationen der Arbeitgeber und der Arbeitnehmer bestehenden Ausschuss auf Antrag einer Tarifvertragspartei für allgemeinverbindlich erklären, wenn
1. die tarifgebundenen Arbeitgeber nicht weniger als 50 vom Hundert der unter den Geltungsbereich des Tarifvertrags fallenden Arbeitnehmer beschäftigen und

2. die Allgemeinverbindlicherklärung im öffentlichen Interesse geboten erscheint.
Von den Voraussetzungen der Nummern 1 und 2 kann abgesehen werden, wenn die Allgemeinverbindlicherklärung zur Behebung eines sozialen Notstands erforderlich erscheint.

(2) Vor der Entscheidung über den Antrag ist Arbeitgebern und Arbeitnehmern, die von der Allgemeinverbindlicherklärung betroffen werden würden, den am Ausgang des Verfahrens interessierten Gewerkschaften und Vereinigungen der Arbeitgeber sowie den obersten Arbeitsbehörden der Länder, auf deren Bereich sich der Tarifvertrag erstreckt, Gelegenheit zur schriftlichen Stellungnahme sowie zur Äußerung in einer mündlichen und öffentlichen Verhandlung zu geben.

(3) Erhebt die oberste Arbeitsbehörde eines beteiligten Landes Einspruch gegen die beantragte Allgemeinverbindlicherklärung, so kann das Bundesministerium für Wirtschaft und Arbeit dem Antrag nur mit Zustimmung der Bundesregierung stattgeben.

(4) Mit der Allgemeinverbindlicherklärung erfassen die Rechtsnormen des Tarifvertrags in seinem Geltungsbereich auch die bisher nicht tarifgebundenen Arbeitgeber und Arbeitnehmer.

(5) Das Bundesministerium für Wirtschaft und Arbeit kann die Allgemeinverbindlicherklärung eines Tarifvertrags im Einvernehmen mit dem in Absatz 1 genannten Ausschuss aufheben, wenn die Aufhebung im öffentlichen Interesse geboten erscheint. Die Absätze 2 und 3 gelten entsprechend. Im Übrigen endet die Allgemeinverbindlichkeit eines Tarifvertrags mit dessen Ablauf.

(6) Das Bundesministerium für Wirtschaft und Arbeit kann der obersten Arbeitsbehörde eines Landes für einzelne Fälle das Recht zur Allgemeinverbindlicherklärung sowie zur Aufhebung der Allgemeinverbindlichkeit übertragen.

(7) Die Allgemeinverbindlicherklärung und die Aufhebung der Allgemeinverbindlichkeit bedürfen der öffentlichen Bekanntmachung.

## § 6 Tarifregister

Bei dem Bundesministerium für Wirtschaft und Arbeit wird ein Tarifregister geführt, in das der Abschluss, die Änderung und die Aufhebung der Tarifverträge sowie der Beginn und die Beendigung der Allgemeinverbindlichkeit eingetragen werden.

## § 7 Übersendungs- und Mitteilungspflicht

(1) Die Tarifvertragsparteien sind verpflichtet, dem Bundesministerium für Wirtschaft und Arbeit innerhalb eines Monats nach Abschluss kostenfrei die Urschrift oder eine beglaubigte Abschrift sowie zwei weitere Abschriften eines jeden Tarifvertrags und seiner Änderungen zu übersenden; sie haben ihm das Außerkrafttreten eines jeden Tarifvertrags innerhalb eines Monats mitzuteilen. Sie sind ferner verpflichtet, den obersten Arbeitsbehörden der Länder, auf deren Bereich sich der Tarifvertrag erstreckt, innerhalb eines Monats nach Abschluss kostenfrei je drei Abschriften des Tarifvertrags und seiner Änderungen zu übersenden und auch das Außerkrafttreten des Tarifvertrags innerhalb eines Monats mitzuteilen. Erfüllt eine Tarifvertragspartei die Verpflichtungen, so werden die übrigen Tarifvertragsparteien davon befreit.

(2) Ordnungswidrig handelt, wer vorsätzlich oder fahrlässig entgegen Absatz 1 einer Übersendungs- oder Mitteilungspflicht nicht, unrichtig, nicht vollständig oder nicht rechtzeitig genügt. Die Ordnungswidrigkeit kann mit einer Geldbuße geahndet werden.

(3) Verwaltungsbehörde im Sinne des § 36 Abs. 1 Nr. 1 des Gesetzes über Ordnungswidrigkeiten ist die Behörde, der gegenüber die Pflicht nach Absatz 1 zu erfüllen ist.

## § 8 Bekanntgabe des Tarifvertrags

Die Arbeitgeber sind verpflichtet, die für ihren Betrieb maßgebenden Tarifverträge an geeigneter Stelle im Betrieb auszulegen.

## § 9 Feststellung der Rechtswirksamkeit

Rechtskräftige Entscheidungen der Gerichte für Arbeitssachen, die in Rechtsstreitigkeiten zwischen Tarifvertragsparteien aus dem Tarifvertrag oder über das Bestehen oder Nichtbestehen des Tarifvertrags ergangen sind, sind in Rechtsstreitigkeiten zwischen tarifgebundenen Parteien sowie zwischen diesen und Dritten für die Gerichte und Schiedsgerichte bindend.

## § 10 Tarifvertrag und Tarifordnungen

(1) Mit dem Inkrafttreten eines Tarifvertrags treten Tarifordnungen und Anordnungen auf Grund der Verordnung über die Lohngestaltung vom 25. Juni 1938 (Reichsgesetzblatt I, 691) und ihrer Durchführungsverordnung vom 23. April 1941 (Reichsgesetzblatt I, 222), die für den Geltungsbereich des Tarifvertrags oder Teile desselben erlassen worden sind, außer Kraft, mit Ausnahme solcher Bestimmungen, die durch den Tarifvertrag nicht geregelt worden sind.
(2) Das Bundesministerium für Wirtschaft und Arbeit kann Tarifordnungen und die in Absatz 1 bezeichneten Anordnungen aufheben; die Aufhebung bedarf der öffentlichen Bekanntmachung.

## § 11 Durchführungsbestimmungen

Das Bundesministerium für Wirtschaft und Arbeit kann unter Mitwirkung der Spitzenorganisationen der Arbeitgeber und der Arbeitnehmer die zur Durchführung des Gesetzes erforderlichen Verordnungen erlassen, insbesonders über

1. die Errichtung und die Führung des Tarifregisters und des Tarifarchivs;
2. das Verfahren bei der Allgemeinverbindlicherklärung von Tarifverträgen und der Aufhebung von Tarifordnungen und Anordnungen, die öffentlichen Bekanntmachungen bei der Antragstellung, der Erklärung und Beendigung der Allgemeinverbindlichkeit und der Aufhebung von Tarifordnungen und Anordnungen sowie die hierdurch entstehenden Kosten;
3. den in § 5 genannten Ausschuss.

## § 12 Spitzenorganisationen

Spitzenorganisationen im Sinne dieses Gesetzes sind – unbeschadet der Regelung in § 2 – diejenigen Zusammenschlüsse von Gewerkschaften oder von Arbeitgebervereinigungen, die für die Vertretung der Arbeitnehmer- oder der Arbeitgeberinteressen im Arbeitsleben des Bundesgebiets wesentliche Bedeutung haben. Ihnen stehen gleich Gewerkschaften und Arbeitgebervereinigungen, die keinem solchen Zusammenschluss angehören, wenn sie die Voraussetzungen des letzten Halbsatzes in Satz 1 erfüllen.

## § 12a Arbeitnehmerähnliche Personen

(1) Die Vorschriften dieses Gesetzes gelten entsprechend

1. für Personen, die wirtschaftlich abhängig und vergleichbar einem Arbeitnehmer sozial schutzbedürftig sind (arbeitnehmerähnliche Personen), wenn sie auf Grund von Dienst- oder Werkverträgen für andere Personen tätig sind, die geschuldeten Leistungen persönlich und im wesentlichen ohne Mitarbeit von Arbeitnehmern erbringen und
   a) überwiegend für eine Person tätig sind oder
   b) ihnen von einer Person im Durchschnitt mehr als die Hälfte des Entgelts zusteht, das ihnen für ihre Erwerbstätigkeit insgesamt zusteht; ist dies nicht voraussehbar, so sind für die Berechnung, soweit im Tarifvertrag nichts Anderes vereinbart ist, jeweils die letzten sechs Monate, bei kürzerer Dauer der Tätigkeit dieser Zeitraum, maßgebend,
2. für die in Nummer 1 genannten Personen, für die die arbeitnehmerähnlichen Personen tätig sind, sowie für die zwischen ihnen und den arbeitnehmerähnlichen Personen durch Dienst- oder Werkverträge begründeten Rechtsverhältnisse.

(2) Mehrere Personen, für die arbeitnehmerähnliche Personen tätig sind, gelten als eine Person, wenn diese mehreren Personen nach der Art eines Konzerns (§ 18 des Aktiengesetzes) zusammengefasst sind oder zu einer zwischen ihnen bestehenden Organisationsgemeinschaft oder nicht nur vorübergehenden Arbeitsgemeinschaft gehören.

(3) Die Absätze 1 und 2 finden auf Personen, die künstlerische, schriftstellerische oder journalistische Leistungen erbringen, sowie auf Personen, die an der Erbringung, insbesondere der technischen Gestaltung solcher Leistungen unmittelbar mitwirken, auch dann Anwendung, wenn ihnen abweichend von Absatz 1 Nr. 1 Buchstabe b erster Halbsatz von einer Person im Durchschnitt mindestens ein Drittel des Entgelts zusteht, das ihnen für ihre Erwerbstätigkeit insgesamt zusteht.

(4) Die Vorschrift findet keine Anwendung auf Handelsvertreter im Sinne des § 84 des Handelsgesetzbuchs.

## § 12b Berlin-Klausel

Dieses Gesetz gilt auch im Land Berlin, sofern es im Land Berlin in Kraft gesetzt wird. Rechtsverordnungen, die auf Grund dieses Gesetzes erlassen worden sind oder erlassen werden, gelten im Land Berlin nach § 14 des Dritten Überleitungsgesetzes vom 4. Januar 1952 (Bundesgesetzblatt I, 1).

## § 13 Inkrafttreten

(1) Dieses Gesetz tritt mit seiner Verkündung in Kraft.

(2) Tarifverträge, die vor dem Inkrafttreten dieses Gesetzes abgeschlossen sind, unterliegen diesem Gesetz.

# Grundlagen

**Gesamtübersicht:** Rn.

## Literaturübersicht:

*Abendroth*, Zum Begriff des demokratischen und sozialen Rechtsstaates im Grundgesetz der Bundesrepublik Deutschland (1954), in: Kempen (Hrsg.), Sozialstaatsprinzip und Wirtschaftsordnung, 1976, 70; *Ananiadis*, Die Auslegung von Tarifverträgen, Ein Beitrag zur Auslegungstypologie zwischen Vertrag und

Gesetz, Schriften zum Sozial- und Arbeitsrecht, Bd. 17, 1974; *Andritzky*, Beschäftigungsförderungsgesetz 1985: Eine Zwischenbilanz, NZA 1986, 385; *Anschütz*, Die Verfassung des Deutschen Reiches vor dem 11. August 1919, 14. Aufl., 1933; *Badura*, Arbeit als Beruf, FS Herschel, 1982, 21; *ders.*, Arbeitsgesetzbuch, Koalitionsfreiheit und Tarifautonomie, RdA 1974, 129 *ders.*, Das Recht der Koalitionen – Verfassungsrechtliche Fragestellungen, ArbRGgw 15 (1978), 17; *ders.*, Tarifautonomie im Spannungsfeld von Gemeinwohlerfordernissen und kollektiver Interessenwahrung, AöR 104 (1979), 246; *Bahl*, Lohnverhandlungssystem der Weimarer Republik – Von der Schlichtungsverordnung zum Ruhreisenstreit: Verbandsautonomie oder staatliche Verbandsgarantie?, GMH 1978, 397; *Beck*, Rationalisierungsschutz, Grenzen der Tarifmacht, AuR 1981, 333, 367; *Becker, F.*, Unterschiedliche Vergütung leistungsverhinderter Arbeitnehmer und verfassungsrechtliches Gleichbehandlungsgebot, DB 1987, 167; *Becker, M.*, Arbeitsvertrag und Arbeitsverhältnis in Deutschland, 1995; *ders.*, Arbeitsvertrag und Arbeitsverhältnis während der Weimarer Republik und in der Zeit des Nationalsozialismus, 2005; *Beier*, Der Demonstrations- und Generalstreik vom 12. November 1948, 1975; *Bengelsdorf*, Beschluss des Großen Senats des BAG zum Weiterbeschäftigungsanspruch – Unzulässiger richterlicher Rechtsetzungsakt, DB 1986, 168 und 222; *Berg*, Rechtliche Probleme der tarifpolitischen Einflussnahme der Gewerkschaften auf Rationalisierungsprozesse am Beispiel tarifvertraglicher Besetzungsregelungen, 1980; *Berg/Wendeling-Schröder/Wolter*, Die Zulässigkeit tarifvertraglicher Besetzungsregelungen, RdA 1980, 299; Berghäuser, Koalitionsfreiheit als demokratisches Grundrecht, 1980; *Bertelsmann*, Lohngleichheit – Die Entscheidungen des BAG zu Arbeitsmarktzulagen, AiB 1983, 29; *Beuthien*, Unternehmerische Mitbestimmung kraft Tarif- oder Betriebsautonomie?, ZfA 1983, 141; *Bichler*, Nochmals: Zur Zulässigkeit von Betriebsvereinbarungen über Arbeitsbedingungen für AT-Angestellte, DB 1979, 1939; *Biedenkopf*, Grenzen der Tarifautonomie, 1964; *Birk*, Koalitionsfreiheit und Tarifautonomie im Bereich der Kirchen und ihrer Einrichtungen, AuR 1979, Sonderheft, 9; *Blanke/Erd/Mückenberger/Stascheit*, Kollektives Arbeitsrecht, Bd. 1, 1975; *Blomeyer*, Besitzstandswahrung durch Tarifvertrag, ZfA 1980, I; *Böckenförde*, Grundrechtstheorie und Grundrechtsinterpretation, NJW 1974, 1529; *Borwasser*, Zur Zulässigkeit von Betriebsvereinbarungen über materielle Arbeitsbedingungen in nichttarifgebundenen Betrieben, insbesondere in Mischbetrieben, DB 1975, 2275; *Braun*, Der Tarifvertrag und die deutschen Gewerkschaften, 1908; *Brüggemeier*, Entwicklung des Rechts im organisierten Kapitalismus, Bd. 1, 1977; *Buchner*, Der Abbau arbeitsvertraglicher Ansprüche durch Betriebsvereinbarung im System der Mitbestimmung in sozialen Angelegenheiten (§ 87 BetrVG), DB 1983, 877; *ders.*, Auslegung des Tarifvertrages, AR-Blattei D Tarifvertrag IX; *ders.*, Möglichkeiten und Grenzen betriebsnaher Tarifpolitik, DB 1970, 2025 (Teil II); *ders.*, Befristete Arbeitsverhältnisse mit wissenschaftlichem Personal an Hochschulen und Forschungseinrichtungen, RdA 1985, 2581; *ders.*, Arbeitszeitregelungen im Spannungsfeld zwischen Tarifvertrag und Betriebsvereinbarung, NZA 1986, 377; *ders.*, Rechtswirksamkeit der tarifvertraglichen Regelung über die Flexibilisierung der Arbeitszeit in der Metallindustrie, DB 1985, 913; *Burkhardt*, Ein Kampf ums Menschenrecht, in: Hauptvorstand der IG Druck und Papier (Hrsg.), 1974; *Bulla, G. A.*, Soziale Selbstverantwortung der Sozialpartner als Rechtsprinzip, FS Nipperdey, Bd. II, 1965, 79; *Canaris*, Tarifdispositive Normen und richterliche Rechtsfortbildung, GS Dietz, 199; *Castells*, Das Informationszeitalter, Teil 1: Der Aufstieg der Netzwerkgesellschaft, 2001; *Coester*, Vorrangprinzip des Tarifvertrages, 1973; *Col-*

*neric*, Leichtlohngruppen und Gleichbehandlungsgebot, AiB 1986, 40; *dies.*, Europäischer Gerichtshof zu Leichtlohngruppen, AiB 1986, 200; *Conze*, Zur Zulässigkeit von Betriebsvereinbarungen für AT-Angestellte über materielle Arbeitsbedingungen, DB 1978, 490; *Däubler*, Arbeitsbedingungen und Recht in der Bundesrepublik, GS Kahn-Freund, 1980, 49; *ders.*, Gewerkschaftsrechte im Betrieb, 1978; *ders.*, Lohngleichheit von Mann und Frau als Rechtsproblem, AuR 1981, 193; *Däubler/Mayer-Maly*, Negative Koalitionsfreiheit?, 1971, 26; *ders.*, Perspektiven des Arbeitskampfrechts, AuR 1982, 361; *Dammann*, Tarifvertrag und Arbeitskampf, Rechtliche Rahmenbedingungen aktiver Lohnpolitik, 1977; *Dieterich*, Flexibilisiertes Tarifrecht und Grundgesetz, RdA 2002, 1; *ders.* Tarifautonomie und Bundesverfassungsgericht, AuR 2001, 390; *Dietz*, Die Koalitionsfreiheit, in: Bettermann/Nipperdey/Scheuner, Die Grundrechte, Bd. III/1, 1958, 417; *Döring/Kempen* (Hrsg.), Sozialistengesetz, Arbeiterbewegung und Demokratie, 1979; *Dreschers*, Die Entwicklung des Rechts des Tarifvertrags in Deutschland, 1994; *Dürig*, Der Grundrechtssatz von der Menschenwürde, AöR 81 (1956), 117; *Dütz*, Das arbeitsrechtliche Verhältnis der Kirchen zu ihren Beschäftigten, AuR 1979, Sonderheft, 2; *ders.*, Koalitionsautonome Regelung der Arbeits- und Wirtschaftsbedingungen, JA 1987, 105; *ders.*, Subjektive Umstände bei der Auslegung kollektiv-vertraglicher Normen, FS Molitor, München 1988, 63; *Enders*, Sozialstattlichkeit im Spannungsfeld von Eigenverantwortung und Fürsorge, VVDStRL 64 (2005); *Engelhardt*, »Nur vereinigt sind wir stark«, Die Anfänge der deutschen Gewerkschaftsbewegung, Bd. 1 und 2, 1977; *ders.*, Gewerkschaftliches Organisationsverhalten in der ersten Industrialisierungsphase, in: Conze/Engelhardt (Hrsg.), Arbeiter im Industrialisierungsprozess, 1979, 372; *Esser*, Vorverständnis und Methodenwahl in der Rechtsfindung, 1972; Fabricius, Buchbesprechung, RdA 1973, 125; *Feldmann*, Die freien Gewerkschaften und die Zentralarbeitsgemeinschaft 1918–1924, FS Böckler, 1975, 229; *Fraenkel*, Der Ruhreisenstreik 1928–1929 in historisch-politischer Sicht, FS Brüning, 1967, 97; *Feldmann/Steinisch*, Industrie und Gewerkschaften 1918–1924: Die überforderte Zentralarbeitsgemeinschaft, 1985; *Frerichs/Möller/Ulber*, Leiharbeit und betriebliche Interessenvertretung, 1981; *Friauf*, Die verfassungsrechtlichen Vorgaben einer gesetzlichen oder tariflichen Arbeitskampfordnung, RdA 1986, 188; *Friedhofen/Weber*, Rechtsprobleme des befristeten Arbeitsvertrages nach Art. 1 § 1 des Beschäftigungsförderungsgesetzes 1985, NZA 1985, 730; *v. Friesen*, Die Rechtsstellung des Betriebsrats gegenüber nichtleitenden AT-Angestellten, DB 1980, Beilage 1; *Fuchs*, Tarifautonomie, in: Benda (Hrsg.), Handbuch des Verfassungsrechts, 1983, 733; *Gamillscheg*, Die Differenzierung nach der Gewerkschaftszugehörigkeit, 1966; *ders.*, Frauenarbeitsschutz, Gleichbehandlung, Begünstigung der Frau, FS Strasser, 1983, 209; *ders.*, Die Grundrechte im Arbeitsrecht, AcP 164, 385; *Gast*, Tarifautonomie und die Normsetzung durch Betriebsvereinbarung, 1981; *Gester/Kittner*, Personalratsamt und Koalitionsfreiheit, RdA 1971, 161; *v. Gierke*, Das deutsche Genossenschaftsrecht, 4 Bde., 1868–1913; Gitter, Die Differenzierung nach der Gewerkschaftszugehörigkeit, JurA 1970, 148; *ders.*, Die Unzumutbarkeit als Grenze der Tarifmacht, AuR 1970, 129; *Grebing*, Geschichte der deutschen Arbeiterbewegung, 5. Aufl., 1966; *Grunsky*, Anmerkung zu BAG 15. 3. 1977, JZ 1977, 473; *Hagemeier*, Tariföffnungsklauseln im Beschäftigungsförderungsgesetz und im Arbeitszeitgesetz, AuR 1985, 144; *Halblitzel*, Zur Zulässigkeit von Betriebsvereinbarungen bei bestehender Tarifüblichkeit, DB 1971, 2158; *Hanau*, Gemeingebrauch am Tarifvertrag?, JuS 1969, 213; *ders.*, Der gleiche Zugang zur Beschäftigung in der Privatwirtschaft nach deutschem Recht, FS Kahn-Freund,

1980, 457; *ders.*, Probleme der arbeitsgerichtlichen Rechtsfortbildung, BlStSozArbR 1985, 17; *ders.*, Verkürzung und Differenzierung der Arbeitszeit als Prüfstein des kollektiven Arbeitsrechts, NZA 1985, 73; *Hartwich*, Streikfähigkeit als Voraussetzung für Tarifautonomie und Demokratie, GMH 1987, 265; Haug, Tarifvorrang und innerbetriebliche Regelungsmechanismen, BB 1986, 1921; *Heinze*, Das befristete Arbeitsverhältnis zwischen Gesetz und Tarifvertrag, DB 1986, 2327; *Heller*, Rechtsstaat oder Diktatur? (1930), in: Kempen (Hrsg.), Sozialstaatsprinzip und Wirtschaftsordnung, 1976, 55; *Henkel/Hagemeier*, Mitwirkungs- und Mitbestimmungsrecht des Betriebsrats in Angelegenheiten der außertariflichen Angestellten, BB 1976, 1420; Hensche, Zur Zulässigkeit von Firmentarifverträgen mit verbandsangehörigen Unternehmen, RdA 1971, 9; *Herschel*, Anmerkung zu BAG 31. 8. 82, AuR 1983, 95; *ders.*, Die Auslegung von Tarifvertragsnormen, FS Molitor, 1962, 161; *ders.*, Die Behinderung der Allgemeinverbindlicherklärung von Tarifverträgen, AuR 1966, 193; *ders.*, Eigenart und Auslegung von Tarifverträgen, AuR 1976, 1; *ders.*, Kirchliche Einrichtungen und Betriebsverfassung, AuR 1978, 172; *ders.*, Zur Entstehung des Tarifvertragsgesetzes, ZfA 1973, 183; *ders.*, Gedanken zu Richterrecht und Tarifautonomie, AuR 1972, 129; *ders.*, Gesetzesvertretendes Richterrecht und Tarifautonomie, RdA 1973, 147; *ders.*, Grenzen der Freiheit im kollektiven Arbeitsrecht, AuR 1970, 193; *ders.*, Kernbereichslehre und Kodifikationsprinzip in der Tarifautonomie, AuR 1981, 265; *ders.*, Sinn und Grenzen der Vereinbarungsbefugnis der Tarifvertragsparteien, Verhandlungen des 46. DJT, 1967, Bd. II; *ders.*, Der nachwirkende Tarifvertrag, insbesondere seine Änderung, ZfA 1976, 89; *ders.*, Die Gefährdung der Rechtskultur, AuR 1985, 265; *ders.*, Tarifzensur und Kontrolle der Verfassungsmäßigkeit, RdA 1985, 65f.; *Hesse*, Grundzüge des Verfassungsrechts der Bundesrepublik Deutschland, 19. Aufl., 1993; *Heussner*, Die Rechtsprechung des Bundesverfassungsgerichts zum Richterrecht, FS Hilger und Stumpf, 1983, 317; *Hilger*, Richterrecht in der betrieblichen Altersversorgung, RdA 1981, 6; *ders.*, Überlegungen zum Richterrecht, FS Larenz, 1973, 109; *Hinz*, Tarifhoheit und Verfassungsrecht, 1971; *Hoffmann, R.*, Der Grundsatz der Parität und die Zulässigkeit der Aussperrung, in: Kittner (Hrsg.), Streik und Aussperrung, 1974, 47; *Hoffmann, W.*, Ideengeschichte der sozialen Bewegung, 4. Aufl., 1971; *Hohmann-Dennhardt*, Sind Anti-Diskriminierungsgesetze mit dem Grundgesetz vereinbar?, in: Janssen-Jurreit (Hrsg.), Frauenprogramm – Gegen Diskriminierung, 1979, 334; *v. Hoyningen-Huene*, Das Spannungsfeld zwischen Betriebsvereinbarung und Tarifvertrag, NZA 1986, 73; *ders.*, Rechtsfortbildung im Arbeitsrecht als Vorreiter und Vorbild?, BB 1986, 2133; *Hromadka*, Tarifliche Öffnungsklauseln – Unzulässige Einschränkung der Koalitionsfreiheit oder Funktionsbedingung der Berufsfreiheit, NJW 2003, 1273; *Hüllbüsch*, Koalitionsfreiheit und Zwangstarif, in: Engelhardt/Sellin/Stube, Soziale Bewegung und politische Verfassung, 1976, 599; *Ipsen*, Gleichheit, in: *Neumann/Nipperdey/Scheuner* (Hrsg.), Die Grundrechte, Bd. II, 1954, 111; *ders.*, Verfassungsrechtliche Schranken des Richterrechts, BVBl. 1984, 153; *Janert*, AT-Angestellte und Betriebsrat, DB 1976, 243; *Joachim*, Sinn und Grenzen der Vereinbarungsbefugnis der Tarifvertragsparteien, Verhandlungen des 46. DJT, 1967, Bd. 11, D 142; *Jobs*, Das Bundesarbeitsgericht als Ersatzgesetzgeber?, DB 1982, 2081; *Jurreit* (Hrsg.), Frauenprogramm – Gegen Diskriminierung, 1979, 334; *Käppler*, Voraussetzungen und Grenzen tarifdispositiven Richterrechts, 1977; *Kahn-Freund*, Der Funktionswandel des Arbeitsrechts, in: Ramm (Hrsg.), Arbeitsrecht und Politik, Quellentexte 1918–1933, 1966, 211; *ders.*, Das soziale Ideal des Reichsarbeitsgerichts, in: Ramm (Hrsg.), Arbeitsrecht und Politik, Quellentexte 1918–1933, 1966, 149; *Kai-*

*ser*, Industrielle Revolution und Privatautonomie, KJ 1976, 60; *Kelsen*, Vom Wesen und Wort der Demokratie, 2. Aufl., 1929; *Kempen*, Staatliche Schutzpflichten gegenüber der Tarifautonomie?, FS Gitter, 1995, 427; *ders.*, Die Aktualität des hessischen Aussperrungsverbots, AuR 1979, 289; *ders.*, Anmerkung zu BAG 29.8.1979, AuR 1980, 126; *ders.*, Ansätze zu einer Neuorientierung des gegenwärtigen Tarifvertragsrechts, AuR 1980, 193.; *ders.*, Zwischen Gemeinwohlpostulat und demokratischen Verfahrensgarantien, Der Staat 18 (1979), 81; *ders.*, Grundgesetz und Arbeitsmarkt, in: Kittner (Hrsg.), Arbeitsmarkt – ökonomische, soziale und rechtliche Grundlagen, 1982, 129; *ders.*, (Hrsg.), Sozialstaatsprinzip und Wirtschaftsordnung, 1976; *ders.*, Strukturwandel der Arbeitsverfassung, GMH 1977, 473; *ders.*, Tarifautonomie im wirtschaftlichen Wandel, Mitteilungen der Akademie der Arbeit in der Universität Frankfurt am Main, Folge 32, September 1981, 15; *ders.*, Arbeitnehmerschutz, Tarifverträge und Beschäftigungsförderungsgesetz, AuR 1985, 374; *ders.*, Persönliche Leistungsverhinderung und Grundrechte im Arbeitsverhältnis, ArbRGgw 26 (1988), 75; *ders.* Der verfassungsrechtliche Vorrang der Tarifautonomie im arbeitsrechtlichen Regelungsgefüge, AuR 1996, 336; *Kemper*, Die Bestimmung des Schutzbereichs der Koalitionsfreiheit (Art. 9 Abs. 3 GG), 1989; *Keßler*, Die Koalitionsfreiheit als Funktionselement der Eigentumsgarantie?, in: Perels (Hrsg.), Grundrechte als Fundament der Demokratie, 1979, 182; *Kissel*, Das Bundesarbeitsgericht – vom Gesetzgeber allein gelassen?, AuR 1982, 137; *ders.*, Grenzen der rechtsprechenden Gewalt, NJW 1982, 177; *Kittner*, Bundesverfassungsgericht und Koalitionsfreiheit, GMH 1976, 154; *ders.*, Zur verfassungsrechtlichen Zukunft von Reformpolitik, Mitbestimmung und Gewerkschaftsfreiheit, GMH 1979, 321; *Klas*, Die Zulässigkeit der Verfassungsbeschwerde gegen Tarifnormen, 1979; *Klein H.*, Koalitionsfreiheit im pluralistischen Sozialstaat, 1979; *Knebel*, Koalitionsfreiheit und Gemeinwohl, 1978; *Kothe*, Teleologische Auslegung und Transformationsrecht, AuR 1996, 124; *ders.*, Über den Umfang mit Tarifverträgen, BB 1986, 397; *Koller*, Die Zulässigkeit von Rationalisierungsschutzabkommen in Tarifverträgen, ZfA 1978, 45; *Konzen*, Koalitionsfreiheit und gewerkschaftliche Werbung im Betrieb, ArbRGgw 19 (1981), 19; *ders.*, Tarifvertragliche und innerbetriebliche Normsetzung, BB 1977, 1307; *Koselke*, Das neue Tarifvertragsgesetz, BB 1949, 83; Kremendahl, Pluralismustheorie in Deutschland, 1977; *Kriele*, Theorie der Rechtsgewinnung, 1967; *Krüger H.*, Sinn und Grenzen der Vereinbarungsbefugnis der Tarifvertragsparteien, Verhandlungen des 46. DJT, 1967, Bd. II, D 7; *Kübler/Schmidt, W./Simitis*, Mitbestimmung als gesetzgebungspolitische Aufgabe, 1978; *Küchenhoff*, Einwirkungen des Verfassungsrechts auf das Arbeitsrecht, FS Nipperdey, Bd. II, 1965, 317; *Kukock*, Zum Problem der politischen Komponente im Richterrecht, 1980; *Leinemann*, Gesetzliches und tarifliches Urlaubsrecht, AuR 1987, 193; *Leisner*, Privateigentum – Grundlage der Gewerkschaftsfreiheit, BB 1978, 100; *Leminsky/Otto*, Politik und Programmatik des Deutschen Gewerkschaftsbundes, 1974; *Lenz*, Die unbehagliche Nähe der Koalitionsgarantie zum Sozialstaat, in: Maus (Hrsg.), Gesellschaft, Recht und Politik, 1968, 203; *Lerche*, Verfassungsrechtliche Zentralfragen des Arbeitskampfes, 1968; *Leventis*, Tarifliche Differenzierungsklauseln nach dem Grundgesetz und dem Tarifgesetz, (Diss.) 1974; *Lieb*, Kritische Gedanken zum tarifdispositiven Richterrecht, RdA 1972, 129; *ders.*, Regelungszuständigkeit des Betriebsrats für die Vergütung von AT-Angestellten, ZfA 1978, 179; *Liebknecht, K.*, Gesammelte Reden und Schriften, Bd. 2, 1960; *Limmer*, Die deutsche Gewerkschaftsbewegung, 7. Aufl., 1976; *Linnenkohl*, Zulässigkeit von Betriebsvereinbarungen zur tariflichen Arbeitszeitverkürzung in der Metallindustrie, BB 1988, 1459; *Lörcher*, Der Vorrang tariflicher Befristungsregelungen (SR 2y BAT) vor dem Beschäftigungsförderungsgesetz, PersR 1986, 32; *Löwisch*, Die Ausrichtung der tariflichen Lohnfestsetzung am gesamtwirtschaftlichen Gleichgewicht, RdA 1969, 129; *ders.*, Das Beschäftigungsförderungsgesetz 1985, BB 1985, 1200; *ders.*, Zur Verfassungsmäßigkeit der erweiterten Zulassung befristeter Arbeitsverhältnisse durch das Beschäftigungsförderungsgesetz, NZA 1985, 478; *Lorenz/Schwedes*, Das Beschäftigungsförderungsgesetz, DB 1985, 1077; *Lotmar*, Der Arbeitsvertrag nach dem Privatrecht des Deutschen Reiches, Bd. l, 1902; *Marx*, Das Kapital, MEW, Bde. 23–25; *Mayer*, Zur Problematik zeitlich befristeter und zeitlich variabler Arbeitsverträge im Beschäftigungsförderungsgesetz, BlStSozArbR 1985, 225; *MayerMaly*, Negative Koalitionsfreiheit?, 1971; *ders.*, Die negative Koalitionsfreiheit am Prüfstein, ZAS 1969, 81; *ders.*, Zur Problematik betriebsnaher Tarifpolitik, DB 1965, 32; *ders.*, Über die der Rechtswissenschaft und der richterlichen Rechtsfortbildung gezogenen Grenzen, JZ 1986, 557, *ders.*, Ergänzende Tarifauslegung und Tarifautonomie, RdA 1988, 136; *Mayer/Paasch*, Deregulierung von Arbeitsbedingungen durch selbständige Beschäftigung, WSI-Mitt. 1987, 581; *Meik*, Der Kernbereich der Tarifautonomie, 1987; *Misera*, Tarifmacht und Individualbereich und Berücksichtigung der Sparklausel, 1969; *Moll*, Der Tarifvorrang im Betriebsverfassungsgesetz, 1980; *Mottek*, Wirtschaftsgeschichte Deutschlands, Bd. 2, 1973; *Müller, G.*, Die Auslegung des normativen Teils eines Tarifvertrages nach der Rechtsprechung des Bundesarbeitsgerichts, DB 1960, 119, *ders.*, Gesetzgebung und Richterrecht, DB 1981, 93; *ders.*, Das Mitbestimmungsrecht des Bundesverfassungsgerichts vom 1. März 1979, DB 1979, Beilage 5; *Muhr*, Arbeitskampf, Verwirklichung des Sozialstaatsauftrags und Neutralität der Bundesanstalt für Arbeit; zu § 116 AFG, RdA 1973, 9; *Nabel*, Verdrängung des gesetzlichen durch das tarifliche Sozialrecht?, NZA 1986, 241; *Nautz*, Die Durchsetzung der Tarifautonomie in Westdeutschland, 1985; *v. Nell-Breuning*, Arbeitnehmer im kirchlichen Dienst, AuR 1979, 1; *ders.*, Einander wenigstens auf halbem Wege entgegenkommen, ÖTV-Magazin 7/1977, 5; *Neuland*, Proletarier und Bürger, Arbeiterbewegung und radikale Demokratie 1848 in Frankfurt am Main, 1973; *Neumann*, Die politische und soziale Bedeutung der arbeitsgerichtlichen Rechtsprechung, in: Ramm (Hrsg.), Arbeitsrecht und Politik, Quellentexte 1918–1933, 1966, 113; *ders.*, Zum Schrankenvorbehalt der Kirchenautonomie, FS G. Müller, 1981, 353; *ders.*, Zur Auslegung von Tarifverträgen, AuR 1985, 320; *Nickel*, Die Entwicklung des arbeitsrechtlichen Schrifttums im Jahre 1978, ZfA 1979, 357; *Nipperdey*, Das Tarifvertragsgesetz des Vereinigten Wirtschaftsgebietes, RdA 1949, 81, *Nörr*, Grundlinien des Arbeitsrechts der Weimarer Republik, ZfA 1986, 403, *Oetker*, Einführung von Karenztagen für die Lohnfortzahlung im Krankheitsfalle qua Tarifvertrag?, SGB 1984, 193; *Otto*, Erleichterte Zulassung befristeter Arbeitsverträge, NJW 1985, 1807; *ders.*, Der Handlungsspielraum der Tarifvertragsparteien bei der Regelung der Vertragsverhältnisse zwischen den Rundfunkanstalten und ihren programmgestaltenden Mitarbeitern nach dem Beschluss des Bundesverfassungsgerichts vom 13. Januar 1982, RdA 1984, 261; *Peiseler*, Probleme des befristeten Arbeitsverhältnisses, NZA 1985, 238; *Peters/Ossenbühl*, Die Übertragung von öffentlich-rechtlichen Befugnissen auf die Sozialpartner unter besonderer Berücksichtigung des Arbeitsschutzes, 1967; *Pfarr*, Besondere Arbeitnehmerschutzrechte zwischen sozialpolitischer Zielsetzung und arbeitsmarktpolitischer Dysfunktionalität, in: Kittner (Hrsg.), Arbeitsmarkt – ökonomische, soziale und rechtliche Grundlagen, 1982, 259, *dies.*, Herstellung und Sicherung von Chancengleichheit durch Recht – dargestellt am

Beispiel der Frauen, in: Hassemer/Hoffmann-Riem/Limbach, Grundrechte und soziale Wirklichkeit, 1982, 255; *dies.*, Zur Kritik des Entwurfs eines Gesetzes über die Gleichbehandlung von Männern und Frauen am Arbeitsplatz, BlStSozArbR 1980, 17; *dies.*, Mittelbare Diskriminierung von Frauen, NZA 1986, 585; *Pfarr/Bertelsmann*, Gleichbehandlung von Frauen und Männern bei betrieblichen Zulagen, AuR 1982, 86; *Pfarr/Kittner*, Solidarität im Arbeitsrecht, RdA 1974, 284; *Picker*, Die Regelung der »Arbeits- und Wirtschaftsbedingungen« als Vertragsprinzip oder Kampfprinzip?, ZfA 1986, 199; *ders.*, Richterrecht und Richterrechtsetzung, JZ 1984, 153; *Plander*, Arbeitslosigkeit, Neue Technologien und gewerkschaftliche Streikfähigkeit, DB 1987, Beilage 13; *ders.*, Gesetzliche Fixierung oder Beeinflussung des Inhalts von Tarifverträgen?, DB 1986, 2180; *Popp*, Die Willensbildung innerhalb der Verbände, JöR 27 (1977), 145; *Preis, B.*, Einseitige tarifliche Bestimmungsrechte des Arbeitgebers und das Mitbestimmungsrecht des Betriebsrats nach § 87 Abs. 1 BetrVG, DB 1973, 474; *Preis, U.*, Entwicklungslinien in der Rechtsprechung des EuGH zum Arbeitsrecht, ZIP 1995, 891; *Preuß*, Zum staatsrechtlichen Begriff des Öffentlichen, untersucht am Beispiel des verfassungsrechtlichen Status kultureller Organisationen, 1969; *Radke*, Das Bundesarbeitsgericht und die Differenzierungsklausel, AuR 1971, 4; *ders.*, Die Nachwirkungen des »Gesetzes zur Ordnung der nationalen Arbeit«, AuR 1965, 302; *Raiser*, Richterrecht heute, ZRP 1985, 111; Ramm, Der Arbeitskampf und die Gesellschaftsordnung des GG, 1965; *ders.*, Das deutsche kollektive Arbeitsrecht zwischen den beiden Weltkriegen, ZfA 1988, 157; *Rawls*, Eine Theorie der Gerechtigkeit, 1975; *Reichel*, Änderung des Tarifvertragsgesetzes, DB 1975, 102; *Reuß*, Die Bedeutung der »Mächtigkeit« von Verbänden im kollektiven Arbeitsrecht, RdA 1972, 4; *ders.*, Der Streit um die Differenzierungsklauseln, AuR 1970, 33; *ders.*, Tarifautonomie und Richterrecht, AuR 1972, 136; *Reuter*, Vergütung von AT-Angestellten und betriebsverfassungsrechtliche Mitbestimmung, 1979; *ders.*, Zulässigkeit und Grenzen tarifvertraglicher Besetzungsregelungen, ZfA 1978, 1; *Richardi*, Kollektivgewalt und Individualwille bei der Gestaltung der Arbeitsverhältnisse, 1968; *ders.*, Die arbeitsrechtliche Regelungsautonomie der Kirchen, FS 25 Jahre BAG, 1979, 429; *ders.*, Richterrecht und Tarifautonomie, GS Dietz, 1973, 269; *ders.*, Arbeitsrecht in der Kirche, 1984; *Ridder*, Die soziale Ordnung des Grundgesetzes, 1975; *ders.*, Zur verfassungsrechtlichen Stellung der Gewerkschaften im Sozialstaat nach dem Grundgesetz für die Bundesrepublik Deutschland (1960), in: Kempen (Hrsg.), Sozialstaatsprinzip und Wirtschaftsordnung, 1973; Ritter, Anmerkung zu BAG, 29. 11. 1967, JZ 1969, 111; *ders.*, Die Verfassungswirklichkeit – eine Rechtsquelle, DSt 1968, 352; *Roscher*, Paritätische Mitbestimmung, Gegnerunabhängigkeit und Art. 9 Abs. 3 GG, RdA 1972, 279; *ders.*, Vertragstheorie mit Herrschaftsfunktion?, ZRP 1972, 111; *Rüfner*, Zur Gemeinwohlbindung der Tarifvertragsparteien, RdA 1985, 193; *Rüthers*, Arbeitsrecht und politisches System, 1973; *Rust*, Die Vertragsverweigerung als Verstoß gegen das Benachteiligungsverbot des § 611a BGB und der Anspruch auf Einstellung, BlStSozArbR, 1982, 337; *Säcker*, Inhaltliche Grenzen der Tarifautonomie, AR-Blattei D Tarifvertrag; *ders.*, Grundprobleme der kollektiven Koalitionsfreiheit, 1969; *ders.*, Gruppenautonomie und Übermachtkontrolle im Arbeitsrecht, 1972; *ders.*, Die Institutions- und Bestätigungsgarantie der Koalitionen, ArbRGgw 12 (1974), 17; *ders.*, Zur demokratischen Legitimation des Richter-Gewohnheitsrechts, ZRP 1971, 145; *ders.*, Tarifvorrang und Mitbestimmung des Betriebsrats beim Arbeitsentgelt, BB 1979, 1201; *Saul*, Staat, Industrie und Arbeiterbewegung im Kaiserreich, 1974; Schachtschneider, Imperative Lohnleitlinien unter dem Grundgesetz, Der

Staat 16 (1977), 493; *Scharpf*, Autonome Gewerkschaften und staatliche Wirtschaftspolitik: Probleme einer Verbändegesetzgebung, 1978; *Schaub*, Tarifautonomie in der Rechtsprechung, RdA 1995, 65; *Scherer*, Der Kampf gegen das Sozialistengesetz, IG Metall Arbeitsheft 512, 1978; *Scheuner*, Der Inhalt der Koalitionsfreiheit, in: Weber/Scheuner/Dietz, Koalitionsfreiheit, 1961, 29; *ders.*, Die Rolle der Sozialpartner in Staat und Gesellschaft, 1973; *Schmidt, W.*, »Die innere Vereinsfreiheit« als Bedingung der Verwirklichung von Grundrechten durch die Organisation, ZPR 1977, 259; *Schmidt-Preuß*, Lohnstopp durch Zivilurteil?, JuS 1979, 551; *Schneider*, Aussperrung/Ihre Geschichte und Funktion vom Kaiserreich bis heute, 1980; *ders.*, Rechtsprechung des 1. Senats des Bundesarbeitsgerichts, AiB 1983, 67; *ders.*, Unternehmer und Demokratie, 1975; *Schönhoven*, Arbeitskonflikte in Konjunktur und Rezession, in: Tenfelde/Volkmann (Hrsg.), Streik, 1981; Scholz, Anmerkung zu BVerfG, 17.2.1981, SAE 1981, 267; *ders.*, Arbeitsverfassung und Richterrecht, DB 1972, 1771; *ders.*, Die Berufsfreiheit als Grundlage und Grenze arbeitsrechtlicher Regelungssysteme, ZfA 1981, 265; *ders.*, Die Koalitionsfreiheit als Verfassungsproblem, 1971; *ders.*, Grundgesetzliche Arbeitsverfassung – Grundlagen und Herausforderungen, DB 1987, 1192; *Schröder*, Die Entwicklung des Kartellrechts und des kollektiven Arbeitsrechts durch die Rechtsprechung des RG vor 1914, 1988; *Schoren*, Tarifgeltung für Außenseiter?, »No taxation without representation«, RdA 1988, 138; *Schüren/Zachert*, Tarifautonomie und tarifdispositives Richterrecht, AuR 1988, 245; *Schuster*, Die deutsche Gewerkschaftsbewegung, 5. Aufl., 1976; *Schwerdtfeger*, Individuelle und kollektive Koalitionsfreiheit, 1981; Schwerdtner, Beschäftigungsförderungsgesetz, Tarifautonomie und Betriebsverfassung, NZA 1985, 577, *Seitenzahl/Zachert/Pütz*, Vorteilsregelungen für Gewerkschaftsmitglieder, 1976; *Seiter*, Streikrecht und Aussperrungsrecht, 1975; *Siebert*, Kollektivnorm und Individualrecht im Arbeitsverhältnis, FS Nipperdey, 1955, 119; *Simitis/Weiss*, Zur Mitbestimmung des Betriebsrats bei Kurzarbeit, DB 1973, 1240; *Sinzheimer*, Arbeitsrecht und Arbeiterbewegung (1927), in: Kahn-Freund/Ramm (Hrsg.), Arbeitsrecht und Rechtssoziologie, Bd. 1, 1976, 100; *ders.*, Ein Arbeitstarifgesetz – Die Idee der sozialen Selbstbestimmung im Recht, 1916, *ders.*, Die Bedeutung der Gewerkschaften im neuen Arbeitsrecht, in: Kahn-Freund/Ramm (Hrsg.), Arbeitsrecht und Rechtssoziologie, Bd. 1, 1976, 286; *ders.*, Die Fortbildung des Arbeitsrechts (1922), in: Kahn-Freund/Ramm (Hrsg.), Arbeitsrecht und Rechtssoziologie, Bd. 1, 1976, 78; *ders.*, Über einige Grundfragen des Arbeitstarifrechts, in: Kahn-Freund/Ramm (Hrsg.), Arbeitsrecht und Rechtssoziologie, Bd. 1, 1976, 255; *ders.*, Grundzüge des Arbeitsrechts, 2. Aufl., 1927; *ders.*, Die Reform des Schlichtungsprozesses, in: Kahn-Freund/Ramm (Hrsg.), Arbeitsrecht und Rechtssoziologie, Bd. l, 1976, 236; *ders.*, Der Tarifgedanke in Deutschland (1915), in: Kahn-Freund/Ramm (Hrsg.), Arbeitsrecht und Rechtssoziologie, 150; *ders.*, Wesen und Bedeutung des Koalitionsrechts (1919), in: Kahn-Freund/Ramm (Hrsg.), Arbeitsrecht und Rechtssoziologie, Bd. l, 1976, 173; *Söllner*, Das Begriffspaar der Arbeits- und Wirtschaftsbedingungen in Art. 9 Abs. 3 GG, ArbRGgw 16 (1978), 19; *ders.*, Zur Verfassungs- und Gesetzestreue im Arbeitsrecht, RdA 1985, 328; *Stein, E.*, Staatsrecht, 8. Aufl., 1982; Steinberg, Koalitionsfreiheit und tarifliche Differenzierungsklauseln, RdA 1975, 100; *Steiner*, Beschäftigung und Beschäftigungsförderung aus grundgesetzlicher Sicht, NZA 2005, 657; *Stern*, Das Staatsrecht der Bundesrepublik Deutschland, Bd. I, 1977; *Stolleis*, Gemeinwohl und Minimalkonsens, Aus Politik und Zeitgeschichte B 3/78; Storch, Auf dem Wege zum freien Tarifrecht, BB 1949, 233; *Ullmann*, Tarifverträge und Tarifpolitik in Deutschland bis

1914, 1977; *Vogel/Weisz*, Akten zur Vorgeschichte der Bundesrepublik Deutschland 1945–1949, Bd. 1, 1976; *Volkmann*, Organisation und Konflikt, in: Conze/Engelhardt (Hrsg.), Arbeiter im Industrialisierungsprozess, 1979, 422; *Vollmer*, Aufgaben- und Zuständigkeitsverteilung zwischen mitbestimmungsrechtlicher und tarifvertraglicher Interessenvertretung, DB 1979, 308; *Vossen*, Tarifdispositives Richterrecht, 1974; *Wagner*, Voraussetzungen und Grenzen rechtsfortbildenden Richterrechts, BB 1986, 465; *Waltermann*, Zu den Grundlagen der Tarifautonomie, ZfA 2000, 53; *Weber, W.*, Koalitionsfreiheit und Tarifautonomie als Verfassungsproblem, 1965; *Weiss*, Kollektive Gestaltungsfunktion und Mitbestimmung – Eine Skizze in rechtspolitischer Absicht, in: Borsdorf/Hemmer/Leminsky/Markmann (Hrsg.), Gewerkschaftliche Politik: Reform aus Solidarität, FS Vetter, 1977, 293; *ders.*, Die Kirchen und ihre Einrichtungen als Tendenzbetriebe, AuR 1979, Sonderheft, 28; *Weller*, Zur Frage der Differenzierungsklausel, AuR 1970, 161; *ders.*, Betriebliche und tarifvertragliche Regelungen, die sich auf die soziale Auswahl nach § 1 Abs. 3 KSchG auswirken, RdA 1986, 222; *Wenning-Morgenthaler*, Soziale Auswahl und tarifvertragliche »Unkündbarkeit«, BlStSozArbR 1985, 193; *Wenzel*, Das Arbeitskampfrecht als Prüfstein des Richterrechts, DB 1981, 1135; *Wieacker*, Privatrechtsgeschichte der Neuzeit, 2. Aufl., 1967; *Wiedemann, A.*, Die Bindung der Tarifnormen an die Grundrechte, insbesondere an Art. 12 GG, 1994; *Wiedemann, H.*, Leistungsprinzip und Tarifvertragsrecht, FS 25 Jahre BAG, 1979, 635; *ders.*, Unternehmensautonomie und Tarifvertrag, RdA 1986, 231; *Wiese*, Zum Gesetzes- und Tarifvorbehalt des § 87 Abs. 1 BetrVG, in: FS 25 Jahre BAG, 1979, 661; *Willoweit*, Historische Grundlagen des Privatrechts, JuS 1977, 575; *Winterfeld*, Das Verhältnis von Art. 1 § 1 BeschFG zu tarifvertraglichen Regelungen über befristete Arbeitsverträge, ZfA 1986, 157; *Wlotzke*, Die arbeitsrechtliche Gesetzgebung in der 7. Legislaturperiode des Deutschen Bundestages, AuR 1974, 1; *Wolf*, Tarifautonomie, Kampfparität und gerechte Tarifgestaltung, ZfA 1971, 151; *Wolter*, Probleme der Lohngleichheit zwischen Männern und Frauen, AuR 1981, 129; *Zachert*, Aussperrungsprobleme und ihre juristische Bewältigung, AuR 1980, 43; *ders.*, Gewerkschaftliche Rechte im Betrieb – Eine Restgröße?, AuR 1979, 365; *ders.*, Verfassungsrechtlicher Schutz für »gelbe« Gewerkschaften?, AuR 1986, 321 *ders.*, Neue Entwicklungen zur Tarifautonomie und zur betrieblichen Mitbestimmung, NZA 1988, 185; *ders.*, Zur Zukunft der Koalitionsfreiheit, AuR 1985, 336; *ders.*, Ein Jahr »Beschäftigungsförderungsgesetz« WSI-Mitt. 1986, 377; *ders.*, Drei aktuelle Vorschläge zur Öffnung des Flächentarifvertrages, JbArbR 41 (2004), 85; *ders.*, Tarifvertrag, Günstigkeitsprinzip und Verfassungsrecht, AuR 2004, 121; *Zapka*, Politisch-ökonomische Entwicklungs- und Durchsetzungsbedingungen des Tarifvertragssystems, 1983; *Zippelius*, Das Wesen des Rechts, 4. Aufl, 1978; *Zilius*, Tarifvertrag und Richterrecht, ArbRGgw 22 (1984), 63; *Zöllner*, Gutachten zum 52. DJT, 1978; *ders.*, Die Rechtsprechung des Bundesverfassungsgerichts zu Art. 9 Abs. 3 GG, AöR 98 (1973), 71; *ders.*, Das Wesen der Tarifnormen, RdA 1964, 443; *Zöllner/Seiter*, Paritätische Mitbestimmung und Art. 9 Abs. 3 GG, ZfA 1990, 97.

# Erstes Kapitel: Geschichte des Tarifvertrages

## Literatur:

*Anschütz*, Die Verfassung des Deutschen Reiches vom 11. August 1918, 14. Aufl., 1933; *Bahl*, Lohnverhandlungssystem der Weimarer Republik – Von der Schlichtungsverordnung zum Ruhreisenstreit: Verbandsautonomie oder staatliche Verbandsgarantie?, GMH 1978, 397; *Beier*, Der Demonstrations- und Generalstreik vom 12. November 1948, 1975; *Blanke/Erd/Mückenberger/Stascheit*, Kollektives Arbeitsrecht, Bd. 1, 1975; *Braun*, Der Tarifvertrag und die deutschen Gewerkschaften, 1908; *Brüggemeier*, Entwicklung des Rechts im organisierten Kapitalismus, Bd. 1, 1977; *Burkhardt*, Ein Kampf ums Menschenrecht, in: Hauptvorstand der IG Druck und Papier (Hrsg.), 1974; *Dieterich*, Flexibilisiertes Tarifrecht und Grundgesetz, RdA 2002, 1; *Dorndorf*, Markt und Moral in der Rechtfertigung des Arbeitsrechts bei Sinzheimer und Lotmar, in: Nutzinger, Die Entstehung des Arbeitsrechts in Deutschland, 1988, 231; *Döring/Kempen*, Hrsg., Sozialistengesetz, Arbeiterbewegung und Demokratie, 1979; *Dreschers*, Die Entwicklung des Rechts des Tarifvertrags in Deutschland, 1994; *Ehrlich*, Grundlegung der Soziologie des Rechts, 1913 (1918); *Engelhardt*, »Nur vereinigt sind wir stark«, Die Anfänge der deutschen Gewerkschaftsbewegung, Bd. I und II, 1977; *ders.*, Gewerkschaftliches Organisationsverhalten in der ersten Industrialisierungsphase, in: Conze/Engelhardt (Hrsg.), Arbeiter im IndustrialisierungsprozessIndustrialisierungsprozess, 1979, 372; *Feldmann*, Die freien Gewerkschaften und die Zentralarbeitsgemeinschaft 1918–1924, FS Böckler, 1975, 229; *Feldmann/Steinisch*, Industrie und Gewerkschaften 1918–1924: Die überforderte Zentralarbeitsgemeinschaft, 1985; *Fraenkel*, Der Ruhreisenstreit 1928–1929 in historisch-politischer Sicht, FS Brüning, 1967, 97; *Grebing*, Geschichte der deutschen Arbeiterbewegung, 5. Aufl., 1966; *Hartwich*, Streikfähigkeit als Voraussetzung für Tarifautonomie und Demokratie, GMH 1987, 265; *Herschel*, Zur Entstehung des Tarifvertragsgesetzes, ZfA 1973, 183; *Hoffmann, W.*, Ideengeschichte der sozialen Bewegung, 4. Aufl., 1971; *Hüllbüsch*, Koalitionsfreiheit und Zwangstarif, in: Engelhardt/Sellin/Stube, Soziale Bewegung und politische Verfassung, 1976, 599; *Imle*, Die Tarifverträge zwischen Arbeitgebern und Arbeitnehmern in Deutschland, 1907; *dies.*, Gewerbliche Friedensdokumente, Entstehung und Entwicklung der Tarifgemeinschaften in Deutschland, 1905; *Kahn-Freund*, Der Funktionswandel des Arbeitsrechts, in: Ramm (Hrsg.), Arbeitsrecht und Politik, Quellentexte 1918–1933, 1966, 211; *ders.*, Das soziale Ideal des Reichsarbeitsgerichts, in: Ramm (Hrsg.), Arbeitsrecht und Politik, Quellentexte 1918–1933, 1966, 149; *Kaiser*, Industrielle Revolution und Privatautonomie, KJ 1976, 60; *Kaiserliches Statistisches Amt, Abt. für Arbeiterstatistik*, Beiträge zur Arbeiterstatistik, Der Tarifvertrag im Deutschen Reich I.–III, 1906, Die Weiterbildung des Tarifvertrags im Deutschen Reich, 1908; *Kempen*, Betriebsverfassung und Tarifvertrag, RdA 1994, 140; *ders.*, »Form follows function«, Zum Begriff der »Gewerkschaft« FS 50 Jahre BAG, 2004, 733; *Kissel*, Arbeitsrecht und Staatsvertrag, NZA 1990, 545; *Kittner*, Arbeitskampf, 2005; *Koselke*, Das neue Tarifvertragsgesetz, BB 1949, 83; *Kranig*, Lockung und Zwang. Zur Arbeitsverfassung im Dritten Reich, 1983; *Liebknecht, K.*, Gesammelte Reden und Schriften, Bd. 2, 1960; *Limmer*, Die deutsche Gewerkschaftsbewegung, 13. Aufl., 1996; *Lotmar*, Der Arbeitsvertrag nach dem Privatrecht des Deutschen Reiches, Bd. I und II, 1902/1908; *ders.*, Die Tarifverträge zwischen Arbeitgebern und Arbeitnehmern, Archiv für Soziale Gesetzgebung und Statistik, Bd. 15, 1900, 1; *Mottek*, Wirtschaftsgeschichte Deutschlands, Bd. II, 3. Aufl., 1987; *Nautz*, Die Durchsetzung der Tarifautonomie in Westdeutschland, 1985; *Neuland*, Proletarier und Bürger, Arbeiterbewegung und radikale Demokratie in Frankfurt am Main, 1973; *Neumann*, Die politische und soziale Bedeutung der arbeitsgerichtlichen Rechtsprechung, in: Ramm (Hrsg.), Arbeitsrecht und Politik, Quellentexte 1918–1933, 1966, 113; *Nipperdey, H. C.*, Das Tarifvertragsgesetz des Vereinigten Wirtschaftsgebietes, RdA 1949, 81; *Nipperdey, Th.*, Deutsche Geschichte, Erster Band, 1866–1918, Arbeitswelt und Bürgergeist, 1990; *Nörr*, Grundlinien des Arbeitsrechts der Weimarer Republik, ZfA 1986, 403; *ders.*, Arbeitsrecht und Verfassung, ZfA 1992, 361; *Picker*, Die Regelung der »Arbeits- und Wirtschaftsbedingungen« als Vertragsprinzip oder Kampfprinzip? ZfA 1986, 199; *ders.*, Die Tarifautonomie in der deutschen Arbeitsverfassung, Walter-Raymond-Stiftung, Kleine Reihe, Heft 67; *ders.*, Ursprungsidee und Wandlungstendenzen des Tarifvertragswesens, GS Knobbe-Keuk, 879; *Plumpe*, Tarifsystem und innerbetriebliche Konflikte in der Weimarer Republik, in: Führer, Hrsg., Tarifbezieungen und Tarifpolitik in Deutschland im historischen Wandel, 2004, 26; *Radke*, Die Nachwirkungen des »Gesetzes zur Ordnung der nationalen Arbeit«, AuR 1965, 302; *Ramm*, Das deutsche kollektive Arbeitsrecht zwischen den beiden Weltkriegen, ZfA 1988, 157; *ders.*, Die »Regelung der Arbeit« (1942), das »Volksgesetzbuch« und der Arbeitsrechtsausschuss der Akademie für Deutsches Recht, ZfA 1990, 407; *Rehbinder*, Vorwort des Herausgebers, in: *Lotmar*, Der Arbeitsvertrag (1902/1908), Rehbinder, Hrsg., 2001, 17; *Reichel*, Änderung des Tarifgesetzes, DB 1975, 102; *Ritscher*, Koalitionen und Koalitionsrecht in Deutschland bis zur Reichsgewerbeordnung (1917), (hrsg. von R. Schröder), 1992; *Rückert*, »Frei« und »sozial«: Arbeitsmarkt-Konzeptionen um 1900 zwischen Liberalismen und Sozialismen, ZfA 1992, 225; *Saul*, Staat, Industrie und Arbeiterbewegung im Kaiserreich, 1974; *Scherer*, Der Kampf gegen das Sozialistengesetz, IG Metall Arbeitsheft 512, 1978; *Schneider*, Aussperrung/Ihre Geschichte und Funktion vom Kaiserreich bis heute 1980, *ders.*, Unternehmer und Demokratie, 1975; *Schönhoven*, Arbeitskonflikte in Konjunktur und Rezession, in: Tenfelde/Volkmann (Hrsg.), Streik, 1981; *Schröder*, R., Die Entwicklung des Kartellrechts und des kollektiven Arbeitsrechts durch die Rechtsprechung des RG vor 1914, 1988; *Schuster*, Die deutsche Gewerkschaftsbewegung, 5. Aufl., 1976; *Sinzheimer*, Arbeitsrecht und Arbeiterbewegung (1927), in: Kahn-Freund/Ramm (Hrsg.), Arbeitsrecht und Rechtssoziologie, Bd. 1, 1976, 100; *ders.*, Der korporative Arbeitsnormenvertrag, 1907/1908; *ders.*, Die Bedeutung der Gewerkschaften im neuen Arbeitsrecht, in: Kahn-Freund/Ramm (Hrsg.), Arbeitsrecht und Rechtssoziologie, Bd. 1, 1976, 286; *ders.*, Über einige Grundfragen des Arbeitstarifrechts, in: Kahn-Freund/Ramm (Hrsg.), Arbeitsrecht und Rechtssoziologie, Bd. 1, 1976, 255; *ders.*, Die Reform des Schlichtungswesens, in: Kahn-Freund/Ramm (Hrsg.), Arbeitsrecht und Rechtssoziologie, Bd. 1, 1976, 236; *ders.*, Ein Arbeitstarifgesetz, Die Idee der sozialen Selbstbindung im Recht, 1916; *ders.*, Grundzüge des Arbeitsrechts, 1. Aufl., 1921, 2. Aufl., 1927; *ders.*, Über einige Grundfragen des Arbeitstarifrechts, in: Kahn-Freund/Ramm (Hrsg.), Arbeitsrecht und Rechtssoziologie, Bd. 1, 1976, 255; *Storch*, Auf dem Wege zum freien Tarifrecht, BB 1949, 233; *Ullmann*, Tarifverträge und Tarifpolitik in Deutschland bis 1914 1977; *Vogel/Weisz*, Akten zur Vorgeschichte der Bundesrepublik Deutschland 1945–1949, Bd. l, 1976; *Volkmann*, Organisation und Konflikt, in: Conze/Engelhardt (Hrsg.), Arbeiter im Industrialisierungsprozess, 1979, 422; *Wehler*, Deutsche Gesellschaftsgeschichte, Dritter Band,

1849–1914, 1995; *Weber, A.*, Der Kampf zwischen Kapital und Arbeit: Gewerkschaften und Arbeitgeberverbände in Deutschland, 1930; *Willoweit*, Historische Grundlagen des Privatrechts, JuS 1977, 575; *Wlotzke*, Die arbeitsrechtliche Gesetzgebung in der 7. Legislaturperiode des Deutschen Bundestages, AuR 1974, 1; *Zachert*, Hugo Sinzheimer: praktischer Wissenschaftler und Pionier des deutschen Arbeitsrechts, RdA 2001,104; *ders.*, Legitimation arbeitsrechtlicher Regelungen aus historischer und aktueller Sicht, RdA 2003, 1; *Zapka*, Politisch-ökonomische Entwicklungs- und Durchsetzungsbedingungen des Tarifvertragssystems, 1983.

**Übersicht** Rn.



## A. Die Entwicklung bis zur Anerkennung des Tarifvertrages 1918

### I. Einige Rahmenbedingungen zum politisch-ökonomischen Hintergrund

1 Die Entstehung des Tarifvertrages und des Tarifvertragsrechts lässt sich lediglich vor dem Hintergrund der ökonomischen und politischen Umwälzungen begreifen, die die Entwicklung Deutschlands um die Mitte des vergangenen Jahrhunderts prägten. Sie werden häufig schlagwortartig mit dem Begriff **»industrielle Revolution«** bezeichnet, wobei mit dieser Kategorie hier die tief greifenden technischen, ökonomischen, politischen, sozialen und kulturellen Veränderungen verstanden werden sollen, die für den Übergang vom Handwerk und der noch stärker handwerklich geprägten Manufaktur zur industriellen Produktion charakteristisch waren. Während noch für die Manufaktur die koordinierte Anwendung der Werkzeugmaschine ohne technische Betriebsmittel kennzeichnend gewesen ist, ermöglichte das Hinzutreten technischer Arbeitsmittel (vor allem der Dampfmaschine) den Übergang zur fabrikmäßigen Massenproduktion, die das Bild der neuen historischen Periode bestimmte.

Die sich rasch vollziehende Entwicklung der Produktivkräfte seit etwa Mitte des vergangenen Jahrhunderts kann hier nicht im Einzelnen nachgezeichnet werden.[1] Angemerkt sei lediglich, dass (auch) in Deutschland dem Eisenbahnbau für die industrielle Umwälzung eine besonders wichtige Bedeutung zukam: Während 1835 auf der Strecke Nürnberg-Fürth die erste Eisenbahn fuhr, verfügten die deutschen Partikularstaaten 1850 mit 6000 km bereits über ca. 16% des Welteisenbahnnetzes. Damit waren günstige Voraussetzungen für die Ausbildung weiterer Industrien geschaffen. Hierzu gehörten neben der Textilindustrie vor allem der Bergbau, die Eisen- und Stahlproduktion und der Maschinenbau.

Der technische Fortschritt im Produktionsprozess hing untrennbar mit der **Konzentration und Zentralisation des Kapitals** in denjenigen Industrien zusammen, die die industrielle Dynamik bestimmten. Charakteristisch war bereits damals in diesem Zusammenhang die Organisation der Unternehmen als Aktiengesellschaft, einer Rechtsform, die Zugang zum öffentlichen Kapitalmarkt hat. Nur wenige Aktiengesellschaften nahmen in den Schlüsselstellungen bald eine marktbeherrschende Position ein. Die Konzentration in der Industrie wurde durch Kapitalbeschaffung und -kontrolle einiger Großbanken (Deutsche Bank, Disconto-Gesellschaft, Dresdner Bank, Darmstädter Bank, Schaffhausener Bankverein) entscheidend gefördert. Vor Ausbruch des 1. Weltkrieges im Jahre 1914 kontrollierte das rheinisch-westfälische Kohlensyndikat bereits 95% der Ruhrkohleproduktion. Im Stahlbereich waren vor allem Krupp, Thyssen und Stinnes dominierend. Die Elektroindustrie beherrschten Siemens und AEG, die auch untereinander Absprachen trafen. Ähnliches gilt für die beiden Konzerne der chemischen Industrie, die sich später in den IG-Farben vereinigten.[2]

Politisch festigte sich der Einfluss der Großindustrie dadurch, dass – zunächst vornehmlich als Abwehrorganisation gegen Arbeitnehmerkoalitionen – **industrielle Interessenverbände** gegründet wurden, so der »Verein Deutscher Eisen- und Stahlindustrieller« (1874), der »Zentralverband Deutscher Industrieller« (1876) und der »Bund der Industriellen« (1895). Ihre Aufgabe bestand darin, die wirtschaftlichen Interessen im politischen Bereich unmittelbar durchzusetzen.[3]

Mit den vorstehend kurz skizzierten Veränderungen der ökonomischen Strukturen änderte sich die **Funktion des Staates**. Zunächst ist jedoch festzuhalten, dass trotz gradueller Unterschiede in der Intensität die Unterdrückung und Zurückdrängung der organisierten Arbeiterbewegung durch den Staat in dieser Periode unverändert anhält (dazu Grundl. Rn. 9). Die Veränderungen staatlichen Handelns bezogen sich vor allem auf die Bereiche der Wirtschafts- und der Sozialpolitik. So gab es in der außergewöhnlich schweren Depressionsphase von 1873 bis 1879 erste Ansätze einer Staatsintervention auf den Gebieten der Schutzzoll-, Kartell- und Patentpolitik.[4] Aus Erwägungen staatlich organisierter Fürsorge, vor allem aber auch zur Domestizierung der erstarkenden Arbeiterbewegung führte der Staat ferner 1883 ein Sozialversicherungssystem ein, das bis 1889 allmählich ausgebaut wurde. Damit war die Phase des Übergangs vom Kapitalismus freier Konkurrenz, in dem sich der Staat weitgehend aus dem Wirtschaftsgeschehen heraushielt, zum organisierten Kapitalismus erreicht, in dem der Staat in vielfältiger Weise in das Wirtschaftsleben eingreift. Der entschei- **2**

1 Hierzu z.B. *Mottek*, Wirtschaftsgeschichte, 79ff.; *Th. Nipperdey*, Deutsche Geschichte, 226ff., 240ff.
2 *Wehler*, Gesellschaftsgeschichte, 610ff.
3 *Grebing*, Geschichte, 94ff.; *Brüggemeier*, Entwicklung, 59ff.
4 *Wehler*, Gesellschaftsgeschichte, 552ff.

dende Durchbruch zu einer staatsinterventionistischen Politik war dann nach Ausbruch des 1. Weltkrieges 1914 und in der Zeit der Weimarer Republik zu verzeichnen.[5]

## II. Entstehung und Entwicklung der Gewerkschaften

3 Mit den oben grob nachgezeichneten Prozessen sind die Voraussetzungen für das Entstehen und die Entwicklung der **(Industrie-)Arbeiterschaft** beschrieben Zur Frage, warum und wie es zur Konstituierung dieser neuen Klasse neben dem weltlichen, dem geistlichen Adel, dem Bürgertum und den Bauern kam, können wiederum nur wenige Aspekte stichwortartig genannt werden.[6]

4 Wesentliche Bedingung war zunächst die Konzentration einer Masse von Arbeitern an den Orten der industriellen Produktion. Die politischen Voraussetzungen hierfür bestanden in der Änderung der Agrarverfassung in der Zeit von etwa 1780 bis 1835, für die sich der Begriff »Bauernbefreiung« durchgesetzt hat. Ihr Kern war die Aufhebung der persönlichen Bindung an den Grundherrn, wobei zum Eigentumserwerb jedoch die auf dem Grundstück liegenden Belastungen abgelöst werden mussten, was der mittellose kleine Bauer regelmäßig nicht ermöglichen konnte. Aus dem abhängigen Bauern wurde der **»doppelt freie Lohnarbeiter«**, der als Industriearbeiter im doppelten Wortsinn frei ist: frei vom Eigentum an den Produktionsmitteln und frei beim Verkauf seiner Arbeitskraft. Gab es um 1800 im Bereich der handwerklichen und manufakturellen Produktion vor allem wegen des Zunftzwanges praktisch keine Vertragsfreiheit und in der Landwirtschaft nicht einmal den Vertrag als rechtsbegründendes und rechtsgestaltendes Institut, so regelten sich um 1850 die Arbeitsbedingungen von rund 1 Million in der Industrie tätigen und (noch) 19,5 Millionen in der Landwirtschaft beschäftigten Personen durch einen Arbeitsvertrag.[7] Die Arbeits- und Lebensbedingungen der neuen Klasse von Lohnarbeitern waren katastrophal (Kinderarbeit, extensive Arbeitszeit von 16 Stunden und mehr, schlechte Arbeitsbedingungen, Trucksystem, d.h., das Entgelt wird zum Teil in Waren geleistet, usw.). In diese Zeit fielen die ersten Ansätze einer selbständigen Organisation der deutschen Arbeiterbewegung.

5 Unter den Faktoren, die zum gewerkschaftlichen Zusammenschluss beitrugen, spielt – wenn auch quantitativ kaum messbar – die **Theoriebildung** eine wesentliche Rolle. Zu nennen sind vor allem bei teilweise kontroverser Einschätzung: Karl Marx und Friedrich Engels (Mehrwerttheorie, Philosophie des dialektischen Materialismus, historischer Materialismus) sowie Ferdinand Lassalle (Ehernes Lohngesetz, Produktivassoziationen, Staatshilfe, allgemeines und direktes Wahlrecht). Nicht zufällig gehörten zu den ersten Vorläufern der Gewerkschaften Arbeiterbildungsvereine. Nicht zufällig war ferner für jene Berufsgruppen, die die ersten Gewerkschaften gründeten, ein hohes (zum Teil produktionsbedingtes) Maß an gruppeninterner Kommunikation typisch. Es handelte sich um die Zigarrenarbeiter (1865 Gründung des Allgemeinen Deutschen Zigarrenarbeiterverbandes als Dachorganisation) und die Buchdrucker (1866 Gründung des Deutschen Buchdruckerverbandes als Gesamtverband). So ergaben sich für die

5 *Brüggemeier*, Entwicklung, 59ff.
6 Ausführlich zur Geschichte der Gewerkschaften in dieser historischen Phase, *Limmer*, Gewerkschaftsbewegung, 12ff.; *Ritscher*, Koalitionen, 184ff.
7 *Kaiser*, KJ 1976, 71.

Zigarrenarbeiter, deren Produktion ohne Maschinen erfolgte, günstige Bedingungen für Gespräche am Arbeitsplatz. Häufig arbeitete die Belegschaft eines Arbeitssaales für einen Beschäftigten mit, der aus Zeitungen und Büchern vorlas (System der Vorleser).

Ein weiterer wichtiger Faktor, der zum Entstehen einer selbständigen Organisation der Arbeiterbewegung beitrug, waren **Arbeitskämpfe**. Sie brachten und bringen zunächst die Bereitschaft der abhängig Beschäftigten zum Ausdruck, ihre unmittelbaren sozialen und ökonomischen Interessen gegen die der Unternehmer wahrzunehmen. Gleichzeitig wurden als Keimzellen der Gewerkschaften Streikkassen und örtliche Zusammenschlüsse gebildet, um punktuelle Streikerfolge auf Dauer zu sichern. Schließlich brachte der Streik – trotz anhaltender theoretischer Kontroversen in der gewerkschaftlichen Konstituierungsphase über seine Zweckmäßigkeit – zunehmend und symbolhaft den Organisations- und Emanzipationswillen der gesamten Gewerkschaftsbewegung zum Ausdruck.[8] Wichtig für das historische Verhältnis von Streik und Tarifvertrag scheint, dass Streiks längst praktiziert wurden, bevor Tarifverträge als Mittel praktischer Gewerkschaftspolitik oder der Gewerkschaftsstrategie überhaupt in Erwägung gezogen wurden. **6**

Schließlich sind im Hinblick auf die Konstituierung der Gewerkschaften **besondere Faktoren** zu erwähnen. Wie gezeigt, waren die ersten Gewerkschaften die der Zigarrenarbeiter (1865) und der Buchdrucker (1866). 1867 schlossen sich die Schneider zu einem Gesamtverband zusammen. 1868 folgten die Zimmerer, 1869 die Metallarbeiter. Während die Buchdrucker als ehemals ständisch-zünftige und daher in ihrem traditionsgebundenen Bewusstsein der ständischen Gesellschaftsordnung noch nicht entwöhnte Handwerkerelite ihren herkömmlichen Lebensstandard, vor allem ihr traditionell hohes Sozialprestige, aufrechterhalten wollten, also in erster Linie nach einem wirksamen Mittel gegen Statusverlust suchten, bemühten sich die Zigarrenarbeiter als relativ junge, nach überkommenen Wertvorstellungen »wurzellose« und überdies stark mit »asozialen Elementen« durchsetzte Außenseitergruppe der bürgerlichen Gesellschaft mit Vorrang um ihre Statusanhebung.[9] **7**

Vor dem Hintergrund der gesellschaftlichen Strukturveränderungen seit etwa Mitte des 19. Jahrhunderts erscheinen für das **Verständnis des Tarifvertrages** vor allem folgende Aspekte von Bedeutung: Der Tarifvertrag als autonom ausgehandelter Kollektivvertrag ist ohne die vorstehenden grob dargestellten Umwälzungen der bürgerlich-kapitalistischen Revolution und des Entstehens der Arbeiterbewegung nicht denkbar. In der Feudalzeit mussten sich sowohl der Geselle im Handwerk als auch später der Arbeiter in der Manufaktur einer durch die Zünfte bzw. dann den Unternehmer vorgegebenen Rechtsordnung unterwerfen.[10] Erst der freie Arbeitsvertrag und Fortschritte in der Organisation schufen die Voraussetzungen für das Aushandeln und die kampfweise Durchsetzung autonomer Regelungen auf kollektiver Ebene. **8**

---

8 *Engelhardt*, Organisationsverhalten, in: Conze/Engelhardt, 397; zur (Kultur)geschichte der Arbeitskämpfe über die Jahrhunderte, *Kittner*, Arbeitskampf, 196ff.

9 *Engelhardt*, Anfänge, Bd. II, 1210ff.

10 *Willoweit*, JuS 1977, 576.

## III. Das Verhältnis des Staates zum Tarifvertrag

9 Das Verhältnis des Staates zum Abschluss kollektiver Vereinbarungen durch die Tarifvertragsparteien (Gewerkschaften und Unternehmerverbände) lässt sich nicht von der Position trennen, die die deutschen Partikularstaaten nach der gescheiterten Revolution des Jahres 1848 und seit 1871 der Bismarck-Wilhelminische Staat gegenüber der organisierten Arbeiterbewegung bezogen. Die deutlich dominierende Tendenz bestand darin, die Bildung und später die Handlungsmöglichkeiten der Gewerkschaften zu unterdrücken bzw. – soweit wie politisch durchsetzbar – zu beschränken.

10 Zwar sprach sich die **Gewerbeordnung des Norddeutschen Bundes** vom 21. Juni 1869 in § 152 Abs. 1 prinzipiell gegen Koalitionsverbote aus, betonte aber gleichzeitig in § 152 Abs. 2 die rechtliche Unverbindlichkeit von Absprachen. Vor allem wurden durch § 153 GewO Sonderstrafbestimmungen gegen Streikteilnehmer aufgenommen, »die andere durch Anwendung körperlichen Zwanges, durch Drohungen, durch Ehrverletzung oder durch Verrufserklärungen bestimmten oder zu bestimmen suchten, an solchen Verabredungen teilzunehmen oder ihnen Folge zu leisten oder andere durch gleiche Mittel hinderten oder zu hindern versuchten, von solchen Verabredungen zurückzutreten«. Diese Regelung, die in Deutschland erst nach der Novemberrevolution durch ein Gesetz vom 22. Mai 1918 aufgehoben wurde, diente in wachsendem Maße dazu, gewerkschaftliche Solidarität zwischen Streikenden nicht aufkommen zu lassen und durch den koalitionsrechtlichen »Schutz von Arbeitswilligen« organisierte Lohnkämpfe zu verhindern.

11 Deutlichster Ausdruck der fortbestehenden Unterdrückung der Gewerkschaftsbewegung durch den Staat war das **»Gesetz gegen die gemeingefährlichen Bestrebungen der Sozialdemokratie«**, das so genannte Sozialistengesetz, das von 1878 bis 1890 die sozialdemokratische Partei in die Illegalität trieb. Obwohl die formelle Koalitionsfreiheit des § 152 Abs. 1 GewO unangetastet blieb und die Gewerkschaften formal nicht verboten wurden, sind bereits im ersten Jahr, also 1878, 17 gewerkschaftliche Zentralverbände sowie eine Vielzahl örtlicher Gewerkschaften und Unterstützungskassen verboten worden.[11]

Während also die Gewerkschaftsbewegung nach 1878 durch das Sozialistengesetz staatlich unterdrückt worden ist, griffen **Justiz und Verwaltung** seit 1890 wieder auf die Ausnahmeregelung der Koalitionsfreiheit nach § 153 GewO von 1869 und repressive Vereinsrechtsbestimmungen der Einzelländer zurück, um den organisatorischen Status und effektive Streikmöglichkeiten der Gewerkschaften zu behindern bzw. zu unterbinden. Die Tragweite dieser Praxis wird deutlich, wenn man sich vor Augen hält, dass sogar der Ausschluss eines Streikbrechers aus der Gewerkschaft nach der Praxis der Behörden und der Gerichte aufgrund von § 153 GewO unter Strafe gestellt war. Selbst die Bemerkung eines Streikpostens gegenüber einem Streikbrecher, ob er sich nicht schäme, haben die Gerichte mit 14 Tagen Gefängnis bestraft.[12]

---

11 Im Einzelnen: *Döring/Kempen*, Sozialistengesetz; *Scherer*, Kampf gegen Sozialistengesetz.
12 *Liebknecht*, Reden, 33f.; *Saul*, Staat, 188ff.

## IV. Das Verhältnis der Unternehmer zum Tarifvertrag

12 In ihrer großen Mehrheit zeigten die Unternehmer keine Bereitschaft, die Gewerkschaften als Vertragspartei überhaupt anzuerkennen: »Kein Blatt Papier dürfe sich zwischen den Unternehmer und seine Arbeiter drängen und keine werksfremde Macht vorschreiben, welche Arbeitsbedingungen der Arbeitgeber mit seinen Arbeitern vereinbart«.[13] Dies war ein wesentlicher Grund dafür, dass bis zur Niederlage des Kaiserreichs 1918 der **Kernbereich der Wirtschaft**, vor allem die Eisen- und Stahlindustrie, der Bergbau und die chemische Industrie, dem Tarifvertrag praktisch verschlossen blieb[14] (zur quantitativen Entwicklung des Tarifvertrages: Grundl. Rn. 17ff.).

13 Unterschiedlich war die Situation allerdings in der stärker **mittelständisch strukturierten Wirtschaft**. Hier nahmen die Unternehmer seit dem letzten Drittel des 19. Jahrhunderts, aber vor allem nach der Jahrhundertwende gegenüber dem Tarifvertrag eine differenzierte Haltung ein, bei der die positive Einschätzung dominierte. Charakteristisch dafür war die Entwicklung im Druck- und Baubereich, die die beiden klassischen »Tarifvertrags-Gewerbe« sind. Hier trafen eine große Zahl von Faktoren zusammen, die den Tarifvertrag auch aus Unternehmersicht als Instrument eines geregelten Interessenausgleichs erkennen ließ: eine gewisse, aber nicht zu starke wirtschaftliche Konzentration, ein etwa gleich hoher Organisationsgrad der Konfliktparteien, qualifizierte Arbeitskräfte überwiegend handwerklicher Herkunft und Mentalität und – wegen der Saisonabhängigkeit im Bauwesen, wegen des Zwangs zur Aktualität im Zeitungsdruck- eine hohe Streikempfindlichkeit.[15] Der Zweck der Tarifverträge soll und muss sein, so formulierte 1906 ein führender Verbandsfunktionär des Buchdruckervereins, Ruhe im Gewerbe zu schaffen. Es war aber nicht nur die Stärke der Gewerkschaften und die eigene Konfliktscheu, die die Unternehmer vom Vorteil der Tarifverträge mit faktischer Friedenspflicht und langer Laufzeit überzeugte. Noch wichtiger war die Möglichkeit, die viel beklagte »Schmutzkonkurrenz« aus den eigenen Reihen in den Griff zu bekommen. Preisabsprachen, mit denen die Großindustrie die Konkurrenz der Billigpreise und Niedriglöhne erträglich gemacht hatte, ließen sich in weniger konzentrierten und organisierten Gewerbezweigen wie im Druck- und im Baubereich (noch) nicht durchsetzen. Tarifverträge mit Mindestlohnbestimmungen und höchstzulässigen Lehrlingszahlen boten einen willkommenen Ersatz. Hierzu trug bei, dass die gut organisierten Gewerkschaften in der Verrufserklärung, d.h. dem Entzug der Arbeitskräfte, eine wirksamere Waffe gegen Tarifbrecher besaßen als der Unternehmerverband gegen preisunterbietende Kleinbetriebe. Der Tarifvertrag wurde also in diesen Branchen weniger als ein Instrument des konfliktorischen Interessenausgleichs zwischen den Koalitionen begriffen. Das graphische Gewerbe, dessen Versuche mit Tarifverträgen bis 1848 zurückreichen, war eine der streikärmsten Gewerbegruppen. Vielmehr hatte er vor allem gewerberegulierende Funktionen im Sinne handwerksständischer Tradition, der sich Prinzipale und Gesellen häufig noch gleichermaßen verpflichtet fühlten.[16]

13 *Schuster*, Gewerkschaftsbewegung, 34.

14 *Ullmann*, Tarifverträge, 159ff.; gleichwohl gab es kollektive Regelungen auf betrieblicher Ebene sehr flexibler Art, *Plumpe*, Tarifsystem, 26ff.

15 Zu den Bedingungen im graphischen Gewerbe: *Schönhoven*, Arbeitskonflikte, 181f.

16 In Anlehnung an *Volkmann*, Organisation, 432f.

## V. Das Verhältnis der Gewerkschaften zum Tarifvertrag

**14** Nicht nur der überwiegende Teil der Unternehmer, sondern zunächst auch die **Mehrheit der Arbeiterbewegung** selbst stand zunächst dem Abschluss von **Tarifvereinbarungen skeptisch** gegenüber. Hier spielte ursprünglich der Einfluss Ferdinand Lassalles eine Rolle, der im Zusammenschluss zu Gewerkschaften und den Lohnkämpfen keine Möglichkeit sah, die Lebensverhältnisse der Arbeiterschaft nachhaltig zu verbessern. Dem Lassalleschen so genannten ehernen Lohngesetz, wonach die Arbeiter keine Aussicht hätten, ihren Lohn über das Existenzminimum hinaus zu erhöhen, hatte Karl Marx entgegengehalten, in 99 von 100 Fällen möge das Bemühen, den Arbeitslohn zu heben, lediglich der Versuch zur Behauptung des gegebenen Werts der Arbeit sein. Gerade das erfordere aber den gewerkschaftlichen Lohnkampf, der im Übrigen mit dem Kampf um die endgültige Abschaffung des Lohnsystems verbunden werden müsse.[17] Die Auseinandersetzung zwischen Lassalle auf der einen sowie Marx und Engels auf der anderen Seite um die Notwendigkeit gewerkschaftlicher Organisation beschäftigte lange Zeit hindurch die deutsche Arbeiterbewegung und hat die Bildung von Gewerkschaften, Lohnkämpfe und auch die kollektive Absicherung des Lohns durch Tarifverträge erschwert.

**15** In einer späteren Phase war von Bedeutung, dass prominente Vertreter der Arbeiterschaft und auch Gewerkschaftsführer (der so genannten freien-sozialistischen Gewerkschaften) im Abschluss von Tarifverträgen den Ausdruck von Harmonie und Zusammenarbeit mit dem Arbeitgeber – dem sozialen Gegner – sahen, der die Arbeiterbewegung schwäche. Allerdings war die Wirklichkeit wohl widersprüchlich. So berichtet die katholische Sozialpolitikerin, Fanny Imle, nach umfassenden empirischen Studien über die Tarifpraxis[18], »während ihre Organisationsführer ( die der Maurer) sich gegen die kapitalistische Gesellschaftsordnung in Geheimsitzungen verschworen, saßen die Leiter der örtlichen Zahlstellen oft Seite an Seite mit ihren Unternehmern und berieten über Abmachungen, welche das Gewerbe stützen und beide Parteien befriedigen sollten.«[19]

Um die Jahrhundertwende begann sich innerhalb der Gewerkschaften die Einsicht Bahn zu brechen, es sei vorteilhaft, die jeweiligen Lohnbewegungen durch Abschluss von Tarifverträgen für bestimmte Zeiträume abzusichern. Auf dem **Kongress der Generalkommission der deutschen Gewerkschaften 1899** wurde eine Resolution angenommen, wonach tarifliche Vereinbarungen von Lohn- und Arbeitsbedingungen für eine bestimmte Zeit als Beweis für die Anerkennung der Gleichberechtigung der Arbeitnehmer gelten könnten. Sie seien in Berufen mit beiderseits starken Organisationen erstrebenswert, die eine Gewähr für die Einhaltung der Vereinbarung bieten würden.[20] Umstritten blieb freilich, wie Tarifverträge im Rahmen einer Theorie und Strategie einzuordnen wären, die darauf abzielte, die bestehenden (kapitalistischen/marktwirtschaftlichen) Verhältnisse zu überwinden. Überwiegend ging man innerhalb der Gewerkschaften und Sozialdemokratie davon aus, der Tarifvertrag sei **kein Friedensvertrag**, sondern ein

---

17 Zu dieser Auseinandersetzung z.B. *W. Hoffmann*, 81 ff.

18 *Imle*, Gewerbliche Friedensdokumente (1905) und *ders.*, Die Tarifverträge (1907).

19 *Imle*, Die Tarifverträge, 19.

20 Zu Vorstehendem ausführlich, *Ullmann*, Tarifverträge, 159 ff.; *Burkhardt*, Menschrechte, 51 ff.; *Blanke/Erd/Mückenberger/Stascheit*, Kollektives Arbeitsrecht, 128 ff.; *Braun*, Tarifvertrag, 100; *Picker*, ZfA 1986, 289 ff., den Friedensgedanken allerdings überbetonend.

**Waffenstillstand.**[21] Er bringe lediglich das jeweilige, d.h. aktuelle Kräfteverhältnis zwischen Kapitalisten und Arbeitern zum Ausdruck und müsse bei wachsendem Einfluss der Arbeitnehmerschaft zu deren Gunsten verändert werden.

Mit dieser Stellungnahme des Gewerkschaftskongresses war die Anerkennung des Tarifvertrages durch die freien Gewerkschaften grundsätzlich entschieden, wenn auch auf dem folgenden **Kongress im Jahre 1902** diese Frage noch einmal im Mittelpunkt der Debatte stand. Auf diesem Kongress rückten Teilprobleme des Tarifvertrages in den Vordergrund der Diskussion, nämlich die Frage, ob eine gesetzliche Regelung opportun sei, sowie die der Haftung bei Streitigkeiten aus dem Tarifvertrag. Mit unterschiedlichen Akzenten in der Begründung (Klassencharakter der Gesetzgebung, Einschränkung der gewerkschaftlichen Autonomie) lehnten führende Theoretiker der Tarifvertragsfrage (*Braun*) und Praktiker (*Leipart*) eine gesetzliche Regelung des Tarifvertrages ab.[22] 16

## VI. Die quantitative Entwicklung und qualitative Bedeutung des Tarifvertrages

**1873** gelang es den **Buchdruckern** nach verschiedenen Resolutionen, zahlreichen örtlichen Streiks und Gründung eines Zentralverbandes unter großen finanziellen und persönlichen Opfern den **ersten bedeutenden Tarifvertrag** in Deutschland abzuschließen. Bemerkenswert ist, dass dieser Tarifvertrag nur unter Streikdruck zustande kam (der Streik als Geburtshelfer des Tarifvertrages). Der damalige Vorsitzende des Deutschen Buchdruckerverbandes, *Richard Härtel*, war gezwungen, die Interessen der Gewerkschaftsmitglieder aus dem Gefängnis heraus zu vertreten. Er hatte sich in der Gewerkschaftszeitung gegen die Beschäftigung von Streikbrechern gewandt. Die Formulierung: »Wir erwarten, dass kein ehrenhafter Kollege in Leipzig (dort wurden die Tarifverhandlungen geführt) Kondition annimmt«, brachten ihm sechs Wochen Gefängnis ein.[23] Auch im Hinblick auf seine Verbindlichkeit wurde dieser Tarifvertrag recht bald nach seiner Durchsetzung von den Unternehmern in Frage gestellt.[24] Trotz dieser Schwierigkeiten, zu denen wiederkehrende ökonomische Krisen mit Lohnsenkungen und Massenarbeitslosigkeit hinzukamen, folgte auf den wegweisenden Buchdruckertarif von 1873 im Jahre 1899 der erste Bauarbeitertarifvertrag. 17

Ideologische, ökonomische und rechtliche Gesichtspunkte waren die Gründe dafür, dass ca. drei bis vier Jahrzehnte seit Abschluss des bahnbrechenden Tarifvertrages von 1873 vergingen, ehe der **Tarifvertrag eine größere praktische Bedeutung** erlangte.[25] In der Hochkonjunkturperiode 1903 bis 1907 setzte sich der Tarifvertrag auch außerhalb des graphischen Gewerbes endgültig im Bau-, Holz-, Brauerei- und Schneidergewerbe sowie in Klein- und Mittelbetrieben der Metallverarbeitung durch. 1906 existierten bereits zwischen 3000 und 4000 Tarifverträge, und im Jahre 1913 zählte man bereits ca. 13000 Tarifverträge für mehr als 2 Millionen Beschäftigte. Einschränkend ist allerdings noch einmal zu betonen, dass es in Kernbereichen der Wirtschaft, wie denen des Bergbaus, der Schwerindustrie und der Chemie, wegen des erbitterten Widerstandes der 18

21 *Braun*, Tarifvertrag, 100 in kritischer Auseinandersetzung mit *Imle*; vgl. auch *A. Weber*, Kampf, 490.
22 Hierzu *Hüllbüsch*, Koalitionsfreiheit, 599ff.; *Zapka*, Entwicklungsbedingungen, 324ff.
23 *Burkhardt*, Menschrecht, 20.
24 *Neuland*, Proletarier, 87f.
25 Zur Entwicklung der Gewerkschaften zu Massenorganisationen in dieser historischen Phase, *Limmer*, Gewerkschaftsbewegung, 33ff.

Arbeitgeber bis 1918 nur in sehr eingeschränktem Maße gelang, Tarifverträge abzuschließen.[26]

19 In **einzelnen Branchen** hatte sich der Tarifvertrag im Jahr 1912 wie folgt durchgesetzt: Im polygraphischen Gewerbe waren 50,8% der Arbeiter erfasst, im Baugewerbe 46,8%, in der Holzindustrie 29,5%, in der chemischen Industrie dagegen nur 4,3% und in der Textilindustrie 1,9%. Landwirtschaft, Bergbau, Schwereisenindustrie, Großchemie, Elektroindustrie, fast alle Großbetriebe des Maschinenbaus, des Handels-, Verkehrs-, Versicherungs, Gastwirts- und Nahrungsmittelgewerbes blieben mit wenigen Ausnahmen bis 1918 tariffrei. So existierten z.B. 1913 im Bergbau und in der Hüttenindustrie Tarifverträge für 82 und in der chemischen Industrie für 6000 Personen.[27]

20 **Inhaltlich** ging es vor allem um Lohnfragen. Nicht zuletzt dem gewerkschaftlichen Bemühen auf diesem Feld war es zu verdanken, dass zwischen 1885 und 1910 eine ungefähr hundertprozentige Steigerung der Realeinkommen erreicht wurde.[28] Vor allem im Bereich von Druck und Papier wurden bereits tarifliche Maschinenbesetzungsregelungen abgeschlossen, die heute unter die Rubrik Rationalisierungsschutzabkommen eingeordnet würden.[29] Nur ausnahmsweise bezogen sich tarifliche Absprachen auf den »Kernbereich« unternehmerischer Entscheidungen, wie die Einstellung technischer Leiter, die Festsetzung von Verkaufspreisen und die Vorlage von Geschäftsbüchern.[30]

## VII. Die rechtliche Erfassung des Tarifvertrages

21 Wichtig erscheint in diesem Zusammenhang vor allem, dass der Tarifvertrag – mit den geschilderten Ausnahmen – lange praktiziert und respektiert worden ist, bevor er rechtswissenschaftlich analysiert oder gar gesetzlich normiert wurde. Als Beleg für die »**stillschweigende Durchsetzung des Tarifgedankens**« soll auf eine Einschätzung des Kaiserlichen Statistischen Amtes hingewiesen werden, das im Jahre 1906 in einer über 1000 Seiten starken Untersuchung zu folgender Bewertung kommt[31]: Zweck des Tarifvertrages sei es, über den einzelnen Arbeitsvertrag hinaus und unabhängig von ihm für die zukünftigen Arbeitsverträge die Arbeitsbedingungen im Gewerbe maßgebend und möglichst einheitlich zu regeln, und zwar in einer Weise, bei der beide Parteien für ihre Wünsche Rechnung finden. Darin liege seine natürliche Tendenz zur Verallgemeinerung, zur möglichst umfassenden Ausgestaltung. Diese Abmachung bedeute, dass, wenn gearbeitet werde, dies in diesem Gewerbe oder bei diesem Arbeitgeber nur unter diesen festgelegten Bedingungen geschehen soll.

Die »Pioniere des deutschen (und europäischen) Arbeitsrechts«, *Philipp Lotmar* (1850 bis 1922)[32] und *Hugo Sinzheimer* (1871 bis 1945)[33] haben das vorliegende An-

---

26 Es gab gleichwohl flexible Regelungen auf kollektiver betrieblicher Ebene, *Plumpe*, Tarifsystem, 26ff.

27 *Sinzheimer*, Tarifgedanke, 150ff.; *Ullmann*, Tarifverträge, 97ff.; *Saul*, 61; die großen zeitgenössischen Untersuchungen waren: *Imle*, Gewerbliche Friedensabkommen (1905) und *ders.*, Die Tarifverträge (1907) sowie *Braun*, Tarifvertrag, (1908).

28 *Grebing*, Geschichte, 102.

29 Vgl. *Burkhardt*, Menschenrecht, 197ff.

30 *Däubler/Hege*, Koalitionsfreiheit, 22, mit weiteren Nachweisen.

31 *Kaiserliches Statistisches Amt*, Bd. I, 56f.

32 Zu ihm: *Rückert*, ZfA 1992, 225; ferner auch zur aktuellen Bedeutung: *Rehbinder*, Vorwort, 17ff.

33 Aus neuerer Zeit *Zachert*, RdA 2001, 104, mit Nachweisen; zu *Lotmar* und *Sinzheimer*, *Dorndorf*, Markt und Moral, 231ff., ferner *Zachert*, RdA 2003, 1; unterschiedliche Einschätzung bei *Picker*, Tarifautonomie; *ders.* Ursprungsidee.

schauungsmaterial zur Grundlage ihrer konzeptionellen Arbeit genommen und so die **Rechtstatsachenforschung** mit begründet.[34]

Soweit die **Rechtswissenschaft** tarifliche Regelungen nicht prinzipiell ablehnte, versuchte sie zunächst Tarifverträge mit Mitteln des Individualrechts zu erfassen.[35] *Lotmar* sah in den Tarifvertragsparteien die Stellvertreter der Parteien des Arbeitsvertrages.[36] Zugleich geht auf ihn der über das Zivilrecht hinausreichende Gedanke der »**Unabdingbarkeit des Tarifvertrages**« zurück, der den Vorrang gegenüber arbeitsvertraglichen Vereinbarungen begründet.[37] Diese Konzeption wurde von Sinzheimer maßgeblich weiter entwickelt. Er vertrat die Auffassung, dass **Gewerkschaften und Arbeitgeberverbände autonom**, also nicht nur stellvertretend für ihre Mitglieder, Recht setzen können und sieht deshalb den Tarifvertrag als Quelle objektiven Rechts mit normativer Wirkung und zugleich als Ausdruck **sozialer Selbstbestimmung**.[38]

Die **Rechtsprechung** ging im Jahre 1910 erstmalig von der Verbindlichkeit von Tarifverträgen aus und unterwarf sie den allgemeinen Regeln des Vertragsrechts. **22**
Dies geschah allerdings nicht vorrangig aus dem Gesichtspunkt, die abhängig Beschäftigten zu schützen, sondern mit dieser Konstruktion wurde eine Schadensersatzpflicht gegen den deutschen Holzarbeiterverband begründet. Dieser hatte die finanzielle Unterstützung der zum 1. Mai in Hamburg-Altona streikenden Arbeiter beschlossen. Die Arbeitgeber sahen hierin eine Verletzung des bestehenden Lohntarifvertrages. Das Reichsgericht führt in diesem Zusammenhang aus, der Abschluss des Tarifvertrages stelle, wenn ihm ein Arbeitskampf vorangegangen sei, entweder selbst das Ziel oder doch dessen Ergebnis dar. Dies sei mit der Situation vergleichbar, wo die Unterwerfung einer unterlegenen Partei unter die Forderungen des obsiegenden Gegners keine Maßnahme sei, die dieses Ergebnis bekämpfe, vielmehr einen Friedensschluss darstelle, der den Kampf beende. Komme aber der Tarifvertrag zustande, ohne dass bestimmte Maßnahmen des Widerstandes ergriffen wurden, so sei er ein Akt, der zur Abwendung des Kampfes vorgenommen werde.[39]

Den Durchbruch hinsichtlich der rechtlichen Erfassung und Normierung des **23**
Tarifvertrages brachte die **Novemberrevolution des Jahres 1918** mit der »Verordnung für Tarifverträge …«.

## B. Die Geschichte des Tarifvertrages von 1918 bis 1945

### I. Anerkennung von Gewerkschaften und Tarifvertrag 1918

Der politische Umbruch im November 1918 bringt den Gewerkschaften und dem **24**
Tarifvertrag die vollständige rechtliche Anerkennung. Nachdem im Gesetz betreffend den vaterländischen Hilfsdienst vom 15. Dezember 1916[40] die Gewerkschaften vom Gesetzgeber zum ersten Mal erwähnt worden waren, kam es be-

34 *Lotmar,* Der Arbeitsvertrag; *Sinzheimer,* Der korporative Arbeitsnormenvertrag; als Begründer der Rechtssoziologie gilt *Ehrlich,* Grundlegung.

35 Umfassend *Dreschers,* Entwicklung, 22ff.

36 So genannte Vertretertheorie: *Lotmar,* Der Arbeitsvertrag, Bd. I, 755ff.

37 *Lotmar,* Die Tarifverträge.

38 *Sinzheimer,* Tarifgedanke, 150ff.; *ders.,* Der korporativer Arbeitsvertrag; *ders.,* Ein Arbeitstarifgesetz; *ders.* Grundzüge des Arbeitsrechts.

39 RG 20.1.1910, RGZ 73, 92ff.; zur Rechtsprechung eingehend: *R. Schröder,* Entwicklung.

40 RGBl. 1333.

reits unmittelbar nach der Revolution am 15. November 1918 zu einer Vereinbarung zwischen den Arbeitgeber- und Arbeitnehmerspitzenverbänden (so genannte November-Abkommen, nach seinen wesentlichen Initiatoren auf beiden Seiten auch **Stinnes-Legien-Abkommen** genannt[41]). Mit diesem Abkommen, das von der Reichsregierung veröffentlicht[42] und ausdrücklich befürwortet wurde, wurden unter anderem die Gewerkschaften als berufene Vertretung der Arbeiterschaft anerkannt (Ziff. 1), eine Beschränkung der Koalitionsfreiheit ebenso wie eine Unterstützung der wirtschaftsfriedlichen Vereine (gelbe Gewerkschaften) verboten (Ziff. 2 und 3) und die Regelung der Arbeitsbedingungen für alle Arbeiter durch Kollektivvereinbarungen (Tarifverträge) zwischen Gewerkschaften und Arbeitgeberverbänden vorgesehen (Ziff. 6). Darüber hinaus sah das Abkommen die Bildung von paritätisch besetzten Arbeitsgemeinschaften zur Durchführung der Vereinbarung und zur Aufrechterhaltung des Wirtschaftslebens vor (Ziff. 10). Auf Grund dessen wurde kurze Zeit später die »**Zentralarbeitsgemeinschaft der industriellen und gewerblichen Arbeitgeber und Arbeitnehmer Deutschlands**« mit dem Ziel, »die gemeinsame Lösung aller die Industrie und das Gewerbe Deutschlands berührenden wirtschaftlichen und sozialen Fragen, sowie alle sie betreffenden Gesetzgebungs- und Verwaltungsangelegenheiten« zu regeln, gegründet.[43]

**25** Auf der Grundlage dieser Koalitionsvereinbarungen erließ der Rat der Volksbeauftragten am 23. Dezember 1918 die **Verordnung über Tarifverträge, Arbeiter- und Angestelltenausschüsse und Schlichtung von Arbeitsstreitigkeiten**.[44] Diese Tarifvertragsverordnung erkannte die unmittelbare und zwingende Wirkung des Tarifvertrages an bei Geltung des Günstigkeitsprinzips (§ 1) und sah die Möglichkeit einer allgemeinen Verbindlichkeitserklärung von Tarifverträgen durch das Reichsarbeitsamt (§ 2) sowie paritätisch besetzte Schlichtungsausschüsse zum Zwecke der Schlichtung von Arbeitsstreitigkeiten (§§ 15ff.) vor, ohne dass zunächst allerdings eine Einigung im Wege der Zwangsschlichtung erzwungen werden konnte (§ 27).

**26** Die **Weimarer Reichsverfassung vom 11. August 1919**[45] sicherte die dargestellten Errungenschaften schließlich verfassungsrechtlich ab, indem sie die Vereinigungsfreiheit zur Wahrung und Förderung der Arbeits- und Wirtschaftsbedingungen garantierte (Art. 159) und Gewerkschaften wie Arbeitgeberverbände einschließlich der zwischen diesen getroffenen Vereinbarungen (Tarifverträge) anerkannte (Art. 165 Abs. 1 Satz 2). Mit dieser ausdrücklichen Garantie der Tarifautonomie[46] wurde gleichzeitig ihr Vorrang vor der betrieblichen Interessenvertretung (Art. 165 Abs. 2 WRV), also der so genannte **Tarifvorrang**, verfassungsrechtlich normiert.[47]

**27** Diese von den Gewerkschaften lange erstrebte rechtliche Anerkennung eines autonomen kollektiven Systems zur Regelung der Arbeits- und Wirtschaftsbedingungen kann allerdings nicht losgelöst von ihrem politischen Hintergrund

41 Vgl. dazu auch *Ramm*, ZfA 1988, 157ff.
42 Dt. RAnz. vom 18.9.1918, Nr. 273 = RArbBl. 1918, 874.
43 Satzung für die Arbeitsgemeinschaft der industriellen und gewerblichen Arbeitgeber und Arbeitnehmer Deutschlands, RArbBl. 1918, 874; vgl. dazu *Feldmann/Steinisch*, 22; *Nörr*, ZfA 1986, 403, 412.
44 RGBl. 1918, 1456.
45 RGBl. I, 1383.
46 Vgl. *Sinzheimer*, Die Reform des Schlichtungswesens, 240; *Nörr*, ZfA 1992, 375.
47 *Anschütz*, WRV, Art. 165 Anm. 3; *Nörr*, ZfA 1992, 375; *Kempen*, RdA 1994, 143.

betrachtet werden[48], sollte sich doch unter anderen wirtschaftspolitischen Vorzeichen schon sehr bald die Brüchigkeit des 1918/19 geschaffenen Systems zeigen und die Tarifautonomie erneut in Frage gestellt werden. Die Bereitschaft der Arbeitgeberverbände zur Anerkennung der Gewerkschaften und zur Zusammenarbeit mit ihnen beruhte anscheinend überwiegend auf der Angst vor einem gesellschaftlichen Umsturz hin zu einem sozialistischen Staat. Ihre Kompromissbereitschaft war nämlich nur so lange gegeben, wie man die Gewerkschaften als Bundesgenossen gegen Sozialisierungsbestrebungen und Rätebewegung benötigte.[49] Dieses nur »taktische Verhältnis« der Arbeitgeber zum Tarifvertrag und seiner Anerkennung[50] wird schon dadurch belegt, dass die ersten Verhandlungen zur Schaffung einer zentralen Arbeitsgemeinschaft zwischen Arbeitgeber- und Arbeitnehmerspitzenverbänden um die Jahreswende 1917/18, als der Ausgang des Ersten Weltkrieges und das Schicksal des Kaiserreichs noch nicht endgültig entschieden waren, am Widerstand der Arbeitgeberseite scheiterten und dass die Arbeitgeber auch später nicht zögerten, die wahren Beweggründe ihrer Kompromissbereitschaft aufzuzeigen.[51] Darüber hinaus beweist die weitere Entwicklung der Tarifautonomie in der Weimarer Republik diese taktische Vorgehensweise der Arbeitgeber.

## II. Erneute Angriffe gegen die Tarifautonomie in der Weimarer Republik

Bald nachdem die politische Situation sich stabilisierte, die Gefahr einer Sozialisierung der Produktionsmittel nicht mehr gegeben war und die Macht der Arbeitgeber sich wieder verstärkte, wurde die Anerkennung der Gewerkschaften und der **Tarifautonomie** von der Arbeitgeberseite wieder **bekämpft**. Der »Kampf um das neue Arbeitsrecht«, so schrieb *Hugo Sinzheimer* 1924[52] »ist zunächst ein Kampf um die Erhaltung und Förderung des Tarifgedankens, dieses wichtigsten Zweigs des autonomen Arbeitsrechts. Ihn zu schwächen oder sogar zu beseitigen, um die ›Freiheit des Arbeitsvertrags‹ wiederherzustellen, ist heute das offene und heimliche Bestreben eines großen Teils der deutschen Arbeitgeberschaft. Der Tarifvertrag soll ersetzt werden durch die so genannte Werksvereinbarung. Die Regelung des Arbeitsverhältnisses soll den Händen der Gewerkschaften entzogen und auf die Betriebsvertretungen oder besondere Werksvereinigungen übertragen werden. Die Organisation, die außerhalb des Betriebes ihren Schwerpunkt hat, sei es als Berufs- oder Industrieverband, soll zum Absterben gebracht werden. Die Idee der ›Werksgemeinschaft‹ soll die Koalition verdrängen.« 28

Mit Erfolg wandten sich die Arbeitgeber z.B. dagegen, dass die wesentlichen Aussagen des November-Abkommens durch eine entsprechende gesetzliche Regelung bekräftigt wurden.[53] Ihre gesamten, dem November-Abkommen zuwi- 29

48 Siehe dazu *Ramm*, ZfA 1988, 157ff.

49 Vgl. *Schneider*, Unternehmer und Demokratie, 37; *Bahl*, GMH 1978, 397f.; *Hartwich*, GMH 1987, 267.

50 *Zachert*, Tarifvertrag, 76.

51 Vgl. *Schneider*, Aussperrung, 80, mit weiteren Nachweisen.

52 *Sinzheimer*, Die Fortbildung des Arbeitsrechts, 93. Die 2002 und 2003 von den Fraktionen der CDU/CSU (BT-Drucks. 15/1182) und der FDP (BT-Drucks. 15/590 und 15/1225) vorgeschlagenen Eingriffsermächtigungen der Betriebsräte in Tarifverträge verfolgen 80 Jahre später dieselbe Intention der Beseitigung der zwingenden Tarifnormwirkung zu Gunsten betrieblicher »Beschäftigungsvereinbarungen« – zu deren Kritik vgl. *Dieterich*, RdA 2002, 1, und *Zachert*, AuR 2004, 122, sowie Grundl. Rn. 149f.

53 Vgl. *Schneider*, Unternehmer, 36f.; *Bahl*, GMH 1978, 398.

derlaufenden Bestrebungen, zu denen auch ein Abrücken vom 8-Stunden-Tag (Ziff. 9 des November-Abkommens) gehörte[54], wurden gefördert und erleichtert durch die ab Mitte 1922 sich immer stärker entwickelnde Geldentwertung und dem damit verbundenen Machtverlust der Gewerkschaften. Es war den Gewerkschaften nicht mehr möglich, das notwendige Einkommen ihrer Mitglieder in Tarifverträgen zu sichern, weil die Inflation durch Tarifverträge nicht mehr einzuholen war. Dies wiederum führte dazu, dass die bis 1923 ungewöhnlich stark ansteigende Zahl der Gewerkschaftsmitglieder sich innerhalb eines Zeitraums von nur gut einem Jahr von rund 7,1 Mio. (1923) auf rund 4,7 Mio. (1924) reduzierte.[55] Vor diesem Hintergrund einer immer stärker werdenden Machtverlagerung zugunsten der Arbeitgeber, eines Abrückens der Arbeitgeber von den wesentlichen Punkten des November-Abkommens und schließlich des im März 1924 vom Allgemeinen Deutschen Gewerkschaftsbund (ADGB) – im Anschluss an die von der Reichsregierung unterstützten Bestrebungen der Arbeitgeber zur Aufhebung des 8-Stunden-Tags – erfolgten **Austritts aus der Zentralarbeitsgemeinschaft**, mit dem die Arbeitgeber das November-Abkommen insgesamt als hinfällig ansahen, ist die Neuregelung des Schlichtungswesens im Oktober 1923 zu sehen.[56]

**30** Am 30. Oktober 1923 erließ die Reichsregierung Stresemann, gestützt auf das Ermächtigungsgesetz vom 13. Oktober 1923[57], eine **Verordnung über das Schlichtungswesen.**[58] Danach wurden anstelle der bis dahin in der Tarifvertragsverordnung vorgesehenen Schlichtungsausschüsse von der obersten Landesbehörde im Einvernehmen mit dem Reichsarbeitsminister neue Schlichtungsausschüsse errichtet, die aus einem oder mehreren unparteiischen Vorsitzenden und aus Beisitzern der Arbeitgeber und der Arbeitnehmer in gleicher Zahl bestehen sollten (§ 1 SchlVO). Für größere Wirtschaftsbetriebe ebenso wie für besondere Einzelfälle konnte der Reichsarbeitsminister unmittelbar Schlichter bestellen, die die Schlichtung in Fällen von besonderer Wichtigkeit für das Wirtschaftsleben übernehmen sollten (§ 2 SchlVO). Schlichtungsausschüsse wie Schlichter waren aufgerufen, »zum Abschluss von Gesamtvereinbarungen (Tarifverträgen, Betriebsvereinbarungen) Hilfe zu leisten, soweit eine vereinbarte Schlichtungsstelle nicht besteht oder den Abschluss einer Gesamtvereinbarung nicht herbeiführt« (§ 3 SchlVO). Sie konnten nicht nur auf Anruf einer Partei, sondern auch von Amts wegen tätig werden (§ 5 Abs. 1 SchlVO) und, wenn es ihnen weder gelang, den Abschluss einer Gesamtvereinbarung herbeizuführen, noch in der Schlichtungskammer eine Einigung zu erreichen, einen Vorschlag für den Abschluss einer Gesamtvereinbarung (Schiedsspruch) machen (§ 5 Abs. 2 bis 4 SchlVO). Wurde ein solcher Schiedsspruch von beiden Parteien angenommen, hatte er die Wirkung einer schriftlichen Gesamtvereinbarung. Gleiches sollte gelten, wenn der Spruch auf Grund gesetzlicher Vorschrift oder einer Vereinbarung bindend ist (§ 5 Abs. 4 SchlVO).

Entscheidender Punkt dieser Schlichtungsverordnung war dann die in § 6 SchlVO vorgesehene Möglichkeit der Verbindlichkeitserklärung durch den Schlichter. Wörtlich hieß es: »Wird der Schiedsspruch nicht von beiden Parteien

54 Vgl. *Schneider*, Aussperrung, 86; *Feldmann*, 249.
55 Zahlen nach *Schneider*, Aussperrung, 86.
56 Siehe auch *Hartwich*, GMH 1987, 268.
57 RGBl. I, 943.
58 RGBl. I, 1043.

angenommen, so kann er für verbindlich erklärt werden, wenn die in ihm getroffene Regelung bei gerechter Abwägung der Interessen beider Teile der Billigkeit entspricht und ihre Durchführung aus wirtschaftlichen und sozialen Gründen erforderlich ist. … Die Verbindlichkeitserklärung ersetzt die Annahme des Schiedsspruchs.«[59]

Mit dieser Regelung, die die Einführung eines **Zwangstarifvertrages** als letztem Mittel beinhaltete, war die Tarifautonomie wieder in Frage gestellt. Tatsächlich führte das ab 1923 geltende Schlichtungsrecht dann auch zu einer immer stärker werdenden Regelung der Arbeits- und Wirtschaftsbedingungen durch den Staat, auch wenn die **Schlichtungsverordnung** davon ausging, dass die Tarifparteien zunächst in eigener Verantwortung tätig werden sollten. Die in § 6 SchlVO vorgesehene Verbindlichkeitserklärung beinhaltete mehr als nur ein Institut zur Vermeidung tarifloser Zustände; die Möglichkeit, dass der Staat einen Schiedsspruch für verbindlich erklären konnte, bedeutete, dass dort, »wo eine freiwillige Einigung der Parteien nicht stattfindet, die Arbeitsbedingungen nicht mehr die jeweilige Resultante des Klassenkampfes, sondern die Ziele der staatlichen Sozialpolitik widerspiegeln«[60], dass »die Gestaltung der Arbeitsbedingungen aus der gesellschaftlichen in die politische Sphäre zurückverlegt und damit der Grundgedanke des Kollektivismus gescheitert« war.[61] **31**

Wenn die Gewerkschaften und z.B. auch *Sinzheimer* als der Begründer der Idee von der tarifautonomen Gestaltung des Arbeits- und Wirtschaftslebens durch Koalitionen der **staatlichen Zwangsschlichtung** dennoch überwiegend positiv gegenüberstanden[62] und unter Berufung auf den Staat die Aufrechterhaltung ihrer eigenen Stärke vernachlässigten[63], so beruht dies wohl darauf, dass man in der staatlichen Zwangsschlichtung wegen der überlegenen Machtposition der Arbeitgeber den letzten Rettungsanker zur Erhaltung des Tarifvertrages überhaupt sah.[64] In der Tat stellte sich den Gewerkschaften spätestens ab 1923 die Frage, ob die Tarifautonomie, wie sie 1918 garantiert worden war, in Anbetracht der Kräfteverhältnisse beider Seiten noch eine für die Arbeitnehmer zumutbare Regelung der Arbeits- und Wirtschaftsbedingungen erreichen konnte.[65] **32**

Im Gegensatz zu den Gewerkschaften wehrten sich die Arbeitgeber gegen die 1923 eingeführte **Zwangsschlichtung**, wie sie überhaupt im Bewusstsein ihrer Übermacht die Tarifautonomie mit den verschiedensten Mitteln zu beseitigen versuchten: So begannen sie etwa nach der Aufkündigung der Zentralarbeitsgemeinschaft durch den ADGB im März 1924 erneut mit der Unterstützung so genannter **gelber Gewerkschaften**, obwohl sie dies im November-Abkommen 1918 ausgeschlossen hatten und obwohl die ganz h.M. in der juristischen Literatur und in der Rechtsprechung davon ausging, dass als tariffähige Gewerkschaften nur solche Vereinigungen anerkannt werden konnten, die vom sozialen Gegenspieler unabhängig seien (im Einzelnen hierzu § 2 Rn. 18). Auch versuchten die Arbeitgeber den Abschluss von Tarifverträgen über das Institut der Zwangs- **33**

59 Weitere Einzelheiten zu Inhalt und Bedeutung der Schlichtungsverordnung vom 30.10.1923 bei *Nörr*, ZfA 1986, 417ff.

60 *Kahn-Freund*, Funktionswandel, 225.

61 *Kahn-Freund*, Funktionswandel, 225.

62 Vgl. etwa *Sinzheimer*, Reform, 238ff.; *ders.*, Bedeutung, 286ff.

63 Vgl. auch *Zachert*, Tarifvertrag, 77.

64 Zur Haltung der Gewerkschaften gegenüber dem staatlichen Schlichtungswesen im Einzelnen *Bahl*, GMH 1978, 397.

65 Siehe auch *Hartwich*, GMH 1987, 265ff., 268.

schlichtung dadurch zu unterlaufen, dass sie durch entsprechende Regelungen in den Satzungen ihrer Verbände den Abschluss von Tarifverträgen als Verbandsziel ausschlossen (Problem der **gewollten Tarifunfähigkeit**[66]). Eine Vorgehensweise, die das Reichsarbeitsgericht[67] schließlich 1929 für rechtswidrig erklärte.

**34** Den Höhepunkt des Kampfes der Arbeitgeberseite gegen die 1918 zunächst ausgesprochene Anerkennung der Gewerkschaften und des Tarifvertrages bildete schließlich der so genannte **Ruhreisenstreit** des Jahres 1928.[68] Spätestens ab diesem Zeitpunkt waren in den Versuchen der Arbeitgeber, die Tarifautonomie einzuschränken oder gar ganz zu beseitigen, zumindest teilweise Züge eines Angriffs gegen die Weimarer Republik überhaupt festzustellen. Nach Kündigung des Tarifvertrages in der rheinisch-westfälischen Eisenindustrie durch die Metallarbeiter-Gewerkschaften zum 31. Oktober 1928, verbunden mit einer Forderung der Gewerkschaften auf Erhöhung des Stundenlohnes um 15 Pfennige, kündigten die Arbeitgeber bereits am 13. Oktober 1928 die Aussperrung aller Arbeitnehmer des betroffenen Tarifgebietes zum 1. November an. Nachdem auch das von den Gewerkschaften beantragte Schlichtungsverfahren nicht zu einer Einigung führte, kam es in diesem Verfahren am 27. Oktober durch den Stichentscheid des Schlichters zu einer Erhöhung der Löhne um sechs Pfennige, die von den Gewerkschaften, nicht aber von den Arbeitgebern akzeptiert wurde. Der Schlichtungsspruch wurde daraufhin am 31. Oktober vom Reichsarbeitsministerium für verbindlich erklärt. Trotz dieser Verbindlichkeitserklärung, also trotz des gemäß § 6 SchlVO rechtswirksam zustande gekommenen Tarifvertrages, sperrten die Arbeitgeber am nächsten Tag wie zuvor angekündigt insgesamt 240 000 Arbeitnehmer aus. Sie begründeten dieses Vorgehen mit der angeblichen Nichtigkeit des Schlichtungsspruches. An diesen fühlten sie sich unter anderem deswegen nicht gebunden, weil § 21 Abs. 5 Satz 4 der 2. AusführungsVO zur SchlVO vom 29. Dezember 1923[69] (diese Vorschrift gab dem Vorsitzenden der Schlichterkammer die Möglichkeit, wenn keine Meinung die Mehrheit der Schlichterkammer auf sich vereinigte, durch Stichentscheid einen Spruch der Kammer zu verkünden) in Widerspruch zu Wortlaut und Sinn der Schlichtungsverordnung stehe. Eine Rechtsmeinung, die vorher nie vertreten worden war. Auf ihre entsprechende Feststellungsklage gab das Arbeitsgericht Duisburg den Arbeitgebern recht, das Landesarbeitsgericht Düsseldorf entschied entgegengesetzt, und das Reichsarbeitsgericht[70] bestätigte schließlich im Grundsatz die Auffassung der Arbeitgeber und erklärte § 21 Abs. 5 Satz 4 der 2. AusführungsVO zur SchlVO für nichtig. Diese Entscheidung hat *Franz Neumann*[71] als »besonders krasses Beispiel für die Zensorstellung der Rechtsprechung gegenüber der Gesetzgebung« bezeichnet. Das Reichsarbeitsgericht habe nämlich gar keinen Anlass gehabt, die Gültigkeit der Ausführungsverordnung zu prüfen, da es selbst erklärt und mit Recht ausgeführt habe, dass es das Zustandekommen des Spruches innerhalb der Schlichterkammer nicht zu untersuchen habe, weil die innere Willensbildung dieses Kollegiums der Nachprüfung der Gerichte entzogen sei. Wenn das Reichsarbeitsgericht dennoch in so tiefgreifender Weise Stellung genommen habe, so hätten seiner Entscheidung politische Tendenzen zu-

---

66 Vgl. hierzu *Sinzheimer*, Grundfragen, 259 ff.; *Kahn-Freund*, Reichsarbeitsgericht, 164 f.

67 Bensheimer Sammlung, Bd. V, 537 und 543.

68 Dazu zuletzt *Nörr*, ZfA 1986, 421 ff., mit weiteren Nachweisen.

69 RGBl. I 1924, 9.

70 Bensheimer Sammlung, Bd. V, 167.

71 *Neumann*, Rechtsprechung, 120 f.

grunde gelegen: Es habe beabsichtigt, die Reform des Schlichtungsverfahrens ins Rollen zu bringen, das Parlament zu zwingen, die Umgestaltung des Schlichtungswesens in die Hand zu nehmen.
Noch vor Abschluss der arbeitsgerichtlichen Verfahren führte die Aussperrung trotz des für verbindlich erklärten Schlichtungsspruches zu einem neuen Schlichtungsverfahren. Der in diesem ergangene Schiedsspruch blieb noch einmal hinter dem ersten Schiedsspruch zurück und sah nur noch Lohnerhöhungen zwischen einem Pfennig und sechs Pfennigen pro Stunde vor.[72]

**35** Nach diesem Angriff, der wohl nicht nur dem 1918/19 geschaffenen kollektiven Arbeitsrecht, sondern auch den Grundlagen der sozialen Republik insgesamt galt, war die Folgezeit bis zur nationalsozialistischen »Machtergreifung« 1933 von immer stärkeren Eingriffen des Staates in die Tarifautonomie geprägt. »Der Gedanke des staatlichen Lohnamtssystems, d.h. der staatlichen Festsetzung der Arbeitsbedingungen, der in dem Schlichtungsverfahren mehr und mehr durchgedrungen ist und dort nur die eigenartige Ausgestaltung gefunden hat, dass sich der Staat der autonomen Organisationen durch deren gegenseitige Haftung zur Durchführung seiner Lohnpolitik bedient«, ist fortgeführt worden durch die Bestimmungen verschiedener **Notverordnungen** des Reichspräsidenten nach Art. 48 WRV.[73] Insbesondere mit Verordnungen zur Sicherung von Wirtschaft und Finanzen, die schließlich sogar in bestehende Tarifverträge eingriffen, höhlte der Staat bis 1933 die Tarifautonomie immer mehr aus, bis schließlich – nach *Otto Kahn-Freund*[74] in konsequenter Fortsetzung des Weges, der durch die Schlichtungspraxis und durch die Rechtsprechung vorbereitet war – nach der nationalsozialistischen Machtergreifung die faschistische Idee einer Ersetzung des Arbeitskampfes durch die gerichtliche Tätigkeit des Staates erreicht war.[75]

## III. Beseitigung der Tarifautonomie durch die Nationalsozialisten

**36** Die Nationalsozialisten zerschlugen die Gewerkschaften, verhafteten und ermordeten Tausende ihrer Mitglieder und beseitigten durch das »Gesetz zur Ordnung der nationalen Arbeit« vom 20. Januar 1934[76] die letzten Reste der Tarifautonomie. Nach diesem Gesetz wurden die Arbeitsbedingungen durch vom »Treuhänder der Arbeit« festgesetzte Tarifordnungen bestimmt. An die Stelle der Gewerkschaften trat die »Deutsche Arbeitsfront« (DAF), eine Gliederung der NSDAP, die nach einem »Führererlass« die Angehörigen der ehemaligen Gewerkschaften, der ehemaligen Angestellten-Verbände und der ehemaligen Unternehmervereinigungen zusammenfassen sollte und deren Ziel nach diesem Erlass darin bestand, »den Arbeitsfrieden dadurch zu sichern, dass bei den Betriebsführern das Verständnis für die berechtigten Ansprüche ihrer Gefolgschaft, bei den Gefolgschaften das Verständnis für die Lage und die Möglichkeit ihres Betriebes geschaffen wird«.[77]

---

72 Vgl. zum Ruhreisenstreik im Einzelnen *Fraenkel*, 99; *Schneider*, Aussperrung, 97ff.
73 *Kahn-Freund*, Funktionswandel, 235.
74 *Kahn-Freund*, Funktionswandel, 238.
75 Vgl. *Kahn-Freund*, Funktionswandel, 202ff. und 235ff.
76 RGBl. I, 45.
77 Vgl. im Einzelnen mit weiteren Nachweisen bei *Däubler/Hege*, Koalitionsfreiheit, Rn. 48, sowie *Ramm*, ZfA 1988, 161f., 169ff.; zu den Nachwirkungen des Gesetzes zur Ordnung der nationalen Arbeit für die Zeit nach 1945 vgl. *Radke*, AuR 1965, 302; detailliert *Becker*, Nationalsozialismus, 347ff.

## C. Die Geschichte des Tarifvertrages von 1945 bis 1949

37 Die Geschichte des Tarifvertrages in Deutschland mündet nach 1945 ein in die eigentliche **Vorgeschichte des Tarifvertragsgesetzes**, das als Gesetz des Vereinigten Wirtschaftsgebietes der amerikanischen und britischen Bizone am 22. April 1949 verkündet und in Kraft gesetzt worden ist.[78] In den genannten Gebieten galt es nach Inkrafttreten des Grundgesetzes am 23. Mai 1949 als Bundesrecht gemäß Art. 74 Nr. 12 in Verbindung mit Art. 125 Nr. 1 GG unverändert weiter, bis es am 23. April 1953 bundesgesetzlich[79] ohne wesentliche Änderung für das übrige Bundesgebiet übernommen wurde.

### I. Tarifrecht unter alliierter Verwaltung

38 Die Tarifvertragsgeschichte der **Besatzungszeit zwischen 1945 und 1949** hat die Rechtshistoriker bislang kaum beschäftigt. Tatsächlich war es den schon unmittelbar nach Kriegsende in den Besatzungszonen neu gegründeten Gewerkschaften fast unmöglich, eine selbständige Tarifpolitik durch Abschluss von Tarifverträgen zu realisieren. Seit der nationalsozialistischen Lohnstoppverordnung vom 25. Juni 1938[80] waren Löhne, Gehälter oder sonstige geldwerte Leistungen vom Reichstreuhänder oder Sondertreuhänder der Arbeit nach oben begrenzt. Mit der Kriegswirtschaftsverordnung vom 4. September 1939[81] war dieser »Lohnstopp« verschärft worden. Der Alliierte Kontrollrat für ganz Deutschland hat die **Lohnstoppolitik** nach Kriegsende mit der Kontrollratsdirektive Nr. 14 vom 12. Oktober 1945[82] übernommen und dabei am 13. September 1946 ergänzend festgelegt, dass die Militärregierung Anweisungen an die deutschen Behörden erlassen werde, denen zu Folge die »bestehenden Aufsichtsmaßnahmen für Arbeitslöhne weiter bestehen« bleiben. Nach Nr. 4 dieser Kontrollratsdirektive durften die Gewerkschaften nur- in einem sehr schmalen, inhaltlich festgelegten Bereich (z. B. zur Herstellung der Lohngleichheit von Mann und Frau) mit Arbeitgebern oder deren Verbänden über geänderte Lohnsätze verhandeln. Bedeutendere tarifpolitische Aktivitäten blieben also ausgeschlossen, doch garantierten sämtliche damals geltenden **Landesverfassungen** übereinstimmend die Tarifautonomie in Anlehnung an Art. 159, 165 WRV (Art. 38 Abs. 1 VerfBaden; Art. 170 VerfBayern; Art. 48 VerfBremen; Art. 29 Abs. 2 VerfHessen; Art. 66 Abs. 1 Satz 1 VerfRheinland-Pfalz; Art. 56 Satz 1 VerfSaarland; Art. 23 Abs. 1 VerfWürttemberg-Baden; Art. 97 VerfWürttemberg-Hohenlohe). Anders als Art. 159 WRV wird in diesem Zusammenhang (bis auf Bayern) stets auch die **Streikfreiheit** als historisch und funktional unverzichtbare Voraussetzung der Tarifautonomie grundrechtlich verankert (Art. 38 Abs. 2 VerfBaden; Art. 18 Abs. 3 VerfBerlin; Art. 51 Abs. 3 VerfBremen; Art. 29 Abs. 4 VerfHessen; Art. 66 Abs. 2 VerfRheinland-Pfalz; Art. 56 Satz 2 VerfSaarland; Art. 23 Abs. 2 VerfWürttemberg-Baden; Art. 97 VerfWürttemberg-Hohenlohe). Die Aussperrung dagegen ist nach Art. 29 Abs. 5 VerfHessen rechtswidrig, in den anderen damals geltenden Landesverfassungen nirgends erwähnt.

---

78 WiGBl. 1949, Nr. 11, 55.
79 BGBl. I, 156.
80 RGBl. I, 691.
81 RGBl. I, 1609.
82 Abl. KR, 40.

Zwar wirkte sich der alliierte Lohnstopp nur auf dem Sektor der Arbeitsentgelte aus, so dass man durchaus Tarifverträge über sonstige Arbeits- und Wirtschaftsbedingungen hätte abschließen können, doch stellten sich die außerordentlichen wirtschaftlichen Probleme der Nachkriegszeit vor allem auf betrieblicher Ebene. Hier organisierten die – sich vielfach bereits im Mai 1945 neu herausbildenden – **Betriebsvertretungen** nicht nur die Versorgung der Belegschaften mit Kleidung, Lebensmitteln und Brennstoff, sondern auch einen universellen Tauschhandel mit Rohstoffen, technischem Material, Maschinen und Ersatzteilen, durch den der industrielle Neubeginn überhaupt erst ermöglicht worden ist. **39**
Dementsprechend arbeiteten die zonalen Vorläufer-Organisationen der späteren DGB-Gewerkschaften damals vornehmlich auf örtlicher Ebene, zumal das **Alliierte Kontrollrats-Gesetz Nr. 22** vom 10. April 1946[83] den Betriebsräten weit reichende Aufgaben auf den Gebieten des allgemeinen Arbeits-, Tarif- und Sozialrechts, der Unfallverhütung, Sozialversicherung, ärztlichen Betreuung und betrieblichen Wohlfahrt zuwies. Auf solchen traditionell auch gewerkschaftlichen Tätigkeitsfeldern war zwar die »Zusammenarbeit« mit den »anerkannten Gewerkschaften« vorgesehen. Insbesondere sollten die Betriebsräte nach Art. V Abs. 1a des Gesetzes »mit den Arbeitgebern über die Anwendung der Tarif-(Kollektiv-)Verträge und der internen Betriebsordnung auf die einzelnen Betriebe … verhandeln«, doch hätten sich unter den damaligen wirtschaftlichen und sozialen Bedingungen vorerst nur Entgeltvereinbarungen für eine überlokale Tarifpolitik angeboten. Jenseits vereinzelter Tarifabschlüsse, für die zudem eine eigene gesetzliche Grundlage fehlte, verhinderte also der Lohnstopp weiterreichende Tarifbewegungen.

Die damit lohnpolitisch gefesselten **Zonen-Gewerkschaften** konzentrierten sich stattdessen zunächst auf eine Beteiligung an der künftigen staatlichen Lenkung der Wirtschaft, wie man sie damals in fast allen politischen Lagern für allein denkbar hielt.[84] In dem von den Gewerkschaften der britischen und amerikanischen Besatzungszone getragenen **Generalstreik vom 12. November 1948** ging es dementsprechend nicht nur um eine vom Staat geforderte Verbesserung des Lebensstandards, sondern zugleich um die »Planung und Lenkung im gewerblich-industriellen Sektor, insbesondere für Rohstoffe, Energie und Kredite sowie für den Außenhandel und den Großverkehr«, die »Überführung der Grundstoffindustrien und Kreditinstitute in **Gemeinwirtschaft**« und um eine »**Demokratisierung der Wirtschaft** und gleichberechtigte Mitwirkung der Gewerkschaften in allen Organen der wirtschaftlichen Selbstverwaltung«.[85] **40**

Es wäre indessen falsch, aus jenem Forderungskatalog etwa einen entsprechenden Verzicht auf eigene tarifpolitische Aktivitäten der Gewerkschaften bei der künftigen Lohngestaltung oder bei der »Demokratisierung der Wirtschaft« schließen zu wollen. Vielmehr führte man die aktuelle soziale Bedrängnis der Arbeitnehmer 1948 auf einen allgemeinen »wirtschaftlichen Notstand« zurück, der insgesamt nur durch »außerordentliche Maßnahmen« des Staates zu bekämpfen war.[86] Der Ruf nach dem Staat war also auf Grund des ökonomischen Ausnahmezustandes gerechtfertigt, nicht aber etwa als Preisgabe traditioneller gewerkschaftlicher Tätigkeitsfelder zu sehen. Überdies arbeitete damals bereits **41**

83 Abl. KR, 133.
84 *Vogel/Weisz*, 70.
85 *Beier*, Demonstrations- und Generalstreik, 41.
86 *Beier*, Demonstrations- und Generalstreik, 41.

seit 1. September 1948 der Parlamentarische Rat in Bonn am Textentwurf des Grundgesetzes, so dass die Streikaktion auch auf die künftige **Verfassungsgestaltung** gerichtet war. Schließlich waren die Gewerkschaften außerdem gleichzeitig aktiv an den **Vorbereitungen** für ein neues **Tarifvertragsgesetz** beteiligt, anlässlich derer der Gewerkschaftsrat der Vereinigten Zonen am 7. September 1948 nach mehreren Vorentwürfen seinerseits einen Entwurf[87] vorgelegt hatte.

## II. Entstehung des Tarifvertragsgesetzes

**42** Mit der Erwähnung von Tarifverträgen in Art. V Abs. 1a des Kontrollratsgesetzes Nr. 22 über Betriebsräte hatten die Alliierten zwar schon 1946 die tarifvertragliche Rechtssetzung prinzipiell gebilligt, doch legte die Verwaltung für Arbeit erst 1948 den (so genannten **Lemgoer**) **Entwurf für ein Tarifvertragsgesetz**[88] vor, dem der (Zusmarshausener) Entwurf des Arbeitsrechtsausschusses des Länderrats im Juli[89] und (nach zwei Vor-Entwürfen vom April[90]) der Entwurf des Gewerkschaftsrates der Vereinigten Zonen vom 7. September 1948[91] folgten. Alle Entwürfe waren grundsätzlich am Vorbild der Tarifvertragsverordnung vom 23. Dezember 1918[92] ausgerichtet, zumal man ohnehin nur ein Provisorium bis zur baldigen Wiedervereinigung schaffen wollte.[93]
Das galt auch für den im Wirtschaftsrat eingebrachten Initiativantrag der SPD-Fraktion[94] und die unter dem Vorsitz *W. Richters* (SPD) im Ausschuss für Arbeit unter maßgeblicher Mitwirkung der Verwaltung (Min.Dir. *Herschel*) erfolgten Veränderungen, die schließlich in den als Gesetz Nr. 68 des Wirtschaftsrates am 9. November 1948 einstimmig verabschiedeten Text[95] mündeten. Dieser Entwurf ging maßgeblich auf gewerkschaftliche Entwürfe zurück.[96]

**43** **Meinungsverschiedenheiten** gab es hinsichtlich der amtlichen Registrierung als Geltungsvoraussetzung der Tarifverträge, die zeitweilig von Verwaltungsseite erwogen worden war; ferner hinsichtlich der Tariffähigkeit von Spitzenverbänden, welche schließlich von den Vertretern des Handwerks durchgesetzt wurde, während die Tariffähigkeit des einzelnen Arbeitgebers zwar diskutiert, aber nie ernstlich bezweifelt wurde.[97] Dagegen bestanden bei den Alliierten trotz ihres grundsätzlichen Misstrauens gegenüber freien Vereinbarungen[98] vielfältige Bedenken hinsichtlich der Voraussetzungen und des Verfahrens von Allgemeinverbindlicherklärungen, die schließlich mit der jetzigen Formulierung des § 5 TVG ausgeräumt worden sind. Erst dann genehmigten sie den Text nach Zustimmung des Länderrats vom 31. März 1949, so dass die Verkündung des Gesetzes am 22. April 1949[99] erfolgen konnte.

87 Wiedemann/*Oetker*, Geschichte, Rn. 32 ff.
88 ZfA 1973, 130.
89 ZfA 1973, 138.
90 ZfA 1973, 142.
91 ZfA 1973, 144.
92 RGBl. I, 1456.
93 *Herschel*, ZfA 1973, 184.
94 Wi.-Drucks. Nr. 613.
95 Wi.-Drucks. Nr. 672.
96 *Nautz*, 113 ff., 149 ff.
97 *Herschel*, ZfA 1973, 186, 190.
98 *Herschel*, ZfA 1973, 185.
99 WiGBl., 55.

Wichtiger als diese äußeren Daten sind jedoch die **gesellschafts- und verfassungspolitischen Vorstellungen** der am Gesetzeswerk Beteiligten, denn am 1. Juli 1948 hatten die Militärgouverneure der westlichen Besatzungszonen die Ministerpräsidenten der entsprechenden deutschen Länder ermächtigt, auf Grund des so genannten **Frankfurter Dokuments** Nr. 1 »eine verfassunggebende Versammlung zur Ausarbeitung einer Verfassung einzuberufen«.[100] Der daraufhin am 10. August 1948 auf Herrenchiemsee konstituierte Verfassungsausschuss und der anschließend seit 1. September 1948 in Bonn zusammengetretene Parlamentarische Rat hatten sich zwangsläufig auch mit der Formulierung eines Koalitionsgrundrechts zu befassen. Das gleichzeitig verhandelte vorkonstitutionelle Tarifvertragsgesetz musste sich hierbei als prägende Vorgabe für die konkrete Reichweite der Tarifautonomie und damit für die grundgesetzliche Arbeitsverfassung auswirken, so dass die Grundpositionen dieses Gesetzes wesentliche Hinweise für die Verfassungsinterpretation enthalten. 44

Die Väter des Tarifvertragsgesetzes waren sich dieser verfassungspräjudizierenden Wirkung wohl bewusst und dürften deshalb z.B. auf eine Definition des Tarifvertrages verzichtet haben, um unter Beschränkung auf **Funktions- und Verfahrensregelungen für tarifliche Vereinbarungen** einen **weiten Spielraum** zu schaffen, der den Tarifvertragsparteien auch künftig trotz vorhersehbarer intensiver Veränderungen der Sozialstrukturen praktikable Regelungen erlaubten.[101] Die den Gewerkschaften und Arbeitgebern damit unter **Verzicht auf staatliche Zwangsschlichtung** eingeräumte Freiheit und Verantwortung war größer als unter der Weimarer Reichsverfassung.[102] Man meinte jedoch, in die großen repräsentativen Organisationen des Arbeitslebens entsprechendes Vertrauen setzen zu dürfen.[103] Insgesamt hatte man das »Gefühl, neben die beginnende Wiederbelebung des Parlamentarischen müsse ein sichtbares Zeichen einer unmittelbaren, aber repräsentativen Demokratie, einer wirtschaftlich-sozialen Selbstverwaltung im Sinne der Genossenschaftsidee erreicht werden«.[104] Die Verwaltung für Arbeit bezeichnete den Tarifvertrag dementsprechend in der Begründung zu ihrem ersten Gesetzentwurf als »grundlegende Erscheinungsform einer volkstümlichen Demokratie, die von unten nach oben wächst«.[105] 45

Die wenigen Veränderungen, die das Tarifvertragsgesetz seither in Randbereichen erfahren hat, zeigen, dass die Tarifvertragsparteien das in sie gesetzte Vertrauen nicht enttäuscht haben und dass das Gesetz unverändert modern und zukunftsweisend geblieben ist. Erweitert wurden 1952[106] lediglich die **Voraussetzungen der Allgemeinverbindlicherklärungen** (jetzt auch möglich »zur Behebung eines sozialen Notstandes«) und der »**Spitzenorganisationen**« im Sinne der §§ 5 und 12 (zugunsten der DAG). Das Erste Arbeitsrechtsbereinigungsgesetz vom 14. August 1969[107] brachte einige formale Veränderungen[108], während durch das Heimarbeitsänderungsgesetz vom 29. Oktober 1974[109] mit der 46

100 Abgedruckt in JöR 1 (1951), 1ff.
101 *Koselke*, BB 1949, 83.
102 *Storch*, BB 1949, 233.
103 *Nipperdey*, RdA 1949, 82.
104 *Herschel*, ZfA 1973, 184f.
105 ZfA 1973, 132.
106 BGBl. I, 19.
107 BGBl. I, 1106.
108 Dazu Wiedemann/*Oetker*, Geschichte, Rn. 65ff.
109 BGBl. I, 2879.

Einfügung des neuen § 12a erstmals eine sozialstrukturell bedingte materielle Korrektur (Erstreckung der Geltung auf **arbeitnehmerähnliche Personen**) vorgenommen werden musste.[110]

### III. Tarifautonomie im Prozess der deutschen Vereinigung 1990

47 Am **18. Mai 1990** schlossen die Bundesrepublik Deutschland und die Deutsche Demokratische Republik den »**Vertrag über die Schaffung einer Währungs-, Wirtschafts- und Sozialunion**«. Darin ging es um die Schaffung eines einheitlichen Währungsgebiets mit der Deutschen Mark als gemeinsamer Währung sowie der rechtlichen Grundlagen für die Einführung der »sozialen Marktwirtschaft« in der DDR als »Grundlage für die weitere wirtschaftliche und gesellschaftliche Entwicklung mit sozialem Ausgleich und sozialer Absicherung« (Präambel). Dementsprechend wurde in Art. 17 festgelegt, dass in der DDR künftig »Koalitionsfreiheit, Tarifautonomie, Arbeitskampfrecht, Betriebsverfassung, Unternehmensmitbestimmung und Kündigungsschutz entsprechend dem Recht der Bundesrepublik Deutschland« gelten sollten. Die zu diesem Vertrag verbindlich vereinbarten Leitsätze konkretisierten den Inhalt der angestrebten »Sozialunion« unter **Abschnitt III** mit folgenden Aussagen zur **Tarifautonomie und zur Koalitionsfreiheit**:

»1. Jedermann hat das Recht, zur Wahrung und Förderung der Arbeits- und Wirtschaftsbedingungen Vereinigungen zu bilden, bestehenden Vereinigungen beizutreten, aus solchen Vereinigungen auszutreten und ihnen fernzubleiben. Ferner wird das Recht gewährleistet, sich in den Koalitionen zu betätigen. Alle Abreden, die diese Rechte einschränken, sind unwirksam. Gewerkschaften und Arbeitgeberverbände sind in ihrer Bildung, ihrer Existenz, ihrer organisatorischen Autonomie und ihrer koalitionsgemäßen Betätigung geschützt.

2. Tariffähige Gewerkschaften und Arbeitgeberverbände müssen frei gebildet, gegnerfrei, auf überbetrieblicher Grundlage organisiert und unabhängig sein sowie das geltende Tarifrecht als für sich verbindlich anerkennen; ferner müssen sie in der Lage sein, durch Ausüben von Druck auf den Tarifpartner zu einem Abschluss zu kommen.

3. Löhne und sonstige Arbeitsbedingungen werden nicht vom Staat, sondern durch freie Vereinbarungen von Gewerkschaften, Arbeitgeberverbänden und Arbeitgebern festgelegt.

4. Rechtsvorschriften, die besondere Mitwirkungsrechte des Freien Deutschen Gewerkschaftsbundes, von Betriebsgewerkschaftsorganisationen und betrieblichen Gewerkschaftsleitungen vorsehen, werden nicht mehr angewendet.«

Die hier niedergelegten Rechtsgrundsätze enthalten die Regelungen der Koalitionsfreiheit und der Tarifautonomie, wie sie im Zeitpunkt des Vertragsschlusses auf der Grundlage des Art. 9 Abs. 3 GG von der Rechtsprechung des Bundesverfassungsgerichts und des Bundesarbeitsgerichts konkretisiert worden waren. Als Vertragsrecht galten sie unmittelbar nur für das Gebiet der DDR und wiederum nur bis zu deren Beitritt zur Bundesrepublik nach Art. 23 GG a.F. am 29. September 1990.[111] Für die Bundesrepublik entfalteten sie keine zusätzliche eigene normative Verbindlichkeit, sondern enthielten eine momentane rechtliche Zustandsbeschreibung des Gesetzgebers zum Zwecke der Rechtsangleichung in

110 Hierzu *Reichel*, DB 1975, 102; *Wlotzke*, AuR 1974, 5.

111 Art. 40 Abs. 1 Einigungsvertrag, vgl. MünchArbR/*Löwisch/Rieble*, § 242 Rn. 19.

der Übergangszeit. Die bundesrepublikanische Rechtslage ist hierdurch nicht verändert worden; insbesondere enthalten die Leitsätze zur »Sozialunion« keine »neue verbindliche Auslegungsregel« für die zukünftige Anwendung des Art. 9 Abs. 3 GG über die Bindungskraft der darin enthaltenen höchstrichterlichen Rechtsprechung hinaus[112] (ferner unten § 2 Rn. 11 f. und Rn. 75 f.). Sie sind aber als eine **nachträglich ergänzende Gesetzesbegründung zum TVG** von wesentlicher Bedeutung für die Auslegung dieses Gesetzes.[113]

# Zweites Kapitel: Verfassungsrechtliche Grundlagen tariflicher Regelungen

## Literatur:

*Abendroth*, Zum Begriff des demokratischen und sozialen Rechtsstaates im Grundgesetz der Bundesrepublik Deutschland (1954), in: Kempen (Hrsg.), Sozialstaatsprinzip und Wirtschaftsordnung, 1976, 70; *Anschütz*, Die Verfassung des Deutschen Reiches vor dem 11. August 1919, 14. Aufl., 1933; *Badura*, Arbeitsgesetzbuch, Koalitionsfreiheit und Tarifautonomie, RdA 1974, 129; *ders.*, Das Recht der Koalition – Verfassungsrechtliche Fragestellungen, ArbRGgw 15 (1977), 17; *ders.*, Tarifautonomie im Spannungsfeld von Gemeinwohlerfordernissen und kollektiver Interessenvertretung, AöR 104 (1979), 246; *Berg/Wendeling-Schröder/Walter*, Die Zulässigkeit tariflicher Besetzungsregelungen, RdA 1980, 299; *Berghäuser*, Koalitionsfreiheit als demokratisches Grundrecht, 1980; *Beuthin*, Unternehmerische Mitbestimmung kraft Tarif- oder Betriebsautonomie?, ZfA 1983, 141; *Biedenkopf*, Grenzen der Tarifautonomie, 1964; *Birk*, Koalitionsfreiheit und Tarifautonomie im Bereich der Kirchen und ihrer Einrichtungen, AuR 1979, Sonderheft, 9; *Blasche/Döring*, Sozialpolitik und Gerechtigkeit, 1998; *Bonin*, Standortsicherung versus Tarifbindung, 2003; *Böckenförde*, Grundrechtstheorie und Grundrechtsinterpretation, NJW 1974, 1529; *Broers/Schüren*, Konzerninterne Arbeitnehmerüberlassung zur Kostensenkung, BB 2004, 2745; *Buchner*, Möglichkeiten und Grenzen betriebsnaher Tarifpolitik, DB 1970, 2025 (Teil I), 2074 (Teil II); *ders.*, Unternehmensbezogene Tarifverträge, DB 2001, Beilage 9, 1; *Burkhard*, Ein Kampf ums Menschenrecht, 1974; *Bulla, G. A.*, Soziale Selbstverantwortung der Sozialpartner als Rechtsprinzip, FS Nipperdey, Bd. II, 1965, 79; *Castells*, Das Informationszeitalter, Teil 1: Der Aufstieg der Netzwerkgesellschaft, 2001; *Däubler*, Arbeitsbeziehungen und Recht in der Bundesrepublik, in: Gamillscheg / de Ciory u.a. (Hrsg.), Internationale GS Kahn-Freund, 1980, 49; *ders.*, Gewerkschaftsrechte im Betrieb, 1978; *Däubler/Mayer-Maly*, Negative Koalitionsfreiheit?, 1971, 26; *Dieterich*, Flexibilisiertes Tarifrecht und Grundgesetz, RdA 2002, 1; *ders.* Tarifautonomie und Bundesverfassungsgericht, AuR 2001, 390; *Dietz*, Die Koalitionsfreiheit, in: Bettermann / Nipperdey / Scheuner, Die Grundrechte, Bd. III / 1, 1958, 417; *Doemming/Füsslein/Matz*, Entstehungsgeschichte der Artikel des Grundgesetzes, JöR 1 (1951), 1; *Dütz*, Das arbeitsrechtliche Verhältnis der Kirchen zu ihren

112 So aber Kissel, NZA 1990, 549; wie hier MünchArbR/*Löwisch/Rieble*, § 2 Rn. 7.
113 Wiedemann/*Oetker*, § 2 Rn. 7; *Kempen*, FS 50 Jahre BAG, 735.

Beschäftigten, AuR 1979, Sonderheft, 2; *Ebbinghaus*, Die Mitgliederentwicklung deutscher Gewerkschaften im historischen und internationalen Vergleich, in: Die Gewerkschaft in Politik und Gesellschaft, 2003, 174; *Enders*, Sozialstaatlichkeit im Spannungsfeld von Eigenverantwortung und Fürsorge, VVDStRL 64 (2005); *Frerichs/Möller/Ulber*, Leiharbeit und betriebliche Interessenvertretung, 1981; *Fuchs*, Tarifautonomie, in: Benda (Hrsg.), Handbuch des Verfassungsrechts, 1983, 733; *Gamillscheg*, Die Differenzierung nach der Gewerkschaftszugehörigkeit, 1966; *ders.*, Die Grundrechte im Arbeitsrecht, 1989; *Geis*, Das revidierte Konzept der »Gerechtigkeit als Fairneß« bei John Rawls, JZ 1995, 324; *Gester/Kittner*, Personalratsamt und Koalitionsfreiheit, RdA 1971, 161; *v. Gierke*, Das deutsche Genossenschaftsrecht, 4 Bde., 1868–1913; Gitter, Die Differenzierung nach der Gewerkschaftszugehörigkeit, JurA 1970, 148; *ders.*, Die Unzumutbarkeit als Grenze der Tarifmacht, AuR 1970, 129; *Grunsky*, Anmerkung zu BAG 15. 3. 1977, JZ 1977, 473; *Hanau*, Gemeingebrauch am Tarifvertrag?, JuS 1969, 213; *ders.*, Verkürzung und Differenzierung der Arbeitszeit als Prüfstein des kollektiven Arbeitsrechts, NZA 1985, 73; *Heinze*, Tarifautonomie und so genanntes Günstigkeitsprinzip, NZA 1991, 329; *Heller*, Rechtsstaat oder Diktatur? (1930), in: Kempen (Hrsg.), Sozialstaatsprinzip und Wirtschaftsordnung, 1976, 55; *Hensche*, Zur Zulässigkeit von Firmentarifverträgen mit verbandsangehörigen Unternehmen, RdA 1971, 9; *Herschel*, Die Behinderung der Allgemeinverbindlicherklärung von Tarifverträgen, AuR 1966, 193; *ders.*, Kirchliche Einrichtungen und Betriebsverfassung, AuR 1978, 172; *ders.*, Grenzen der Freiheit im Kollektiven Arbeitsrecht, AuR 1970, 193; *ders.*, Kernbereichslehre und Kodifikationsprinzip in der Tarifautonomie, AuR 1981, 265; *ders.*, Sinn und Grenzen der Vereinbarungsbefugnis der Tarifvertragsparteien, Verhandlungen des 46. DJT, 1967, Bd. II; *Hesse*, Grundzüge des Verfassungsrechts der Bundesrepublik Deutschland, 15. Aufl., 1987, *Hoffmann, R.*, Der Grundsatz der Parität und die Zulässigkeit der Aussperrung, in: *Kittner* (Hrsg.), Streik und Aussperrung, 1974, 47; *v. Hoyningen-Huene/Meier-Krenz*, Flexibilisierung des Arbeitsrechts durch Verlagerung tariflicher Regelungskompetenzen auf den Betrieb, ZfA 1988, 293; *Hromadka*, Gesetzliche Tariföffnungsklauseln – unzulässige Einschränkung der Koalitionsfreiheit oder Funktionsbedingung der Berufsfreiheit? NJW 2003, 1273; *Ipsen*, Gleichheit, in: Neumann/Nipperdey/Scheuner (Hrsg.), Die Grundrechte, Bd. II, 1954, 111; *Joachim*, Sinn und Grenzen der Vereinbarungsbefugnis der Tarifvertragsparteien, Verhandlungen des 46. DJT, 1967, Bd. II, D 142 (Diskussionsbeitrag); *Käppler*, Tarifvertragliche Regelungsmacht, NZA 1991, 745; *Kaiser, A.*, Industrielle Revolution und Privatautonomie, KJ 1976, 60; *Kelsen*, Vom Wesen und Wert der Demokratie, 2. Aufl., 1929; *Kempen*, Die Aktualität des hessischen Aussperrungsverbots, AuR 1979, 289; *ders.*, Ansätze zu einer Neuorientierung des gegenwärtigen Tarifvertragsrechts, AuR 1980, 193; *ders.*, Zwischen Gemeinwohlpostulat und demokratischen Verfahrensgarantien, Der Staat 18 (1979), 81; *ders.*, Grundgesetz und Arbeitsmarkt, in: Kittner (Hrsg.), Arbeitsmarkt – ökonomische, soziale und rechtliche Grundlagen, 1982, 129; *ders.* (Hrsg.), Sozialstaatsprinzip und Wirtschaftsordnung, 1976; *ders.*, Strukturwandel der Arbeitsverfassung, GMH 1977, 473; *ders.*, Persönliche Leistungsverhinderung und Grundrechte im Arbeitsverhältnis, ArbRGgw 26 (1988), 75; *ders.*, Struktur- und Funktionsunterschiede zwischen Tarifvertrag und Betriebsvereinbarung, ArbRGgw 31 (1993), 97; *ders.*, Betriebsverfassung und Tarifvertrag, RdA 1994, 140; *ders.*, Staatliche Schutzpflicht gegenüber der Tarifautonomie?, FS Gitter, 1995, 427; *ders.*, Hugo Sinzheimer, in: Böhme (Hrsg.), Die Frankfurter Gelehrtenrepublik 2002, 273; *ders.* Das Dilemma des Günstigkeitsprinzips im Rechtssystem der heutigen Arbeitsbeziehungen, in: Rüthers (Hrsg.), Der Konflikt zwischen Kollektivautonomie und Privatautonomie im Arbeitsleben, 2002, 75; *ders.* Der verfassungsrechtliche Vorrang der Tarifautonomie im arbeitsrechtlichen Regelungsgefüge, AuR 1996, 336; *ders.*, Die beschäftigungspolitische Zuständigkeit der Tarifvertragsparteien, FS Hanau, 1999, 529; *ders.*, Der verfassungsrechtliche Vorrang der Tarifautonomie im arbeitsrechtlichen Regelungsgefüge, AuR 1996, 336; *ders.*, Öffnung des Flächentarifvertrages, FS Schaub, 1998, 389; *Kemper*, Die Bestimmung des Schutzbereiches der Koalitionsfreiheit (Art. 9 Abs. 3 GG), 1990; *Kühling*, Arbeitsrecht in der Rechtsprechung des Bundesverfassungsgerichts, AuR 1994, 126; *Keßler*, Die Koalitionsfreiheit als Funktionselement der Eigentumsgarantie?, in: Perels (Hrsg.), Grundrechte als Fundament der Demokratie, 1979, 182; *Kittner*, Bundesverfassungsgericht und Koalitionsfreiheit, GMH 1976, 154; *ders.*, Zur verfassungsrechtlichen Zukunft von Reformpolitik, Mitbestimmung und Gewerkschaftsfreiheit, GMH 1979, 321; *Klein, H.*, Koalitionsfreiheit im pluralistischen Sozialstaat, 1979; *Knebel*, Koalitionsfreiheit und Gemeinwohl, 1978; *Koller*, Die Zulässigkeit von Rationalisierungsschutzabkommen in Tarifverträgen, ZfA 1978, 45; Konzen, Koalitionsfreiheit und gewerkschaftliche Werbung im Betrieb, ArbRGgw 19 (1981), 19; *Kremendahl*, Pluralismustheorie in Deutschland, 1977; *Krüger, H.*, Sinn und Grenzen der Vereinbarungsbefugnis der Tarifvertragsparteien, Verhandlungen des 46. DJT, 1967, Bd. II, D 7; *Kübler/Schmidt, W./Simitis*, Mitbestimmung als gesetzgebungspolitische Aufgabe, 1978; *Kukuck*, Zum Problem der politischen Komponente im Richterrecht, 1980; *Leisner*, Privateigentum – Grundlage der Gewerkschaftsfreiheit, BB 1978, 100; *Leminsky/Otto*, Politik und Programmatik des Deutschen Gewerkschaftsbundes, 1974; *Lenz*, Die unbehagliche Nähe der Koalitionsgarantie zum Sozialstaat, in: Maus (Hrsg.), Gesellschaft, Recht und Politik, 1968, 203; *Lerche*, Verfassungsrechtliche Zentralfragen des Arbeitskampfes, 1968; *Leventis*, Tarifliche Differenzierungsklauseln nach dem Grundgesetz und dem Tarifvertragsgesetz, 1974; *Linnenkohl*, Zulässigkeit von Betriebsvereinbarungen zur tariflichen Arbeitszeitverkürzung in der Metallindustrie, BB 1988, 1459; *Löwisch*, Die Ausrichtung der tariflichen Lohnfestsetzung am gesamtwirtschaftlichen Gleichgewicht, RdA 1969, 129; *Marx*, Das Kapital, MEW, Bde. 23–25; *Mayer-Maly*, Negative Koalitionsfreiheit?, 1971; *ders.*, Die negative Koalitionsfreiheit am Prüfstein, ZAS 1969, 81; *ders.*, Zur Problematik betriebsnaher Tarifpolitik, DB 1965, 32; *Misera*, Tarifmacht und Individualbereich unter Berücksichtigung der Sparklausel, 1969; *Müller, G.*, Das Mitbestimmungsurteil des Bundesverfassungsgerichts vom 1. März 1979, DB 1979, Beilage 5; *Muhr*, Arbeitskampf, Verwirklichung des Sozialstaatsauftrags und Neutralität der Bundesanstalt für Arbeit; zu § 116 AFG, RdA 1973, 9; *v. Nell-Breuning*, Arbeitnehmer im kirchlichen Dienst, AuR 1979, I; *ders.*, Einander wenigstens auf halbem Weg entgegenkommen, ÖTV-Magazin 7, 1977, 5; *Neumann*, Zum Schrankenvorbehalt der Kirchenautonomie, FS G. Müller, 1981, 353; *Peters/Ossenbühl*, Die Übertragung von öffentlich-rechtlichen Befugnissen auf die Sozialpartner unter besonderer Berücksichtigung des Arbeitsschutzes, 1967; *Picker*, Die Tarifautonomie am Scheideweg von Selbstbestimmung und Fremdbestimmung im Arbeitsleben, FS 50 Jahre BAG, 2004, 795; *Popp*, Die Willensbildung innerhalb der Verbände, JöR (27) 1977, 145; *Preuß*, Zum staatsrechtlichen Begriff des Öffentlichen, untersucht am Beispiel des verfassungsrechtlichen Status kultureller Organisationen, 1969; *Radke*, Das Bundesarbeitsgericht und die Differenzierungsklausel, AuR 1971, 4; *Ramm*, Der Arbeitskampf und die Gesellschaftsordnung des GG, 1965; *Rawls*, Eine Theorie der

Gerechtigkeit, 1975; *Reuß*, Die Bedeutung der »Mächtigkeit« von Verbänden im kollektiven Arbeitsrecht, RdA 1972, 4; *ders.*, Der Streit um die Differenzierungsklauseln, AuR 1970, 33; *Reuter*, Zulässigkeit und Grenzen tarifvertraglicher Besetzungsregelungen, ZfA 1978, 1; *ders.*, Betriebsverfassung und Tarifvertrag, RdA 1994, 152; *Richardi*, Kollektivgewalt und Individualwille bei der Gestaltung der Arbeitsverhältnisse, 1968; *ders.*, Die arbeitsrechtliche Regelungsautonomie der Kirchen, FS 25 Jahre BAG, 1979, 429; *Ridder*, Die soziale Ordnung des Grundgesetzes, 1975; *ders.*, Zur verfassungsrechtlichen Stellung der Gewerkschaften im Sozialstaat nach dem Grundgesetz für die Bundesrepublik Deutschland (1960), in: Kempen (Hrsg.), Sozialstaatsprinzip und Wirtschaftsordnung, 1973; *Rieble*, Der Tarifvertrag als kollektiv-privatautonomer Vertrag, ZfA 2000, 5; *Ritter*, Anmerkung zu BAG 29.11.1967, JZ 1969, 111; *ders.*, Die Verfassungswirklichkeit – eine Rechtsquelle, DSt 1968, 352; *Roscher*, Paritätische Mitbestimmung, Gegnerunabhängigkeit und Art. 9 Abs. 3 GG, RdA 1972, 279; *ders.*, Vertragstheorie mit Herrschaftsfunktion?, ZRP 1972, III; *Rüthers*, Arbeitsrecht und politisches System, 1973; *Säcker*, Grundprobleme der kollektiven Koalitionsfreiheit, 1969; *ders.*, Gruppenautonomie und Übermachtkontrolle im Arbeitsrecht, 1972; *ders.*, Die Institutions- und Bestätigungsgarantie der Koalitionen, ArbRGgw 13 (1975), 17; *ders./Oetker*, Grundlagen und Grenzen der Tarifautonomie, 1992; *Schachtschneider*, Imperative Lohnleitlinien unter dem Grundgesetz, Der Staat 16 (1977), 493; *Scharpf*, Autonome Gewerkschaften und staatliche Wirtschaftspolitik: Probleme einer Verbändegesetzgebung, 1978; *Schliemann*, Zur arbeitsgerichtlichen Kontrolle kollektiver Regelungen, FS Hanau, 1999, 577, *Scheuner*, Der Inhalt der Koalitionsfreiheit, in: Weber/Scheuner/Dietz, Koalitionsfreiheit, 1961, 29; *ders.*, Die Rolle der Sozialpartner in Staat und Gesellschaft, 1973; *Schmidt, W.*, Die »innere Vereinsfreiheit« als Bedingung der Verwirklichung von Grundrechten durch die Organisation, ZRP 1977, 259; *Schmidt-Preuß*, Lohnstopp durch Zivilurteil?, JuS 1979, 551; *ders.*, Verfassungsrechtliche Zentralfragen staatlicher Lohn- und Preisdirigismen, 1977; *Scholz*, Anmerkung zu BVerfG 17.2.1981, SAE 1981, 267; *ders.*, Die Koalitionsfreiheit als Verfassungsproblem, 1971; *ders.*, Koalitionsfreiheit, in: Isensee/Kirchhof (Hrsg.), Handbuch des Staatsrechts, Bd. VI, 1989, 1115; *ders.*, Arbeitsverfassung, Grundgesetzreform und Landesverfassung, RdA 1991, 249; *Schroeder/Silva*, Gewerkschaften und Arbeitgeberverbände, in: Schroeder (Hrsg.), Die Gewerkschaften in Politik und Gesellschaft, 2003, 244; Schüren, Tarifgeltung für Außenseiter? »No taxation without representation«, RdA 1988, 138; *ders.*, Die Legitimation der tariflichen Normsetzung, 1988; *Schwerdtfeger*, Individuelle und kollektive Koalitionsfreiheit 1981, *Seitenzahl/Zachert/Pütz*, Vorteilsregelungen für Gewerkschaftsmitglieder, 1976; *Seiter*, Streikrecht und Aussperrungsrecht, 1975; *Siebert*, Kollektivnorm und Individualrecht im Arbeitsverhältnis, FS Nipperdey, 1955, 119; *Sinzheimer*, Arbeitsrecht und Arbeiterbewegung (1927), in: Kahn-Freund/Ramm (Hrsg.), Arbeitsrecht und Rechtssoziologie, Bd. I, 1976, 100; *ders.*, Ein Arbeitstarifgesetz – Die Idee der sozialen Selbstbestimmung im Recht, 1916; *ders.*, Die Fortbildung des Arbeitsrechts (1922), in: Kahn-Freund/Ramm (Hrsg.), Arbeitsrecht und Rechtssoziologie, Bd. I, 1976, 78; *ders.*, Grundzüge des Arbeitsrechts, 2. Aufl., 1927; *ders.*, Wesen und Bedeutung des Koalitionsrechts (1919), in: Kahn-Freund/Ramm (Hrsg.), Arbeitsrecht und Rechtssoziologie, Bd. I, 1976, 173; *Söllner*, Das Begriffspaar der Arbeits- und Wirtschaftsbedingungen in Art. 9 Abs. 3 GG, ArbRGgw 17 (1979), 19; *Stein, E.*, Staatsrecht, 10. Aufl., 1987; *Steinberg*, Koalitionsfreiheit und tarifliche Differenzierungsklauseln, RdA 1975, 100; *Steiner*, Beschäftigung und Beschäftigungsförderung aus grundgesetzlicher Sicht, NZA

2005, 657; *Stolleis*, Gemeinwohl und Minimalkonsens, Aus Politik und Zeitgeschichte B 3/78; *Vollmer*, Aufgaben- und Zuständigkeitsverteilung zwischen mitbestimmungsrechtlicher und tarifvertraglicher Interessenvertretung, DB 1979, 308, 355; *Graf Vitzthum*, Soziale Grundrechte und Staatszielbestimmungen morgen, ZfA 1991, 695; *Vorderwülbecke*, Rechtsform der Gewerkschaften und Kontrollbefugnisse des Gewerkschaftsmitglieds, 1988; *Waltermann*, Beschäftigungspolitik durch Tarifvertrag?, NZA 1991, 734; *ders.* Zu den Grundlagen der Tarifautonomie, ZfA 2000, 53; *Weber*, Koalitionsfreiheit und Tarifautonomie als Verfassungsproblem, 1965; *Weiss*, Die Kirchen und ihre Einrichtungen als Tendenzbetriebe, AuR 1979, Sonderheft, 28; *ders.*, Kollektive Gestaltungsfunktion und Mitbestimmung – Eine Skizze in rechtspolitischer Absicht, in: Borsdorf/Hemmer/Leminsky/Markmann (Hrsg.), Gewerkschaftliche Politik: Reform aus Solidarität, FS Vetter, 1977, 293; *Weller*, Zur Frage der Differenzierungsklausel, AuR 1970, 161; *Wieacker*, Privatrechtsgeschichte der Neuzeit, 2. Aufl., 1967; *Wiedemann, A.*, Die Bindung der Tarifnormen an Grundrechte, insbes. an Art. 12 GG, 1994; *Wiedemann, H.*, Unternehmensautonomie und Tarifvertrag, RdA 1986, 235; *Zachert*, Gewerkschaftliche Rechte im Betrieb – Eine Restgröße?, AuR 1979, 365; *ders.*, Grenzen für eine gesetzliche Absicherung tariflicher Schutzstandards, NZA 1994, 529; *ders.*, Renaissance der tariflichen Differenzierungsklausel?, DB 1995, 322; *ders.* Tarifvertrag, Günstigkeitsprinzip und Verfassungsrecht, AuR 2004, 121; *ders.* Drei aktuelle Vorschläge zur Öffnung des Flächentarifvertrages, JbArbR 41 (2004), 85; *ders.*, Tarifvertrag, Günstigkeitsprinzip und Verfassungsrecht, AuR 2004, 121; *Zöllner*, Die Rechtsprechung des Bundesverfassungsgerichts zu Art. 9 Abs. 3 GG, AöR 98 (1973), 71; *ders.*, Die Zulässigkeit einzelvertraglicher Verlängerung der tariflichen Wochenarbeitszeit, DB 1989, 2121; *Zöllner/Seiter*, Paritätische Mitbestimmung und Art. 9 Abs. 3 Grundgesetz, ZfA 1970, 97.

**Übersicht** Rn.

**48** Das im Gebiet der Bundesrepublik Deutschland geltende Verfassungsrecht kennt keine unmittelbaren Regelungen des Tarifvertragsrechts, wohl aber wird mehrfach die Koalitionsfreiheit garantiert. Sie umfasst das Recht, die Arbeits- und Wirtschaftsbedingungen durch freie Vereinbarungen zwischen Arbeitnehmervereinigungen und Arbeitgebern zu regeln, also die Tarifautonomie als Verfassungsgrundlage der Tarifverträge.

## A. Landesverfassungen

**49** Die vor dem Grundgesetz ergangenen Landesverfassungen regeln **Koalitionsfreiheit und Tarifautonomie** häufig in enger Anlehnung an Art. 159, 165 WRV (so z.B. Art. 170 VerfBayern). Anders als damals wird jetzt überwiegend im Rahmen des Koalitionsgrundrechts (so Art. 38 Abs. 1, 2 VerfBaden; Art. 29 Abs. 3 und 4 VerfHessen, Art. 66 I Abs. 1 und 2 VerfRheinland-Pfalz; Art. 56 Sätze 1 und 2 VerfSaarland; Art. 23 Abs. 1 und 3 VerfWürttember-Baden) zugleich die **Streikfreiheit** garantiert oder der Streik gesondert als eigenes Grundrecht geregelt (so Art. 51 Abs. 3 VerfBremen; Art. 97 VerfWürttemberg-Hohenlohe). Damit war zum Ausdruck gebracht, dass der Streik als eine wesentliche Funktionsvoraussetzung der Tarifautonomie prinzipiell ebenfalls verfassungsrechtlich abgesichert sein muss, weil Tarifverträge andernfalls keine Aussicht auf einen angemessenen Interessenausgleich zwischen Arbeitnehmern und Arbeitgebern bieten können. Regelungen der Tarifautonomie finden sich in Art. 50 Abs. 2 VerfBremen, 29 Abs. 2 VerfHessen, 54 Abs. 1 VerfRheinland-Pfalz. Soweit sie die Tariffähigkeit einzelner Arbeitgeber ausschließen, sind sie nach § 2 Abs. 1 TVG in Verbindung mit Art. 31 GG nichtig. Ansonsten gelten sie nach Art. 142 GG fort.

Die Überlegung, dass der einzelne Arbeitnehmer ein effektives wirtschaftliches **50** Druckmittel benötigt, um der in der Verfügungsbefugnis über die Arbeitsplätze gebündelten Nachfragemacht des Unternehmers am Arbeitsmarkt standhalten zu können, rechtfertigt auch das **Aussperrungsverbot** in **Art. 29 Abs. 5 VerfHessen**. Neben diesem Ausgleich überlegener (weil konzentrierter) unternehmerischer Marktmacht bezweckte das Verbot auch die Verhütung des erneuten politischen Missbrauchs jener Machtkonzentration.[114] Praktisch bestand bis zur Aufhebung des Lohnstopps[115] allerdings kaum Anlass zu Aussperrungen, die überdies nach § 5 Abs. 1 Buchstabe a der fortgeltenden ArbeitsplatzwechselVO vom 1. September 1939[116] wegen der (nach damals h.M.) hiermit notwendig verbundenen Kündigungen von den Arbeitsämtern nur dann genehmigt werden durften, wenn »staatspolitische und soziale Gesichtspunkte« dafür sprachen. Insofern zielte Art. 29 VerfHessen zuvörderst auf die künftige deutsche Rechtsetzung. Da in der Zwischenzeit seit Inkrafttreten des Grundgesetzes keine allgemeine bundesrechtliche Aussperrungsgarantie (vgl. Art. 31 GG) ergangen ist, besteht das hessische Aussperrungsverbot nach Art. 142 GG prinzipiell fort.[117] Das **Bundesarbeitsgericht** vertritt demgegenüber die Auffassung, Art. 29 Abs. 5 VerfHessen sei durch das »Tarifrecht des Bundes« und »tragende Grundsätze des geltenden Tarifrechts« aufgehoben (Art. 31 GG), weil ein Aussperrungsverbot hiermit unvereinbar sei.[118] Dabei wird indessen übersehen, dass die vom Bundesarbeitsgericht herangezogenen bis heute fortgeltenden tarifrechtlichen Grundprinzipien schon vor Inkrafttreten des Grundgesetzes, also noch unter ausschließlicher Geltung der Landesverfassungen, entwickelt und in Kraft gesetzt worden sind (vgl. Grundl. Rn. 43 ff.). Da keine damalige Landesverfassung die Aussperrung garantierte, sie in Hessen aber sogar für rechtswidrig erklärt war, müssen jedenfalls die »tragenden Grundsätze« des Tarifrechts der Bizone durchaus mit dem höherrangigen hessischen Aussperrungsverbot vereinbar gewesen sein, denn sonst hätten es die Alliierten als Herren des gesamten deutschen Rechtsetzungsverfahrens nicht gebilligt. Nachdem jenes Tarifvertragsgesetz dann wortgleich als Bundesrecht übernommen worden war, müsste sich sein Sinn mit bzw. nach dieser Übernahme entscheidend verändert haben, wenn es nunmehr ein allgemeines Recht auf Aussperrung umfassen soll. Das Bundesarbeitsgericht bleibt in seinen Entscheidungen vom 10. Juni 1980 und vom 26. April 1988[119] jeden Nachweis hierfür schuldig. Dagegen hat das **Bundesver-**

114 Vgl. dazu *Kempen*, AuR 1979, 290.
115 In der Bizone durch Gesetz vom 3.11.1948, WiGBl. 117.
116 RGBl. I, 1685.
117 LAG Frankfurt am Main, AuR 1979, 317; eingehend ArbG Frankfurt am Main NZA 1985, 462; *Kempen*, Aktualität, 289, 292, 294; AK-GG-*Kittner/Schiek*, Art. 9 Abs. 3 Rn. 145.
118 BAG 10.6.1980, AP Nr. 64 zu Art. 9 GG Arbeitskampf.
119 AP Nr. 64 und 101 zu Art. 9 GG Arbeitskampf.

**fassungsgericht** am 26. Juni 1991[120] festgestellt, dass der Schutz des Art. 9 Abs. 3 GG »unter den gegebenen Verhältnissen jedenfalls Aussperrungen mit suspendierender Wirkung, die in Abwehr von Teil- oder Schwerpunktstreiks der Herstellung der Verhandlungsparität dienen«, umfasse. Soweit die Aussperrung damit als streikakzessorische Abwehrbefugnis grundrechtlich geschützt wird, ist das Aussperrungsverbot des Art. 29 Abs. 5 VerfHessen nach Art. 31 GG gegenstandslos. Im Übrigen gilt es nach Art. 142 GG unverändert fort. Das gilt insbesondere für das Verbot des politischen Missbrauchs der Aussperrung – gegebenenfalls auch in der Form einer suspendierenden Abwehraussperrung.[121]

**51** Ansonsten garantieren fast alle vor- wie nachgrundgesetzlichen **Landesverfassungen**, welche die Koalitionsfreiheit und Tarifautonomie umfassen, zwar ausdrücklich das **Streikrecht** (außer Bayern), **nicht** aber die **Aussperrung**.[122] Von den späteren Verfassungen enthält nur die des Landes Berlin einen eigenen einschlägigen Grundrechtsteil (vgl. Art. 18 Abs. 3 VerfBerlin), während die anderen insoweit auf das Grundgesetz verweisen (vgl. Art. 4 VerfNordrhein-Westfale) bzw. überhaupt keine eigenen Grundrechtsverbürgungen kennen (so die Verfassungen Hamburg, Niedersachsen und Schleswig-Holstein). Schon in Art. 17 des Staatsvertrages mit der DDR über die Wirtschafts-, Währungs- und Sozialunion vom 18. Mai 1990 waren die Geltung der »Koalitionsfreiheit« und die »Tarifautonomie« für die DDR festgelegt worden. Mit dem Beitritt der fünf ostdeutschen Länder nach Art. 23 a.F. GG ist dann auf Grund des Einigungsvertrages vom 31. August 1990[123] zum 3. Oktober 1990 auch dort das Tarifvertragsgesetz in Kraft getreten. Freilich blieben danach die in der DDR registrierten **Rahmenkollektivverträge** und Tarifverträge (für die Privatwirtschaft) bis zu ihrer Ablösung durch neue Tarifverträge gültig: »Bis zum Abschluss eines neuen Tarifvertrages ist der geltende Rahmenkollektivvertrag oder Tarifvertrag mit allen Nachträgen und Zusatzvereinbarungen weiter anzuwenden, soweit eine Registrierung entsprechend dem Arbeitsgesetzbuch erfolgt ist. Der Rahmenkollektivvertrag oder Tarifvertrag tritt ganz oder teilweise außer Kraft, wenn für denselben Geltungsbereich oder Teile desselben ein neuer Tarifvertrag in Kraft tritt. Bestimmungen bisheriger Rahmenkollektivverträge oder Tarifverträge, die im neuen Tarifvertrag nicht aufgehoben oder ersetzt sind, gelten weiter.«

**52** Die **Landesverfassungen** der **neuen Bundesländer** garantieren – ebenso wie Art. 9 Abs. 3 GG – die Koalitionsfreiheit (Art. 51 Abs. 1 VerfBrand; 25 VerfSachsen; 13 Abs. 3 VerfSachsen-Anhalt; 37 Abs. 1 VerfThüringen), teils auch das Streikrecht (Art. 51 Abs. 2 Satz 2 VerfBrandenburg), das Recht, Arbeitskämpfe zu führen (Art. 37 Abs. 2 VerfThüringen) und die Tarifautonomie (Art. 51 Abs. 2 Satz 1 VerfBrandenburg). Dies entspricht den Regelungen des Art. 9 Abs. 3 GG.[124] Soweit die Tarifautonomie des einzelnen Arbeitgebers nicht garantiert ist (Art. 51 Abs. 2 Satz 1 VerfBrandenburg), gelten insoweit ergänzend § 2 Abs. 1 TVG und Art. 9 Abs. 3 GG direkt nach Art. 142 GG.[125] Nur die VerfMecklenburg-Vorpommern kennt keine eigenen Grundrechtsgarantien.

---

120 BVerfG 16.6.1991, E 84, 212.

121 Zu pauschal dagegen MünchArbR/*Löwisch/Rieble*, § 242 Rn. 60; MünchArbR/*Otto*, § 284 Rn. 76, steht dagegen der hier vertretenen Auffassung näher.

122 *Seiter*, 126, 316.

123 Anlage I, Kapitel VIII, Sachgebiet A, Abschnitt III Nr. 14.

124 Vgl. *Scholz*, RdA 1993, 255 f.; zu den Verfassungsentwürfen *Graf Vitzthum*, ZfA 1991, 695.

125 Irrig daher die Nichtigkeitsannahme bei MünchArbR/*Löwisch*, § 235 Rn. 24.

## B. Grundgesetz

### I. Die Tarifautonomie im Sozialstaat

Die Tarifautonomie ist Grundlage des Tarifvertragsrechts. Sie umfasst historisch und aktuell einen wesentlichen Teil der Koalitionsgarantie und ist damit in Art. 9 Abs. 3 GG grundrechtlich abgesichert. In der Koalitionsfreiheit wiederum prägt sich das allgemeinere Sozialstaatsprinzip (Art. 20 Abs. 1, 28 Abs. 1 Satz 1 GG) besonders früh und konkret aus.[126] 53

#### 1. Koalitionsfreiheit als soziales Freiheitsrecht

Art. 9 Abs. 3 GG gehört nicht zu den herkömmlichen, »klassischen« Grundrechten, an denen die liberale Grundrechtstheorie[127] die Trennungslinie zwischen »Staat und Gesellschaft«, d.h. die Grenzen staatlicher Zuständigkeiten gegenüber sozialen Entwicklungen gezogen hatte. Diese Doktrin der Trennung von Staat und Gesellschaft enthielt damit eine wirksame Staatsgarantie für den sich selbst überlassenen marktwirtschaftlich-konkurrenzkapitalistischen Prozess. Demgegenüber verfasst Art. 20 Abs. 1 GG die Bundesrepublik als einen sozialen, d.h. als einen gesellschaftlichen Staat. Dieser Staat trägt damit **prinzipiell umfassende Verantwortung für eine »gerechte Sozialordnung«**[128], die er vor allem gesetzlich durchzusetzen hat, indem er die soziale Balance auch zwischen privatautonomen Vertragsparteien rechtlich sichert.[129] Schon die Weimarer Reichsverfassung hatte mit ihren sozialen Grundrechten z.B. auf Arbeit, gesundes Wohnen und Sozialversicherungen diese Entwicklung zum sozialen Rechtsstaat punktuell festgelegt[130], doch wird man diese Verfassungsverbürgungen bei der Auslegung des **Sozialstaatsprinzips** nur beschränkt heranziehen können, weil sie das Grundgesetz jedenfalls nicht ausdrücklich wieder aufgenommen hat. 54

Wohl aber findet sich die **Koalitionsfreiheit** fast wortgleich mit Art. 159 WRV in Art. 9 Abs. 3 Satz 1 und 2 GG wieder. Für das Verständnis des Sozialstaatsprinzips ist das deshalb wichtig, weil diese Freiheit eben nicht zu den »klassischen« Grundrechten gehört, die ursprünglich eine strikte staatliche Indifferenz gegenüber gesellschaftlichen Entwicklungen im jeweiligen Geltungsbereich vorschreiben sollten. Vielmehr ist die Koalitionsfreiheit »erst unter den Bedingungen moderner Industriearbeit entstanden, die sich im 19. Jahrhundert entwickelt haben«.[131] Bei der Auslegung dieses Grundrechts kann deshalb nur bedingt auf einen traditionell feststehenden Inhalt bzw. auf ein hergebrachtes allgemeines Grundrechtsverständnis zurückgegriffen werden, zumal in Art. 165 Abs. 1 WRV auch die Tarifautonomie schon normiert worden war. »Anhaltspunkte für eine Konkretisierung bietet namentlich die bisherige geschichtliche Entwicklung, die auf den nahezu wortgleichen Art. 159 WRV zurückführt«.[132] Das Bundesverfassungsgericht hat in seiner Rechtsprechung zu Art. 9 Abs. 3 GG deshalb meist die 55

126 Vgl. AK-GG-*Kittner/Schick*, Art. 9 Abs. 3 Rn. 80ff., 89ff., mit weiteren Nachweisen.
127 Hierzu Vgl. *Böckenförde*, NJW 1974, 1530ff.
128 BVerfG 18.7.1967, E 22, 204; vgl. im Übrigen *Kempen*, Sozialstaatsprinzip, 7ff.
129 BVerfG 7.2.1990 (1 BvR 26/84), E 81, 242, 254f.
130 BVerfG 17.5.1960, E 11, 105, 113.
131 BVerfG 1.3.1979, E 50, 290, 366f.
132 BVerfG 1.3.1970, E 50, 290, 367.

historische Tragweite der Koalitionsfreiheit mit einzubeziehen versucht.[133] Später hat es die Tarifautonomie weniger als Ausprägung des Sozialstaatsprinzips verstanden, sondern stattdessen Art. 20 Abs. 1 GG als Ermächtigung für staatliche Eingriffe in die tarifliche Koalitionsfreiheit verwendet (vgl. Grundl. Rn. 76ff. und Rn. 125).[134]

### a) Koalitionsfreiheit als neuer Grundrechtstyp

**56** Bedenkt man, dass der Staat auf Grund der **Koalitionsfreiheit** und insbesondere der Tarifautonomie aus der Regelung der Arbeits- und Wirtschaftsbedingungen weitgehend herausgehalten wird, so scheint dieses Grundrecht durchaus noch ganz in liberaler Tradition zu stehen. Es wäre jedoch ein grobes Missverständnis, dieser Grundrechtsverbürgung eine indirekte Garantie der Marktwirtschaft entnehmen zu wollen.[135] Tatsächlich bedeutete nämlich die Aufhebung des Gewerkschaftsverbots durch § 152 Abs. 1 GewO des Norddeutschen Bundes, d.h. die erste gesetzliche Koalitionsanerkennung in Deutschland, einen tief greifenden Einbruch in die wesentlich vom Individuum her konzipierte marktwirtschaftlichliberale Sozialverfassung des 19. Jahrhunderts.[136] Von ihrer liberalen Position aus durchaus folgerichtig hatte deshalb bereits die bürgerliche französische Nationalversammlung am 14. Juni 1791 Arbeitskämpfe und tarifliche Abmachungen als »Attentate auf die Freiheit und die Menschenrechte« für verfassungswidrig erklärt.[137] Denn der »Kollektivvertrag ist nicht eines von vielen Beispielen für die Konkretisierung von allgemeinen Vertragsprinzipien, sondern genau genommen die Negation dieser Grundrechte«[138], indem und soweit er normative Wirkung entfaltet. Im Bereich der Arbeitsbeziehungen kann sich individuelle Selbstbestimmung nämlich erst auf der kollektiven Ebene normativ verwirklichen. Sie enthält freilich keine »Negation« der **Marktfreiheiten**, sondern die **soziale Ergänzung** hierzu.

**57** Beim **Tarifvertrag** ist die rechtliche Grundlage nicht länger eine partielle Willensübereinstimmung zweier Individuen. Dieses liberale Rechtsprinzip wird für die Arbeitsbeziehungen überlagert durch bindende Tarifvereinbarungen, welche mindestens auf Arbeitnehmerseite eine **kollektive Interessenvertretung**, also Koalitionsfreiheit, voraussetzen. Nur die Legalisierung des gewerkschaftlichen Zusammenschlusses eröffnete den Arbeitern angemessene Verhandlungschancen gegenüber den Unternehmern, die bereits in ihrer Person als Eigentümer der Produktionsanlagen regelmäßig über mehrere Arbeitsplätze, d.h. über entsprechende Marktmacht, verfügten. Folgerichtig konnte die endgültige verfassungsrechtliche Anerkennung der Tarifautonomie sowie der Koalitions- und der Arbeitskampffreiheit als ihrer notwendigen Grundvoraussetzungen erst nach langem Widerstand der Arbeitgeber in der Zentralarbeitsgemeinschaftsvereinbarung vom 15. November 1918[139] vorgesehen werden (vgl. Grundl. Rn. 24).

---

133 BVerfG 18.11.1954, E 4, 96, 101, 106f.; BVerfG 6.5.1964, E 18, 18, 27ff.; BVerfG 30.11.1965, E 19, 303, 314; BVerfG 19.2.1975, E 38, 386, 394; BVerfG 24.5.1977, E 44, 322, 347f.; BVerfG 26.6.1991, E 84, 212, 224.

134 BVerfG 24.4.1996 (1 BvR 712/86), E 94, 268, 284; BVerfG 27.4.1999 (1 BvR 2203/93 und 897/95), E 100, 271, 284f.; BVerfG 3.4.2001, E 103, 293, 307.

135 So etwa *Leisner*, BB 1978, 100.

136 Ebenso *Däubler/Däubler*, Einl. Rn. 73ff.; AK–GG-*Kittner/Schiek*, Art. 9 Abs. 3 Rn. 81.

137 Vgl. dazu *Marx*, MEW, Bd. 23, 769f.; irrig dagegen *Scholz*, Koalitionsfreiheit, 23ff.

138 *Kübler/W. Schmidt/Simitis*, Mitbestimmung, 198f.

139 RAnz. Nr. 273.

### *aa) Koalitionsfreiheit und Tarifautonomie*

Die **Tarifautonomie** ist indessen noch mehr als nur ein – allerdings tief greifender – Einbruch in das Prinzip der individuellen Vertragsfreiheit. Dieses Prinzip hatte schließlich zur Vereinbarung von Kinderarbeit, 16-Stunden-Tag und Hungerlöhnen geführt, also vor der »sozialen Frage« sichtlich versagt. Auch auf anderen Gebieten vermochte die marktwirtschaftliche Vertragsordnung soziale die ökonomische Probleme nicht mehr hinreichend zu steuern, so dass nach dem Vorbild der Tarifvertragsparteien z.B. Mietervereine den Haus- und Grundbesitzverbänden gegenüberstanden und auch die von mächtigen Wirtschaftsverbänden praktizierten Preiskartelle 1897 gerichtlich anerkannt wurden.[140] **58**

Die Tarifverträge entsprachen mit ihrer kartellähnlichen Wirkung deshalb einer gewissen Zeitströmung weg vom Wirtschaftsindividualismus und hin zu kollektiven Regelungen (zur Widersprüchlichkeit dieser Entwicklung vgl. Grundl. Rn. 1, Rn. 13 und Rn. 15). Man traute den einzelnen Wirtschaftssubjekten vielfach nicht länger zu, einen akzeptablen Ausgleich ihrer gegenläufigen sozialen Interessen zu finden, und setzte stattdessen auf den Kampf zwischen kollektiven Interessenvertretungen.[141] Indem der Staat diese »autonomen« Verfahren – allerdings zeitlich sehr viel später (vgl. Grundl. Rn. 25f.) – rechtlich akzeptierte und absicherte, anstatt die für sinnvoll gehaltenen Lösungen im Wege eigener Schutz-Gesetzgebung »von oben« festzulegen (wie dies auf anderem Gebiet etwa durch die Sozialversicherungsgesetze Bismarcks geschah), behielt diese beginnende soziale Selbstverwaltung insofern aus nachträglicher Sicht einen liberalen Einschlag (im Sinne staatlicher Zurückhaltung), obwohl sie im Kern damals durchaus systemverändernd wirkte.[142] Theoretischer Hauptvertreter jener – vielfach stark »genossenschaftlich« beeinflussten – Tendenzen war *Otto von Gierke*. Sein aus der mittelalterlichen deutschen Rechtsgeschichte entwickelter, dem Individualrecht gegenübergestellter Begriff des »Sozialrechts« **genossenschaftlicher »Verbandspersonen«**[143] hat auch im westlichen Ausland – vor allem über die anglo-amerikanische Pluralismustheorie[144] – durchaus zukunftsprägend gewirkt. Dies geschah allerdings im deutschen Rechtsbereich weniger über die sozialen Grundrechte der Weimarer Reichsverfassung (Art. 157, 161, 163 WRV), welche das Grundgesetz nicht explizit aufnimmt, sondern über die in Art. 159 WRV und in Art. 9 Abs. 3 GG gleichermaßen grundrechtlich abgesicherte Koalitionsfreiheit.

Die theoretische **Ausgestaltung** und Einfügung der **Koalitionsfreiheit** in die **Weimarer Reichsverfassung** ist vor allem *Sinzheimer* zu verdanken, der sich hierbei auch den Vorarbeiten *von Gierke*s verpflichtet wusste[145], sich jedoch in einem entscheidenden Punkt von ihm unterschied: Die Gewerkschaften als notwendig kollektive Träger der Tarifautonomie sind »freiwillige Vereinigungen« auf dem **59**

140 RGZ 38, 55.
141 *Wieacker*, Privatrechtsgeschichte, 546.
142 Vgl. die daher ambivalente Einschätzung des Art. 9 Abs. 3 GG bei *Scholz*, in: Maunz/Dürig, Art. 9 Rn. 10.
143 Vgl. *Gierke*, Das deutsche Genossenschaftsrecht, 4 Bde., Berlin 1868–1913; vgl. dazu *M. Becker*, Arbeitsvertrag, 221 ff., 273 ff.
144 *Kremendahl*, 87 ff.
145 *Kremendahl*, 152 f.

»Boden der sozialen Selbstbestimmung«.[146] »Das Maß der wirtschaftlichen Freiheit des einzelnen Arbeitnehmers wird im Durchschnitt nicht durch ihn, sondern durch die kollektive Macht der Organisation bestimmt. Sein individuelles Selbstbestimmungsrecht ruht im sozialen Selbstbestimmungsrecht.«[147] Die **soziale Selbstbestimmung** in der Arbeitswelt also vollzieht sich in erster Linie im gewerkschaftlich ausgehandelten Tarifrecht.[148] Sie setzt notwendig die prinzipielle Gleichheit aller Gewerkschaftsmitglieder und damit eine dem Organisationszweck angemessene, **demokratische Gewerkschaftsstruktur** voraus.

**60** Das entscheidend Neue an der Koalitionsfreiheit des Art. 159 WRV war daher nicht nur ihr Charakter als soziales Teilhaberecht vor dem Hintergrund der klassischen liberalen Abwehrrechte. Diese Zielrichtung hatten auch andere soziale Grundrechte, wie etwa das Recht auf Arbeit oder auf Wohnung. Charakteristisch war vielmehr die staatlich verbriefte Zuständigkeit für autonome kollektiv verbindliche Rechtsgestaltung der Arbeits- und Wirtschaftsbedingungen, die bis dahin einzelvertraglicher, d.h. meist ökonomisch einseitiger Regelung vorbehalten blieben. Außerdem bringt die kollektive Regelung eine qualitative Verbesserung der Arbeitsbeziehungen selbst mit sich, indem sie sich nicht länger auf den bloßen (schuldrechtlichen) Austausch vertraglicher Leistungen bezieht, sondern die (auch grundrechtlich legitimierte) Organisation der Zusammenarbeit im Betrieb (z.B. Betriebsverfassung, »Humanisierung der Arbeit«) zu regeln sucht.[149] Die Koalitionsfreiheit ermöglicht damit nicht nur eine formale, sondern vor allem eine inhaltliche Veränderung des Arbeitsrechts. Diese Grundrechtsgarantie enthielt damit also einen prinzipiell neuen **gesellschaftsstrukturierenden Eingriff des Staates** in die verfassungsrechtlich bislang unberührte (Privat-)Sphäre der **individuellen Arbeits- und Wirtschaftsbeziehungen**. Hierin liegt der sozialstaatliche Charakter der Koalitionsfreiheit.

**61** Stärker noch als andere politische Beteiligungsgrundrechte (wie z.B. die Pressefreiheit in Art. 5 Abs. 1 Satz 2 GG oder die Versammlungsfreiheit des Art. 8 GG) ermöglicht die Koalitionsfreiheit mit der **Tarifautonomie** eine Selbstorganisation der gesellschaftlichen Kräfte, die innerhalb des Normbereichs der »Arbeits- und Wirtschaftsbedingungen« vor Staatseingriffen geschützt bleiben. Deshalb ist die parallele soziale Handlungskompetenz des **Staates** (vgl. Art. 74 Abs. 1 Nr. 12 GG) auf eine **subsidiäre**[150] **Ergänzungsfunktion** beschränkt. Unter dem grundrechtlichen Primat der Koalitionen nehmen Tarifvertragsparteien und Gesetzgeber die normative Regelung der Arbeits- und Wirtschaftsbedingungen kooperativ wahr.[151] Die Verfahren der Allgemeinverbindlicherklärung von Tarifverträgen (vgl. § 5 Rn. 35ff.) und des Erlasses gesetzlicher Mindestarbeitsbedingungen (vgl. § 1 Abs. 2 MindArbBG) bestätigen das nachdrücklich. Die Koalitionsfreiheit dient dadurch der gesellschaftlichen Mit- und Selbstbestimmung. Sie umfasst insofern eine **Garantie sozialstaatlicher Demokratie**.[152]

---

146 *Sinzheimer*, Grundzüge, 68; vgl. dazu *M. Becker*, Arbeitsvertrag, 282ff.
147 *Sinzheimer*, Grundzüge, 82.
148 *Sinzheimer*, Arbeitstarifgesetz, 196; vgl. dazu *Kempen*, Hugo Sinzheimer, 280ff.
149 Vgl. *Däubler*, Arbeitsbeziehungen, 54f.
150 Vgl. BVerfG 24.5.1977 (2 BvL 11/74), E 44, 322, 342.
151 Vgl. *Kempen*, AuR 1996, 340ff.
152 *Zachert*, AR-Blattei-SD, Vereinigungsfreiheit/Koalitionsfreiheit 1650.1 Rn. 11; *Höfling*, in: Sachs, Art. 9 Rn. 52; AK-GG-*Kittner/Schiek*, Art. 9 Abs. 3 GG Rn. 80ff.; Wiedemann/*Wiedemann*. Einl. Rn. 352ff.; *Scholz*, in: Maunz/Dürig, Art. 9 GG Rn. 155; *Gamillscheg*, Kollektives Arbeitsrecht II, § 3, 2 c 1, 131; abweichend *Löwisch/Rieble*, Grundl. Rn. 26f.

### *bb) Tarifautonomie als kollektive Selbstbestimmung*

Andererseits schloss die in der koalitionsrechtlichen Selbstverwaltungsgarantie enthaltene **Tarifautonomie** auch die Zuständigkeit des demokratisch konstituierten Staates für entsprechende Bereiche der Arbeit und Wirtschaft zugunsten der Tarifvertragsparteien weitgehend aus. Auf dieser dem Staat zugewandten Seite trägt die Koalitionsfreiheit deshalb auch die Züge eines **liberalen Freiheitsrechts**. Dementsprechend haben Art. 159 Satz 1 WRV und Art. 9 Abs. 3 Satz 1 GG sie zwar technisch und formal zunächst wie ein herkömmliches liberales Grundrecht normiert, doch darf daraus nicht auf die »Maßgeblichkeit des liberalen Formprinzips« geschlossen werden.[153] Schon die jeweils unmittelbar anschließend in Art. 159 Satz 2 WRV und in Art. 9 Abs. 3 Satz 1 GG festgelegte »**Drittwirkung**« der Koalitionsfreiheit (gegen nichtstaatliche Einschränkungen und Behinderungen) hebt das gesellschaftsstrukturierende, sozialgerichtete Element hervor. Hiernach wird das Grundrecht vor allem auch gegen nichtstaatliche Einschränkungen und Behinderungen vor privatem Druck geschützt. Dies aber macht das eigentliche Charakteristikum dieses Grundrechts aus, denn bei keiner anderen grundrechtlichen Gewährleistung findet sich Vergleichbares. Die Gegenposition hierzu findet sich in der Eigentumsfreiheit. Dieses »klassische« individualistische Grundrecht (es schließt andere vom Gebrauch der Sache oder der Rechtsposition aus, vgl. § 903 BGB) ist gesellschaftlich eben nur erträglich, wenn sein Gebrauch zugleich ausdrücklich »dem Wohle der Allgemeinheit« zu dienen hat (Art. 14 Abs. 2 Satz 2 GG). Im System des Grundrechtskatalogs wäre die **Koalitionsfreiheit** deshalb als ein **soziales Freiheitsrecht** zu kennzeichnen, welches kollektive Selbstbestimmung vor allem durch tarifliche Rechtsnormvereinbarungen[154] ermöglicht. **62**

Bei der Koalitionsfreiheit als sozialem Freiheitsrecht geht es um die **kollektive Selbstbestimmung** der Betroffenen im Bereich der Arbeits- und Wirtschaftsbedingungen und damit um die menschliche Freiheit als Zentralvoraussetzung jeder demokratischen Verfassungsordnung. Das Selbstbestimmungsziel verbindet die Tarifautonomie mit der **Privatautonomie**. Die grundrechtliche Sicherung der kollektiven Autonomie wird erforderlich, weil die Privatautonomie am Arbeitsmarkt die erwartete Selbstbestimmung nicht hinreichend verwirklichen kann. **Tarifautonomie** ist insofern ein **wesentlicher Bestandteil der Koalitionsfreiheit**, weil sie es bezweckt, die strukturelle Unterlegenheit der einzelnen Arbeitnehmer beim Abschluss von Arbeitsverträgen durch kollektives Handeln auszugleichen und damit ein annähernd gleichgewichtiges Aushandeln der Löhne und Arbeitsbedingungen zu ermöglichen.[155] **Tarifautonomie** bleibt insofern **auf ein marktförmig geordnetes System der Arbeitsbeziehungen gerichtet**.[156] Die durch sie realisierte »**kollektive Privatautonomie**«[157], betrifft die tariflich normierten Mindestbedingungen, während das (die tariflichen Leistungen übersteigende und deshalb von ihnen abhängig) Günstigkeitsprinzip es mit der individuellen Privatautonomie verbindet.[158] **63**

153 So aber *Scholz*, in: Maunz/Dürig, Art. 9 Rn. 156; wie hier dagegen *Scheuner*, Inhalt, 38.

154 Vgl. MünchArbR/*Richardi*, § 40 Rn. 18; *Däubler/Däubler*, Einl. Rn. 82; *Höfling*, in: Sachs, Art. 9 Rn. 52; AK-GG-*Kittner/Schiek*, Art. 9 Abs. 3 Rn. 84.

155 BVerfG 26. 6. 1991, E 84, 212, 224, 229; ferner *Dorndorf*, FS Gnade, 40 ff.

156 Vgl. *Dorndorf*, FS Kissel, 146 ff.; *Kempen* RdA 1994, 144 ff., 179.

157 Zu diesem Begriff vgl. ErfK/*Dieterich*, Einl. GG Rn. 47, Art. 9 GG Rn. 54 f. sowie Grundl. Rn. 89, 159, 196.

158 Vgl. *Kempen*, Dilemma des Günstigkeitsprinzips, 84 ff.

### *cc) Tarifautonomie und wirtschaftliche Unabhängigkeit der Koalitionen*

**64** Selbstbestimmung setzt vor allem **wirtschaftliche Unabhängigkeit** voraus. Um sie vor dem Staat zu gewährleisten, ist die Koalitionsfreiheit als Grundrecht garantiert. Um sie gegenüber Arbeitgebern und Arbeitnehmern zu verwirklichen, wird dieses Grundrecht ausdrücklich mit unmittelbarer und singulärer Drittwirkung ausgestattet (Art. 9 Abs. 3 Satz 2 GG). Diese Drittwirkung ist die verfassungsrechtliche Grundlage des **Arbeitskampfrechts**. Insbesondere der Streik soll die Arbeitnehmer zeitweilig von ihrer arbeitsvertraglichen Leistungspflicht befreien, um wirtschaftliche Selbstbestimmung zu ermöglichen, d.h. Tarifverträge zu schließen.[159] Die suspendierende Wirkung von Streik und Aussperrung dient der temporären Lösung aus den dauerschuldverhältnismäßigen Leistungspflichten. Die allgemeine wirtschaftliche Abhängigkeit insbesondere der Arbeitnehmer bleibt freilich bestehen. Dem Ausgleich des wirtschaftlichen Ungleichgewichts auf dem Arbeitsmarkt dient dann das Recht, Koalitionen zu bilden und kartellförmige Mindestbedingungen auszuhandeln, die normativ wirken, damit sie die Arbeitsvertragsparteien tarifrechtlich binden. Dabei steht diese Koalitionsfreiheit jedem zu, so dass sie potentiell den gesamten Markt abhängiger Arbeit erfassen kann, also die grundrechtliche Chance vermittelt, die Arbeitsbeziehungen umfassend zu regeln.

### *dd) Tarifautonomie als Normsetzung*

**65** Tarifverträge müssen nicht nur wegen der maßgeblichen kollektiven Schutzfunktion gegenüber dem Einzelarbeitsvertrag **Rechtsnormen** enthalten, sondern auch wegen der damit zugleich entstehenden Bindungswirkung für die Gerichte. Die justizförmige Durchsetzbarkeit der Tarifnormen ist nämlich Voraussetzung der **Friedenspflicht**, also des prinzipiellen Ausschlusses von Arbeitskampfmaßnahmen während der Laufdauer eines Tarifvertrages.[160] Die damit notwendige Normqualität tariflicher Regelungen erzwingt die Einhaltung aller wesentlichen Voraussetzungen für die Setzung legitimen Rechts im demokratischen Verfassungssystem, also die unabhängige Willensbildung der Beteiligten auf der Grundlage des Mehrheitsprinzips und die prinzipielle Bindung an die **Grundrechte** der Beteiligten (vgl. Grundl. Rn. 197ff.).

**66** **Demokratische Willensbildung** ist nur dort vorhanden, wo die Mehrheit die Minderheit nicht überwältigt, sondern die Rechtsetzung insgesamt als »freie Selbstbindung« angesehen werden kann.[161] Das ist nur der Fall, wenn die Grundrechte der Minderheit die beschließende Mehrheit binden. Insofern ist Art. 9 Abs. 3 Satz 2 GG auch Grundlage der Bindung der Tarifverträge an die Grundrechte der Koalitionsmitglieder. Die endgültige Normsetzung erfolgt im Vertragsschluss der demokratisch strukturierten kollektiven Parteien, die auf Grund der Möglichkeit des Arbeitskampfes voneinander unabhängig und wirtschaftlich annähernd gleichrangig sind. Hier ist dann also wieder das Modell der Selbstbestimmung durch Privatautonomie formgebend. Insgesamt handelt es sich bei der Tarifautonomie also um eine **Kombination von demokratischen und privatautonomen Normsetzungsprinzipien**. Wegen der Grundrechtsqualität

---

159 BVerfG 26.6.1991, E 84, 212, 225.
160 Dazu *Kempen*, ArbRGgw 31 (1993), 120ff.
161 Vgl. *Käppler*, NZA 1991, 751ff.; *Dorndorf*, FS Kissel, 150ff., *Kempen*, RdA 1994, 146f.

der Koalitionsfreiheit bleibt der von ihr erfasste Kompetenzbereich der Selbstregelung der Grundrechtsträger überlassen. Daraus folgt das Normsetzungsvorrecht der Tarifvertragsparteien für die Arbeits- und Wirtschaftsbedingungen (näher hierzu Grundl. Rn. 128 und Rn. 274). Es ist primär grundrechtlich und nicht privatrechtdogmatisch[162] legitimiert.

### b) Die egalitäre Struktur des Grundrechts der (kollektiven) Koalitionsfreiheit und der Tarifautonomie

#### *aa) Das Gebot demokratischer Koalitionsstrukturen*

Die Koalitionsfreiheit enthält mit der Tarifautonomie eine Ermächtigung der Koalitionen zu verbindlicher Rechtsetzung und umfasst damit eine im herkömmlichen Verfassungssystem prinzipiell dem demokratischen Gesetzgeber vorbehaltene Funktion (vgl. Art. 20 Abs. 2, 3 GG). Jene ausnahmsweise Anerkennung zwingender, jedoch nicht staatlicher Normsetzung (§ 4 Abs. 1 TVG) rechtfertigt sich vor allem daraus, dass das tarifliche Verfahren einen grundsätzlich vergleichbaren **Legitimationsansatz**, nämlich die **Mit- und Selbstbestimmung der Betroffenen** aufweist. Die insofern vorausgesetzte demokratische Grundlegitimation beruht wiederum auf der funktionsnotwendig gleichheitlichen Mitgliederstruktur der Gewerkschaften: Die selbst verantwortete persönliche Arbeitsleistung als ursprüngliches Schutzgut der Tarifautonomie und als Basis des gewerkschaftlichen Zusammenschlusses ist vollständig individualbezogen. Sie dient historisch wie aktuell der Sicherung der persönlichen Freiheit des arbeitenden Menschen vor seiner vollständigen »Verdinglichung« als Arbeitskraft im modernen arbeitsteiligen Produktionsprozess. Bis dahin hatte man die Bedeutung der Arbeit als einer individuellen Hingabe (nicht Surrogat) menschlicher Persönlichkeit jedenfalls in der Rechtswissenschaft weitgehend verkannt.[163] Dauerhaft erbrachte Arbeitsleistung umfasst nämlich stets auch eine Veräußerung von Lebenszeit und Lebenskraft des Leistenden. Ebenso verkannt blieb ihre soziale Funktion als entscheidender Anlass für die Entstehung menschlicher Gesellschaft schlechthin. 67

Wenn die Koalitionsfreiheit gegenüber solcher allfälligen »Verdinglichung« der Arbeit die Interessen ihrer Mitglieder als Personen innerhalb der Arbeitswelt (d.h. insbesondere ihre Berufsfreiheit nach Art. 12 GG) organisieren und auf Grund des persönlichen Einsatzes (Streik) dieser Mitglieder vertreten soll, dann erzwingt ein derartiger Gewerkschaftszweck auch eine entsprechend **egalitäre demokratische Gewerkschaftsorganisation**. Die mit der Koalitionsfreiheit verbundene Funktion wirtschaftlicher »Gegenmacht«-Bildung ist deshalb hinsichtlich der denkbaren Organisationsformen keineswegs indifferent. Ihr persönlichkeitsbezogener menschenrechtlicher Ansatz, der lediglich primär mit ökonomischen Mitteln durchgesetzt werden soll, lässt eine vom Prinzip demokratischer Selbstbestimmung abweichende Organisationsstruktur nicht zu.[164] Die **Gewerkschaft** dient der Durchsetzung personaler Interessen im Arbeitsprozess und beruht damit zwangsläufig auf persönlicher Einsatzbereitschaft der 68

162 So aber *Picker*, FS 50 Jahre BAG, 821ff.

163 Vgl. *Kaiser*, KJ 1976, 73f.; zum aktuellen Problem der Lebensarbeitzeit vgl. *Castells*, Informationszeitalter, 494ff.

164 Vgl. auch AK-GG-*Kittner/Schiek*, Art. 9 Abs. 3 Rn. 116.

Organisierten. Ihre Leistungsfähigkeit im Konfliktfall basiert demzufolge fast ausschließlich auf dem individuellen Engagement ihrer Mitglieder, welches z.B. in Urabstimmungen stets aufs neue demokratisch abgefragt werden muss. Eine gleichheitliche, **mehrheitsdemokratische Willensbildung** samt einem entsprechenden Minderheitenschutz ist daher nicht nur verfassungsrechtlich, sondern auch **funktionell geboten**. Organisationsstruktur und Organisationszweck der Gewerkschaften sind damit prinzipiell (die Einzelheiten bleiben gänzlich der Satzungsautonomie überlassen) deckungsgleich[165] (zu den grundrechtlichen Aspekten vgl. Grundl. Rn. 197ff. und Rn. 204ff.).

**69** Als Legitimationsbasis der tariflichen Rechtsetzungsbefugnis ist die Gleichheit der individuellen (Koalitions-)Grundrechtsträger folgerichtig sowohl in Art. 159 Satz 2 WRV wie in **Art. 9 Abs. 3 Satz 2 GG** auch gegen innerorganisatorische Verzerrungen wie z.B. gegen satzungsförmige Einschränkungen oder politische Behinderungen verfassungsrechtlich gesichert.[166] Diese bislang vor allem wegen ihres außengerichteten unmittelbaren »**Drittwirkungs«-Charakters** hervorgehobenen Vorschriften entfalten nämlich zugleich eine organisatorische Binnenwirkung, indem sie die Gewerkschaften auf einen grund-demokratischen Mindeststandard verpflichten[167], dessen Kern im Mehrheitsprinzip mit Stimmgleichheit (»one man one vote«) besteht und der einen ausgeprägten Minderheitenschutz umfasst, ohne den die Stimmgleichheit aufgehoben und die Freiwilligkeit der Mitgliedschaft gefährdet wäre.

**70** Dieser **Majoritätsgrundsatz** hat im vorliegenden Zusammenhang deshalb nichts Bedenkliches, weil seine entscheidende gesellschaftliche Voraussetzung, ohne welche er zur Diktatur der Mehrheit entarten könnte, hier von vornherein gegeben ist. In den Gewerkschaften besteht nämlich hinreichende soziale Homogenität hinsichtlich der zu organisierenden prinzipiellen Interessen. Solche Homogenität ist Vorbedingung für die Kompromissfähigkeit mehrheitlicher Entscheidungen und für die Chance der Minderheit, Mehrheit zu werden, d.h. für den demokratischen Charakter des Mehrheitsverfahrens. Sie spiegelt sich in der normativen Gleichheit der Abstimmungsberechtigten.[168] Gewerkschaftliche Organisationen erfüllen beide Voraussetzungen, indem sie ihre Mitglieder in deren stets gleicher sozialer Rolle als Arbeitnehmer organisieren und diese gesellschaftliche Gleichheit entsprechend dem Gebot des Art. 9 Abs. 3 Satz 2 GG auch satzungsrechtlich (auch zum Teil sogar mit höheren Quoten, vgl. Streikbeschlüsse) realisieren.

**71** Dies darf indessen **nicht** als ein konkretes »**Homogenisierungsgebot**« im Sinne der Verpflichtung auf parlamentarischstaatliche Entscheidungsstrukturen missverstanden und als Ermächtigung für ein entsprechendes **Verbände- oder Gewerkschaftsgesetz** aufgefasst werden.[169] Solche aus ganz anderen Funktionen und Traditionen entwickelten Mechanismen staatspolitischer Willensbildung wären der primären verfassungsrechtlichen Konfliktlösungsfunktion einer Tarifvertragspartei nämlich nicht durchweg angemessen.[170] Anders als das Parla-

---

165 Ähnlich *Dorndorf*, FS Kissel, 148ff.

166 Dazu *Schüren*, 260ff., *Vorderwülbeke*, 150ff.

167 *W. Schmidt*, 258; *Scholz*, in: Maunz/Dürig, Art. 9 Rn. 206f.; *Kempen*, Grundgesetz, 144f.

168 Vgl. *Ipsen*, Gleichheit, 172; *Kelsen*, Wesen, 9f., 53ff.; *Rawls*, Gerechtigkeit, 392ff.; *Scheuner*, Rolle, 9f., 54f.; *Bonin*, 110f.

169 Vgl. *Gamillscheg*, Kollektives Arbeitsrecht I, § 9 II 5 c, 404f.; MünchArbR/*Löwisch/Rieble*, § 246 Rn. 26 und § 255 Rn. 4.

170 Vgl. *Popp*, JöR 1977, 155.

ment, das die unterschiedlichen politischen Interessen in öffentlicher Auseinandersetzung unmittelbar zu dauerhaft bindenden staatlichen Entscheidungen bringt, also selbst geltendes Recht schaffen soll, hat die Gewerkschaft gerade keine unabhängige Normsetzungsbefugnis. Sie ist vielmehr in erster Linie eine Interessenorganisation zur Austragung sozialer Konflikte, also ein Kampfverband, der seine Ziele regelmäßig nicht allein und aus sich heraus, sondern lediglich unter vielfach erzwungener Mitwirkung der Arbeitgeberseite verwirklichen kann. Parlamentarische Verfahrensregeln passen daher nur bedingt auf innergewerkschaftliche Willensbildungsvorgänge. Mit ihrer notwendig umfassenden Öffentlichkeit und ihren ausbalancierten, langwierigen Entscheidungsabläufen müssten sie die notwendige Handlungsfähigkeit einer Gewerkschaft in kollektiven Auseinandersetzungen mit der demokratisch weitgehend ungebundenen Arbeitgeberseite nachhaltig vermindern. Sie würden daher die Effektivität des kollektiven Koalitionsgrundrechtsschutzes entscheidend beeinträchtigen und somit gegen Art. 9 Abs. 3 GG verstoßen. Wohl aber wird das **Einzelmitglied** auf Grund des innerverbandlichen Gleichheitsprinzips (Art. 9 Abs. 3 Satz 2 GG) **gegen Einschränkungen und Behinderungen geschützt**, so dass seine individuelle Freiheit nicht restlos im kollektiven Koalitionsrecht aufgeht, sondern dort organisatorisch zusammengefasst wird. Dies wiederum rechtfertigt sodann den gesonderten Schutz der Vereinigung als solcher (kollektive Koalitionsfreiheit), deren innere Ordnung sich nach ihrer autonomen Zielsetzung richtet und die daher maßgeblich von den Mitgliedern selbst festgelegt wird.

Für die **tariffähigen Arbeitgeberverbände** gilt das Gebot innerverbandlicher **72**
Demokratie aus Art. 9 Abs. 3 Satz 2 GG. Das Mehrheitsprinzip, welches eine Abstimmung nach »Köpfen« gebietet, beruht auf der personalen Gleichheit der beteiligten Menschen. Bei Gewerkschaften, welche die nur persönlich zu leistende Arbeitskraft ihrer Mitglieder am Arbeitsmarkt vertreten, ist es daher geboten. Bei Arbeitgeberverbänden, welche die von ihren Mitgliedern (unternehmerisch oder dienststellenförmig) zusammengefassten Arbeitsplätze am Arbeitsmarkt repräsentieren, darf die Zahl dieser jeweiligen Arbeitsplätze auch das Stimmgewicht des entsprechenden Verbandsmitglieds bestimmen. Das Marktgewicht prägt hier die Koalitionswillensbildung und wird deshalb auch meist in den Abstimmungen berücksichtigt, wobei die Stimmenzahl der Mitglieder satzungsrechtlich oft nach der Brutto-Entgelt-Summe, der (arbeitsplatzgebundenen) Beitragshöhe oder der Zahl der Arbeitsplätze gestaffelt ist.[171] Schließlich sind viele Verbandsmitglieder juristische Personen, für die der Gleichheitssatz allenfalls vermittelt menschenrechtlich geprägt wird. Andererseits wird z. B. Tarifverträgen auch die Berufsfreiheit der Unternehmer/Manager als Arbeitgeber (Art. 12 GG) geregelt. Es erscheint dennoch angemessen, bei Arbeitgeberverbänden von einer **betriebs-(dienststellen-)bezogenen Mitgliedschaft** (im Gegensatz zur individualbezogenen Gewerkschaftsmitgliedschaft) zu sprechen. Auch diese wichtige Besonderheit schließt nicht aus, dass die Willensbildung in den Arbeitgeberverbänden jenseits der Satzungsautonomie einem **vereinsrechtlichen Minderheitenschutz** unterliegt und insoweit demokratische Strukturelemente aufweisen muss.[172]

171 MünchArbR/*Löwisch/Rieble*, § 255 Rn. 4, mit weiteren Nachweisen zu Arbeitgeberverbandssatzungen.
172 Vgl. MünchArbR/*Löwisch/Rieble*, § 246 Rn. 24 einerseits und § 255 Rn. 3 andererseits.

73 Wesentliches Korrektiv des Mehrheitsprinzips zum Schutze der Selbstentfaltung des Mitglieds ist schließlich (neben der Bindung der Koalition an den Wesensgehalt der Grundrechte ihrer Mitglieder, Art. 19 Abs. 2 GG; hierzu vgl. Grundl. Rn. 212ff.) das Recht zur Kündigung der Mitgliedschaft binnen angemessener Frist (vgl. § 3 Rn. 18ff.).[173] Diese **Austrittsfreiheit**[174] ist – ebenso wie die Beitrittsfreiheit – eine Konsequenz aus dem Grundrechts-Charakter des Koalitionsrechts. Sie **sichert die Freiwilligkeit tariflicher Normsetzung** und damit deren Legitimation als kollektive Selbstbestimmung.[175] Beide bilden wiederum den Grund, aber auch die Grenze der so genannten negativen Koalitionsfreiheit (dazu Grundl. Rn. 165ff.).

### *bb) Koalitionsfreiheit als Doppelgrundrecht*

74 Art. 9 Abs. 3 GG schützt neben der individuellen auch die **kollektive Koalitionsfreiheit**, d.h. die Koalition als solche, und stellt damit nach herrschender Meinung ein »**Doppelgrundrecht**« dar: Es garantiert insoweit ebenfalls den korporativen Bestand (z.B. Schutz vor Gewerkschaftsverboten, Parteifähigkeit im gerichtlichen Verfahren) und die kollektive Betätigung (z.B. Tariffähigkeit, Betätigungsgarantie in Betriebsverfassung und Personalvertretung; Mitgliederwerbung) der Koalition.[176] Schon Art. 165 Abs. 1 WRV schützte ausdrücklich (die Koalitionsverbände als kollektive Organisationen. Ähnliches gilt für das Verfassungs- und Arbeitsrecht in den Ländern vor Gründung der Bundesrepublik. Dies wird insbesondere darin deutlich, dass § 2 Abs. 1 des vorkonstitutionellen Tarifvertragsgesetzes speziell die Gewerkschaften und Arbeitgebervereinigungen als tariffähig anerkennt.

75 Gelegentlich wird das eigenständig kollektive Element der Koalitionsfreiheit auch bestritten, weil die jeweilige Vereinigung lediglich eine **Bündelung von Mitgliedschaftsrechten** sei und nicht mehr als die Summe dieser Teile darstellen könne.[177] Zwar ist es richtig, dass der Wortlaut (»jedermann«) gegen ein eigenes kollektives Recht spricht, doch war jenes gemeinschaftliche Element angesichts der historischen und aktuellen kollektiven Rechtsentwicklung zum Zeitpunkt der Verfassungsgebung so selbstverständlich, dass es keiner ausdrücklichen Anerkennung bedurfte.[178] Dagegen hätte der Wille, mit dem bisherigen Rechtszustand zu brechen, mindestens in den Verhandlungen des Parlamentarischen Rates ausgedrückt sein müssen. Schließlich lässt sich die kollektive Gewährleistung aus historischen wie systematischen Gründen auch nicht etwa nur aus

173 Nicht mehr als sechs Monate, Vgl. BGH 4.7.1977, AP Nr. 25; BGH 22.9.1980, AP Nr. 33 zu Art. 9 GG.

174 Hierzu näher MünchArbR/*Löwisch/Rieble*, § 245 Rn. 60ff. und BAG 10.12.1002 (1 AZR 96/02), AP Nr. 162 zu Art. 9 GG Arbeitskampf.

175 *Käppler*, NZA 1991, 751f.; *Dorndorf*, FS Kissel, 151f.; a.A. *Heinze*, NZA 1991, 331, der aber die Rechtsnormqualität von Tarifverträgen zu sehr vernachlässigt.

176 BVerfG 18.11.1954, E 4, 96, 101f.; BVerfG 14.4.1964, E 17, 319, 333; BVerfG 30.11.1965, E 19, 303, 312; BVerfG 26.5.1970, E 28, 295, 304; BVerfG 1.3.1979, E 50, 290, 367; BVerfG 26.6.1991, E 84, 212, 224; BAG 2.8.1963, AP Nr. 5 zu Art. 9 GG; BAG 29.6.1965, AP Nr. 6 zu Art. 9 GG; BAG 14.2.1967, AP Nr. 10 zu Art. 9 GG; *Biedenkopf*, Tarifautonomie, 102ff.; *Hueck/Nipperdey*, Bd. II/1, 40, 46, 134; AK-GG-*Kittner/Schiek*, Art. 9 Abs. 3 GG Rn. 113; *Ridder*, Stellung, 125; *Scheuner*, Inhalt, 38; *ders.*, Rolle, 28f.; Wiedemann/*Wiedemann*, Einl. Rn. 87ff.; *Gamillscheg*, Kollektives Arbeitsrecht II, § 4 II 2a, 181f.; *Höfling*, in: Sachs, Art. 9 Rn. 66; ErfK/*Dieterich*, Art. 9 GG Rn. 38.

177 *Scholz*, Koalitionsfreiheit, 135; *ders.* in: Maunz/Dürig, Art. 9 Rn. 170, 240; *Zöllner*, Rechtsprechung, 79f.; wohl auch *Ridder*, Soziale Ordnung, 115; sehr nachdrücklich *Picker*, FS 50 Jahr BAG, 817ff.

178 BVerfG 18.11.1954, E 4, 96, 102.

Art. 19 Abs. 3 GG entnehmen[179], weil die Gewerkschaften traditionell in der Form des »nicht eingetragenen Vereins« (§ 54 BGB) arbeiten und es ihnen folglich an dem in Art. 19 Abs. 3 GG vorausgesetzten Status einer juristischen Person fehlt. Nach alledem ist also die Garantie der kollektiven Koalitionsfreiheit unmittelbar in Art. 9 Abs. 3 GG verankert.

## 2. Koalitionsfreiheit in der sozialen Ordnung des Grundgesetzes

### a) Die doppelte Funktion des Sozialstaatsprinzips (Art. 20 Abs. 1 Satz 1 GG)

Es ist heute allgemein anerkannt, dass die **Koalitionsfreiheit** eine frühe, **konkrete Ausformung des grundgesetzlichen Sozialstaatsprinzips** darstellt.[180] 76
So hat das Bundesverfassungsgericht aus dieser sozialstaatskonkretisierenden Funktion des Art. 9 Abs. 3 GG vor allem den speziellen Schutz der kollektiven Koalitionsfreiheit für Gewerkschaften[181] und für deren Beteiligungsrecht im Bereich der Personalvertretung[182] abgeleitet. Dennoch werden aus der Erkenntnis der Koalitionsfreiheit als einer frühen Teilrealisierung sozialstaatlicher Strukturen sehr unterschiedliche Folgerungen gezogen.
Obwohl die vom **Bundesverfassungsgericht** entschiedenen Fragen es nahelegten, die Sozialstaatsnorm auch als ein **Strukturprinzip gesellschaftlicher Organisation** und Konfliktregelung aufzufassen, hat das **Bundesarbeitsgericht** darin bislang nur eine **Schutzpflicht des Gesetzgebers zu fürsorgerischen Maßnahmen** gegenüber sozial schwachen Bevölkerungsteilen gesehen.[183] Soweit es um diese, auf die Bismarcksche Sozialgesetzgebung zurückweisende sozialpolitische Bedeutung geht, ist das Sozialstaatsprinzip vom Bundesarbeitsgericht als eine Bestandsgarantie für sozialgesetzgeberische Absicherungen (Verbot sozialpolitischen Rückschritts?) verstanden worden.[184] Beim Bundesarbeitsgericht blieb die **autonom-gesellschaftliche Funktion** des Sozialstaatsprinzips trotz der Hinweise des Bundesverfassungsgerichts weithin unbeachtet. Inzwischen benutzt das Bundesverfassungsgericht selbst allerdings die **sozialpolitisch-staatliche Funktion** dieses Prinzips zur Einschränkung der Tarifautonomie, d.h. sozialen Selbstbestimmungsgarantie des Art. 20 Abs. 1 GG[185] (vgl. Grundl. Rn. 125ff.).

Von Anfang an hat der **Sozialstaatsgedanke** hinsichtlich des Rechts der Arbeitsbeziehungen indessen eine **zweifache Stoßrichtung**: Zum einen geht es um den vom Bundesarbeitsgericht hervorgehobenen sozialpolitischen Schutz der Arbeitnehmer, indem die individuelle Vertragsfreiheit gesetzlich eingeschränkt 77

---

179 So aber ausdrücklich *Scholz*, in: Maunz/Dürig Art. 9 Rn. 170, 240.

180 BVerfG 18.11.1954, E 4, 96, 102; BVerfG 30.11.1965, E 19, 303, 319; AK-GG-*Kittner/Schiek*, Art. 9 Abs. 3 Rn. 89ff.; *Höfling*, in: Sachs, Art. 9 Rn. 52; ErfK/*Dieterich*, Art. 9 GG Rn. 52; BVerfG 26.6.1991, E 84, 217, 224; *Lenz*, 204ff.; *Lerche*, 27ff.; *Ridder*, Stellung, 24ff., 29ff.; *Scholz*, in: Maunz/Dürig, Art. 9 Rn. 10, 155; *Scheuner*, Rolle, 35.

181 BVerfG 18.11.1954, E 4, 96, 102.

182 BVerfG 30.11.1965, E 19, 303, 319; offengelassen in BVerfG 24.5.1995, E 93, 37, 68.

183 Vgl. *Scholz*, Bundesarbeitsgericht, 524f. und kritisch *Klein*, Koalitionsfreiheit, 114ff.

184 Z.B. BAG 14.7.1954, AP Nr. 1 zu Art. 3 GG; BAG 8.6.1955, AP Nr. 2 zu § 9 MuSchG; BAG 21.10.1954 und 12.10.1960, AP Nr. 1 und 16 zu § 620 BGB Befristeter Arbeitsvertrag; BAG 28.11.1963, AP Nr. 25 zu § 133c GewO.

185 Vgl. BVerfG 27.4.1999 (1 BvR 2203/93 und 897/95), E 100, 271, 284; BVerfG 3.4.2001 (1 BvL 32/97), E 103, 293, 307, zustimmend *Steiner*, NZA 2005, 660; kritisch ErfK/*Dieterich*, Art. 9 Rn. 86.

(z. B. Kündigungs- und Mutterschutz) oder nachträglich durch gestaltende Eingriffe (§ 315 BGB) bzw. durch sozialversicherungsförmigen Ausgleich (z. B. Renten-, Schwerbehindertenrecht) abmildernd korrigiert wird. Zum anderen aber geht es um die Garantie unterschiedlicher Verfahren, welche die bestimmende Mitwirkung der Arbeitnehmerschaft bei der Regelung des Arbeits- und Wirtschaftslebens sichern sollen (z. B. Tarifvertrags-, Betriebsverfassungs-, Mitbestimmungsgesetz). Es geht jeweils um die staatliche Verantwortung für soziale Entwicklungen; nur werden entweder die Ergebnisse des privatautonomen Handelns gesetzlich korrigiert, oder es werden bestimmte gesellschaftliche Strukturen von vornherein durch konkrete Verfahrensvorschriften solchermaßen organisatorisch verändert, dass »faire« Ergebnisse zu erwarten sind. Im zweiten Fall wird also die Privatautonomie unmittelbar durch andere Formen des Interessenausgleichs prozedural ergänzt oder verdrängt.[186] Dies ist vor allem durch die Tarifvertragsverordnung vom 23. Dezember 1918 geschehen. Die Tarifautonomie stellt damit nicht nur den ältesten, sondern nach wie vor auch den wichtigsten Bereich jener zweiten gesellschaftsstrukturierenden Dimension des Sozialstaatsprinzips im Recht der Arbeitsbeziehungen dar. Da sie auf Arbeitnehmerseite stets gewerkschaftlich organisierte Interessenvertretungen voraussetzte (und der Abschluss von Tarifverträgen umgekehrt das traditionelle Betätigungsfeld der Gewerkschaften bildet), ist die Tarifautonomie mit umfasst von der Garantie der Koalitionsfreiheit.[187] Insofern kann man das grundgesetzliche Sozialstaatsgebot nachträglich als eine Verallgemeinerung des in Art. 159 WRV, 9 Abs. 3 GG angelegten Prinzips einer demokratischen Arbeitsverfassung sehen.

### b) Tarifautonomie als konkretisiertes Sozialstaatsprinzip

**78** Der klassische **Tarifvertragszweck**, die »strukturelle Unterlegenheit der Arbeitnehmer beim Abschluss von Arbeitsverträgen durch kollektives Handeln auszugleichen und damit ein annähernd gleichgewichtiges Aushandeln der Löhne und Arbeitsbedingungen zu ermöglichen«[188], wird im Sozialstaat **zu einem allgemeinen Gebot der Menschenwürde** mit dem Ziel **erweitert**, »auch im Verhältnis der Bürger untereinander für Gerechtigkeit und Menschlichkeit zu sorgen«.[189] Im Anschluss an *Hermann Heller*, *Wolfgang Abendroth* und *Helmut Ridder*[190] ist das **Sozialstaatsprinzip** daher nach dem Vorgang der Tarifautonomie heute als umfassende verfassungsrechtliche Verpflichtung hin zu einer **demokratisch organisierten gesellschaftlichen Selbst- und Mitbestimmung**[191] zu verstehen. Auch das Bundesverfassungsgericht hat dies – was oft übersehen wird – bereits früh bestätigt, indem es die »sozialstaatliche Demokratie« als das »Strukturprinzip der sozialen und politischen Verhältnisse in der Bundesrepublik« bezeichnet.[192]

---

186 Zu dieser Unterscheidung Vgl. *Sinzheimer*, Arbeitsrecht, 102f.; ihm folgend *Däubler*, Arbeitsbeziehungen, 54f.
187 BVerfG 1.3.1979, E 50, 290, 367.
188 BVerfG 26.6.1994, E 84, 212, 229.
189 BVerfG 17.8.1956, E 5, 85, 206.
190 *Heller*, Rechtsstaat, 58ff., *Abendroth*, Begriff, 80ff. und *Ridder*, Stellung, 106ff.
191 Zur Dogmengeschichte Vgl. *Kempen*, Sozialstaatsprinzip, 7ff.
192 BVerfG 17.8.1956, E 5, 85, 353; vgl. dazu AK-GG-*Kittner/Schiek*, Art. 20 Abs. 1–3 V Rn. 100.

Die unterschiedlichen, hiervon strukturierend erfassten sozialen Bereiche (z.B. Verbände, Parteien, Massenmedien) erfordern dabei jeweils unterschiedliche, funktionsspezifische Organisationsformen, bei deren Ausgestaltung der Gesetzgeber prinzipiell frei ist, soweit nicht spezielle, meist grundrechtliche, Verfassungsnormen bindende Vorgaben enthalten. Dies ist hinsichtlich der Tarifautonomie vor allem in Art. 9 Abs. 3 GG geschehen.

Für die von Art. 9 Abs. 3 GG umfasste Tarifautonomie bedeutet **Grundrechtsausgestaltung** dann eine staatliche (meist gesetzliche) Ermöglichung und Effektivierung des grundrechtlich geschützten Freiheitsbereichs, die aber ihrerseits nicht als Schrankenziehung (etwa durch sachwidrige Zulassungsbeschränkungen) wirken darf. Beispiele sind das Tarifvertragsgesetz oder das Arbeitnehmer-Entsendegesetz. **Grenze** solch einer staatlichen Ausgestaltung der Tarifautonomie ist vielmehr stets das **grundrechtliche Behinderungsverbot des Art. 9 Abs. 3 Satz 2 GG**, welches auch für grundrechtsbehindernde Staats-»Maßnahmen« gilt – nicht aber erst (der wegen des fehlenden Gesetzesvorbehalts in Art. 9 Abs. 3 GG ohnehin nicht direkt anwendbare) Art. 19 Abs. 2 GG mit seiner Wesensgehaltsgarantie.[193] Die Ausgestaltungskompetenz ist damit übrigens durch die – gleichfalls aus Art. 9 Abs. 3 Satz 2 GG herzuleitende[194] – **staatliche Schutzpflicht gegenüber der Tarifautonomie** begrenzt[195], welche man auch als **Untermaßverbot** bezeichnen kann.[196] An dem Behinderungsverbot des Art. 9 Abs. 3 Satz 2 GG werden auch **gesetzliche Tariföffnungsklauseln** zu Gunsten von **Betriebsvereinbarungen** scheitern, wenn sich nicht an die Zustimmung der Tarifparteien gebunden werden. Hierin läge nämlich die Beseitigung der normativen Schutzwirkung von Tarifverträgen (vgl. dazu Grundl. Rn. 149, Rn. 247, § 1 Rn. 384, Rn. 752f. und § 4 Rn. 394ff.).[197] 79

## 3. Voraussetzungen des tarifautonomen Verfahrens

### a) Die kollektiv organisierte Arbeitnehmerseite als unmittelbare Grundrechtsträgerin

Wenn es Sinn der Tarifautonomie ist, die »Ausnutzung der Arbeitskraft zu unwürdigen Bedingungen und zu unzureichendem Lohn« zu unterbinden[198], so wird damit von Art. 9 Abs. 3 GG vorausgesetzt, dass es überall, wo dieses Bedürfnis besteht, auch entsprechende Arbeitnehmerorganisationen gibt.[199] § 2 Abs. 1 TVG konkretisiert diese Voraussetzung dahin gehend, dass es nur den »Gewerkschaften« Tariffähigkeit zuspricht. Zwar wird der **Gewerkschaftsbegriff** nicht näher definiert, doch kann man deshalb die bei Schaffung des Gesetzes nach eigenen Satzungen als »Gewerkschaften« verfassten Arbeitnehmerorganisationen modellhaft zugrunde legen. Jeder Versuch einer Legaldefinition, die über dieses in seinen Grundelementen historisch vorgegebene Modell hinausginge, könnte demgegenüber eine Beschränkung der verfassungsrechtlichen Selbstverwaltungsgarantie beinhalten (vgl. § 2 Rn. 13ff. und Rn. 20ff.). 80

193 Irrig daher *Butzer*, RdA 1994, 380.

194 Vgl. *Kempen*, FS Gitter, 427ff.

195 Vgl. auch den Hinweis in BVerfG 26.6.1991, E 84, 212, 226f.; BVerfG 14.11.1995, E 93, 352, 358f.

196 ErfK/*Dieterich*, Art. 1 Rn. 83.

197 Ebenso im Ergebnis *Dieterich*, RdA 2002, 13; a.A. *Hromadka*, NJW 2003, 1274ff.

198 BVerfG 17.8.1956, E 5, 85, 206.

199 Vgl. BVerfG 27.2.1973, E 34, 307, 316.

Aber auch Art. 9 Abs. 3 GG enthält sich näherer Bestimmungen über die »Vereinigungen« und legt lediglich deren Zuständigkeit für die »Wahrung und Förderung der Arbeits- und Wirtschaftsbedingungen« fest. Diese Zurückhaltung ist auch darauf zurückzuführen, dass die Gewerkschaften in der deutschen Geschichte – anders als alle anderen gesellschaftlichen Großorganisationen – weder theoretisch noch praktisch nationalsozialistische Positionen vertreten hatten. Folgerichtig wird den politischen Parteien aus solchem, geschichtlich begründeten Misstrauen heraus in Art. 21 Abs. 1 Satz 3 GG ausdrücklich eine »demokratischen Grundsätzen« entsprechende »innere Ordnung« auferlegt. Für die Gewerkschaften verzichtet die Verfassung auf eine derartige Vorschrift. Allerdings verpflichtet Art. 9 Abs. 3 Satz 2 GG ebenso wie schon Art. 159 Satz 2 WRV die Gewerkschaften auf einen innerorganisatorischen grunddemokratischen Mindeststandard, damit die Koalitionsfreiheit des einzelnen Mitglieds nicht in der kollektiv organisierten Vereinigung untergeht (vgl. Grundl. Rn. 68). Insofern ist die kollektive Organisation der Arbeitnehmerseite notwendige Voraussetzung des tarifautonomen Verfahrens nach Art. 9 Abs. 3 GG und damit zugleich auch unmittelbare Grundrechtsträgerin.

**81** Die damit gegebene **demokratische Legitimation** überträgt sich auch auf die von den Gewerkschaften abgeschlossenen Tarifverträge und verleiht dieser autonomen Rechtsetzung jenen spezifisch sozialstaatlichen Charakter, von dem oben (Grundl. Rn. 54 ff.) die Rede war. Freilich ist dies nicht die einzige Rechtfertigung der Tarifautonomie. Sie gilt nämlich nicht für die mitwirkende Arbeitgeberseite. Hier ist nach § 2 Abs. 1 TVG zunächst auch der einzelne Arbeitgeber tariffähig.

### b) Die Arbeitgeberseite als Grundrechtsträgerin

**82** Die Rechtsstellung als Arbeitgeber ist indessen weder im öffentlichen Dienst noch in der Privatwirtschaft demokratisch begründet. Sie beruht vielmehr auf einer aus unterschiedlichen Gründen entstandenen und juristisch unterschiedlich konstruierten Verfügungsbefugnis über einen oder mehrere Arbeitsplätze. Diese Verfügungsbefugnis, die nicht auf eine Eigentümerposition zurückgehen muss, ist vor allem durch ein eigenes Einstellungs-/Entlassungsrecht sowie durch entsprechende (hierdurch abgesicherte) hierarchische Weisungsbefugnisse des Arbeitgebers gekennzeichnet. Solche Weisungsmöglichkeiten liegen der arbeitsteiligen Organisation in Betrieb/Behörde zugrunde und werden durch zahlreiche gesetzliche Bestimmungen (z. B. § 611 BGB) abgesichert. Die hierdurch legitimierte Arbeitgeberstellung knüpft wiederum an grundrechtliche Positionen des Berechtigten z. B. als Eigentümer (Art. 14 GG) an, geht jedoch nicht auf eine Wahl seitens der betroffenen Arbeitnehmer (das gilt auch in nach Art. 15 GG sozialisierten Betrieben) zurück. Die **Arbeitgeberposition** findet vielmehr ihre allgemeine Grundlage und **Legitimation** in der staatlichen Entscheidung für eine bestimmte **Wirtschaftsordnung**. Die rechtliche Stellung des Arbeitgebers ist in der Bundesrepublik gegenwärtig also auf die parlamentarische Grundentscheidung für eine »soziale« **Marktwirtschaft** zurückzuführen. Er übt den innerhalb der Marktwirtschaft nach **Art. 12 GG geschützten Beruf** des Unternehmers aus.[200] Die Funktion des Arbeitgebers beruht damit also auf insti-

200 Vgl. BVerfG (Vorprüfungsausschuss) 18. 12. 1985, NZA 1986, 199.

tutioneller, d.h. systemspezifischer Rechtfertigung. Hinzu kommt die persönlich-grundrechtlich legitimierte Entscheidung für seinen Beruf. Der Arbeitgeberverband vertritt aber nicht die Personen der Arbeitgeber, sondern die von ihnen repräsentierten betrieblichen Arbeitsplätze. Deshalb ist auch ein demokratischer Aufbau der Arbeitgeberverbände nicht zwingend erforderlich. Dort wird vielfach nicht »nach Köpfen« abgestimmt, sondern konsequenterweise nach der Zahl der im jeweiligen Mitgliedsunternehmen beschäftigten Arbeitnehmer (vgl. Grundl. Rn. 72).

Die **individuelle Koalitionsfreiheit** des **Arbeitgebers** entbehrt damit des primären menschenrechtlichen Bezugs, der das Grundrecht des Art. 9 Abs. 3 GG für die »Lohnabhängigen« (wegen des Einsatzes der persönlichen Arbeitskraft) gewinnt. An jener charakteristischen Verbindung zwischen Menschenwürde und Sozialstaat, die Art. 79 Abs. 3 GG treffend befestigt und die das Koalitionsfreiheitsrecht auf Arbeitnehmerseite historisch bis auf den heutigen Tag prägt, fehlt es demnach im Arbeitgeberbereich. Die individuelle Koalitionsfreiheit ist für den Arbeitnehmer also strikt personenbezogen, für den Arbeitgeber hingegen handelt es sich um ein primär **betriebsbezogenes Grundrecht**. Es erhält gleichwohl einen personalen Bezug. Art. 9 Abs. 3 GG setzt hier nämlich voraus, dass die Grundrechtsträger sich vorher im Rahmen des Art. 12 GG entschieden haben, ihren **Beruf auch als Arbeitgeber** auszuüben. Erst durch diese (individuelle) Entscheidung öffnet sich der Zugang zur Koalitionsfreiheit. Sie ist gegenüber der Berufsausübungsfreiheit ein selbständiges spezielles Grundrecht, das den Arbeitgebern und den Arbeitnehmern entsprechend ihren unterschiedlichen Funktionen als solches gleichermaßen zusteht.[201] Sein eigenständiger Normbereich (Vereinigungsfreiheit im Sektor der Arbeits- und Wirtschaftsbedingungen) kann daher nicht etwa als dienendes Element gegenüber der Berufsausübungsfreiheit interpretiert werden.[202] Das Recht auf körperliche Unversehrtheit (Art. 2 Abs. 1 GG) ist sicherlich auch bedeutsam für die Berufsausübung, lässt sich jedoch ebenso wenig wie viele andere beruffunktionale Grundrechte als deren Hilfsgrundrecht instrumentalisieren. **83**

**Juristische Personen des Privatrechts**, die Arbeitgeber oder arbeitgeberähnliche Funktionen ausüben, sind auf Grund des Art. 19 Abs. 3 GG ebenfalls Träger der Koalitionsfreiheit. Die Begrenzung des Art. 19 Abs. 3 GG auf »inländische« juristische Personen ist so zu verstehen, dass davon auch die nach ausländischem Recht gegründeten juristischen Personen und ebenso die **Societas Europea (SE)** zu verstehen sind, wenn sie sich in Deutschland als Arbeitgeberinnen zulässigerweise betätigen.[203] **84**

**Juristische Personen des öffentlichen Rechts** sind dagegen grundsätzlich **nicht** Träger der Koalitionsfreiheit.[204] Als Arbeitgeberinnen erwerben sie aber nach § 2 TVG die Tariffähigkeit – allerdings ohne Grundrechtsschutz, d.h. sie werden auch nicht von der so genannten negativen Koalitionsfreiheit geschützt. Auch ihre Tarifgemeinschaften (z.B. Tarifgemeinschaft Deutscher Länder, TDL) sind keine koalitionsfreiheitlich geschützten Grundrechtsträger.[205]

---

201 BVerfG 26.6.1991 (1 BvR 779/85), E 84, 212, 224; abweichend hierzu die *Voraufl.*
202 So aber *Hromadka*, NJW 2003, 1276.
203 ErfK/*Dieterich*, Art. 9 GG Rn. 29.
204 BVerfG 13.1.1982, E 59, 231, 255; ErfK/*Dieterich*, Art. 9 GG Rn. 29.
205 *Höfling*, in: Sachs, Art. 9 Rn. 114.

### c) »Sinnvolle Ordnung des Arbeitslebens« durch grundrechtliche »Verfahrensgerechtigkeit«

**85** Von Anfang an setzt das Gericht den tautologischen Begriff einer **»sinnvollen Ordnung des Arbeitslebens«** ins Zentrum der Zwecke des Tarifvertragssystems.[206] Dahinter steht unausgesprochen die der demokratischen Gesamtordnung zugewiesene »Aufgabe, auch im Verhältnis der Bürger untereinander für Gerechtigkeit und Menschlichkeit zu sorgen«, insbesondere »...Ausbeutung, nämlich Ausnutzung der Arbeitskraft zu unwürdigen Bedingungen und unzureichendem Lohn, zu unterbinden«.[207]

**86** Das hierfür durch Art. 9 Abs. 3 GG geschützte tarifliche Verfahren und das damit verbundene **»Zurücktreten des Staates«** in jenem Aufgabenbereich »... gewinnt seinen Sinn ebenso sehr aus dem Gesichtspunkt, dass die unmittelbar Betroffenen besser wissen und besser aushandeln können, was ihren beiderseitigen Interessen und dem gemeinsamen Interesse entspricht, als der demokratische Gesetzgeber wie aus dem Zusammenhang mit dem für die Gestaltung nicht öffentlich-rechtlicher Beziehungen charakteristischen Prinzip der ›Privatautonomie‹, im Grunde also der Entscheidung des Grundgesetzes zugunsten des freiheitlich-demokratischen Rechtsstaates«.[208]

Der letzte Hinweis auf die **»Privatautonomie«** ist im Hinblick auf das tarifliche Verfahren, um welches es hier geht, erläuterungsbedürftig. Zweck des Tarifvertrages ist es doch gerade, die organisierten Arbeitnehmer vor den unsozialen Auswirkungen der streng individualistisch konzipierten Privatautonomie des Einzelarbeitsvertrages zu schützen (»Schutzfunktion«) und den Wirtschaftsindividualismus der privaten Vertragsfreiheit zugunsten der organisierten Tarifautonomie aufzugeben.[209] Das Bundesverfassungsgericht selbst betont dies nachdrücklich, indem es die Notwendigkeit von Tarifverträgen überall dort voraussetzt, »wo ein Bedürfnis dafür besteht, also der Individualarbeitsvertrag ein unzureichendes Instrument zur Begründung eines sozial angemessenen Arbeitsverhältnisses darstellt«.[210] Damit ist die individuelle Selbstbestimmung des einzelnen Arbeitnehmers in seiner Gewerkschaftsmitgliedschaft keineswegs aufgehoben. Vor allem der kollektive Zusammenschluss ermöglicht es dem einzelnen Arbeitnehmer heute, seine persönlichen wirtschaftlichen Interessen permanent und effektiv zur Geltung zu bringen. Die in Art. 9 Abs. 3 Satz 2 GG angelegte demokratische Grundstruktur der Gewerkschaften gewährleistet dabei die notwendige individuelle Mitbestimmung des einzelnen im innerorganisatorischen Willensbildungsprozess.

**87** Wenn also der mitbestimmende Einfluss des einzelnen Betroffenen bei der Festlegung der »Arbeits- und Wirtschaftsbedingungen« möglichst intensiv sein soll, dann ist es folgerichtig, den Gesetzgeber, dessen Entscheidungen vom betroffenen Arbeitnehmer nur recht mittelbar beeinflusst werden können, aus jenem Bereich weitgehend fernzuhalten. Insofern, aber auch nur insofern, verwirklicht die Tarifautonomie die Selbstbestimmung des einzelnen eher als der allgemeine staatliche Willensbildungsprozess dies könnte. Deshalb ist die staatliche Gesetz-

---

206 BVerfG 18.11.1954, E 4, 96, 107; zuletzt BVerfG 1.3.1979, E 50, 290, 367.
207 BVerfG 17.8.1956, E 5, 85, 206.
208 BVerfG 27.2.1973, E 34, 307, 317.
209 Vgl. dazu *Kübler/W. Schmidt/Simitis*, Mitbestimmung, 197ff.
210 BVerfG 27.2.1973, E 34, 307, 316; vgl. auch BVerfG 26.6.1991, E 84, 212, 229.

gebung der tariflichen gegenüber prinzipiell subsidiär.[211] Der **Gesetzgeber** unterliegt also im Verhältnis zur Tarifautonomie dem in Art. 23 Abs. 1 Satz 1 GG aufgenommenen allgemeinen **Subsidiaritätsgebot**.

Die Ergebnisse des tarifautonomen Verfahrens sind jedoch nur auf Gewerkschaftsseite, also nicht konsequent demokratisch legitimierbar. Wollte man eine volle Demokratisierung dieser Willensbildung, so müsste man die betroffenen Arbeitgeber und Arbeitnehmer stets nur gemeinsam über die Verhandlungsergebnisse abstimmen lassen. Ohne eine vorherige Sozialisierung der Unternehmen wäre so etwas nicht denkbar. Außerdem würde es eine Aufhebung der hierarchisch vielfältig geteilten Struktur der Arbeitswelt voraussetzen (aus dem letzten Grund werden Gewerkschaften auch in einer sozialisierten Wirtschaft nicht überflüssig).

Unter dem geltenden Recht wird die nur beschränkte demokratische Verbände- **88**
Struktur der Tarifautonomie daher durch die **Vertragsform** der Kollektivvereinbarungen, also durch das **marktmäßig-vertragliche Verfahrensprinzip** ergänzt. Da es im Bereich der Verteilung von Einkommen und Löhnen keinen unabhängigen Maßstab für das »richtige Ergebnis« gibt, soll die Tarifvertragsfreiheit im Rahmen des Koalitionsgrundrechts hier ein korrektes Verfahren garantieren, das »faire« Verteilungschancen bietet und die Ergebnisse akzeptabel macht, d.h. legitimiert.[212] Voraussetzung für eine entsprechende Vertragssituation auf den Arbeitsmärkten, die relativ faire Ergebnisse verspricht, ist es, dass die Arbeitnehmer verhältnismäßig frei, also unabhängig von der Arbeitgeberseite, über die Veräußerung ihrer Arbeitskraft verfügen können. Die Legitimation entsprechender tarifvertraglicher Vereinbarungen beruht dann auf der »Freiwilligkeit« ihres Abschlusses, deren Basis wiederum die prinzipielle wirtschaftliche Unabhängigkeit der Kontrahenten voneinander darstellt.

Die Tarifautonomie entspricht dem **demokratischen** Normsetzungsverfahren **89**
der parlamentarischen Demokratie also nur hinsichtlich der **internen Willensbildung der kollektiven Parteien** (mindestens auf Arbeitnehmerseite), weil die eigentliche **Entscheidung über den Tarifinhalt** unter Marktbedingungen nicht der Mehrheitsregel unterworfen werden darf. Die deshalb zwangsläufig unvollständige demokratische Legitimation tariflicher Rechtssetzung wird insoweit aber durch das Legitimationsmuster der **Vertragsfreiheit marktgerecht ergänzt**. Das normative Prinzip der **Privatautonomie** gründet sich auf die Voraussetzung unabhängiger und freier Entscheidungsprozesse beider Kontrahenten, also auf die menschliche Selbstbestimmung[213], welche auf dem Feld der Arbeits- und Wirtschaftsbedingungen überhaupt erst vermittels der grundrechtlich garantierten Kollektivautonomie realisiert zu werden vermag. Gerade weil das gesamte tarifliche Normsetzungsverfahren mit **beiden Legitimationskomponenten** in Art. 9 Abs. 3 GG als Grundrecht ausgestaltet und gesichert ist, geht es der staatlichen Rechtssetzung als **kollektive Privatautonomie** vor.[214] Seine demokratischen und vertraglichen Verfahrensstrukturen ersetzen die parlamentarischen

---

211 BVerfG 24.5.1977, E 44, 322, 341f.

212 *Rawls*, Gerechtigkeit, 107ff., 337ff., 344, spricht in diesem Zusammenhang von »reiner Verfahrensgerechtigkeit«, zur Diskussion dieser Theorie und ihrer Plausibilität vgl. die Beiträge von *Hinsch*, *Reese-Schäfer*, *Blasche* und *Blanke*, in: Blasche/Döring (Hrsg.), Gerechtigkeit, 17ff., 75ff., 117ff., 172ff.; *Geis*, JZ 1995, 325ff.

213 Vgl. BVerfG 7.2.1990, E 81, 242, 255.

214 Diesen Ausdruck verwenden auch BAG 30.8.2000 (4 AZR 563/99, AP Nr. 25 zu § 4 TVG Geltungsbereich; ErfK/*Dieterich*, Art. 9 Rn. 76; *Schliemann*, FS Hanau, 583f.

Prozeduren funktionsadäquat, unter dem Aspekt der persönlichen Selbstbestimmung der Betroffenen ist es ihnen überlegen. Hier liegt die eigentliche **Rechtfertigung der tariflichen Normsetzungsbefugnis**. Die unterschiedlichen beiden Stufen des tariflichen Entscheidungsverfahrens ändern freilich nichts daran, dass die **Tarifnormen privatrechtlichen Charakter** behalten.[215]

**90** Die Doppellegitimation der tarifvertraglichen Rechtssetzung rechtfertigt schließlich auch die Koalitionsfreiheitsgewährung als eines Grundrechts ohne Gesetzesvorbehalt und der darin enthaltenen Normsetzungsprärogative der Tarifvertragsparteien gegenüber dem Staat, welche die zwangsläufige Folge dieser Grundrechtsgarantie der Tarifautonomie darstellt[216]: Die gesetzesvorbehaltlose Freiheitsnorm bewirkt, dass auch der Gesetzgeber im Schutzbereich prinzipiell nicht konkurrierend oder einschränkend tätig werden darf. Es handelt sich deshalb um mehr als eine bloße »Institutsgarantie«, wie sie von *Carl Schmitt* zum regelungsoffenen Eigentumsrecht in Art. 153 WRV (und Art. 14 Abs. 1 GG) entwickelt worden ist[217], zumal die Tarifautonomie schon in Art. 165 Abs. 1 WRV grundrechtlich festgelegt war.[218]

### d) Arbeitskampfrecht/Unternehmensmitbestimmung

**91** Diese Unabhängigkeit wird auf Arbeitnehmerseite durch die Freiheit kollektiver Arbeitsniederlegungen, d.h. durch die Lösung des wirtschaftlichen Bandes zum Arbeitgeber, gewährleistet. Das **Streikrecht** ist insofern anerkanntermaßen[219] als unabdingbare Voraussetzung der Tarifautonomie durch Art 9 Abs. 3 GG mit geschützt. Man sollte im Streik indessen nicht nur ein entscheidendes Druckmittel gegenüber der Arbeitgeberseite sehen[220], sondern zugleich auch eine komplementäre Absicherung für die relative Unabhängigkeit der Arbeitnehmer in Tarifauseinandersetzungen und damit für die relative Freiwilligkeit eines Tarifabschlusses.[221] Dem Streikrecht entspricht die suspendierende Abwehraussperrung zum Ausgleich der Verbandsstärke.[222] Insofern ermöglicht das Arbeitskampfrecht die vom Bundesverfassungsgericht hervorgehobene soziale »Befriedung« des Arbeitslebens[223] durch allseitige Anerkennung der getroffenen Vereinbarungen. Reale Voraussetzung jener Unabhängigkeit wiederum ist der Bestand der Gewerkschaft mitsamt der Fähigkeit, den Lebensunterhalt ihrer streikenden Mitglieder während der Dauer der Arbeitsniederlegung durch entsprechende Streikunterstützung angemessen zu sichern. Neben

215 Zu undifferenziert ErfK/*Dieterich*, Art. 9 Rn. 55; unnötig polemisch *Rieble*, ZfA 2000, 23f.; klarer MünchArbR/*Löwisch/Rieble*, § 253 Rn. 19; *Däubler/Schiek*, Einl. Rn. 202.

216 Vgl. BVerfG 1.3.1979, E 50, 290, 368; BVerfG 26.9.1991, E 84, 212, 224, 229; *Scholz*, HdbStR, Bd. IV Rn. 101f.; *Farthmann/Coen*, Rn. 97.

217 A.A. *Kemper*, Koalitionsfreiheit, 13ff., 60ff.

218 BVerfG 18.11.1954, E 4, 96, 101; BVerfG 1.3.1979, E 50, 290, 367; BVerfG 26.6.1991, E 84, 212, 224; *Kempen*, RdA 1994, 143ff.

219 Vgl. BVerfG 26.6.1991, E 84, 212; BVerfG 2.3.1993, E 88, 103, 114; BVerfG 4.7.1995 (1 BvF 2/86), E 92, 365, 393f.; BAG 10.6.1980, AP Nr. 64 zu Art. 9 GG Arbeitskampf; BAG 18.2.2003 (1 AZR 142/02), AP Nr. 163 zu Art. 9 GG Arbeitskampf; vgl. auch *Berg/Platow/Schoof/Unterhimminghofen*, Teil 2, Arbeitskampfrecht.

220 So aber BAG 10.6.1980, AP Nr. 64 zu Art. 3 GG Arbeitskampf; im Prinzip auch BVerfG 6.5.1964, E 18, 18, 30f.

221 Näher hierzu *Kempen*, RdA 1994, 140, 146.

222 BVerfG 26.6.1991 (1 BvR 779/85), E 84, 212, 228ff.

223 BVerfG 6.5.1964, E 18, 18, 28.

dem Arbeitskampfrecht sichert auch die **Unternehmensmitbestimmung** im Rahmen des Art. 9 Abs. 3 GG durch Entscheidungsbeteiligung und Information der Arbeitnehmer deren vertragsnotwendige Unabhängigkeit von der Gegenseite.[224]

### e) Gegenmächtigkeit der Arbeitnehmerorganisation

Zu Recht hat das Bundesverfassungsgericht deshalb auch betont, die »Verwirklichung der von der Verfassung intendierten Ordnung der Arbeits- und Wirtschaftsbedingungen durch autonome Rechtsnormen der Koalitionen« setze voraus, dass »in den Koalitionen eine ausreichende Zahl von Arbeitnehmern und Arbeitgebern zusammengeschlossen ist«[225] (vgl. zu den hierdurch aufgeworfenen Tarifrechtsfragen unten § 2 Rn. 34ff.). Dieser Ansatz ist vom Bundesarbeitsgericht in ständiger Rechtsprechung zum **Erfordernis der »sozialen Mächtigkeit«** als Voraussetzung der **Tariffähigkeit** von Arbeitnehmerorganisationen ausgebaut worden: »Wegen der Aufgabe der Tarifautonomie kann der Staat nur die Koalitionen an ihr teilnehmen lassen, die diese Aufgabe sinnvoll zu erfüllen vermögen ... Die Tariffähigkeit darf nur nicht von Umständen abhängig gemacht werden, die nicht von der im Allgemeininteresse liegenden Aufgabe der Ordnung und Befriedung des Arbeitslebens gefordert sind ... Eine sinnvolle Ordnung des Arbeits- und Wirtschaftslebens als Aufgabe der Tarifautonomie kann nur erreicht werden, wenn die Koalitionen in der Lage sind, auf ihre Gegenseite jeweils einen fühlbaren Druck auszuüben, so dass jedenfalls in aller Regel ein Tarifvertrag zustande kommt. Um Druck und Gegendruck ausüben zu können, muss eine Koalition für die ihr gestellten Aufgaben tauglich, d.h. sie muss so mächtig und leistungsfähig sein, dass der Gegenspieler sich veranlasst sieht, auf Verhandlungen über den Abschluss einer tariflichen Regelung der Arbeitsbedingungen einzugehen und zum Abschluss eines Tarifvertrages zu kommen. Mächtig und leistungsfähig ist eine Koalition nur, wenn sie Autorität gegenüber ihrem Gegenspieler und gegenüber ihren Mitgliedern besitzt. Sie muss ferner von ihrem organisatorischen Aufbau her in der Lage sein, die ihr gestellten Aufgaben zu erfüllen.«[226] Zur Gegenmächtigkeit als Voraussetzung der Tariffähigkeit vgl. § 2 Rn. 34ff. 92

Die Gegner dieser **Mächtigkeitsvoraussetzung** werfen ihr vor allem vor, (a) sie verhindere oder erschwere die Bildung neuer Gewerkschaften[227], (b) ferner sei das vom Bundesarbeitsgericht zugrunde gelegte »Gegengewichtsprinzip« der Tarifautonomie nicht justitiabel[228], und außerdem (c) entziehe sie kleineren Arbeitgebern die Tariffähigkeit.[229] 93

Tatsächlich (a) ist die **Gewerkschaftsgründung** schwieriger geworden, nachdem mit dem Bundesarbeitsgericht ein bestimmter organisatorischer Verbandsaufbau, eine ausreichende finanzielle Grundlage und eine gewisse Mitgliederstärke gefordert werden. Diese Erschwerung der Gründungsbedingungen ist indessen nicht normativ bzw. durch Richterspruch voluntaristisch beschlossen, sondern

---

224 Vgl. BVerfG 1.3.1979, E 50, 290, 371ff.

225 BVerfG 26.5.1970, E 28, 295, 305.

226 BAG 15.3.1977, AP Nr. 24 zu Art. 9 GG (mit ablehnender Anm. von *Wiedemann* sowie mit insoweit zustimmender Anm. von *Dütz*, EzA Nr. 12 zu § 2 TVG und von *Däubler*, AuR 1977, 286).

227 *Grunsky*, JZ 1977, 473f.; Wiedemann/*Wank*, § 2 Rn. 195.

228 Kraft, SAE 1978, 44.

229 *Wiedemann*, Anm. zu BAG 15.3.1977, AP Nr. 24 zu Art. 9 GG.

durch die tatsächlich zunehmende ökonomische Konzentration auf der Arbeitgeberseite des Arbeitsmarktes hervorgerufen. Hierdurch wird die Bildung davon unabhängig organisierter Willensbildung auf Arbeitnehmerseite faktisch immer mehr erschwert. Es handelt sich damit also nicht um willkürlich erfundene, sondern um wirtschaftlich unabweisbar aufgedrängte Kriterien. Infolgedessen (b) erweist sich dann auch das **»Gegengewichtsprinzip«** zugegebenermaßen generell als **wenig justitiabel**, hängt es doch seinerseits von jenen sich wandelnden wirtschaftlichen Bedingungen ab. Die somit von vornherein irreale Forderung nach allgemeiner Justitiabilität des Gegenmächtigkeitsprinzips hat das Bundesarbeitsgericht allerdings selbst provoziert, indem es von der »Gegen- und Gleichgewichtigkeit der Tarifvertragspartner, die zu einem einen echten Ausgleich herbeiführenden Tarifvertrag kommen sollen«, auf eine materielle »Richtigkeitsgewähr« der getroffenen Tarifvereinbarungen schließt.[230]
Trotz bundesverfassungsgerichtlicher Zustimmung zu dieser Rechtsprechung[231] hat das Bundesarbeitsgericht später schon aus dem Abschluss so genannter **Anschlusstarifverträge** (durch welche ein mit einer anderen Arbeitnehmerorganisation abgeschlossener Tarifvertrag lediglich plagiatorisch übernommen wird) auf die erforderliche Mächtigkeit und Durchsetzungsfähigkeit einer Arbeitnehmervereinigung geschlossen, selbst wenn diese über ihren Anschlusstarifvertrag nicht einmal selbst verhandelt haben sollte.[232] Angesichts dieser drohenden Auflösungserscheinungen des die Tarifautonomie tragenden Gegenmachtprinzips hat das Bundesarbeitsgericht jene Auffassung unterdessen wiederum etwas abgeschwächt, indem es nunmehr Anschlusstarifverträge als Indiz für gewerkschaftliche Durchsetzungsfähigkeit nur noch dann anerkennt, wenn die abschließende Arbeitnehmervereinigung an den Haupttarifverhandlungen personell sowie mit einigen Vorschlägen beteiligt gewesen ist.[233] Trotzdem wird man **Schein- und Gefälligkeitstarifverträge** auch hierdurch nur dann einigermaßen ausschließen können, wenn diese Verhandlungsteilnahme auf einer freien Tarifgemeinschaft der betroffenen Arbeitnehmerorganisationen (statt auf einseitigem Arbeitgeberbeschluss) beruht. Unterdessen ist das Bundesarbeitsgericht wieder weitgehend zur Durchsetzungskraft auf Grund organisatorischer und mitgliedschaftlicher Stärke als Voraussetzung des Gewerkschaftsbegriffs zurückgekehrt.[234]

### f) »Richtigkeitsgewähr« von Tarifvereinbarungen?

**94** Der Schluss von der vertraglichen Struktur des Tarifrechts auf seine **»Richtigkeitsgewähr«** erscheint zumindest irreführend, und er hat dementsprechend zahlreiche Fehleinschätzungen nach sich gezogen. Der Ausdruck »Richtigkeitsgewähr« legt nämlich die irrige Annahme der Nachweisbarkeit des damit behaupteten treffenden Ergebnisses nahe. Demgegenüber verfolgt das Bundesarbeitsgericht mit seiner Verwendung aber das Ziel, die materielle Richtigkeit tariflicher Abmachungen gerade nicht mehr richterlich zu überprüfen, weil die

230 BAG 15.3.1977, AP Nr. 24 zu Art. 9 GG; ebenso wieder BAG 10.6.1980, AP Nr. 64 zu Art. 9 GG Arbeitskampf.
231 BVerfG 20.10.1981, E 58, 233, 248ff.
232 BAG 10.9.1985, AP Nr. 34 zu § 2 TVG.
233 BAG 25.11.1986, AP Nr. 36 zu § 2 TVG.
234 BAG 16.1.1990, AP Nr. 38 zu § 2 TVG; BAG 6.6.2000 (1 ABR 10/99), AP Nr. 55 zu § 2 TVG; *Kempen*, FS 50 Jahre BAG, 747ff.

Durchführung des tariflichen Verfahrens bereits optimale Ergebnisse garantiere, so dass rein richterrechtliche Erkenntnis dahinter zurückstehen müsste.[235] »Richtigkeitsgewähr« drückt damit gerade das Gegenteil dessen aus, was von den Richtern damit gemeint war. Der tarifliche Prozess gewährleistet lediglich »(reine) Verfahrensgerechtigkeit«, bei der es keinen unabhängigen und damit empirisch nachprüfbaren Maßstab für das richtige Ergebnis gibt, »sondern nur ein korrektes oder faires Verfahren, das zu einem ebenso korrekten oder fairen Ergebnis führt, welcher Art es auch sei, sofern das Verfahren ordnungsgemäß angewendet wurde«.[236] Man sollte deshalb allenfalls von der **»Richtigkeitschance«** der Tarifverträge sprechen.[237] Das entscheidende Verfahrensmoment – und dies sei nochmals betont – stellt hierbei die Freiwilligkeit der Tarifabschlüsse und damit die Selbständigkeit der beiderseitigen Willensbildung dar. Die Tarifautonomie gewährt nämlich keine »richtigen« Ergebnisse im Sinne einer »justitia distributiva«, sondern anerkannte, d.h. konsensnah legitimierte Ergebnisse als Konsequenz relativ freier Willensentscheidungen.[238] Dies wiederum setzt auf Arbeitnehmerseite entsprechende »Mächtigkeit« voraus, um gegnerischem Druck standhalten und selbst Druck ausüben zu können. Aus der Struktur des tarifautonomen Verfahrens (»reine Verfahrensgerechtigkeit«) schließlich folgt, dass jene »Mächtigkeit« nur an den formalen Voraussetzungen für die Erzielbarkeit akzeptabler Ergebnisse gemessen werden kann. Bei diesen Bedingungen aber handelt es sich – wie gezeigt – um Kriterien, die nicht bis in alle Einzelheiten justitiabel sind. Das dritte Argument (c) gegen die »Mächtigkeitslehre« des Bundesarbeitsgerichts, sie entziehe kleineren Arbeitgebern die Tariffähigkeit, überzeugt nicht, weil diese **Tariffähigkeit des einzelnen Arbeitgebers** in § 2 Abs. 1 TVG gesetzlich festgeschrieben ist (vgl. § 2 Rn. 90f.). Zwar wurde das Mächtigkeitserfordernis vom Bundesarbeitsgericht selbst »in gleicher Weise für Arbeitnehmer- wie für Arbeitgeberverbände«[239] aufgestellt, doch verstieße eine hierauf gegründete Tarifunfähigkeitserklärung eines Arbeitgebers gegen § 2 Abs. 1 TVG. Damit aber wird das Mächtigkeitspostulat indessen keineswegs insgesamt rechtswidrig. Vielmehr gilt es aus einsichtigen gesetzlichen Gründen nur für die Arbeitnehmerseite.[240] In derselben Entscheidung wird nämlich zutreffend betont, »dass der einzelne Arbeitgeber auf Grund seiner Stellung in der Lage sei, Tarifverhandlungen zu beginnen, durchzuführen, abzulehnen und auch einen Arbeitskampf auf sich zu nehmen. Dagegen muss eine Vereinigung von Arbeitnehmern, die eine Rolle im Arbeitsleben spielen will, damit nicht schon ihrerseits hinreichend wirkungsvoll sein«.[241] Demgegenüber konnte der Gesetzgeber auch dem einzelnen Arbeitgeber auf Grund der mit dessen Rechtsposition verbundenen Verfügungsbefugnis über Arbeitsplätze ohne weiteres eine entsprechende wirtschaftliche Machtposition unterstellen.[242] Schließlich sind in der bisherigen Sozialgeschichte die Gewerkschaften stets auf die Tarifabschlussbereitschaft der-

235 Vgl. grundlegend BAG 31.3.1966, AP Nr. 54 zu § 611 BGB Gratifikation (mit Anm. von *Biedenkopf*).
236 *Rawls*, Gerechtigkeit, 107, vgl. auch 338, 344.
237 So *Wiedemann*, RdA 1986, 235; ferner Wiedemann/*Wiedemann*, § 1 Rn. 216ff.; *Däubler/Schiek*, Einl. Rn. 210f.; *Däubler/Reim*, § 1 Rn. 133ff., 141; *Bonin*, 100ff.
238 So auch *Picker*, FS 50 Jahre BAG, 820.
239 BAG 9.7.1968, AP Nr. 25 zu § 2 TVG (mit Anm. von *Mayer-Maly*).
240 Ebenso *Reuß*, 7.
241 BAG 9.7.1968, AP Nr. 25 zu § 2 TVG.
242 Vgl. BAG 10.12.2002 (1 AZR 96/02), AP Nr. 162; BAG 18.12.2003 (1 AZR 14/02), AP Nr. 163 zu Art. 9 GG Arbeitskampf (mit Anm. von *Thüsing*).

jenigen Arbeitgeber angewiesen gewesen, bei denen ihre eigenen Mitglieder in der Regel bereits beschäftigt waren. Sie mussten ihre Forderungen also einer Gegenpartei abringen, von der sie (d.h. ihre Mitgliedschaft) in hohem Maße ökonomisch abhängig blieb.[243] Darüber hinaus wäre ein – wider gesetzgeberisches Erwarten – dennoch hilfloser Arbeitgeber auf Grund des Art. 9 Abs. 3 GG stets berechtigt, zusätzlich einem Arbeitgeberverband beizutreten oder eine solche Vereinigung zu gründen.

**95** Nach alle dem findet die tarifliche Normsetzungsbefugnis samt der darin enthaltenen **»Richtigkeitschance«** ihre verfassungsrechtliche Grundlage in der demokratischen Struktur der Gewerkschaften, welche die politische Voraussetzung für deren Gegenmächtigkeit wird.

Das tarifautonome Verfahren erstrebt also primär die Selbstbestimmung der Arbeitnehmer auf den von der Arbeitgeberseite beherrschten Arbeitsmärkten durch entsprechende Schutzmechanismen, indem es gewerkschaftliche Gegenmachtbildung ermöglicht. Die »Fairness« des Verfahrens soll also durch einen Arbeitnehmerschutz erreicht werden, welcher beim Tarifvertragsabschluss für einen annähernd autonomen Konsens auch auf Arbeitnehmerseite sorgt. Angestrebt wird damit **individuelle Selbstbestimmung mit Hilfe kollektiver Autonomie**, nicht dagegen eine – objektiv unmöglich bestimmbare – materielle Vertragsgerechtigkeit.[244] Wichtige Voraussetzung für die aus dem tariftypischen Zusammenwirken von marktwirtschaftlichen und demokratischen Elementen entstehende Richtigkeitschance ist dabei nicht zuletzt die innergewerkschaftliche Demokratie (vgl. Grundl. Rn. 68ff.). Stimmgleichheit, Mehrheitsprinzip und Minderheitenschutz gewährleisten eine gewerkschaftliche Willensbildung, in welcher die individuelle Koalitionsfreiheit des Einzelmitglieds nicht pulverisiert, sondern realisiert werden soll. Vor allem aus diesen Prinzipien – und nicht etwa aus dem in großen Organisationen meist wenig wirksamen Mittel der individuellen Austrittsfreiheit – erwächst jene demokratische Legitimation, die zur Gegenmächtigkeit und schließlich zur tariflichen Richtigkeitschance führt.[245]

**96** Die im Rahmen des tarifautonomen Verfahrens mit seiner demokratisch-marktförmigen Legitimationsstruktur der Kollektivprivatautonomie gegebene Richtigkeitschance ist der rechtliche Grund für das **Verbot einer staatlichen Tarifzensur**.[246] Dieses Verbot staatlicher Tarifzensur stellt freilich nichts Anderes dar als die Konsequenz aus dem **grundrechtlichem Charakter der Tarifautonomie**, welcher als grundrechtliche Garantie staatliche Eingriffe in das geschützte Freiheitsrecht abwehrt. Vor allem der arbeitsmarktlenkende Gesetzgeber und das ihm darin folgende Bundesverfassungsgericht respektieren das in der Koalitionsfreiheit enthaltene Eingriffsverbot immer weniger (vgl. dazu Grundl. Rn. 125ff.).

---

243 Vgl. BAG 10.6.1980, AP Nr. 64 zu Art. 9 GG Arbeitskampf.

244 Vgl. dazu auch *Roscher*, ZRP 1972, 111ff.; *ders.*, RdA 1972, 279ff.

245 Insoweit verfehlt *Schüren*, AuR 1988, 245.

246 Vgl. BVerfG 26.6.1991 (1 BvR 779/85), E 84, 212; *Dieterich*, RdA 2002, 13f.; *Löwisch/Rieble*, Grundl. Rn. 49.

### g) Ordnungs-, Schutz-, Kartell und Selbststeuerungsfunktion der Tarifverträge

Das **Sozialstaatsprinzip** umfasst über die liberalistische Verfassungstradition hinaus nicht nur staatliche Strukturen, sondern auch »gesellschaftliche« (d.h. »soziale« im Sinne des Art. 20 Abs. 1 GG) Bereiche. Es setzt insofern den Willen und die Fähigkeit zu sozialer Selbstorganisation in der **»Zivilgesellschaft«** voraus. Keineswegs sollen solche vorausgesetzten »gesellschaftlichen« Initiativen und Formationen (z.B. Bürgerinitiativen, Vereine, Interessenorganisationen) also etwa staatlich vereinnahmt werden. Vielmehr geht es um die verfassungsrechtliche Anregung, Förderung und Bewahrung derartiger Selbstorganisationsbereiche durch demokratische Strukturgebung. Deshalb lässt sich die Sozialstaatsnorm auch nur dadurch realisieren, dass nunmehr ebenfalls gesellschaftliche (nichtstaatliche) Entscheidungsprozesse auf prinzipiell demokratische Verfahrensabläufe festgelegt werden. Die Tarifautonomie sichert eine gemeinsame Beteiligung von Arbeitnehmern und Arbeitgebern an bestimmten, sie berührenden wirtschaftlichen Entscheidungen. Sie verwirklicht mit ihrer essentiellen demokratischen Grundstruktur auf diesem speziellen Sektor folglich das Sozialstaatsprinzip durch kollektive Selbstbestimmung in vertraglicher Form. Als kollektiv ausgeübte Privatautonomie haben Tarifverträge insoweit eine andere Qualität als Einzelabmachungen, weil sie eine gleichheitliche »Humanisierung des Arbeitslebens« stückweise realisiert haben und noch weiter vorantreiben sollen. Die **zivilgesellschaftliche Selbststeuerungsfunktion** der Tarifverträge, von der die Verfassung und die Rechtsprechung auch auf Grund empirischer Erkenntnisse ausgegangen sind[247], hat freilich mit dem **Rückgang der Mitgliederzahlen** bei Gewerkschaften[248] und Arbeitgeberverbänden[249] tendenziell abgenommen. Dieser Bedeutungsverlust der Koalitionsautonomie wird nicht etwa dadurch relativiert, dass immer noch die meisten Arbeitsverträge nunmehr durch entsprechende dynamische Verweisung auf fachlich und örtlich einschlägige Tarifverträge tariflich gestaltet sind. Eine angemessene Regelung des jeweiligen Arbeitsmarktes setzt voraus, dass die Tarifparteien die Marktverhältnisse auch mitgliederförmig abbilden. Zwar beteiligen sich oftmals auch die Außenseiter auf beiden Seiten an den Arbeitskämpfen, doch sind sie rechtlich von der eigentlichen Verbandswillensbildung ausgeschlossen. Die zunehmend favorisierten **gesetzlichen Tariföffnungsklauseln** zu Gunsten von Betriebsvereinbarungen wären nicht nur verfassungswidrig (vgl. Grundl. Rn. 149ff.). Sie würden das gesetzlich angeordnete innerbetrieblich-rechtsförmige Interessenausgleichsverfahren als Korrektur der freiwillig marktförmigen Tarifautonomie benutzen. Die gesetzliche Formation des Betriebs würde damit der grundrechtlich-freien Assoziation übergeordnet. Selbststeuerungsfunktion der Tarifverträge wäre dann jederzeit aufhebbar. Die mit deren Rückgang der Verbandsmitgliedschaften verbundene Schwächung der Selbststeuerungsfunktion kann das nur beschleunigen. **97**

Tatsächlich beruht die rückläufige Mitgliederentwicklung der Koalitionen teilweise auch auf längerfristigen Veränderungen der Arbeitsmarktstrukturen, **98**

---

247 Z.B. BVerfG 18.11.1954, E 4, 96, 107; BVerfG 6.5.1964, E 18, 18, 28; BVerfG 1.3.1979, E 50, 290, 371; BVerfG 26.6.1991, E 84, 212, 229.

248 Vgl. *Ebbinghaus*, Mitgliederentwicklung, 179ff.

249 Vgl. *Schroeder/Silva*, Gewerkschaften und Arbeitgeberverbände, 261ff.

die vielfach weniger von »klassischen« Arbeitsverhältnissen geprägt sind. Sie werden durch **selbständige Beschäftigte** ersetzt, die über ein vertragliches Netzwerk ihre wirtschaftlich und kommunikationstechnisch abhängige Arbeit erbringen und insofern einer unselbständigen Beschäftigung nachgehen ohne unter den **Arbeitnehmerbegriff** fallen.[250] Diese selbständig Beschäftigten sind den herkömmlichen Arbeitnehmern vergleichbar persönlich abhängig. Ihre Vertragsbeziehungen sind ähnlich »paritätsgestört«. Sie können deshalb Träger der Koalitionsfreiheit sein und den bestehenden Koalitionen beitreten oder eigene Verbände gründen. Auch wenn sie nicht unter § 12a TVG fallen, wäre es zulässig, für sie im Wege des Vertrages zu Gunsten Dritter (§ 328 BGB) Beschäftigungsnormenverträge zu schließen und diese mit vertragsförmigen Mitteln streikähnlich durchzusetzen. Dogmatisch lässt sich hierbei auch an die arbeitsrechtliche Diskussion vor 1918 anknüpfen, doch bedarf es angesichts modernster Entwicklungen neuer juristischer Wege[251], die von den Verbänden und Betroffenen verbandspolitisch aufzunehmen wären, um die Selbststeuerungsfunktion der Koalitionsfreiheit zukünftig offen zu realisieren.

**99** Man darf deshalb nicht aus den Augen verlieren, dass die autonome Rechtssetzung der Tarifvertragsparteien keineswegs nur den Sinn hat, die sozusagen ungeordnete Masse der Einzelarbeitsverträge durch ein überschaubares (inhaltlich aber beliebiges) kollektives Normengebäude systematisch zu überlagern. Damit wäre das Tarifrecht nämlich allein auf seine **»Ordnungsfunktion«** beschränkt, d.h., sein Zweck würde sich darin erschöpfen, die vom Gesetzgeber offen gelassenen oder übersehenen Probleme der Arbeits- und Wirtschaftsbedingungen zu schließen, sofern die Koalitionen derartige Lücken nur übereinstimmend als regelungsbedürftig erkennen. Tarifverträge haben allerdings meist auch diese ordnende Wirkung: Sie führen zu einer – auch im Sinne des Gleichbehandlungssatzes liegenden – Vereinheitlichung der Arbeitsbedingungen und erleichtern damit zugleich den Abschluss von Arbeitsverträgen, d.h. sie senken die **Transaktionskosten**.[252] Sie sichern für Arbeitnehmer und Arbeitgeber die Erwartung des Arbeitseinkommens bzw. der Lohnkosten auch über ihre Geltung hinaus (Nachwirkung, § 4 Abs. 5 TVG) und wirken dabei nicht nur zukunftssichernd, sondern auch **konjunkturstabilisierend**. Schließlich sind bei Verbandstarifverträgen die wettbewerbssteuernden Wirkungen erheblich, wenn die verbreiteten »übertariflichen« Leistungen auch dafür sorgen, dass es sich vielfach bei den Tarifen nur um einheitliche Ausgangsbedingungen handelt. Trotz dieser unverkennbar ordnenden Funktion wäre es doch verfehlt, eine solche, sich meist mit dem Tarifabschluss automatisch ergebende Ordnungswirkung nunmehr rechtlich in eine die Tarifautonomie inhaltlich begrenzende **»Ordnungsaufgabe«**[253] umzufunktionieren. Die Befürworter einer derartigen normativ wirkenden Ordnungsaufgabe der Tarifvertragsparteien berufen sich teils auf die geschichtliche Entwicklung[254], teils auf die Rechtsprechung des Bundesverfassungsgerichts.[255] Nun haben die Koalitionen, insbesondere die

250 Vgl. *Castells*, Netzwerkgesellschaft, 173ff., 229ff.

251 Vgl. die innovativen Überlegungen von *Kretzschmar*, Rolle der Koalitionsfreiheit, 121ff., 137ff., 229ff.; auch ErfK/*Dieterich*, Art. 9 Rn. 28.

252 Wiedemann/*Wiedemann*, Einl. Rn. 15.

253 Wiedemann/*Wiedemann*, Grundl. Rn. 13ff.

254 So *Herschel*, Sinn, 12ff.

255 Wiedemann/*Wiedemann*, Grundl. Rn. 16.

Gewerkschaften, in historischen Ausnahmesituationen (nach 1918 und 1945) tatsächlich weit reichende Ordnungsfunktionen wahrgenommen, doch wäre es widersinnig, aus dieser ausnahmsweise angesichts staatlichen Versagens (!) freiwillig übernommenen Nothilfe nunmehr eine normativ zwingende Verpflichtung speziell der Tarifpolitik auf die Ordnungsfunktion ableiten zu wollen. Freilich könnte das Bundesverfassungsgericht so verstanden werden, weil es den Zweck der Koalitionsfreiheit darin sieht, »das Arbeitsleben im Einzelnen durch Tarifverträge sinnvoll zu ordnen, insbesondere die Höhe der Arbeitsvergütung für die verschiedenen Berufstätigkeiten festzulegen und so letztlich die Gemeinschaft sozial zu befrieden«.[256] Die hierin enthaltene Reihenfolge (Ordnungsfunktion, Verteilungsfunktion, Befriedungsfunktion) ist indessen nicht als Rangfolge zu verstehen, sondern wohl nur stilistisch begründet. Gegen die Auffassung von der formalen Ordnung als primärem Tarifzweck spricht nicht nur der Ursprung des Tarifgedankens aus der Arbeiterbewegung, sondern auch die zitierte Formulierung des Bundesverfassungsgerichts, der zufolge der »Sinn« der angestrebten Ordnung eben gerade nicht im bloßen tariflichen Normsystem als solchem liegt, sondern in der damit angestrebten sozialen Wirkung. Der Tarifvertrag (auch der **Firmentarif**) ist nur Mittel zu diesem Ziel, nicht Selbstzweck; die Ordnungsfunktion ist nur Auswirkung, nicht Motiv und schon gar nicht Grenze des Tarifinhalts.[257] Sie vermag deshalb auch keinen rechtsverbindlichen **Verhandlungsanspruch** der Tarifparteien gegeneinander zu begründen (vgl. § 1 Rn. 27).[258]

**100** Die soeben erläuterte Auffassung vom **Vorrang der tariflichen »Schutzfunktion«** vor dem »Ordnungsprinzip« ist auch verfassungsrechtlich begründet. Zwar lehnt die »freiheitliche Demokratie es ab, den wirtschaftlichen Tatbestand der Lohnarbeit im Dienste privater Unternehmer als solchen allgemein als Ausbeutung zu kennzeichnen. Sie sieht es aber als ihre Aufgabe an, wirkliche Ausbeutung, nämlich Ausnutzung der Arbeitskraft zu unwürdigen Bedingungen und unzureichendem Lohn, zu unterbinden.«[259] Ebenso wie das Sozialstaatsprinzip allgemein soll die Koalitionsfreiheit auf dem speziellen Feld der Arbeits- und Wirtschaftsbedingungen »schädliche Auswirkungen schrankenloser Freiheit verhindern und die Gleichheit fortschreitend bis zu dem vernünftigerweise zu fordernden Maße verwirklichen«.[260]

Damit ist die eigentliche Stoßrichtung des Art. 9 Abs. 3 GG, eben das **»Schutzprinzip«**, umschrieben.[261] Das tarifrechtliche »Günstigkeitsprinzip« des § 4 Abs. 3 TVG ist lediglich die besondere gesetzliche Ausprägung dieses verfassungsrechtlichen Normzwecks, dem es freilich untergeordnet ist. Die Ausgestaltung des »Günstigkeitsprinzips« obliegt daher dem Gesetzgeber und den Tarifvertragsparteien. Da der Sozialschutz des Arbeitnehmers nach Art. 9 Abs. 3 GG auf dem Weg der kollektiven Selbstbestimmung verwirklicht werden soll, vermag das »Günstigkeitsprinzip« der Tarifautonomie keine eigenen verfassungsrechtlichen Grenzen zu ziehen (vgl. Grundl. Rn. 158). Neben seiner zentralen Schutzfunktion kann ein **Tarifvertrag gelegentlich auch vorwiegend ordnende**

256 BVerfG 6.5.1964, E 18, 18, 28.
257 Ähnlich *Zachert*, Tarifvertrag, 179; *Däubler/Däubler*, Einl. Rn. 83; *Löwisch/Rieble*, Grundl. Rn. 6.
258 Vgl. BAG 14.7.1981, AP Nr. 1 zu § 1 TVG Verhandlungspflicht; *Stein*, Rn. 72.
259 BVerfG 17.8.1956, E 5, 85, 206.
260 BVerfG 17.8.1956, E 5, 85, 206.
261 Vgl. AK-GG-*Kittner/Schiek*, Art. 9 Abs. 3 Rn. 94; *Däubler/Schiek*, Einl. Rn. 194ff.; ErfK/*Dieterich*, Art. 9 GG Rn. 18.

**und nur mittelbar Schutzinteressen** verfolgen. Dies ist z.B. bei den in § 4 Abs. 2 TVG erwähnten Regelungen über Gemeinsame Einrichtungen der Tarifvertragsparteien möglich, weil z.B. das Beitragseinzugsverfahren für die dort erwähnten Lohnausgleichs- und Urlaubskassen zunächst nur das Verhältnis der betroffenen Arbeitgeber zur jeweiligen Kasse regeln, ohne dem (mittelbar begünstigten) Arbeitnehmer selbst einen direkten Anspruch auf Lohnausgleich bzw. Urlaubsgeld zu verschaffen. Ähnliches würde etwa auch für ein tarifliches Verbot der **»Leiharbeit«** gelten. Schutzprinzip und Ordnungsprinzip ergänzen sich vor allem in den großen Mantel- und Rahmentarifverträgen (z.B. BAT/TvÖD), welche das **Arbeitsvertragsrecht** ganzer Wirtschaftszweige **kodifizieren** und damit ein (nicht vorhandenes) Arbeitsgesetzbuch interessennah und branchengerecht ersetzen. Zu weitgehend erscheint aber die Auffassung, die ungeachtet des Schutzprinzips auch einseitige Arbeitgeberbegünstigung durch Tarifverträge für wirksam hält.[262]

101 Die praktisch oftmals **komplementäre Wirkung von Schutzprinzip und Ordnungsprinzip** gestattet es aber nicht, das Ordnungsprinzip über die Schutzfunktion zu stellen und einzelne tarifliche Regelungen für unzulässig zu erklären, weil sie zwar den Arbeitnehmerschutzzweck erfüllten, dagegen aber angeblich ihrer Ordnungsaufgabe nicht hinreichend genügten. Derartige Überlegungen sind bereits gegen die von einigen Gewerkschaften praktizierte **»betriebsnahe Tarifpolitik«** angeführt worden (hierzu vgl. § 2 Rn. 129). Bei dieser gewerkschaftlichen Politik geht es um die Vereinbarung von Öffnungsklauseln in Verbandstarifverträgen, die den Abschluss ergänzender Zusatz-Firmentarifverträge mit besonders leistungsfähigen oder wirtschaftlich gefährdeten Unternehmen gestatten. Hiergegen wird eingewendet, die Möglichkeit abweichender Einzelregelungen verstoße gegen das tarifliche Ordnungsprinzip, weil der Verbandstarif als solcher eine wirtschaftlich »richtige« Ordnung darstelle.[263] Dem ist entgegenzuhalten, dass Art. 9 Abs. 3 GG durchaus Tarifabschlüsse mit unterschiedlichen Koalitionen für dieselbe Branche zulässt.[264] **Möglich ist auch der Abschluss firmenbezogener Verbandstarifverträge.** Der gleiche Arbeitgeberverband darf daher mit mehreren Arbeitnehmerorganisationen für dieselben Mitgliedsfirmen auch unterschiedliche Tarifverträge festlegen. Ebenso darf dann dieselbe Gewerkschaft mit konkurrierenden Arbeitgeberverbänden für denselben fachlichen Geltungsbereich differenzierende Verträge abschließen. Beide Gestaltungen unterscheiden sich in ihrer Wirkung nicht von der »betriebsnahen Tarifpolitik«, bei welcher der Verband einer Öffnungsklausel für betriebliche Zusatz-Tarifverträge zustimmt. Wollte man hierin einen Verstoß gegen das Ordnungsprinzip sehen, so hätte dies praktisch eine Sperrwirkung für weitere Tarifabschlüsse innerhalb desselben Wirtschaftszweiges und käme damit der Wirkung einer Allgemeinverbindlicherklärung nahe. Ein solcher Effekt kann indessen mit gutem Grund nur nach staatlicher Mitwirkung durch eine Allgemeinverbindlicherklärung nach § 5 TVG erreicht werden. Wenn also keine Allgemeinverbindlicherklärung vorliegt, dann gelten bei Konkurrenz zwischen Verbands- und Firmentarifvertrag die allgemeinen Rangfolge-Prinzipien (vgl. § 4 Rn. 150ff.).

262 Wiedemann/*Wiedemann*, Grundl. Rn. 6.

263 So z.B. *Mayer-Maly*, DB 1965, 32ff.; *Buchner*, DB 1970, 2024ff., 2074ff.; differenzierter *ders.*, DB 2001, Beilage 9, 3ff.

264 BVerfG 6.5.1964, E 18, 18, 33; BVerfG 30.11.1965, E 19, 303, 321.

Für die Zulässigkeit der betriebsinternen Tarifpolitik spricht auch **§ 77 Abs. 3 Satz 2 BetrVG**, demzufolge die Tarifvertragsparteien **tarifliche Öffnungsklauseln** für **tarifergänzende Betriebsvereinbarungen** vorsehen können. Das Bundesarbeitsgericht hält solche tarifliche Ermächtigungsnormen zugunsten der Betriebsparteien nämlich mit Recht nur dann für zulässig, wenn die Tarifvertragsparteien den Umfang der betrieblichen Ermächtigung selbst inhaltlich umrissen haben.[265] Tatsächlich ist die Übertragung rechtsetzender Gewalt aus dem Bereich der Tarifautonomie in den Bereich der Betriebsautonomie wegen der unterschiedlichen demokratischen Legitimationssysteme beider Normsetzungsverfahren nicht unbegrenzt möglich. Ebenso wie bei dem verfassungsrechtlichen Parallelproblem der Verordnungsermächtigung des Parlaments an die Exekutive müssen die Tarifvertragsparteien als primäre Rechtsetzungsinstanz ihre grundgesetzliche Verantwortung für die Gesamtregelung dadurch wahrnehmen, dass sie Inhalt, Zweck und Ausmaß der betrieblichen Öffnungsklausel selbst regeln.[266] Unbestimmte tarifliche Globalermächtigungen an die Betriebsparteien wären deshalb unwirksam, weil sie keine »Regelung der Arbeits und Wirtschaftsbedingungen« enthielten und folglich gegen Art. 9 Abs. 3 Satz 1 GG verstießen (vgl. dazu weiter § 4 Rn. 417 ff.). 102

Unwirksam wäre demnach z.B. eine tarifliche Vorschrift, die tarifgebundenen Arbeitnehmer »gerecht« zu behandeln und die Ausführung dieses Gebots konkretisierenden Betriebsvereinbarungen zuzuweisen. Keine unzulässige globale Übertragung eigener Kompetenz läge dagegen vor, wenn die Tarifvertragsparteien lediglich die genauen Funktionsbereiche gesetzlich institutionalisierter Interessenvertretungen erweitern, weil hierin nicht eine Kompetenzübertragung, sondern lediglich die Erweiterung eigenständig, nämlich gesetzlich legitimierter Aufgabenbereiche erfolgt (z.B. tarifvertragliche Ausweitung der betrieblichen Mitbestimmung bei der Einführung neuer Techniken oder der Unternehmensmitbestimmung über den Montanbereich hinaus).

Wegen der Möglichkeit des Abschlusses unterschiedlicher Tarifverträge derselben Koalition mit mehreren Verbänden der Gegenseite (»Koalitionspluralismus«) ergibt sich eine juristisch zwingende **»Kartellfunktion«** des Tarifvertrages lediglich auf Arbeitnehmerseite. Nur hier werden einheitliche Mindestarbeitsbedingungen für alle Tarifgebundenen geschaffen, während auf Arbeitgeberseite beim Firmentarifvertrag kein Kartelleffekt entsteht. Obwohl solche Firmentarifverträge (z.B. auf Grund »betriebsnaher Tarifpolitik«, vgl. die vorigen Rn.) unter Geltung des Tarifvertragsgesetzes nicht selten sind, entfalten die Tarifnormen hierzulande faktisch eine Kartellwirkung, die sich bei günstiger Beschäftigungslage auch auf nicht tarifunterworfene Arbeitsverträge auswirkt. Das gesetzliche Verbot kartellmäßiger Wettbewerbsbeschränkungen gilt deshalb im Arbeits- und Tarifrecht nicht (vgl. § 1 GWB). Es würde praktisch auf unzulässige Tarifzensur hinauslaufen.[267] Man sollte die tarifliche Kartellfunktion aber auch nicht überschätzen, denn sie wird vielfach durch den Abschluss von Tarifverträgen nach § 9 Nr. 2 AÜG unterlaufen. Hiernach kann das so genannte Equal-pay-Prinzip bei **Arbeitnehmerüberlassung**, welches die Kartellfunktion der für den Entleih- 103

265 BAG 18.8.1987, AP Nr. 23 zu § 77 BetrVG 1972.

266 Vgl. Art. 80 Abs. 1 Satz 2 GG; wie hier *v. Hoyningen-Huene/Meier-Krenz*, ZfA 1988, 299 f.; DKK-*Berg*, § 77 Rn. 78; großzügiger *Däubler/Zwanziger*, § 4 Rn. 1009; *Kittner*, FS Schaub, 403 ff.

267 BAG 27.6.1989, AP Nr. 113 zu Art. 9 GG Arbeitskampf; zum Verhältnis von tariflicher Kartellfunktion und Wettbewerbsrecht eingehend *Däubler/Schiek*, Einl. Rn. 455 ff.; *Bonin*, 113 ff.

betrieb geltenden Tarife schützt, durch Tarifverträge der Tarifparteien des Arbeitnehmerüberlassungsgewerbes unterlaufen werden.[268] Die dargestellte Kartellwirkung ist nach alledem auf Arbeitnehmerseite eine notwendige juristische Voraussetzung für die zentrale Schutzfunktion des Tarifvertrages. Sie wurde deshalb auch über die gesetzlichen Grundsätze der Tarifbindung (§ 3 TVG), der normativen Wirkung und der Unverzichtbarkeit tariflicher Rechte (§ 4 Abs. 1 und 4 TVG) zusätzlich abgesichert.

**104** Die Wirkungen der Ordnungs-, Schutz- und Kartellfunktion ließen sich theoretisch auch durch direkte staatliche Arbeits und Wirtschaftsgesetzgebung erreichen. Eine solche **staatliche Totalsteuerung** ist allerdings kaum gegen den Willen der Betroffenen durchzusetzen. Sie stößt deshalb sehr bald auf Legitimations-, d.h. Durchsetzungsgrenzen, wenn sie nicht durch Druck »von außen« unterstützt wird. Ein solcher Außendruck (wie er z.B. in der nationalsozialistischen Lohnpolitik mit zunehmender Kriegsgefahr und internationaler Isolierung bestand) ist nämlich von den freien Entscheidungen der Betroffenen regelmäßig weitgehend unabhängig und wird deshalb als undemokratisches Lenkungsinstrument in entsprechenden politischen Systemen oft verwendet. Das Grundgesetz dagegen sieht im Bereich der Arbeits- und Wirtschaftsbedingungen eine weitgehende Selbststeuerung durch die sozialen Gegenspieler vor. Es geht dabei von der treffenden Erkenntnis aus, dass die hiermit verbundene Entlastung des staatlichen Steuerungssystems nicht nur der – im demokratischen Prinzip enthaltenen – Dezentralisierungstendenz notwendigerweise entspricht, sondern auch praktisch geboten ist. Tatsächlich erweisen sich zentral gesteuerte staatliche Arbeitsverwaltungen immer wieder auch insofern als besonders störanfällig. Folgerichtig hatten die Erschütterungen der Zentralverwaltungswirtschaften Osteuropas vielfach ihre Ursache in diesem Bereich.[269] Demgegenüber entlastet die koalitionsrechtliche Selbststeuerung wegen ihrer weitgehenden Freiwilligkeit das staatliche Entscheidungssystem sehr erheblich. Es wäre indessen zu vereinfachend, diese **Entlastungsfunktion** mit der – ohnehin umstrittenen – **»Verteilungsfunktion«** der Tarifautonomie gleichzusetzen[270], denn die Beteiligung der Arbeitnehmer am Produktionsergebnis ist nur eine – und keineswegs immer zentrale – Aufgabe der Koalitionspolitik. Die Selbststeuerungsfunktion der Tarifautonomie reicht wesentlich weiter. Sie umfasst grundsätzlich den Gesamtbereich der Arbeits- und Wirtschaftsbedingungen und erstreckt sich damit von der Ausbildung über die betrieblichen Produktionsvorgänge (z.B. durch Mitbestimmung am Arbeitsplatz und in der Unternehmensleitung) sowie den wirtschaftlichen Strukturen des betreffenden Wirtschaftszweiges (z.B. Vermögensbildung in überbetrieblichen Branchenfonds und Bildung von »Wirtschafts- und Sozialausschüssen«) bis zur Invaliditäts- und Altersvorsorge.

Die hierfür verwendete Formel der **»sozialen Selbstverwaltung«**[271] trifft dies einigermaßen, ist jedoch insofern etwas missverständlich, weil der Begriff »sozial« hierbei auf den arbeits- und sozialrechtlichen Schutz der Arbeitnehmer vor Folgen ihrer abhängigen Arbeitsleistung beschränkt wird.[272] Das Grundgesetz will den Staat durch die Verwendung des Wortes »sozial« in Art. 20 Abs. 1, 28

268 Vgl. hierzu treffend *Broers/Schüren*, BB 2004, 2745, gegen *Melms/Lipinski*, BB 2004, 2409.
269 Vgl. zu solchen Zusammenhängen *Scharpf*.ff.; aber auch schon *Sinzheimer*, Wesen, 174.
270 So tendenziell Wiedemann/*Wiedemann*, Grundl. Rn. 9 ff.
271 Dazu *Gamillscheg*, Kollektives Arbeitsrecht I, § 7 II 3, 302.
272 Vgl. *Söllner*, Begriffspaar, 41.

Abs. 1 Satz 1 GG dagegen nicht etwa nur auf den herkömmlichen Arbeitnehmerschutz im kollektiven Arbeitsrecht und in der klassischen Sozialpolitik verpflichten, sondern ganz prinzipiell auf demokratische Entscheidungsstrukturen in der Gesellschaft. Es versteht den Begriff »sozial« daher in seiner viel weiter reichenden Bedeutung im Sinne von »gesellschaftlich«. In unserem Zusammenhang sollte man daher präziser von **»kollektiver Selbstregelung« der Arbeits- und Wirtschaftsbedingungen** sprechen. Hierunter lässt sich nicht nur das kollektive Arbeitsrecht, sondern z.B. auch die Mitbestimmung und das autonome Recht der sozialen Sicherheit – also die Verpflichtung des Staates zur Schaffung der Voraussetzungen für eine effektive Inanspruchnahme dieses Rechts – fassen. Dann aber wird es notwendig, die Reichweite des Selbstverwaltungssektors der »Arbeits- und Wirtschaftsbedingungen« des Art. 9 Abs. 3 GG zu bestimmen, denn sie ist gleichzeitig Grenze der Tarifautonomie.

## II. Der Regelungsbereich der Tarifautonomie

Da die Tarifautonomie von der Garantie der Koalitionsfreiheit des Art. 9 Abs. 3 **105**
GG umfasst ist, steckt der verfassungsrechtliche Zuständigkeitsbereich der Koalitionen für die »Wahrung und Förderung der Arbeits- und Wirtschaftsbedingungen« zugleich auch das Feld der Tarifautonomie und damit den grundrechtlich geschützten Umfang tarifvertraglicher Regelungsmöglichkeiten ab. Man hat versucht, den **Doppelbegriff** der **Arbeits- und Wirtschaftsbedingungen** allein auf den Zweck der Wahrung und Förderung von »Arbeitsbedingungen« zu begrenzen. Das Wort »Wirtschaftsbedingungen« meine dasselbe und sei lediglich aus der Sicht des Arbeitgebers formuliert, also die »Kehrseite« derselben Angelegenheit.[273] Diese Auffassung ist verfassungssystematisch und -geschichtlich unrichtig. Systematisch trennt das Grundgesetz gerade im vergleichbaren Bereich der Gesetzgebungskompetenzen sehr klar zwischen dem »Recht der Wirtschaft« (Art. 74 Nr. 11 GG) und dem »Arbeitsrecht« (Art. 74 Nr. 12 GG), so dass in Art. 9 Abs. 3 GG dann eine gewisse Kombination beider Bereiche gewollt ist. Dieses Ergebnis wird von der geschichtlichen Entwicklung bestätigt. Schon bezüglich der gleichlautenden Formulierung in Art. 159 Satz 1 WRV hatte *Sinzheimer*, der »Schöpfer des deutschen Arbeitsrechts« (*Kahn-Freund*), frühzeitig betont, die Koalitionsfreiheit sichere das »staatlich anerkannte und gewährleistete Recht der Koalitionen auf Teilnahme an der Bildung und Verwaltung sozialen Arbeitsrechts«.[274] Mit diesem »sozialen Arbeitsrecht« waren aber nicht etwa nur die begrenzten »Lohn- und Arbeitsbedingungen« aus § 152 Abs. 1 der Gewerbeordnung des Norddeutschen Bundes von 1869 gemeint: »In diesem Sinne baut das soziale Recht neue Wölbungen über den einzelnen, macht es die Bahn frei für soziale Selbstbestimmung. Ausgehend von der Anschauung, dass alle menschliche Arbeit eine soziale Angelegenheit ist, und der Arbeitnehmer ein konkretes soziales Dasein hat, strebt es nach einer die gesellschaftliche Form der Arbeit beherrschenden wirtschaftlichen Gesamtsphäre ... Ob einer und wie er wirtschaftet, ist nicht nur seine Angelegenheit, sondern aller Angelegenheit. Ein Sozialrecht der Arbeit drängt nach Ausgestaltung dieses Gesamtwillens in der Wirtschaft. Aber der Arbeitnehmer ist nicht nur durch den Lohn an der Wirtschaft interessiert. Seine Welt geht nicht im Arbeitsverhältnis auf. Sein Interesse

273 So *Zöllner/Loritz*, § 8 III 1.
274 *Sinzheimer*, Wesen, 174.

ist auch nicht auf die gesellschaftliche Ergiebigkeit seiner Arbeit gerichtet, auf die Menge, die Art und Verwendung des Arbeitsproduktes und die Mittel seiner Herstellung. Der Arbeitnehmer will, dass seine Arbeit einen gesellschaftlichen Sinn habe. Darum gehört dem Arbeitsrecht auch die Rechtsform an, in der über das Arbeitsmittel und über das Arbeitsrecht verfügt wird.«[275]

**106** Diese programmatischen Äußerungen eines der damaligen Gewerkschaftsbewegung verbundenen Wissenschaftlers und Praktikers, der als Berichterstatter zum Abschnitt über das »Wirtschaftsleben« an der Ausarbeitung der Weimarer Reichsverfassung aktiv beteiligt war, zeigen, dass man die enge Formulierung der »Lohn- und Arbeitsbedingungen« aus § 152 Abs. 1 GewO gerade nicht wiederaufnehmen, sondern in Art. 159 Satz 1 WRV mit dem Doppelbegriff »Arbeits- und Wirtschaftsbedingungen« bewusst »gegenständlich« erweitert hat.[276] Die Koalitionen erhielten damit das Recht, auch die Organisation der Arbeits- und Produktionsverhältnisse zu regeln. Infolgedessen erhält **Art. 9 Abs. 3 GG** eine **»institutionelle und wirtschaftsverfassungsrechtliche Orientierung«**[277], wie sie heute etwa im Betriebsverfassungsgesetz, in den Personalvertretungsgesetzen, in den Mitbestimmungsgesetzen sowie in der gestaltenden Mitwirkung in den Bereichen der Arbeitsgerichtsbarkeit und der Sozialversicherung zum Ausdruck kommt.

**107** Damit entsteht jedoch auch die Möglichkeit von **Überschneidungen mit den staatlichen Kompetenzen** z.B. zur Gestaltung des Rechts der Wirtschaft, des Arbeitsrechts, der Sozialisierung sowie der »Verhütung des Missbrauchs wirtschaftlicher Machtstellung« (Art. 74 Nr. 11, 12, 15, 16 GG). Die soziale Selbstgestaltung der Koalitionsautonomie ist nicht gegen den Staat gerichtet, der als »sozialer« Staat ebenfalls soziale Gerechtigkeit garantieren soll. Diese soziale Aufgabe verwirklicht der Staat aber nicht durch Beschneidung und Austrocknung sozialer Autonomie, also nicht gegen, sondern nur mit und durch autonome Tätigkeit. Sinn des Sozialstaatsprinzips des Art. 20 Abs. 1 GG ist gerade eine kombinierte Verantwortung beider Entscheidungsbereiche für soziale Gerechtigkeit.[278] Als Teil der Verfassungsordnung kann die Koalitionsautonomie folglich nicht unbegrenzt sein: Es gibt »keine Autonomie im Staate ohne Bedingungen und Grenzen«[279], doch müssen sich diese Markierungen **aus der Verfassung selbst ergeben**, weil diese auch den parlamentarischen Gesetzgeber bindet (Art. 20 Abs. 3 GG).

### 1. Die »Arbeits- und Wirtschaftsbedingungen« des Art. 9 Abs. 3 GG als Grund und Grenze der Tarifautonomie

**108** Der Doppelbegriff **»Arbeits- und Wirtschaftsbedingungen«** beschreibt das Tätigkeitsfeld der Koalitionen in umfassender Weise und enthält damit zugleich aber auch eine entsprechende Grenzziehung. Hier werden nicht etwa zwei voneinander getrennte Tätigkeitsbereiche für »Arbeit« und »Wirtschaft« normiert wie in Art. 74 Nr. 11 und 12 GG hinsichtlich der konkurrierenden Gesetzgebung,

275 *Sinzheimer*, Fortbildung, 88f.

276 *Anschütz*, Art. 159 WRV Anm. 2, 731f.; *Badura*, Recht, 27; *Söllner*, Begriffspaar, 23, *Säcker/Oetker*, 55ff.

277 *Badura*, Recht, 21.

278 Vgl. *Kempen*, AuR 1980, 201; AK-GG-*Kittner/Schiek*, Art. 9 Abs. 3 Rn. 93; *Däubler/Däubler*, Einl. Rn. 105.

279 *Sinzheimer*, Fortbildung, 87.

sondern nur ein **Kombinationssektor**, in dem sich beide Begriffe in der gesellschaftlichen Realität überschneiden. Gemeint ist also die **Gesamtheit der wirtschaftlichen und sozialen Bedingungen, unter denen abhängige Arbeit geleistet wird.**[280] Missverständlich ist allerdings die Behauptung, Art. 9 Abs. 3 GG begründe »kein selbständiges wirtschaftspolitisches Mandat der Koalitionen«[281], denn das Grundgesetz lässt[282] Raum für unterschiedliche ökonomische Ordnungskonzepte, auch wenn diese nicht gesetzlich, sondern tarifvertraglich realisiert werden. Dies setzt allerdings voraus, dass solche ökonomischen Umorientierungen durch Tarifvertrag lediglich die zwangsläufige Voraussetzung einer primären Umgestaltung der Arbeitsbedingungen sind. Da das »Wirtschaftsleben ... stets und immer eine soziale Seite« hat, dürfte heute kaum ein unternehmerischer Entscheidungssektor koalitionsspezifischen Entscheidungen ganz unzugänglich sein.[283] Bei der Frage, ob die grundrechtliche Kompetenz der Koalitionen überschritten wird, ist deshalb nicht primär auf die in der Tarifauseinandersetzung öffentlich propagierten tarifpolitischen Zwecke abzustellen, sondern auf die tatsächlichen Wirkungen der angestrebten Tarifregelungen, welche die Grenze der Arbeits- und Wirtschaftsbedingungen nicht überschreiten dürfen. So fallen etwa die beschäftigungspolitisch motivierten tariflichen Arbeitszeitverkürzungen als zulässige Beschäftigungspolitik der Tarifvertragsparteien wegen ihres Einflusses auf die Arbeitsbedingungen des gesamten jeweiligen Wirtschaftszweiges unter die koalitionsrechtlich geschützte Tarifautonomie.[284] Dabei ist allerdings zu betonen, dass die Tarifvertragsparteien bei ihrer Normsetzung prinzipiell an die **Grundrechte** (und insofern diese normativ einschränkbar sind, an deren »Wesensgehalt«, vgl. Art. 19 Abs. 2 GG) **Dritter** und ihrer eigenen **Mitglieder** gebunden bleiben (vgl. dazu Grundl. Rn. 188ff.).

### a) Die gesetzesvorbehaltlose Garantie des Art. 9 Abs. 3 GG

Als praktischer Abgrenzungsmaßstab ist diese Aussage noch ergänzungsbedürftig, zumal die allseitige Verflechtung von Arbeits- und Wirtschaftsbedingungen sowohl zeitlich wie sektoral unterschiedlich stark ausgeprägt sein kann. Nachdem neuerdings verstärkt eine Bindung der Koalitionen an das »gesetzliche **Sozialmodell der sozialen Marktwirtschaft**«[285] postuliert wird und die wirtschaftspolitische Option der Europäischen Union als Marktgemeinschaft über Art. 23 GG ins deutsche Verfassungsrecht aufgenommen worden ist, bedarf es hier genauerer Grenzziehung. Da der Wortlaut über das bisher Festgestellte hinaus nichts aussagt, wird man Näheres aus der Stellung der Koalitionsfreiheit im System der Grundrechte und der Verfassung insgesamt entnehmen müssen. **109**

280 Ebenso *Badura*, Arbeitsgesetzbuch, 130; *ders.*, Recht, 27; *Löwer*, in: v. Münch/Kunig, Art. 9 Rn. 70; *Scholz*, in: Maunz/Dürig, Art. 9 Rn. 256; *Söllner*, Begriffspaar, 26f.; Wiedemann/*Wiedemann*, Einl. Rn. 99; MünchArbR/*Löwisch/Rieble*, § 243 Rn. 1ff.; ErfK/*Dieterich*, Art. 9 Rn. 23; *Zachert*, AR-Blattei SD 1650.1 Rn. 170ff.

281 *Badura*, Arbeitsgesetzbuch, 130.

282 Dazu BVerfG 1.7.1954, E 4, 1, 17f.; BVerfG 1.3.1979, E 50, 290, 338.

283 Vgl. *G. Müller*, DB 1979, Beilage 5, 8.

284 BVerfG (Kammer) 10.9.1991, NZA 1992, 125; *Däubler*, DB 1989, 2535f.; *Käppler*, NZA 1991, 745; *Waltermann*, NZA 1991, 755ff.; *Kempen*, FS Hanau, 535ff.; a.A. vor allem *Zöllner*, DB 1989, 2129 und *Buchner*, DB 1990, 1717.

285 *Reuter*, ZfA 1978, 34; zustimmend *Scholz*, in: Maunz/Dürig, Art. 9 Rn. 275.

**Kompetenzkonflikte** können nämlich vor allem mit staatlichen, insbesondere gesetzgeberischen Maßnahmen einerseits und mit den – von koalitionsförmigen Gestaltungen abweichenden – Vorstellungen einzelner andererseits entstehen. Im ersten Fall stößt vor allem der Gesetzgeber möglicherweise mit seinen beschäftigungs- und wirtschaftspolitischen Regelungen auf abweichende Vorstellungen der Koalitionsparteien. Im zweiten Fall dagegen wird regelmäßig eine Grundrechtskollision gegeben sein, d.h., es wird das Individualgrundrecht des betroffenen Arbeitnehmers oder Arbeitgebers gegen das Koalitionsgrundrecht stehen Diese Probleme sind unten (Grundl. Rn. 217ff. und Rn. 204ff.) im Abschnitt »Grundrechte und Tarifvertrag« zu erörtern.

110 Für die **systematische Auslegung** ist es wichtig, dass die Koalitionsfreiheit zu den Grundrechten ohne Schrankenvorbehalt gehört, sie ist also weder »durch Gesetz« (vgl. z.B. Art. 11 Abs. 2 GG) noch »auf Grund eines Gesetzes« (vgl. z.B. Art. 2 Abs. 2 Satz 2 GG) einschränkbar.[286]

### b) Die »Ausgestaltung« der Koalitionsfreiheit

111 **Koalitionsfreiheit** und **Tarifautonomie** bedürfen freilich der »**rechtlichen Ausgestaltung**«, d.h., es müssen rechtliche Verfahrensformen bereitgestellt werden, innerhalb derer Koalitionsfreiheit verwirklicht wird.[287] Wichtigstes Beispiel ist das **Tarifvertragsgesetz**, das eines der »klassischen« Tätigkeitsbereiche historischer Koalitionen regelt. Dasselbe gilt für das **Arbeitskampfrecht**, welches als Voraussetzung von Tarifabschlüssen vorwiegend richterrechtlich geregelt ist.[288] Allerdings dürfen derartige Ausgestaltungen niemals den Charakter gesetzlicher Schrankenziehungen annehmen, weil damit gegen die gesetzesschrankenfreie Gewährleistung des Art. 9 Abs. 3 GG verstoßen würde. Der ausgestaltende Gesetzgeber bleibt also voll an die grundrechtliche Normierung gebunden[289], und dasselbe gilt dann für die – grundrechtsgebundene (Art. 1 Abs. 3 GG) und gesetzesgebundene (vgl. Art. 20 Abs. 3 GG) – Rechtsprechung. Bei der notwendigen Ausgestaltung der Koalitionsfreiheit spricht das Bundesverfassungsgericht sehr allgemein von den »Rechtsinstituten und Normkomplexen, die erforderlich sind, um die grundrechtlich garantierte Freiheit ausüben zu können«.[290] Es handelt sich also um staatliche Regelungen, welche die **Funktionsfähigkeit** der rechtsförmigen Verfahrensbedingungen der **Koalitionsfreiheit** und insbesondere der Tarifautonomie gewährleisten. Dazu gehören vor allem die Voraussetzungen der Tariffähigkeit sowie die Rechtsbeziehungen der Tarifvertragsparteien untereinander. Praktische Beispiele sind die **Allgemeinverbindlicherklärung** von Tarifverträgen nach § 5 TVG[291], die **Geltungserstreckung** von Tarifverträgen nach § 1 Abs. 3 AEntG[292] oder die **Tariftreueerklärungen** im öffentlichen Vergaberecht.

---

286 Dies verkennt *Dütz*, JA 1987, 410.

287 BVerfG 18.11.1954, E 4, 96, 106; BVerfG 14.4.1964, E 17, 319, 333; BVerfG 6.5.1964, E 18, 18, 26; BVerfG 1.3.1979, E 50, 290, 368; BVerfG 4.7.1995 (1 BvF 2/86), E 92, 365, 394; BVerfG 14.11.1995, E 93, 352, 358f.

288 BVerfG 4.7.1995 (1 BvF 2/86), E 92, 365, 394.

289 BVerfG 4.7.1995 (1 BvF 2/86), E 92, 365, 394f.; *Däubler/Däubler*, Einl. Rn. 125ff.

290 BVerfG 1.3.1979, E 50, 290, 368; vgl. auch BVerfG 4.7.1995 (1 BvF 2/86), E 92, 365, 394.

291 BVerfG 24.5.1977, E 44, 322, 349ff.

292 BVerfG (Kammer) 18.7.2000 (1 BvR 948/00), AP Nr. 4 zu § 1 AEntG.

Für die erforderliche **Ausgestaltung** geht es grundrechtsdogmatisch also regelmäßig um die **innere Struktur der Koalitionsfreiheit**. Betroffen ist das Verhältnis der Grundrechtsträger untereinander[293], also die Abgrenzung der gegenseitigen Rechte von Arbeitgeber- und Arbeitnehmerkoalitionen sowie ihrer jeweiligen Mitglieder und Außenseiter. Das Grundrecht, welches der Koalitionsfreiheit hierbei jeweils Schranken zieht, ist wiederum die Koalitionsfreiheit des jeweils anderen Grundrechtsträgers. Da die Grundrechtspositionen damit verfassungsrechtlich **gleichrangig** sind, muss die Entscheidung über eine Ausgestaltungsregelung also nach Maßgabe der Funktionsfähigkeit der Koalitionsfreiheit im Sinne der selbst bestimmten Regelung der Arbeits- und Wirtschaftsbedingungen erfolgen.[294] Die besondere **staatliche Schutzpflicht gegenüber der Koalitionsfreiheit** aus Art. 9 Abs. 3 Satz 2 GG[295] gebietet dabei vor allem die »Wahrung« der **Normsetzungsprärogative** der Tarifvertragsparteien.[296] **112**

Juristisch entspricht die **Normsetzungsprärogative** dem historisch gewachsenen Sinn sozialer Autonomie im Verfassungsrecht. Wollte man diesen Bereich tatsächlich auf ein Mindestmaß dessen begrenzen, was für die Koalitionsexistenz »unerlässlich« ist, und die Feststellung der **»Unerlässlichkeit«** im Einzelfall auch noch richterlicher Entscheidung überlassen, so wäre die Selbstbestimmung weitestgehend durch **staatliche Fremdbestimmung** verdrängt: Schließlich gewährleistet Art. 9 Abs. 3 GG die »Freiheit des Zusammenschlusses zu Vereinigungen zur Förderung der Arbeits- und Wirtschaftsbedingungen und die Freiheit der gemeinsamen Verfolgung dieses Zwecks[297]; über beides sollen die Beteiligten selbst und eigenverantwortlich, grundsätzlich frei von staatlicher Einflussnahme, bestimmen«.[298] Die Art und Weise der Grundrechtsverwirklichung bleibt den Betroffenen also prinzipiell selbst überlassen.[299] Dies ist übrigens auch für andere unter keinem Gesetzesvorbehalt stehende Grundrechte wie für die Glaubens- und Gewissensfreiheit (Art. 4 GG) oder für die Kunst- und Wissenschaftsfreiheit (Art. 5 Abs. 3 GG) charakteristisch, die in erster Linie den freien Hervorbringungsprozess von Glauben, Gewissen, Kunst und Wissenschaft sichern sollen. Ebenso geht es in Art. 9 Abs. 3 GG um die Sicherung autonomer Verfahrensweisen zur kollektiven Regelung der Arbeits- und Wirtschaftsbedingungen. Art. 9 Abs. 3 GG überlässt den Koalitionen grundsätzlich die Wahl der Mittel, die sie zur Erreichung ihres Zwecks für geeignet halten.[300] Dementsprechend fallen **alle** von den Betroffenen angewendeten **Maßnahmen, welche zur Erreichung dieser Zwecke bestimmt und geeignet sind, unter den Grundrechtsschutz**, nicht aber lediglich die von staatlicher Seite für »unerlässlich« gehaltenen Tätigkeiten.[301] Die damit realisierte Koalitionsautonomie wird wegen ihrer Beschränkung auf die Arbeits- und Wirtschaftsbedingungen weder instrumentell noch inhalt- **113**

---

293 *Däubler/Däubler*, Einl. Rn. 126.

294 BVerfG 4.7.1995 (1 BvF 2/86), E 92, 365, 394f.; ErfK/*Dieterich*, Art. 9 GG Rn. 41; *Däubler/Däubler*, Einl. Rn. 128.

295 Dazu *Kempen*, FS Gitter, 427ff.; *Däubler/Däubler*, Einl. Rn. 130; *Bauer*, in: Dreier, Art. 9 Rn. 96.

296 Bei dem insofern höchste bedenklichen HochschulBefristungs-Beschluss, BVerfG 24.4.1996, E 94, 268, 284ff., ging es – entgegen AK-GG-*Kittner/Schick*, Art. 9 Abs. 3 Rn. 98 – nicht etwa um eine Ausgestaltungsregelung zu Art. 9 Abs. 3 GG.

297 BVerfG 18.11.1954, E 4, 96, 106; BVerfG 19.2.1975, E 38, 386, 393.

298 BVerfG 1.3.1979, E 50, 290, 367.

299 BVerfG 14.11.1995, E 93, 352, 358.

300 BVerfG 6.5.1964, E 18, 18, 29ff., 32; BVerfG 1.3.1979, E 50, 290, 368; BVerfG 26.6.1991, E 84, 212, 224; BVerfG 14.11.1995, E 93, 352, 357f.

301 AK-GG-*Kittner/Schiek*, Art. 9 Abs. 3 Rn. 95; *Säcker*, ArbRGgw 13 (1975), 25, 37; *Zachert*, AuR 1979, 365.

lich ausufern. Gerade weil es sich bei der Wahrung und Förderung jenes Interessenbereichs um eine gegensätzliche Auseinandersetzung, also um ein antagonistisches Verfahren handelt, bedarf die Koalitionsfreiheit »von vornherein der gesetzlichen Ausgestaltung Diese besteht nicht nur in der Schaffung der Rechtsinstitute und Normenkomplexe, die erforderlich sind, um die grundrechtlich garantierten Freiheiten ausüben zu können. Die Bedeutung und Vielzahl der von der Tätigkeit der Koalitionen berührten Belange namentlich im Bereich der Wirtschafts- und Sozialordnung machen vielmehr vielfältige gesetzliche Regelungen notwendig, die der Koalitionsfreiheit auch Schranken ziehen können; dies um so mehr, als der Gegenstand der Gewährleistung auf sich wandelnde wirtschaftliche und soziale Bedingungen bezogen ist, die mehr als bei anderen Freiheitsrechten die Möglichkeiten zu Modifikationen und Fortentwicklungen lassen müssen.«[302] Schon wegen der zuletzt genannten notwendigen Situationsoffenheit und der hierfür vorausgesetzten Selbständigkeit der Grundrechtsträger gibt es keinen abschließend festgeschriebenen Tätigkeitskatalog, d.h. **keinen Numerus clausus der Koalitionsaktivitäten** seitens der Gesetzgebung oder gar der Rechtsprechung (zum Verhältnis von Rechtsprechung und Tarifautonomie vgl. Grundl. Rn. 293ff.).

### c) Die »Kernbereichs«-Rechtsprechung des Bundesverfassungsgerichts

**114** Dennoch ging das Bundesverfassungsgericht in ständiger Rechtsprechung davon aus, dass Art. 9 Abs. 3 GG die **Koalitionsfreiheit** nur in ihrem **»Kernbereich«** schützt[303]: Das Grundgesetz räume den geschützten Personen und Vereinigungen nicht mit Verfassungsrang einen inhaltlich unbegrenzten und unbegrenzbaren Handlungsspielraum ein. Vielmehr sei es Sache des Gesetzgebers, die Tragweite (!) der Koalitionsfreiheit dadurch zu bestimmen, dass er die Befugnisse der Koalitionen im Einzelnen gestaltet und näher regelt. Dabei könne er den besonderen Erfordernissen des jeweils zu regelnden Sachverhalts Rechnung tragen. Diese Formulierungen sind insofern problematisch, als sie durch die Verwendung des Begriffs »Kernbereich« an den »Wesensgehalt« des Art. 19 Abs. 2 GG gemahnen[304], obwohl die Wesensgehaltsgarantie doch nur gesetzlich einschränkbare Grundrechte betrifft. Die damit verbundene Gefahr, das Koalitionsrecht auf solche Weise jenen weniger stark gesicherten Rechten justiziell anzugleichen, vergrößerte sich noch, indem das Bundesverfassungsgericht dem Gesetzgeber die Bestimmung der »Tragweite« der Koalitionsfreiheit überlassen wollte.

**115** Soweit der Gesetzgeber von dieser ihm gerichtlich zuerkannten Regelungsbefugnis keinen Gebrauch gemacht hat, wie z.B. bei der gewerkschaftseigenen Mitgliederwerbung am Arbeitsplatz, definierte das Bundesverfassungsgericht den geschützten **»Kernbereich«** selbst mit Hilfe des **Unerlässlichkeitskriteriums**: »Art. 9 Abs. 3 GG verbürgt verfassungskräftig gewerkschaftliche Betätigung je-

---

302 BVerfG 1.3.1979, E 50, 290, 368; vgl. auch BVerfG 4.7.1995 (1 BvF 2/86), E 92, 365, 394.

303 BVerfG 18.11.1954, E 4, 96, 106, 108; BVerfG 14.4.1964, E 17, 319, 333f.; BVerfG 6.5.1964, E 18, 18, 27; BVerfG 30.11.1965, E 19, 303, 321f.; BVerfG 26.5.1970, E 28, 295, 304; BVerfG 18.12.1974, E 38, 281, 305; BVerfG 19.2.1975, E 38, 386, 393; BVerfG 1.3.1979, E 50, 290, 368.

304 Tatsächlich wird unter »Wesensgehalt« ausdrücklich ein »absoluter Kernbereich« – so *Maunz*, in: Maunz/Dürig, Art. 19 Rn. 6 – oder der »Wesenskern« – so *v. Mangoldt/Klein/Stark*, Art. 19 Anm. V4d, 559 – des jeweiligen Grundrechts verstanden.

denfalls nur insoweit, als diese für die Erhaltung und Sicherung der Existenz der Koalition als unerlässlich betrachtet werden muss«.[305] Das Bundesarbeitsgericht ist dieser **extrem restriktiven Auslegung der Koalitionsfreiheit** in seinen Entscheidungen über die betriebliche Verteilung von **Gewerkschaftszeitungen**[306], die betriebliche **Vertrauensleutewahl**[307] die **Schutzhelm-Aufkleber**[308] und über die Verteilung von **Werbematerial**[309] gefolgt. Diese Auffassung ist jedoch unvereinbar mit dem Wortlaut sowie mit der systematischen Stellung und der historischen Bedeutung des Koalitionsgrundrechts.[310] Nachdem bereits im Text des Art. 9 Abs. 3 GG ein so genannter Schrankenvorbehalt fehlt, hatte die Rechtsprechung den Schutzbereich der Koalitionsfreiheit nunmehr teilweise auf den **»Wesensgehalt« des Art. 19 Abs. 2 GG** zurückgeschnitten, obwohl die Wesensgehaltsgarantie nur einen letzten uneinschränkbaren Grundbestand solcher Rechte garantieren soll, die von der Verfassung schon von vornherein als gesetzlich einschränkbar gewährt, d.h. schwächer als die Koalitionsfreiheit geschützt worden sind. Trotz aller Schwierigkeiten, den schwer fassbaren Begriff des »Wesensgehalts« in Art. 19 Abs. 2 GG näher zu umschreiben[311], geht die h.M. doch davon aus, dass es sich hier um ein absolut uneinschränkbares Minimum verfassungsfester Kernsubstanz solcher Grundrechte handelt, die an sich gesetzgeberischen Beschränkungen unterliegen (so genannte absolute Theorie[312]). Diese Kernsubstanz schütze den Grundrechtsträger davor, durch faktischen Grundrechtsentzug zum Objekt staatlichen Geschehens zu werden.[313] Auch nach der vorgesehenen Schrankenziehung müsse also jedenfalls so viel Freiheit übrig bleiben, dass das grundrechtlich geschützte Interesse noch irgendwie selbständig wahrgenommen werden kann.[314] Nachdem Bundesverfassungsgericht und Bundesarbeitsgericht die von Art. 9 Abs. 3 GG geschützten kollektiven Betätigungen auf das für die Erhaltung und die Existenz der Koalition unerlässliche Maß reduziert hatten, deckte diese Vorschrift also eben noch den innersten »Wesensgehalt« der Koalitionsfreiheit. Das eigentlich uneinschränkbar normierte Grundrecht bliebe damit von vornherein auf seinen »Wesensgehalt« (= »Kernbereich«) beschränkt, so dass sein Schutzbereich entgegen dem Wortlaut und der Systematik des Grundgesetzes erheblich enger wäre als eines mit ausdrücklichem Gesetzesvorbehalt versehenen Grundrechts.[315]

305 BVerfG 17.2.1981, E 57, 220, 246; ebenso schon BVerfG 14.4.1964, E 17, 319, 333f.; BVerfG 26.5.1970, E 28, 295, 304; BVerfG 18.12.1974, E 38, 281, 305.
306 BAG 23.2.1979, AP Nr.29 zu Art. 9 GG.
307 BAG 8.12.1978, AP Nr.28 zu Art. 9 GG.
308 BAG 23.2.1979, AP Nr.30 zu Art. 9 GG.
309 BAG 23.9.1986, AP Nr.45 zu Art. 9 GG.
310 Zur Widersprüchlichkeit in der Entwicklung dieser Rechtsprechung vgl. *Zachert*, AuR 1979, 365.
311 Vgl. dazu *Maunz*, in: Maunz/Dürig, Art. 19 Rn. 1ff.
312 Z.B. BVerfG 10.6.1963, E 16, 194, 201; BVerfG 18.7.1967, E 22, 180, 219; *v. Mangoldt/Klein/Stark*, Art. 19 Anm. V4d; *Stein/Frank*, Staatsrecht, § 30 VI, 244f.
313 *Dürig*, AöR 81 (1956), 117ff.
314 *Stein/Frank*, Staatsrecht, § 30 VI, 245.
315 Kritisch hierzu vor allem *Gester/Kittner*, 167ff. und *Kittner*, Anm. zu BVerfG 18.12.1974, E 38, 281, sowie *ders.*, GMH 1979, 334ff.; AK-GG-*Kittner*, Art. 9 Abs. 3 Rn. 32ff., 36; *Herschel*, AuR 1981, 265; wie das Bundesverfassungsgericht dagegen insbesondere *Konzen*, 27ff.

### d) Die verfassungsunmittelbaren Schranken der Koalitionsfreiheit

**116** Der Sinn des Art. 9 Abs. 3 GG wäre ins Gegenteil verkehrt, wollte man die Selbstgestaltung der betroffenen Interessen unter den staatlichen Genehmigungsvorbehalt der existentiellen »Unerlässlichkeit« bestimmter Aktionen stellen. Vielmehr dürfen dem Betätigungsrecht der Koalitionen im Rahmen der Arbeits- und Wirtschaftsbedingungen »nur solche Schranken gezogen werden, die zum Schutz anderer Rechtsgüter von der Sache her geboten sind. Regelungen, die nicht in dieser Weise gerechtfertigt sind, tasten den durch Art. 9 Abs. 3 geschützten Kerngehalt der Koalitionsbetätigung an«.[316] Da Art. 9 Abs. 3 GG außerdem keinen Gesetzesvorbehalt kennt, können sich jene **schrankenziehenden »anderen Rechtsgüter« aber nur aus dem Verfassungsrecht selbst** ergeben. Wenn es nun schon nach Art. 19 Abs. 1 Satz 2 GG stets einer ausdrücklichen Erwähnung des eingeschränkten Grundrechts im Schrankengesetz bedarf, dann wird man erst recht bei Eingrenzungen der Koalitionsfreiheit jeweils den Nachweis des entsprechenden grenzziehenden Verfassungsrechtsguts verlangen müssen. Diese Nachweispflicht gilt nicht nur für den »ausgestaltenden« Gesetzgeber, sondern für alle staatlichen Maßnahmen einschließlich richterlicher Entscheidungen. Wollte man nur noch die existentiell »unerlässlichen« Koalitionsaktivitäten schützen[317], dann wäre der (durch den fehlenden Gesetzesvorbehalt ausgedrückte) besondere Schutz der Koalitionsfreiheit mehr als wertlos. Er würde sich im Gegenteil nämlich als eine zusätzliche Belastung des Grundrechts in Form fast beliebiger staatlicher Eingriffsmöglichkeiten erweisen.

**117** Zu den herkömmlichen Mitteln, mit denen die Koalitionskompetenz wahrgenommen wird, gehört der Abschluss von Tarifverträgen, also die Tarifautonomie, welche im Tarifvertragsgesetz näher ausgestaltet worden ist. Wollte man nun die **existentielle Unerlässlichkeit** der jeweiligen Koalitionsaktivitäten wirklich zur **äußersten Grundrechtsgrenze** machen, so fiele auch die **Tarifautonomie** möglicherweise nicht mehr unter Art. 9 Abs. 3 GG, denn die Gewerkschaften existierten schon im 19. Jahrhundert als Organisationen, obwohl Tarifverträge und das hiermit untrennbar verbundene Streikrecht damals weithin als unzulässig angesehen worden waren. Da sie also anscheinend nicht existenznotwendig sind, bestünden sie auch heute nur auf unterverfassungsrechtlicher Grundlage. Beides gehört indessen selbst nach der Rechtsprechung des Bundesverfassungsgerichts[318] und des Bundesarbeitsgerichts[319] zur »spezifisch koalitionsmäßigen Betätigung« mit dem Zweck der Wahrung und Förderung der Arbeits- und Wirtschaftsbedingungen. Neben anderen Verfassungsgütern kann also nur dieser – allein verfassungstextlich gesicherte – Zweck den Grund und die Grenze auch der Tarifautonomie bilden. Seine praktische Ausübung durch den Abschluss von **Tarifverträgen** darf deshalb prinzipiell **nicht** einer **gesetzlichen Korrektur-Kompetenz** unterliegen bleiben, denn damit wäre die Koalitionsfreiheit wiederum unzulässigerweise unter Gesetzesvorbehalt gestellt.

---

316 BVerfG 30.11.1965, E 19, 303, 321f.; BVerfG 26.5.1970, E 28, 295, 306; BVerfG 1.3.1979, E 50, 290, 369.

317 So offenbar BVerfG 17.2.1981, E 57, 220, BAG 8.12.1978 und 23.2.1979, AP Nr. 28, 29, und 30 zu Art. 9 GG.

318 Vgl. z.B. BVerfG 1.3.1979, E 50, 290, 367; BVerfG 26.6.1991, E 84, 212, 224.

319 BAG 10.6.1980, AP Nr. 64 zu Art. 9 GG Arbeitskampf (mit Anm. von *Rüthers*, EzA Nr. 36 zu Art. 9 GG Arbeitskampf).

Es läge dann nahe, aus dem **fehlenden Gesetzesvorbehalt** in Art. 9 Abs. 3 GG auf ein Verbot jeder staatlichen Bestimmung über Inhalt und Reichweite der Koalitionsautonomie zu schließen. Tatsächlich wird hinsichtlich der ebenfalls vorbehaltlos gewährten **Kunst- und Wissenschaftsfreiheit** (Art. 5 Abs. 3 GG) teilweise ein solches staatliches Definitionsverbot der Normbereiche »Kunst« und »Wissenschaft« angenommen, auf jeden Fall aber wird jedes staatliche »Kunst- bzw. Wissenschaftsrichtertum« abgelehnt.[320] Ebenso wie in Art. 5 Abs. 3 GG insbesondere der selbständige Entstehungsprozess eines künstlerischen oder wissenschaftlichen Werks geschützt ist, wird in Art. 9 Abs. 3 GG die Selbständigkeit des Prozesses der Wahrung und Förderung der Arbeits- und Wirtschaftsbedingungen durch Koalitionen, also deren **autonomes Verfahren mit seinen tariflichen Ergebnissen**, geschützt.[321] Wenn man dem Staat die Kompetenz zur normativen Festlegung von Inhalt, Zweck und Ausmaß der Koalitionsautonomie einräumen wollte, so würde die mit einer solchen Kompetenz-Kompetenz verbundene Definitionshoheit das Selbstbestimmungsrecht zwangsläufig durch staatliche Fremdbestimmung ersetzen, d.h. verstaatlichen. Andererseits kann der **Grundrechtsschutz des Art. 9 Abs. 3 GG** aber ebenso wenig wie jede andere Grundrechtsposition unendlich weit gezogen sein, weil ein Grundrecht überhaupt nur in einer geordneten (d.h. in unserer Situation: grundgesetzlich verfassten) Gesellschaft denkbar ist und deshalb auch nur von entsprechend **begrenzter Reichweite** sein kann.[322] Der Unterschied zwischen dem vorbehaltlos garantierten und den mit einem Gesetzesvorbehalt versehenen Grundrechten besteht dann lediglich darin, dass ihre konkrete Reichweite im zweiten Fall vom demokratischen Gesetzgeber bestimmt wird, während im ersten Fall – also auch bei der Koalitionsfreiheit – allein die Verfassung selbst (bzw. der verfassungsändernde Gesetzgeber) Grenzen setzen kann. 118

### e) Neue Tendenzen des Bundesverfassungsgerichts bei der Grenzziehung der Koalitionsfreiheit

In seiner neueren Rechtsprechung hat das Bundesverfassungsgericht begonnen, die grundrechtsdogmatischen Unklarheiten bei der Grenzziehung der Koalitionsfreiheit schrittweise (im Sinne der auch hier geäußerten Kritik) zu klären.[323] Zunächst wird jetzt deutlicher zwischen der grundrechtseffektivierenden und schützenden Ausgestaltung sowie den grundrechtsbegrenzenden Einschränkungen der Koalitionsfreiheit unterschieden. Anders als früher werden die **Grundrechtseinschränkungen** nicht länger ganz allgemein »zum Schutz anderer Rechtsgüter« ins Ermessen des Gesetzgebers gestellt.[324] Vielmehr werden sie treffend tendenziell nur **»durch Grundrechte Dritter und andere mit Verfassungsrang ausgestattete Rechte** gerechtfertigt«.[325] Auch diese Grenzziehung erscheint jedoch viel zu allgemein für ein Grundrecht, das nicht unter Gesetzes- 119

320 Vgl. dazu *Scholz*, in: Maunz/Dürig, Art. 5 Abs. 3 Rn. 25, 38, 88, 117, mit weiteren Nachweisen.

321 Vgl. AK-GG-*Kittner/Schiek*, Art. 9 Abs. 3 Rn. 81, 93.

322 Vgl. *Ridder*, Soziale Ordnung, 49, 78; *ders.*, Leviathan 1977, 506 f.; *Berghäuser*, 128 ff.

323 BVerfG 3.4.2001 (1 BvL 32/97), E 103, 293, 306; BVerfG 24.6.1996 (1 BvR 712/86), E 94, 268, 284; BVerfG 26.6.1991, E 84, 212; BVerfG 2.3.1993, E 88, 103.

324 So noch BVerfG 1.3.1979, E 50, 290, 369.

325 BVerfG 3.4.2001 (1 BvL 32/97), E 103, 293, 306; BVerfG 24.6.1996 (1 BvR 712/86, E 94, 268, 284; BVerfG 26.6.1991, E 84, 212, 228; BVerfG 10.1.1995, E 92, 26, 41; anders wieder BVerfG 27.4.1999 (1 BvR 2203/93 und 897/95), E 100, 271, 283: »Gemeinwohlbelange«.

vorbehalt steht. Es stünde deshalb vor allem exekutivischen und justiziellen Einschränkungen offen, wenn man z.B. das gesamtwirtschaftliche Gleichgewicht (Art. 104a Abs. 1 Satz 1; Art. 109 Abs. 2 und 4; Art. 115 Abs. 1 Satz 2 GG) oder das Sozialstaatsprinzip (Art. 20 Abs. 1; Art. 28 Abs. 1 GG) ganz generell als verfassungsunmittelbare »verhältnismäßige« Eingriffsermächtigungen betrachtete.[326]

**120** Bei der Koalitionsfreiheit unterschied das **Bundesverfassungsgericht** zunächst weiterhin zwischen einem »**Kernbereich**«, welcher »unantastbar«, also der rechtlichen »Ausgestaltung« bedürftig sei, und einem weiterreichenden Gesamtnormbereich.[327] Auch dieser ist gesetzesvorbehaltlos gewährleistet und deshalb nur durch andere Grundrechte und Verfassungswerte begrenzbar. Zwar wurde nunmehr jede Definition des Kernbereichs[328] vorsichtig vermieden[329], doch ist dazu in der **Aussperrungsentscheidung** die Tarifautonomie und die von ihr verfahrensmäßig vorausgesetzte »Verhandlungsfähigkeit beider sozialer Gegenspieler« gezählt worden, zu denen die Streikfreiheit und die (streikabhängige) Abwehraussperrung gehören.[330]

**121** In seiner Entscheidung zur **Mitgliederwerbung** hat der Erste Senat den Begriff des »Kernbereichs« dann – allerdings nur zur »Klarstellung«, d.h. unter inhaltlicher Bestätigung der früheren Entscheidungen – aufgegeben.[331] Bei dem Problem der Mitgliederwerbung für eine Gewerkschaft handelt es sich nicht um die »Ausgestaltung« der Koalitionsfreiheit, sondern um die mögliche Beschränkung durch ein Anderes Arbeitgebergrundrecht (hier Art. 12, 14 GG). Dem Beschluss zu Folge beschränkt sich der Grundrechtsschutz des Art. 9 Abs. 3 GG nicht auf die für die Koalitionsexistenz »unerlässlichen« Aktivitäten, sondern »auf alle Verhaltensweisen, die koalitionsspezifisch sind«. Mit der Kernbereichsformel habe man nur den inneren Sektor des Grundrechts umschrieben, welcher auch keiner gesetzlichen Ausgestaltung mehr zugänglich sei, während die gesamte Garantie der Koalitionsfreiheit weiter reiche.[332] Der unantastbare grundrechtskonstituierende (Kern-)Bereich betrifft dann mindestens die freie Bildung und Willensbildung der Koalitionen (gegnerfrei, überbetrieblich organisiert, unabhängig, tariffähig), weil ohne ihr Tätigwerden eine Wahrung und Förderung der Arbeits- und Wirtschaftsbedingungen durch autonomes Handeln der Mitglieder funktionell nicht möglich wäre.[333] Allgemein dürfte das alle essentiellen Verfahrensstrukturen und Garantien für eine effektive koalitionsförmige Selbstregelung des grundrechtlichen Freiheitsraums unter den wechselnden Bedingungen der allgemeinen (nationalen wie supra- und internationalen) Arbeits-, Wirtschafts- und Sozialpolitik einschließen. Alle diejenigen staatlichen Vorkehrungen, die notwendig sind, um die grundrechtlich garantierte Freiheit in aktivautonome Gestaltung der Arbeits- und Wirtschaftsbedingungen nach Art. 9 Abs. 3 GG instrumentell umsetzen zu können, müssen sich strikt auf die »instrumentelle Ausgestaltung« des Grundrechts beschränken, dürfen es aber nicht ein-

---

326 So *Butzer*, RdA 1994, 381f., zurückhaltend dagegen *Zachert*, NZA 1994, 534; ErfK/*Dietrich*, Art. 9 GG Rn. 86.
327 BVerfG 26.6.1991, E 84, 212, 228.
328 Etwa anhand des Unerläßlichkeitskriteriums aus BVerfG 17.2.1981, E 57, 220.
329 Vgl. *Kühling*, AuR 1994, 131; *Zachert*, NZA 1994, 532.
330 BVerfG 21.6.1991, E 84, 212, 228; BVerfG 2.3.1993, E 88, 103, 115.
331 BVerfG 14.11.1995, E 93, 352, 359f.
332 BVerfG 14.11.1995, E 93, 352, 359f.
333 BVerfG 1.3.1979, E 55, 290, 369; *Kühling*, AuR 1994, 132.

schnüren oder gar einschränken. Insgesamt verdeutlicht der Mitgliederwerbungs-Beschluss, dass es bei der »Ausgestaltung« des Grundrechts um die **Binnenstruktur** der Koalitionsfreiheit, bei der allgemeinen Schrankenziehung dagegen um ihre **Außengrenzen** (gegenüber anderen Grundrechten) geht.

In dem Beschluss vom 24. April 1996[334] zum Gesetz über befristete Arbeitsverträge mit wissenschaftlichem Personal an Hochschulen und Forschungseinrichtungen vom 14. Juni 1985[335] (**Hochschulbefristungsgesetz**) ging es wieder ausschließlich um die **Außenschranken** der Koalitionsfreiheit, d.h. um die Abgrenzung gegenüber anderen Grundrechten (hier Art. 5 Abs. 3 GG). Dabei hat das Bundesverfassungsgericht seinen Verzicht auf das »Kernbereichskriterium«[336] zwar ausdrücklich wiederholt, den mit diesem Begriff faktisch eingeführten Gesetzesvorbehalt jedoch auf dem Weg über das Verhältnismäßigkeitsprinzip wieder eingeführt und potentiell sogar verstärkt. Jetzt soll die Koalitionsfreiheit nicht nur unmittelbar verfassungsrechtlich durch Grundrechte Dritter und durch andere Verfassungswerte begrenzt sein, sondern es sollen jene Drittgrundrechte als »objektive Wertentscheidungen« ganz allgemein (und nicht nur soweit sie mit ausdrücklichen Schutzgeboten versehen sind) eigenständig mittelbare Gesetzgebungsermächtigungen (für Bund und Länder, vgl. Art. 74 Abs. 1 Nr. 12 GG) hervorbringen. Diese sollen (nach Maßgabe des Verhältnismäßigkeitsprinzips) geltende und künftige (!) Tarifregelungen desselben Grundrechtsbereichs gerade auch dann verdrängen können, wenn die Tarifbestimmungen als solche nicht grundrechtswidrig sind: Das **grundrechtskonforme Gesetz verdrängt angeblich den ebenfalls grundrechtskonformen Tarifvertrag**, wenn es verhältnismäßig ist. 122

Nach Auffassung des Gerichts dienten die gesetzlichen Hochschulbefristungsregelungen der **Wissenschaftsfreiheit** des Art. 5 Abs. 3 GG und nehmen deshalb an der »objektiven Wertentscheidung« dieses Grundrechts teil.[337] Allerdings galt das ebenso für die (nur inhaltlich abweichenden) Tarifregelungen (BAT Sr 2y). Dennoch verdrängt das Gesetz den Tarifvertrag nach dem **Maßstab der Verhältnismäßigkeit** unter zwei Voraussetzungen: Zum einen müsse der (grundrechtsregelnde) Gesetzgeber den Tarifverträgen der Koalitionen nur auf deren zentralen Tätigkeitsfeldern insbesondere der »Löhne und der anderen materiellen Arbeitsbedingungen« weichen. Zum anderen könnten sich die Tarifvertragsparteien allein dann durchsetzen, wenn sie im konkreten Fall von dieser Regelungsmacht bereits Gebrauch gemacht hätten, d.h. es müsse schon ein entsprechender Tarifvertrag existieren oder mindestens »üblich« sein.[338] Je zentraler das hergebracht-klassische Feld der Tarifpolitik betroffen sei und je intensiv die Tarifvertragsparteien bereits tariflich gehandelt hätten (z.B. durch einschlägige Tarifabschlüsse), desto stärker sei die Koalitionsfreiheit vom (ebenfalls zuständigen) Gesetzgeber zu respektieren.[339] Beim **Hochschulbefristungsgesetz** sei es aber nicht um einen solchen zentralen Tarifgegenstand gegangen, so dass arbeitsrechtlichen Regelungen des Gesetzgebers im Bereich der Wissenschaftsorganisation Vorrang gehabt hätten. 123

334 BVerfG 24.4.1996 (1 BvR 712/86), E 94, 268.
335 Hochschulfristvertragsgesetz (HFVG) vom 14.6.1985, BGBl. I, 1065.
336 BVerfG 14.11.1995, E 93, 352.
337 BVerfG 24.4.1996 (1 BvR 712/86), E 94, 268, 285.
338 BVerfG 24.4.1996 (1 BvR 712/86), E 94, 268, 285.
339 Vgl. ErfK/*Dieterich*, Art. 9 GG Rn. 85.

124 Nach dem **Hochschulbefristungsgesetz** ist die grundrechtliche »Wirkkraft« der Tarifautonomie dann nur noch in dem Bereich der »Festsetzung der Löhne und der anderen Arbeitsbedingungen« nach Maßgabe des Verhältnismäßigkeitsprinzips gestützt.[340] Damit wäre sie also nunmehr unter den (wie das einschlägige Sondervotum von *Kühling* zeigt) nahezu unbegrenzten Vorbehalt verhältnismäßiger Gesetze gestellt, sobald ein Tarifvertrag irgendwelche grundrechtlichen Handlungsfelder regelt.[341] Da dies fast immer gegeben ist, weil zumindest die Berufsfreiheit auch der jeweiligen Tarif-Außenseiter zwangsläufig stets tangiert sein wird (und sein soll), verunsichert diese Auffassung die koalitionsgrundrechtliche Tarifautonomie mindestens ebenso stark wie die gleichzeitig explizit verabschiedete Kernbereichslehre.

125 Die mit dem Hochschulbefristungs-Beschluss vom 24. April 1996 eingeleitete verfassungsrechtliche **Relativierung der Koalitionsfreiheit**, welche Art. 9 Abs. 3 GG tendenziell unter einem nicht vorgesehenen Gesetzesvorbehalt stellt (vgl. vorige Rn.), ist in den Entscheidungen des Bundesverfassungsgerichts zur **Lohnabstandsklausel**[342] und zur **Anrechnung von Tarifurlaub auf Kuren** durch das Arbeitsrechtliche Beschäftigungsförderungsgesetz vom 25. September 1996[343] nochmals ausgeweitet worden. Danach sind Beeinträchtigungen der Tarifautonomie verfassungsgemäß, wenn der Gesetzgeber mit ihnen den »Schutz der Grundrechte Dritter oder anderer mit Verfassungsrang ausgestatteter Belange« nur »**bezweckt**« und wenn sie den Grundsatz der Verhältnismäßigkeit wahren.[344] Konkret ging es um beschäftigungspolitisch motivierte Eingriffe in die Tarifautonomie: Zunächst um gesetzliche Regelungen, die befristet Zuschüsse für Arbeitsbeschaffungsmaßnahmen an die Vereinbarung von untertariflichen Entgelten knüpfen (**Lohnabstandsklauseln**), sodann um die Anrechnung tariflicher Erholungsurlaubstage auf gesetzliche Kuren nach § 10 Abs. 1 Satz 1 BUrlG.[345] In beiden Fällen soll das **Sozialstaatsprinzip** als ein mit Verfassungsrang ausgestatteter »Gemeinwohlbelang« den Arbeitsrechts-Gesetzgeber (Art. 74 Abs. 1 Nr. 12 GG) auch grundrechtlich legitimieren. Seine beschäftigungspolitischen Absichten bezweckten es nämlich, Arbeitslosen Beschäftigung zu verschaffen und damit ihre Menschenwürde (Art. 1 Abs. 1 GG), ihre Persönlichkeit (Art. 2 Abs. 1 GG) und ihre Berufsfreiheit (Art. 12 Abs. 1 Satz 1 GG) zu realisieren.[346] In beiden Fällen wurde aber in den zentralen tariflichen Reglungsbereich der Löhne und der anderen materiellen Arbeitsbedingungen (hier Entgelt und Urlaub) eingegriffen, der noch nach dem Hochschulbefristungs-Beschluss gesetzesfest bleiben sollte.[347] Jetzt verhilft aber das auf die »**Zumutbarkeit**« verengte **Verhältnismäßigkeitsprinzip** dem Gesetzgeber zum Vorrang sogar gegen der schon **tarifvertraglich ausgeübten** Tarifautonomie (tarifliche Urlaubs- und Entgeltregelungen): Bei den Arbeitsbeschaffungsmaßnahmen (Lohnabstandsklausel) sei eine tarifliche Entgeltregelung ohnehin nicht streikweise durchsetzbar[348],

---

340 BVerfG 24.4.1996 (1 BvR 712/86), E 94, 268, 285, 287, 394ff.
341 *Kempen*, AuR 1996, 341.
342 BVerfG 27.4.1999 (1 BvR 2203/93 und 897/95), E 100, 271.
343 BGBl. I, 1476; dazu BVerfG 3.4.2001 (1 BvL 32/97), E 103, 293.
344 BVerfG 3.4.2001 (1 BvL 32/97), E 103, 293, 306.
345 In der Fassung vom 25.9.1996.
346 BVerfG 27.4.1999 (1 BvR 2203/93 und 897/95), E 100, 271, 283f.; BVerfG 3.4.2001 (1 BvL 32/97), E 103, 293, 307.
347 BVerfG 24.4.1996 (1 BvR 712/86), E 94, 268, 285.
348 BVerfG 27.4.1999 (1 BvR 2203/93 und 897/95), E 100, 271, 287.

und die gesetzliche Beseitigung von Tarifurlaubsansprüchen habe nur wenige Arbeitnehmer konkret betroffen.[349] Beides sind freilich zeitlich nachträgliche Feststellungen, während es bei der Koalitionsfreiheit um den Schutz der Handlungsmöglichkeiten der Tarifvertragsparteien, also um ihre aktuelle **Einschätzungsprärogative** geht, die vor anderen Einschätzungen und Entscheidungen des Gesetzgebers geschützt sein soll.[350] Die Tarifautonomie ist durch diese Rechtsprechung damit **grundrechtswidrig zur Disposition** der beschäftigungspolitischen **Gesetzgebung** gestellt worden.

### f) Kritik der Rechtsprechung

Die Rechtsprechung des Bundesverfassungsgerichts zur tendenziellen Verdrängung der ausgeübten Tarifautonomie durch den sozialstaatlich-beschäftigungspolitisch motivierten Gesetzgeber entspricht einer sehr umstrittenen allgemeinen **Entgrenzung des Sozialstaats**, die das Gericht zu Lasten der Grundrechts vorantreibt.[351] Es bedient sich dabei eines durch generelle Grundrechts-Schutzpflichten aufgeladenen allgemeinen Sozialstaatsprinzips, welches die anderen Grundrechte gesetzlich einzuschränken erlaube. Ohne Rücksicht auf den verfassungsrechtlich begrenzten Normbereich der Grundrechte wird dem sozialstaatlich argumentierten Gesetzgeber ein Gemeinwohl-Definitionsrecht und eine Normsetzungsprärogative[352] zugestanden, die ihm »nahezu voraussetzungslose Eingriffe« in die Freiheitsrechte erlauben.[353] **126**

Gleichgültig wie man zur verfassungsrechtlichen Entgrenzung des Sozialstaats stehen mag, im **Verhältnis von Tarifautonomie und gesetzlicher Beschäftigungspolitik** ist sie rechtlich nicht vertretbar. Zwar wird behauptet, es läge »in der Konsequenz dieses Ansatzes ..., dass der Gesetzgeber die Einschätzungspräferenz gegenüber den Tarifvertragsparteien in Anspruch nehmen darf, wenn deren Einschätzung und seine eigene über die Eignung von Regelungen für die Beschäftigungsforderung divergieren«. Art. 9 Abs. 3 GG sichere insoweit nicht den Tarifvertragsparteien »die Vorfahrt«.[354] Zwar wird dieser gesetzliche Vorrang mit dem Grundrecht auf Menschenwürde begründet, dem staatliche Beschäftigungsmaßnahmen zu Gunsten arbeitsloser Menschen dienten.[355] Auch gilt für die Menschenwürde ein ausdrückliches Schutzgebot (Art. 1 Abs. 1 Satz 2 GG). Gerade die Koalitionsfreiheit ist nach Art. 9 Abs. 3 Satz 2 GG aber gleichermaßen ausdrücklich unter staatlichen Schutz gestellt, indem dort alle (staatlichen) Maßnahmen, die darauf gerichtet sind, dieses Recht einzuschränken oder zu behindern, für »rechtswidrig« erklärt werden.[356] Die Koalitionsfreiheit verleiht den Tarifvertragsparteien zwar kein Normsetzungsmonopol, wohl aber ein **grundrechtliches** Normsetzungsrecht. Die damit entstehende konkurrierende Kompetenz gegenüber der legislativen Zuständigkeit aus Art. 74 Abs. 1 Nr. 12 GG muss folglich **allein nach Art. 1 Abs. 3 GG aufgelöst werden**. **127**

---

349 BVerfG 3.4.2001 (1 BvL 32/97), E 103, 293, 309.
350 ErfK/*Dieterich*, Art. 9 GG Rn. 86; *ders.*, AuR 2001, 390ff.; a.A. *Steiner*, NZA 2005, 660.
351 Vgl. *Steiner*, NZA 2005, 660ff. einerseits und *Enders*, VVDStRL 64 (2005), 27ff., andererseits.
352 Vgl. *Steiner*, NZA 2005, 661.
353 Vgl. *Enders*, VVDStRL 64 (2005), 29, 52.
354 *Steiner*, NZA 2005, 661.
355 *Steiner*, NZA 2005, 660.
356 *Kempen*, FS Gitter, 427ff.; *Bauer*, in: Dreier, Art. 9 GG Rn. 96.

128 Die in Art. 1 Abs. 3 GG festgelegte Bindung des Gesetzgebers an die Grundrechte, d.h. auch an Art. 9 Abs. 3 GG, führt zu einem **prinzipiellen Vorrang tariflicher Regelungen** (tarifliche Normsetzungsprärogative). Nur wenn die tariflichen Normen als solche ihrerseits gegen andere Grundrechte Dritter verstoßen, sind sie verfassungswidrig und unwirksam. Tatsächlich hat das Bundesverfassungsgericht weder in der Entscheidung zur Hochschulbefristung[357] noch zur Lohnabstandsklausel[358] und zur Tarifurlaubsanrechnung[359] festgestellt, dass eine Tarifregelungen grundrechtswidrig gewesen wäre. Auch waren die abweichenden gesetzlichen Regelungen weder durch die Menschenwürde noch durch die Berufsausübungsfreiheit (Art. 12 Abs. 1 GG) der Arbeitslosen rechtlich geboten, sondern bemühten lediglich auf abweichenden arbeitsmarktpolitischen Annahmen des Gesetzgebers. Im Bereich der den Koalitionen zur eigenständigen Regelung überlassenen Arbeits- und Wirtschaftsbedingungen des Art. 9 Abs. 3 Satz 1 GG haben gesetzgeberische Aktivitäten aber hinter die Tarifautonomie zurückzutreten.[360] Andernfalls wäre die Koalitionsfreiheit entgegen dem klaren Wortlaut des Art. 9 Abs. 3 GG unter Gesetzesvorbehalt gestellt. Dagegen spricht auch das **Subsidiaritätsprinzip** des Art. 23 Abs. 1 Satz 1 GG.[361] Zulässig und vielfach auch notwendig können dagegen gesetzliche Regelungen für die koalitionsförmig nicht gebundenen Arbeitsverhältnisse (Außenseiter) sein. Sie werden dabei nicht selten zugleich die tariflichen Rechtsverhältnisse (indirekt) beeinflussen. Ihre Zulässigkeit bestimmt sich dann unter Abwägung der einschlägigen Grundrechte der **Außenseiter** nach Maßgabe des Verhältnismäßigkeitsprinzips entsprechend dem im Hochschulbefristungs-Beschluss entwickelten Schema.[362]

### g) Der geschichtliche Besitz- und Programmbestand der Koalitionen als Schutzgut der Tarifautonomie

129 Der traditionelle Doppelbegriff **»Wahrung und Förderung der Arbeits- und Wirtschaftsbedingungen«** zieht wesentlich konkretere Linien für Koalitions- und Tarifautonomie, als dies sein Wortlaut vermuten lässt. Da es sich um eine Kompetenzabgrenzung handelt, trägt er von Anfang an, d.h. seit 1919, als er in Art. 159 WRV aufgenommen wurde, eher **deskriptiven**, d.h. tätigkeitsbeschreibenden, als normativen, d.h. tätigkeitsregelnden **Charakter**. Sowohl 1919 wie 1949 findet der Verfassungsgeber allerdings Regelungen der Tarifautonomie in der Tarifvertragsordnung bzw. im Tarifvertragsgesetz vor. Auch diese Normen sind indessen überwiegend deskriptiv geprägt. Wie ein Blick auf die damalige Tarifpraxis zeigt, legalisieren diese Vorschriften nämlich die herkömmlichen Gegenstände tariflicher Regelungen, indem sie sie beschreiben. Diese Legalisierungen durch Bestandsaufnahme umfassen ferner die sonstigen selbstgewählten satzungsförmigen Zwecke und programmatischen Aktivitäten der damaligen Koalitionen. Insofern hat das Koalitionsgrundrecht 1919 und 1949 den jeweils erreichten historischen Besitz und Programmbestand speziell der Gewerkschaften

357 BVerfG 24.4.1996 (1 BvR 712/86), E 94, 268; dazu *Kempen*, AuR 1996, 341.
358 BVerfG 27.4.1999 (1 BvR 2203/93, 897/95), E 100, 271.
359 BVerfG 3.4.2001 (1 BvL 32/97), E 103, 293.
360 ErfK/*Dieterich*, Art. 9 GG Rn. 86; *ders.* AuR 2001, 390; *Höfling*, in: Sachs, Art. 9 GG Rn. 83 ff.; *Säcker/Oetker*, 30 ff., *Scholz*, in: Maunz/Dürig, Art. 9 GG Rn. 299 ff.; *Kempen*, AuR 1996, 341.
361 Vgl. *Kempen*, KritVJ 1994, 22 ff.; MünchArbR/*Löwisch/Rieble*, § 244 Rn. 69.
362 BVerfG 24.4.1996 (1 BvR 712/86), E 94, 268 ff.

als Mindestbestand verfassungsrechtlich garantieren sollen, wobei die Formulierungen des Tarifvertragsgesetzes insofern primär auf gewerkschaftlichen Entwürfen beruhen.[363] Der **Schutzbereich der Koalitionsfreiheit** ist insoweit **realtypisch vorgeprägt**.

Diese **Programmatik** umfasst dann vor allem die folgenden herkömmlichen Ziele und Verfahren, wobei die Reihenfolge keine rechtliche Rangfolge markiert: 130
Beschäftigungssicherung, Einkommenssicherung, Arbeitszeitverkürzung einschließlich ergänzender bildungs- und kulturpolitischer Aktivitäten, soziale Sicherung, »Humanisierung der Arbeit«, die insgesamt durch Sicherung und Stärkung der gewerkschaftlichen Organisation (z. B. über betriebliche Werbung, Vertrauensleutearbeit, Effektiv- und Differenzierungsklauseln) sowie durch eine allgemeine »Demokratisierung der Wirtschaft« (z. B. über Tarifverträge, Betriebs und Personalratsarbeit, Unternehmensmitbestimmung, Beteiligung an der öffentlichen Wirtschaftspolitik über Wirtschafts- und Sozialräte, Sozialisierung) erreicht werden sollen.[364] Damit ist die so genannte Verfassungswirklichkeit jedoch nicht etwa zur dauernden Rechtsquelle geworden.[365] Vielmehr sind bestimmte **historische Besitzstände 1949 realtypisch in Art. 9 Abs. 3 GG festgehalten** worden und normieren nunmehr nicht abstrakt, sondern in ihrer beispielhaften konkreten Erscheinungsform deskriptiv den Umfang und die Verfahrensgrundlagen koalitionsförmiger Selbstverantwortungsbereiche, in die der Gesetzgeber nicht eingreifen darf. Ändern sich nun die Rahmenbedingungen der allgemeinen Arbeits- und Wirtschaftsstrukturen gegenüber dem paradigmatischen Zustand von 1949, so muss sich das koalitionsförmige Verfahren ebenfalls entsprechend verändern, damit das Ausmaß der hierdurch im Interesse der Betroffenen grundrechtlich geschützten Beteiligung prinzipiell erhalten bleibt.[366] Die in einer solchen modellhaften Festschreibung des historisch Erreichten gleichzeitig beschlossene Konkretisierung des Art. 9 Abs. 3 GG wird demnach auch dem besonderen Charakter des koalitionsförmigen Autonomieprinzips im demokratischen Gesamtsystem gerecht. Da sie die Programmatik der Koalitionen im Zeitpunkt der Verfassungsgebung mit umfasst, ist sie über die historisch entwickelte Typik hinaus hinreichend flexibel und **zukunftsoffen**, um Weiterentwicklungen zu ermöglichen und eine Versteinerung der koalitionsmäßigen Betätigungsformen zu verhindern.

Mit Recht hat das **Bundesverfassungsgericht** bei der Auslegung des Art. 9 131
Abs. 3 GG und insbesondere des Doppelbegriffs der **Arbeits- und Wirtschaftsbedingungen** immer wieder auf die historische Entwicklung sowie die darin vorgeprägten typischen Aktionsfelder hingewiesen[367] und speziell in der Mitbestimmungsentscheidung die in jenem historischen Grundmodell liegende Zukunftsoffenheit bestätigt.[368] Dies entspricht auch dem Gesamtsystem einer Verfassung, die »wirtschaftspolitisch neutral« gehalten ist[369] und den staatlichen Instanzen auf Grund dieser Indifferenz weitgehende Ermessensfreiheit bei ihrer Wirtschaftspolitik zwischen »sozialer Marktwirtschaft« und Sozialisierung ein-

---

363 Vgl. *Nautz*, 69ff., 98ff., 113ff., 149ff.

364 Vgl. zur Praxis und Programmatik der Gewerkschaften: *Burkhard*, *Leminsky/Otto*.

365 In diese Richtung aber *H. Krüger*, 24ff.; kritisch dazu *Ritter*, DSt 1968, 352ff.

366 Vgl. auch *Däubler*, Grundrecht, 140ff.

367 Vgl. BVerfG 18.11.1954, E 4, 96, 102; BVerfG 6.5.1964, E 18, 18, 28f.; BVerfG 30.11.1965, E 19, 303, 319ff.; BVerfG 1.3.1979, E 50, 290, 367ff.

368 BVerfG 1.3.1979, E 50, 290, 371ff.; vgl. auch BAG 3.4.1990, AP Nr. 56 zu Art. 9 GG.

369 BVerfG 18.11.1954, E 4, 7, 17f.; BVerfG 1.3.1979, E 50, 290, 338.

räumt. Ordnet man diese Möglichkeiten staatlicher Wirtschaftslenkung auf einer Skala nach ihrer Eingriffs-Intensität so sind die traditionellen Strukturen der Koalitionsfreiheit und speziell der **Tarifautonomie** historisch jeweils unter weitgehend marktwirtschaftlichen Bedingungen bzw. **für weitgehend marktwirtschaftliche Systeme** entwickelt worden. Dies kann nun nicht dazu führen, dass aus Art. 9 Abs. 3 GG auf eine grundgesetzliche Verankerung der sozialen Marktwirtschaft geschlossen wird.[370] Gerade weil es keinen dauernden, von vornherein feststehenden absoluten Maßstab für die Regelung der ökonomischen Verhältnisse und damit auch die Regelung der Arbeits- und Wirtschaftsbedingungen kennt, hat das Grundgesetz hier nichts Inhaltliches normiert, sondern nur das koalitionsförmige Verfahren vorgesehen, das jeweils eine angemessene demokratische Mitbestimmung insbesondere der Arbeitnehmer an den sie unmittelbar betreffenden wirtschaftlichen und sozialen Verhältnissen sichern soll. Der Tarifautonomie kommt hierbei nach wie vor die zentrale, wenn auch durch andere, vor allem betriebliche Beteiligungsverfahren zunehmend ergänzte, Rolle zu.[371]

**132** Umfang und Grundstrukturen dieser partiellen Selbstbestimmung durch Beteiligung sind von Art. 9 Abs. 3 GG auf Grund realtypischer Vorprägungen garantiert. Ihre konkrete **Ausgestaltung**, etwa durch Schaffung der entsprechenden **Rechtsinstitute** (z.B. Tarifvertrags-, Betriebsverfassungs- und Mitbestimmungsgesetz) obliegt zwar dem Gesetzgeber. Er hat diese Ausgestaltung seiner jeweiligen Wirtschaftspolitik aber dahin gehend anzupassen, dass das **Ausmaß der durch die Koalitionsfreiheit gesicherten Mitbestimmung der Arbeitnehmer** ungeachtet aller – staatlich oder nichtstaatlich – eingeleiteten wirtschaftlichen und sozialen Strukturveränderungen stets mindestens dem Pegel von Einflussmöglichkeiten entspricht, welchen ihnen ihr historischer Besitz- und Programmbestand zur Zeit der Verfassungsgebung unter damaligen wirtschaftlichen Strukturen sichern konnte.[372]

**133** Historisch ist die Koalitionsautonomie von Anbeginn als gemeinsamer Prozess sozialer Selbstbestimmung von Arbeitnehmern und Arbeitgebern in Verfolgung ihrer unterschiedlichen Interessen konzipiert. Die relative wirtschaftliche Unabhängigkeit der Produktionsmitteleigentümer vom Staat war indessen schon über die Eigentumsgarantie und über die Gewerbefreiheit gewährleistet. Des halb bezweckt das Koalitionsrecht darüber hinaus vor allem eine verfahrensmäßig gesicherte Einflussnahme der **Arbeitnehmerseite** auf unternehmerische Entscheidungsbereiche sowie gegebenenfalls auf staatliche Maßnahmen, welche diese lenken bzw. ergänzen sollen. Der zwangsläufig damit verbundene relative Schutz arbeitnehmerbezogener Bereiche der Produktions- und Dienstleistungssphäre vor unmittelbaren staatlichen Eingriffen rechtfertigt sich – wie bereits betont (vgl. Grundl. Rn. 54ff.) – auf Grund der demokratischen Prozessstruktur der unterschiedlichen Mitwirkungsverfahren auf Arbeitnehmerseite. Die gebotene geschichtliche Sichtweise zeigt also, dass die Koalitionsfreiheit im Grunde eine **mitbestimmende Beteiligung der Arbeitnehmer an den sie in ihrem Erwerbsleben betreffenden sozialökonomischen Maßnahmen** bezweckt. Soweit solche

---

370 So aber *Leisner*, BB 1978, 100ff.

371 Vgl. dazu *Kempen*, AuR 1980, 195ff.

372 Dies trifft sich im Ergebnis mit dem Verständnis des Sozialstaatsprinzips als eines »Verbots des sozialen Rückschritts« bei *Ramm*, Arbeitskampf, 158; darf aber nicht als eine Veränderungs- und Reformsperre für das deutsche Sozialstaatsarrangement insgesamt ausgelegt werden, vgl. AK-GG-*Kittner/Schiek*, Art. 20 Abs. 1–3 V Rn. 25ff.

sozialökonomischen Maßnahmen unmittelbar den **Arbeitgebern** überlassen sind (wie z. B. die Verfügungsbefugnis über das Produktionsmitteleigentum nach Art. 14 Abs. 1 GG oder die Weisungsbefugnis im Arbeitsverhältnis nach § 611 BGB), richtet sich der Beteiligungsanspruch an diese. Soweit es um staatliche Kompetenzen hinsichtlich der Arbeits- und Wirtschaftsbedingungen geht, zielt er auf entsprechende **Mitwirkungsmöglichkeiten an der staatlichen Willensbildung**. Wird die Gewichtsverteilung zwischen staatlichem und privatem Sektor hinsichtlich solcher Einwirkungsmöglichkeiten auf die Arbeitsverhältnisse verändert, so ändern sich auch Adressat und Ausmaß koalitionsrechtlicher Beteiligungsansprüche entsprechend. Es trifft deshalb zu, wenn das Bundesverfassungsgericht betont, dass die Gewährleistung des Art. 9 Abs. 3 GG »auf sich wandelnde wirtschaftliche und soziale Bedingungen bezogen ist, die mehr als bei anderen Freiheitsrechten die Möglichkeit zu Modifikationen und Fortentwicklungen lassen müssen«.[373]

Die **konkreten Aktionsfelder und Verfahrensformen** der Koalitionsfreiheit richten sich daher nach der jeweiligen Ausformung des Wirtschafts- und Soziallebens.[374] Ungeachtet sich ändernder Wirtschaftsformen muss den Arbeitnehmern aber stets ein unverkürzter gesetzesfester Mindestbestand an Einflussmöglichkeiten erhalten bleiben. Wegen des Fehlens präziser Messinstrumente für soziale und politische Kräfteverschiebungen mag es gelegentlich schwierig sein, die jeweiligen Einflusschancen juristisch exakt zu messen, doch sind – abgesehen von zwangsläufigen Unschärfebereichen – deutliche Grenzziehungen möglich, sofern man sich nur des Art. 9 Abs. 3 GG als eines verfassungsfest garantierten Mit- und Selbstbestimmungsanspruchs bewusst ist. **134**

Die im Tarifvertragsgesetz näher geregelte **Tarifautonomie** steht herkömmlicherweise exemplarisch im Zentrum der Koalitionsfreiheit (vgl. die in Art. 165 Abs. 1 WRV enthaltene Garantie der Tarifautonomie), ist sie doch nicht nur das ursprüngliche und damit entwicklungsprägende, sondern auch nach wie vor das wichtigste Verfahren autonomer Gestaltung der Arbeits- und Wirtschaftsbedingungen. Berücksichtigt man die selbst- und mitbestimmungsschützende Funktion der Koalitionsfreiheit, so ergibt sich ihre prägende und programmierende Bedeutung gegenüber anderen Mitbestimmungsverfahren (betriebliche und unternehmerische Mitbestimmung) daraus, dass die Tarifautonomie die von der Gegenseite politisch und wirtschaftlich unabhängigste, d.h. insgesamt die am intensivsten selbst bestimmte Form der autonomen Gestaltung von Arbeits- und Wirtschaftsbedingungen darstellt. Unter koalitionsgrundrechtlichen Aspekten genießt die Tarifautonomie deshalb eine **funktionale Priorität gegenüber der Betriebsautonomie**[375] und nicht umgekehrt.[376] Nach der neueren Systematik des Bundesverfassungsgerichts zu Art. 9 Abs. 3 GG ist die Tarifautonomie (deshalb) **Teil des essentiellen, unantastbaren Zentralbereichs der Koalitionsfreiheit**, welchen der Gesetzgeber nur »ausgestalten«, nicht aber einschnüren darf.[377] Das vom Selbst- und Mitbestimmungsprinzip geprägte Verständnis der Koalitionsfreiheit gilt deshalb in besonderem Maße für die Grundstruktur und Grenzen der **135**

---

373 BVerfG 1.3.1979, E 50, 290, 368.

374 Ebenso *Säcker*, ArbRGgw 13 (1975), 36f.; *Weiss*, 297f.

375 *Kempen*, RdA 1994, 140; *Zachert*, JbArbR 41 (2004), 88ff., *ders.*, AuR 2004, 124ff.

376 So aber *Meik*, 71ff., 128, der die »Funktion« von Koalition nicht hinreichend auslotet; ähnlich *Reuter*, RdA 1994, 152.

377 Vgl. Grundl. Rn. 109f.; *Kühling*, AuR 1994, 132; *Kemper*, 137f.; *Farthmann/Coen*, Rn. 61ff.; *Scholz*, HdbStR, Bd. IV Rn. 101f.

Tarifautonomie wie für die Auslegung des Tarifvertragsgesetzes. Folgerichtig erklärt das Bundesverfassungsgericht, die Gewährleistung der Tarifautonomie sei »ganz allgemein«. Sie umfasse nicht »die besondere Ausprägung, die das Tarifvertragssystem in dem zur Zeit des Inkrafttretens des Grundgesetzes geltenden Tarifvertragsgesetz erhalten hat: Sie lässt dem Gesetzgeber einen weiten Spielraum zur Ausgestaltung«[378] und schafft damit die Möglichkeit, die Voraussetzungen der Tariffähigkeit »der jeweiligen gesellschaftlichen Wirklichkeit so anzupassen, dass die Koalitionen ihre Aufgabe erfüllen können«.[379] »Der Gesetzgeber ist hiernach an einer sachgemäßen Fortbildung des Tarifvertragssystems nicht gehindert ...«[380] Bislang freilich sind abgesehen von der Erstreckung des Gesetzes auf arbeitnehmerähnliche Personen durch den 1974 eingeführten § 12a TVG keine Anpassungen solcher Art erfolgt. Dies ist indessen nicht etwa auf einen sozialen Stillstand seit 1949 zurückzuführen, sondern darauf, dass der Gesetzestext offen genug formuliert ist, um die unterdessen von den Tarifvertragsparteien als Reaktion auf vielfältige Veränderungen im Arbeits- und Wirtschaftsleben entwickelte moderne Tarifpolitik rechtlich zu fassen. Speziell die – bewusst weite Spielräume lassende – Inhaltsbeschreibung des § 1 deckt eine Fülle von tariflichen Neuentwicklungen. Die Ansätze der Tarifverträge über Vermögensbildung, gewerkschaftliche Vertrauensleute, Arbeitsplatzbesetzungsregelungen, Berufsbildungsfinanzierungsregelungen usw. schöpfen die Möglichkeiten der Tarifautonomie längst nicht aus (vgl. dazu § 1 Rn. 391 ff., Rn. 463 ff. und Rn. 594 ff.).

136 Aus alledem folgt, dass die **Auslegung des Tarifvertragsgesetzes** denselben Prinzipien zu folgen hat, denen auch der Gesetzgeber bei der legislativen Ausgestaltung der Tarifautonomie unterliegt. Der das Gesetz interpretierende Richter hat den Tarifvertragsparteien folglich ebenfalls »einen weiten Spielraum zur Ausgestaltung« der Arbeits- und Wirtschaftsbedingungen zu überlassen, indem er die Auslegung des Gesetzes der »jeweiligen gesellschaftlichen Wirklichkeit« so anpasst, »dass die Koalitionen ihre Aufgabe erfüllen können«.[381] Die Schranken einer solchen grundrechts(= autonomie-)optimierenden Auslegung des Tarifvertragsgesetzes sind folglich nicht enger gezogen als die entsprechenden Schranken des Koalitionsgrundrechtes selbst.

## 2. Die Schranken der Tarifautonomie im Einzelnen

137 Das Bundesverfassungsgericht hat hinsichtlich des »Betätigungsrechts« der Koalitionen, und damit auch zur Tarifautonomie als dessen Kernstück, früher betont, es dürften ihm »nur solche Schranken gezogen werden, die zum Schutz anderer Rechtsgüter von der Sache her geboten sind«.[382] Da Art. 9 Abs. 3 GG indessen unter **keinem Gesetzesvorbehalt** steht, können dies ihrerseits nur »mit Verfassungsrang ausgestattete Rechte« sein.[383] Freilich kommt den vorbehaltlos normierten Grundrechten kein automatischer Vorrang vor den einschränkbaren

378 BVerfG 19.10.1966, E 20, 312, 317.
379 BVerfG 19.10.1966, E 20, 312, 318.
380 BVerfG 1.3.1979, E 20, 290, 369; *Waltermann*, ZfA 2000, 58 ff., 72 ff.
381 Vgl. BVerfG 19.10.1966, E 20, 312, 317 f.; BVerfG 1.3.1979, E 50, 290, 369; *Kempen*, Ansätze, 194 f.
382 BVerfG 30.11.1965, E 19, 303, 321 f.; BVerfG 26.5.1970, E 28, 295, 306; BVerfG 1.3.1979, E 50, 290, 369.
383 BVerfG 26.6.1991, E 84, 212, 228; BVerfG 10.1.1995, E 92, 26, 41; BVerfG 24.4.1996 (1 BvR 712/86) E 94, 268, 284; BVerfG 3.4.2001 (1 BvL 32/97) E 103, 293, 306; a.A. *Farthmann/Coen*, Rn. 98.

Freiheiten etwa im Sinne einer Werthierarchie zu. Der Schrankenvorbehalt hängt nämlich vielmehr mit den sozialen Voraussetzungen und der Funktion des einzelnen Schutzbereichs, nicht aber mit einer bestimmten Rangfolge zusammen. Die Koalitionsfreiheit steht z.B. unter anderem deshalb nicht unter Gesetzesvorbehalt, weil ihre kollektive Realisierung prinzipiell demokratische Organisations- und Entscheidungsverfahren impliziert (vgl. Grundl. Rn. 110ff.). Ohnehin bedarf jede tarifpolitische Maßnahme überdies noch der Zustimmung des sozialen Gegenspielers, ehe sie rechtlich verbindlich werden kann. Hierdurch wird eine wirkliche Abkopplung der Tarifautonomie von anderen öffentlichen Interessen erfahrungsgemäß stärker verhindert als über einen Gesetzesvorbehalt.

Nach alledem muss das Fehlen eines Vorbehalts in Art. 9 Abs. 3 GG bei der **Abgrenzung zu gesetzlich einschränkbaren Grundrechten** (etwa Art. 14 GG) und Verfassungsgütern prinzipiell zugunsten der Koalitionsfreiheit berücksichtigt werden. Dies entbindet freilich nicht von der Notwendigkeit, für jeden einzelnen möglicherweise kollidierenden Normbereich jeweils eine konkrete Abgrenzung zu treffen. Darüber hinaus wird zu unterscheiden sein, ob sich die Begrenzungen unmittelbar aus dem Verfassungsrecht selbst ergeben oder ob es sich lediglich um eine mittelbare Einschränkung durch den Gesetzgeber, die Verwaltung bzw. die Justiz handelt. **138**

### a) Unmittelbare Schranken der Tarifautonomie

Der oben beschriebene exemplarisch vorgeprägte Mindestaktionsradius der Koalitionsfreiheit und der Tarifautonomie (vgl. Grundl. Rn. 129ff.) führt dazu, dass in diesem Bereich nach heute h.M. eine so genannte **»Normsetzungsprärogative«**[384] **der Koalitionen** gegenüber dem Gesetzgeber gilt, die jede einfache (im Gegensatz zur verfassungsändernden) legislative Tätigkeit auf den entsprechenden Feldern der Arbeits- und Wirtschaftsbedingungen zurückdrängt. Insbesondere im **Mitbestimmungsurteil** hat das Bundesverfassungsgericht dies klargestellt und ausgeführt: »Hierzu gehört der Abschluss von Tarifverträgen, durch die die Koalitionen insbesondere Lohn- und sonstige materielle Arbeitsbedingungen in einem Bereich, in dem der Staat seine Regelungszuständigkeit weit zurückgenommen hat, in eigener Verantwortung und im wesentlichen ohne staatliche Einflussnahme regeln«.[385] Schon früher war mehrfach auf diesen zugunsten tarifvertraglicher Regelung »von staatlicher Rechtsetzung freigelassenen Raum« hingewiesen worden.[386] Zwar bleiben diese Formulierungen insofern etwas undeutlich, als sich die tariflichen Aktivitäten nur »im Wesentlichen« ohne staatliche Einflussnahme vollziehen sollen, so dass auch hier gewisse Beschränkungsmöglichkeiten vorbehalten scheinen. Das Bundesverfassungsgericht nimmt diesen Vorbehalt indessen zurück, als es nur solche Einschränkungen zulassen will, die »durch Grundrechte Dritter und andere mit Verfassungsrang ausgestattete Rechte gerechtfertigt« sind.[387] **139**

Wegen des fehlenden Gesetzesvorbehalts kann die **Tarifautonomie** als essentieller Bestandteil der Koalitionsfreiheit ebenso wie diese **im Zentralbereich** **140**

---

384 *Säcker*, Grundprobleme, 50ff., 55; BVerfG 24.5.1977, E 44, 322, 341.
385 BVerfG 1.3.1979, E 50, 290, 367, unter Hinweis auf BVerfG 24.5.1977, E 44, 322, 340.
386 BVerfG 6.5.1964, E 18, 18, 28; BVerfG 19.10.1966, E 20, 312, 317.
387 BVerfG 26.6.1991, E 84 212, 228.

**notwendiger legislativer Ausgestaltung** des tariflichen Verfahrens und seiner Wirkungsweise gesetzlich **nur effektiviert, nicht aber eingeschränkt** werden. Ausgenommen sind lediglich andere Grundrechte, deren verfassungsunmittelbarer Schutzauftrag den Gesetzgeber zu einem konkreten Handeln zwingt (z.B. Art. 1 Abs. 2, 3 Abs. 2 GG), das zugleich die Ausgestaltung der Tarifautonomie betrifft. Im virtuellen **Bereich kompetenzieller Ausübung** der Tarifautonomie durch tarifliche Regelungen der Arbeits- und Wirtschaftsbedingungen sind gesetzliche Regelungen nur dann nicht ausgeschlossen, wenn hierdurch ein Anderes Grundrecht oder verfassungsförmiges Recht gestaltet werden soll und die tarifliche Regelung dies konkret vereiteln würde. Sofern der Tarifvertrag dagegen dasselbe Grundrecht wie der Gesetzgeber nur in abweichender Weise zu verwirklichen trachtete, also eine konkurrierende Grundrechtspolitik innerhalb der Arbeits- und Wirtschaftsbedingungen betreibt, ginge er wegen der Normsetzungsprärogative vor (vgl. oben Grundl. Rn. 119ff.). In den verbleibenden Fällen möglicher Einschränkungen sind dann allerdings die Gebote der Verhältnismäßigkeit und der praktischen Konkordanz zu beachten.
Alle Versuche, Koalitionsfreiheit und insbesondere Tarifautonomie durch faktische Analogie unter die (»kommunikationsgrundrechtlich«) erweiterten Schranken des allgemeinen Gesetzes nach Art. 5 Abs. 2 GG[388] oder gar unter den generellen Vorbehalt der allgemeinen Schrankenübertragung des Art. 12 GG[389] zu stellen, ignorieren den fehlenden Gesetzesvorbehalt in Art. 9 Abs. 3 GG und sind deshalb mit der Verfassung unvereinbar (vgl. Grundl. Rn. 144ff.).

### *aa) Grundrechtssystematische Bindungen*

**141** Zunächst setzt der Wortlaut des Art. 9 Abs. 3 GG selbst gewisse Grenzen, indem er lediglich den Kombinationssektor »Arbeits- und Wirtschaftsbedingungen« deckt. Folglich können z.B. darüber hinausreichende **»allgemeinpolitische Ziele«** tariflich nicht geregelt werden. Dasselbe gilt für den reinen Privatbereich des Arbeitnehmers oder des Arbeitgebers, wobei hier vielfach schon entsprechende **Grundrechtsbindungen der Tarifvertragsparteien** (vgl. Grundl. Rn. 217ff. und Rn. 258) einen ausreichenden Schutz bieten werden. Abweichend von der früher h.M.[390] muss eine staatsgleiche, umfassende Bindung der Tarifverträge an alle Grundrechte verneint werden, weil die hierfür gegebene Begründung fehlgeht: Die Annahme, dass die normative Wirkung des Tarifvertragsgesetzes (§ 1 TVG) seine Gleichsetzung mit der staatlichen Gesetzgebung im Sinne des Art. 1 Abs. 3 GG und folglich auch eine volle Grundrechtsbindung erzwinge, verkennt sowohl den **vertraglichen Charakter des Tarifvertrages** wie auch die Tatsache, dass seine **normative Wirkung auf freiwilliger Mitgliedschaft** in den Verbänden beruht.[391] Daraus folgt nämlich die Möglichkeit des **kollektivvertraglichen Grundrechtsverzichts** durch Tarifvereinbarungen, welchem

388 So *Scholz*, HdbStR, Bd. IV Rn. 121.

389 So MünchArbR/*Löwisch/Rieble*, § 244 Rn. 39.

390 Vgl. die ständige Rechtsprechung des Bundesarbeitsgerichts: BAG 3.12.1954, AP Nr. 2 zu § 13 KSchG und BAG 15.1.1955, 2.3.1955 und 6.4.1955, AP Nr. 4, 6 und 7 zu Art. 3 GG; *Wiedemann/Stumpf*, Einl. Rn. 57; kritisch dazu *Dieterich*, RdA 2005, 178; *Hueck/Nipperdey*, Bd. II/1, 273 – jeweils mit weiteren Nachweisen.

391 Ähnlich *Däubler/Schiek*, Einl. Rn. 204ff.; Wiedemann/*Wiedemann*, Einl. Rn. 199ff.; *Däubler*, Grundrecht, 224ff. Rn. 199; *Dürig*, in: Maunz/Dürig, Art. 1 Abs. 3 Rn. 116; *Scholz*, in: Maunz/Dürig, Art. 9 Rn. 357.

man sich notfalls im Wege des Verbandsaustritts auch wieder entziehen kann (vom Fall der staatlichen und deshalb strikt grundrechtsgebundenen Allgemeinverbindlichkeitserklärung einmal abgesehen). Die Grenze solchen Verzichts bildet zum einen die Koalitionsautonomie selbst (denn sie ist schon wegen Art. 9 Abs. 3 Satz 2 GG vertraglich unverzichtbar) und daneben der **»Wesensgehalt«** der betroffenen Grundrechte (vgl. Art. 19 Abs. 2 GG). Im »Wesensgehalt« ist die prinzipiell »unveräußerliche« (Art. 1 Abs. 2 GG) Selbstentfaltungsfreiheit garantiert, deren Schutz zugleich auch innerster Sinn der Tarifautonomie ist (vgl. Grundl. Rn. 54ff. und Rn. 67ff.). Er kann deshalb nicht zur tarifvertraglichen Disposition stehen. Jenseits dessen besteht insofern Autonomie, als die Tarifvertragsparteien formell nicht an die grundrechtlichen Gesetzesvorbehalte gebunden sind, d.h. keiner besonderen gesetzlichen Ermächtigung für tarifliche Regelungen im Normbereich der Grundrechte bedürfen. Nur soweit der Gesetzgeber die autonome (sei es individuelle oder kollektive) Verfügung über bestimmte Grundrechte aus **zwingenden Schutzgründen** ausschließt (z.B. für Art. 3 Abs. 2 GG durch § 612 Abs. 3 BGB), muss die prinzipiell auf dasselbe Schutzziel ausgerichtete Tarifautonomie zurücktreten. Zwingende gesetzliche Grundrechtskonkretisierungen sind solche, bei denen die **Verfassung selbst eine staatliche Schutzpflicht normiert** (z.B. Art. 1 Abs. 1 Satz 2, 3 Abs. 2 GG). Sie können daher abweichende Tarifbestimmungen verdrängen. Die Tarifautonomie ist hier durch gesetzlich konkretisierte andere Verfassungsgüter (Grundrechte) unmittelbar inhaltlich begrenzt (vgl. dazu weiter Grundl. Rn. 120ff. und Rn. 188ff.). Soweit der Gesetzgeber dagegen zwingendes Recht zur sozialstaatlichen Verstärkung der Grundrechte, aber außerhalb grundrechtlicher Schutzgebote setzt, könnte diese gegen die Tarifautonomie verstoßen und deshalb verfassungswidrig sein.[392]

Die **heute h.M.** postuliert dagegen für **alle** Grundrechte **unterschiedslos** staatliche Schutzpflichten. Diese sollen den Staat (d.h. Gesetzgeber und Gerichte) nach Maßgabe eines **»Übermaßverbots«** oder eines **»Untermaßverbots«** (d.h. des Verhältnismäßigkeitsprinzips) auch im Kollektiv ausgeübten Privatrecht der Tarifautonomie zu entsprechenden Grenzziehungen und Korrekturen verpflichten.[393] In den praktischen Ergebnissen durfte das oftmals mit der hier vertretenen Auffassung übereinstimmen, doch gestattet die gerichtliche Definitionshoheit zum Verhältnismäßigkeitsprinzip insoweit nahezu voraussetzungslose Eingriffe in die Tarifautonomie.[394] **142**

Die Reichweite der Koalitionsfreiheit ist also nicht unbegrenzt. Ihre Ausgestaltung als Schutzrecht der Selbstbestimmung vor allem für die Arbeitnehmer zeigt vielmehr, dass ihr Zweck nicht darin bestehen darf, andere Autonomie sichernde Grundrechte im Wesentlichen zu beseitigen. Diese Einschränkung der Tarifautonomie ist freilich keine Folge irgendeiner »Drittwirkung« dieser Grundrechte[395], sondern eine Konsequenz aus dem Normzweck des Art. 9 Abs. 3 GG. Sie führt freilich auch zu einer stufenweise abgeschwächten **Bindung an Arbeitgeber-** **143**

---

392 Vgl. dazu den treffenden Hinweis von *Scholz*, DB 1987, 1194, auf das »Übermaßverbot«.

393 BVerfG 26.6.1991 (1 BvR 779/85), E 84, 212, 229, unter Hinweis auf BVerfG 7.2.1990, E 81, 242 und BVerfG 24.4.1991, E 84, 133, 147; BVerfG 4.7.1995 (1 BvF 2/86), E 92, 365, 395; BAG 25.2.1998 (7 AZR 641/96), AP Nr. 11 zu § 1 TVG Tarifverträge Luftfahrt; BAG 30.8.2000 (4 AZR 563/99), AP Nr. 25 zu § 4 TVG Geltungsbereich; BAG 27.5.2004 (6 AZR 129/03), AP Nr. 309 zu Art. 3 GG; zusammenfassend *Dieterich*, RdA 2005, 177ff., mit weiteren Nachweisen.

394 Vgl. ErfK/*Dieterich*, Art. 9 GG Rn. 86 einerseits und *Steiner*, NZA 2005, 660 andererseits.

395 Vgl. dazu *Kempen*, JbArbR 26 (1988), 76ff.

**grundrechte**, da die persönliche Selbstentfaltung der Arbeitgeber nur mittelbar von der Zielrichtung der Koalitionsfreiheit gefördert wird. Die hier relevanten Arbeitgeber-Freiheiten aus Art. 2 Abs. 1, 12 Abs. 1, 14 Abs. 1 GG dürfen also ebenfalls nicht in ihrem Wesensgehalt angetastet werden. Jedoch nimmt die Stärke ihres (Wesensgehalts-)Schutzes mit dem Maße des »sozialen Bezugs« der geschützten Tätigkeit ab. Da nun die genannten wirtschaftlichen Freiheiten der Unternehmer ausgeprägt gesellschaftsbezogen sind und vielfach nur sehr indirekt der Persönlichkeitsentfaltung des Arbeitgebers dienen (z.B. in Aktiengesellschaften), besteht hier eine viel weitergehende tarifliche Regelungskompetenz als auf Arbeitnehmerseite[396], doch muss das Verhältnismäßigkeitsprinzip dabei stets beachtet werden.[397]

### *bb) Koalitionsfreiheit und Berufsausübungsfreiheit*

**144** *Scholz* hat versucht, weitere **verfassungsunmittelbare Grenzen** für die **Koalitionsfreiheit aus den Schranken der Berufsfreiheit** (Art. 12 Abs. 1 Satz 2 GG) und des **Eigentumsrechts** (Art. 14 Abs. 1 Satz 2 GG) zu ziehen.[398] Er ist der Auffassung, dass Art. 9 Abs. 3 GG lediglich das formale (koalitionsförmige) Verfahren regele, nach welchem die Berufs- und die Eigentumsfreiheit im »Arbeitsleben« auszuüben seien. Die kollektive Koalitionsfreiheit sei insofern nur ein organisationsförmiges »Ausübungsrecht« ohne eigenen materiellen Inhalt. Die nach Art. 9 Abs. 3 GG kollektiv ausübbaren Interessen seien vielmehr materiell, d.h. inhaltlich ausschließlich durch Art. 12 und Art. 14 GG geschützt.[399] Berufs- und Eigentumsfreiheit umfassten demzufolge den »eigentlichen Kernbereich der Koalitionszweckgarantie«.[400] Da die »Inhaltsrechte« aus Art. 12, 14 GG die »maßgebende Gewährleistungsgrundlage« des Koalitionszwecks bildeten, seien sie dementsprechend auch die »maßgebende Schrankengrundlage«.[401]

**145** Diese willkürlich anmutende Konstruktion ist mit der Entwicklungsgeschichte der genannten Grundrechte ebenso wenig vereinbar wie mit ihrer rechtlichen und tatsächlichen Wirkungsweise. Zutreffend erscheint lediglich die – freilich unausgesprochene – Voraussetzung, dass die Koalitionsfreiheit eine Einschränkung der beiden anderen Freiheiten darstellt, weil die abhängige Arbeit hierdurch vor der Übermacht des durch die Gewerbefreiheit historisch entfesselten Produktionsmitteleigentums geschützt werden sollte. **Verfassungsgeschichtlich** sind Privateigentum und Gewerbefreiheit die klassischen Unternehmerrechte, denen gegenüber Arbeitskämpfe und koalitionsmäßige Abreden schon 1791 von der französischen Nationalversammlung als »Attentate auf die Freiheit und die Menschenrechte« aus durchsichtigen materiellen Interessen für verfassungswidrig erklärt worden sind (Loi le Chapelier). Die Anerkennung der Koalitionsfreiheit in Art. 159 WRV enthielt damit eine verfassungsrechtliche Einschränkung dieser unternehmerischen Freiheiten zum Schutz der Arbeitnehmer. Die Konkretisierung dieses Schutzes sollten sie in tarifvertraglicher Form selbst durchsetzen.

---

396 Vgl. zu solchen Zusammenhängen BVerfG 1.3.1979, E 50, 290, 339ff.

397 Im Ergebnis ähnlich *Berg/Wendeling-Schröder/Wolter*, RdA 1980, 310.

398 *Scholz*, Koalitionsfreiheit, 329ff.; *ders.*, in: Maunz/Dürig, Art. 9 GG Rn. 352; *ders.*, ZfA 1981, 265ff.

399 *Scholz*, Koalitionsfreiheit, 3ff., 146f.

400 *Scholz*, in: Maunz/Dürig, Art. 9 GG Rn. 268.

401 *Scholz*, Koalitionsfreiheit, 329; *ders.*, in: Maunz/Dürig, Art. 9 GG Rn. 39f., 149ff.; auch MünchArbR/*Löwisch/Rieble*, § 244 Rn. 39.

Zumindest hinsichtlich der Arbeitnehmerseite stehen Koalitionsfreiheit und Gewerbefreiheit also in gegensätzlicher, einander ausschließender Position[402], nicht jedoch in einem sich positiv ergänzenden Zusammenhang, wie *Scholz* meint. Neben solchen durch das Koalitionsrecht ermöglichten Beschränkungen unternehmerischer Freiräume zugunsten des Arbeitnehmerschutzes konnte der Staat durch eigene Arbeitsgesetzgebung die Gewerbefreiheit (Art. 151 Abs. 3 WRV) zusätzlich legislativ beschränken (z.B. durch Wettbewerbsgesetze). Dies freilich folgt schon aus dem Gesetzesvorbehalt, unter dem Gewerbefreiheit und Eigentum von Anfang an gleichermaßen gestanden haben.

Die **Koalitionsfreiheit** stellt demgegenüber eine später eingeführte darüber **146** hinausgehende verfassungsunmittelbare Beschränkung jener Rechte dar, also einen weiteren **Ausübungsvorbehalt für die Gewerbefreiheit** (wobei die Rechte des Eigentümers als Arbeitgeber ohnehin nicht aus dem Eigentumsgrundrecht herzuleiten sind, vgl. Grundl. Rn. 82f.) zu Gunsten des (materiellen) Schutzes der Arbeitnehmer. Auch nachdem Art. 12 Abs. 1 GG die Gewerbefreiheit nun nicht länger institutionell absichert, sondern die »Arbeit ganz allgemein, also abhängige wie selbständige Tätigkeit gleichermaßen schützt«[403], ist das Koalitionsgrundrecht nicht zum formalen »Ausübungsrecht« der Berufsfreiheit degradiert, d.h. seines materiellen Gehalts entkleidet worden. Dann nämlich hätte der Wortlaut des Art. 9 Abs. 3 Satz 1 GG gegenüber Art. 159 WRV verändert werden müssen, zumal die von *Scholz* behauptete Übertragung der Schranken des Art. 12 Abs. 1 GG auf die Koalitionsfreiheit keine Formulierungsschwierigkeiten mit sich brächte.

Die Reichweite der Tarifautonomie lässt sich freilich nur dann ganz erfassen, **147** wenn man erkennt, dass sie die berufliche Entfaltungsfreiheit von Arbeitnehmern und Arbeitgebern im Arbeitsleben nach Art. 12 Abs. 1 GG[404] durch autonome Rechtsetzung in kollektiven Verfahren konkretisieren soll. *Scholz* hat das zwar treffend hervorgehoben[405], jedoch den materiell freiheitssichernden Charakter des Art. 9 Abs. 3 GG gegenüber staatlichen Eingriffen vernachlässigt. Die Garantie tariflicher Autonomie gestattet den Tarifvertragsparteien auch **kollektive Eingriffe in die Berufsfreiheit** der Tarifgebundenen bis zur Wesensgehaltsgrenze (vgl. Grundl. Rn. 141), ohne dass sie hierzu einer gesetzlichen Ermächtigung bedürfen oder an den Gesetzesvorbehalt des Art. 12 Abs. 1 Satz 2 GG formell gebunden wären (Möglichkeit des autonomen Grundrechtsverzichts).

Indem tarifliche Regelungen heute die **Berufsfreiheit des Arbeitnehmers** über- **148** haupt erst entfalten, können sie zugleich auch gewisse Einschränkungen im Bereich des Art. 12 GG mit sich bringen (z.B. Nebenbeschäftigungsverbote). So gelten die Tarifregelungen als Mindestbedingungen für den tarifgebundenen Arbeitsvertrag (vgl. § 4 Abs. 4 TVG). Ohne diese unabdingbare Wirkung wäre die Tarifautonomie wegen der dann bestehenden Unverbindlichkeit in ihrer Schutzfunktion weitestgehend unwirksam. Insofern ist die Unabdingbarkeit **der Tarifnormen von Art. 9 Abs. 3 GG mit umfasst.**[406] Alle **tarifdispositiven** deutschen **Gesetze** setzen voraus, dass die an die Stelle des von ihnen normierten zwingen-

402 Vgl. *Kübler/W. Schmidt/Simitis*, Mitbestimmung, 197ff.
403 BVerfG 1.3.1979, E 50, 290, 362.
404 Vgl. dazu BVerfG (Dreierausschuss), NZA 1986, 199, 200.
405 *Scholz*, in: Maunz/Dürig, Art. 9 GG Rn. 268.
406 H.M. BVerfG 24.5.1977, E 44, 322, 340f.; ErfK/*Dieterich*, Art. 9 Rn. 59, mit weiteren Nachweisen; zweifelnd *Buchner*, GS Heinze, 118.

den Rechts tretenden Tarifverträge ihrerseits zwingend, d.h. unabdingbar sind. Als Mindestarbeitsbedingungen enthalten sie auch gewisse Einschränkungen der Berufsfreiheit der tarifunterworfenen Arbeitnehmer, welche freiwillig durch die demokratischen Mitwirkungsmöglichkeiten des einzelnen Mitglieds in der Gewerkschaft aufgewogen werden. Wenn dagegen der **Gesetzgeber** ebenfalls zwingende Berufsausübungsregelungen gemäß Art. 12 Abs. 1 Satz 2 GG erlässt, dürfen diese nicht mit den tariflichen Regelungen kollidieren, andernfalls würde sie wegen der tariflichen Normsetzungsprärogative verdrängt – es sei denn, sie wären durch einen grundrechtlichen Schutzauftrag unmittelbar geboten –, wie dies etwa im Verhältnis von Art. 1 Abs. 1 Satz 2 GG und § 1 Abs. 2 des Gesetzes über die Mindestarbeitsbedingungen vom 1. November 1952[407] der Fall ist.

#### *cc) Gesetzliche Öffnungsklauseln gegenüber Tarifverträgen und Unabdingbarkeitsschutz*

**149** Unter der Bezeichnung **»betriebliche Bündnisse für Arbeit«** werden seit 2000 rechtspolitische Vorschläge diskutiert, welche im Falle einer wirtschaftlichen Gefährdung von Arbeitsplätzen eines Betriebes Abweichungen gegenüber den zwingenden einschlägigen Tarifnormen zu Lasten der betroffenen Arbeitnehmer erlauben sollen. Derartige beschäftigungspolitisch motivierte Tarifabweichungen sind zwar nach § 4 Abs. 3 TVG auch nach geltendem Recht möglich und werden vor dem Hintergrund ungünstiger Beschäftigungsentwicklung in den meisten Wirtschaftszweigen und im öffentlichen Dienst praktiziert – allerdings nur »soweit sie durch den Tarifvertrag gestattet sind« (§ 4 Abs. 3, 1. Alt. TVG), d.h. wenn die Tarifvertragsparteien als Autoren zustimmen. Demgegenüber wollen vor allem die einschlägigen Gesetzesentwürfe der FDP vom 28. Januar 2000[408] und 4. Juli 2001[409] sowie der CDU/CSU-Fraktion vom 18. Juni 2003[410] Durchbrechungen und Abänderungen der Tarifregelungen durch die Betriebsparteien (durch ändernde Betriebsvereinbarungen oder durch »betriebliche Regelungsabreden«) auch ohne oder gegen die Tarifparteien zulassen. Zum verfassungsrechtlich geschützten Substanzbereich der Koalitions- und Tarifautonomie gehört jedoch seit Beginn (vgl. Art. 159, 165 Abs. 1 WRV) die **Unabdingbarkeit der Tarifnormen**[411], welche den Tarifverträgen die Eigenschaft von **Mindestbedingungen** verleiht. Sie entfaltet ihre Schutzwirkung ebenso gegenüber anderen nicht-staatlichen Abmachungen (insbesondere ungünstigeren Arbeitsverträgen und Betriebs-/Dienstvereinbarungen) wie gegenüber staatlich-hoheitlichen Eingriffen. Sowohl die Durchbrechung des **Tarifvorrangs** nach § 77 Abs. 3 BetrVG wie auch die Umformulierung des **Günstigkeitsprinzips** nach § 4 Abs. 3, 2. Alt. TVG zu Gunsten der Möglichkeit individuell vertraglicher Tarifabweichung wären daher verfassungswidrig – gleichgültig ob sie gesetzlich eingeführt oder widerrechtlich (durch Uminterpretation des § 4 Abs. 3 TVG) bewirkt werden.[412]

---

407 Vgl. BVerfG 17.8.1956, E 5, 85, 206.

408 BT-Drucks. 14/2612; dazu *Dieterich*, DB 2001, 2398.

409 BT-Drucks. 14/6548; dazu *Dieterich*, RdA 2002, 1.

410 BT-Drucks. 15/1182; dazu *Zachert*, AuR 2004, 121; *ders.*, JbArbR (41) 2004, 85.

411 *Krummel*, 67ff., 97ff.

412 *Dieterich*, DB 2001, 2398; *ders.* RdA 2002, 13; *ders.*, Tarifautonomie, 72ff.; *Zachert*, AuR 2004, 122ff.; *ders.* JbArbR (41) 2004, 87ff.; abweichend *Hromadka*, DB 2003, 43f., *Schliemann*, NZA 2003, 122.

Die mit den FDP- und CDU/CSU-Vorschlägen (vgl. vorige Rn.) beabsichtigte partielle Aufhebung der Unabdingbarkeit von Tarifregelungen ohne Mitwirkung der Tarifvertragsparteien wäre **keine** bloße verfahrensförmige **Ausgestaltung** der Tarifautonomie, sondern ein gesetzlicher Eingriff in deren grundrechtliche Substanz. Deren Mittelpunkt bildet die **zwingende Wirkung tariflicher Regelungen** insbesondere der Entgelte und sonstigen materiellen Arbeitsbedingungen im verbandlich autonom organisierten marktförmigen Verfahren, das eigenverantwortlich gestaltet und deshalb von staatlicher Rechtssetzung frei zu halten ist.[413] Diese (auch traditionell) stets unveränderte Grundrechts-Substanz verkörpert das veränderungsfeste Gerüst der Tarifautonomie. Es ist durch **Art. 9 Abs. 3 Satz 2 GG** sehr klar sowohl **gegen staatliche wie gegen private Beschränkungen** gesichert: »Abreden, die dieses Recht einschränken oder zu behindern suchen, sind nichtig, hierauf gerichtete Maßnahmen sind rechtswidrig«. Von der Nichtigkeitswirkung erfasst würden also nicht nur die geplanten **gesetzlichen** Öffnungsklauseln selbst, sondern auch die darauf gestützten tarifdurchbrechenden **betrieblichen** Regelungen. 150

Vor allem ist der arbeitsrechtliche Gesetzgeber selbst bislang treffend von der zwingenden Wirkung der Tarifnormen ausgegangen. Dem **tarifdispositiven Gesetzesrecht** liegt nämlich regelmäßig ein eigener Schutzzweck zu Grunde, der die zwingende Wirkung der jeweiligen gesetzlichen Regelung erfordert.[414] Deshalb muss der Gesetzgeber davon ausgehen, dass die Tarifvertragsparteien, die vermittels der Tarifdispositivität zur eigenständigen Ausgestaltung des Schutzkomplexes ermächtigt werden, ebenfalls konsequent zwingende Regelungen erlassen; d.h. ihrerseits wieder **Mindestbedingungen** setzen. Innerhalb des legislativen Schutzgebotes darf er nämlich verfassungsrechtlich keine Kompetenzen übertragen, die ihm selbst nicht zustünden.[415] Folgerichtig setzen alle tarifdispositiven Gesetze als selbstverständlich voraus, dass die an ihre Stelle tretenden Tarifverträge einen insgesamt marktangemessenen gleichwertigen Schutz gewährleisten, der seinerseits wiederum unabdingbar ist (vgl. z.B. §§ 622 Abs. 4 BGB; 13 BUrlG; 17 Abs. 3 BetrAVG; 12 Abs. 3, 13 Abs. 4, 14 Abs. 2 Satz 3, 19 Abs. 3 TzBfG; 4 Abs. 4 EFZG; 7, 12 ArbZG; 9 Nr. 2 AÜG). Insofern zeigt die Praxis tarifdispositiver Gesetze schlüssig, dass die Unabdingbarkeit ein konstitutives Element der grundrechtlichen Tarifautonomie bildet. Wenn die Tarifnormen dagegen künftig ihrerseits gegenüber allfälligen Betriebsvereinbarungen nachgiebig ausgestaltet wären, könnten sie ihrer Regelungsaufgabe (»sinnvolle Ordnung«) in diesem vom Gesetzgeber vorgesehenen Raum nicht länger nachkommen. 151

Gelegentlich wird darauf hingewiesen, dass die Unabdingbarkeit von Tarifnormen schon deshalb keine Essentiale der Tarifautonomie sein könne, weil einige vergleichbare europäische Arbeitsrechtssysteme keine entsprechend zwingende Tarifwirkung kannten.[416] Das trifft zwar zu, doch wird dabei übersehen, dass in diesen ausländischen **Rechtsordnungen** die zwingende Wirkung als verbindliche Mindestbedingungen dadurch praktisch dennoch hergestellt wird, dass dort der jeweils repräsentativste Tarifvertrag gesetzlich mit allgemein verbindlicher Wirkung ausgestattet ist[417] und auf diesem Weg faktisch zwingend wird. 152

413 BVerfG 24.5.1977, E 44, 322, 340f.; *Zachert*, AuR 2004, 122.

414 Wiedemann/*Wiedemann*, Einl. Rn. 396.

415 BAG 28.1.1988, AP Nr. 24 zu § 622 BGB; BAG 23.1.1992, AP Nr. 37 zu § 622 BGB; Wiedemann/*Wiedemann*, Einl. Rn. 397.

416 Z.B. *Buchner*, GS Hinze, 118.

417 Vgl. *Rebhahn*, RdA 2002, 214f.

153 Die vorgeschlagenen betrieblichen Öffnungsklauseln für Tarifverträge verstießen indessen nicht nur gegen die kollektive Koalitionsfreiheit (weil sie die zwingende Wirkung der Tarifnormen beseitigen würden, vgl. vorige Rn.), sondern zugleich gegen die grundrechtlich garantierte Selbstbestimmung der einzelnen Koalitionsmitglieder, also gegen die **individuell positive Koalitionsfreiheit**. Die mitgliedschaftlich konzentrierten Entscheidungen der Verbände zur tariflichen Regelung der Arbeits- und Wirtschaftsbedingungen könnten dann stets durch die betrieblichen Entscheidungsträger in nicht vorhersehbarer Weise wieder geändert werden. **Tarifverträge** würden damit generell **unter einem betrieblichen Genehmigungsvorbehalt** gestellt. Da die eingesetzten betrieblichen Entscheidungsträger nicht Mitglieder der Koalitionen sein müssen, wäre die tarifliche Regelung der Arbeitsbedingungen **nicht mehr** von den **Grundrechtsträgern selbst bestimmt**, sondern **fremdbestimmt von den Betriebsorganen**. Selbst wenn diese ihre vorgesehenen Abänderungskompetenzen nicht ausüben sollten, würden sie allein auf Grund ihrer entsprechenden Kompetenz die tarifliche Willens- und Entscheidungsbildung in den Verbänden auch ohne ein mitgliedschaftliches Mandat maßgeblich beeinflussen.[418] Wenn ein derartiger verbandsexterner Genehmigungsvorbehalt für Tarifverträge eingeführt würde, verstieße er deshalb gegen die positive Koalitionsfreiheit des Art. 9 Abs. 3 GG. Entsprechend tarifabändernde Betriebsabreden verstießen als **Verträge zu Lasten Dritter** gegen Art. 2 Abs. 1 GG und ein Grundprinzip der Privatautonomie.[419]

154 Hinzu kommt, dass das **betriebsverfassungsrechtliche Regelungsverfahren niemals zur Regulierung des Arbeitsmarkts konzipiert** worden ist und werden kann, weil und solange sich die Betriebsparteien nicht (wie die Tarifparteien) als freie Kontrahenten selbst bestimmt am Markt gegenüberstehen. Stattdessen regeln sie auf der Grundlage bereits geschlossener Arbeitsverträge und des hierauf gegründeten Direktionsrechts eine sekundäre betriebliche Binnenordnung. Betriebverfassungs-/Personalvertretungsrecht basiert zunächst auf der arbeitsvertraglichen Organisationsmacht des Arbeitgebers, welche durch seine Berufsfreiheit geschützt ist. Mit der Ausübung dieser Organisationsmacht bemüht er zwangsläufig die berufliche Entfaltungsfreiheit der Arbeitnehmer, welche ebenfalls durch Art. 12 GG garantiert wird. Das Betriebsverfassungs-/Personalvertretungsrecht soll dann (in Erfüllung entsprechender Schutzpflichten) ein sozialstaatliches Verfahren für den angemessenen Ausgleich bisher Berufsfreiheitsinteressen auf der Basis vorhandener (!) Arbeitsverträge im Betrieb zur Verfügung stellen.[420] Deshalb müssen betriebsverfassungsrechtliche Konflikte juristisch-prozessförmig (Einigungsstelle) statt marktförmig-ökonomisch (Arbeitskampf) entschieden werden.[421] Infolgedessen lässt sich die vorgeschlagene betriebliche Tariföffnungsklausel auch nicht mit der Erwägung rechtfertigen, die Koalitionsfreiheit sei ein »Hilfsgrundrecht« zur Berufsausübungsfreiheit[422], denn damit werden die unterschiedlichen Grundstrukturen der jeweiligen Verfahren nicht ansatzweise verändert. Eine Aufhebung des Arbeitskampverbots in der Betriebs-/Personalvertretungsverfassung würde zwar eine unabhängige Willensbildung der Betriebsparteien durch Suspendierung der vertraglichen Haupt-

418 Vgl. *Zachert*, AuR 2004, 124, mit weiteren Nachweisen.
419 *Dieterich*, RdA 2002, 16; *Zachert*, JbArbR (41) 2004, 90.
420 BVerfG (Vorprüfungsausschuss) 18.12.1985, DB 1986, 486.
421 *Kempen*, AuR 1996, 343.
422 So *Hromadka*, NJW 2003, 1275ff.

pflichten ermöglichen, dafür aber das »Betriebsverhältnis« (vgl. § 2 BetrVG) zeitweilig auflösen und wäre deshalb vom Regelungsauftrag des Art. 12 GG nicht mehr gedeckt. Außerdem würden die Verstöße des Konzepts gesetzlicher Tariföffnungsklauseln gegen die kollektive und die individuelle Koalitionsfreiheit dennoch nicht behoben.

Die **rechtspolitische Absicht** der Vorschläge für gesetzliche Tariföffnungsklauseln zur Flexibilisierung und Deregulierung von Tarifverträgen ließe sich (soweit sie nicht ohnehin schon durch tarifvertragliche Öffnungsklauseln nach § 4 Abs. 3 TVG realisiert wird[423] auch ohne solche Maßnahme schon dadurch großenteils verwirklichen, dass die nicht tarifgebundenen Arbeitgeber und Arbeitnehmer **arbeitsvertraglich** entsprechende **Abweichungen** von den einschlägigen Tarifregelungen **vereinbaren**, anstatt diese durch allgemeine Betriebsparteien geschlossen zu übernehmen. Wenn dies bislang noch nicht geschehen ist, bleibt nur der Schluss, dass Tarifverträge die jeweiligen Interessen der Arbeitnehmer besser regeln, so dass diese im Falle untertariflicher Arbeitsbedingungen sogleich der Gewerkschaft beitreten würden, um tarifgebunden zu werden. Letztlich geht es den Verfechtern der gesetzlichen Öffnungsklauseln also darum, den Tarifaußenseitern das wirtschaftliche Druckmittel ihres Gewerkschaftsbeitritts zu nehmen, weil dieses bislang die arbeitsvertragliche Bezugnahme auf alle einschlägigen Tarife durchzusetzen hilft. Sobald jedoch das betriebsverfassungs-/personalvertretungsrechtlich zwingende Repräsentationsorgan Betriebsrat/Personalrat allein mit dem Arbeitgeber über Abweichungen von Tarifvertrag bindend entscheidet, entscheiden diese Betriebsparteien damit dann zugleich über den jeweiligen Inhalt der Tarifbezugnahmen in den Arbeitsverträgen. Da sich der solchermaßen betroffene einzelne Arbeitnehmer dem (seine Vertragsposition) einschränkenden »Betriebsverhältnis« aber nicht durch Austritt entziehen kann, würden die scheinbar liberalen gesetzlichen Tariföffnungsklauseln vor allem auch gegen seine arbeitsvertragliche Privatautonomie, d.h. gegen die **Berufsausübungsfreiheit der Tarifaußenseiter** (Art. 12 GG), verstoßen. Diese Vorschläge verletzten also nicht nur die Freiheit der Willensbildung der Koalitionsmitglieder, sondern ebenso diejenige der nicht organisierten Arbeitnehmer, welche nunmehr in ihren **arbeitsvertraglichen** Entscheidungen der obligatorischen Kollektivvertretung des Betriebsverhältnisses unterworfen werden. 155

### *dd) Die Schranke des Art. 9 Abs. 2 GG*

Zu den grundrechtssystematischen Bindungen der Tarifautonomie gehört nicht die Bindung der Tarifautonomie an die Grundrechte der Koalitionsmitglieder, denn sie ist eine notwendige Konsequenz aus der normativen Wirkung dieser Regelungen und der ihn vorangehenden demokratischen Willensbildungsregeln. Sie würden ohne den grundrechtlichen Schutz für innerorganisatorische Minderheiten in der Arbeitnehmer- und der Arbeitgeberkoalition den spezifischen Voraussetzungen der Normbildung in demokratischen Systemen nicht genügen (konkret wurzelt die Grundrechtsbindung der Tarifnormen dabei in dem auch koalitionsintern wirksamen Schutz der kollektiven Selbstentfaltung gemäß Art. 9 Abs. 3 Satz 2 GG (vgl. dazu näher Grundl. Rn. 188ff.).[424] Die Bindung an die Mitgliedergrundrechte dient der **Binnenstruktur**, d.h. primär dem Interesse der 156

423 Vgl. *Kittner*, FS Schaub, 415.
424 Vgl. *Kempen*, ArbRGgw 31 (1993), 107; *Säcker/Oetker*, 264ff.; *A. Wiedemann*, 149ff.

Koalitionsmitglieder, indem sie innerverbandliche Demokratie zu sichern hilft, entfaltet gegenüber Dritten aber nur mittelbare Wirkung. Dagegen geht es bei den grundrechtssystematischen Bindungen der Tarifautonomie speziell um deren äußere Grenzen und Wirkungen. Hierher gehört mithin das – vieldiskutierte, aber wenig praktische – **Problem, ob die Schranken des Art. 9 Abs. 2 GG auch für Koalitionsfreiheit und Tarifautonomie gelten**.

**157** Einerseits wird zugunsten eines solchen direkten **Verbots krimineller, völkerrechts- oder verfassungswidriger Koalitionen** aus Art. 9 Abs. 2 GG betont, dass Abs. 3 ohnehin nur einen Spezialfall der allgemeinen Vereinigungsfreiheit der Art. 9 Abs. 1 GG darstelle und daher zugleich deren Schranken nach Abs. 2 unterliege.[425] Andererseits wird dem entgegengehalten, der **systematische Aufbau des Art. 9 GG** spreche gegen die Übertragung des Schrankenvorbehalts gemäß Abs. 2 auf Abs. 3.[426] Dieser zweiten Auffassung ist **zuzustimmen** – zumal das Problem schon im Parlamentarischen Rat erörtert worden und eine ausdrückliche Übernahme der Schranken des Art. 9 Abs. 2 GG in die Koalitionsfreiheit zwar vorformuliert, aber dann eben nicht ins Grundgesetz aufgenommen worden ist.[427] Im Übrigen würden Vereinigungen mit kriminellen oder völkerrechts- oder verfassungswidrigen Zwecken ohnehin außerhalb der »Arbeits- und Wirtschaftsbedingungen« agieren und deshalb im Zweifel nicht unter Art. 9 Abs. 3 GG fallen. Die **Notstandsklausel des Art. 9 Abs. 3 Satz 3 GG** bestätigt das im Umkehrschluss. Daneben unterliegen die Koalitionen in ihrer allgemeinen Tätigkeit (auch hinsichtlich der Tarifautonomie) den völker-, verfassungs- und strafrechtlichen Bindungen (insbesondere den Strafgesetzen), wenn und soweit diese ihrerseits unmittelbaren grundrechtlichen Schutzpflichten des Staates entspringen (vgl. Grundl Rn. 120f.), Ausgeschlossen ist daher letztlich lediglich das generelle Verbot der Gesamtvereinigung durch die staatliche Exekutive nach Art. 9 Abs. 2 GG.

### *ee) Verfassungsgarantie des Günstigkeitsprinzips*

**158** Umstritten ist, ob über die Unabdingbarkeit hinaus auch das Günstigkeitsprinzip des § 4 Abs. 3 TVG an der grundgesetzlichen Koalitionsgarantie teilnimmt Wenn man die Tarifautonomie treffend als Garantie kollektiver Selbstbestimmung begreift, durch welche sozialer Schutz vermittels eines kollektiven Willensbildungs und Rechtsetzungsverfahrens verwirklicht wird, dann kann die individuelle Vertragsfreiheit über das Günstigkeitsprinzip grundsätzlich nicht zur verfassungsrechtlichen Schranke der kollektiven Vertragsfreiheit (Tarifautonomie) oder des arbeitsrechtlichen Gesetzes werden. Die Freiwilligkeit der Gewerkschaftsmitgliedschaft ermöglicht es allen nichtorganisierten Arbeitnehmern, ihre Arbeitsverträge nach persönlichem Gutdünken zu gestalten, doch wird die koalitionsförmige (oder gesetzliche) Rechtsetzung für die Gewerkschaftsmitglieder hierdurch verfassungsrechtlich nicht eingeschränkt – selbst wenn die Einzelverträge gelegentlich günstiger ausfallen sollten. Die Tarifautonomie ist nämlich eine Fortsetzung der privatautonomen Selbstbestimmung mit qualitativ anderen

---

425 *Scholz*, HdbStR, Bd. IV Rn. 123; *Löwer*, in: v. Münch/Kunig, Art. 9 Rn. 80; *Butzer*, RdA 1994, 381; MünchArbR/*Löwisch/Rieble*, § 244 Rn. 27.

426 *W. Schmidt*, 426f.; AK-GG-*Kittner/Schiek*, Art. 9 Abs. 3 Rn. 94; *Jarass/Pieroth*, Art. 9 Rn. 31; ähnlich ErfK/*Dieterich*, Art. 9 GG Rn. 13; *Höfling*, in: Sachs, Art. 9 Rn. 40.

427 Vgl. *Doemming/Füsslein/Matz*, JöR 1 (1951), 121ff.

Mitteln. Aus diesem Grunde garantiert Art. 9 Abs. 3 GG den zwingenden Charakter des Tarifrechts und damit dessen Vorrang gegenüber der individuell abweichend ausgeübten Privatautonomie.

Die »kollektive Privatautonomie« des Tarifvertrages umfasst immer nur den **159**
verbandlich-demokratisch wahrgenommenen Teil der generellen Vertragsfreiheit des Arbeitnehmers, die jenseits der von ihm mitgliedschaftlich legitimierten Mindestbedingungen als individuelle Privatautonomie besteht. Das **Günstigkeitsprinzip** des § 4 Abs. 3 TVG enthält also gerade keine Übertragung von (an sich tariflichen) Reglungsbefugnissen der Koalition an das einzelne Gewerkschaftsmitglied. Eine solche tarifvertragliche Delegation besteht nur nach § 4 Abs. 3, 1. Alt. TVG. Dagegen verhält es sich nach dem Günstigkeitsprinzip des § 4 Abs. 3 2. Alt. TVG genau umgekehrt: Das einzelne **Mitglied delegiert** seine individuelle Arbeitsvertragsautonomie an die Gewerkschaft immer **nur insoweit wie dort demokratisch beschlossene Regelungen kollektiv-vertraglich vereinbart** worden sind. An diese Delegation bleibt es freilich nach § 3 TVG selbst über die mögliche Kündigung der Mitgliedschaft hinaus unwiderruflich gebunden bis der Tarifvertrag endet.[428] Ob die solchermaßen gezogene Grenze zwischen dem tarifvertraglichen und dem arbeitsvertraglichen Regelungsbereich (welche derzeit mit der kollektivvertraglich ausgeübten Tarifautonomie übereinstimmt) modifiziert wird, hängt von der – verfassungsrechtlich relativen – gesetzlichen Ausgestaltung der Privatautonomie ab. Solange deren Veränderung nicht zur Beeinträchtigung der Tarifautonomie wird und insbesondere das Verfassungsprinzip der Unabdingbarkeit tariflicher Mindestbedingungen unberührt bleibt, ist der Gesetzgeber frei. Die dynamisch gleitende Grenzziehung des § 4 Abs. 3 TVG hat sich bislang bewährt (vgl. § 4 Rn. 242ff. und Rn. 263).

Art. 9 Abs. 3 GG bestimmt also keineswegs, dass stets die im Einzelfall für den **160**
Arbeitnehmer materiell günstigere Abmachung (Einzelvertrag, Tarifnorm oder Gesetz) gelten soll, sondern legt lediglich als Ausdruck kollektiver demokratischer Autonomie den grundrechtlichen Vorrang der Tarifbestimmungen vor dem Einzelvertrag fest. Das so genannte **Günstigkeitsprinzip** hat deshalb **keinen Verfassungsrang.**[429] Die Gegenmeinung[430] übersieht insbesondere, dass sie die Koalitionsfreiheit letztlich auf das »Günstigkeitsprinzip« verengt: Anstatt sozialen Schutz durch kollektive Autonomie zu erstreben, würde das Grundrecht dann bald nur noch einem vordergründigen »Lohntüten-Wettbewerb« dienen.[431] Die verfassungsrechtliche Freiwilligkeit der Gewerkschaftsmitgliedschaft und die Grundrechtsbindung der Tarifverträge sorgen im Übrigen dafür, dass es nicht zum Missbrauch des normativen Vorrangs des Tarifvertrages vor dem Einzelvertrag kommt (vgl. Grundl. Rn. 68f., Rn. 81 und § 4 Rn. 268).

Gegenüber **Außenseitern** entfaltet die Tarifautonomie des Art. 9 Abs. 3 GG **161**
im Bereich der Berufsfreiheit einschränkende Fernwirkungen. Da es sich um Nichtmitglieder handelt, darf es sich hierbei allerdings nur um mittelbare Auswirkungen tariflicher Regelungen, nicht jedoch um von den Tarifvertragspar-

428 *Kempen*, Dilemma des Günstigkeitsprinzips, 85f.

429 Im Ergebnis ebenso BVerfG 7.7.1964, E 18, 13, 139; *Scholz*, in: Maunz/Dürig, Art. 9 GG Rn. 273; *Löwisch/Rieble*, Grundl. Rn. 40; Wiedemann/*Wiedemann*, Einl. Rn. 212; *Däubler/Deinert*, § 4 Rn. 585; ErfK/*Dietrich*, Art. 9 GG Rn. 62; a.A. *Belling*, 60ff.; MünchArbR/*Richardi*, § 10 Rn. 33.

430 BAG 15.12.1960, AP Nr. 2 zu § 4 TVG Angleichsrecht; *Hueck/Nipperdey*, Bd. II/1, 405ff., 409; differenzierend *Däubler/Deinert*, § 4 Rn. 580ff.; *Löwisch/Rieble*, § 1 Rn. 173.

431 So tendenziell *Heinze*, NZA 1991, 331f.

teien gezielte Eingriffe handeln. So wirken sich z.B. tarifvertraglich verkürzte gesetzliche Kündigungsfristen zwangsläufig negativ auf die Chancen potentieller nicht tarifgebundener Bewerber für den geschützten Arbeitsplatz aus. Dasselbe gilt für so genannte Besetzungsregelungen in Tarifverträgen (vgl. dazu § 1 Rn. 482f.). Die hiergegen auf Grund der Berufsfreiheit der »Außenseiter« erhobenen Bedenken[432] überzeugen nicht, weil hiermit jeweils nur der Schutz der organisierten Arbeitnehmer, nicht aber die gleichzeitig mittelbar verursachte nachteilige Fernwirkung auf den Arbeitsmarkt (welche Übrigens auch organisierte potentielle Bewerber trifft) bezweckt ist.[433] Aus demselben Grund sind auch die so genannten **Lehrlingsskalen** verfassungsrechtlich unbedenklich.[434]

### *ff) »Negative Koalitionsfreiheit«, insbesondere Differenzierungsklauseln*

**162** Die Frage, inwieweit die Grundrechte der nicht bzw. anders organisierten Arbeitnehmer den tarifautonomen Gestaltungsspielraum begrenzen können, hat sich insbesondere im Zusammenhang mit den so genannten tariflichen **Differenzierungsklauseln** gestellt (hierzu ausführlich § 3 Rn. 242ff. und Rn. 246ff.). Zweck solcher Tarifabsprachen ist es, den tarifgebundenen Arbeitgebern zu verbieten, bestimmte tariflich festgelegte Leistungen und Vergünstigungen auch ihren nicht bzw. anders organisierten Arbeitnehmern (auf einzelvertraglicher Grundlage) zu gewähren. Der weiteren Sicherung des hierdurch festgelegten Abstandes dienen die so genannten »**Spannensicherungsklauseln**«, denen zufolge der Arbeitgeber bei jeder zusätzlichen Leistung an nicht organisierte auch die Position der tarifgebundenen Arbeitnehmer entsprechend verbessern muss.

Zunächst ist hierzu festzustellen, dass keine dieser beiden Regelungen gegen den verfassungsrechtlichen **Gleichbehandlungsgrundsatz** (Art. 3 Abs. 1 GG) verstößt, denn der Arbeitgeber darf seine Arbeitnehmer je nach Tarifbindung (vgl. § 3 Abs. 1 TVG) unterschiedlich behandeln.[435] Eine Gleichbehandlungspflicht für Organisierte und Nichtorganisierte würde die Tarifautonomie praktisch leer laufen lassen und deshalb gegen Art. 9 Abs. 3 GG verstoßen. Das Koalitionsgrundrecht verdrängt Art. 3 Abs. 1 GG insofern als speziellere Norm. Wenn demnach der Arbeitgeber im Einzelvertrag entsprechend differenzieren darf, dann kann dieselbe Regelung im Tarifvertrag nicht gleichheitswidrig sein.[436]

**163** Als der **Große Senat des Bundesarbeitsgerichts** am 29. November 1967 schließlich nach langer und kontroverser wissenschaftlicher Diskussion[437] eine von der Gewerkschaft Textil und Bekleidung erstrittene tarifliche Spannenklausel für rechtswidrig erklärte[438], hat er sich folgerichtig nicht auf Art. 3 GG berufen. Stattdessen hat man in derartigen Klauseln eine unzulässige **Überschreitung der**

432 *Reuter*, ZfA 1978, 10f.

433 Ebenso BAG 13.9.1983, AP Nr. 1 zu § 1 TVG Tarifverträge Druckindustrie.

434 Vgl. LAG Düsseldorf 19.9.1960, AP Nr. 1 zu § 4 TVG Lehrlingsskalen (mit Anm. von *Zöllner*).

435 BAG 20.7.1960, AP Nr. 7 zu § 4 TVG.

436 *Gamillscheg*, Kollektives Arbeitsrecht I, § 7 III 8 b 1, 358; *Däubler/Schiek*, Einl. Rn. 299; a.A. Wiedemann/*Wiedemann*, Einl. Rn. 444, mit unzutreffender steuerrechtlicher Begründung und *Löwisch/Rieble*, § 1 Rn. 819.

437 Vgl. die Darstellung bei *Gamillscheg*, Kollektives Arbeitsrecht I, § 7 III 8 a 2, 356ff.; *ders.*, Differenzierung, 24ff.; *Kukuck*, 183ff.; *Leventis*, 30ff.

438 BAG 29.11.1967, AP Nr. 13 zu Art. 9 GG.

**»Tarifmacht«** gesehen: Sie stellten »eine Art Gebühr … oder ähnliches« dar, die den Außenseitern für gewerkschaftliche Tätigkeiten auferlegt werde und deshalb ihr »Gerechtigkeitsempfinden nachhaltig« verletzen müsse. Inwiefern allerdings das »Gerechtigkeitsempfinden« nicht tarifgebundener Personen das Tarifrecht begrenzen soll, bleibt unklar, zumal das Tarifvertragsgesetz eine solche Schranke nicht kennt. Die Tarifgebundenen können ihr »Gerechtigkeitsempfinden« allerdings im verbandsinternen Willensbildungsprozess und in den Tarifverhandlungen zu verwirklichen suchen. Die Auffassung des Bundesarbeitsgerichts liefe demgegenüber praktisch auf ein Vetorecht verbandsfremder Personen hinaus, die damit stärkere Beteiligungsrechte erhalten würden als die Mitglieder selbst.

Im Übrigen greifen Differenzierungs- und Spannenklauseln auch nicht normativ, d.h. zwingend in die Arbeitsverhältnisse Dritter ein, sondern verpflichten lediglich den tarifgebundenen Arbeitgeber schuldrechtlich zu entsprechendem Verhalten.[439] Soweit er also mit Außenseitern Arbeitsverträge schließt, die gegen derartige Verpflichtungen verstoßen, bleiben jene Außenseiterverträge rechtswirksam (obgleich der tarifvertragsbrüchige Arbeitgeber mit Sanktionen wegen dieses Vertragsbruches rechnen muss).

Neben dem Außenseiter-Gerechtigkeitsempfinden begrenzt nach Auffassung des Bundesarbeitsgerichts auch die **»Unzumutbarkeit«** der Differenzierungs- und Spannenklauseln für den Arbeitgeber hier die Tarifmacht. Der Arbeitgeberseite würde damit nämlich die Unterstützung organisationspolitischer Interessen der Gewerkschaften zugemutet. Dies trifft zwar zu, doch dient schließlich jeder Tarifvertrag letztlich auch der gewerkschaftlichen Organisationspolitik (sonst würde er kaum abgeschlossen), so dass infolgedessen fast alle tariflichen Vereinbarungen der tarifvertragsgesetzlich nirgends festgelegten richterlichen Genehmigungsschranke der »Unzumutbarkeit« unterliegen würden.[440] Eine derartig allgemeine Tarifzensur ist mit dem die Koalitionsfreiheit tragenden Selbststeuerungsprinzip (vgl. Grundl. Rn. 103) unvereinbar. Mit Recht wird die Differenzierungsklauselentscheidung[441] daher weithin kritisiert.[442] **164**

Neben dieser höchst bedenklichen tariflichen Begründung hat das **Bundesarbeitsgericht** die angebliche Unzulässigkeit von Differenzierungs- und Spannenklauseln aber auch **verfassungsrechtlich** nachzuweisen versucht. Es entnimmt dem Art. 9 Abs. 3 Satz 1 und 2 GG eine Garantie der **»negativen Koalitionsfreiheit«** für nicht tarifgebundene Außenseiter. Diese negative Koalitionsfreiheit werde durch Differenzierungs- und Spannenklauseln unzulässig beeinträchtigt, weil hiermit ein »sozialinadäquater Druck« auf den Außenseiter verbunden sei. Es verletze nämlich das »Gerechtigkeitsempfinden gröblich«, wenn ein Außenseiter bestimmte Leistungen, seien sie auch materiell unerheblich, nur durch Gewerkschaftsbeitritt erwerben könne.[443] Damit läuft auch diese **165**

---

439 Vgl. *Gamillscheg*, Kollektives Arbeitsrecht I, § 7 III 8 b 1 d, 361.

440 *Gamillscheg*, Kollektives Arbeitsrecht II, § 7 III 8 b, 363; *Däubler/Hensche*, § 1 Rn. 883.

441 BAG 29. 11. 1967, AP Nr. 13 zu Art. 9 GG.

442 Vgl. z.B.; *Stein*, Rn. 363, *Däubler/Schiek*, Einl. 284; *Gitter*, JurA 1970, 148 ff.; *Hanau*, JuS 1969, 213; *Herschel*, AuR 1970, 194; *Joachim*, D 142; AK-GG-*Kittner/Schiek*, Art. 9 Abs. 3 GG Rn. 108 ff.; *Kukuck*, 30 ff.; *Radke*, AuR 1971, 4; *Reuß*, AuR 1970, 33; *Ritter*, JZ 1969, 111; *Rüthers*, Politisches System, 117; *Seitenzahl/Zachert/Pütz*, 67 ff.; *Steinberg*, RdA 1975, 100; *Weller*, AuR 1970, 163; zustimmend dagegen *Mayer-Maly*, ZAS 1969, 81; *Scholz*, in: Maunz/Dürig, Art. 9 Rn. 231; Wiedemann/*Wiedemann*, Einl. Rn. 303 ff.; *Zachert*, ARBlattei SD 1650.1 Rn. 66 f.; *Wiedemann*, SAE 1969, 267.

443 BAG 29. 11. 1967, AP Nr. 13 zu Art. 9 GG.

verfassungsrechtliche Argumentation schließlich wieder auf das »Gerechtigkeitsempfinden«, d.h. auf eine richterliche Gefühlsentscheidung hinaus. Die Ermächtigung hierzu wird diesmal indessen aus der behaupteten negativen Koalitionsfreiheit gewonnen.

166 Auch in der **Literatur** versteht man die **negative Koalitionsfreiheit** mit dem Bundesarbeitsgericht überwiegend als Berechtigung zum Fernbleiben von der Koalition. Man leitet dieses Recht meist **unmittelbar aus Art. 9 Abs. 3 GG** ab, weil die negative Koalitionsfreiheit ein notwendiges gleichrangiges Spiegelbild zur positiven Koalitionsfreiheit sei.[444] Dem halten andere entgegen, es sei weder mit dem Wortlaut des Art. 9 Abs. 3 GG noch mit dem Zweck der »Wahrung und Förderung der Arbeits- und Wirtschaftsbedingungen« zu vereinbaren, dass die negative Entscheidung, sich an der koalitionsförmigen Selbstorganisation nicht beteiligen zu wollen, ebenso sehr geschützt werde. Ein Grundrecht könne nicht gleichzeitig seinen vollständigen Nichtgebrauch garantieren. Außerdem habe der Parlamentarische Rat 1948/49 bei der Beratung des Art. 9 Abs. 3 GG auch die Einfügung eines Satzes »ein Zwang zum Beitritt darf nicht ausgeübt werden« lange erörtert. Der schließliche Verzicht auf eine solche Formulierung aber sei nicht etwa damit begründet worden, dass der Text des Art. 9 Abs. 3 auch ohne einen solchen Zusatz die negative Koalitionsfreiheit umfasse. Hieraus müsse geschlossen werden, dass ein derartiges Negativrecht in diesem Zusammenhang bewusst nicht festgelegt worden ist.[445] Demgegenüber erscheint es freilich widersprüchlich, dass einige Kritiker des Bundesarbeitsgerichts überwiegend aus dem Grundrecht auf freie Entfaltung der Persönlichkeit (Art. 2 Abs. 1 GG) dann doch noch eine – freilich wesentlich schwächere – Garantie der negativen Koalitionsfreiheit entnehmen[446], obwohl auch in jenem Zusammenhang im Parlamentarischen Rat ein derartiges Verweigerungsrecht nicht diskutiert worden ist. Noch weniger überzeugend wirkt dann schließlich die Auffassung von der Garantie einer negativen Koalitionsfreiheit im Rahmen der allgemeinen Vereinigungsfreiheit des Art. 9 Abs. 1 GG.[447]

Eine kritische Durchsicht speziell des Wortlauts und der Entstehungsgeschichte des Grundgesetzes ergibt nach alledem denselben Befund wie schon bei Art. 159 WRV, nämlich, »dass der Schutz des einzelnen vor der Koalition in der Verfassung nicht verankert ist«.[448]

167 Einige Wirkungen dessen, was die h.M. heute als **»negative Koalitionsfreiheit« bezeichnet, folgen** freilich **mittelbar aus der Garantie der positiven Koalitionsfreiheit** des Art. 9 Abs. 3 GG. Da dort prinzipiell nur freiwillige Zusammenschlüsse geschützt werden, umfasst diese Gewährleistung einerseits die »Gründungs- und Beitrittsfreiheit«, andererseits aber auch die »Freiheit des Austritts und des Fernbleibens«, wie das **Bundesverfassungsgericht** zu Recht hervor hebt.[449] Die Möglichkeit des Austritts und des Fernbleibens ist aber nur ein Reflex

444 So z.B. *Badura*, ArbRGgw 16 (1978), 31; *Hanau*, JuS 1969, 216; *Mayer-Maly*, Koalitionsfreiheit, 11ff.; *v. Mangoldt/Klein/Stark*, Art. 9 Anm. V 11; *Löwer*, in: v. Münch/Kunig Art. 9 Anm. 45; *Scholz*, in Maunz/Dürig, Art. 9 Rn. 226; *Bauer*, in Dreier, Art. 9 Rn. 76; *Höfling*, in: Sachs, Art. 9 Rn. 65; *Steinberg*, RdA 1975, 100ff.; differenzierend Wiedemann/*Wiedemann*, Einl. Rn. 303; ErfK/*Dieterich*, Art. 9 GG Rn. 32.

445 So z.B. *Berghäuser*, 189ff.; *Gamillscheg*, Differenzierung, 54ff.; *Hueck/Nipperdey*, Bd. II/1, 157.

446 Vgl. z.B. *Gamillscheg*, Differenzierung, 53ff.; *Hueck/Nipperdey*, Bd. II/1, 156ff.; AK-GG-*Kittner/Schiek*, Art. 9 Abs. 3 GG Rn. 108ff.; *Zachert*, AR-Blattei SD 1650.1 Rn. 64; *Radke*, AuR 1971, 11; *Ritter*, JZ 1969, 113; *Seitenzahl/Zachert/Pütz*, 69f.

447 So aber *Däubler*, Mitbestimmung, 26ff.; *Däubler/Hege*, Koalitionsfreiheit, Rn. 174.

448 *Sinzheimer*, Grundzüge, 82; wohl auch *Anschütz*, Art. 159 Anm. 2, 7; wie hier *Berghäuser*, 196ff.

449 BVerfG 1.3.1979, E 50, 290, 367.

des verfassungsrechtlich als Grundfreiheit ausschließlich geschützten positiven Koalitionsrechts. Positive und »negative« Koalitionsfreiheit können deshalb auch in keinem – wie immer gearteten – Rangverhältnis zueinander stehen. Scheinbar »logische« Schlüsse von der »Natur« des Art. 9 Abs. 3 GG als Freiheitsrecht auf ein angeblich notwendig gleichgewichtiges Fernbleiberecht[450] sind verfehlt. Aus Art. 9 Abs. 3 Satz 1 GG ist lediglich zu schließen, dass das Grundgesetz keine staatliche Koalitionspflicht kennt, d.h., dass niemand durch den Staat gezwungen werden darf, einer Koalition beizutreten. Wegen der in Art. 9 Abs. 3 Satz 2 GG ausdrücklich angeordneten »Drittwirkung« gilt dieses **Verbot des Beitrittszwanges** grundsätzlich auch für die Koalitionen selbst, doch kann es ihnen gegenüber sicherlich nicht stärker wirken als gegenüber staatlichen Beitrittszwängen. **Verboten** sind daher nur solche **Einflussnahmen, die staatlichen Beitrittszwängen** von ihrer Verpflichtungswirkung her annähernd **gleichkommen.**

Diese Feststellung wird durch die **allgemeine Drittwirkungslehre** bestätigt. **168**
Danach rechtfertigt sich die inzwischen (nicht nur für den Spezialfall des Art. 9 Abs. 3 Satz 2 GG) allgemein anerkannte (Drittwirkung) der Grundrechte auch für den nichtstaatlichen Bereich privater Rechtsbeziehungen aus ihrer eigentlichen historischen Funktion, den einzelnen Menschen **vor überlegener sozialer Macht zu schützen.** Dieser grundrechtliche Schutzzweck dürfe dann aber nicht nur gegenüber den »klassischen« staatlichen Gefährdungen, sondern ebenso gegenüber vergleichbaren wirtschaftlich-sozialen Zwängen wirken.[451] Derart überlegene wirtschaftliche Sozialmacht wird allerdings nur dort vorhanden sein, wo der einzelne ihr **praktisch unentrinnbar ausgeliefert** wird. Solche faktische »Unentrinnbarkeit« ist das Kennzeichen staatlicher Machtausübung.

Ein **unentrinnbarer Entscheidungsdruck**, der die **Koalitions(entscheidungs)-** **169**
**freiheit** des Art. 9 Abs. 3 GG verletzt, kann auf Grund zwingender rechtlicher Regelungen gerade auch in privaten **Arbeitsverhältnissen** bestehen. Für das Problem der tariflichen Differenzierungsklauseln bedeutet dies, dass Art. 9 Abs. 3 Satz 2 GG nur dann die von der h.M. angenommene Schutzwirkung im Sinne einer **»negativen Koalitionsfreiheit«** entfaltet, wenn der betroffene nicht bzw. anders organisierte Arbeitnehmer dem von solchen (juristisch verbindlich differenzierenden) Tarifabsprachen ausgehenden wirtschaftlichen Druck zum Gewerkschaftsbeitritt praktisch unwiderstehlich ausgeliefert ist. Sofern nun die – nur den Gewerkschaftsmitgliedern auf Grund einer tariflichen Differenzierungsklausel vorbehaltenen – **Sondervorteile wertmäßig unterhalb des Jahresmitgliedsbeitrages** bleiben, liegt daher keine derartige wirtschaftlich unwiderstehliche Beitrittsverlockung für Außenseiter vor. Mindestens bis zu diesem Wert sind Differenzierungsleistungen daher rechtlich zulässig.[452] Während das Bundesarbeitsgericht diese Zusammenhänge in seiner Differenzierungsklausel-Entscheidung[453] weithin verkennt, steht die beiläufige Bemerkung des Bundesverfassungsgerichts im Mitbestimmungsurteil[454] der hier vertretenen

450 So z.B. *Scholz*, in: Maunz/Dürig, Art. 9 Rn. 226.

451 Vgl. z.B. BVerfG, E 25, 256, 263ff.; *Stein/Frank*, Staatsrecht, § 27 V, 222; *Reuter*, ZfA 1978, 56.

452 Ebenso *Stein*, Rn. 369: »Solange in einer privaten Kosten-Nutzenrechnung der Beitritt keine Vorteile verschafft, weil die Beiträge die Besserstellung aus dem Tarifvertrag aufzehren«, ist die Differenzierung zulässig. Ferner: *Gamillscheg*, Kollektives Arbeitsrecht I, § 7 III 8 b, 359; *Herschel*, AuR 1966, 193ff.; Wiedemann/*Wiedemann*, Einl. Rn. 304; ErfK/*Dieterich*, Art. 9 GG Rn. 33.

453 BAG 29.11.1967, AP Nr. 13 zu Art. 9 GG.

454 BVerfG 1.3.1979, E 50, 290, 367.

Auffassung nicht entgegen (zum Problem der Differenzierungsklauseln vgl. im Übrigen § 3 Rn. 246 ff.). Dementsprechend sind in der Tarifpraxis Differenzierungsklauseln bis zu einem Jahresbeitrag von 1200 DM (1992) nicht beanstandet worden.[455]

170 Das Problem der **negativen Koalitionsfreiheit** war im Zusammenhang mit den Tarifverträgen über die Einführung einer 38,5-Stunden-Woche in der Metallindustrie von 1984 (so genannter **Leber-Kompromiss**) insofern wieder aktueller geworden, als jene Tarifverträge die individuelle regelmäßige wöchentliche Arbeitszeit des Arbeitnehmers selbst nicht endgültig festgelegt, sondern sich auf Rahmensetzungen beschränkt, welche durch ergänzende Betriebsvereinbarungen nach § 77 Abs. 3 Satz 2 BetrVG verbindlich zu konkretisieren waren. Da diese Betriebsvereinbarungen dann wegen § 77 Abs. 4 Satz 1 BetrVG auch für die nicht oder anders organisierten Arbeitnehmer des Betriebes unmittelbar und zwingend galten, sollten sie insoweit gegen die negative Koalitionsfreiheit dieser Außenseiter verstoßen, weil sie die Tarifvertragsparteien nicht hierzu legitimiert hätten.[456] Das Bundesarbeitsgericht hat einen solchen Verfassungsverstoß jedoch mit Recht verneint, weil die Legitimation zum Abschluss derartig ergänzender Betriebsvereinbarungen nicht auf dem Arbeitszeitrahmen-Tarifvertrag, sondern auf der gesetzlichen Regelung des § 77 Abs. 3 Satz 2 BetrVG beruhe.[457] Auch die (legitimationsrechtlich primäre) Zulassungsnorm des § 77 Abs. 3 Satz 2 BetrVG verstößt nicht gegen die negative Koalitionsfreiheit, weil die Außenseiter hinsichtlich tarifergänzender Betriebsvereinbarungen über den Betriebsrat ebenfalls repräsentiert werden.[458] Hier vermittelt der Betriebsrat den Außenseitern eine ähnliche demokratische Legitimation wie der Bundesminister für Wirtschaft und Arbeit bei der Allgemeinverbindlicherklärung von Tarifverträgen nach § 5 TVG. In beiden Fällen handelt es sich um eine Rechtsetzung »zur gesamten Hand« (vgl. § 5 Rn. 51). Deshalb sind die tariflichen Rahmenvorschriften in den Fällen des § 77 Abs. 3 Satz 2 BetrVG als koalitionsrechtlich unbedenkliche Kombination von betriebsverfassungsrechtlichen und inhaltlichen Normen im Sinne der §§ 3 Abs. 2, 1 Abs. 1 TVG[459] oder entsprechenden tarifvertraglichen Aufträgen an die organisierten Arbeitgeber[460] anzusehen.

171 Sofern eine **Differenzierungsklausel** keine Abgrenzung gegenüber nichtorganisierten Arbeitnehmern, sondern gegenüber den Mitgliedern einer anderen Gewerkschaft bezweckt, wird sie zum **rechtlichen Instrument des Wettbewerbs zwischen konkurrierenden Arbeitnehmerorganisationen**. Je mehr die Rechtsprechung den bloßen Abschluss von unselbständigen Anschlusstarifverträgen als Nachweis der Mächtigkeit und Durchsetzungsfähigkeit einer Koalition (als Voraussetzung ihrer Tariffähigkeit) gelten lässt[461], desto mehr werden sie sich als legitime Maßnahmen des gewerkschaftlichen Bestandsschutzes vor »Raubkopien« der eigenen Tarifverträge und unlauterer »Billigkonkurrenz« gemäß

---

455 LAG Hamm 11.1.1994 (11 Sa 979/93) LAGE Nr. 4 zu § 4 TVG; *Zachert*, DB 1995, 324; *Däubler*, BB 2002, 1646 ff.; *Kempen*, FA 2005, 14.

456 So *Linnenkohl*, BB 1988, 1459 f.; *Schüren*, RdA 1988, 142 ff.

457 BAG 18.8.1987, AP Nr. 23 zu § 77 BetrVG 1972.

458 Vgl. *Hanau*, NZA 1985, 75 f.

459 Vgl. *Linnenkohl*, BB 1988, 1460.

460 Vgl. *Kempen*, AuR 1989, 261.

461 Vgl. etwa BAG 16.11.1982 und 10.9.1985, AP Nr. 32 und 34 zu § 2 TVG; anders wieder BAG 25.11.1986 und 16.1.1990, AP Nr. 36, 38 und 39 zu § 2 TVG; BAG 6.6.2000 (1 ABR 10/99), AP Nr. 55 zu § 2 TVG.

Art. 9 Abs. 3 GG rechtfertigen. Diese neue Aktualität der Differenzierungsklauseln dürfte nochmals zunehmen, wenn sich ein **»Gewerkschaftspluralismus«** als Grundstruktur in der Tarifpolitik durchsetzen sollte (vgl. § 2 Rn. 38f.).[462] Nachdem das Bundesverfassungsgericht – wenn auch im grundrechtlich von ihm »verdünnten« Raum der Hochseeschifffahrt – sogar die **Closed-Shop-Klausel** gemäß den Tarifverträgen ausländischer Konkurrenzgewerkschaften im Bereich des § 21 Flaggenrechtsgesetz gelten lässt[463], spricht auch dies für die Zulässigkeit von **Abstands- und Spannenklauseln** als zulässigen Konkurrenzschutz im zwischengewerkschaftlichen Wettbewerb.[464]

### *gg) Bindung an das »Gemeinwohl«*

Damit stellt sich die theoretisch vielerörterte, aber bislang nicht praktisch gewordene Frage, ob das Verfassungsrecht wenigstens eine generelle **»Gemeinwohl«-Bindung der Tarifvertragsparteien** vorsieht (vgl. dazu im Übrigen auch § 2 Rn. 8f.). In seiner Arbeitnehmerkammer-Entscheidung hat das Bundesverfassungsgericht es als »selbstverständlich« angesehen, dass »auch die Gewerkschaften angesichts der Bedeutung ihrer Tätigkeit für die gesamte Wirtschaft und ihres (auch geistigen) Einflusses auf weite Bereiche des öffentlichen Lebens bei allen ihren Aktivitäten das gemeine Wohl berücksichtigen« müssten.[465] Demgegenüber schätzt die moderne Wissenschaftstheorie diesen Begriff zwar als »Leerformel« ein[466], doch verliert er dadurch keineswegs seine mögliche rechtspolitische Bedeutung. Je undeutlicher nämlich seine Konturen sind, desto größer wird der eigene Entscheidungsspielraum eines mit diesem Begriff arbeitenden Gerichts gegenüber den Tarifvertragsparteien sein. Andererseits könnte der Richter nur die beschreibbaren Verstöße gegen das »Gemeinwohl« ahnden. Ein derartiger Grundsatz ist folglich rechtsstaatlich nicht justitiabel, sondern erweist sich auch insofern als eine »metapolitische Illusion«.[467] Das »Gemeinwohl« lässt sich aber auch nicht mit den Mehrheitsentscheidungen des Parlaments, d.h. also mit den Gesetzen, gleichsetzen, weil Art. 9 Abs. 3 GG damit verfassungswidrig unter Gesetzesvorbehalt gestellt würde. Tatsächlich soll die Tarifautonomie aber gerade die sozial mangelhaften Ergebnisse gesetzgeberischer Verfahren korrigieren und ergänzen helfen. Sie ist insofern integrierender Bestandteil des demokratischen Gesamtwillensbildungsprozesses, der im Grundgesetz auf einen fairen Interessenausgleich aller Beteiligten hin konzipiert wurde. Die Bedeutung demokratischer Verfahrensweisen liegt nun gerade darin, dass sie an vorgefasste abstrakte Gemeinwohlwertungen demokratiefremder Instanzen (z.B. Kirche, Monarch) nicht gebunden ist, sondern nach dem Mehrheitsprinzip stets nur vorläufige, jederzeit von neuen Mehrheiten aufhebbare konkrete Interessenkompromisse hervorbringen.[468] Da das tarifautonome Verfahren weitgehend denselben Prinzipien unterliegt und dabei koalitionsgrundrechtlich als das sachnähere vertragsförmige Entscheidungsverfahren konzipiert worden ist[469], kann man dem 172

462 Dazu *Franzen*, RdA 2001, 1 einerseits und *Kempen*, FS 50 Jahre BAG, 743ff. andererseits.
463 BVerfG 10.1.1995, E 92, 26, 40.
464 Vgl. *Zachert*, DB 1995, 325.
465 BVerfG 18.12.1974, E 38, 281, 307; vgl. auch BVerfG 4.7.1995 (1 BvF 2/86), E 92, 365, 394.
466 *Stolleis*, 37.
467 *Kelsen*, Demokratie, 22.
468 Vgl. dazu *Kempen*, DSt 1979, 93ff.
469 Vgl. BVerfG 2.3.1993, E 88, 103, 114ff.

Parlament schon deshalb kaum eine intensivere »Gemeinwohl«erkenntnis zuschreiben.[470]

Speziell den **Gewerkschaften** wird in diesem Zusammenhang häufig vorgeworfen, sie verträten nur **partikulare**, also nicht gemeinwohlorientierte **Interessen**. Dabei wird indessen übersehen, dass diese interessenpolitische Ausrichtung im Verhältnis zur Arbeitgeberseite verfassungsrechtlich durchaus gewollt ist. Dennoch setzt in der Praxis die psychosoziale Abhängigkeit der Gewerkschaftsmitglieder in ihrer Eigenschaft als Arbeitnehmer des sozialen Gegenspielers einer extrem selbstbezogenen Gewerkschaftspolitik regelmäßig unübersteigbare Grenzen. In ähnlicher Weise ist auch die Distanz zum Gesetzgeber praktisch weniger stark ausgeprägt, als dies die Koalitionsautonomie vermuten lässt, denn die organisierten Arbeitnehmer sind in aller Regel gleichzeitig auch wahlberechtigte Bürger und lassen sich in diesen Rollen nicht vollständig aufspalten.

**173** Die unterschiedlichen Verfahrensvoraussetzungen des parlamentarischen und des tariflichen Entscheidungsprozesses eignen sich demnach ebenfalls nicht, um eine Bindung der Koalitionen an ein (im parlamentarischen Gesetz verkörpertes) »Gemeinwohl« zu begründen. Deshalb läuft auch der Versuch eines **»pluralistischen Gemeinwohlverständnisses«** nur auf Beschreibungen der unterschiedlichen Rechtssetzungsverfahren, nicht dagegen auf generell normative Gemeinwohldefinition hinaus.[471] Tatsächlich dient die »Gemeinwohl«-Argumentation auch nur selten dazu, die Tarifvertragsparteien direkt an parlamentarische bzw. regierungsamtliche Aussagen zu binden.[472] Ihre moderne Variante stützt sich vielmehr auf die technokratische Annahme von der wissenschaftlichen Überlegenheit keynesianischer Konjunktursteuerungsinstrumente und der damit verbundenen **Sachverständigen-Prognostik**[473] gegenüber den koalitionsförmigen Entscheidungsprozessen. Danach sollen insbesondere zwingende **staatliche Lohnleitlinien** aufgestellt werden dürfen[474] oder aber die am **»gesamtwirtschaftlichen Gleichgewicht«** des **Art. 109 Abs. 2 GG** ausgerichteten »Orientierungsdaten« der »Konzertierten Aktion« (§ 3 StabG) als verbindliche Gemeinwohlrichtlinie für Lohnabschlüsse verstanden werden.[475] Diese **Orientierungsdaten**, welche die Bundesregierung im Falle der Gefährdung des gesamtwirtschaftlichen Gleichgewichts (§ 1 StabG) unter anderem den Tarifvertragsparteien »zur Verfügung« stellt (§ 3 StabG), enthalten in aller Regel auch konkrete Hinweise auf die für angemessen gehaltenen künftigen Einkommenssteigerungen. Da sie jedoch nur informierenden Charakter haben, könnten sie bindende Wirkung erst dann entfalten, wenn der Gesetzgeber versuchen sollte, sie zu legislativen Lohnleitlinien auszugestalten.[476] Da dies bislang nicht geschehen ist, blieb auch eine auf die Nichtbeachtung der Orientierungsdaten gestützte Schadensersatzklage erfolglos, mit welcher ein Ausgleich des im darauffolgenden Jahr eingetretenen Geldwertverlusts von den Tarifvertragsparteien verlangt worden

---

470 ErfK/*Dieterich*, Art. 9 GG Rn. 77; MünchArbR/*Richardi*, § 240 Rn. 30; *Löwisch/Rieble*, Grundl. Rn. 57; a. A. *Thüsing*, FS 30 Jahre BAG, 900ff.; offen Wiedemann/*Wiedemann*, Einl. Rn. 351f.

471 Vgl. *Rüfner*, RdA 1985, 198f.

472 So aber z. B. noch *W. Weber*, 46.

473 Vgl. dazu das Gesetz über die Bildung eines Sachverständigenrates zur Begutachtung der gesamtwirtschaftlichen Entwicklung vom 14. 8. 1963, BGBl. I, 685.

474 *Schachtschneider*, DSt 1977, 493ff.

475 In dieser Richtung z. B. *G. A. Bulla*, FS Nipperdey II, 83ff.; *Säcker*, Grundprobleme, 54ff.

476 *Badura*, AöR 104 (1979), 254.

war.[477] Eine gesetzliche Festlegung der Tarifabschlüsse auf die in den »Orientierungsdaten« enthaltenen Eckwerte scheitert indessen wiederum, weil die staatlichen Kompetenzen im Bereich der Arbeits- und Wirtschaftsbedingungen an der »Normsetzungsprärogative« des Art. 9 Abs. 3 GG enden und weil eine beides überwölbende konkrete staatliche Gemeinwohlkompetenz insoweit verfassungsrechtlich nicht nachweisbar und damit schon gar nicht justitiabel ist.[478] Deshalb besteht auch keine Tarifbindung an öffentliches (staatliches oder kommunales) **Haushaltsrecht**.[479]

Angesichts solcher dogmatischen Schwierigkeiten hat man schließlich versucht, **174** den Tarifvertragsparteien wenigstens für »außergewöhnliche Fälle«[480] »grob stabilitätswidrigen« Verhaltens[481] unter Bezugnahme auf das Gemeinwohl »äußerste Missbrauchsgrenzen«[482] aufzuerlegen.[483] Dies läuft auf eine staatliche Zwangsschlichtung in Notstandszeiten hinaus[484], wie sie die Weimarer Republik kannte. Letztlich zeigt sich auch hier, dass das Gemeinwohl als Zulässigkeitsschranke der Tarifautonomie nicht anwendbar ist, ohne dass damit eine unzulässige **Tarifzensur** ausgeübt würde.[485]

Der 1968 mit der **»Notstandsnovelle«** eingefügte **Satz 3 des Art. 9 Abs. 3 GG** **175** bestätigt dies, indem er staatliche Zwangsmaßnahmen gegen Arbeitskämpfe sogar in den grundgesetzlich geregelten Notstandsfällen verbietet, sofern die Koalitionen diese Kampfmaßnahmen zur Wahrung und Förderung der Arbeits- und Wirtschaftsbedingungen durchführen. Daraus ergeben sich zwei wichtige Erkenntnisse: Zum einen darf der autonome Abschluss von Tarifverträgen auch in Notstandssituationen staatlich nicht behindert werden, denn die durch Art. 9 Abs. 3 Satz 3 GG geschützten »Arbeitskämpfe« sind wesentliche Voraussetzung solcher Tarifabschlüsse. Wenn sogar der Arbeitskampf als politisch brisantester Teil des tarifautonomen Verfahrens im Notstandsfall unangetastet bleibt, dann ist hieraus zweitens zu schließen, dass Schwierigkeiten im Bereich der Arbeits- und Wirtschaftsbedingungen überhaupt nicht unter den Tatbestand des Notstandes fallen und daher auch keinerlei Notstandsermächtigungen auslösen können.

Unzulässig wäre allerdings der (wegen notwendiger Zustimmung der Gegen- **176** seite) theoretische Versuch einer tarifvertraglichen »Systemüberwindung« der Wirtschaftsordnung.[486] Die Bindung der Tarifvertragsparteien an den Wesensgehalt der Grundrechte (vgl. Grundl. Rn. 141) sowie an die zwingend normierten Konkretisierungen und Ausgestaltungen grundrechtlicher Gesetzesvorbehalte durch das Parlament schließt die Möglichkeit aus. Freilich müssen solche Grenzen auch durch konkrete gesetzliche Entscheidungen festgelegt sein, d.h., sie

---

477 BGH 14.3.1978, NJW 1978, 2031 (mit Anm. von *Schmidt-Preuß*, JuS 1979, 551); BAG 20.8.1986 (4 AZR 272/85), AP Nr. 6 zu § 1 TVG Tarifverträge: Seniorität.

478 Ebenso ErfK/*Dieterich*, Art. 9 GG Rn. 78; *Kemper*, 98ff., 110f.; *Kittner*, GMH 1976, 162, *Muhr*, RdA 1973, 11; *Ramm*, Arbeitskampf, 170; *Reuss*, 331ff.; *Schmidt-Preuß*, Zentralfragen, 190ff.; auch BVerfG 2.3.1993, E 88, 103, 115.

479 Im Ergebnis ebenso BAG 30.4.1985, AP Nr. 4 zu § 1 BetrAVG Ablösung.

480 *Badura*, AöR 104 (1979), 254.

481 *Scholz*, in: Maunz/Dürig, Art. 9 Rn. 276.

482 *Scholz*, in: Maunz/Dürig, Art. 9 Rn. 276.

483 Ähnlich wohl auch Wiedemann/*Wiedemann*, Einl. Rn. 352, *Dütz*, JA 1987, 413.

484 Vgl. *W. Weber*, 45.

485 ErfK/*Dieterich*, Art. 9 GG Rn. 78; über dieses Ergebnis gelangt auch der Rehabilitationsversuch von *Thüsing*, FS 50 Jahre BAG, 908ff., nicht hinaus.

486 Vgl. *Scholz*, DB 1987, 1194.

können nicht durch einen allgemeinen Hinweis auf wirtschafts- und arbeitsverfassungsrechtliche Homogenitätspflichten[487] ins Belieben politischer oder richterlicher Tarifzensur gestellt werden.

### *hh) Unternehmensmitbestimmung als Einschränkung der Tarifautonomie?*

**177** Die **Verfassungsbeschwerde gegen** das Gesetz über die Mitbestimmung der Arbeitnehmer vom 4. Mai 1976 **(Mitbestimmungsgesetz)** war insbesondere auf die Annahme gestützt worden, Art. 9 Abs. 3 GG garantiere mit der Unabhängigkeit der unternehmerischen Willensbildung in der Tarifpolitik gleich auch generell ein allgemeines unternehmerisches Alleinentscheidungsrecht der Eigentümer. Koalitionsfreiheit und Tarifautonomie müssten dann umgekehrt auch als Verfassungsgarantie einer rein eigentumsbestimmten Unternehmensstruktur wirken, weil sie diese voraussetzten. Speziell aus ihrer indirekten (quasi konkaven) Garantie gemäß Art. 9 Abs. 3 GG erschiene deshalb jede unternehmerische Mitbestimmung der Arbeitnehmer verfassungswidrig.[488] In seiner Mitbestimmungsentscheidung hat das Bundesverfassungsgericht demgegenüber die wirtschaftspolitische Neutralität des Grundgesetzes erneut betont[489] und die Verfassungsmäßigkeit der Mitbestimmung unter anderem auch auf die Erwägung gestützt, dass »Art. 9 Abs. 3 GG andere Formen einer sinnvollen Ordnung und Befriedung des Arbeitslebens als die des Tarifsystems« keineswegs ausschließen wolle.[490] Das demnach mögliche »Nebeneinander von Tarifsystem und Mitbestimmung« könne jedoch »zu Gewichtsverlagerungen, aber auch zu Konkurrenzen führen, die einen Ausgleich erforderlich machen«. Solche Ausgleichsregelungen lägen in der Kompetenz des Gesetzgebers, wobei auch »Beschränkungen der Tarifautonomie« möglich seien, sofern »diese im Prinzip erhalten und funktionsfähig« bliebe.[491] Die Mitbestimmungsmöglichkeiten nach dem Gesetz von 1976 reichten allerdings nicht weit genug, um derartige Vorkehrungen erforderlich zu machen.

Solche Formulierungen des Bundesverfassungsgerichts können leicht den (irrigen) Eindruck erwecken, als schreibe die Verfassung das Ausmaß der Beteiligung der Arbeitnehmer am wirtschaftlichen Geschohen ein für allemal auf den 1949 politisch realisierten Status fest und beschränke es damit auf die seinerzeit tatsächlich wahrgenommenen Handlungschancen und Einflussmöglichkeiten. Demnach wäre dann über jene damals wirklich ausgeübten Positionen hinaus zwar ein formaler Wechsel der Mitbestimmungsformen gestattet (z.B. von der Tarifpolitik zur unternehmerischen Mitbestimmung), nicht aber eine materielle Ausweitung des Gesamtumfangs der Arbeitnehmermitwirkung.[492]

**178** Tatsächlich aber wurde mit der Koalitionsfreiheit des Grundgesetzes nicht etwa nur die reale gewerkschaftliche Praxis von 1919 und 1949 legalisiert, sondern das zentrale programmatische Ziel der Arbeiterbewegung, nämlich die gleichberechtigte Mitwirkung an der Gestaltung der Arbeits- und Wirtschaftsbedingungen.[493]

---

487 So *Scholz*, DB 1987, 1194.
488 Vgl. hierzu *Keßler*, 186ff.
489 BVerfG 1.3.1979, E 50, 290, 338.
490 BVerfG 1.3.1979, E 50, 290, 372.
491 BVerfG 1.3.1979, E 50, 290, 372f.
492 So z.B. *Vollmer*, DB 1978, 309, 358; ähnlich *Koller*, ZfA 1978, 56ff.; wohl auch *Kübler/W. Schmidt/Simitis*, Mitbestimmung, 46f.
493 Vgl. AK-GG-*Kittner*, Art. 9 Abs. 3 Rn. 28.

Wegen der Dynamik ökonomischer Entwicklungen verbot es sich, die hierzu notwendigen industriellen Ausgleichsmechanismen (z.B. Tarifautonomie, Betriebs- und Personalvertretung) abschließend festzulegen. Vielmehr bleibt das koalitionsrechtlich zulässige Instrumentarium offen am Zielmodell paritätischer Beteiligung ausgerichtet. Folglich legitimiert Art. 9 Abs. 3 GG bei einem Einflussgewinn der Unternehmerseite entsprechende neue Beteiligungsmöglichkeiten der Arbeitnehmer. In diesem Sinne muss das Mitbestimmungsgesetz 1976 auch als ein Gegenmechanismus zu dem der Arbeitgeberseite mit dem Stabilitätsgesetz bereits 1967 zugewachsenen Einflussgewinn auf die staatliche Wirtschaftspolitik gesehen werden.[494] Es rechtfertigt mithin keine Einschränkung der Tarifautonomie, doch lässt sich nicht übersehen, dass die dauerhafte Diskussion über die **Unternehmensfreiheit** als Schranke der Tarifautonomie[495] (vgl. dazu § 1 Rn. 487ff.) auch dadurch bestärkt wird, dass die Arbeitnehmer gesetzlich über die Aufsichtsräte quasi unternehmerischen Einfluss ausüben können.

Im Übrigen sei hier vorläufig nur am Rande bemerkt, dass Tarifverträge auch **»betriebsverfassungsrechtliche Fragen«** regeln können (vgl. dazu eingehend § 1 Rn. 557ff.) und dass die Beteiligung von Belegschaftsvertretern an der Unternehmensführung schon nach § 70 Betriebsrätegesetz vom 4. Februar 1920 als betriebsverfassungsrechtliche Materie angesehen worden ist. Demzufolge waren damals bereits zwei Betriebsratsmitglieder in den Aufsichtsrat zu entsenden.[496] Aus diesem Grunde umfasst der betriebsverfassungsrechtliche Regelungsbereich der Tarifverträge nach § 1 Abs. 1 TVG seit 1949 wie schon in der Weimarer Republik prinzipiell zugleich die Mitbestimmung im Unternehmensbereich. Dies verkennt *Beuthien*[497], der die originäre betriebsverfassungsrechtliche Wurzel der Mitbestimmung übersehen hat. Schon wegen der notwendigen gesellschaftsrechtlichen Umsetzung bleiben die Möglichkeiten einer **tariflichen Regelung der Unternehmensmitbestimmung** eng.[498] **179**

### b) Mittelbare Schranken der Tarifautonomie (»Innenschranken«)

#### *aa) Tarifautonomie und Selbstverwaltung der Kirchen (Art. 140 GG in Verbindung mit Art. 137 Abs. 3 WRV)*

In seinem umstrittenen »Volmarstein«-Beschluss zum Problem gewerkschaftlicher Zutrittsrechte zu kirchlichen Einrichtungen[499] hat das Bundesverfassungsgericht das verfassungsrechtliche Verhältnis von Tarifautonomie einerseits (Art. 9 Abs. 3 GG) und kirchlicher Autonomie andererseits (Art. 140 GG in Verbindung mit Art. 137 Abs. 3 WRV) nicht behandelt, weil es irrigerweise angenommen hat, das Koalitionsrecht umfasse grundsätzlich kein Zutrittsrecht für einen belegschaftsfremden Gewerkschaftsvertreter zum jeweiligen Betrieb, sofern dort Ge- **180**

494 Vgl. dazu *Kempen*, GMH 1977, 473; *ders.*, AuR 1980, 176f.
495 Vgl. ErfK/*Dieterich*, Art. 12 GG Rn. 39f., 43.
496 Vgl. auch das dazu ergangene Gesetz über die Entsendung von Betriebsratsmitgliedern in den Aufsichtsrat vom 4.2.1920, RGBl. I, 147.
497 ZfA 1983, 143ff.
498 *Däubler/Hensche*, § 1 Rn. 847ff.; ablehnend *Löwisch/Rieble*, Grundl. Rn. 25.
499 BVerfG 17.2.1981, E 57, 220 (mit Anm. von *Rüthers*, AP Nr. 9 zu Art. 140 GG, *Otto*, EzA Nr. 32 zu Art. 9 GG und *Scholz*, SAE 1981, 257. Nach BVerfG 14.11.1995, E 93, 352, 359, darf das Zutrittsrecht allerdings auch in kirchlichen Einrichtungen nur noch eingeschränkt werden, wenn hierdurch der Betriebsablauf gestört wird – ErfK/*Dieterich* Art. 4 GG Rn. 54; *Hammer*, Kirchliches Arbeitsrecht, 96.

werkschaftsmitglieder beschäftigt sind (vgl. Grundl. Rn. 114f.). Im vorliegenden Zusammenhang geht es dagegen um die Frage, ob das **kirchliche Selbstbestimmungsrecht die tarifliche Regelung der Arbeitsverhältnisse von Kirchenbeschäftigten beschränkt**. Das ist zunächst insoweit zu bejahen, wie sich die Kirchen als öffentlich-rechtliche Körperschaften gemäß Art. 137 Abs. 5 WRV in Verbindung mit Art. 140 GG entschließen, ihr Dienstrecht nach öffentlich-rechtlichen Prinzipien zu regeln. Soweit sie privatrechtliche Arbeitsverträge schließen, unterliegen sie dem allgemeinen Arbeitsrecht, das zu den »für alle geltenden« Gesetzen gehört und der kirchlichen Autonomie nach Art. 137 Abs. 3 WRV Schranken zieht. Was nun im Einzelnen unter jenen allgemeinen Gesetzen zu verstehen ist[500], kann hier offen bleiben, denn als Bestandteil des Art. 9 Abs. 3 GG setzt die Tarifautonomie der Kirchen-Selbstverwaltung eine eigene verfassungsrechtliche Grenze.[501] Schon wegen der »Drittwirkung« des Satzes 2 gilt Art. 9 Abs. 3 GG nämlich auch für Religionsgemeinschaften.[502] Demnach können die Gewerkschaften **Tarifverträge mit Kirchen** abschließen. Damit aber sind die Religionsgemeinschaften grundsätzlich ebenso wenig vor **Arbeitskämpfen** geschützt, soweit es hierbei nicht um die durch Art. 4 Abs. 2 GG besonders garantierte eigentliche Ausübung und Verkündung der Religion geht.[503] Freilich besteht hier – wie anderswo – kein besonderer gewerkschaftlicher Anspruch auf Führung von Tarifverhandlungen, sondern lediglich die Möglichkeit, den Tarifgegner streikweise zum Verhandeln zu zwingen.[504]

**181** Tatsächlich sind bislang nur zwei Tarifverträge mit der Evangelischen Landeskirche Nordelbien und der Evangelischen Landeskirche Berlin-Brandenburg sowie einige Haustarifverträge abgeschlossen worden[505], die nicht unter konkreten Streikdrohungen zu Stande kamen. Die übrigen Evangelischen Landeskirchen lehnen Tarifverträge ebenso wie die Katholische Deutsche Bischofskonferenz prinzipiell ab. Sie haben stattdessen den so genannten **Dritten Weg** gewählt, über den paritätisch zusammengesetzte Verhandlungskommissionen kirchliche »Dienstvertragsverordnungen« verhandeln und festlegen. Im Falle fehlender Einigung entscheiden kirchlich (d.h. arbeitgeberseitig) autorisierte Gremien (Synode/Bischof) endgültig.[506] Diese kirchlichen Regelungen sind deshalb aber nicht unwirksam. Da den Verhandlungsgremien der Arbeitnehmer jedoch der Streik untersagt ist und sie infolgedessen ihre Arbeitsverhältnisse nicht kampfweise suspendieren können, fehlt es ihnen an der notwendigen rechtlichen Unabhängigkeit und Druckausübungsfähigkeit. Beide sind aber Voraussetzung der Normqualität tariflicher Bestimmungen. Die auf dem »Dritten Weg« vereinbar-

500 Vgl. BVerfG 21.7.1976, E 42, 312, 333f. einerseits und *Herschel*, AuR 1978, 176 andererseits.

501 *Neumann*, FS G. Müller, 367; *Hammer*, Kirchliches Arbeitsrecht, 338.

502 BVerfG 17.2.1981, E 57, 220, 245; *Dütz*, AuR 1979, Sonderheft, 6.

503 Ähnlich *v. Nell-Breuning*, ÖTV-Magazin 7/1977, 8; *Kühling*, AuR 2001, 241ff.; *Gamillscheg*, Kollektives Arbeitsrecht I, § 23 I 7, 1117; MünchArbR/*Otto*, § 285 Rn. 208ff., 216; a.A. die noch h.M., z.B. *Richardi*, Regelungsautonomie, 477f.; *ders.*, Arbeitsrecht, 139; Wiedemann/*Wiedemann*, § 1 Rn. 121; *Löwisch/Rieble*, § 1 Rn. 27; differenzierend ErfK/*Dieterich*, Art. 4 GG Rn. 53; *Belling*, FS 50 Jahre BAG, 477ff.; *keine* Entscheidung hierzu enthält BAG 6.11.1996, EZA Nr. 16 zu § 611 BGB Ausbildungsbeihilfe = AP Nr. 1 zu § 10a AVR Caritasverband.

504 Vgl. BAG 14.7.1981, AP Nr. 1 zu § 1 TVG Verhandlungspflicht; Wiedemann/*Wank*, § 1 Rn. 52; *Otto*, Anm. zu BVerfG 17.2.1981, E 57, 220, in: AP Nr. 9 zu Art. 140 GG; *Birk*, AuR 1979, Sonderheft, 18ff.; a.A. *Scholz*, SAE 1981, 267f.

505 Vgl. *Hammer*, ZTR 2002, 311.

506 Näheres bei *Hammer*, Kirchliches Arbeitsrecht, 194ff.; *Thüsing*, RdA 1997, 163ff.; *Richardi*, NZA 2002, 929ff.

ten **kirchlichen Arbeitsrechtsregelungen** haben folglich **keine normative Wirkung** wie Tarifverträge[507] und können diesen daher auch nicht gleichgestellt werden.[508] Um vertraglich wirksam zu werden, bedarf es daher stets einer entsprechenden arbeitsvertraglichen Bezugnahme auf die jeweilige Arbeitsvertragsordnung.[509] Die kirchenrechtlich errichteten eigenen **Kirchengerichte**[510] genügen zwar rechtsstaatlichen Anforderungen[511], unterliegen jedoch ihrerseits nicht einer staatlichen Zwangsvollstreckung und genügen deshalb nicht den Anforderungen des Art. 8 Abs. 1 der Europäischen Informations- und Konsultationsrichtlinie vom 11. März 2002.[512]

Bei der Frage, welche arbeitsrechtlichen Regelungen mit den Kirchen tariflich getroffen (und gegebenenfalls streikweise durchgesetzt) werden dürfen, ist die **verfassungsrechtliche Reichweite der Kirchenautonomie** entscheidend. Neben dem eigentlichen Bereich der religiösen Verkündung, welche der arbeitsrechtlichen Gestaltung entzogen ist, zählt das Bundesverfassungsgericht heute auch die karitativen und diakonischen Einrichtungen zum autonomen Bereich der jeweiligen Religionsgemeinschaft.[513] Die dort erbrachten Arbeiten könnten nicht einfach entsprechenden privatwirtschaftlichen Tätigkeiten gleichgestellt werden[514], weil sie **nicht durch den Gegensatz von Kapital und Arbeit geprägt** seien. **182**

Abgesehen davon, dass auch die Beschäftigungsverhältnisse im staatlichen öffentlichen Dienst nicht von jenem »klassischen« Gegensatz geprägt sind, ist dies aber keineswegs Voraussetzung für die Anwendung des Arbeitsrechts. Hierbei geht es vielmehr um den Schutz der arbeitsvertraglich weisungsunterworfenen Arbeitnehmer vor der überlegenen Sozialmacht des weisungsberechtigten Vorgesetzten. Soweit die Kirche ihre Beschäftigten also arbeitsrechtlich an sich bindet, ist sie ihrerseits grundsätzlich auch an das Arbeitsrecht (als für alle geltende Gesetze im Sinne des Art. 137 Abs. 3 Satz 1 WRV) gebunden[515], wenn dabei auch die autonome Besonderheit der Religionsgemeinschaften nach Art. 140 GG in Verbindung mit Art. 137 Abs. 3 WRV zu berücksichtigen ist.[516] Der Staat ist indessen nicht verpflichtet, die Kirchenautonomie vor der Tarifautonomie dahin gehend zu schützen, dass er tarifliche Regelungen auch dort verhindern müsste, wo er aus verfassungsrechtlichen Gründen selbst gesetzlich nicht tätig werden könnte. Während sich der Staat den Religionsgemeinschaften gegenüber nämlich innerhalb der Schranken des »für alle geltenden Gesetzes« (Art. 137 Abs. 3 Satz 1 WRV) zu halten hat, steht die Koalitionsfreiheit den kirchlichen Arbeitnehmern prinzipiell ohne eine solche Einschränkung zu. Art. 9 Abs. 3 GG kennt eben im Gegensatz zur Kirchenautonomie keinen gesetzlichen Schrankenvorbehalt. Insofern ist die **Tarifautonomie im Grundgesetz stärker als die gesetzlich ein-**

507 BAG 20.3.2002 (4 AZR 101/01), ZTR 2003, 297, 298f.; dazu *Hammer*, ZTR 2003, 281.
508 ErfK/*Dieterich*, Art. 4 GG Rn. 52; *Däubler/Däubler*, Einl. Rn. 899c; Wiedemann/*Wiedemann*, § 1 Rn. 129; a.A. MünchArbR/*Richardi*, § 195 Rn. 33ff.; *Thüsing*, RdA 2002, 311.
509 Z.B. BAG 6.12.1990, AP Nr. 12 zu § 2 BeschFG 1985.
510 Dazu *Schliemann*, NJW 2005, 392.
511 BAG 25.4.1989, AP Nr. 34 zu Art. 140 GG.
512 RL 2002/14/EG, Abl. EG Nr. L 80/29; dazu *Seifert*, FS Weiss, 188f.
513 BVerfG 16.10.1968, E 24, 236, 246ff.; BVerfG 11.10.1977, E 46, 73, 85ff.; BVerfG 25.3.1980, E 53, 366, 391; BVerfG 17.2.1981, E 57, 220, 242f.
514 BVerfG 25.3.1980, E 53, 366, 399ff.
515 BAG 1.12.1993, NZA 1994, 369; *Richardi*, NZA 2002, 932; *Belling*, FS 50 Jahre BAG, 479f.
516 Vgl. BVerfG 4.6.1985, E 70, 138; BVerfG NZA 2001, 717; *Belling*, FS 50 Jahre BAG, 481ff.

**schränkbare Kirchenautonomie**[517], denn der ebenfalls vorbehaltlos gewährte Art. 4 Abs. 2 GG gilt nur für den Glaubens- und Verkündungsbereich.[518] Nur dort wären Einschränkungen der Koalitionsfreiheit also auf Grund der verfassungsunmittelbaren staatlichen Schutzpflicht aus Art. 4 Abs. 2 GG denkbar (vgl. z.B. § 18 Abs. 1 Nr. 4 ArbZG). Auch im pflegerischen Bereich können im Übrigen religiöse (Ordens-)Gemeinschaften tätig sein, die dem Arbeitsrecht wegen Art. 4 Abs. 2 GG nicht unterliegen.[519]

**183** Soweit **kirchliche Arbeitnehmer** sich also **gewerkschaftlich organisieren**, stehen ihnen alle koalitionsförmigen Rechte einschließlich des **Arbeitskampfs** und des **Tarifvertragsabschlusses** zu.[520] Für den Arbeitskampf wird dies vielfach mit der Begründung bestritten, kampfweise Auseinandersetzungen widersprächen dem innersten Selbstverständnis der Kirche[521], doch läge es an der Kirche, dieses Selbstverständnis dadurch zu praktizieren, dass sie die bloße rechtliche Möglichkeit des Streiks durch entsprechendes tatsächliches Verhalten vermeidet. Eingeschränkt sein kann diese Position lediglich durch (möglicherweise entgegenstehende) Pflichten der kirchlichen Arbeitnehmer aus ihrer Mitgliedschaft zu der jeweiligen Religionsgemeinschaft (die unter Umständen zur Einstellungsvoraussetzung gemacht werden kann). Da diese religiösen Gründe im Einzelfall fehlende Streikbereitschaft oder mangelnde Unterstützung für bestimmte Tarifgestaltungen zur Folge haben werden, muss die Tarifpolitik gegenüber den Religionsgemeinschaften also aus praktischen (nicht aus rechtlichen) Gründen weitgehend **Rücksicht auf die besondere Situation der betreffenden Mitglieder und** damit **auf die kirchliche Autonomie** nehmen. Mangelnde Arbeitskampfbereitschaft hindert der Rechtsprechung zufolge indessen die Tariffähigkeit der Gewerkschaft und damit Tarifabschlüsse unter den besonderen kirchlichen Bedingungen nicht.[522] Gewerkschaften können indessen keine innerkirchliche Mitarbeitervertretung im Sinne des so genannten Dritten Weges ohne gewerkschaftliche Mitwirkung anerkennen. Da nämlich auch den dortigen Arbeitnehmern das Koalitionsgrundrecht zusteht, ist dieser »Dritte Weg« unter Ausschluss der Gewerkschaften und als einzig zulässiges Mitbestimmungsverfahren verfassungsrechtlich nicht gangbar.[523] Ist die kirchliche »Mitarbeitervertretung« dagegen von den Arbeitnehmern frei gewählt worden, so kann das Wahlrecht hierfür nach Art. 140 GG von der Kirchenzugehörigkeit abhängig gemacht werden.[524]

**184** Soweit der Gesetzgeber im Bereich des **tarifdispositiven Gesetzesrechts** durch so genannte **Kirchenklauseln** den Kirchen und öffentlich-rechtlichen Religionsgesellschaften gestattet, »in ihren Regelungen« von den gesetzlichen Vorschriften abzuweichen (z.B. §§ 3 Abs. 1 Nr. 1 ATZG, 21a Abs. 3 JArbSchG, 7 Abs. 4

---

517 Vgl. *Fuchs*, Handb. VerfR, 749f.

518 Vgl. *Weiss*, AuR 1979, Sonderheft, 29f.

519 Wenig überzeugend daher *Richardi*, NZA 2002, 932; *Thüsing*, RdA 2002, 212; wie hier dagegen *Däubler*, RdA 2003, 205ff.

520 *Gamillscheg*, Kollektivs Arbeitsrecht I; § 23 I 7, 1117; *Kühling*, AuR 2001, 241ff.; MünchArbR/*Otto*, § 285 Rn. 206ff., 216; *Hammer*, Kirchliches Arbeitsrecht, 408ff.; *Däubler/Zwanziger*, § 4 Rn. 1033ff.; ErfK/*Dieterich*, Art. 4 Rn. 53; a.A. vor allem *Richardi*, NZA 2002, 929 und *Thüsing*, RdA 2003, 214; *Richardi/Thüsing*, AuR 2002, 94.

521 Z.B. *Richardi*, AuR 2002, 94; *ders.*, NZA 2002, 932; *Belling*, FS 50 Jahre BAG, 488f., der freilich das rationale Marktelement des Arbeitskampfs irrig dem mittelalterlichen Fehde-Begriff gleichstellt.

522 Vgl. BVerfG 6.5.1964, E 18, 18, 31.

523 Vgl. *v. Nell-Breuning*, AuR 1979, 8.

524 Vgl. BAG 11.3.1986, AP Nr. 25 zu Art. 140 GG.

ArbZG), liegt darin entgegen der Auffassung von *Richardi*[525] keine gesetzliche Anerkennung der Gleichwertigkeit des kirchlichen Arbeitsrechtsregelungsverfahrens mit dem Tarifsystem. Vielmehr gestatten diese Gesetze nicht nur den Kirchen, sondern auch sonstigen nicht tarifgebundenen Arbeitgebern dieselben Abweichungen von den prinzipiell zwingenden Normen, wenn sie (wie die Kirchen bezüglich des BAT) die Anwendung der einschlägigen Tarifverträge arbeitsvertraglich vereinbart haben. Vor allem aber werden entsprechende Abweichungen auch durch Betriebsvereinbarungen gestattet (§§ 21a Abs. 2 JArbSchG, 7 Abs. 3 Satz 1 ArbZG), die bekanntlich (gerade wegen ihrer mangelnden arbeitskampfförmigen Durchsetzbarkeit, vgl. § 74 Abs. 2 Satz 1 BetrVG) keine Rechtsnormen enthalten[526], sondern nur »Regelungen« (§ 77 Abs. 5 BetrVG). Aus den »Kirchenklauseln« mit ihrem Verweis auf die »Regelungen« der Kirchen und öffentlich-rechtlichen Religionsgemeinschaften ist daher allenfalls auf eine Vergleichbarkeit des kirchlichen Arbeitsrechtsregelungssystems mit dem betriebsverfassungsrechtlichen Regelungsverfahren, nicht aber mit dem Tarifsystem zu schließen.

Aus der ausnahmsweise ermöglichten Dispositionsbefugnis für **kirchliche Regelungen** gegenüber vereinzelten staatlichen Normen kann deshalb **weder** auf **ihre allgemeine Gleichstellung mit tariflichen Normen** im Bereich tarifdispositiver Gesetze geschlossen werden[527] **noch** generell ihre **Normqualität** abgeleitet werden.[528] Normsetzungsbefugnis setzt im demokratischen Rechtsstaat demokratische Willensbildungsstrukturen und unabhängige Entscheidungskompetenzen voraus. Sie ist deshalb den Koalitionen, Hochschulen und Gemeinden grundrechtlich zugestanden (vgl. Art. 9 Abs. 3, 5 Abs. 3, 28 Abs. 2 GG) nicht jedoch den Kirchen mit ihrer religiös begründeten Autoritätsverfassung. Zutreffend hat das BAG deshalb festgestellt, dass die arbeitsrechtlichen Regelungen des »Dritten Weges« einem Tarifvertrag im Sinne des § 613a Abs. 1 Satz 2 und 3 BGB nicht gleichzustellen sind.[529] Auch die weitergehende Frage, ob die arbeitsrechtlichen Kirchenregelungen auf Grund eines eigenen **Kirchenrechtlichen »Gesetzes«** Normqualität erlangen können, ist deshalb insoweit zu verneinen wie es um kirchliche Arbeitnehmer geht, die nicht unmittelbar durch Art. 4 Abs. 2 GG geschützte Verkündigungsaufgaben wahrnehmen.[530] Das bestätigt **§ 310 Abs. 4 BGB**, welcher nur Tarifverträge und Betriebsvereinbarungen ausnimmt, jedoch **kirchliche Regelungen der Kontrolle Allgemeiner Geschäftsbedingungen unterwirft.** 185

### *bb) Die »Individualsphäre« des Arbeitnehmers als Tarifgrenze?*

Im Zusammenhang mit Tarifverträgen über die »**Vermögensbildung** in Arbeitnehmerhand« (durch welche eine bestimmte Verwendung des Arbeitsentgelts vorgeschrieben wird) und über »**Bildungsurlaub**« (mit konkreten Bindungen 186

525 ZTR 1994, 102f.
526 *Kempen*, RdA 1994, 150f., mit weiteren Nachweisen.
527 *Däubler/Däubler*, Einl. Rn. 899d.
528 *Däubler/Zwanziger*, § 4 Rn. 1036f.; *Hammer*, ZTR 2003, 283.
529 BAG 20.3.2002 (4 AZR 101/01), NZA 2002, 1402; zustimmend *Däubler/Däubler*, Einl. Rn. 899e; *Däubler/Zwanziger*, § 4 Rn. 1036; *Gaul*, ZTR 2002, 370; *Hammer*, ZTR 2003, 283; Wiedemann/*Wiedemann*, § 1 Rn. 129; ErfK/*Dieterich*, Art. 4 GG Rn. 52; a. A. MünchArbR/*Richardi*, § 153 Rn. 33; *Thüsing*, NZA 2002, 310f.
530 *Dütz*, Einl. Rn. 399f.; irrig deshalb der Ansatz bei *Andelewski/Eckert*, NZA 2005, 662.

für die Freizeit-Gestaltung) ist vor einigen Jahren intensiv die Frage diskutiert worden, ob die Reichweite der Tarifautonomie ihre Grenze an einem verfassungsrechtlich festgelegten Bereich privater Gestaltung finde, welcher einer kollektiven Regelung entzogen sei.[531] Sie wird unterdessen als Frage nach der Tarifautonomie durch die individuelle **Berufsfreiheit** diskutiert.[532] Die tarifliche Regelungsfähigkeit der Vermögensbildung und des Bildungsurlaubs ist unterdessen positiv geklärt (vgl. § 1 Rn. 106 ff. und Rn. 538), doch bleibt das grundsätzliche Problem der angeblich feststehenden Begrenzung der Tarifmacht durch einen Individualvorbehalt zu lösen. Hierbei ist von folgender Überlegung auszugehen: Das Koalitionsrecht ermöglicht ein demokratisches Verfahren zur kollektiven Selbstbestimmung des einzelnen und ist dabei auf die Regelung der »Arbeits- und Wirtschaftsbedingungen« im Sinne des Art. 9 Abs. 3 Satz 1 GG beschränkt. Da es mithin die Ersetzung der Privatautonomie durch qualitativ andere Mittel darstellt, ist ein Konflikt zwischen individueller und kollektiver Regelungsform eigentlich nicht möglich.[533] Der in § 4 Abs. 1 Satz 1 TVG festgelegte Vorrang des Tarifrechts vor der einzelvertraglichen Regelung (mit der einfachgesetzlichen Ausnahme des Günstigkeitsprinzips in § 4 Abs. 3 TVG) beruht auf der demokratischen Legitimation des Tarifvertrages – wie sie in der Koalitionsfreiheit grundrechtlich verankert ist. Die Freiwilligkeit der Koalitionsmitgliedschaft erscheint damit als eigentlicher Grund für die fehlende verfassungsrechtliche Konkurrenz von individueller und tariflicher Arbeitsrechtsbestimmung. Da der einzelne weitgehend auf den Schutz der Tarifverträge angewiesen ist, würde ihn die Austrittsfreiheit allein indessen nicht hinreichend vor Übergriffen in seine Individualsphäre schützen. Deshalb besteht eine Verpflichtung des Tarifrechts auf die verfassungsrechtlichen Grundrechte[534] (vgl. Grundl. Rn. 141 ff.). Die bei den meisten Grundrechten als Einschränkung vorgesehenen **»Gesetzesvorbehalte«** sind dabei freilich als entsprechende **tarifrechtliche Ausgestaltungsvorbehalte**[535] zu lesen.

**187** Die Tarifautonomie dient der kollektiven Realisierung der Grundrechte.[536] Damit aber kann insbesondere aus dem Recht auf **freie Entfaltung der Persönlichkeit (Art. 2 Abs. 1 GG)** und auf **freie Berufsausübung (Art. 12 Abs. 1 GG)** kein von vornherein verfassungsrechtlich, d.h. normativ bestimmter Bereich individueller Vertragsgestaltung abgeleitet werden, demzufolge bestimmte Regelungen (wie z.B. erweiterte Mitbestimmung, Bildungsurlaub, Vermögensbildung, Berufsfortbildung, Betriebsübergang nach § 613a BGB) als höchstpersönliche Rechte des Arbeitnehmers nicht in die »Zuständigkeit« der Tarifvertragsparteien fielen und deshalb tariflich überhaupt nicht geregelt werden dürfen.[537] Tatsächlich nimmt der tarifgebundene Arbeitnehmer nach dem oben Gesagten in derartigen Tarifregelungen sein persönliches Entfaltungsrecht aus Art. 2 Abs. 1 GG lediglich kollektiv, d.h. als Mitglied der Gewerkschaft selbst wahr. Die **persönlichkeitsrecht-**

---

531 Vgl. z.B. *Biedenkopf*, Tarifautonomie 220 ff.; *Misera*, 93 ff.; *Richardi*, Kollektivgewalt, 331 ff.; *Säcker*, Gruppenautonomie, 417 ff.; vgl. ferner die Verhandlungen des 43. DJT 1960, arbeitsrechtliche Abteilung.

532 *Dieterich*, FS Wiedemann, 241 ff.

533 Ähnlich, aber von einem anderen Ausgangspunkt *Scholz*, Koalitionsfreiheit, 361 f.; wie hier ErfK/*Dieterich*, Art. 9 GG Rn. 76.

534 *Däubler/Schiek*, Einl. Rn. 204 ff.

535 A.A. ErfK/*Dieterich*, Art. 12 GG Rn. 24.

536 Ebenso im Ergebnis *Scholz*, Koalitionsfreiheit, 361 ff., 368 ff.

537 In dieser falschen Richtung zuletzt noch BAG 2.10.1974, AP Nr. 1 zu § 613a BGB.

**liche Grenze solcher kollektiven Vereinbarungen** kann deshalb nur dort liegen, wo die Verfassung auch der einzelnen Persönlichkeit die Verfügung über ihr Entfaltungsrecht entzieht: dies ist der von Art. 1 Abs. 2 GG als unveränderlich und unverletzlich bezeichnete Bereich der Menschenwürde.[538] In Anlehnung an die bekannte Formulierung des Bundesverfassungsgerichts[539] bedeutet dies, dass der einzelne nicht zum bloßen Objekt staatlichen oder gesellschaftlichen Handelns gemacht werden darf. Jenseits dieser – in der Tarifpraxis allerdings noch niemals annähernd erreichten – Schranke gibt es mithin über die grundrechtlichen Vorgaben hinaus keine weitere allgemeine »Individualsphäre« als Tarifschranke. Dies hat nichts damit zu tun, dass die Tarifvertragsparteien im Übrigen an die konkreten Grundrechte ihrer Mitglieder gebunden sind, denn dies ist eine Voraussetzung jeden demokratischen Normsetzungsverfahrens (vgl. Grundl. Rn. 197ff.).

# Drittes Kapitel: Das Verhältnis des Tarifvertrages zu anderen Rechtsquellen

## Literatur:

*Andritzky*, Beschäftigungsförderungsgesetz 1985: Eine Zwischenbilanz, NZA 1986, 385; *Badura*, Arbeit als Beruf, FS Herschel, 1982, 21; *ders.*, Arbeitsgesetzbuch. Koalitionsfreiheit und Tarifautonomie, RdA 1974, 333, 367, *Baeck/Diller*, Altersgrenzen – und sie gelten doch, NZA 1995, 360; *Baumann*, Die Rechtsfolgen eines Grundrechtsverstoßes der Tarifpartner, RdA 1994, 272; *Becker*, Unterschiedliche Vergütung leistungsverhinderter Arbeitnehmer und verfassungsrechtliches Gleichbehandlungsgebot, DB 1987, 167; *Beckers*, Die zurückwirkende Änderung von Tarifverträgen, ZTR 1999, 145; *Belling*, Die Verantwortung des Staates für die Normsetzung durch die Tarifpartner, ZfA 1999, 547; *Bengelsdorf*, Beschluss des Großen Senats des BAG zum Weiterbeschäftigungsanspruch. Unzulässiger richterlicher Rechtsetzungsakt, DB 1986, 168 und 222; *Berg*, Rechtliche Probleme der tarifpolitischen Einflussnahme der Gewerkschaften auf Rationalisierungsprozesse am Beispiel tarifvertraglicher Besetzungsregelungen, 1980; *ders./Wendeling-Schröder/Wolter*, Die Zulässigkeit tarifvertraglicher Besetzungsregelungen, RdA 1980, 299; *Bertelsmann*, Lohngleichheit. Die Entscheidung des BAG zu Arbeitsmarktzulagen, AiB 1983, 29, *Bichler*, Nochmals: Zur Zulässigkeit von Betriebsvereinbarungen über Arbeitsbedingungen für AT-Angestellte, DB 1979, 1939; *Biedenkopf*, Grenzen der Tarifautonomie, 1964; *Blomeyer*, Besitzstandswahrung durch Tarifvertrag, ZfA 1980, 1; *Boerner*, Der neue (alte) § 41 Abs. 4 Satz 3 SGB VI, ZfA 1995, 53; *Borwasser*, Zur Zulässigkeit von Betriebsvereinbarungen über materielle Arbeitsbedingungen in nichttarifgebundenen Betrieben, insbesondere in Mischbetrieben, DB 1975, 2275; *Buchner*, Wirkliche und vermeintliche Gefährdungen der Tarifautonomie, FS Kissel, 1994, 97; *ders.*, Arbeitszeitregulierungen im Spannungsfeld zwischen Tarifvertrag und Betriebsvereinbarung, NZA 1986 377; *ders.*,

538 Vgl. dazu *Höfling*, in: Sachs, Art. 1 Rn. 3ff.
539 BVerfG 16.7.1969, E 27, 1, 6; BVerfG 21.6.1977, E 45, 187, 228.

Rechtswirksamkeit der tarifvertraglichen Regelung über die Flexibilisierung der Arbeitszeit in der Metallindustrie, DB 1985, 913; *ders.*, Befristete Arbeitsverhältnisse mit wissenschaftlichem Personal an Hochschulen und Forschungseinrichtungen, RdA 1985, 2581; *ders.*, Der Abbau arbeitsvertraglicher Ansprüche durch Betriebsvereinbarung im System der Mitbestimmung in sozialen Angelegenheiten (§ 87 BetrVG), DB 1983, 877; *Canaris*, Tarifdispositive Normen und richterliche Rechtsfortbildung, GS Dietz, 1973, 199; *Coester*, Vorrangsprinzip des Tarifvertrages, 1973; *Colneric*, Verbot der Frauendiskriminierung im EG-Recht, FS Gnade, 1992, 627; *dies.*, Europäischer Gerichtshof zu Leichtlohngruppen, AiB 1986, 200f.; *dies.*, Leichtlohngruppen und Gleichbehandlungsgebot, AiB 1986, 40; *Conze*, Zur Zulässigkeit von Betriebsvereinbarungen für AT-Angestellte über materielle Arbeitsbedingungen, DB 1978, 490; *Dammann*, Tarifvertrag und Arbeitskampf, Rechtliche Rahmenbedingungen aktiver Lohnpolitik, 1977; *Däubler*, Die Unkündbarkeit von Arbeitsverhältnissen – ein Fremdkörper im Arbeitsrecht?, GS Heinze, 2005, 121; *ders.*, Ein Arbeitsvertragsgesetz?, AuR 1992, 129; *ders.*, Europäische Tarifverträge nach Maastricht, EuZW 1992, 329; *ders.*, Lohngleichheit von Mann und Frau als Rechtsproblem, AuR 1981, 193; *Dieterich*, Gleichheitsgrundsätze im Tarifrecht, RdA 2005, 177; *ders.*, Die grundrechtsdogmatischen Grenzen der Tarifautonomie in der Rechtsprechung des Bundesarbeitsgerichts, FS Wiedemann, 2002, 229; *ders.*, Tarifautonomie und Bundesverfassungsgericht, AuR 2001, 390; *ders.*, Die Grundrechtsbindung von Tarifverträgen, FS Schaub, 1998, 117; *Dörrwächter*, Tendenzschutz im Tarifrecht, 1998; *Dorndorf*, Das Verhältnis von Tarifautonomie und individueller Freiheit als Problem dogmatischer Theorie, FS Kissel, 1994, 139; Dorndorf, Mehr Individualvertragsfreiheit im Arbeitsrecht?, FS Gnade 1992, 39; *Dütz*, Subjektive Umstände bei der Auslegung kollektivrechtlicher Normen, FS Molitor, 1988, 63; *Düwell*, Arbeitsgesetzbuch: Blockade statt Brückenschlag, ArbRGgw 31 (1993), 65; *Ehmann/Schmidt*, Betriebsvereinbarungen und Tarifverträge, NZA 1995, 193; *Ehrlich*, Die Neuregelung des § 41 Abs. 4 Satz 3 SGB VI, BB 1994, 1633; *Fieberg*, Tarifliche Altersgrenze 65 – erneut im Zwielicht, ZTR 1995, 29; *Friauf*, Die verfassungsrechtlichen Vorgaben einer gesetzlichen oder tariflichen Arbeitskampfordnung, RdA 1986, 188; *Friedhofen/Weber*, Rechtsprobleme des befristeten Arbeitsvertrages nach Art. 1 § 1 des Beschäftigungsförderungsgesetzes 1985, NZA 1985, 730; *Friese*, Tarifverträge nach § 3 BetrVG im System des geltenden Tarif- und Arbeitskampfrechts, ZfA 2003, 237; *Friesen*, Die Rechtsstellung des Betriebsrates gegenüber nichtleitenden AT-Angestellten. DB 1980, Beilage 1; FS Henckel, 1995, 215; *ders.*, Die Grundrechte im Arbeitsrecht, AcP 164, 385; *ders.*, Die Grundrechte im Arbeitsrecht, 1989; *ders.*, Frauenarbeitsschutz, Gleichbehandlung. Begünstigung der Frau, FS Strasser, 1983, 209; *Gast*, Tarifautonomie und die Normsetzung durch Betriebsvereinbarung, 1981; *Gitter/Boerner*, Altersgrenzen in Tarifverträgen, RdA 1990, 129; *Goergens*, Teilzeitbeschäftigte – Abbau von Benachteiligungen, AiB 1993, 215; *Grunsky*, Auftragsbefugnis der Gewerkschaft, DB 1990, 526; *Hagemeier*, Tariföffnungsklauseln im Beschäftigungsförderungsgesetz und im Arbeitszeitgesetz, AuR 1985, 144; *Hailbronner*, Freizügigkeit, HdbStR IV, 1989, 137; *Halblitzel*, Zur Zulässigkeit von Betriebsvereinbarungen bei bestehender Tarifüblichkeit, DB 1971, 2158; *Hanau*, Die Deregulierung von Tarifverträgen durch Betriebsvereinbarungen als Problem der Koalitionsfreiheit, RdA 1993, 1; *ders.*, Rechtswirkungen der Betriebsvereinbarung, RdA 1989, 207; *ders.*, Probleme der arbeitsgerichtlichen Rechtsfortbildung, BlStSozArbR 1985, 17; *ders.*, Der gleiche Zugang zur Beschäftigung in der Privatwirtschaft nach deutschem Recht, FS Kahn-Freund,

1980, 457 *ders.*, Die Kodifikation des Arbeitsvertragsrechts, auf dem 59. DJT in der Intensivstation, RdA 1992, 392; *ders./Thüsing*, Tarifverträge zur Beschäftigungssicherung – Grenzen und Perspektiven, ZTR 2001, 1 und 49; *Hartmann*, Gleichbehandlung und Tarifautonomie, 1994; *Haug*, Tarifvorrang und innerbetriebliche Regelungsmechanismen, BB 1986, 1921; *Heinze*, Das befristete Arbeitsverhältnis zwischen Gesetz und Tarifvertrag, DB 1986, 2327; *Henkel/Hagemeier*, Mitwirkungs- und Mitbestimmungsrecht des Betriebsrats in Angelegenheiten der außerbetrieblichen Angestellten, BB 1976, 1420; *Herschel*, Tarifzensur und Kontrolle der Verfassungsmäßigkeit, RdA 1985, 65f.; *ders.*, Anmerkung zu BAG 31.8.1982, AuR 1983, 95; *ders.*, Der nachwirkende Tarifvertrag insbesondere seine Änderung, ZfA 1976, 89; *ders.*, Die Gefährdung der Rechtskultur, AuR 1985, 265; *ders.*, Gesetzesvertretendes Richterrecht und Tarifautonomie, RdA 1973, 147; *ders.*, Gedanken zu Richterrecht und Tarifautonomie, AuR 1972, 129; *Hesse*, Grundzüge des Verfassungsrechts der Bundesrepublik, 19. Aufl., 1993; *Heussler*, Tarifautonomie und Gesetzgebung, ZfA 1998, 1; *ders.*, Flexibilisierung der Arbeitsmarktordnung, ZfA 1994, 487; *ders.*, Die Rechtsprechung des Bundesverfassungsgerichts zum Richterrecht, FS Hilger und Stumpf, 1983, 317; *Hilger*, Richterrecht in der betrieblichen Altersversorgung, RdA 1981, 6; *dies.*, Überlegungen zum Richterrecht, FS Larenz, 1973, 109; Hinz, Tarifhoheit und Verfassungsrecht, 1971; *Hohmann-Dennhardt*, Sind Anti-Diskriminierungsgesetze mit dem Grundgesetz vereinbar?, in: Janssen/Jurreit, Frauenprogramm – Gegen Diskriminierung, 1979, 334; *v. Hoyningen-Huene*, Die Bezugnahme auf einen Firmentarifvertrag durch Betriebsvereinbarung, DB 1994, 2026; *ders.*, Das Spannungsfeld zwischen Betriebsvereinbarung und Tarifvertrag, NZA 1986, 73; *ders.*, Rechtsfortbildung im Arbeitsrecht als Vorreiter und Vorbild?, BB 1986, 2133; *ders./Meyer-Krenz*, Flexibilisierung des Arbeitsrechts durch Verlagerung tariflicher Regelungskompetenzen auf den Betrieb, ZfA 1988, 293; *Ipsen*, Verfassungsrechtliche Schranken des Richterrechts, BV Bl 1984, 153; *Janert*, AT-Angestellte und Betriebsrat, DB 1976, 243; *Jobs*, Das Bundesarbeitsgericht als Ersatzgesetzgeber?, DB 1982, 2081; *Janssen/Jurreit*, Frauenprogramm – Gegen Diskriminierung, 1979, 334; *Käppler*, Voraussetzungen und Grenzen tarifdispositiven Richterrechts, 1977; *Kempen*, Der Gleichheitssatz als Instrument richterlicher Tarifzensur?, FA 2005, 196; *ders.*, Die beschäftigungspolitische Zuständigkeit der Tarifvertragsparteien, FS Hanau, 1999, 529; *ders.*, Der verfassungsrechtliche Vorrang der Tarifautonomie im arbeitsrechtlichen Regelungsgefüge, AuR 1996, 336; *ders.*, Subsidiaritätsprinzip, europäisches Gemeinschaftsrecht und Tarifautonomie, KritV 1994, 13; *ders.*, Betriebsvereinbarung und Tarifvertrag, RdA 1994, 140; *ders.*, Struktur- und Funktionsunterschiede zwischen Tarifvertrag und Betriebsvereinbarung, ArbRGgw 31 (1993), 97; *ders.*, Zur Rechtsschutzgewähr für die Tarifvertragsparteien im neuen tariflichen Arbeitszeitrecht, AuR 1989, 261; *ders.*, Persönliche Leistungsverhinderung und Grundrechte im Arbeitsverhältnis, ArbRGgw 26 (1988), 75; *ders.*, Das grundrechtliche Fundament der Betriebsverfassung, AuR 1986, 129; *ders.*, Arbeitnehmerschutz. Tarifverträge und Beschäftigungsförderungsgesetz, AuR 1985, 374; *ders.*, Arbeitsgerichtsbarkeit im politischen Interessenkonflikt, AuR 1985, 1; *ders.*, Freiheit und Bindung des Richters, Mitteilungen der Akademie der Arbeit in der Universität Frankfurt am Main, Neue Folge 38, September 1987, 30; *ders.*, Verfassungswidrigkeit der Tätigkeitsmerkmale für technische Angestellte im Bundesangestelltentarif, PersR 1984, 86; *ders.*, Tarifautonomie im wirtschaftlichen Wandel, Mitteilungen der Akademie der Arbeit in der Universität Frankfurt am Main, Neue Folge 32, September 1981, 15; *ders.*, Ansätze einer Neuorientierung des gegenwärtigen

Tarifvertragsrechts, AuR 1980, 193; *ders./Kreuder*, Nebentätigkeit und arbeitsvertragliches Wettbewerbsverbot bei verkürzter Arbeitszeit, AuR 1994, 214; *Kissel*, Das Bundesarbeitsgericht – vom Gesetzgeber allein gelassen?, AuR 1982, 137; *ders.*, Grenzen der rechtsprechenden Gewalt, NJW 1982, 1777; *ders.*, Die Zulässigkeit der Verfassungsbeschwerde gegen Tarifnormen, 1979; *Kittner*, Der freie Arbeitsvertrag, FS Kissel, 1994, 497; *Konzen*, Grundlagen und Grenzen des vorbeugenden Rechtsschutzes unter Tarifparteien, FS Kissel, 1994, 571; *ders.*, Tarifvertragliche und innerbetriebliche Normsetzung, BB 1977, 1307; *ders./Scholz*, Gewissenskonflikte im Arbeitsverhältnis, 1990; *Kothe*, Über den Umgang mit Tarifverträgen, BB 1986, 397; *Kriele*, Theorie der Rechtsgewinnung 1967; *Küchenhoff*, Einwirkungen des Verfassungsrechts auf das Arbeitsrecht, FS Nipperdey, Bd. II, 1965, 317; *Kühling*, Arbeitsrecht in der Rechtsprechung des Bundesverfassungsgerichts, AuR 1994, 126, *Leinemann*, Gesetzliches und tarifliches Urlaubsrecht, AuR 1987, 193; *Lenze*, Zur Arbeitsverweigerung aus Gewissensgründen, RdA 1993, 16; *Lieb*, Mehr Flexibilität im Tarifvertragsrecht? NZA 1994, 289, 337; *ders.*, Die Regelungszuständigkeit des Betriebsrats für die Vergütung vom AT-Angestellten, ZfA 1978, 179; *ders.*, Kritische Gedanken zum tarifdispositiven Richterrecht, RdA 1972, 129; *Lörcher*, Der Vorrang tariflicher Befristungsregelungen (SR 2y BAT) vor dem Beschäftigungsförderungsgesetz, PersR 1986, 32; *Lorenz/Schwedes*, Das Beschäftigungsförderungsgesetz, DB 1985, 1077; *Löwisch*, Anmerkung zu BAG 5.10.1999 (4 AZR 668/98), RdA 2000, 312; *ders.*, Gemeinschaftsarbeiten für Bezieher von Arbeitslosengeld und Arbeitslosenhilfe in rechtlicher Sicht, NZS 1993, 473; *ders.*, Das Beschäftigungsförderungsgesetz 1985, BB 1985, 1200; *ders.*, Zur Verfassungsmäßigkeit der erweiterten Zulassung befristeter Arbeitsverhältnisse durch das Beschäftigungsförderungsgesetz, NZA 1985, 478; *Maidowski*, Umgekehrte Diskriminierung, 1989; Mayer, Zur Problematik zeitlich befristeter und zeitlich variabler Arbeitsverträge im Beschäftigungsförderungsgesetz, BlStSozArbR 1985, 225; *ders./Maly*, Über die Rechtswissenschaft und der richterlichen Rechtsfortbildung gezogenen Grenzen, JZ 1986, 557; *ders./Pasch*, Deregulierung von Arbeitsbedingungen durch selbständige Beschäftigung, WSI-Mitt. 1987, 581; *Meyer, K.*, Arbeiter-Kündigungsfristen in Tarifverträgen: Wohin führt der Gleichheitssatz?, DB 1992, 1881; *Mayer, U.*, ABM und tarifliche Entlohnung in den neuen Bundesländern, AuR 1993, 30; *Moll*, Der Tarifvorrang im Betriebsverfassungsgesetz, 1980; *Müller, G.*, Gesetzgebung und Richterrecht, DB 1981, 93; *Nabel*, Verdrängung des gesetzlichen durch das tarifliche Sozialrecht?, NZA 1986, 241; *Nickel*, Die Entwicklung des arbeitsrechtlichen Schrifttums im Jahre 1978, ZfA 1979, 357; *Oetker*, Einführung von Karenztagen für die Lohnfortzahlung im Krankheitsfalle qua Tarifvertrag?, SGb 1984, 193; *Otto*, Erleichterte Zulassung befristeter Arbeitsverträge, NJW 1985, 1807; *ders.*, Der Handlungsspielraum der Tarifvertragsparteien bei der Regelung der Vertragsverhältnisse zwischen den Rundfunkanstalten und ihren programmgestaltenden Mitarbeitern nach dem Beschluss des Bundesverfassungsgerichts vom 13. Januar 1982, RdA 1984, 261; *Peiseler*, Probleme des befristeten Arbeitsverhältnisses, NZA 1985, 238; *Pfarr*, Besondere Arbeitnehmerschutzrechte zwischen sozialpolitischer Zielsetzung und arbeitsmarktpolitischer Dysfunktionalität, in: Kittner, Arbeitsmarkt – ökonomische, soziale und rechtliche Grundlagen; *dies.*, Mittelbare Diskriminierung von Frauen, NZA 1986, 585; *dies.*, Herstellung und Sicherung von Chancengleichheit durch Recht – dargestellt am Beispiel der Frauen, in: Hassemer/Hoffmann-Riem/Limbach, Grundrechte und soziale Wirklichkeit, 1982, 255; *dies.*, Zur Kritik des Entwurfs eines Gesetzes über die Gleichbehandlung von

Männern und Frauen am Arbeitsplatz, BlStSozArbR 1980, 17; *dies./Bertelsmann*, Gleichbehandlung von Frauen und Männern bei betrieblichen Zulagen, AuR 1982, 86; *dies./Kittner*, Solidarität im Arbeitsrecht, RdA 1974, 284 *Picker*, Richterrecht und Richterrechtsetzung, JZ 1984, 163; *Picker*, Die Tarifautonomie in der deutschen Arbeitsverfassung, 2000; *Plander*, Arbeitslosigkeit, Neue Technologien und gewerkschaftliche Streikfähigkeit, DB 1987, Beilage 13; *ders.*, Der Staat als Hoheitsträger und Tarifvertragspartei im Rollenkonflikt, AuR 1986, 6; *ders.*, Gesetzliche Fixierung oder Beeinflussung des Inhalts von Tarifverträgen? DB 1986, 2180; *Preis*, Einseitige tarifliche Bestimmungsrechte des Arbeitgebers und das Mitbestimmungsrecht des Betriebsrats nach § 87 Abs. 1 BetrVG, DB 1973, 474; *Raiser*, Richterrecht heute, ZRP 1985, 111; *Reichold*, Von Bleibegeld zur Stilllegungsprämie? DB 1988, 498; *Reuß*, Tarifautonomie und Richterrecht, AuR 1972, 136; *Reuter*, Betriebsverfassung und Tarifvertrag, RdA 1994, 152; *ders.*, Das Verhältnis von Individualautonomie, Betriebsautonomie und Tarifautonomie, RdA 1991, 193; *ders.*, Vergütung von AT-Angestellten und betriebsverfassungsrechtliche Mitbestimmung, 1979; *ders.*, Zulässigkeit und Grenzen tarifvertraglicher Besetzungsregelungen, ZfA 1978, 1; *Richardi*, Richterrecht und Tarifautonomie, GS Dietz, 1973, 269; *Ridder*, Die soziale Ordnung des Grundgesetzes, 1975; *Rieble*, Beschäftigungspolitik durch Tarifvertrag, ZTR 1993, 54; *Rust*, Die Vertragsverweigerung als Verstoß gegen das Benachteiligungsverbot des § 611a BGB und der Anspruch auf Einstellung, BlStSozArbR 1982 337; *Rüthers*, Richterrecht als Methoden- und Verfassungsproblem, FS Molitor, 1988, 293; *ders.*, Arbeitsrecht und politisches System, 1973; *Säcker*, Inhaltliche Grenzen der Tarifautonomie, AR-Blattei D Tarifvertrag; *ders.*, Tarifvorrang und Mitbestimmung des Betriebsrats beim Arbeitsentgelt, BB 1979, 1201; *ders.*, Zur demokratischen Legitimation des Richter- und Gewohnheitsrechts, ZRP 1971, 145; *Schaub*, Tarifautonomie in der Rechtsprechung, RdA 1995, 65; *Schlachter*, Wege zur Gleichberechtigung, 1993; *dies.*, Probleme der mittelbaren Benachteiligung im Anwendungsbereich des Art. 119 EGV, NZA 1995, 393; *Schneider, H. P.*, Art. 12 GG – Freiheit des Berufs und Grundrecht der Arbeit, VVDStRL, Heft 43 (1985), 7, 18f.; *ders.*, Rechtsprechung des 1. Senats des Bundesarbeitsgerichts, AiB 1983, 67; *Scholz*, Grundgesetzliche Arbeitsverfassungs-Grundlagen und Herausforderungen, DB 1987, 1192; *ders.*, Die Berufsfreiheit als Grundlage und Grenze arbeitsrechtlicher Regelungssysteme, ZfA 1981, 265; *ders.*, Arbeitsverfassung und Richterrecht, DB 1972, 1771; *Schüren/Zachert*, Tarifautonomie und tarifdispositives Richterrecht, AuR 1988, 245; *Schulte*, Gleichgeschlechtliche Lebenspartnerschaften in der tarifpolitischen Praxis, DB 2001, 183; *Schwarze*, Die Grundrechtsbindung der Tarifnormen aus der Sicht grundrechtlicher Schutzpflichten, ZTR 1996, 1; *Schwerdtner*, Beschäftigungsförderungsgesetz, Tarifautonomie und Betriebsverfassung, NZA 1985, 577; *ders.*, Das tarifdispositive Richterrecht als Methodenproblem, in: Fabricius/Naendrup/Schwerdtner, Arbeitsrecht und juristische Methodenlehre, 1980, 109; *Simitis/Weiss*, Zur Mitbestimmung des Betriebsrats bei der Kurzarbeit, DB 1973, 1240; *Söllner*, Grenzen des Tarifvertrages, NZA 1996, 897; *ders.*, Zur Verfassungs- und Gesetzestreue im Arbeitsrecht, RdA 1985, 328; *Stern*, Das Staatsrecht der Bundesrepublik Deutschland, Bd. l, München, 2. Aufl., 1984; *Sudhoff*, Gesellschaft, Diskriminierung, Quote, JZ 1991, 751; *Thüsing*, Vereinbarte Betriebsratsstrukturen, ZIP 2003, 693; *Vollmer*, Aufgaben- und Zuständigkeitsverteilung zwischen mitbestimmungsrechtlicher und tarifvertraglicher Interessenvertretung, DB 1979, 308; *Vossen*, Tarifdispositives Richterrecht, 1974; Wagner, Voraussetzungen und Grenzen rechtsfortbildenden Richterrechts, BB 1986, 465; *Waltermann*,

Zur Grundrechtsbindung der tarifvertraglichen Rechtsetzung, FS 50 Jahre BAG, 2004, 913; *ders.*, Wieder Altersgrenze 65?, NZA 1994, 822; *ders.*, Altersgrenzen in Kollektivverträgen, RdA 1993, 209; *ders.*, Kollektivvertrag und Grundrechte, RdA 1990, 138; *ders.*, Berufsfreiheit im Alter, 1989; *Weiss*, Der Soziale Dialog als Katalysator koordinierter Tarifpolitik in der EG, FS Kissel 1994, 1253; *Weller*, Betriebliche und tarifvertragliche Regelungen, die sich auf die soziale Auswahl nach § 1 Abs. 3 KSchG auswirken, RdA 1986, 222; *Wendeling-Schröder*, Autonomie im Arbeitsrecht, 1994; *Wenning-Morgenthaler*, Soziale Auswahl und tarifvertragliche »Unkündbarkeit« BlStSozArbR 1985, 193; *Wenzel*, Das Arbeitskampfrecht als Prüfstein des Richterrechts, DB 1981, 1135; *Weyand*, Möglichkeiten und Grenzen der Verlagerung tariflicher Regelungskompetenzen auf die Betriebsebene, AuR 1989, 193; *Wiedemann, A.*, Die Bindung der Tarifnormen an Grundrechte, insbesondere an Art. 12 GG, 1994; *Wiedemann, H.*, Die Gleichbehandlungsgebote im Arbeitsrecht, 2001; *ders.*, Normsetzung durch Vertrag, FS Dieterich, 1999, 660; *ders.*, Leistungsprinzip und Tarifvertragsrecht, FS 25 Jahre BAG, 1979, 635; *ders.*, Tarifautonomie und staatliches Gesetz, FS Stahlhacke, 1995, 67; *Wiese*, Zum Gesetzes- und Tarifvorbehalt des § 87 Abs. 1 BetrVG, FS 25 Jahre BAG, 1979, 661; *Winterfeld*, Das Verhältnis von Art. 1 § BeschFG zu tarifvertraglichen Regelungen über befristete Arbeitsverträge, ZfA 1986, 157; *Wisskirchen*, Mittelbare Diskriminierung von Frauen im Erwerbsleben, 1994; *Wißmann*, Geschlechtsdiskriminierung, EG-Recht und Tarifverträge, ZTR 1994, 223; *Wolf*, Tarifautonomie, Kampfparität und gerechte Tarifgestaltung, ZfA 1971, 151; *Wolter*, Probleme der Lohngleichheit zwischen Männern und Frauen, AuR 1981, 129; *Worzalla*, Auswirkungen des Kündigungsfristengesetzes auf Regelungen in Tarif- und Einzelarbeitsverträgen, NZA 1994, 145; *Zachert*, Elemente einer Dogmatik der Grundrechtsbindung der Tarifvertragsparteien, AuR 2002, 330; *ders.*, Rechtsfragen zu den aktuellen Tarifverträgen über Arbeitszeitverkürzung und Beschäftigungssicherung, AuR 1995, 1; *ders.*, Auslegung und Überprüfung von Tarifverträgen durch die Arbeitsgerichte, FS zum 100jährigen Bestehen des Deutschen Arbeitsgerichtsverbandes, 1994, 573; *ders.*, Neue Entwicklungen zur Tarifautonomie und betriebliche Mitbestimmung. NZA 1988, 185; *ders.*, Ein Jahr »Beschäftigungsförderungsgesetz«, WSI-Mitt. 1986, 277; *ders.*, Zur Zukunft der Koalitionsfreiheit, AuR 1985, 336; *ders.*, Aussperrungsprobleme und ihre juristische Bewältigung, AuR 1980, 43; *ders.* Grenzen für eine gesetzliche Absenkung tariflicher Schutzstandards, NZA 1994, 529; *ders.*, Auslegung und Überprüfung von Tarifverträgen durch die Arbeitsgerichte, FS zum 100jährigen Bestehen des Deutschen Arbeitsgerichtsverbandes, 1994, 573; *Zillus*, Tarifvertrag und Richterrecht, ArbRGgw 22 (1984), 63; *Zippelius*, Das Wesen des Rechts, 4. Aufl., 1978; *Zöllner*, Sind im Interesse einer gerechten Verteilung der Arbeitsplätze Begründung und Beendigung des Arbeitsverhältnisses neu zu regeln?, Gutachten in: Verhandlungen des 52. DJT, 1978, Bd. I, D 5.

**Übersicht** Rn.

## A. Das Verhältnis des Tarifvertrages zum Grundgesetz und den Landesverfassungen

### I. Die Bindung der Tarifvertragsparteien an die Grundrechte im Allgemeinen

#### 1. Die Geltung der Grundrechte im nicht-staatlichen Bereich des Privatrechts

**188** Nach **Art. 1 Abs. 3 GG** sind zunächst nur die **öffentlichen Gewalten** (Gesetzgebung, vollziehende Gewalt und Rechtsprechung) an die Grundrechte gebunden. Nach dem Wortlaut des Art. 1 Abs. 3 GG besteht eine Grundrechtsbindung im nicht-staatlichen Bereich somit nicht. Dennoch wird von der ganz überwiegenden Meinung in Rechtsprechung und Literatur eine **Grundrechtsbindung der Tarifvertragsparteien** zu Recht angenommen. Als Gründe für diese – unmittelbare oder mittelbare – Bindung der Tarifvertragsparteien an die Grundrechte werden insbesondere folgende Gesichtspunkte genannt:

**189** Eine **unmittelbare Anwendung** der Grundrechte muss dort erfolgen, wo das Grundgesetz selbst einem Grundrecht ausdrücklich Wirkung gegen Dritte beilegt, wie dies z.B. Art. 9 Abs. 3 Satz 2 GG bestimmt (Grundl. Rn. 156ff.).

Darüber hinaus wird von Rechtsprechung und Literatur überwiegend eine direkte Grundrechtsbindung abgelehnt. Die Bindung an die Grundrechte soll vielmehr dadurch erfolgen, dass die Grundrechte zur Inhaltsbestimmung der ausfüllungsbedürftigen Generalklauseln des Bürgerlichen Rechts (§§ 138, 242, 826 BGB) heranzuziehen sind.[540] Die so entstandene »mittelbare Drittwirkung« der Grundrechte trage der verfassungsrechtlichen Grundentscheidung in allen Bereichen des Rechts Rechnung. Als Gründe für die **mittelbare Grundrechtsbindung** werden einerseits historisch-dogmatische Argumente vorgebracht (historische Entwicklung und systematische Stellung), andererseits bedinge eine unmittelbare Anwendung der Grundrechte eine unzulässige Einschränkung der Vertragsfreiheit und der Rechtssicherheit.[541] **190**

Die Lehre von der **mittelbaren Drittwirkung der Grundrechte** ist unterdessen durch die bundesverfassungsgerichtliche Anerkennung einer staatlichen Schutzpflicht für die Durchsetzung der Grundrechte auch im Privatrecht (so genanntes Untermaßverbot) weitgehend überholt. Das Grundgesetz habe »objektive Wertentscheidungen getroffen, die für alle Bereiche des Rechts, also auch für das Zivilrecht, gelten. Keine bürgerlich-rechtliche Vorschrift darf in Widerspruch zu den Prinzipien stehen, die in den Grundrechten zum Ausdruck kommen«. Das gelte vor allem für die Vorschriften, welche die Privatautonomie zwingend beschränkten.[542] Die Privatautonomie beruhe nämlich auf dem »Prinzip der Selbstbestimmung«, setze also voraus, dass die Bedingungen freier Selbstbestimmung auch tatsächlich gegeben seien.[543] Eine solche Sicherung ist jedoch traditionell die Aufgabe der Grundrechte.[544] »Hat einer der Vertragsteile ein so starkes Übergewicht, dass er vertragliche Regelungen faktisch einseitig setzen kann, bewirkt dies für den anderen Vertragsteil Fremdbestimmung. Wo es an einem annähernden Kräftegleichgewicht der Beteiligten fehlt, ist mit den Mitteln des Vertragsrechts allein kein sachgerechter Ausgleich der Interessen zu gewährleisten. Wenn bei einer solchen Sachlage über grundrechtlich verbürgte Positionen verfügt wird, müssen staatliche Regelungen ausgleichend eingreifen, um den Grundrechtsschutz zu sichern ... Gesetzliche Vorschriften, die sozialem und wirtschaftlichem Ungleichgewicht entgegenwirken, verwirklichen hier die objektiven Grundentscheidungen des Grundrechtsabschnitts und damit zugleich das grundgesetzliche Sozialstaatsprinzip (Art. 20 Abs. 1, Art. 28 Abs. 1 GG)«.[545] Dahinter steht die treffende Auffassung, dass das Sozialstaatsprinzip »auch im Verhältnis der Bürger untereinander für Gerechtigkeit und Menschlichkeit« sorgen soll[546], wobei dem sozialstaatlichen Gesetzgeber freilich ein weiter Gestaltungsraum eröffnet ist. Selbst wenn er aber keine zwingenden privatrechtlichen Normen schafft, gilt das freie Spiel der Kräfte nicht unbegrenzt. »Vielmehr greifen dann ergänzend solche zivilrechtlichen Generalklauseln ein, die als Übermaßverbote wirken, vor allem die §§ 138, 242, 315 BGB. Gerade bei der Konkretisierung und Anwendung dieser Generalklauseln sind die Grundrechte zu beachten«.[547] Diesem Verständnis der grundrechtlichen Schutzpflichten, welches Elemente der **191**

540 BVerfG 15.1.1958, E 7, 198, 204; *Dürig*, in: Maunz/Dürig, Art. 1 Rn. 127ff.
541 BVerfG 15.1.1958, E 7, 198, 204.
542 BVerfG 7.2.1990, E 81, 242, 254.
543 BVerfG 7.2.1990, E 81, 242, 255; dazu *Kittner*, FS Kissel, 497.
544 Vgl. *Kempen*, ArbRGgw 26 (1988), 78ff.
545 BVerfG 7.2.1990, E 84, 212, 255.
546 BVerfG 17.8.1956, E 5, 85, 206.
547 BVerfG 7.2.1990, E 84, 212, 256.

herkömmlichen Theorien direkter und indirekter Drittwirkung über die – in Art. 1 Abs. 3 GG normierte Grundrechtsbindung aller – staatliche Gewalt kombiniert, ist zuzustimmen.

192 Im Arbeitsrecht sind danach zahlreiche **grundrechtliche Schutzpflichten** gesetzlich zu konkretisieren (vor allem aus Art. 2 bis 5, 8, 9 Abs. 3, 12 und 14 GG). Hier bestünde die Gefahr einer vollständigen verfassungsgerichtlichen Programmierung der Arbeitsrechtsgesetzgebung. Das Bundesverfassungsgericht versucht, dieser (undemokratischen) Konsequenz seiner objektivrechtlichen Wertauffassung der Grundrechte dadurch zu entgehen, dass es einen weiten **Einschätzungs-, Wertungs- und Gestaltungsbereich aller Staatsgewalten bei der Erfüllung dieser Schutzpflichten** betont. Überprüft wird nur, ob die Vorkehrungen zum Schutze des Grundrechts nicht »gänzlich ungeeignet« erscheinen.[548] Das Grundrecht sei erst dann verletzt, wenn seine Auslegung und Anwendung den vom Grundrecht vorgezeichneten Schutzzweck »grundlegend verfehlt«.[549] Unter dem Aspekt der Rechtssicherheit ist damit gegenüber den Drittwirkungstheorien wenig gewonnen, doch hält man sich im Arbeitsrecht (nicht zuletzt wegen der tariflich ausgeübten kollektiven Selbstbestimmung) ohnehin etwas stärker zurück.[550] Diese richterliche Zurückhaltung zugunsten der parlamentarischen Willensbildung ist freilich unangebracht, soweit ein Grundrecht selbst staatliche Schutzpflichten »akut« normiert (**»Schutzauftrag«** im Gegensatz zu den latent sozialstaatlichen Schutzpflichten), z.B. in Art. 1 Abs. 1, 3 Abs. 2, 6 oder 9 Abs. 3 GG. Diese speziellen Schutzpflichten sind entsprechend akut justiziabel[551] (vgl. Grundl. Rn. 120). Vor allem angesichts der Begründung der allgemeinen (latenten) grundrechtlichen Schutzpflichten aus dem Sozialstaatsprinzip fragt es sich heute, ob die Tarifvertragsparteien bei der tariflichen Rechtsetzung, also einem kombiniert privatautonomen und demokratischen Normgebungsverfahren, ihrerseits in vergleichbarer Weise an die Grundrechte gebunden sind.

## 2. Unmittelbare Grundrechtsbindung für Tarifnormen?

193 Die herrschende Meinung in Rechtsprechung und Literatur ging früher davon aus, dass die Tarifvertragsparteien bei ihrer Normsetzung die Grundrechte ebenso zu berücksichtigen haben wie die staatliche Gesetzgebung. Grundlegend für die Rechtsprechung des Bundesarbeitsgerichts war die Entscheidung vom 15. Januar 1955[552], in der ausgeführt wird, dass die Gesetzgebung an die Grundrechte gebunden sei. »Tarifverträge sind aber Gesetzgebung, Gesetze im materiellen Sinne, weil sie namentlich in ihren Arbeitsbedingungen objektives Recht für die Arbeitsverhältnisse setzen«. Dies komme auch dadurch zum Ausdruck, dass in § 1 Abs. 1 TVG der Gesetzgeber den Begriff der »Rechtsnorm« verwandt habe. Der Meinung des Bundesarbeitsgerichts hatten sich weite Teile der Literatur angeschlossen.[553] Als weitere Begründung wird in der Literatur angeführt, dass sich die Kompetenzen der Tarifvertragsparteien aus der durch die Vorschrif-

---

548 BVerfG 29.10.1987, E 77, 170, 214f.

549 BVerfG 16.11.1993, E 89, 276.

550 Vgl. *Kühling*, AuR 1994, 127.

551 Z.B. BVerfG 28.5.1993, E 88, 203, 256, und BVerfG 16.11.1993, E 89, 203, 251.

552 BAG AP Nr. 4 zu Art. 3 GG.

553 *Wiedemann/Stumpf*, Einl. Rn. 57; *Biedenkopf*, Grenzen, 72f.; *Hinz*, 158; *Hueck/Nipperdey*, Bd. II/1, 373, mit weiteren Nachweisen; *Herschel*, RdA 1985, 65; *Schwarze*, ZTR 1996, 1ff.

ten des TVG näher konkretisierten Tarifautonomie ergäben und die Tarifvertragsparteien damit die Befugnis besäßen, anstelle des Gesetzgebers Recht für ihre Mitglieder zu setzen. **Diese staatliche Delegation zur Normsetzungsbefugnis** verpflichte sie in gleicher Weise zur Beachtung der Grundrechte wie den selbst handelnden Staat.[554]

Die Argumente überzeugen nicht. Bedenklich ist zunächst der **rein formale Ansatz**, mit dem ein materiell-rechtliches Problem – die Grundrechtsbindung der Tarifvertragsparteien – gelöst werden soll, indem der in § 1 TVG verwendete Begriff der Rechtsnorm ohne weitere Begründung mit dem normativen Gesetzesbegriff des Grundgesetzes gleichgesetzt wird, um dann auf gleiche materiellrechtliche Ausgestaltungen zu schließen.[555] Der **Begriff der Rechtsnorm in § 1 TVG** bedingt nicht ohne weiteres auch die grundsätzliche Vergleichbarkeit mit gesetzlichen Normen. Dies würde gegen eine Reihe anerkannter Grundsätze des Tarifvertragsrechts verstoßen. Weder bedürfen Tarifverträge als Wirksamkeitsvoraussetzung ihrer Veröffentlichung, noch käme eine Anfechtung wegen Willensmängeln in Betracht[556] (zur Möglichkeit der Anfechtung von Tarifverträgen und dem Verhältnis zur außerordentlichen Kündigung: § 4 Rn. 134ff.); noch könnte bei der Auslegung von Tarifverträgen auf vertragsrechtliche Elemente zurückgegriffen werden.[557] 194

Hinzu kommt, dass nicht nur der Tarifvertrag durch seine normative Wirkung, sondern auch der Individualvertrag eine Bindungswirkung enthält, ohne dass dort deshalb die Grundrechte **unmittelbare** Anwendung fänden.[558]

Auch der Hinweis, es handele sich um eine Rechtsetzungsbefugnis auf Grund **staatlicher Delegation** – begegnet zunächst dem Einwand, dass auch die Verbindlichkeit des Individualvertrages sich nur mit staatlicher Delegation erklären lässt[559], ohne nach der herrschenden Meinung eine unmittelbare Grundrechtsbindung nach sich zu ziehen. Tarifverträge sind nicht staatlich delegierte Gesetzgebung, sondern Vereinbarungen, deren normative Wirkung sich allein aus dem Schutzzweck des Tarifvertrages erklären lässt[560] (siehe Grundl. Rn. 65). Insbesondere sind sie in ihrer historischen Entwicklung durch kollektives Handeln gegen den Widerstand von Staat und Arbeitgebern durchgesetzt und vom Verfassungs- und Gesetzgeber nachträglich anerkannt worden[561] (Grundl. Rn. 57). Ihnen steht die Regelungsbefugnis für Arbeits- und Wirtschaftsbedingung also bereits zu und bedarf keiner Delegation mehr.[562] Der Argumentation ist weiterhin entgegenzuhalten, dass die Tarifvertragsparteien wirkungsgleiche schuldrechtliche Abreden treffen und somit durch die Art ihrer formalen Rechtsetzung die unmittelbare Grundrechtswirkung zur Geltung bringen könnten oder nicht.[563] Immerhin hat auch das Bundesverfassungsgericht jedenfalls für Sozialpläne eine unmittelbare Grundrechtsbindung verneint.[564]

---

554 *Küchenhoff*, FS Nipperdey II, 340; *Nikisch*, Bd. II, 45.
555 *Berg*, 83ff.; *Berg/Wendeling-Schröder/Wolter*, RdA 1980, 299; *Däubler*, Grundrecht, 224ff.; *Gamillscheg*, AcP 164, 399f.; im Ergebnis ebenso *Canaris*, AcP 184, 243f.
556 Wiedemann/*Wank*, § 4 Rn. 25.
557 *Däubler*, Grundrecht, 225f., mit weiteren Nachweisen.
558 *Gamillscheg*, AcP 164, 399f.; *Däubler*, Grundrecht, 224f. mit weiteren Argumenten.
559 *Däubler*, Grundrecht, 225.
560 *Waltermann*, RdA 1990, 140; *A. Wiedemann*, 66ff.
561 *Dammann*, Tarifvertrag, 96, mit weiteren Nachweisen.
562 *Däubler/Schiek*, Einl. Rn. 176.
563 *Reuter*, ZfA 1978, 36, mit weiteren Nachweisen.
564 BVerfG 23.4.1986, E 73, 261, 268.

**195** Die Grundrechtsbindung der Tarifvertragsparteien ist im Zusammenhang mit der Diskussion über die Zulässigkeit von Besetzungsregelungen oder andere Formen der Besitzstandswahrung durch Tarifvertrag (siehe hierzu im Einzelnen § 1 Rn. 476ff.) mit anderen Überlegungen begründet worden: Eine Grundrechtsbindung sei deshalb notwendig, um einen **Minderheitenschutz** im Rahmen der Koalition als **Schranke gegen innerverbandliche Fremdbestimmung** zu gewährleisten.[565] Dieser Minderheitenschutz werde nötig, weil das Mitgliederinteresse, das Gewerkschaft und Arbeitgeberverband in den Tarifverhandlungen repräsentieren, sich nicht mit der Summe der Individualinteressen der Mitglieder decke, sondern lediglich den Mehrheitswillen darstelle, der sich verbandsintern herausgebildet habe. Der (Verbands-)Tarifvertrag eröffne also nicht den einzelnen Mitgliedern die Möglichkeit, ihren persönlichen Interessenkonflikt aufzulösen, sondern unterwerfe sie einem Kompromiss der jeweiligen Mehrheiten. Folgerichtig müsste der Minderheitenschutz, den die Grundrechte gegenüber dem Gesetz gewähren, entsprechend auch gegenüber dem Tarifvertrag eingreifen.[566]

Dieser Ansatz knüpft an ein Gebot des Ausgleichs von **Machtungleichgewichten innerhalb der Koalitionen** an und lässt sich deshalb auf die staatliche Schutzpflicht gegenüber minderheitlichen Grundrechtspositionen[567] oder allgemeiner auf das Demokratieprinzip[568] zurückführen. Nun ist der Begriff der sozialen Macht selbst schon wenig klar und stark ideologisch geprägt, d.h. grundrechtsdogmatisch kaum geeignet[569], doch gerät in unauflösbare Schwierigkeiten, wer die allgemeine Grundrechtsbindung von Tarifnormen allein auf den Minderheitenschutz innerhalb der Koalitionen stützen wollte – ist deren einheitliche Willensbildung doch gerade die durch Art. 9 Abs. 3 GG geschützte Voraussetzung der kollektiven Selbstbestimmung durch Tarifverträge.[570]

**196** **Zusammenfassend** ist festzustellen, dass aus der **staatlichen Fundamentalentscheidung für die Normqualität tarifvertraglicher Regelungen** von 1918 (TVVO) und 1919 (Art. 159, 165 Abs. 1 WRV) sowie von 1949 (§§ 1, 4 Abs. 1 TVG, Art 9 Abs. 3 GG) und von 1990 (Vertrag über die Wirtschafts- und Währungsunion)[571] **keine** gesetzesgleiche **direkte Grundrechtsbindung** der Tarifnormen abzuleiten ist. Ungeachtet dieses **verfassungsförmigen Privilegs** zur **tariflichen Normsetzung**, welches einen wesentlichen Bestandteil der republikanischen Verfassungsordnung in Deutschland bildet, handelt es sich bei Tarifabschlüssen nämlich um **kollektiv** selbst bestimmt ausgeübte **Privatautonomie**. Diese unterliegt jedoch in Folge staatlicher Schutzpflichten und Schutzaufgaben für die Durchsetzung der Grundrechte auch im privaten Wirtschaftsrecht einer entsprechenden mittelbaren Grundrechtsbindung (vgl. Grundl. Rn. 197). Das spezifische Verfahren der Tarifautonomie, welches sich teilweise wesentlich von der individuellen Privatautonomie unterscheidet, erfordert deshalb **zusätzliche Differenzierungen** bei diesem Einsatz der Grundrechte innerhalb des formell verfahrensrechtlichen Entscheidungsvorgangs eines Tarifabschlusses einerseits und bei der

---

565 *Blomeyer*, ZfA 1980, 22; *Reuter*, ZfA 1978, 36; ähnlich *Söllner*, NZA 1996, 901; *Löwisch/Rieble*, § 1 Rn. 219, 223; *Belling*, ZfA 1999, 575f.

566 *Reuter*, ZfA 1978, 36; ihm folgend *Blomeyer*, ZfA 1980, 22.

567 MünchArbR/*Richardi*, § 10 Rn. 28; *A. Wiedemann*, 118.

568 *Waltermann*, RdA 1990, 141.

569 *Säcker/Rancke*, AuR 1981, 12; vgl. aber *Däubler*, Tarifvertragsrecht, Rn. 414.

570 Vgl. *Dorndorf*, FS Kissel, 148ff.; *A. Wiedemann*, 138f.

571 Vgl. *Waltermann*, FS 50 Jahre BAG, 919f.

materiell-tarifnormativen Prüfung der Tarifregelungen als solcher auf ihre Vereinbarkeit mit den Grundrechten andererseits. Tarifautonomie ist eben sowohl ein eigenes Grundrecht, welches die staatlichen Gewalten und private »Störer« zu respektieren haben – wie auch ein kollektives Rechtssetzungsverfahren, welches dann wiederum die Grundrechte der Normgebundenen zu berücksichtigen hat (vgl. die folgenden Rn.).

### 3. Differenzierte funktionelle Grundrechtsbindung der Tarifautonomie

Heute kann die (hier schon seit 1997 vertretene) **Auffassung** von der **mittelbaren Wirkung der Grundrechte** im Bereich der **kollektiv ausgeübten Privatautonomie** der **Tarifverträge** als Konsequenz verfassungsrechtlicher Schutzpflichten im Arbeitsrecht als **weitgehend durchgesetzt** erscheinen.[572] Sie ist vor allem **von BAG übernommen und fortentwickelt** worden[573], so dass man von einer **gefestigten Rechtsprechung** ausgehen kann. Dennoch sind damit nicht alle praktischen Probleme zufrieden stellend gelöst. **Fraglich bleibt**, ob bei der mittelbaren Bindung der Tarifvertragsparteien an die Grundrechte eine Unterscheidung zwischen Freiheits- und Gleichheitsrechten geboten ist[574], ob es sich bei dieser Grundrechtsbindung um eine Binnen- oder um eine Außenschranke der Tarifautonomie handelt und schließlich, wie die Kontrollmaßstäbe im konkreten Fall aussehen und wie sie praktisch vorhersehbar formuliert werden können. Viel spricht dafür, dass die noch offenen Fragen[575] leichter zu klären sind, wenn man das **zweistufige Legitimationskonzept der Tarifvertragsparteien** mit seiner singulären und abgestuften Kombination von demokratischen und privatautonomen Normsetzungsprinzipien näher betrachtet.[576] 197

Ausgangspunkt für die Feststellung der Grundrechtsbindungen von Tarifverträgen ist die **grundrechtliche Funktion der Tarifautonomie**, welche die strukturelle Unterlegenheit der einzelnen Arbeitnehmer beim Abschluss von Arbeitsverträgen ausgleichen und damit ein annähernd gleichgewichtiges Aushandeln der Löhne und Arbeitsbedingungen ermöglichen sollen.[577] Insofern hat die Bildung von »Verbandmacht« durch Zusammenschluss (vor allem von Arbeitnehmern) eine prinzipiell freiheitssichernde Funktion am Arbeitsmarkt[578] und ist das verfassungsrechtlich legitime Motiv, den Koalitionen beizutreten.[579] Sie erst ermöglichen die notwendige wirtschaftliche Unabhängigkeit von der Gegenseite, die sich am deutlichsten in der Arbeitskampffreiheit (insbesondere dem 198

572 Vgl. *Dieterich*, FS Schaub, 120ff., ErfK/*Dieterich*, Art. 9 GG Rn. 54ff., 71ff.; Wiedemann/*Wiedemann*, Einl. Rn. 198ff.; *Däubler/Schiek*, Einl. Rn. 168ff., 204ff. mit ausführlicher Darstellung des Meinungsstandes; *Zachert*, AuR 2002, 330; *Schliemann*, FS Hanau, 584ff.; a. A. vor allem *Löwisch*, RdA 2000, 312f.; *Löwisch/Rieble*, § 1 Rn. 218ff., differenzierend *Waltermann*, FS 50 Jahre BAG, 913ff.

573 BAG 25.2.1998 (7 AZR 641/98), AP Nr. 11 zu § 1 TVG Tarifverträge: Luftfahrt; BAG 11.3.1998 (7 AZR 700(96), AP Nr. 12 zu § 1 TVG Tarifverträge: Luftfahrt; BAG 30.8.2000 (4 AZR 563/99), AP Nr. 25 zu § 4 TVG Geltungsbereich; BAG 24.4.2001 (3 AZR 329/00), AP Nr. 243 zu § 1 TVG Tarifverträge: Bau; BAG 27.5.2004 (6 AZR 129/03), AP Nr. 309 zu Art. 3 GG; zusammenfassend *Dieterich*, RdA 2005, 177ff.

574 Bejahend BAG 27.5.2004 (6 AZR 129/03), AP Nr. 309 zu Art. 3 GG; *Dieterich*, RdA 2005, 179; verneinend *Löwisch/Rieble*, § 1 Rn. 222.

575 Vgl. *Däubler/Schiek*, Einl. Rn. 201.

576 Anstatt es als »unentschieden« zu verwerfen und sich auf eine nach verhältnismäßigem Grundrechtseinsatz beschränkte Privatautonomie zu konzentrieren, so ErfK/*Dieterich*, Art. 9 GG Rn. 55, 74ff.; wie hier dagegen *Däubler/Schiek*, Einl. Rn. 213ff.

577 BVerfG 26.6.1991, E 84, 212, 229.

578 *Ridder*, Soziale Ordnung 78; *Berghäuser*, 98ff.; *A. Wiedemann*, 138.

579 Vgl. *Pfarr/Kittner*, RdA 1974, 290f.

Streikrecht als Suspendierung von Arbeitsleistungspflicht und Weisungsgebundenheit) ausprägt und in Art. 9 Abs. 3 Satz 2 GG konsequent drittwirkend befestigt ist. Der Zweck des Tarifvertrages, die Selbststeuerung der Betroffenen marktgerecht zu realisieren, setzt voraus, dass Tarifregelungen selbsttätig rechtlicher Inhalt tarifgebundener Arbeitsverhältnisse werden und einzelarbeitsvertraglich nicht abdingbar sind. Diese unmittelbare und zwingende Wirkung tariflicher Regelungen (§ 4 Abs. 1, 3 TVG) ist funktionsnotwendig und damit von Art. 9 Abs. 3 GG umfasst.[580] **Wirtschaftlich** ist damit vor allem eine **Kartellwirkung** erreicht[581], **juristisch** dagegen sind mit der **Unabhängigkeit der Koalitionswillensbildung** beim Zustandekommen unmittelbar und zwingend wirkender Tarifregelungen schon fast alle Voraussetzungen eines demokratischen Normsetzungsverfahrens gegeben.[582] Die hierfür zusätzlich erforderliche Garantie eines gleichheitlichen und nach dem Mehrheitsprinzip entscheidenden Willensbildungsverfahrens bei den Tarifvertragsparteien enthält abermals Art. 9 Abs. 2 Satz 2 GG. Er soll nicht nur die freie Entscheidungsbildung gegen Staat und Tarifgegner garantieren, sondern auch gegen undemokratische Einschränkungen und Behinderungen seitens der eigenen Koalition schützen und statuiert insofern ein Gebot innerverbandlicher Demokratie. Damit erfüllt das tarifliche Rechtssetzungsverfahren prinzipiell vergleichbare Verfahrensvoraussetzungen wie der parlamentarische Prozess mit der tarifvertragsgesetzlich gezogenen Konsequenz, dass der Tarifvertrag Rechtsnormen enthält (§§ 1 Abs. 1, 4 Abs. 1 Satz 1). Diese Rechtsnormqualität wiederum ist notwendige Voraussetzung für die Bindung der Gerichte hieran (Art. 20 Abs. 3 GG) und damit die unmittelbare Durchsetzbarkeit tarifvertraglicher Regelungen, welche ihrerseits die einzige Rechtfertigung der tariflichen Friedenspflicht darstellt (vgl. Grundl. Rn. 64f. und Rn. 67ff.).

**199** Die prinzipielle Bindung von Tarifverträgen an Grundrechte folgt deshalb aus der für die Effektivität der Tarifautonomie im deutschen Arbeitsrechtssystem funktionsnotwendigen Qualität der Tarifautonomie als eines eigenständigen Verfahrens zur Vereinbarung zwingender Rechtsnormen auf dem Wege **kollektiver Privatautonomie**, also nicht aus staatlicher Delegation von Rechtssetzungsbefugnissen und auch nicht allein aus der essentiellen Kartellwirkung des Tarifvertrags[583], sondern aus der (die Kartellwirkung hervorbringenden) demokratisch-kontraktuellen Selbstbindung der Beteiligten mit normativ zwingender Wirkung. Es handelt sich mithin um eine **funktionelle Grundrechtsbindung**, die je nach dem Stadium des tariflichen Willens- und Entscheidungsbildungsprozesses, um das es konkret geht, auch unterschiedlich intensiv sein muss.

**200** **Funktional** gliedert sich der Prozess der autonomen **tariflichen Rechtsetzung in zwei Stufen normativer Selbstbindung**, die von unterschiedlichen Funktionsbedingungen beherrscht werden. Entsprechend ist auch hinsichtlich der **Grundrechtswirkung zu differenzieren**: Die Normsetzungsbefugnis der Tarifvertragsparteien rechtfertigt sich damit aus einer sehr **voraussetzungsvollen Kombination der Legitimationskonzepte demokratisch gleichheitlicher innerverbandlicher Willensbildung und der marktförmigen Vertragsfreiheit** voneinander unabhängiger (Kollektiv-)Kontrahenten. Der staatliche Grundrechts-

---

580 *Dorndorf*, FS Kissel, 158f.
581 MünchArbR/*Richardi*, § 10 Rn. 27.
582 Vgl. dazu *Kempen*, ArbGgw. 1993, 106f.; *ders.*, RdA 1994, 146f.
583 So aber MünchArbR/*Richardi*, § 10 Rn. 28.

schutz ist dann nicht nur abhängig von der dem einzelnen Grundrecht zu entnehmenden allgemeinen oder speziellen Schutzpflicht, sondern auch davon, ob es um die Grundrechtsdurchsetzung bei der formell-demokratischen Beteiligung, also um das innerorganisatorische Stadium der »kollektiven Privatautonomie« geht oder um den materiell-vertraglichen Tarifinhalt, d.h. um die Grundrechtsmäßigkeit einer Norm des Tarifvertrages.

Der **Begriff »kollektive Privatautonomie«** scheint allerdings etwas wider- **201**
sprüchlich, weil das Rechtsinstitut Privatautonomie traditionell rein individualistisch geprägt ist.[584] In seinem Mittelpunkt steht die Willenserklärung als zentrales juristisches Instrument individueller Selbstbestimmung des Privatrechts. Vertragspartner des Tarifvertrages, also der ausgeübten Tarifautonomie, ist jedoch (mindestens auf Arbeitnehmerseite) immer ein Kollektiv. Dieses schließt des ungeachtet private Verträge und bedient sich damit des wichtigsten privatautonomen Gestaltungsmittels. Eine solche Situation ist in unserer Rechtsprechung allerdings keineswegs selten, denn sie ergibt sich überall dort, wo **juristische Personen** vertraglich (für die beteiligten natürlichen Personen, z.B. die Aktiengesellschaft für die Aktionäre) handeln.

Der dem Begriff »kollektiven Privatautonomie« scheinbar inhärente **Wider- 202**
**spruch löst sich auf**, wenn die im Kollektiv handelnden **Individuen zu gleichem Recht an der kollektiven Willensbildung** beteiligt sind, so dass ihnen die gemeinsame Entscheidung individuell zugerechnet werden kann. Dies setzt freilich voraus, dass die Entscheidungen des Einzelnen, also des Gewerkschafts- oder Arbeitgeberverbandsmitglieds, in die Kollektiventscheidungsprozesse eingehen konnten. Nur wenn die von Art. 9 Abs. 3 GG gleichrangig garantierte **individuelle Koalitionsfreiheit** nicht zum willenlosen Objekt der kollektiven Koalitionsfreiheit wird, sondern diese unter dem Schutz hinreichender Willensbildungs- und Verfahrensregelungen überhaupt erst hervorbringt, entwickelt sich kollektive Privatautonomie. Nur sie legitimiert dann die Zurückdrängung der individuellen Privatautonomie durch verbindliche tarifliche Normsetzung (§ 4 Abs. 1 TVG) und durch das Günstigkeitsprinzip (§ 4 Abs. 3 TVG).[585]

Die für eine kollektiv normsetzende Privatautonomie notwendige permanente **203**
und offene Beteiligungschance der Koalitionsmitglieder hat wichtige **Konsequenzen für die verfassungsrechtlich notwendige Organisation der Willensbildung in arbeitsrechtlichen Koalitionen beim Abschluss von Tarifverträgen**. Sie muss sich in **zwei Verfahrensstufen** vollziehen, die juristisch von unterschiedlichen Legitimationsprinzipien geprägt und deshalb auch grundrechtlich genau zu unterscheiden sind.

Auf der **ersten Stufe** werden die Verhandlungspositionen beider Seiten durch **verbandsinterne Willensbildung** der Mitglieder festgelegt. Insoweit handelt es sich also um innerverbandliche Entscheidungsprozesse, die allgemein dem **Mehrheitsprinzip** unterliegen. Auf der **zweiten Stufe** geht es um die materielle Einigung über den Vertragsinhalt mit der Gegenseite auf der Basis der zuvor festgelegten Verbandsforderungen. Sie unterliegt dem Marktprinzip der Vertragsfreiheit (beiderseitige Gewinnorientierung), dessen Funktionsvoraussetzungen, nämlich die **Freiwilligkeit** des Abschlusses durch **relative Unabhängigkeit** der beiden Kontrahenten voneinander, zuvor durch die Koalitionsfreiheitsgarantie (einschließlich der Arbeitskampffreiheit) geschaffen worden sind.

---

584 Dies ist vor allem der Ansatz von *Picker*, Tarifautonomie, 21ff., 51ff.
585 *Kempen*, Dilemma des Günstigkeitsprinzips, 82f.

Erst in der Kombination beider Verfahrensstufen realisiert sich also die Tarifautonomie als kollektive Privatautonomie. Beide Abschnitte des Koalitionsverfahrens werden allerdings von ganz **unterschiedlichen grundrechtlichen Maßstäben** beherrscht.[586]

### a) Grundrechtsbindung der Koalitionen im formell-demokratischen Bereich innerverbandlicher Willensbildung

204 Bei der **koalitionsinternen Willensbildung** im Bereich der Tarifautonomie muss vor allem sichergestellt werden, dass das Selbstbestimmungsrecht des einzelnen Mitglieds autonom, d.h. ohne unzulässige Pressionen in einem offenen Meinungsprozess wahrgenommen werden kann. Nach **Art. 9 Abs. 3 Satz 2 GG**, der sich zum Schutz der Mitglieder (als **staatlicher Schutzauftrag**) auch an die Verbände selbst richtet, wären Abreden, die die individuelle Koalitionsfreiheit einzuschränken oder zu behindern suchten, nichtig; hierauf gerichtete Maßnahmen rechtswidrig. Das Koalitionsgrundrecht selbst gebietet also **innerverbandliche Demokratie** (vgl. Grundl. Rn. 68f.). Sie umfasst den Schutz der Freiheit des Einzelnen eine (andere) Koalition zu gründen, ihr beizutreten oder den Verband zu verlassen (»negative Koalitionsfreiheit«). Auch diese grundrechtlichen Möglichkeiten stärken die Position des Mitglieds im innerverbandlichen Willensbildungsprozess. Nur wenn alle diese Bedingungen erfüllt sind und dem Mitglied vor allem im Bereich der tariflichen Willensbildung gleichberechtigte Mitwirkung möglich war, dann können ihm die entsprechenden Kollektiventscheidungen im Wege »kollektiver Privatautonomie« als eigene zugerechnet werden.

205 Im Mittelpunkt der koalitionsinternen Willensbildung steht bei den Gewerkschaften die unmittelbar von Art. 9 Abs. 3 Satz 2 GG in Verbindung mit Art. 3 GG gebotene **Gleichheit aller Mitglieder** untereinander. Auf ihr beruht das **Mehrheitsprinzip**, welches die Normwirkung der Tarifverträge maßgeblich begründet. Es realisiert sich wiederum in Wahlen und Abstimmungen und umfasst deshalb die **Garantie der formellen Wahlrechtsprinzipien**. Dies sind allgemeine, gleiche, freie und prinzipiell unmittelbare (was Delegiertenwahlen nicht umschließt) sowie geheime (was entsprechende Beschlüsse über »offene« Wahlen nicht ausschließt) Wahlen. Da es sich bei diesen Grundsätzen insgesamt nicht um Gegenstände der verbandlichen Satzungsautonomie handelt, sondern um die Durchführung des staatlichen Schutzauftrages nach Art. 9 Abs. 3 Satz 2 GG, gelten sie prinzipiell auch für **Arbeitgeberverbände**. Zwar müssen diese nicht nach »Köpfen« abstimmen, weil dort nicht Personen, sondern Arbeitgeber entsprechend ihrer Bedeutung auf dem jeweiligen Arbeitsmarktsektor vertreten werden (vgl. Grundl. Rn. 68). Legitimationsnotwendig ist jedoch dann eine allgemeine **Satzungsregelung**, welche das arbeitsmarktmäßige Gewicht der Betriebe auf nachvollziehbar einheitliche Weise in ein entsprechendes Stimmgewicht für alle **Mitglieder gleichheitlich** umsetzt.

206 Weitere unmittelbare spezielle Schutzaufträge an den Staat enthalten neben Art. 9 Abs. 3 Satz 2 GG die **Art. 3 Abs. 2 GG (Gleichbehandlung zwischen Männern und Frauen), Art. 3 Abs. 3 GG (Diskriminierungsverbot)**, Art. 6 Abs. 1 (Ehe und

---

586 Vgl. *Kempen*, Dilemma des Günstigkeitsprinzips, 83; in dieselbe Richtung *Däubler/Schick*, Einl. Rn. 119ff., 129ff.

Familie). Vor allem aber gehört hierzu der Schutz der **Menschenwürde** (Art. 1 Abs. 1 Satz 1 GG), welcher nach Art. 1 Abs. 1 Satz 2 GG »aller staatlichen Gewalt« speziell übertragen und deshalb auch gegenüber der Tarifautonomie durchzusetzen ist (ohne dass es hierbei noch einer zusätzlichen allgemeinen Schutzgebotstheorie bedürfte).

Zu den vom direkten staatlichen Schutzauftrag des Art. 9 Abs. 3 Satz 2 GG umfassten Gebot der innerverbandlichen Demokratie gehört auch der Schutz der **allgemeinen Persönlichkeitsentfaltung der Mitglieder** entsprechend Art. 2 Abs. 1 GG. Freilich findet die persönliche Entfaltungsfreiheit hier keine unmittelbare Anwendung, weil sie (anders als z.B. Art. 1 Abs. 1 Satz 2 GG) keinen direkten Grundrechtsschutzauftrag kennt und weil es um die (kollektive) Privatautonomie in der jeweiligen Koalition geht. Dennoch ist der allgemeine Persönlichkeitsschutz der Mitglieder eine wesentliche Voraussetzung der innerorganisatorischen Demokratie und deshalb **über Art. 9 Abs. 3 Satz 2 GG** innerhalb des koalitionären Willensbildungsverfahrens (indirekt) mitgeschützt. Umgekehrt ist er als eine Funktionsbedingung der Koalitionsfreiheit dann auch nur im Rahmen der zulässigen Koalitionszwecke des Art. 9 Abs. 3 Satz 1 GG anwendbar. Insofern handelt es sich um eine **»funktionelle« Grundrechtsbindung**. **207**

Da es der Koalitionsfreiheit vor allem um die **kollektive Selbstbestimmung** der Mitglieder in sich selbst organisierenden Verbänden geht, ist das interne Willensbildungsverfahren auch an den **Schutz der freien Persönlichkeitsentfaltung** innerhalb des Koalitionszwecks nach Art. 2 Abs. 1 GG gebunden (vgl. vorhergehende Rn.). Dabei ist die Grenze der **»Rechte anderer«** vor allem durch die **Funktionsfähigkeit der Koalition selbst** markiert und kann gegebenenfalls durch entsprechende rechtsstaatliche Ausschlussverfahren aus dem Verband geschützt werden.[587] Der allgemeine Persönlichkeitsschutz folgt freilich nicht mehr nur einem speziellen Schutzauftrag an den Gesetzgeber gegenüber den Koalitionen, sondern aus den Funktionsvoraussetzungen der tarifautonomen Normsetzung. Diese fordern, dass auch den minderheitlich unterlegenen Koalitionsmitgliedern dennoch **prinzipielle Zustimmung zu den Mehrheitsbeschlüssen** unterstellt werden darf, sie also ihrerseits autonome Beteiligungsmöglichkeiten nach Maßgabe des allgemeinen Persönlichkeitsschutzes hatten.[588] **208**

Dieses Verständnis einer mitgliedschaftlichen Legitimation der Tarifregelungen durch »kollektive Privatautonomie«, deren verfahrensförmige formelle Grundrechtsbindung über den Schutzauftrag des Art. 9 Abs. 3 Satz 2 GG erfolgt, liegt auch der **ständigen Rechtsprechung des BAG** konzeptionell zu Grunde[589] und wird in der Literatur weithin geteilt.[590] Zwar lässt sich die normative Wirkung von Tarifnormen nicht ohne die gesetzliche Entscheidung hierfür (§§ 1 Abs. 1, 4 Abs. 1 TVG) erklären, doch basiert die gesetzlich vorgesehene Normativität seit jeher auf mitgliedschaftlicher Legitimation.[591] Das hierfür vorgesehene Legitimationsverfahren muss nach Art. 9 Abs. 3 Satz 2 GG den Bedingungen »kollektiver« Privatautonomie entsprechen, d.h. funktionell sicherstellen, dass die **209**

587 Vgl. z.B. BVerfG (Kammer) 21.12.1991, NZA 1993, 655.

588 *Kempen*, RdA 1994, 146.

589 Vgl. BAG 25.2.1998 (7 AZR 641/98), AP Nr. 11 zu § 1 TVG Tarifverträge: Luftfahrt; BAG 11.3.1998 (7 AZR 700/96), AP Nr. 12 zu § 1 TVG Tarifverträge: Luftfahrt; BAG 30.8.2000 (4 AZR 563/99), AP Nr. 25 zu § 4 TVG Geltungsbereich; BAG 27.5.2004 (6 AZR 129/03), AP Nr. 309 zu Art. 3 GG.

590 Z.B. *Dieterich*, FS Schaub, 121; ErfK/*Dieterich*, Art. 9 GG Rn. 54ff.; *Schliemann*, FS Hanau, 585ff.; *Däubler/Schiek*, Einl. 204ff.; a.A. *Waltermann*, FS 50 Jahre BAG, 917ff.

591 Irrig deshalb *Waltermann*, FS 50 Jahre BAG, 919.

individuelle Koalitionsfreiheit nicht zerrieben, sondern zu kollektiver Koalitionsfreiheit gebündelt wird. Dieser unmittelbare grundrechtliche Auftrag enthält folglich das Gebot demokratischer-funktionaler Willensbildungsstrukturen, die aber gleichwohl eine ausreichende verbandliche Geschlossenheit und Durchsetzungskraft am Arbeitsmarkt (Art. 9 Abs. 3 Satz 1 GG) ermöglichen. Dies ist nur über das Mehrheitsprinzip möglich, welches die Interessen der freien Mitglieder freiwillig zu einem entsprechenden Verbandswillen integriert – ein Vorgang, der auch im parlamentarisch-staatlichen Raum den Kern jeder Gesetzgebung bildet.

**210** Die demokratische Legitimationswirkung des Mehrheitsprinzips für die Normsetzung beruht indessen auf der weiteren Bedingung, dass die grundrechtlich geschützten Interessen aller Beteiligten den jeweiligen Mehrheiten unverfügbar bleiben. Deshalb sind die **Mehrheitsbeschlüsse funktionell an die Grundrechte der Beteiligten gebunden**. Zu den demokratischen Wirksamkeitsvoraussetzungen normativer Selbstbindung gehört dann aber auch, dass die Mehrheitsbeschlüsse nicht nur hinsichtlich ihres formellen Zustandekommens, sondern auch hinsichtlich ihres materiellen Inhalts den grundrechtlichen Persönlichkeitsschutz unterlegener Minderheiten respektieren. Damit ist die **materielle Grundrechtsbindung der Tarifnorm** (ganz wie im Bereich der staatlichen Gesetzgebung) stets zugleich eine **Voraussetzung ihrer formellen Legitimität**. Dogmatisch folgt dies aus Art. 9 Abs. 3 Satz 2 GG. Das wurde in der bisherigen Diskussion zur Grundrechtsbindung von Tarifverträgen nicht immer hinreichend beachtet, weil die (verfassungs-)gerichtliche Vertragskontrolle stärker als die kollektive Willensbildungsstruktur im Mittelpunkt der Diskussion gestanden hat.[592]

### b) Grundrechtsbindung für Tarifnormen (materiell-vertraglicher Bereich)

**211** Da die Grundrechtsbindung der Tarifnormen aus dem mehrheitsdemokratischen Rechtssetzungsverfahren gemäß Art. 9 Abs. 3 Satz 2 GG abzuleiten ist (vgl. vorhergehende Rn.), bezieht sie sich prinzipiell auch nur auf die einschlägigen **Grundrechte der Verbandsmitglieder**, d.h. sie ist eine mitgliederbezogene Grundrechtsbindung. Die Grundrechte der Mitglieder können folglich von der Mitgliedermehrheit insoweit **normativ eingeschränkt** werden, wie dies das Grundgesetz auch parlamentarischen Mehrheiten gestattet.[593] Den grundrechtlichen Gesetzesvorbehalten entsprechen daher parallele **Tarifvorbehalte**. Soweit ausnahmsweise **Grundrechte Dritter** betroffen sein sollten (z.B. nach § 3 Abs. 2 TVG), besteht allerdings volle Grundrechtsbindung, weil die Dritten an der Verbandswillensbildung unbeteiligt sind (zu den grundrechtskonkretisierenden Gesetzen vgl. Grundl. Rn. 268).

**212** Soweit tariffähige Koalitionen am Arbeitsmarkt bestehen und ihre interne Willens- und Entscheidungsbildung demokratisch geordnet ist, liegen dann die **Funktionsvoraussetzungen der Privatautonomie** vor, so dass ein sachgerechter Ausgleich der selbst bestimmten Interessen durch den freien Abschluss von Tarifverträgen gewährleistet wäre. Einer besonderen inhaltlich-materiellen Grundrechtsbindung und Kontrolle von tariflichen Regelungen bedürfte es folglich nicht

---

592 Insofern treffend *Waltermann*, FS 50 Jahre BAG, 922, gegenüber *Dieterich*, FS Schaub, 117ff.; *ders.* FS Wiedemann, 229ff.

593 Vgl. *Waltermann*, RdA 1990, 142f.; a.A. ErfK/*Dieterich*, Art. 12 GG Rn. 24.

mehr, nachdem das koalitionsinterne Verfahren demokratisch gesichert wurde. Andererseits ist die Beteiligung aller Betroffenen auf Grund des Mehrheitsprinzips und der von ihm getragenen normativ zwingenden Wirkung im Gegensatz zu der streng persönlichen individuellen Privatautonomie nur organisatorisch vermittelt. Nun ist es den Parteien eines individuellen Vertrages zwar prinzipiell möglich, auf ihre Grundrechte zu verzichten, weil das zur individuellen Ausgestaltung des grundrechtlichen Freiheitsraums gehört. Die **Grenze** eines derartigen **vertraglich-individuellen Grundrechtsverzichts** liegt jedoch im **Wesensgehalt** des jeweiligen Grundrechts (Art. 19 Abs. 2 GG), weil es der gesamtgesellschaftliche Zweck grundrechtlicher Freiheitsgarantien verbietet, sie absolut und dauerhaft auszuschalten.[594] Dieses aus dem »objektiven Gehalt« abzuleitende Verbot eines absoluten Grundrechtsverzichts[595] schließt dagegen relative Verzichtsleistungen nicht aus (es sei denn, sie wären ausdrücklich verboten wie in Art. 9 Abs. 3 Satz 2 GG). Die Tarifvertragsparteien als freie Zusammenschlüsse individueller Grundrechtsträger können dann aber nicht stärker in die Grundrechte ihrer Mitglieder eingreifen, als diese es selbst vermöchten. Infolgedessen besteht eine **Bindung der Tarifnormen an den Wesensgehalt** (Art. 19 Abs. 2 GG) **der Grundrechte aller Mitglieder** der Tarifvertragsparteien. Bis zu dieser Wesensgehaltsschranke sind dann prinzipiell entsprechend intensive Grundrechtseinschränkungen in Tarifverträgen möglich.[596] Es ist allerdings zu betonen, dass dies **nicht** für die Grundrechte gilt, welche den formell-demokratischen Bereich innerverbandlicher Willensbildung der Koalitionen sichern (vgl. Grundl. Rn. 204ff.). Ihre uneingeschränkte Geltung ist gerade die Voraussetzung für die zulässigen Grundrechtseinschränkungen durch materielle Tarifnormen.[597]

Allerdings ist der **einzelne Grundrechtsträger** an den Grundrechtseinschrän- **213**
kungen durch Tarifnormen **meist nicht unmittelbar beteiligt**. Sie bedürfen daher neben den demokratischen Verfahrensgarantien auch **inhaltlicher Schranken**, um die Grundrechtsfreiheiten im Kern auch vor Mehrheitsentscheidungen zu schützen Im öffentlichen Recht ist dies die Funktion des Art. 1 Abs. 3 GG und der grundrechtlichen Gesetzesvorbehalte. Nun können diese Bindungen nicht schematisch auf die Tarifautonomie übertragen werden, weil auch das privatautonom-vertragliche Element hierbei eine entscheidende Rolle spielt. Andererseits ermöglicht erst die Normqualität der Tarifverträge deren Prärogative im Bereich der Arbeits- und Wirtschaftsbedingungen gegenüber staatlicher Rechtsetzung. Legitimiert wird dieser Vorrang aber durch die Ausgestaltung der Koalitionsfreiheit als ein Grundrecht, also auf Grund der stärker selbst bestimmten Beteiligung der Normunterworfenen am Zustandekommen der zwingenden Regelungen. Da das gesetzliche und das tarifliche Verfahren beide der Mehrheitsregel unterliegen, besteht der Unterschied zur staatlichen Gesetzgebung in der mitgliedernäheren privatrechtlichen Organisation der Koalition und damit größeren individuellen Einflusschancen, der Möglichkeit des Austritts aus der Normbindung durch Kündigung der Mitgliedschaft sowie in der zusätzlich vertraglichen Vereinbarung der Tarifregelungen unter Arbeitsmarktbedingungen.

Die **singuläre Kombination von grundrechtlicher Freiheit und normativer Wir-** **214**
**kung** rechtfertigt dann den Vorrang der Tarifautonomie vor dem Gesetz (Norm-

594 Vgl. *Kempen*, ArbRGgw 26 (1988), 78ff., 92.
595 Dazu Bleckmann, JZ 1988, 59ff.
596 Ebenso im Ergebnis *Waltermann*, RdA 1990, 142; *ders.*, RdA 1994, 216.
597 Vgl. *Däubler/Schiek*, Einl. Rn. 223f.

setzungsprärogative). Das trotz gleichartiger majoritärer Willensbildung stärker individuell-grundrechtlich geprägte Element der Tarifautonomie wird allerdings gerade durch die Notwendigkeit möglichst einheitlicher Willensbildung und Geschlossenheit der Koalition am Arbeitsmarkt, d.h. durch die vertraglichen Legitimationsbedingungen der Tarifautonomie, ständig gefährdet: Der **marktbedingt stärkere Mehrheitsdruck in den Tarifvertragsparteien droht deren unmittelbar grundrechtliche Selbstbestimmungsqualität zu schwächen**. Die nur kombiniert wirksamen Rechtfertigungselemente der Tarifautonomie tendieren also dazu, sich gegenseitig aufzuheben. Die Durchsetzung und Sicherung der grundrechtlichen Freiheitsstruktur der Tarifautonomie gebietet daher, dass der prinzipiell zulässigen Einschränkung eigener sonstiger Grundrechte durch Mehrheitsentscheidungen der Koalitionsmitglieder im Tarifvertrag engere Grenzen gezogen werden als dem ebenfalls möglichen Grundrechtsverzicht eines Grundrechtsträgers durch »klassische« individuelle Verträge. Andernfalls könnte der Tarifvertrag seine spezifische Grundrechtsqualität und damit zugleich seine verfassungsrechtliche Priorität gegenüber dem staatlichen Gesetz verlieren. Dieser entscheidende grundrechtliche »Vorsprung« des Tarifs wird nur dann gehalten und gesichert, wenn den Mehrheitsentscheidungen der Koalitionen gegenüber ihren Mitgliedern prinzipiell dieselben Grundrechtsgrenzen gezogen werden wie den (mehrheitlichen) Staatsentscheidungen gegenüber den Bürgern: **Tarifnormen sind deshalb an die Grundrechte der Koalitionsmitglieder über Art. 9 Abs. 3 Satz 2 GG mittelbar gebunden.**[598]

**215** Trotz der prinzipiellen Bindung der Tarifnormen an die Grundrechte müssen die Mitglieder der Tarifvertragsparteien die eigenen Grundrechte selbst tariflich ebenso einschränken können, wie dies der demokratische Gesetzgeber für die von ihm repräsentierten Bürger tun kann. Die mehrheitliche Verfügungsmacht über das eigene Recht ist zwar nicht so weit reichend wie die individualvertragliche Verzichtsmöglichkeit, in ausgeglichenen Vertragsverhältnissen aber auch nicht geringer als für den ebenfalls mehrheitlich – wenn auch ansonsten wesentlich mittelbarer- legitimierten Gesetzgeber. Der koalitionsrechtlich notwendige »Überschuss« an Selbstbestimmung durch die vertragliche Tarifautonomie gegenüber einer gesetzlichen Regelung wird also nicht dadurch aufgezehrt, dass Tarifverträge dieselbe grundrechtliche Regelungstiefe besitzen wie der Gesetzgeber. Dessen Eingriffsgrenzen sind durch die verfassungsrechtlichen Gesetzesvorbehalte in den einzelnen Grundrechten und durch den unantastbaren Wesensgehalt des Art. 19 Abs. 2 GG festgelegt. **Den grundrechtlichen Gesetzesvorbehalten entsprechen deshalb parallele Tarifvertragsvorbehalte** im Bereich der entsprechenden Grundrechte der Mitglieder der Tarifvertragsparteien. Diese Konsequenz folgt zugleich aus der **verfassungsrechtlichen Schutzpflicht** gegenüber den betroffenen Grundrechten.[599] Die Kriterien des Grundrechtsschutzes sind hier wie dort die tangierten Freiheiten der jeweiligen (gesetzlich/tariflich) Normunterworfenen.[600]

---

598 Im Ergebnis auch BAG 27.5.2004 (6 AZR 129/03), AP Nr.309 zu Art. 3 GG; *Däubler/Schiek*, Einl. Rn.213ff., 233; a.A. *Löwisch/Rieble*, § 1 Rn.219; *Gamillscheg*, Grundrechte, 103ff.

599 Dies ist der dogmatische Ansatz der Rechtsprechung des BAG, vgl. dazu *Dieterich*, RdA 2005, 177ff.

600 So auch *Waltermann*, RdA 1990, 143; *ders.*, RdA 1993, 217; *Däubler/Schiek*, Einl. Rn.233f.; ErfK/*Dieterich*, Art. 9 GG Rn.74ff.; a.A. *Löwisch/Rieble*, § 1 Rn.219; *A. Wiedemann*, 154ff. Zu den Konsequenzen, die im Falle einer grundrechtswidrigen Tarifnorm zu ziehen sind (verfassungskonforme Auslegung, Kündbarkeit des Tarifs, Unanwendbarkeit und Nichtigkeit der Tarifnorm, Handlungspflichten der Tarifvertragsparteien), vgl. *Baumann*, RdA 1994, 272.

Die **absolute Tarifrechtsschranke des Wesengehalts** wirkt allerdings **auf Arbeitnehmer- und auf Arbeitgeberseite** sehr **unterschiedlich**. Eine tarifliche Grundrechtsbegrenzung berührt den Wesensgehalt dieses Grundrechts nämlich erst dann, wenn sie für den einzelnen faktisch weitgehend unentrinnbar erscheint. Für den Arbeitgeber ist dies wegen der Möglichkeit des Verbandsaustritts fast niemals gegeben. Etwas Anderes gilt auf Seiten der Arbeitnehmer: Zwar hätte auch hier das Gewerkschaftsmitglied die Möglichkeit des Verbandsaustritts. Die tatsächliche Prägung der Arbeitsbedingungen durch Tarifverträge auch ohne rechtliche Tarifbindung und die Tatsache, dass häufig in die Arbeitsverträge Nichtorganisierter Tarifregelungen aufgenommen oder für anwendbar erklärt werden, führt dazu, dass der einzelne Arbeitnehmer der sozialen Macht der Tarifvertragsparteien faktisch unterworfen ist. Auch wenn sich die soziale Macht der Gewerkschaften in der Regel für die betroffenen Arbeitnehmer nur positiv auswirken wird, ist hier von ihrem Schutzzweck her der grundrechtliche Wesensgehalt rasch tangiert. Er setzt den Tarifvertragsparteien also auf Arbeitnehmerseite viel engere Grenzen als im Arbeitgeberbereich, wo tarifliche Wesensgehaltsverletzungen auf Grund der verbandlichen Austrittsfreiheit fast nie gegeben sein dürften. Ist somit die **unterschiedliche Geltung von Grundrechten der Arbeitnehmer und Grundrechten der Arbeitgeber** eine Folge, die sich einerseits aus dem Schutzzweck der Grundrechte, andererseits aus der Wertung des § 2 Abs. 1 TVG ergibt, so wird die Differenzierung verdeutlicht durch den Schutzzweck des Art. 9 Abs. 3 GG selbst. Die Koalitionsfreiheit ist Schutzrecht primär für Arbeitnehmer (Grundl. Rn. 97 ff.). Eine Grundrechtsbindung der Koalitionen ist deshalb vor allem dort nötig, wo andere Grundrechte von Arbeitnehmern betroffen sein können. 216

## II. Die Bindung der Tarifvertragsparteien an die einzelnen Grundrechte der Arbeitnehmer

### 1. Art. 1 GG (Schutz der Menschenwürde)

Sind auch bestimmte Maßnahmen in der betrieblichen Praxis unter dem Gesichtspunkt der Verletzung der Menschenwürde zu beurteilen – z. B. das Anprangern am Schwarzen Brett als Disziplinarmaßnahme[601] –, so haben derartige Verletzungen in Tarifverträgen bisher noch keine wesentliche Rolle gespielt. Die Vorschrift des BAT zum Umfang der Bereitschaftsdienstleistung von angestellten Krankenhausärzten (BAT §§ 17, 4; SR 2c Nr. 8) hat das Bundesarbeitsgericht bereits zweimal zum Anlass der Prüfung auch unter dem Gesichtspunkt der Verletzung der Menschenwürde genommen. In seiner ersten Entscheidung[602] hatte das Gericht zwar grundsätzlich die Regelungen des Bereitschaftsdienstes für vereinbar mit der Verfassung gehalten, dort aber bereits angedeutet, dass unter bestimmten Umständen derartige Vorschriften unwirksam seien. Diesen Fall sah das Bundesarbeitsgericht in einer weiteren Entscheidung[603] als gegeben an: Eine Tarifnorm, die Bereitschaftsdienst im Anschluss an einen Tagesdienst anordne, an den sich danach erneut ein Tagesdienst anschließe, ohne dass mindestens 6 Stunden Ruhezeit zur Verfügung stünden, überschreite die menschliche Leis- 217

601 *Däubler*, Tarifvertragsrecht, Rn. 424 mit weiteren Beispielen.
602 BAG 26. 11. 1980, AP Nr. 6 zu § 17 BAT.
603 BAG 24. 2. 1982, AP Nr. 7 zu § 17 BAT (mit Anm. von *Meisel*).

tungsfähigkeit und sei wegen Verstoßes gegen die Menschenwürde unwirksam. Dies regelt jetzt die RL 2003/88/EG.[604] Der Schutz der Menschenwürde des Art. 1 GG wird in Zukunft in tarifvertraglichen Vorschriften dann an Bedeutung gewinnen, wenn die Einführung von **Personalinformationssystemen** oder von **Gen-Tests** Gegenstand von Tarifverträgen werden sollte und dabei die grundsätzlichen Ausführungen des Bundesverfassungsgerichts zum **informationellen Selbstbestimmungsrecht** zu berücksichtigen sind, die auch im Arbeitsverhältnis Geltung beanspruchen.[605] Zu beachten ist, dass Art. 1 Abs. 1 Satz 2 GG ein spezielles staatliches Schutzgebot enthält, das auch bei der gesetzlichen Ausgestaltung der Tarifautonomie zu beachten ist.

### 2. Art. 2 GG (Allgemeines Persönlichkeitsrecht)

**218** Die freie Entfaltung der Persönlichkeit nach Art. 2 Abs. 1 GG umfasst auch die Vertragsfreiheit. Tarifnormen, die beispielsweise beim Abschluss des Arbeitsvertrages jegliche Stellvertretung ausschließen, sollen daher nicht mit Art. 2 Abs. 1 GG vereinbar sein.[606] Bedenken bestehen hier allerdings insoweit, als der Schutz der Vertragsfreiheit in Art. 2 Abs. 1 GG gegenüber den Tarifvertragsparteien nicht stärker sein kann als gegenüber dem Gesetzgeber, der seinerseits aber z.B. in § 2274 BGB beim Abschluss eines Erbvertrages die höchstpersönliche Ausübung dieses Rechtsgeschäfts vorschreibt.[607] Hinzu kommt, dass der Tarifvertrag selbst Ausfluss von kollektiv realisierter Vertragsfreiheit der Tarifvertragsparteien ist und insoweit bezüglich der Geltung von Art. 2 Abs. 1 GG jedenfalls geringeren Einschränkungen als der Gesetzgeber unterliegt (zum Günstigkeitsprinzip siehe Grundl. Rn. 158 und insbesondere § 4 Rn. 247ff.). Zulässig wäre deshalb auch die Vereinbarung einer **Verhandlungspflicht** der Tarifparteien durch Tarifvertrag (vgl. § 1 Rn. 27).

Eine Verletzung der freien Entfaltung der Persönlichkeit liegt dann vor, wenn tariflich ein **generelles Nebentätigkeitsverbot** vereinbart ist, ohne dass hierfür ein in der Arbeitsleistung oder im Arbeitsverhältnis selbst liegender Grund – z.B. Konkurrenz gegen den eigenen Arbeitgeber – vorhanden ist.[608] Allgemein kann die Reglementierung der Freizeit so lange gegen Art. 2 Abs. 1 GG verstoßen, wie hierdurch nicht die Arbeitsleistung selbst betroffen ist.[609] Im Übrigen sind tarifliche Nebentätigkeitsverbote, soweit sie zur Stützung arbeitsmarktpolitisch motivierter Arbeitszeitverkürzung dienen sollen[610] ein Problem der Berufsfreiheit des Art. 12 GG.

**219** Nach Art. 2 Abs. 2 GG hat jedermann das **Recht auf körperliche Unversehrtheit**. Nach *Däubler*[611] käme eine Verletzung dieses Grundrechts in Betracht, wenn Tarifnormen nachweislich gesundheitsschädliche Arbeitsbedingungen festschreiben. Dem kann nicht gefolgt werden. Schon nach heutigen Erkenntnissen

---

604 Vgl. dazu EuGH 3.10.2000, AP Nr. 2 zu EWG-RL Nr. 93/104.

605 BVerfG 15.12.1983, E 65, 1ff.; BAG 14.9.1984, AP Nr. 9 zu § 87 BetrVG 1972.

606 BAG 7.11.1958, AP Nr. 1 zu § 611 BGB Film.

607 Vgl. auch Wiedemann/*Wiedemann*, Einl. Rn. 211.

608 BAG 13.6.1958, AP Nr. 6 zu Art. 12 GG; BAG 3.12.1970, AP Nr. 60 zu § 626 BGB, BAG 26.8.1976, AP Nr. 68 zu § 626 BGB.

609 Zur Vereinbarkeit von Bereitschaftsdienst von Krankenhausärzten mit dem Recht auf freie Entfaltung der Persönlichkeit: BAG 26.11.1980, AP Nr. 6 zu § 17 BAT.

610 Dazu *Kempen/Kreuder*, AuR 1994, 214.

611 *Däubler*, Tarifvertragsrecht, Rn. 431; vgl. aber *Däubler/Hensche*, § 1 Rn. 696ff.

sind bestimmte Arbeitsbedingungen, wie z.B. in der Chemieindustrie oder im Bergbau, oder bestimmte Arbeitsformen, wie z.B. Schichtarbeit, objektiv gesundheitsschädlich. Solange derartige Arbeitsbedingungen sich aber im Rahmen der geltenden Gesetze halten, muss eine tarifvertragliche Normsetzung nicht nur zulässig sein, sondern sie ist in diesen Fällen besonders notwendig. Andernfalls wäre den Arbeitnehmern in diesen Bereichen jeglicher Schutz genommen. Damit ist die Tarifpolitik der Gewerkschaften allerdings nicht der Verpflichtung enthoben, gesundheitsschädlichen Arbeitsbedingungen entgegenzuwirken bzw. sie soweit wie möglich abzubauen. Tarifpolitische Ansätze finden sich hier beispielsweise bei der Reduzierung und dem Ausgleich der Schichtarbeit durch Freischichten. Der dem Gesetzesvorbehalt des Art. 2 Abs. 2 Satz 3 GG entsprechende Tarifvorbehalt ermöglicht also selbst gewisse gesundheitliche Einschränkungen, doch gilt auch insoweit die Wesensgehaltsgrenze (Art. 19 Abs. 2 GG), welche z.B. die Verpflichtung zu unausweichlich irreparabel gesundheitsschädlicher Arbeit ausschließt (unabhängig davon wie sich die staatlichen Gesundheitsvorschriften hierzu verhalten).[612]

### 3. Art. 3 Abs. 1 GG (Gleichheitssatz)

Der Gleichheitssatz des Art. 3 Abs. 1 GG verbietet es, im Tarifvertrag wesentlich **220**
gleiche Sachverhalte ohne sachlichen Grund unterschiedlich zu behandeln Für die Tarifvertragsparteien gilt wegen der unmittelbaren Grundrechtswirkung die gleiche **Formulierung** des Gleichheitssatzes wie für den Gesetzgeber.[613] Nach der hierzu entwickelten **Formel des Bundesverfassungsgerichts**[614] ist der Gleichheitssatz danach nicht nur bei willkürlichen Differenzierungen zwischen den Vergleichsgruppen verletzt, sondern auch dann, wenn zwischen diesen Gruppen keine Unterschiede von solcher Art und solchem Gewicht bestehen, dass sie diese Ungleichbehandlung rechtfertigen können. Gegenüber dem Gesetzgeber besteht jedoch der wesentliche Unterschied, dass sich der Vergleichsrahmen hier zunächst **nur auf die Tarifgebundenen nach dem jeweiligen Tarifvertrag** bezieht. Die Beachtung des Gleichheitsgebots kann stets nur vom jeweiligen Normgeber im Rahmen seiner Normsetzungskompetenz verlangt werden.[615] Bei Tarifverträgen sind dies stets **beide Tarifvertragsparteien gemeinsam**. Sie stecken das Feld der tariflich zu regelnden Sachverhalte im Rahmen der Koalitionsfreiheit autonom vertraglich ab. Dabei unterliegen sie gegenüber den beiderseits Tarifgebundenen als Normgeber den Gleichheitsgeboten des Art. 3 GG. Es ist deshalb prinzipiell zulässig, zu einem Verbandstarifvertrag **ändernde Firmentarifverträge** abzuschließen ohne dass dies schon gleichheitswichtig wäre.[616] Andererseits bindet der allgemeine Gleichheitssatz **auch gegenüber ihrer Mitgliedschaft insgesamt**, doch sind die zulässigen Differenzierungsmaßstäbe wiederum auf die arbeitsmarktförmigen Bedingungen zu beziehen, welche die Regelungsmöglichkeiten der Tarifparteien stets konkret begrenzen und damit das Ausmaß realer Gleichstellungsmöglichkeiten ökonomisch beschränken. Auch gegenüber den Mitgliedern als Gesamtverband kann das Gleichheitsprinzip daher nur im

612 Vgl. *Löwisch/Rieble*, § 1 Rn. 255.

613 BAG 27.5.2004 (6 AZR 129/03), AP Nr. 309 zu Art. 3 GG; *Dieterich*, RdA 2005, 180; wohl auch *Löwisch/Rieble*, § 1 Rn. 259.

614 Vgl. BVerfG 11.1.1995, E 92, 53, 68f.

615 EuGH 17.9.2002 (C – 320/2000), NZA 2002, 1144; *Löwisch/Rieble*, § 1 Rn. 257; *Kempen*, FA 2005, 198ff.

616 *Löwisch/Rieble*, § 1 Rn. 258.

Rahmen der Tarifautonomie, der die Beteiligten sich mitgliedschaftlich verbunden haben, gelten.[617] Die Tarifparteien dürfen deshalb innerhalb ihrer Mitgliedschaft (z.B. durch Ausnahme bestimmter Gruppen von einer Tarifregelung[618] – wie z.B. Werkstudenten) noch differenzieren wo dies dem arbeitsrechtlichen Gesetzgeber nicht erlaubt wäre.

221 Das aufklärerische Gebot »Alle Menschen sind vor dem Gesetz gleich« (Art. 3 Abs. 1 GG) bezieht seine Wirkung aus der prinzipiellen demokratischen Allzuständigkeit des Gesetzgebers, die sich aus seiner gleichheitlichen Wahl durch das Volk als einzigem Souverän herleitet: Wer von allen legitimiert ist, muss auch alle gleich behandeln. Demgegenüber bleibt das Individuum im Privatrecht prinzipiell seinem eigenen Willen unterworfen und kann einen anderen nur verpflichten, wenn dieser seinerseits zustimmt. Mangels übergreifender Drittzuständigkeit gibt es in der **Privatautonomie** grundsätzlich auch keine **Gleichheitsbindung**. Anders ist es nur, wo ökonomisch begründete Marktverzerrungen vorliegen – wie z.B. im Arbeitsrecht. Hier greift der Gesetzgeber durch spezielle Gleichheitsgebote ein (z.B. § 611a BGB). Der Tarifvertrag steht in der Mitte zwischen beiden Regelungstypen. Einerseits besitzen die Tarifparteien keine Zuständigkeit gegenüber Dritten, sondern gegenüber den Mitgliedern. Andererseits wirken die Tarifverträge rechtstechnisch normativ, also wie Gesetze. Endlich sollen sie die staatsfreie Regelung des privaten Arbeitsvertragsrechts ermöglichen. Diese »kollektive Privatautonomie« ist auf ihrer koalitionsinternen Stufe mitgliedergrundrechtsgebunden. Dagegen ist sie auf der koalitionsexternen Stufe bipolarer Tarifverhandlungen marktbestimmt und von der kompromisshaften Vertragsfreiheit beherrscht. Wenn dann die Vertragsergebnisse demokratisch-gleichheitlich im Verband legitimiert sind, können sie als Resultate tarifautonomer Selbstbestimmung keiner intensiveren allgemeinen Gleichheitskontrolle als andere privatautonome Verträge unterliegen. Für **Tarifverträge** als solche lässt sich daher **keine unmittelbare allgemeine Gleichheitsbindung** wie beim staatlichen Gesetz begründen. Stattdessen gilt im **innerverbandlichen** Willensbildungsprozess uneingeschränkt formelle Gleichheit unter allen (potentiell) Beteiligten. Im **verbandsexternen** Vertragsverhandlungsprozess verengt sich der Anwendungsbereich des allgemeinen Gleichheitsgebots dagegen entsprechend der Reichweite des jeweiligen tariflichen Geltungsbereichs grundsätzlich auf den Kreis der Tarifgebundenen.

222 Nur unter dieser Voraussetzung ist die **Koalitionsfreiheit als staatsfrei geschützte Selbstentfaltung** der Koalitionen am Arbeitsmarkt angemessen zu realisieren. Wie an anderen Märkten auch setzen Vertragsbindungen meist gewisse Grundrechtbeschränkungen und partielle Freiheitsverzichte beider Vertragspartner voraus, die über die Zustimmung beider Seiten legitimiert sind und ihre Untergrenze im Wesensgehalt des betroffenen Grundrechts finden. Dementsprechend wirken auch die **vertraglich vereinbarten Tarifnormen** in den Arbeitsverhältnissen der Tarifgebundenen regelmäßig als beiderseitige Grundrechtsbeschränkungen (z.B. der allgemeinen Handlungsfreiheit, der Berufsfreiheit, der Meinungsfreiheit oder der Eigentumsgarantie von Arbeitgeber und Arbeitnehmer), welche bei tariflichen Außenseitern einzelvertraglich vereinbart werden müssen. Das Ausmaß dieser tariflichen Grundrechtsbeschränkungen bestimmen

617 Vgl. *Däubler/Schiek*, § 1 Rn. 298; Wiedemann/*Wiedemann*, § 1 Rn. 221; offener BAG 27.5.2004 (6 AZR 129/03), AP Nr. 309 zu Art. 3 GG.

618 Vgl. BAG 30.8.2000 (4 AZR 563/99), AP Nr. 25 zu § 4 TVG Geltungsbereich.

die (Gesetzes-)Vorbehalte für den Normgeber, welche hier als entsprechende Tarifvorbehalte für die Tarifnormgeber zu verstehen sind, wobei die Wesensgehaltsgarantie (Art. 19 Abs. 2 GG) die Untergrenze bildet. Entsprechendes gilt für die Reichweite des Gleichheitsgebots.

Auf Grund unterschiedlicher Arbeitsnachfrage, Qualifikationen, Leistungsfähigkeit und ähnlichem werden in Tarifverträgen auch nach Arbeitnehmer- und Arbeitgebergruppen unterschiedliche Regelungen vereinbart (z.B. Entgeltgruppen, regionale Geltung, Betriebszugehörigkeit) oder auch ganze Gruppen oder Sektoren **tariflich nicht geregelt**, wenn sie im kontradiktorischen Verhandlungsprozess nicht durchsetzbar waren. Solche tarifautonomen, d.h. koalitionsrechtlich garantierten Differenzierungsmöglichkeiten dürfen allerdings nicht gegen solche **speziellen Differenzierungsverbote** verstoßen, die der Gesetzgeber wegen **ausdrücklicher verfassungsrechtlicher Schutzgebote** auch den Privaten explizit auferlegt. Es sind dies vor allem die Menschenwürde (Art. 1 Abs. 1 GG), die speziellen Gleichbehandlungsgebote (Art. 3 Abs. 2 und 3 GG), Ehe und Familie (Art. 6 Abs. 1 GG), die Koalitionsfreiheit (Art. 9 Abs. 3 Satz 2 GG) oder §§ 5 TzBfG, 611a, 611b BGB, Art. 141 EGV. Ein darüber hinaus gehendes generelles Schutzpflichtgebot des Staates gegenüber dem **allgemeinen** Gleichheitssatz als eines besonders fundamentalen Rechtsprinzips besteht entgegen der neueren Auffassung des BAG[619] insofern nicht. Wenn die Tarifparteien also etwa bestimmte Arbeitnehmergruppen nicht in eine Regelung einbeziehen, so ist diese Entscheidung an den expliziten Schutzgeboten des Art. 3 Abs. 2 und 3 GG und möglicherweise auch aus der Berufsausübungsfreiheit der Betroffenen zu messen. 223

Eine weiterreichende Gleichheitsschutzpflicht ist weder mit dem differenzierten Wortlaut des Art. 3 GG zu vereinbaren noch mit einer angeblichen Unterscheidung zwischen Freiheits- und Gleichheitsrechten zu begründen[620], denn auch **Art. 3 GG** besitzt nur einen **begrenzten Normbereich**, weil er sich notwendig immer nur auf die begrenzte Rechtssetzungsmacht der Tarifparteien beziehen kann. Seine Ausweitung hin zum »Gerechtigkeitsgedanken« des Grundgesetzes verwechselt die Koalitionen mit dem souveränen Staat und führt dadurch zu einer »ungeschriebenen Grenze der Tarifautonomie«.[621] Die Tarifautonomie ist indessen bewusst nicht mit einem derartigen staatlichen Schrankenvorbehalt versehen, weil die – für differenzierte arbeitsweltliche Strukturen entwickelten – Tarifwerke nicht mit der einheitlichen (aus der Vorstellung demokratischer Allzuständigkeit geprägten) Elle des allgemeinen legislativen Gleichheitsgebots gemessen werden sollen (**Einschätzungsprärogative der Tarifparteien**[622]). Das verstieße also gegen Art. 9 Abs. 3 GG, welcher diese selbst entschiedenen Differenzierungen gerade deshalb gestattet, weil der Gesetzgeber wegen seiner weiterreichenden Bindungen keine so unterschiedlichen Arbeitsrechtsstrukturen schaffen könnte.

Die den Tarifvertragsparteien auf Grund der Beteiligung ihrer Mitglieder im 224
innerverbandlichen Entscheidungsverfahren möglichen normativen Differenzie-

619 BAG 27.5.2004 (6 AZR 129/03), AP Nr. 309 zu Art. 3 GG; zustimmend *Dieterich*, RdA 2005, 179ff.

620 So aber BAG 27.5.2004 (6 AZR 129/03), AP Nr. 309 zu Art. 3 GG.

621 Dies ist die ausdrückliche Zielrichtung in BAG 27.5.2004 (6 AZR 129/03), AP Nr. 309 zu Art. 3 GG; *Dieterich*, RdA 2005, 179ff.

622 Vgl. BAG 25.6.2003 (4 AZR 405/02), DB 2005, 290; ansatzweise auch BAG 27.5.2004 (6 AZR 129/03), AP Nr. 309 zu Art. 3 GG, unter B II 3 dd; *Dieterich*, RdA 2005, 181.

rungen zwischen unterschiedlichen Arbeitnehmergruppen enden jedoch (wie bei den anderen Grundrechten) am **Wesensgehalt der Gleichheit**. Dies ist die allgemeine – aus Art. 3 GG abzuleitende – **Willkürschranke**. Sie gilt für alle Verbandsmitglieder und kann daher auf die Unwirksamkeit einer Tarifnorm oder auf das Verbot von Tarifausnahmen und von Nicht-Regelungen hinauslaufen. Bei **personengruppenbezogenen Unterscheidungen** gelten hier jedoch zunächst die vorrangigen speziellen Differenzierungsverbote, für die Art. 3 Abs. 2 und 3 GG ausdrückliche Schutzaufträge erteilt. Erst danach greift das Willkürverbot des Art. 3 Abs. 1 GG ein, wenn sich ein aus der Natur der Sache oder sonst wie einleuchtender Grund für die jeweiligen Differenzierungen oder Gleichbehandlung nicht finden lässt.[623]

**225** Damit ergibt sich für die Tarifnormen an Hand des **Gleichheitsgebots** ein **differenziertes Prüfungsprogramm**: Im Bereich der innerverbandlichen Willensbildung gilt Art. 3 GG für die Mitglieder uneingeschränkt. Die vereinbarten Tarifregelungen selbst unterliegen dem vollen Gleichheitsprinzip nur hinsichtlich der Tarifgebundenen. Daneben gelten die speziellen Differenzierungsverbote (z.B. Art. 3 Abs. 2 und 3 GG) ebenfalls uneingeschränkt. Für das Verhältnis der Tarifgebundenen zu den übrigen Mitgliedern gelten diese speziellen Differenzierungsverbote gleichfalls. Daneben ist hier das Willkürverbot des Art. 3 Abs. 1 GG unter Berücksichtigung der Normsetzungsprärogative der Tarifparteien zu prüfen. **Außenstehende Dritte** sind nur dann gleich zu behandeln, wenn sie (z.B. nach § 3 Abs. 2 TVG) normativ von den Tarifregelungen erfasst werden.

**226** Der Gleichheitssatz des Art. 3 Abs. 1 GG ist für die Tarifvertragsparteien auch bei der Beantwortung der Frage bedeutsam, ob **unterschiedliche Regelungen für Arbeiter und Angestellte** einen Verstoß gegen Art. 3 Abs. 1 GG darstellen. Das Bundesarbeitsgericht hat sich mit dieser Frage insbesondere anlässlich von unterschiedlich hohen Weihnachtsgratifikationen befasst.[624] Dabei ist es davon ausgegangen dass der Arbeitgeber mit der Auszahlung von Gratifikationen verschiedene Zwecke verfolgen kann. Dies kann bedeuten, dass eine unterschiedliche Behandlung von Arbeitnehmergruppen durchaus möglich ist. Eine Unterscheidung zwischen Arbeitern und Angestellten bei Weihnachtsgratifikationen ist danach regelmäßig unzulässig, da der Zweck der Gratifikation (zusätzliche Aufwendungen anlässlich des Weihnachtsfestes) Arbeiter und Angestellte gleichermaßen trifft.

Das Bundesverfassungsgericht[625] hat die von der Beschäftigungsdauer abhängigen unterschiedlichen Kündigungsfristen des § 622 Abs. 2 Satz 2 BGB für verfassungswidrig angesehen, weil die historisch gewachsene Stellung von Arbeitnehmern als Arbeiter oder Angestellte allein kein sachlicher Grund für eine derartige Differenzierung sei. Andere Gründe, wie die größere Mobilität der Arbeiter, größere Chancen der Arbeiter, erneut Arbeit zu finden, seien vielleicht früher einmal zutreffend gewesen, entsprächen jedenfalls heute aber nicht mehr der Wirklichkeit.

**227** Mit dem **Kündigungsfristengesetz vom 7. Oktober 1993**[626] sind die gleichheitswidrigen unterschiedlichen Kündigungsfristen für Arbeiter und Angestellte in

---

623 Insoweit zutreffend BAG 27.5.2004 (6 AZR 129/03), AP Nr. 309 zu Art. 3 GG; ErfK/*Dieterich*, Art. 3 Rn. 33.

624 BAG 5.3.1980, AP Nr. 44 zu § 242 BGB Gleichbehandlung.

625 BAG 30.5.1990, E 82, 126.

626 BGBl. I 1668.

§ 622 BGB Abs. 1 a.F. einheitlich für beide Arbeitnehmergruppen in § 611 BGB auf vier Wochen zum 15. Tag oder zum Ende eines Kalendermonats festgelegt worden. Entsprechend der Beschäftigungsdauer wächst die Frist bis zu sieben Monaten (§ 622 Abs. 2 BGB). Während der Probezeit (zulässig bis zu sechs Monaten) gilt eine zweiwöchige Kündigungsfrist. Diese gesetzlichen Kündigungsfristen sind insgesamt tarifdispositiv (§ 622 Abs. 3 BGB).

Soweit in älteren Tarifverträgen vor der Neuregelung des § 622 BGB vom 7. Oktober 1993 lediglich deklaratorisch auf die jeweiligen gesetzlichen Kündigungsfristen verwiesen worden ist, gelten die neuen Fristen nunmehr tarifvertraglich.[627] Soweit ein **Tarifvertrag** jedoch eine eigenständig-konstitutive **Kündigungsregelung** getroffen hat (was z.B. auch gegeben ist, wenn er lediglich auf die zur Zeit seines Inkrafttretens geltenden gesetzlichen Kündigungsfristen verweist), dann muss nunmehr geprüft werden, ob dies mit dem Gleichheitssatz des Art. 3 Abs. 1 GG noch vereinbar ist. Die Tarifdispositivität des § 622 Abs. 4 BGB enthebt die Tarifvertragsparteien weder für die alte Rechtslage noch für künftige Tarifregelungen der Bindung an Art. 3 Abs. 1 GG.[628] Es ist daher jeweils zu prüfen, ob die unterschiedlichen Kündigungsfristen für Arbeiter und Angestellte innerhalb dieses spezifischen tariflichen Geltungsbereichs sachlich gerechtfertigt sind. Eine allgemeine Differenzierung nach der Gruppenzugehörigkeit (Arbeiter/Angestellte) reicht deshalb nicht mehr aus. Sachlich gerechtfertigt und hinreichend gruppenspezifisch ausgestaltet sind nach der Rechtsprechung dagegen solche unterschiedlichen Regelungen, die z.B. nur eine verhältnismäßig kleine Gruppe nicht intensiv benachteiligen, oder funktions-, branchen- oder betriebsspezifischen Interessen im Geltungsbereich des Tarifvertrages mit Hilfe verkürzter Kündigungsfristen für Arbeiter entsprechen (z.B. überwiegende Beschäftigung von Arbeitern in der Produktion) oder gruppenspezifische Schwierigkeiten bestimmter Arbeitnehmer bei der Stellensuche mildern, etwa wenn die höher und hoch qualifizierten Arbeitnehmer überwiegend zur Gruppe der Angestellten gehören.[629] Nicht überzeugend ist die Qualifizierung der geringen Anzahl einer Gruppe als sachliches Differenzierungskriterium, denn Art. 3 Abs. 1 GG ist (auch) ein Individualgrundrecht. Zu wenig differenziert sind auch einige andere vom Bundesarbeitsgericht bislang als unbedenklich anerkannte Unterscheidungsmerkmale. Als Rechtfertigung einer kürzeren Grundkündigungsfrist für Arbeiter wurde das Bedürfnis an flexibler Personalplanung im Bereich der Textilindustrie wegen produkt-, mode- und saisonbedingter Auftragsschwankungen[630] anerkannt; ferner die Witterungsabhängigkeit für bestimmte Tätigkeiten im Gartenbau[631] und im Baugewerbe.[632] Bedenkt man, dass dies auch für sehr eng begrenzte Flächentarife und Firmentarifverträge in Konkurrenz zu anderen Tarifverträgen gelten kann, dann sind hier strengere Anforderungen an die Rechtfertigung von Differenzierungen zu fordern.[633] Insbesondere müsste je nach den Unterscheidungsgründen auch hinsichtlich der Kündigungsarten tarif- 228

627 Vgl. die Gesetzesbegründung, BT-Drucks. 12/4902, 7; *Worzalla*, NZA 1994, 147.
628 Vgl. BAG 21.3.1991, AP Nr. 31 zu § 622 BGB; BAG 10.3.1994, BB 1994, 1355.
629 BAG 21.3.1991, AP Nr. 31 zu § 622 BGB.
630 BAG 23.1.1992, AP Nr. 37 zu § 622 BGB.
631 BAG 23.1.1992, AP Nr. 35 zu § 622 BGB.
632 BAG 2.4.1992, AP Nr. 38 zu § 622 BGB.
633 Ebenso *Däubler/NN* Rn. 943.

lich unterschieden werden.[634] Dementsprechend verlangt nunmehr auch das Bundesarbeitsgericht für den von ihm prinzipiell anerkannten Differenzierungsgrund der personalwirtschaftlichen Flexibilität im Produktionsbereich einen Nachweis des Verhältnisses von Arbeitern und Angestellten in der Produktion, der im gesamten Geltungsbereich des Tarifvertrages im wesentlichen einheitlich sein muss.[635] Bei den verlängerten Kündigungsfristen des § 622 Abs. 2 BGB n.F. sind derartige Differenzierungskriterien dagegen kaum zu rechtfertigen.[636] Das grundrechtliche Schutzgebot gegenüber Art. 3 Abs. 1 GG führt schließlich dazu, dass die Arbeitsgerichte nach § 293 ZPO von Amts wegen die näheren für die unterschiedlichen Kündigungsfristen maßgeblichen Umstände die für und gegen eine Verfassungswidrigkeit sprechen, ermitteln müssen, sobald die Verfassungswidrigkeit tariflicher Kündigungsfristen von einer Partei oder vom Gericht bezweifelt wird.[637]

**229** Auch im zentralen Bereich der **Vergütung** sind tarifliche Normen an dem Gleichheitssatz des Art. 3 Abs. 1 GG zu messen. Dabei steht den Tarifvertragsparteien jedoch ein **weiter Ermessensspielraum** hinsichtlich der Kriterien zu, nach denen sie differenzieren wollen.[638] So ist eine Regelung, nach der unverheiratete Angestellte nur dann Anspruch auf **Energiebeihilfe** oder Hausbrand wie Verheiratete haben, wenn sie Hauptenährer ihrer Familie sind, mit dem Gleichheitssatz vereinbar[639]; ebenfalls ist eine Tarifnorm wirksam, wenn sie die Arbeitszeit von **Lehrern an Sonderschulen** und Erziehern an Sonderschulen unterschiedlich bestimmt.[640] Das gleiche gilt, wenn Bestimmungen den Eintritt der Voraussetzungen für die **Alterssicherung** danach differenzieren, ob die Arbeitnehmer an ihrem alten Arbeitsplatz verbleiben oder nicht, da auf letztere zusätzliche Risiken (nämlich Lohneinbußen) zukommen.[641] Demgegenüber hat das Bundesarbeitsgericht eine Tarifnorm für unvereinbar mit Art. 3 Abs. 1 GG und damit für verfassungswidrig angesehen, in der die Anrechnung übertariflicher Lohnteile allein für altersgesicherte Arbeitnehmer möglich ist[642]: Eine Differenzierung zwischen älteren verdienstgesicherten und nicht verdienstgesicherten Arbeitnehmern bei der Anrechnung übertariflicher Zulagen auf Tariflohnerhöhung sei willkürlich, entbehre jeder sachlichen Berechtigung und rühre zu einer grundlegenden Schlechterstellung der nicht verdienstgesicherten Arbeitnehmer mit erheblichen, dauernden Nachteilen. Hier deutet sich die Gefahr einer unter der Gleichheitskontrolle verdeckten Tarifzensur an.[643]

**230** Die Gleichheitskontrolle der tariflichen Regelung für die betriebliche Altersversorgung soll auch dann greifen, wenn diese Altersversorgung für vergleichbare Arbeitnehmergruppen in **unterschiedlichen Tarifverträgen** vereinbart worden ist.[644] Sofern im Falle eines **Betriebsübergangs** die Vergütung der übernom-

634 Auftragsschwankungen legitimieren allenfalls verkürzte Grundkündigungsfristen für betriebsbedingte Kündigungen, vgl. *K. Mayer*, DB 1992, 1882.
635 BAG 16.9.1993, NZA 1994, 221.
636 BAG 11.8.1994, NZA 1995, 429.
637 BAG 4.3.1993, AP Nr. 40 zu § 612 BGB.
638 BAG 10.3.1982, AP Nr. 47 zu § 242 BGB Gleichbehandlung.
639 BAG 1.6.1983, AP Nr. 5 zu § 611 BGB Deputat.
640 BAG 18.9.1986, AP Nr. 9 zu § 15 BAT.
641 BAG 13.11.1985, AP Nr. 4 zu § 1 TVG Tarifverträge: Textilindustrie.
642 BAG 6.2.1985, AP Nr. 16 zu § 4 TVG Übertarifliche Lohn- und Tariflohnerhöhung.
643 *Kempen*, ZTR 2002, 196.
644 BAG 17.10.1995 (3 AZR 882/94), AP Nr. 132 zu § 242 BGB Gleichbehandlung.

menen Beschäftigten durch Überleitungstarifvertrag als **Besitzstandswahrung** erhalten bleibt und nicht der Stammbelegschaft gleichgestellt wird, verstößt das nicht gegen Art. 3 GG.[645] Dasselbe gilt, wenn eine tarifliche Regelung zur **Beschäftigungssicherung** einer nach einem bestimmten Einstelldatum abgegrenzten Arbeitnehmergruppe zeitlich befristet verschlechterte Tarif-Arbeitsbedingung zumutet.[646]

Das im **§ 4 TzBfG** enthaltene **Diskriminierungsverbot** gegenüber **Teilzeit- und befristet Beschäftigten** prägt den allgemeinen Gleichheitssatz des Art. 3 Abs. 1 **231**
GG für diesen speziellen Arbeitsmarktsektor auch auf Grund der Vorgaben des Art. 141 EGV und der Richtlinie 97/81/EG.[647] Es lässt zwar sachlich begründete Ausnahmen zu, verbietet jedoch z.B. den Ausschluss Teilzeitbeschäftigter von der betrieblichen Altersversorgung[648], die Festlegung unterschiedlicher Wartezeiten bis zur tariflichen Unkündbarkeit[649], die Ausnahmen von Spät- und Nachtarbeitszuschlägen.[650] Verboten sind generell die Ungleichbehandlung bei der tariflichen Festlegung von Arbeitszeit und Arbeitsentgelt.[651] Andererseits ist es als sachgerechte Differenzierung angesehen worden, dass Überstunden dort zuschlagspflichtig werden, wenn die Arbeitszeit der Vollzeitbeschäftigten überschritten ist.[652]

Unterschiedlich wird die Frage beurteilt, ob die Tarifvertragsparteien bei der **Fest- 232**
**legung des persönlichen Geltungsbereichs** den Gleichheitssatz des Art. 3 Abs. 1 GG berücksichtigen müssen. Das Bundesarbeitsgericht hatte dies verneint und ausgeführt, dass der Ausschluss bestimmter Berufsgruppen und bestimmter Tätigkeiten aus dem persönlichen Geltungsbereich eines Tarifvertrages zu der durch das Grundgesetz geschützten Koalitionsfreiheit gehöre und daher für die Anwendung des sich aus Art. 3 Abs. 1 GG ergebenden Willkürverbots kein Raum sei.[653] Die Freiheit der Tarifvertragsparteien zu bestimmen, ob und für welche Berufsgruppen sie tarifliche Regelungen schaffen wollen, beruhe auf Sinn und Zweck des Art. 9 Abs. 3 GG. Dazu gehöre das Recht der Koalitionen auf spezifisch koalitionsmäßige Betätigung. Auch die Unterlassung einer tariflichen Regelung fällt damit grundsätzlich in den Bereich der durch das Grundgesetz geschützten Koalitionsfreiheit. Könnten die staatlichen Gerichte die Tarifvertragsparteien zwingen, für bestimmte, nach Berufsgruppen tarifliche Regelungen zu schaffen, wäre dies ein unzulässiger, durch das Grundgesetz verbotener Eingriff in das Recht auf freie Betätigung der Koalitionen. Der **4. BAG-Senat** hat dies später bestätigt, jedoch unter dem Vorbehalt einer angemessenen Willkür-Kontrolle.[654]

Die Kritik hieran, damit würde ein grundrechtsfreier Raum geschaffen, der die Koalitionen nicht nur von einer Inhaltskontrolle, sondern auch von einer Rechts-

---

645 BAG 29.8.2001 (4 AZR 352/00), AP Nr. 291 zu Art. 3 GG; vgl. dazu *Zachert*, AuR 2002, 330.

646 BAG 25.6.2003 (4 AZR 405/02), DB 2005, 290.

647 Vgl. *Thüsing*, ZTR 2005, 118f.

648 BAG 13.5.1997 (3 AZR 66/96), AP Nr. 36 zu § 1 BetrAVG Gleichbehandlung.

649 BAG 18.9.1997 (2 AZR 592/96), AP Nr. 5 zu § 52 BAT.

650 BAG 15.12.1998 (3 AZR 239/97), NZA 1999, 882.

651 BAG 30.9.1998 (5 AZR 18/98), DB 1999, 1171.

652 BAG 20.6.1995 (3 AZR 684/93), AP Nr. 11 zu § 1 Tarifverträge: Chemie.

653 BAG 24.4.1985, AP Nr. 4 zu § 3 BAT (mit Anm. von *Bauschke* und Wiedemann/*Lembke*); zu der ähnlichen Problematik, inwieweit die Tarifvertragsparteien nach Art. 3 Abs. 1 GG gezwungen sind, Tarifregelungen aufzustellen, nach denen jede gleiche Tätigkeit auch gleich vergütet werden muss: BAG 29.1.1986, AP Nr. 115 zu §§ 22, 23 BAT 1975 BAT (mit Anm. von *Brox*) sowie BAG 19.3.1986, AP Nr. 116 und Nr. 120 zu §§ 22, 23 BAT 1975.

654 BAG 30.8.2000 (4 AZR 563/99), AP Nr. 25 zu § 4 TVG Geltungsbereich.

kontrolle befreie[655], hat den **6. BAG-Senat** dazu veranlasst, auch den Verzicht »auf eine ihnen mögliche Normsetzung« durch Ausnahme bestimmter Arbeitnehmergruppen aus den tariflichen Geltungsbereich unter den Gleichbehandlungsaspekt zu prüfen. Zwar sei ein derartiger Regelungsverzicht Teil der Tarifautonomie des Art. 9 Abs. 3 GG, doch habe diese keinen Vorrang vor dem fundamentalen Rechtsprinzip der Gleichheit. Die »Einschätzungsprärogative« der Tarifvertragsparteien führe allerdings dazu, dass der Regelungsverzicht dann nicht gegen Art. 3 Abs. 1 GG verstoße, wenn »bei typisierender Betrachtung der jeweiligen Gruppen sachbezogene Gruppenunterschiede erkennbar sind, die eine Nichteinbeziehung der betreffenden Arbeitnehmergruppe in den persönlichen Geltungsbereich eines solchen Tarifvertrages rechtfertigen«.[656] Allerdings trifft die hierbei vorgenommene scharfe Unterscheidung zwischen einer ubiquitär verstandenen Gleichheit einerseits und den normbereichsbegrenzten Grundrechten andererseits verfassungsrechtlich nicht (vgl. Grundl. Rn. 221), doch kann eine als innerverbandliches Willkürverbot praktizierte Kontrolle meist darauf hinauslaufen, dass Art. 9 Abs. 3 GG dem Art. 3 Abs. 1 GG vorgeht. Damit wird die Verfassung und insbesondere die Willensbildung der Mitglieder der Koalitionen respektiert. Nicht vorrangig der Allgemeinheit, sondern ihren Mitgliedern sind die Tarifvertragsparteien verantwortlich.[657] Eine andere Auffassung hätte auch unübersehbare praktische Konsequenzen, wenn man bedenkt, wo bei Berücksichtigung des so verstandenen Art. 3 Abs. 1 GG der Geltungsbereich eines Tarifvertrages – an der Grenze zum außertariflichen (AT-)Mitarbeiter – enden sollte.

**233** Die Regelungsbefugnis endet dort, wo der Gleichbehandlungssatz des Art. 3 GG den Tarifvertragsparteien unübersteigbare Grenzen durch seinen Wesensgehalt setzt (vgl. Grundl. Rn. 212) Deshalb dürfen sie nach Art. 3 Abs. 1 GG auch über die Festlegung des persönlichen Geltungsbereichs **keine willkürlichen Differenzierungen** in unterschiedlichen Tarifverträgen treffen. Dabei ist der Maßstab für die Willkür aus der Sicht der Tarifvertragsparteien zu bestimmen. Ist beispielsweise eine Gruppe von Arbeitnehmern derart gering gewerkschaftlich organisiert, dass die Tarifvertragspartei tariflich akzeptable Regelungen nicht durchsetzen könnte, liegt auch keine willkürliche Differenzierung vor. Hier ist zu bedenken, dass Tarifverträge auch arbeitsmarktunabhängige **Kompromisse** darstellen und die **Arbeitsmarktsituation** deshalb ein **zulässiges Differenzierungskriterium sein kann**.[658] Dagegen sind die speziellen Differenzierungsverbote der Art. 3 Absätze 2 und 3 GG gesetzlich und damit auch für die Tarifvertragsparteien (vgl. Grundl. Rn. 216) nicht disponibel und damit bindend[659], weil insoweit eine spezielle grundrechtliche Schutzpflicht besteht. Dieselbe Schutzpflicht folgt auch aus Art. 119 EGV, zu dem der Europäische Gerichtshof bereits festgestellt hat, dass bei gleichwertiger Arbeit allein das Bestehen unterschiedlicher Tarifverträge derselben Tarifparteien keinen hinreichenden Differenzierungsgrund bieten.[660] Wohl aber können (aus Art. 9 Abs. 3 GG heraus) berechtigte tarifliche

---

655 Wiedemann/*Lembke*, Anm. zu BAG 24. 4. 1985, AP Nr. 4 zu § 3 BAT.
656 BAG 27. 5. 2004 (6 AZR 129/03), AP Nr. 309 zu Art. 3 GG; zustimmend *Dieterich*, RdA 2005, 180; ErfK/*Dieterich*, Art. 3 GG Rn. 43 ff.
657 A. A. Wiedemann/*Lembke*, Anm. zu BAG 24. 4. 1985, AP Nr. 4 zu § 3 BAT; wie hier BAG 29. 1. 1986 AP Nr. 115 zu §§ 22, 23 BAT 1975 BAT.
658 Zu weitgehend deshalb: *Baumann*, RdA 1994, 276 ff.
659 Insoweit nicht ausreichend differenzierend *Etzel*, NZA 1987, Beilage 1, 21 f.
660 EuGH 27. 10. 1993, AuR 1993, 409; zustimmend *Schlachter*, NZA 1995, 395.

Zwecksetzungen gewisse mittelbare Differenzierungen selbst im Bereich des Art. 3 Abs. 2 und 3 GG gegebenenfalls rechtfertigen.[661]

Auch im Zusammenhang mit der Diskussion über die Zulässigkeit von **tariflichen Rationalisierungsbestimmungen**, insbesondere von qualitativen Besetzungsregelungen, ist ein Verstoß gegen Art. 3 Abs. 1 GG behauptet worden.[662] Diese Regelungen werden aber von Art. 3 Abs. 1 GG deshalb gedeckt, weil die Präferenz für bereits tätige Arbeitnehmer, das Vertrauensschutzprinzip und der Gedanke der gerechten Verteilung der Risiken des technologischen Fortschritts im Sozialstaat des Grundgesetzes sachliche Differenzierungsgründe darstellen[663] (allgemein zur Verfassungsmäßigkeit derartiger Regelungen siehe § 1 Rn. 464ff. und Rn. 482[664], zur Vereinbarkeit des Art. 3 Abs. 1 GG mit Effektivklauseln siehe § 4 Rn. 386; zur Berücksichtigung von Art. 3 Abs. 1 GG bei Tarifverträgen zur Absicherung gewerkschaftlicher Arbeit siehe Grundl. Rn. 255ff.) 234

## 4. Art. 3 Abs. 2 GG (Gleichberechtigung der Frau)

Die Gleichberechtigung von Mann und Frau haben anerkanntermaßen auch die Tarifvertragsparteien zu beachten[665], weil **Art. 3 Abs. 2 GG** eine »auf Angleichung der Lebensverhältnisse« zielende **spezielle Schutzpflicht** enthält[666], welche mit Gesetz vom 24. Oktober 1994 auch ausdrücklich als Art. 3 Abs. 2 Satz 2 in den Verfassungstext aufgenommen worden ist. Dabei stand im Mittelpunkt der Diskussion von Anfang an das Prinzip der Lohngleichheit von Mann und Frau. Offene Diskriminierungen der Frau gegenüber Männern mit gleichem Arbeitsplatz wie **Lohnabschlagsklauseln**, die für Frauen nur einen bestimmten Prozentsatz des Männerlohnes vorsehen[667] oder Regelungen, die für eine bestimmte Lohngruppe keine Tätigkeitsmerkmale vorsehen[668], sind allerdings zunehmend in den Hintergrund getreten.[669] Aus der Rechtsprechung ist in diesem Zusammenhang das Urteil des Europäischen Gerichtshofs zu nennen, nach dem die **europäische Lohngleichheitslinie**[670] zwar nicht verbietet, bei der tariflichen Einstufung auf Muskelkraft abzustellen. Jedoch seien bei einem System beruflicher Einstufung in seiner Gesamtheit Kriterien zu berücksichtigen, hinsichtlich derer die Arbeitnehmer beider Geschlechter besonders geeignet sein können.[671] Der Schwerpunkt der Diskussion liegt heute bei **tariflichen Differenzierungen nach Tätigkeitsarten** wie »geringe körperliche Belastung« (Leichtlohngruppen) oder aber bei der Frage, unter welchen Voraussetzungen tarifliche (oder außertarifliche) Zulagen verschieden bemessen werden können Die Möglichkeiten derartiger **mittelbarer Diskriminierungen** sind vielfältig. Ein Beispiel hierfür ist 235

---

661 Z.B. bei Mehrarbeitszuschlägen für Teilzeitbeschäftigte, BAG 20.6.1995, NZA 1996, 597 und 600.

662 Insbesondere *Reuter*, ZfA 1978, 40.

663 Ebenso im Ergebnis BAG 26.4.1990 und 22.1.1991, AP Nr. 57 zu Art. 9 GG und AP Nr. 67 zu Art. 12 GG *Däubler/Hensche*, § 1 Rn. 710ff.; *Löwisch/Rieble*, § 1 Rn. 519ff., *Beck*, 375; *Wiedemann*, 657f.; *ders.*, RdA 1986, 231, 241.

664 Weitere Einzelfälle zu tariflichen Differenzierungen bei Wiedemann/*Wiedemann*, Einl. Rn. 225ff.

665 BAG 15.1.1955, 2.3.1955, 6.4.1955, 23.3.1957, 2.6.1961, 18.10.1961 und 1.12.1961, 25.1.1963, AP Nr. 4, 6, 7, 16, 17, 18, 68, 69, 70 und 77 zu Art. 3 GG in ständiger Rechtsprechung.

666 Vgl. BVerfG 16.11.1993, E 89, 276, 285 und vorher schon BVerfG 28.1.1992, E 85, 191, 207.

667 BAG 15.1.1955, AP Nr. 4 zu Art. 3 GG.

668 BAG 23.3.1957, AP Nr. 18 zu Art. 3 GG.

669 *Wolter*, AuR 1981, 129, 133.

670 75/117/EWG.

671 Hierzu *Colneric*, AiB 1986, 200f.; BAG 27.4.1988, AP Nr. 63 zu § 1 TVG Tarifverträge-Metallindustrie.

die Herausnahme von – überwiegend weiblichen – Teilzeitbeschäftigten aus einer betrieblichen Altersversorgung, die gegen Art. 3 Abs. 2 und 3 GG verstößt.[672] Dabei ist auch hier von besonderer Bedeutung, dass »sachliche Gründe«, die zur Differenzierung zwischen männlichen und weiblichen Arbeitnehmern herangezogen werden und somit das generelle Differenzierungsverbot des Art. 3 Abs. 2 GG durchbrechen, nur solche sein können, die sich auf die konkrete Tätigkeit am jeweils konkret betroffenen Arbeitsplatz beziehen und eine bestimmte Geschlechtszugehörigkeit als unverzichtbare Voraussetzung begründen. Weitere sachliche Gründe kann es nicht geben, auch wenn z.B. der 1980 durch das arbeitsrechtliche EG-Anpassungsgesetz[673] in das BGB eingefügte § 611a Abs. 3 weitere »sachliche Gründe« für möglich erscheinen lässt.[674] Dementsprechend gibt es keinen sachlich vertretbaren Grund für den Ausschluss »unterhälftig« beschäftigter Teilzeitkräfte von den Leistungen einer betrieblichen Altersversorgung.[675] Dagegen hält das Bundesverfassungsgericht eine Ungleichbehandlung, die an das Geschlecht anknüpft, mit Art. 3 Abs. 3 GG für vereinbar, »soweit sie zur Lösung von Problemen, die ihrer Natur nach nur entweder bei Männern oder bei Frauen auftreten können, zwingend erforderlich ist.« Das Nachtarbeitsverbot für Arbeiterinnen nach § 19 AZO benachteiligte diese insofern gegenüber Arbeitern und weiblichen Angestellten gleichheits- und verfassungswidrig.[676]

**236** Neben der offenen Diskriminierung von Frauen hat in jüngster Zeit die so genannte **mittelbare Diskriminierung** an Bedeutung gewonnen. Hierunter fallen Regelungen oder Maßnahmen, wenn sie rechtlich und tatsächlich zwar sowohl Männer wie Frauen erfassen, von diesen aber wesentlich mehr Frauen als Männer betroffen werden und keine objektive Rechtfertigung für die Differenzierung besteht.[677] In den Fällen der mittelbaren Diskriminierung ist daher zu fragen, ob die stärkere Betroffenheit von Frauen nicht anders als mit Geschlecht oder Geschlechterrollen erklärt werden kann. Stellt man fest, dass die Ausgestaltung der Regelung oder Maßnahme nicht nur zufällig weibliche Personen benachteiligt, sondern dies geschieht, eben weil sie Frauen sind und die Ausgestaltung an Tatbestände anknüpft, die typischerweise überwiegend in einem Geschlecht gegeben sind, liegt eine mittelbare Diskriminierung und damit ein Verstoß gegen Art. 3 Abs. 2 GG vor[678] (zu Konsequenzen für die Tarifparteien: § 1 Rn. 397).

Dabei wird es gelegentlich durchaus **Differenzierungsargumente** zu Lasten der benachteiligten Gruppe geben, doch wenn hiervon überwiegend Frauen getroffen werden, ist eine Benachteiligung wegen der Geschlechtszugehörigkeit zu vermuten.[679] In der Praxis reicht dann zur Beweisführung eine Statistik der beiden Vergleichsgruppen aus. Umgekehrt spricht die Vermutung für eine mittel-

---

672 BAG 6.4.1982, AP Nr. 1 zu § 1 BetrAVG Gleichbehandlung; einen Überblick über die gesamte Problematik und die Rechtsprechung geben *Pfarr/Bertelsmann*, Lohngleichheit – Zur Rechtsprechung bei geschlechtsspezifischer Entgeltdiskriminierung.

673 Vom 13.8.1980, BGBl. I 1308.

674 Vgl. *Pfarr*, Kritik, 18.

675 BAG 7.3.1995, DB 1995, 2020.

676 BVerfG 28.1.1992, E 85, 191.

677 EuGH 13.5.1986, DB 1986, 1525; ebenso BAG 14.10.1986, AP Nr. 1 zu Art. 119 EWG-Vertrag; *Pfarr*, NZA 1986, 586.

678 *Pfarr*, NZA 1986, 586.

679 *Schlachter*, 386ff. und NZA 1995, 396.

bare Diskriminierung, wenn überwiegend Frauen betroffen sind, so dass es hier einer konkret nachgewiesenen andersartigen Motivation bedürfte, um dies zu widerlegen.[680] Nachdem das Kriterium der mittelbaren Diskriminierung unterdessen auch auf Gesetze (§ 1 Abs. 3 Nr. 2 LFZG) angewendet worden ist[681], muss der Grundsatz auch Tarifverträgen gegenüber gelten.[682] Eine Tarifvorschrift, die bei nachmittäglicher bezahlter Freistellung auf Grund örtlichen Brauchtums (z. B. Fastnacht) keinen Ausgleich für vormittägliche Teilzeitarbeitnehmer vorsieht (z. B. § 4 BMT G II, 16 Abs. 2 BAT) ist dagegen treffend als zulässige tarifliche Differenzierung angesehen worden.[683]

Mit seinem Urteil vom 6. April 1955 hat das Bundesarbeitsgericht[684] seine Rechtsprechung zur **Lohndifferenzierung** von Mann und Frau dahingehend grundsätzlich formuliert, dass nicht nur gleiche, sondern auch **gleichwertige Arbeit gleiche Entlohnung** verlangt. Zwar ist der **Begriff der gleichwertigen Arbeit** auch noch zu konkretisieren, eine Reihe von Gesichtspunkten hilft hier aber weiter. *Pfarr/Bertelsmann* führen insbesondere folgende Faktoren auf: die schulische und berufliche Ausbildung, Berufserfahrungen oder sonstige der Tätigkeit dienliche Kenntnisse oder Erfahrungen; der Grad der Verantwortlichkeit, den die Tätigkeit erfordert; die Notwendigkeit geistiger Flexibilität, also unter anderem die Häufigkeit unterschiedlicher Problemstellungen; Beeinträchtigung durch äußere Einflüsse; die körperliche Schwere der Arbeit unter Einbeziehung der Anforderung an Sinne und Nerven.[685] Unzulässig ist z. B. eine geringere Entlohnung wegen der Geltung von Arbeitsschutznormen wie dem Mutterschutzgesetz, auch wenn dem Arbeitgeber wirtschaftliche Mehrbelastungen dadurch entstehen.[686] Andernfalls würden sich Schutzvorschriften in ihr Gegenteil umkehren.[687] 237

Andererseits soll es nicht gegen den Grundsatz gleichen Entgelts für Männer und Frauen verstoßen, dass ein Tarifvertrag die Zahlung von Überstundenzuschlägen für **Teilzeitarbeitnehmer** nur bei Überschreiten der tariflich für Vollzeitbeschäftigte festgelegten Regelarbeitszeit vorsieht.[688] Hier ist freilich nach dem tariflichen Zweck des Überstundenzuschlags zu unterscheiden, der entweder Gruppen gleichermaßen (z. B. Schutz der Disposition über Freizeit) oder nur eine Gruppe (z. B. Schutz vor gesundheitlichen Belastungen) erfassen kann. Deshalb sind eingeschränkte Mehrarbeitszuschläge für Teilzeitbeschäftigte in der Nahrungsmittel- und in der chemischen Industrie für zulässig gehalten worden.[689] Das Problem entschärft sich, je mehr die Überstunden in jedem Fall durch Freizeitausgleich vergütet werden.[690] Die Tarifdispositivität etlicher Vorschriften des TzBfG enthebt die Tarifvertragsparteien im Übrigen nicht des Differenzierungsverbots zwischen Vollzeit- und Teilzeitarbeitnehmern (wegen der Teilzeitarbeit) nach § 4 TzBfG. Dieses Differenzierungsverbot konkretisiert Art. 3 Abs. 1 GG und

680 *Schlachter*, NZA 1995, 397; a. A. *Wisskirchen*, 102 ff.
681 EuGH 13.7.1989, EuZW 1990, 518.
682 Vgl. *Colneric*, AuR 1994, 396; vgl. auch BAG 23.6.1993, AP Nr. 1 zu § 34 BAT.
683 BAG 26.5.1993, AP Nr. 42 zu Art. 119 EWG-V.
684 BAG 6.4.1955, AP Nr. 7 zu Art. 3 GG.
685 *Pfarr/Bertelsmann*, 56.
686 *Pfarr*, Arbeitnehmerschutzrechte, 259 ff.
687 BAG 6.4.1955, AP Nr. 7 zu Art. 3 GG.
688 EuGH 15.12.1994, NZA 1995, 218.
689 BAG 20.6.1995, NZA 1996, 597 und 600.
690 Vgl. *Stackmann*, DB 1995, 828 f.

verlangt bei tariflich unterschiedlicher Behandlung auch sachliche Differenzierungsgründe.[691]

**238** Schematische Konkretisierungen des Gleichheitsgrundsatzes schließen allerdings eine weiterhin bestehende Benachteiligung nicht aus. Insbesondere die Möglichkeit, die tarifliche Eingruppierung ausschließlich auf einen körperlichen Kraftaufwand zu stützen, dagegen aber andere Anforderungen völlig unberücksichtigt zu lassen und somit faktisch zu einer Männer begünstigenden Eingruppierung zu gelangen, widerspricht Art. 3 Abs. 2 und 3 GG.[692] Zu den »körperlichen Belastungen« können nach der Verkehrsanschauung auch psychische (Lärm, Monotonie) und soziale Anstrengungen gehören.[693] Dabei muss die Definition solcher Belastungen für beide Geschlechter gleich sein.[694]

**239** Geht man mit der Rechtsprechung des Bundesarbeitsgerichts davon aus, dass eine Differenzierung nach der Tätigkeit grundsätzlich zulässig ist, so muss auch bei der Beurteilung der **Rechtmäßigkeit von unterschiedlichen Zulagen** an die jeweilige Tätigkeit angeknüpft werden.[695] Allein die Tatsache, dass die Eingruppierung einzelner Arbeitnehmer in eine Lohngruppe vorgenommen wird, schließt eine Differenzierung bei Zulagen dieser Arbeitnehmer nicht aus, da auch innerhalb der Lohngruppen noch unterschiedliche Belastungen bestehen können.[696] Allerdings spricht dann zunächst eine starke Vermutung für die Gleichartigkeit der Tätigkeiten.[697] Bestehen Anhaltspunkte dafür, dass weiblichen Arbeitnehmern für gleiche Arbeit ein geringerer Lohn bezahlt wird als männlichen Arbeitnehmern, so muss der Arbeitgeber darlegen und beweisen, dass die von den Männern geleistete Arbeit anders zu bewerten ist.[698]

Das Bundesarbeitsgericht hat eine Tarifnorm für nichtig angesehen, nach der nur männlichen verheirateten Arbeitnehmern eine Zulage (»**Ehefrauenzulage**«) zusteht.[699] Die Tarifnorm knüpfe allein an die Heirat des männlichen Arbeitnehmers an und wolle die zusätzlichen finanziellen Belastungen einer Ehe mildern. Da dies aber ebenso für weibliche verheiratete Arbeitnehmer gelte, fehle der Regelung ein sachlicher Grund für die Differenzierung und sei daher nichtig. Gleichwohl wies das Bundesarbeitsgericht die Klage für zukünftige Ansprüche auf die Zulage ab, da es einen unzulässigen Eingriff in die Tarifautonomie des Art. 9 Abs. 3 GG darstelle, wenn die Gerichte die Folgen der Nichtigkeit regeln würden (zu dieser allgemeinen Problematik Grundl. Rn. 264).

**240** Seit einiger Zeit haben so genannte **Arbeitsmarktzulagen** in der Praxis an Bedeutung gewonnen. Mit ihnen werden Zulagen an männliche Arbeitskräfte in Nacht- oder Wechselschichtarbeit gezahlt und damit begründet, dass angesichts der Arbeitsmarktzulage Männer ohne die Zulage nicht bereit gewesen wären, für den normalen Lohn zu arbeiten.[700] Das Bundesarbeitsgericht[701] hat derartige Zu-

---

691 BAG 29.8.1989, AP Nr. 6 zu § 2 BeschFG 1985; BAG 23.6.1993, AP Nr. 1 zu § 34 BAT; BAG 16.9.1993, AP Nr. 2 zu § 9 TV Arb. Bundespost.

692 *Däubler*, AuR 1981, 193ff., mit weiteren derartigen Beispielen.

693 BAG 27.4.1988, AP Nr. 63 zu § 1 TVG Tarifverträge-Metallindustrie; BAG 29.7.1992, AP Nr. 32 zu § 1 TVG Tarifverträge-Einzelhandel.

694 Vgl. Art. 1 Abs. 2 EG-Lohngleichheitsrichtlinie (75/117/EWG).

695 *Däubler*, AuR 1981, 198.

696 BAG 6.4.1955, AP Nr. 7 zu Art. 3 GG.

697 LAG Hamm, DB 1980, 109, 111.

698 BAG 9.9.1981, AP Nr. 117 zu Art. 3 GG.

699 BAG 13.11.1985, AP Nr. 136 zu Art. 3 GG (mit Anm. von *Zuleeg*).

700 *Pfarr/Bertelsmann*, 229.

701 BAG 25.8.1982, AP Nr. 53 zu § 242 BGB Gleichbehandlung.

lagen für zulässig gehalten. Diese Rechtsprechung steht mit dem – bisher gerade vom Bundesarbeitsgericht betonten – Grundsatz »Gleicher Lohn für gleiche Arbeit« in Widerspruch. Bei identischer Arbeit kann es keinen sachlichen Grund zur Rechtfertigung einer Ungleichbehandlung geben.[702] Arbeitsmarktzulagen sind daher wegen Verstoßes gegen Art. 3 Abs. 2 GG unzulässig.

Die Zulässigkeit »**positiver Diskriminierung**«[703], d.h. von Maßnahmen, die bis zur Erreichung tatsächlicher Gleichbehandlung Frauen partiell bevorzugen, ist umstritten. Solche Maßnahmen werden in der EG-Richtlinie vom 9. Februar 1976[704] ausdrücklich gestattet[705] und in der Literatur auch gefordert, so z.B. Quotenregelungen, die bei gleicher Leistung Frauen männlichen Mitbewerbern bis zu einer festgesetzten quantitativen Grenze den Vorrang geben (leistungsabhängige Frauenquoten) oder eine ausgeglichene Verteilung von Ausbildungschancen zwischen Frauen und Männern anstreben.[706] **241**

Gegen die Zulässigkeit solcher und vergleichbarer Regelungen wird der – in Umsetzung der **EG-Richtlinie** – durch das arbeitsrechtliche **EG-Anpassungsgesetz**[707] in das BGB eingefügte § 611a Abs. 1 angeführt, der solche Regelungen nicht vorsieht und generell jede Benachteiligung wegen des Geschlechts bei einer Vereinbarung oder Maßnahme, insbesondere bei der Begründung des Arbeitsverhältnisses, beim beruflichen Aufstieg, bei einer Weisung oder Kündigung untersagt. Da die Bevorzugung einer Frau wegen ihres Geschlechts automatisch eine Benachteiligung eines männlichen Bewerbers darstelle, schließe § 611a Abs. 1 BGB solche Regelungen aus.[708] Die Befürchtungen, die im Vorfeld der Verabschiedung geäußert wurden[709], der neue § 611a Abs. 1 BGB werde sogar entgegen der Intention der EG-Richtlinie eventuell zum Hemmschuh frauenfördernder Maßnahmen, werden durch die neuere Rechtsprechung zunehmend zerstreut. Zunächst hat das Bundesverfassungsgericht im »Nachtarbeitsverbots-Urteil« treffend erkannt, dass Art. 3 Abs. 2 GG für die Zukunft die Gleichberechtigung der Geschlechter durchsetzen wollte[710] Damit sind zumindest **leistungsabhängige Frauenquoten in Gesetzen und Tarifverträgen** bei Einstellungen und Beförderungen durch Art. 3 Abs. 2 GG legitimiert[711]: Ob auch Art. 2 Abs. 4 Gleichbehandlungsrichtlinie – 76/207/EWG – solche Frauenförderungsmaßnahmen durch »**automatische**« **Quotenregelungen** deckt, ist umstritten[712], doch mit dem Vorlagebeschluss des Bundesarbeitsgerichts an den EuGH[713] zu bejahen, weil Art. 2 Abs. 4 angesichts des allgemeinen Gleichbehandlungsgebots in Art. 2 Abs. 1 Gleichbehandlungsrichtlinie ansonsten funktionslos wäre.[714] Dagegen hat

702 *Bertelsmann*, AiB 1983, 30.
703 Bericht der Kommission der EG über die Anwendung des Grundsatzes der Gleichbehandlung, Kom (1980) 832 endgültig (1981).
704 Nr. 76/207/EWG, ABlEG Nr. L 39.
705 *Gamillscheg*, Frauenarbeitsschutz, 218; *Rust*, BlStSozArbR, 1982, 337.
706 *Hohmann-Dennhardt*, 343f.; *Pfarr*, Herstellung, 255; *dies.*, Gleichstellung, 76ff.
707 Vom 13.8.1980, BGBl. I, 1308.
708 *Gamillscheg*, Frauenarbeitsschutz, 217; *Hanau*, 212ff., der jedoch alle Maßnahmen für zulässig hält, die die Chancengleichheit der Frau im Sinne gleicher, sachbedingter subjektiver und objektiver Zugangsvoraussetzungen realisieren wollen.
709 *Pfarr*, Kritik, 19.
710 BVerfG 28.1.1992, E 85, 191, 207.
711 BAG 22.6.1993, AP Nr. 193 zu Art. 3 GG.
712 Dafür *Colneric*, 644ff.; *Sudhoff*, JZ 1991, 755f.; *Ebsen*, RdA 1993, 15; dagegen *Hanau*, 196f.; MünchArbR/*Richardi*, § 11 Rn. 44.
713 BAG 22.6.1993, AP Nr. 193 zu Art. 3 GG (mit Anm. von *Maldewski*).
714 Zur verfassungsrechtlichen Problematik vgl. ferner *Huster*, AöR (118) 1993, 109ff.

der Europäische Gerichtshof auf diese Vorlage zur »automatischen« Frauenquote (nach § 4 Abs. 2 Landesgleichstellungsgesetz Bremen) folgendes entschieden: Eine nationale Regelung, die den Frauen bei Ernennungen oder Beförderungen absolut und unbedingt den Vorrang einräumt, ginge über die zulässige Förderung der Chancengleichheit hinaus und überschritte damit die Grenzen der in Art. 4 Abs. 2 der Richtlinie vorgesehenen Ausnahme.[715] Eine so genannte flexible Quote, die neben Leistungsaspekten zu Gunsten männlicher Bewerber auch »sonstige Gründe« berücksichtigen kann (so Landesbeamtengesetz NRW) wurde dagegen für rechtmäßig erklärt.[716] Damit der verbindliche Charakter einer Quote allerdings in eine bloße Zielvorgabe verwandelt.[717] Zur Gleichbehandlung von Männern und Frauen beim Zugang zur Beschäftigung[718]: Die tarifvertragliche Differenzierung zwischen Männern und Frauen für den Zeitpunkt des möglichen Bezuges von vorgezogenem Altersruhegeld und der damit verbundenen Gewährung von arbeitsfreien Tagen verstößt nicht gegen Art. 3 Abs. 2 GG. § 3 Abschnitt II des Bundesmanteltarifvertrages für die Arbeitnehmer der Süßwarenindustrie, der insoweit auf die entsprechende Regelung des § 1248 RVO aufbaut, nimmt wie die gesetzliche Vorschrift eine mit Art. 3 Abs. 2 GG zulässige Differenzierung vor.[719]

### 5. Art. 3 Abs. 3 GG (Allgemeines Diskriminierungsverbot)

**242** Tarifvertragsnormen dürfen niemanden wegen seines Geschlechts, seiner Abstammung, seiner Rasse, seiner Sprache, seiner Heimat und Herkunft, seines Glaubens, seiner religiösen oder politischen Anschauungen benachteiligen oder bevorzugen.[720] Die **Unterscheidung nach der Gewerkschaftszugehörigkeit** ist zulässig. Sie fällt nicht unter das Diskriminierungsverbot von »politischen Anschauungen«, weil Art. 9 Abs. 3 GG als spezielles Grundrecht die Geltung der Tarifnormen nur für Mitglieder gerade voraussetzt. **Tarifaußenseiter** haben daher **keinen Anspruch** aus Art. 3 GG **auf Gleichstellung** mit Tarifgebundenen.[721] Eine entsprechend unterschiedliche Behandlung durch die Arbeitgeber verletzt nicht die negative Koalitionsfreiheit.[722] Aber auch bei Tarifgebundenen ist für gleiche Tätigkeiten auch die tarifvertragliche Entgeltdifferenzierung nach unterschiedlichen **Ausbildungsabschlüssen** zulässig.[723] Eine unterschiedliche tarifliche Einstufung an sich gleichwertiger Berufsabschlüsse und Qualifikationen kann dagegen gleichheitswidrig sein und sogar als mittelbare Diskriminierung gegen Art. 3 Abs. 3 GG verstoßen, wenn die Ausbildung an eine bestimmte Herkunft gebunden ist (vgl. aber Art. 1 Nr. 2 IAO – Übereinkommen Nr. 111). Die Vereinbarung unterschiedlicher **regionaler Geltungsbereiche** von Tarifverträgen ist

---

715 EuGH 17.10.1995, NZA 1995, 1095 (»Kalanke«); hierzu *Osterloh*, in: Sachs, Grundgesetz, Art. 3 Rn. 287 ff.; *Schiek*, Frauengleichstellungsgesetze, Rn. 142a, 149, 792 ff., 846a.; BAG 5.3.1996, BB 1996, 1332.

716 EuGH 11.11.1997, AP Nr. 14 EWG-RL Nr. 76/207 (»Marschall«).

717 Vgl. ErfK/*Dieterich*, Art. 3 GG Rn. 95; ferner EuGH 28.3.2000, NZA 2000, 473; HessStGH, ZBR 1997, 313.

718 EuGH, 10.4.1984, DB 1984, 1042 f.

719 BAG 6.2.1985, AP Nr. 1 zu § 1 TVG Tarifverträge: Süßwarenindustrie (mit Anm. von *v. Stebut*).

720 BAG 13.11.1985, AP Nr. 136 zu Art. 3 GG (mit Anm. von *Zuleeg* sowie weiteren Nachweisen).

721 BAG 20.7.1960, AP Nr. 7 zu § 4 TVG.

722 BVerfG 20.7.1971, E 31, 297, 302.

723 BAG 24.3.1993, AP Nr. 106 zu § 242 BGB Gleichbehandlung.

als solche bereits durch (die gegenüber Art. 3 GG speziellere Norm des) Art. 9 Abs. 3 GG gerechtfertigt (zu den durch die deutsche Vereinigung entstandenen Sonderproblemen vgl. unten § 4 Rn. 25 ff.).[724] Dagegen ist die unterschiedliche Behandlung von ausländischen und deutschen Seeleuten auf deutschen Handelsschiffen nach § 21 IV **Flaggenrechtsgesetz** gerade nicht tarifrechtlich bedingt, sondern ausschließlich durch den ausländischen Wohnsitz der betroffenen nichtdeutschen Seeleute. Dies verstößt entgegen der Entscheidung des Bundesverfassungsgerichts vom 10. Januar 1995[725] gegen Art. 3 Abs. 3 GG. Es gibt keinen zureichenden Grund, die unter denselben Bedingungen auf deutschen Schiffen arbeitenden Ausländer wegen ihres Wohnsitzes gesetzlich anders zu behandeln als die dort tätigen Deutschen.[726] Dagegen sind deutsche **Sprachkenntnisse** als Entscheidungskriterium für personelle Maßnahmen zulässig.[727]

### 6. Art. 4 GG (Glaubens- und Gewissensfreiheit)

Tarifverträge, die im Rahmen des Art. 4 GG Gegenstand der gerichtlichen **243** Überprüfung waren, sind nicht bekannt. Dies liegt möglicherweise daran, dass bisher kaum Tarifverträge mit Religionsgemeinschaften abgeschlossen wurden (Grundl. Rn. 180), obwohl derartige Tarifverträge mit den beiden großen christlichen Religionsgemeinschaften grundrechtlich eher unproblematisch sein dürften.[728] Problematischer sind dagegen mögliche Konflikte mit **islamischen Religionsgeboten** auf Grund der fehlenden Feiertagsregelungen in Tarifverträgen, die keine persönliche Freistellung aus religiösen Gründen kennen und auch § 616 Abs. 1 BGB insoweit ausgeschlossen haben, obwohl dieser die Möglichkeit einer religiös bedingten persönlichen Arbeitsverhinderung wegen Art. 4 Abs. 1 und 2 GG prinzipiell mit umfasst. Sofern schon keine Erweiterung der entsprechenden tariflichen Freistellungskataloge zu § 616 Abs. 1 GG (und damit eine Entgeltfortzahlungspflicht wie an staatlich-christlichen Feiertagen) erfolgt, müsste die Ausübung der Religionsfreiheit wenigstens durch entsprechende tarifliche Beurlaubungsmöglichkeiten gesichert werden.[729] Die meisten arbeitsrechtlichen Probleme aus dem Bereich der Religions- und Gewissensfreiheit wurzeln jedoch in normativ-tariflich nicht hinreichend differenziert regelbaren höchstpersönlichen Konflikten, wie z.B. dem Verbot an Arbeitnehmerinnen ein **islamisches Kopftuch** zu tragen.[730]

### 7. Art. 5 GG (Meinungsfreiheit/Wissenschaftsfreiheit)

Tarifliche Normen dürfen nicht das Recht der freien Meinungsäußerung nach **244** Art. 5 Abs. 1 GG beeinträchtigen. Dieses Grundrecht ist nach Art. 5 Abs. 2 GG ebenso durch **Tarifvertrag** (für die Tarifgebundenen) wie durch ein allgemeines

---

724 Vgl. auch *Däubler/Deinert*, § 4 Rn. 203 ff.; BAG 6.10.1994, DB 1995, 883.
725 BVerfG 10.1.1995, AP Nr. 76 zu Art. 9 GG.
726 Kritisch auch *Däubler/Däubler*, Einl. Rn. 669; *Geffken*, NZA 1995, 504; zustimmend dagegen *Lagoni*, JZ 1995, 499; *Löwisch/Rieble*, Grundl. Rn. 95.
727 Vgl. ErfK/*Dieterich*, Art. 3 GG Rn. 75.
728 Vgl. *Bischoff/Hammer*, AuR 1995, 161 ff.
729 Vgl. LAG Hamm 26.6.2002, AuR 2003, 72; *Adam*, NZA 2003, 1375; *Kempen*, ArbRGgw 26 (1988), 85 ff.
730 Vgl. BAG 10.10.2002, AP Nr. 44 zu § 1 KSchG Verhaltensbedingte Kündigung; bestätigt in BVerfG (Kammer) 30.7.2003, AP Nr. 134 zu Art. 12 GG; vgl. generell *Konzen/Scholz*, Gewissenskonflikte; *Wendeling-Schröder*, Autonomie, 116 ff.; *Leuze*, RdA 1993, 16 ff.

Gesetz **einschränkbar**.[731] Die mit dem Verbandsbeitritt erfolgte Einwilligung in Grundrechtseinschränkungen führt dazu, dass die Gesetzesvorbehalte für Koalitionsmitglieder als Tarifvorbehalte wirken (vgl. Grundl. Rn. 215). Vorhandene Vorschriften wie § 8 BAT, nach dem die Pflicht besteht, sich durch sein gesamtes Verhalten zur »freiheitlich demokratischen Grundordnung« zu bekennen, und zwar undifferenziert und unabhängig von der jeweils ausgeübten Funktion, sind verfassungskonform auszulegen: Der Umfang der geforderten **politischen Treuepflicht** richtet sich nach der jeweils ausgeübten Funktion.[732] Umgekehrt wird in der Literatur zu Recht darauf hingewiesen, dass Tarifverträge die Meinungsfreiheit über die von der höchstrichterlichen Rechtsprechung eng gezogenen Grenzen hinaus erweitern können.[733] Die »allgemeinen Grundsätze des Arbeitsverhältnisses« (welche die Meinungsfreiheit allerdings wegen ihrer mangelnden gesetzlichen Form ohnehin auch nicht über die so genannte Treuepflicht einschränken können) sind tarifdispositiv (zum Verhältnis von Richterrecht zum Tarifvertrag siehe Grundl. Rn. 295 ff.). Tarifverträge, welche die Arbeit in Wissenschaft und Forschung regeln, haben sich auf die Organisation des Arbeitsprozesses zu beschränken und sich wegen des fehlenden Gesetzesvorbehalts in Art. 5 Abs. 3 GG einer inhaltlichen Definition des Wissenschaftsbegriffs zu enthalten. Bis zu dieser grundrechtlichen Grenze der Tarifautonomie besteht auch hier der Vorrang der Tarifverträge vor gesetzlichen Regelungen, wie z.B. beim Hochschulbefristungsgesetz[734] (vgl. Grundl. Rn. 122). Das Grundrecht schützt nicht vor Auflösung von Forschungseinrichtungen.[735]

### 8. Art. 6 GG (Schutz von Ehe und Familie)

**245** Nach der Rechtsprechung des Bundesverfassungsgerichts ist Art. 6 Abs. 1 GG für den gesamten Bereich der Ehe und Familie sowohl im öffentlichen wie im privaten Recht verbindlich.[736] Eine tarifvertragliche Schlechterstellung von Ehegatten zu Ledigen ist daher unwirksam.[737] Ebenso sind tarifvertragliche Zölibatsklauseln oder Klauseln, die das Arbeitsverhältnis bei Schwangerschaft der Arbeitnehmerin enden lassen, unzulässig.[738] Zur Unwirksamkeit steuerlicher Mehrbelastungen von Alleinstehenden mit Kindern gegenüber Ehepaaren mit Kindern hat das Bundesverfassungsgericht am 3. November 1982 entschieden[739], demgegenüber sind tarifvertragliche Vorschriften, die Zuschläge nur für Verheiratete vorsehen, auch nach Art. 6 Abs. 1 GG unbedenklich. So wurden z.B. nach §§ 88, 90, 92 MTV Arbeiter des rheinisch-westfälischen Steinkohlenbergbaus Kohledeputate bzw. Energiegeld an das Vorliegen eines Hausstandes bzw. einer Unterhaltsverpflichtung geknüpft[740] (vgl. auch Grundl. Rn. 227). Eine tarifliche Vorschrift, nach der nur Verheiratete, nicht jedoch in

---

731 BAG 2.3.1982, AP Nr. 8 zu Art. 5 I GG; BVerfG (Kammer) 16.10.1998, NZA 1999, 77; a.A. ErfK/*Dieterich*, Art. 5 GG Rn. 22, 29.

732 BAG 31.3.1976, AP Nr. 2 zu Art. 33 Abs. 2 GG.

733 *Däubler/Schiek*, Einl. Rn. 291.

734 A.A. BVerfG 24.4.1996 (1 BvR 712/86), E 94, 268.

735 BVerfG 10.3.1992, E 85, 360.

736 BVerfG 17.1.1957, E 6, 55, 71.

737 BAG 26.11.1980, AP Nr. 6 zu § 17 BAT.

738 BAG 10.5.1957 und 28.11.1958, AP Nr. 1 und 3 zu Art. 6 GG Ehe und Familie.

739 BVerfG 3.11.1982, NJW 1983, 271 ff.

740 Zum Anspruch von unverheirateten Arbeitnehmern auf Energiegeld wie Verheiratete vgl. BAG 1.6.1983, AP Nr. 5 zu § 611 BGB Deputat.

häuslicher Gemeinschaft lebende Paare Anspruch auf bezahlte Freistellung aus Anlass der Niederkunft der Lebensgefährtin haben, verstößt weder gegen Art. 3 Abs. 1, noch gegen Art. 6 Abs. 1 GG.[741] Diese Auffassung des Bundesarbeitsgerichts ist allerdings insoweit bedenklich, als zumindest mittelbar dadurch auch das nichteheliche Kind diskriminiert wird und dies nach Art. 6 Abs. 5 GG unzulässig ist. Bei einer **tariflichen Sterbegeldregelung** ist eine derartige Benachteiligung nichtehelicher Kinder wegen Art. 6 Abs. 5 GG deshalb für unzulässig erklärt worden.[742] Das **Lebenspartnerschaftsgesetz** hat am 1. August 2001 das familienrechtliche Institut der **eingetragenen Lebenspartnerschaft** für gleichgeschlechtliche Paare geschaffen. Soweit Tarifverträge dadurch lückenhaft geworden sind, können sie im Wege der gesetzeskonformen Auslegung ergänzt werden.[743] Für neuere Tarifverträge empfiehlt sich deshalb eine Gleichstellung oder eine klare Differenzierung.[744]

### 9. Art. 9 GG (individuelle Vereinigungs- und Koalitionsfreiheit)

Im Rahmen der Koalitionsfreiheit ihrer Mitglieder haben die Tarifparteien die 246
positive Koalitionsfreiheit anders organisierter und das Fernbleiberecht nicht organisierter Arbeitnehmer zu beachten. Klauseln, die den Arbeitgeber verpflichten, nur bei einer bestimmten Gewerkschaft organisierte Arbeitnehmer zu beschäftigen (vgl. den »closed shop« im angloamerikanischen Arbeitsrecht), sind unwirksam, wenn sie faktischen Beitrittszwang ausüben. Anderes gilt, soweit die **Gewerkschaft selbst** oder ein **gewerkschaftseigenes Unternehmen** Arbeitgeber ist und auf den erfassten Arbeitsplätzen die entsprechenden Koalitionszwecke verwirklicht werden (zur Reichweite der positiven und negativen Koalitionsfreiheit und zur Wirksamkeit von allgemeinen Tarif-Differenzierungsklauseln siehe Grundl. Rn. 162ff.; zur Wirksamkeit der Allgemeinverbindlicherklärung siehe § 5 Rn. 47ff.). Eine tarifliche Vereinbarung, welche den Arbeitgeber zur **Mitgliedschaft** in einem **Arbeitgeberverband verpflichtet**, verstößt gegen die negative Koalitionsfreiheit und ist deshalb **unwirksam**.[745] Umgekehrt darf der Arbeitgeber die Einstellung eines Bewerbers nicht davon abhängig machen, dass dieser nicht Gewerkschaftsmitglied ist, denn das verstieße gegen dessen positive Koalitionsfreiheit aus Art. 9 Abs. 3 GG.[746] Wird in der Stellenausschreibung bereits ausdrücklich darauf hingewiesen, dass untertariflich bezahlt werden soll, so ist darin zugleich eine unzulässige Auswahlrichtlinie (vgl. § 95 BetrVG) enthalten, weil damit die **Frage nach der Gewerkschaftszugehörigkeit** insinuiert wird. An einer solchen Frage bestünde aber kein legitimes Arbeitgeberinteresse, weil auch ein nicht organisierter Arbeitnehmer nach Vertragsschluss der Gewerkschaft beitreten darf.[747]

Die FDP plante für den Fall einer Regierungsbeteiligung die Einführung so ge- 247
nannter **betrieblichen Beschäftigungsbündnisse**, welche es den Betriebsparteien ermöglichen sollen, durch Betriebsvereinbarungen von einschlägigen Tarifbindungen abzuweichen, **ohne** dass hiergegen ein **Vetorecht** der betroffenen

741 BAG 25.2.1987, AP Nr. 3 zu § 52 BAT.
742 BAG 20.8.2002 (3 AZR 463/01), AP Nr. 10 zu Art. 6 Abs. 4 Mutterschutz.
743 BAG 29.4.2004 (6 AZR 101/03), DB 2004, 2757.
744 Vgl. *Schulte*, DB 2001, 1832f.
745 BAG 10.12.2002 (1 AZR 96/02), AP Nr. 162 zu Art. 9 GG.
746 BAG 28.3.2000 (1 ABR 16/99), AP Nr. 27 zu § 99 BetrVG (mit Anm. von *Thüsing*, NZA 2002, 46).
747 Diese Probleme sind in BAG 18.3.2000 (1 ABR 16/99), AP Nr. 27 zu § 99 BetrVG nicht berücksichtigt.

Tarifvertragsparteien bestünde.[748] Das liefe auf eine ständige Änderungskompetenz dieser Betriebsparteien gegenüber den anzuwendenden Tarifverträgen hinaus. Ein solches koalitionsexternes Abänderungsrecht stellt die Tarifverträge permanent unter Genehmigungsvorbehalt von verbandlich nicht legitimierten Außenseitern und verwandelt Tarifnormen in nachgiebiges Recht. Es verstieße deshalb gegen die grundrechtliche Selbstbestimmungsgarantie der Koalitionen und verletzte die positive Koalitionsfreiheit der Mitglieder in ihrem Wesensgehalt. Das gilt in vergleichbarer Weise auch für Vorschläge, welche derartige »betrieblichen Bündnisse« mit einem Vetorecht der Tarifvertragsparteien verbinden wollen (vgl. dazu Grundl. Rn. 149 ff.).

### 10. Art. 11 Abs. 1 GG (Freizügigkeit)

**248** Das Grundrecht auf Freizügigkeit kann durch Tarifnormen zunächst dann betroffen sein, wenn in diesen der Arbeitnehmer verpflichtet wird, am Ort oder in der Nähe seines Arbeitsplatzes zu wohnen. Eine derartige **Residenzpflicht** des Arbeitnehmers verstößt dem Wortlaut nach gegen Art. 11 GG, da derartige Fälle von der abschließenden Ausnahmeregelung des Art. 11 Abs. 2 GG ausdrücklich nicht erfasst sind. Meist wird es sich bei tarifvertraglichen Beschränkungen der Freizügigkeit gleichzeitig um Regelungen der Berufsfreiheit handeln, die Art. 11 GG insoweit als spezielleres Grundrecht auch hinsichtlich der weitergehenden Einschränkungsmöglichkeiten verdrängt.[749] Tarifvertragliche **Präsenz- und Residenzpflichten** fallen daher unter Art. 12 GG[750], der die erforderlichen verhältnismäßigen Differenzierungen ermöglicht.

### 11. Art. 12 GG (Berufsfreiheit)

**249** Die Berufsfreiheit ist als das Hauptgrundrecht im Bereich der Arbeits- und Wirtschaftsbedingungen des Art. 9 Abs. 3 GG von den Tarifvertragsparteien zu respektieren. Dabei ist zunächst zu betonen, dass entsprechend der historischen Entwicklung des Art. 12 GG vorrangiges Schutzgut dieses Grundrechtes die Freiheit ist, eine Erwerbszwecken dienende Tätigkeit, insbesondere ein **Gewerbe**, zu betreiben.[751] Gleichwohl stellt Art. 12 GG aber auch ein **Arbeitnehmergrundrecht** dar, weil als **Beruf** im Sinne dieses Grundrechts jede erlaubte, auf die Schaffung und Erhaltung der Lebensgrundlagen gerichtete Tätigkeit zu verstehen ist[752] (hierzu auch ausführlich Grundl. Rn. 53 ff. und Rn. 68 ff.) Wichtig für die Tarifvertragsparteien ist insbesondere das in Art. 12 Abs. 1 GG gewährleistete Recht auf freie **Wahl des Arbeitsplatzes**, welches zeitlich für den einzelnen zwischen der (vorherigen) **Berufswahl** und der (nachfolgenden) **Berufsausübung** steht. Es schützt den Entschluss, eine konkrete Beschäftigungsmöglichkeit in

---

748 Vgl. Interview mit FDP-Generalsekretär *Niebel*, FAZ vom 5. 9. 2005, 13.

749 *Hailbronner*, § 131 Rn. 37; ähnlich *Löwisch/Rieble*, § 1 Rn. 253; *Däubler/Schiek*, Einl. Rn. 293.

750 Vgl. BVerfG 4. 10. 1983, E 65, 116, 125.

751 Ständige Rechtsprechung des Bundesverfassungsgerichts, BVerfG 16. 3. 1971, E 30, 292, 312; BVerfG 1. 3. 1979, E 50, 290, 367.

752 BVerfG 11. 6. 1958, E 7, 377, 397; den Schutzbereich des Art. 12 GG zu einseitig zugunsten der arbeitgeberseitigen Interessen ausdehnend und die Regelungsmacht der Koalitionen nach Art. 9 Abs. 3 GG damit entgegen dem Spezialitätsgrundsatz verdrängend: *Scholz*, ZfA 1981, 293 ff.; dagegen *Kempen*, AuR 1980, 194 ff. sowie *ders.*, AuR 1986, 129 ff.; zur allgemeinen Bedeutung der Berufsfreiheit als arbeitsrechtliches Grundrecht vgl. BVerfG (Vorprüfungsausschuss) 18. 12. 1985, NZA 1986, 199; *H. P. Schneider*, VVDStRL 43 (1983), 18 f.

dem gewählten Beruf zu ergreifen, beizubehalten oder aufzugeben. Ein »**Recht auf Arbeit**« als Anspruch auf Bereitstellung eines Arbeitsplatzes eigener Wahl gegenüber dem Staat[753] ist damit jedoch nicht verbunden.[754] Wohl aber obliegt dem Staat insoweit eine grundrechtliche Schutzpflicht gegenüber dem privatrechtlich möglichen Verlust des Arbeitsplatzes. Er ist durch gesetzliche **Kündigungsschutzvorschriften** realisiert[755] und vermag auch abweichenden tariflichen Kündigungsregelungen grundrechtliche Grenzen zu ziehen. Die vom Bundesverfassungsgericht entwickelten **Eingriffsschranken** der so genannten Drei-Stufen-Theorie – Regelung der Berufsausübung, Einschränkung der Berufswahl zunächst durch subjektive, gegebenenfalls auch durch objektive Zulassungsvoraussetzungen[756] – gelten in ihrer differenzierten Ausformung durch das Verhältnismäßigkeitsprinzip[757] auch **für Eingriffe in die Berufsfreiheit des Arbeitnehmers durch die Tarifvertragsparteien.**[758] Diese Feststellung ist freilich sehr umstritten[759], obwohl die unterschiedlichen Auffassungen oft zu ähnlichen praktischen Ergebnissen gelangen.

Für das Verständnis der **tariflichen Einschränkungsmöglichkeiten gegenüber Art. 12 GG** muss daran erinnert werden, dass die Grundrechte nur deshalb auch gegenüber Tarifregelungen gelten, weil diese privatrechtliche Normen enthalten (vgl. Grundl. Rn. 192 ff. und 197 ff.), d.h. Mehrheiten und Minderheiten der Norm unterworfenen Mitglieder demokratisch und vertraglich binden. Auch bei der Bindungswirkung des Art. 12 GG gegenüber den Tarifvertragsparteien geht es also zunächst um die **Berufsfreiheit der Normunterworfenen**. Insoweit folgt aus dem **Gesetzesvorbehalt** des Art. 12 Abs. 1 Satz 2 GG ein **entsprechender Tarifvorbehalt**. Er unterliegt hinsichtlich der zulässigen Eingriffsintensität der vom Bundesverfassungsgericht nach dem Drei-Stufen-Prinzip gegliederten[760] **Verhältnismäßigkeitsprüfung**, d.h. es ist nacheinander zu untersuchen, ob das tarifliche Ziel vernünftigen Gemeinschaftsbelangen dient, ob die eingesetzten Mittel hierfür geeignet und erforderlich sind sowie, ob die Verhältnismäßigkeit von Mittel und Ziel gewahrt ist.[761] Da es sich bei jenen Regelungen aber stets um autonom gesetzte Tarifnormen im Kompetenzbereich der Arbeits- und Wirtschaftsbedingungen des Art. 9 Abs. 3 GG handelt, beziehen sich diese Eingriffsvoraussetzungen nach der Drei-Stufen-Theorie dementsprechend auf die »**Gemeinschaftsbelange**« der handelnden Tarifvertragsparteien und ihrer Mitglieder[762] sowie auf ihre verbandspolitischen Zwecke und Möglichkeiten im Rahmen von Berufsregelungen, welche mit allgemeineren Zielsetzungen übereinstimmen können, aber nicht müssen.[763] Eine berufsregelnde **Arbeitsmarkt-** 250

753 Dazu *Kempen*, FS Gnade, 70f.

754 BVerfG 24.4.1991, E 84, 133.

755 *Kühling*, AuR 1994, 128.

756 BVerfG 11.6.1958, E 7, 377, 405.

757 Vgl. *Waltermann*, FS 50 Jahre BAG, 924ff.

758 *Waltermann*, 122ff.; a.A. z.B. *A. Wiedemann*, 154ff., mit weiteren Nachweisen.

759 A.A. z.B. ErfK/*Dieterich*, Art. 12 Rn. 24; Wiedemann/*Wiedemann*, Einl. Rn. 310ff.; *Löwisch/Rieble*, § 1 Rn. 238; *A. Wiedemann*, 154ff.; ähnlich wie hier mit Darstellung des Streitstands *Däubler/Schiek*, Einl. Rn. 241ff.

760 BVerfG 11.6.1958, E 7, 377.

761 Ebenso *Säcker/Oetker*, 257ff.; *Löwisch/Rieble* § 1 Rn. 238; *Rieble*, ZTR 1993, 59; *Waltermann*, RdA 1994, 217.

762 Nicht etwa auf ein abstrakt-universelles »Gemeinwohl«, vgl. *Rieble*, ZTR 1993, 60; *Zachert*, AuR 1995, 2.

763 *Säcker/Oetker*, 262ff., 274ff.; *Waltermann*, RdA 1990, 143; RdA 1993, 217; a.A. *Gitter/Boerner*, RdA 1990, 134f.; *A. Wiedemann*, 154ff., der jedoch die koalitionsinterne Dimension der Grundrechtsgeltung übersieht.

**und Beschäftigungspolitik** der Tarifvertragsparteien ist deshalb prinzipiell zulässig – selbst wenn sie intensive Grundrechtseingriffe mit sich bringt, aber die Regelungsgrenzen der Koalitionsfreiheit samt des von ihr umfassten berufsgrundrechtlichen Mitgliederschutzes respektiert.[764] Erst wenn und soweit tarifvertragliche Berufsregelungen die berufliche Sphäre **außenstehender Dritter** berühren, ist die mitgliedschaftliche Berufsregelungskompetenz überschritten und zu untersuchen, ob die allgemeine staatliche Schutzpflicht gegenüber Art. 12 GG nun ihrerseits der Koalitionsfreiheit insoweit (äußere) Grenzen zieht, welche dann allerdings nicht anhand der (für den demokratischen Normsetzungsprozess entwickelten) Drei-Stufen-Theorie, sondern nach Maßgabe des Schutzbereichs der Koalitionsfreiheit zu klären wären.

251 Zu den beschäftigungspolitisch begründeten Einschränkungen der Berufsausübungsfreiheit des Art. 12 Abs. 1 Satz 2 GG gehören **tarifvertragliche Regelungen** für **vorübergehende Herabsetzung der Arbeitszeit** zur Sicherung des Arbeitsplätze des Unternehmens, des Konzerns oder der Branche. Die Zuständigkeit der Tarifvertragsparteien für eine derartige **tarifliche Beschäftigungssicherung** folgt aus dem allgemeinen beschäftigungspolitischen Mandat der Koalitionen gemäß Art. 9 Abs. 3 Satz 1 GG.[765] Als Mitglieder der Verbände haben die betroffenen Arbeitnehmer sich den satzungsmäßig beschlossenen Tarifabschlüssen freiwillig privatautonom unterworfen. Dabei sind sie auch hinsichtlich ihrer Berufsfreiheit vor Mehrheitsentscheidungen durch Art. 12 GG geschützt, müssen jedoch solche Einschränkungen dieser Freiheit hinnehmen, denen sie auch seitens des staatlichen Gesetzgebers unterlägen. Die Verhältnismäßigkeitsgrenzen dieser **tariflichen** Einschränkungsmöglichkeiten sind freilich nur innerhalb der begrenzten tariflichen Reichweite und Kompetenz der Tarifvertragsparteien zu legitimieren und gerichtlich zu kontrolliere: Ein Tarifvertrag zur Beschäftigungssicherung bei einem Zeitungsverlag kann deshalb nicht mit der generellen Arbeitsmarktsituation oder als Hilfeleistung für den Rundfunk begründet werden, wohl aber mit spezifischen Presse- und Verlagsproblemen. Insofern wirkt der grundrechtliche Gesetzesvorbehalt des Art. 12 Abs. 1 Satz 2 GG als ein entsprechender **Tarifvorbehalt für die Tarifgebundenen**.[766] Da seine äußerste Schranke wie beim Gesetzesvorbehalt das **Willkürverbot** des Art. 19 Abs. 2 GG darstellt, darf die tarifliche Berufseinschränkung für die Betroffenen nicht zu einem für sie »unentrinnbaren« Berufsverbot werden. Dies würde die Berufsfreiheit als ein vollständiges Ausübungsverbot verfassungswidrig beschränken.[767] Die beschäftigungssichernde Arbeitszeitherabsetzung darf deshalb z.B. nicht auch ein gänzliches Nebentätigkeitsverbot umfassen. Im Übrigen würden die tariflich zulässigen Beschäftigungssicherungsregelungen auch für nicht organisierte Arbeitnehmer gelten, die den entsprechenden Tarif arbeitsvertraglich in Bezug genommen haben.[768]

252 In seinen Entscheidungen zu den **Altersgrenzen in Tarifverträgen** hatte das Bundesarbeitsgericht jedenfalls eine generelle Grenze von 65 Lebensjahren, bei deren Eintritt das Arbeitsverhältnis automatisch enden soll, als Verstoß gegen

---

764 Vgl. ErfK/*Dieterich*, Art. 9 GG Rn.73; *Kempen*, FS Hanau, 529; *Däubler/Däubler*, Einl. Rn.108; *Waltermann*, RdA 1990, 143; NZA 1991, 754; *Zachert*, AuR 1995, 1f.

765 BAG 28.6.2001 (6 AZR 114/00), AP Nr.24 zu § 611 BGB Arbeitszeit.

766 Im Ergebnis auch BAG 28.6.2001 (6 AZR 114/00), AP Nr.24 zu § 611 BGB Arbeitszeit; BAG 25.10.2000 (4 AZR 438/99), AP Nr.1 zu § 1 TVG Tarifverträge Internationaler Bund.

767 Vgl. ErfK/*Dieterich*, Einl. GG Rn.55, Art. 12 GG Rn.42.

768 Vgl. BAG 27.11.2002 (7 AZR 414/01), AP Nr.21 zu § 620 BGB Altersgrenze.

§ 41 Abs. 4 Satz 3 SGB VI a.F. für unzulässig erklärt.[769] Dabei ist jedoch nicht hinreichend beachtet worden, dass Einschränkungen der Berufsfreiheit nach Maßgabe der Drei-Stufen-Theorie von der Tarifautonomie als verhältnismäßige Selbstbeschränkung der Koalitionsmitglieder sehr wohl gestattet sind (vgl. Grundl. Rn. 197ff. und Rn. 250). Nach Maßgabe der Verhältnismäßigkeit muss die tarifliche Altersgrenze sachlich begründet sein. Das ergibt sich aus § 22 Abs. 1 in Verbindung mit § 14 Abs. 1 TzBfG[770], die den aus Art. 12 Abs. 1 Satz 1 GG abzuleitenden Tarifvorbehalt konkretisieren.[771] Die auch für den Tarifvorbehalt geltende **Wesensgehaltssperre** des Art. 19 Abs. 2 GG verlangt jedoch, derartige Beendigungstatbestände nicht als »unentrinnbar«, sondern flexibel auszugestalten, z.B. durch eine Verhandlungspflicht des Arbeitgebers über ein Fortsetzungsverlangen des Arbeitnehmers oder als tarifliche Regelaltersgrenze mit einem zeitlich vorgezogenen, befristet ausübbaren Gestaltungsrecht des Arbeitnehmers, über diesen Zeitpunkt hinaus weiter arbeiten zu wollen.[772] Das somit verlängerte Arbeitsverhältnis könnte sodann besonderen tariflichen (z.B. Kündigungs-) Regelungen unterworfen werden, welche die Besonderheiten eines »Altersarbeitsverhältnisses« differenzierend berücksichtigen. Damit wäre den brisanten arbeitsmarkt-, unternehmens- und rentenversicherungspolitischen Problemen einerseits und dem grundrechtlichen Schutz älterer Arbeitnehmer andererseits[773] im tarifautonomen Normsetzungsverfahren Rechnung zu tragen. Diese Lösung wäre auch mit dem **Antidiskriminierungsregelungen des europäischen Rechts** (RL 2000/43/EG, RL 2000/78/EG und RL 2002/73/EG) vereinbar (vgl. dazu § 1 Rn. 310ff.). Da Betriebsvereinbarungen nicht auf einem autonomen Selbstbestimmungsverfahren beruhen und folglich auch keine Rechtsnormen enthalten[774], vermögen sie die Berufsfreiheit nicht einzuschränken und deshalb auch (anders als die selbst bestimmten/privatautonomen Einzelarbeitsverträge und Tarifverträge) keine wirksamen kollektiven Altersgrenzen zu setzen.[775]

Tarifvertragliche **Besetzungsregeln zum Rationalisierungsschutz** greifen zu- **253**
lässigerweise in Art. 12 GG ein, wenn sie sachlich vernünftig gerechtfertigt sind.[776] Dasselbe gilt für qualitative Besetzungsregeln, die festlegen, welcher Arbeitsplatz mit welchem Fach-Arbeitnehmer besetzt werden soll[777], wenn und soweit hierdurch Arbeitsqualität und Ausbildung gefördert werden.[778] Auch quantitative Besetzungsregelungen und Personalbemessungssysteme, welche bestimmen, wie viele Arbeitnehmer in einem Arbeitsgang einzusetzen sind, rechtfertigen die mit ihnen verbundene tarifliche Einschränkung des Art. 12 GG vor allem durch Gründe der vernünftigen Gesundheitsbelastung.[779] Schließlich können beschäftigungspolitische Zielsetzungen tarifvertragliche Eingriffe in die Berufsfreiheit rechtfertigen, geht es doch gerade insoweit um ein zentrales

769 BAG 20.10.1993, AP Nr. 3 zu § 41 SGB VI und BAG 1.12.1993, AP Nr. 4 zu § 41 SGB VI.
770 *Löwisch/Rieble*, § 1 Rn. 614.
771 Vgl. im Ergebnis BAG 31.7.2002 (7 AZR 140/01), AP Nr. 14 zu § 1 TVG Tarifverträge Luftfahrt.
772 *Waltermann*, NZA 1994, 828f.
773 Hierzu *Simitis*, RdA 1994, 258ff.
774 Dazu *Kempen*, ArbRGgw 31 (1993), 101ff.; RdA 1994, 150f.
775 Ebenso *Waltermann*, RdA 1993, 216; NZA 1994, 828, mit weiteren Nachweisen.; *Joost*, Anm. zu AP Nr. 2 zu § 620 BGB Altersgrenze; *Kreutz*, 249f.
776 BAG 13.9.1983, AP Nr. 1 zu § 1 TVG Tarifverträge: Druckindustrie mit ablehnender Anm. von *Reuter*; *Löwisch/Rieble*, § 1 Rn. 809.
777 BAG 26.4.1990, AP Nr. 57 zu Art. 9 GG; BAG 22.1.1991, AP Nr. 67 zu Art. 1 GG.
778 *Däubler/Schiek*, Einl. Rn. 266; a.A. *Löwisch/Rieble*, § 1 Rn. 813.
779 BAG 3.4.1990, AP Nr. 56 zu Art. 9 GG; *Löwisch/Rieble*, § 1 Rn. 810.

Handlungsfeld der Koalitionsfreiheit (vgl. im Einzelnen § 1 Rn. 498 und § 3 Rn. 30). Wenn sie durch Betriebsnormen (§ 3 Abs. 2 TVG) geregelt werden und deshalb auch für Außenseiter gelten, sind sie voll an deren Berufsfreiheit gebunden (weil es insoweit an der verbandlichen Belastungseinwilligung der Mitglieder fehlt).

**254** Art. 12 GG umfasst neben dem Recht, den gewählten Arbeitsplatz beizubehalten, auch das Recht des Arbeitnehmers, sich einen neuen Arbeitsplatz zu suchen und das bisherige Arbeitsverhältnis zu kündigen. **Tarifliche Kündigungsbeschränkungen** durch die **Rückzahlungspflicht von Gratifikationen, Ausbildungs- oder Fortbildungskosten, Abschluss- oder Treueprämien** müssen daher im Einklang mit Art. 12 GG stehen.[780] Dies ist nur dann der Fall, wenn diese Klauseln die Beeinträchtigung der freien Wahl des Arbeitsplatzes nicht unbillig erschweren.[781] Die Dauer einer tariflichen Rückzahlungsverpflichtung für Ausbildungskosten muss deshalb in angemessenem Verhältnis zu den erbrachten Aufwendungen des Arbeitgebers stehen.[782] Die Rückzahlungsverpflichtung einer freiwillig gewährten Umzugskostenvergütung (§ 44 Abs. 1 Nr. 3 in Verbindung mit § 2 Abs. 3 Nr. 1 BUKG) bei Beendigung des Arbeitsverhältnisses vor Ablauf von 2 Jahren nach dem Umzug aus einem von dem Angestellten zu vertretenden Grund bedeutet keine Verletzung des Art. 12 GG.[783]

**255** Auch bei **tariflichen Nebenbeschäftigungsverboten** ist Art. 12 GG zu beachten. Grundsätzlich schützt Art. 12 GG auch die Arbeitsaufnahme bei weiteren Arbeitgebern.[784] Eine Einschränkung dieses Grundrechtes ist daher nur wirksam, wenn der Arbeitgeber vor unlauterer Konkurrenz bzw. der Arbeitnehmer vor Überbeanspruchung[785] geschützt werden oder eine Beeinträchtigung der Arbeitsleistung im Hauptarbeitsverhältnis verhindert werden muss.[786] Auch Wettbewerbsverbote müssen Art. 12 GG berücksichtigen. Bei tariflichen Arbeitszeitverkürzungen sollten Nebentätigkeits- und Wettbewerbsverbote mit geregelt werden. Deren Rechtfertigung durch Konkurrenzschutz nimmt mit zunehmend verkürzter Arbeitszeit entsprechend ab.[787] Unterschreitet das gleichzeitig verkürzte Entgelt die Untergrenzen des § 111 AFG, besteht ein Anspruch auf Nebentätigkeitserlaubnis.[788] Tarifvertragliche Wettbewerbsverbote waren unter dem Aspekt der Nebentätigkeit noch nicht Gegenstand gerichtlicher Überprüfung.

**256** Tarifvertragliche Regelungen, die die **Schichtarbeit oder Akkordarbeit** begrenzen, oder eine Beendigung eines derartigen Arbeitsverhältnisses bei Erreichen einer Altersgrenze mit anschließendem Beschäftigungsverbot greifen zwar in die Berufsfreiheit des Art. 12 GG ein. Entsprechend der Drei-Stufen-Theorie des Bundesverfassungsgerichts[789] stellen sie aber eine Regelung der Berufsausübung dar,

---

780 BAG 10. 5. 1962, AP Nr. 22 zu § 611 BGB Gratifikation.

781 BAG 10. 5. 1962, AP Nr. 22 zu § 611 BGB Gratifikation.

782 BAG 6. 9. 1995 (5 AZR 174/94) und (5 AZR 241/94), AP Nr. 22 und 23 zu § 611 BGB Ausbildungsbeihilfe (mit Anm. von *v. Hoeningen-Huene*); kritisch *Däubler/Schiek*, Einl. Rn. 262.

783 BAG 18. 2. 1981, AP Nr. 6 zu § 44 BAT.

784 BVerfG 11. 6. 1958, E 7, 377, 397; BVerfG 17. 12. 1958, E 9, 39, 48.

785 Vgl. BAG 26. 6. 2001 (9 AZR 343/00), AP Nr. 8 zu § 1 TVG Tarifverträge Verkehrswirtschaft.

786 BAG 11. 12. 2001 (9 AZR 464/00), AP Nr. 8 zu § 611 BGB Nebentätigkeit; BAG 26. 8. 1976, AP Nr. 68 zu § 626 BGB.

787 Vgl. *Löwisch/Rieble*, § 1 Rn. 927.

788 *Kempen/Kreuder*, AuR 1994, 220.

789 BVerfG 11. 6. 1958, E 7, 377 ff.

die aus sachgerechten und vernünftigen Erwägungen des Gesundheitsschutzes zulässig ist: Die anerkanntermaßen hohen gesundheitlichen Risiken dieser Arbeiten und die damit verbundenen Belastungen der Allgemeinheit rechtfertigen jedenfalls eine Beschränkung von Akkord- und Schichtarbeit (vgl. § 1 Rn. 49, Rn. 198f. und Rn. 285).

### 12. Art. 14 GG (Eigentumsgarantie)

Da unter die **Eigentumsgarantie** des Art. 14 Abs. 1 GG **alle vermögenswerten Rechte des Arbeitnehmers** fallen, können diese tarifvertraglich – etwa durch rückwirkende Herabsetzung des Lohnes – grundsätzlich nicht entzogen, sondern allenfalls umstrukturiert werden[790] (näher dazu § 4 Rn. 115). **257**

Im Bereich des Privatrechts unterliegen dem Eigentumsschutz nämlich solche vermögenswerten Rechte, die dem Berechtigten juristisch bereits so zugeordnet sind, dass er die damit verbundenen Befugnisse in eigenverantwortlicher Entscheidung zu seinem privaten Nutzen ausüben darf.[791] Damit werden alle bereits erbrachten tariflichen Leistungen, also insbesondere die abgewickelten Entgeltansprüche durch Art. 14 Abs. 1 GG vor einer rückwirkenden Herabsetzung (so genannte echte oder retroaktive **Rückwirkung**) geschützt. Dasselbe gilt auch für erworbene Anwartschaften auf tarifliche Zusatzrenten auf betrieblicher oder überbetrieblicher Ebene[792], soweit die entsprechenden Beitragsleistungen bereits erbracht worden sind. Hier endet also die Möglichkeit einer rückwirkenden Abänderbarkeit tariflicher Regelungen[793] (zur Verschlechterung arbeitsvertraglicher Ansprüche durch Betriebsvereinbarung vgl. § 4 Rn. 291).

## III. Die Bindung der Tarifvertragsparteien an Arbeitgebergrundrechte

Da sich die Grundrechtsbindung der Tarifvertragsparteien aus dem demokratisch-kontraktuellen Selbstnormierungsverfahren der Tarifautonomie erklärt (vgl. Grundl. Rn. 197ff.), sind Arbeitnehmer- und Arbeitgebergrundrechte prinzipiell gleichermaßen bedeutsam. Allerdings vermag sich ein Arbeitgeber den ihn belastenden Regelungen durch Verbandsaustritt leichter zu entziehen (vgl. aber § 3 Abs. 3 TVG). Deshalb sollten hier vor allem die formell-demokratischen Grundrechtsstrukturen innerverbandlicher Willensbildung stärker beachtet werden. Im materiell vertraglichen Bereich kommen primär die **Berufsfreiheit des Art. 12 GG** und die **Eigentumsfreiheit des Art. 14 GG** in Betracht. Wegen der intensiven Einschränkungsmöglichkeiten beider Grundrechte und der »Verbandsflucht« sind insoweit bislang aber wenige tarifliche Grundrechtsverstöße bekannt geworden. Da Tarifverträge jedoch, selbst wenn sie erstreikt worden sind, unter Marktbedingungen frei abgeschlossen werden, wird es sich bei entsprechenden Einschränkungen regelmäßig um zulässige vertragliche Selbstbindungen der Arbeitgeber handeln – auch sofern es um einen Firmentarif gehen sollte.[794] Der Staat nimmt seine grundrechtlichen Schutzpflichten hier über die Regelung des Arbeitskampfes wahr.[795] Eine »Enteignung« durch Tarifverträge, **258**

790 Vgl. BAG 23.12.1994, AP Nr. 12 zu § 1 TVG Rückwirkung.
791 BVerfG 9.1.1991, E 83, 201, 209.
792 Vgl. BAG 10.10.1989, AP Nr. 2 zu § 1 TVG Vorruhestand.
793 Dazu BAG 23.11.1994, AP Nr. 12 zu § 1 TVG Rückwirkung.
794 Vgl. BAG 9.4.1991, AP Nr. 116 zu Art. 9 GG Arbeitskampf.
795 Vgl. BVerfG 26.6.1991, E 84, 212, 228ff.

welche z.B. die Mitbestimmungsrechte der Arbeitnehmer auf Betriebs- und Unternehmensebene erweitern[796] oder unternehmensanteilsförmige Mitarbeiterbeteiligungen vorsehen, ist daher schon rechtsdogmatisch nicht gegeben.[797] Dagegen können Tarifverträge vielfach in die Berufsfreiheit der Arbeitgeber (wie der Arbeitnehmer) eingreifen und müssen sich auch hier an die von der Drei-Stufen-Rechtsprechung gezogenen verhältnismäßigen Schranken halten. Die Ausdehnung betrieblicher Mitbestimmungsrechte wäre etwa durch den Zweck des Schutzes der beruflichen Entfaltungsfreiheit (Art. 12 GG) der Arbeitnehmer am Arbeitsplatz legitimiert.[798] Willkürliche oder den Wesensgehalt des Art. 12 GG verletzende Tarifregelungen wären dagegen unzulässig. So würde etwa ein Ausschluss jeglicher Fragerechte des Arbeitgebers bei Einstellungen dessen Personalkompetenz und damit seine Berufsfreiheit im Kern berühren. Der Beruf des Arbeitgebers darf nicht funktionell unausübbar eingeschränkt werden.[799] Jenseits des Wesensgehalts gibt es aber keinen prinzipiell tariffesten Kern unternehmerischer Gestaltung. Sie ist vielmehr zukunftsoffen.[800]

**259** Soweit der Arbeitgeber über seine Berufsfreiheit (vermittelt durch seine Arbeitnehmer) unmittelbar selbst **weitere Grundrechte** wahrnimmt, wie z.B. in den Einrichtungen der **Presse** und der elektronischen **Medien** (Art. 5 Abs. 1 GG), der **Verbände und Koalitionen** (Art. 9 Abs. 1 und 3 GG) oder der **politischen Parteien** (Art. 21 GG), dürfen Tarifregelungen die entsprechenden Freiheiten nicht stärker einschränken als dies der Gesetzgeber könnte.[801] Dabei ist allerdings zu beachten, dass die Arbeitnehmer möglicherweise ihrerseits ebenfalls Träger des einschlägigen Grundrechts sind. So dürften die Beschäftigten eines Arbeitgeberverbandes wegen Art. 9 Abs. 3 GG keinen ohne demokratische Legitimation seitens der Verbandsmitglieder inhaltlichen Einfluss auf die Verbandspolitik erhalten. Die Beschäftigten einer Gewerkschaft sind dagegen zwar regelmäßig satzungsrechtlich zur Mitgliedschaft verpflichtet, doch dürfte auch ihnen ohne entsprechendes demokratisch übertragenes Mandat kein inhaltlicher Einfluss auf die Gewerkschaftspolitik eingeräumt werden, weil dies zu einer gleichheitswidrigen Besserstellung gegenüber den anderen Gewerkschaftsmitgliedern führen würde.

## IV. Die Bindung an rechtsstaatliche Normprinzipien

**260** Da **Tarifverträge** demokratisch-kontraktuell gesetzte Normen enthalten, sind sie grundsätzlich auch an die **allgemeinen rechtsstaatlichen Normprinzipien** gebunden. Hierzu gehört ein – allerdings eingeschränktes – Verbot rückwirkender Belastungen. Es wird allgemein aus dem (üblicherweise Art. 20 GG entlehnten) Rechtsstaatsprinzip entnommen. An sich ist ein demokratischer Normgeber nicht gehindert, die von ihm geschaffenen Regelungen rückwirkend aufzuheben und zu ersetzen (kein Parlament kann seine Nachfolger binden). Die Grenzen solcher **Rückwirkung** ergeben sich aus dem Vertrauens- und Eigentumsschutz

---

796 Vgl. BAG 21.6.2000 (4 AZR 379/99), AP Nr. 121 zu § 102 BetrVG 1972.

797 A.A. *Löwisch/Rieble*, § 1 Rn. 276.

798 Vgl. *Däubler/Schiek*, Einl. Rn. 273; *Kempen*, AuR 1986, 129 ff.; vgl. auch BVerfG (Vorprüfungsausschuss) 18.12.1985, AP Nr. 15 zu § 87 BetrVG 1972 Arbeitszeit.

799 Vgl. *Löwisch/Rieble*, § 1 Rn. 276.

800 Sehr umstritten. Wie hier: ErfK/*Dieterich*, Art. 9 GG Rn. 72; *Zachert*, AR-Blattei 1650.1 Rn. 175; a.A. *Löwisch/Rieble*, Grundl. Rn. 23.

801 Vgl. auch *Dörrwächter*, 261 ff.

der Normunterworfenen.[802] Deshalb ist eine so genannte unechte Rückwirkung, bei der in noch nicht abgeschlossene Sachverhalte für die Zukunft eingegriffen wird, bei Gesetzen zulässig. Auch die Tarifvertragsparteien sind insoweit bei der Festlegung des zeitlichen Geltungsbereichs frei. Handelt es sich dagegen um die so genannte echte Rückwirkung, welche in bereits abgeschlossene Sachverhalte ändernd (und meist verschlechternd) eingreift, so können schon vermögensrechtliche Eigentumsrechte und Anwartschaften sowie Vertrauenspositionen entstanden sein, die entweder nach Art. 14 GG oder auf Grund des rechtsstaatlichen Vertrauensschutzprinzips Vorrang verdienen. Die unechte Rückwirkung von Normen, einschließlich der Tarifnormen, ist daher prinzipiell unzulässig. Nach der Rechtsprechung wird sie aber ausnahmsweise möglich, wenn der Betroffene für den Zeitpunkt, auf den die Entstehung des Anspruchs bezogen ist, mit der Änderung rechnen musste[803] (z.B. weil sie schon angekündigt war[804]), das bislang geltende Recht »unklar und verworren« und eine bislang geltende Rechtsnorm sich nachträglich als ungültig erweist.[805] Sofern das Vertrauen in Gesetze unter solchen Umständen nicht schutzwürdig ist, muss dies ebenfalls für Tarifnormen gelten, die schon von ihrer gewöhnlichen Laufdauer und arbeitsmarktpolitischen Funktion her unter einem wesentlich akuteren Abänderungsvorbehalt stehen.[806] Deshalb können auch bereits entstandene und fällig gewordene, aber noch nicht abgewickelte Ansprüche, die aus einer Tarifnorm folgen (so genannte wohlerworbene Rechte), bei fehlenden Vertrauensschutzvoraussetzungen (entsprechend der verfassungsgerichtlichen Rechtsprechung) keinen besonderen Vertrauensschutz genießen.[807] Ist die Leistung bereits erfolgt oder eine Anwartschaft bereits entstanden, sind derartige Eingriffe wegen Art. 14 GG nicht mehr zulässig. Gerade wegen der oft kurzen Laufdauer von Tarifverträgen und zum Schutze von Minderheiten in den Koalitionen sind die Anforderungen an die notwendige Ankündigung möglicher nachträglicher Tarifänderungen gegenüber den Betroffenen besonders intensiv. Der Hinweis auf die Rücknahmegefahr muss daher spätestens mit dem Abschluss des (später geänderten) Tarifs bereits erfolgt sein[808] (siehe auch § 4 Rn. 113ff.).

Zu den rechtsstaatlichen Normprinzipien zählt auch der – für die Rechtssicher- **261**
heit wichtige – **Grundsatz der Normklarheit**. In einer Entscheidung vom 29. Januar 1986 hatte sich das Bundesarbeitsgericht unter anderem mit der Frage auseinander zu setzten, ob die tariflichen Tätigkeitsmerkmale der Vergütungsordnung zum BAT für technische Angestellte justitiabel und damit verfassungsgemäß sind.[809] Das LAG Düsseldorf hatte dies mit der Begründung verneint und einen Verstoß gegen Art. 20 Abs. 3 GG angenommen, dass auch an tarifliche Normen gewisse Grundanforderungen von Klarheit und Verständlichkeit zu stellen seien. Dem widerspreche eine große Anzahl unbestimmter Rechtsbegriffe, die zudem noch ohne jeden eigenen Rechtsinhalt seien. Dem ist das Bundesarbeits-

802 Vgl. *Beckers*, ZTR 1999, 145ff.
803 BAG 17.5.2000 (4 AZR 216/99), AP Nr. 19 zu § 1 TVG Rückwirkung.
804 BAG 20.4.1999 (1 AZR 631/98), AP Nr. 12 zu § 77 BetrVG 1972 Tarifvorbehalt.
805 BVerfG 19.12.1961, E 13, 261, 272.
806 Vgl. BAG 22.10.2003 (10 AZR 152/03), BB 2004, 494.
807 BAG 23.11.1994, AP Nr. 12 zu § 1 TVG Rückwirkung, unter Aufgabe von BAG 28.9.1993, AP Nr. 9 zu § 1 TVG Rückwirkung; teilweise anders auch *HKZZ*.
808 Vgl. BAG 23.11.1994, AP Nr. 12 zu § 1 TVG Rückwirkung.
809 BAG 29.1.1986, AP Nr. 115 zu § 22, 23 BAT 1975 (mit Anm. von *Brox*).

gericht entgegengetreten.[810] Es weist darauf hin, dass in allen Bereichen staatlichen Gesetzesrechts in großer und zunehmender Zahl **unbestimmte Rechtsbegriffe** verwendet werden, die sowohl für eine den Anforderungen des modernen sozialen und wirtschaftlichen Lebens entsprechende Rechtsordnung als auch für eine funktionsfähige Rechtsprechung unverzichtbar sei. Dies werde auch vom Bundesverfassungsgericht anerkannt.[811] Der Rechtsprechung des Bundesarbeitsgerichts ist zuzustimmen. Auch wenn man nicht verkennt, dass die Komplexität der Lebenssachverhalte einerseits und das grundsätzliche Bemühen der Tarifvertragsparteien andererseits, umfassende Vergütungsverordnungen zu schaffen, dazu führen kann, dass tarifliche Regelungen noch mehr als der Gesetzgeber zur Verwendung unbestimmter Rechtsbegriffe zwingen, fehlt es an jedweder Alternative. Die Präzisierung der Tarifbestimmungen hätte zur Folge, dass eine Flut von Einzelbeispielen in die Tarifverträge Eingang finden würde, die weder den Tarifvertrag überschaubarer und präziser werden ließen, noch der Einzelgerechtigkeit Rechnung tragen könnten, da eine umfassende und lückenlose Aufzählung in den wenigsten Fällen erreichbar sein wird. Hinzu kommt, dass nach der Rechtsprechung des Bundesverfassungsgerichts nur in extremen Ausnahmefällen ein Gesetz wegen Unbestimmbarkeit nichtig ist.[812] Gilt dies schon für Gesetze, denen sich der einzelne nicht entziehen kann, so trifft dies erst recht für Tarifnormen zu, für deren Wirksamkeit es der freiwilligen Tarifbindung bedarf.[813] Öffnungsklauseln zugunsten betrieblicher Regelungen nach § 77 Abs. 3 BetrVG können solche Probleme auch nur teilweise mildern, weil nicht alle Regelungen für eine betriebliche Konkretisierung zugänglich sind und nicht überall Betriebsräte bestehen. Versuche, aus dem Sozialstaatsprinzip 168 Eingriffsmöglichkeiten des Gesetzgebers in die Tarifautonomie abzuleiten[814], sind abzulehnen, weil die Tarifautonomie eine selbständige Konkretisierung des Sozialstaatsprinzips darstellt (siehe Grundl. Rn. 76 ff. und Rn. 133).

## V. Verfassungskontrolle durch die Gerichte

**262** Die Arbeitsgerichte haben eine Überprüfungskompetenz, ob und in welchem Umfang tarifvertragliche Normen mit der Verfassung, insbesondere mit einzelnen Grundrechten, kollidieren.[815] Sie müssen diese auch eigenständig vornehmen, eine Vorlage an das Bundesverfassungsgericht ist unzulässig, da Art. 100 Abs. 1 GG nur Gesetze im formellen Sinn erfasst.[816] Die arbeitsgerichtliche Prüfungskompetenz schließt die Überprüfung der Tarifverträge mit den Landesverfassungen mit ein.[817] Bei ihrer Prüfung haben die Gerichte allerdings nicht die Tarifnormen auf ihre gerechteste oder zweckmäßigste Regelung zu untersuchen. Hier haben die Tarifparteien eine weitgehende Gestaltungsfreiheit. Sache der Gerichte kann es nur sein zu kontrollieren, ob die Grenzen dieses Gestaltungs-

810 BAG 29. 1. 1986, AP Nr. 115 zu § 22, 23 BAT 1975; zustimmend *Brox*, Anm. zu 29. 1. 1986, AP Nr. 115 zu § 22, 23 BAT 1975.
811 BVerfG 5. 8. 1966, E 20, 150, 158 ff.; BVerfG 4. 4. 1967, E 21, 245, 261; BVerfG 7. 7. 1971, E 31, 255, 264.
812 BVerfG 23. 10. 1951, E 1, 14, 45; BVerfG 24. 7. 1963, E 17, 67, 82.
813 Im einzelnen zur Verfassungsmäßigkeit dieser Bestimmungen des BAT: *Kempen*, PersR 1984, 86.
814 *Reuter*, ZfA 1978, 32.
815 BAG 16. 11. 1982, AP Nr. 4 zu § 62 BAT; Wiedemann/*Wank*, Einl. Rn. 85.
816 BAG 6. 4. 1955, AP Nr. 7 zu Art. 3 GG; *Leibholz/Rinck/Hesselberger*, Art. 100 GG Rn. 2.
817 BAG 14. 7. 1961 und 18. 10. 1961, AP Nr. 1 und 2 zu Art. 24 VerfNordrhein-Westfalen.

spielraumes und damit die Grenzen der Tarifautonomie des Art. 9 Abs. 3 GG überschritten sind.[818]

Problematisch sind die **Rechtsfolgen der Grundrechtswidrigkeit von Tarifnormen.**[819] Grundsätzlich fehlt es insoweit an der Regelungskompetenz der Tarifvertragsparteien, so dass die entsprechenden Regelungen unwirksam sind.[820] Der normative Charakter von Tarifwerken führt allerdings dazu, dass die Nichtigkeit eines Teils der Regelungen **(Teilrichtigkeit)** entgegen § 139 BGB nicht zur Nichtigkeit des gesamten Regelungswerks führt, sofern die wirksamen Tarifnormen als solche noch ein sinnvolles Regelungsgefüge darstellen.[821] Bei Zweifeln hinsichtlich der Verfassungsmäßigkeit von Tarifbestimmungen empfiehlt es sich deshalb, die betroffene Materie in gesonderten Abschnitten zu tarifieren. **263**

Speziell bei **Gleichheitsverletzungen** und bei **Verstößen gegen verfassungsrechtliche Diskriminierungsverbote** (vgl. Grundl. Rn. 235 ff.) kann die Nichtigkeit der entsprechenden grundrechtswidrigen Normen dazu führen, dass diese Rechtsfolge den **Schutzzweck** des Gleichheitsverbots unterläuft. Die betroffenen Tarifparteien könnten dann nämlich frei wählen, ob sie die gleichheitswidrigen Regelungen gänzlich entfallen lassen oder auch für die diskriminierten Personen »nach oben« anpassen. Deshalb hat der EuGH im Falle eines Verstoßes gegen Art. 141 EGV die tarifliche Besserstellung von Teilzeitbeschäftigten (bei mittelbarer Frauendiskriminierung) verfügt.[822] Dem ist nur zuzustimmen, soweit sich ein entsprechender Gleichbehandlungswille der Tarifvertragsparteien aus dem Tarifwerk insgesamt explizit oder durch Auslegung entnehmen lässt, denn es verstieße gegen die Tarifautonomie, wenn die Gerichte ihre Vorstellungen an die Stelle der Vertragspartner setzten.[823] Insbesondere bei Tarifverträgen für den öffentlichen Dienst wird man einen entsprechenden Gleichbehandlungswillen wegen der speziellen Grundrechtsbindung des Staates aus Art. 1 Abs. 3 GG vielfach annehmen können. Auch dann ist aber wegen der Erweiterung des Kostenrahmens große Zurückhaltung (z.B. überschaubarer Kreis von zusätzlich Anspruchsberechtigten[824]) geboten.[825] **264**

Soweit nicht ein entsprechender Wille der Tarifvertragsparteien zur **Korrektur gleichheitswidriger Normen** auch für die Zukunft klar festgestellt werden kann, kommt nur eine richterliche Korrektur der Gleichheitsverstöße durch nachträgliche Besserstellung der Benachteiligten **für die Vergangenheit** in Betracht.[826] Voraussetzung für eine zwingend gleichheitsbedingte Tarifergänzung zu Guns- **265**

---

818 BAG 25.2.1987, AP Nr. 3 zu § 52 BAT; BAG 1.6.1983, AP Nr. 5 zu § 611 BGB Deputat; BAG 27.2.1996 (3 AZR 886/94), AP Nr. 28 zu § 1 BetrAVG Gleichbehandlung; ErfK/*Dieterich*, Art. 9 GG Rn. 88.

819 Vgl. hierzu *Hartmann*, Gleichbehandlung; *Baumann*, RdA 1994, 272.

820 *Löwisch/Rieble*, § 1 Rn. 346; Wiedemann/*Wiedemann*, Einl. Rn. 62.

821 BAG 18.10.1971, AP Nr. 8 zu § 4 TVG Effektivklausel; BAG 28.4.1981, AP Nr. 1 zu § 87 BetrVG Vorschlagswesen; BAG 26.6.1985 AP Nr. 1 zu § 1 TVG Teilrichtigkeit; BAG 27.2.1996 (3 AZR 886/94), AP Nr. 28 zu § 1 BetrVG Gleichbehandlung; *Löwisch/Rieble*, § 1 Rn. 347; Wiedemann/*Wiedemann*, § 1 Rn. 246.

822 EuGH 27.6.1990 AP Nr. 21 zu Art. 119 EWG-Vertrag; EuGH 9.10.2001 (C 379/99), AP Nr. 5 zu § 1 BetrAVG-Pensionskasse; zustimmend *Wiedemann*, Gleichbehandlungsgebote, 83 ff.; *Däubler/Schiek*, Einl. Rn. 451; a. A. *Hartmann*, Gleichbehandlung, 162 ff.

823 BAG 14.12.1982, AP Nr. 1 zu § 1 BetrAVG Besitzstand; ErfK/Dieterich, Art. 3 GG Rn. 59.

824 BAG 27.11.1997, AP Nr. 2 zu § 3 RuhegeldG Hamburg.

825 Vgl. BAG 28.5.1996 (3 AZR 752/95), AP Nr. 143 zu § 1 TVG Tarifverträge: Metallindustrie; ErfK/*Dieterich*, Art. 3 GG Rn. 60.

826 Vgl. BAG 13.11.1985, AP Nr. 136 zu Art. 3 GG.

ten der diskriminierten Gruppe ist nämlich prinzipiell, dass die Vorteile, welche der gleichheitswidrig begünstigten Gruppe bereits erbracht worden sind, nicht mehr rückgängig gemacht werden können.[827] Die Normsetzungsbefugnis der Tarifvertragsparteien gebietet es im Übrigen, den Tarifpartnern die Möglichkeit einer gleichheitsgemäßen Korrektur ihrer Regelungen für die Zukunft zu geben. Es ist deshalb nach Art. 9 Abs. 3 GG geboten, im Fall gleichheitswidriger Tarifnormen (ähnlich wie bei Gleichheitsverstößen durch Gesetz[828]) gerichtlich nicht die Nichtigkeit der Regelung festzustellen, sondern das Verfahren auszusetzen um eine gleichheitskonforme Neuregelung zu ermöglichen.[829]

**266** Umstritten ist die Frage, ob ein **Tarifvertrag** mit der **Verfassungsbeschwerde** nach § 90 BVerfGG angegriffen werden kann. Zum Teil wird dies angenommen[830], zum Teil eine solche Möglichkeit verneint[831], da nur die Allgemeinverbindlicherklärung als staatlichen Hoheitsakt durch Verfassungsbeschwerde angreifbar sei. Unbestritten können Normen unterhalb des Ranges und der Wirkung eines formellen Gesetzes wie Rechtsverordnungen oder Satzungen öffentlich-rechtlicher Hoheitsträger zum Gegenstand einer Verfassungsbeschwerde gemacht werden.[832] Dies wird damit begründet, dass der formale Unterschied der Rechtsquellen hinter den Charakter der Regelung als materielle Rechtsnorm zurücktreten muss.[833] Ähnliche Überlegungen stellt *Wiedemann*[834] zur Angreifbarkeit von Tarifnormen durch die Verfassungsbeschwerde an, indem er die Rechtsetzung der Tarifparteien in ihrer Wirkung Hoheitsakten und damit der »öffentlichen Gewalt« des § 90 Abs. 1 BVerfGG gleichsetzt. Die nprmsetzende Tätigkeit der Tarifvertragsparteien ist als Ausübung kollektiver Privatautonomie jedenfalls nicht hoheitlicher Natur und kann daher auch nicht mit der Verfassungsbeschwerde (Art. 93 Abs. 1 Nr. 4a GG) angegriffen werden.[835] Dagegen sind Verfassungsbeschwerden gegen Gerichtsentscheidungen zulässig, wenn diese im Rahmen der Tarifanwendung Grundrechte verletzen.

## B. Das Verhältnis des Tarifvertrages zum Gesetzesrecht

**267** Im Rahmen der Darstellung der Grenzen der Tarifautonomie (Grundl. Rn. 137 ff.) ist ausführlich auch auf das Verhältnis des Art. 9 Abs. 3 GG zum Tarifvertragsgesetz eingegangen worden. Das Ergebnis dieser Erörterungen hat eine Reihe von Auswirkungen auch auf die Frage, in welchem **Verhältnis der Tarifvertrag** zu sonstigen **Gesetzesvorschriften** steht. Dieses Verhältnis kann entsprechend der Unterscheidung von *Wiedemann*[836] in **dreifacher Weise** ausgestaltet sein: Ein **zweiseitig-zwingendes Gesetz** lässt ein tarifvertragliches Abweichen überhaupt

827 BAG 28.5.1996 (3 AZR 752/95), AP Nr. 143 zu § 1 TVG Tarifverträge: Metallindustrie; ErfK/*Dieterich*, Art. 3 GG Rn. 60; *Löwisch/Rieble*, § 1 Rn. 359.

828 Vgl. BVerfG 18.1.1969, E 25, 101; BVerfG 28.1.1992, E 85, 191.

829 *Baumann*, RdA 1994, 275; *Hartmann*, Gleichbehandlung, 249 ff.; ErfK/*Dieterich*, Art. 3 Rn. 61; Wiedemann/*Wiedemann*, Einl. 275; a. A. BAG 30.5.1991, AP Nr. 29 zu § 622 BGB; *Löwisch/Rieble*, § 1 Rn. 358 ff.

830 So *Leibholz/Rupprecht*, § 90 Rn. 42, ohne Begründung und Wiedemann/*Wiedemann*, Einl. Rn. 355.

831 So *Maunz/Schmidt-Bleibtreu/Klein/Ulsamer*, § 90 Rn. 87; *Löwisch/Rieble*, § 9 Rn. 89.

832 BVerfG 18.12.1951, E 1, 91, 94.

833 *Maunz/Schmidt-Bleibtreu/Klein/Ulsamer*, § 90 Rn. 87.

834 Wiedemann/*Wiedemann*, Einl. Rn. 355.

835 BAG 19.12.1991, AP Nr. 27 zu § 72a ArbGG 1979; ErfK/*Dieterich*, Art. 9 GG Rn. 90; *Löwisch/Rieble*, § 9 Rn. 89.

836 Wiedemann/*Wiedemann*, Einl. Rn. 357.

nicht zu. Das **einseitig-zwingende Gesetz** ermöglicht ein tarifvertragliches Abweichen nur zugunsten des Arbeitnehmers. Das **tarifdispositive Gesetz** erlaubt ein Abweichen nur den Tarifvertragsparteien, nicht aber den Parteien von Betriebsvereinbarung oder Einzelarbeitsvertrag.

## I. Tarifvertrag und zwingendes Gesetz

### 1. Zweiseitig-zwingendes Gesetz

Die Schwierigkeiten, die das Verhältnis zwischen zweiseitig- und einseitig-zwingendem Gesetz kennzeichnen, entstehen weniger durch Unklarheit bei der Rechtsfolge als vielmehr bei der Frage, wann eine zweiseitig-zwingende und wann eine einseitig-zwingende gesetzliche Regelung vorliegt. Zwar ist dabei nach den allgemein anerkannten Regeln der grammatischen, systematischen, teleologischen und gegebenenfalls auch der historischen Auslegung vorzugehen, dennoch können im Einzelfall – nicht zuletzt wegen der großen Spielräume bei der Gewichtung der einzelnen Auslegungsregeln – Zweifel an dem hier. durch ermittelten Charakter der Rechtsnorm bestehenbleiben. 268
Prinzipiell ist davon auszugehen, dass der Charakter der Tarifautonomie als einer grundrechtlichen Gewährleistung einen gesetzlichen Eingriff des Staates in den Schutzbereich des Art. 9 Abs. 3 GG ausschließt (grundrechtliche Abwehrfunktion).[837] Zunächst spricht daher eine **Vermutung gegen die zweiseitig zwingende Wirkung gesetzlicher Regelungen** auf dem – der tarifautonomen Gestaltung vorbehaltenen – Gebiet der Arbeits- und Wirtschaftsbedingungen, denn entsprechende Tarifnormen würden durch derartige Gesetze aufgehoben oder ausgeschlossen. Hiergegen spricht auch die der konkurrierenden Gesetzgebung in Art. 74 Nr. 12 GG übertragene Zuständigkeit für das gesamte Arbeitsrecht[838], denn alle Gesetzeskompetenzen unterliegen von vornherein den vorrangigen Grundrechtsgarantien (Art. 1 Abs. 3 GG). Da Art. 9 Abs. 3 GG auch keinen Gesetzesvorbehalt kennt, sind zweiseitig-zwingende Gesetze im grundrechtlich geschützten Bereich der Tarifautonomie grundsätzlich unzulässig. Trotz des fehlenden Gesetzesvorbehalts unterliegt die Tarifautonomie jedoch verfassungsrechtlichen Einschränkungen, insbesondere durch andere Grundrechte, die der Gesetzgeber ebenfalls zu schützen hat (vgl. Grundl. Rn. 191 ff. und Rn. 197 ff.). Tatsächlich enthält die Verfassung **grundrechtliche Schutzpflichten**, die den Gesetzgeber im Falle einer Gefährdung zu entsprechendem Handeln zwingen, wobei die ergriffenen Maßnahmen ihrerseits wieder anhand des jeweiligen grundrechtlichen Schutzguts überprüft werden können.[839] Voraussetzung ist allerdings, dass derartige Schutzaufträge **ausdrücklich normiert** sind.[840] Wollte man eine entsprechende Schutzpflicht aus jedem Grundrecht entnehmen, so würde die demokratische Willensbildung weithin zum bloßen Grundrechtsvollzug verengt. Die speziellen Schutzgebote in Art. 1 Abs. 1 und Art. 3 Abs. 2 GG sind dagegen vom Bundesverfassungsgericht treffend als legislative Schutzaufträge verstanden worden.[841] Vergleichbare explizite Handlungsverpflichtungen

---

837 Vgl. dazu *Kempen*, AuR 1996, 339 ff.; *Henssler*, ZfA 1998, 13 ff. mit unterschiedlichen Grundpositionen.
838 A. A. *Wiedemann*, FS Stahlhacke, 41.
839 Vgl. BVerfG 28. 5. 1993 E 88, 203 und BVerfG 16. 11. 1993, E 89, 276.
840 A. A. Wiedemann/*Wiedemann*, Einl. Rn. 359; *Löwisch/Rieble*, Einl. Rn. 27.
841 BVerfG 28. 5. 1993, E 88, 203, 251 und BVerfG 16. 11. 1993, E 89, 276, 286.

enthalten etwa Art. 6 und Art. 9 Abs. 3 Satz 2 GG.[842] Soweit die Tarifautonomie die Erfüllung derartiger akuter Schutzgebote behindert oder konkret gefährdet, kann der Gesetzgeber unter Beachtung des (gleichfalls schutzbewehrten) Art. 9 Abs. 3 GG auch zweiseitig zwingende Normen unter Beachtung des Verhältnismäßigkeitsprinzips erlassen. Deshalb und wegen der materiellen Grundrechtsbindung von Tarifverträgen besteht prinzipiell die Vermutung, dass lediglich ein einseitig-zwingendes Gesetz vorliegt.[843] **Zweiseitig-zwingende Gesetze** auf dem tariflich regelbaren Gebiet der Arbeits- und Wirtschaftsbedingungen **bedürfen der Rechtfertigung durch ausdrückliche grundrechtliche Schutzpflichten**, die dem Verhältnismäßigkeitsprinzip entsprechende **staatliche Handlungsimperative** entstehen lassen und folglich nur **ausnahmsweise** vorkommen.[844] Praktisch werden sich die entsprechenden Grenzen der Tarifautonomie jedenfalls prinzipiell auch aus der Grundrechtsbindung der tariflichen Rechtssetzung selbst ergeben, doch sind insofern wegen der relativen Offenheit des Verfassungstextes tatsächlich oft sehr unterschiedliche Realisierungen eines grundrechtlichen Schutzauftrages denkbar. Dann aber ist es dem Gesetzgeber unbenommen, seine allgemein geltenden Vorstellungen (Art. 3 Abs. 1 GG) von der Realisierung des Grundrechtsschutzes gegenüber möglicherweise abweichenden Positionen der Tarifvertragsparteien zu demselben Grundrechtsproblem zwingend durchzusetzen. Typisch hierfür erscheint etwa die das Gleichbehandlungsgebot realisierende Vorschrift des § 2 TzBfG, welche sich auch gegenüber abweichenden Tarifverträgen durchsetzt (§ 22 TzBfG). Konkurrierende Grundrechtskonzepte im Bereich akuter staatlicher Schutzpflichten könnten auch bei notwendigen Regelungen zum Schutz der **Menschenwürde** in der Arbeitswelt durch den Gesetzgeber einerseits und die Tarifvertragsparteien andererseits entwickelt werden. Dies deutet sich etwa in abweichenden Positionen zu psychischen und medizinischen Einstellungsuntersuchungen oder so genannte Genomanalysen schon an. Vergleichbare Konflikte sind bei der Behandlung von **Ehe und Familie** im Arbeitsrecht denkbar. In beiden Fällen würden sich die gesetzlichen Regelungen unter Beachtung der Verhältnismäßigkeit als zweiseitig zwingendes Recht gegenüber der Tarifautonomie wegen der speziellen Schutzgebote aus Art. 1 Abs. 1, 6 Abs. 1 GG durchsetzen. Keinen ausdrücklichen Schutzauftrag enthält dagegen die **Wissenschaftsfreiheit** des Art. 5 Abs. 3 GG. Hier haben daher verfassungsmäßige Tarifnormen Vorrang vor gesetzlichen Regelungen der Arbeitsbedingungen[845] (vgl. Grundl. Rn. 244).

**269** Erkennt man die Begründung eines absoluten gesetzlichen Vorrangs im tarifautonomen Regelungssektor der Arbeits- und Wirtschaftsbedingungen nur in ausdrücklichen, einschlägigen und akuten staatlichen Grundrechtsschutzpflichten, so erweisen sich die bisher zum zweiseitig zwingenden Recht gezählten Gesetze mangels entsprechender verfassungsrechtlicher Legitimation teilweise als bloß einseitig-zwingend, d.h. tariflichen Verbesserungen zugänglich. Dies gilt etwa für das so genannte **Truck-Verbot** des § 107 Abs. 2 GewO sowie das Verbot sittenwidriger Geschäfte nach § 138 BGB.[846] **Sittenwidrige Tarifver-**

842 Vgl. *Kempen* FS Gitter, 430.

843 BAG 25.9.1987, AP Nr. 1 zu § 1 BeschFG 1985; BAG GS 16.9.1986, AP Nr. 17 zu § 77 BetrVG.

844 Vgl. BAG 25.9.1977, AP Nr. 1 zu § 1 BeschFG; *Däubler/Schiek*, Einl. Rn. 310; Wiedemann/*Wiedemann*, Einl. Rn. 360; *Stein*, Rn. 381; a.A. wohl *Löwisch/Rieble*, § 1 Rn. 311 ff.

845 A.A. BVerfG 24.4.1996 (1 BvR 712/86), E 94, 268, 284 ff.; wie hier dagegen *Däubler/Däubler*, Einl. Rn. 136.

846 *Däubler/Schiek*, Einl. Rn. 321.

**träge** wären bereits nach Art. 2 Abs. 1 GG auf Grund der Grundrechtsbindung von Tarifverträgen unzulässig und das Truck-Verbot ist ursprünglich ein Spezialfall des sittenwidrigen Rechtsgeschäfts, welches heute auch als eine nur einseitig-zwingende Norm seinen Zweck erfüllt. Die 1993 zur Finanzierung der Pflegeversicherung gesetzlich geplanten »**Karenztage**« (d.h. nicht zu entgeltenden Tage einer Erkrankung des Arbeitnehmers) sind deshalb nicht beschlossen worden, weil ein derartiges Gesetz jedenfalls (mangels entsprechender grundrechtlicher Handlungspflicht des Staates) nicht zweiseitig zwingend gewirkt und folglich entgegenstehende tariflich vereinbarte Entgeltfortzahlungsansprüche nicht beseitigt hätte.[847] Auch die **Befristungserleichterungen nach dem Beschäftigungsförderungsgesetz 1985** enthielten keine zweiseitig bindende Regelung, weshalb günstigere (d.h. die Befristung von Arbeitsverträgen erschwerende) Tarifnormen wie BAT-SR 2 y weiter gelten[848], weil es auch hier an einer die Tarifautonomie einschränkenden direkten staatlichen Grundrechtsrechtsschutzpflicht fehlte.

Die **allgemeinen wirtschafts- und sozialpolitischen Staatskompetenzen** aus dem Sozialstaatsprinzip (Art. 20 Abs. 1 GG) reichen für Eingriffe in die ausgeübte Tarifautonomie (d.h. in geltende Tarifverträge) durch zweiseitig zwingende Gesetze nicht aus – zumal das Bundesverfassungsgericht in Modifikation seiner Kernbereichslehre[849] nicht länger jedes vom Gesetzgeber geschaffene »Rechtsgut« als Schranke der Koalitionsfreiheit versteht (vgl. Grundl. Rn. 119ff.). Ebenso wenig durfte den Tarifvertragsparteien mithin die Befugnis zur Regelung von befristeten Arbeitsverhältnissen wissenschaftlicher Mitarbeiter im Hochschulbereich durch §§ 37a bis f HRG generell entzogen werden. Die hier zur Begründung herangezogene Wissenschaftsfreiheit des Art. 5 Abs. 3 GG enthält keine spezielle Schutzpflicht und legitimiert insofern gegenüber der Tarifautonomie zwar einseitig-zwingende Regelungen, nicht aber die als vollständige Tarifsperre wirkenden Bestimmungen.[850] Der am 23. Februar 2002 in Kraft getretene § 57b Abs. 1 Satz 3 HRG trägt diesen Bedenken mit seiner sehr begrenzten **Tarifdispositivität** teilweise Rechnung.[851] Eine unmittelbare gesetzliche Einschränkung der Tarifautonomie, die nicht durch eine entsprechende Schutzpflicht gerechtfertigt ist, enthielt auch der (mithin verfassungswidrige) § 21 Abs. 4 Satz 3 Flaggenrechtsgesetz.[852] Demgegenüber handelt es sich bei dem durch §§ 242s, 249h AFG vorgesehenen Tarifabschlag als Förderungsvoraussetzung für die von der Bundesanstalt für Arbeit subventionierten Beschäftigungsverhältnisse nicht um zweiseitig zwingende Gesetze, d.h. nicht um direkte Begrenzungen der Tarifautonomie, sondern um mittelbare Eingriffe in Art. 9 Abs. 3 GG.[853] 270

Die **Grundstrukturen der Betriebsverfassung und der Personalvertretung** sind, soweit sie schon im vorkonstitutionellen Besatzungsrecht in den Länderverfassungen ausgeprägt sowie in den Willen des Grundgesetzgebers über Art. 12 Abs. 1, 20 Abs. 1, 74 Nr. 12 GG (insbesondere mit dem Prinzip der dualen Interes- 271

847 Vgl. *Oppolzer/Zachert*, BB 1993, 1353; *Säcker*, AuR 1994, 1.

848 BAG 25.9.1987, AP Nr. 1 zu § 1 BeschFG 1985.

849 BVerfG 26.6.1991, E 84, 212, 228.

850 A.A. BAG 30.3.1994, AP Nr. 1 zu § 57a HRG; BVerfG 24.4.1996 (1 BvR 712/86), E 94, 268; *Löwisch/Rieble*, Grundl. Rn. 35.

851 Dazu Kittner/Zwanziger/*Lakies*, § 133 Rn. 277f.; ErfK/*Müller-Glöge*, § 57b HRG Rn. 29.

852 BVerfG 10.1.1995, NZA 1995, 272, 275.

853 Vgl. dazu *U. Mayer*, AuR 1993, 309; *Löwisch*, NZA 1993, 473.

senvertretung) aufgenommen worden sind[854], **tarifvertraglichen Umgestaltungen entzogen**, weil die Koalitionsfreiheit bereits von Verfassungs wegen in ein entsprechend vorgeprägtes **Grundsystem** der Regelung von Arbeitsbeziehungen hineingestellt worden ist[855], welches die unterschiedlich legitimierten kollektiven Konfliktlösungsverfahren des Tarifvertrags und der Betriebsverfassung institutionalisiert hatte. Diese »tariffeste« verfassungsrechtliche Systementscheidung betrifft jedoch nur die (übereinstimmend vorgefundenen) Kernstrukturen des dualen Vertretungssystems, nicht dagegen den Umfang der betrieblichen Mitbestimmung[856] und auch nicht die tarifliche Ausgestaltung der Verfahrensorganisation von Betriebsverfassung und Personalvertretung durch betriebsverfassungsrechtliche Normen nach § 1 Abs. 1 TVG[857] (vgl. § 1 Rn. 558ff.). Seit 2002 wird das durch § 3 Abs. 1 BetrVG ermöglicht und vielfach tarifvertraglich genutzt.[858] Auch für den Bereich der **Personalvertretung**, welcher in seiner vorkonstitutionellen Kernstruktur ebenfalls ins Grundgesetz aufgenommen würde und insofern eine verfassungsunmittelbare Einschränkung der Koalitionsfreiheit darstellt, sind umstrukturierende Tarifverträge nicht möglich. Der generelle Ausschluss jeder abweichenden Tarifregelung durch §§ 3, 97 BPersVG ist dagegen weder von diesem tradierten Kernstruktur-Vorbehalt gedeckt, noch existiert insoweit (jenseits des umstrittenen Art. 33 Abs. 5 GG) eine direkte verfassungsrechtliche Schutzpflicht des Staates, welche die Tarifautonomie insoweit einschränkte.[859]

## 2. Einseitig-zwingendes Gesetz

**272** Auch einseitig-zwingende **Gesetze**, deren Regelungen **tariflich** zugunsten der Arbeitnehmer **verbessert werden können**, sind nicht von vornherein durch die Zuständigkeitsnorm des Art. 74 Nr. 12 GG verfassungsrechtlich legitimiert. Vielmehr gilt selbst bei gleichgerichteten Arbeitnehmerschutzgesetzen die Prärogative der Koalitionen zur autonomen Regelung der Arbeits- und Wirtschaftsbedingungen aus Art. 9 Abs. 3 GG. Immerhin würden bereits bestehende Tarifnormen überflüssig, sobald derselbe Gegenstand im selben Ausmaß gesetzlich geregelt wird und den Tarifvertragsparteien auf dem Arbeitsmarkt keine oder nur noch unwesentliche Verbesserungsmöglichkeiten blieben. Ihre Autonomie wäre dann also praktisch legislativ ausgetrocknet. Insoweit bedürfte es deshalb des Einverständnisses der betroffenen Tarifvertragsparteien (wie z.B. bei der Einführung des gesetzlichen Konkursausfallgeldes – heute Insolvenzgeld nach §§ 183ff. SGB III – im Baugewerbe). Andernfalls müssten solche Beeinträchtigungen verfassungsrechtlich **gerechtfertigt** sein. Sie hätten folglich dem **sozialstaatlich gebotenen Schutz anderer Verfassungsrechtsgüter, insbesondere anderer Grundrechte**, zu dienen.[860] Dabei ist es hier freilich irrelevant, ob diese

854 Vgl. hierzu *Kempen*, AuR 1986, 129; *Reichold*, Betriebsverfassung als Sozialprivatrecht, 360ff.; *Däubler*/Schiek, Einl. Rn. 313.

855 Vgl. BVerfG 18.11.1954, E 4, 96, 102.

856 Vgl. BAG 18.8.1987, AP Nr. 23 zu § 77 BetrVG 1972.

857 Vgl. *Däubler/Hensche*, § 1 Rn. 793ff.; DKK-*Trümner*, § 3 Rn. 8; MünchArbR/*v. Hoyningen-Huene*, § 289 Rn. 103ff.

858 Vgl. z.B. DKK-*Trümner*, § 3 Rn. 21ff.; *Thüsing*, ZIP 2003, 693; *Friesen*, ZfA 2003, 237; kritisch *Löwisch/Rieble*, § 1 Rn. 138f.

859 A.A. ohne nähere Begründung die h.M.; BAG 20.3.1974, AP Nr. 2 zu § 29 MTB II; *Dietz/Richardi*, § 3 Rn. 1ff.; *Löwisch/Rieble*, § 1 Rn. 101; wie hier *Däubler/Hensche*, § 1 Rn. 792.

860 Vgl. *Däubler/Schiek*, Einl. Rn. 314; *Zachert*, NZA 1994, 533.

anderen Grundrechte eine direkte staatliche Schutzpflicht (z.B. Art. 6 Abs. 1 GG) normieren (und mithin sogar zweiseitig zwingende Gesetze rechtfertigten) oder auf Grund der allgemeinen sozialstaatlichen Schutzpflicht gegenüber anderen Grundrechten nur den minder schweren Eingriff vermittels einseitig-zwingenden Rechts in die Koalitionsfreiheit zu rechtfertigen vermöchten. Dies gilt vor allem für gesetzliche Mindestvorschriften zum Schutz der Arbeitnehmer mit denen der Staat den sozialen Mindeststandard in nicht tarifgebundenen Arbeitsverhältnissen sichert. So diente etwa die gesetzliche Einführung der **Lohnfortzahlung** im Krankheitsfall dem Schutz der Gesundheit und der Berufsfreiheit (Art. 2 Abs. 2, 12 Abs. 1 GG) und war – ungeachtet entsprechender Tarifregelungen – als einseitig-zwingendes Gesetz (vgl. § 9 LFZG) unbedenklich.[861] Unter Beachtung des Verhältnismäßigkeitsprinzips[862] bedarf die absolute Beseitigung geltenden Tarifrechts durch zweiseitig zwingendes Gesetz daher einer Rechtfertigung durch direkte grundrechtliche Schutzpflichten, während für die relative Teil-Aufhebung bestehenden Tarifrechts durch einseitig-zwingendes Gesetz die allgemeine (sozialstaatliche) Schutzpflicht gegenüber einem bestimmten Grundrecht oder konkreten Verfassungsrechtsgut als Legitimation genügt. Diese Differenzierung der Eingriffsvoraussetzungen für zweiseitig zwingende Gesetze und für einseitig-zwingende Gesetze ist die Konsequenz daraus, dass Art. 9 Abs. 3 GG nicht nur gesetzesvorbehaltlos garantiert, sondern zusätzlich in Satz 2 mit einer unmittelbaren staatlichen Schutzpflicht versehen worden ist. Solche notwendigen Unterscheidungen hatte das Bundesarbeitsgericht übersehen, als es dem früheren § 41 Abs. 4 Satz 3 SGB VI zweiseitigen zwingenden Charakter zuschrieb, d.h. entgegenstehende Tarifverträge für unwirksam erklärte.[863] Tatsächlich konnte sich der Gesetzgeber des Rentenreformgesetzes 1992 hierbei möglicherweise auf seine allgemeine Schutzpflicht gegenüber der Berufsfreiheit der von den tariflichen Altersgrenzen betroffenen Arbeitnehmer berufen, doch rechtfertigte das eben gerade keine zweiseitig zwingende Regelung (vgl. Grundl. Rn. 126ff. und Rn. 192). Der Gesetzgeber hat dies mit seiner Neufassung des § 41 Abs. 4 Satz 3 SGB VI 1994 korrigiert.[864] Da die früheren Tarifverträge aus der Zeit vor 1992 also nicht durch § 41 Abs. 4 Satz 3 SGB VI a.F. generell aufgehoben werden konnten, gelten sie nach der Korrektur des Gesetzes unverändert fort[865] (vgl. Grundl. Rn. 253).

### 3. System konkurrierender Kompetenzen für Arbeits- und Wirtschaftsbedingungen

Hinsichtlich der Abschichtung der konkurrierenden Zuständigkeiten der Tarifparteien einerseits und des Gesetzgebers andererseits ist zunächst zu betonen, dass es hierbei ausschließlich um eine Konkurrenz auf dem Feld der »Arbeits- und Wirtschaftsbedingungen« des Art. 9 Abs. 3 Satz 1 GG geht. Außerhalb des grundrechtlichen Normbereichs der Koalitionsfreiheit und der speziellen tarifvertragsgesetzlichen Regelungsbefugnisse sind die **Tarifvertragsparteien und** 273

861 Im Ergebnis auch BAG GS 17.12.1959, AP Nr. 21 zu § 616 BGB.
862 Vgl. dazu *Zachert*, NZA 1994, 533f.
863 BAG 20.10.1993, AP Nr. 43 zu § 41 SGB VI.
864 Vgl. dazu *Boerner*, ZfA 1995, 537.
865 Im Ergebnis auch *Boecken*, NZA 1995, 146ff.; *Fieberg*, ZTR 1995, 291, sowie tendenziell BVerfG (Kammer) 14.3.1995, ZTR 1995, 309.

**ihre Mitglieder** prinzipiell der **gesamten Rechtsordnung** mit den einschlägigen Gesetzen, Verordnungen und hoheitlichen Handlungen **unterworfen.**[866] Weder die Strafgesetze noch die Sozialversicherungsgesetze oder die Prozessordnungen[867] sind deshalb nach Art. 9 Abs. 3 GG tariflicher Regelung zugänglich (wobei allerdings prozessrechtliche Vereinbarungen, die arbeitsvertraglich getroffen werden könnten, auch tarifvertraglich regelbar wären, soweit sie unter § 1 TVG fielen.[868] Im grundrechtlich geschützten Bereich tarifautonomer Regelungszuständigkeit darf der Gesetzgeber dagegen nur unter eingeschränkten Voraussetzungen regelnd eingreifen.

**274** Im Bereich der Arbeits- und Wirtschaftsbedingungen haben die **Tarifvertragsparteien** zwar eine **Normsetzungsprärogative**, aber **kein Normsetzungsmonopol.**[869] Nach Art. 74 Abs. 1 Nr. 12 GG ist der Gesetzgeber für das Recht der Arbeit ebenfalls zuständig, vor allem für die nicht tarifgebundenen Arbeitsverhältnisse und die tariflich nicht geregelten Gegenstände arbeitsvertraglicher Rechtsbeziehungen. Da die ausgeübte tarifliche und die ausgeübte gesetzliche Rechtssetzung sich wegen der Durchlässigkeit und Durchmischung des Arbeitsmarktes jeweils erheblich beeinflussen, verändern und auch blockieren, ist die theoretische Abgrenzung zwischen dem normativ tarifgebundenen Bereich und dem tariffreien Bereich heute in Folge mittelbarer Tarifanwendung durch arbeitsvertragliche Verweisung oder genereller Geltung von Gesetzen praktisch vielfach undurchführbar. Die faktische gegenseitige Durchdringung der Kompetenzbereiche in der Arbeitswelt führt damit zu einer **konkreten Normsetzungskonkurrenz zwischen Gesetzgeber und Tarifparteien**. Die Grundrechtsbindung des Staates (Art. 1 Abs. 3 GG) und die gesetzesvorbehaltlose Garantie der Koalitionsfreiheit führt dann dazu, dass den Tarifvertragsparteien im Rahmen der Tarifautonomie eine **Einschätzungsprärogative**[870] und (daraus folgend) eine **Normsetzungsprärogative** zusteht. Die ausgeübte Tarifautonomie verdrängt deshalb die staatliche Arbeitsgesetzgebungskompetenz. Lediglich im Bereich ausdrücklicher grundrechtlicher Schutzaufträge geht die staatliche Regelungszuständigkeit vor, wenn und soweit sie nicht bereits tarifvertraglich hinreichend erfüllt worden sind (Grundl. Rn. 120 und Rn. 140 ff.).

**275** In den Bereichen der Arbeitsbeziehungen, welche die tariflichen Regelungen weder unmittelbar noch mittelbar regeln, kann die nicht ausgeübte Tarifautonomie den staatlichen Arbeitsgesetzgeber auch nicht grundrechtskompetenziell verdrängen. Wegen seiner Schutzpflicht gegenüber der Koalitionsfreiheit aus Art. 9 Abs. 3 Satz 2 Gg (vgl. Grundl. Rn. 112 f.) hat er insoweit aber die **Tarifüblichkeit** für entsprechende Regelungsfelder zu respektieren. Soweit der Gesetzgeber unter Berücksichtigung dieses Tarifüblichkeitsvorrangs **tariffreie Räume** vorfindet, besteht eine offene oder **abstrakte Normsetzungskonkurrenz** mit den Tarifparteien. Wenn diese ihre Zuständigkeit nicht wahrnehmen, hat der Gesetzgeber hier die vorrangige Regelungsbefugnis. Da ein entsprechendes Gesetz aber die Tarifautonomie künftig praktisch einschränkt, muss dafür ein nachweisbares, soziales Bedürfnis bestehen (vgl. § 1 Abs. 2 Gesetz über die Festsetzung von

866 Vgl. *Löwisch/Rieble*, § 1 Rn. 325.

867 BAG 18.5.1983, AP Nr. 51 zu § 1 TVG Tarifverträge: Bau.

868 Zu restriktiv daher BAG 18.5.1983, AP Nr. 51 zu § 1 Tarifverträge: Bau (mit Anm. von *Leipold*); *Löwisch/Rieble*, § 1 Rn. 147.

869 BVerfG 24.4.1996 (1 BvR 712/86), E 94, 268; BVerfG 3.4.2001 (1 BvL 32/97), E 103, 293; *Henssler*, ZfA 2001, 26.

870 ErfK/*Dieterich*, Art. 9 GG Rn. 86.

Mindestarbeitsbedingungen). Dieses gesetzliche Regelungsbedürfnis setzt – analog der vergleichbaren Kompetenz Systematik im Bereich der konkurrierenden Bundesgesetzgebung (Art. 72 Abs. 2 GG) – zumindest voraus, dass die jeweiligen bundes- oder landesgesetzliche Regelung zu Wahrung gleichwertiger Lebensverhältnisse im Bund/Land oder zur Wahrung der Rechts- oder Wirtschaftseinheit in Bund/Land **erforderlich** ist. Die Effektivität des Grundrechtsschutzes für Art. 9 Abs. 3 GG bedingt weiterhin, dass die entsprechenden Arbeitsgesetze prinzipiell nur einseitig-zwingend wirken (außer im Bereich ausdrücklicher Schutzpflichten für andere Grundrechte, vgl. Grundl. Rn. 146 und Rn. 192). Auch die Erforderlichkeitsklausel analog Art. 72 Abs. 2 GG führt zu dieser Konsequenz, denn sie lässt nur Mindestbedingungen zu. Dies bedeutet, dass den Tarifvertragsparteien jedenfalls ein wirtschaftlich und sozial realisierbarer Bereich für eigene zusätzliche Regelungen der betreffenden Angelegenheit belassen werden muss.[871] Zu prüfen ist deshalb stets, ob das Gesetz **tarifdispositiv** gestaltet werden kann.[872]

In der Praxis ist es also durchaus bedeutsam, ob der Gesetzgeber in bereits **bestehende Tarifnormen** (bestätigend oder verändernd) eingreifen will (engere Eingriffsschranken, vgl. Grundl. Rn. 125 und Rn. 140) oder einen Bereich regelt, auf dem die Tarifautonomie noch nicht realisiert worden ist (offenere Eingriffsschranken). So spricht z. B. einiges dafür, dass derzeit eine tarifliche Entgeltregelung für die Tätigkeit von Arbeitnehmern in Arbeitsbeschaffungsmaßnahmen nach § 275 Abs. 1 in Verbindung mit § 265 Abs. 1 Satz 1 SGB III überhaupt nicht existiert. Dann könnten diese einseitig-zwingenden Regelungen durch spezielle Tarifverträge künftig verbessert werden, so dass solche **Lohnabstandsklauseln** weniger bedenklich erscheinen.[873] Selbst wenn bereits tarifliche Regelungen für einen bestimmten Sektor der Arbeitsbeziehungen bestehen, muss sich der Arbeitsrechtsgesetzgeber auch im Falle eines sozialen und wirtschaftlichen Bedürfnisses zum Schutz der Tarifautonomie auf tarifdispositive oder vertragsdispositive Normen beschränken. **276**

Die auf dem Gebiet der Arbeits- und Wirtschaftsbedingungen bestehende Normsetzungskonkurrenz erfordert unter den Aspekten des Grundrechtsschutzes der Tarifautonomie und der persönlichen Sachnähe der Tarifvertragsparteien ein **Kooperationsverhältnis** zwischen Gesetzgeber und Verbänden, welches die gegenseitige ständige Information, Abstimmung und auch Anpassung unerlässlich macht. In diesem Rahmen lässt sich dann auch feststellen, ob die von tariflichen Regelungen nicht erfassten Bereiche (tariffreie Zonen) von den Tarifvertragsparteien noch zur Regelung vorgesehen, bewusst offen gelassen oder deshalb tariffrei geblieben sind, weil es (z. B. mangels mitgliedschaftlicher Verbandsbindung) an der notwendigen Regelungskraft fehlt. Speziell im letzten Fall wird oft aus sozialstaatlichen Erwägungen gesetzliches Handeln geboten sein. Die in § 1 Abs. 2 MinArbBG normierten **Voraussetzungen** für die Festsetzung **staatlicher Mindestarbeitsbedingungen** (keine oder geringe Verbandsbindung, soziales und wirtschaftliches Bedürfnis, keine allgemeinverbindlichen Tarifverträge) enthalten praktisch eine **Grenzbeziehung für die Subsidiarität staatlichen Handelns im Bereich der Tarifautonomie**. Angesichts des Rückgangs der Mitgliederzah- **277**

871 Vgl. *Wiedemann*, FS Stahlhacke, 41; *Löwisch/Rieble*, Grundl. 27 f.; ErfK/*Dieterich*, Art. 9 GG Rn. 84 ff.; *Zachert*, NZA 1994, 533 f.

872 *Löwisch/Rieble*, Grundl. Rn. 29.

873 Vgl. BVerfG 27. 4. 1999 (1 BvR 2203/99), E 100, 271; *Däubler/Hensche*, § 1 Rn. 246.

len in den Koalitionen sowie der Arbeitnehmermigration in der erweiterten Europäischen Union spricht viel dafür, die Einführung gesetzlicher Mindestentgelte (wie in vielen anderen EU-Mitgliedsstaaten) an einen entsprechenden **Antrag** der zuständigen repräsentativen Gewerkschaften zu binden und über das soziale und wirtschaftliche Bedürfnis hierzu nach Anhörung der anderen betroffenen Verbände zu entscheiden. Eine solche **Novellierung** des Gesetzes über die Festsetzung von Mindestarbeitsbedingungen entspräche dem Kooperationsverhältnis zwischen Tarifparteien und Staat besser, brächte eine klare Abgrenzung gegenüber der Tarifautonomie und raschere Entscheidungen als die gegenwärtige Regelung.

## 4. Auslegungsfragen

**278** Steht fest, dass es sich im Einzelfall nicht um ein zweiseitig-zwingendes Gesetz handelt, bedarf es der weiteren Klärung, ob nur zugunsten des Arbeitnehmers – auch durch die Tarifvertragsparteien – von ihm abgewichen werden kann, oder ob eine grundsätzliche Dispositivität besteht. Auch hierbei ist nach den anerkannten Regeln der Auslegung vorzugehen und zu beachten, dass arbeitsrechtliche Schutzvorschriften vorrangig nur Verschlechterungen, nicht Verbesserungen ausschließen wollen, soweit keine ausdrückliche gesetzliche Regelung besteht (so z.B. § 12 EFZG). Ist entschieden, dass es sich um ein einseitig zwingendes Gesetz handelt, besteht in der Praxis oftmals das Problem zu entscheiden, ob die tarifliche Vorschrift eine günstigere Regelung darstellt und der gesetzlichen Bestimmung vorgeht (zum Günstigkeitsvergleich siehe § 4 Rn. 292ff.).

**279** Bei der Festlegung des Charakters des Gesetzes als einseitig-zwingend können im Einzelfall Schwierigkeiten bestehen. Im **Kündigungsschutzrecht** ist das Verhältnis zu Tarifnormen von Bedeutung. Die Regelungen des Kündigungsschutzgesetzes, insbesondere die des § 1 Abs. 1 KSchG, sind einseitig-zwingende Vorschriften.[874] Das Bundesarbeitsgericht hat eine Tarifnorm wegen Verstoßes gegen Vorschriften des Kündigungsschutzgesetzes für unwirksam angesehen, nach der mit der Gewährung der Erwerbsunfähigkeitsrente auf Zeit das Arbeitsverhältnis ohne weiteres seine Beendigung findet.[875] Wird, insbesondere aus medizinischen Gründen, eine Erwerbsunfähigkeitsrente nur auf Zeit bewilligt, kommt damit zum Ausdruck, dass jedenfalls der Rententräger davon ausgeht, der Gesundheitszustand des Arbeitnehmers könne oder werde sich bessern. Dem entspricht eine positive Zukunftsprognose im Rahmen der Überprüfung einer Kündigung anlässlich häufiger oder langer Krankheitszeiten. Endet das Arbeitsverhältnis entsprechend der Tarifnorm ohne Ausspruch einer Kündigung, stellt sich diese Regelung als unzulässige Umgehung der Kündigungsvorschriften dar und ist daher unwirksam.

**280** Weiterhin ist unklar, welche Auswirkungen tarifvertraglich vereinbarte **Unkündbarkeitsklauseln** als Besserstellung der betroffenen Arbeitnehmer auf die soziale Auswahl gemäß § 1 Abs. 3 KSchG haben. Diese Frage hat in den letzten Jahren an Bedeutung gewonnen, weil einerseits infolge der Rezession und der Änderung der Wirtschaftsstruktur Kündigungen aus betrieblichen Gründen häufiger ausgesprochen werden, anderseits aus teilweise eben diesen Gründen die Tarifvertragsparteien vermehrt einen zusätzlichen Schutz für ältere Arbeit-

---

874 BAG 14.5.1987, AP Nr. 5 zu § 1 KSchG 1969 Wartezeit.
875 BAG 8.5.1985, AP Nr. 97 zu § 620 BGB Befristeter Arbeitsvertrag.

nehmer durch Ausschluss oder Beschränkung der ordentlichen Kündigung geschaffen haben. Dabei setzen die meisten Tarifverträge für den Ausschluss der ordentlichen Unkündbarkeit weiter ein bestimmtes Lebensalter und eine bestimmte Dauer der Betriebszugehörigkeit voraus. In der Literatur werden entsprechende Tarifvorschriften teilweise als unvereinbar mit § 1 Abs. 3 KSchG angesehen. Da die betreffenden Vorschriften in der Regel nur zwei Sozialdaten enthalten und es auch bei diesen erhebliche Unterschiede gibt – teilweise reicht eine dreijährige Betriebzugehörigkeit aus –, komme es zu unerträglichen Ergebnissen, die in krassem Widerspruch zur gesetzlichen Wertung des § 1 Abs. 3 KSchG stünden.[876] Die überwiegende Auffassung in der Literatur bezieht diejenigen Arbeitnehmer, deren ordentliche Kündigung tarifvertraglich ausgeschlossen ist; nicht in die Sozialauswahl mit ein.[877] Die Rechtsprechung hat zu dieser Frage ausdrücklich noch nicht Stellung genommen. Zwar hat das Bundesarbeitsgericht[878] über eine kündigungsbeschränkende Tarifnorm entschieden. Diese ließ aber die Möglichkeit offen, in bestimmten Fällen dennoch eine ordentliche Kündigung auszusprechen. Da das Bundesarbeitsgericht in dem zu entscheidenden Fall die Voraussetzungen hierfür als gegeben ansah, musste es zu der grundsätzlichen Frage keine Stellung nehmen.

Mit der herrschenden Meinung in der Literatur ist davon auszugehen, dass Arbeitnehmer mit einer tariflichen Kündigungsbeschränkung nicht in die Sozialauswahl einzubeziehen sind. Zu Recht wird darauf hingewiesen[879], dass – anders als bei den Auswahlrichtlinien nach § 95 BetrVG – ein Konkurrenzverhältnis zwischen der Tarifnorm und § 1 Abs. 3 KSchG besteht: Der Ausschluss der ordentlichen Kündigung im Tarifvertrag[880] ist eine selbständige Arbeitnehmerschutzvorschrift, die sich auf das Verhältnis von Arbeitgeber und Arbeitnehmer bezieht und das Verhältnis von Arbeitnehmern untereinander gerade außer Betracht lässt. Der tariflich verbesserte Kündigungsschutz stellt sich deshalb nur als Reflex auf die soziale Auswahl dar.[881] Trotz dieses rechtsdogmatisch zutreffenden Ergebnisses können Ungerechtigkeiten im Einzelfall nicht geleugnet werden. Die Tarifvertragsparteien müssen deshalb versuchen, solche tariflichen Unkündbarkeitsregelungen zu schaffen, die die sozialen Gesichtspunkte umfassender berücksichtigen als bisher.[882] So sieht der MTV für die Holzindustrie und Kunststoffverarbeitung von Baden-Württemberg zwar den Ausschluss der ordentlichen Küngung bei E«eichen des 55. Lebensjahres und einer Betriebszugehörigkeit von fünf Jahren vor. Die Kündigung ist aber ausnahmsweise dann erlaubt, wenn einem sozial schwachen Arbeitnehmer bei Beachtung des § 1 Abs. 3 Satz 1 KSchG der Arbeitsplatz erhalten werden muss.

**Öffentliches Haushaltsrecht** kann von anderslautenden Tarifnormen modifiziert werden, da es kein Verbotsgesetz im Sinne von § 134 BGB darstellt.[883] 281

876 So insbesondere *Herschel/Löwisch*, KSchG § 1 Rn. 223, mit weiteren Nachweisen.

877 *Däubler/Schiek*, Einl. Rn. 316; Wiedemann/*Wiedemann*, Einl. 373; *Stein*, Rn. 555; KR-*Becker*, § 1 KSchG Anm. 349; *Weller*, RdA 1986, 222; vermittelnd: *Wenning-Morgenthaler*, BlStSozArbR 1985, 193 ff.; a.A. *Löwisch/Rieble*, § 1 Rn. 875 f.

878 BAG 8.8.1985, AP Nr. 10 zu § 1 KSchG 1969 Soziale Auswahl.

879 *Weller*, RdA 1986, 229.

880 Hierzu *Däubler*, GS Heinze, 121 ff.

881 *Weller*, RdA 1986, 229.

882 So bereits *Gamillscheg*, Anm. zu BAG 11.3.1976, EzA Nr. 1 zu § 95 BetrVG 1972.

883 BAG 26.9.1984, AP Nr. 21 zu § 1 TVG; dazu Anm. von *Buchner*, AR-Blattei D Tarifvertrag V Inhalt Entscheidungen 10/11 zu § 69 Abs. 2 SGB IV, der die Versicherungsträger verpflichtet, bestimmte Grundsätze bei Aufstellung und Ausführung des Haushalts einzuhalten.

Die Kollision tariflicher Regelungen (§§ 62ff. BAT) über die Anrechenbarkeit von Berufs- oder Erwerbsunfähigkeitsrenten mit § 42 SchwbG a.F.[884] führte zunächst dazu, dass die tarifliche Regelung wegen Verstoßes gegen zwingendes Gesetzesrecht unwirksam war.[885] Nach Änderung des Gesetzes durch das 2. Haushaltsstrukturgesetz vom 22. Dezember 1981 sind diese Renten nunmehr wieder zu berücksichtigen und die Tarifnormen anzuwenden.[886]

282 Nach **§ 113 InsO** sind im Fall der **Insolvenz des Arbeitgebers** alle Arbeitsverhältnisse »ohne Rücksicht auf eine vereinbarte Vertragsdauer oder einem vereinbarten Ausschluss des Rechts zur ordentlichen Kündigung« mit einer Dreimonatsfrist kündbar. Diese Vorschrift gilt folglich auch für längere tarifliche Kündigungsfristen und ist daher zweiseitig bindend.[887] Zweifel an der Vereinbarkeit dieser Vorschrift mit der Tarifautonomie des Art. 9 Abs. 3 GG[888] sind deshalb nicht begründet, weil es hier (nach Insolvenzeröffnung) primär um das Verhältnis der Arbeitnehmer (die oftmals selbst Insolvenzgläubiger sein werden) zu den Insolvenzgläubigern geht.[889]

## II. Tarifvertrag und dispositives Gesetz

### 1. Begriff und Bedeutung

283 **Dispositives Gesetzesrecht** liegt dann vor, wenn der Gesetzgeber Vorschriften nur für den Fall normiert hat, dass die Parteien andere Regelungen nicht vornehmen wollen und nicht vorgenommen haben. Das dispositive Gesetz tritt also nicht nur gegenüber tariflichen Regelungen, sondern auch gegenüber Vereinbarungen der Betriebsparteien oder der Arbeitsvertragsparteien zurück. So handelt es sich zum Beispiel bei § 616 BGB um eine dispositive Vorschrift, die durch Einzelarbeitsvertrag, Betriebsvereinbarung, aber auch durch Tarifvertrag modifiziert oder abbedungen werden kann.[890] Die Möglichkeit für die Vertragsparteien des Tarifvertrages, vom dispositiven Gesetz abzuweichen, besteht nicht etwa nur, wenn sie hierfür berechtigte Gründe anführen.[891] Richtigerweise ist vielmehr mit der Rechtsprechung davon auszugehen, dass die Tarifvertragsparteien insoweit keine Darlegungspflicht für sachliche und vernünftige Gründe der Abweichung vom Gesetzesrecht haben, wie ihre Regelungsbefugnis nach §§ 1 und 4 Abs. 3 TVG reicht.[892]

---

884 Vom 29.4.1974 in der Fassung vom 8.10.1979.

885 BAG 9.12.1981, DB 1982, 1884; BAG 13.7.1982, AP Nr. 3 zu § 42 SchwbG; BAG 28.3.1984, AP Nr. 11 zu § 42 SchwbG.

886 BAG 26.6.1985, AP Nr. 1 zu § 1 TVG Teilnichtigkeit; BAG 27.11.1986, AP Nr. 11 zu § 62 BAT mit zum Teil anderer Begründung.

887 BAG 16.6.1999 (4 AZR 191/98), AP Nr. 3 zu § 113 InsO; BAG 19.1.2000 (4 AZR 70/99), AP Nr. 5 zu § 113 InsO.

888 *Däubler/Schiek*, Einl. Rn. 312.

889 Im Ergebnis ebenso BVerfG (Kammer) 8.2.1999 (1 BvL 25/97), AP Nr. 2 zu § 113 InsO; BVerfG 21.5.1999 (1 BvL 22/98), AP Nr. 4 zu § 113 InsO; Kittner/Zwanzier/*Lakies*, § 121 Rn. 15.

890 BAG 17.12.1959 und 25.4.1960, AP Nr. 21 und 23 zu § 616 BGB; BAG 29.2.1984, AP Nr. 64 zu § 611 BGB; im Einzelnen differenzierend *Kempen*, ArbRGgw 26 (1988), 86f.

891 So aber z.B. Wiedemann/*Wiedemann*, Einl. Rn. 383, mit weiteren Nachweisen.

892 BAG 22.2.1957, AP Nr. 2 zu § 2 TVG, BAG 23.10.1963, AP Nr. 37 zu § 616 BGB; *Säcker*, AR-Blattei D Tarifvertrag I C, unter IV 1; *Kunze*, 141.

### 2. Die Übernahme dispositiver gesetzlicher Regelungen in den Tarifvertrag

Häufig werden in Tarifverträgen dispositive Gesetzesregeln übernommen. Dies empfiehlt sich nicht zuletzt deswegen, um den Tarifvertrag aus sich selbst heraus verständlich werden zu lassen. Fraglich ist in diesem Zusammenhang, ob die übernommenen dispositiven gesetzlichen Vorschriften nunmehr für die Tarifgebundenen **zwingende Tarifnormen** geworden sind: Es sind dabei **zwei Konstellationen** denkbar: 284

Der **Tarifvertrag verweist**, ohne selbst eine eigene Regelung vorzunehmen, **auf die bestehende dispositive gesetzliche Norm**. So findet man in vielen Tarifverträgen die Verweisung auf die Pflicht zur Lohnzahlung in den Fällen des § 616 BGB. Derartige Tarifnormen sind zwar in der Regel überflüssig. Sie machen aber insoweit ausdrücklich deutlich, dass die Tarifvertragsparteien nichts an der gesetzlichen Regelung ändern wollten (weil sie sich vielleicht nicht auf einen anderen Inhalt einigen konnten). Die betreffende Vorschrift ist also keine Inhaltsnorm[893], die gesetzliche Bestimmung gilt so, wie sie auch ohne Tarifvertrag gelten würde, nämlich als dispositive Gesetzesvorschrift. Bedeutung können derartige Verweisungen dann erhalten, wenn die angegebene Gesetzesvorschrift aufgehoben wird. Ergibt sich nicht aus der Formulierung der Verweisung (»… gilt in der jeweils gültigen Fassung …«), dass dann auch die tarifliche Vorschrift die Wirksamkeit verlieren soll, ist von der Weitergeltung der gesetzlichen Regelung in tarifvertraglicher Form auszugehen (zum Problem des Formerfordernisses in diesen Fällen siehe § 1 Rn. 787 ff.). 285

Der **Tarifvertrag wiederholt den Wortlaut einer dispositiven Gesetzesvorschrift**. In diesem Fall ist grundsätzlich davon auszugehen, dass der Tarifvertrag eine selbständige Regelung schaffen will, die gesetzliche Regelung also an der unmittelbaren und zwingenden Wirkung des Tarifvertrages teilnehmen soll.[894] Auch hier kann als Beispiel § 616 BGB genannt werden. Die Tarifvertragsparteien wollen hier die Abänderung der gesetzlichen Regelung durch arbeitsvertragliche Absprachen zuungunsten der Arbeitnehmer verhindern.[895] Wird später die gesetzliche Regelung geändert – auch beispielsweise zugunsten der Arbeitnehmer – oder aufgehoben oder stellt sich nachträglich deren Nichtigkeit heraus, so bleibt die tarifliche Regelung hiervon unberührt.[896] 286

## III. Tarifvertrag und tarifdispositives Gesetz

### 1. Begriff und Bedeutung

**Tarifdispositive Gesetze** sind Normen, die nur durch die Tarifvertragsparteien, nicht aber durch Betriebsvereinbarung oder Arbeitsvertrag abgeändert werden können. Die Möglichkeit des tarifdispositiven Gesetzrechts wird neuerdings im Rahmen des Kooperationsverhältnisses zwischen Gesetzgeber und Tarifvertragsparteien (vgl. Grundl. Rn. 277) stärker genutzt: 287

- **Arbeitszeitrecht**: §§ 7, 12 ArbZG, 21a JArbSchG und 6 Abs. 3 Nr. 2 FahrpersonalVO

893 *Säcker*, AR-Blattei Tarifvertrag I, unter IV 2 bezeichnet sie als »Neutrum«.
894 BAG 23.4.1957, AP Nr. 1 zu § 1 TVG; *Kunze*, 127; *Säcker*, AR-Blattei Tarifvertrag I C zu IV 2.
895 *Säcker*, AR-Blattei Tarifvertrag I C, unter IV 2b.
896 BAG 23.4.1957, AP Nr. 1 zu § 1 TVG.

- **Urlaubsrecht**: § 13 BUrlG
- **Kündigungsfristen**: § 622 Abs. 4 BGB
- **Arbeitnehmerüberlassung**: § 1 Abs. 1 Satz 2 und 3 Nr. 1, 3 Abs. 1 Nr. 3, 9 Nr. 2 und 10 Abs. 4 AÜG (Entgeltgleichheit, Equal-pay-Prinzip)
- **Betriebsübergang**: § 613a Abs. 1 Satz 4 BGB
- **Teilzeitarbeit**: §§ 8 Abs. 4 Satz 3, 12 Abs. 3 und 13 Abs. 4 TzBfG
- **Betriebliche Altersversorgung**: § 17 Abs. 3 BetrAVG
- **Entgeltfortzahlung**: § 4 Abs. 4 EFZG
- **Seeleute**: § 100a SeemG
- **Sozialrechtliche Altersgrenzen**: § 41 Satz 2 SGB IV

Vielfach werden diese Vorschriften als **Zulassungsnormen** bezeichnet.[897] Wegen des nicht einheitlichen Sprachgebrauchs und der teilweise inhaltlich unterschiedlichen Definition soll hier auf die Verwendung dieses Begriffes verzichtet werden.[898] Mit der Schaffung tarifdispositiver Gesetzesvorschriften respektiert der Gesetzgeber einerseits die originäre Befugnis der Tarifvertragsparteien zur Gestaltung der Arbeits- und Wirtschaftsbedingungen und ermöglicht andererseits gleichzeitig eine größere Anpassungsfähigkeit an veränderte Situationen. Damit sind tarifdispositive Gesetze auch Ausdruck der Tatsache, dass der Staat nicht durch gesetzliche Regelungen die Zuständigkeit der Koalitionen zur Gestaltung der Arbeits- und Wirtschaftsbedingungen untergräbt[899] (zum Verhältnis Staat und Tarifautonomie siehe Grundl. Rn. 139 f.).

**288** Kein tarifdispositives Gesetzesrecht liegt vor bei **Generalklauseln** oder anderen **unbestimmten Rechtsbegriffen**. Zwar kommt es vor, dass die Tarifvertragsparteien Generalklauseln bzw. unbestimmte Rechtsbegriffe konkretisieren. So werden in vielen Tarifverträgen »wichtige Gründe« im Sinne von § 626 Abs. 1 BGB genannt. Von tarifdispositivem Gesetzesrecht kann aber deshalb nicht gesprochen werden, weil zum einen das gesetzliche Recht zur außerordentlichen Kündigung nicht erweitert werden kann[900], zum anderen eine derartige Konkretisierung von unbestimmten Rechtsbegriffen nicht nur durch Tarifvertrag, sondern auch durch Einzelarbeitsvertrag oder Betriebsvereinbarung möglich ist (auch hierfür sei § 616 BGB als Beispiel genannt.)

**289** Die **Zulässigkeit tarifdispositiven Gesetzesrechts** wird rechtspolitisch bezweifelt.[901] Risiken beständen unter anderem darin, dass das Schutzniveau zu Lasten der Gewerkschaftsmitglieder gesenkt werde.[902] Die Verhandlungsposition der Gewerkschaften werde geschwächt.

Dem ist insoweit zuzustimmen, als gerade eine neuere Tendenz des Gesetzgebers darauf hinauszulaufen scheint, den Tarifparteien Handlungsmöglichkeiten einzuräumen um ein gesetzliches Schutzniveau auf unterer Linie zu Lasten der betroffenen Arbeitnehmer noch weiter abzusenken. Beispiel hierfür stellt das ArbZG dar. Nach § 7 Abs. 1 Nr. 1 ArbZG ist es unter anderem möglich, bei entsprechender tariflicher Regelung ohne Zeitausgleich zehn Stunden werktäglich zu arbeiten und die gesetzlich festgelegten Ruhezeiten zu verkürzen. Dies setzt die Tarifparteien unter Druck, auch auf Kosten der Gesundheit Arbeitszeiten

---

897 Z. B. *Däubler/Schiek*, Einl. Rn. 324.
898 Zu den Begriffsunterschieden siehe *Vossen*, 20; Wiedemann/*Wank*, Einl. Rn. 106.
899 *Säcker*, AR-Blattei Tarifvertrag I C, unter III.
900 KR-*Hillebrecht*, § 626 Rn. 45.
901 Besonders *Däubler/NN* Rn. 375, mit weiteren Nachweisen.
902 *Däubler/Schiek*, Einl. Rn. 325.

extrem auszuweiten, und kann sich vor allem praktisch auswirken, wenn die Gewerkschaften in ihrer Verhandlungsmacht geschwächt sind.[903] Andererseits sind die den gesetzlichen Öffnungen zugrunde liegenden Zwecke durchaus unterschiedlich zu bewerten. So bestehen etwa gegen die Einräumung tariflicher Regelungskompetenzen für abweichende Berechnungsmethoden von § 4 EFZG bei der Höhe der Entgeltfortzahlung – statt des gesetzlichen Lohnausfallprinzips z.B. tariflich das Referenzprinzip – grundsätzlich keine Bedenken. Vor allem jedoch bedeutet die Schaffung tarifdispositiven Gesetzesrechts allein noch keine Schlechterstellung der Mitglieder gegenüber den Nichtmitgliedern. Hinzukommen muss vielmehr die Vereinbarung schlechterer tariflicher Normen. Dabei ist trotz aller Bedenken – etwa wegen Schwierigkeiten der gewerkschaftlichen Durchsetzungsfähigkeit in den vergangenen Jahren – von der durch Art. 9 Abs. 3 GG gewährleisteten Legitimation der Gewerkschaften auszugehen, ohne Einschränkung die Arbeitsbedingungen ihrer Mitglieder zu regeln. Dieses autonome Entscheidungsrecht der Gewerkschaften muss unabhängig davon bestehen, dass unorganisierte Arbeitnehmer auch in den Genuß von tariflich vereinbarten Vorteilen kommen können. Eine Grenze ist allerdings dort zu ziehen, wo die Gewerkschaft wegen ihrer Grundrechtsbindung Verfassungsnormen zu beachten hat.

## 2. Einzelfragen

Der Umfang der **tariflichen Dispositivität** ist durch Auslegung zu ermitteln (zu den allg. Grundsätzen der Auslegung von Tarifverträgen siehe Grundl. Rn. 358ff.). Dies gilt auch hinsichtlich der Frage, ob eine Norm tarifdispositiv ist. Dabei ist davon auszugehen, dass im Bereich der Arbeits- und Wirtschaftsbedingungen der Schutz des Arbeitnehmers im Vordergrund steht und damit die Tarifdispositivität gesetzlicher Schutzvorschriften nicht extensiv, sondern **grundsätzlich restriktiv ausgelegt** werden muss.[904] So wird z.B. im Rahmen von § 622 Abs. 4 BGB die Wertung des Gesetzgebers in § 622 Abs. 2 BGB, die Kündigungsfristen nach der Beschäftigungsdauer des Arbeitnehmers zu staffeln, nicht mehr zur Dispositivität der Tarifvertragsparteien stehen.[905] Der persönliche Geltungsbereich der Tarifnormen, die das tarifdispositive Gesetz ändern, ist zunächst wie bei allen Tarifnormen auf die Tarifgebundenen beschränkt. Eine Erfassung auch der nichtorganisierten Arbeitnehmer ist einmal dann gegeben, wenn es sich gemäß § 3 Abs. 2 TVG um betriebliche Normen handelt (dazu § 3 Rn. 22ff.). Die gleiche Rechtsfolge tritt zum anderen über die Allgemeinverbindlicherklärung nach § 5 TVG ein. **290**

Über diese gesetzlichen Regelungen hinaus könnten die Gewerkschaften – wenn schon über den Verweis im Arbeitsvertrag die günstigeren Bestimmungen des Tarifvertrages für alle Arbeitnehmer grundsätzlich anwendbar sind (siehe § 3 Rn. 143ff.) – ein Interesse haben, etwaige tarifrechtliche Verschlechterungen gesetzlicher Vorschriften auch auf die Nichtorganisierten auszudehnen. Dies wäre z.B. durch die **einzelvertragliche Bezugnahme der tariflichen Regelungen** denkbar Eine derartige Bezugnahme im Einzelarbeitsvertrag widerspricht aber **291**

903 Vgl. *Buschmann/Ulber*, § 7 Rn. 1ff.

904 BAG 18.12.1980, AP Nr. 4 zu § 1 TVG Tarifverträge Bundesbahn; BAG 25.9.1987, AP Nr. 1 zu § 1 BeschFG 1985, LAG Hamm, 2.7.1970, DB 1970, 1447.

905 So auch *Wiedemann*, Anm. zu BAG 5.8.1971, AP Nr. 10 zu § 622 BGB.

der gesetzlichen Regelung, dass von ihr nur die Tarifvertragsparteien abweichen können. Einzelvertragliche Verschlechterungen der tarifdispositiven Gesetzesnorm sollen gerade nicht möglich sein. Die Überlegung, eine Bezugnahme auf die gesamte tarifvertragliche Regelung zuzulassen[906], würde eine Umgehung der gesetzlichen Regelung darstellen. Für derartige Konstruktionen besteht auch kein Anlass: Im Allgemeinen hat es die Gewerkschaft in der Hand, deutlich zu machen, welche Vorteile im Einzelfall möglichen Verschlechterungen gesetzlicher Vorschriften gegenüberstehen. Anspruch auf diese Vorteile des Gesamtkompromisses haben dann nur organisierte Arbeitnehmer. Eine Erstreckung dieses Gesamtkompromisses durch einzelvertragliche Bezugnahme auf nichtorganisierte Arbeitnehmer liegt deshalb grundsätzlich nicht im Interesse der Gewerkschaften. Rechtlich abweichend ist die Situation jedoch zu beurteilen, wenn die **Gesetzesbestimmung ausdrücklich vorsieht**, dass die entsprechenden tarifvertraglichen Vereinbarungen **auch für Nichtorganisierte** gelten, sofern der Arbeitsvertrag auf sie Bezug nimmt (z.B. § 622 Abs. 4 BGB). Insoweit ist dann lediglich ein Verweis auf den Gesamtkomplex der Bezugnahme möglich[907] (vgl. § 3 Rn. 174f.).

Teilweise gestattet das Gesetz auch den Parteien des Individualarbeitsvertrages (z.B. § 622 Abs. 5 BGB) oder den **Betriebsparteien** (z.B. § 7 Abs. 3 ArbZG) von seinem Niveau abzuweichen. Derartige generell abdingbare Gesetzesvorschriften sind jedoch im Hinblick auf die Disparität der dann jeweils zuständigen Vertragsparteien, die Tendenzen einer Unterschreitung des gesetzlichen Mindeststandards verstärken kann, grundsätzlich kritischer zu bewerten als entsprechende Öffnungen für die Tarifparteien.[908] Abweichungen dem Individualarbeitsvertrag oder der Betriebsvereinbarung vorzubehalten und gleichzeitig den Tarifvertrag zu sperren, erscheint aus dem Gesichtspunkt des verfassungsrechtlichen Schutzes der Tarifautonomie grundsätzlich unzulässig. Ebenso unzulässig wäre es aber auch, das Recht zur Disposition auf die Betriebs- oder Einzelvertragparteien zu delegieren.[909]

Ein nur **nachwirkender Tarifvertrag** verdrängt die gesetzliche Schutznorm ebenfalls, da die Nachwirkung weiterhin den normativen Charakter der tariflichen Regelungen (wenn auch abdingbar) trägt und damit den Willen der Tarifvertragsparteien ausdrückt.[910]

### 3. Offenes und verdecktes tarifdispositives Gesetzesrecht

292 Die Gesetzesvorschriften mit einer ausdrücklichen Zulassungsnorm zur tarifvertraglichen Abänderung sind oben (Grundl. Rn. 287) aufgezählt. Fraglich ist, ob auch Gesetzesvorschriften als tarifdispositiv angesehen werden können, die keine ausdrückliche Zulassungsnorm enthalten (so genannte **verdeckte tarifdispositive Gesetzesnormen**). Dies ist zu verneinen.[911] Grundsätzlich ist davon auszugehen, dass die Tarifautonomie nur durch andere Verfassungsgrundsätze begrenzt ist (siehe hierzu im Einzelnen Grundl. Rn. 139f.). Wird der Gesetzgeber im

906 So ausführlich Wiedemann/*Wiedemann*, Einl. Rn. 403.
907 *Däubler/Schiek*, Einl. Rn. 326.
908 Vgl. zum ArbZG *Buschmann/Ulber*, § 7 Rn. 2f.
909 *Löwisch/Rieble*, § 1 Rn. 340.
910 *Däubler/Bepler*, § 4 Rn. 845; Wiedemann/*Wank*, § 4 Rn. 409ff.; wohl auch BAG 26.7.1978, AP Nr. 12 zu § 13 BUrlG (mit Anm. von *Wiedemann*).
911 Ebenso *Däubler/Schiek*, Einl. Rn. 327; *Stein*, Rn. 384; a.A. *Löwisch/Rieble*, § 1 Rn. 336.

Rahmen seiner Zuständigkeit nach Art. 74 Nr. 12 GG in einem Bereich tätig, der auch in die Regelungsbefugnis der Tarifvertragsparteien fällt, so sind nur zwei Konstellationen denkbar, für die das Verhältnis zu tariflichen Vorschriften zu klären ist: Entweder verabschiedet der Gesetzgeber zwingendes Gesetzesrecht. Dies liegt nur dann vor, wenn er es ausdrücklich sagt.[912] Oder der Gesetzgeber normiert ein soziales Schutzrecht, das die betroffenen Arbeitnehmer gerade vor der Vertragsfreiheit schützen soll (z.B.: Mutterschutzrecht, Schwerbehindertengesetz, Bundesurlaubsrecht). In diesen Fällen ist ein Abweichen von den gesetzlichen Schutzvorschriften zuungunsten des Arbeitnehmers nur bei ausdrücklicher Zulassungsnorm möglich, z.B. §§ 622 BGB, 12 BUrlG.[913] Tarifvertragliche Verbesserungen von sozialen Schutzgesetzen sind allein deshalb möglich, weil Tarifnormen Ausfluss des Sozialstaatsprinzips sind (Grundl. Rn. 54ff.; zum Problem des Vorrangs von Dienstordnungen gegenüber von Tarifverträgen und der möglichen tariflichen Verbesserung von Vorschriften in Dienstordnungen siehe unten Grundl. Rn. 353).

## C. Gesetzesvertretendes und tarifdispositives Richterrecht

### Literatur:

*Canaris*, Tarifdispositive Normen und richterliche Rechtsfortbildung, GS Dietz, 1973, 199; *Coester*, Vorrangsprinzip des Tarifvertrages, 1973; *Deinert*, Mankohaftung, RdA 2000, 22; *Herschel*, Gesetzesvertretendes Richterrecht und Tarifautonomie, RdA 1973, 147; *ders.*, Gedanken zu Richterrecht und Tarifautonomie, AuR 1972, 129; *Hilger*, Überlegungen zum Richterrecht, FS Larenz, 1973, 109; *v. Hoyningen-Huene*, Rechtsfortbildung im Arbeitsrecht als Vorreiter und Vorbild?, BB 1986, 2133; *Jackloffsky*, Tarifdispositivität der richterlichen Grundsätze des BAG zur Beschränkung der Arbeitnehmerhaftung, NZA 2001, 644; *Käppler*, Voraussetzungen und Grenzen tarifdispositiven Richterrechts, 1977; *Lieb*, Kritische Gedanken zum tarifdispositiven Richterrecht, RdA 1972, 129; *Richardi*, Richterrecht und Tarifautonomie, GS Dietz, 1973, 269; *Rüthers*, Richterrecht als Methoden- und Verfassungsproblem, FS Molitor, 1988, 293; *Schüren/Zachert*, Tarifautonomie und tarifdispositives Richterrecht, AuR 1988, 245; *Vossen*, Tarifdispositives Richterrecht, 1974; *Zilius*, Tarifvertrag und Richterrecht, ArbRGgw 22 (1984), 63.

## I. Gesetzesvertretendes Richterrecht

Die Frage der Reichweite der Kompetenzen der Tarifparteien gegenüber Regelungen durch Dritte stellt sich nicht nur im Verhältnis des Tarifvertrages zum Gesetzesrecht. Sie betrifft auch den Aspekt, inwieweit die Spielräume der Tarifparteien durch so genanntes Richterrecht beeinflusst werden können. **293**
Beim **Richterrecht** geht es – allgemein formuliert – um das Problem, ob der Richter über die Auslegung von Rechtsnormen hinaus durch Wertungen im Rahmen normativer Spielräume und durch Entscheidung normativ überhaupt nicht oder

912 So z.B. bei § 619 BGB; vgl. auch BAG 25.9.1987, AP Nr. 1 zu § 1 BeschäftFG 1985; *Zachert*, NZA 1994, 529, 530.
913 Wie hier im Ergebnis: *Däubler/Schiek*, Einl. Rn. 327; a.A. *Löwisch/Rieble*, § 1 Rn. 336.

nur unvollkommen geregelter Fragen (auch) eine sozial gestaltende und damit dem Normgeber ähnliche Funktion ausüben kann.

294 Vom **gesetzesvertretenden Richterrecht** lässt sich in Anlehnung an Entscheidungen des Großen Senats des Bundesarbeitsgerichts[914] dann sprechen, wenn der Richter »als Ersatzgesetzgeber« tätig wird. Hier muss er das Recht, welches er anwenden soll, ohne Rückhalt durch das Gesetz wie ein Gesetzgeber selbst schaffen.[915] Dies bedeutet, dass unter »gesetzesvertretendem Richterrecht« weder die Interpretation noch die Konkretisierung von Generalklauseln oder die Auslegung gesetzlicher Normen fällt. Denn in diesen Fällen stellen gesetzliche Formulierungen die Richtschnur richterlicher Entscheidungen dar.[916] Die Legitimation des gesetzesvertretenden Richterrechts wird in Art. 20 Abs. 3 GG gesehen, wonach der Richter nicht nur an das Gesetz, sondern auch an das Recht gebunden ist.[917]

## II. Tarifdispositives Richterrecht

295 Unter dem **Begriff** des »**tarifdispositiven Richterrechts**« versteht man (gesetzesvertretendes) Richterrecht, das zwar von den Tarifparteien, nicht aber von den Betriebs- oder Arbeitsvertragsparteien verändert werden kann. Beim tarifdispositiven Richterrecht handelt es sich häufig um Änderungen zu Lasten der Arbeitnehmer. Die Legitimation für dieses »spezifische Konstrukt des Arbeitsrechts«[918] liegt darin, dass grundsätzlich von einem Gleichgewicht zwischen den Tarifparteien ausgegangen werden kann, welches dazu führt, dass die Interessen der Tarifvertragsmitglieder auch auf Arbeitnehmerseite angemessen zur Geltung kommen (»Richtigkeitschance«, Grundl. Rn. 95). Die den Tarifparteien durch Art. 9 Abs. 3 GG überantwortete Normsetzungsmacht wirke deshalb grundsätzlich stärker als das durch Art. 20 Abs. 3 in Verbindung mit Art. 74 Abs. 12 GG legitimierte Richterrecht.[919]

**Tarifdispositives Richterrecht beschränkt sich** auf den eingegrenzten **Bereich des gesetzesvertretenden Richterrechts**, berührt also einen recht engen Ausschnitt aus dem umfassenden Themenkomplex des Richterrechts.[920] Ansonsten gelten die allgemeinen Auslegungsregeln des Verhältnisses vom Tarifvertrag zum Gesetz (hierzu Grundl. Rn. 359 ff.), gegebenenfalls zur Lückenfüllung (siehe hierzu Grundl. Rn. 400 ff.).[921]

296 Richterrecht ist grundsätzlich tarifdispositiv. Allerdings bleibt ein »**tariffester Kern**« (präziser: »**tarifresistenter Kern**«), den auch die Tarifparteien nicht

---

914 BAG GS 16.3.1962, AP Nr. 19 zu § 1 HausarbTagsG Nordrhein-Westfalen; BAG GS 21.4.1971, AP Nr. 43 zu Art. 9 GG Arbeitskampf; siehe auch *Coester*, Vorrangprinzip, 98.

915 *Hilger*, FS Larenz, 111.

916 Zur unterschiedlichen Terminologie: *v. Hoyningen-Huene*, BB 1986, 2134; wie hier: *Rüthers*, FS Molitor, 297; grundsätzlich auch *Herschel*, RdA 1973, 148.

917 BAG GS 16.3.1962, AP Nr. 19 zu § 1 HausarbTagsG Nordrhein-Westfalen, ständige Rechtsprechung, z. B. BAG GS 27.2.1985, AP Nr. 14 zu § 611 BGB Beschäftigungspflicht; BVerfG 11.6.1958, E 8, 28 ständige Rechtsprechung, z. B. BVerfG 19.10.1983, E 65, 182 Hinweise aus der umfangreichen Literatur: *Voraufl.*, Grundl. Rn. 230.

918 ErfK/*Preis*, § 611 Rn. 285.

919 *Zilius*, ArbRGgw 22 (1984), 63 ff.; *Stein*, Rn. 385, mit weiteren Nachweisen.

920 Die Einordnung wird nicht immer trennscharf vorgenommen: *Gamillscheg*, Kollektives Arbeitsrecht II, § 16 V 4, 707.

921 Vgl. Wiedemann/*Wiedemann*, Einl. Rn. 409; *Däubler/Schiek*, Einl. Rn. 330.

anders regeln können, als es die durch Richterrecht gestaltete Rechtsordnung vorgibt.[922] Die Grenzen liegen vor allem dort, wo tarifliche Vereinbarungen gegen gesetzliche Verbote (z.B. § 134 BGB) oder gegen die Grundrechte verstoßen.[923]

## III. Rechtsprechung zum tarifdispositiven Richterrecht: Fallgruppen

Die Leitentscheidung des Bundesarbeitsgerichts zur Frage vom Verhältnis von Tarifnorm und Richterrecht betrifft **Rückzahlungsklauseln bei Gratifikationen**.[924] Das Gericht hatte eine Tarifnorm zu überprüfen, die den Grundsätzen seiner Rechtsprechung zum Einzelvertrag nicht voll entsprach, derzufolge für Eigenkündigungen zeitlich unterschiedliche Kündigungsfristen je nach Höhe der Gratifikation festgelegt wurden. Es hat diese Tarifnorm als wirksam bestätigt: Die Tarifpartner könnten selbst eine Ordnung schaffen, deren Fehlen Anlass zur Rechtsprechung des Senats gewesen sei, da umfassende kollektive Regelungen dieser Frage in der privaten Wirtschaft nicht vorlagen. Hier sei eine Korrektur oder Lückenausfüllung durch die Gerichte nur dann erforderlich, wenn ein Tarifvertrag die Grenzen der Tarifautonomie überschreite, indem er entweder gegen Grundrechte, insbesondere Art. 12 GG oder gegen gesetzliche Verbote, insbesondere § 134 BGB verstoße. An diese Vorschriften seien auch die Tarifparteien gebunden. Auf der anderen Seite seien die Tarifparteien kraft staatlicher Anerkennung durch das Tarifvertragsgesetz Träger der Tarifautonomie. Deshalb sei notwendig, ihnen weitergehende Befugnisse einzuräumen als den Partnern des Einzelarbeitsvertrages. Ein Eingriff in die Tarifautonomie der Tarifparteien müsse möglichst vermieden werden.[925] Die Rechtslehre stimmt dem überwiegend zu.[926] **297**

Das Bundesarbeitsgericht hat diese Rechtsprechung differenziert fortgesetzt: Zulässigkeit der Abweichung von seiner Rechtsprechung zu Rückzahlungsklauseln auch bei einzelvertraglicher Bezugnahme auf den Tarifvertrag, nicht jedoch durch Betriebsvereinbarung.[927] Später hat es sie sogar auf betriebsbedingte Kündigungen erweitert.[928]

Entsprechende Möglichkeiten der Modifikation richterlicher Grundsätze stehen den Tarifparteien bei der Verpflichtung zur **Rückzahlung von Ausbildungskosten** bei Beendigung des Arbeitsverhältnisses zu.[929] **298**

Vergleichbare Überlegungen gelten für **nachvertragliche Wettbewerbsverbote** für gewerbliche Arbeitnehmer, auf die die Rechtsprechung die Grundsätze **299**

922 Wiedemann/*Wiedemann*, Einl. Rn. 412; *Däubler/Schiek*, Einl. Rn. 333; MünchArbR/*Löwisch-Rieble*, § 259 Rn. 112; *Löwisch/Rieble*, § 1 Rn. 345; monographisch: *Käppler*, Voraussetzungen und Grenzen, 101ff.; a.A. wohl *Lieb*, RdA 1972, 137ff.

923 BAG GS 31.3.1966, AP Nr. 54 zu § 611 BGB Gratifikation; auf Abgrenzungsschwierigkeiten weisen hin: *Gamillscheg*, Kollektives Arbeitsrecht I, § 16 V 4, 707; *Stein*, Rn. 385.

924 BAG 31.3.1966, AP Nr. 54 zu § 611 BGB Gratifikation (mit Anm. von *Biedenkopf*).

925 BAG 31.3.1966, AP Nr. 54 zu § 611 BGB Gratifikation, unter 3c der Gründe.

926 Unter anderem *Canaris*, GS Dietz, 199ff.; *Richardi*, GS Dietz, 269ff.; *Käppler*, Voraussetzungen und Grenzen; *Vossen*, Tarifdispositives Richterrecht; mit weiteren Nachweisen; *Voraufl.*, Grundl. Rn. 234 und Rn. 236.

927 BAG 23.2.1967 und 16.11.1967, AP Nr. 57 und 63 zu § 611 BGB Gratifikation.

928 BAG 4.9.1985, AP Nr. 123 zu § 611 Gratifikation (mit Anm. von *Mangen*); kritisch insoweit zu Recht aus dem Gesichtspunkt des Vertrauensschutzes: Wiedemann/*Wiedemann*, Einl. Rn. 421; *Däubler/Schiek*, Einl. Rn. 335.

929 BAG 6.9.1995, AP Nr. 22 zu § 611 BGB.

der §§ 74ff. HGB anwendet. Auch sie sind tarifdispositiv.[930] Allerdings hat Richterrecht hier einen eingeschränkten Geltungsbereich, denn es ist nur relevant, soweit weder die gesetzlichen Regelungen für Handlungsgehilfen nach § 74ff. HGB noch § 110 GewO in seinem durch § 6 GewO definierten Geltungsbereich greifen.

300 Die Frage, ob und inwieweit die **Auslegung des sachlichen Grundes** bei der **Befristung** durch die Rechtsprechung tarifdispositiv sei[931], dürfte teilweise überholt sein, seitdem das TzBfG (vom 1. Januar 2001) das Erfordernis eines sachlichen Grundes in § 14 Abs. 1 – wenn auch nur enumerativ –, normiert hat. Zugleich bestimmt § 22 Abs. 1 TzBfG, dass Abweichungen zugunsten von Arbeitnehmern bis auf geringe Ausnahmen nicht zulässig sind. Verbesserungen und Konkretisierungen des durch Richterrecht entwickelten Schutzniveaus bleiben aber möglich (genauer § 1 Rn. 429).

Für die **Befristung ohne Sachgrund** bestimmt nunmehr § 14 Abs. 2 Satz 3 TzBfG ausdrücklich, dass die Anzahl von Verlängerungen oder die Höchstdauer von Befristungen abweichend von § 14 Abs. 1 Satz 1 TzBfG (maximale Dauer zwei Jahre, maximale Verlängerung drei mal) festgelegt werden kann. Unabhängig davon, wie diese Vorschrift im Hinblick auf die europäische Befristungsrichtlinie RL 99/70/EG auszulegen ist[932], wird durch diese Aktivität des Gesetzgebers der Spielraum des tarifautonomen Richterrechts in diesem Bereich weiter eingeengt.[933]

301 Zurückhaltend bewertet das Bundesarbeitsgericht die Frage, ob die Tarifparteien von den richterrechtlichen Grundsätzen zur **Arbeitnehmerhaftung** zum Nachteil des Arbeitnehmers abweichen können. Auch eine kollektivvertragliche Modifizierung der entsprechend § 254 BGB entwickelten Regeln über die Haftung im Arbeitsverhältnis zu Lasten der Arbeitnehmer sei nicht möglich.[934] Die Rechtsprechung sieht damit das von ihr entwickelte System des innerbetrieblichen Schadensausgleichs insoweit als tariffest (tarifresistent) an und gibt dem Gedanken des zwingenden Arbeitnehmerschutzes Vorrang.[935] Dem wird im Ergebnis zuzustimmen sein, da es bei den richterrechtlich entwickelten Sonderregelungen zur Haftung um die Beherrschung von Risiken geht, die bei fehlenden Einflussmöglichkeiten nicht zu Lasten der Arbeitnehmer verändert werden sollen.[936] Hier mag insgesamt rechtsdogmatisch einiges unscharf sein[937], praktisch haben Tarifbestimmungen, welche die Arbeitnehmerhaftung verschärfen, so gut wie keine Bedeutung.

302 Keine Bedenken bestehen, die richterrechtlichen Grundsätze des **Arbeitskampfrechts** einschließlich der **Betriebsrisikolehre** zu verändern. Sie sind im Rahmen der allgemeinen Grenzen tarifdispositiv. Das Bundesarbeitsgericht selbst hat der-

930 BAG 2.5.1970, AP Nr 28 zu § 74 (mit Anm. von *Buchner*); zum »tariffesten Kern« BAG 12.11.1974, AP Nr. 28 (mit Anm. von *Canaris*): Entschädigungspflicht und Begrenzung des Wettbwerbsverbots.

931 Vgl. die Kontroverse *Schüren/Zachert*, AuR 1988, 245 und BAG 12.3.1992, AP Nr. 1 zu § 4 BeschfG 1985 (mit Anm. von *Schüren*).

932 Einschränkend zu Recht *Däubler/Hensche*, § 1 Rn. 673.

933 Vgl. *Däubler/Schiek*, Einl. Rn. 334.

934 BAG 17.9.1998 (8 AZR 157/87), AP Nr. 2 zu § 611 BGB – im Sachverhalt ging es um eine einzelvertragliche Mankohaftung.

935 *Löwisch*/Rieble, § 1 Rn. 635; Jackloffsky, NZA 2001, 644.

936 Dies ist das maßgebliche Zurechnungsprinzip für die »Gefährdungshaftung«; zum Thema *Däubler/Schieck*; ferner *Deinert*, RdA 2000, 32, jeweils mit weiteren Nachweisen.

937 Vgl. *Gamillscheg*, Kollektives Arbeitsrecht I, § 16 V 4, 707.

artige Vereinbarungen zwischen den Tarifparteien angeregt[938] und es gibt hierzu eine entwickelte Praxis, z.B. tarifliche Schlichtungsabkommen, Maßregelungsklauseln usw. (§ 1 Rn. 647ff.), die sich bislang allerdings nicht signifikant mit dem Richterrecht zum Arbeitskampf überschneidet. Da hier vorrangig das Verhältnis der Tarifparteien zueinander betroffen ist, spielt die Frage, ob es insoweit einen »tariffesten, unentziehbaren Kerns des Arbeitnehmerschutzes« gibt[939], keine maßgebliche Rolle. Das richterrechtliche Arbeitskampfrecht könnte deshalb durch die Tarifparteien weitgehend ausgestaltet werden.[940]

## D. Das Verhältnis des Tarifvertrags zu internationalem Recht

### Literatur:

*Böhmert*, Das Recht der ILO und sein Einfluss auf das deutsche Arbeitsrecht im Zeichen der europäischen Integration, 2002; *Britz/Volkmann*, Tarifautonomie in Deutschland und Europa, 2003; *Bruun/Hellsten* (eds.), Collective Agreement and Competition in the EU, 2001; *Bryde*, Grundrechte der Arbeit und Europa, RdA 2003, Sonderbeilage zu Heft 5, 5; *Kenntner*, Ein Dreizack für die offene Flanke: Die neue EuGH-Rechtsprechung zur judikativen Gemeinschaftsrechtsverletzung, EuZW 2005, 235; *Kocher*, Selbstverpflichtungen von Unternehmen zur sozialen Verantwortung. Erfahrungen mit sozialen Verhaltenskodizes in der transnationalen Produktion, RdA 2004, 27; *dies.*, Unternehmerische Selbstverpflichtungen im Wettbewerb, GRUR 2005, 647; *Meyer-Ladewig/Petzold*, Die Bindung deutscher Gerichte an Urteile des EGMR, NJW 2005, 15; *Pfarr*, Entgeltgleichheit in kollektiven Entgeltsystemen – Aufgabe für die Tarifparteien, die Rechtsprechung, aber auch die Gesetzgebung, in: 50 Jahre Bundesarbeitsgericht, 2004, 779; *Schiek*, Diskriminierung wegen »Rasse» oder »ethnischer Herkunft« – Probleme der Umsetzung der RL 2000/43/EG im Arbeitsrecht, AuR 2003, 44; *dies.*, Europäisches Arbeitsrecht, 2. Aufl., 2005; *dies.*, Gleichbehandlungsrichtlinien der EU – Umsetzung im deutschen Arbeitsrecht, NZA 2004, 873; *Schlachter*, Grundrechtsbindung von Tarifnormen, Jahrbuch des Arbeitsrechts 40 (2002), 2003, 51; *Schmidt, M.*, Das Arbeitsrecht der Europäischen Gemeinschaft, 2001; *dies./Senne*, Das gemeinschaftsrechtliche Verbot der Altersdiskriminierung und seine Bedeutung für das deutsche Arbeitsrecht, in: Recht der Arbeit 2002, 80; *Tapiola*, The ILO Declaration on Fundamental Principles and Rights at Work and its Follow-up, Bulletin of Comparative Labour Relations 37 (2000), 9; *Wendeling-Schröder*, Grund und Grenzen gemeinschaftsrechtlicher Diskriminierungsverbote im Zivil- und Arbeitsrecht, NZA 2004, 1320; *Winter*, Gleiches Entgelt für gleichwertige Arbeit, 1998; *Zachert*, Die Sicherung und Gestaltung des Normalarbeitsverhältnisses durch Tarifvertrag, 1989.

938 BAG GS 21.4.1971, AP Nr. 43 zu Art. 9 GG Arbeitskampf.
939 *Gamillscheg*, Kollektives Arbeitsrecht I, § 16 V 4, 707; Wiedemann/*Wiedemann*, Einl. Rn. 424 hat grundsätzliche Bedenken, hier von »tarifdispositivem Richterrecht« zu sprechen.
940 *Däubler/Schiek*, Einl. Rn. 337; *MünchArb/Löwisch-Rieble*, § 259 Rn. 10; *Löwisch/Rieble*, § 1 Rn. 412ff.

## I. Das Recht der Europäischen Gemeinschaft

303 Tarifverträge des nationalen Rechts sind auf ihre **Vereinbarkeit** mit dem Recht der Europäischen Gemeinschaft zu überprüfen. Das folgt aus dem grundsätzlichen Vorrang des Gemeinschaftsrechts vor dem nationalen Recht[941] und ist inzwischen in zahlreichen Entscheidungen sowohl vom Europäischen Gerichtshof[942] als auch vom Bundesarbeitsgericht festgestellt worden.[943]
Wie Gemeinschaftsrecht im Einzelnen auf konkrete nationale Tarifverträge wirkt, hängt davon ab, ob es sich um Primärrecht, also insbesondere Vorschriften des EG-Vertrags selbst handelt (dazu Grundl. Rn. 305 f.), oder um Sekundärrecht, insbesondere Verordnungen oder Richtlinien (dazu Grundl. Rn. 307 ff.).

304 Zum sozialen Dialog auf Gemeinschaftsebene und der Möglichkeit »europäischer Tarifverträge« siehe § 1 Rn. 711 ff.

### 1. Primärrecht

305 Tarifverträge sind EG-rechtskonform **auszulegen**, das heißt, es ist zunächst davon auszugehen, dass die Tarifvertragsparteien keine Regelung im Widerspruch zu EG-Recht treffen wollten.[944] Ist eine solche Auslegung nicht möglich, weil die Tarifregelung eindeutig ist, so sind Tarifverträge **unwirksam**, wenn sie gegen unmittelbar wirkendes, auch an die Tarifvertragsparteien gerichtetes, Primärrecht verstoßen.[945]
Aus dem primären Gemeinschaftsrecht sind hier vor allem die unmittelbar wirkenden Art. 141 (Entgeltgleichheit für beide Geschlechter)[946] sowie Art. 12 (Diskriminierungsverbot wegen Staatsangehörigkeit) und Art. 39 (Freizügigkeit der Arbeitnehmer)[947] des EG-Vertrags von Bedeutung.

306 In der Rechtsprechung ist noch ungeklärt, ob auch die Wettbewerbsregeln der **Art. 81/82 EG-V** auf Tarifverträge anwendbar sind. Dabei geht es um die allgemeine Frage, ob Tarifverträge als wettbewerbsbeschränkende Verträge anzusehen sind bzw. ob und wie weit hier ausschließlich arbeitsrechtliche Grundsätze der Kollektivvereinbarungsautonomie gelten.
Weil der Arbeitsmarkt nach anderen Prinzipien funktioniert als Güter- und Dienstleistungsmärkte und eine kollektive Koordination und Einschränkung der Wettbewerbsfreiheit zum Schutz der Arbeitnehmer erforderlich und über das Menschenrecht der Koalitionsfreiheit auch rechtlich garantiert ist, spricht viel da-

---

941 BVerfG 22.10.1986, E 73, 339; trotz einiger Relativierungen auch BVerfG 12.10.1993, E 89, 155.

942 Zum Beispiel EuGH 12.2.1974 (C 146/73), E 1974, 139; EuGH 27.6.1990 (C 33/89), E I 1990, 2591 = AP Nr. 21 zu Art. 119 EWG-Vertrag (»Kowalska«); EuGH 27.10.1993 (C 127/92), E I 1993, 5535 = AP Nr. 50 zu Art. 119 EWG-Vertrag (»Enderby«); EuGH 15.1.1998 (C-215/96), E I 1998, 47 = AP Nr. 1 zu Art. 48 EG-Vertrag (»Schöning Kougebetopoulou«).

943 Zum Beispiel BAG 2.12.1992 (4 AZR 152/92), AP Nr. 28 zu § 23a BAT.

944 *Däubler/Däubler*, Einl. Rn. 519; *Däubler/Schiek*, Einl. Rn. 346.

945 Zum Beispiel EuGH 15.1.1998 (C-215/96), E I 1998, 47 = AP Nr. 1 zu Art. 48 EG-Vertrag (»Schöning Kougebetopoulou«); *Däubler/Schiek*, Einl. Rn. 354, 368 ff.; *Löwisch/Rieble*, § 1 Rn. 305.

946 EuGH 18.4.1976 (C 43/75), EuGHE I 1976, 455 (»Defrenne«); EuGH 7.2.1991 (C-184/89), E I 297 (»Nimz«); EuGH 21.10.1999 (C-333/97), E I-7243 (»Lewen«). Zum Teil wurde neben Art. 141 EG-Vertrag auch die Lohngleichheitsrichtlinie 75/117/EWG herangezogen (vgl. etwa EuGH 27.6.1990 (C 33/89), E I 1990, 2591 = AP Nr. 21 zu Art. 119 EWG-Vertrag (»Kowalska«). Siehe auch *Däubler/Schiek*, Einl. Rn. 372, 390 ff.

947 Bisheriger Art. 48. EuGH 15.1.1998 (C-215/96), E I 1998, 47 = AP Nr. 1 zu Art. 48 EG-Vertrag (»Schöning Kougebetopoulou«); *Däubler/Schiek*, Einl. Rn. 373 ff., 422 ff.

für, dass das **Tarifrecht** einen **Ausnahmebereich** darstellt, auf den Art. 81 nicht anwendbar ist. Jedenfalls ist es der Gemeinschaft untersagt, ihre Rechtsetzung so weit auszudehnen, dass hierdurch die Kollektivvereinbarungsautonomie unangemessen eingeengt würde. Das ergab sich bereits bisher nicht nur aus den sozialpolitischen Zielen der Gemeinschaft (Art. 2, Art. 136 ff EG-V) und dem Subsidiaritätsprinzip zu Gunsten autonomer Rechtsetzung (siehe dazu § 1 Rn. 712), sondern auch aus der Bindung aller Gemeinschaftsorgane an die allgemeinen Rechtsgrundsätze der Mitgliedstaaten als ungeschriebenes Gemeinschaftsrecht, zu denen die Kollektivvertragsautonomie gehörte. Mit Art. II/72 (1) und Art. II/88 des Vertrags über eine Verfassung für Europa könnte die Kollektivvertragsautonomie künftig sogar unmittelbar bindend werden (zum Stand siehe § 1 Rn. 710.[948] Auch der Europäische Gerichtshof hat bereits anerkannt, dass Tarifverträge, die solche sozialpolitischen Ziele verfolgen, nicht durch Art. 81 EG-V beschränkt sind.[949]

Dies bedeutet jedoch, dass jeweils europarechtlich festzustellen ist, ob ein solcher Ausnahmefall von Art. 81 EG-V vorliegt, ob es sich also im Einzelfall um einen Kollektivvertrag handelt, der sozialpolitische Ziele verfolgt.[950] Dieser rechtliche Rahmen wird künftig möglicher Weise die **Entwicklung eines europarechtlichen Begriffs des »Tarifvertrags«** vorantreiben. Entsprechend den grund- und menschenrechtlichen Vorgaben ist dabei allerdings davon auszugehen, dass die Kollektivvereinbarungsfreiheit im Hinblick auf alle sozialpolitischen Ziele der Gemeinschaft ausgeübt werden kann[951]; Art. 81 EG-V führt so nicht zu einer zusätzlichen materiellen Inhaltskontrolle von Tarifverträgen.

## 2. Sekundärrecht

Unmittelbar wirkendes sekundäres Gemeinschaftsrecht wie die **Verordnung** 307
(Art. 249 Abs. 2 EG-Vertrag) wirkt in gleicher Weise wie Primärrecht. So ist die tarifliche Vereinbarung von schlechteren Arbeitsbedingungen für EG-Ausländer gegenüber deutschen Arbeitnehmern durch Art. 7 Abs. 4 der Freizügigkeitsverordnung ausdrücklich ausgeschlossen.[952] Beispielsweise sind danach Beschäftigungszeiten in anderen Mitgliedstaaten in gleicher Weise zu behandeln wie Beschäftigungszeiten im Inland.[953] Auch die EG-Verordnung über Lenk- und Ruhezeiten sowie Leistungsentgelte von LKW-Fahrern bindet die Tarifvertragsparteien unmittelbar.[954]

---

948 ABl. EG Nr. C 310 vom 16.12.2004; zur Wirkung siehe *Gallner*, Jahrbuch des Arbeitsrechts 41 (2003), 37ff., 41ff.; siehe auch *Blanke*, Anm. zu EuGH 21.9.1999 (C-60/96), E I-5751 (»Albany«), AuR 2000, 28 (30).

949 EuGH 21.9.1999 (C-60/96), E I-5751 (»Albany«); ausführlich zu dieser und den Parallelentscheidungen »Brentjens« und »Drijvende Bokken«: *Bruun/Hellsten*, Collective Agreement and Competition in the EU Rn. 63ff.; *Däubler/Schiek*, Einl. Rn. 480ff.; *Britz*, in: Britz/Volkmann, Tarifautonomie, 43ff.; siehe auch *Bryde*, RdA 2003, Beilage 5, 6f.

950 *Bruun/Hellsten*, Collective Agreement and Competition in the EU Rn. 84ff.

951 So auch *Däubler/Schiek*, Einl. Rn. 483; für ein weites Verständnis von Kollektivvereinbarungen auch *Blanke*, Anm. zu EuGH 21.9.1999 (C-60/96), E I-5751 (»Albany«), AuR 2000, 28 (32).

952 Verordnung (EWG) Nr. 1612/68 über die Freizügigkeit der Arbeitnehmer innerhalb der Gemeinschaft vom 15.10.1968; EuGH 8.7.1999 (C-234/97), E 1999 I-4773 (»Fernandez de Bobadilla«).

953 EuGH 15.1.1998 (C-215/96), E I 1998, 47 = AP Nr. 1 zu Art. 48 EG-Vertrag (»Schöning Kougebetopoulou«).

954 Art. 6–9 der Verordnung (EWG) Nr. 3820/85 des Rates vom 20.12.1985 über die Harmonisierung bestimmter Sozialvorschriften im Straßenverkehr.

**308** Die Gemeinschaft hat mittlerweile darüber hinaus zahlreiche **Richtlinien** im Bereich der Sozialordnung erlassen; im Verhältnis zu Tarifverträgen haben bislang insbesondere die Richtlinien zum Diskriminierungsschutz und zur Arbeitszeit eine Rolle gespielt. Europäische Richtlinien wirken im Gegensatz zu Verordnungen lediglich mittelbar (Art. 249 Abs. 3 EG-Vertrag). Sie verpflichten die Mitgliedstaaten dazu, das nationale Recht an die Richtlinienvorgaben anzugleichen; in der Regel hat der Staat dann auch dafür zu sorgen, dass richtlinienwidrige Regelungen aus Tarifverträgen entfernt oder für nichtig erklärt werden können.[955]

Ist eine Richtlinie einmal in nationales Recht **umgesetzt**, so ist Prüfungsmaßstab für den Tarifvertrag allein das nationale Recht.[956] Dieses ist jedoch gemeinschaftskonform auszulegen, wobei Zweifel an der Auslegung des europäischen Rechts durch den Europäischen Gerichtshof geklärt werden können oder gar müssen.[957] So hat das Bundesarbeitsgericht Tarifverträge an § 2 Abs. 1 BeschFG (entspricht dem jetzigen § 4 Abs. 1 TzBfG)[958] oder § 612 Abs. 3 BGB[959] gemessen, nicht aber unmittelbar an den europäischen Richtlinien.[960] Bevor ein Rechtsverstoß anzunehmen ist, sind Tarifverträge allerdings zunächst gemeinschaftskonform auszulegen (siehe dazu Grundl. Rn. 305).

**309** Auch soweit eine Richtlinie nicht fristgemäß oder nicht zureichend in innerstaatliches Recht umgesetzt wurde, kann sich der einzelne nach der Rechtsprechung des Europäischen Gerichtshofs jedenfalls gegenüber einem **öffentlichen Arbeitgeber** unmittelbar auf die Gemeinschaftswidrigkeit einer Tarifbestimmung berufen.[961] Der öffentliche Arbeitgeber unterliegt danach in seiner privatrechtlichen Funktion als Arbeitgeber allein auf Grund seiner institutionellen Zugehörigkeit zum staatlichen Bereich engeren Bindungen an europäisches Recht.

Wegen der Rechtskonstruktion der Richtlinie nach Art. 249 Abs. 3 EG-Vertrag ist jedoch ein **privater Arbeitgeber** nicht unmittelbar an gemeinschaftsrechtliche Richtlinien gebunden. Ist eine richtlinienkonforme Auslegung nicht möglich oder nicht erfolgt, so kommt allenfalls unter bestimmten Bedingungen ein Schadensersatzanspruch gegen den säumigen Staat wegen der unzureichenden Richtlinienumsetzung in Betracht.[962] Dies hat der Europäische Gerichtshof erst im Jahre 2004 nach einer lebhaften rechtswissenschaftlichen Diskussion wieder bekräftigt. Danach kann »sogar eine klare, genaue und unbedingte Richtlinienbestimmung, mit der dem Einzelnen Rechte gewährt oder Verpflichtungen auf-

---

955 Ein ausdrückliches Gebot in diesem Sinne findet sich zum Beispiel in Art. 4 der Lohngleichheitsrichtlinie 75/117/EWG oder Art. 16 Nr. b der Rahmenrichtlinie gegen Diskriminierung 2000/78/EG; etwas schwächer Art. 18 (1a) der Arbeitszeitrichtlinie 93/104/EG.

956 *Löwisch/Rieble*, § 1 Rn. 306.

957 Nach Art. 234 EG-V kann das Gericht eines Mitgliedstaates den EuGH in Anspruch nehmen, um Fragen der Auslegung europäischen Rechts klären zu lassen (Vorabentscheidung). Zur Vorlagepflicht des Art. 234 Abs. 3 EG-V durch letztinstanzliche Gerichte siehe zum Beispiel *Kenntner*, EuZW 2005, 235, mit weiteren Nachweisen.

958 Z.B. BAG 23.6.1993 (10 AZR 127/92), AP Nr. 1 zu § 34 BAT.

959 BAG 23.9.1992 (4 AZR 30/92), AP Nr. 1 zu § 612 BGB Diskriminierung; BAG 10.12.1997 (4 AZR 264/96), BAGE 87, 282.

960 Zum Verhältnis der Normen siehe auch *Däubler/Schiek*, Einl. Rn. 403ff.

961 Grundlegend dann EuGH, 12.7.1990 (C-188/89), E 1990, 3313 (»British Gas«) (»Organisationen oder Einrichtungen, die dem Staat oder dessen Aufsicht unterstehen oder mit besonderen Rechten ausgestattet sind, die über diejenigen hinausgehen, die nach den Vorschriften für die Beziehungen zwischen Privatpersonen gelten«); EuGH 5.10.2004 (C-397–403/01), NJW 2004, 3547 (»Pfeiffer«).

962 EuGH 19.11.1991 (C-6/90), E I 1991, 5357 (»Francovich«); EuGH 14.7.1994 (C-91/92), E I 3347 (»Faccini Dori«).

erlegt werden sollen, im Rahmen eines Rechtsstreits, in dem sich ausschließlich Private gegenüberstehen, nicht als solche Anwendung finden«. Allerdings ist immer eine richtlinienkonforme Auslegung oder gar Fortbildung des nationalen Rechts in Betracht zu ziehen.[963] Auch Tarifverträge sind jedenfalls nach Ablauf der Umsetzungsfrist der Richtlinie bereits dann gemeinschaftskonform auszulegen, wenn der jeweilige Mitgliedstaat eine Richtlinie noch nicht umgesetzt hat.[964]

### 3. Insbesondere: Das Verhältnis von Tarifverträgen zum europäischen Antidiskriminierungsrecht

Zu Konflikten zwischen Tarifautonomie und europäischem Recht haben in der Vergangenheit insbesondere die europarechtlichen **Diskriminierungsverbote** geführt. Bereits das Gebot der Entgeltgleichheit für Männer und Frauen nach Art. 141 EG-V ist vom Europäischen Gerichtshof weit interpretiert worden. Es erfasst nicht nur das Grundentgelt, sondern auch »alle sonstigen Vergütungen ..., die der Arbeitgeber aufgrund des Dienstverhältnisses dem Arbeitnehmer unmittelbar oder mittelbar bar oder in Sachleistungen zahlt« (Art. 141 Abs. 2 EG-V).[965] Das Gebot enthält genau wie die Richtlinien zur Gleichbehandlung der Geschlechter im Arbeitsleben[966] auch ein Verbot der mittelbaren Diskriminierung, womit es unter anderem zur Gleichbehandlung von Teilzeitbeschäftigten verpflichtet. 310

Darüber hinaus hat die Europäische Gemeinschaft auf der Grundlage des Art. 13 EG-V den Diskriminierungsschutz auf andere Gruppen ausgedehnt (Antirassismus-Richtlinie 2000/43/EG und Rahmenrichtlinie gegen Diskriminierung 2000/78/EG).[967] Im deutschen Recht sind sie bis Herbst 2005 noch nicht umgesetzt worden.[968] Vor allem über die Auslegung dieser Diskriminierungsverbote greift europäisches Recht in seiner Ausformung durch den Europäischen Gerichtshof zunehmend in Tarifverträge ein.[969]

Dabei stehen nicht zuletzt diskriminierende Entgeltsysteme in Frage. Solange die Tarifparteien nicht selbst ihre **Entgeltpolitik** an Hand der vorliegenden diskriminierungsfreien Arbeitsbewertungssysteme überprüfen und korrigieren[970], ist eine entsprechende Verrechtlichung der Arbeitsbeziehungen unvermeidlich. Bei einer Verrechtlichung müssen aber tarifpolitische Faktoren wie Organisations- 311

963 EuGH 5.10.2004 (C-397–403/01), NJW 2004, 3547 (»Pfeiffer«) (mit Anm. von *Schlachter*), RdA 2005, 115; a.A. *Winter*, Anm. zu EuGH 20.3.2003 (C-187/00), E I 2003, 2741 (»Kutz-Bauer«), in: AuR 2003, 270; *Wank*, Anm. zu BAG 18.2.2003 (1 ABR 2/02), RdA 2004, 246; siehe auch EuGH, 3.10.2000 (C-303/98), E I 2000, 7963 = AP Nr. 2 zu EWG-Richtlinie Nr. 93/104 (»SIMAP«).

964 Vgl. BGH 5.2.1998 (I ZR 211/95), Z 138, 55, zur richtlinienkonformen Auslegung bereits vor Ablauf der Umsetzungsfrist; einschränkend EuGH 25.10.2001 (C-49/98), E I-7831 (»Finalarte«).

965 Genauer zum Beispiel *Winter*, Gleiches Entgelt, 106ff.; zur Abgrenzung zwischen Art. 141 EG-V und der Gleichbehandlungsrichtlinie 76/207/EWG siehe zum Beispiel EuGH 18.11.2004 (C-284/02), EuZW 2005, 119 (»Sass«).

966 Insbesondere Lohngleichheitsrichtlinie 75/117/EWG; Richtlinie zur Geschlechtergleichbehandlung 76/207/EWG, geändert durch die Richtlinie 2002/73/EG.

967 Zu den Anforderungen siehe beispielhaft für das Verbot der rassistischen Diskriminierung *Schiek*, AuR 2003, 44; für die Altersdiskriminierung *Schmidt/Senne*, RdA 2002, 80.

968 Vgl. aber § 81 SGB IX sowie den Fraktionsentwurf vom 15.12.2004 zur Umsetzung europäischer Antidiskriminierungsrichtlinien, BT-Drucks. 15/4538.

969 *Zachert*, Normalarbeitsverhältnis, 100ff. Ausführlich zum Ganzen *Däubler/Schiek*, Einl. Rn. 390ff., 451ff.

970 Ausführlich zur bisherigen Tarifpraxis und künftigen Perspektiven *Pfarr*, 50 Jahre BAG, 787. Zur Notwendigkeit der Verzahnung des Antidiskriminierungsrechts mit präventiven personalpolitischen Anstrengungen siehe *Wendeling-Schröder*, NZA 2004, 1323.

grad, Durchsetzungsfähigkeit der Gewerkschaften oder die Mitgliederstruktur in den unterschiedlichen Tarifgebieten außer Betracht bleiben[971], denn diese können selbst diskriminierende Arbeitsmarktstrukturen widerspiegeln und insofern keine Rechtfertigung für Diskriminierung darstellen.

312 **Gleiches Entgelt für gleichwertige Arbeit** bedeutet nach den europarechtlichen Vorgaben, dass Entgeltsysteme durchschaubar sein und objektive Differenzierungskriterien enthalten müssen, die für die Ausführung der jeweils spezifischen Aufgaben bedeutsam sein, diese ihrem tatsächlichen Wesen nach bewerten und für alle Beschäftigte gleichmäßig gelten müssen. Die Kriterien sind diskriminierungsfrei zu gewichten, auszulegen und anzuwenden.[972] Dabei kann auch ein horizontaler Vergleich verschiedener Tarifverträge vorgenommen werden, wenn diese von denselben Tarifparteien abgeschlossen wurden.[973]

313 Die Problematik der **Verrechtlichung der Arbeitsbeziehungen** ist letztlich weniger eine Frage des spezifischen Verhältnisses zum Europarecht, als eine generelle Frage der Bedeutung von Gleichbehandlungsgeboten im Tarifrecht. So werden künftig die deutschen Vorschriften zur Umsetzung der europäischen Antidiskriminierungsrichtlinien 2000/43/EG, 2000/78/EG und 2002/73/EG[974] genau wie die zur Zeit geltende Norm des § 611a BGB nicht nur gemeinschaftskonform auszulegen sein (siehe oben bei Grundl. Rn. 305), sondern stellt auch einen Ausfluss der verfassungsrechtlichen Gleichheitsgrundsätze (Art. 3 Abs. 2 und 3 GG) dar[975], an den die Tarifparteien ohnehin gebunden sind (genauer auch Grundl. Rn. 220ff.).[976] Auch das Verfassungsrecht kann einen horizontalen Vergleich verschiedener Tarifverträge erfordern.[977]

Die Bedeutung des europäischen Rechts rührt lediglich daher, dass es zu einem Umdenken und einem stärkeren Bewusstsein diskriminierender Strukturen geführt hat und in der Konsequenz zu einer problembewussteren Auslegung auch der verfassungsrechtlichen Diskriminierungsverbote und des allgemeinen Gleichbehandlungsgrundsatzes im deutschen Recht.

## II. Völkerrecht und internationale Abkommen

314 Internationale, völkerrechtliche Abkommen enthalten nicht nur Regelungen über die Koalitions- und Kollektivverhandlungsfreiheit (siehe dazu § 1 Rn. 709ff.), sondern auch Sozialstandards sowie bürgerliche und soziale Menschenrechte.[978] Eine direkte Bindung der Bundesrepublik Deutschland besteht über Art. 25 GG bei den allgemeinen Grundsätzen des Völkerrechts sowie bei anderen unmittelbar wirkenden Völkerrechtsnormen wie der EMRK.[979] Diese Bin-

971 *Wißmann*, ZTR 1994, 230; *Preis*, ZIP 1995, 901.

972 *Winter*, Gleiches Entgelt, 124ff.; *Pfarr*, 50 Jahre BAG, 782f.

973 EuGH 27.10.1993 (C 127/92), E I 1993, 5535 = AP Nr. 50 zu Art. 119 EWG-Vertrag (»Enderby«); differenzierend EuGH 17.9.2002 (C-320/00), AP Nr. 5 zu Art. 141 EG (»Lawrence«) für einen Vergleich zwischen unterschiedlichen Arbeitgebern.

974 Zum Stand der Gesetzgebung im Herbst 2005 siehe Grundl. Rn. 310.

975 BVerfG 16.11.1993 (1 BvR 258/86), E 89, 276, 286. Zum Verhältnis der Normen auch *Däubler/Schiek*, Einl. Rn. 403ff.

976 Siehe insbesondere *Schlachter*, Jahrbuch des Arbeitsrechts 40 (2002), 60ff.

977 Vgl. zum Beispiel BAG 17.10.1995 (3 AZR 882/94), AP Nr. 132 zu § 242 BGB Gleichbehandlung.

978 Für einen Überblick im Verhältnis zum deutschen und europäischen Recht siehe *Böhmert*, Recht der ILO.

979 Zur Bindung deutscher Gerichte an Urteile des EGMR siehe jetzt insbesondere BVerfG 14.10.2004 (2 BvR 1481/04), NJW 2004, 3407; *Meyer-Ladewig/Petzold*, NJW 2005, 15ff.

dung erfasst die Tarifvertragsparteien allerdings nur, soweit die Normen sich auch an diese richten (was durch Auslegung zu ermitteln ist).[980] Jedenfalls für die Kernarbeitsnormen der ILO[981] ist von einer solchen unmittelbaren Wirkung auszugehen.[982]

Soweit internationale Abkommen jedoch nicht unmittelbar wirken, sondern sich lediglich an die Unterzeichnerstaaten richten (wie zum Beispiel die meisten ILO-Übereinkommen), sind Tarifverträge nicht auf ihre Vereinbarkeit mit solchen Abkommen zu kontrollieren. Allerdings sind sie (genau wie das transformierende innerstaatliche Recht)[983] völkerrechtsfreundlich auszulegen, soweit dies möglich ist.[984]

Zur grenzüberschreitenden Geltung von Tarifverträgen sowie der Möglichkeit **315**
internationaler Tarifverträge siehe ausführlich § 4 Rn. 30ff.

## E. Das Verhältnis des Tarifvertrages zur Betriebsvereinbarung

**Literatur:**

*Annuß*, Schutz der Gewerkschaften vor tarifwidrigem Handeln der Betriebsparteien?, RdA 2000, 287; *Brecht*, Die Umsetzung von Tarifverträgen auf Betriebsebene, 2003; *Britz/Volkmann*, Tarifautonomie in der Bundesrepublik Deutschland, 2003; *Buchner*, Wirkliche und vermeintliche Gefährdungen der Tarifautonomie, FS Kissel, 1994, 97; *ders.*, Arbeitszeitregulierungen im Spannungsfeld zwischen Tarifvertrag und Betriebsvereinbarung, NZA 1986 377; *ders.*, Rechtswirksamkeit der tarifvertraglichen Regelung über die Flexibilisierung der Arbeitszeit in der Metallindustrie, DB 1985, 913; *ders.*, Betriebsverfassungs- Novelle auf dem Prüfstand, NZA 2001, 633; *Dieterich*, Arbeitsgerichtlicher Schutz der kollektiven Koalitionsfreiheit, AuR 2005, 121; *Dorndorf*, Das Verhältnis von Tarifautonomie und individueller Freiheit als Problem dogmatischer Theorie, FS Kissel, 1994, 139; *ders.*, Mehr Individualvertragsfreiheit im Arbeitsrecht?, FS Gnade 1992, 39; *Ehmann/Lambrich*, Vorrang der Betriebs- vor der Tarifautonomie kraft des Subsidiaritätsprinzips? NZA 1996, 346; *Ehmann/Schmidt*, Betriebsvereinbarungen und Tarifverträge, NZA 1995, 193; *Fischer*, Die tarifwidrigen Betriebsvereinbarungen, 1998; *Friese*, Kollektive Koalitionsfreiheit und Betriebsverfassung, Berlin 2000; *Gast*, Tarifautonomie und die Normsetzung durch Betriebsvereinbarung, 1981; *Goethner*, Die rechtlichen Auswirkungen der gegen § 77 Abs. 3 verstoßenden Betriebsvereinbarung, 2003; *Lambrich*, Tarif- und Betriebsautonomie; 1999; *Hablitzel*, Das Verhältnis von Tarif- und Betriebsautonomie im Lichte des Subsidiaritätsprinzips, NZA 2001, 467; *ders.*, Zur Zulässigkeit von Betriebsvereinbarungen bei bestehender Tarifüblichkeit, DB 1971, 2158; *Hanau*, Die Deregulierung

980 *Däubler/Schiek*, Einl. Rn. 343ff.; weitergehend wohl *Löwisch/Rieble*, § 1 Rn. 305. Auch insoweit muss jedoch Anderes für allgemeinverbindliche Tarifverträge gelten; diese sind in jedem Fall an den unmittelbar wirkenden Völkerrechtsnormen zu überprüfen.

981 Erklärung der ILO zu den Kernarbeitsnormen aus dem Jahre 1998, www.ilo.org/dyn/declaris/declarationweb.indexpage (1. 9. 2005); im Einzelnen *Tapiola*, Bulletin of Comparative Labour Relations 37 (2000), 9ff.

982 Zur tatsächlichen und rechtlichen Bedeutung siehe schon *Kocher*, RdA 2004, 27 ff und zur wettbewerbsrechtlichen Bedeutung *Kocher*, GRUR 2005, 647.

983 *Däubler/Däubler*, Einl. Rn. 160f.

984 *Däubler/Schiek*, Einl. Rn. 46; *Däubler/Däubler*, Einl. Rn. 519; Wiedemann/*Wiedemann*, Einl. Rn. 196f. Generell zur Völkerrechtsfreundlichkeit des deutschen Rechts BVerfG 14. 10. 2004 (2 BvR 1481/04), NJW 2004, 3407.

von Tarifverträgen durch Betriebsvereinbarungen als Problem der Koalitionsfreiheit, RdA 1993, 1; *ders.*, Rechtswirkungen der Betriebsvereinbarung, RdA 1989, 207; *ders.*, Denkschrift zu dem Regierungsentwurf eines Gesetzes zur Reform des Betriebsverfassungsgesetzes, RdA 2001, 65; *v. Hoyningen-Huene*, Die Bezugnahme auf einen Firmentarifvertrag durch Betriebsvereinbarung, DB 1994, 2026; *ders.*, Das Spannungsfeld zwischen Betriebsvereinbarung und Tarifvertrag, NZA 1986, 73; *Hromadka*, Gesetzliche Tariföffnungsklausel – unzulässige Einschränkung der Koalitionsfreiheit oder Funktionsbedingung der Berufsfreiheit?, NJW 2003, 1273, *Kempen*, Betriebsvereinbarung und Tarifvertrag, RdA 1994, 140; *ders.*, Struktur- und Funktionsunterschiede zwischen Tarifvertrag und Betriebsvereinbarung, ArbRGgw 31 (1993), 97; *ders.*, Das grundrechtliche Fundament der Betriebsverfassung, AuR 1986, 129; *ders.*, Persönliche Leistungsverhinderung und Grundrecht im Arbeitsverhältnis – Ein Beitrag zur Auslegung des § 616 I BGB, ArbRGgw 25 (1987), 75; *ders.*, Grundgesetz, technischer Wandel und betriebliche Mitbestimmung, AuR 1988, 271; *Konzen*, Tarifvertragliche und innerbetriebliche Normsetzung, BB 1977, 1307; *Lethert*, Ist der in § 77 Abs. 3 BetrVG 1972 normierte Tarifvorbehalt nur noch ein »law in the book«?, 2001; *Möschel*, Das Spannungsverhältnis zwischen Individualvertrag, Betriebsvereinbarung und Tarifvertrag, BB 2002, 1314; *Moll*, Der Tarifvorrang im Betriebsverfassungsgesetz, 1980; *Preis*, Einseitige tarifliche Bestimmungsrechte des Arbeitgebers und das Mitbestimmungsrecht des Betriebsrats nach § 87 Abs. 1 BetrVG, DB 1973, 474; *Picker*, Tarifautonomie – Betriebsautonomie – Privatautonomie, NZA 2002, 761; *Pieroth*, Koalitionsfreiheit, Tarifautonomie und Mitbestimmung, FS 50 Jahre Bundesverfassungsgericht, Band II, 2001, 293; *Reichold*, Die reformierte Betriebsverfassung 2001, NZA 2001, 857; *Richardi*, Welche Folgen hätte eine Aufhebung des Tarifvorbehalts (§§ 77 III BetrVG)?, NZA 2000, 617; *Schliemann*, Zur arbeitsgerichtlichen Kontrolle kollektiver Regelungen, in: Arbeitsrecht und Sozialpartnerschaft, FS Hanau, 1999, 577; *Schwarze*, Der Betriebsrat im Dienste der Tarifvertragsparteien, 1991; *Wolter*, Standortsicherung, Beschäftigungssicherung, Unternehmensautonomie, Tarifautonomie, RdA 2002, 218; *Zachert*, Beschäftigungssicherung durch Tarifvertrag als Prüfstein für Umfang und Grenzen der Tarifautonomie, DB 2001, 1198; *ders.*, Elemente einer Dogmatik der Grundrechtsbindung der Tarifparteien, AuR 2002, 330; *ders.*, Tarifvertrag, Günstigkeitsprinzip und Verfassungsrecht, AuR 2004, 121.

## I. Überblick über die Problematik und die gesetzlichen Regelungen

316 Das deutsche Arbeitsrecht ist geprägt durch eine **Zweiteilung der kollektiven Interessenvertretung:** Einerseits sind die Gewerkschaften, denen die einzelnen Arbeitnehmer beitreten (können) und die als »Koalitionen« den besonderen Schutz der Verfassung genießen (Art. 9 Abs. 3 GG) legitimierte Interessenvertreter der Arbeitnehmer, andererseits sind auch die in den Betrieben von allen Beschäftigten zu wählenden Betriebsräte (§ 1 BetrVG) Interessenvertreter und Repräsentanten der Belegschaft. Dieses **duale System**, das zu Beginn des vergangenen Jahrhunderts durchaus beargwöhnt wurde, wird heute überwiegend als effektiv angesehen.[985] Nach wie vor aber gibt es Reibungspunkte.[986]

985 DKK-*Däubler*, Einl. Rn. 37 ff., insbesondere Rn. 53 ff.; Richardi/*Richardi*, BetrVG, Einl. Rn. 44 ff.
986 *Gamillscheg*, Kollektives Arbeitsrecht I, § 6 IV, 233 ff.

Einer dieser Reibungspunkte basiert auf der Tatsache, dass sowohl **Gewerkschaften als auch Betriebsräte Kollektivverträge** abschließen können, die **normativ** wirken (§ 4 Abs. 1 TVG, § 77 Abs. 4 Satz 1 BetrVG). Damit stellt sich die Frage, in welchem Verhältnis die Kollektivvereinbarungen der Tarifparteien (Tarifverträge) zu denen der Betriebsparteien (Betriebsvereinbarungen) stehen.

**Das Gesetz gibt auf die Frage nach dem Verhältnis von Tarifvertrag und Betriebsvereinbarung nur unvollständig Antwort**. Das grundsätzlich für den Bereich des Tarifvertragsrechts geltende Günstigkeitsprinzip des § 4 Abs. 3 TVG (vgl. § 4 Rn. 247 ff.), nach dem von Tarifverträgen nur zugunsten der Arbeitnehmer abgewichen werden darf, ist bezüglich der Wirksamkeit von Betriebsvereinbarungen durch besondere Vorschriften des Betriebsverfassungsgesetzes überlagert: § 2 Abs. 3 BetrVG bestimmt, dass die Aufgaben der Gewerkschaften und der Vereinigungen der Arbeitgeber durch das BetrVG nicht berührt werden und die §§ 77 Abs. 3 und 87 Abs. 1 Eingangssatz BetrVG weisen tarifvertraglichen Regelungen einen Vorrang vor Betriebsvereinbarungen zu. Dieser Tarifvorrang schützt die Tarifparteien und die »**ausgeübte und aktualisierte Tarifautonomie**« vor der Konkurrenz durch die Betriebsparteien: Betriebsräte sollen nicht als beitragsfreie »**Ersatzgewerkschaften**« fungieren können.[987] Betriebsvereinbarungen, die unter Missachtung des Tarifvorbehalts abgeschlossen worden sind, sind rechtsunwirksam; sie sind damit auch für die einzelnen Arbeitnehmer nicht bindend. Ihre Unwirksamkeit kann im Individualrechtsstreit geltend gemacht werden: wenn untertarifliche Bezahlung vereinbart wurde, kann der Arbeitnehmer auch im Nachhinein Tariflohn verlangen. Hierin liegt keine unzulässige Rechtsausübung. Dies gilt jedenfalls, wenn er keine konkrete Gegenleistung erhalten hat.[988] Darüber hinaus hat auch die tarifschließende Gewerkschaft Rechtsbehelfe und zwar den Einwirkungsanspruch auf Durchführung des Tarifvertrages gegenüber dem Arbeitgeberverband, gegebenenfalls den betriebsverfassungsrechtlichen Unterlassungsanspruch gegen den Arbeitgeber gemäß § 23 Abs. 3 BetrVG und nach der neueren Rechtsprechung des BAG den koalitionsrechtlichen Unterlassungsanspruch aus §§ 1004, 823 BGB in Verbindung mit Art. 9 Abs. 3 GG.[989] 317

Wie weit die Sperrwirkung des § 77 Abs. 3 BetrVG reicht und wann der Tarifvorrang gemäß § 87 Abs. 1 BetrVG greift, ist bis heute umstritten. Außerdem ermöglichen § 77 Abs. 3 Satz 2 BetrVG und § 4 Abs. 3 1. Variante TVG den Tarifvertragsparteien Öffnungsklauseln zugunsten der Betriebsparteien. Auch hier bestehen Debatten, inwieweit solche tariflichen Öffnungsklauseln den Betriebsparteien Regelungsspielräume eröffnen können (vgl. dazu § 4 Rn. 394 ff.). 318

Bei der notwendigen Konkretisierung der §§ 77 Abs. 3 und 87 Abs. 1 Eingangssatz BetrVG hat als grundlegendes Prinzip der durch **Art. 9 Abs. 3 GG garantierte Schutz der Tarifvertragsparteien und der Schutz der Tarifautonomie im Vordergrund zu stehen.** 319

987 BAG GS 3.12.1991 (1/90), AP Nr. 51 zu § 87 BetrVG 1972 Lohngestaltung; *Fitting*, § 77 Rn. 67. mit weiteren Nachweisen.

988 LAG Nürnberg 23.11.2000 (8 Sa 15/01), NZA-RR 2002, 525 ff.

989 BAG 20.4.1999 (1 ABR 72/98), AP Nr. 89 zu Art. 9 GG; BAG 13.3.2001 (1 AZB 19/00), AP Nr. 17 zu § 2a ArbGG 1979; bedenklich eng in Bezug auf die Bestimmtheit des Klageantrages aber BAG 19.3.2003 (4 AZR 271/02), AP Nr. 41 zu § 253 ZPO; zu den Einzelheiten vgl. Kittner/Zwanziger/*Kittner*, § 18 Rn. 88 ff., insbesondere Rn. 97 ff.; *Dieterich*, AuR 2005, 121 ff.

320 Das deutsche Arbeitsbeziehungssystem geht in Übereinstimmung mit den Arbeitsbeziehungssystemen in Westeuropa davon aus, dass die Arbeitsbedingungen im Kern autonom ausgehandelt, nicht staatlich vorgeschrieben werden sollen.[990] Wegen der strukturellen Ungleichgewichtigkeit der Verhandlungspartner auf der Ebene des individuellen Arbeitsvertrages wird die Möglichkeit eröffnet, dass die Arbeitnehmer durch den freiwilligen Zusammenschluss in Gewerkschaften zu einer gleichgewichtigen Aushandlung von Mindestarbeitsbedingungen kommen: die Privatautonomie wird in der Form der Kollektivautonomie verwirklicht.[991] Die Bildung und Betätigung von Koalitionen in diesem Sinne und damit die Tarifautonomie sind in Art. 9 Abs. 3 GG festgeschrieben.[992] Das Prinzip der **freien sozialen Gruppenbildung** ist, wie das Bundesverfassungsgericht betont, konstituierend für die demokratische und rechtsstaatliche Ordnung der Bundesrepublik.[993] Diese Grundstruktur wird durch das Prinzip der zwingenden Wirkung des Tarifvertrags und durch den Ausschluss des individuellen Verzichts auf entstandene tarifliche Rechte gesichert. Anders als in mehreren Partnerländern in der Europäischen Union wird aber die zwingende Wirkung von Tarifnormen auf die Mitglieder der tarifschließenden Parteien beschränkt (§ 3 Abs. 1 TVG).[994]

Die demokratischen Strukturen bei der Bildung der Tarifforderungen und die Notwendigkeit, im Falle von Arbeitskämpfen auf die aktive Solidarität der Mitglieder und möglichst auch der Außenseiter bauen zu können, legitimieren die Verbandsentscheidungen; die vertragstypische Austarierung gegensätzlicher Interessen rechtfertigt die Verhandlungsergebnisse (Richtigkeitsgewähr oder besser Richtigkeitschance).[995] Deren Stabilität gewährleistet die Friedenspflicht. **Dieses Gesamtkonzept ist durch Art. 9 Abs. 3 GG verfassungsrechtlich abgesichert**. Zu den Regelungsbefugnissen der Koalitionen in diesem Sinne gehören insbesondere das Arbeitsentgelt und die sonstigen Arbeitsbedingungen (zum Verhältnis Gesetz und Tarifvertrag vgl. Grundl. Rn. 267ff.).[996]

**Die Rolle der Koalitionen bei der Gestaltung der Arbeitsbedingungen ergibt sich damit aus der Verfassung selbst**. Daraus folgt, dass diese verfassungsrechtliche Grundentscheidung in Anbetracht des Grundsatzes der verfassungskonformen Auslegung Maßstab für die Auslegung des einfachen Rechts (TVG, BetrVG) ist.[997]

321 **Für die Betriebsverfassung fehlt eine entsprechende verfassungsrechtliche Garantie**. Eine solche lässt sich auch nicht aus der Anerkennung der betriebs-

990 Vgl. z.B. IndBez., Heft 1/2003, Schwerpunkt-Thema: Tarifverhandlungssysteme und Tarifpolitik in Europa.

991 BAG 30.8.2000 (4 AZR 563/99), AP Nr. 25 zu § 4 TVG Geltungsbereich oder AP Nr. 9 zu § 1 TVG Gültigkeit; ErfK/*Dieterich*, Einl. GG Rn. 47; *Löwisch/Rieble*, Grundl. Rn. 4; *Zachert*, AuR 2002, 331; *Schliemann*, FS Hanau, 584ff.; grundsätzlich auch *Picker*, NZA 2002, 762 und 768; diesen Ansatz verkennt *Hromadka*, NJW 2003, 1277, wenn er Art. 9 Abs. 3 GG als Hilfsgrundrecht von Art. 12 GG sieht.

992 Zu Entwicklung und Stand des verfassungsgerichtlichen Schutzes der Tarifautonomie vgl. *Pieroth*, FS 50 Jahre Bundesverfassungsgericht, Bd. II, 296ff.

993 BVerfG 24.2.1999 (1 BvR 123/93), NJW 1999, 2657.

994 Ausnahmen ermöglichen § 5 TVG, das Arbeitnehmerentsendegesetz vom 26.2.1996 und – in engen Grenzen – § 3 Abs. 2 TVG.

995 BVerfG 27.4.1999 (1 BvR 2203/93), AP Nr. 88 zu Art. 9 GG.

996 BVerfG 3.4.2001 (1 BvL 32/97), AP Nr. 111 zu § 9 GG; ebenso schon BVerfG 27.4.1999 (1 BvR 2203/93), NZA 1999, 992ff. und 21.5.1999 (1 BvL 22/98), AP Nr. 93 zu Art. 9 GG; vorsichtig kritisch zum Gesamtkonzept: *Britz/Volkmann*, 12ff.

997 So im Ansatz auch *Schwarze*, Der Betriebsrat, 1991.

rätlichen Mitbestimmung durch das Bundesverfassungsgericht entnehmen, in der der Betriebsrat als das »demokratisch gewählte Organ, in dem sich der Wille der Belegschaft widerspiegelt« bezeichnet wird.[998] Das im Grundgesetz verankerte Sozialstaatsprinzip (Art. 20 Abs. 1, 28 Abs. 1 GG), die Berufsfreiheit des Art. 12 GG und die explizite Nennung als Gegenstand konkurrierender Gesetzgebung in Art. 74 Abs. 1 Nr. 12 GG legitimieren aber den Gesetzgeber zur Regelung der Mitbestimmung.[999]

Die besondere rechtliche Gewichtung der Tarifautonomie ist letztlich eine **322** Konsequenz aus der Tatsache, dass die Betriebsverfassung kein arbeitsmarktförmiges Regelungssystem ist, also keine Selbstbestimmung durch Vertragsschluss intendiert, sondern eine sekundäre Binnenordnung auf der Grundlage der bereits vertraglich (primär) begründeten Arbeitsverhältnisse darstellt. Betriebsverfassungsrecht basiert deshalb zunächst auf der arbeitsvertraglichen Organisationsmacht des Arbeitgebers, welche durch seine Berufsfreiheit (Art. 12 Abs. 1 GG) geschützt ist. Mit der Ausübung dieser Organisationsmacht berührt er zwangsläufig stets auch die berufliche Entfaltungsfreiheit der Arbeitnehmer, welche ebenfalls durch Art. 12 Abs. 1 GG garantiert ist. Sinn der Betriebsverfassung ist es dann, in Erfüllung entsprechender staatlicher (Grundrechts-) Schutzpflichten, ein rechtliches Verfahren zum Ausgleich beider Berufsfreiheitsinteressen zu schaffen.[1000] Der Vorrang des Tarifvertrages gegenüber der Betriebsvereinbarung beruht also darauf, dass das grundrechtliche Selbstbestimmungselement im betriebsverfassungsrechtlichen Verfahren nicht so ausgeprägt ist wie im ausschließlich kollektiv-autonomen Rechtssetzungsprozess der Tarifautonomie (vgl. auch Grundl. Rn. 153 f.).

Diese Grundstruktur erklärt auch, weshalb zwischen Tarifvertrag und Betriebs- **323** vereinbarung nach ganz h. M. weder das Günstigkeitsprinzip, noch das Subsidiaritätsprinzip oder das Spezialitätsprinzip gelten können.[1001]

**Dieses Nebeneinander zweier Modelle der Interessenvertretung ist verfas- 324 sungsrechtlich akzeptiert, allerdings in der Weise, dass die »Funktionsvoraussetzungen der Tarifautonomie« gewahrt bleiben müssen.**[1002] In diesem Zusammenhang hat das BVerfG klargestellt, dass die Mitbestimmung mit der Koalitionsfreiheit nur vereinbar ist, wenn die Koalitionsbetätigung auch in der Betriebsverfassung (und Personalvertretung) gilt.[1003]

---

998 BVerfG 19.02.1975, E 38, 394.

999 Vgl. *Pieroth*, FS 50 Jahre Bundesverfassungsgericht, 301, *Däubler/Zwanziger*, § 4 Rn. 955 ff. sowie *Friese*; a. A. *Lambrich*, 225 f., der den Schutz von Tarif- und Betriebsautonomie für verfassungsrechtlich gleichrangig hält.

1000 BVerfG (Vorprüfungsausschuss) 18.12.1985, NZA 1986, 199; *Kempen*, AuR 1988, 271 ff.; RdA 1994, 150; *Picker*, NZA 2002, 769.

1001 *Fitting*, § 77 Rn. 67, mit weiteren Nachweisen; hinzu kommt die Tatsache, dass § 77 Abs. 3 sowohl lex posterior als auch lex specialis zu § 4 Abs. 3 TVG ist, vgl. *Möschel*, BB 2002, 1314, mit weiteren Nachweisen.

1002 BVerfG 1.3.1979, E 50, 373 = AP Nr. 1 zu § 1 MitbestG.

1003 BVerfG 30.11.1965, E 19, 312 = AP Nr. 7 zu Art. 9 GG; BVerfG 1.3.1979, E 50, 290 = AP Nr. 1 zu § 1 MitbestG; BVerfG 24.2.1999 (1 BvR 123/93), E 100, 222 = AP Nr. 18 zu § 20 BetrVG 1972; Mittelbar einschlägig ist in diesem Kontext auch die Entscheidung des Gerichts vom 19.10.1966, in der im Zusammenhang mit der Frage der Tariffähigkeit von Innungen festgehalten wird, dass diese Konkurrenz zu Gewerkschaften noch tolerabel ist (BVerfG, E 20, 320). Entsprechendes gilt für die Entscheidung zu den Arbeitnehmerkammern in Bremen und im Saarland vom 18.12.1974 (BVerfG, E 38, 306).

**325** Einen entsprechenden **Vorrang des Tarifvertrages vor dem Arbeitsvertrag gibt es nicht**. Das Verhältnis zwischen Individualvertrag und Kollektivvertrag ist vielmehr geprägt durch die Schutzfunktion des Kollektivvertrages und das die Privatautonomie sichernde **Günstigkeitsprinzip.** Der einzelne Grundrechtsträger hat es aufgrund seiner Arbeitsvertragsfreiheit (Art. 12 Abs. 1 GG) in der Hand, durch einzelvertragliche Regelungen seine persönlichen Arbeitsbedingungen festzulegen. Er tritt insofern in einen rechtlichen und wirtschaftlichen »Wettstreit« mit den Tarifvertragsparteien. Die Schutzfunktion der Tarifautonomie gebietet es deshalb grundsätzlich, die zwingende Wirkung von Tarifnormen dann zurücktreten zu lassen, wenn die einzelvertraglich erzielten Ergebnisse »günstiger« sind. Weil der einzelne Arbeitnehmer und die Gewerkschaft als Anbieter von Arbeitskraft, d.h. als »mitstreitende« Teilnehmer des Arbeitsmarktes um günstige Bedingungen miteinander wetteifern, werden sie durch das Günstigkeitsprinzip des § 4 Abs. 3 quasi zu einem »ziehenden Gespann« verbunden. Demgegenüber ist der Betriebsrat gerade kein autonomer Marktteilnehmer, sondern eine betriebsinterne Verhandlungsrepräsentanz, die ungeachtet möglicher marktrelevanter Auswirkungen ihrer Tätigkeit doch letztlich immer nur innerhalb der betrieblichen Strukturen agieren kann.[1004]

## II. Sperrwirkung des Tarifvertrages und Tarifvorrang

### 1. Die Sperrwirkung des § 77 Abs. 3 BetrVG

#### a) Überblick

**326** Nach § 77 Abs. 3 BetrVG können Arbeitsentgelte und sonstige Arbeitsbedingungen, die durch **Tarifvertrag geregelt sind oder üblicherweise geregelt werden, nicht Gegenstand einer Betriebsvereinbarung** sein, es sei denn, ein Tarifvertrag lässt den Abschluss ergänzender Betriebsvereinbarungen ausdrücklich zu (zur **Öffnungsklausel** siehe § 4 Rn. 394ff.). Zu § 77 Abs. 3 BetrVG tritt § 87 Abs. 1 BetrVG hinzu, welcher für eine Verdrängung der Betriebsvereinbarung in seinem Regelungsbereich das **tatsächliche Vorliegen eines Tarifvertrages** verlangt. In der Rechtsprechung[1005] ist das Verhältnis beider Normen dergestalt gelöst worden, dass im Anwendungsbereich des § 87 Abs. 1 BetrVG die Sperrwirkung des § 77 Abs. 3 BetrVG nicht zur Anwendung gelangt (so genannte **Vorrangtheorie**). Weder § 77 Abs. 3 BetrVG noch § 87 Abs. 1 BetrVG gelten im Falle des Sozialplanes, auch wenn dieser wie eine Betriebsvereinbarung wirkt (vgl. § 112 Abs. 1 Satz 3 und 4 BetrVG).[1006]

---

1004 Vgl. *Dorndorf*, FS Gnade, 48ff.; *Kempen* ArbRGgw 25 (1987), 75.

1005 BAG 24.2.1987, AP Nr. 21 zu § 77 BetrVG 1972; BAG GS 3.12.1991, AP Nr. 52 zu § 87 BetrVG 1972 Lohngestaltung.

1006 Irrig im Hinblick auf die eindeutige Gesetzeslage LAG Hamm 31.8.2000 (18 Sa 858/00), NZA-RR 2000, 537; dagegen zutreffend *Wolter*, RdA 2002, 226; *Zachert*, DB 2001, 1102, mit weiteren Nachweisen; zu rechtspolitischen Forderungen in diesem Kontext *Hanau*, FS Wiedemann, 299.

### b) Zweck der Regelung

Der Zweck von § 77 Abs. 3 BetrVG liegt im Kern in der Absicherung der durch Art. 9 Abs. 3 GG verfassungsrechtlich gewährleisteten Tarifautonomie.[1007] Der Gesetzgeber will mit ihr den **Tarifvertragsparteien eine Normsetzungsprärogative** vor den betrieblichen Parteien einräumen, um damit die durch Art. 9 Abs. 3 GG geschützte Tarifautonomie vor Beeinträchtigung und Aushöhlung durch betriebliche Vereinbarungen zu schützen und ein leistungsfähiges und attraktives tarifautonomes Handlungssystem zu erhalten.[1008] Der beschriebene Zweck ist namentlich unter schwierigen ökonomischen Gesamtdaten anzuerkennen, auch wenn dies verschiedentlich bestritten wird (§ 4 Rn. 281 ff.).[1009] 327

Daneben hat § 77 Abs. 3 BetrVG auch die Funktion**, Betriebsverfassung und Betriebsrat zu schützen**, weil das rechtliche Instrumentarium zur effektiven Verhandlung der Löhne fehlt (Arbeitskampfverbot).[1010]

### c) Gegenstand der Regelungssperre

Die Regelungssperre des § 77 Abs. 3 BetrVG bezieht sich auf »Arbeitsentgelte« und »sonstige Arbeitsbedingungen«. 328

**Arbeitsentgelte** sind Vergütungs- und Sachleistungen des Arbeitgebers als Gegenleistung für die Arbeit also z.B. Lohn, Gewinnbeteiligungen, Deputate.

**Sonstige Arbeitsbedingungen** sind nach der heute h.M. **sowohl formelle als auch materielle Arbeitsbedingungen.**[1011] Das Gesetz bietet keinen Anhaltspunkt für eine Unterscheidung zwischen diesen Elementen; im Übrigen ist die im Zusammenhang mit dem BetrVG 1952 entwickelte Unterscheidung zwischen formellen und materiellen Arbeitsbedingungen jedenfalls mit der Neufassung des BetrVG im Jahre 1972 gegenstandslos geworden.

Die Regelungssperre des § 77 Abs. 3 BetrVG bezieht sich damit auf alle Regelungen, die **Gegenstand der Inhaltsnormen eines Tarifvertrages** sein können (vgl. dazu § 1 Rn. 60 ff.).

### d) Tarifliche oder tarifübliche Regelung

Arbeitsentgelte oder Arbeitsbedingungen sind durch einen Tarifvertrag **geregelt**, sobald ein sie betreffender Tarifvertrag abgeschlossen ist und der Betrieb unter den räumlichen, betrieblich-fachlichen und persönlichen Geltungsbereich des 329

---

1007 Vgl. statt vieler: BAG 22.1.1980, AP Nr. 3 zu § 87 BetrVG 1972 Lohngestaltung, mit weiteren Nachweisen, sowie BAG 24.2.1987, AP Nr. 21 zu § 77 BetrVG 1972; BAG 24.2.1987, AP Nr. 28 zu § 80 BetrVG 1972; BAG GS 3.12.1991, AP Nr. 52 zu § 87 BetrVG 1972 Lohngestaltung; *Fitting*, § 77 Rn. 67; GK-*Kreutz*, § 77 Rn. 78.

1008 Vgl. auch die Begründung des Regierungsentwurfs, BT-Drucks. 6/1786, 47: Durch § 77 Abs. 3 BetrVG soll vermieden werden, dass der persönliche Geltungsbereich von Tarifverträgen auf einem anderen als dem hierfür vorgesehenen Weg der Allgemeinverbindlicherklärung nach dem TVG ausgedehnt wird; BAG 5.3.1997 (4 AZR 532/95), AP Nr. 10 zu § 77 BetrVG 1972 Tarifvorbehalt; BAG 21.1.2003 (1 ABR 9/02), NZA 2003, 1099; *Däubler/Zwanziger*, TVG, § 4 Rn. 971; Wiedemann/*Wank*, § 4 Rn. 550; GK-*Kreutz*, § 77 Rn. 78; *Lethert*, 5 ff.; jeweils mit Nachweisen zur Gegenmeinung.

1009 So *Ehmann/Lambrich*, NZA 1996, 346; *Hablitzel*, NZA 2001, 468. A.A. *Fitting*, § 77 Rn. 68 f., sowie 61. DJT 1996 mit dem Gutachten von *Richardi*; *ders.* erneut in NZA 2000, 617.

1010 Dies betont zu Recht *Gamillscheg*, Kollektives Arbeitsrecht I, § 7, 325.

1011 BAG 9.4.1991, AP Nr. 1 zu § 77 BetrVG 1972 Tarifvorbehalt; *Däubler/Zwanziger*, TVG, § 4 Rn. 973; *Fitting*, § 77 Rn. 71, mit zahlreichen Nachweisen, auch zur Gegenansicht.

Tarifvertrages fällt.[1012] Dementsprechend ist es für das Eingreifen der Sperre des § 77 Abs. 3 BetrVG nicht ausreichend, dass ein Arbeitgeber die Geltung eines Tarifvertrages, von dessen Geltungsbereich er nicht erfasst wird, einzelvertraglich mit seinen Arbeitnehmern vereinbart.[1013]

Die Sperrwirkung greift aber wegen des **Begriffes der Tarifüblichkeit** auch schon dann ein, wenn für den räumlichen und betrieblich-fachlichen Tätigkeitsbereich eines Betriebes üblicherweise Tarifverträge abgeschlossen werden pflegen[1014] (zur Tarifüblichkeit vgl. genauer unten Rn. 336).

Die Sperrwirkung kann sowohl auf einem Verbandstarifvertrag als auch auf einem Firmentarifvertrag beruhen.[1015]

### e) Regelung

330 Das Eingreifen der Sperrwirkung des § 77 Abs. 3 BetrVG setzt voraus, dass Arbeitsbedingungen in einem bestehenden (auch üblicherweise bestehenden, zur Zeit aber nicht geltenden) Tarifvertrag **tatsächlich »geregelt«** sind. Wann dies der Fall ist, lässt sich nicht generalisierend feststellen.

Der Ausschluss von Betriebsvereinbarungen ist einerseits nicht schon dann gerechtfertigt, wenn für den Bereich eines Betriebes überhaupt Tarifverträge bestehen bzw. üblicherweise bestehen, ohne dass es darauf ankäme, welche Regelungen diese Tarifverträge im Einzelnen enthalten. Nicht notwendig erscheint es andererseits, dass alle Varianten im Tarifvertrag normiert worden sind. Wollte man nur der konkreten Einzeltarifnorm die Sperrwirkung zumessen, so käme das einer allgemeinen Tariföffnungsklausel gleich. Praktisch wirkte der Kompetenzvorrang des § 77 Abs. 3 BetrVG dann nur noch wie die Norm des § 87 Abs. 1 Eingangssatz BetrVG, also als bloße Kollisionsregel.

331 Es kann auch nicht auf den (subjektiven) Willen der Tarifvertragsparteien (Ausschlusswillen) ankommen, weil dies im Widerspruch zur üblichen Auslegung von Tarifverträgen stünde (vgl. dazu Grundl. Rn. 358ff.); maßgeblich muss vielmehr – wie auch sonst – der (objektive) Regelungsinhalt eines Tarifvertrages an.

332 Insgesamt spricht viel dafür, Betriebsvereinbarungen für zulässig zu erachten, wenn diese an **wesentlich andere oder zusätzliche Tatbestandsvoraussetzungen** anknüpfen als der Tarifvertrag. Die Rechtsprechung, die lange Zeit § 77 Abs. 3 BetrVG eher einschränkend interpretierte, so dass z. B. eine betriebliche Regelung über ein zusätzliches Urlaubsgeld nicht durch eine generelle tarifliche Regelung über ein Urlaubsgeld ausgeschlossen sein sollte[1016], hat zwischenzeitlich wieder einer weiteren Interpretation der Reichweite des § 77 Abs. 3 BetrVG Platz gemacht.[1017] Als Grundsatz kann jedenfalls gelten, dass die Tarifsperre nicht gilt, wenn zwar auch zusätzliche Geldleistungen durch die Betriebsvereinbarung erbracht werden, diese jedoch eine andere Zwecksetzung als der Tarifvertrag verfolgen. Deshalb ist z. B. die Vereinbarung einer Wechselschichtprämie zulässig, auch wenn eine tarifliche Regelung von Nachtschichtzuschlägen be-

---

1012 BAG 9. 12. 1997 (1 AZR 319/97), AP Nr. 11 zu § 77 BetrVG 1972 Tarifvorbehalt; *Fitting*, § 77 Rn. 75.

1013 BAG 27. 1. 1987, AP Nr. 42 zu § 99 BetrVG 1972.

1014 *Fitting*, § 77 Rn. 90.

1015 BAG 21. 1. 2003 (1 ABR 9/02), NZA 2003, 1099; *Fitting*, § 77 Rn. 80.

1016 BAG 9. 2. 1989, AP Nr. 40 zu § 77 BetrVG 1972.

1017 BAG 9. 12. 1997 (1 AZR 319/97), AP Nr. 11 zu § 77 BetrVG 1972 Tarifvorbehalt; zur Entwicklung der Rechtsprechung des BAG und der LAGs vgl. ErfK/*Kania*, BetrVG, § 77 Rn. 55ff., 67.

steht.[1018] Unzulässig sind demgegenüber nach heute h.M. solche Betriebsvereinbarungen, die tarifliche Entgelte oder Sonderleistungen nur erhöhen.[1019]

Keine Regelung liegt schon nach dem Wortsinn vor, wenn zwar Forderungen gestellt sind, vielleicht sogar gestreikt wurde, es aber nicht zu einer tariflichen Einigung gekommen ist.[1020] Keine Tarifsperre folgt auch aus ausdrücklichen oder konkludenten Feststellungen der Tarifvertragsparteien, eine tarifliche Regelung nicht zu treffen. **333**

### f) Tarifgebundenheit des Arbeitgebers

Zur Auslösung der Sperrwirkung des § 77 Abs. 3 BetrVG, sei es durch das Vorliegen eines Tarifvertrages oder durch die bloße Tarifüblichkeit, ist die Tarifgebundenheit des Arbeitgebers **nach ganz h.M. nicht erforderlich**, es genügt, dass der Betrieb in den Geltungsbereich eines Tarifvertrages fällt.[1021] Dies folgt aus dem Schutzzweck der Norm: wo die Tarifvertragsparteien gehandelt haben oder üblicherweise handeln, soll es keine Konkurrenz der Betriebsparteien geben. **334**

### g) Tarifgebundenheit der Arbeitnehmer

Auch auf eine Tarifgebundenheit aller, einer Vielzahl oder mindestens eines Arbeitnehmers des betreffenden Betriebes als Voraussetzung für ein Eingreifen der Sperrwirkung kann es **nicht ankommen**.[1022] Die Grundgedanken sind dieselben wie im Falle der Tarifgebundenheit des Arbeitgebers. Hinzu kommt die praktische Erwägung, dass es den Arbeitnehmern jederzeit freisteht, der Gewerkschaft beizutreten und dadurch die Geltung des betreffenden Tarifvertrages im Arbeitsverhältnis zu ihrem Arbeitgeber herbeizuführen, sofern dieser tarifgebunden ist. **335**

### h) Zur Tarifüblichkeit

Eine Betriebsvereinbarungssperre durch Tarifüblichkeit setzt im Einzelnen voraus, dass die **Tarifvertragsparteien von ihrer Normsetzungsautonomie tatsächlich Gebrauch** gemacht, also Tarifverträge – die aber vorübergehend nicht in Kraft sind – abgeschlossen haben.[1023] Demgegenüber greift die Sperre des § 77 Abs. 3 BetrVG nicht schon dann, wenn eine Gewerkschaft die tarifliche Regelung einer bestimmten Frage versucht hat, sich damit aber nicht durchsetzen konnte[1024], erst **336**

---

1018 BAG 23.10.1985, AP Nr. 33 zu § 1 TVG Tarifverträge: Metallindustrie.

1019 BAG 24.1.1996 (1 AZR 597/95), AP Nr. 8 zu § 77 BetrVG 1972 Tarifvorbehalt; BAG 9.12.1997 (1 AZR 319/97), AP Nr. 11 zu § 77 BetrVG 1972 Tarifvorbehalt; vgl. im Übrigen die zahlreichen Beispiele bei *Richardi*, § 77 Rn. 280 ff.

1020 BAG 23.10.1985, AP Nr. 33 zu § 1 TVG Tarifverträge Metallindustrie.

1021 BAG 24.1.1996 (1 AZR 597/95), AP Nr. 8 zu § 77 BetrVG 1972 Tarifvorrang; BAG 5.3.1997 (4 AZR 532/95), AP Nr. 10 zu § 77 BetrVG 1972 Tarifvorrang; BAG 21.1.2003 (1 ABR 9/02), NZA 2003, 1099; *Däubler/Zwanziger*, TVG, § 4 Rn. 975; Wiedemann/*Wank*, § 4 Rn. 562; *Fitting*, § 77 Rn. 78; *Lethert*, 40 ff.; *Moll*, 42; a.A. *Richardi/Richardi*, BetrVG, § 77 Rn. 244; *Lambrich*, 333 ff.; zum Streitstand vgl. auch die Nachweise bei *Friese*, 152 f., Rn. 386 ff.

1022 Für die h.M. Wiedemann/*Wank*, § 4 Rn. 562; *Fitting*, § 77 Rn. 78, jeweils mit weiteren Nachweisen; a.A. *Lambrich*, 278; ihm folgend *Hablitzel*, NZA 2001, 471.

1023 *Däubler/Zwanziger*, TVG, § 4 Rn. 976 f. mit weiteren Nachweisen.

1024 Hierzu BAG 23.10.1985, AP Nr. 33 zu § 1 TVG Tarifverträge: Metallindustrie.

recht nicht, wenn die Tarifparteien bewusst von einer tariflichen Regelung Abstand genommen haben. Letztere Frage wurde in der Vergangenheit unter dem Stichwort **»Sperrwirkung durch eine Negativregelung«** im Zusammenhang mit der Frage diskutiert, ob im Bereich außertariflicher Angestellter durch § 77 Abs. 3 BetrVG das Mitbestimmungsrecht des Betriebsrats eingeschränkt sei. Das Bundesarbeitsgericht hat zu Recht klargestellt, dass die Herausnahme bestimmter Arbeitnehmer aus dem persönlichen Geltungsbereich einer tariflichen Regelung die Mitbestimmung des Betriebsrats insoweit nicht ausschließen kann.[1025]

**337** Nach zutreffender Auffassung des Bundesarbeitsgerichts[1026] begründet der Abschluss von **Firmentarifverträgen mit einzelnen Arbeitgebern eines Wirtschaftsbereichs keine übliche Regelung für den übrigen Wirtschaftsbereich**. Dies gilt auch, wenn es in einer Branche sehr viele oder sogar überwiegend Firmentarifverträge gibt. Mit dem Abschluss von Firmentarifverträgen wird nämlich regelmäßig verdeutlicht, dass die Tarifvertragsparteien von ihrer Normsetzungskompetenz nur begrenzt für den Bereich des jeweiligen Firmentarifvertrages Gebrauch gemacht haben.[1027] Unter praktischen Gesichtspunkt spricht auch die Tatsache, dass die Regelungen in den Firmentarifverträgen unterschiedlich sein werden, gegen die Ansicht einer (welcher?) Tarifüblichkeit.

Auch eine Vielzahl ähnlicher oder gar gleicher Firmentarifverträge reicht nicht aus, um die Sperrwirkung der Tarifüblichkeit auszulösen. In einem solchen Fall kann man zwar unter Umständen von einem Willen der Tarifvertragsparteien zu gleichen Tarifniveaus ausgehen. Rechtlich aber hat sich dieser Wille nicht aktualisiert. Der »fremde« Firmentarifvertrag ist nicht anders zu behandeln als der räumlich nicht einschlägige Tarifvertrag, er kann keine Sperrwirkung für alle diejenigen entfalten, die nicht in seinen Geltungsbereich fallen (können).[1028]

**338** Die **Sperrwirkung wegen Tarifüblichkeit entfällt dann wieder,** wenn feststeht, dass in Zukunft für den Bereich eines Betriebes keine Tarifverträge mehr zustande kommen werden oder wenn sich abzeichnet, dass für lange Zeit ein tarifloser Zustand eintreten wird.[1029] Wie lange dieser tariflose Zustand anhalten darf, kann nicht allgemein bestimmt werden. Ist nicht mehr mit einer Tätigkeit oder einem in absehbarer Zukunft liegenden Erfolg der Gewerkschaften auf tariflicher Ebene zu rechnen, verlangt das Schutzbedürfnis der Arbeitnehmer die Wiederfreigabe der Zuständigkeit des Betriebsrats zum Abschluss von Betriebsvereinbarungen, weil die Normsetzungsprärogative der Tarifvertragsparteien nicht unbeschränkt wirkt, sondern auch unter dem Blickwinkel der Schutzfunktionen des Betriebsverfassungsrechts und der dort vorgesehenen Befugnis der Betriebsräte zum Abschluss von Betriebsvereinbarungen im Interesse der Arbeitnehmer betrachtet werden muss.

---

1025 BAG 24.1.1996 (1 AZR 597/95), AP Nr. 3 zu § 87 BetrVG 1972 Lohngestaltung.
1026 BAG 27.1.1987, AP Nr. 42 zu § 99 BetrVG 1972.
1027 Ebenso *Däubler/Zwanziger*, TVG, § 4 Rn. 976; *Fitting*, § 77 Rn. 79; DKK-*Berg*, § 77 Rn. 69 ff.; GK-*Kreutz*, § 77 Rn. 99.
1028 *Däubler/Zwanziger*, TVG, § 4 Rn. 276.
1029 Wiedemann/*Wank*, § 4 Rn. 568; *Fitting*, § 77 Rn. 91.

### i) Öffnungsklauseln

§ 77 Abs. 3 Satz 2 BetrVG eröffnet den Tarifvertragsparteien die Möglichkeit, die dargestellte Sperrwirkung tarifvertraglicher oder tarifüblicher Regelungen wieder zu beseitigen, indem sie im Tarifvertrag den Abschluss ergänzender Betriebsvereinbarungen ausdrücklich, gegebenenfalls auch nachträglich, zulassen (ausführlich hierzu siehe § 4 Rn. 394 ff.). Mit einer solchen tariflichen Öffnungsklausel zugunsten von Betriebsvereinbarungen **verzichten die Tarifvertragsparteien** auf den mit § 77 Abs. 3 Satz 1 BetrVG beabsichtigten Schutz der Tarifautonomie in einem Umfang, den sie jeweils im Tarifvertrag im Einzelnen bestimmen müssen. 339

### j) Außenseiterproblematik

Dass die »Übernahme« eines Tarifvertrages durch eine Betriebsvereinbarung unzulässig ist, ist (fast) unstreitig: auf diese Weise würde der Tarifvertrag auch auf die Außenseiter übertragen werden, ohne dass ein tarifrechtlich vorgesehenes Verfahren (insbesondere das Verfahren nach § 5 TVG) eingehalten wurde.[1030] 340

Dies gilt nicht bei **tarifergänzenden** Betriebsvereinbarungen und bei Betriebsvereinbarungen auf der Basis von **Öffnungsklauseln**. Gerade die nachträgliche »tarifrechtliche Genehmigung« schon vorhandener Betriebsvereinbarungen[1031] (vgl. genauer § 4 Rn. 422) macht deutlich, dass Betriebsvereinbarungen aus eigenem Recht bestehen und nicht als Ausdehnung des Tarifvertrages verstanden werden können; sie werden lediglich durch die Tarifautonomie »gesperrt«. Deshalb wird mit der Vereinbarung einer tariflichen Öffnungsklausel nicht ein Tarifvertrag **unzulässig auf die nicht-gewerkschaftlichen Arbeitnehmer erstreckt, sondern die gesetzliche Regelungsbefugnis des Betriebsrates lediglich »entsperrt«**.[1032]

### k) Betriebsabsprachen/Regelungsabreden

Nach Ansicht der h.M. besteht im Hinblick auf den eindeutigen Wortlaut des § 77 Abs. 3 BetrVG **kein Anlass, Betriebsabsprachen** zwischen Arbeitgeber und Betriebsrat (so genannte **Regelungsabreden**), die auf individualrechtlicher Basis ebenfalls zu einer einheitlichen betrieblichen Regelung der Arbeitsbedingungen führen können, **als von dieser Vorschrift mit erfasst anzusehen.**[1033] Zu bedenken ist aber, dass durch eine solche Regelungsabrede wirtschaftlich weitgehend der gleiche Effekt wie durch eine Betriebsvereinbarung erzielt werden kann.[1034] Jedoch kann ein solcher wirtschaftlicher Effekt vom Arbeitgeber immer und auch ohne Regelungsabrede mit dem Betriebsrat dadurch erreicht werden, dass er allen Arbeitnehmern seines Betriebes entsprechende Leistungen auf einzel- 341

---

1030 Vgl. die Nachweise bei DKK-*Berg*, § 77 Rn. 67.

1031 BAG 20.4.1999 (1 AZR 631/98), AP Nr. 12 zu § 77 BetrVG 1972 Tarifvorbehalt = NZA 1999, 1059 ff.

1032 *Däubler/Zwanziger*, TVG, § 4 Rn. 1013; *HzA-Dörner* 18/1 Rn. 334.

1033 BAG 20.4.1999 (1 AZR 631/98), AP Nr. 89 zu Art. 9 GG; BAG 21.1.2003 (1 ABR 9/02), NZA 2003, 1099; Wiedemann/Wank, § 4 Rn. 577; ErfK/*Kania*, § 77 BetrVG Rn. 71; *Fitting*, § 77 Rn. 102.

1034 *Moll*, 54; *Däubler/Zwanziger*, TVG, § 4 Rn. 986; DKK-*Berg*, § 77 Rn. 78; *Richardi/Richardi*, BetrVG, § 77 Rn. 292 ff.; *Zachert*, RdA 1996, 145.

arbeitsvertraglicher Basis zukommen lässt. Bleibt es also ohnehin bei der Fortgeltung des Günstigkeitsprinzips gemäß § 4 Abs. 3 TVG, besteht tatsächlich **kein Anlass zu einer extensiven Auslegung des § 77 Abs. 3 BetrVG im Hinblick auf solche Regelungsabreden.**[1035] Allerdings müssen auch Regelungsabreden zwingendes höherrangiges Recht beachten. Dementsprechend hat das BAG in seiner Entscheidung vom 20. April 1999 Unterlassungsklagen der Gewerkschaften auch gegen tarifwidrige Regelungsabreden zugelassen.[1036] In der Instanzrechtsprechung ist dies auch auf **arbeitsvertragliche Einheitsregelungen** erstreckt worden.[1037]

### l) Die Besonderheit § 3 BetrVG

342 § 3 BetrVG räumt den Tarifvertragsparteien die Möglichkeit ein, organisatorische Veränderungen auf betrieblicher Ebene durchzuführen (z.B. Bildung unternehmenseinheitlicher Betriebsräte, Zusammenfassung von Betrieben, Einführung von Sparten etc.). In Abs. 2 heißt es: »Besteht in den Fällen des Abs. 1 Nr. 1, 2, 4 oder 5 keine tarifliche Regelung und gilt auch kein anderer Tarifvertrag, kann die Regelung durch Betriebsvereinbarung getroffen werden.«

Dieser Text weicht von § 77 Abs. 3 BetrVG ab. § 3 Abs. 2 BetrVG bestimmt daher zum einen, dass, soweit eine tarifliche Bestimmung die Materie regelt, der Weg über eine Betriebsvereinbarung blockiert ist. Zum anderen gilt aber, dass die Sperrwirkung schon dann eintritt, wenn irgendein anderer Tarifvertrag gilt, der hier nicht einschlägige Regelungen zum Entgelt oder zu anderen Arbeitsbedingungen enthält. **Damit geht § 3 Abs. 2 BetrVG weiter als § 77 Abs. 3 BetrVG,** denn die dort genannte »übliche« Regelung hat zumindest einen sachlichen Bezug, während dies im Bereich des § 3 Abs. 2 BetrVG gerade keine Voraussetzung ist. Dies folgt aus dem Sinn und Zweck der Regelung: Das Betriebsverfassungsrecht soll im Wesentlichen nur tariflich änderbar sein, wie dies auch in § 3 BetrVG a.F. der Fall war; Betriebsvereinbarungen in diesem Kontext sind eine Art »**Notlösung**«.[1038]

### m) Rechtsfolgen der Sperrwirkung

343 Die Beschreibung der Rechtsfolgen der Sperrwirkung nach § 77 Abs. 3 BetrVG hängt davon ab, ob Betriebsvereinbarungen, die gegen § 77 Abs. 3 BetrVG verstoßen, als nichtig im engen zivilrechtlichen Sinne oder lediglich als unwirksam und »heilbar« anzusehen sind.

Unstreitig ist, dass Betriebsvereinbarungen, die gegen die Sperre des § 77 Abs. 3 BetrVG bestimmte Bereiche regeln, **keine Wirkung entfalten können.**[1039]

Sowohl die neuere Rechtsprechung als auch weite Teile des Schrifttums folgern dies direkt aus § 77 Abs. 3 Satz 1 BetrVG und nicht aus § 134 BGB. Dogmatisch kann dies darauf gestützt werden, dass § 77 Abs. 3 BetrVG **keine Verbotsnorm,**

---

1035 *Fitting*, § 77 Rn. 102; a. A. *Annuß*, RdA 2000, 291.

1036 BAG 20.4.1999 (1 AZR 631/98), AP Nr. 89 zu Art. 9 GG.

1037 LAG Sachsen 13.11.2001 (7 Sa 118/01), AuR 2002, 310ff. (mit Anm. von *Jacobs*).

1038 Vgl. *Däubler/Zwanziger*, TVG, § 4 Rn. 962ff.; *Fitting*, § 3 Rn. 78; kritisch *Buchner*, NZA 2001, 635; *Hanau*, RdA 2001, 66; *Reichold*, NZA 2001, 859.

1039 BAG 20.4.1999 (1 AZR 631/98), AP Nr. 12 zu § 77 BetrVG 1972 Tarifvorbehalt; ErfK/*Kania*, § 77 BetrVG Rn. 49; *Fitting*, § 77 Rn. 97; GK-*Kreutz*, § 77 Rn. 123.

**sondern eine kompetenzbegrenzende Norm** ist. Sie soll die Normsetzung durch die Betriebspartner beschränken. Kompetenznormen sind aber im Regelfall keine Verbotsnormen, auch wenn sie zwingenden Charakter haben.[1040] Diese Überlegungen lassen es dann auch zu, zunächst tarifwidrige Betriebsvereinbarungen nachträglich durch Genehmigung der Tarifparteien wirksam werden zu lassen, allerdings nur bis zur Grenze des Vertrauensschutzes.[1041]
Diesen Argumenten ist deshalb zuzustimmen, weil sie die Bedeutung des Art. 9 Abs. 3 GG richtig werten und die Position der Tarifvertragsparteien nicht schwächen ohne mit einer Nichtigkeit »über das Ziel hinaus zu schießen«: Die Tarifvertragsparteien können auch im nach hinein bestimmen, inwieweit sie Abweichungen vom Tarifvertrag zulassen. Die Unwirksamkeit ist allerdings nicht als eine schwebende Unwirksamkeit im Sinne der §§ 108, 177 BGB anzusehen.[1042]

Im Falle einer unzulässigen Betriebsvereinbarung kommt unter Umständen **344**
eine **Umdeutung** in Betracht. Dies gilt unabhängig davon, wie die Unwirksamkeit rechtlich eingeordnet wird.[1043] Wegen der grundsätzlichen Unterschiede zwischen der Betriebsvereinbarung und ganz anders wirkenden Instrumenten wie der Regelungsabsprache oder der Gesamtzusage kommt dies aber nur ausnahmsweise in Betracht. Wenn der Arbeitgeber trotz Kenntnis der Unwirksamkeit der Betriebsvereinbarung weiter leistet, kann aber darin ein gebündeltes Vertragsangebot liegen, das die Arbeitnehmer konkludent annehmen (können).[1044]

## 2. Der Tarifvorrang gemäß § 87 Abs. 1 Eingangssatz BetrVG

### a) Überblick

Nach § 87 Abs. 1 Eingangssatz BetrVG hat der Betriebsrat in den dort aufge- **345**
zählten sozialen Angelegenheiten mitzubestimmen. Kommt es in diesen Angelegenheiten nicht zu einer Einigung mit dem Arbeitgeber, entscheidet die Einigungsstelle, die von jeder der Betriebsparteien angerufen werden kann. Die Einigungsstelle fasst ihre Beschlüsse unter angemessener Berücksichtigung der Belange des Betriebs und der betroffenen Arbeitnehmer nach billigem Ermessen. Ihre Entscheidung ersetzt die Einigung zwischen Arbeitgeber und Betriebsrat (§ 87 Abs. 2 in Verbindung mit § 76 Abs. 5 BetrVG). **Diese Mitbestimmung entfällt, wenn eine gesetzliche oder wenn eine tarifliche Regelung besteht.**

---

1040 BAG 20.4.1999 (1 AZR 631/98), AP Nr. 12 zu § 77 BetrVG 1972 Tarifvorbehalt; Staudinger/*Dilcher*, § 134 Rn. 2; GK-*Kreutz*, § 77 Rn. 123; *Fischer*, 212; *Goethner*, 20ff. In seiner Entscheidung vom 21.1.2003 (1 ABR 9/02), NZA 2003, 1101, diskutiert das Gericht allerdings Probleme der Teilnichtigkeit nach § 139 BGB.

1041 BAG 20.4.1999 (1 AZR 631/98), AP Nr. 12 zu § 77 BetrVG 1972 Tarifvorbehalt; LAG Düsseldorf 2.12.1999 (5 Sa 992/99, NZA-RR 2000, 139; ErfK/*Kania*, § 77 BetrVG Rn. 74; a.A. GK-*Kreutz*, § 77 Rn. 123.

1042 Missverständlich insoweit *Däubler/Zwanziger*, TVG, § 4 Rn. 981.

1043 *Goethner*, 22ff.

1044 BAG 24.1.1996 (1 AZR 597/95), AP Nr. 8 zu § 77 BetrVG 1972 Tarifvorbehalt; BAG 5.3.1997 (4 AZR 532/95), AP Nr. 10 zu § 77 BetrVG 1972 Tarifvorbehalt; *Fitting*, § 77 Rn. 104ff.

### b) Zweck der Regelung

346 Ebenso wie § 77 Abs. 3 BetrVG zielt § 87 Abs. 1 Eingangssatz BetrVG auf den Schutz der Tarifvertragsparteien und der Tarifautonomie. Dies ergibt sich daraus, dass auch in § 87 Abs. 1 Eingangssatz BetrVG den Tarifverträgen Vorrang vor der Regelungskompetenz der Betriebsparteien eingeräumt wird.

Wäre der Schutz der Tarifautonomie jedoch das einzige Ziel des § 87 Abs. 1 Eingangssatz BetrVG, hätte der Gesetzgeber auch hier – wie in § 77 Abs. 3 BetrVG – den Tarifvertragsparteien einen Vorrang bei bloßer Tarifüblichkeit einräumen müssen. Der anders formulierte Eingangssatz des § 87 Abs. 1 BetrVG belegt daher die Absicht des Gesetzgebers, außer dem Schutz der Tarifautonomie etwas Weiteres sicherzustellen: In den in § 87 BetrVG aufgezählten sozialen Angelegenheiten **soll eine einseitige Entscheidungsmöglichkeit des Arbeitgebers ohne gleichberechtigte Beteiligungsmöglichkeit der Arbeitnehmer ausgeschlossen**, es soll den Arbeitnehmern in jedem Fall die Möglichkeit gegeben werden, die dort genannten Arbeitsbedingungen mit zu gestalten.[1045]

Dem unterschiedlichen Regelungszweck von §§ 77 Abs. 3 und 87 Abs. 1 BetrVG entspricht es, wenn im Zusammenhang mit § 87 Abs. 1 BetrVG oft vom **Tarifvorrang** im Gegensatz zum **Tarifvorbehalt** des § 77 Abs. 3 BetrVG gesprochen wird.

Die Auffassung, dass der Gesetzgeber im Kernbereich des Betriebsverfassungsrechts als Minimum eine Mitgestaltung der Arbeitnehmer bei der Festlegung ihrer Arbeitsbedingungen ermöglichen wollte, wie sie das Betriebsverfassungsgesetz für die Fälle zwingender Mitbestimmung vorsieht, steht im Einklang mit der ganz überwiegenden Meinung, dass die Tarifvertragsparteien nicht berechtigt sind, die in § 87 BetrVG vorgesehenen Mitbestimmungsrechte des Betriebsrats zu schwächen oder zu beseitigen.[1046] Demgegenüber wird eine tarifliche Erweiterung der Mitbestimmung des Betriebsrates von der h.M. durchaus anerkannt[1047] (vgl. § 1 Rn. 580ff.).

### c) Vorrangtheorie und Zwei-Schranken-Theorie

347 Mit dem dargelegten Zweck der Regelung wird zugleich deutlich, dass der Tarifvorrang des § 87 Abs. 1 Eingangssatz BetrVG eine den § 77 Abs. 3 BetrVG verdrängende Spezialvorschrift ist (**Vorrangtheorie**). Hätte der Gesetzgeber nämlich die zwingende Mitbestimmung des § 87 BetrVG der weiteren Schranke des Tarifvorbehalts aus § 77 Abs. 3 BetrVG unterstellt (**Zwei-Schranken-Theorie**), würde das Ziel, in den sozialen Angelegenheiten des § 87 BetrVG in jedem Falle eine Möglichkeit zur Mitgestaltung der Arbeitsbedingungen durch die Arbeitnehmer unter Ausschluss der einseitigen Entscheidungsbefugnis des Arbeitgebers zu eröffnen, in den Fällen der bloßen Tarifüblichkeit nicht erreicht. Es könnte dann der Fall eintreten, dass einem Betrieb zumindest für eine gewisse

---

1045 So schon zu § 87 Abs. 1 Eingangssatz BetrVG das BAG 24.2.1987, AP Nr. 21 zu § 77 BetrVG 1972: »Zweck der in § 87 BetrVG normierten Mitbestimmungsrechte des Betriebsrats ist es … Direktionsrechte des Arbeitgebers zu beschränken, einzelvertragliche Vereinbarungen … wegen der dabei gestörten Vertragsparität zurückzudrängen …«, bestätigend BAG GS 3.12.1991, AP Nr. 52 zu § 87 BetrVG 1972 Lohngestaltung; ErfK/*Kania*, § 87 BetrVG Rn. 1.

1046 *Fitting*, § 87 Rn. 6ff.; DKK-*Däubler*, Einl. Rn. 75ff., jeweils mit weiteren Nachweisen.

1047 *Fitting*, § 87 Rn. 7f. mit weiteren Nachweisen.

Zeit kein die Angelegenheiten des § 87 BetrVG regelnder Tarifvertrag besteht und dennoch das Mitbestimmungsrecht des Betriebsrats, ausgeschlossen wäre.
Während das BAG seit der genannten Entscheidung des Großen Senates aus dem Jahre 1991[1048] in gefestigter Rechtsprechung der auch hier vertretenen Vorrangtheorie folgt[1049], wird in der Literatur nach wie vor zu einem nicht unerheblichen Teil die Zwei-Schranken-Theorie vertreten.[1050]
Für die Praxis ist der Streit aber zugunsten der Vorrangtheorie entschieden.[1051]

## d) Tarifgeltung und Tarifbindung

Das Mitbestimmungsrecht des § 87 Abs. 1 BetrVG wird nur ausgeschlossen, **348**
wenn ein Tarifvertrag für den Betrieb **gilt,** d.h. wenn er räumlich, sachlich und zeitlich anwendbar ist.
Darüber hinaus muss die tarifliche Regelung **zwingend** wirken, sonst fehlt es an einem hinreichenden Arbeitnehmerschutz, der den Ausschluss der Mitbestimmungsmöglichkeiten legitimieren kann.[1052] Dies ist, ohne dass es auf die Tarifgebundenheit des Arbeitgebers oder auch nur eines einzigen Arbeitnehmers des Betriebes ankommt, zunächst der Fall, wenn im Betrieb ein Tarifvertrag aufgrund einer Allgemeinverbindlicherklärung gemäß § 5 TVG existiert, weil dieser auch den nicht tarifgebundenen Arbeitgeber und die nicht tarifgebundenen Arbeitnehmer erfasst (§ 5 Abs. 4 TVG). Darüber hinaus ist diese Voraussetzung für das Eingreifen der Sperrwirkung des § 87 Abs. 1 Eingangssatz BetrVG bei Rechtsnormen eines Tarifvertrages über betriebliche und betriebsverfassungsrechtliche Fragen bereits dann gegeben, wenn nur der Arbeitgeber tarifgebunden ist (§ 3 Abs. 2 TVG), ohne dass es für diese Normen noch auf die Tarifgebundenheit auch nur eines einzigen Arbeitnehmers ankäme. Im Übrigen – also soweit es sich um Inhalts-, Abschluss- und Beendigungsnormen eines Tarifvertrages handelt und keine Allgemeinverbindlicherklärung vorliegt – ist die Mitbestimmung des Betriebsrats gemäß § 87 Abs. 1 Eingangssatz BetrVG nach h.M. ebenfalls bereits dann gesperrt, wenn der Arbeitgeber tarifgebunden ist, ohne dass es noch auf eine Tarifbindung der im Betrieb tätigen Arbeitnehmer ankäme.[1053] In diesem Falle besteht zwar keine zwingende Wirkung des Tarifvertrages, aber die Arbeitnehmer können sich durch Beitritt zur Gewerkschaft sofort diesen Schutz verschaffen. Dies reicht, um von einem hinreichend sicheren Arbeitnehmerschutz auszugehen. Hinzu kommt eine funktionale Erwägung: würden die Mitbestimmungsrechte nur bei den tarifgebundenen Arbeitnehmern entfallen, bestünde die Gefahr einer in diesem Kontext nicht akzeptablen Ungleichheit im Betrieb.[1054]

---

1048 BAG GS 3.12.1991, AP Nr. 52 zu § 87 BetrVG 1972 Lohngestaltung.

1049 BAG 24.1.1996, AP Nr. 8 zu § 77 BetrVG 1972 Tarifvorbehalt; BAG 21.1.2003 (1 ABR 9/02), NZA 2003, 1100.

1050 Z.B. von *Fitting*, § 77 Rn. 109ff., § 87 Rn. 58; Wiedemann/*Wank*, § 4 Rn. 611ff.; wie hier *Däubler/Zwanziger*, TVG, § 4 Rn. 998; *Düwell/Kothe*, HaKo-BetrVG, § 87 Rn. 14. Differenzierend *Zachert*, RdA 1996, 144f.; vgl. im Übrigen die Nachweise bei Kittner/Zwanziger/*Kittner*, § 18 Rn. 4, 84ff.

1051 *Brecht*, 206.

1052 *Fitting*, § 87 Rn. 40ff.; DKK-*Klebe*, § 87 Rn. 30.

1053 So auch BAG 24.2.1987, AP Nr. 21 zu § 77 BetrVG 1972.

1054 Vgl. genauer MünchArbR/*Matthes*, § 324 Rn. 16.

### e) Abschließende tarifliche Regelung

349 Aus dem Schutzzweck des § 87 Abs. 1 BetrVG folgt, dass die tarifliche Regelung sowohl einen zwingenden Mindestschutz gewähren, als auch inhaltlich eine **abschließende Regelung** enthalten muss; die mitbestimmungspflichtige Angelegenheit muss im Tarifvertrag materiell so detailliert geregelt sein, dass der Arbeitgeber nur noch eine tarifliche Norm zu vollziehen, also nichts zu bestimmen hat.[1055]

Auch hier kommt es bei der Beurteilung der Frage, ob eine ausreichende tarifliche Regelung vorliegt, auf den objektiven Regelungsinhalt des Tarifvertrages und nicht auf den subjektiven Willen der Tarifvertragsparteien an (siehe oben Grundl. Rn. 331). In diesem Sinne abschließende Regelungen wird man eher in Firmentarifverträgen, die wegen ihrer Betriebsnähe in aller Regel keinen Spielraum mehr für die Betriebsräte zulassen werden, finden. Dagegen sind in Verbandstarifverträgen unvollständige und generalklauselartige Normen häufig zu finden und auch durchaus gewollt. Ein Hauptanwendungsfall für das Bestehen eines Regelungsspielraums für die Mitbestimmung ist die Vereinbarung außer- oder übertariflicher Zulagen auf der Basis von § 87 Abs. 1 Nr. 10 und 11 BetrVG, denn für diese Zulagen ist gerade konstitutiv, dass sie nicht im Tarifvertrag geregelt sind.[1056]

## 3. Sperrwirkung durch lediglich nachwirkende Tarifverträge?

350 Ein gemäß § 4 Abs. 5 TVG nachwirkender Tarifvertrag ebenso wie sonstiges **dispositives Tarifrecht sperrt** nach ganz h.M. zwar das Mitbestimmungsrecht des Betriebsrats im Rahmen des § 77 Abs. 3 BetrVG, **nicht aber in den in § 87 BetrVG genannten Angelegenheiten**.[1057] Dem ist zuzustimmen: Nach dem Wortlaut sowohl des § 77 Abs. 3 BetrVG als auch des § 87 Abs. 1 Eingangssatz BetrVG besteht zunächst kein Zweifel am Eingreifen beider Sperrregelungen. Auch mit einem nachwirkenden und deswegen nicht mehr zwingend geltenden (dispositiven) Tarifvertrag werden Arbeitsbedingungen geregelt oder üblicherweise geregelt (§ 77 Abs. 3 BetrVG) und besteht eine tarifliche Regelung (§ 87 Abs. 1 Eingangssatz BetrVG). Bei § 87 Abs. 1 Eingangssatz BetrVG widerspricht jedoch der zuvor dargestellte Sinn und Zweck der Vorschrift einem solchen Ergebnis. Strebt der Gesetzgeber in § 87 Abs. 1 Eingangssatz BetrVG vorrangig die Möglichkeit des Ausschlusses jeglicher einseitiger Entscheidungsbefugnis des Arbeitgebers in den dort genannten Bereichen an, darf die Existenz lediglich dispositiven Tarifrechts die Mitbestimmung des Betriebsrats anders als bei § 77 Abs. 3 BetrVG nicht sperren.

---

1055 BAG GS 3.12.1991, AP Nr. 52 zu § 87 BetrVG 1972 Lohngestaltung; MünchArbR/*Matthes*, § 324 Rn. 17ff.; *Fitting*, § 87 Rn. 46ff.; *Richardi*, § 87 Rn. 161ff.

1056 Vgl. die Beispiele bei Kittner/Zwanziger/*Kittner*, § 18 Rn. 80ff.

1057 So auch BAG 24.2.1987, AP Nr. 21 zu § 77 BetrVG 1972, *Fitting*, § 87 Rn. 41, mit weiteren Nachweisen.

## F. Tarifvertrag und sonstige arbeitsrechtliche Rechtsquellen

### I. Tarifvertrag und Tarifordnung

Das Verhältnis zwischen Tarifvertrag und Tarifordnung ist in § 10 TVG geregelt und wird dort kommentiert. 351

### II. Tarifvertrag und Dienstordnung

Dienstordnungen werden von Körperschaften des öffentlichen Rechts im eigenen Namen und auf Grund gesetzlicher Ermächtigung (§§ 351ff. RVO, § 144 SGB VII) erlassen. Die Dienstordnung steht in ihrer Wirkung einer Satzung gleich.[1058] Sie unterliegt der Staatsaufsicht und bedarf der Genehmigung der Aufsichtsbehörde. 352

Zweck der Dienstordnung ist die Regelung der Arbeitsbedingungen der so genannten Dienstordnungsangestellten. Die Anstellung dieser Beschäftigten erfolgt zwar durch privatrechtlichen Vertrag, im Übrigen nimmt die Dienstordnung aber Bezug auf das Beamten- und Besoldungsrecht oder ist diesem nachgebildet (Lebensstellung etc.).[1059]

Nach der Rechtsprechung des BAG gehen Dienstordnungen eventuell einschlägigen Tarifverträgen als zwingendes Recht vor.[1060] Dies wirft im Hinblick auf die Garantie der Koalitionsfreiheit aus Art. 9 Abs. 3 GG Probleme auf.[1061] Das BAG sieht dies allerdings nicht so. Es hat den Vorrang der Dienstordnung vor dem Individual- und Kollektivvertrag zum einen mit Rechtsquellenargumenten begründet und zum anderen auf die Gleichstellung mit den Beamten abgestellt, die zugleich Zweck und Legitimation der Regelung bedeute. 353

### III. Tarifvertrag und Unfallverhütungsvorschriften

Unfallverhütungsvorschriften sind Vorschriften, die von den Berufsgenossenschaften (§ 15 SGB VII) kraft ihres autonomen Satzungsrechts durch Beschluss der Vertreterversammlung erlassen werden. Aus der Satzungshoheit ergibt sich, dass die Tarifvertragsparteien nicht rechtswirksam die Unfallverhütungsvorschriften verschlechternde Regelungen treffen können. Dies würde dem Selbstverwaltungsrecht der Berufsgenossenschaften entgegenstehen. Außerdem sind die Berufsgenossenschaften in Bezug auf den Arbeitsschutz sachnäher und damit besser legitimiert.[1062] 354

Da die Unfallverhütungsvorschriften aber lediglich Mindestnormen darstellen, ist es den Tarifvertragsparteien unbenommen, tarifliche Regelungen zu vereinbaren, die Unfallschutz und Unfallvorsorge verbessern. 355

---

1058 BAG 25.4.1979 und 26.9.1984, AP Nr. 49 und Nr. 59 (mit Anm. von *Stutzky*) zu § 611 BGB Dienstordnungs-Angestellte.

1059 ErfK/*Preis*, § 611 BGB Rn. 148.

1060 Zuletzt BAG 15.11.2001 (6 AZR 382/00), AP Nr. 74 zu § 611 BGB Dienstordnung-Angestellte (mit Anm. von *Schnapp*).

1061 Vgl. ausführlich *Däubler/Schiek*, Einl. Rn. 342.

1062 Wiedemann/*Wiedemann*, Einl. Rn. 426f.; *Däubler/Schiek*, Einl. Rn. 340; *Löwisch/Rieble*, § 1 Rn. 208.

### IV. Tarifvertrag und Anordnungen der Kammern für Ausbildungsverhältnisse

**356** Nach §§ 44, 73ff. BBiG obliegt es weitgehend den Kammern und Innungen (§§ 41,54 HwO), die Berufsausbildung und das Prüfungswesen zu regeln. Diese Ermächtigung erstreckt sich aber nur auf die berufsrechtlichen, nicht auf die arbeits- oder sozialpolitischen Fragen der Ausbildung. Durch diese klare Trennung zwischen berufsrechtlichen Fragen einerseits und arbeitsrechtlichen Fragen andererseits sind auch die Kompetenzen der öffentlich-rechtlichen Körperschaften der Kammern für Ausbildungsverhältnisse und der Kompetenzen der Tarifvertragsparteien voneinander abgegrenzt.[1063]

### V. Tarifvertrag und Einzelarbeitsvertrag

**357** Das Verhältnis zwischen Tarifnorm und Bestimmungen im Einzelarbeitsvertrag ist in § 4 Abs. 1 und § 3 TVG geregelt und dort kommentiert.

## Viertes Kapitel: Die Auslegung von Tarifverträgen

### Literatur:

*Alexy*, Theorie der juristischen Argumentation, 1983; *Ananiadis*, Die Auslegung von Tarifverträgen, Ein Beitrag zur Auslegungstypologie zwischen Vertrag und Gesetz, Schriften zum Sozial- und Arbeitsrecht, Bd. 17, 1974; *Bengelsdorf*, Die tariflichen Kündigungsfristen für Arbeiter nach der Entscheidung des BVerfG vom 30. Mai 1990, NZA 1991,121; *Buchner*, Auslegung des Tarifvertrages, AR-Blattei D Tarifvertrag IX; *ders.*, Entgeltfortzahlung im Spannungsfeld zwischen Gesetzgebung und Tarifautonomie, NZA 1996, 1197; *Brötzmann*, Probleme bei der Auslegung von Tarifvertragsnormen, 1990; *Dütz*, Subjektive Umstände bei der Auslegung kollektivvertraglicher Normen, FS Molitor, 1988, 63; *Esser*, Vorverständnis und Methodenwahl in der Rechtsfindung, 1970; *Gamillscheg*, Die Grundrechte im Arbeitsrecht, 1989; *Hamacher*, Deklaratorische und konstitutive Klauseln in Tarifverträgen, 2000; *Herschel*, Die Auslegung von Tarifvertragsnormen, FS Molitor, 1962, 161; *ders.*, Eigenart und Auslegung von Tarifverträgen, AuR 1976, 1; *Hromadka*, Rechtsfragen zum Kündigungsfristengesetz, BB 1993, 2372; *Kamanabrou*, Die Auslegung tarifvertraglicher Entgeltfortzahlungsklauseln – zugleich ein Beitrag zu Verhältnis der Tarifautonomie zu zwingenden Gesetzen, RdA 1997, 22; *dies*, Die Auslegung und Fortbildung des normativen Teils des Tarifvertrages, 1991; *Kohte*, Teleologische Tarifvertragsauslegung und Transformationsrecht, AuR 1996, 124; *Larenz*, Methodenlehre, 6. Aufl., 1991; *Liedmeier*, Die Auslegung und Fortbildung arbeitsrechtlicher Kollektivverträge, 1991; *Müller, G.*, Die Auslegung des normativen Teils eines Tarifvertrages nach der Rechtsprechung des Bundesarbeitsgerichts, DB 1960, 119; *Mayer-Maly*: Ergänzende Tarifauslegung und Tarifautonomie, RdA 1988, 136; *Neumann*, Zur Aus-

1063 Ganz h.M., vgl. *Däubler/Schiek*, Einl. Rn. 341.

legung von Tarifverträgen AuR 1985, 320; *Nogler*, Lücken im Tarifvertrag und Litigation, eine rechtsvergleichende Skizze, in: Schulze/Ajani (Hrsg.), Gemeinsame Prinzipien des Europäischen Privatrechts, 2001, 327; *Preis, U.*, Konstitutive und deklaratorische Klauseln in Tarifverträgen, FS Schaub, 1998, 571; *ders./ Kramer*, Das neue Kündigungsfristengesetz, DB 1993, 2155; *Rieble*, Die Einschränkung der gesetzlichen Entgeltfortzahlung im Krankheitsfall und ihre Auswirkung auf inhaltsgleiche Regelungen in Tarifverträgen, RdA 1997, 134; *Sandmann*, Deklaratorische und konstitutive Tarifvertragsklauseln aus verfassungsrechtlicher Sicht, RdA 2002, 73; *Stein, A.*, Die Konkurrenz von Gesetz und Tarifvertrag, AuR 1998, 1; *Wank*, Die Auslegung von Tarifverträgen, RdA 1998, 71; *Wedde*, Besteht aufgrund der MTV der Metall-, Elektro und Stahlindustrie trotz der gesetzlichen Neuregelung (§ 4 Abs. 1 EFZG n.F.) weiterhin ein Anspruch auf 100-%-ige Fortzahlung des Entgelts im Krankheitsfall?, AuR 1996, 421; *Zachert*, Auslegungsgrundsätze und Auslegungsschwerpunkte bei der aktuellen Diskussion um die Entgeltfortzahlung, DB 1996,140; *Zöllner*, Das Wesen der Tarifnormen, RdA 1964, 443.

**Übersicht** Rn.

## A. Allgemeines

### I. Die Bedeutung der Auslegung im Tarifrecht

358 Der Charakter der Tarifvorschriften als Normen und die Art und Weise ihrer Entstehung bringen es mit sich, dass **tarifvertragliche Vorschriften in besonderem Maße der Auslegung bedürfen**. Auch bei sorgfältiger Vorbereitung von neuen Tarifvorschriften durch die Tarifvertragsparteien müssen wegen des Einigungszwanges in den anschließenden Verhandlungen oft neue Formulierungen gefunden werden, die sich dann in der Anwendung als mehrdeutig, unklar oder lückenhaft herausstellen. Insbesondere der Umstand, dass Tarifnormen unter der Notwendigkeit abgeschlossen werden, Interessengegensätze zu überbrücken, führt oft dazu, dass Formulierungen gefunden werden, die bestimmte Sachverhalte gerade nicht eindeutig normieren. Aus demselben Grund werden möglicherweise Teilaspekte bewusst nicht geregelt oder unbewusst übersehen. Dies kann im Einzelfall so weit gehen, dass die Tarifvertragsparteien bewusst eine Formulierung wählen, die unklar ist, und beide Parteien davon ausgehen, dass die »richtige« Anwendung durch die Gerichte entschieden wird. Abgesehen von diesen Ausnahmefällen entstehen Unklarheiten auch dann, wenn neue Regelungen in den Tarifvertrag aufgenommen werden, ohne dass diese unter allen möglichen Aspekten mit den bereits bestehenden Tarifnormen abgestimmt werden.

Alle diese Gründe tragen dazu bei, dass zum Teil unscharfe oder sogar unklare Tarifnormen vereinbart werden und man sich fragen muss, wie sie auf den Einzelfall anzuwenden sind, d.h., nach welchen Kriterien und Methoden die Tarifnorm so ausgelegt wird, dass die Subsumtion des Sachverhaltes unter die Tarifnorm möglich ist. Hierzu bedarf es bestimmter Auslegungskriterien, nach denen der Auslegende sich richten kann.[1064] Von der jeweiligen Auslegung hängt darüber hinaus auch die Durchsetzbarkeit und Praktikabilität der Tarifvorschrift oder gar des gesamten Tarifvertrages ab.[1065] Schließlich wird mit der Wahl und Wertung der Auslegungskriterien entschieden, ob den Tarifvertragsparteien auch bei der Anwendung unklarer Tarifnormen eine Einflussnahme verbleibt

---

1064 *Larenz/Canaris*, Methodenlehre, 313.

1065 Rechtsvergleichend: *Nogler*, Lücken im Tarifvertrag, 327ff.; *Gamillscheg*, Kollektives Arbeitsrecht I, § 15 XI 7, 663.

oder ob letztlich die Gerichte aus ihrem eigenen Verständnis heraus die Tarifnorm rechtlich deuten.[1066]

## II. Gesetzesauslegung/Tarifauslegung

### 1. Die objektive Auslegung von Gesetzen

Die Tatsache, dass der Tarifvertrag einerseits nicht nur hinsichtlich seines schuldrechtlichen sondern auch bezüglich seines normativen Teils Elemente des allgemeinen Vertragsrechts enthält, andererseits er aber auch Rechtsnormen formuliert, die ihren Wirkungen nach Gesetzen vergleichbar sind, hat von Anfang an eine Kontroverse darüber hervorgerufen, ob **Tarifverträge wie Verträge oder wie Gesetze auszulegen** sind.[1067] Zwischen der Auslegung von Gesetzen und der Auslegung von Verträgen bestehen nicht unerhebliche Unterschiede. **359**

Die **Gesetzesauslegung** folgt der **objektiven Methode**: Die Ermittlung des Wortsinnes erfolgt nach dem »normativen Sinn« des Gesetzes.[1068] Der rechtlich als maßgeblich zu erachtende Sinn des Gesetzes ist weder identisch mit dem Wollen oder den Vorstellungen des historischen Gesetzgebers, noch völlig unabhängig davon festzustellen.[1069] Nach dieser objektiven Auslegung ist das Gesetz aus sich selbst heraus zu deuten, nicht der wirkliche, sondern der im Gesetz objektivierte Wille des Gesetzgebers ist ausschlaggebend.[1070] **360**

### 2. Auslegungsgrundsätze

Soll die Auslegung nicht der Willkür des Auslegenden überlassen bleiben, sondern in einem – wenn auch weit abgesteckten – Rahmen verbleiben, bedarf es bestimmter Auslegungskriterien, nach denen der Auslegende sich richten muss.[1071] Im Einzelnen hat die juristische **Methodenlehre** folgende Auslegungsgrundsätze entwickelt: **361**

Erster Anknüpfungspunkt zur Auslegung von Normen ist deren **Wortlaut**. Darunter wird die Bedeutung eines Ausdruckes oder einer Wortverbindung im allgemeinen Sprachgebrauch verstanden. Der Wortlaut ist somit nach den Regeln der Grammatik und nach dem allgemeinen Sprachgebrauch auszudeuten.[1072] **362**

Welche der möglichen Wortvarianten, die einem nicht eindeutigen Ausdruck nach dem Sprachgebrauch zukommen können, im Einzelfall gemeint sein kann, ergibt sich in vielen Fällen aus dem Bedeutungszusammenhang, in dem der Ausdruck gebraucht wird.[1073] Daher ist die Auslegung einer Norm nach dem Ge- **363**

---

1066 Allgemein zur Bedeutung der Auslegung von Tarifnormen: *Däubler/Däubler*, Einl. Rn. 489; Wiedemann/*Wank*, § 1 Rn. 763 ff.; *Herschel*, Auslegung, 169; *Zöllner*, RdA 1964, 448 ff.; *Schaub*, NZA 1994, 597; *Zachert*, FS Arbeitsgerichtsverband, 574.

1067 Einen umfassenden Überblick über das ältere Schrifttum gibt *Hueck/Nipperdey*, Bd. II/1, 356 f.; im Übrigen Wiedemann/*Wank*, § 1 Rn. 763 ff.; *Liedmeier*, 33 ff.

1068 *Larenz/Canaris*, Methodenlehre, 312 ff.; *Buchner*, Auslegung, A I.

1069 *Larenz/Canaris*, Methodenlehre, 312 ff.

1070 BVerfG 15.12.1959, E 10, 234 und BVerfG 17.5.1960, E 11, 126, 130.

1071 *Larenz/Canaris*, Methodenlehre, 313.

1072 Wiedemann/*Wank*, § 1 Rn. 782.

1073 *Larenz/Canaris*, Methodenlehre, 320 ff.

samtzusammenhang der **Systematik** vorzunehmen. Dabei ist der äußere und innere Zusammenhang, die Stellung, die die Norm im Gesetz einnimmt und damit das Verhältnis zu anderen Normen zu berücksichtigen. Grund für die Beachtung des Bedeutungszusammenhanges ist die Überlegung, dass der Gesetzgeber von einer sachlichen Übereinstimmung zwischen den einzelnen Regelungen ausgegangen ist.

**364** Bei der Auslegung einer Norm muss gegebenenfalls der **Sinn und Zweck der Regelung** berücksichtigt werden (teleologische Auslegung). Der Sinn und Zweck gesetzlicher Regelungen wird in vielen Fällen allerdings nur auf Grund der Entwicklungsgeschichte der Norm bestimmt werden können. Insoweit müssen teleologische und historische Auslegung eng miteinander verbunden werden.[1074] Im Bereich des Arbeitsrechts erlangt die Auslegung nach Sinn und Zweck besondere Bedeutung, weil es sich bei den hier vorliegenden gesetzlichen Regelungen überwiegend um Schutzgesetze zugunsten der Arbeitnehmer handelt und daher zu Recht der Schutzzweck der Norm oft im Vordergrund steht.[1075]

**365** Schließlich kann zur Bestimmung des Sinngehalts eines Gesetzes seine **Entstehungsgeschichte** herangezogen werden.[1076] So hilfreich im Einzelfall die Umstände des Zustandekommens und damit die Motivation für die Formulierung einer Norm für die aktuelle Auslegung sein können, so schwierig ist es andererseits, diese Umstände und Motivationen im nachhinein zuverlässig festzustellen. So ist »der Gesetzgeber« keine Einzelperson, sondern das Parlament und im Vorfeld der Entscheidung möglicherweise eine Reihe von Ausschüssen und anderen Gremien, denen man meist nicht eine einheitliche, übereinstimmende Motivation oder Vorstellung nachsagen kann.

Aus diesem Grunde werden die Normvorstellungen der an der Vorbereitung und Verabschiedung der Norm beteiligten Personen lediglich zusammen mit anderen Auslegungskriterien, insbesondere dem Sinn und Zweck des Gesetzes, berücksichtigt werden können.[1077] Eine andere Vorgehensweise würde im Übrigen der objektiven Auslegung von Gesetzen widersprechen.

**366** Diese Auslegungsgrundsätze werden durch das **Gebot der verfassungs- und europarechtskonformen Auslegung** ergänzt. Wegen des Vorrangprinzips der Verfassung gegenüber »einfachem« Gesetzesrecht sind die Verfassungsprinzipien auch bei der Auslegung von Gesetzen zu beachten[1078] (Grundl. Rn. 403). Dabei kommen insbesondere die Grundrechte sowie das Rechtsstaats- und das Sozialstaatsprinzip in Betracht. Zu beachten bleibt, dass es sich bei dem Gebot der verfassungskonformen Auslegung weiterhin aber um Auslegung handelt, d.h., sich auch diese an Wortsinn und Bedeutungszusammenhang zu halten hat.[1079]

**367** Die einschlägigen Auslegungskriterien werden auch bei der **Tarifauslegung** angewandt, jedoch sind gewisse **Besonderheiten** zu berücksichtigen. Sie ergeben sich aus der Art des Zustandekommens von Tarifverträgen (siehe bereits Grundl.

---

1074 *Larenz/Canaris*, Methodenlehre, 324ff.

1075 So z.B. BAG 14.5.1974, AP Nr. 1 zu § 87 BetrVG 1972 Überwachung.

1076 *Larenz/Canaris*, Methodenlehre, 328ff.

1077 *Larenz/Canaris*, Methodenlehre, 317.

1078 Ständige Rechtsprechung des Bundesverfassungsgerichts, z.B. BVerfG 4.3.1975, E 39, 96, 122; *Larenz/Canaris*, Methodenlehre, 339ff.

1079 BVerfG 4.6.1958, E 8, 34, ständige Rechtsprechung; *Larenz/Canaris*, Methodenlehre, 324f.

Rn. 358 ff.) und in diesem Zusammenhang vor allem daraus, dass Tarifverträge Ausdruck kollektiver (gebündelter) Privatautonomie sind (im Einzelnen Grundl. Rn. 62 f.).[1080]

### 3. Das Verhältnis der Auslegungsgrundsätze zueinander

Eine feststehende Rangordnung dieser einzelnen Auslegungsgrundsätze gibt es nicht.[1081] Dennoch kommt den einzelnen **Grundsätzen ein unterschiedliches Gewicht** zu[1082]: Den Ausgangspunkt der Gesetzesauslegung bildet der Wortlaut und der hinter ihm stehende Wortsinn. Wegen der zahlreichen Wortvarianten wird sich allerdings der Wortsinn nicht immer eindeutig feststellen lassen. Deshalb ist zur weiteren Aufhellung des Wortsinns der Bedeutungszusammenhang besonders wichtig: Bei Berücksichtigung des Sprachgebrauchs des Gesetzes, des Textzusammenhanges oder des Bezuges zu anderen gesetzlichen Vorschriften kann der Wortsinn eindeutig werden. Ist dagegen auch dann noch eine unterschiedliche Auslegung möglich, sind zunächst Regelungsabsicht und Regelungszweck des Gesetzgebers aus der historischen Situation, schließlich Sinn und Zweck zum aktuellen Zeitpunkt heranzuziehen. Dabei ist bei allen Schritten eine – wenn es der Wortlaut ermöglicht – verfassungskonforme Auslegung zu wählen. **368**

Trotz dieser Gewichtung der einzelnen Auslegungsgrundsätze zueinander bleibt – insbesondere in Grenzfällen – die Auslegung eine Wertung mit einem Beurteilungsspielraum, der den Interpreten verpflichtet, die verschiedenen **Auslegungsgrundsätze offen zulegen** und insbesondere zu begründen, warum er letztlich diese oder jene Auslegung entscheidend und damit gegebenenfalls dieses oder jenes Ergebnis für richtig hält.[1083] **369**

## III. Vertragsauslegung

Bei der **Auslegung von Verträgen** gelten die allgemeinen Vorschriften zur Auslegung von Willenserklärungen des BGB (§§ 133,157 BGB). Nach § 133 BGB ist demgemäß bei Willenserklärungen der wirkliche Wille zu erforschen und nicht an dem buchstäblichen Sinn des Ausdrucks zu haften (so genannte subjektive Auslegung). Dies kann so weit gehen, dass bei gleichem Willen der Vertragsparteien ein Vertragsinhalt wirksam werden kann, der keinen sichtbaren Ausdruck im Wortlaut gefunden hat (so genannte falsa demonstratio). Erst wenn eine Willensübereinstimmung der Parteien fehlt, ist gemäß § 157 BGB auf die objektive Bedeutung der beiderseitigen Willenserklärungen abzustellen.[1084] **370**

---

1080 Zusammenfassend: ErfK/*Dieterich*, Art. 9 GG Rn. 54 ff.

1081 BAG 12. 9. 1984, AP Nr. 135 zu § 1 TVG Auslegung, unter Aufgabe seiner früheren Rechtsprechung; *Neumann*, AuR 1985, 321.

1082 Siehe im einzelnen *Larenz/Canaris*, Methodenlehre, 343 ff. mit weiteren Nachweisen.

1083 *Larenz/Canaris*, Methodenlehre, 346.

1084 *MünchBGB/Mayer-Maly/Busche*, § 133 Rn. 13 ff. mit weiteren Nachweisen.

## B. Die Auslegung des Tarifvertrages zwischen objektiver und subjektiver Theorie

### I. Der schuldrechtliche Teil des Tarifvertrages

371 Weitgehende Einigkeit besteht darüber, dass der **schuldrechtliche Teil** des Tarifvertrages, der ausschließlich die Tarifvertragsparteien bindet und insoweit einem sonstigen schuldrechtlichen Vertrag vergleichbar ist, nach den **subjektiven Grundsätzen** zu interpretieren ist.[1085] Die schuldrechtlichen Verpflichtungen der Tarifparteien werden nach Ansicht einiger Vertreter der Lehre nur dann nach objektiven Auslegungsgrundsätzen interpretiert, wenn diese Regelungen Dritte nach § 328 BGB begünstigen.[1086] Für diese Auffassung und damit den Gesichtspunkt größerer Berücksichtigung der Rechtssicherheit könnte sprechen, dass der Dritte wegen seines Ablehnungsrechts nach § 333 BGB ein besonderes Interesse hat, aus der Formulierung der Tarifnorm selbst deren Sinn zu entnehmen.

### II. Der normative Teil des Tarifvertrages

#### 1. Die objektive Auslegung des Bundesarbeitsgerichts und der allgemeine Auslegungskanon

372 Während das Reichsarbeitsgericht Tarifverträge noch primär nach den Grundsätzen der Auslegung von Willenserklärungen interpretierte[1087], geht das **Bundesarbeitsgericht in ständiger Rechtsprechung** von der **objektiven Auslegung** aus[1088], ohne dies in den neueren Entscheidungen noch zu begründen. Tarifnormen sind demnach aus sich selbst heraus auszulegen. Dies bedeutet aber nicht, dass der Wille der Tarifvertragsparteien keine Bedeutung hat. Vielmehr wird dieser Wille so weit berücksichtigt, wie er im Wortlaut der Tarifvorschrift einen Niederschlag gefunden hat.[1089] Die Vernachlässigung des nicht im Wortlaut erkennbaren Willens der Tarifvertragsparteien wird mit Gründen der Rechtssicherheit gerechtfertigt: Da die Tarifnormen am Vertrag nicht beteiligte Dritte erfassen, müsse in deren Interesse eine Auslegung erfolgen, die ihnen die Anwendung der Normen aus ihrem Wortlaut heraus ermögliche.[1090] Die Auslegung von Tarifnormen nach den objektiven Grundsätzen der Gesetzesauslegung hätte zur Folge, dass eine fehlende Übereinstimmung der Tarifvertragsparteien beim

---

1085 Wiedemann/*Wank*, § 1 Rn. 768; *Däubler/Däubler*, Einl. Rn. 536; *Löwisch/Rieble*, Rn. 599; *Buchner*, Auslegung, A I 1; *Hueck/Nipperdey*, Bd. II/1, 360.

1086 ErfK/*Schaub*, § 1 TVG Rn. 24; *Däubler/Däubler* Einl. Rn. 536; BAG 5.11.1997 (4 AZR 872/95), AP Nr. 29 zu § 1 TVG; a. A. Wiedemann/*Wank*, § 1 Rn. 768 und *Löwisch/Rieble*, § 1 Rn. 600.

1087 Z. B. RAG 29.9.1928, E 2, 235, 239.

1088 Erstmals BAG 2.6.1961, AP Nr. 68 zu Art. 3 GG (mit Anm. von *Hueck*); ständige Rechtsprechung, z. B. BAG 15.9.1971, AP Nr. 15 zu § 611 BGB Bergbau; BAG 22.9.1981, AP Nr. 1 zu § 35 BAT; BAG 26.4.1966, 30.9.1971, 13.6.1973, 8.2.1984 und 12.9.1989, AP Nr. 117, 121, 123, 134 und 135 zu § 1 TVG Auslegung.

1089 Ebenfalls ständige Rechtsprechung des Bundesarbeitsgerichts: BAG 17.9.1957, 26.9.1957, 22.1.1960, 26.4.1966, 30.9.1971, 11.12.1974 und 12.9.1984, AP Nr. 4, 10, 96 117, 121, 124, 134 und 135 zu § 1 TVG Auslegung; BAG 15.9.1971 und 31.5.1972, AP Nr. 15 und 16 zu § 611 BGB Bergbau; BAG 5.5.1976, AP Nr. 88 zu § 611 BGB Gratifikation und BAG 12.9.1984, AP Nr. 135 zu § 1 TVG Auslegung; BAG 13.4.1983, AP Nr. 76 zu § 620 BGB Befristeter Arbeitsvertrag; BAG 28.4.1987, AP Nr. 5 zu § 1 BetrAVG Betriebsveräußerung, BAG 12.11.1998 (2 AZR 80/98), NZA 1999, 498; BAG 24.11.1999 (4 AZR 479/98), AP Nr. 35 zu § 1 Tarifverträge: Druckindustrie.

1090 BAG 26.4.1966 und 11.12.1974, AP Nr. 117 und 124 zu § 1 TVG Auslegung.

Abschluss des Vertrages wegen des Normcharakters des Tarifinhaltes unbeachtlich wäre (versteckter Dissens).[1091] Eine entsprechende Anwendung der §§ 154, 155 BGB würde deshalb ausscheiden.

Ursprünglich stellte das Bundesarbeitsgericht eine gewisse Reihenfolge der einschlägigen Auslegungsprinzipien in dem Sinne auf, dass, falls der Wortlaut keinen hinreichenden Aufschluss gebe, in erster Linie der Gesamtzusammenhang, in zweiter Linie die Tarifgeschichte und Tarifübung, drittens die Entstehungsgeschichte des streitigen Tarifvertrages sowie letztlich die Anschauung der beteiligten Berufskreise zur Zeit der Entstehung des Tarifvertrages heranzuziehen sei.[1092] 373
Diese **feste Rangordnung** wurde später **aufgegeben.**[1093] Das bedeutet eine größere Beweglichkeit im Hinblick auf die Reihenfolge der Auslegungselemente, ohne dass diese inhaltlich revidiert oder auch wesentlich modifiziert würden. Das Bundesarbeitsgericht führt hierzu aus, die Tarifauslegung habe entsprechend den Grundsätzen der Gesetzesauslegung zunächst vom **Tarifwortlaut** auszugehen. Dabei sei jedoch über den reinen Tarifwortlaut der wirkliche Wille der Tarifparteien und der damit von ihnen beabsichtigte Sinn und Zweck der Tarifnormen mit zu berücksichtigen, sofern und soweit sie in den tariflichen Normen ihren Niederschlag gefunden hätten. Hierzu sei auch auf den **tariflichen Gesamtzusammenhang** abzustellen, der häufig schon deswegen mit berücksichtigt werden müsse, weil nur aus ihm und nicht aus der einzelnen Tarifnorm auf den wirklichen Willen der Tarifparteien geschlossen und nur so der Sinn und Zweck der Tarifnorm zutreffend ermittelt werden könne. Verblieben bei entsprechender Auswertung des Tarifwortlautes und des tariflichen Gesamtzusammenhanges als den stets und in erster Linie heranzuziehenden Auslegungskriterien im Einzelfall noch Zweifel, so könne zur Ermittlung des wirklichen Willens der Tarifparteien auf **weitere Kriterien** wie die Tarifgeschichte, die praktische Tarifübung und die Entstehungsgeschichte des jeweiligen Tarifvertrages zurückgegriffen werden. Dabei gäbe es jedoch für die Gerichte keine Bindung an eine bestimmte Reihenfolge bei der Heranziehung dieser weiteren Auslegungsmittel.[1094]

Als **Grundaussage** neuerer Tendenzen der höchstrichterlichen **Rechtsprechung** lässt sich folgendes festhalten: Zunehmend wird darauf Rücksicht genommen, dass der Tarifwortlaut nicht überbetont werden dürfe, sondern dass der **wirkliche Wille der Tarifvertragsparteien** maßgeblich sei. Dennoch wird der Auslegung ein objektives Element beigemessen, da Wert darauf gelegt wird, dass die Tarifvertragsparteien eine vernünftige, gerechte, zweckorientierte und praktisch brauchbare Regelung haben treffen wollen. Im Zweifel ist dann derjenigen Interpretation der Vorzug zu geben ist, die diesen Anforderungen am ehesten entspricht.[1095]

Im Hinblick auf die Rechtswirksamkeit von **(besonderen) tariflichen Klauseln** bestätigt die Rechtsprechung, dass bei der Auslegung im Zweifel davon auszu-

1091 BAG 9.3.1983, AP Nr. 128 zu § 1 TVG.

1092 BAG 26.4.1966, AP Nr. 117 zu § 1 TVG Auslegung.

1093 BAG 12.9.1984, AP Nr. 135 zu § 1 TVG Auslegung (mit Anm. von *Pleyer*).

1094 BAG 12.9.1984, AP Nr. 135 zu § 1 TVG Auslegung; darauf nimmt die folgende Rechtsprechung in vielfältigen Fallkonstellationen Bezug, z.B. BAG 12.11.1999 (2 AZR 80/98), NZA 1999, 489; BAG 19.1.2000 (4 AZR 814/98), RdA 2002, 110 (mit Anm. von *Wank*).

1095 BAG 20.10.1982, AP Nr. 45 zu § 1 TVG Tarifverträge: Bau auch bereits BAG 4.7.1967, AP Nr. 118 zu § 1 TVG Auslegung (mit Anm. von *Gröbing*); BAG 24.11.1993, NZA 1994, 471, 472; BAG 11.10.1995 (10 AZR 985/94), DB 1996, 1041, 1042; BAG 7.8.2002 (4 AZR 626/01), DB 2003, 397.

gehen ist, die Tarifvertragsparteien wollten Regelungen treffen, die nicht wegen Unvereinbarkeit mit zwingendem höherrangigen Recht unwirksam sind. Diese Grundsätze wendet die Rechtsprechung selbst dann an, wenn sich die Unvereinbarkeit einer Tarifnorm, bei der verschiedene Auslegungsalternativen denkbar sind, mit höherrangigem Recht lediglich daraus ergibt, dass sie hierzu umstrittene Auslegungsprinzipien aufgestellt hat, z.B. zur Wirksamkeit von Effektivklauseln.[1096]

## 2. Die Stellungnahme der Literatur

**374** Die **Literatur** beantwortet die Frage nach der Anwendung von objektiven oder subjektiven Auslegungsgrundsätzen **nicht einheitlich**.[1097] Beide Auffassungen werden vertreten. Eine weitere Ansicht geht davon aus, dass bei der Auslegung von Tarifverträgen beide Ansätze der Auslegung ineinander greifen.[1098] Die Befürworter der **objektiven Auslegung** begründen diese überwiegend formal mit dem Rechtsnormcharakter des Tarifvertrages und inhaltlich mit dem Rechtssicherheitserfordernis gegenüber den Tarifgebundenen.

Dagegen lässt sich einwenden, dass Tarifverträge, die nach zunehmender Meinung Ausdruck kollektiver (gebündelter) Privatautonomie sind (im Einzelnen dazu Grundl. Rn. 62f.)[1099] häufig unter dem Druck der Überbrückung von Interessengegensätzen abgeschlossen werden, so dass sich Formulierungen ergeben, die nicht eindeutig sind oder Teilaspekte entweder übersehen oder auch bewusst offen lassen (Grundl. Rn. 358). Diesen Unschärfen wird die **subjektive Auslegungsmethode** besser gerecht, da – jedenfalls bei strikt durchgehaltenem objektiven Auslegungsprinzip – das Risiko nicht auszuschließen ist, dass die Interpretationsmacht stark auf die Gerichte verlagert werden könnte.[1100] Dem anzuerkennenden Aspekt der Rechtssicherheit wird bereits durch das Schriftlichkeitserfordernis des § 1 Abs. 2 TVG Rechnung getragen.[1101] Darüber hinaus ist im Unterschied zum gesetzlichen Normgeber beim Tarifvertrag der subjektive Wille grundsätzlich eine fassbare und feststellbare Größe.[1102] Hinzu kommt, dass tarifliche Regelungen nicht auf ähnlich lange Dauer wie Gesetze ausgelegt sind und daher meist nicht die Notwendigkeit besteht, Tarifnormen für nicht absehbare, unvorhergesehene Fallgestaltungen durch eine objektive Auslegung »lebensfähig« zu halten.[1103]

Nach allem sprechen die besseren konzeptionellen Gründe für die subjektive Auslegungsmethode.[1104]

---

1096 BAG 21.7.1993, NZA 1994, 181.

1097 Überblick: *Kamanabrou*, Auslegung, 68ff.; *Liedmeier*, Auslegung, 21ff.; ferner *Dütz*, FS Molitor, 63ff.; *Schaub*, NZA 1994, 597f.; einen Überblick über die ältere Literatur gibt *Hueck/Nipperdey*, Bd. II/1, 357.

1098 Wiedemann/*Wank*, § 1 Rn. 764; *Löwisch/Rieble*, § 1 Rn. 550; *Stein*, Rn. 84.

1099 ErfK/*Dieterich*, Art. 9 GG Rn. 54ff. jeweils mit Nachweisen, besonders im Hinblick auf die Auslegung: *Rieble*, Anm. zu BAG 16.6.1998 (5 AZR 638/97), AuR 1999, 68; *Wank*, RdA 1998, 71; *Dütz*, FS Molitor, 72.

1100 *Däubler/Däubler*, Einl. Rn. 500.

1101 *Zöllner*, RdA 1964, 449, *Dütz*, FS Molitor, 72.

1102 Ebenso *Dütz*, FS Molitor, 72.

1103 *Däubler/Däubler*, Einl. Rn. 501; vgl. auch Wiedemann/*Wank*, § 1 Rn. 774f.

1104 Z.B. MünchArbR/*Löwisch-Rieble*, § 265 Rn. 4; *Löwisch/Rieble*, § 1 Rn. 550.

### 3. Die Bedeutung des Theorienstreits in der Praxis

Trotz der unterschiedlichen rechtsmethodischen Ansätze der subjektiven und objektiven Auslegung wird in vielen Fällen das Ergebnis dasselbe sein. Dies ist zum einen darauf zurück zuführen, dass sowohl bei Vertrags- wie auch bei Gesetzesauslegung entsprechend der Regelung des § 133 BGB nicht am Buchstaben gehaftet werden darf, solange das Gewollte einen irgendwie erkennbaren Ausdruck im Text gefunden hat.[1105] Erst wenn der übereinstimmende Wille der Vertragsparteien aus dem Wortlaut nicht ersichtlich ist (falsa demonstratio), kann nach der objektiven Auslegung der Parteiwille nicht berücksichtigt werden.[1106] Darüber hinaus werden die Grundsätze der Gesetzesauslegung – Sinn und Zweck, Bedeutungszusammenhang – in weiteren Fällen den tatsächlichen Willen der Tarifvertragsparteien zutreffend erfassen. Auch das **Bundesarbeitsgericht** hat in mehreren Entscheidungen der letzten Jahre stärker als früher betont, dass – über den Tarifwortlaut hinaus – der **wirkliche Wille der Tarifvertragsparteien** und der damit von ihnen beabsichtigte Sinn und Zweck der Tarifnorm mit zu berücksichtigen sei.[1107] Den Vorbehalt, dass sich dieser Wille der Tarifvertragsparteien im Wortlaut wieder finden muss, hält die Rechtsprechung allerdings nicht konsequent durch.[1108] So hat das Gericht in Einzelfällen eine Tarifnorm nach Sinn und Zweck der Vorschrift ausgelegt, deren Ergebnis gerade nicht mehr im Wortlaut wieder zu finden war.[1109] 375

Bei allen verbleibenden Unschärfen zeigt die Rechtsprechungsanalyse insgesamt, dass sich das Bundesarbeitsgericht ungeachtet seines Votums zugunsten der Gesetzesauslegung darum bemüht, dem wirklichen Willen der Tarifparteien möglichst Rechnung zu tragen: Es sei Aufgabe der Gerichte für Arbeitssachen, deren Mitglieder weder bei Tarifabschluss zugegen waren noch schriftliche Materialien wie bei der Gesetzesauslegung zur Verfügung hätten, anhand des Wortlauts und anderer Mittel, die die Methodenlehre zur Verfügung stellt, den Willen der Tarifvertragsparteien zu erforschen. Angesichts dieser Aufgabe und der notwendig unvollkommenen Mittel verbiete es sich, von einem bestimmten Willen der Tarifvertragsparteien ohne nähere Begründung auszugehen.[1110] Auch bei der **Lückenfüllung** stellt das **Bundesarbeitsgericht** ausdrücklich und zutreffend auf die **Grundsätze der Vertragsauslegung** ab.[1111] Relativiert das Bundesarbeitsgericht insoweit zu Recht die Bedeutung des Wortlauts der Tarifnorm bei deren Auslegung, so werden die Unterschiede des Theorienstreits zwischen objektiver und subjektiver Auslegung weiter in den Hintergrund treten[1112], zumal die falsa demonstratio-Regel in der Praxis bisher kaum eine Rolle gespielt hat. Für diese

1105 *Zöllner*, RdA 1964, 449; *Schaub*, NZA 1994, 597; *Liedmeier*, Auslegung, der über die Anwendung des Rechtsstaatsprinzips die Vertragsauslegung der Gesetzesauslegung annähert, 45ff., 81ff., 87.

1106 BAG 2.6.1961, AP Nr. 68 zu Art. 3 GG; *Buchner*, Auslegung, B II 2, der zutreffend darauf hinweist, dass wohl auch nach der Rechtsprechung des Bundesarbeitsgerichts die falsa demonstratio dann unbeachtlich ist, wenn sie sich im Einzelfall aus dem Text ergibt.

1107 BAG 12.9.1984, AP Nr. 135 zu § 1 TVG Auslegung; neueres Beispiel: BAG 7.8.2002 (10 AZR 626/01), DB 2002, 397.

1108 BAG 12.9.1984, AP Nr. 135 zu § 1 TVG Auslegung.

1109 BAG 28.1.1987, AP Nr. 14 zu § 4 TVG Geltungsbereich (mit Anm. von *Zilius*).

1110 Besonders prägnant BAG 7.12.1989, AP Nr. 3 zu § 15 BErzGG; zu Differenzierungen und Unschärfen vor allem Liedmeier, 22ff.

1111 BAG 21.3.1991, AP Nr. 31 zu § 622 BGB, unter III. 2.

1112 Ebenso *Dütz*, FS Molitor, 71f., *Hamacher* weist zu Recht darauf hin, dass das BAG die Anwendung der objektiven Theorie nicht durchgehalten hat: Klauseln, 186.

wenigen Fälle ist der Wille der Tarifvertragsparteien dann nicht zu berücksichtigen, wenn der Wortlaut eindeutig vom Gewollten abweicht und wenn aus den gesamten Umständen nicht erkennbar wird, dass bei Abschluss der Norm eine falsa demonstratio unterlaufen ist.[1113]
Im Ergebnis läuft deshalb die **Methodenkontroverse**, deren Hintergrund ein abweichender Ausgangspunkt ist, praktisch allenfalls auf **unterschiedliche Akzentsetzung** hinaus.[1114]

## C. Die Auslegung des Tarifvertrages im Einzelnen

### I. Der Wortlaut als Grundlage der Inhaltsbestimmung

#### 1. Grammatik, Semantik und der gewöhnliche Sprachgebrauch

**376** Zunächst ist nach den Regeln der Grammatik (Semantik) der **Wortsinn** der Vorschrift zu finden, wie er sich aus **Wörterbüchern und Lexika** ergibt.[1115] Dabei ist zusätzlich der **allgemeine Sprachgebrauch** zu berücksichtigen.[1116] Verwenden die Tarifparteien **fachliche Begriffe**, so ist im Zweifel anzunehmen, dass das fachliche Verständnis auch für den Tarifvertrag gilt. Dabei ist dann die jeweils aktuelle Bedeutung einschlägig.[1117]
Hiervon kann der **juristische Sprachgebrauch** unterschieden werden.[1118] Werden juristische Begriffe, insbesondere Gesetzesformulierungen, im Tarifvertrag verwandt, ist davon auszugehen, dass die Tarifvertragsparteien den Begriff in dieser Bedeutung verwenden wollten.[1119] Die Verwendung von **unbestimmten Rechtsbegriffen**, die ihrerseits ausfüllungsbedürftig sind, ist in Tarifnormen auch dann zulässig, wenn sie gehäuft auftreten.[1120] Zweifel bestehen dagegen im Hinblick auf die Justitiabilität von Eingruppierungsregeln, die sich nach dem »Gepräge der Gesamttätigkeit« richten.[1121]

---

1113 *Zöllner*, RdA 1964, 449.

1114 *Däubler/Däubler*, Einl. Rn. 493; *Gamillscheg*, Kollektives Arbeitsrecht I, § 15 XI 2a, 653; MünchArbR/*Löwisch-Rieble*, § 265 Rn. 10; ähnlich Wiedemann/*Wank*, § 1 Rn. 764; ferner *Buchner*, Auslegung D., IX, 1. Fortsetzungsblatt, unter c; *Dütz*, FS Molitor, 66 ff.; *Neumann*, AuR 1985, 321; *Schaub*, NZA 1994, 597; *Richardi*, Anm. zu BAG 20.11.1970, AP Nr. 8 zu § 72 BetrVG, Bl. 392 R; *Rüthers/Heilmann*, Anm. zu BAG 31.10.1991, AP Nr. 11 zu § 1 TVG Tarifverträge Presse.

1115 *Gamillscheg*, Kollektives Arbeitsrecht I, § 15 XI 2a, 653; MünchArbR/*Löwisch-Rieble*, § 265 Rn. 10; *Löwisch/Rieble*, § 1 Rn. 555; *Neumann*, AuR 1985, 322; *Schaub*, NZA 1994, 598; *Larenz/Canaris*, Methodenlehre, 320; ein Beispiel BAG 20.4.1994, AP Nr. 9 zu § 1 TVG Tarifverträge: DDR (mit Anm. von *Zachert*, NZA 1994, 1090).

1116 BAG 30.5.2001 (4 AZR 284/100), DB 2002, 1058, 1059.

1117 Ständige Rechtsprechung, z. B. BAG 18.3.2003 (9 AZR 691/01), DB 2004, 256; weitere Nachweise *Löwisch/Rieble*, § 1 Rn. 555.

1118 *Buchner*, Auslegung, B III 1; *Schaub*, NZA 1994, 598; insgesamt etwas andere Gewichtung Wiedemann/*Wank*, § 1 Rn. 782.

1119 BAG 5.2.1971, AP Nr. 120 zu § 1 TVG Auslegung; BAG 13.5.1981, AP Nr. 1 zu § 1 TVG Tarifverträge: Presse; BAG 25.4.1979 und 12.8.1981, AP Nr. 49 und 51 zu § 611 BGB Dienstordnungs-Angestellte, BAG 6.5.1987, 5 AZR 610/85, nicht veröffentlicht; BAG 19.8.1987, AP Nr. 3 zu § 1 TVG Tarifverträge Fernverkehr; BAG 28.10.1998 (301/98), NZA 2000, 953, 955; BAG 13.12.2001 (6 AZR 30/01), DB 2002, 1999; BAG 29.9.2004 (1 ABR 29/03), DB 2005, 343; zu Besonderheiten in den neuen Bundesländern, als ein fester Sprachgebrauch noch nicht bestand: *Kohte*, AuR 1996, 124, mit weiteren Nachweisen.

1120 BAG 3.5.1978 und 28.2.1979, AP Nr. 6 und 9 zu § 1 TVG Tarifverträge: Rundfunk.

1121 BAG 27.1.1982, AP Nr. 3 zu § 1 TVG Tarifverträge: Banken.

Enthält der **Tarifvertrag** selbst eine **Definition des Begriffs**, so ist diese bindend. Auch die Gerichte für Arbeitssachen haben dann grundsätzlich nicht die Befugnis, hiervon abzuweichen.[1122] Nur ausnahmsweise ist eine Auslegung gegen den Wortlaut möglich, wenn andere Indizien belegen, dass Sinn und Zweck im Text unzureichend Ausdruck gefunden hat.[1123] 377

Bei **wechselndem Sprachgebrauch** zwischen dem Zeitpunkt des Tarifabschlusses und dem einer Auslegungskontroverse über die Normanwendung wird es der Tarifautonomie mehr entsprechen, auf den Wortlaut im Zeitpunkt des Entstehens des Tarifvertrages abzustellen.[1124] 378

## 2. Weitere Kriterien zur Ermittlung des Wortlauts

Ist die Tarifnorm nach den Regeln der Grammatik und des Sprachgebrauchs weiterhin nicht eindeutig, fragt es sich, welche Auslegungsmittel zur Ermittlung des Wortsinnes herangezogen werden können, bevor andere Auslegungsmethoden geprüft werden. 379

### a) Protokollnotizen/Niederschriftserklärungen/Rundschreiben

In Betracht kommt zunächst die Berücksichtigung von **Protokollnotizen**.[1125] Sie dienen den Tarifvertragsparteien dazu, die vereinbarte Regelung zu erläutern oder zu ergänzen. Sie sind Tariftext im materiellen Sinne, wenn sie den Formerfordernissen des Tarifvertrages nach § 1 Abs. 2 TVG entsprechen. Das setzt nach § 126 BGB die Unterzeichnung von beiden der Parteien auf einer gemeinsamen Urkunde voraus[1126] (hierzu im Einzelnen § 1 Rn. 774). 380

Wird dem nicht Rechnung getragen, was in der Praxis nicht selten vorkommt, dann stellen Protokollnotizen keine Tarifnormen dar, sind aber als Auslegungshilfen heranzuziehen. Sie müssen jedenfalls dann zur Bestimmung des wirklichen Willens der Tarifvertragsparteien berücksichtigt werden, wenn sie den gemeinsamen Willen der Tarifvertragsparteien wiedergeben und nicht im offensichtlichen Widerspruch zum Wortlaut stehen.[1127] Darüber hinaus können Protokollnotizen Anlass dafür sein, den wirklichen Willen der Tarifvertragsparteien – z. B. durch Zeugenvernehmung – zu erforschen.[1128]

Entsprechendes gilt für **Niederschriftserklärungen** beider Tarifparteien.[1129] 381

---

1122 BAG 25.8.1982, AP Nr. 9 zu § 1 TVG Auslösung; BAG 28.4.1982, AP Nr. 39 zu § 1 TVG Tarifverträge Bau; *Löwisch/Rieble*, § 1 Rn. 556, mit weiteren Nachweisen.

1123 BAG 23.2.2000 (7 AZR 891/98), NZA 2000, 894, 897, mit Hinweis auf BVerfG 27.1.1998 (1 BvL 22/93), E 97, 186, 196.

1124 *Däubler/Däubler*, Einl. Rn. 598; *Liedmeier*, Auslegung, 98; *Schaub*, NZA 1994, 598, jeweils mit weiteren Nachweisen.

1125 Zum Fragenbereich: *Däubler/Däubler*, Einl. Rn. 512; *Gamillscheg*, Kollektives Arbeitsrecht I, § 15 XI 1b, 643; MünchArbR/*Löwisch-Rieble*, § 265 Rn. 12, 25.

1126 BAG 8.5.1968, AP Nr. 6 zu § 611 BGB Croupier; BAG 4.6.1980, AP Nr. 4 zu § 21 MTB II; BAG 29.8.1979 und 9.10.1979, AP Nr. 103 und 105 zu § 611 BGB Gratifikation; BAG 4.4.2001 (4 AZR), 237/00), DB 2001, 199; *Löwisch/Rieble*, § 1 Rn. 11 und 558, mit weiteren Nachweisen aus der Rechtsprechung.

1127 Zum letzteren: BAG 21.3.1973, AP Nr. 12 zu § 4 TVG Geltungsbereich; weitergehender nunmehr: BAG 29.4.1982, AP Nr. 4 zu § 15 BAT, wo ohne weiteres die Protokollnotiz zur Wortlautbestimmung herangezogen wird.

1128 Wiedemann/*Wank*, § 1 Rn. 783, mit weiteren Nachweisen.

1129 BAG 27.8.1986, AP Nr. 28 zu § 7 BUrlG Abgeltung und BAG 3.12.1986, AP Nr. 6 zu § 51 TVAL II NZA 1987, 572.

382 Der Wille der Tarifvertragsparteien kann sich weiterhin aus abgestimmten oder gemeinsamen **Rundschreiben** ergeben.[1130] Da insoweit kein Zweifel an der übereinstimmenden Erläuterung der Tarifvertragsparteien besteht und derartige Regelungen oft nur aus Praktikabilitätsgründen nicht offizieller Inhalt des Tarifvertrages werden, steht ihrer Berücksichtigung nichts entgegen.[1131] Dies gilt erst recht, wenn ihr Inhalt in der Tarifnorm nur angedeutet ist.[1132]

### b) Authentische Auslegung durch die Tarifparteien/ Anhörung der Tarifparteien

383 Ähnlich bindende Wirkungen für die Auslegenden entfalten authentische Interpretationen der Tarifvertragsparteien.[1133] Auch sie sind, falls sie nicht schon dem Formerfordernis des § 1 Abs. 2 TVG genügen und damit Inhalt des Tarifvertrages werden, im Rahmen der Wortlautbestimmung zu beachten.[1134] Das Bundesarbeitsgericht schließt die Berücksichtigung einer authentischen Interpretation ohne Schriftformerfordernis nicht grundsätzlich aus.[1135]

384 Der Umstand, bei der Auslegung maßgeblich den Willen der Tarifvertragsparteien zu berücksichtigen, bringt die Verpflichtung mit sich, in der Regel beide Tarifvertragsparteien zum Bedeutungssinn der fraglichen Tarifnorm zu befragen.[1136] Beim Firmentarifvertrag ist der Arbeitgeber bereits Prozesspartei, so dass sich die Auskunftseinholung auf die Gewerkschaftsseite beschränkt.[1137]
Die **Pflicht zur Anhörung der Tarifvertragsparteien** respektiert die Entscheidungsfreiheit im Rahmen der Tarifautonomie des Art. 9 Abs. 3 GG. Die Rechtsprechung hält die Entscheidung über die Einholung von Auskünften bei den Tarifvertragsparteien zum Zwecke der Tarifauslegung für nicht verpflichtend, sondern legt die Entscheidung darüber in das pflichtgemäße Ermessen der Tatsachengerichte.[1138] Allerdings darf die Einholung einer richterlichen Auskunft nicht auf die Beantwortung der prozessleitenden Rechtsfragen gerichtet sein.[1139]

---

1130 *Däubler/Däubler*, Einl. Rn. 511.

1131 Ähnlich *Meisel*, Anm. zu BAG 15. 9. 1971, AP Nr. 15 zu § 611 BGB Bergbau.

1132 BAG 27. 4. 1995, DB 1996, 228.

1133 *Däubler/Däubler*, Einl. Rn. 511.

1134 Anders noch BAG 21. 3. 1973, AP Nr. 12 zu § 4 TVG Geltungsbereich; wie hier BAG 13. 4. 1994, NZA 1994, 945, 947.

1135 BAG 24. 5. 1978, AP Nr. 6 zu § 1 TVG Tarifverträge: Metallindustrie.

1136 Beispiel: BAG 12. 11. 1998 (2 AZR 80/98), DB 1999, 488, 489; *Schaub* bejaht die gerichtliche Einholung von Auskünften nach § 293 ZPO, nicht aber die Frage nach der Auslegung, NZA 1994, 599, hierzu Wiedemann/*Wank*, § 1 Rn. 826, mit weiteren Nachweisen.

1137 A. A. BAG 18. 8. 1999 (4 AZR 247/98), AP Nr. 22 zu § 3 TVG, wie hier die Anm. von *Stein* zu dieser Entscheidung.

1138 BAG 25. 8. 1982, AP Nr. 55 zu § 616 BGB und BAG 9. 3. 1983, AP Nr. 128 zu § 1 TVG Auslegung; BAG 24. 1. 1990, AP Nr. 1 zu § 1 Tarifverträge Metallindustrie; BAG 18. 8. 1999 (4 AZR 247/98), AP Nr. 22 zu § 3 TVG (mit Anm. von *A. Stein*).

1139 BAG 18. 8. 1999 (4 AZR 247/98), AP Nr. 22 zu § 3 TVG ( mit Anm. von *A. Stein*).

### c) Tarifübung, historische Auslegung/Verhandlungsprotokolle/ Beteiligte Berufskreise

Zur Ermittlung des wirklichen Willens der Tarifvertragsparteien im Rahmen der Wortlautauslegung ist auch eine **Tarifübung**[1140] von Bedeutung. Ist die Tarifpraxis erheblich älter als die fragliche Norm (**Entwicklungsgeschichte),** so kommt ihr innerhalb der **historischen Auslegung**[1141] Gewicht zu[1142], z. B. wenn die Bestätigung oder gegebenenfalls die Änderung in einer neuen Tarifnorm beabsichtigt war und entsprechend formuliert wurde.[1143] Eine Tarifübung, die seit dem Abschluss des Tarifvertrages besteht, ist ein starker Hinweis darauf, wie die Tarifvertragsparteien den Wortlaut der Tarifvorschrift verstanden haben. Daher ist auch sie bei Deutung des Tarifwortlautes mit einzubeziehen.[1144] Dem folgt die Rechtsprechung[1145], wobei auch die Dynamik der Tarifübung und Tarifpraxis im Laufe der Geltung des Tarifvertrages mit einzubeziehen ist.[1146] **385**

Demgegenüber können **Verhandlungsprotokolle** oder **Tarifgespräche** im Rahmen der Bestimmung des Wortlauts der Tarifnorm grundsätzlich keine Beachtung finden.[1147] Zum einen wird es hier in aller Regel an einem übereinstimmenden Willen fehlen. Zum anderen geben sie allenfalls eine Meinung der Tarifvertragsparteien in einem Stadium der Verhandlungen wieder, das gerade nicht die Verbindlichkeit des erfolgten Tarifabschlusses beinhaltet. Gegen eine Berücksichtigung von Verhandlungsprotokollen oder Tarifgesprächen im Rahmen der historischen Auslegung des Tarifvertrages bestehen allerdings keine Bedenken.[1148] **386**

Das Bundesarbeitsgericht hatte in mehreren Entscheidungen auch auf die Anschauung der **»beteiligten Berufskreise«** zurückgegriffen.[1149] Eine solche Auslegungshilfe zur Erklärung des Wortlauts ist abzulehnen, weil die Berufskreise sich ausschließlich aus Arbeitgebern bzw. Zusammenschlüssen von Arbeitgebern (wie z.B. Handwerks- oder Industrie- und Handelskammern) zusammensetzen und bei deren Berücksichtigung eine einseitige Auslegungssicht einer Tarifvorschrift zugunsten einer Tarifvertragspartei vorgenommen würde. Diese Rechtsprechung hat das Gericht deshalb zu Recht aufgegeben und dem Kriterium nur noch ergänzende und zur Bestätigung geeignete Funktion zuerkannt.[1150] **387**

---

1140 *Gamillscheg*, Kollektives Arbeitsrecht I, § 15 XI 2 g, 659 f.
1141 *Gamillscheg*, Kollektives Arbeitsrecht I, § 15 XI 2 f., 658 f.
1142 Beispiel: BAG 12.11.1998 (2 AZR 80/98), DB 1999, 488, 489.
1143 So im Ergebnis BAG 26.4.1966, AP Nr. 117 zu § 1 TVG Auslegung; Wiedemann/*Wank*, § 1 Rn. 804, mit weiteren Nachweisen.
1144 So auch *Herschel*, AuR 1976, 1, 5; *Schaub*, NZA 1994, 600; *Löwisch/Rieble*, § 1 Rn. 571 ff.
1145 Z.B. BAG 10.11.1993, DB 1994, 683; a.A. noch ältere Entscheidungen: BAG 26.4.1966 und 11.12.1974, AP Nr. 117 und 124 zu § 1 TVG Auslegung; BAG 15.9.1971 und 31.5.1972, AP Nr. 15 und 16 zu § 611 BGB Bergbau.
1146 BAG 4.4.2001 (4 AZR 473/00), DB 2001, 2407.
1147 BAG 4.6.1980, AP Nr. 4 zu § 21 MTB II; BAG 10.9.1962, AP Nr. 115 zu § 1 TVG Auslegung; *Schaub*, NZA 1994, 599; *Gamillscheg*, Kollektives Arbeitsrecht I, § 15 XI 2n, 658; a. A. *Brötzmann*, Auslegung, 69 f., 151.
1148 BAG 10.9.1962, AP Nr. 115 zu § 1 TVG Auslegung.
1149 BAG 26.4.1966 und 4.7.1966, AP Nr. 117 und 118 zu § 1 TVG Auslegung.
1150 BAG 12.9.1984, AP Nr. 135 zu § 1 TVG Auslegung.

#### d) Ausnahmevorschriften

388 Trotz Kritik[1151] wird daran festzuhalten sein, dass **Ausnahmevorschriften** auch in Tarifverträgen grundsätzlich eng auszulegen sind.[1152] Allerdings steht es im Ermessen der Tarifvertragsparteien, ob sie ein Regel-Ausnahmeverhältnis normieren. Soweit sich deshalb aus dem Tarifvertrag etwas Anderes ergibt, kann der genannte Auslegungsgrundsatz keine Geltung beanspruchen.[1153]

#### e) Gleichlautende Bestimmungen in anderen Tarifverträgen/tariflicher Zusammenhang

389 **Gleichlautende Bestimmungen in anderen Tarifverträgen** sind nur sehr behutsam bei der Auslegung von Tarifverträgen heranzuziehen. Da maßgeblich auf den Willen der Vertragschließenden abzustellen ist, wird dies vor allem dann der Fall sein, wenn sich jeweils dieselben Vertragschließenden gegenüber stehen. So werden Mantel-, Entgeltrahmen- und Entgelttarif-Vertrag im Zweifel auch terminologisch eine Einheit bilden; das gilt auch dann, wenn Tarifverträge aus einem Gebiet in ein Anderes übernommen werden.[1154]

390 Zur Bestimmung des maßgeblichen Wortsinns kann schließlich auch der **tarifpolitische Zusammenhang** der Vorschrift herangezogen werden. Hier ist allerdings zu betonen, dass dies nicht – wie bei der objektiven Auslegung – neben den anderen Auslegungsgrundsätzen erfolgt, sondern ausschließlich der näheren Bestimmung des Wortlauts dient.[1155]

#### f) Höherrangiges Recht

391 Schließlich ist – wie bei der Gesetzesauslegung (Grundl. Rn. 366) – auch bei der Auslegung von Tarifnormen davon auszugehen, dass die Tarifvertragsparteien eine verfassungsgemäße Regelung treffen wollten. Daher ist eine Tarifnorm immer **verfassungs- und gesetzeskonform auszulegen.**[1156] Z.B. kann den Tarifparteien nicht unterstellt werden, sie wollten trotz im Wesentlichen gleicher Sachverhalte Arbeitnehmer ungleich behandeln.[1157] Allerdings ist der Grundsatz der möglichst verfassungs- und gesetzeskonformen Auslegung nur dann anzuwenden, wenn überhaupt mehre Interpretationen möglich sind.[1158]

392 Entsprechendes gilt im Hinblick auf EG-Recht und Völkerrecht: Tarifverträge sind **EG-rechts- und völkerrechtskonform auszulegen.**[1159]

---

1151 *Herschel*, FS Molitor, 190.

1152 *Däubler/Däubler*, Einl. Rn. 513; *Liedmeier*, Auslegung, 28, mit Rechtsprechungsnachweisen.

1153 *Schaub*, NZA 1994, 599.

1154 Angedeutet von BAG 31.10.1994 (4 AZR 952/94), AP Nr. 3 zu § 42 TVAL II; zum Fragenbereich: *Däubler/Däubler*, Einl. Rn. 509; *Schaub*, NZA 1994, 599, jeweils mit Rechtsprechungsnachweisen.

1155 So im Ergebnis auch BAG 29.4.1982, AP Nr. 4 zu § 13 BAT.

1156 Z.B. BAG 21.1.1987, AP Nr. 47 zu Art. 9 GG; *Dütz*, FS Molitor, 73 f.; zur verfassungskonformen Auslegung und Grenzen auch *Gamillscheg*, Kollektives Arbeitsrecht I, § 15, XI 1c, 646 f.

1157 BAG 5.9.2002 (9 AZR 236/01), DB 2003, 776, 777.

1158 BAG 23.2.2000 (7 AZR 891/98), NZA 2000, 894, 897, mit Verweis auf BVerfG 27.1.1998 (1 BvL 22/93), E 97, 186, 196.

1159 *Däubler/Däubler*, Einl. Rn. 517;Wiedemann/*Wank*, § 1 Rn. 82; MünchArbR/*Löwisch-Rieble*, § 256 Rn. 31 ff.; *Löwisch/Rieble*, § 1 Rn. 579 f.

## II. Auslegung nach dem Gesamtzusammenhang

Legt man Tarifnormen nach subjektiven Auslegungskriterien aus und erhält man nach der Ermittlung des maßgeblichen Wortsinnes nur ein denkbares Ergebnis, hat die Auslegung ihr Ende gefunden: Die Respektierung des gefundenen Willens der Tarifvertragsparteien verbietet die Korrektur dieses Auslegungsergebnisses durch andere Grundsätze wie Sinn und Zweck, Bedeutungszusammenhang oder Geschichte. Im Unterschied zur Auslegung von Gesetzen, wo trotz eindeutigen Wortlauts ein anderes Sinnverständnis, insbesondere wegen Sinn und Zweck der Norm, das Ergebnis der Auslegung sein kann[1160], verbietet die in Art. 9 Abs. 3 GG enthaltene Tarifautonomie derartige Berichtigungen.[1161] 393

Allerdings erschließt sich in vielen Fällen die Bedeutung eines Tarifvertrages nicht aus dem Wortsinn allein. Sodann ist maßgeblich auf den **Gesamtzusammenhang** des Tarifvertrages abzustellen.[1162] 394

Hierbei kann es auf die Verwendung bestimmter Begriffe des Tarifvertrages in anderen Wortzusammensetzungen und in anderen Vorschriften ankommen. Insoweit wird im Allgemeinen davon auszugehen sein, dass der von den Tarifvertragsparteien verwendete Begriff jeweils in der gleichen Bedeutung verwandt wird.

Lediglich in **Ausnahmefällen** kann die Auslegung nach dem Gesamtzusammenhang dazu führen, dass ein Tarifvertrag **korrigierend** auszulegen ist. Es müssen dann andere Indizien deutlich dafür sprechen, dass mehrere Auslegungen möglich sind, und der Sinn im Text nur unzureichend Ausdruck gefunden hat.[1163] Eine derartige Korrektur hat die Rechtsprechung z.B. in einem Fall vorgenommen, in dem die Tarifvertragsparteien der Verkürzung der Arbeitszeit durch den Erlass von Berechnungsvorschriften in der Hälfte der Fälle Rechnung getragen, sie jedoch in der anderen Hälfte übersehen hatten.[1164]

### 1. Vorgehensweise bei weiterhin unklarem Wortlaut

Auch wenn man bei der Auslegung der Tarifnorm entscheidend auf den Wortlaut abstellt und dabei den wirklichen Willen der Tarifvertragsparteien unter Einbeziehung aller zur Verfügung stehenden Hilfsmittel (wie Protokollnotizen, Rundschreiben usw.) zu klären sucht, wird es Fälle geben, bei denen das **Ergebnis mehrdeutig** bleibt. Es stellt sich dann die Frage nach dem weiteren Vorgehen. 395

---

1160 Siehe z.B. BAG 14.5.1974, AP Nr. 1 zu § 87 BetrVG 1972 Überwachung.

1161 Ebenso grundsätzlich die Rechtsprechung, z.B. BAG 23.2.2000 (7 AZR 891/98), NZA 2000, 894, mit Verweis auf BVerfG 27.1.1998 (1 BvL 22/93), E 97, 186, 196; *Däubler/Däubler*, Einl. Rn. 502; *Herschel*, Auslegung, 192, mit weiteren Nachweisen.

1162 *Gamillscheg*, Kollektives Arbeitsrecht I, § 15, XI 2c, 656; MünchArbR/*Löwisch-Rieble*, § 256 Rn. 14ff.; *Löwisch/Rieble*, § 1 Rn. 560ff.

1163 BAG 23.2.2000 (7 AZR 891/98), NZA 2000, 894.

1164 BAG 31.10.1990, AP Nr. 11 zu § 1 TVG Tarifverträge: Presse; *Däubler/Däubler*, Einl. Rn. 511; Wiedemann/*Wank*, § 1 Rn. 797; *Löwisch/Rieble*, § 1 Rn. 559ff.; *Schaub*, NZA 1994, 597; *Kamanabrou*, RdA 1997, 25.

### 2. Anwendung objektiver und subjektiver Auslegungsgrundsätze: Teleologische Kriterien und Praktikabilität

396 Bei unklar gebliebenem Wortlaut schließt sich für die Rechtsprechung und die herrschende Meinung in der Literatur die Auslegung nach den anderen **objektiven Auslegungsgrundsätzen** an: Mit **Sinn und Zweck, Bedeutungszusammenhang und Entstehungsgeschichte** der Tarifnorm wird versucht, den Inhalt der Vorschrift zu erfassen.[1165] Auf die **Vorstellungen der Tarifparteien (subjektive Kriterien)** nimmt das Bundesarbeitsgericht demgegenüber namentlich insoweit Rücksicht, als es im Rahmen von der Auslegung nach Sinn und Zweck auf Kriterien wie »Praktikabilität«, »Vernunft« oder »Brauchbarkeit« abstellt.[1166]
Trotz methodischer Bedenken gegenüber einer objektiven Auslegung und obwohl die Entscheidungen kein konsistentes Bild vermitteln, lässt sich als Grundtendenz folgendes festhalten: Wenn das **Bundesarbeitsgericht**, ausgehend vom Wortlaut, primär auf den tariflichen Gesamtzusammenhang abstellt, so kommt dies methodisch einem **wertenden Positivismus** nahe. Die neue Tendenz einer »praxisorientierten Auslegung« sollte nicht zu einer allzu großen Freizügigkeit im Umgang mit tariflichen Normen führen. Der rechte Weg wird zwischen reiner Begrifflichkeit[1167] und einer Korrektur nach so genannten praktischen oder auch Billigkeitsgesichtspunkten liegen.[1168] In diesem Sinne hat das Bundesarbeitsgericht in neueren Entscheidungen betont, es sei z.B. nicht Aufgabe der Gerichte, möglicherweise nicht praxisgerechte oder zeitgemäße oder sozialpolitisch nicht sinnvolle Tarifverträge im Wege der Auslegung zu korrigieren.[1169] Gerichte sind für die Nachbesserung von Tarifverträgen nicht das geeignete Forum. Hiermit wären sie überfordert[1170], zudem läge ein Verstoß gegen Art. 9 Abs. 3 GG nahe.

### 3. Unklarheitenregel zugunsten der Arbeitnehmerseite

397 Verbleibende **Unklarheiten** sind im Zweifel **zugunsten der Arbeitnehmerseite** auszulegen.[1171] Ein derartiger Auslegungsgrundsatz wird allerdings von der überwiegenden Meinung in der Literatur abgelehnt.[1172] Als Begründung werden insbesondere Gründe der Parität genannt, die durch eine derartige Ausle-

---

1165 Z.B. BAG 26.4.1966, 30.9.1971, 13.6.1973, 11.12.1974 und 9.3.1983, AP Nr. 117, 121, 123, 124, 128, 130 und 136 zu § 1 TVG Auslegung; BAG 6.7.1972, AP Nr. 1 zu § 8 TVG; BAG 22.6.1956, AP Nr. 11 zu § 611 BGB Urlaubsrecht; BAG 15.9.1971 und 31.5.1972, AP Nr. 15 und 16 zu § 611 BGB Bergbau; BAG 19.1.2000 (4 AZR 814/98), RdA 2002, 111 (mit Anm. von *Wank*); Wiedemann/*Wank*, § 1 Rn. 809; *Gamillscheg*, Kollektives Arbeitsrecht I, § 15 XI 2e, 657f.; *Müller*, DB 1960, 119; *Neumann*, AuR 1985, 322; *Löwisch/Rieble*, § 1 Rn. 554ff.; *Hueck/Nipperdey*, Bd. II/1, 358ff.

1166 BAG 20.4.1983, AP Nr. 2 zu § 21 TVAL II; BAG 7.8.2002 (10 AZR 626/01), DB 2003, 397; zurückhaltend zu Recht *Schaub*, NZA 1994, 60f.

1167 Sie wird auch vom BAG abgelehnt: BAG 31.10.1990, AP Nr. 11 zu § 1 TVG Tarifverträge: Presse = JZ 1991, 419 (mit Anm. von *Rüthers/Heilmann*); zur Korrektur eines Redaktionsversehens: BAG 18.5.1994, NZA 1994, 1102.

1168 Zu letzterem ablehnend z.B. BAG 30.5.1984, AP Nr. 3 zu § 9 TVG 1969 (mit Anm. von *Wiedemann*).

1169 BAG 24.4.2001 (3 AZR 329/00), AP Nr. 243 zu § 1 TVG (mit Anm. von *Zachert*).

1170 *Leinemann*, BB 1990, 201, 207.

1171 *Däubler/Däubler*, Einl. Rn. 520; *ders.*, Tarifvertragsrecht, Rn. 151; *Wiedemann*, Anm. zu BAG 14.11.1973, AP Nr. 16 und 17 zu § 1 TVG Tarifverträge: Bau; *Ananiadis*, Auslegung, 53.

1172 Herschel, AuR 1976, 4, *Hueck/Nipperdey*, Bd. II/1, 360; *Buchner*, Auslegung, B IV 2; *Schaub*, NZA 1994, 599; Wiedemann/Wank, § 1 Rn. 780, *Gamillscheg*, Kollektives Arbeitsrecht I, § 15 XI 1c, 649; *Löwisch/Rieble*, § 1 Rn. 569; MünchArbR/*Löwisch-Rieble*, § 265 Rn. 23.

gungsregel nicht mehr gewährleistet sei. Dem kann in dieser Absolutheit nicht zugestimmt werden. Wenn auch der Tarifvertrag im Grundsatz dem Gedanken einer Richtigkeitschance Rechnung trägt, weil er von annähernd gleich starken Parteien ausgehandelt wird, so schließt das nicht aus, dass im Rahmen von einzelnen inhaltlichen Teilaspekten, um die es bei der Auslegung gehen wird, dem allgemeinen arbeitsrechtlichen Schutzgedanken entsprochen werden kann.[1173]
Das Bundesarbeitsgericht hat zwar einen allgemeinen Auslegungsgrundsatz im Sinne des »in dubio für den Arbeitnehmer« bisher nicht aufgestellt. In einer Anzahl von Entscheidungen wird aber die Tendenz deutlich, aus sozialen Erwägungen die dem Arbeitnehmer günstigere Regelung zu wählen.[1174]
Um verbleibende Zweifel auszuschließen, könnte sich empfehlen, – soweit durchsetzbar – die Auslegung nach dem wirklichen Willen der Tarifvertragsparteien und die Unklarheitsregel zum Inhalt des Tarifvertrages zu machen.[1175]
Zur Auslegung von individualrechtlichen Bezugnahmen auf den Tarifvertrag **398**
nach der **Unklarheitenregel des 305c Abs. 2 BGB**: § 3 Rn. 163.[1176]

## III. Tarifergänzende Auslegung

Die Art und Weise des Zustandekommens von Tarifverträgen und deren Funk- **399**
tion bringen es mit sich, dass – anders als die auf umfassende Regelung bedachte staatliche Rechtsordnung – Tarifverträge nicht von vornherein den Anspruch erheben, die Arbeitsbedingungen vollständig und lückenlos zu regeln.[1177] Da die Auslegung einer Tarifnorm möglicherweise ergibt, dass die Tarifvertragsparteien für den in Frage stehenden Einzelfall eine Regelung im Tarifvertrag nicht vereinbart haben, ist zu entscheiden, ob und gegebenenfalls wie dieser Sachverhalt durch Ergänzung dennoch unter die tariflichen Bestimmungen subsumiert werden kann.

### 1. Die Feststellung einer Lücke im Tarifvertrag

Zunächst bedarf es der Klärung, wann von einer Lücke im Tarifvertrag gespro- **400**
chen werden kann. Von einer **Lücke** im Rahmen der allgemeinen Methodendiskussion spricht man, wenn eine **planwidrige Unvollständigkeit** innerhalb des positiven Rechts vorliegt. Sodann stellt sich gegebenenfalls die weitere Frage, nach welchen inhaltlichen Kriterien eine Lückenfüllung durch richterliche Rechtsfortbildung zulässig erscheint. Eine planwidrige Unvollständigkeit wird vor allem durch **Analogie** geschlossen.[1178] Diese für die Gesetzesauslegung entwickelten Grundsätze passen jedoch auf die Auslegung von Tarifverträgen allenfalls sehr bedingt. Für den Tarifvertrag gilt noch weit mehr als für das Gesetz,

---

1173 So vom subjektiven Erwartungshorizont: *Wiedemann/Stumpf*, § 1 Rn. 410.

1174 BAG 17.9.1957, AP Nr. 4 zu § 1 TVG Auslegung; BAG 14.11.1973, AP Nr. 16 und 17 zu § 1 TVG Tarifverträge: Bau; BAG 27.1.1998 (3 AZR 444/96), NZA 1999, 267; im Ergebnis zustimmend z.B. *Gamillscheg*, Kollektives Arbeitsrecht I, § 15 XI 1c, 649.

1175 *Däubler/Däubler*, Einl. Rn. 535.

1176 Unterschiedliche Einschätzungen für die Auslegung von Tarifverträgen bei *Däubler/Däubler*, Einl. Rn. 520 einerseits und *Löwisch/Rieble*, § 1 Rn. 570 andererseits.

1177 BAG 13.6.1973, AP Nr. 123 zu § 1 TVG Auslegung; *Neumann*, AuR 1985, 320.

1178 *Canaris*, Die Feststellung von Lücken, 1964; *Larenz/Canaris*, Methodenlehre, 307 ff.; *Liedmeier*, Auslegung, 111 ff.; *Kamanabrou*, Auslegung, 179 ff.

dass nicht jede Art von Unvollständigkeit gleichzeitig immer eine Lücke darstellt.
So ist es zum Beispiel wegen der heutigen vielschichtig differenzierten Arbeitswelt nicht durchführbar, bei der Aufstellung von bestimmten Lohngruppen und den ihnen zugehörigen Tätigkeitsbeschreibungen Formulierungen zu finden, die einerseits alle denkbaren Tätigkeiten erfassen, andererseits aber auch eindeutig voneinander abgrenzen. Auch wenn der Tarifvertrag selbst keine Regelungen über derartige Unvollständigkeiten enthält, was häufig vorkommt[1179], ist in aller Regel durch die Bestimmung des persönlichen Geltungsbereichs des Tarifvertrages der Wille der Tarifvertragsparteien erkennbar, für den betroffenen Personenkreis insgesamt eine Lohnordnung aufzustellen. Nur wenn sich aus dem Wortlaut der Wille der Tarifvertragsparteien ergibt, gerade keine abschließende Regelung zu schaffen, liegt gegebenenfalls eine Regelungslücke vor.[1180] Dies kann unter anderem der Fall sein, wenn die Tarifnorm ausdrücklich einen bestimmten Personenkreis ausnimmt[1181] oder sich aus anderen Umständen ergibt, dass bestimmte Personengruppen den tariflichen Regelungen nicht unterworfen werden sollten.[1182]

### 2. Die Unterscheidung von bewussten und unbewussten Tariflücken

**401** Die oben genannten Unterschiede zwischen gesetzlicher und tariflicher Lückenfüllung haben bereits Auswirkungen auf die Lückenfeststellung von Tarifverträgen, und zwar in dem Sinne, dass grundsätzlich Behutsamkeit und Zurückhaltung angezeigt ist, eine Lücke zu bejahen.[1183] Noch weniger eignet sich zur tariflichen Lückenfüllung das methodische Instrument der Analogie, das sich auf Ähnlichkeiten gründet. Diese mögen in gesetzlichen Normenprogrammen häufig feststellbar sein, aber gerade hier liegt ein Unterschied zu inhaltlich regelmäßig eingegrenzteren und auf kürzere Dauer angelegten tariflichen Regelungen. Zudem setzt die Analogie Wertungen voraus, die maßgeblich auf Zweck und Grundgedanken der Regelung abstellen.[1184] Das lässt sich mit den Prinzipien der grammatischen und systematischen Interpretation, denen die Tarifauslegung primär verpflichtet ist (Grundl. Rn. 376ff. und Rn. 391 ff.), nur sehr eingeschränkt vereinbaren.[1185] Im einzelnen unterscheiden Rechtsprechung und herrschende Lehre zwischen Lücken, die die Tarifvertragsparteien bewusst und gewollt vereinbart haben, und solchen Lücken, die vorhanden waren oder entstanden sind, ohne dass die Tarifvertragsparteien dies gesehen oder vorhergesehen haben.[1186]

---

1179 Z.B. BAG 27.1.1982, AP Nr. 3 zu § 1 TVG Tarifverträge: Banken »Gepräge der Gesamttätigkeit«.

1180 BAG 13.6.1973, AP Nr. 123 zu § 1 TVG Auslegung; BAG 30.5.1984, AP Nr. 3 zu § 9 TVG; BAG 18.5.1983, AP Nr. 74 zu §§ 22, 23 BAT 1975.

1181 BAG 14.12.1982, AP Nr. 1 zu § 1 BetrAVG Besitzstand.

1182 BAG 10.11.1982, AP Nr. 69 zu §§ 22, 23 BAT 1975.

1183 Deutlich in diesem Sinne BAG 13.6.1973, AP Nr. 123 zu § 1 TVG Auslegung, Bl. 227 R.

1184 *Larenz/Canaris*, Methodenlehre, 382.

1185 *Zachert*, FS Arbeitsgerichtsverband, 573, 591.

1186 BAG 9.10.1956, 22.7.1959 und 13.6.1973, AP Nr. 2, 68 und 123 zu § 1 TVG Auslegung; BAG 23.9.1981, AP Nr. 19 zu § 611 BGB Lehrer, Dozenten; BAG 24.5.1978, AP Nr. 6 zu § 1 TVG Tarifverträge: Metallindustrie; BAG 14.12.1982, AP Nr. 1 zu § 7 TV Rathaus-Angestellte, BAG 13.11.1985, AP Nr. 136 zu Art. 3 GG; BAG 10.11.1982, AP Nr. 69 zu §§ 22, 23 BAT 1975; BAG 10.12.1986, AP Nr. 1 zu § 42 MTB II; BAG 20.12.1995 (10 AZR 742/94), DB 1996, 1423, 1424; BAG 3.11.1998 (3 AZR 432/97, DB 1999, 1808, 1810; *Buchner*, Auslegung, C II 1; Wiedemann/*Wank*, § 1 Rn. 417f.; *Hueck/Nipperdey*, Bd. II/1, 363f.; *Herschel*, Auslegung, 192; *Nikisch*, Bd. II, 223; *Schaub*, NZA 1994, 601.

Bei einer **bewussten Lücke** im Tarifvertrag wird allgemein eine ergänzende, die Lücke schließende Auslegung abgelehnt, weil damit in die Tarifautonomie des Art. 9 Abs. 3 GG eingegriffen werde.[1187] Demgegenüber sollen **unbewusste Lücken** von den Gerichten gefüllt werden können, allerdings unter stark eingeschränkten Bedingungen: Maßstab soll Treu und Glauben unter Berücksichtigung dessen sein, wie die Tarifvertragsparteien die betreffende Frage bei objektiver Betrachtung der wirtschaftlichen und sozialen Zusammenhänge im Zeitpunkt des Tarifabschlusses voraussichtlich geregelt hätten, falls sie an den nicht geregelten Fall gedacht haben würden.[1188]

Trotz der Einschränkungen erscheint eine derartige Unterscheidung zwischen bewusster und unbewusster Lücke nicht unproblematisch. Geht man davon aus, dass die Schließung von Tariflücken, die die Tarifparteien **bewusst offen ließen**, einen Eingriff in die Tarifautonomie des Art. 9 Abs. 3 GG darstellt und die Gerichte sich damit durch eine ergänzende Tarifvertragsauslegung über den Willen der Tarifvertragsparteien unzulässigerweise hinwegsetzen würden[1189], so wird damit allgemein die Grenze aufgezeigt, die die Rechtsprechung gegenüber dem autonomen Rechtsetzungsbereich der Tarifvertragsparteien zu respektieren hat. In diesen Bereich kann jedoch auch dann bereits eingegriffen werden, wenn die Tarifvertragsparteien **unbewusst** eine für sie mögliche Regelung **nicht getroffen** haben.[1190] So wird in der Methodenlehre zu Recht darauf hingewiesen, dass bereits die Lückenfeststellung Wertungselemente enthält.[1191] Darüber hinaus stellt die Lückenfüllung selbst durch »tarifimmanente Rechtsfortbildung«[1192] eine Regelungsfrage[1193] mit Spielräumen für tarifpolitische Alternativen dar, die nun von den Gerichten entschieden wird.[1194] 402

Die Rechtsprechung ist bemüht, diesen Gedanken insoweit Rechnung zu tragen, als aus den tariflichen Bestimmungen der Wille der Tarifvertragsparteien erkennbar sein muss, für den angegebenen räumlichen, persönlichen, fachlichen oder betrieblichen Geltungsbereich eine abschließende Regelung zu schaffen. Sei dies nicht der Fall oder beständen keine sicheren Anhaltspunkte dafür, welche Regelung die Tarifvertragsparteien getroffen hätten, so komme eine richterliche Ausfüllung der Tariflücke nicht in Betracht.[1195] Denn die Gerichte für Arbeitssachen seien nicht befugt, in die Gestaltungsfreiheit der Tarifvertragsparteien korrigie- 403

---

1187 BAG 23.9.1981, AP Nr. 19 zu § 611 BGB Lehrer, Dozenten mit weiteren Nachweisen; a.A. *Mayer-Maly*, RdA 1988, 136f., der zu Unrecht auch in diesen Fällen eine Lückenschließung durch das Gericht befürwortet.

1188 Paradigmatisch BAG 13.6.1973, AP Nr. 123 zu § 1 TVG Auslegung, Bl. 227 R; BAG 24.5.1978, AP Nr. 6 zu § 1 TVG Tarifverträge: Metallindustrie; BAG 23.9.1981, AP Nr. 19 zu § 611 BGB Lehrer, Dozenten; BAG 27.5.1992, AP Nr. 1 zu § 8 JugArbSchutzG; BAG 21.10.1992, AP Nr. 165 zu §§ 22, 23 BAT 1975; BAG 14.10.2004 (6 AZR 564/03), AuR 2005, 332; aus der Literatur: Wiedemann/*Wank*, § 1 Rn. 815; *Gamillscheg*, Kollektives Arbeitsrecht I, § 15 XII 2 f, 664; MünchArbR/*Löwisch-Rieble*, § 265 Rn. 45ff.; *Schaub*, NZA 1994, 601.

1189 BAG 13.6.1973, AP Nr. 123 zu § 1 TVG Auslegung; BAG 13.11.1985, AP Nr. 136 zu Art. 3 GG; BAG 10.11.1982, AP Nr. 69 zu §§ 22, 23 BAT 1975; BAG 3.12.1986, AP Nr. 6 zu § 51 TVAL II; BAG 6.5.1987 (5 AZR 610/85), nicht veröffentlicht.

1190 Ein Beispiel BAG 10.12.1986, AP Nr. 1 zu § 42 MTB II zum Haushaltsbegleitgesetz vom 22.12.1983.

1191 *Canaris*, Die Feststellung von Lücken, 16ff.; *Larenz/Canaris*, Methodenlehre, 374; *Esser*, Vorverständnis, 176.

1192 *Buchner*, Auslegung, C II 2 c.

1193 *Alexy*, Theorie, 1983, 341ff.

1194 *Zachert*, FS Arbeitsgerichtsverband, 573, 592f.; offener *Däubler/Däubler*, Einl. Rn. 524ff.; dezidiert kritisch z.B. *Löwisch/Rieble*, § 1 Rn. 428.

1195 BAG 5.10.1999 (3 AZR 230/93), NZA 2000, 839, 841; BAG 20.7.2000 (6 AZR 347/99), DB 2001, 202.

rend und ergänzend einzugreifen und eine Aufgabe zu übernehmen, die Art. 9 Abs. 3 GG allein den Tarifvertragsparteien zugewiesen habe.[1196] Ferner weist das Bundesarbeitsgericht zutreffend darauf hin, dass bei einem Verbot der Schließung von unbewussten Lücken nicht etwa ein rechtloser Zustand eintrete. Vielmehr gelte dann der Zustand, der sonst auch in vielen Fällen festzustellen sei, dass nämlich Rechtsfragen nach dem Einzelarbeitsvertrag oder den gesetzlichen Regelungen zu entscheiden seien.[1197]

Zusammenfassend lässt sich festhalten, dass die Arbeitsgerichte auf die inhaltliche Nachprüfung von Tarifverträgen ebenso wie auf die Ausfüllung von Lücken in Tarifverträgen verzichten, soweit nicht eindeutige Anhaltspunkte für einen Regelungswillen der Tarifparteien vorhanden waren.[1198]

### 3. Tarifimmanente und tarifexogene Lücken

**404** Grundsätzlich kann zwischen »**tarifimmanenten Lücken**« unterschieden werden, die z.B. darauf beruhen, dass der Tarifvertrag eine Frage übergeht, und solchen, die darauf zurückzuführen sind, dass eine Lücke entsteht, weil der Tarifvertrag auf eine gesetzliche Norm verweist, die weggefallen ist oder weil er gegen höheres Recht, vor allem Verfassungsrecht, verstößt. Letztere kann man als »**tarifexogene Lücken**« bezeichnen.[1199]

**405** Für **tarifimmanente Lücken** lässt sich als wesentliches Ergebnis festhalten, dass die Rechtsprechung tendenziell zurückhaltend ist, derartige Lücken als **unbewusste** zu bejahen und gegebenenfalls richterrechtlich auszufüllen.

Selbst beim praktisch häufig auftretenden Problem, dass Vergütungsgruppen bestimmte Tätigkeiten nicht erfassen, stuft die Rechtsprechung den Arbeitnehmer nicht generell entsprechend den artverwandten und vergleichbaren Tätigkeiten ein. Dies setzt vielmehr voraus, dass der Tarifvertrag – wenn auch unvollkommen – die Absicht die Tarifparteien zum Ausdruck bringt, die Vergütung von solchen Arbeitnehmern ebenfalls tariflich zu regeln, die sie in dem Lohn- oder Gehaltsgruppenverzeichnis nicht ausdrücklich aufgeführt haben.[1200] Lediglich zum BAT, der mit seinen Vergütungsordnungen im Sinne des »Universalprinzips« als umfassendes Regelwerk interpretiert wird, ist die Rechtsprechung bei der Bejahung und dem Füllen der Lücken tendenziell großzügiger[1201]: Enthalten die Anlagen zum BAT keine speziellen Eingruppierungsmerkmale, ist beispielsweise dann auf die allgemeinen Merkmale für den Verwaltungsdienst zurückzugreifen, wenn ein Zusammenhang zwischen der Tätigkeit der speziell zu regelnden Berufsgruppe und dem allgemeinen Verwaltungsdienst besteht.[1202]

Was die Bildung von Berufsgruppen oder Tätigkeiten betrifft, so können die Tarifparteien in freier Selbstbestimmung darüber entscheiden, ob und für welche

---

1196 BAG 13.6.1973, AP Nr. 123 zu § 1 TVG Auslegung, Bl. 227 R; BAG 21.10.1992, AP Nr. 165 zu §§ 22, 23 BAT 1975, BAG 14.12.1999 (1 ABR 74/98), DB 2000, 1669; BAG 20.7.2000 (6 AZR 347/99), DB 2001, 2002.

1197 BAG, 23.9.1981, AP Nr. 19 zu § 611 BGB Lehrer, Dozenten; *Buchner*, Auslegung, C II 2b.

1198 *Kissel*, NJW 1982, 1777, 1783.

1199 *Zachert*, FS Arbeitsgerichtsverband, 573, 593ff.

1200 BAG 12.4.1957, AP Nr. 3 zu § 9 TVG; kritisch *Stein*, Anm. zu BAG 18.8.1999 (4 AZR 247/98), AP Nr. 22 zu § 3 TVG mit Nachweisen.

1201 BAG 23.1.1980, AP Nr. 31 zu §§ 22, 23 BAT 1975 und BAG 10.10.1984, AP Nr. 95 zu §§ 22, 23 BAT 1975; BAG 21.6.2000 (4 AZR 931/98), DB 2001, 436.

1202 BAG 21.6.2000 (4 AZR 931/98), DB 2001, 436.

sie tarifliche Regelungen treffen wollen. Für ergänzende Lückenfüllung ist hier deshalb grundsätzlich nur in engen Grenzen Raum.[1203]

Allgemein gilt, dass dann, wenn Tarifwortlaut und tariflicher Gesamtzusammenhang als die entscheidenden Auslegungskriterien keine Zweifel lassen, von einer **bewussten Tariflücke** ausgegangen werden muss, die von den Gerichten nicht gefüllt werden kann.[1204] Ist eine Tariflücke nachträglich entstanden, weil sich die Rechts- oder Tatsachenlage geändert hat, können die Gerichte diese nicht im Wege ergänzender Auslegung schließen, wenn den Tarifparteien hierfür unterschiedliche Gestaltungsmöglichkeiten zur Verfügung stehen, die sie im Rahmen ihrer Tarifhoheit selbst entscheiden müssen.[1205]

Unterschiedlich ist die Gewichtung bei Lücken wegen Wegfalls einer tariflich in Bezug genommenen Gesetzesnorm oder wegen Verstoßes gegen höheres Recht, vor allem Verfassungsrecht (zur Grundrechtsbindung Grundl. Rn. 197ff.). Die Lücke ist hier nicht entstanden, weil der Tarifvertrag nach Einschätzung des Gerichtes eine Frage tarifpolitisch nicht geregelt hat, sondern wegen Entfallens bzw. Änderung der Bestimmung, auf die der Tarifvertrag verweist[1206] oder weil einzelne Tarifnormen am Maßstab vorrangigen Rechts (vor allem Art. 3 GG) rechtlich keinen Bestand mehr haben: **tarifexogene Lücken**. Insoweit besteht hinsichtlich der Lückenfeststellung kein interpretativer Spielraum, vielmehr gegebenenfalls erst bei der Lückenfüllung. **406**

Soweit die Verfassung einen Spielraum für unterschiedliche tarifpolitische Gestaltungsalternativen lässt (**tarifexogene Lücken mit Bewertungsspielraum**), kann die Rechtsprechung diese grundsätzlich füllen. Jedoch hält sie sich zu Recht auch bei derartigen Lücken zurück (siehe Grundl.Rn. 412).

## 4. Konstitutive und deklaratorische Verweisungen im Tarifvertrag

Ein anschauliches Beispiel für die vielfältigen Probleme einer Tariflücke durch Wegfall einer Gesetzesnorm auf Grund gerichtlicher Intervention (»Einwirkung von Außen«), sind die zahlreichen Folgeentscheidungen der Fachgerichte nach dem Beschluss des Bundesverfassungsgerichts zur Verfassungswidrigkeit der unterschiedlichen Kündigungsfristen für Arbeiter und Angestellten nach § 622 BGB Abs. 2 Satz 1 und Satz 2 1. Halbsatz BGB a.F.[1207] Das Bundesverfassungsgericht hatte die Frage offen gelassen, ob die Verfassungswidrigkeit der gesetzlichen Regelung wegen Verstoßes gegen den Gleichheitsgrundsatz des Art. 3 GG auch für Tarifverträge gilt. Die Grundrichtung geben drei Beschlüsse des Bundesarbeitsgerichts vom 21. März 1991 an.[1208] Danach ist zwischen tariflichen Bestimmungen mit **eigenem Regelungsgehalt** (**konstitutiven Klauseln**) und solchen, die lediglich die **gesetzlichen Inhalte übernehmen** (**deklaratorische oder neutrale Klauseln**) zu unterscheiden. **407**

Eine **eigenständige (konstitutive) Tarifnorm** liege regelmäßig dann vor, wenn die Tarifparteien eine im Gesetz nicht oder anders getroffene Regelung vereinba- **408**

---

1203 BAG 12.4.1957, AP Nr. 3 zu § 9 TVG.

1204 BAG 13.11.1985, AP Nr. 4 zu § 1 TVG Tarifverträge: Textilindustrie.

1205 So deutlich BAG 14.1.1987, NZA 1987, 823 = BB 1987, 337; auch BAG 10.12.1986, AP Nr. 1 zu § 42 MTB II, BAG 27.5.1992, AP Nr. 1 zu § 82 JugArbSchutzG.

1206 Beispiel: BAG 29.4.2004 (6 AZR 101/03), AP Nr. 2 zu § 26 BAT.

1207 BVerfG 30.5.1990, E 82, 126.

1208 BAG 21.3.1991, AP Nr. 31 zu § 622 BGB; zusammenfassend BB 1991, 977.

ren oder eine gesetzliche Regelung übernehmen, die sonst nicht für die betroffenen Arbeitsverhältnisse gelten würde.[1209] Sei dieser Regelungstyp verfassungswidrig, so hätten die Gerichte die **unbewussten Lücken** durch ergänzende Vertragsauslegung zu schließen, soweit erkennbare Anhaltspunkte dafür vorliegen, welche Regelung die Tarifparteien mutmaßlich getroffen hätten, wenn ihnen die Verfassungswidrigkeit und Nichtigkeit bewusst gewesen wäre. Ansonsten sei der Rechtsstreit bis zu einer gesetzlichen Regelung auszusetzen.

Die Rechtsprechung hat **konstitutive Tarifklauseln,** die **vor Inkrafttreten des Kündigungsfristengesetzes** vom 15. Oktober 1993 mit seiner Angleichung der vormals unterschiedlichen gesetzlichen Kündigungsfristen für Arbeiter kürzere Kündigungsfristen als für Angestellte festlegten, verfassungsrechtlich aus Gründen flexibler Personalplanung weitgehend gebilligt. Das Bundesarbeitsgericht hat zugleich und zu Recht Vorbehalte gegenüber extremen tariflichen Differenzierungen dieser Art für die Zeit **nach Inkrafttreten der gesetzlichen Neuregelung** zum Ausdruck gebracht.[1210]

**409** Eine lediglich **deklaratorische Verweisung**, die zum Wegfall der Tarifnorm unter der Beseitigung der in Bezug genommenen gesetzlichen Grundlage führt, nahm die Rechtsprechung nicht nur bei schlichten Verweisungen auf die gesetzlichen Kündigungsfristen, sondern auch bei maßgeblicher oder inhaltsgleicher Übernahme des Gesetzestextes ohne seine Nennung im Tarifvertrag an. Wenn nicht gegenteilige Anhaltspunkte vorlägen, sei davon auszugehen, dass es den Tarifparteien lediglich darum gegangen sei, eine unvollständige Darstellung der Rechtslage zu vermeiden und die Tarifgebundenen im Interesse der Klarheit und Übersichtlichkeit möglichst umfassend zu informieren.[1211]

Dieser Ansicht wird unter anderem entgegengehalten, hätten die Tarifparteien lediglich auf die bestehende Rechtslage Bezug nehmen wollen, so läge ein bloßer Verweis nahe, der dieses Ziel auf einfacherem Wege erreicht.[1212] Wichtiger erscheint in diesem Zusammenhang allerdings der Hinweis auf die Legitimation tarifvertraglicher Normen. Geht man mit der inzwischen wohl überwiegenden Meinung davon aus, die Legitimation des Tarifvertrages beruhe auf kollektiver (gebündelter) Privatautonomie (Grundl. Rn. 57 und Rn. 62 ff.), so liegt nahe, die gewählte Formulierung nicht nur zur Grundlage für den Tarifinhalt, sondern auch für den Regelungswillen zu machen.[1213] **Im Zweifel** ist deshalb bei inhaltsgleicher oder auch wörtlicher Übernahme eines (gesetzlichen) Wortlauts im Tarifvertrag von einer **konstitutiven Regelung** auszugehen.[1214] Dies gilt vor allem, wenn die die gesetzlichen Norm, auf die der Tarifvertrag verweist, tarifdispositiv ist.

---

1209 BAG 16.9.1993, AP Nr. 42 zu § 622 BGB.

1210 Z.B. BAG 10.3.1994, NZA 1994, 1045; im Übrigen Nachweisen zur umfassenden Rechtsprechung und Literatur, die weitgehend überholt ist, *Voraufl.*, Grundl. Rn. 338.

1211 BAG 27.8.1982, AP Nr. 133 zu § TVG Auslegung (mit Anm. von *Wiedemann*); BAG 28.1.1988, AP Nr. 24 zu § 626 BGB; BAG 4.3.1993, AP Nr. 40 zu § 622 BGB (mit Anm. von *Hergenröder*); BAG 5.10.1995, AP Nr. 48 zu § 622 BGB; BAG 19.8.2002 (4 AZR 337/00), DB 2002, 538; BAG 7.3.2002 (2 AZR 610/00), DB 2003, 51; zur Rechtsprechung *Hamacher*, Klauseln, 244 ff.

1212 Vgl. *Däubler/Däubler*, Einl. Rn. 534.

1213 *Rieble*, Anm. zu BAG 16.6.1998 (5 AZR 638/97), AuR 1999, 67, 71.

1214 *Bengelsdorf*, NZA 1991, 125; *Buchner*, NZA 1996, 1182; *Preis*, FS Schaub, 592; *Preis/Kramer*, DB 1993, 2131; *Rieble*, RdA 1997, 140; *Sandmann*, RdA 2002, 75 ff.; *A. Stein*, AuR 1998, 1, 12 ff.; *Wedde*, AuR 1996, 421; Wiedemann/*Wiedemann*, Einl. Rn. 386; *Däubler/Däubler*, Einl. Rn. 534; a.A. *Hromadka*, BB 1993, 2372; *Kamanabrou*, RdA 1987, 27; offen Wiedemann/*Wank*, § 1 Rn. 793.

Eine ähnliche Problematik ergab sich nach **Änderung des EFZG** im Jahre 1996, wonach die Entgeltfortzahlung im Krankheitsfall auf 80% gekürzt wurde (aufgehoben 1990 nach dem Regierungswechsel von »Konservativ/Liberal« zu »Rot/Grün«).[1215] Hier war nach zahlreichen Klagen zu prüfen, ob die Bestimmungen in Tarifverträgen, welche die hundertprozentige Lohn-/Entgeltfortzahlung vorsahen, nach Aufhebung der in Bezug genommenen und (vorübergehend) weggefallenen Gesetzesgrundlage Bestand haben konnten. Auch insoweit hat das Bundesarbeitsgericht die dargestellten Grundsätze zu konstitutiven und deklaratorischen Verweisungen im Tarifvertrag angewandt.[1216] **410**

## 5. Statische und dynamische Verweisungen

Auch wenn die Verweisung im Tarifvertrag als deklaratorische zu bewerten ist, **411** muss im Rahmen der Auslegung weiter geprüft werden, ob es sich um eine **statische** oder **dynamische Verweisung** handelt. Die Rechtsprechung geht zum Fragenbereich der Entgeltfortzahlung relativ großzügig von dynamischen Verweisungen aus, so dass sich Verschlechterungen des Gesetzes zu Lasten der Tarifunterworfenen auswirken.[1217]

Demgegenüber ist davon auszugehen, dass so genannte **dynamische oder Blankettverweisungen** von beiden Tarifparteien gewollt sein und in der Regel im Tarifvertrag durch eine »**Jeweiligkeitsklausel**« ihren Ausdruck gefunden haben müssen. Die Konsequenzen zeigen sich in besonderem Maße bei Verschlechterungen der Arbeitnehmerposition durch die in Bezug genommene Gesetzesnorm. Man kann nicht unterstellen, die Tarifparteien hätten ohne »Jeweiligkeitsklausel« eine künftige, verschlechternde Gesetzesnovellierung in ihren Regelungswillen mit einbezogen. Das verstieße nicht nur gegen die anerkannten Auslegungsprinzipien von Tarifnormen, die dem Willen der Tarifparteien in besonderer Weise Rechnung tragen (Grundl. Rn. 374), sondern stellt zugleich einen Verstoß gegen Art. 9 Abs. 3 GG dar. Denn die Befugnis der Tarifparteien, für einen bestimmten Personenkreis autonom Recht zu setzen, wird in verfassungswidriger Weise beeinträchtigt, wenn den von den Tarifparteien geschaffenen Rechtsnormen eine andere Bedeutung beigelegt wird, als die von ihnen bei Abschluss des Tarifvertrages gewollte.[1218]

---

1215 Umfassend zu diesem Thema, *A. Stein*, AuR 1998, 12ff.; zu Unterschieden im Hinblick auf die Rechtsprechung zu tariflichen Bezugnahmen auf Kündigungsfristen nach §622 BGB a.F.: *Zachert*, DB 1996, 2078.

1216 Aus zahlreichen Entscheidungen mit sehr unterschiedlichen Sachverhaltskonstellationen beispielhaft konstitutiv: BAG 16.6.1998 (5 AZR 728/97), NZA 1998, 1343; BAG 16.6.1998 (5 AZR 638/97), BB 1998, 2004; BAG 16.6.1998 (5 AZR 638/97), AuR 1999, 67 (mit Anm. von *Rieble*); BAG 1.7.1998 (5 AZR 456/97), BB 1998, 2006 = DB 1998, 2020 = NZA 1998, 1066; BAG 26.8.1998 (5 AZR 740/97), NZA 1999, 497; BAG 5.11.2002 (9 AZR 658/00), DB 2003, 945; lediglich deklaratorisch: BAG 1.7.1998 (5 AZR 545/97), NZA 1999, 43; BAG 21.10.1998 (5 AZR 144/98), DB 1999, 746; BAG 12.4.2000 ( 5 AZR 228/98), NZA 2001, 1028.

1217 Z.B. BAG 12.4.2000 (5 AZR 228/98), NZA 2001, 1028, 1030.

1218 *Liedmeier*, Auslegung, 69; *Zachert*, DB 1996, 2079; auch *Däubler/Däubler*, Einl. Rn. 534.

## 6. Verstöße gegen fundamentale Verfassungsprinzipien und gegen europäisches Recht

412 Auch im Hinblick auf die richterliche Freiheit zur Veränderung von tariflichen Inhalten durch **verfassungskonforme Auslegung** (Grundl. Rn. 390) gilt, dass diese nur in sehr engen Grenzen zulässig ist. Grundsätzlich können die Gerichte Verstöße gegen höherrangiges Recht lediglich beanstanden und nicht entscheiden, welche tarifliche Regelung ihnen zweckmäßig erscheint.[1219]
Jedoch kann bei Verstößen gegen fundamentale Verfassungsprinzipien der Gestaltungs- und Bewertungsspielraum der Tarifparteien nahezu gegen Null gehen, so dass nur noch eine Lösung möglich erscheint, die durch richterliche Entscheidung vorgegeben wird: **»tarifexogene Lücken ohne Bewertungsspielraum«**. Paradigmatisch hierfür sind die inzwischen zahlreichen Entscheidungen zum Problembereich der mittelbaren Diskriminierung.[1220] Während die Rechtsprechung des Bundesarbeitsgerichts zunächst zögerte, im Falle der Diskriminierung der Frau eine Angleichung nach oben vorzunehmen[1221], hat sie nicht zuletzt unter den Einfluss des Europäischen Gerichtshofs[1222] einen Erfüllungsanspruch bejaht (vgl. Grundl. Rn. 310 ff.).[1223]
Letztlich geht es in derartigen Konflikten um die Frage, inwieweit die aus Art. 9 Abs. 3 GG abgeleitete Tarifautonomie ein Hindernis für stärkere richterliche Aktivitäten bei der Bewältigung der Folgeprobleme der Gleichheitswidrigkeit nach Art. 3 Abs. 2 GG darstellt.[1224]
Im Ergebnis wird man wegen des hohen Ranges des Diskriminierungsverbots der neuen Rechtsprechungstendenz zustimmen müssen. Probleme können sich insoweit ergeben, als die Urteile Gelder in Bewegung setzen, die zu verteilen Sache der Tarifparteien wäre.[1225] Dem Grundsatz der Tarifautonomie entspräche es am besten, wenn der Rechtsstreit in Analogie zu § 148 ZPO für eine bestimmte Zeit ausgesetzt werden könnte mit der Auflage an die Tarifparteien, neu zu verhandeln.[1226] Es bliebe dann allerdings das Risiko der Verzögerung einer gleichberechtigungsadäquaten Anpassung.[1227]

---

1219 BAG 18.5.1999 (9 AZR 419/98), AR Blattei E 5. 1650 Nr. 19.

1220 *Sachs*, RdA 1989, 25.

1221 BAG 13.11.1985, AP Nr. 136 zu Art. 3 GG: Ehefrauenzulage (mit kritischen Anm. von *Zuleeg*); tendenziell auch BAG 20.4.1977, AP Nr. 111 zu Art. 3 GG: Haushaltszulage (mit Anm. von Wiedemann/*Willemsen*).

1222 EuGH 27.6.1990, EuZW 1990, 316 = EzA Art. 119 EWGV Nr. 3 Übergangsgeld; vgl. auch bereits *Pfarr*, Anm. zu EuGH 13.5.1986, AP Nr. 10 zu Art 110 EWGV.

1223 BAG 7.11.1991, AP Nr. 14 zu § 62 BAT; BAG 23.9.1992, AP Nr. 1 zu § 612 BGB Diskriminierung, vgl. auch BAG 28.7.1992, AP Nr. 18 zu § 1 BetrAVG Gleichbehandlung; BAG 7.3.1995, ZTR 1995, 504; zum Problembereich mit weiteren Rechtsprechungsnachweisen *Schaub*, RdA 1995, 68 f.; *Hanau/Seinmeyer/Wank-Wank*, Handbuch zum europäischen Arbeits- und Sozialrecht, § 16 Rn. 108 ff.

1224 *Sachs*, RdA 1989, 34.

1225 *Gamillscheg*, Grundrechte, 50, 101; deutlich z.B. EuGH 27.10.1993, NZA 1994, 797: gegebenen falls Überprüfung durch das nationale Gericht am Verhältnismäßigkeitsmaßstab, ob für gleichwertige Berufe eine gleiche Entlohnung gezahlt wird.

1226 *Zachert*, Normalarbeitsverhältnis, 99 f.; vgl. auch *Herschel*, RdA 1975,, 340; ferner das obiter dictum von BAG 12.11.1971, AP Nr. 28 zu § 74 HGB, Bl. 604 R (mit Anm. von *Canaris*).

1227 Vgl. *Birk*, JZ 1974, 742.

## IV. Fehlerhafte Tarifverträge

Ein Dissens mit der Folge der Teilunwirksamkeit oder Unwirksamkeit des Tarifvertrages entsprechend §§ 154, 155 BGB wird auch bei Zugrundelegung eines subjektiven Auslegungsansatzes praktisch nur selten anzunehmen sein. Ein so genannter offener Dissens liegt vor, wenn beide Tarifparteien sich nicht über alle Punkte geeinigt haben und sich der unvollständigen Übereinstimmung ihrer Erklärungen auch bewusst sind. Beim Hauptfall, dem Gegenvorschlag einer Tarifpartei, besteht allerdings kein Anlass, von der Vermutung des § 154 BGB, der Unwirksamkeit, abzuweichen.[1228] **413**

Sind sich die Tarifparteien der unvollständigen Übereinstimmung ihrer Erklärungen nicht bewusst und halten den Tarifvertrag für geschlossen, so handelt es sich um einen so genannten versteckten Dissens. Nach den allgemeinen Auslegungsregeln muss hier das Missverständnis zur Formulierung einer Annahmeerklärung geführt haben, deren objektiver Sinn sich mit dem objektiven Sinn des Antrages nicht deckt. Bei unterschiedlichen Vorstellungen, die sich aus dem »verobjektivierten Willen der Tarifvertragsparteien« nicht ergeben, kann von einem Dissens keine Rede sein.[1229] Bereits deshalb wird für die Regelvermutung des § 155 BGB, nämlich die Gesamtunwirksamkeit, praktisch nur selten Raum sein.

Zur **Anfechtung** wegen **Irrtums**, **Täuschung** oder **Drohung:** § 4 Rn. 147. **414**

## V. Bezugnahmeklauseln im Arbeitsvertrag

Zu Bezugnahmeklauseln im Arbeitsvertrag: § 3 Rn. 143ff. **415**

## VI. Verfahrensrechtliche Fragen

### 1. Sachverhaltsaufklärung

Die **Gerichte** für Arbeitssachen haben entsprechend der Regelung des § 293 ZPO den **Inhalt des Tarifvertrages zu ermitteln**, wenn der Tatsachenvortrag der Parteien Anhaltspunkte für die Geltung der Tarifnormen enthält.[1230] Damit besteht auch prozessual die uneingeschränkte Möglichkeit, die zur Erforschung des wirklichen Willens der Tarifvertragsparteien nötigen Auflagen oder Beweiserhebungen durchzuführen. Die Überprüfungskompetenz der Tarifnormen einschließlich der Auslegungsgrundsätze ist auch noch in der **Revisionsinstanz** durch das Bundesarbeitsgericht möglich.[1231] Das Revisionsgericht ist nur an die tatsächlichen Feststellungen des Landesarbeitsgerichts, nicht an dessen rechtliche Bewertung von Tarifnormen gebunden.[1232] Allerdings soll eine Verfahrensrüge wegen Nichteinholung einer Auskunft der Tarifvertragsparteien regelmäßig unbegründet sein.[1233] **416**

---

1228 So auch *Herschel*, AuR 1976, 3; a.A. wohl *Däubler/Däubler*, Rn. 503.

1229 Vgl. *Herschel*, AuR 1976, 3; im Ergebnis trotz anderen Ausgangspunktes wie hier *Schaub*, NZA 1994, 602.

1230 Wiedemann/*Wank*, § 1 Rn. 826; *Buchner*, Auslegung D II 1; *Schaub*, NZA 1994, 599; *Löwisch/Rieble*, § 1 Rn. 436.

1231 BAG 30. 9. 1971, AP Nr. 121 zu § 1 TVG Auslegung; BAG 25. 8. 1982, AP Nr. 55 zu § 616 BGB; Wiedemann/*Wank*, § 1 Rn. 827, mit weiteren Nachweisen.

1232 *Buchner*, Auslegung D II 2.

1233 BAG 23. 2. 1994, AuR 1994, 276.

## 2. Feststellungsklage/Beschlussverfahren

417 Neben der Klärung tariflicher Normen im Wege der individuellen Zahlungsklage gibt es die Alternative, dass die **Tarifvertragsparteien** im Rahmen einer **Feststellungsklage** unmittelbar über die Auslegung des Tarifvertrages streiten (siehe hierzu § 9 TVG). Zu Recht wird aus Gründen der Prozessökonomie die Auffassung vertreten, dass auch ein Teilaspekt Inhalt einer Feststellungsklage sein kann, wenn damit der Rechtsstreit insgesamt beigelegt wird.[1234] Insgesamt stellt die Rechtsprechung an die Voraussetzungen der Zulässigkeit eines Feststellungsantrags sehr hohe Anforderungen.[1235]

Besteht zwischen Arbeitgeber und Betriebsrat lediglich Uneinigkeit über die richtige Auslegung einer Tarifnorm, so kann diese Streitfrage nicht in einem **Beschlussverfahren** geklärt werden: Weder wird um das Bestehen oder Nichtbestehen eines Rechtsverhältnisses gestritten (§ 256 Abs. 1 ZPO), noch liegen die Voraussetzungen des § 2 Abs. 1 Nr. 1 ArbGG vor, der nur Streitigkeiten zwischen den Tarifvertragsparteien den Rechtsweg zu den Arbeitsgerichten eröffnet.[1236] Anders muss dies allerdings dann gesehen werden, wenn die Tarifnorm ihre Konkretisierung im Wege von § 77 Abs. 3 Satz 2 BetrVG ausdrücklich den Betriebsparteien überlassen hat. Dann ist eine Antragsberechtigung des Arbeitgebers oder des Betriebsrats zu bejahen.

---

1234 *Buchner,* Auslegung, D I, mit weiteren Nachweisen; GMM-GP, § 46 Rn. 46; Wiedemann/*Wank,* § 1 Rn. 829 f.; weitere Hinweise *Zachert,* Anm. BAG 29.11 2001 (4 AZR 757/00), AP Nr. 69 zu § 256 ZPO 1997.

1235 Beispiel: BAG 29. 11. 2001 (4 AZR 757/00), AP Nr. 69 zu § 256 ZPO (mit Anm. von *Zachert*).

1236 BAG 24. 2. 1987, AP Nr. 28 zu § 80 BetrVG 1972.

# Kommentar

## § 1 Inhalt und Form des Tarifvertrages

**(1) Der Tarifvertrag regelt die Rechte und Pflichten der Tarifvertragsparteien und enthält Rechtsnormen, die den Inhalt, den Abschluss und die Beendigung von Arbeitsverhältnissen sowie betriebliche und betriebsverfassungsrechtliche Fragen ordnen können.**
**(2) Tarifverträge bedürfen der Schriftform.**

**Gesamtübersicht:** Rn.

Literaturübersicht: siehe direkt unter A., B., C., D., E. I., E. II., F., H., I. und J.

## A. Begriffsbestimmung und Bedeutung von Tarifverträgen

### Literatur:

*Adomeit*, Regelung von Arbeitsbedingungen und ökonomische Notwendigkeiten, 1996; *Beck, U.*, Risikogesellschaft, 1986; *Bispinck*, Betriebliche Interessenvertretung, Entgelt und Tarifpolitik, WSI-Mitt. 2001, 124; *Bispinck/Schäfer*, Niedriglöhne? Mindestlöhne, Verbreitung von Mindestlöhnen und ihre Bekämpfung, Sozialer Fortschritt, 1; *Bispinck/Schulten*,Deutschland vor dem tarifpolitischen Systemwechsel?, WSI Mitt. 2005, 466; *dies.*, Globalisierung und das deutsche Kollektivvertragssystem, WSI-Mitt. 1998, 241; *Bispinck/WSI-Tarifarchiv*, Tarifhandbuch, 2005; *dies.*, Tarifliche Öffnungsklauseln, Elemente qualitativer Tarifpolitik Nr. 52, 2003; *dies.*, Tarifstandards unter Druck – Tarifpolitischer Jahresbericht 2004, WSI-Mitt. 2005, 59; *BMWA*, Tarifvertragliche Arbeitsbedingungen im Jahr 2004, Februar 2005, www.bmwa.bund.de; *Böhle/Poschke*, Das neue Tarifrecht für den öffentlichen Dienst, Teil 2, ZTR 2005, 286; *Bredendiek/Fritz/Tewes*, Neues

Tarifrecht für den öffentlichen Dienst, ZTR 2005, 230; *Dieterich*, Flexibilisiertes Tarifrecht und Grundgesetz, RdA 2002, 1; *Ebbinghaus*, Dinosaurier der Dienstleistungsgesellschaft?, Der Mitgliederschwund deutscher Gewerkschaften im historischen und internationalen Vergleich. Max-Planck-Institut für Gesellschaftsforschung, Working Paper 2002/3; *Ellguth/Kohaut*, Tarifbindung und tarifliche Interessenvertretung: Aktuelle Ergebnisse aus dem JAB-Betriebspanel, WSIMitt. 2005, 300; *Henkel, O.-H.*, Jetzt oder nie?, 1998; *Höland/Reim/Brecht*, Flächentarifvertrag und Günstigkeitsprinzip, 2000; *Kempen*, Betriebsverfassung und Tarifvertrag, RdA 1994, 140; *Kiel*, Die Kündigung unkündbarer Arbeitnehmer, NZA 2005, Beilage 1, 18; *Lieb*, Mehr Flexibilität im Tarifrecht, Moderne Tendenzen auf dem Prüfstand, NZA 1994, 239, 337; *Ojeda Avilés* (Hrsg.), Collective Bargaining in Europe, 2005, spanische Ausgabe: La Negociación Colectiva en Europa, 2004; *Oppolzer*, Individuelle Freiheit und kollektive Sicherheit im Arbeitsrecht, AuR 1998, 45; *Oppolzer/Zachert*, Krise und Zukunft des Flächentarifvertrages, 2000; *Peter/Kempen/Zachert*, Die Sicherung tariflicher Mindeststandards, 2004; *Raab*, Betriebliche Bündnisse für Arbeit, Königsweg aus der Beschäftigungskrise?, ZfA 2004, 371; *Reuter*, Betriebsverfassung und Tarifvertrag, RdA 1994, 152; *Rieble*, Tarifvertrag und Beschäftigung, ZfA 2004, 1; *ders.*, Krise des Flächentarifvertrages?, RdA 1996, 151; *Schnabel*, Tarifpolitik unter Reformdruck, 2003; *Schroeder/Ruppert*, Austritte aus Arbeitgeberverbänden, WSI-Mitt. 1996, 316; *Streeck/Rehder*, Institutionen im Wandel: Hat die Tarifautonomie eine Zukunft?, in: Busch u. a. (Hrsg.), Tarifpolitik im Umbruch, 2005, 49; *Traxler*, Employer Associations, Institutions and Economic Change: A Crossnational Comparison, Industrielle Beziehungen 2004, 42; *Zachert*, Tarifvertrag, Günstigkeitsprinzip und Verfassungsrecht, AuR 2004, 121; *ders.*, Globalisierung und Arbeitswelt – Rechtliche Perspektiven, Die AG 2002, 35; *ders.*, Krise des Flächentarifvertrages?, RdA 1996, 140; *ders.* (Hrsg.), Die Wirkung des Tarifvertrages in der Krise, 1991.

**Übersicht** Rn.



## I. Begriffsbestimmung des Tarifvertrages

Wesentliche Elemente des Inhalts von Tarifverträgen und damit des **Tarifvertragsbegriffs** enthält § 1 Abs. 1 TVG, ohne allerdings eine Legaldefinition des Tarifvertrages zu geben. Danach regelt der Tarifvertrag die Rechte und Pflichten der Tarifvertragsparteien und enthält Rechtsnormen, die den Inhalt, den Abschluss und die Beendigung von Arbeitsverhältnissen sowie betriebliche oder betriebsverfassungsrechtliche Fragen ordnen können. **1**

Der Tarifvertrag ist demnach ein Vertrag, der folglich einerseits viele Bestandteile des Vertragsrechts aufweist, sich aber andererseits von den charakteristischen Vertragstypen des bürgerlichen Rechts dadurch unterscheidet, dass er ein **Kol-**

**lektivvertrag** ist. Die Vertragsparteien sind typischerweise nicht einzelne Rechtssubjekte, sondern Vereinigungen, die für ihre Mitglieder verbindliche, normativ wirkende Vereinbarungen treffen. Dies sind auf Arbeitnehmerseite Gewerkschaften, auf Arbeitgeberseite typischerweise Arbeitgebervereinigungen oder auch einzelne Arbeitgeber: § 2 TVG.

2 Bereits der Wortlauf des § 1 Abs. 1 TVG (»sowie betriebliche und betriebsverfassungsrechtliche Fragen«) bringt zum Ausdruck, dass sich der **Inhalt von Tarifverträgen** nicht auf den Bereich von Regelungsgegenständen beschränkt, die in individuellen Arbeitsverträgen abgeschlossen werden können. Da Kompetenzumfang und -grenze der Tarifautonomie durch Art. 9 Abs. 3 GG bestimmt werden[1], gehören auch wirtschaftliche Fragen zum zulässigen Inhalt von Tarifverträgen (im Einzelnen Grundl. Rn.Rn. 108ff. und Rn. 144ff.). Die tariflichen Rechtsnormen gelten nach § 4 Abs. 1 TVG unmittelbar und zwingend für die beiderseits Tarifgebundenen und stellen den **normativen Teil** des Tarifvertrages dar.

3 Schließlich regelt der Tarifvertrag **im schuldrechtlichen Teil** die unmittelbaren Rechtsbeziehungen zwischen den Tarifvertragsparteien, also der Gewerkschaft und dem Arbeitgeberverband oder dem einzelnen Arbeitgeber. Hierunter fällt insbesondere die so genannte Durchführungs- und Friedenspflicht der Tarifvertragsparteien (hierzu § 1 Rn. 664ff.).

## II. Bedeutung und Stabilität der Tarifverträge

4 Trotz der Kontroverse um die »Krise des (Flächen-)Tarifvertrages«, die seit mehreren Jahren geführt wird und trotz einer empirisch unbestreitbaren Schwächung der normativen Tarifbindung kann die **Bedeutung von Tarifverträgen** für die Sicherung der Einkommen der abhängig Beschäftigten, zur Gestaltung von deren Arbeitsbedingungen und als Grundlage für Arbeitnehmerschutzrechte nach wie vor kaum überschätzt werden. Arbeits- und in geringerem Umfang Wirtschaftsbedingungen in allen gesellschaftlichen Bereichen werden durch Tarifverträge geregelt. Der Tarifvertrag ist damit eines der wichtigsten, wenn nicht das wichtigste Instrument der Praktizierung autonomer, d.h. gesetzlich nicht im Detail geregelter Mitbestimmung im Sinne eines »**autonomen Interessenclearings**.« In der Vergangenheit haben die Tarifvertragsparteien pro Jahr jeweils ca. 7000 Tarifverträge abgeschlossen. Knapp 62000 sind beim Bundesministerium für Wirtschaft und Arbeit und registriert.[2] Sie wirken nach §§ 3 Abs. 1 und 4 TVG rechtlich unmittelbar und zwingend zugunsten der ca. 25 bis 30% gewerkschaftlich organisierten Arbeitnehmer, entfalten jedoch faktisch Wirkung für ca. 70% der Beschäftigten in West- und ca. 54% in Ostdeutschland vor allem dadurch, dass in individuellen Arbeitsverträgen typischerweise auf den Tarifvertrag Bezug genommen wird.[3] Die Zahl der Firmentarifverträge hat in den vergangenen ca. 15 Jahren kontinuierlich zugenommen. Ende 2004 waren neben etwa 34000 Verbands- knapp 28000 Firmentarifverträge in Kraft.[4]

---

1 BVerfG 26.5.1970 (2 BvR 664/65), E 28, 295, 304.

2 *BMWA*, Tarifvertragliche Arbeitsbedingungen, 4ff.; *Bispinck/WSI-Tarifarchiv*, WSI-Mitt. 2005, 63ff.; *dies.*, Tarifhandbuch.

3 *BMWA*, Tarifvertragliche Arbeitsbedingungen, 4ff. mit weiteren Differenzierungen; *Ellguth/Kohaut*, WSI-Mitt. 2005, 300.

4 *BMWA*, Tarifvertragliche Arbeitsbedingungen, 6ff.

Einen Eindruck über die grundlegende Bedeutung von Tarifverträgen vermittelt eine Auswertung der wichtigsten Tarifbereiche, die vom **Bundesministerium für Wirtschaft und Arbeit** jährlich veröffentlicht wird.[5] Nach § 6 TVG ist bei diesem Ministerium ein Tarifvertragsregister zu führen, in das Abschluss, Änderung und Aufhebung von Tarifverträgen sowie Beginn und Ende der Allgemeinverbindlichkeit von Tarifverträgen eingetragen werden (Einzelheiten: § 6 Rn. 1 ff). Eine Sammlung und Auswertung der wichtigsten Tarifverträge nimmt auch das **Wirtschafts- und Sozialwissenschaftliche Institut der Hans-Böckler-Stiftung** vor.[6] Entsprechendes gilt für das Tarifarchiv der **Bundesvereinigung der Deutschen Arbeitgeberverbände.**[7] 5

Die Bandbreite der geregelten Inhalte reicht vom Entgelt einschließlich Lohnnebenleistungen über Arbeitszeit – nach wie vor zentrale Elemente der Tarifpolitik – über einheitliche Regelungen für Arbeiter und Angestellte, Rationalisierungsschutz, Arbeits- und Gesundheitsschutz, Aus- und Weiterbildung bis hin zu Vereinbarungen über Standortsicherungen die in den letzten Jahren ein besonderes Gewicht gewonnen haben. 6

Der **Bundesangestellten-Tarifvertrag (BAT)** vom 1. April 1961 mit den zwischenzeitlich erfolgten kleineren und grundsätzlichen Änderungen, ab 1. Oktober 2005 **Tarifvertrag Öffentlicher Dienst, TVöD**[8], umfasst die meisten Beschäftigungsverhältnisse im öffentlichen Dienst. 7

**Die Vorreiter- und Schrittmacherfunktion der Tarifvertragspolitik** für die Verbesserung der sozialen Situation der Beschäftigten in der Vergangenheit wird deutlich, wenn man sich vergegenwärtigt, dass die gesetzlichen Normen zum Schutz von Arbeitnehmerrechten zum Teil auf tarifliche Initiativen zurückgehen. Dies gilt z. B. für das Lohnfortzahlungsgesetz für Arbeiter im Krankheitsfall (seit 1994 Entgeltfortzahlungsgesetz), dessen Inkrafttreten erst durch einen ca. 16 Wochen dauernden Streik im Metallbereich Schleswig-Holsteins in den Jahren 1956/1957 ermöglicht wurde. Ein anderes Beispiel in diesem Zusammenhang ist das Konkursausfallgeld (heute Insolvenzausfallgeld) für die Zeit von drei Monaten vor Eröffnung des Konkurses von 1975 nach § 141a ff. AFG (seit 1997 § 187ff. SGB III), dem tarifliche Initiativen im Bereich des Baugewerbes vorangegangen sind. Darüber hinaus bleiben die gesetzlichen Arbeitnehmerschutzrechte in ihrer Qualität ganz überwiegend erheblich hinter den tariflichen Bestimmungen zurück. So beläuft sich die gesetzliche Regelarbeitszeit auf 48 Stunden pro Woche (§ 3 ArbZG), beträgt der Mindesturlaub 24 Werktage (§ 3 BUrlG) und gibt es keinen verstärkten Kündigungsschutz für bestimmte Arbeitnehmergruppen nach dem Kündigungsschutzgesetz wie für ältere Arbeitnehmer nach verschiedenen Tarifverträgen. 8

Zugleich ist nicht zu verkennen, dass ohne gesetzliche Normen ein effektiver Arbeitnehmerschutz nicht oder nur in geringem Umfang bestünde (z.B. Jugendarbeit, Mutterschutz usw.). Das **Gesetz** stellt zum einen eine Grundsicherung im Sinne einer **Mindest-/Sockelfunktion** dar, die durch Tarifverträge verbessert werden kann. Dabei war die Tarifpolitik umso erfolgreicher, je präziser die Festlegung durch staatliche Mindestnormen gewährleistet wurde. Zum anderen

---

5 www.bmwa.bund.de.

6 Tarifarchiv des WSI, Hans-Böckler-Straße 39, 40476 Düsseldorf, Telefon: (0211) 778248; E-Mail: tarifarchiv@wsi.de; Internet: www.tarifvertrag.de.

7 Breite Str. 29, 10178 Berlin, Telefon: (030) 20330; E-Mail: info@bda-online.de.

8 Abdruck der Kernpunkte der Einigung vom 9. 2. 2005 ZTR 2005, 136ff.; Überblick *Bredendiek/Fritz/Tewes*, ZTR 2005, 230 und *Böhle/Poschke*, ZTR 2005, 286.

regeln die Arbeitnehmerschutzgesetze aber auch im Sinne einer **Lücken-/Ergänzungsfunktion** Mindeststandards für Arbeitnehmergruppen, die – z.B. wegen Organisationsproblemen – typischerweise der tariflichen Regelung schwer zugänglich sind, etwa Heimarbeiter, und nach wie vor »atypische Arbeitsverträge« wie Befristung und Teilzeitarbeit.[9] Die Bedeutung flächendeckender gesetzlicher Mindeststandards könnte größer werden, wenn sich die Tendenz einer abnehmenden Geltungskraft der Tarifverträge fortsetzt. Beispiel hierfür ist die Debatte um einen gesetzlichen Mindestlohn.[10]

## III. Struktur und Umsetzung von Tarifverträgen

### 1. Flächentarifverträge

9 Tarifverträge werden typischerweise großflächig auf der Ebene von Regionen (teilweise Branchen) abgeschlossen. Diese Regionen, d.h. Tarifbezirke, decken sich teilweise (annähernd) mit Bundesländern. Im Unterschied zu anderen Staaten, vor allem dem anglo-amerikanischen Raum mit zahlreichen Betriebs- und Unternehmenstarifverträgen, ist deshalb für die Tarifstrukturen der Bundesrepublik eine Makroorientierung charakteristisch. Diese **Makroorientierung** trägt dazu bei, dass für die Mitglieder einzelner Branchen eine gewisse Angleichung der Arbeitsbedingungen erreicht wird (so genannte »**Kartellfunktion des Tarifvertrages**«), der allerdings keine rechtliche, sondern eine eher tarifpolitische Bedeutung zukommt (Grundl. Rn. 103).

### 2. Umsetzung der (Flächen-)Tarifverträge durch betriebliche Mitbestimmung

10 Die Umsetzung der häufig notwendig recht allgemeinen Bestimmungen in den Bezirkstarifverträgen wird typischerweise durch die Betriebs- oder Personalräte im Rahmen der Mitbestimmungsrechte nach dem Betriebsverfassungsgesetz bzw. den Personalvertretungsgesetzen vorgenommen und die erzielten Resultate sodann in so genannten Betriebs- oder Dienstvereinbarungen festgelegt. Dies ist die zweite Ebene der Struktur der geltenden Kollektivvereinbarungen. Nach den gesetzlichen Regelungen, vor allem §§ 77 Abs. 3 und 87 Abs. 1 BetrVG, 75 Abs. 5 BPersVG, gehen Tarifverträge Betriebsvereinbarungen vor (hierzu Grundl. Rn. 326ff.). Tatsächlich ergibt sich, unter anderem bedingt durch eine Erweiterung der Themenfelder und Schwerpunkte der Tarifpolitik auf Arbeitsbedingungen im weiteren Sinne in den letzten Jahren, eine **vielschichtige Verklammerung und Dialektik zwischen Tarifvertrag und betrieblicher Mitbestimmung.**

11 In jüngerer Zeit hat die Bedeutung der betrieblichen Ebene in diesem Zusammenhang zugenommen. Durch zahlreiche **Öffnungen im Tarifvertrag** selbst (§ 77 Abs. 3 Satz 2 BetrVG) haben die Tarifparteien Kompetenzen von der tariflichen auf die betriebliche Ebene verlagert (im Einzelnen § 4 Rn. 295 und Rn. 394ff.) Eine solche **Verbetrieblichung der Tarifpolitik** entspricht einem betrieblichen Bedürfnis nach Flexibilität vor allem in den Bereichen von Arbeitszeit und Entgelt und kann zugleich den Wünschen von Arbeitnehmern nach

---

9 Vgl. *Zachert* (Hrsg.), Die Wirkung des Tarifvertrages in der Krise, 37f.
10 *Peter*, in: *Peter/Kempen/Zachert*, Die Sicherung, 83ff.; *Bispinck/Schäfer*, Sozialer Fortschritt, 2005, 1ff.

differenzierten Arbeitsbedingungen entgegenkommen. Allerdings ist dieser Weg unter anderem wegen der unterschiedlichen Legitimation der Betriebs- und Tarifparteien, unterschiedlicher Durchsetzungsmöglichkeiten, einerseits die betriebliche Einigungsstelle, andererseits der Arbeitskampf, und praktischer Schwierigkeiten der Bewältigung komplexer Fragen auf der betrieblichen Ebene nicht unproblematisch.[11]

## IV. Gefährdungen und Labilität der Tarifstrukturen

Die Kontroverse um die Zukunft und Zukunftsfähigkeit der gewachsenen Tarifstrukturen[12] wird seit etwa zehn Jahren mit großer Heftigkeit geführt.[13] Die rechtlichen Schlussfolgerungen sind hier in besonderem Maße vom »rechtspolitischen Vorverständnis« geprägt.[14] Hintergrund der Diskussion sind sozialwissenschaftliche, ökonomische und arbeitsmarktpolitische Aspekte, von denen die wichtigsten stichwortartig genannt werden sollen.[15] **12**

Zum einen wird die **Bindungsfähigkeit beider Verbände** durch eine Anzahl unterschiedlicher Faktoren geschwächt. Greifbarster Ausdruck dessen ist die **abnehmende Zahl der Mitglieder** sowohl auf Gewerkschafts- (unter 30 %)[16] als auch auf Arbeitgeberseite (40 bis 45 %).[17] **13**

Auf Arbeitnehmerseite gehört zu den vorrangigen Ursachen die anhaltend **hohe Arbeitslosigkeit** und damit im Zusammenhang die Zunahme »prekärer Beschäftigung« wie Leiharbeit. Dies wird durch Veränderungen der Lebensstile und Wertorientierungen überlagert, die in den Sozialwissenschaften unter dem Begriff **Individualisierung und Differenzierung** der Lebensstile und Wertorientierungen diskutiert werden.[18] Die Anforderungen an die Bedürfnisse und damit an die Tarifinhalte, etwa die Arbeitszeitgestaltung, sind noch vielfältiger geworden. **14**

Auf Arbeitgeberseite werden – neben Tendenzen, die auf eine grundsätzliche Aufkündigung des Sozialkonsenses zwischen den Tarifparteien hinauslaufen[19] – die Widersprüche zwischen den Interessen der großen Unternehmen einerseits und mittelständischen Betrieben andererseits stärker artikuliert als in der Vergangenheit, was eine gemeinsame Verbandspolitik erschwert.[20] Ob verstärkte Austritte oder Nichteintritte mittelständischer Betriebe in den Verband mit so genannten **OT-Mitgliedschaften** (Mitglieder ohne Tarifbindung) als Alternative **15**

---

11 Kritische Position der Rechtsprechung BAG 18.8.1987 (1 ABR 30/86), AP Nr. 23 zu § 77 BetrVG; zur kontroversen Einschätzung aus der älteren Literatur *Kempen*, RdA 1994, 140 ff.; *Reuter*, RdA 1994, 152 ff.; zur Empirie *Bispinck/WSI-Tarifarchiv*, Tarifliche Öffnungen und *Bispinck*, WSI-Mitt. 2001, 124 ff.

12 Zur Diskussion in verschiedenen europäischen Ländern, siehe die Länderberichte in *Ojeda/Avilés* (Hrsg.), Collective Bargaining.

13 Aus der älteren Literatur einerseits *Rieble*, RdA 1996, 151 ff., andererseits *Zachert*, RdA 1996, 140 ff.

14 *Lieb*, NZA 1994, 293; die Stellungnahmen in der Rechtswissenschaft und benachbarten Disziplinen sind kaum noch zu überblicken; monografisch mit empirischen Angaben und jeweils unterschiedlichen Akzenten: *Höland/Reim/Brecht*, Flächentarifvertrag; *Oppolzer/Zachert*, Krise und Zukunft; *Schnabel*, Tarifpolitik.

15 Ergänzend: *Däubler/Däubler*, Einl. Rn. 54 ff.; *BPSU*, Einl. Rn. 37 ff.

16 *Ebbinghaus*, Working Paper, 02/3.

17 Zum Metallbereich: *Schroeder/Ruppert*, WSI-Mitt. 1996, 316 ff.; die Mitgliedschaft in der BdA wird mit über 70 % (1996 Westdeutschland) recht hoch geschätzt von *Traxler*, Industrielle Beziehungen 2004, 48; zur abnehmenden Tarifbindung *Ellguth/Kohaut*, WSI-Mitt., 2005, 300.

18 *U. Beck*, Risikogesellschaft, 115 ff., 240 ff.; *Oppolzer*, AuR 1998, 51 ff.

19 Deutlich und wiederholt: *O.-H. Henkel*, Jetzt oder nie, 148 ff.

20 *Schroeder/Ruppert*, WSI-Mitt. 1996, 320.

zum Flächentarifvertrag oder als Mittel zu dessen Stabilisierung begegnet werden soll, scheint auf Arbeitgeberseite strategisch noch nicht geklärt (zu rechtlichen Problemen: § 2 Rn. 116 ff.).

16 Die Steuerungsfähigkeit des Flächentarifvertrages ist schließlich dadurch beeinträchtigt, dass Unternehmen vor dem Hintergrund eines verschärften **Standortwettbewerbs europa- und weltweit** in Länder ausweichen können, in denen Lohn-, Steuer- und andere Kosten niedriger sind als in Deutschland. Tarifpolitik ist noch weitgehend national (über Ansätze in der EU und weltweit: § 1 Rn. 709 ff. und § 4 Rn. 30 ff.), Unternehmer setzen durch Verlagerung von Betrieben oder deren Androhung die Tarifstrukturen unter einen zusätzlichen Anpassungsdruck.[21]

17 Um einen **Systemwechsel der deutschen Arbeitsrechtsbeziehungen** würde es sich handeln, wenn der Tarifvorrang des § 77 Abs. 3 BetrVG oder das Günstigkeitsprinzip des § 4 Abs. 3 TVG durch gesetzliche Intervention[22] so verändert würde, dass die Betriebs- oder die Arbeitsvertragsparteien ohne und gegebenenfalls gegen die Tarifparteien vom Flächentarifvertrag abweichen könnten.[23] Derartige rechtspolitische Initiativen sind mit dem verfassungsrechtlichen Schutzbereich von Art. 9 Abs. 3 GG nicht zu vereinbaren (im Einzelnen Grundl. Rn. 149 ff. und § 44 Rn. 256 ff.).[24]

18 Ob die gewachsenen Tarifstrukturen durch die seit langem praktizierte **kontrollierte Dezentralisierung** durch tarifliche Öffnungen, Härtefallklauseln, Firmentarifverträge usw. erhalten und stabilisiert werden kann oder ob sich nach einer voraussichtlich längeren Phase der Rechtsunsicherheit[25] völlig neue Arbeitsrechtsbeziehungen in Anlehnung an das anglo-amerikanische Modell industrieller Beziehungen entwickeln, erscheint offen.[26]

## B. Das Zustandekommen von Tarifverträgen

### Literatur:

*Löwisch*, Vertretung ohne Vertretungsmacht beim Abschluss eines Tarifvertrages, BB 1967, 2161; *Schaub*, Zum Abschluss von Tarifverträgen, namentlich im öffentlichen Dienst, ZTR 1997, 481.

**Übersicht** Rn.



21 *Bispinck/Schulten*, WSI-Mitt. 1998, 241 ff.; positive Bewertung z.B. bei *Adomeit*, Regelung, 18 f.
22 Vgl. Gesetzesentwurf zur Modernisierung des Arbeitsrechts BT Drucks. 15/1182 vom 18.6.2003.
23 So die zutreffende Bewertung von *Streeck/Rehder*, Tarifpolitik, 72.
24 Aus der Diskussion: *Dieterich*, RdA 2002, 1; *Zachert*, AuR 2004, 121; dagegen *Rieble*, ZfA 2004, 1; *Raab*, ZfA 2004, 371.
25 Zutreffend *Streeck/Rehder*, Tarifpolitik, 73.
26 *Bispinck/WSI- Tarifarchiv*, WSI-Mitt. 2005, 63; *Bispinck/Schulten*, WSI-Mitt. 2005, 466.

## I. Allgemeine Grundsätze

19 Auf das Zustandekommen eines Tarifvertrages finden die Vorschriften des BGB über den Abschluss von Verträgen Anwendung. Es gelten die Vorschriften der **Willenserklärung** nach §§ 116, 145ff. BGB. Die Tarifvertragsparteien handeln durch die **Organe**, die nach ihrer Satzung zuständig sind.
Eine **Stellvertretung** nach §§ 164ff. BGB durch Dritte ist möglich.[27]

20 Die Möglichkeit der **Stellvertretung** ihrer Mitglieder ist für **Spitzenorganisationen** nach § 2 Abs. 2 TVG ausdrücklich anerkannt. Hierbei handelt es sich um einen Sonderfall der Vertretung, dem im Wesentlichen klarstellende Funktion zukommt.[28]

## II. Einzelfragen

21 Die Vertretung bedarf einer **Vollmacht** nach § 167 Abs. 1 BGB. Sie kann dementsprechend entweder als Innenvollmacht gegenüber dem Bevollmächtigenden oder als Außenvollmacht gegenüber dem Dritten erfolgen, demgegenüber die Vertretung stattfinden soll.

22 Die **Vollmacht** bedarf **keiner besonderen Form**. Das gilt nach § 167 Abs. 2 BGB auch dann, wenn für das Rechtsgeschäft, auf das sie sich bezieht, eine besondere Form vorgesehen ist, wie etwa die Schriftform für den Abschluss von Tarifverträgen nach § 1 Abs. 2 TVG.[29] Sowohl die Innen- als auch die Außenvollmacht können **ausdrücklich** oder **konkludent** erteilt werden.[30]

23 Nach allgemeiner Ansicht kann die **Vertretungsmacht beschränkt** werden.[31] Dieser Einschränkung kommt jedoch nur dann eine Außenwirkung zu, wenn sie sich auch für den Dritten nachvollziehbar und zweifelsfrei aus der Satzung oder aus der Vollmacht ergibt (zu OT-Verbänden: § 2 Rn. 116ff.).[32] Einer Beschränkung der Geschäftsführungsbefugnis nach innen kommt keine Außenwirkung zu.[33]

24 Darüber hinaus gelten die Grundsätze der **Duldungs-** oder **Anscheinsvollmacht**.
Eine **Duldungsvollmacht** liegt vor, wenn es der Vertretende in der Regel über einen längeren Zeitraum wissentlich zulässt, dass ein anderer für ihn ohne eine Bevollmächtigung als Vertreter auftritt und der Vertragspartner dieses bewusste Dulden dahin versteht und nach Treu und Glauben verstehen darf, dass der als Vertreter Handelnde bevollmächtigt ist.

---

27 Allgemeine Meinung: BAG 11.6.1975 (4 AZR 395/74), AP Nr. 29 zu § 2 TVG; BAG 12.2.1997 (4 AZR 419/95), AP Nr. 46 zu § 2 TVG; BAG 29.6.2004 (1 AZR 143/03), ZTR 2005, 141, 307; Wiedemann/*Wiedemann*, § 1 Rn. 158ff.; *Löwisch/Rieble*, § 1 Rn. 485ff.; *Däubler/Reim*, § 1 Rn. 120ff.; *Gamillscheg*, Kollektives Arbeitsrecht I, § 13 I 1b, 512; *BPSU*, § 1 Rn. 20ff.

28 BAG 12.2.1997 (4 AZR 419/95), AP Nr. 46 zu § 2 TVG; *Löwisch/Rieble*, § 1 Rn. 491 und Wiedemann/*Oetker*, § 2 Rn. 346.

29 Allgemeine Auffassung z.B. Wiedemann/*Wiedemann*, § 1 Rn. 160.

30 Allgemeine Meinung: BAG 12.2.1997 (4 AZR 419/95), AP Nr. 46 zu § 2 TVG; Wiedemann/*Oetker*, § 2 Rn. 346; *Däubler/Reim*, § 1 Rn. 121.

31 Z.B. BAG 10.11.1993 (4 AZR 184/93), AP Nr. 43 zu § 1 TVG Tarifverträge: Einzelhandel; Wiedemann/*Wiedemann*, § 1 Rn. 158.

32 Wiedemann/*Wiedemann*, § 1 Rn. 158f.; *Däubler/Reim*, § 1 Rn. 123f.; *BPSU*, § 1 Rn. 27.

33 *Löwisch/Rieble*, § 1 Rn: 486; *Gamillscheg*, Kollektives Arbeitsrecht I, § 13 I 1b, 512; in diesem Sinne zur Mitwirkung von Tarifkommissionen bei der gewerkschaftlichen Willensbildung: BAG 16.5.1995 (3 AZR 535/94), AP Nr. 15 zu § 4 TVG Ordnungsprinzip.

Praktisch seltener wird es sich um eine **Anscheinsvollmacht** handeln. Sie ist gegeben, wenn der Vertretene das Handeln seines angeblichen Vertreters zwar nicht kennt, es aber bei pflichtgemäßer Sorgfalt hätte erkennen und verhindern können, wenn ferner der Vertragspartner nach Treu und Glauben annehmen durfte, der Vertretene dulde und billige das Handeln seines (Schein-)Vertreters.[34]

25 Abgesehen von den Fällen der Duldungs- oder Anscheinsvollmacht wird der von einem Vertreter ohne Vertretungsmacht abgeschlossene Tarifvertrag nur dann wirksam, wenn er von der Tarifpartei **genehmigt wird**: § 177 BGB.[35]
Diese Genehmigung kann auch durch **schlüssiges Verhalten** erfolgen, etwa dadurch, dass die Tarifpartei den Tarifvertrag längere Zeit anwendet.[36]
Die **Genehmigung wirkt** nach § 184 Abs. 1 BGB auf den Zeitpunkt des Tarifabschlusses **zurück** (zur Rückwirkungsproblematik: § 4 Rn. 111 ff.).[37]

26 Einigen sich die Verhandlungsführer, die nicht die zuständigen Organe der Tarifparteien sind, auf Grundsätze, die dann noch in einem **endgültigen Vertragstext** abgestimmt werden, so wird der Tarifvertrag mit Zustimmung der zuständigen Repräsentanten zu letzterem wirksam. Die Zustimmung kann formlos dem einen oder anderen Teil gegenüber erklärt werden: § 182 Abs. 1 und 2 BGB.[38]

27 Ein gegenseitiger **Verhandlungsanspruch** zwischen den Tarifparteien besteht **nicht**, sondern ergibt sich nur dann, wenn die Tarifparteien dies in einer schuldrechtlichen Vereinbarung, üblicherweise Schlichtungsabkommen, festgelegt haben.[39] Aus dem Autonomiegedanken des Art. 9 Abs. 3 GG folgt, dass die Koalitionen aus eigener Kraft zu einer Einigung kommen müssen.[40]

## C. Arten von Tarifverträgen

### Literatur:

*Bahnmüller*, Stabilität und Wandel der Entlohnungsformen, 2001; *Breisig*, Entgelt nach Leistung und Erfolg, 2003; *Förster/Hausmann*, Der Bundesentgelttarif der chemischen Industrie, WSI-Mitt. 1993, 782; *Huber/Schill*, Die neuen Entgeltrahmentarifverträge in der Metallindustrie, WSI-Mitt. 2004, 102; *Lang/Meine/Ohl*, Hrsg., Handbuch Arbeit, Entgelt, Leistung, 3. Aufl., 2001; *Meine*, Reform des Flächentarifvertrages: Gemeinsamer Entgeltrahmentarifvertrag, AuR 2004, 136; *Stein, A.*, Der Abschluss von Firmentarifverträgen, RdA 2000, 129; *Umbach*,

---

34 Hierzu: Wiedemann/*Oetker*, § 2 Rn. 349; *Däubler/Reim*, § 1 Rn. 127; *BPSU*, § 1 Rn. 25 f.; BGH 25.3.2003 (XI ZR 227/02, NJW 2003, 2091; ein Fall der Duldungsvollmacht: BAG 29.6.2004 (1 AZR 143/03), ZTR 2005, 141.

35 Zum Sonderproblem der Geltendmachung von Ansprüchen zur Wahrung von Ausschlussfristen als einseitiges Rechtsgeschäft durch einen Vertreter: BAG 14.8.2002 (5 AZR 341/01), AP Nr. 16 zu § 174 BGB (mit kritischer Anm. von *A. Stein*)

36 Allgemeine Meinung: BAG 18.12.1996 (3 AZR 129/96), AP Nr. 1 zu § 1 TVG Kündigung; vgl. auch BAG 12.2.1997 (4 AZR 419/95), AP Nr. 46 zu § 2 TVG; *Löwisch/Rieble*, § 1 Rn. 492; *Däubler/Reim*, § 1 Rn. 122; Wiedemann/*Wiedemann*, § 1 Rn. 160 und Wiedemann/*Oetker*, § 2 Rn. 349; *BPSU*, § 1 Rn. 26; *Löwisch*, BB 1997, 2161.

37 Ebenfalls allgemeine Ansicht: *Löwisch/Rieble*, § 1 Rn. 492; *Däubler/Reim*, § 1 Rn. 122; Wiedemann/*Oetker*, § 2 Rn. 349.

38 *Schaub*, ZTR 1997, 481 f., mit Beispielen aus dem öffentlichen Dienst.

39 H.M. BAG 2.8.1963 (1 AZR 9/63), AP Nr. 5 zu Art. 9 GG; BAG 19.6.1984 (1 AZR 361/82), AP Nr. 3 zu Art. 9 GG; ausführlich *Däubler/Reim*, § 1 Rn. 107 ff.; ferner *Löwisch/Rieble*, Grundl. Rn. 55 und § 1 Rn. 483; dagegen bejahen einen solchen Anspruch auch ohne ausdrückliche Vereinbarung: Wiedemann/*Wiedemann*, § 1 Rn. 183; *Gamillscheg*, Kollektives Arbeitsrecht I, § 7 I 4a, 275 ff.

40 Zutreffend *Löwisch/Rieble*, Grundl. Rn. 55; *Däubler/Reim*, § 1 Rn. 107 ff.; *BPSU*, § 1 Rn. 23.

Rechtsfragen des Anerkennungstarifvertrages, 2004; *Wieland*, Recht der Firmentarifverträge, 1978; *Witt*, Der Firmentarifvertrag, 2003; *Zachert*, Firmentarifvertrag als Alternative?, NZA 2000, Beilage 24,17.

**Übersicht** Rn.



## I. Unterscheidung nach Parteien auf Arbeitgeber- und Arbeitnehmerseite

### 1. Verbandstarifverträge

Tarifverträge werden in der Regel zwischen den auf Branchenebenen existierenden **Gewerkschaften** (wie der IG Metall, der Gewerkschaft ver.di, der IG Bergbau, Chemie, Energie usw.) und den entsprechend zuständigen **Arbeitgeberverbänden** abgeschlossen. **28**

Typisch sind deshalb so genannte **Verbandstarifverträge,** die einen im Tarifvertrag selbst näher bezeichneten räumlichen Geltungsbereich haben. Wenn auch der Geltungsbereich einiger wichtiger Tarifverträge über das gesamte Bundesgebiet geht (der BAT – ab Oktober 2005 der TVöD – im Bereich der Gewerkschaft ver.di, früher ÖTV, zahlreiche Tarifverträge im Bereich der früheren IG Medien, jetzt ver.di sowie z. B. der Lohn- und Gehaltstarifvertrag im Bereich der Gewerkschaft Bauen- Agrar- Umwelt usw.), so überwiegt zahlenmäßig insgesamt doch der regionale Tarifvertrag, d.h. die Aufteilung des Bundesgebiets in eine mehr oder minder große Zahl von **Tarifvertragsbezirken.**

Im Geltungsbereich der Verbandstarifverträge waren von den ca. 34 Millionen als Arbeitnehmer und Arbeitnehmerinnen abhängig Beschäftigen etwa 21 Millionen durch unmittelbare Tarifbindung, über Verweisungen im Arbeitsvertrag oder andere mittelbare Bindungswirkungen an den Tarifvertrag tätig (2004/2005). Trotz zunehmender Zahl der Firmentarifverträge im letzten Jahrzehnt liegt deshalb die wesentlich größere Bedeutung nach wie vor bei den Verbandstarifverträgen.[41]

---

41 *BMWA*, Tarifvertragliche Arbeitsbedingungen, 5.

### 2. Firmenbezogene Verbandstarifverträge

29 Beim **firmenbezogenen Verbandstarifvertrag** sind die Tarifparteien ebenfalls die Gewerkschaft und der jeweils zuständige Arbeitgeberverband. Jedoch schließt der Arbeitgeberverband für ein einzelnes Unternehmen einen Tarifvertrag ab. Das Unternehmen möchte auf die Beratung des Arbeitgeberverbandes nicht verzichten und der Verband will die Tarifgestaltung für ein einzelnes Unternehmen über die Verbandspolitik beeinflussen können. Derartige Tarifverträge sind zulässig (im Einzelnen § 4 Rn. 407ff.).

30 In den letzten Jahren haben firmenbezogene Verbandstarifverträge an Bedeutung gewonnen, die den Zweck verfolgen, innerhalb eines Tarifbereichs eine **Ergänzung oder zusätzliche Differenzierung** der Arbeitsbedingungen zu ermöglichen. Inhaltlich geht es vor allem um die (vorübergehende) Sicherung von Beschäftigung. Im Rahmen eines »concession bargaining« werden auf Arbeitnehmerseite Zugeständnisse im Bereich Entgelt und/oder Arbeitszeit gemacht. So können die Zusatzleistungen oder die Regelarbeitszeit mit einer entsprechenden Entgeltminderung verkürzt werden. In anderen Fällen geht es um eine Verlängerung von Arbeitszeit, die faktisch ebenfalls zu relativen Entgeltsenkungen führt. Als Gegenleistung wird ein (vorübergehender) Ausschluss von betriebsbedingten Kündigungen vereinbart. Andere Regelungsgegenstände in diesem Zusammenhang sind Überleitungsregelungen bei Umstrukturierungen von Unternehmen, Standortverlagerungen oder Privatisierungen.[42]

Vor allem in der ostdeutschen Metallindustrie wurden von den Tarifparteien für einzelne Unternehmen, die sich in einer wirtschaftlichen Notsituation befinden, so genannte **Härtefallregelungen** vereinbart, die nach entsprechender Einzelfallprüfung unter Einbeziehung der Gewerkschaft zeitlich befristete Abweichungen von den Tarifstandards vor allem im Bereich Entgelt vorsehen.[43]

31 Bei **inhaltlich gleichen Regelungen** verdrängt der von derselben Gewerkschaft abgeschlossene unternehmensspezifische Tarifvertrag den Verbandstarifvertrag nach den Regeln der Tarifkonkurrenz[44] (im Einzelnen § 4 Rn. 150ff.).

### 3. Firmentarifverträge

#### a) Der Firmentarifvertrag mit eigenständigen Regelungen

32 Im Unterschied zum Verbandstarifvertrag spricht man vom **Firmentarifvertrag** (Haustarifvertrag, Unternehmenstarifvertrag), wenn die Gewerkschaft – meist die unterste Ebene, die örtliche Gewerkschaftsvertretung mit einem einzelnen Arbeitgeber (Unternehmer) einen Tarifvertrag abschließt. Dies ist nach § 2 Abs. 1 TVG möglich (im Einzelnen § 2 Rn. 129ff. und § 4 Rn. 411ff.).[45]

33 Die **Zahl der Firmentarifverträge** ist von 1990 bis 2004/2005 von ca. 2250 auf knapp 8000 gewachsen. Im Jahr 2004 stieg sie nach Abzug der Tarifverträge, die durch Schließung von Betrieben außer Kraft getreten waren, von 7540 auf 7993. Für jedes Unternehmen gelten meist drei bis vier einzelne Tarifverträge, z.B. Manteltarifvertrag, Entgeltrahmentarifvertrag, Entgelttarifvertrag usw. Bei Tarif-

42 *Däubler/Reim*, § 1 Rn. 66; *BPSU*, § 1 Rn. 16; *Zachert*, NZA 2000, Beilage 24, 18f.
43 *Bispinck/WSI-Tarifarchiv*, WSI-Mitt. 1994, 469.
44 BAG 20.3.1991 (4 AZR 455/90), AP Nr. 20 zu § 4 TVG Tarifkonkurrenz; *BPSU*, § 1 Rn. 16.
45 Monografisch: *Witt*.

verträgen, die zum Jahreswechsel 2004/2005 gültig waren, handelt es sich um etwa 34000 Verbandstarifverträge und ca. 27800 Firmentarifverträge.[46] Diese Entwicklung ist vor dem Hintergrund von Verbandsflucht, Umstrukturierungen (Betriebsübergang, »Outsourcing«) und Privatisierung öffentlicher Unternehmen oder auch der Berücksichtigung spezifischer Unternehmensbedingungen (z.B. der Tarifvertrag zwischen IG Metall und dem Volkswagenkonzern) deutlicher Ausdruck der Tendenzen einer **Dezentralisierung des Flächentarifvertrages**.

**Inhaltlich** haben über 80% der Unternehmen in Firmentarifverträgen eigenständige Regelungen über das Arbeitsentgelt und die allgemeinen Arbeitsbedingungen vereinbart, ohne auf einen Verbandstarifvertrag Bezug zu nehmen. Etwa 12% haben die einschlägigen Verbandstarifverträge zum Teil übernommen, andere Regelungsgegenstände der Verbandstarifverträge jedoch durch eigenständige Inhalte ersetzt.[47] In jüngerer Zeit ist zu beobachten, dass Tarifinhalte von Firmentarifverträgen und firmenbezogenen Verbandstarifverträgen zunehmend befristet oder dauerhaft das Niveau des Flächentarifvertrages unterschreiten.[48] **34**

Die Bestimmungen von Firmentarifverträgen mit ihren spezielleren – auf die Besonderheiten des jeweiligen Unternehmens bezogenen – Regelungen gehen bei Abschluss durch dieselbe Gewerkschaft gleichen Tarifinhalten des Verbandstarifvertrages vor (im Einzelnen § 4 Rn. 177ff.).

Firmentarifverträge sind durch **Arbeitskampf** auch gegenüber verbandsangehörigen Arbeitgebern durchsetzbar (im Einzelnen zu Möglichkeiten und Grenzen: § 1 Rn. 700ff.). **35**

## b) Der Firmentarifvertrag als Anerkennungs-(Anschluss-)Tarifvertrag

Eine Minderheit der Firmentarifverträge (ca. 5% bis 6%) hat als so genannte **Anerkennungstarifverträge** (Anschlusstarifverträge) die Bestimmungen der einschlägigen Verbandsverträge inhaltlich voll übernommen.[49] In der Regel handelt es sich um eine Vereinbarung, dass ein in der Anlage beigefügter Verbandstarifvertrag, der zwischen anderen Tarifparteien abgeschlossen wurde, Bestandteil des Anerkennungs-(Anschlusstarifvertrages) wird.[50] **36**

Rechtlich liegt dann eine **tarifliche Verweisung** vor. Sie kann einen **statischen Charakter** haben, wenn auf die aktuelle Fassung des Verbandstarifvertrages Bezug genommen wird. Ihr kommt eine **dynamische Bedeutung** zu, wenn auf den Verbandstarifvertrag in der jeweiligen Fassung verwiesen wird (zu tariflichen Verweisungen: § 1 Rn. 785ff., zu Folgen für das Streikrecht: § 1 Rn. 689).

Besondere praktische Bedeutung kommt Anerkennungstarifverträgen zu, die auf Unternehmensebene nach einem Betriebsübergang oder Verbandsaustritt durchgesetzt und abgeschlossen werden.

Zu Recht geht das Bundesarbeitsgericht davon aus, dass die Praxis von Anerkennungstarifverträgen im Rahmen der Gestaltungsspielräume der Tarifparteien liegt. Zwar sei ein Firmentarifvertrag gegenüber einem Verbandstarifvertrag grundsätzlich sachnäher, da er den Besonderheiten des betreffenden Unterneh- **37**

46 *BMBWA*, Tarifvertragliche Arbeitsbedingungen, 5ff.
47 *Zachert*, NZA 2000, Beilage 24, 17ff.; *A. Stein*, RdA 2000, 129ff., jeweils mit weiteren Nachweisen.
48 *Bispinck/WSI-Tarifarchiv*, WSI-Mitt. 2004, 64.
49 *Zachert*, NZA 2000, Beilage 24, 18, mit Nachweisen.
50 Monografisch: *Umbach*.

mens möglicherweise besser Rechnung tragen könne. Das schließe aber nicht aus, dass die Tarifparteien des Firmentarifvertrages es als angemessen und zweckmäßig ansehen, das Unternehmen ebenso zu behandeln wie die organisierten tarifgebundenen Unternehmen der Branche und deshalb auf den jeweils geltenden Verbandstarifvertrag verweisen. Eine solche Entscheidung der Tarifvertragsparteien sei unter dem Gesichtspunkt der Sachgerechtigkeit nicht zu beanstanden.[51]

### 4. Mehrgliedrige Tarifverträge

38 Von einem **mehrgliedrigen Tarifvertrag** spricht man, wenn entweder auf Arbeitgeber- oder Arbeitnehmerseite mehrere Tarifparteien beteiligt sind.[52]
Ein Beispiel für mehrere Parteien auf **Arbeitgeberseite** ist der BAT (ab Oktober 2005 TVöD)[53], bei dem Vertragspartner der Gewerkschaft ver.di einerseits, der Bund, die Vereinigung kommunaler Arbeitgeberverbände und beim BAT die Tarifgemeinschaft Deutscher Länder – die beiden letzten als Spitzenorganisation nach § 2 Abs. 2 TVG – andererseits, beteiligt sind.
Für mehrere (DGB-)Gewerkschaften auf **Arbeitnehmerseite** steht beispielhaft der Tarifvertrag über Zeitarbeit, den die acht DGB-Gewerkschaften als Tarifgemeinschaft am 1. Januar 2004 mit zwei Arbeitgeberverbänden der Zeitarbeitsbranche abgeschlossen haben.[54]
Auch **nach Abschluss** eines Tarifvertrages können sich diesem weitere tariffähige Parteien anschließen.[55]

39 Ob nach der Anzahl der auf einer Seite Beteiligten **mehrere** voneinander unabhängige **Tarifverträge** zustande kommen sollen, die lediglich in einer Urkunde zusammengefasst sind, oder als eine geschlossene Einheit **ein einziger (mehrgliedriger) Tarifvertrag**, der alle Beteiligten gemeinsam bindet, hängt vom Willen der Tarifparteien ab. Dieser ist durch Auslegung zu ermitteln.[56] Die Auslegung richtet sich nach den Regeln der Auslegung von Verträgen nach §§ 133, 157 BGB. Deshalb kann zur Ermittlung des wirklichen Willens der Tarifparteien auf alle tauglichen Erkenntnismittel zurückgegriffen werden (zur Tarifauslegung: Grundl. Rn. 376ff.).
Wenn keine entgegenstehenden Anhaltspunkte ersichtlich sind, ist **in der Regel** davon auszugehen, dass die mehreren beteiligten Tarifparteien sich ihrer jeweils autonomen Tarifmacht nicht begeben, sondern voneinander **unabhängige, eigenständige Tarifverträge** schließen wollten, von denen sie sich ohne Rücksicht auf die übrigen Beteiligten gegebenenfalls wieder lösen können.[57]

---

51 BAG 10.11.1982 (4 AZR 1203/75), AP Nr. 8 zu § 1 TVG Form; Wiedemann/*Wiedemann*, § 1 Rn. 58 und Wiedemann/*Oetker*, § 2 Rn. 16; *Däubler/Reim*, § 1 Rn. 71; *BPSU*, § 1 Rn. 17.

52 BAG 10.11.1993 (4 AZR 184/93), AP Nr. 43 zu § 1 TVG Tarifverträge: Einzelhandel; BAG 24.11.1993 (4 AZR 407/92), AP Nr. 39 zu § 1 TVG Tarifverträge: Einzelhandel; BAG 29.6.2004 (1 AZR 143/03), ZTR 205, 141.

53 Abgedruckt in ZTR 2005, 136.

54 Überblick bei *Martin*, AuR 2004, 247.

55 Ein Einverständnis der beteiligten Tarifparteien wird man nicht verlangen müssen: Wiedemann/*Wiedemann*, § 1 Rn. 181; *Löwisch/Rieble*, § 1 Rn. 472.

56 Wiedemann/*Wiedemann*, § 1 Rn. 177; *Däubler/Reim*, § 1 Rn. 75; *Löwisch/Rieble*, § 1 Rn. 473ff.; *BPSU*, § 1 Rn. 18.

57 BAG 8.9.1976 (4 AZR 395/75), AP Nr. 5 zu § 1 TVG Form; BAG 28.9.1977 (4 AZR 446/75), AP Nr. 1 zu § 9 TVG 1969; BAG 29.6.2004 (1 AZR 143/03), ZTR 2005, 141; Wiedemann/*Wiedemann*, § 1 Rn. 180; *Löwisch/Rieble*, § 1 Rn. 473; *Däubler/Reim*, § 1 Rn. 75; *BPSU*, § 1 Rn. 18.

Haben die Tarifparteien dagegen einen **einheitlichen Tarifvertrag** geschlossen, können sie ihre Rechte gegenüber der Gegenseite nur **gemeinsam** ausüben. Auch das Recht zur Kündigung steht ihnen dann nur gemeinschaftlich zu.[58] 40

Wenn die Tarifparteien eine einheitliche Wirkung erzielen wollen, können sie eine **Tarifgemeinschaft** (als BGB-Gesellschaft) bilden oder ausdrücklich die Tarifverträge zu einer **Gesamtheit** verbinden, indem sie das Bestehen des einen von dem des anderen abhängig machen.[59] 41

### 5. Konzerntarifverträge

Zu Konzerntarifverträgen: § 2 Rn. 98 ff. 42

## II. Unterscheidung nach Regelungsgegenständen

### 1. Lohn- und Gehaltstarifverträge

In **Lohn- oder Gehaltstarifverträgen** wird die Höhe des Arbeitsentgelts für Zeit- und Akkordlohn festgelegt. Ausgangsbasis für die jeweilige Lohnerhöhung ist dabei die Gruppe, in die der betreffende Arbeitnehmer eingeordnet ist. Teilweise ist es üblich, nur die Vergütung einer mittleren Tariflohngruppe, den so genannten **Ecklohn** (Vergütung für einen gelernten Facharbeiter) zu vereinbaren.[60] Die Vergütung der anderen Tarifgruppen errechnet sich in diesem Fall in Prozentsätzen (Zu- oder Abschlägen) des Ecklohns. 43

Die **Laufzeit** der Lohn- und Gehaltstarifverträge betrug in der Vergangenheit typischerweise ein Jahr. Mit der Koppelung der Lohntarifverträge und der Tarifverträge über Arbeitszeitverkürzung (Schritte zur 35-Stunden-Woche) wurden seit Mitte der 80er Jahre auch längere Laufzeiten vereinbart. Diese Tendenz längerer Laufzeiten (bis 31 Monate) hat sich fortgesetzt.

Die **Differenzierung der Tarifentgelte** hat in den letzten Jahren ein hohes Ausmaß erreicht (im Einzelnen § 1 Rn. 129 und Rn. 206 ff.).[61]

### 2. Lohn- und Gehaltsrahmentarifverträge

#### a) Grundlohndifferenzierung

Zwar kommt es vor, dass der Lohn- bzw. Gehaltstarifvertrag selbst die Lohn- und Gehaltsgruppeneinteilung festlegt (so genannte Grundlohndifferenzierung). Im Allgemeinen werden jedoch die verschiedenen **Lohn- und Gehaltsgruppen**, die für die Tätigkeit des Arbeitnehmers gelten, in besonderen so genannten **(Lohn-)Rahmentarifverträgen** geregelt, die eine längere **Laufzeit** (ca. drei Jahre) haben. Bis zum Ende der 90er Jahre sahen zahlreiche Tarifgebiete für Arbeiter fünf bis sieben, teilweise bereits mehr tarifliche Lohnsysteme vor. Die **Differenzierung** hat sich auch hier fortgesetzt, so dass bis zu zehn Lohngruppen nicht un- 44

---

58 BAG 29.6.2004 (1 AZR 143/03), ZTR 2005, 141; Wiedemann/*Wiedemann*, § 1 Rn. 180; *Löwisch/Rieble*, § 1 Rn. 473; *Däubler/Reim*, § 1 Rn. 74; *BPSU*, § 1 Rn. 18.

59 *Löwisch/Rieble*, § 1 Rn. 475 f.; Wiedemann/*Wiedemann*, § 1 Rn. 179 f.

60 *Lang/Meine/Ohl*, 145.

61 *Bispinck/WSI Tarifarchiv*, Elemente qualitativer Tarifpolitik Nr. 50, 12/2002; Wiedemann/*Wiedemann*, § 1 Rn. 54; *Däubler/Reim*, § 1 Rn. 79, jeweils mit weiteren Nachweisen.

üblich sind.[62] Für kaufmännische und technische Angestellte existieren meist fünf oder sechs Gehaltsgruppen sowie drei oder vier Meistergruppen, wobei die Zahl der darüber hinausgehenden Grundlohndifferenzierungen hier ebenfalls größer ist.[63]
In der Tarifpraxis zeichnet sich eine deutliche Entwicklung dahin ab, **einheitliche Entgeltgruppen** für **Arbeiter und Angestellte** zu vereinbaren (im Einzelnen § 1 Rn. 142ff.).[64]

### b) Eingruppierungskriterien

45 In so genannten Lohnschlüsseln/Gehaltsschlüsseln bzw. Lohngruppenschlüsseln/Gehaltsgruppenschlüsseln wird das Verhältnis der Entgeltgruppen zueinander, meist in bestimmten Prozentrelationen, festgelegt. Lohn- bzw. Gehaltsrahmentarifverträge enthalten vor allem Tätigkeitsgruppen, nach denen sich die Bezahlung der tarifgebundenen Beschäftigten richtet. Mit Hilfe von (relativ allgemeinen) Merkmalen wird versucht, Arbeiten und Tätigkeiten zu beschreiben, die jemand erfüllen muss, um in eine bestimmte Gruppe nach dem Lohn- bzw. Gehaltsgruppenschlüssel eingeordnet zu werden (zu rechtlichen Fragen: § 1 Rn. 147ff.).

46 Die Differenzierung von Löhnen und Gehältern erfolgt nach verschiedenen Arbeitsbewertungsverfahren. Zu unterscheiden ist vor allem zwischen **summarischer Arbeitsbewertung**, d.h. tarifvertraglich geregelten Lohn- und Gehaltsgruppen mit nur wenigen summarischen Bewertungsmerkmalen, darunter hauptsächlich die Ausbildung, und **analytischer Arbeitsbewertung**. Bei ihr werden sämtliche Anforderungen (Können, Belastung, Verantwortung, Umgebungseinflüsse) ermittelt. Persönliche Qualifikationen, die mit der jeweiligen Arbeit nichts zu tun haben, bleiben unberücksichtigt.[65]

### c) Lohnfindungssysteme: Zeitlohn – Leistungslohn

47 Außer Eingruppierungsfragen regeln Rahmentarifverträge oft Grundsätze für **Lohnfindungssysteme** wie Zeit-, Akkord- Prämienlohn oder andere Formen leistungsbezogener Entgelte und die konkrete Lohnberechnung (hierzu bewertend: § 1 Rn. 196ff.).

48 Im **Zeitlohn** wird nach allgemeiner Definition einem Arbeitnehmer die Zeit vergütet, für die er einem Arbeitgeber seine Arbeitskraft zur Verfügung stellt. Die tatsächlich erbrachte Arbeitsleistung wird nicht vergütet.

49 Der Verdienst eines **Akkordarbeiters** hingegen ist unmittelbar von der hergestellten oder bearbeiteten Menge abhängig.[66]
Der **Akkordrichtsatz** oder auch Akkordausgangslohn stellt die Mindestlohngarantie dar, die ein Akkordarbeiter erhält.[67] Er wird in den verschiedenen Tarifvertragsgebieten und Branchen unterschiedlich geregelt. Beim **Zeitakkord** berechnet er sich aus einer **Vorgabezeit** und einem Geldfaktor. Häufig legt der

---

62 Beispiel: *Lang/Meine/Ohl*, 149.
63 Beispiel: *Lang/Meine/Ohl*, 151.
64 Seit längerem z.B. im Bereich der Chemie: *Förster/Hausmann*, WSI-Mitt. 1993, 782; in jüngerer Zeit bei Metall: *Meine*, AuR 2004, 136; *Huber/Schild*, WSI-Mitt. 2004, 102.
65 *Lang/Meine/Ohl*, 148ff.: summarische Arbeitsbewertung, 157ff.: analytische Arbeitsbewertung.
66 *Lang/Meine/Ohl*, 224ff.; *Breisig*, 521ff., 163ff.
67 BAG 21.1.1988, AP Nr. 10 zu § 1 TVG Tarifverträge Textilindustrie.

Tarifvertrag einen Akkordrichtsatz fest, der sich aus dem tariflichen Zeitlohn und einem prozentualen Zuschlag von zehn, 15 und 20% ergibt. Der Verdienst, den ein Akkordarbeiter entsprechend seiner besonderen individuellen Leistungsfähigkeit über den Akkordrichtsatz hinaus erzielt, ist kein übertariflicher, sondern ein tariflicher Lohn.[68]
Dieser leistungsbedingte Überverdienst darf auch bei einer allgemeinen tariflichen Lohnerhöhung **nicht angerechnet** werden.[69]

Der **Prämienlohn** ist eine besondere Form des Leistungslohns. Auch hier handelt es sich um eine Vergütung, die für eine besondere Leistung gewährt wird. Voraussetzung ist, dass das Arbeitsergebnis durch den Arbeitnehmer beeinflusst werden kann.[70] Die Mehrzahl der Prämiensätze beruhte traditionell wie beim Akkord auf einer bestimmten Mengenleistung. Der Einsatz computergesteuerter Technologien und neuer Formen der Arbeitsorganisation führt dazu, dass es beim Prämienlohn zunehmend auf andere Kriterien Material sparende, termingerechte oder Maschinen schonende Leistungen ankommt.[71] **50**

Was im gewerblichen Bereich der Industrie der Akkord- und Prämienlohn[72], ist in vielen **Dienstleistungsunternehmen** für die kundennahen Bereiche die **Provision** als die klassische Form der leistungs- oder erfolgsabhängigen Vergütung.[73] **51**

Neue Tendenzen **leistungs- oder erfolgsbezogener Vergütungen** sind mit so genannten **Zielvereinbarungen** (Soll/Ist-Verhalten) verbunden. Sie können Bestandteil eines Prämienlohnes sein, werden mit einer Leistungsbeurteilung kombiniert oder fungieren als Mechanismen, um (Jahres-)Sonderzahlungen auf Mitarbeiter zu verteilen.[74] **52**

### d) Verfahren für Vorgabezeiten

Neben der Begriffsbestimmung und abschließenden Aufzählung zulässiger Lohn/Entgeltformen legen Lohnrahmentarifverträge im Rahmen des Leistungslohnes häufig auch das **Verfahren für Vorgabezeiten** (Soll-Zeit), d.h. den für die jeweilige Arbeit vorgegebenen Zeitaufwand fest (z.B. Vorgabezeiten durch Zeitaufnahme wie Schätzen, Rechnen, Interpolieren, Zusammensetzen und Zeichnen). Beim **Zeitakkord** erfolgt die Zeitvorgabe im Gegensatz zum **Geldakkord**, der in der Regel frei ausgehandelt wird, zumeist aufgrund von **Zeitstudien** (z.B. nach dem Refa-Verfahren) nach so genannten arbeitswissenschaftlichen Erkenntnissen. Hierzu treten aber häufig weitere Zeiten, wie **Erhol- und Verteilzeiten**, die der Tarifvertrag zusätzlich festlegt. Da bei den Zeitaufnahmen und der Datensammlung ein Unschärfe- bzw. Ermessensspielraum besteht, versuchen Tarifverträge die methodischen Anforderungen insoweit möglichst präzise zu bestimmen. **53**

---

68 BAG 24.7.1958, AP Nr. 6 zu § 611 BGB Akkordlohn; BAG 28.6.1961, AP Nr. 15 zu § 611 BGB Akkordlohn (mit Anm. von *Gaul*); weitere Einzelheiten z.B. *Fitting*, BetrVG, § 87 Rn. 501 ff.; DKK-*Klebe*, BetrVG, § 87 Rn. 270 ff.
69 BAG 24.7.1958, AP Nr. 7 zu § 611 BGB Akkordlohn (mit Anm. von *Gaul*).
70 BAG 10.12.1965, AP Nr. 1 zu § 4 TVG Tariflohn und Leistungsprämie.
71 *Lang/Meine/Ohl*, 242 ff.; *Breisig*, 168 ff., 527 ff.
72 Zur Tarifpraxis im Metall-, Textilbereich und Bankgewerbe: *Bahnmüller*, 47 ff.
73 *Breisig*, 178 ff., 558 ff.; DKK-*Klebe*, BetrVG, § 87 Rn. 281 ff.; *Fitting*, BetrVG, § 87 Rn. 533.
74 *Breisig*, 586 ff.; *Bispinck/WSI Tarifarchiv*, Elemente qualitativer Tarifpolitik, Nr. 43, 9/2000.

54 Ist, wie in den meisten Fällen, für die Vorgabezeitermittlung keine abschließende Regelung getroffen, so greift das **Mitbestimmungsrecht des Betriebsrats** nach § 87 Abs. 1 Nr. 10 und 11 BetrVG ein. Beim Zeitakkord umfasst es den Zeitfaktor und insoweit auch bereits die Vornahme von Zeitstudien sowie grundsätzlich den Geldfaktor. Ebenso wie der Zeitfaktor ist nämlich auch der Geldfaktor als eine Rechnungsgröße manipulierbar und wird oft unter Berücksichtigung weiterer Umstände gebildet.[75] Die Rechtsprechung schränkt dies allerdings dahin ein, dass bei richtiger Berechnung der Vorgabezeiten, wofür nach arbeitswissenschaftlichen Methoden der erste Anschein sprechen könne, der Geldfaktor den 60sten Teil des Akkordrichtsatzes erreichen müsse.[76]

55 Die Einführung von Lohnfindungssystemen, die zu einer erheblichen Erhöhung der Arbeitsintensität führen, wie vor allem die **Systeme vorbestimmter Zeiten** (MTM, Work Factor usw.) wird tariflich regelmäßig von der Zustimmung der Tarifparteien abhängig gemacht, außerdem konkretisieren und erweitern die Tarifverträge die Mitbestimmungsrechte der betrieblichen Interessenvertretung.[77]

### 3. Manteltarifverträge

56 **Manteltarifverträge** enthalten Bestimmungen über sonstige Arbeitsbedingungen. Die Bandbreite der getroffenen Vereinbarungen ist außerordentlich groß. Besonders wichtig sind von Normen über Dauer und Lage der Arbeitszeit. Darüber hinaus finden sich typischerweise Regelungen über Urlaub, vorübergehende Freistellungen von der Arbeit, Zuschläge für Mehr-, Nacht- und Schichtarbeit, Entgeltfortzahlung im Krankheitsfall bis hin zu Kündigungsvoraussetzungen und Kündigungsfristen (im Einzelnen die Kommentierung zu den jeweiligen Themenfeldern unter § 1).

Die **Laufzeit** der Manteltarifverträge entspricht im Allgemeinen der von Rahmentarifverträgen, beträgt also etwa drei Jahre.

57 Teilweise sind Einzelkomplexe aus dem allgemeinen Manteltarifvertrag ausgegliedert und in **speziellen Manteltarifverträgen** geregelt. Z.B. gibt es besondere Manteltarifverträge für Auszubildende oder Manteltarifverträge, die Fragen der Sicherung älterer Arbeitnehmer beinhalten. Ob derartige Problembereiche in dem Manteltarifvertrag einheitlich festgelegt oder aber teilweise ausgesondert werden, ist keine Frage juristischer Systematik, sondern hängt wesentlich von den Traditionen der jeweiligen Branche ab.

### 4. Sonstige Tarifverträge

58 Neben den drei Gruppen von Lohn- bzw. Gehalts-, Rahmen- und Manteltarifverträgen existieren **sonstige Tarifverträge**, die sich in diese Kategorien nicht einfügen. Hierzu gehören Tarifverträge über vermögenswirksame Leistungen, Altersteilzeit, Beschäftigungssicherung, Gemeinsame Einrichtungen von Tarifvertragsparteien, die unter anderem ein zusätzliches Urlaubsgeld, Alters- und Invalidenhilfe auszahlen, (nur) schuldrechtlich wirkende Schlichtungsabkommen usw.

---

75 DKK-*Klebe*, BetrVG, § 87 Rn. 275 ff.; *Fitting*, § 87 BetrVG Rn. 510 ff., jeweils mit Rechtsprechungsnachweisen.

76 BAG 24.7.1958, AP Nr. 4 zu § 611 BGB Akkordlohn; BAG 17.11.1959, AP Nr. 12 zu § 611 BGB Akkordlohn (jeweils mit Anm. von *Gaul*); BAG 17.10.1962, AP Nr. 16 zu § 611 BGB Akkordlohn.

77 *Lang/Meine/Ohl*, 363 ff., 417.

## D. Die (Norm-)Typen des Tarifvertrages

### Literatur:

*Adam*, Abschied vom Unkündbaren?, NZA 1999, 847; *Ascheid*, Beschäftigungsförderung durch Einbeziehung kollektivvertraglicher Regelungen in das Kündigungsschutzgesetz, RdA 1997, 333; *Bauer*, Aktuelle Probleme des Personalabbaus im Rahmen von Betriebsänderungen II, DB 1994, 274; *Birk*, Das Nachweisgesetz zur Umsetzung der Richtlinie 91/533/EWG in das deutsche Recht, NZA 1996, 281; *Blomeyer*, Besitzstandswahrung durch Tarifmacht, ZfA 1980, 1; *Bredendiek/Fritz/Tewes*, Neues Tarifrecht für den öffentlichen Dienst, ZTR 2005, 230; *Bröhl*, Die Orlando-Kündigung, Zwischenwort zur außerordentlichen Kündigung tariflich unkündbarer Arbeitnehmer, FS Schaub, 1998, 55; *Däubler*, Die Unkündbarkeit von Arbeitsverhältnissen – ein Fremdkörper im Arbeitsrecht?, FS Heinze, 2005, 121; *Dieterich*, Zur Verfassungsmäßigkeit tariflicher Betriebsnormen, FS Däubler, 1999, 451; *ders.*, Die betrieblichen Normen nach dem Tarifvertragsgesetz vom 9. April 1949, 1964; *Dreschers*, Die Entwicklung des Tarifvertrags in Deutschland, 1994; *Gamillscheg*, Der zweiseitig zwingende Charakter des § 626 BGB, AuR 1981, 105; *Hanau, H.*, Zur Verfassungsmäßigkeit von tarifvertraglichen Betriebsnormen am Beispiel der qualitativen Besetzungsregeln, RdA 1996, 158; *Kania/Kramer*, Unkündbarkeitsvereinbarungen in Arbeitsverträgen, Betriebsvereinbarungen und Tarifverträgen, RdA 1995, 287; *Lieb*, Begriff, Geltungsweise und Außenseiterproblematik der Solidarnormen, RdA 1967, 441; *Löwisch*, Tarifliche Regelungen von Arbeitgeberkündigungen, DB 1988, 877; *Oetker*, Arbeitsrechtlicher Schutz und Tarifautonomie, ZfA 2001, 287; *Preis*, Der Kündigungsschutz außerhalb des Kündigungsschutzgesetzes, NZA 1997, 1226; *Preis/Hamacher*, Die Kündigung der Unkündbaren, Arbeitsrecht und Arbeitsgerichtsbarkeit, FS 50 Jahre Arbeitsgerichtsbarkeit RheinlandPfalz, 1999, 245; *Rieble*, Betriebliche versus tarifliche Unkündbarkeit, NZA 2003, 1243; *Säcker/Oetker*, Grundlagen und Grenzen der Tarifautonomie, 1992; *Wank*, Das Nachweisgesetz, RdA 1996, 21; *Wendeling-Schröder*, Zur Rechtsstellung tarifvertraglich »unkündbarer« Arbeitnehmer in Großforschungseinrichtungen, FS Kehrmann, 1977, 321; *Zachert*, Rechtsfragen zu den aktuellen Tarifverträgen über Arbeitszeitverkürzung und Beschäftigungssicherung, AuR 1995, 1; *Zwanziger*, Tarifliche Unkündbarkeit und Sozialauswahl, DB 2000, 2166.

**Übersicht** Rn.

## I. Schuldrechtliche und normative Regelungen

59 Nach der gesetzlichen Formulierung regelt § 1 TVG ein Doppeltes: Zum einen die gegenseitigen Rechte und Pflichten der Tarifvertragsparteien (**schuldrechtlicher Teil**); zum anderen enthält er Rechtsnormen, die den Inhalt, den Abschluss und die Beendigung von Arbeitsverhältnissen sowie betriebliche und betriebsverfassungsrechtliche Fragen ordnen (**normativer Teil**). Während die schuldrechtlichen Vereinbarungen lediglich zwischen den Tarifvertragsparteien wirken, gelten die Bestimmungen mit normativem Charakter unmittelbar und zwingend für die Arbeitnehmer die Mitglied der Gewerkschaft und Unternehmen, die dem Arbeitgeberverband beigetreten sind: § 4 Abs. 1 TVG.

## II. Die Normtypen des Tarifvertrages

### 1. Inhaltsnormen

60 Die wichtigsten Bestimmungen des normativen Teils sind die so genannten **Inhaltsnormen**.[78] Hierher gehören alle Bestimmungen, die nach dem Willen der Tarifvertragsparteien den Inhalt von Arbeitsverhältnissen regeln sollen.[79]
Damit ist die gesamte Bandbreite der **Regelungsinhalte von Arbeitsverhältnissen** erfasst, von Lohnfragen über Arbeitszeitfragen, Aspekten des Arbeitsplatzschutzes, Arbeitsbedingungen bis hin zu Qualifikation usw. (im Einzelnen zu den Themenfeldern nachfolgend unter § 1 TVG).

61 Auch die mit dem **Arbeitsverhältnis zusammenhängenden Fragen** wie die Haftung der Arbeitnehmer oder Ausschlussfristen können Gegenstand von Inhaltsnormen sein. Entsprechendes gilt für **vor- und nachvertragliche Pflichten**.[80]

62 Jedoch deckt sich der Regelungsbereich von Inhaltsnormen nicht mit dem, was Inhalt des Arbeitsvertrages sein kann. Vielmehr kann der **Tarifvertrag** darüber hinausgehend **Aspekte normieren**, die **dem Arbeitsvertrag verschlossen sind**, etwa betriebsverfassungsrechtliche Normen.[81]

---

78 Rechtshistorisch *Dreschers*, 270ff.

79 Zum Fragenbereich Wiedemann/*Wiedemann*, § 1 Rn. 314ff.; *Däubler/Reim*, § 1 Rn. 312ff.; *Löwisch/Rieble*, § 1 Rn. 42ff.; *Gamillscheg*, Kollektives Arbeitsrecht I, § 15 2, 577ff.; *BPSU*, § 1 Rn. 75f.; *Stein*, Rn. 426ff.

80 *Löwisch/Rieble*, § 1 Rn. 71ff.; *Däubler/Reim*, § 1 Rn. 238f.; *BPSU*, § 1 Rn. 75.

81 Weitere Beispiele bei *Gamillscheg*, Kollektives Arbeitsrecht I, § 15 I 1c, 542.

Zulässig sind auch so genannte **negative Inhaltsnormen**, durch die eine arbeitsrechtliche Vereinbarung mit spezifischem Vertragsinhalt ausgeschlossen werden soll. Hierzu gehören tarifliche Wettbewerbsverbote, die Untersagung von Sonntagsarbeit, die Eingrenzung von Überstunden usw.[82] 63

## 2. Abschlussnormen

### a) Begriff

**Abschlussnormen**[83] regeln das Zustandekommen neuer, die Wiederaufnahme alter oder die Fortsetzung unterbrochener Arbeitsbeziehungen.[84] Dieser Normtyp des § 1 TVG ermöglicht Regelungen des Zustandekommens von Arbeitsverhältnissen und legt zum Teil die Bedingungen hierfür fest wie Befähigungsnachweise, Einstellungsuntersuchungen, Formvorschriften usw. 64

### b) Abschlussgebote

**Abschlussgebote** begründen zugunsten des oder der Berechtigten einen rechtlich durchsetzbaren Anspruch auf Einstellung oder Wiedereinstellung. 65
Im Hinblick auf die **Grundrechtsbindung** und mögliche Grundrechtsbeeinträchtigungen gelten für **Abschlussnormen**, insbesondere **Abschlussgebote, dieselben Grundsätze wie für andere Normtypen des Tarifvertrages** (zur Grundrechtsbindung Grundl. Rn. 197 ff.). Die in der Tarifpraxis vereinbarten Wiedereinstellungsklauseln, Übernahmeverpflichtungen usw. verfolgen begrenzte Ziele einer Qualifikations- und Beschäftigungssicherung für bestimmte Personen oder Personengruppen und lassen im Rahmen der tariflich festgelegten Bedingungen Spielräume für personalpolitische Alternativen auf Arbeitgeberseite. Sie begründen weder einen Kontrahierungszwang, der die in Art. 2 Abs. 1 GG geschützte Privatautonomie beeinträchtigen könnte[85] noch verstoßen sie gegen das Abwägungsprogramm des Art. 12 GG, der einen Ausgleich der kollidierenden Berufsfreiheiten auf Arbeitgeber- und Arbeitnehmerseite verlangt. Dies gilt auch für Tarifklauseln, die den Arbeitgeber verpflichten, bei Eintritt bestimmter Bedingungen, z. B. dem Absinken des Entgeltdurchschnitts, zusätzliche Arbeitnehmer einzustellen.[86]

Zu ihrer Wirksamkeit reicht aus, dass der betreffende **Personenkreis** bestimmt oder jedenfalls **bestimmbar** ist. Dem genügt z. B. eine Tarifabrede, die die Unternehmen verpflichtet, Jugendliche oder ältere Angestellte in angemessenem Umfang zu beschäftigen. Eine derartige Tarifklausel muss dann im Wege der Auslegung näher konkretisiert werden.[87] Die Tarifparteien sind in der Bestimmung des 66

---

82 Ganz überwiegende Meinung, z. B. Wiedemann/*Wiedemann*, § 1 Rn. 251; *Gamillscheg*, Kollektives Arbeitsrecht I, § 15 I 4, 547; *Däubler/Reim*, § 1 Rn. 313 f.; *Löwisch/Rieble*, § 1 Rn. 42; *BPSU*, § 1 Rn. 76.

83 Rechtshistorisch *Dreschers*, 293 ff.

84 Zum Fragenbereich Wiedemann/*Wiedemann*, § 1 Rn. 479 ff.; *Däubler/Reim*, § 1 Rn. 291 ff.; *Löwisch/Rieble*, § 1 Rn. 77 ff.; *Gamillscheg*, Kollektives Arbeitsrecht I, § 15 V 3, 584 ff.; *BPSU*, § 1 Rn. 77 ff.; *Stein*, Rn. 400 ff.

85 Ganz überwiegende Meinung, z. B. *Gamillscheg*, Kollektives Arbeitsrecht I, § 15 V 3, 585; Wiedemann/*Wiedemann*, § 1 Rn. 485; *Däubler/Reim*, § 1 Rn. 295 ff.; enger *Löwisch/Rieble*, § 1 Rn. 94; zum Konkurrenzverhältnis von Art. 2 Abs. 1 und Art. 12 GG: ErfK/*Dieterich*, Art. 2 GG Rn. 9 f.

86 So der Tarifvertragsentwurf der IG Metall in Nordwürttemberg-Nordbaden 1978 für den Bereich der Metallverarbeitung; a. A. hierzu *Löwisch/Rieble*, § 1 Rn. 92 und *Blomeyer*, ZfA 1980, 13 f.

87 Wiedemann/*Wiedemann*, § 1 Rn. 486; *BPSU*, § 1 Rn. 78; mit Praxisbeispielen *Stein*, Rn. 404.

betreffenden Personenkreises und der Auswahlkriterien im Rahmen der allgemeinen Grundrechtsbindung frei.[88]

67 Die **Praxis der Abschlussgebote** ist vielfältig (im Einzelnen nachfolgend zu den jeweiligen Tarifinhalten unter § 1 TVG).

Als Abschlussgebote sind z.B. die Klauseln in Manteltarifverträgen oder Rahmentarifverträgen zu qualifizieren, die festlegen, dass **Arbeitnehmer**, die aus **betriebsbedingten Gründen entlassen** worden sind, über den von der Rechtsprechung gesetzten Rahmen hinaus unter bestimmten Bedingungen einen vorrangigen Anspruch auf **Wiedereinstellung** haben.[89] Dementsprechend kann der Tarifvertrag dem Gekündigten einen Wiedereinstellungsanspruch einräumen, wenn der Kündigungsgrund wegfällt.[90]

Um Abschlussgebote handelt es sich auch bei tariflichen **Übernahmeverpflichtungen von Auszubildenden** – häufig für eine festgelegte Mindestdauer wie 12 Monate – nach erfolgreicher Beendigung ihrer Ausbildung.[91]

Abschlussgebote stellen ferner **Wiedereinstellungsklauseln** dar, die einem der beiden Eltern nach **Ablauf der Elternzeit** ein Recht auf **Wiedereinstellung** zubilligen.[92]

Ein klassisches Beispiel von Abschlussgeboten sind schließlich tarifliche **Wiedereinstellungsklauseln** und **Maßregelungsverbote nach Arbeitskämpfen**. Wiedereinstellungsklauseln begründen einen Anspruch des Arbeitnehmers auf Weiterbeschäftigung zu den früheren Arbeitsbedingungen für den Fall, dass das Arbeitsverhältnis aus Anlass des Arbeitskampfes durch lösende Aussperrung oder Kündigung beendet wurde. Maßregelungsverbote verbieten – im Zweifel mit dem gleichen und persönlichen Geltungsbereich wie die Wiedereinstellungsklauseln – dem Arbeitgeber, einzelnen Arbeitnehmern wegen ihrer Beteiligung am Streik zu kündigen oder sie in anderer Weise zu benachteiligen (zu beidem, § 1 Rn. 644ff.).

### c) Abschlussverbote

68 In der Tarifpraxis selten sind so genannte **Abschlussverbote**. Mit ihnen können die Tarifparteien festlegen, dass bestimmte Arbeitnehmer auf definierten Arbeitsplätzen nicht beschäftigt werden dürfen.

Vorschriften, die die Einstellung von Arbeitnehmergruppen auf eine Zahl oder einen Prozentsatz (**Quoten**) beschränken, sind im Zweifel **Individualnormen (Abschlussverbote)**, auch wenn sie den Zweck verfolgen, eine bestimmte Belegschaftsstruktur zu erhalten oder zu schaffen.[93] Um **betriebliche Normen** handelt es sich allerdings dann, wenn diese dem Arbeits und Gesundheitsschutz oder

---

88 Wiedemann/*Wiedemann*, § 1 Rn. 488.

89 Beispiele: *Bispinck*, Betriebliche Personalpolitik und Beschäftigungssicherung, Elemente qualitativer Tarifpolitik Nr. 22, 1/1994, 20f.; ferner *Stein*, Rn. 402; zu ähnlichen Regelungen im Baugewerbe (»Schlechtwetterregelungen«), die zwischenzeitlich modifiziert sind, siehe die *Vorafl.*, § 1 Rn. 29, ferner *Stein*, Rn. 401.

90 BAG 22.2.1961 (4 AZR 44/59), AP Nr. 106 zu § 1 TVG Auslegung; *Löwisch/Rieble*, § 1 Rn. 87; Wiedemann/*Wiedemann*, § 1 Rn. 480.

91 *Löwisch/Rieble*, § 1 Rn. 87; *Däubler/Reim*, § 1 Rn. 292; *Stein*, Rn. 400.

92 Wiedemann/*Wiedemann*, § 1 Rn. 482; *Stein*, Rn. 403; umfassend zur tariflichen Praxis, *Stolz/Willig*, Tarifliche Elternurlaubsregelungen, WSI-Arbeitsmaterialien Nr. 28, 1991.

93 *Löwisch/Rieble*, § 1 Rn. 124; a. A. Wiedemann/*Wiedemann*, § 1 Rn. 503 und 582, mit weiteren Nachweisen, dem allerdings zuzustimmen ist, dass die Abgrenzung im Einzelfall Schwierigkeiten macht.

dem Schutz vor Qualifikationsverlusten dienen. Dies gilt z.B. für qualitative und quantitative **Besetzungsregelungen** (hierzu § 1 Rn. 475ff.).

**Abschlussverbote** müssen sich insbesondere an den **Diskriminierungsverboten** des Art. 3 GG und den Antidiskriminierungsrichtlinien der Europäischen Union messen lassen (hierzu Grundl. Rn. 252 und § 1 Rn. 310ff.).[94]

Zur verfassungsmäßigen Bewertung der namentlich im anglo-amerikanischen Raum verbreiteten **Organisations- und Absperrklauseln** (»closed shop«): § 3 Rn. 243.

## d) Befristungsregelungen

Eine **tarifliche Befristungsregelung** kann eine **Abschlussnorm** sein. Ob dies der Fall ist, **oder** ob es sich um eine **Beendigungsnorm** handelt, ist durch **Auslegung** zu ermitteln.[95] 69

Nach Ansicht des Bundesarbeitsgerichts stellt die **Protokollnotiz Nr. 1 BAT SR 2y**, wonach Zeitangestellte nur angestellt werden dürfen, wenn hierfür sachliche oder in der Person des Angestellten liegende Gründe vorhanden sind, eine tarifliche **Abschlussnorm** dar. Gegen die Qualifizierung dieser Befristungseinschränkung als Beendigungsnorm spreche, dass die Tarifparteien an mehreren Stellen darauf abgehoben hätten, ob zur Zeit der Einstellung sachliche oder in der Person des Angestellten liegende Gründe gegeben seinen.[96] Dem wird man zustimmen können.[97] Dagegen erscheint die Schlussfolgerung des Bundesarbeitsgerichts nicht zwingend, wonach bei Abschlussnormen zur Anwendung des BAT SR 2y beide Tarifparteien bereits bei Abschluss des Arbeitsvertrages tarifgebunden sein müssten. Grundsätzlich tritt die Tarifbindung mit dem Eintritt in die Gewerkschaft ein. Dies gilt auch für tarifliche Abschlussnormen bei nachträglichem Gewerkschaftsbeitritt, und zwar so lange, wie der Tarifvertrag noch vollzogen werden kann (auch § 4 Rn. 110).

Tarifnormen, welche die Dauer des Arbeitsverhältnisses bis zum **Erreichen der Altersgrenze** oder bis zur Gewährung einer Berufsunfähigkeitsrente beschränken, hat die höchstrichterliche Rechtsprechung als **Beendigungsnormen** angesehen.[98]

## e) Formvorschriften

**Tarifliche Formvorschriften** sind Bestimmungen, die entweder der Beweissicherung dienen oder die für den Abschluss oder die Änderung von Arbeitsverträgen oder für einzelne, besonders wichtige oder besonders riskante Bedingungen (z. B. Wettbewerbsverbot, Kündigungserklärung) die Schriftform oder eine sons- 70

94 Wiedemann/*Wiedemann*, § 1 Rn. 507.

95 BAG 27.4.1988 (7 AZR 593/87), AP Nr. 4 zu § 1 BeschFG 1985; BAG 14.2.1990 (7 AZR 68/98), AP Nr. 12 zu § 1 BeschFG 1985.

96 Ständige Rechtsprechung, z.B. BAG 27.4.1988 (7 AZR 593/87), AP Nr. 4 zu § 1 BeschFG 1985; BAG 28.8.1996 (7 AZR 849/95), AP Nr. 181 zu § 620 Befristeter Arbeitsvertrag.

97 A.A. die herrschende Meinung in der Lehre, Wiedemann/*Wiedemann*, § 1 Rn. 516; *Löwisch/Rieble*, § 1 Rn. 83; *Gamillscheg*, Kollektives Arbeitsrecht I, § 15 V 3e, 587; wohl auch *Däubler/Reim*, § 1 Rn. 309f.

98 BAG 20.10.1993 (7 AZR 135/93), AP Nr. 3 zu § 41 SGB VI; BAG 1.12.1993 (7 AZR 428/93); AP Nr. 4 zu § 41 SGB VI; BAG 28.6.1995 (7 AZR 555/94), AP Nr. 6 zu § 59 BAT.

tige Form anordnen (Warnfunktion). Was die Tarifparteien bezweckt haben, ist durch Auslegung zu ermitteln.[99]

71 **Im Zweifel** ist der Formvorschrift lediglich ein **deklaratorischer Charakter** beizumessen. In der Regel wird die Formvorschrift nämlich lediglich aus Gründen der Beweissicherung vorgeschrieben sein.[100] Dies gilt z.B. bei einem globalen, sich auf den ganzen Vertrag erstreckenden Formgebot. Es handelt sich dann um eine **Inhaltsnorm**. Der Arbeitnehmer hat einen Anspruch darauf, die eindeutige Festlegung der Arbeitsbedingungen zu verlangen.

Eine **gesetzliche Formvorschrift** im Sinne eines **deklaratorischen Formerfordernisses** enthält § 2 NachwG[101], wonach der Arbeitgeber spätestens einen Monat nach dem vereinbarten Beginn des Arbeitsverhältnisses die wesentlichen Vertragsbedingungen niederzulegen, die Niederschrift zu unterzeichnen und dem Arbeitgeber auszuhändigen hat. Diese Vorschrift ist nach § 6 NachwG **nicht tarifdispositiv**.[102]

Die Nichtbeachtung einer nur deklaratorischen Formvorschrift führt nicht zu deren Unwirksamkeit nach § 125 BGB.[103]

72 Einen **konstitutiven Charakter** haben allerdings **vertragliche Nebenabreden**, wenn die Tarifparteien dies ausdrücklich festlegen wie im § 4 BAT[104] und entsprechend im TVöD vom 1. Oktober 2005.[105]

Eine **konstitutive tarifliche Formvorschrift** ist ferner ausnahmsweise anzunehmen, wenn sie sich z.B. auf die Ausübung von **Gestaltungsrechten**, etwa die Kündigung des Arbeitsverhältnisses bezieht.[106]

Bei **Nichtbeachtung** einer **konstitutiven Formvorschrift** ist (nur) die **besondere Bedingung nichtig**: § 125 BGB.[107] Dementsprechend löst ein Verstoß gegen das **gesetzliche Schriftformerfordernis** des § 623 BGB für Kündigungen und Auflösungsverträge deren Unwirksamkeit nach § 125 BGB aus.[108]

Eine konstitutive Formvorschrift ist sowohl **Abschluss-** als auch **Inhaltsnorm**.

## 3. Beendigungsnormen

### a) Anwendungsbereich und Abgrenzung

73 Zu den tariflichen Bestimmungen über die **Beendigung des Arbeitsverhältnisses**[109] gehören unter anderem solche über dessen **Dauer** (z.B. Altersgrenzen) und **Befristung**, soweit es sich nicht um eine Abschlussnorm handelt (hierzu § 1 Rn. 69).

---

99 Ausführlich *Stein*, Rn. 408 ff.; Wiedemann/*Wiedemann*, § 1 Rn. 458 f.; *Däubler/Reim*, § 1 Rn. 299 ff.; *Löwisch/Rieble*, § 1 Rn. 841 ff.

100 Vgl. BAG 24.6.1981 (7 AZR 198/79), AP Nr. 2 zu § 4 TVG Formvorschriften; anders jedoch – als konstitutives Schriftformerfordernis – wertet das BAG das Weiterbeschäftigungsverlangen nach § 53 Abs. 3 BAT: BAG (7 AZR 135/04), ZTR 2005, 372; zum Fragenbereich *Däubler/Reim*, § 1 Rn. 302; Wiedemann/*Wiedemann*, § 1 Rn. 458; *Löwisch/Rieble*, § 1 Rn. 843 f.; *Stein*, Rn. 413 ff.

101 Vgl. ErfK/*Preis*, § 2 NachwG Rn. 1; im einzelnen Birk, NZA 1996, 281 ff.; *Wank*, RdA 1996, 21 ff.

102 Weitere Einzelheiten bei *Löwisch/Rieble*, § 1 Rn. 843.

103 BAG 24.6.1981 (4 AZR 312/79), AP Nr. 2 zu § 4 TVG Formvorschriften.

104 BAG 9.2.1972 (4 AZR 149/71), AP Nr. 1 zu § 4 BAT; BAG 9.12.1981 (4 AZR 312/79), AP Nr. 8 zu § 4 BAT.

105 *Bredendiek/Fritz/Tewes*, ZTR 2005, 237.

106 Vgl. BAG 15.11.1995, AP Nr. 2 zu § 125 BGB.

107 BAG 9.12.1981 (4 AZR 312/79), AP Nr. 8 zu § 4 BAT; zum Fragenbereich auch *Löwisch/Rieble*, § 1 Rn. 844 f.

108 Hierzu z.B. ErfK/*Müller-Glöge*, § 623 BGB Rn. 24 ff.

109 Rechtshistorisch *Dreschers*, 433 ff.

Vor allem zählen hierzu Regelungen zur Form und Frist und zu weiteren **Verfahrensfragen** von **Kündigungen** sowie zur **inhaltlichen Begrenzung** von ordentlichen und außerordentlichen **Kündigungsgründen.**[110]

### b) Verfahrensregelungen von Kündigungen

Es ist anerkannt, dass die Tarifparteien **Verfahren und Form** von Kündigungen umfassend regeln können.[111] **74**

Rechtlich zulässig, wenn auch in der Praxis nicht verbreitet, sind z.B. Tarifnormen, die den Kündigungsschutz auf den **kündigungsschutzfreien Bereich erstrecken,** z.B. die Wartezeit des § 1 Abs. 1 KSchG verkürzen, den Schwellenwert des § 23 KSchG senken[112] oder einen Kündigungsschutz für arbeitnehmerähnliche Personen entwickeln.[113] **75**

Das tarifliche **Schriftformerfordernis für Kündigungen** hat seine Bedeutung weitgehend verloren, nachdem durch § 623 BGB ein gesetzliches Formerfordernis vorgeschrieben wurde. **76**

Nach § 622 Abs. 4 BGB sind die gesetzlichen Kündigungsfristen des § 622 Abs. 1 bis 3 BGB tarifdispositiv. In der Tarifpraxis häufig sind **Verlängerungen** der in § 622 Abs. 1 bis 3 BGB festgelegten **Kündigungsfristen.** **77**

Auch eine **Verkürzung** dieser **Fristen** durch die Tarifparteien wäre zulässig.[114] Allerdings darf nach § 622 Abs. 6 BGB für den Arbeitnehmer keine längere Kündigungsfrist als für den Arbeitgeber vereinbart werden.

Zu den begrenzten **Differenzierungsmöglichkeiten bei Kündigungsfristen** zwischen **Arbeitern und Angestellten** in dem durch den Gleichheitsgrundsatz des Art. 3 Abs. 1 GG vorgegebenen Rahmen nach Inkrafttreten des Kündigungsfristengesetzes vom 7. Oktober 1993: Grundl. Rn. 227ff.

Die Tarifparteien können schließlich die **Widerspruchsrechte des Betriebsrats** nach § 106 BetrVG **verstärken**, etwa die Kündigung an die Zustimmung der betrieblichen Interessenvertretung binden.[115] **78**

### c) Einschränkung und Ausschluss der ordentlichen Kündigungsgründe

Es ist anerkannt, dass die Tarifparteien die **ordentliche Kündigung einschränken** können.[116] **79**

In der Tarifpraxis verbreitet ist z.B. der zeitlich befristete Ausschluss betriebsbedingter Kündigungen gegen Zugeständnisse der Beschäftigten bei Entgelt und/oder Arbeitszeit im Rahmen so genannter »tariflicher oder betrieblicher Bündnisse für Arbeit« unter Federführung der Tarifparteien (genauer § 1 Rn. 384ff. und Rn. 500ff.). Andere typische Tarifregelungen stellen höhere Anforderungen

---

110 Empirische Hinweise: *Bispinck*/WSI-Tarifarchiv, Tarifliche Kündigungsfristen und Kündigungsschutz, Elemente qualitativer Tarifpolitik, Nr. 51, 2/2003.

111 Besonders Wiedemann/*Wiedemann*, § 1 Rn. 551; *Löwisch/Rieble*, § 1 Rn. 871f., 893ff.; *Stein*, Rn. 549ff.

112 Vgl. BAG 13.6.1996 (2 AZR 547/95), AP Nr. 21 zu § 1 TVG Tarifverträge: Lufthansa; Wiedemann/*Wiedemann*, § 1 Rn. 539a; grundsätzlich auch *Löwisch/Rieble*, § 1 Rn. 871, jedoch dann einschränkend unter Rn. 872; dafür *Preis*, NZA 1997, 1259; enger *Löwisch*, DB 1988, 881f.

113 *Löwisch/Rieble*, § 1 Rn. 871.

114 Vgl. BAG 4.6.1987 (2 AZR 416/86), AP Nr. 16 zu § 1 KSchG Soziale Auswahl; zum Fragenbereich Wiedemann/*Wiedemann*, § 1 Rn. 544ff.; *Stein*, Rn. 551; *Däubler/Reim*, § 1 Rn. 307.

115 Bereits BAG 23.11.1955, AP Nr. 1 zu § 184 BGB; ferner BAG 10.2.1988 (1 ABR 70/86), AP Nr. 53 zu § 99 BetrVG 1972; Wiedemann/*Wiedemann*, § 1 Rn. 552f., mit weiteren Rechtsprechungsnachweisen.

116 Vgl. BAG 28.2.1990. AP Nr. 8 zu § 1 KSchG 1969 (Wartezeit).

an die Kündbarkeit älterer Arbeitnehmer bis hin zum Kündigungsausschluss (im Einzelnen § 1 Rn. 493). Im Allgemeinen bleiben Anpassungen möglich, z.B. die Möglichkeit außerordentlicher Kündigung oder – im Falle älterer Arbeitnehmer – die Umsetzung an andere zumutbare Arbeitsplätze bzw. die Verrentung.[117] Ist dies der Fall, so kommt bereits deshalb eine Beeinträchtigung der unternehmerischen Berufsfreiheit nach Art. 12 Abs. 1 GG nicht in Betracht (siehe Grundl. Rn. 249 ff.).[118]

**80** Auch ein **Ausschluss ordentlicher Kündigungen** (Unkündbarkeitsklausel) ist bei entsprechenden Anpassungsmöglichkeiten für personalpolitische Alternativentscheidungen (verfassungs-)rechtlich unbedenklich[119], allerdings sind zusätzliche Schwierigkeiten zu lösen.

So könnte eine strikte Durchführung des Unkündbarkeitsgrundsatzes z.B. bei älteren Arbeitnehmern dazu führen, dass der Arbeitgeber für erhebliche Zeit gezwungen wird, einen Arbeitnehmer weiter zu beschäftigen, für den es keine Arbeit mehr gibt. Die höchstrichterliche Rechtsprechung hilft in diesen Ausnahmefällen mit einer **außerordentlichen Kündigung**, für die einerseits die **Voraussetzungen der ordentlichen Kündigung** wie Kündigungsfrist, Beteiligungsrechte des Betriebsrats einzuhalten sind, während andererseits auf die Voraussetzungen des § 626 BGB verzichtet wird.[120] Dem ist für äußerste Grenzfälle grundsätzlich zuzustimmen, denn ein »sinnentleertes Arbeitsverhältnis« ist beiden Vertragspartnern nicht zuzumuten und würde zudem Bedenken im Hinblick auf die Berufsfreiheit des Arbeitgebers nach Art. 12 Abs. 1 GG aufwerfen (Kasuistik unter § 1 Rn. 493).[121]

Ein weiteres Problem betrifft die **Sozialauswahl nach § 1 Abs. 3 KSchG**. Greift der tarifliche Sonderschutz, so wird der Kreis der potentiell von der Kündigung Betroffenen kleiner. Ob die Tarifparteien die Grundsätze über die soziale Auswahl nach § 1 Abs. 3 KSchG konkretisieren und auch einschränken können, betrifft die Frage des Verhältnisses von tariflichem zu staatlichem Recht. Im Ergebnis sind entsprechende Spielräume der Tarifparteien bis auf die Fälle grober Fehlerhaftigkeit der Sozialauswahl im Sinne von § 1 Abs. 4 KSchG zu bejahen.[122]

---

117 Überblick mit Beispielen aus der tariflichen Praxis *Stein*, Rn. 554 f.; ferner Wiedemann/*Wiedemann*, § 1 Rn. 535 ff.; instruktiv auch *Kania/Kramer*, RdA 1995, 287.

118 So im Ergebnis die ganz überwiegende Ansicht der Lehre, z.B. Wiedemann/*Wiedemann*, § 1 Rn. 535; *Däubler/Reim*, § 1 Rn. 305 f.; *Stein*, Rn. 554 f.; im Grundsatz auch *Löwisch/Rieble*, § 1 Rn. 865 f.; enger *Löwisch*, DB 1998, 880 f.

119 Z.B. Wiedemann/*Wiedemann*, § 1 Rn. 537; a.A. insoweit *Löwisch/Rieble*, § 1 Rn. 867 ff.

120 BAG 5.2.1981 (2 AZR 227/97), AP Nr. 143 zu § 626 BGB; danach ständige Rechtsprechung, z.B. BAG 24.6.2004 (2 AZR 215/03), ZTR 2005, 157; BAG 13.5.2004 (2 AZR 36/04), ZTR 2005, 163, so genannte »Orlando-Kündigung«.

121 Zustimmend Wiedemann/*Wiedemann*, § 1 Rn. 539; kritisch als zu großzügig wegen geschützter Arbeitgeberpositionen nach Art. 12 Abs. 1 GG *Löwisch/Rieble*, § 1 Rn. 867 ff.; dagegen kritisch als zu weitgehend im Hinblick auf arbeitgeberseitige Spielräume *Däubler/Hensche*, § 1 TVG Rn. 718 ff. und z.B. *Preis/Hamacher*, FS 50 Jahre Arbeitsgerichtsbarkeit Rheinland-Pfalz; aus der umfangreichen Diskussion in der Rechtslehre beispielhaft im Grundsatz der Rechtsprechung zustimmend Wiedemann/*Wiedemann*, § 1 Rn. 539; *Däubler*, FS Heinze, 125 f.; kritisch z.B. *Rieble*, NZA 2003, 1243; umfassend und differenzierend *Kiel*, NZA 2005, Beilage 1, 18.

122 Wie hier aus der Kommentarliteratur Wiedemann/*Wiedemann*, § 1 Rn. 538; *Däubler/Hensche* § 1 Rn. 716; *Stein*, Rn. 555; tendenziell auch *Gamillscheg*, Kollektives Arbeitsrecht I, § 16, II 2b, 690 f.; a.A. *Löwisch/Rieble*, § 1 Rn. 874 ff.; aus der umfangreichen Diskussion beispielhaft in der Tendenz ebenso wie hier: *Ascheid*, RdA 1997, 335; *Däubler*, FS Heinze, 130 f.; *Preis/Hamacher*, FS 50 Jahre Arbeitsgerichtsbarkeit Rheinland-Pfalz, 247 ff.; *Wendeling-Schröder*, FS Kehrmann, 323 f.; *Zwanziger*, DB 2000, 2166 ff.; wohl auch *Oetker*, ZfA 2001, 287 ff.; a.A. *Adam*, NZA 1999, 846 ff.; *Bauer*, DB 1994, 274 ff.

### d) Ausschluss und Einschränkung der außerordentlichen Kündigung

81 Dagegen wird ein **tariflicher Ausschluss der außerordentlichen Kündigung** mit dem Hinweis auf den zwingenden Charakter des § 626 BGB grundsätzlich abgelehnt.[123] Dem ist grundsätzlich zuzustimmen, denn die Berufsfreiheit des Art. 12 Abs. 1 GG beinhaltet, dass dem Arbeitgeber der letzte und unverzichtbare Selbstschutz einer Vertragsauflösung nicht verwehrt werden kann.[124]

82 Gleichwohl bleiben den Tarifparteien Spielräume, auch die **außerordentliche Kündigung** durch die Festlegung gewisser Grundsätze und die Aufstellung bestimmter Regeln **einzuschränken.**[125]

83 So hat die **Rechtsprechung** zu Recht die Zulässigkeit von Vereinbarungen anerkannt, die für eine fristlose Entlassung eine Zustimmung des Betriebsrats erforderlich macht, soweit eine unabhängige Schiedsstelle vorgesehen ist, welche die Versagung der Zustimmung des Betriebsrates nachprüfen und ersetzen kann.[126] Zwar können Zweifel bestehen, ob die Tarifvertragsparteien berechtigt sind, in Tarifverträgen durch die Aufstellung eines Katalogs von Tatbeständen den Begriff des wichtigen Grundes für Einzelfälle verbindlich festzulegen.[127] Jedenfalls ist die Aufnahme von Tatbeständen der fristlosen Entlassung in Tarifverträgen für die gerichtliche Wertung im Rahmen der Gesamtwürdigung der Umstände für die Prüfung des wichtigen Grundes nicht bedeutungslos. Der Wille der Tarifvertragsparteien muss mit berücksichtigt werden.[128] In den **Tarifverträgen zur Arbeitszeitverkürzung und Beschäftigungssicherung im Metallbereich** nach dem Vorbild des Tarifvertrages beim Volkswagenkonzern vom Frühjahr 1994, welche die betriebsbedingte Kündigung temporär ausschließen, wird das nach der Rechtsprechung grundsätzlich mögliche Recht zur außerordentlichen betriebsbedingten Kündigung für die dort vorgesehene Zeit von zwei Jahren wirksam ausgeschlossen.[129] **§ 55 Abs. 1 und 2 BAT**[130], der nur die außerordentliche personen- oder verhaltensbedingte Kündigung zulässt, für andere, insbesondere betriebliche Unzumutbarkeitsgründe den Arbeitgeber hingegen auf die Änderungskündigung beschränkt, liegt ebenfalls im Rahmen der tarifautonomen Gestaltungsmacht und schränkt die Vertrags- und Berufsfreiheit des Arbeitgebers in zulässiger Weise ein.[131]

---

123 Aus der Rechtsprechung: BAG 11.7.1958, AP Nr. 27 zu § 626 BGB (mit Anm. von *Hueck*); BAG 18.12.1961, AP Nr. 1 zu § 626 BGB Kündigungserschwerung (mit Anm. von *Nikisch*); BAG 19.1.1973 (2 AZR 103/72), AP Nr. 5 zu § 626 BGB Ausschlussfrist (mit Anm. von *Hölters*); BAG 12.2.1973, AP Nr. 6 zu § 626 BGB Ausschlussfrist.

124 ErfK/*Dieterich*, Einl. GG Rn. 56.

125 *Däubler/Hensche*, § 1 Rn. 717; wohl auch Wiedemann/*Wiedemann*, § 1 Rn. 540; ferner grundsätzlich *Gamillscheg*, AuR 1991, 105; a. A. *Löwisch/Rieble*, § 1 Rn. 866.

126 So für den Fall einer Betriebsvereinbarung: BAG 6.11.1956, AP Nr. 14 zu § 626 BGB (mit Anm. von *Bötticher*).

127 Bejahend BAG 31.1.1996 (2 AZR 158/95), AP Nr. 13 Druckkündigung; zweifelnd BAG 24.6.2004 (2 AZR 656/02), ZTR 2005, 260.

128 BAG 3.5.1988 (4 AZR 698/76), AP Nr. 5 zu § 1 KSchG 1969 Betriebsbedingte Kündigung; LAG Düsseldorf 22.12.1970, DB 1971, 150; für beschränkte rechtliche Bedeutung im Rahmen der Interessenabwägung auch BAG 24.6.2004 (2 AZR 656/02), ZTR 2005, 26; wie die Rechtsprechung *Löwisch/Rieble*, § 1 Rn. 884; *Schaub*, § 202 IV Rn. 15; vgl. ferner *Däubler/Reim*, § 1 Rn. 306; »keine Verbindlichkeit« vertritt Wiedemann/*Wiedemann*, § 1 Rn. 540.

129 *Zachert*, AuR 1995, 1 ff.

130 Diese Bestimmungen sind durch den Tarifvertrag für den öffentlichen Dienst (TVöD) inhaltlich nicht aufgehoben: *Bredendiek/Fritz/Tewes*, ZTR 2005, 236.

131 Vgl. BAG 17.5.1984 (2 AZR 161/83), AP Nr. 3 zu § 55 BAT; BAG 31.1.1996 (2 AZR 158/95), AP Nr. 13 zu § 626 Druckkündigung; BAG 27.6.2002 (2 AZR 367/01), AP Nr. 4 zu § 55 BAT); ebenso *Däubler/*

### e) Verschlechterung des gesetzlichen Kündigungsschutzes

84 Eine **Verschlechterung des gesetzlichen Kündigungsschutzes durch die Tarifparteien** ist demgegenüber nur **sehr begrenzt** möglich. Letztlich muss im Einzelfall geprüft werden, ob es sich bei den jeweiligen Vorschriften um zweiseitig-, einseitig-zwingendes oder tarifdispositives Gesetzesrecht handelt (Grundl. Rn. 287 ff.).
Grundsätzlich ist der gesetzliche Standard des Kündigungsschutzes nicht tarifdispositiv.[132] So können die Tarifparteien das Recht zur fristlosen Kündigung aus wichtigem Grund nach § 626 Abs. 1 BGB durch die Normierung besonderer Tatbestände über das gesetzliche Maß hinaus nicht erweitern[133], die Zwei-Wochen-Frist des § 626 Abs. 2 BGB nicht verlängern[134], die Anforderungen an Kündigungsgründe nicht abmildern oder die Wartezeit des § 1 Abs. 1 KSchG verlängern.[135]
**Ausnahmen** auch für verschlechternde Tarifregelungen, etwa eine Verkürzung der gesetzlichen Fristen für ordentliche Kündigungen, sind dagegen zulässig, wenn sie vom **Gesetz selbst zugelassen** sind wie in § 622 Abs. 4 BGB.[136]

### f) Aufhebungsverträge

85 **Aufhebungsverträge** als häufig benutzte Form der Beendigung des Arbeitsvertrages sind ebenfalls tariflich regelbar. So können Tarifverträge dem betroffenen Arbeitnehmer z. B. ein Widerrufsrecht einräumen.[137]

## 4. Betriebliche und betriebsverfassungsrechtliche Normen

### a) Abgrenzung zu anderen Normtypen

86 § 1 Abs. 1 TVG erfasst außer den Inhalts-, Abschluss- und Beendigungsnormen auch **betriebliche** und **betriebsverfassungsrechtliche Fragen.**[138] In **allgemeiner Abgrenzung** unterscheiden sich betriebliche (oder Betriebs)Normen und betriebsverfassungsrechtliche Normen von den anderen tariflichen Normtypen dadurch, dass sie dem einzelnen Arbeitnehmer als Mitglied der Belegschaft zugute kommen. Sie regeln »**das betriebliche Rechtsverhältnis zwischen Arbeitgeber und Belegschaft als Kollektiv**«.[139] Sie werden im Einzelnen an anderen Stellen der Kommentierung behandelt (Betriebsnormen § 3 Rn. 22 ff. und betriebsverfassungsrechtliche Normen § 1 Rn. 557 ff.).

---

*Hensche*, § 1 Rn. 717 und *Däubler/Reim*, § 1 Rn. 306; *Wendeling-Schröder*, FS Kehrmann, 328 ff.; etwas enger, aber tendenziell ebenso Wiedemann/*Wiedemann*, § 1 Rn. 540; a. A. *Löwisch/Rieble*, § 1 Rn. 866.

132 Siehe BAG 24. 6. 2004 (2 AZR 656/02), ZTR 2005, 260.

133 BAG 22. 11. 1973 (2 AZR 580/72), AP Nr. 67 zu § 626 BGB; BAG 24. 6. 2004 (2 AZR 656/02), ZTR 2005, 260.

134 BAG 19. 1. 1973 (2 AZR 103/72), AP Nr. 5 zu § 626 BGB Ausschlussfrist.

135 Vgl. Wiedemann/*Wiedemann*, § 1 Rn. 535 und 551; *Löwisch/Rieble*, § 1 Rn. 882; *Däubler/Reim*, § 1 Rn. 307.

136 BAG 4. 6. 1987 (2 AZR 416/86), AP Nr. 16 zu § 1 KSchG 1969; *Löwisch/Rieble*, § 1 Rn. 882; *Däubler/Reim*, § 1 Rn. 307.

137 BAG 10. 3. 1992 (3 AZR 153/91), AP Nr. 17 zu § 1 BetrAVG Lebensversicherung; *Löwisch/Rieble*, § 1 Rn. 101.

138 Zur historischen Entwicklung *Dreschers*, 307 ff.

139 So BAG 17. 6. 1997 (1 ABR 3/97), AP Nr. 2 zu § 3 TVG Betriebsnormen.

### b) Rechtswirkungen

Der ins Auge fallende Unterschied von Betriebsnormen und betriebsverfassungsrechtlichen Normen zu anderen Normtypen des Tarifvertrages ergibt sich aus den **Rechtswirkungen**. Nach § 3 Abs. 2 TVG gelten sie für alle Betriebe, deren Arbeitgeber tarifgebunden sind. Darüber hinaus gilt nach § 4 Abs. 1 Satz 2 TVG die normative Wirkung des Tarifvertrages für Rechtsnormen dieser Art lediglich entsprechend. **87**

Hier schließt sich die Kontroverse um die **Wirkung von Betriebsnormen** an. **88**
Fraglich ist, welchen Einfluss Betriebsnormen auf das einzelne Arbeitsverhältnis nehmen. In der älteren Literatur wird eine Gleichstellung mit Inhaltsnormen vertreten. Folglich wären den Arbeitnehmern individuelle Ansprüche eingeräumt.[140] Wohl überwiegend wird das Bestehen eines betrieblichen Rechtsverhältnisses zwischen Arbeitgeber und der gesamten Belegschaft angenommen, das dem Arbeitnehmer Rechtsansprüche nur dann zuweist, wenn eine Umsetzung in sein Arbeitsverhältnis erfolgt.[141] Dies kann eine ausfüllende Betriebsvereinbarung oder eine vertragliche Einheitsregelung sein, die in Betrieben mit Betriebsrat durch eine Regelungsabrede abgestützt wird. Schließlich können die Tarifparteien selbst durch eine Kombination mit Inhaltsnormen für eine Transformation sorgen. Dann gilt der Tarifvertrag jedoch nur für die tarifgebundenen Beschäftigten, da Inhaltsnormen nach § 4 Abs. 1 Satz 1 TVG keine weiterreichende Normwirkung entfalten (siehe nachfolgend § 1 Rn. 93).[142] Eine andere Ansicht geht davon aus, dass lediglich der Arbeitgeber einseitig verpflichtet sei. Die Einhaltung der Betriebsnormen müsste – abgesehen vom Doppelcharakter von Betriebs- und Inhaltsnormen – durch Gewerkschaften und Betriebsrat nach § 80 Abs. 1 BetrVG erfolgen.[143]

Das »betriebliche Rechtsverhältnis zwischen Arbeitgeber und Belegschaft als Kollektiv«, von dem das Bundesarbeitsgericht ausgeht[144], wird sich aus der **zwingend einheitlichen Geltungswirkung der Betriebsnormen** herleiten lassen.[145] Die Rechte der Arbeitnehmer können als ein – gegenüber eigenen Ansprüchen schwächerer – Reflex der abgeschlossenen Vereinbarungen verstanden werden.[146]

### c) Verfassungsrechtliche Legitimation

Die Erstreckung der betrieblichen und betriebsverfassungsrechtlichen Normen auf Außenseiter nach § 3 Abs. 2 TVG verstößt weder gegen die positive noch gegen die negative Koalitionsfreiheit. Die privatautonome Legitimation des Arbeitgebers durch Beitritt in den Verband reicht hier für die tarifliche Bindungswirkung aus. Dem trägt die Anordnung der Tarifbindung durch den Ge- **89**

---

140 Z.B. *Lieb*, RdA 1967, 445; *Dieterich*, FS Däubler, 455, bezeichnet dies 1999 noch als die überwiegende Ansicht, mit Nachweisen.
141 *Dieterich*, Betriebliche Normen, 39ff.; *ders.*, FS Däubler, 454f.; *Däubler/Reim*, § 1 Rn. 316 – jeweils mit Nachweisen; a. A. z. B. *Lieb*, RdA 1967, 448f.; *H. Hanau*, RdA 1996, 164.
142 *Dieterich*, Anm. zu BAG 1.8.2001 (4 AZR 388/99), AR-Blattei ES 1550.5.1.
143 Wiedemann/*Wiedemann*, § 1 Rn. 585.
144 BAG 17.6.1997 (1 ABR 3/97), AP Nr. 2 zu § 3 TVG Betriebsnormen.
145 *Dieterich*, Betriebliche Normen, 56ff.; siehe auch *Däubler/Reim*, § 1 Rn. 317.
146 *Dieterich*, FS Däubler, 459; *Löwisch/Rieble*, § 1 Rn. 100.

setzgeber in § 3 Abs. 2 TVG in rechtsstaatlich einwandfreier Weise Rechnung (im Einzelnen § 3 Rn. 32ff.).

### d) Betriebsnormen

#### *aa) Abgrenzung zu anderen Normtypen*

90 Die **Definition der Betriebsnormen** knüpft an die Kategorie der so genannten **Solidarnormen** und **Ordnungsnormen** an. Allerdings sind damit lediglich Anhaltspunkte für eine erste Einschätzung gewonnen, eine präzise Inhaltsbestimmung bedarf weiterer Konkretisierungen.[147]

Unter **tariflichen Solidarnormen** versteht man Bestimmungen zur Schaffung und Nutzung betrieblicher Einrichtungen zugunsten der Belegschaft.[148] Beispiele sind die Errichtung von Unterstützungskassen, werksärztliche Dienste, Arbeitsschutzeinrichtungen, Kantinen usw. **Tarifliche Ordnungsnormen** sind solche, die eine Koordinierung des Verhaltens der Arbeitnehmer zur betrieblichen Ordnung betreffen, bei denen also die einheitliche Wirkung im Vordergrund steht.[149] Hier kommen Kontrolleinrichtungen, Rauchverbote, Taktzeiten an Fließbändern und ähnlichem in Frage.

91 Trotz aller Abgrenzungsschwierigkeiten bei dem Versuch, durch unterschiedliche zusätzliche Kriterien den Betriebsnormen schärfere Konturen zu geben, lässt die höchstrichterliche Rechtsprechung die Grundrichtung erkennen, diesen Normtyp **eng auszulegen**. Die Erstreckung der Rechtsnormen über betriebliche Fragen auf Außenseiter ohne Allgemeinverbindlicherklärung lasse sich nur damit rechfertigen, dass die entsprechenden Stimmungen in der sozialen Wirklichkeit aus tatsächlichen oder rechtlichen Gründen lediglich **einheitlich gelten** können.[150] Eine Betriebsnorm liege vor, wenn eine Regelung nicht Inhalt des Individualarbeitsvertrages sein könne. Dabei sei allerdings Nichtkönnen nicht als naturwissenschaftliche Unmöglichkeit zu verstehen. Es reiche vielmehr aus, wenn eine **individualvertragliche Regelung** wegen evident **sachlogischer Unzweckmäßigkeit** ausscheide.[151]

Die Literatur folgt dieser Rechtsprechung weitgehend.[152] Dem ist zuzustimmen, wenn im Auge behalten wird, dass es sich bei § 3 Abs. 2 TVG um eine Ausnahmevorschrift handelt und die Tarifgeltung ohne beiderseitige Tarifbindung im Hinblick auf die Legitimation einen zusätzlichen Begründungsaufwand erfordert[153] (im Einzelnen § 3 Rn. 22ff.).

---

147 BAG 17.6.1990 (1 ABR 84/87), AP Nr. 57 zu Art. 9 GG.

148 Entwickelt von *Sinzheimer*, Der kooperative Arbeitsnormenvertrag, 1. Teil, 48ff.

149 Zur Definition z.B. *Gamillscheg*, Kollektives Arbeitsrecht I, § 15 IV 1f., 588ff.; Wiedemann/*Wiedemann*, § 1 Rn. 555ff.; *Däubler/Reim*, § 1 Rn. 326ff.

150 BAG 21.1.1987 (4 AZR 547/86), AP Nr. 47 zu Art. 9 GG.

151 BAG 26.4.1990 (1 ABR 84/87), AP Nr. 57 zu Art. 9 GG im Anschluss an *Säcker/Oetker*, 142.

152 *Löwisch/Rieble*, § 1 Rn. 105ff.; *Däubler/Reim*, § 1 Rn. 325; Wiedemann/*Wiedemann*, § 1 Rn. 565ff., allerdings in der Tendenz ein etwas weitergehender Begriffsinhalt; *Gamillscheg*, Kollektives Arbeitsrecht I, § 15 VI 2, 589ff.; *BPSU*, § 1 Rn. 83; *Stein*, Rn. 168.

153 Vor allem *Dieterich*, FS Däubler, 456ff.

### *bb) Rechtsprechungsüberblick*

Bestimmungen über **Arbeitszeit** stellen in der Regel keine Betriebsnormen dar.[154] 92

Dies gilt für tarifliche Bestimmungen zur **Arbeitszeitverkürzung**[155] ebenso wie für **Kurzarbeits-** und **Mehrarbeitsregelungen**[156] und die tarifliche Festlegung der **Grundarbeitszeit**. Trotz technisch-organisatorischer Schwierigkeiten kann insoweit zwischen Organisierten und Außenseitern unterschieden werden. Deshalb handelt es sich hier um Inhaltsnormen.

Zu Recht hat deshalb die höchstrichterliche Rechtsprechung den Anspruch auf **Altersteilzeit** einschließlich der **Überforderungsgrenze (Quotierung)** als Individualnorm bewertet.[157] Im Unterschied dazu hat das Bundesarbeitsgericht eine Tarifnorm, die dem Arbeitgeber vorschreibt, welcher Prozentsatz der Belegschaft mit einer verlängerten regelmäßigen Arbeitszeit beschäftigt werden darf (18 % Quotenregelung in der Metallindustrie) als Betriebsnorm angesehen.[158]

Wenn man dieser Rechtsprechung folgt und die Verteilungsaufgabe von Arbeits- und Beschäftigungschancen als Voraussetzung für Betriebsnormen ausreichen lässt[159], besteht das Risiko, dass der Begriff der Betriebsnormen zu stark ausgeweitet wird.[160]

Demgegenüber hat das Bundesarbeitsgericht im Ergebnis zutreffend eine **Befristungsregelung** nicht als Betriebs-, sondern als Individualnorm bewertet.[161]

Dagegen spricht der Gesichtspunkt des Arbeitsschutzgedankens dafür, **Zeitzuschläge**, die sich auf Arbeitsintensität und Personalstärke auswirken, als Betriebsnormen zu qualifizieren.[162]

Bei der Bewertung von tariflichen Normen über die **Festlegung von Betriebsöffnungszeiten** als Betriebsnormen[163] steht der Gedanke im Vordergrund, dass die Umsetzung dieser Bestimmungen ohne eine einheitliche Durchführung nicht erreicht werden könnte.[164]

Wegen des Gedankens des Arbeitsschutzes und der Qualifikationssicherung sind **quantitative** und **qualitative Besetzungsregelungen** im Bereich der Druckindustrie als Betriebsnormen einzuordnen[165] (weitere Hinweise zu Kasuistik § 1 Rn. 475 ff. und § 3 Rn. 25).

---

154 LAG Berlin 26. 9. 1996 (10 Sa 55/96), AuR 1997, 87.

155 BAG 1. 8. 2001 (4 AZR 388/99), AP Nr. 5 zu § 3 TVG Betriebsnormen (mit kritischer Anm. von *Dieterich*, ARBlattei ES 1550.5. 1 Nr. 5), deutet an, dass es sich um Betriebsnormen handeln könne.

156 Für Kurzarbeit *Löwisch/Rieble*, § 1 Rn. 111, mit weiteren Nachweisen; wie hier auch *Dieterich*, Anm. zu BAG 1. 8. 2001 (4 AZR 388/99), AR-Blattei ES 1550.5. 1 Nr. 5.

157 BAG 21. 1. 1987 (4 AZR 547/86), AP Nr. 47 zu Art. 9 GG; BAG 18. 9. 2001 (9 AZR 397/00), AP Nr. 3 zu § 3 ATG; BAG 3. 12. 2002 (9 AZR 457/01), AP Nr. 2 zu § 1 TVG Altersteilzeit; die Einschätzungen in der Rechtslehre sind unterschiedlich, für Individualnorm z. B. Wiedemann/*Wiedemann*, § 1 Rn. 582 und *Gamillscheg*, Kollektives Arbeitsrecht I, § 15 VIII, 617 f.; wie die Rechtsprechung dagegen *Löwisch/Rieble*, § 1 Rn. 124.

158 BAG 17. 6. 1997 (1 ABR 3/97), AP Nr. 2 zu § 3 TVG Betriebsnormen (mit zustimmender Anm. von *Wiedemann*).

159 *Wiedemann*, Anm. zu BAG 17. 6. 1997 (1 ABR 3/97), AP Nr. 2 zu § 3 TVG Betriebsnormen.

160 *Dieterich*, FS Däubler, 454; *Löwisch/Rieble*, § 1 Rn. 111.

161 BAG 27. 4. 1988 (7 AZR 593/87), AP Nr. 4 zu § 1 BeschFG 1985.

162 BAG 3. 4. 1990 (1 AZR 123/89), AP Nr. 56 zu Art. 9 GG.

163 BAG 7. 11. 1995 (3 AZR 676/94), AP Nr. 1 zu § 3 TVG Betriebsnormen.

164 Ebenso Wiedemann/*Wiedemann*, § 1 Rn. 568; a. A. *Löwisch/Rieble*, § 1 Rn. 116, jeweils mit Nachweisen.

165 BAG 26. 4. 1990 (1 ABR 84/87), AP Nr. 57 zu Art. 9 GG (qualitative Besetzungsregeln) im Anschluss an *Säcker/Oetker*, 142; BAG 17. 6. 1999 (2 AZR 456/98), BB 2000, 413 = DB 1999, 2117 ((quantitative Besetzungsregeln); ebenso *Stein*, Rn. 400; a. A. *Däubler/Reim*, § 1 TVG Rn. 294.

### cc) *Doppelcharakter, Betriebsnormen und Inhaltsnormen*

93 **Betriebsnormen** können **zugleich Inhaltsnormen** sein.[166] Dies setzt nach der Rechtsprechung voraus, dass die Inhaltsnormen den gewünschten Regelungseffekt allein nicht bewirken würden.[167] Ob das der Fall ist, muss durch Auslegung ermittelt werden. Zwar werden die Tarifparteien regelmäßig an einer möglichst effektiven Wirkung der von ihnen getroffenen Vereinbarung interessiert sein. Das spricht dafür, dass die Vereinbarungen durch individuelle Ansprüche auf Erfüllung durchsetzbar sind.[168] Jedoch bleibt es bei der grundsätzlich engen Interpretation des Betriebsnormenbegriffs (§ 1 Rn. 91).

### e) »Gesetzliche Zulassungsnormen« und Betriebsnormen

94 Nach denselben Prinzipien (§ 1 Rn. 91) sind Tarifnormen aufgrund von so genannten **gesetzlichen Zulassungsnormen** auszulegen. Gesetzliche Zulassungsklauseln für anderweitige Regelungen durch den Tarifvertrag, etwa im Hinblick auf Verlängerung von Arbeitszeiten (§ 7 Abs. 1 ArbZG) oder zur Nichtanwendung des Arbeitnehmerüberlassungsgesetzes (§ 1 Abs. 3 AÜG) stellen nämlich lediglich die Legitimation für eventuelle Tarifnormen dar, definieren jedoch nicht den Kreis der tarifgebundenen Arbeitnehmer. Der Gesetzgeber würde in unzulässiger Weise in die Autonomie der Tarifparteien zur Abgrenzung der Tarifgebundenheit eingreifen, wenn über »gesetzliche Zulassungsnormen« historisch gewachsene Begriffe wie Betriebsnormen nunmehr nach anderen Auslegungsprinzipien zu interpretieren wären[169] (zum tarifpositiven Gesetzesrecht Grundl. Rn. 287 ff.).

### f) Betriebsverfassungsrechtliche Normen

95 **Betriebsverfassungsrechtliche Normen** regeln namentlich die Ausgestaltung der betrieblichen Interessenvertretung und deren Beteiligungsbefugnisse (im - Einzelnen § 3 Rn. 22 ff. und § 1 Rn. 557 ff.).

## 5. Normen über Gemeinsame Einrichtungen

96 Tarifnormen über **Gemeinsame Einrichtungen** gehören ebenfalls zum normativen Teil des Tarifvertrages (hierzu § 4 Rn. 225 ff.).

---

166 *Dieterich*, Betriebliche Normen, 70; *Däubler/Reim*, § 1 Rn. 321; *Löwisch/Rieble*, § 1 Rn. 133; *Gamillscheg*, Kollektives Arbeitsrecht I, § 15 VI 4, 595.
167 BAG 26. 4. 1990 (1 ABR 84/87), AP Nr. 57 zu Art. 9 GG.
168 *Däubler/Reim*, § 1 Rn. 320.
169 Ganz überwiegende Meinung z. B. *Dieterich*, Betriebliche Normen, 13 ff.; *Däubler/Reim*, § 1 Rn. 329; *Gamillscheg*, Kollektives Arbeitsrecht I, § 16 V 1b, 699; *Buschmann/Ulber*, § 7 Rn. 2.

## E. Typischer Inhalt von Tarifverträgen

**Literatur:** siehe direkt unter I., II., III., IV., V., VI. und VII.

**Übersicht** Rn.

## I. Tarifliche Sicherung und Gestaltung des Entgelts

### Literatur:

*Adomeit*, Arbeitsplätze und Solidarität, NJW 1994, 837; *Arbeitsgruppe Alternative Wirtschaftspolitik*, Memorandum 98, 1998; *Bahnmüller*, Trends betrieblicher Entgelt- und Leistungsregulierung, Mitbestimmung 1999, 17; *Baltis/Eisenherdt*, Neue Gesetzgebung zur Gleichberechtigung, ZRP 1994, 18; *Bartölke/Foig/Gohl/Kappler/Ridder/Schumann*, Konfliktfeld Arbeitsbewertung, 1981; *Bauer/Diller*, Beschäftigungssicherung in der Metallindustrie, NZA 1994, 353; *Beck, U.*, Risikogesellschaft, 1986; *Behring*, Die Schlichtung in der kollektiven Arbeitsverfassung der Bundesrepublik Deutschland, 1994; *Belling/v. Steinau-Steinbrück*, Freiwillige Leistungen des Arbeitgebers als Maßregelung streikender Arbeitnehmer?, DB 1993, 534; *Bergkessel/Humml*, Methoden einheitlicher Entgeltdifferenzierung, WSI-Mitt. 1982, 552; *Bertelsmann/Pfarr*, Gleichbehandlung von Frauen und Männern bei betrieblichen Zulagen, AuR 1982, 86; *Bertelsmann* u.a., Handbuch zur Frauenerwerbstätigkeit, Stand 1994; *Biedenkopf*, Sinn und Grenzen der Vereinbarungsbefugnis der Tarifvertragsparteien, in: Verhandlungen des 46. DJT, 1966, Bd. I, Teil I, 1966, 161; *Binkelmann/Braczyk/Gelez* (Hrsg.), Entwicklung der Gruppenarbeit in Deutschland, 1993; *Birkwald/Pornschlegel*, Mitbestimmen bei Lohn und Leistung, 1994; *Bispinck*, Erster einheitlicher Entgelttarifvertrag in der Metallindustrie, WSI-Mitt. 1983, 224; *ders.*, Qualifikation und Qualifizierung in Tarifverträgen, WSI-Mitt. 1992, 329; *ders.*, Betriebliche Personalpolitik und Beschäftigungssicherung, in: WSI Tarifarchiv, Elemente qualitativer Tarifpolitik Nr. 22, 1/1994; *ders.* (Hrsg.), Tarifpolitik der Zukunft, 1995; *ders.*, Überreguliert, undifferenziert, unbeweglich?, JbArbR 34 (1997), 49; *ders.*, Tarifliche Regelungen für ältere ArbeitnehmerInnen, in: Tarifhandbuch 2002, 47; *Bispinck*/Helfert, Technischer Wandel und gewerkschaftliche Arbeitspolitik WSI-Mitt. 1987, 314; *Bispinck/WSI-Tarifarchiv*, Tarifliche Regelungen zur Teilzeitarbeit, 1992; *dies.*, Tarifpolitik in der Rezession: Realeinkommen unter Druck, WSI-Mitt. 1994, 141; *dies.*, Zwischen Beschäftigungssicherung und Tarifsenkung, WSI-Mitt. 1995, 145; *dies.*, Tarifpolitisches Taschenbuch 1995, 96; *dies.*, Tarifstandards unter Druck, – Tarifpolitischer Jahresbericht 2004, WSI-Mitt. 2005, 59; *Blanke*, Ein- und Umgruppierungen der

Arbeitnehmer – ein wichtiges Handlungsfeld in der Arbeit der Betriebsräte, AiB 1985, 105, 137; *Blanke, Th.* (Hrsg.), Handbuch Außertarifliche Angestellte, 3. Aufl., 2003; *ders./Diederich*, Die Rehabilitierung der Anwesenheitsprämie, AuR 1991, 321; *Blomeyer*, Die »Riester-Rente« nach dem Altersvermögensgesetz (AVmG), NZA 2001, 913; *ders.*, Der Entgeltumwandlungsanspruch des Arbeitnehmers in individual- und kollektivrechtlicher Sicht, DB 2001, 1413; *Blomeyer/Buchner*, Rückzahlungsklauseln im Arbeitsrecht, 1969; *Bösche/Grimberg*, Die Eingruppierung – eine Handlungsanleitung für Betriebsräte, AiB 1983, 139; *Böttcher*, Fragen zur Mitbestimmung bei Ein- und Umgruppierung, AiB 1994, 326; *Breisig*, Entgelt nach Leistung und Erfolg, 2003; *Breuer/Hartmann*, Sozialhilfeniveau und Einkommen von Arbeitnehmern in unteren Lohngruppen, WSI-Mitt. 1982, 457; *Brinks/Graunke*, Projektbezogene (Rationalisierungsschutz-)Tarifverträge bei der Deutschen Bundespost, Postdienst, ZTR 1994, 494; *Brück*, Leistungsorientierte variable Vergütung im Rahmen von BAT-Strukturen, ZTR 2004, 286; *Brunlop*, Neue Formen der Lohndifferenzierung, WSI-Mitt. 1986, 661; *Buchner*, Möglichkeiten und Grenzen betriebsnaher Tarifpolitik, DB 1970, 2025; *ders.*, Die vergütungsrechtlichen Konsequenzen des tarifvertraglichen Freischichtenmodells der Metallindustrie, BB 1988, 1245; *ders.*, Kündigung der Tarifregelungen über die Entgeltanpassung der östlichen Bundesländer, NZA 1993, 289; *Brück*, Leistungsorientierte variable Vergütung im Rahmen von BAT-Strukturen, ZTR 2004, 286; *Bulla, G. A.*, Soziale Selbstverwaltung der Sozialpartner als Rechtsprinzip, FS Nipperdey, Bd. II, 1965, 79; Bundesarbeitgeberverband Chemie (Hrsg.), Chemische Industrie, Außertarifliche Sozialpartner – Vereinbarungen, 1990; Bundesministerium für Wirtschaft und Arbeit, Tarifvertragliche Arbeitsbedingungen im Jahre 2004, 2005; *Buschmann*, Europäischer Gerichtshof zur Diskriminierung von teilzeitbeschäftigten Frauen, AiB 1986, 153; *Clasen*, Tarifliche Sonderzahlungen, ZTR 2003, 268; *Colneric*, Europäischer Gerichtshof zu Leichtlohngruppen, AiB 1986, 200; *dies.*, Gleichberechtigung von Mann und Frau im Europäischen Gemeinschaftsrecht, BB 1988, 968; *dies.*, Tarifvertragliche und betriebliche Regelungen zur besseren Vereinbarkeit von Familie und Beruf, RdA 1994, 65; *dies.*, Quotenregelung zur Frauenförderung, PersR 1994, 45; *Couturier*, Droit du Travail, Bd. 2, 1991; *Dammann*, Lohngleichheit von Mann und Frau als Rechtsproblem, AuR 1981, 193; *ders.*, Völkerrecht und Europarecht in der Rechtsprechung der Arbeitsgerichte, FS Arbeitsgerichtsverband, 1994, 619; *Degen*, Diskriminierung von Frauen – Rechtsprechungsübersicht, AiB 1991, 104; *Deich*, Zielvereinbarungen, in: Preis (Hrsg.), Innovative Arbeitsformen, 2005, 581; *Dörner*, Die Rechtsprechung des Bundesarbeitsgerichts zum Gratifikationsrecht in den Jahren 1988 bis 1991, RdA 1993, 24; *Dokumentation*, Das Konzept der Gewerkschaft Nahrung-Genuss-Gaststätten für einheitliche Entgelttarifverträge, WSI-Mitt. 1982, 571; *Dombre*, Leistungsbezahlung im Umbruch?, Afa-Informationen 1982, 13; *Donoli/Bauer*, Herabgruppierung durch Änderung der tatsächlichen Verhältnisse; Entzug des Kündigungsschutzes durch tarifvertragliche Vorschriften?, ZTR 2003, 323; *Dütz*, Mitbestimmungssicherung bei Eingruppierungen, AuR 1993, 33; *Eich*, Tarifverträge, Sozialpartnervereinbarungen und -beziehungen am Beispiel der Chemischen Industrie, NZA 1995, 149; *Faustmann/van den Woldenberg*, Rechtliche Wirkungen tarifvertraglicher Bestimmungen auf außertarifliche Arbeitsverhältnisse, NZA 2001, 1113; *Feldhoff*, »Grundwissen und oberflächlicher Einblick genügen« – Zur Eingruppierung von »Vorzimmerdamen«, Der Personalrat 2003, 301; *Fisahn*, Rechtliche Bedingungen von Frauenförderung im Betrieb, WSI-Mitt. 1995, 22; *Förster/Hausmann*, Der Bundesentgelttarifvertrag der chemischen Industrie, WSI-Mitt. 1993, 782; *Friedrich/Kloppenburg*, Vergütungskorrektur und Nachweisrecht, RdA 2001, 293; *dies.*, Folgen rechtskräftiger Eingruppierungsentscheidungen, ZTR 2003, 314; *v. Friesen*, Tarifliche und betriebliche Instrumente zur Frauen- und Familienförderung, AuR 1994, 405; *Fritsche/Klein-Schonnefeld/Malzahn*, Frauenförderung durch Tarifvertrag, PersR 1988, 143; *Fromm*, An den Grenzen rationaler Rechtsfindung, Grundprobleme des Eingruppierungsrechts des öffentlichen Dienstes, ZTR 1989, 211 und 251; *Fuchsloch/Weber*, Geschlechterquoten im öffentlichen Dienst, AuR 1994, 409; *Gamillscheg*, Die Durchsetzung tariflicher Ansprüche, FS Henckel, 1995, 215; *Gaul, B.*, Der Zweck von Sonderzahlungen, BB 1994, 494 und 565; *Gerfin*, Funktionswandel der Tarifverträge, in: *Sinzheimer*, Gedächtnisveranstaltung zum 100. Geburtstag, 1977, 23; *Gitter/Schrader*, Der Vorrang von Tätigkeitsbeispielen vor allgemeinen Tätigkeitsmerkmalen in Eingruppierungsverträgen, ZTR 1993, 193, *Giugni*, Diritto Sindacale, 3. Aufl., 1994; *Glastetter*, Die wirtschaftliche Entwicklung in der Bundesrepublik Deutschland im Zeitraum 1950 bis 1975, in: Krise und Reform der Industriegesellschaft, Materialien zur IG-Metall-Tagung in Frankfurt am Main, 1975, 24; *Goos*, Die Zukunft der Tarifautonomie – Die reformierten Flächentarifverträge der chemischen Industrie, GS Heinze, 2005, 259; Griebeling, Bindungs- und Rückzahlungsklauseln bei arbeitgeberfinanzierter Fort und Weiterbildung, FS Schaub, 1998, 219; *Hanau/Kania*, Ungleichbehandlung zwischen Arbeitern und Angestellten in den Tarifverträgen des öffentlichen Dienstes, ZTR 1994, 487; *dies.*, Ungleichbehandlung von Arbeitern und Angestellten, 1994; *dies.*, Stufentarifverträge, DB 1995, 1229; *Hanau/Vossen*, Die Kürzung von Jahressonderzahlungen aufgrund fehlender Arbeitsleistung, DB 1992, 213; *Hauck*, Die Entwicklung des Gratifikationsrechts in der Rechtsprechung des Bundesarbeitsgerichts seit 1992, RdA 1994, 358; *Hensche*, Betriebliche Altersversorgung und Diskriminierungsverbot – Vom umstrittenen Grenzverlauf zwischen Arbeits- und Versicherungsrecht, NZA 2004, 828; *Herbst*, Arbeitsrecht im neuen Umwandlungsgesetz, AiB 1995, 5; *Herms/Meinel*, Vorboten einer neuen Ära: Das geplante Antidiskriminierungsgesetz, DB 2004, 2370; *Herschel*, Tarifautonomie und Gemeinwohl, RdA 1986, 1; *Hinke*, Zielvereinbarungen in der Praxis der ostdeutschen Metall- und Elektroindustrie, WSI-Mitt. 2003, 377; *Hinz/Gartner*, Lohnunterschiede zwischen Frauen und Männern in Branchen, Berufen und Betrieben, in: IAB DiscussionPaper 2005, No. 4; *Hoffmann*, Der Tarifvertrag Versorgungsbetriebe (TV-V) vom 5. Oktober 2000, ZTR 2001, 54; *v. Hoyningen-Huene*, Sicherheiten im Arbeitsverhältnis, BB 1992, 2138; *Hradil*, Soziale Ungleichheit in Deutschland, 8. Aufl., 2001; *Jochmann-Döll*, Gleicher Lohn für gleichwertige Arbeit. Ausländische und deutsche Konzepte und Erfahrungen, 1990; *Kania*, AT-Angestellte, in: Küttner (Hrsg.), Personalbuch, 12. Aufl., 2005; *Kasseckert*, Neues Entgeltsystem für außertarifliche Mitarbeiter, AuA 2000, 580; *Kastner/Meier*, Leistungsbezogene Entgeltstrukturen im Einzelhandel, WSI-Mitt. 1993, 813; *Kempen*, Verfassungswidrigkeit der Tätigkeitsmerkmale für technische Angestellte im Bundesangestelltentarif?, PersR 1984, 86; *ders.*, Persönliche Leistungsverhinderung und Grundrechte im Arbeitsverhältnis, ArbRGgw 25 (1987), 75; *Kittner*, Rechtsschutz für Tarifverträge, Arbeitsgesetzgebung und Arbeitsrechtsprechung, FS Stahlhacke, 1995, 247; *ders.* (Hrsg.), Gewerkschaftsjahrbuch 1984, fortlaufend, seit 1994 Gewerkschaften heute; *ders.*, Leichter kündigen als änderungskündigen?, NZA 1997, 968; *Kleinschmidt/Pekruhl*, Kooperative Arbeitsstrukturen und Gruppenarbeit in Deutschland, 1994; *Klemm*, Fragen der Entgeltumwandlung nach dem Altersvermögensgesetz, NZA 2002, 1123; *Klenner*, Gleichstellung von Frauen und Männern und

Vereinbarkeit von Familie und Beruf, in: WSI-Tarifhandbuch 2005, 41; *Körner*, Unisex-Tarife und Entgeltgleichheitsgrundsatz bei der Riester-Eichel-Rente, NZA 2004, 760; *Krack/Kutscher*, Lieber besser statt mehr?, 1985; *Kurz-Scherf*, Von der Emanzipation des Brunnenmädchens in Heilbädern, WSI-Mitt. 1986, 537; *Lang/Meine/Ohl* (Hrsg.), Handbuch Arbeit, Entgelt, Leistung, 3. Aufl., 2001; Lang / *Unterhinninghofen*, Tarifreform 2000 – IG Metall – Vorschläge für die Industriearbeit der Zukunft, RdA 1992, 179, Lang / Vogelheim, (Nur) Samstags gehört Pappi uns? – Oder: die Geschlechterfrage in der Tarifpolitik, WSI-Mitt. 1992, 185; *Langenbrinck*, Entgeltumwandlung im öffentlichen Dienst, ZTR 2003, 426; *Leiber*, Formen und Verbreitung der betrieblichen Altersvorsorge – Eine Zwischenbilanz, WSI-Mitt. 2005, 314; *Linde*, Ungleichen Lohn für gleiche Arbeit? in: Sautter (Hrsg.), Wirtschaftspolitik in offenen Volkswirtschaften, 1994, 205; *Löwisch*, Der Grundsatz der freien Anlagenwahl im Recht der Vermögensbildung, FS Däubler, 1999, 473; *ders.*, Kombilohn als Beschäftigungschance, JbArbR 36 (1999), 81; *Loritz*, Betriebliche Arbeitnehmerbeteiligungen in Tarifverträgen und Betriebsvereinbarungen, DB 1985, 531; *Matte*, Das Eingruppierungsrecht für Angestellte im öffentlichen Dienst, AuA 1996, 335; *Matthies/Mückenberger/Offe/Peter/Raasch*, Arbeit 2000, 1994; *Mauer*, Das zweite Gleichberechtigungsgesetz, BB 1994, 1283; *Maurer*, Eingruppierungskorrekturen nur durch Änderungskündigung?, NZA 1993, 721, *Mehlich*, Rechtliche Einordnung und Korrektur einer unzutreffenden tariflichen Eingruppierung, DB 1999, 1319; *Meier-Krenz*, Die Erweiterung von Beteiligungsrechten des Betriebsrats durch Tarifvertrag, 1988; *ders.*, Die Erweiterung von Mitbestimmungsrechten des Betriebsrats durch Tarifvertrag, DB 1988, 2149; *Meine*, Arbeiter + Angestellte = Beschäftigte, AiB 1995, 81; *ders.*, Reform des Flächentarifvertrages: Gemeinsame Entgeltrahmentarifverträge, AuR 2004, 136; *ders.*, »Arbeiter und Angestellte«: Vom Ende und Beharrungsvermögen alter Scheidelinien, WSI-Mitt. 2005, 76; *Meine/Wagner*, Einheitlicher Arbeitnehmerstatus und Gemeinsame Entgelttarifverträge für Arbeiter und Angestellte, WSI-Mitt. 1993, 753; *Mertens*, Zur Gültigkeit von Mitbestimmungsvereinbarungen, Die AG 1982, 141; *Mitmann*, Das Zweite Gleichberechtigungsgesetz – eine Übersicht, NJW 1994, 3048; *Nauditt*, Entgelttarifverträge gegen Diskriminierung, WSI-Mitt. 1999, 99; *Neumann*, Darlegungslast, Substantiierungspflicht und Schlüssigkeitsprüfung im Eingruppierungsprozess, NZA 1986, 729; *Oetker*, Die Kündigung von Tarifverträgen, RdA 1995, 82; *Ojeda Avilés*, Derecho Sindical, 7. Aufl., 1995; *Osterland/Deppe/Gerlach/Mergner/Pelte/Schlösser*, Materialien zur Lebens- und Arbeitssituation der Industriearbeiter in der BRD, 5. Aufl., 1973; *Otto*, Die Kündigung des Tarifvertrages aus wirtschaftlichen Gründen, FS Kissel 1994, 787; *Peter*, Rechtsprobleme der Weihnachtszuwendungen bei Beendigung des Arbeitsverhältnisses, BlStSozArbR 1979, 81; *Pfarr*, Mittelbare Diskriminierung von Frauen, NZA 1986, 585; *dies.*, Frauenförderung und Grundgesetz, 1988; *dies.*, Welche Maßnahmen empfehlen sich, um die Vereinbarkeit von Berufstätigkeit und Familie zu verbessern?, ZRP 1994, 309; *dies.*, Gleichbehandlung von Männern und Frauen im Arbeitsverhältnis, AR-Blattei 800.2 (Stand 2000); *dies.*, Entgeltgleichheit in kollektiven Entgeltsystemen, FS 50 Jahre BAG, 2004, 779; *Pfarr/Bertelsmann*, Lohngleichheit, Bd. 100 der Schriftenreihe des Bundesministers für Jugend, Familie und Gesundheit, 1981; *dies.*, Diskriminierung im Erwerbsleben, 1989; Pinl, Das Arbeitnehmerpatriarchat, 1977; *Plaggemeier*, Eingruppierung, PersR 1992, 142; *Plüm*, Die tarifliche Erweiterung von Leistungsbestimmungsrechten des Arbeitgebers, DB 1992, 735; *Pornschlegel*, Entwicklungstendenzen und Konfliktfelder der Tarifvertragsgestaltung, RdA 1978, 155; *ders.*,

Zur Problematik der analytischen Dienstpostenbewertung, Schriftenreihe Modernisierung im öffentlichen Dienst, Einheitliches Personalrecht 4, ÖTV (Hrsg.), 1977; *Preis*, Entwicklungslinien in der Rechtsprechung des EuGH zum Arbeitsrecht, ZIP 1995, 891; *ders.*, Zielvereinbarungen, in: Preis (Hrsg.), Der Arbeitsvertrag, 2. Aufl., 2005, 1569; *Raane*, Meist reicht die Ankündigung – Erfahrungen mit Einigungsstellen, Mitbestimmungsgespräch 1981, 286; *Raasch*, Frauenquoten und Männerrechte, 1991; *Reichhold*, Vom Bleibegeld zur Stilllegungsprämie?, DB 1988, 498; *Reigerer*, Ausschluss- und Rückzahlungsklauseln für Gratifikationen bei betriebsbedingter Kündigung, NZA 1992, 436; *Richardi*, Kollektivgewalt und Individualwille bei der Gestaltung der Arbeitsverhältnisse, 1968; *Rieble*, Krise des Flächentarifvertrags? RdA 1996, 151; Riesenhuber, Anspruch auf Teilzeitbeschäftigung nach § 15b BAT?, NZA 1995, 56; *Rieger*, Neugestaltung des Tarifrechts des öffentlichen Dienstes, ZTR 2004, 334; *Rolfs*, Zur Zulässigkeit der Streikbruchprämie im Arbeitskampf, DB 1994, 1237; *Roth/Kohl* (Hrsg.), Perspektive Gruppenarbeit, 1988; *Rüfner*, Zur Gemeinwohlbindung der Tarifparteien, RdA 1985, 193; *Runggaldier*, Kollektivvertragliche Mitbestimmung bei Arbeitsorganisationen und Rationalisierung, 1983; *Säcker*, Gruppenautonomie und Übermachtkontrolle im Arbeitsrecht, 1972; *Säcker/Oetker*, Grundlagen und Grenzen der Tarifautonomie, 1992; *Sacksofsky*, Das Grundrecht auf Gleichberechtigung, 1991; *Schäfer*, Ist Vermögensbildung nur Vermögenseinbildung?, WSI-Mitt. 1983, 443; *ders.*, Vermögensbeteiligung – Verführung zu Risikokapital, Die Mitbestimmung 1988, 115; *ders.*, Armut in der Arbeit, Soziale Sicherheit 1994, 126; *ders.*, Mehr soziale Ungleichheit – weniger ökonomischer Erfolg: Zur Verteilungsentwicklung in 2003 und in den Vorjahren, WSI-Mitt. 2004, 583; *Schäfer/Rürup*, Der Investivlohn – Förderung der Arbeitnehmer-Vermögensbildung? Möglichkeiten, Grenzen, Transformationen, in: Enquetekommission NRW »Zukunft der Erwerbsarbeit, 1998, 377; *Schäfers*, Sozialstruktur und sozialer Wandel in Deutschland, 8. Aufl., 2004; *Schaub*, Aktuelle Rechtsfragen der Sonderzuwendungen des Arbeitgebers, ZIP 1994, 921; Scherr, Rechtsprechungsübersicht zum BAT, AuR 1980, 269; *Schiefer*, Die schwierige Handhabung der Jahressonderzahlungen, NZA 1993, 1015; *Schiek*, Gleichbehandlungsrichtlinien der EU – Umsetzung im deutschen Arbeitsrecht, NZA 2004, 873; *dies.*, Das Hessische Gleichberechtigungsgesetz, PersR 1994, 201; *dies.* u.a., Frauengleichstellungsgesetze des Bundes und der Länder, 1996; *Schild/Unterhinninghofen*, Betriebe auf dem Prüfstand, Bündnis für Arbeit, AiB 1996, 16; *Schlachter*, Wege zur Gleichberechtigung, 1993; *dies.*, Berufliche Gleichberechtigung und Frauenförderung, JA 1994, 72; *dies.*, Probleme der mittelbaren Benachteiligung im Anwendungsbereich des Art. 119 EGV, NZA 1995, 393; *Schliemann*, Eingruppierung nach dem BAT, ZTR 1999, 435; *ders.*, Tarifrecht für die Entgeltumwandlung bei Betriebsrenten, DB 2001, 2554; *Schmiede/Schudlich*, Die Entwicklung der Leistungsentlohnung in Deutschland, 3. Aufl., 1978; *Schoen*, Das Fünfte Vermögensbildungsgesetz, BB 1987, 894; *Scholz*, Arbeitnehmerische Vermögensbildung durch fondskonzentrierte Gremien- und Unternehmesbeteiligung?, RdA 1973, 65; *Schoren*, Ungleichbehandlungen im Arbeitsverhältnis – Versuch einer Strukturierung der Rechtfertigungsvoraussetzungen, FS Gnade, 1992, 161; *Schulte*, Aktuelle Tarifverträge zur Förderung der betrieblichen Altersvorsorge, NZA 2003, 900; *Schwarze*, Die Auslegung des gesetzlichen Maßregelungsverbots (§ 612a BGB) am Beispiel streikbedingter Sonderzuwendungen, NZA 1993, 967; *ders.*, Zur arbeitskampfrechtlichen Zulässigkeit der Streikbruchprämie, RdA 1993, 264; *ders.*, Die Bedeutung des Nachweisgesetzes für fehlerhafte tarifliche Eingruppierungen, RdA 1997, 343; *Seitenzahl*, Die mikro-

und makroökonomische Ebene der Lohnpolitik im Zusammenhang mit staatlichen Orientierungsdaten, WSI-Mitt. 1974, 158; *Siebke*, Vermögenskonzentration, in: Pitz (Hrsg.), Das Nein zur Vermögenspolitik, 1977, 56; *Siever-Osterhelder*, Die Altersgrenzen – ein spät entdecktes Problem, RdA 1994, 257; *ders.*, Altersdiskriminierung – die verdrängte Benachteiligung, NJW 1994, 1453; *Skiba*, Die praktische Bedeutung verteilungstheoretischer Ansätze, GMH 1973, 114; *Slupik*, Die Entscheidung des Grundgesetzes für Parität im Geschlechterverhältnis, 1988; *dies.*, Lohnzuschlagsregelungen, BB 1994, 1631; *Sowka*, Die Kürzung von Sonderzuwendungen wegen Fehlzeiten, NZA 1993, 783; *Stein, E.*, Vermögensbildung und Grundrechte, 1974; *Steingen*, Zum Aufsatz »An den Grenzen rationaler Rechtsfindung – Grundprobleme« des Eingruppierungsrechts des öffentlichen Dienstes, ZTR 1989, 474; *Steinmeister*, Das Zweite Gleichberechtigungsgesetz, PersR 1994, 345; *Steinmeyer*, Kollektivrechtliche Altersabgrenzungsregelungen ab 1. Januar 1992, RdA 1992, 6; *Stolz-Willig*, Tarifliche Elternurlaubsregelungen, WSI-Arbeitsmaterialien Nr. 28, 1991; *Stück*, Arbeitsentgelt – Korrektur einer unrichtigen Eingruppierung in Vergütungsgruppe, MDR 2005, 130; *Supiot*, Critique du droit du travail, 1994; *Teschner*, Lohnpolitik im Betrieb, 1977; *Tenbrock*, Entgeltumwandlung, in: Preis (Hrsg.), Innovative Arbeitsformen, 2005, 407; *Tondorf*, Tarifverträge zur Beschäftigungssicherung im öffentlichen Dienst Ostdeutschlands, PersR 1995, 203; *dies.*, Gender Mainstreaming in der Tarifpolitik, WSI-Mitt. 2001, 434; *Unterhinninghofen*, Flexibler Personaleinsatz und Eingruppierung, AiB 1991, 406; *ders.*, Fristlose Kündigung der ostdeutschen Tarifverträge, »Hilfeschrei« oder eklatanter Rechtsbruch?, AuR 1993, 101; *Utlinger/Breier/Kiefer/Hoffmann*, BAT Kommentar, Loseblatt; *Vesper/Huhnstock*, Erster kommunaler Prämien-Tarifvertrag in der Fläche – TV-L NW, ZTR 2003, 590; *Vollmer*, Bestandssicherung existenzgefährdeter Unternehmen durch Kürzung von Löhnen und Leistungen, DB 1982, 1670; *Waas*, Ausbildungskosten – Erstattung bei Arbeitgeberkündigung, RdA 2005, 120; *Wank*, Arbeiter und Angestellte, 1992; *Weiler*, Gewerkschaftliche Lohnstrukturpolitik und geschlechtsspezifische Entgeltstrukturen, WSI-Mitt. 1993, 772; *ders.*, Tarifpolitik und Frauendiskriminierung, in: Blanke/Schmidt (Hrsg.), Tarifpolitik im Umbruch, 1995, 61; *Welzmüller*, Sicherung des individuellen Lebensunterhalts durch Arbeitseinkommen, WSI-Mitt. 1987, 94; *ders.*, Unerwartet starker Anstieg des Verteilungsspielraums, WSI-Mitt. 1987, 404; *Wendeling-Schröder/Schubert*, Rechtsprobleme zweistufiger Tarifvertragssysteme, NZA 2003, 772; *Westhoff*, Der Urlaubsanspruch des Arbeitnehmers im Krankheitsfall, AiB 1987, 38; *Weyel*, Tarifrecht im Umbruch: Zur tariflichen Gleichstellung von Arbeitern und Angestellten, NZA 1987, 765; *Wiedemann*, Leistungsprinzip und Tarifvertragsrecht, FS 25 Jahre BAG, 1979, 635; *Winter*, Gleiches Entgelt für gleichwertige Arbeit – Ein Prinzip ohne Praxis, 1998; *dies.*, (Hrsg.), Frauen verdienen mehr. Zur Neubewertung von Frauenarbeit im Tarifsystem, 1994; *Wirges*, Individual- und kollektivrechtliche Voraussetzungen der Korrektur fehlerhafter Eingruppierungen, ZTR 1998, 62; *Wirtmann*, Geschlechtsdiskriminierung, EG-Recht und Tarifverträge, ZTR 1994, 223; *Wißmann*, Geschlechtsdiskriminierung, EG-Recht und Tarifverträge, ZTR 1994, 223; *Wolf*, Handlexikon Eingruppierungsrecht – Entscheidungssammlung 1986; *Wolter*, Probleme der Lohngleichheit zwischen Männern und Frauen, AuR 1981, 129; WSI-Tarifarchiv, Elemente qualitativer Tarifpolitik, fortlaufend; *Zachert*, Aktuelle Möglichkeiten der Arbeitsplatzsicherung und denkbare Konsequenzen eines grundgesetzlich garantierten Rechts auf Arbeit, in: Achten u.a., Recht auf Arbeit – eine politische Herausforderung, 1978, 181; *ders.*, Die Begründung neuer Arbeitsverhältnisse als

Ausstieg aus dem Normalarbeitsverhältnis?, FS Gnade, 1992, 143; *ders.*, Möglichkeit der fristlosen Kündigung von Tarifverträgen in den neuen Bundesländern, NZA 1993, 299; *ders.*, Grenzen für eine gesetzliche Absenkung tariflicher Schutzstandards, NZA 1994, 529; *ders.*, Rechtsfragen zu den aktuellen Tarifverträgen über Arbeitszeitverkürzung und Beschäftigungssicherung, AuR 1995, 1; *ders.*, Einstiegs- oder Billigtarife und Gleichheitsgrundsatz, FS Däubler, 1999, 991; *Zimmermann*, Zur Darlegungs- und Beweislast im BAT-Eingruppierungsprozess, ZTR 2002, 354; *ders.* (Hrsg.), Organisation der Arbeit, 1982.

### 1. Allgemeine Aspekte der gewerkschaftlichen Entgeltpolitik (Überblick)

**97** Die gewerkschaftliche Tarifvertragspolitik beschränkt sich nicht ausschließlich darauf, die Löhne und Gehälter[170] der abhängig Beschäftigten zu erhöhen. Sie ist vielmehr prinzipiell auf eine umfassende Gestaltung ihrer Arbeitsbedingungen gerichtet. Dennoch stellt die Lohn- und Gehaltspolitik nach wie vor das Kernstück und den wichtigsten Mobilisierungsfaktor der gewerkschaftlichen Tarifpolitik dar.

**98** Die **ökonomische Lage der Arbeitnehmer** insgesamt hat sich nach übereinstimmender Einschätzung der sozialwissenschaftlichem Literatur nach 1945 recht günstig entwickelt. Nimmt man als Beispiel die realen Netto-Verdienste der Industriearbeiter, die den (um Lohnsteuer- und Sozialversicherungsbeiträge verminderten) Betrag bezeichnen, der dem Arbeiter tatsächlich zur Verfügung steht, so ergibt sich z.B. von 1950 bis 1971 ein Anstieg um 150%. Das Ausmaß der Erhöhung der realen Netto-Verdienste um das Eineinhalbfache gewinnt unter dem Gesichtspunkt besondere Bedeutung, dass eine vergleichbare Steigerungsrate in keiner Zeitspanne der Entwicklung der letzten hundert Jahre in Deutschland auch nur annähernd erreicht werden konnte.[171] Zu beobachten ist allerdings, dass die Netto-Reallöhne, d.h. die durch den Lebenshaltungskostenindex dividierten Netto-Effektivlöhne, in den Jahren seit 1991 bei leichter Abnahme (97,2 auf der Basis 1991 = 100) stagnieren.[172]

**99** Die gleichwohl nicht bestreitbaren[173] Erfolge gewerkschaftlicher Tarifpolitik haben allerdings an der ungleichen Einkommens- und **Vermögensverteilung** zwischen Selbständigen und Unselbständigen nichts geändert. 1,7% der Bevölkerung verfügten 1966 über ca. 74% des Produktivvermögens (genauer: Eigentum an gewerblichen Unternehmungen) und immerhin mehr als 30% des Gesamtver-

---

170 Verbreiteter Sprachgebrauch war, die Entgelte von Arbeitern als Löhne, die von Angestellten als Gehälter zu bezeichnen. Mit der weitgehenden Gleichbehandlung von Arbeitern und Angestellten auch im Vergütungsbereich (unten § 1 Rn. 142) hat die Unterscheidung an Bedeutung verloren; sie wird insbesondere in Gesetzen nicht mehr aufrecht erhalten (vgl. etwa Entgeltfortzahlungsgesetz). Wenn im folgenden Text gleichwohl verschiedentlich von Lohn oder Gehalt die Rede ist, hat das, von Ausnahmen abgesehen, allenfalls sprachliche Gründe.

171 *Osterland/Deppe/Gerlach/Mergner/Pelte/Schlösser*, Materialien, 112f.; neuere Angaben über die Lohnentwicklung bei *Schäfer*, WSI-Mitt. 2004, 583.

172 *Arbeitsgruppe Alternative Wirtschaftspolitik*, Memorandum 2004, Tabelle A 8, 282. Den auf Lohnanpassungen in den neuen Bundesländern zurückzuführenden Steigerungsraten stehen Rückgänge in den alten Bundesländern gegenüber, vgl. für die Zeit bis 1998 *Arbeitsgruppe Alternative Wirtschaftspolitik*, Memorandum 1998, Tabelle 8. Siehe auch den 2. Armutsbericht der Bundesregierung, Lebenslagen in Deutschland, 2005, 16; ausführlich zur Einkommensverteilung in der Bundesrepublik *Hradil*, Soziale Ungleichheit, 215ff.; zur Lohnentwicklung im internationalen Vergleich Wipo-Schnelldienst 7/2003.

173 Zurückhaltend *Zöllner/Loritz*, § 33 II 3.

mögens.[174] Unbeschadet der Schwierigkeiten bei der Feststellung des Verteilungsgrades von Produktivvermögen lässt sich vermuten, dass sich dies – nach Schwankungen – auch heute noch in ähnlicher Weise darstellt.[175] So ist der Anteil des obersten Zehntels der Haushalte am gesamten Nettovermögen von 1998 bis 2003 von 45 % auf 47 % gestiegen[176]; das oberste Fünftel verfügt über annähernd zwei Drittel[177] und die untere Hälfte über etwas weniger als 4 %.[178]

Im Zusammenhang mit der Einkommensproblematik wird der Entwicklung der **100**
**Bruttolohnquote** Bedeutung beigemessen.[179] Sie gibt das Verhältnis des Einkommens aus abhängiger Beschäftigung einschließlich des Arbeitgeberanteils zur Sozialversicherung – unter Berücksichtigung der Zunahme der Zahl der abhängig Beschäftigten (so genannte bereinigte Bruttolohnquote) – zu den Einkommen aus Unternehmen und Vermögen an. Seit Anfang der 70er Jahre konnte zwar ein Anstieg der (bereinigten) Bruttolohnquote bis auf 71,0 % im Jahre 1980 festgestellt werden.[180] Danach fiel sie jedoch bis 1991 auf etwa 65 %.[181] Für die Zeit nach der Vereinigung an lassen sich Tendenzen nicht feststellen; die bereinigte Lohnquote pendelt um 72 %, wobei ein Vergleich mit früheren Zahlen wegen der durch das Statistische Bundesamt vorgenommenen Revision ausscheidet.

Zusammenfassend lässt sich sagen, dass die ursprüngliche Erwartung, die sich **101**
mit der so genannten aktiven Tarifpolitik verband, nämlich über die Tarifpolitik die Einkommensverhältnisse zwischen Selbständigen und abhängig Beschäftigten zu verändern, nicht erfüllt wurde. Es ist zu vermuten, dass dieses Ziel ohne flankierende Maßnahmen (Steuer–, Preis–, Investitionspolitik) auch wohl nicht erreicht werden kann. Andererseits hat die gewerkschaftliche Tarifpolitik dazu beigetragen, den Zuwachs an volkswirtschaftlichen Werten – unter anderem infolge Produktivitätsfortschritt – zwischen abhängig Beschäftigten und Selbständigen ungefähr gleich zu verteilen und so einem Abbau der Lohnquote entgegenzuwirken.[182]

## 2. Gesellschaftliche und rechtliche Rahmenbedingungen bei der Aushandlung von Löhnen

Eine Analyse der Grundzüge der veröffentlichten Meinungen aus dem privaten, **102**
halbstaatlichen und staatlichen Bereich im Vorfeld der und begleitend zu den tarifpolitischen Auseinandersetzungen (vor allem: die jährlichen Gemeinschaftsgutachten der fünf Wirtschaftsforschungsinstitute, die ebenfalls jährlich publizierten Gutachten des Sachverständigenrates und die Jahreswirtschaftsberichte der Bundesregierung auf der Grundlage des Stabilitätsgesetzes von 1967) lässt

---

174 *Siebke*, Vermögenskonzentration, 65; neuere Angaben *Arbeitsgruppe Alternative Wirtschaftspolitik*, Memorandum 1998, Tabelle 8.
175 Dazu *Hauser*, Einkommen und Vermögen, in: *Schäfers/Zapf* (Hrsg.), Handwörterbuch zur Gesellschaft Deutschlands, 2. Aufl., 2001, 165; siehe auch 2. Armutsbericht der Bundesregierung, Lebenslagen in Deutschland, 2005, 35; *Bach/Bartholmai*, Vermögenswert der Unternehmen – Besitz und Beteiligung privater Haushalte, DIW-Wochenbericht 48/01; *Schäfers*, Sozialstruktur, 258.
176 Dazu 2. Armutsbericht der Bundesregierung, Lebenslagen in Deutschland, 2005, 35.
177 Genauer *Hradil*, Soziale Ungleichheit, 254ff.
178 2. Armutsbericht der Bundesregierung, Lebenslagen in Deutschland, 2005, XXV, 35ff.
179 Kritisch *Schäfer*, Sozialer Fortschritt 2/2004, 45ff.
180 *Glastetter*, Entwicklung, 67, Tab. 16; neuere statistische Angaben z.B. bei *Schäfer*, WSI-Mitt. 2004, 583.
181 *Arbeitsgruppe Alternative Wirtschaftspolitik*, Memorandum 1994, 74; *Schäfer*, WSI-Mitt. 2004, 583; *ders.*, WSI-Mitt. 2002, 627.
182 *Kittner*, GMH 1973, 403.

keinen Zweifel daran, dass überwiegend einer zurückhaltenden gewerkschaftlichen Lohnpolitik eine Schlüsselrolle bei der Bewältigung der Probleme des gegenwärtigen Wirtschaftssystems, namentlich der Aspekte von Preisstabilität und Vollbeschäftigung, zugewiesen wird.
Ohne dass die Fragwürdigkeit dieses Konzepts hier inhaltlich kritisiert werden soll[183], lässt sich feststellen, dass nach den theoretisch vorherrschenden und praktisch angewandten Wirtschaftskonzepten ganz wesentlich der Lohn als veränderliche Größe begriffen wird: Seine Höhe ist zu begründen, zu rechtfertigen und gegebenenfalls zu beschränken, während andere Daten – namentlich die Unternehmergewinne – häufig als unveränderlich und vorgegeben hingenommen werden.[184]

**103** Die Diskussion über die Beschränkung der gewerkschaftlichen Autonomie im Rahmen von Tarifauseinandersetzungen hat nicht nur eine politische Dimension, sie wird vielmehr auch auf der juristischen Ebene ausgetragen. Schlüsselbegriff in der rechtlichen Auseinandersetzung ist die **so genannte »Gemeinwohlbindung« der Tarifvertragsparteien**, die Art. 9 Abs. 3 GG teilweise zugrunde gelegt wird, ohne dass Wortlaut, Entstehungsgeschichte oder Zweck dieser Bestimmung für eine derartige Auslegung etwas hergeben. Dennoch sind in unterschiedlichen Zusammenhängen Entscheidungen der obersten Gerichte ergangen, in denen eine solche Bindung benannt wurde. Das BVerfG etwa hat – bei einer Gegenüberstellung mit den staatlichen Arbeitnehmerkammern – erklärt, auch die Gewerkschaften müssten angesichts der Bedeutung ihrer Tätigkeit das Gemeinwohl berücksichtigen.[185] Ob damit mehr als ein deskriptives Element oder eine politische Forderung angeführt war, stehe dahin.[186] Denn in einer späteren Entscheidung wird die gerichtliche Kontrolle der Tarifziele (am Verhältnismäßigkeitsprinzip) als dem Gedanken der Tarifautonomie widersprechend bezeichnet.[187] Das BAG hat in einigen Arbeitskampfentscheidungen[188] – abstrakt – die Verantwortung der Tarifvertragsparteien gegenüber der Allgemeinheit betont, was die Annahme nahe legen könnte, auch ein Tarifvertrag dürfe nicht gemeinwohlwidrig sein. Demgegenüber verneint der BGH ausdrücklich eine solche (rechtliche) Bindung; die Rechtsordnung nehme bewusst in Kauf, dass Tarifverträge auch ungünstige Auswirkungen auf die gesamtwirtschaftliche Lage haben können; möglicherweise sei es dann Sache staatlicher Wirtschaftslenkung, dem entgegenzusteuern.[189]

**104** Im Schrifttum wird zum Teil eine Bindung an das Gemeinwohl bejaht. Am weitesten gehen die Ansichten, die in den Empfehlungen des Sachverständigenrates[190] (oder in den Orientierungsdaten der heute nicht mehr stattfindenden Konzertierten Aktion nach dem Stabilitätsgesetz[191]) eine Konkretisierung des Ge-

183 Dazu *Arbeitsgruppe Alternative Wirtschaftspolitik*, jährlich.
184 Differenzierend *Franz*, ZfA 1994, 457ff.; *Linde*, in: Sautter, 205.
185 BVerfG AP Nr. 23 zu Art 9 GG (mit Anm. von *Kittner*) = EzA Nr. 15 zu Art 9 GG.
186 Wiedemann/*Wiedemann*, Einl. Rn. 345, interpretiert diese Entscheidung allerdings als zurückhaltende Bejahung der Gemeinwohlbindung.
187 BVerfG AP Nr. 117 zu Art 9 GG Arbeitskampf = EzA Art 9 GG Arbeitskampf Nr. 97 (mit Anm. von *Rieble*, der mit der Feststellung des im Verfassungsrang stehenden Verbots einer Tarifzensur die Diskussion um die Gemeinwohlbindung für beendet hält); siehe auch BAG EzA Art 9 GG Arbeitskampf Nr. 105.
188 Etwa AP Nr. 13 zu Art 9 GG; Großer Senat AP Nr. 43 zu Art 9 GG Arbeitskampf = EzA Nr. 6 zu Art 9 GG; dazu auch *Kissel*, NZA 1986, 75.
189 BGH NJW 1978, 2031.
190 *G. A. Bulla*, Selbstverwaltung, 100.
191 *Biedenkopf*, BB 1968, 1005; *Isele*, Tarifautonomie in der »konzertierten Aktion«, Akademie der Wissenschaft und Literatur, Vortrag vom 28. 4. 1967; dazu auch Wiedemann/*Wiedemann*, Einl. Rn. 347.

meinwohlbegriffes erblicken mit der Folge, dass hierdurch für die Gewerkschaften verbindliche Grenzwerte gesetzt werden. Andere Autoren fordern zusätzlich einen nachweisbaren Verstoß gegen das gesamtwirtschaftliche Gleichgewicht: Tarifvertragsregelungen seien rechtswidrig, die unter Missachtung der Orientierungsdaten nachweislich das gesamtwirtschaftliche Gleichgewicht beeinträchtigen, ebenso der um solche Regelungen geführte Arbeitskampf.[192] Schließlich findet sich in der juristischen Literatur noch die Meinung, Art. 9 Abs. 3 GG liege eine umfassende Ordnungsfunktion im Sinne einer Richtigkeitsgewähr zugrunde. Ein Gleichgewicht sei nötig, um zu erreichen, dass Tarifverträge alles in allem zu ökonomisch richtigen, gerechten und gemeinzweckmäßigen Ergebnissen führen.[193]

Alle diese Auffassungen sind nicht haltbar.[194] Die Empfehlungen des Sachverständigenrates haben keinen verbindlichen Charakter. Das Gesetz über die Bildung des Sachverständigenrates schreibt im Gegenteil sogar vor, der Sachverständigenrat dürfe keine Empfehlungen aussprechen (§ 2 SachverständigenratG). Ebenso misst das Stabilitätsgesetz Orientierungsdaten gerade keine verbindliche Bedeutung bei (§ 3 SachverständigenratG). Aus beiden Rechtsgrundlagen können schon deshalb keine Gesichtspunkte für eine rechtsgültige Begrenzung gewerkschaftlicher Tarifforderungen gezogen werden. Unzulässig erscheint es aber auch, einerseits die so genannte Gemeinwohlbindung der Tarifvertragsparteien aus dem Sinn und der Funktionsfähigkeit des Tarifwesens abzuleiten, andererseits aber die Wertungsgrundlage des als »richtig« oder »angemessen« angesehenen Lohns schuldig zu bleiben. Ohne eine Präzisierung dessen, was unter dem so genannten »Gemeinwohl« zu verstehen ist, die ohne eine gründliche Analyse der gesellschaftspolitischen und ökonomischen Machtverhältnisse nicht geleistet werden kann, ist die These von der Gemeinwohlbindung der Tarifvertragsautonomie wissenschaftlich weder überprüf- noch diskutierbar.[195] Die Festsetzung z.B. der Entgelthöhe würde nicht nur die Rechtsprechung überfordern, sondern auch gegen den Autonomiegedanken des Art. 9 Abs. 3 GG verstoßen[196] (zur Gesamtproblematik im Einzelnen Grundl. Rn. 172). 105

### 3. Tarifverträge über vermögenswirksame Leistungen; Investivlohn; Altersvorsorge

#### a) Vermögenswirksame Leistungen

Die in die 50er-Jahre zurückreichende Diskussion um die **Vermögensbildung und -beteiligung von Arbeitnehmern** war aus verschiedenen Quellen gespeist, sozialistischen, sozialdemokratischen und kirchlichen.[197] Bis zum Ende des vorigen Jahrzehnts hatte sich ihre Bedeutung verflüchtigt.[198] Angesichts einer anhal- 106

192 *Säcker*, Grundprobleme, 54; ebenso *Hueck/Nipperdey*, Bd. II/2, 1628.

193 So unter anderem *Löwisch*, RdA 1975, 53.

194 Zu weitgehend auch *Wiedemann/Stumpf*, Einl. Rn. 100, die die Unwirksamkeit eines Tarifvertrages bei »gröblicher Verletzung der Gemeinwohlbindung« in Erwägung ziehen. Dem gegenüber stellt Wiedemann/*Wiedemann*, Einl. Rn. 351f. auf das Erfordernis der Gemeinwohlverträglichkeit ab, das ein Orientierungsgebot mit offenen Rechtsfolgen bei völlig unangemessener Nichtbeachtung sei.

195 *Herschel*, RdA 1986, 1f.; *Rüfner*, RdA 1985, 193.

196 BVerfG 2.3.1993, NJW 1993, 1379.

197 Dazu ausführlich Wiedemann/*Wiedemann*, § 1 Rn. 412ff.; siehe auch *Däubler*, Tarifvertragsrecht, Rn. 655ff.

198 So *Schäfer/Rürup*, Investivlohn, 378; siehe auch *Däubler/Winter*, § 1 Rn. 405f.

tenden wirtschaftlichen Krise und vor dem Hintergrund der Feststellung, dass das Ziel der aktiven Lohnpolitik, den Anteil der Arbeitnehmer am Ertrag der Wirtschaft zu erhöhen, nicht erreicht werden konnte (dazu § 1 Rn. 101), lebt sie offenbar wieder auf. Realisiert wurde im Wesentlichen bislang nur die Sparförderung nach dem **Vermögensbildungsgesetz**. Auch wenn zu diesem fast flächendeckend Tarifverträge existieren[199], ist eine erwähnenswerte Vermögensbildung in Arbeitnehmerhand hieraus nicht entstanden (siehe auch § 1 Rn. 99). Das liegt einerseits an der relativ geringen Höhe der Förderungsbeträge, andererseits an der kurzen Bindungsdauer.[200] Letztlich führt das Vermögensbildungsgesetz daher nur zu einem vorübergehenden »fakultativen Zwangssparen«, das überwiegend dem privaten Verbrauch dient. Der förderungswürdige Höchstbetrag wird bislang durch entsprechende Aufstockungen ohnedies nur in dem geringeren Teil der Tarifbereiche, vorwiegend in Westdeutschland, erreicht.[201]

**107** Nach § 13 Abs. 1 des gegenwärtig geltenden Fünften Vermögensbildungsgesetzes (VermBG)[202] erhalten Arbeitnehmer mit einem zu versteuernden Jahreseinkommen von 17900 Euro (zusammen veranlagte Ehegatten: 35800 Euro) eine **Arbeitnehmersparzulage**. Diese beträgt gemäß § 13 Abs. 2 Satz 1 VermBG 18% bzw., in den neuen Bundesländern, 22% von höchstens 400 Euro pro Jahr, wenn die **vermögenswirksame Leistung** in Sparverträge über Wertpapiere, Wertpapierkaufverträge, Beteiligungsverträge oder Beteiligungskaufverträge angelegt wird (genauer §§ 4 bis 7 VermBG). Erfolgt die Anlage nach dem Wohnungsbau-Prämiengesetz (vgl. § 2 Abs. 1 Nr. 4 und 5 VermBG) so liegt die Zulage bei 9% von höchstens 470 Euro (§ 13 Abs. 2 Satz 1 VermBG). Beide Anlagenformen können kumuliert werden. Hinzu kommt eine steuerliche Begünstigung nach § 19a EStG.

**108** Vermögenswirksame Leistungen sind **Arbeitslohn** (§ 2 Abs. 7 VermBG). Eine Verpflichtung des Arbeitgebers zu ihrer Erbringung kann sich nach § 10 VermBG aus dem Arbeitsvertrag, aus einer Betriebsvereinbarung oder aus Tarifvertrag ergeben. Verfassungsrechtliche Bedenken[203] gegen eine **tarifvertragliche Gestaltung** sind nicht gerechtfertigt.[204] Zu den Arbeits- und Wirtschaftsbedingungen nach Art. 9 Abs. 3 GG gehört auch die Frage, wie die Erträge der Arbeit verteilt werden, da das Grundgesetz die bestehenden Relationen zwischen Unternehmereigentum und Arbeitnehmervermögen nicht festschreibt. Ebenfalls verfassungsrechtlich nicht zu beanstanden ist die im Jahre 1998 erfolgten Gesetzesänderung, derzufolge durch Tarifvertrag die Freiheit der Anlagenwahl ohne Verlust der staatlichen Förderung auf bestimmte Anlageformen begrenzt werden

---

199 Im Jahr 2004 betrug der Anteil der Beschäftigten in Tarifbereichen mit Regelungen über vermögenswirksame Leistungen rund 93% in den alten Bundesländern und 76% in den neuen Bundesländern, vgl. *BMWA*, Tarifvertragliche Arbeitsbedingungen im Jahre 2004, 2005, 68. Überblick über Regelungsinhalte bei *Stein*, Rn. 534.

200 Die Sperrfrist beträgt je nach Anlageart sechs bzw. sieben Jahre (Einzelheiten §§ 4 bis 8 VermBG).

201 Vgl. *BMWA*, Tarifvertragliche Arbeitsbedingungen im Jahre 2004, 2005, Tabelle 17 (139ff.). Beispiele: Chemische Industrie, Glasindustrie, Papierindustrie und Zuckerindustrie in Westdeutschland, Privates Bankgewerbe und privates Versicherungsgewerbe in West- und Ostdeutschland.

202 In der Fassung der Bekanntmachung vom 4.3.1994, BGBl. I, 406, zuletzt geändert durch Art. 19 des Gesetzes vom 29.12.2003, BGBl. I, 3076.

203 Geäußert von *Biedenkopf*, RdA 1965, 240 und *Forsthoff*, BB 1965, 381 – im Hinblick auf das Zweite Vermögensbildungsgesetz.

204 Heute allgemeine Meinung, etwa *Däubler/Winter*, § 1 Rn. 411ff.; Kittner/Zwanziger/*Schoof*, § 59 Rn. 86ff.; *Löwisch/Rieble*, § 1 Rn. 971ff.; Wiedemann/*Wiedemann*, § 1 Rn. 417; bei Arbeitnehmerbeteiligungen zu Unrecht auf freiwillige Vereinbarungen beschränkend *Loritz*, DB 1985, 531.

kann (§ 12 Satz 2 VermBG)[205], insbesondere Beiträge auf Grund eines Sparvertrags oder eines Kapitalversicherungsvertrags ausschließbar sind.

Die **Förderung tarifvertraglich vereinbarter vermögenswirksamer Leistungen** hängt nicht mehr davon ab, dass der Tarifvertrag keine Möglichkeit einräumt, die vermögenswirksame Leistung durch eine andere, insbesondere eine Barleistung, zu ersetzen; eine dahingehende, in § 10 Abs. 2 VermBG enthaltene Regelung (»Verbot der Barauszahlung«) wurde durch das Altersvermögensgesetz aufgehoben.[206] Damit hat sich auch die Frage erledigt, ob die vorzeitige Auflösung des Sparvertrags eine Verbotsumgehung darstellt.[207] Wird der Vertrag über vermögenswirksame Leistungen prämienschädlich aufgelöst, so kann der Arbeitgeber die aufgrund des Tarifvertrages erbrachten vermögenswirksamen Leistungen nicht zurückfordern, es sei denn, dies ist tariflich ausdrücklich vorgesehen.[208] Auch eine **Aufrechnung des Arbeitgebers** mit Ansprüchen wegen Lohnüberzahlung gegen tarifvertragliche Ansprüche auf vermögenswirksame Leistungen ist **unzulässig.**[209] Dagegen gestattet § 10 Abs. 5 Satz 1 VermBG es dem Arbeitgeber ausdrücklich, auf tariflich vereinbarte vermögenswirksame Leistungen **betriebliche Sozialleistungen**, die er als vermögenswirksame Leistung in dem Kalenderjahr erbracht hat, **anzurechnen**. Die umstrittene Frage, ob die Tarifvertragsparteien diese Vorschrift ausschließen können, wird nach denselben Prinzipien zu beantworten sein, die auch sonst für tarifliche Effektivklauseln gelten (dazu § 4 Rn. 381 ff.).[210] Sieht ein Tarifvertrag zur Vermeidung von Kündigungen die Möglichkeit einer Arbeitszeitverkürzung bei entsprechender Entgeltkürzung vor, so verringert sich im gleichen Maße auch der Anspruch auf vermögenswirksame Leistungen, es sei denn der diese Leistungen regelnde Tarifvertrag schließt das aus.[211] 109

Ob Tarifverträge vorsehen können, dass im Falle berechtigter **Fehlzeiten** der Anspruch auf vermögenswirksame Leistungen entfällt, erscheint fraglich.[212] Trotz der Tendenz der Rechtsprechung, den Tarifparteien einen weiten Spielraum bei der Formulierung der Bezugsbedingungen von Sondervergütungen einzuräumen (§ 1 Rn. 214 ff.) dürfen derartige tarifliche Regelungen nicht gegen zwingende gesetzliche Schutzvorschriften verstoßen.[213] Das gilt in verstärktem Maße noch für Tarifnormen, die eine Leistung für die Zeit der nachgeburtlichen **Schutzfrist des MuSchG** nur dann vorsehen, wenn das Arbeitsverhältnis anschließend in demselben Unternehmen fortgesetzt wird.[214] Nach der Auslegung des jeweiligen Tarifvertrages richtet sich die Beantwortung der Frage, ob vermögenswirksame Leistungen auch im Falle von **Kurzarbeit** zu zahlen sind.[215] Zu 110

205 Zutreffend *Löwisch*, FS Däubler, 475 und 477.

206 Siehe Art. 25 Ziff. 1 des Altersvermögensgesetzes (AVmG) vom 29.6.2001, BGBl. I, 1310.

207 Verneinend BAG 30.4.1975 (1 AZR 187/74), AP Nr. 1 zu § 1 TVG Tarifverträge: Vermögenswirksame Leistung (mit Anm. von *Blomeyer).*

208 BAG 30.4.1975, AP Nr. 1 zu § 1 TVG Tarifverträge: Vermögenswirksame Leistungen (mit Anm. von *Blomeyer*).

209 ArbG Berlin 7.3.1972, AP Nr. 27 zu § 394 BGB.

210 Insoweit zutreffend Wiedemann/*Wiedemann*, § 1 Rn. 419.

211 BAG 17.12.1998 (6 AZR 370/97), AP Nr. 1 zu § 15c BAT-O = NZA 1999, 1111.

212 Ablehnend bei Bildungsurlaub von Betriebsratsmitgliedern ArbG Herne 30.4.1974, DB 1974, 925.

213 Vgl. BAG 12.5.1993, AP Nr. 156 zu § 611 BGB Gratifikation.

214 Siehe aber auch BAG 21.3.2002 (6 AZR 108/01), EzA Art. 141 EGV Nr. 10 (Vorlagebeschluss an den EuGH), die Nichtanrechnung der Schutzfrist auf die Bewährungszeit für zulässig haltend.

215 BAG 15.11.1990 (6 AZR 119/89), AP Nr. 16 zu § 1 TVG Tarifverträge: Textilindustrie = EzA § 4 TVG Textilindustrie Nr. 6; BAG 9.11.1977, AP Nr. 1 zu § 1 TVG Tarifverträge: Textilindustrie.

Umfang und Grenzen der Friedenspflicht im Verhältnis von Tarifverträgen über vermögenswirksame Leistungen zu allgemeinen Lohntarifverträgen siehe § 1 Rn. 679 ff.

### b) Investivlohn

111 Die **tarifliche Vereinbarung** eines so genannten **Investivlohns** begegnet auch auf Branchenebene grundsätzlich keinen Bedenken. Hier sind verschiedene Ausgestaltungsmöglichkeiten denkbar, die dem Unternehmer sowohl nach Art. 14 GG als insbesondere auch nach Art. 12 GG genügend Spielräume für seine Betätigungsfreiheit lassen.[216] Der Schutz der Anteilseigner davor, Gesellschafter »aufgedrängt« zu bekommen, wird regelmäßig durch die gesellschaftsrechtlichen Vorschriften gewährleistet sein.[217] Insoweit handelt es sich jedoch um theoretische Modelle, die mittelfristig wenig Chancen haben, verwirklicht zu werden.

112 Eine Vermögenspolitik im Sinne einer stärkeren Kontrolle unternehmerischer Macht könnte allenfalls über tarifliche überbetriebliche Fonds auf Branchenebene bzw. im Organisationsbereich der jeweiligen Gewerkschaft erreicht werden.[218] Gewerkschaftlich verwaltete Arbeitnehmerfonds sind zeitweilig in Schweden eingeführt worden, ohne dass eine signifikante Zunahme des Mitbestimmungseinflusses auf überbetrieblicher Ebene zu verzeichnen gewesen wäre.[219]

### c) Altersvorsorge

113 **Tarifliche Regelungen einer** zur gesetzlichen Altersrente hinzutretenden **Altersversorgung** sind seit langem und in verschiedenen Branchen üblich. Ihre Bedeutung hat in den vergangenen Jahren zugenommen. Aufgrund einer durch hohe Arbeitslosigkeit bedingten Verschlechterung der Beitragsentwicklung, der ungünstigen demografischen Situation und wegen des Versuchs, die Sozialversicherungsabgaben zu begrenzen bzw. zu reduzieren, wurde die gesetzlichen Rentenversicherung reformiert, mit der Konsequenz einer künftigen Absenkung des Rentenniveaus. Damit wird die tarifvertraglich vereinbarte Vorsorge von einer zusätzlichen zu einer kompensatorischen Versorgung. Wesentliches rechtliches Gestaltungselement hierbei ist die **Umwandlung von Teilen des Entgelts** in Leistungen für die betriebliche Altersversorgung.[220] Sagt der Arbeitgeber eine betriebliche Altersversorgung zu, so kann dies nach § 1 Abs. 2 Ziff. 3 BetrAVG auch in der Weise geschehen, dass künftige Entgeltansprüche in eine wertgleiche Anwartschaft auf Versorgungsleistungen umgewandelt werden (Entgeltumwandlung). Nach dem durch das Altersvermögensgesetz[221] in das BetrAVG eingefüg-

---

216 Zutreffend *Däubler*, Tarifvertragsrecht, Rn. 669.

217 *Buschmann*, Vermögensbildung durch Kollektivvereinbarungen, 1983, 217 ff., 261 ff.; MünchArbR/*Hanau*, § 70 Rn. 22; *Hanau*, Arbeitsrechtliche Probleme der Vermögensbeteiligung der Arbeitnehmer, ZGR-Sonderheft 1985, 111, 116; a. A. – generell Verletzung der negativen Vereinigungsfreiheit – *Löwisch/Rieble*, § 1 Rn. 974; *Loritz*, DB 1985, 531; *Röller*, in: Küttner (Hrsg.), Personalbuch 2005, Vermögenswirksame Leistungen, Rn. 15.

218 Zur kontroversen Diskussion in den Gewerkschaften *Schäfer/Rürup*, Investivlohn, 385 f.; *C. Schäfer*, WSIMitt. 1983, 443; zur verfassungsrechtlichen Diskussion: *Scholz*, RdA 1973, 65; extrem restriktiv *W.-E. Hesse*, DB 1986, 1210.

219 Dazu *Meidner*, WSI-Mitt. 1994, 3, mit weiteren Nachweisen.

220 Dazu ausführlich *Tenbrock*, Entgeltumwandlung, 407 ff. mit umfangreichen Schrifttumsnachweisen; zur betrieblichen Verbreitung siehe *Leiber*, WSI-Mitt. 2005, 319.

221 Vom 26. 6. 2001, BGBl. I, 1310; dazu etwa *Blomeyer*, NZA 2001, 913.

ten § 1a besteht seit dem 1. Januar 2002 ein **Anspruch des Arbeitnehmers** gegen den Arbeitgeber, von den künftigen Entgeltansprüchen bis zu 4% der Beitragsbemessungsgrenze in der allgemeinen Rentenversicherung durch Entgeltumwandlung für eine betriebliche Altersversorgung des Arbeitnehmers zu verwenden; als umwandlungsgeeignet kommen dabei insbesondere auch die Ansprüche auf vermögenswirksame Leistungen in Betracht. Die betriebliche Altersvorsorge kann über den Weg der Direktzusage oder der Direktversicherung oder der Zuwendung an eine Pensionskasse, einen Pensionsfonds oder eine Unterstützungskasse erfolgen (vgl. §§ 1, 1b BetrAVG).[222]

Eine Entgeltumwandlung kann bei **Entgeltansprüchen, die auf Tarifvertrag beruhen**, nur vorgenommen werden, falls der Tarifvertrag das vorsieht oder es zulässt, d.h. diese Gestaltungsmöglichkeit für Betriebsvereinbarung oder Arbeitsvertrag eröffnet (§ 17 Abs. 5 BetrAVG). Sie scheidet aus, wenn eine dahingehende tarifliche Regelung fehlt, es sei denn, für sie stehen übertarifliche Vergütungsbestandteile zur Verfügung. Man kann erwägen, ob sich eine solche Restriktion nicht bereits aus dem Zweck des Tarifvertrags und des Verzichtsverbots ergibt, dem Arbeitnehmer die Leistung tatsächlich zukommen zu lassen.[223] Jedenfalls steht dem die zwingende Wirkung des Tarifvertrags entgegen, wenn man die Entgeltumwandlung zutreffend als alternative Vergütungsabrede[224] und nicht als bloße Verwendungsvereinbarung auffasst. Wortlaut und Zielsetzung des § 17 Abs. 5 BetrAVG sind ohnedies eindeutig, so dass auch eine allgemeine Intention des Gesetzgebers, die betriebliche Altersversorgung zu fördern, dem nicht entgegengesetzt werden kann.[225] Die individualarbeitsvertragliche Abweichung von der tariflichen Entgeltumwandlung durch eine Barauszahlungsvereinbarung ist unwirksam; das Günstigkeitsprinzip des § 4 Abs. 3 TVG findet keine Anwendung.[226] Im Falle einer bloßen **Bezugnahme** auf den Vergütungstarifvertrag findet die Zulassungsvorschrift des § 17 Abs. 5 BetrAVG keine Anwendung, da der Entgeltanspruch auf Arbeitsvertrag und nicht auf Tarifvertrag beruht (siehe auch § 3 Rn. 153).[227] Die Verweisung auf den Tarifvertrag über die Entgeltumwandlung hat jedoch nach § 17 Abs. 3 Satz 2 BetrAVG auch zur Folge, dass zugelassene Abweichungen des Tarifvertrags vom Gesetz gelten. **114**

Den Tarifvertragsparteien bleibt bei der **Ausgestaltung der betrieblichen Altersversorgung** weiter Gestaltungsspielraum[228], da die wesentlichen nicht steuer- oder insolvenzsicherungsrechtlichen Vorschriften des BetrAVG zu ihrer Disposition stehen (§ 17 Abs. 3 BetrAVG). Nur sie können etwa den Umwandlungsanspruch ausschließen, die Höhe modifizieren oder die Durchführungswege festlegen. **115**

Ergänzt werden die arbeitsrechtlichen Regelungen bei einer Nettoentgeltumwandlung und Versorgung über einen Pensionsfonds, eine Pensionskasse oder eine Direktversicherung durch eine **staatliche Förderung** (§ 1a Abs. 3 **116**

---

222 Wegen Einzelheiten ist auf das spezielle Schrifttum, insbesondere die Kommentare zum BetrAVG, hinzuweisen. Siehe auch *Kerschbaumer/Perreng*, Die neue betriebliche Altersversorgung, 2. Aufl., 2005.

223 In diesem Sinn allgemein *Däubler/Zwanziger*, § 4 Rn. 1066.

224 *Klemm*, NZA 2002, 1126.

225 So aber etwa *Blomeyer*, DB 2001, 1416; wie hier *Tenbrock*, Entgeltumwandlung, 429; *Klemm* NZA 2002, 1127.

226 Vgl. – mit unterschiedlichen Begründungen – *Klemm* NZA 2002, 1127; *Langenbrinck*, ZTR 2003, 428 (»regelmäßig«); *Tenbrock*, Entgeltumwandlung, 431; a.A. etwa ErfK/*Steinmeyer*, § 17 BetrAVG Rn. 41.

227 A.A. anscheinend *Langenbrinck*, ZTR 2003, 429; wie hier *Klemm*, NZA 2002, 1127; *Schliemann*, DB 2001, 2555; wohl auch *Tenbrock*, Innovative Arbeitsformen, 430.

228 ErfK/*Steinmeyer*, § 17 BetrAVG Rn. 35; *Schliemann*, DB 2001, 2554; *Tenbrock*, Entgeltumwandlung, 427f.; a.A. *Blomeyer*, NZA 2001, 917.

BetrAVG in Verbindung mit §§ 10a, 79ff. EStG, so genannte Riesterförderung). Der Arbeitnehmer kann aber auch aus dem Bruttoentgelt umwandeln und andere steuerliche Vorteile in Anspruch nehmen (Abzug von Sonderausgaben).[229]

**117** In der **Tarifpraxis** hat die angeführte Reformgesetzgebung zu einer vermehrten Vereinbarung von Vorsorgetarifverträgen geführt.[230] Heute enthalten Tarifverträge in rund 400 Tarifbereichen sowie eine Reihe von Firmentarifverträgen Regelungen über eine zusätzliche Altersvorsorge bzw. Entgeltumwandlung; erfasst werden hierdurch über 80 Prozent der Arbeitnehmer für die Tarifverträge bestehen.[231] In verschiedenen Branchen haben sich jedoch (auch) andere Systeme als das der »Riester«-Förderung durchgesetzt.[232] In aller Regel behalten Arbeitnehmer die Wahl, ob sie eine Entgeltumwandlung wollen und wenn ja, welcher Durchführungsweg genommen werden soll.[233] Fällt die Entscheidung zu Gunsten einer beitragsorientierten Versorgungszusage, so stellt sich die Frage, ob wegen der höheren Lebenserwartung von Frauen geschlechtsspezifisch differenzierende Renten gegen das europarechtliche, verfassungsrechtliche und einfachrechtliche Gleichbehandlungsgebot verstoßen.[234] Anders als bei der privaten Altersvorsorge ab 1. Januar 2006 ist der Zwang zu Unisex-Tarifen für die betriebliche Altersvorsorge durch das Alterseinkünftegesetz nicht vorgesehen.

### 4. Absicherung des Reallohns während der Laufzeit des Tarifvertrags

**118** Trotz Steigerung der tariflichen Nominallöhne stagnierende oder zurückgehende Reallöhne (dazu § 1 Rn. 98) entwerten die Erfolge gewerkschaftlicher Tarifpolitik. Da die Unternehmenskonzentration weiterhin zunimmt und damit die Spielräume von Großunternehmen in der Preisgestaltung auf Märkten, in denen der Wettbewerb weitgehend ausgeschaltet ist, wird trotz relativer Preisstabilität in jüngerer Vergangenheit auch in Zukunft eine Antwort darauf gefunden werden müssen, wie einer **schleichenden Aushöhlung der Tarifautonomie** auf Grund von Preissteigerungen begegnet werden kann. Eine zusätzliche Gefahr für das Reallohnniveau kann aus einer preissteigernd wirkenden Steuerpolitik erwachsen.

**119** Auf die Problematik einer **ausdehnend interpretierten Friedenspflicht** wird an anderer Stelle noch eingegangen (§ 1 Rn. 679). Die Alternative zur herrschenden Rechtsmeinung wird allerdings nicht darauf hinauslaufen können, die tarifvertragliche Friedenspflicht schlechthin abzuschaffen. Freiheit von der Friedenspflicht würde nämlich auch die Freiheit der Arbeitgeber bedeuten, sich unbequemer Bindungen zu entledigen bzw. sie überhaupt nicht erst einzugehen.[235] Neben Auslegungen, die unter stärkerer Berücksichtigung des Willens

---

229 Einzelheiten *Däubler/Hensche*, § 1 Rn. 627; *Blomeyer* NZA 2001, 918; *Langenbrinck*, ZTR 2003, 426f.

230 Zum ersten Entgeltumwandlungstarifvertrag im öffentlichen Dienst, dem zum 1.1.2003 in Kraft getretenen TV-EUmw/VKA für Beschäftigte der Kommunen, siehe *Langenbrinck*, ZTR 2003, 426.

231 *BMWA*, Tarifvertragliche Arbeitsbedingungen im Jahre 2004, 2005, 58; Stand 31.12.2004.

232 Dazu ausführlich im Hinblick auf Groß- und Einzelhandel, die chemische Industrie und die Metall und Elektroindustrie *Schulte*, NZA 2003, 900.

233 *Däubler/Hensche*, § 1 Rn. 630.

234 Bejahend *Däubler/Hensche*, § 1 Rn. Rn. 634ff. sowie in NZA 2004, 828; Körner, NZA 2004, 760, jeweils mit umfangreichen Nachweisen.

235 Beispiel: die fristlose Kündigung der Stufentarifverträge im Metallbereich Anfang 1993, dazu einerseits: *Buchner*, NZA 1993, 289; andererseits *Zachert*, NZA 1993, 299; *Unterhinninghofen*, AuR 1993, 101; siehe auch *Stein*, Anm. zu BAG 18.2.1998 (4 AZR 363/96) SAE 1999, 103.

der Tarifvertragsparteien flexiblere Reaktionen auf unerwartete Preissteigerungen ermöglichen (§ 1 Rn. 677), gibt es Überlegungen, durch Klauseln im Tarifvertrag selbst eine automatische Anpassung an die Preisentwicklung zu erreichen (Indexklauseln; etwa: Geldbetrag je Punkt Indexsteigerung oder Lohnveränderung um x Prozent, wenn der Index zwei Monate hintereinander bestimmte Toleranzgrenzen überschreitet). Ein anderer Weg besteht darin, durch indexabhängige Kündigungsmöglichkeiten eine vorzeitige Beendigung des Tarifvertrages herbeizuführen. So könnte das Lohnabkommen kündbar sein, mit dem Ziel, über eine Anpassung des Lohnes zu verhandeln, wenn der Preisindex in festgesetzten Zeiträumen bestimmte Werte oder Steigerungsraten überschreitet (Indexkündigungsklauseln). Ein Anpassungssatz ist hierbei nicht vorgegeben. Derartige Klauseln spielen in der Gewerkschaftspolitik einiger benachbarter Länder eine gewisse praktische Rolle. Ihre Bedeutung in der Bundesrepublik war bisher gering.

Die Gewerkschaften in der Bundesrepublik lehnten bislang Konzepte einer **automatischen Lohnanpassung durch Indexierung** ab.[236] Eine derartige Index-Automatik erscheint auch aus grundsätzlichen Überlegungen bedenklich. So ist zweifelhaft, ob Indexklauseln in Tarifverträgen nach § 2 Abs. 1 Satz 2 des Preisangaben- und Preisklauselgesetzes[237] in Verbindung mit §§ 2 ff. Preisklauselverordnung[238] der Genehmigung des Bundesamtes für Wirtschaft bedürfen oder der freien Vereinbarung der Tarifvertragsparteien unterliegen.[239] Selbst wenn man der Auffassung folgt, wonach Entstehungsgeschichte und Zweck der Regelung dafür sprechen, diese solle die private Spekulation, nicht aber die Tarifautonomie beschränken, bleibt eine gewisse Rechtsunsicherheit. Damit ist die Gefahr nicht von der Hand zu weisen, dass bei einer Lohnindexierung das Bundesamt für Wirtschaft unmittelbar in die Tarifvertragspolitik einbezogen und damit der Handlungsspielraum der Gewerkschaften unzumutbar beschränkt werden könnte.[240] **120**

Völlig **aufgehoben** wäre die Tarifvertragsautonomie, wenn nicht nur das Entgelt in bestimmten Zeitabständen der Preissteigerungsrate angepasst wird, sondern auch der Reallohn nur im Rahmen einer – wie auch immer fixierten – Grenze (z. B. am Maßstab des Produktivitätsfortschritts) steigen darf. Derartige Vereinbarungen wären wegen Verstoßes gegen Art. 9 Abs. 3 GG verfassungsrechtlich unzulässig. Zutreffend hebt auch das Bundesverfassungsgericht die freiheitlich-demokratische Komponente des Rechts der Koalitionen zur eigenverantwortlichen Regelung der Arbeitsbedingungen durch Tarifvertrag hervor.[241] **121**

**Erfahrungen anderer Länder** werden sich ohne genaue Analyse der Art der Indexierung, der gewerkschaftlichen Strukturen und der gesellschaftlichen Bedingungen auf die Verhältnisse der Bundesrepublik nicht schematisch übertragen lassen.[242] Im Übrigen zeigt die Abschaffung der automatischen Lohnanpas- **122**

---

236 *Leminsky/Otto*, Politik, 185.

237 In der Fassung des Euro-Einführungsgesetzes vom 9. 6. 1998, BGBl. I, 1253.

238 Vom 23. 9. 1998, BGBl. I, 3043.

239 Genehmigungsbedürftigkeit bejahen etwa *Löwisch/Rieble*, § 1 Rn. 859; LAG Hamm, DB 1985, 397 (für eine Betriebsvereinbarung); a. A. – zur Vorgängervorschrift des § 3 Abs. 2 WährG – Wiedemann/*Wiedemann*, Einl. Rn. 379; offen gelassen in BAG AP Nr. 3 zu § 1 TVG Vorruhestand = EzA § 2 VRG Bauindustrie Nr. 4.

240 Dagegen *Däubler*, Tarifvertragsrecht, Rn. 569.

241 BVerfG 3. 4. 2001 (1 BvL 32/97), E 103, 293 = NZA 2001, 777, mit weiteren Nachweisen; BVerfG 2. 3. 1993, NJW 1993, 1379; BVerfG 24. 5. 1977, E 44, 322, 341, 347; *Zachert*, NZA 1994, 531 ff.

242 Vgl. *Gerfin*, Funktionswandel, 37 ff.

sung (»scala mobile«) in Italien, die dort zu den Eckpfeilern der Tarifpolitik gehörte[243] beispielhaft die Problematik einer derartigen Automatik.

123 Diskutabler als eine automatische Lohnanpassung durch Indexklauseln erscheint die **Vereinbarung von Index-(bzw. Preis-)Kündigungsklauseln**. Dies sind Klauseln, die den Gewerkschaften die Möglichkeit eröffnen, einen Tarifvertrag für den Fall vorzeitig zu kündigen, dass die tatsächliche Preissteigerungsrate die beim Vertragsschluss angenommene Rate überschreitet. Hier geben die Gewerkschaften Gestaltungsfreiheit nicht aus der Hand, so dass die Gefahr einer Aushöhlung der Tarifvertragsautonomie nicht besteht. Kündigungsklauseln ohne gleichzeitige Beschränkung gewerkschaftlicher Rechte laufen praktisch auf eine begrenzte Einengung der tariflichen Friedenspflicht hinaus.

124 Eines lässt sich jedenfalls als wahrscheinlich prognostizieren: Werden Tarifverträge noch während ihrer Laufzeit durch Preissteigerungen entwertet, ohne dass es gelingt

- durch Vereinbarung von Index-Kündigungsklauseln oder
- Verkürzung der Laufzeit[244] von Lohn- und Gehaltstarifverträgen oder
- Offenhalten anderer auf Geldleistung bezogener Forderungen (z.B. über vermögenswirksame Leistungen) in Tarifverträgen mit unterschiedlicher Laufzeit,

hiergegen Vorkehrungen zu treffen, könnte das Tarifvertragssystem im Hinblick auf die tarifvertragliche Friedenspflicht an seine Grenzen stoßen. Dies gilt vor allem dann, wenn die Tarifparteien wie im Zusammenhang mit der wöchentlichen Arbeitszeitverkürzung des Jahres 1987 lange Laufzeiten (drei Jahre) auch für die Lohntarifverträge vereinbaren.

125 Vor dem Hintergrund der anhaltenden Arbeitsmarktkrise und einer Labilität der relativen Machtbalance zu Lasten der Arbeitnehmerseite zeigt sich jedoch eher ein umgekehrtes Problem. So wird teilweise das erreichte Lohnniveau durch den **Abbau übertariflicher Leistungen** durch den Arbeitgeber (dazu § 1 Rn. 206ff. und § 4 Rn. 339) oder auch durch die Betriebsparteien (dazu § 4 Rn. 289) in Frage gestellt. Eine unterhalb der Ebene des Tarifvertrags erfolgende Kürzung sogar der tariflichen Löhne und Leistungen würde gegen die zwingende Wirkung des Tarifvertrages (§ 4 Rn. 14) verstoßen. Auch sie war trotz der klaren rechtlichen Ausgangslage in Einzelfällen bereits Anfang der 80er Jahre vor allem bei kleinen und mittleren Unternehmen zu beobachten[245] und hat eine neue Schubkraft durch die Kündigung der Metalltarifverträge durch die Arbeitgeberseite 1993 erhalten mit dem erklärten Ziel, das Tarifniveau zu senken.[246] Sollte sich diese Tendenz verstärken, so würden fundamentale Rechtsprinzipien des Tarifsystems aufgegeben (zu ähnlichen Tendenzen zum Ende der Weimarer Republik: Grundl. Rn. 34). Zu den legalen Instrumenten einer Entgeltreduzierung auf Grund tariflicher Härtefallklauseln siehe unten § 1 Rn. 228.

---

243 *Mariucci*, in: Zachert (Hrsg.), Die Wirkung des Tarifvertrages in der Krise, 155ff.

244 Seit geraumer Zeit geht der Trend allerdings zu längeren Laufzeiten. Bei Vergütungstarifverträgen betrugen diese im Jahre 2004 durchschnittlich rund 22 Monate, während es 1994 noch 13,4 Monate waren; vgl. *Bispinck*, WSI-Mitt. 2005, 62f.; WSI-Mitt. 2004, 67.

245 *Vollmer*, DB 1982, 1670.

246 Hierzu, auch zu den Ergebnissen: *Zachert*, GMH 1994, 168; *ders.*, WSI-Mitt. 1993, 481.

### 5. Beeinflussung der Lohnstruktur durch Lohn- und Lohnrahmentarifverträge

#### a) Allgemeines

Die Regelung der Entgeltstruktur wirft erhebliche sozialpolitische Probleme, insbesondere auch die Frage nach der (internen) Verteilungsgerechtigkeit, auf. Es geht hier etwa um den erfassten Personenkreis (dazu § 4 Rn. 105), das **Verhältnis der** unteren zu höheren **Lohngruppen** sowie einzelner **Arbeitnehmergruppen** zueinander wie Arbeiter und Angestellte, Frauen und Männer usw. Fragen der Lohnstruktur spielen eine Rolle sowohl bei Lohntarifverträgen als auch bei Lohnrahmentarifverträgen. **126**

Im Hinblick auf Lohntarifverträge wird anlässlich anstehender Verhandlungsrunden immer wieder die Forderung nach **Sockelbeträgen** oder eine Aufspaltung in prozentuale Erhöhung und Sockelbeträge erhoben, um einer Vergrößerung des Abstandes zwischen den höheren und den niedrigeren Lohngruppen entgegenzuwirken.[247] Das wird um so bedeutsamer, je größer die Zahl der Bezieher von Niedrigeinkommen wird. **127**

Was die **Lohnrahmentarifverträge** betrifft, so wurden hinsichtlich der Lohnstruktur in den vergangenen Jahrzehnten nicht unerhebliche **Verbesserungen** erreicht. Genannt sei die weitgehende Beseitigung von Ortsklassenabschlägen, Veränderungen der Tarifgruppeneinteilung und Tätigkeitszuordnung, der Abbau von Altersabstufungen, die Anhebung der unteren Lohngruppen usw. So hatte beispielsweise die überdurchschnittliche Steigerung der Löhne und Gehälter der unteren Lohngruppen im Metallbereich durch die Beseitigung von Frauenlohn-Abschlägen, durch Streichung von so genannten Leichtlohngruppen[248] und Wegfall sowie überproportionale Anhebung der unteren Lohngruppen dazu geführt, dass der Prozentwert der untersten Lohngruppe 1973 etwa 80 % des Ecklohns gegenüber nur 60 % im Jahre 1950 betrug.[249] Gleichwohl bewegt sich das Entgelt eines Teils der Beschäftigten auf niedrigem Niveau. Eine Auswertung sämtlicher (2800) im Jahre 2003 gültiger Verbands-Entgelttarifverträge[250] durch das Bundesministerium für Wirtschaft und Arbeit zeigte, dass in über 130 Tarifverträgen Stundenentgelte von weniger als 6 Euro vereinbart worden waren.[251] Über die Zahl der tatsächlich Betroffenen ist damit zwar nichts ausgesagt. Wenn aber das unterste Fünftel der Vollzeitbeschäftigten weniger als 1900 Euro Bruttomonatsverdienst (bei einem arithmetischen Mittel aller Vollzeitbeschäftigtenverdienste von rund 2800 Euro) aufweist und rund 85 % der Arbeitsverhältnisse am Tarifvertrag orientiert sind[252], müssen sich darunter auch **Tarif-Niedriglöhner/innen** befinden. In diesem Zusammenhang ist eine auch in den Gewerkschaften kontrovers geführte Debatte um gesetzliche Mindestlöhne zu sehen. **128**

---

247 Zum unzulänglichen Einkommensniveau der unteren Einkommensgruppen vgl. etwa *Bispinck/C. Schäfer*, Sozialer Fortschritt 2005, 1; *Welzmüller*, WSI-Mitt. 1987, 94; zur europäischen Dimension der Debatte *C. Schäfer*, Soziale Sicherheit 1994, 126.

248 Die rechtlich unzulässigen Leichtlohngruppen existierten 1991 immerhin noch in 21 Tarifverträgen, NZA 1993, VII.

249 GMH 1973, 578f.

250 Stand 31.12.2003.

251 BT-Drucks. 15/2932, 7, mit Anlage 2.

252 Beide Angaben in BT-Drucks. 15/2932, 7, mit Anlage 1 – für das Jahr 2001.

129 Hiervon abgesehen dürfen die oben geschilderten Verbesserungen in der Tarifstruktur andererseits nicht darüber hinwegtäuschen, dass – wie empirische Untersuchungen ausweisen – das Tarifgefüge insgesamt relativ stabil geblieben ist und auch innerhalb verschiedener Arbeitnehmergruppen teilweise noch erhebliche, teilweise auch durch Leistungsunterschiede nicht begründbare Lohnunterschiede vorliegen. Zum einen bestehen **Differenzierungen zwischen den Branchen**[253]; dabei kommt jeweils ein **Lohngefälle von den alten zu den neuen Bundesländern** hinzu. Zum anderen weisen die Löhne und Gehälter auch innerhalb einer Branche beachtliche Unterschiede auf. So ergab eine Stichprobe von Tarifverträgen aus 30 Wirtschafts- und Dienstleistungszweigen für das Jahr 1993, dass je nach Branche in ein und demselben Tarifvertrag bei den Arbeitern die höchsten Stundengrundlöhne um bis zu 100 % über den niedrigsten und bei den Angestellten die höchsten Monatsgrundgehälter sogar um bis zu 270 % über den niedrigsten lagen.[254] Eine neuere empirische Untersuchung weist ähnliche Spreizungen in den für Nordrhein-Westfalen im Jahr 2001 geltenden Tarifverträgen nach.[255]

### b) Geschlechtsspezifische Unterschiede

130 Das durchschnittliche Einkommen vollzeitbeschäftigter Arbeitnehmerinnen liegt auch heute noch bei etwa 75 % des durchschnittlichen Entgelts von Männern, wobei sich der Abstand in den letzten Jahrzehnten um nur wenige Prozentpunkte verringert hat.[256] Eine Darstellung des hierfür verantwortlichen komplexen Ursachenbündels kann an dieser Stelle nicht erfolgen. Für den vorliegenden Zusammenhang relevant ist jedoch die in der sozialwissenschaftlichen Literatur weitgehend unstreitige Feststellung, dass die tariflichen Eingruppierungsmerkmale einen Teil der **geschlechtsspezifischen Entgeltunterschiede** herbeiführen (siehe auch unten § 1 Rn. 192).[257]

131 Art 141 EG-Vertrag legt den Grundsatz des gleichen Entgelts für Männer und Frauen bei gleicher oder gleichwertiger Arbeit fest.[258] Auf dieser Bestimmung beruhen die Richtlinie 75/117/EWG zur Lohngleichheit[259] und insbesondere die so genannte Genderrichtlinien 76/207/EWG in der Fassung der Richtlinie 2002/73/EG, in der Bundesrepublik Deutschland umzusetzen bis 5. Oktober 2005 durch ein Antidiskriminierungsgesetz (ADG). Dieses liegt im Entwurf

---

253 Siehe etwa die Zahlenangaben zu Tariflöhnen für Nordrhein-Westfalen bei *Bispinck/C. Schäfer*, Sozialer Fortschritt 2005, 1, insbesonder Tabelle 3 (Stand 31. 12. 2001). Allgemeines Zahlenmaterial bei *Statistisches Bundesamt*, Fachserie 16/Reihen 4.1 und 4.2 (Stand jeweils Oktober 2004); *Statistisches Bundesamt*, Gehalts- und Lohnstrukturerhebung Oktober 2001, in: Löhne und Gehälter, 2004.

254 *BMAS*, RdA 1994, 240. Dem entsprechen die von Bispinck / WSI-Tarifarchiv 1996 in Tarifbereichen aus 25 Wirtschaftszweigen erhobenen Daten, vgl. *Bispinck*, JbArbR 34 (1996), 52 – Tabelle 1.

255 *Bispinck/C. Schäfer*, Sozialer Fortschritt 2005, 1 ff., Tabelle 3 – Stand 31. 12. 2001.

256 Vgl. insgesamt Bericht der Bundesregierung zur Berufs- und Einkommenssituation von Frauen und Männern, BT-Drucks. 14/8952 (2002) – hier 87; *Hinz/Gartner*, Lohnunterschiede, 14.

257 Statt vieler *Hinz/Gartner*, Lohnunterschiede, 31; *Klenner*, Gleichstellung, 42 f.; *Pfarr*, FS 50 Jahre BAG, 787 f.; *Weiler*, WSI-Mitt. 1993, 772; *dies*, Tarifpolitik im Umbruch, in: Winter, Frauen verdienen mehr, 1994, 68 f.; *Winter*, Gleiches Entgelt, 47 ff. Zum Beispiel der Eingruppierung von »Vorzimmerdamen« in das Vergütungssystem des BAT vgl. ausführlich Feldhoff, Der Personalrat 2003, 301.

258 Dazu, dass der Grundsatz des gleichen Entgelts für Männer und Frauen nach Art. 119 EWG-V (jetzt Art. 141 EGV) und der Lohngleichheits-Richtlinie 75/117 auch bei Stücklohnsystemen gilt, vgl. EuGH 31. 5. 1995, BB 1995, 1484, dort auch zu den Vergleichsmaßstäben.

259 Bis zum Inkrafttreten des ADG umgesetzt in § 612 Abs. 3 BGB.

vor.[260] Nach dessen § 2 Abs. 1 Ziff. 2 in Verbindung mit § 1 ist eine **Benachteiligung wegen des Geschlechts in Bezug auf Arbeitsentgelte unzulässig**; dahingehende kollektivrechtliche[261] wie individualrechtliche Vereinbarungen werden in § 7 Abs. 2 für unwirksam erklärt. An die Stelle einer unwirksamen kollektivrechtlichen Vereinbarung tritt nach Abs. 2 Satz 2 die Regelung, die die Vertragspartner vereinbart hätten, wenn sie die Unwirksamkeit gekannt hätten; kannte der Arbeitgeber im Anwendungszeitpunkt den Verstoß, besteht ein Anspruch auf Gleichstellung mit dem oder der Bevorzugten (Satz 3). Wie sich aus § 8 Abs. 2 E-ADG ergibt, ist die Vereinbarung einer geringeren Vergütung für gleiche oder gleichwertige Arbeit wegen des Geschlechts unzulässig, wenn nicht die Ausnahmebestimmung des Abs. 1[262] eingreift. Das gilt nach Abs. 3 auch dann, wenn die unterschiedliche Behandlung wegen eines Merkmals erfolgt, das im Zusammenhang mit dem Geschlecht steht und ein Grund im Sinne des § 8 Abs. 1 E-ADG für die Differenzierung fehlt. Mit dieser die angeführten EG-Richlinien umsetzenden Regelung ist eine Anspruchsgrundlage bei geschlechtsspezifischen Entgeltdiskriminierungen in Tarifverträgen vorhanden, so dass es insoweit eines Rückgriffs auf das europäische Recht (Art. 141 EG-Vertrag) oder auf Art. 3 Abs. 3 GG[263] nicht mehr bedarf.[264]

Offene, **unmittelbare geschlechtsspezifische Differenzierungen**, denen zufolge abhängig beschäftigte Männer unter denselben Bedingungen für dieselbe Tätigkeit bessere Leistungen erhalten als Frauen, werden sich in Tarifverträgen wohl kaum noch finden lassen.[265] Anderes gilt, wenn man die Frage im Hinblick auf **mittelbare Diskriminierungen** stellt, auf Differenzierungen also die dem Anschein nach aufgrund von neutralen Vorschriften, Kriterien oder Verfahren erfolgen, jedoch tatsächlich ein Geschlecht benachteiligen (§ 3 Abs. 2 E-ADG). Sie lässt sich nicht damit beantworten, dass die unterschiedliche Bewertung durch den Tarifvertrag die fehlende Gleichwertigkeit von Arbeiten belegt; andernfalls würde bereits jede tarifliche Verschiedenbehandlung von Tätigkeiten eine sich geschlechtsspezifisch auswirkende Diskriminierung rechtfertigen. **132**

---

260 Nach Verabschiedung durch den Bundestag am 17.6.2005 (BT-Drucks. 15/4538) im Bundesrat gescheitert. Der Entwurf betrifft zugleich die bereits 2003 umzusetzenden Richtlinien 2000/43/EG (Verbot der Diskriminierung wegen ethnischer Herkunft) und 2000/78/EG (Verbot der Diskriminierung wegen Religion, Weltanschauung, Behinderung, Alter, sexueller Ausrichtung).

261 Zur verfassungsrechtlichen Zulässigkeit des Eingriffs in die Tarifautonomie durch einfachgesetzlicher Diskriminierungsverbote zum Schutze des Gleichheitssatzes siehe zuletzt BAG 27.5.2004 (6 AZR 129/03), EzA Art. 3 GG Nr. 101.

262 Die geschlechtsspezifisch unterschiedliche Behandlung muss wegen der Art der auszuübenden Tätigkeit oder der Bedingungen ihrer Ausübung eine wesentliche und entscheidende berufliche Anforderung darstellen, der Zweck rechtmäßig und die Anforderung angemessen sein.

263 Dessen Anwendung auf den Tarifvertrag ist auch für diejenigen weitgehend unstreitig, die einer generellen unmittelbaren Geltung der Grundrechte ablehnend gegenüber stehen, vgl. etwa *Däubler/Schiek*, Einl. Rn. 174ff., 222; zur allgemeinen Problematik siehe Einl. Rn. 235ff. und aus der Rechtsprechung BAG 27.5.2004 (6 AZR 129/03), EzA Art. 3 GG Nr. 101, der Rechtsprechung des Bundesverfassungsgerichts zur verpflichtenden Schutzfunktion der Grundrechte folgend.

264 Bei Individualstreitigkeiten stützte sich die Rechtsprechung vor Inkrafttreten des ADG auf § 612 BGB, siehe etwa BAG 10.12.1997 (4 AZR 264/96), AP Nr. 3 zu § 612 BGB Diskriminierung = EzA § 612 BGB Nr. 22. Im Hinblick auf Tarifnormen war dies noch nicht abschließend entschieden, vgl. ausführlich *Däubler*/Schiek, Einl. Rn. 403ff.

265 Die soweit ersichtlich letzte Entscheidung des BAG hierzu betraf einen tariflichen Zuschlag zum tariflichen Gehalt, der ausdrücklich als »Ehefrauenzulage …, die dem verheirateten Angestellten für seine Ehefrau zusteht«, gekennzeichnet war, vgl. BAG 13.11.1985, AP Nr. 136 zu Art 3 GG = EzA Art 3 GG Nr. 18. Siehe allgemein auch die Beiträge in *R. Winter* (Hrsg), Frauen verdienen mehr. Zur Neubewertung von Frauenarbeit im Tarifsystem, 1994.

**133** Für die **Prüfung der Wirksamkeit** differenzierender tariflicher Vergütungsregelungen[266] kommt es zunächst darauf an, **Vergleichsgruppen** zu bilden, d.h. Arbeitnehmergruppen, die bei unterschiedlicher Vergütung gleiche oder gleichwertige Arbeitsleistung erbringen. Erhebliche Schwierigkeiten bereitet im Zusammenhang mit der Eingruppierungsfrage in Vergütungsordnungen das Finden der richtigen Vergleichsgruppe.[267] Anders als in der Regel etwa bei differenzierenden Zuschlags- und Zulagenregelungen, bei denen die Vergleichsgruppen grundsätzlich bekannt sind, muss hier eine Vorselektion danach erfolgen, ob Tätigkeiten gleichwertig sind. Im Rahmen eines Gesamtkonzeptes ist festzustellen werden, ob männliche und weibliche Arbeitnehmer Tätigkeiten ausüben, die nach objektiven Maßstäben denselben Arbeitswert haben. Dabei ist der jeweils erforderliche Umfang von Vorkenntnissen und Fähigkeiten zu berücksichtigen. Die Tarifpraxis und die Verkehrsanschauung sollen Anhaltspunkte geben können.[268] In dem zuletzt genannten Punkt erscheint Zurückhaltung angebracht, da ausgeschlossen werden muss, dass gesellschaftliche geschlechtsspezifische Bewertungen von Arbeit Einfluss gewinnen.

**134** Ist die Vergleichsgruppe ermittelt, sind anschließend regelmäßig die **Anteile von Männern und Frauen in beiden Gruppen**[269] festzustellen. Den Tatbestand der mittelbaren Diskriminierung sah das BAG auf der Grundlage des damaligen Art. 119 EWG-Vertrag (später Art. 141 EG-Vertrag) nur dann als erfüllt an, wenn das Verhältnis von Männern und Frauen bei einer Gegenüberstellung der Vergleichsgruppen *wesentlich* voneinander abweiche.[270] Da § 3 Abs. 2 E-ADG jedoch, dem Wortlaut der Richtlinie 2000/43 folgend[271], nur verlangt, dass die Benachteiligung wegen des Geschlechts erfolgt sein könne, **genügt nunmehr bereits ihre bloße Plausibilität**.

**135** Auch auf der Grundlage der §§ 7 Abs. 1, 8 Abs. 3 E-ADG stellt sich die Frage, ob eine Benachteiligung **»wegen« des Geschlechts** Zweckhaftigkeit (»gerade wegen und nur wegen«[272]) der Tarifvertragsparteien voraussetzt. Das ist für die genannten Vorschriften, die vertragliche Diskriminierungen auf jeder Ebene – Tarifvertrag, Betriebsvereinbarung, Arbeitsvertrag – erfassen, zu verneinen. Der Schutzzweck würde verfehlt, wenn ein subjektives Element der Diskriminierungsabsicht die materiellrechtliche Lösung aus Beweisgründen regelmäßig scheitern ließe. Richtigerweise ist im Falle einer »statistischen Diskriminierung« der Nachweis zu verlangen, dass das Merkmal Geschlecht nicht Ursache der benachteiligenden Regelung war.[273] – Fehlt dem tariflichen Entlohnungssystem

---

266 Dazu, dass Prüfungsgegenstand auch verschiedene Tarifverträge sein können, wenn die für die zu vergleichenden Tätigkeiten in von einander unabhängigen Tarifverhandlungen derselben Parteien festgelegt wurden, siehe EuGH 27.10.1993, EuZW 1994, 505 = EzA EWG-Vertrag Art. 119 Nr. 20 = NZA 1994, 797.

267 Vgl. exemplarisch BAG 10.12.1997 (4 AZR 264/96), AP Nr. 3 zu § 612 BGB Diskriminierung = EzA § 612 BGB Nr. 22.

268 BAG 23.8.1995 (5 AZR 942/93), AP Nr. 48 zu § 612 BGB = EzA § 612 BGB Nr. 18.

269 Streng genommen kommen bei der Überprüfung eines Tarifvertrags nur die tarifgebundenen Beschäftigten in Betracht.

270 BAG 20.8.2002 (9 AZR 710/00), EzA Art. 141 EGV Nr. 12; BAG 19.3.2002 (9 AZR 109/01), EzA Art. 141 EGV Nr. 9, mit weiteren Nachweisen; BAG 23.2.1994, AP Nr. 51 zu Art. 119 EWG-Vertrag.

271 Zu der hier erfolgten Veränderung gegenüber der Richtlinie 97/80/EG *Schiek*, NZA 2004, 874f.

272 So das BAG in einer Entscheidung vom 28.9.1972, AP Nr. 2 zu § 134 BGB = EzA § 1 KSchG Nr. 25, die das Merkmal der politischen Anschauungen in Art. 3 Abs. 3 GG betraf.

273 Siehe dazu mit weiteren Nachweisen EuGH 27.10.1993, EuZW 1994, 505 = EzA EWG-Vertrag Art. 119 Nr. 20 = NZA 1994, 797.

jede Durchschaubarkeit, ist von seiner diskriminierenden Wirkung auszugehen, sofern das durchschnittliche Entgelt der Arbeitnehmerinnen niedriger ist als das der männlichen.[274]

Nach der Konzeption des E-ADG ist weitere, **negative Tatbestandsvoraussetzung einer mittelbaren Diskriminierung** gemäß § 3 Abs. 2 E-ADG, dass die betreffende Vorschrift (hier: die differenzierende tarifliche Vergütungsordnung) **durch kein rechtmäßiges Ziel sachlich gerechtfertigt** ist und die Mittel zur Erreichung des Zieles nicht angemessen und erforderlich sind. Diese Einschränkung ist als Ausnahme formuliert (»es sei denn«), so dass nach allgemeinen Prinzipien so lange von der Regel (Diskriminierung) auszugehen ist, bis die Ausnahme bewiesen ist.[275] Es ist nicht abzusehen, ob hier ein Einfallstor ist für die zu dem früheren Art. 119 EWG-Vertrag eingenommene Position, wonach es als rechtmäßiges Ziel galt, wenn die Regelung »einem wirklichen Bedürfnis des Unternehmens« diente[276]; tarifpolitisch jedenfalls sollte dem entgegengewirkt werden. Da für die mittelbare Diskriminierung bereits in § 3 Abs. 2 E-ADG eine sachliche Rechtfertigung gefordert ist, werden die Bedingungen der Rechtfertigung nach § 8 Abs. 3, Abs. 1 EADG insoweit kaum noch praktisch bedeutsam werden. Das gilt wohl auch für Abs. 2 der Vorschrift, wonach eine geringere Vergütung für gleiche oder gleichwertige Arbeit nicht mit geschlechtsbezogenen besonderen Schutzbestimmungen begründet werden darf. Während der ursprüngliche Entwurf des ADG an dieser Stelle in Absatz 1 allerdings noch davon sprach, dass das Geschlecht wegen der Art der auszuübenden Tätigkeit oder der Bedingungen ihrer Ausübung eine unverzichtbare Voraussetzung für die Tätigkeit sein müsse, schwächt die spätere Fassung ab. Es genügt, wenn der Grund eine wesentliche und entscheidende berufliche Anforderung darstellt, sofern der Zweck rechtmäßig und die Anforderung angemessen ist. 136

**Rechtsfolge** des Verstoßes in einer Vergütungsordnung gegen das ADG ist nach § 7 Abs. 2 Satz 1 E-ADG die Nichtigkeit der Bestimmungen. Nach Abs. 2 Satz 2 E-ADG tritt die Regelung, die die Vertragspartner – hier die Tarifvertragsparteien – vereinbart hätten, wenn sie die Unwirksamkeit gekannt hätten, an die Stelle der unwirksamen kollektivrechtlichen Vereinbarung. Damit wird die in die Tarifautonomie eingreifende ergänzende Auslegung gesetzlich vorgeschrieben (zur Problematik Grundl. Rn. 399 ff.). Zudem schützt diese Rechtsfolge weniger vor Diskriminierungen als die **bisher herrschende Vorstellung**, der zufolge jedenfalls für die Vergangenheit eine Angleichung **»nach oben«** vorzunehmen sei.[277] Schließlich wirft das Gesetz an dieser Stelle zusätzliche praktische und dogmatische Probleme auf. Das sei am Beispiel zweier Lohngruppen, die Arbeit nach einem geschlechtsspezifisch mittelbar diskriminierenden Merkmal X differenzieren, erläutert. Eine Unwirksamkeit der ungünstigeren Lohngruppe allein kommt nicht in Betracht, da als Auflösung der Ungleichbehandlung dann nur 137

---

274 EuGH 17.10.1989, EuZW 1989, 317 = AuR 1991, 122 (mit Anm. von *Bertelsmann*). Die Entscheidung betrifft zwar ein betriebliches Entlohnungssystem; ihre Argumentation erscheint jedoch übertragbar auf tarifliche Regelungen; vgl. auch EuGH 26.6.2001 (Rs. C-381/99), EzA Art. 141 EGV Nr. 6.

275 Die Begründung des Entwurfs geht hier, wohl versehentlich, von der Darlegungs- und Beweislast der benachteiligten Person aus, BT-Drucks. 15/4538, 30.

276 EuGHE 1986, 1607 = AP Nr. 10 zu Art. 119 EWG-Vertrag; zur Kritik *Stein*, Rn. 348.

277 Vgl. EuGH, Slg. 1993, I-3811 (Van Cant); EuGH, Slg. 1991, I-297 (Nimz); siehe auch die Rechtsprechung des BAG zu § 2 BeschFG, etwa BAG 15.12.1998 (3 AZR 239/97), AP Nr. 25 zu § 1 Tarifverträge: Lufthansa = EzA § 2 BeschFG 1985 Nr. 59, mit weiteren Nachweisen; BAG AP Nr. 1 zu § 34 BAT = EzA § 2 BeschFG 1985 Nr. 30; BAG EzA § 2 BeschFG 1985 Nr. 35; siehe aber auch BAG AP Nr. 136 zu Art. 3 GG = EzA Art. 3 GG Nr. 18; dazu *Stein*, Rn. 353 ff.

die Anhebung auf das höhere Entgeltniveau denkbar wäre. Damit würde jedoch die gesetzliche Differenzierung in § 7 Abs. 2 Satz 2 und Satz 3 E-ADG (Anhebung auf das Niveau der bevorzugten Beschäftigten, wenn der Arbeitgeber in Kenntnis der Diskriminierung handelte) entfallen; eine ergänzende Vertragsauslegung wäre ohnedies sinnlos, da stets lediglich ein Ergebnis in Betracht kommt. Geht man dagegen – ohne Annahme eines Verschlechterungsverbots – von der Unwirksamkeit der Regelung beider Lohngruppen aus, so müsste im Falle einer nicht zur vollständigen Anhebung gelangenden ergänzenden Auslegung die höhere Lohngruppe abgesenkt werden. Das setzte die davon betroffenen Arbeitnehmer für die Vergangenheit einem Bereicherungsanspruch aus.[278] Es kommt hinzu, dass Satz 3 bei der Annahme der Nichtigkeit beider Lohngruppenregelungen unanwendbar wird. Denn die bevorzugt Beschäftigten wären aufgrund der ergänzenden Auslegung nicht mehr bevorzugt und die ursprüngliche Regelung ist als Maß unwirksam. Die Sanktion gegen den bewusst diskriminierenden Arbeitgeber entfiele damit. Es bleibt angesichts dieser perplexen Regelung abzuwarten, ob die Rechtsprechung sich über sie hinwegsetzt und in unmittelbarer Anwendung des Art. 141 EG-Vertrag sowie Art. 4 der Richtlinie 75/117 zu der europarechtlich geforderten generellen Anhebung zurückfindet.[279]

**138** Ein besonderer Aspekt im vorliegenden Zusammenhang, der die Gerichte mehrfach beschäftigte, ist das für eine höhere Eingruppierung verwandte **Merkmal der schweren körperlichen Arbeit**. Die traditionelle Arbeitsbewertung und in ihrem Gefolge tarifvertragliche Eingruppierungen stellen bei ihm stark auf die Entfaltung der Muskelkraft ab. Andere Anforderungen wie Ausdauer, Geschicklichkeit und nervliche Belastung werden dabei nicht oder nur unzureichend berücksichtigt. Da das in erster Linie für Frauenarbeiten charakteristische Faktoren sind, werden Frauen unter anderem aus diesen Gründen häufig in die untere Lohngruppe eingestuft.[280] Eher noch die Ausnahme von der Regel sind Tätigkeitsbeschreibungen in Tarifverträgen, die Belastungen der Sinne und Nerven ausdrücklich aufführen. Anstöße für eine stärkere Beachtung des Gleichheitsgedankens bei der Eingruppierung gingen in diesem Zusammenhang vor allem von der neueren Rechtsprechung aus. So entschied der Europäische Gerichtshof[281], dass die europäische Lohngleichheitsrichtlinie (75/117) zwar nicht verbiete, bei der tariflichen Einstufung auf Muskelkraft abzustellen. Jedoch seien als Kompensation bei einem System beruflicher Einstufung in seiner Gesamtheit Kriterien zu berücksichtigen, hinsichtlich derer die Arbeitnehmer beider Geschlechter besonders geeignet sein könnten.[282] Das Bundesarbeitsgericht modifizierte und präzisierte diese Grundsätze dahin gehend, dass Arbeitgeber bei der Eingruppierung von Frauen auch neue arbeitswissenschaftliche Erkenntnisse über Belastungen durch Monotonie, Konzentration und Nervenanpassung berücksichtigen müssten, also nicht allein auf die Muskelbeanspruchung abstellen dürften.[283] Eine Lohnstaffelung allein nach der muskulären Belastung ist nur

---

278 Unbeschadet der Regelung des § 818 Abs. 3 BGB und des Eingreifens von Ausschlussfristen.

279 Zur Praxis des EuGH etwa EuGH 28.9.1994 (Rs. C-200/91, Coloroll Pension Trustees), Slg. 1994 I, 4389 (Rn. 32); siehe auch BAG 5.4.1995 (4 AZR 154/94), AP Nr. 18 zu § 1 TVG Tarifverträge: Lufthansa = EzA Art. 3 GG Nr. 45 (zu Art. 3 Abs. 1 GG); *Winter*, Gleiches Entgelt, 168 f., 240 ff.; *Däubler/Schiek*, Einl. Rn. 453.

280 Siehe Berichte der Bundesregierung vom 27.11.1986, RdA 1987, 107.

281 EuGH 1.7.1986, AP Nr. 13 zu Art. 119 EWG-Vertrag = DB 1986, 1877.

282 Hierzu *Colneric*, AiB 1986, 200; Überblick zur EuGH-Rechtsprechung *Schlachter*, NZA 1995, 393.

283 BAG 27.4.1988, AP Nr. 63 zu § 1 TVG Tarifverträge: Metallindustrie.

dann zulässig, wenn das Gesamtsystem der Lohnstaffelung auch qualifizierende Merkmale enthält, die mehr Personen weiblichen Geschlechts zugeordnet werden können.[284] Nach dem Bundesarbeitsgericht[285] sind nicht die Ergebnisse des Energieumsatzes, sondern die der Arbeitspulsfrequenzen entscheidend, nach denen die Tätigkeit als belastend bis schwerbelastend anzusehen sei. Es müssten alle Umstände berücksichtigt werden, die auf den Menschen belastend einwirken und zu körperlichen Reaktionen führen könnten. Hierzu gehörten unter anderem ausschließlich stehende Tätigkeiten, notwendige Körperhaltungen, sich wiederholende Arbeit, nervliche Belastungen und Lärmeinwirkungen sowie sonstige Umwelt- und soziale Belastungen. Da die Leistungsfähigkeit der Frauen durchschnittlich um ca. ein Drittel niedriger sei als die der Männer, zieht das Bundesarbeitsgericht anders als der Europäische Gerichtshof daraus den Schluss, dass die Schwere der Arbeiten für Frauen und Männer nicht gemeinsam, sondern getrennt bewertet werden müsse. Die Belastung von Arbeitnehmerinnen und Arbeitnehmern bei der Ausübung der Arbeiten setze eine Bewertung des entsprechenden Arbeitsplatzes voraus. Dabei seien einzelne Tätigkeiten bzw. einzelne Arbeitsvorgang nicht getrennt zu bewerten.[286] Danach verrichtet eine Regaleinrichterin, deren Aufgabe darin besteht, Ware im Warenlager umzuladen, in den Laden zu fahren, erneut umzuladen und entsprechend dem Alter der Ware nach vorheriger Auszeichnung in die Regale einzuräumen, regelmäßig schwere körperliche Arbeit, wenn sie überwiegend Warengebinde zwischen acht und 17 kg heben und in einer vierstündigen Schicht insgesamt zwischen acht und zehn Zentner bewegen muss.[287] Entscheidend war hier, dass die Gesamttätigkeit nicht in einzelne Arbeitsschritte zerlegt werden darf[288] (vgl. § 1 Rn. 159).

Zu Fragen der **Teilzeitbeschäftigung**, bei der neben den Aspekten der Beachtung des Gleichheitsgrundsatzes bei übertariflichen Entgeltbestandteilen auch solche der Tarifstrukturen selbst eine Rolle spielen siehe Grundl. Rn. 235, Rn. 237 und § 1 Rn. 393 ff. **139**

### c) Ältere Arbeitnehmer

Nach § 2 Abs. 1 Ziff. 2 E-ADG in Verbindung mit § 1 E-ADG ist eine Benachteiligung wegen des Alters in Bezug auf das Arbeitsentgelt unzulässig. Hiergegen verstoßen jedoch nicht tarifliche Vereinbarungen über **Verdienstsicherungsklauseln**, mit denen die Gewerkschaften in den letzten Jahren verstärkt versucht haben, dem Verdienstrückstand älterer Arbeitnehmer entgegenzuwirken (hierzu § 1 Rn. 388). Denn der Aspekt des Bestandsschutzes lässt sich als zulässige positive Maßnahme nach § 5 E-ADG zum Ausgleich bestehender Nachteile älterer Arbeitnehmer ansehen, zumindest würde das Verschlechterungsverbot greifen. Auf **140**

---

284 BAG 29.7.1992, AP Nr. 32 zu § 1 TVG Tarifverträge: Einzelhandel = EzA § 4 TVG Einzelhandel Nr. 19.

285 BAG 27.4.1988, AP Nr. 63 zu § 1 TVG Tarifverträge: Metallindustrie, bestätigt durch BAG 29.7.1992, AP Nr. 32 zu § 1 TVG Tarifverträge: Einzelhandel = EzA § 4 TVG Einzelhandel Nr. 19.

286 BAG 27.4.1988, AP Nr. 63 zu § 1 TVG Tarifverträge: Metallindustrie; Bewertung und praktische Hinweise *Colneric*, Anm. zur Entscheidung AiB 1988, 307; zur Bewertung siehe auch BAG 23.8.1995 (5 AZR 942/93), AP Nr. 48 zu § 612 BGB = EzA § 612 BGB Nr. 18.

287 BAG 7.11.1990, AP Nr. 29 zu § 1 TVG Tarifverträge Einzelhandel.

288 *Unterhinninghofen*, AiB 1991, 408; vgl. auch BAG 12.12.1990, AP Nr. 154 zu §§ 22, 23 BAT 1975: Summierung sämtlicher Arbeitsvorgänge.

der anderen Seite stellt der Ausschluss bereits altersgesicherter Arbeitnehmer von einer neu eingeführten tariflichen Leistungszulage und damit auch ihre Nichtberücksichtigung bei der weiteren Berechnung der Alterssicherung keine Benachteiligung wegen des Alters dar.[289] Die Leistungszulage steht nur dem zu, der die Voraussetzungen hierfür erfüllt; es ist sachlich gerechtfertigt, ältere Arbeitnehmer von dem Leistungsdruck auszunehmen, zumal ihre Vergütung über die Verdienstsicherung zum Teil höher liegen wird als die mit gleicher Arbeit Beschäftigter. Der Unterschied in der Berechnung der Verdienstsicherung im Vergleich mit jenen, die erst später die hierfür maßgebliche Altersgrenze erreichen, wird legitimiert durch die Tatsache erbrachter Mehrleistungen und die Begründung einer neuen Tarifstruktur (Stichtagsprinzip).

**141** Die Benachteiligung jüngerer Arbeitnehmer durch **altersbezogene tarifliche Entgeltstaffelungen**[290] wirft demgegenüber erhebliche Bedenken auf. Da bei gleicher Arbeit die höhere Bezahlung nicht als Kompensation für sonstige altersbedingter Benachteiligungen am Arbeitsplatz angesehen werden kann, ist eine Rechtfertigung lediglich auf der Grundlage der §§ 10 und 8 E-ADG möglich. In der speziellen Rechtfertigungsvorschrift des § 10 E-ADG lässt sie sich nicht finden.[291] Nach § 10 Satz 1 E-ADG ist eine unterschiedliche Behandlung wegen des Alters zulässig, wenn sie objektiv und angemessen ist. Der Gedanke, Erfahrung zu belohnen, wird kaum eine kontinuierliche Entgeltsteigerung tragen, zumal Beschäftigte geringeren Alters durch andere Kenntnisse oder Fertigkeiten geringere Erfahrung ganz oder teilweise auszugleichen vermögen. Im Übrigen korreliert die im Unternehmen nachgefragte Erfahrung ohnedies eher mit der Beschäftigungszeit[292] als mit dem Lebensalter. Bei einer betrieblichen Personalpolitik, die die Einstellung junger Arbeitnehmer und Arbeitnehmerin bevorzugt, wird allerdings auch dieses Merkmal längerfristig im Zusammenhang mit dem Lebensalter stehen und damit über § 3 Abs. 2 E-ADG mittelbar Jüngere benachteiligen. Aus den beispielhaften weiteren Aufzählungen in § 10 Ziff. 1 bis 8 E-ADG lässt sich für die vorstehende Fragestellung keine Lösung finden. Der allgemeine Rechtfertigungsgrund des § 8 E-ADG, wonach das Alter wegen der Art der auszuübenden Tätigkeit oder der Bedingungen ihrer Ausübung eine wesentliche und entscheidende berufliche Anforderung darstellen müsste, wird gleichfalls kaum eingreifen können.

### d) Arbeiter und Angestellte

**142** Ein aktueller Aspekt der Tarifpolitik besteht darin, **gemeinsame Entgelttarifverträge für Arbeiter und Angestellte**[293] abzuschließen. Damit ist der persönliche Geltungsbereich des Tarifvertrages angesprochen (hierzu § 4 Rn. 105). Gleichzeitig sind jedoch wegen der neuen, gemeinsamen Bewertungskriterien für beide

289 Vgl. BAG 26.4.2000 (4 AZR 177/99), EzA Art. 3 GG Nr. 90 = ZTR 2000, 557, einen Verstoß gegen den Gleichheitssatz verneinend.

290 Direkt an das Alter anknüpfende Entgeltgruppen sind in der Tarifpraxis allerdings nicht allzu häufig, vgl. *Bispinck*, Tarifhandbuch 2002, 54f. (Auswertung der Regelungen in 25 Tarifbereichen). Die im öffentlichen Dienst üblichen Altersstufen werden aufgrund des TvöD nicht mehr fortgeführt.

291 Kritisch gegenüber der Enge der Ausnahmeregelungen für die Zulässigkeit von Altersgrenzen *Herms/Meinel*, DB 2004, 2372 – zu einem später noch erweiterten Gesetzesentwurf.

292 Sie wird in Tarifverträgen neben den Tätigkeits bzw. Berufsjahren eher als das Alter als Kriterium der Entgeltdifferenzierung verwendet, vgl. *Bispinck*, Tarifhandbuch 2002, 54f.

293 Grundlegend zur rechtlichen Unterscheidung dieser Gruppen *Wank*, Arbeiter und Angestellte, 1992.

Arbeitnehmergruppen[294] Fragen der Lohnstruktur berührt. Zunehmend gibt es Tarifvereinbarungen, die den bereits vorhandenen und sich verstärkenden Überschneidungen der Arbeitsaufgaben und Funktionen gewerblicher Arbeitnehmer mit denen von Angestellten Rechnung tragen und Arbeitsbedingungen einschließlich Einkommensfragen einheitlich für alle Arbeitnehmer regeln. In diesem Sinne setzen einige Tarifverträge die Eingruppierung nicht nach der Berufsbezeichnung (Arbeiter oder Angestellte), sondern allein nach Maßgabe der übertragenen und ausgeführten Arbeiten fest.[295] Für einen großen Tarifbereich ist am 18. Juli 1987 erstmals in der chemischen Industrie ein gemeinsamer Entgelttarifvertrag mit 13 Entgeltgruppen nach den Kriterien Ausbildung, Berufserfahrung, Schwierigkeiten der Arbeit, Grad der Selbständigkeit, Verantwortung und Führungsaufgaben abgeschlossen worden[296], andere folgten.[297] In der Metallindustrie werden bis zum Jahre 2009 die gemeinsamen Entgeltrahmentarifverträge (ERA) eingeführt sein.[298] Für den öffentlichen Dienst wurde im Februar 2005 zwischen den Gewerkschaften und dem Bund sowie der Vereinigung kommunaler Arbeitgeberverbände ein einheitliches Tarifrecht für Angestellte und Arbeiter (TVöD) vereinbart; Termin der Überleitung ist der 1. Oktober 2005.

Diese Entwicklung ist zumindest auch ausgelöst worden durch die juristische Diskussion, insbesondere durch Entscheidungen des BVerfG[299], über die aus Art. 3 Abs. 1 GG folgende **Unwirksamkeit der Verschiedenbehandlung** von Arbeitern und Angestellten in gesetzlichen Regelungen über Kündigungsfristen. Erst danach wurde die entsprechende Problematik bei Tarifverträgen gesehen. Der (zutreffenden) Auffassung des BVerfG, die – noch dazu ungenauen und durch die technische Entwicklung sich mehr und mehr verflüchtigenden[300] – Unterscheidungsmerkmale zwischen Arbeitern und Angestellten rechtfertigten unter keinem Aspekt eine Verschiedenbehandlung bei der gesetzlichen Regelung von Kündigungsfristen[301], hat sich auch das BAG im Hinblick auf konstitutive[302] tarifliche Kündigungsfristen grundsätzlich angeschlossen.[303] Dabei ist gleichgültig, ob die Differenzierung in einem einheitlichen TV oder in verschiedenen, von **143**

---

294 Die rechtliche Auflösung der Zweiteilung führt in der Bundesrepublik zu neuen Fragestellungen für die empirische Sozialforschung wie die Arbeitssoziologie, vgl. dazu *Meine*, WSI-Mitt. 2005, 81. Das Problem selbst ist international gesehen jedoch nicht unbekannt, da auch Rechtssystem andere Industriestaaten – bei gesellschaftlicher Unterscheidung von Arbeitnehmergruppen – eine solche Dichotomie nicht kennen.

295 *Zachert*, Tarifvertrag, 95ff.; *Bergkessel/Humml*, WSI-Mitt. 1982, 552; Dokumentation der Gewerkschaft NGG, WSI-Mitt. 1982, 571.

296 Hierzu *Weyel*, NZA 1987, 765; *Kurz-Scherf*, WSI-Mitt. 1987, 517; *Förster/Hausmann*, WSI-Mitt. 1993, 782.

297 Gemeinsamer Manteltarifvertrag Niedersachsen im Metallbereich vom 1.12.1994; *Meine*, AiB 1995, 81; grundsätzlich: *Meine/Wagner*, WSI-Mitt. 1993, 753.

298 Überblick bei *Meine*, WSI-Mitt. 2005, 77; *ders.*, AuR 2004, 139. Siehe auch die Praxisberichte zu den neuen Entgeltrahmentarifverträgen in WSI-Mitt. 2004, 102.

299 Vgl. insbesondere BVerfG, E 82, 126 = AP Nr. 28 zu § 622 BGB a.F. = EzA § 622 n.F. BGB Nr. 27.

300 Das BVerfG (wie zuvor) hielt allerdings demgegenüber die Gruppen für hinreichend deutlich unterscheidbar.

301 Vgl. BVerfG, E 82, 126 = AP Nr. 28 zu § 622 BGB a.F. = EzA § 622 n.F. BGB Nr. 27. Entsprechendes galt für einzelne Bestimmungen des früheren LohnfortzahlungsG; der Gesetzgeber hat dem in dem neuen EntgeltfortzahlungsG Rechnung getragen.

302 Bloß deklaratorische Fristfestlegungen (Verweisungen auf die gesetzlichen Bestimmungen) teilen das Schicksal der staatlichen Normen. Zur Frage der deklaratorischen und der konstitutiven Verweisung im vorliegenden Zusammenhang § 1 Rn. 787ff.

303 Vgl. die sämtlich nach der Entscheidung des BVerfG im Jahre 1990 ergangenen Entscheidungen AP Nr. 37, 38, 40 und 42 (mit Anm. von *Jansen*) zu § 622 BGB, AP Nr. 117 zu § 1 TVG Tarifverträge: Metallindustrie = EzA § 622 BGB n.F. Nr. 41, 42, 44, 45 und 50.

denselben Parteien für den ansonsten selben Geltungsbereich geschlossenen Tarifverträgen befindet (vgl. auch Grundl. Rn. 226). Allerdings ist die Haltung des BAG insofern wenig entschieden, als eine tarifliche Differenzierung der Grundkündigungsfristen von Arbeitern und Angestellten dann zulässig sein soll, falls die für Arbeiter geltenden Regelungen einen höheren Prozentsatz der in der Produktion Beschäftigten, die für Angestellten geltenden einen ebensolchen Anteil der in der Verwaltung Tätigen erfasse.[304] Zwar hat das BVerfG[305] ausgeführt, dass die Art der Beschäftigung (Produktion, Verwaltung) eine Ungleichbehandlung wegen des Bedürfnisses des Arbeitgebers nach höherer personalwirtschaftlicher Flexibilität rechtfertigen könne (z.B. im Hinblick auf Produktionsumstellungen oder -einstellungen). Auch soll noch kein Verstoß gegen Art. 3 Abs. 1 GG vorliegen, wenn durch eine Typisierung nur eine verhältnismäßig geringe Zahl benachteiligt ist. Solche Erwägungen könnten aber ohnedies nur Relevanz haben für die betriebsbedingte Kündigung.[306]

**144** Die **Übertragung der** zum Kündigungsrecht entwickelten **Prinzipien auf Fragen der tariflichen Entgeltstruktur** kann eigentlich nur bedeuten, dass eine allgemeine Unterscheidung zwischen Arbeitern und Angestellten ausscheiden muss. Sie hat im Rahmen der Tarifautonomie keinen bedeutsamen sachlichen Gehalt mehr bezogen auf die zu leistende Arbeit. Aufgrund der technischen Entwicklung trifft das einzige insoweit erkennbare materielle Kriterium[307], das Überwiegen der körperlichen Belastung gegenüber der geistigen[308], für eine Vielzahl der in der Produktion als »Arbeiter« Beschäftigten kaum noch zu.[309] Sehr vorsichtig nur stellte auch das BVerfG schon für die Mitte der achtziger Jahre fest, dass die Unterscheidung zwischen Arbeitern und Angestellten damals nicht erkennbar realitätsfern gewesen sei.[310] Unter heutigen Bedingungen kann meines Erachtens ein Verstoßes gegen den Gleichbehandlungssatz nicht mehr verneint werden, wenn etwa bei Arbeitern eine Kürzung des 13. Monatslohns wegen krankheitsbedingter Fehlzeiten erfolgen soll, bei Angestellten dies jedoch nicht der Fall ist.[311] Den sachlichen Grund hierfür sah das BAG in der höheren Fehlquote der Arbeiter; es versuchte dabei weder zu klären, ob die Ursache in der Verschiedenheit der Arbeitsbedingungen liegt, noch wurde die Problematik der Gruppenbildung bei einer solchen statistischen Gegenüberstellung angesprochen.

---

304 Zusammenfassend BAG AP Nr. 117 zu § 1 TVG Tarifverträge: Metallindustrie = EzA § 622 n.F. BGB Nr. 50, mit weiteren Nachweisen.

305 BVerfG, E 82, 126 = AP Nr. 28 zu § 622 BGB a.F. = EzA § 622 n.F. BGB Nr. 27.

306 Das BAG (AP Nr. 117 zu § 1 TVG Tarifverträge: Metallindustrie = EzA § 622 n.F. BGB Nr. 50) hält demgegenüber eine Unterscheidung nach Gruppen für nicht erforderlich, falls die Tarifvertragsparteien nach ihrer sachverständigen, aus Art. 9 Abs. 3 GG erwachsenden Beurteilungskompetenz die betriebsbedingte Kündigung für ausschlaggebend ansahen. Dagegen kritisch auch *Jansen*, Anm. zu BAG AP Nr. 42 zu § 622 BGB.

307 Andere Kriterien, wie sozialversicherungsrechtliche Einordnung oder Verkehrsauffassung, enthalten bzw. enthielten lediglich gesetzgeberische oder gesellschaftliche Wertungen.

308 Diese – grobschlächtige – Unterscheidung soll von den Angestellten abgrenzen, wobei dahinstehe, ob die Mehrzahl dieser Gruppe wegen repetitiver Tätigkeiten wirklich überwiegend »geistig« zu arbeiten hat.

309 Richtig die am Beispiel der Metallindustrie getroffene Feststellung *Meines*, WSI-Mitt. 2005, 78, an den Nahtstellen zwischen Produktions- und Administrationssphäre sei eine Zuordnung zur Gruppe »Arbeiter« oder »Angestellte« nicht mehr nachvollziehbar.

310 BVerfG 22.2.1994 (1 BvL 21/85, 1 BvL 4/92), EzA Art. 3 GG Nr. 42.

311 BAG 19.4.1995 (10 AZR 136/94), EzA § 611 BGB Gratifikation, Prämie Nr. 123 (zu einer Betriebsvereinbarung).

**Auf konkrete Tätigkeiten bezogene Differenzierungen** sind dagegen zulässig, soweit der Unterschied im Hinblick auf die Rechtsfolge sachlich gerechtfertigt ist. Es bleibt abzuwarten, ob die Tatsache, dass nach wie vor bestehende Ungleichbehandlungen von Arbeitern und Angestellten, die teilweise einer Prüfung am Maßstab des Gleichheitsgrundsatzes von Art. 3 Abs. 1 GG nicht standhalten[312], die Schritte zu gemeinsamen Tarifverträgen beider Arbeitnehmergruppen beschleunigen. 145

### e) Außertarifliche Angestellte

So genannte außertarifliche Angestellte (AT-Angestellte) sind vom persönlichen Geltungsbereich des Tarifvertrages ausgenommen, weil das Aufgabengebiet an sie größere Anforderungen stellt als an die in der höchsten tariflichen Beschäftigungsgruppe Definierten.[313] Allein die Tatsache der übertariflichen Entlohnung führt noch nicht zur Annahme der AT-Eigenschaft[314], erst recht nicht die fehlende Tarifbindung.[315] Auch im Hinblick auf AT-Angestellte vermögen sich Beziehungen zu den einschlägigen Tarifstrukturen zu ergeben. So kann die einzelvertraglich vereinbarte Vergütung mit einem Erhöhungsfaktor entsprechend den Tariflohnerhöhungen verbunden sein. Vielfach ist tarifvertraglich ein Mindestabstand zwischen dem Entgelt der höchsten Stufe der Tarifkräfte und dem der AT-Angestellten gefordert.[316] Ist dieser aufgrund einer Tariflohnerhöhung für einen Teil der unteren AT-Angestellten nicht mehr eingehalten, so werden die angeführten Arbeitnehmer ohne eine entsprechende Anpassung des Individualarbeitsvertrages automatisch zu Tarifangestellten.[317] Anders ist das nur, wenn sich aus dem Arbeitsvertrag des AT-Angestellten für den Fall der Abstandsunterschreitung ein Anspruch auf eine entsprechende Entgelterhöhung ergibt.[318] Bei einer Erweiterung der Aufgabenbeschreibung im Tarifvertrag »nach oben« dagegen werden die bislang als AT-Angestellte zu behandelnden Beschäftigten kraft Tarifautomatik zu Tarifangestellten. Im Übrigen sehen Tarifverträge häufig Mindestregelungen für AT-Angestellte vor. Darüber hinaus bestehen z. B. im Bereich der chemischen Industrie bereits seit langem Tarifregelungen für Akademiker, die ansonsten überwiegend zum AT-Personal zählen.[319] 146

---

312 Etwa *Hanau/Kania* 1994; *dies.*, ZTR 1994, 487 als Ergebnis der Untersuchung von Manteltarifverträgen des öffentlichen Dienstes.

313 *Th. Blanke*, in: *Blanke*, AT-Angestellte, Rn. 89, mit weiteren Differenzierungen.

314 Zutr. *Dütz*, Arbeitsrecht, Rn. 528; *Faustmann/van den Woldenberg*, NZA 2001, 1114.

315 BAG 28. 5. 1974, AP Nr. 6 zu § 80 BetrVG; *Kania*, in Küttner (Hrsg), Personalbuch, AT-Angestellte, Rn. 1.

316 Zu den einschlägigen Tarifregelungen Stahl und Nordmetall vgl. BAG 26. 11. 2003 (4 ABR 54/02), NZA 2004, 1107 und BAG 21. 6. 2000 (4 AZR 793/98), NZA 2001, 336; nach Auffassung des Senats ist bei der Berechnung des Abstands die höhere Stundenverpflichtung der AT-Angestellten nicht zu berücksichtigen.

317 *Th. Blanke*, AT-Angestellte, Rn. 102; zum umgekehrten Fall des Herauswachsens aus der Aufgabenbeschreibung des Tarifvertrags BAG 26. 10. 2004 (1 ABR 37/03), NZA 2005, 367.

318 So zu Recht BAG 21. 6. 2000 (4 AZR 793/98), NZA 2001, 336, unter Hinweis auf die unveröffentlichte Entscheidung BAG 11. 2. 1998 (5 AZR 126/97); *Faustmann/van den Woldenberg*, NZA 2001, 1116.

319 Empirische Hinweise bei *Th. Blanke*, AT-Angestellte, Rn. 89.

### 6. Absicherung des tariflichen Eingruppierungsstandards

147 Wie viele Vergütungsgruppen existieren und nach welchen Bewertungskriterien die einzelnen Gruppen unterschieden werden, unterliegt der **autonomen Vereinbarung** der Tarifvertragsparteien und ist in der Praxis unterschiedlich geregelt (hierzu allgemein § 1 Rn. 45; zu den Grenzen der Vereinbarungsfreiheit durch Grundrechtsbindungen, Grundl. Rn. 188 ff.).

148 Praktische Probleme treten vor allem bei Vollzug der Eingruppierung[320] in die jeweilige Tarifgruppe – regelmäßig bei der Arbeitsaufnahme – und bei Umgruppierungen in höhere oder auch niedrigere Tarifvertragsgruppen auf. Diese Schwierigkeiten sind zum Teil darauf zurückzuführen, dass die Tarifverträge die **Bewertungskriterien** für die einzelnen Tarifvertragsgruppen nur sehr allgemein benennen und oft wegen der Vielgestaltigkeit der Tätigkeiten auch nur benennen können (summarische Arbeitsbewertung). Um dies an einem beliebigen Beispiel deutlich zu machen: Der »Manteltarifvertrag für das private Versicherungsgewerbe vom 28. Juni 1996« unterscheidet in § 4 Ziff. 1 die Gehaltsgruppen IV bis VI durch folgende Tätigkeitsmerkmale / Oberbegriffe:

»Gehaltsgruppe IV: Tätigkeiten, die *vertiefte Fachkenntnisse* voraussetzen, wie sie im Allgemeinen durch zusätzliche Berufserfahrung nach einer abgeschlossenen Berufsausbildung als Versicherungskauffrau / Versicherungskaufmann oder einer ihrer Art entsprechenden Berufsausbildung oder durch Aneignung entsprechender Kenntnisse für den jeweiligen Tätigkeitsbereich erworben werden.

Gehaltsgruppe V: Tätigkeiten, die *gründliche oder vielseitige Fachkenntnisse* voraussetzen, wie sie durch mehrjährige einschlägige Erfahrungen erworben werden oder Tätigkeiten, die *umfassende theoretische Kenntnisse* erfordern.

Gehaltsgruppe VI: Tätigkeiten, die *besonders gründliche oder besonders vielseitige Fachkenntnisse* erfordern, oder Tätigkeiten die den Anforderungen der Gehaltsgruppe V entsprechen und mit besonderer Entscheidungsbefugnis verbunden sind. Dem gleichzusetzen sind Tätigkeiten, die gründliche und vielseitige Fachkenntnisse erfordern.«[321]

149 Grundsätzlich bestehen gegen die **Verwendung unbestimmter Rechtsbegriffe** aus dem Gebot der Normenklarheit keine Bedenken. Das ist anders nur, wenn ein Abstraktionsgrad erreicht ist, bei dem eine Einordnungsentscheidung von dem betroffenen Arbeitnehmer, dem kontrollierenden Betriebsrat oder dem überprüfenden Gericht nicht mehr nachvollziehbar ist oder für diese beliebig erscheint; Entsprechendes gilt bei einer Anhäufung unbestimmter Rechtsbegriffe.[322] Die Problematik wird jedoch entschärft, wenn der Tarifvertrag besondere Merkmale für die Konkretisierung bereithält. So ist beispielsweise die Eingruppierung nach Arbeiten schwieriger Art, Arbeiten hochwertiger Art und Arbeiten höchstwertiger Art als durchführbar anzusehen, falls eine weitere Erläuterung durch Kriterien wie besondere Fähigkeiten, Berufserfahrung, Verantwortung und Selbständigkeit erfolgt.[323]

---

320 Der Begriff ist mehrdeutig (siehe auch *Däubler/Deinert*, § 4 Rn. 324 und Rn. 373). Er bezeichnet zum einen den Vorgang der Subsumtion einer Tätigkeit unter die Regelung einer bestimmten Vergütungsgruppe, zum anderen den – deklaratorischen – Akt, den der Arbeitgeber vorzunehmen hat (siehe § 1 Rn. 160).

321 Hervorhebungen durch Verf. – Ergänzt wird § 4 Ziff. 1 des MTV in einem Anhang durch Tätigkeitsbeispiele zu den Gehaltsgruppen.

322 Kritisch MünchArbR/*Kreßel*, § 66 Rn. 91.

323 BAG 26.2.1986, AP Nr. 43 zu § 1 TVG Tarifverträge: Metallindustrie; *Däubler/Deinert*, § 4 Rn. 331; *Löwisch/Rieble*, § 1 Rn. 977.

Anhaltspunkte für das von den Tarifvertragsparteien Gewollte ergeben sich häufig aus Tätigkeitsbeispielen, die in den Vergütungsgruppen selbst oder in Protokollnotizen zum Tarifvertrag festgelegt sind (genauer § 1 Rn. 152).[324] Die Tarifparteien selbst können zudem Auslegungsprioritäten festlegen.[325]

Die Praxis wirft allerdings schwierige **Auslegungsfragen** auf, die mit den laufenden Veränderungen der allgemeinen Tätigkeitsmerkmale und Beispiele infolge technischer Entwicklungen und organisatorischer Veränderungen zusammenhängen, aber auch mit nach wie vor unterschiedlichen Bewertungsmaßstäben bei Arbeitern und Angestellten, ferner mit verschiedenen Arbeitsbewertungsverfahren wie z.B. der summarischen oder analytischen Arbeitsbewertung und anderen Faktoren. **150**

### a) Die Zuordnung der Tätigkeit

**Maßgebend** für die Eingruppierung ist die **verrichtete Tätigkeit**. Die arbeitsvertragliche Beschreibung des Aufgabenbereichs kann deshalb nicht ausschlaggebend sein, da sonst die Arbeitsvertragsparteien, faktisch der Arbeitgeber, die Definitionsmacht für die Zuordnung zur Tarifgruppe hätten.[326] Nimmt der Arbeitgeber bewusst eine höhere Einordnung vor, so erklärt er sich damit bereit, übertariflich zu bezahlen (dazu und zur irrtümlichen Höhergruppierung § 1 Rn. 171 ff.). Beiderseitige Tarifbindung vorausgesetzt ist in einem solchen Fall nur das der Tätigkeitsgruppe entsprechende Entgelt tariflich geschützt; im Übrigen besteht ein arbeitsvertraglicher Anspruch. In der umgekehrten Konstellation, bei einer untertariflichen Eingruppierung, richtet sich die geschuldete Vergütung gemäß § 4 Abs. 1 TVG nach der für die tatsächlich geleistete Arbeit zutreffenden Tarifgruppe. Die im Arbeitsvertrag erfolgte oder auch die nach § 2 Abs. 1 Ziff. 5 NachwG in der Niederschrift vorzunehmende Charakterisierung der Tätigkeit wird in der Mehrzahl der Fälle ohnedies keine eindeutige Zuordnung zu Tarifgruppen zulassen. Erstere gibt aber den Rahmen für das Direktionsrecht des Arbeitnehmers bei der Zuweisung der Arbeit.[327] Eine Frage der Auslegung im Einzelfall ist es, ob die Angabe der Vergütungsgruppe im Arbeitsvertrag ausnahmsweise einen Anspruch auf vergütungsgruppengerechte Tätigkeit verschaffen soll. **151**

Bei der Frage, ob für die Eingruppierung der Tätigkeit auf die allgemeinen Tätigkeitsmerkmale/Oberbegriffe oder die Tätigkeitsbeispiele abzustellen ist, geht die Rechtsprechung davon aus, dass **zunächst die Beispieltätigkeiten** zu prüfen sind, weil die Tarifvertragsparteien mit der Bezeichnung einer Tätigkeit in dem Beispielskatalog zum Ausdruck bringen, dass der diese Tätigkeit vollständig ausübende Arbeitnehmer die Erfordernisse der betroffenen Vergütungsgruppe erfüllt.[328] Für ihn bedarf es keines Rückgriffs mehr auf das allgemeine Merkmal, **152**

---

324 Umfassend zum Gesamtkomplex der Eingruppierung mit praktischen Hinweisen *Lang/Meine/Ohl*, Handbuch, 129 ff., 181 ff.

325 So zu Recht *Gitter/Schrader*, ZTR 1992, 407 und 1993, 193, gegen *Honnen*, ZTR 1993, 62.

326 Ebenso *Däubler/Deinert*, § 4 Rn. 347.

327 Zum Anspruch aus § 615 BGB auf die höhere Vergütung bei Zuweisung einer vertraglich nicht geschuldeten Tätigkeit einer niedrigeren Vergütungsgruppe siehe BAG AP Nr. 6 zu § 1 TVG Tarifverträge: BAVAV.

328 Ständige Rechtsprechung, z.B. BAG 19.8.2004 (8 AZR 375/03), EzA § 4 TVG Chemische Industrie Nr. 7; BAG 15.6.1994, AuR 1994, 382 = AiB 1994, 701, mit Anm. von *Böttcher*; BAG 21.7.1993, AP Nr. 10 zu § 1 TVG Tarifvertrag Luftfahrt; BAG 18.2.1987, AP Nr. 13 zu § 1 TVG Tarifverträge Druckindustrie; *Däubler/Deinert*, § 4 Rn. 325; Wiedemann/*Wank*, § 4 Rn. 182.

es sei denn, die Tätigkeit erscheint auch in anderen Vergütungsgruppen als Beispiel.[329] Fehlt die Tätigkeit im Beispielskatalog oder wird sie von keinem Beispiel vollständig erfasst, muss eine Subsumtion unter die Oberbegriffe vorgenommen werden.[330] Dabei können die Beispiele als Auslegungshilfe verwandt werden. Ist das **Tätigkeitsbeispiel mehrdeutig**, erfasst es z.B. die Tätigkeit des Arbeitnehmers nicht erschöpfend, oder enthält es **selbst auslegungsfähige** und auslegungsbedürftige unbestimmte **Rechtsbegriffe**, dann ist für seine Auslegung wiederum auf die abstrakten Oberbegriffe zurückzugreifen[331] oder bei gleichwerten Tätigkeiten gegebenenfalls auf andere Tätigkeitsbeispiele, die tariflich formuliert sind.[332]

**153** Da fast stets die Tarifvertragsparteien die Tätigkeitsaufzählungen ausdrücklich als exemplarisch kennzeichnen (»insbesondere«, »etwa«), wird der Fall eines **abschließenden Katalogs** nur selten praktisch vorkommen. Ergibt sich jedoch auch nach weiterer Auslegung, dass es sich um eine geschlossene Gruppe handeln soll, dann bleibt sie für nicht angeführte Tätigkeiten verschlossen, auch wenn diese das – in diesem Zusammenhang letztlich überflüssige – allgemeine Merkmal erfüllen.[333] Nur falls insoweit eine **unbewusste Regelungslücke** vorliegt, nimmt die Rechtsprechung eine **Lückenfüllung** durch Anwendung der Regelung für »artverwandte und vergleichbare Tätigkeiten« vor.[334] Generell aber hält sie sich – selbst bei Richtbeispielen, die aufgrund technischer Entwicklungen zum Teil veraltet sind – mit einer Anpassung durch erweiternde Auslegung der Tätigkeitsbeispiele oder durch richterliche Rechtsfortbildung zurück.[335]

**154** Noch weniger lässt sie eine **Erweiterung von Tarifgruppen** aufgrund des **allgemeinen Gleichheitssatzes** zu. Zwar ist die Rechtsprechung zunächst von der Verbindlichkeit des Art. 3 Abs. 1 GG für die Tarifvertragsparteien ausgegangen. Sie hat später zum Teil der Tarifautonomie den Vorrang eingeräumt und diese lediglich als durch das Willkürverbot und die Diskriminierungsverbote begrenzt angesehen; im Übrigen sollte den Tarifvertragsparteien eine Einschätzungsprärogative zustehen.[336] Schließlich hat der 6. Senat nach einer Zeit des Offenhaltens der Frage, Konsequenzen aus der Rechtsprechung des Bundesverfassungsgerichts[337] zur Funktion der Grundrechte gezogen und sich gegen deren unmittelbare Anwendung auf die Tarifvertragsparteien entschieden; die Grundrechte

---

329 BAG 25.9.1991 (4 AZR 87/91), AP Nr. 7 zu § 1 TVG Tarifverträge: Großhandel = EzA § 4 TVG Großhandel Nr. 2.

330 BAG 19.8.2004 (8 AZR 375/03), EzA § 4 TVG Chemische Industrie Nr. 7.

331 BAG 19.8.2004 (8 AZR 375/03), EzA § 4 TVG Chemische Industrie Nr. 7; BAG 15.6.1994 (4 AZR 327/93), AP Nr. 9 zu §§ 22, 23 BAT – Krankenkassen = AuR 1994, 382.

332 BAG 21.10.1987, AP Nr. 19 zu § 1 TVG Tarifverträge Druckindustrie.

333 BAG 16.2.2000 (4 AZR 422/99), AP Nr. 6 zu § 1 TVG Tarifverträge: Dachdecker = EzA § 4 TVG Eingruppierung Nr. 9 (bewusste Regelungslücke); *Däubler/Deinert*, § 4 Rn. 329; *Löwisch/Rieble*, § 1 Rn. 980; ErfK/*Schaub*, § 1 TVG Rn. 49.

334 BAG 21.6.2000 (4 AZR 931/98), AP Nr. 276 zu §§ 22, 23 BAT 1975 = ZTR 2000, 553 (für den konkreten Fall verneinend); BAG 26.8.1987 (4 AZR 320/87), AP Nr. 138 zu §§ 22, 23 BAT 1975 = AuR 1988, 58; zustimmend Wiedemann/*Wank*, § 4 Rn. 179; wohl auch *Däubler/Deinert*, § 4 Rn. 318; a.A. Löwisch/Rieble, § 1 Rn. 980.

335 Siehe etwa BAG 4.4.2001 (4 AZR 232/00), ZTR 2001, 513; BAG 26.3.1993, AiB 1994, 62 (mit Anm. von *Zachert*); BAG 21.10.1992 (4 AZR 88/92), AP Nr. 165 zu §§ 22, 23 BAT 1975 = NZA 1993, 379; LAG Frankfurt am Main 4.9.2001 (2/9 Sa 2093/00), ZTR 2002, 32; in nur wenigen Fällen hat das BAG eine ausfüllungsbedürftige Tariflücke bejaht, vgl. die Gegenüberstellung solcher Entscheidungen mit den verneinenden bei *Krasemann*, Das Eingruppierungsrecht des BAT/BAT-O, 7.4.3.2.

336 Dazu BAG 21.6.2000 (4 AZR 389/99), ZTR 2001, 125.

337 BVerfG E 81, 242; E 89, 214.

seien in ihrer Schutzpflichtfunktion jedoch von den Tarifvertragsparteien zu beachten[338] (siehe auch Grundl. Rn. 188ff.). In keiner dieser Phasen ist es aber durch die höchstrichterliche Rechtsprechung zu einer erwähnenswerten Öffnung tariflicher Vergütungsgruppen aufgrund Art. 3 Abs. 1 GG gekommen. Soweit der Gleichheitssatz überhaupt für anwendbar gehalten wurde, erschien die Verschiedenbehandlung als noch im Regelungsspielraum liegend oder sachlich gerechtfertigt.[339]

**Tarifliche Qualifizierungsmerkmale** (z.B. das Erfordernis »selbständiger Leistung«) liegen dann vor, wenn Arbeitsvorgänge, die den im jeweiligen Tätigkeitsmerkmal geforderten Anteil an der Gesamtarbeitszeit ausmachen, überhaupt in rechtserheblichem Ausmaß die Anforderungen dieser Qualifizierungsmerkmale erfüllen. Es ist nicht erforderlich, dass darüber hinaus auch innerhalb jedes Arbeitsvorgangs das Qualifizierungsmerkmal diesen Anteil an der Gesamtarbeitszeit erreicht.[340] Tarifliche Qualifizierungsmerkmale wie besondere Leistungen können sich nicht nur aus der Betrachtung einzelner Vorgänge, sondern auch aus der Summierung sämtlicher Einzelvorgänge ergeben.[341] Die Rechtsprechung scheint hier zu einer Gesamtbetrachtung zu neigen. Ein Anspruch auf höhere Eingruppierung nach den tariflichen Qualifizierungsmerkmalen wie »erweiterte Fachkenntnisse und größere Verantwortung«, »Fremdsprachenkenntnisse« usw. ist nach Ansicht des Bundesarbeitsgerichts dann gegeben, wenn die Tätigkeiten mit den erhöhten Anforderungen überwiegen. Unerheblich ist, wie viel Zeit der Arbeitnehmer tatsächlich auf Tätigkeiten verwendet, die erhöhte Anforderungen stellen.[342] **155**

Wegen der Unbestimmtheit der verwandten Kriterien ist die Abgrenzung insbesondere zwischen benachbarten Gruppen im Einzelfall oft schwierig. Werden allerdings im Tarifvertrag für eine Lohngruppe nicht nur Tätigkeitsmerkmale festgelegt, sondern wird darüber hinaus eine bestimmte **Berufsausbildung oder Prüfung** verlangt, so besteht der Rechtsprechung zufolge ein Anspruch auf den der Lohngruppe entsprechenden Lohn nur, wenn beide Voraussetzungen vorliegen.[343] Dieser Grundsatz soll auch dann gelten, wenn eine Tätigkeit lediglich vertretungsweise übernommen wird.[344] Falls eine derartige Differenzierung zwischen formal Qualifizierten und nicht formal Qualifizierten bei gleicher Tätigkeit jedes sachlichen Grundes entbehrt, kann sie gegen den Gleichheitssatz des Art. 3 GG verstoßen. Dies dürfte allerdings nur in Extremfällen vorkommen[345], da prinzipiell das durch kollektive Selbstbestimmung zum Ausdruck kommende Schutzprinzip des Tarifvertrages zu respektieren ist (Grundl. Rn. 53ff.). **156**

---

338 BAG 27.5.2004 (6 AZR 129/03), EzA Art. 3 GG Nr. 101 = DB 2004, 2538.

339 Siehe BAG 27.5.2004 (6 AZR 129/03), EzA Art. 3 GG Nr. 101 = DB 2004, 2538, und die dort unter Rn. 42 referierten Entscheidungen; vgl. auch BAG 25.6.2003 (4 AZR 405/02), EzA Art. 3 GG Nr. 99; BAG 6.8.2002 (1 ABR 49/01), NZA 2003, 386; BAG 18.4.2002 (8 AZR 615/01), EzA Art. 3 GG Nr. 98; BAG 4.4.2001 (4 AZR 232/00), ZTR 2001, 513; BAG 18.10.2000 (10 AZR 432/99), ZTR 2001, 177 (LS).

340 BAG 20.10.1993, AP Nr. 172 zu §§ 22, 23 BAT 1975.

341 Ständige Rechtsprechung, BAG 12.12.1990, AP Nr. 54 zu § 22, 23 BAT 1975.

342 BAG 28.4.1993, AP Nr. 10 zu § 1 TVAL II; BAG 4.8.1993, AP Nr. 38 zu § 1 TVG Tarifverträge Einzelhandel.

343 BAG 19.7.1961, AP Nr. 109 zu § 1 TVG Auslegung.

344 BAG 6.6.1973, AP Nr. 2 und BAG 18.6.1975, AP Nr. 4 zu § 9 MTB II; zustimmend *Däubler/Deinert*, § 4 Rn. 345.

345 So auch *Däubler/Deinert*, § 4 Rn. 338; *Gamillscheg*, Kollektives Arbeitsrecht I, § 18 I 2a, 797; a.A. Wiedemann/*Wank*, § 4 Rn. 184, der insbesondere auch an Art. 12 Abs. 1 GG orientiert eine sachliche Rechtfertigung fordert.

Unbeschadet der Frage des Verhältnisses von Art. 12 Abs. 1 zur Tarifautonomie wird eine Berufszugangsbeschränkung im Sinne dieser Vorschrift in der Regel schon deshalb nicht vorliegen, weil lediglich die Anwendung einer bestimmten Vergütungsgruppe ausgeschlossen bleibt.[346] Soweit das EG-Recht den akademischen Abschluss eines anderen EG-Staates dem der Bundesrepublik Deutschland gleichstellt[347], gilt das auch im Hinblick auf tarifliche Vergütungsordnungen. Entsprechendes ist aufgrund Art. 38 des Einigungsvertrags hinsichtlich der in der DDR erworbenen Abschlüsse anzunehmen.[348] Das Vorliegen einer bestimmten Berufsausbildung oder Prüfung kann im Tarifvertrag auch dort gefordert werden, wo diese Qualifikation für die geschuldete Tätigkeit nicht notwendig ist.[349] – Einige Tarifverträge versuchen, die Eingruppierungskriterien zu präzisieren, indem sie festlegen, dass für die Einstufung in eine Gehaltsgruppe nicht die berufliche Bezeichnung, sondern die Erfüllung der Tätigkeitsmerkmale maßgebend ist (zum BAT siehe § 1 Rn. 178).

**157** Weitere Einordnungsschwierigkeiten sind darauf zurückzuführen, dass die Tätigkeiten des betreffenden Arbeitnehmers häufig **nicht** völlig **einer einzigen Tarifgruppe** mit ihren Tätigkeitsmerkmalen entsprechen, vielmehr mehreren Tarifgruppen zugeordnet werden können (**Mischtätigkeiten**). Die Rechtsprechung stellt hier grundsätzlich auf die überwiegend ausgeübte Tätigkeit ab, die nach den allgemeinen Tätigkeitsmerkmalen/Oberbegriffen zu bewerten ist[350]; überwiegend wird eine Tätigkeit ausgeübt, wenn sie mehr als die Hälfte der Gesamtarbeitszeit des Arbeitnehmers in Anspruch nimmt.[351] Durch Tarifvertrag kann jedoch auch schon ein niedrigerer Anteil als ausreichend festgelegt werden.[352] Bei Schwankungen ist über einen Zeitraum zu beobachten, der möglichst sämtliche Abweichungen erfasst.

**158** Auf die tariflichen Tätigkeitsbeispiele ist bei Mischtätigkeiten jedoch maßgebend abzustellen, wenn diese im Tarifvertrag in einer Tarifgruppe lediglich einmal aufgeführt sind. Dann besteht der allgemeine Auslegungsgrundsatz (siehe § 1 Rn. 152), dass auch die allgemeinen Tätigkeitsmerkmale/Oberbegriffe als erfüllt angesehen werden können.[353] Allerdings reicht es nicht aus, wenn von den Beispielstätigkeiten nur ein Ausschnitt der überwiegend ausgeübten Tätigkeit erfasst wird. In diesen Fällen muss wiederum auf die allgemeinen Tätigkeitsmerkmale zurückgegriffen werden, um festzustellen, welcher Tarifgruppe die überwiegend ausgeübte Tätigkeit zuzuordnen ist.[354]

**159** Erschwert werden kann eine Eingruppierung schließlich dadurch, dass **aktuelle Veränderungen von Produktionskonzepten und der Arbeitsorganisation** dazu führen, von Arbeitnehmern zu verlangen, **unterschiedliche Tätigkeiten** oder auch Tätigkeiten an verschiedenen Arbeitsplätzen auszuüben. Insofern liegt nahe, bei der Feststellung der Vergütungsgruppe nicht auf eine Bewertung

---

346 Zutreffend *Däubler/Deinert*, § 4 Rn. 338; a. A. Wiedemann/*Wank*, wie zuvor. Zur anders gelagerten Frage des Zugangs zu Prüfungen der Öffentlichen Verwaltung – die ihrerseits Zugang zu Tarifgruppen geben – siehe BAG AP Nr. 1 zu MTB II Verwaltungseigene Prüfungen.

347 EG-Richtlinie vom 21. 12. 1988, ABl. EG 1989 Nr. L 19/16.

348 Ausführlich und zutreffend *Däubler/Deinert*, § 4 Rn. 342.

349 BAG AP Nr. 1 zu § 1 TVG Tarifverträge: Banken; Wiedemann/*Wank*, § 4 Rn. 187.

350 BAG 25. 9. 1991, AP Nr. 7 zu § 1 TVG Tarifverträge: Großhandel.

351 BAG 29. 7. 1992, AP Nr. 32 zu § 1 TVG Tarifverträge: Einzelhandel; BAG 4. 8. 1993, AP Nr. 38 zu § 1 TVG Tarifverträge Einzelhandel; *Däubler/Deinert*, § 4 Rn. 353.

352 *Däubler/Deinert*, § 4 Rn. 354; *Gamillscheg*, Kollektives Arbeitsrecht I, § 18 I 2a, 796.

353 BAG 26. 7. 1995, NZA 1996, 714, mit weiteren Nachweisen.

354 BAG 25. 9. 1991, AP Nr. 7 zu § 1 TVG Tarifverträge: Großhandel.

der einzelnen Arbeitsaufgaben oder der einzelnen Tätigkeiten abzustellen. Vielmehr ist wegen der abgeforderten Flexibilität und erhöhten Einsetzbarkeit der Arbeitsbereich insgesamt oder die Gesamtaufgabe zu bewerten.[355] In diesem Sinne hat die Rechtsprechung bei der Eingruppierung einer Regaleinrichterin im Einzelhandel nicht auf die einzelnen Arbeitsschritte, sondern auf die Arbeitsaufgabe abgestellt, die der Arbeitnehmerin insgesamt übertragen war[356] (vgl. § 1 Rn. 138).

### b) Eingruppierung durch den Arbeitgeber

Die Eingruppierung wird regelmäßig durch den Arbeitgeber vorgenommen. Sie hat bei beiderseitiger Tarifgebundenheit oder im Falle der Verweisung auf den Tarifvertrag in der Regel keine eigenständige, arbeitsvertragliche, sondern nur deklaratorische Bedeutung. Die insbesondere in der älteren Rechtsprechung[357] vertretene Auffassung, die Angabe der Tarifgruppe im Arbeitsvertrag begründe (»konstitutiv«) einen entsprechenden vertraglichen Anspruch, findet heute zu Recht kaum noch Zustimmung. Gruppenzuordnung der Tätigkeit und damit das tarifgerechte Entgelt ergeben sich nicht aus einem Gestaltungsakt des Arbeitgebers. Vielmehr folgt beides unmittelbar aus dem Tarifvertrag selbst im Sinne einer **Tarifautomatik**.[358] Es findet Rechtsanwendung statt. Für die Annahme eines gerichtlich nicht überprüfbaren Beurteilungsspielraums des Arbeitgebers besteht keine rechtliche Grundlage (siehe aber § 1 Rn. 171). Abzustellen ist also auf die ausgeübte Tätigkeit, nicht auf den Eingruppierungsakt des Arbeitgebers.[359] Ändert sich die Tätigkeit des Arbeitnehmers oder die Vergütungsgruppe im Tarifvertrag, dann bewirkt das – diesen Grundsätzen entsprechend – automatisch die Änderung der Gruppenzuordnung.[360] Sieht ein Tarifvertrag vor, ein Arbeitnehmer habe Anspruch auf Vergütung nach der Entgeltgruppe, die mit ihm im schriftlich abzuschließenden Arbeitsvertrag vereinbart ist, so hängt die Vergütung entsprechend den erfüllten Eingruppierungsmerkmalen nicht von der Existenz einer solchen Vereinbarung ab. Durch eine derartige Regelung wird die Tarifautomatik nicht aufgehoben.[361] Als Ausnahme von dem Gesagten denkbar, jedoch praktisch auszuschließen ist die Annahme 160

---

355 *Unterhinninghofen*, AiB 1991, 406; *Däubler*/Deinert, § 4 Rn. 361.

356 BAG 7.11.1990, AP Nr. 29 zu § 1 TVG Tarifverträge: Einzelhandel.

357 Etwa BAG 22.3.1978, AP Nr. 100 zu §§ 22, 23 BAT 1975; BAG 15.3.1991 (2 AZR 582/90), AP Nr. 28 zu § 2 KSchG 1969; BAG 15.3.1991 (2 AZR 591/90), EzA § 2 KSchG Nr. 7 (mit ablehnender Anm. von *Rieble*); weitere Nachweise bei *Krause*, Anm. zu EzA § 2 NachwG Nr. 1; Wiedemann/*Wank*, § 4 Rn. 199.

358 Vgl. insgesamt BAG 27.6.2000 (1 ABR 36/99), AP Nr. 23 zu § 99 BetrVG 1972 Eingruppierung = EzA § 99 BetrVG 1972 Eingruppierung Nr. 3; BAG 16.2.2000 (4 AZR 62/99), AP Nr. 3 zu § 2 NachwG = EzA § 4 TVG Rückgruppierung Nr. 1 (Eingruppierung ist »nur bewertende Subsumtion«); BAG 3.5.1994 (1 ABR 58/93), AP Nr. 2 zu § 99 BetrVG 1972 Eingruppierung = EzA § 99 BetrVG 1972 Nr. 122; BAG 29.4.1987 AP Nr. 17 zu § 1 TVG Tarifverträge: Druckindustrie; siehe auch BAG 6.8.1997 (4 AZR 95/96), NZA 1998, 263 (Vertragsrichtlinien des Diakonischen Werkes) aus dem Schrifttum, statt vieler, ausführlich *Däubler/Deinert*, § 4 Rn. 366 ff mit umfangreichen Nachweisen; Wiedemann/*Wank*, § 4 Rn. 199ff.; *Friedrich/Kloppenburg*, RdA 2001, 294f.; *Schwarze*, RdA 1997, 343, allerdings mit dem irritierenden allgemeinen Hinweis, die schriftliche Eingruppierung im öffentlichen Dienst erfolge im Zweifel mit Rechtsfolgewillen; dem ohne weitere Begründung folgend Wiedemann/*Wank*, § 4 Rn. 212 (regelmäßig rechtsgeschäftlicher Charakter).

359 LAG Rheinland-Pfalz 10.3.1989, DB 1989 1342.

360 BAG 18.6.1991 (1 ABR 60/90), AP Nr. 91 zu § 99 BetrVG 1972 = EzA § 99 BetrVG 1972 Nr. 101; *Löwisch/Rieble*, § 1 Rn. 981.

361 BAG 10.11.1993, AP Nr. 4 zu § 1 TVG Tarifverträge Land- und Forstwirtschaft. Die für die Entscheidung maßgebliche Tarifregelung ähnelte strukturell § 2 NachwG.

einer tarifvertraglichen Ermächtigung des Arbeitgebers, bei der Eingruppierung konstitutiven Gebrauch von einem ihm überlassenen Beurteilungsspielraum zu machen.[362]

### c) Mitbestimmung der betrieblichen Interessenvertretung

161 Der Betriebsrat und im öffentlichen Dienst der Personalrat haben bei der Eingruppierung ein **Kontrollrecht** (§ 99 BetrVG bei Unternehmen mit mehr als 20 Beschäftigten; § 75 Abs. 1 BPersVG). Nach § 99 Abs. 2 Nr. 1 BetrVG kann der Betriebsrat die Zustimmung verweigern, wenn die personelle Maßnahme gegen Bestimmungen in einem Tarifvertrag verstößt.[363] **Ziel des Mitbestimmungsrechts** ist das Erreichen einer größeren Gewähr für die Richtigkeit der vorgenommenen Ein- und Umgruppierung, für Transparenz und für gleichmäßige Anwendung der Gehalts- oder Lohngruppenordnung im Betrieb.[364] Der Einstellung selbst kann der Betriebsrat/Personalrat bei einem Streit um die richtige Eingruppierung nicht widersprechen. Er muss die Zustimmungsverweigerung vielmehr auf die Eingruppierung als solche beschränken.[365] Da die Eingruppierung Rechtsanwendung ist, vermag er dieser Maßnahme nur mit der Begründung zu widersprechen, sie verstieße gegen den maßgeblichen Tarifvertrag.[366] Dabei geht es nicht nur um die Bestimmung der Vergütungsgruppe selbst, sondern auch um das richtige Tätigkeitsbeispiel – im öffentlichen Dienst »Fallgruppe«[367]; in diesem Zusammenhang spielt die jeweilige Arbeitsplatzbeschreibung eine wichtige Rolle.[368] Das Widerspruchsrecht betrifft auch die der Einreihung in eine Vergütungsgruppe vorgelagerte Frage, welche Vergütungsordnung anzuwenden sei.[369] Eine nur teilweise erfolgende Eingruppierung, etwa ohne die Altersstufe zu berücksichtigen, steht einer unrichtigen Eingruppierung gleich.[370] Angesichts des geschilderten Zwecks des Mitbestimmungsrechts besteht es auch dann, wenn der Arbeitnehmer zu hoch eingruppiert wird. Zudem kann der Betriebsrat nur auf diese Weise eine Kontrolle dahingehend ausüben, in welcher Höhe übertariflich entlohnt wird und ob insoweit Mitbestimmung nach § 87 Abs. 1 Nr. 10 BetrVG in Betracht kommt.[371]

---

362 Dazu *Däubler/Deinert*, § 4 Rn. 369; *Löwisch/Rieble*, § 1 Rn. 892; Wiedemann/*Wank*, § 4 Rn. 201 f.

363 Zu praktischen Aspekten *Bösche/Grimberg*, AiB 1983, 151 ff.; *H. Blanke*, AiB 1985, 105 ff., 137 ff.; *Böttcher*, AiB 1994, 326; *Lang/Meine/Ohl*, Handbuch, 183 ff.

364 Ständige Rechtsprechung, BAG 28.4.1998 (1 ABR 50/97), AP Nr. 18 zu § 99 BetrVG 1972 Eingruppierung = EzA § 99 BetrVG 1972 Eingruppierung Nr. 2; BAG 2.4.1996 (1 ABR 50/95), AP Nr. 7 zu § 99 BetrVG 1972 Eingruppierung = EzA § 99 BetrVG 1972 Nr. 137; BAG 9.2.1993 (1 ABR 51/92), AP Nr. 103 zu § 99 BetrVG 1972 = EzA § 99 BetrVG 1972 Nr. 111; BAG 30.5.1990, AP Nr. 31 zu § 75 BPersVG; *Fitting*, § 99 BetrVG Rn. 81.

365 BAG 9.7.1996 (1 ABR 55/95), AP Nr. 9 zu § 99 BetrVG 1972 Einstellung = EzA § 99 BetrVG 1972 Einstellung Nr. 1; BAG 20.12.1988, AP Nr. 62 zu § 99 BetrVG 1972 = EzA § 99 BetrVG 1972 Nr. 70; BAG 10.2.1976, AP Nr. 4 zu § 99 BetrVG 1972; *Fitting*, § 99 BetrVG Rn. 73.

366 BAG 15.4.1986, AP Nr. 36 zu § 99 BetrVG 1972, ständige Rechtsprechung.

367 BAG 27.7.1993, AP Nr. 110 zu § 99 BetrVG 1972 = EzA § 99 BetrVG 1972 Nr. 116.

368 *Bartölke/Foig/Gohl/Kappler/Ridder/Schumann*, Konfliktfeld, 19 f., 58 ff., 105 f.

369 BAG 27.6.2000 (1 ABR 36/99), AP Nr. 23 zu § 99 BetrVG 1972 Eingruppierung = EzA § 99 BetrVG 1972 Eingruppierung Nr. 3.

370 BAG 27.6.2000 (1 ABR 36/99), AP Nr. 23 zu § 99 BetrVG 1972 Eingruppierung = EzA § 99 BetrVG 1972 Eingruppierung Nr. 3; BAG 27.7.1993, AP Nr. 110 zu § 99 BetrVG 1972 = EzA § 99 BetrVG 1972 Nr. 116.

371 Vgl. BAG 28.4.1998 (1 ABR 50/97), AP Nr. 18 zu § 99 BetrVG 1972 Eingruppierung = EzA § 99 BetrVG 1972 Eingruppierung Nr. 2, mit weiteren Rechtsprechungsnachweisen; ErfK/*Kania*, BetrVG § 99 Rn. 10.

Hat der Arbeitgeber eine **Eingruppierung ohne die Zustimmung** des Betriebsrats vorgenommen, so kann der Betriebsrat nach Auffassung des Bundesarbeitsgerichts im Mitbestimmungssicherungsverfahren nach § 101 BetrVG nicht die Aufhebung der Eingruppierung, sondern lediglich die nachträgliche Einholung seiner Zustimmung und bei Verweigerung der Zustimmung die Durchführung des arbeitsgerichtlichen Zustimmungsersetzungsverfahrens nach § 99 Abs. 4 BetrVG verlangen.[372] Da die Eingruppierung kein konstitutiver Akt, sondern Kundgabe einer Rechtsansicht ist, könne sie nicht aufgehoben, sondern nur aufgegeben werden.[373] Nach einer gescheiterten Zustimmungsersetzung (§ 99 Abs. 4 BetrVG) ist der Arbeitgeber zur Neueingruppierung des Arbeitnehmers verpflichtet; anderenfalls wäre das Mitbestimmungsrecht inhaltsleer. Der Arbeitgeber muss nun die Zustimmung des Betriebsrates zur Eingruppierung in eine andere Vergütungsgruppe beantragen. Auf die im Zustimmungsersetzungsverfahren getroffene Entscheidung kann der Arbeitnehmer seinen Entgeltanspruch stützen, ohne jedoch gehindert zu sein, eine günstigere Eingruppierung geltend zu machen.[374] 162

**Ausgelöst wird das Mitbestimmungsrecht** des Betriebsrats durch die Eingruppierungs- bzw. Umgruppierungserklärung des Arbeitnehmers, gleichgültig, aus welchem Grund sie erfolgt.[375] Der **Arbeitgeber ist verpflichtet**, über sie eine Entscheidung zu treffen, wenn er anlässlich der Einstellung oder Versetzung einem Arbeitnehmer erstmals eine Tätigkeit bzw. eine andere Tätigkeit zuweist oder wenn sich die anzuwendende Vergütungsgruppe ändert.[376] Das gilt auch, wenn dem Arbeitnehmer ein neuer, wesentlich anderer Arbeitsbereich zugewiesen wird; der Betriebsrat ist zu beteiligen, selbst falls der Arbeitgeber der Auffassung ist, eine Umgruppierung habe nicht zu erfolgen.[377] Eine Pflicht zur Eingruppierung besteht ferner, wenn der Arbeitgeber bei betrieblicher Übung trotz fehlender Tarifbindung die Lohn und Gehaltsordnung des Tarifvertrages auf alle Arbeitsverhältnisse anwendet.[378] Lediglich redaktionelle Änderungen der tariflichen Eingruppierungsvorschriften lösen das Mitbestimmungsrecht des Betriebsrats nicht aus, wohl aber eine strukturelle Änderung der tariflichen Vergütungsordnung. Eine solche liegt etwa vor, wenn die allgemeinen Tätigkeitsmerkmale oder die jeweils zugeordneten Tätigkeitsbeispiele verändert werden oder auch die Zahl der Vergütungsgruppen erhöht wird.[379] Wächst ein Arbeitnehmer aus der tariflichen Vergütungsordnung heraus, weil seine Tätigkeit höherwertige 163

---

372 Ständige Rechtsprechung, etwa 26.10.2004 (1 ABR 37/03), NZA 2005, 367; BAG 27.6.2000 (1 ABR 36/99), AP Nr. 23 zu § 99 BetrVG 1972 Eingruppierung = EzA § 99 BetrVG 1972 Eingruppierung Nr. 3, mit weiteren Nachweisen; BAG 12.8.1997 (1 ABR 13/97), AP Nr. 14 zu § 99 BetrVG 1972 Eingruppierung = EzA § 99 BetrVG 1972 Umgruppierung Nr. 1; BAG 22.3.1983, AP Nr. 6 zu § 101 BetrVG 1972; *Fitting*, § 99 BetrVG Rn. 81, § 101 BetrVG Rn. 8 ff.; *Däubler/Deinert*, § 4 Rn. 394.

373 BAG 27.6.2000 (1 ABR 36/99), AP Nr. 23 zu § 99 BetrVG 1972 Eingruppierung = EzA § 99 BetrVG 1972 Eingruppierung Nr. 3.

374 BAG 3.5.1994 (1 ABR 58/93), AP Nr. 2 zu § 99 BetrVG 1972 Eingruppierung = EzA § 99 BetrVG 1972 Nr. 122; BAG 9.2.1993, AP Nr. 103 zu § 99 BetrVG 1972.

375 BAG 13.2.2003 (8 ABR 53/01), EzA § 4 TVG Einzelhandel Nr. 54; BAG 20.3.1990 (1 ABR 20/89), AP Nr. 79 zu § 99 BetrVG 1972 = EzA § 99 BetrVG 1972 Nr. 87 – zur korrigierenden Rückgruppierung.

376 BAG 18.6.1991 (1 ABR 53/90), AP Nr. 105 zu § 99 BetrVG 1972 = EzA § 99 BetrVG 1972 Nr. 100 = SAE 1992, 169 (mit Anm. von *v. Hoyningen-Huene*).

377 BAG 21.3.1991 (1 ABR 46/94), AP Nr. 4 zu § 99 BetrVG 1972 Eingruppierung = EzA § 99 BetrVG 1972 Nr. 127.

378 BAG 23.11.1993, AP Nr. 111 zu § 99 BetrVG 1972.

379 BAG 9.3.1993, AP Nr. 104 zu § 99 BetrVG 1972; BAG 18.1.1994, AP Nr. 1 zu § 99 BetrVG 1972 Eingruppierung (mit Anm. von *Grimberg*, AiB 1994, 564); ferner *Däubler*, Tarifvertragsrecht, Rn. 650.

Qualifizierungsmerkmale aufweist als die höchste Vergütungsgruppe, dann ist die »Ausgruppierung« mitbestimmungspflichtig. Besteht in einem solchen Fall eine gestufte betriebliche Vergütungsordnung für AT-Angestellte, dann liegt insgesamt eine Umgruppierung vor, bei der der Betriebsrat in der geschilderten Weise mitzuwirken hat.[380]

**164** Ein **Zustimmungsverweigerungsrecht** nach § 99 BetrVG soll dann **nicht bestehen**, wenn die Tarifgruppe, in die ein Arbeitnehmer eingeordnet ist, durch eine neue tarifliche Regelung geteilt wird, der Arbeitgeber die Zuordnung zu einer Teilgruppe vornimmt und der Betriebsrat lediglich geltend macht, der Arbeitnehmer erfülle bei gleich bleibender Tätigkeit die Voraussetzungen einer höheren, bei Neufassung des Tarifrechts nicht veränderten Gehaltsgruppe.[381] Es ist zwar insoweit konsequent, dem Betriebsrat gegenüber von der »Bestandskraft« der früheren Eingruppierung auszugehen, zumal, wenn tariflich keine Überprüfung der Altfälle vorgesehen ist. Prozessökonomisch bringt es jedoch wenig, wenn der Betriebsrat den gegebenen Anlass nicht zu einer Überprüfung nutzen kann, da er aus seiner Sicht widersprechen muss – ein Zwang zu Schweigen, mit der Folge des § 99 Abs. 3 BetrVG, ist auszuschließen.

**165** **Unterlässt** es der Arbeitgeber, **die Eingruppierungsentscheidung** durchzuführen, kann der Betriebsrat von ihm nach § 101 BetrVG ihre Vornahme sowie Beteiligung des Betriebsrates hierbei nach Maßgabe von § 99 BetrVG verlangen.[382] Dies gilt auch für geringfügig Beschäftigte, mit denen eine Nettolohnabrede getroffen wurde.[383] Eine Grenze besteht allerdings insoweit, als der Betriebsrat bei unverändertem Sachverhalt keine erneute Eingruppierung zu fordern vermag, wenn er die mit seiner Beteiligung getroffene Eingruppierung nicht mehr für richtig hält.[384]

**166** **Vorläufige personelle Maßnahmen** nach § 100 BetrVG kommen zwar **regelmäßig** wegen der Tarifautomatik **nicht** in Betracht.[385] Ausnahmsweise, nämlich bei einer zu hohen Eingruppierung, sind sie jedoch möglich.

**167** Der Blick auf die Rechtsprechung zeigt die Bedeutung tarifvertraglich getroffener klarer Verfahrensregeln für die Mitwirkung der Betriebsräte bei Eingruppierungen und Umgruppierungen. Diese können die **Mitbestimmungsrechte** der Betriebsräte nicht nur präzisieren, sondern auch **modifizieren und erweitern** (dazu § 1 Rn. 557 ff.).[386] Letzteres ist in einzelnen Tarifverträgen bereits geschehen. Typisch für diese Tendenz sind seit längerem[387] Regelungen in der holzverarbeitenden Industrie, nach denen die Eingruppierung von Arbeitnehmern im Einvernehmen von Betriebsrat und Arbeitgeber erfolgen muss.[388] Ist eine Einigung nicht möglich, entscheidet aufgrund tariflicher Bestimmungen – manchmal

380 BAG 26.10.2004 (1 ABR 37/03), NZA 2005, 367.

381 BAG 18.1.1994, AP Nr. 1 zu § 99 BetrVG 1972 Eingruppierung (mit Anm. von *Grimberg*); zustimmend *Däubler/Deinert*, § 4 Rn. 389.

382 BAG 18.6.1991 (1 ABR 53/90), AP Nr. 105 zu § 99 BetrVG 1972 = EzA § 99 BetrVG 1972 Nr. 100 = SAE 1992, 169 (mit Anm. von *v. Hoyningen-Huene*).

383 BAG 18.6.1991 (1 ABR 60/90), AP Nr. 91 zu § 99 BetrVG 1972 = EzA § 99 BetrVG 1972 Nr. 101.

384 BAG 18.6.1991 (1 ABR 53/90), AP Nr. 105 zu § 99 BetrVG 1972 = EzA § 99 BetrVG 1972 Nr. 100 = SAE 1992, 169 (mit Anm. von *v. Hoyningen-Huene*).

385 DKK-*Kittner*, § 100 BetrVG Rn. 7; *Däubler/Deinert*, § 4 Rn. 396.

386 BAG 6.2.1980, AP Nr. 1 zu § 4 TVG Regelungsausschuss.

387 Vgl. schon *Raane*, Mitbestimmungsgespräch 1981, 286.

388 Etwa § 3 des Gehaltstarifs für die kaufmännischen und technischen Angestellten sowie Meister der Holzindustrie und des Serienmöbelhandwerks in den Regierungsbezirken Arnsberg, Detmold und Münster vom 20.4.2004.

innerhalb einer Frist nach Antragstellung – die Einigungsstelle.[389] Die IG-Metall verfolgt mit den ERA-Tarifverträgen für die Metallindustrie (§ 1 Rn. 142) einen etwas anderen Weg. Nach § 4 Ziff. 1 des ERA-Einführungstarifvertrag NRW vom 18. Dezember 2003 etwa besteht ein Beanstandungsrecht des Arbeitnehmers, über das eine paritätisch besetzte Kommission entscheidet, sofern der Arbeitgeber nicht abhilft. Die Entscheidung der Kommission ist ohne rechtliche Bindungswirkung; es handelt sich hier um eine reine Güteklausel. Nach Ziff. 3 der angeführten Vorschrift können Arbeitgeber und Betriebsrat anstelle dieses Verfahrens aber auch in freiwilliger Betriebsvereinbarung das Eingruppierungs- und Reklamationsverfahren entsprechend § 7 ERA-Einführungstarifvertrag NRW festlegen. Bei diesem entscheidet eine paritätische Kommission auf Antrag des Betriebsrats. Kommt es bei ihr nicht zu einer Einigung, kann die tarifliche Einigungsstelle angerufen werden. Diese entscheidet – in Form eines nicht dem überwiegenden Verbot von Schiedsgerichten in § 101 ArbGG unterliegenden Schiedsgutachtens[390] – verbindlich; ihr Spruch kann nur auf Verfahrensfehler oder grobe Verkennung der tariflichen Bewertungsgrundsätze gerichtlich überprüft werden.[391] Das Verfahren löst die Mitbestimmungsrechte bei Ein- und Umgruppierungen nach §§ 99 ff. BetrVG ab (§ 7 ERA-ET).

### d) Individualrechte

Auch der einzelne Arbeitnehmer hat die Möglichkeit, im Urteilsverfahren seine Eingruppierung arbeitsgerichtlich überprüfen zu lassen. Er kann **Eingruppierungsfeststellungsklage** nach § 256 ZPO erheben[392], gegebenenfalls kombiniert mit der Leistungsklage auf Nachzahlung des jeweiligen Tariflohns. Dieses Recht besteht unabhängig von den Beteiligungsrechten des Betriebs- bzw. Personalrats.[393] Das Eingruppierungsrecht unterliegt nicht der tariflichen Ausschlussfrist (dazu § 4 Rn. 480). Eine Pflicht des Arbeitgebers gegenüber dem Arbeitnehmer, die Eingruppierung (als deklaratorischen Akt) vorzunehmen, besteht nach Auffassung des Bundesarbeitsgerichts jedoch nicht, da die Zuordnung zu einer Vergütungsgruppe sich von selbst aus der vom Arbeitnehmer auszuübenden Tätigkeit ergibt.[394] Umstritten ist, ob im Falle einer Rückgruppierung wegen veränderter Gruppengehörigkeit die ursprünglich vereinbarte Vergütung bis zum **168**

389 Ohne die tarifliche Regelung wäre nur ein freiwilliges Einigungsstellenverfahren möglich (vgl. auch § 85 Abs. 2 Satz 3 BetrVG), da die Eingruppierung Rechtsanwendung ist.

390 BAG 17.3.2005 (8 AZR 179/04), DB 2005, 1389; BAG 20.1.2004 (9 AZR 393/03), AP Nr. 3 zu § 87 BetrVG 1972 Vorschlagswesen = EzA § 87 BetrVG 2001 Schiedsgutachten Nr. 1.

391 Siehe auch BAG 17.3.2005 (8 AZR 179/04), DB 2005, 1389, zur vollständigen Überprüfbarkeit bei fehlender Begründung.

392 Ständige Rechtsprechung, etwa BAG 10.3.2004 (4 AZR 212/03), www.bundesarbeitsgericht.de; BAG 27.8.2003 (4 AZR 519/02), www.bundesarbeitsgericht.de; BAG 19.1.2000 (4 AZR 752/98), EzA § 4 TVG Bundespost Nr. 11; BAG 25.9.1991 (4 AZR 87/91), AP Nr. 7 zu § 1 TVG Tarifverträge: Großhandel = EzA § 4 TVG Großhandel Nr. 2; aus dem Schrifttum *Däubler/Deinert*, § 4 Rn. 407 ff.; *Löwisch/Rieble*, § 1 Rn. 985; Wiedemann/*Wiedemann*, § 1 Rn. 370; Wiedemann/*Wank*, § 4 Rn. 208. Zu den Folgen einer rechtskräftigen Eingruppierungsentscheidung insbesondere bei Änderung der Sach- oder Rechtslage siehe *Friedrich/Kloppenburg*, ZTR 2003, 314.

393 BAG 3.5.1994 (1 ABR 58/93), AP Nr. 2 zu § 99 BetrVG 1972 Eingruppierung = EzA § 99 BetrVG 1972 Nr. 122; BAG 9.2.1993 (1 ABR 51/92), AP Nr. 103 zu § 99 BetrVG 1972 = EzA § 99 BetrVG 1972 Nr. 111; *Fitting*, § 99 Rn. 84; DKK-*Kittner*, § 99 Rn. 68; *Löwisch/Rieble*, § 1 Rn. 985; umfassend *Dütz*, AuR 1993, 33, auch zur Frage der von den vorstehend Zitierten verneinten präjudiziellen Wirkung der Entscheidung im Eingruppierungsstreit.

394 BAG 18.6.1991 (1 ABR 53/90), AP Nr. 105 zu § 99 BetrVG 1972 = EzA § 99 BetrVG 1972 Nr. 100.

Abschluss des Zustimmungsverfahrens geschuldet bleibt[395] oder ob auch hier die Tarifautomatik greift.[396] Der Schutz des Vertrauens des Arbeitnehmers und der Effektivität der betrieblichen Mitbestimmung sprechen für ersteres, zumal dem Arbeitnehmer in zweifelhaften Fällen mit länger andauernden Verfahren andernfalls unter Umständen zu Unrecht für einen erheblichen Zeitraum eine Absenkung seines Einkommens zugemutet würde.

### e) Typische Eingruppierungskonflikte

**169** Praktische Schwierigkeiten ergeben sich häufig daraus, dass die im Arbeitsvertrag bei einer späteren Eingruppierung benannte Tarifgruppe eines Arbeitnehmers nicht seiner vereinbarten und tatsächlich ausgeübten Tätigkeit entspricht. Dabei sind folgende Grundkonstellationen[397] zu unterscheiden:

**170** aa) **Der Arbeitnehmer ist niedriger eingruppiert**, als der Tarifvertrag es für die ausgeübten Tätigkeit vorschreibt. Ist die faktisch ausgeübte Tätigkeit in eine höhere Tarifgruppe einzuordnen, so gebührt dem tarifgebundenen Arbeitnehmer auf Grund § 4 Abs. 1 TVG ein Lohnanspruch nach der Gruppe, die seiner Tätigkeit entspricht (so genannte Vergütungsautomatik des Tarifvertrages).[398] Der Arbeitnehmer hat die Tatsachen darzulegen und zu beweisen, die seine Höhergruppierung begründen (siehe auch § 1 Rn. 189).[399]
Steht dem Arbeitnehmer aufgrund der tatsächlich ausgeübten Tätigkeit ein Anspruch auf die höhere Tarifvertragsgruppe zu, so ist eine einseitige Herabgruppierung durch den Arbeitgeber nicht möglich. Sie bedarf vielmehr einer Änderungskündigung, gegen die sowohl der Betriebsrat nach dem Betriebsverfassungsgesetz (§§ 99 und 102 BetrVG) als auch der betroffene Arbeitnehmer durch Klage beim Arbeitsgericht rechtliche Schritte unternehmen kann.[400]

**171** bb) Ist der **Arbeitnehmer höher eingruppiert**, als es der ausgeübten Tätigkeit entspricht, so kann das gewollt geschehen sein oder aber auf einer irrigen tatsächlichen oder rechtlichen Einordnung beruhen. Unproblematisch ist der Fall einer **bewussten Höhergruppierung**[401], die der Arbeitgeber in Kenntnis des Fehlens von Merkmalen etwa aus Arbeitsmarktgründen vorgenommen hat. Denn in der Sache handelt es sich dabei um die Einigung über eine übertarifliche Vergütung. Der Arbeitgeber nimmt keine bloß deklaratorische Bewertung vor, d.h. er vollzieht nicht nur den Tarifvertrag, sondern er wählt eine vom Tarifvertrag unabhängige, günstigere (§ 4 Abs. 3 TVG) arbeitsvertragliche Lösung.[402] Entsprechendes gilt, wenn »in Anlehnung an den Tarifvertrag« die Vergütungsgruppe »frei vereinbart« wird[403] oder wenn eine Vergütungsgruppe im Vertrag benannt

---

395 *Däubler/Deinert*, § 4 Rn. 397; *Gamillscheg*, Kollektives Arbeitsrecht I, § 18 I 2e, 800.
396 MünchArbR/*Freitag*, § 188 Rn. 83; MünchArbR/*Matthes*, § 355 Rn. 29.
397 Zu den einzelnen Fallgruppen ausführlich und mit Beispielen *Friedrich/Kloppenburg*, RdA 2001, 297 ff.
398 BAG 18.6.1991 (1 ABR 53/90), AP Nr. 105 zu § 99 BetrVG 1972 = EzA § 99 BetrVG 1972 Nr. 100, ständige Rechtsprechung; BAG 14.1.1959, AP Nr. 47 zu § 3 TOA; LAG Köln 28.7.2000 (11 Sa 408/00), ZTR 2001, 80; *Schaub*, 411, mit weiteren Nachweisen.
399 Dazu LAG Köln 28.7.2000 (11 Sa 408/00), ZTR 2001, 80.
400 BAG 31.3.1960, AP Nr. 17 zu § 611 BGB; LAG Hamm 9.10.1981, Az. 5 Sa 686/81.
401 Dazu, dass der Betriebsrat auch einer zu hoch erfolgenden Eingruppierung widersprechen kann, vgl. § 1 Rn. 161.
402 Zur Frage der Anrechnung von Tariflohnerhöhungen siehe § 4 Rn. 355 ff.
403 BAG 13.11.2002 (4 AZR 351/02), EzA § 3 TVG Bezugnahme auf Tarifvertrag Nr. 23.

ist und für die Zuordnung der Tätigkeit ein Vergütungssystem mit abstrakten Merkmalen fehlt oder es insoweit Lücken aufweist.[404] Will der Arbeitgeber in diesen Sachverhalten eine betriebsbedingte Änderungskündigung zur Entgeltabsenkung aussprechen, kommt das nur unter besonderen Voraussetzungen, wie etwa der einer drohenden Betriebsstilllegung oder des drohenden Personalabbaus, in Betracht.[405] Ist die übertarifliche Vergütung ausdrücklich unter den Vorbehalt ihrer Refinanzierung durch staatliche Zuschüsse gestellt, dann soll dagegen die Entgeltforderung bei deren Ausbleiben auf das Tarifniveau zurückfallen.[406] Dem ist nicht zuzustimmen. Wie auch sonst beim Widerruf übertariflicher Leistungen unterliegt die Ausübung des Vorbehalts der Kontrolle (dazu § 4 Rn. 348).

Sehr umstritten ist dagegen, welche Rechtsfolgen eintreten, wenn der Arbeitgeber **irrtümlich besser eingruppiert** hat. Die wesentliche Meinungsverschiedenheit besteht darüber, ob der Arbeitgeber zu einer korrigierenden Rückgruppierung berechtigt ist oder ob er seinen Irrtum nur durch Ausspruch einer Änderungskündigung berichtigen kann. In der jüngeren höchstrichterliche Rechtsprechung wird diese Frage im zuerst angeführten Sinne deutlich nur für den öffentlichen Dienst beantwortet (dazu § 1 Rn. 174); hieraus kann für den privatwirtschaftlichen Bereich keine Klärung gefolgert werden[407], da insoweit neuere veröffentlichte Entscheidungen fehlen. **172**

Nach zutreffender Ansicht ist der irrtümlich zu hoch eingruppierende Arbeitgeber an die Eingruppierung gebunden. Er kann bei dieser Fallkonstellation **nur** über eine **Änderungskündigung** korrigieren.[408] Gegen eine Rückgruppierung als Konsequenz aus der Tarifautomatik mag schon allein der Gesichtspunkt des schutzwürdigen Vertrauens auf die Eingruppierungserklärung sprechen.[409] Wie die Figur der Anscheinsvollmacht zeigt, liegt auch kein Widerspruch[410] darin, einem Verhalten (hier dem Eingruppierungsakt) keine rechtsgeschäftlichen Folgen zuzusprechen (§ 1 Rn. 160), ihm aber gleichzeitig Rechtsscheinwirkung beizumessen. Die Rechtsscheinlehre setzt gerade beim rechtlich relevanten, nicht beim rechtsgeschäftlichen Verhalten ein.[411] Der Arbeitnehmer, der unter Umständen die Anforderungen der von ihm zu leistende Tätigkeit noch gar nicht einschätzen kann, wird auch in der Regel davon ausgehen dürfen, dass der Arbeit- **173**

404 BAG 22.7.2004 (8 AZR 203/03), www.bundesarbeitsgericht.de; BAG 16.5.2002 (8 AZR 460/01), AP Nr. 21 zu §§ 22, 23 BAT-O.

405 Vgl. auch BAG 27.9.2001 (2 AZR 236/00), BB 2002, 1914; BAG 23.11.2000 (2 AZR 547/99), AP Nr. 64 zu § 2 KSchG 1969 = EzA § 2 KSchG Nr. 40.

406 So im Ergebnis BAG 6.8.1997 (4 AZR 195/96), AP Nr. 7 zu § 12 AVR Diakonisches Werk = NZA 1998, 263; zustimmend Wiedemann/*Wank*, § 4 Rn. 212; offen gelassen bei *Däubler/Deinert*, § 4 Rn. 378.

407 Zu den hieraus in der Praxis erwachsenden Unsicherheiten *Mehlich*, DB 1999, 1320ff.; siehe aber auch *Friedrich/Kloppenburg*, RdA 2001, 294, die Grundsätze »im wesentlichen« als übertragbar ansehend.

408 Z.B. BAG 15.3.1991 (2 AZR 582/90), AP Nr. 28 zu § 2 KSchG 1969; BAG 15.3.1991 (2 AZR 591/90), EzA § 2 KSchG Nr. 7 (mit ablehnender Anm. *Rieble*); BAG 19.10.1961, AP Nr. 13 zu § 1 KSchG Betriebsbedingte Kündigung; anders wohl BAG 20.3.1990 (1 ABR 20/89), AP Nr. 79 zu § 99 BetrVG 1972 = EzA § 99 BetrVG 1972 Nr. 87. Für die Privatwirtschaft generell Änderungskündigung verlangend etwa ErfK/*Schaub* § 1 TVG Rn. 51.

409 So *Voraufl.*, § 1 Rn. 84; *Däubler/Deinert*, § 4 Rn. 380 im Hinblick auf die nachträgliche verdeckte Tarifüberschreitung; für den Einzelfall und mit Einschränkungen zustimmend Wiedemann/*Wank*, § 4 Rn. 213; siehe auch Wiedemann/*Wiedemann*, § 1 Rn. 372; a. A. – stets korrigierende Rückgruppierung – *Löwisch/Rieble*, § 1 Rn. 988; *Gamillscheg*, Kollektives Arbeitsrecht I, § 18 I 2b, 798; *Stück*, MDR 2005, 131.

410 So aber *Löwisch/Rieble*, § 1 Rn. 988.

411 Vgl. Soergel/*Leptien*, § 167 BGB Rn. 15; siehe auch Schwarze, RdA 1997, 346; zur rechtsdogmatischen Begründung kritisch *Flume*, Allgemeiner Teil des Bürgerlichen Rechts, Bd. 2, 2. Aufl., 1975, § 49 4. und § 10.

geber dies vermag und deshalb richtig eingruppiert hat.[412] Wenig überzeugend ist es, Schutzwürdigkeit wegen unzumutbarer Härte lediglich für die Vergangenheit anzunehmen[413]; die Entgeltvereinbarung deckt nicht nur den gegenwärtigen Lebenszuschnitt ab, sondern verursacht Erwartungen und Dispositionen für die Zukunft. Stärker noch als diese allgemeinen Erwägungen scheint die (neuere) Lehre von der Willenserklärung gegen die Möglichkeit einer korrigierenden Rückgruppierung zu sprechen. Aus der Sicht des Arbeitnehmers stellt sich die Benennung der Vergütungsgruppe im Arbeitsvertrag oder in einer späteren Mitteilung in der Regel als Teil der vertraglichen Vereinbarung dar. Wenn der Arbeitgeber dabei lediglich das Ergebnis seiner Subsumtion als Rechtsansicht (§ 1 Rn. 160) vermitteln will, fehlt ihm insoweit das so genannte Erklärungsbewusstsein (Rechtsbindungswille). Hier schützt die Rechtsprechung das Vertrauen des Erklärungsempfängers auf das Vorliegen einer Willenserklärung, indem sie von deren Vorliegen ausgeht, sofern der Erklärende erkennen konnte, dass seine Äußerung nach §§ 133, 157 als Willenserklärung aufgefasst werden durfte.[414] Eine im Allgemeinen gegebene, im Arbeitsvertragsrecht ex nunc wirkende Irrtumsanfechtung wird allerdings ausscheiden. Inhalt und Gewolltes der Erklärung stimmen überein, der Arbeitgeber irrte lediglich im Prozess der Willensbildung. Ein solcher Motivirrtum berechtigte ihn auch dann nicht zur Anfechtung, wenn er mit Rechtsfolgewillen gehandelt hätte.[415] Daher ist es im vorliegenden Zusammenhang auch ohne Bedeutung, ob im Einzelfall die Eingruppierung als rechtsgeschäftlicher Akt gewollt war.[416] Die Änderungskündigung kann auch nicht mit dem Argument ausgeschlossen werden, ihr sei als milderes Mittel die Rückgruppierung vorzuziehen. Zwar beherrscht das den Arbeitnehmer schützende Ultima-ratio-Prinzip das Kündigungsrecht. Im vorliegenden Zusammenhang erhält der Arbeitnehmer durch eine Änderungskündigung jedoch mehr – nämlich die Überprüfbarkeit der sozialen Rechtfertigung – als bei Anwendung der Rückgruppierungsautomatik. Das gilt jedenfalls dann, wenn man richtigerweise an die Kündigungsrechtfertigung keine minderen Anforderungen stellt.[417]

**174** Hiervon abweichend befreit das BAG den **öffentlichen Arbeitgeber** von der Notwendigkeit der Änderungskündigung und gestattet ihm die **korrigierende Rückgruppierung**. Der öffentliche Arbeitgeber sei an das Recht gebunden und wolle dem Arbeitnehmer lediglich gewähren, was diesem aufgrund des BAT zustehe.[418] Die Angabe der Vergütungsgruppe erfolge regelmäßig nur um dem Erfordernis des § 22 Abs. 3 BAT Rechnung zu tragen. Daher wirke die Eingruppierung stets nur deklaratorisch, was dem Beschäftigten erkennbar sei.[419] Unter

---

412 A.A. Schwarze, RdA 1997, 346.

413 Schwarze, RdA 1997, 347.

414 Grundlegend BGH, Z 91, 324 = NJW 1984, 2279.

415 A.A. Kittner, NZA 1997, 972, im Hinblick auf eine vertragliche Eingruppierungszusage, die nicht der »richtigen« Eingruppierung entspricht; nur im Ergebnis wie hier Schwarze, RdA 1997, 344.

416 Von einer solchen Auslegungsmöglichkeit geht aus, wer wie etwa Schwarze, RdA 1997, 344 nur im Zweifel das Fehlen einer rechtsgeschäftlichen Vereinbarung annimmt.

417 So aber etwa BAG 15.3.1991, AP Nr. 28 zu § 2 KSchG 1969 = EzA § 2 KSchG Nr. 16; wohl auch *Schwarze*, RdA 1997, 345; wie hier dagegen *Däubler/Deinert*, § 4 Rn. 379; Kritik an der Rechtsprechung auch bei *Mehlich*, DB 1999, 1321.

418 *Schliemann*, ZTR 1999, 435, weist darauf hin, dass die Situation sich für die Rechtsprechung verändern könne, wenn aufgrund einer Lockerung des Haushaltsrechts die tarifvertraglichen Bedingungen des BAT nicht mehr Höchst-, sondern nur noch Mindestarbeitsbedingungen seien.

419 Zum Gesamten BAG 22.7.2004 (8 AZR 203/03), www.bundesarbeitsgericht.de; BAG 10.3.2004 (4 AZR 212/03), www.bundesarbeitsgericht.de; BAG 16.5.2002 (8 AZR 460/01), AP Nr. 21 zu §§ 22, 23 BAT-O; BAG 8.8.1996 (6 AZR 1013/94), NZA-RR 1997, 76 – unter Hinweis auf die dahingehende, für

besonderen, nach der Eingruppierung hinzutretenden Bedingungen könne eine Rückgruppierung allerdings gegen Treu und Glauben verstoßen.[420] Allein die Tatsache einer Gewährung des erhöhten Entgelts über einen längeren Zeitraum reiche hierfür jedoch nicht aus.[421] Von diesen Prinzipien sei auch bei einem drittmittelfinanzierten Arbeitgeber auszugehen.[422] – Die Differenzierung gegenüber der Situation in privatwirtschaftlichen Unternehmungen[423] kann nach dem oben Ausgeführten nicht überzeugen (siehe auch § 1 Rn. 173). Sie wird im Schrifttum weitgehend abgelehnt[424], ohne dass allerdings darüber, wie die Gleichbehandlung zu erfolgen habe, Einigkeit bestünde.

**Geht man** entgegen der hier vertretenen Ansicht **von der Möglichkeit der Rückgruppierung** im Sinne eines (mitbestimmungspflichtigen[425]) deklaratorischen Aktes aus, mit dem der Arbeitgeber die Unrichtigkeit der Eingruppierung benennt, dann bedeutet dies zugleich, dass der Arbeitnehmer das seit der unzutreffenden Eingruppierung erhaltene Mehrentgelt nach den Vorschriften über die **ungerechtfertigte Bereicherung** zurückerstatten müsste. Wohl unbestritten ist, dass § 818 Abs. 3 BGB insoweit Schutz bietet, als der Mehrbetrag verbraucht ist. Dabei geht die Rechtsprechung davon aus, dass erfahrungsgemäß und typischerweise zu Gunsten des Arbeitnehmers anzunehmen sei, dass relativ geringe Überzahlungen insbesondere bei Beschäftigten mit niedrigem oder mittlerem Einkommen für die allgemeine Lebensführung verbraucht seien.[426] Zudem kommen Schadenersatzansprüche des Arbeitnehmers nach §§ 280 Abs. 1, 241 Abs. 2 (eventuell mit § 311 Abs. 2) BGB in Betracht, falls der Arbeitgeber schuldhaft im Sinne des § 276 BGB gehandelt hat. Diese können etwa die Kosten der Beseitigung zusätzlicher Belastungen umfassen, die der Arbeitnehmer im Vertrauen auf das höhere Entgelt auf sich genommen hat. – Zutreffend, wenngleich in der tarifpolitischen Durchsetzbarkeit insbesondere für den öffentlichen Dienst wenig realistisch, ist der Hinweis[427], die Tarifvertragsparteien könnten die korrigierende Rückgruppierung ausschließen. **175**

---

Eingruppierungen bis zum 31.12.1992 geltende Übergangsvorschrift zu § 22 BAT-O; BAG 18.2.1998 (4 AZR 581/96), AP Nr. 239 zu §§ 22, 23 BAT; BAG 30.5.1990, AP Nr. 31 zu § 75 BPersVG; *Maurer*, NZA 1993, 721; siehe demgegenüber aber BAG 28.11.1990, ZTR 1991, 159ff.; BAG 15.3.1991, AP Nr. 28 zu § 2 KSchG 1969 = EzA § 2 KSchG Nr. 16. Zur Entwicklung dieser Rechtsprechung *Zimmermann*, ZTR 2002, 356.

420 BAG 10.3.2004 (4 AZR 212/03), www.bundesarbeitsgericht.de; BAG 17.7.2003 (8 AZR 376/02), www.bundesarbeitsgericht.de; BAG 8.10.1997 (4 AZR 167/96), AP Nr. 2 zu § 23b BAT.

421 BAG 10.3.2004 (4 AZR 212/03), www.bundesarbeitsgericht.de.

422 BAG 6.8.1997 (4 AZR 195/96), AP Nr. 7 zu § 12 AVR Diakonisches Werk = NZA 1998, 263.

423 Das BAG betont in aller Regel, dass es sich um eine für die Anwendung des BAT maßgebliche Interpretation handle, vgl. etwa BAG 10.3.2004 (4 AZR 212/03), www.bundesarbeitsgericht.de; BAG 22.7.2004 (8 AZR 203/03), www.bundesarbeitsgericht.de. Auch BAG 6.8.1997 (4 AZR 195/96), AP Nr. 7 zu § 12 AVR Diakonisches Werk = NZA 1998, 263, lässt ausdrücklich dahingestellt bleiben, ob diese für den öffentlichen Arbeitgeber entwickelte Rechtsprechung auf den privaten Arbeitgeber übertragbar ist.

424 Etwa *Mehlich*, DB 1999, 1321f.; *Schwarze*, RdA 1997, 346; offen gelassen bei Wiedemann/*Wiedemann*, § 1 Rn. 371.

425 BAG 20.3.1990 (1 ABR 20/89), AP Nr. 79 zu § 99 BetrVG 1972 = EzA § 99 BetrVG 1972 Nr. 87 (mit zustimmender Anm v. *Hoyningen-Huene*); ganz herrschende Lehre, vgl. *Däubler/Deinert*, § 4 Rn. 400; Wiedemann/*Wank*, § 4 Rn. 204; a. A. wohl nur *Mehlich*, DB 1999, 1322. Für den öffentlichen Dienst ist ein Mitbestimmungsrecht des Personalrats zu bejahen, BAG 30.5.1990 (4 AZR 74/90), AP Nr. 31 zu § 75 BPersVG = EzA § 99 BetrVG 1972 Nr. 89, die in der Entscheidung BAG 21.4.1982 (4 AZR 671/79), AP Nr. 5 zu § 1 TVG Tarifverträge: Bundesbahn = EzA § 4 TVG Eingruppierung Nr. 1 vertretene gegenteilige Ansicht aufgebend.

426 Vgl. im Einzelnen BAG 18.1.1995 (5 AZR 817/93), AP Nr. 13 zu § 812 BGB = EzA § 818 BGB Nr. 8.

427 *Löwisch/Rieble*, § 1 Rn. 989.

176 **Ist umstritten**, ob die übertarifliche Zuordnung **irrtümlich oder bewusst** erfolgt ist, so hat der Arbeitgeber die unrichtige Einordnung und seinen **Irrtum darzulegen** und gegebenenfalls zu **beweisen**. Da das BAG für den öffentlichen Dienst von der Annahme[428] ausgeht, der Arbeitgeber wolle nur gewähren, was dem Arbeitnehmer tarifrechtlich zusteht[429], reduziert sich in diesem Bereich die den Arbeitgeber treffende Darlegungs- und Beweislast auf die Unrichtigkeit der Eingruppierung[430]; der Irrtum wird letztlich vermutet. Weder die EG-Nachweisrichtlinie noch das Nachweisgesetz haben in diesem Zusammenhang eine zusätzliche beweisrechtliche Bedeutung.[431]

177 cc) Bei einer Verschlechterung der Gruppenzuordnung infolge **individueller Änderung der Tätigkeiten oder der vergütungsrelevanten Umstände**[432] oder bei einer **veränderten tariflichen Zuordnung von Tätigkeiten**[433] zu Vergütungsgruppen schließlich findet nach Auffassung des BAG eine automatische Herabstufung statt.[434] Das ist in den zuerst angeführten Fällen dann problematisch, wenn die Abwertung der Tätigkeit aufgrund wirtschaftlicher Entwicklungen und organisatorischer Maßnahmen, die keine Versetzung darstellen[435], erfolgt. Soweit die arbeitsvertragliche Tätigkeitsvereinbarung unterschritten wird, muss der Arbeitgeber eine Änderungskündigung aussprechen, da eine Anwendung des § 313 Abs. 1 BGB (Veränderung der Geschäftsgrundlage) aus kündigungsschutzrechtlichen Gründen ausscheidet. Entsprechendes gilt im Falle bloßer Umorganisation. Im Übrigen allerdings wird es bei der Tarifautomatik bleiben[436]; anders als in den Fällen irrtümlicher Höhergruppierung fehlt es hier in der Regel an einem Vertrauenstatbestand, den der Arbeitgeber gesetzt hätte. Der Abwer-

---

428 Gedacht ist anscheinend an eine im Wege der richterlichen Rechtsfortbildung gefundene Tatsachenvermutung.

429 Diesem »Palmström«-Schluss von der Verpflichtung auf das Verhalten fehlt die rechtsgeschäftliche und prozessrechtliche Grundlage; er ist empirisch unbelegt und widerspricht gelegentlicher Praxiserfahrung. Im Übrigen könnte hinsichtlich der Irrtumsbedingtheit allenfalls eine Beweiserleichterung nach den Regeln des Anscheinsbeweises in Betracht kommen.

430 BAG 17.7.2003 (8 AZR 376/02), www.bundesarbeitsgericht.de; BAG 14.4.2002 (8 AZR 313/01), EzA § 4 TVG Rückgruppierung Nr. 3; BAG 17.5.2000 (4 AZR 237/99 und 232/99), AP Nr. 17 und 18 zu §§ 22, 23 BAT-O = EzA § 4 TVG Rückgruppierung Nr. 2, 4; BAG 26.4.2000 (4 AZR 157/99), ZTR 2001, 317; ausführlich BAG 16.2.2000 (4 AZR 62/99), AP Nr. 3 zu § 2 NachwG = EzA § 4 TVG Rückgruppierung Nr. 1. Hiergegen verfassungsrechtliche Bedenken im Einzelnen bei *Zimmermann*, ZTR 2002, 358, unter Hinweis auf BVerfG 6.10.1999 (1 BvR 2110/93), NJW 2000, 1483.

431 BAG 16.2.2000 (4 AZR 62/99), AP Nr. 3 zu § 2 NachwG = EzA § 4 TVG Rückgruppierung Nr. 1; ebenso *Schwarze*, RdA 1997, 350; siehe aber auch *Friedrich/Kloppenburg*, RdA 2001, 303, insbesondere zum unterbliebenen Nachweis.

432 BAG 7.11.2001 (4 AZR 724/00), EzA § 4 TVG Einzelhandel Nr. 50 (Absinken der für Vergütungsgruppe erforderlichen unterstellten Arbeitnehmer); siehe auch BAG 5.9.2000 (8AZR 620/01), AP Nr. 93 zu §§ 22, 23 BAT Lehrer.

433 Hier findet fast immer eine tarifliche Regelüberführung statt, so etwa bei der Einführung des ERA in der Metallindustrie oder bei der des TVöD. Vgl. auch *Däubler/Deinert*, § 4 Rn. 389 f.

434 BAG 28.5.1997 (10 AZR 383/95), ZTR 1997, 457; BAG 18.6.1991 (1 ABR 60/90), AP Nr. 91 zu § 99 BetrVG 1972 = EzA § 99 BetrVG 1972 Nr. 101; siehe auch BAG 12.8.1997 (1 ABR 13/97), AP Nr. 14 zu § 99 BetrVG 1972 Eingruppierung = EzA § 99 BetrVG 1972 Umgruppierung Nr. 1; ErfK/*Kania*, § 99 BetrVG Rn. 12; *Fitting*, § 99 Rn. 86 ff.

435 Vgl. den in Rn. 423 angeführten Fall, in dem das Absinken der Zahl der unterstellten Beschäftigten unter die für die Tarifgruppe maßgebliche Grenze durch eine andere organisatorische und personelle Zuordnung jener Beschäftigten erreicht werden könnte (zum Tarifmerkmal der Unterstellung BAG 22.3.2000[4 AZR 118/99], ZTR 2000, 469). Kritisch, soweit es um die nach § 22 Abs. 2 »auszuübende« Tätigkeit geht, *Donoli/Bauer*, ZTR 2003, 323.

436 Weiter gehend *Däubler/Deinert*, § 4 Rn. 350.

tung aufgrund technischer Entwicklung können daher wohl nur abgruppierungsschützende tarifliche Regelungen, wie sie in der Metall und Elektroindustrie bestehen, entgegenwirken.

### f) Eingruppierungsprobleme des BAT

Trotz der Vereinbarung des Tarifvertrags für den öffentlichen Dienst (TVöD) mit den Arbeitgebern von Bund und Kommunen im Februar 2005 werden die nachfolgend geschilderten Fragestellungen noch Jahre ihre Aktualität behalten. Zwar ist die Trennung zwischen Arbeitern und Angestellten formal aufgehoben und für sie ein gemeinsames Entgeltsystem mit 15 in der Wertigkeit aufsteigenden Gruppen und sechs Stufen gebildet worden. Da aber für dieses eine Entgeltordnung nicht vor dem Jahre 2007 zu erwarten ist, bleiben die bisherigen Entgeltgruppenverzeichnisse und Eingruppierungsordnungen maßgeblich. Auf ihrer Grundlage erfolgt die Eingruppierung, die sodann nach einem festen Zuordnungsschlüssel in eine neue Entgeltgruppe übergeleitet wird.[437] **178**

Am zahlreichsten sind arbeitsgerichtliche Auseinandersetzungen um Eingruppierungsfragen im öffentlichen Dienst, insbesondere im Rahmen des Geltungsbereichs des BAT.[438] Im Jahre 1975 haben die Tarifvertragsparteien des BAT verhältnismäßig detaillierte Kriterien für die Eingruppierung in die nach dem summarischen Arbeitsbewertungsverfahren gebildeten Lohngruppen der Anlagen 1a und 1b vereinbart und damit die Grundsätze der zuvor ergangenen Rechtsprechung modifiziert. **§§ 22, 23 BAT** lauten[439]: **179**

*»§ 22 Eingruppierung*

*(1) Die Eingruppierung der Angestellten richtet sich nach den Tätigkeitsmerkmalen der Vergütungsordnung (Anlagen Ia und Ib). Der Angestellte erhält Vergütung nach der Vergütungsgruppe, in die er eingruppiert ist.*

*(2) Der Angestellte ist in der Vergütungsgruppe eingruppiert, deren Tätigkeitsmerkmalen die gesamte von ihm nicht nur vorübergehend auszuübende Tätigkeit entspricht.*

*Die gesamte auszuübende Tätigkeit entspricht den Tätigkeitsmerkmalen einer Vergütungsgruppe, wenn zeitlich mindestens zur Hälfte Arbeitsvorgänge anfallen, die für sich genommen die Anforderungen eines Tätigkeitsmerkmals oder mehrerer Tätigkeitsmerkmale dieser Vergütungsgruppe erfüllen. Kann die Erfüllung einer Anforderung in der Regel erst bei der Betrachtung mehrerer Arbeitsvorgänge festgestellt worden (z.B. vielseitige Fachkenntnisse), sind diese Arbeitsvorgänge für die Feststellung, ob diese Anforderung erfüllt ist, insoweit zusammen zu beurteilen.*

---

437 So sind beispielsweise der Entgeltgruppe 5 zugeordnet die Lohngruppen 4–5a, 5–5a und BAT VIII/VII, VII-VIb. – Auf einkommenswahrende Regelungen ist hier nicht einzugehen.

438 Von den Gesamtdarstellungen zum Eingruppierungsrecht des BAT sind etwa zu nennen *Bredemeier*, Eingruppierung im BAT und BAT-O, 2001; *Hofmann*, Das Tarifrecht im öffentlichen Dienst, Eingruppierung von A – Z, 2004; *Krasemann*, Das Eingruppierungsrecht des BAT/BAT-O, 8. Aufl., 2005; *Linde*, Angestellte im öffentlichen Dienst, Band 2, Eingruppierung und Bezügeanspruch, 3. Aufl., 2002; *Sonntag*, Die Eingruppierung nach dem BAT, 8. Aufl., 2003; *Zimmerling*, Arbeitsrechtliche Konkurrentenklage und Eingruppierungsklage im öffentlichen Dienst, 1999. Zudem existieren noch Darstellungen zur Eingruppierung in speziellen Anwendungsfeldern des BAT (etwa Pflegeberufe, Soziale Einrichtungen, Kirchen). Zur Entwicklung der Rechtsprechung *Neumann*, RdA 1994, 371f.

439 Bundesangestelltentarifvertrag vom 23.2.1961, Stand Januar 2003.

*Werden in einem Tätigkeitsmerkmal mehrere Anforderungen gestellt, gilt das in unter Abs. 2 Satz 1 bestimmte Maß, ebenfalls bezogen auf die gesamte auszuübende Tätigkeit, für jede Anforderung.*
*Ist in einem Tätigkeitsmerkmal ein von unter Abs. 2 oder 3 abweichendes zeitliches Maß bestimmt, gilt dieses.*
*Ist in einem Tätigkeitsmerkmal als Anforderung eine Voraussetzung in der Person des Angestellten bestimmt, muss auch diese Anforderung erfüllt sein.*
*(3) Die Vergütungsgruppe des Angestellten ist im Arbeitsvertrag anzugeben.*

*Protokollnotizen zu Abs. 2:*
1. *Arbeitsvorgänge sind Arbeitsleistungen (einschließlich Zusammenhangsarbeiten), die, bezogen auf den Aufgabenkreis des Angestellten, zu einem bei natürlicher Betrachtung abgrenzbaren Arbeitsergebnis führen (z.B. unterschriftsreife Bearbeitung eines Aktenvorgangs, Erstellung eines EKG, Fertigung einer Bauzeichnung, Eintragung in das Grundbuch, Konstruktion einer Brücke oder eines Brückenteiles, Bearbeitung eines Antrags auf Wohngeld, Festsetzung einer Leistung nach dem Bundessozialhilfegesetz). Jeder einzelne Arbeitsvorgang ist als solcher zu bewerten und darf dabei hinsichtlich der Anforderungen zeitlich nicht aufgespalten werden.*
2. *Eine Anforderung im Sinne des Unterabsatzes 2 ist auch das in einem Tätigkeitsmerkmal geforderte Herausheben der Tätigkeit aus einer niedrigeren Vergütungsgruppe.*

*§ 23 Eingruppierung in besonderen Fällen*

*Ist dem Angestellten eine andere, höherwertige Tätigkeit nicht übertragen worden, hat sich aber die ihm übertragene Tätigkeit (§ 22 Abs. 2 Unterabs. 1) nicht nur vorübergehend derart geändert, dass sie den Tätigkeitsmerkmalen einer höheren als seiner bisherigen Vergütungsgruppe entspricht (§ 22 Abs. 2 Unterabs. 2 – 5), und hat der Angestellte die höherwertige Tätigkeit ununterbrochen sechs Monate lang ausgeübt, ist er mit Beginn des darauf folgenden Kalendermonats in der höheren Vergütungsgruppe eingruppiert. Für die zurückliegenden sechs Kalendermonate gilt § 24 Abs. 1 sinngemäß…«*

**180** Zum Begriff »**Arbeitsvorgang**«, der nach der Novellierung des BAT im Jahre 1975 wesentlich erweitert wurde[440], hat sich eine umfassende Rechtsprechung entwickelt. Das Bundesarbeitsgericht hat diesen Begriff gegenüber der Protokollnotiz Nr. 1 zu § 22 Abs. 2 BAT ein wenig modifiziert. Es handelt sich dabei um eine
- bei Hinzurechnung von Zusammenhangstätigkeiten
- unter Berücksichtigung einer sinnvollen, vernünftigen Verwaltungsübung
- nach tatsächlichen Gesichtspunkten abgrenzbare und rechtlich selbständig zu bewertende Arbeitseinheit der zu einem bestimmten Arbeitsergebnis führende Tätigkeit eines Angestellten.[441]

---

440 Eine andere Konzeption verfolgt der TV Versorgungsbetriebe vom 5. 10. 2000. Er hat sich vom Begriff des Arbeitsvorgangs und seinen Inhalten gelöst und stellt nur noch auf die Tätigkeit ab. Vgl. dazu *Hoffmann*, ZTR 2001, 58.

441 Seit BAG AP Nr. 2 zu §§ 22, 23 BAT ständige Rechtsprechung, etwa BAG AP Nr. 116 zu §§ 22, 23 BAT.

Dieser Arbeitsvorgang darf nicht weiter aufgespalten werden, es besteht also ein Aufspaltungsverbot.[442] Es ist rechtlich möglich, dass die gesamte Tätigkeit des Angestellten nur einen Arbeitsvorgang bildet.[443] Tatsächlich trennbare Tätigkeiten mit unterschiedlicher Wertigkeit können jedoch nicht zu einem Arbeitsvorgang zusammengefasst werden.[444]

**Zusammenhangstätigkeiten** sind solche Tätigkeiten, die aufgrund ihres engen Zusammenhanges mit bestimmten, insbesondere höherwertigen Aufgaben eines Angestellten bei der tariflichen Bewertung nicht getrennt werden dürfen, sondern ihnen zuzurechnen sind.[445] **181**

Der **Zeitraum**, für den die Arbeitsvorgänge zu ermitteln sind, hängt von den Schwankungen von Quantität und Qualität der geleisteten Arbeit ab. Bei einfachen Arbeiten kann eine Zeitspanne von einem Monat ausreichen, bei schwierigen Arbeiten werden im Allgemeinen sechs Monate zugrunde zu legen sein.[446] **182**

Eine Sonderregelung enthält § 24 Abs. 1 BAT im Hinblick auf die **vorübergehende Übertragung einer höherwertigen Tätigkeit**. Der Arbeitgeber kann diese kraft seines Direktionsrechts veranlassen, wenn dafür ein sachlicher Grund besteht. Nach Ablauf eines Monats erhält der Arbeitnehmer sodann eine persönliche Zulage. Dieses Verfahren kommt in Betracht wenn die wahrzunehmende Tätigkeit keine Daueraufgabe darstellt oder der bisherige Arbeitsplatzinhaber nur vorübergehend abwesend ist oder sonstige berechtigte Interessen des Arbeitgebers einer sofortigen Übertragung der Tätigkeit auf Dauer entgegenstehen. Überträgt dagegen der Arbeitgeber einem Arbeitnehmer eine höherwertige Tätigkeit auf Dauer, dann ist er arbeitsvertraglich zur Zahlung der Vergütung nach der höheren Vergütungsgruppe auch dann verpflichtet, wenn er den Personalrat nicht beteiligt hat. Gleiches gilt im Falle einer rechtsmissbräuchlichen vorübergehenden Übertragung.[447] **183**

Besteht die gesamte Tätigkeit des Angestellten aus Arbeitsvorgängen, die verschiedenen Vergütungsgruppen zuzuordnen sind, so ist er in die Vergütungsgruppe einzuordnen, deren Merkmale er zu über 50 % erfüllt.[448] **184**

Das BAG stellt verhältnismäßig detaillierte Anforderungen an die **Darlegungslast für eine Höhergruppierung**.[449] So muss ausreichend vorgetragen werden, aufgrund welcher Tatsachen die Erfüllung von Tätigkeitsmerkmalen vor allem auch bei unbestimmten Rechtsbegriffen beansprucht wird. Bei Heraushebungsmerkmalen ist für alle Stufen ein entsprechender Tatsachenvortrag gefordert. Bei doppelter Heraushebung durch denselben Rechtsbegriff, wie »Schwierigkeit« **185**

---

442 *Plaggemeier*, PersR 1992, 146; vgl. auch BAG 14.12.1994, NZA 1995, 533: kein Aufspaltungsverbot nur bei tatsächlich trennbaren Tätigkeiten mit unterschiedlicher Wertigkeit.

443 Insbesondere, wenn ein Aufgabenbereich durch eine Funktionsbezeichnung Tätigkeitsmerkmal einer Vergütungsgruppe ist, BAG 8.9.1999 (4 AZR 609/98), AP Nr. 270 zu §§ 22, 23 BAT 1975.

444 Vgl. BAG 23.2.2005 (4 AZR 126/04), nicht veröffentlicht; BAG AP Nr. 178 zu §§ 22, 23 BAT = ZTR 1995, 97.

445 BAG 19.3.1975, AP Nr. 85 zu §§ 22, 23 BAT; zur umfangreichen Kasuistik vgl. das in Rn. 438 angegebene spezielle Schrifttum.

446 BAG 26.4.1996, AP Nr. 2 zu §§ 22, 23 BAT.

447 Vgl. insgesamt BAG 21.6.2000 (5 AZR 805/98), www.bundesarbeitsgericht.de; BAG 18.6.1997 (4 AZR 728/95), AP Nr. 1 zu § 24 BAT-O; BAG 16.1.1991, AP Nr. 3 zu § 24 MTA – Aufgabe der früheren Rechtsprechung.

448 Vgl. auch BAG 22.11.1977, AP Nr. 2 zu §§ 22, 23 BAT 1975; BAG 28.4.1982, AP Nr. 62 zu §§ 22, 23 BAT 1975; BAG 18.5.1994, DB 1994, 2506. Wegen Einzelheiten ist auf das in Rn. 438 angeführte spezielle Schrifttum zu verweisen.

449 Etwa BAG 23.2.2005 (4 AZR 126/04), www.bundesarbeitsgericht.de; BAG AP Nr. 212 zu §§ 22, 23 BAT 1975; BAG AP Nr. 97 zu §§ 22, 23 BAT 1975 = AuR 1985, 131; siehe auch *Krasemann*, 15.3.3.1.

oder »Verantwortung«, müssen jeweils neue Tatsachen für die erste und die zweite Stufe der Heraushebung vorgetragen werden.[450] Im Einzelnen hat der Kläger darzulegen, wie die Aufgaben ausgeführt werden und welche Tätigkeiten Zusammenhangstätigkeiten zur eigentlichen Aufgabe sind. Notwendig ist es weiter, die Verwaltungsübung darzustellen und insbesondere auch die Zusammenarbeit mit anderen Bediensteten und Behörden und die Aufgabenverteilung zu erklären. Weiter muss dargelegt werden, welche Arbeitsergebnisse zu erarbeiten sind, da die Bestimmung des Arbeitsvorganges maßgeblich vom Arbeitsergebnis her zu erfolgen hat. Schließlich gehört dazu aber auch die Darlegung, wieweit die Aufgaben tatsächlich voneinander abgegrenzt werden können und ob sie jeweils für sich selbständig zu bewerten sind, beziehungsweise ob eine Tätigkeit untrennbar mit einer anderen im Zusammenhang steht sowie die gegebenenfalls unterschiedliche Bewertung einzelner Aufgaben. Schließlich muss dazu auch die jeweils benötigte Zeit angegeben werden, da nur so der Anteil der jeweiligen Arbeitsvorgänge an der gesamten Arbeitszeit festzustellen ist. Nur wenn eine solche ausreichende Darlegung der Tätigkeit im Hinblick auf die Arbeitsvorgänge vorliegt, kann die Eingruppierungsklage schlüssig sein. Da es jedoch häufig für den Kläger schwierig ist zu wissen, auf welche Einzelheiten es dem entscheidenden Gericht für die Bestimmung des Arbeitsvorganges jeweils ankommt, muss das Gericht ihn gemäß § 139 ZPO erforderlichenfalls anhalten, den Tatsachenvortrag richtig zu stellen, zu ergänzen und zu vervollständigen.[451] Tagebuchartige Aufzeichnungen, mit denen die tatsächlich erbrachte Arbeitsleistung rekonstruiert werden kann, können hilfreich sein, ersetzen jedoch nicht den Tatsachenvortrag.[452] Als Aufzeichnungszeitraum werden etwa bis zu sechs Monate als angemessen angesehen. Eine entsprechende prozessuale Verpflichtung besteht jedoch nicht.[453] Bei Aufbaufallgruppen erfolgt eine pauschale Überprüfung, soweit (auf niedrigeren Stufen) der maßgebliche Sachverhalt unstreitig ist und der Arbeitgeber selbst für die Tätigkeit die Tätigkeitsmerkmale als erfüllt ansieht.[454]

**186** Je weiter der Arbeitsvorgang im Tarifvertrag definiert wird, desto größer ist für die Angestellten die Aussicht, in eine höhere Tarifvertragsgruppe aufzurücken.[455] Da aber sehr weite Beurteilungsspielräume die Gefahr einer Rechtsunsicherheit zur Folge haben, erscheint es erwägenswert, die Eingruppierungsvorschriften zum TVöD möglichst zu präzisieren und gegebenenfalls eigene Eingruppierungsausschüsse der Tarifvertragsparteien vorzusehen.[456]

---

450 Etwa BAG 21.6.2000 (4 AZR 389/99), ZTR 2001, 125.

451 *Neumann*, NZA 1986, 729.

452 BAG ZTR 1989, 150.

453 BAG 28.2.1979, AP Nr. 16 zu §§ 22, 23 BAT 1975; *Plaggemeier*, PersR 1992, 146.

454 BAG 19.8.2004 (8 AZR 375/03), EzA § 4 TVG Chemische Industrie Nr. 7; BAG 21.6.2000 (4 AZR 389/99), ZTR 2001, 125.

455 Zur Justitiabilität der betreffenden Vorschriften, insbesondere der Übereinstimmung mit dem Bestimmtheitsgebot und dem Gleichheitssatz BAG 29.1.1986, AP Nr. 115 §§ 22, 23 BAT 1975.

456 Zur kontroversen Einschätzung der Eingruppierungsausschüsse in der Praxis vgl. *Fromm*, ZTR 1989, 211 und 251 (befürwortend); *Steingen*, ZTR 1989, 474 (ablehnend). Zur rechtlichen Unbedenklichkeit siehe auch *Däubler/Deinert*, § 4 Rn. 406.

### g) Rechtsdurchsetzungsprobleme

187 Hinsichtlich der Rechtsdurchsetzung des Anspruchs auf richtige Eingruppierung[457] (allgemein zur Durchsetzung tarifvertraglicher Rechte § 4 Rn. 189 ff.) sind vor allem drei Problembereiche zu unterscheiden.

188 Zum einen besteht das **rechtspolitische Problem, dass Arbeitnehmer** in der privaten Wirtschaft – im Allgemeinen wohl aus Furcht vor Sanktionen – während des Bestehens des Arbeitsverhältnisses **nur in Ausnahmefällen** gegen den Arbeitgeber **klagen**.[458] Dies ist bereits ein wesentlicher Grund dafür, warum auch materiell begründete Ansprüche auf zutreffende Eingruppierung oft leer laufen.[459] Hier bestünde aus dem Gesichtspunkt der Effizienz des Rechtsschutzes ein Bedürfnis für eine Klagebefugnis der Gewerkschaft. Rechtsdogmatische Möglichkeiten ergeben sich dann, wenn man entweder die rechtsgeschäftliche Übertragung der Prozessführungsbefugnis des betreffenden Arbeitnehmers auf die Gewerkschaft (gewillkürte Prozessstandschaft) zulässt (näher hierzu vgl. § 4 Rn. 212 f.) oder aber die Abtretung des materiellen Anspruchs auf die Gewerkschaft für möglich hält.[460] Letzteres wurde vom Bundesarbeitsgericht im Hinblick auf die Übertragung von Lohnansprüchen einzelner Arbeitnehmer auf die zuständige Gewerkschaft im Rahmen von Aussperrungsprozessen anerkannt.[461]

189 Eine weitere Schwierigkeit bei derartigen Prozessen ist aus Arbeitnehmersicht auf die **Beweisverteilung** zurückzuführen. Dem Arbeitnehmer wird der Nachweis, unrichtig eingruppiert zu sein, oft nur schwer gelingen – vor allem auch deshalb, weil sich ihm häufig der Überblick über Organisationsstrukturen und Tätigkeitshierarchien entzieht.[462] Wo es, wie im öffentlichen Dienst bei Anwendung des BAT, auf die »auszuübende Tätigkeit« – nicht auf die ausgeübte – ankommt, liegt es nahe, die Darlegungs und Beweislast beim Arbeitgeber zu sehen.[463] Im Übrigen wäre an eine Beweislastverteilung nach den Regeln des prima facie-Beweises[464] oder entsprechend dem Rechtsgedanken der Diskriminierungsverbote, bei denen bereits eine Glaubhaftmachung der Diskriminierungstatsachen die Umkehr der Beweislast auslöst. Der Arbeitgeber allerdings, der keinen Nachweis nach dem NachwG erteilt hat, trägt bei einer angestrebten Rückgruppierung die volle Darlegungs- und Beweislast.[465]

---

457 Siehe auch *Berg/Bobke*, WSI-Mitt. 1982, 237.

458 *Ramm*, 169; *Notter*, BlStSozArbR 1979, 225.

459 So betreffen etwa sämtliche Entscheidungen seit dem Jahre 2001 (bis Herbst 2005), die das BAG im Internet (www.bundesarbeitsgericht.de) zur Problematik der Rückgruppierung ausweist, den öffentlichen Dienst. Dieser überwiegt auch erheblich bei den dort nachgewiesenen Klagen auf Höhergruppierung, wobei von den übrigen Verfahren noch die betriebsverfassungsrechtlichen Streitigkeiten auszuschließen sind. Vgl. auch die bei *Bahnmüller*, Mitbestimmung 1999, 19, mitgeteilten Ergebnisse einer Umfrage bei Betriebsräten und Managern zur Konflikthäufigkeit bei Eingruppierungsveränderungen.

460 In anderen Ländern ist dies zum Teil nach gesetzlichen Reformen weitgehend anerkannt: Zachert (Hrsg.), Die Wirkung des Tarifvertrages in der Krise, 91 f. für Spanien, 145 f. für Frankreich.

461 BAG 10. 6. 1980, AP Nr. 64, 66 und 67 zu Art. 9 GG Arbeitskampf; der Forderung des § 400 BGB war genügt, da die Gewerkschaft Unterstützungsleistungen an die Arbeitnehmer erbracht hatte, welche das unpfändbare Einkommen überstiegen.

462 Zu Beweislastanforderungen *Zimmermann*, ZTR 2002, 354.

463 So aus rechtsstaatlichen Gründen de lege lata *Zimmermann*, ZTR 2002, 358 f., der zutreffend auch auf den Widerspruch hinweist, der darin besteht, die Eingruppierung als deklaratorisch, aber zugleich auch als Grenze des Direktionsrechts bei Zuweisung höherwertiger Tätigkeiten anzusehen.

464 BLAH, Anh. § 286, Anm. 3B.

465 Zutreffend *Friedrich/Kloppenburg*, RdA 2001, 304.

190 Schließlich resultiert ein weitgehendes Leerlaufen der Arbeitnehmerrechte hinsichtlich der Durchsetzung der tariflichen Eingruppierungsansprüche daraus, dass der Arbeitgeber bis zum Ausgang des Prozesses aufgrund des – unter anderem durch § 99 BetrVG nur begrenzt eingeschränkten – **Direktionsrechtes** zunächst einmal Anordnungen treffen kann, die bis zu einer gegenteiligen gerichtlichen Entscheidung Bestand haben. Eine Einschränkung dieses Definitionsvorrechts des Arbeitgebers, wie sie in Schweden im Jahre 1976 durch Gesetz erfolgte[466], könnte, abgesehen vom gesetzlichen auch auf tariflichem Wege erfolgen[467] (zu Beispielen aus der Tarifvertragspraxis: § 1 Rn. 167).

### 7. Besondere Probleme der analytischen Arbeitsplatzbewertung unter anderem bei Einführung neuer Technologien

191 Summarische wie analytische Arbeitsbewertungsmethode bewerten nicht die vom Arbeitnehmer erbrachte oder erbringbare Arbeit, sondern die an einer bestimmten Stelle in der betrieblichen Organisation zu erbringende Leistung. Bei dem summarischen Verfahren werden im Wesentlichen durch die Grobkriterien Ausbildung, Können und Verantwortung und jeweils weitere Abstufungen Tarifgruppen gebildet.[468] Die konkreten Arbeitsplatzanforderungen werden sodann summarisch nach den genannten Merkmalen eingeschätzt und der Arbeitnehmer entsprechend eingruppiert. **Analytische Methoden** gehen, meist basierend auf dem so genannten Genfer Schema, in der Regeln von den **Anforderungsmerkmalen** Können, Belastung, Umgebungseinflüsse und Verantwortung aus.[469] Diese werden weiter ausgefächert (etwa Belastung: muskuläre Belastung, psychische Belastung; Können: Ausbildung, Geschicklichkeit, geistige Anforderungen). Die so gewonnenen Merkmale einer niedrigeren Operationalisierungsstufe werden nun aufgelistet und mit einem Gewichtungsfaktor versehen. Da die einzelnen Merkmale in unterschiedlicher Stärke auftreten (Beispiel: höhere Temperatur am Arbeitsplatz) wird für sie bei dem so genannten Rangreihenverfahren eine Skala entwickelt, bei der Rangstufenzahlen, etwa von 0 bis 100, angegeben sind. Entspricht der Temperatur von x Grad die Rangstufenzahl 50 und hat das Merkmal Temperatur generell einen Gewichtungsfaktor von 0,4, so beträgt der Teilarbeitswert für die Temperatur 20. Aus der Summe der für einen Arbeitsplatz ermittelten Teilarbeitswerte errechnet sich dann der Arbeitswert.[470]

192 Erscheint so die analytische Methode das objektivere Verfahren und wird sie auch unter dem Gleichbehandlungsgesichtspunkt, speziell unter dem Aspekt der Verhinderung mittelbarer geschlechtsspezifischer Diskriminierung **überwiegend positiver beurteilt**[471], bleiben doch **Vorbehalte**. Sie betreffen nicht nur die Auswahl und insbesondere die Gewichtung[472] der Merkmale. Auch für die Be-

466 *F. Schmidt*, Reform, 157 ff.

467 Weitere Vorschläge bei *Däubler*, Tarifvertragsrecht, Rn. 1429 f.

468 Exemplarisch die Gruppenbildung des BAT; siehe auch das unter § 1 Rn. 148 angeführte Beispiel aus dem Manteltarifvertrag für das Versicherungsgewerbe. Ausführlich *Lang/Meine/Ohl*, Handbuch, 145 ff.

469 Die REFA-Einteilung bildet sechs Kategorien: Kenntnisse, Geschicklichkeit, Verantwortung, geistige Belastung, Umgebungseinflüsse.

470 Zum alternativ verwandten Punktstufenverfahren siehe *Lang/Meine/Ohl*, Handbuch, 159 ff.

471 Etwa *Däubler/Winter*, § 1 Rn. 436.

472 Vgl. etwa die bei *Winter*, Gleicher Lohn, 77, mitgeteilte Beispielsrechnung für einen Betriebsschlosser und eine Betriebskrankenschwester, aus der sich bei durchaus vertretbar erscheinender Veränderung der Gewichtung einzelner Merkmale eine grundlegende Verschiebung der Vergütungszuordnung beider ergäbe.

wertung der Anforderungen des Arbeitsplatzes fehlt, sieht man von einigen Faktoren der Umgebungseinflüsse ab, das »objektive« Maß. Mit all dem wird jedoch allenfalls die von der analytischen Arbeitsbewertung erwartete Gerechtigkeit der Verteilung der Lohnsumme unter den Arbeitnehmern[473] in Frage gestellt – zur Anhebung des Entgeltniveaus kann eine Methode, die Leistungsanforderungen an Arbeitsplätzen messen soll, ohnedies nicht beitragen. Daher bietet die analytische Arbeitsbewertung zum Teil eben auch (nur) Legitimation durch Verfahren, mit der daraus erwachsenden befriedenden Wirkung. Die in der Praxis stattfindende Verbreitung von Gruppenarbeit und multifunktionalem Einsatz von Arbeitnehmern entziehen einer rein arbeitsplatzbezogenen Eingruppierung allerdings zunehmend ihre Berechtigung.

Das Aufkommen der Schlüsseltechnologie Computerisierung, zunächst in der Produktion, dann an Angestelltenarbeitsplätzen, legte jedoch aus Arbeitnehmersicht noch eine andere Schwachstelle der analytischen Arbeitsbewertung bloß: Das **Rationalisierungspotenzial**, das in dem Eindringen der neuen Technik in den Bereich der abhängigen Arbeit lag, wurde erhöht durch ihre Eignung zusammen mit organisatorischen Maßnahmen, Tätigkeiten zu dequalifizieren, die analytisch bewerteten Leistungsanforderungen herabzusetzen und Abgruppierungen herbeizuführen. Erhöhte Produktivität korrespondierte mit niedrigeren Lohnkosten. Vor allem die IG Metall hatte in den 60er Jahren in vielen Tarifbereichen die analytische Arbeitsbewertung tarifvertraglich akzeptiert.[474] Aufgrund der technischen und organisatorischen Rationalisierung nahmen die Abgruppierungstendenzen jedoch so stark zu, dass sich die IG Metall im Jahre 1978 genötigt sah, in allen betroffenen Tarifbereichen so genannte »Absicherungstarifverträge« durchzusetzen.[475] Diese Tarifverträge wurden nur als Zwischenschritte hin zu einer neuen Konzeption der Arbeits- bzw. Leistungsbewertung gesehen.[476] 193

Im Hinblick auf **Perspektiven** zur Eingruppierung und Entgeltdifferenzierung gibt es Überlegungen, in Tarifverträgen umfassende Arbeitssysteme bzw. Arbeitsbereiche zu bilden.[477] Sie sollen möglichst ganzheitlich sein, damit die Qualifikation der Arbeitnehmer gefordert und gefördert wird. Nicht nur durch Prüfungen nachgewiesene Qualifikationen sollen bewertet werden, sondern auch Erfahrung, Vielseitigkeit im Arbeitseinsatz und abgeschlossene Weiterbildungsmaßnahmen. Es soll nicht die einzelne Tätigkeit oder überwiegende Tätigkeit erfasst werden, sondern der gesamte Aufgabenbereich, der als Arbeitssystem definiert wird. 194

Über die **Bildung und Bewertung von Arbeitssystemen** soll eine betriebliche paritätische **Kommission** entscheiden, ebenso über Vorschläge für die Eingrup- 195

473 Zu weiteren Motiven für die Anwendung *Schmiede/Schudlich*, Leistungsentlohnung, 354.

474 Nach Angaben von *Lang/Meine/Ohl*, Handbuch, 157, werden in Nord-Württemberg/Nord-Baden 90% aller Arbeiter entsprechend eingruppiert, in anderen Tarifgebieten schwankt der Prozentsatz zwischen 10% und 50%.

475 *Pornschlegel*, RdA 1978, 161; *Zachert*, 139ff.; zur damaligen Entwicklung siehe auch *Adamy/Steffen*, Handbuch der Arbeitsbeziehungen, 1985, 246f.

476 Zu Modifizierungen durch den Firmentarifvertrag der VW-AG vom 1.2.1980 und dem für Arbeiter und Angestellte einheitlich geltenden Tarifvertrag der Firma Vögele vom 1.1.1983 siehe *Voraufl.*, § 1 Rn. 98f. Grundlage der Einstufung einer Arbeitsaufgabe sind nach den neuen Entgeltrahmenabkommen (ERA) in der Metallindustrie die Anforderungsmerkmale Können (Arbeitskenntnisse sowie Fachkenntnisse und Berufserfahrungen), Handlungs und Entscheidungsspielraum, Kooperation und Mitarbeiterführung.

477 Siehe etwa § 2 Ziff. 1 und 3 des ERA Nordrhein-Westfalen vom 18.12.2003.

pierung der Beschäftigten und Reklamationen vom Betriebsrat oder den betroffenen Arbeitnehmern selbst.
Die Tendenz zur Schaffung gemeinsamer Eingruppierungskriterien für Arbeiter und Angestellte ist zum Abschluss zu bringen, wobei die Eingruppierung nach oben durchlässig sein soll. Damit soll sichergestellt werden, dass die Beschäftigten im Laufe ihres Arbeitslebens höhere Entgeltgruppen erreichen können. Auch die so genannten außertariflichen Angestellten sollen am oberen Ende der Entgeltskala über Qualifikations- bzw. Arbeitssysteme tariflich erfasst und damit geschützt werden.[478]
Grundsätzlich wird es darauf ankommen, wegen des Wandels traditioneller Lebens- und Arbeitsverhältnisse auch im Bereich der Entgeltstrukturen einerseits überholte Statusunterschiede zu beseitigen, andererseits aber differenzierten Beteiligungs- und Gestaltungswünschen Rechnung zu tragen.

### 8. Besondere Probleme des Leistungslohns

**196** Lohnrahmentarifverträge legen in der Regel neben den Bewertungskriterien für die jeweiligen Lohngruppen auch fest, welche Lohnformen (Lohnfindungssysteme) überhaupt zur Anwendung kommen. Die wichtigste Unterscheidung ist die zwischen Zeitlohn und Leistungslohn, insbesondere Akkordlohn und Prämienlohn (§ 1 Rn. 47 ff.).
Exakte Aussagen zu dem **Verbreitungsgrad** beider Lohnformen sind kaum möglich. Nach einer Untersuchung in der Metallindustrie sind etwa die Hälfte der gewerblichen Arbeitnehmer im Zeitlohn beschäftigt, etwas mehr als ein Viertel im Akkord und ungefähr 20 Prozent erhalten einen Prämienlohn. Dabei hat sich in den letzen Jahrzehnten eine Verschiebung vom Akkord- zum Prämienlohn ergeben.[479] Im Angestelltenbereich dominiert der Zeitlohn, wobei Prämienanteile offenbar weiter zunehmen. Es findet in der betrieblichen Praxis aufgrund von Veränderungen der Arbeitsorganisation gegenwärtig insgesamt eine stärkere Differenzierung mit Tendenz zu gemischten Lohnformen statt, wobei zu einem Grundentgelt individuelle Zulagen oder/und Gruppenprämien hinzukommen. Gelegentlich werden auch tariflich verschiedene »Produkte« als Entlohnungsbestandteile angeboten, aus denen die Betriebsparteien einzelne auswählen können (»Cafeteria-Modelle«).[480] Von besonderer aktueller Bedeutung – nicht zuletzt auch auf dem Markt der Unternehmensberatung – ist die Prämie für das Erreichen der Vorgaben einer Zielvereinbarung.[481] Das alles lässt es gerechtfertigt erscheinen, von einer Krise der klassischen Entgeltsysteme zu sprechen.[482] Neuere Tarifverträge wie etwa die ERA-Tarifverträge in der Metallindustrie spiegeln diese Entwicklung wider.

**197** Eine **Bewertung** der Lohnform »**Leistungslohn**« muss **Vorteile mit Nachteilen** abwägen. Zu den Vorteilen zählt neben der Möglichkeit der Absicherung der Effektivdienste das insgesamt etwas höhere Lohnniveau als bei im Zeitlohn beschäftigten vergleichbaren Arbeitnehmern. Zu den Nachteilen ist unter anderem der höhere Grad der Leistungsverdichtung (Arbeitsintensität) und die größere

478 Umfassend *Lang/Unterhinninghofen*, RdA 1993, 179 ff.
479 *Bahnmüller*, Mitbestimmung 1999, 17; ähnliche Angaben bei *Lang/Meine/Ohl*, Handbuch, 204.
480 Dazu auch *Wendeling-Schröder/Schubert*, NZA 2003, 773.
481 Zur Entwicklung, die die mittlere und untere Ebene der Beschäftigten erst in den 90er Jahren erreichte, siehe *Breisig*, Entgelt, 209.
482 So *Breisig*, Entgelt, 90.

Abhängigkeit des einzelnen Arbeitnehmers von den maschinellen Produktionsrhythmen und -abläufen zu rechnen.[483] Eine gewisse Schranke gegen diesen, für den Leistungslohn charakteristischen, Aspekt der Arbeitsintensivierung lässt sich tarifvertraglich z. B. durch die Festlegung einer Mindestlohngarantie erreichen.

Wesentlicher Konflikt bei der Bestimmung des **Akkords** als Hauptform des Leistungslohns ist die Festlegung der **Vorgabezeit**. Die jeweils zulässigen Verfahren werden häufig ebenfalls in Lohnrahmentarifverträgen bestimmt. Während beim verbreiteten REFA-Verfahren die Vorgabezeit durch Zeitmessungen typischerweise aufgrund einer konkret ermittelten »Normalleistung« festgesetzt wird[484], die im Rahmen des betriebsverfassungsrechtlichen Mitbestimmungsrechtes nach § 87 Abs. 1 Nr. 10 und 11 BetrVG weitgehend beeinflusst werden kann (dazu § 1 Rn. 54), erfolgt die Festlegung der Vorgabezeit bei den so genannten Systemen vorbestimmter Zeiten (die allerdings auch von REFA angeboten werden) aufgrund von Zeitstudien, deren Bewertungsgrundlagen bisher nicht bekannt und damit überprüfbar sind. Diese Systeme, die auch Kleinstzeitverfahren genannt werden und deren wichtigste Anwendungsformen MTM (Method of Time Measurement) und WF (Work Factor) sind, zerlegen die einzelnen Bewegungen des Arbeitnehmers an ihre Bestandteile und ordnen jeder Bewegung (z. B. Drücken eines Hebels) ein bestimmtes Zeitquantum zu. Wie hoch dieses ist, ergibt sich aus einer Tabelle, die auf der Basis bislang nicht bekannter Testversuche erstellt wurde. Ergebnis derartiger Systeme, die aktuell vor allem auch im Verwaltungsbereich (Büromaschinen, Sachbearbeitertätigkeiten) eingeführt wurden[485], ist ein hoher Rationalisierungseffekt. Die Eliminierung (angeblich) überflüssiger Bewegungen und Veränderungen an den Bedienungsvorrichtungen der Maschinen steigern nach Einschätzung von Arbeitswissenschaftlern die Arbeitsproduktivität bis zu 40 %[486] (zur Problematik dieser Systeme auch § 1 Rn. 55). **198**

Technologische Veränderungen, die zur Folge haben, dass es in Zukunft weniger auf die produzierte Menge als auf Merkmale wie Sorgfalt, Verantwortung, Initiativbereitschaft usw. ankommt, haben Entwicklungen ausgelöst, die zu einer gewissen **Zurückdrängung des Akkordlohns** führten, ohne dass der Leistungslohn deshalb von Arbeitgeberseite prinzipiell in Frage gestellt worden wäre. Vielmehr deuten Tendenzen auf eine Ablösung des Akkords durch neue Leistungslohnformen (Prämienlohn, Pensumlohn, Kontraktlohn, Formen systematisierter Leistungsbeurteilung) hin.[487] Ihr gemeinsames Kennzeichen ist, dass – im Unterschied zum Zeitlohn – weiterhin mit Lohnanreizen und periodischen Leistungskontrollen gearbeitet wird.[488] **199**

Unter anderem die Gewährleistung von **Mitbestimmungsrechten** nach § 87 Abs. 1 Nr. 10 und 11 BetrVG[489] (vgl. § 1 Rn. 54) erklärt das gewerkschaftliche Interesse an Leistungslöhnen wie dem Prämienlohn. Hierbei wird versucht, den **200**

---

483 *Schmiede/Schudlich*, Leistungsentlohnung, vor allem 433 ff.; zu den aufgrund tariflicher Schutzbestimmungen zum Teil eingetretenen Veränderungen siehe *Lang/Meine/Ohl*, Handbuch, 210 ff.

484 Z. B. *Schmiede/Schudlich*, Leistungsentlohnung, 324 ff.; *Lang/Meine/Ohl*, Handbuch, 320 ff.

485 *Dombre*, Afa-Informationen, 1982, 18.

486 *Teschner*, Lohnpolitik, 72; *Lang/Meine/Ohl*, Handbuch, 363 ff.

487 Im einzelnen *Schmiede/Schudlich*, Leistungsentlohnung, 502 ff.

488 *Schmiede/Schudlich*, Leistungsentlohnung, 385 ff.; *Dombre*, Afa-Informationen 1982, 13; *Lang/Meine/Ohl*, Handbuch, 226 ff.

489 Zum Prämienlohn BAG 16. 12. 1986, AP Nr. 8 zu § 87 BetrVG 1972; siehe auch BAG 12. 5. 2004 (4 AZR 59/03), EzA § 4 TVG Metallindustrie Nr. 129 (am Ende).

Leistungsbegriff möglichst präzise zu definieren, um Überforderungen der betroffenen Arbeitnehmer zu verhindern.

201 Ein in der betrieblichen und auch in der tariflichen Praxis relativ neues Instrument im Rahmen leistungsorientierter Vergütung ist das der **Zielvereinbarung.**[490] Bei ihr handelt es sich um eine Vereinbarung zwischen Arbeitgeber und Arbeitnehmer(n), derzufolge innerhalb einer festgelegten Zeitspanne ein bestimmtes quantitatives (beispielsweise Reduzierung der Materialkosten um x %; Verringerung der Kundenbeschwerden) oder qualitatives Ziel (Verbesserung der Kooperation zwischen Abteilungen, Verbesserung des Teamverhalten) von dem Einzelnen oder einer Gruppe erreicht werden soll.[491] Das Verfahren endet mit der Feststellung über die Zielerreichung am Ende der vereinbarten Periode; es soll in ein Zielgespräch münden. Zurückgeführt wird die Anwendung von Zielvereinbarungen auf das US-amerikanische Führungskonzept des »Management by Objectives« (MBO). Die strategischen Unternehmensziele werden dabei bis auf den Arbeitsplatz des einzelnen Beschäftigten bzw. der Gruppe »herunter gebrochen«.[492] Sollen Zielvereinbarung nicht lediglich als personalwirtschaftliches Mittel im Rahmen etwa der Personalführung oder der Personalplanung eingesetzt, sondern durch Prämienzahlung (»Zielbonus) bei Zielerreichung vergütungsrelevant werden, besteht bei ihrer Einführung ein Mitbestimmungsrecht des Betriebsrats nach § 87 Abs. 1 Nr. 10 BetrVG.[493] In der Betriebsvereinbarung hat dann eine Zielvereinbarungs-Rahmenvereinbarung zu erfolgen; diese wird Grundlage der individuell festzulegenden Ziele. Das Mitbestimmungsrecht des Betriebsrats setzt allerdings voraus, dass nicht über ein entweder kein abschließendes tarifliches Vergütungssystem vorliegt oder aber der Tarifvertrag insoweit eine Öffnungsklausel enthält (vgl. § 87 Abs. 1 Eingangssatz BetrVG). Da Zielvereinbarungen in erster Linie in bestimmten Branchen bzw. in größeren Unternehmen[494] praktiziert werden, liegt es nahe, dass in Tarifverträgen selbst Normierungen erfolgen, sei es durch die Formulierung der Rahmenvereinbarung selbst, sei es durch die Festlegung von Vorgaben für sie, sei es, dass nur eine Öffnung erfolgt und möglicherweise ein begrenzender Prämienrahmen beschrieben wird. Bislang wurde dies bei unterschiedlicher Regelungstiefe beispielsweise umgesetzt in Entgeltrahmentarifverträgen der Metallindustrie (ERA)[495], im Rahmentarifvertrag zwischen der Vereinigung der kommunalen Arbeitgeberverbände über Grundsätze zur Gewährung von Leistungszulagen und Leistungsprämien (TV-L VKA), in einem Tarifvertrag für die Volksbanken und Raiffeisenbanken sowie die genossenschaftlichen Zentralbanken[496] oder im Pilotierungstarifvertrag

490 Vergleiche neben dem zitierten Schrifttum hierzu etwa die Monografien von *Breisig*, Entlohnen und Führen mit Zielvereinbarung, 2. Aufl., 2001; *Bungard/Kohnke* (Hrsg.), Zielvereinbarungen erfolgreich umsetzen, 2. Aufl., 2002; *Eyer/Haussmann*, Zielvereinbarung und variable Vergütung, 2. Aufl., 2003, *Jetter/Skrotzki*, Handbuch Zielvereinbarungsgespräche, 2000; *Ulrich H. Krause*, Zielvereinbarungen und leistungsorientierte Vergütung, 2003; *Stöwe/Weidemann*, Mitarbeiterbeurteilung und Zielvereinbarung, 2005. Siehe zudem *Riesenhuber/v. Steinau-Steinrück*, Zielvereinbarungen, NZA 2005, 785; *Däubler*, Zielvereinbarungen als Mitbestimmungsproblem, NZA 2005, 793.

491 *Breisig*, Entgelt, 209 ff.; *Deich*, in: Preis (Hrsg.), Innovative Arbeitsformen, 582 f.

492 Vgl. statt aller *Deich*, in: Preis (Hrsg.), Innovative Arbeitsformen, 584.

493 Vgl. *Preis*, in: *Preis*, Arbeitsvertrag, Stichwort Zielvereinbarung, Rn. 45; dort Rn. 43 ff. auch zu weiteren Mitbestimmungsrechten.

494 Nachweis aus der ostdeutschen Metall- und Elektroindustrie bei *Hinke*, WSI-Mitt. 2003, 377.

495 Erstmals vereinbart im Bezirk der IG-Metall Küste, Tarifvertrag vom 23. 5. 2003. Einzelheiten zur Zielvereinbarungsregelung am Beispiel des niedersächsischen Entgeltrahmentarifs bei *Meine*, AuR 2004, 138.

496 Tarifvertrag zur leistungs- und/oder erfolgsorientierten Vergütung vom 28. 5. 2003.

PM-Excellence für die Beschäftigten der Deutschen Telekom und der T-Com.[497] Im Bereich des TVöD haben sich die Tarifvertragsparteien auf Rahmenbedingungen verständigt.[498]

Abgesehen von den geschilderten generellen Vor- und Nachteilen einer Leistungsvergütung beginnt die **Problematik der Zielvereinbarung** bereits bei der Zieldefinition für den einzelnen Arbeitnehmer. Es ist kaum anzunehmen, dass es in einer überwiegenden Zahl der Fälle zu der einverständlichen Lösung kommt. Vielfach werden Vorgaben durch die Betriebsleitung erfolgen.[499] Das generell zu beobachtende, rationale Konfliktminimierungsverhalten von Beschäftigten (vgl. § 4 Rn. 190 und Rn. 200) wird auch hier zumeist ein Akzeptieren der Zielvorstellungen des Arbeitgebers zur Folge haben. Zu Recht wird in diesem Zusammenhang auch darauf hingewiesen, dass ein Widerspruch zwischen dem oben geschilderten »Herunterbrechen« der strategischen Ziele und der Annahme einer partizipativen Vereinbarung besteht.[500] Schwer nachzuvollziehen und deshalb nicht unbedenklich sind sodann qualitative Ziele, insbesondere Verhaltensziele, auch wenn man zugeben mag, dass ihre Aufnahme in ein Zielvorgabensystem Fehlsteuerungen des Arbeitsverhaltens (»Ellenbogenhandeln« statt Kreativität, Kooperation, Teamorientierung) entgegenzuwirken vermöchte.[501] Besondere Aufmerksamkeit muss hier, wie auch im Übrigen, der Erfüllungskontrolle zuteil werden. Kollektive Regelungen zu Zielvereinbarungen können das Verfahren zumindest zum Teil verobjektivieren, überprüfbarer machen und den Anteil der Prämie an der Gesamtvergütung begrenzen. 202

## 9. Tarifliche Zuschläge

Auf die vielfältigen Detailprobleme, die sich bei tariflichen Zuschlägen ergeben können, wird an anderer Stelle eingegangen (zur Teilzeit: § 1 Rn. 393 ff.; zu Arbeitsbedingungen: § 1 Rn. 505 ff.; zu Anrechnung von übertariflichen Leistungen: § 4 Rn. 355 ff.). Derartige Zuschläge werden in Tarifverträgen vor allem für Überstunden, Schicht- und Nachtarbeit (dazu § 1 Rn. 285 ff.), Sonn- und Feiertagsarbeit[502], eine besondere Belastungsintensität und persönliche Qualifikation oder auch aus sozialen Gesichtspunkten (so genannte Sozialzuschläge) gezahlt.[503] 203

Bei der **Höhe einer nach Prozentsätzen des Entgelts** bestimmten Zulage neigt die Rechtsprechung zu Recht dazu, die zusätzliche Leistung anhand des Effektivverdienstes zu bemessen, unabhängig davon, ob es sich um tarifliche, übertarifliche oder außertarifliche Leistungen des Arbeitgebers handelt.[504] So ist der tarifliche Zuschlag für Überschichten an Werktagen, die über die Zahl der Arbeitstage im Monat hinaus gefahren werden, für Schichtlöhner vom gesamten Schichtlohn, also auch unter Berücksichtigung eventueller übertariflicher Lohn- 204

497 Dazu *Seitz*, Karrierepfad Projektmanagement – tarifvertragliche Regelungen als zentrales Element der Verankerung professioneller Projektarbeit, WSI-Mitt. 2003, 386.

498 Siehe auch *Brück*, ZTR 2004, 286; *Rieger*, ZTR 2004, 334.

499 So auch die bei *Hinke*, WSI-Mitt. 2003, 380, mitgeteilten Ergebnisse der Befragung von Betriebsräten und Management.

500 *Hinke*, WSI-Mitt. 2003, 381 f.

501 Dazu *Breisig*, Entgelt, 603, 262 ff.

502 Dazu allgemein *Schaub*, § 105; zur Regelung des BMT-G II siehe BAG 31.5.2001 (6 AZR 196/00), AP Nr. 2 zu § 22 BMT-G II.

503 *Slupik*, BB 1994, 1631; umfangreiche Auflistung höchstrichterlicher Entscheidungen zu verschiedenen Zuschlägen bei Wiedemann/*Wiedemann*, § 1 Rn. 379.

504 Wiedemann/*Wiedemann*, § 1 Rn. 379.

bestandteile, zu berechnen.[505] Anderes gilt, wenn der Tarifvertrag, wie dies auch in der Praxis geschieht, als Bezugsgröße den Tariflohn bestimmt. Zum Bestand der Zulage geht das Bundesarbeitsgericht in der Tradition einer zurückhaltenden Kontrolle tariflicher Vereinbarungen davon aus, es sei ausschließlich Angelegenheit der Tarifparteien, nicht der Arbeitsgerichte, die Tarifnormen zu ändern, wenn eine **Zulagenregelung nicht mehr sachgerecht** erscheint, weil wegen technischer Weiterentwicklung neben Erschwernissen weit reichend auch Arbeitserleichterungen zu verzeichnen sind.[506]

205 Wird dem Arbeitnehmer **arbeitsvertraglich** neben dem Grundgehalt eine **Zulage** gewährt, bereitet unter Umständen die Frage, ob er **tarifgerecht** entlohnt wird, Schwierigkeiten. Ihre Beantwortung kann davon abhängen, ob Grundgehalt und Zulage nur Rechnungsposten einer einheitlichen Vergütung sind oder ob die Zulage nach dem Willen der Vertragsparteien einen relativ selbständigen, gesondert neben der Grundvergütung stehenden Lohnbestandteil darstellt. Im zuerst genannten Fall ist die individualvertraglich festgelegte Gesamtsumme mit dem Tarifentgelt zu vergleichen, im zweiten nur das Grundgehalt. Bei einer Leistungszulage ist davon auszugehen, dass sie nach dem Willen der Arbeitsvertragsparteien selbständig sein soll.[507]

### 10. Allgemeine Probleme der Absicherung übertariflicher Leistungen

206 Ein Problem des geltenden Tarifrechts besteht nach wie vor darin, dass **Tarif- und Effektivlöhne** teilweise erheblich **auseinander fallen**. Im Jahre 1970 betrug die Differenz zwischen beiden in der metallverarbeitenden Industrie etwa 24%, während sie sich in der chemischen Industrie auf ungefähr 20% belief. Von 1970 bis 1976 stand ihrer geringfügigen Verringerung bei den Arbeitern eine Erhöhung bei den Angestellten gegenüber.[508] Der Unterschied zwischen Tarif- und Effektivlöhnen ist in der Folge der unsicheren wirtschaftlichen und arbeitsmarktpolitischen Entwicklung seit 1974/75 zwar zurückgegangen, blieb aber – wenn auch von Branche zu Branche und je nach Unternehmensgröße unterschiedlich – längere Zeit noch beträchtlich. Seit Anfang der 90er Jahre ist vor allem in Krisenbranchen ein erheblicher Abbau der so genannten übertariflichen Leistungen zu beobachten.[509] In den letzten Jahren stagniert trotz steigender tariflicher Entgelte das durchschnittliche effektive Bruttoeinkommen.[510] Gleichwohl kommen außer- und übertarifliche Entgeltbestandteile immer noch in einem erheblichen Ausmaß vor.[511]

207 Einer der Gründe für die fehlende Absicherung dieser so genannten Niveauspanne zwischen Tarif- und Effektiventgelt liegt auch in den **rechtlichen Beschränkungen**, die die höchstrichterliche Rechtsprechung den Tarifvertragsparteien (in den Auswirkungen den Gewerkschaften) auferlegt (§ 4 Rn. 339).

---

505 BAG 15.9.1971, AP Nr. 15 zu § 611 BGB Bergbau (mit Anm, von *Meisel*); ebenso BAG 31.5.1972, AP Nr. 16 zu § 611 BGB Bergbau.

506 BAG 4.11.1987, AP Nr. 139 zu §§ 22, 23 BAT 1975.

507 BAG 10.12.1965, AP Nr. 1 zu § 4 TVG Tariflohn und Leistungsprämie (mit Anm. von *Gaul*); Wiedemann/*Wiedemann*, § 1 Rn. 379; zur steuer- und sozialversicherungsrechtlichen Relevanz der jeweiligen Auslegung ArbG Stuttgart 16.12.1986, AiB 1987, 139 (mit Anm. von *Schirge*).

508 *Schudlich*, WSI-Mitt. 1982, 25 f.; *Kurz-Scherf/WSI-Tarifarchiv*, WSI-Mitt. 1983, 170 f.

509 Aktuelle Nachweise aus der WSI-Befragung von Betriebs- und Personalräten 2004/2005 bei *Bispinck*, WSI-Mitt. 2005, 302; zur Gesamtproblematik auch *Däubler*, Tarifvertragsrecht, Rn. 573 ff.

510 Vgl. die tarifpolitischen Jahresberichte von *Bispinck/WSI-Tarifarchiv*, zuletzt WSI-Mitt. 2005, 62.

511 Dazu etwa *Breisig*, Entgelt, 79 ff.

Das Entstehen übertariflicher Lohnbestandteile ist allerdings auf das in der Bundesrepublik geläufige System der Tarifverhandlungen zurückzuführen. Die Praxis der regionalen Tarifverträge hat nämlich zur Konsequenz, dass die Tarifabkommen an der durchschnittlichen Ertragslage und nicht an der darüber hinausgehenden Wirtschaftskraft von Unternehmen mit hoher Produktivität, meist Großunternehmen, ausgerichtet sind. Damit wird insbesondere finanzstarken Betrieben die Möglichkeit eröffnet, den vereinbarten Tariflohn durch so genannte übertarifliche freiwillige Zulagen aufzustocken, die rechtlich nicht in gleichem Umfang abgesichert sind wie der Tariflohn. 208
So sind nach §§ 77 Abs. 3 und 87 Abs. 1 BetrVG Betriebsvereinbarungen über Arbeitsengelte oder sonstige Arbeitsbedingungen, die bereits abschließend in einem Tarifvertrag geregelt wurden, schlechthin unwirksam, es sei denn, es besteht eine so genannte Öffnungsklausel im Tarifvertrag (im Einzelnen Grundl. Rn. 318ff.).

### 11. Außertarifliche Möglichkeiten und tarifliche Sonderklauseln zur Absicherung übertariflicher Leistungen

Zu außertariflichen Möglichkeiten (durch Arbeitsvertrag und Betriebsvereinbarung) und zu tariflichen Sonderklauseln für die Absicherung übertariflicher Leistungen (Effektiv- und Öffnungsklauseln) siehe § 4 Rn. 339ff. 209

### 12. Tarifliche Absicherung von Sonderleistungen

#### a) Begriff und Erscheinungsform der Sonderleistung

Über die inhaltliche Abgrenzung der Sonderzuwendungen von Entgelt(bestandteilen) besteht im Einzelnen sowohl in der Praxis[512] als auch in der juristischen Diskussion Unklarheit.[513] Unbestritten ist zwar, dass eine finanziellen oder geldwerten Zuwendung neben dem Entgelt, welche ausschließlich, zumindest in erster Linie, den Gegenwert für verrichtete Arbeit darstellt (so genannte arbeitsleistungsbezogene Sonderzahlung[514]), keine Sonderleistung in diesem Sinne darstellt. Es handelt sich bei ihr vielmehr um eine im Austauschverhältnis zur Arbeitsleistung stehende Verpflichtung, deren Fälligkeit allerdings hinausgeschoben sein kann (etwa 13. Monatsgehalt). Demgegenüber »entlohnt« die Sonderzuwendung im hier behandelten Sinne nicht, sie »belohnt« gelegentlich. Ihr Kennzeichen liegt darin, weitere **Motivationsanreize** für die Zukunft zu geben, ökonomische, aber auch emotionale **Bindungen an das Unternehmen** herbeizuführen oder, als Bildungsinvestition, den gegenwärtigen oder künftigen **Ausbildungsbedarf abzudecken**. Da aber ihr Zweck zugleich in der Anerkennung geleisteter Dienste zu bestehen vermag, kann die konkrete Zuordnung schwierig sein. Sie ist aber erforderlich, weil der Arbeitgeber seine Leistung nur dann und 210

---

512 Vgl. nur beispielhaft den für die Entscheidung BAG 22.10.2003 (10 AZR 152/03), EzA § 1 TVG Rückwirkung Nr. 6 einschlägigen Tarifvertrag, in dem ein »13. Monatsgehalt«, das auch als »Urlaubsgeld/Weihnachtsgeld« bezeichnet wurde, nicht im Zusammenhang mit Entgeltfragen, sondern bei Sozialleistungen geregelt war.

513 Rechtsprechungsüberblick bei *Dörner*, RdA 1983, 24; und *Hauck*, RdA 1994, 358; im Übrigen *Schiefer*, NZA 1993, 1015; *Sowka*, NZA 1993, 793f.

514 Vgl. BAG 11.4.2000 (9 AZR 225/99), AP Nr. 13 zu § 1 TVG Tarifverträge: Luftfahrt = EzA § 4TVG Luftfahrt Nr. 4; BAG 21.3.2001 (10 AZR 28/00), AP Nr. 1 zu § 4b EFZG = EzA § 611 BGB Gratifikation, Prämie Nr. 163.

in den durch das Richterrecht gezogenen Grenzen mit einem Rückforderungvorbehalt für den Fall eines selbst bestimmten alsbaldigen Ausscheidens des Arbeitnehmers aus dem Arbeitsverhältnis verknüpfen kann, wenn sie keine Vergütung war. Entsprechendes gilt im Hinblick auf Kürzungen, die damit begründet werden, dass im Übrigen während eines bestimmten Zeitraums wegen Krankheit oder aus anderen Gründen keine Arbeitsleistung erbracht wurde. Schließlich versagen Freiwilligkeits- und (weitgehend) Widerrufsvorbehalte, soweit Entgelt vorliegt. Die Abgrenzung lässt sich auch nicht allein aus der vertraglichen Abrede dergestalt bestimmen, dass jene Leistungen – aber auch nur sie –, die der Arbeitgeber mit Kürzungsvorbehalt oder Rückforderungsvorbehalt versieht, Sonderleistungen seien. Denn das würde dem Arbeitgeber Dispositionsbefugnis über das Entgelt einräumen. Unter diesem Blickwinkel muss daher auch die Formulierung, der Zweck einer Sonderzahlung ergebe sich vorrangig aus den tatsächlichen und rechtlichen Voraussetzungen, von deren Vorliegen und Erfüllung die Leistung abhängig gemacht werde, wobei der Bezeichnung der Sonderzahlung allenfalls zusätzliche Indizwirkung zukomme[515], gesehen werden.[516]
Für das **Tarifvertragsrecht entschärft** sich die **Problematik** jedoch erheblich. Soweit ein Tarifvertrag Regelungen über individualarbeitsvertraglich als Sonderzuwendungen anzusehende Sonderleistungen trifft, steht den Tarifvertragsparteien allein die Gestaltungsmacht über Bedingungen der Entstehung, Kürzbarkeit und Rückzahlungsverpflichtung des Arbeitnehmers zu. Das insoweit **kontrollierende Richterrecht ist tarifdispositiv** (dazu § 1 Rn. 214). Es stellt sich dann allenfalls die Frage, ob bestimmte Regelungen im Einklang mit höherrangigem Recht stehen. Die Überlegung, nur arbeitsvertraglich festgelegte Sonderleistungen tariflich gegen Rückzahlungsverpflichtungen zu sichern (»Eine Rückzahlung vereinbarter Weihnachtsgratifikation im Falle einer Kündigung durch den Arbeitnehmer scheidet aus«), ist tarifpraktisch wohl irrelevant; sie wäre in gleicher Weise wie eine Effektivklausel (dazu § 4 Rn. 381 ff.) zu bewerten.

**211** Der **Anspruch auf Sonderzuwendungen** kann auf Individualvertrag, Betriebsvereinbarung und Tarifvertrag, zudem auf dem Gleichheitssatz und auf betrieblicher Übung beruhen.[517] Insbesondere der Gleichheitssatz (Art. 3 Abs. 1 und 2 GG) scheint in jüngerer Zeit eine größere Bedeutung als Rechtsgrundlage für Sonderleistungen[518] zu erlangen: Bei freiwilligen Leistungen muss der Arbeitgeber die Voraussetzungen so abgrenzen, dass nicht sachwidrig oder willkürlich ein Teil der Arbeitnehmer von den Vergünstigungen ausgeschlossen bleibt.[519] Das Bemühen, Sonderzuwendungen möglichst zu tariflichen zu machen, ist vor dem Hintergrund zu verstehen, dass nur auf diesem Wege eine rechtliche Absicherung dieser Lohnbestandteile zu erreichen ist. Allerdings kann der Tarifvertrag die Anrechnung der Sonderzahlung auf betriebliche Sonderleistung vor-

---

515 So im Wesentlichen die Formulierung in BAG 22.10.2003 (10 AZR 152/03), EzA § 1 TVG Rückwirkung Nr. 6 (zu einer tariflichen Sonderzahlung).

516 Auf die Gefahr, hier in einen Zirkelschluss zu geraten, weist zutreffend *Däubler/Winter*, § 1 Rn. 382 hin.

517 Im einzelnen *Schaub*, 439 ff.

518 Vgl. BAG 6.10.1993, AP Nr. 107 zu § 242 BGB Gleichbehandlung = PersR 1994, 343 (mit Anm. von *Müsgen*, 308): Sonderzuwendungen für wissenschaftliche Mitarbeiter ohne abgeschlossene Hochschulbildung; BAG 23.9.1992, AP Nr. 1 zu § 612 BGB Diskriminierung = AiB 1993, 554 (mit Anm. von *Degen*): Gewährung übertariflicher Leistungen an unverhältnismäßig viele Männer, nämlich 50 %, gegenüber nur 10 % Frauen; zu diesem Aspekt *Hauck*, RdA 1994, 361.

519 BAG 25.4.1991, AP Nr. 137 zu § 611 BGB Gratifikation; Grenzen z. B. BAG 26.10.1994, NZA 1995, 307: Rückzahlung von Weihnachtsgratifikation wegen Eigenkündigung.

sehen.[520] Es können sich auch Verschlechterungen für die Beschäftigten ergeben, wenn die Tarifparteien Regelungen treffen, die das Niveau des tarifdispositiven Gesetzes- oder Richterrechts unterschreiten.

Eine **Bestandsaufnahme** der wichtigsten[521] tariflich abgesicherten Sonderzuwendungen ergibt für das Jahr 2002 in den alten und den neuen Bundesländer[522] folgendes Bild: Etwa 91 % (93 %) der Arbeitnehmer erhalten ein zusätzliches Urlaubsgeld. Dieses wird unterschiedlich berechnet und erreicht bei rund 40 % (33 %) der Arbeitnehmer eine Höhe von durchschnittlich 48 % (41 %) des nach § 11 BUrlG fortzuzahlenden Urlaubsentgelts. Ein Pauschalbetrag von durchschnittlich 533 Euro (329 Euro) steht 36 % (51 %) der Beschäftigten zu. In 16 % (9 %) der Arbeitsverhältnisse sind durchschnittlich 16 Euro (13 Euro) je Urlaubstag geschuldet. Etwa 89 % (81 %) der Arbeitnehmer haben einen tariflichen Anspruch auf eine Jahressonderzahlung[523], der sich auf ca. 71 % (62 %) eines tariflichen Brutto-Monatseinkommens beläuft. Ein Festbetrag in der durchschnittlichen Höhe von 525 Euro (431 Euro) wurde für 9 % (8 %) der Arbeitnehmer vereinbart[524] Erstmals 1994 zeigt sich eine Tendenz, diese Leistungen einzufrieren oder zu kürzen.[525] Zu einem besonderen Einschnitt führte die Absenkung der gesetzlichen Entgeltfortzahlung im Krankheitsfall auf 80 %. Um weiterhin die vollständige Fortzahlung zu sichern, sahen sich die Gewerkschaften gezwungen, kompensatorisch Abschläge bei den Sonderzahlungen zu akzeptieren. Diese Einbuße ist auch nach weitgehender Wiederherstellung der früheren Regelung im Jahre 1999 nicht mehr ausgeglichen worden.[526] 212

Als **andere** tariflich abgesicherte **Sonderleistungen** sind etwa die Verpflichtung des Arbeitgebers, Kontoführungsgebühren zu zahlen, der Anspruch auf Fahrtkostenausgleich[527], Personalrabatte und Deputate sowie auf Erstattung der Umzugskosten[528], ferner Jubiläumszahlungen[529] und -zusatzurlaub zu erwähnen. 213

## b) Rückzahlungs- und Kürzungsklauseln

Ein Problembereich der Sonderzuwendungen entsteht durch die Existenz von individual- und kollektivrechtlichen **Bindungs- und Rückzahlungsvorbehalten**. Es ist zu klären, ob und gegebenenfalls inwieweit Sonderzuwendungen, vor allem so genannte Weihnachtsgratifikationen, bei vorzeitiger Beendigung des Arbeitsverhältnisses zurückzuerstatten sind. Das Bundesarbeitsgericht hatte in detaillierter **Richterrechtsetzung** exakt gestaffelte **Grenzen** für derartige Vorbehalte gezogen.[530] Hieran hielt es trotz des Wandels seiner eigenen Position zu übertarif- 214

520 BAG 15.3.2000 (10 AZR 745/98), www.bundesarbeitsgericht.de; BAG 18.3.1981 (5 AZR 952/78), AP Nr. 107 zu § 611 BGB Gratifikation = EzA § 611 BGB Gratifikation, Prämie Nr. 70; *Däubler/Winter*, § 1 Rn. 384.

521 Zu den vermögenswirksamen Leistungen siehe § 1 Rn. 106ff.

522 Angaben für die neuen Bundesländer jeweils in Klammern.

523 Jahresendzahlung, Weihnachtsgeld, 13. Monatsgehalt.

524 Empirische Angaben *Clasen*, ZTR 2003, 271; Aufstellung der Zusatzleistungen in ausgewählten Tarifbereichen für das Jahr 2004 in: *BMWA*, Tarifvertragliche Arbeitsbedingungen im Jahre 2004, 2005, Tabelle 17.

525 *Clasen*, ZTR 2003, 268f.; *Bispinck/WSI-Tarifarchiv*, WSI-Mitt. 1995, 152.

526 *Clasen*, ZTR 2003, 270; *ders.*, BABl. 4/1998, 5ff.

527 Hierzu der Fall BAG 5.5.1965, AP Nr. 4 zu § 1 TVG, Tarifverträge Bau.

528 Beispiel: BAG 15.10.1965, AP Nr. 1 zu § 44 BAT TVG.

529 Dazu *Däubler/Winter*, § 1 Rn. 386; zur Berechnung, wenn die Höhe in Monatsentgelt ausgedrückt ist, BAG AP Nr. 53 zu § 611 BGB Gratifikation.

530 BAG 10.5.1962, AP Nr. 22 und 23 zu § 611 BGB Gratifikation; Übersicht bei *Blomeyer/Buchner*, 3ff.

lichen Leistungen, die es nicht mehr aus der arbeitgeberseitigen Fürsorgepflicht ableitet, sondern als besondere Form des Arbeitsentgelts begreift, fest.[531] In Übereinstimmung mit allgemeinen Prinzipien (Grundl. Rn. 295ff.) ließ das Bundesarbeitsgericht **abweichende Regelungen im Tarifvertrag** zu[532], auch wenn der von der Rechtsprechung entwickelte Schutzstandard unterschritten wurde.[533] Zur Begründung verwies das Bundesarbeitsgericht darauf, seine Rechtsprechung solle nur für den Regelfall gelten und dazu dienen, auf einem Gebiet, auf dem generelle Regelungen fehlten, im Interesse der Rechtssicherheit und zur Vermeidung einer Unzahl von Prozessen allgemeine Grundsätze aufzustellen. Wenn hier jedoch die Tarifvertragsparteien bereits tätig geworden seien und selbst eine Ordnung geschaffen hätten, entfalle der mit der Rechtsprechung verfolgte Zweck. Tarifverträge seien grundsätzlich nur daraufhin zu überprüfen, ob sie gegen die Verfassung, zwingendes Gesetzesrecht, die guten Sitten und tragende Grundsätze des Arbeitsrechts[534] verstießen.[535] In gleicher Weise wird auch bei einzelvertraglicher Bezugnahme auf den Tarifvertrag verfahren.[536] Eine tarifvertraglich vereinbarte Rückzahlungsverpflichtung »in voller Höhe« umfasst auch die vom Arbeitgeber im Hinblick auf die Zuwendung abgeführte Lohnsteuer.[537]

**215** aa) Bei der Prüfung, ob nichttarifliche **Rückzahlungsklauseln für Ausbildungskosten** wirksam sind, berücksichtigt das Bundesarbeitsgericht die Kostenbelastung des Arbeitgebers, den (potenziellen) Vorteil für den Arbeitnehmer und die Bindungsdauer. Es hielt eine einzelvertragliche dreijährige Bindung für zulässig, wenn sich die Aussichten des Arbeitnehmers durch die Qualifizierung erhöhen und sich der Rückzahlungsbetrag zeitanteilig mindert.[538] Kündigt der Arbeitgeber während dieses Zeitraums aus Gründen, die in seinem Verantwortungs- und Risikobereich liegen, kann jedoch die Rückzahlungsverpflichtung als unangemessen auszuschließen sein.[539] Der **Spielraum der Tarifparteien** ist wegen der von der Rechtsprechung unterstellten Gleichgewichtigkeit wiederum größer (siehe § 1 Rn. 214, 216). Allerdings hat das BAG im Hinblick darauf, dass andernfalls die Berufsfreiheit (Art. 12 Abs. 1 GG) übermäßig beschränkt sein würde, eine tarifliche Rückzahlungsklausel einschränkend dahingehend ausgelegt, dass nur vergütungsrelevante Bildungsmaßnahmen eine Rückzahlungs-

---

531 Zur Entwicklung und Kritik der Rechtsprechung: *Kempen*, Anm. zu BAG 29.8.1979, AuR 1980, 125; ferner *Däubler*, Arbeitsrecht II, 255f., 404ff.

532 Grundlegend BAG 31.3.1966, AP Nr. 54 zu § 611 BGB Gratifikation; BAG 23.2.1967, AP Nr. 57 zu § 611 BGB Gratifikation.

533 Neuere Entwicklung bei *Hauck*, RdA 1994, 361.

534 Der Begriff der »tragenden Grundsätze des Arbeitsrechts« wird als Prüfungsmaßstab für Tarifverträge zu Recht nicht mehr verwandt, vgl. BAG 4.9.1985, DB 1986, 282. Zu Schranken aus der Grundrechtsbindung der Tarifparteien Grundl. Rn. 218ff.

535 Siehe auch BAG 27.10.1978, AP Nr. 98 zu § 611 BGB Gratifikation. Zustimmend die herrschende Lehre, statt aller *Gamillscheg*, Kollektives Arbeitsrecht I, § 16 V 4, 706.

536 BAG 31.3.1966, AP Nr. 54 zu § 611 BGB Gratifikation; BAG 23.2.1967, AP Nr. 57 zu § 611 BGB Gratifikation.

537 BAG 5.4.2000 (10 AZR 257/99), AP Nr. 224 zu § 611 BGB Gratifikation = EzA § 4 TVG Öffentlicher Dienst Nr. 13.

538 BAG 23.4.1986, AP Nr. 10 zu § 611 BGB; meistens in der Tendenz ein schärferer Kontrollmaßstab aus verfassungsrechtlichen Gründen: BAG 16.3.1994, DB 1994, 1726; zur Gesamtproblematik: *U. Mayer*, AiB 1994, 662.

539 Vgl. die Sachverhalte der Entscheidungen BAG 24.6.2004 (6 AZR 383/03), EzA § 611 BGB 2002 Ausbildungsbeihilfe Nr. 6 = AP Nr. 139 zu Art. 12 GG (Besprechung *Waas* RdA 2005, 120) und BAG 24.6.2004 (6 AZR 320/03), EzA § 611 BGB 2002 Ausbildungsbeihilfe Nr. 7; BAG 6.5.1998 (5 AZR 535/97), AP Nr. 28 zu § 611 BGB Ausbildungsbeihilfe = EzA § 611 BGB Ausbildungsbeihilfe Nr. 19.

pflicht des Arbeitnehmers auslösen können.[540] Die Vereinbarung eines Anspruchs auf Rückzahlung der durch eine Berufsausbildung nach dem BBiG entstandenen Kosten scheiterte dagegen schon an dem gesetzlichen Verbot des § 5 Abs. 2 BBiG.[541]

bb) Schwankend war die Rechtsprechung zu der weiteren Frage, ob Sonderzuwendungen, vor allem **Weihnachtsgratifikationen, wegfallen**, wenn der **Arbeitgeber betriebsbedingt kündigt**.[542] Frühere Entscheidungen erklärten insoweit Rückzahlungsklauseln, die den Anspruch auf Sonderzuwendungen von dem Bestehen eines ungekündigten Arbeitsverhältnisses abhängig machten, gleichgültig, ob sie sich in Tarifverträgen, Betriebsvereinbarungen oder Arbeitsverträgen befanden, für unwirksam. Später wurde diese Auffassung aufgegeben, zunächst für tarifvertragliche Regelungen[543], dann – bei Durchführung einer Billigkeitskontrolle – für solche in Betriebsvereinbarungen[544] und Arbeitsverträgen.[545] Im vorliegenden Zusammenhang ist daher nur noch die Begründung von Bedeutung, die das Gericht für die Wirksamkeit der tariflichen Verfallklauseln gab: Wegen der Gleichgewichtigkeit der Tarifparteien sei zunächst davon auszugehen, dass bei einer Gesamtbetrachtung der tariflichen Regelungen die Arbeitnehmerinteressen angemessen berücksichtigt werden. Es bestehe insoweit eine materielle Richtigkeitsgewähr für die tariflichen Regelungen. Sie haben die Vermutung für sich, dass sie den Interessen beider Seiten gerecht werden und keiner Seite ein unzumutbares Übergewicht vermitteln. Die Tarifvertragsparteien haben hiernach im Unterschied zu den Arbeitsvertragsparteien eine weitgehende Gestaltungsfreiheit. Sache der Gerichte sei es nicht zu prüfen, ob dabei jeweils die gerechteste und zweckmäßigste Regelung gefunden werde. Die Tarifverträge seien allein darauf zu untersuchen, ob sie gegen die Verfassung, zwingendes Gesetzesrecht oder die guten Sitten verstießen[546] (zum Problembereich: Grundl. Rn. 295 ff.). 216

Im Hinblick auf **Aufhebungsverträge** gilt: Formuliert der Tarifvertrag, das Arbeitsverhältnis müsse an einem Stichtag »ungekündigt« sein, so lässt ein Aufhebungsvertrag den Anspruch auf die Sonderzahlung fortbestehen. Das Bundesarbeitsgericht geht, den allgemeinen Auslegungsregeln für den Tarifvertrag entsprechend, von einer Wortlautinterpretation aus.[547] Dies gilt bei derselben tariflichen Formulierung auch, wenn das Arbeitsverhältnis durch Befristung endet.[548] Keinen Anspruch auf anteilige Jahressonderzahlung sollen jedoch befristet beschäftigte Arbeitnehmer haben, deren Arbeitsverhältnis vor dem maßgebenden Stichtag endet, selbst wenn der Tarifvertrag vorsieht, dass Arbeitneh- 217

---

540 BAG 6.11.1996 (5 AZR 334/95), AP Nr. 1 zu § 10a AVR Caritasverband = EzA § 611 BGB Ausbildungsbeihilfe Nr. 16 (mit Anm. von *Thüsing*); BAG 6.9.1995 (5 AZR 174/94), AP Nr. 22 zu § 611 BGB Ausbildungsbeihilfe = NZA 1996, 437; siehe auch BAG 15.3.2000 (5 AZR 584/98), ZTR 2001, 32; zu diesem Problemkreis *Griebeling*, FS Schaub, 235 ff.

541 Dazu BAG 25.7.2002 (6 AZR 381/00), EzA § 5 BBiG Nr. 9 (zu einer einzelvertraglichen Vereinbarung); *Löwisch/Rieble*, § 1 Rn. 943.

542 Siehe *HKZZ*, § 1 Rn. 82; ausführlich *Schaub*, BB 1994, 2008 ff.; *ders.*, ZIP 1994 921; *Reigerer*, NZA 1992, 436.

543 BAG 4.9.1985, AP Nr. 123 zu § 611 BGB Gratifikation.

544 BAG 25.4.1991, AP Nr. 138 zu § 611 BGB Gratifikation.

545 BAG 19.11.1992, AP Nr. 147 zu § 611 BGB Gratifikation; *Hauck*, RdA 1994, 360.

546 BAG 4.9.1985, AP Nr. 123 zu § 611 BGB Gratifikation; kritisch hierzu *Reichhold*, DB 1988, 498.

547 BAG 7.10.1992, AP Nr. 146 zu § 611 BGB Gratifikation; bereits in diesem Sinn BAG 7.12.1989, AP Nr. 14 zu § 1 TVG Tarifverträge: Textilindustrie.

548 BAG 14.12.1993, DB 1994, 1625; für ähnliche Formulierung BAG 4.12.2002 (10 AZR 82/02), EzA BGB 2002 § 611 Gratifikation, Prämie Nr. 2.

mer im Dauerarbeitsverhältnis bei einer betriebsbedingten Kündigung vor dem Stichtag eine Jahressonderzahlung erhalten. Ein Verstoß gegen den Gleichheitsgrundsatz liege nicht vor.[549]

218 cc) Der Reduzierung von Sondervergütung für Zeiten **krankheitsbedingter Arbeitsunfähigkeit** setzt bereits § 4a EFZG unabdingbar Grenzen (§ 12 EFZG). Was die verbleibenden Vereinbarungsmöglichkeiten für **Kürzungen von Sonderzuwendungen bei Fehlzeiten** angeht, kommt in der Rechtsprechung wenig Kontinuität zum Ausdruck.[550] Während früher die Auffassung vertreten wurde, im Zweifel solle mit einer tariflichen Sonderzahlung im Bezugszeitraum geleistete Arbeit zusätzlich vergütet werden, mit der Folge, dass der Anspruch entfällt, wenn der Arbeitnehmer im Bezugszeitraum nicht oder jedenfalls nicht in nennenswertem Umfang gearbeitet hat[551], besteht in neueren Entscheidungen eine auffällige Tendenz darin, den Tarifparteien insoweit einen noch weiteren Spielraum einzuräumen. Die gerichtliche Kontrolle der einschlägigen tariflichen Formulierungen ist sehr viel zurückhaltender als in der Vergangenheit.[552] Indiz dafür mag auch sein, dass es als den Tarifvertragsparteien gestattet erachtet wurde, die Kürzung wegen krankheitsbedingter Fehlzeiten nur bei Arbeitern, nicht aber bei Angestellten vorzusehen.[553]

219 Hieraus folgt, dass **bei entsprechender tariflicher Formulierung** einerseits eine **Kürzung** der Sonderzuwendungen rechtlich **möglich** ist.[554] Andererseits wirkt sich diese Rechtsprechung dahin aus, dass – im Unterschied zu früheren Entscheidungen – eine tarifliche **Sonderzahlung** (Gratifikation mit Mischcharakter) auch dann **verlangt werden kann**, wenn z. B. wegen Krankheit keine Arbeitsleistung erbracht wurde, soweit der **Tarifvertrag** dies **nicht ausdrücklich verneint**.[555] Die neuere Rechtsprechung lässt sich von dem zutreffenden Grundgedanken leiten, aus dem Zweck der Sonderzahlung können über die formulierten Voraussetzungen, Ausschluss- und Kürzungstatbestände hinaus keine weiteren Ausschluss- oder Kürzungsgründe entnommen werden.[556] – Fehlzeiten aufgrund der **Mutterschutzfristen** (§§ 3, 6 MuSchG) dürfen nicht zur Kürzung einer Jahressonderleistung führen. Zu diesem Ergebnis gelangte die Rechtsprechung bislang nur im Wege der Auslegung individual- oder tarifvertraglicher Regelungen.[557] Demge-

549 BAG 6. 10. 1993, NZA 1994, 465.

550 *Hanau/Vossen*, DB 1992, 213; *v. Hoyningen-Huene*, BB 1992, 2142 f.; *Blanke/Diederich*, AuR 1991, 321; *Gaul*, BB 1994, 565.

551 BAG 29. 8. 1979, AP Nr. 102 zu § 611 BGB Gratifikation (mit Anm. von *Kempen*, AuR 1980, 125); anderes Ergebnis infolge Auslegung: BAG 29. 8. 1979, a. a. O.

552 BAG 24. 3. 1993, AP Nr. 152 zu § 611 BGB Gratifikation; *Hauck*, RdA 1994, 358.

553 BAG 6. 12. 1995 (10 AZR 123/95), AP Nr. 186 zu § 611 BGB Gratifikation = EzA § 242 BGB Gleichbehandlung Nr. 68; zustimmend *Däubler/Winter*, § 1 Rn. 381. Zur Problematik der Differenzierung zwischen Arbeitern und Angestellten siehe § 1 Rn. 142 ff., Grundl. Rn. 238.

554 BAG 15. 2. 1990, AP Nr. 15 zu § 611 BGB Anwesenheitsprämie; BAG 5. 8. 1992, AP Nr. 143 zu § 611 BGB Gratifikation; BAG 14. 9. 1994, BB 1995, 100; ebenso bei einzelvertraglicher Vereinbarung: BAG 15. 2. 1990, a. a. O., und bei Betriebsvereinbarung: BAG 26. 10. 1994, BB 1995, 312; trotz der gerichtlich vorgenommenen Billigkeitskontrolle zu Recht kritisch: *Blanke/Diederich*, AuR 1991, 321.

555 BAG 19. 1. 1999 (9 AZR 158/98), AP Nr. 67 zu § 1 TVG Tarifverträge: Einzelhandel = EzA § 4 TVG Einzelhandel Nr. 38; BAG 24. 3. 1993, AP Nr. 152 zu § 611 BGB Gratifikation; BAG 17. 12. 1992, AP Nr. 148 zu § 611 BGB Gratifikation; BAG 5. 8. 1992, AP Nr. 143 zu § 611 BGB Gratifikation; siehe auch BAG 5. 4. 2000 (10 AZR 178/99), AP Nr. 2 zu § 39 BAT (Jubiläumszuwendung).

556 *Hauck*, RdA 1994, 358.

557 BAG 12. 5. 1993, AP Nr. 156 zu § 611 BGB Gratifikation (Auslegung einer Tarifvertragsklausel); vgl. auch EuGH 21. 10. 1999 (C-333/97), AP Nr. 14 zu Art. 119 EG-Vertrag = EzA Art. 119 EWG-Vertrag Nr. 57; *Schaub*, § 78 Rn. 14a; wohl anders BAG 12. 7. 1995 (10 AZR 511/94), AP Nr. 182 zu § 611 BGB

genüber erscheint es in gleicher Weise wie bei der nachfolgend geschilderten Konstellation verfassungsrechtlich und europarechtlich geboten.[558] Verlangt ein Tarifvertrag für die Entstehung eines Anspruchs auf die Sonderleistung, dass für einen bestimmten Zeitraum Anspruch auf die vollen Bezüge gegen den Arbeitgeber bestanden haben muss, so verstößt die Nichtberücksichtigung der Schutzfrist des § 3 Abs. 2 MuSchG nach zutreffender Ansicht des BAG gegen den Schutzzweck des Art. 6 Abs. 4 GG; auf die werdende Mutter würde andernfalls Druck ausgeübt, sich zur Arbeitsleistung bereit zu erklären.[559] Macht ein Tarifvertrag eine Leistung lediglich davon abhängig, dass ein Arbeitnehmer **vier Monate gearbeitet** hat, so kann z.B. die tarifliche Sonderzahlung nicht gekürzt werden, wenn diese Voraussetzung erfüllt ist und im Übrigen Elternzeit (früher Erziehungsurlaub) in Anspruch genommen wurde.[560]

Dagegen kann – ebenfalls im Unterschied zur früheren Rechtsprechung – eine **220** Jahressonderzahlung bei Abwesenheit im Rahmen der **Elternzeit** (früher Erziehungsurlaub) dann reduziert werden, wenn der Tarifvertrag bestimmt, dass derartige Leistungen für Zeiten gekürzt werden können, in denen das Arbeitsverhältnis »kraft Gesetzes« ruht. Es liege insoweit kein Ruhen des Arbeitsverhältnisses »kraft Vereinbarung« vor.[561] Ein Verstoß gegen das Verbot der mittelbaren geschlechtsspezifischen Diskriminierung wird von der Rechtsprechung insoweit verneint.[562] Die Kürzung der Jahressonderzahlungen bei Abwesenheit wegen Elternzeit kommt jedoch dann nicht in Betracht, wenn der Tarifvertrag überhaupt keine Regelung für die Fälle einer fehlenden tatsächlichen Arbeitsleistung im Bezugszeitraum getroffen hat.[563] Auch ist zu Recht entschieden, die tarifliche Formulierung, eine Sonderleistung könne wegen Grundwehr-/Ersatzdienstes oder Teilzeitarbeit verkürzt werden, dürfe nicht auf die Elternzeit (früher Erziehungsurlaub) übertragen werden.[564] Eine tarifliche Regelung, nach der ein Anspruch auf Sonderzahlung anteilig nur für jeden vollen Monat des Kalenderjahres besteht, in dem Arbeitnehmer gearbeitet hat, wobei unter anderem Zeiten des Krankengeldbezugs ausgeschlossen sind, soll dahingehend auszulegen sein, dass die Abwesenheit für einen Tag zur Pflege des erkrankten Kindes (§ 45 SGB V) nicht zur Kürzung berechtigt.[565] Das BAG weist für die konkrete Tarifnorm zutreffend darauf hin, dass unter Krankengeldbezug der Anspruch auf Leistung bei eigener Erkrankung des Arbeitnehmers verstanden sein sollte, zumal keine Kürzung aufgrund Abwesenheit in den Fällen des § 616 BGB vorgesehen war. Generell bedeutsam erscheint auch der Hinweis darauf, dass bei einer anderen Interpretation Art. 6 Abs. 2 GG verletzt sein könnte.

---

Gratifikation; auch BAG 25.11.1998 (10 AZR 595/97), AP Nr. 212 zu § 611 BGB Gratifikation = EzA § 611 BGB Gratifikation, Prämie Nr. 152 – in Auslegung einer arbeitsvertraglichen Vereinbarung – lässt dahingestellt, ob eine abweichende Regelung zulässig wäre.

558 Anders für Gratifikationen und Sonderzahlungen mit Mischcharakter *Däubler/Winter*, § 1 Rn. 392.

559 BAG 20.8.2002 (9 AZR 353/01), AP Nr. 10 zu Art. 6 GG Mutterschutz = EzA § 3 MuSchG Nr. 9.

560 BAG 24.3.1993, DB 1993, 2489.

561 BAG 10.2.1993, AP Nr. 7 zu § 15 BErzGG (mit Anm. von *Sowka*); BAG 24.11.1993, AP Nr. 158 zu § 611 BGB Gratifikation; BAG 28.9.1994, BB 1995, 97.

562 BAG, wie zuvor; a.A. mit beachtlichen Argumenten *Mauer/Schmidt*, BB 1991, 1783.

563 BAG 19.1.1999 (9 AZR 204/98), AP Nr. 68 zu § 1 TVG Tarifverträge: Einzelhandel = EzA § 4 TVG Einzelhandel Nr. 39; BAG 6.9.1994 (9 AZR 92/93), AP Nr. 50 zu § 1 TVG Tarifverträge: Einzelhandel = EzA § 11 BUrlG Nr. 34; BAG 8.12.1993, AP Nr. 159 zu § 611 BGB Gratifikation.

564 BAG 23.8.1990, AP Nr. 12 zu § 1 TVG Tarifverträge Keramikindustrie; BAG 24.10.1990, AP Nr. 5 zu § 15 BErzGG; weitere Fallkonstellationen bei *Däubler*, Tarifvertragsrecht, Rn. 898; *Hauck*, RdA 1994, 361 f.

565 BAG 31.7.2002 (10 AZR 578/01), EzA § 611 BGB Gratifikation, Prämie Nr. 167.

221 Tarifliche Regelungen über Kürzungen von Jahressonderzahlungen bei **Kurzarbeit** sind möglich.[566] Eine Anrechnung ist nur auf solche Sonderleistungen zulässig, die im Tarifvertrag konkret benannt sind.[567] Sieht ein Tarifvertrag anteilige Kürzung einer Jahressonderleistung vor für Zeiten, in denen das Arbeitsverhältnis »kraft Gesetzes oder Vereinbarung oder aus sonstigen Gründen« ruht, so erfasst die Regelung mangels anderer Hinweise nach Ansicht des BAG auch das Ruhen während eines **Streiks**.[568]

222 Bei allen billigenswerten Freiräumen, die den Tarifparteien von der neueren Rechtsprechung auch im Zusammenhang mit Sondervergütungen eingeräumt werden, ist die Grundrechtsbindung, vor allem an den Gleichheitssatz (Grundl. Rn. 238 ff.) zu beachten. Zwar kann der Rechtsprechung gefolgt werden, die keinen Verstoß gegen Art. 3 Abs. 1 GG annimmt, wenn Sonderzuwendungen bei Krankheit nach Wegfall der Lohnfortzahlung gekürzt werden, bei Abwesenheit wegen Grundwehr- oder Zivildienst, Mutterschutz und Elternzeit dagegen erhalten bleiben.[569] Bedenklich wegen des europarechtlichen, verfassungsrechtlichen und einfachrechtlichen (dazu § 1 Rn. 219) erscheint dagegen, dass die Kürzung bei Krankheiten im Zusammenhang mit einer Schwangerschaft zulässig sein soll.[570]

223 dd) **Besonderheiten** sind zu beachten, wenn Tarifverträge eine **Akzessorität des Urlaubsgeldes zum Urlaubsanspruch bzw. zum Urlaubsentgelt**, d.h. zu der während der Freistellung von der Arbeit fort zuzahlenden Vergütung, herstellen.[571] Eine Berechnung des Urlaubsgeldes in Prozent des Urlaubsentgelts oder nach Urlaubstagen spricht für eine solche Verknüpfung.[572] Die Höhe des Urlaubsgeldes wird damit abhängig von der Zahl der dem Arbeitnehmer zustehenden Urlaubstage und davon, ob er voll- oder teilzeitbeschäftigt[573] ist. Sieht der Tarifvertrag vor, dass das Urlaubsgeld in diesem Sinne anteilig zu berechnen ist, so erhält der Arbeitnehmer, der erst im Laufe des Jahres das Arbeitsverhältnis aufgenommen hat, entsprechend weniger. Gleiches gilt für denjenigen, der vor Jahresende aus dem Unternehmen ausscheidet. Hat er bereits das volle Urlaubsgeld erhalten, muss er, ohne dass hierfür eine Rückzahlungsklausel erforderlich wäre, aus dem Gesichtspunkt der ungerechtfertigten Bereicherung das zuviel Erhaltene zurückzahlen, soweit er nicht entreichert (§ 818 Abs. 3 BGB) ist.[574] Berücksichtigen Tarifverträge Elternzeit als Beschäftigungszeit für die Berechnung des Urlaubsgeldes, darf das denjenigen bislang vollbeschäftigten Elternteilen, die noch erziehungsgeldunschädliche Teilzeit verrichten, nicht zum Nachteil gereichen. Es steht ihnen also nicht lediglich der Teilzeitanteil zu, sondern sie erhal-

566 BAG 9.10.1979, AP Nr. 105 zu § 611 BGB Gratifikation.
567 BAG 10.2.1993, AP Nr. 149 zu § 611 BGB Gratifikation.
568 BAG 3.8.1999 (1 AZR 735/98), ZTR 2000, 218.
569 BAG 14.9.1994, BB 1995, 100.
570 BAG 27.7.1994, DB 1994, 2506: Richtlinie im kirchlichen Bereich.
571 Vgl. etwa BAG 25.3.2003 (9 AZR 174/02), EzA § 55 InsO Nr. 5; BAG 27.5.2003 (9 AZR 562/01), EzA § 4 TVG Chemische Industrie Nr. 5.
572 BAG 21.10.1997 (9 AZR 255/96), AP Nr. 5 zu § 1 TVG Tarifverträge: Schuhindustrie = EzA § 4 TVG Schuhindustrie Nr. 2; BAG 24.6.2003 (9 AZR 563/02), EzA § 11 BUrlG Nr. 56.
573 Wegen des überwiegenden Entgeltcharakters des Urlaubsgeldes verstößt nach Auffassung des BAG eine Kürzung bei Teilzeitbeschäftigten nicht gegen § 4 TzBfG, BAG 15.4.2003 (9 AZR 563/02), EzA § 4 TzBfG Nr. 2, mit weiteren Nachweisen.
574 Vgl. auch BAG 24.10.2000 (9 AZR 610/99), AP Nr. 19 zu § 5 BUrlG = EzA § 4 TVG Metallindustrie Nr. 120.

ten wie ausschließlich in Elternzeit befindliche Vollzeitbeschäftigten das Urlaubsgeld insoweit ungekürzt.

Besteht andererseits auf Grund tarifautonomer Regelung **keine Abhängigkeit des Urlaubsgeldes von dem Entgelt** für die Zeit des Urlaubs bzw. dem zeitlichen Umfang des geschuldeten Urlaubs, dann ist die Sonderleistung in vollem Umfang zu erbringen, gleichgültig ob dem Arbeitnehmer der gesamte tarifliche Urlaub zusteht oder nicht[575]; auch der Grund für die Reduzierung von Urlaubstagen ist unerheblich.[576] Daher steht dem Arbeitnehmer, der wegen Elternzeit oder krankheitsbedingt im Kalenderjahr keine Arbeit geleistet hat und dem deshalb kein Urlaub gewährt werden konnte, das Urlaubsgeld zu, falls der Tarifvertrag nur das Vorliegen eines Arbeitsverhältnisses voraussetzt.[577] **224**

Tarifvertraglich kann die **Erfüllung einer Wartezeit** gefordert sein.[578] Haben die Tarifvertragsparteien andererseits bestimmt, dass der Anspruch auf den über den Mindesturlaub des BUrlG hinausgehenden Teils des Urlaubs entfällt, wenn der **Arbeitnehmer unbegründet das Arbeitsverhältnis beendet** oder der **Arbeitgeber** berechtigt aus **wichtigem Grund** kündigt, so entfällt zugleich ein akzessorisches Urlaubsgeld.[579] **225**

Die in § 1 Rn. 223 angeführten Prinzipien gelten entsprechend, wenn der Tarifvertrag für eine **andere Sonderleistung** mit (teilweisem) Entgeltcharakter eine Abhängigkeit von der Zahl der geleisteten Arbeitstage oder der vollen Monate begründet.[580]

## 13. Einstiegstarife; Minderleistungstarife; Härtefallregelungen

Ein tarifpolitisch ebenso wie juristisch umstrittenes Thema sind »**Einstiegstarife**« (»Einsteigervergütungen«, »Billigtarife«). Gesetzliche Grundlage für den so genannten »Zweiten Arbeitsmarkt«[581] waren zunächst Vorschriften des AFG über Strukturanpassungsmaßnahmen, denen zufolge das Arbeitsamt für bestimmte Arbeitsbeschaffungsmaßnahmen Zuschüsse zum Arbeitsentgelt in voller Höhe nur gewährte, wenn Arbeitsentgelte vereinbart wurden, die 20 % niedriger waren, als sonst für vergleichbare Tätigkeiten bezahlt wurde. Das SGB III, das zum 1. Januar 1998 das AFG ablöste, sah eine entsprechende **Lohnabstandsregelung** in den §§ 275 Abs. 2, 265 Abs. 1 vor. Hier wurde durch den Zwang der Gewährung oder der Verweigerung von Zuschüssen aus der Arbeitslosenversicherung ein Druck auf die Gewerkschaften ausgeübt, Sondertarifverträge zu schlechteren Bedingungen als normal abzuschließen, dem sie sich – wie die Praxis zeigte – nur schwer entziehen können. Die dagegen bestehenden verfassungsrechtliche Bedenken aus Art. 9 Abs. 3 GG[582] (zum Verhältnis Gesetz und Ta- **226**

575 BAG 11.4.2000 (9 AZR 225/99), EzA § 4 TVG Luftfahrt Nr. 4; BAG 19.1.1999 (9 AZR 158/98), AP Nr. 67 zu § 1 TVG Tarifverträge: Einzelhandel = EzA § 4 TVG Einzelhandel Nr. 38.

576 BAG 18.3.1997 (9AZR 84/96), AP Nr. 8 zu § 17 BErzGG = EzA § 17 BErzGG Nr. 6.

577 BAG 11.4.2000 (9 AZR 225/99), EzA § 4 TVG Luftfahrt Nr. 4; BAG 19.1.1999 (9 AZR 158/98), AP Nr. 67 zu § 1 TVG Tarifverträge: Einzelhandel = EzA § 4 TVG Einzelhandel Nr. 38.

578 Zu einer solchen Regelung in einem Rahmentarifvertrag BAG 24.10.1995 (9 AZR 128/94), AP Nr. 8 zu § 1 TVG Tarifverträge: Gebäudereinigung = EzA § 4 TVG Gebäudereinigerhandwerk Nr. 3.

579 BAG 10.2.2004 (9 AZR 116/03), EzA § 7 BUrlG Nr. 112.

580 Siehe auch BAG 21.3.2001 (10 AZR 28/00), AP Nr. 1 zu § 4b EFZG = EzA § 611 BGB Gratifikation, Prämie Nr. 163 (arbeitsvertraglich vereinbartes 13. Monatsgehalt).

581 *A. Wagner*, in: Möllenberg/Wittdorf, Arbeit, 37.

582 Ebenso *U. Mayer*, AuR 1993, 309; a. A. *Löwisch*, NZS 1993, 473; *ders./Caspers*, JbArbR 36 (1999), 86; siehe ferner mit Praxisbeispielen *Kreuder*, KritV 1994, 298 ff.

rifvertrag: Grundl. Rn. 274ff.) hat das Bundesverfassungsgericht verworfen.[583] Es nahm an, der Eingriff in die Tarifautonomie durch Lohnabstandsklauseln sei in Zeiten hoher Arbeitslosigkeit durch Gründe des Gemeinwohls gerechtfertigt, wobei auch ins Gewicht falle, dass § 275 SGB zeitlich (bis zum Jahre 2002) beschränkt sei. Die Regelung gilt inzwischen nicht mehr, wobei offen bleibt, ob die heute vorgesehene pauschalierte Form des Zuschusses (§ 264 SGB III) auf Grund dessen Höhe nicht mittelbar doch Gewerkschaften veranlassen kann, Einstiegstarifen zuzustimmen. Es existieren jedenfalls in nicht unerheblicher Zahl bereits Tarifverträge, die für Berufsanfänger, längerfristig Arbeitslose oder, wie in der chemischen Industrie, generell für neu eingestellte Beschäftigte abgesenkte Tarifentgelte vorsehen.[584] Inwieweit dies mit dem allgemeinen Gleichheitssatz des Art. 3 Abs. 1 GG – soweit er als Kontrollmaßstab für Tarifverträge in Betracht kommt (dazu Grundl. Rn. 238ff.) – vereinbar ist, bedarf der Prüfung im Einzelfall.[585] – Letztlich in den vorliegenden Zusammenhang gehört auch das viel beachtete Projekt 5000 mal 5000 bei Volkswagen, zu dessen Realisierung die Vereinbarung eines eigenen Tarifsystems erforderlich war.[586]

**227** Tarifverträge, die eine geringere Vergütung bzw. eine Vergütungsabsenkung bei **Minderleistung wegen** körperlicher, psychischer oder geistiger **Leistungsminderung** vorsehen[587] sind sozialpolitisch und in ihrer Auswirkung auf den Einzelnen kaum eindeutig zu bewerten. Während sie auf der einen Seite den Zugang zum Arbeitsplatz oder seinen Erhalt erleichtern können, vermögen sie auf der anderen Seite bei bestimmten Tätigkeiten die Einstellung einer »billigen Arbeitskraft« zu fördern. Da in den in Betracht kommenden Sachverhalten häufig eine Schwerbehinderung vorliegen wird, sollte eine Orientierung der tariflichen Regelung an dem den Arbeitgeber nach § 81 Abs. 2 SGB IX treffenden Diskriminierungsverbot stattfinden.[588] Nach Ziff. 1 der angeführten Vorschrift ist eine unterschiedliche Behandlung nur zulässig, soweit die Art der Tätigkeit betroffen ist und für sie eine bestimmte körperliche Funktion, geistige Fähigkeit oder seelische Gesundheit wesentliche und entscheidende berufliche Anforderung ist.

**228** Nicht auf Merkmale des Arbeitnehmers, sondern auf die wirtschaftliche Situation des Unternehmens stellen die Tarifvertragparteien ab bei den verbreiteten[589] **Härtefallregelungen** mit Öffnungsklauseln. Insbesondere in der Metall und Elektroindustrie der neuen Bundesländer[590] wurde und wird für einzelne in wirtschaftlichen Schwierigkeiten befindliche Unternehmen eine Unterschreitung des Tarifstandards auch bei der Vergütung zugelassen. Entsprechendes ergibt sich – bei Verringerung der tariflichen Arbeitszeit und Ausschluss betriebsbedingter Kündigungen – im Falle der Tarifverträge zur Beschäftigungssicherung. Dieselben Ergebnisse können beim Abschluss betriebsbezogener Ergänzungstarifverträge für den Fall einer wirtschaftlichen Notlage des Unternehmens erzielt werden.

---

583 BVerfG (1 BvR 2203/93 und 1 BvR 897/95), E 100, 271.

584 Dazu *Zachert*, FS Däubler, 994, mit weiteren Nachweisen. Zur Problematik vgl. zudem die Beiträge in: Otto Brenner Stiftung (Hrsg.), Niedriglohnsektor und Lohnsubventionen im Spiegel des Arbeits- und Sozialrechts, 2000.

585 Zutreffend *Zachert*, FS Däubler, 998ff.

586 Darstellung etwa bei *Schwitzer*, AuR 2001, 441.

587 Zum Verbreitungsgrad *Link/Schneid*, Minderentgelte in Tarifverträgen, AuA 2002, 210.

588 Siehe auch Richtlinie 2000/78/EG, die in Art. 1 ein Verbot der Diskriminierung wegen Behinderung – nicht identisch mit dem Begriff der Schwerbehinderung im Sinne des § 2 Abs. 2 SGB IX – aufstellt.

589 Nach *BPSU*, § 4 Rn. 63, mit weiteren Nachweisen handelt es sich um mehrere hundert Öffnungsklauseln; siehe auch Bispinck/WSI-Tarifarchiv, WSI-Mitt. 2005, 63.

590 Dazu *Hickel/Kutzke*, Tarifliche Lohnpolitik unter Nutzung der Härtefallregelung, 1997.

## II. Tarifliche Gestaltung der Arbeitszeit

### Literatur:

*Adomeit*, Arbeitsplätze und Solidarität, NJW 1994, 837; *Andritzky*, Neuer Manteltarifvertrag in der Süßwarenindustrie, NZA 1994, 1069; *Baeck/Diller*, Altersgrenzen und sie fallen doch, NZA 1995, 360; *Bauer/Diller*, Beschäftigungssicherung in der Metallindustrie, NZA 1994, 353; *Bauer/Groß/Lehmann/Munz*, Arbeitszeit 2003, ISO Forschungsbericht, 7/2004; *Bauer/Munz*, Arbeitszeiten in Deutschland: 40plus und hochflexibel, WSI-Mitt. 2005, 40; *Bieback*, Übergang vom Erwerbsleben in den Ruhestand, Anmerkungen zur Diskussion der arbeits- und sozialrechtlichen Probleme auf dem 62. DJT, AuR 1999, 41; *Bispinck*, Erster einheitlicher Entgelttarifvertrag in der Metallindustrie, WSI-Mitt. 1983, 149; *Bispinck/WSI-Tarifarchiv*, Betriebliche Personalpolitik und Beschäftigungssicherung, Elemente qualitativer Tarifpolitik Nr. 22, 1/1994; *dies.*, Immer flexibler und immer länger?, Elemente qualitativer Tarifpolitik Nr. 57, 7/2005; *dies.*, Kontrollierte Dezentralisierung, Elemente qualitativer Tarifpolitik Nr. 55, 2/2004; *dies.*, Tarifpolitik für ältere ArbeitnehmerInnen, Elemente qualitativer Tarifpolitik Nr. 49, 9/2002; *dies.*, Tarifliche Senioritätsregelungen, Elemente qualifizierter Tarifpolitik, Nr. 59, 9/2005; *dies.*, Zwischen Plus und Minus: Zeitkonten in Tarifverträgen, Elemente qualitativer Tarifpolitik Nr. 35, 4/1998; *Biswas*, Vertrauensarbeitszeit und Arbeitszeitfreiheit im arbeitsrechtlichen und betriebsverfassungsrechtlichen Kontext, 2004; *Blank, M.*, Moderne (Arbeits-)zeiten im Spiegel der Rechtsrechung, FS Wissmann, 2005, 15; *Boecken*, Das SGB VI ÄndG und die Wirksamkeit von »alten« Altersgrenzenvereinbarungen, NZA 1995, 145; *Boecken*, Arbeits- und Sozialrecht, RdA 2000, 7; *Böhle/Poschke*, Das neue Tarifrecht für den öffentlichen Dienst (Teil 2). Eine erste Übersicht mit besonderem Schwerpunkt auf Arbeitszeit, Entgelt und Eingruppierung, Überleitung sowie dem kommunalen Bereich, ZTR 2005, 286; *Böhm/Herrmann/Trinczek*, Herausforderung Vertrauensarbeitszeit, 2004; *Bosch*, Entkoppelung von Arbeits- und Betriebszeiten, WSI-Mitt. 1987, 713; *Bosch/Ellguth/Promberger*, Gleitzeit: Wie viel Zeitautonomie ist gefragt?, WSI-Mitt. 1992, 51; *Bosch/Schief*, Ältere Beschäftigte in Europa: Neue Formen sozialer Ungleichheit WSI-Mitt. 2005, 32; *Bredendiek/Fritz/Tewes*, Neues Tarifrecht für den öffentlichen Dienst, ZTR 2005, 230; *Buschmann/Ulber*, Arbeitszeitgesetz, 4. Aufl., 2004; *dies.*, Flexibilisierung: Arbeitszeit-Beschäftigung, 1989; *dies.*, Arbeitszeitgesetz, 4. Aufl., 2004; *Clemens*, Gesundheitliche Beanspruchung von Schichtarbeitern bei zusätzlichen Arbeitserschwernissen, Soziale Sicherheit 1981, 332; *Däubler*, Völkerrecht und Europarecht in der Rechtsprechung der Arbeitsgerichte, FS Arbeitsgerichtsverband, 1994, 619; *Dercks/Heikaus*, Individuell und flexibel, Wettbewerbsfaktor Arbeitszeitgestaltung, BarbBl. 2/2005, 4; *Diller*, Das neue Altersteilzeitgesetz sowie begleitende Änderungen im Rentenrecht, NZA 1996, 847; *Federlin*, Rentenreformgesetz 1992 und die Wirksamkeit von kollektiven Altersgrenzenvereinbarungen, in: FS Gnade 1992, 447; *Fergen/Pickshaus*, Arbeitszeit und Gesundheit in: Pickshaus/Schmitthenner/Urban (Hrsg.), Arbeiten ohne Ende, 2001; *Gaul/Cepl*, Wichtige Änderungen im Altersteilzeitgesetz, BB 2000, 1727; *Gitter/Boerner*, Altersgrenzen in Tarifverträgen, RdA 1990, 129; *Glißmann*, Abschaffung der Zeiterfassung – Vertrauensarbeitszeit, in: Pickshaus/Peters/Glißmann, »Der Arbeit wieder ein Maß geben, 2000, 30; *Groß/Munz/Seifert*, Weniger Arbeitslose durch Überstundenabbau, WSI-Mitt. 1999, 505; *Grunewald*, Grundlagen und Grenzen der Vertrauensarbeitszeit: Vorgaben des ArbZG und kollektivvertragliche Gestaltungsmöglichkeiten, 2005; *Hamm*, Arbeitszeitkonten, 2003; *ders.*, Arbeitszeitkonto, AiB 2005, 343; *Hanau*, Zwangspensionierung des Arbeitnehmers mit 65?, RdA 1976, 124; *ders.*, Zur Wirksamkeit vertraglicher Altersgrenzen zwischen dem 1. Januar 1992 und dem 31. Juli 1994, DB 1994, 2394; *Heinze*, Die arbeitsrechtliche Zulässigkeit der Einführung von Kurzarbeit, RdA 1998, 14; *Henssler*, Was ist von der Altersgrenze geblieben?, DB 1993, 1669; *Hoff*, Vertrauensarbeitszeit: Einfach flexibel arbeiten, 2002; *Hohmeister*, Aktuelle Urlaubsrechtsprechung des BAG, BB 1997, 149 seitdem fortlaufend: BB 1998, 1054, BB 1999, 1812, BB 2001, 1038, BB 2002, 2176, BB 2004, 661, BB 2005, 2014; *Hoß*, Die Zustimmungsersetzung im Rahmen des Tarifvertrags zur Beschäftigungssicherung, DB 1995, 526; *Kempen*, Persönliche Leistungsverhinderung und Grundrechte im Arbeitsverhältnis, ArbRGgw 25 (1987), 75; *Kerschbaumer*, Neuregelungen zur Altersteilzeit ab dem 1. Juli 2004, AiB 2004, 325; *Klammer/Weber*, Flexibel in den Ruhestand? – Ergebnisse und Überlegungen zur Altersteilzeit, WSI-Mitt. 2001, 102; *Klenner*, Gleichstellung von Frauen und Männern und Vereinbarkeit von Familie und Beruf, in: WSI-Tarifhandbuch 2005, 41; *Klischan/Schlebusch*, Urlaubsrecht aktuell – Prüfungspunkte auf der Grundlage der BAG-Rechtsprechung, DB 1986, 1017; *Kurz-Scherf*, Arbeitszeit im Umbruch, WSI-Mitt. 1987, 694; *Lang/Meine/Ohl* (Hrsg.), Arbeit, Entgelt, Leistung, 3. Aufl., 2001; *Laux*, Altersgrenzen im Arbeitsrecht, NZA 1991, 967; *Lehndorff/Mansel*, Bedingungen für beschäftigungswirksamen Überstundenabbau, WSI-Mitt. 1999, 514; *Leinemann*, Der urlaubsrechtliche und entgeltfortzahlungsrechtliche Freischichttag, BB 1998, 1414; *ders.*, Gesetzliches und tarifliches Urlaubsrecht, AruR 1987, 193; *ders.*, Die Bedeutung internationaler und europäischer Arbeitsrechtsnormen für die Arbeitsgerichtsbarkeit, BB 1993, 2519; *ders.*, Wirkungen der IAO-Übereinkommen auf das Recht der Bundesrepublik Deutschland, ZfA 1994, 1; *Lörcher*, Die Normen der Internationalen Arbeitsorganisation und des Europarats, AuR 1991, 97; *Löwisch*, Viertagewoche und Änderungskündigung ?, BB 1993, 2371; *Manz*, Humanisierung der Arbeit und Tarifpolitik, Das Konzept der Gewerkschaft NGG, GMH 1977, 403; *Märkle/Petri*, Probleme um Arbeitszeitkonten, AuR 2002, 443; *Meine, H.*, Arbeiter + Angestellte = Beschäftigte, AiB 1995, 81; *Moll*, Altersgrenzen in Kollektivverträgen, DB 1992, 475; *Munz/Bauer/Groß*, Regelung und Praxis von Arbeitszeitkonten, WSI-Mitt. 2002, 334; *Naegele*, Zwischenbilanz des Vorruhestands, WSI-Mitt. 1987, 752; *Oppolzer*, Kurzpausen für Kassiererinnen, 1992; *ders.*, Ökologie der Arbeit, 1993; *ders.*, Überstunden und Überlastung, AiB 2003, 349; *Peters, J.*, (Hrsg.), Modellwechsel, 1994; *Preis*, Neuer Wein in alten Schläuchen – zur Neuauflage der Altersgrenzdebatte, in: FS Stahlhacke, 1995; *Preis/Rolfs*, Das Altersteilzeitgesetz, SGb 1998, 147; *Reim*, Der Vorschlag der EU-Kommission zur Änderung der ArbeitszeitRichtlinie, Der PersR 2005, 229; *Rosdücher/Seifert*, Temporäre Arbeitszeitverkürzungen zur Beschäftigungssicherung, WSI-Mitt. 1994, 744; *Scharf*, Geschichte der Arbeitszeitverkürzung, 1987; *Schietinger*, Insolvenzsicherung von Arbeitszeitguthaben: Wer trägt das Risiko der Arbeitszeitflexibilisierung?, WSI-Mitt. 2005, 339; *Schlachter*, Altersgrenzen angesichts des gemeinschaftlichen Verbots der Altersdiskriminierung, FS Blomeyer, 2003, 355; *Schliemann/Meyer*, Arbeitszeitrecht, 2. Aufl., 2002; *Schlüter/Belling*, Die Zulässigkeit von Altersgrenzen im Arbeitsverhältnis, NZA 1988, 297; *Schmidt, Marlene*, Das Verbot der Diskriminierung wegen des Alters in Beschäftigung und Beruf, KritV 2004, 244; *Schmidt/Senne*, Das gemeinschaftliche Verbot der Altersdiskriminierung, RdA 2002, 80; *Schneider, M.*, Der Kampf um Arbeitszeitverkürzung seit dem 19. Jahrhundert, Die Mitbestimmung 1985, 249; *Schüren*,

Neue rechtliche Rahmenbedingungen der Arbeitszeitflexibilisierung, RdA 1985, 25; *Seifert, H.*, Flexible Zeiten in der Arbeitswelt, 2005; *ders.*, Rückläufige Entwicklung bei Schicht-, Nacht- und Wochenendarbeit, WSIMitt. 1995, 182; *ders.*, Vom Gleitzeit- zum Langzeitkonto, WSI-Mitt. 2005, 308; *ders.*, Zeitenwende – Was bringen längere Arbeitszeiten für die Beschäftigung?, WSI-Mitt. 2003, 644; *ders.*, Zeitkonten: Von der Normalarbeitszeit zu kontrollierter Flexibilität, WSI-Mitt. 2001, 84; *ders.*, Zeit für neue Arbeitszeiten, WSI-Mitt. 2005, 478; *Sibben*, Das Urlaubsgeld, DB 1997, 1178; *Simitis*, Alter und gesellschaftliche Teilhabe – für ein anderes Alterskonzept, KritV 2004, 231; *ders.*, Denationalizing Labour Law: The Case of Age Discrimination in the changing face of Labour Law and Industrial Relations, in: FS Summers, 1993, 177; *ders.*, Die Altersgrenzen – ein spät entdecktes Problem, RdA 1994, 257; *ders.*, Altersdiskriminierung – die verdrängte Benachteiligung, NJW 1994, 1453; *Spitznagel/Wanger*, Mit längeren Arbeitszeiten aus der Beschäftigungskrise?, IAB Kurzbericht 10/2004; *Stahlhacke*, Die Begrenzung von Arbeitsverhältnissen durch Festlegung einer Altersgrenze, DB 1989, 2329; *Steinmeyer*, Kollektivrechtliche Altersabgrenzungsregelungen ab 1. Januar 1992, RdA 1992, 6; *Trittin*, Umbruch des Arbeitsvertrags: Von der Arbeitszeit zum Arbeitsergebnis; *Ulber/Unterhinninghofen*, Kurzarbeit – zwischen Beschäftigungssicherung und Kündigung, ArbRGgw 1998/71; *Unterhinninghofen*, Arztbesuch während der Arbeitszeit?, AiB 1984, 15; *ders.*, Zwei Jahre sichere Arbeitsplätze, 4-Tage-Woche bei VW, AiB 1994, 82; *Voß/Pongratz*, Der Arbeitskraftunternehmer, Kölner Zeitschrift für Soziologie und Sozialpsychologie, 1998, 131; *Waltermann*, Altersgrenzen in Kollektivverträgen, RdA 1993, 209; *ders.*, Wie sollte der Übergang vom Erwerbsleben in den Ruhestand rechtlich gestaltet werden?, NJW 1998, 2488; *Wanger/Bach*, Arbeitszeit in Deutschland – Entwicklung und aktueller Stand, BarbBl. 3/2005, 4; *Wellisch/Moog*, Arbeitszeitkonten und Portabilität, BB 2005, 1790; *Wiedemann/Thüsing*, Der Schutz älterer Arbeitnehmer und die Umsetzung der Richtlinie 2000/78/EG, NZA 2002, 1234; *Wolf*, Die beiden Gesetze zur Fortentwicklung der Altersteilzeit, NZA 2000, 637; *Zachert*, Ein Jahrhundert tariflicher Wochenarbeitszeitverkürzung, ZTR 1995, 435; *ders.*, Rechtsfragen zu den aktuellen Tarifverträgen über Arbeitszeitverkürzung und Beschäftigungssicherung, AuR 1995, 1; *Zwanziger*, Struktur, Probleme und Entwicklung des Altersteilzeitrechtes – ein Überblick, RdA 2005, 226.

## 1. Komplexität der Arbeitszeitfrage

Das Arbeitsverhältnis ist dadurch gekennzeichnet, dass der Arbeitnehmer dem **229**
Unternehmer gegen Entgelt seine Arbeitskraft für eine bestimmte Zeit zur Verfügung stellt. Die **Arbeitszeit** definiert deshalb maßgeblich den **Inhalt der Hauptleistungspflichten** beider Vertragsparteien nach § 611 BGB.

Das Spektrum der mit der Arbeitszeit verbundenen Fragen und Aspekte ist außerordentlich vielfältig. So gehört das Bemühen um eine **Verkürzung der Arbeitszeitdauer** seit ihrer Entstehung zu den zentralen Forderungen der Arbeiterbewegung. Die **Arbeitszeitlage** schließt wichtige Aspekte der Arbeits- und Gesundheitsbedingungen ein, was die Tätigkeit zahlreicher Arbeitnehmer in Schicht- und Nachtarbeit beispielhaft verdeutlicht. Die längere **Unterbrechung der Arbeit** der Arbeit im Rahmen definierter Urlaubsansprüche gibt den Beschäftigten die Gelegenheit zur selbst bestimmten Erholung. Vor dem Hintergrund verschärfter (internationaler) Konkurrenz und fortbestehender Arbeitsmarktprobleme haben in den vergangenen Jahren Gesichtpunkte der **Arbeits-**

**zeitflexibilität** und der **Beschäftigungssicherung** eine besondere Bedeutung erlangt.
Damit ist die **Komplexität der Arbeitszeitfrage** lediglich grob umrissen. Die einschlägigen tariflichen Regelungen reflektieren – nicht selten mit Widersprüchen und als Ausdruck des Kompromisses unterschiedlicher Interessen – diese Vielschichtigkeit.

### 2. Entwicklungsetappen der Arbeitszeit

#### a) Vor 1945

230 Im **Kaiserreich** erhielt die Politik einer Arbeitszeitverkürzung theoretische Impulse vor allem durch die sozialistischen Klassiker. Der Pariser Kongress der Sozialistischen Internationale am 19. und 20. Juli 1889 erklärte den **1. Mai zum Feiertag** der Arbeiter, an dem für die **Einführung des 8-Stunden-Tages** demonstriert werden sollte. Sozialdemokratie und Freie Gewerkschaften griffen diese Forderung auf, wenn es auch in der Tagesarbeit zunächst um die Durchsetzung des 10Stunden-Tages ging.[591] Die ersten Erfolge in der Praxis einer täglichen Arbeitszeitverkürzung, z.B. der 10-Stunden-Tag für die Hafenarbeiter noch vor der Jahrhundertwende oder die 8-Stunden-Schicht im Ruhrkohlenbergbau von 1890[592], wurden nicht auf der gesetzlichen, sondern auf der tariflichen Ebene erreicht.
Der Gesetzgeber zog in der späteren Periode des Kaiserreichs auf Initiative aufgeschlossener Konservativer wie des Handelsministers *von Berlepsch* und der so genannten Kathedersozialisten mit der Festlegung einer Maximalarbeitszeit in der Gewerbeordnung nach.[593] Diese Strömungen konnten sich aber auf Dauer nicht durchsetzen.

231 Für die ersten Jahre der **Weimarer Republik** ist ein Wechselspiel von staatlicher Normgebung, die auf die **Vereinbarung des 8-Stunden-Tages** in der so genannten **zentralen Arbeitsgemeinschaft** vom 15. November 1918 zwischen Gewerkschaften und Arbeitgeberverbänden zurückging, und tariflichen Regelungen charakteristisch. Letztere nahmen inhaltlich die staatlichen Regelungen auf, gingen aber in ihrer Qualität teilweise über sie hinaus. Auch die Festschreibung der Arbeitszeitverkürzung im Tarifvertrag war wichtig, weil die staatlichen Normen auf unsicherer Rechtsgrundlage beruhten.[594] Mit der **Arbeitszeitverordnung** vom 21. Dezember **1923**, deren Rechtsgrundlage das Ermächtigungsgesetz vom 8. Dezember 1923 darstellte, wurde der staatlich garantierte 8-Stunden-Tag als regelmäßige werktägliche Arbeitszeit faktisch aufgehoben und durch den **10-Stunden-Tag** ersetzt.

232 Während der Zeit des **Naziregimes** trat am 30. April 1938 die **Arbeitszeitordnung** in Kraft, die den 8-Stunden-Tag und die 48-Stunden-Woche mit zahlreichen Ausnahmeregelungen festlegte. Das Hauptproblem lag allerdings weniger im inhaltlichen Bereich, d.h. in Abweichungsmöglichkeiten vom 8-Stunden-Tag, die es in der Weimarer Republik ebenfalls gab. Vielmehr bestand die radikale Ver-

591 Umfassend *M. Schneider*, Arbeitszeit; *ders.*, Die Mitbestimmung 1985, 249.
592 *Scharf*, Arbeitszeitverkürzung, 253ff., 266ff.
593 *Scharf*, Arbeitszeitverkürzung, 313ff.; *v. Berlepsch*, Kaiserreich, 127ff.
594 Demobilisierungsverordnung vom 23.11.1918 und Arbeitszeitverordnung für Angestellte vom 18.3.1919 (mit Ausnahmemöglichkeiten), im Einzelnen dazu: *Scharf*, Arbeitszeitverkürzung, 364ff.

schlechterung darin, dass autonome kollektive gewerkschaftliche Aktionen unmöglich waren, da die Gewerkschaften zerschlagen und die betrieblichen Strukturen durch das Gesetz zur Ordnung der nationalen Arbeit vom 20. Januar 1934 nach dem »Führerprinzip« geregelt wurden.[595]

## b) In der Bundesrepublik

### *aa) Staatliches Arbeitszeitrecht*

Die Jahrzehnte **nach dem Zweiten Weltkrieg** unter der Geltung des Grundgesetzes und des Tarifvertragsgesetzes waren von einer weitgehend **staatsfreien Entwicklung der Arbeitszeit** geprägt. Das Mindestniveau regelte allerdings die **fortgeltende Arbeitszeitordnung**. Diese wurde erst durch das **Arbeitszeitrechtsgesetz** (ArbZRG) vom 1. Juni **1994** abgelöst. Das Arbeitszeitrechtsgesetz dehnt den Rahmen der Arbeitszeitordnung von 1938 noch aus, indem es am 8-Stunden-Tag, bezogen auf die 6-Tage-Woche, festhält und Verlängerungen bis zu zehn Stunden unter erleichterten Bedingungen zulässt. Vor allem enthält es im § 7 ArbZRG Öffnungen für eine Verlängerung der Arbeitszeit durch Tarifvertrag.[596] Ein weiteres Ziel dieses Gesetzes ist es, größere Spielräume bei der Verteilung der Arbeitszeit zu ermöglichen. So wird der Ausgleichszeitraum, in dem die durchschnittliche Arbeitszeit von 48 Stunden erreicht werden muss, also eventuelle Überstunden zu kompensieren sind, von drei Wochen auf nunmehr sechs Monate ausgedehnt (§ 3 ArbZRG). Im Unterschied zur Arbeitszeitordnung sieht das Arbeitszeitrechtsgesetz keine Mehrarbeitszuschläge vor. Nach altem Recht (§ 15 AZO) galt hier ein Mehrarbeitszuschlag von 25%. Arbeit an Sonn- und Feiertagen bleibt grundsätzlich untersagt (§ 9 ArbZRG), jedoch können nunmehr erstmalig von staatlichen Behörden hiervon Ausnahmen auch aus Gründen der Wettbewerbsfähigkeit zugelassen werden (§ 13 Abs. 5 ArbZRG). **233**

Weitere gesetzliche Arbeitszeitvorschriften enthalten die **Gewerbeordnung, das Jugendarbeitsschutz-, Ladenschluss- und Mutterschutzgesetz** sowie verschiedene Verordnungen für bestimmte Branchen und Berufe. Alle diese Gesetze stellen lediglich Rahmen- bzw. Mindestbedingungen auf (grundsätzlich zum Verhältnis Gesetz und Tarifvertrag: Grundl. Rn. 267ff.). **234**

### *bb) Tarifliche Arbeitszeit*

Vergleicht man die **staatliche** mit der **tariflichen Arbeitszeitpolitik**, so wechselten zeitliche Phasen und inhaltliche Ziele, in denen sich beide Ebenen ergänzten, mit anderen ab, in denen jeweils unterschiedliche Akzente gesetzt wurden. **235**

In den **50er Jahren** konzentrierte sich das gewerkschaftliche Bemühen im Wesentlichen darauf, den **arbeitsfreien Sonnabend** zu gewährleisten und die nach der Arbeitszeitordnung weitgehend zulässige Mehrarbeit in gewissem Maße einzuschränken. Ab Juni **1956** wurde **stufenweise die 40-Stunden-Woche** mit dem arbeitsfreien Sonnabend auf dem Verhandlungswege vereinbart.

Seit Beginn der **80er Jahre** war die tarifliche Arbeitszeitdiskussion und Praxis von Arbeitnehmerseite aus vom Bemühen geprägt, die **35-Stunden-Woche** zu **236**

595 *Kranig*, Arbeitsrecht NS Staat, 46ff., 138ff.; *Wahsner*, Arbeitsrecht Hakenkreuz, 29ff., 40ff.

596 Zu den Voraussetzungen und Problemen im Einzelnen *Buschmann/Ulber*, § 7 Rn. 2ff., mit weiteren Nachweisen.

realisieren.[597] Mit ihr wurde ein Zielbündel verfolgt, zu dem der Arbeits- und Gesundheitsschutz, mehr freie Zeit für selbst bestimmte Tätigkeit[598] und der Gedanke gehörte, die vorhandene Arbeit auf möglichst viele Beschäftigte zu verteilen, um so einen Beitrag zur Verbesserung der Situation auf dem Arbeitsmarkt zu leisten.

237 Parallel hierzu haben die Tarifparteien die **Lebensarbeitszeit** verkürzt, zunächst durch tarifliche **Vorruhestandsregelungen** (»Tarifrente«), deren staatliche Förderung Ende der 80er Jahre auslief, seit Mitte der 90er Jahre dann durch **tarifliche Altersteilzeit**, gestützt durch das **Altersteilzeit-Gesetz** vom Juli 1996.

238 In der konfliktreichen Entwicklung der wöchentlichen Arbeitszeitverkürzung sind mehrere Etappen erkennbar.

Der erste Schritt wurde im Jahre **1984** in der **Metallindustrie** nach einem etwa sechswöchigen und in der **Druckindustrie** nach 12wöchigem Arbeitskampf unternommen. Die Wochenarbeitszeit wurde zunächst auf **38,5 Stunden** gesenkt. Im Metallbereich erfolgte dies in der Weise, dass die betriebliche Wochenarbeitszeit durchschnittlich 38,5 Stunden betrug und gleichzeitig **durch Betriebsvereinbarung** eine unterschiedliche Arbeitszeit für Arbeitnehmer in der Spanne von 37 bis 40 Stunden ermöglicht wurde (so genannter »Leber-Kompromiss«). Diese **Differenzierung der Arbeitszeit** wurde durch eine **variable Verteilung der Arbeitszeit** ergänzt, wonach die Arbeitszeit innerhalb eines Ausgleichszeitraums von zwei Monaten ungleichmäßig verteilt werden konnte.

**1987** wurde die in der Tarifrunde 1984 begonnene Entwicklung mit einer **weiteren stufenweisen Verkürzung** der Arbeitszeit fortgesetzt.

Im Frühjahr **1990** einigten sich die Tarifparteien im **Metallbereich** darauf, die regelmäßige wöchentliche Arbeitszeit mit Lohnausgleich bis zum 1. April 1993 zunächst auf 36 Stunden und bis zum **Oktober 1995 auf 35 Stunden** zu reduzieren. Im Unterschied zu den Tarifverträgen von 1984 und 1987 wurde die regelmäßige Wochenarbeitszeit der einzelnen Beschäftigten wieder unmittelbar im Tarifvertrag festgelegt. **Verlängerungen** der wöchentlichen Regelarbeitszeit auf bis zu 40 Stunden sollten durch **individualvertragliche Vereinbarung** in unterschiedlichen Tarifbezirken mit bis zu **13 % bzw. 18 % der Beschäftigten** möglich sein. Diese Quote wurde durch den Tarifabschluss vom **Februar 2004** unter definierten Voraussetzungen, insbesondere für besonders qualifizierte Beschäftigte, auf **bis zu 50 %** erhöht.

Empirische Untersuchungen weisen aus, dass die **wöchentliche Arbeitszeitverkürzung** unter die 40-Stunden-Woche zur **Verminderung der Arbeitslosigkeit** beigetragen hat. In der Metallindustrie sind hierdurch in knapp zehn Jahren zwischen 1983 und 1992 etwa 700 000 Arbeitsplätze erhalten bzw. neu geschaffen worden.[599]

239 Dagegen änderte sich seit **Mitte der 90er Jahre** die durchschnittliche tarifliche Wochenarbeitszeit von Vollzeit beschäftigten Arbeitnehmern nur noch geringfügig.

In den Vordergrund rückten die bereits mit den Schritten zur wöchentlichen Arbeitszeitverkürzung vereinbarten Alternativen einer **Arbeitszeitflexibilisierung**.

597 Überblick *Zachert*, ZTR 1995, 435.

598 Auf letzteres stellt die Rechtsprechung primär ab: BAG 27.5.1992 (5 AZR 252/91), AP Nr. 1 zu § 8 JugArbSchG.

599 *H. Seifert*, WSI-Mitt. 1993, 736, mit weiteren Nachweisen.

Hierzu zählen vor allem **individuelle Arbeitszeitkonten**, welche die durchschnittliche Arbeitszeit über einen bestimmten Zeitraum (½ Jahr, dann zunehmend länger, etwa Ein-Jahres-Konten) verteilen. Dazu gehören weiter **Arbeitszeitkorridore** für Beschäftigtengruppen oder ganze Belegschaften, z.B. von 35 bis 40 Stunden bei einer tariflichen Regelarbeitszeit von 37,5 Stunden (Chemieindustrie) ebenfalls mit tariflich vorgegebenen Ausgleichzeiträumen, die im Laufe der Jahre kontinuierlich verlängert wurden.

Im **Jahr 2004** betrug die **durchschnittlich vereinbarte tarifliche Wochenarbeitszeit** eines in Vollzeit beschäftigten Arbeitnehmers 37,8 Stunden. Der Rückgang der durchschnittlich tariflich festgelegten Wochenarbeitszeit insgesamt auf 34,7 Stunden ist nahezu ausschließlich dadurch zu erklären, dass die **Teilzeitquote** erheblich – auf ca. 24 %, davon ca. 7 % geringfügig Beschäftigte (»400 Euro-Kräfte«) – angestiegen ist. Teilzeitarbeit wird nach wie vor ganz überwiegend von Frauen ausgeübt (zu geschlechtspezifischen Problemen der Arbeitszeit und Arbeitsteilung sowie tarifpolitischen Ansätzen ihrer Bewältigung: § 1 Rn. 330ff. und Rn. 399ff.). **240**

Die **tatsächlich geleistete Arbeitszeit** lag bei über 42 Stunden, was wesentlich auf das mit knapp 1.8 Milliarden jährlich gleich bleibend hohe Niveau von **Überstunden** zurückzuführen ist.[600]

Im Unterschied zu den vergangenen beiden Jahrzehnten, die von der Diskussion geprägt waren, durch Arbeitszeitverkürzungen Zeitwohlstand zu mehren, Arbeitsbelastungen zu vermindern und einen Beitrag zur Reduzierung der Arbeitslosigkeit zu leisten, stehen nunmehr auch Vorschläge im Blickpunkt, durch **Arbeitszeitverlängerung** positive beschäftigungspolitische Wirkungen zu erreichen.[601] **241**

### 3. Definition von Arbeit und Arbeitszeit

#### a) Begriffe und Abgrenzungen

Neben der zu vergütenden Arbeit (Vollarbeit) gibt es Tätigkeiten, die Teil der geschuldeten Arbeit sind, jedoch als mindere Leistung angesehen werden, die so genannte **Arbeitsbereitschaft**. Sie liegt vor, wenn der Arbeitnehmer im Verhältnis zur Vollarbeit geringer belastet wird, so dass die Tätigkeit nicht die gesamte Aufmerksamkeit beansprucht (»Zeiten wacher Achtsamkeit im Zustande der Entspannung«).[602] **242**

Größere Abgrenzungsschwierigkeiten wirft der so genannte **Bereitschaftsdienst** auf. Als Bereitschaftsdienst definiert das Bundesarbeitsgericht die Zeitspanne, während der sich der Arbeitnehmer an einer vom Arbeitgeber bestimmten Stelle in der Regel innerhalb des Betriebes aufzuhalten hat, um bei Bedarf seine volle Arbeitstätigkeit sofort oder zeitnah aufnehmen zu können.[603] Typisches Beispiel **243**

---

600 Zu Vorstehendem jeweils mit weiterführenden Hinweisen *Bauer/Groß/Lehmann/Munz*; *Bauer/Munz*, WSI-Mitt. 2005, 40ff.; *Dercks/Heikaus*, BArbBl. 2/2005, 4; *Wanger/Bach*, BArbBl. 3/2005, 4ff.; *H. Seifert*, Flexible Zeiten.

601 Aus der umfassenden Debatte kritisch hierzu *H. Seifert*, WSI-Mitt. 2003, 644ff.; *ders.*, WSI-Mitt. 2005, 478; *Spitznagel/Wanger*, IAB Kurzbericht, 10/2004 – jeweils mit Nachweisen.

602 Ständige Rechtsprechung, z.B. BAG 28.1.1981 (4 AZR 892/78), AP Nr. 1 zu § 18 MTL II; BAG 12.2.1986 (7 AZR 358/84), AP Nr. 7 zu § 15 BAT; BAG 5.6.2003 (6 AZR 114/02), AP Nr. 7 zu § 611 BGB Bereitschaftsdienst (mit Anm. von *Däubler/Reim*); BAG 9.3.2005 (5 AZR 385/02), ZTR 2005, 479.

603 Ständige Rechtsprechung, z.B. BAG 10.6.1959 (4 AZR 567/56), AP Nr. 5 zu § 7 AZO; BAG 18.2.2003 (1 ABR 2/02), EzA § 7 ArbZG Nr. 4 = NZA 2003, 742.

sind Tätigkeiten von Ärzten und Pflegepersonal in Krankenhäusern und im Sanitätsbereich. Eine Anzahl von Entscheidungen des Europäischen Gerichtshofes[604] zur Auslegung der Arbeitszeit-Richtlinie 93/104 EG bestätigen, dass Bereitschaftsdienst im Sinne dieser Richtlinie Arbeitszeit ist. Nach einer Änderung der §§ 7 Abs. 2 Nr. 1 und § 5 Abs. 3 ArbZG vom 1. Januar 2004 kann Bereitschaftsdienst auch nach nationalem Recht nicht mehr als »Ruhezeit« sondern muss als Arbeitszeit gewertet werden.[605]

244 Unter **Rufbereitschaft** versteht man die Verpflichtung des Arbeitnehmers, sich an einem Ort auf Abruf bereitzuhalten, um die Arbeit alsbald aufnehmen zu können. Im Unterschied zum Bereitschaftsdienst muss sich der Arbeitnehmer nicht an einer vom Arbeitgeber bestimmten Stelle aufhalten, sondern ist in der Verwendung seines Aufenthaltsortes und seiner Zeit frei. Er muss allerdings jederzeit erreichbar sein.[606] Wegen der gegebenen Dispositionsmöglichkeiten handelt es sich weder um Arbeit noch um Arbeitszeit.[607]

Beschränkt der Arbeitgeber den Arbeitnehmer in der freien Wahl des Aufenthaltsortes durch strikte Zeitvorgaben zwischen Abruf und Arbeitsaufnahme, kann »Arbeitsbereitschaft« vorliegen.[608] So schränkt Anweisung, innerhalb von 20 Minuten die Arbeit aufzunehmen den Arbeitnehmer so stark in der Wahl seines Aufenthaltsortes ein, dass in diesem Fall von » Bereitschaftsdienst« auszugehen ist.[609]

245 Grundsätzlich nicht zu Arbeit gehören **Wegezeiten**, die notwendig sind, um zur Arbeitsstätte und zurück zum Wohnort zu gelangen.[610] Etwas Anderes gilt, wenn der Arbeitseinsatz außerhalb stattfindet.

### b) Tarifliche Regelungen und Regelungsmöglichkeiten

246 Tariflich lassen sich sowohl Voraussetzungen von Arbeitsbereitschaft, Bereitschaftsdienst, Rufbereitschaft und Wegezeiten konkretisieren oder definieren, und die Tarifverträge können das Verhältnis zur Regelarbeitszeit sowie die Vergütungshöhe dieser Formen der Arbeitsleistung oder Aktivitäten festlegen.[611]

247 Tarifverträge der Privatwirtschaft oder auch im öffentlichen Dienst, etwa der BAT, enthalten im Allgemeinen keine Definition oder Konkretisierung der »**Arbeitsbereitschaft**«. Der Tarifvertrag für den öffentlichen Dienst (TVöD) vom 1. Oktober 2005 regelt diese Frage ebenfalls nicht.[612] Dann gilt die Begriffsbestimmung der Rechtsprechung (§ 1 Rn. 242).

---

604 EuGH 3.10.2000 (Rs. C-303/98), Slg. 2000, I-7963 (»SIMAP«); EuGH 9.9.2003 (Rs. C- 151/02), Slg. 2003, I-8389 (»Jaeger«); EuGH 5.10.2004 (Rs. C- 397/01 bis C 403/01), NZA 2004, 1145 (»Pfeiffer«); hierzu BAG 18.2.2003 (1 ABR 2/02), AP Nr. 12 zu § 611 BGB Arbeitsbereitschaft; BAG 5.6.2003 (6 AZR 114/02), AP Nr. 7 zu § 611 BGB Bereitschaftsdienst (mit Anm. von *Däubler/Reim*).

605 Aus der umfassenden Debatte lediglich *Buschmann/Ulber*, § 2 Rn. 17, § 5 Rn. 4, § 7 Rn. 7; ErfK/*Wank*, § 2 ArbZG Rn. 45 f.; *Schliemann/Meyer*, Arbeitszeitgesetz, Rn. 65/1; *Däubler/Hensche*, § 1 Rn. 494; zum Vorschlag der EU-Kommission, die Auswirkungen der Rechtsprechung des EuGH in ihrer Wirkung zugunsten die betroffenen Ärzte, das Pflegpersonal usw. teilweise abzuschwächen, *Reim*, Der Personalrat, 2005, 229.

606 Ständige Rechtsprechung, z.B. BAG 26.2.1958 (4 AZR 388/55), AP Nr. 3 zu § 7 AZO.

607 Z.B. BAG 3.12.1986 (4 AZR 7/86), AP MTB II § 30 Nr. 1.

608 BAG 22.1.2004 (6 AZR 544/02), ZTR 2005, 27.

609 BAG 31.1.2002 (6 AZR 214/00), ZTR 2002, 432 (mit Anm. von *Grimberg*, AiB 2003, 765).

610 Z.B. BAG 28.3.1963 (5 AZR 209/62), AP Nr. 3 zu § 611 BGBWegezeit.

611 Vgl. *Stein*, Rn. 431 f., allerdings einschränkend hinsichtlich der Definition von Arbeitsbereitschaft.

612 *Böhle/Poschke*, ZTR 2005, 290; § 67 Nr. 10 Satz 1 BMTG-II definiert »Arbeitsbereitschaft« mit den Kriterien des »Bereitschaftsdienstes«; ein entsprechendes Beispiel aus dem Chemiebereich bei *Stein*, Rn. 431.

Eine wichtige Bedeutung kommt tariflichen Regelungen im Hinblick auf § 7 Abs. 1 Nr. 1a ArbZG n.F. zu, der eine tarifdispositive Öffnung zur **Verlängerung der Arbeitszeiten** über zehn Stunden hinaus (bis zur Jahresdurchschnittsgrenze von 48 Stunden wöchentlich: § 7 Abs. 8 ArbZG n.F.) ohne Ausgleich für den Fall enthält, dass in die Arbeitszeit regelmäßig und in erheblichem Umfang »**Arbeitsbereitschaft**« fällt. Nach der Rechtsprechung ist das Kriterium des »erheblichen Umfangs« bereits bei 35 % erfüllt[613], in der Lehre werden teilweise noch niedrigere Anteile angenommen.[614] Der Gesichtspunkt des Schutzes vor Überforderung und des Gesundheitsschutzes spricht für einen höheren Schwellenwert von 50 %.[615] Entsprechende Festlegungen in Tarifverträgen oder andere tarifliche Restriktionen übermäßig langer Arbeitszeiten durch Leistung von Arbeitsbereitschaft neben der Vollarbeit sind jedoch selten.[616]

Eine tarifvertragliche geregelte Arbeitszeit für **Hausmeister im öffentlichen Dienst** nach BAT SR 2r Nr. 3 Abs. 1, die eine wöchentliche Durchschnittsarbeitszeit von 50,5 Stunden vorsieht und dabei unterstellt, dass erfahrungsgemäß regelmäßig in erheblichem Umfang **Arbeitsbereitschaft** anfällt, verstößt gegen europäisches Recht. Nach Art. 6 Nr. 2 RL 104/93/EG darf die durchschnittliche Arbeitszeit pro Siebentageszeitraum 48 Stunden einschließlich der Überstunden nicht überschreiten. Ein darüber hinausgehender Einsatz des Hausmeisters ist deshalb unzulässig.[617]

Für den **Bereitschaftsdienst** haben die Entscheidungen des Europäischen Gerichtshofs zur Auslegung der Arbeitzeit-Richtlinie 93/104 EG die Dringlichkeit einer Neuregelung für den Krankenhaus- und Pflegebereich besonders ins Bewusstsein gerückt. Die entsprechende Novellierung des § 7 Abs. 2a ArbZG vom 1. Januar 2004 sieht weitgehende tarifliche Verlängerungsmöglichkeiten bei Leistung von Bereitschaftsdienst und nun auch für Arbeitsbereitschaft vor.[618] 248

Die Arbeitgeber des öffentlichen Dienstes und die Gewerkschaft ver.di haben sich für die Neuregelung des **Bereitschaftsdienstes in Krankenhäusern** auf **tarifliche Eckpunkte** geeinigt, um den europarechtlichen Vorgaben Rechnung zu tragen: Ein Verlängerung der Arbeitszeit ist unter Einbeziehung des Bereitschaftsdienstes bis zu 16 oder 13 Stunden, je nach Tätigkeit möglich. In dieser Zeit dürfen nicht mehr als acht Stunden Vollarbeit geleistet werden. Der Bezugszeitraum für den Ausgleich auf durchschnittliche 48 Stunden beträgt vier Monate. Jede Verlängerung der täglichen Arbeitszeit muss durch eine entsprechende Ausdehnung der anschließenden Ruhezeit kompensiert werden. Die Bereitschaftsdienstvergütung kann eins zu eins in Freizeit umgewandelt werden. Die Vergütung von Bereitschaftsdienst soll im Vergleich zur bisherigen Höhe kostenneutral bleiben.[619]

Die Automatisierung von Produktionsverfahren und Arbeitsabläufen durch Datenverarbeitung führt dazu, dass zunehmend das gelegentliche Eingreifen qualifizierter Fachleute im Rahmen von **Rufbereitschaft** erforderlich wird. Hier können auf der Ebene von Betriebsvereinbarungen gegebenenfalls auf der 249

613 BAG 18.2.1970, AP Nr. 1 zu § 21 MTB II.
614 Z.B. ErfK/*Wank*, § 7 ArbZG Rn. 6, mit weiteren Nachweisen.
615 *Buschmann/Ulber*, § 7 Rn. 8; *Däubler/Hensche*, § 1 Rn. 488.
616 *Stein*, Rn. 431 f.
617 BAG 14.10.2004 (6 AZR 564/03), AuR 2005, 332 (mit Anm. von *Ohnesorg*).
618 Zu europarechtlichen Bedenken: *Buschmann/Ulber*, § 7 Rn. 24c.
619 *Ver.di*, Infodienst Krankenhäuser Nr. 27, 11/2004, 12; mit weiteren Details auch für andere Berufsgruppen wie »Hausmeister« oder »Schulhausmeister«, *Böhle/Poschke*, ZTR 2005, 290.

Grundlage **tariflicher Rahmenbestimmungen** Bedingungen festgelegt werden, die von den Arten der Rufbereitschaft über die Dauer sowie Aufgaben bis hin zur Vergütung dieser Tätigkeit reichen.[620]
Die Tarifpraxis trägt dem allenfalls in Ansätzen Rechnung. Insbesondere im öffentlichen Dienst finden sich Definitionen der Rufbereitschaft und Bestimmungen über die Vergütung, die in der Höhe regelmäßig geringer ist als beim Bereitschaftsdienst (§ 67 Nr. 32 BMT-G II, ebenso § 15 Abs. 6b BAT).[621] Hier hat es allerdings in der umfassenden Neuregelung für den öffentlichen Dienst im TVöD (mit Wirkung ab 1. Oktober 2005) einen Modernisierungsschub gegeben.[622]
In Konkretisierung des § 15 Abs. 6b BAT hat das Bundesarbeitsgericht zu Recht entschieden, dass ein Angestellter Rufbereitschaft leistet, wenn er auf Anordnung seines Arbeitgebers außerhalb der regelmäßigen Arbeitszeit ein auf Empfang geschaltetes Funktelefon mitzuführen hat, um auf telefonischen Abruf Arbeit zu leisten, die darin besteht, über dieses Telefon Anordnungen zu treffen oder weiterzuleiten.[623] Dem haben die Tarifparteien im neuen Tarifrecht für den öffentlichen Dienst Rechnung getragen. Rufbereitschaft wird im TVöD nicht dadurch ausgeschlossen, dass der Arbeitnehmer vom Arbeitgeber mit einem »Europiper, einem Mobiltelefon oder einem vergleichbaren technischen Hilfsmittel« ausgerüstet ist.[624]
Sofern Tarifverträge die Vergütungsmaßstäbe nicht selbst festlegen, wie § 15 Abs. 6b Unterabs. 2 BAT[625], scheint die Übung zu bestehen, Bezahlung des Entgelts für Rufbereitschaft zwingend vorzuschreiben, die Höhe jedoch einer abzuschließenden Betriebvereinbarung zu überlassen.[626] Wird Rufbereitschaft tarifwidrig angeordnet, so ist sie nach den Grundsätzen tarifgerecht angeordneter Rufbereitschaft zu vergüten.[627]
Inwieweit die Rechtsprechung zur Vergütung der Rufbereitschaft, wie sie im BAT festgelegt war auf die tarifliche Neuregelung des öffentlichen Dienstes im TVöD übertragbar ist, bleibt abzuwarten. Die Vergütung für Rufbereitschaft wurde in diesem Tarifwerk völlig neu gefasst. Je Entgeltgruppe wird nun eine tägliche Pauschale bezahlt, die für Montag bis Freitag das Zweifache, für Samstag, Sonntag und Feiertage das Vierfache des tariflichen Stundentgelts beträgt.[628]

**250** Haben die Tarifparteien zu **Wegezeiten** keine Regelung getroffen, so beginnt die Arbeitszeit grundsätzlich mit dem Passieren des Werktores, da die Modalitäten der Zugänglichkeiten zum Arbeitsplatz ausschließlich in die Organisationsbefugnis des Arbeitgebers fallen.[629]

---

620 Vorschläge: *Bösche/Grimberg*, AiB 1994, 199; zu derartigen Konzeptionen im neuen Tarifrecht für den öffentlichen Dienst (TVöD), *Böhle/Poschke*, ZTR 2005, 290 f.; allgemein zur Arbeitszeit dort *Bredendiek/Fritz/Tewes*, ZTR 2005, 230.

621 Zur Auslegung: BAG 19.12.1991, AP Nr. 1 zu § 67 BMT-G II; für dieselbe Begrifflichkeit in anderen Tarifverträgen: BAG 3.12.1986 (4 AZR 7/86), AP Nr. 1 zu § 30 MTB II.

622 *Böhle/Poschke*, ZTR 2005, 290 f.

623 BAG 29.6.2000 (6 AZR 900/98), ZTR 2001, 129 (mit Besprechung von *Pieper*, ZTR 2001, 292).

624 *Böhle/Poschke*, ZTR 2005, 290.

625 Anspruch nach dieser Bestimmung auch für Zeiten tatsächlicher Inanspruchnahme der Arbeitsleistung während der angeordneten Rufbereitschaft: BAG 9.10.2003 (6 AZR 512/02), NZA 2004, 393 = DB 2004, 654.

626 *Stein*, Rn. 432, mit Praxisbeispielen.

627 BAG 9.10.2003 (6 AZR 447/02), NZA 2004, 390.

628 Hierzu mit weiteren Einzelheiten *Böhle/Poschke*, ZTR 2005, 290 f.

629 Z. B. *Däubler/Hensche*, § 1 Rn. 496.

Für ausgedehntes Betriebsgelände haben die Tarifparteien des öffentlichen Dienstes eine Konkretisierung vorgenommen. Praktisch besonders wichtig ist die Auslegung von »**Beginn und Ende der Arbeit**« nach § 15 BAT. Gemäß § 15 Abs. 7 BAT beginnt und endet die Arbeitszeit an der »Arbeitsstelle«, (ebenso § 15 Abs. 7 MTB II). Nach der einschlägigen Protokollnotiz[630] wird zur Erläuterung des Begriffs »Verwaltungsstelle« auf den Gebäude/Gebäudeteil verwiesen, in dem der Angestellte arbeitet. Zutreffend legt dies das Bundesarbeitsgericht dahin aus, dass die Arbeitsstelle eine durch Organisationsentscheidung des Arbeitgebers festgelegte räumliche Einheit ist, die nicht den ganzen Betrieb oder die ganze Dienststelle umfassen muss und auch nicht den ganzen Gebäudeteil, in dem der Angestellte arbeitet. Arbeitsstelle einer im Krankenhaus beschäftigten Krankenschwester sei regelmäßig die Krankenhausstation, in der die Arbeitsleistung zu erbringen ist. Jedoch gehöre auch der außerhalb der Station gelegene Raum zur Arbeitsstelle, wenn sich die Arbeitnehmerin z.B. auf Anordnung des Arbeitgebers vor oder nach dem Stationsdienst dort umziehen müsse.[631]

Ein enger Arbeitsstellenbegriff gilt dann, wenn die Tarifparteien ausdrücklich auf das Kriterium des »Arbeitsplatzes« abstellen (z.B. § 15 Abs. 1 BMTG II oder § 15 Abs. 7 BATO).

Bei **Reisezeiten** sind nach der Rechtsprechung Zeiten außerhalb der vereinbarten Arbeitszeit nur dann als Arbeitszeit zu bewerten, wenn sie mit besonderer Belastung verbunden oder mit Arbeit kombiniert werden.[632] **251**

Teilweise sehen Tarifverträge, im Übrigen Betriebsvereinbarungen oder einzelvertragliche Regelungen Zusatzvergütungen bis zu einer zeitlichen Obergrenze vor. Z.B. werden nach der Neuregelung des TVöD nicht anrechenbare Reisezeiten bis zu 15 Stunden auf Antrag zu 25% als Arbeitszeit berücksichtigt.[633]

## 4. Arbeitszeitdauer/Wochenarbeitszeit

### a) Rechtsfragen bei der tariflichen Wochenarbeitszeitverkürzung mit Flexibilitätskomponente im Metallbereich

#### *aa) Zur Bedeutung der Kontroverse*

Die **rechtlichen Auseinandersetzungen** um die **Tarifverträge zur Verkürzung der wöchentlichen Arbeitszeit** im Metall- und Druckbereich seit Mitte der 80er Jahre beziehen sich auf die dort getroffenen spezifischen Vereinbarungen, die weitgehend überholt sind (§ Rn. 238). **252**

Sie betrafen die Möglichkeiten einer **unterschiedlichen Arbeitszeitverteilung** für verschiedene Arbeitnehmergruppen **durch Betriebsvereinbarung** (Differenzierung im Metallbereich) sowie den Aspekt, wie die **Arbeitszeitverkürzung in Schichtbetrieben** umgesetzt werden kann. Letzteres warf die Frage auf, ob bezahlte Pausen mit der tarifvertraglichen Arbeitszeitverkürzung zu verrechnen seien. Ferner wurde streitig, wie die Höhe der Bezahlung bei Freischichtmodel-

630 Zur zeitlich vorgehenden Protokollformulierung: BAG 18.1.1990, AP Nr. 16 zu § 15 BAT.

631 Grundsätzlich wird das Umkleiden nicht zur vergütungspflichtigen Arbeitszeit gerechnet: BAG 22.3.1995, BB 1995, 1692; tarifliche Beispiele für andere Gestaltung bei *Busch*, BB 1995, 1691.

632 BAG 23.7.1996 (1 ABR 17/96), EzA § 87 BetrVG Arbeitszeit Nr. 55; zu Recht als zu eng kritisiert von *Däubler/Hensche*, § 1 Rn. 497, mit ausführlichen Nachweisen.

633 Dies ist aus Arbeitnehmersicht eine Verschlechterung gegenüber § 17 Abs. 2 BAT: *Roggenkamp*, Der Personalrat 2005, 175.

len vorzunehmen ist, wenn bei Umsetzung der Arbeitszeitverkürzung durch freie Tage zuvor Arbeitstage durch Krankheit, Feiertage oder ähnliches ausgefallen sind.

Diese Fragen sind vor dem **Hintergrund der jeweiligen spezifischen Formulierungen** in den unterschiedlichen Tarifverträgen zu beurteilen; sie sind inzwischen durch höchstrichterliche Entscheidungen im Wesentlichen geklärt und werden deshalb nur noch insoweit dargestellt, als sie von grundsätzlicher Bedeutung sind.[634]

### *bb) Die Rechtsprechung zur Tariföffnung für differenzierte Arbeitszeitverkürzung durch Betriebsvereinbarung*

**253** Das **Bundesarbeitsgericht bestätigte die Differenzierungsregelung in den Tarifverträgen des Metallbereichs von 1984**, ferner gleichzeitig weitgehende Variierungsmöglichkeiten bei Freischichtmodellen (Ausgleichszeitraum über ein volles Jahr). Gleichzeitig erkannte das Gericht erstmalig in einer grundsätzlichen Frage, nämlich der Dauer der Arbeitszeit, eine **Erweiterung der betrieblichen Mitbestimmung durch Tarifvertrag** an.[635]

**254** Zur rechtsdogmatischen Einordnung der Tarifverträge folgte das Gericht nicht dem von der Vorinstanz eingeschlagenen Weg, die die umstrittenen Regelungen als Kombination von Rahmen setzender Inhaltsnorm (Bestimmungsklausel) und betriebsverfassungsrechtlicher Norm gewertet hatte (zu Bestimmungsklauseln § 1 Rn. 619 ff.). Diese Lösung hätte die unmittelbare Verantwortung der Tarifparteien besonders betont, da eine normative Wirkung lediglich von der tariflichen Bestimmungsnorm und nicht von den Rahmen ausfüllenden Betriebsvereinbarungen ausgegangen wäre. Wegen rechtskonstruktiver und praktischer Probleme wird sie vom Bundesarbeitsgericht im Ergebnis zu Recht abgelehnt. Damit bleibt als Auslegungsalternative die Position, wonach die fragliche Rahmenregelung im MTV als Tarifnorm qualifiziert wird – das Bundesarbeitsgericht lässt offen, ob Inhalts- oder Betriebsnorm –, welche die Sperrwirkung des § 77 Abs. 3 Satz 1 BetrVG aufhebt und damit Raum für »originäre« Betriebsvereinbarungen schafft. Es handelt sich hier um eine **tarifliche Zulassungsnorm**, die einen Doppelcharakter als Inhalts- und betriebliche Norm haben kann (hierzu § 1 Rn. 93).

**255** Wegen des relativ **engen Rahmens**, den die Tarifparteien im MTV setzen, hält das Bundesarbeitsgericht einen **Verzicht auf die inhaltliche Gestaltung der Arbeitsverträge** für **zulässig**. Insoweit bietet sich rechtsmethodisch an, den Gedanken des Art. 80 Abs. 1 Satz 2 GG zur Delegationsermächtigung des Gesetzgebers für Verordnungen entsprechend heranzuziehen. Eine derartige Analogie wird im Hinblick auf Grenzen so genannter »dynamischer Verweisungen« diskutiert. Je strukturierter der tarifliche Rahmen, desto mehr ist die durch Betriebsvereinbarung zu schaffende Detailregelung vorhersehbar und desto eindeutiger bleibt die verfassungsrechtlich verortete Verantwortung der Tarifparteien nach Art. 9 Abs. 3 GG gewahrt (hierzu Grundl. Rn. 102 und § 4 Rn. 417 ff.).[636]

**256** Folgt man der höchstrichterlichen Ansicht, § 87 Abs. 1 Nr. 2 u. 3 BetrVG räumten dem Betriebsrat kein Mitbestimmungsrecht im Hinblick auf die Dauer der

---

634 Zu Rechtsfragen der Freischichtmodelle: *Voraufl.*, § 1 Rn. 169 ff.; ausführlich *Däubler/Hensche*, § 1 Rn. 516 ff.

635 BAG 18. 8. 1987 (1 ABR 30/86), AP Nr. 23 zu § 77 BetrVG 1972.

636 *Zachert*, NZA 1988, 185.

Arbeitszeit ein, so stellt sich die zusätzliche Frage, ob der Tarifvertrag die Möglichkeit schaffen kann, dass durch Betriebsvereinbarung die Dauer der Arbeitszeit verändert wird. Das Bundesarbeitsgericht sieht hierin eine betriebsverfassungsrechtliche Tarifnorm und bejaht vor dem Hintergrund von Entstehungsgeschichte, Systematik und vor allem dem Normzweck des Betriebsverfassungsgesetzes einen **Regelungsspielraum der Tarifparteien zur Erweiterung der betrieblichen Mitbestimmung** (hierzu § 1 Rn. 580 ff.). Damit steht zugleich fest, dass die fragliche Norm des Manteltarifvertrages und vergleichbare Regelungen durch die Reichweite der Tarifautonomie nach Art. 9 Abs. 3 GG gedeckt sind.[637]

Für **außertarifliche Angestellte**, deren Arbeitszeit sich nach der betrieblichen Arbeitszeit richtet, gilt die verkürzte Arbeitszeit entsprechend.[638] **257**

Die **Kritik am Bundesarbeitsgericht** hat die bereits im Vorfeld der Entscheidung genannten Argumente noch einmal aufgegriffen und vertieft.[639] Eine Anzahl der diskutierten Fragen erklärt sich daraus, dass die **Neuartigkeit des Tarifkompromisses in der Metallindustrie** zwangsläufig zu Schwierigkeiten der rechtsdogmatischen Einordnung führen musste. Probleme ergeben sich unter anderem insoweit, als die Grenze zwischen so genannten Bestimmungsklauseln, die einen tariflich festgelegten Rahmen konkretisieren, und tariflichen Öffnungsklauseln im Sinne von § 77 Abs. 3 BetrVG, welche den Abschluss von ergänzenden Betriebsvereinbarungen zulassen, angesichts der vielfältigen Varianten der Tarifpraxis nicht mit letzter Trennschärfe definiert werden kann (§ 1 Rn. 619 ff.).[640] Auch wenn die Festlegung eines Rahmens (37 bis 40 Stunden), innerhalb dessen die Arbeitszeit schwanken darf, Anhaltspunkte für eine tarifliche Bestimmungsklausel geben mag, ist dem Bundesarbeitsgericht im Ergebnis zuzustimmen, dass die Tarifparteien eine **Öffnungsklausel im Sinne des § 77 Abs. 3 BetrVG** vereinbart haben. Mit der Verwendung der Begriffe »Betriebsvereinbarung«, welche die konkrete Regelung treffen, und »Einigungsstelle«, die im Konfliktfall entscheiden soll, verweisen die Tarifparteien auf die genuinen betrieblichen Regelungsinstrumente und -instanzen. Diese Formulierungen sprechen im gegebenen Sinnzusammenhang dafür[641], dass die Tarifparteien einen Teil ihrer Regelungsmacht auf die betrieblichen Instanzen übertragen, d.h. im Detail nicht mehr selbst ausüben wollen. Die gegenteilige Auffassung würde – wie das Bundesarbeitsgericht zu Recht betont – zur praktisch unerwünschten Konsequenz führen, dass die konkrete Festlegung der Arbeitszeit nach den Grundsätzen von §§ 315 ff. BGB zu treffen und gegebenenfalls gerichtlich zu überprüfen wäre.[642] Da § 77 Abs. 3 BetrVG nach verbreiteter Meinung nicht nur »ergänzende«, sondern auch »abweichende« Betriebsvereinbarungen zulässt[643], erscheint es bei den Ambivalenzen des spezifischen Tarifvertrages gerechtfertigt, den Parteiwillen in besonderem Maße zu berücksichtigen und insoweit auch eine Tariföffnung anzuerkennen, die eine tarifliche Regelung im vorgegebenen Rahmen »ersetzt«. **258**

637 *Zachert*, NZA 1988, 185.

638 BAG 9.12.1987, AP Nr. 1 zu § 1 TVG Tarifverträge Stahlindustrie.

639 Vor allem *v. Hoyningen-Huene/Meier-Krenz*, ZfA 1988, 293; *Meyer-Krenz*, DB 1988, 2;49; *Richardi*, NZA 1988, 673; *Schüren*, RdA 1988, 142 ff.

640 Zur Typologie mit einigen praktischen Beispielen: *v. Hoyningen-Huene/Meier-Krenz*, ZfA 1988, 295 ff.; *Spilger*, Tarifliches Betriebsverfassungsrecht, 220 ff.

641 Zu den Auslegungsgrundsätzen bei der Abgrenzung von tariflichen Normtypen: BAG 27.4.1988 (7 AZR 593/87), AP Nr. 4 zu § 1 BeschFG 1985.

642 BAG 18.8.1987 (1 ABR 30/86), AP Nr. 23 zu § 77 BetrVG 1972, unter II. 3b der Gründe.

643 Rechtsprechungsnachweise bei *FAKH*, § 77 Rn. 84, mit weiteren Nachweisen.

259 Von diesem Ausgangspunkt beantworten sich zugleich die in der Kritik des Bundesarbeitsgerichtsbeschlusses aufgeworfenen Fragen zum **Außenseiterschutz** und zur **negativen Koalitionsfreiheit**[644]: Auch die nicht/oder anders organisierten Arbeitnehmer werden – den Strukturprinzipien des Betriebsverfassungsgesetzes entsprechend – durch die jeweils abgeschlossenen Betriebsvereinbarungen erfasst, welche dann die genuine Rechtsgrundlage und Legitimation darstellen. In diesem Zusammenhang kann es keinen Unterschied machen, ob die Tarifparteien unmittelbar die Mitbestimmungsrechte der Betriebsparteien erweitern oder ob sie es diesen überlassen, von der Möglichkeit der Mitbestimmungserweiterung Gebrauch zu machen.[645] Der Legitimierungsgrund ist in beiden Fällen gleich (zum Normtyp der Betriebsnormen und betriebsverfassungsrechtlichen Normen und dem Außenseiterschutz im Einzelnen: § 1 Rn. 86ff. und § 3 Rn. 22ff.).

#### b) Arbeitszeitverkürzungen und Festlegung von Höchstarbeitzeiten

260 Zur Frage, ob die Tarifparteien **Höchstarbeitszeiten** festlegen können, die wegen der zahlreichen und zunehmenden Flexibilisierungsmöglichkeiten zu vorübergehenden Arbeitszeitverlängerungen entsprechend der Auftragslage der Unternehmen zwar für die Tarifpraxis keine aktuelle Bedeutung hat (zum Thema der Arbeitszeitflexibilität: § 1 Rn. 340ff.), die jedoch umfassend im Zusammenhang mit dem Thema »Arbeitszeitverkürzung und Beschäftigungssicherung« diskutiert wird[646]: § 4 Rn. 318ff.

#### c) Arbeitzeitverkürzungen und Vertrauensschutz

261 Zum Aspekt der Beachtung **individueller Rechtspositionen**, vor allem im Hinblick auf damit verbundene Entgeltminderungen: § 4 Rn. 324f.

### 5. Arbeitszeitdauer/Lebensarbeitszeit

#### a) Überblick, Probleme und Perspektiven

262 Es gibt eine facettenreiche Praxis der **Lebensarbeitszeitverkürzung** durch Tarifverträge.
So legen zahlreiche Tarifverträge **tarifliche Altersgrenzen** häufig in dem Sinne fest, dass das Arbeitsverhältnis mit dem Erreichen einer bestimmten Altersgrenze automatisch endet.
Ferner wurden bis zum Ende der 80er Jahre in vielen Branchen Tarifverträge abgeschlossen, die vor dem Hintergrund gesetzlich geregelter Zuschüsse nach dem **Vorruhestandsgesetz** ein **vorzeitiges Ausscheiden aus dem Arbeitsleben** ermöglichten.
Nachdem diese Politik der Frühverrentung nicht mehr finanzierbar schien, hat der Gesetzgeber mit dem **Altersteilzeitgesetz (ATG)** im Jahre 1996 und zeitlich nachfolgend in mehreren Novellierungen die Voraussetzungen für »einen glei-

---

644 *V. Hoyningen-Huene/Meier-Krenz*, ZfA 1988, 315f.; *Schüren*, RdA 1988, 142ff.

645 A. A. *v. Hoyningen-Huene/Meier-Krenz*, ZfA 1988, 315f.

646 Die Zulässigkeit zu recht bejahend Wiedemann/*Wiedemann*, § 1 Rn. 328ff.; *Däubler/Hensche*, § 1 Rn. 505ff.; *Stein*, Rn. 439f.; Gegenposition *Löwisch/Rieble*, § 1 Rn. 44-, jeweils mit ausführlichen Nachweisen.

tenden Übergang« in den Ruhestand geschaffen. Inzwischen existieren für die überwiegende Zahl der Branchen entsprechende **Altersteilzeit-Tarifverträge**, die zum Teil durch so genannte **Langzeitarbeitszeitkonten** ergänzt werden.

Die Altersteilzeitregelung durch Tarifvertrag und das dort ganz überwiegend praktizierte »Blockmodell« einer Vollarbeits- mit anschließender Freistellungsphase setzt die **tarifliche Politik der kürzeren Lebensarbeitszeit** fort. Demgegenüber ist die Tarifpolitik einer **kürzeren Arbeitszeit während des Erwerbslebens** (auch) **nach Lebensalter** bislang noch nicht weit entwickelt. Nur in wenigen Bereichen gibt es z.B. kürzere Arbeitszeiten für ältere (und besonders belastete) Beschäftigtengruppen entweder in Form kürzerer Wochenarbeitszeit oder zusätzlicher freier Tage und längeren Urlaubs.[647] **263**

Die **Herausforderungen für eine zukünftige Tarifpolitik** zu diesem Thema erscheinen umso dringender, als die Erkenntnis wächst, wie **wichtig** das **Wissen und die Erfahrung älterer Arbeitnehmer** für eine effiziente Volkswirtschaft ist. So beschloss der Europäische Rat im März 2001 in Stockholm, die Beschäftigungsquote der 55- bis 64-Jährigen in den Ländern der EU auf mindestens 50% anzuheben. Bis Mitte 2005 haben lediglich fünf der fünfzehn alten Mitgliedsstaaten dieses Ziel erreicht. Deutschland ist mit 41,4% im Jahr 2004 hiervon noch weit entfernt.[648]

Außerdem hat der Gesichtspunkt der **alters- und auch geschlechtsspezifischen Diskriminierung** durch **Mindest- und vor allem Höchstaltersgrenzen**, insbesondere nach Inkrafttreten der Richtlinie des Rates zur Festlegung eines allgemeinen Rahmens für die Verwirklichung der Gleichbehandlung in Beschäftigung und Beruf (RL 2000/78/EG) ein größeres Gewicht erhalten.[649] Auch dies erfordert für manche tarifliche Bestimmung einer Altersregelung einen Überarbeitungsbedarf.

Auf andere Aspekte, die im Rahmen eines **umfassenden tarifpolitischen Konzepts** für eine altersgerechte Gestaltung der Arbeits- und Lebensbedingungen berücksichtigt werden müssten[650], unter anderem Einkommensbedingungen und Qualifizierung, wird an anderer Stelle eingegangen. **Tarifvertragliche Altersvorsorge**, § 1 Rn. 113ff.; **Tarifnormen zur Qualifizierung**, § 1 Rn. 532ff. **264**

### b) Tarifliche Altersgrenzen

#### *aa) Ausgangspunkt der Rechtsprechung*

Das Bundesarbeitsgericht wertet tarifliche Altersgrenzen zu Recht als **Beendigungsnormen** (§ 1 Rn. 69). Während zunächst offen war, ob es sich um auflösende Bedingungen[651] oder um Befristungen handelt, hat sich die Rechtsprechung nun für die letzter Alternative, **Befristung,** entschieden.[652] Dem ist ebenfalls zuzustimmen.[653] **265**

---

647 *Bispinck/WSI-Tarifarchiv,* Elemente qualitativer Tarifpolitik, Nr. 49, 9/2002, 16.

648 *Bosch/Schief,* WSI Mitt 2005, 32ff.; rechtspolitisch und rechtlich deutliche Kritik mehrfach von *Simitis,* z.B. KritV 2004, 235ff.

649 Aus der umfassenden Debatte nur *Schlachter,* FS Blomeyer, 2003, 355; *Simitis,* KritV 2004, 235ff.; *M. Schmidt,* KritV 2004, 244.

650 *Bispinck/WSI-Tarifarchiv,* Elemente qualitativer Tarifpolitik Nr. 59, 9/2005, XVII.

651 So BAG 20.12.1984 (2 AZR 3/84), AP Nr. 9 zu § 620 BGB Bedingung.

652 Z.B. BAG 25.2.1998 (7 AZR 641/96), AP Nr. 11 zu § 1 TVG Tarifverträge: Luftfahrt; BAG 27.11.2002 (7 AZR 655/01), AP Nr. 22 zu § 620 BGB Altersgrenze.

653 Offen *gelassen* von Wiedemann/*Wiedemann,* § 1 Rn. 517 und *Däubler/Hensche,* § 1 Rn. 607; für Befristung *Löwisch/Rieble,* § 1 Rn. 607.

Im Ergebnis hat die Rechtsprechung bereits früh die Grundsätze angewandt, die bis heute gelten: Zur Rechtfertigung tariflicher Altersgrenzen bedarf es das Vorliegen eines **sachlichen Grundes**. Die Interessen des Arbeitnehmers mit seinem Wunsch auf Fortsetzung des Arbeitsverhältnisses über die übliche Altersgrenze hinaus sind legitim, denn dieses sichert seine berufliche Existenzgrundlage und bietet ihm die Möglichkeit der beruflichen Selbstverwirklichung. Jedoch erfolgt die die Fortführung der beruflichen Tätigkeit aller Voraussicht nach nur noch für eine begrenzte Zeit. Demgegenüber steht grundsätzlich das Interesse des Arbeitgebers an einer berechenbaren Personal- und Nachwuchsplanung.[654]
Die Anforderungen an den sachlichen Grund hat die Rechtsprechung recht großzügig ausgelegt. So hat das Bundesarbeitsgericht nicht nur bereits früh entscheiden, flexible Altersgrenzen, d.h. ein Ausscheiden mit 55 Lebensjahren mit Verlängerungsmöglichkeiten (um insgesamt vier Jahre), seien **wegen besonderer Belastungen** für das Bordpersonal im Flugbetrieb zulässig.[655] Vielmehr nahm es das Gleiche grundsätzlich bei allgemeinen tariflichen **Altersgrenzen von 65 Jahren** an.[656] Ein Verstoß gegen Grundrechte, namentlich das der Berufsfreiheit nach Art. 12 GG, liege nicht vor.[657] Der Verhältnismäßigkeitsgrundsatz sei gewahrt, wenn der Arbeitnehmer bei Ausscheiden ein gesetzliches Altersruhegeld beanspruchen könne, eine betriebliche Altersversorgung sei demgegenüber nicht erforderlich.[658]

**266** An diesen Abwägungskriterien hält die höchstrichterliche Rechtsprechung bis heute im Kern fest. Gewisse **Akzentverschiebungen** ergeben sich jedoch durch Änderungen des Rechts der Rentenversicherung, der gesetzlichen Grundlagen zur Befristung (§§ 22 Abs. 1, 14 TzBfG), durch neuere Bewertungen bei der Grundrechtsbindung der Tarifparteien sowie durch ein stärkeres Gewicht des Diskriminierungsschutzes, unter anderem in der Folge von Initiativen auf europäischer Ebene.

### *bb) Änderungen des Rechts der Rentenversicherung und Rechtsprechungsentwicklung*

**267** Tarifliche Altersgrenzen wurden Anfang der 90er Jahre zunehmend rechtlich in Frage gestellt, was mit dem **Rentenreformgesetz im Jahre 1992** zusammenhing. Der einschlägige **§ 41 Abs. 4 SGB VI** war bereits unscharf formuliert, wurde dann jedoch so gefasst, dass nunmehr die Zweifel wuchsen, ob die Tarifparteien die ihnen bislang von der Rechtsprechung eingeräumten Spielräume überhaupt noch würden wahrnehmen können. Nach Satz 3 der novellierten Bestimmung war »eine Vereinbarung«, wonach ein Arbeitsverhältnis zu einem Zeitpunkt enden soll, in dem der Arbeitnehmer Anspruch auf eine Rente wegen Alters hat, nur wirksam, wenn die Vereinbarung innerhalb der letzten drei Jahre geschlossen oder von dem Arbeitnehmer bestätigt worden ist.

---

654 Z.B. BAG 20.11.1987 (2 AZR 284/86), AP Nr. 2 zu § 620 BGB Altersgrenze; BAG 19.11.2003 (7 AZR 296/03), NZA 2004, 1336.

655 BAG 20.12.1984 (2 AZR 3/84), AP Nr. 9 zu § 620 BGB Bedingung.

656 BAG 20.11.1987 (2 AZR 284/86), AP Nr. 2 zu § 620 BGB Altersgrenzen.

657 Kritisch *Schlüter/Belling*, NZA 1988, 1297.

658 BAG 18.7.1978, AP Nr. 9 zu § 99 BetrVG 1972; BAG 20.11.1987 (2 AZR 284/86), AP Nr. 2 zu § 620 BGB Altersgrenze; kritisch z.B. *Hanau*, RdA 1976, 26; *Stahlhacke*, DB 1989, 2330; zur Entwicklung der Rechtsprechung ausführlich Wiedemann/*Wiedemann*, § 1 Rn. 518ff.

Umstritten war vor allem, ob der in dieser Bestimmung verwendete Begriff »Vereinbarung« lediglich einzelvertragliche Abreden erfasste und damit tarifrechtliche Altersgrenzen zuließt oder ob sich diese Formulierung auch auf Tarifverträge und Betriebsvereinbarungen erstreckte mit der Folge, dass die meisten einschlägigen tariflichen Regelungen damit unwirksam geworden wären. Überwiegend wurde eine Einbeziehung von Kollektivvereinbarungen in den Anwendungsbereich des § 41 Abs. 4 Satz 3 SGB VI abgelehnt vor allem, weil die einschlägige Norm trotz mehrdeutigen Wortlauts individualrechtlich konzipiert sei.[659]

In einer **Grundsatzentscheidung aus dem Jahre 1993** erkennt das **Bundesarbeitsgericht** an, dass sich der Wortlaut der einschlägigen Bestimmung zwar nur auf individuelle Vereinbarungen bezieht, folgert aber aus dem Normzweck auch die **Geltung für kollektivvertragliche Altersgrenzen**. Diesen Zweck sieht das Bundesarbeitsgericht im Anschluss an die Gesetzesmaterialien zum einen darin, durch Flexibilisierung und Verlängerung der Lebensarbeitszeit das zahlenmäßige Verhältnis zwischen Beitragszahlern und Rentnern zu verbessern. Zum anderen solle die Entscheidungsfreiheit der Arbeitnehmer über den Zeitpunkt ihres Ausscheidens aus dem Arbeitsleben gesichert werden. Nach Auffassung des Gerichts widerspreche es beiden Zielsetzungen, wenn durch die Zulassung tariflicher Altersgrenzen der Spielraum für Flexibilisierung und individuelle Entscheidungsfreiheit von vornherein maßgeblich verengt werde. Zur verfassungsrechtlichen Dimension vertritt das Bundesarbeitsgericht die Auffassung, ein Eingriff in den Kernbereich der Koalitionsfreiheit des Art. 9 Abs. 3 GG liege nicht vor, da der Gesetzgeber bei der Finanzierbarkeit der Renten über einen weiten Handlungsspielraum verfüge. Außerdem werde die Rechtsstellung der betreffenden Arbeitnehmer auch gegenüber den Tarifparteien gestärkt, was unter Berücksichtigung der Wertentscheidung des Art. 12 GG nicht zu beanstanden sei.[660] 268

Diese **Rechtsprechung** ist zu Recht auf **Widerspruch** gestoßen.[661] Neben methodischer Kritik wird dem Bundesarbeitsgericht vor allem eine unzutreffende Abwägung im Rahmen des Art. 12 GG vorgeworfen. Eine Weiterbeschäftigung über das 65. Lebensjahr hinaus könne jedenfalls dann nicht gefordert werden, wenn gleichzeitig ein Bezug der Altersrente beabsichtigt sei oder bereits vorgenommen wurde.

Der Gesetzgeber hat mit dem »Gesetz zur Änderung des Sechsten Buches Sozialgesetzbuch« vom 1. August 1994 den bis Ende 1991 bestehenden Rechtszustand wiederhergestellt.[662] Seitdem sind **tarifvertragliche Altersgrenzen** im Rahmen der den Tarifvertragsparteien eingeräumten Regelungsmacht **wieder zulässig**. Zuvor abgeschlossene tarifvertragliche Vereinbarungen blieben wirksam, da § 41 Abs. 4 Satz 3 SGB VI lediglich die schwebende Unwirksamkeit und 269

659 So *Federlin*, FS Gnade, 452; *Gitter/Boerner*, RdA 1990, 163; *Henssler*, DB 1993, 1671; *Laux*, NZA 1991, 968; *Moll*, DB 1992, 476; *Waltermann*, RdA 1993, 209; a.A. z.B.; *Leinemann*, DB 1990, 737; *Steinmeyer*, RdA 1992, 10.

660 BAG 20.10.1993 (7 AZR 135/75), AP Nr. 3 zu § 41 SGB VI bestätigt durch BAG 1.12.1993 (7 AZR 428/93), AP Nr. 4 zu § 41 SGB VI.

661 Zusammenfassend *Hanau*, DB 1994, 124, mit weiteren Nachweisen.

662 Abgedruckt in DB 1994, 1521; die Rechtsfolge ergibt sich eindeutig aus den Gesetzesmaterialien. Die bis heute geltende Formulierung ist allerdings nach wie vor unklar: *Löwisch/Rieble*, § 1 Rn. 623, die Bedenken im Hinblick auf das Klarheitsgebot bei Ausnahmeregelungen für die Festlegung von Altersgrenzen in der RL 2000/78/EG haben.

nicht die Nichtigkeit der getroffenen Regelungen anordnete.[663] Die gesetzliche Übergangsregelung für die Fälle, in denen Arbeitnehmer infolge der Entscheidung des Bundesarbeitsgerichts vom 20. Oktober 1993 über das 65. Lebensjahr hinaus beschäftigt worden sind, wurde vom Bundesverfassungsgericht mit der Maßgabe anerkannt, dass die Übergangsfrist vom 30. November 1994 bis zum 31. März 1995 verlängert wird.[664]

### *cc) Der aktuelle Stand der Rechtsprechung und Diskussion*

**270** Bereits nachdem der Gesetzgeber die Möglichkeiten der Tarifparteien zur Festlegung von Altersgrenzen wieder eröffnete hatte, wurde die Frage, wie weit der **verfassungsrechtliche Spielraum der Tarifparteien** zur Regelung dieses Themas reicht, erneut aufgeworfen. Denn unabhängig von dem rechtstechnischen Aspekt, wie die einschlägige Gesetzesnorm zu formulieren ist, um Initiativen der Tarifparteien zur Vereinbarung tariflicher Altersgrenzen zu ermöglichen, geht es um das grundsätzliche Problem, unter welchen verfassungsrechtlichen Voraussetzungen tarifliche Altersgrenzen überhaupt wirksam sind. Bei der wechselseitigen Zuordnung der »konkurrierenden Grundrechtspositionen« der Tarifautonomie des Art. 9 Abs. 3 GG einerseits und der Berufsfreiheit nach Art. 12 GG oder dem Diskriminierungsverbot des Art 3 GG andererseits, wurde den individuellen Wahlmöglichkeiten der betroffenen Arbeitnehmer tendenziell ein größeres Gewicht eingeräumt als in den vorangegangenen Debatten.[665]

**271** In jüngerer Zeit hat vor allem der **7. Senat des Bundesarbeitsgerichts** wichtige Akzente zur verfassungsrechtlichen Dimension einer Vereinbarung von Altersgrenzen durch die Tarifparteien gesetzt. Ausgangspunkt ist die **privatautonome Legitimation der Tarifautonomie** durch freiwilligen Beitritt der Mitglieder in den jeweiligen Verband. Grundsätzlich gehe der Regelungsspielraum der Tarifparteien deshalb weit, denn die privatautonome Legitimation mache deutlich, dass die Tarifautonomie keine Freiheitsbeschränkung, sondern Ausübung von Freiheitsrechten sei. Allerdings folge aus der **Schutzpflichtfunktion der Grundrechte**, dass dort, wo es um den **Bestandsschutz und die Beendigung von Arbeitsverhältnisseen** gehe, die Grundrechtsadressaten vor einer unverhältnismäßigen Beschränkung ihrer Grundrechte (auch) durch privatautonome Regelungen bewahrt werden müssten. Hinsichtlich des Bestands von Arbeitsverhältnissen ergebe sich die Schutzpflicht der staatlichen Grundrechtsadressaten und damit auch der Gerichte aus Art. 12 Abs. 1 GG. Der Gesetzgeber habe dem durch die zwingenden Kündigungsvorschriften Rechnung getragen. Bei der Befristung von Arbeitsverträgen übernehme nach Inkrafttreten des TzBfG vor allem § 22 Abs. 1 in Verbindung mit § 14 Abs. 1 TzBfG die Funktion des Bestandsschutzes. Die verfassungsrechtliche Schutzpflicht rechtfertige und gebiete es, tarifvertraglich normierte Befristungen und auflösende Bedingungen einer gerichtlichen Kontrolle zu unterwerfen. Zwar stehe den **Tarifparteien eine Einschätzungsprärogative** hinsichtlich der tatsächlichen Gegebenheiten und der betroffenen Interessen zu. Jedoch ändere dies nichts daran, dass tarifliche Normen über Alters-

---

663 *Baeck/Diller*, NZA 1995, 360; *Bauer*, Anm. zu BVerfG 14.3.1995, BB 1995, 1295; a.A. *Boecken*, NZA 1995, 145.

664 BVerfG 8.11.1994, E 91, 252, 258.

665 Mehrfach vor allem *Simitis*, RdA 1994, 257; *ders.*, NJW 1994, 1453; *ders.*, FS Summers, 177; ferner in der Tendenz *U. Preis*, FS Stahlhacke, 417.

grenzen eines sie **rechtfertigenden Sachgrundes** bedürften. Die – nunmehr beispielhaft in § 14 Abs. 1 TzBfG normierten – von der Rechtsprechung entwickelten Grundsätze der Befristungskontrolle am Kriterium des sachlichen Grundes seien, wie § 22 Abs. 1 TzBfG zeige, nicht tarifdispositiv.[666]

Das **Bundesverfassungsgericht** hat diese Rechtsprechung im Ergebnis bestätigt, ohne zur Kontroverse um die Legitimation der Tarifautonomie explizit Stellung zu nehmen.[667]

In der **praktischen Umsetzung** führt dies zu einer **Kasuistik**, die eine Zulässigkeit der durch die Tarifparteien gesetzten Altersgrenzen nach **Kriterien** beurteilt, die auf den jeweiligen **Einzelfall bezogen** sind.[668] **272**

Übereinstimmung besteht weitgehend darüber, dass tarifliche Altersgrenzen, dann zulässig sind, wenn eine weitere Ausübung der Berufstätigkeit **Gefahren für andere Beschäftigte oder Dritte** hervorrufen würde. Beispielhaft hierfür stehen die tariflichen Altersgrenzen für Piloten[669] oder auch für das Cockpitpersonal (Flugingenieur)[670] von 60 Jahren.

Unzulässig ist demgegenüber eine vorgezogene verbindliche Altersgrenze wegen **verminderter Leistungsfähigkeit**, die nicht für spezifische **Risiko behaftete Tätigkeiten** typischerweise auftritt[671] oder aus Gründen eines »**jungen Erscheinungsbilds**« etwa bei Servicetätigkeiten mit Kundenkontakten. Deshalb wurde der Klage einer Flugbegleiterin gegen eine tarifliche Altersgrenze von 55 Jahren für das Bordpersonal einer Fluggesellschaft wegen fehlenden Sachgrundes zu Recht stattgegeben.[672]

Ob eine **automatische Altersbegrenzung**, etwa auf 60 Jahre, mit der bloßen Begründung gerechtfertigt werden kann, die **finanzielle Sicherung** des betroffenen Arbeitnehmers **durch Rente** sei gewährleistet[673], erscheint ebenfalls zweifelhaft. Hier sind zunächst **beschäftigungspolitische Alternativen** und **abgestufte (flexible) Übergänge mit Verlängerungsmöglichkeiten** in Betracht zu ziehen.[674] So hat die Rechtsprechung zutreffend bei einem Rentenbezug wegen Erwerbsminderung[675] oder Berufsunfähigkeit[676] die gesundheitlichen Risiken des betroffenen Arbeitnehmers gegen die eventuelle Möglichkeit abgewogen, auf einem anderen Arbeitsplatz weiterbeschäftigt zu werden, der seinem Leistungsvermögen zu-

---

666 Z.B. BAG 25.2.1998 (7 AZR 641/96), AP Nr. 11 zu § 1 TVG Tarifverträge: Luftfahrt; BAG 11.3.1998 (7 AZR 700/96), AP Nr. 12 zu § 1 TVG Tarifverträge: Luftfahrt; BAG 31.7.2002 (7 AZR 140/01), AP Nr. 14 zu § 1 TVG Tarifverträge: Luftfahrt; Überblick zur Rechtsprechung der verschiedenen Senate ErfK/*Dieterich*, Einl. GG Rn. 21; zur Entwicklung der Diskussion, auch auf dem 62. DJT, z.B. *Bieback*, AuR 1999, 45f.

667 BVerfG 25.11.2004 (1 BvR 2459/04), BB 2005, 1231.

668 Grundsätzlich in diesem Sinne ErfK/*Dieterich*, Einl. GG Rn. 56 und Art. 12 GG Rn. 41 ff.

669 Z.B. BAG 20.2.2002 (7 AZR 748/00), AP Nr. 18 zu 620 BGB Altersgrenze; BAG 21.7.2004 (7 AZR 589/03), ZTR 2005, 255; diese Rechtsprechung ist bestätigt durch BVerfG 25.11.2004 (1 BvR 2459/04), BB 2005, 1231; ebenso die Lehrmeinung, z.B. *Löwisch/Rieble*, § 1 Rn. 617; *Däubler/Hensche*, § 1 Rn. 609; *Stein*, Rn. 491.

670 BAG 25.2.1998 (7 AZR 641/96), AP Nr. 11 zu § 1 TVG Tarifverträge: Luftfahrt.

671 Zutreffend *Löwisch/Rieble*, § 1 Rn. 618; in diesem Sinne bereits deutlich *Waltermann*, NJW 1998, 2491.

672 BAG 27.11.2003 (7 AZR 414/01, AP Nr. 14 zu § 1 Tarifverträge: Luftfahrt.

673 A.A. die Rechtsprechung z.B. BAG 20.11.1987 (2 AZR 284/86), AP Nr. 2 zu § 620 BGB Altersgrenze und bei 63. Jahren BAG 19.11.2003 (7 AZR 296/03), NZA 2004, 1336; wie hier Wiedemann/*Wiedemann*, § 1 Rn. 530, mit Nachweisen der Literatur; *Stein*, Rn. 491.

674 *Löwisch/Rieble*, § 1 Rn. 618; *Gitter/Boerner*, RdA 1990, 131, weisen zu Beginn der 90er Jahre darauf hin, dass ca. die Hälfte der einschlägigen Tarifregelungen eine arbeitsvertragliche Verlängerung zulässt; auch *Stein*, Rn. 491.

675 BAG 9.8.200 (7 AZR 214/99), DB 2000, 2480.

676 BAG 31.7.2002 (7 AZR 118/01), DB 2003, 561.

mutbar ist. Diesem Gesichtspunkt, Prüfung anderer zumutbarer Beschäftigungsmöglichkeiten, wird im Rahmen des Prüfungsmaßstabs von tariflichen Altersgrenzen eine allgemeine Bedeutung zuzumessen sein.[677] Was den flexible Übergang betrifft, so hat die Rechtsprechung Verlängerungsoptionen ebenfalls eine wesentliche Bedeutung eingeräumt[678], in einem anderen Fall wurde eine längere Auslauffrist verlangt.[679]
Aus diesen Überlegungen erscheinen auch automatische, starre Lebensaltersgrenzen verfassungsrechtlich bedenklich, die mit der Begründung einer »**ausgewogenen Altersstruktur**«, »**sachgerechter Personalplanung**« oder »**Verbesserung der Aufstiegschancen jüngerer Menschen**« gerechtfertigt werden.[680]
Der **ausgeprägte personale Bezug,** der mit der beruflichen Tätigkeit verbunden ist und die mit dem Arbeitsplatzverlust zusammenhängenden Probleme eines Verlustes der der Selbstverwirklichungsaussichten in der Arbeit[681] rechtfertigen einen strengen Prüfungsmaßstab im Rahmen der Abwägung von Art. 12 GG.[682] Deshalb wird die Möglichkeit eines »optionalen Übergangs« nach der individuellen Leistungsfähigkeit des betroffenen Arbeitnehmers mit durchsetzbaren Ansprüchen auf Verlängerung nicht nur tarifpolitisch vorzuziehen sein. Vielmehr kommt dem Aspekt, ob flexible Übergänge (Verlängerungsmöglichkeiten) im Tarifvertrag vorgesehen sind, auch bei der verfassungsrechtlichen Abwägung der rechtlichen Zulässigkeit von tariflichen Altersgrenzen eine wesentliche Bedeutung zu.[683]

**273** Dieses Ergebnis wird durch die neuere Entwicklung zum Antidiskriminierungsrecht bekräftigt. Das allgemeine Gleichbehandlungsgebot des Art. 3 Abs. 1 GG wird durch die europäische Richtlinie RL 2000/78/EG »Zur Festlegung eines allgemeinen Rahmens für die Verwirklichung der Gleichbehandlung in Beschäftigung und Beruf« vom 27. November 2000 konkretisiert. Art. 1 und 2 der Richtlinie verbietet unter anderem jede unmittelbare oder mittelbare Diskriminierung wegen des Alters. Sie ist bis spätestens bis zum 2. Dezember 2006 in nationales Recht umzusetzen. Zwar enthält sie nach Art. 6 weitgehende Ausnahmen vom Diskriminierungsverbot, unter anderem zur Verwirklichung rechtmäßiger Ziele aus den Bereichen Beschäftigungspolitik, Arbeitsmarkt und berufliche Bildung. Jedoch müssen diese »objektiv und angemessen« sein. Diese doppelte Einschränkung »rechtmäßige Zielverfolgung« und strenge Verhältnismäßigkeitsprüfung der Mittel sprechen dafür, dass tarifliche Altersgrenzen auch nach dieser Richtlinie am oben dargelegten strengen Prüfungsmaßstab zu bewerten sind.[684]

---

677 Vgl. BAG 25.8.1999 (7 AZR 75/98), AP Nr. 24 zu § 620 BGB Bedingung.

678 BAG 11.3.1998 (7 AZR 700/96), AP Nr. 12 Tarifverträge: Luftfahrt; vgl. auch BAG 27.11.2002 (7 AZR 655/01), AP Nr. 22 zu § 620 BGB Altersgrenze, das zu Recht die individuellen Unterschiede der Leistungsminderung beim Altern hervorhebt.

679 Vgl. BAG 25.8.1999 (7 AZR 75/98), AP Nr. 24 zu § 620 BGB Bedingung.

680 Befürwortend allerdings mit Einschränkungen *Löwisch/Rieble*, § 1 Rn. 621; auch Wiedemann/*Wiedemann*, § 1 Rn. 531; offener auch *Gamillscheg*, Kollektives Arbeitsrecht I, § 16, I 3 b, 679; wie hier *Däubler/Hensche*, § 1 Rn. 609; bereits *Waltermann*, NJW 1998, 2491; die Kontroverse wird auch vor dem Hintergrund der Auswirkung der RL 2000/78/EG geführt: grundsätzlich befürwortend Wiedemann/*Thüsing*, NZA 2002, 1238 f.; a. A. *M. Schmidt/Senne*, RdA 2002, 85; *Schlachter*, FS Blomeyer, 371 ff.

681 BAG 11.3.1998 (7 AZR 700/96), AP Nr. 12 zu § 1 TVG Tarifverträge: Luftfahrt.

682 Es geht hier nicht um ins Detail gehende Verhältnismäßigkeitsabwägungen, die Rechtsprechung ist hier teilweise methodisch nicht ganz klar, vgl. *Däubler/Hensche*, § 1 Rn. 609, mit Nachweisen.

683 Vgl. *Löwisch/Rieble*, § 1 Rn. 618.

684 *Schlachter*, FS Blomeyer, 366 ff.; *M. Schmidt/Senne*, RdA 2002, 80 ff., jeweils auch zu Aspekten der Umsetzung der Richtlinie; *Däubler/Hensche*, § 1 Rn. 610; offener aber ebenfalls mit Einschränkungen *Löwisch/Rieble*, § 1 Rn. 624; Wiedemann/*Thüsing*, NZA 2002, 1234 ff.

274 Zu Fragen der **geschlechtsspezifischen Diskriminierung** durch tarifliche Altersregelungen und -grenzen am Maßstab von Art. 3 Abs. 2 GG und europäischem Recht: Grundl. Rn. 235ff.

### *dd) Tarifliche Altersgrenzen und Günstigkeitsprinzip*

275 Die einzelvertragliche Vereinbarung einer höheren Altersgrenze hat nach dem **Günstigkeitsprinzip** des § 4 Abs. 3 TVG gegenüber tariflichen Altersbegrenzungen Vorrang[685] (im Einzelnen § 4 Rn. 326 und Rn. 332).

## c) Tarifvertraglicher Vorruhestand

276 Das **Vorruhestandsgesetz** vom 13. April 1984, das 1988 nicht verlängert wurde, ermöglichte es, in zahlreichen Branchen Tarifverträge abzuschließen, die einen vorgezogenen Ausstieg aus dem Arbeitsleben ermöglichten.
Kernpunkt des Vorruhestandsgesetzes war die Zahlung eines **Zuschusses der Bundesanstalt für Arbeit an Arbeitgeber**, die an einen einvernehmlich ausgeschiedenen, über 58 Jahre alten Arbeitnehmer ein Vorruhestandsgeld zahlen. Der Zuschuss belief sich auf höchstens 35% eines Vorruhestandsgeldes, das 65% des letzten Bruttoverdienstes (bis zur Höhe der Beitragsbemessungsgrenze in der Arbeitslosenversicherung) ausmachte. Voraussetzung war die Wiederbesetzung des frei werdenden Arbeitsplatzes mit einem anderen Arbeitnehmer bzw. in Kleinbetrieben mit einem Auszubildenden. Der Zuschuss wurde nur gezahlt, wenn die Entscheidung des Arbeitgebers über die Zahlung des Vorruhestandsgeldes frei blieb, soweit die Zahl der Empfänger von Vorruhestandsgeld mehr als 5% der Belegschaft betrug oder wenn nach § 8 eine gemeinsame Einrichtung der Tarifvertragsparteien (§ 4 Abs. 2 TVG) das Vorruhestandsgeld erbrachte.
**Tarifverträge** haben das **Vorruhestandsgeld** zumeist auf 75% des letzten Bruttoverdienstes **erhöht**. Sie sahen zum Teil vor, dass individuelle Vorruhestandstarifverträge mit 58jährigen Arbeitnehmern nur bis zur Grenze von 2% (Textil) oder 5% (Chemie) der Gesamtbelegschaften abgeschlossen werden konnten (**Quotierung**). Bis Ende 1985 wurden ca. 370 Vorruhestandstarifverträge, davon etwa 50% Firmentarifverträge, für etwa 275000 ältere Arbeitnehmer abgeschlossen. Bis August 1986 traten etwa 60000 Arbeitnehmer in den Vorruhestand, 42000 Arbeitsplätze wurden wieder besetzt.[686]

277 Aus der **Rechtsprechung** zu den Vorruhestandstarifverträgen haben nur noch die Entscheidungen über die **Quotierung** einen aktuellen Aussagewert.[687] Das Bundesarbeitsgericht billigt dem Arbeitgeber aus Gründen des Schutzes der **negativen Koalitionsfreiheit** zu, auch nicht tarifgebundene Arbeitnehmer (Unorganisierte) für den Vorruhestand auszuwählen.[688] Dem ist zu widersprechen. Da das vorzeitige Ausscheiden auch aus Sicht des Bundesarbeitsgerichts zu Recht eine **Beendigungsnorm** und keine Betriebsnorm darstellt (§ 1 Rn. 69), gehören nur die Gewerkschaftsmitglieder zum Kreis der begünstigten Vorruhestandsberechtigten. Im Unterschied zur Auffassung des Gerichts liegt jedoch in-

---

685 BAG GS 7.11.1989 (GS 3/85), AP Nr. 46 zu § 77 BetrVG 1972 für die Altersgrenze einer Betriebsvereinbarung.

686 BT-Drucks. 10/6441, 33f.; Überblick auch über die Situation im Ausland RdA 1986, 321; ferner RdA 1988, 38; WSI-Tarifarchiv, Elemente qualitativer Tarifpolitik Nr. 7, 1986; *Naegele*, WSI-Mitt. 1987, 752.

687 Zu anderen Themen, siehe die *Vorauf l.*, § 1 Rn. 173.

688 BAG 21.1.1987 (4 AZR 486/86 und 547/86), AP Nr. 46 und 47 zu Art. 9 GG.

soweit kein Verstoß gegen die negative Koalitionsfreiheit aus Gründen der »finanziellen Belastungsgrenze« des Arbeitgebers vor.[689] Der Hinweis auf die Rechtsprechung zu Differenzierungsklauseln passt nicht, da das Kriterium der »finanziellen Belastung« bei jedem Tarifabschluss eine Rolle spielt. Damit wird eine entsprechende arbeitsvertragliche Vereinbarung mit nicht- oder anders organisierten Arbeitnehmern immer erschwert, woraus sodann in der Logik der Argumentation der Rechtsprechung ein Verstoß gegen die negative Koalitionsfreiheit abzuleiten wäre (im Einzelnen § 3 Rn. 5).
Die Frage der Auslegung der tariflichen **Quotierungsregeln** wird aktuell wieder bei den **Tarifverträgen über Altersteilzeit** relevant (hierzu folgend § 1 Rn. 281)

### d) Tarifverträge über Altersteilzeit und Langzeitarbeitskonten

#### *aa) Gesetzliche Grundlage*

**278** An die Stelle des nicht mehr finanzierbaren Vorruhestandes und seiner Nachfolgeregelung, den Zuzahlungen zum Arbeitslosengeld durch die Bundesanstalt für Arbeit für Arbeitnehmer, die nach der damaligen Regelung des § 128 AFG mit 58 Jahren in Rente gingen, trat das Gesetz zur Förderung eines gleitenden Übergangs in den Ruhestand vom 1. August 1996 in Kraft. Die Altersgrenze für eine Rente wegen Arbeitslosigkeit wurde stufenweise auf 65 Jahre angehoben, was zu einer Erhöhung der Rentenabschläge bei vorzeitigem Ausscheiden aus dem Arbeitsleben führte, und damit die Praxis der so genannten »**58er-Regelung**« unattraktiv machte. Zudem wurde das **Altersteilzeitgesetz** novelliert. Allgemein sieht das Gesetz unter näher definierten Voraussetzungen staatliche Flankierungsmaßnahmen von Arbeitnehmern ab dem vollendeten 55. Lebensjahr vor, deren Arbeitszeit durch **tarifliche Vereinbarungen** über eine Altersteilzeit für deren Dauer um die Hälfte verringert wird. Bei fehlendem Tarifvertrag sind Abschlüsse durch Betriebsvereinbarung oder durch Einzelarbeitsvertrag möglich. Ziel des Gesetzes ist es, den älteren Arbeitnehmern einen **gleitenden Übergang** vom Erwerbsleben in die Altersrente zu gewährleisten (§ 1 ATG). Es hat eine Auslauffrist bis Ende 2009.[690]
Nach der Grundkonzeption des ATG vereinbart der mindestens 55 Jahre alte Arbeitnehmer freiwillig mit dem Arbeitgeber die Arbeitszeitreduzierung auf 50 % der regelmäßigen tariflichen Wochenarbeitszeit. Der Arbeitgeber leistet zusätzlich zum Entgelt einen Aufstockungsbetrag, so dass der Arbeitnehmer mindestens 70 % des Nettoarbeitsentgelts und 90 % der Rentenversicherungsbeiträge erhält. Dieser Betrag wird dem Arbeitgeber von der Bundesagentur für Arbeit erstattet, wenn er das freigewordene Arbeitsvolumen durch Einstellung Arbeitsloser oder Übernahme von Auszubildenden kompensiert. Die Freistellung kann innerhalb des Ausgleichzeitraums von maximal sechs Jahren auch so erfolgen, dass der Arbeitnehmer in der ersten Hälfte des Verteilungszeitraumes voll weiterarbeitet und der zweiten dann völlig freigestellt wird. Dieses so genannte »**Blockmodell**« wird in der **Praxis** zu etwa 80 % gewählt. Im Ergebnis handelt es

---

689 Vgl. auch *Däubler/Hensche*, § 1 Rn. 613; wie das BAG dagegen Wiedemann/*Wiedemann*, § 1 Rn. 337; *Löwisch/Rieble*, § 1 Rn. 628, allerdings mit anderen Akzenten in der Begründung.

690 Europarechtliche Bedenken gegen das »Blockmodell« wegen der Allgemeinen Gleichbehandlungsrichtlinie RL 200/78/EG bei *Löwisch/Rieble*, § 1 Rn. 630; der dort angelegte Maßstab erscheint bei aller Berechtigung rechtspolitischer Kritik zu streng, so im Ergebnis auch Wiedemann/*Thüsing*, NZA 2002, 1241.

sich deshalb bei der Altersteilzeit ganz überwiegend nicht um gleitende Übergänge in die Altersrente, sondern um eine **vorverlegte Ruhestandgrenze**.[691] § 3 Abs. 1 Nr. 3 ATG sieht eine »**Klausel zum Überforderungsschutz**« vor. Die Zuschüsse werden nicht gezahlt, wenn sich der Arbeitgeber über die Quote von 5% zum Abschluss von Altersteilzeitvereinbarungen rechtlich verpflichtet hat. Damit sind den Tarifparteien im Hinblick auf die Zahl der Begünstigten strikte und bindende Vorgaben durch den Gesetzgeber gesetzt.[692]
Das **ATG**[693] wurde im Laufe der Jahre mehrfach angepasst und **weiterentwickelt**[694], zuletzt mit dem »Dritten Gesetz über moderne Dienstleistungen am Arbeitsmarkt« vom Dezember 2003 mit Wirkung ab dem 1. Juli 2004.[695] Die letzte Novellierung erhielt neben wichtigen Verfahrensvereinfachungen, vor allem zur Berechnung der Aufstockungsleistungen durch den Arbeitgeber und der Festlegung der Altersteilzeit für nicht tarifgebundene Arbeitnehmer, Regelungen zu einer **Insolvenzsicherung** (§ 8a ATG).

### *bb) Tarifverträge*

Die **Tarifverträge** sehen vor allem eine **Erhöhung des** unzureichenden **Aufstockungsbetrages** vor und ermöglichen so zumeist ein Nettoverdienstniveau von 85% und mehr sowie teilweise einen Ausgleich des Rentenniveaus von 90% auf die volle Rentenhöhe. Sie geben den Betroffenen **häufig** einen **Rechtsanspruch** auf Abschluss der Altersteilzeitvereinbarung, der allerdings teilweise durch bestimmte (jahrgangsbezogene) Quoten begrenzt wird. Zum Teil kann der Arbeitgeber betriebliche Interessen gegen eine Durchsetzung des Altersteilzeitanspruches geltend machen. **279**

Ende 2003 gab es etwa 850 Altersteilzeittarifverträge für Tarifbereiche mit mehr als 16 Mio. Beschäftigten. Mitte 2005 förderte die Bundesagentur für Arbeit über 75 000 Altersteilzeiten.[696] **280**

### *cc) Rechtsprobleme: Rechtsprechung*

Zur besonders wichtigen Frage der Auslegung des gesetzlich festgelegten **Überforderungsschutzes** (§ 3 Abs. 1 Nr. 3 ATG) hatte sich das Bundesarbeitsgericht bereits in seiner Rechtsprechung zum Vorruhestand festgelegt. Seiner Auffassung nach sind bei der Ermittlung der betrieblichen **Quote** auch solche Altersteilzeitbeschäftigten mitzuzählen, die nicht unter den Tarifvertrag fallen[697] (zur Kritik § 1 Rn. 277 und § 3 Rn. 7). In einer neueren Entscheidung hebt das Gericht nicht mehr (vorrangig) auf den Aspekt einer Verletzung der negativen Koalitionsfreiheit ab, der hier auch nicht einschlägig ist, sondern schließt das Ergebnis **281**

---

691 *Bispinck/WSI-Tarifarchiv,* Tarifpolitik für ältere Arbeitnehmer, Elemente qualitativer Tarifpolitik Nr. 49, 9/2002, 10; rechtspolitische Einschätzung und Kritik *Klammer/Weber,* WSI-Mitt. 2001, 102.
692 Verfassungsrechtliche Bedenken zu Recht *Däubler/Hensche,* § 1 Rn. 619.
693 Zur Entstehung z.B. *Preis/Rolfs,* SGb 1998, 147; *Diller,* NZA 1996, 847.
694 Zu ersten Anpassungen z.B. *Gaul/Cepl,* BB 2000, 1727; *Wolf,* NZA 2000, 637.
695 Zu dieser Reform z.B. *Hampel,* DB 2004, 706; *Kerschbaumer,* AiB 2004, 325.
696 *Bispinck/WS-Tarifarchiv,* Tarifliche Altersteilzeit, 11/1998; *dies.,* Elemente qualitativer Tarifpolitik, Nr. 49, 9/2002; *dies.,* Elemente qualitativer Tarifpolitik, Nr. 59, 9/2005; *Däubler/Hensche,* § 1 Rn. 614; umfassend *Zwanziger,* RdA 2005, 226; *eigene* Berechnungen.
697 BAG 18.9.2001 (9 AZR 397/00), AP Nr. 3 zu § 3 ATG mit Verweis auf die vorausgehende Rechtsprechung; zustimmend *Löwisch/Rieble,* § 1 Rn. 628; ablehnend *Däubler/Hensche,* § 1Rn. 620-, jeweils mit Nachweisen.

aus der Auslegung des einschlägigen Tarifvertrages. Außerdem spricht es den Gedanken des Rechtsmissbrauchs an, der vorliegen könne, wenn der Arbeitgeber ein Arbeitsverhältnis allein zu dem Zweck abschließt, um dem Antrag eines gewerkschaftlich organisierten Arbeitnehmers zuvorzukommen. Gleiches könne gelten, wenn der Arbeitgeber systematisch auf freiwilliger Grundlage Altersteilzeit gewähre, um dadurch von vornherein zu verhindern, dass Arbeitnehmer Ansprüche aus dem Tarifvertrag geltend machen.[698] Der Versuch, auf diesem Wege Sicherungen gegen missbräuchliches Auswahlverhalten des Arbeitgebers zu erreichen, ist zu begrüßen. Ob allerdings damit bereits dem Grundsatz des Schutzes der **positiven Koalitionsfreiheit** nach Art. 9 Abs. 3 GG Rechnung getragen ist, bleibt weiterhin offen.

**282** Im Hinblick auf die **Berücksichtigung behinderter Menschen** in Altersteilzeittarifverträgen betont das Bundesarbeitsgericht zu Recht, die Tarifparteien seien an das in § 81 Abs. 2 Satz 1 SGB IX ausdrücklich genannte **Benachteiligungsverbot** gebunden, das auch die mittelbare Diskriminierung umfasse. Es bejaht z.B. eine mittelbare Diskriminierung, wenn nach dem Tarifvertrag die Altersteilzeitarbeitsverträge enden sollen, sobald der Betroffene berechtigt ist, nach dem SGB VI eine vorzeitige Altersrente ohne Abschläge in Anspruch zu nehmen. Jedoch seien solche und ähnliche Bestimmungen, die dazu führen, dass die Rente gegenüber Arbeitnehmern ohne derartige Behinderungen niedriger ausfallen könne, aus arbeitsmarktpolitischen Gründen gerechtfertigt. Durch den frei werdenden Arbeitsplatz würden Neueinstellungen gefördert und schwer behinderte Menschen seien durch die gesetzlich vorgesehene öffentlich geförderte Rente sozial abgesichert. Allerdings müssten Anhaltpunkte dafür vorhanden sein, dass die entsprechenden tariflichen Regelungen der Verwirklichung des Ziels der **Arbeitsplatzsicherung** tatsächlich dienten.[699]

Im Rahmen der von der Rechtsprechung vorgenommen **Billigkeitsabwägung nach § 315 BGB** kann der Arbeitgeber gegen einen Antrag auf Altersteilzeit oder die tariflich festgelegte Aufstockungsleistung geltend machen, der verbleibende Rumpfarbeitsplatz könne nicht wieder besetzt werden oder der Zweck der vorrangigen Beschäftigung von Auszubildenden und Arbeitslosen sei nicht zu verwirklichen. Die **Besetzungsschwierigkeiten** seien **nachvollziehbar darzulegen**. Eine bloße Berufung darauf, die Aufstockungsleistungen seien zu kostspielig reicht dagegen nicht.[700]

Kommt es in dem überwiegend praktizierten **Blockmodell** zu einer vorzeitigen Beendigung (**»Störfall**)«) so hat der Arbeitnehmer Anspruch auf die Vergütung, die er während der Arbeitsphase ohne die Altersteilzeit verdient hätte (»**Hätte-Vergütung**«). Eine tarifliche Regelung, die dem Arbeitgeber einräumt, die Aufstockungsleistung auf die hypothetische Vergütung anzurechnen, verstößt weder gegen das ATG noch gegen den Gleichheitssatz nach Art. 3 Abs. 1 GG.[701]

Zur **Berechnung der Höhe des Aufstockungsbetrages** hat das Bundesarbeitsgericht entschieden: Zu den »gesetzlich gewöhnlich anfallenden Abzügen« im Sinne eines Altersteilzeittarifvertrages gehört der Kirchensteuerhebesatz auch dann, wenn der Arbeitnehmer nicht kirchensteuerpflichtig ist. Weder liege ein

---

698 BAG 30.9.2003 (9 AZR 590/02), DB 2004, 935.

699 BAG 18.11.2003 (9 AZR 122/03), AP Nr. 4 zu § 81 SGB IX (mit Anm. von *Rehwald*, AiB 2005, 256); BAG 27.4.2004 (9 AZR 18/03), NZA 2005, 821.

700 BAG 26.6.2001 (9 AZR 244/00), NZA 2002, 45 = DB 2002, 98 = BB 2002, 887; LAG Berlin 13.1.2005 (16 Sa 1630/04), ZTR 2005, 254, Revision nicht zugelassen.

701 BAG 14.10.2003 (9 AZR 146/03), NZA 2004, 860 (mit Anm. von *Rolfs*, RdA 2004, 370).

Verstoß gegen die Religionsfreiheit (Art. 4 GG) noch gegen den Gleichheitssatz des Art. 3 Abs. 1 GG vor.[702]
Der in einem Altersteilzeittarifvertrag für die Aufstockungssumme zugrunde gelegte »Nettobetrag« sei nach der Lohnsteuerklasse zu berechnen, die auf der Lohnsteuerkarte des Arbeitnehmers eingetragen sei. Ein rechtsmissbräuchlicher Lohnsteuerklassenwechsel liege nur dann vor und sei deshalb bei der Berechnung nicht zu berücksichtigen, wenn er lediglich erfolge, um die Aufstockungsleistung des Arbeitgebers zu erhöhen.[703]
Sofern die (neue) Insolvenzsicherung des § 8a ATG nicht greift, sind **Arbeitnehmer**, die im **Blockmodell** arbeiten und deren Unternehmen insolvent wird für die Vergütung in der Zeit vor Eröffnung des **Insolvenzverfahrens** Insolvenzgläubiger, für die Zeit danach lediglich Massegläubiger.[704]

#### dd) Altersteilzeit/Langzeitkonten

In einigen Tarifbereichen bestehen **Langzeitkonten**, in denen von einem bestimmten Alter an so viel Arbeitszeit angesammelt werden kann, dass ein früherer Ausstieg aus dem Arbeitsleben möglich wird.[705] 283

## 6. Arbeitszeitlage(-dauer) und Arbeitsbedingungen

### a) Arbeitszeit und Arbeitsbedingungen

**Arbeitszeitregelungen in Tarifverträgen** leisten unter anderem einen wichtigen Beitrag zur **Verbesserung der Arbeits- und Lebensbedingungen**. Das betrifft bereits das zuvor dargestellte Thema der Arbeitszeitdauer, insbesondere bei besonders belastenden Tätigkeiten, jedoch vor allem auch verschiedene Aspekte **der Lage der Arbeitszeit**. »Arbeitsbedingungen« werden hier nicht nur als Arbeits- und Gesundheitsschutz in engerem Sinne begriffen, sondern sollen in **Anlehnung an** den **weiten skandinavischen Begriff des** »**arbetsmiljo**« Gesichtpunkte des subjektiven Wohlbefindens, der Arbeitsumwelt sowie der Kommunikation und Mitbestimmung mit umfassen.[706] Nachfolgend werden Themen der tariflichen Gestaltung der Arbeitszeitlage wie Nacht- und Schichtarbeit, Arbeit während des Wochenendes sowie kurzzeitige Unterbrechungen in der Arbeit (Pausenregelungen) angesprochen. Diese Fragenbereiche umfassen zwar nur ein Segment der »Schnittstellen von Arbeitszeit und Arbeitsbedingungen« in ihrer umfassenden Bedeutung, weisen jedoch mit dieser Einschränkung einen deutlichen Bezug hierzu auf. Zu allen Aspekten finden sich tarifliche Regelungen und tarifpolitische Konzeptionen, allerdings in unterschiedlicher Dichte und Qualität. 284

---

702 BAG 29.7.2003 (9 AZR 450/02), BB 2004, 1116.
703 BAG 9.9.2003 (9 AZR 554/02), ZTR 2004, 250.
704 BAG 19.10.2004 (9 AZR 647/03), ZTR 2005, 331; auch BAG 23.2.2005 (10 AZR 602/03), NZA 2005, 694.
705 Überblick *Bispinck/WSI-Tarifarchiv*, Tarifpolitik für ältere Arbeitnehmer, Elemente qualitativer Tarifpolitik Nr. 49, 9/2002, 12; ausführlich auch mit rechtspolitischer Kritik, *Däubler/Hensche*, § 1 Rn. 621.
706 Umfassend *Oppolzer*, Ökologie der Arbeit, 13.

## b) Tarifliche Regelung der Schicht- und Nachtarbeit

### *aa) Begriffsbestimmungen*

**285** **Schichtarbeit** wird durch die Rechtsprechung wie folgt definiert: Eine bestimmte Arbeitsaufgabe wird von mehreren Arbeitnehmern (oder Arbeitnehmergruppen) in einer geregelten zeitlichen Reihenfolge, teilweise außerhalb der allgemein üblichen Arbeitszeit erbracht. Nicht sämtliche Beschäftigte eines Betriebes arbeiten zur gleichen Zeit, sondern ein Teil arbeitet, während der andere Teil arbeitsfreie Zeit hat. Beide Beschäftigtengruppen lösen sich regelmäßig nach einem feststehenden und überschaubaren Plan ab. Dabei muss nicht der jeweils abgelöste Arbeitsplatz identisch sein, sondern nur eine übereinstimmende Arbeitsaufgabe von untereinander austauschbaren Arbeitnehmern erfüllt werden.[707] Es gilt ein **weiter**, so genannter **betriebsbezogener Schichtbegriff**. Entscheidend ist danach die zeitversetzte Arbeit von Beschäftigtengruppen an einer gemeinsamen Aufgabe nach einem bestimmten Zeitplan.[708]

Die **Tarifvertragsparteien** selbst können den Begriff »**Schichtarbeit**« **abweichend definieren**, denn weder der Begriff »Schicht« noch der Begriff »Schichtarbeit« sind gesetzlich festgelegt.[709]

**286** Demgegenüber ist die **Nachtarbeitszeit in** § 2 ArbZG **gesetzlich definiert**. Nachtzeit ist die Zeit von 23.00 bis 6.00 Uhr und der Nachtarbeit die Arbeit, welche mehr als zwei Stunden der Nachtzeit umfasst.

Auch diese Begriffsbestimmungen sind **tarifdispositiv**. So beginnt die Nachtarbeit nach Tarifverträgen im Öffentlichen Dienst bereits um 20.00 (früher BAT, ab 1. Oktober 2005 TVöD), in der Druckindustrie sogar um 18.00. Dies hat dann Folgen für die Höhe der Nachtzuschläge. Im Hinblick auf Auswirkungen für die arbeitsrechtlichen Schutzbestimmungen (§ 6 ArbZG) ist nach § 7 Abs. 1 Nr. 5 ArbZG lediglich eine Vorverlegung auf 22.00 Uhr möglich.[710]

**287** Unter **Nachtschicht** ist eine Schicht zu verstehen, die zu einem wesentlichen Teil während der Nachtzeit geleistet wird.[711] Nach der Rechtsprechung verwenden die Tarifparteien in Ermangelung einer anderen eigenen Regelung den Begriff der Nachtschicht im Sinne seiner allgemeinen rechtlichen Bedeutung.

Unter Nachtschicht bei **Wechselschichtarbeit** sind danach Schichten zu verstehen in denen Nachtarbeit in dem definierten Sinne zeitlich überwiegt. Das ist beispielsweise bei der Spätschicht von 16.00 bis 1.00 Uhr der Fall.[712]

---

707 BAG 18.7.1990, AP Nr. 1 zu § 14 TVB II Berlin; BAG 14.12.1993 (10 AZR 368/98), AP Nr. 3 zu § 33a BAT; BAG 20.5.2005 (10 AZR 302/04), ZTR 2005, 484.

708 Im Grundsatz übereinstimmend die Lehre, Wiedemann/*Wiedemann*, § 1 Rn. 348; *Däubler/Hensche*, § 1 Rn. 550, jeweils mit weiteren Nachweisen.

709 BAG 18.7.1990, AP Nr. 1 zu § 14 TVB II Berlin.

710 *Däubler/Hensche*, § 1 Rn. 551; Wiedemann/*Wiedemann*, § 1 Rn. 349.

711 BAG 8.6.1988 (4 AZR 798/87), AP Nr. 20 zu § 1 TVG Tarifverträge: Einzelhandel; BAG 7.9.1994 (10 AZR 766/93), AP Nr. 5 zu § 33a BAT.

712 BAG 7.9.1994 (10 AZR 766/93), AP Nr. 5 zu § 33 BAT.

### bb) Empirische Angaben: quantitative Bedeutung und gesundheitliche Folgen

Die **Zahl der Nacht- und Schichtarbeiter** hat trotz der erwiesenen Gesundheits- und Sozialschädlichkeit dieser Arbeitsweise[713] zugenommen. Auch früher nicht betroffene Arbeitnehmergruppen – etwa Angestellte – leisten heute Schichtarbeit, z.B. im EDV-Bereich. Ca. 16 % der Beschäftigten arbeiten in regelmäßiger Schicht und Nachtarbeit (2003).[714] **288**

Am stärksten ist Schichtarbeit im produzierenden Gewerbe verbreitet (etwa 50 % der Schichtbeschäftigten). An zweiter Stelle steht der öffentliche Dienst, sodann folgt der private Dienstleistungssektor. Die Zahl der Nachschichtarbeiter im industriellen Sektor nimmt langsam, aber stetig zu, da die Unternehmen die Maschinen zur Verringerung der Fixkosten zunehmend ohne Pause laufen lassen.

Neuere Varianten von Schichtarbeit sind insbesondere dadurch gekennzeichnet, dass durch eine Mehrfachbesetzung **individuelle Arbeitszeiten** von **betrieblichen Arbeitszeiten entkoppelt** werden und zunehmend das Wochenende in die Betriebsnutzungszeit einbezogen wird. Lage und Länge der Arbeits- und Freizeitblöcke variieren, wobei es sich sowohl um Zwei-Schicht-Systeme als auch um Drei-Schicht-Systeme, so genannte rollierende Schichten, handeln kann.[715]

Die **Belastungen der Schichtarbeit** sind erheblich. Vor allem Nachtschichtarbeit ist mit erheblichen Gefährdungen von Gesundheit, Leistungsfähigkeit und Lebensqualität verbunden. Weil der menschliche Organismus in wichtigen Funktionen einem unwillkürlichen Tag- und Nachtrhythmus folgt (Cirkadian-Rhythmus), ist der Mensch am Tag auf Leistungsfähigkeit und in der Nacht auf Erholungsbedürftigkeit gleichsam biologisch programmiert.[716]

### cc) (Verfassungs-)rechtliche Vorgaben

Das **Bundesverfassungsgericht** lässt in der Entscheidung zur Nachtarbeit von Arbeiterinnen diese **arbeitswissenschaftlichen Erkenntnisse** in die juristische Argumentation einfließen. Das Gericht betont, Nachtarbeit sei grundsätzlich für jeden Menschen schädlich. Sie führe zu Schlaflosigkeit, Appetitstörungen, Störungen des Magen-Darm-Traktes, erhöhter Nervosität und Reizbarkeit sowie zu einer Herabsetzung der Leistungsfähigkeit.[717] **289**

Der Gesetzgeber hat die Vorgaben des Bundesverfassungsgerichts mit dem **Arbeitszeitgesetz** vom 6. Juni 1994 umgesetzt, indem er **Mindestanforderungen** an den **Schutz von Nachtarbeitern** festlegte. Nach § 6 Abs. 1 ArbZG ist die Arbeitszeit der Nacht- und Schichtarbeitnehmer nach den »gesicherten arbeitswissenschaftlichen Erkenntnissen über die menschengerechte Gestaltung der Arbeit« festzulegen. Die werktägliche Arbeitszeit der Nachtarbeitnehmer darf nach § 6 Abs. 2 ArbZG grundsätzlich acht Stunden nicht überschreiten, jedoch ist unter gewissen Voraussetzungen eine Verlängerung bis zu zehn Stunden möglich. § 6 Abs. 3 ArbZG gibt Nachtarbeitnehmern den Anspruch darauf, sich in bestimmten Abständen auf Kosten des Arbeitgebers untersuchen zu lassen. **290**

713 Unter anderem bei *Clemens*, Soziale Sicherheit 1981, 332ff.; *Bosch*, WSI-Mitt. 1987, 713.
714 *Bauer/Groß/Lehmann/Munz*, 6f., mit differenzierten Einschätzungen auch der Betroffenen.
715 *Groß/Stille/Thoben/Bauer*, 50ff.; *Oppolzer*, Ökologie der Arbeit, 145ff.
716 Aus der arbeitswissenschaftlichen Literatur *Oppolzer*, Ökologie der Arbeit, 145ff., mit weiteren Nachweisen.
717 BVerfG 28.1.1992 (1 BvR 1025/82), E 85, 191 (mit Anm. von *Blanke/Diederichs*, AuR 1992, 187).

Schließlich hat der Arbeitnehmer gemäß § 6 Abs. 4 ArbZG einen Anspruch darauf, dass der Arbeitgeber ihn auf einen geeigneten Tagesplatz umsetzt, wenn eine Gesundheitsgefährdung droht oder der Arbeitnehmer ein Kind unter zwölf Jahren oder einen schwer pflegebedürftigen Angehörigen zu versorgen hat.[718]

#### *dd) Tarifliche Regelungen und Perspektiven*

**291** Tariflich bieten sich für eine **Milderung der negativen Auswirkungen der Schicht- und Nachtarbeit** eine **Vielzahl von Möglichkeiten**. So sollten Nachtschichten immer kürzer sein als andere Schichten. Die Nachtschichtperioden sollten höchsten zwei bis drei Tage dauern. Bei der Schichtplangestaltung kann durch kurze Schichtwechselrhythmen mit wenigstens einem freien Tag im Anschluss an die Nachtarbeit erreicht werden, die Überforderung durch Ermüdung zumindest zu begrenzen. Dieser Effekt wird unterstützt, wenn der Schichtanfang vorverlegt wird und das Schichtende deshalb entsprechend früh am Tage endet (z. B. Beginn auf 8.00, 16.00 und 24.00 Uhr statt 6.00, 14.00 und 22.00 Uhr).[719] Der Arbeitserleichterung dienen ferner (bezahlte) Kurzpausen und ein Zusatzurlaub für Schichtarbeiter. Es existieren Tarifverträge, die bei einer bestimmten Anzahl von Nachtschichten zwischen drei und fünf Tage zusätzlichen Urlaub im Jahr oder eine bezahlte zusätzliche Freistellung von der Arbeitsleistung bis zu zehn Arbeitstagen im Jahr vorsehen.[720]

Der Tarifvertrag kann schließlich dem Nachtarbeitnehmer über die gesetzliche Regelung des § 6 Abs. 4 ArbZG hinaus die Alternative einräumen, in Tagesarbeit tätig zu sein. Bei der Personalauswahl sollten ältere Arbeitnehmer und solche, die bereits gesundheitlich beeinträchtigt oder in ihrer Leistungsfähigkeit gemindert sind, ebenso wie Beschäftigte mit starker Beanspruchung durch außerbetriebliche Verpflichtungen wie z. B. Hausarbeit, Kinderbetreuung von der Nacht- und Schichtarbeit ausgenommen werden.[721]

**292** Für alles gibt es Beispiele in der Tarifpolitik. Dennoch ist der Bewertung zuzustimmen, dass im Hinblick auf **Gestaltungserfordernisse der Schicht- und Nachtarbeit** »die geltenden **Tarifverträge unterreguliert** wirken«.[722] Im Vordergrund stehen nach wie vor **Tarifzuschläge**, die zwischen 10 % und 30 % liegen (Nachtarbeitszuschläge liegen im Mittel bei 25 %).[723] Sie sind (bislang) teilweise von der Steuer- und Sozialversicherungspflicht freigestellt.

Perspektiven, die Nacht- und Schichtarbeit auf das unbedingt notwendige Maß zu reduzieren und Nachtarbeit lediglich dort zuzulassen, wo sie aus technischen Gründen erforderlich ist oder im öffentlichen Interesse liegt, erscheinen angesichts der aktuellen Trends einer Ausweitung der Betriebsnutzungszeiten aus Gründen der Wettbewerbsfähigkeit wenig realistisch.

---

718 Weitere Details: *Buschmann/Ulber*, § 6 Rn. 2 ff.

719 *Oppolzer*, Ökologie der Arbeit, 153.

720 Beispiele aus dem Bereich der Nahrungs- und Genussmittelindustrie bereits bei *Manz*, GMH 1977, 406.

721 Vgl. hierzu die Vorgaben BVerfG 28. 1. 1992 (1 BvR 1025/82), E 85, 191; *Oppolzer*, Ökologie der Arbeit, 153.

722 *Stein*, Rn. 463.

723 Siehe die Angaben BAG 5. 9. 2002 (9 AZR 202), DB 2003, 1175 (mit Anm. von *Ulber*, AuR 2003, 467).

### *ee) Rechtsfragen*

**Tarifnomen zur Schicht- und Nachtarbeit** werfen im Unterschied zu zahlreichen anderen Regelungsinhalten **wenig rechtliche Probleme** auf. 293
Die rechtlichen Auseinandersetzungen im Zusammenhang mit der Schichtarbeit betreffen vor allem die Frage der **Höhe der Schichtzulagen**, die unterschiedlich ist, je nachdem, ob es sich z.B. um regelmäßige oder unregelmäßige Nachtschichtarbeit handelt.[724] In der letzten Alternative sehen Tarifverträge zum Teil höhere Zulagen vor. Dieses Problem ist nach allgemeinen Auslegungskriterien der Auslegung von Tarifnormen zu lösen (hierzu Grundl. Rn. 376ff.).
»**Ständige**« **Nachtschicht** oder »**ständige Wechselschicht**« liegt nach der Rechtsprechung unter Bezug auf arbeitswissenschaftliche Quellen vor, wenn in je fünf aufeinander folgenden Wochen durchschnittlich mindestens 40 Arbeitsstunden in der dienstplanmäßigen oder betriebsüblichen Nachtschicht oder Wechselschicht zu leisten sind (Zehn-Wochen-Zeitraum).[725] Auch in dem dieser Frage zugrunde liegenden Rechtsstreit ging es um die Zahlung einer Zulage.
Zur Kontroverse darüber, ob der Begriff »Schicht« betriebs- oder Arbeitnehmer bezogen zu bestimmen sei, vertritt das Bundesarbeitsgericht einen weiteren, **betriebsbezogenen Schichtbegriff**[726] (§ 1 Rn. 285). So setzt die Arbeit in Wechselschicht nach § 33a BAT nicht voraus, dass der Arbeitnehmer in gleichmäßigen Umfang im tariflich vorgesehenen Rhythmus in allen Schichten eingesetzt ist.[727] Ob und in welcher Höhe eine Zulage zu zahlen ist, hängt häufig maßgeblich von der Formulierung der jeweiligen Tarifnorm ab.
Für die Festsetzung eines **arbeitsvertraglichen Nachtarbeitszuschlags** nach § 6 Abs. 5 ArbZG durch das Gericht dienen die **tariflichen Festlegungen** als **Orientierung**. Übersteigt die tarifliche Festlegung deutlich die Marge von 25 %, ist ein Zuschlag von 30 % grundsätzlich angemessen.[728]

## c) Tarifliche Regelung der Wochenendarbeit

### *aa) Tatsächlicher Hintergrund*

Empirische Untersuchungen weisen aus, dass **Wochenendarbeit** in **erheblichem Umfang verbreitet** ist. Die Zahl der regelmäßig am Sonntag Beschäftigten liegt mit 13 % zwar leicht unter dem für 1999 ermittelten Vergleichswert von 16 %, dies entspricht aber gut einem Zehntel der abhängig Beschäftigten. Sonntagsarbeit konzentriert sich vor allem auf personenbezogene und soziale Dienstleistungsberufe, bei denen der Anteil sehr viel höher liegt (z.B. Hotel- und Gaststättengewerbe 62 %, Gesundheitsbereich 38 %). Regelmäßige Arbeit an Samstagen leisteten im Jahr 2003 ungefähr 32 % der abhängig Erwerbstätigen, auch hier vor allem bei distributivem und personenbezogenen Dienstleistungen. Damit gehört das Wochenende für etwa ein Drittel der Beschäftigten zur Regelarbeitszeit.[729] 294

---

724 LAG Düsseldorf 7.7.1954 (4 Sa 260/53), AP Nr. 1 zu § 611 BGB Lohnzuschläge.
725 BAG 16.8.2000 (10 AZR 512/99), DB 2001, 389.
726 BAG 4.2.1988 (6 AZR 203/85), AP Nr. 17 zu § 1 Tarifverträge Rundfunk; BAG 18.7.1990, AP Nr. 1 zu § 14 TVB II Berlin; BAG 14.12.1993 (10 AZR 368/98), AP Nr. 3 zu § 33 BAT.
727 BAG 13.10.1993 (10 AZR 294/92), AP Nr. 2 zu § 33a BAT.
728 BAG 5.9.2002 (9 AZR 202/01), DB 2003, 1175 (mit Anm. von *Ulber*, AuR 2002, 467); weitere Hinweise zur Rechtsprechung in diesem Zusammenhang *Buschmann/Ulber*, § 6 Rn. 30.
729 *Bauer/Groß/Lehmann/Munz*, 5f.; zur Entwicklung: *H. Seifert*, WSI-Mitt. 1995, 185f.; *Fergen/Pickshaus*, 139ff.

### *bb) Der gesetzliche Rahmen*

**295** Die gesetzlichen Begrenzungen der Wochenendarbeit im **Arbeitszeitgesetz** von 1994 sind eher offen. Zwar ist nach § 9 ArbZG die Arbeit an Sonn- und Feiertagen grundsätzlich verboten. § 10 ArbZG enthält jedoch einen Katalog von insgesamt 16 Ausnahmen, die weitgehend den §§ 105b bis 105i GewO entnommen wurden und sich vor allem auf besondere Branchen wie Krankenhäuser, Polizei, Gaststätten, Theater usw. beziehen. Das Arbeitszeitgesetz hat darüber hinaus die Zulässigkeit industrieller Sonntagsarbeit erweitert. So hat das Gewerbeaufsichtsamt nach § 13 Abs. 5 ArbZG Sonntagsarbeit zu bewilligen, wenn unter bestimmten Voraussetzungen die Konkurrenzfähigkeit unzumutbar beeinträchtigt wird und durch die Genehmigung von Sonn- und Feiertagen die Beschäftigung gesichert werden kann.[730]

### *cc) Tarifvertragliche Regelungen und Rechtsfragen*

**296** Trotz des bereits hohen Anteils von Wochenendarbeit geben die **Tarifverträge** in zahlreichen Branchen den Arbeitszeitrahmen einer **Fünf-Tage-Woche** von Montag bis Freitag vor, der jedenfalls als Orientierung für die Mehrzahl der Arbeitnehmer (noch) Gültigkeit hat. Arbeit an Samstagen wird tariflich häufig von der Zustimmung der betrieblichen Interessenvertretung abhängig gemacht, zum Teil mit zusätzlichen verfahrensmäßigen Sicherungen für ein arbeitsfreies Wochenende.[731]

**297** Tarifliche Bestimmungen zur Beschränkung der Arbeitszeit am Wochenende sind ebenso wie solche über Betriebsöffnungszeiten[732] **Betriebsnormen** (hierzu näher § 1 Rn. 92).

**298** Zulässig wäre eine **tarifliche Einschränkung erlaubter Sonntagsarbeit**. In der Praxis verweisen die Tarifverträge jedoch ganz überwiegend auf die gesetzlichen Bestimmungen (des ArbZG) und legen **Zuschläge** für Sonn- und Feiertagsarbeit fest.

**299** Die Frage, ob die **Betriebsnutzungszeit** durch Tarifnormen begrenzt werden kann, welche die Wochenendarbeit einschränken oder ausschließen, ist grundsätzlich zu bejahen.[733] Es gelten die allgemeinen Abwägungskriterien zu tarifautonomen Spielräumen nach Art. 9 abs. 3 GG und unternehmerischer Berufsfreiheit nach Art. 12 Abs. 1 GG (hierzu Grundl. Rn. 249 ff.).

## d) Tarifliche Pausenregelungen/interne Unterbrechung der Arbeitszeit

### *aa) Gesetzliche Pausen als Mindestanforderung*

**300** Das **Arbeitszeitgesetz** legt in § 4 ArbZG zwingend Erholungspausen fest, die für erwachsene Arbeitnehmer grundsätzlich nach sechs Stunden Arbeitszeit 30 Minuten, nach neun Stunden 45 Minuten dauern müssen. Diese hauptsächlich der Nahrungsaufnahme dienenden, unbezahlten Ruhepausen in Form einer Früh-

---

730 Im Einzelnen *Buschmann/Ulber*, § 10 Rn. 1 ff., § 13 Rn. 1 ff.

731 Weitere Hinweise *Däubler/Hensche*, § 1 Rn. 545.

732 BAG 7.11.1995 (3 AZR 676/94), AP Nr. 1 zu § 3 TVG Betriebsnormen; ebenso *Däubler/Hensche*, § 1 Rn. 546.

733 Ausführlich *Däubler/Hensche*, § 1 Rn. 547 f.

stücks- und einer Mittagspause reichen vielfach für eine angemessene Erholung über die gesamte Arbeitszeit hinweg nicht aus.

Aus arbeitsphysiologischer, aber auch betriebswirtschaftlicher Sicht erweisen sich deshalb **zusätzliche Kurzpausen zur Erholung** während der Arbeit als **sinnvoll**. Denn abgesehen davon, dass kein Mensch zu fortgesetzter körperlicher oder geistiger Leistung ohne jegliche Unterbrechung fähig ist, belegen arbeitsmedizinische Versuche dass der Verlust an Arbeitszeit und damit an Leistung durch Kurzpausen nicht nur kompensiert, sondern darüber hinaus eine gesicherte Mehrleistung erbracht wird.[734] **301**

Die **Rechtsprechung** versteht unter **Ruhepausen** im voraus festliegende Unterbrechungen der Arbeitszeit, in denen der Arbeitnehmer weder Arbeit zu leisten noch sich dafür bereitzuhalten braucht, sondern freie Verfügung darüber hat, wo und wie er diese Ruhezeit verbringen will. Entscheidendes Kriterium für die Pause ist somit die Freistellung des Arbeitnehmers von jeder Dienst-/Arbeitsverpflichtung und auch von jeder Verpflichtung, sich zum Dienst oder zur Arbeit bereitzuhalten.[735] Folgerichtig hat das Bundesarbeitsgericht entschieden, dass Be- und Entladezeiten, während derer der Kraftfahrer sein Fahrzeug zwar verlassen darf, einem Arbeitsaufruf aber umgehend nachzukommen hat, keine Ruhepausen sind.[736] **302**

### *bb) Tarifliche Kurzpausen/Arbeitsunterbrechungen*

Über die gesetzlichen Pausen hinausgehend wurden **bezahlte Pausen** während der Arbeitszeit **tariflich nur vereinzelt** vereinbart. Faktisch führen die entsprechenden Regelungen zu einer Verkürzung der täglichen Arbeitszeit. **303**

**Traditionell existieren** bezahlte **Kurzpausen** von jeweils fünf oder zehn Minuten je Arbeitsstunde in der Nahrungs- und Genussmittelbranche, erstmals 1962 für die Süßwarenindustrie abgeschlossen und nachfolgend in der überwiegenden Zahl der Tarifverträge des Ernährungsgewerbes. **304**

Im Metallbereich legt der Lohnrahmentarifvertrag II Nordwürttemberg-Nordbaden vom Oktober 1973 zugunsten von Leistungslöhnern fünf Minuten Erholzeit und drei Minuten für persönliche Bedürfnisse in der Stunde fest.

Trotz der arbeitswissenschaftlich erwiesenen Erholungswirksamkeit von Kurzpausen vor dem Hintergrund zunehmender Arbeitsintensivierung hat es sich als schwierig erwiesen, ähnliche Vereinbarungen in anderen Tarifbezirken der Metallbranche zu erzielen. Eine Ausdehnung der Grunderholzeiten des Lohnrahmentarifvertrages II Nordwürttemberg-Nordbaden von 1973 von acht Minuten auf alle Beschäftigten (Arbeiter und Angestellte im Zeitlohn) enthält der Firmentarifvertrag zwischen der IG Metall Nord-Württemberg/Nord-Baden und der Baumaschinenfirma Vögele vom Januar 1983.[737]

In der Druckindustrie sieht der Tarifvertrag über die Einführung und Anwendung rechnergesteuerter Textsysteme und im Verlagsgewerbe von 1978 (RTS-Tarifvertrag) ebenfalls als eine Möglichkeit Arbeitsunterbrechungen von fünf Minuten pro Stunde oder 15 Minuten alle zwei Stunden vor.

---

734 *Oppolzer*, Kurzpausen,, 62ff.; *Lang/Meine/Ohl*, 420ff.
735 BAG 27.2.1992 (6 AZR 478/90), AP Nr. 5 zu § 3 AZO.
736 BAG 29.10.2002 (1 AZR 603/01), DB 2003, 2014.
737 *Bispinck*, WSI-Mitt. 1983, 149.

305 Häufiger als in diesen eher isolierten Beispielen wurden **bezahlte Kurzpausen** für **Schichtarbeiter** vereinbart. Eine lange Tradition hat hier wiederum die Nahrungs- und Genussmittelbranche mit Pausen für Schichtarbeit zwischen 15 und 30 Minuten am Tag. Ähnliche Beispiele finden sich unter anderem in der Metall- und Druckindustrie.[738]

### 7. Unterbrechung der Arbeitszeit durch freie Zeiten

#### a) Arbeitszeit und Urlaub

##### *aa) Gesetzliches und tarifliches Urlaubsrecht*

306 Das Urlaubsrecht ist dadurch gekennzeichnet, dass **gesetzliche Normen**, vor allem des **Bundesurlaubsgesetzes** von 1963, und **tarifliche Regelungen in vielschichtiger Weise ineinander greifen**. Das Bundesurlaubsgesetz wurde mehrfach geändert. Hervorzuheben ist die Novellierung durch das Arbeitszeitgesetz, das im Juni 1994 den Mindesturlaub in § 3 BUrlG entsprechend der RL 93/104 EG vom 23. November 1993 von 18 auf 24 Werktage verlängerte.

307 § 13 Abs. 1 Satz 1 BUrlG definiert als »einen tariffesten Kern« **zwingende Mindeststandards**. Das betrifft den grundsätzlichen Anspruch auf Erholungsurlaub in § 1, den Geltungsbereich für Arbeitnehmer, Auszubildende und arbeitnehmerähnliche Personen in § 2 und die Urlaubsdauer von 24 Werktagen nach § 3 Abs. 1 BUrlG.

Ob das gesetzliche Niveau durch die tarifliche Regelung verschlechtert wird, ist durch einen **Günstigkeitsvergleich** festzustellen. Dabei ist schon nach dem Wortlaut des § 13 Abs. 1 Satz 1 BUrlG, der sich auf gesetzliche Vorschriften und davon abweichenden Bestimmungen bezieht, von einem **Einzelvergleich** und nicht von einem Gruppenvergleich oder Gesamtvergleich auszugehen. Dies bedeutet, dass die Auswirkungen der jeweiligen betroffenen Normen miteinander zu vergleichen sind.[739]

308 Im Übrigen sind **gesetzliche Sonderregelungen** zu beachten, die für schutzbedürftige Gruppen, für Jugendliche nach § 19 JArbSchG und für Schwerbehinderte nach § 125 SGB IX, weitergehende Urlaubsansprüche festlegen.

309 Im tariflichen Urlaubsrecht finden sich branchenspezifisch recht unterschiedliche Bestimmungen.[740]

Sie legen im Allgemeinen ein **höheres Niveau** fest als das Bundesurlaubsgesetz. Es kommt jedoch vor, dass einzelne Tarifnormen im Gehalt unter den Bestimmungen des Bundesurlaubsgesetzes bleiben, was möglich ist, soweit letztere entsprechend § 13 Abs. 1 Satz 1 BUrlG tarifdispositiv sind. Der Wille zu einer **Verschlechterung** muss sich dann eindeutig aus dem Tarifvertrag ergeben.[741]

Häufig werden Vorschriften des Bundesurlaubsgesetzes durch Tarifrecht **modifiziert**, indem Tarifverträge beispielsweise eine andere Berechnung des Urlaubsentgelts festlegen, als in § 11 BUrlG vorgesehen.

---

738 Auch *Däubler/Hensche*, § 1 Rn. 703, mit weiteren Beispielen.

739 Ständige Rechtsprechung, z.B. BAG 22.1.2002 (9 AZR 601/00), AP Nr. 55 zu § 11 BUrlG; ausführlich Wiedemann/*Wiedemann*, § 1 Rn. 441, mit Nachweisen; ferner ErfK/*Dörner*, § 13 BUrlG Rn. 11 ff.

740 Überblick mit zahlreichen Praxisbeispielen bei *Heilmann*, Urlaubsrecht, 2. Aufl., 2004, unter C, 111 ff.

741 Z.B. BAG 9.7.1964 (5 AZR 450/63), AP Nr. 1 und 2 zu § 13 BUrlG (mit Anm. von *Nikisch*); BAG 17.9.1970 (5 AZR 45/70), AP Nr. Nr. 11 zu § 13 BUrlG (mit Anm. von *Thiele*); Wiedemann/*Wiedemann*, § 1 Rn. 434; *Däubler/Hensche*, § 1 Rn. 581.

Ob einem lediglich **nachwirkenden Tarifvertrag**, der **unter dem gesetzlichen Niveau** bleibt, ebenfalls Vorrang vor den Normen des Bundesurlaubsgesetzes zukommt[742], erscheint im Hinblick darauf zweifelhaft, dass nach herrschender Auffassung mit der Nachwirkung des § 4 Abs. 5 TVG die zwingende tarifliche Wirkung entfällt. Dies spricht für die Anwendung des Gedankens von § 13 Abs. 1 Satz 3 BUrlG, der ein striktes Verschlechterungsverbot für arbeitsvertragliche und sonstige Vereinbarungen formuliert.[743] **310**

Im Übrigen hebt § 13 Abs. 1 Satz 2 BUrlG ausdrücklich hervor, dass tariflich abweichende Bestimmungen auch zwischen nichttarifgebundenen Arbeitgebern und Arbeitnehmern Geltung haben, wenn im **Arbeitsvertrag auf die einschlägige tarifliche Urlaubsregelung verwiesen** wird. Damit können die tarifdispositiven Normen in vollem Umfang, auch soweit sie das Bundesurlaubsgesetz verschlechtern, übernommen werden. Voraussetzung ist jedoch, dass auf die gesamte tarifliche Urlaubsregelung verwiesen wird. Ein Herausgreifen einzelner inhaltlicher Fragmente erscheint bereits nach dem Wortlaut des § 13 Abs. 1 Satz 2 BUrlG nicht zulässig und würde zudem die im § 13 angelegte Balance zwischen gesetzlichem Mindestschutz und Abweichungsbefugnissen durch die Tarifparteien in Frage stellen.[744] **311**

Haben die **Tarifparteien eine unwirksame Regelung** getroffen, findet an Stelle der nichtigen Tarifnorm die entsprechende gesetzliche Bestimmung Anwendung.[745] **312**

Das komplexe Ineinandergreifen von gesetzlichem und tariflichem Urlaubsrecht hat zahlreiche Zweifelsfragen aufgeworfen, die von der **Rechtsprechung** in einer **umfangreichen Kasuistik** entschieden wurden.[746] Dabei beschränkt sich die Tragweite der jeweiligen Entscheidung nicht selten auf die besondere, branchentypische Formulierung des Tarifvertrages. **313**

Die Grundzüge der höchstrichterlichen Rechtsprechung sind dadurch gekennzeichnet, dass sie den Tarifparteien – unter Beachtung der tariflichen Verschlechterungssperre des § 13 Abs. 1 Satz 1 BUrlG – weite Gestaltungsspielräume zur Festlegung branchenspezifischer Urlaubsbedingungen einräumt.

Zur Frage, ob der **Gesetzgeber befugt** ist, durch Änderungen der gesetzlichen Bestimmungen (Teilverrechnung von Ansprüchen auf medizinische Vorsorge oder Rehabilitation mit tariflichen Urlaubsansprüchen nach § 10 BUrlG von 1996, der insoweit inzwischen aufgehoben ist[747]), **in tarifautonome Regelungen einzugreifen**: Grundl. Rn. 125. **314**

### *bb) Entwicklung des Urlaubsrechts und Empirie*

Die **historische Entwicklung des Urlaubsrechts** beginnt mit tariflichen Ansprüchen auf Erholungsurlaub, die zum Ende der Weimarer Republik zwischen sechs und zwölf Tagen betrugen. Sodann leitete das Bundesarbeitsgericht den Urlaubsanspruch aus der arbeitgeberseitigen **Fürsorgepflicht** ab.[748] Schließlich legte das **315**

---

742 So BAG 27.6.1978 (6 AZR 59/77), AP Nr. 12 zu § 13 BUrlG (mit Anm. von *Wiedemann*).

743 Vgl. *Däubler/Hensche*, § 1 Rn. 583, mit weiteren Nachweisen.

744 Wiedemann/*Wiedemann*, § 1 Rn. 435; *Däubler/Hensche*, § 1 Rn. 584.

745 BAG 22.2.2000 (9 AZR 771/98), AP Nr. 1 zu § 1 TVG Metallindustrie.

746 Z.B. die Rechtsprechungsüberblicke von *Hohmeister*, BB 1997, 1149, BB 1998, 1054, BB 1999, 1812, BB 2001, 1038, BB 2002, 2176, BB 2004, 661 und BB 2005, 2014; zum Verhältnis BUrlG und Tarifvertrag auch *Leinemann*, AuR 1987, 197.

747 BVerfG 3.4.2001 (1 BvL 32/97), E 103, 293.

748 BAG 20.4.1956 (1 AZR 476/54), AP Nr. 6 zu § 611 BGB Urlaubsrecht; BAG 7.2.1957 (2 AZR 440/54), AP Nr. 18 zu § 611 Urlaubsrecht.

**Bundesurlaubsgesetz von 1963** die Grundlagen fest, die mit einigen Änderungen bis heute gültig sind.[749]

So wichtig die gesetzliche Gewährleistung eines Mindestanspruchs auf Urlaub für alle Arbeitnehmer zur selbst bestimmten Erholung war und bleibt[750], wurde gleichwohl die **Wirklichkeit** auch nach Inkrafttreten des Bundesurlaubsgesetzes weitgehend **durch Tarifverträge geprägt**. Insbesondere in einer konfliktreichen Auseinandersetzung im Winter 1978/79 bis 1979 setzte die IG Metall durch, dass allen Arbeitnehmern in der Eisen- und Stahlindustrie ab 1982 und in der Metallindustrie ab 1983 ein Anspruch von sechs Wochen (30 Arbeitstage) Urlaub zustehen. Andere Branchen folgten.

**316** Die **durchschnittliche Dauer des tariflichen Endurlaubs** beläuft sich auf etwa 30 Arbeitstage in West- und in Ostdeutschland (2004). 53% der Tarifverträge enthalten Regelungen über eine einheitliche Urlaubsdauer. In den anderen Fällen ist für die Steigerung der Urlaubstage vom Grund- zum Endurlaub überwiegend das Lebensalter, zum geringeren Teil die Betriebszugehörigkeit maßgebend.[751]

**317** § 1 BUrlG garantiert mit dem **Urlaubsentgelt** die Fortzahlung der Vergütung während des Urlaubs, § 11 BUrlG legt Verfahrensweisen für dessen Berechnung fest (so genanntes Referenzprinzip).

**318** Daneben enthalten die meisten Tarifverträge als Zusatzleistungen ein **Urlaubsgeld**[752], in der Regel gekoppelt mit einer **Jahressonderzahlung zum Jahresende** (13. Monatseinkommen oder Weihnachtsgeld). Beides zusammen belief sich in Westdeutschland auf etwa 96% und in Ostdeutschland auf ca. 84% des tariflichen Monatsentgelts (2004). Die Höhe der Sonderzahlungen ist in den letzten Jahren in der Tendenz leicht gesunken[753] (hierzu § 1 Rn. 206).

### *cc) Einzelfragen*

**319** Der Anspruch auf **Gewährung von bezahltem Erholungsurlaub als solcher ist** nach § 1 in Verbindung mit § 13 Abs. 1 Satz 1 BUrlG **zwingender Natur**. Er könnte – was allerdings praktisch nicht von Bedeutung ist – durch Tarifverträge weder völlig abgedungen noch beispielsweise in einen Abgeltungsanspruch umgewandelt werden (anders § 7 Abs. 4 BUrlG).

Unzulässig ist es deshalb, den Urlaubsanspruch durch tarifliche Regelungen von der Erbringung der Arbeitsleistungen abhängig zu machen, ihn auszuschließen oder zu mindern.[754] Dies gilt auch dann, wenn das ganze Kalenderjahr z.B. wegen **Krankheit** nicht gearbeitet werden konnte.[755]

---

749 Zur historischen Entwicklung: *Däubler/Hensche*, § 1 Rn. 752ff., mit Nachweisen.

750 So nach allgemeiner Meinung der Zweck des BUrlG, z.B. BAG 20.6.2000 (9 AZR 405/99), AP Nr. 28 zu § 7 BUrlG; ErfK/*Dörner*, § 1 BUrlG Rn. 10.

751 *BMWA*, Tarifliche Arbeitsbedingungen im Jahr 2004, 64f.

752 Ausführlich *Sibben*, DB 1997, 1178.

753 *BMWA*, Tarifliche Arbeitsbedingungen im Jahr 2004, 66f.

754 BAG 17.9.1970, AP Nr. 11 zu § 13 BUrlG; BAG 16.8.1977, AP Nr. 9 und 10 zu § 3 BUrlG Rechtsmissbrauch (mit Anm. von *Boldt*); BAG 28.2.1984, AP Nr. 43 zu § 1 FeiertagslohnzahlungsG; BAG 8.3.1984, AP Nr. 15 zu § 13 BUrlG.

755 BAG 28.1.1982, AP Nr. 11 zu § 3 BUrlG Rechtsmissbrauch (mit Anm. von *Boldt*); seitdem ständige Rechtsprechung, z.B. BAG 14.5.1986, DB 1986, 2685; BAG 25.8.1987, AP Nr. 37 und BAG 22.10.1987, AP Nr. 39 zu § 7 BUrlG Abgeltung; BAG 18.3.2003 (9 AZR 190/02), AP Nr. 17 zu § 3 BUrlG Rechtsmissbrauch; zum Problembereich ebenso *Däubler/Hensche*, § 1 Rn. 591; Wiedemann/*Wiedemann*, § 1 Rn. 442.

Zu den **zwingenden Grundsätzen** nach §§ 2, 13 Abs. 1 Satz 1 BUrlG, die tariflich nicht verschlechtert werden können, gehört ebenfalls der **gesetzliche Mindestanspruch** auf eine **Urlaubsdauer** von 24 Werktagen. Bei allen Spielräumen der Tarifparteien, etwa im Hinblick darauf, die Urlaubsdauer von Faktoren wie Betriebszugehörigkeit oder Lebensalter abhängig zu machen, darf diese Mindestdauer für keinen Arbeitnehmer und keine Arbeitnehmergruppe unterschritten werden. Mittelbare Verletzungen dieser Mindestgewährleistung, z.B. durch tarifliche Bestimmungen, nach denen der zu Beginn des Jahres oder nach Ablauf der Wartezeit entstandene Urlaub gezwölftelt und dadurch die Mindestdauer unterschritten wird, sind ebenfalls unzulässig.[756] **320**

Allerdings sind die Tarifparteien nach der Rechtsprechung nicht gehindert, für tarifliche Urlaubsansprüche Abrundungsregelungen für Bruchteile von Urlaubstagen zu treffen, soweit davon nicht gesetzliche (Mindest-)Ansprüche berührt werden.[757] Ferner ist es der Rechtsprechung zufolge möglich, dass durch tarifvertragliche Regelungen das Entstehen von Teilurlaubsansprüchen für neu eingetretene Arbeitnehmer hinausgeschoben und damit deren Position verschlechtert wird.[758] Auch lässt es die Rechtsprechung zu, dass nach Dienstplan dienstfreie Tage, die sich an einen tariflichen Urlaub anschließen, in die Berechnung der Urlaubsdauer einbezogen werden.[759]

Schwierigkeiten bereitet vor allem die die Berechnung des Urlaubs bei **wechselnden Teilzeittätigkeiten** und **rollierenden Systemen im Schichtbetrieb**. Hier ist nach der Rechtsprechung[760] bei der Berechnung nicht, wie sonst üblich, der Bezugsrahmen für die Urlaubsdauer eine Woche, sondern der Zeitraum, in dem sich die der Arbeitsrhythmus nach dem betrieblichen oder tariflichen Ablaufplan wiederholt.[761] Diese Zeiträume können sehr lang sein und belaufen sich häufig bis zu einem Jahr. In der Praxis führt dies trotz besonderer Belastung bei ungleichmäßiger Arbeitszeitverteilung zu einer Kürzung des Urlaubsanspruches, wenn in der Referenzperiode weniger Stunden anfallen als bei gleichmäßiger Arbeitszeitverteilung.[762] Entsprechende Probleme ergeben sich bei der Berechnung des Urlaubsentgelts (§ 1 Rn. 326ff.; zum Urlaub bei Teilzeit und Zeitkonten: § 1 Rn. 376). **321**

Außer der Mindesturlaubsdauer nach § 3 BUrlG ist auch die **Fortzahlung des Urlaubsentgelts** während des Urlaubs **unabdingbar**. Urlaub ist nach § 1 BUrlG bezahlte Freistellung von der Arbeit. Hiervon können die Tarifparteien nicht abweichen: § 13 Abs. 1 Satz 1 BUrlG. **322**

Demgegenüber ist **Bemessung des Urlaubsentgelts tarifdispositiv**. Das **Bundesurlaubsgesetz** geht vom so genannten **Referenzprinzip** aus (§ 11 BUrlG). Danach berechnet sich das Urlaubsentgelt nach der Durchschnittsvergütung, die der Arbeitnehmer in den letzten 13 Wochen vor Beginn des Urlaubs erhalten hat. Das Bundesarbeitsgericht hatte zutreffend betont, der aus § 1 BUrlG abgeleitete Grundsatz der Erhaltung des Lebensstandards verlange, dass alle Zulagen wie

---

756 BAG 10.3.1987, AP Nr. 34 zu § 7 BUrlG Abgeltung; zum Fragenbereich ErfK/*Dörner*, § 13 BUrlG Rn. 20.

757 BAG 22.10.1991, AP Nr. 17 zu § 7 BetrVG Widerruf; unzulässig z.B. eine Verkürzung des Zusatzurlaubes nach § 47 SchwbG auf diesem Wege: BAG 8.3.1994, NZA 1994, 1095.

758 BAG 17.11.1983, AP Nr. 13 zu § 13 BUrlG; BAG 25.10.1984, AP Nr. 17 zu § 13 BUrlG.

759 BAG 17.11.1983, AP Nr. 13 zu § 13 BUrlG.

760 Zum Schichtbetrieb z.B. BAG 3.5.1994, AuR 1995, 234 (mit kritischer Anm. von *Unterhinninghofen*).

761 Zum Freischichtenmodell ausführlich *Leinemann*, BB 1998, 1414, mit Darstellung der Entwicklung der Rechtsprechung.

762 Der Rechtsprechung zustimmend z.B. ErfK/*Dörner*, § 3 Rn. 27; kritisch z.B. *Däubler/Hensche*, § 1 Rn. 597, jeweils mit Nachweisen der Rechtsprechung.

Schmutz, Gefahren-, Auslands-, Überstunden- und Nachtschichtzulagen sowie Prämien und Provisionen mit einbezogen werden. Hiervon könne auch in Tarifverträgen nicht abgewichen werden.[763]

Durch das »Arbeitsrechtliche Beschäftigungsförderungsgesetz« von 1996 hat der Gesetzgeber allerdings »den zusätzlich für Überstunden gezahlten Arbeitsverdienst« aus der Berechnung des Durchschnittsentgelts herausgenommen. Die nach dieser Änderung ergangenen Entscheidungen legen diese Ausnahme von der Regelberechnung zu Recht eng aus. So ist es nicht zulässig, Zeitzuschläge, die nicht zugleich Mehrarbeitszuschläge sind, unberücksichtigt zu lassen.[764] Gleichfalls bezieht die Rechtsprechung die Herausnahme von Überstundenbezahlung nur auf die Überstundenzuschläge und nicht auf die Grundbeträge, also die zusätzlichen Stunden, die für Überstunden/Mehrarbeit zu zahlen sind.[765] Den Tarifparteien steht es frei, Überstunden/Mehrarbeitszuschläge weiterhin in vollem Umfang der Durchschnittsberechnung zu Grunde zulegen.

Ältere Tarifverträge, die der gesetzlichen Neuregelung von 1996 zeitlich vorangehen, verweisen in der Regel im Sinne einer konstitutiven Regelung eigenständig auf den alten Gesetzeszustand und beziehen deshalb Überstunden/Mehrarbeitszuschläge in die Berechnung mit ein.[766]

Die Tarifparteien können im Rahmen des Referenzprinzips den **Zeitfaktor** nicht zu Lasten der Arbeitnehmer verändern und weniger Stunden für Urlaubstage zu Grunde legen, als der Arbeitnehmer bei Fortsetzung seiner Tätigkeit gearbeitete hätte.[767] Für die Berechnung der Urlaubsvergütung bei **Freischichtmodellen** bleiben jedoch nach der höchstrichterlichen Rechtsprechung die freien Tage, die sich in den oft langen Referenzzeiträumen ergeben, unberücksichtigt (hierzu § 1 Rn. 321).

**323** Wenn der **Tarifvertrag** eine von dem Referenzprinzip abweichende Berechnungsart wählt, z.B. das **Lohnausfall-Prinzip** (es wird davon ausgegangen, wie viel der betreffende Arbeitnehmer in der Zeit des Urlaubs verdient hätte), so dürfen hierdurch nur geringfügige Lohnminderungen eintreten. Bei der juristischen Abwägung räumt das Bundesarbeitsgericht in der Festlegung der Berechnungsmethoden, die von § 11 BUrlG abweichen, den Tarifparteien zu Recht grundsätzlich einen weiten Spielraum ein.[768]

**324** Die **Wartezeit** des § 4 BUrlG, wonach der volle Urlaubsanspruch erstmalig nach sechsmonatigem Bestehen des Arbeitsverhältnisses erworben wird, ist ebenfalls **tarifdispositiv**. Einer tariflichen Verlängerung steht jedoch Art. 5 Abs. 2 des ILO-Abkommens Nr. 132 entgegen, der die Sechs-Monats-Frist als Höchstgrenze festlegt.[769]

---

763 BAG 20.3.1969, AP Nr. 3 zu § 13 BUrlG.

764 BAG 22.1.2002 (9 AZR 601/00), AP Nr. 55 zu § 11 BUrlG; ErfK/*Dörner*, § 13 BUrlG Rn. 48.

765 BAG 9.11.1999 (9 AZR 771/98), AP Nr. 47 zu § 11 BUrlG; BAG 22.2.200 (9 AZR 107/99), AP Nr. 147 zu § 1 TVG Metallindustrie; *Däubler/Hensche*, § 1 Rn. 598, mit Nachweisen; a.A. z.B. ErfK/*Dörner*, § 11 BUrlG Rn. 12 und § 13 Rn. 51.

766 BAG 18.5.1999 (9 AZR 515/98), AP Nr. 223 zu § 1 Tarifverträge: Bau; BAG 12.12.2000 (9 AZR 508/99), AP Nr. 27 zu § 1 Tarifverträge Textilindustrie; ErfK/*Dörner*, § 11 BUrlG Rn. 12; *Däubler/Hensche*, § 1 Rn. 598; *Löwisch/Rieble*, § 1 Rn. 696.

767 BAG 5.9.2002 (9 AZR 244/0), AP Nr. 17 zu § 3 BUrlG Fünf-Tage-Woche; zu den komplexen Problemen der Berechnung bei Freischichtmodellen *Leinemann*, BB 1998, 1414, mit Nachweisen aus der Rechtsprechung; kritisch zur Berechnungsmethode *Däubler/Hensche*, § 1 Rn. 597, mit Nachweisen.

768 Z.B. BAG 19.9.1985 (6 AZR 460/83), AP Nr. 21 zu § 13 BUrlG.

769 Streitig, wie hier *Däubler/Hensche*, § 1 Rn. 587f.; a.A. im Ergebnis BAG 25.10.1984 (6 AZR 41/82), AP Nr. 17 zu § 13 BUrlG; der Rechtsprechung zustimmend Löwisch/*Rieble*, § 1 Rn. 966.

Für die **Übertragung des (Alt-)Urlaubs** setzt § 7 Abs. 3 BUrlG eine Frist bis zum 31. März des folgenden Kalenderjahres. Auch diese Norm ist **tarifdispositiv**. Tarifliche Verlängerungen[770] oder Modifizierungen zugunsten der betroffenen Arbeitnehmer[771] sind unstreitig möglich.[772] 325

Ob auch Verkürzungen der gesetzlichen Wartezeit durch Tarifverträge[773] zulässig sind, erscheint demgegenüber mit Blick auf Artikel 9 des ILO-Übereinkommens Nr. 132 zweifelhaft. Danach ist der Jahresurlaub spätestens ein Jahr nach Ablauf des Jahres, für das der Urlaubsanspruch erworben wurde, zu gewähren und zu nehmen Nach der Ansicht des Bundesarbeitsgerichts verstößt allerdings die Rechtsprechung zum Verfall des Urlaubsanspruchs mit Ablauf der ersten drei Monate des Folgejahres nicht gegen dieses internationale Abkommen. Die einschlägige Bestimmung ziehe nur einen zeitlichen Rahmen, der auch kürzere Fristen zulasse, als im Bundesurlaubsgesetz vorgesehen.[774]

Eine Übertragbarkeit des Urlaubs auf die Zeit nach dem 31. März des nächsten Jahres (§ 7 Abs. 3 BUrlG) **wegen Krankheit** wird grundsätzlich abgelehnt.[775] Sie ist allerdings möglich, wenn der Tarifvertrag dies vorsieht[776], gegebenenfalls sogar auf das übernächste und weitere Jahre.[777] Anhand des jeweiligen Tarifvertrages ist deshalb im Einzelfall zu prüfen, ob eine Übertragung des Urlaubsanspruchs auf das Folgejahr möglich und erfolgt ist.[778]

Obwohl der **Urlaubsabgeltungsanspruch** nach § 7 Abs. 4 BUrlG nicht in § 13 Abs. 1 BUrlG genannt ist, gehört er zu den **unabdingbaren Grundsätzen des Urlaubsrechts**. Denn er entsteht nach ständiger Rechtsprechung nicht als Abfindungsanspruch, sondern als Ersatz für den Anspruch auf Urlaub, der wegen Beendigung des Arbeitsverhältnisses nicht mehr erfüllt werden kann. Er ist also grundsätzlich an die gleichen Voraussetzungen gebunden wie der Freistellungsanspruch selbst.[779] 326

Die **Tarifparteien** können deshalb **nicht zu Ungunsten** der Beschäftigten von § 7 Abs. 4 BUrlG abweichen.[780] So verstoßen (ältere) Tarifverträge, die bestimmten, dass das Urlaubsentgelt entfällt, wenn das Arbeitsverhältnis aufgrund einer groben Verletzung der Treuepflicht beendet worden war, gegen den Gedanken, dass der Urlaubsabgeltungsanspruch wie der Urlaubsanspruch zu behandeln ist.[781] Auch ist es unzulässig, wenn die Tarifparteien den Abgeltungsanspruch ausschließen, wenn der Arbeitnehmer das Arbeitsverhältnis

---

770 BAG 20.8.1996 (9 AZR 22/95), AP Nr. 144 zu § 1 Tarifverträge Metallindustrie.

771 BAG 18.3.2003 (9 AZR 190/02), AP Nr. 17 zu § 3 BUrlG Rechtsmissbrauch: Urlaub muss nach geltendem Tarifvertrag nicht gewährt, sondern »angetreten« sein.

772 Wiedemann/*Wiedemann*, § 1 Rn. 439; *Däubler/Hensche*, § 1 Rn. 593; ErfK/*Dörner*, § 7 BUrlG Rn. 83 f.

773 BAG 21.7.1973, AP Nr. 3 zu § 7 BUrlG Übertragung (mit Anm. von *Thiele*).

774 BAG 7.12.1993, AP Nr. 15 zu § 7 BUrlG; dagegen mit guten Gründen LAG Düsseldorf, 5.9.1991, DB 1992, 224; *Däubler/Hensche*, § 1 Rn. 593; GK-BUrlG, § 15 Rn. 15 ff.; *Lörcher*, AuR 1991, 101 f.

775 BAG 13.5.1982 (6 AZR/360/80), AP Nr. 4 zu § 7 BUrlG Übertragung (mit Anm. von *Boldt*).

776 Beispiel: § 115 MTV für die Arbeiter des rheinisch-westfälischen Steinkohlenbergbaus vom 1.5.1985.

777 BAG 7.11.1985, AP Nr. 8 zu § 7 BUrlG Übertragung.

778 *Däubler/Hensche*, § 1 Rn. 592; zum Problembereich *Klischan/Schlebusch*, DB 1986, 1021.

779 BAG 19.1.1993 (9 AZR 8/92), AP Nr. 63 zu § 7 BUrlG Abgeltung; BAG 26.5.1992 (9 AZR 172/91), AP Nr. 58 zu § 7 BUrlG Abgeltung; BAG 3.5.1994 (9 AZR 522/92), BB 1994, 2281; BAG 27.5.2003 (9 AZR 366/02), NZA 2004, 1064.

780 Z.B. BAG 18.6.1980 (6 AZR 328/78), AP Nr. 6 zu § 13 BUrlG Unabdingbarkeit; allgemeine Meinung, z.B. Wiedemann/*Wiedemann*, § 1 Rn. 436; *Däubler/Hensche*, § 1 Rn. 495 f.; *Löwisch/Rieble*, § 1 Rn. 966; ErfK/*Dörner*, § 13 Rn. 39.

781 BAG 30.11.1977 (5 AZR 667/76), AP Nr. 4 zu § 13 BUrlG Unabdingbarkeit; dies entsprach der damaligen Gesetzeslage.

(unberechtigt) selbst gekündigt oder betriebliche Gründe für eine Kündigung bestehen.[782]

Ein Abweichen **zugunsten der Betroffen durch Tarifvertrag** ist grundsätzlich möglich. So sehen einige Tarifverträge vor, dass der Urlaub z.B. abzugelten ist, wenn er wegen längerer Krankheit nicht genommen werden konnte. Die Rechtsprechung verlangt jedoch zu Recht, dass die entsprechenden **tariflichen Bestimmungen eindeutig** sein müssen.[783] Anderenfalls besteht die Gefahr, dass der Urlaub, abgesehen von dem gesetzlich normierten und unproblematischen Fall der Beendigung des Arbeitsverhältnisses (§ 7 Abs. 4 BUrlG), »abgekauft wird«.[784]

**327** Da der Urlaubsabgeltungsanspruch das Schicksal des Urlaubsanspruches teilt, gelten die rechtlichen Grundsätze für letzteren entsprechend. So erlischt der Abgeltungsanspruch nach der höchstrichterlichen Rechtsprechung spätestens mit dem Ende des Übertragungszeitraums, wenn ein Freistellungsanspruch wegen fortdauernder Arbeitsunfähigkeit nicht hätte erfüllt werden können.[785] Das Bundesarbeitsgericht sieht hierin keinen Verstoß gegen Art. 111 des ILO-Übereinkommens Nr. 132. Nach dieser Bestimmung hat ein Arbeitnehmer bei Beendigung seines Arbeitsverhältnisses Anspruch auf einen bezahlten Urlaub im Verhältnis zu der Dienstzeit, für die er keinen solchen Urlaub erhalten hat oder auf eine Urlaubsabgeltung oder ein gleichwertiges Urlaubsguthaben. Damit seien nur die Anspruchsvoraussetzungen geregelt, nicht aber die Folgen von Leistungsstörungen oder anderen Leistungshindernissen.[786]

Günstigere tarifliche Vereinbarungen sind möglich. Auch dies entspricht den allgemeinen Rechtsprinzipien zum Urlaubsanspruch. So kann z.B. der Abfindungsanspruch vor dem Verfall am 31. März bewahrt werden.[787]

**328** Die Tarifparteien können die Geltendmachung des Urlaubs von der Schriftform abhängig machen.[788] Im Hinblick auf derartige **tarifliche Schriftformklauseln**, sind jedoch strenge Anforderungen zu stellen. Sie dürfen nicht dazu führen, dass die zwingenden Grundsätze des Urlaubsrechts in Frage gestellt werden.[789]

**329** Zur Urlaubskasse des Bau- und Baunebengewerbes als Gemeinsame Einrichtung der Tarifparteien nach § 13 Abs. 2 BUrlG in Verbindung mit § 4 Abs. 2 TVG: § 4 Rn. 225ff.

### b) Tarifliche Regelungen zur beruflichen und allgemeinen Weiterbildung

**330** Zu tariflichen Regelungen für Freistellungen zur **beruflichen und allgemeinen Weiterbildung** (»Bildungsurlaub«): § 1 Rn. 526ff.

---

782 Zu letzterem BAG 10.2.1987 (8 AZR 529/84), AP Nr. 12 zu § 13 BUrlG Unabdingbarkeit.

783 Z.B. BAG 26.5.1992 (9 AZR 172/91), AP Nr. 58 zu § 7 BUrlG Abgeltung; BAG 9.8.1994 (9 AZR 346/92), AP Nr. Nr. 65 zu § 7 BUrlG Abgeltung, unter Aufgabe der früheren Rechtsprechung.

784 Wiedemann/*Wiedemann*, § 1 Rn. 436; *Däubler/Hensche*, § 1 Rn. 595; ErfK/*Dörner*, § 13 BUrlG Rn. 38.

785 BAG 8.2.1994 (9 AZR 332/92), NZA 1994, 853.

786 BAG 7.3.1985 (6 AZR 334/82), AP Nr. 21 zu § 7 BUrlG Abgeltung; ebenso *Löwisch/Rieble*, § 1 Rn. 966; *Leinemann*, ZfA 1994, 1; *ders.*, BB 1993, 2520; a.A. *Däubler/Hensche*, § 1 Rn. 595; *Däubler*, FS Arbeitsgerichtsverband 1994, 631f.

787 BAG 26.5.1992 (9 AZR 172/91), AP Nr. 58 zu § 7 BUrlG Abgeltung; BAG 3.5.1994 (9 AZR 522/92), AP Nr. 64 zu § 7 BUrlG Abgeltung; *Däubler/Hensche*, § 1 Rn. 595; ErfK/*Dörner*, § 13 Rn. 37.

788 Zu Recht in diesem Sinne *Däubler/Hensche*, § 1 Rn. 593.

789 Großzügig im Hinblick auf Informationspflichten des Arbeitgebers dagegen BAG 14.6.1994, BB 1995, 154.

### c) Tarifliche Arbeitszeitregelungen zur Vereinbarkeit von Familie und Beruf

#### *aa) Überblick über die Themenbereiche*

In der Praxis der Tarif- und Betriebspolitik existieren ferner Ansätze von Regelungen zur besseren **Vereinbarkeit von Familie und Beruf** (familienfreundliche Regelungen). Die traditionelle Teilzeitarbeit »als Scharnier zwischen Erwerbsarbeit und Tätigkeit in der und für die Familie« hat hier einen Stellenwert[790], jedoch decken die einschlägigen Bestimmungen ein größeres Spektrum von Themenfeldern ab. Zahlreiche Tarifinhalte dieser Art stammen allerdings aus den 90er Jahren, seitdem hat es insoweit nicht viele Impulse gegeben.[791] **331**
Im Hinblick auf die Arbeitszeit sind vor allem zwei Regelungskomplexe von Bedeutung: Zum einen geht es um vorübergehende Unterbrechung der Erwerbstätigkeit eines Partners und die Möglichkeit der Arbeitszeitreduzierung nach Geburt eines Kindes, zum anderen um kurzfristigen Freistellungen bei Erkrankung eines Familienangehörigen.

#### *bb) Vorübergehende Freistellung bei Geburt eines Kindes und Teilzeitarbeit*

Zum Themenbereich der vorübergehenden Freistellung bei Geburt eines Kindes und Arbeitszeitreduzierung finden sich staatliche Mindestnormen im Gesetz zum Erziehungsgeld und zur Elternzeit (Bundeserziehungsgeldgesetz), das mehrfach, letztmalig am 29. Dezember 2003, novelliert wurde. §§ 4 und 5 BErzGG räumen dem Erziehenden (Mann oder Frau) für zwei Jahre einen Anspruch auf Erziehungsgeld von 450 Euro für das erste und 300 Euro für das zweite Jahr ein, nach § 15 BErzGG besteht ein Anspruch auf Freistellung, so genannte Elternzeit, wobei das dritte Jahr der Freistellung auch später bis zur Vollendung des achten Lebensjahres des Kindes aufgespart werden kann. Nach § 15 Abs. 5 bis 7 BErzGG hat jeder Elternteil während der Gesamtdauer der Elternzeit einen Anspruch auf Arbeitszeitreduzierung (Teilzeitarbeit), der nur aus dringenden betrieblichen Gründen abgelehnt werden darf. **332**

**Tarifliche Regelungen** gehen ebenso wie betriebliche Vereinbarungen in ihrem Gehalt bis auf wenige Themenfelder kaum über diese gesetzlichen Möglichkeiten hinaus. Erwähnung verdienen Bestimmungen in verschiedenen Branchen (Handel, Banken und Versicherungen sowie Metallindustrie) in denen im Anschluss an die gesetzliche Elternzeit eine **tarifliche Elternzeit** möglich ist. Die zusätzliche (unbezahlte) Freistellung beläuft sich häufig auf zwei Jahre. Regelungen, die während der Freistellung den Kontakt zum Betrieb ermöglichen und Angebote zur Weiterbildung enthalten, sind eher selten und beschränken sich auf »Kann-« oder »Soll-Vorschriften«.[792] Weitergehende konzeptionelle Überlegungen der 90er Jahre[793] konnten sich (noch) nicht durchsetzen. **333**
Dies gilt auch für die rechtspolitische Debatte um die Umwandlung des Erziehungsgeldes nach dem BErzGG in ein so genanntes **Elterngeld**, dessen Höhe sich an dem letzten Einkommen orientiert und für ein Jahr gezahlt werden soll, um die Möglichkeiten und die Bereitschaft junger Eltern (Frauen) nach Unterbre-

790 *Klenner*, WSI-Tarifhandbuch 2005, 50ff.
791 Überblick und vorhandene Beispiele bei *Klenner*, WSI-Tarifhandbuch 2005, 49ff.
792 Überblick von *Klenner*, WSI-Tarifhandbuch 2005, 58ff.
793 Ausführliche Hinweise die *Voraufl.*, § 1 Rn. 221.

chung der Erwerbsarbeit zur Betreuung eines Kindes zu erhöhen, die Tätigkeit wieder aufzunehmen. Auch hier haben die Tarifparteien keine wesentlichen Anstöße für gesetzliche Novellierungen geben können.

334 Beispiele für flexible **Sonderurlaubsmöglichkeiten**, die auch für spezifische **familienbedingte Problemlagen** genutzt werden können, finden sich vor allem in **Tarifverträgen des öffentlichen Dienstes**. So kann nach § 50 Abs. 1 BAT[794] der Angestellte bei Vorliegen eines wichtigen Grundes unter Verzicht auf die Bezüge **Sonderurlaub** erhalten, wenn die dienstlichen oder die betrieblichen Verhältnisse dies gestatten.[795] Danach werden in Anlehnung an beamtenrechtliche Bestimmungen Beurlaubungen bis zur Dauer von zwölf Jahren bewilligt, wenn der Arbeitnehmer ein Kind unter 18 Jahren oder einen pflegebedürftigen Angehörigen betreut (zur **Teilzeitproblematik** in diesem Zusammenhang: § 1 Rn. 408).
Im Übrigen waren tarifliche Bestimmungen über durchsetzbare Ansprüche auf **Teilzeitarbeit**, die dazu beiträgt, Beruf und Kindererziehung besser miteinander zu vereinbaren, Vorläufer und Vorbild für entsprechende gesetzliche Normen im BErzGG (§ 15 Abs. 5–7) und TzBfG (§ 8). In Betrieben mit weniger als 15 Beschäftigten, für die das TzBfG nicht gilt, stellen sie weiterhin die einzige Rechtsgrundlage dar.[796]

### *cc) Kurzfristige Freistellungen bei Erkrankung eines Familienangehörigen*

335 Im Falle der **Erkrankung eines Kindes** erkennt die **Rechtsprechung Freistellungsrechte nach § 616 Abs. 1 BGB** an.[797] § 616 Abs. 1 BGB belässt dem Arbeitnehmer den Entgeltanspruch, wenn er für eine verhältnismäßig nicht erhebliche Zeit durch einen in seiner Person liegenden Grund unverschuldet der Arbeit fernbleibt.
Die Freistellungen betragen fünf Tage pro Jahr, die nur in Ausnahmefällen überschritten werden dürfen und sind zudem bis zum zwölften Lebensjahr des Kindes begrenzt.[798] Darüber hinaus hat jeder Krankenversicherte für noch nicht zwölfjährige Kinder ein gegenüber dem arbeitsrechtlichen Freistellungsrecht nach § 616 Abs. 1 BGB subsidiären Anspruch auf Krankengeld und unbezahlte Freistellung bis zu zwölf Tagen in jedem Kalenderjahr nach § 45 SGB V.

336 Die **tariflichen Bestimmungen zur Freistellung bei Kindeserkrankungen** sind von unterschiedlicher Qualität. Einige Tarifverträge gleichen die Differenz von etwa 30 % zwischen Entgelt und Krankengeld nach dem SGB (teilweise) aus. Ferner finden sich Regelungen, die den Freistellungsanspruch von der Betreuungsperson auf den Ehepartner übertragen, wenn erstere – wohl in der Regel die Mutter – durch Krankenhausaufenthalt verhindert ist.[799]
Eine Mindestorientierung am Maßstab der Rechtsprechung des Bundesarbeitsgerichts erscheint deshalb wichtig, weil § 616 Abs. 1 BGB tariflich abdingbar ist.

---

794 Insoweit ergeben sich keine substantiellen Änderungen durch den Tarifvertrag für den öffentlichen Dienst (TVöD): *Bredendiek/Fritz/Tewes*, ZTR 2005, 230ff.; *Böhle/Poschke*, ZTR 2005, 286ff.

795 Zur Auslegung BAG 12.1.1989 (8 AZR 252/88), AP Nr. 14 zu § 50 BAT.

796 Einzelheiten bei *Klenner*, WSI-Tarifhandbuch, 2005, 50ff.

797 BAG 19.4.1978, AP Nr. 48 zu § 616 BGB; BAG 7.6.1978, AP Nr. 35 zu § 63 HGB, ständige Rechtsprechung.

798 Früher achtes Lebensjahr, die Grenze wurde heraufgesetzt: ErfK/*Preis*, § 616 BGB Rn. Rn. 13 und ErfK/*Rolfs*, § 45 SGB V Rn. 3.

799 Empirische Angaben bei *Klenner*, WSI-Tarifhandbuch 2005, 56ff.; auch *Zachert*, Normalarbeitsverhältnis, 117.

Bleibt ein Arbeitnehmer oder eine Arbeitnehmerin über die anerkannten Fristen hinaus von der Arbeit fern, so legt die Rechtsprechung in der Abwägung zwischen betrieblichen Belangen und dem Interesse an der Personensorge für das Kind zu Lasten des betroffenen Arbeitnehmers einen strengen Maßstab an. Auf ein Leistungsverweigerungsrecht (§§ 273, 320 BGB) oder die Unmöglichkeit bzw. Unzumutbarkeit der Arbeitsleistung kann sich der Arbeitnehmer nur dann berufen, wenn eine unverschuldete Zwangslage besteht. Im Zweifel ist Vorsorge zu treffen, dass die Kindesbetreuung durch den Ehepartner oder Dritte (Kindergarten) wahrgenommen wird.[800]

### d) Kurzfristige Freistellungsregelungen aus unterschiedlichen Gründen

In den meisten Manteltarifverträgen, zum Teil Rahmentarifverträgen regeln die 337
Tarifvertragsparteien die Voraussetzungen und Folgen **kurzfristiger Arbeitsversäumnisse** aus persönlichen Gründen, die sie von **unterschiedlichen Tatbestandsvoraussetzungen** abhängig machen. Damit werden die Voraussetzungen des **§ 616 Abs. 1 BGB** konkretisiert. Die **Rechtsprechung** erkennt einen in der Person des Arbeitnehmers liegenden Grund im Sinne dieser Vorschrift dann an, wenn die Arbeitsleistung dem Arbeitnehmer nach Treu und Glauben unter Abwägung der Interessen beider Vertretungsparteien nicht zugemutet werden konnte[801] und hat hierzu im Einzelnen eine umfangreiche **Kasuistik** entwickelt.[802]

Bei **kurzfristigen Freistellungsregelungen in Tarifverträgen allgemeiner Art** 338
lassen sich drei Regelungsmuster unterscheiden. Überwiegend werden die Verhinderungsfälle im Einzelnen aufgezählt, zum Teil werden sie nur beispielhaft benannt und im Übrigen auf § 616 Abs. 1 BGB verwiesen, oder es wird lediglich der Gesetzeswortlaut wiederholt.[803] Wenn die Tarifverträge dem Enumerationsprinzip folgen, werden für die jeweiligen Freistellungstatbestände zugleich die freien Zeiten pauschaliert festgelegt.

Typische **tarifliche Beispiele für Freistellungen aus persönlichen Gründen** sind: Tod des Ehegatten oder eines nahen Verwandten auf- oder absteigender Linie oder eines sonstigen im Haushalt lebenden Angehörigen, Heirat, Entbindung der Ehefrau, Heirat von Kindern, Arztbesuch, der während der Arbeitszeit erfolgt, Wohnungswechsel, Erfüllung staatsbürgerlicher Pflichten usw. Die Dauer der Freistellungen ist in den Tarifverträgen für jeden aufgeführten Grund festgelegt und bewegt sich zwischen einem Tag bis zu sechs Tagen.

Dem Vorteil der Beseitigung von Rechtsunsicherheit durch derartige tarifliche Bestimmungen steht der Nachteil gegenüber, dass die betreffenden Vereinbarungen hinter dem von der Rechtsprechung entwickelten Standard teilweise zurückbleiben.[804] Ist nämlich im Tarifvertrag die Entscheidung für das Enumerationsprinzip getroffen, geht die Rechtsprechung davon aus, dass es sich damit um eine abschließende Aufzählung handelt.[805] Dies gilt jedoch nicht, wenn die Aufzählung im Tarifvertrag ausdrücklich als beispielhaft bezeichnet wird.

---

800 BAG 21.5.1992, AP Nr. 29 zu § 1 KSchG 1969.

801 BAG 25.4.1960, AP Nr. 23 zu § 616 BGB; zur erweiternden Auslegung des »Personen-Begriffes« aus Erwägungen des Grundrechtsschutzes: *Kempen*, ArbRGgw 25 (1987), 75ff.

802 Hierzu z.B. ErfK/*Preis*, § 616 BGB Rn. 3ff.

803 *Stein*, Rn. 518f., mit Beispielen aus der Tarifpraxis.

804 Überblick z.B. ErfK/*Preis*, § 611 BGB Rn. 6ff.

805 Vgl. BAG 13.11.1969 (4 AZR 35/69), AP Nr. 41 zu § 616 BGB; BAG 4.9.1985 (7 AZR 249/83), AP Nr. 1 zu § 29 BMT-G.

Im praktisch wichtigen Fall der **Freistellung zum Aufsuchen eines Arztes** ist jeweils zu prüfen, ob die Tarifverträge den bezahlten Arztbesuch auch für den Fall vorsehen, dass er nicht nur aus medizinischen, sondern aus Termingründen während der Arbeitszeit notwendig ist.[806] Nach dem Bundesarbeitsgericht kann bei einer typischen Formulierung, welche die Freistellung davon abhängig macht, »ob die ärztliche Behandlung notwendig sei«, der Arztbesuch während der Arbeitszeit erfolgen, wenn der Arbeitnehmer die Lage des Untersuchungstermins nicht beeinflussen kann.[807]

339 **Tarifpolitisch** ergibt sich für die typischen Freistellungskataloge insgesamt noch ein erheblicher **Überarbeitungs- und Regelungsbedarf.**[808] Dies gilt für die tatbestandlichen Voraussetzungen allgemein[809], aber auch im Hinblick auf Korrekturmöglichkeiten höchstrichterlicher Entscheidungen, soweit deren Bewertung problematisch erscheint.

So hat das Bundesarbeitsgericht entschieden, dass nach der Formulierung des BAT ein nicht verheirateter Angestellter aus Anlass der Niederkunft seiner mit ihm in häuslicher Gemeinschaft lebenden Lebensgefährtin keinen Anspruch auf bezahlte Freistellung habe.[810] Diese Auslegung erscheint vor dem Hintergrund des Art. 6 Abs. 5 GG fragwürdig, der das uneheliche Kind schützt.[811]

Als Reaktion auf derartige Unzulänglichkeiten haben einige Tarifverträge eheähnliche Lebensgemeinschaften der Ehe gleichgestellt.[812]

## 8. Arbeitszeit und Flexibilität

### a) Tarifliche Regelungen der Überstunden/Mehrarbeit

#### *aa) Rechtspolitische Debatte*

340 Relativ umfassend erweist sich der Katalog von Regelungen in Tarifverträgen, die eine Begrenzung der Überstunden/Mehrarbeit zum Ziel haben. Dennoch ist die **Zahl der jährlich geleisteten Überstunden** nach wie vor **hoch** und lag 2001/2002 bei knapp 1,7 Milliarden[813], ist allerdings seitdem deutlich gesunken (2005 ca. 1,4 Milliarden).[814] Dies liegt vor allem an der zunehmenden Verwendung von Arbeitszeitkonten (§ 1 Rn. 369 ff.), aber auch an Strukturveränderungen auf dem Arbeitsmarkt wie der Zunahme von Teilzeitarbeit § 1 Rn. 394).

---

806 Umfassend hierzu *Unterhinninghofen*, AiB 1984, 136; BAG 29.2.1984, AP Nr. 22 zu § 1 TVG Tarifverträge Metallindustrie; BAG 29.2.1984, AP Nr. 64 zu § 616 BGB; zu Grenzen der Regelungsbefugnis der Tarifvertragsparteien: BAG 19.10.1983, AP Nr. 62 zu § 616 BGB.

807 BAG 22.1.1986, AP Nr. 69 zu § 1 TVG Tarifverträge Bau; *Stein*, Rn. 519, mit weiteren Nachweisen.

808 *Kurz-Scherf*, WSI-Mitt. 1987, 705; *Zachert*, Normalarbeitsverhältnis, 117.

809 *Stein*, Rn. 519, weist z. B. darauf hin, dass sich einzelne MTVe ausgesprochen »dienstjubiläumsfreundlich« zeigen.

810 BAG 25.2.1987, AP Nr. 3 zu § 52 BAT; BAG 18.1.2001 (6 AZR 492/99), AP Nr. 8 zu § 52 BAT; bei gleichgeschlechtlichen Lebenspartnerschaften hat das BAG dagegen die Gleichstellung (beim tariflichen Ortszuschlag) bereits vorgenommen: BAG 29.4.2004 (6 AZR 101/03), ZTR 2004, 519.

811 Ebenso *Däubler/Hensche*, § 1 Rn. 603.

812 Z. B. die Protokollnotiz im gemeinsamen Tarifvertrag für Arbeiter und Angestellte der niedersächsischen Metallindustrie vom 1. Dezember 1994, hierzu *Meine*, AiB 1995, 82.

813 Zur Entwicklung: *DIW Wochenbericht* 31/99; ferner *IAB Kurzbericht* 1/2002.

814 Globus-Infografik »Überstunden-Abbau«, 8.8.2005, nach Quellen des IAB.

Die **arbeitsmarktpolitische Effekte** eines Abbaus von Überstunden werden kontrovers diskutiert[815], die Rechtsprechung erkennt jedoch die Absicht der Tarifparteien an, durch einen **Freizeitausgleich** von Überstunden, Neueinstellungen zu fördern.[816] Auch das Risiko **gesundheitlicher Gefährdungen** bei überlangen Arbeitszeiten ist weitgehend unstreitig.[817]
**Arbeitszeitkonten**, die sich tariflich weitgehend durchsetzten, haben den **Ausgleich** von Zeitguthaben durch **Freizeitnahme** erleichtert.

### *bb) Definition von Überstunden/Mehrarbeit*

Von **Überstunden**, d.h. der Arbeitszeit, die über die betriebsübliche Arbeitszeit hinaus anfällt, ist **Mehrarbeit** zu unterscheiden, die dann vorliegt, wenn die gesetzlich vorgeschriebene Höchstarbeitszeit (48 Stunden nach § 3 ArbZG) überschritten wird. Die Begriffe in den Tarifverträgen tragen dem häufig nicht Rechnung und sprechen von Mehrarbeit, wenn rechtlich Überstunden gemeint sind. Der **Unterscheidung** kam bereits in der Vergangenheit **keine wesentliche praktische Bedeutung** zu, dies gilt nunmehr erst recht, denn anders als § 15 AZO gibt es den Begriff der Mehrarbeit im geltenden Arbeitszeitgesetz nicht mehr. **341**
Häufig konkretisieren Tarifverträge, **von wann ab Überstunden** vorliegen. In der Regel ist dies bei Überschreitung der individuell vereinbarten täglichen[818], seltener der Wochenarbeitszeit der Fall.

Bei **Teilzeitbeschäftigten** legen die Tarifverträge in der Regel die **für Vollzeitbeschäftigte** betriebs- oder abteilungsübliche **Arbeitszeit** zu Grunde, was dazu führt, dass die tariflichen Regelungen zu Überstunden für sie nicht einschlägig sind (zu den Problemen der Verletzung des Gleichheitsgrundsatzes: § 1 Rn. 406). **342**

### *cc) Tarifpraxis und Rechtsfragen*

Die »klassische Form« der tariflichen Regelung von Überstunden betrifft die finanzielle Seite. In der Mehrzahl der Tarifverträge sind **Überstundenzuschläge** von 25% vorgesehen. Da ein relativ hoher Anteil der Tarifverträge eine Steigerung der Überstundenzuschläge bei mehr als zwei oder drei Stunden pro Tag bzw. fünf, sechs oder mehr Stunden pro Woche bestimmt, liegen diese Zuschläge faktisch höher (an »normalen Arbeitstagen« bei über 35%). Überstunden an Sonn- und Feiertagen ist noch erheblich höher zu vergüten (an Sonntagen ca. 80%, an Feiertagen etwa 150%). **343**
Diese Bestimmungen haben an Bedeutung gewonnen, weil das **Arbeitszeitgesetz** vom Juni 1994 im Unterschied zu § 15 Abs. 2 AZO **keine Mehrarbeitsvergütung** mehr festlegt.

Nahezu alle Tarifverträge enthalten **Einschränkungen und Begrenzungen von Mehrarbeit**. Allerdings handelt es sich nicht selten um recht **allgemeine Formu-** **344**

---

815 Skeptisch z.B.: DIW Wochenbericht 31/99; ein Potenzial zwischen 230000 und 630000 sehen dagegen *Groß/Munz/Seifert*, WSI-Mitt. 1999, 505; zu den Voraussetzungen hierfür näher mit Praxisbeispielen *Lehndorff/Mansel*, WSI-Mitt. 1999, 513ff.
816 BAG 24.1.1990 (4 AZR 468/89), AP Nr. 90 Tarifverträge Metallindustrie.
817 Kurzer Überblick mit weiterführenden Nachweisen von *Oppolzer*, AiB 2003, 349.
818 Beispiel BAG 16.2.2000 (4 AZR 988/98), DB 2000, 1922 (mit Anm. von *Unterhinninghofen*, AuR 2000, 429); vgl. auch BAG 21.11.2001 (5 AZR 296/00), DB 2002, 845.

**lierungen** in dem Sinne, dass Überstunden möglichst zu vermeiden seien (»Vermeidungsfloskeln«).[819] Dies wird teilweise mit der Forderung kombiniert, Neueinstellungen anstelle von Überstunden vorzunehmen.

345 Die Festlegung von Überstunden bedarf der **Mitbestimmung des Betriebsrats** nach § 87 Abs. 1 Nr. 3 BetrVG. Häufig weisen die Tarifverträge ausdrücklich (deklaratorisch) darauf hin, dass Überstunden nur mit Zustimmung des Betriebsrates möglich sind.

346 **Konkretisierungen, wann Überstunden zulässig sind**, finden sich in den Tarifverträgen in unterschiedlicher Form und mit unterschiedlicher Verbindlichkeit. Häufig werden Überstunden nur bei »**dringenden betrieblichen Erfordernissen**« zugelassen. Eine Konkretisierung der Formulierung »**notwendiger Mehrarbeit**« im MTV Metall NRW nimmt das Bundesarbeitsgericht wie folgt vor: »Notwendige Mehrarbeit« im Sinne dieses Tarifvertrages umfasse nicht jedes betriebliche Bedürfnis. Lediglich die Mehrarbeitsstunden seien notwendig und erforderlich, ohne die ein bestimmtes betriebliches Ziel nicht erreicht werden könne. Nicht notwendig sei Mehrarbeit, wenn das Ziel (im gegebenen Fall: »fliegender Schichtwechsel«) auf andere Weise zu erreicht werden könne.[820]
**Verfahrensmäßig** machen zahlreiche Tarifverträge **Überstunden** davon abhängig, dass sie innerhalb einer angemessenen Frist **vorangekündigt** werden.

347 **Ob der einzelne Arbeitnehmer Überstunden zu leisten hat**, richtet sich vorrangig nach der Vereinbarung im Arbeitsvertrag oder einer tariflichen Verpflichtung, wofür es aber nur wenige Beispiele gibt, schließlich kommt eine Betriebsvereinbarung in Betracht.[821] Eine typische tarifliche Bestimmung in diesem Zusammenhang ist, dass die Arbeitnehmerinteressen bei der Anordnung von Überstunden zu berücksichtigen seien. Allerdings machen Tarifverträge für die Anordnung von Überstunden nur ausnahmsweise die Zustimmung der betroffenen Arbeitnehmer zur bindenden Voraussetzung.

348 Größere Bedeutung als der Festlegung allgemeiner Abwägungskriterien kommt **quantitativen Begrenzungen** von **Überstunden** zu. Zum Teil schreiben die Tarifverträge vor, dass die tägliche Arbeitszeit einschließlich Mehrarbeit zehn Stunden nicht überschreiten darf. Verbreitet ist die Festlegung einer Höchstgrenze von sechs bis zehn Mehrarbeitsstunden pro Woche, zum Teil kombiniert mit monatlichen Mehrarbeitsgrenzen etwa bis zu maximal zwanzig Stunden.

349 Nahezu alle Tarifverträge sehen die Möglichkeit vor, dass **Überstunden durch Freizeit abgegolten** wird. Überwiegend handelt es sich um »weiche »Formulierungen«, die dem Arbeitnehmer eine entsprechende Wahlmöglichkeit – häufig von einer bestimmten Überstundenstundenzahl an (etwa sechzehn Stunden im Monat) – einräumen.
Seltener wird ein **Freizeitausgleich** für Überstunden **verbindlich** vorgeschrieben. Dann kann der Freizeitausgleich nicht unter Berufung auf das **Günstigkeitsprinzip** durch Entgelt kompensiert werden[822] (im Einzelnen § 4 Rn. 328ff.).
Oft überlassen die Tarifverträge den **Betriebsparteien** die **Kompetenz**, **Einzelheiten eines Freizeitausgleichs** in Betriebsvereinbarungen zu regeln und legen zugleich einen Ausgleichszeitraum (z.B. drei Monate) fest.

---

819 So *Stein*, Rn. 469.
820 BAG 24.3.1992, BB 1992, 2074 (mit Anm. von *Unterhinninghofen*, AiB 1993, 58).
821 Vgl. *Fitting*, BetrVG, § 87 Rn. 141.
822 Wie hier *Däubler/Hensche*, § 1 Rn. 542; a.A. Wiedemann/*Wiedemann*, § 1 Rn. 352.

Sieht der Tarifvertrag den **Freizeitausgleich von einer bestimmten Stundenzahl an** vor, so kann der Arbeitnehmer bei einer Formulierung »Abgeltung der Mehrarbeitstunden durch Freizeit bei mehr als sechzehn Mehrarbeitstunden im Monat« die Freistellung für sämtliche Mehrarbeitstunden verlangen und nicht erst für die Mehrarbeit ab der siebzehnten Mehrarbeitstunde.[823]
Nicht selten ist nach den einschlägigen tariflichen Bestimmungen **zusätzlich zum Freizeitausgleich** ein **Überstundenzuschlag** (ohne Grundvergütung) zu zahlen. Weniger häufig wird die Möglichkeit eingeräumt, dass Überstundenzuschläge in Freizeit (**Zeitzuschläge**) umgewandelt werden können.
Zum **Sinn des Freizeitausgleichs bei Überstunden** betont das Bundesarbeitsgericht, die Tarifparteien hätten anerkannt, dass ein gewisser Teil Überstunden betrieblich unumgänglich sei, selbst wenn er regelmäßig anfalle, und dass dieser Sockel beschäftigungspolitisch nicht umgesetzt werden könne. Jedoch sei zwischen den Tarifparteien ebenfalls unstreitig, dass eine übermäßige Ausweitung von Mehrarbeit durch die Möglichkeit des Freizeitausgleichs vermieden werden solle, um **Neueinstellungen zu fördern**.[824]

Die Praxis der tariflich vereinbarten **Arbeitszeitkonten,** die sich inzwischen **350**
weitgehend durchgesetzt hat, fördert einerseits den Abbau von Zeitguthaben durch Freizeit, führt gleichzeitig zunehmend dazu, dass Überstunden in der Regelarbeitszeit aufgehen und Überstundenzuschläge nicht mehr bezahlt werden (§ 1 Rn. 369 ff.).

### b) Tarifliche Regelungen der Kurzarbeit

#### *aa) Definition und Bedeutung*

**Kurzarbeit** ist die vorübergehende Kürzung der betriebsüblichen Arbeitszeit, **351**
die in der Regel durchgeführt wird, indem die Arbeitszeit an einzelnen Wochentagen oder auch über längere Zeit ruht. Sie stellt nach ihrer Grundkonzeption ein Instrument dar, um vorübergehende wirtschaftliche Schwierigkeiten im Betrieb oder einzelnen Betriebsabteilungen personalpolitisch zu überbrücken, indem Lohnkosten eingespart werden, ohne dass Entlassungen ausgesprochen werden müssen. Nach §§ 169 ff. SGB III AFG gleicht das Arbeitsamt finanzielle Einbußen der Betroffenen durch Kurzarbeitergeld teilweise aus. Der Arbeitgeber hat für die Ausfallstunden sowohl den Arbeitgeber- als auch den Arbeitnehmeranteil an Sozialversicherungsbeiträgen zu zahlen.
Die **Bedeutung der geltenden Kurzarbeitsregelungen** in der Kombination von staatlichem, tarifautonomem Recht und betrieblichen Vereinbarungen als geeignetes Mittel zur Bewältigung von konjunkturell bedingten Betriebskrisen ist grundsätzlich anerkannt.[825]

---

823 BAG 24.1.1990 (4 AZR 468/89), AP Nr. 1 zu § 1 TVG Tarifverträge Metallindustrie als Ergebnis der Auslegung des konkreten Tarifvertrages; anders bei engerer Formulierung: BAG 17.1.1995 (3 AZR 399/94), DB 1995, 1413, aber gerichtliche Kontrolle der einseitigen Leistungsbestimmung des Arbeitgebers nach § 315 BGB.
824 BAG 24.1.1990 (4 AZR 448/89), AP Nr. 1 zu § 1 TVG Tarifverträge Metallindustrie.
825 *Däubler/Hensche*, § 1 Rn. 533, verweisen auf gewisse Umsetzungsprobleme in Kleinbetrieben.

### *bb) Rechtsgrundlagen und typische tarifliche Inhalte*

352 Ohne besondere Rechtsgrundlage kann Kurzarbeit vom Arbeitgeber nicht einseitig durchgeführt werden.[826] Die wichtigste **Ermächtigung für Kurzarbeit** sind **Tarifverträge** und **Betriebsvereinbarungen**.

Mit der Ermächtigung des Arbeitgebers zur Einführung von Kurzarbeit müssen die **Tarifparteien** zugleich **die allgemeinen Voraussetzungen für die Einführung von Kurzarbeit festlegen**. Eine Tarifbestimmung, die dem Arbeitgeber ohne jede Vorgabe und Einschränkung die Möglichkeit der befristeten Suspendierung des Arbeitsverhältnisses einräumt, ist wegen objektiver Umgehung des Kündigungsschutzes unwirksam.[827]

Auf beiden Ebenen kollektiver Vereinbarungen wird **typischerweise** versucht, die Grundlagen für das Verfahren der Ein- und Durchführung von Kurzarbeit festzulegen und negative finanzielle Folgen für die Betroffenen möglichst zu begrenzen. Geregelt wird unter anderem, dass

- während der Kurzarbeit keine betriebsbedingten Kündigungen ausgesprochen werden,
- eine Leistungsverdichtung vermieden und die Produktionsmenge entsprechend der Verkürzung der Arbeit gesenkt wird,
- der Besitzstand der Betroffenen möglichst gesichert bleibt,
- der Arbeitgeber das Kurzarbeitsgeld aufstockt,
- die Einführung von Kurzarbeit frühzeitig angekündigt wird (in der Regel drei, sieben oder vierzehn Tage) und
- der Betriebsrat möglichst regelmäßig sowie umfassend über die wirtschaftliche Situation des Betriebes informiert wird, um prüfen zu können, ob Kurzarbeit weiterhin erforderlich ist.[828]

Weiterführende konzeptionelle Überlegungen wurden tariflich in einigen Branchen der neuen Bundesländer verwirklicht. Im Kern geht es um eine Kombination von **Kurzarbeit und Qualifizierungsmaßnahmen**. So schloss die IG Metall in der ostdeutschen Metallindustrie einen Tarifvertrag über Kündigungsschutz und Qualifizierung bei Umstrukturierungsmaßnahmen ab, der unter anderem ein Kündigungsverbot von eineinhalb Jahren vorsieht und stattdessen die Arbeitgeber verpflichtet, Kurzarbeit in Verbindung mit betrieblichen Qualifizierungsmaßnahmen einzuführen. Ähnliche Tarifabkommen vereinbarten die Gewerkschaften HBV und NGG über Qualifizierung und Milderung wirtschaftlicher Nachteile im Zusammenhang mit der Privatisierung der staatlichen Einzelhandelsbetriebe der DDR.[829]

Das **staatliche Recht** stellt nunmehr **vergleichbare Möglichkeiten** bereit. An die Stelle des so genannten Struktur-Kurzarbeitergeldes nach § 175 SGB III a.F., der die vorübergehende Weiterbeschäftigung und Qualifizierung durch Zuschüsse von der Bundesagentur für Arbeit erleichterte, sind am 23. Dezember 2003 mit §§ 216a und b SGB III die Bestimmungen über die Förderung der Teilnahme an

---

826 BAG 12.10.1994 (7 AZR 398/93), AP Nr. 66 zu § 87 BetrVG Arbeitszeit; BAG 18.10.1994 (1 AZR 503/93), AP Nr. 11 zu § 615 BGB Kurzarbeit; allgemeine Meinung, z.B. Wiedemann/*Wiedemann*, § 1 Rn. 353; *Däubler/Hensche*, § 1 Rn. 530.

827 So zu Recht BAG 27.1.1994 (6 AZR 541/93), AP Nr. 1 zu § 15 BAT-O; BAG 18.10.1994 (1 AZR 503/93), AP Nr. 11 zu § 615 BGB Kurzarbeit; ebenso die Rechtslehre: Wiedemann/*Wiedemann*, § 1 Rn. 353; *Däubler/Hensche*, § 1 Rn. 530.

828 Zur Empirie auch *Däubler/Hensche*, § 1 Rn. 530, sowie mit kritischen Hinweisen *Stein*, Rn. 485.

829 *Bispinck*, Betriebliche Personalpolitik, 15f., mit weiteren Nachweisen.

Transfermaßnahmen und Transferkurzarbeitergeld in Kraft getreten, die eine entsprechende Zielsetzung verfolgen.
Vereinzelt blieben Tarifvereinbarungen, **Kurzarbeitszuschüsse aus einem Fonds** zu bezahlen, der durch **arbeitgeberseitige Rückstellungen** gespeist wird. Im Bereich der ÖTV wurde durch einen Tarifvertrag mit der Stadtgemeinde Bremen und den am Hafenbetrieb beteiligen Unternehmen gesichert, dass alle Unternehmen, einschließlich der halbstaatlichen beteiligten Lagerhausgesellschaft, pro Kopf der Beschäftigten eine bestimmte Summe in eine paritätisch verwaltete Garantie-Lohn-Kasse einzahlen. Aus dieser Kasse werden Feierschichten finanziell ausgeglichen. Konjunkturelle Schwankungen, auf die der Hafen mit Schiffsankünften und TonnageUmschlag reagiert, können so ausgeglichen werden.[830]

### *cc) Rechtsfragen*

Zum Normtyp der tariflichen **Kurzarbeitsbestimmungen** ist streitig, ob es sich um Inhalts- oder Betriebsnormen handelt. Nach der prinzipiell gebotenen einschränkenden Auslegung des Betriebsnormenbegriffs sprechen die besseren Gründe dafür, sie als **Inhaltsnormen**[831] zu bewerten (hierzu § 1 Rn. 92). **353**

Die **tarifliche Ermächtigung** des Arbeitgebers zur Kurzarbeit lässt das **Mitbestimmungsrecht des Betriebsrates** einschließlich seines Initiativrechts nach § 87 Abs. 1 Nr. 3 BetrVG **unberührt**.[832] **354**
Im Übrigen gelten die **allgemeinen Grundsätze des Tarifvorrangs nach § 87 Abs. 1 BetrVG** (Grundl. Rn. 345 ff.). So ist eine Betriebsvereinbarung, die eine tarifvertraglich festgelegte Ansagefrist missachtet, insoweit unwirksam.[833] Umfassende und abschließende tarifliche Regelungen zur Kurzarbeit auf Branchenebene, welche eine völlige Sperrwirkung des § 87 Abs. 1 BetrVG auslösen, kommen praktisch nicht vor.[834]

Tarifliche und betriebliche Regelungen von Kurzarbeit, die der vorübergehenden Sicherung der Arbeitsplätze dienen, sind individualrechtlich verbindlich und scheitern nicht am Günstigkeitsprinzip.[835] **355**
Die **Erstreckung auf Außenseiter** wird allerdings nur über **tarifliche Öffnungen** für den Abschluss einer **Betriebsvereinbarung** (hierzu § 1 Rn. 258 f.) oder so genannte **tarifliche Außenseiterklauseln** (Gleichstellungsklauseln) herzustellen sein[836] (zu letzterem § 1 Rn. 743).

Auch ohne entsprechende tarifliche Regelung ist nach den allgemeinen Prüfungsmaßstäben des Kündigungsrechts davon auszugehen, dass eine **betriebsbedingte Kündigung bei Kurzarbeit** grundsätzlich **nicht zulässig** ist.[837] **356**

---

830 Abgedruckt bei *Zachert*, Tarifvertrag, 1979, 146f.
831 Ebenso *Boecken*, RdA 2000, 9, mit umfassenden Nachweisen; einen Doppelcharakter als Inhalts- und Betriebsnormen nehmen an: *Däubler/Hensche*, § 1 Rn. 533.
832 *Fitting*, BetrVG, § 87 Rn. 157; auch DKK-*Klebe*, § 87 Rn. 38; *Buschmann/Ulber*, Flexibilisierung, 218.
833 So zutreffend BAG 12.10.1994 (7 AZR 398/93), AP Nr. 66 zu § 87 BetrVG Arbeitszeit = DB 1995, 734.
834 *Fitting*, BetrVG, § 87 Rn. 157; *Buschmann/Ulber*, Flexibilisierung, 218.
835 Vgl. BAG 4.3.1986 (1 ABR 15/84), AP Nr. 3 zu § 87 BetrVG 1972 Kurzarbeit, Bl. 776 (mit Anm. von *Wiese*); BAG 3.12.1991 (GS 1 und 2/90), AP Nr. 51 zu § 87 BetrVG 1972 Lohngestaltung, unter C. I. 4. c. der Gründe; *Däubler/Hensche*, § 1 Rn. Rn. 533; a. A. vom Ausgangspunkt eines sehr engen Verständnisses tariflicher Regelungsspielräume bei Kurzarbeit *Heinze*, RdA 1998, 14, 18.
836 A. A. *Däubler/Hensche*, § 1 Rn. 533 und 534, die vom Betriebsnormcharakter derartiger Vereinbarungen ausgehen.
837 *Kittner/Däubler/Zwanziger*, KSchR, § 1 KSchG Rn. 290, mit Rechtsprechungs-Nachweisen; zum Thema umfassend, *Ulber/Unterhinninghofen*, ArbRGgw (37) 1998, 71, besonders 92f.

357 Für eine tarifliche Regelung, die **Angestellten** im Gegensatz zu **gewerblichen Arbeitnehmern** unbegrenzt einen **Zuschuss** von 50 % des Nettoeinkommensverlustes zum Kurzarbeitergeld gewährt, bestehen **keine** sachlichen **Differenzierungsgründe**. Sie ist deshalb unwirksam[838] (allgemein Grundl. Rn. 226).

### c) Tarifliche Regelung der gleitenden Arbeitszeit

#### *aa) Definition, Bedeutung*

358 Unter **gleitender Arbeitszeit** werden alle Formen der Arbeitszeitverteilung verstanden, in denen einer festen Mindestarbeitszeit Gleitzeitspannen vor- und nachgeschaltet sind, innerhalb derer die Arbeitnehmer im Rahmen von Gleitzeitvereinbarungen ihre Arbeitszeit selbst festlegen können.

Für den **Arbeitnehmer** hat dies den **Vorteil,** die tägliche Arbeitszeit besser an den persönlichen Lebensrhythmus anzupassen, er gewinnt an **Zeitsouveränität**. Für den **Arbeitgeber** liegen die **Vorzüge** vor allem darin, dass die erbrachten Mehr- oder Minderarbeitsstunden durch Arbeitsspitzen angesammelt und bei geringem Arbeitsanfall abgebaut werden können. Für ihn bedeutet dies einen **Flexibilitätsgewinn** zur besseren Auslastung der Kapazitäten, der vor allem kleinere Arbeitszeitschwankungen ausgleichen kann. Zudem bedürfen jedenfalls einfache Formen der Gleitzeit keines hohen personalwirtschaftlichen Organisationsaufwandes, da der Zeitausgleich vom Mitarbeiter selbst vorgenommen wird.

359 **Gleitende Arbeitszeit** hat sich inzwischen **in nahezu allen Branchen durchgesetzt**, im Bereich (qualifizierter) Angestelltentätigkeit ist sie noch verbreiteter als im Produktionsbereich, obwohl sich Gleitzeit zunehmend auch im produzierenden Gewerbe findet.[839]

Die **Tarifparteien** haben dieses **Thema kaum gestaltet**, sondern es im Wesentlichen den **Betriebsparteien** überlassen oder zugewiesen.

#### *bb) Praxis*

360 Wie sich die gleitende Arbeitszeit konkret auswirkt und welche rechtlichen und personalpolitischen Probleme sich ergeben können[840], wird dadurch beeinflusst, wie dieser »Typ flexibler Arbeitszeit« im Einzelnen ausgestaltet ist.

Bei der **einfachen Gleitzeit** wird lediglich Beginn und entsprechend das Ende der täglichen Arbeitszeit variabel gestaltet, die z. B. in der Zeitspanne zwischen 7.00 und 9.00 und 16.00 und 18.00 Uhr liegt. Die tägliche Sollarbeitszeit verändert sich nicht, beträgt z. B. sieben Stunden. Da keine Zeitguthaben oder Zeitschulden entstehen können, ist es nicht erforderlich, ein Arbeitszeitkonto zu führen.

Bei der **qualifizierten Gleitzeit** entsteht ein wesentlich höheres Maß an Flexibilität. Hier kann der Arbeitnehmer nicht nur über die Lage, sondern auch über die Dauer der täglichen Arbeitszeit selbst entscheiden. Vorgegeben ist eine Mindestarbeitszeit (Kernarbeitszeit), in der Anwesenheitspflicht besteht. Im Übrigen be-

---

838 BAG 28.5.1996 (3 AZR 752/95), AP Nr. 143 zu § 1 TVG Tarifverträge: Metallindustrie; zum Gleichheitsgrundsatz einer Kurzarbeitsregelung vor dem Ausscheiden aus dem Arbeitsverhältnis: BAG 7.11.1995, DB 1996, 1476.

839 Empirische Angaben bei *Bosch/Ellguth/Promberger*, WSI-Mitt. 1992, 51; neuere Daten *Däubler/Hensche*, § 1 Rn. 561, mit Nachweisen.

840 Zu Ambivalenzen *Däubler/Hensche*, § 1 Rn. 561.

stimmt der Arbeitnehmer die Dauer seiner täglichen Arbeitszeit selbst. Da die arbeitsvertraglich (tariflich) geschuldete Arbeitszeit nur in einem bestimmten, festgelegten Zeitraum erreicht werden muss, ist es notwendig, ein **Arbeitszeitkonto** zu führen, auf dem Zeitguthaben und Zeitdefizite angegeben sind.[841] Schließlich gibt es **neuere Modelle**, die auf die Festlegung von Kernarbeitszeiten verzichten und ein sehr hohes Maß an Verantwortung für die Festlegung der geschuldeten Arbeitszeit den Arbeitnehmern übertragen. Sie kommen der so genannten **Vertrauensarbeitszeit** (dazu § 1 Rn. 377 ff.) nahe.[842]

### cc) Gestaltung durch kollektive Regelung und Rechtsfragen

Üblich und erforderlich sind folgende Mindestbedingungen, die dem **Standard der betrieblichen Vereinbarungen** entsprechen oder entsprechen sollten: **361**
Es wird die tägliche Höchstarbeitszeit als Kernzeit und die Zeitspanne, vor und nach der Kernzeit (Gleitzeit) festgelegt, in der die Arbeitnehmer ihre Arbeitszeit selbst bestimmen können.
Bei qualifizierter Gleitzeit werden für Zeitguthaben oder -rückstände Höchstgrenzen bestimmt, und es wird ein Ausgleichszeitraum definiert. Ferner wird festgelegt, wie mit dem Guthaben oder Rückstand zu verfahren ist. Schließlich sind die Methoden einer (automatischen) Zeiterfassung und ihre Kontrolle von Bedeutung. Besonderes Gewicht kommt, ebenso wie bei der Vereinbarung von Zeitkonten, der Frage zu, ob angeordnete Überstunden zuschlags- oder in besonderer Weise ausgleichpflichtig sind oder im Rahmen des Zeitausgleichs in der Regelarbeitszeit aufgehen.[843]
**Tarifliche Rahmenregelungen** sind selten. Ein Regelungsbedarf besteht zum **362**
einen darin, die Gleitzeitvereinbarungen mit tariflichen Überstundenregelungen abzustimmen, indem definiert wird, ob und wann zuschlagspflichtige Überstunden vorliegen. So legt der MTV Metallindustrie Hamburg-Schleswig-Holstein vom Juli 1991 als Mehrarbeit die Arbeitszeit fest, die auf Anordnung außerhalb der täglichen Kernarbeitszeit geleistet wird und die Dauer der täglichen Sollarbeitszeit überschreitet.[844]
Zum anderen scheint in den betrieblichen Vereinbarungen die Definition von Ausgleichzeiträumen und von Obergrenzen für Plusstunden sowie die Verwendung von Gleitzeitsalden lückenhaft zu sein.[845] Ein Beispiel für tarifliche Ansätze von Vorgaben für einige Mindeststandards hierzu findet sich in der chemischen Industrie: Die tägliche Arbeitszeit darf bei Gleitzeit höchstens zehn Stunden betragen. Das zulässige Volumen an maximalen Zeitguthaben und Zeitschulden soll auf betrieblicher Ebene festgelegt werden, es darf aber 16 Stunden im Abrechnungszeitraum nicht überschreiten.[846]
Die **Rechtsprechung** hat im Hinblick auf **flexible und offene Arbeitszeitgestal-** **363**
**tungen** (Gleitzeit, Arbeitszeitkonten, Vertrauensarbeitszeit und ähnliches) betont, dem **Arbeitgeber** oblägen insoweit **Organisationspflichten**. Er habe seinen Betrieb so zu organisieren, dass die durch Gesetz, Tarifvertrag und Betriebsver-

841 Kittner/Zwanziger/*Schoof*, § 38, Rn. 81 f., 578.
842 Näher *Däubler/Hensche*, § 1 Rn. 560, mit Nachweisen.
843 Z.B. DKK-*Klebe*, BetrVG, § 87 Rn. 80; *Fitting*, BetrVG, § 87 Rn. 115; *Schaub*, § 160 I Rn. 6.
844 Zum Thema *Däubler/Hensche*, § 1 Rn. 562.
845 Dies gilt allerdings auch für tarifliche Arbeitszeitkonten: *Bauer/Groß/Lehmann/Munz*, 11.
846 *Bispinck/WSI-Tarifarchiv*, Immer flexibler?, 19; weitere Beispiele aus der tariflichen Praxis: *Stein*, Rn. 465.

einbarung festgelegten **Höchstarbeitsgrenzen eingehalten** werden. Deren Übereinstimmung mit den normativen Vorgaben müsse er überprüfen und erforderlichenfalls korrigierend eingreifen. In diesem Zusammenhang habe er gegenüber den betroffenen Arbeitnehmern darauf hinzuwirken, dass zum Ende des Abrechnungszeitraums ein bestimmtes Guthaben nicht überschritten wird. Die Wahl der geeigneten Maßnahmen stehe ihm frei.[847]

### d) Neue Formen der Arbeitszeitflexibilisierung

#### *aa) Rechtspolitischer Hintergrund*

**364** Im Zuge der tariflichen Wochenarbeitszeitverkürzung haben die Tarifparteien über die »klassischen Formen flexibler Arbeitszeiten« hinaus wie Schicht-, Wochenendarbeit, Überstunden, Kurzarbeit und auch Gleitzeit, die ebenfalls bereits seit längerem zum Standard tariflicher Regelungen gehört, **neue Wege der Arbeitzeitflexibilisierung** beschritten. Dazu zählen längere Arbeitszeiten für spezifische Beschäftigtengruppen, Arbeitszeitkorridore und Arbeitszeitkonten in unterschiedlicher Ausprägung. Hinzu kommen Varianten wie Jahresarbeitszeiten oder die so genannte Vertrauensarbeitszeit, bei denen die Grenzen zwischen arbeitsrechtlicher Gestaltung und projektorientierter Selbständigentätigkeit (»Arbeitskraftunternehmer«)[848] unscharf werden.

**365** Der **ökonomische Hintergrund** für diese Entwicklung sind Strategien der Unternehmen zur Kostensenkung durch optimale Kapazitätsauslastung in einer Wettbewerbssituation, die zunehmend durch einem globalen Konkurrenzdruck geprägt ist und zugleich häufig die Notwendigkeit, auf differenzierte Kundenwünsche schnell reagieren zu können.

**366** Die **Bewertung** der **neuen Formen von Arbeitszeitflexibilität** aus Sicht der betroffenen Arbeitnehmer fällt unterschiedlich aus. Sie können, ebenso wie Gleitzeitmodelle, dem Bedürfnis nach mehr selbst bestimmter Zeit (Zeitsouveränität) entgegenkommen. Sie können aber auch dazu führen, dass das Interesse der Beschäftigten an Vorhersehbar- und damit Planbarkeit ihrer Arbeitszeitgestaltung[849] beeinträchtigt wird. Zudem stellen sie wegen ihrer Komplexität nicht nur die Tarifparteien, sondern vor allem auch die betrieblichen Akteure (Personalverantwortliche und betriebliche Interessenvertretungen) vor erhebliche neue Herausforderungen. Wie sie sich auswirken[850], kann nicht generell beantwortet werden, sondern hängt maßgeblich vom Flexibilitätstyp und dessen Ausgestaltung im Einzelnen ab.

Insgesamt ist das erreichte **Flexibilitätspotential** in Deutschland hoch und liegt über dem Durchschnitt der Staaten der Europäischen Union.[851]

---

847 BAG 6.5.2003 (1 ABR 13/02), AP Nr. 61 zu § 80 BetrVG 1972; BAG 29.4.2004 (1 ABR 30/02), NZA 2004, 677; hierzu, auch zu den schwachen rechtlichen Durchsetzungsmöglichkeiten, *M. Blank*, FS Wissmann, 21.

848 *Voß/Pongratz*, Kölner Zeitschrift für Soziologie und Sozialpsychologie 1998, 131 ff.

849 Z. B. *Bauer/Groß/Lehmann/Munz*, 13.

850 Zu den Ambivalenzen *Däubler/Hensche*, § 1 Rn. 563.

851 Siehe die anschaulichen Praxishinweise mit weiterführenden Anmerkungen bei *M. Blank*, FS Wissmann, 17 ff.; ferner zum europäischen Vergleich *Spitznagel/Wanger*; IAB Kurzbericht, 10/2004, 1, 7.

### bb) Tarifliche Arbeitszeitverlängerung/Arbeitszeitkorridore

367 Die **dauerhafte Verlängerung der regelmäßigen Arbeitszeit für bestimmte Beschäftigte(ngruppen)** wurde vor allem im Metallbereich vereinbart (zur Entwicklung § 1 Rn. 238ff.). In der Metallindustrie Nordwürttemberg-Nordbaden – und vergleichbar in den anderen Tarifbezirken – kann die regelmäßige Wochenarbeitszeit für bis zu 18% der Beschäftigten auf maximal 40 Stunden heraufgesetzt werden (in anderen Tarifbereichen bis zu 13%). Nach dem Tarifabschluss vom Februar 2000 ist dies in Betrieben mit hohem Qualifikationsniveau, bei denen mehr als 50% in den oberen Gehaltsgruppen eingestuft sind, für bis zu 50% der Beschäftigten möglich. Ferner können die Tarifparteien vereinbaren, diese Quote für einen Betrieb oder Betriebsteil zu erhöhen, wenn dadurch Innovationen ermöglicht wird oder wenn Fachkräftemangel herrscht.[852]

368 Diese Form der »gruppenspezifischen Arbeitszeitverlängerung« kann als Sonderform des tariflichen **Arbeitszeitkorridors** verstanden werden. Hier wird den Betrieben die Möglichkeit eingeräumt, die regelmäßige Arbeitszeit für Teile der Belegschaft oder für ganze Betriebe **innerhalb einer vorgegebenen Bandbreite (»Arbeitszeitkorridor«)**, zu variieren. Sie können dabei auch **dauerhaft** von der tariflich vereinbarten wöchentlichen Arbeitszeit abweichen.

In der Chemischen Industrie, die insoweit Vorreiter war, ist ein Arbeitszeitkorridor von 35 bis 40 Stunden vereinbart. Die Abweichung von der Durchschnittsarbeitszeit muss nicht ausgeglichen werden. Allerdings ist dann für einzelne Arbeitnehmergruppen das Einvernehmen des Betriebsrates sowie für größere Betriebsteile oder ganze Betriebe die Zustimmung der Tarifparteien notwendig. Mehrarbeit, die über die – gegebenenfalls differenzierte – Arbeitszeit hinausgeht, kann innerhalb von sieben Tagen ausgeglichen werden, ohne dass Überstundenzuschläge zu zahlen sind.[853] Von 1993 bis 2003 hatten 126 Betriebe mit ca. 135000 Arbeitnehmern vom Arbeitszeitkorridor Gebrauch gemacht.

Soweit der Tarifvertrag einen **Arbeitszeitkorridor ohne dauerhafte Verlängerungsmöglichkeit** vorsieht, wird ein **Ausgleichszeitraum** vereinbart, der in der Tarifpraxis der vergangenen Jahre stufenweise verlängert wurde und heute bei sechs oder sogar überwiegend bei zwölf Monaten liegt.[854]

### cc) Tarifliche Arbeitszeitkonten

369 In **Arbeitszeitkonten** werden Abweichungen der tatsächlichen Arbeitszeit von der tariflichen (oder einzelvertraglich) vereinbarten verbucht. Guthaben werden als Plusstunden auf dem Konto eingetragen und mit etwaigen Minusstunden saldiert.

370 Nach **Zielsetzung und Zweck** können grob folgende **Arten** unterschieden werden: **Gleitzeitkonten** zum Ausgleich qualifizierter Gleitzeit (§ 1 Rn. 360), ferner Konten zur Organisation flexibler Arbeitszeitverteilung im Rahmen eines definierten Ausgleichszeitraums (»**Flexi-Konten**«); bei **Langzeitkonten** können Zeitguthaben über mehrere Jahre angespart werden, um längerfristige Freistellungen etwa für Weiterbildung oder private Wünsche zu ermöglich; auf **Mehrarbeitskonten** wird ausschließlich Mehrarbeit verbucht; bei **Lebensarbeitszeitkonten**

852 *Bispinck/WSI-Tarifarchiv,* Immer Flexibler?, 7, mit weiteren Einzelheiten.
853 §§ 2, 3 MTV Chemie vom 10.1.1994.
854 Zu Vorstehendem: *Bispinck/WSI-Tarifarchiv,* Immer flexibler?, 7f.; *Däubler/Hensche,* § 1 Rn. 564.

werden Plusstunden angespart, um dem Arbeitnehmer zu ermöglichen, vorzeitig in den Ruhestand zu gehen (§ 1 Rn. 283).[855]

371 Die **Entwicklung** dieser Variante tariflicher Arbeitszeitflexibilität begann Mitte der 90er Jahre[856], **Arbeitszeitkonten** habe sich dann in der Tarifpraxis zügig durchgesetzt.[857] Inzwischen richtet sich die Arbeitszeit für ca. 40% der Beschäftigten nach Kontenmodellen.[858]

372 **Tarifpolitisch** erweisen sich drei Bereiche als besonders wichtig und regelungsbedürftig.

Zum einen geht es darum, **welche Arbeitszeiten** (oder sonstigen tariflichen Leistungen) auf dem Arbeitszeitkonto **gebucht** werden. In der Regel sind es Abweichungen der tatsächlichen individuellen Arbeitszeit von der tariflichen Regelarbeitszeit. In einigen Tarifbereichen werden jedoch auch arbeitszeitbezogene Zulagen und Zuschläge, etwa ein Belastungsausgleich, auf dem Arbeitszeitkonto verbucht.

Zum anderen ist festzulegen, welche **Ober- oder Untergrenzen** für den Aufbau von Arbeitszeitguthaben oder für den Abbau von Defiziten bestehen. In einigen Tarifbereichen definieren die Tarifverträge ausdrückliche Obergrenzen für die Guthaben, die angesammelt werden können. Die Stundenzahl schwankt von ca. 90 bis knapp 200 im Jahr.

Damit hängt drittens der Aspekt zusammen, **auf welche Weise und in welchem Zeitraum das Guthaben abgebaut** werden kann. In den meisten Tarifbereichen erfolgt der Abbau durch Freizeitausgleich in halben oder ganzen freien Tagen. Wenn Fristen genannt sind, schwanken diese im Allgemeinen zwischen sechs und 24 Monaten.[859]

Als **gesetzliche Schutzvorschrift** verlangt § 3 ArbZG einen Ausgleich auf 48 Wochenstunden innerhalb von sechs Monaten, für Nachtarbeitnehmer von einem Monat (§ 6 Abs. 2 ArbZG). Für Jugendliche generell und werdende Mütter in einigen Branchen sind nach Sondergesetzen sehr viel kürzere Ausgleichsfristen (eine Woche) vorgesehen (§§ 8 Abs. 2a JArbSchG, 8 Abs. 4 MuSchG). Die europäische Arbeitszeitrichtlinie RL 93/104/EG legt einen Ausgleichszeitraum von vier Monaten fest, so dass sich insoweit die Frage der Vereinbarkeit des Arbeitszeitgesetzes mit europäischem Recht stellt.[860]

373 Wenn der Tarifvertrag keine Vorgaben enthält, sind diese Elemente in einer **Betriebsvereinbarung**[861] zu regeln. Häufig gibt es entsprechende tarifliche Öffnungsklauseln. Zum Teil legen die Tarifparteien eine entsprechende Verpflichtung zum Abschluss von Betriebsvereinbarungen über Arbeitzeitkonten fest.

Da tarifliche Rahmenregelungen oder Mindestvorgaben bisher lückenhaft sind und auch der gesetzliche Rahmen weit ist, besteht für die Ausgestaltung von Kontenvereinbarungen auf betrieblicher Ebene erhebliche Spielräume. Grenzen

855 Beispiele aus der Tarifpraxis: *Bispinck/WSI-Tarifarchiv*, Zeitkonten, 5ff., *dieselben*, Immer flexibler, 14ff.

856 § 3 BundesMTV Süßwarenindustrie vom 30.6.1994, NZA 1994, 1071; dazu *Andritzky*, NZA 1994, 1069.

857 Hierzu und zur Bewertung aus der umfassenden Literatur: *H. Seifert*, WSI-Mitt. 2001, 84; *ders.*, WSI-Mitt., 2005, 308; *Munz/Bauer/Groß*, WSI-Mitt. 2002, 334.

858 *Bauer/Groß/Lehmann/Munz*, 11.

859 Zu Vorstehendem *Bispinck/WSI-Tarifarchiv*, Zeitkonten, 14ff., mit Hinweisen auf einzelne Tarifverträge; ferner zu den Problemen und Perspektiven *Märkle/Petri*, AuR 2000, 443.

860 *Däubler/Hensche*, § 1 Rn. 566; zu den Anforderungen des Ausgleichs nach den gesetzlichen Vorschriften, insbesondere § 3 ArbZG, *Buschmann/Ulber*, § 3 ArbZG Rn. 18.

861 Praktische Hinweise bei *Hamm*, AiB 2005, 343; *ders.*, Arbeitszeitkonten.

ergeben sich unter anderem aus der Billigkeitskontrolle, die die Rechtsprechung gegenüber Betriebsvereinbarungen vornimmt. Z.B. dürften Vereinbarungen unzulässig sein, die Guthaben ersatzlos verfallen lassen, aber etwaige Defizite wie unbezahlten Urlaub bewerten.[862]

Rechtspolitisch ungelöst ist die Frage der **Insolvenzsicherung** für Konten, deren Guthaben nicht abgerufen werden können, weil das Unternehmen zahlungsunfähig wird. Die einschlägige Bestimmung des § 7d SGB IV greift in der Regel nicht, weil in der Tarifpraxis erster Linie Zeitkonten aufgebaut werden, die unterhalb der Grenzen liegen, welche dort für eine Insolvenzsicherung vorgesehen sind. Ein Vorbild könnte § 8a Altersteilzeitgesetz (ATG) sein, der die Messlatte nicht so hoch legt und vor allem bei Konten mit längeren Laufzeiten (Jahreskonten) in derartigen Krisenfällen eine Absicherung gewährleisten würde.[863] **374**

Eine Insolvenzsicherung haben die Tarifparteien unter bestimmten Voraussetzungen im **Baugewerbe** vereinbart, in dem wegen saisonbedingten hohen Anteils an ungleichmäßigen Arbeitszeiten, ebenso wie in der **Landwirtschaft**, eine hohes Maß an Vor- und Nacharbeit vereinbart werden kann.[864]

Keine (gesetzliche) Regelung findet sich bisher auch zur **Mitnahmemöglichkeit beim Arbeitgeberwechsel**, d.h. zum Aspekt, was mit angesparten Arbeitszeitkonten bei einem Arbeitgeberwechsel des Kontoinhabers geschieht (Mitnahmemöglichkeit).[865] **375**

Die **Rechtsprechung** hat einige Grundsätze zur Auslegung von tariflichen Kontenvereinbarungen entwickelt, die über die konkrete Regelung des jeweils einschlägigen Tarifvertrages hinaus von Bedeutung sind. **376**

Zur **Schlüssigkeit einer Klage**, die auf Ausgleich des Guthabens auf einem Arbeitzeitkonto gerichtet ist, reicht es aus, dass der Kläger den Abschluss eines Arbeitszeitkontos und das Guthaben zum vereinbarten Auszahlungszeitpunkt darlegt. Nicht notwendig ist es, die einzelnen Tage und Tageszeiten vorzutragen, für die eine weitere Arbeitsvergütung verlangt wird.[866]

Bei **Krankheit** sind auf dem Arbeitszeitkonto **Zusatzschichten und Schichtverlängerungen gutzuschreiben**, die ohne Arbeitsunfähigkeit geleistet worden wären.[867]

Bei der Erfassung einer **Teilzeitbeschäftigung** auf einem Zeitkonto sind sämtliche auf Grund des gesetzlichen **Urlaubs** ausfallenden Arbeitsstunden als »Ist-Arbeitszeit« anzusetzen. Die Umrechnung richtet sich nach den allgemeinen Berechnungsgrundsätzen für Teilzeit (tatsächliche Arbeitstage/Woche mal 24 geteilt durch 6 = Urlaubsanspruch).[868]

Soll nach dem Tarifvertrag der **Geldwert des Arbeitszeitguthabens ausgezahlt** werden, wenn der Arbeitnehmer das Zeitguthaben aus **dienstlichen** oder anderen von ihm **nicht zu vertretenden Gründen** bis zum Ende des Arbeitsverhältnisses **nicht ausgleichen** kann, so gilt dies der Rechtsprechung zu Folge nicht, wenn der Arbeitnehmer nach der Freistellungserklärung des Arbeitgebers arbeitsunfähig **erkrankt**. Dieses restriktive Ergebnis gewinnt das Bundesarbeits-

862 *Märkle/Petri*, AuR 2000, 476.

863 Zum Problembereich mit weiteren Hinweisen *Märkle/Petri*, AuR 2000, 447; *Schietinger*, WSI-Mitt. 2005, 344.

864 *Däubler/Hensche*, § 1 Rn. 570, mit weiteren Einzelheiten.

865 Hierzu und zu steuerlichen Fragen *Wellisch/Moog*, BB 2005, 1790.

866 BAG 13.3.2002 (5 AZR 43/01), DB 2002, 2383.

867 BAG 13.3.2002 (5 AZR 470/00), NZA 2002, 683 (mit Anm. von *Stehn*, AiB 2003, 567).

868 BAG 5.9.2002 (9 AZR 244/01), NZA 2003, 727.

gericht allerdings aus der Auslegung des konkreten Tarifvertrages[869], so dass die Entscheidung nicht ohne weiteres verallgemeinert werden kann.[870]
Wird nach einer tarifgerechten Betriebsvereinbarung ein vor Ablauf des Ausgleichszeitraums entstandener »Plusstundensalto« durch Zahlung des Stundenlohns abgebaut, so sind auf diese Stundenlöhne **keine Mehrarbeitszuschläge** zu zahlen.[871]
Während dieses Urteil die Bestimmung im einschlägigen Tarifvertrag zur Mehrarbeit eher eng auslegt[872], geht die Instanzrechtsprechung in einer anderen Entscheidung zum Thema Mehrarbeit zutreffend von Folgendem aus: Habe der Arbeitgeber nach einer Betriebsvereinbarung die Möglichkeit, über die dort geregelten Arbeitszeitmodelle (-konten) hinaus je nach Bedarf weitere Arbeitsstunden anzuordnen, so handelt es sich dabei in der Regel um **zuschlagspflichtige Mehrarbeit**. Hierzu bedarf es der Zustimmung des Betriebsrats.[873]

#### *dd) Tarifliche Gestaltung der Vertrauensarbeitszeit und ähnlicher Formen offener Arbeitszeitsysteme*

**377** Unter dem **Begriff Vertrauensarbeitszeit** werden zum Teil recht unterschiedliche, insgesamt aber hochflexible Arbeitszeitsysteme zusammengefasst.[874] Hier wird unter diesem Arbeitszeitmodell eine spezifische Variante der Organisation von Arbeit verstanden, die darauf verzichtet, die Arbeitzeiten von Beschäftigten zu erfassen, auszuwerten und zu kontrollieren. Die Betroffenen können vielmehr die Dauer ihrer Arbeitszeit **selbst steuern**, allerdings müssen vorgegebene Arbeitsergebnisse oder Arbeitsziele erreicht werden.[875] Vertrauensarbeitszeit ist im Entgeltbereich deshalb oft mit so genannten **Zielvereinbarungen** verbunden[876] (§ 1 Rn. 201 ff.).

**378** Der **Verbreitungsgrad der Vertrauensarbeitszeit**, die erstmals Ende der 90er Jahre in der Computerbranche wahrgenommen wurde[877], hat recht schnell zugenommen. Unter ihren Bedingungen arbeiten etwa 8 % der abhängig Beschäftigten (2003). Sie wird vor allem bei hoch qualifizierten Angestellten praktiziert (22 %).[878]

**379** Die **Ambivalenzen dieses Arbeitszeitsystems** treten noch deutlicher hervor wie bei den zuvor dargestellten Formen flexibler Arbeit. Einerseits werden die Aussichten für die Betroffenen hervorgehoben, weite Spielräume für Zeitautonomie zu gewinnen, andererseits wird auf das Risiko verwiesen, auf dem Wege einer unkontrollierten Arbeitszeitverlängerung die Zeitreserven der Beschäftigten in extremem Ausmaß zu mobilisieren.[879]

---

869 BAG. 11. 9. 2003 (6 AZR 374/02), ZTR 2004, 302.
870 Grundsätzlicher dagegen in einem ähnlichen Fall: LAG Rheinland-Pfalz 3. 5. 2005 (2 Sa 23/05), ZTR 2005, 416.
871 BAG 25. 11. 2000 (4 AZR 596/99), DB 2001, 1620.
872 Anders noch die erste Instanz: ArbG Flensburg 20. 8. 1998 (2 Ca 451/98), AiB 1999, 297 (mit Anm. von *Schoof*).
873 LAG Rheinland-Pfalz, 8. 4. 1999 (9 [8] Sa 1328/98), AiB 1999, 528 (mit Anm. von *Unterhinninghofen*), rechtskräftig.
874 *Buschmann/Ulber*, § 3 Rn. 19.
875 Vgl. z. B. *Böhm/Herrmann/Trinczek*, 11 f.
876 *Biswas*, Vertrauensarbeitszeit, 48 ff.; umfassend zum Thema: *Hoff*, Vertrauensarbeitszeit.
877 *Glißmann*, 30 ff.
878 *Bauer/Groß/Lehmann/Munz*, 10.
879 Z. B. *Böhm/Herrmann/Trincek*, 9; *Biswas*, Vertrauensarbeitszeit, 39 ff.

Rechtliche Mindestbedingungen, die bei der Vertrauensarbeitszeit einzuhalten sind, ergeben sich aus der **Aufzeichnungs- und Dokumentationspflicht des Arbeitgebers** nach § 16 Abs. 2 ArbZG. Zum einen muss er die acht Stunden überschreitende Arbeitszeit an Werktagen aufzeichnen[880], zum anderen hat er ein Verzeichnis der Arbeitnehmer zu führen, die in eine Verlängerung der Arbeitszeit nach § 7 Abs. 7 ArbZG eingewilligt haben. Die Aufbewahrungspflicht beträgt zwei Jahre, ihre Verletzung ist als Ordnungswidrigkeit geahndet (§ 22 Abs. 1 Nr. 9 ArbZG). Die Pflicht zur Selbstaufzeichnung durch den Arbeitnehmer bei der Vertrauensarbeitszeit lässt die eigenständige Verpflichtung des Arbeitgebers zur Zeitkontrolle nicht entfallen.[881] Dementsprechend erkennt die Rechtsprechung eine **Organisationspflicht des Arbeitgebers** an, sich unter anderem über Beginn und Ende der täglichen und den Umfang der tatsächlich geleisteten wöchentlichen Arbeitszeit der Beschäftigten in Kenntnis zu setzen. Deshalb kann er dem Betriebsrat hierüber die Auskunft nach § 80 Abs. 1 Nr. 1 BetrVG nicht mit der Begründung verweigern, er wolle die tatsächliche Arbeitszeit der Arbeitnehmer wegen einer im Betrieb eingeführten »Vertrauensarbeitszeit« bewusst nicht erfassen[882] (siehe § 1 Rn. 363). **380**

»Modelle von Vertrauensarbeitszeit«, die auf eine Begrenzung der wöchentlichen Arbeitszeit ohne Zeitmaßstäbe und deren Kontrolle verzichten, verstoßen gegen den **zwingenden tariflichen Mindestschutz** und sind auch nicht durch das Günstigkeitsprinzip gerechtfertigt[883] (zum Günstigkeitsprinzip § 4 Rn. 292 ff.). **381**

**Tarifpolitische Gestaltungsmöglichkeiten** werden bei Respektierung von gewünschten Formen von Zeitsouveränität und Flexibilitätsbedürfnissen Mindeststandards festlegen, die einer völligen Auflösung der Arbeitszeitregime entgegenwirken. **382**

Dem entspricht die tarifliche Praxis von Arbeitszeitkonten mit Ausgleichspflichten, ferner die tarifliche Gestaltung von erfolgsbezogenen Vergütungen mit Zielvereinbarungen, darüber hinaus können die Aufzeichnungs- und Dokumentationspflichten nach dem Arbeitszeitgesetz konkretisiert, sowie Reklamationsrechte der Betroffenen festgelegt werden.[884]

Entsprechende Herausforderungen ergeben sich für die Tarifpolitik im Hinblick auf andere Formen von **Übergängen von der zeitorientierten Struktur** des Arbeitsvertrages hin zu **ergebnisorientierter Arbeit.**[885]

Bei der so genannten **Jahresarbeitszeit** entfällt die wöchentliche Arbeitszeitbegrenzung und es wird lediglich ein Jahreskontingent, etwa von 1650 Stunden, festgesetzt. Damit gilt für wöchentliche Höchstarbeitszeiten und Ausgleichsfristen lediglich noch der Schutzstandard des Arbeitszeitgesetzes. Soweit Tarifverträge diesen Typ von weitgehender Arbeitszeitflexibilisierung zulassen (in der Textil- und Bekleidungsindustrie), setzen sie ihrerseits tägliche und wöchentliche Höchstgrenzen fest.[886] **383**

---

880 ErfK/*Wank*, § 13 ArbZG Rn. 7; *Buschmann/Ulber*, § 13 Rn. 8, mit Nachweisen – beide zu Recht gegen eine Entwertung der Vorschrift durch Heraufsetzung der Stundenzahl auf 10 Stunden.

881 Streitig, so zu Recht *Buschmann/Ulber*, § 13 Rn. 6; a. A. *Beck/Deutsch*, Arbeitszeitgesetz, 1999, § 16 Rn. 27.

882 BAG 6.5.2003 (1 ABR 13/02), AP Nr. 61 zu § 80 BetrVG 1972; auch BAG 29.4.2004 (1 ABR 30/02), NZA 2004, 670.

883 *Däubler/Hensche*, § 1 Rn. 574 f.; zur Problematik auch *Biswas*, Vertrauensarbeitszeit, 220 ff.

884 *Däubler/Hensche*, § 1 Rn. 575; monografisch hierzu *Grunewald*, Grundlagen und Grenzen.

885 *Trittin*, NZA 2001, 1003 ff.

886 *Däubler/Hensche*, § 1 Rn. 569.

### 9. Arbeitszeit und Beschäftigungssicherung in Betriebskrisen

#### a) Tarifliche Bündnisse für Arbeit als Ausdruck kontrollierter Dezentralisierung des Flächentarifvertrages

384 Die Veränderung der Arbeitszeitdauer spielt schließlich eine wichtige Rolle in tariflichen Abkommen, die in besonderem Maße der Beschäftigungssicherung in Krisenlagen von Unternehmen dienen (zur **Kurzarbeit** in diesem Zusammenhang: § 1 Rn. 351). Sie können als **tarifliche Bündnisse für Arbeit** bezeichnet werden. Es handelt sich häufig um ein kontrolliertes und konditioniertes Abweichen von tariflichen Standards (**kontrollierte Dezentralisierung**), das die Tarifparteien selbst vorsehen und das nicht mit tarifwidrigen Abkommen zwischen den Betriebsparteien verwechselt werden darf (**»wilde Dezentralisierung«**), die eine Anzahl von tarifrechtlichen und tarifpolitischen Problemen aufwerfen (im - Einzelnen § 4 Rn. 281 ff.).

Derartige Vereinbarungen in nahezu allen Branchen beinhalten üblicherweise ein weites und differenziertes Angebot von **beschäftigungssichernden Bausteinen**. Sie werden im Allgemeinen durch **Öffnungsklauseln im Flächentarifvertrag** für betriebliche Lösungen (§ 4 Rn. 295 und Rn. 394 ff.) durch **firmenbezogene Verbandstarifverträge** (§ 1 Rn. 29 ff.) oder **Firmentarifverträge** (§ 1 Rn. 32 ff.) umgesetzt.

Soweit die Tarifparteien **Öffnungsklausen für betriebliche Regelungen** vereinbart haben, wird durch **Verfahrensregelungen** versucht, ihren Einfluss auf die Inhalte der Abkommen sicher zu stellen (gemeinsames Aushandeln mit den Betriebsparteien, Zustimmungsvorbehalte usw.). Unterschiedliche Bewertungen auf Arbeitgeber- und Gewerkschaftsseite über die Frage, ob und inwieweit die Tarifparteien insoweit eingeschaltet sein sollen, haben allerdings zu Verfahrensregelungen von unterschiedlicher Substanz geführt[887] (im Einzelnen § 4 Rn. 394 ff.).

Bei aller Regelungsvielfalt, die sich im Laufe der letzten Jahre entwickelt hat, zeigt sich folgendes Grundmuster: Die Arbeitnehmer akzeptieren im Wege eines »**concession bargaining**« vorübergehende Lohneinbußen, häufig eine Reduzierung tariflicher Sonderleistungen sowie Arbeitszeitverkürzungen oder in jüngerer Zeit auch Arbeitszeitverlängerungen und erhalten im Gegenzug das Versprechen einer vorübergehenden Sicherung der Arbeitsplätze, oft der Verzicht auf betriebsbedingte Kündigungen, teilweise auch die Zusage auf Investitionen am Arbeitsort.

#### b) Vorübergehende Arbeitszeitverkürzungen als Baustein von Beschäftigungssicherung

385 Bahn brechend für die tarifpolitische Variante einer vorübergehenden Verkürzung der Arbeitszeit zur Überwindung einer Unternehmenskrise war der **Firmentarifvertrag zwischen dem Volkswagenwerk und der IG Metall**, der um die Jahreswende 1993/94 abgeschlossen wurde und der eine sofortige **Reduzierung der Arbeitszeit auf 28,8 Stunden** vorsah. Um diese radikale Arbeitszeitverkürzung in Höhe von 20% des Arbeitsvolumens mit der wirtschaftlichen Notwendigkeit in Ausgleich zu bringen, verzichteten die Arbeitnehmer auf eine

887 Umfassend *Bispinck/WSI-Tarifarchiv*, Kontrollierte Dezentralisierung.

20-prozentige Lohnerhöhung gegen die tarifliche Zusicherung des Unternehmens, zwei Jahre lang keine betriebsbedingten Kündigungen auszusprechen. Hierdurch sind 30 000 Kündigungen vermieden worden, und die öffentlichen Kassen sparten ca. 367 Millionen DM, unter anderem an Zahlung von Arbeitslosenunterstützung.[888]

Die **Rechtsfragen**, die der Tarifvertrag zwischen **VW und der IG Metall** mit seinen vielen neuen Akzenten aufgeworfen hat, können überwiegend als geklärt gelten, werden teilweise jedoch nach wie vor kontrovers diskutiert. Zusammengefasst geht es um Folgendes: **386**

Sowohl die auf maximal zwei Jahre zeitlich begrenzten Kündigungsverbote als auch die gleichzeitig vereinbarte, auf sechs Monate befristete Übernahmegewährleistung für Auszubildende[889] liegen in der abgeschlossenen Form **im Rahmen der Regelungsautonomie der Tarifpartei nach Art. 9 Abs. 3 GG.** Verfassungsrechtliche Normen, vor allem Art. 12 GG sind nicht verletzt. Die Tarifnorm eines temporären Kündigungsverbots bezieht sich nicht auf die unternehmerische Entscheidung selbst, sondern als Beendigungsnorm lediglich auf die Folgen der unternehmerischen Personalpolitik.[890]

Die in den Flächentarifverträgen vorgesehenen Optionen, durch Betriebsvereinbarungen die Arbeitszeit zu verkürzen, sind rechtlich zulässig. Im Unterschied zum Tarifvertrag zur Verkürzung der wöchentlichen Arbeitszeit im Metallbereich des Jahres 1984, der lediglich eine durchschnittliche Arbeitszeit von 38,5 Stunden festlegte, bei der unklar war, ob es sich um eine Inhalts- oder Betriebsnorm handelte (§ 1 Rn. 60 ff. und Rn. 86 ff.), geben diese Tarifverträge einen festen zeitlichen Rahmen als **Inhaltsnorm** vor, nämlich 36 Stunden bzw. 35 Stunden ab Oktober 1995. Die unter bestimmten Bedingungen durch Betriebsvereinbarung festzulegenden Arbeitszeitverkürzungen stellen lediglich den Ausnahme- und nicht den von den Tarifparteien gewollten Normfall dar. Insoweit haben die Tarifparteien durch eine **tarifliche Zulassungsnorm/Tariföffnungsklausel** mit Vorgaben im Tarifvertrag selbst Spielräume für betriebliche Regelungen geschaffen.[891]

Gewerkschaftliche **Außenseiter und gegebenenfalls auch AT-Angestellte** werden durch die **freiwilligen Betriebsvereinbarungen** erfasst, die nach § 77 Abs. 4 Satz 1 BetrVG die genuine Rechtsgrundlage für eventuelle Arbeitszeitverkürzungen darstellen. Ein Verstoß gegen die so genannte negative Koalitionsfreiheit liegt nicht vor. Ihre innere Rechtfertigung findet die »betriebliche Allgemeinverbindlichkeit« darin, dass ohne eine Einbeziehung auch der unorganisierten Arbeitnehmer die spezifische sozialpolitische Zielsetzung der einschlägigen Tarifbestimmungen konterkariert wird, nämlich Arbeitsplätze in betrieblichen Notsituationen möglichst zu erhalten.[892]

Ebenso wie betriebliche oder tarifliche Kurzarbeitsregelungen **verstoßen** die tariflich vorgesehenen Varianten der **Arbeitszeitverkürzung nicht gegen das Günstigkeitsprinzips** (hierzu § 1 Rn. 355 und § 4 Rn. 331).[893] Die Arbeitszeitver-

888 Abgedruckt in AuR 1994, 230 und DB 1994, 42 (mit Anm. von *Bauer*); *Unterhinninghofen*, AiB 1994, 82; umfassende tarifpolitische Einschätzung: *J. Peters*, Modellwechsel.

889 Zu prozessualen Problemen: *Hoß*, DB 1995, 526.

890 Im Einzelnen *Zachert*, AuR 1995, 1 ff.

891 *Zachert*, AuR 1995, 4 ff.

892 *Zachert*, AuR 1994, 9 ff.

893 Mit etwas anderer Akzentuierung die *Voraufl.*, § 1 Rn. 181; hierzu die Kritik von *Däubler/Hensche*, § 1 Rn. 534.

kürzung für alle Arbeitnehmer ohne Lohnausgleich (Variante 1 der Flächentarifverträge) rechtfertigt im Rahmen der Günstigkeitsabwägung den Vorrang vor individualrechtlich längerer Arbeitszeit, verbunden mit mehr Entgelt durch den gleichzeitigen Ausschluss betriebsbedingter Kündigungen. Entsprechendes gilt bei Arbeitszeitverkürzungen für Teile der Belegschaft (Variante 2 der Flächentarifverträge), da ein Teilentgeltausgleich gewährt wird und über ein verschärftes »Ultima ratio-Prinzip« die Notwendigkeit betriebsbedingter Kündigungen eingeschränkt werden soll.[894]

387 Der Tarifvertrag bei **Volkswagen** wurde zum **Vorbild für die Branchentarifverträge** im Metallbereich im März des Jahres 1994. Diese Tarifverträge geben durch **tarifliche Öffnungsklauseln** den Betriebsparteien die Möglichkeit, die Arbeitszeit im Falle von Betriebskrisen von 36 bzw. 35 Stunden auf 30 Stunden zu verkürzen. Wenn sich diese Arbeitszeitverkürzung auf alle Beschäftigten eines Betriebes erstreckt, darf der Arbeitgeber für zwei Jahre keine betriebsbedingten Kündigungen aussprechen. Proportional zur Arbeitszeitverkürzung müssen die Arbeitnehmer auf einen Teil ihres Lohnes verzichten, was faktisch zu Lohneinbußen in Höhe von etwa 17% führt. Außerdem müssen die Auszubildenden grundsätzlich mindestens für sechs Monate übernommen werden. Bereits Ende 1994 bestand in 10 Tarifbereichen – neben Metall die wichtigsten Chemie, Groß- und Außenhandel sowie in Ostdeutschland der öffentliche Dienst – mit Wirkung für ca. 10 Millionen Arbeitnehmer die Möglichkeit, die Regelarbeitszeit zu unterschreiten, wenn dadurch Arbeitsplätze gesichert werden können.[895]
Diese Entwicklung hat sich tariflich fort- und durchgesetzt.[896] Die Einschätzung über ihre **Nutzung in der betrieblichen Praxis** geht allerdings auseinander.[897]

### c) (Vorübergehende) Arbeitszeitverlängerungen als Baustein von Beschäftigungssicherung

388 Ob **allgemeine Arbeitszeitverlängerungen** ohne Lohnausgleich positive Auswirkungen auf den Arbeitsmarkt haben, ist in der ökonomischen und arbeitsmarktpolitischen Diskussion höchst umstritten (hierzu § 1 Rn. 241). Demgegenüber gibt es einen weitgehenden Konsens darüber, dass in spezifischen Situationen, etwa wenn sich ein Unternehmen trotz guter Nachfrage in einer Kostenkrise befindet, **vorübergehende Arbeitszeitverlängerungen** ein Weg sein können, um zur Überwindung der Schwierigkeiten beizutragen. Zugleich kann es sich für Unternehmen als sinnvoll erweisen, bei Aufrechterhaltung der kurzen tariflichen Arbeitszeiten **für bestimmte Beschäftigtengruppen**, etwa Spezialisten im Bereich Forschung und Entwicklung, die **Arbeitszeit dauerhaft zu verlängern**.[898]

389 Dem hat die Tarifpolitik der letzten Jahre Rechnung getragen. Die Umsetzung erfolgt ebenso wie bei der vorübergehenden Arbeitszeitverkürzung durch **Öff-**

---

894 *Wie* hier im Ergebnis mit zum Teil unterschiedlicher Begründung *Däubler/Hensche*, § 1 Rn. 534; trotz anderen methodischen Ausgangspunktes auch *Adomeit*, NJW 1994, 837; a. A. zum VW-Tarifvertrag *Löwisch*, BB 1993, 2371 und *Bauer/Diller*, NZA 1994, 353.

895 Zur tarifpolitischen Einschätzung der Tarifverträge der 90er Jahre *Rosdücher/Seifert*, WSI-Mitt. 1994, 744.

896 Überblick bei *Bispinck/WSI-Tarifarchiv*, Kontrollierte Dezentralisierung, V und 1 ff.; *Löwisch/Rieble*, § 4 Rn. 207; *BPSU*, § 4 TVG Rn. 63.

897 Wenig wirksam nach *Däubler/Hensche*, § 1 Rn. 534, mit Nachweisen; anders nach Angaben von betrieblichen Interessenvertretungen *Bispinck/WSI- Tarifarchiv*, Kontrollierte Dezentralisierung, III; auch die Praxishinweise von *M. Blanke*, FS Wissmann, 20: »für den Arbeitgeber attraktiver als Kurzarbeit«.

898 Hierzu *Bispinck/WSI-Tarifarchiv*, Tarifpolitischer Jahresbericht 2004, 1/2005, 10 ff.

**nungsklauseln** im Flächentarifvertrag für Vereinbarungen der Betriebsparteien, durch **firmenbezogene Verbandstarifverträge** oder **Firmentarifverträge**. Bei der inhaltlichen Ausgestaltung wird versucht, die Einwirkungsmöglichkeiten der Tarifparteien möglichst zu gewährleisten (§ 4 Rn. 394ff.).

Lediglich **Beispiele** für die Variante einer **vorübergehenden Arbeitszeitverlängerung** als ein Element unterschiedlicher Alternativen **zur Sicherung von Beschäftigung** in betrieblichen Krisen sind **Tarifverträge** in der Chemischen Industrie mit Arbeitszeitkorridoren von plus und minus zwei Stunden und der Möglichkeit einer Absenkung tariflicher Grundentgelte um maximal 10%, im Einzelhandel mit Verlängerungsmöglichkeiten bis zu 40 Stunden, in der Metallindustrie mit befristeten Möglichkeiten des Abweichens von tariflichen Mindeststandards, unter anderem Erhöhung oder Absenkung der Wochenarbeitszeit mit oder ohne vollen Lohnausgleich (2004 »Pforzheimer Abkommen«).[899] **390**

**Besondere Vereinbarungen zur Beschäftigungssicherung** mit unterschiedlichem Inhalt, aber ebenfalls dem Bestandteil einer Arbeitszeitverlängerung (auf 40 Stunden), schlossen die **Tarifparteien für einzelne große Unternehmen** ab, unter anderem Opel, Daimler Chrysler, zwei Siemens Werke. Sie waren unter dem Druck drohender Betriebsstilllegungen oder -verlagerungen zum Teil mit weit reichenden weiteren Zugeständnissen der Belegschaften verbunden.[900]

## III. Tarifliche Gestaltung atypischer Arbeitsverträge

### Literatur:

*Alewell/Friedrich/Martin*, Gleichbehandlungsgrundsatz: Ende der Zeitarbeit?, in: Struck/Köhler (Hrsg.), Beschäftigungsstabilität im Wandel?, 2. Aufl., 2005; *Ankersen*, Neues AÜG seit 1.3.2003 bundesweit in Kraft, NZA 2003, 421; *Bauer/Krets*, Gesetz für moderne Dienstleistungen am Arbeitsmarkt, NJW 2003, 537; *Bayreuther*, Tarifpolitik im Spiel der verfassungsrechtlichen Rechtsprechung, NZA 2005, 341; *Bellmann/Alda*, Betriebliche Personal- und Beschäftigungspolitik zwischen Flexibilität und Stabilität, WSI-Mitt. 2004, 255; *Bellmann/Promberger*, Zum betrieblichen Einsatz von Leiharbeitern – erste Ergebnisse einer Pilotstudie, WSI-Mitt. 2002, 484; *Bielinski*, Deregulierung des Rechts befristeter Arbeitsverträge – Enttäuschte Hoffnungen, unbegründete Befürchtungen, WSI-Mitt. 1997, 532; *Bispinck/WSI-Tarifarchiv*, Immer flexibler und immer länger?, Elemente qualitativer Tarifpolitik Nr. 57, 7/2005; *dies.*, Tarifliche Regelungen zur Teilzeitarbeit, 1992; *Blanke, Th.*, Flexibilisierung und Deregulierung: Modernisierung oder Alternative?, FS Gnade, 1992, 25; *Böhm W.*, Demontage der »Billig-Tarifverträge« in der Zeitarbeit: Wachsende Risiken für die Kunden, DB 2005, 2023; *Bösche/Grimberg*, Beschränkung der Leiharbeit und geringfügigen Beschäftigung, AiB 1991, 289; *Bross/Schüren*, Konzerninterne Arbeitnehmerüberlassung zur Kostensenkung, BB 2004, 2745; *dies.*, Kostensenkung durch konzerninterne Arbeitnehmerüberlassung, BB 2005, 494; *Buchner*, Leiharbeit: Ablösung der Verpflichtung zur Gewährung der im Entleiherbetrieb geltenden Arbeitsbedingungen (§ 10 Abs. 4 AÜG) durch Tarifregelungen, DB 2004, 1042; *Büchtemann*, Grundsätzliche Bewertung der Auswirkung des Gesetzes über arbeitsrechtliche Vorschriften zur Beschäftigungsförderung, RdA 1990, 2; *Bundesministerium für Arbeit und Sozial-*

899 Schaubild bei *Bispinck/WSI-Tarifarchiv*, Kontrollierte Dezentralisierung, V.
900 *Bispinck/WSI-Tarifarchiv*, WSI-Mitt. 2005, 64ff.

*ordnung* (Hrsg.), Moderne Dienstleistungen am Arbeitsmarkt – Bericht der Kommission, 2002; *Buschmann/Ulber,* Flexibilisierung: Arbeitszeit-Beschäftigung, 4. Aufl., 2004; *Clauswaert/Deinert,* A new milestone in the EU social dialogue: the telework agreement – its interpretation and implementation, in: European Trade Union Yearbook 2002, 2003, 37; *Däubler,* Perspektiven des Normalarbeitsverhältnisses, AuR 1988, 302; *Dobberthien,* Zurück zur Heimarbeit, WSI-Mitt. 1983, 387; *Döse,* Arbeitszeitflexibilisierung und Arbeitsrecht unter dem Blickwinkel des Gender-Mainstreaming-Prinzips, WSI-Mitt. 2005, im Erscheinen; *Eichhorst/Profit/Thode,* Benchmarking Deutschland: Arbeitsmarkt und Beschäftigung, 2001; *Faries/Kraus,* Leiharbeitnehmer im Betrieb, AiB 2004, 360; *Frik,* Die Befristung von Leiharbeitsverträgen nach dem Teilzeit- und Befristungsgesetz, NZA 2005, 386; *Frohner/Pieper,* Befristete Arbeitsverhältnisse, AuR 1992, 97; *Grobys/Schmidt/Brocker,* Verfassungsmäßigkeit von »Equal Pay«?, NZA 2003, 777; *Hanau/Gilberg,* Die Bindungswirkung des EuGH-Urteils vom 15.12.1994 zu Überstundenzuschlägen für Teilzeitbeschäftigte, BB 1995, 1238; *Herschel,* Gefährdung der Rechtskultur, AuR 1985, 265; *Hromadka,* Tarifdispositives Recht und Tarifautonomie, »Kapovaz« per Tarifvertrag?, FS Kissel 1994, 417; *Kappes,* Tarifautonomie und Beschäftigungsförderungsgesetz, DB 1990, 1461; *Kilian/Borsum/Hoffmeister,* Telearbeit und Arbeitsrecht – Ergebnisse eines Forschungsprojekts, NZA 1987, 401; *Klenner,* Gleichstellung von Frauen und Männern und Vereinbarkeit von Familie und Beruf, in: WSI-Tarifhandbuch 2005, 41; *Kretzschmar,* Die Rolle der Koalitionsfreiheit für Beschäftigungsverhältnisse jenseits des Arbeitnehmerbegriffs, 2003; *Liebs/Schuchard,* Telearbeit, in: Ministerium für Frauen, Jugend, Familie und Gesundheit des Landes Nordrhein-Westfalen (Hrsg.), Telearbeit, 1998; *Malzahn,* Kapazitätsorientierte variable Arbeitszeiten und Arbeitnehmergrundrechte, AuR 1985, 137; *Martin,* Tarifverträge in der Leiharbeit (Übersicht), AuR 2004, 247; *Mayer, U.,* Rechtsprobleme bei der Personalpolitik mit Selbständigen, AuR 1990, 213; *Meine,* Der Tarifvertrag zur Beschäftigungsförderung in der niedersächsischen Metallindustrie, AuR 1998, 356; *Melms/Lipinski,* Absenkung des Tarifniveaus durch die Gründung von AÜG-Gesellschaften als alternative oder flankierende Maßnahme zum Personalabbau, BB 2004, 2409; *Mückenberger,* Die Krise des Normalarbeitsverhältnisses. Hat das Arbeitsrecht noch eine Zukunft?, Zeitschrift für Sozialreform 1985, 415, 457; *Nicolai,* Rechtssicherheit für die Arbeit auf Abruf?, DB 2004, 2812; *Nienhüser/Matiaske,* Der Gleichheitsgrundsatz bei Leiharbeit – Entwicklung von Arbeitsbedingungen von Arbeitnehmern im europäischen Vergleich, WSI-Mitt. 2003, 466; *Oppolzer/Zachert,* Krise und Zukunft des Flächentarifvertrages, 2000; *dies.,* Neue Arbeits- und Beschäftigungsverhältnisse im Bäckerhandwerk, 1999; *Peter/Kempen/Zachert,* Die Sicherung tariflicher Mindeststandards 2004; *Plander,* Kapazitätsorientierte variable Arbeitszeit als Gegenstand von Tarifverträgen oder Betriebsvereinbarungen, AuR 1987, 281; *Preiss, Joachim,* Kapovaz Benachteiligung nach österreichischem Arbeitsrecht und Vorlage an den EuGH, AuR 2003, 281; *Rancke,* Arbeitnehmerbegriff und sozioökonomischer Strukturwandel, AuR 1979, 9; *Rauschenberg,* Flexibilisierung und Neugestaltung der Arbeitszeit, 1992; *Reim,* Gleichbehandlung von Leiharbeitnehmern, AiB 2005, 203; *ders.,* Neue Flexibilität bei der Leiharbeit, ZTR 2003, 106; *Renneberg,* Die Arbeitskämpfe von morgen?, 2005; *Rieble/Klebeck,* Lohngleichheit für Leiharbeit, NZA 2003, 23; *Roback/Schlecht,* Tarifliche Gestaltung des Einsatzes neuer Technologien – Erfahrungen und Konsequenzen aus der Anwendung des RTS-Tarifvertrages in der Druckindustrie, WSI-Mitt. 1983, 133; *Roggenkamp,* Tarifvertrag öffentlicher Dienst (TVöD) setzt Schwerpunkte bei betrieblichen Regelungen, Der PersR 2005, 171; *Runggaldier*, Limiti del potere regelativo delle parti collettive e paritá di trattamento. Profili di diritto comparato, FS Giugni (Scritti in onore di G. Guigni), 1999, 177; *Schlese/Schramm/Bulling-Chabalewski*, Zu den Beschäftigungsbedingungen von Kern-, Rand- und Leiharbeitskräften, WSI-Mitt. 10/2005, im Erscheinen; *Schüren*, Neue rechtliche Rahmenbedingungen der Arbeitszeitflexibilisierung, RdA 1985, 25; *ders.*, Tarifverträge für die Leiharbeit – Weitreichende Innovation mit erheblichem Konfliktpotential, JbArbR 41 (2004), 49; *ders.*, Ungleichbehandlungen im Arbeitsverhältnis – Versuch einer Strukturierung der Rechtfertigungsvoraussetzungen, FS Gnade, 1992, 161; *Schüren/Behrend*, Arbeitnehmerüberlassung nach der Reform – Risiken der Neuen Freiheit, NZA 2003, 521; *Schwerdtner*, Beschäftigungsförderungsgesetz, Tarifautonomie und Betriebsverfassung, NZA 1985, 577; *Schwitzer*, Zeitarbeitstarifvertrag zur Expo 2000, AiB 2000, 241; *Söllner*, Beschäftigungs- und Wiederbesetzungsgarantien in Tarifverträgen und Betriebsvereinbarungen, Gutachten, o.J. (1988); *Stückmann*, Überstundenzuschläge für Teilzeitbeschäftigte – Endlich entschieden!?, DB 1995, 826; *Thüsing*, Equal pay bei Leiharbeit, DB 2003, 446; *ders.*, Europäische Impulse im Recht der Arbeitnehmerüberlassung, DB 2002, 2218; *ders.*, Ungleichbehandlung geringfügig Beschäftigter in Tarifverträgen, ZTR 2005, 118; *Towara*, Teilzeitarbeit, 2002; *Waas*, »Bausteine« einer Flexibilisierung des deutschen Arbeitsrechts aus rechtsvergleichender Sicht am Beispiel der Niederlande, ZfA 2003, 1; *ders.*, Das Spannungsverhältnis von Tarifvertrag und Gesetz beim Grundsatz der Entgeltgleichheit im neuen AÜG, BB 2003, 2157; *Wank*, Arbeitnehmer und Selbstständige, 1988; *ders.*, Der Richtlinienentwurf der EG-Kommission zur Leiharbeit und das »Erste« Gesetz für moderne Dienstleistungen am Arbeitsmarkt, NZA 2003, 14; *ders.*, Telearbeit, NZA 1999, 225; *Wiedemann*, Neuere Rechtsprechung zur Verteilungsgerechtigkeit und zu den Benachteiligungsverboten, RdA 2005, 193; *Werthebach*, Die Befristung von Leiharbeitsverträgen nach dem Teilzeit- und Befristungsgesetz, NZA 2005, 1044; *Willemsen/Annuß*, Kostensenkung durch konzerninterne Arbeitnehmerüberlassung, BB 2005, 437; *Wissmann*, Geschlechtsdiskriminierung, EG-Recht und Tarifverträge, ZTR 1994, 223; *Zachert*, Beendigungstatbestände im internationalen Vergleich, 2004; *ders.*, Die Begründung neuer Arbeitsverhältnisse als Ausstieg aus dem Normalarbeitsverhältnis?, FS Gnade, 1992, 143; *ders.*, Die Sicherung und Gestaltung des Normalarbeitsverhältnisses durch Tarifvertrag, 1989; *ders.*, Einstiegs- oder Billigtarife und Gleichheitsgrundsatz, FS Däubler, 991; *ders.*, Individuum und Kollektiv im Arbeitsrecht: alte Fragen – neue Probleme, AuR 2002, 41; *ders.*, Richterrechtliche Regulierung und Ausgleich der Interessen beim Arbeitskampf, FS 50 Jahre BAG, 2004, 577; *ders.*, Zerstörung des Normalarbeitsverhältnisses, AuR 1988, 129; *ders.*, Mitbestimmung des Betriebsrates bei Teilzeitarbeit, DB 1986, 1729.

### 1. Zum Begriff des so genannten Normalarbeitsverhältnisses

Tarifverträge regeln und gestalten in unterschiedlicher Intensität atypische Arbeitsverträge, die vom so genannten »**Normalarbeitsverhältnis**« abweichen. Die Diskussion hierüber wurde in der rechts- und sozialwissenschaftlichen Debatte besonders intensiv in den 80er Jahren geführt.[901] **391**

901 Nur Beispielhaft: *Th. Blanke*, FS Gnade, 25; *Däubler*, AuR 1988, 302; *Mückenberger*, ZfS 1985, 415; *Zachert*, AuR 1988, 129; zum geringen praktischen Ertrag der ausufernden Theoriedebatte zutreffend: *Schüren*, ZfA 1990, 664.

Vor allem zwei Elemente sind für das so genannte »Normalarbeitsverhältnis« begriffsnotwendig: Es handelt sich zum einen um ein Vollzeitarbeitsverhältnis von einer gewissen Dauer, die je nach gesetzlichen, tariflichen und faktische Bedingungen im Laufe der Jahre variiert. Zum anderen ist ein gewisser Bestandsschutz charakteristisch, wozu neben der Einhaltung von Kündigungsfristen die Missbrauchskontrolle gegen sozialwidrige Kündigungen nach dem Kündigungsschutzgesetz gehört.[902] Jedoch gibt es begriffliche Unschärfen. Sie führen zu unterschiedlichen Angaben über das Ausmaß der Beschäftigungsformen, die nicht unter das so genannte Normalarbeitsverhältnis fallen.[903] Trotz dieser definitorischen Abweichungen kann empirisch als gesichert gelten, dass einerseits die Differenzierung in atypische Arbeitsverträge insgesamt zugenommen hat, andererseits das so genannte »Normalarbeitsverhältnis« mit ca. 70 % der abhängig Beschäftigten die mit Abstand häufigste Erwerbsform bleibt.[904]

Von dem »Normaltyp des Arbeitsverhältnisses« weichen namentlich ab:

- Teilzeitarbeit mit verschiedenen Sonderformen, wie Arbeitsplatzteilung und Arbeit auf Abruf,
- Befristete Arbeitsverhältnisse,
- Leiharbeit,
- Telearbeit als moderne Form von Heimarbeit und
- neue Formen von Selbständigkeit (Scheinselbständigkeit).

**392** Die **tarifliche Gestaltung** von »**atypischen Arbeitsverhältnissen**« ist trotz einer Anzahl vorzeigbarer Beispiele in den Flächentarifverträgen unterschiedlicher Branchen oder einzelner (großer) Unternehmen eher schwach ausgeprägt.[905] Dies ist sicher wesentlich auf die Marktsituation zurückzuführen, die Arbeitnehmern nach diesen Vertragstypen einen geringeren Preis zuweist, an dessen Realisierung die Arbeitgeberseite auch erhebliches Interesse hat.[906] Zugleich spielt eine Rolle, dass offensichtlich – beeinflusst durch die schwache Präsenz »atypischer Arbeitnehmer« in den Gewerkschaften – deren Durchsetzungswillen und vor allem Durchsetzungskraft insoweit gering und häufig nicht ausreichend ist.[907]

## 2. Teilzeitarbeit und Sonderformen von Teilzeit

### a) Begriff und empirischer Hintergrund

**393** Eine **Definition von Teilzeitarbeit** findet sich in § 2 Abs. 1 des Teilzeit- und Befristungsgesetztes (TzBfG).[908] Danach sind Arbeitnehmer teilzeitbeschäftigt, deren regelmäßige Wochenarbeitszeit kürzer ist als die regelmäßige Wochenarbeitszeit vergleichbarer vollzeitbeschäftigter Arbeitnehmer des Betriebs.

Um welches Ausmaß die Arbeitszeit nach unten hin abweicht, spielt keine Rolle. § 2 Abs. 2 TzBfG stellt klar, dass auch **geringfügig Beschäftigte** zu den Teilzeit-

---

902 Präzise Definition bei *Däubler*, AuR 1988, 302.

903 Häufig ist die verwandte Begrifflichkeit unscharf, hierzu *Zachert*, FS Gnade, 143.

904 Z.B. *Hoffmann/Wallwei*, Mitteilungen aus der Arbeitsmarkt und Berufsforschung 3/1998, 409ff.

905 Versuch einer umfassenden Darstellung *Zachert*, Normalarbeitsverhältnis.

906 So wiederholt und zu Recht *Schüren* vor allem zu Teilzeitarbeitsverhältnissen, z.B. Anm. zu BAG 15.12.1998 (3 AZR 239/97), RdA 2000, 48.

907 So die Ergebnisse einer quantitativen und qualitativen Befragung von *Oppolzer/Zachert*, Krise, zusammenfassend 215, 228f.

908 Zur Erweiterung des Definitionsrahmens über den Betrieb hinaus durch Selbstbindung des Arbeitgebers nach dem Vorläufer, § 2 Abs. 1 BeschFG, BAG 12.1.1994, DB 1994, 2250.

beschäftigten zählen, die unter das Gesetz fallen. Nach § 8 SGB IV, der durch das »Zweite Gesetz für moderne Dienstleistungen am Arbeitsmarkt« vom 23. Dezember 2002 neu gefasst wurde, sind dies Arbeitnehmer, deren Arbeitsentgelt aus dieser Beschäftigung im Monat regelmäßig 400 Euro nicht übersteigt. Geringfügig Beschäftigte bleiben von Steuern und Sozialversicherungsverpflichtungen befreit. Zwischen 400 Euro und 800 Euro steigen ihre Beiträge für Kranken- und Rentenversicherung allmählich bis zum vollen Beitrag (§§ 20 Abs. 2, 226 Abs. 4 SGB V und § 163 Abs. 10 SGB VI). Der Arbeitgeber zahlt für geringfügig Beschäftigte bis zu einem Verdienst von 400 Euro eine Pauschalabgabe von 25 % (jeweils 12 % für Renten- und Krankenversicherung, 2 % an Steuern. Für Beschäftigte in Privathaushalten ermäßigt sich der Arbeitgeberbeitrag an Sozialversicherungsbeiträgen und Steuern auf insgesamt 12 %.

Die **Zahl der Teilzeitbeschäftigten** ist im Laufe der letzten beiden Jahrzehnte **394**
konstant gestiegen. Sie lag im Jahr 1980 bei etwa 8 %, 1993 bei ca. 17 % und 2003 bei 24,5 %, davon ca. 17,2 % (etwa 6,3 Millionen) »normale Teilzeit« und ca. 7,2 % (etwa 2,7 Millionen) geringfügig Beschäftigte.[909]

Teilzeitarbeit wird ganz **überwiegend** von **Frauen** ausgeübt. Der Frauenanteil an Teilzeitbeschäftigten liegt bei ca. 87 %, d.h. etwa 45 % der erwerbstätigen Frauen und nur etwa 6 % der Männer arbeiten in Teilzeit. Während bei teilzeitbeschäftigten Frauen überwiegend familiäre Gründe, vor allem Kindererziehung, ausschlaggebend sind, geht es bei Männern vor allem um den stufenweisen Einstieg oder einen gleitenden Ausstieg aus der Erwerbsarbeit oder darum, dass ein Vollzeitarbeitsplatz als Alternative fehlt. Bei (Ehe)Partnern erfüllt die Teilzeitarbeit immer noch die Funktion eines Zuverdienstes (»männliches breadwinner-Modell«).[910]

Innerhalb **Europas** liegt die **Teilzeitquote in Deutschland** inzwischen im oberen Mittelfeld. Die Zahl der Teilzeitverträge mit geringer Stundenzahl ist im Vergleich zu anderen europäischen Ländern allerdings hoch.[911]

Im Hinblick auf die **Berufsfelder der Teilzeitarbeit** ergibt sich, dass die ganz überwiegende Zahl aller Teilzeitkräfte im Handels- und Dienstleistungssektor arbeitet und sich mehr als die Hälfte auf drei Berufe verteilt, nämlich Raum- und Haushaltsreiniger/in, Verkäufer/in und Bürofachkraft. Zumeist liegen diese Berufe am unteren Ende der Verdiensthierarchie und sind in den so genannten »Niedriglohnbranchen« konzentriert. Dieses Bild über die Struktur von Teilzeitarbeit schließt nicht aus, dass es in den letzten Jahren vermehrt Teilzeitarbeitsverhältnisse in den mittleren und höheren Qualifikations- und Rangstufen gibt. Hier ist neben den Büro-, Verwaltungs- und Sachbearbeitertätigkeiten im Privatsektor vor allem auf den öffentlichen Dienst zu verweisen. Jedoch bleiben diese Beispiele, gemessen am Gesamtbild der Teilzeitarbeit, eher die Ausnahme, denen (noch) keine Breitenwirkung zukommt.[912]

---

909 *Bauer/Groß/Lehmann/Munz*, 4; eigene Berechungen auf der Basis des Sozioökonomischen Panels (SOEP).

910 *Bauer/Groß/Munz/Lehmann*, Arbeitszeit, 4; *Döse*, WSI-Mitt. 2005, im Erscheinen, mit umfassenden Nachweisen.

911 *Bauer/Groß/Lehman/Munz*, Arbeitszeit, 4, Berechnungen auf der Grundlage von EUROSTAT; *Eichhorst/Profit/Thode*, 295.

912 *Bäcker/Stolz-Willig*, 1994, 7.

### b) Staatliches Recht, das Teilzeit und Befristungsgesetz

395 Das **Gesetz über Teilzeitarbeit und befristete Arbeitsverhältnisse** (TzBfG) vom 21. Dezember 2000 trat am 1. Januar 2001 in Kraft und ersetzte das zum 31. Dezember 2000 ausgelaufene Beschäftigungsförderungsgesetz (BeschFG) vom 26. April 1985. Mit dem TzBfG erfüllte der Gesetzgeber unter anderem die Vorgabe der Europäischen Union, die RL 97/81 EG über Teilzeitarbeit umzusetzen. Danach wird die Bundesrepublik verpflichtet, Rahmenbedingungen zur Beseitigung der Diskriminierung von Teilzeitbeschäftigten herzustellen und zur Entwicklung von Teilzeitarbeitsmöglichkeiten beizutragen.
Diese Zielsetzung bringt § 1 TzBfG zum Ausdruck. Das **Gleichstellungsgebot und Verbot der Diskriminierung** wird in § 4 Abs. 1 TzBfG konkretisiert. Ein Arbeitnehmer darf auf Grund einer Teilzeitbeschäftigung nicht schlechter behandelt werden als ein vergleichbarer Vollzeitarbeitnehmer. Lediglich sachliche Gründe können eine Ungleichbehandlung rechtfertigen. Der Aspekt der (anteilsmäßigen) Gleichstellung wird für das Arbeitsentgelt noch einmal besonders hervorgehoben (§ 4 Abs. 1 Satz 2 TzBfG). Der **Bezugsmaßstab** unterliegt einem mehrstufigen Prüfungsschema. Es ist zunächst der innerbetriebliche Vergleich, dann der anwendbare Tarifvertrag, schließlich der Branchenvergleich: § 1 Satz 3 TzBfG.
Erstmalig besteht für Arbeitnehmer ein **gesetzlicher Anspruch auf Reduzierung der Arbeitszeit**. Nach § 8 TzBfG kann ein Arbeitnehmer in eine Verringerung seiner vertraglich festgelegten Arbeitszeit verlangen, wenn das Arbeitsverhältnis länger als sechs Monate bestanden hat und der Betrieb mehr als 15 Beschäftigte umfasst. Betriebliche Gründe können eingewandt werden, jedoch muss sie der Arbeitgeber gerichtlich geltend machen, wenn keine Einigung über die Arbeitszeitverkürzung herbeigeführt werden kann. § 9 TzBfG räumt teilzeitbeschäftigten Arbeitnehmern unter bestimmten Voraussetzungen ein **Recht auf Arbeitszeitverlängerung** ein. Ferner wird dem Arbeitgeber nach § 10 TzBfG die Verantwortung dafür auferlegt, dafür Sorge zu tragen, dass teilzeitbeschäftigte Arbeitnehmer an **Maßnahmen zur Aus- und Weiterbildung teilnehmen** können, soweit dem nicht dringende betriebliche Gründe entgegenstehen.
§§ 12 und 13 TzBfG regeln Bedingungen für Sonderformen der Teilzeit, die **Arbeit auf Abruf** und die **Arbeitsplatzteilung**.
Gegen seinen Wortlaut des § 6 Abs. 1 BeschFG hatte die höchstrichterliche Rechtsprechung bereits zu § 6 Abs. 1 BeschFG entschieden, es sei den Tarifparteien nicht gestattet, vom Grundsatz der Gleichbehandlung abzuweichen.[913] Die gesetzlichen Normen des TzBfG sind nunmehr **weitgehend zwingend**, lediglich von den Grundsätzen der Arbeit auf Abruf und Arbeitsplatzteilung kann unter bestimmten Voraussetzungen auch zuungunsten der Arbeitnehmer abgewichen werden (§ 12 Abs. 3 und 13 Abs. 4 TzBfG).
Damit sind erstmalig durch **Gesetz wesentliche Aspekte zur Teilzeitarbeit in einem Gesamtzusammenhang** normiert, die in Tarifverträgen oft bruchstückhaft und mit unterschiedlicher Qualität ihren Niederschlag gefunden haben.

---

913 BAG 29.8.1989 (3 AZR 370/88), AP Nr. 6 zu § 2 BeschFG 1985 (mit Anm. von *Buschmann*); BAG 24.10.1989 (8 AZR 5/89), AP Nr. 29 zu § 11 BUrlG); BAG 28.7.1992 (3 AZR 173/92), AP Nr. 18 zu § 1 BetrAVG Gleichbehandlung; BAG 15.10.2003 (4 AZR 606/02), NZA 2004, 551.

### c) Tarifliche Regelungen und Gestaltungsmöglichkeiten

Tarifverträgen legen zur Teilzeitarbeit vor allem folgende **inhaltliche Schwerpunkte** fest[914]: 396
Unproblematisch sind **Definitionsvoraussetzungen** der Teilzeitarbeit. Ferner kommt tariflichen **Hinweispflichten** über die Länge und Lage der Teilzeitarbeit im individuellen Arbeitsvertrag eine klarstellende Funktion zu.
Wenige Tarifverträge konkretisieren das **Gleichstellungsgebot** des § 4 TzBfG. Immerhin existieren in einigen Branchen Bestimmungen, die darauf verweisen, dass für die Berechnung der zurückgelegten Berufs- oder Tätigkeitsjahre alle Jahre, und zwar unabhängig vom Umfang der Beschäftigung, gezählt werden.
Im Hinblick auf **Sonderzuwendungen** für Teilzeitbeschäftigte bestimmen Tarifverträge im Allgemeinen, dass ein Anspruch auf anteilige Leistung besteht, der sich nach dem Verhältnis der vertraglichen Arbeitszeit der Teilzeitbeschäftigten zur tariflichen Arbeitszeit bemisst.
Ein bislang nur unzulänglich gelöstes Problem stellt die tarifliche Regelung von **Überstunden-/Mehrarbeitsvergütung** für Teilzeitbeschäftigte dar. Ganz überwiegend sehen die Tarifverträge vor, dass Überstunden bei Teilzeitbeschäftigten erst dann vorliegen, wenn die regelmäßige tarifliche wöchentliche Arbeitszeit oder die tägliche Arbeitszeit eines vergleichbaren vollzeitbeschäftigten Arbeitnehmers überschritten wird.
**Urlaubsansprüche** werden in den Tarifverträgen üblicherweise in Anlehnung an die im Grundsatz unstreitige Rechtslage geregelt. Dies geschieht etwa durch die Formulierung, dass Teilzeitbeschäftigte einen Urlaubsanspruch haben, der dem Urlaub eines Vollzeitbeschäftigten entspricht.
Zur **Festlegung und Verteilung des Stundenvolumens** auf die Arbeitstage oder -woche sehen die Tarifverträge vor allem Mindest-, zum Teil auch Höchstvorschriften vor. Relativ häufig werden als Mindestzahl drei oder vier Stunden festgelegt. In einigen Tarifbereichen soll die Arbeitszeit zusammenhängend erbracht werden, um ein Aufspalten der täglichen Arbeitszeiten möglichst zu verhindern.
Demgegenüber spielen Bestimmungen, welche die **sozialpolitische Absicherung der Teilzeitbeschäftigten** durch Definition einer Mindestarbeitszeit (über den Grenzen der sozialversicherungsfreien Stundenzahl nach §§ 8 SGB IV a.F, 120 AFG) erreichen wollten, nach den gesetzlichen Regelungen für geringfügig Beschäftigte vom Dezember 2002 praktisch keine Rolle mehr (zu fortbestehenden Rechtsfragen: § 1 Rn. 413).
Dem tariflich nur in Einzelfällen – und dann zumeist als weiche Regelung – vorgesehenen **Rechtsanspruch auf Teilzeitarbeit** kommt nach Normierung eines solchen Rechts in § 8 TzBfG (nur) noch für die Betriebe mit weniger als 16 Beschäftigten eine Bedeutung zu.
Die Möglichkeit des **Wechsels von einer Vollzeit- in eine Teilzeitbeschäftigung und umgekehrt** (§§ 8, 9 TzBfG) erleichtert es den Beschäftigten, unterschiedliche Anforderungen von Beruf, Familie und sonstigen Lebensverhältnissen in Übereinstimmung zu bringen. Die Tarifverträge, die einen solchen Wechsel einräumen, stehen ebenso wie die gesetzlichen Bestimmungen des TzBfG zumeist unter dem Vorbehalt, dass die betrieblichen Verhältnisse dies zulassen. Von einer Fest-

---

914 Zum Folgenden; *Bispinck/WSI-Tarifarchiv*, Teilzeitarbeit; *dies.*, Immer flexibler, 16ff.; *Klenner*, Gleichstellung, 41, 50ff., *Towara*, Teilzeit; *Zachert*, Normalarbeitsverhältnis, 84ff.

legung der betrieblichen Ablehnungsgründe im Tarifvertrag, die § 8 Abs. 4 Satz 2 TzBfG ausdrücklich zulässt, wurde bisher noch nicht Gebrauch gemacht.[915]
Im Übrigen zu **familienfreundlichen Tarifnormen** der Arbeitszeit: § 1 Rn. 331 ff.
Tarifliche Teilzeitregelungen mit explizit **arbeitsmarktpolitischer Zielsetzung**, die – dem dänischen Beispiel der Jobrotation vergleichbar[916] – bezahlte Teilfreistellungen mit Qualifizierungsangeboten und Neueinsstellungen verbinden, haben bislang Ausnahmecharakter.[917]
Theoretisch blieb bislang die Frage, ob eine bestimmte **Teilzeitquote** tariflich festgelegt werden kann. Dies ist im Hinblick auf grundrechtliche Abwägungen von Art. 9 Abs. 3 GG zu Art. 12 GG grundsätzlich zu bejahen.[918]

### d) Rechtsfragen und Rechtsprechung

#### *aa) Gleichbehandlungsgrundsatz, Diskriminierungsverbot*

**397** Das Verbot der Ungleichbehandlung Teilzeitbeschäftigter[919] erhielt maßgebliche Impulse durch die **Rechtsprechung des Europäischen Gerichthofs**, der die Grundsätze der **mittelbaren Diskriminierung** entwickelte. Danach sind nachteilige Regelungen im Bereich der Teilzeitarbeit unwirksam, wenn sie wesentlich mehr Frauen als Männer betreffen, es sei denn, sie sind durch objektive Gründe (»real cause«) gerechtfertigt. Im Zweifel hat der Arbeitgeber darzulegen und zu beweisen, dass die Regelung einem wirklichen Bedürfnis des Unternehmens dient und zur Erreichung dieses Ziels geeignet und erforderlich ist.[920] Damit ist eine Verhältnismäßigkeitsprüfung anzustellen, die an das Gewicht des rechtfertigenden Grundes hohe Anforderungen stellt. Diese Grundsätze gelten auch für Tarifverträge.[921] Das Bundesarbeitsgericht hat die europäische Rechtsprechung durch Vorlagebeschlüsse angestoßen und sodann konsequent in das nationale Recht umgesetzt.[922]
Allerdings hatte das Bundesarbeitsgericht zur **Rechtsfolge eines Verstoßes gegen den Gleichbehandlungsgrundsatz/das Diskriminierungsverbot** ursprünglich angenommen, aus einer Tarifbestimmung, nach der nur männlichen Arbeitnehmern eine Verheiratetenzulage zustehen sollte, könnten weibliche Arbeitnehmer keinen Anspruch auf diese Zulage herleiten. Die diskriminierende Tarifnorm sei nichtig und könne aus Rücksicht auf die Tarifautonomie nicht vom Gericht durch eine andere Regelung ersetzt werden.[923] Unter dem Einfluss des

---

915 *Klenner*, Gleichstellung, 51 f.
916 *Eichhorst/Profit/Thode*, 224 ff., mit Nachweisen.
917 Siehe *Vorauf*l., § 1 Rn. 193; ferner zu einem innovativen Beispiel in der niedersächsischen Metallindustrie, das aber mangels staatlicher Förderung im Jahr 2002 eingestellt werden musste: *Meine*, AuR 1998, 356.
918 Umfassend hierzu *Däubler/Hensche*, § 1 Rn. 660; auch *Zachert*, Normalarbeitsverhältnis, 30 ff.; a. A. *Löwisch/Rieble*, § 1 Rn. 957.
919 Rechtsvergleichend *Runggaldier*, FS Giugni, 1077 ff.
920 Bereits EuGH 31.3.1981 (96/80), Slg. 1981, 911 (»Jenkins«) = AP Nr. 2 zu Art. 119 EWG Vertrag; deutlich EuGH 13.5.1986 (170/84), Slg. 1986, 1620 (»Bilka«) = AP Nr. 10 zu Art. 119 EWG Vertrag.
921 EuGH 27.6.1990 (C-33/89), Slg. 1990 I, 2591 (»Kowalska«) = AP Nr. 21 zu Art. 119 EWGV; EuGH 7.2.1991 (C – 194/89), Slg. 1991 I, 297 (»Nimz«) = AP Nr. 25 zu § 23 BAT.
922 BAG 6.4.1982 (3 AZR 134/79), AP Nr. 1 zu § 1 BetrAVG Gleichbehandlung; BAG 23.1.1990 (3 AZR 58/88), AP Nr. 7 zu § 1 BetrAVG Gleichberechtigung; BAG 26.5.1993 (5 AZR 184/92), AP Nr. 42 zu Art. 19 EWG-Vertrag ständige Rechtsprechung.
923 BAG 13.11.1985 (4 AZR 234/84), AP Nr. 136 zu Art. 3 GG: Ehefrauenzulage (mit kritischer Anm. von *Zuleeg*).

Europäischen Gerichtshofes nahm das Bundesarbeitsgericht sodann eine **Angleichung nach oben** vor. Dies gilt auch für Diskriminierungsfälle von Teilzeitbeschäftigten.[924]

Inzwischen ist Begriff und Inhalt der mittelbaren Diskriminierung in neueren **europäischen Richtlinien**, z.B. Art. 2 Abs. 2 RL 97/80/EG, **kodifiziert** (hierzu Grundl. Rn. 235ff.). **398**

Im **nationalen Recht** ist **auf verfassungsrechtlicher Ebene** der **allgemeine Gleichheitsgrundsatz** des Art. 3 Abs. 1 und das **Diskriminierungsverbot** nach Art. 3 Abs. 2 GG einschlägig. Im Übrigen hat der Gesetzgeber die von der Rechtsprechung entwickelten Prinzipien im **Beschäftigungsförderungsgesetz** vom April 1985 (§ 2 BeschFG) und seit Dezember 2000 nunmehr im **Teilzeit- und Befristungsgesetz** (§ 4 TzBfG) normiert.

In der Sache stellen die gesetzlichen Vorschriften eine Konkretisierung des **allgemeinen Gleichbehandlungsgrundsatzes** für den Bereich der Teilzeitbeschäftigung dar.[925] **399**

Neu ist der »**Pro-rata-temporis-Grundsatz**« des § 4 Abs. 1 Satz 2 TzBfG, nach dem einem Teilzeitarbeitnehmer das **Arbeitsentgelt** oder eine andere teilbare geltwerte Leistung mindestens in dem Umfang zu gewähren ist, der dem Anteil seiner Arbeitszeit an der Arbeitszeit eines vergleichbaren vollzeitbeschäftigten Arbeitnehmers entspricht.[926]

Wie immer der Gehalt des § 4 TzBfG dogmatisch eingeordnet wird[927], in der Sache besteht Übereinstimmung, dass der **Prüfungsmaßstab streng** ist. Dies spiegelt die reichhaltige Rechtsprechung zu tariflichen Normen wieder, die teilzeitbeschäftigte gegenüber vollzeitbeschäftigten Arbeitnehmern ungleich behandeln. Nachfolgend werden Entscheidungen zu einigen typischen Problembereichen wiedergegeben.[928] **400**

### *bb) Der persönliche Geltungsbereich*

Die Tarifautonomie schützt nicht nur die Entscheidung der Tarifparteien über den Regelungsinhalt tariflicher Normen, vielmehr steht ihnen grundsätzlich frei, ob und für welchen Personenkreis sie Tarifverträge abschließen wollen. Bei der **Festlegung des persönlichen Geltungsbereichs** haben die **Tarifparteien** eine **Einschätzungsprärogative**.[929] So obliegt ihnen keine Verpflichtung, ein lückenloses Normensystems für beide Geschlechter oder bestimmte Arbeitnehmergruppen zu schaffen.[930] **401**

Eine tarifliche Regelung als solche stellt jedoch keinen sachlichen Grund für einen ungerechtfertigten Ausschluss von Arbeitnehmergruppen von tariflichen Leistungen dar. Dementsprechend betont das Bundesarbeitsgericht, es sei grund-

---

924 Ständige Rechtsprechung, z.B. BAG 7.11.1991 (6 AZR 392/88), AP Nr. 14 zu § 62 BAT; BAG 15.10.2003 (4 AZR 606/02), AP Nr. 87 zu § 2 BeschFG 1985.

925 Z.B. BAG 28.7.1992 (3 AZR 173/92), AP Nr. 18 zu § 1 BetrAVG Gleichbehandlung; ErfK/*Preis*, § 4 TzBfG Rn. 8.

926 Die Auslegung ist streitig, für eine absolute Pflicht zur Gleichbehandlung z.B. *Buschmann/Dieball/Stevens-Bartol*, Das Recht der Teilzeitarbeit, Kommentar, 2. Aufl., 2001, § 4 TzBfG Rn. 43; MünchArbR/*Schüren*, § 161 Rn. 61; *Däubler*/Schiek, Einl. Rn. 440; dagegen unter anderem *Annuß/Thüsing*, TzBfG, 2002, § 4 Rn. 31, ErfK/*Preis*, § 4 Rn. 12; BAG 5.11.2003 (5 AZR 8/03), AP Nr. 6 zu § 4 TzBfG.

927 Darstellung z.B. ErfK/*Preis*, § 4 Rn. 8ff.

928 Überblick z.B. ErfK/*Preis*, § 4 Rn. 59f.; *Däubler/Hensche*, § 1 Rn. 662ff.; *Wiedemann*, RdA 2005, 197f.

929 BAG 27.5.2004 (6 AZR 129/03), AP Nr. 309 zu Art. 3 GG (mit Anm. von *Dieterich*, RdA 2005, 177).

930 Zutreffend *Wissmann* ZTR 1994, 228.

sätzlich unerheblich, ob der Ausschluss von geringfügig Beschäftigten Teilzeitarbeitnehmern oder Arbeitnehmerinnen durch eine ausdrückliche Ausnahmeregelung im Tarifvertrag oder Einschränkung des persönlichen Geltungsbereichs im Sinne einer Nichtregelung erfolge.[931] Der Grundsatz, dass die Tarifparteien den persönlichen Geltungsbereich nach Art. 9 Abs. 3 GG in freier Selbstbestimmung festlegen können, findet dort seine **Grenze**, wo in der Grundrechtsabwägung dem **Gleichheitsgrundsatz** ein überwiegendes Gewicht zukommt (Grundl. Rn. 233).

Allerdings besteht bei Ausschluss von Arbeitnehmern aus dem tariflichen Geltungsbereich oder bloßer Nichtaufnahme in seinen Geltungsbereich über den **Prüfungsmaßstab** noch **keine völlige Klarheit**. Während Vierte Senat in einigen Entscheidungen ein bloße **Willkürkontrolle** als ausreichend erachtet[932], gehen andere Senate davon aus, dass die Tarifparteien nach dem Maßstab von Art. 3 GG im Wesentlichen gleich liegende Sachverhalte nicht ohne sachlichen Grund unterschiedlich behandeln dürfen.[933] Der sechste Senat hat dies dahin zusammengefasst, ein Regelungsverzicht verstoße nicht gegen Art. 3 Abs. 1 GG, wenn bei typisierender Betrachtung der jeweiligen Gruppen **sachbezogene Gruppenunterschiede** erkennbar sind, die es rechtfertigen, die betreffende Arbeitnehmergruppe in den persönlichen Geltungsbereich des jeweiligen Tarifvertrages nicht mit einzubeziehen.[934]

Bei der Geltungsausnahme aus dem Tarifvertrag ergibt sich die Besonderheit, dass ein konkretes Regelungsziel fehlt, welches im Rahmen der Verhältnismäßigkeitsabwägung einer Zweck-Mittel-Prüfung zugänglich wäre. Stattdessen besteht die Kontrollaufgabe darin, die Gründe für den Regelungsverzicht durch eine Prüfung sachlicher (plausibler) Gründe festzustellen und zu würdigen.[935]

**402** Danach gilt bei der **Einzelfallabwägung**, dass eine unterschiedliche Behandlung von Arbeitnehmern allein wegen Teilzeitarbeit unzulässig ist. Eine Ungleichbehandlung liegt vor, wenn die Dauer der Arbeitszeit das maßgebliche Kriterium ist, an das die Differenzierung für unterschiedliche Arbeitsbedingungen anknüpft. Sachliche Gründe müssen anderer Art sein, etwa auf Arbeitsleistung, Qualifikation, Berufserfahrung oder unterschiedlichen Anforderungen am Arbeitsplatz beruhen.[936]

---

931 BAG 29.8.1989 (3 AZR 370/88), AP Nr. 6 zu § 2 BeschFG 1985 (mit Anm. von *Buschmann*, AiB 1990, 78); BAG 24.10.1989 (8 AZR 5/89), AP Nr. 29 zu § 11 BUrlG; hierzu kritisch *Kappes*, DB 1990, 1461 ff.

932 BAG 30.8.2000 (4 AZR 563/99), AP Nr. 25 zu § 4 TVG Geltungsbereich = AR-Blattei ES 1550. 1.4. Nr. 5 (mit kritischer Anm. von *Dieterich* und mit Anm. von *Gamillscheg*, AuR 2001, 223); BAG 29.8.2001 (4 AZR 352/00), AP Nr. 291 zu Art. 3 GG.

933 BAG 18.6.1997 (5 AZR 259/96), AP Nr. 2 zu § 3d BAT; BAG 28.3.1996 (6 AZR 501/95), AP Nr. 49 zu § 2 BeschFG; BAG 27.5.2004 (6 AZR 129/03), AP Nr. 309 zu Art. 3 GG.

934 BAG 27.5.2004 (6 AZR 129/03), AP Nr. 309 zu Art. 3 GG.

935 Vgl. *Dieterich*, Anm. zu BAG 27.5.2004 (6 AZR 129/03), RdA 2005, 181; allgemein für ein Prüfungsprogramm in diesem Sinne, *Zachert*, AuR 2002, 43; auch *Franzen*, Anm. zu BAG 16.12.2003 (3 AZR 668/02), RdA 2005, 251; in der Sache ebenso *Thüsing*, ZTR 2005, 120.

936 BAG 28.7.1992 (3 AZR 173/93), AP Nr. 18 zu § 1 BetrAVG Gleichbehandlung (mit Anm. von *Pfarr*, ARBlattei Teilzeitarbeit, 1560 Nr. 32); BAG 15.10.2003 (4 AZR 606/02), AP Nr. 87 zu § 2 BeschFG 1985; weitere Hinweise *Löwisch/Rieble*, § 1 Rn. 962.

### *cc) Vergütung*

403 Im Hinblick auf die tariflich geregelten Hauptleistungspflichten aus dem Arbeitsverhältnis sind Teilzeitbeschäftigte in **allen Vergütungsbestandteilen** so zu behandeln wie vergleichbare Vollzeitbeschäftigte.[937] Die einem Teilzeitbeschäftigten eingeräumte Freiheit bei der Arbeitszeitgestaltung stellt keinen sachlichen Grund für eine geringere Entlohnung dar. Die größere Flexibilität bringt beiden Vertragsparteien Vorteile. Die Arbeitskraft eines Teilzeitarbeitnehmers ist deshalb anteilsmäßig ebenso viel Wert wie die eines Vollzeitbeschäftigten.[938] Dies gilt bei der **Eingruppierung**.[939] Ferner ist der Ausschluss teilzeitbeschäftigter Arbeitnehmer vom tariflichen **Anspruch auf Lohnerhöhung** unzulässig.[940] Schließlich können **Veränderungen der Arbeitszeiten und der Entgeltsysteme** Auswirkungen auf die Entgelthöhe bei Teilzeitbeschäftigten haben. So löst eine Stundenlohnerhöhung der vollzeitbeschäftigten Arbeitnehmer zum Ausgleich einer tariflichen Arbeitszeitverkürzung nach § 2 Abs. 1 BeschFG ebenfalls einen Anspruch auf entsprechende Lohnerhöhung je Arbeitsstunde für Teilzeitkräfte aus, deren Arbeitszeit sich nicht ändert.[941] Ferner haben teilzeitbeschäftigte Lehrer im Angestelltenverhältnis für die Unterrichtsstunden, die sie über die vertragliche Stundenzahl hinaus erbringen, Anspruch auf anteilige Vergütung.[942]

404 Ein sachlicher Grund für eine unterschiedliche Behandlung im Sinne des § 2 Abs. 1 BeschFG liegt nicht vor, wenn ein Teilzeitbeschäftigter nur nebenberuflich arbeitet. Die frühere Rechtsprechung, die so genannte **Sozialabschläge**[943] anerkannte, wurde zu Recht aufgegeben.[944] Dies gilt auch, wenn der Betreffende durch Ruhegeldansprüche sozial abgesichert ist.[945]

405 Im Kern unstreitig ist, dass Teilzeitbeschäftigte zumindest einen anteiligen Anspruch auf betriebliche **Sondervergütungen und Sonderleistungen** haben wie Vollzeitbeschäftigte. Bei nicht teilbaren Sachleistungen, z. B. Personalrabatt, Essenspreise usw., gelten für Teilzeitbeschäftigte die gleichen Bedingungen wie für vollzeitbeschäftigte Arbeitnehmer. Im Übrigen bestehen anteilige Ansprüche, z. B. im Hinblick auf Weihnachts-[946] und Urlaubsgeld.[947] Eine tarifliche Regelung, die eine Kürzung des Weihnachtsgeldes einheitlich für Voll- und Teilzeitbeschäftigte vorsieht, stellt ebenfalls eine Benachteiligung der letzteren dar.[948] Eine Auslegungsregel zugunsten teilzeitbeschäftigter Arbeitnehmer entwickelt das Bundesarbeitsgericht im Hinblick auf so genannte Sozialzulagen. Ergibt sich aus der

---

937 BAG 23. 4. 1996 (9 AZR 696/94), AP Nr. zu § 17 BErzGG (mit Anm. von *Bauschke*).
938 BAG 25. 4. 2001 (5 AZR 368/99), DB 2001, 2150, ständige Rechtsprechung.
939 BAG 16. 6. 1993 (4 AZR 317/92), AP Nr. 26 zu § 2 BeschFG; BAG 26. 5. 1993 (4 AZR 461/92), AP Nr. 2 zu § 612 BGB Diskriminierung, (mit Anm. von *Goergens*, AiB 1993, 742), das allerdings die Wahrung sozialer Besitzstände als sachlichen Grund für eine unterschiedliche Behandlung anerkennt.
940 BAG 5. 12. 1992 (6 AZR 240/91), NZA 1993, 511.
941 BAG 29. 1. 1992 (4 AZR 293/91), AP Nr. 16 zu § 2 BeschFG 1985 (mit Anm. von *Vogelsang*, AiB 1992, 585).
942 BAG 21. 4. 1999 (5 AZR 200/98), AB Nr. 72 zu § 2 BeschFG.
943 Hierzu kritisch *Schüren*, FS Gnade, 169.
944 BAG 1. 11. 1995 (5 AZR 84/94), AP Nr 45 zu § 2 BeschFG 1995 (mit Anm. von *Schüren*); BAG 1. 11. 1995 (5 AZR 880/94), AP Nr. 46 zu § 2 BeschFG.
945 BAG 7. 3. 1995 (3 AZR 282/94), AP Nr. 26 zu § 1 BetrAVG; ebenso *Löwisch/Rieble*, § 1 Rn. 960; *Däubler/Hensche*, § 1 Rn. 662.
946 BAG 6. 12. 1990 (6 AZR 268/98), AP Nr. 3 zu § 1 TVG Bezugnahme auf Tarifvertrag (mit Anm. von *Buschmann*, AuR 1991, 285).
947 BAG 15. 4. 2003 (9 AZR 548/01), NZA 2004, 494.
948 BAG 24. 5. 2000 (10/AZR 629/99), NZA 2001, 216.

Gesamtschau eines Manteltarifvertrages und eines Entgelttarifvertrages nicht eindeutig, dass teilzeitbeschäftigten Arbeitnehmern nur eine dem tatsächlichen Umfang ihrer Beschäftigung entsprechende anteilige Sozialzulage zusteht, so können sie die volle Zulage beanspruchen.[949]

406 Erhebliche Debatten hat die Frage ausgelöst, ob **Überstundenvergütungen** nicht erst bei Überschreitung der regelmäßigen Arbeitszeit (Vollzeit) zu zahlen seien, sondern bereits bei Überschreitung der individuellen Arbeitszeit. Verschiedene Vorlagebeschlüsse neigten dazu, insoweit eine mittelbare Diskriminierung zu bejahen und legten die Frage dem Europäischen Gerichtshof vor.[950] Der Europäische Gerichtshof sah in dieser Vergütungspraxis jedoch keine unzulässige Diskriminierung von teilzeitarbeitenden Frauen gegenüber Vollzeitbeschäftigten nach Art. 119 EGV.[951] Im Ergebnis sei die Vergütung von Teil- und Vollzeitbeschäftigten bei gleicher Arbeitszeit gleich. So erhalte ein Teilzeitbeschäftigter, dessen vertragliche Arbeitszeit 18 Stunden betrage, wenn er die 19. Stunde arbeite, die gleiche Gesamtvergütung wie ein Vollzeitbeschäftigter für 19 Stunden. Es liege also objektiv keine Diskriminierung zwischen Voll- und Teilzeitbeschäftigten vor.[952] Diese Begründung erscheint zu formal. Entscheidend ist der Verlust an Dispositionsmöglichkeiten, der bei der Teilzeitkraft in gleicher Weise eintritt wie beim Vollzeitarbeitnehmer, wenn Überstunden geleistet werden müssen. Dies fällt um so mehr ins Gewicht, als teilzeitarbeitende Frauen nach der (noch) herrschenden Rollenverteilung meist zusätzlich familiären Verpflichtungen nachkommen müssen.[953] Jedenfalls steht die Rechtsprechung einer tariflichen Zubilligung von Überstundenzuschlägen für Teilzeitbeschäftigte nicht entgegen[954] (zur Praxis: § 1 Rn. 396).

407 Grundsätzlich zugunsten von Teilzeitkräften sind inzwischen zahlreiche Rechtsfragen entschieden, die der BAT im **öffentlichen Dienst** aufwarf und der vor dem Hintergrund der Rechtsprechung zum Gleichheitsgrundsatz zwischenzeitlich mehrfach modifiziert wurde.[955]

Der Europäische Gerichtshof hat zu der in § 23a Nr. 6 BAT vorgesehenen nur teilweisen Anrechnung der Beschäftigungszeiten Teilzeitangestellter auf die für den Bewährungsaufstieg erforderlichen Zeiten zu Recht entschieden, die hierin liegende Benachteiligung von Frauen könne nicht pauschal damit gerechtfertigt werden, dass Teilzeitarbeit zu einem geringeren Erfahrungswissen führe als Vollzeitbeschäftigung.[956] Das Bundesarbeitsgericht hat im Anschluss hieran im Fall der teilzeitbeschäftigten Sachbearbeiterin einer Universität anerkannt, dass sie nach sechsjähriger Beschäftigung dasselbe Erfahrungswissen aufweisen könne wie ein entsprechender Vollzeitbeschäftigter und in diesem Fall die tariflich ge-

---

949 BAG 7.10.1992 (10 AZR 51/91), AP Nr. 34 zu § 1 TVG Tarifverträge Einzelhandel.

950 Hierzu *Schüren*, NZA 1993, 529.

951 EuGH 15.12.1994 (Rs. C-399-/92 und andere), Slg. 1994 I., 5727 (»Helmig«) = BB 1995, 153 = DB 1995, 49 (mit ablehnender Anm. von *Goergens*, AiB 1995, 200 und *Schüren*, EuRoAS, sowie zustimmender Anm. dagegen von *Stockmann*, DB 1995, 826).

952 So auch BAG 20.6.1995 (3 AZR 539/93), AP Nr. 1 zu § 1 Tarifverträge: Nährmittelindustrie; BAG 20.6.1995 (3 AZR 684/93), AP Nr. 11 zu § 1 TVG Tarifverträge: Chemie, ständige Rechtsprechung z.B. BAG 5.11.2003 (5 AZR/803), ZTR 2004, 195; zustimmend *Löwisch/Rieble*, § 1 Rn. 960, aber differenzierend für den Fall, dass ein Arbeitnehmer mehreren Teilzeitbeschäftigungen nachgeht.

953 Nachdrücklich *Schüren*, RdA 1985, 28f.; *Däubler/Hensche*, § 1 Rn. 665; *Stein*, Rn. 483.

954 Zutreffend *Hanau/Gilberg*, BB 1995, 1238.

955 *Zachert*, Normalarbeitsverhältnis, 92, unter anderem im Hinblick auf Geltungsbereich, Bewährungszeiten, Kündigungsfristen usw.

956 EuGH 7.2.1991 (C-194/89), Slg. 1991 I, 297 (»Nimz«) = AP Nr. 25 zu § 23a BAT.

forderte sechsjährige Bewährungszeit erfülle.[957] In einer weiteren zum BAT ergangenen Entscheidung hat der Europäische Gerichtshof ebenfalls zutreffend in der Beschränkung des Anspruchs auf Übergangsgeld gegenüber Teilzeitbeschäftigten nach § 62 BAT in der bis zum 31. März 1991 geltenden Fassung den Tatbestand einer mittelbaren Diskriminierung wegen des Geschlechts gesehen.[958]

### dd) Arbeitszeit

Zur **Arbeitszeitdauer** entschied das Bundesarbeitsgericht, dass, Teilzeitbeschäftigte grundsätzlich einen Anspruch auf **anteilige Arbeitszeitverkürzung** hätten, falls eine Reduzierung der wöchentlichen Arbeitszeit dem Ausgleich besonderer Belastungen diene.[959] Die Grenze liegt nach den allgemeinen Grundsätzen wiederum dort, wo der Arbeitgeber nachweist, dass die besonderen Belastungen, welche die Arbeitszeitverkürzung ausgleichen sollen, bei Teilzeitbeschäftigten selbst nicht anteilig gegeben sind. Dies gilt auch, wenn die den Teilzeitbeschäftigten gewährte Vergünstigung ihren Leistungsgrund ändern würde, d.h. in ihrer Art nicht mehr dieselbe wäre wie die den Vollzeitbeschäftigten gewährte Leistung. Deshalb haben teilzeitbeschäftigte Frauen, deren Arbeitszeit spätestens um 12.00 Uhr endet, keinen Anspruch auf bezahlte Freistellung an den Tagen, an denen der Arbeitgeber ab 12.00 Uhr Arbeitszeitbefreiung unter Fortzahlung der Bezüge gewährt.[960] Die Beweislast für das Vorliegen eines rechtfertigenden Differenzierungsgrundes liegt nach den vom Europäischen Gerichtshof entwickelten Grundsätzen beim Arbeitgeber, die Anforderungen sind hoch (Grundl. Rn. 236). **408**
Eine tarifliche Regelung, nach der nur Vollzeitbeschäftigte einen Anspruch auf vorübergehende Verringerung ihrer Arbeitszeit aus familienpolitischen Gründen haben (§ 15 Abs. 1 BAT), diskriminiert Teilzeitbeschäftigte.[961] Entsprechendes gilt für eine Norm (Verordnung), eine altersabhängige Unterrichtsermäßigung nur vollzeitbeschäftigten Lehrern zu gewähren.[962] Nach der Neuregelung im Tarifvertrag für den öffentlichen Dienst (TVöD) für Ansprüche auf Teilzeit ist bei der Arbeitszeitgestaltung der Situation von Teilzeitbeschäftigten Rechnung zu tragen.[963]

Zum Themenfeld **Teilzeit- und Schichtarbeit** wirken sich die strengen Maßstäbe, die die Rechtsprechung bei der Anwendung des Grundsatzes der Gleichbehandlung anlegt, vielfach zu Gunsten teilzeitbeschäftigter Arbeitnehmer (Frauen) aus. Die zeigen folgende Beispiele: Reduziere eine ursprünglich vollzeitbeschäftigte Krankenschwester ihre Tätigkeit auf die Hälfte der regelmäßigen Arbeitszeit, leiste sie aber weiterhin Nachtdienst, so habe sie Anspruch auf die volle tarifliche Nachtschichtzulage, wenn sie in dem vorgeschriebenen Zeitraum die entsprechende Stundenzahl erreicht.[964] Eine tarifliche Regelung **409**

---

957 BAG 2.12.1992 (4 AZR 152/92), AP Nr. 28 zu § 23a BAT (mit Anm. von *H. Richter*, AuR 1993, 225 und *Degen*, PersR 1993, 416); so bereits BAG 25.9.1991 (4 AZR 631/90), AP Nr. 13 zu § 2 BeschFG 1985.

958 EuGH 27.6.1990 (C-33/89), Slg., 1990 I, 2591 (»Kowalska«) = AP Nr. 21 zu Art. 119 EWG; zur Kürzung von Ansprüchen auf Beihilfe gegenüber Teilzeitbeschäftigten nach Änderungen der tariflichen Grundlagen: BAG 25.9.1997 (6 AZR 65/96), NZA 1998, 151; BAG 19.2.1998 (6 AZR 477/97), BB 1998, 2420; zum Thema mit weiteren Nachweisen, *Däubler/Schiek*, Einl. Rn. 439 ff.; *Löwisch/Rieble*, § 1 Rn. 961.

959 BAG 29.1.1992 (4 AZR 239/91), AP Nr. 16 zu § 2 BeschFG 1985.

960 BAG 26.5.1993 (5 AZR 184/92), AP Nr. 42 zu Art. 119 EWG-Vertrag.

961 BAG 18.3.2003 (9 AZR 126/02), DB 2004, 319 = BB 2004, 1568 = ZTR 2004, 143.

962 BAG 30.9.1998 (5 AZR 18/98), NZA 1999, 774 = DB 1999, 1171.

963 *Roggenkamp*, Der PersR 2005, 174.

964 BAG 23.6.1993 (10 AZR 127/92), AP Nr. 1 zu § 34 BAT (mit Anm. von *Degen*, AiB 1994, 244).

verstößt gegen § 4 Abs. 1 TzBfG, die einen Spätarbeitszuschlag für Teilzeitbeschäftigte bei einem Ende der regelmäßigen Arbeitzeit nach 17.00 Uhr nur vorsieht, wenn Wechselschicht geleistet wird, während Vollzeitbeschäftigte bei gleichem Arbeitszeitende den Zuschlag nach dann erhalten, wenn sie nicht in Wechselschicht arbeiten.[965]

**410** Zum Fragenbereich des **Urlaubs** gilt, dass teilzeitbeschäftigte Arbeitnehmer, die regelmäßig an weniger Arbeitstagen einer Woche als vollzeitbeschäftigte Arbeitnehmer tätig sind, entsprechend der Zahl der für sie maßgeblichen Arbeitstage ebenso ein Recht auf Erholungsurlaub wie letztere haben.[966] Ferner besteht sowohl ein Anspruch auf anteiliges Urlaubsentgelt nach § 11 BUrlG[967] als auch auf anteiliges Urlaubsgeld.[968]

### *ee) Leistungen im Alter*

**411** Ferner unterwirft die Rechtsprechung Differenzierungen zwischen Voll- und Teilzeitbeschäftigte bei der **betrieblichen Altersversorgung** einem strengen Prüfungsprogramm. Das gilt unter anderem für die **Höhe der Rentenansprüche**[969] und damit im Zusammenhang für die Voraussetzungen ihrer Berechnung[970] sowie **diskriminierende Altersgrenzen** zwischen Frauen und Männern, die dazu führen, dass Frauen von zusätzlicher bezahlter Freistellung ab Vollendung des 60. Lebensjahres ausgeschlossen werden[971] oder Ansprüche aus einer tariflichen Übergangsversorgung verlieren.[972] Im Hinblick auf **Altersteilzeit** zieht die Rechtsprechung allerdings Grenzen, die plausibel erscheinen. Sie müsse für Teilzeitbeschäftigte nur dann gefördert werden, wenn sie ebenso wie Vollzeitbeschäftigte ihre Arbeitszeit mindern. Ansonsten liege keine Ungleichbehandlung vor. Dies folge aus den arbeitsmarktpolitischen Zielen des Altersteilzeitgesetzes.[973]
Das Bundesverfassungsgericht hat die Rechtsprechung des Bundesarbeitsgerichts zur Gleichstellung teilzeitbeschäftigter Arbeitnehmer bei der betrieblichen Altersversorgung auch insoweit als verfassungsgemäß anerkannt, als ein **Gleichstellungsanspruch für zurückliegende Jahre** bejaht wird. Vor allem verneint das Gericht mit Hinweis auf die einschlägige Rechtsprechung des Europäischen Gerichtshofs seit 1981 eine Verletzung des Gedanken des Vertrauensschutzes (Art. 20 Abs. 3 GG).[974]

---

965 BAG 24.9.2003 (10 AZR 675/02), NZA 2004, 611.

966 BAG 14.2.1992 (8 AZR 97/90), AiB 1992, 168 (mit Anm. von *Schoof*).

967 BAG 24.10.1989 (8 AZR 5/89), AP Nr.29 zu § 11 BUrlG.

968 BAG 15.11.1990 (8 AZR 283/89), AP Nr.11 zu § 2 BeschFG 1985.

969 Aus der umfassenden Rechtsprechung beispielhaft: EuGH 13.5.1986 (170/84), Slg. 1986, 1620 (»Bilka«) = AP Nr.10 zu Art. 119 EWGV; BAG 14.3.1989 (3 AZR 490/87), AP Nr.5 zu § 1 BetrAVG Gleichberechtigung; BAG 20.11.1990 (3 AZR 613/89), AP Nr.8 zu § 1 BetrAVG Gleichberechtigung; BAG 28.7.1992 (3 AZR 173/92), AP Nr.18 zu § 1 BetrAVG Gleichbehandlung; BAG 16.3.1993 (3 AZR 389/92), AP Nr.6 zu § 1 BetrAVG Teilzeit; BAG 13.5.1997 (5 AZR 66/96), AP Nr.36 zu § 1 BetrAVG Gleichbehandlung; BAG 17.2.1998 (3 AZR 738/96), AP Nr.37 zu § 1 BetrAVG Gleichbehandlung; für Direktversicherungen BAG 5.10.1993 (3 AZR 695/92), AP Nr.20 zu § 1 BetrAVG Lebensversicherung (mit Anm. von *Goergens*, AiB 1994, 252).

970 Dienstjahre, von denen eine tarifliche Höhergruppierung abhängt: BAG 15.5.1997 (6 AZR 40/96), AP Nr.9 zu BAT § 3.

971 BAG 20.8.2002 (9 AZR 750/00), NZA 2003, 862.

972 BAG 20.8.2002 (9 AZR 750/00), NZA 2003, 862; vgl. auch EuGH 20.3.2003 (Rs. C-187/00), AuR 2003, 267 (»Kutz-Bauer«) (mit Anm. R. Winter).

973 BAG 20.8.2002 (9 AZR 710/00), DB 2003, 727.

974 BVerfG (Kammer) (1BvR 263/98), NZA 1999, 815.

### ff) *Sonstige arbeitsrechtliche Inhalte*

Gegen den Gleichbehandlungsgrundsatz verstößt unter anderem eine Tarifnorm, die den Ausschluss von ordentlichen **Kündigungen** für Teilzeitbeschäftigte von einer Mindestarbeitszeit abhängig macht.[975] 412

### gg) *Geringfügige Teilzeit*

Bei **geringfügig beschäftigten Teilzeitarbeitnehmern** hatte die Rechtsprechung 413 in der Vergangenheit zwar das vorstehend dargestellte Prüfungsprogramm zur Gleichbehandlung grundsätzlich zu Grunde gelegt, etwa beim Ausschluss aus dem tariflichen Geltungsbereich ohne Sachgrund[976], bei Zuwendungen nach einem speziellen Zuwendungstarifvertrag[977] oder Jahressonderzahlungen.[978] Dies galt jedoch nicht für **soziale Leistungen (Altersversorgung)**, bei denen die Gerichte einen großzügigeren Maßstab angelegten und eine unterschiedliche Behandlung in größerem Umfang zuließen als bei »Normalteilzeitbeschäftigten«.[979] Hintergrund war, dass geringfügig Beschäftigte bis zur Reform vom Dezember 2003 von Sozialleistungen ausgeschlossen waren. Zudem ist diese Gruppe von Teilzeitarbeitnehmern erst seit Inkrafttreten des Teilzeit- und Befristungsgesetzes im Januar 2001 nach § 2 Abs. 2 TzBfG ausdrücklich in den Schutzbereich des Gleichbehandlungsgebotes nach § 4 Abs. 1 TzBfG aufgenommen (§ 1 Rn. 589). Spätestens seit Inkrafttreten dieser Änderungen sind die **Grundlagen für eine besondere Bewertung der Geringfügigkeitstätigkeiten** unter Gleichheitsgesichtspunkten **entfallen**. Deshalb geht eine betriebliche oder tarifliche Gesamtversorgungsregelung nicht mehr ins Leere, so dass sachliche Ausschlussgründe zu Lasten der geringfügig Beschäftigten entfallen.[980] Andere Lösungen weisen in Richtung auf eine Kompensation in der Bezahlung im Sinne eines »wertgleichen Entgelts«, das die fehlenden Leistungen der Sozialversicherung durch einen gewissen Zuschlag beim Nettoentgelt ausgleicht.[981]

## e) Arbeit auf Abruf

### aa) *Begriff und Praxis*

Hinter dem Begriff **Arbeit auf Abruf** (»kapazitätsorientierte variable Arbeits- 414 zeit«/»Kapovaz«) verbirgt sich ein Arbeitszeitsystem, das insbesondere für den Bereich des Einzelhandels entwickelt wurde. Es dient vorrangig der Flexibilisierung des Personalseinsatzes im Interesse der betreffenden Unternehmen. Mit dem Arbeitnehmer wird ein **Teilzeitarbeitsvertrag** abgeschlossen, der lediglich die jährlich oder monatlich zu leistenden Arbeitsstunden und das für diese

975 BAG 18.9.1997 (2 AZR 592/96), AP Nr. 5 zu § 53 BAT (mit Anm. von *Goergens*, AiB 1998, 413); ferner BAG 13.3.1997 (2 AZR 175/96), AP Nr. 54 zu § 2 BeschFG 1985.
976 BAG 15.10.2003 (4 AZR 606/02), AP Nr. 87 zu § 2 BeschFG 1985.
977 BAG 24.2.1999 (10 AZR 5/98), AiB 2000, 236 (mit Anm. von *Piasetzki*), der Tarifvertrag wurde dann entsprechend verändert.
978 EuGH 9.9.1999 (Rs. C-281/97), NJW 2000, 647 (»Andrea Krüger«); weitere Beispiele *Däubler/Schiek*, Einl. Rn. 444.
979 BAG 22.2.2000 (3 AZR 845/98), AP Nr. 44 zu § 1 BetrAVG Gleichbehandlung.
980 *Däubler/Hensche*, § 1 Rn. 663.
981 Ausführlich *Thüsing*, ZTR 2005, 118ff.; ferner *Löwisch/Rieble*, § 1 Rn. 960.

Zeit vereinbarte Gehalt festlegt. Die Ausgestaltung in der Praxis ist unterschiedlich.[982] Es können feste Arbeitsstunden vereinbart sein, aber auch so genannte Bandbreitenregelungen (z.B. von 20 bis 50 Stunden monatlich). Ferner gibt es Vertragsgestaltungen, die den Arbeitseinsatz völlig den betrieblichen Notwendigkeiten anpassen. Letzteres hat die Rechtsprechung unter anderem wegen Umgehung der gesetzlichen Kündigungsschutzvorschriften als unzulässig erklärt.[983]

415 Gemeinsam ist den Vertragsgestaltungen, dass der **Arbeitnehmer** grundsätzlich verpflichtet ist, dem Unternehmen **abrufbereit zur Verfügung** zu stehen. Wann und wie lange gearbeitet werden soll, wird vom Arbeitgeber festgelegt, teilweise mit nur kurzen Ankündigungsfristen. Bezahlt wird nur die abgeleistete Arbeitszeit, nicht aber – auch nicht teilweise – die ständige Arbeitsbereitschaft, die von den Beschäftigten erwartet wird.

#### *bb) Staatlicher Mindestschutz (§ 12 TzBfG)*

416 Das staatliche Recht setzte bereits mit dem **Beschäftigungsförderungsgesetz** von 1985 in § 4 gewisse Mindestbedingungen (Mindestdauer von zehn Wochenstunden und Mindestankündigungsfristen von vier Tagen) fest.[984] § 12 des **Teilzeit- und Befristungsgesetzes** knüpft hieran an und präzisiert zugleich einige Aspekte, die im Beschäftigungsförderungsgesetz offener geregelt waren. So muss der Arbeitsvertrag nun »eine bestimmte Dauer und der wöchentlichen und der täglichen Arbeitszeit« festlegen (§ 12 Abs. 1 Satz 2 TzBfG). Nach altem Recht war lediglich eine »bestimmte Dauer der Arbeitszeit« vorgegeben. Diese Formulierung spricht dafür, dass die Verteilung der Arbeitszeit über einen längeren Bezugsrahmen und deren Abruf »im Block« unzulässig ist.[985]

417 Hiervon kann allerdings tariflich abgewichen werden. § 12 Abs. 3 TzBfG enthält eine **eingeschränkte Tariföffnungsklausel** mit zwingenden gesetzlichen Vorgaben. Danach kann tariflich auch zuungunsten des Arbeitnehmers abgewichen werden, wenn der Tarifvertrag Regelungen über die tägliche und wöchentliche Arbeitszeit und die Vorankündigungsfrist vorsieht. Somit wäre z.B. die tarifliche Festlegung eines Arbeitszeitkorridors mit einer Mindest und Höchstarbeitszeit denkbar.[986]

418 Die gesetzliche Festlegung von Mindestschutzstandards im § 12 TzBfG können Bedenken dagegen, dass der Vertragstyp »Arbeit auf Abruf« die überwiegend betroffenen Frauen **mittelbar diskriminiert**, nicht völlig ausräumen.

Der Oberste Gerichtshof Österreichs (OGH) hat dem Europäischen Gerichtshof einen Fall von Arbeit auf Abruf vorgelegt und in diesem Sinne unter anderem darauf hingewiesen, dass den Arbeitnehmerinnen unsichere Beschäftigung unter deutlich schlechteren Arbeits- und Entgeltbedingungen vermittelt wird als vergleichbaren Vollzeitarbeitnehmern. Deshalb stelle sich die Frage, ob ein Verstoß gegen Art. 5 der Gleichbehandlungsrichtlinie RL 76/207/EG und § 4 der

---

982 Beispiele ErfK/*Preis*, § 12 TzBfG Rn. 21 ff.

983 BAG 12.12.1984 (7 AZR 509/83), AP Nr. 6 zu § 2 KSchG 1969; ArbG Hamburg 2.5.1984 (Ca 691/83), AiB 1984, 138.

984 Kritik von *Buschmann/Ulber*, Flexibilisierung, 160 ff.; ferner *Rauschenberg*, Flexibilisierung, 29 ff.

985 Streitig, wie hier z.B. *Kittner/Däubler/Zwanziger-Zwanziger*, KSchR, § 12 TzBfG Rn. 9, 13, 21; *Däubler/Hensche*, § 1 Rn. 667; a.A. z.B. *Annuß/Thüsing*, TzBfG § 12 Rn. 22, 45; ErfK/*Preis*, § 12 TzBfG Rn. 22, einschränkend aber Rn. 28.

986 *Kittner/Däubler/Zwanziger-Zwanziger*, KSchG, § 12 TzBfG Rn. 30, mit Nachweisen.

Rahmenvereinbarung über Teilzeitarbeit RL 97/81/EG gegeben ist.[987] Der Europäische Gerichtshof hat zwar die Vereinbarkeit der Bestimmung des österreichischen Arbeitszeitgesetzes mit europäischem Recht bejaht[988], sich aber nicht näher mit der Frage der mittelbaren Diskriminierung auseinandergesetzt, sondern auf die Besonderheiten der österreichischen Rechtslage abgestellt.
Für das deutsche Recht ist deshalb weiterhin **offen**, ob die Einschränkungen des arbeitgeberseitigen Direktionsrechts durch § 12 TzBfG ausreichen, um Abweichungen vom üblichen Schutzstandard und damit einen **Verstoß gegen den Gleichbehandlungsgrundsatz** durch das Ziel einer flexiblen Gestaltung des Arbeitsverhältnisses sachlich zu rechtfertigen.[989] Dem wird auch bei der Auslegung von Einzelfragen des § 12 TzBfG Rechnung zu tragen sein, um zukünftigen Rechtsunsicherheiten wegen Verstoßes der einschlägigen Vorschrift gegen europäisches Recht möglichst entgegenzuwirken.

### cc) Tarifliche Regelungsmöglichkeiten

Zum Vertragstyp »Arbeit auf Abruf« gibt es **keine konzeptionelle und praktisch relevante Tarifpolitik**. Angesichts der überwiegend negativen Auswirkungen der Arbeitszeitflexibilisierung durch die Arbeit auf Abruf (Abbau von Vollzeitarbeitsplätzen, Zunahme der Leistungsverdichtung, Verhinderung einer eigenständigen Zeiteinteilung für den Arbeitnehmer, Unterlaufen tarifvertraglicher Rechte wie Überstundenzuschläge, Urlaub usw.)[990] ging und geht das gewerkschaftliche Bemühen dahin, diese Formen der Flexibilisierung soweit wie möglich zu verhindern. **419**
Sofern auf betrieblicher Ebene einschlägige Vereinbarungen abgeschlossen wurden, versucht man von Arbeitnehmerseite, Annäherungen an den Standard »normaler Teilzeitarbeit« zu erreichen.[991]

### dd) Rechtsfragen

Die Rechtsprechung hat unter Geltung des Beschäftigungsförderungsgesetzes **tariflichen Regelungen** zur Arbeit auf Abruf ihre Anerkennung auch dann nicht versagt, wenn sie das **gesetzliche Niveau unterschritten**. Nach dem Bundesarbeitsgericht fand die gesetzliche Mindestarbeitszeit von wöchentlich zehn Stunden keine Anwendung, wenn ein Tarifvertrag bestimmte, dass sich die Arbeitszeit teilzeitbeschäftigter Arbeitnehmer nach dem Arbeitsanfall richtet, ohne zugleich eine bestimmte Dauer der Arbeitszeit festzulegen. In einer solchen Tarifnorm sah die Rechtsprechung keinen Verstoß gegen zwingende Vorschriften des Kündigungsschutzrechtes.[992] **420**

---

987 OGH 8.8.2002 (8 ObA 277/01), AuR 2003, 303; hierzu *J. Peiss*, AuR 2003, 281 ff.

988 EuGH 12.10.2004 (C-313/02), NZA 2004, 1325 (»Wippel«).

989 *Nicolai*, DB 2004, 2812 ff., die dies trotz gewisser Bedenken im Ergebnis bejaht.

990 Zur überwiegend kritischen Einschätzung in der arbeitsrechtlichen Diskussion *Malzahn*, AuR 1985, 137 ff.; *Schwerdtner*, NZA 1985, 580 ff.; *Plander*, AuR 1987, 281; ErfK/*Preis*, § 12 TzBfG Rn. 3, mit weiteren Nachweisen.

991 Ein Beispiel *Zachert*, DB 1986, 1729 – Einigungsstellenspruch bestätigt durch LAG Hamburg 12.1.1987, DB 1986, 2131.

992 BAG 12.3.1992 (6 AZR 311/90), AP Nr. 1 zu § 4 BeschFG 1985; kritisch zu Recht *Schüren*, Anm. DB 1992, 1785; zustimmend jedoch *Hromadka*, FS Kissel, 417.

Nach der Formulierung der **konditionierten Tariföffnungsklausel** im § 12 Abs. 3 TzBfG, wonach die zu Lasten des Arbeitnehmers abweichende Tarifnorm zugleich Regelungen über die tägliche und wöchentliche Arbeitszeit und die Vorankündigungsfrist vorsehen muss, ist dieser Rechtsprechung die Grundlage entzogen.[993] Zu weiteren Rechtsproblemen vorstehend § Rn. 416 ff.

#### f) Arbeitsplatzteilung

##### *aa) Begriff und Praxis*

421 Das Modell der **Arbeitsplatzteilung** (Job-Sharing) lässt sich dahin gehend beschreiben, dass die für einen Vollzeitarbeitsplatz vorgegebene Arbeitszeit und die Arbeitsleistung auf mindestens zwei Arbeitnehmer verteilt werden (vgl. § 13 Abs. 1 TzBfG) Die beteiligten Arbeitnehmer legen innerhalb des vorgegebenen zeitlichen Rahmens Dauer und Lage ihrer individuellen Arbeitszeiten auf der Basis gemeinsamer Absprachen eigenständig fest. Das Einkommen des einzelnen Arbeitnehmers richtet sich – wie bei Teilzeitarbeitsverhältnissen – nach den von ihm pro Abrechnungszeitraum erbrachten Arbeitszeitanteilen. Die praktische Bedeutung dieser Arbeitszeitform ist gering.

##### *bb) Staatlicher Mindestschutz, § 13 TzBfG*

422 Auf staatlicher Ebene regelt das Teilzeit- und Befristungsgesetz (zuvor § 3 BeschFG) in § 13 Abs. 2 die Risikoverteilung im Hinblick auf die **gegenseitige Vertretung** und **Kündigung** bei Ausscheiden eines Partner-Arbeitnehmers. Damit ist ein gewisser Mindestschutz gewährleistet.

##### *cc) Tarifliche Ebene*

423 **Tarifpolitische Initiativen** hat es wegen der geringen praktischen Relevanz der Arbeitsplatzteilung nicht gegeben und sie sind auch in absehbarer Zeit **nicht zu erwarten.**[994]

### 3. Tarifliche Regelungen befristeter Arbeitsverhältnisse

#### a) Begriff und empirischer Hintergrund

424 **Befristete Arbeitsverträge definiert** § 3 Abs. 1 Teilzeit- und Befristungsgesetz (TzBfG) als Arbeitsverträge, die auf bestimmte Zeit geschlossen sind. Sodann unterscheidet es zwei Typen von Befristungen. Bei einem »**kalendermäßig befristeten Arbeitsvertrag**« ist seine Dauer kalendermäßig bestimmt. Ein »**zweckbefristeter Arbeitsvertrag**« liegt vor, wenn sich der Zeitablauf aus Art, Zweck oder Beschaffenheit der Arbeitsleistung ergibt.

425 **Empirische Untersuchungen** zur Entwicklung befristeter Arbeitsverhältnisse weisen aus, dass deren Anteil an der Gesamtzahl der abhängig Beschäftigten von etwa 4 % im Jahre 1984 auf über 7 % im Jahre 1986 angestiegen ist. Am 1. Mai 1986

993 Ganz überwiegende Ansicht, z. B. *Kittner/Däubler/Zwanziger-Zwanziger*, KSchG, § 12 TzBfG Rn. 31; *Däubler/Hensche*, § 1 Rn. 668, jeweils mit weiteren Nachweise auch der Gegenposition.

994 *Rauschenberg*, Flexibilisierung, 50 ff., mit weiteren Nachweisen.

war das so genannte Beschäftigungsförderungsgesetz in Kraft getreten, das erstmalig die kalendermäßige Befristung, zunächst für eineinhalb, dann für zwei Jahre zuließ und damit für diesen Befristungstyp die gerichtliche Missbrauchskontrolle beseitigte.[995] Die Zahl der Befristungen blieb bis Anfang der 90er Jahre etwa stabil[996], verharrt seitdem bei etwa 12 % und liegt damit knapp unter dem europäischen Durchschnitt von 12,8 %. Allerdings sind Regionen, Arbeitnehmergruppen und Branchen unterschiedlich betroffen. So liegt in den neuen Bundesländern der Anteil der befristet Beschäftigten höher (ca. 14 % gegenüber knapp 8 % in den alten Bundesländern), jüngere Arbeitnehmer erhalten überdurchschnittlich häufig befristete Verträge (ca. 37 % aller Arbeitnehmer unter 20 Jahren), im öffentlichen Dienst wird fast jede zweite Beschäftigung befristet vorgenommen.[997]

Im Hinblick auf die Aussicht, einen Dauerarbeitsplatz zu erhalten (»**Brückenfunktion**«) ist die Bewertung von Befristungen ambivalent. In Westdeutschland geht etwa jedes vierte befristete Beschäftigungsverhältnis in ein unbefristetes über, in Ostdeutschland liegt der Anteil lediglich bei 17 %. Häufig tritt ein »**Drehtüreffekt**« ein, d.h. eine Befristung zieht weitere Befristungen oder sogar die Arbeitslosigkeit nach sich.[998] **426**

### b) Staatliches Recht, das Teilzeit und Befristungsgesetz

Das **Teilzeit- und Befristungsgesetz** (TzBfG) vom 21. Dezember 2000, in Kraft getreten zum 1. April 2001 (zum Hintergrund § 1 Rn. 395), löste das mehrfach verlängerte **Beschäftigungsförderungsgesetz** von 1985 ab. **427**

Damit setzte der Gesetzgeber die **europäische Richtlinie** 99/70/EG über **befristete Arbeitsverträge** um. Nach deren § 6 wird von den Mitgliedstaaten alternativ eine Beschränkung dieser Vertragsform verlangt: durch Bindung der Befristung an sachliche Gründe, durch Beschränkung der maximalen Dauer aufeinander folgender Verträge oder durch eine Beschränkung der Zahl dieser Verträge.

Wie bei der Teilzeit sieht § 4 Abs. 2 TzBfG ein **Diskriminierungsverbot** vor, das nur durch sachliche Gründe gerechtfertigt werden kann. Diese Sachgründe sind für die **Zweckbefristung** – im Unterschied zur Teilzeit – in § 14 Abs. 1 TzBfG beispielhaft aufgezählt und stützen sich auf das hierzu ergangene reichhaltige Richterrecht. Zum Entgelt wird ebenso wie bei der Teilzeit in § 4 Abs. 2 Satz 2 ein »Pro-rata-temporis«-Grundsatz festgeschrieben.[999] Der **Bezugsmaßstab** unterliegt wie bei der Teilzeit einem mehrstufigen Prüfungsschema. Es ist zunächst der innerbetriebliche Vergleich, sodann der anwendbare Tarifvertrag und schließlich der Vergleich mit der Branche: § 3 Abs. 2 TzBfG.

Die **kalendermäßige Befristung** ist nach § 14 Abs. 2 TzBfG bis zu einer Dauer von zwei Jahren zulässig. Innerhalb dieses Zeitraums darf die Befristung dreimal

---

995 Rechtspolitische Bewertung, *Herschel*, AuR 1985, 265.

996 Angaben bis zu dieser Zeit *Büchtemann*, RdA 1990, 2.

997 *Bielinski*, WSI-Mitt. 1997, 532; *Frohner/Pieper*, AuR 1992, 104f.; *Bellmann/Alda*, WSI-Mitt. 2004, 259; eigene Berechnungen nach dem Sozioökonomischen Panel (SOEP); weitere Angaben *Däubler/Hensche*, § 1 Rn. 670; die Zahlenangaben schwanken, unter anderem je nachdem ob Ausbildungsverträge mitgezählt werden.

998 *Bellmann/Alder*, WSI-Mitt. 2004, 258f.; *Zachert*, Beendigungstatbestände, 77f., mit rechtsvergleichenden Angaben.

999 Auch hier ist streitig, ob er absolut gilt oder durch sachliche Gründe aufgehoben werden kann, zum Streitstand z.B. ErfK/*Preis*, § 4 TzBfG Rn. 63ff.

verlängert werden, allerdings nicht wenn bereits zuvor ein befristetes oder unbefristetes Arbeitsverhältnis mit demselben Arbeitgeber bestanden hat. Diese Regelung soll so genannte Kettenbefristungen verhindern.[1000] Satz 3 und 4 enthält eine **Tariföffnung** für die Anzahl von Verlängerungen oder die Höchstdauer von Befristungen auch zuungunsten der Betroffenen (§ 22 Abs. 1 TzBfG).[1001] Nach einer weiteren Novellierung können seit 1. Januar 2004 **neu gegründete Unternehmen** in den ersten vier Jahren kalendermäßig befristete Arbeitsverträge bis zu vier Jahren abschließen und in diesem Zeitrahmen beliebig oft verlängern.
Für **ältere Arbeitnehmer**, die das 52. Lebensjahr vollendet haben, findet (befristet bis 31. Dezember 2006, im Übrigen gilt die Altersgrenze von 58 Jahren) eine Befristungskontrolle nach den Voraussetzungen des Sachgrundes nicht statt: § 14 Abs. 4 TzBfG.[1002]
Zur Wirksamkeit der Befristung wird nunmehr in § 14 Abs. 4 TzBfG die **Schriftform** ausdrücklich vorgeschrieben. Eine ordentliche Kündigung vor Zweckerreichung oder Fristablauf ist nach § 15 Abs. 3 TzBfG nur möglich, wenn dies einzelvertraglich oder tariflich vereinbart wurde.
Um die Aussichten auf ein Dauerarbeitsverhältnis zu verbessern, hat der Arbeitgeber nach § 18 TzBfG befristet beschäftigte Arbeitnehmer über zu besetzende **Arbeitsplätze zu informieren**. Ferner sollen befristet Beschäftigte nach § 19 TzBfG an **Aus- und Weiterbildungsmaßnahmen** teilnehmen können, soweit betriebliche Belange dies zulassen.

### c) Tarifliche Gestaltung von befristeten Arbeitsverträgen

428 Die **Tarifpraxis** zu befristeten Verträgen ist nach der recht umfassenden Kodifizierung des Befristungsrechts im Teilzeit- und Befristungsgesetz in vielen Punkten überholt. Eine Anpassung, die auf den gesetzlichen Mindestnormen aufbaut und diese weiter entwickelt, ist – von Einzelbeispielen abgesehen – (noch) nicht erfolgt. Folgende Schwerpunkte tariflicher Befristungsregelungen lassen sich unterscheiden[1003]:
Häufig wird für Befristungsabreden die **Schriftform** gefordert (jetzt § 14 Abs. 4 TzBfG). Besonders detaillierte Anforderungen finden sich im BAT SR 2 y (Protokollnotiz Nr. 2).
Zahlreiche Tarifverträge verlangen **für die Zweckbefristung** in Anlehnung an die Befristungsrechtsprechung (jetzt § 14 Abs. 1 TzBfG) das Vorliegen eines **sachlichen Grundes.** Tarifnormen über Zweckbefristungen zielen darauf ab, die Befristungsgründe möglichst einzuschränken. Auch eine zeitliche Begrenzung, etwa die Erledigung eines bestimmten Auftrags bis zu einer Höchstdauer, kommt vor.
Alternativ oder auch kumulativ legen Tarifverträge teilweise fest, in welchen **speziellen Fällen** eine Befristung **sachlich gerechtfertigt** ist. Beispiele sind Aushilfsarbeiten, Vertretungsarbeiten, Saisonarbeiten usw.

---

1000 Zum Streitstand der Auslegung wichtigen Neuregelung z.B. *ArbRBGB/Dörner*, § 620 Rn. 230; ErfK/*MüllerGlöge*, § 14 TzBfG Rn. 124f.

1001 Bedenken zu Recht wegen Verstoßes gegen die Befristungsrichtlinie RL 99/70/EG bei *Däubler/Hensche*, § 1 Rn. 673.

1002 Zur Diskussion um europa- und verfassungsrechtliche Bedenken z.B. ErfK/*Müller-Glöge*, § 14 TzBfG Rn. 13; *ArbRBGB/Dörner*, § 620 Rn. 242; Vorlagebeschluss beim EuGH: ArbG München 26.6.2004 (Az C-144/04), ABl. EG 2004 Nr. C 146, 1 (»Mangold«).

1003 *Zachert*, Normalarbeitsverhältnis, 64ff.; *Däubler/Hensche*, § 1 Rn. 673ff.; *Stein*, Rn. 540ff.

Für **kalendermäßige Befristungen** definieren tarifliche Befristungsregelungen regelmäßig einen **zeitlichen Rahmen**. Dieser Zeitrahmen, der Mitte der 80er Jahre, unter anderem in der Metallindustrie, noch bei sechs Monaten lag, wurde vor dem Hintergrund der längeren Fristen des Beschäftigungsförderungs- und Teilzeit- und Befristungsgesetzes, in der Regel schrittweise erweitert.
Darüber hinaus enthalten entsprechende Tarifnormen vereinzelt Regelungen darüber, in welchen Fristen das befristete Arbeitsverhältnis **ordentlich gekündigt** werden darf, z.B. bei Angestellten Kündigungsmöglichkeit mit einer Frist von einem Monat zum Monatsende. Dies wäre nach geltendem Recht (§ 15 Abs. 3 TzBfG) eine zulässige Verschlechterung durch Tarifvertrag gegenüber der Grundregel, dass beim befristeten Vertrag das Recht zur ordentlichen Kündigung im Zweifel ausgeschlossen sein soll.
Die charakteristischen tariflichen Formulierungen über die **Folgen unwirksamer Befristungen**, vor allem bei Fristüberschreitung, sehen vor, dass dieses als unbefristet gilt, wenn es über den vereinbarten Zeitpunkt oder den Zweck hinaus fortgesetzt wird. Damit wird die nunmehr in § 16 TzBfG ausdrücklich festgelegte Rechtsfolge noch einmal bekräftigt.
Nur wenige Tarifverträge regeln weitergehend die **Modalitäten der Vertragsbeendigung** mit dem Ziel, den befristet beschäftigten Arbeitnehmer in den betrieblichen Arbeitsmarkt auf Dauer zu integrieren. Ein Beispiel ist der BAT SR 2 y (Protokollnotiz Nr. 4), der vorschreibt, Angestellte seien bei der Besetzung von Dauerarbeitsplätzen bevorzugt zu berücksichtigen, wenn die sachlichen und persönlichen Voraussetzungen erfüllt sind.
Bei der Zweckbefristung der **Saisonarbeit** finden sich in diesem Zusammenhang in Tarifverträgen Bestimmungen, die dem Saisonarbeiter einen Anspruch auf Wiedereinstellung einräumen, wenn die Arbeit zu Saisonbeginn wieder aufgenommen wird.

### d) Rechtsfragen und Rechtsprechung

Im Hinblick auf die **Tarifdispositivität des Beschäftigungsförderungsgesetzes**, **429**
die dort keine ausdrückliche Regelung gefunden hatte, befürwortete das Bundesarbeitsgericht zu Recht den Vorrang engerer Tarifnormen gegenüber weiteren Befristungsspielräumen des Gesetzes.[1004] § 22 Abs. 1 TzBfG schließt nunmehr tarifliche Abweichungen **zuungunsten von Arbeitnehmern** bis auf wenige Ausnahmen aus. Zutreffend wird angenommen, dass abweichende tarifliche Vereinbarungen **zugunsten der Betroffenen** möglich sein müssen. Dies folgt bereits daraus, dass Gesetze grundsätzlich einseitig-zwingend und damit tariflichen Verbesserungen zugänglich sind (Grundl. Rn. 272). Ferner finden sich weder im Gesetzeswortlaut noch in der Begründung Anhaltspunkte dafür, dass die gesetzliche Regelung nicht zugunsten der Arbeitnehmer verbessert werden kann.[1005] Das Gleiche gilt für tarifliche **Konkretisierungen** von Befristungsgründen.
Die Frage, ob der Gesetzgeber die Beschränkungen für befristete Arbeitsverhältnisse im BAT SR 2 y durch das so genannten **Hochschulbefristungsgesetz** (§§ 57a bis f HRG) beseitigen und zukünftige Schranken durch Tarifverträge unterbin-

---

1004 BAG 25.9.1987 (7 AZR 315/86), AP Nr. 1 zu § 1 BeschFG 1985; BAG 28.2.1990 (7 AZR 134/89), AP Nr. 14 zu § 1 BeschFG 1985.

1005 Z.B. *Kittner/Däubler/Zwanziger-Zwanziger*, § 22 TzBfG Rn. 4; ErfK/*Müller-Glöge*, § 22 TzBfG Rn. 3; *Däubler/Hensche*, § 1 Rn. 673.

den konnte, hat das Bundesverfassungsgericht im Sinne einer zulässigen gesetzlichen Intervention beantwortet[1006] (im Einzelnen Grundl. Rn. 124 ff.).

430 Zum Aspekt, **zu welchem Zeitpunkt der Arbeitnehmer tarifgebunden** sein muss, um sich auf tarifliche Befristungseinschränkungen zu berufen, hat das Bundesarbeitsgericht entschieden, für beide Tarifparteien müsse die Tarifgebundenheit bereits bei Abschluss des Arbeitsvertrages bestehen. Dies ergebe sich daraus, dass die einschlägige Tarifbestimmung eine so genannte **Abschlussnorm** darstelle.[1007] Auch wenn man dem Bundesarbeitsgericht in der Auslegung der Befristungsnorm des konkreten Tarifvertrages als Abschlussnorm folgt, kann ein späterer Beitritt des Arbeitnehmers in die Gewerkschaft eine Tarifbindung begründen. Entscheidend ist, ob der Tarifvertrag noch vollzogen werden kann[1008] (im Einzelnen zur Rechtsnatur von Befristungsnormen: § 1 Rn. 69).

431 Zählen Tarifverträge **spezielle Befristungsgründe** auf, so sind damit nicht ohne weiteres andere Befristungsgründe ausgeschlossen. Vielmehr muss nach der Rechtsprechung aus Gründen der Rechtsklarheit der Wille der Tarifvertragsparteien, eine **abschließende Befristungseingrenzung** zu treffen, in dem Tarifvertrag **eindeutig zum Ausdruck gebracht** werden.[1009]

432 Eine **Verschlechterung des Schutzniveaus**, das die Rechtsprechung am Maßstab des sachlichen Grundes nach § 14 Abs. 1 TzBfG entwickelt hat, wird wegen der grundsätzlich einseitig-zwingenden Geltung dieses Gesetzes nach § 22 Abs. 1 TzBfG **nicht** (mehr) **möglich** sein. (im Einzelnen zum tarifdispositiven Richterrecht: Grundl. Rn. 265 ff.).

433 Zum **Gleichbehandlungsgebot im Entgelt** (Pro-rata-temporis-Grundsatz) des § 4 Abs. 2 Satz 2 TzBfG schließt sich das Bundesarbeitgericht ebenso wie bei der Teilzeit der Ansicht an, es handle sich um eine Konkretisierung des allgemeinen Benachteiligungsverbotes des § 4 Abs. 2 Satz 1 TzBfG. Deshalb könnten sachliche Gründe eine unterschiedliche Behandlung von befristet und unbefristet beschäftigten Arbeitnehmern rechtfertigen.[1010]

Wenn man dieser Ansicht – entgegen einer in der Rechtslehre vertretenen Position[1011] – folgt, dürfte eine Kontrolle von Differenzierungen im Entgelt zwischen befristet und unbefristet Beschäftigten nach dem allgemeinen Prüfungsprogramm des Sachgrundes[1012] gleichwohl dazu führen, dass zahlreiche Tarifnormen als unwirksam anzusehen sind.[1013]

Anders als bei Teilzeitbeschäftigten (dazu § 1 Rn. 411 ff.) hält die Rechtsprechung eine tarifliche Regelung, die befristet beschäftigte ABM-Kräfte von der **betrieblichen Altersversorgung** ausnimmt, mit dem Gleichheitsgrundsatz für verein-

---

1006 BVerfG 24.4.1996 (1 BvR 712/86), E 94, 268.

1007 BAG 27.4.1988 (7 AZR 593/87), AP Nr. 4 zu § 1 BeschFG 1985 (mit Anm. von *Gamillscheg*); BAG 14.2.1990 (7 AZR 68/89), AP Nr. 12 zu § 1 BeschFG 1985 (mit Anm. von *Wiedemann*).

1008 *Däubler/Hensche*, § 1 Rn. 675; *Stein*, Rn. 548, mit noch anderen Fallkonstellationen; Wiedemann/*Wiedemann*, § 1 Rn. 516, konsequent vom Ausgangspunkt Befristungsregelungen seien Beendigungsnormen.

1009 BAG 12.12.1985 (2 AZR 9/83), AP Nr. 96 zu § 620 BGB Befristeter Arbeitsvertrag; BAG 10.6.1988 (2 ATR 7/88), AP Nr. 5 zu § 1 BeschFG 1985.

1010 BAG 11.12.2003 (6 AZR 64/03), AP Nr. 7 zu § 4 TzBfG (mit kritischer Anm. von *Däubler*), im konkreten Fall hat das BAG den Sachgrund verneint.

1011 Z. B. *Kittner/Däubler/Zwanziger*-Zwanziger, § 4 TzBfG Rn. 31, mit Nachweisen.

1012 Zu den Schwierigkeiten des Prüfungsmaßstabes in diesen Fällen *Zachert*, AuR 2002, 43 ff.; *ders.* rechtsvergleichend: FS Däubler, 991 ff.

1013 So auch das BAG in der Entscheidung 11.12.2003 (6 AZR 64/03), NZA 2004, 742; ErfK/*Preis*, § 4 TzBfG Rn. 64 ff.; *Kittner/Däubler/Zwanziger-Zwanziger*, § 4 TzBfG Rn. 33 ff., mit zahlreichen Beispielen.

bar, da durch die zusätzliche Altersversorgung die Betriebstreue des Arbeitnehmers gefördert werden solle.[1014] Eine solche Tarifnorm dürfte wegen der üblichen Wartezeiten kaum praktisch werden, dennoch reicht diese Begründung nicht aus, um den Verstoß gegen das Diskriminierungsverbot zu rechtfertigen.

Zum **zeitlichen Befristungsrahmen** ist streitig geworden, ob es für die Fünfjahresfrist des BAT SR 2 y ausreicht, dass mehrere kürzere befristete Arbeitsverträge zusammengezählt werden, oder ob ein Arbeitsvertrag die Dauer von fünf Jahren überschreiten muss. Entgegen der Rechtsprechung[1015] wird man die **Fünfjahresfrist des BAT SR 2 y** als **Höchstgrenze** ansehen müssen. Hierfür spricht, dass der Gesetzgeber in § 57b Abs. 2 HRG trotz des Gesetzeszweckes einer Befristungserweiterung eine Fünfjahresgrenze festgelegt hat. Man wird den Tarifparteien schwerlich unterstellen können, sie hätten in dem Bemühen um Befristungseinschränkungen etwas Anderes gewollt.[1016] **434**

Tarifliche Vorschriften (im öffentlichen Dienst), die befristet Beschäftigten bei der Besetzung von Dauerarbeitsplätzen ein **Recht auf bevorzugte Berücksichtigung** einräumen, schränken das Ermessen des Arbeitgebers ein, enthalten jedoch kein Anstellungsgebot.[1017] Vorausgesetzt ist weiter, dass zum Zeitpunkt der letzten mündlichen Tatsachenverhandlung ein freier zu besetzender Arbeitsplatz vorhanden ist.[1018] **435**

Ob **tarifliche Formvorschriften** über Befristungseingrenzungen einen deklaratorischen oder konstitutiven Charakter haben, richtet sich – entsprechend der allgemeinen Grundsätze – nach der Auslegung des Tarifvertrages. Die Rechtsprechung neigte dazu, im Regelfall nur eine deklaratorische Formvorschrift anzunehmen.[1019] Diese Frage ist überholt, seitdem § 14 Abs. 4 TzBfG der Schriftform als Wirksamkeitsvoraussetzung von Befristungen ausdrücklich einen **konstitutiven Charakter** beimisst. **436**

## 4. Tarifliche Regelungen der Leiharbeit

### a) Begriff und empirischer Hintergrund

Die **Leiharbeit** oder **Arbeitnehmerüberlassung** ist im Unterschied zur üblicherweise bestehenden zweigliedrigen Vertragsbeziehung zwischen Arbeitnehmer und Arbeitgeber durch ein **Dreiecksarbeitsverhältnis** zwischen Leiharbeitnehmer, Verleiher und Entleiher gekennzeichnet (vgl. § 1 Satz 1 AÜG). Damit sind bereits besondere Schwierigkeiten benannt, die sich für eine tarifliche Gestaltung dieses Rechtsverhältnisses ergeben. **437**

Die **Zahl der Leiharbeitnehmer** ist von ca. 109 000 im Jahr 1993 kontinuierlich auf über 430 000 im Jahr 2004 **gestiegen**.[1020] Damit stellt die Leiharbeit einen Arbeitsvertragstyp dar, der von einer niedrigen Ausgangsbasis über die Jahre kon- **438**

---

1014 BAG 13.12.1994 (3 AZR 367/94), AP Nr. 23 zu BetrAVG Gleichbehandlung.

1015 Z.B. BAG 21.4.1993 (7 AZR 367/92), AP Nr. 149 zu § 620 BGB Befristeter Arbeitsvertrag.

1016 Im Ergebnis auch *Däubler/Kittner/Zwanziger-Zwanziger*, § 22 TzBfG Rn. 10, mit weiteren Nachweisen.

1017 BAG 2.7.2000 (7 AZR 529/02), DB 2004, 80 zu Protokollnotiz Nr. 4 zu Nr. 1 SR 2 y.

1018 BAG 14.11.2001 (7 AZR 568/00), ZTR 2002, 267 zur Protokollnotiz Nr. 4 zu Nr. 1 SR 2a MTA.

1019 BAG 15.3.1989 (7 AZR 246/88), AP Nr. 126 zu § 620 BGB Befristeter Arbeitsvertrag; BAG 20.2.1991 (7 AZR 81/90), AP Nr. 137 zu § 620 BGB Befristeter Arbeitsvertrag.

1020 BMWA, Pressemitteilung zum zehnten Bericht über Erfahrungen bei der Anwendung des Arbeitnehmerüberlassungsgesetzes, www.bmwa.bund.de; *Schlese/Schramm/Bulling-Chabalewski*, WSI-Mitt. 10/2005, im Erscheinen, gehen sogar von etwa 1,2 Millionen aus, Berechnung auf der Grundlage des Sozioökonomischen Panels (SOEP).

tinuierlich zugenommen hat. Das gilt auch für die letzen Jahre, in denen das **Arbeitnehmerüberlassungsgesetz** (AÜG) vom August 1972 durch das »**Erste Gesetz für moderne Dienstleistungen am Arbeitsmarkt**« vom 23. Dezember 2002, in Kraft seit 1. Januar 2003, die radikalste seiner vielfachen Änderungen erfahren hat. Die Gründe liegen darin, dass Unternehmen vor allem kurzfristige Auftragsschwankungen durch Leiharbeit kompensieren, die für sie kostengünstiger ist, als die Beschäftigung von eigenen Arbeitnehmern.
Die **Zahl der Verleihbetriebe** beläuft sich in einem insgesamt recht zersplitterten Markt auf ca. 12000. Leiharbeit hat ihren **Schwerpunkt** in den Fertigungsbereichen – das Berufsbild reicht vom qualifizierten Facharbeiter wie Mechaniker, Elektriker, Schlosser bis zum Hilfsarbeiter – und vor allem in den Organisations, Verwaltungs- und Büroberufen. Insgesamt sind die **Qualifikationsanforderungen** bei Leiharbeitnehmern geringer als bei »Stammbelegschaften«. Das **Einkommen** von Leiharbeitnehmern liegt auch nach Inkrafttreten der Novellierung des Arbeitnehmerüberlassungsgesetzes vom 1. Januar 2003 um etwa 30% niedriger als das von Kernbelegschaften (Vollzeit- oder Teilzeit); im Hinblick auf andere Arbeitsbedingungen sind ebenfalls Abweichungen zu Ungunsten von Leiharbeitnehmer festzustellen.[1021]

### b) Staatliches Recht, das Arbeitnehmerüberlassungsgesetz

#### *aa) Die Regelung bis zur Reform von 2004*

**439** Das **Arbeitnehmerüberlassungsgesetz vom 7. August 1972**, das mehrfach novelliert wurde, regelt vor allem drei Fragenbereiche, um einer missbräuchliche Praxis der Leiharbeit möglichst entgegenzuwirken: zum einen die Abgrenzung zulässiger Arbeitnehmerüberlassung von unzulässiger Arbeitsvermittlung und die Formulierung von Bedingungen, unter denen Arbeitnehmerüberlassung zulässig ist (vor allem §§ 1 und 3 AÜG), ferner die Festlegung von Mindestbedingungen für die Rechtsstellung des Leiharbeitnehmers gegenüber dem Verleihunternehmen (vor allem § 12 AÜG) und der Entleihfirma (vor allem § 9 AÜG) und schließlich Sicherungen für den Leiharbeitnehmer im Fall unzulässiger Arbeitnehmerüberlassung (vor allem § 10 AÜG).
Im Übrigen gilt ein **sektorales Leiharbeitsverbot** im besonders missbrauchsanfälligen **Baugewerbe** (§ 1b AÜG, früher § 12a AFG).
**Rechtspolitisch** unbefriedigend blieb in der Vergangenheit die Frage der **illegalen Leiharbeit**; man geht von einer Dunkelziffer von fünf bis sieben illegale Arbeitnehmer auf einen legalen Arbeitnehmer aus. Zudem ist die Abgrenzung von Arbeitnehmerüberlassung zum **Werkvertrag** nach § 631 BGB in der Praxis nicht immer leicht zu treffen.[1022]

---

1021 *Schlese/Schramm/Bulling-Chabalewsk*, WSI-Mitt. 10/2005, im Erscheinen, wobei die Qualifikationsunterschiede das Ergebnis etwas verzerren; aus der reichhaltigen sozialwissenschaftlichen Literatur noch *Bellmann/Promberger*, WSI-Mitt. 2002, 484; *Nienhüser/Matiaske*, WSI-Mitt. 2003, 466.

1022 Hierzu auch *Däubler/Hensche*, § 1 Rn. 681 f.

### *bb) Die Reform vom 1. Januar 2004*

Mit dem »**Ersten Gesetz für moderne Dienstleistungen am Arbeitmarkt**« vom 23. Dezember 2002, das am 1. Januar 2003 in Kraft trat, hat der Gesetzgeber die Grundlagen für die Leiharbeit so **einschneidend umgestaltet,** dass das ursprüngliche Konzept des Arbeitnehmerüberlassungsgesetzes allenfalls noch subsidiär und auch insoweit nur mit signifikanten Änderungen gilt.[1023] Das hat zugleich erhebliche Auswirkungen auf die Perspektiven der tarifpolitischen Gestaltung von Leiharbeit. Namentlich drei Schwerpunkte sind hervorzuheben. **440**

Erstens entfällt das im alten Arbeitnehmerüberlassungsgesetz geltende »**Synchronisationsverbot**«, das dem Verleiher untersagte, Personen nur für die Dauer ihres Einsatzes beim Entleiher einzustellen (§ 3 Nr. 5 AÜG a. F.). Ziel des Synchronisationsverbotes war es, die Arbeitsverhältnisse zu verstetigen. Der Arbeitnehmer sollte beim Verleihunternehmen nicht nur befristet für einen bestimmten Einsatz, sondern möglichst dauerhaft beschäftigt werden, wenn er nicht vom Entleihunternehmen übernommen wurde (»Klebeeffekt«). Ziel war es, eine Personalbeschaffung im Einzelfall zu vermeiden, die auf eine Vermittlung in befristete Tätigkeit herausläuft.

Hiermit hängt zweitens die **zeitliche Begrenzung der Überlassungsdauer des Leiharbeitnehmers beim Entleihunternehmen** zusammen. Sie betrug ursprünglich drei Monate und wurde in vier Stufen sukzessive auf zuletzt 24 Monate angehoben (§ 3 Abs. 1 Nr. 6 AÜG a. F.). Sie ist ersatzlos gestrichen. Damit gilt nunmehr das allgemeine Befristungsrecht nach dem TzBfG, wonach ein Arbeitsvertrag unter bestimmten Voraussetzungen zweck- oder kalendermäßig befristet sein kann (§ 1 Rn. 427).[1024]

Die damit verbundene tendenzielle Schwächung der Position von Leiharbeitnehmern versucht der Gesetzgeber drittens durch die Einführung des **Gleichbehandlungsgrundsatzes** zu kompensieren. Dem Leiharbeitnehmer sind grundsätzlich im Entgelt und in den anderen wesentlichen Arbeitsbedingungen die für einen vergleichbaren Arbeitnehmer des **Entleihunternehmens** geltenden Leistungen zu gewähren.[1025] Hiervon kann **durch Tarifvertrag abgewichen** werden, ferner können im Geltungsbereich des Tarifvertrages auch nicht tarifgebundene Arbeitgeber und Arbeitnehmer die Anwendung der tariflichen Regelungen vereinbaren: §§ 3 Abs. 1 Nr. 3 und 9 Nr. 2, auch § 10 Abs. 4 AÜG.

Mit dieser Novellierung macht der Gesetzgeber das im Kommissionsentwurf einer Richtlinie über die Arbeitsbedingungen von Leiharbeitnehmern[1026] vorgeschlagene **entleihbetriebsbezogene Modell** zur Grundlage seiner Novellierung[1027], das in den meisten Ländern der Europäischen Gemeinschaft bereits angewandt wird.[1028]

---

1023 Im Einzelnen auch zur umfassenden Diskussion dieser Novellierung ErfK/*Wank*, Einl. Rn. 3 ff.; *Schüren*, AÜG, 2. Aufl., 2003, Einl. Rn. 503 ff.

1024 Zu praktischen Problemen ErfK/*Wank*, Einl. AÜG Rn. 6, mit Nachweisen; ferner *Frik*, NZA 2005, 386, und *Werthebach*, NZA 2005, 1004.

1025 Zu den Anwendungsproblemen *Schüren*, AÜG, § 3 Rn. 178 ff.; ErfK/*Wank*, § 3 AÜG Rn. 18 ff.; *Thüsing*, DB 2003, 446.

1026 KOM (2002) 149 endgültig.

1027 Hierzu unter anderem *Thüsing*, DB 2002, 2218; *Wank*, NZA 2003, 14; *Raab*, ZfA 2003, 389.

1028 Rechtsvergleichend normativ und empirisch *Zachert*, Beendigungstatbestände, zusammenfassend, 76 ff.; zu dem besonders interessanten niederländischen Beispiel ausführlich *Waas*, ZfA 2003, 1.

### cc) Verfassungsmäßigkeit der Reform vom 1. Januar 2004 und Ausblick

441 Das Bundesverfassungsgericht hat **Verfassungsbeschwerden** gegen die Neuregelung der Leiharbeit[1029] **zurückgewiesen.**[1030] Weder liege eine Verletzung der positiven, insbesondere nicht der negativen Koalitionsfreiheit der Beschwerde führenden Verleihunternehmen vor noch sei deren Berufsausübungsfreiheit nach Art. 12 Abs. 1 GG verletzt. Schließlich scheide ein Verstoß gegen das Gleichheitsgebot von Art. 3 Abs. 1 GG aus, da je nach Einsatzbranche unterschiedliche Arbeitsbedingungen festgelegt werden und die Tariföffnung der Novellierung Raum für differenzierte Gestaltung lasse.

Dem ist zuzustimmen.[1031] Der Beschluss bestätigt die Grundlinie seiner Rechtsprechung zur **(negativen) Koalitionsfreiheit**[1032] und zu den Abwägungsprinzipien zur **Berufsfreiheit.**[1033] Die Tariföffnung für abweichende Regelungen bedeutet ein Weniger an staatlicher Regulierung durch das Arbeitnehmerüberlassungsgesetz und einen **Zugewinn an tarifautonomen Möglichkeiten** im Bereich der Leiharbeit, allerdings **unter schwierigen Bedingungen für beide Tarifparteien** auf diesem für sie neuen Feld.

Dass das **Gleichheitsgebot** die Leitlinie für Gewerkschaften und Arbeitgeber(verbände) ist, impliziert ebenfalls nicht die Verfassungswidrigkeit der Neuregelung.[1034] Diesem fundamentalen Grundsatz des nationalen und europäischen Rechts kommt im Arbeitsrecht generell, auch im Tarifrecht namentlich zur Verhinderung von Diskriminierungen schwächerer Arbeitnehmergruppen eine überragende Bedeutung zu (z.B. zur Teilzeit, § 1 Rn. 387 ff. und zur Befristung, § 1 Rn. 433 ff.). Grenzen können sich vor allem dann ergeben, wenn die Tarifparteien zu stark von dem gesetzlich vorgegebenen und verfassungs- sowie europarechtlich fundierten Prinzip des Gleichheitsgrundsatzes abweichen (dazu folgend § 1 Rn. 450 ff., im Übrigen Grundl. Rn. 220 ff.).

**Dramatische Prognosen**, die Novellierung würde die Leiharbeit unattraktiv machen[1035], haben sich ebenfalls als **unzutreffend** erwiesen. Die Leiharbeit gehört nach wie vor zu den dynamisch wachsenden arbeitsrechtlichen Vertragstypen.[1036]

442 Im Ergebnis stellt die rechtspolitisch und rechtlich stark umstrittene Neuregelung des Arbeitnehmerüberlassungsgesetzes – bei berechtigter Kritik an Einzelregelungen[1037] und auch der Umsetzung (dazu folgend § 1 Rn. 446 ff.) – gerade aus europäischer und rechtsvergleichender Sicht **konzeptionell ein Stück nachgeholter Modernisierung der Leiharbeit** dar.[1038]

---

1029 Zur zum Teil heftigen Kontroverse im Vorfeld z.B. nur *Rieble/Klebeck*, NZA 2003, 23; *Waas*, BB 2003, 2175: verfassungswidrig, *Grobys/Schmitt/Brocker*, NZA 2003, 777; *Reim*, ZTR 2003, 106: verfassungskonform.

1030 BVerfG (Kammer) 29.12.2004 (1 BvR 2582/03 und andere), NZA 2005, 153.

1031 In diesem Sinne z.B. *Reim*, AiB 2005, 203; kritisch *Bayreuther*, NZA 2005, 341.

1032 BVerfG 19.10.1966, E 20, 317, 321 f., BVerfG (Kammer) 18.7.2000 (1 BvR 948/00), AP Nr. 4 zu § 1 AEntG.

1033 Z.B. ErfK/*Dieterich*, Art. 12 GG Rn. 25 ff., mit weiteren Nachweisen.

1034 A.A. z.B. *Bauer/Krets*, NJW 2003, 539.

1035 Z.B. *Ankersen*, NZA 2003, 425.

1036 Nach wie vor bestehen erhebliche Kostenvorteile für Ver- und Entleihfirmen, *Alewell/Friedrich/Martin*, 243 f.

1037 Z.B. ErfK/*Wank*, § 3 AÜG Rn. 6 ff.

1038 *Zachert*, Beendigungsverhältnisse, 78.

### c) Tarifliche Gestaltung der Leiharbeit

#### *aa) Entwicklung der Tarifpolitik zur Leiharbeit*

Die Einstellung der Gewerkschaften zur tariflichen Gestaltung von Leiharbeit war durch eine deutliche **Zurückhaltung** gekennzeichnet. **443**
Die DGB-Gewerkschaften lehnten Leiharbeit wegen deren sozialpolitisch schädlicher Konsequenzen ab und forderten ein generelles Verbot dieser Form flexibler Arbeitsvertragsgestaltung. Deshalb haben sie mit **Verleihfirmen**, anders als die dem DGB vor dem Zusammenschluss zur Dienstleistungsgewerkschaft ver.di im Jahr 2001 noch nicht angehörende Deutsche Angestelltengewerkschaft (DAG), keine Tarifverträge abgeschlossen. Eine Änderung dieser Einschätzung deutete sich mit dem Tarifvertrag zwischen mehreren Gewerkschaften unter Federführung der IG Metall und der Zeitarbeitsfirma Adecco zur Regelung der Arbeitsbedingungen der auf der EXPO 2000 in Hannover beschäftigten Leiharbeitnehmer an.[1039]

Tarifverträge, die das **Entleihunternehmen** zum Adressaten einer spezifischen Regelung machen, sind ebenfalls selten. Ein Beispiel hierfür stellte der »Tarifvertrag über allgemeine betriebliche Arbeitsbedingungen im rheinisch-westfälischen Steinkohlenbergbau« vom Juli 1975 (Stand Mai 1982) und der MTV des entsprechenden Geltungsbereichs vom September 1973 (Stand Mai 1985) dar, die das Entleihunternehmen verpflichten, mit so genannten Zwischenunternehmen die Einhaltung der jeweiligen Tarifverträge zu vereinbaren, soweit nicht andere Tarifverträge gelten. Derartige Tarifnormen haben eine schuldrechtliche Wirkung, deren Einhaltung auch durch eine Vertragsstrafenabrede im Tarifvertrag abgesichert werden kann.[1040] **444**

Beispiele zur quantitativen Begrenzung von Leiharbeit (**Quoten**) finden sich vereinzelt auf der Ebene von Betriebsvereinbarungen.[1041] **445**

#### *bb) Tarifverträge und Vereinbarungen zur Umsetzungen der Reform vom 1. Januar 2004*

Die acht **DGB-Gewerkschaften** haben sich zu einer Tarifgemeinschaft zusammengeschlossen und am 22. Juli 2003 mit dem **Bundesverband Zeitarbeit Personal-Dienstleistungen (BZA)**, der nach eigenen Angaben über 1500 Zeitarbeitsunternehmen vertritt sowie am 29. März 2003 mit dem **Interessenverband Deutscher Zeitarbeitsunternehmen (IGZ)**, der nach seinen Angaben über 400 Zeitarbeitsunternehmen repräsentiert, einen **Entgelt- und Manteltarifvertrag zur Leiharbeit** abgeschlossen. Beide Tarifverträge traten nach der gesetzlichen Übergangsfrist rechtzeitig am 1. Januar 2004 in Kraft. **446**
Im **Entgelttarifvertrag** wurden **neun Entgeltgruppen** vereinbart, deren Stundenentgelte von 6,85 Euro für Tätigkeiten mit einer kurzen Anlernzeit bis zu 15,50 Euro für Hochschulabsolventen reichen. Ferner sind **Zuschläge** vorgesehen, deren Höhe sich nach den **Einsatzzeiten** beim jeweiligen Entleihunternehmen richten.

---

1039 »EXPO«-Tarifvertrag, abgedruckt RdA 2000, 183; dazu *Schwitzer*, AiB 2000, 241.
1040 *Söllner*, Beschäftigungs- und Wiederbesetzungsgarantien, 1988, 44, mit weiteren Nachweisen.
1041 *Bösche/Grimberg*, AiB 1991, 289.

Die **Grundvergütungen** liegen sowohl in der untersten als auch in der mittleren Vergütungsgruppe zum Teil deutlich **unter den Tariflöhnen in anderen Branchen**. Die Tarifparteien vereinbarten, Verhandlungen über Branchenzuschläge bis spätestens 1. Oktober 2004 aufzunehmen; dazu ist es jedoch noch nicht gekommen.

Der **Manteltarifvertrag** regelt alle typischen Aspekte vom Urlaub über Jahressonderzahlungen, Zuschläge für Nacht- und Schichtarbeit bis zur Einrichtung eines Arbeitszeitkontos.

Die Tarifverträge enthalten eine **Öffnungsklausel**, nach der zwischen den Tarifvertragsparteien und dem Arbeitgeber des Entleihbetriebes (Kundenbetrieb) eine abweichende tarifliche Regelung zur Vergütung im Entleihbetrieb (dreiseitige) Vereinbarung getroffen werden kann, wenn diese für die eingesetzten Arbeitnehmer günstiger ist. Tarifvertragspartei ist auf Gewerkschaftsseite jeweils die für den Entleihbetrieb zuständige DGB-Mitgliedsgewerkschaft (zur rechtlichen Einordnung: § 1 Rn. 744).

**447** Trotz des geringen Organisationsgrades in der Leiharbeitsbranche erscheint auch die **Durchsetzung tariflicher Forderungen** durch die DGB-Mitgliedsgewerkschaften möglich. Selbst wenn die Druckausübung durch Streiks in der Regel nicht in Frage kommen dürfte, werden die Gewerkschaften in der Lage sein, im Rahmen einer Tarifauseinandersetzung gegebenenfalls durch einen **Boykott** gegenüber den Verleihfirmen die Beschäftigung von Leiharbeitnehmern dort zu verhindern.[1042]

**448** Etwa zeitgleich, teilweise bereits früher als die DGB-Gewerkschaften, schloss eine »**Tarifgemeinschaft Christlicher Gewerkschaften Zeitarbeit**« (CGZP) als Zusammenschluss des »Christlichen Gewerkschaftsbundes Deutschland (CGB) mit der Mittelstandsvereinigung Zeitarbeit (MVZ) und der Interessengemeinschaft Nordbayerischer Zeitarbeitsunternehmen (INZ) **Abkommen** über Entgelt und sonstige Arbeitsbedingungen. Sie bleiben vor allem im Entgelt (noch) hinter dem Standard der Tarifverträge zurück, die von den DGB-Gewerkschaften vereinbart wurden und enthalten zudem eine Definition des Günstigkeitsprinzips, das Abweichungen durch Vereinbarung zwischen Arbeitgeber und Betriebsrat ermöglicht.[1043]

Diese Vereinbarungen haben **keinen Tarifnormcharakter**, da der Vertragspartei auf Arbeitnehmerseite die Mächtigkeit als notwendiges Element der Gewerkschaftseigenschaft fehlt[1044] (hierzu im Einzelnen § 2 Rn. 13ff.).

### *cc) Tarifliche Regelung einer arbeitsplatzsichernden Arbeitnehmerüberlassung*

**449** § 1 Abs. 3 AÜG nimmt definierte Fallgestaltungen vom Geltungsbereich des Arbeitnehmerüberlassungsgesetzes aus. Dazu gehört die **arbeitsplatzsichernde Arbeitnehmerüberlassung** zur Vermeidung von Kurzarbeit oder Entlassungen

---

1042 Überzeugend *Schüren*, mehrfach, z.B. JbArbR (41) 2004, 54ff., zur Praxis des Boykotts als eine moderne Variante des Arbeitkampfes *Renneberg*, Arbeitskämpfe, 226ff.; auch *Zachert*, FS 50 Jahre BAG, 592.

1043 Zu Vorstehendem *Bispinck/WSI-Tarifarchiv*, Tarifpolitischer Jahresbericht 2003, WSI-Mitt. 2004, 68f.; *Martin*, AuR 2004, 247; *Faries/Kraus*, AiB 2004, 369ff.; Abdruck des Tarifvertrages DGB-Gewerkschaften mit BZA in RdA, 2003, 311; die Tarifverträge sind im Internet unter www.bza.de zu finden.

1044 *Schüren*, JbArbR (41) 2004, 58ff.; kritisch ebenfalls *W. Böhm*, BB 2005, 2023; zweifelnd auch trotz grundsätzlich a.A. *Buchner*, DB 2004, 1042.

für Arbeitgeber desselben Wirtschaftszweiges, wenn ein für den Entleiher und Verleiher geltender Tarifvertrag dies vorsieht (Nr. 1), ferner die **konzerninterne Arbeitnehmerüberlassung** (Nr. 2) und schließlich die **Überlassung ins Ausland** (Nr. 3).

**Tarifverträge** über einen »**Personentausch**« oder eine »**Nachbarschaftshilfe**« **zur Arbeitsplatzsicherung** nach § 1 Abs. 3 Nr. 1 AÜG wurden z. B. in verschiedenen Städten der Metallindustrie geschlossen. Die betroffenen Arbeitnehmer bleiben Arbeitnehmer des entsendenden Unternehmens, und zu ihren Gunsten gilt eine Besitzstandsicherung.[1045]

## d) Rechtsfragen und Rechtsprechung

Die Rechtsprechung legt bei der richterlichen Überprüfung der Entgelthöhe am Maßstab des § 138 BGB (»**Hungerlohnrechtsprechung**«)[1046] zu Recht vorrangig die Tariflöhne des jeweiligen Wirtschaftszweiges zu Grunde. Das gilt auch für Tarifverträge zur Leiharbeit.[1047] **450**

In der Leiharbeitsbranche sind die Gewerkschaften jedoch mitgliedschaftlich sehr schwach legitimiert (zu Gründen § 1 Rn. 94 ff.) und werden es schon wegen der hohen Fluktuation bei den Verleihunternehmen vermutlich auch bleiben. In der ganz überwiegenden Zahl werden die abgeschlossenen Tarifverträge somit lediglich über die nach § 9 Nr. 2 letzter Halbsatz AÜG zulässige Bezugnahme zur Anwendung kommen. Deshalb ist die für die Tarifautonomie funktionsnotwendig vorausgesetzte **Richtigkeitsgewähr oder Richtigkeitschance** in diesem Wirtschaftsbereich in besonderem Maße **in Frage gestellt**.[1048]

So ergibt sich hier ausnahmsweise das Problem, ob und, wenn ja wie weit, die tariflichen Gestaltungsspielräume von einer gerichtlichen Kontrolle ausgenommen sind. Da der Maßstab des § 9 Nr. 2 AÜG der **Gleichheitsgrundsatz** bleibt, handelt es sich insoweit nicht um eine Billigkeits- sondern um eine **Rechtskontrolle**. Deshalb ist den Vorschlägen zuzustimmen, die eine **absolut unterste Grenze für das Vergütungsniveau** ziehen, die auch von den Tarifparteien nicht unterschritten werden darf.[1049] Schwierigkeiten bereitet freilich der Vergleichsmaßstab.[1050] Vermutlich wird auf Stammarbeitnehmer des Einsatzbetriebes abgestellt werden müssen, hilfsweise auf Tarifverträge der Branche. Dies nützt jedoch wenig, wenn dort selbst »Niedriglöhne« vereinbart wurden. Als denkbar zulässige Abweichung wird in der Literatur ein »Abschlag« von maximal 10% vorgeschlagen.[1051]

Insoweit bleiben noch komplexe dogmatische und praktische Aufgaben zu lösen, die sich erübrigten, wenn der **Gesetzgeber einen Mindestlohn** einführen würde[1052] (zur Kontroverse § 5 Rn. 17).

Ein weiteres, bislang ungelöstes Rechtsproblem werfen so genannte »**Strohmannkonstruktionen**« auf. Über »Servicegesellschaften« wird gewerbsmäßige **451**

---

1045 Beispiel in RdA 2004, 377.
1046 Hierzu im Einzelnen *Peter*, in: Peter/Kempen/Zachert, Sicherung, 104 ff.
1047 BAG 24.3.2004 (5 AZR 303/03), DB 2004, 1432.
1048 *Schüren*, JbArbR (41) 2004, 52.
1049 *Schüren*, JbArbR (41) 2004, 59 ff. und mehrfach davor, z. B. *Schüren/Behrend*, NZA 2003, 524 f.; *Raab*, ZfA 2003, 410; *Reim*, ZTR 2003, 110.
1050 Zu in Frage kommenden Varianten *Schüren*, JArbR 41 (2004), 61 f.
1051 *Reim*, ZTR 2003, 110.
1052 *Peter*, in: Peter/Kempen/Zachert, 83 ff.

Arbeitnehmerüberlassung vorgetäuscht, um die Tarifbindung für Stammpersonal beim »Entleiher« und den arbeitsrechtlichen Bestandsschutz dort zu umgehen. Viel spricht dafür, dass es sich hier um unzulässige Arbeitvermittlung des »Strohmannes« und nicht um Leiharbeit mit Vertragsbeziehungen zu ihm bei entsprechender Risikozuweisung für Nichteinsatzzeiten (§ 11 Abs. 1 Nr. 2 AÜG) handelt.[1053]

452 Soweit wirkliche (nicht fingierte) **konzerninterne Arbeitnehmerüberlassung** im Sinne des § 1 Abs. 2 Nr. 2 AÜG gegeben ist, muss diese nach den gesetzlichen Voraussetzungen »vorübergehend« sein. Bei dauerndem Verleih gilt das »Konzernprivileg« der einschlägigen Bestimmung nicht, und der Gleichheitsgrundsatz im Entgelt des AÜG findet Anwendung.[1054]

## 5. Tarifliche Regelung der Telearbeit

453 **Telearbeit** ist eine moderne Form von Heimarbeit[1055], die durch den Einsatz neuer Informationstechniken ermöglicht wurde. Der Telearbeitnehmer steht in einer Vertragsbeziehung zum Unternehmen, zumeist auf der Grundlage eines Arbeitsvertrages, gegebenenfalls auch in einem arbeitnehmerähnlichen Vertragsverhältnis, er muss die Arbeit jedoch nicht oder nicht ständig im Unternehmen vollziehen.

Prognosen in den 80er Jahren, dass sich dieser Vertragstyp schnell durchsetzen werde, haben sich (bislang) nicht bestätigt.[1056] Jedoch hat die Zahl der Telearbeitsplätze allmählich und kontinuierlich zugenommen, so dass in den Mitgliedsstaaten der Europäischen Union inzwischen etwa 4,5 Millionen davon (2002) existieren. Es wird erwartet, dass deren Zahl in den nächsten zehn Jahren auf ca. zehn Millionen ansteigt.[1057]

454 Die **Regelungserfordernisse von Telearbeit** sind gut dokumentiert. Besonders wichtig erscheint neben dem Prinzip der Freiwilligkeit der Wechsel zwischen Arbeit zu Haus und im Unternehmen (»alternierende Telearbeit«), die Erfassung der Arbeitzeit, das Bereitstellen der Arbeitsmittel durch den Arbeitgeber, Fragen der Qualifikation, der Datenschutz, Versicherungs- und Haftungsfragen, sowie der Erhalt kollektiver Rechte.[1058]

455 In der **Tarifpraxis** gibt es einige Firmentarifverträge, z.B. bei der Deutschen Telekom, der Deutschen Bundesbahn, ferner im Bereich der Informationstechnologien unter anderem bei IBM, und T-Nova, die diese und weitere Aspekte regeln.[1059] Sie tragen nicht nur dazu bei, dass für den Vertragstyp Telarbeit arbeitsrechtliche Schutzstandards erhalten bleiben, sondern leisten zugleich einen

1053 *Schüren*, JbArbR (41) 2004, 63f.; zur Kontroverse die Beiträge von *Melms/Lipinski*, BB 2004, 2409 und *Willemsen/Annuß*, BB 2005, 437, die derartige Konstruktionen für zulässig halten; dagegen *Brors/Schüren*, BB 2004, 2745 und *dies.*, BB 2005, 494.

1054 ArbG Düsseldorf 11.8.2004 (4 BV 90/04), AiB 2004, 766 (mit Anm. von *Seidel*), nicht rechtskräftig.

1055 Zur »klassischen Heimarbeit« des Heimarbeitsgesetzes die *Vorauf*l., § 1 Rn. 208f. und *Däubler/Hensche*, § 1 Rn. 689f., mit Nachweisen.

1056 Z.B. *Kilian/Borsom/Hoffmeister*, NZA 1987, 401; zur Entwicklung im Bereich der Druckindustrie *Roback/Schlecht*, WSI-Mitt. 1983, 133.

1057 *Prinz*, NZA 2002, 1268; *Clauswaert/Deinert*, Yearbook, 37.

1058 *Doberthien*, WSI-Mitt. 1983, 387; *Liebs/Schuchard*, Telearbeit; *Klenner*, WSI-Tarifhandbuch, 60; *Wank*, NZA 1999, 225.

1059 Praxisbeispiele: Tarifvertrag über Telearbeit zwischen Telekom/Deutsche Postgewerkschaft, NZA 1996, 189f.; Tarifvertrag über Telearbeit bei der Deutschen Telekom AG/der T-Mobil, RdA 1999, 208.

Beitrag zur besseren Vereinbarkeit von Erwerbsarbeit und Tätigkeiten in der Familie.[1060]

Auf **Europäischer Ebene** haben die europäischen Sozialpartner im Juli 2002 nach Art. 139 EG eine **Rahmenvereinbarung über Telearbeit** verabschiedet, die wesentliche Elemente des rechtspolitisch wünschenswerten Schutzstandards für den Vertragstyp »Telearbeit« enthält und eine Grundlage darstellt, um für Telearbeiter im europäischen Wirtschaftsraum ein vergleichbares Qualitätsniveau zu gewährleisten.[1061] 456

## 6. Tarifliche Gestaltungsmöglichkeiten der »neuen Selbständigkeit«

Seit etwa Mitte der 80er Jahre ist zu beobachten, dass Unternehmen die Zahl der sozialversicherungspflichtigen Arbeitnehmer zunehmend verringern. Dies betrifft schwerpunktmäßig unterschiedliche Branchen oder Berufsgruppen wie Versicherungen, das Baugewerbe, den Fuhrpark von Unternehmen, so genannte Propagandistinnen in Kaufhäusern (»shop im shop«), Regalpfleger in der Nahrungs- und Genussmittelindustrie usw.[1062] Die Betroffenen führen identische Aufgaben formal in »selbständiger Tätigkeit« weiter, die sie zuvor als Arbeitnehmer erledigt hatten. Nach empirischen Untersuchungen waren im Jahr 1995 je nach definitorischer Abgrenzung zwischen 180000 und 430000 Personen als so genannte »**Scheinselbstständige**« der Grauzone zwischen abhängiger Beschäftigung und Selbständigkeit zuzuordnen.[1063] 457

Dies löste eine intensive Diskussion über eine Erweiterung des **arbeitsrechtlichen Arbeitnehmerbegriffes** aus. Die typologische Methode des Bundesarbeitsgerichts, die fallbezogen maßgeblich auf die persönliche Abhängigkeit abstellt, wurde zum Teil als nicht mehr angemessen empfunden. Stattdessen soll im Rahmen einer wirtschaftlichen Betrachtungsweise darauf abgestellt werden, ob der Betroffene Chancen am Markt hat, denen entsprechende Risiken gegenüberstehen.[1064] Der Gesetzgeber hat diese Konzeption in den Jahren 1998/1999 **im Sozialrecht** nach einigen Umsetzungsschwierigkeiten durch eine Neufassung des § 7 Abs. 4 SGB IV (Vermutungsregelung) und die Einfügung des § 7a SGB IV (Anfrageverfahren bei der Bundesversicherungsanstalt für Angestellte) im Kern verwirklicht. 458

Seit dem »Zweiten Gesetz für moderne Dienstleistungen am Arbeitmarkt«, in Kraft seit dem 1. Januar 2003, ist rechtspolitisch ein bemerkenswertes Umsteuern festzustellen. Die Vermutungsregelung des § 7 Abs. 4 SGB IV, die den Kreis der sozialversicherungspflichtig Beschäftigten weit zieht, entfällt. Dafür werden Personen, die sich nach vorangegangener Arbeitslosigkeit selbstständig machen, als so genannte »**Ich-AG**« durch Mittel der Bundesagentur für Arbeit gefördert. Die »Ich-AG« soll als Vorstufe zur vollwertigen Selbständigkeit dienen und zum Abbau von Schwarzarbeit beitragen.[1065] 459

Die **Tarifpolitik** hat diese Entwicklungen faktisch nicht begleitet, wohl auch nicht begleiten können und wird in Zukunft in diesem Gebiet weiterhin auf **Grenzen** stoßen. Hier zeigt sich in besonderem Maße ein Auseinanderfallen von 460

1060 *Klenner*, WSI-Tarifhandbuch, 41, 60.
1061 *Prinz*, NZA 2002, 1268.
1062 *U. Mayer*, AuR 1990, 213; zuvor bereits *Rancke*, AuR 1979, 9.
1063 Nach Untersuchungen des IAB, auszugsweise wiedergegeben in RdA 1997, 171.
1064 Besonders *Wank*, Arbeitnehmer, 122ff.; zur Diskussion z.B. ErfK/*Preis*, § 611 BGB Rn. 60ff.
1065 *BMAS*, Moderne Dienstleistungen am Arbeitsmarkt, 165.

rechtlichen Möglichkeiten und praktischer Einflussnahme. Denn der Personenkreis der »Scheinselbstständigen« ist in seinem Selbstverständnis kollektiven Organisationsformen nur sehr eingeschränkt zugänglich.

**461** **Rechtlich** fallen allgemeiner Ansicht nach unter den Schutzbereich von Art. 9 Abs. 3 GG auch arbeitnehmerähnliche Personen wie Heimarbeiter nach dem Heimarbeitsgesetz oder freie Mitarbeiter im Medienbereich (vgl. § 12a TVG). In den Grenzbereichen zwischen Arbeitnehmereigenschaft und Selbstständigkeit (»Scheinselbstständigkeit«) wird ein Kriterium für die Anwendbarkeit von Art. 9 Abs. 3 GG sein, ob die betreffende Person oder Personengruppe einem Arbeitnehmer vergleichbar sozial schutzbedürftig ist. Darüber hinausgehend wird es als ausreichend angesehen werden können, wenn eine **persönliche Arbeitsleistung in wirtschaftlicher Abhängigkeit** erbracht wird **und** das Erfordernis besteht, die **individuelle Verhandlungsschwäche** mit Hilfe kollektiver Interessenvertretung auszugleichen.[1066]

**462** Für die **Tarifpraxis** kann im Wesentlichen auf den inhaltlich nahen Bereich der »freien Mitarbeiter« in den Medien, vor allem in den Rundfunk- und Fernsehanstalten verwiesen werden (§ 12a Rn. 4f.). Darüber hinausgehende Initiativen haben sich (bislang) im Wesentlichen als nicht realisierbar erwiesen[1067] (zu »sonstigen Kollektivvereinbarungen«: § 1 Rn. 737ff.).

## IV. Tarifliche Gestaltung weiterer Arbeitsbedingungen, »qualitative Tarifpolitik«

### Literatur:

*Angermeier/Schmitthenner/Zwingmann*, Arbeit und Gesundheit in der gewerkschaftlichen Politik, WSI-Mitt. 1991, 522; *Bahl/Wendeling-Schröder*, Wachsende Arbeitgebermacht und veränderte Rechtskonstellation als ein faktisches Verbändegesetz auf Raten, WSI-Mitt. 1981, 415; *Bahnmüller*, Tarifpolitik und Weiterbildung – Neue Entwicklung und alte Fragen, WSI-Mitt. 2002, 38; *Bahnmüller/Fischbach*, Der Qualifizierungstarifvertrag für die Metall- und Elektroindustrie in Baden-Württemberg, WSI-Mitt. 2004, 182; *Bauer/Haussmann*, Tarifverträge über Gewerkschaftliche Vertrauensleute, NZA 1998, 854; *Beck, Th.*, Rationalisierungsschutz und Grenzen der Tarifmacht, AuR 1981, 333, 367; *Berg/Bobke*, Tarifvertragliche Besetzungsregeln – Rechtsgrundlagen für die Möglichkeiten ihrer betrieblichen Realisierung, WSI-Mitt. 1982, 237; *Berg/Wendeling-Schröder/Wolter*, Die Zulässigkeit tariflicher Besetzungsregelungen, RdA 1980, 299; *Bispinck*, Kontrollierte Dezentralisierung der Tarifpolitik – Eine schwierige Balance, WSIMitt. 2004, 237; *ders.*, Tarifvertragliche Regelungen von Arbeitsbedingungen und Entlohnungsverfahren, WSI-Mitt. 1982, 561; *ders.*, Erster einheitlicher Entgelttarifvertrag in der Metallindustrie, WSI-Mitt. 1983, 224; *ders.*, Betriebliche Personalpolitik und Beschäftigungssicherung, in: WSI-Tarifarchiv, Elemente qualitativer Tarifpolitik Nr. 22, 1/1994; *Bispinck/Dorsch-Schweizer/Kirsch*, Tarifliche Ausbildungsförderung begrenzt erfolgreich – eine empirische Wirkungsanalyse, WSI-Mitt. 2002, 213; *Bispinck/Schulten*, Verbetrieblichung der Tarifpolitik?

1066 ErfK/*Dieterich*, Art. 9 Rn. 28, mit Nachweisen; monographisch *Kretzschmar*, Rolle der Koalitionsfreiheit.

1067 Dazu die *Voraufl.*, § 1 Rn. 207; vgl. auch die empirische Untersuchung von *Oppolzer/Zachert* zu Franchiseverhältnissen im Bäckerhandwerk, 63ff.; ferner *Däubler/Hensche*, § 1 Rn. 691ff.

Aktuelle Tendenzen und Einschätzungen aus Sicht von Betriebs- und Personalräten, WSI-Mitt. 2003, 157; *Bispinck/WSI-Tarifarchiv*, Förderung der Ausbildung durch Tarifvertrag im Jahr 2004, Elemente qualitativer Tarifpolitik Nr. 58/2005; dies., Qualifizierung und Weiterbildung in Tarifverträgen, Elemente qualitativer Tarifpolitik Nr. 42/2000; *Blatt*, Das Modell »Vivento« – ein neues Personalkonzept zum sozialverträglichen Strukturwandel, NZA 2005, Beilage 2 14; *Blomeyer*, Die Zulässigkeit von Tarifverträgen zugunsten gewerkschaftlicher Vertrauensleute, DB 1977, 101; *ders.*, Besitzstandswahrung durch Tarifmacht, ZfA 1980, 1; *Böker*, Arbeitszeiterfassungssysteme, 2004; *ders.*, EDV-Rahmenvereinbarungen, 2003; *Böker/Kamp*, Betriebliche Nutzung von Internet, Intranet und E-mail, 2003; *Bosch*, Beschäftigungspläne in der Praxis, WSI-Mitt. 1989, 197; *Bosch/Knuth*, Beschäftigungsgesellschaften in den alten und den neuen Bundesländern, WSI-Mitt. 1992, 431; *Brinks/Graunke*, Projektbezogene (Rationalisierungsschutz-)Tarifverträge bei der Deutschen Bundespost, Postdienst, ZTR 1994, 494; *Brunlop*, Neue Formen der Lohndifferenzierung, WSI-Mitt. 1986, 661; *Bücker/Feldhoff/Kohle*, Vom Arbeitsschutz zur Arbeitsumwelt, 1994; *Bulla, W.*, Die rechtliche Zulässigkeit von Tarifverträgen über die Begünstigung von gewerkschaftlichen Vertrauensleuten, BB 1975, 889; *ders.*, Tarifverträge über Rationalisierungsmaßnahmen, DB 1980, 103; *Burkhardt*, Ein Kampf ums Menschenrecht, in: Hauptvorstand der IG Druck und Papier (Hrsg.), 1974; *Buschmann/Ulber*, Flexibilisierung: Arbeitszeit-Beschäftigung, 1989; *Büttner/Kirsch*, Bündnisse für Arbeit im Betrieb, 2002; *Chaldoupis*, Auswirkungen neuer Technologien auf die Tarifautonomie, 2003; *Dabrowski/Neumann/Schauer/Sperling*, Probleme der Umsetzung tariflicher Regelungen zur Humanisierung der Arbeit, WSI-Mitt. 1978, 92; *Däubler*, Gewerkschaftsrechte im Betrieb, 10. Aufl., 2000; *Dobischat/Seifert*, Betriebliche Weiterbildung und Arbeitszeitkonten, WSI-Mitt. 2002, 92; *Friedrichs*, Mikroelektronik – eine neue Dimension von technischem Wandel und Automation, GMH 1980, 277; *Gaul, D.*, Die rechtliche Ordnung der Bildschirmarbeitsplätze, 1981; *Gerfin*, Funktionswandel der Tarifverträge, in: *Sinzheimer*, Gedächtnisveranstaltung zum 100. Geburtstag, 1977, 23; *Gerlach*, Neuere tarifpolitische Strategien der Gewerkschaften in der BRD zur Sicherung von Arbeitsplätzen und Besitzständen, WSI-Mitt. 1979, 221; *Görs/Brödel*, Strukturfragen des Bildungsurlaubs, WSI-Mitt. 1982, 360; *Güntner*, Neues Tarifvertragsrecht, RdA 1974, 153; *Herschel*, Zur Absicherung gewerkschaftlicher Vertrauensleute durch Firmentarifvertrag, AuR 1977, 137; *Hinrichs*, Das Beschwerde- und Anzeigerecht der Arbeitnehmer, ArbRGgw 19 (1980), 35; *Hümmerich/Welslau*, Beschäftigungssicherung trotz Personalabbaus, NZA 2005, 610; *Jentgens/Höller*, Telekommunikationsanlagen, 2003; *Kasiske/Burgdorff*, Arbeitsbedingungen und gewerkschaftliche Tarifpolitik, in: Kasiske (Hrsg.), Gesundheit am Arbeitsplatz, 1976; *Käufer*, Weiterbildung in Arbeitsverhältnis, 2002; *Kempen*, Ansätze zur Neuorientierung des gegenwärtigen Tarifrechts, AuR 1980, 193; *Klenner*, Gleichstellung von Frauen und Männern und Vereinbarkeit von Familie und Beruf, WSI Tarifhandbuch 2005, 41; *Koller*, Die Zulässigkeit von Rationalisierungsschutzabkommen in Tarifverträgen, ZfA 1978, 45; *Kraft*, Die Regelung der Rechtsstellung gewerkschaftlicher Vertrauensleute im Betrieb, ZfA 1976, 243; *Kuda*, Tarifpolitik und Beschäftigungskrise, WSI-Mitt. 1980, 225; *Kurz-Scherf*; Tarifverträge zur Bildschirmarbeit, WSI-Mitt. 1986, 51; *Lang*, Umweltschutz und Tarifpolitik, in: Roth/Sander (Hrsg.) Ökologische Reform der Unternehmen, 1992; *Leittretter*, Betrieblicher Umweltschutz, 1999; *Lindecke/Klenner*, Untersuchung zur betrieblichen Glecichstellung, BABl. 5/2005, 4; *Loritz*, Tarifautonomie und Gestaltungsfreiheit des Arbeitgebers, 1990; *Massa-*

*Wirth/Seifert*, Betriebliche Bündnisse für Arbeit nur mit begrenzter Reichweite?, WSI-Mitt. 2004, 246; *Mayer, U.*, Zum Streit über die Zulässigkeit von Vereinbarungen zum Schutz gewerkschaftlicher Vertrauensleute, BlStSozArbR 1977, 17; *OECD*-Employment Outlook, 2004; *Oppolzer*, Technischer Wandel und betrieblicher Bildungsbedarf: Herausforderung für die Tarifpolitik, Afa-Informationen 1988, 28; *ders.*, Ökologie der Arbeit, 1993; *Reuter*, Zulässigkeit und Grenzen tarifvertraglicher Besetzungsregelungen, ZfA 1978, 1, 56; *Rieble*, Umweltschutz durch kollektives Arbeitsrecht – insbesondere durch Tarifvertrag und Koalitionsvereinbarung, ZTR 2000, 1; *Roback/Schlecht*, Tarifliche Gestaltung des Einsatzes neuer Technologien – Erfahrungen und Konsequenzen aus der Anwendung des RTS-Tarifvertrages in der Druckindustrie, WSI-Mitt. 1983, 133; *Runggaldier*, Kollektivvertragliche Mitbestimmung bei Arbeitsorganisationen und Rationalisierung, 1983; *Säcker/Oetker*, Grundlagen und Grenzen der Tarifautonomie, 1992; *Scharf*, Tarifverträge als Instrument zur Reform der beruflichen Bildung, 1980; *Schauer*, Realisierung von Arbeitsverbesserung durch Tarifvertrag, in: Peter/Brinkmann (Hrsg.), Humanisierung der Arbeit, 1982, 147; *Schelter*, Die neuen Rationalisierungsschutztarifverträge für Angestellte, Arbeiter und bei Bund, Ländern und Gemeinden, PersR 1987, 67; *Schleusener*, Die Zulässigkeit qualitativer Besetzungsregeln in Tarifverträgen, 1997; *Schumann/Kuhlmann/Sanders/Sperling*, anti-tayloristisches Fabrikmodell – Auto 5000 bei Volkswagen, WSI-Mitt. 2005, 3; *Schüren*, Neue rechtliche Rahmenbedingungen der Arbeitszeitflexibilisierung, RdA 1985, 9; *Schwitzer*, Das IGM-Tarifsystem 5000 mal 5000 bei Volkswagen – Mindeststandards und neue Regelungsansätze, AuR 2001, 441; *Seifert/Maurer*, Investive Arbeitszeitpolitik – Zum Zusammenhang von Arbeitszeit und Weiterbildung, WSI-Mitt. 2004, 190; *Seitenzahl/Zachert/Pütz*, Vorteilsregelungen für Gewerkschaftsmitglieder, 1976; *Sieg*, Rechtliche Rahmenbedingungen für Beschäftigungsgesellschaften, NZA 2005, Beilage 19; *Simitis*, Wiederentdeckung des Individuums und arbeitsrechtliche Normen, Sinzheimer Cahiers 2/1991, 7; *Söllner*, Beschäftigungs- und Wiederbesetzungsgarantien in Tarifverträgen und Betriebsvereinbarungen, Gutachten, o.J. (1988); *ders.*, Die Bedeutung des Art. 12 GG für das Arbeitsrecht, AuR 1991, 45; *Trautwein-Kalms/Gerlach*, Gewerkschaften und Humanisierung der Arbeit, 1980; *Wagner*, Der Paragraph 249 h AFG – ein neues arbeitsmarktpolitisches Instrument in Ostdeutschland, WSI-Mitt. 1994, 462; *Weisemann*, Rat–Abkommen–Metall: Ein aktueller Tarifvertrag mit Konzernbezug, BB 1995, 198; *Weiss*, Gewerkschaftliche Vertrauensleute, 1977; *Weiss/Weyand*, Die tarifvertragliche Regelung der Ausbildung der Redaktionsvolontäre an Tageszeitungen, BB 1990, 2109; *Wend*, Die Zulässigkeit tariflicher Arbeitsplatzregelungen, 1984; *Wendeling-Schröder*, Nochmals: Personalabbau in Forschungseinrichtungen, WissR 1994, 167; *Weyand*, Die tarifvertragliche Mitbestimmung im Bereich der Arbeitsorganisation, AuR 1991, 65; *Wlotzke*, Zur Zulässigkeit von Tarifverträgen über den Schutz und die Erleichterung der Tätigkeit gewerkschaftlicher Vertrauensleute, RdA 1976, 80; *Zachert*, Beschäftigungssicherung durch Tarifvertrag als Prüfstein für Umfang und Grenzen der Tarifautonomie, DB 2001, 1198; *ders.*, Einstiegs- oder Billigtarife und Gleichheitsgrundsatz, FS Däubler 1999, 991; *ders.*, Rechtsfragen bei Tarifverträgen zum Schutz der Tätigkeit gewerkschaftlicher Vertrauensleute, BB 1976, 514; *ders.*, Die Sicherung und Gestaltung des Normalarbeitsverhältnisses durch Tarifvertrag, 1989; *ders.* (Hrsg.), Die Wirkung des Tarifvertrages in der Krise, 1991; *Zimmermann*, Arbeitsgestaltung und Mitbestimmung, 1982; *Zwingmann*, Gesundheitsschutz am Arbeitsplatz durch neue Arbeitnehmerrechte, Soziale Sicherheit, 1989, 135.

### 1. Zum Themenspektrum »qualitativer Tarifpolitik«

Der Begriff der »**qualitativen Tarifpolitik**« kann Anlass zu Missverständnissen geben, wenn er verwandt wird, um die zuvor behandelten Tarifinhalte »Entgelt« und »Arbeitszeit« von den anschließend dargestellten Themen vom »Rationalisierungsschutz« über »Arbeitsbedingungen« bis hin zum Schutz der »Tätigkeit gewerkschaftlicher Vertrauensleute« strikt abzugrenzen. Zum einen sind die Themenfelder oft nicht trennscharf auseinander zu halten, wie sich am Beispiel der Arbeitsplatzsicherheit zeigt, zum anderen geht es auch bei Fragen des Entgelts und der Arbeitszeit nicht nur um die »quantitative Dimension« des Tauschwertes der Arbeitskraft und ihrer zeitlichen Nutzung in den betrieblichen Abläufen. Mit diesem Vorbehalt sollen folgend unter dem Begriff »qualitativer Tarifpolitik« so unterschiedliche Schwerpunkte behandelt werden wie **463**
- tariflicher Schutz bei technologischen oder organisatorischen Veränderungen und tarifliche Regelungen zum Standorterhalt,
- tariflicher Arbeits- und Gesundheitsschutz einschließlich tariflicher Ansätze eines betrieblichen Umweltschutzes,
- tarifliche Bestimmungen zur beruflichen Aus und Weiterbildung und zum Bildungsurlaub sowie die
- tarifliche Förderung und tariflicher Schutz bestimmter Gruppen (Frauen) und spezifischer Funktionen (gewerkschaftliche Mandatsträger).

### 2. Tariflicher Schutz bei technologischen oder organisatorischen Veränderungen: Rationalisierungsschutz, Arbeitsplatzsicherung, Standorterhalt

#### a) Der übliche Standard des tariflichen Rationalisierungsschutzes

Seit Mitte der 60er Jahre gehören **Rationalisierungsschutzabkommen** oder entsprechende Vorschriften zum **Standard der Tarifpolitik**. Damit wurden zugleich maßgebliche Impulse für die gesetzliche Regelung des § 111 BetrVG (Interessenausgleich und Sozialplan) gegeben. Schon 1976 war etwa die Hälfte der Arbeitnehmer durch derartige – traditionelle – Rationalisierungsschutzabkommen gesichert, die zumeist eine längere Laufzeit haben.[1068] **464**

Im Allgemeinen versuchen die Tarifvertragsparteien in derartigen Vereinbarungen zunächst den **Rationalisierungsbegriff** möglichst präzise zu definieren. Hierdurch soll verhindert werden, dass bestimmte, von den Tarifparteien als rationalisierungstypisch angesehene Maßnahmen aus dem Schutzbereich des Tarifvertrages ausklammert werden.[1069] **465**

Die Rechtsprechung neigt wohl dazu, den **Rationalisierungsbegriff im Zweifel betriebsbezogen** auszulegen und nachteilige Folgen von technischen Entwicklungen auf Branchenebene nicht anzuerkennen.[1070] Das erscheint bei der weitgehend bereits vollzogenen Vernetzung der Unternehmen nicht angemes-

---

1068 Überblick in RdA 1972, 299; RdA 1976, 322; RdA 1977, 243; ferner ausführlich *Bispinck*, Betriebliche Personalpolitik, 11 f.

1069 Zu den Problemen bei auslegungsfähiger Begriffsbestimmung z.B. BAG 17.3.1988 (6 AZR 634/86), AP Nr. 1 zu § 2 TV Rathaus-Angestellte; BAG 26.5.1998 (3 AZR 23/97), DB 1999, 153; Auslegung bei Entlassung wegen tendenziell weiter fachlicher Defizite BAG 23.2.2005, DB 2005, 2025.

1070 BAG 9.3.1994 (4 AZR 270/93), DB 1994, 2241 in Auslegung des einschlägigen Tarifvertrages der Druckindustrie.

sen.[1071] Eine darüber hinausgehende Wirkung des tariflichen Rationalisierungsschutzabkommens lässt sich – diese Rechtsprechung zugrunde gelegt – dadurch erreichen, dass die Tarifparteien im Tarifvertrag selbst zum Ausdruck bringen, sie wollten dem Rationalisierungsbegriff eine weitere, konzern- oder branchenbezogene Bedeutung beimessen.[1072]

**466** Darüber hinaus soll der **Einfluss der betrieblichen Interessenvertretung** (Betriebsrat, Personalrat) auf die Veränderungen und deren Auswirkungen sichergestellt werden. Diese Vorschriften gehen allerdings im Allgemeinen nicht über § 111 BetrVG hinaus.

**467** Ferner enthalten Rationalisierungsschutzabkommen Normen, die den sozialen Besitzstand der durch Umsetzung oder Entlassung betroffenen Arbeitnehmer sicherstellen sollen. Hierzu gehören unter anderem Vorschriften über **Umsetzungen**, zum Teil kombiniert mit Umschulungen, die **Vorrang vor Entlassungen** haben. Der Arbeitgeber darf dem Betroffenen die neue Stelle grundsätzlich nicht kraft Direktionsrechtes zuweisen.[1073] Ob gegebenenfalls eine Annahmepflicht der neuen Arbeitsbedingungen besteht, ist unter Auslegung des einschlägigen Rationalisierungstarifvertrages zu prüfen.[1074] Im Hinblick auf die Versetzung auf einen Teilzeitarbeitsplatz (mit weniger als 75 % der regelmäßigen Arbeitszeit eines Vollzeitbeschäftigten) hat das Bundesarbeitsgericht entschieden, die Zumutbarkeit der personellen Maßnahme beurteile sich nach den Umständen des Einzelfalles (§ 242 BGB). Dabei falle ins Gewicht, dass der Tarifvertrag (in der Präambel) darauf abstelle, ob der Arbeitnehmer durch Annahme des Ersatzarbeitsplatzes Anschluss an den Arbeitsmarkt behalten hätte.[1075]

**468** In diesem Zusammenhang regeln Rationalisierungstarifverträge typischerweise den **Verdienstausgleich bei Umsetzungen** auf niedriger eingestufte Arbeitsplätze.[1076]

**469** Schließlich sind Bestandteil dieser Tarifverträge Bestimmungen über die **Erschwerung von Kündigungen** und die **Abmilderung ihrer Folgeprobleme**. Hierzu zählen längere Kündigungsfristen bei Kündigungen aus Rationalisierungsgründen als bei Kündigungen aus sonstigen Anlässen und Abfindungen bei Entlassungen sowie die bevorzugte Wiedereinstellung des Betroffenen (zum **Ausschluss von Kündigungen gegenüber älteren Arbeitnehmern** § 1 Rn. 493).

Macht der Rationalisierungstarifvertrag den besonderen Kündigungsschutzes davon abhängig, dass die Entlassung infolge der Änderung der Arbeitstechnik und aufgrund technischer Entwicklung eingetreten ist, so ist diese Voraussetzung auch zu bejahen, wenn der gekündigte Arbeitnehmer bei an sich bestehender Weiterbeschäftigungsmöglichkeit die fachlichen Anforderungen der geänderten Arbeitstechniken nicht erfüllt.[1077]

---

1071 Kritisch auch *Däubler/Hensche*, § 1 Rn. 712.

1072 Hierzu mit Praxisbeispiel aus der Metallindustrie: *Weisemann*, BB 1995, 199.

1073 BAG 19. 10. 2000 (6 AZR 291/99), AP Nr. 35 zu § 4 TVG Rationalisierungsschutz (mit Anm. von *Zachert*); LAG Rheinland-Pfalz 3. 6. 2004 (4 Sa 113/04), ZTR 2005, 43, nicht rechtskräftig.

1074 BAG 15. 11. 2001 (6 AZR 629/00), ZTR 2002, 485.

1075 Im konkreten Fall bejaht, von BAG 28. 2. 2002 (6 AZR 525/01), DB 2002, 1894 (und noch einmal DB 2002, 1946).

1076 Bei einem Zeitrahmen von sechs bis zu zwölf Monaten, teilweise auch unbegrenzt: *Bispinck*, Betriebliche Personalpolitik, 11 f.; ein Beispiel der Beibehaltung einer Wechselschicht- und Schichtzulage: BAG 18. 3. 2004 (6 AZR 199/03), ZTR 2004, 424.

1077 BAG 23. 2. 2005 (4 AZR 139/04), BB 15. 8. 2005.

Damit ist ein **Durchschnittsstandard** einschlägiger tariflicher Rationalisierungsschutzabkommen angegeben, der allerdings zum Teil, unter anderem im öffentlichen Dienst, nicht unerheblich überschritten wird. 470

### b) Tarifliche Gestaltung der Folgen des Einsatzes neuer Technologien, insbesondere EDV-gestützter Systeme

#### *aa) Einführung EDV- gestützter Systeme als Herausforderung für die Tarifpolitik*

Seit etwa Mitte der 70er Jahre ist vor allem durch Einführung **EDV-gestützter Systeme** (Datensichtgeräte, Mikroprozessoren, Bildschirmtexte, elektronische Satztechniken usw.) ein **radikaler Umbau von Verwaltung und Produktion** zahlreicher Betriebe festzustellen. Allein vom Ende der 70er bis zu Beginn der 80er Jahre wurden durch die Computertechnik etwa zehn Millionen, also etwa die Hälfte, aller bestehenden Arbeitsplätze, verändert.[1078] 471
Dies stellte die **Tarifpolitik vor neue Herausforderungen**. Um die Entwicklungen sozial abzufedern und in Grenzen auch zu gestalten, konnte sie sich nicht ausschließlich auf die Folgen von Rationalisierungsmaßnahmen beschränken, sondern musste zumindest im Ansatz die Arbeitsbeziehungen unmittelbarer gestalten.[1079] In diesem Sinne wurde die Tarifpraxis der 70er Jahre punktuell und eher behutsam weiterentwickelt und erweitert.[1080] Dennoch sind die Ergebnisse – unter anderem in rechtsvergleichender Hinsicht – bemerkenswert.[1081] Höchstrichterliche Entscheidungen zu Umfang und Grenzen der Tarifautonomie, denen einschlägige Tarifbestimmungen aus dieser Zeit zu Grunde lagen, bleiben bis heute wegweisend.

#### *bb) Individuelle und kollektive Verdienstsicherung, Wiederbesetzungsklauseln*

Von großem Gewicht waren **tarifliche Bemühungen zur Sicherung des Verdienstes** der Arbeitnehmer, deren Arbeitsplätze namentlich in der Automobilindustrie durch die Einführung der neuen Technologien umgestaltet wurden mit der Folge, dass ihre Tätigkeiten neu bewertet werden mussten. In diesen Zusammenhang gehört die kritische Einschätzung der analytischen Arbeitsbewertung (hierzu § 1 Rn. 191 ff.). 472
Ansätze einer neuen Qualität finden sich im Tarifvertrag zur Sicherung der Eingruppierung und zur Sicherung bei Abgruppierung von Arbeitern und Angestellten in der Metallverarbeitung Nord-Württemberg/Nord-Baden vom 3. April 1978. Die Tarifparteien einigten sich auf einen umfassenden Abgruppierungsschutz für den einzelnen Arbeitnehmer. Arbeiter können höchstens um zwei Gruppen, Angestellte um eine Gruppe abgruppiert werden. Dies darf jedoch nur geschehen, wenn keine Umsetzung oder Umschulung auf einen anderen gleichwertigen und zumutbaren Arbeitsplatz im Betrieb möglich ist. Zusätzlich wurde

1078 *Friedrichs*, GMH 1980, 277 ff.
1079 *Gerlach*, WSI-Mitt. 1979, 221; *Kuda*, WSI-Mitt. 1980, 225.
1080 Zum Stand, *Bispinck*, Betriebliche Personalpolitik (1994).
1081 *Zachert* (Hrsg.), Die Wirkung des Tarifvertrages in der Krise, 94 ff. für Spanien, 149 ff. für Frankreich und 199 f. für Italien; zur umfassenderen Tarifpraxis vor allem der 70er Jahre in Italien: *Runggaldier*, Kollektivvertragliche Mitbestimmung, 221 ff.

eine Verdienstsicherung bei Abgruppierungen festgelegt. Im Falle einer unvermeidbaren Abgruppierung erhält der Arbeitnehmer für insgesamt 18 Monate einen Verdienstausgleich, der ihm das Einkommen der früheren Lohn- bzw. Gehaltsgruppe sichert. Auch danach sinkt der Verdienst nicht, sondern wird langsam unter teilweiser Anrechnung der Lohn- bzw. Gehaltserhöhungen auf das Lohnniveau der neuen Gruppe gebracht.[1082]

**473** Die Gewerkschaft (IG Metall) hatte in den Tarifverhandlungen über einen Abgruppierungsschutz nicht nur eine individuelle Sicherung der betroffenen Arbeitnehmer, sondern auch die **Sicherung des Lohn- und Gehaltsgruppenniveaus des jeweiligen Betriebes** durch eine Sicherungskennzahl gefordert. Ziel war es, für den Fall, dass das betriebliche Durchschnittsentgelt unter die Sicherungskennzahl sinkt, über die (mittelbare) Verpflichtung zu Neueinstellungen eine beschäftigungspolitische Wirkung zu erreichen. Letzteres wurde trotz eines fast dreiwöchigen Arbeitskampfes nicht durchgesetzt.

Eine Erweiterung dieser Tarifverträge im ursprünglich angestrebten Sinne erfolgte jedoch in dem **Firmentarifvertrag** zwischen der IG Metall (Bezirksleitung Stuttgart) und dem **Baumaschinenunternehmen Vögele** vom 1. Januar 1983. Dort ist vereinbart, dass weder das individuelle noch das generelle durchschnittliche Eingruppierungsniveau des Betriebes sinken darf. Infolgedessen waren bei Entlassungen in der Regel Arbeitnehmer mit entsprechender Qualifikation einzustellen.[1083]

**474** Derartige Tarifverträge mit normativ wirkenden **Wiederbesetzungsklauseln**, die das Ziel verfolgen, einen frei gewordenen Arbeitsplatz neu zu besetzen, sind rechtlich grundsätzlich zulässig[1084] (zu Wiederbesetzungsklauseln: § 1 Rn. 654 ff.).

### *cc) Personalstärke und Qualifikation: quantitative und qualitative Besetzungsregeln*

**475** Eine lange Tradition in Tarifverträgen haben **quantitative Besetzungsregelungen**. Sie legen fest, wie viele Arbeitnehmer an einer bestimmten Maschine bzw. für eine bestimmte Tätigkeit mindestens zu beschäftigen sind. Derartige tarifliche Regelungen existieren (vor allem im Bereich von Druck und Papier) bereits seit 1925/1927.[1085]

**476** Beispielsweise ist in der **Druckindustrie** für Buchdruck-Rotationsmaschinen und Tiefdruck-Rotationsmaschinen die quantitative Mindestbesetzung in den Anhängen zum Manteltarifvertrag für die gewerblichen Arbeitnehmer in der Druckindustrie folgendermaßen geregelt: »An BuchdruckRotationsmaschinen sind zu beschäftigen: An einer Druckeinheit ein **Drucker**, an zwei Druckeinheiten zwei Drucker, an drei Druckeinheiten drei Drucker. Die Besetzung weiterer Druckeinheiten wird durch Betriebsvereinbarung geregelt …«.

»Für die Bedienung von Tiefdruck-Rotationsmaschinen während des Fotodrucks gilt folgende Richtlinie: An jeder normal ausgestatteten Tiefdruck-Rotationsmaschine mit fünf Druckwerken sind zu beschäftigen bei einer ätz- oder gravier-

1082 Ähnliche Vereinbarungen wurden in anderen Tarifbezirken der Metall und in der Stahlindustrie 1978/1979 abgeschlossen; zur Vergütungssicherung des Rationalisierungsschutzvertrages im öffentlichen Dienst vom Januar 1987, *Schelter*, PersR 1987, 69 f.

1083 *Bispinck*, WSI-Mitt. 1993, 149.

1084 *Söllner*, Beschäftigungsgarantien, 9 f., 15; a. A. *Blomeyer*, ZfA 1980, 1 ff.

1085 *Burkhardt*, Menschenrecht, 198.

baren Breite des Druckzylinders bis zu 110 cm zwei **Drucker**, von 111 bis 175 cm drei Drucker, von 176 bis 210 cm vier Drucker …« (Fassung vom März 1980). Ferner wird die Zahl der so genannten **Hilfskräfte** festgelegt.

Diese Tarifverträge wurden kontinuierlich fortgeschrieben und weiterentwickelt **477** (die letzten Fassungen von 1997/2001).[1086] Jedoch haben quantitative Besetzungsvorschriften die von der ursprünglichen **Zielrichtung** her auf eine Absicherung berufsbezogener Standards ausgerichtet waren, durch die technologischen Veränderungen eine **neue Qualität** gewonnen. Der Schutz vor Arbeitslosigkeit und vor physischen sowie psychischen Überforderungen gewinnt eine größere, wenn nicht vorrangige, Bedeutung.[1087]

**Weitere Beispiele quantitativer Besetzungsregelungen** finden sich im **Transportgewerbe**, der **Stadtreinigung** – unter anderem die Personalausstattung der **478** Fahrzeuge, der **Hochseefischerei** – Mindestbesetzung an Deck sowie in der **Luftfahrt** – die Cockpitbesetzung von Flugzeugen.[1088]

Nach dem Bundesarbeitsgericht bezweckt die quantitative Besetzungsvorschrift **479** der Druckindustrie, wonach Fachkräften eine **Hilfskraft bereitzustellen** ist, keinen unmittelbaren **Arbeitsplatzschutz** dieser Hilfskräfte. Jedoch kann sich die Hilfskraft bei einer betriebsbedingten Kündigung im Wege der **Reflexwirkung** darauf berufen, diese sei rechtswidrig, wenn ihre Weiterbeschäftigung die jeweilige Fachkraft vor einer physischen oder psychischen Überforderung schützt. Das Gericht wertet diese Norm zu Recht als **Betriebsnorm**[1089] (hierzu § 1 Rn. 92). Zur Rechtsverfolgung weist es darauf hin, sowohl die tarifschließende Gewerkschaft als auch der Betriebsrat nach § 80 Abs. 1 Nr. 1 BetrVG könne ihre zwingende Wirkung gegenüber dem Arbeitgeber durchsetzen[1090] (hierzu § 1 Rn. 88).

**Qualitative Besetzungsregelungen** schreiben darüber hinausgehend vor, dass **480** an bestimmten Arbeitsplätzen (für einen bestimmten Zeitraum) nur Beschäftigte mit einem bestimmten Qualifikationsniveau tätig sein dürfen, auch wenn sich das Qualifikationsniveau durch technologischen Wandel verändert. Beispielhaft für qualitative Besetzungsregelungen ist der **Tarifvertrag über rechnergesteuerte Textsysteme in der Druckindustrie (RTS-TV) vom 20. März 1978**. Er sieht einen umfassenden Schutz insbesondere der Schriftsetzer und anderer Fachkräfte der Druckindustrie, aber auch von Journalisten vor den Auswirkungen der neuen Technik in der Satzherstellung vor. Kernregelung ist § 2 RTS-TV, wonach im rechnergesteuerten Textsystem die dort im Einzelnen aufgeführten Gestaltungs- und Korrekturarbeiten für einen Zeitraum von acht Jahren nach Umstellung der jeweiligen Tätigkeit durch geeignete Fachkräfte der Druckindustrie, insbesondere Schriftsetzer, ausgeübt werden. § 2 Abs. 2a RTS-TV enthält eine Ausnahmevorschrift für den Fall, dass geeignete Fachkräfte auf dem Arbeitsmarkt nicht verfügbar sind. Neben der qualitativen Absicherung der Fachkräfte, den Verdienstsicherungen und Umschulungshilfen enthält der Tarifvertrag konkrete Vorschriften über die Gestaltung der Arbeit und der Arbeitsplätze.[1091]

---

1086 *Däubler/Hensche*, § 1 Rn. 733.

1087 *Berg/Wendeling-Schröder/Wolter*, RdA 1980, 301.

1088 Im Einzelnen: *Bispinck*, Betriebliche Personalpolitik, 10f.

1089 Mit guten Gründen für Doppelcharakter, »Betriebs- und Inhaltsnorm« *Däubler/Hensche*, § 1 Rn. 742, mit Nachweisen.

1090 BAG 17.6.1999 (2 AZR 464/98), DB 1999, 2117 = BB 2000, 413.

1091 Einschätzung bei *Roback/Schlecht*, WSI-Mitt. 1983, 139; zu Durchsetzungsproblemen *Berg/Bobke*, WSI-Mitt. 1982, 237.

481 **Fachkräfte im Sinne des Tarifvertrages** sind dem Bundesarbeitsgericht zufolge nur Arbeitnehmer mit einer abgeschlossenen Berufsausbildung in einem Ausbildungsberuf der Druckindustrie. § 2 RTS-TV erfasse sämtliche dort genannten Gestaltungs- und Korrekturarbeiten, gleichgültig, ob sie auf dem betreffenden Arbeitsplatz überwiegend anfallen oder nicht. Es genüge, wenn der Umfang der Gestaltungs- und Korrekturarbeiten im Vergleich zu den sonstigen auf dem Arbeitsplatz zu verrichtenden Tätigkeiten nicht unerheblich ist. Ein Umfang von 20 % sei nicht mehr unerheblich.[1092]

482 Das Bundesarbeitsgericht hat zu diesem Tarifvertrag zu Recht entschieden, er liege **im Rahmen der Spielräume der Tarifautonomie nach Art. 9 Abs. 3 GG.** Insbesondere die Besetzungsregelung des § 2 **verstoße nicht** gegen das in **Art. 12 Abs. 1 GG verankerte Grundrecht der Berufsfreiheit**.[1093] Die Rechtsprechung des Bundesverfassungsgerichts zu den freien Berufen könne nicht ohne weiteres und schematisch auf die abhängige Arbeit übertragen werden. Wer als abhängiger Arbeitnehmer beruflich tätig werde, sei auf einen Arbeitgeber angewiesen, der ihm einen entsprechenden Arbeitsplatz anbietet. Die Zahl der einschlägigen Arbeitsplätze sei begrenzt. Damit stelle sich ein Auswahlproblem, das sich allein mit Blick auf die durch Art. 12 Abs. 1 GG geschützte Berufsfreiheit und die darin eingeschlossene prinzipielle Wettbewerbsfreiheit nicht befriedigend lösen lasse. Für den Arbeitnehmer bilde der Arbeitsplatz die Grundlage seiner wirtschaftlichen und sozialen Existenz und auch eine wesentliche Grundlage der Entfaltung seiner Persönlichkeit. Ein Mangel an Arbeitsplätzen führe deshalb zu unsozialen Härten, die nicht um des Prinzips des freien Wettbewerbs willen einfach hingenommen werden könnten.

Vielmehr fordere das in **Art. 20 Abs. 1 GG verankerte Sozialstaatsprinzip** Möglichkeiten der Einschränkung des freien Wettbewerbs zwischen Arbeit suchenden Arbeitnehmern aus sozialen Rücksichten. Insofern ergebe sich im Bereich der abhängigen Arbeit bei Arbeitsplatzmangel eine ähnliche Problematik wie bei der Zulassung zum Hochschulstudium in Numerus-clausus-Fächern.

Deshalb dürften Vorschriften über die Auswahl von Bewerbern für bestimmte Arten von Arbeitsplätzen auch an **sachnahe soziale Gesichtspunkte** anknüpfen, sofern die hierdurch erfolgte Einschränkung des freien Wettbewerbs um die vorhandenen Arbeitsplätze nicht außer Verhältnis zu dem angestrebten sozialen Schutzzweck stehe. Von Bedeutung bei der rechtlichen Bewertung des § 2 RTS-TV sei, dass diese Bestimmung die dort genannten Gestaltungs- und Korrekturarbeiten nicht allein für geeignete Fachkräfte der Druckindustrie unter Ausschluss anderer für diese Tätigkeiten ebenfalls geeignete Arbeitsplatzbewerber reserviere. Vielmehr handele es sich um eine Auswahlvorschrift, die Fachkräfte der Druckindustrie gegenüber anderen Arbeitsplatzbewerbern begünstige, indem sie ihnen einen Vorrang einräume. Unter diesen Umständen erscheine es sachlich gerechtfertigt, die betroffenen Fachkräfte das berufliche Risiko des technologischen Fortschritts nicht allein und in voller Härte tragen zu lassen, sondern hier aus **sozialen Gründen einen gewissen Ausgleich** zu schaffen, indem man ihnen bei der Besetzung der durch die neue Technologie entstehenden – weniger qualifizierten – Arbeitsplätze den Vorzug gegenüber Mitbewerbern einräume. Das in Art. 12 Abs. 1 GG angelegte Prinzip des freien

---

1092 BAG 13.9.1983 (1 ABR 69/81), AP Nr. 1 zu § 1 Tarifverträge Druckindustrie, unter B II 1.

1093 BAG 13.9.1983 (1 ABR 69/81), AP Nr. 1 zu § 1 TVG Tarifverträge Druckindustrie (mit kritischer Anm. von *Reuter*).

beruflichen Wettbewerbs werde dadurch nicht unverhältnismäßig eingeschränkt, zumal § 2 Abs. 1 RTS-TV lediglich einen Übergangs- und Anpassungszeitraum von acht Jahren vorsehe.

Diese Rechtsprechung zu qualitativen Besetzungsregelungen wurde in einem weiteren Beschluss fortgeführt und ergänzt.[1094] Nach dem Anhang zum einschlägigen MTV für gewerbliche Arbeitnehmer der Druckindustrie vom 3. März 1980 sind alle Facharbeiten in den Sparten Druckformherstellung, Druck- und Weiterverarbeitung von **Fachkräften der Druckindustrie** auszuführen. Das Bundesarbeitsgericht hält die fragliche Tarifnorm für ebenfalls zutreffend grundgesetzkonform. Im Hinblick auf Arbeitgeberinteressen sei die Freiheit der Berufswahl nicht verletzt. **Qualitative Besetzungsregelungen** stellten keine subjektiven Zulassungsvoraussetzungen, sondern lediglich **Berufsausübungsregelungen** dar.[1095] Mit subjektiven Zulassungsvoraussetzungen seien ausschließlich Vorbedingungen, namentlich bestimmte Kenntnisse, Fertigkeiten, Fähigkeiten oder persönliche Qualifikationen gemeint, die den Zugang zu einem Beruf eröffnen. Darum gehe es im einschlägigen Tarifvertrag nicht. 483

Die tarifliche Regelung begründe nur einen Vorrang für die ausgebildeten Fachkräfte. Mit ihren Ausnahmebestimmungen lasse die tarifliche Besetzungsregelung dem Arbeitgeber genügend Raum, seinen Betrieb auch dann effizient zu führen, wenn Fachkräfte nicht oder nicht in ausreichender Zahl vorhanden sind. In Bezug auf Belange der Arbeitnehmer verletze die einschlägige Norm nicht das ebenfalls in Art. 12 Abs. 1 GG geschützte Rechte auf die freie Wahl des Arbeitsplatzes. Indem der Tarifvertrag lediglich einen Vorrang der Facharbeiter begründe, werde den beruflich nicht qualifizierten Arbeitnehmern nicht der Zugang zu den Facharbeitsplätzen versperrt. Eine derartige Regelung stelle sich als das mildeste Mittel dar, um den **Zweck der Besetzungsregeln** zu erreichen, nämlich die **beruflich nicht qualifizierten Arbeitnehmer vor Überforderung zu schützen** und die **Wettbewerbsfähigkeit der Unternehmen der Druckindustrie** dadurch zu **stärken**, dass Facharbeiten auch von den hierfür ausgebildeten Fachkräften durchgeführt würden, sowie dem Nachwuchs einen Anreiz zu geben, die Ausbildung in einem der Lehrberufe der Druckindustrie durchzuführen. Zu Flexibilitätsaspekten verweist das Gericht darauf, dass der Tarifvertrag jederzeit kündbar sei.

Eine **Verfassungsbeschwerde** gegen die Entscheidungen zu qualifizierten Besetzungsregelungen im MTV Druckindustrie wurde vom Bundesverfassungsgericht **nicht zur Entscheidung angenommen**. Der Beschwerde führende Betrieb existierte nicht mehr und das Bundesverfassungsgericht hat betont, es liege kein so schwerwiegender Grundrechtseingriff vor, dass ein Rechtsschutzbedürfnis ausnahmsweise fortbestehe.[1096] 484

Im Ergebnis sind die gegen tarifliche Besetzungsregelungen vorgetragenen verfassungsrechtlichen Einwände[1097] zurückgewiesen. Es hat sich die Position durchgesetzt, die mit verschiedenen Begründungsschwerpunkten quantitative und qualitative Besetzungsregelungen vor allem in der Abwägung der Reichweite der Tarifautonomie nach Art. 9 Abs. 3 GG mit den durch Art. 12 GG geschützten

1094 BAG 26.4.1990 (1 ABR 84/87), AP Nr. 57 zu Art. 9 GG.

1095 Noch offengelassen von BAG 13.9.1983, AP Nr. 1 zu § 1 TVG Tarifverträge Druckindustrie.

1096 BVerfG 14.11.1997 (1 BvR 1032/90), AuR 1998, 83.

1097 Aus der älteren Literatur: *Reuter*, ZfA 1978, 1; Koller, ZfA 1978, 45; *W. Bulla*, DB 1980, 103; *D. Gaul*, 15; *Schleusener*, 133 ff. Bedenken nach wie vor *Löwisch/Rieble*, § 1 Rn. 806 ff., mit Nachweisen.

Inhalten für zulässig hält[1098] (Grundl. Rn. 253, zu methodischen Alternativen Grundl. Rn. 197 ff.).

### c) Tarifliche Ansätze zur Steuerung der Personalbemessung

**485** Auf anderem Wege versucht eine tarifliche Regelung im Bereich des öffentlichen Dienstes die betriebliche Personalpolitik zu gestalten. Durch **Zeitzuschläge bei der Personalbemessung** soll erreicht werden, dass die physische und psychische Belastung der betroffenen Arbeitnehmer reduziert wird. Zugleich ergibt sich ein größerer Personalbedarf, so dass die fragliche Norm die Personalpolitik beeinflussen kann.

**486** Das Bundesarbeitsgericht sieht hierin wiederum und zu Recht eine **Betriebsnorm**[1099] (dazu § 1 Rn. 92).

**487** Zur **Reichweite des Art. 9 Abs. 3 GG** und zu seiner **Abgleichung mit der Berufsfreiheit des Art. 12 GG** macht das Gericht grundsätzliche, über die spezifische Fallkonstellation hinausgehende Ausführungen.

Es betont, weder die Unternehmensautonomie als Teil der Berufsfreiheit nach Art. 12 Abs. 1 GG noch die Tarifautonomie nach Art. 9 Abs. 3 GG dürfe so ausgeübt werden, dass jeweils die andere leer läuft. Vielmehr seien diese Grundrechtsgewährleistungen so auszudeuten, dass beide bestmöglich wirksam werden. Die Unternehmensautonomie wäre nur unzureichend beachtet, wenn ihr die Tarifautonomie keinerlei tariffreien Betätigungsbereich lassen würde. Deshalb könne der Tarifautonomie nicht entnommen werden, dass sämtliche unternehmerischen Entscheidungen tarifvertraglich geregelt werden könnten. Als kollektives Arbeitnehmerschutzrecht gegenüber der Unternehmensautonomie könne eine tarifliche Regelung nur dort eingreifen, wo eine unternehmerische Entscheidung diejenigen rechtlichen, wirtschaftlichen oder sozialen Belange der Arbeitnehmer berühre, die sich **gerade aus deren Eigenschaft als abhängig Beschäftigte** ergeben. Die tarifvertragsfreie Unternehmensautonomie gehe aber nicht so weit, dass die Gewerkschaften darauf beschränkt seien, nur soziale Folgewirkungen unternehmerischer Entscheidungen zu regeln. Deshalb beziehe sich der Regelungsauftrag des Art. 9 Abs. 3 GG immer dann, **wenn sich die wirtschaftliche und soziale Seite einer unternehmerischen Maßnahme nicht trennen lassen**, zwangsläufig mit auf die Steuerung der unternehmerischen Sachentscheidung.[1100]

**488** Trotz gewisser Unschärfen dieser Ausführungen wird deutlich, dass den Tarifparteien nach Auffassung des Bundesarbeitsgerichts eine Kompetenz zu weitgehenden Regelungen bis in den »**Kernbereich wirtschaftlicher Entscheidungen**« hinein jedenfalls dann nicht abgesprochen werden kann, wenn diese an den Schutz der Arbeitnehmerposition anknüpfen oder wenn sich die wirtschaftliche und soziale Seite der unternehmerischen Maßnahme nicht trennen lässt.[1101]

---

1098 Aus der älteren Literatur: *Bahl/Wendeling-Schröder*, WSI-Mitt. 1981, 421; *Beck, Th.*, AuR 1981, 367, *Berg/Wendeling-Schröder/Wolter*, RdA 1980, 299; *Kempen*, AuR 1980, 193; *ders.*, Grundgesetz, 129; *Runggaldier*, Kollektivvertragliche Mitbestimmung, 268 ff., 317 ff., 340 ff.; *Wend*, Arbeitsplatzregelungen; *Söllner*, AuR 1991, 48 f.; *Säcker/Oetker*, z. B. 306; aus der neueren Kommentierung: *Däubler/Hensche*, § 1 Rn. 736 ff.; grundsätzlich in diesem Sinne auch Wiedemann/*Wiedemann*, Einl. § 329 f.; zum Themenbereich umfassend *Chaldoupis*, Auswirkungen neuer Technologien, 202 ff.

1099 Mit guten Gründen für Doppelcharakter, »Betriebs- und Inhaltsnorm«, *Däubler/Hensche*, § 1 Rn. 742.

1100 BAG 3.4.1990 (1 AZR 123/89), AP Nr. 56 zu Art. 9 GG.

1101 Vgl. *Weyand*, AuR 1991, 65; *Däubler/Hensche*, § 1 Rn. 732; a. A. *Loritz*, Tarifautonomie, 56 ff., 75 ff., 119 ff.

Die neuere Auffassung, welche von der **privatautonomen Legitimation der Tarifautonomie** ausgeht, der durch den Verbandsbeitritt realisiert wird (Grundl. Rn. 197ff. und § 4 Rn. 259), hätte im Grundsatz zu prüfen, ob die einschlägigen Regelungen unter das **Begriffspaar der »Arbeits- und Wirtschaftsbedingungen« von Art. 9 Abs. 3 GG** fallen. Das ist zu bejahen. Diese Ansicht käme auf anderem methodischen Weg deshalb zu demselben Ergebnis, wie vom Bundesarbeitsgericht entschieden.[1102] 489

### d) Verdienst- und besonderer Kündigungsschutz für gefährdete Gruppen

Die Sicherheit von Einkommen und Arbeitsplatz einzelner Arbeitnehmergruppen ist in unterschiedlichem Ausmaß betroffen. Tarifverträge sehen seit langem für **ältere Arbeitnehmer**, **Verdienstsicherungen** und einen **besonderen Schutz gegen Kündigungen** vor, wenn sie den schnellen technologischen und organisatorischen Veränderungen nicht gewachsen sind. So waren bereits Ende 1975 etwa 55 % aller älteren Arbeitnehmer durch tarifliche Kündigungsschutzklauseln abgesichert, eine Zahl, die bis heute Bestand hat.[1103] Beide Themen haben Auslegungsprobleme aufgeworfen, die zu einer Anzahl von höchstrichterlichen Entscheidungen führten. 490

Was die **Voraussetzungen** einer tariflichen **Verdienstsicherung älterer Arbeitnehmer** betrifft, so legt die Rechtsprechung die Formulierungen in den jeweiligen Tarifverträgen eher großzügig aus. 491

Eine Abgruppierung im Sinne des einschlägigen Manteltarifvertrages der Metallindustrie Baden-Württemberg liegt auch dann vor, wenn der Arbeitnehmer aus gesundheitlichen Gründen nicht mehr in der Lage ist, seine bisherige Tätigkeit auszuüben und deshalb die Ausübung einer niedriger zu bewertenden Tätigkeit vereinbart wird. Es müssen nicht die Arbeitsbedingungen am Arbeitsplatz des betroffenen Arbeitnehmers geändert werden.[1104]

§ 3 Nr. 2 des Tarifvertrages Sicherung älterer Arbeitnehmer der Textilindustrie Westfalen setzt für die Lohnsicherung voraus, dass die Versetzung »durch Änderungskündigung« erfolgt. Trotzdem werden von dieser Verdienstsicherung auch andere Voraussetzungen mit einem Arbeitsplatzwechsel unter Verdienstminderung – wie der Wechsel vom Zeitlohn zum Akkordlohn – erfasst.[1105]

Der Anspruch auf Verdienstsicherung in § 13 MTV Metallindustrie Nordrhein-Westfalen besteht auch bei Übergang von Akkord- und Zeitlohn.[1106]

Die **Grenzen des Verdienstschutzes** machen dagegen folgende Urteile deutlich: 492

Für einen Anspruch auf Entgeltsicherung, der nach dem Tarifvertrag voraussetzt, dass der Arbeitnehmer wegen gesundheitsbedingter ständiger Minderung seiner Leistungsfähigkeit an seinem bisherigen Arbeitsplatz nicht weiter beschäftigt werden kann, reicht eine ärztliche Empfehlung zum Arbeitsplatzwechsel nicht. Es bedarf einer Feststellung des Betriebsarztes oder eines Arztes beiderseitigen Vertrauens.[1107]

---

1102 Vgl. *Zachert*, DB 2001, 1202, zum Thema »Beschäftigungssicherung«.
1103 *Däubler/Hensche*, § 1 Rn. 714.
1104 BAG 22.1.1986 (4 AZR 671/84), AP Nr. 41 zu § 1 TVG Tarifverträge Metallindustrie.
1105 BAG 6.2.1985 (4 AZR 155/83), AP Nr. 3 zu § 1 TVG Tarifverträge Textilindustrie.
1106 BAG 30.11.1983 (4 AZR 374/81), AP Nr. 20 zu § 1 TVG Tarifverträge Metallindustrie.
1107 BAG 28.7.1999 (4 AZR 36/98), NZA 2000, 44.

Die tarifliche Vorschrift, »der Verdienstausgleich darf nicht dazu führen, dass der Arbeitnehmer einen höheren Verdienst erhält, als er erhalten würde, wenn er nicht leistungsgemindert wäre«, betrifft auch den Übergang vom Akkord zu Prämienlohn aufgrund einer vom Tarifvertrag zugelassenen Betriebsvereinbarung nach Eintritt der Verdienstsicherung.[1108]
Grenzen zieht die Rechtsprechung ferner der bei erneuter (zweifacher) Umsetzung aus krankheitsbedingten Gründen[1109] sowie im Hinblick auf die Anrechung von Pausenvergütungen.[1110] Ferner ist eine tarifliche Regelung zulässig, die solche Arbeitnehmer von einer neu eingeführten Leistungszulage ausschließt, die sich schon vorher in der tariflichen Verdienstsicherung wegen Alters befunden haben.[1111]

**493** Beim **tariflich vereinbarten besonderen Kündigungsschutz** geht es um einen Ausschluss der ordentlichen Kündigung zumeist bei einem Lebensalter zwischen 50 oder 55 Jahren und/oder einer Betriebszugehörigkeit zwischen fünf und 15 Jahren.[1112] Derartige Regeln liegen im Rahmen des tarifautonomen Gestaltungsspielraums nach Art. 9 Abs. 3 GG und begrenzen deshalb zulässigerweise die Sozialauswahl nach § 1 Abs. 3 KSchG[1113] (im Einzelnen § 1 Rn. 79ff.). Die Rechtsprechung räumt dem tariflichen Kündigungsschutz älterer Arbeitnehmer in Tarifverträgen (Ausschluss der ordentlichen Kündigung) in der Grundtendenz zu Recht einen hohen Stellenwert ein.
Auch ein vorwerfbares Verhalten des älteren Arbeitnehmers, das zu einem Arbeitsplatzwechsel führt, d.h. nicht altersbedingt ist, beseitigt nicht den tariflichen Absicherungsschutz. Die Grenze liegt beim Rechtsmissbrauch, an den strenge Anforderungen zu stellen sind.
Rechtsmissbräuchlich kann es insbesondere sein, wenn ein Arbeitnehmer im Hinblick und unter Hinweis auf eine bestehende tarifliche Alterssicherung seinen Pflichten aus dem Arbeitsverhältnis bewusst und nachhaltig nicht oder besonders nachlässig nachkommt.[1114]
Speziell bei altersgesicherten Arbeitnehmern muss selbst im Falle schwerwiegender Pflichtverletzungen die außerordentliche Änderungskündigung (zum Zweck der Abgruppierung) anstelle der ordentlichen Kündigung immer dann in Betracht gezogen werden, wenn auch dadurch dem berechtigten Sanktionsbedürfnis des Arbeitnehmers hinreichend Rechnung getragen werden kann.[1115]
Eine ordentliche Kündigung nach dem einschlägigen MTV der Metallindustrie Hessen ist allerdings dann zulässig, wenn der ältere Arbeitnehmer unter den Geltungsbereich eines Sozialplanes fällt, der ihm deshalb keine Ansprüche zubilligt, weil er bereits Anspruch auf Altersruhegeld hat[1116] (zu den Fragen von Diskriminierungen in diesem Zusammenhang: § 1 Rn. 282). Zum Tarifvertrag der Nordrheinischen Textilindustrie zur Sicherung älterer Arbeitnehmer hat das Bundesarbeitsgericht im ähnlichen Sinne entschieden, eine ordentliche betriebs-

---

1108 BAG 10.10.1984 (4 AZR 428/82), AP Nr. 26 zu § 1 TVG Tarifverträge Metallindustrie; zu einem ähnlichen Fall im Hinblick auf Kürzungen variabler Lohnanteile: BAG 28.7.1999 (4 AZR 295/97), NZA 2000, 47.

1109 BAG 15.5.1991 (4 AZR 543/90), AP Nr. 97 zu § 1 TVG Tarifverträge Metallindustrie.

1110 BAG 5.10.1999 (4 AZR 578/98), BB 2000, 311.

1111 BAG 26.4.2000 (4 AZR 177/99), NZA 2001, 396.

1112 Empirische Hinweise bei *Bispinck*, Betriebliche Personalpolitik, 19.

1113 Zu spezifischen Problemen der Unkündbarkeitsklauseln des § 53 Abs. 3 BAT in Forschungseinrichtungen *Wendeling-Schröder*, WissR 1994, 167, mit Nachweisen.

1114 BAG 26.1.1983, AP Nr. 14 zu § 1 TVG Tarifverträge Metallindustrie.

1115 LAG Berlin 3.10.1983, DB 1984, 671, rechtskräftig.

1116 BAG 9.5.1985, AP Nr. 1 zu § 4 TVG Verdienstsicherung.

bedingte Kündigung sei zumindest dann ein »sachlich begründeter Fall« im Sinne dieses Tarifvertrages, wenn die Betriebsänderung zum Sozialplan und Interessenausgleich für die davon betroffenen Arbeitnehmer geführt habe.[1117]
Vor einer **außerordentlichen Kündigung** eines **tariflich unkündbaren Arbeitnehmers** (hierzu im Einzelnen § 1 Rn. 79 ff.) aus betrieblichen Gründen muss der Arbeitgeber auch dann alle zumutbaren Mittel ausschöpfen, die einen Weiterbeschäftigungsanspruch ermöglichen, wenn der Arbeitnehmer einem Übergang seines Arbeitsverhältnisses auf einen Betriebserwerber (§ 613a Abs. 6 BGB n.F.) widersprochen hat.[1118]
Im Widerspruch zur Grundrichtung seiner Entscheidungen billigt das Bundesarbeitsgericht einem Arbeitgeber das Recht zur krankheitsbedingten Kündigung eines älteren Arbeitnehmers zu, der durch einen MTV im Bereich der Metallindustrie gegen ordentliche Kündigungen geschützt war. Voraussetzung sei, dass der betreffende Arbeitnehmer aus Krankheitsgründen auf seinem bisherigen Arbeitsplatz nicht mehr eingesetzt werden könne.[1119]

Zu tariflichen Initiativen eines vorgezogenen Altersruhegeldes, Altersteilzeit usw. aus arbeitsmarktpolitischen Gründen: § 1 Rn. 276 ff. davor. **494**

### e) Erweiterung der Spielräume der betrieblichen Interessenvertretung

Um eine arbeitsplatznahe Umsetzung zu gewährleisten, enthalten der Tarifverträge teilweise Normen, welche die **Spielräume der betrieblichen oder gewerkschaftlichen Interessenvertretung bekräftigen** oder **erweitern** (rechtlich hierzu: § 1 Rn. 580 ff.). **495**

So finden sich im Tarifvertrag über den Abgruppierungsschutz im Bereich der Metallverarbeitung Nord-Württemberg/Nord-Baden Präzisierungen und auch Erweiterungen der Informationsrechte der betrieblichen Interessenvertretung: Vierteljährlich muss der Arbeitgeber den Betriebsrat über den Lohn- und Gehaltsgruppendurchschnitt informieren und jährlich mit ihm darüber beraten. Kommt er seiner Informationspflicht nicht nach, kann eine etwaige Abgruppierung erst nach einer zusätzlichen Sperrfrist durchgeführt werden. **496**
Der Tarifvertrag über die Einführung und Anwendung rechnergesteuerter Textsysteme für den Druckbereich vom Frühjahr 1978 (RTS-TV) verpflichtet den Arbeitgeber dazu, bei Einführung derartiger Systeme den Betriebsrat über offene Stellen zu informieren.
Das Rationalisierungsschutzabkommen Banken vom 14. April 1983 (entsprechend die Nachfolgeregelungen) legt unter anderem fest, dass der Arbeitgeber den Betriebs- oder Personalrat über die Planung von Rationalisierungsmaßnahmen rechtzeitig zu unterrichten hat. Die vorgesehenen Maßnahmen und ihre personellen Auswirkungen sind mit der betrieblichen Interessenvertretung so rechtzeitig zu beraten, dass das Ergebnis der Beratungen noch berücksichtigt werden kann.
Ein weiteres Beispiel ist der Mantelvertrag Brauereien Nordrhein-Westfalen vom 24. Februar 1984, der vorsieht, dass bei der personellen Besetzung von taktgebundenen Anlagen der Betriebsrat zu hören ist.[1120]

---

1117 BAG 8.8.1985, AP Nr. 10 zu § 1 KSchG 1969 Soziale Auswahl.
1118 BAG 17.9.1998 (2 AZR 419/97), DB 1999, 154.
1119 BAG 4.2.1993 (2 AZR 469/92), EzA § 626 BGB n.F. Nr. 144.
1120 *Bispinck*, Betriebliche Personalpolitik, 9, 18, mit weiteren Einzelheiten.

497 Während diese Bestimmungen im wesentlichen die bestehenden Vorschriften des Betriebsverfassungsgesetzes bestätigen und im Hinblick auf Rationalisierungsmaßnahmen konkretisieren, geht der Mantelvertrag für die Zigarettenindustrie vom 18. Dezember 1975 darüber hinaus. **Rationalisierungsmaßnahmen können nicht ohne Zustimmung des Betriebsrats** und gegebenenfalls der **Einigungsstelle** durchgeführt werden.[1121] Derartige Tarifregelungen blieben bisher vereinzelt.[1122]

**Weiterreichende Überlegungen** in diesem Sinne sahen die Schaffung eines **paritätischen Ausschusses für Personalplanung** vor, der die Aufgabe hatte, Vorschläge für die weitere Entwicklung des Personalbestands zu machen. Im Konfliktfall sollte die paritätische Einigungsstelle endgültig entscheiden. Personalveränderungen, insbesondere Kündigungen, sollten erst dann zulässig sein, wenn man entweder eine Übereinstimmung erzielt oder die Einigungsstelle entschieden hatte.[1123] Dies blieben Konzeptionen, die kaum Eingang in die tarifliche Praxis fanden.

498 Eine **Verwirklichung dieser Konzepte** mit noch darüber hinaus gehenden Elementen stellt der **Tarifvertrag 5000 × 5000 zwischen der IG Metall und der Volkswagen AG vom 1. Januar 2002** (bis 31. März 2006) dar.[1124] Im Hinblick auf die Aspekte Beschäftigungspolitik und -entwicklung sind vor allem die Aspekte interessant, dass vom Unternehmen gegen Zugeständnisse auf Arbeitnehmerseite bei Entgelt und Arbeitszeit zugesagte wurde, Arbeitsplätze für Arbeitslose zu schaffen, deren Qualifizierung geregelt und unter anderem (neben der Erweiterung der Unternehmensmitbestimmung im Aufsichtsrat) festgelegt wurde, sowohl Arbeitspensum als auch Personalbesetzung jeweils zwischen Management und Betriebsrat zu vereinbaren.[1125]

499 **Verallgemeinernd** lässt sich zu den einschlägigen Bestimmungen des **tariflichen Rationalisierungsschutzes** jedoch sagen, dass sie ganz überwiegend auf den Bestandsschutz der bestehenden Arbeitsverhältnisse und die Sicherung der Einkommen der Beschäftigten ausgerichtet sind, während der konkrete Personaleinsatz oder darüber hinausgehend die in die Zukunft gerichtete Personalplanung, -entwicklung und -qualifizierung die Ausnahme bleiben.[1126]

### f) Standorterhaltung, Beschäftigungssicherung

500 Die **tarifpolitische Entwicklung** ging überwiegend (und idealtypisch) in eine **andere Richtung,** als sie die Konzeption einer präventiven Beeinflussung der Personalpolitik – insbesondere durch Verstärkung der Rechte der betrieblichen Interessenvertretung – vorsieht. Weite Verbreitung fanden die so genannten **tariflichen Bündnisse für Arbeit**.

In Krisensituationen von Unternehmen werden durch die Tarifparteien und zumeist unter Beteiligung der betrieblichen Interessenvertretung im Rahmen eines »concession bargaining« (zeitliche begrenzt) entweder durch **firmenbezogene Verbandstarifverträge** oder **Firmentarifverträge, oft auf Grund von Öffnungs-**

1121 Im Einzelnen *Zachert*, Tarifvertrag, 141f., 155.
1122 Zum Druckbereich: *Roback/Schlecht*, WSI-Mitt. 1983, 133.
1123 Entwurf der IG Metall für ein Rationalisierungsschutzabkommen, wiedergegeben in RdA 1968, 260.
1124 Kurzfassung in RdA 2002, 61.
1125 Einzelheiten bei *Schwitzer*, AuR 2001, 441; *Schuman/Kuhlmann/Sanders/Sperling*. WSI-Mitt. 2005, 3.
1126 Diese Einschätzung von *Bispinck*, Betriebliche Personalpolitik, 2, von 1994 trifft auch im Jahr 2005 zu.

**klauseln im Flächentarifvertrag,** besondere Bedingungen zur Arbeitszeit, zum Lohn und zur Beschäftigungssicherung vereinbart, die nach Ansicht der Tarifparteien zur Krisenbewältigung beitragen können[1127] (hierzu mit Beispielen: § 1 Rn. 384 ff., ferner § 4 Rn. 407 ff.).

Darüber hinaus existieren **weiterführende Ansätze auf tariflicher und auf Vertragsebene**, die häufig anlassbezogen unter großem Problemdruck abgeschlossen wurden, und nicht leicht zu systematisieren sind. Gemeinsames Kennzeichen ist, dass sie über die Inhalte traditioneller Rationalisierungsschutzabkommen hinausgehen, da sie nicht vorrangig nur die Folgen der jeweiligen betrieblichen Veränderungen abmildern, sondern darauf abzielen, den Besitzstand umfassender abzusichern und – falls die Arbeitsplätze im Betrieb nicht erhalten werden können – Maßnahmen vorsehen, um die Betroffenen, etwa durch Qualifizierungsmaßnahmen, dem (ersten) Arbeitsmarkt möglichst schnell wieder zuzuführen. **501**

Dies gilt für eine Anzahl von **Rationalisierungsschutztarifverträgen** anlässlich der **Privatisierung öffentlicher Dienstleistungen**, die in ihrem materiellen Gehalt und auch in der Gewährleistung von Verfahrensrechten der betrieblichen Interessenvertretung vielfach über die bislang bestehenden tariflichen Vereinbarungen hinausgehen. **502**

Zu nennen ist beispielhaft ein **RationalisierungsschutzTV der Deutschen Bundespost** (Postdienst)[1128], unter anderem mit der Konkretisierung des Zumutbarkeitskriteriums im Hinblick auf das Angebot eines neuen Arbeitsplatzes, mit Fortbildungs- und Umschulungsmaßnahmen sowie einem Bestandsschutz von eineinhalb Jahren für Arbeitsplatz und Vergütung. Für die Übergangsphase bis zur Wahl von Betriebsräten sieht der Tarifvertrag modifizierte Partizipationsmöglichkeiten der Personalvertretung zum Abschluss von Sozialplänen vor.[1129]

Ein Firmentarifvertrag mit ähnlichen Inhalten wurde in einem »**Beschäftigungsbündnis**« von 1996/98 und Nachfolgeverträgen zwischen der **DB AG und der Gewerkschaft Transnet** vereinbart, die unter anderem einen Verzicht auf betriebsbedingte Beendigungskündigungen enthalten.

Die Telekom AG und die Gewerkschaft ver.di gründeten mit dem »Tarifvertrag Rationalisierungsschutz und Beschäftigungssicherung« vom Juli 2002 und Nachfolgetarifverträgen eine Transfer- und Qualifizierungsgesellschaft »Vivento GmbH«. Ziel ist es, die vom Strukturwandel betroffenen Arbeitnehmer in neue Dauerarbeitsplätze zu bringen. Dazu schafft »Vivento« alternative Beschäftigungsmöglichkeiten, baut eigene Geschäftsbereiche aus und betreut die so genannten Transfermitarbeiter individuell.[1130] In der Muttergesellschaft, der Telecom, wurden die Wochenarbeitszeiten verkürzt, die Entgeltstrukturen neu geregelt, und es wurde ein Verzicht auf betriebsbedingte Kündigungen (bis 2008) ausgesprochen. Die Finanzierung dieser – und anderer – Beschäftigungsgesellschaften erfolgt durch das Unternehmen und Förderungsmaßnahmen der Bundesagentur für Arbeit im Rahmen der am 1. Januar 2004 novellierten §§ 216a und b SGB III (in der Regel für 12 Monate).[1131]

---

1127 Zu den Inhalten und Problemen aus der umfassenden Literatur: *Büttner/Kirsch*, Bündnisse für Arbeit, zusammenfassend 12 f.; *Bispinck*, WSI-Mitt. 2004, 237; *Bispinck/Schulten*, WSI-Mitt. 2003, 157; *Massa-Wirth/Seifert*, WSI-Mitt. 2004, 246.

1128 RationalisierungsschutzTV Nr. 444 für Arbeiter und Nr. 445 für Angestellte vom 1.5.1994.

1129 *Brinks/Graunke*, ZTR 1994.

1130 Ausführlich *Blatt*, NZA 2005, Beilage 1, 14; *Hümmerich/Welslau*, NZA 2005, 610.

1131 Zur gesetzlichen Neuregelung *Sieg*, NZA 2005, Beilage 1, 9.

503 Die Ansätze, durch privatrechtliche Absprachen und Vereinbarungen in »Beschäftigungsgesellschaften« vorübergehende Weiterbeschäftigung, verbunden mit Qualifikationsmaßnahmen zu gewährleisten, bis Ersatzarbeitsplätze zur Verfügung stehen[1132], war vor dem Hintergrund der einschneidenden Strukturveränderungen und Probleme in den **neuen Bundesländern** ausgebaut worden. Auf der Grundlage der so genannten **»Rahmenvereinbarung zur Bildung von Gesellschaften zur Arbeitsförderung, Beschäftigung und Strukturentwicklung (ABS)« vom 17. Juli 1991** wurden dort zahlreiche dieser **Beschäftigungsgesellschaften** gegründet, deren Eigentümer in der Regel ein Unternehmer und die Gewerkschaft bzw. die Belegschaft ist. Zumindest ein Teil der Arbeitnehmer von Betrieben, die stillgelegt wurden, sollte aufgefangen und sinnvoll weiterbeschäftigt werden. Zum Teil wurden sie in den Beschäftigungsgesellschaften weiterqualifiziert, teilweise wurden Abwicklungstätigkeiten durchgeführt und auch neue Aktivitäten entwickelt.[1133] Die komplexen Fragen des fachlichen Geltungsbereiches und Abschusses von Firmentarifverträgen kann zwischenzeitlich als geklärt gelten.[1134]

504 Eine weitere, eher untypische Alternative, Arbeitslosigkeit zu vermeiden, stellt eine **Vereinbarung zwischen der Gewerkschaft ÖTV und dem Hafenbetriebsverein im Lande Bremen** vom 12. Mai 1992 dar. Nach ihr darf ein Austausch von Hafenarbeitern zwischen Bremen-Stadt und Bremerhaven stattfinden, wenn die Arbeiter in dem einen Betrieb nicht beschäftigt werden können und im anderen nicht in genügender Zahl vorhanden sind. Für den Einsatz im auswärtigen Hafen wird eine Wegezeitvergütung sowie Fahrtkosten und eine Reisekostenentschädigung gezahlt.[1135]

Die Möglichkeit der »**Nachbarschaftshilfe« durch Leiharbeit** sieht nunmehr § 1 Abs. 3 Nr. 1 AÜG **bei Abschluss eines entsprechenden Tarifvertrages** ausdrücklich vor (hierzu § 1 Rn. 449).

### 3. Tariflicher Arbeits- und Gesundheitsschutz, tarifliche Ansätze für einen betrieblicher Umweltschutz

#### a) Gesetzlicher und tariflicher Arbeitsschutz

505 Über die genannten Themenfelder hinaus leisten Tarifverträge einen Beitrag zur **Gestaltung und Verbesserung der Arbeitsbedingungen** und damit zum **Arbeits- und Gesundheitsschutz**. Trotz aller Verbesserungen gerade auf diesem Gebiet durch **gesetzliche Initiativen** auf nationalem Niveau vor allem durch das Arbeitssicherheitsgesetz von 1973, das Arbeitsschutzgesetz von 1996, verschiedene Verordnungen, unter anderem die ArbeitsstättenVO, GefahrstoffVO, BildschirmarbeitsVO sowie auf **europäischer Ebene**, die durch Richtlinien für den nationalen Arbeitsschutz maßgebliche Impulse auslöste, bleiben Lücken, die von den Tarifparteien jedenfalls teilweise geschlossen werden können.[1136]

506 Dabei hat sich das Belastungsspektrum in den modernen Produktionsstrukturen verschoben. **Körperliche Belastungen** sind zwar nicht durchgängig, jedoch in

1132 *Bosch*, WSI-Mitt. 1989, 197.
1133 *Wagner*, WSI-Mitt. 1994, 462; *Bosch/Knuth*, WSI-Mitt. 1992, 431.
1134 Hierzu die *Voraufl.*, § 1 Rn. 230, sowie *Däubler/Hensche* § 1 Rn. 729.
1135 *Bispinck*, Betriebliche Personalpolitik, 9.
1136 *Kittner/Pieper*, ArbSchR, 2. Aufl., 2002, Einl. Rn. 33.

vielen Bereichen **zurückgegangen**. Demgegenüber **nahm** die **Bedeutung psychischer Anforderungen** in der Arbeitswelt im Laufe der jüngeren Vergangenheit **zu**. Durch den Einsatz technischer Neuerungen und rationellerer Arbeitsabläufe wird die menschliche Arbeitskraft zunehmend intensiv und nicht mehr in erster Linie extensiv genutzt. Gesundheitliche Risiken sind häufig auf Stressfaktoren zurückzuführen. Dazu gehören Zeitdruck, hohe Verantwortung, verbunden mit geringer Kontrolle über den Arbeitsprozess, ein hoher Sanktionsdruck, erhöhte Anforderungen z.B. durch Rationalisierung, Arbeitsplatz- und Tätigkeitswechsel, Angst vor Arbeitsplatzverlusten sowie eingeengte Spielräume bei der Bewältigung von Arbeitsproblemen und ähnlichem.[1137]

Der im Zusammenhang mit der Überwindung dieser Probleme oft verwandte Begriff der »**menschengerechten Arbeitsgestaltung**« wird heute von der Arbeitswissenschaft überwiegend in einer umfassenden Bedeutung verstanden. In Anlehnung an den weiten skandinavischen Begriff des »**arbetsmiljo**« sind neben der Gestaltung des Arbeitsablaufs, der Arbeitsverfahren und der Arbeitsmethoden im engeren Sinne Aspekte des subjektiven Wohlbefindens, der Arbeitsumwelt sowie der Kommunikation und Mitbestimmung mit umfasst.[1138] **507**

Hier ergeben sich **Überschneidungen** zu tariflichen Inhalten, die an anderer Stelle abgehandelt sind, vor allem zur **Arbeitszeit** (§ 1 Rn. 284 ff.) und **Partizipation** (§ 1 Rn. 580 ff.).

Besonders in den 70er Jahren gingen Überlegungen dahin, in diesem Sinne die **Organisation der Arbeit ganzheitlich** zu gestalten, so dass die technisch-ökonomischen Bedingungen für die Betroffenen erkennbar und Zwänge überprüfbar werden sowie jeglichen verzichtbaren Zwang abzubauen und eine demokratische Betriebsstruktur herzustellen.[1139] **508**

### b) Die »Entdeckung des Arbeits- und Gesundheitsschutzes in der Tarifpolitik«: Tarifverträge in der Metallindustrie von 1973 und Folgeverträge

Beispielhaft für die Umsetzung wichtiger konzeptioneller Elemente zur Gestaltung der Arbeitsbedingungen in der Tarifpraxis waren der **Lohnrahmentarifvertrag II und der Manteltarifvertrag im Bereich der Metallindustrie Nordwürttemberg-Nordbaden, beide vom 20. Oktober 1973**. Nach neuntägigem Arbeitskampf, an dem sich 57 000 Beschäftigte beteiligten, stimmten die Arbeitgeber einem Tarifvertrag zu, der in vielen Punkten für die gewerkschaftlichen Vorstellungen zur **Humanisierung der Arbeit** der 70er Jahre richtungweisend ist.[1140] Grob können im Rahmen dieser Tarifverträge drei Regelungsbereiche unterschieden werden. **509**

Zum einen geht es um **Präzisierungen betriebsverfassungsrechtlicher Normen**. Arbeitsplatz, Arbeitsablauf und Arbeitsumgebung sind menschengerecht zu gestalten.

---

1137 Im Einzelnen *Oppolzer*, Ökologie der Arbeit, 53, 113.

1138 Zu europäischen Leitbildern vor allem skandinavischer Länder und der Niederlande: *Bücker/Feldhoff/Kohte*, Arbeitschutz, Rn. 224 ff.; *Oppolzer*, Ökologie der Arbeit, 13.

1139 Zur historischen Entwicklung: *Kasiske/Burgdorff*, Arbeitsbedingungen, 210; zur Programmatik: *Schauer*, Realisierung von Arbeitsverbesserung, 147; *Trautwein-Kalms/Gerlach*, Humanisierung, 67; *Zimmermann*, Arbeitsgestaltung, 248.

1140 *Güntner*, RdA 1974, 153.

Zum anderen stehen **Regelungen über die Arbeitsorganisation und Arbeitsinhalte** im Mittelpunkt, unter anderem Mindesterholungs- und Bedürfniszeiten; Verbot der weiteren Aufteilung bestehender Arbeitstakte (allerdings mit Öffnungsklausel für abweichende Vereinbarung mit dem Betriebsrat); die Verpflichtung, bei Fließ-, Fließband- und Taktarbeit die Arbeitsgestaltung im Hinblick auf die arbeitswissenschaftlichen Erkenntnisse vorrangig darauf zu richten, die Abwechslungsarmut der Beschäftigten durch Aufgabenbereicherung und Aufgabenerweiterung in ihren ungünstigen Wirkungen auf den Menschen abzumildern oder zu beseitigen. Das gilt in erhöhtem Maße für die Neuplanung von Fließ-, Fließband- und Taktarbeit sowie bei bestehenden Arbeitstakten von rund 1,5 Minuten.

Schließlich enthalten die Tarifverträge **Öffnungsklauseln für Mitbestimmungsrechte der Betriebsräte**, um den betrieblichen Besonderheiten Rechnung zu tragen, etwa bei Einführung von **Gruppenarbeit** und den dabei zu beachtenden Grundsätzen (insbesondere Gruppengröße, Gruppenzusammensetzung (fix oder variabel), Bezugsgrößen für die Soll-Belastung der Gruppen, Regelung zu Über- oder Unterbesetzung, Art und Weise der Unterrichtung der Gruppenmitglieder über das Gruppenergebnis und ihren persönlichen Anteil); ferner bei Festlegung der zur Besetzung der Bänder richtigen Arbeitnehmer-Zahl und der Arbeitstakte bei Fließarbeit sowie der Festlegung der Springer-Zahl usw.[1141]

**510** In der **Folgezeit** erwies es sich als schwierig, entsprechende Regelungen in anderen Tarifbereichen zu vereinbaren[1142] (Anfang 1978 wurden ähnliche Bestimmungen für die Arbeitnehmer der Schmuck-, Uhren- und Edelmetallindustrie abgeschlossen).

Der **Lohnrahmentarifvertrag I in der Metallindustrie Baden-Württembergs** enthält keine speziellen Regelungen zu einzelnen Arbeitsbedingungen, sondern eine allgemeine Vereinbarung zum Gesundheitsschutz. Sie sieht vor, dass im Rahmen der Arbeitsbewertung keine Bezahlung für Gesundheitsschäden erfolgt. Dieser Tarifvertrag stellt damit eine **Abkehr vom Prinzip der finanziellen Entschädigung** für gesundheitsschädigende Arbeitsbedingungen dar.[1143]

**511** **Einzelaspekte des Lohnrahmentarifvertrages II und des Manteltarifvertrages vom 20. Oktober 1973** fanden in einem Tarifvertrag des Textilbereiches Eingang (Präzisierung der §§ 90 und 91 BetrVG, und für den Fall des Dissenses über die Inhalte Anrufung einer tariflichen Schlichtungsstelle), ferner in einem zwischen der IG Metall und dem Volkswagenwerk abgeschlossenen Tarifvertrag über die Grundsätze der Entlohnung und Lohnrahmen vom 1. Februar 1980 (Arbeitsbereicherung, Abschaffung der analytischen Arbeitsbewertung, Erholzeit und Zeit für persönliche Bedürfnisse, Erweiterung der Betriebsratsrechte).[1144] Schließlich ist in diesem Zusammenhang der zwischen der IG Metall und der Baumaschinenfirma Vögele abgeschlossene Firmentarifvertrag vom 1. Januar 1983 zu erwähnen (im Zusammenhang mit Regelungen über Arbeitsbewertung, Qualifikation, Lohnsicherung die Einigung auf die Abschaffung des Akkordes).[1145]

**512** Einen anderen Weg bei der Verwirklichung neuer Konzeptionen zum Gesundheitsschutz am Arbeitsplatz stellt der MTV für die Druckindustrie vom 10. März

---

1141 Zur Umsetzung und Problemen, *Dabrowski/Schauer/Neumann/Sperling*, WSI-Mitt. 1978, 92.

1142 Zum umfassenden Tarifvertragsentwurf der IG Metall für das Tarifgebiet Südwürttemberg-Südbaden mit weiterführenden Perspektiven, *Bispinck*, WSI-Mitt. 1982, 561.

1143 *Angermayer/Schmitthenner/Zwingmann*, WSI-Mitt. 1991, 522.

1144 *Brunlop*, WSI-Mitt. 1986, 661.

1145 *Bispinck*, WSI-Mitt. 1983, 149.

1989 dar. Er enthält in seinem § 2a nicht nur ein individuelles und kollektives Beschwerderecht definierter Arbeitsbedingungen, sondern auch die Berechtigung der Beschäftigten, sich in Fragen der Unfall- und Gesundheitsgefährdung an geeignet erscheinende Fachleute und Institutionen zu wenden, nachdem sie erfolglos beim Arbeitgeber reklamiert haben und nimmt mit diesen **Reklamationsrechten**[1146] die Regelung des § 17 Abs. 2 Arbeitsschutzgesetzes (von 1996) vorweg.

Aus jüngerer Zeit ist auf den **Tarifvertrag zwischen der Volkswagen AG und der IG Metall »5000 × 5000 Modell«** vom August 2001 hinzuweisen, dessen Konzeption sich schlagwortartig mit Aufgabenerweiterung, Integration von direkten und indirekten Funktionen, Teamarbeit mit hoher Gruppenselbstorganisation – unter anderem gewählte Gruppensprecher und regelmäßige Gruppengespräche –, sowie der aktiven Einbeziehung der Beschäftigten in Planungs- und Optimierungsprozesse beschreiben lässt[1147] (näher zu diesem Tarifvertrag: § 1 Rn. 385ff. und Rn. 498). 513

Die Auswahl der Beispiele aus der tariflichen Praxis zeigt, dass den tariflichen Bestimmungen ein Einfluss auf die **Arbeitsinhalte** der betroffenen Arbeitnehmer nicht abzusprechen ist, auch wenn es sich um **mittelbare Auswirkungen** in unterschiedlicher Intensität handelt. 514

**Unmittelbare Definitionen von Mindestarbeitsinhalten** durch die Tarifpolitik, die für einzelne Arbeitsplätze bestimmte Tätigkeiten vorschreiben, sind in der Tarifpraxis **nicht häufig**, konzeptionell wohl auch nicht angestrebt, kommen aber vor.

So regelt der Tarifvertrag »Reinigungskräfte« Stadt Essen vom 14. Dezember 1988 die Arbeitsbedingungen der Arbeitskräfte durch eine genaue Beschreibung der Reinigungstätigkeit und die Auflistung von Tätigkeiten, die nicht dazu gehören, durch die Festlegung einer Vertretungsreserve sowie durch die genaue Fixierung der Berechnung der Reinigungsfläche und einer Reinigungsmesszahl in Quadratmeter/Stunde.[1148]

Im Druck- und Medienbereich bestimmt § 15 RTS-TV vom 20. März 1978, dass für Redakteure die Arbeit an Bildschirmgeräten grundsätzlich nur zum Lesen und zum Redigieren verlangt werden kann. Als eine rechtswidrige Verletzung eines Tarifvertrages betrachtet es die (Instanz-)Rechtsprechung, wenn Redakteure im rechnergesteuerten Redaktionssystem mit Hilfe von Gestaltungssystemen ganze Artikel am Bildschirm umbrechen[1149] oder Texte erfassen.[1150] Grenzen werden insoweit in den Ausführungen des Bundesarbeitsgerichts deutlich, Aufgaben bei der Gestaltung des Layouts könnten trotz anders lautender Bestimmung des Tarifvertrages (§ 15) auch von den Redakteuren durch Knopfdruck bei Eingabe der Texte veranlasst und dann vom System automatisch umgesetzt werden. Der Grund bestehe darin, dass derartige Aufgaben für Fachkräfte der Druckindustrie aufgrund der technischen Entwicklung in dem betreffenden Verlag nicht mehr vorhanden seien.[1151]

---

1146 *Hinrichs*, ArbRGgw 19 (1981), 35ff.; *Zwingmann*, Soziale Sicherheit 1989, 135.

1147 *Schumann/Kuhlmann/Sanders/Sperling*, WSI-Mitt. 2005, 3, mit Ergebnissen einer Evaluation des Tarifvertrages.

1148 *Bispinck*, Betriebliche Personalpolitik, 11, mit einigen weiteren Beispielen.

1149 ArbG Bonn, 2.1.1985, Druck- und Papier 4/1985, 9.

1150 ArbG Bonn, 9.7.1986, Druck- und Papier 10/1986, 23.

1151 BAG 3.2.1988 (4 AZR 513/87), AP Nr. 20 zu § 1 TVG Tarifverträge Druckindustrie (mit kritischer Anm. von *Wolter*, AiB 1988, 259).

### c) Rechtsprechung zum Arbeits- und Gesundheitsschutz

515 Zum Fragenbereich des **tariflichen Arbeits- und Gesundheitsschutzes** führten nur **wenige** Konflikte zu **(höchst-)richterlichen Entscheidungen**. Vor allem ging es um die Frage, unter welchen Bedingungen eine Erschwerniszulage zu zahlen ist.
Hervorzuheben ist in diesem Zusammenhang ein Urteil des Bundesarbeitsgerichts[1152], wonach das **Tragen von Gehörschutzmitteln** besonders starke Lärmquellen nicht abschirme, da die Lärmquelle selbst nicht abgedämmt werde. Die im Tarifvertrag vorgesehene **Erschwerniszulage** sei deshalb auch dann zu zahlen, wenn bei besonders starkem Lärm Gehörschutzmittel zu tragen sind.
Das LAG Düsseldorf entschied entsprechend zur Frage der **Lärmwerte-Zulage** eines Tarifvertrages, der Arbeitnehmern, die besonderer Lärmbelästigung ausgesetzt sind, eine **Erschwerniszulage** von 10 % für die Zeit ihrer Tätigkeit zubilligt. Die Lärmzulage entfällt auch nicht deshalb, weil die Arbeitnehmer während ihrer Tätigkeit Gehörstöpsel tragen.[1153]
Der Anspruch auf eine **Erschwerniszulage** nach einer tariflichen Vorschrift, die voraussetzt, dass Arbeitnehmer »in besonderem Maße den **Einflüssen von Giftstoffen** ausgesetzt sind«, entsteht unabhängig von der jeweils anzutreffenden Konzentration und unabhängig von arbeitgeberseitig zur Verfügung gestellter Schutzkleidung bereits deshalb, weil es sich beim Asbeststaub um einen gefährlichen Arbeitsstoff im Sinne der GefahrstoffVO handelt.[1154]
»**Gesundheitsschädigend**« im Sinne der Anlage zu einem Tarifvertrag sei ein Stoff dann, wenn der bestimmungsgemäße Umgang mit ihm für einen Arbeitnehmer im Vergleich mit anderen Arbeitnehmern ein wesentlich höheres Erkrankungsrisiko mit sich bringt. Es sei nicht erforderlich, dass durch den Stoff mit an Sicherheit grenzender Wahrscheinlichkeit eine Gesundheitsschädigung verursacht wird oder dass eine solche bereits eingetreten ist. Ein Arbeitnehmer sei der **Einwirkung dieses Stoffes** im Sinne der Tarifnorm (nur) dann nicht »ausgesetzt«, wenn zu seinem Schutze Sicherheitsvorkehrungen bestehen, bei denen nach wissenschaftlichen Erkenntnissen und aller menschlichen Voraussicht eine Gefährdung der Gesundheit ausgeschlossen ist.[1155]

### d) Tarifliche Regelung der Tätigkeit an Bildschirmgeräten und in der Textverarbeitung, Schutz der »informationellen Selbstbestimmung«

516 Tarifverträge versuchen zumindest in Ansätzen besonderen Gefährdungen Rechnung zu tragen, die sich für die Beschäftigten durch Einsatz und Weiterentwicklung der Computertechnologie, z.B. bei **Bildschirmgeräten** und der **Textverarbeitung**, ergeben.
Neben dem RTS-TV in der Druckindustrie vom 20. März 1978 existiert eine Anzahl von Tarifverträgen, die sich mit derartigen Problembereichen befassen.
In unterschiedlicher Intensität sind **folgende Inhalte** geregelt: Schaffung von Mischarbeitsplätzen; bezahlte Erholungspausen nach jeder Stunde Bildschirm-

1152 BAG 14.3.1984 (4 AZR 433/81), AP Nr. 23 zu § 1 TVG Tarifverträge Metallindustrie.
1153 LAG Düsseldorf 6.1.1987, AuR 1988, 57; in ähnlichem Sinne auch BAG 3.9.1986 (5 AZR 319/85), AP Nr. 12 zu § 4 TVG Nachwirkung.
1154 BAG 22.8.1990 (6 AZR 528/88), AP Nr. 1 zu § 1 TVG Tarifverträge: Keramikindustrie.
1155 BAG 13.10.1993 (10 AZR 335/92), AP Nr. 1 zu § 29 MTL II.

arbeit; Einrichtung der Arbeitsplätze an Bildschirmgeräten nach allgemein anerkannten arbeitswissenschaftlichen Gesichtspunkten unter Mitbestimmung des Betriebsrates/Personalrates; Augenfachärztliche sowie gegebenenfalls auch anderweitige medizinische Untersuchung der Beschäftigten vor Aufnahme der Bildschirmtätigkeit sowie anschließend in regelmäßigen Abständen.[1156]

Diese Aspekte behandelt seit 1996 auch die **Bildschirmarbeitsverordnung**, die 517 auf europäisches Recht zurückgeht.

Ein Beispiel für die **umfassende inhaltliche Gestaltung** der hier angesprochenen 518 Themenfelder stellt der Tarifvertrag über Bildschirmarbeit im öffentlichen Dienst in Berlin vom 21. Dezember 1988 dar. Danach müssen Beschäftigte an Bildschirmen rechtzeitig und umfassend während der Arbeitszeit aus- und fortgebildet werden. Die Mindestausbildung beträgt 20 Doppelstunden. Darüber hinaus gelten zahlreiche tarifliche Schutzbestimmungen auch für Beschäftigte, die nicht regelmäßig an Bildschirmen arbeiten. Ferner ist geregelt, dass Schwangere auf Antrag von der Arbeit an Bildschirmen ohne Einkommensverlust befreit werden können und über 55jährige Arbeitnehmerinnen nicht gegen ihren Willen zu Bildschirmarbeiten herangezogen werden können. Leistungs- und Verhaltenskontrollen sind weitgehend ausgeschlossen.[1157]

Tarifliche Bestimmungen zum **Datenschutz vor ungerechtfertigten, die Men- 519 schenwürde oder Persönlichkeit verletzenden Eingriffen** mit Hilfe computergestützter Personalinformationssysteme finden sich in Tarifverträgen nur ausnahmsweise.[1158]

So bestimmt der **Tarifvertrag über Bildschirmarbeit im öffentlichen Dienst** in Berlin vom 21. Dezember 1988, dass personenbezogene Daten, die ausschließlich zur Datenschutzkontrolle, zur Datensicherung oder zur Sicherstellung des ordnungsgemäßen Betriebs einer Datenverarbeitungsanlage mit Hilfe von Geräten der Informationstechnik gespeichert werden, nicht zur individuellen Leistungskontrolle der Bedienungskräfte verwandt werden dürfen. Zur Kontrolle ihres Verhaltens ist eine Verwendung nur insoweit zulässig, als dies zur Datenschutzkontrolle, zur Datensicherung oder zur Sicherung des ordnungsgemäßen Betriebs einer Datenverarbeitungsanlage erforderlich erscheint.[1159]

Als geeignetes Instrument hat sich beim Datenschutz überwiegend die **Betriebs- 520 vereinbarung** erwiesen.[1160]

### e) Tarifliche Ansätze für einen betrieblichen Umweltschutz

Ausgehend von den betrieblichen Arbeitsbedingungen, existieren **Überlegun- 521 gen**, auch **in kollektiven Vereinbarungen** dem Umweltschutzgedanken stärker Rechnung zu tragen als in der Vergangenheit. **Arbeits- und Umweltschutz** sind in der Tat so eng miteinander verknüpft, dass es nicht mehr ausreicht, sich beispielsweise um schädliche Stoffe am Arbeitsplatz zu kümmern. Vielmehr ist damit häufig die Frage verbunden, wieweit Schadstoffemissionen die Umwelt insgesamt belasten und wie umweltschädlich das produzierte Erzeugnis selbst ist.

---

1156 Beispiele aus der Tarifpraxis: *Kurz-Scherf*, WSI-Mitt. 1986, 51.
1157 Dokumentiert mit weiteren Einzelheiten in NZA 1990, 265 und PersR 1989, 96.
1158 Deutliche Kritik an der Zurückhaltung der Tarifparteien *Simitis*, Sinzheimer Cahiers, 2/1991, 7.
1159 NZA 1990, 267; weitere Beispiele: WSI-Informationsdienst Arbeit 1/1988, 11.
1160 Dokumentation verschiedener Betriebsvereinbarungen: *Böker*, EDV-Rahmenvereinbarungen; *ders.* Arbeitszeiterfassungssysteme; *Böker/Kamp*, Betriebliche Nutzug von Internet; *Jenkes/Höller*, Telekommunikationsanlagen.

522 Ein Überblick über **praktische Ergebnisse** zeigt allerdings, dass es bislang **wenig betriebliche** und **noch weniger tarifliche Erfolge** auf diesem Gebiet gibt.
Soweit sie vorliegen, zielen die Vereinbarungen einerseits auf eine Stärkung **individueller Arbeitnehmerrechte** mit ökologischem Bezug wie Informationen über Umweltbedingungen am Arbeitsplatz, Qualifizierung in Umweltschutzangelegenheiten, Reklamation bei unzumutbarer Umweltbelastung bis hin zum Leistungsverweigerungsrecht sowie Kompensationen für umweltverträgliches Verhalten. Andererseits werden die Eingriffsmöglichkeiten der Interessenvertretung verbessert, vor allem die **Unterrichtungs- und Beratungsrechte für Betriebsräte**. Hier geht es um die Einrichtung von Umweltausschüssen, Mitsprache bei der Bestellung von Umweltschutzbeauftragten, Einsicht in Umweltberichte und -daten des Unternehmens, die Hinzuziehung von Sachverständigen, Weiterqualifizierungsmöglichkeiten und Freistellungen der Betriebs- und Personalräte für diese neuen Aufgaben.[1161]

523 Diese oft punktuell getroffenen Vereinbarungen könnten durch **tarifliche Rahmenregelungen** wie in dem **Entwurf** der Gewerkschaft der ÖTV eines »**Rahmentarifvertrages zum ökologischen Wirtschaften**« vom September 1994 mit den Schwerpunkten Umweltausschüsse, Umweltschutzbeauftragte und ein individuelles ökologisches Beschwerderecht verallgemeinert werden. Ein **Flächentarifvertrag** mit entsprechendem Inhalt wurde im Baubereich für **Großbetriebe der Reinigungs- und Sanierungsbranche** im März 1995 abgeschlossen.

524 Inzwischen hat der **europäische Gesetzgeber** die »EG-Verordnung zur freiwilligen Beteiligung gewerblicher Unternehmen an einem Gemeinschaftssystem für das Umweltmanagement und die Umweltbetriebsprüfung (›Öko-Audit‹)« vom 13. Juli 1993 in Kraft gesetzt. Nach dieser Verordnung können sich vom April 1995 europäische gewerbliche Unternehmen von der Europäischen Union umweltverträgliches Handeln zertifizieren lassen.
Auch die **Betriebsverfassung** bezieht nach der Reform vom September 2001 den betrieblichen **Umweltschutz** in das **Handlungsfeld der Betriebsräte** ausdrücklich mit ein: §§ 88 und 89 BetrVG.

525 Generell handelt es sich hier um ein Thema, bei dem die **Tarifpolitik**, deutlicher als in anderen Bereichen, an ihre **Grenzen** stößt.[1162] Beispielsweise wird es Sache des Gesetzgebers bleiben, verbindliche Umweltauflagen für Produkte und definierte Gebote oder Verbote für Emissionsgrenzen festzulegen.[1163]

## 4. Tarifliche Regelungen zur beruflichen Aus- und Weiterbildung und zum »Bildungsurlaub«

### a) Berufliche Ausbildung, Jugendliche

#### *aa) Staatliches und tarifliches Recht*

526 Was die **berufliche Bildung** betrifft, so waren Bestimmungen über allgemeine Ausbildungsbedingungen **traditionell Gegenstand tariflicher Regelungen**. Gesetzliche Grundlage ist vor allem das **Berufsbildungsgesetz** und ergänzend das **Jugendarbeitsschutzgesetz**.

1161 *E. Schmidt*, WSI-Mitt. 1993, 330; *Leittretter*, Umweltschutz.
1162 Allerdings sind dies rechtspolitische, nicht primär rechtliche Gründe, a. A. vor allem aus *kartellrechtlichen* Erwägungen *Rieble*, ZTR 200, 1.
1163 *K. Lang*, Umweltschutz, 155; *Däubler/Hensche*, § 1 Rn. 743.

### bb) Tarifliche Regelung der konkreten Ausbildungsbedingungen

Ein Schwerpunkt der Tarifverträge ist es, die staatlichen Mindestnormen über die konkreten Bedingungen der Ausbildung zu verbessern. 527
Hierzu gehören vor allem Bestimmungen über folgende Bereiche: die Höhe der Ausbildungsvergütung; Regelungen zur Zulässigkeit von Mehrarbeit durch Auszubildende, die sich allerdings durch eine große Uneinheitlichkeit auszeichnen (gesetzliche Bestimmungen: § 21 JArbSchG) und die Höhe der Mehrarbeitsvergütung (gesetzliche Bestimmung: § 10 Abs. 3 BBiG); seltener finden sich Regelungen über die Begrenzung von Leistungslohnarbeiten (gesetzliche Bestimmung: § 23 Abs. 1 JArbSchG), häufiger dagegen über Zuschläge beim Leistungslohn; Freistellungs- und Vergütungsregelungen für Berufsschule, Prüfungen und Ausbildung außerhalb des Ausbildungsbetriebes, wobei die Tarifverträge kaum über die gesetzlichen Normen hinausgehen (gesetzliche Bestimmungen: §§ 9, 10 JArbSchG; §§ 7, 12 BBiG); teilweise Regelungen über Kostenerstattungen und -übernahme der mit der Berufsausbildung verbundenen Aufwendungen, die §§ 6 Abs. 1 Nr. 3 und 10 Abs. 2 BBiG präzisieren; Regelungen von Mindeststandards über Ausbildungsordnungen, Ziel, Dauer, Stationen und Inhalte der Ausbildung[1164] sowie Beurteilungsgrundsätze und Anwendung von Beurteilungsverfahren als Konkretisierung des § 94 Abs. 2 BetrVG; schließlich sind in diesem Zusammenhang Regelungen über Ausbildungs-Skalen (das Verhältnis der Zahl der Auszubildenden zur Zahl der Ausbildungsplätze bzw. zur Zahl der beschäftigten Fachkräfte/Beschäftigten) zu nennen, die die Bestimmung des § 22 BBiG präzisieren.[1165]

### cc) Sicherung und Ausbau der betrieblichen Ausbildungskapazitäten durch Tarifvertrag

Ein weiteres zentrales Thema einschlägiger tariflicher Bestimmungen ist die **Sicherung** und möglichst der **Ausbau** der **betrieblichen Ausbildungskapazitäten**.[1166] 528
Entsprechende Vereinbarungen, die von gemeinsamen Erklärungen bis zu zahlenmäßig verbindlicher Festlegung der Ausbildungsplätze reichen, finden sich in 43 Wirtschaftszweigen/Tarifbereichen vom ca. 3,2 Millionen Beschäftigten (2004).
In einer Anzahl von Tarifbereichen haben die Tarifparteien die Zahl einer Erhöhung der Ausbildungsplätze mit der Ausbildungsvergütung verknüpft. Dies kann in Form einer konditionierten Regelung in dem Sinne erfolgen. Für den Fall dass bestimmte Steigerungen der Ausbildungskapazitäten erreicht werden, bleiben die Ausbildungsvergütungen unverändert oder können abgesenkt werden.

1164 Zur Zulässigkeit im Pressebereich *Weiss/Weyand*, BB 1990, 2109.
1165 Zur Systematik und Beispielen *Scharf*, Tarifverträge als Instrument.
1166 Umfassende und laufende Dokumentation durch das WSI-Tarifarchiv, zuletzt *Bispinck/WSI-Tarifarchiv*, Förderung der Ausbildung; ferner *Bispinck/Dorsch-Schweizer/Kirsch*, WSI-Mitt. 2002, 213.

### dd) Tarifliche Bestimmungen zur Übernahme der Auszubildenden nach Abschluss der Ausbildung

529 Schließlich gewährleisen zahlreiche Tarifverträge die **Übernahme von Auszubildenden**, nachdem sie ihre Ausbildung im Unternehmen abgeschlossen haben.
In 68 Wirtschaftszweigen/Tarifbereichen mit 9,7 Millionen Beschäftigten gibt es Bestimmungen zur Übernahme der Auszubildenden nach Abschluss ihrer Ausbildung (2004). Die Übernahmen erfolgen überwiegend befristet für eine Mindestfrist von sechs oder zwölf Monaten, teilweise aber auch in Vollzeit oder unbefristet (zunächst) in Teilzeit. Die Tarifverträge sehen insoweit Ausnahmen aus betriebs oder verhaltensbedingten Gründen zu.[1167]
In einigen Tarifbereichen (z.B. Chemie, Bauhauptgewerbe) werden die tariflichen Grundentgelte für einen festgelegten Zeitraum um einen bestimmten Prozentsatz gesenkt.[1168]

### ee) Besondere tarifliche Initiativen zur Förderung der Ausbildung von Jugendlichen

530 Im Bereich der **Bauwirtschaft** wurde die **Einrichtung eines Berufsausbildungs-Fonds** vereinbart, aus dem die Ausbildenden bzw. die Ausbildungsbetriebe besondere Kosten der Berufsausbildung erstattet erhalten. Der wesentliche Inhalt dieses Tarifvertrages besteht darin, dass alle Betriebe des Baugewerbes zu einer Abgabe in einen zentralen Fonds-, die als **Gemeinsame Einrichtung** bereits bestehende paritätisch verwaltete Urlaubs- und Lohnausgleichskasse der Bauwirtschaft-, verpflichtet werden und dieser wiederum den ausbildenden Betrieben Ausbildungsvergütungen erstattet (im Übrigen § 4 Rn. 225ff.).[1169] Das gilt auch bei Aufwendungen für eine Ausbildung in überbetrieblichen Ausbildungszentren.[1170]

531 Zur **Erleichterung der Eingliederung in die Arbeitswelt** oder zur Ermöglichung einer Ausbildung sind ferner von einigen Gewerkschaften Vereinbarungen für einen bestimmten Kreis von Jugendlichen getroffen worden.
Der im **Bereich der Chemie** abgeschlossene Tarifvertrag strebt an, Jugendliche ohne Hauptschulabschluss, mit Sonderschulabschluss oder ausländische Jugendliche Berufsfertigkeiten und -fähigkeiten zu vermitteln, die zur Ausübung einer beruflichen Tätigkeit oder zur Begründung eines Berufsausbildungsverhältnisses befähigen oder sonst ihre Eingliederung in das Berufsleben erleichtern.[1171] Betrieblich ist ein Eingliederungsplan zu vereinbaren. Die Eingliederungsdauer soll in der Regel ein Jahr nicht übersteigen und kann um ein zweites Jahr verlängert werden. Zur Aufstellung des Eingliederungsplans wurden (exemplarische) Hinweise erarbeitet. Jugendliche erhalten im ersten Jahr der Eingliederung 90 % der tariflichen Ausbildungsvergütung des ersten Ausbildungsjahres, im zweiten Jahr 100 %.[1172]

---

1167 Die Rechtsprechung sieht hierin zu Recht keinen Verstoß gegen Art. 12 GG, setzt allerdings Erweiterungen des Mitbestimmungsrechtes des Betriebs Grenzen (nur Beratungsrecht): z.B. BAG 14.5.1997 (7 AZR 159/96), AP Nr. 2 zu § 611 BGB Übernahme ins Arbeitsverhältnis; BAG 12.11.1997 (7 AZR 422/96), AP Nr. 3 zu § 611 BGB Übernahme ins Arbeitsverhältnis.

1168 Zu Grenzen aus Art. 3 GG, *Zachert*, FS Däubler, 991.

1169 Zur Verfassungsmäßigkeit der Allgemeinverbindlicherklärung derartiger Tarifverträge: BAG 22.9.1993 (10 AZR 317/92), AP Nr. 2 zu § 1 TVG.

1170 *Scharf*, Tarifverträge als Instrument, 1 und 64f.

1171 Hierzu und zu weiteren Beispielen *Scharf*, Tarifvertrag als Instrument, 71ff.

1172 Zu Grenzen aus Art. 3 GG, *Zachert*, FS Däubler, 991.

### b) Berufliche Weiterbildung, »lebenslanges Lernen«

Das Thema der **(beruflichen) Qualifizierung und Weiterbildung** gehört inzwischen zu den beherrschenden Themen der (tarif-)politischen Diskussion. Im europäischen Bereich[1173] und auf nationaler Ebene[1174] besteht ein Grundkonsens über die hohe Bedeutung des »**lebenslangen Lernens**« für die Zukunft moderner Volkswirtschaften, insbesondere zur Bewältigung des schnellen strukturellen und technologischen Wandels.[1175] In der betrieblichen Mitbestimmung hat dies seinen Niederschlag darin gefunden, dass seit der Reform der Betriebsverfassung im September 2001 der Betriebsrat nach § 97 Abs. 2 BetrVG ein begrenztes Initiativ- und Mitbestimmungsrecht bei betrieblichen Bildungsmaßnahmen hat. **532**

Die **Tarifpolitik** hatte bereits seit Beginn der 90er Jahren verstärkt Anstrengen unternommen, um Qualifizierung und Weiterbildung in den Betrieben praktisch umzusetzen.[1176] **533**

Beispielhaft sei auf den Lohn- und Gehaltsrahmentarifvertrag I für die Metallindustrie in Nord-Württemberg/Nord-Baden von 1988 verwiesen, der den Arbeitgeber verpflichtete, den Qualifikationsbedarf regelmäßig zu ermitteln und jährlich mit dem Betriebsrat zu beraten; auf dieser Grundlage ist ein Qualifikationsplan mit dem ermittelten Qualifikationsbedarf festzuschreiben; die Zeit für Weiterbildungsmaßnahmen gilt als Arbeitszeit, die Kosten der Qualifizierung werden vom Arbeitgeber getragen; Beschäftigte, die erfolgreich an einer Qualifizierungsmaßnahme teilgenommen haben und sodann eine entsprechend höherwertige Aufgabe ausfüllen, werden gegebenenfalls höher eingruppiert oder erhalten zeitlich befristet einen Zuschlag auf ihren bisherigen Verdienst.

Ähnliche Tarifverträge mit unterschiedlichen branchenspezifischen Schwerpunktsetzungen wurden unter anderem in der Druckindustrie, der Bauwirtschaft und auf Unternehmensebene bei der »Deutschen Shell AG« und der »Volkswagen AG« abgeschlossen.[1177]

Die **Wirkung dieser Tarifnormen** blieb jedoch eher **begrenzt** und beschränkte sich im Wesentlichen darauf, die betrieblichen Akteure für betriebliche Qualifizierungsfragen zu sensibilisieren.[1178]

Im Laufe der 90er Jahre wurden diese Tarifverträge zum Teil konkretisiert und neue Abkommen zur Qualifikation und Weiterbildung in anderen Branchen abgeschlossen, die **innovative Akzente** setzten. Dazu gehört ein bereits 1993 abgeschlossenes Tarifabkommen zur Einrichtung einer Weiterbildungsstiftung für die chemische Industrie, ein Tarifvertrag zur Einrichtung eines Qualifizierungsfonds in der Land- und Forstwirtschaft von 1995 und ein Tarifvertrag zur Förderung der Aus-, Fort- und Weiterbildung für die Textil- und Bekleidungsindustrie aus dem Jahr 1997.[1179] **534**

---

1173 Siehe nur die differenzierten vergleichenden Angaben in *OECD*, Employment Outlook, 2004, 183 ff.

1174 Gemeinsame Erklärung des 6. Spitzengesprächs des »Bündnisses für Arbeit« vom 10.7.2000, Presse und Informationsamt der Bundesregierung 2000.

1175 Zu konzeptionellen Überlegungen bereits, *Oppolzer*, AFA-Informationen 1988, 28.

1176 Zur Entwicklung der Tarifpolitik in dieser Frage, *Bahnmüller*, WSI-Mitt. 2002, 38.

1177 Siehe nur *Bispinck/WSI-Tarifarchiv*, Qualifizierung.

1178 *Bahnmüller*, WSI-Mitt. 2002, 39, mit umfassenden Hinweisen.

1179 *Bahnmüller*, WSI-Mitt. 2002, 39 f., mit weiteren Einzelheiten.

535 Eine **neue Qualität** stellt in vielen Punkten vor allem der **Tarifvertrag zur Qualifizierung in der Metall- und Elektroindustrie Baden-Württembergs vom September 2001** dar, der den Qualifizierungstarifvertrag in diesem Bereich von 1988 ablöst.

Die Neuerung besteht unter anderem darin, dass die Beschäftigten an der Feststellung des Weiterbildungsbedarfs und der anschließenden individuellen Vereinbarung für Weiterbildung in Qualifizierungsgesprächen beteiligt werden. Die Bedarfsfeststellung erfolgt also nicht mehr durch das Direktionsrecht[1180], sondern gegebenenfalls durch einen festgelegten Konfliktmechanismus, in größeren Betrieben mit mehr als 300 Beschäftigten durch eine paritätische Kommission. In kleineren Betrieben entscheidet ein Vertreter einer »Agentur zur Förderung der beruflichen Weiterbildung«, die von den Tarifparteien gegründet wurde und deren Aufgabe vor allem darin besteht, Betriebe bei der Umsetzung des Tarifvertrages zu beraten. Der Tarifvertrag unterscheidet zwischen »betrieblicher Weiterbildung«, die vom Arbeitgeber bezahlt wird und »persönlicher Weiterbildung«, deren Kosten der Arbeitnehmer trägt. Grundsätzlich muss jedoch ein gewisser betrieblicher Bedarf für die Qualifizierung gegeben sein. Beschäftigte, die sich »persönlich weiterbilden« lassen wollen, können sich von der Arbeit nach einer bestimmten Betriebszugehörigkeit für bis zu drei Jahren freistellen lassen und haben dann ein Rückkehrrecht auf einen Arbeitsplatz, der dem alten mindestens gleichwertig sein muss.[1181]

536 Nach dem Tarifvertrag 5000 × 5000 zwischen der **Volkswagen AG und der IG Metall vom Oktober 2002** (dazu bereits § 1 Rn. 498) haben die Beschäftigten nach dem siebten Monat ihrer Anstellung unter anderem einen Anspruch auf einen individuellen Entwicklungs- und Qualifizierungsplan, der sie zugleich verpflichtet, vereinbarte Qualifizierungsmaßnahmen zu absolvieren. Parallel zur Arbeit wird eine prozessorientierte Qualifizierung von drei Stunden in der Woche durchgeführt. Die Hälfte wird bezahlt, die andere bringt der Beschäftigte über ein Zeitkontingent ein.[1182]

537 Eine Möglichkeit, Weiterbildungsanreize zu schaffen und auch zu realisieren, könnte darin bestehen, Guthaben auf Zeitkonten (verstärkt) für Bildungszwecke (»**Lernzeitkonten**«) zu nutzen.[1183]

### c) Allgemeine Weiterbildung, »Bildungsurlaub«

538 Weitergehend als Tarifabkommen, bei denen der Qualifikationsaspekt in starkem Bezug zu Veränderungen des Arbeits- und Produktionsprozesses geregelt ist, gibt es **tarifliche Regelungen**, die **Freistellungen** in allgemeinerer Form, z.B. für **politische, staatsbürgerlicher oder andere Zwecke**, die Weiterbildung zum Gegenstand haben.

Allerdings machen **Bildungsurlaubsgesetze**, die in der Praxis nur sehr unzulänglich ausgeschöpft werden, eine Verbesserung durch Tarifvertrag relativ uninteressant.[1184]

1180 Zu den Grenzen *Käufer*, Weiterbildung.
1181 Im Einzelnen *Bahnmüller/Fischbach*, WSI-Mitt. 2004, 182.
1182 *Schwitzer*, AuR 2001, 442.
1183 *Dobischat/Seifert*, WSI-Mitt. 2001, 92; *Seifert/Maurer*, WSI-Mitt. 2004, 190.
1184 Bereits *Görs/Brödel*, WSI-Mitt. 1982, 360.

## 5. Tarifliche Förderung und tariflicher Schutz bestimmter Gruppen und spezifischer Funktionen

### a) Frauenförderung durch Tarifvertrag

Über den **Abbau von geschlechtsspezifischen Diskriminierungen** hinausgehend, ist es nicht nur rechtlich zulässig, sondern auch rechtspolitisch geboten, **Frauen aktiv zu fördern**, um das Ziel der Gleichberechtigung der Geschlechter im Arbeitsleben zu erreichen. Die Ergänzung des Art. 3 Abs. 2 Satz 2 GG vom November 1994 erkennt dies als staatliche Aufgabe ausdrücklich an. Weitere Rechtsgrundlagen zur Gleichberechtung der Geschlechter ergeben sich aus §§ 611a und b BGB, dem 2001 novellierten Betriebsverfassungsgesetz (vor allem §§ 15 Abs. 2, 62 Abs. 3 sowie 80 Abs. 1 Nr. 2a und b, § 92 Abs. 3 BetrVG), dem europäischen Recht (Art. 141 EG sowie den zahlreichen Richtlinien zur Gleichbehandlung) und vor allem aus der Auslegung dieser Rechtsgrundlagen durch die Rechtsprechung des Europäischen Gerichtshofs. Danach besteht kein Zweifel, dass die Forderung der **Angleichung der Lebensverhältnisse der Geschlechter**[1185] auch **an die Tarifparteien** gerichtet ist[1186] (im Einzelnen Grundl. Rn. 241). **539**

Die **Tarifpraxis** zeigt bereits ein recht facettenreiches Bild von einschlägigen Regelungen zur Gleichstellung von Frauen und Männern und zur Frauenförderung. Jedoch handelt es sich im Allgemeinen nicht um Bestimmungen mit einem großen Geltungsbereich, nicht selten fehlt es ferner an der notwendigen Verbindlichkeit. Grob lassen sich folgende Regelungsbereiche unterscheiden.[1187]

**Allgemeine Rahmenvereinbarungen** (in der Chemischen Industrie, der Kautschuk- und Zigarettenindustrie) behandeln vor allem geschlechtsneutrale Stellenausschreibungen, die Chancengleichheit von Frauen und Männern bei Einstellungen, bei Weiterbildung und beim innerbetrieblichen Aufstieg. **540**

In der Zigarettenindustrie ist eine **jährliche Datenerhebung** zum prozentualen und absoluten Umfang der Beschäftigung sowie zur Eingruppierung von Frauen vorgesehen. Im Anschluss daran beraten Arbeitgeber und Gesamtbetriebsrat über die Perspektiven der Beteiligung von Frauen in den unterschiedlichen Funktions- und Verantwortungsstufen.

Zur Verwirklichung des Grundsatzes der **Chancengleichheit beim beruflichen Aufstieg** gibt es Bestimmungen in (Firmen-)Tarifverträgen, die den (selbstverständlichen) Grundsatz der **geschlechtsneutralen Stellenausschreibung** (§ 611b BGB) wiederholen, aber auch andere, wonach »auf eine ausgewogene Struktur der Beschäftigtenanteile von Frauen und Männern hinzuwirken ist« oder die als Zielsetzung formulieren, »die Unterrepräsentierung der Frauen zu beseitigen«. **541**

Mehrere Tarifverträge legen fest, dass Frauen (auch für Führungspositionen) in **gleicher Weise zu fördern** sind wie Männer. **542**

Dagegen sind konkrete Vorgaben für die Personalentwicklung oder für das Aufstellen von Frauenförderplänen selten[1188] (vgl. entsprechende Regelungen in

---

1185 Grundlegend BVerfG 28.1.1992 (1 BvR 1025/82 und 1 BvL 16/83), E 85, 191.

1186 Z.B. EuGH 8.4.1976 (Rs. 43/75), Slg. 1976, 455 (»Defrenne II«).

1187 Zum Folgenden *Klenner*, WSI Tarifhandbuch 2005, 43ff., mit Nachweisen; ferner *Lindecke/Klenner*, BABl. 5/2005, 4.

1188 Zu den Spielräumen nach europäischem Recht nach den Entscheidungen des EuGH in Sachen »Kalanke« und »Marshall«: *Hanau/Steinmeyer/Wank*, Handbuch des europäischen Arbeits- und Sozialrechts, 2002, § 16 Rn. 199ff.; *Schiek*, Europäisches Arbeitsrecht, 2. Aufl., 2005 Rn. 76; *Schlachter* (Hrsg.), Casebook, Europäisches Arbeitsrecht 2005, 169ff.

den Landes-Gleichstellungsgesetzen für den öffentlichen Dienst; ferner Grundl. Rn. 241).

**(Einzel-)Beispiele aus Firmentarifverträgen** lauten wie folgt: »Bei der Besetzung von Arbeitsplätzen sollen Frauen bei gleicher Qualifikation wie ihre männlichen Mitbewerber in den Bereichen vorrangig berücksichtigt werden, in denen sie gemäß dem Frauenförderplan unterrepräsentiert sind, sofern nicht in der Person des Mitbewerbers liegende Gründe überwiegen.« Diese Bestimmung (TV Entsorgung Nord GmbH von 2002) spricht ferner die Notwendigkeit von Angeboten der Fort- und Weiterbildung an, um Frauen auf die Übernahme höherwertiger Stellen vorzubereiten.

Ein anderer Firmentarifvertrag (Gesellschaft für Bremer Immobilien mbH ebenfalls von 2002) legt fest, »dass in den Betrieben zum Abbau der Unterrepräsentation der Frauen Frauenförderpläne aufzustellen sind, die Zielvorgaben und einen Zeitrahmen enthalten sollen.«

**543** Die Notwendigkeit, Frauen gezielt auf **Weiterbildungsangebote** anzusprechen und diese auf ihre Bedürfnisse, z. B. im Hinblick auf die zeitliche Lage, auszurichten, wird in Tarifverträgen selten behandelt. Gleichwohl finden sich auch hier Einzelbeispiele (MTV Mitteldeutscher Rundfunk von 1993, DeTeCard Service GmbH, MTV von 2001).

**544** Ebenfalls nur ausnahmsweise regeln (Firmen-)Tarifverträge die Bestellung einer **Frauenbeauftragten**, wie sie in verschiedenen Gleichstellungsgesetzen des Bundes und der Länder vorgesehen ist.

**545** Zu den wichtigen tariflichen Ansätze von **Arbeitszeitgestaltungen** für eine Verbesserung der **Vereinbarkeit von Beruf und Familie**: § 1 Rn. 331 ff.

### b) Tarifverträge zum Schutz gewerkschaftlichen Arbeit

#### *aa) Absicherung des Mindeststandards gewerkschaftlicher Tätigkeit*

**546** Vom Grundsatz her nicht kontrovers sind einzelne Bestimmungen in Tarifverträgen, die **gewerkschaftlichen Funktionsträgern** bestimmte **Rechte zur Wahrnehmung ihrer Aufgaben** zusichern.[1189] Z. B. bestimmen die einschlägigen Manteltarifvertrages für das private Bankgewerbe, dass den in verantwortlicher leitender Stellung bei den vertragsschließenden Angestellten-Organisationen tätigen Arbeitnehmern Dienstfreiheit (Gesamtbeanspruchung nicht mehr als vier aufeinander folgende Tage, maximal zwölf Tage im Jahr) zu gewähren ist.[1190]

**547** Zum **betreffenden Personenkreis** stellt das Bundesarbeitsgericht folgende Grundsätze auf: Anspruch auf bezahlte Freistellung von der Arbeit haben nach der Protokollnotiz des einschlägigen MTV Banken nur Delegierte der vertragsschließenden Gewerkschaften, die als Beauftragte durch deren Satzung festgelegte Aufgaben wahrnehmen.[1191] Das Bundesarbeitsgericht entschied ferner zu Recht, dass § die fraglich Bestimmung des MTV für den Einzelhandel Niedersachsens, der ohne weitere Einschränkung Mandatsträgern einen Freistellungsanspruch von jährlich sechs Tagen einräumt, sich auch auf Mandatsträger auf Orts- oder Bezirksebene bezieht.[1192]

---

1189 Empirische Hinweise bei *Seitenzahl/Zachert/Pütz*, Vorteilsregelungen, 56 f.

1190 Zur Tragweite dieser Tarifnorm allerdings restriktiv die ältere Entscheidung BAG 5.4.1978 (4 AZR 640/76), AP Nr. 2 zu § 1 TVG Tarifverträge Banken.

1191 BAG 4.9.1985 (7 AZR 531/82), AP Nr. 13 zu § 17 BAT.

1192 BAG 28.8.1985 (5 AZR 616/84), AP Nr. 1 zu § 43 ArbGG 1979.

Im Hinblick auf die **Ziele der Freistellung** scheint die ältere Rechtsprechung die einschlägigen Tarifbestimmungen eher restriktiv auszulegen, während ein neueres Urteil die gegenteilige Tendenz dokumentiert. 548
Nach den Vorschriften des einschlägigen Manteltarifvertrages im Handel ist den Mitgliedern der Tarifkommission des HBV für Sitzungen der Kommission vom Arbeitgeber bezahlte Freistellung von der Arbeit zu gewähren. Das Bundesarbeitsgericht entschied, dass eine Arbeitnehmerin zu Unrecht bezahlte Freistellung in Anspruch genommen und damit unentschuldigt gefehlt habe. Der Arbeitgeber brauche nach dem MTV Mitglieder der Tarifkommission nämlich nur für »Sitzungen der Kommission« freizustellen. Unter Sitzungen sei lediglich die Wahrnehmung solcher Aufgaben zu verstehen, die der Tarifkommission nach der Satzung und den Richtlinien der HBV üblicherweise oblägen. Dazu gehöre nicht die generelle Beobachtung von Arbeitskampfmaßnahmen eines von der HBV getragenen Warnstreiks in einem anderen Kaufhaus.[1193] Das Urteil weckt vor allem deshalb Bedenken, weil in die bei den Tarifkommissionen selbst liegende Festlegung ihrer Aufgaben durch Richterspruch eingegriffen wird.[1194]
Demgegenüber legt das Bundesarbeitsgericht die einschlägige Bestimmung des MTV Druckindustrie, der einen Anspruch auf Arbeitsbefreiung unter Fortzahlung der Vergütung »für Zusammenkünfte gewerkschaftlicher Art« einräumt, zu Recht in dem Sinne aus, dass hierunter auch Teilnahme an Tarifverhandlungen als Mitglied einer gewerkschaftlichen Tarifkommission (an denen auch Arbeitgebervertreter beteiligt sind), verstanden werden. Die Tarifparteien hätten die denkbar weiteste Formulierung gewählt, um ein Zusammenkommen mehrer Menschen zu umschreiben, das von Seiten der Gewerkschaft veranlasst sei.[1195]

Was **Entgeltfortzahlung und andere Leistungen des Arbeitgebers** betrifft, so darf der Funktionsträger weder begünstigt noch benachteiligt werden. Die Entscheidung, welche einem Tarifkommissionsmitglied bei einer Arbeitsbefreiung wegen Teilnahme an Tarifverhandlungen einen Nachtzuschlag nicht zubilligt, ist deshalb nur unter dem Blickwinkel der Auslegung des spezifischen Tarifvertrages heraus (MTV Bodenpersonal DLH) zu verstehen.[1196] 549

Eine andere Zielrichtung, nämlich die **Erweiterung der Zutrittsrechte von Funktionsträgern in den Betrieben**, verfolgt § 13 BRTV-Bau für das Baugewerbe, wonach den Vertretern der Tarifparteien das Betreten der Unterkünfte und Sozialräume gestattet ist. Die Instanzrechtsprechung hat zutreffend entschieden, dass diese Bestimmung Gewerkschaftsvertretern ein eigenständiges Zutrittsrecht zur Wahrnehmung koalitionspolitischer Aufgaben vermittelt, das über die Befugnisse hinausgeht, die sich aus § 2 Abs. 2 BetrVG ergeben. Zum einen sei nicht der Nachweis gefordert als Gewerkschaft im Betrieb vertreten zu sein. Zum anderen sei die Erweiterung des Zutrittbereichs auf die Unterkünfte und Sozialräume zulässig.[1197] Diese Auslegung ermöglicht es der Gewerkschaft Baustellenbesuche abzuleisten, um im Hinblick auf die Einhaltung eines Mindestlohnes nach dem Arbeitnehmerentsendegesetz und die Respektierung anderer Schutzvorschriften für die staatlichen Kontrollbehörden wichtige Vorfeldarbeit zu leisten. 550

1193 BAG 19.7.1983 (1 AZR 307/81), AP Nr. 5 zu § 87 BetrVG 1972 Betriebsbuße.
1194 Kritisch auch *Weiss*, AuR 1984, 223.
1195 BAG 20.4.1999 (3 AZR 352/97), AP Nr. 28 zu § 1 TVG Tarifverträge: Rundfunk.
1196 BAG 3.11.2004 (4 AZR 534/03), ZTR 2005, 418.
1197 ArbG Frankfurt an Main, 3.11.2004 (9 Ga 287/04), AiB 2005, 118 (mit Anm. von *Ulrich*)

### *bb) Weitergehende Absicherung gewerkschaftlicher Arbeit*

**551** Recht kontrovers wurden teils abgeschlossene, teils angestrebte Vereinbarungen kontrovers diskutiert, in denen die Tätigkeit der gewerkschaftlichen Vertrauensleute weitergehend abgesichert werden soll.

So hat die **IG Metall** bereits 1974 ihren alten Tarifvertrag zum Schutz gewerkschaftlicher Vertrauensleute von 1969 gekündigt, wonach ihren Vertrauensleuten aus ihrer Eigenschaft und Tätigkeit keine Nachteile erwachsen dürfen und dem Arbeitgeberverband den Entwurf ihres neuen Abkommens vorgelegt. In diesem verlangte die IG Metall für ihre über 140000 gewerkschaftlichen Vertrauensleute bezahlte Freistellungen an mindestens zehn Stunden im Monat, für Mitglieder der Vertrauenskörperleitung zusätzlich fünf Stunden; dazu nochmals zwei Stunden zur Teilnahme an Vertrauenskörpersitzungen innerhalb des Betriebes; weitere bezahlte Freistellungen für die Teilnahme an gewerkschaftlichen Schulungen, wobei die IG Metall die Teilnehmer zu benennen hat; Abhaltung der Vertrauensleute-Wahlen im Drei-Jahres-Turnus in den Betrieben während der Arbeitszeit ohne Minderung der Arbeitsentgelte; den Vertrauensleuten dürfen in dieser Eigenschaft aus ihrer Tätigkeit keine Nachteile erwachsen; der Arbeitgeber muss vor der Kündigung eines(r) Vertrauensmannes/-frau die zuständige Verwaltungsstelle der IG Metall hören.

Diese Tarifvertragsforderung konnte nicht durchgesetzt werden.

Die **IG Chemie** (jetzt Gewerkschaft Bergbau/Chemie/Energie) schloss 1983 eine »Vereinbarung« über die Wahl der gewerkschaftlichen Vertrauensleute in den Betrieben und ein allgemeines Diskriminierungsverbot, die als Zwischenschritt zu einer umfassenden tariflichen Regelung betrachtet wurde, ohne dass bisher weitere praktische Ergebnisse folgten.

Im Wege einer privatrechtlichen Vereinbarung hat am 11. März 1975 die **Deutsche Postgewerkschaft** (jetzt ver.di) mit dem Bundesministerium für das Post- und Fernmeldewesen ein Abkommen mit ähnlichem Inhalt bereits abgeschlossen. Auf der Ebene des Firmentarifvertrages liegen ebenfalls Abkommen mit vergleichbarem Inhalt vor.[1198]

**552** Die **rechtliche Kontroverse** berührt vor allem folgende Fragen.[1199]

Teilweise wird behauptet, derartige Tarifverträge verletzten die **gewerkschaftliche Unabhängigkeit**. Sie seien unwirksam, weil sie den Gesichtspunkt der Gegnerunabhängigkeit verletzten, der aus Art. 9 Abs. 3 GG abgeleitet wird. Da es jedoch darum geht, Erschwernisse und Gefahrenlagen für einzelne Vertrauensleute abzubauen und damit einen Schritt in Richtung auf größere Unabhängigkeit der Beschäftigten mit gewerkschaftlichen Funktionen und so der Koalitionen voneinander zu tun, liegt eher der gegenteilige Schluss nahe. Durch den Abschluss der betreffenden Tarifverträge wird jedenfalls die Bildung eines eigenen Koalitionswillens der vertragsschließenden Gewerkschaften nicht beeinträchtigt.[1200]

---

1198 Tarifbericht 11/80 vom DGB-Bundesvorstand.

1199 Aus der älteren Literatur die Zulässigkeit verneinend: *W. Bulla*, DB 1975, 889; *Kraft*, ZfA 1976, 243; *Bötticher*, RdA 1978, 133; *Blomeyer*, DB 1977, 101; die Zulässigkeit bejahend: *Weiss*, Vertrauensleute; *Wlotzke*, RdA 1976, 80ff.; *Herschel*, AuR 1977, 137; *U. Mayer*, BlStSozArbR 1977, 17; *Zachert*, BB 1976, 514; die aktuelle Kommentar- und Lehrbuchliteratur befürwortet derartige Abkommen: *Däubler/Hensche*, § 1 Rn. 862ff.; *Däubler*, Gewerkschaftsrechte, Rn. 521ff.; grundsätzlich auch Wiedemann/*Wiedemann*, Ein. Rn. 446ff. und *Löwisch/Rieble*, § 1 Rn. 852.

1200 LAG Düsseldorf 25.8.1995 (17 Sa 324795), AuR 1996, 238.

Ebenso steht der **Gleichheitsgrundsatz**, ob er nun aus dem Verfassungsrecht (Art. 3 Abs. 1 GG) oder dem Betriebsverfassungs- bzw. Personalvertretungsrecht (§ 75 BetrVG, § 67 BPersVG) abgeleitet wird, dem Abschluss derartiger Tarifverträge nicht entgegen. Vereinbarungen zum Schutz von Vertrauensleuten stellen keine sachfremde oder willkürliche Bevorzugung dar. Wesentliches Anliegen derartiger Tarifverträge ist es, die besonderen Risiken, denen Vertrauensleute in ihrer Arbeit ausgesetzt sind, auszugleichen, infolgedessen die gewerkschaftliche Arbeit sicherer zu machen und darüber hinaus durch Bildungsarbeit intellektuelle Voraussetzungen herzustellen, die zur Wahrnehmung gewerkschaftlicher Funktionen unerlässlich sind. Durch ihre Tätigkeit sind gewerkschaftliche Vertrauensleute nämlich in besonderem Maße vor Probleme gestellt, die sich einerseits aus ihren Aufgaben[1201], zum anderen daraus ergeben, dass sie das Weisungs- und Leitungsrecht des Unternehmens respektieren müssen. Dies wird durch empirische Untersuchungen bestätigt.[1202] **553**

Auch ein **Ausschluss der ordentlichen Kündigung** als Konkretisierung des allgemeinen Benachteiligungsverbotes würde deshalb keinen rechtlichen Bedenken begegnen. Hier liegt die Parallele zum besonderen Kündigungsschutz älterer Arbeitnehmer nahe[1203] (dazu § 1 Rn. 493).

Die fraglichen Vereinbarungen verstoßen ferner nicht gegen einschlägige Bestimmungen des Tarifvertragsgesetzes, sie sind **tariflich regelbar**. Wenn § 1 TVG unter anderem Normen über Inhalt und Beendigung der Regelungsbefugnis der Tarifvertragsparteien zuweist, spricht schon dieser Wortlaut dafür, dass Bestimmungen über Lohnfortzahlungen, Freistellung von der Arbeit, Kündigungs- und Versetzungsschutz von Vertrauensleuten in den betreffenden Vereinbarungen unter den Begriff der **Inhalts- bzw. Beendigungsnormen** fallen. Durch die Anknüpfung an die gewerkschaftlichen Funktionen wird lediglich der persönliche Geltungsbereich der Tarifverträge abgesteckt.[1204] **554**

Schließlich wird eingewandt, ein Abschluss von Tarifverträgen zum Schutz gewerkschaftlicher Vertrauensleute verstoße gegen § 3 BetrVG bzw. § 3 BPersVG, die beide nur in den gesetzlich aufgezählten Fällen die Einsetzung von zusätzlichen betriebsverfassungsrechtlichen oder ähnlichen Organen durch Tarifvertrag zulassen. **555**

Dieser Einwand geht von unzutreffenden Voraussetzungen aus. **Gewerkschaftliche Vertrauensleute** sind nach gewerkschaftlichem Selbstverständnis gerade **kein Konkurrenzorgan zum Betriebs- oder Personalrat**. Deshalb liegt ein Anwendungsfall des § 2 Abs. 3 BetrVG bzw. des § 2 Abs. 3 BPersVG vor, wonach die Aufgaben der Gewerkschaften und der Arbeitgebervereinigungen, insbesondere die Wahrnehmung ihrer Mitgliederinteressen, weder durch das Betriebsverfassungs- noch durch das Personalvertretungsgesetz berührt werden. Infolgedessen geht der Einwand fehl, die Bindung von Kündigungen gewerkschaftlicher Vertrauensleute an die Zustimmung der Gewerkschaft würde eine institutionalisierte Konkurrenz zum Betriebsrat schaffen.[1205] Zu Recht wird darauf hingewie-

---

1201 Vgl. den Fall ArbG Bamberg 12.1.1989 (1 BV 6/88), AiB 1989, 156 (mit Anm. von *Zachert*); LAG Düsseldorf 25.8.1995 (17 Sa 324/95), AuR 1996, 238.

1202 Nachweise bei *Zachert*, BB 1976, 514.

1203 *Däubler/Hensche*, § 1 Rn. 865; enger *Löwisch/Rieble*, § 1 Rn. 553 und auch Wiedemann/*Wiedemann*, Einl. Rn. 450.

1204 LAG Düsseldorf 25.8.1995 (17 Sa 324/95), AuR 1996, 238; *Löwisch/Rieble*, § 1 Rn. 852; nur schuldrechtliche Wirkung dagegen, *Bauer/Haussmann*, NZA 1998, 854.

1205 *Löwisch/Rieble*, § 1 Rn. 553.

sen, dass sich nach den Strukturprinzipien der Interessenvertretung selbst im Extremfall umfassend geschützter Vertrauensleute an der führenden Position des Betriebsrates nichts ändern, sondern lediglich dessen Information und Effizienz verbessert würde.[1206]

556 Im **Ergebnis** entsprechen, wie das Arbeitsgericht Kassel in einer rechtskräftigen Entscheidung bestätigt hat[1207], die fraglichen Tarifverträge nicht nur Art. 9 Abs. 3 GG, nach dem die gewerkschaftliche Betätigung im Betrieb umfassend geschützt ist, sondern auch internationalen Übereinkünften.

Hierzu zählt das **Übereinkommen Nr. 135 der Internationalen Arbeitsorganisation vom 23. Juni 1971** über Schutz und Erleichterung für Arbeitnehmervertreter im Betrieb, das die Bundesrepublik am 23. Juli 1973 ratifiziert hat. Auf das Rechtssystem der Bundesrepublik bezogen, sind nach diesem Abkommen vor allem drei Gesichtspunkte hervorzuheben: Neben den Betriebsräten ist für gewerkschaftliche Vertrauensleute ein besonderer Schutz herzustellen (Art. 1, 2 und 3a); die Rechte und Befugnisse der Betriebsräte dürfen nicht dazu führen, die Rechte der Gewerkschaften und gewerkschaftlicher Vertrauensleute zu schwächen (Art. 5); eine Regelung und Erweiterung des Schutzes gewerkschaftlicher Vertrauensleute unter anderem durch Tarifverträge ist möglich (Art. 4 in Verbindung mit Art. 1 und 2).

Innerstaatliches Recht muss also gegebenenfalls Vorkehrungen gegen eine Aushöhlung des Präsenzanspruchs der Gewerkschaften im Betrieb treffen. Diese Auffassung wird auch von der zur Überwachung der Durchführung des IAO-Übereinkommens Nr. 135 von der ILO eingesetzten Sachverständigenkommission bestätigt. An die Adresse der Bundesregierung gerichtet, fordert sie in einem Bericht, die innerstaatliche Gesetzgebung sei so auszulegen, dass der Abschluss der im IAO-Übereinkommen vorgesehenen Tarifverträge auch für Gewerkschaftsvertreter im Betrieb möglich bleibt.[1208]

## V. Tarifliche Regelung und Gestaltung der betrieblichen Mitbestimmung

### Literatur:

*Annuß*, Schwierigkeiten mit § 3 I Nr. 3 BetrVG?, NZA 2002, 290; *Bauer/Krieger*, »Firmentarifsozialplan« als zulässiges Ziel eines Arbeitskampfes, NZA 2004, 1019; *Blank*, Die Tarifzuständigkeit der Gewerkschaften, 1996; *Däubler*, Die veränderte Betriebsverfassung – erste Anwendungsprobleme, AuR 2001, 285; *ders.*, Privatautonome Betriebsverfassung, FS Wissmann, 2005, 275; *ders.*, Tarifliche Betriebsverfassung und Betriebsübergang, DB 2005, 666; *Friese*, Tarifverträge nach § 3 BetrVG im System des geltenden Tarif- und Arbeitskampfrechts, ZfA 2003, 237; *Giesen*, Betriebsersetzung durch Tarifvertrag, BB 2002, 1480; *Giesen*, Tarifvertragliche Rechtsgestaltung für den Betrieb. Gegenstand und Reichweite betrieblicher und betriebsverfassungsrechtlicher Tarifnormen, 2002; *Heinkel*, Die betriebsverfassungsrechtliche Organisationseinheit als Gegenstand kollektiver Rechtssetzung, 2004; *Hensche*, Tarifvertrag und Unternehmenspolitik. Von der Unantastbarkeit der Unternehmerfreiheit, AuR 2004, 443; *Hohenstatt/Schramm*,

1206 *Däubler/Hensche*, § 1 Rn. 865, der zutreffend rechtliche Erwägungen von organisationspolitischer Opportunität trennt.
1207 ArbG Kassel (1 Ca 217/76), 5.8.1976, EzA Nr. 18 zu Art. 9 GG (mit Anm. von *Eich*, DB 1976, 1675).
1208 Nachweise besonders bei *Weiss*, Vertrauensleute, 68; *Däubler*, Gewerkschaftsrechte, Rn. 515 ff.

Erstreikbarkeit von »tariflichen Sozialplänen«?, DB 2004, 2214; *Klinkhammer*, Tarifvertragliche Mitbestimmung im Ausbildungsbetrieb, FS 50 Jahre BAG, 2004, 963; *Kreiling*, Die Erstreckung betrieblicher und betriebsverfassungsrechtlicher Tarifnormen auf Außenseiter, 2004; *Rolfs/Clemens*, Entwicklungen und Fehlentwicklungen im Arbeitskampfrecht, NZA 2004, 410; *Schwarze*, Tarifvertragliche Rechtsgestaltung für den Betrieb oder Vom Beruf des Gesetzgebers für das Tarifvertragsrecht, ZfA 2003, 447; *Thüsing*, Vereinbarte Betriebsratsstrukturen, ZIP 2003, 693; *Wolter*, Standortsicherung, Beschäftigungssicherung, Unternehmensautonomie, Tarifautonomie, RdA 2002, 218; *Zabel*, Erstreikbarkeit eines Ergänzungstarifvertrages neben dem Sozialplan, AiB 2004, 636.

Tarifvertragsrecht und Betriebsverfassungsrecht haben ganz unterschiedliche Ansätze: während das **Tarifvertragsrecht sich im Kern als Verwirklichung der Privatautonomie auf einer anderen Ebene** darstellt (vgl. genauer Grundl. Rn. 320), geht es dem **Betriebsverfassungsrecht** zentral darum, durch gewählte Repräsentanten der Arbeitnehmer das **Direktionsrecht des Arbeitgebers im Betrieb zu relativieren** (vgl. genauer Grundl. Rn. 321). Trotz des unterschiedlichen funktionalen und systematischen Ansatzes sind beide Rechtsbereiche aber nicht strikt gegeneinander abgegrenzt. So hat nach § 80 Abs. 1 Nr. 1 BetrVG der Betriebsrat darüber zu wachen, dass im Betrieb die Tarifverträge durchgeführt werden, §§ 77 Abs. 3 BetrVG und 87 Abs. 1 BetrVG bestimmen das Verhältnis von Tarifvertrag und Betriebsvereinbarung (vgl. dazu Grundl. Rn. 316), nach § 4 Abs. 3 TVG sind tarifvertragliche Öffnungsklauseln für die Betriebsparteien möglich und nicht zuletzt kann der Tarifvertrag nach § 1 Abs. 1 TVG durch Rechtsnormen »betriebliche und betriebsverfassungsrechtliche Fragen« ordnen. **557**

Inwieweit **durch Tarifvertrag Strukturen des Betriebsverfassungsrechts** und Kompetenzen der Betriebsräte **verändert** werden können, ist in der Literatur nach wie vor streitig. Als Grundpositionen stehen sich auf der einen Seite die Ansicht, dass das BetrVG zweiseitig zwingendes Recht enthalte[1209] und auf der anderen Seite die Ansicht, dass in Anbetracht des eindeutigen Wortlauts von § 1 Abs. 1 TVG und Art. 9 Abs. 3 GG eine weitgehende Regelungskompetenz bestehe[1210], gegenüber. Die Rechtsprechung hat zu differenzierten, aber im Kern »tarifvertragsfreundlichen« Lösungen gefunden.[1211] **558**

## 1. Gesetzliche Regelungen

### a) Organisatorische Gestaltung nach § 3 BetrVG

Die Möglichkeiten der tarifvertraglichen Gestaltung der organisatorischen Grundlagen der Betriebsverfassung sind mit dem Gesetz zur Reform des Betriebsverfassungsgesetzes vom 27. Juli 2001[1212] **erheblich erweitert** worden. Der Gesetzgeber hat den Tarifvertragsparteien mit der Änderung des § 3 BetrVG weit reichende Möglichkeiten eröffnet, neue betriebsverfassungsrechtliche Repräsentationseinheiten zu bilden, die passgenau auf die jeweilige betriebliche, unter- **559**

1209 *Richardi/Richardi*, Einl. Rn. 139 ff.; *Giesen*, Tarifvertragliche Rechtsgestaltung, 334 ff.; kritisch dazu *Schwarze*, ZfA 2003, 447.

1210 *Däubler/Hensche*, § 1 TVG Rn. 785 ff.; DKK-*Däubler*, Einführung BetrVG Rn. 77 ff.

1211 Vgl. die Übersichten bei ErfK/*Eisemann*, § 1 BetrVG Rn. 18 f.; *Fitting*, § 1 Rn. 249 ff., *Kreiling*, Die Erstreckung, 48 ff.; Wiedemann/*Oetker*, § 1 Rn. 598 ff.

1212 BGBl. I, 1852.

nehmensbezogene oder konzernorganisatorische Struktur zugeschnitten sind. **Die Arbeitnehmervertretungen sollen dort gebildet werden können, wo die beteiligungsrelevanten Entscheidungen getroffen werden.**[1213] Die Vereinbarungsbefugnis der Tarifvertragsparteien ist durch diese Zielsetzung begrenzt: abweichende Betriebsratsstrukturen dürfen nur vereinbart werden, wenn dies »die Bildung von Betriebsräten erleichtert oder einer sachgerechten Wahrnehmung der Interessen der Arbeitnehmer« (§ 3 Abs. 1 Nr. 1 BetrVG) oder »der sachgerechten Wahrnehmung der Aufgaben des Betriebsrates« (§ 3 Abs. 1 Nr. 2 BetrVG) oder »einer wirksamen und zweckmäßigen Interessenvertretung der Arbeitnehmer« (§ 3 Abs. 1 Nr. 3 BetrVG) dient. Zusätzliche betriebsverfassungsrechtliche Gremien sind möglich, wenn dies der »unternehmensübergreifenden Zusammenarbeit von Arbeitnehmervertretungen« dient (§ 3 Abs. 1 Nr. 4 BetrVG) oder »die Zusammenarbeit zwischen Betriebsrat und Arbeitnehmern erleichtert« (§ 3 Abs. 1 Nr. 5 BetrVG).[1214]

**560** Anders als nach altem Recht bedürfen die entsprechenden Tarifverträge nicht mehr der staatlichen Zustimmung.[1215]

#### *aa) Verfassungsmäßigkeit der Regelung*

**561** § 3 BetrVG ist **verfassungsrechtlich unbedenklich.**[1216] Insbesondere wird nicht die negative Koalitionsfreiheit der Verbandsaußenseiter verletzt, weil die nicht organisierten Arbeitnehmer nicht fremdbestimmt werden, sie werden weder Mitglied einer Vereinigung nach Art. 9 Abs. 3 GG, noch wird auf sie irgendein Druck auf einen Beitritt zu einem solchen Verband ausgeübt. Eine Schutzpflicht des Staates für Minderheitengewerkschaften gibt es weder unter dem Gesichtspunkt von Art. 12 GG noch unter dem Gesichtspunkt von Art. 9 Abs. 3 GG[1217], im Übrigen ist nicht ersichtlich, inwiefern Tarifverträge nach § 3 BetrVG Minderheitengewerkschaften tangieren sollten, da sich die Regelungen ja lediglich auf die betriebsverfassungsrechtlichen Strukturen beziehen. Auch ein Verstoß gegen das Rechtsstaats- und Demokratieprinzip des Art. 20 Abs. 3 GG wegen Unbestimmtheit der Regelung ist nicht ersichtlich.[1218] Zwar enthalten die Formulierungen in § 3 BetrVG durchaus auslegungsbedürftige Begriffe, dies ist in Anbetracht der **Zielsetzung des Gesetzes**, eine **»maßgeschneiderte« Organisationsstruktur** zu schaffen, aber unvermeidbar. Zudem sind die Orientierungspunkte für die Auslegung klar bestimmt: es geht um die Orientierung an den je spezifischen Entscheidungsebenen im Unternehmen einerseits und um die notwendige Nähe der Vertretungsinstitutionen zu den Beschäftigten andererseits.

**562** In der Sache handelt es sich bei § 3 TVG um **die gesetzliche Aufhebung einer Regelungssperre bzw. -einschränkung.** Die Neuregelung des § 3 BetrVG folgt dem Gebot der **effektiven Gestaltung von Rechten**. In Anbetracht der rechtlichen

---

1213 BT-Drucks. 14/5741, 33.

1214 Eine »privatautonome Betriebsverfassung« ist demgegenüber unzulässig, *Däubler*, FS Wissmann, 275.

1215 Dies kann man bedauern, da die Zustimmungskompetenzen der Behörden gewiss eine gewisse Kontrollfunktion bewirkten. Dass damit die Gefahr der Verfassungswidrigkeit der Regelung bestünde (so *Richardi* § 3 Rn. 5 f.; zweifelnd auch GK-*Kraft*, § 3 Rn. 41 ff.) überzeugt allerdings nicht, denn der Gesetzgeber kann den Tarifparteien durchaus die entsprechende Regelungsbefugnis einräumen.

1216 *Fitting*, § 3 Rn. 9 ff., *ErfK/Eisemann*, § 3 BetrVG Rn. 1; *Däubler/Zwanziger*, § 4 Rn. 964 ff.; *Thüsing*, ZIP 2003, 697; *Friese*, ZfA 2003, 252.

1217 So aber *Löwisch/Rieble*, § 1 TVG Rn. 138.

1218 So aber *Giesen*, BB 2002, 1484 ff.; zweifelnd insofern auch *Löwisch/Rieble*, § 1 TVG Rn. 138.

Möglichkeiten der Arbeitgeber zur flexiblen Gestaltung der Organisation von Betrieb, Unternehmen und Konzern bedurfte es einer Möglichkeit, die Interessenvertretungsgremien der Arbeitnehmer »anpassbar« zu machen.[1219] Dies kann sinnvoll nur durch Vereinbarung geschehen.[1220] Als Verhandlungspartner für solche Vereinbarungen kommen nach der Struktur des deutschen Arbeitsrechts wie auch aus sachlichen Gründen vor allem die Tarifvertragsparteien in Betracht. Eben diese Lösung hat der Gesetzgeber in § 3 BetrVG gewählt. Die Betriebsräte sind wegen der Eigenbetroffenheit in diesem Kontext nur eine »Notlösung«; dies wird auch in § 3 Abs. 2 BetrVG so gesehen.[1221]

### *bb) Form der Regelung*

§ 3 BetrVG schreibt keine besondere Form für einen organisationsändernden Tarifvertrag vor. Damit kommen alle nach Tarifrecht möglichen Formen für solche Vereinbarungen in Betracht.[1222] In aller Regel wird es sich aus praktischen Gründen aber um Haus- oder Firmentarifverträge (vgl. § 1 Rn. 32) oder um firmenbezogene Verbandstarifverträge (vgl. § 1 Rn. 29) handeln, weil in Flächentarifverträgen kaum auf die Sonderbedingungen der einzelnen wirtschaftlichen Einheit eingegangen werden kann. **563**

### *cc) Vertragsparteien*

Vertragsparteien solcher Regelungen sind – wie sonst auch – auf der Arbeitgeberseite der einzelne Arbeitgeber[1223] oder der Arbeitgeberverband, auf der Arbeitnehmerseite die zuständige Gewerkschaft oder die zuständigen Gewerkschaften (z. B. bei einem gemeinsamen Betriebsrat). Sind mehrere Gewerkschaften an einem solchen Tarifvertrag interessiert und lässt sich das Konkurrenzverhältnis nicht gewerkschaftsintern durch Schiedsspruch lösen[1224] (wie dies bei DGB-Gewerkschaften vorgesehen ist, siehe dazu § 2 Rn. 159 ff.), ist streitig, wie vorzugehen ist.[1225] Zwar sind nach allgemeiner Meinung hier die allgemeinen **Prinzipien der Tarifkonkurrenz** (siehe dazu § 4 Rn. 177 ff.) anzuwenden.[1226] Damit ist aber nicht immer klar, welche der Prinzipien im konkreten Fall anzuwenden sind. Das Spezialitätsprinzip greift hier in der Regel nicht, weil es sich typischerweise um konkurrierende Haustarifverträge handelt. In der Regel wird deshalb danach entschieden, welche **Gewerkschaft die meisten Mitglieder hat** (mitgliedschaftliche Legitimation).[1227] Andere schlagen das Prioritätsprinzip vor.[1228] **564**

---

1219 Vgl. grundlegend und mit zahlreichen Nachweisen zur Praxis *Wendeling-Schröder*, Divisionalisierung, 177 ff.

1220 Vgl. zur Bedeutung dieses Ansatzes in der aktuellen Diskussion auch *Thüsing*, ZIP 2003, 693, mit weiteren Nachweisen.

1221 Erst recht ist die Regelung nach § 3 Abs. 3 BetrVG (Votum der Mehrheit der Arbeitnehmer in tarif- und betriebsratslosen Betrieben) eine Notlösung.

1222 *Fitting*, § 3 Rn. 13 ff.; *Däubler*, DB 2005, 666.

1223 Dafür, dass Konzerntarifverträge durch die Neuregelung ermöglicht werden sollten, gibt es keine Anhaltspunkte. Zur Diskussion vgl. *Thüsing*, ZIP 2003, 698, mit weiteren Nachweisen.

1224 *Blank*, Tarifzuständigkeit, 113 ff.

1225 Zur Darstellung des Streitstandes vgl. *Heinkel*, Die betriebsverfassungsrechtliche Organisationseinheit, 213 ff.

1226 Ausführliche Nachweise bei *Thüsing*, ZIP 2003, 699 ff.

1227 DKK-*Trümner*, § 3 Rn. 157, mit weiteren Nachweisen; *Däubler*, AuR 2001, 288; im Ergebnis – allerdings mit anderer Begründung – auch *Friese*, ZfA 2003, 280, mit zahlreichen Nachweisen.

1228 Vgl. die Nachweise bei *Annuß*, NZA 2002, 293.

Nach *Fitting* ist dabei eine **bestimmte Prozedur** einzuhalten: Eine Gewerkschaft, die einen Tarifvertrag nach § 3 BetrVG anstrebt, muss dies öffentlich machen, um der konkurrierenden Gewerkschaft die Möglichkeit zur Teilhabe zu eröffnen. Nur der nach dieser Prozedur entstandene Tarifvertrag ist wirksam; ein späterer konkurrierender Tarifvertrag ist unwirksam. Erst bei Ablauf der Amtszeit des Betriebsrates ist eine neue Regelungsmöglichkeit gegeben.[1229] Diese Lösung hat den deutlichen **Vorteil, dass sie ein konsensuales Vorgehen** aller fördert. Weitergehende Pflichten der abschlussbereiten Gewerkschaft können allerdings nicht anerkannt werden; sie hätten im Gesetz vorgesehen sein müssen.

#### *dd) Erstreikbarkeit*

**565** Tarifverträge nach § 3 BetrVG werden typischerweise im Einvernehmen abgeschlossen. Rechtlich können sie aber wie alle Tarifverträge **durch Arbeitskampf erzwungen** werden.[1230] Dem steht nicht etwa die Unternehmerfreiheit des Arbeitgebers entgegen, denn die organisatorische Gestaltung der Arbeitnehmervertretungen steht nicht zur Disposition des Arbeitgebers.[1231] Eine Einschränkung der Streikfreiheit folgt auch nicht aus den oben genannten Einschränkungen der Zwecke einer Organisationsänderung.[1232] Zwar ist es richtig, dass hier die Gewerkschaften nicht zur autonomen Wahrnehmung der Interessen ihrer Mitglieder agieren, aber sie handeln betriebsverfassungsrechtlich als Repräsentanten der Arbeitnehmerschaft insgesamt und können dementsprechend wie bei sonstigen Tarifregelungen in betrieblichen und betriebsverfassungsrechtlichen Fragen nach §§ 1 Abs. 1, 3 Abs. 2 TVG auch streiken.

#### *ee) Rechtsfehlerhafte Tarifverträge*

**566** Überschreiten die Tarifvertragsparteien ihre Kompetenzen nach § 3 BetrVG, so ist der entsprechende Tarifvertrag **nichtig.**[1233] Die Wahl der auf der Regelung basierenden Betriebsvertretung ist anfechtbar (§ 19 BetrVG). Eine Nichtigkeit der Wahl käme nach den allgemeinen Grundsätzen nur dann in Betracht, wenn gegen die Wahlgrundsätze in so hohem Maße verstoßen worden wäre, dass von einer ordnungsgemäßen Wahl schlechterdings nicht mehr die Rede sein könnte.[1234]

### b) Kollektivverträge zur Bildung und Betätigung Europäischer Betriebsräte

**567** Mit dem Inkrafttreten des Gesetzes über Europäische Betriebsräte (EBRG) am 1. November 1996 ist es möglich geworden, die Rechte der Arbeitnehmervertretungen auf Information und Anhörung über die nationalen Grenzen hinweg zu gewährleisten.[1235] Europäische Betriebsräte (EBR) sollen nach der Konzeption

1229 *Fitting* § 3 Rn. 16.

1230 *Däubler/Hensche*, § 1 TVG Rn. 811; DKK-*Trümner*, § 3 Rn. 153 ff.; *Däubler*, AuR 2001, 285, 288; *Kissel*, Arbeitskampfrecht, § 12 Rn. 5; *Heinkel*, Die betriebsverfassungsrechtliche Organisationseinheit, 228 ff.; a. A. GK-*Kraft*, § 3 Rn. 23; *Friese*, ZfA 2003, 270, differenzierend *Thüsing*, ZIP 2003, 701.

1231 *Fitting*, § 3 Rn. 20.

1232 So aber *Friese*, ZfA 2003, 269; für die Tarifverträge nach § 3 Abs. 1 Nr. 1 bis 3 ebenso *Fitting*, § 3 Rn. 20; *Thüsing* ZIP 2003, 701.

1233 Ausführlich *Heinkel*, Die betriebsverfassungsrechtliche Organisationseinheit, 319 ff.

1234 BAG 13. 11. 1991, AP Nr. 3 zu § 27 BetrVG 1972; *Fitting*, § 3 Rn. 23.

1235 Einen Überblick über das Gesetz gibt *Fitting*, Anhang, 1889 ff.

des Gesetzes und der ihm zugrunde liegenden EG-Richtlinie 94/45/EG **vorrangig durch Vereinbarungen** der Beteiligten gebildet werden. Erst wenn dies **nicht gelingt, ist ein EBR kraft Gesetzes** zu errichten. Der Rechtscharakter solcher Vereinbarungen ist nicht ganz klar.[1236] Dasselbe gilt für den Rechtscharakter von Vereinbarungen, die EBR mit ihrem Widerpart, der zentralen Unternehmensleitung, aushandelt. Nur wenn tariffähige Akteure bei solchen Vereinbarungen maßgebend beteiligt sind, kann es sich auch um Tarifverträge handeln[1237] (vgl. § 1 Rn. 714).

### c) Verlängerung des Übergangsmandats nach § 21a Abs. 1 Satz 4, Abs. 2 Satz 2, Abs. 3 BetrVG

568 Mit der oben genannten Betriebsverfassungsreform von 2001 wurde auch eine gesetzliche Regelung des so genannte **Übergangsmandats des Betriebsrates** vorgenommen. Zweck des Übergangsmandates ist es, betriebsratslose Zeiten zu vermeiden, die gerade bei Umstrukturierungen die Arbeitnehmerrechte gefährden könnten.[1238] Nach der neuen gesetzlichen Regelung bleiben der Betriebsrat/die Betriebsräte bei Betriebsspaltungen oder -zusammenlegungen im Amt, bis der neue Betriebsrat gewählt worden ist. Als maximale gesetzliche Dauer für das Übergangsmandat werden 6 Monate nach Wirksamwerden der Umstrukturierung angegeben. **Diese Frist kann durch Tarifvertrag verlängert werden.**

### d) Fortgeltungsvereinbarung bei Umwandlungen nach § 325 Abs. 2 Satz 1 UmwG

569 Durch eine Betriebsspaltung im Rahmen eines Umwandlungsvorgangs (Spaltung oder Teilübertragung eines Unternehmens) können Rechte der Betriebsräte entfallen, z.B. in §§ 99 oder 111 BetrVG, weil die nötige Arbeitnehmerzahl nicht mehr besteht. Nach dem Gesetz ist in diesen Fällen eine **Fortgeltungsvereinbarung durch Tarifvertrag oder Betriebsvereinbarung** ausdrücklich ermöglicht.[1239]

### e) Größe der Gremien nach §§ 47 Abs. 4, 55 Abs. 4, 72 Abs. 4, 73a Abs. 4 BetrVG

570 Die Größe des Gesamtbetriebsrates, des Konzernbetriebsrates, der Gesamt-, Jugend- und Auszubildendenvertretung und der Konzern-, Jugend- und Auszubildendenvertretung ist durch Tarifvertrag oder Betriebsvereinbarung abweichend von der gesetzlichen Regelung gestaltbar. Es ist sowohl eine Vergrößerung als auch eine Verkleinerung der Gremien möglich, weil die **gesetzliche Regelung als Regelgröße, nicht aber als Mindestgröße** anzusehen ist.

---

1236 DKK-*Däubler*, Vorbemerkung EBRG Rn. 26.
1237 Vgl. genauer *Däubler/Schiek*, Einl. Rn. 829 ff.
1238 BT-Drucks. 14/5741, 38 f.
1239 Zu den Einzelheiten vgl. *Fitting*, § 1 Rn. 174 ff.

#### f) Freistellung nach §§ 38 Abs. 1 Satz 5 BetrVG

571 Auch die Anzahl der Freistellungen für Betriebsräte in größeren Betrieben kann nach dem Gesetz durch Tarifvertrag und Betriebsvereinbarung anderweitig geregelt werden, als es das Gesetz vorgibt. Hier ist zu bedenken, dass die **gesetzlichen Regelzahlen als Mindestzahlen** konzipiert sind. Dies macht es zweifelhaft, ob man tatsächlich mit der herrschenden Meinung[1240] davon ausgehen kann, dass eine Unterschreitung der gesetzlichen Regelzahl ebenso möglich ist wie eine Überschreitung.[1241]

#### g) Stimmgewichtung in betriebsverfassungsrechtlichen Vertretungsorganen nach §§ 47 Abs. 9, 55 Abs. 4, 72 Abs. 8, 73a Abs. 4 BetrVG

572 Nach der **gesetzlichen Grundkonzeption** haben die Mitglieder in Gesamt und Konzernbetriebsrat und in den entsprechenden Jugend- und Auszubildendenvertretungen so viele Stimmen, wie Arbeitnehmer in den von ihnen vertretenen Betrieben beschäftigt sind. **Verzerrungen** können bei dieser Konzeption dann entstehen, wenn **gemeinsame Betriebe mehrerer Unternehmen** bestehen. Hier richtet sich grundsätzlich die Stimmengewichtung nach der Anzahl aller Arbeitnehmer des gemeinsamen Betriebes, nicht nur nach der Anzahl der Arbeitnehmer des Vertragsarbeitgebers. **Durch Tarifvertrag oder Betriebsvereinbarung** kann hier aber eine abweichende Regelung getroffen werden, die die genannten Verzerrungen verhindert.

#### h) Vergütung von Mitgliedern der Einigungsstelle nach § 76a Abs. 5 BetrVG

573 Durch Tarifvertrag und (unter Beachtung des Tarifvorrangs) gegebenenfalls auch durch Betriebsvereinbarung, kann die Vergütung der Mitglieder der Einigungsstelle anders als im Gesetz vorgesehen geregelt werden.

#### i) Tarifliche Schlichtungsstelle nach § 76 Abs. 8 BetrVG

574 Durch Tarifvertrag kann auch bestimmt werden, dass an die Stelle der gesetzlich vorgesehenen Einigungsstelle eine tarifliche Schlichtungsstelle tritt.

#### j) Betriebsvertretungen im Flugbetrieb nach § 117 Abs. 2 BetrVG

575 Das BetrVG ist nach § 117 Abs. 1 BetrVG nur auf die Landbetriebe von Luftfahrtunternehmen anwendbar; das fliegende Personal ist vom Gesetz nicht erfasst. Diese Personengruppe kann **nur eine betriebliche Interessenvertretung bilden, wenn ein Tarifvertrag dies ermöglicht**. Gegen die Herausnahme des fliegenden Personals aus der gesetzlichen Betriebsverfassung sind verfassungsrechtliche Bedenken geltend gemacht worden, die in Anbetracht der Situation ähnlich »mobiler« Beschäftigtengruppen in Speditionen und Außendienst nicht von der Hand zu weisen sind.[1242] Die Rechtsprechung[1243] und ein Großteil der Literatur[1244] ist

1240 BAG 11.6.1997 (7 ABR 5/96), AP Nr. 22 zu § 38 BetrVG 1972; *Fitting*, § 38 Rn. 28ff.
1241 DKK-*Wedde*, § 38 Rn. 26.
1242 DKK-*Däubler*, § 117 Rn. 4ff.
1243 BAG 10.9.1985 und 5.11.1985, AP Nr. 3 und 4 zu § 117 BetrVG 1972.
1244 Vgl. die Nachweise bei GK-*Wiese*, § 117 Rn. 6.

dem nicht gefolgt. In der Praxis sind zahlreiche Tarifverträge auf dieser Basis vereinbart worden.[1245]

### k) Beschwerdeverfahren nach § 86 BetrVG

Durch Tarifvertrag oder Betriebsvereinbarung können auch die Einzelheiten des Beschwerdeverfahrens nach §§ 84 und 85 BetrVG geregelt werden. 576

### l) Tarifliche Öffnungsklauseln nach § 77 Abs. 3 BetrVG

Schließlich kann nach § 77 Abs. 3 Satz 2 BetrVG durch eine tarifvertragliche Öffnungsklausel die Regelungssperre des § 77 Abs. 3 Satz 1 BetrVG abbedungen werden (vgl. dazu § 4 Rn. 394ff.). 577

### m) Änderungsverbot in der Personalvertretung nach §§ 3, 97 BPersVG

Im Gegensatz dazu enthalten §§ 3, 97 BPersVG ausdrückliche Änderungsverboten für die betriebliche Mitbestimmung im öffentlichen Dienst. Nach h.M. kann dann, wenn ein ausdrückliches Verbot besteht, wie dies in §§ 3, 97 BPersVG und den entsprechenden Regelungen in den Landespersonalvertretungsgesetzen der Fall ist, durch Tarifvertrag überhaupt nicht auf die Mitbestimmung Einfluss genommen werden.[1246] Das BAG hat die gesetzliche Einschränkung der Mitbestimmungsmöglichkeiten der Tarifvertragsparteien im öffentlichen Sektor als vereinbar mit Art. 9 Abs. 3 GG angesehen, ohne sich eindeutig zu der Reichweite der Veränderungssperre zu äußern.[1247] Maßgeblich war, dass durch die gesetzliche Einschränkung der tarifvertraglichen Möglichkeiten nicht das Mindestmaß an Koalitionsbetätigung verletzt würde, das nicht entziehbar ist. **Der eindeutige Normtext spricht dafür, dies für die Organisationstrukturen anzuerkennen**. Hin zu kommt die Erwägung, dass insoweit im öffentlichen Dienst kein so erheblicher Flexibilisierungsbedarf besteht, wie in der Privatwirtschaft. Ob allerdings ein generelles Verbot der tariflichen Erweiterung der Personalratsrechte mit Art. 9 Abs. 3 GG vereinbar ist, ist zweifelhaft. Schon das sehr unterschiedliche Niveau der gesetzlichen Personalratsrechte in den Personalvertretungsgesetzen der Länder spricht gegen eine allgemeine Tarifvertragssperre.[1248] 578

## 2. Tarifvertragliche Einschränkung der betriebsverfassungsrechtlichen Mitwirkungsmöglichkeiten

Nach allgemeiner Meinung können die Beteiligungsrechte des Betriebsrates nicht, auch nicht durch Tarifvertrag, eingeschränkt werden, weil die gesetzlichen Beteiligungsrechte als Mindestregelungen nicht abdingbar sind.[1249] In einer Entscheidung zu der Frage, ob ein Tarifvertrag Auskunftsansprüche des Betriebsrats, die sich auf Regelungen (hier Zielvereinbarungen) eben dieses Tarifver- 579

1245 Vgl. die Beispiele bei GK-*Wiese*, § 117 Rn. 10ff.
1246 *Kissel*, Arbeitskampfrecht, § 12 Rn. 3.
1247 BAG 15.7.1986, AP Nr. 1 zu Art. 3 LPVG Bayern.
1248 So auch *Däubler/Hensche* § 1 Rn. 792; differenzierend und bezogen auf die notwendige Wahrung des Demokratieprinzips auch ErfK/*Kania*, BetrVG vor § 74 Rn. 8.
1249 BAG 10.2.1988 (1 ABR 70/86), AP Nr. 53 zu § 99 BetrVG 1972; BAG 18.8.1987 (1 ABR 30/86), AP Nr. 23 zu § 77 BetrVG 1972; *Fitting*, § 1 Rn. 248, mit weiteren Nachweisen.

trages beziehen, reduzieren oder ausschließen kann[1250], hat das Gericht seine ständige Rechtsprechung noch einmal begründet. Die Rechte des Betriebsrats aus der Betriebsverfassung seien Mindestrechte, auf die der Betriebsrat nicht verzichten könne, die aber auch durch die Tarifvertragsparteien nicht ausschließbar seien. Die Möglichkeit der Tarifvertragsparteien, betriebsverfassungsrechtliche Fragen zu regeln (§§ 1 Abs. 1, 3 Abs. 2 TVG) berechtige nur zur Konkretisierung und Erweiterung der gesetzlich vorgeschriebenen Rechte, nicht aber zu deren Einschränkung. Die darin liegende Begrenzung der Tarifautonomie verstoße nicht gegen Art. 9 Abs. 3 GG, weil die Tarifvertragsparteien »auf das Instrument des Tarifvertrages in der Ausformung angewiesen (sind), die es durch das Gesetz erfahren hat. Dazu gehört, ebenso wie etwa die gerichtliche Durchsetzbarkeit tariflicher Ansprüche auch das gesetzliche Überwachungsrecht des Betriebsrats.«

### 3. Tarifvertragliche Erweiterung der betriebsverfassungsrechtlichen Mitwirkungsmöglichkeiten

580 Ob und inwieweit eine **Erweiterung der Mitbestimmungsrechte der Betriebsvertretungen durch Tarifvertrag möglich ist, ist nach wie vor streitig**. So wird in der Literatur damit argumentiert, dass das Betriebsverfassungsgesetz insgesamt, nicht nur seine organisatorischen Grundlagen, der Disposition der Tarifvertragsparteien entzogen sei, wenn nicht – ausnahmsweise – eine Sonderregelung zur Abweichung bestehe. Dies wird mit der unterschiedlichen Legitimationsbasis der Betriebsverfassung und des Tarifvertrages begründet und mit der Behauptung, das gesetzliche Modell enthalte einen Interessenausgleich, der die Betriebsverfassung als zweiseitig zwingend ausweise. Auch sei zu bedenken, dass Mitbestimmung nicht nur unter dem Gesichtspunkt des Arbeitnehmerschutzes gesehen werden könne, weil Betriebsvereinbarungen auch zu Lasten von Arbeitnehmern wirken können.[1251]

581 **Eine tarifvertragliche Erweiterung der Beteiligungsrechte des Betriebsrates wird von der Rechtsprechung demgegenüber seit langem anerkannt[1252], von der Literatur überwiegend akzeptiert[1253] und in der Praxis vereinbart.**
Vor allem die folgenden rechtlichen Gesichtspunkte sind maßgeblich:

- §§ 1 Abs. 1 und 3 Abs. 2 TVG sind durch keine der BetrVG-Novellen aufgehoben oder verändert worden.
- Das BetrVG enthält – anders als das BPersVG – nirgends eine Regelung zu den Beteiligungsrechten, aus der sich entnehmen ließe, dass es sich um zweiseitig zwingendes Recht handelt. Die Einschränkungen der tariflichen Möglichkeiten auf der Ebene der organisatorischen Regeln wurden oben dargestellt (siehe dazu § 1 Rn. 568 ff.). Aus ihnen lässt sich kein Umkehrschluss auf die Beteiligungsrechte ableiten.
- § 2 BetrVG stellt klar, dass das BetrVG die Aufgaben der Gewerkschaften und Arbeitgeberverbände nicht tangiert. Es ist also im Grundsatz keine Einschränkung der tariflichen Möglichkeiten gewollt.

---

1250 BAG 21.10.2003 (1 ABR 39/02), NZA 2004, 936 ff.

1251 GK-*Kraft* vor § 92 BetrVG Rn. 19; *Richardi*, BetrVG, Einl. Rn. 145 ff.; MünchArbR/*v. Hoyningen-Huene*, § 297 Rn. 100 ff.

1252 BAG 21.10.2003 (1 ABR 39/02), NZA 2004, 936 ff.; BAG 10.2.1988 (1 ABR 70/86), AP Nr. 53 zu § 99 BetrVG 1972; BAG vom 18.8.1987 (1 ABR 30/86), AP Nr. 23 zu § 77 BetrVG 1972.

1253 *Fitting*, § 1 Rn. 249 ff.; *Stein*, Rn. 223 ff., jeweils mit weiteren Nachweisen.

– Auch § 77 Abs. 3 BetrVG zeigt, dass der Tarifvertrag den Betriebsvertretungen Aufgaben zuweisen kann (vgl. genauer § 4 Rn. 415 ff.).

**Schließlich und vor allen Dingen ist im Hinblick auf Art. 9 Abs. 3 GG eine tarifvertragsfreundliche Auslegung geboten.** Gleichwohl macht es Sinn mit dem überwiegenden Teil der Literatur für die einzelnen Beteiligungstatbestände zu differenzieren, weil die Interessenlagen und die dahinter stehenden grundrechtlichen Schutzbereiche durchaus differenziert sind. Die folgenden Ausführungen können nicht alle möglichen Varianten systematisch erfassen, sondern nur exemplarisch sein. **582**

### a) Sachliche Voraussetzungen der Betriebsratsarbeit

Im Bereich der Kostentragungspflicht des Arbeitgebers gibt es inhaltlich kaum Anknüpfungspunkte für Tarifvereinbarungen, da nach dem Gesetz alle notwendigen Kosten zu tragen sind (§ 40 BetrVG). Lediglich eine gewisse Pauschalierung kommt in Betracht.[1254] Eine Einschränkung der Kostentragungspflicht durch Tarifvertrag ist wegen des oben genannten Verschlechterungsverbotes rechtlich nicht möglich. Zudem handelt es sich nach Ansicht des BAG hier um eine Organisationsnorm, die lediglich konkretisierende tarifvertragliche Regelungen zulässt.[1255] Diese Einordnung überzeugt nicht: in der Sache geht es um operative Rechte des Betriebsrates, die mit der grundsätzlichen Organisationsstruktur wenig zu tun haben.[1256] Eine Ausweitung der Betriebsratsrechte wäre also an sich möglich. **583**

### b) Betriebliche Informationsrechte

Entsprechendes gilt für die Informationsrechte des Betriebsrates nach § 80 Abs. 2 BetrVG: Auch sie sind jeder tarifvertraglichen Verschlechterung entzogen.[1257] Gegen eine Ausweitung von Informationsrechten bestehen keine Bedenken.[1258] Dies gilt im gesamten Bereich der Beteiligungsrechte der Betriebsräte, so z.B. auch bei der Gestaltung von Arbeitsplatz, Arbeitsablauf und Arbeitsumgebung nach §§ 90, 91 BetrVG.[1259] **584**

### c) Mitbestimmung in sozialen Angelegenheiten

Das Verhältnis zwischen Tarifvertrag und betrieblicher Mitbestimmung ist gerade im Bereich der sozialen Angelegenheiten nach § 87 BetrVG durchaus komplex. Es gilt – wie an anderer Stelle dargelegt (Grundl. Rn. 345 ff.) – der Grundsatz des Tarifvorrangs nach § 87 Abs. 1, d.h. der Betriebsrat kann nur mitbestimmen, soweit eine tarifvertragliche Regelung nicht besteht. **Insofern schränkt ein bestehender Tarifvertrag in der Sache also die Reichweite des Mitbestimmungsrechtes ein.** Allerdings gilt dies nur, wenn der Tarifvertrag eine abschließende und zwingende Regelung enthält, so dass weder ein Bedarf noch ein Spielraum für die Mitbestimmung besteht. **585**

---

1254 *Fitting*, § 40 BetrVG Rn. 3.
1255 BAG 9.6.1999 (7 ABR 66/97), AP Nr. 66 zu § 40 BetrVG 1972.
1256 So auch DKK-*Däubler*, Einl. Rn. 83, mit weiteren Nachweisen.
1257 BAG 21.10.2003 (1 ABR 39/02), DB 2004, 322.
1258 Ebenso *Löwisch/Rieble* § 1 Rn. 144.
1259 *Fitting*, § 90 Rn. 5.

586 **Auf der anderen Seite kann die Mitbestimmung, was ihre Gegenstände und ihre Intensität angeht, durch Tarifvertrag aber auch erweitert werden.** Dies entspricht inzwischen der herrschenden Meinung und ist vom BAG mehrfach entschieden worden.[1260] Im Mittelpunkt der praktischen Regelungen stehen Arbeitszeit- und Entgeltfragen.[1261] So ist z.B. eine tarifliche Regelung, wonach Sonderzahlungen aus dem Tronc-Aufkommen einer Spielbank der Zustimmung des Betriebsrates bedürfen, zulässig.[1262] Seit der Entscheidung des BAG zum Leber-Kompromiss ist anerkannt, dass die Mitwirkung des Betriebsrates bei der Arbeitszeit sich auch auf deren Dauer beziehen kann.[1263] Diese Entscheidung ist inzwischen eine Basis der verbreiteten Regelung zur Arbeitszeitverkürzung durch die Betriebsräte bei beschäftigungssichernden Tarifverträgen (vgl. im Einzelnen § 4 Rn. 318 ff.).

587 **Als Grenze der Erweiterung der Mitbestimmung in sozialen Angelegenheiten wird allgemein der Kern der unternehmerischen Entscheidungsfreiheit genannt.**[1264] Die Konturen dieser Grenzziehung sind allerdings nicht sehr scharf. Dies gilt sowohl für die Rechtsprechung des BVerfG, wonach die Ausübung der Tarifautonomie nicht dazu führen darf, dass die Entfaltung der Unternehmensautonomie unangemessen eingeschränkt wird[1265], als auch für die Rechtsprechung des BAG, wonach die beiden Grundrechtsgewährleistungen so umzusetzen sind, dass beide jeweils bestmöglich wirksam werden können.[1266] Richtig stellt das BAG heraus, dass sich die wirtschaftliche und die soziale Seite einer Entscheidung oft nicht voneinander trennen lassen. Das Problem, um das es ging, war die Entscheidung des Unternehmers, ein neues Personalbemessungssystem einzuführen. Da dieses zugleich auf die Arbeitsgeschwindigkeit wirkte, kam eine »Tarifvertragsfreiheit« dieser Entscheidung nicht in Frage.

**Der »tariffreundlichen« Rechtsprechung im Bereich der tariflichen Ausweitung der sozialen Angelegenheiten ist insgesamt zuzustimmen.** Sie entspricht der Bedeutung von Art. 9 Abs. 3 GG ebenso wie den Anforderungen an einen effektiven Arbeitnehmerschutz gerade im sozialen Bereich. So hatte und hat die institutionalisierte Arbeitnehmerbeteiligung ihren Schwerpunkt im Bereich der sozialen Angelegenheiten: hier ist die funktionelle Zuständigkeit des Betriebsrates unbeschränkt. Gemäß § 88 BetrVG können freiwillige Betriebsvereinbarungen nicht nur in den dort aufgeführten, sondern in zahlreichen weiteren Fällen abgeschlossen werden. Auch die Fragen der Gestaltung der menschengerechten Arbeit, die im Gesetz nur recht eingeschränkt in §§ 90, 91 BetrVG geregelt sind, gehören in diesen Kontext, stehen also einer tarifvertraglichen Erweiterung offen.

---

1260 BAG 18.8.1987 (1 ABR 30/86), AP Nr. 23 zu § 77 BetrVG 1972; BAG 9.5.1995 (1 ABR 56/94), AP Nr. 2 zu § 76 BetrVG 1972 Einigungsstelle; *Fitting*, § 87 Rn. 8; DKK-*Klebe*, § 87 Rn. 35 ff.; Wiedemann/*Oetker*, § 1 Rn. 601, mit weiteren Nachweisen; a.A. *Richardi/Richardi*, § 87 Rn. 12.

1261 Vgl. die zahlreichen Beispiele in *Däubler/Hensche*, § 1 Rn. 813 ff.

1262 BAG 16.7.1985, AP Nr. 17 zu § 87 BetrVG 1972 Lohngestaltung.

1263 BAG 18.8.1987 (1 ABR 30/86), AP Nr. 23 zu § 77 BetrVG 1972.

1264 Vgl. *Fitting* § 87 Rn. 8; Wiedemann/*Oetker*, § 1 Rn. 601; um der systematischen Klarheit willen – trotz der Ablehnung der Unternehmerfreiheit in diesem Kontext – auch *Däubler/Hensche*, § 1 Rn. 819.

1265 BVerfG 14.10.1970 (1 BVR 306/68), NJW 1971, 368; BVerfG 1.3.1979 (1 BVR 532, 533/77, 419/78 und 1 BVL 21/78), NJW 1979, 699; BVerfG 16.5.1995 (1 BVR 1087/91), NJW 1995, 2479.

1266 BAG 3.4.1990 (1 AZR 123/89), AP Nr. 56 zu Art. 9 GG.

### d) Mitbestimmung in personellen Angelegenheiten

Im Zusammenhang mit der Mitbestimmung in personellen Angelegenheiten 588
wurde zunächst die tarifvertragliche Verlängerung der Wochenfrist zur Ausübung des Widerspruchsrechts nach § 99 Abs. 3 BetrVG höchstrichterlich bestätigt.[1267] Auch die tarifvertragliche Erweiterung der Rechte des Betriebsrates bei der Einstellung ist von der Rechtsprechung seit langem anerkannt.[1268] Ein möglicher Verstoß gegen die Unternehmensautonomie wird in der Zuerkennung eines echten Mitbestimmungsrechts in Bezug auf die Person des Einzustellenden nicht gesehen; solche Probleme seien nur dann gegeben, wenn dem Betriebsrat ein Mitbestimmungsrecht bei der Entscheidung zuerkannt werde, ob überhaupt ein Arbeitnehmer eingestellt wird. Unter Bezugnahme auf diese Entscheidung ist später auch zugelassen worden, dass Kündigungen an die Zustimmung des Betriebsrates geknüpft werden.[1269] Betont wird aber, dass in einem solchen Falle eine Möglichkeit des Arbeitgebers gegeben sein muss, gegen eine ablehnende Entscheidung des Betriebsrates rechtlich vorzugehen. Ob eine Einigungsstelle oder eine tarifliche Schlichtungsstelle dafür vorgesehen sei oder ob der direkte Zugang zum Arbeitsgericht den Konflikt regeln solle, sei jedoch gleichgültig. Auch in dieser Entscheidung wird betont, dass eine Regelung, die die Unternehmerfreiheit nur »berührt«, keine rechtlichen Probleme aufwirft. Unzulässig seien lediglich Regelungen, die die »eigentliche« Unternehmerfreiheit einschränken, also etwa Betriebsstilllegungen oder ähnliches betreffen. Diese Rechtsprechungslinien werden im **Großen und Ganzen von der Literatur akzeptiert und verdienen Zustimmung.**[1270]

### e) Mitbestimmung in wirtschaftlichen Angelegenheiten

In wirtschaftlichen Angelegenheiten wird die Zulässigkeit einer Erweiterung der 589
Beteiligungsrechte der Betriebsräte **in aller Regel eher kritisch** gesehen.[1271] Allerdings wird auch hier betont, dass dann, wenn eine **wirtschaftliche Entscheidung sich auch auf die Arbeitsbedingungen auswirkt, zu differenzieren** ist. Dies gilt auch für Betriebsänderungen oder -stilllegungen.[1272]

Praktische Bedeutung haben in diesem Zusammenhang zum Teil die **tariflichen** 590
**Bündnisse für Arbeit** (vgl. dazu § 4 Rn. 292 ff. und Rn. 394 ff.), die oft neben der Regelung (befristeter) Kündigungsausschluss gegen Entgeltreduzierung auch Investitionszusagen enthalten.[1273]

Auch **betriebsbezogene tarifvertragliche Rationalisierungsschutzabkommen** 591
als Antwort auf geplante Betriebsstilllegungen oder -verlagerungen gehören mittelbar in diesen Kontext). Die Tarifvertragsparteien können hier – unabhängig

1267 BAG 22. 10. 1985, AP Nr. 23 zu § 99 BetrVG 1972.

1268 BAG 10. 2. 1988 (1 ABR 70/86), AP Nr. 53 zu § 99 BetrVG 52.

1269 BAG 21. 6. 2000 (4 AZR 379/99), AP Nr. 121 zu § 102 BetrVG 1972.

1270 *Fitting*, § 1 BetrVG Rn. 254 ff., *Däubler/Hensche*, § 1 TVG Rn. 822 ff.; Wiedemann/*Oetker*, § 1 TVG Rn. 602, mit weiteren Nachweisen.

1271 *Fitting*, § 1 BetrVG Rn. 257; Wiedemann/*Oetker*, § 1 TVG Rn. 603; mit zahlreichen Argumenten gegen einen überzogenen Schutz der Unternehmerfreiheit in diesem Kontext *Däubler/Hensche*, § 1 Rn. 827 ff.

1272 *Wolter*, RdA 2002, 218 ff.; als (nicht akzeptable) Konsequenz aus der Rechtsprechung des BAG auch *Hohenstatt/Schramm*, DB 2004, 2216.

1273 *Däubler/Hensche*, § 1 Rn. 828; ein aktuelles Beispiel bietet der Haustarifvertrag von VW vom November 2004, vgl. Info-Blatt des IG Metall Bezirks Niedersachsen und Sachsen Anhalt, HAZ 5. 11. 2004, 11.

davon, ob zum selben Vorgang ein Sozialplan geplant, in Verhandlung oder vereinbart ist – nach herrschender und zutreffender Ansicht (zusätzlich) ein Rationalisierungsschutzabkommen abschließen.[1274] Nach der Rechtsprechung ist ein solcher Tarifvertrag rechtswidrig, wenn die Hauptforderung darin besteht, den Standort zu erhalten: in diesem Falle sei die **freie Unternehmerentscheidung** nicht mehr gegeben.[1275] Ist allerdings die Forderung nach der Standorterhaltung nur eine »politische Forderung«, d.h. nicht Gegenstand des erstrebten Tarifvertrages, geht es also im Kern nicht um das »ob« der Produktionsverlagerung, sondern um das »wie« (Verlängerung der Kündigungsfristen, Qualifizierungsmaßnahmen, Abfindungen), werden solche **Tarifverträge einschließlich der Streikmöglichkeit anerkannt**.[1276] Diese Rechtsprechung verdient Zustimmung, weil sie das Nebeneinander der betriebsverfassungsrechtlichen Mitbestimmung und der tarifvertraglichen Handlungsmöglichkeiten zutreffend widerspiegelt.[1277]

### f) Tendenzschutz

592 Der Arbeitgeber kann nach der höchstrichterlichen Rechtsprechung jedenfalls im Bereich **karitativer und erzieherischer Tendenzen, bei denen es nicht um unverzichtbare Grundrechtspositionen geht, durch Tarifvertrag auf den Tendenzschutz verzichten.**[1278] Es mache im Grundsatz keinen Unterschied, ob der Arbeitgeber generell auf den Tendenzschutz verzichtet oder nur hinsichtlich einzelner Maßnahmen Mitbestimmungsrechte einräumt. Diese Grundsätze lassen sich durchaus auf die Tendenzbestimmungen allgemein erweitern: sofern Grundrechte in Frage stehen, sind insofern ohnehin den Tarifinhalten Grenzen gesetzt (vgl. Grundl. Rn. 188 ff.).[1279]

### g) Mitbestimmung in Ausbildungsbetrieben

593 Schließlich ist eine **vereinbarte Mitbestimmung in Bereichen möglich, in denen nach geltendem Recht die Betriebsverfassung nicht greift**. Das ist der Fall in Ausbildungsbetrieben. Nach ganz herrschender und zutreffender Meinung sind die zu ihrer Berufsausbildung Beschäftigten keine Arbeitnehmer, weil es in diesen Vertragsverhältnissen nicht zentral um die Erbringung einer Arbeitsleistung geht. Findet die Ausbildung im Betrieb statt, werden sie gleichwohl den Arbeitnehmern im Sinne des § 5 BetrVG zugerechnet.[1280] In externen Ausbildungsbetrieben ist ein solches Hinzurechnen nicht möglich. Im Rahmen der Novellierung des BBiG[1281] ist solchen Auszubildenden zwar das Wahlrecht für eine besondere Interessenvertretung zuerkannt worden, der die Einzelheiten regelnde Verordnungsentwurf ist aber noch nicht verabschiedet worden, sodass es an

---

1274 *Fitting*, § 1 BetrVG Rn. 259; *Wolter*, RdA 2002, 218; *Zabel*, AiB 2004, 636 f.
1275 LAG Hamm 31.5.2000 (18 Sa 858/00), NZA-RR 2000, 535 ff.
1276 LAG Schleswig-Holstein 27.3.2003 (5 Sa 137/03), AP Nr. 165 zu Art. 9 GG Arbeitskampf; LAG Niedersachsen 2.6.2004 (7 Sa 819/04), AP Nr. 164 zu Art. 9 GG Arbeitskampf. Grundlegend zur Zulässigkeit eines Streiks um einen Firmentarifvertrag auch bei Verbandszugehörigkeit des Arbeitgebers BAG 10.12.2002 (1 AZR 96/02), AP Nr. 162 zu Art. 9 GG Arbeitskampf. Kritisch zu dieser Rechtsprechung *Rolfs/Clemens*, NZA 2004, 414 ff.; *Bauer/Krieger*, NZA 2004, 1019.
1277 Kritisch in Bezug auf die Sicherung der Unternehmerfreiheit aber *Hensche*, AuR 2004, 443.
1278 BAG 5.10.2000 (1 ABR 14/00), AP Nr. 67 zu § 118 BetrVG 72.
1279 *Fitting*, § 118 Rn. 52; ausführlich *Däubler/Hensche* § 1 Rn. 840 ff.
1280 BAG 21.7.1993, AP Nr. 8 zu § 5 BetrVG Ausbildung.
1281 BGBl. I 2002, 3140.

einer Rechtsgrundlage fehlt. In dieser Situation bestehen keinerlei Einwände gegen die tarifvertragliche Vereinbarung entsprechender Mitbestimmungsstrukturen, mit der sich Teile der **Praxis**, z. B. bei der Telekom, mittlerweile selbst geholfen haben.[1282]

## VI. Tarifliche Regelung und Gestaltung der Unternehmensmitbestimmung

### Literatur:

*Calle Lambach*, Die Beteiligung der Arbeitnehmer in der Europäischen Gesellschaft (SE), 2004; *Fabricius*, Erweiterung der Arbeitnehmerbeteiligung im Aufsichtsrat einer Aktiengesellschaft gemäß § 76 BetrVG 1952 auf rechtsgeschäftlicher Grundlage, FS Hilger und Stumpf, 1983, 155; *Karsten*, Schuldrechtliche Tarifverträge und außertarifliche Sozialpartnervereinbarungen, 2004; *Klebe/Köstler*, Die Zukunft der Unternehmensmitbestimmung, FS Wissmann, 2005, 443; *Köstler/Kittner/Zachert/Müller*, Aufsichtsratspraxis. Handbuch für die Arbeitnehmervertreter im Aufsichtsrat, 7.Aufl., 2003.; *Koberski*, Fusionsrichtlinie und Arbeitnehmerbeteiligung, FS Wissmann, 2005, 474; *Kraushaar*, Europäische Aktiengesellschaft (SE) und Unternehmensmitbestimmung, BB 2003, 1614; *Mertens*, Zur Gültigkeit von Mitbestimmungsvereinbarungen, AG 1982, 141; *Nagel*, Ist die Europäische Aktiengesellschaft attraktiv?, DB 2004, 1299; *Nagel*, Die Europäische Aktiengesellschaft (SE) in Deutschland – der Regierungsentwurf zum SE-Einführungsgesetz, NZG 2004, 833; *Niklas*, Beteiligung der Arbeitnehmer an der Europäischen Gesellschaft (SE) – Umsetzung in Deutschland, NZA 2004, 1200; *Noack*, Gesellschaftervereinbarungen bei Kapitalgesellschaften, 1994; *Peus*, Die Praxis privatautonomer Mitbestimmungsvereinbarungen, AG 1982, 206; *Rieble* (Hrsg.), Zukunft der Unternehmensmitbestimmung, 2004; *Schöpfe*, Gewillkürte Unternehmensmitbestimmung, 2003; *Wendeling-Schröder*, Divisionalisierung, Mitbestimmung und Tarifvertrag, 1984; *Wisskirchen / Prinz*, Das Gesetz über die Beteiligung der Arbeitnehmer in einer Europäischen Gesellschaft (SE), DB 2004, 2638; *Wißmann*, Der Anwendungsbereich der Unternehmensmitbestimmung als Dauerpatient, FS Däubler, 1999, 385.

Die Frage, ob die Tarifvertragsparteien durch Tarifvertrag die Unternehmens- **594**
verfassung ändern, insbesondere die Zusammensetzung des Aufsichtsrates – etwa im Sinne der Parität – festlegen können, ist nach wie vor umstritten.
Die wohl allgemeine Meinung lehnt Tarifverträge mit **normativer Wirkung** über diesen Regelungsbereich ab.[1283] Dem ist zu folgen, weil die Unternehmensverfassung nicht zum Katalog regelbarer Bereiche nach § 1 Abs. 1 TVG gehört; sie ist keine »betriebsverfassungsrechtliche Angelegenheit«.[1284]

Andererseits finden sich durchaus Stimmen, die derartige Tarifverträge mit **595**
**schuldrechtlicher Wirkung** grundsätzlich für möglich halten.[1285] Die rechtliche

---

1282 Vgl. *Klinkhammer*, Tarifvertragliche Mitbestimmung, FS 50 Jahre BAG, 963.

1283 *Däubler/Hensche*, § 1 Rn. 847 ff.; *Löwisch/Rieble*, § 1 Rn. 115; Wiedemann/*Wiedemann*, Einl. Rn. 454 ff. und § 1 Rn. 135 und Wiedemann/*Oetker*, § 1 Rn. 593.

1284 Zum Unterschied zwischen Betriebsverfassung und Unternehmensmitbestimmung vgl. ErfK/*Eisemann*, § 1 BetrVG Rn. 3.

1285 *Däubler/Hensche*, § 1 Rn. 849; *Fabricius*, FS Hilger und Stumpf, 155 ff.; *Jahnke*, Tarifautonomie und Mitbestimmung, 197 ff.; *Köstler/Kittner/Zachert/Müller*, Aufsichtsratspraxis, 151; *Wendeling-Schröder*, Divisionalisierung, 169 ff. A. A. die h. M. vgl. ErfK/*Oetker*, Einl. DrittelbG Rn. 6 ff.

Zulässigkeit solcher Vereinbarungen richtet sich zunächst danach, ob derartiges überhaupt in den Bereich fällt, der tariflichen Vereinbarungen offen steht und zum anderen danach, ob das Gesellschaftsrecht und das Mitbestimmungsrecht hier besondere Grenzen setzen, die einer Regelung entgegenstehen.

**596** **Praktische Bedeutung** hat die Vereinbarung von Mitbestimmungsstrukturen im Bereich der **Sicherung** der Mitbestimmung bei Umstrukturierungen von Unternehmen und Konzernen gewonnen. Eine **Erweiterung** der Intensität der Mitbestimmung in Richtung auf paritätische oder quasi-paritätische Regelungen ist vor allem in Unternehmen der öffentlichen Hand und in gemeinwirtschaftlichen Unternehmen der Gewerkschaften zu verzeichnen.[1286]

### 1. Die Unternehmensverfassung als Teil der »Arbeits- und Wirtschaftsbedingungen«

**597** Die Beeinflussung des Mitbestimmungsrechts durch Tarifvertrag ist grundsätzlich dem **Regelungsbereich der »Arbeits- und Wirtschaftsbedingungen« nach Art. 9 Abs. 3 GG zuzurechnen.**[1287] In Anbetracht des eindeutigen Wortlauts verbietet sich eine Interpretation, die nur auf Arbeitsbedingungen fokussiert. Dies gilt umso mehr, als die Formulierung im Grundgesetz identisch ist mit der entsprechenden Formulierung in Art. 159 der Weimarer Verfassung, welche sich ihrerseits mit dieser Formulierung gegen die »Lohn- und Arbeitsbedingungen« der damaligen GewO abgrenzte. Außerdem betrifft auch die Unternehmensmitbestimmung das Verhältnis Arbeitnehmer – Arbeitgeber: Der Unternehmensmitbestimmung geht es um den Schutz von Arbeitnehmerinteressen und die Möglichkeit, schon in einer frühen Phase der Entscheidungsfindung solche Arbeitnehmerinteressen einzubringen. Dass bisher – soweit ersichtlich – keine Mitbestimmungsvereinbarung als Tarifvertrag bezeichnet wurden, ist demgegenüber unschädlich: die Offenheit der Formulierung zur Tarifautonomie im Grundgesetz ist gerade auf die Erschließung neuer Bereiche angelegt.

### 2. Die Grenzen des Gesellschaftsrechts und des Mitbestimmungsrechts

**598** **Grenzen** für tarifvertragliche Änderungen der Mitbestimmungsstrukturen ergeben sich aber aus dem **Gesellschaftsrecht und dem Mitbestimmungsrecht, wenn und sofern dieses zwingenden Charakter hat.** So widerspräche es dem Mitbestimmungsrecht unstreitig, wenn durch Vereinbarung das gesetzliche Mitbestimmungsmodell unterschritten würde, denn insoweit handelt es sich um **nicht verschlechterbares Arbeitnehmerschutzrecht** (z.B. Vereinbarung einer Drittelparität in einem Unternehmen, das unter das MitbestG 1976 fällt). Entsprechendes kann aber auch bei einem Auswechseln des Modells »nach oben« (etwa Montan-Mitbestimmung statt MitbestG) gelten, weil insoweit ein **Verstoß gegen § 96 Abs. 1 AktG vorliegt.**[1288] Nahezu unstreitig ist demgegenüber, dass bei Unternehmen, die außerhalb des Geltungsbereichs der gesetzlichen Mitbestim-

1286 Zum Problembereich ausführlich mit weiteren Nachweisen: *Däubler*, Tarifvertragsrecht, Rn. 1103; zum so genannten Lüdenscheider Abkommen: BB 1959, 1028; historischer Überblick bei *Peus*, Die AG 1982, 206ff.; stark restriktiv *Mertens*, Die AG 1982, 141ff. Aus der neueren Literatur *Köstler/Kittner/Zachert/Müller*, Aufsichtsratspraxis, 146ff. Zum ergänzenden Vorschlag eines Unternehmensvertrages vgl. *Däubler/Hensche*, § 1 Rn. 850.

1287 *AK-GG-Kittner/Schiek*, Art. 9 Abs. 3 Rn. 83f.; *Wendeling-Schröder*, Divisionalisierung, 159ff.

1288 *Raiser*, § 1 Rn. 49, mit weiteren Nachweisen.

mung liegen, auch eine solche Art der vereinbarten Mitbestimmung möglich ist.[1289]

Vereinbarungsfest sind auch die Regeln zur grundsätzlichen Struktur der Gesellschaft ebenso wie in Fragen des Gesellschaftszwecks.[1290] Ansonsten ist **nach der Rechtsform der Unternehmen zu unterscheiden**.[1291] Wegen der Satzungsstrenge der Aktiengesellschaft bestehen hier z.B. deutlich engere Grenzen als in der GmbH. **599**

Keine gesellschaftsrechtlichen oder mitbestimmungsrechtlichen Bedenken bestehen im Falle der **Platzierung weiterer Arbeitnehmer auf der Arbeitgeberbank**. Hier hat der BGH die Zuwahl von Repräsentanten der Arbeitnehmer durch die Anteilseignerversammlung in einer Aktiengesellschaft mit Drittelparität mit dem Ziel, die paritätische Mitbestimmung zu erreichen, uneingeschränkt für zulässig erklärt.[1292] Begründet wurde diese Entscheidung vor allem mit der mitbestimmungsrechtlichen Gesetzgebungsgeschichte, aus der in der Tat eindeutig hervorgeht, dass der Gesetzgeber es ermöglichen wollte, dass die Anteilseignerversammlung freiwillig zusätzliche Arbeitnehmervertreter in das Aufsichtsorgan wählt.[1293] Wenig später hat das OLG Bremen entschieden, dass eine derartige Zuwahl auch auf einer Bestimmung im Gesellschaftsvertrag beruhen kann.[1294] Diese Ansätze sind weitgehend akzeptiert worden: Auch die Autoren, die an sich unter gesellschaftsrechtlichen Aspekten der »**vereinbarten Mitbestimmung**« vor allem in der Aktiengesellschaft eher kritisch gegenüberstehen, lassen es z.B. zu, dass in einer Satzung festgeschrieben wird, dass ein bestimmter Teil der von der Hauptversammlung zu wählenden Mitglieder als Arbeitnehmer im Unternehmen beschäftigt sein muss. Ebenso wird akzeptiert, dass sich Aktionäre verpflichten, ihre Stimme im Sinne eines Vorschlages der Arbeitnehmerseite oder der Gewerkschaften auszuüben.[1295] Auch die Entsendung von Arbeitnehmern durch Anteilseigner nach §§ 100, 101 AktG wird in diesem Zusammenhang zugelassen.[1296] **600**

Ebenso spricht viel dafür, Regelungen **zur (begrenzten) Beibehaltung von Mitbestimmungsstrukturen für zulässig** zu halten.[1297] Dies gilt umso mehr, als § 325 Abs. 1 UmwG einen entsprechenden Ansatz enthält. **601**

Die vielfach hervorgehobene Frage, wer auf der Arbeitgeberseite für den Abschluss entsprechender Vereinbarungen **zuständig** ist, darf nicht überbewertet werden. Rechtlich ist vor allen Dingen zwischen der Vertretungsbefugnis nach außen und den internen Zuständigkeiten zu unterscheiden. Außerdem ist die Möglichkeit der Vollmachtserteilung zu berücksichtigen. Bestehende Verpflichtungen zur Zustimmung der Gesellschafterversammlung können aber gewiss als »immanente Schwäche«[1298] solcher Vereinbarungen bezeichnet werden. **602**

---

1289 *Fitting/Wlotzke/Wißmann*, § 1 Rn. 5, *Hanau/Ulmer*, § 1 Rn. 22, mit weiteren Nachweisen.

1290 Wiedemann/*Wiedemann*, Einl. Rn. 454.

1291 Vgl. dazu ausführlich *Schöpfe*, 40ff.

1292 BGH 5.5.1975 ( III ZR 17/73) NJW 1975, 1657f.; zustimend *Raiser*, Einl. Rn. 55 und § 1 Rn. 51; *Wendeling-Schröder*, Divisionalisierung, 167ff.

1293 Schriftlicher Bericht des Ausschusses für Arbeit vom 8.7.1952, BT-Drucks. I 3585, 19.

1294 OLG Bremen 22.3.1977 (2 W 102/75) NJW 1977, 1153ff.

1295 *Hanau/Ulmer*, § 1 Rn. 21.

1296 Ausführlich dazu *Schöpfe*, 69ff.; Noack, 66ff.

1297 Ebenso allerdings de lege ferenda *Wißmann*, FS Däubler, 396ff.

1298 So *Däubler/Hensche*, § 1 Rn. 849.

### 3. Probleme der Divisionalisierung und Spartenorganisation

603 Schließlich erscheint es zulässig, Verträge etwa über **paritätische Beiräte** zur Unterstützung von Aufsichtsräten abzuschließen, um einem Leerlaufen der Mitbestimmung entgegenzuwirken, das durch Divisionalisierung und Spartenorganisation auf der Ebene der Unternehmensverfassung herbeigeführt werden kann. Die Möglichkeiten vereinbarter Betriebsratsstrukturen nach § 3 Abs. 1 Nr. 2 BetrVG (Spartenbetriebsräte) würden so auf der Ebene der Unternehmensmitbestimmung komplettiert. Solche Gremien dürfen aber die gesetzlichen Aufsichtsräte nicht verdrängen oder beeinträchtigen.[1299]

### 4. Stimmbindungsverträge

604 Die Praxis hat sich im Hinblick auf die rechtliche Unsicherheit bei der tarifvertraglichen Regelungen der Unternehmensverfassung bislang durch den Abschluss von **Stimmbindungsverträgen** oder anderer **außertariflicher Abreden** auf der Ebene privatrechtlicher Vereinbarungen geholfen.[1300]

### 5. Arbeitskampf

605 Schuldrechtliche tarifliche Vereinbarungen sind grundsätzlich auch **erstreikbar** (§ 1 Rn. 761). Dies gilt nicht für Vereinbarungen, die außerhalb der tariflichen Form stehen.

### 6. Die neue Entwicklung im europäischen Gemeinschaftsrecht

606 Seit Ende des Jahres 2004 ist die Verordnung über das Statut der Europäischen Aktiengesellschaft, der Societas Europae (SE)[1301] und der Richtlinie 2001/86/EG[1302] zur Ergänzung des Statuts der Europäischen Gesellschaft hinsichtlich der Beteiligung der Arbeitnehmer durch das SEEG umgesetzt.[1303]

Für den vorliegenden Zusammenhang ist diese Regelung von Bedeutung, weil die Vereinbarung der Mitbestimmung in diesem Kontext ein zentraler Bestandteil des Konzeptes ist. Nach dem Vorbild der Vereinbarungslösung bei der Errichtung Europäischer Betriebsräte (vgl. § 1 Rn. 567) verzichtet auch der »Mitbestimmungsteil« der SE weitgehend auf inhaltliche Vorgaben für die Beteiligung der Arbeitnehmer und beschränkt sich darauf, ein **Verfahren vorzugeben, das eine Mitbestimmungsvereinbarung ermöglicht. Nur dann, wenn die Verhandlungen scheitern, tritt nach Art. 7 der Richtlinie eine Auffangregelung in Kraft.** Diese bestimmt sich nach dem höchsten Mitbestimmungsstandard in den beteiligten Ländern, um einer Flucht aus der Mitbestimmung vorzubeugen.

Die Rechtsnatur einer entsprechenden Mitbestimmungsvereinbarung ist nicht klar. Vorhandene Vereinbarungen, wie etwa die der Aventis S.A. machen aber deutlich, dass auf die Gewerkschaften hier erhebliche Verantwortung zu kom-

---

1299 Zu diesem Problembereich vgl. genauer *Wendeling-Schröder*, Divisionalisierung, 158ff.

1300 *Schöpfe*, 230ff.; vgl. auch *Karsten*, 168ff. Zur Rechtsprechung BAG 14.4.2004 (4 AZR 232/03), DB 2004, 2703f.

1301 ABlEG Nr. L 294 vom 10.11.2001, 1ff.

1302 ABlEG Nr. L 294 vom 10.11.2001, 22ff.

1303 BGBl I, 2004, 3675ff.; vgl. dazu *Nagel*, DB 2004, 1299ff.; *ders.*, NZG 2004, 833ff.; *Niklas*, NZA 2004, 1200ff., *Wisskirchen/Prinz*, DB 2004, 2638ff.

men kann.[1304] Mit der Beteiligung von Gewerkschaften werden solche Vereinbarungen aber nicht zwangsläufig zu Tarifverträgen.
Insgesamt ist aber zu erwarten, dass dem Gedanken der vereinbarten Mitbestimmung insgesamt durch die Neuregelung eine neue Schubkraft verliehen wird.[1305]

## VII. Tarifnormen zur Regelung sonstiger arbeitsvertraglicher Pflichten

### Literatur:

*Baumann, Th.*, Die Delegation tariflicher Rechtsetzungsbefugnisse, 1992; *Behning*, Die Schlichtung in der kollektiven Arbeitsverfassung der Bundesrepublik Deutschland, 1994; *Blomeyer*, Besitzstandswahrung durch Tarifvertrag – Zugleich ein Beitrag zu den Grenzen der Tarifmacht, ZfA 1980, 1; *Bolwin/Schröder*, Das Projekt Bühnenreform und seine Verwirklichung, ZTR 2003, 2; *Däubler*, Das soziale Ideal des Bundesarbeitsgerichts, in: Kittner, Hrsg. Streik und Aussperrung, 1973, 411; *Dütz*, Arbeitsrechtliche Schiedsgutachten in der jüngeren höchstrichterlichen Rechtsprechung, FS 50 Jahre Arbeitsgerichtsbarkeit Rheinland-Pfalz, 1999, 57; *Herschel*, Verweisungen in Tarifverträgen und Betriebsvereinbarungen, BB 1963, 1220; *Keller, Berndt*, Theorien über den Einfluss des Neutralen auf Schlichtungsverhandlungen, 1973; *Knevels*, Das Schlichtungswesen in der Bundesrepublik, ZTR 1988, 408; *Kocher*, Arbitrato e conciliazone nel diritto del lavoro tedesco, Dir. del Lavoro e di Relazioni Industriali, 2000, 463; *Königbauer*, Freiwillige Schlichtung und tarifliche Schiedsgerichtsbarkeit, 1971; *Külp*, Der Einfluss von Schlichtungsformen auf Verlauf und Ergebnis von Tarif- und Schlichtungsverhandlungen, 1972; *Lembke*, Staatliche Schlichtung in Arbeitsstreitigkeiten nach dem Kontrollratsgesetz Nr. 35, RdA 2000, 223; *MüllerGlöge*, »Die Gefährdungshaftung des Arbeitgebers«, FS Dieterich, 1999. 387; *Raupach*, Die Schlichtung von kollektiven Arbeitsstreitigkeiten und ihre Probleme, 1964; *Säcker/Oetker*, Alleinentscheidungsbefugnisse des Arbeitgebers in mitbestimmungspflichtigen Angelegenheiten aufgrund kollektivrechtlicher Dauerregelungen, RdA 1992, 16; *Schmid/Schäffer*, Bühnenrechtliche Konfliktlösung, ZTR 2003, 608; *Valdés Dal-Ré* (Hrsg.), Conciliation, Medition and Arbritation in the European Union, 2003 (englische und spanische Fassung); *Zachert*, Krise des Flächentarifvertrages, RdA 1996, 140; *Zachert*, Länderbericht Deutschland, in: *Valdés Dal-Ré* (Hrsg.), Conciliation, Medition and Arbritation in the European Union, 2003 (englische und spanische Fassung), 171 (englische Fassung), 57 (spanische Fassung).

### 1. Andere Pflichten als Hauptleistungspflichten

Die Tarifpraxis zur Beeinflussung und Gestaltung von **Pflichten aus dem Arbeitsvertrag**, die **nicht Lohn und Arbeitszeit unmittelbar betreffen,** ist so reichhaltig, dass sie lediglich beispielhaft dargestellt werden kann. Wichtige Themenfelder sind bereits in anderem Zusammenhang behandelt. 607
Zu **Rückzahlungsklauseln**: § 1 Rn. 214 ff.; zu **Freistellungsregelungen** aus persönlichen Gründen: § 1 Rn. 335 ff.; zu **Nebentätigkeiten**: Grundl. Rn. 255; zu **Wettbewerbsverboten**: Grundl. Rn. 255.

1304 Zu den Alternativen vgl. *Kraushaar*, BB 2003, 1619; *Calle Lambach*, 172.
1305 *Klebe/Köstler*, FS Wissmann, 455; kritisch gegenüber den neuen Tendenzen bei der 10. und 14. Richtlinie *Koberski*, FS Wissmann, 474.

608 Im Zusammenhang mit der **Arbeitnehmerhaftung** hat das Bundesarbeitsgericht die haftungsrechtliche Konstruktion der »gefahrgeneigten Arbeit« als Voraussetzung für die Beschränkung der Arbeitnehmerhaftung aufgegeben und wendet nunmehr den Gedanken des Mitverschuldens nach **§ 254 BGB** entsprechend an, der im Rahmen einer Einzelfallabwägung zu einer **Haftungsbegrenzung des Arbeitnehmers** führt.[1306] Das Gericht sieht in den richterrechtlichen Grundsätzen der privilegierten Arbeitnehmerhaftung ein »**einseitig zwingendes Arbeitnehmerschutzrecht**«, von dem weder einzel- noch kollektivrechtlich zu Lasten des Arbeitnehmers abgewichen werden kann.[1307] Dem ist zuzustimmen.[1308]

609 Eine **Erweiterung der Arbeitnehmerhaftung** durch **Tarifvertrag**, etwa durch Einbeziehung jeglicher Fahrlässigkeit oder Veränderung der Beweislastgrundsätze nach § 619a BGB[1309] ist deshalb **unzulässig.**[1310] Dies gilt auch für so genannte **Mankovereinbarungen**, welche die Haftung von Arbeitnehmern für Fehlmengen etwa bei anvertrauten Warenbeständen gegenüber dem Arbeitgeber verschärfen. Sie sind mitunter tariflich geregelt, jedoch überwiegend individualvertraglich vereinbart und dann von der Rechtsprechung grundsätzlich streng am Maßstab der §§ 307, 138, 242 BGB kontrolliert.[1311]

610 Die ohnehin seltenen **tariflichen Vorschriften zur Beschränkung der Arbeitnehmerhaftung**[1312] haben – soweit die Rechtsprechung gilt – an Bedeutung verloren.

Ein Beispiel für die **tarifliche Einschränkung der Arbeitnehmerhaftung** stellt § 16 des Manteltarifvertrages für den Bereich der Metallindustrie Südbaden vom 8. Mai 1990 in der Fassung vom 1. Januar 1997 dar.[1313] Er sieht unter anderem vor, dass ein Arbeitnehmer nur bei Vorsatz und grober Fahrlässigkeit für Schäden haftet, die er bei der Arbeitsleistung verursacht. Ferner muss bei grober Fahrlässigkeit des Arbeitnehmers zur Vermeidung einer unbilligen Belastung für ihn mit Rücksicht auf seine persönlichen und wirtschaftlichen Verhältnisse ein angemessener interner Schadensausgleich vorgenommen werden. Darüber hinaus gilt eine Sonderregelung für fehlerhafte Arbeit (Ausschuss). Schließlich entscheidet im Streitfall eine paritätisch besetzte Kommission darüber, ob der Ausschuss grob fahrlässig verschuldet wurde.

611 Ebenfalls nur sehr selten enthalten Tarifverträge Bestimmungen zur **Haftung des Arbeitgebers** für Personen- oder Sachschäden des Arbeitnehmers, die im Zusammenhang mit seiner ausgeübten Tätigkeit stehen. Bei **Personenschäden** greift in aller Regel nach § 104 SGB VII der Ausschluss von Schadensersatzansprüchen und die Einstandspflicht der Unfallversicherung. Allerdings entsprechen die Leistungen der Unfallversicherungsträger nicht uneingeschränkt

---

1306 BAG GS 27.9.1994 (GS 1/89), AP Nr. 103 zu § 611 BGB Haftung des Arbeitnehmers (mit Anm. von *Schlachter*, a.a.O., und Anm. von *Otto*, AuR 1995, 70); auch BGH 23.9.1993 (3255-GmS-OGB 1/93), AP Nr. 102 zu § 611 BGB Haftung des Arbeitnehmers; BGH 11.3.1996 (II ZR 230/94), AP Nr. 109 zu § 611 BGB Haftung des Arbeitnehmers (mit Anm. von *R. Krause*, AuR 1996, 418).

1307 BAG 17.9.1998 (8 AZR 175/97), AP Nr. 2 zu § 611 BGB Mankohaftung; BAG 27.1.2000 (8 AZR 876/98), AP Nr. 31 zu § 611 Musiker.

1308 Wie hier: *Däubler/Hensche*, § 1 Rn. 769; offener *Löwisch/Rieble*, § 1 Rn. 635, jeweils mit Nachweisen.

1309 Zur Darlegungslast bei einer haftungseinschränkenden Bestimmung im Bereich der Bundespost nach altem Recht: BAG 6.6.1984, AP Nr. 1 zu § 11a TY Angestellte Bundespost.

1310 *Däubler/Hensche*, § 1 Rn. 769; so auch im Hinblick auf § 619a BGB *Löwisch/Rieble*, § 1 Rn. 635.

1311 Z.B. ErfK/*Preis*, § 619a BGB Rn. 36ff.

1312 *Stein*, Rn. 536f.

1313 Abgedruckt bei *Löwisch/Rieble*, § 1 Rn. 631.

denjenigen, die der Verletzte nach privatem Recht erhalten könnte[1314], so dass auch hier ein Regelungsbedürfnis verbleibt.[1315]

Für **Sachschäden** haftet der Unternehmer grundsätzlich nach den allgemeinen zivilrechtlichen Vorschriften sowie bei Risiken, welche durch die betriebliche Tätigkeit veranlasst sind mit weitergehenden Einstandspflichten aus § 670 BGB, die den Grundsätzen der »Gefährdungshaftung« nahe kommen.[1316] Soweit Tarifverträge diesen Aspekt behandeln, etwa bei Privatkleidung oder für in betrieblicher Verwahrung untergebrachte andere Gegenstände, legen sie fest, dass der Unternehmer nicht einzustehen hat, soweit ihn kein Verschulden trifft.[1317] Weitergehende, durch Tarifvertrag definierte Einstandspflichten sind die Ausnahme.[1318]

Angesichts der besonderen **Risiken** in hoch technisierter Produktion besteht **612** trotz der neuen-, die Arbeitnehmerhaftung begrenzenden-, höchstrichterlichen Rechtsprechung ein **Regelungsbedürfnis für tarifliche Normen**, die auf die spezifischen Risiken der jeweiligen Branche oder Tätigkeit bezogen sind.[1319]

### 2. Annahmeverzug des Arbeitgebers, Betriebsrisiko und Arbeitskampfrisiko

Nach § 615 BGB hat der Arbeitgeber das Entgelt im Falle seines Annahmever- **613** zuges zu bezahlen. Das gilt auch dann, wenn er ohne eigenes Verschulden die Arbeitnehmer aus betriebstechnischen Gründen nicht beschäftigen kann, so genanntes **Betriebsrisiko** oder wenn die Fortsetzung der Tätigkeit aus Gründen des Auftrags- oder Absatzmangels sinnlos wird, so genanntes **Wirtschaftsrisiko.**[1320] Die Neuregelung des § 615 Satz 3 BGB durch das Schuldrechtsmodernisierungsgesetz von 2001 knüpft an diese richterrechtlich entwickelten Grundsätze an.

Tarifverträge können die Vergütungspflicht bei Annahmeverzug des Arbeit- **614** gebers[1321] und ebenso in den Fällen des Betriebsrisikos[1322] und des Wirtschaftsrisikos abweichend regeln. Es handelt sich um tarifdispositives Gesetzesrecht (Betriebsrisiko) oder Richterrecht (Wirtschaftsrisko).[1323] Allerdings muss die **Tarifnorm** hinreichend **deutlich und klar** sein.[1324] Formulierungen, wonach nur die geleistete Arbeit bezahlt wird[1325] oder andere, die eine Einschränkung der Entgeltfortzahlungspflicht bei Betriebsstörungen betriebstechnischer oder wirtschaftlicher Art vorsehen (§ 52a BAT), sind deshalb an den richterrechtlich entwickelten Grundsätzen der Betriebs-/Wirtschaftsrisikolehre zu messen und gegebenenfalls einschränkend auszulegen.[1326]

---

1314 ErfK/*Rolfs*, § 104 SGB VII Rn. 2.
1315 *Stein*, Rn. 537.
1316 *Müller-Glöge*, FS Dieterich, 387 ff.
1317 *Stein*, Rn. 537.
1318 Beispiel bei *Stein*, Rn. 537 (Baubereich); *Müller-Glöge*, FS Dieterich, 411 (Musiker).
1319 So auch die Einschätzung von *Däubler*/Hensche, § 1 Rn. 769; zu einem tarifvertraglichen Mängelfeststellungsverfahren im Baubereich: BAG 7. 9. 1983, AP Nr. 4 zu § 1 TVG Tarifverträge Fliesenleger; zur Praxis noch *Stein*, Rn. 537; *Löwisch/Rieble*, § 1 Rn. 631.
1320 BAG 22. 12. 1980 (1 ABR 2/79), AP Nr. 70 zu Art. 9 GG Arbeitskampf.
1321 BAG 8. 12. 1982, AP Nr. 58 zu § 616 BGB.
1322 BAG 6. 11. 1968, AP Nr. 16 zu § 615 Betriebsrisiko; BAG 30. 1. 1991, DB 1991, 1525 = NZA 1991, 519; BAG 23. 6. 1994, DB 1994, 2552.
1323 Z.B ErfK/*Preis*, § 615 Rn. 183.
1324 BAG 9. 3. 1983 (4 AZR 301/80), AP Nr. 31 zu § 615 BGB.
1325 Vgl. BAG 8. 3. 1961 (4 AZR 223/59), AP Nr. 13 zu § 615 BGB Betriebsrisiko.
1326 Allgemeine Meinung: *Löwisch/Rieble*, § 1 Rn. 838; Wiedemann/*Wiedemann*, § 1 Rn. 429; *Däubler/Winter*, § 1 Rn. 476; *Stein*, Rn. 522, mit Beispielen aus der Tarifpraxis.

615 Die Tarifparteien können ferner die Risikoverteilung bei Arbeitskonflikten, das so genannte **Arbeitskampfrisiko**[1327], modifizieren. Sie beruht ebenfalls auf Richterrecht.[1328] Praktische Beispiele hierfür gibt es jedoch bislang nicht.

### 3. Konkretisierungen von Pflichten aus dem Arbeitsvertrag

#### a) Die gegenseitigen Leistungspflichten: bei Inhaltsgleichheit von Tarif- und Arbeitsvertragsnorm Geltung des Günstigkeitsprinzips

616 Grundlage für die Festlegung der gegenseitigen **Hauptleistungspflichten des Arbeitsvertrages** nach § 611 BGB (Erbringung der Arbeitsleistung für eine festgelegte Zeit gegen Entgelt) sind entweder die Tarifnormen oder die Vereinbarungen, die die Parteien des Arbeitsvertrages selbst getroffen haben. Der **Tarifvertrag** legt eine bestimmte Entgelthöhe sowie Arbeitszeitdauer und Arbeitszeitlage fest, die Gültigkeit von **Bestimmungen in Arbeitsverträgen mit gleichem Regelungsgegenstand** richtet sich nach dem tariflichen **Günstigkeitsprinzip** des § 4 Abs. 3 TVG: Grundsätzlich ist der Tarifvertrag anwendbar, jedoch haben günstigere arbeitsvertragliche Bestimmungen gegenüber der tariflichen Regelung Vorrang (hierzu § 4 Rn. 256).
Das gleiche gilt für Tarifnormen, die arbeitsvertragliche Pflichten festlegen, welche nicht den »Kern der gegenseitigen Leistungspflichten« (das arbeitsrechtliche Synallagma) betreffen oder die arbeitsvertragliche **Nebenpflichten** festlegen (siehe § 1 Rn. 607 ff.) Auch hier ist bei **Bestimmungen mit gleichem Regelungsgegenstand** im Tarifvertrag und Arbeitsvertrag das **Günstigkeitsprinzip** nach § 4 Abs. 3 TVG einschlägig: Entweder gilt die Tarifnorm oder, bei besserem inhaltlichem Standard, die arbeitsvertragliche Vereinbarung.

#### b) Tarifliche Rahmenregelungen mit Spielräumen für Ergänzungen im Arbeitsvertrag

617 Beispiele aus **Tarifverträgen**, die **arbeitsvertragliche Leistungspflichten** für die Arbeitsvertragsparteien im Hinblick auf die Art und Weise der Leistungserbringung lediglich in **allgemeiner Weise umschreiben** (»sachgemäße Behandlung der Arbeitsgeräte«, »Befolgung des Direktionsrechts«, »voller Einsatz der Arbeitskraft« und ähnliches) und den Arbeitsvertragsparteien auf diese Weise Spielräume für die Umsetzung einräumen, sind eher **untypisch** und haben häufig nur eine deklaratorische Bedeutung.[1329] Kommen sie vor, so **ergänzen sich Tarifvertrag und Arbeitsvertrag** im Hinblick auf das geregelte Thema.

#### c) Tarifliche Rahmenregelungen: Öffnungsklauseln

618 In den vergangenen Jahren haben die **Tarifparteien**, stärker noch als in den Jahrzehnten zuvor, **Öffnungsklauseln** vereinbart, die den Betriebsparteien und, in eingeschränkterem Umfang, den Parteien des Arbeitsvertrages die Möglichkeit einräumen, allgemeine Vorgaben und Rahmenregelungen im Tarifvertrag durch betriebsnahe Regelungen zu konkretisieren und auch zu ergänzen. Tarifliche Öff-

---

1327 BAG 22.12.1980 (1 ABR 2/79), AP Nr. 70 zu Art. 9 GG Arbeitskampf.
1328 Wiedemann/*Wiedemann*, § 1 Rn. 430; grundsätzlich auch *Löwisch/Rieble*, § 1 Rn. 840.
1329 Hinweise aus der Tarifpraxis, vor allem aus dem öffentlichen Dienst: *Stein*, Rn. 228.

nungsklauseln heben die betriebliche Regelungssperre des § 77 Abs. 3 bzw. des § 87 Abs. 1 BetrVG auf oder lassen als Ausnahme zum Günstigkeitsgrundsatz des § 4 Abs. 3 TVG auch ungünstigere arbeitsvertragliche Vereinbarungen zu. Kennzeichnend ist, dass die Betriebsparteien oder die Parteien des Arbeitsvertrages dann aus eigenem Recht tätig werden und die tarifliche Norm nach ihren eigenen Legitimationsgrundlagen (z.B. § 77 BetrVG) umsetzen (im Einzelnen Grundl. Rn. 339 und § 4 Rn. 415ff.).

### d) Tarifliche Rahmenregelungen: Bestimmungsklauseln

#### *aa) Abgrenzung zu Öffnungsklauseln*

Eine andere Möglichkeit, die Leistungspflichten des Arbeitsvertrages nach tariflichen Vorgaben zu ergänzen, stellen so genannte **tarifliche Bestimmungsklauseln** dar. In diesen Klauseln legen die Tarifparteien bestimmte Arbeitsbedingungen nicht abschließend und in allen Einzelheiten fest, sondern stellen nur **Rahmenbedingungen** auf. Innerhalb des hierdurch geschaffenen Spielraums obliegt die Konkretisierung der Arbeitsbedingungen den im Tarifvertrag bezeichneten Stellen oder Personen. Adressat einer tariflichen Bestimmungsnorm können Arbeitgeber oder Arbeitnehmer, die Arbeitsvertragsparteien gemeinsam, die Betriebsparteien, eine paritätische Kommission oder sonstige Dritte sein.[1330] Derartige Normen sind tarifliche **Inhaltsnormen**. Sie teilen deshalb das Schicksal des Tarifvertrages, enden z.B. mit dessen Auslaufen.[1331] **619**

Der **Unterschied zu tariflichen Öffnungsklauseln** besteht darin, dass bei der **Bestimmungsklausel Grundlage** für den Normenvollzug der **Tarifvertrag** unmittelbar bleibt, lediglich der Vollzug der allgemein gefassten Tarifnorm wird Dritten überlassen. Demgegenüber erfolgt bei der **Öffnungsklausel** die Umsetzung der Tarifnorm durch eine neue, **andere Rechtsquelle**, sei es die Betriebsvereinbarung oder der Arbeitsvertrag.[1332] Die Abgrenzung zwischen tariflichen Bestimmungsklauseln oder Öffnungsklauseln zum Abschluss von Betriebsvereinbarungen kann im Einzelfall schwierig sein und hängt von den Umständen der jeweiligen Formulierung im Tarifvertrag ab.[1333] **620**

#### *bb) Rechtsdogmatische Einordnung*

Da der Bestimmungsberechtigte keine Tarifnorm setzt, handelt es sich bei **Bestimmungsklauseln** rechtlich **nicht** um eine **Delegation von Tarifmacht**.[1334] Denn bei der Delegation überträgt der Delegant seine Rechtsmacht auf den Dritten (Delegatar), so dass dieser dessen Kompetenzen in eigenem Namen ausüben kann.[1335] **621**

1330 Ständige Rechtsprechung, z.B. grundsätzlich BAG 28.11.1987 (5 AZR 123/83), AP Nr. 1 zu § 4 TVG Bestimmungsrecht und ausdrücklich BAG 5.8.1999 (6 AZR 22/98), DB 2000, 481; Wiedemann/*Wiedemann*, § 1 Rn. 211; *Däubler/Reim*, § 1 Rn. 212; *Gamillscheg*, Kollektives Arbeitsrecht I, § 15 IV 2b, 575; a.A zu Unrecht im Hinblick auf den Betriebsrat lediglich *Löwisch/Rieble*, § 1 Rn. 904.

1331 Z.B. BAG 28.11.1984 (5 AZR 128/83) und 28.11.1984 (5 AZR 195/83), AP Nr. 1 und 2 zu § 4 Bestimmungsrecht (mit Anm. von *Wiedemann*); *Däubler/Reim*, § 1 Rn. 211; *Stein*, Rn. 430.

1332 Anschaulich Wiedemann/*Wiedemann*, § 1 Rn. 211.

1333 Vgl. BAG 18.8.1987(1 ABR 30/86), AP Nr. 23 zu § 77 BetrVG 1972.

1334 Wiedemann/*Wiedemann*, § 1 Rn. 211; *Löwisch/Rieble*, § 1 Rn. 901.

1335 Bereits *Herschel*, BB 1963, 1222; auch *Zachert*, RdA 1996, 143; umfassend *Th. Baumann*, Delegation, 24ff.

Gleichwohl bereitet die rechtsdogmatische Einordnung von tariflichen Bestimmungsklausen Schwierigkeiten[1336], weil in der Praxis die **Trennschärfe nicht** so **klar** ist wie auf der begrifflichen Ebene.[1337] Das zeigt sich vor allem bei der Kontrolle der Ausübung des Bestimmungsrechts nach »Billigkeitsgesichtpunkten« (hierzu nachfolgend § 1 Rn. 622ff.). Diese wird für die Tarifnorm selbst zu Recht abgelehnt, da der Tarifvertrag beiden Parteien annähernd gleiche Möglichkeiten zur Durchsetzung ihrer Interessen einräumt (»Richtigkeitsgewähr/Richtigkeitschance«) (auch Grundl. Rn. 94ff.).[1338]

### *cc) Prüfungsmaßstab von Bestimmungsklauseln: Billigkeits- und Inhaltskontrolle*

622 **Tarifliche Bestimmungsklauseln** sind praktisch weit **verbreitet** und von Rechtsprechung und Lehre seit langem anerkannt.[1339]

Die Rechtsprechung unterzieht die Konkretisierung der Arbeitsbedingungen durch die **Bestimmungsklausel** einer **Ausübungskontrolle** nach den Gesichtspunkten des **billigem Ermessens** oder einer **Inhaltskontrolle**[1340]: Werde die Bestimmung einer der Arbeitsvertragsparteien oder sonstigen Dritten überlassen, so müsse sie die Grundsätze des billigen Ermessens (§§ 315 Abs. 1 BGB, 106 GewO) wahren.[1341] Werde sie beiden Arbeitsvertragsparteien übertragen, gelte § 242 BGB, der die Befugnis zur Inhaltskontrolle von Verträgen begründe.[1342]

623 Diese Rechtsprechung ist überwiegend auf Zustimmung gestoßen[1343], wird jedoch vereinzelt auch kritisiert.[1344] Ihre dogmatische Rechtfertigung ist darin begründet, dass **nicht die Tarifnorm** selbst, sondern **lediglich** deren **Umsetzung** auf der Grundlage der neuen Rechtsquelle, etwa dem Arbeitsvertrag, **überprüft** wird.[1345] Dies führt nach der Schuldrechtsreform dazu, dass nunmehr der strengere Maßstab des § 308 Nr. 4 BGB zu Grunde zu legen ist.[1346] Jedoch sind die Grenzen zwischen inhaltlicher Festlegung des Rahmens und Umsetzung durch den Dritten (die neue Rechtsgrundlage) im Einzelfall nicht leicht zu ziehen. Es ist nicht zu verkennen, dass hier ein »**Einfallstor**« bestehen kann, **Tarifnormen einer gerichtlichen Kontrolle** zu unterziehen, die ansonsten wegen der dem Tarifvertrag immanenten »Richtigkeitsgewähr« nicht erfolgt.

---

1336 Wiedemann/*Wiedemann*, § 1Rn. 202ff., 212; *Stein*, Rn. 430; keine Schwierigkeiten sehen *Löwisch/Rieble*, § 1 Rn. 901.

1337 Selbst begrifflich sind die Unterscheidungen häufig nicht deutlich. So spricht das BAG (in älteren Entscheidungen) bei Bestimmungsklauseln von »Delegation«: BAG 28. 11. 1984 (5 AZR 123/83), AP Nr. 1 zu § 4 TVG Bestimmungsrecht; ebenso BAG 28. 11. 1984 (5 AZR 195/83), AP Nr. 2 zu § 4 TVG Bestimmungsrecht und ebenso *Wiedemann* in seiner Anm. zu diesen Urteilen; auch *Baumann*, Delegation, 24ff., vertritt einen tendenziell weiten Delegationsbegriff.

1338 BVerfG (1 BvR 779/85) 20. 6. 1991, E 84, 212, 229; ausführlich Wiedemann/*Wiedemann*, § 1 Rn. 216ff.

1339 Z. B. *Hueck/Nipperdey*, II/1, 287f. mit Nachweisen.

1340 Zur Unterscheidung: ErfK/*Preis*, § 305 bis 310 Rn. 7; die Rechtsprechung hat jedoch häufig nicht deutlich zwischen beidem differenziert.

1341 Z. B. deutlich BAG 5. 8. 1999 (6 AZR 22/98), DB 2000, 481 = NZA 2000, 320; BAG 28. 1. 1984 (5 AZR 123/23 und 5 AZR 195/83), AP Nr. 1 und 2 zu § 4 TVG Bestimmungsrecht.

1342 Z. B. BAG 24. 3. 1988 (2 AZR 630/87), DB 1989, 182; BAG 16. 3. 1994 (5 AZR 339/92), DB 1994, 1726; BAG 26. 10. 1994 (5 AZR 390/92), DB 1995, 632.

1343 Trotz Bedenken: Wiedemann/*Wiedemann*, § 1 Rn. 212ff.; *Däubler/Hensche*, § 1 Rn. 768 und *Däubler/Reim*, § 1 Rn. 212f.; *Löwisch/Rieble*, § 1 Rn. 901; einschränkend *Blomeyer*, ZfA 1980, 66ff.

1344 Z. B. *Stein*, Rn. 430.

1345 Z. B. *Gamillscheg*, Kollektives Arbeitsrecht II, § 15 IV 2c, 576; *Däubler/Hensche*, § 1 Rn. 768.

1346 *Däubler/Hensche*, § 1 Rn. 768, mit Nachweisen.

Eine Überprüfung der Bestimmungsklausel durch die Gerichte muss deshalb an strenge Maßstäbe gebunden werden.[1347] Folgendes **Prüfungsschema** bietet sich an[1348]: 624

Zunächst muss die **Tarifnorm** selbst eine **umsetzbare Vorgabe** enthalten. D.h. die Bestimmtheitsanforderungen, die zur Wirksamkeit tariflicher Öffnungsklauseln geboten sind (Grundl. Rn. 102 und § 4 Rn. 433), müssen erst recht an tarifliche Bestimmungsklauseln gestellt werden. Ohne die Fixierung eines bestimmten Rahmens und ohne nachvollziehbare Festlegung von inhaltlichen Standards kann die Rechtsprechung nicht nachprüfen, ob die tarifvertraglichen Voraussetzungen eingehalten sind, um den dann verbleibenden Entscheidungsspielraum angemessen auszufüllen.[1349] Fehlen diese Voraussetzungen, kann nicht von einer wirksamen Bestimmungsklausel ausgegangen werden.

Keine nennenswerten Probleme ergeben sich zweitens bei der Benennung des **Adressaten**. Auch er muss **klar bezeichnet** sein.[1350]

Drittens darf die **Bestimmungsklausel nicht Bestimmungen zulassen, die gegen zwingendes Gesetzesrecht** wie den Kündigungsschutz[1351] oder auch **tarifdispositives Gesetzesrecht** verstoßen. Weder der Arbeitgeber oder sonstiger Dritter dürfen z. B. die tägliche Höchstarbeitszeit, die nach § 7 Abs. 1a in Verbindung mit § 3 ArbZG tarifdispositiv ist, über zehn Stunden hinaus ausdehnen. Die Abweichung ist wegen der Richtigkeitsgewähr ausschließlich dem Tarifvertrag selbst vorbehalten.[1352]

Viertens darf der Tarifvertrag die Vervollständigung seiner Regelung **nicht** Dritten, etwa den Arbeitsvertragsparteien oder einseitig dem Arbeitgeber zuweisen, wenn damit **zwingende Mitbestimmungsrechte des Betriebsrates verletzt** werden.[1353]

Aus der Grundrechtsbindung der Tarifparteien folgt fünftens, dass die **Bestimmungsklausel nicht gegen Grundrechte** verstoßen darf.[1354]

Bei den dann bestehenden und verbleibenden Spielräumen hat der Dritte, in der Praxis häufig der Arbeitgeber, die wesentlichen Umstände des Einzelfalles zu erwägen und die **Interessen der Arbeitnehmer angemessen** zu **berücksichtigen**.[1355] (Nur) insoweit ist Raum für die richterrechtliche Billigkeits- oder Inhaltskontrolle.[1356]

---

1347 Deutlich Wiedemann/*Wiedemann*, § 1 Rn. 212.

1348 Die Rechtsprechung stützt sich fallbezogen jeweils auf einzelne dieser Kriterien.

1349 Zutreffend Wiedemann/*Wiedemann*, § 1 Rn. 212, mit weiteren Nachweisen.

1350 Z. B. BAG 3. 5. 1978 (4 AZR 731/76), AP Nr. 6 zu § 1 TVG; *Löwisch/Rieble*, § 1 Rn. 910.

1351 LAG Brandenburg 30. 6. 2005 (9 Sa 79/05), BB 2005, 2017, mit Hinweisen für Spielräume; ferner BAG 27. 1. 1994, DB 1995, 279; BAG 18. 10. 1994, DB 1995, 2618; LAG Düsseldorf 17. 3. 1995, DB 1995, 2224, gegen BAG 22. 5. 1985, AP Nr. 6 und 7 zu § 1 TVG.

1352 So zutreffend *Löwisch/Rieble*, § 1 Rn. 910 und Wiedemann/*Wiedemann*, § 1 Rn. 213.

1353 Z. B. BAG 18. 4. 1989 (1 ABR 100/87), AP Nr. 18 zu § 87 BetrVG 1972 Tarifvorrang; vgl. auch BAG 17. 11. 1988 (1 ABR 12/98), RdA 1999, 343 (mit Anm. von *Veith*) = NZA 1999, 662 und BAG 21. 10. 2003 (1 ABR 39/02), NZA 2004, 936; Wiedemann/*Wiedemann*, § 1 Rn. 214; grundsätzlich auch *Löwisch/Rieble*, § 1 Rn. 912.

1354 Neues Beispiel: BAG 27. 2. 2002 (9 AZR 562/100), DB 2002, 2054; Wiedemann/*Wiedemann*, § 1 Rn. 213; im Grundsatz ebenso *Löwisch/Rieble*, § 1 Rn. 911.

1355 Bedenklich BAG 9. 2. 2005 (5 AZR 209/04), ZTR 2005, 421, das ein einseitiges Recht des Arbeitgebers bei der Überragung bestimmter Tätigkeiten bejaht.

1356 Vgl. Wiedemann/*Wiedemann*, § 1 Rn. 212.

### *dd) Tarifpraxis und Rechtsprechungskontrolle: Auswahl*

**625** **Beispiele** für **unterschiedliche Adressaten** der Bestimmungsklausel: Arbeitgeber[1357], Arbeitsvertragsparteien[1358], Arbeitnehmer[1359], Betriebsparteien[1360] oder Kommission.[1361]

**626** **Beispiele** für **inhaltliche Themen** von Bestimmungsklauseln:
**Allgemeines**: Anerkannt ist eine **nähere (einschränkende) Bestimmung** der Grenzen des arbeitgeberseitigen **Weisungsrechts**.[1362]
Umgekehrt können Bestimmungsklauseln das **Direktionsrecht**, vor allem im Hinblick auf die Leistungspflichten, **erweitern**. Hierzu gibt es eine reichhaltige Tarifpraxis zu unterschiedlichen Themenfeldern[1363]:
**Arbeitszeit**: Dem Arbeitgeber kann durch Bestimmungsklausel die Befugnis eingeräumt werden, für **Arbeitnehmer mit erschwerten Arbeitsbedingungen** die tariflich festgelegte **Arbeitszeit zu verkürzen**. Bei der Ausübung des Bestimmungsrechts müsse der Arbeitgeber die Grenzen des billigen Ermessens wahren.[1364] Hier stellt sich unter anderem die Frage nach der Zulässigkeit und **Angemessenheit einer Lohnminderung**.
So hat das Bundesarbeitsgericht die Frage, ob mittelbare **Lohneinbußen** für Arbeitnehmer im Bereitschaftsdienst oder in Rufbereitschaft durch **Ausweitung der Arbeitszeit** missbräuchlich seien, von den näheren tatbestandlichen Voraussetzungen abhängig gemacht und deshalb an die Vorinstanz zurückverwiesen.[1365]
Eine tarifliche Bestimmung, nach welcher der Arbeitgeber für **Auslandstätigkeiten** die regelmäßige wöchentliche Arbeitszeit unter **Überschreitung der 40-Stunden-Woche** einseitig festsetzen kann, wenn »die Gegebenheiten des Projekts oder Regelungen im Einsatzland eine höhere Stundenzahl erfordern«, ist der Rechtsprechung zufolge im Rahmen der gerichtlichen Billigkeitskontrolle zulässig. Danach kann die Festsetzung einer regelmäßigen wöchentlichen Arbeitszeit von 54 Stunden in Saudi-Arabien wirksam sein, wenn es sich um die dort übliche Arbeitszeit handelt.[1366]
**Entgelthöhe**: Ist in einem Tarifvertrag vorgesehen, dass der Arbeitgeber im Schreibdienst des öffentlichen Dienstes **Vergütungszulagen** gewähren kann, so steht ihm ein einseitiges Leistungsbestimmungsrecht zu. Aufgrund dieses Leistungsbestimmungsrechts hat er jedoch umfassend die Interessen des Arbeitnehmers gegen seine eigenen abzuwägen. Nach der Rechtsprechung kann er im Rahmen der **Interessenabwägung** zu seinen Gunsten die Haushaltslage und die

---

1357 Siehe die nachfolgende Rechtsprechung § 1 Rn. 626.
1358 Z.B. BAG 22.6.1993, AP Nr. 22 zu § 23 BetrVG 1972 (Freie Tage).
1359 Z.B. BAG 28.4.1988, AP Nr. 25 zu § 622 BGB (Verlängerung der Probezeit).
1360 Z.B. BAG 6.2.1985, AP Nr. 16 zu § 4 TVG Übertariflicher Lohn und Tariflohnerhöhung (Entgeltsicherung).
1361 Z.B. BAG 6.2.1980, AP Nr. 1 zu § 4 TVG Regelungsausschuß; BAG 22.1.1997 (10 AZR 468/96), NZA 1997, 837 (Schiedsgutachterstelle).
1362 BAG 10.6.1970, AP Nr. 1 zu § 9 MTB II hinsichtlich der Festlegung der Arbeitspflichten.
1363 Überblick auch bei Wiedemann/*Wiedemann*, § 1 Rn. 211; *Gamillscheg*, Kollektives Arbeitsrecht I, § 15 IV 2c, 576; *Löwisch/Rieble*, § 1 Rn. 902.
1364 BAG 28.11.1984 (5 AZR 123/83), AP Nr. 1 zu § 4 TVG Bestimmungsrecht.
1365 BAG 17.3.1988, AP Nr. 11 zu § 15 BAT.
1366 BAG 12.12.1990 (4 AZR 238/90), AP Nr. 2 zu § 4 TVG Arbeitszeit = BB 1991, 1489 = NZA 1991, 336.

Notwendigkeit berücksichtigen, einen Vergütungsanreiz zu schaffen, um qualifizierte Arbeitnehmer für den öffentlichen Dienst zu gewinnen.[1367]
Sieht ein Tarifvertrag vor, dass einem Arbeitnehmer ein **angemessenes Gehalt über einer bestimmten Tarifgruppe** zusteht, so hat der Arbeitgeber nach billigem Ermessen das Gehalt zu bestimmen, wenn eine einzelvertragliche Vereinbarung nicht zustande gekommen ist: § 317 BGB.[1368]
Die **Einweisung eines Arbeiters in die niedrigere Vergütungsgruppe** hat das Bundesarbeitsgericht im konkreten Fall nach dem BMTG-G II (§ 27 Abs. 3) als zulässig gewertet, da bestimmte betriebliche Gründe, Arbeitsmangel oder ein an anderer Stelle dringend notwendiger Bedarf, vorliegen. Diese Gründe müssen die Personalumsetzung erforderlich machen. Die Maßnahme dürfe gegenüber dem betroffenen Arbeitnehmer allerdings höchstens so lange aufrechterhalten werden, wie die Gründe für die Einweisung beständen. Hierdurch werde ausgeschlossen, dass der Inhalt des Arbeitsvertrages auf Dauer verändert wird. So bleibe der verfassungsrechtlich gewährleistete Kündigungsschutz gewahrt, der den Arbeitnehmer auch vor einseitigen Eingriffen des Arbeitgebers in den Kernbereich des Arbeitsverhältnisses schützt.[1369]
**Sonstiges**: Festlegung von **freien Tagen** durch den Arbeitgeber[1370]; Festlegung der **Dauer der Probezeit** durch die Parteien des Arbeitsvertrages[1371]; Festlegung der Modalitäten der **Essenszuschussgewährung** durch den Arbeitgeber im Einvernehmen mit dem Personalrat.[1372]

Beispiele für Grenzen der Zulässigkeit von Bestimmungsklauseln: **627**
Gesetzliche Schutzvorschriften, etwa das KSchG[1373]; zwingende Mitbestimmungsbefugnisse des Betriebsrates.[1374]

## VIII. Klauseln zur Erhöhung der Effizienz und Flexibilität des Tarifvertrages

Die Tarifpraxis kennt **Klauseln**, die einerseits darauf abzielen, die **Effizienz der Tarifwirkung zu erhöhen**, andererseits dazu beitragen, den **Tarifvertrag möglichst betriebsnah umzusetzen**. Ihre Wirksamkeit oder Tragweite ist teilweise Gegenstand intensiver rechtlicher Kontroversen. **628**
Zu **Differenzierungsklauseln**: § 3 Rn. 328 ff.; zu **Effektivklauseln** und ähnlichen Klauseln: § 4 Rn. 381 ff.
Zu **Öffnungsklauseln**: § 4 Rn. 394 ff.; zu **Bestimmungsklauseln**: § 1 Rn. 619 ff.

---

1367 BAG 17.10.1990, AP Nr. 7 zu §§ 22, 23 BAT Zulagen.
1368 BAG 7.11.1990 (4 AZR 9/90), AP Nr. 26 zu § 1 TVG Tarifverträge Druckindustrie.
1369 BAG 23.9.2004 (6 AZR 442/03), DB 2005, 1010.
1370 BAG 30.9.1985, DB 1987, 134.
1371 BAG 28.4.1988, AP Nr. 25 zu § 622 BGB.
1372 BAG 30.9.1985, AuR 1987, 377.
1373 Z.B. BAG 22.5.1985, AP Nr. 7 zu § 1 TVG Tarifverträge Bundesbahn (mit Anm. von *Weiss/Weyand*); BAG 27.1.1994 (6 AZR 541/93), AP Nr. 1 zu § 15 BAT-0: keine einseitige Zuweisung des Rechts auf Einführung von Kurzarbeit, zur Problematik *Säcker/Oetker*, RdA 1992, 16 ff.; Grenzziehung auch von BAG 23.9.2004 (6 AZR 442/03), DB 2005, 1010; LAG Brandenburg (9 Sa 79/05), BB 2005, 2017.
1374 Z.B. BAG 18.4.1989 (1 ABR 100/87), AP Nr. 18 zu § 87; BAG 21.10.2003 (1 ABR 39/02), NZA 2004, 936.

## IX. Annexregelungen zur tariflichen Normsetzung

### 1. Zum Begriff

629 Es gibt eine Anzahl von tariflichen Vereinbarungen, die unstreitig in die **Zuständigkeit der Tarifparteien nach Art. 9 Abs. 3 GG** fallen. Ihr gemeinsames Merkmal ist, dass es sich ganz überwiegend um nur schuldrechtlich wirkende Vereinbarungen handelt, die darauf ausgerichtet sind oder dazu dienen, die tarifliche Umsetzung zu fördern oder zu unterstützen. Sie können deshalb als »**Annexregelungen zur tariflichen Normsetzung**« bezeichnet werden.[1375]

### 2. Schlichtungsvereinbarungen

630 Ein Themenfeld hierfür sind die **tariflichen Schlichtungsvereinbarungen,** deren rechtliche Grundlage § 1 TVG und Art. 9 Abs. 3 GG sind. Da tariflich vereinbarte Schlichtungen Ausfluss der Tarifautonomie sind, gehen sie **staatlichen Schlichtungen**[1376] rechtlich vor.[1377]

631 Der Schlichtung kommt eine **doppelte Funktion** zu.[1378] Maßgebliches Ziel ist es, **Arbeitskämpfe zu vermeiden** oder zu ihrer Beendigung beizutragen. Darüber hinaus besteht ihr eigenständiger Zweck darin, in kollektiven Konflikten einen **Interessenkompromiss** zu finden.[1379] Im Unterschied zu den meisten anderen Ländern ist dem Tarifvertrag in Deutschland nach allgemeiner Rechtsauffassung eine Friedenspflicht immanent (hierzu § 1 Rn. 675ff.). Daraus folgt unter anderem, dass die tarifliche Friedenspflicht verlängert oder auch eingeschränkt werden kann, je nachdem wie das Schlichtungsverfahren ausgestaltet ist.

632 Exakte **Daten** darüber, wie viele Schlichtungen pro Jahr oder in einem anderen Bezugszeitraum tatsächlich durchgeführt werden, gibt es nicht. Jedoch ist davon auszugehen, dass in nahezu allen größeren Branchen der privaten Wirtschaft und im öffentlichen Dienst von den Tarifparteien Schlichtungsabkommen vereinbart wurden. Dies bedeutet, dass für etwa zwei Drittel der Arbeitnehmer Tarifverträge gelten, in denen die Tarifparteien Schlichtungsvereinbarungen abgeschlossen haben.[1380]

633 In der tariflichen Praxis finden sich **Branchen**, die stark auf die Lösung von Tarifkonflikten **durch die Schlichtung selbst** setzen. Typisch ist hier die chemische Industrie mit einer Anrufungsautomatik, der paritätischen Besetzung der Schlichtungskommission ohne neutralen Vorsitzenden, einem Mehrheitsent-

---

1375 So der anschauliche Begriff bei Wiedemann/*Wiedemann*, § 1 An. 732; auch bereits *Hueck/Nipperdey*, Bd. II/1, 336, die im weiteren Zusammenhang von »Hilfsfunktionen« sprechen.

1376 Zur staatlichen Schlichtung aufgrund des Kontrollratsgesetzes Nr. 35 von 1946, die vergleichsweise wenig praktische Bedeutung hat: Im Einzelnen *Löwisch/Rumler*, Arbeitskampf- und Schlichtungsrecht Rn. 57ff., 477ff.; MünchArbR/*Otto*, Bd. III, § 294 Rn. 15ff.; *Königbauer*, Schlichtung, 17ff.; das Kontrollratsgesetz Nr. 35 ist abgedruckt bei *Löwisch*, Arbeitskampf und Schlichtungsrecht, 491ff.; *Kissel*, Arbeitskampfrecht, § 70 Rn. 6.

1377 Allgemeine Meinung: BAG 21.4.1971 (1 AZR GS 1/68), AP Nr. 43 zu Art. 9 GG Arbeitskampfrecht; *Gamillscheg*, Kollektives Arbeitsrecht I, § 31 3a, 1306; *Däubler/Reim*, § 1 Rn. 1125; *Kissel*, Arbeitskampfrecht, § 69 Rn. 8.

1378 Sozialwissenschaftliche Untersuchungen hierzu: *Külp*, Schlichtungsformen, 9ff., 112ff.; *B. Keller*, Schlichtungsverhandlungen, 9ff., 112ff., jeweils mit Nachweisen aus der angloamerikanischen Debatte.

1379 MünchArbR/*Otto*, Bd. III, § 294 Rn. 5; vgl. auch *Gamillscheg*, Kollektives Arbeitsrecht I, § 31, 1299ff.

1380 Auskunft des *Bundesarbeitsministeriums* vom Juni 2000; das deckt sich mit Zahlen von *Gamillscheg*, Kollektives Arbeitsrecht I, § 31, 1036; auch *Däubler/Reim*, § 1 Rn. 1120.

scheid und dem Ende der Friedenspflicht erst dann, wenn das Scheitern der Schlichtung beschlossen ist. In anderen **Branchen** ist das Schlichtungsverfahren so ausgestaltet, dass die Konfliktlösung **durch Tarifverhandlungen selbst** unter Einschluss des **Arbeitskampfes** im Vordergrund steht. Beispiel hierfür ist die Metallindustrie, die nach wie vor eine Pionierrolle bei der Durchsetzung von Tarifforderungen spielt. Dort gibt es keinen Einlassungszwang der Tarifparteien (Schlichtungsautomatik), von den zwei Vorsitzenden wird der stimmberechtigte jeweils durch Los bestimmt, und die Friedenspflicht endet unabhängig von der Durchführung des Schlichtungsverfahrens vier Wochen nach Ablauf des Tarifvertrages.

Ein **gesetzlicher Schlichtungszwang** verstieße gegen Art. 9 Abs. 3 GG. Seine Einführung durch Gesetz wäre deshalb **verfassungsrechtlich unzulässig.**[1381] Entsprechendes gilt für einen staatlich verordneten Zwang zu einem dem Arbeitskampf zeitlich vorgehenden Schlichtungsversuch.[1382] **634**

Die Grundlage einer Vereinbarung der Schlichtungsmodalitäten durch die Tarifparteien selbst ermöglicht eine offene und flexible Anpassung an neue Erfordernisse und Entwicklungen.[1383] In jüngster Zeit hat dieses Thema sowohl rechtsvergleichend als auch für Konfliktlösungen von **kollektiven Vereinbarungen auf europäischer Ebene** eine wachsende Bedeutung erhalten.[1384] **635**

### 3. Gesamt- und Einzelschiedsklauseln

**Gesamt-** und **Einzelschiedsklauseln** betreffen die Durchsetzung des Tarifvertrages. Das **gemeinsame Merkmal** derartiger Klauseln ist, dass **Arbeitsgerichte durch Schiedsgerichte ersetzt** werden, auf die sich die Tarifparteien einigen. In ausdrücklich geregelten Fällen kann nämlich die Arbeitsgerichtsbarkeit ausgeschlossen werden: § 4 ArbGG lässt dies nach Maßgabe von §§ 101 bis 110 ArbGG zu. **636**

Gesamtschiedsklauseln beziehen sich auf Streitigkeiten der Tarifparteien, Einzelschiedsklauseln demgegenüber auf solche zwischen den Arbeitsvertragsparteien.[1385]

§ 101 Abs. 1 ArbGG betrifft die Möglichkeit der Vereinbarung von **Gesamtschiedsklauseln**. Danach können die Parteien des Tarifvertrags für bürgerliche Rechtsstreitigkeiten zwischen den Tarifvertragsparteien aus Tarifverträgen oder über das Bestehen bzw. Nichtbestehen von Tarifverträgen die Arbeitsgerichtsbarkeit allgemein oder für den Einzelfall durch die ausdrückliche Vereinbarung ausschließen, dass die Entscheidung durch ein Schiedsgericht erfolgen soll. **637**

Die praktische Bedeutung von Gesamtschiedsklauseln ist nicht groß.[1386]

1381 H.M., z.B. *Gamillscheg*, Kollektives Arbeitsrecht I, § 24 III 3c, 1150f.

1382 A.A. Löwisch/Rieble, Grundl. Rn. 55; etwas Anderes gilt für eine vereinbarte Schlichtung. Insoweit zutreffend Löwisch/Rieble, § 1 Rn. 416, die allerdings den »ultima-ratio-Grundsatz« der BAG Rechtsprechung überbewerten, BAG GS 21.4.1971 (GS 1/68), AP Nr. 43 zu Art. 9 Abs. 3 GG Arbeitskampf.

1383 *Löwisch/Rumler*, Arbeitskampf- und Schlichtungsrecht, Rn. 1ff., 455, 457ff.; *Kissel*, Arbeitskampfrecht, § 69 Rn. 1; *Gamillscheg*, Kollektives Arbeitsrecht I, § 41, 1298ff.; *Däubler/Reim*, § 1 Rn. 1119ff.; *Behning*, Schlichtung, 103ff.; *Raupach*, Schlichtung, 76ff.; *Knevels*, ZTR 1988, 408ff.; *Zachert*, Länderbericht, in: Valdés Dal-Ré (Hrsg.), Consiliation, 171ff. (englische Fassung), 57ff. (spanische Fassung).

1384 *Kocher*, Diritto del Lavoro e di Relazioni Industriali, 2000, 463; *Valdés Dal-Ré (Hrsg.)*, Conciliation (englische und spanische Fassung).

1385 Zu Einzelheiten *Germelmann/Matthes/Müller-Glöge/Prütting-Germelmann*, ArbGG, § 101 Rn. 1ff.; *Grunsky*, § 101 Rn. 1ff.; *Dütz*, RdA 1978, 281; *Schmid/Schäfer*, ZTR 2003, 608ff.

1386 Wiedemann/*Wiedemann*, § 1 Rn. 734, mit weiteren Nachweisen, der auf die umstrittene Rechtskrafterstreckung der Schiedssprüche nach § 9 TVG hinweist.

638 § 101 Abs. 2 ArbGG lässt **Einzelschiedsklauseln** über Streitigkeiten aus dem Arbeitsverhältnis nur für bestimmte, enumerativ aufgezählte Berufsgruppen zu.[1387] Vor allem sind Bühnenkünstler, Filmschaffende, Artisten oder Kapitäne und Besatzungsmitglieder im Sinne des Seemannsgesetzes erfasst.[1388] Einzelschiedsklauseln gehören ihrer Natur nach zum **normativen Teil** des Tarifvertrags.

Von dieser Möglichkeit wurde bisher nur wenig Gebrauch gemacht. **Praktische Bedeutung** hat allerdings der zwischen den Tarifparteien (Bühnengenossenschaft und Deutscher Bühnenverein) am 1. Oktober 1948 vereinbarte **Tarifvertrag über die Bühnenschiedsgerichtsbarkeit**, die so genannte **Bühnenschiedsgerichtsordnung**. Ein Vorzug der Bühnenschiedsgerichtsbarkeit besteht in dem besonderen fachlichen Sachverstand der Beisitzer des Schiedsgerichts, die aus derselben Berufsgruppe wie die streitbeteiligten Bühnenkünstler kommen. Er trägt dazu bei, dass die beteiligten Parteien den gesamten Instanzenzug mit nach- geschalteter Arbeitsgerichtsbarkeit in der Regel nicht ausschöpfen, da sie die fachlich kompetente Entscheidung der Schiedsrichter akzeptieren.[1389]

639 Das **Verfahren der Schiedsgerichtsbarkeit** wird für den Bereich der Bühnen **autonom** durch die **Tarifparteien** im so genannten Schiedsvertrag, vor allem der Bühnenschiedsgerichtsordnung (BSchGO), festgelegt. Einige **zwingende Normen** finden sich in **§§ 103 ff. ArbGG**: paritätische Zusammensetzung mit Arbeitnehmern und Arbeitgebern (§ 103 ArbGG), Anhörung der Parteien (§ 105 ArbGG), Vergleich (§ 107 ArbGG), Schiedsspruch, Zwangsvollstreckung und Anfechtungsklage (§§ 108 bis 110 ArbGG). Soweit im Schiedsvertrag nichts Anderes geregelt ist, ergeht der Schiedsspruch mit einfacher Mehrheit (§ 108 Abs. 1 ArbGG), und er ist von allen Mitgliedern des Schiedsgerichts zu unterzeichnen (§ 108 Abs. 2 ArbGG).[1390]

640 Die **Wirkung der Schiedssprüche** bestimmt sich nach § 108 Abs. 1 ArbGG: Sie wirken ebenso wie rechtskräftige Urteile von Arbeitsgerichten. Ob ihnen auch die **erweiterte Rechtskraft des § 9 TVG** zukommt, ist umstritten. § 9 TVG ist entsprechend anzuwenden, um eine einheitliche Anwendung des Tarifvertrages herbeizuführen. (näher siehe § 9 Rn. 13).

Eine **Zwangsvollsteckung** findet nur statt, wenn das zuständige Arbeitsgericht den Schiedsspruch für vollstreckbar erklärt.

Gegen den rechtskräftigen Schiedsspruch des Bühnenoberschiedsgerichts ist lediglich eine **Aufhebungsklage** nach §§ 38 BSchGO, 110 ArbGG bei den Arbeitsgerichten möglich. Ausschließlich zuständig ist das ArbG Köln. Die Prüfungskompetenz der Arbeitsgerichte umfasst nicht die Tatsachenfeststellungen der Schiedsgerichtsbarkeit. Jedoch ist der Schiedsspruch in vollem Umfang auf seine materielle Rechtmäßigkeit hin zu überprüfen.

---

1387 Zu den Grenzen der berufsspezifischen Zuordnung: BAG 6. 8. 1997, AP Nr. 5 zu § 101 ArbGG 1979 = ZTR 1998, 96.

1388 Zu den einschlägigen Tarifverträgen und ihren Veränderungen: *Bolwin/Schröder*, ZTR 2003, 2 ff.

1389 Ausführlich *Schmid/Schäfer*, ZTR 2003, 608.

1390 Einzelheiten: *Schmid/Schäfer*, ZTR 2003, 611 ff., mit weiteren Nachweisen.

### 4. Güte- und Schiedsgutachtervereinbarungen

Von (Gesamt -) und Einzelschiedsklauseln sind so genannte tarifliche **Güte- oder Schiedsgutachtervereinbarungen** streng zu unterscheiden.[1391] Es handelt sich um (betriebliche) Einrichtungen wie paritätische Kommissionen oder andere Stellen, in denen eine gütliche Einigung (»Mediation«) angestrebt wird. **641**
Güte- und Schiedsgutachtervereinbarungen unterliegen nicht den engen Ausnahmeregeln des § 101 ArbGG.

Tarifliche **Schiedsgutachtervereinbarungen** legen fest, dass bestimmte **Tatfragen** verbindlich festgelegt werden. Sie finden sich vor allem in Eingruppierungsstreitkeiten. Der Rechtsweg wird durch sie nicht ausgeschlossen. **642**
Eine **arbeitsgerichtliche Überprüfung** erfolgt jedoch nur auf **grobe Unbilligkeit** entsprechend § 317ff. BGB sowie auf **(Verfahrens-)Verstöße** gegen die der Schiedsgutachtervereinbarung zugrunde liegenden Vorschriften.[1392] Verfahrensmäßig grob unbillig und damit nach § 319 BGB unverbindlich ist z.B. ein lückenhaft begründetes Schiedsgutachten, dessen Ergebnis selbst ein Fachmann nicht aus dem Zusammenhang des Gutachtens überprüfen kann.[1393]

### 5. Das Schiedsgerichtsverfahren des DGB zur Abgrenzung der Organisationsgebiete seiner Mitgliedsgewerkschaften

Zum in § 16 der DGB-Satzung vorgesehenen Schiedsverfahren: § 2 Rn. 159ff. **643**

### 6. Autonome Arbeitskampfregelungen

#### a) Begriff

Eine Anzahl tariflicher Regelungen, die von praktischer Bedeutung oder aber Gegenstand rechtswissenschaftlicher Debatte sind[1394], lässt sich unter dem Begriff »**autonome Arbeitskampfklauseln**« zusammenfassen. Von ihrem Inhalt her können **Rechtsfolgeregelungen**, mit denen Sanktionen nach Arbeitskämpfen ausgeschlossen werden, von **Zulässigkeitsregeln** unterschieden werden, mit denen die Tarifparteien die Rechtmäßigkeit der Kampfmaßnahmen festlegen.[1395] **644**

**Rechtsfolgeregeln** sind in der Tarifpraxis seit langem bekannt. Ziel ist es vor allem, die am Arbeitskampf beteiligten Arbeitnehmer vor Sanktionen durch den Arbeitgeber zu schützen. Inhaltlich geht es insbesondere um **Maßregelungsklauseln** und andere Nebenfolgeklauseln mit unterschiedlichem Inhalt[1396]: Entgelt, Arbeitsplatzschutz, Schadensersatzansprüche usw. Sie wirken grundsätzlich normativ[1397] **645**

---

1391 Weitere Einzelheiten Wiedemann/*Wiedemann*, § 1 Rn. 471ff.; *Löwisch/Rieble*, § 1 Rn. 945ff.; *Stein*, Rn. 581f.

1392 BAG 20.1.2004 (9 AZR 393/03), AP Nr. 3 zu § 87 Vorschlagswesen; BAG 17.3.2005 (8 AZR 179/04), DB 2005, 1389.

1393 BAG 17.3.2005 (8 AZR 179/04), DB 2005, 1389.

1394 Die restriktiven Tendenzen der 70er und 80er Jahre – *Zöllner*, Maßregelungsverbote, 1977; *Hess/Kammann*, ArbRGgw 16 (1978), 45; *Loritz*, ZfA 1982, 77 – haben sich nicht durchgesetzt.

1395 Typologie nach *Konzen*, ZfA 1980, 119.

1396 Siehe bereits BAG 27.6.1958, AP Nr. 7 zu § 611 BGB (mit Anm. von *Hueck*).

1397 *Konzen*, ZfA 1980, 119.

und beinhalten keine Korrektur richterrechtlich vorgegebener Rechtmäßigkeitsgrenzen.[1398]

646 Praktische Bedeutung kommt vor allem Bestimmungen über Notdienst- und Erhaltungsarbeiten zu: so genannte **Zulässigkeitsregeln**. Allerdings handelt es sich hierbei ganz überwiegend um Vereinbarungen unterhalb der tariflichen Ebene. Der Appell des Bundesarbeitsgerichts[1399], im Rahmen des »Verhältnismäßigkeitskriteriums« **allgemeine Arbeitskampfregeln** zu vereinbaren, hat wegen der Konfliktbeladenheit der Materie bislang keine praktischen Konsequenzen gezeigt.

### b) Maßregelungsverbot: Kürzung von Sonderleistungen und Streikbruchprämien

647 Ein typisches Ziel von tariflichen Maßregelungsklauseln ist es, zu erreichen, dass Arbeitnehmer, die sich an einem Arbeitskampf beteiligen, gegenüber anderen Beschäftigten keine Entgelteinbußen erleiden, also **finanziell nicht diskriminiert** werden. Die Grundsätze hierzu hat die höchstrichterliche Rechtsprechung in mehreren Entscheidungen festgelegt.

648 Eine Kürzung von **Sonderleistungen** aus Anlass der Teilnahme an Arbeitskämpfen ist nach dem Bundesarbeitsgericht nur unter engen Voraussetzungen zulässig.[1400] Sie kommt nur in Betracht, wenn der Tarifvertrag eine Reduzierung für Zeiten zulässt, in denen das Arbeitsverhältnis ruht. Ansonsten liegt ein Verstoß gegen das **gesetzliche Maßregelungsverbot** des § 612a BGB vor.[1401]

Enthält ein **tarifliches Maßregelungsverbot** eine Bestimmung, »dass das Arbeitsverhältnis durch die Arbeitskampfmaßnahme nicht als unterbrochen gilt, soweit davon Ansprüche oder Anwartschaften abhängen«, darf eine anteilige Kürzung der tariflichen Jahresleistung wegen der Teilnahme am Arbeitskampf nicht erfolgen.[1402]

649 Bei Prämien, die Arbeitswillige (Streikbrecher) für die Streikarbeit zusätzlich zum Entgelt erhalten (so genannte **Streikbruchprämien**) differenziert die Rechtsprechung nach dem Zeitpunkt der Prämienzahlung. Eine Zahlung **nach Streikende** ist grundsätzlich eine unzulässige Maßregelung, es sei denn die Streikbrecher seien besonderen Belastungen ausgesetzt gewesen.[1403] An das Vorliegen solcher Bedingungen werden jedoch hohe Anforderungen gestellt. Es reicht nicht, dass die nichtstreikenden Arbeitnehmer wegen des Arbeitskampfes in ihrer Schicht mit verringertem Personalbestand arbeiten oder andere Tätigkeiten als normalerweise ausführen oder mit ungeübten Kollegen zusammenarbeiten mussten.[1404]

---

1398 Im Gegenteil BAG GS 21.4.1971 (GS 1/68), AP Nr. 43 zu Art. 9 GG Arbeitskampf; wie hier *Gamillscheg*, Kollektives Arbeitsrecht I, § 26 V 1a, 1237, mit ausführlicher Widergabe der Gegenmeinung; ferner *Däubler/Reim*, § 1 Rn. 1183; Wiedemann/*Wiedemann*, § 1 Rn. 494ff.

1399 BAG GS 21.4.1971 (GS 1/68), AP Nr. 43 zu Art. 9 GG Arbeitskampf.

1400 BAG 4.8.1987 (1 AZR 486/85), AP Nr. 88 zu Art. 9 GG Arbeitskampf; BAG 4.8.1987 (1 AZR 488/86), AP Nr. 89 zu Art. 9 GG Arbeitskampf.

1401 BAG 3.8.1999 (1 AZR 735/98), AP Nr. 156 zu Art. 9 GG Arbeitskampf.

1402 LAG Hamm 24.10.1985, BB 1986, 198; vgl. auch *Däubler/Reim*, § 1 Rn. 1197; *Gamillscheg*, Kollektives Arbeitsrecht I, § 26 V 2b, 1442.

1403 BAG 17.9.1991, AP Nr. 120 zu Art. 9 GG Arbeitskampf; BAG 28.7.1992, AP Nr. 123 zu Art. 9 GG Arbeitskampf; BAG 11.8.1992, AP Nr. 124 zu Art. 9 GG Arbeitskampf.

1404 BAG 28.7.1992 (1 AZR 87/92), AP Nr. 123 zu Art. 9 GG Arbeitskampf; bereits BAG 4.8.1987 (1 AZR 488/85), AP Nr. 88 zu Art. 9 GG Arbeitskampf; *Däubler/Hensche*, § 1 Rn. 897; *Däubler/Reim*, § 1 Rn. 1199; Wiedemann/*Wiedemann*, § 1 Rn. 497, jeweils mit weiteren Nachweisen.

Bei Zahlung einer so genannten »echten Streikbruchprämie« **während des Arbeitskampfes** neigt das Bundesarbeitsgericht dazu, diese grundsätzlich als zulässiges Arbeitskampfmittel anzusehen.[1405] Das Streikrecht sei nicht mit einer Erfolgsgarantie verbunden; die Parität werde durch die Zahlungen nicht beeinträchtigt. Die Stellungnahmen der Rechtslehre hierzu sind gespalten.[1406]
Gegen diese Ansicht ist einzuwenden, dass die Gewerkschaften und die Streikenden über vergleichbare Mittel nicht verfügen. Mit Streikbruchprämien wird nicht nur die Streikfreiheit zum Gegenstand kommerzieller Interessen gemacht. Über die materielle Bedeutung hinaus sind sie vor allem ein psychologisches Mittel der Entsolidarisierung. Sie sollen Konflikte und Zusammenstöße mit den Streikenden provozieren und tragen deshalb dazu bei, das verfassungsrechtlich gewährleistete Streikrecht in verfassungswidriger Weise (Art. 9 Abs. 3 Satz 2 GG) zu beeinträchtigen und im Ergebnis auszuhöhlen.[1407]

Anders ist die Rechtslage, wenn ein **tarifliches Maßregelungsverbot** besteht. **650**
Dann darf der Arbeitgeber den Verzicht auf eine Streikteilnahme nicht durch eine Zahlung von Sonderprämien honorieren. Insoweit liegt nicht nur ein Verstoß gegen den (arbeitsrechtlichen) Gleichheitsgrundsatz vor[1408], insbesondere ist auch Art. 9 Abs. 3 Satz 2 GG verletzt.[1409] Ein allgemein formuliertes Maßregelungsverbot reicht aus, etwa: »Jede Maßregelung von Beschäftigten aus Anlass oder im Zusammenhang mit der Tarifbewegung unterbleibt oder wird rückgängig gemacht, falls sie erfolgt ist«. Derartige Tarifklauseln sind nicht einschränkend auszulegen, da Maßregelungsverbote der Wiederherstellung des Arbeitsfriedens im Betrieb dienen. Eine andere Auslegung würde tendenziell dazu führen, dass die im Arbeitskampf sichtbare Trennung der Belegschaft in streikende und nicht streikende Arbeitnehmer über das Ende des Arbeitskampfes hinaus aufrechterhalten wird.[1410]

Maßregelungsklauseln sind **Inhaltsnormen**[1411], werden jedoch auch für **nicht organisierte Arbeitnehmer**, die sich am Arbeitskampf beteiligt haben, mit **schuldrechtlicher Wirkung** angewandt.[1412] **651**

Dieselben Grundsätze müssen für Prämien gelten, die Arbeitnehmer allein für ihre **Anwesenheit im Betrieb** während des Arbeitskampfes erhalten. Das Etikett ist anders, der Zweck ist jedoch ähnlich wie der von Streikbruchprämien: Die Arbeitnehmer sollen von einer Beteiligung am Arbeitskampf abgehalten werden.[1413] **652**

1405 BAG 13.7.1993, AP Nr. 127 zu Art. 9 GG Arbeitskampf.

1406 Wie das BAG: *v. Hoyningen-Huene*, DB 1989, 1466; *ders.*, Anm. zu BAG AP Nr. 127 zu Art. 9 GG; *Otto*, Anm. zu BAG EzA Art. 9 GG Arbeitskampf Nr. 105; *Belling/v. Steinau-Steinbrück*, DB 1993, 534; *Rolfs*, DB 1994, 1237; eher kritisch: *Gamillscheg*, Kollektives Arbeitsrecht I, § 21 II 7 f, 128; wohl auch Wiedemann/*Wiedemann*, § 1 Rn. 497 und *Löwisch/Rieble*, § 1 Rn. 916; ablehnend *Däubler/Hensche*, § 1 Rn. 901; *BPSU*, Teil 2 Rn. 153.

1407 *Schwarze*, RdA 1993, 264; *ders.*, NZA 1993, 967; ausführlich *Däubler/Hensche*, § 1 Rn. 901, mit weiteren Argumenten; ebenso *BPSU*, Teil 2 Rn. 153.

1408 BAG 4.8.1987, AP Nr. 88 zu Art. 9 GG Arbeitskampf; a.A. LAG Schleswig/Holstein 10.1.1994, LAGE Art. 9 GG Arbeitskampf Nr. 55; *v. Hoyningen-Huene*, DB 1989, 1466 und *Rolfs*, DB 1994, 1237.

1409 Im Ergebnis ebenso wie hier BAG 4.8.1987 (1 AZR 486/85), AP Nr. 88 zu Art. 9 GG Arbeitskampf; BAG 13.7.1993 (1 AZR 676/92), AP Nr. 127 zu Art. 9 GG Arbeitskampf; *Gamillscheg*, Kollektives Arbeitsrecht I, § 26 V 2b, 1241; *Däubler/Reim*, § 1 Rn. 1201; wohl auch *Löwisch/Rieble*, § 1 Rn. 916.

1410 BAG 13.7.1993, AP Nr. 127 zu Art. 9 GG Arbeitskampf; *Schwarze*, RdA 1993, 264; *ders.*, NZA 1993, 967; *Däubler/Reim*, § 1 Rn. 1202.

1411 Wiedemann/*Wiedemann*, § 1 Rn. 496; *Däubler/Hensche*, § 1 Rn. 903.

1412 Wiedemann/*Wiedemann*, § 1 Rn. 496; *Däubler/Hensche*, § 1 Rn. 903; *Gamillscheg*, Kollektives Arbeitsrecht I, § 36 V 1e, 1239f.; a.A. *Löwisch/Rieble*, § 1 Rn. 918.

1413 *Däubler/Reim*, § 1 Rn. 1202; a.A. Wiedemann/*Wiedemann*, § 1 Rn. 494, sowie *Gamillscheg*, Kollektives Arbeitsrecht I, § 26 V 2b, 1242.

653 Maßregelungsklauseln verbieten häufig zusätzlich die Unterbrechung des Arbeitsverhältnisses und untersagen es dann im Sinne eines **Benachteiligungsverbots** Einmalzahlungen, vermögenswirksame Leistungen usw. abzubauen, die von einer ununterbrochenen Dauer des Arbeitsverhältnisses oder der Beschäftigungszahl abhängen.[1414]

### c) Maßregelungsklausel: Wiedereinstellung

654 **Tarifliche Wiedereinstellungsklauseln** haben an praktischer Bedeutung verloren, seit die höchstrichterliche Rechtsprechung davon ausgeht, dass bei Arbeitskämpfen das Arbeitsverhältnis lediglich suspendiert und nicht unterbrochen wird.[1415]

Entlassungen wegen **betrieblicher Gründe** aus Anlass des Streiks können durch die Maßregelungsklausel mit umfasst werden.[1416] Soweit dies nicht der Fall ist, hält die herrschende Meinung eine Kündigung für zulässig.[1417] Ein solches Verhalten ist dann jedenfalls nach strengen Kriterien unter Missbrauchsgesichtspunkten zu prüfen.[1418]

Bestimmt eine tarifliche Wiedereinstellungsklausel ohne Einschränkung, dass die Arbeit an einem bestimmten Tag wieder aufzunehmen sei, kann sich der Arbeitgeber nicht darauf berufen, er sei wegen streikbedingten Auftragsmangels zur Fortbeschäftigung des einzelnen Arbeitnehmers außer Stande. Vielmehr schuldet er in einem solchen Fall die Lohnfortzahlung aus dem Gesichtspunkt des Annahmeverzuges.[1419]

655 Wiedereinstellungsklauseln können auch dazu führen, dass über die Weiterbeschäftigung hinaus zusätzliche Sanktionen nicht vorgenommen werden dürfen. Darunter fallen so genannte Bagatelldelikte.[1420] Enthält ein tarifliches Maßregelungsverbot eine Bestimmung, »wonach Kündigungen aus Anlass des Streiks ausgeschlossen werden«, dann sind damit auch leichtere strafbare Handlungen erfasst.[1421] Hierzu gehören geringfügige Ehrverletzungen, einfache Nötigungen und Ähnliches, die im Zusammenhang mit der aufgeheizten Atmosphäre etwa bei Tätigkeiten als Streikposten vorkommen können. Dies ergibt sich aus einer tendenziell weiten Auslegung derartiger Tarifklauseln, die auf eine Wiederherstellung des Rechtsfriedens angelegt sind.[1422]

656 Ferner kann der **Verzicht auf Strafverfolgung** Inhalt eines Maßregelungsverbots (Wiedereinstellungsklausel) mit schuldrechtlicher Wirkung sein.[1423]

---

1414 Wiedemann/*Wiedemann*, § 1 Rn. 494; *Däubler/Hensche*, § 1 Rn. 904, sowie *Däubler/Reim*, § 1 Rn. 1208.

1415 Grundsätzlich seit BAG GS 28. 1. 1955 (GS 1/54), AP Nr. 1 zu Art. 9 GG Arbeitskampf und BAG GS 21. 4. 1971 (GS 1/68), AP Nr. 43 zu Art. 9 GG Arbeitskampf, allerdings jeweils mit Öffnungen für Ausnahmen.

1416 *Gamillscheg*, Kollektives Arbeitsrecht I, § 26 V 2a, 1240.

1417 Siehe *Gamillscheg*, Kollektives Arbeitsrecht I, § 26 V 2a, 1240, mit weiteren Nachweisen.

1418 Grundsätzlich ablehnend: *Däubler/Reim*, § 1 Rn. 1207.

1419 LAG Hamm 27. 3. 1968, BB 1968, 586.

1420 Wiedemann/*Wiedemann*, § 1 Rn. 495; *Däubler/Reim*, § 1 Rn. 1205 f.; wohl auch *Kissel*, Arbeitskampfrecht, § 46 Rn. 83, jeweils mit weiteren Nachweisen.

1421 *Däubler/Colneric*, Arbeitskampfrecht, Rn. 1368, 844.

1422 BAG 13. 7. 1993, AP Nr. 127 zu Art. 9 GG Arbeitskampf.

1423 Wiedemann/*Wiedemann*, § 1 Rn. 495; *Däubler/Reim*, § 1 Rn. 1217; *Gamillscheg*, Kollektives Arbeitsrecht I, § 26 V 2c, 1243: »Normative Wirkung«; a. A. *Löwisch/Rieble*, § 1 Rn. 922.

### d) Maßregelungsklausel: Schadensersatzansprüche und Sonstiges

Auch Schadensersatzansprüche des Arbeitgebers gegen einzelne **Arbeitnehmer** können durch tarifliche Maßregelungsverbote mit **normativer Wirkung** grundsätzlich ausgeschlossen werden.[1424] 657

Der Ausschluss von Schadensersatzansprüchen durch Maßregelungsklauseln zwischen den **Tarifparteien** ist ebenfalls möglich, hat jedoch nur eine **schuldrechtliche Wirkung**.[1425] 658

Die Tarifparteien können sich schließlich verpflichten, aus Anlass des Arbeitskampfes selbst keine **Rechtsstreitigkeiten** zu führen.[1426] 659

Eine **Rückwirkung** von Maßregelungsklauseln begegnet keinen Bedenken.[1427] 660

### e) Andere Nebenfolgeklauseln: Zulässigkeitsregeln

**Zulässigkeitsregeln,** durch die die Tarifparteien die Rechtmäßigkeit von Kampfmaßnahmen autonom bestimmen, werden vom Bundesarbeitsgericht ausdrücklich befürwortet. Derartige Vereinbarungen seien grundsätzlich ähnlich dem Vorrangprinzip des Tarifvertrags gegenüber gesetzlichen Vorschriften anzuerkennen.[1428] Von praktischer Bedeutung sind vor allem so genannte **Erhaltungs-** und **Notstandsarbeiten**. 661

**Erhaltungsarbeiten** sind Tätigkeiten, die zur Erhaltung der Substanz des bestreikten Betriebs unverzichtbar erscheinen und trotz des Streiks durchgeführt werden.

**Notstandsarbeiten** dienen der Versorgung der Bevölkerung mit lebenswichtigen Diensten und Gütern während eines Arbeitskampfes.[1429]

Vereinbarungen über beides werden allerdings regelmäßig nicht durch Tarifverträge, sondern durch schriftliche oder mündliche Vereinbarung zwischen Arbeitgeber, Gewerkschaft und örtlicher Streikleitung getroffen.[1430]

Tarifliche Zulässigkeitsregeln können auch die Regeln der **Durchführung von Arbeitskämpfen** präzisieren und eingrenzen.[1431] Eine Realisierung derartiger Bestimmungen ist allerdings nicht nur wegen der Ungewissheit über deren zulässige Reichweite[1432], sondern vor allem auch wegen der unterschiedlichen Interessenlage der Tarifvertragsparteien bislang kaum erfolgt. Deshalb ist hinsichtlich der Durchsetzung weitergehender Vorschläge[1433], etwa zur Begrenzung der Aussperrung, einer Einschränkung des Ultima-Ratio-Prinzips usw. Skepsis geboten. 662

1424 *Gamillscheg*, Kollektives Arbeitsrecht I, § 26 V 2b, 1242; *Däubler/Reim*, § 1 Rn. 1209 ff. und *Däubler/Hensche*, § 1 Rn. 905 ff.; auch *Löwisch/Rieble*, § 1 Rn. 917; *Kissel*, Arbeitskampfrecht, § 86 Rn. 81, nimmt eine nur schuldrechtliche Wirkung an; verfassungsrechtliche Bedenken aus Art. 14 GG, die teilweise geäußert wurden, erscheinen zu weit gegriffen.

1425 Wiedemann/*Wiedemann*, § 1 Rn. 495; *Däubler/Reim*, § 1 Rn. 1215 und *Däubler/Hensche*, § 1 Rn. 907.

1426 So das Friedensabkommen der Druckindustrie vom 20.3.1978; vgl. BAG 10.6.1980, AP Nr. 64 zu Art. 9 GG Arbeitskampf; Wiedemann/*Wiedemann*, § 1 Rn. 495.

1427 *Löwisch/Rieble*, § 1 Rn. 920; *Däubler/Reim*, § 1 Rn. 1213.

1428 BAG GS 21.4.1971 (GS 1/68), AP Nr. 43 zu Art. 9 GG Arbeitskampf.

1429 Z.B. *Kissel*, Arbeitskampfrecht, § 43 Rn. 4 f.

1430 *Gamillscheg*, Kollektives Arbeitsrecht I, § 24 IV 3a, 1167; MünchArbR/*Otto*, § 278 Nr. 145 f., jeweils mit Angaben aus der älteren Diskussion; *Däubler/Däubler*, Einl. Rn. 879.

1431 *Däubler/Reim*, § 1 Rn. 1187 und *Däubler/Hensche*, § 1 Rn. 887.

1432 Tendenziell eng z.B. *Konzen*, ZfA 1980, 78.

1433 *Reuß*, AuR 1975, 1 ff.; *Däubler*, Das Soziale Ideal, 510 ff.

### X. Tarifverträge über Gemeinsame Einrichtungen

**663** Zu Tarifverträgen über **Gemeinsame Einrichtungen**: § 4 Rn. 225 ff.

## F. Die Verpflichtungen der Tarifvertragsparteien: Schuldrechtlicher Teil des Tarifvertrages

### Literatur:

*Bartz*, Die Friedenspflicht bei Verbandswechsel des Arbeitgebers, 2002; *Blank, M.*, Die Warnstreikprozesse in der Metall-Tarifrunde 1987, NZA 1988, Beilage 3, 9; *Beuthien*, Unternehmerische Mitbestimmung kraft Tarif- oder Betriebsautonomie?, ZfA 1983, 141; *Boldt*, Zur Zulässigkeit von Firmentarifverträgen mit verbandsgebundenen Unternehmen, RdA 1971, 254; *Buchner*, Abschied von der Einwirkungspflicht der Tarifvertragsparteien, DB 1992, 572; *ders.*, Kündigung der Tarifregelungen über die Entgeltanpassung der östlichen Bundesländer, NZA 1993, 289; *ders.*, Möglichkeiten und Grenzen betriebsnaher Tarifpolitik, DB 1970, 2025; *Bunge*, Tarifinhalt und Arbeitskampf, 1980; *Dammann*, Tarifvertrag und Arbeitskampf, 1977; *Dreschers*, Die Entwicklung des Rechts des Tarifvertrags in Deutschland, 1994; *Fabricius*, Erweiterung der Arbeitnehmer-Beteiligung im Aufsichtsrat einer Aktiengesellschaft gemäß § 76 BetrVG 1952 auf rechtsgeschäftlicher Grundlage, FS Hilger und Stumpf, 1983, 155; *Gamillscheg*, Die Durchsetzung tariflicher Ansprüche, FS Henckel, 1995; *Gift*, Probleme der Friedenspflicht, DB 1959, 651; *Gisberts*, Parität im Firmenarbeitskampf, 2004; *Jacobs, M.*, Die Erkämpfbarkeit von firmenbezogenen Verbandstarifverträgen mit verbandsangehörigen Arbeitgebern, ZTR 2001, 249; *Hensche*, Die Zulässigkeit von Firmentarifverträgen mit verbandsangehörigen Unternehmen, RdA 1971, 16; *Herschel*, Zur Entstehung des Tarifvertragsgesetzes, ZfA 1973, 183; *Hölters*, Harmonie normativer und schuldrechtlicher Abreden in Tarifverträgen, 1973; *Karsten*, Schuldrechtliche Tarifverträge und außertarifliche Sozialpartnervereinbarungen, 2004; *Kempen*, Strukur- und Funktionsunterschiede zwischen Tarifvertrag und Betriebsvereinbarung, ArbRGgw 31 (1993), 97; *Kraft/Konzen*, Die Arbeiterselbstverwaltung im Spannungsverhältnis von Gesellschafts- und Arbeitsrecht, 1978; *Löwisch*, Reichweite und Durchsetzung der tariflichen Friedenspflicht am Beispiel der Metall-Tarifrunde 1987, NZA 1988, Beilage 1988, 1; *Matthes*, Der Arbeitgeber als Tarifvertragspartei, FS Schaub, 1998, 477; *Müller, G.*, Probleme der Friedenspflicht, DB 1959, 515; *Oetker*, Die Kündigung von Tarifverträgen, RdA 1995, 82; *Otto*, Die Kündigung des Tarifvertrages aus wirtschaftlichen Gründen, FS Kissel, 1994, 787; *ders.*, Relative Friedenspflicht, tariflicher Regelungsgegenstand und Geschäftsgrundlage, FS Wiedemann, 2002, 402; *Radke*, Rechtsbeziehungen zwischen einer Tarifvertragspartei und den Mitgliedern der gegnerischen Tarifvertragspartei, AuR 1956, 273; *ders.*, Nochmals: Rechtsbeziehungen zwischen einer Tarifvertragspartei und den Mitgliedern der gegnerischen Tarifvertragspartei, AuR 1957, 257; *Reuter*, Können verbandsangehörige Arbeitgeber zum Abschluss von Haustarifen gezwungen werden?, NZA 2001, 1097; *Rieble*, Tarifvertrag und Beschäftigung, ZfA 2004, 1; *Richter, J.*, Die Erstreikbarkeit von Firmentarifverträgen mit verbandsangehörigen Arbeitgebern, 2005; *Rüthers*, Das Recht der Gewerkschaften auf Information und Mitgliederwerbung im Betrieb, RdA 1968, 161; *ders.*, Die Verschränkung von Wirtschaft und Recht – Zum Streik in Ostdeutschland, NJW 1993, 1628; *Säcker/Oetker*, Grundlagen und Grenzen der

Tarifautonomie, 1992; *Schleusener*, Die Erzwingbarkeit von Firmentarifverträgen nach Verbandsaustritt des Arbeitgebers, BB 1999, 684; *Söllner*, Beschäftigungs- und Wiederbesetzungsgarantien in Tarifverträgen und Betriebsvereinbarungen, Gutachten, o.J. (1988); *Stahlhacke*, Aktuelle Probleme tariflicher Friedenspflicht, FS Molitor 1988, 351; *Strasser*, Die Rechtsgrundlage der tariflichen Friedenspflicht, RdA 1965, 401; *Stein, A.*, Der Abschluss von Firmentarifverträgen, RdA 2000, 129; *Umbach*, Rechtsfragen des Anerkennungstarifvertrages, 2004; *Unterhinninghofen*, Fristlose Kündigung der ostdeutschen Tarifverträge – »Hilfeschrei« oder eklatanter Rechtsbruch, AuR 1993, 101; *Voß*, Der Firmentarifvertrag, 2004; *Walker*, Zur Rechtmäßigkeit von Arbeitsniederlegungen wegen der Kündigung eines Tarifvertrages, NZA 1993, 769; *ders.*, Der tarifvertragliche Einstellungsanspruch, FS Schaub, 1998, 743; *Wallisch*, Die tarifliche Einwirkungspflicht, 1998; *Wiedemann*, Rationalisierungsschutz, Tarifmacht und Gemeinsame Einrichtung, RdA 1968, 423; *Witt*, Der Firmentarifvertrag, 2003; *Zachert*, Möglichkeit der fristlosen Kündigung von Tarifverträgen in den neuen Bundesländern, NZA 1993, 299; *ders.*, Rechtsfragen zu den aktuellen Tarifverträgen über Arbeitszeitverkürzung und Beschäftigungssicherung, AuR 1995, 1; *ders.*, Firmentarifvertrag und Arbeitskampfrecht gegenüber dem Verbandsaußenseiter, FS Kehrmann, 1997, 335; *ders.*, Firmentarifvertrag als Alternative?, NZA 2000, Beilage 24, 17; *ders.*, Dezentralisierung des Tarifvertrages: der einzelne Arbeitgeber als Tarifpartei, FS Wissmann, 2005, 202; *Zöllner*, Über einige extreme Thesen zum Arbeitskampfrecht, ZfA 1973, 227.

**Übersicht** Rn.

## I. Durchführungs- und Friedenspflicht: Rechtspolitische und rechtsvergleichende Bewertung

664 Nach § 1 Abs. 1 TVG regelt der Tarifvertrag neben dem normativen Teil die Rechte und Pflichten der Tarifparteien selbst. Der Tarifvertrag ist Normen- und Schuldvertrag. Allerdings existieren in beachtlicher Zahl Tarifverträge, die unterschiedliche Themenfelder lediglich mit schuldrechtlicher Wirkung zwischen den Tarifparten festlegen (dazu § 1 Rn. 727 ff.). Darüber hinaus wird als ungeschriebene schuldrechtliche Verpflichtung nach allgemeiner Meinung zwischen den Tarifparteien, Gewerkschaften und Arbeitgeberverband oder einzelner Arbeitgeber, die **Durchführungs**- und **Friedenspflicht** begründet. Der Gesetzgeber des Tarifvertragsgesetzes hatte die Friedenspflicht sogar bewusst nicht normiert, weil ihm das Thema zu brisant erschien.[1434]

665 Durchführungs- und Friedenspflicht stehen in engem **Zusammenhang mit** den **normativ wirkenden Bestimmungen** des Tarifvertrages.[1435] Insbesondere die Friedenspflicht ist ein wichtiger Bestandteil im Sinne eines fairen Interessenausgleichs (»win-win«) im tariflichen Verfahren, da es namentlich der Arbeitgeberseite eine sichere Berechnungsgrundlage für die Arbeitskosten gibt. Zugleich ist das ausgehandelte Niveau aus Arbeitnehmersicht für die Laufzeit des Tarifvertrages mit einer gewissen Sicherheit gewährleistet.[1436] Dieses **Element der Stabilität und Kalkulierbarkeit** entspricht der deutschen Tradition des Tarifrechts[1437], ist aber im europäischen Vergleich eher die Ausnahme als die Regel.[1438] Dies ist ein Gesichtspunkt, der in der teilweise heftigen und überspitzen Kritik an den gewachsenen Tarifstrukturen nicht immer ausreichend Beachtung findet.[1439]

## II. Durchführungspflicht

### 1. Definition und Geltungsgrund

666 Die **Durchführungspflicht** des Tarifvertrages bedeutet, dass die Parteien des Tarifvertrages (die Verbände oder der einzelne Arbeitgeber) verpflichtet sind, alles zu **unterlassen**, was seine Durchsetzung behindern könnte. Darüber hinaus gehört hierzu die Verpflichtung des vertragsschließenden Arbeitgeberverbandes auf seine Mitgliedsunternehmen und die der Gewerkschaften auf ihre Mitglieder **einzuwirken**, die Tarifverträge tatsächlich zu erfüllen.
Die Durchführungspflicht ist eine Konkretisierung des allgemeinen vertragsrechtlichen Prinzips, dass Verträge zu halten und im Sinne des wirklich Gewollten zu erfüllen sind. Einer besonderen Vereinbarung hierüber bedarf es nicht.[1440]

---

1434 *Herschel*, ZfA 1973, 186; zur rechtshistorischen Entwicklung: *Dreschers*, Die Entwicklung, 232 ff.; zum Zusammenhang mit der Einführung der Arbeitsgerichtsbarkeit in der Weimarer Republik: *Kempen*, ArbRGgw 31 (1993), 97 ff.

1435 Zutreffend *Löwisch/Rieble*, § 1 Rn. 364: »im Dienste der Tarifnormen«.

1436 Vgl. *Gamillscheg*, Kollektives Arbeitsrecht I, § 22 II 1a, 1074.

1437 Wiedemann/*Wiedemann*, § 1 Rn. 663a; zur historischen Entwicklung: *Dreschers*, Die Entwicklung, 232 ff.

1438 *Gamillscheg*, Kollektives Arbeitsrecht I, § 22 II 1c, 1075 f.

1439 Z. B. prononciert *Rieble*, ZfA 2004, 39.

1440 *Gamillscheg*, Kollektives Arbeitsrecht I, § 15 X 3a, 628 ff.; Wiedemann/*Wiedemann*, § 1 Rn. 708; *Däubler/Reim*, § 1 Rn. 968 f., jeweils mit weiteren Nachweisen; aus der Rechtsprechung: BAG 11. 9. 1991 (4 AZR 71/91), AP Nr. 29 Internationales Privatrecht (mit Anm. von *Dütz/Rotter*, a. a. O., und Anm. von *Zachert*, AuR 1992, 125) und BAG 29. 4. 1992 (4 AZR 432/91), AP Nr. 3 zu § 1 TVG; monographisch: *Gamillscheg*, FS Henckel, 218 ff.; *Walker*, FS Schaub, 744; *Wallisch*, Einwirkungspflicht, 78 ff.

## 2. Inhaltliche Bedeutung: Verbandstarifverträge

667 Die **Unterlassungspflicht** als ein Element der Durchführungspflicht des Tarifvertrages bedeutet, dass die Tarifparteien alles zu unterlassen haben, was seine Umsetzung beeinträchtigt. Hierzu gehört für die Arbeitgeberseite, dass die Flucht der Verbandsmitglieder aus dem Tarifvertrag nicht gefördert wird. Ferner sind Aktionen zu unterlassen, die die Gewerkschaften schwächen, unter anderem die Attraktivität der Mitgliedschaft in Frage stellen.[1441] Die Gewerkschaft darf ebenfalls keine Maßnahmen ergreifen, die einer loyalen Umsetzung des Tarifvertrages entgegenstehen.[1442]

668 Die Einwirkungspflicht beinhaltet auf Verbandsebene die Verpflichtung beider Verbände dafür zu sorgen, dass der Tarifvertrag von ihren jeweiligen Mitgliedern in vollem Umfang beachtet wird. Auch ohne ausdrückliche Vereinbarung ist jede Seite verpflichtet, ihre Mitglieder zu veranlassen, die Tarifverträge entsprechend den Vereinbarungen zu gestalten und die tariflich vorgeschriebenen Arbeitsbedingungen ihren Abmachungen zu Grunde zu legen.[1443]

669 Ein **Einwirkungsanspruch** besteht nicht nur, wenn der Tarifvertrag durch alle oder einzelne Verbandsmitglieder planmäßig ausgehöhlt wird, sondern **auch bei einzelnen Verstößen** gegen ihn.[1444] Die Durchführungspflicht des Tarifvertrages bietet ohnehin nur begrenzte Möglichkeiten, die tariflichen Bestimmungen praktisch werden zu lassen (hierzu nachfolgend § 1 Rn. 671). Eine Begrenzung des Durchsetzungsanspruches auf massenhafte Verletzung der Tarifbedingungen würde sie in ihrer Wirkung noch weiter und damit unangemessen entwerten.[1445]

670 Den Einwirkungspflichten kommt der Verband durch **Einsatz seiner verbandsrechtlichen Mittel** nach. Hierzu gehören Informationen an die Mitglieder, Aufforderungen, Warnungen, Entziehungen von Unterstützungen, Geldstrafen bis hin zum Verbandsausschluss. Grundsätzlich entscheidet der Arbeitgeberverband selbst über die Art und Intensität der anzuwendenden Mittel. Zu Recht verlangt die Rechtsprechung für die Leistungsklage zur Durchsetzung der Einwirkungspflicht nicht, dass ein bestimmtes Einwirkungsmittel benannt wird.[1446] Eine Konkretisierung in dem Sinne, eine bestimmte Regelung der Arbeitsbedingungen zu unterlassen, wird lediglich dann befürwortet, wenn die Auslegung des Tarifvertrages eindeutig ergibt, dass diese nicht dem Tarifvertrag entspricht oder ein rechtskräftiges Urteil bzw. die verbindliche Entscheidung einer tariflichen Schiedsstelle vorliegt oder die Tarifvertragspartei selbst von der Tarifwidrigkeit der Regelung ausgeht[1447] (Näheres § 4 Rn. 219).

671 Die **Einwirkungspflicht** wirft auf Arbeitgeberseite beim **Verbandstarif** teilweise nicht unerhebliche **Schwierigkeiten** auf. So ist zwar eine Zwangsvollstreckung

1441 Vgl. BAG 11.9.1991 (4 AZR 71/91), AP Nr. 29 Internationales Privatrecht (mit Anm. von *Dütz/Rotter*, a.a.O., und Anm. von *Zachert*, AuR 1992, 125).

1442 Ausführlich *Gamillscheg*, Kollektives Arbeitsrecht I, § 15 X 3b, 629f.

1443 BAG 9.6.1982, AP Nr. 1 zu § 1 TVG Durchführungspflicht.

1444 *Däubler/Reim*, § 1 Rn. 977.

1445 *Däubler/Reim*, § 1 Rn. 977; in der Tendenz engere Auslegung: BAG 29.4.1992 (3 AZR 432/91), AP Nr. 3 zu § 1 TVG Durchführungspflicht; Wiedemann/*Wiedemann*, § 1 Rn. 715; *Gamillscheg*, Kollektives Arbeitsrecht I, § 15 X 2c, 631f.

1446 BAG 18.2.1998 (4 AZR 363/96), AP Nr. 3 zu § 1 TVG Kündigung (mit Anm. von *A. Stein*, SAE 1999, 103).

1447 BAG 29.4.1992, AP Nr. 3 zu § 1 TVG Durchführungspflicht = EzA § 1 TVG Durchführungspflicht Nr. 2 (mit Anm. von *Rieble*, a.a.O., und Anm. von *Zachert*, AiB 1992, 643).

nach § 888 ZPO und die Erzwingung der Einwirkungspflicht durch einstweilige Verfügung möglich. Jedoch kann sich der Verband durch Vollstreckungsgegenklage nach § 767 ZPO wehren, indem er vorträgt, er habe die geschuldete Einwirkungshandlung vorgenommen. Hierzu soll jede Einwirkung, etwa ein Telefonat oder ein Fax, ausreichen.[1448] Damit sind diese Ansprüche in der Praxis weitgehend wertlos.[1449] Rechtspolitisch läuft dies auf ein erhebliches und bislang ungelöstes **Rechtsdurchsetzungsdefizit** hinaus, das den verfassungsrechtlich geschützten Inhalt von Art. 9 Abs. 3 GG berührt (zu praktischen Lösungsansätzen: unten § 1 Rn. 673).

### 3. Inhaltliche Bedeutung: Firmentarifverträge

672 Bei **Firmentarifverträgen**, bei denen auf Arbeitgeberseite der Adressat der normativen und schuldrechtlichen Verpflichtung identisch ist, ergeben sich im Hinblick auf die Durchführungspflicht auf Arbeitgeberseite regelmäßig **keine signifikanten Probleme**. Unter anderem schließt die Einwirkungspflicht Verpflichtungen der **Muttergesellschaft** ein, bei faktischer Einflussmöglichkeit **Tochtergesellschaften** auch im Ausland dazu anzuhalten, den einschlägigen Tarifvertrag anzuwenden.[1450] Die Ausgründung einzelner Unternehmen darf nicht zu einer Schmälerung des Anwendungsbereichs des Tarifvertrages führen.[1451]

### 4. Parteiautonome Festlegung

673 Das angesprochene Rechtsdurchsetzungsdefizit (oben § 1 Rn. 671) kann zumindest in gewissem Umfang dadurch ausgeglichen werden, dass die **Tarifparteien** die **Durchführungspflicht** durch entsprechende Vereinbarungen **verstärken**. Nach allgemeiner Meinung sind derartige Regelungen, vor allem Konkretisierungen und Erweiterungen, unbedenklich zulässig.[1452]

In diesem Sinne ist es z. B. möglich, die Einhaltung der Durchführungspflicht durch eine **Vertragsstrafenabrede** im Tarifvertrag abzusichern.[1453]

Auch die **Einschränkung** oder **Konkretisierung der Friedenspflicht** im Hinblick auf vertragswidriges Verhalten einer Mitgliedsfirma kommt in Betracht (§ 1 Rn. 677).

Alles dies bedarf des Konsenses, setzt also das Einverständnis des Arbeitgeberverbandes voraus. An sich sollte die tarifkonforme Umsetzung der abgeschlossenen Tarifvereinbarungen selbstverständlich sein und durch entsprechende Vereinbarungen abgestützt werden können. Dennoch entspricht das **nicht** immer **gängiger Praxis**, vor allem wenn einzelne Mitgliedsfirmen im Sinne einer »Mentalreservation« von vornherein trotz Tarifabschlusses Sonderregelungen praktizieren wollen. Das kann bereits im Vorfeld (Verfahrens-)Regelungen im Tarif-

---

1448 Ausführlich *Walker*, FS Schaub, 757ff.; ferner zum Problembereich *Däubler/Reim*, § 1 Rn. 1071ff., jeweils mit weiteren Nachweisen.

1449 *Walker*, FS Schaub, 758.

1450 BAG 11.9.1991, AP Nr. 29 Internationales Privatrecht (mit Anm. von *Dütz/Rotter*, a.a.O., und Anm. von *Zachert*, AuR 1992, 125).

1451 *Däubler/Reim*, § 1 Rn. 981; enger wohl Wiedemann/*Wiedemann*, § 1 Rn. 718 sowie *Löwisch/Rieble*, § 1 Rn. 411.

1452 Eingehend *Löwisch/Rieble*, § 1 Rn. 404ff.; ferner *Däubler/Reim*, § 1 Rn. 983; Wiedemann/*Wiedemann*, § 1 Rn. 709; *Karsten*, 61.

1453 *Söllner*, Gutachten, 46ff., dort Praxisbeispiele im Anhang, 14; ausführlich *Wallisch*, Einwirkungspflicht, 78ff.

vertrag über wirksame Durchsetzungsmöglichkeiten und Sanktionen erschweren oder sogar verhindern.

## 5. Rechtsdurchsetzung auf dem Klagewege

Zu **Klagemöglichkeiten der Gewerkschaft** mit dem Ziel der Einwirkung des Verbandes auf seine Mitglieder und einem unmittelbaren Klagerecht gegen das tarifuntreue Unternehmen: § 4 Rn. 219. **674**

## III. Friedenspflicht

### 1. Definition

Unter der **Friedenspflicht** wird die Pflicht jeder Tarifvertragspartei verstanden, **während der Vertragsdauer Kampfmaßnahmen** mit dem Ziel der Änderung der tariflichen Regelung zu **unterlassen** und im Rahmen ihrer **Einwirkungspflichten** die Mitglieder von **Kampfaktionen abzuhalten**.[1454] Nach der Rechtsprechung und der ganz überwiegenden Lehrmeinung werden die Mitglieder der Tarifvertragsparteien (Gewerkschaftsmitglieder, Unternehmen) durch die Friedenspflicht nicht unmittelbar gebunden[1455]: Der Tarifvertrag ist in seinem **schuldrechtlichen Teil**, zu dem die Friedenspflicht gehört, ein **Vertrag zugunsten Dritter**, d.h. der Gewerkschaftsmitglieder auf der einen und der verbandsangehörigen Unternehmen auf der anderen Seite.[1456] **675**

### 2. Geltungsgrund

Hinsichtlich der Ableitung der **Friedenspflicht** geht das Bundesarbeitsgericht davon aus, sie sei jedem **Tarifvertrag** als Friedensordnung **immanent**, ohne dass es einer besonderen Vereinbarung bedürfe.[1457] **676**

Älteren Auffassungen aus Rechtsprechung und Lehre, die die Friedenspflicht aus dem **Wesen des Tarifvertrages**[1458], aus der **Ordnungsfunktion**[1459] oder aus **Gewohnheitsrecht** ableiten[1460] kommt keine wesentliche Bedeutung mehr zu.[1461]

---

1454 BAG 8.2.1957 (1 AZR 169/55), AP Nr. 1 zu § 1 TVG Friedenspflicht; BAG 17.12.1958, AP Nr. 3 zu § 1 Friedenspflicht; BAG 21.12.1982 (1 AZR 411/80), AP Nr. 76 zu Art. 9 GG Arbeitskampf; BAG 12.9.1984 (1 AZR 342/83), AP Nr. 81 zu Art. 9 GG Arbeitkampf; BAG 27.6.1989, AP Nr. 113 zu Art. 9 GG Arbeitskampf; BAG 10.12.2002 (1 AZR 96/02), AP Nr. 162 zu Art. 9 GG Arbeitskampf (mit Anm. von *Thüsing*).

1455 Schon BAG 17.12.1958, AP Nr. 3 zu § 1 TVG Friedenspflicht; kritisch hierzu *Radke*, AuR 1956, 273 und *ders.*, AuR 1957, 257.

1456 BAG 10.12.2002 (1 AZR 96/02), AP Nr. 162 zu Art. 9 GG Arbeitskampf (mit Anm. von *Thüsing*) mit Nachweisen aus der älteren Rechtsprechung; aus der Unterscheidung »Tarifvertrag mit Schutzwirkungen zugunsten Dritter« und »Tarifvertrag zugunsten Dritter« lassen sich keine unterschiedlichen Rechtsfolgen ziehen – zutreffend: *Gamillscheg*, Kollektives Arbeitsrecht I, § 22 II 3a, 1080; auch *Däubler/Reim*, § 1 Rn. 990, mit weiteren Nachweisen.

1457 BAG 27.6.1989, AP Nr. 113 zu § 9 GG Arbeitskampf.; BAG 10.12.2002 (1 AZR 96/02), AP Nr. 162 zu Art. 9 GG Arbeitskampf (mit Anm. von *Thüsing*).

1458 Z.B. *Hueck/Nipperdey*, Bd. II/1, 309; *Zöllner*, ZfA 1973, 239; diese Ansicht ist allerdings in der Sache nicht weit von der Position der Rechtsprechung entfernt.

1459 BAG 31.10.1958(1 AZR 632/57), AP Nr. 2 zu § 1 TVG Friedenspflicht; *Boldt*, RdA 1971, 268; *Rüthers*, RdA 1968, 168.

1460 *Wiedemann/Stumpf*, § 1 Rn. 324; allerdings auch in diesem Sinne: *Gamillscheg*, Kollektives Arbeitsrecht I, § 22 II 1b, 1075.

1461 Ausführlich die *Voraufl.*, § 1 Rn. 341; ferner *Däubler/Reim*, § 1 Rn. 993ff.

Der Ansicht des Bundesarbeitsgerichts, die in der Rechtslehre Zustimmung gefunden hat[1462], ist insoweit zu folgen, als die Anerkennung einer tariflichen **Friedenspflicht ohne besondere Vereinbarung** der Tradition des deutschen Tarifrechts entspricht.[1463] Im **europäischen Kontext** ist dies jedoch eher die **Ausnahme** als die Regel: In Frankreich, Großbritannien und Spanien bedarf es einer ausdrücklichen Vereinbarung, um eine Friedenspflicht zu begründen; in Österreich gibt es so gut wie keine Lehre und Rechtsprechung, die das Bestehen einer ausdrücklichen Friedenspflicht behauptet; in Schweden hielt der Gesetzgeber ihre ausdrückliche Anordnung für erforderlich: § 41 MitbestG vom 10. Juni 1976.[1464]

**677** Am überzeugendsten erscheint es, auf den **Willen der vertragsschließenden Parteien** unter Berücksichtigung der **jeweiligen Interessenlage** abzustellen.[1465] Die Friedenspflicht enthält danach primär eine subjektiv vertragsrechtliche Komponente (»Grundrechtsverzicht«)[1466] und zugleich geht es um objektive Begrenzungen des Art. 9 Abs. 3 GG.[1467]

Für die Berücksichtigung des Parteiwillens spricht, dass allgemeiner Meinung nach Inhalt und Reichweite der tariflichen Friedenspflicht grundsätzlich der parteiautonomen Vereinbarung zugänglich ist.[1468] Die Interessenlage der Tarifparteien deckt sich zumindest teilweise: Nicht nur den Unternehmen liegt an einem Stillhalteabkommen auf Zeit, weil sie möglichst gesicherte Kalkulationsgrundlagen wünschen. Auch für die Gewerkschaften erweist es sich als vorteilhaft, wenn sie die Tarifvertragspolitik längerfristig planen und ihre Durchführung zeitlich gezielt in Angriff nehmen können. Darüber hinaus garantiert die Friedenspflicht in Zeiten wirtschaftlicher Rezession und hoher Arbeitslosigkeit, dass Arbeitgebern für die Laufzeit des Tarifvertrages nicht die rechtliche Möglichkeit zusteht, einseitig von den tariflichen Mindestnormen abzuweichen (siehe oben § 1 Rn. 665).[1469]

### 3. Relative Bedeutung, inhaltliche Reichweite: allgemeine Grundsätze

**678** Die Friedenspflicht erstreckt sich nur auf die im jeweiligen Tarif konkret getroffenen Regelungen: so genannte **relative** Bedeutung der **Friedenspflicht**.[1470] Die Herbeiführung einer **absoluten Friedenspflicht** durch Vereinbarung, für die

---

1462 Z.B. Wiedemann/*Wiedemann*, § 1 Rn. 665.

1463 Hier liegen die Anhaltspunkte für eine gewohnheitsrechtliche Ableitung; zu der widersprüchlichen Entwicklung in der Weimarer Zeit allerdings *Dreschers*, Die Entwicklung, 232 ff.

1464 Nachweise: *Gamillscheg*, Kollektives Arbeitsrecht I, § 22 II 1c, 1075 f.; siehe auch die *Voraufl.*, § 1 Rn. 341; in der Bewertung ebenso Wiedemann/*Wiedemann*, § 1 Rn. 665.

1465 *Däubler*/Reim, § 1 Rn. 997, aus der älteren Literatur: *Söllner*, Gutachten, 86 f.; ähnlich *Strasser*, RdA 1965, 405; *Buchner*, DB 1970, 2074.

1466 Zur Ambivalenz dieses Begriffes ErfK/*Dieterich*, Einl. GG Rn. 62.

1467 *Kempen*, ArbRGgw 31 (1993), 97 ff.

1468 Prinzipiell ist das anerkannt, allerdings mit unterschiedlichen Akzenten im Hinblick auf einschränkende Vereinbarungen: z.B. *Gamillscheg*, Kollektives Arbeitsrecht I, § 22 II 1d, 1077; *Däubler/Reim*, § 1 Rn. 1044 ff.; enger bei Einschränkungen: Wiedemann/*Wiedemann*, § 1 Rn. 699 und 683; ähnlich *Löwisch/Rieble*, § 1 Rn. 389 ff.

1469 In dieser Bewertung besteht grundsätzlich Übereinstimmung: Wiedemann/*Wiedemann*, § 1 Rn. 665; *Gamillscheg*, Kollektives Arbeitsrecht I, § 22 II 1a, 1074 f.; *Däubler/Reim*, § 1 Rn. 997; wohl auch *Löwisch/Rieble*, § 1 Rn. 376.

1470 Grundlegend BAG 21. 12. 1982 (1 AZR 411/80), AP Nr. 76 zu Art. 9 GG Arbeitskampf; BAG 5. 3. 1985 (1 AZR 468/83), AP Nr. 85 zu Art. 9 GG Arbeitskampf; BAG 27. 6. 1989 (1 AZR 404/88), AP Nr. 113 zu Art. 9 GG Arbeitskampf; BAG 10. 12. 2002 (1 AZR 96/02), AP Nr. 162 zu Art. 9 GG Arbeitskampf; im Grundsatz zustimmend die Rechtslehre, z.B. Wiedemann/*Wiedemann*, § 1 Rn. 681; *Däubler/Reim*, § 1 Rn. 1004; *Löwisch/Rieble*, § 1 Rn. 376: *Gamillscheg*, Kollektives Arbeitsrecht I, § 22 II 2a, 1078.

**rechtsvergleichend** das Friedensabkommen in der »**Schweizer Metallindustrie**« steht, ist zwar möglich, kommt praktisch jedoch nur im **kirchlichen Bereich** vor (zu Tarifverträgen im kirchlichen Bereich: Grundl. Rn. 180 ff.).[1471] Im Gegensatz zur absoluten Friedenspflicht verbietet die **relative Friedenspflicht** lediglich einen Arbeitskampf, der sich gegen den Bestand des abgeschlossenen Tarifvertrages oder gegen **einzelne** der dort **vereinbarten Bestimmungen** richtet (im Einzelnen folgend § 1 Rn. 680 ff.).[1472]

Die **inhaltliche Reichweite** der Friedenspflicht ist durch **Auslegung** zu ermitteln.[1473] Dabei ist auf den im Tarifvertrag oder in den Tarifverträgen zum Ausdruck kommenden Willen der Tarifvertragsparteien unter Berücksichtigung der beiderseitigen Regelungsinteressen abzustellen (§ 1 Rn. 665 und Rn. 677). Hiervon ausgehend, erscheint es weder angemessen, die Friedenspflicht bis zur faktischen Wirkungslosigkeit zu relativieren noch entspricht ihre überzogene Ausdehnung der gemeinsamen Schnittmenge der Interessen der beteiligten Parteien. Insoweit fällt ins Gewicht, dass die Friedenspflicht-, soweit sie sich nicht als freiwilliger »Grundrechtsverzicht« darstellt-, auf Arbeitnehmerseite ihrem sachlichen Gehalt nach eine Grundrechtsbeschränkung ist, da sie die **Ausübung des in Art. 9 Abs. 3 GG** gewährleisteten **Streikrechts auf Zeit ausschließt** oder jedenfalls begrenzt.[1474] Deshalb ist die Friedenspflicht **im Zweifel eng** zu interpretieren. Sie darf mangels anderer Anhaltspunkte im Tarifvertrag nicht weiter gehen, als dies den übereinstimmenden Interessen beider Seiten im Zeitpunkt des Tarifabschlusses entspricht. **679**

### 4. Inhaltliche Anforderungen: Regelungsintensität

Unterschiedliche Auffassungen werden zur Frage vertreten, **wie umfassend und konkret ein Thema inhaltlich geregelt** sein muss, damit es der relativen Friedenspflicht unterfällt. Die Bandbreite der Vorschläge reicht von einer Auslegung, die einer absoluten Bedeutung der Friedenspflicht zumindest nahe kommt[1475], über Eingrenzungsversuche nach unterschiedlichen Gesichtspunkten, wie dem inneren Sachzusammenhang der jeweiligen Themen[1476] bis zur Ansicht, die Friedenspflicht gelte nur dann, wenn ein Fragenbereich eindeutig und abschließend im Tarifvertrag geregelt sei.[1477] **680**

Die **Rechtsprechung** geht von einer **tendenziell engen Eingrenzung der Friedenspflicht** aus. Das BAG weist darauf hin, dass der Ausschlusswille im (existie- **681**

---

1471 Zu Beidem: *Däubler/Reim*, § 1 Rn. 999 ff. Rn. 1003; *Gamillscheg*, Kollektives Arbeitsrecht I, § 22 II 1d, 1077.

1472 BAG 21.12.1982 (1 AZR 411/80), AP Nr. 76 zu Art. 9 GG Arbeitskampf, ständige Rechtsprechung.

1473 Z.B. BAG 10.12.2002 (1 AZR 96/02), AP Nr. 162 zu Art. 9 GG Arbeitskampf; *Kissel*, Arbeitskampfrecht, § 26 Rn. 81; Wiedemann/*Wiedemann*, § 1 Rn. 682; *Däubler/Reim*, § 1 Rn. 1004; *Löwisch/Rieble*, § 1 Rn. 379; *Gamillscheg*, Kollektives Arbeitsrecht I, § 22 II 2a, 1078.

1474 *Däubler/Reim*, § 1 Rn. 1007; *Däubler/Schumann*, Arbeitskampfrecht, Rn. 213.

1475 Aus der älteren Literatur: *G. Müller*, DB 1959, 515 ff.; *Gift*, DB 1959, 651; neuere Beiträge: *Schleusener*, BB 1999, 686; *Reuter*, NZA 2001, 1104.

1476 So mit unterschiedlichen Akzenten wohl überwiegend die Rechtslehre: Z.B. Wiedemann/*Wiedemann*, § 1 Rn. 682; *Gamillscheg*, Kollektives Arbeitsrecht, § 22 II 2a, 1078 f.; *Löwisch/Rieble*, § 1 Rn. 382; aus monographischen Beiträgen: *Otto*, FS Wiedemann, 407 ff., mit Rückgriff auf den Gedanken der Geschäftsgrundlage; *Bartz*, 159 ff.

1477 *Däubler/Reim*, § 1 Rn. 1007; *Stein*, Rn. 668; *Däubler/Schumann*, Arbeitskampfrecht, Rn. 211; Einzelbeiträge und monographisch: *A. Stein*, RdA 2000, 139; *M. Jacobs*, ZTR 2001, 249; *Zachert*, NZA 2000, Beilage 24, 20; *ders*,. FS Wissmann, 202 ff.; wohl auch *Witt*, 246.

renden) Tarifvertrag selbst deutlich zum Ausdruck kommen müsste.[1478] In seiner jüngeren Rechtsprechung kombiniert es verschiedene Eingrenzungskriterien[1479]: Hätten die Tarifparteien eine Materie »erkennbar umfassend bzw. abschließend geregelt« – an anderer Stelle spricht der erste Senat nur von »abschließend geregelt«[1480] – so sei anzunehmen, dass sie diesen Bereich der Friedenspflicht unterwerfen und für die Laufzeit des Tarifvertrages die kampfweise Durchsetzung weiterer Regeln unterbinden wollten, die »in einem sachlichen inneren Zusammenhang mit dem befriedeten Bereich« ständen.[1481]

**682** Hieran lässt sich anknüpfen. Zugleich sind die von der Rechsprechung entwickelten Grundsätze zu präzisieren. Je genauer die Voraussetzungen des Umfangs der tariflichen Friedenspflicht erfasst sind, umso besser können die Tarifparteien nämlich das Risiko einer eventuellen Rechtswidrigkeit des Arbeitskampfes ex ante einschätzen. Deshalb sollte auf die Formulierung zurückgegriffen werden, den die Rechtsprechung im Zusammenhang des Tarifvorbehalts gegenüber Betriebsvereinbarungen nach § 87 Abs. 1 BetrVG entwickelt hat (hierzu Grundl. Rn. 349).[1482] Danach müsste der Regelungsgegenstand »**abschließend, aus sich selbst heraus verständlich und zwingend**« normiert sein, um die Friedenspflicht zu begründen.[1483]

**683** Das bloße **Schweigen des Tarifvertrages** zu einem regelungsbedürftigen Aspekt löst die **Friedenspflicht nicht** aus.[1484] Hier fehlt es an einer erkennbar abschließenden und umfassenden Regelung im Sinne der höchstrichterlichen Abgrenzungskriterien. Eine derart weite Auslegung würde auch dem Gebot der Rechtssicherheit und Vorhersehbarkeit nicht genügen. Entsprechendes gilt, wenn die Tarifparteien durch **Öffnungsklauseln** für Vereinbarungen auf betrieblicher oder arbeitsvertraglicher Ebene die Regelungsmaterie »Dritten« zuweisen. Das stellt eine bewusste Nichtregelung dar, die **keine Friedenspflicht** hervorruft.[1485] In dem Verweis auf andere – von der Durchsetzung her schwächere – Regelungsebenen ist nämlich nicht zwangsläufig den Verzicht auf die tarifliche Geltendmachung der jeweiligen Forderung in der Zukunft zu sehen. So bedeutet die Klausel in den Manteltarifverträgen für den Einzelhandel aus dem Jahre 1985, wonach »die tägliche Arbeitszeit und Pausen zwischen Geschäftsleitung und Betriebsrat vereinbart werden«, keine abschließende Festlegung der Lage der Arbeitszeit. Den Tarifparteien steht es frei, in einem weiteren Tarifvertrag die Dauer der Arbeitszeit (Ladenschlusszeiten) konkret festzusetzen. Im Konfliktfall ist die von der Gewerkschaft erhobene Forderung erstreikbar.[1486]

---

1478 BAG 27.6.1989 (1 AZR 404/88), AP Nr. 113 zu Art. 9 GG Arbeitskampf, unter II 2 (mit Anm. von *Thüsing*).

1479 BAG 10.12.2002 (1 AZR 96/02), AP Nr. 162 zu Art. 9 GG Arbeitskampf, unter B. I. 2. a (mit Anm. von *Thüsing*).

1480 BAG 10.12.2002 (1 AZR 96/02), AP Nr. 162 zu Art. 9 GG Arbeitskampf, unter B. I. 2. B (mit Anm. von *Thüsing*).

1481 Ausführlich hierzu: *Zachert*, FS Wissmann, 202, mit weiteren Nachweisen.

1482 Seit BAG 17.12.1985 (1 ABR 6/84), AP Nr. 5 zu § 87 BetrVG Tarifvorrang (mit Anm. von *Kraft*).

1483 *Zachert*, NZA 2000, Beilage 24, 20; *ders.* FS Wissmann, 202.

1484 *Gamillscheg*, Kollektives Arbeitsrecht I, § 22 II 2a, 1078; *Däubler/Reim*, § 1 Rn. 1009; a. A. *Löwisch/Rieble*, § 1 Rn. 383, die missverständlich von »negativen Regelungen« sprechen; *Kissel*, Arbeitskampfrecht, § 26 Rn. 83.

1485 A. A. *Löwisch/Rieble*, § 1 Rn. 383; ferner *Kissel*, Arbeitskampfrecht, § 26 Rn. 83, der sich aber zu Unrecht auf die höchstrichterliche Rechtsprechung bezieht; wie hier unter anderem *Däubler/Reim*, § 1 Rn. 1010.

1486 BAG 27.6.1989 (1 AZR 404/), AP Nr. 113 zu Art. 9 GG Arbeitskampf, unter II 2c cc; das ist das Gegenteil von dem, was *Kissel*, Arbeitskampfrecht, § 26 Rn. 83, aus der Entscheidung herausliest; der

### 5. Vertikale und horizontale Wirkungen der Friedenspflicht

Die Friedenspflicht wirkt in erster Linie im Verhältnis von Bundes- zu Bezirks- (Regional-) und Firmentarifverträgen: **vertikale Ebene** (zu Folgen für Arbeitskämpfe nachfolgend § 1 Rn. 700 ff.). 684

Sie entfaltet darüber hinaus auf **horizontaler Ebene** für das Verhältnis von Lohn- zu Lohnrahmentarifverträgen Wirkung und ebenso für inhaltlich entsprechende Aspekte in Mantel- und Lohn- bzw. Lohnrahmentarifverträgen.[1487] Jedoch ist grundsätzlich jeder Tarifvertrag für sich zu betrachten. Für eine Zusammenfassung unterschiedlicher Tarifwerke bedarf es in den entsprechenden Tarifverträgen eines ausdrücklichen Hinweises.[1488] 685

Anlässlich der Tarifauseinandersetzung in der Metallindustrie 1986/87 spielte die Frage eine Rolle, ob Forderungen nach einer weiteren Verkürzung der **Arbeitszeit in den Manteltarifverträgen** der tariflichen Friedenspflicht nur deshalb unterliegen, weil die **Laufzeit der Lohntarifverträge** noch andauerte. Eine Auslegung, die hier und in ähnlichen Fällen eine »wirtschaftliche Einheit« oder ein »ganzheitliches Tarifwerk« unterstellt[1489], entspricht weder dem beiderseitigen Parteiwillen noch dem Regelungsinteresse der Beteiligten (§ 1 Rn. 665 und Rn. 677). Richtigerweise ist lediglich auf die Laufzeit der Arbeitszeittarifverträge (MTVe) abzustellen, die unstreitig beendet war.[1490] Zum einen hatte die Gewerkschaft erklärt, sie stelle beide Forderungen unabhängig voneinander auf. Zum anderen haben die meisten Forderungen in Manteltarifverträgen auch finanzielle Auswirkungen und könnten dann so lange nicht erstreikt werden, wie die Lohntarifverträge nicht gekündigt sind und umgekehrt. Dies führte zu einer unvertretbaren Überdehnung der Friedenspflicht.[1491]

### 6. Zeitliche Reichweite der Friedenspflicht

#### a) Grundsätze: Begründung und Ende der Friedenspflicht

Die Friedenspflicht **beginnt** mit dem **Inkrafttreten des Tarifvertrages**. In der Regel wird bereits die Vereinbarung eine entsprechende Bindungswirkung auslösen. Sie **endet** mit seinem **zeitlichen Ablauf**. Sie kann durch **Vereinbarung der Parteien verlängert** werden, wofür es auf Branchenebene in tariflichen **Schlichtungsabkommen** unterschiedlicher Reichweite zahlreiche Beispiele gibt (§ 1 Rn. 630 ff.). 686

Der Beginn der Friedenspflicht wirft grundsätzlich keine rechtlichen Probleme auf. Lediglich die »**Flucht in einen (anderen) Verband**« hat zu Kontroversen geführt. 687

Hier gilt, dass der Verbandsbeitritt oder auch der Verbandswechsel – sei es in den Verbandstarif einer anderen Branche oder auch der gleichen Brache, jedoch im

---

Rechtsprechung zustimmend: Wiedemann/*Wiedemann*, § 1 Rn. 694; *Gamillscheg*, Kollektives Arbeitsrecht I, § 22 II 2b, 1080; *Däubler/Reim*, TVG, § 1 Rn. 1010.

1487 Beispiel *Däubler/Schumann*, Arbeitskampfrecht, Rn. 212a.

1488 *Kissel*, Arbeitskampfrecht, § 26 Rn. 86.

1489 Wiedemann/*Wiedemann*, § 1 Rn. 688 f.; *Löwisch/Rieble*, § 1 Rn. 380, 382.

1490 Im Ergebnis ebenso: *M. Blank*, NZA 1988, Beilage 2, 9; a.A. *Löwisch*, NZA 1988, Beilage 2, 3; die Instanzrechtsprechung vertritt überwiegend die hier dargelegte Position, Rechtsprechungsüberblick NZA 1988, Beilage 2, 22 ff.

1491 Ausführlich *Däubler/Reim*, § 1 Rn. 1021 ff.

Wechsel von der Industrie zum Handwerk jeweils mit niedrigerem Tarifniveau – nicht grundsätzlich davor schützt, mit einem Arbeitskampf um einen Firmentarifvertrag konfrontiert zu werden. Zunächst gelten bei abweichendem Inhalt von Firmen- und Verbandstarifvertrag die allgemeinen Grenzen der Friedenspflicht (§ 1 Rn. 678f.). Im Übrigen stellt die **Rechtsprechung** auf den **Missbrauchsgedanken** ab.[1492] Die Zulässigkeit eines Arbeitskampfes um einen Firmentarifvertrag, der jahrelang praktiziert worden ist, wurde bejaht, als ein Unternehmen dem Arbeitgeberverband beitrat, während die Parteien des Firmentarifvertrages bereits über einen Neuabschluss verhandelten.[1493] Dem wird für diese und ähnliche, jeweils recht spezifische, Sachverhaltskonstellationen zuzustimmen sein.[1494]

### b) Verbandsaustritt vor Ablauf des Tarifvertrages: § 3 Abs. 3 TVG

688 **Nach Verbandsaustritt** des Arbeitgebers bleibt gemäß § 3 Abs. 3 TVG die Tarifgebundenheit bestehen, bis der Tarifvertrag endet. Da sich § 3 Abs. 3 TVG auf den normativen Teil des Tarifvertrages beschränkt, **endet** damit auch die **Friedenspflicht**.

Die Gegenansicht überzeugt nicht. Eine undifferenzierte Kongruenz von normativer Tarifwirkung und Friedenspflicht[1495] ist hier nicht sachgerecht, weil sie einseitig auf die Interessen des ausgetreten Arbeitgebers abstellt (§ 1 Rn. 67), für den die normative Weitergeltung des Tarifvertrages und damit der Schutz vor eventuellen Arbeitskämpfen vorteilhaft wäre.[1496] Jedoch hat dieser durch den Verbandsaustritt den Willen zur Lösung von den tariflichen Bestimmungen dokumentiert und ist damit das Risiko größerer Kalkulationsunsicherheit bewusst eingegangen.

Wird mit der Rechtsprechung ein wesentlicher Zweck des § Abs. 3 Abs. 3 TVG darin gesehen, eine Tarifflucht zu verhindern (im Einzelnen § 3 Rn. 37ff. und Rn. 66ff.)[1497], so trägt dem eine Auslegung in besonderem Maße Rechnung, welche die **Friedenspflicht auf das Kündigungs- oder jedenfalls auf das Austrittsdatum begrenzt**.[1498] Im Übrigen korrespondiert die Reichweite der Friedenspflicht mit den Einwirkungsmöglichkeiten des Verbandes, die nach Verbandsaustritt gegenüber dem Außenseiter nicht mehr gegeben sind. Andernfalls würde sich eine ungleichgewichtige Rechtslage ergeben, da der verbandsflüchtige Arbeitgeber von den schuldrechtlichen Verpflichtungen des Verbandstarifvertrages im Verhältnis zur Gewerkschaft befreit würde, während ihr selbst die Einflussmöglichkeiten auf ihn über den Verband genommen sind. Ein **Firmentarifvertrag mit abweichenden Forderungen** kann deshalb gegebenenfalls **erstreikt** werden.[1499] Damit ist gewährleistet, dass auch auf der Unterneh-

---

1492 LAG Hamm 23.4.1985, BB 1985, 2109.

1493 LAG Köln, 14.6.1996 (4 Sa 177/96), AP Nr. 149) zu Art. 9 GG Arbeitskampf; Wiedemann/*Wiedemann*, § 1 Rn. 684.

1494 *Däubler/Reim*, § 1 Rn. 1029; a.A. *Löwisch/Rieble*, § 1 Rn. 387 und § 2 Rn. 137; ferner *Bartz*, 194ff.

1495 A.A. *Schleusener*, BB 1999, 686.

1496 Wiedemann/*Oetker*, § 3 Rn. 59; im Ergebnis auch *Gamillscheg*, Kollektives Arbeitsrecht I, § 22 II 4 b, 1083 – beide mit weiteren Nachweisen.

1497 BAG 4.8.1993 (4 AZR 499/92), AP Nr 15 zu § 3 TVG.

1498 Die Dokumentation des Austrittswillens durch die Kündigung als solche wird ausreichen: *Zachert*, FS Kehrmann, 343.

1499 So ganz überwiegend die Instanzrechtsprechung z.B. LAG Hamm 31.3.1991 (16 Sa 119/91), DB 1991, 1126; LAG Rheinland Pfalz 20.12.1996 (7 Sa 1247/96), AuR 1998, 425; die höchstrichterliche Rechtsprechung hat diese Frage noch nicht entschieden, BAG 4.5.1955 (1 AZR 493/54), AP Nr. 2 zu

mensebene eine Konfliktlösung für betriebsnahe Regelungen zur Verfügung steht.

Diese Lösung gilt **auch** für einen **Anerkennungstarifvertrag**, der den Inhalt des (noch geltenden) Flächentarifvertrages voll übernimmt.[1500] Eine **statische Verweisung** hätte inhaltlich allerdings nur eine »deklaratorische Wirkung«, da der Flächentarifvertrag bis zu seinem Ablauf normativ fortwirkt. Jedoch können sich Unterschiede in der Laufzeit von Firmen- und Flächentarifvertrag ergeben. Wichtiger erscheinen die Fälle von **dynamischen Verweisungen** auf den Flächentarifvertrag. Der eigenständige Regelungsgehalt (»die Abweichung«) liegt hier in der Dynamisierungsklausel, die im Hinblick auf die zukünftige inhaltliche Weiterentwicklung die Inhalte des Firmentarifvertrages von der Entwicklung des Flächentarifvertrages abhängig macht (zur Zulässigkeit: § 1 Rn. 793ff.). Dies rechtfertigt die Durchsetzung des Anerkennungstarifvertrages durch Arbeitskampf. Der Arbeitgeber, der den Verband verlassen hat, ist durch die über den Flächentarifvertrag vermittelte Friedenspflicht nicht mehr geschützt. 689

### c) Ende des Flächentarifvertrages und Anerkennungstarifvertrag

Das **Ende des (dynamisch) in Bezug genommen Flächentarifvertrages**, führt ebenfalls zur **Beendigung der Friedenspflicht des Firmentarifvertrages**. Dagegen spricht nicht, dass die Tarifparteien im Hinblick auf den (dynamischen) Anerkennungstarifvertrag keinen eigenen Regelungswillen hätten, weil sie den Inhalt des (jeweiligen) Flächentarifvertrages übernehmen.[1501] Jedenfalls haben die betreffenden Unternehmen durch die Bezugnahme vom Sachverstand der Arbeitgeberverbände partizipiert und ziehen weiter Nutzen, ohne eine als nachteilig empfundene Koalitionsmitgliedschaft eingehen zu müssen.[1502] Dies reicht als Legitimationsgrundlage für eine Gleichbehandlung des Außenseiters mit den verbandsangehörenden Unternehmen aus. Ein Arbeitskampf gegen Verbandsaußenseiter, deren Firmentarifvertrag in zentralen Themen auf den Flächentarifvertrag verweist, ist deshalb mit Beendigung des letzteren zulässig.[1503] 690

### d) Nachwirkender Tarifvertrag: § 4 Abs. 5 TVG

Ein gemäß § 4 Abs. 5 TVG nur **nachwirkender Tarifvertrag** löst **keine Friedenspflicht** aus. Eine selbsttätige Verlängerung der Friedenspflicht auf Grund allgemeiner Erwägungen, wie »langjähriger partnerschaftlicher Zusammenarbeit« wird zu Recht schon wegen der daraus folgenden Rechtsunsicherheit abgelehnt.[1504] 691

---

Art. 9 GG Arbeitskampf betrifft einen Sonderfall: *Zachert*, FS Kehrmann, 343; im Ergebnis wie hier: *Däubler/Reim* § 1 Rn. 1032; *Kissel*, Arbeitskampfecht, § 26 Rn. 136; *Zachert*, NZA 2000, Beilage 24, 17; *ders.* FS Kehrmann, 341ff.; grundsätzlich auch *Bartz*, 172ff.

1500 Zur Empirie *A. Stein*, RdA 2000, 132; *Zachert*, NZA 2000, Beilage 24, 18.

1501 *Löwisch/Rieble*, § 1 Rn. 385, mit weiteren Nachweisen.

1502 *Umbach*, 547.

1503 BAG 18.2.2003 (1 AZR 142/02), AP Nr. 163 Arbeitskampf (mit Anm. von *Thüsing*); bestätigt von BVerfG 10.9.2004 (1 BvR 1191/03), NZA 2004, 1338. Zur umfassenden Debatte dieser Entscheidung: *Zachert*, FS Wissmann, 209f., mit weiteren Nachweisen.

1504 Vgl. BAG 21.12.1982 (1 AZR 411/80), AP Nr. 76 zu Art. 9 GG Arbeitskampf; BAG 29.1.1985 (1 AZR 179/84), AP Nr. 83 zu Art. 9 GG Arbeitskampf; Wiedemann/*Wiedemann*, § 1 Rn. 679; *Däubler/Reim*, § 1 Rn. 1031; *Löwisch/Rieble*, § 1 Rn. 373; *Gamillscheg*, Kollektives Arbeitsrecht I, § 22 II 4b, 1082.

692 **Im Nachwirkungszustand** des § 4 Abs. 5 TVG kann ein **neuer Tarifvertrag** lediglich als »nachwirkender Tarifvertrag«, also **ohne Friedenspflicht** vereinbart werden. Namentlich bei großen Tarifwerken (wie dem von 1969 bis 1974 nur nachwirkend geltenden BAT) besteht ein Bedürfnis der Tarifvertragsparteien, die tarifliche Ordnung zu ergänzen oder den veränderten Umständen anzupassen. Rechtliche Bedenken hiergegen bestehen nicht (siehe § 4 Rn. 548 ff.).[1505]

#### e) Veränderung der ökonomischen Entwicklungen während der Laufzeit des Tarifvertrages/pflichtwidriges Verhalten einer Tarifpartei

693 Ob bei **unerwarteten ökonomischen Entwicklungen**, etwa einem zur Zeit des Tarifvertragsabschlusses nicht absehbaren Preis- oder Gewinnanstieg, die Friedenspflicht möglicherweise ohne nähere Absprache entfällt, erscheint trotz der gebotenen einschränkenden Auslegung dieser Verpflichtung (§ 1 Rn. 678 f.) fraglich. Insoweit liegt es näher und entspricht der Tarifautonomie mehr, dass die Tarifvertragsparteien selbst eine Regelung treffen, etwa die vorzeitige Kündigungsmöglichkeit des Tarifvertrages bei einer Inflationsrate in bestimmter Höhe (§ 1 Rn. 123).

694 Wenn **eine Seite** – etwa der Arbeitgeberverband – durch unbegründete fristlose Kündigung ihre **Pflichten aus dem Tarifvertrag verletzt** (wie im Fall der Metalltarifverträge über eine Stufenanhebung der Löhne in den neuen Bundesländern im Februar 1993), kann die **andere Vertragspartei Erfüllung** verlangen, aber auch die Erfüllung der eigenen Friedenspflicht verweigern (Gedanke von § 273 BGB) und zu **Kampfmaßnahmen** übergehen.[1506]

Für die Zulässigkeit eines Arbeitskampfes neben der gerichtlichen Durchsetzbarkeit von Ansprüchen aus dem Tarifvertrag sprechen vor allem zwei Gesichtspunkte: Zum einen hat der Arbeitgeberverband mit der unbegründeten fristlosen Kündigung des Tarifvertrages die Ursache für den Konflikt gesetzt und konkludent auf den Schutz der Friedenspflicht verzichtet. Er selbst stellt sich auf den Standpunkt, die Tarifverträge seien nicht mehr gültig. Verweist er die Gewerkschaft sodann auf den Rechtsweg, so liegt der Gedanke der unzulässigen Rechtsausübung (venire contra factum proprium) nahe.[1507] Zum anderen läuft die Beschränkung auf den Rechtsweg für die vertragstreue Seite praktisch auf eine Rechtsverweigerung hinaus, da eine schnelle Entscheidung auf diese Weise nicht durchsetzbar erscheint (zum Problembereich § 4 Rn. 217 ff.).[1508]

---

1505 Ebenso Wiedemann/*Wiedemann*, § 1 Rn. 680 und Wiedemann/*Wank*, § 4 Rn. 413; *Däubler/Bepler*, § 4 Rn. 895; a. A. BAG 14.2.1973, AP Nr. 6 zu § 4 TVG Nachwirkung (mit Anm. von *Wiedemann* und *Löwisch/Rieble* § 4 Rn. 413).

1506 Zum Problembereich: *Däubler/Reim*, § 1 Rn. 1024 ff.; bereits *Hueck/Nipperdey*, Bd. I/1, 717.

1507 Vgl. LAG Frankfurt am Main 23.4.1985, BB 1985, 2109, das diesen Gedanken in ähnlichem Zusammenhang heranzieht.

1508 Im Ergebnis wie hier ArbG Stralsund 13.6.1993, AuA 1993, 219 (mit Anm. von *Zachert*); *Däubler/Reim*, § 1 Rn. 1026; Wiedemann/*Wank*, § 4 Rn. 49; *Gamillscheg*, Kollektives Arbeitsrecht I, § 22, II 5c, 1085; enger *Otto*, FS Kissel, 787; *Rüthers*, NJW 1993, 1628; *Walker*, NZA 1993, 769; *Oetker*, RdA 1995, 101 f., bejaht die Möglichkeit einer einstweiligen Verfügung.

### 7. Parteiautonome Festlegung der Friedenspflicht

Keine Bedenken bestehen, dass die **Parteien den Umfang der Friedenspflicht** unterschiedlich weit definieren. Der Umfang der Friedenspflicht ist parteiautonom gestaltbar. Sie können den der Friedenspflicht unterfallenden Bereich **weiter** oder **enger** ziehen. 695

Die Ansicht, welche zwar eine Erweiterung der Friedenspflicht für möglich, eine Einschränkung jedoch für (weitgehend) unzulässig hält[1509], überzeugt nicht. Übereinstimmung besteht darüber, dass die Tarifparteien mit der Fixierung der Laufzeit des Tarifvertrages die zeitliche Komponente der Friedenspflicht beeinflussen können. Ferner ist grundsätzlich anerkannt, dass der Spielraum für tarifliche Vereinbarungen auf Unternehmensebene, die vom Flächentarifvertrag inhaltlich abweichen, davon abhängt, ob letztere eine umfassende (abschließende) Regelung darstellen und gegebenenfalls wie weit diese reicht (§ 1 Rn. 678). Auch diese Kriterien, deren Konturen von der Rechtsprechung im Laufe der Zeit präziser erfasst wurden und sich veränderten, beruhen auf parteiautonomer Festlegung und beeinflussen die sachliche Reichweite der Friedenspflicht maßgeblich.

Es gibt deshalb **keinen rechtlich »festen Kern der Friedenspflicht«**, der in jedem Fall respektiert werden müsste.[1510] Richtig ist allerdings, dass ein völliger Ausschluss selten vorkommt.[1511]

Im Ergebnis unterliegt die inhaltliche Reichweite der **Friedenspflicht** nach **beiden Richtungen**, Erweiterung und Eingrenzung, der **autonomen Vereinbarung** der Tarifparteien.[1512]

Ebenso sind **Öffnungsklauseln** in Flächen- (regionalen) Tarifverträgen zulässig, wonach eine oder mehrere Firmen aus dem Geltungsbereich des Tarifvertrages herausgenommen und gegebenenfalls mit dem Ziel des **Abschlusses eines Firmentarifvertrages bestreikt** werden können[1513] (hierzu § 4 Rn. 411 ff.). 696

### 8. Friedenspflicht: ausgewählte Fragen aus dem Arbeitskampfrecht

#### a) Unterschiedliche Themenfelder

Unrichtig erscheint es, bloße **Vorbereitungshandlungen** von Kampfmaßnahmen, etwa die Urabstimmung, als Verletzung der Friedenspflicht zu bewerten. Auch die Ausübung eines Drucks auf die Gegenseite gehört mit zur Verhandlungsstrategie bei Tarifauseinandersetzungen. Jeder Partei muss es unbenommen bleiben, die ihr geeignet erscheinenden psychologischen Druckmittel einzusetzen.[1514] 697

---

1509 Wiedemann/*Wiedemann*, § 1 Rn. 683; *Löwisch/Rieble*, § 1 Rn. 392, jeweils mit unterschiedlich weit gehenden Ausnahmen für Spielräume und Nachweisen; das zitierte Urteil BAG 21.12.1982 (1 AZR 411/80), AP Nr. 76 zu Art. 9 GG Arbeitskampf, das auf die Funktion der »Friedenspflicht als Friedensordnung zum Schutze des Tarifvertrages für den durch sie geregelten Bereich hinweist«, wird zum Beleg für diese Ansicht meines Erachtens überinterpretiert.

1510 So in der Sache: *Löwisch/Rieble*, § 1 Rn. 392.

1511 *Gamillscheg*, Kollektive Arbeitsrecht II, § 22 II 1d, 1077.

1512 *Däubler/Reim*, § 1 Rn. 2257, *Däubler/Schumann*, Arbeitskampfrecht, Rn. 208 ff., jeweils mit weiteren Nachweisen; ferner *Karsten*, 59.

1513 Monografisch: *Witt*, 256 ff.

1514 LAG Rheinland-Pfalz 16.12.1992, AuR 1993, 255; *Däubler/Reim*, § 1 Rn. 1009 und 1040 ff.; Wiedemann/*Wiedemann*, § 1 Rn. 676; *Gamillscheg*, Kollektives Arbeitsrecht I, § 22 II 5b, 1084; *Däubler/Schumann*, Arbeitskampfrecht, Rn. 214, jeweils in kritischer Auseinandersetzung mit BAG 31.10.1958 (1 AZR 632/57), AP Nr. 2 zu § 1 TVG Friedenspflicht.

698 Gleichfalls ist die Friedenspflicht nicht verletzt, wenn mit dem Arbeitskampf Ziele verfolgt werden, die sich nicht gegen einen bestehenden Tarifvertrag richten, z.B. **Solidaritäts-** oder so genannte **Sympathiestreiks.**[1515]

699 Schließlich ist[1516] ein Arbeitskampf im tariffreien Raum, z.B. gegen den **Abbau übertariflicher Zulagen**, nicht wegen des Verstoßes gegen die Friedenspflicht unzulässig, da keine, durch die Friedenspflicht geschützte Regelung erstrebt wird.

### b) Firmentarifverträge

700 **Firmentarifverträge** können erstreikt werden, denn der **Tariffähigkeit des einzelnen Arbeitgebers** nach § 2 Abs. 1 TVG entspricht seine **Arbeitskampffähigkeit.**[1517] Die Ansicht einer teleologischen Reduktion dieser Vorschrift mit der Folge, dass ein Streik um Firmentarifverträge grundsätzlich unzulässig wäre[1518], hat sich nicht durchgesetzt.

701 Die arbeitskampfrechtlichen Grundsätze zum Firmentarifvertrag gelten im Wesentlichen auch für **Anerkennungstarifverträge** (§ 1 Rn. 36 f.).[1519]

702 Gegenüber **verbandsangehörigen Arbeitgebern** ist nach der inhaltlichen Reichweite der Bestimmungen des Flächentarifvertrages zu differenzieren (§ 1 Rn. 680 ff.).

Eine vereinzelt vertretene Gegenposition[1520] misst der Friedenspflicht in diesen Fällen im Ergebnis eine absolute Bedeutung bei und kommt über diesen Weg zu einem Arbeitskampfverbot. Dies lehnen Rechtsprechung und herrschende Meinung zu Recht ab.

Die früher diskutierte Grenzziehung, wonach ein Streik um einen Firmentarifvertrag nicht darauf abzielen darf, dass der Arbeitgeber aus dem Arbeitgeberverband austritt[1521], erscheint vor dem Hintergrund des wechselseitigen Interesses an verlässlichen Verhandlungspartnern aktuell überholt.

703 Firmenarbeitskämpfe gegen Unternehmen ohne Tarifbindung, so genannte **OT-Migliedschaften** begegnen keinen rechtlichen Bedenken, und zwar unabhängig davon, ob man derartige Varianten der Mitgliedschaft in Arbeitgeberverbänden für zulässig hält oder nicht (§ 2 Rn. 116 ff.). Indem das betreffende Unternehmen einen solchen Status für sich reklamiert, stellt es sich bewusst außerhalb des

---

1515 *Däubler/Reim*, § 1 Rn. 1011; Wiedemann/*Wiedemann*, § 1 Rn. 698; einschränkend dagegen BAG 5.3.1985, AP Nr. 85 zu Art. 9 GG Arbeitskampf = EzA Art. 9 GG Arbeitskampf Nr. 57 (mit Anm. von *Weiss*); BAG 12.1.1988, AP Nr. 90 zu Art. 9 GG Arbeitskampf = AiB 1988 (mit Anm. von *Zachert*); a. A. *Löwisch/Rieble*, § 1 Rn. 377.

1516 *Däubler/Reim*, § 1 Rn. 1010; a. A. noch BAG 8.2.1957, AP Nr. 1 zu § 1 TVG (mit Anm. von *Tophoven*); eng auch *Gamillscheg*, Kollektives Arbeitsrecht, § 22 II 2b, 1079, der danach differenziert, ob der Tarifvertrag das Thema regelt.

1517 BAG 10.12.2002 (1 AZR 96/02), AP Nr. 162 zu Art. 9 GG Arbeitskampf (mit Anm. von *Thüsing*); aus der Kommentarliteratur mit unterschiedlichen Akzenten: ErfK/*Dieterich*, Art. 9 GG Rn. 162; *Gamillscheg*, Kollektives Arbeitsrecht I, § 21 II 5d, 1007 f.; Wiedemann/*Oetker*, § 1 Rn. 128; *Däubler/Peter*, § 2 Rn. 78 ff.; *Kissel*, Arbeitskampfrecht, § 26 Rn. 115; MünchArbR/*Otto*, § 285 Rn. 66; monografisch: *Witt*, 235 ff.; siehe auch unter § 2 Rn. 38 ff.

1518 *Matthes*, FS Schaub, 481 ff.; im Ergebnis in diesem Sinne allerdings *J. Richter*, Die Erstreikbarkeit, 169.

1519 Ausführlich *Umbach*, 401 ff., allerdings mit teilweise zu restriktiver Bewertung der Zulässigkeit und Durchsetzbarkeit spezifischer Klauseln, unter anderem so genannter »Rechtsstatusklauseln«.

1520 *Löwisch/Rieble*, § 1 Rn. 386 und § 2 Rn. 137; *Kissel*, Arbeitskampfrecht, § 26 Rn. 128 ff., allerdings mit Ausnahmen.

1521 Ablehnend: *Wiedemann/Stumpf*, § 2 Rn. 84 f.; *Söllner*, Gutachten, 131; *Säcker*, Grundprobleme, 29; offener: *Hensche*, RdA 1971, 9, 13; *Lauschke*, AuR, 1965, 107; *Ramm*, RdA 1968, 417.

Schutzes, der durch die tarifliche Friedenspflicht des Verbandstarifvertrages vermittelt wird.[1522]

Zur Friedenspflicht nach Verbandsaustritt (siehe § 1 Rn. 688ff.). **704**

Zu Verweisungen auf den Flächentarifvertrag nach dessen Ende (siehe § 1 Rn. 690). **705**

### 9. Verletzung der Friedenspflicht: gerichtliche Durchsetzung

Die Verletzung der Friedenspflicht begründet den Anspruch auf Erfüllung durch Einwirkungsklage, auch als **Leistungsklage**, gegen den Verband. Ferner ergeben sich gegebenenfalls Ansprüche auf **Unterlassung** (im Einzelnen: § 4 Rn. 219). **706**

Unter engen Voraussetzungen kommt auch ein Anspruch auf **Schadensersatz** in Betracht.[1523] **707**

**Zuständig** nach § 17 ZPO ist ausschließlich das **Arbeitsgericht am Hauptsitz des Verbandes.**[1524] So ist am besten gewährleistet, dass Streitfragen einheitlich beurteilt werden.[1525] **708**

## G. Europäische Kollektivverhandlungen und der Soziale Dialog auf Gemeinschaftsebene

### Literatur:

*Birk*, Die Tarifautonomie in rechtsvergleichender Sicht, RdA 1995, 71; *Blank*, Europäische Kollektivverträge und Sozialer Dialog, FS Gnade, 1992, 649; *Blanke*, Die Zukunft des Arbeitsrechts, KJ 2004, 2; *Britz/Schmidt, M.*, Die institutionalisierte Mitwirkung der Sozialpartner an der Rechtsetzung der Europäischen Gemeinschaft – Herausforderung des gemeinschaftsrechtlichen Demokratieprinzips, EuR 199, 467; *Britz/Volkmann*, Tarifautonomie in Deutschland und Europa, 2003; *Bryde*, Grundrechte der Arbeit und Europa, RdA 2003, Sonderbeilage 5, 5; *Deinert*, Der europäische Kollektivvertrag, 1999; *ders.*, Partizipation europäischer Sozialpartner an der Gemeinschaftsrechtsetzung, RdA 2004, 211; *Gallner*, Fortschreitende europäische Integration, Konstitutionalisierung der Europäischen Union und europäisches Arbeitsrecht 2003, Jahrbuch des Arbeitsrechts 41 (2003), 2004, 21; *Kempen*, Subsidiaritätsprinzip, europäisches Gemeinschaftsrecht und Tarifautonomie, KritV 1994, 13; *ders.*, Staatliche Schutzpflichten gegenüber der Tarifautonomie?, FS Gitter, 1995, 427; *Kronke*, Regulierungen auf dem Arbeitsmarkt, 1990; *Nagel*, Von der lex mercatoria zur lex laboris. Zur rechtlichen Bewältigung der internationalen Arbeitsbeziehungen, FS Gnade, 1992, 711; *Ojeda Avilés*, Sind Europäische Tarifverträge «bloße Empfehlungen«?, FS Däubler, 1999, 519; *Ojeda Avilés* (Hrsg.), La Concertación Social tras la crisis, 1990; *Prinz*, Euro-

---

1522 Im Ergebnis überwiegende Meinung, z.B. ErfK/*Dieterich*, Art. 9 GG Rn. 163; *Löwisch/Rieble*, § 1 Rn. 88; *Kissel*, Arbeitskampfrecht, § 26 Rn. 119, jeweils mit weiteren Nachweisen.

1523 Zu allem ausführlich in diesem Zusammenhang: *Däubler/Reim*, § 1 Rn. 1059ff.; ferner *Gamillscheg*, Kollektives Arbeitsrecht I, § 22 II 5c, 1085; Wiedemann/*Wiedemann*, § 1 Rn. 704; *Kissel*, Arbeitskampfrecht, § 26 Rn. 141 ff.; *Däubler/Schumann*, Arbeitskampfrecht, Rn. 215.

1524 Streitig, für Klagemöglichkeit auch am Sitz des bestreikten Unternehmens: BAG 23.3.1960 (5 AZR 41/60), AP Nr. 5 zu § 1 TVG Friedenspflicht; Wiedemann/*Wiedemann*, § 1 Rn. 704; *Löwisch/Rieble*, § 1 Rn. 454; wie hier *Gamillscheg*, Kollektives Arbeitsrecht I, § 22 II 5c, 1085, jeweils mit weiteren Nachweisen.

1525 *Gamillscheg*, Kollektives Arbeitsrecht I, § 22 II 5c, 1085.

päische Rahmenvereinbarung über Telearbeit, NZA 2002, 1268; *Schiek*, Europäische Betriebsvereinbarungen, RdA 2001, 218; *Schlichting/Spelten*, Die Dienstleistungsrichtlinie, EuZW 2005, 238; *Schmidt, M.*, Das Arbeitsrecht der Europäischen Gemeinschaft, 2001; *Simitis*, Internationales Arbeitsrecht – Standort und Perspektiven, FS Kegel, 1977, 153; *ders.*, Europäisierung oder Renationalisierung des Arbeitsrechts?, FS Kissel, 1994, 1097; *Stiller*, Europäische Tarifverträge als Instrument der sozialen Integration der Gemeinschaft, ZIAS 1991, 194; *Walz*, Multinationale Unternehmen und internationaler Tarifvertrag, 1980; *Weiss*, Der soziale Dialog als Katalysator koordinierter Tarifpolitik in der EG, FS Kissel, 1994, 1253; *Zachert*, Tarifrecht, Tarifstrukturen und Tarifpraxis in Spanien, ZIAS 1992, 1; *ders.*, Europäische Tarifverträge – von korporatistischer zu autonomer Normsetzung?, FS Schaub, 1998, 811; *ders.*, Tarifverträge in globalisierter Wirtschaft, NZA 2000, 121; *ders.* (Hrsg.), Die Wirkung des Tarifvertrages in der Krise, 1991.

**Übersicht** Rn.



## I. Die Tarifautonomie im internationalen und europäischen Recht

**709** Eine **supranationale Rechtsgrundlage** gibt es zurzeit nicht. Zwar garantieren Art. 5 des ILO-Abkommens Nr. 87 sowie das ILO-Abkommen für internationale Tarifverträge Nr. 98 Vereinigungs-, Koalitions- und Kollektivverhandlungsfreiheiten. Abgesehen davon, dass Adressat dieser Verpflichtungen lediglich Staaten sind und deshalb keine unmittelbaren Rechte begründet werden, lässt sich aus den einschlägigen Formulierungen keine Kompetenz der Koalitionen zur unmittelbaren Gestaltung der Rechtsbeziehungen ihrer Mitglieder legitimieren.[1526] Ähnliches gilt für Art. 11 Abs. 1 EMRK und Art. 5 und 6 der Europäischen Sozialcharta.[1527]

**710** Die Garantien des Art. 11 EMRK, des Art. 6 Europäischen Sozialcharta sowie Nr. 11 bis 14 der Gemeinschaftscharta der Sozialen Grundrechte stellen zumindest für die Europäische Union »**gemeineuropäische Rechtsgrundsätze**« dar.[1528] Mit einer Ratifizierung des Verfassungsvertrags für die Europäische Union können sie für deren Organe und die Mitgliedstaaten künftig rechtsverbindlich werden.[1529] Auch hieraus lässt sich jedoch keine Rechtsgrundlage für ein transnatio-

---

1526 Zu den Inhalten siehe MünchArbR/*Birk*, § 17 Rn. 12 Rn. 20; *Däubler/Däubler*, Einl. Rn. 149ff.; *Däubler/Schiek*, Einl. Rn. 365f.

1527 MünchArbR/*Birk*, § 17 Rn. 90, 94.

1528 So bereits EuGH 8.10.1974 (C-18/74), E 1974, 917, 925. Ausführlich *Däubler/Schiek*, Einl. Rn. 351, 361ff.; *Britz*, in: Britz/Volkmann, Tarifautonomie, 38ff.; *Bryde*, RdA 2003, Beilage. 5, 7; *Deinert*, RdA 2004, 218ff.; siehe insbesondere für die Auslegung des Art. 11 EMRK; *Zachert*, AuR 2003, 370.

1529 Verfassungsvertrag für die Europäische Union vom 16.12.2004, ABl. C 310/41 und dort Art. II/72 (1) für die Koalitionsfreiheit und Art. II/88 für das Recht auf Kollektivverhandlungen und Kollektivmaßnahmen; zur Wirkungsweise siehe *Gallner*, JbArbR 41 (2004), 41ff.

nales europäisches Tarifrecht ableiten. Die wesentlichen Strukturelemente des Tarifrechts in den jeweiligen Mitgliedstaaten unterscheiden sich stark voneinander. Soweit man von einem kongruenten Kerntatbestand der Koalitionsfreiheit und Kollektivverhandlungsautonomie sprechen kann (zum gemeinschaftsrechtlichen Begriff des Tarifvertrags im Rahmen des Wettbewerbsrechts siehe Grundl. Rn. 306)[1530], lässt sich aus diesem kein Rechtsrahmen für europäische Kollektivverträge entnehmen.

## II. Sozialpartnervereinbarungen nach europäischem Recht

Anderes könnte für die Bestimmungen gelten, die der EG-Vertrag selbst über die Rolle und den **Dialog der Sozialpartner**, d.h. der europäischen Arbeitgeber und Gewerkschaftsorganisationen, enthält.[1531] So kann ein Mitgliedstaat nach Art. 137 Abs. 3 EG-V auf Antrag der Sozialpartner diesen die Durchführung europäischer Richtlinien übertragen.[1532] 711

Auch im sekundären Richtlinienrecht finden sich zunehmend Bestimmungen, die auf Aktivitäten der Sozialpartner und des »Sozialen Dialogs« setzen, um sozialpolitische Ziele der Gemeinschaft zu erreichen; so sollen die Mitgliedstaaten nach den Antidiskriminierungsrichtlinien 2000/78/EG, 2000/43/EG und 2002/73/EG die Sozialpartner dazu auffordern und ermächtigen die Gleichbehandlung durch eigene Vereinbarungen zu verwirklichen.[1533] Diese Vorschriften beziehen sich in erster Linie auf Kollektivvereinbarungen und Tarifverträge auf nationaler Ebene.

Mit Art. 138 EG-V wird ein **Anhörungsverfahren** der europäischen Sozialpartner zu allen sozialpolitischen Rechtssetzungsvorschlägen auf Gemeinschaftsebene institutionalisiert. 712

Art. 139 Abs. 1 EG-V zielt auf den Sozialen Dialog auf europäischer Ebene und auf europäische Kollektivverhandlungen. Er sieht ausdrücklich die Möglichkeit der **Herstellung vertraglicher Beziehungen**, »einschließlich des Abschluss von Vereinbarungen« vor. Diese Vorschrift ist Ausdruck eines Verständnisses, nach dem der jeweils sachnähere Normgeber (hier die Sozialpartner) Vorrang und Regelungsprärogative vor dem Gemeinschaftsgesetzgeber hat (Prinzip der »doppelten Subsidiarität«), soweit Tarifverträge zur Verwirklichung des jeweils avisierten Ziels ausreichen.[1534]

Die **Durchführung von auf Gemeinschaftsebene geschlossenen Vereinbarungen** kann nach Art. 139 Abs. 2 entweder autonom/voluntaristisch (»nach den jeweiligen Verfahren und Gepflogenheiten der Sozialpartner und der Mitglied- 713

---

1530 Ausführlich *Deinert*, Europäischer Kollektivvertrag, 254ff.; wie hier auch *Britz*, in: Britz/Volkmann, Tarifautonomie, 40ff.; ablehnend in Hinblick auf das Bestehen eines gemeinsamen Kerntatbestandes *Wimmer*, Gestaltung internationaler Arbeitsverträge, 89; rechtsvergleichend *Zachert*, Tarifverträge in der Krise; *Kronke*, Regulierungen auf dem Arbeitsmarkt, 1990.

1531 Vorgängervorschriften zu den jetzigen Art. 137ff. waren der durch die Einheitliche Europäische Akte von 1987 eingefügte Art. 118b EG-V sowie das Abkommen über die Sozialpolitik von Maastricht aus dem Jahre 1992, auf das die jetzige Fassung zurück geht.

1532 Genauer *Zachert*, FS Schaub, 812.

1533 Art. 11 der Antirassismusrichtlinie 2000/43/EG, Art. 13 der Rahmenrichtlinie 2000/78/EG und Art. 8b der Gender-Richtlinie 2002/73/EG; entgegen den Vorgaben der beiden zuerst genannten Richtlinien sind sie bis Herbst 2005 noch nicht ins deutsche Recht umgesetzt; vgl. aber den Entwurf der Fraktionen von SPD und Bündnis 90/Grüne vom 15.12.2004 zur Umsetzung europäischer Antidiskriminierungsrichtlinien, BT-Drucks. 15/4538.

1534 *Deinert*, Europäischer Kollektivvertrag, 235ff.

staaten«) oder durch gemeinschaftsrechtliche Instrumente, also auf korporatistische Weise (in den Bereichen, in denen die Gemeinschaft Rechtssetzungskompetenzen hat, »auf gemeinsamen Antrag der Unterzeichnerparteien durch einen Beschluss des Rates auf Vorschlag der Kommission«) erfolgen.

### 1. Praxis europäischer Kollektivvereinbarungen[1535]

**714** Bereits vor Einführung der europäischen Rechtsgrundlagen sind Abkommen zwischen Arbeitgeber- und Arbeitnehmerorganisationen auf europäischer Ebene abgeschlossen worden. **Europäische Vereinbarungen auf Branchenebene** hat es insbesondere dort gegeben, wo die Branchen ökonomisch bereits stark europäisch integriert oder beeinflusst waren (siehe z. B. das Rahmenabkommen über Arbeitszeit für die Landwirtschaft von 1968).[1536] Die Sozialpartner haben zahlreiche Stellungnahmen mit Empfehlungscharakter verabschiedet.[1537] Schließlich sind eine Anzahl von **Vereinbarungen über Europäische Betriebsräte** getroffen worden[1538], bevor die Richtlinie über Europäische Betriebsräte[1539] in Kraft trat. Mit Ausnahme der Betriebsvereinbarungen, die Europäische Betriebsräte selbst abgeschlossen haben[1540], lassen sich alle diese Abkommen nunmehr zumindest teilweise auf Art. 139 Abs. 1 EG-V stützen.

Eine Reihe von **Rahmenvereinbarungen europäischer Sozialpartnerorganisationen** sind mittlerweile in europäisches Richtlinienrecht überführt worden, so die Rahmenvereinbarungen über Elternurlaub (Richtlinie (96/34/EG), Teilzeitarbeit (Richtlinie 97/81/EG) und Befristung (Richtlinie 99/70/EG) sowie die branchenspezifischen Arbeitszeitvereinbarungen für Seeleute (Richtlinie 1999/63/EG) und Flugpersonal (Richtlinie 2000/79/EG), die die Arbeitszeitrichtlinie ergänzen.[1541] Eine Vereinbarung zur Leiharbeit, über die lange Zeit verhandelt wurde, ist – genauso wie Kommissionsvorschläge einer entsprechenden Richtlinie – gescheitert.[1542] Für ein Rahmenabkommen über Telearbeit haben die Sozialpartner autonome statt korporatistischer Umsetzung (zu den Begriffen siehe § 1 Rn. 713) vereinbart: Die Mitgliedsorganisationen der europäischen Sozialpartner, die die Vereinbarung abgeschlossen haben, sollen sie im jeweiligen Mitgliedsland durch geeignete Maßnahmen gemeinsam umsetzen.[1543]

---

1535 Für einen Überblick über die Vereinbarungen der Sozialpartner auf europäischer Ebene siehe auch europa.eundint/comm/employment_social/social_dialogue/index_de.htm.

1536 Weitere Beispiele: *Däubler*, EuZW 1992, 330.

1537 Im Einzelnen z. B. *Weiss*, FS Kissel, 158 ff.

1538 Siehe zum Beispiel *Le Friant*, NZA 1994, 1958, *Bobke*, EuZW 1993, 16; *Däubler/Schiek*, Einl. Rn. 831.

1539 Richtlinie 94/95/EG vom 30. September 1994.

1540 Dazu ausführlich *Schiek*, RdA 2001, 218.

1541 Siehe auch die geplante Richtlinie zu Arbeitszeitbedingungen des grenzüberschreitend tätigen Personals der europäischen Bahnunternehmen, Kommissionsvorschlag vom 8.2.2005 KOM (2005) 32 endgültig (zur Umsetzung einer Sozialpartnervereinbarung vom 27.1.2004).

1542 Siehe zuletzt KOM (2002) 701 endgültig; genauer auch zu den Hintergründen *Däubler/Schiek*, Einl. Rn. 740. Ausführlich zur Praxis auch *Zachert*, FS Schaub, 816. Vgl. auch *Däubler/Schiek*, Einl. Rn. 745 zum Verhaltenskodex für das Friseurgewerbe.

1543 *Prinz*, NZA 2002, 1268 ff.; ähnlich auch für das Abkommen über die Arbeitszeit in der Landwirtschaft, europa.eundint/comm/employment_social/soc-dial/social/euro_agr/data/de/970724.doc; vgl. *Deinert*, RdA 2004, 216.

## 2. Rechtscharakter und Rechtswirkungen von Vereinbarungen nach Art. 139

Für die korporatistische Umsetzung europäischer Sozialpartnervereinbarungen gemäß Art. 139 Abs. 2 Satz 1 2. Alt. EG-V (auf gemeinsamen Antrag **Durchführung durch »Beschluss« des Rates**) scheint sich in der Praxis die Form der Richtlinie durchgesetzt zu haben. Dadurch dürfte geklärt sein, dass hier »Entscheidungen« im Sinne des Art. 189 Satz 4 EG-V gemeint sind.[1544] Die Umsetzung erfolgt damit durch staatliches europäisches Recht, das eine eigenständige Wirkung begründet[1545], die nicht mehr tarifrechtlicher Art ist und auch mit einer Ausweitung des Geltungsbereichs bereits abgeschlossener Tarifverträge unter staatlicher Mitwirkung etwa im Sinne einer Allgemeinverbindlichkeitserklärung nichts zu tun hat. **715**

Der ursprüngliche Formulierungsvorschlag hatte noch die Möglichkeit vorgesehen, Kollektivverträge, die von den Sozialpartnern in mindestens drei Staaten abgeschlossen wurden, vom Rat mit qualifizierter Mehrheit und auf Vorschlag der Kommission für die Gemeinschaft für allgemeinverbindlich zu erklären.[1546] Dass hiervon Abstand genommen wurde, spricht dafür, dass Art. 139 EG-V nicht ein europäisches Tarifsystem mit echten Rechtssetzungskompetenzen der sozialen Akteure garantiert. Die Vorschrift war das Ergebnis eines Kompromisses. Die volle Verhandlungsautonomie der sozialen Akteure sollte erhalten und vorsichtig weiterentwickelt werden. **716**

Dies spricht aber auch gegen eine unangemessene Relativierung der Vorschrift in dem Sinne, dass es sich um einen unverbindlichen Programmsatz mit bloßem Aufforderungscharakter[1547] handele. Für bloße Appelle bedürfte es keiner besonderen Rechtsgrundlage im EG-Vertrag. Bei Vereinbarungen auf der Grundlage von Art. 139 EG-V handelt es sich um einen Vertragstypus des Gemeinschaftsrechts mit **schuldrechtlicher Wirkung**.[1548]

Allerdings ist nicht auszuschließen, dass im Einzelfall eine Vereinbarung auf Gemeinschaftsebene nach allgemeinen Grundsätzen **weiter gehende Wirkungen** entfaltet.[1549] Denn Art. 139 Abs. 1 EG-V will den Spielraum der Sozialpartner erweitern, nicht aber verkleinern. Die Frage des Rechtscharakters und damit der Wirkung der Vereinbarung ist letztlich davon abhängig, welches Durchführungsverfahren die Unterzeichner/innen vorgesehen haben.[1550] **717**

Wählen die Vertragspartner die korporatistische Form der Durchführung, so ist davon auszugehen, dass keine weiteren schuldrechtlichen Durchführungspflichten zwischen den Sozialpartnern oder sonstige Rechtswirkungen entstehen. Solange und soweit die europäischen Kollektivvereinbarungen jedoch nicht in Richtlinien- oder Verordnungsrecht umgesetzt wurden oder werden sollen, sind sie auch als selbstständige Kollektivvereinbarung zu würdigen.[1551]

---

1544 Ähnlich *Deinert*, RdA 204, 212; zustimmend zur Wahl der Richtlinienform Wiedemann/*Wiedemann*, § 1 Rn. 107.

1545 *Weiss*, FS Kissel, 1253, 1265; *Zachert*, FS Schaub, 814f. (»kollektiv ausgehandelte europäische Gesetzgebung«); vgl. auch *Löwisch/Rieble*, Grundl. Rn. 107.

1546 Abl. EG Nr. C 124 vom 10.10.1970.

1547 *Hauschka*, RIW 1990, 81, 88.

1548 *Löwisch/Rieble*, Grundl. Rn. 106; *Wlotzke*, NZA 1990, 421; *Nagel*, FS Gnade, 711; *M. Schmidt*, Arbeitsrecht der Europäischen Gemeinschaft, Rn. 73; *Britz/Schmidt*, EuR 1999, 475.

1549 Ausführlich zu diesen Optionen *Ojeda Avilés*, FS Däubler, 523.

1550 Siehe *auch Deinert*, Europäischer Kollektivvertrag, 175ff. für den früheren Art. 118b EG-V, 208ff., 247ff. für den heutigen Art. 139 Abs. 1 EG-V.

1551 Ausführlich hierzu *Ojeda Avilés*, FS Däubler, 519, dort auch 524ff. zum empirischen Vorkommen; *Walz*, Multinationale Unternehmen, 101ff.

718 **Bei autonomer/voluntaristischer Durchführung** können hingegen die europäischen Vereinbarungen mehr als bloße Empfehlungen sein und die innerstaatlichen Sozialpartner obligatorisch verpflichten.[1552] Entsprechende Regelungen enthält zum Beispiel die Sozialpartner-Rahmenvereinbarung über Telearbeit (siehe § 1 Rn. 714).[1553] Im Sinne der Effektivität wäre dabei insbesondere eine Umsetzung durch Tarifverträge im jeweiligen nationalen Rahmen wünschenswert, wodurch ein Umsetzungssystem mehrstufiger Kollektivverträge entstünde.[1554] Andere Regelungsmodelle wären der nur politisch wirkende (und insofern im Sinne der Effektivität nicht ausreichende) Muster-Kollektivvertrag oder der Abschluss von Vereinbarungen durch spezielle Tarifkommissionen bzw. europäische Verbände mit unmittelbarem Regelungsanspruch.[1555]

719 Größere Einheitlichkeit der Anwendung würde in den letzteren Fällen nur gesichert, falls die autonom umgesetzten Vereinbarungen als **unmittelbar wirksam** angesehen werden könnten. Nach dem geltenden Recht würde allerdings auch dann das jeweilige nationale Kollisionsrecht über die Art und Weise der Wirkung im nationalen Arbeitsrecht und im individuellen Arbeitsverhältnis entscheiden.[1556] Wie eine Analyse des Kollisionsrechts zeigt (§ 4 Rn. 46 ff., Rn. 85 ff. und Rn. 93). Wie dargestellt, kann gegenwärtig keine internationalprivatrechtliche Lösung Auslegungs- und Entscheidungseinklang europäischer Kollektivvereinbarungen gewährleisten.[1557]

Art. 139 EG-V impliziert jedoch eine Verpflichtung der Mitgliedstaaten, Rechtswirksamkeit und Effektivität entsprechender Kollektivvereinbarungen im jeweiligen nationalen Recht sicherzustellen.

Darüber hinaus stellt sich die Frage, ob nicht die Sozialpartner selbst in besonderen »**Statuskontrakten**« die Rechtswirkungen der von ihnen abgeschlossenen Kollektivvereinbarungen autonom regeln könnten. Solange über Art. 139 EGV kein Rechtsrahmen hierfür vorliegt, bleibt jedoch insofern große Rechtsunsicherheit hinsichtlich der Wirkungen in den Mitgliedschaften. Denn solange die mitgliedstaatlichen Gerichte für Auslegung und Anwendung zuständig sind, hätten diese nach kollisionsrechtlichen Grundsätzen zu entscheiden, ob ein europäischer Kollektivvertrag vorliegt, und wie er im nationalen Recht zu behandeln ist.[1558]

### 3. Begriff der Sozialpartner

720 Die Formulierungen der Art. 138, 139 EG-V werfen die Frage auf, ob mit »**Sozialpartner**« lediglich die traditionellen Teilnehmer des Sozialdialogs gemeint sind – das sind der Europäische Gewerkschaftsbund (EGB), die Europäische Vereinigung der Industrie- und Arbeitgeberverbände (UNICE) und der Europäische Zentralverband der Öffentlichen Unternehmen (CEEP). Nach Meinung der Kommission ist die Möglichkeit zum Abschluss von Vereinbarungen nach Art. 139 EG-V davon abhängig, dass ein Verband im Sinne des Art. 138 EG-V an-

1552 *Ojeda Avilés*, FS Däubler, 523; anders Wiedemann/*Wiedemann*, § 1 Rn. 106.
1553 Insgesamt auch *Deinert*, Europäischer Kollektivvertrag, 251 ff.
1554 Genauer *Däubler/Schiek*, Einl. Rn. 793 f.
1555 Vgl. *Deinert*, Europäischer Kollektivvertrag, 162 ff.
1556 Zu solchen IPR-Modellen siehe zum Beispiel *Deinert*, Europäischer Kollektivvertrag, 438 ff.
1557 So auch *Däubler/Schiek*, Einl. Rn. 798 ff.
1558 Ausführlich *Däubler/Schiek*, Einl. Rn. 810 ff. Siehe auch *Deinert*, Europäischer Kollektivvertrag, 47 ff.

hörungsberechtigt ist.[1559] Dem ist jedenfalls insoweit zuzustimmen, als der Begriff des Sozialpartners in beiden Normen gleich laufend zu interpretieren ist.

Das Recht auf Anhörung nach Art. 138 EG-V gewährt die Europäische Kommission aber nur solchen Verbänden, die in eine von ihr erstellte Liste aufgenommen wurden, die regelmäßig überprüft und fortgeschrieben wird. Aufgenommen werden branchenübergreifende, sektor- oder berufsspezifische Verbände, die sowohl über geeignete Strukturen auf europäischer Ebene verfügen als auch für die Verbände und Strukturen der Mitgliedstaaten **repräsentativ** sind. Zur Beurteilung der Repräsentativität lässt sich die Europäische Kommission vom Institut für Arbeitswissenschaften der katholischen Universität Löwen (UCL-IST) beraten.[1560] Diesem Ansatz ist im Grundsatz zuzustimmen – allerdings mit dem Vorbehalt, dass es sich bei der »Repräsentativität« um ein justiziables Merkmal handelt, und der Europäische Gerichtshof bei der Auslegung im Streitfall nicht an von der Kommission erstellte Listen gebunden sein kann. **721**

Für den Fall, dass die Vereinbarung nach Art. 139 Abs. 2 Satz 1 2. Alt. EG-V durch Beschluss des Rates umgesetzt wird, ersetzen die Verhandlungen der Sozialpartner die Beteiligung des Parlaments, so dass schon aus demokratischen Gesichtspunkten Repräsentativität zu verlangen ist.[1561] Aber auch soweit die Sozialpartner den autonomen Durchführungsweg vorsehen, ist Voraussetzung für eine Legitimation der Vereinbarung nach Art. 139 EG-V Repräsentativität der Vertragspartner als gemeineuropäischer Kernbestand der Koalitionsfreiheit.[1562] Für den Fall, dass eine Vereinbarung sich auf einen Sektor beschränkt, ist Repräsentativität für den jeweiligen Anwendungsbereich zu verlangen.[1563] Repräsentation ist dabei allerdings nicht formal, sondern materiell zu verstehen; je nach den Umständen des Einzelfalls sind dabei die Variablen tatsächliche Interessenrepräsentation und Durchsetzungsstärke zu bewerten.

Allerdings ergibt sich aus Art. 139 Abs. 1 EG-V nicht auch ein **Kollektivverhandlungsanspruch**. Bislang sind entsprechende Vereinbarungen (wie die Rahmenvereinbarungen zur Teilzeitarbeit, zur Befristung, zum Elternurlaub und zur Leiharbeit) allein zwischen den großen Organisationen UNICE, CEEP und EGB abgeschlossen worden. Eine europäische Organisation des Handwerks und kleiner und mittelständischer Unternehmen (UEAPME) hatte deshalb auf Nichtigerklärung der Richtlinie über den Elternurlaub geklagt, weil sie an den Verhandlungen über die zu Grunde liegende Rahmenvereinbarung nicht beteiligt worden war. Zu Recht entschied das Europäische Gericht erster Instanz, dass die Sozialpartner selbst bestimmen können, wer an Verhandlungen teilnimmt.[1564] Erst bei Umsetzung in europäisches Richtlinienrecht sind umfassende Konsultationen im Sinne des Art. 138 EG-V vorzunehmen. Auf Grund eines Kooperar- **722**

1559 Siehe auch *M. Schmidt*, Arbeitsrecht der Europäischen Gemeinschaft, Rn. 63.

1560 Derzeit umfasst die Liste 50 Verbände; sie findet sich unter KOM(2004) 557 endgültig, Anlage 5, siehe unter europa.eundint/comm/employment_social/social_dialogue/docs/consulted_organisations_138_de.pdf.

1561 Im Ergebnis genauso EuGH, 17.6.1998 (T-135/96, UEAPME), Slg. 1998, II-2335; kritisch zum Erfordernis der Repräsentativität als funktionales Äquivalent europäischer Demokratie *Britz/Schmidt*, EuR 1999, 467 (482 ff.).

1562 *Deinert*, RdA 2004, 220 (Gewährleistung der Sachnähe); *Däubler/Schiek*, Einl. Rn. 764 ff.

1563 Genauer *Deinert*, RdA 2004, 222 ff. (hinreichende Fähigkeit zur effektiven Vertretung der Mitgliederinteressen); zu diesen Fragen auch *Weiss*, FS Gnade, 583; *ders.*, FS Kissel, 1253; *Däubler*, EuZW 192, 329; *Buchner*, RdA 1993, 193.

1564 EuGH, 17.6.1998 (T-135/96), Slg. 1998, II-2335 (»UEAPME«).

tionsabkommens zwischen UNICE und UEAPME vom Dezember 1998 wird der Verband allerdings künftig in den Verhandlungen beteiligt.[1565]

### III. Perspektiven europäischer Kollektivvereinbarungen

723 Die Zukunft eines europäischen **Kollektivvertragsrechts** wird überwiegend **skeptisch** eingeschätzt. Ohne eine entsprechende europäische Kollektivvertragspraxis wird sich rechtlich vermutlich wenig bewegen; ohne rechtliche Rahmenbedingungen, die Rechtssicherheit gewährleisten, muss jedoch die tarifliche Praxis auf prekärem Grund handeln. Trotz der juristischen Offenheit und Unklarheiten können aber sowohl Betriebsvereinbarungen europäischer Betriebsräte[1566] als auch die neuen Rechtsgrundlagen zum Sozialen Dialog eine Impulsfunktion für die Entwicklung eines europäischen Tarifsystems gewinnen.[1567] Voraussetzung ist auf Arbeitgeberseite die Bereitschaft zu einer Kooperation, die in Kollektivvereinbarungen einmündet und auf Arbeitnehmerseite die Übertragung von Kompetenzen der nationalen Gewerkschaften auf die europäischen Zentralverbände.[1568]

724 Dabei besteht allerdings das Risiko, dass der Soziale Dialog autonome kollektive Verhandlungen durch ein **korporatives System paragouvernementaler Form** ersetzen könnte – das ohnehin in anderen europäischen Ländern weniger skeptisch beurteilt wird als in Deutschland.[1569] Anlass und Auslöser europäischer Kollektivverhandlungen war nicht zufällig häufig das Anhörungsverfahren nach Art. 138 EG, in dem die Kommission über die Verfahrensherrschaft verfügt.[1570] Auch in anderen Bereichen ist zu beobachten, dass die Tarifautonomie immer stärker durch staatliche Vorgaben eröffnet und strukturiert wird.[1571]

725 Die größten Chancen für eine tatsächliche Europäisierung der Tarifpolitik dürften aus praktischen wie aus rechtlichen Gründen zunächst in einer grenzüberschreitenden **Koordinierung nationaler Tarifpolitiken** liegen.[1572]

## H. Kollektive Vereinbarungen und Tarifverträge mit kirchlichen Einrichtungen

726 Zu diesem Sonderproblem, das auf eine Abwägung von Art. 140 GG in Verbindung mit Art. 137 Abs. 1 WRV mit Art. 9 Abs. 3 GG hinausläuft, siehe: Grundl. Rn. 180ff.

---

1565 Vgl. *M. Schmidt*, Arbeitsrecht der Europäischen Gemeinschaft, Rn. 64ff.

1566 Siehe hierzu zum Beispiel *Schiek*, RdA 2001, 220f., 228f.

1567 *Weiss*, FS Kissel, 1116f.; *Zachert*, FS Schaub, 826; historisch *Deinert*, RdA 2004, 213f.; a. A. *Löwisch/Rieble*, Grundl. Rn. 107.

1568 *M. Blank*, FS Gnade, 656ff.; *Britz*, in: Britz/Volkmann, Tarifautonomie, 58; zu praktischen und rechtlichen Bedenken der Sozialpartner siehe die Ergebnisse der Befragung von *Deinert*, Europäischer Kollektivvertrag, 105ff.

1569 Pointiert: *Simitis*, FS Kissel, 1116; *Zachert*, FS Schaub, 821; siehe auch *Deinert*, Europäischer Kollektivvertrag, 205; für die Sichtweise im Ausland *Zachert*, a. a. O., 822ff.; vgl. auch den Sammelband *Ojeda Avilés* (Hrsg.), La Concertación Social tras la crisis.

1570 Vgl. auch die Möglichkeit der Kommission zum Erlass von Verfahrensvorschriften zu Art. 138; dazu Wiedemann/*Wiedemann*, § 1 Rn. 104ff.

1571 *Blanke*, KJ 2004, 16.

1572 *Weiss*, FS Kissel, 1258; *Britz*, in: Britz/Volkmann, Tarifautonomie, 62ff.; zu den internationalen Hintergründen dieser Politik siehe § 4 Rn. 93.

## I. Sonstige Kollektivvereinbarungen der Tarifparteien ohne Normativwirkung

### Literatur:

*Alonso Olea/Casas Baamonde*, Derecho del Trabajo, 15. Aufl., 1997; *Bepler*, Deutsches Streikrecht und Europäische Sozialcharta, FS Wissmann, 2005, 97; *Beuthien*, Unternehmerische Mitbestimmung kraft Tarif- oder Betriebsautonomie?, ZfA 1983, 141; *Blank, M.*, Tarifzuständigkeiten nach der Gründung von ver.di, FS 50 Jahre BAG, 2004, 597; *Blanke, Th.*, Verwaltungsmodernisierung, 1998; *Bundesarbeitgeberverband Chemie*, Außertarifliche Sozialpartner-Vereinbarungen, 12/1996; *Bunge*, Tarifinhalt und Arbeitskampf, 1980; *Clausen*, Der schuldrechtliche Teil des Tarifvertrags, 1971; *Däubler*, Der Kampf um einen weltweiten Tarifvertrag, 1997; *Däubler-Gmelin*, Zur Notwendigkeit eines Urhebervertragsrechts, GRUR 2000, 764; *Debler*, Frauenförderung in der chemischen Industrie, NZA 1997, 529; *Eich*, Tarifverträge, Sozialpartnervereinbarungen und -beziehungen am Beispiel der chemischen Industrie, NZA 1995, 149; *Endebrock*, Vereinbarung zur Umsetzung der Mehraufwandsbeschäftigung, PersR 2005, 305; *Frey*, Sozialpartnerschaftliche Tarifpolitik: Die reformierten Tarifverträge der Chemischen Industrie, in: Busch u.a., Tarifpolitik im Umbruch, 2005, 83; *Giugni*, Diritto Sindicale, 9. Aufl., 1994; *Grobys/Foerstl*, Die Auswirkungen der Urheberrechtsreform auf Arbeitsverträge, NZA 2002, 1015; *Hölters*, Harmonie normativer und schuldrechtlicher Abreden in Tarifverträgen, 1973; *Jacobs, Rainer*, Das neue Urhebervertragsrecht, NJW 2002, 1905; *Karsten*, Schuldrechtliche Tarifverträge und außertarifliche Sozialpartnervereinbarungen, 2004; *Kempen*, Tariftreueerklärungen, in: Peter/ders./Zachert, Die Sicherung tariflicher Mindeststandards, 2004, 46; *Kraft/Konzen*, Die Arbeiterselbstverwaltung im Spannungsverhältnis von Gesellschafts- und Arbeitsrecht, 1978; *Kühling/Bertelsmann*, Tarifautonomie und Unternehmerfreiheit, NZA 2005, 1017; *Le Friant*, Länderbericht Frankreich, in: Zachert (Hrsg.), Die Wirkung des Tarifvertrages in der Krise, 1991, 103; *Mariucci*, Länderbericht Italien in: Zachert (Hrsg.), Die Wirkung des Tarifvertrages in der Krise, 1991, 168; *Mirschel*, »Mikro-Unternehmen« als Gewerkschaftsklientel, WSI-Mitt. 2000, 829; *Molitor*, Außertarifliche Sozialpartnervereinbarungen, FS Stahlhacke, 1995, 339; *ders.*, Jenseits vom Tarifvertrag, Sozialpartner-Forum 1994, 109; *Müller/Frik*, Reform des französischen Tarifvertragsrechts, RdA 2005, 126; *Ojeda Avilés*, Derecho Sindical, 8. Aufl., 2003; *Plander*, Nichttarifliche Übereinkünfte zwischen Gewerkschaften und Trägern öffentlicher Gewalt, FS Kehrmann, 1997, 295; *ders.*, Tasrifvertrag oder Koalitionsvertrag zugunsten Dritter?, PersR 2002, 292; *ders.*, Was sind Tarifverträge?, ZTR 1997, 45; *Rieble*, Bündnis für Arbeit – »Dritter Weg« oder Sackgasse?, RdA 1999, 169; *Säcker/Oetker*, Grundlagen und Grenzen der Tarifautonomie, 1992; *Schack*, Gruppenarbeit in der chemischen Industrie. Gemeinsame Hinweise des Bundesarbeitgeberverbandes Chemie und der IG Chemie-Papier-Keramik, NZA 1996, 923; *Schlink/Poscher*, Verfassungsfragen der Reform des Urhebervertragsrechts. Gutachten im Auftrag des DJU und der Vereinigten Dienstleistungsgewerkschaft ver.di, 2002; *Schwab, Brent*, Arbeitnehmer und arbeitnehmerähnliche Personen als Urheber – Überlegungen zur Reform des Urhebervertragsrechts, AuR 2001, 493; *Thüsing*, Tarifvertragliche Schimären. Verfassungsrechtliche und arbeitsrechtliche Überlegungen zu den gemeinsamen Vergütungsregeln nach § 36 UrhG. n.F., GRUR 2002, 203; *Wiedemann*, Rationalisierungsschutz, Tarifmacht und Gemeinsame Einrichtung, RdA 1968, 420; *Za-*

*chert*, Rechtsfragen zu den aktuellen Tarifverträgen über Arbeitszeitverkürzung und Beschäftigungssicherung, AuR 1995, 1; *ders.*, Sozialpartnervereinbarungen – ein Modell für die Zukunft?, FS Hanau, 1999, 137; *ders.*, Tarifverträge in globalisierter Wirtschaft, NZA 2000, 121; *ders.*, Tarifvertrag, Günstigkeitsprinzip und Verfassungsrecht, AuR 2004, 121; *ders.*, Dezentralisierung des Tarifvertrages: der einzelne Arbeitgeber als Tarifpartei, FS Wissmann, 2005, 202; *ders.* (Hrsg.), Die Wirkung des Tarifvertrages in der Krise, 1991.

**Übersicht** Rn.



## I. Zur Reichweite tariflicher Regelungsbefugnisse außerhalb vom Normenprogramm des TVG

727 Nach §§ 1, 4 TVG schließen die Tarifparteien üblicherweise Vereinbarungen mit **normativer Wirkung** für ihre Mitglieder. Darüber hinaus begründen Tarifverträge **schuldrechtliche Verpflichtungen** der Tarifparteien selbst. Daneben gibt es andere Abkommen der Tarifparteien, denen entweder lediglich schuldrechtliche Wirkung, Bindung nach bürgerlich rechtlichen Grundsätzen oder Empfehlungscharakter zukommt.

728 Derartige »**sonstige Kollektivvereinbarungen der Tarifparteien**« haben eine lange Tradition. Vor Inkrafttreten der TVO von 1919 kam Tarifverträgen sogar ausschließlich diese schwächere, nicht normative, Wirkung zu (Grundl. Rn. 21 ff.).

729 In den letzten beiden Jahrzehnten scheint aus unterschiedlichen Gründen die Bedeutung sonstiger Kollektivvereinbarungen ohne Normativwirkung zugenommen zu haben. **Inhaltlich** geht es um ein weites Spektrum von Themenfeldern von arbeitsvertraglichen Pflichten über die Regelung »weicher Themen« wie Qualifikation und Umweltschutz, ferner Standortvereinbarungen bis hin zu Vereinbarungen zwischen Gewerkschaften zur »Geschäftsbesorgung« für Arbeitnehmer, für die eine Gewerkschaft keine Zuständigkeit besitzt. Die **Rechtswirkung** dieser Abkommen reicht von (lediglich) schuldrechtlichen Verpflichtungen

zwischen den Tarifparteien über die Einräumung verbindlicher Ansprüche an die Mitglieder, die einer normativähnlichen Wirkung nahe kommen[1573] bis zu Abreden, die bloßen Empfehlungscharakter (»gentlemen agreement«) haben.[1574] Nicht selten gibt es Vereinbarungen, welche in einigen Regelungskomplexen verbindlich, in anderen jedoch unverbindlich sind (**Mischformen**).[1575]

Die rechtliche Zulässigkeit von sonstigen Kollektivvereinbarungen der Tarifparteien ist grundsätzlich außer Streit.[1576] **730**

Soweit sie »**Arbeits- und Wirtschaftsbedingungen**« regeln, beruht ihre Grundlage auf **Art. 9 Abs. 3 GG**. Dieser Begriff ist weit und zeitoffen auszulegen und stellt deshalb eine verfassungsrechtliche Legitimation für neue tarifliche Entwicklungen, z.B. im Bereich der Beschäftigungssicherung, des Umweltschutzes oder auf anderen Feldern dar (Grundl. Rn. 108).[1577] **731**

Sofern es sich um Tarifvereinbarungen mit lediglich **schuldrechtlicher Wirkung** handelt, kommt hinzu, dass diese in ihrem Inhalt weitergehen können als normative Regelungen des Tarifvertrages.[1578] Historisch gilt die schuldrechtliche Tarifbestimmung geradezu als klassisches Vehikel der tariflichen Rechtsfortbildung auf Sektoren, die einer normativen Regelung nicht zugänglich waren.[1579] Im Ergebnis besteht **kein Kongruenz-Gebot normativer und schuldrechtlicher Abreden** des Tarifvertrages.[1580]

Da **Art. 9 Abs. 3 GG** in dem beschriebenen Umfang nicht nur das Tarifvertragssystem, sondern auch **andere Formen der Förderung der Arbeits- und Wirtschaftsbedingungen** schützt[1581], gibt er darüber hinaus für weitere Regelungsmodelle Raum.[1582] Deshalb unterliegen auch **Vereinbarungen der Tarifparteien** mit bloßem **Empfehlungscharakter** im Bereich der **Arbeits- und Wirtschaftsbedingungen** dem Schutz von **Art. 9 Abs. 3 GG**, der insoweit gegenüber Art. 2 Abs. 1 GG die speziellere Regelung ist.[1583] **732**

Im Unterschied zu normativ oder schuldrechtlich wirkenden Tarifverträgen gilt für derartige Übereinkommen das **Schriftformerfordernis** des § 1 Abs. 2 TVG **nicht**.[1584]

Entsprechendes (§ 1 Rn. 732) soll nach zum Teil geäußerter Lehrmeinung für Verhandlungsergebnisse **nicht tariffähiger Koalitionen** gelten.[1585] Dafür spricht, dass auch bereits die Koalition »als Vorstufe zur Gewerkschaft« im Rahmen von **733**

---

1573 Beispiel: BAG 5.11.1997 (IV AZR 872/95), AP Nr. 29 zu § 1 TVG.

1574 Beispiel: BAG 28.9.1983 (IV AZR 200/83), AP Nr. 2 TVG, § 1 Tarifverträge: Seniorität usw. (mit Anm. von *Herschel*).

1575 Beispiel: BAG 24.11.1993 (IV AZR 295/93), DB 1993, 2436.

1576 *Däubler/Däubler*, Einl. Rn. 846; Wiedemann/*Wiedemann*, § 1 Rn. 17ff.; *Löwisch/Rieble*, § 1 Rn. 18ff.; *BPSU*, § 1 TVG Rn. 10; im Grundsatz auch *Plander*, FS Kehrmann, 295ff. und ZTR 1997, 45ff., der aber »schuldrechtliche Tarifvereinbarungen«, die lediglich einen Ausschnitt aus den Typen kollektiver Vereinbarungen darstellen, nicht für zulässig hält; umfassende Darstellung der Diskussion bei *Karsten*, 241ff.

1577 ErfK/*Dieterich*, Art. 9 GG Rn. 23; bereits *Säcker/Oetker*, 45ff.; *Kühling/Bertelsmann*, NZA 2005, 1017.

1578 BAG GS 29.11.1967 (GS 1/67), AP Nr. 13 zu Art. 9 GG.

1579 *Wiedemann*, RdA 1968, 423; *Kraft/Konzen*, Arbeiterselbstverwaltung, 61; *Bunge*, Tarifinhalt, 44; *Karsten*, 127; a.A. *Beuthien*, ZfA 1983, 161.

1580 *Däubler/Reim*, § 1 Rn. 961ff.; *Löwisch/Rieble*, § 1 Rn. 422; Wiedemann/*Wiedemann*, § 1 Rn. 18; *Gamillscheg*, Kollektives Arbeitsrecht I, § 15 X 1b, 672; ErfK/*Schaub*, § 1 TVG Rn. 61; aus der älteren Literatur kritisch z.B. *Beuthien*, ZfA 1983, 150; umfassende Darstellung der Lehrmeinungen: *Karsten*, 81ff.

1581 BVerfG 1.3.1979 (1 BvR 532), E 50, 290, 371; *Säcker/Oetker*, 164.

1582 *Däubler/Däubler*, Einl. 870; *Löwisch/Rieble*, § 1 Rn. 422.

1583 Zutreffend *Karsten*, 302, mit weiteren Nachweisen.

1584 *Löwisch/Rieble*, § 1 Rn. 425; *Säcker/Oetker*, 166f.

1585 *Däubler/Däubler*, Einl. Rn. 870, mit weiteren Nachweisen.

Art. 9 Abs. 3 GG Rechte besitzt, z.B. werbend in Erscheinung treten darf.[1586] Allerdings geht es hier – wenn auch mit unterschiedlichem Gehalt – um Abreden von »tarifähnlicher Qualität«. Wegen der besonderen Voraussetzungen, die an die Tarifautonomie geknüpft sind, z.B. die Tarifzuständigkeit als nur eine von mehreren Bedingungen, und der mit ihr verbundenen Verantwortung der Tarifparteien liegt es näher, Vereinbarungen nicht tariffähiger Koalitionen nach den Regeln **privatautonomer Grundrechtsgewährleistungen** (Art. 2 Abs. 1 GG) zu beurteilen (siehe nachfolgende Rn.).

**734** Wird der inhaltliche Bereich der **Arbeits- und Wirtschaftsbedingungen verlassen**, entfällt für sonstige Kollektivvereinbarungen der Tarifparteien die Legitimationsgrundlage des Art. 9 Abs. 3 GG. Jedoch können sie sich wie alle anderen Privatrechtssubjekte im Rahmen der **Privatautonomie (Art. 2 Abs. 1 GG)**[1587] betätigen. Die den Koalitionen zuerkannte umfassende Gestaltungsfunktion, die von großer Bedeutung für die Sozial- und Wirtschaftsordnung des Gemeinwesens ist[1588], setzt nämlich voraus, dass den Tarifparteien auch außerhalb des Tarifvertrages ein regelungstechnisches Instrument zur koalitionsautonomen Einigung zur Verfügung steht.[1589] Dabei steht es ihnen frei, sowohl Verträge mit Rechtsbindungswillen abzuschließen als auch unverbindliche Empfehlungen zu treffen.[1590] Insbesondere über die Anwendung der **Verträge zugunsten Dritter** (§ 328 BGB) lassen sich Bindungswirkungen erzielen, die zwar nicht der unmittelbaren Bindungswirkung des § 4 TVG entsprechen[1591], die jedoch den Begünstigten rechtlich durchsetzbare Ansprüche aus dem getroffenen Übereinkommen einräumen.[1592]

**735** Darüber hinaus handelt es sich grundsätzlich um sonstige kollektive Vereinbarungen außerhalb des Schutzbereiches von Art. 9 Abs. 3 GG, jedoch im Rahmen privatautonomer Gestaltung, wenn an ihnen neben den Tarifparteien **Dritte beteiligt** sind: **hybride Gebilde**[1593] (hierzu folgend § 1 Rn. 752).

## II. Typologie von sonstigen Kollektivvereinbarungen der Tarifparteien

### 1. Unterschiedliche Motive und weites Themenspektrum

**736** Die Motive der Tarifparteien, sonstige Kollektivvereinbarungen anstelle von Tarifverträgen mit Normativwirkung abzuschließen, sind ebenso vielfältig wie die Bandbreite der jeweils vereinbarten Inhalte.[1594] Die folgende Typisierung greift einige markante Themenschwerpunkte heraus.

---

1586 BAG 17.2.1988 (1 AZR 364/97), AP Nr. 87 zu Art. 9 GG.

1587 ErfK/*Dieterich*, Art. 2 GG Rn. 2, mit Nachweisen.

1588 BVerfG 26.5.1970 (2 BvR 664/65), E 28, 295, 306.

1589 *Säcker/Oetker*, Rn. 195.

1590 *Däubler/Däubler*, Einl. Rn. 871; Wiedemann/*Wiedemann*, § 1 Rn. 22; *Löwisch/Rieble*, § 1 Rn. 421; *Karsten*, 129f.; aus der älteren Diskussion: *Bunge*, 43; *Hölters*, 58ff.

1591 BAG 14.4.2004 (4 AZR 232/03), AP Nr. 188 zu § 1 TVG; a.A. insoweit *Plander*, PersR 2002, 296.

1592 *Gamillscheg*, Kollektives Arbeitsrecht I, § 12 9b, 509, verweist zutreffend auf gewisse Ähnlichkeiten mit der Unterscheidung von »Betriebsvereinbarung« und »Regelungsabrede«.

1593 So anschaulich *Däubler/Däubler*, Einl. Rn. 852, dort ohne Festlegung über rechtliche Konsequenzen; Wiedemann/*Wiedemann*, § 1 Rn. 22; *Löwisch/Rieble*, Grundl. Rn. 70; die Rechtsprechung ist großzügig und geht zum Teil von tariflichen Regelungen oder von beidem aus: BAG 24.11.1993 (4 AZR 225/93), DB 1993, 2436; BAG 7.11.2000 (1 AZR 175/00), AP Nr. 14 zu § 77 BetrVG trotz Beteiligung des Betriebsrats; zustimmend *Däubler/Däubler*, Einl. Rn. 885.

1594 *Plander*, FS Kehrmann, 300ff.; *Däubler/Däubler*, Einl. Rn. 857ff., mit ähnlichen Akzenten.

## 2. Sonstige Kollektivvereinbarungen bei Unklarheit über die Zuständigkeit für bestimmte Personengruppen

Ein Grund für den Abschluss sonstiger Kollektivvereinbarungen kann sein, dass zumindest **zweifelhaft** ist, ob die **Tarifparteien** für die betreffende **Personengruppe** berechtigt sind, normativ wirkende Tarifverträge abzuschließen (zum besonderen Aspekt **arbeitnehmerähnlicher Personen**: § 12a TVG). **737**

Ein traditionelles Beispiel hierfür sind schuldrechtlich wirkende Übereinkünfte zugunsten **Leitender Angestellter**.[1595] **738**

Entsprechendes gilt für die Einbeziehung von **Werkunternehmen** in tariflichen Regelungen. Ein Beispiel hierfür ist der MTV für die Arbeiter des rheinischwestfälischen Steinkohlebergbaus (Stand 1. Juli 1980)[1596] und der Tarifvertrag über allgemeine betriebliche Arbeitsbedingungen im rheinischwestfälischen Steinkohlenbergbau vom 1. Juli 1975, die einen Katalog normativ wirkender Regelungen für die dort beschäftigten Arbeiter von der Arbeitszeit über Mehrarbeit bis hin zu Akkordfragen und Aspekten der Ordnung des Betriebes enthalten. Darüber hinaus verpflichten die Tarifparteien die Mitgliedsunternehmen, in den Verträgen mit Werkunternehmen (Zwischenunternehmen), die Einhaltung dieser Tarifverträge zu vereinbaren, soweit deren Arbeiter keinem anderen Tarifvertrag unterliegen und Arbeiten ausführen, die in den Geltungsbereich der betreffenden Tarifverträge fallen. **739**

Das ist in den Gedanken des **neuen Rechts** (seit 1. Juli 2004) die Anwendung und Ausdehnung des »**Equal-pay-Prinzips**« von §§ 3 Abs. 1 Nr. 3, 9 Nr. 2, 10 Abs. 4 AÜG auf Werkunternehmen.

Diesem Bestandteil des Tarifvertrages kommt eine **schuldrechtliche Verbindlichkeit** zu, ein Anspruch der von den »Zwischenunternehmern« beschäftigten Arbeitnehmer auf seine Einhaltung besteht nicht.[1597]

Im Bereich der Medien hat die Gewerkschaft ver.di (früher IG Medien) insbesondere für Verlags- und Übersetzungsverträge sowie für Bildjournalisten Muster allgemeiner Arbeitsbedingungen erstellt, die so genannte **Normenverträge** (für den Abschluss von Arbeitsverträgen) sind und/oder **Honorarempfehlungen** enthalten.[1598] Diese **einseitigen Empfehlungen** sind sonstige Kollektivvereinbarungen der schwächsten Kategorie. Ihre Wirkung ist strikt freiwillig, sie beruht darauf, dass der mit der Standardisierung verbundene Vorteil einer Arbeitserleichterung in der Abfassung von Arbeitsverträgen von den einzelnen Arbeitgebern als solche erkannt und genutzt wird. **740**

In ihrer Rechtswirkung weitergehend sind in diesem Zusammenhang **gemeinsame Empfehlungen der Tarifparteien**, die für diese selbst gewisse Bindungspflichten nach §§ 157, 242 BGB auslösen können.[1599] **741**

Die Schwäche derartiger einseitiger oder zweiseitiger Empfehlungen hat den **Gesetzgeber** veranlasst, die Rechtstellung von Urhebern und ausübenden Künstlern durch eine **Reform des Urhebervertragsrechts** zu verbessern.[1600] Im Kern geht es um eine Kombination von **gesetzlichen Mindestnormen** mit der Er- **742**

---

1595 BAG 31.1.1979 (5 AZR 454/77), AP Nr. 8 zu § 112 BetrVG; *Karsten*, 65f.

1596 Fassung von 1993 zitiert bei *Stein*, XXII.

1597 Vgl. *Karsten*, 65.

1598 Kurzer Überblick: *Mirschel*, WSI-Mitt. 2000, 892.

1599 *Plander*, FS Kehrmann, 306; *Däubler/Däubler*, Einl. Rn. 887ff., jeweils mit Nachweisen.

1600 Gesetz zur Stärkung der vertraglichen Stellung von Urhebern und ausübenden Künstlern, in Kraft getreten am 1.7.2002.

leichterung der Voraussetzung und des Abschlusses **kollektiver gemeinsamer Vergütungsregeln** durch die beteiligten Verbände[1601]:
Zum einen hat der Urheber einen unverzichtbaren Anspruch auf angemessene Vergütung und einen Korrekturanspruch (Auffüllungsanspruch) gegenüber seinem Vertragspartner, wenn die vereinbarte Vergütung hinter der angemessenen zurückbleibt: § 32 UrhG. Weiter wird der bisherige »Bestseller-Paragraph« (§ 36 UrhG a.F.), der den Urhebern nur selten zugute kam, durch einen so genannten »Fairnessausgleich« ersetzt und verbessert, indem dem Urheber schon bei einem auffälligen Missverhältnis zwischen Vergütung und Ertrag ein Anspruch auf Einwilligung in eine weitere angemessene Beteiligung gewährt wird: § 32a UrhG.
Zum anderen schafft das Gesetz mit kollektiven »gemeinsamen Vergütungsregeln«, die branchenspezifisch von den jeweils beteiligten Verbänden der Urheber und ausübenden Künstler einerseits und der Werknutzer andererseits aufgestellt werden, Standards und einen Ordnungsrahmen für die angemessene Vergütung: § 36 UrhG. Zur Aufstellung gemeinsamer Vergütungsregeln bilden die Verbände eine freiwillige Schlichtungsstelle, wenn die Parteien dies vereinbaren oder eine Partei die Durchführung des Schlichtungsverfahrens verlangt: § 36a Abs. 3 UrhG.
Das Verhältnis zwischen gesetzlicher (Mindest-)Regelung und kollektiver tariflicher Vereinbarung (Grundl. Rn. 287ff.) wird in verfassungskonformer Weise zugunsten des Tarifvertrages gelöst: Nach § 36 Abs. 1 Satz 3 UrhG gehen in Tarifverträgen enthaltene Regelungen dem Gesetz vor. Auch andere Rechte, wie die negative oder positive Koalitionsfreiheit von Verwertern sind durch das freiwillige Schlichtungsverfahren mit Einlassungszwang nicht verletzt.[1602]

### 3. Sonstige Kollektivvereinbarungen als Außenseiterklauseln, zur anderweitigen »Einbeziehung von Dritten« und zur Anwendung von Tarifverträgen (»Tariftreueerklärung«)

**743** Sonstige kollektive Vereinbarungen schließen die Tarifparteien ferner ab, um Außenseiter auf Arbeitnehmer- oder Arbeitgeberseite in die Wirkung der tariflichen Regelung mit einzubeziehen.
Diese so genannten **Außenseiterklauseln** verfolgen unterschiedliche Zielrichtungen und sind grundsätzlich zulässig.[1603] Ob der Wille vorhanden ist, über ein Gleichstellungsangebot dem einzelnen Nichtmitglied einen Anspruch im Sinne eines Vertrages zugunsten Dritter nach § 328 BGB zuwenden zu wollen, ist jeweils durch Auslegung zu ermitteln (§ 1 Rn. 757ff.).
Ein Beispiel für eine Außenseiterklausel findet sich in der Präambel des VW-Tarifvertrages vom 1. Januar 1994, wonach zwischen den Tarifparteien Einvernehmen darüber besteht, dass die Regelungen über Arbeitszeitverkürzungen, Lohnminderungen und Beschäftigungssicherung auch für Außenseiter gelten und dass Unternehmen dies durch geeignete Vereinbarungen sicherstellt.[1604]

---

1601 Zum Gesetzesinhalt und seiner Vorgeschichte mit noch weitergehenden Entwürfen: *R. Jacobs*, NJW 2002, 1905; *Schwab*, AuR 2001, 493; *Groby/Foerstl*, NZA 2002, 1015; *Däubler-Gmelin*, GRUR 2000, 764; ausführlich auch *Däubler/Hensche*, Einl. Rn. 900ff.

1602 *Schlink/Poscher*, Verfassungsfragen; kritisch z.B. *Thüsing*, GRUG 2002, 203; ausführliche Darstellung der Diskussion bei *Däubler/Hensche*, Einl. Rn. 922ff.

1603 BAG 29.11.1967 (GS 1/67), AP Nr. 13 zu Art. 9 GG; Wiedemann/*Wiedemann*, § 1 Rn. 662; *Däubler/Lorenz*, § 3 Rn. 274; *Karsten*, 176f.; *Clausen*, 30.

1604 *Zachert*, AuR 1995, 9.

Die Ausdehnung des tariflichen Zuständigkeitsbereiches haben **sonstige Kollektivvereinbarungen »zur Geschäftsbesorgung« für andere Tarifparteien** zur Folge. Entsprechende Vereinbarungen können Verpflichtungen begründen, die das Verhalten der Tarifparteien gegenüber **Andersorganisierten** betreffen. Beispielhaft hierfür ist die Einbeziehung ehemaliger DAG-Mitglieder, die nach der Gründung der Dienstleistungsgewerkschaft ver.di dort Mitglied wurden in die »Industrie-Tarifverträge« vor allem der IG Metall und IG BCE. Den tarifvertraglichen Schutz der neuen ver.di Mitglieder (ehemalige DAG) im Organisationsbereich der anderen DGB-Gewerkschaften stellen so genannte »Geschäftsbesorgungsverträge« sicher. Die Industriegewerkschaften schließen »Tarifverträge« sowohl in eigenem Namen als auch stellvertretend (§§ 164ff. BGB) im Namen von ver.di ab. Die Vertretungsmacht wird durch die Geschäftsbesorgung erteilt.[1605] Diese Übereinkommen werden als Verträge zugunsten Dritter nach § 328 BGB zu werten sein, die der Zustimmung der jeweiligen Arbeitgeber und der Einwilligung der betroffenen Arbeitnehmer (§ 333 BGB) bedürfen.[1606] **744**

In einer anderen Sachverhaltskonstellation, bei dem **Betriebsübergang** eines Kreiskrankenhauses nach § 613 a BGB, hatte sich der neue, nicht tarifgebundene Inhaber vertraglich verpflichtet, die Vergütungstarifverträge des öffentlichen Dienstes beizubehalten oder stattdessen eines von zwei anderen Vergütungssystemen zu wählen. Das Bundesarbeitsgericht wertet dieses Versprechen als einen Vertrag zugunsten der im übernommenen Betrieb beschäftigten Arbeitnehmer (Vertrag zugunsten Dritter), wonach ihnen die weitere dynamische Anwendbarkeit auch der Vergütungstarifverträge für den öffentlichen Dienst zugesichert wird.[1607] **745**

Das rechtspolitische Ziel von Tariftreuegesetzen, Wettbewerbsverzerrungen entgegenzuwirken und die Belastung für Sozialversicherungssysteme zu mildern, lässt sich dadurch erreichen, dass die Unternehmer, welche sich im Rahmen des Vertrages, der den Auftrag begründet und regelt, dazu verpflichten, ihren dabei eingesetzten Arbeitnehmern hierfür die einschlägigen Tarifentgelte zu zahlen. Dies spricht dafür, **Tariftreueerklärungen** zwischen dem versprechenden Unternehmen (Schuldner) und dem öffentlichen Auftraggeber (Versprechensempfänger) rechtskonstruktiv ebenfalls als sonstige kollektive Vereinbarung im Sinne eines Vertrages zugunsten Dritter (die bei der Leistungserbringung eingesetzten Arbeitnehmer) zu verstehen.[1608] **746**

### 4. Sonstige Kollektivvereinbarungen bei Unsicherheit über die Reichweite der Tarifmacht und Absprachen mit Versuchscharakter

Zum Teil haben die Tarifparteien außer Tarifverträgen mit normativer und/oder schuldrechtlicher Wirkung sonstige Kollektivvereinbarungen unterschiedlichen Inhalts abgeschlossen, weil nicht mit Sicherheit geklärt werden konnte, ob die einschlägigen Tarifnormen durch die Tarifmacht gedeckt sind. In der Regel hatte **747**

---

1605 Ausführlich *M. Blank*, FS 50 Jahre BAG, 602f.; vgl. auch *Löwisch/Rieble*, § 1 Rn. 476; rechtskonstruktiv ähnlich wurde auf Seiten der acht DGB-Gewerkschaften beim Abschluss des Tarifvertrages mit dem »Bundesverband Zeitarbeit Personal- und Dienstleistungen« und dem »Interessenverband Deutscher Zeitarbeitsunternehmen« Mitte 2003 verfahren.

1606 Zur davon zu unterscheidenden Zielrichtung eines Abkommens zwischen Arbeitgeber und Gewerkschaft, mit einem Konkurrenzverband keine Tarifverträge abzuschließen: BAG 4.5.1955 (1 AZR 493/54), AP Nr. 2 zu Art. 9 GG; *Gamillscheg*, Kollektives Arbeitsrecht I, § 7 I 5a, 281; *Karsten*, 65.

1607 BAG 20.4.2005 (4 AZR 292/04), BAG Pressemitteilung Nr. 20/05; auch *Löwisch/Rieble*, § 1 Rn. 476.

1608 Im einzelnen *Kempen*, in: Peter/Kempen/Zachert, Sicherungen, 53ff.

die Arbeitgeberseite Zweifel vorgetragen. Beispiele sind etwa der Themenbereich: **Verbesserung gewerkschaftlicher Arbeit** (§ 1 Rn. 551 ff.), **Vereinbarungen** über **(Unternehmens-)Mitbestimmung** (§ 1 Rn. 580 ff.) oder **betrieblichen Umweltschutz** (§ 1 Rn. 521 ff.).[1609]

**748** Ein anderes Motiv für Absprachen mit nicht-normativer Wirkung kann darin liegen, dass die Tarifparteien **neue Wege** beschreiten und deshalb bewusst (noch) keinen Abschluss verbindlicher Tarifverträge anstreben.[1610]

### 5. Sonstige Kollektivvereinbarungen bei spezifischen Branchengegebenheiten

**749** In der **chemischen Industrie** gibt es eine Anzahl von so genannten **Sozialpartnervereinbarungen**, die aus dem Katalog der tariflichen Vereinbarungstypen zumindest teilweise herausfallen. In Kraft sind knapp 20 kollektive Absprachen, die sich auf über ein Dutzend Themen erstrecken. Sie reichen von Vereinbarungen über Vertrauensleute, über Umweltschutz, Leitende Angestellte, Betriebskontakten auf europäischer Ebene, Weiterbildung, Gruppenarbeit bis zu Transfer-Sozialplänen.

Die Vereinbarungen enthalten teilweise bindende Verpflichtungen der Tarifparteien, zum Teil jedoch lediglich Empfehlungen an die Mitgliedsunternehmen.[1611] Sie sind Ausdruck einer besonders konsensorientierten Politik der sozialen Akteure in ihrem Verhältnis zueinander. Diese Form der »Sozialpartnerschaft« findet ihre Grundlage und innere Legitimation in unterschiedlichen, auch institutionell verankerten Verfahrensweisen, die einen kontinuierlichen Dialog zwischen den Tarifparteien und ihren Mitgliedern ermöglichen.[1612]

**750** Im **öffentlichen Dienst** hat sich ebenfalls eine facettenreiche Praxis nichttariflicher Übereinkünfte entwickelt. Zum einen geht es um Verfahren zur **Modernisierung der Verwaltung**, die in gemeinsamen Erklärungen, Rahmenverträgen und (Kooperations-)Vereinbarungen zwischen Ländern, Landkreisen und Städten/Kommunen einerseits sowie zuständigen Gewerkschaften und Berufsverbänden andererseits abgeschlossen werden. Mehrere dieser Übereinkünfte sind zusätzlich von Personalvertretungen unterzeichnet.

Zum anderen handelt es sich um **mitbestimmungsergänzende Vereinbarungen** zwischen obersten Dienststellen und gewerkschaftlichen Spitzenorganisationen verschiedener Bundesländer, die über den Geschäftsbereich einer obersten Landesbehörde hinausgehen und deshalb nicht mehr der Mitbestimmung nach den Personalvertretungsgesetzen unterliegen. Sie betreffen die Beschäftigungsbedingungen von Arbeitnehmern und Beamten.

Ferner sind **Übereinkünfte** zwischen der zuständigen Gewerkschaft und verschiedenen Ländern einschlägig, die darauf abzielen, den **Abbau von Lehrer-**

---

1609 *Däubler/Däubler*, Einl. Rn. 848; *Löwisch/Rieble*, § 1 Rn. 421; ausführlich *Karsten*, 64 f.

1610 Beispiel: Gemeinsame Empfehlung der Gewerkschaft NGG und der Arbeitgebervereinigung Nahrung und Genuss über tarifliche Sonderzuwendungen durch freiwillige Betriebsvereinbarungen, Änderung der Arbeitszeit durch firmenbezogene Verbandstarifverträge und Härtefallklauseln vom April 2004, abgedruckt in: RdA 2004, 312.

1611 *Molitor*, Sozialpartner-Forum, 109; *ders.*, FS Stahlhacke, 339 ff.; *Eich*, NZA 1995, 153 ff.; *Bundesarbeitgeberverband Chemie*, Außertarifliche Sozialpartner-Vereinbarungen; *Debler*, NZA 1997, 529; *Schack*, NZA 1996, 923; *Frey*, in: Busch u. a., Tarifpolitik, 91 f.; *Karsten*, 181 ff.; *Zachert*, FS Hanau, 138; *Däubler/Däubler*, Einl. Rn. 851; Wiedemann/*Wiedemann*, § 1 Rn. 16; *Löwisch/Rieble*, Grundl. Rn. 68 f.

1612 *Zachert*, FS Hanau, 137 ff.

**stellen** bei Angestellten und Beamten, etwa durch Übergänge von Voll- auf Teilzeitarbeit, **sozialverträglich** zu gestalten.[1613]

## 6. »Bündnis für Arbeit«

Eine spezifische Bedeutung hatte das so genannte **Bündnis für Arbeit** (von 1998 bis 2003), eine dreiseitige Veranstaltung, die dem Ziel diente, unter Koordinierung der Regierung zu gemeinsamen Beschlüssen zwischen Gewerkschaften und Arbeitgeberverbänden vor allem im Bereich Arbeitsmarktpolitik und Ausbildung zu kommen. Ihm kommt vorrangig eine politische, jedoch keine rechtlich verbindliche Wirkung zu.[1614] **751**

## 7. Sonstige Kollektivvereinbarungen unter Beteiligung Dritter

Es kommt vor, dass sich **Dritte** am Abschluss von Abkommen zwischen den Tarifparteien **beteiligen**. Dies ist bei Übereinkommen im öffentlichen Dienst nicht selten der Fall (§ 1 Rn. 750). **752**

Grundsätzlich ist hier zwischen Beteiligung im Sinne von Beratung und/oder Transferleistungen einerseits und Unterzeichnung der getroffenen Vereinbarung durch Nichttarifparteien andererseits zu unterscheiden.

Um ersteres, bloße Beteiligung, die keine rechtliche Probleme aufwirft, handelt es sich ganz überwiegend, wenn an der Konstituierung von so genannten **Beschäftigungs- und Qualifizierungsgesellschaften**, außer Gewerkschaften und Arbeitgeber die öffentliche Hand (§§ 216a und b SGB III: Förderung von Transfermaßnahmen, früher § 175 SGB III) und/oder die betriebliche Interessenvertretung teilnimmt. Entsprechendes gilt für so genannte »**betriebliche Bündnisse für Arbeit**«, die Arbeitsplätze gegen den Verzicht auf tarifliche Rechte (Entgelt/Arbeitszeit) vorübergehend sichern.

Die Frage der Rechtsnatur und gegebenenfalls der Wirksamkeit derartiger Abkommen stellt sich jedoch dann, wenn sie von Gewerkschaften und Betriebsrat oder vom Unternehmen und von »der öffentlichen Hand« **mit unterschrieben** werden.

Schließlich wurden Vereinbarungen zwischen Kommune, Gewerkschaft und Gesamtpersonalrat zur arbeitsmarkt- und mitbestimmungsverträglichen Umsetzung der so genannten »Ein-Euro-Jobs« (Mehraufwandsbeschäftigungen nach § 16 Abs. 3 SGB II) abgeschlossen (hierzu auch folgend § 1 Rn. 552).[1615]

Die **Rechtsprechung** neigt dazu, in diesen Fällen an die **Typenstrenge keinen scharfen Maßstab** anzulegen. Sie geht auch bei Beteiligung von Dritten (Betriebsrat) davon aus, dass je nach Intensität der Einflussnahme des »Dritten« ein Tarifvertrag vorliegen kann[1616] oder dass ein Firmentarifvertrag zusammen mit einer Betriebsvereinbarung besteht.[1617] Ferner wird die Genehmigung zunächst tarifwidriger Betriebsvereinbarungen durch die Tarifparteien recht großzügig zugelassen.[1618]

---

1613 Nach *Plander*, FS Kehrmann, 295; ausführlich auch *Th. Blanke*, 79ff.; ferner *Däubler/Däubler*, Einl. Rn. 850; Wiedemann/*Wiedemann*, § 1 Rn. 20, jeweils mit Nachweisen.

1614 *Löwisch/Rieble*, Grundl. Rn. 70; *Däubler/Däubler*, Einl. Rn. 854; *Rieble*, RdA 1999, 169.

1615 *Endebrock*, PersR 2005, 305.

1616 BAG 7.11.2000 (1 AZR 175/00), AP Nr. 14 zu § 77 BetrVG 1972 Tarifvorbehalt.

1617 BAG 24.11.1993 (4 AZR 225/93), DB 1993, 2436.

1618 Z.B. BAG 20.4.1999 (1 AZR 631/98), AP Nr. 12 zu § 77 BetrVG 1972 Tarifvorbehalt; hierzu *Zachert*, AuR 2004, 126.

Eine lediglich deklaratorische Unterschrift der betrieblichen Interessenvertretung (»unterstützende Geste«)[1619] unter eine von den Tarifparteien inhaltlich ausgehandelte Übereinkunft mag im Einzelfall unschädlich sein und der Vereinbarung den Charakter eines Tarifvertrages nicht nehmen. Grundsätzlich sollte jedoch daran festgehalten werden, dass die Voraussetzungen eines **Tarifvertrages nicht gegeben** sind, wenn **nicht tariffähige Parteien entscheidend an der Willensbildung beteiligt** werden.[1620] Ist das (materiell) der Fall, so handelt es sich nicht um Tarifverträge, sondern um sonstige Kollektivvereinbarungen.

### 8. Europäische und grenzüberschreitende Abkommen

753 Auch die kollektiven **Vereinbarungen auf europäischer Ebene** als Ergebnis des Sozialen Dialogs nach Art. 139 EG (§ 1 Rn. 711 ff.) sowie Vereinbarungen, die von Europäischen Betriebsräten getroffen und faktisch akzeptiert sind (§ 1 Rn. 714), können als sonstige Kollektivvereinbarungen im weiteren Sinne verstanden werden.[1621]

754 Noch näher liegt es, **grenzüberschreitende Abkommen** hierunter einzuordnen, wie sie vor allem die Internationale Transportarbeiter-Föderation (ITF) mit Sitz in London in der Seeschifffahrt abgeschlossen hat (§ 1 Rn. 760 und § 4 Rn. 95 f.).[1622]

### 9. Ausländische Beispiele sonstiger Kollektivvereinbarungen

755 Der **Rechtsvergleich** bietet Hinweise dafür, dass sonstige Vereinbarungen zwischen den Tarifparteien oder anderen Akteuren in anderen Ländern noch verbreiteter sind als im deutschen Arbeitsrecht.[1623] Jedoch sind die Voraussetzungen und Ziele sehr unterschiedlich, so dass Parallelen – wenn überhaupt – nur mit großer Behutsamkeit gezogen werden können.

756 Beispielhaft soll auf folgende Länder hingewiesen werden:

In **Frankreich** wurde die seit Ende der 80er Jahre bestehende Tendenz, den gesetzlichen Rahmen zu verlassen und Kollektivvereinbarungen außerhalb der Zuständigkeit der Koalitionen auch zwischen Betriebsrat und Unternehmen zuzulassen[1624] nach einem branchenübergreifenden Abkommen durch ein Gesetz aus dem Jahre 1996 unter einschränkenden Voraussetzungen legalisiert[1625]

In **Spanien** besteht die Besonderheit, dass Tarifverträge nach Art. 82 Abs. 3 Spanisches Arbeitnehmerstatut eine gesetzliche erga-omnes-Wirkung haben. Die so genannten »außergesetzlichen Kollektivverträge« (convenios colectivos extrastatuarios) unterscheiden sich von Tarifverträgen bei allem Streit um Details vor allem dadurch, dass ihnen ein begrenzter persönlicher Geltungsbereich zukommt. Sie scheinen damit vor allem einem rechtspolitischen Bedürfnis nach Flexibilität zu entsprechen.[1626]

---

1619 BAG 7.11.2000 (1 AZR 175/00), AP Nr. 14 zu § 77 BetrVG 1972 Tarifvorbehalt, Bl. 887 R.; Wiedemann/*Oetker*, § 2 Rn. 125.

1620 Wiedemann/*Wiedemann*, § 1 Rn. 22; *Löwisch/Rieble*, Grundl. Rn. 70.

1621 *Däubler/Däubler*, Einl. Rn. 856.

1622 *Däubler/Däubler*, Einl. Rn. 855.

1623 *Däubler/Däubler*, Einl. Rn. 864 f.

1624 *Le Friant*, Länderbericht, in: Zachert (Hrsg.), Die Wirkung des Tarifvertrages in der Krise, 143 f.

1625 *Morin*, Droit Social 1996, 1 ff.; *Müller/Frik*, RdA 2005, 126 f.

1626 *Alonso Olea/Casas Baamonde*, Derecho del Trabajo, 835 ff.; *Ojeda Avilés*, Derecho sindical, 842 ff.

Auch die **italienischen** branchenübergreifenden Tarifverträge (Rahmenabkommen), die seit Ende der 60er Jahre Spielräume für betriebliche Festlegungen durch Firmentarifverträge lassen und insofern nicht zwingend sind (contrattazione non vincolata) erklären sich vor allem aus dem komplexen Verhältnis zentraler zu dezentraler tariflicher Reglung, dessen Schwerpunkte sich ständig verschieben.[1627]

## III. Auslegungs- und Abgrenzungsaspekte von sonstigen Kollektivvereinbarungen

Der Begriff der sonstigen Kollektivvereinbarungen in seinen vielfältigen Erschei- **757**
nungsformen ist einerseits vor allem gegen normativ wirkende Tarifverträge mit ihrer unmittelbaren und zwingenden Wirkung nach § 4 Abs. 1 TVG abzugrenzen.

Andererseits muss geklärt werden, ob die Tarifparteien eine Rechtsbindung im Sinne eines **Vertrages zugunsten Dritter nach § 328 Abs. 1 BGB** beabsichtigt haben, der dem Dritten einen eigenen Anspruch einräumt[1628] oder ob dem Dritten zwar kein eigener Leistungsanspruch erwächst, er jedoch in den Schutzbereich des Tarifvertrages so weit einbezogen ist, dass ihm gegebenenfalls ein vertraglicher Schadensersatzanspruch zusteht (so genannter »**Vertrag mit Schutzwirkungen für Dritte**«).[1629] Schließlich kann eine lediglich unverbindliche Empfehlung vorliegen.

Bei Verträgen zugunsten Dritter nach § 328 BGB ist das **Zurückweisungsrecht des Dritten** nach § 333 BGB zu beachten.

Die Auslegungsgrundsätze zur Abgrenzung in der einen oder anderen Richtung **758**
scheinen bislang nicht völlig geklärt.[1630] Im Ergebnis spricht hier noch mehr als bereits bei der Auslegung normativ wirkender Tarifverträge (Grundl. Rn. 374ff.) dafür, die **Grundsätze der Vertragsauslegung** (§§ 133, 157) anzuwenden und maßgeblich auf den **Willen der Tarifparteien** abzustellen.[1631]

**Im Zweifel** wird davon auszugehen sein, dass die Tarifparteien vom genuinen **759**
Mittel des **normativ wirkenden Tarifvertrages** Gebrauch machen wollten.[1632] Nur auf diesem Wege ist die Wirkung des § 4 Abs. 1 TVG zu erreichen. Durch Verträge zugunsten Dritter nach § 328 BGB lässt sich eine solche Rechtsfolge nicht erzielen.[1633]

Erklärt jedoch eine tariffähige Partei, keinen Tarifvertrag abschließen zu wollen, und einigen sich die Vertragsparteien auch im Laufe der Vertragsverhandlungen

---

1627 *Giugni*, Diritto Sindacale, 170ff.; *Mariucci*, Länderbericht, in: Zachert (Hrsg.), Die Wirkung des Tarifvertrages in der Krise, 168ff.; weitere Beispiele in *Däubler/Däubler*, Einl. Rn. 864ff.; *Zachert*, FS Hanau, 145ff.

1628 Hierzu die Auslegungsregel des § 328 Abs. 2 BGB nach dem »Zweck des Vertrages«.

1629 Z.B. BAG 28.7.1988 (6 AZR 349/87), AP Nr. 1 zu § 5 TV Arbeiter Bundespost: Vertragsauslegung, Bl. 231f.

1630 Zuzustimmen ist *Karsten*, 291.

1631 Wiedemann/*Wiedemann*, § 1 Rn. 22; *Gamillscheg*, Kollektives Arbeitsrecht I, § 12 9c, 510; *Plander*, FS Kehrmann, 307; BAG 26.1.1983 (4 AZR 224/80), AP Nr. 20 zu § 1 TVG (mit Anm. von *Wiedemann*); BAG 28.7.1988 (6 AZR 349/87), AP Nr. 1 zu § 5 TV Arbeiter Bundespost: Vertragsauslegung; dagegen wendet die Methode der Tarifauslegung an: BAG 5.11.1997 (4 AZR 872/95), AP Nr. 29 zu § 1 TVG; auch *Däubler/Däubler*, Einl. Rn. 867f., der dann wie folgt differenziert: bei Vielzahl der Fälle sollen die Grundsätze der Tarifauslegung, im Einzelfall oder bei Beziehungen der Tarifparteien zueinander die der Vertragsauslegung gelten.

1632 BAG 26.1.1983 (4 AZR 224/807), AP Nr. 20 zu § 1 TVG; BAG 5.11.1997 (4 AZR 872/95), AP Nr. 29 zu § 1 TVG; a.A. *Däubler/Däubler*, Einl. 872.

1633 BAG 14.4.2004 (4 AZR 232/03), AP Nr. 188 zu § 1 TVG Auslegung; a.A. im Hinblick auf das Verzichstverbot des § 4 Abs 4 TVG mit beachtlichen Gründen *Plander*, PersR 2002, 295f.

nicht auf diesen Vertragtypus, so kann die Vereinbarung nicht als Tarifvertrag mit Normativwirkung umgedeutet werden.[1634]

Zu weitgehend erscheint es allerdings, aus der Feststellung eine normative Wirkung scheide aus, zu schließen, die Tarifparteien hätten keine schwächere Wirkung im Sinne eines Vertrages zugunsten Dritter mit eigenen Rechtsansprüchen der Begünstigten gewollt. Das gilt vor allem, wenn die bisherige Praxis der Verbände Ansprüche einzelner aus der Kollektivvereinbarung anerkannte.[1635]

760 **Allgemein** sind bei der **Auslegung** folgende **Kriterien** von Bedeutung[1636]: Zum einen ist zu prüfen, ob es sich inhaltlich um **Arbeits- und Wirtschaftsbedingungen** im Sinne von Art. 9 Abs. 3 GG handelt. Zum anderen fällt die **bisherige Praxis der Tarifparteien** ins Gewicht.[1637] Darüber hinaus spielt eine Rolle, ob **Dritte die Vereinbarung unterzeichnet** haben (§ 1 Rn. 752). Schließlich ist bei kollektiven grenzüberschreitenden Abkommen tariffähiger Parteien dem Gedanken der **völkerrechtsfreundlichen Auslegung**[1638] Rechnung zu tragen.[1639]

## IV. Durchsetzung von sonstigen Kollektivvereinbarungen

761 Nach ganz überwiegender Lehrmeinung sind auch sonstige Kollektivvereinbarungen durch **Streik** durchsetzbar, soweit es sich um Tarifverträge mit schuldrechtlicher Wirkung handelt.[1640]

Zu Recht wird in diesem Zusammenhang darauf hingewiesen, dass es im Einzelfall schwierig zu beurteilen sein wird, ob eine tarifliche Regelung normativ oder nur schuldrechtlich gewollt ist.[1641]

762 Unsicher ist die Rechtslage bei Abkommen unterhalb dieser Kategorie, also bei Empfehlungen, die die Tarifparteien aussprechen. Die neue Rechtsprechung des Bundesarbeitsgerichts deutet an, dass mit Blick auf Art. 6 Abs. 4 ESC auch ein Streik um nicht tarifliche Ziele rechtmäßig sein könnte.[1642] Die weitere Entwicklung bleibt abzuwarten.

763 Sonstige Kollektivvereinbarungen mit dem Charakter von Verträgen zugunsten Dritter (§ 328 BGB) können gegen einzelne Arbeitgeber im Wege der **Leistungsklage** durchgesetzt werden.[1643]

---

1634 BAG 14.4.2004 (4 AZR 232/03), AP Nr. 188 zu § 1 TVG Auslegung; a.A. *Plander*, PersR 2002, 292 zu diesem Konflikt, dessen Ergebnis wohl auf einer unterschiedlichen Deutung des Sachverhaltes beruht.

1635 Anders BAG 5.11.1997 (4 AZR 827/95), AP Nr. 29 zu § 1 TVG und BAG 16.2.2000 (4 AZR 14/99), AP Nr. 54 zu § 2 TVG; dagegen *Zachert*, NZA 2000, 123f.; zum Hintergrund *Däubler*, Weltweiter Tarifvertrag.

1636 Vgl. *Däubler/Däubler*, Einl. Rn. 868; Wiedemann/*Wiedemann*, § 1 Rn. 22.

1637 Nicht beachtet von BAG 5.11.1997 (4 AZR 827/95), AP Nr. 29 zu § 1 TVG und BAG 16.2.2000 (4 AZR 14/99), AP Nr. 54 zu § 2 TVG.

1638 *Gamillscheg*, Kollektives Arbeitsrecht I, § 1 III a, 51f.; BVerfG 10.1.1995 (1 BvF 1/90 u.a.), E 92, 26 (mit Anm. von *Wank*, AP Nr. 76 zu Art. 9 GG).

1639 Nicht erörtert von BAG 5.11.1997 (4 AZR 827/95), AP Nr. 29 zu § 1 TVG und BAG 16.2.2000 (4 AZR 14/99), AP Nr. 54 zu § 2 TVG.

1640 *Gamillscheg*, Kollektives Arbeitsrecht I, § 22 I 3b, 1070, mit Nachweisen; *Löwisch/Rieble*, § 1 Rn. 422f.; *Däubler/Däubler*, Einl. Rn. 872; ausführlich auch *Karsten*, 312ff.

1641 *Löwisch/Rieble*, § 1 Rn. 423.

1642 BAG 10.12.2002 (1 AZR 96/02), AP Nr. 162 zu Art. 9 GG Arbeitskampf; hierzu *Bepler*, FS Wissmann, 97ff.; *Zachert*, FS Wissmann, 208, jeweils mit Nachweisen; offen auch: *Löwisch/Rieble*, § 1 Rn. 422.

1643 *Löwisch/Rieble*, Grundl. Rn. 67 und § 1 Rn. 478.

## J. Form von Tarifverträgen, Verweisungen in Tarifverträgen auf andere Normgeber

### Literatur:

*Baumann, Th.*, Anforderungen an den Tarifvertrag als Gesetz, RdA 1987, 270; *ders.*, Die Delegation tariflicher Rechtsetzungsbefugnisse, 1992; *Blomeyer*, Besitzstandswahrung durch Tarifmacht, ZfA 1980, 66; *Dreschers*, Die Entwicklung des Rechts des Tarifvertrags in Deutschland, 1994; *Gröbing*, Zur Rechtswirksamkeit von Verweisungsklauseln in Tarifverträgen, AuR 1982, 116; *Gumpert*, Bezugnahme auf Tarifverträge in Arbeitsverträgen und Tarifverträgen, BB 1961, 1276; *Hamacher*, Delegatorische und konstitutive Klauseln in Tarifverträgen, 2000; *Hanau/Kania*, Stufentarifverträge, DB 1995, 1229; *Herschel*, Gesetzliche Verweisung auf einen jeweiligen Tarifvertrag, ZfA 1985, 21; *ders.*, Teilnichtigkeit kollektiver Regelungen, BB 1965, 791; *ders.*, Verweisungen in Tarifverträgen und Betriebsvereinbarungen, BB 1963, 1220; *Hertwig*, Die Verweisung eines Gesetzes auf einen Tarifvertrag und die Folgen für das Verständnis der Tarifautonomie, RdA 1985, 282; *Mangen*, Form des Tarifvertrages gemäß § 1 Abs. 2 Tarifvertragsgesetz, RdA 1982, 229;*Reinermann*, Verweisungen in Tarifverträgen und Betriebsvereinbarungen; *Schulin*, Die Rechtsprechung des Bundesarbeitsgerichts im Jahre 1980, ZfA 1981, 571; *Stein, Axel*, Die Konkurrenz von Gesetz und Tarifvertrag, AuR 1998,1; *Wolter*, Zur Rechtsnormqualität von Vereinbarungen der Tarifparteien, DB 1993, 9034.

**Übersicht** Rn.

## I. Form von Tarifverträgen

### 1. Allgemeine Grundsätze

764 § 1 Abs. 2 TVG schreibt für Tarifverträge die **Schriftform** vor. Die Schriftform richtet sich nach §§ 126, 126a BGB. Danach muss die Vertragsurkunde von den Parteien oder Bevollmächtigten **eigenhändig unterzeichnet** werden.[1644]

765 Der Schriftform ist Rechnung getragen, wenn **mehrere gleich lautende Urkunden** erstellt werden und jede Tarifvertragspartei die Urkunde unterzeichnet, die für die andere Tarifvertragspartei vorgesehen ist.[1645]

766 Ein Austausch durch **Brief, Telefax oder Telegramm reicht nicht.**[1646] Jedoch ist seit Jahres 2001 eine Übermittlung durch **E-Mail** unter den Voraussetzungen der §§ 126 Abs. 3, 126a BGB **möglich.**[1647]

767 Auch eine Abfassung des Tarifvertrages in **ausländischer Sprache** ist **zulässig.**[1648]

768 Wird die **Formvorschrift nicht beachtet**, so ist die Vereinbarung **als Tarifvertrag nicht gültig**: § 125 BGB (im Einzelnen: folgend § 1 Rn. 71 f.). Der Einwand der **Arglist**, von **Treu und Glauben** oder des **Rechtsmissbrauchs** kommt nicht in Betracht.[1649]

769 Zur Schriftform bei Ausschlussfristen: § 4 Rn. 457 ff.

### 2. Der Zweck der Formvorschrift

770 Der **Zweck der Formvorschrift** des § 1 Abs. 2 TVG besteht nach ganz überwiegender Meinung nicht darin, die Tarifvertragsparteien vor übereiltem Handeln im Sinne einer Warnfunktion[1650] zu bewahren. Vielmehr kommt ihr eine **Klarstellungsfunktion** zu: Unklarheiten sollen möglichst vermieden und dem einzelnen Arbeitnehmer oder den Tarifvertragsparteien selbst soll eine sichere Grundlage für die jeweiligen Ansprüche verschafft werden.[1651]

771 Deshalb sind an **Bestätigungen** in Zusatzprotokollen **keine übertriebenen Anforderungen** zu stellen.[1652]

772 **Änderungstarifverträge**[1653] und **Anschlusstarifverträge** bedürfen ebenfalls der Schriftform. Jedoch reicht eine Bezugnahme auf den ursprünglichen Tarifvertrag aus.[1654]

---

1644 Einzelheiten: Palandt/*Heinrichs*, § 126 Rn. 1 ff.

1645 BAG 9.12.1999 (6 AZR 299/98), NZA 2000, 1167; Wiedemann/*Wiedemann*, § 1 Rn. 229; *Däubler/Reim*, § 1 Rn. 143.

1646 BAG 9.12.1999 (6 AZR 299/98), NZA 2000, 1167); *Löwisch/Rieble*, § 1 Rn. 229; *Däubler/Reim*, § 1 Rn. 143.

1647 *Löwisch/Rieble*, § 1 Rn. 539; *Däubler/Reim*, § 1 Rn. 144.

1648 Wiedemann/*Wiedemann*, § 1 Rn. 229; *Däubler/Reim*, § 1 Rn. 145; *Löwisch/Rieble*, § 1 Rn. 539; *Gamillscheg*, Kollektives Arbeitsrecht I, § 13 II 1a, 516.

1649 BAG 21.3.1973 (4 AZR 225/72), AP Nr. 12 zu § 4 TVG Geltungsbereich; Wiedemann/*Wiedemann*, § 1 Rn. 230.

1650 Hierzu *Schaub*, § 199 II 3 Rn. 27.

1651 BAG 9.7.1980 (4 AZR 564/78), AP Nr. 7 zu § 1 TVG Form (mit Anm. von *Wiedemann*); BAG 20.10.1993 (4 AZR 26/93), AP Nr. 10 zu § 1 TVG Tarifverträge Bundesbahn; *Däubler/Reim*, § 1 Rn. 148; Wiedemann/*Wiedemann*, § 1 Rn. 228; rechtshistorisch *Dreschers*, 205 ff.; umfassend zum Fragenbereich: *Mangen*, RdA 1982, 229.

1652 BAG 20.4.1994 (354/93), AP Nr. 9 zu § 1 TVG Tarifverträge: DDR (mit Anm. von *Zachert*).

1653 BAG 21.3.1973 (4 AZR 225/72), AP Nr. 12 zu § 4 TVG Geltungsbereich.

1654 *Löwisch/Rieble*, § 1 Rn. 542; *Däubler/Reim*, § 1 Rn. 149.

Entsprechendes gilt für **Bezugnahmeklauseln** auf andere Tarifverträge (dazu § 1 Rn. 785 ff.).[1655] 773

### 3. Protokollnotizen, Niederschriften, Rundschreiben, einseitige Erklärungen

Die Tarifvertragsparteien verwenden häufig so genannte **Protokollnotizen**. Diese können selbst eine tarifliche Regelung enthalten, also Bestandteil des Tarifvertrages oder selbständiger Tarifvertrag sein.[1656] Ihnen kann auch die Bedeutung einer authentischen Interpretation des Tarifvertrages oder eines bloßen Hinweises auf den Willen der Tarifparteien zukommen.[1657] Welche **Bedeutung** sie besitzen, ist **im Wege der Auslegung** unter Berücksichtigung aller Umstände den Protokollnotizen selbst und dem von ihnen betroffenen Tarifvertrag zu entnehmen.[1658] 774

Für die Frage, ob eine Protokollnotiz Tarifcharakter hat, kommt es nicht entscheidend darauf an, ob die Tarifparteien den Begriff »Tarifvertrag« verwendet haben. Es ist vielmehr darauf abzustellen, ob in der Protokollnotiz der Wille der Tarifparteien zur Normsetzung hinreichend deutlich zum Ausdruck kommt.[1659] Dabei ist von Bedeutung, ob der Tarifvertrag auf die Protokollnotizen Bezug nimmt (örtlicher und zeitlicher Zusammenhang) und ob sie eigenständige Regelungen enthalten, die dem Schluss entgegenstehen, sie sollten lediglich eine Auslegungshilfe geben. Ein weiteres Auslegungskriterium ist, ob die Protokollnotizen von den Tarifvertragsparteien unterschrieben wurden und sämtliche formellen Voraussetzungen des Tarifvertrages nach § 1 TVG erfüllen[1660] und gegebenenfalls zugleich mit dem eigentlichen Tarifvertrag in Kraft gesetzt wurden. Alles dies sind Hinweise auf eine tarifliche Geltung der Protokollnotizen.[1661]

**Niederschriftserklärungen** und **Ergebnisniederschriften** der Tarifparteien zu einem Tarifvertrag, welche diesen Voraussetzungen nicht genügen, etwa diesem nicht beigefügt sind und/oder auf die der Tarifvertrag nicht Bezug nimmt, sind keine Tarifnormen.[1662] Sie können aber ebenso wie **gemeinsame Erklärungen der Tarifparteien** zur Auslegung der Tarifnorm herangezogen werden, wenn die Tarifnorm unklar ist.[1663] 775

**Rundschreiben** und **Richtlinien** sind, selbst wenn sie zwischen den Tarifvertragsparteien abgestimmt wurden, im Unterschied zu Protokollnotizen nicht Be- 776

---

1655 Ständige Rechtsprechung und allgemeine Meinung: z.B. BAG 9.7.1980 (4 AZR 546/78), AP Nr. 7 zu § 1 TVG Form (mit Anm. von *Wiedemann*); *Däubler/Reim*, § 1 Rn. 150; Wiedemann/*Wiedemann*, § 1 Rn. 237; *Löwisch/Rieble*, § 1 Rn. 543.

1656 Ständige Rechtsprechung, z.B. BAG 4.4.2001 (4 AZR 237/00), EzA § 3 TVG Nr. 220 = NZA 2001, 1085, mit Bezug auf vorhergehende Entscheidungen.

1657 BAG 25.11.1990, DB 1993, 1094; BAG 12.1.1993, AP Nr. 101 zu § 99 BetrVG 1972; Wiedemann/*Wiedemann*, § 1 Rn. 233; *Däubler/Reim*, § 1 Rn. 157 und § 1 Rn. 14 ff.; *BPSU*, § 1 Rn. 8 f.

1658 BAG 12.1.1993, AP Nr. 101 zu § 99 BetrVG 1972; BAG 26.1.1983, AP Nr. 20 zu § 1 TVG.

1659 BAG 24.11.1993 (4 AZR 329/93), AP Nr. 114 zu § 1 TVG Tarifverträge: Metallindustrie; LAG Thüringen 24.10.1994 (8 Sa 242/94), BB 1995, 1085 (mit Anm. von *Horndasch*).

1660 Beipiel BAG 25.6.2003 (4 AZR 405/02), DB 2005, 290.

1661 LAG Rheinland-Pfalz 16.1.1987, NZA 1987, 317; BAG 25.11.1987, DB 1987, 2522 = NZA 1988, 29; BAG 4.4.2001 (4 AZR 237/00), DB 2001, 1990.

1662 BAG 27.8.1986, DB 1987, 696; BAG 11.11.1987, DB 1988, 915; BAG 23.10.1996 (4 AZR 262/95), DB 1997, 783.

1663 BAG 3.12.1986, AP Nr. 6 zu § 51 TV AL II; BAG 19.6.1994, EzA § 19 BBiG Nr. 1; kein Tarifnormcharakter gemeinsamer Erklärungen BAG 28.7.1988, AP Nr. 1 zu § 5 TV Arbeiter Bundespost; wie hier: Wiedemann/*Wiedemann*, § 1 Rn. 233.

standteil des Tarifvertrags.[1664] Sie können ebenfalls Material für die Auslegung sein.[1665]

777 Die **Auffassung der beteiligten Berufskreise**, die weder im Tarifwortlaut noch im tariflichen Gesamtzusammenhang hinreichend Ausdruck gefunden hat, und erst recht **einseitige Erklärungen** einer Tarifvertragspartei stellen jedoch kein selbständiges Kriterium der Tarifauslegung dar.[1666]

### 4. Vorverträge

778 Ein **Vorvertrag**, in dem sich die Tarifvertragsparteien zum Abschluss eines Tarifvertrages verpflichten, ist grundsätzlich **formlos** gültig.[1667] Er ist der Rechtsprechung zufolge selbst kein Tarifvertrag im Sinne des Tarifvertragsgesetzes, sondern hat lediglich einen allgemeinen schuldrechtlichen Charakter und steht deshalb in seiner Bedeutung hinter einem Tarifvertrag zurück.[1668] Aus ihm kann auf Abschluss eines Tarifvertrages geklagt werden. Dies folgert die Rechtsprechung aus einer weiten Auslegung des § 2 Abs. 1 Nr. 1 ArbGG.[1669] Allerdings erscheint es dann wenig konsequent, mit dem BAG die Nichtzulassungsbeschwerde nach dem wortgleichen § 72a Abs. 1 Nr. 1 ArbGG bei derartigen Streitigkeiten abzulehnen. Im Unterschied zum Tarifvertrag selbst kann ein Vorvertrag wie ein sonstiger bürgerlich-rechtlicher Vertrag nach den Vorschriften der §§ 119 ff. BGB mit rückwirkender Kraft von den Vertragsparteien angefochten werden.[1670]

779 Ob die Tarifvertragsparteien einen Tarifvertrag abschließen oder eine andersartige schriftliche Vereinbarung treffen wollen, ist in Zweifelsfällen nach den allgemeinen Grundsätzen des bürgerlichen Rechts (§§ 133, 157 BGB) zu ermitteln.[1671] Schriftliche Vereinbarungen der Tarifparteien sind in aller Regel Tarifverträge mit normativer und bzw. oder schuldrechtlicher Wirkung.

In **Abgrenzung zu einem Vorvertrag** sprechen folgende Kriterien für das Vorliegen eines Tarifvertrages: die vollständige und nicht nur teilweise Lösung des Konflikts; die Ausformulierung und schriftliche Festlegung der Regelungen am Ende von Verhandlungen; die Bestimmtheit und unmittelbare Vollziehbarkeit der Vereinbarungen; die Durchführung durch die Tarifparteien und deren Mitglieder; die Wertung der Vereinbarungen als Tarifvertrag gegenüber den Mitgliedern und der Öffentlichkeit; die Anmeldung zum Tarifregister. Um einen lediglich vorvertraglichen Bindungswillen der Tarifparteien annehmen zu können, müssen sich die besonderen, außergewöhnlichen Umstände eindeutig aus der Vereinbarung ergeben. Die bloße Vereinbarung einer Annahmefrist spricht nicht gegen einen Tarifvertrag. Auch die Rechtsprechung prüft sehr genau die Gesamt-

---

1664 BAG 27.4.1995, DB 1996, 228; *Däubler/Reim*, § 1 Rn. 27; Wiedemann/*Wiedemann*, § 1 Rn. 23.

1665 *Gamillscheg*, Kollektives Arbeitsrecht I, § 13 I 3a, 515.

1666 BAG 25.11.1987, AP Nr. 18 zu § 1 TVG Auslösung.

1667 BAG 19.10.1976 (1 AZR 611/75), AP Nr. 6 zu § 1 TVG Form (mit Anm. von *Wiedemann*); BAG 25.8.1982, AP Nr. 23 zu § 72a ArbGG 1979 Grundsatz; Wiedemann/*Wiedemann*, § 1 Rn. 238; *Däubler/Reim*, § 1 Rn. 156; *Gamillscheg*, Kollektives Arbeitsrecht I, § 13 I 3c, 515; a.A., aber zu formalistisch, *Mangen*, RdA 1982, 223.

1668 BAG 25.8.1982, AP Nr. 23 zu § 72a ArbGG 1979 Grundsatz.

1669 BAG 25.8.1982, AP Nr. 23 zu § 72a ArbGG 1979 Grundsatz; ArbG Hamburg 8.8.1984 (Ca 232/83), nicht veröffentlicht.

1670 BAG 19.10.1976, AP Nr. 6 zu § 1 TVG Form (mit Anm. von *Wiedemann*).

1671 BAG 26.1.1983 (4 AZR 224/80), AP Nr. 20 zu § 1 TVG (mit Anm. von *Wiedemann*); *Löwisch/Rieble*, § 1 Rn. 375; *Gamillscheg*, Kollektives Arbeitsrecht I, § 13 I 3c, 515.

umstände.[1672] Bleibende Unklarheiten sprechen im Zweifel für eine tarifliche Regelung.[1673]
Legt man diese Maßstäbe zugrunde, so waren die Verhandlungsergebnisse über die so genannten **Stufentarifverträge** vom März 1991 in der **Metallindustrie** der **neuen Bundesländer** als Tarifverträge anzusehen.[1674]

### 5. Folgen von Formmängeln

Verstoßen **einzelne Bestimmungen** des Tarifvertrages **gegen zwingendes Gesetzes- oder Verfassungsrecht**, dann sind nur die jeweiligen Klauseln unwirksam. **780**
Die **Ungültigkeit der übrigen Bestimmungen** ist **ausnahmsweise** dann anzunehmen, wenn sie keine selbständige Bedeutung besitzen oder Teil einer Gesamtregelung darstellen, die ihren Sinn verlöre, wenn man einen ihrer Bestandteile herausnimmt. § 139 BGB, der in diesen Fällen im Zweifel die Nichtigkeit des gesamten Rechtsgeschäfts vorsieht, ist nicht anwendbar.[1675]
Möglich ist es, einen wegen Formmangels **nichtigen**, Tarifvertrag nach § 140 BGB in einen tariflichen Vorvertrag oder eine sonstige Kollektivvereinbarung **umzudeuten**.[1676] **781**
Zur Rechtsfolge von **anderen Mängeln**, wie Anfechtung usw.: § 4 Rn. 147ff. **782**

### 6. Tarifliche Formvorschriften

Zu **tariflichen Formvorschriften**: siehe § 1 Rn. 70f. **783**

### 7. Aufhebungsverträge

Zu **Aufhebungsverträgen**: siehe § 1 Rn. 85 und § 2 Rn. 177. **784**

### 8. Bekanntgabe des Tarifvertrages

Zur **Bekanntgabe des Tarifvertrages**: siehe § 8 Rn. 1ff. **785**

## II. Verweisungen in Tarifverträgen auf andere Normgeber

### 1. Praxis und Problemstellung

Nicht selten verzichten die **Tarifparteien** darauf, einen Sachverhalt selbst (im Einzelnen) zu regeln, sondern sie **verweisen auf andere Normgeber**. Die in Bezug genommenen Normen können **Gesetze** sein, was vor allem im öffentlichen **786**

---

1672 BAG 26.1.1983 (4 AZR 224/80), AP Nr. 20 zu § 1 TVG (mit Anm. von *Wiedemann*): Annahmefrist und mangelnde Ausführbarkeit; BAG 24.11.1993, AP Nr. 114 zu § 1 TVG Tarifverträge Metallindustrie: mangelnde Durchführbarkeit und bloße Absichtserklärungen.

1673 *Wolter*, DB 1993, 934.

1674 Streitig, wie hier: *Wolter*, DB 1993, 934; *Unterhinninghofen*, AuR 1993, 101; *Zachert*, NZA 1993, 299; a. A. *Buchner*, NZA 1993, 289.

1675 Allgemeine Meinung: BAG 26.6.1985 (7 AZR 125/83), AP Nr. 1 zu § 1 TVG Teilnichtigkeit; BAG 27.2.1996 (3 AZR 886/94), AP Nr. 28 zu § 1 BetrAVG Gleichbehandlung; Wiedemann/*Wiedemann*, § 1 Rn. 246; *Däubler/Reim*, § 1 Rn. 168; *Löwisch/Rieble*, § 1 Rn. 347; *Gamillscheg*, Kollektives Arbeitsrecht I, § 13 I 1b, 511f.; *Stein*, Rn. 393; aus der älteren Literatur: *Herschel*, BB 1965, 791.

1676 H.M., z.B. *Däubler/Reim*, § 1 Rn. 146 und 167; Wiedemann/*Wiedemann*, § 1 Rn. 238; kritisch *Säcker/Oetker*, Rn. 167.

Dienst, etwa im Bundesangestelltentarifvertrag (BAT) mit Verweisungen auf das Beamtenrecht der Fall ist. Darüber hinaus verweisen die Tarifparteien auf **andere Tarifverträge**, häufig desselben fachlichen Geltungsbereichs, zum Teil jedoch auf Tarifverträge anderer Branchen.

787 In der Praxis üblich sind ferner so genannte **Anerkennungstarifverträge** (§ 1 Rn. 36f.). Diese verweisen typischerweise global auf die jeweils geltenden Branchentarifverträge. Besondere Bedeutung kommt Anerkennungstarifverträgen zu, die auf Unternehmensebene – etwa nach einem Betriebsübergang (hierzu § 3 Rn. 88ff.) oder Verbandsaustritt (§ 3 Rn. 66ff.) – durchgesetzt und abgeschlossen werden. Zu Recht geht das Bundesarbeitsgericht davon aus, dass diese Praxis im Rahmen der Gestaltungsspielräume der Tarifparteien liegt: Zwar sei ein Firmentarifvertrag (mit inhaltlich eigenständigen Regelungen) gegenüber einem Verbandstarifvertrag grundsätzlich sachnäher, da er den Besonderheiten des betreffenden Unternehmens möglicherweise besser Rechnung tragen könne. Das schließe aber nicht aus, dass die Tarifparteien des Firmentarifvertrages es als angemessen und zweckmäßig ansehen, das Unternehmen ebenso zu behandeln wie die organisierten tarifgebundenen Unternehmen der Branche und deshalb auf den jeweils geltenden Verbandstarifvertrag verweisen. Eine solche Entscheidung der Tarifvertragsparteien sei unter dem Gesichtspunkt der Sachgerechtigkeit nicht zu beanstanden.[1677]

## 2. Konstitutive und deklaratorische Verweisungen

788 Die **Verweisungspraxis** der Tarifparteien hat grundsätzlich die Frage aufgeworfen, inwieweit Bezugnahmen im Tarifvertrag auf staatliche Normen oder andere Tarifverträge dem **Formerfordernis des § 1 Abs. 2 TVG** gerecht werden.

789 Im Hinblick auf **staatliche Normen** ist in diesem Zusammenhang zunächst von Bedeutung, ob es sich um eine **konstitutive** oder **deklaratorische** Verweisung des Tarifvertrages handelt. Die tarifliche Verweisung oder Bezugnahme auf gesetzliche Bestimmungen kann nämlich eine eigenständige (konstitutive) Regelung darstellen oder nur ein (deklaratorischer) Hinweis auf das geltende Gesetzesrecht sein.

790 Bei einer **konstitutiven Regelung** machen die Tarifparteien von ihrer Normsetzungsbefugnis selbst Gebrauch. Sie treffen eine eigenständige Regelung, die in ihrer normativen Wirkung von der außertariflichen Norm unabhängig ist. Diese Bestimmung ist eine Tarifnorm im Sinne des § 4 Abs. 1 TVG mit den sich daraus ergebenden Rechtsfolgen.

791 Demgegenüber fehlt es bei einem lediglich **deklaratorischen Hinweis** an einem eigenständigen Normsetzungswillen der Tarifvertragsparteien. Sie wollen in diesem Fall kein eigenständiges Regelwerk schaffen, sondern lediglich einen Hinweis auf die Rechtslage geben, die ohnehin gilt. Die tarifliche Verweisungsnorm teilt dann das Schicksal der Entwicklung der Gesetzesnorm, auf die Bezug genommen wurde.

Verweisungen auf ohnehin anwendbare gesetzliche Vorschriften sind nach ständiger höchstrichterlicher Rechtsprechung und allgemeiner Ansicht der Rechtslehre **im Zweifel** lediglich **deklaratorisch**. Eine konstitutive Regelung ist nur dann anzunehmen, wenn der Wille im Tarifvertrag, eine eigenstän-

---

1677 BAG 10.11.1982 (4 AZR 1203/79), AP Nr. 8 zu § 1 TVG Form.

dige Norm zu schaffen, einen hinreichend erkennbaren Ausdruck gefunden hat.[1678]

### 3. Statische Verweisungen

Übereinstimmend wird eine Bezugnahme durch so genannte **statische Verweisung** auf ein oder mehrere bestimmte bereits **bestehende Tarifverträge, Gesetze** oder **Verordnungen** für zulässig gehalten.[1679] Die Tarifparteien übernehmen hier die bestehenden Bestimmungen eines Tarifvertrages oder einer staatlichen Norm, die ihnen bekannt sind und reproduzieren so mit der Verweisung eigenverantwortlich einen Text, der nach ihrer Überzeugung für den zu regelnden Sachverhalt angemessen erscheint.[1680] **792**

Auch die **Verweisung** von Tarifverträgen **auf das Beamtenrecht** und seine Durchführungsverordnungen bzw. Erlasse ist keine unzulässige Delegation der Normsetzungsbefugnis der Tarifvertragsparteien[1681], da die Tarifparteien es in der Hand haben, die Verweisung jederzeit aufzuheben.

Zahlreiche Verweisungen von Tarifverträgen im öffentlichen Dienst führten zu höchstrichterlichen Entscheidungen[1682]: **793**

Der Bundesangestelltentarifvertrag (BAT) verweist rechtswirksam auf das für Beamte geltende Umzugskostenrecht. Damit sind die für Beamte geltenden Gesetze, Verordnungen und Durchführungserlasse als Tarifrecht auch für vergleichbare Angestellte maßgebend.[1683]

Die Verweisung im TVArbeiter und TVAngestellte auf die für die Beamten der Deutschen Bundespost jeweils geltenden arbeitszeitrechtlichen Bestimmungen beinhaltet, dass den Angestellten insoweit die gleiche Rechtsstellung wie den Beamten eingeräumt ist. Die Deutsche Bundespost kann daher ebenso wie bei den Beamten den Wegfall der den Angestellten bislang gewährten bezahlten Mittagspause von 30 Minuten im Wege der Verfügung anordnen.[1684]

Auch tarifliche **Verweisungen** auf das **Steuerrecht** sind zulässig, wobei das Bundesarbeitsgericht darauf abstellt, dass die Tarifparteien eine praktikable und sachgerechte Abgrenzungsmöglichkeit gewählt haben.[1685]

---

1678 Z.B. BAG 27.9.2000 (7 AZR 390/99), NZA 2001, 55; in dem gegebenen Zusammenhang Wiedemann/*Wiedemann*, § 1 Rn. 406; *Däubler/Reim*, § 1 Rn. 191 ff.; *BPSU*, § 1 Rn. 109; *A. Stein*, AuR 1998, 11 ff.; monografisch: *Hamacher*; zum Thema tariflicher Verweisungen auf die 1993 geänderten Kündigungsfristen nach § 622 BGB und das 1994 geänderte Lohnfortzahlungsgesetz sowie ähnlicher Konstellationen: Grundl. Rn. 287 ff.

1679 Verweis auf bestehende Tarifverträge: BAG 8.10.1959, AP Nr. 14 zu § 56 BetrVG 1952 (mit Anm. von *Hueck*); zu den strengen Formerfordernissen bei Verweis eines MTV auf den Lohntarifvertrag: BAG 2.3.1988, AP Nr. 11 zu § 1 TVG Form; Verweis auf bestehende öffentlich-rechtliche Richtlinien: BAG 2.2.1959, AP Nr. 1 zu § 1 TVG Sachbezüge (mit Anm. von *Tophofen*); Verweis auf staatliche oder kommunale Grenzen: BAG 23.9.1998 (6 AZR 550/96), DB 1998, 2374.

1680 *Stein*, Rn. 308; *Däubler/Reim*, § 1 Rn. 177; Wiedemann/*Wiedemann*, § 1 Rn. 196.

1681 BAG 23.9.1981, AP Nr. 19 zu § 611 BGB Lehrer, Dozenten; BAG 9.6.1982, AP Nr. 1 zu § 1 TVG Durchführungspflicht.

1682 Zum Teil sind die zu Grunde liegenden Tarifverträge überholt.

1683 BAG 7.9.1982, AP Nr. 7 zu § 44 BAT; ferner der Fall BAG 13.8.1986, AP Nr. 1 zu § 2 MTV Angestellte DFVLR; BAG 20.4.1994, DB 1994, 2638 zum BAT-O.

1684 BAG 14.8.1986, AP Nr. 1 zu § 13 TV Angestellte Bundespost; BAG 28.7.1988, AP Nr. 1 zu § 5 TVAngestellte Bundespost zu den weiteren Spielräumen der Tarifparteien im Hinblick auf den Gleichbehandlungsgrundsatz BAG 20.10.1993, NZA 1994, 707.

1685 BAG 24.9.1986, AP Nr. 50 zu § 1 FeiertagslohnzahlungsG.

Übernimmt allerdings ein Tarifvertrag **ohne inhaltliche Änderung** gesetzliche Vorschriften, **die auch ohne diese Übernahme** für die betroffenen Arbeitsverhältnisse **gelten würden**, so kann es am Rechtsetzungswillen der Tarifvertragsparteien fehlen, was durch Auslegung zu ermitteln ist. Die übernommenen Bestimmungen sind dann keine Tarifnormen.[1686] Damit sind lediglich die äußersten Grenzen einer derartigen Bezugnahme markiert.[1687]

### 4. Dynamische Verweisungen

#### a) Entwicklung der Rechtsprechung und Grundsätze

**794** Früher war streitig, ob ein Verweis auf die **jeweils gültigen Bestimmungen** eines anderen Tarifvertrages oder von staatlichen Normen rechtlich zulässig sei: so genannte **dynamische** oder **Blankett-Verweisung**. Die **höchstrichterliche Rechtsprechung** und ein Teil der Lehre nahmen an, die Tarifvertragsparteien würden damit gegen die Schriftform verstoßen und ihre Normsetzungsbefugnis unzulässig auf andere Instanzen delegieren.[1688] Dieses Verständnis von den Möglichkeiten zur Normsetzung durch die Tarifparteien wurde als zu eng kritisiert und unter anderem eingewandt, dass dem Bestimmtheitserfordernis bereits dann Genüge getan sei, wenn sich feststellen lasse, auf welche Regelung verwiesen sein soll. Auch gäben die Tarifvertragsparteien mit derartigen dynamischen Verweisungen nicht ihre eigene Rechtsetzungsbefugnis auf, da sie die Verweisungsbestimmung jederzeit aufheben könnten.[1689]

**795** Das **Bundesarbeitsgericht** hat seine Ansicht inzwischen ausdrücklich aufgegeben und seitdem in ständiger Rechtsprechung entschieden, dass die durch Art. 9 Abs. 3 GG übertragene Befugnis, die Arbeits- und Wirtschaftsbedingungen ihrer Mitglieder sinnvoll zu ordnen, auch das Recht umfasse, **auf jeweils geltende andere tarifliche Vorschriften** zu verweisen.[1690] Erforderlich sei im Interesse der Rechtssicherheit, dass die Verweisung eindeutig sei.[1691] Darüber hinaus müssten alternativ folgende Voraussetzungen erfüllt sein:

Ein **Verweis** der Tarifparteien auf einen jeweils geltenden anderen **Tarifvertrag, den sie selbst abgeschlossen haben**, sei zulässig.[1692] Dann hätten sie zugleich die Möglichkeit, bei einer Änderung des in Bezug genommenen Tarifvertrages auch die verweisende eigene tarifliche Regelung zu ändern.

---

1686 BAG 27.8.1982, DB 1983, 721.

1687 Weitere Beispiele: Wiedemann/Wiedemann, § 1 Rn. 196; Gamillscheg, Kollektives Arbeitsrecht I, § 15 IV 1a, 570f.; auch *Däubler*/Reim, § 1 Rn. 177.

1688 Z.B. BAG 27.7.1956 (1 AZR 430/53), AP Nr. 3 zu § 4 TVG Geltungsbereich; *Hueck/Nipperdey*, Bd. II/1, § 21 III 1; *Gumpert*, BB 1961, 1276.

1689 *Herschel*, BB 1963, 1222; Überblick bei Wiedemann/*Wiedemann*, § 1 Rn. 198ff.; *Gamillscheg*, Kollektives Arbeitsrecht I, § 15 1b, 571; *Däubler/Reim*, § 1 Rn. 178f.; *Löwisch/Rieble*, § 1 Rn. 174; *BPSU*, § 1 TVG Rn. 108f.; monografisch *Baumann*, Delegation, 182ff.; *Reinermann*, 82ff.

1690 BAG 9.7.1980 (4 AZR 564/78), AP Nr. 7 zu § 1 TVG Form (mit Anm. von *Wiedemann*); bestätigt durch BAG 10.11.1982 (4 AZR 1203/79), AP Nr. 8 zu § 1 TVG Form (mit Anm. von *Mangen*); BAG 10.11.1993 (4 AZR 316/93), AP Nr. 169 zu § 1 TVG Tarifveträge Bau; BAG 8.3.1995 (10 AZR 27/95), DB 1996, 433; BAG 17.5.2000 (4 AZR 363/99), NZA 2001, 453; BAG 18.2.2003 (1 AZR 142/02), AP Nr. 163 zu Art. 9 GG Arbeitkampf (mit Anm. von *Thüsing*).

1691 Zustimmend *Mangen*, RdA 1984, 236f.; in der Tendenz einschränkender *Baumann*, RdA 1987, 273f.; kritisch, als zu weitgehend im Hinblick auf die zahlreichen Verweisungen des BAT, *Gröbing*, AuR 1982, 116; umgekehrt, als nicht weitgehend genug, *Schulin*, ZfA 1981, 583f.

1692 Vgl. BAG 4.2.2001 (4 AZR 473/00) ZTR 2002, 27; allgemein anerkannt, z.B. *Gamillscheg*, Kollektives Arbeitsrecht I, § 15 IV 1b, 572.

Darüber hinaus kann nach Auffassung des Bundesarbeitsgerichts auch auf jeweils gültige Bestimmungen **aus anderen Tarifbereichen verwiesen** werden, wenn zwischen dem Geltungsbereich der verweisenden Vorschriften und dem Geltungsbereich der in Bezug genommenen Tarifregelung ein **enger Sachzusammenhang** besteht. In diesem Fall könne nämlich davon ausgegangen werden, dass die sachgerechte Regelung der Arbeitsbedingungen im Geltungsbereich des in Bezug genommenen Tarifvertrages auch für den Geltungsbereich des verweisenden Tarifvertrages sachgerecht sei.[1693] **796**

**Kriterien für die Sachnähe** seien Zeit sowie betrieblicher, fachlicher und persönlicher Geltungsbereich.[1694] Danach reicht z.B. aus, dass in einem Tarifvertrag für die Arbeitsbedingungen fachfremder Arbeitnehmer auf den jeweiligen Tarifvertrag des betreffenden Fachgewerbes, etwa in einem Tarifvertrag für die Chemie-Unternehmen bezüglich der Fabrikmaurer auf Tarifverträge des Baugewerbes, hingewiesen wird.[1695]

Auch der Bezug der **Stufentarifverträge im Metallbereich** vom März 1991 in einem Tarifbereich der neuen auf einen anderen der alten Bundesländer ist zulässig. Hier handelt es sich immer noch um denselben fachlichen Bereich, während das Bundesarbeitsgericht weitergehend bei sachlichem Zusammenhang den Verweis auf den Tarifvertrag einer anderen Gewerkschaft anerkennt.[1696]

In der **Rechtslehre** ist das Kriterium des »**engen sachlichen Zusammenhanges**« wegen seiner Offenheit und der damit verbundenen Gefahr einer gerichtlichen Inhaltskontrolle der Tarifergebnisse auf **Kritik** gestoßen.[1697] Diese Bedenken sind ernst zu nehmen. Wird es als Abgrenzungsmerkmal beibehalten, so darf dies jedenfalls nicht zu einer ins Einzelne gehenden Prüfung des Zwecks der jeweiligen Tarifvereinbarungen[1698], der Interessenlage der betroffenen Arbeitnehmer[1699] oder zu ähnlichen Wertungen[1700] führen, die den Tarifparteien vorbehalten bleiben sollten.[1701] Entsprechenden Bedenken begegnet eine gerichtliche Kontrolle der zukünftigen Entwicklung der in Bezug genommenen Tarifnorm(en) nach Billigkeitsgesichtpunkten.[1702] **797**

Das Kriterium des »**engen Sachzusammenhangs**« ist ein **Rechtsbegriff**, der der vollen Überprüfung durch das Revisionsgericht unterliegt.[1703] **798**

Erweist sich eine dynamische Verweisung als unzulässig, so ist sie grundsätzlich als statische Verweisung aufrecht zu erhalten.[1704] **799**

---

1693 Ständige Rechtsprechung BAG 9.7.1980 (4 AZR 564/78), AP Nr.7 zu § 1 TVG Form (mit Anm. von *Wiedemann*); BAG 17.5.2000 (4 AZR 363/99), NZA 2001, 453; BAG 18.2.2003 (1 AZR 142/02), AP Nr.163 zu Art. 9 GG.

1694 *Neumann*, RdA 1994, 373; ebenso grundsätzlich Wiedemann/*Wiedemann*, § 1 Rn.200; *Löwisch/Rieble*, § 1 Rn.178.

1695 BAG 13.8.1986, AP Nr.1 zu § 2 MTV Angestellte DFVLR.

1696 Zutreffend BAG 17.5.2000 (4 AZR 363/99), AP Nr.8 zu § 3 TVG Verbandsaustritt (mit Anm. von *Zachert*); ebenso *Hanau/Kania*, DB 1995, 1229; *Zachert*, NZA 1993, 300; a.A. *Buchner*, NZA 1993, 292.

1697 *Gamillscheg*, Kollektives Arbeitsrecht I, § 15 IV 1b, 572f.; *Stein*, Rn.309; *Däubler/Reim*, § 1 Rn.184f.; *R. Krause*, Anm. zu BAG 11.6.2003 (6 AZR 323/02), AP Nr.24 zu § 4 TVG, stellt darauf ab, ob die Verweisung noch als »authentischer Tarifwille« charakterisiert werden kann.

1698 Trotz zutreffenden Ergebnisses: BAG 9.7.1980 (4 AZR 546/78), AP Nr.7 zu § 1 TVG Form.

1699 Trotz zutreffenden Ergebnisses: BAG 10.11.1982 (4 AZR 1203/79), AP Nr.8 zu § 1 TVG Form.

1700 Z.B. Größe des Tarifgebietes, so *Löwisch/Rieble*, § 1 Rn.178.

1701 So treffend *Gamillscheg*, Kollektives Arbeitsrecht I, § 15 IV 1b, 572f.; auch *Däubler/Reim*, § 1 Rn.184f.; *Stein*, Rn.309.

1702 BAG 24.2.1987, DB 1987, 1254.

1703 BAG 10.11.1982 (4 AZR 1203/79), AP Nr.8 zu § 1 TVG Form.

1704 Vgl. BVerfG 1.3.1978 (1BvR 786/70 u.a.) E 47, 285, 317; *Löwisch/Rieble*, § 1 Rn.183.

### b) »Überraschungsklauseln«/Bindungsdauer

**800** Die Rechtsprechung trägt trotz Anwendung des Merkmals des »engen Sachzusammenhangs« dem Gebot der Zurückhaltung einer Kontrolle von Tarifzielen im Ergebnis im Grossen und Ganzen Rechnung.
So schließen dynamische Verweisungen auch **überraschende tarifliche Regelungen** ein (so genannte »**Überraschungsklauseln**«). Das sind Änderungen der in Bezug genommenen Tarifnorm(en), mit denen die Tarifparteien bei der Verweisung nicht rechnen konnten, z.B. die Einführung neuer Arbeitsbedingungen. Hier bleibt allerdings nach Ablauf der in Bezug genommen Norm, z.B. auf Grund einer Kündigung, der tarifliche Rechtszustand kraft Nachwirkung bis zum Abschluss einer anderen Abmachung mit dem Inhalt erhalten, der bei Ablauf der verweisenden Norm bestand. Änderungen der in Bezug genommenen Tarifnormen wirken dann nicht mehr auf den verweisenden Tarifvertrag ein.[1705]

**801** Dieser Gedanke ist allerdings nicht zu verallgemeinern. So steht es den **Tarifparteien** frei, auch **zeitlich lange Bindungen** einzugehen, indem sie etwa eine lange Laufdauer der Verweisungsnorm oder lange Kündigungsfristen vereinbaren. Der gegenteilige, von der Rechtslehre zum Teil herangezogene, Gedanke einer Übertragung von Jahresgrenzen, namentlich der Fünf-Jahresfrist des § 624 BGB oder der Zwei-Jahresgrenze des § 139 BGB sind de lege lata auf das Tarifrecht nicht übertragbar, sondern enthalten Sonderregelungen für das Kündigungs- oder das Vereinsrecht (siehe auch § 3 Rn. 37ff.).[1706]

**802** Zu weitgehend erscheint es, wenn das Bundesarbeitsgericht davon ausgeht, die Wirkung des § 3 Abs. 3 TVG entfalle völlig, soweit der in **Bezug genommene Tarifvertrag** lediglich **geändert** wird.[1707] Dem Zweck des § 3 Abs. 3 TVG, eine Verbandsflucht möglichst zu erschweren, entspricht es mehr, lediglich einen Wegfall der Bindung im Hinblick auf die zukünftige Dynamik anzunehmen[1708] (auch § 3 Rn. 37ff.).

### 5. Verweisung auf einen Tarifvertrag im Nachwirkungsstadium

**803** Schließlich bestehen keine Bedenken, dass dem Bestimmtheitsgebot Rechnung getragen und dem Erfordernis der Sachgerechtigkeit Genüge getan ist, wenn auf einen **Tarifvertrag Bezug genommen wird**, der sich **im Nachwirkungszustand** des § 4 Abs. 5 TVG befindet.[1709] Der verweisende Tarifvertrag setzt damit während seines zeitlichen Geltungsbereiches unmittelbare und zwingend geltende neue Tarifnormen.[1710]

---

1705 BAG 10.11.1982 (4 AZR 1203/79), AP Nr. 8 zu § 1 TVG Form (mit Anm. von *Mangen*); bestätigt von BAG 10.11.1993 (4 AZR 316/98), AP Nr. 169 zu § 1 TVG Tarifverträge Bau; ausführlich *Däubler/Reim*, § 1 Rn. 186ff.

1706 Im Ergebnis wie hier: BAG 17.5.2000 (4 AZR 363/99), AP Nr. 8 zu § 3 TVG Verbandsaustritt (mit Anm. von *Zachert*); *Gamillscheg*, Kollektives Arbeitsrecht I, § 17 I 5d, 728f.; tendenziell für die 2-Jahresfrist: Wiedemann/*Oetker*, § 3 Rn. 69; für 5-Jahresfrist: *Löwisch/Rieble*, § 1 Rn. 175 und *Hanau/Kania*, DB 1995, 1230.

1707 BAG 4.4.2001 (4 AZR 215/00), AP Nr. 9 zu § 3 TVG Verbandsaustritt.

1708 *Zachert*, Anm. zu BAG 17.5.2000 (4 AZR 363/99), AP Nr. 8 zu § 3 TVG Verbandsaustritt, mit Nachweisen.

1709 BAG 9.7.1980 (4 AZR 564/78), AP Nr. 7 zu § 1 TVG Form (mit Anm. von *Wiedemann*); BAG 13.8.1986 (4 ABR 2/86), AP Nr. 1 zu § 2 MTV Angestellte DFVLR; BAG 30.1.1990 (1 ABR 98/88), AP Nr. 78 zu § 99 BetrVG 1972.

1710 BAG 9.7.1980 (4 AZR 564/78), AP Nr. 7 zu § 1 TVG Form (mit Anm. von *Wiedemann*); *Löwisch/Rieble*, § 1 Rn. 180; Wiedemann/Wank, § 4 Rn. 340; *Däubler/Reim*, § 1 Rn. 191.

### 6. Beendigung der normativen Wirkung des dynamisch verweisenden Tarifvertrages

Wenn die **normative Wirkung des dynamisch verweisenden Tarifvertrages endet** (vor allem durch Nachwirkung nach § 4 Abs. 5 TVG), verliert die Verweisung ihre dynamische Wirkung. Sie bleibt jedoch als **statische Verweisung** erhalten, wobei der Rechtsstand zu Grunde zulegen ist, der im Beendigungszeitpunkt bestand.[1711] **804**

Eine Verlängerung der Wirkung der Dynamik lässt sich dadurch erreichen, dass die Tarifparteien die Kündbarkeit der Verweisungsklausel einschränken.[1712]

### 7. Sonstige Verweisungen auf den Tarifvertrag

Die **Verweisung von anderen Normgebern** als die der Tarifparteien auf tarifliche Regelungen folgen zum Teil unterschiedlichen Rechtsgrundsätzen. So hat das Bundesverfassungsgericht die **Verweisung eines Gesetzes auf einen Tarifvertrag** nur zögernd gebilligt. Bedenken werden aus dem Rechtsstaatsprinzip (Gebot der Normenklarheit) und dem Demokratiegebot hergeleitet.[1713] **805**

Diese Einschränkungen gelten für die Tarifparteien nicht in der vom Bundesverfassungsgericht formulierten Schärfe, da die Zulässigkeit von technischen Verweisungsregelungen Ausfluss ihrer Gestaltungsautonomie nach Art. 9 Abs. 3 GG ist.[1714]

Entsprechend hat das Bundesverfassungsgericht für eine **dynamische Verweisung in einem betriebsverfassungsrechtlichen Sozialplan** auf einen Tarifvertrag anerkannt, Prüfungsmaßstab sei nicht das für staatliche Akte geltende Rechtsstaats- und Demokratieprinzip, sondern die Reichweite des Art. 2 Abs. 1 GG. Es handle sich nämlich nicht um die Verweisung eines staatlichen Gesetzes, sondern um diejenige eines zwischen Unternehmer und Betriebsrat vereinbarten Sozialplanes. Grenzen für die Auslegung von Verweisungen rechtsgeschäftlicher Art beständen nur insoweit, als diese nicht in einer Weise ausgedehnt werden dürfen, die für die Parteien des Rechtsgeschäfts zum Zeitpunkt seines Abschlusses keineswegs mehr vorhersehbar war.[1715] **806**

Zu **Verweisungen in Arbeitsverträgen** auf Tarifverträge: § 3 Rn. 143ff. **807**

Zu Verweisungen in Betriebsvereinbarungen auf Tarifverträge: § 3 Rn. 215ff. **808**

---

1711 BAG 10.11.1982 (4 AZR 1203/79), AP Nr. 8 zu § 1 TVG Form; BAG 24.11.1999 (4 AZR 666/98), AP Nr. 34 zu § 4 TVG Nachwirkung (mit Anm. von *Jacobs*); *Löwisch/Rieble* § 1 Rn. 181, sprechen anschaulich von »Einfrieren der Dynamik.«

1712 *Löwisch/Rieble*, § 1 Rn. 181.

1713 BVerfG 1.3.1978 (1 BvR 786), E 47, 285, 315ff.; BVerfG 14.6.1983 (2 BvR 488/80), E 64, 208, 215; zur Kritik *Herschel*, ZfA 1985, 21ff.

1714 Vgl. BVerfG 23.4.1986 (2 BvR 487/80), E 73, 261 (Hausbrandkohledeputat).

1715 BVerfG 23.4.1986 (2 BvR 487/80), E 73, 261; zum Gesamtkomplex instruktiv: *Gamillscheg*, Kollektives Arbeitsrecht I, § 15 IV 1c, 573.

## § 2 Tarifvertragsparteien

**(1) Tarifvertragsparteien sind Gewerkschaften, einzelne Arbeitgeber sowie Vereinigungen von Arbeitgebern.**
**(2) Zusammenschlüsse von Gewerkschaften und von Vereinigungen von Arbeitgebern (Spitzenorganisationen) können im Namen der ihnen angeschlossenen Verbände Tarifverträge abschließen, wenn sie eine entsprechende Vollmacht haben.**
**(3) Spitzenorganisationen können selbst Parteien eines Tarifvertrags sein, wenn der Abschluss von Tarifverträgen zu ihren satzungsgemäßen Aufgaben gehört.**
**(4) In den Fällen der Absätze 2 und 3 haften sowohl die Spitzenorganisationen wie die ihnen angeschlossenen Verbände für die Erfüllung der gegenseitigen Verpflichtungen der Tarifvertragsparteien.**

**Gesamtübersicht:** Rn.

**Literaturübersicht:**

*Abendroth*, Zum Begriff der Gewerkschaften in Gesetzgebung und im Verfassungsrecht nach 1945, in: Maus/Fürstenberg (Hrsg.), Antagonistische Gesellschaft und politische Demokratie, 2. Aufl., 1972, 231; *Arnold*, Die tarifrechtliche Dauerrechtsbeziehung, 1994; *Badura/Rittner/Rüthers*, Mitbestimmungsgesetz 1976 und Grundgesetz, 1977; *Battis/Schlenga*, Die Erweiterung beamtenrechtlicher Beteiligungsmöglichkeiten, ZTR 1995, 195; *Bieback*, Recht auf Streik im öffentlichen Dienst, in: Deutsche Postgewerkschaft, Hauptvorstand (Hrsg.), 1982, *Blanke/Sterzel*, Beamtenstreikrecht, 1980; *Buchner*, Die Rechtsprechung des Bundesarbeitsgerichts zum Gewerkschaftsbegriff, FS 25 Jahre BAG, 1979, 55; *ders.*, Möglichkeiten und Grenzen betriebsnaher Tarifpolitik, DB 1970, 2025 und 2074; *ders.*, Tarifzuständigkeit bei Abschluss von Verbands- und Firmentarifverträgen, ZfA 1995, 95; *Coester*, Zur Verhandlungspflicht der Tarifvertragsparteien, ZfA 1977, 87; *Däubler*, Anmerkung zu BAG, AuR 1977, 281; *ders.* (Hrsg.), Arbeitskampfrecht, 2. Aufl., 1987; *Deinert*, Partizipation europäischer Sozialpartner an der Gemeinschaftsrechtssetzung, RdA 2004, 211; *Dietz/Nipperdey*, Die Frage der tariflichen Regelung der Einziehung von Gewerkschaftsbeiträgen durch die Betriebe, Schriftenreihe der Bundesvereinigung der Deutschen Arbeitgeberverbände, Heft 33/1963, 17; *Dütz*, Soziale Mächtigkeit als Voraussetzung eines einheitlichen Koalitionsbegriffs, AuR 1976, 65; *ders.* Zur Entwicklung des Gewerkschaftsbegriffs, DB 1996, 2385; *Dutti*, Die Überschneidung der Tarifzuständigkeit von Industriegewerkschaften, DB 1969, 218; *Euler*, Vorschläge der Studienkommission für die Reform des öffentlichen Dienstrechts, GMH 1975, 114; *Farthmann/Coen*, Tarifautonomie, Unternehmensverfassung und Mitbestimmung, in: Benda u.a., Handbuch des Verfassungsrecht, 2. Aufl., 1994, 851; *Föhr*, Arbeitsrecht für Arbeitnehmer, 3. Aufl., 1984; *ders.*, Widerspricht die Aussperrung dem Grundsatz der Parität?, DB 1979, 1698; *ders.*, Zur betrieblichen und überbetrieblichen Organisierung von leitenden Angestellten, BB 1975, 140; *Fraenkel*, Der Streit um die Tariffähigkeit, Arbeitsrechtspraxis 1929, 79; *Franzen*, Tarifrechtssystem und Gewerkschaftswettbewerb, RdA 2001, 1; *Gamillscheg*, Sozialpolitische Bedeutung und Repräsentativität der Gewerkschaft im deutschen und ausländischen Recht, FS Herschel, 1982, 99; *Gerhardt*, Das Koalitionsgesetz, 1977; *Gleixner*, Interessenorganisation und -durchsetzung am Beispiel der Bundesvereinigung der Deutschen Arbeitgeberverbände, WSI-Mitt. 1981, 425; *Grunsky*, Anmerkung zu BAG, JZ 1977, 470; *Hagemeier*, Die Abgrenzung der leitenden Angestellten gemäß § 5 Abs. 3 BetrVG nach der neuen Grundsatzentscheidung des BAG vom 29. Januar 1980, BlStSozArbR 1980, 289; *ders.*, Überlegungen zur Tariffähigkeit von Vereinigungen von Führungskräften DB 1984, 718; *ders.*, Das BAG zur Tariffähigkeit von Arbeitnehmervereinigungen – Auf dem Weg zu einem neuen Typus der Gewerkschaft?, AuR 1988, 193; *Hammer*, Grundfragen der Tarifautonomie im öffentlichen Dienst, FS Gnade, 1992, 111; *Hensche*, Zur Zulässigkeit von Firmentarifverträgen mit verbandsangehörigen Unternehmen, RdA 1971, 9; *Herschel*, Zur Entstehung des Tarifvertragsgesetzes, ZfA 1973, 183; *ders.*, Leistungsfähigkeit – Eine Voraussetzung arbeitsrechtlicher Koalitionen, AuR 1976, 225; *ders.*, Zur Präzisierung des Koalitionsbegriffs, AuR 1978, 321; *ders.*, Tariffähigkeit und Tarifmacht, 1932; *ders.*, Der Typus der arbeitsrechtlichen Koalition, JuS 1978, 524; *Heß*, Rechtsfragen zum »betriebsnahen Tarifvertrag« unter Berücksichtigung von Tarifpluralitäten, ZfA 1976, 45; *Höfling*, Der verfassungsrechtliche Koalitionsbegriff, RdA 1999, 182; *Hoffknecht*, Die leitenden Angestellten im Koalitions- und Arbeitskampfrecht, 1975; *Hottgenroth*, Die Verhandlungspflicht der Tarifvertragsparteien, 1990; *v. Hoyningen-Huene*, Die Rolle der Verbände bei Firmenarbeitskämpfen, ZfA 1980, 453; *Keller*, Macht und Einflussmöglichkeiten der Beamtenverbände, WSI-Mitt. 1981, 628; *ders.*, Vorschläge und Kritik zur Reform des öffentlichen Dienstrechts, GMH 1980, 657; *Kempen*, Anmerkung BVerfG, AuR 1978, 381; *ders.*, Zwischen Gemeinwohlpostulat und demokratischen Verfahrensgarantien, Der Staat, Bd. 18 (1979), 81; *ders.*, Tarifautonomie im wirtschaftlichen Wandel, in: Mitteilungen der Akademie der Arbeit in der Universität Frankfurt am Main, Neue Folge 32, 15; *ders./Lörcher/Platow/Tiefenbacher/Trümmner*, ver.di – die neue Dienstleistungsgewerkschaft, ArbJahrbuch 39 (2002) 65; *Kittner*, Aktuelle Fragen des Arbeitskampfrechts, AuR 1981, 289; *ders.*, Parität im Arbeitskampf, GMH 1973, 91; *ders.*, Zur verfassungsrechtlichen Zukunft von Reformpolitik, Mitbestimmung und Gewerkschaftsfreiheit, GMH 1979, 321; *Konzen*, Die Rechtsprechung des Bundesarbeitsgerichts im Jahre 1977, ZfA 1978, 451; *ders.*, Tarifbindung, Friedenspflicht und Kampfparität beim Verbandswechsel des Arbeitgebers, ZfA 1975, 401; *ders.*, Arbeitnehmerschutz im Konzern, RdA 1984, 65; *Kraft*, Anmerkung zu BAG vom 15.3.1977 – 1 ABR 16/75 –, SAE 1978, 43; *ders.*, Abschied von der »Tarifzuständigkeit« als Wirksamkeitsvoraussetzung eines Tarifvertrages, FS Schnorr von

Carolsfeld, 255; *Kübler/Schmidt, W./Simitis*, Mitbestimmung als gesetzgebungspolitische Aufgabe, 1978; *Kunze*, Änderungen auf Arbeitgeberseite von Kollektivvereinbarungen, RdA 1976, 31; *ders.*, Streikbereitschaft als Voraussetzung der Tariffähigkeit, BB 1964, 1311; *Kurz-Scherf*, Zeit(t)räume per Tarifvertrag. Oder: Die Renaissance der betriebsnahen Tarifpolitik, WSI-Mitt. 1987, 492; *Link*, Grundfragen der Tarifzuständigkeit, AuR 1968, 38; *Löwisch*, Gewollte Tarifunfähigkeit im modernen Kollektivarbeitsrecht, ZfA 1974, 29; *ders.*, Die Voraussetzungen der Tariffähigkeit, ZfA 1970, 295; *Martens*, Tarifvertragliche Konzernregelungen, RdA 1970, 173; *Mattheier*, Die Gelben, Nationale Arbeiter zwischen Wirtschaftsfrieden und Streik, 1973; *Mayer-Maly*, Anmerkung zu BAG 9. 7.1968, AP Nr. 25 zu § 2 TVG; *Meydam*, Neuregelung des Rechts der Sozialwahlen und der Haftung der Mitglieder der Selbstverwaltungsorgane, BlStSozArbR 1985, 217; *Müller, G.*, Die staatspolitische Bedeutung der Arbeitsgerichtsbarkeit, RdA 1978, 340; *ders.*, Die Grundlagen des deutschen Arbeitskampfrechts, DB 1982, Beilage 16; *ders.*, Das Koalitionswesen und das Gemeinwohlpostulat, Arb Jahr, Bd. 17, 19; *ders.*, Das Koalitionswesen, insbesondere das Gewerkschaftswesen nach dem Mitbestimmungsurteil des Bundesverfassungsgerichts, RdA 1979, 361; *ders.*, Die Wandlungen des Koalitionsrechts unter den Bedingungen der Mitbestimmung, in: Säcker/Zander (Hrsg.), Mitbestimmung und Effizienz, 1981, 427; *Oetker*, Untergliederungen von Gewerkschaften und Arbeitgebervereinigungen und ihre Tariffähigkeit, AuR 2001, 82; *Popp*, Die Willensbildung innerhalb der Verbände, JöR 26 (1977), 145; *Ramm*, Der Arbeitskampf und die Gesellschaftsordnung des Grundgesetzes, 1965; *ders.*, Koalitionsbegriff und Tariffähigkeit, JuS 1966, 223; *Reuß*, Arbeitskampfbereitschaft als Voraussetzung der Tarifhoheit, RdA 1964, 362; *ders.*, Die Bedeutung der Mächtigkeit von Verbänden im kollektiven Arbeitsrecht, RdA 1972, 4; *ders.*, Die Stellung der Koalition in der geltenden Rechtsordnung, ArbRGgw 1 (1963), 144; *Richardi*, Anmerkung zu BAG 17. 2. 1970, AP Nr. 2 und 3 zu § 2 TVG Tarifzuständigkeit; *ders.*, Gegnerunabhängigkeit, Verhandlungsgleichgewicht und Verhandlungsfreiheit als Funktionsvoraussetzung des Tarifvertragssystems im öffentlichen Dienst, DB 1985, 1021; *Rohlfing/Rewolle*, Arbeitsgerichtsgesetz, Stand Dezember 1981; *Roscher*, Paritätische Mitbestimmung, Gegnerunabhängigkeit und Art. 9 Abs. 3 Grundgesetz, RdA 1972, 279; *ders.*, Vertragstheorie mit Herrschaftsfunktion? Zur Lehre von der Richtigkeitsgewähr des Vertrages, ZRP 1972, 111; *Säcker*, Geschichtliche Entwicklung, Begriff und Rechtsstellung der Berufsverbände, in: AR-Blattei D Berufsverbände I; *Schneider*, Aussperrung. Ihre Geschichte und Funktion vom Kaiserreich bis heute, 1980; *Scholz*, Die Koalitionsfreiheit des Arbeitgebers, ZfA 1980, 357; *Sieling-Wendeling/Zachert*, Wer schützt das Grundgesetz vor seinen Interpreten?, GMH 1977, 693; *Sinzheimer*, Grundzüge des Arbeitsrechts, 2. Aufl., 1927; *Söllner*, Mächtigkeit und Leistungsfähigkeit als typologische Merkmale der arbeitsrechtlichen Gewerkschaften, AuR 1976, 321; *Teubner*, Organisationsdemokratie und Verbandsverfassung, 1978; *Tophoven*, Anmerkung zu BAG 2. 2. 1957, AP Nr. 2 zu § 2 TVG; *van Venrooy*, Auf der Suche nach der Tarifzuständigkeit, ZfA 1983, 49; *Vorderwolbecke*, Rechtsform der Gewerkschaften und Kontrollbefugnisse des Gewerkschaftsmitglieds, 1988; *Wiedemann*, Anmerkung zu BAG 15. 3. 1977, AP Nr. 24 zu Art. 9 GG; *ders.*, Anmerkung zu BAG 11. 11. 1970, AP Nr. 28 zu § 2 TVG; *ders.*, Zur Tarifzuständigkeit, RdA 1975, 78; *ders./Thüsing*, Die Tariffähigkeit von Spitzenorganisationen und der Verhandlungsanspruch der Tarifvertragsparteien, RdA 1995, 280; *ders./Thüsing*, Gewerkschaftsfusionen nach dem Umwandlungsgesetz, WM 1999, 2237, 2277; *Windbichler*, Arbeitsrecht im Konzern, 1989; *Zachert*, Anmerkung zu

LAG Düsseldorf, Mitbestimmungsgespräch 1978, 115; *ders.*, Aussperrung und Gewerkschaften, GMH 1978, 280; *ders.*, Gewerkschaftliche Übermacht: Chimäre oder Realität?, AuR 1977, 1; *ders.*, Rechtsfragen bei der Durchsetzung der Tarifzuständigkeit, AuR 1982, 181; *ders.*, Verfassungsrechtlicher Schutz für »Gelbe« Gewerkschaften?, AuR 1986, 321; *ders.*, Gelbe Pappe statt roter Heckenrosen? Die Mitbestimmung 1986, 668, *Zachert/Metzke/Hamer*, Die Aussperrung, 1978; *Zöllner/Seiter*, Paritätische Mitbestimmung und Art. 9 Abs. 3 Grundgesetz, 1970; *Zumfelde*, Majoritätsprinzip und Unterdrückung der Normhierarchie – zur umstrittenen Reform des französischen Tarifvertragssystems, NZA 2004, 836.

## A. Vorbemerkungen

### Literatur:

*Abendroth*, Zum Begriff der Gewerkschaften in Gesetzgebung und im Verfassungsrecht nach 1945, in: Maus/Fürstenberg (Hrsg.), Antagonistische Gesellschaft und politische Demokratie, 2. Aufl., 1972, 231; *Badura/Rittner/Rüthers*, Mitbestimmungsgesetz 1976 und Grundgesetz, 1977; *Fraenkel*, Der Streit um die Tariffähigkeit, Arbeitsrechtspraxis 1929, 79; *Kempen*, Zwischen Gemeinwohlpostulat und demokratischen Verfahrensgarantien, Der Staat, Bd. 18/1979, 81; *ders.*, »Form follows function« FS 50 Jahre BAG, 2004; *Kittner*, Parität im Arbeitskampf, GMH 1973, 91; *ders.*, Zur verfassungsrechtlichen Zukunft von Reformpolitik, Mitbestimmung und Gewerkschaftsfreiheit, GMH 1979, 321; *Müller, G.*, Die staatspolitische Bedeutung der Arbeitsgerichtsbarkeit, RdA 1978, 340; *ders.*, Das Koalitionswesen und das Gemeinwohlpostulat, Arb Jahr, Bd. 17, 19; *ders.*, Das Koalitionswesen, insbesondere das Gewerkschaftswesen nach dem Mitbestimmungsurteil des Bundesverfassungsgerichts, RdA 1979, 361; *Sieling-Wendeling/Zachert*, Wer schützt das Grundgesetz vor seinen Interpreten?, GMH 1977, 693; *Zachert*, Verfassungsrechtlicher Schutz für »Gelbe« Gewerkschaften?, AuR 1986, 321.

**Übersicht** Rn.



### I. Tariffähigkeit, Gewerkschaft, arbeitsrechtliche Vereinigung, Koalition: Begriffsbestimmungen

**1** § 2 Abs. 1 TVG erklärt, dass Gewerkschaften, einzelne Arbeitgeber und Vereinigungen von Arbeitgebern Tarifvertragsparteien sind. Nach § 2 Abs. 2 TVG können auch Zusammenschlüsse von Gewerkschaften und Vereinigungen von Arbeitgebern (Spitzenorganisationen wie z.B. der DGB und die BDA) im Namen der ihnen angeschlossenen Verbände Tarifverträge abschließen, wenn sie eine entsprechende Vollmacht haben, und nach § 2 Abs. 3 TVG können Spitzenorganisationen selbst Parteien eines Tarifvertrages sein, wenn der Abschluss von

Tarifverträgen zu ihren satzungsgemäßen Aufgaben gehört. Diesen in § 2 TVG genannten Organisationen erlaubt somit der Gesetzgeber den durch Art. 9 Abs. 3 GG garantierten (Grundl. Rn. 58 ff. und Rn. 63) Abschluss von Tarifverträgen.

Diese Anordnung des Gesetzgebers führt jedoch zu erheblichen Problemen, weil weder im Tarifvertragsgesetz noch in anderen Gesetzen klar definiert wurde, was im Einzelnen eine Gewerkschaft ist und welche Anforderungen an diese sowie an Vereinigungen von Arbeitgebern gestellt werden müssen. Art. 9 Abs. 3 GG, auf dem die im Tarifvertragsgesetz näher geregelte Tarifautonomie beruht, und der deswegen zur Begriffsklärung herangezogen werden kann, spricht lediglich von Vereinigungen zur Wahrung und Förderung der Arbeits- und Wirtschaftsbedingungen, gibt also kaum weitere Auskunft. Auch die Vorgängerin des Tarifvertragsgesetzes, die Tarifvertragsverordnung vom 23. Dezember 1918 (hierzu Grundl. Rn. 25) war ähnlich unbestimmt und nannte in ihrem § 1 Abs. 1 TVO lediglich von Vereinigungen von Arbeitnehmern auf der einen und einzelnen Arbeitgebern oder Vereinigungen von Arbeitgebern auf der anderen Seite eines Tarifvertrages. 2

Obwohl vom Gesetzgeber weder in der Tarifvertragsverordnung von 1918 noch im Tarifvertragsgesetz erwähnt, hat sich schon vom Beginn der rechtlichen Anerkennung des Tarifvertrages an (hierzu Grundl. Rn. 22) für die Bezeichnung des Rechts und der Fähigkeit einer Organisation zum Abschluss von Tarifverträgen, d.h. für die Schaffung normativ wirkender Regelungen (§ 4 Abs. 1 TVG), der Begriff **Tariffähigkeit** durchgesetzt (der Gesetzgeber spricht heute in § 2 Abs. 1 Ziff. 2 und § 97 Abs. 5 ArbGG sowie in § 74 Abs. 2 BetrVG von tariffähigen Parteien eines Tarifvertrages). Wann diese Tariffähigkeit gegeben und damit insbesondere eine Arbeitnehmervereinigung Gewerkschaft ist, haben Rechtsprechung und Rechtslehre anstelle des Gesetzgebers seit 1918 im Einzelnen entwickelt und dabei eine Vielzahl von Kriterien genannt, die später (§ 2 Rn. 13 ff.) dargestellt und kritisch betrachtet werden. 3

Die in § 2 TVG genannten tariffähigen Parteien eines Tarifvertrages (Gewerkschaften, einzelne Arbeitgeber, Vereinigungen von Arbeitgebern sowie Spitzenorganisationen beider Seiten) sind nicht unbedingt identisch mit den in Art. 9 Abs. 3 GG genannten Vereinigungen zur Wahrung und Förderung der Arbeits- und Wirtschaftsbedingungen, in der Regel kurz als **Koalitionen** bezeichnet. Jede tariffähige Organisation (insbesondere also eine Gewerkschaft) ist zwar eine Koalition im Sinne von Art. 9 Abs. 3 GG; andererseits ist es jedoch wegen der Besonderheiten der Aufgaben der tarifvertragschließenden, tariffähigen Organisationen, auf die noch eingegangen werden wird, denkbar, dass eine Koalition z.B. unter den Schutz des Art. 9 Abs. 3 GG fällt, aber (noch) nicht (tariffähige) Gewerkschaft im Sinne von § 2 Abs. 1 TVG ist.[1] Die Rechtsprechung sowohl des Bundesverfassungsgerichts als auch des Bundesarbeitsgerichts unterscheidet demgemäß seit längerem die nur von Art. 9 Abs. 3 GG geschützte Koalition von der auch gemäß § 2 TVG tariffähigen Koalition mit dem Argument, dass es nicht Sinn der durch Art. 9 Abs. 3 GG gewährleisteten Koalitionsfreiheit sein könne, dass der Gesetzgeber jede Koalition zum Abschluss von Tarifverträgen zulasse. Grenzen der Tariffähigkeit müssten sich vielmehr aus dem Ordnungszweck des **Tarifvertragssystems** ergeben, das in einer **»sinnvol-** 4

1 Vgl. hierzu Wiedemann/*Oetker*, § 2 Rn. 24 ff.

**len Ordnung« des Arbeitslebens** in dem von der staatlichen Rechtsetzung freigelassenen Raum liege.[2]
Der mit Hilfe normativer Tarifverträge erstrebte angemessene sozial befriedende Interessenausgleich[3] berührt die Grundrechte der Organisationsmitglieder und auch dritter Personen teilweise erheblich. Zu ihrem Schutz bedarf es deshalb einer klaren **Legitimationstypik für die Tarifvertragsparteien**. Folglich setzt der Abschluss von Tarifverträgen eine bestimmte Qualität der Vertragsparteien voraus (im Einzelnen später § 2 Rn. 13ff.), die – will man den Schutz des Art. 9 Abs. 3 GG nicht zu stark einengen und die Gründung neuer Verbände erheblich erschweren.[4] Von dieser speziellen Rechtssetzungsbefugnis darf deshalb die allgemeine Grundrechtsfähigkeit der Koalitionen im Sinne des Art. 9 Abs. 3 GG nicht abhängig gemacht werden. Daher sind Koalitions- und Tariffähigkeit nicht völlig identisch, doch darf die Tariffähigkeit nur von solchen Voraussetzungen abhängig gemacht werden, die der Schutz anderer Grundrechtspositionen und die Legitimation tariflicher Normsetzung erfordert.[5]

## II. Aufgabe, Sinn und Zweck der verfassungsrechtlich geschützten Tarifautonomie als Ausgangspunkt einer Klärung des Koalitions- und Gewerkschaftsbegriffs – Unterschiedliche Anforderungen an Gewerkschaften und Arbeitgeberverbände

5 In Anbetracht der zuvor dargestellten Offenheit des Gesetzes, der fehlenden Definition der Begriffe Koalition, Gewerkschaft und Arbeitgebervereinigung durch den Gesetzgeber, stellt sich die Frage, wie man diese Begriffe näher ausfüllen kann, welcher Wertungsmaßstab dabei zur Verfügung steht. Grundlage für die Auslegung bzw. Fortentwicklung dieser Begriffe ist das Prinzip **demokratischer Selbstorganisation** der Arbeits- und Wirtschaftsbedingungen, wie es Art. 9 Abs. 3 GG festlegt. Da Art. 9 Abs. 3 GG eine Konkretisierung des **Sozialstaatsprinzips** in diesem Bereich darstellt (Grundl. Rn. 78ff.), ist zusätzlich vor allem Art. 20 Abs. 1 GG mit heranzuziehen.[6] Schließlich ist die berufsbezogene **Arbeitsvertragsfreiheit des Art. 12 GG** für beide Arbeitsvertragsparteien zu beachten, weil diese im tarifautonomen Verfahren zu sinnvollen kollektiven Regelungen der jeweils relevanten **Arbeitsmärkte** kommen sollen.

6 Es ist die vorrangige Aufgabe der auf Art. 9 Abs. 3 GG beruhenden **Tarifautonomie**, die Ausnutzung der Arbeitskraft zu unwürdigen Bedingungen und zu unzureichendem Lohn zu unterbinden (Grundl. Rn. 80, dort auch zur Gestaltungsfunktion der Tarifautonomie). Voraussetzung dafür ist die Bildung starker Gewerkschaften, die Garantie für einen einigermaßen akzeptablen und »fairen« Tarifvertrag bieten. Anders ausgedrückt, bezweckt die Tarifautonomie, die einen wesentlichen Teil der Koalitionsgarantie des Art. 9 Abs. 3 GG umfasst (Grundl. Rn. 58), dass im Bereich der Arbeits- und Wirtschaftsbedingungen die durch Gewerkschaften kollektiv organisierte Auseinandersetzung um diese Arbeits-

---

2 Vgl. etwa BVerfG 18.11.1954, E 4, 96; BVerfG 6.5.1964, E 18, 18, 28; BVerfG 1.3.1979, E 50, 290, 367; BAG 15.3.1977, AP Nr. 24 zu Art. 9 GG; BAG 25.11.1986, AP Nr. 36 zu § 2 TVG; BAG 10.9.1985, AP Nr. 34 zu § 2 TVG; ErfK/*Dieterich*, Art. 9 GG Rn. 21ff., 50ff.

3 BAG 6.6.2000 (1 ABR 10/99), AP Nr. 55 zu § 2 TVG (mit Anm. von *Oetker*).

4 Vgl. auch *Däubler/Hege*, Koalitionsfreiheit, Rn. 12; weiter gehend *Rieble*, BB 2004, 885, 889.

5 Wiedemann/*Oetker*, § 2 Rn. 26.

6 Das BAG 25.11.1986, AP Nr. 36 zu § 2 TVG spricht verkürzend von einer Ausfüllung der Begriffe Gewerkschaft und Tariffähigkeit »im Lichte des Art. 9 Abs. 3 GG«.

und Wirtschaftsbedingungen an die Stelle der nach dem bürgerlichen Recht individuell verfassten Privatautonomie tritt, um auf diesem Wege eine sonst nicht erreichbare Verbesserung der Position der Arbeitnehmer im Verhältnis zum Arbeitgeber zu bewirken und den Arbeitnehmern damit eine faire Chance zur Selbstbestimmung bei der Verwertung ihrer Arbeitskraft zu geben. Der tiefste Grund für die Rechtfertigung des Tarifvertrages liegt darin, dass die wirtschaftliche und soziale Gleichgewichtigkeit von Arbeitgeber und Arbeitnehmer auf dem Gebiet des individuellen Arbeitsvertrages regelmäßig fehlt; Sinn und Zweck des Tarifvertrages ist es daher, unter möglichst weit gehender Ausschaltung des wirtschaftlichen und sozialen Übergewichts des Arbeitgebers zu einer Festsetzung der Lohn- und Arbeitsbedingungen auf kollektiver Ebene zu gelangen.[7] Die Tarifautonomie soll also einen Beitrag dazu leisten, dass die Unterlegenheit des einzelnen Arbeitnehmers durch Bildung sozialer Gegenmacht gemildert wird. Daraus ergibt sich dann die notwendige Folgerung, nur solchen Organisationen die Tariffähigkeit zuzusprechen, die den Arbeitnehmern überhaupt die Chance eröffnen, eine gewisse Ebenbürtigkeit gegenüber den Arbeitgebern herbeizuführen. So auch das Bundesverfassungsgericht, demzufolge die Tarifautonomie darauf angelegt ist, »die **strukturelle Unterlegenheit der** einzelnen **Arbeitnehmer** beim Abschluss von Arbeitsverträgen durch kollektives Handeln **auszugleichen** und damit ein annähernd gleichgewichtiges Aushandeln der Löhne und Arbeitsbedingungen zu ermöglichen.[8]

Nur mit einem solchen Inhalt kann die Formulierung der Rechtsprechung von 7
der **sinnvollen Ordnung des Arbeitslebens** mit dem Ziel einer sozialen Befriedung der Gemeinschaft als Zielrichtung der Tarifautonomie[9] akzeptiert werden[10] (vgl. Grundl. Rn. 85 ff.). Eine »sinnvolle Ordnung des Arbeitslebens« und die damit verbundene »soziale Befriedung der Gemeinschaft« im Sinne einer Gleichsetzung mit »Ruhe und Ordnung« oder mit einem »gesamtwirtschaftlichen Gleichgewicht« als (Mit-)Aufgabe der Tarifautonomie ist demgegenüber abzulehnen. Damit würde der dargestellte Sinn und Zweck der Tarifautonomie, die auf Ausgleich der Schwäche der Arbeitnehmer gegenüber den Arbeitgebern, auf Gegenmachtbildung der Arbeitnehmer zielt, außer Acht gelassen.[11] Nach § 4

---

7 So die Begründung der Arbeitsrechtswissenschaft in der Weimarer Zeit bald nach der rechtlichen Anerkennung des Tarifvertrages, vgl. *Sinzheimer*, Grundzüge, 3. ff.; *Fraenkel*, Arbeitsrechtspraxis, 1929, 79.

8 BVerfG 26.6.1991, E 84, 212, 229.

9 Vgl. etwa BVerfG 18.11.1954, E 4, 96, 108; BVerfG 6.5.1964, E 18, 18, 28; BVerfG 1.3.1979, E 50, 290, 367; BAG 15.3.1977, AP Nr. 24 zu Art. 9 GG.

10 Vgl. dazu auch BVerfG 17.8.1956, E 5, 85, 206, wo das Gericht es als Aufgabe der freiheitlichen Demokratie ansieht, »wirkliche Ausbeutung, nämlich Ausnutzung der Arbeitskraft zu unwürdigen Bedingungen und unzureichendem Lohn zu unterbinden«.

11 Aus der Vielzahl der abzulehnenden Ansätze einer solchen Neubestimmung der Zielrichtung der Tarifautonomie vgl. etwa *Löwisch*, ZfA 1970, 302 f., der von einer »Sorge des Staates für gerechten Interessenausgleich bei der Wahrung des gesamtwirtschaftlichen Gleichgewichts als … maßgebenden Leitgedanken« bei der Feststellung der Tariffähigkeitsvoraussetzungen spricht; *G. Müller*, RdA 1978, 341: »Das Koalitionsrecht … und das Arbeitskampfrecht sind primär Ordnungsrecht«; *ders.*, RdA 1979, 362: »Die sinnvolle Ordnung des Arbeitslebens ist die Aufgabe der Koalitionen schlechthin«; *ders.*, RdA 1979, 364: »Mit der Befriedung des Arbeitslebens hat – in Erfüllung des allgemeinen Sinnes des Gemeinwesens – die Tarifautonomie einen unmittelbaren Gemeinwohlbezug«; *ders.*, ArbRGgw 17 (1979), 22: »Das Koalitionswesen als Institution von Interessenvereinigungen hat aus sich heraus unabdingbar eine entschiedene Gemeinwohlorientierung«; *Badura/Rittner/Rüthers*, 154 f., die bei dem Versuch, die angebliche Verfassungswidrigkeit von Regelungen über Unternehmensmitbestimmung zu begründen, die Befugnis der Tarifparteien, kollektive Normenverträge auszuhandeln, als »Teil eines Konzeptes der Arbeitsmarktgestaltung durch gleich- und gegengewichtige Verbände als Ordnungsfaktoren«

Abs. 1 geht es dabei um die Schaffung **normativ wirkender Regelungen** des Arbeitsrechts. Die Tarifparteien müssen deshalb im Stande sein, die von ihnen vereinbarten Regelungen als abstrakte und generelle Ordnung zu etablieren sowie dauerhaft und effektiv durchzusetzen.

**8** Insbesondere im Zusammenhang mit dem Übermaßverbot im Arbeitskampfrecht wird vielfach eine allgemeine Bindung der Tarifvertragsparteien an das **soziale Gemeinwohl** postuliert.[12] Wenn man diesen juristisch schwer fassbaren Begriff[13] als materielle Obergrenze für Tarifforderungen versteht, dann liefe es auf eine Ermächtigung zur Tarifzensur hinaus, welche das BAG treffend abgelehnt hat.[14] Da es gerade keine objektiv vorfindbaren »richtigen« Preise auf dem Arbeitsmarkt gibt, soll das kontradiktorisch ausgestaltete tarifautonome **Verfahren** als solches angemessen, d.h. allseits verträgliche Ergebnisse zeitigen. Das ist nur möglich, wenn die Verfahrensregel der Tarifautonomie auch die Rechtspositionen der nicht unmittelbar beteiligten, aber potentiell betroffenen Kreise berücksichtigen. Richtigerweise bindet das **Gemeinwohlprinzip** deshalb auch die Tarifvertragsparteien als das jedem Grundrecht innewohnende Verbot, die Freiheit so auszuüben, dass hierdurch die Grundrechte Dritter substanziell verletzt werden. In diesem Sinne bezeichnet der Begriff den funktionalen Hintergrund der vom BAG aufgestellten formellen Zulassungsbedingungen für eine Beteiligung am Verfahren der Tarifautonomie. Sie sollen dafür sorgen, dass Arbeitskämpfe und Tarifabschlüsse wegen ihrer möglichen »tief greifenden wirtschaftlichen und sozialen Folgen« für Dritte und für die Allgemeinheit nicht die Grenzen einer Wahrung und Förderung der Arbeits- und Wirtschaftsbedingungen durch kollektiv ausgeübte Privatautonomie gruppenegoistisch sprengen, sondern »die Gemeinschaft sozial befrieden«.[15] Dieses – nicht immer deutliche – Gemeinwohlverständnis prägt zu Recht die juristischen Anforderungen an Tarifvertragsparteien, die Normen vereinbaren und Arbeitskämpfe zu ihrer Durchsetzung führen dürfen.[16]

**9** Die zuvor dargestellte Zielsetzung der Tarifautonomie kann nur dann verwirklicht werden, wenn die Gewerkschaften als Träger der individuellen Interessen ihrer Mitglieder in ihrem solidarischen Zusammenschluss, als die von diesen zu Verhandlungen über die Arbeits- und Wirtschaftsbedingungen »Bevollmächtigten«, bestimmte Voraussetzungen erfüllen. Insbesondere verlangt der Ausgleich des auf dem Besitz der Produktionsmittel und der Verfügungsbefugnis über die Arbeitsplätze beruhenden Übergewichts der Arbeitgeber entsprechende, in den Gewerkschaften konzentrierte **Gegenmacht**, weil sonst die Arbeitgeber in Tarifverhandlungen ihre Interessen einseitig durchsetzen könnten. Diese Gegenmacht ist nur dann erreichbar, wenn die Gewerkschaften von den ihnen gegenüberstehenden Arbeitgebern unabhängig, wenn sie durch Vermögen und Organisation leistungsfähig und wenn sie durch Streikbereitschaft und Streikfähigkeit

---

bezeichnen; zur Kritik an solchen Überlegungen vgl. schon Grundl. Rn. 172ff., sowie *Kempen*, Der Staat 1979, 90ff.; *ders.*, Tarifautonomie, 19ff.; *Kittner*, GMH 1973, 95; *ders.*, GMH 1979, 337ff.; *Sieling-Wendeling/Zachert*, GMH 1977, 697.

12 Vgl. z.B. BAG GS 21.4.1971, AP Nr. 43 zu Art. 9 GG Arbeitskampf.

13 Vgl. *Gamillscheg*, Kollektives Arbeitsrecht I, § 24 V 4, 1173ff.; *Kissel*, Arbeitskampfrecht, 298ff.

14 BAG 21.6.1988, AP Nr. 108 zu Art. 9 GG Arbeitskampf.

15 So BVerfG 6.5.1964, E 18, 18, 28; BVerfG 20.10.1981, E 58, 233, 248.

16 *Kempen*, FS 50 Jahre BAG, 733ff., 738ff.; *Buchner*, BB 2003, 2121, 2126; ErfK/*Dieterich*, Art. 9 GG Rn. 77.

in der Lage sind, auf die Arbeitgeber im Hinblick auf den Abschluss von Tarifverträgen Druck auszuüben.[17]

Aus der aufgezeigten Zielsetzung der Tarifautonomie folgt zugleich, dass an die **Tariffähigkeit** von **Gewerkschaften** einerseits sowie von Arbeitgebern bzw. von **Vereinigungen von Arbeitgebern** andererseits **nicht die gleichen Anforderungen** zu stellen sind. Vielmehr ist der Gesetzgeber von der Überlegenheit der Arbeitgeber ausgegangen und wollte dafür Sorge tragen, dass diesen im Interesse der Arbeitnehmer eine Gegenmacht in Form von leistungsfähigen Gewerkschaften gegenübersteht. Daher war es nur erforderlich, bei diesen Organisationen der Gegenmacht, den Gewerkschaften, die Voraussetzungen zu fordern, die deren Stärke und Leistungsfähigkeit garantieren. Dass dies richtig ist, dass nämlich der Gesetzgeber die Stärke und Macht der Arbeitgeber aufgrund des diesen zustehenden Besitzes an den Produktionsmitteln und der damit verbundenen Verfügungsbefugnis über die Arbeitsplätze als bestehend vorausgesetzt hat, ergibt sich eindeutig aus der Anordnung des § 2 Abs. 1 TVG, der bereits den einzelnen Arbeitgeber als tariffähig bezeichnet. Man kann also bei der Untersuchung der Voraussetzungen der Tariffähigkeit die Gewerkschaften einerseits sowie die Arbeitgeber und Arbeitgeberverbände andererseits nicht »in einen Topf werfen«.[18] Das Bundesverfassungsgericht lässt erstmals in seiner Entscheidung vom 20. Oktober 1981[19] erkennen, dass es das Mächtigkeitserfordernis als ein Problem der Tariffähigkeit einer Arbeitnehmerkoalition ansieht, wenn es bei der Diskussion dieses Erfordernisses betont nur von Arbeitnehmerkoalitionen spricht. Gleiches gilt für die neuere Rechtsprechung des Bundesarbeitsgerichts seit der Entscheidung zur Tariffähigkeit des Arbeitnehmerverbandes land- und ernährungswirtschaftlicher Berufe im Christlichen Gewerkschaftsbund[20] sowie in den Folgeentscheidungen zur Tariffähigkeit von Arbeitnehmervereinigungen.[21] Demgegenüber hat das Bundesarbeitsgericht in seinem Beschluss vom 20. November 1990[22] festgestellt, dass die Tariffähigkeit eines einzelnen Arbeitgebers oder eines Arbeitgeberverbandes nicht eine bestimmte Durchsetzungskraft (Mächtigkeit) voraussetze (dazu näher Grundl. Rn. 94 und § 2 Rn. 88ff. mit weiteren Nachweisen). Treffend geht das Bundesverfassungsgericht davon aus, dass (nur) die Arbeitnehmerseite zur Herstellung einer gleichgewichtigen Verhandlungsposition auf Arbeitskampfmaßnahmen oder deren Androhung angewiesen ist, die Arbeitgeberseite dagegen lediglich ein Abwehrkampfmittel gegen Teil- oder Schwerpunktstreiks benötige.[23] 10

17 Ausführlich zu diesen Zusammenhängen BAG 15.3.1977, AP Nr. 24 zu Art. 9 GG, wo das Gericht allerdings von einem ausdrücklichen Verlangen nach Streikbereitschaft der Gewerkschaften absieht, sowie BAG 10.9.1985, AP Nr. 34 zu § 2 TVG und 25.11.1986, AP Nr. 36 zu § 2 TVG mit gewisser Relativierung der Mächtigkeitsvoraussetzungen; kritisch zu der Entscheidung BAG 10.9.1985, AP Nr. 34 zu § 2 TVG: *Zachert*, AuR 1986, 321; zu beiden Entscheidungen: *Hagemeier*, AuR 1988, 193.

18 Insoweit nicht immer hinreichend differenziert Wiedemann/*Oetker*, § 2 Rn. 170ff. und – allerdings ohne ausdrückliche Auseinandersetzung mit diesem Problem – die frühere ständige Rechtsprechung des Bundesverfassungsgerichts und des Bundesarbeitsgerichts, die bestimmte Tariffähigkeitsvoraussetzungen allgemein für Koalitionen fordert, vgl. etwa BVerfG 1.3.1979, E 50, 290, 366ff. sowie BAG 15.3.1977, AP Nr. 24 zu Art. 9 GG.

19 BVerfG 20.10.1981, E 58, 233.

20 BAG 10.9.1985, AP Nr. 34 zu § 2 TVG.

21 BAG 25.11.1986, AP Nr. 36 zu § 2 TVG; BAG 16.1.1990, AP Nr. 38, 39 zu § 2 TVG; BAG 6.6.2000 (1 ABR 10/99), AP Nr. 55 zu § 2 TVG (mit Anm. von *Oetker*).

22 BAG 20.11.1990, AP Nr. 40 zu § 2 TVG; BAG 10.12.2002 (1 AZR 96/02), BB 2003, 1125.

23 BVerfG 26.6.1991, E 84, 212, 225, 231; BAG 10.12.2002 (1 AZR 96/02), BB 2002, 1125, 1126ff.

11 Die Voraussetzungen der **Tariffähigkeit** von **Verbänden** sind am 18. Mai 1990 gesetzlich (mit verfassungsändernder Mehrheit) in **Art. 17** des **Staatsvertrages zur Schaffung einer Wirtschafts-, Währungs- und Sozialunion** zwischen der Bundesrepublik und der DDR[24] folgendermaßen umschrieben worden: »Tariffähige Gewerkschaften und Arbeitgeberverbände müssen frei gebildet, gegnerfrei, auf überbetrieblicher Grundlage organisiert und unabhängig sein sowie das geltende Tarifrecht als für sich verbindlich anerkennen; ferner müssen sie in der Lage sein, durch Ausüben von Druck auf den Tarifpartner zu einem Tarifabschluss zu kommen«. Die juristische Bedeutung dieser staatsvertraglichen Festlegung ist umstritten. Einerseits ist sie als verbindliche gesetzliche Auslegungsvorschrift zu § 2 Abs. 1 TVG verstanden worden.[25] Andererseits haben sie sich eigentlich mit dem Beitritt der DDR zur Bundesrepublik Deutschland praktisch erledigt.[26]

12 Fest steht indessen, dass der Gesetzgeber die von der Rechtsprechung entwickelten Kriterien in den staatsvertraglich vereinbaren Formulierungen hinsichtlich des Gewerkschaftsbegriffs inhaltlich explizit bestätigt hat.[27] Wenn man ihnen die Wirkung dauernder strikter Interpretationsvorschriften hätte geben wollen, so hätte man den Wortlaut des § 2 Abs. 1 TVG entsprechend ergänzen müssen. Wohl aber hat der Gesetzgeber dann § 2 Abs. 1 TVG eine inhaltlich klar konkretisierte Erläuterung (auf Basis der vorhandenen Rechtsprechung) beigefügt. Sie wirkt seither als nachträgliche Klarstellung des Gesetzgebers auf aktuellem Stand und ist deshalb bei der Gesetzesauslegung **wie eine Gesetzesbegründung** zu bewerten.[28] Freilich war dem Gesetzgeber 1990 bewusst, dass es sich um fallweise entwickelte Voraussetzungen der Tariffähigkeit handelte, die als jeweils konkrete Bedingungen für ein Funktionieren des Tarifvertragssystems erkannt worden sind und deshalb unter einem arbeitsmarktabhängigen Funktionsvorbehalt gestanden haben. Es ist deshalb nicht anzunehmen, dass der Staatsvertrag diese eingeschränkt dynamischen Funktionselemente nunmehr statisch festschreiben wolle – zumal es ohnehin überwiegend um unbestimmte Rechtsbegriffe geht. Als solche sind sie der Auslegung des § 2 Abs. 2 TVG heute leitlinienhaft zu Grunde zu legen (vgl. jedoch § 2 Rn. 20f.).

## B. Parteien des Tarifvertrages auf Arbeitnehmerseite

### Literatur:

*Abendroth*: Zum Begriff der Gewerkschaften in Gesetzgebung und im Verfassungsrecht nach 1945, in: Maus/Fürstenberg (Hrsg.), Antagonistische Gesellschaft und politische Demokratie, 2. Aufl., 1972, 231; *Arnold*, Die tarifrechtliche Dauerrechtsbeziehung, 1994; *Badura/Rittner/Rüthers*, Mitbestimmungsgesetz 1976 und Grundgesetz, 1977; *Bieback*, Recht auf Streik im öffentlichen Dienst, Deutsche Postgewerkschaft, Hauptvorstand (Hrsg.), 1982; *Blanke/Sterzel*, Beamtenstreikrecht, 1980; *Böhm*, »Billig-Tarifverträge« in der Zeitarbeit – Risiken für die Kun-

24 BGBl. II 1990, 937.
25 *Kissel*, NZA 1990, 549f.; *Gitter*, FS Kissel, 265, 270.
26 *Löwisch/Rieble*, § 2 Rn. 7; ErfK/*Schaub*, § 2 TVG Rn. 1.
27 BAG 6.6.2000 (1 ABR 10/99), AP Nr. 55 zu Art. 2 TVG (mit Anm. von *Oetker*); BAG 6.6.2000 (1 ABR 21/99), AP Nr. 9 zu § 97 ArbGG (mit Anm. von *Oetker*).
28 Wiedemann/*Oetker*, § 2 Rn. 7; *ders.*, FS Stahlhacke, 363, 389, 392; *Kempen*, FS 50 Jahre BAG, 733ff., 735; ähnlich schon *Richardi*, DB 1990, 613, 615.

den, DB 2003, 2598; *Buchner*, Die Rechtsprechung des Bundesarbeitsgerichts zum Gewerkschaftsbegriff, FS 25 Jahre BAG, 1979, 55; *ders.*, Leiharbeit: Ablösung der Verpflichtung zur Gewährung der im Entleiherbetrieb geltenden Arbeitsbedingungen (§ 10 Abs. 4 AUG) durch Tarifregelungen, DB 2004, 1042; *ders.*, Der »Funktionseliten«-Streik – Zu den Grenzen der Durchsetzbarkeit von Spartentarifverträgen, BB 2003, 2121; *Coester*, Zur Verhandlungspflicht der Tarifvertragsparteien, ZfA 1977, 87; *Däubler*, Anmerkung zu BAG, AuR 1977, 281; *Dietz/Nipperdey*, Die Frage der tariflichen Regelung der Einziehung von Gewerkschaftsbeiträgen durch die Betriebe, Schriftenreihe der Bundesvereinigung der Deutschen Arbeitgeberverbände, Heft 33/1963, 17; *Dütz*, Soziale Mächtigkeit als Voraussetzung eines einheitlichen Koalitionsbegriffs, AuR 1976, 65; *ders.*, Zur Entwicklung des Gewerkschaftsbegriffs, DB 1996, 2385; *ders.*, Zur Entwicklung des Gewerkschaftsbegriffs, DB 1996, 2385; *Euler*, Vorschläge der Studienkommission für die Reform des öffentlichen Dienstrechts, GMH 1975, 114; *Föhr*, Arbeitsrecht für Arbeitnehmer, 3. Aufl., 1984; *ders.*, Widerspricht die Aussperrung dem Grundsatz der Parität?, DB 1979, 1698; *ders.*, Zur betrieblichen und überbetrieblichen Organisation von leitenden Angestellten, BB 1975, 140; *Franzen*, Tarifrechtssystem und Gewerkschaftswettbewerb – Überlegungen zur Flexibilisierung des Flächentarifvertrags, RdA 2001, 1; *Gamillscheg*, Sozialpolitische Bedeutung und Repräsentativität der Gewerkschaft im deutschen und ausländischen Recht, FS Herschel, 1982, 99; *Grunsky*, Anmerkung zu BAG 15.3.1977, AP Nr. 24 zu Art. 9 GG; *Hagemeier*, Die Abgrenzung der leitenden Angestellten gemäß § 5 Abs. 3 BetrVG nach der neuen Grundsatzentscheidung des BAG vom 29. Januar 1980, BlStSozArbR 1980, 289; *ders.*, Überlegungen zur Tariffähigkeit von Vereinigungen von Führungskräften, DB 1984, 718; *ders.*, Das BAG zur Tariffähigkeit von Arbeitnehmervereinigungen – Auf dem Weg zu einem neuen Typus der Gewerkschaft?, AuR 1988, 193; *Herschel*, Zur Entstehung des Tarifvertragsgesetzes, ZfA 1973, 183; *ders.*, Leistungsfähigkeit – eine Voraussetzung arbeitsrechtlicher Koalitionen, AuR 1976, 225; *ders.*, Zur Präzisierung des Koalitionsbegriffs, AuR 1978, 321; *ders.*, Tariffähigkeit und Tarifmacht, 1932; *ders.*, Der Typus der arbeitsrechtlichen Koalition, JuS 1978, 524; *Hoffknecht*, Die leitenden Angestellten im Koalitions- und Arbeitskampfrecht, 1975; *Hottgenroth*, Die Verhandlungspflicht der Tarifvertragsparteien, 1990, *Jung*, Die Unabhängigkeit als konstitutives Element im Koalitionsverfassung- und Tarifvertragsrecht, 1999; *Keller*, Macht und Einflussmöglichkeiten der Beamtenverbände, WSI-Mitt. 1981, 628; *ders.*, Vorschläge und Kritik zur Reform des öffentlichen Dienstrechts, GMH 1980, 657; *Kempen*, Anmerkung BVerfG 14.2.1978, AuR 1978, 381; *ders.*, Grundgesetz und Arbeitsmarkt, in: Kittner (Hrsg.), Arbeitsmarkt – ökonomische, soziale und rechtliche Grundlagen, 1982, 129; *ders.*, Der verfassungsrechtliche Vorrang der Tarifautonomie im arbeitsrechtlichen Regelungsgefüge, AuR 1996, 336; *ders.*, Die beschäftigungspolitische Zuständigkeit der Tarifvertragsparteien, FS Hanau, 1999, 529; *ders.*, Fernwirkungen von Arbeitskämpfen auf die Unternehmensmitbestimmung? (Der Fall Bsirske), GS für Heinze, 2004, 437; *ders.*, Form follows funktion – Zum Begriff der »Gewerkschaft« in der tarif- und arbeitskampfrechtlichen Rechtsprechung des Bundesarbeitsgerichts, FS 50 Jahre BAG, 2004, 733; *Kittner*, Aktuelle Fragen des Arbeitskampfrechts, AuR 1981, 289; *Konzen*, Die Rechtsprechung des Bundesarbeitsgerichts im Jahre 1977, ZfA 1978, 451; *Kraft*, Anmerkung zu BAG 15.3.1977 – 1 ABR 16/75 –, SAE 1978, 43; *Kretzschmar*, Die Rolle der Koalitionsfreiheit für Beschäftigungsverhältnisse jenseits des Arbeitnehmerbegriffs, 2003; *Kübler/Schmidt, W./Simitis*, Mitbestimmung als gesetzgebungspolitische Aufgabe, 1978; *Kunze*, Streikbereitschaft als Voraussetzung der Tariffähigkeit, BB 1964, 1311; *Löwisch*, Die Voraussetzungen der Tariffähigkeit, ZfA 1970, 295; *Mattheier*, Die Gelben, 1973; *Müller, G.*, Die Grundlagen des deutschen Arbeitskampfrechts, DB 1982, Beilage 16; *Oetker*, Untergliederungen von Gewerkschaften und Arbeitgebervereinigungen und ihre Tariffähigkeit, AuR, 2001, 82; *Popp*, Die Willensbildung innerhalb der Verbände, JöR 26 (1977), 145; *Raisch*, Mitbestimmung und Koalitionsfreiheit, 1975; *Rebhahn*, Rechtsvergleichendes zur Tarifbindung ohne Verbandsmitgliedschaft, RdA 2002, 214; *Reuß*, Arbeitskampfbereitschaft als Voraussetzung der Tarifhoheit, RdA 1964, 362; *ders.*, Die Stellung der Koalitionen in der geltenden Rechtsordnung, Arbeitsrecht der Gegenwart 1963, 144; *Reuter*, Die Verfassung des Vereins gemäß § 25 BGB, ZHR 1984, 523; *Rieble*, Relativität der Tariffähigkeit, FS Wiedemann, 2002, 519; *ders.*, Der CGM-Beschluss des ArbG Stuttgart, BB 2004, 885; *Roscher*, Paritätische Mitbestimmung, Gegnerunabhängigkeit und Art. 9 Abs. 3 GG, RdA 1972, 279; *ders.*, Vertragstheorie mit Herrschaftsfunktion? Zur Lehre von der Richtigkeit des Vertrages, ZRP 1972, 111; *ders.*, Die Tarifzuständigkeit von Spitzenverbänden, DB 2001, 2194; *ders.*, Zulässigkeit des Lokführer-»Funktionseliten«-Streiks, BB 2003, 1227; *ders.*, Der CGM-Beschluss des ArbG Stuttgart, BB 2004, 885; *Säcker*, Geschichtliche Entwicklung, Begriff und Rechtsstellung der Berufsverbände, in: AR-Blattei D Berufsverbände I; *ders.*, Probleme der Repräsentation von Großvereinen 1986; *Schneider*, Aussperrung. Ihre Geschichte und Funktion vom Kaiserreich bis heute, 1980; *Söllner*, Mächtigkeit und Leistungsfähigkeit als typologische Merkmale der arbeitsrechtlichen Gewerkschaften, AuR 1976, 321; *Stelling*, Das Erfordernis der Überbetrieblichkeit – ein Anachronismus des modernen Gewerkschaftsbegriffs, NZA 1998, 920; *Suckow*, Gewerkschaftliche Mächtigkeit als Determinante kopo-ratistischer Tarifsysteme, 2000; *Teubner*, Organisationsdemokratie und Verbandsverfassung, 1978; *Vorderwülbecke*, Rechtsform der Gewerkschaften und Kontrollbefugnisse des Gewerkschaftsmitglieds, 1988; *Waas*, Der Verhandlungsanspruch tariffähiger Verbände, AuR 1991, 334; *Wiedemann/Thüsing*, Die Tariffähigkeit von Spitzenorganisationen und der Verhandlungsanspruch der Tarifvertragsparteien, RdA 1995, 280; *Zachert*, Anmerkung zu LAG Düsseldorf, Mitbestimmungsgespräch 1978j 115; *ders.*, Aussperrung und Gewerkschaften, GMH 1978, 280; *ders.*, Gewerkschaftliche Übermacht: Chimäre oder Realität?, AuR 1977, 1; *ders.*, Verfassungsrechtlicher Schutz für »Gelbe« Gewerkschaften?, AuR 1986, 321; *ders.*, Gelbe Pappe statt roter Heckenrosen?, Die Mitbestimmung 1986, 668; *ders.* (Hrsg.), Die Wirkung des Tarifvertrages in der Krise, 1991; *Zachert/Metzke/Hamer*, Die Aussperrung, 1978; *Zeuner*, Gedanken zum Verhältnis von Richterrecht und Betätigungsfreiheit der Beteiligten – dargelegt an Beispielen aus der Rechtsprechung des Bundesarbeitsgerichts, FS 25 Jahre BAG, 1979, 727; *Zöllner/Seiter*, Paritätische Mitbestimmung und Art. 9 Abs. 3 GG, 1970.

**Übersicht** Rn.

## I. Gewerkschaften

### 1. Tariffähigkeit und Gewerkschaftsbegriff

**13** Der Begriff der Gewerkschaft ist in § 2 TVG auf deren Fähigkeit bezogen, »Tarifvertragspartei« zu sein, also wirksam Tarifverträge abschließen zu können. Diese rechtliche Fähigkeit zum Abschluss von Tarifverträgen wird allgemein als **Tariffähigkeit** bezeichnet und umfasst die Befugnis, mit dem sozialen Gegenspieler die Arbeits- und Wirtschaftsbeziehungen der jeweiligen Mitglieder tarifvertraglich, d.h. kollektiv-verbindlich, regeln zu können.[29] Sie betrifft also sowohl normative wie schuldrechtliche Vereinbarungen[30], ist jedoch auf deren Regelungsinhalte beschränkt. Deshalb müssen Tariffähigkeit einerseits und die allgemeine Rechts- und Geschäftsfähigkeit einer Gewerkschaft auch streng getrennt werden, denn jene sind nicht die Voraussetzungen dieser. Ob eine Gewerkschaft z.B. als rechtsfähiger Verein oder als nicht rechtsfähiger Verein verfasst ist, spielt für ihre Tariffähigkeit keine Rolle, weil die Bedingungen allgemeiner Rechts- und Geschäftsfähigkeit nicht erforderlich sind, um Tarifvereinbarungen aushandeln, durchsetzen und nach Art. 9 Abs. 3 GG kollektiv verantworten zu können. Die Tariffähigkeit ist folglich eine **Rechtsgestaltungsmacht eigener Art**, welche besondere, rechtlich eigenständige Voraussetzungen erfordert, die aber nicht über das Maß hinausgehen dürfen, welches zur Funktionsfähigkeit der Tarifvertragspartei notwendig ist.

**14** Primäre Voraussetzung der Tariffähigkeit und damit der Gewerkschaftseigenschaft im Sinne des TVG ist es, dass die Gewerkschaft eine **Koalition nach Art. 9 Abs. 3 GG** bildet, d.h. eine Vereinigung zur Wahrung der Arbeits- und Wirtschaftsbedingungen ihrer Mitglieder, die ihrerseits wiederum prinzipiell Träger des individuellen Koalitionsgrundrechts sein müssen. Nur den von Art. 9 Abs. 3 GG geschützten Arbeitnehmerkoalitionen steht nämlich das Recht zum Abschluss von Tarifverträgen (Tarifautonomie) zu.[31] Eine Gewerkschaft muss des-

29 Vgl. BVerfG 19.10.1966, E 20, 312, 313 = AP Nr. 24 zu § 2 TVG: »Die Tariffähigkeit bedeutet die Fähigkeit, durch Vereinbarung mit dem sozialen Gegenspieler u.a. die Arbeitsbedingungen des Einzelvertrages mit der Wirkung zur regeln, dass sie für die tarifgebundenen Personen unmittelbar und unabdingbar wie Rechtsnormen gelten.«

30 Ebenso Wiedemann/*Oetker*, § 2 Rn. 9.

31 BVerfG 26.6.1991, E 84, 212, 224. Zur abweichenden Situation bei der Tariffähigkeit auf Arbeitgeberseite vgl. BVerfG 19.10.1966, E 20, 312, 317.

halb in ihrer Satzung als **Verbandszweck** den Abschluss von Tarifverträgen festlegen (»Tarifwilligkeit«). Fehlt es daran, so kann es sich zwar möglicherweise um eine Koalition nach Art. 9 Abs. 3 GG, nicht jedoch um eine Gewerkschaft handeln.

15 Das Erfordernis satzungsförmiger »Tarifwilligkeit« dient dem Schutz potentieller Mitglieder wie auch möglicher Tarifvertragspartner und Dritter, die sich auf die Tariffähigkeit einer Arbeitnehmerorganisation rechtssicher lassen können müssen. Das TVG kennt keine **Teiltariffähigkeit** der Art, dass inhaltlich bestimmte mögliche Regelungsbereiche von Tarifverträgen (z.B. Arbeitszeit) durch Verbandsbeschluss für unzulässig erklärt werden (»Tabukatalog«). § 2 bestimmt die Gewerkschaften (und Arbeitgeber sowie deren Verbände) ohne inhaltliche Einschränkung generell zu »Tarifvertragsparteien«. Er schließt damit die Möglichkeit aus, gewisse tarifliche Regelungsgegenstände verbandsrechtlich von vornherein möglichen Tarifverhandlungen und damit jeder tariflichen Regelungsmöglichkeit, d.h. dem kollektiven Arbeitsmarkt, einseitig zu entziehen. Der hierdurch bewirkte Marktschutz entspricht also konzeptionell § 137 Satz 1 BGB. Er verbietet folglich nicht, die Tarifzuständigkeit satzungsrechtlich auf bestimmte Wirtschaftszweige (z.B. Bauwirtschaft) sektoral zu begrenzen. Dagegen zeigt sich die gesetzlich ungeteilte Übertragung der Tariffähigkeit auf die Gewerkschaft als kollektiven Trägerverband, dass dieser nicht einzelne seiner Mitglieder satzungsförmig von der Tarifbindung ausnehmen kann.[32] Sofern eine Arbeitnehmerorganisation also (nach dem Vorbild mancher Arbeitgeberverbände, vgl. dazu § 2 Rn. 116ff.) **Mitglieder ohne Tarifbindung** aufnehmen will, muss sie hierfür eigenständige Verbandsstrukturen schaffen, die jedoch ihrerseits als solche keine »Gewerkschaft« darstellen.

16 Eine Arbeitnehmerorganisation kann auf den **Abschluss von Tarifverträgen** als satzungsförmigen Verbandszweck **verzichten** (oder diesen Zweck später aus der Satzung streichen), verliert dann aber die Eigenschaft als Gewerkschaft (vgl. § 2 Rn. 14). Dies schließt nicht aus, dass sie dennoch eine Koalition nach Art. 9 Abs. 3 GG darstellt, sofern sie nämlich die Arbeits- und Wirtschaftsbedingungen ihres Organisationsbereichs mit anderen Mitteln als durch Tarifverträge effektiv regeln kann.[33] Möglich wäre es auch, dass eine solche Koalition die tarifvertragliche Regelung der Arbeitsverhältnisse ihrer Mitglieder einer hierfür satzungsmäßig zuständigen Gewerkschaft (koalitionsvertraglich) kontrolliert **überträgt**. So nimmt z.B. die IG Metall auf Grund eines Geschäftsbesorgungsvertrages mit Zustimmung der Arbeitgeberseite die tarifliche Vertretung von Mitgliedern der Vereinigten Dienstleistungsgewerkschaft ver.di in Betrieben der Metall- und Elektroindustrie wahr.

17 Nur wenn und soweit es die Funktionsfähigkeit der Tarifautonomie erfordert, ist es über die grundrechtlichen Koalitionsmerkmale hinaus im Wege der Ausgestaltung der Koalitionsfreiheit zulässig, noch weitere rechtliche Voraussetzungen für die Teilnahme am Tarifvertragssystem als eines verfassungsrechtlich vorgesehenen Verfahrens zur Regelung des Arbeitslebens zu statuieren.[34] Diese **zusätzlichen Kriterien es Gewerkschaftsbegriffs** sind teilweise durch die historische Verbandspraxis herausgebildet worden und teilweise durch die Funk-

---

32 Wiedemann/*Oetker*, § 2 Rn. 19.

33 H.M., z.B. Wiedemann/*Oetker*, § 2 Rn. 23; ErfK/*Schaub*, § 2 Rn. 13; *Gamillscheg*, Kollektives Arbeitsrecht I, § 14 I 6a, 527; *Däubler/Peter*, § 2 Rn. 3.

34 BVerfG 18.11.1954, E 4, 96, 107f.; BVerfG 6.5.1964, E 18, 18, 28; BVerfG 1.3.1979, E 50, 290, 367.

tionsbedingungen chancengleichen Verhandelns am kollektiven Arbeitsmarkt sowie durch Erfordernisse rechtssicherer tariflicher Normsetzung legitimiert. Sie münden in den folgenden **Gewerkschaftsbegriff**: Gewerkschaften sind frei gebildete, demokratisch strukturierte, überbetriebliche Vereinigungen zur Wahrung und Förderung der Arbeits und Wirtschaftsbedingungen insbesondere durch Tarifvertrag, die – vor allem durch eine dauernde und leistungsfähige Organisation, durch grundsätzliche Bereitschaft und Fähigkeit zum Arbeitskampf und durch Unabhängigkeit von der Arbeitgeberseite – so stark und mächtig sind, dass sie gegenüber den Arbeitgebern für ihre Mitglieder akzeptable Tarifverträge durchsetzen können. Die Kriterien der unter anderem auf dauernder Organisation, Stärke und Streikbereitschaft beruhenden »Gegenmächtigkeit«[35] der Gewerkschaft sind dabei die Unterscheidungsmerkmale zur bloßen, nichttariffähigen Arbeitnehmerkoalition gemäß Art. 9 Abs. 3 GG.[36]

Die so definierte Gewerkschaft entspricht tendenziell den Arbeitnehmervereini- **18**
gungen, wie sie sich in der Zeit bis zu ihrer rechtlichen Anerkennung 1918 tatsächlich überwiegend entwickelt hatten und wie sie im November-Abkommen zwischen den Arbeitgeber- und Arbeitnehmerspitzenverbänden von 1918 (Grundl. Rn. 24f.) als alleinige zur Vertretung der Arbeitnehmer und zum Abschluss von Tarifverträgen berechtigte Organisationen anerkannt worden sind. Auch der Rat der Volksbeauftragten hat mit der Tarifvertragsverordnung vom 23. Dezember 1918[37] (vgl. im Übrigen Grundl. Rn. 33 und § 2 Rn. 62) wohl nur solchen Gewerkschaften, nicht aber den wirtschaftsfriedlichen Vereinigungen (so genannte gelbe Gewerkschaften[38]) die Tariffähigkeit verleihen wollen (dafür spricht der ausdrückliche Ausschluss der wirtschaftsfriedlichen Vereinigungen von der Teilnahme an der Tarifautonomie im Stinnes-Legien-Abkommen[39], weil dieses Novemberabkommen Grundlage der anschließenden Tarifvertragsverordnung war[40]). Jedenfalls wollte dies der Gesetzgeber des Tarifvertragsgesetzes, der lediglich von »Gewerkschaften« spricht.[41] Die **tatsächlichen Verbandsstrukturen** der beim Inkrafttreten des Gesetzes 1949 bereits bestehenden Arbeitnehmerorganisationen haben die juristische Konkretisierung des Gewerkschaftsbegriffs wesentlich geprägt, weil davon auszugehen war, dass jedenfalls deren Organisationsformen normativ anerkannt werden sollten.

Die solchermaßen entwickelten Anforderungen an tariffähige Gewerkschaften **19**
sind dennoch nicht einfach deskriptiv erfolgt, sondern haben die vorhandenen

---

35 Das BAG 15.3.1977, AP Nr. 24 zu Art. 9 GG spricht insgesamt von der Tauglichkeit als Oberbegriff für Leistungsfähigkeit, Mächtigkeit und Fähigkeit zur Druckausübung, in neueren Entscheidungen – BAG 10.9.1985 und 25.11.1986, AP Nr. 34 und 36 zu § 2 TVG; BAG 14.12.2004 (1 ABR 51/03), BB 2005, 1054 – von Durchsetzungsfähigkeit.

36 Ähnlich wie hier in der Umschreibung von Arbeitnehmerkoalition und Gewerkschaft in Art. 17 des Staatsvertrages vom 18.5.1990 zur Schaffung einer Wirtschafts-, Währungs- und Sozialunion (BGBl. II 1990, 937), dazu § 2 Rn. 11. Ebenso BVerfG 18.11.1954, E 4, 96 und 6.5.1964, E 18, 18, wobei jedoch nur bedingt eine Streikbereitschaft gefordert wird.

37 RGBl. 1918/2, 1456.

38 Zur Herkunft dieses Begriffs vgl. *Zachert*, Mitbestimmung 1986, 668.

39 RArbBl. 1918, 874, dortige Ziff. 1 und 3.

40 Vgl. auch *Buchner*, FS 25 Jahre BAG, 56f.; anderer Ansicht insoweit aber *Abendroth*, 234, der eine solche gesetzgeberische Entscheidung erst in der Nennung der Gewerkschaften als Tarifvertragsparteien durch das TVG sieht.

41 Zu diesem sozialwissenschaftlichen Inhalt des Gewerkschaftsbegriffs und zur Übernahme des Begriffs durch das TVG vgl. insbesondere *Abendroth*, 231; siehe auch die Begründung zum Entwurf einer Tarifvertragsverordnung des Zentralamtes für Arbeit, Lemgoer-Entwurf, II. zu § 1 Abs. 2, abgedruckt bei Wiedemann/*Oetker*, Geschichte Rn. 22, sowie *Herschel*, ZfA 1973, 186, 189.

Gewerkschaften ihrerseits organisatorisch beeinflusst und gelenkt.[42] Andererseits ist vor allem die Judikatur zur Überbetrieblichkeit und zur sozialen Mächtigkeit/Durchsetzungsfähigkeit maßgeblich vom Typ der im DGB nach dem **Industrieverbandsprinzip** (»ein Betrieb – eine Gewerkschaft«) zusammengeschlossenen überparteilichen, überkirchlichen **»Einheitsgewerkschaft«** faktisch prägend beeinflusst worden. Am Bild dieser mitgliederstarken, wirtschafts- und sozialpolitisch relativ einflussreichen Großorganisationen wurden die tatsächlich objektiven Anforderungen an die soziale Mächtigkeit (und damit auch an die Rechtsfähigkeit im Tarifvertragsrecht) vom BAG entwickelt. Erhebliche Mitgliederzahlen, ein effektiver organisatorischer Aufbau mit hinreichender Finanzkraft, die Überbetrieblichkeit und der eigenständige Abschluss von Tarifverträgen über die Arbeitsbedingungen der Mitglieder[43] bilden für alle Arbeitnehmerorganisationen die exklusiven Zugangsbedingungen zum zentralen Handlungsfeld der Tarifautonomie. An ihnen ist schon manche kleinere Arbeitnehmerorganisation gescheitert[44], weil das BAG zutreffend eine sinnvolle Ordnung des Arbeitslebens durch Tarifverträge normativ nur dann gewährleistet sieht, wenn die Arbeitnehmerseite durch koalitionsrechtlich **repräsentative** Gewerkschaften vertreten wird.

**20** Mit dem Hinweis auf den **sozialgeschichtlich gewachsenen Begriff der Gewerkschaft** trägt der Gesetzgeber zugleich auch dem heute durch Art. 9 Abs. 3 GG garantierten Recht auf eigenverantwortliche Bestimmung der Koalition durch die Träger dieses Koalitionsrechts Rechnung. Die verfassungsrechtliche Selbstverwaltungsgarantie in diesem Bereich erlaubt ihm nur in engen Grenzen, festzuhalten, welche Voraussetzungen im Einzelnen von einer Gewerkschaft zu erfüllen sind (vgl. hierzu schon Grundl. Rn. 80f.). Die Kompetenz des Staates beschränkt sich darauf, dafür zu sorgen, dass lediglich solche Organisationen am tarifautonomen Verfahren teilnehmen, die dem Gewerkschaftsbegriff des § 2 Abs. 1 TVG entsprechen, und sicherzustellen, dass die Tarifautonomie nicht durch die Teilnahme ungeeigneter Organisationen beeinträchtigt und dadurch der bezweckte Schutz der Arbeitnehmer, Arbeitgeber und Dritter gefährdet wird. Die Beurteilung der Eignung bestimmt sich dabei wiederum danach, welche Vereinigungen sich typischerweise als fähig erwiesen haben, ihren Mitgliedern durch Abschluss entsprechender Tarifverträge angemessene Arbeitsbedingungen zu gewährleisten. Nur in diesem Rahmen können Gesetzgebung und Rechtsprechung somit die Tarifautonomie ausgestalten und die Tariffähigkeit und damit die Gewerkschaftseigenschaft von bestimmten Voraussetzungen abhängig machen. Das Bundesverfassungsgericht spricht insoweit davon, dass es nicht Sinn der in Art. 9 Abs. 3 GG gewährleisteten Koalitionsfreiheit sein könne, dass der Gesetzgeber schlechthin jede Koalition zum Abschluss von Tarifverträgen zulassen, also als tariffähig behandeln müsse.[45] Früher ging das Bundesverfassungsgericht wohl von stärkeren Eingriffsmöglichkeiten des Gesetzgebers

---

42 Z.B. BGH 2.12.1974, Z 63, 282, 283; BGH 10.12.1984, Z 93, 151ff.; BGH 19.10.1987, Z 102, 265ff.; BVerfG 24.2.1999, E 100, 214.

43 BAG 6.6.2000 (1 ABR 10/99), AP Nr. 55 zu § 2 TVG (mit Anm. von *Oetker*); zur Rechtsprechungsentwicklung *Dütz* DB 1996, 2385.

44 Z.B. BAG 16.1.1990 (1 ABR 93/88), AP Nr. 38 zu § 2 TVG; BAG 16.1.1990 (1 ABR 10/89), AP Nr. 39 zu § 2 TVG; BAG 6.6.2000 (1 ABR 10/99), AP Nr. 55 zu § 2 TVG; LAG Berlin 21.6.1996 (6 TaBV 2/96), AP Nr. 48; ArbG Stuttgart 12.9.2003 (15 BV 250/96), BB 2004, 827 – nicht rechtskräftig, dazu *Rieble*, BB 2004, 685; ArbG Gera 17.10.2002 (2 BV 3/2003).

45 Siehe etwa BVerfG 18.11.1954, E 4, 96.

in die Koalitionsfreiheit aus und damit auch in die Entscheidung darüber, wer Gewerkschaft ist.[46] Indem Art. 17 des Staatsvertrages vom 18. Mai 1990 (vgl. § 2 Rn. 11 f.) die von dieser Rechtsprechung herausgearbeiteten Begriffselemente tariffähiger Gewerkschaften (und Arbeitgeberverbände) bestätigt hat, ist zugleich die **funktionale Auslegung des § 2 TVG** zur Feststellung der Tariffähigkeit arbeitsrechtlicher Koalitionen parlamentarisch anerkannt worden. Diese Auslegungsmethode besteht darin, aus dem Zweck der Tarifautonomie auf die unterschiedlichen Funktionen der Tarifvertragsparteien und von diesen wiederum auf die rechtlichen Voraussetzungen der Tariffähigkeit zu schließen. Mit dieser Bestätigung der funktionalen Interpretationsmethode wird dann zugleich die »sinnvolle Ordnung« der Arbeits- und Wirtschaftsbedingungen als Zweck der Tarifautonomie gesetzlich legitimiert.[47]

Tatsächlich bietet der **Typ repräsentativer Gewerkschaften** mit überbetrieblicher Organisation und hohen Mitgliederzahlen am ehesten die Gewähr, dass nicht ausschließlich partikularegoistische Gewinninteressen kleiner Gruppierungen die Aufstellung von Tarifforderungen samt ihrer streikweisen Durchsetzung, d.h. das tarifliche Normsetzungsverfahren, ohne Rücksicht auf branchen- und gesamtwirtschaftliche Bedingungen dominieren. In repräsentativen Gewerkschaften werden diese – an sich durchaus legitimen – divergierenden Interessen regelmäßig schon innerhalb der überbetrieblichen und branchenförmig organisierten Willensbildungsstrukturen zu Entscheidungskompromissen verarbeitet und als Mindestbedingungen für den insgesamt anvisierten Arbeitsmarktsektor formuliert. Durchaus treffend ist die gewerkschaftliche Mächtigkeit (also das Kernelement repräsentativer Gewerkschaften) als eine juristisch stringente, soziologisch begründbare und makroökonomisch erfolgreiche Umsetzung des »korporatistischen Tarifsystems« nach Maßgabe des TVG bezeichnet worden. Als solche spielt sie auch bei der Partizipation der Sozialpartner an der europäischen Gemeinschaftsrechtssetzung nach Art. 136 ff. EGV eine wichtige Rolle spielt.[48] 21

## 2. Die einzelnen Kriterien des Gewerkschaftsbegriffs

### a) Vereinigung von abhängig Beschäftigten zur Wahrung und Förderung der Arbeits- und Wirtschaftsbedingungen ihrer Mitglieder insbesondere durch Tarifverträge

Gewerkschaft kann nur eine Organisation, welche **abhängig Beschäftigte** als Mitglieder zur Wahrung und Förderung der Arbeits- und Wirtschaftsbedingungen vereinigt sein. Hierzu zählen vor allem die Arbeitnehmer im Sinne des Arbeitsrechts, d.h., Personen, die auf Grund privatrechtlichen Vertrags zur Arbeit im Dienste eines anderen verpflichtet sind.[49] Zu den abhängig Beschäftigten zäh- 22

46 Vgl. die Überlegungen im DAV-Urteil BVerfG 20.10.1981, E 58, 233, mit Bezugnahme auf die gesamte vorherige Rechtsprechung, doch dürfte diese Position in der Aussperrungs-Entscheidung dadurch revidiert worden sein, dass die Koalitionsfreiheit hiernach nur durch Grundrechte Dritter und andere mit Verfassungsrang ausgestattete Rechte begrenzt und entsprechend gesetzlich einschränkbar ist, vgl. BVerfG 26.6.1991, E 84, 212, 228.

47 Vgl. *Kempen*, FS 50 Jahre BAG, 733 ff., 736.

48 *Suckow*, 223 ff., 275; auch *Buchner*, BB 2003, 2121; zum Europarecht vgl. *Deinert*, RdA 2004, 220 ff.; zum französischen Arbeitsrecht vgl. *Zumfelde*, NZA 2004, 836.

49 Zur Konkretisierung vgl. §§ 105, 106 GewO und ErfK/*Preis*, § 611 BGB Rn. 44 ff.

len auch **Auszubildende** nach dem Berufsbildungsgesetz, **Praktikanten** und **Studierende** der Fachrichtungen, welche in den Organisationsbereich der jeweiligen Gewerkschaft fallen. Auch **arbeitnehmerähnliche Personen**, für die nach § 12a Tarifverträge geschlossen werden können, **Heimarbeiter** und Hausgewerbetreibende nach dem Heimarbeitsgesetz (deren gewerkschaftliche Organisationsfähigkeit aus § 19 Abs. 1 S. 1 HAG folgt) sowie die so genannte **Einfirmenhandelsvertreter** (deren Verbandsfähigkeit aus § 92a Abs. 1 Satz 1 HGB folgt) sind wegen ihrer sozialen und wirtschaftlichen Anbindungen in diesem Sinn abhängig beschäftigt.[50]

**23** Neben die hergebrachten abhängigen Beschäftigungsverhältnisse sind inzwischen zunehmend die **»selbständigen Beschäftigungsverhältnisse«** getreten. Sie umfassen vertraglich weisungsfreie so genannte Freie Mitarbeiter und »free lancer« wie z.B. LKW-Fahrer, Kuriere, Kellner, Kranken und Altenpfleger, welche als Einpersonen-Unternehmen tätig sind und nicht als »Scheinselbständige« qualifiziert werden können. Sie sind gerade deshalb keine Arbeitnehmer im herkömmlichen Sinn, weil dafür die typische enge persönliche Abhängigkeit (Weisungsgebundenheit) fehlt. Dennoch besteht hier oft eine vergleichbar gestörte Vertragsparität, weil sich diese Personen als Auftragnehmer gegenüber ihren Auftraggeber in einer arbeitnehmertypischen strukturellen sozialen und ökonomischen Unterlegenheit befinden.[51] Wenn diese selbständig Beschäftigten, welche nicht oder nicht mehrheitlich unter § 12a fallen, sich zu Vereinigungen zusammenschließen, um ihre Arbeits- und Wirtschaftsbedingungen zu fördern und zu wahren, dann unterfallen sie dem Schutz des Art. 9 Abs. 3 GG, ohne Gewerkschaft zu sein. Zwar können Sie keine Tarifverträge abschließen, doch wären hier schuldrechtlich vereinbarte Einheitsbedingungen auf Verbandsebene gegenüber den Auftraggebern mit Wirkung zu Gunsten Dritter (der Mitglieder des Beschäftigtenverbandes) denkbar, welche auf Grund der Koalitionsfreiheit vom Kartellverbot des GWB ausgenommen wären.[52] Sofern sich die abhängig Beschäftigten dagegen einer (Arbeitnehmer-)Gewerkschaft anschließen, ohne dort die Mehrheit zu bilden, würde das die Gewerkschaftseigenschaft dieser Organisation nicht tangieren. Sie könnte dann die schuldrechtlichen Einheitsbedingungen für diese Mitgliedergruppe abschließen. Die Gruppe der selbständig Beschäftigten dürfte auch viele **selbständige Existenzgründer** umfassen, die als Arbeitslose neben dem Überbrückungsgeld nach § 57 SGB III einen Existenzgründungszuschuss gemäß § 421 lit. l SGB III (für längstens drei Jahre) erhalten, wenn sie ihre Beschäftigungslosigkeit durch Aufnahme einer Selbständigen-Tätigkeit beenden (und außer mithelfenden Familienangehörigen keine Arbeitnehmer beschäftigen). Für sie wird nämlich (widerlegbar) vermutet, dass sie einer selbständigen Tätigkeit in der Sozialversicherung nachgehen (§ 7 Abs. 4 SGB IV). Diese so genannten Ich-AG-Gründer beeinträchtigen die Gewerkschaftseigenschaft der Organisation, welcher sie zuvor als Arbeitnehmer angehörten, ebenfalls nicht, solange sie dort in der Minderheit bleiben.[53]

**24** Für **Arbeitslose** gelten mangels entsprechender Arbeitsverhältnisse vorübergehend keine Tarifverträge. Allerdings werden die gesetzlichen Unterstützungsleistungen für sie maßgeblich an der Entwicklung einschlägiger Tarifverträge

---

50 Vgl. *Däubler/Peter*, § 2 Rn. 38.
51 Vgl. dazu vor allem *Kretzschmar*, Rolle der Koalitionsfreiheit, 29ff., 55ff., 121ff.
52 Im Einzelnen eingehend *Kretzschmar*, Rolle der Koalitionsfreiheit, 127ff., 220ff., 232ff., 264ff., 272ff.
53 Vgl. *Däubler/Peter*, § 2 Rn. 40, 42.

ausgerichtet. Auch beeinflusst die Zahl der Arbeitslosen den kollektiven Arbeitsmarkt sehr wesentlich. Deshalb vertreten die Gewerkschaften auch die Interessen der Arbeit- und Beschäftigungslosen, welche ihrerseits als gleichberechtigte Gewerkschaftsmitglieder aufgenommen werden könne. Dasselbe gilt für **Rentner** und sonstige im **Ruhestand** befindliche frühere Arbeitnehmer, deren sozialpolitische Interessen von den Gewerkschaften am Arbeitsmarkt maßgeblich mitgestaltet werden.[54]

**Beamte** stehen nach geltendem deutschen Beamtenrecht in einem öffentlich-rechtlichen Dienstverhältnis, welches grundsätzlich gesetzlich und nicht durch Tarifverträge geregelt wird.[55] Da das Beamtenverhältnis jedoch entgegen der herrschenden Meinung mindestens teilweise tariflicher Regelung zugänglich ist[56] und dementsprechend auch bereits öfter durch besondere Kollektivverträge, Dienstvereinbarungen und Betriebsvereinbarungen geregelt wird (vgl. z.B. § 73 BPersVG), können Beamte einer Arbeitnehmerkoalition beitreten, ohne deren Gewerkschaftseigenschaft zu beeinträchtigen. Sie sind wie Arbeitnehmer abhängig beschäftigt. Die Inhalte ihrer Dienstverhältnisse werden zwar prinzipiell gesetzlich geregelt, aber durch die Tarifregelungen für vergleichbare Arbeitnehmer im öffentlichen Dienst maßgeblich beeinflusst, so das eine gemeinsame gewerkschaftliche Interessenvertretung tarif- und grundrechtlich legitimiert ist.[57] Beamte können sich also gewerkschaftlich organisieren während reine Beamtenverbände, die nur das geltende gesetzliche Beamtenrecht satzungsrechtlich zu Grunde legen, keine Gewerkschaften im Sinne des § 2 TVG bilden. **25**

**Leitende Angestellte**, die Arbeitnehmer im Sinne des Arbeitsrechts aber nicht im Sinne des Betriebsverfassungsgesetzes (vgl. § 5 Abs. 3 BetrVG) sind, können keine eigene tariffähige Gewerkschaft im Sinne des § 2 Abs. 1 TVG bilden, haben jedoch die (vielfach wahrgenommene) Möglichkeit, anderen (Arbeitnehmer-)Gewerkschaften beizutreten.[58] Dies beruht auf der besonderen Funktion der leitenden Angestellten als unmittelbare Vertreter des Arbeitgebers mit spezifischen unternehmerischen Aufgaben. Wer der Arbeitgeberseite zuzurechnen ist, kann andererseits nicht das Recht auf Gewerkschaftsbildung für sich in Anspruch nehmen, weil ihm dafür die notwendige Unabhängigkeit (vgl. näher § 2 Rn. 64 ff.) fehlt, weil eine von leitenden Angestellten gebildete Organisation eine »gelbe Gewerkschaft« (hierzu Grundl. Rn. 24, sowie § 2 Rn. 18 und Rn. 62) wäre, die der Gesetzgeber gerade von der Teilnahme an der Tarifautonomie ausschließen wollte. Die wohl überwiegende Auffassung stellt darauf ab, dass leitende Angestellte (abgesehen von § 5 Abs. 3, 4 BetrVG) arbeitsrechtlich als Arbeitnehmer einzustufen sind[59], übersieht dabei jedoch, dass dies im gesamten kollekti- **26**

54 *Däubler/Peter*, § 2 Rn. 41.

55 H.M., BAG 19.6.1974, AP Nr. 3 zu § 3 BAT (mit Anm. von *Weber*); Wiedemann/*Wiedemann*, § 1 Rn. 109; MünchArbR/*Löwisch/Rieble*, § 246 Rn. 139 ff.

56 *Thieme*, 48. DJT 1970 I, D 43; *Däubler/Reim*, § 1 Rn. 278 f.

57 *Däubler/Peter*, § 2 Rn. 39; Wiedemann/*Oetker*, § 2 Rn. 247.

58 Ebenso *Däubler/Peter*, § 2 Rn. 43; *Föhr*, BB 1975, 141; LAG Düsseldorf 8.11.1974, EzA Nr. 9 zu § 2 TVG sowie Mitbestimmungsgespräch 1978, 115; dazu die Anm. von *Zachert* (a.a.O.): Es handelt sich dabei um die beiden Entscheidungen zur Gewerkschaftseigenschaft des VOE, die zu den gegenteiligen Entscheidungen des BAG 15.3.1977, AP Nr. 24 zu Art. 9 GG (mit Anm. von *Däubler*) und BAG 16.11.1982, AP Nr. 32 zu § 2 TVG geführt haben; im Übrigen ausführlich mit weiteren Nachweisen auch zur Gegenmeinung *Hoffknecht*, insbesondere 54 ff.

59 Vgl. BAG 15.3.1977 AP Nr. 24 zu Art. 9 GG (mit Anm. von *Wiedemann*); BAG 16.11.1982 AP Nr. 32 zu § 2 (mit Anm. von *Rüthers/Roth*); Wiedemann/*Oetker*, § 2 Rn. 249; *Löwisch/Rieble*, § 2 Rn. 20; *Koberski/Klasen/Menzel*, § 2 Rn. 46; *Gamillscheg*, Kollektives Arbeitsrecht I, § 9 III 1 b 2, 418; *Hoffknecht*, 65. ff.

ven Arbeitsrecht grundsätzlich nicht zutrifft, weil es bei dieser Gruppe regelmäßig an der (die Tarifautonomie legitimierenden) strukturellen Arbeitsmarkt-Polarität gegenüber der Arbeitgeberseite fehlt. Zulässig bleibt dagegen die Bildung von Vereinigungen leitender Angestellter nach Art. 9 Abs. 3 GG. Zulässig ist auch, dass sich leitende Angestellte in »allgemeinen« Gewerkschaften organisieren, solange sie dort nicht die Mehrheit der Mitglieder stellen (vgl. § 2 Rn. 64).

**27** Auch das Bundesarbeitsgericht hat in seinen Entscheidungen zur Gewerkschaftseigenschaft des Verbandes der **oberen Angestellten** der Eisen- und Stahlindustrie[60] wohl nicht ausdrücklich die Möglichkeit bejaht, dass eine Organisation leitender Angestellter eine Gewerkschaft bilden kann. Es hat vielmehr festgestellt, dass die Mitgliedschaft leitender Angestellter in einer Organisation von nicht leitenden außertariflichen Angestellten die Gegnerfreiheit dieser Organisation und damit ihre Tariffähigkeit nicht beseitigt. Bei der in Frage stehenden Standesorganisation waren von 7600 Mitgliedern allerdings ca. 3000 leitende Angestellte. Bei einer so großen Zahl nicht »gewerkschaftsfähiger« Mitglieder (nicht leitende AT-Angestellte sind selbstverständlich wie jeder andere Arbeitnehmer zu behandeln) muss aber die Unabhängigkeit der gesamten Organisation von der Arbeitgeberseite in Frage gestellt werden (vgl. dazu § 2 Rn. 64).[61]

**28** Wenn z.B. **Vorstandsmitglieder, Geschäftsführer** und leitende Angestellte keine Gewerkschaften bilden können, bedeutet dies – wie das Bundesarbeitsgericht zu Recht in der Entscheidung vom 15. März 1977[62], festgestellt hat – allerdings nicht, dass die Mitgliedschaft solcher Personen in einer Gewerkschaft, die im Übrigen sonstige Arbeitnehmer organisiert, die Gewerkschaftseigenschaft dieser Organisation sofort in Frage stellt. Gewerkschaften können solche Personen als Mitglieder haben, ohne ihre Tariffähigkeit zu gefährden, solange solche Mitglieder nicht entscheidenden Einfluss auf Ziele und Politik der Gewerkschaft nehmen können[63], solange die Bildung des Gewerkschaftswillens sich trotz der Mitgliedschaft solcher Personen frei und unbeeinflusst von dieser vollziehen kann (Einzelheiten hierzu § 2 Rn. 64).

### b) Dauerhafte, körperschaftlich verfasste Organisation

**29** Um eine Gewerkschaft zu sein, muss eine Vereinigung von abhängig Beschäftigten die Förderung der Arbeits- und Wirtschaftsbedingungen ihrer Mitglieder auch durch Tarifabschlüsse erstreben und deshalb rechtlich so organisiert sein, dass sie die entsprechenden Verträge nicht nur ad hoc durchzusetzen vermag. Da es sich bei Tarifverträgen regelmäßig um Dauerschuldverhältnisse handelt, die mindestens während ihrer Laufzeit die Arbeitsverhältnisse der Tarifgebundenen normativ regeln, muss die Gewerkschaft in der Lage sein, die Einhaltung der tariflichen Verpflichtungen dauerhaft zu sichern und das Vertragsverhältnis abredegemäß zu beenden (so genannte Durchführungspflicht). Das ist im Interesse der Rechtssicherheit für die eigenen Mitglieder, die andere(n) Tarifvertragspartei(en), sonst beteiligter Dritter (z.B. der Betriebsparteien nach dem BetrVG)

---

60 BAG 15.3.1977 und 16.11.1982, AP Nr. 32 zu § 2 TVG (mit Anm. von *Rüthers/Roth*), zustimmend *Löwisch/Rieble*, § 2 Rn. 20.

61 Vgl. *Hagemeier*, DB 1984, 718.

62 BAG 15.3.1977, AP Nr. 24 zu Art. 9 GG.

63 Vgl. auch BAG 16.11.1982, AP Nr. 32 zu § 2 TVG (mit Anm. von *Rüthers/Roth*).

und auch des Gesetzgebers, der das Arbeitsrecht (mit-)zu verantworten hat (und zunehmend tarifdispositive Gesetze erlässt), geboten. Die historisch (wegen der gemeinsamen Herkunft aus dem Genossenschaftsgedanken) nahe liegende Lösung, von den Tarifvertragsparteien eine – den juristischen Personen des Wirtschaftsrechts nachgebildete – gesetzliche Rechtsfähigkeit zu verlangen, ist allerdings wegen des begrenzten Handlungsfeldes der Gewerkschaften weder erforderlich noch wäre es – angesichts der gesetzesvorbehaltlosen Garantie des Art. 9 Abs. 3 GG – grundrechtlich zu rechtfertigen. Der freie Zusammenschluss gleichberechtigter Mitglieder darf zur rechtstechnischen Ausgestaltung einer funktionsfähigen Tarifautonomie verbandsrechtlich nur insoweit staatlich strukturiert werden, wie es erforderlich ist, um »frei Assoziation und Selbstbestimmung ... unter Berücksichtigung der Notwendigkeiten eines geordneten Vereinslebens und der schutzbedürftigen sonstigen Belange zur ermöglichen und zu erhalten«.[64] Das Kriterium einer **dauerhaft angelegten körperschaftlichen Organisation** können die Gewerkschaften nur erfüllen, wenn entsprechend offene und handlungsfähige Formen zur Verfügung stehen. Ihre Bereitstellung ist folglich koalitionsgrundrechtlich geboten.

Der Gesetzgeber stellt den Gewerkschaften heute als wichtigste Verbandsformen den rechtsfähigen vereinsregisterförmig **eingetragenen Verein** (§§ 21ff. BGB) und den nicht rechtsfähigen **nicht eingetragenen Verein** (§ 54 BGB) zur Verfügung. Beide sind durch die Notwendigkeit von Mitgliederversammlungen und von diesen zu wählende Vorstände sowie die Pflicht schriftlicher Satzungen körperschaftlich strukturiert. Die schon zur Zeit der Tarifvertragsverordnung vom 23. Dezember 1918 vorhandenen Gewerkschaften waren als **nicht rechtsfähige Vereine im Sinne des § 54 BGB** organisiert. Die Gewerkschaften haben diese traditionelle Rechtsform auch unter dem geltenden Tarifrecht ganz überwiegend beibehalten, so dass der Gesetzgeber die Rechtsfähigkeit für den Gewerkschafts- (und Koalitionsbegriff nach Art. 9 Abs. 3 GG) nicht vorausgesetzt haben konnte. Zum Abschluss von Tarifverträgen in privatrechtlicher Form bedarf es jedoch einer speziellen tarifrechtlichen Handlungsfähigkeit der Gewerkschaft (durch ihre Vertreter), also der Tariffähigkeit. Rechtstechnisch bedarf sie als Vereinigung ihrer Mitglieder einer **körperschaftlichen Struktur**. Sie muss darin unabhängig vom Wechsel ihrer Mitglieder bestehen und auf Dauer angelegt sein, weil die Wahrung und Förderung der Arbeits- und Wirtschaftsbedingungen als grundrechtlicher Tarifzweck überindividuell geprägt ist[65], was sich auch aus §§ 3 Abs. 3, 4 Abs. 5 ergibt. Als geeignete Rechtsformen bieten sich der eingetragene Verein (§§ 21ff. BGB) und der nicht rechtsfähige Verein (§ 54 BGB) gleichermaßen an, nachdem die frühere Möglichkeit behördlicher Mitgliederkontrollen 1919 mit der Aufhebung des § 61 Abs. 2 a.F. BGB entfallen. Dennoch haben fast alle Gewerkschaften die traditionelle Form des nicht rechtsfähigen Vereins bis heute beibehalten (wichtigste Ausnahme war die 2001 gegründete Vereinte Dienstleistungsgewerkschaft ver.di e.V.[66]). Grundstücke und wichtige Vermögensteile werden dann meist in eine GmbH eingebracht, deren Gesellschafter die Vorstandsmitglieder der Gewerkschaft werden, wobei die treuhänderisch gehaltenen Gesellschaftsanteile dann Vereinsvermögen der Gewerkschaft darstellen. Wegen ihrer koalitionsgrundrechtlichen Satzungsautonomie sind die Gewerk- 30

64 BVerfG 1.3.1979 E 50, 290, 355.
65 H.M., z.B. Wiedemann/*Oetker*, § 2 Rn. 12, 179.
66 Dazu *Kempen/Lörcher/Platow/Tiefenbacher/Trümner*, JbArbR 39 (2002), 65.

schaften in der Auswahl der Rechtsform frei und unterliegen auch nicht der Definition des Vereins in § 2 Abs. 1 Vereinsgesetz, weil Art. 9 Abs. 3 GG keinen entsprechenden Gesetzesvorbehalt kennt.[67] Aber auch wenn sie eine Rechtsform des bürgerlichen Vereinsrechts gewählt haben, sind die entsprechenden Vorschriften stets im Lichte des Art. 9 Abs. 3 GG verfassungskonform auszulegen. Dementsprechend werden ihnen auch als nicht rechtsfähigen Vereinen die aktive und passive Parteifähigkeit[68] (neben §§ 10f. ArbGG), der Namensschutz des § 12 BGB[69] und die Grundbuchfähigkeit[70] zuerkannt.

31 Ein so genannter **Gründungsverband** ist eine Vereinigung von abhängig Beschäftigten, welche die Gründung einer Gewerkschaft anstreben, aber wesentliche rechtliche Voraussetzungen hierfür (z.B. Mitgliederversammlung, Vorstandswahlen, Verabschiedung der Satzung) nicht oder nicht rechtswirksam (z.B. wegen fehlerhafter Einladung zur Mitgliederversammlung, fehlerhafter Vorstandswahlen) geschaffen haben. Mangels entsprechender körperschaftlicher Strukturen (meist auch finanzieller Leistungsfähigkeit) ist ein solcher Verband im Gründungsstadium **keine Gewerkschaft** und nicht tariffähig.[71] Mag er dies auch ernsthaft beabsichtigen, so ist er doch noch nicht körperschaftlich verbindlich ausgestaltet und dementsprechend missbrauchsgefährdet. Ein Gründungsverband ist deshalb möglicherweise schon als Koalition im Sinne des Art. 9 Abs. 3 GG Grundrechtsträger, doch stellt er um des Schutzes der Mitglieder, der Arbeitgeberseite und Dritter (noch) keine Gewerkschaft dar.[72]

### c) Tarifwilligkeit

32 Gewerkschaften müssen die Tarifautonomie und damit auch das Mittel des Tarifvertrages zur Wahrung und Förderung der Arbeits- und Wirtschaftsbedingungen ihrer Mitglieder für sich beanspruchen. Auch deswegen war die Anerkennung der Gewerkschaftseigenschaft des Verbandes der oberen Angestellten der Eisen- und Stahlindustrie durch das Bundesarbeitsgericht[73] bedenklich. Zwar überlässt Art. 9 Abs. 3 GG den Koalitionen grundsätzlich die Wahl der Mittel, die sie zur Erreichung ihres Zweckes für geeignet halten[74], doch ist die Interessenwahrung durch Tarifverträge das wesentliche, durch Art. 9 Abs. 3 GG geschützte Mittel, das ihnen nicht beschnitten werden darf[75] und ohne das die Tätigkeit der Gewerkschaften schlechthin nicht vorstellbar ist. Dementsprechend wird die Tatsache, dass eine Arbeitnehmervereinigung bereits erfolgreich Tarifverträge durchgesetzt hat, als ein wesentliches Indiz für ihre Gegenmächtigkeit angesehen[76] (siehe auch § 2 Rn. 45ff.). Diese prinzipielle Tarifwilligkeit bedeutet allerdings nicht, dass ein Arbeitgeber im konkreten Einzelfall einen Anspruch auf Tarifvertragsverhandlungen gegenüber der Gewerkschaft, d.h. auf deren Ver-

67 Wiedemann/*Oetker*, § 2 Rn. 174; a. A. Löwisch/*Rieble*, § 2 Rn. 10.
68 BGH 6.10.1964 AP Nr. 6 zu § 54 BGB; BGH, AP Nr. 1 zu § 50 ZPO = Z 50, 325.
69 BGH 24.2.1965 AP Nr. 1 zu § 12 BGB.
70 BGH 45, 338.
71 A.A. Wiedemann/*Oetker*, § 2 Rn. 169.
72 Instruktiv ist insoweit ArbG Mainz 7.11.2003 (6 GA 2003/03) zum Gründungsverband der »Gewerkschaft der Flugsicherung« – unveröffentlicht.
73 BAG 16.11.1982 AP Nr. 32 zu § 2 TVG (mit Anm. von *Roth*).
74 BVerfG 1.3.1979, E 50, 290, 368.
75 BVerfG 1.3.1979, E 50, 290, 367; BVerfG 6.5.1964, E 18, 18, 26.
76 Vgl. etwa BAG 10.9.1985 und 25.11.1986, AP Nr. 34 und 36 zu § 2 TVG.

handlungsbereitschaft hat.[77] Ebenso wenig kann daraus auf eine Verpflichtung zur Anerkennung des geltenden Tarifrechts geschlossen werden (im Einzelnen zu diesem Problem § 2 Rn. 42 und Rn. 47). In der Rechtsprechung wird das Problem der Bereitschaft einer Koalition, Tarifverträge abzuschließen, unter dem Stichwort **Tarifwilligkeit** als eigene Tariffähigkeitsvoraussetzung diskutiert.[78] Der Auffassung, dass die Tarifwilligkeit darüber hinaus als Element der Tariffähigkeit in der Satzung festgelegt werden müsse[79], kann allerdings schon deswegen nicht gefolgt werden weil die Teilnahme solcher Vereinigungen an der Tarifautonomie, die die Tarifwilligkeit nicht in der Satzung zum Ausdruck bringen, den Schutzzweck der Tarifautonomie nicht gefährdet. Damit besteht keine entsprechende Kompetenz des Gesetzgebers bzw. der Rechtsprechung, insoweit einzugreifen (vgl. § 2 Rn. 15). Dasselbe folgt auch aus einem Umkehrschluss zur Ausnahmevorschrift des § 2 Abs. 3 TVG. Bei Gewerkschaften in Form nichtrechtsfähiger Vereine dürften im Übrigen schon länger real praktizierte Tarifabschlüsse als »Vereinsherkommen«[80] satzungsförmig legitimiert sein.
Unzulässig wäre es indessen, die eigene Tariffähigkeit auf bestimmte tarifpolitische Bereiche zu begrenzen, denn die Tarifautonomie bezieht sich nach Art. 9 Abs. 3 Satz 1 GG auf die Wahrung und Förderung »der« Arbeits- und Wirtschaftsbedingungen, nicht nur von Einzelaspekten.[81] Zulässig ist dagegen die satzungsrechtliche Begrenzung der Gewerkschaftszuständigkeit auf bestimmte Wirtschaftszweige und Branchen (Organisations- und Tarifzuständigkeit, vgl. § 2 Rn. 42), nicht aber auf einzelne Unternehmen und Betriebe, denn eine Gewerkschaft muss überbetrieblich organisiert sein (vgl. dazu § 2 Rn. 65).

### d) Freiwillige, nicht-staatliche, demokratisch strukturierte Vereinigung

Dass nur auf freiwilliger Basis zustande gekommene Organisationen Gewerkschaften sein können und dass diese von staatlicher Reglementierung frei, auf nicht-staatlicher Basis organisiert und demokratisch strukturiert sein müssen, folgt schon aus der geschichtlichen Entwicklung der Gewerkschaften Ende des 19. und zu Beginn des 20. Jahrhunderts (Grundl. Rn. 3ff.) bis zu ihrer Normierung in verfassungsförmigen Freiheitsrechten. Diese Elemente sind damit dem Gewerkschaftsbegriff immanent. Im Übrigen ergibt sich dies zwingend aus der Aufgabenstellung der Gewerkschaften im Rahmen der Tarifautonomie. Es ist **33**

77 Vgl. zur Ablehnung eines Verhandlungsanspruches der Gewerkschaft gegenüber dem Arbeitgeber BAG 2.8.1963, AP Nr. 5 zu Art. 9 GG; BAG 14.7.1981, AP Nr. 1 zu § 1 TVG Verhandlungspflicht; BAG 14.2.1989, AP Nr. 52 zu Art. 9 GG; EuGHMR 6.2.1976, EuGRZ 1976, 62, sowie *Coester*, ZfA 1977, 87; Waas, AuR 1991, 334; *Löwisch/Rieble*, Grundl. Rn. 55, § 1 Rn. 170; a. A. *Zöllner*/Loritz, 371 f.; Wiedemann/*Thüsing*, RdA 1995, 285ff., Wiedemann/*Wiedemann*, § 1 Rn. 184ff., die sich auf eine – nicht nachweisbare – Sozialordnungspflichtigkeit der autonomen Tarifvertragsparteien stützen möchten, während heute allenfalls ein schuldrechtlicher Anspruch aus bestehenden tariflichen Dauerrechtsbeziehungen herzuleiten wäre, vgl. *Hottgenroth*, 169ff.; *Arnold*.

78 Vgl. etwa BAG 15.11.1963, 16.11.1982 und 25.11.1986, AP Nr. 14, 32 und 36 zu § 2 TVG; BAG 15.3.1977, AP Nr. 24 zu Art. 9 GG; BAG 6.7.1956, AP Nr. 11 zu § 11 ArbGG 1953; das Bundesverfassungsgericht verlangt demgegenüber keine Tarifwilligkeit als eigene Tariffähigkeitsvoraussetzung, sondern setzt die Bereitschaft zum Abschluss von Tarifverträgen wohl ebenfalls als für die Tarifautonomie begriffsnotwendig voraus, vgl. etwa die einschlägigen Entscheidungen BVerfG 1.3.1979, E 50, 290, 368; BVerfG 6.5.1964, E 18, 18, 28.

79 So etwa Wiedemann/*Oetker*, § 2 Rn. 292ff.; *Gamillscheg*, Kollektives Arbeitsrecht I, § 14 I 2a, 522; *Löwisch*, ZfA 1970, 304; wie hier dagegen *Stein*, Rn. 41 f.; *Däubler/Peter*, § 2 Rn. 45ff.

80 Vgl. dazu *Reichert/Dannecker*, Handbuch des Vereins- und Verbandsrechts, 5. Aufl., 1993 Rn. 355ff.

81 Vgl. *Löwisch/Rieble*, § 2 Rn. 61: keine »Tabuzonen«.

bereits dargelegt worden, dass Gewerkschaften funktionsnotwendig freiwillige und demokratisch strukturierte (Grundl. Rn. 67ff.) Vereinigungen sein müssen. Die **Freiheit zur Gewerkschaftsgründung** und zum **Austritt** aus einer Gewerkschaft ist dementsprechend auch durch Art. 9 Abs. 3 Satz 2 GG geschützt (Grundl. Rn. 73).

Verfassungsrechtlich vorgegeben ist dabei die rechtliche Gleichheit der Gewerkschaftsmitglieder als Träger der individuellen Koalitionsfreiheit, die in Art. 9 Abs. 3 Satz 2 GG auch gegen innerorganisatorisch-satzungsförmige Einschränkungen und Behinderungen gesichert ist. Damit verpflichtet diese Norm die Gewerkschaften selbst auf einen **prinzipiell demokratischen Mindeststandard**, der freilich nicht als konkretes »Demokratisierungsgebot« im Sinne parlamentarisch-staatlicher Entscheidungsstrukturen missverstanden werden darf. Notwendig ist jedoch ein satzungsförmiges allgemeines und gleiches Wahlrecht der Mitglieder zu den Gewerkschaftsorganen, das freilich gleichheitliche Wählbarkeitsvoraussetzungen (z. B. Mitgliedschaftsdauer) nicht ausschließt. Zulässig sind auch so genannte **Quotenregelungen** (z. B. für Jugendliche, Frauen), die der Herstellung von Chancengleichheit dienen.

Unbedenklich sind ferner die in vielen Großorganisationen praktizierten **Delegiertenversammlungen** (anstelle von Mitgliederversammlungen), wenn sichergestellt ist, dass das Prinzip der demokratischen »Legitimationskette« zu den Mitgliedern nachvollziehbar gesichert ist und die Delegiertenmandate in regelmäßigen Abständen erneuert werden müssen. Die entsprechenden Verfahrensvorschriften sollten in der Gewerkschaftssatzung enthalten sein[82], um die Selbstlegitimation von Gewerkschaftsorganen zu verhindern und damit deren Kontrolle durch die Mitglieder zu ermöglichen. Derselbe Zweck kann auch die **Inkompatibilität** der Mitgliedschaft in Kontrollorganen und Vollzugsorganen begründen.

Schließlich sind die für einen effektiven Minderheitenschutz und damit für eine freie Willensbildung der Mitglieder erforderlichen (Kommunikations-) Grundrechte, also insbesondere die Meinungs- und Informationsfreiheit sowie der Persönlichkeitsschutz und das diskriminierungsfreie Gleichheitsgebot sicherzustellen.

Andererseits verbietet es die Koalitionsfreiheit, den Gewerkschaften ein besonderes Organisationsstatut nach Art des Parteiengesetzes staatlich vorzuschreiben. Insbesondere muss ihnen der Gesetzgeber Organisationsformen zur Verfügung stellen, welche offen genug sind, um nicht die in Art. 9 Abs. 3 GG enthaltene gewerkschaftliche **Satzungsautonomie** zu beseitigen. Die relativ »offene« Rechtsform des nicht eingetragenen Vereins des § 54 BGB, die auf das Recht der BGB-Gesellschaft (§§ 705ff. BGB) verweist, genügt diesen Anforderungen solange auch die gesetzlich stärker strukturierte Form des eingetragenen Vereins zur Verfügung steht und diese nicht gegenüber der anderen Vereinsform steuerrechtlich benachteiligt wird. Eine **steuerrechtliche Diskriminierung** des registerlich eingetragenen Gewerkschaftstyps gegenüber der nicht eingetragenen Gewerkschaft wäre ebenso autonomiewidrig[83] wie undifferenzierte Analogien zum Recht des eingetragenen Vereins. Sie würden den Gewerkschaften, die die

---

82 Vgl. OLG Frankfurt am Main, ZIP 1985, 213; Wiedemann/*Oetker*, § 2 Rn. 273; *Reuter*, ZHR 148 (1984), 523ff.; *Säcker*, Repräsentation, 16ff.

83 Verfassungsrechtlich kaum haltbar sind deshalb § 5 Abs. 1 Nr. 6 KStG und § 3 Nr. 1 GewStG, die ausschließlich Gewerkschaften in der Form des nicht eingetragenen Vereins steuerrechtlich privilegieren.

Rechtsform eines nicht rechtsfähigen Vereins gewählt haben, praktisch dennoch das Recht des eingetragenen Vereins aufzuzwingen. Entsprechende allgemeine Tendenzen in der Rechtsprechung sind daher zumindest für den koalitionsrechtlichen Bereich abzulehnen.
Dagegen kommen Analogien zum Recht des eingetragenen Vereins im Einzelfall immer dann in Betracht, wenn sie unmittelbar aus Art. 9 Abs. 3 GG zwingend geboten sein sollten.[84] Die von den DGB-Gewerkschaften in gesonderten gesellschaftsrechtlichen Formen selbständig betriebenen Unternehmensbeteiligungen ändern nichts an ihrem Charakter als Idealverein.[85] Das folglich anwendbare Vereinsrecht des BGB muss jedoch zum Schutze der individuellen Koalitionsfreiheit der Gewerkschaftsmitglieder hinsichtlich seiner Anforderungen an die satzungsförmigen Beteiligungsrechte des Mitglieds gemäß Art. 9 Abs. 3 Satz 2 GG verfassungskonform ausgelegt werden.[86]

### e) Druckausübungsfähigkeit/Mächtigkeit

Hauptzweck der Tarifautonomie ist es, die strukturelle Unterlegenheit der Arbeitnehmer gegenüber den Arbeitgebern durch Bildung von Organisationen auszugleichen, die aufgrund ihrer Stärke in der Lage sind, gegenüber dem Arbeitgeber für ihre Mitglieder akzeptable Arbeits- und Wirtschaftsbedingungen durchzusetzen (im Einzelnen § 2 Rn. 6ff. und Grundl. Rn. 92ff.). Es geht somit um die Bildung von Gegenmacht auf Arbeitnehmerseite. Nach Art. 40 Abs. 1 EinigungsV in Verbindung mit Art. 17 Staatsvertrag Wirtschafts-, Währungs- und Sozialunion (vgl. § 2 Rn. 11f.) müssen die Gewerkschaften (entsprechend den Arbeitgebern) in der Lage sein, »durch das Ausüben von Druck auf den Tarifpartner zu einem Abschluss zu kommen«. Diese **Druckausübungsfähigkeit** hängt historisch und funktional von einer Reihe von Bedingungen ab, welche die Rechtsprechung zu rechtsverbindlichen Kriterien für die Anerkennung einer Arbeitnehmerkoalition als Gewerkschaft im Sinne des Tarifrechts gebündelt hat. Sie muss als dauerhaft, körperschaftlich-demokratisch verfasste, freiwillige Organisation (vgl. § 2 Rn. 33) abhängig Beschäftigter (vgl. § 2 Rn. 22ff.) zusätzlich **arbeitskampffähig** (mit Ausnahmen) sein, eine (der eigenen Organisationszuständigkeit korrespondierende) erhebliche **Zahl von Mitgliedern** aufweisen, die auf Grund ihrer arbeitnehmerischen Funktionen druckausübungsfähig sind, und sie muss **personell** und **finanziell** so ausgestattet sein, dass sie Tarifvertragsabschlüsse durchsetzen sowie Tarifverträge verlässlich durchführen und überwachen kann. Notwendig ist ferner eine effektiv **überbetriebliche Organisation** und eine vom sozialen Gegenspieler **unabhängige Willens- und Entscheidungsstruktur**. **34**

Im Anschluss an die DAV-Entscheidung des Bundesverfassungsgerichts[87] hat das **Bundesarbeitsgericht** das Erfordernis gewerkschaftlicher Druckausübungsfähigkeit treffend begründet: »Druckausübungsfähigkeit muss eine Arbeitnehmervereinigung besitzen, um sicherzustellen, dass der soziale Gegenspieler Verhandlungsangebote nicht übersehen kann. Ein angemessener, sozial befrie- **35**

84 Vgl. BGH 11.7.1968, Z 50, 325, 328ff.; zur Frage, welche Anforderungen an die innere Organisation der Gewerkschaften das Demokratieprinzip darüber hinaus im Einzelnen mit sich bringt, vgl. *Popp*, JöR 26 (1977), 145ff.; *Teubner*, Organisationsdemokratie.

85 BGH 29.9.1982, Z 85, 84; MünchArbR/*Löwisch*, § 249 Rn. 5; a.A. *Vorderwülbecke*, 48ff., 100.

86 Vgl. hierzu *Reuter*, ZHR 1984, 523; *Säcker*, Repräsentation, 30ff.

87 BVerfG 20.10.1981, E 58, 233, 248.

dender Interessenausgleich kann nur zustande kommen, wenn die Arbeitnehmervereinigung zumindest soviel Druck ausüben kann, dass sich die Arbeitgeberseite veranlasst sieht, sich auf Verhandlungen über eine tarifliche Regelung von Arbeitsbedingungen einzulassen. Die Arbeitnehmervereinigung muss von ihrem sozialen Gegenspieler ernst genommen werden, so dass die Arbeitsbedingungen nicht einseitig von der Arbeitgeberseite festgelegt, sondern tatsächlich ausgehandelt werden. Ob eine Arbeitnehmervereinigung eine solche Durchsetzungsfähigkeit besitzt, muss auf Grund aller Umstände im Einzelfall festgestellt werden«.[88] Dies ist eine auf den verfassungsrechtlichen Koalitionszweck einer Ordnung der Arbeits- und Wirtschaftsbedingungen (Art. 9 Abs. 3 Satz 1 GG) funktional bezogene Ableitung. Dass die vom Lag festgestellten Tatsachen im Fall der UFO-Entscheidung schon bei der Revisionsverhandlung des BAG teilweise nicht mehr vorlagen, zeigt die **Vorläufigkeit** entsprechender BAG-Beschlüsse **zur Gewerkschaftseigenschaft**.[89] Sie dürfte das tarifliche Geschehen künftig belasten.

36 Die funktionsbezogene Begründung des Durchsetzungsfähigkeits- und Mächtigkeitskriteriums kann indessen **nicht** als eine **marktökonomische Gleichgewichtslage** zwischen Gewerkschaften und Arbeitgeberseite verstanden werden[90], weil eine wirkliche Gleichgewichtslage sich kaum einmal erzielen lassen wird und weil es darüber hinaus kaum möglich ist, festzustellen, in welchem Umfang sie tatsächlich besteht[91] (zu diesen Zusammenhängen schon Grundl. Rn. 93 und Rn. 95). Gemeint ist vielmehr ein **arbeitnehmerbezogen organisiertes permanentes Marktpotential**, das auf Grund seines sozial-ökonomischen Gewichts in der Lage ist, die Interessen seiner Mitglieder im jeweiligen Arbeitsmarktsektor angemessen zu repräsentieren und deren strukturelle Marktunterlegenheit hierdurch angemessen auszugleichen.[92] Dieses funktionale Verständnis des Mächtigkeitskriteriums steht auch hinter der Anforderung, die Tarifvertragsparteien müssten im Stande sein, »durch Ausüben von Druck auf den Tarifpartner zu einem Abschluss zu kommen« (Staatsvertrag Wirtschafts-, Währungs- und Sozialunion, Leitsatz III.2).[93] Die Normwirkung der Tarifbestimmungen nach § 4 Abs. 1 TVG setzt mindestens auf Arbeitnehmerseite eine Organisation voraus, die auf Grund ihres Marktgewichts in der Lage ist, eine unbestimmte Vielzahl von Arbeitsverhältnissen unter Ausgleich differierender betrieblicher und individueller Interessen in demokratischen Verbands-Entscheidungsverfahren permanent sowie dauerhaft verlässlich abstrakt und generell zu regeln. Für eine solche **Normsetzungsfähigkeit** können unter den Bedingungen der Tarifabschlussfreiheit auf Arbeitgeberseite, d.h. im System des tarifvertragsgesetzlichen Marktkonzepts, nur solche Gewerkschaften einstehen, die über ein adäquates Durchsetzungspotential, also angemessene Durchsetzungsfähigkeit verfügen.

37 Das Erfordernis effektiver normsetzungspotenter Durchsetzungsfähigkeit für Gewerkschaften ist wesentliche Grundvoraussetzung aller **tarifdispositiven Arbeitsgesetze**, die der sozialstaatlich gebundene Gesetzgeber nach Art. 72 Abs. 2, 74 Nr. 12 GG überhaupt erlassen darf. Durch den Erlass tarifdispositiver Normen »beleiht« der Gesetzgeber die Tarifvertragsparteien mit seiner staat-

88 BAG 6.6.2000 (1 ABR 10/99), AP Nr. 55 zu § 2 TVG.
89 BAG 14.12.2004 (1 ABR 51/03), BB 2005, 1054.
90 Vgl. etwa BAG 15.3.1977, AP Nr. 24 zu Art. 9 GG.
91 Einschränkend auch die VOE-Entscheidung des BAG 16.11.1982, AP Nr. 32 zu § 2 TVG.
92 Vgl. BVerfG 26.6.1991, E 84, 212, 224, 228f.
93 Dazu *Kempen*, FS 50 Jahre BAG, 727.

lichen Kompetenz, die jedoch ihrerseits nur im Rahmen der eigenen legislativen Regelungsverpflichtungen besteht. Tarifdispositivität ist deshalb nur unter den engen Voraussetzung der Erfüllbarkeit dieser gesetzlichen Pflichten durch die Tarifpartner und ihre Tarifverträge verfassungsrechtlich zulässig. Dort überträgt der Gesetzgeber seine Regelungsbefugnis innerhalb des von ihm normativ vorgegebenen Regelungsziels und Regelungsrahmens auf die Tarifvertragsparteien in der begründeten Annahme, diese würden über das institutionelle Verfahren der Tarifautonomie gleichwertige Schutzvorschriften marktnah vereinbaren.[94] Mögen hierbei auch die Grundsätze im tarifdispositiven Gesetz selbst enthalten sein[95], so setzt deren tarifliche Ausgestaltung doch entsprechend funktionstüchtige, d.h. durchsetzungsfähige Gewerkschaften voraus. Das darin legalisierte Zutrauen in die **»Richtigkeitsgewähr« gesetzesvertretenden Tarifrechts** nimmt tendenziell sogar zu (vgl. §§ 48 Abs. 2, 101 Abs. 1, 2 ArbGG, 7 ArbZG, 13 BUrlG, 622 Abs. 4 BGB, 4 Abs. 4 Satz 1 EFZG, 17 Abs. 3 Satz 1 BetrAVG, 12 Abs. 3, 13 Abs. 4, 14 Abs. 2 Satz 3, 4 TzBfG, 1 Abs. 1, 3 und 9 Nr. 2 Satz 2 AÜG).

Das Erfordernis der Druckausübungsfähigkeit für den Gewerkschaftsbegriff **38**
ist **in der Literatur kritisiert** worden[96] (vgl. insoweit auch Grundl. Rn. 92 und Rn. 171). Im wesentlichen wird ein solches Verlangen dabei mit der Begründung abgelehnt, es privilegiere die bestehenden mächtigen Gewerkschaften und verhindere die Bildung weiterer, neuer Gewerkschaften[97], konzipiere die Tariffähigkeit in erster Linie als Instrument gesamtwirtschaftlicher Ordnungspolitik[98], kollidiere unter Umständen mit der Koalitionsfreiheit des Art. 9 Abs. 3 GG[99], entziehe kleineren Arbeitgebern die Tariffähigkeit[100] und beruhe auf dem so genannten Gegengewichtsprinzip, das letztlich nicht justitiabel sei.[101]

Den Kritikern ist zuzugestehen, dass die Bildung neuer Gewerkschaften durch die Voraussetzung der Druckausübungsfähigkeit und weiterer Tariffähigkeitsvoraussetzungen erschwert wird. Dies ergibt sich jedoch notwendig aus dem normativen Konzept der Tarifautonomie innerhalb privater Arbeitsmärkte (dazu auch Grundl. Rn. 80ff., Rn. 92ff., § 2 Rn. 4 und Rn. 6ff.). Diese wäre in Frage gestellt, würde man an ihr jegliche Arbeitnehmervereinigung teilnehmen lassen, unabhängig davon, ob sie marktrelevant und normsetzungsfähig, unabhängig und bereit ist, zur Durchsetzung der Interessen ihrer Mitglieder notfalls auch zu streiken. Die Übertragung des Aushandelns der Arbeits- und Wirtschaftsbedingungen der Arbeitnehmer von der einzelvertraglichen, individuellen Ebene hin zur tarifvertraglichen, kollektiven Ebene, setzt auf Seiten der die Arbeitnehmer organisierenden Verbände Leistungsstärke, Kraft und Unabhängigkeit voraus. Die **Normsetzungsbefugnis** kann nur dann effektiv werden, wenn die tariflichen Regelungen **arbeitsmarktgerecht**, **laufdauersicher** und tatsächlich **durchsetzbar** sind. Mit Rücksicht auf geschichtliche und rechtliche Erfahrungen sind

---

94 Wiedemann/*Wiedemann*, Einl. Rn. 396; *Schüren*, NZA 2003, 521, 525.
95 BAG 13.3.2002 (5 AZR 648/00), AP Nr. 58 zu § 4 EntgFG.
96 Vgl. *Wiedemann*, Anm. zu BAG 15.3.1977, AP Nr. 24 zu Art. 9 GG; Wiedemann/*Oetker*, § 2 Rn. 317ff.; *Gamillscheg*, Kollektives Arbeitsrecht I, § 9 IV 3d, 433; *Zöllner/Loritz*, § 34 I 2a, 341; zustimmend dagegen *Löwisch/Rieble*, § 2 Rn. 41ff.; *Däubler/Peter*, § 2 Rn. 10; *Staudinger/Richardi*, GBG, 12. Aufl., 1989, § 611 Vorbemerkung Rn. 885; *Buchner*, BB 2003, 2121, 2127f.
97 Vgl. etwa *Buchner*, 63ff.; *Grunsky*, JZ 1977, 473f.; *Gamillscheg*, Kollektives Arbeitsrecht I, § 9 IV 3d, 433; *Höfling*, RdA 1999, 182; *Franzen*, RdA 2001, 6ff.
98 *Mayer-Maly*, Anm. zu BAG 19.7.1968, AP Nr. 25 zu § 2 TVG; *Höfling*, RdA 1999, 21f.
99 *Mayer-Maly*, Anm. zu BAG 19.7.1968, AP Nr. 25 zu § 2 TVG; Wiedemann/*Oetker*, § 2 Rn. 323.
100 Wiedemann/*Oetker*, § 2 Rn. 325.
101 *Kraft*, SAE 1978, 44; Wiedemann/*Oetker*, § 2 Rn. 321.

entsprechende Anforderungen an die Kollektivorganisationen der Arbeitnehmer in Ausgestaltung der Koalitionsfreiheit entwickelt worden.[102] Ein **Gewerkschaftspluralismus**, der das Zustandekommen von kollektiv akzeptablen, d.h. arbeitsmarkt-repräsentativen Tarifverträgen verhindert, ist sinnlos und nicht von Art. 9 Abs. 3 GG und dem Tarifvertragsgesetz gewollt, weil er den Schutz der Arbeitnehmer als Grund für die Garantie des tarifautonomen Verfahrens in Frage stellt. Im Übrigen wirkt einer zu starken Beeinträchtigung des Koalitionspluralismus und einem Eingriff in die Koalitionsfreiheit der Betroffenen die Unterscheidung zwischen bloßen Arbeitnehmerkoalitionen im Sinne von Art. 9 Abs. 3 GG und tariffähigen Gewerkschaften im Sinne von § 2 Abs. 1 TVG entgegen (hierzu § 2 Rn. 4). Die Koalition, die auch tariffähige Gewerkschaft und damit zur Teilnahme an der Tarifautonomie berechtigt sein will, muss sich dann durch die Betätigung für ihre Mitglieder und für die von ihr propagierten Forderungen die »Tauglichkeit« als Tarifvertragspartei erarbeiten. Auch wenn Durchsetzungskraft und Leistungsfähigkeit, d.h. Gegenmächtigkeit, vorausgesetzt werden, bleiben Bildung und Betätigung von Koalitionen frei. Der einzelne Arbeitnehmer ist rechtlich nicht gehindert, sich einer im Aufbau befindlichen Koalition anzuschließen und dazu beizutragen, dass ihr eine entsprechende Durchsetzungskraft zukommt.[103] Zu Recht ist immer wieder darauf hingewiesen worden, dass es sich insoweit um einen für unsere Rechtsordnung keineswegs ungewöhnlichen Vorgang handelt.[104] Schließlich zog die richterrechtliche Verschärfung der Voraussetzungen zur Teilnahme an der Tarifautonomie letztlich nur die Konsequenz aus dem sich immer mehr verstärkenden wirtschaftlichen Konzentrationsprozess und dem damit einhergehenden Ausbau der Position der Arbeitgeberseite, doch werden die Kriterien inzwischen durch Zulassung von Spezialisten- und Spartengewerkschaften erneut relativiert (vgl. § 2 Rn. 43).[105] Den Wettbewerb zwischen mehreren jeweils durchsetzungsstarken Gewerkschaften verhindert dies nicht.[106]

**39** Wie die Freiheit des Beitritts und des Austritts aus den Koalitionen (Art. 9 Abs. 3 GG) zeigt, ist der **Wettbewerb zwischen den Gewerkschaften** um potentielle Mitglieder prinzipiell verfassungsrechtlich geschützt. Daraus folgt aber nicht, dass durchsetzungsschwache und durchsetzungsstarke Koalitionen auch hinsichtlich ihrer Tariffähigkeit und ihrer Gewerkschaftseigenschaft gleich behandelt werden müssten. Die besondere Funktion der Gewerkschaft als normsetzende Tarifvertragspartei rechtfertigt insoweit die Voraussetzung der Druckausübungsfähigkeit als sachliches Unterscheidungskriterium für die Ausgestaltung der Koalitionsfreiheit durch das Tarifvertragsgesetz. Insofern handelt es sich dann bei der Konkurrenz zwischen »schwachen« Arbeitnehmerkoalitionen und »arbeitsmarktstarken« tariffähigen Gewerkschaften **nicht** um einen quasi individualistisch geöffneten allgemeinen Wettbewerb mit »Kleinstkoalitionen«.[107] Die ihnen gegenüber faktisch bewirkte Privilegierung repräsentativer Gewerkschaften ergibt einen **funktional strukturierten Koalitionspluralismus**. Da die Koali-

102 BVerfG 20.10.1981, E 58, 233, 247; *Zachert*, AR-Blattei 1650.1 Rn. 83 ff.

103 BVerfG 20.10.1981, E 58, 233, 250, sowie BAG 25.11.1986, AP Nr. 36 zu § 2 TVG.

104 Vgl. etwa *Dütz*, AuR 1976, 75 f.; BVerfG 20.10.1981, E 58, 233; *Herschel*, AuR 1976, 239 f.; *Söllner*, AuR 1976, 322.

105 Vgl. BAG 14.12.2004 (1 ABR 51/03), BB 2005, 1056.

106 Vgl. auch *Bonin*, 128.

107 Vgl. *Rieble*, FS Wiedemann, 527.

tionen auch keine »Unternehmen« im Sinne von § 1 GWB darstellen[108], ist das Wettbewerbsrecht hier nicht (unmittelbar) anzuwenden. Die ebenfalls gegebene prinzipielle Unanwendbarkeit des Wettbewerbsrechts auf Tarifverträge[109] betrifft durchaus andere Wettbewerbsverhältnisse, rechtfertigt sich aber gleichfalls aus der kollektiven Rechtssetzungsbefugnis der Tarifpartner.

Zu dem gegen die Mächtigkeitslehre vorgebrachten Argument, diese entziehe **kleinen Arbeitgebern** die Tariffähigkeit, wurde bereits in der Einleitung Stellung genommen (Grundl. Rn. 94, ferner § 2 Rn. 90f.). Entscheidend ist, dass nach § 2 Abs. 1 TVG Arbeitgeber schlechthin tariffähig sind[110], womit der Gesetzgeber bereits zum Ausdruck bringt, dass besondere Tariffähigkeitsvoraussetzungen wie etwa Leistungsstärke und Mächtigkeit nur auf Arbeitnehmerseite für die Funktionsfähigkeit des tarifautonomen Verfahrens notwendig sind (im Einzelnen hierzu auch § 2 Rn. 89ff. unter Auseinandersetzung mit den Argumenten der gegenteiligen Auffassung). **40**

Zur fehlenden **Justitiabilität** einer Gegen- und Gleichgewichtigkeit der Tarifvertragsparteien als Grundlage für das Verlangen insbesondere nach Mächtigkeit und Leistungsfähigkeit und der Gefahr einer Funktionalisierung der Tariffähigkeit als Instrument gesamtwirtschaftlicher Ordnungspolitik kann auf die Ausführungen in den Grundlagen (Rn. 99) verwiesen werden. Es geht hierbei nicht um ein objektiv messbares ökonomisches Gleichgewicht zwischen den Tarifparteien, sondern um die materiellen Bedingungen, welche einen angemessenen Interessenausgleich (bei vorausgesetzter struktureller Unterlegenheit des einzelnen Arbeitnehmers) funktional sichern können, also um das, was im Arbeitskampfrecht als »typisierende Betrachtungsweise« bezeichnet worden ist.[111] In diesem Rahmen besteht eine entsprechende Einschätzungsprärogative des Gesetzgebers (vgl. § 146 SGB III), welche die Rechtsprechung treffend als Durchsetzungsfähigkeitserfordernis für Gewerkschaften im Sinne des § 2 TVG konkretisiert hat. **41**

Die tarifliche **Durchsetzungsfähigkeit** einer Koalition kann immer nur **relativ** auf ihre satzungsförmig festzulegende **Organisationszuständigkeit** bezogen werden. Diese Zuständigkeit lässt sich personell (z.B. Angestellte), regional (z.B. Bundesland X) oder fachlich (z.B. Bäckerhandwerk) begrenzen. Mit einer solchen Einschränkung des Tätigkeitsfeldes werden dann grundsätzlich auch die Anforderungen an die Durchsetzungsfähigkeit und Repräsentativität der Koalition entsprechend eingegrenzt, d.h. Maß zu nehmen ist an dem selbst gewählten Arbeitsmarktbereich, den die Organisation insgesamt erklärtermaßen tariflich regeln will. Je spezialisierter eine Koalition ihre satzungsmäßige Zuständigkeit festlegt, desto leichter lässt sich die notwendige Durchsetzungsfähigkeit erreichen. Da es um die Druckausübungsfähigkeit im **verbandlichen** Organisationsbereich geht, ist bei deren Prüfung aber nicht etwa auf den angestrebten Geltungsbereich eines konkret zu verhandelnden Tarifvertrages abzustellen. Die Durchsetzungsstärke bezüglich des jeweiligen tariflichen Geltungsbereichs wird **42**

---

108 BAG 27.6.1989 AP Nr. 113 zu Art. 9 GG Arbeitskampf.

109 BAG 27.6.1989 AP Nr. 113 zu Art. 9 GG Arbeitskampf; EuGH 21.9.1999 (C-67/96, Albany), Slg. I-5751.

110 Vgl. BVerfG 26.6.1991, E 84, 212, 225f.; BAG 10.12.2002 (1 AZR 96/02), BB 2003, 1125.

111 BAG 10.6.1980 (1 AZR 822/79), AP Nr. 64 zu Art. 9 GG Arbeitskampf; BVerfG 26.6.1991 (1 BvR 779/85), E 84, 212, 230f.; zustimmend ErfK/*Dieterich*, Art. 9 GG Rn. 65; *Kissel*, Arbeitskampfrecht, § 9 Rn. 22ff.; *Däubler/Peter*, § 2 Rn. 10; *Löwisch/Rieble*, § 2 Rn. 35; *Scholz*, in: Maunz/Dürig, GG, Art. 9 Rn. 218; Kittner/Zwanziger/*Kittner*, § 10 Rn. 7; einschränkend: *Stein*, Rn. 45; *Rieble*, FS Wiedemann, 519.

insbesondere bei **Firmentarifverträgen** sehr unterschiedlich sein und kann auf verbandlicher Ebene durch entsprechende Unterstützung/Ressourcen ergänzt werden. Dann ist das verhandlungsnotwendige gewerkschaftliche Gegengewicht z.B. auch bei geringem Organisationsgrad im tariflichen Einzelfall durchaus gegeben. Die Durchsetzungsfähigkeit der Gewerkschaft stellt ein wesentliches Funktionselement ihrer tarifvertraglichen Normsetzungsfähigkeit dar. Deshalb ist dabei ihre gesamte Verbandsstärke zu Grunde zu legen, welche eine tarifgeltungsbereichsbezogene Schwäche im Einzelfall (z.B. Firmentarifvertrag) ausgleichen kann. Eine ausschließlich auf tarifvertragliche Geltungsbereiche bezogene »aufgesplitterte Bewertung der Durchsetzungsfähigkeit« der Gewerkschaften, die zu einer situationsabhängigen und einzelfallbezogen veränderlichen »**relativen Tariffähigkeit**« führt[112], verfehlt die tatsächlich relevante Druckausübungsfähigkeit und ist daher abzulehnen.[113]

**43** Die Abhängigkeit verbandsbezogener Druckausübungsfähigkeit vom satzungsrechtlichen Organisationsbereich einer Koalition als solcher kann dazu führen, dass eine zunächst nicht durchsetzungsmächtige Arbeitnehmervereinigung durch Einschränkung ihrer verbandlichen Zuständigkeit auf Arbeitsmarktsektoren, in denen sie stärker repräsentiert ist, tariffähig wird. Eine derartige Konzentration der Verbandszuständigkeit kann auch von vornherein beabsichtigt sein, wie es bei den so genannten **Spartengewerkschaften** (z.B. Vereinigung Cockpit VC, Gewerkschaft Deutscher Lokführer GDL), die oftmals ausschließlich besondere berufliche »Funktionseliten« organisieren, der Fall ist. Im Bereich ihrer speziellen Berufssparte sind sie oft gut organisiert und wegen der qualifizierten betrieblichen Tätigkeit ihrer Mitglieder sehr durchsetzungsstark (wenn auch das Prinzip der Tarifeinheit der streikweisen Durchsetzung entsprechender Sondertarifverträge gelegentlich entgegenstehen mag[114], hierzu § 2 Rn. 58). Die satzungsförmige Spezialisierung des Organisationsbereichs von – Funktionseliten – und Spartengewerkschaften mit entsprechend konzentrierter Druckausübungsfähigkeit hat jedoch **rechtliche Grenzen**. Das satzungsmäßige oder tatsächliche Beschränken der Mitgliedschaft auf einen einzigen Arbeitgeber oder Konzern verstieße gegen das Prinzip der Überbetrieblichkeit von Gewerkschaften, welches deren Unabhängigkeit von der Gegenseite sichern soll (dazu § 2 Rn. 34ff.).[115] Auch Spartengewerkschaften müssen daher überbetrieblich verfasst und faktisch auch überbetrieblich vertreten sein, wobei marginale Mitgliederbestände in Drittbetrieben neben einem zentralen Arbeitgeber, bei dem der ganz überwiegende Mitgliederanteil tätig ist, nicht ausreichen.[116]

**44** Wenn die Mitglieder einer Arbeitnehmerorganisation überwiegend in einem regional begrenzten Raum tätig sein sollten, könnte der örtliche Zuständigkeitsbereich des Verbandes entsprechend geografisch beschränkt werden, so dass die Druckausübungsfähigkeit dann auch nur regional (z.B. in einem Bundesland) vorhanden sein müsste. Allerdings würde einer solchen **Regionalgewerkschaft** dann meist schon die notwendige Gegnerunabhängigkeit fehlen.[117] Ähnlich wie

---

112 So der Vorschlag von *Rieble*, FS Wiedemann, 532ff.

113 Ebenso *Kissel*, Arbeitskampfrecht, § 9 Rn. 34; *Buchner*, DB 2004, 1042, 1044; vgl. auch BAG 6.6.2002 (1 ABR 10/99), AP Nr. 55 zu § 2 TVG (mit Anm. von *Oetker*).

114 Vgl. *Buchner* BB 2003, 2121 einerseits und *Rieble*, BB 2003, 1227 andererseits.

115 *Rieble*, FS *Wiedemann*, 533.

116 Im Grenzbereich: BAG 14.12.2004 (1 ABR 51/03), BB 2005, 1054.

117 Im Ergebnis ebenso BVerfG 20.10.1981, E 58, 231, 250f.; BAG 14.3.1978, AP Nr. 30 zu § 2 TVG (mit Anm. von *Wiedemann*); *Dütz*, DB 1996, 2385, 2389; *Zachert* AR-Blattei 1650.1 Rn. 106; a.A. Wiedemann/*Oetker*, § 2 Rn. 314.

bei den (unzulässigen) bloßen Betriebsgewerkschaften (hierzu § 2 Rn. 65 ff.) könnte sich die Arbeitgeberseite nämlich durch (Androhung der) Verlegung ihrer Betriebe aus dem örtlichen Organisationsbereich heraus dem Druck der Arbeitnehmer entziehen und deren regionale Koalition damit zugleich gegenstandslos werden lassen. Ist eine Gewerkschaft dagegen bundesweit zuständig und tatsächlich verbreitet, dann bleibt es für ihre Druckausübungsfähigkeit unschädlich, dass sie in einzelnen Regionen nur schwach vertreten und daher weniger durchsetzungsfähig erscheint (z. B. in den so genannten jungen Bundesländern), wenn sie ihr stärkeres Druckpotential aus anderen Gebieten auch hier unterstützend geltend machen kann. Da sich die Durchsetzungsmacht auf die Rechtssetzungs-Effizienz des Verbandes innerhalb seines (primär) fachlich definierten kollektiven Organisationsbereichs bezieht, nicht aber nur auf den engen tariflichen Geltungsbereich eines einzelnen Tarifvertrages, ist eine regional zersplitterte Tariffähigkeit nach Maßgabe der wechselnden Kräfteverhältnisse »vor Ort« damit unvereinbar.[118]

Die Durchsetzungsfähigkeit einer Arbeitnehmerkoalition – und damit ihre Tariffähigkeit – ist immer anhand der Effizienz des Verbandes als solchem im jeweiligen Arbeitsmarktbereich (und nicht nur an innerhalb des tarifvertraglichen Geltungsbereichs im konkreten Einzelfall, vgl. § 2 Rn. 42 und Rn. 44) zu messen. Deshalb können bereits **erfolgte Tarifabschlüsse** nur ein **relatives Indiz** für die autonome gewerkschaftliche Druckausübungsstärke auf dem entsprechenden Arbeitsmarktsektor sein. Nicht jeder Vertragsabschluss über Arbeitsbedingungen ist ein sicheres Kennzeichen für die Autonomie des beteiligten Arbeitnehmerverbandes.[119] Dies hatte das Bundesarbeitsgericht früher verkannt, als es aus der Feststellung, der Arbeitnehmerverband Land- und Ernährungswirtschaftlicher Berufe (ALEB), habe seit längerem Tarifverträge vereinbart, auf dessen Tariffähigkeit schloss, obwohl es sich dabei stets nur um so genannte Anschlussverträge gehandelt hatte, die die Regelungen der jeweils zuvor mit einer anderen Gewerkschaft (HBV) geschlossenen Tarife bloß inhaltlich wiederholten.[120] Für die indizielle Wirkung dieser ALEB-Verträge zu Gunsten der Durchsetzungsmöglichkeit komme es weder auf die Methode noch auf die Härte und Dauer der vorhergehenden Verhandlungen an. Praktisch handelte es sich hier aber nur um eine kollektive Gleichstellungsabrede für die ALEB-Mitglieder hinsichtlich bereits durchgesetzter Tarifverträge, so dass dieser bestätigenden Absprache kaum Indizwirkung für die eigene tarifliche Durchsetzungskraft des ALEB zukam. 45

In seinen beiden Entscheidungen über die Tariffähigkeit der Christlichen Gewerkschaft Bergbau-Chemie-Energie (CGBCE) hat das Bundesarbeitsgericht den bloßen Abschluss von Kollektivverträgen nicht länger als »Beweis« für die Durchsetzungsfähigkeit einer Arbeitnehmerorganisation ausreichen lassen.[121] Ihnen komme aber wesentliche **Indizwirkung** zu, wenn die **Umstände des Abschlusses von Anschlusstarifverträgen** darauf schließen ließen, dass die Vereinigung von der Arbeitgeberseite ernst genommen wurde sowie autonom ver- 46

---

118 ArbG Stuttgart 12. 9. 2003 (15 BV 250/96 – nicht rechtskräftig), BB 2004, 827, 830 = AuR 2004, 159; *Deinert*, AuR 2004, 212; *Böhm*, DB 2003, 2598; *Buchner*, DB 2004, 1042, 1044; a. A. *Rieble*, FS Wiedemann, 533 f.; *Löwisch/Rieble*, § 2 Rn. 40 ff., die die kollektive Funktion des Tarifrechts hier im Ansatz verfehlen.

119 Vgl. *Däubler/Peter*, § 2 Rn. 21 ff.; *Zachert*, AR-Blattei 1650.1 Rn. 105.

120 BAG 10.09. 1985 (1 ABR 32/83), AP Nr. 34 zu § 2 TVG; kritisch *Zachert*, AuR 1986, 324.

121 BAG 25. 11. 1986 (1 ABR 22/85), AP Nr. 36 zu § 2 TVG; BAG 16. 1. 1990 (1 ABR 93/88), AP Nr. 39 zu § 2 TVG; hierzu *Hagemeier*, AuR 1988, 193.

handelt habe und nicht nur einem arbeitgeberischen »Diktat« unterlag. Wichtig sei, dass sie vor dem Abschluss des Anschlussvertrages über die eigentlichen Tarifverhandlungen zum Hauptvertrag **unterrichtet** war und ob sie **eigene Vorstellungen** zum Inhalt dieses Tarifs entwickelt hatte, welche in jene Verhandlungen eingebracht wurden und dort schließlich auch eine Rolle gespielt hätten. Diese Kriterien dienen dazu festzustellen, ob die Arbeitgeberseite mit einer Arbeitnehmerkoalition auch bei bloßen Anschlusstarifverträgen ernsthaft verhandelt habe. Anderenfalls handele es sich um Schein- und Gefälligkeitsverträge, denen keine Indizwirkung für die Tariffähigkeit des Verbandes zukomme.[122] Tatsächlich sind derartige Abmachungen an sich nur als Gleichstellungsabrede in tarifvertraglicher Form zu werten, aus denen eben nicht ohne weiteres auf eine inhaltliche, d.h. normsetzende Durchsetzungsfähigkeit geschlossen werden darf.[123]

**47** Der **Abschluss eigenständiger Kollektivverträge** (d.h. nicht bloßer Anschlusstarifverträge, deren Inhalt bereits in anderen Tarifverträgen festgelegt war) ist zwar ein wichtiges Indiz für die Durchsetzungsfähigkeit einer Arbeitnehmerorganisation zur tariflichen Regelung der Arbeits- und Wirtschaftsbedingungen ihrer Mitglieder. Er reicht aber als solche noch nicht als Nachweis der Durchsetzungskraft des Verbandes aus. Hierfür kommt es auf den **Inhalt** jener Verträge an, d.h. die ihre **Indizwirkung** ist nur **relativ**. So hat das Bundesarbeitsgericht dem Verband der »Bediensteten der Technischen Überwachung« (BTÜ) die Tariffähigkeit abgesprochen, obwohl er einen »Haustarifvertrag« über die Arbeitsbefreiung seiner Funktionäre sowie über die Bereitstellung von Räumen für Verbandstätigkeiten abgeschlossen hatte und daneben weitere »Zuordnungstarifverträge« nach § 3 BetrVG existierten. Solche nur organisationstechnischen Vereinbarungen könnten die verbandliche Durchsetzungsfähigkeit gegenüber dem Arbeitgeber nicht belegen, weil sie keine tariflichen Regelungen von Arbeitsbedingungen enthielten.[124] Aber auch der Abschluss von »Rahmentarifverträgen« soll jedenfalls dann nicht ausreichen, wenn er lediglich auf eine entsprechende Aufforderung des Arbeitgeberverbandes zurückgeht und inhaltlich einem (außer Kraft getretenen) früheren Tarifvertrag mit einer anderen Gewerkschaft entspricht.[125]

**48** Die Durchsetzungsfähigkeit einer Arbeitnehmer-Koalition ist aus **objektiven Kriterien** am Maßstab einer **Gesamtbetrachtung** herzuleiten, nicht dagegen aus einer (subjektiven) Selbsteinschätzung.[126] Zwar erschwert sie kleineren Verbänden den Zugang zur Tariffähigkeit[127], doch haben diese als Koalitionen im Sinne des Art. 9 Abs. 3 GG die Möglichkeit, über ihre Beteiligungsrechte nach dem Betriebsverfassungs- und Personalvertretungsrecht Mitglieder zu gewinnen sowie für diese sodann schuldrechtliche Verträge zu Gunsten Dritter nach § 328 BGB mit dem Arbeitgeber abzuschließen und dann die Durchsetzungsfähigkeit für eigenständige Tarifverträge zu gewinnen. Die konkrete Entwicklung von Arbeit-

---

122 BAG 25.11.1986 (1 ABR 22/85), AP Nr. 36 zu § 2 TVG Bl. 599.

123 Problematisch deshalb BAG 14.12.2004 (1 ABR 51/03), BB 2005, 1058, wo Anschlusstarifen inoffizielle Bedeutung für die Gewerkschaftseigenschaft zugemessen worden ist.

124 BAG 6.6.2000 (1 ABR 10/99), AP Nr. 55 zu § 2 TVG (mit Anm. von *Oetker*).

125 BAG 16.1.1990 (1 ABR 93/88), AP Nr. 38 zu § 2 TVG »Christliche Gewerkschaft Holz und Bau« (CGHB).

126 BAG 15.3.1977, AP Nr. 24 zu Art. 9 GG (mit Anm. von *Wiedemann*); *Zachert*, AR-Blattei 1650.1 Rn. 107.

127 Hierauf zielt die Kritik von Wiedemann/*Oetker*, § 2 Rn. 317 ff.; *Gamillscheg*, Kollektives Arbeitsrecht I, § 9 IV 3 d, 433 ff.; *Rieble*, BB 2004, 885, 889.

nehmerkoalitionen zu tariffähigen Gewerkschaften (z.B. Pilotenvereinigung Cockpit VC) zeigt, dass dies auch tatsächlich möglich ist.

»Mächtigkeit« ist wegen der Normsetzungsbefugnis der Tarifvertragsparteien erforderlich, welche objektive Verfahrensregeln zur Sicherung einer fairen Verfahrensgerechtigkeit auf den Arbeitsmärkten voraussetzt.[128] Ohne sie wären **tarifdispositive** Gesetzesnormen verfassungsrechtlich nicht vertretbar (vgl. § 2 Rn. 37). Auch **Europäische Richtlinien** sehen inzwischen abweichende Regelungsmöglichkeiten durch nationale Tarifverträge vor.[129] Sie lassen sich unter Gleichbehandlungsaspekten ebenfalls nur rechtfertigen, wenn die Tarifregelungen entweder für allgemeinverbindlich erklärt[130] oder förmlich von Amts wegen als »repräsentativ« anerkannt[131] oder aber (in Deutschland) von (kontrolliert) durchsetzungsstarken Gewerkschaften vereinbart wurden. Über staatliche Mitwirkung, amtliche Lizenzierung der Gewerkschaften oder über ihre kontrollierbare Durchsetzungsmacht lässt sich ein fairer Interessenausgleich bei kollektivvertraglichen Abweichungen von der hoheitlichen Arbeitsrechtsnorm sicherstellen. **Verglichen mit anderen Arbeitsrechtssystemen in der EU** stellt das deutsche Mächtigkeitskriterium für tariffähige Gewerkschaften die Verfahrenslösung dar, welche am wenigsten in den Wettbewerb zwischen Arbeitnehmerorganisationen eingreift und daher als verhältnismäßige Ausgestaltung der Koalitionsfreiheit kleinerer Koalitionen anzusehen ist. 49

### f) Arbeitskampfbereitschaft

Die Tarifautonomie ist ein vertragsförmiges Verfahren zur Regelung von Arbeitsverhältnissen durch den Abschluss kollektiver Normenverträge auf privaten Arbeitsmärkten. Es setzt deshalb Vertragsfreiheit voraus, also die Freiheit, die im Arbeitsverhältnis auszutauschenden Leistungen vertraglich zu regeln oder auch nicht zu regeln. Abschlussfreiheit beinhaltet dabei stets auch das Recht, keinen Vertrag zu schließen. Im arbeitsrechtlichen Dauerschuldverhältnis wird dieses marktkonstituierende Recht auf Arbeitnehmerseite traditionell als Recht zur streikweisen Arbeitsniederlegung bezeichnet. Ohne Arbeitskampfbereitschaft und Arbeitskampffähigkeit kann die Tarifautonomie unter Ausschluss der staatlichen Zwangsschlichtung nicht funktionieren.[132] Gewerkschaftliche Tariffähigkeit setzt deshalb regelmäßig die Arbeitskampfbereitschaft voraus.[133] Wenn eine Arbeitnehmerorganisation also (außerhalb extrem marktferner Bereiche wie etwa der katholischen Hausgehilfinnen-Beschäftigung, vgl. § 2 Rn. 51) auf den Arbeitskampf ausdrücklich verzichtet oder ihn nicht in ihre **Satzung** aufnimmt, 50

---

128 BVerfG 20.10.1981 (1 BvR 404/78), E 58, 233, 248f.; BVerfG 24.2.1999 (1 BvR 123/93), E 100, 214, 223; ErfK/*Dieterich*, Art. 9 Rn. 65.

129 Z.B. Art. 5 Abs. 5 RL-Entwurf zur Leiharbeit (KOM 2002/149 endgültig) und § 9 Nr. 2 AÜG; Art. 17 Abs. 2 RL 93/104/EG Arbeitszeitgestaltung und § 7 AZG.

130 So z.B. gesetzlich angeordnete Allgemeinverbindlichkeit in Spanien, vgl. *Zachert* (Hrsg.), Die Wirkung des Tarifvertrages in der Krise, 51ff.; ferner allgemein *Rebhahn*, RdA 2002, 124ff.

131 So z.B. Frankreich auf Grund einer gesetzlich vorgegebenen unwiderleglichen Vermutung, vgl. *Gamillscheg*, Kollektives Arbeitsrecht I, § 9 IV 3 g 3, 440.

132 Vgl. BAG 21.4.1971 (GS 1/68), AP Nr. 43 zu Art. 9 GG Arbeitskampf; BAG 10.6.1980 (1 AZR 822/79), AP Nr. 64 zu Art. 9 GG Arbeitskampf.

133 Ebenso *Däubler/Peter*, § 2 Rn. 26ff.; *Hromadka/Maschmann*, Arbeitsrecht 2, § 12 Rn. 30; *MünchArbr/Löwisch*, § 255 Rn. 11; *Stein*, Rn. 47; a.A. *Gamillscheg*, Kollektives Arbeitsrecht I, § 9 IV 2, 427f.; Wiedemann/*Oetker*, § 2 Rn. 301.

dann übt sie keineswegs nur eine »soziale Kriegsdienstverweigerung«[134], sondern praktisch eine kollektive Arbeitsmarktverweigerung, welche konsequent auch zur Tarifunfähigkeit führt.

51 Früher ging auch die **Rechtsprechung** davon aus, dass Tariffähigkeit auf Gewerkschaftsseite die Bereitschaft und Fähigkeit zum Arbeitskampf voraussetze.[135] Nachdem das Bundesverfassungsgericht jedoch in seiner Entscheidung über die Gewerkschaftseigenschaft des »Verbandes der katholischen Hausgehilfinnen und Hausangestellten« gegen das Bundesarbeitsgericht[136] in der Entscheidungsformel ausgesprochen hatte, dass »der Begriff der Gewerkschaft« nach § 2 Abs. 1 TVG »nicht nur kampfwillige Organisationen« umfasse[137], verzichtete die Rechtsprechung fortan tendenziell auf das Merkmal der Arbeitskampfbereitschaft für Gewerkschaften.[138] Die Literatur ist dem teilweise gefolgt[139], beachtet dabei jedoch nicht hinreichend, dass das Bundesverfassungsgericht am 6. Mai 1964 lediglich eine regelbestätigende Ausnahme von der Notwendigkeit gewerkschaftlicher Arbeitskampfbereitschaft festgestellt hatte: Für die vom jeweiligen Erwerbsstreben beider Parteien (überwiegend) erwerbswirtschaftlich geprägten normalen Arbeitsverhältnisse sei »nicht zu verkennen, dass … der Arbeitskampf oder wenigstens seine Möglichkeit von entscheidender Bedeutung dafür sein kann, dass überhaupt ein Tarifvertrag zustande kommt«, doch bedürfe es des hierfür notwendigen Arbeitskampf-Drucks »jedenfalls für die Berufe des Haushalts« nicht. In den (Privat-)Haushalten sei ein »solches generelles Misstrauen … unbegründet«, weil hier die »sonst zwischen Arbeitgebern und Arbeitnehmern bestehenden natürlichen Gegensätze« zurückträten, denn der Haushalt stelle »nicht wie ein wirtschaftlicher Betrieb Güter mit der Absicht der Gewinnerzielung her, sondern (habe) völlig andere Aufgaben«.[140] Hier wird den regelmäßig ökonomisch strukturierten Arbeitsbeziehungen also mit dem stark familiär geprägten (katholischen) Haushalt ein arbeitsrechtliches Sonderverhältnis gegenübergestellt, dessen tarifliche Regelung auch ohne Arbeitskampfdrohung vorstellbar ist. Ein allgemeiner Verzicht auf das Erfordernis der Arbeitskampfbereitschaft und -fähigkeit für tariffähige Gewerkschaften ist der Entscheidung also gerade nicht zu entnehmen.

52 Der Verzicht auf eine ausdrückliche Nennung der Arbeitskampfbereitschaft als Tariffähigkeitsvoraussetzung passt im Übrigen auch nicht zur Argumentation des **Bundesarbeitsgerichts** in seinen **Arbeitskampfentscheidungen**.[141] Wird doch von diesem Gericht selbst der »Arbeitskampf … als Institution für die Tarifautonomie vorausgesetzt, weil sonst weder das Zustandekommen noch die inhaltliche Sachgerechtigkeit tariflicher Regelungen gewährleistet wären« und weil »ohne das Druckmittel des Streiks die Tarifautonomie nicht wirksam werden« könne.[142] Wenn das geltende Tarifrecht darauf beruht, »dass die sozialen Gegen-

---

134 So aber Wiedemann/*Oetker*, § 2 Rn. 304.

135 BAG 6.7.1956, AP Nr. 11 zu § 11 ArbGG; BAG 19.1.1969, AP Nr. 13 zu § 2 TVG.

136 BAG 19.1.1969, AP Nr. 13 zu § 2 TVG.

137 BVerfG 6.5.1964, E 18, 18.

138 BAG 21.11.1975, AP Nr. 6 zu § 118 BetrVG 1972; BAG 15.3.1977, AP Nr. 24 zu Art. 9 GG; BAG 14.3.1978, AP Nr. 30 zu § 2 TVG 3.

139 *Gamillscheg*, Kollektives Arbeitsrecht I, § 9 IV 2, 427; ErfK/*Schaub*, § 2 TVG Rn. 10; *Kissel*, Arbeitskampfrecht, § 9 Rn. 19 f., 103; Wiedemann/*Oetker*, § 2 Rn. 303 ff.; *Zeuner*, FS 25 Jahre BAG, 733 ff.; *Löwisch/Rieble*, § 2 Rn. 48.

140 BVerfG 6.5.1964, E 18, 18, 30, 31.

141 BAG 28.1.1955, 21.4.1971 und 10.6.1980, AP Nr. 1, 43 und 64 zu Art. 9 GG Arbeitskampf.

142 BAG 10.6.1980, AP Nr. 64 zu Art. 9 GG Arbeitskampf; siehe auch *G. Müller*, DB 1982, Beilage 16, 8 f.

spieler das Verhandlungsgleichgewicht mit Hilfe von Arbeitskämpfen herstellen und wahren können«[143], wenn also der Arbeitskampf elementare Voraussetzung einer funktionierenden Tarifautonomie ist, erscheint es unverständlich, wieso gerade die ernsthafte Bereitschaft einer Koalition, notfalls einen Arbeitskampf zu führen, für deren Tariffähigkeit verzichtbar sein soll.[144] Für die Richtigkeit der hier vertretenen Auffassung spricht auch die Rechtsprechung des Bundesverfassungsgerichts zum Arbeitskampf, welcher richtigerweise als funktionelle Voraussetzung für das Funktionieren der Tarifautonomie gesehen wird.[145]

Ein Verzicht auf die Arbeitskampfbereitschaft als Tariffähigkeitsvoraussetzung **53**
ist allenfalls denkbar, wenn aufgrund **verfassungsrechtlicher Vorschriften** das Streikrecht bestimmter Arbeitnehmer bzw. abhängig Beschäftigter verneint werden muss. Nur durch eine andere Verfassungsnorm kann nämlich das durch Art. 9 Abs. 3 GG garantierte Streikrecht beseitigt und ein Verlangen nach Arbeitskampfbereitschaft als Tariffähigkeitsvoraussetzung damit hinfällig werden.[146] Deshalb kann mit dem Bundesarbeitsgericht[147] nicht gefolgt werden, wenn bei einem Ärzteverband (Marburger Bund), der die Wahrung der beruflichen, sozialen, wirtschaftlichen und sonstigen Interessen der angestellten Ärzte bezweckt, auf die Streikbereitschaft und Streikfähigkeit zu verzichten, weil der Verband aus dem »ethischen Wesen des Arztberufes« heraus den Streik ablehnt. Abhängig tätigen Ärzten steht das Streikrecht des Art. 9 Abs. 3 GG nämlich wie allen anderen Arbeitnehmern zu. Dieses kann lediglich im Einzelfall durch Art. 2 Abs. 2 GG in Frage gestellt werden, wenn seine Ausübung das Leben eines anderen (Patienten) gefährden würde. Das »ethische Wesen« (dahinter kann sich wohl nur das Recht auf Leben im Sinne des Art. 2 Abs. 2 GG verbergen) des Arztberufes oder anderer vergleichbarer Berufe beinhaltet als solches kein das Grundrecht auf Streik einschränkendes Verfassungsprinzip. Aus einem möglichen Arbeitskampf in solchen Berufen sich ergebende Probleme sind im Übrigen nicht durch die Einschränkung des Streikrechts und den Verzicht auf Arbeitskampfbereitschaft und Arbeitskampffähigkeit, sondern durch von der Gewerkschaft zu veranlassende Notdienstmaßnahmen[148] zu lösen.

Aus den gleichen Gründen besteht das Streikrecht auch in Wirtschaftszweigen, **54**
die der **Daseinsvorsorge** (Art. 2 Abs. 1 GG) dienen, oder im Bereich Öffentlich-rechtlicher Rundfunk- und Fernsehanstalten. Einschränkungen sind hier allenfalls im Hinblick auf **Art. 5 GG** denkbar. Ist aber den dort beschäftigten Arbeitnehmern Tarifautonomie und Streikrecht verfassungsrechtlich garantiert, kann diese Garantie nicht auf dem Umweg über einen Verzicht auf die Arbeitskampfbereitschaft als Tariffähigkeitsvoraussetzung wieder in Frage gestellt werden.

Anders ist es dagegen, wenn Koalitionen **zeitweise** auf die Ausübung des Streik- **55**
rechts **verzichten** – wie dies bei der durch Tarifabschlüsse regelmäßig ausgelösten Friedenspflicht geschieht. Auch längerfristige Tarifverträge in speziellen Bereichen (z.B. EKD/ver.di) würden deshalb keinen Arbeitskampfverzicht, sondern nur eine temporäre Ausübungssperre enthalten.

---

143 BAG, AP Nr. 64 zu Art. 9 GG Arbeitskampf.
144 Ebenso *Däubler*, Tarifvertragsrecht, Rn. 49; wohl auch MünchArbR/*Löwisch/Rieble*, § 255 Rn. 11; unklar *Löwisch/Rieble*, § 2 Rn. 46, 51.
145 BVerfG 26.6.1991, E 84, 212, 225 und 2.3.1993, E 88, 103, 114.
146 Vgl. in Auseinandersetzung mit gegensätzlichen Positionen *Bieback*, Recht auf Streik, 9 ff.
147 AP 21.11.1975, Nr. 6 zu § 118 BetrVG 1972.
148 Hierzu im Einzelnen *Kittner*, AuR 1981, 300, mit weiteren Nachweisen.

56 Ob auch der Verzicht reiner **Beamtenverbände** auf die Arbeitskampfbereitschaft deren »Tariffähigkeit« und damit Gewerkschaftseigenschaft beseitigt, hängt davon ab, ob man den »hergebrachten Grundsätzen des Berufsbeamtentums« nach Art. 33 Abs. 5 GG ein Streikverbot entnimmt.[149] Soweit Gewerkschaften wie etwa die Vereinte Dienstleistungsgewerkschaft ver.di oder die Eisenbahner-Gewerkschaft TransNet Beamte neben Arbeitern und Angestellten des öffentlichen Dienstes mit organisieren, stellt sich insoweit kein Problem, weil die Gewerkschaften die Arbeitsbedingungen derjenigen Arbeitnehmer, die nicht Beamte sind, tarifvertraglich regeln und insoweit nicht nur zum Streik berechtigt, bereit und fähig sind[150], sondern auch alle anderen Tariffähigkeitsvoraussetzungen erfüllen, also echte Gewerkschaften im Sinne von § 2 Abs. 1 TVG sind. Die Besonderheit reiner Beamtenverbände liegt darin, dass die Arbeitsbedingungen ihrer Mitglieder der Regelungsgewalt der Legislative unterliegen, also durch von den Parlamenten zu beschließende Gesetze und dazu ergehende Rechtsverordnungen der Exekutive, nicht aber durch Tarifverträge festgelegt werden. Wegen dieser Besonderheiten des Beamten- rechts erscheint rein begrifflich eine »Tarif«-fähigkeit solcher Verbände nicht denkbar. Andererseits könnte der Gesetzgeber jedoch diese Art der Regelung der Arbeitsbedingungen von Beamten ändern.[151] Für einen solchen Fall müssen Beamtenverbände daher in der Lage sein, angemessene Tarifverträge zu erzwingen. Auch können reine Beamtenverbände andere Kollektivverträge, die nicht Tarifverträge sind, erstreben[152] und in diesem Rahmen das Recht auf Arbeitskampf für sich in Anspruch nehmen. Schließlich kann den Beamten auch ohne die Möglichkeit einer Regelung ihrer Arbeitsbedingungen durch Tarifvertrag ein durch Art. 9 Abs. 3 GG garantiertes arbeitsrechtliches Streikrecht zustehen, das nur wegen der Besonderheit der Regelung der Arbeitsbedingungen durch Gesetz nicht tarifbezogen ist.[153] Auch reine Beamtenverbände können also Gewerkschaften sein, wenn sie trotz der überwiegenden juristischen Auffassung, die ihnen jedes Streikrecht abspricht, den Arbeitskampf anstreben.[154]

57 Das verfassungsrechtlich hergebrachte Selbstverständnis der **Gewerkschaften** als Selbsthilfe-Organisationen der Mitglieder bringt es mit sich, dass die dort **hauptamtlich Beschäftigten** auch (meist aufgrund entsprechender Satzungsbestimmungen) Mitglied sein müssen. Hinsichtlich ihrer eigenen Arbeitnehmer gerät die Gewerkschaft daher in eine »Doppelstellung« als Arbeitgeberin und als Arbeitnehmerkoalition. Infolgedessen kann sie selbst keine Tarifverträge für ihre Beschäftigten abschließen. Üblicherweise werden deren Arbeitsbedingungen in

---

149 So BVerfG 11.6.1958, E 8, 1, 17ff.; zum Streitstand AK-GG-*Schuppert*, Art. 33 Abs. 4, 5 Rn. 55ff.; a.A. unter Einbeziehung der europarechtlichen Perspektive *Farthmann/Coen*, Handbuch, Rn. 158ff.

150 Ebenso Wiedemann/*Oetker*, § 2 Rn. 247; *Däubler/Peter*, § 2 Rn. 39.

151 Dies wird von den Gewerkschaften angestrebt, vgl. etwa *Keller*, GMH 1980, 657; *Euler*, GMH 1975, 114.

152 Hierzu speziell hinsichtlich möglicher Vereinbarungen zur Erweiterung beamtenrechtlicher Beteiligungsmöglichkeiten nach §§ 94 BBG, 58 BRRG; *Plander*, PersR 1992, 81; *Battis/Schlenga*, ZTR 1995, 195.

153 Zur Begründung dieser Auffassung vgl. ausführlich mit vielen Literaturangaben unter Auseinandersetzung mit der wohl überwiegenden gegenteiligen Auffassung *Blanke/Sterzel*, Beamtenstreik, 76ff.

154 Vgl. *Reuß*, RdA 1964, 364, sowie Arbeitsrecht der Gegenwart 1963, 114, der von »Beamtengewerkschaften« spricht und diese von »arbeitsrechtlichen Gewerkschaften« unterscheidet; *Kunze*, BB 1964, 1312; *Abendroth*, Gewerkschaften, 214, der reine Beamtenvereinigungen als Gewerkschaften bezeichnet, wenn von ihnen die Arbeitskampfbereitschaft »durch Bejahung der Notwendigkeit kämpferischer allgemeiner Arbeitnehmersolidarität« anerkannt wird; allgemein zum Problem von Koalitionsfreiheit und Streikrecht im öffentlichen Dienst *Blanke*, AuR 1989, 1; *Hammer*, FS Gnade, 111ff.

Betriebsvereinbarungen niedergelegt.[155] Es wäre jedoch auch möglich, entsprechende Tarifverträge von einem speziellen gewerkschaftlichen Verband der Gewerkschaftsbeschäftigten aushandeln zu lassen. Dazu sollte zuvor allerdings im Interesse der Betroffenen das (meist satzungsrechtliche) Verbot der gewerkschaftlichen Doppelmitgliedschaft aufgehoben werden[156], was insoweit für die Beschäftigten nach Art. 9 Abs. 3 Satz 2 GG geboten sein dürfte. Das wiederum setzte einen partiellen Verzicht des Beschäftigten-Verbandes auf Arbeitskämpfe gegen die Arbeitgeber-Gewerkschaften voraus, um die ansonsten aus der Doppelmitgliedschaft erwachsenden Loyalitäts- und Funktionskonflikte für die Gewerkschaftsbeschäftigten zu vermeiden.[157] Der Verzicht muss deshalb jedenfalls für die Zeit gelten, in der sich die arbeitgebende Gewerkschaft selbst in einer Arbeitskampfsituation innerhalb ihres Organisationsbereichs befindet. Unter dieser Voraussetzung ist die Gründung einer **Gewerkschaft von Gewerkschaftsbeschäftigten** zur tarifvertraglichen Regelung ihrer Arbeitsbedingungen unter Einschluss eines partiellen Streikrechts zulässig. Dem schon seit 1994 bestehenden »Verband der Gewerkschaftsbeschäftigten« (VGB) wurde allerdings die erforderliche Mächtigkeit, d.h. die Gewerkschafts-Eigenschaft, abgesprochen, weil er noch keine Tarifverträge durchsetzen konnte.[158] Soweit der VGB eigene Arbeitnehmer beschäftigt, könnten diese sich (ihm gegenüber) wiederum gewerkschaftlich organisieren.

Für **neu gegründete Gewerkschaften** kann es manchmal rechtlich schwierig sein, Tarifforderungen streikweise durchzusetzen. Es kommt vor, dass ihre Mitglieder weiterhin an andere einschlägige Tarifverträge gebunden sind, z.B. weil diese Tarifwerke schon vorher für allgemeinverbindlich erklärt worden waren oder weil die Mitglieder der neuen Gewerkschaft zuvor aus einer anderen Gewerkschaft ausgetreten sind, aber nach § 3 Abs. 3 TVG weiterhin an deren Tarifverträge gebunden bleiben. Insbesondere bei neuen **Sparten- oder Funktionseliten-Gewerkschaften** würden deren Tarifverträge zur Vermeidung einer Tarifpluralität nach dem Prinzip der Tarifeinheit dann möglicherweise von vornherein während der Laufdauer dieser älteren Tarife unanwendbar sein. Das setzte allerdings voraus, dass ihnen diese älteren Tarifregelungen kraft Spezialität (d.h. größerer Nähe zu den erfassten Betrieben) oder kraft Majorität (d.h. sie binden mitgliedschaftlich eine größere Zahl von Arbeitsverhältnissen) vorgingen. Da dies bei Spartengewerkschaften aber durchaus möglich ist (weil sie nur Teil-Belegschaften organisieren), kann ein Arbeitskampf um solche Tarifverträge unverhältnismäßig sein, weil sie nicht (gleich) angewendet werden dürften.[159] Diese Unverhältnismäßigkeit des Streiks um einen neuen Spartentarifvertrag gegenüber vorrangigen älteren Tarifen ist jedoch allenfalls dann anzunehmen, wenn die vorgesehene Laufdauer des Spartentarifs diejenige der konkurrierenden Regelungen nicht wesentlich überschreitet. Die für die Gewerkschaftseigenschaft einer Arbeitnehmerkoalition erforderliche Arbeits- **58**

155 Vgl. BAG 28.4.1992, AP Nr. 11 zu § 50 BetrVG 1972.

156 Welches heute einer Vertretung durch die HBV/ver.di gegenüber den DGB-Mitgliedsgewerkschaften entgegensteht; irrig insoweit *Löwisch/Rieble*, § 2 Rn. 21.

157 Insofern entspräche die Rechtslage der Entscheidung BVerfG 6.5.1964, E 18, 18, 31, was *Löwisch/Rieble*, § 2 Rn. 21, übersehen haben.

158 BAG 17.2.1998 (1 ABR 364/97), AP Nr. 87 zu Art. 9 GG (mit Anm. von *Oetker*).

159 Vgl. LAG Rheinland-Pfalz, 22.6.2004 (11 Sa 2096/03), www.arbeitsgerichte.landbw.de; *Buchner*, DB 2003, 2126.

kampfbereitschaft und -fähigkeit wird jedenfalls nicht dadurch entfallen, dass **einzelne** ihrer konkreten **Tarifziele** aus arbeitskampfrechtlichen Gründen nicht erstreikbar sind.

### g) Organisatorische und finanzielle Leistungsfähigkeit

**59** Neben einer dauernden Organisation, die wiederum eine körperschaftliche Struktur, also die Unabhängigkeit des Gewerkschaftsbestandes von einem Mitgliederwechsel voraussetzt, sind eine zweckmäßige **sachliche Ausstattung** (d.h. eine effiziente Ausstattung der gewerkschaftlichen Verwaltung) sowie eine ausreichende **personelle Besetzung** (geschulte und qualifizierte Mitarbeiter) gefordert.[160] Um in Tarifverhandlungen von der Gegenseite ernst genommen und nicht einer überlegenen Fachkompetenz ausgeliefert zu sein, bedarf es des adäquaten gewerkschaftlichen Sachverstands vor allem in wirtschaftlichen und rechtlichen Bereichen. Eine angemessene »infrastrukturelle Ausstattung« ist nicht nur in der eigentlichen Verhandlungsphase erforderlich (und deshalb dort möglicherweise gelegentlich auch von externen Beratern situationsbezogen zu leisten), sondern muss permanent vorhanden sein – zumal tarifliche **Öffnungsklauseln** nach §§ 4 Abs. 3 TVG, 77 Abs. 3 Satz 2 BetrVG zunehmend dazu zwingen, Tarifregelungen veränderten Marktverhältnissen anzupassen. Außerdem erfordert die **Durchführungspflicht** der Tarifvertragsparteien eine ständige Kontrolle und Eingriffsfähigkeit zur tatsächlichen Umsetzung der Tarifnormen. Dabei hängt der Umfang des erforderlichen personellen Aufwands vom gewerkschaftlichen Organisationsbereich ab, muss aber in jedem Falle **effektive Verhandlungs- und Durchführungskompetenz** personell gewährleisten.

**60** Schon die notwendige sachliche und personelle Ausstattung (vgl. § 2 Rn. 59) erfordert entsprechende **Finanzmittel** einer Gewerkschaft, also permanente Beitragseinnahmen oder einen ausreichenden Vermögensbestand.[161] Die notwendige Finanzkraft muss daher dem (aktiv wahrgenommenen) Organisationsbereich tatsächlich entsprechen. Deshalb wird in Frankreich, wo zahlreiche kleinere Gewerkschaften bestehen, von den so genannten Unabhängigen Organisationen, die keinem der gesetzlich anerkannten fünf Spitzenverbände angehören, unter anderem ein ausdrücklicher Nachweis ihrer Finanzkraft verlangt.[162] In Deutschland kann darauf zumindest für die Mitgliedsgewerkschaften des DGB verzichtet werden, weil über die Dachorganisation eine hinreichende finanzielle Unterstützungspflicht besteht.

**61** Ausreichende eigene Finanzkraft ist erforderlich, um die Dauerhaftigkeit und die Unabhängigkeit der Gewerkschaft (insbesondere vom sozialen Gegenspieler) zu sichern. Vor allem aber dient sie der **Sicherung der Streikfähigkeit** und damit der gewerkschaftlichen Durchsetzungskraft. Allerdings hat das Bundesarbeitsgericht im VOE-Beschluss die Streikfähigkeit dieses Verbandes »oberer Angestellter« trotz dürftiger Finanzmittel deshalb bejaht, weil er keinen satzungsförmigen Streikunterstützungsanspruch vorsah. Da den (einkommensstarken) Mitgliedern auch ohne zusätzliche finanzielle Unterstützung

---

160 BVerfG 20.10.1981, E 58, 233; BAG 6.6.2000 (1 ABR 10/99), AP Nr. 55 zu § 2 TVG; BAG 14.12.2004 (1 ABR 51/03), BB 2005, 1054; *Däubler/Peter*, § 2 Rn. 16.

161 BAG 16.11.1982, AP Nr. 32 zu § 2 TVG; *Däubler/Peter*, § 2 Rn. 15; *Hromdka/Maschmann*, Bd. 2, § 12 Rn. 25; MünchArbR/*Löwisch/Rieble*, § 255 Rn. 17; *Suckow*, 83 ff.

162 *Gamillscheg*, Kollektives Arbeitsrecht I, § 9 IV 3 g, 440.

Streikbereitschaft unterstellt werden könne, sei der Verband hinreichend durchsetzungsfähig.[163] Das mag im Sonderfall einer Organisation herausgehobener Beschäftigtengruppen richtig sein, doch dient das Erfordernis der Finanzkraft nicht nur dem Zweck, satzungsrechtliche Leistungszusagen an die Mitglieder erfüllen zu können. Mindestens ebenso wichtig ist die Fähigkeit, den betroffenen Arbeitgebern im Falle **rechtswidriger Streiks Schadensersatz** zu leisten. Die infolge unverhältnismäßiger oder sonst nicht rechtmäßiger Arbeitskämpfe nach ständiger Rechtsprechung ausgelöste Schadensersatzpflicht[164] gemäß §§ 823 Abs. 1, 826 BGB ist heute praktisch (neben einigen selten relevanten Straftatbeständen) das wichtigste Sanktionsmittel, um die Einhaltung des richterlichen Arbeitskampfrechts effektiv zu sichern. Dieses würde faktisch weithin wirkungslos, wenn auch solche Koalitionen streikberechtigt und tariffähig wären, die sich der Schadensersatzleistung mangels hinreichender Finanzausstattung durch Verbandsinsolvenz praktisch sanktionslos entziehen könnten.[165] Das hierdurch begründete Erfordernis der finanziellen Leistungsfähigkeit spielt heute eine größere Rolle als früher. Der zunehmende **Wettbewerb** zwischen Konkurrenzgewerkschaften lässt sich nämlich nur sehr eingeschränkt über die Festlegung **niedrigerer Beitragsätze** führen, wenn diese die finanzielle Grundausstattung der Organisationen sichern müssen. Das Bundesarbeitsgericht hat diese Zusammenhänge gründlich verkannt und im Erfordernis angemessener Finanzkraft eine »unzulässige Aushöhlung« der freien Koalitionsbildung sehen wollen.[166] Ob das Kfz-Haftpflichtversicherungsgebot wohl auch die (vom Persönlichkeitsschutz umfasste) Freiheit zum Erwerb und Fahren eines Kfz »aushöhlt«?

### h) Gegnerunabhängigkeit

62 Die Unabhängigkeit vom sozialen Gegenspieler und von vergleichbaren gesellschaftlichen Organisationen ist Voraussetzung für die Existenz autonomer Gegenmächtigkeit mit der Folge, dass bei ihrem Fehlen Tariffähigkeit und damit Gewerkschaftseigenschaft entfallen. Das Verlangen nach Unabhängigkeit vom sozialen Gegenspieler (begrifflich zu eng sind die Ausdrücke Gegnerreinheit oder Gegnerfreiheit), das im Zusammenhang mit der Diskussion um die Unternehmensmitbestimmung eine große Rolle spielte, wird seit dem Entstehen des Tarifrechts als eine der wesentlichen Voraussetzungen für die Gewerkschaftseigenschaft angesehen.[167] Die Forderung nach einem solchen Tariffähigkeitsmerkmal geht zurück auf die Gründung so genannter **»gelber« Gewerkschaften** Ende des 19. Jahrhunderts, mit denen die Arbeitgeber versuchten, die Macht der Gewerkschaften zu brechen (Grundl. Rn. 24 und Rn. 33).[168] Man wollte Verbände, in denen Arbeitgeber und Arbeitnehmer gemeinsam organisiert waren (so genannte Harmonieverbände) sowie auf Initiative der Arbeitgeber entstandene und von diesen finanziell abhängige Vereinigungen als Tarifvertragsorganisatio-

163 BAG, 16.11.1982, AP Nr. 32 zu § 2 TVG (mit Anm. von *Rüthers/Roth*).
164 Z.B. BAG 10.12.2002 (1 AZR 96/02), AP Nr. 165 zu Art. 9 GG Arbeitskampf.
165 Vgl. *Kempen*, FS 50 Jahre BAG, 748ff.
166 BAG 14.12.2004 (1 ABR 51/03), BB 2005, 1058.
167 Zum Diskussionsstand am Ende der Weimarer Republik vgl. *Herschel*, Tariffähigkeit, 19ff., insbesondere 32ff. mit weiteren Nachweisen.
168 Zur Entstehung des Begriffs »gelbe Gewerkschaft« vgl. *Mattheier*, Die Gelben, 309f.; *Zachert*, Die Mitbestimmung 1986, 668.

nen ausschließen, weil diesen die für den Abschluss eines Tarifvertrages notwendige Parteistellung fehle und weil sie deswegen die Interessen der Arbeitnehmer nicht klar und unabhängig zum Ausdruck bringen können.[169] Besonders deutlich sind diese Überlegungen im deutsch-polnischen Abkommen über Oberschlesien vom 15. Mai 1922[170] zum Ausdruck gebracht worden, wenn es dort in Art. 161 Abs. 2 heißt, dass die Mitgliedschaft in einer Arbeitnehmervereinigung nicht von der Zugehörigkeit zu einem bestimmten Betriebe abhängig sein darf, dass Arbeitgeber nicht als Mitglieder aufgenommen werden und auch Unterstützungen oder sonstige Zuwendungen von Arbeitgeberseite nicht angenommen werden dürfen und dass die Wahrnehmung der Interessen der Mitglieder selbständig und unabhängig von nicht gewerkschaftlichen, insbesondere von politischen Einflüssen erfolgen muss. Das dort angesprochene Verbot, die Mitgliedschaft von der Zugehörigkeit zu einem bestimmten Betrieb abhängig zu machen, beweist aber nicht, dass es sich bei der von der Rechtsprechung[171] als eigenständige Tariffähigkeitsvoraussetzung geforderten Organisation auf überbetrieblicher Grundlage um einen Unterfall der Unabhängigkeit vom sozialen Gegenspieler handelt (vgl. hierzu näher § 2 Rn. 67).

**63** Die Forderung nach Unabhängigkeit vom sozialen Gegenspieler erhält somit ihren Sinn aus dem Ziel, nur solche **Gewerkschaften** als tariffähig anzusehen, die sich bei ihren Entscheidungen **maßgeblich von den Interessen der Arbeitnehmer** leiten lassen.[172] Fehlt einer Gewerkschaft die Unabhängigkeit, wird sie beeinflussbar und damit geschwächt, eine wirksame Gegenmachtbildung ist dann ausgeschlossen. Das folgt auch aus § 2 Abs. 1 TVG, der Gewerkschaften und Arbeitgeber(-verbände) als jeweils **autonome Tarifvertragsparteien** gegenüberstellt.[173] Außerdem müssen tariffähige Gewerkschaften nach Art. 17 Staatsvertrag zur Schaffung einer Wirtschafts-, Währungs- und Sozialunion[174] vom 18. Mai 1990 »gegnerfrei« sein.

**64** Diese Unabhängigkeit vom sozialen Gegenspieler verlangt aber nicht etwa, dass in einer Gewerkschaft kein einziger **Arbeitgeber** (z.B. Vorstandsmitglied einer Aktiengesellschaft, leitender Angestellter im Sinne von § 5 Abs. 3 BetrVG, selbständiger Unternehmer) vertreten ist, was die früher häufig erhobene Forderung nach Gegnerreinheit und Gegnerfreiheit nahe legen könnte[175] (vgl. schon zuvor § 2 Rn. 26). Grundsätzlich können also Arbeitgebervertreter Mitglied auch der Gewerkschaft sein, die im Unternehmen ihr sozialer Gegenspieler ist, ohne dass dadurch die Gegnerunabhängigkeit der Gewerkschaft in Frage gestellt würde. Etwas Anderes gilt erst dann, wenn diese Arbeitgebervertreter etwa durch eine Zugehörigkeit zum Vorstand ihrer Gewerkschaft entscheidenden Einfluss auf die Willensbildung der Gewerkschaft nehmen können.[176] Ebenso wenig wird die Gegnerunabhängigkeit einer Gewerkschaft durch Vereinbarungen zwischen der Gewerkschaft und Arbeitgebern über einen **unmittelbaren Abzug der Gewerk-**

169 Ausführlich hierzu die Begründung zum Entwurf eines Arbeitstarifgesetzes, RArbBl. 1921, 491, 497; vgl. im Übrigen *Däubler/Hege*, Koalitionsfreiheit, Rn. 113ff., sowie mit weiteren Nachweisen. Wiedemann/*Oetker*, § 2 Rn. 142ff.

170 RGBl. II, 237, 35.

171 Siehe etwa BVerfG 1.3.1979, E 50, 290, 368 und BAG 15.3.1977, AP Nr. 24 zu Art. 9 GG.

172 Vgl. *Kübler/W. Schmidt/Simitis*, Mitbestimmung, 21.

173 Vgl. *Jung*, Unabhängigkeit, 230ff.

174 BGBl. II 1990, 937.

175 Vgl. Wiedemann/*Oetker*, § 2 Rn. 244f.

176 Vgl. ähnlich *Däubler/Hege*, Koalitionsfreiheit, Rn. 117; Wiedemann/*Oetker*, § 2 Rn. 245.

**schaftsbeiträge** vom Arbeitsentgelt in Frage gestellt, wie dies früher[177], behauptet worden ist, denn dies allein bedeutet nicht, dass die Gewerkschaft nicht anderenfalls selbst in der Lage wäre, die Beiträge direkt einzuziehen.[178] Schließlich wird die Unabhängigkeit einer Gewerkschaft vom sozialen Gegenspieler auch nicht durch Vereinbarungen mit dem Arbeitgeber über eine bezahlte Freistellung von **gewerkschaftlichen Vertrauensleuten**[179] oder durch die Kostentragungspflicht des Arbeitgebers für gewerkschaftliche **Schulungen von Betriebsratsmitgliedern** gemäß § 40 BetrVG[180] in Frage gestellt. Eine Gefährdung der Unabhängigkeit einer Gewerkschaft vom Arbeitgeber kann nämlich nur dann eintreten, wenn die Gewerkschaft in einem solchen Maße unter den Einfluss des Arbeitgebers oder Arbeitgeberverbandes gebracht wird, dass die Arbeitgeberseite die Politik der Gewerkschaft zu ihren Gunsten beeinflussen, die eigene Interessenwahrung durch die Gewerkschaft in Frage stellen kann. Dies ist z.B. immer dann ausgeschlossen, wenn eine Gewerkschaft zuvor gegenüber dem Arbeitgeber eine Maßnahme wie den Einzug von Gewerkschaftsbeiträgen oder die Absicherung von Vertrauensleuten durchgesetzt hat, weil sich schon daraus ihre Stärke und der Nachweis ergibt, dass sie sich auch durch eine Drohung, entsprechende Vereinbarungen zu kündigen, nicht beeindrucken lässt.[181]

### i) Überbetrieblichkeit

Die Organisation auf **überbetrieblicher Grundlage** ist als Voraussetzung der Tariffähigkeit einer Gewerkschaft ein notwendiges Element ihrer Unabhängigkeit vom sozialen Gegenspieler.[182] Dies ist auch in Art. 17 Staatsvertrag zur Schaffung einer Wirtschafts-, Währungs- und Sozialunion vom 18. Mai 1990 (dazu § 2 Rn. 11 f.) wörtlich festgelegt (»auf überbetrieblicher Grundlage organisiert«). Tatsächlich wäre der Mitgliederbestand einer ausschließlich oder ganz überwiegend auf einen Betrieb, ein Unternehmen (und möglicherweise auch einen nach § 18 AktG organisierten Konzern) satzungsrechtlich oder faktisch in ihrer tariflichen Zuständigkeit begrenzten Arbeitnehmerkoalition von den Personalentscheidungen des einen Arbeitgebers abhängig. Der Tarifgegner könnte somit direkt den Organisationsgrad der Arbeitnehmerschaft beeinflussen. Auch das Kündigungsschutzgesetz bietet nur einen begrenzten (und tendenziell abnehmenden) Schutz vor arbeitgeberseitigen Entlassungen der aktiven Mitglieder einer »Betriebsgewerkschaft«. Er ist zudem infolge der zunehmenden Zahl **befristeter Arbeitsverhältnisse** (§§ 14 ff. TzBfG) erheblich eingeschränkt, wobei diese Befristungen für die »Betriebsgewerkschaft« einen organisatorisch belastenden permanenten Mitgliederwechsel nach sich zögen. Auch die rechtlich sehr erleichterten Verschmelzungen und Spaltungen nach dem **Umwandlungsgesetz** würden es der 65

177 *Dietz/Nipperdey*, 17 ff.

178 Zu diesem Problem vgl. auch *Zachert*, Tarifrecht, 88; *Däubler/Peter*, § 2 Rn. 32; Wiedemann/*Oetker*, § 2 Rn. 253, jeweils mit weiteren Nachweisen.

179 Hierzu BVerfG 14.2.1978, AuR 1978, 381 (mit Anm. von *Kempen*).

180 Hierzu *Däubler/Hege*, Koalitionsfreiheit, § 116, mit weiteren Nachweisen.

181 *Däubler/Hege*, Koalitionsfreiheit, Rn. 115; *Däubler/Peter*, § 2 Rn. 32.

182 BVerfG 1.3.1979, E 50, 290, 355, 361; BAG 15.3.1988, AP Nr. 24 zu Art. 9 GG; BAG 25.11.1986, AP Nr. 36 zu § 2 TVG; BAG 6.6.2000 (1 ABR 10/99), AP Nr. 55 zu § 2 TVG; BAG 14.12.2004 (1 ABR 51/03), BB 2005, 1056; *Gamillscheg*, Kollektives Arbeitsrecht I, § 9 II 7, 406; *Hromadka/Maschmann*, Arbeitsrecht 2, § 12 Rn. 20; *Kissel*, Arbeitskampfrecht, § 4 Rn. 14; ErfK/*Schaub*, § 2 TVG Rn. 16; a.*A. Löwisch/Rieble*, § 2 Rn. 52; *Stelling*, NZA 1998, 921 ff.; Wiedemann/*Oetker*, § 2 Rn. 278 f.; differenzierend *Däubler/Peter*, § 2 Rn. 90; ErfK/*Dieterich*, Art. 9 GG Rn. 25; *Franzen*, RdA 2001, 1, 6; *Stein*, Rn. 37.

Arbeitgeberseite (seit 1995) möglich machen, den Organisationsbereich einer »Betriebsgewerkschaft« beliebig einseitig zu verändern. Der von der Gegenmeinung[183] unterstellte kündigungsrechtliche Bestandsschutz ist also weder »umfassend«, noch verhindert er unternehmensrechtliche Einwirkungen auf den Bestand von »Betriebsgewerkschaften«. Hinzu kommt, dass die Wahrnehmung der ausschließlich betriebspartikularen arbeitsrechtlichen Interessen der Belegschaft seit dem Betriebsrätegesetz von 1920 grundsätzlich dem Betriebsrat/Personalrat obliegt, welcher zu diesem Zweck demokratisch legitimiert und unter besonderen Kündigungsschutz gestellt worden ist. Die primär arbeitsmarktpolitische Interessenvertretung durch Tarifverträge soll dagegen überbetrieblichen Gewerkschaften obliegen.[184] Das zeigt **§ 77 Abs. 3 Satz 1 BetrVG**, demzufolge bereits die »Üblichkeit« tariflicher Regelungen auch für nicht tarifgebundene Betriebe inhaltsgleiche Betriebsvereinbarungen ausschließt. Betriebsverfassungsgesetzlich wird also auch von der prinzipiellen Zuständigkeit überbetrieblicher Gewerkschaften für Tarifabschlüsse ausgegangen. Sofern § 77 Abs. 3 BetrVG zu Gunsten »betrieblicher Bündnisse« dahingehend geändert würde, dass die Betriebsparteien allein von den anzuwendenden Tarifregelungen abweichen dürften, würden die betroffenen Gewerkschaften deshalb faktisch in einen Status unterhalb von Betriebsgewerkschaften versetzt. Dies verstieße auch insofern gegen Art. 9 Abs. 3 GG (vgl. Grundl. Rn. 149 ff.).

**66** Die Zulässigkeit von **Firmentarifverträgen** mit einzelnen Arbeitgebern spricht nicht dagegen, dass diese nur von überbetrieblich organisierten Gewerkschaften abgeschlossen werden dürfen: Tarifautonomie kann ihren Zweck, die strukturelle Unterlegenheit der Arbeitnehmer im **relevanten Arbeitsmarktsektor kollektiv** auszugleichen, nur erfüllen, wenn sie die jeweiligen Arbeitnehmerinteressen auch überbetrieblich ausgleicht und bündelt, also »beschäftigungspolitisch« ausgerichtet ist.[185] Bei Firmentarifverträgen ist dies gesichert, wenn sie von überbetrieblichen Gewerkschaften abgeschlossen werden. Diese arbeitsmarktbereichsbezogene Funktion impliziert auch keine Bindung an ein inhaltlich vorgegebenes »Gemeinwohl«[186], sondern ermöglicht eine sektorale Verfahrensstruktur auf den beweglichen Arbeitsmärkten, welche als Kollektivgut faire Tarifbedingungen hervorbringen soll. Deshalb war es auch völlig konsequent, diejenigen Gewerkschaften vom Erfordernis der Überbetrieblichkeit auszunehmen, welche die Arbeitnehmer staatlicher **Monopolunternehmen**, also jeweils rechtlich dauerhaft unternehmensbezogen abgeschlossene Arbeitsmärkte, organisiert haben (vgl. Art. 87 Abs. 1 Satz 1 GG a.F. für Bundespost und Bundesbahn). Nachdem die Bundeseisenbahnen (Art. 143a GG) und die Bundespost (Art. 143b GG) privatisiert und damit in offene Arbeitsmärkte integriert worden sind, hat sich dies erledigt, so dass auch die hier tätigen Gewerkschaften jetzt überbetrieblich sein müssen.

**67** Die Kontroverse um die Überbetrieblichkeit als Voraussetzung der Tariffähigkeit einer Gewerkschaft erledigt sich auch nicht dadurch, dass man diesem Kriterium nur eine **indizielle Bedeutung** beimisst, weil es lediglich einen Teilaspekt der Unabhängigkeit von der Arbeitgeberseite darstelle.[187] Dann könnte auf Über-

183 *Franzen*, NZA 2001, 6; *Stelling*, NZA 1998, 924.
184 Vgl. *Kempen*, AuR 1996, 336, 343.
185 ErfK/*Dieterich*, Art. 9 GG Rn. 73; *Kempen*, FS Hanau, 535 ff.; *Kissel*, Arbeitskampfrecht, § 4 Rn. 14; *Rehbinder* DVBl. 1982, 135, 138.
186 So irrig *Stelling*, NZA 1998, 924.
187 So *Däubler/Peter*, § 2 Rn. 90; ErfK/*Dieterich*, Art. 9 GG Rn. 25; *Franzen*, RdA 2001, 1, 6; offen gelassen von BAG 14.12.2004 (1 ABR 51/03), BB 2005, 1056.

betrieblichkeit verzichtet werden, wenn eine Betriebsgewerkschaft als solche im Einzelfall gegnerunabhängig wäre. Eine solche Unabhängigkeit dürfte aber nicht nur wirtschaftlich definiert sein (denn insoweit kann auch ein einzelner Arbeitnehmer »unabhängig« sein), sondern sie muss zusätzlich organisatorisch bestimmt werden, d.h. sie müsste auch den Einfluss auf die mitgliedschaftliche Zusammensetzung und damit auf die innerverbandliche Willensbildung der Gewerkschaft verhindern. Selbst wenn man dies durch einen besonderen tariflichen Kündigungsschutz für Gewerkschaftsmitglieder tendenziell sicherstellen würde, ließe sich damit dennoch keine Verfahrensstruktur zur tariflichen Regelung des relevanten Arbeitsmarktsektors (dazu § 2 Rn. 66) erreichen, denn sie setzt Überbetrieblichkeit voraus. Auch wenn eine partikularbetriebliche Arbeitnehmerorganisation also ausnahmsweise infolge besonderer rechtlicher Absicherungen ihres Bestandes gegnerunabhängig sein sollte, wäre sie aufgrund ihrer notwendig mitgliederbezogenen Willensbildungsstrukturen doch nur bedingt tauglich zur Regelung überbetrieblich-sektoraler Arbeitsmarktbeziehungen. Die tatsächliche Möglichkeit eines angemessenen Interessenausgleichs des überbetrieblich relevanten Marktbereichs bliebe freilich trotzdem möglich, wenn eine **Kooperation** mit anderen in diesem Bereich tätigen Gewerkschaften institutionell vorgesehen und vertraglich abgesichert wäre. Das könnte z.B. über entsprechende **Tarifgemeinschaften** geschehen. Über diese Kooperationsbeziehung wäre dann die fehlende Überbetrieblichkeit der beteiligten Betriebsgewerkschaft(en) organisatorisch ausgeglichen, d.h. die Betriebsgewerkschaft erfüllte damit die Voraussetzungen der gewerkschaftlichen Tariffähigkeit nach § 2 TVG. Das Kriterium der Übertrieblichkeit ist deshalb weder zum bloßen Indiz der Unabhängigkeit marginalisierbar noch gänzlich verzichtbar. Es kann bei Betriebsgewerkschaften jedoch durch den Nachweis effektiv überbetrieblich institutionalisierter gewerkschaftlicher Kooperationsvereinbarungen ersetzt werden. Diese wirken quasi als Indiz der Überbetrieblichkeit.

### j) Einschränkungen des Unabhängigkeitsprinzips (Unternehmensmitbestimmung, leitende Angestellte)

Das Bundesverfassungsgericht hat in seinem Urteil zum Gesetz über die Mitbestimmung der Arbeitnehmer (**Mitbestimmungsgesetz vom 4. Mai 1976**) die Auffassung zurückgewiesen, dass die gewerkschaftlichen Vertreter der Arbeitnehmer in den Aufsichtsräten mitbestimmter Unternehmen (vgl. § 7 Abs. 2 MitbestG) maßgeblichen Einfluss auf die Entscheidungen eines Arbeitgeberverbandes gewinnen könnten, dem das mitbestimmte Unternehmen angehört.[188] Wenn die Gegnerunabhängigkeit der Arbeitgeberkoalitionen durch die Unternehmensmitbestimmung nicht in Frage gestellt wird, dann ist daraus allerdings keineswegs zu folgern, dass dies gleichermaßen für die Unabhängigkeit der Gewerkschaft zutrifft, deren Vertreter Aufsichtsratsmitglieder sind. Den gewerkschaftlichen Mitgliedern im Aufsichtsrat wird nämlich teilweise das Recht zur aktiven, den Arbeitskampf organisierenden, Teilnahme an einem Streik gegen das mitbestimmte Unternehmen bestritten[189], weil dies mit der **gesellschaftsrechtlichen Treuepflicht** des Aufsichtsratsmitglieds unvereinbar sei. Über- **68**

188 BVerfG 1.3.1979, E 50, 290, 376ff.

189 So z.B. *Dietz/Richardi*, § 76 BetrVG 1952 Rn. 179f.; GK-*Kraft*, § 76 BetrVG 1952 Rn. 133ff.; GK-AktG-*Meyer-Landrut*, § 96 Rn. 1.

wiegend wird dagegen auch die Beteiligung der Aufsichtsratsmitglieder an der Planung und Lenkung von Arbeitskampfmaßnahmen prinzipiell für zulässig gehalten.[190] Dafür spricht schon, dass die Arbeitnehmervertreter »wegen ihrer Tätigkeit im Aufsichtsrat eines Unternehmens, dessen Arbeitnehmer sie sind ..., nicht benachteiligt werden dürfen« (§ 26 Abs. 2 MitbestG). Die nach § 7 Abs. 2 MitbestG zu wählenden »externen« Gewerkschaftsvertreter im Aufsichtsrat sind regelmäßig hauptberuflich bei der jeweiligen Gewerkschaft in herausgehobener Position beschäftigt. Da ihr Verband für das mitbestimmte Unternehmen auch tarifzuständig sein sollte, würde ein sie betreffendes aktives Streikverbot die Gewerkschaft samt ihren Mitliedern in ihrer Arbeitskampffreiheit empfindlich beschränken und damit Art. 9 Abs. 3 GG verletzen. Umgekehrt unterliegen auch die Anteilseignervertreter im Aufsichtsrat keinen vergleichbaren Beschränkungen ihres »aktiven« Aussperrungsrechts.[191] Da das Mitbestimmungsgesetz 1979 also das Streikrecht der gewerkschaftlichen Aufsichtsratsmitglieder nicht wesentlich einschränkt, tangiert es die gewerkschaftliche Unabhängigkeit ebenso wenig.

**69** In der Praxis spielt die Frage nach der Gegnerunabhängigkeit einer Gewerkschaft und damit nach deren Tariffähigkeit auch bei den **Vereinigungen leitender Angestellter** eine Rolle (vgl. hierzu schon zuvor § 2 Rn. 27f. und Rn. 64). Es ist bereits darauf hingewiesen worden, dass die Gegnerunabhängigkeit und damit Tariffähigkeit einer Vereinigung dann zu verneinen ist, wenn leitende Angestellte als Vertreter dieser Vereinigung in der Lage sind, »auf die arbeitsrechtliche und wirtschaftliche Situation der Mitglieder ... in einer irgendwie ins Gewicht fallenden Weise Einfluss zu nehmen«.[192] Können also leitende Angestellte die Politik eines Verbandes mitbestimmen, verliert dieser seine Unabhängigkeit von der Arbeitgeberseite und kann deswegen nicht tariffähig sein. Entgegen dem Bundesarbeitsgericht müssen leitende Angestellte dazu nicht zusätzlich als Arbeitgebervertreter in Arbeitgeberverbänden tätig sein. Grundlage der Heraushebung leitender Angestellter als einer besonderen Arbeitnehmergruppe im Betrieb ist nämlich, dass der Arbeitgeber/Unternehmer bestimmter Personen bedarf, die ihm besonders nahe stehen und für ihn wesentliche unternehmerische Tätigkeiten verrichten. Der Gesetzgeber hat diese Personengruppe deshalb mit § 5 Abs. 3 BetrVG von der übrigen Arbeitnehmerschaft eines Betriebes getrennt. In der betrieblichen Praxis betrachten alle Seiten diese Personengruppe deshalb als zur Arbeitgeberseite gehörend oder dieser jedenfalls sehr nahe stehend. Die Verwendung des gewachsenen und heute in § 2 TVG festgelegten Begriffs der Gewerkschaft (dazu Grundl. Rn. 3ff. und § 2 Rn. 11) für Organisationen dieser Personen erscheint aufgrund der geschichtlichen Entwicklung unpassend. Dementsprechend ist es noch nicht zu Tarifverträgen oder wenigstens ähnlichen Vereinbarungen über die Regelung der Arbeitsbedingungen dieser Personengruppe gekommen und lehnen Arbeitgeber wie auch diese Personengruppe selbst von ihrem eigenen Verständnis her eine »Tarifierung« ihrer Arbeitsbedingungen ab.

---

190 Z.B. *Brox/Rüthers*, Rn. 628, *Gaumann/Schafft*, DB 2000, 1417f.; *Hanau/Ulmer*, Mitbestimmungsgesetz, § 26 Rn. 25; *Kempen*, GS Heinze, 437ff.; *Kissel*, Arbeitskampfrecht, § 42 Rn. 46; *Köstler/Kittner/Zachert/Müller*, Aufsichtsratspraxis, Rn. 741; *Löwisch/Rieble*, Arbeitskampf und Schlichtungsrecht, 170.2 Rn. 275; *Möllers*, NZG 2003, 699f.; MünchArbR/*Wissmann*, § 380 Rn. 23.

191 Zum Diskussionsstand vgl. *Hanau/Wackerbarth*, Unternehmensmitbestimmung und Koalitionsfreiheit, 2004.

192 BAG 16.11.1982, AP Nr. 32 zu § 2 TVG, von diesem aber nur auf den Einfluss über Arbeitgeberverbandsfunktionen bezogen.

Ist aber eine Zuordnung dieser Personengruppe zu der einen oder anderen Seite nicht möglich, scheidet ihre Teilnahme an der gewerkschaftlichen Tarifautonomie aus. Diese setzt unabhängige Interessenvertretung auf Seiten der Arbeitnehmer voraus. Bei leitenden Angestellten ist eine solche aufgrund ihrer Nähe zum Unternehmer/Arbeitgeber selten denkbar.[193] Auch aus diesem Grunde kann man dem Bundesarbeitsgericht kaum unterstellen, es habe in seiner Entscheidung über die Gewerkschaftseigenschaft des Verbandes der oberen Angestellten der Eisen- und Stahlindustrie[194] auch die Möglichkeit einer Tariffähigkeit von Vereinigungen leitender Angestellter (nicht außertariflicher nicht leitender Angestellter) anerkannt.[195]

Über die Unabhängigkeit vom sozialen Gegenspieler hinaus muss eine Gewerkschaft auch **unabhängig vom Staat, von Parteien, von Kirchen sowie** überhaupt von – jedenfalls **gegnerischen – gesellschaftlichen Organisationen** jeder Art sein.[196] Die Notwendigkeit auch einer solchen Unabhängigkeit beruht zusätzlich auf den gleichen Überlegungen, mit denen die Notwendigkeit der freiwilligen Gründung sowie der nicht-staatlichen und demokratisch strukturierten Verfassung einer Gewerkschaft begründet wurde (vgl. zuvor § 2 Rn. 5ff. und Rn. 33). Das für die Gewerkschaften geltende Prinzip demokratischer Selbstbestimmung, dessen Verwirklichung die tarifvertragliche Normsetzung auf Gewerkschaftsseite besonders legitimiert (Grundl. Rn. 80f.), verlangt, dass die Entscheidungsfindung durch die Mitglieder einer Gewerkschaft ohne Druck und Beeinflussung von außen durch jegliche andere gegnerische gesellschaftliche Organisationen erfolgen kann. Selbstverständlich hat dies aber nicht zur Folge, dass die Gewerkschaften in politischer Zielrichtung und personeller Besetzung »ausgewogen« sein müssen, dass sie mit bestimmten gesellschaftlichen Organisationen nicht eng zusammenarbeiten dürfen und etwa zur Neutralität gegenüber solchen Organisationen verpflichtet wären. Die in freier Selbstbestimmung in einer Gewerkschaft getroffene Bestimmung einer gewissen politischen und sozialen Tendenz hat also mit dem Problem der Unabhängigkeit von den genannten gesellschaftlichen Organisationen nichts zu tun.[197] Die Frage, ob eine Gewerkschaft von einer solchen Organisation abhängig ist, kann sich ebenso wie die Frage nach der Abhängigkeit vom sozialen Gegenspieler erst dann stellen, wenn diese Organisation den internen Willensbildungsprozess und damit Ziele und Politik der Gewerkschaft etwa aufgrund personeller oder finanzieller Einflussmöglichkeiten bestimmen kann.[198] **70**

### 3. Keine weiteren Anforderungen an den Gewerkschaftsbegriff

Über die zuvor diskutierten Tariffähigkeitsvoraussetzungen hinaus werden in Rechtsprechung und Literatur weitere Anforderungen genannt, die in der Praxis allerdings bisher kaum eine Rolle gespielt haben. Dabei handelt es sich im Wesentlichen um die Anerkennung des geltenden Tarifrechts oder sogar der geltenden Rechtsordnung schlechthin (a) und um das Vorliegen einer bestimmten **71**

193 A. A. *Löwisch/Rieble*, § 2 Rn. 20.
194 BAG 16.11.1982, AP Nr. 32 zu § 2 TVG.
195 Zu weiterem *Hagemeier*, DB 1984, 718.
196 Vgl. *Däubler/Peter*, § 2 Rn. 30; *Jung*, 229ff.; Wiedemann/*Oetker*, § 2 Rn. 265ff.
197 Vgl. auch *Däubler/Hege*, Koalitionsfreiheit, Rn. 120.
198 Vgl. zu dieser Problematik auch *Löwisch*, ZfA 1970, 313.

Organisationsstruktur (Industrieverbands- oder Fach- bzw. Berufsverbandsprinzip) (b). Die außerdem häufig als eigene Tariffähigkeitsvoraussetzungen diskutierten Merkmale der Tarifwilligkeit und der Organisation auf überbetrieblicher Grundlage wurden bereits zuvor erörtert (vgl. zur Tarifwilligkeit § 2 Rn. 14f. und Rn. 32, zur Organisation auf überbetrieblicher Grundlage § 2 Rn. 35ff.). Das Fehlen dieser wie auch denkbarer anderer Voraussetzungen hat jedoch grundsätzlich keinen Einfluss auf die Tariffähigkeit und damit den Gewerkschaftsbegriff. Die Tariffähigkeit kann heute seitens des Gesetzgebers und der Rechtsprechung über den aufgezeigten Rahmen hinaus nicht von weiteren Voraussetzungen abhängig gemacht werden. Der sozialgeschichtlich gewachsene Gewerkschaftsbegriff kennt keine weiteren Anforderungen an die Qualität einer Gewerkschaft; es ist auch kein Grund dafür ersichtlich, dass der Staat mit weiteren Anforderungen an den Gewerkschaftsbegriff in die Koalitionsfreiheit eingreifen müsste, um ungeeignete Organisationen von der Teilnahme an der Tarifautonomie auszuschließen.

**72** a) Die Rechtsprechung des Bundesarbeitsgerichts und des Bundesverfassungsgerichts fordert seit langem die **Anerkennung des geltenden Tarifrechts**, ohne dass hierfür eine Begründung gegeben worden wäre.[199] Darüber hinaus wird sogar eine Anerkennung der geltenden Rechtsordnung als Voraussetzung der Tariffähigkeit gefordert.[200]

**73** Das bloße Verlangen, das geltende Tarifrecht ebenso wie andere staatliche Gesetze zu respektieren, ist so lange eine Selbstverständlichkeit, wie damit nicht eine Beteiligung der Gewerkschaften an der Weiterentwicklung und Änderung staatlichen Rechts in Frage gestellt wird. Gerade dies war und ist eine wesentliche, von Art. 9 Abs. 3 GG mit umfasste Aufgabe der Gewerkschaften im Rahmen der Förderung der Arbeits- und Wirtschaftsbedingungen ihrer Mitglieder. Die »Erhöhung« einer solchen Selbstverständlichkeit zu einer zwingenden juristischen Tariffähigkeitsvoraussetzung ist jedoch unzulässig. Ein solcher (Richter-)Rechtsvorbehalt widerspricht Art. 9 Abs. 3 GG, weil der sozialgeschichtlich entstandene Koalitionsbegriff, der durch diese Verfassungsnorm festgeschrieben und garantiert worden ist, ihn nicht kennt. Auch sonst ist nicht ersichtlich, aus welchen Gründen eine entsprechende Eingriffsmöglichkeit des Gesetzgebers bejaht werden könnte: Eine solche Auffassung diskriminiert die Koalition gegenüber anderen Grundrechtsträgern, obwohl Art. 9 Abs. 3 GG in Verbindung mit Art. 20 Abs. 1 GG (Grundl. Rn. 76ff.) sie bewusst privilegieren will.[201] Gerade für Gewerkschaften, die seit ihrer rechtlichen Anerkennung nie Anlass für Zweifel an der Einhaltung demokratisch legitimierter Gesetze gegeben haben und deren demokratische Grundstruktur (§ 2 Rn. 30) ein entsprechendes Verhalten fördert, erscheint ein solches Verlangen als überflüssig und nicht begründbar.

---

199 Vgl. etwa BAG 15.11.1963, AP Nr. 14 zu § 2 TVG: Die Vereinigung »muss das geltende Tarif- und Schlichtungsrecht anerkennen«; BVerfG 6.5.1964, E 18, 18: »Um tariffähig zu sein, muss die Koalition das geltende Tarifrecht als für sich verbindlich anerkennen«; BAG 7.4.1981, AP Nr. 16 zu § 118 BetrVG 1972: »Das geltende Tarifrecht als für sich verbindlich anerkennen«; BAG 15.3.1977, AP Nr. 24 zu Art. 9 GG: »muss das geltende Tarifrecht als für sich verbindlich anerkennen«; BVerfG 1.3.1979, E 50, 290, 368: »... das geltende Tarifrecht als für sich verbindlich anerkennen« zustimmend *Löwisch/Rieble*, § 2 Rn. 62.

200 *Hueck/Nipperdey*, Bd. II, 105; *Wiedemann/Stumpf*, § 2 Rn. 119ff.; Wiedemann/*Oetker*, § 2 Rn. 329ff.

201 Siehe auch *Däubler/Hege*, Koalitionsfreiheit, Rn. 142.

Auch der Versuch der Begründung eines solchen Tariffähigkeitskriteriums etwa durch *Wiedemann/Stumpf*[202], die darin einen »Ersatz für die sonst bei Selbstverwaltungskörperschaften und beliehenen Unternehmen notwendige Rechtsaufsicht« sehen, überzeugt nicht. Die Selbstverpflichtung einer Gewerkschaft gegenüber der staatlichen Rechtsordnung als Ersatz für eine fehlende staatliche Rechtskontrolle ist in unserer Rechtsordnung nur bei der Ausübung öffentlicher Gewalt durch nicht-staatliche Träger möglich und scheidet deswegen sowie aus den zuvor genannten Gründen gerade für Gewerkschaften aus. Im Übrigen kann ein Tarifvertrag wie jeder andere Vertrag nur dann staatlich anerkannt und durchgesetzt werden, wenn er gesetzeskonform zu Stande gekommen ist. **74**

In dem gemeinsamen Protokoll über die Leitsätze des **Vertrages** zur Herstellung der **Währungs-, Wirtschafts- und Sozialunion** zwischen den beiden deutschen Staaten vom 18. Mai 1990 heißt es[203], dass tariffähige Gewerkschaften und Arbeitgeberverbände frei gebildet, gegnerfrei, auf überbetrieblicher Grundlage organisiert und unabhängig sein »sowie das geltende Tarifrecht als für sich verbindlich anerkennen« müssten (vgl. § 2 Rn. 12). Dieses beiderseits ratifizierte Vertragsrecht sollte insoweit aber lediglich für die DDR angeglichenes Recht schaffen und galt auch nur bis zu deren Beitritt am 29. September 1990 zur Bundesrepublik (vgl. § 2 Rn. 11 f.). Die in der Verpflichtung auf das geltende Tarifrecht enthaltene Unterstellung einer systemverändernden Grundposition der Gewerkschaften mochte für den zwangsstaatlich organisierten FDGB der DDR nach dem 9. November 1989 noch eine gewisse Berechtigung gehabt haben, für die bundesrepublikanischen Tarifvertragsparteien konnte und sollte das Protokoll keine zusätzliche kodifikatorische Bedeutung bekommen, sondern wie eine Gesetzesbegründung zu § 2 TVG und zu Art. 9 Abs. 3 GG wirken.[204] **75**

b) Schließlich ist es keine Voraussetzung der Tariffähigkeit, dass eine Gewerkschaft nach einem bestimmten Organisationsprinzip gegliedert ist. Unter den sozialgeschichtlich gewachsenen Gewerkschaftsbegriff fallen sowohl Arbeitnehmervereinigungen, die alle Arbeitnehmer eines Wirtschaftszweiges zusammenfassen (**Industrieverbandsprinzip**), als auch solche, die nur Arbeitnehmer mit gleicher beruflicher Tätigkeit bzw. mit gleichem sozialversicherungsrechtlichen Status organisieren (**Berufsverbandsprinzip**).[205] Zwar kann ein Abweichen vom Industrieverbandsprinzip eine Gewerkschaftszersplitterung fördern und infolgedessen die Gegenmächtigkeit (hierzu § 2 Rn. 32 ff.) der Gewerkschaften beeinträchtigen. Ein Grund dafür, das Industrieverbandsprinzip zur zwingend notwendigen Tariffähigkeitsvoraussetzung zu erheben, besteht aber jedenfalls so lange nicht, wie durch die Anwendung des Berufsverbandsprinzips die Wirksamkeit der Tarifautonomie im Interesse der Arbeitnehmer unbeeinträchtigt bleibt. **76**

---

202 *Wiedemann/Stumpf*, § 2 Rn. 200; ähnlich auch Wiedemann/*Oetker*, § 2 Rn. 329.

203 Letztlich würde die von der Gegenmeinung geforderte Anerkennung der geltenden Rechtsordnung nur zu einer noch über Art. 9 Abs. 2 GG hinausgehenden Staatsaufsicht gegenüber den Tarifvertragsparteien führen.

204 Im Ergebnis ebenso MünchArbR/*Löwisch*, § 235 Rn. 18.

205 Zu all dem siehe auch Wiedemann/*Oetker*, § 2 Rn. 169, mit weiteren Nachweisen.

### 4. Gültigkeit des aufgezeigten Gewerkschaftsbegriffs in der gesamten Rechtsordnung

77 Die Rechtsprechung des **Bundesarbeitsgerichts** bejaht einen einheitlichen Gewerkschaftsbegriff für die **gesamte Rechtsordnung.**[206]

78 Dieser Auffassung des Bundesarbeitsgerichts ist zuzustimmen. Wenn immer der Gesetzgeber in anderen Gesetzen von Gewerkschaften spricht (so etwa im Betriebsverfassungsgesetz, in den verschiedenen Mitbestimmungsgesetzen, im Arbeitsgerichtsgesetz, im Sozialgerichtsgesetz, in den Personalvertretungsgesetzen, im Sozialgesetzbuch), ist davon auszugehen, dass er mit diesen Normen auch meint, was er sagt. Dies wird eindeutig dadurch bestätigt, dass der Gesetzgeber dort, wo es ihm auf die dargestellten engeren Anforderungen des Gewerkschaftsbegriffs nicht ankam, statt von Gewerkschaften von **arbeitsrechtlichen Vereinigungen** spricht (vgl. etwa § 11 Abs. 1 Halbsatz 2 ArbGG, wo im Gegensatz zu Halbsatz 1, der von Gewerkschaften spricht, von »selbständigen Vereinigungen von Arbeitnehmern mit sozial- oder berufspolitischer Zwecksetzung« die Rede ist, ebenso §§ 20, 23 Abs. 2, 43 Abs. 1 ArbGG sowie besonders deutlich § 48a SGB IV, wo der Gesetzgeber für Sozialversicherungswahlen vorschlagsberechtigte Arbeitnehmervereinigungen im Einzelnen definiert und von drei Kategorien von Arbeitnehmervereinigungen – Gewerkschaften, Nichtgewerkschaften mit dennoch vorhandener Stärke und Arbeitnehmervereinigungen ohne jede Durchsetzungskraft – ausgeht[207]). Überzeugende Gründe für ein Abweichen von dieser eindeutigen Gesetzeslage, sollte dies durch die Rechtsprechung überhaupt erfolgen dürfen, sind nicht ersichtlich. Im Gegenteil ist darauf hinzuweisen, dass es keinen rein funktionalistisch an der Tarifvertragsverordnung 1918 bzw. am Tarifvertragsgesetz entwickelten Gewerkschaftsbegriff geben kann, gab es doch Gewerkschaften schon lange vor Inkrafttreten dieser Gesetze (dazu im Einzelnen Grundl. Rn. 3ff.) und setzen diese Gesetze immer voraus, dass Gewerkschaften Tarifverträge abschließen, also tariffähig sind. Hinzu kommt, dass auch in den anderen Bereichen, in denen der Gesetzgeber von Gewerkschaften spricht, gegenmächtige (taugliche) Organisationen, also Gewerkschaften im Sinne des zuvor Dargestellten, notwendig sind. Insbesondere, um die ihnen nach **Betriebsverfassungsgesetz** zugewiesene Aufgabe im Interesse der Arbeitnehmer effektiv wahrnehmen zu können, muss z.B. auch eine Gewerkschaft im Sinne des Betriebsverfassungsgesetzes unabhängig und mächtig sein sowie durch eine dauernde Organisation ihre Aufgaben konstant wahrnehmen können. Die Stärke der Gewerkschaft bei Wahrnehmung der ihr nach dem Betriebsverfassungsgesetz zugewiesenen Aufgaben hängt entscheidend auch davon ab, dass eine solche Gewerkschaft zugleich die zuständige Tarifvertragspartei ist. Die gewerkschaftliche Interessenvertretung im Betrieb lässt sich sinnvoll nicht von der durch Tarifvertrag im Rahmen der Tarifautonomie trennen.

---

206 Vgl. etwa BAG 15.3.1977, AP Nr. 24 zu Art. 9 GG; BAG 21.11.1975, AP Nr. 6 zu § 118 BetrVG 1972; zur Kritik an dieser Auffassung vgl. *Buchner*, FS 25 Jahre BAG, 68ff.; *Wiedemann*, Anm. zu BAG 15.3.1977, AP Nr. 24 zu Art. 9 GG; *Konzen*, ZfA 1978, 455f., *Grunsky*, JZ 1977, 473; *Weidemann/Oetker*, § 2 Rn. 165ff.; demgegenüber die Auffassung des Bundesarbeitsgerichts vorsichtig bejahend *Däubler*, AuR 1977, 286f.; eine differenzierende Auffassung wird vertreten von *Dütz*, AuR 1976, 67, der es bei grundsätzlicher Bejahung der Auffassung des Bundesarbeitsgerichts für nicht ausgeschlossen hält, den Gewerkschaftsbegriff auch anders zu definieren, wenn besondere Umstände hierfür in einem anderen Gesetz ersichtlich sind; offengelassen von BVerfG 20.10.1981, E 58, 233.

207 Vgl. dazu auch *Meydam*, BlStSozArbR 1985, 217.

Nichts Anderes gilt für die übrigen Bereiche, in denen der Gesetzgeber den Gewerkschaften ausdrücklich Befugnisse und Möglichkeiten zur Betätigung im Interesse ihrer Mitglieder zuweist. Stören mag man sich dabei allenfalls daran, dass die Verdeutlichung des Gewerkschaftsbegriffs im Sinne von § 2 Abs. 1 TVG über eine Umschreibung der Tariffähigkeit erfolgt, die bei der Klärung, was eine Gewerkschaft etwa im Sinne des Betriebsverfassungsgesetzes ist, vom Wortgebilde her fehl am Platze ist. Insoweit handelt es sich aber um eine formale Betrachtung, weil man den Begriff Gewerkschaft im Sinne von § 2 Abs. 1 TVG durchaus auch ohne »Zwischenschaltung« des Begriffs der Tariffähigkeit umschreiben kann und weil tariffähige Arbeitnehmerorganisationen eben – bereits vor Inkrafttreten anderer arbeitsrechtlicher Gesetze existierende – Gewerkschaften sind.

## II. Zusammenschlüsse von Gewerkschaften (Spitzenorganisationen)

Außer durch Gewerkschaften können auf Arbeitnehmerseite Tarifverträge noch **79**
durch Zusammenschlüsse von Gewerkschaften (so genannte Spitzenorganisationen) geschlossen werden (vgl. § 2 Abs. 2 und Abs. 3 TVG). Dabei ist es zum einen möglich, dass eine gewerkschaftliche Spitzenorganisation (etwa der DGB) den Tarifvertrag im Namen ihrer Mitgliedsgewerkschaft(en) abschließt, wenn sie eine entsprechende Vollmacht der Mitgliedsgewerkschaft(en) hat (vgl. § 2 Abs. 2 TVG). In diesem Fall findet nur eine **Übertragung der Verhandlungskompetenz** durch eine Gewerkschaft auf die Spitzenorganisation statt, deren Mitglied sie ist. Im Übrigen gilt ein solcher Tarifvertrag dann aber unmittelbar für die Vollmacht erteilende Gewerkschaft. Darüber hinaus können die in einer Spitzenorganisation zusammengeschlossenen Gewerkschaften als Mitglieder dieser Spitzenorganisation auch veranlassen, dass diese selbst **unmittelbar Tarifverträge** abschließt. Hierfür ist eine entsprechende Bestimmung in der Satzung der Spitzenorganisation notwendig (§ 2 Abs. 3 TVG). In einem solchen Falle sind die Mitgliedsgewerkschaften der Spitzenorganisation anders als im Falle des § 2 Abs. 2 TVG nicht mehr Partei des von der Spitzenorganisation abgeschlossenen Tarifvertrages, können diesen also aus eigener Befugnis weder ändern noch kündigen. Eine entsprechende Einflussnahme ist ihnen dann nur noch mittelbar über ihre Spitzenorganisation möglich. Allerdings verliert eine Gewerkschaft nicht das Recht, für ihre Mitglieder Tarifverträge abzuschließen, wenn eine Spitzenorganisation schon für den gleichen Zuständigkeitsbereich durch Abschluss eines Tarifvertrages tätig geworden ist. »Aus der Tariffähigkeit der Spitzenverbände nach § 2 TVG folgt … nicht, dass dann, wenn die Spitzenorganisationen von dieser eigenen Tariffähigkeit Gebrauch gemacht haben, die Tariffähigkeit der zusammengeschlossenen Unterorganisationen endet oder beschränkt wird. Die Tariffähigkeit der Unterorganisationen eines Spitzenverbandes wird durch die Tariffähigkeit des Spitzenverbandes selbst nicht beeinträchtigt, bleibt vielmehr ungeschmälert erhalten«.[208] Bei den Regelungen in § 2 Abs. 2 und 3 TVG handelt es sich nämlich um »die Übertragung von zusätzlichen Befugnissen auf die Spitzenverbände, die neben die unberührt bleibenden Befugnisse der sonstigen tariffähigen Organisationen treten. Daraus folgt, dass die Unterorganisationen auch dann, wenn ihr Spitzenverband von der ihm durch das Tarifvertragsgesetz

208 BAG 22.2.1957, AP Nr. 2 zu § 2 TVG (mit zustimmender Anm. von *Tophoven*).

verliehenen Tariffähigkeit Gebrauch macht, nach wie vor von ihrer eigenen Tariffähigkeit durch Abschluss von Tarifverträgen Gebrauch machen können. Sie haben diese Befugnis nicht nur insoweit, als der von dem Spitzenverband geschlossene Tarifvertrag Ergänzungen oder Änderungen der dort getroffenen Regelung durch noch von den Unterorganisationen zu schließende Tarifverträge ausdrücklich oder stillschweigend zulässt, sondern auch dann, wenn der von den Spitzenorganisationen geschlossene Tarifvertrag die Arbeitsverhältnisse der Arbeitnehmer, die bei den Mitgliedern der Unterorganisation arbeiten, abschließend regeln wollte. Dies ergibt sich bereits daraus, dass die Begründung der **Tariffähigkeit der Spitzenorganisationen** die Einführung einer **zusätzlichen**, erst durch das Tarifvertragsgesetz ausdrücklich erwähnten **Tariffähigkeit** darstellt, nicht aber eine Beschneidung der unberührt gebliebenen Tariffähigkeit der Gewerkschaften, einzelner Arbeitgeber und der Vereinigungen von Arbeitgebern nach § 2 Abs. 1 TVG«.[209] Kommt es in einem solchen Falle zum Abschluss von unterschiedlichen Tarifverträgen für denselben Geltungsbereich durch die Spitzenorganisation einerseits und durch eine Mitgliedsgewerkschaft dieser Spitzenorganisation andererseits, ist das Rangverhältnis zwischen beiden Tarifverträgen nach den Grundsätzen der Tarifkonkurrenz (dazu § 4 Rn. 150 und 177 ff.) zu lösen.[210]

**80** Im Übrigen setzt das Recht einer Spitzenorganisation zum Abschluss von Tarifverträgen gemäß § 2 Abs. 2 und 3 TVG voraus, dass die **erfassten Mitgliedsverbände** der Spitzenorganisation ebenfalls **tariffähig** sind[211], während im Falle bloßer Vertretung (Abs. 2) die Spitzenorganisation selbst nicht tariffähig sein muss.[212] Für die **Mitgliedsverbände** ist dagegen **stets eigene Tariffähigkeit erforderlich**, weil andernfalls die notwendige Regelungs- und Interessenausgleichsfunktion, welche die Tarifautonomie nur aufgrund ihrer sozialökonomischen Anbindung an unterschiedliche Arbeitsmärkte erfüllt, umgangen werden könnte.[213] Auch aus haftungsrechtlichen Gründen (vgl. § 2 Abs. 4 TVG) kann sich ein Arbeitnehmer-Mitgliedverband, der als solcher die Tariffähigkeitserfordernisse allein nicht erfüllt, über seine Mitgliedschaft in einem Spitzenverband nicht die Eigenschaft einer tariffähigen Gewerkschaft verschaffen. Die Mitgliedschaft in einer solchen (nicht tariffähigen) Arbeitnehmerorganisation im Spitzenverband berührt dessen satzungsförmige Tariffähigkeit nach § 2 Abs. 2 und 3 TVG allerdings nicht. Die vom Spitzenverband abgeschlossenen Tarifverträge würden deshalb nur für die angeschlossenen tariffähigen und tarifzuständigen Gewerkschaften gelten. Der nicht tariffähige Arbeitnehmerverband bliebe dagegen tarifungebunden (vgl. aber § 2 Rn. 82).[214]

**81** Die nach § 2 Abs. 2 und 3 TVG ermöglichte Tariffähigkeit von Spitzenorganisationen setzt voraus, dass die davon erfassten (tarifgebundenen) Mitgliedsverbände ihrerseits tariffähige Gewerkschaften sind (vgl. § 2 Rn. 80). Die Möglichkeit des Zusammenschlusses zu Spitzenverbänden soll nämlich nicht dazu dienen, nicht tariffähigen Einzelorganisationen den Zugang zur Tariffähigkeit zu

209 BAG 22.2.1957, AP Nr. 2 zu § 2 TVG; *Löwisch/Rieble*, § 2 Rn. 76.

210 Vgl. BAG AP Nr. 2 zu § 2 TVG; *Däubler/Hege*, Koalitionsfreiheit, Tarifvertragsrecht, Rn. 57; a. A. Wiedemann/*Thüsing*, RdA 1995, 284.

211 BAG 2.11.1960, AP Nr. 1 zu § 97 ArbGG 1953; BAG 6.5.2003 (1 AZR 241/01), NZA 2004, 562.

212 *Löwisch/Rieble*, § 2 Rn. 107.

213 Darauf läuft die Gegenauffassung von *Löwisch/Rieble*, § 2 Rn. 75, hinaus; wie hier dagegen *Däubler/Hege*, Koalitionsfreiheit, Tarifvertragsrecht, Rn. 55.

214 So auch *Rieble*, DB 2001, 2194, allerdings primär aus Arbeitgeberverbandsperspektive.

eröffnen, wenn sie deren Voraussetzungen selbst nicht erfüllen. Daraus folgt mittelbar, dass auch **Untergliederungen von Gewerkschaften** als solche nur dann **selbständig tariffähig** sein können, wenn sie im Rahmen der Satzung der Gesamtgewerkschaft eine eigene körperschaftliche Struktur besitzen, innerhalb des Gesamtverbandes zu selbständigen Tarifabschlüssen befugt (d.h. nicht nur bevollmächtigt) sind und über eigenes Vermögen verfügen.[215] Derartige Gewerkschaften in einer Gewerkschaft würden letzterer quasi die Funktion eines Spitzenverbandes verschaffen.

Im Falle eines Arbeitgeberverbandes hat das Bundesarbeitsgericht festgestellt, dass dieser sowohl Arbeitgeberverbände wie auch Einzelarbeitgeber als Mitglieder aufnehmen könne. Hinsichtlich seiner verbandlichen Mitglieder sei er dann Spitzenverband, hinsichtlich der Individualmitglieder aber tariffähiger Arbeitgeberverband.[216] Im entsprechenden Fall einer **Gewerkschaft** wäre diese dann **sowohl Spitzenorganisation (mit Mitgliedsverbänden) wie auch Einzelgewerkschaft (mit individuellen Arbeitnehmer-Mitgliedern)**. Damit wäre es möglich, dass eine nicht tariffähige Arbeitnehmerkoalition korporativ einer tariffähigen Gewerkschaft beitritt, welche die individuellen Koalitionsmitglieder gleichzeitig in **Doppelmitgliedschaft** als Gewerkschaftsmitglieder aufnimmt und ihnen dadurch Tarifbindung verschafft. Innerhalb der Gewerkschaftsorganisation könnte die beitretende Organisation damit ein (satzungsrechtlich geregeltes) »Eigenleben« entfalten ihren (Doppel-)Mitgliedern einen (daran ausgerichteten) Tarifschutz ermöglichen. 82

In allen Fällen des Abschlusses von Tarifverträgen durch eine Spitzenorganisation, sei es im eigenen Namen gemäß § 2 Abs. 3 TVG, sei es im Namen der angeschlossenen Gewerkschaften gemäß § 2 Abs. 2 TVG, **haften** nach dem Wortlaut des § 2 Abs. 4 TVG **Spitzenorganisation und angeschlossene Gewerkschaften** für die Erfüllung der tarifvertraglichen Verpflichtungen.[217] 83

Außer für die Tariffähigkeit gemäß § 2 Abs. 2 bis 4 TVG ist der Begriff der Spitzenorganisation noch für die Allgemeinverbindlicherklärung von Tarifverträgen gemäß § 5 TVG und für den Erlass von Verordnungen zur Durchführung des Tarifvertragsgesetzes gemäß § 11 TVG von Bedeutung. Nach der Definition des § 12 TVG sind Spitzenorganisationen gemäß §§ 5 und 11 jedoch nicht mit den Spitzenorganisationen gemäß § 2 Abs. 2 bis 4 TVG identisch. Diese **abweichende Definition der Spitzenorganisationen in § 12 TVG** wurde durch eine Änderung des Tarifvertragsgesetzes 1952 geschaffen, um auch die damalige **Deutsche Angestelltengewerkschaft (DAG)** beim Verfahren der Allgemeinverbindlicherklärung und der Schaffung von Verordnungen beteiligen zu können[218] (im Übrigen siehe § 12 Rn. 1 ff.). 84

Die Aufgabe einer tariffähigen Spitzenorganisation auf Arbeitnehmerseite könnte heute der **Deutsche Gewerkschaftsbund (DGB)** wahrnehmen. Eine entsprechende Notwendigkeit wurde und wird bisher bei den Gewerkschaften in der Bundesrepublik Deutschland jedoch nicht gesehen[219], doch gibt es gelegentlich Einzelbevollmächtigungen gemäß § 2 Abs. 2. Die Zuerkennung der Tarif- 85

---

215 *Oetker*, AuR 2001, 83 ff. mit weiteren Nachweisen.

216 BAG 20.2.2001 (1 AZR 322/00), NZA 2001, 1204.

217 Kritisch zu dieser Regelung mit dem Vorschlag einer restriktiven Auslegung des § 2 Abs. 4 TVG Wiedemann/*Oetker*, § 2 Rn. 217 ff., 220; zur Ausgestaltung der Vollmacht vgl. Wiedemann/*Thüsing*, RdA 1995, 282 ff.

218 Im Einzelnen vgl. Wiedemann/*Oetker*, § 2 Rn. 23.

219 Vgl. *Hueck/Nipperdey*, Bd. II/1, 437 f.; Wiedemann/*Oetker*, § 2 Rn. 22.

fähigkeit an Spitzenorganisationen durch den Gesetzgeber beruht wohl vor allem darauf, dass das Handwerk an einer solchen Regelung für seine Innungsverbände besonders interessiert war.[220]

### III. Keine weiteren tariffähigen Organisationen auf Arbeitnehmerseite

86 Andere Organisationen als Gewerkschaften und Spitzenorganisationen von Gewerkschaften sind nicht berechtigt, Tarifverträge zu Gunsten der bei ihnen organisierten Arbeitnehmer abzuschließen. Die gesetzliche Verleihung eines solchen Rechts an Organisationen auf Arbeitnehmerseite, die nicht Gewerkschaften sind, wäre wegen Verstoßes gegen Art. 9 Abs. 3 GG verfassungswidrig. Eine solche Verleihung der Tariffähigkeit auch an nach dem Tarifvertragsgesetz nicht tariffähige Organisationen ist lediglich auf Arbeitgeberseite möglich (im Einzelnen dazu später § 2 Rn. 124ff.). Insbesondere wäre es aus diesem Grunde verfassungswidrig, wenn den **Arbeitnehmerkammern**, wie sie in der Bundesrepublik Deutschland in den Ländern Bremen und Saarland existieren[221], durch Gesetz die Tariffähigkeit verliehen würde. Das Bundesverfassungsgericht hat die Verfassungskonformität entsprechender Arbeitnehmerkammern, die teilweise ähnliche Aufgaben wie Gewerkschaften wahrnehmen, gerade damit begründet, dass die Arbeitnehmerkammern keine Befugnis haben, »in die Auseinandersetzung der Gewerkschaften mit den Arbeitgebern einzugreifen. Sie können weder Tarifverträge abschließen noch auf den Inhalt solcher Verträge Einfluss nehmen; ebenso wenig dürfen sie sich in Arbeitskämpfe schlichtend oder auch nur Stellung nehmend einschalten. Es fehlt ihnen das Recht, in konkreten Arbeitsverhältnissen zugunsten der Arbeitnehmer zu intervenieren«.[222] Nur weil dies so ist, liegt kein Verstoß der Gesetze über die Errichtung von Arbeitnehmerkammern gegen Art. 9 Abs. 3 GG vor.

## C. Parteien des Tarifvertrages auf Arbeitgeberseite

### Literatur:

*Badura/Rittner/Rüthers*, Mitbestimmungsgesetz 1976 und Grundgesetz, 1977; *Berg*, Rechtliche Auswirkungen einer OT-Mitgliedschaft in der Praxis, AuR 2001, 393; *Besgen*, Mitgliedschaft im Arbeitgeberverband ohne Tarifbindung, 1998; *Blanke*, Wechsel in eine OT-Mitgliedschaft im Arbeitgeberverband, AiB 2000, 260; *Buchner*, Mitgliedschaft in Arbeitgeberverbänden ohne Tarifbindung, NZA 1994, 2; *ders.*, Verbandsmitgliedschaft ohne Tarifgebundenheit, NZA 1995, 761; *Däubler*, Tarifpflicht, eine aussichtsreiche Strategie zur Reduzierung von Lohnkosten?, ZTR 1994, 448; *ders.*, Tarifvertragsrecht und Konzern, ZIAS 1995, 525; *ders.*, Tarifausstieg – Erscheinungsformen und Rechtsfolgen, NZA 1996, 225; *Dymke*, Tarifgemeinschaft und mehrgliedriger Tarifvertrag, 2003; *Gaumann/Schafft*, Auskunftspflichten über den Mitgliedsstatus im Arbeitgeberverband, NZA 2001, 1025; *Glaubitz*, Zur Frage der Tariffähigkeit des Arbeitgeberverbandes mit tarif-

---

220 Vgl. *Hueck/Nipperdey*, Bd. II/1, 438.

221 Vgl. etwa Gesetz über die Arbeitnehmerkammern im Lande Bremen vom 3.7.1956, GBl. der Freien Hansestadt Bremen, 79; Gesetz Nr. 255 über die Errichtung einer Arbeitskammer für das Saarland vom 30.6.1951, Abl. Saarland, 960.

222 BVerfG 18.12.1974, E 38, 281, 36.

gebundenen und nicht tarifgebundenen Mitgliedern, FS Stege, 1997, 39; *ders.*, Tariffähigkeit von Arbeitgeberverbänden mit tarifgebundenen und ungebundenen Mitgliedern?, NZA 2003, 140; *Gleixner*, Interessenorganisation und -durchsetzung am Beispiel der Bundesvereinigung der Deutschen Arbeitgeberverbände, WSI-Mitt. 1981, 425; *Hanau*, Verbands-, Tarif- und Gerichtspluralismus, NZA 2003, 128; *Hensche*, Tarifflucht in juristischen Formen, AuR 1996, 331; *ders*, Tarifpolitik in der Krise, ArbRGgw 34 (1996), 35; *Henssler*, Firmentarifverträge und unternehmensbezogene Verbandstarifverträge als Instrumente einer »flexiblen«, betriebsnahem Tarifpolitik, ZfA 1998, 517; *v. Hoyningen-Huene*, Die Rolle der Verbände bei Firmenarbeitskämpfen, ZfA 1980, 453; *Konzen*, Arbeitnehmerschutz im Konzern, RdA 1984, 65; *Kübler/Schmidt, W./Simitis*, Mitbestimmung als gesetzgebungspolitische Aufgabe, 1978; *Löwisch*, Gewollte Tarifunfähigkeit im modernen Kollektivarbeitsrecht, ZfA 1974, 29; *Martens*, Tarifvertragliche Konzernregelungen, RdA 1970, 173; *Matthes*, Der Arbeitgeber als Tarifvertragspartei, FS Schaub, 1998, 477; *Moll*, Tarifausstieg der Arbeitgeberseite: Mitgliedschaft im Arbeitgeberverband »ohne Tarifbindung«, 2000; *Müller, G.*, Die Grundlagen des deutschen Arbeitskampfrechts, DB 1982, Beilage 16; *ders.*, Die Wandlungen des Koalitionsrechts unter den Bedingungen der Mitbestimmung, in: Säcker/Zander (Hrsg.), Mitbestimmung und Effizienz, 1981, 427; *Otto*, Die rechtliche Zulässigkeit einer tarifbindungsfreien Mitgliedschaft in Arbeitgeberverbänden, NZA 1996, 624 = GS Wiese, 1996, 118; *Peter*, Abschied vom Konsens – Mangelnde Tariftreue und Erosion der Arbeitgeberverbände, FS Däubler, 1999, 479; *Ramm*, Der Arbeitskampf und die Gesellschaftsordnung des Grundgesetzes, 1965; *ders.*, Koalitionsbegriff und Tariffähigkeit, JuS 1966, 223; *Reuß*, Die Bedeutung der Mächtigkeit von Verbänden im kollektiven Arbeitsrecht, RdA 1972, 4; *Reuter*, Die Mitgliedschaft ohne Tarifbindung (OT-Mitgliedschaft) im Arbeitgeberverband, RdA 1996, 201; *Richter*, Firmenstreiks gegen verbandsangehörige Arbeitgeber, ZTR 2004, 390; *Rieble*, Die Tarifzuständigkeit von Spitzenverbänden, DB 2001, 2194; *Röckl*, Zulässigkeit einer Mitgliedschaft in Arbeitgeberverbänden ohne Tarifbindung? DB 1993, 2382; *Schaub*, Aktuelle Streitfragen zur Kostensenkung bei der Arbeitsvergütung, BB 1994, 2005; *ders.*, Wege und Irrwege aus dem Flächentarifvertrag, NZA 1998, 617; *Schlochauer*, OT-Mitgliedschaft in tariffähigen Arbeitgeberverbänden, FS Schaub, 1998, 699; *Scholz*, Die Koalitionsfreiheit des Arbeitgebers, ZfA 1980, 357; *Schrader*, »Durchsetzungsfähigkeit« als Kriterium für Arbeitgeber im Tarifvertragsrecht, 1993; *ders.*, Arbeitgeberverbände und Mächtigkeit, NZA 2001, 1337; *Stein, A.*, Der Abschluss von Firmentarifverträgen, RdA 2000, 129; *Stumpfe*, Änderungen in der Verbandslandschaft – Arbeitgeber, NZA 2000, Sonderbeilage zu Heft 24, 1; *Thüsing*, Die Mitgliedschaft ohne Tarifbindung in Arbeitgeberverbänden, ZTR 1996, 481; *ders.*, Der Außenseiter im Arbeitskampf, 1996; *Waas*, Tarifrechtliche Probleme beim Gemeinschaftsbetrieb mehrerer Unternehmen, NZA 1999, 841; *Wendeling-Schröder*, Betriebliche Ergänzungstarifverträge, NZA 1998, 624; *Wiedemann/Thüsing*, Tariffähigkeit von Spitzenorganisationen und Verhandlungsanspruch der Tarifvertragsparteien, RdA 1995, 280; *Windbichler*, Arbeitsrecht im Konzern, 1989; *Zachert*, Tarifverträge in globalisierter Wirtschaft, NZA 2000, 121; *ders.*, Firmentarifvertrag als Alternative?, NZA 2000, Sonderbeilage zu Heft 24, 17; *Zöllner/Seiter*, Paritätische Mitbestimmung und Art. 9 Abs. 3 GG, 1970.

**Übersicht** Rn.



**87** Als Tarifvertragspartei auf Arbeitgeberseite nennt § 2 Abs. 1 TVG (anders als auf Arbeitnehmerseite, wo nur von Gewerkschaften die Rede ist) nicht lediglich Vereinigungen von Arbeitgebern, sondern auch einzelne Arbeitgeber. Darüber hinaus hat der Gesetzgeber durch weitere Gesetze anderen Organisationen auf Arbeitgeberseite die Tariffähigkeit verliehen (vgl. § 2 Rn. 124ff.). Schon hierdurch wird deutlich, dass die **Tarifvertragspartei Arbeitgeber bzw. Arbeitgebervereinigung nur bedingt mit der Tarifvertragspartei Gewerkschaft verglichen werden kann**, dass die Tariffähigkeit auf beiden Seiten also nicht den gleichen Anforderungen unterliegt. Die jedenfalls in der älteren Rechtsprechung und der überwiegenden Literatur übliche Diskussion der tariffähigen Parteien beider Seiten in einem Zuge (vgl. im Einzelnen zuvor § 2 Rn. 10) lässt sich allenfalls damit rechtfertigen, dass Art. 9 Abs. 3 GG allgemein von Vereinigungen zur Wahrung und Förderung der Arbeits- und Wirtschaftsbedingungen spricht, also die Koalitionsfreiheit sowohl für Arbeitnehmer und deren Gewerkschaften als auch für Arbeitgeber und deren Vereinigungen garantiert (zur Frage, in welchem Umfang Art. 9 Abs. 3 GG auch die Arbeitgeberseite schützt, vgl. § 2 Rn. 100). Aus dieser gemeinsamen Garantie für die Koalitionen beider Seiten kann jedoch nicht der Schluss gezogen werden, dass die Anforderungen an deren Organisationen dieselben sein müssen. Auch eine Arbeitnehmerkoalition im Sinne von Art. 9 Abs. 3 GG ist von ihrer Aufgabe her etwas völlig Anderes als eine Arbeitgeberkoalition im Sinne dieser Vorschrift (vgl. insoweit schon ausführlich Grundl. Rn. 82ff. sowie § 2 Rn. 10; im Übrigen zu dieser Problematik noch später § 2 Rn. 100). Erste Ansätze zu einer entsprechenden differenzierenden Betrachtung finden sich in der Entscheidung des Bundesverfassungsgerichts[223] zu den Tariffähigkeitsanforderungen, insbesondere zur Mächtigkeit einer Arbeitnehmerkoalition. Das

223 BVerfG 20.10.1981, E 58, 233, insbesondere 248ff.

Bundesverfassungsgericht beschränkt dort teilweise seine Überlegungen zur Verbandsstärke auf Arbeitnehmerkoalitionen, so etwa, wenn es ausführt: die Gerichte der Arbeitsgerichtsbarkeit seien befugt, die Voraussetzungen für die Tariffähigkeit einer Arbeitnehmer-Koalition näher zu umschreiben; ein angestrebter Interessenausgleich durch Tarifvertrag könne nur zustande kommen, wenn eine Arbeitnehmer-Koalition so leistungsfähig ist, dass sich die Arbeitgeberseite veranlasst sieht, auf Verhandlungen einzugehen; das Vorhandensein einer »Verbandsmacht« bei einer Arbeitnehmer-Koalition sei ein Umstand, von dem die Tariffähigkeit abhängig gemacht werden könne. In der Literatur ist auf diese zwingende Notwendigkeit einer getrennten Betrachtung der Tariffähigkeits- wie auch der Koalitionsvoraussetzungen der Verbände beider Seiten schon seit langem hingewiesen worden.[224] Nunmehr geht auch das Bundesarbeitsgericht treffend davon aus, dass eine bestimmte Mächtigkeit anders als bei Gewerkschaften keine Voraussetzung der Tariffähigkeit eines Arbeitgeberverbandes oder eines einzelnen Arbeitgebers darstellt[225] (vgl. dazu § 2 Rn. 90 und Rn. 112).

## I. Einzelne Arbeitgeber

Nach § 2 Abs. 1 TVG kann Tarifvertragspartei auf Seiten der Arbeitgeber unter anderem der einzelne Arbeitgeber sein (Abschluss so genannter Firmentarifverträge). Damit **verleiht der Gesetzgeber jedem Arbeitgeber die Tariffähigkeit**. Diese gesetzgeberische Entscheidung ist Konsequenz der geschichtlichen Entwicklung und der Ausgangssituation, die zur Entstehung des Tarifvertrages geführt hat: Die Tarifautonomie sollte den strukturell unterlegenen Arbeitnehmern die Möglichkeit eröffnen, ihre Interessen gegenüber den bei der Arbeitsvertragsaushandlung weit überlegenen Arbeitgebern durchzusetzen; sie ist ein Mittel zum Marktausgleich. Tarifautonomie und der Tarifvertrag dienen dem Schutz der Arbeitnehmer. Die Tariffähigkeit eines jeden einzelnen Arbeitgebers wurde wegen seiner typischen Marktposition ohne Rücksicht auf eine im Einzelfall etwa vom Normalen abweichende Situation von Gesetzes wegen bestimmt.[226] Hätte der Gesetzgeber diese Anordnung nicht getroffen und nur Arbeitgebervereinigungen für tariffähig erklärt, könnte bei Fehlen eines Arbeitgeberverbandes oder bei Austritt eines einzelnen Arbeitgebers aus einem bestehenden Verband der Arbeitnehmerseite zudem jeglicher Verhandlungspartner fehlen und damit die Tarifautonomie leer laufen.[227] 88

224 Vgl. etwa *Ramm*, JuS 1966, 227f.; *ders.*, Arbeitskampf, 183; *Reuß*, RdA 1972, 7, der es als »völlig abwegig« bezeichnet, dass das Bundesarbeitsgericht das Mächtigkeitserfordernis in gleicher Weise für Arbeitnehmer- wie für Arbeitgeberverbände gelten lassen wollte; *Däubler/Hege*, Koalitionsfreiheit, Rn. 101ff.; *Däubler/Peter*, § 2 Rn. 79; *Zachert*, Tarifvertrag, 90f.; gegen diese Auffassung *G. Müller*, DB 1982, Beilage 16, 3ff.; *ders.*, Die Tarifautonomie in der Bundesrepublik Deutschland, 1990, 233ff. (durchgängig).

225 BAG 20.11.1990, AP Nr. 40 zu § 2 TVG.

226 *Reuß*, RdA 1972, 7.

227 Siehe auch BVerfG 20.10.1980, E 58, 233, mit weiteren Nachweisen; *Löwisch/Rieble*, Grundl. Rn. 42, § 2 Rn. 134; *Däubler/Peter*, § 2 Rn. 78.

### 1. Arbeitgeberbegriff

89 Wer Arbeitgeber im Sinne des § 2 Abs. 1 TVG ist und damit auf der Arbeitgeberseite Partei eines Tarifvertrags sein kann, bestimmt sich nach allgemeinen arbeitsrechtlichen Prinzipien (»einheitlicher Arbeitgeberbegriff«). Danach ist jede **natürliche oder juristische Person** Arbeitgeber, die mindestens einen Arbeitnehmer beschäftigt. Als **juristische Personen** kommen sowohl die des Zivilrechts in Betracht (etwa Aktiengesellschaft, GmbH, eingetragene Genossenschaft), als auch die des öffentlichen Rechts (z. B. Bund, Länder, Gemeinden). Für rechtsfähige Anstalten und Stiftungen des öffentlichen Rechts, die grundsätzlich Arbeitgeber sein können, bestehen jedoch verschiedentlich gesetzliche Einschränkungen der Tariffähigkeit[228]; für die Stiftung preußischer Kulturbesitz etwa nimmt der Bund insoweit die Arbeitgeberfunktion wahr. Arbeitgeber sind die Kirchen wie ihre rechtlich selbständigen Einrichtungen. Für eine **in Gründung** befindliche juristische Person kann bereits mit den Gründern ein Tarifvertrag geschlossen werden[229], so dass für Arbeitnehmer bereits mit dem Tag der Arbeitsaufnahme die Geltung des Tarifvertrags gewährleistet ist. Bei einem **Zusammenschluss** von natürlichen oder juristischen Personen, **dem die Rechtsfähigkeit fehlt** (Personengesellschaften, etwa Gesellschaft des Bürgerlichen Rechts, OHG, KG) müsste eigentlich jeweils davon ausgegangen werden, dass die einzelnen Personen gemeinschaftlich (in gesamthänderischer Verbundenheit) Partei des Tarifvertrags sind. Gesetzliche Angleichungen an die juristische Person (§§ 124 HGB) und die neuere Entwicklung insbesondere in der Rechtsprechung des Bundesgerichtshofs zur (teilweisen) Rechtsfähigkeit der Gesellschaft des bürgerlichen Rechts lassen es vertretbar erscheinen, auch diese Verbindungen als Tarifvertragspartei anzusehen.[230] Im Grunde ist der angedeutete Meinungsstreit im vorliegenden Zusammenhang bedeutungslos, da es beim Handeln Einzelner für die Organisation, etwa eine Arbeitsgemeinschaft (sie ist Gesellschaft des Bürgerlichen Rechts) oder eine Unternehmensvereinigung zur Führung eines gemeinschaftlichen Betriebs[231], letztlich nur darum geht, wem das Handeln zugerechnet werden kann. – Beim Abschluss des Tarifvertrags kann **Vertretung** des Arbeitgebers stattfinden.[232] **Mehrere Arbeitgeber** können in Tarifgemeinschaft (also nicht als Mitglieder eines Verbandes) gemeinsam den Tarifvertrag abschließen, in einheitlicher Urkunde oder in getrennten Urkunden.[233] Bei einem solchen »mehrgliedrigen Tarifvertrag«, bei dem die vertragsschließenden Arbeitgeber(verbände) in Ausübung ihrer eigenen Tariffähigkeit handeln[234], ist es eine Frage der Auslegung, ob lediglich Parallelität der Tarifverträge oder Gemeinschaftlichkeit vorliegt. Letzteres wird insbesondere bei konzernrechtlich verbundenen Unternehmen anzunehmen sein. Da die Tarifgemeinschaft als BGB-Gesellschaft handelt, kann nur gemeinschaftliche Willensbildung stattfinden (etwa bei der Kündigung des Tarifvertrags).

228 Einzelheiten bei *Däubler/Peter*, § 2 Rn. 87.
229 BAG 24. 1. 2001, AP Nr. 1 zu § 3 BetrVG 1972; BAG 24. 6. 1998, AP Nr. 1 zu § 20 UmwG.
230 Vgl. Wiedemann/*Oetker* § 2 Rn. 98.
231 Dazu *Waas*, NZA 1999, 841.
232 Auch mit Duldungsvollmacht, BAG 29. 6. 2004 (1 AZR 143/03), EzA § 1 TVG Nr. 46.
233 BAG 24. 11. 1993, AP Nr. 39 zu § 1 TVG Tarifverträge: Einzelhandel; BAG 10. 11. 1993, AP Nr. 43 zu § 1 TVG Tarifverträge: Einzelhandel.
234 Ausführlich *Löwisch/Rieble*, § 2 Rn. 165 ff.

## 2. Sonderstatus »kleiner« Arbeitgeber?

Nach dem oben (§ 2 Rn. 88) dargestellten Zweck der Regelung und dem Wortlaut des § 2 Abs. 1 TVG kommt die Beschränkung der Tariffähigkeit nur auf Arbeitgeber, die eine größere Anzahl von Arbeitnehmern beschäftigen, nicht in Betracht.[235] Damit wird zugleich die Koalitionsfreiheit des Art. 9 Abs. 3 GG geschützt.[236] Entsteht wider alle Erwartung einmal ein Übergewicht der Gewerkschaft, beseitigt dies die Tariffähigkeit genauso wenig, wie die Geschäftsfähigkeit einer natürlichen Person durch eine schlechte Verhandlungsposition in Gefahr gebracht wird. Jede andere Beurteilung würde gegen die Rechtssicherheit verstoßen, ist es doch schwer ersichtlich, von welchem Punkt an von einem »Übergewicht« die Rede sein kann.[237] Darüber hinaus kann der einzelne Arbeitgeber einer – entgegen der regelmäßigen wirtschaftlichen Ausgangssituation ausnahmsweise einmal denkbaren – Umkehr der Machtverhältnisse durch Beitritt zu einem Arbeitgeberverband entgegentreten. Obwohl er sich damit einem Druck der Gewerkschaft zum Abschluss eines Firmentarifvertrages nicht entziehen kann, wird er doch in die Lage versetzt, ein mögliches Machtgefälle zu seinen Lasten durch die Unterstützung seines Arbeitgeberverbandes wieder auszugleichen.[238] Schließlich erstrebt jeder Streik den Abschluss eines neuen Tarifvertrages und die Rückkehr der Arbeitnehmer auf die Arbeitsplätze, nicht aber die Vernichtung der Arbeitsplätze, was die (ohnedies aus personellen Gründen faktisch beschränkte) Möglichkeit einer Gewerkschaft zur Druckausübung insbesondere auf einen kleinen Arbeitgeber deutlich begrenzt. Der einzelne Arbeitgeber kann seiner selbst gewählten Isolation nicht nur durch Verbandsbeitritt, sondern auch durch Bildung einer Ad-hoc-Koalition entgehen, d.h., indem er sich beispielsweise im konkreten Arbeitskampf der Aussperrung des zuständigen Verbandes mit seinem Betrieb anschlösse. Auch dieses »Kampfbündnis« fiele unter den Schutz des Art. 9 Abs. 3 GG.[239] Umgekehrt darf eine Gewerkschaft, die nach dem Scheitern der Verhandlungen über einen Verbandstarif auch einen Außenseiter mit dem Ziel des Abschlusses eines inhaltsgleichen Firmentarifvertrages bestreikt, dies tun, wenn vorher darüber verhandelt worden ist.[240] 90

Allerdings hat der Große Senat des Bundesarbeitsgerichts hat in seiner Arbeitskampfentscheidung vom 21. April 1971[241] im Zusammenhang mit der Diskussion der Arbeitskampffähigkeit eines einzelnen Arbeitgebers die Frage aufgeworfen, ob die Verleihung der Tariffähigkeit (und damit zwangsläufig die Annahme der Arbeitskampffähigkeit) an jeden einzelnen Arbeitgeber durch § 2 Abs. 1 TVG »in jedem denkbaren Fall anwendbar ist, insbesondere bei den ›kleinen‹ Arbeitgebern, die nicht in der Lage sind, einen wirkungsvollen Druck oder Gegendruck auszuüben«. Er hat diese Fragen offen gelassen, weil im zu ent- 91

235 Ganz h.M., BAG 20.11.1990, AP Nr. 40 zu § 2 TVG (mit kritischen Anm. von *Hergenröder*, EzA § 2 TVG Nr. 20); *Däubler/Peter*, § 2 Rn. 79; *Löwisch/Rieble* § 2 Rn. 138; Wiedemann/*Oetker* § 2 Rn. 104, mit umfangreichen Nachweisen; a.A. *G. Müller* etwa in RdA 1990, 322; *ders.*, Die Tarifautonomie in der Bundesrepublik Deutschland, 1990, 262ff.

236 Vgl. BVerfG 19.10.1966, E 20, 312, 318.

237 *Siehe* auch *v. Hoyningen-Huene*, ZfA 1980, 459, mit weiteren Nachweisen.

238 Hierzu eingehend mit Nennung einer Reihe von denkbaren Unterstützungsmaßnahmen der Arbeitgeberverbände *v. Hoyningen-Huene*, ZfA 1980, 460ff.; zum Problem einer eventuellen Berufung kleiner Arbeitgeber auf für diese geltende Grundrechte, vgl. *Däubler*, Arbeitskampfrecht, Rn. 1358.

239 BVerfG 26.6.1991, E 84, 212, 225f.

240 BAG 9.4.1991, AP Nr. 116 zu Art. 9 GG Arbeitskampf.

241 BAG GS 21.4.1971, AP Nr. 43 zu Art. 9 GG Arbeitskampf.

scheidenden Fall der in Frage stehende Arbeitgeber tatsächlich in der Lage sei, Arbeitskampfmaßnahmen durchzuführen. *Wiedemann/Oetker*[242] interpretieren das Bundesarbeitsgericht dahin gehend, dass es nicht die Tariffähigkeit, sondern die **Arbeitskampffähigkeit** kleiner Arbeitgeber in Frage gestellt habe und dass seine Ausführungen daher nur so verstanden werden könnten, dass bei kleinen Arbeitgebern möglicherweise die streikweise Erzwingung eines Firmentarifvertrages ausgeschlossen sei. Der Wegfall der Möglichkeit, von einem solchen Arbeitgeber einen Tarifvertrag zu erzwingen, führte jedoch ebenfalls zu einer unzulässigen Einschränkung der Tariffähigkeit. Auch die Auffassung von *Wiedemann/Oetker* ist daher abzulehnen.

**92** *Buchner* setzt bei der **Tarifzuständigkeit** (dazu unten § 2 Rn. 147ff.) an. Er möchte die Fähigkeit zum Abschluss eines Firmentarifvertrages nur noch für ein **Unternehmen** reservieren, das **mehrere Betriebe** führt, wobei auf Arbeitnehmerseite allein diejenige Gewerkschaft tarifzuständig sei, »deren satzungsmäßiger Organisationsbereich dem Unternehmen das Gepräge gibt«.[243] Er beruft sich dabei auf die Entscheidung des Bundesarbeitsgerichts vom 21. November 1988[244], der zufolge sich die Tarifzuständigkeit einer nach dem Industrieverbandsprinzip organisierten Gewerkschaft für Firmentarife nach dem überwiegenden Gegenstand des betroffenen Unternehmens richten soll, weil der Betrieb (wie die Betriebsabteilung oder der Nebenbetrieb) als unternehmerische »Unterorganisation« nicht tariffähig sei.[245] Demgegenüber ist nach der eindeutigen Vorschrift des § 2 Abs. 1 TVG (und § 3 Abs. 1 TVG) aber weder das Unternehmen noch der Betrieb, sondern der »*Arbeitgeber*« firmentarifzuständig. Umfasst sein Unternehmen mehrere Betriebe, so kommt es für die fachliche Tarifzuständigkeit der (industrieverbandlich organisierten) Gewerkschaft allein auf die Ausrichtung der **im betrieblichen Arbeitsleistungsverbund** funktional zusammengefassten Arbeitsplätze an. Der **tarifrechtliche Betriebsbegriff**, wie er in § 3 Abs. 2 TVG und § 8 TVG verwendet wird, ist auf die vom Arbeitgeber zu einer organisatorischen Wirkungseinheit kraft Weisungsrechts zusammengefassten Arbeitsplätze bezogen, also auf den allgemeinen arbeitstechnischen Betriebsbegriff. Dieser Begriff wird auch der normativen Wirkung des Tarifvertrages gerecht, welcher die zu betrieblichen Wirkungseinheiten (§ 3 Abs. 2 TVG) zusammengefassten Arbeitsplätze unabhängig von der Person des individuellen Arbeitnehmers und von wechselnden Belegschaften erfasst. Demgegenüber kennt das gesetzliche Tarifrecht den Begriff des Unternehmens überhaupt nicht. Als Anknüpfungspunkt für die gewerkschaftliche Tarifzuständigkeit wurde er deshalb seit der insoweit irrigen Entscheidung vom 21. November 1988[246] nicht mehr verwendet und durch das treffende Kriterium des Betriebes ersetzt.[247] Der von *Buchner* mit dem unzutreffenden unternehmensbezogenen Firmentarifzuständigkeitskriterium beabsichtigte Schutz des Einzelbetriebs vor firmentarifbezogenen Streiks[248] lässt sich ebenso durch Ad-hoc-Koalitionen mit dem Arbeitgeberverband im Arbeits-

---

242 Wiedemann/*Oetker*, § 2 Rn. 103.

243 Bchener, ZfA 1995, 108.

244 BAG 22.11.1988, AP Nr. 5 zu § 2 TVG Tarifzuständigkeit.

245 Unter Berufung auf eine nicht näher begründete Äußerung von *Wiedemann/Stumpf*, § 2 Rn. 31; siehe aber jetzt Wiedemann/*Oetker*, § 2 Rn. 56f.

246 BAG 22.11.1988, AP Nr. 5 zu § 2 TVG Tarifzuständigkeit.

247 BAG 10.5.1989 und 24.7.1990, AP Nr. 6 und 7 zu § 2 TVG Tarifzuständigkeit; ebenso auch BAG 5.9.1990 und 20.3.1991, AP Nr. 19 und 20 zu § 4 TVG Tarifkonkurrenz.

248 *Buchner*, ZfA 1995, 120.

kampf erreichen.[249] Der von *Buchner* in Kauf genommene Verlust der Tarifzuständigkeit des einzelbetrieblichen Arbeitgebers wäre überdies gleichheitswidrig, weil große Einzelbetriebe durchaus kampfmächtiger sein können als mehrbetriebliche kleine Unternehmen. Ihre mangelnde Tarifkompetenz zwänge die Einzelbetriebe überdies praktisch in Arbeitgeberverbände hinein[250] und verstieße damit gegen Art. 9 Abs. 3 GG (negative Koalitionsfreiheit[251]). Besteht folglich für die Tarifzuständigkeit bei Firmentarifen eine **gesetzliche Regelanknüpfung an die Tätigkeit des betroffenen Betriebes** eines Arbeitgebers, so bedarf es andererseits ausdrücklicher satzungsförmiger und tariflicher Festlegung auf den Unternehmensbegriff, wenn hieran angeknüpft werden soll.

Sofern dies in der Gewerkschaftssatzung vorgesehen wurde, sind auch einheitliche **Unternehmens-Tarifverträge** möglich und tarifpolitisch empfehlenswert, wenn die dem Unternehmen angehörenden Betriebe demselben Wirtschaftszweig angehören oder jedenfalls dem Organisationsbereich einer einzigen Gewerkschaft angehören. Betreibt das Unternehmen dagegen Betriebe mit unterschiedlicher Branchen- und Gewerkschaftszugehörigkeit, die sodann entsprechenden Spezialtarifen unterfallen, so würde der Unternehmenstarifvertrag insoweit von diesen konkurrierenden Tarifverträgen kraft des Mehrheitsprinzips bzw. des Spezialitätsprinzips verdrängt (vgl. § 4 Rn. 177 ff.). **93**

### 3. Tariffähigkeit bei Arbeitgeberverbandsangehörigkeit

Die gesetzlich angeordnete Tariffähigkeit des einzelnen Arbeitgebers **bleibt bestehen**, wenn er einem Arbeitgeberverband beitritt und damit die Geltung von (Verbands-)Tarifverträgen herbeiführt, die dieser mit der zuständigen Gewerkschaft aushandelt. Zwar dient die Tariffähigkeit des einzelnen Arbeitgebers der effektiven Verwirklichung der Tarifautonomie (§ 2 Rn. 88). Hierin erschöpft sie sich jedoch nach Auffassung des Bundesarbeitsgerichts nicht. Vielmehr gehöre die Tariffähigkeit zur durch Art. 9 Abs. 3 GG geschützten Betätigungsfreiheit.[252] Diese wäre eingeschränkt, wenn der Arbeitgeber seine Tariffähigkeit durch Verbandseintritt verlöre und nicht einmal mehr in der Lage wäre, Tarifverträge über Gegenstände abzuschließen, die nicht durch Verbandstarif geregelt sind.[253] Der Arbeitgeber vermag auch dann mit Verbandstarifen konkurrierende wirksame Firmentarifverträge zu schließen, wenn die Satzung des Arbeitgeberverbandes dies verbiete. Die Beseitigung der auch im Interesse des sozialen Gegenspielers verliehenen Eigenschaft Tariffähigkeit durch Eingehung einer schuldrechtlichen **94**

---

249 Vgl. BVerfG 21.6.1991, E 84, 212, 25.

250 Vgl. *Buchner*, ZfA 1995, 119.

251 Vgl. auch LAG Hamm 31.1.1991, DB 1991, 1126.

252 Ob Art. 9 Abs. 3 GG trotz kollektiven Bezugs auch den einzelnen Arbeitgeber schützt, lässt das BVerfG offen, vgl. Nichtannahmebeschluss der 2. Kammer des Ersten Senats des BVerfG 20.9.2004 (1 BvR 1191/03), EzA Art. 9 GG Arbeitskampf Nr. 136; dagegen etwa *Buchner*, RdA 2003, 363 f.

253 BAG 10.12.2002 (1 AZR 96/02), AP Nr. 162 zu Art. 9 GG Arbeitskampf (mit insoweit zustimmender Anm. von *Franzen*, EzA Art. 9 GG Arbeitskampf Nr. 134); im Ergebnis ebenso BAG 4.4.2001 (4 AZR 237/00), AP Nr. 26 zu § 4 TVG Tarifkonkurrenz = EzA § 3 TVG Nr. 22 – Parallelentscheidungen BAG 20.2.2002 (4 AZR 22, 23 und 24/01); BAG 24.1.2001 (4 AZR 655/99), EzA § 4 TVG Tarifkonkurrenz Nr. 14 (unter II 1b cc); BAG 25.9.1996 (1 ABR 4/96), AP Nr. 10 zu § 2 TVG Tarifzuständigkeit (unter II 4c); Wiedemann/*Oetker*, § 2 Rn. 112, 114; *Gamillscheg*, Kollektives Arbeitsrecht I, § 14 I 2b, 524; *Jacobs*, ZTR 2001, 250 f. mit weiteren Nachweisen; *Henssler*, ZfA 1998, 535; *Wendeling-Schröder*, NZA 1998, 627; letztlich offen gelassen bei *Lieb*, DB 1999, 2058 f.; a. A. *Matthes*, FS Schaub, 483 (teleologische Reduktion des § 2 Abs. 1 TVG); dem folgend *Heinze* DB 1997, 2126; *Kleinke/Kley/Walter*, ZTR 2000, 500; wohl auch LAG Schleswig-Holstein NZA-RR 2000, 143 ff.; siehe zudem *Reuter* NZA 2001, 1097 ff.

Verpflichtung ist nicht möglich.[254] Selbst bei bestehender Verbandsmitgliedschaft des Arbeitgebers können Gewerkschaften ihm gegenüber unter Umständen (Firmen-)Tarifverträge erkämpfen (im Einzelnen hierzu § 2 Rn. 130 ff.). Daher kommt es im vorliegenden Zusammenhang auch nicht darauf an, ob bei Privatisierungen ein gewerkschaftlicher Anspruch auf Verhandlung über einen Personalüberleitungstarifvertrag gegen den öffentlichen Arbeitgeber besteht.[255]

### 4. Tariffähigkeit mitbestimmter, gemeinwirtschaftlicher oder selbstverwalteter Unternehmen

95 Im Zusammenhang mit der Einführung von **Unternehmensmitbestimmungsgesetzen** ist diskutiert worden, ob Mitbestimmung die Unabhängigkeit auch des einzelnen Arbeitgebers in Frage stellen und damit zu einem Wegfall seiner Tariffähigkeit führen könne. Regelungen über eine Beteiligung der Arbeitnehmer in den Organen von Unternehmen begründen jedoch keine Abhängigkeit dieser Unternehmen von den Gewerkschaften[256] (vgl. im Übrigen § 2 Rn. 62 ff.). Dies gilt auch für den Fall einer echten gleichberechtigten Mitbestimmung. Die umgekehrte Abhängigkeit der Gewerkschaften ist nämlich so groß, dass selbst gleichberechtigte Mitbestimmung sie nicht beseitigen kann.[257] Zudem erklärt § 2 Abs. 1 TVG jeden Arbeitgeber uneingeschränkt für tariffähig (dazu zuvor § 2 Rn. 88 ff.; weitere Überlegungen zu diesem Problem später § 2 Rn. 105 ff.).

96 Die Tariffähigkeit **gemeinwirtschaftlicher Unternehmen**, die im Eigentum von Gewerkschaften stehen, ist zu gleichfalls zu bejahen. Auch diese können für die bei ihnen beschäftigten Arbeitnehmer Tarifverträge abschließen.[258] Die Tatsache, dass ein solches Unternehmen von den Gewerkschaften als Gesellschaftern abhängig ist, beseitigt keinesfalls die arbeitsrechtliche Abhängigkeit der dort tätigen Arbeitnehmer von ihrem Arbeitgeber und damit die Voraussetzungen für den Abschluss von Tarifverträgen. Vielmehr ist bei jedem Bestehen eines Über-/Unterordnungsverhältnisses in einem Wirtschaftsunternehmen Raum für eine tarifautonome Regelung der Arbeits- und Wirtschaftsbedingungen der dort Beschäftigten.

97 Schließlich behalten unter anderem aus diesen Gründen auch Unternehmen, die im Eigentum der dort tätigen Arbeitnehmer stehen (**selbstverwaltete Unternehmen**), und Unternehmen, in denen die dort tätigen **Arbeitnehmer mehrheitlich** in den Entscheidungsgremien **beteiligt** sind, ihre Tariffähigkeit.[259] Auch in solchen Unternehmen gibt es zu organisierende Arbeitnehmer und einen die Arbeit organisierenden Arbeitgeber, somit also ein Über-/Unterordnungsverhältnis, das ein Schutzbedürfnis der Beschäftigten durch Tarifverträge hervorruft. Die Aushandlung von Tarifverträgen können solche Unternehmen etwa einem

---

254 BAG 10.12.2002 (1 AZR 96/02), AP Nr. 162 zu Art. 9 GG Arbeitskampf = EzA Art. 9 GG Arbeitskampf Nr. 134 = NZA 2003, 735; BAG 4.4.2001 (4 AZR 237/00), AP Nr. 26 zu § 4 TVG Tarifkonkurrenz = EzA § 3 TVG Nr. 22; aus dem Schrifttum etwa Wiedemann/*Oetker*, § 2 Rn. 114 ff.

255 Bejahend *Blanke*, ZTR 2000, 211; verneinend *Kleinke/Kley/Walter*, ZTR 2000, 499; *Reuter*, NZA 2001, 1105 ff.

256 Vgl. hierzu BVerfG 1.3.1979, E 50, 290, 374.

257 Vgl. mit etwas anderer Begründung auch *Däubler*, Tarifvertragsrecht, Rn. 34.

258 Anderer Auffassung wohl *Däubler*, Tarifvertragsrecht, Rn. 68; offensichtlich von der Tariffähigkeit eines Gewerkschaftsunternehmens ausgehend LAG Köln 14.6.1996 (4 Sa 177/96), AP Nr. 149 zu Art. 9 GG Arbeitskampf.

259 *Däubler/Peter*, § 2 Rn. 90; anderer Ansicht *Däubler*, Tarifvertragsrecht, Rn. 67, der solchen Unternehmen aber die Möglichkeit des Abschlusses von Kollektivverträgen ohne Tarifvertragscharakter zuerkennt.

Arbeitgeberverband, dessen Mitglied sie werden, überlassen. Da **Gewerkschaften** selbst Arbeitgeber sein können und sind, steht ihnen als solche gleichfalls Tariffähigkeit zu.[260] Dagegen spricht nicht, dass bislang als kollektives Gestaltungsmittel nur die Betriebsvereinbarung benutzt wurde.[261] Möglicherweise fehlt aber im Einzelfall der Gegenspieler auf Arbeitnehmerseite; ein Selbstkontrahieren, die Beteiligung der Gewerkschaft auf beiden Seiten, scheidet aus rechtlichen Gründen aus.

## 5. Tariffähigkeit des Konzerns

Ein Konzern (Zusammenfassung mehrerer juristisch selbständiger Unternehmen unter der einheitlichen Leitung eines herrschenden Unternehmens, vgl. § 18 Abs. 1 AktG) kommt als Tarifvertragspartei für den gesamten Konzernbereich regelmäßig nicht in Betracht, weil zwischen ihm und den Arbeitnehmern der einzelnen abhängigen Gesellschaften keine Arbeitsverhältnisse bestehen.[262] Zu überlegen ist insoweit allerdings, ob man einen Konzern nicht als Arbeitgeberverband mit der Befugnis zum Abschluss von Tarifverträgen für alle Konzerngesellschaften ansehen kann.[263] Das setzt freilich voraus, dass die Gewerkschaft eine satzungsrechtliche Zuständigkeit für Konzerne besitzt. Unbestritten gilt die **Konzernobergesellschaft** dann als tariffähiger Arbeitgeber für den gesamten Konzernbereich, wenn die Arbeitsverträge der bei den abhängigen Gesellschaften tätigen Arbeitnehmer unmittelbar mit der Obergesellschaft abgeschlossen werden, wie dies in der Praxis bisweilen geschieht. Selbstverständlich ist eine solche Konzernobergesellschaft auch insoweit tariffähiger Arbeitgeber, als es sich um die unmittelbar bei ihr beschäftigten Arbeitnehmer handelt.[264] Sofern der Konzern nur in einem einzigen Wirtschaftszweig tätig ist und ihm eine industrieverbandlich organisierte Gewerkschaft gegenübersteht, bieten der Verbandstarif, der für die Konzernbetriebe jeweils übereinstimmend abgeschlossene Firmentarif und der (verbandsähnliche) Konzerntarif hinreichende Gestaltungsformen für konzerneinheitliche Tarifregelungen. Eine nur schuldrechtliche Verpflichtung des herrschenden Unternehmens, die Tarifnormen konzerneinheitlich anzuwenden, ist zwar zulässig[265], doch wirkt der Tarif dann im Übrigen Konzern nur individualrechtlich, wenn dort nicht aufgrund einer tariflichen Öffnungsklausel nach § 77 Abs. 3 BetrVG entsprechende Betriebsvereinbarungen geschlossen werden können. Wird die Substanz des Unternehmens durch rechtliche Ausgliederung einzelner Unternehmen nur vorgenommen, um dieses dem einschlägigen Haustarif zu entziehen, so liegt darin eine arglistige Umgehung der tariflichen Durchführungspflicht, welche den Arbeitgeber gemäß § 242 BGB ausnahms- 98

260 BAG 17.2.1998 (1 AZR 364/97), AP Nr. 87 zu Art. 9 GG; a. A. *Dütz*, AuR 1995, 337 f.

261 Zulässigkeit im Hinblick auf § 77 Abs. 3 und 87 Abs. 1 BetrVG beim Fehlen und mangelnder Üblichkeit von Tarifverträgen bejaht BAG 20.2.2001 (1 AZR 322/00), AP Nr. 107 zu § 87 BetrVG 1972 Lohngestaltung = EzA § 77 BetrVG 1972 Nr. 66.

262 H.M. *Däubler*, Tarifvertragsrecht, Rn. 79; *Löwisch/Rieble*, § 2 Rn. 147; differenzierend *Däubler/Peter*, § 2 Rn. 91 f.

263 Ebenso *Reichel/Ansey*, § 2 Anm. 32; a. A. Wiedemann/*Oetker* § 2 Rn. 205.

264 Kritisch zu diesem Problem und generell die Tariffähigkeit der Konzernobergesellschaft bejahend *Däubler*, Grundrecht, 442 ff. mit weiteren Nachweisen; siehe auch *Konzen*, RdA 1984, 78 und Wiedemann/*Oetker*, § 2 Rn. 105 ff.; zu tarifvertraglichen Konzernregelungen im Übrigen *Martens*, RdA 1970, 173.

265 Vgl. BAG 11.9.1991, AP Nr. 29 Internationales Privatrecht (mit Anm. von *Arnold/Dütz*, a. a. O., und *Zachert*, AuR 1992, 125).

weise dazu verpflichtet, »seinen« Haustarif dennoch konzerneinheitlich anzuwenden.[266] Wenn es sich dagegen um einen echten branchenförmigen Mischkonzern handelt, so wird man unter Geltung des Industrieverbandsprinzips eine **konzerneinheitliche Tarifgeltung über** den Abschluss eines **mehrgliedrigen Tarifvertrages** erreichen können[267], wobei möglicherweise sowohl auf Arbeitgeber- wie auf Gewerkschaftsseite mehrere Vertragspartner beteiligt sein könnten. Von der Tarifzuständigkeit und der normativen Effektivität her wäre es am einfachsten, den Tarifvertrag als einheitlichen Konzerntarif auch ohne besondere Vollmacht normativ für alle vorhandenen und künftigen Tochterunternehmen allein mit der Konzernspitze abzuschließen.[268] Tatsächlich weisen die Sonderfälle des § 14 Postneuordnungsgesetzes[269] und der partiellen (auch tariflichen) Gesamtrechtsnachfolge bei Aufspaltung, Abspaltung und Teilausgliederung von Unternehmen in diese Richtung.[270] Dabei ist jedoch zu bedenken, dass in diesen Fällen vorher meist eine einheitliche Branchen- und Gewerkschaftszugehörigkeit bestanden hat, welche erst nachträglich konzernförmig aufgefächert werden soll. Bei schon bestehenden Konzernstrukturen dürfte es dagegen schwierig sein, einen solchen Konzerntarif gegenüber einer widerstrebenden Arbeitgeberseite durchzusetzen. Mit ihrer Zustimmung ließe sich derselbe Effekt dagegen auch über eine tarifvertragliche Verdoppelung der konzernzugehörigen Arbeitsverhältnisse erreichen: Neben ihrem aktuellen Arbeitsverhältnis zum jeweiligen Konzernunternehmen hätten die Arbeitnehmer noch ein zweites, ruhendes Arbeitsverhältnis zur Konzernspitze (vergleichbar den zu einer Arbeitsgemeinschaft im Baugewerbe entsandten Arbeitnehmern der daran beteiligten Bauunternehmen nach § 9 BRTV-Bau).

## II. Vereinigungen von Arbeitgebern

99 § 2 Abs. 1 TVG nennt als tariffähige Vertragspartei auf Seiten der Arbeitgeber des Weiteren »Vereinigungen von Arbeitgebern«, also Koalitionen der Arbeitgeber. Unter solchen »Vereinigungen von Arbeitgebern« sind **freiwillige Zusammenschlüsse von** einzelnen **Arbeitgebern** zu verstehen, die sich die **Förderung der Arbeits- und Wirtschaftsbedingungen ihrer Mitglieder gegenüber den Gewerkschaften** insbesondere durch Übernahme von **Tarifvertragsverhandlungen** für die einzelnen Mitgliedsarbeitgeber zum Ziel gesetzt haben. Weitere Anforderungen sind an Vereinigungen von Arbeitgebern – anders als an Gewerkschaften (vgl. § 2 Rn. 22ff.) – nicht zu stellen. Die Entstehung von Arbeitgeberverbänden stellt nämlich in der sozialgeschichtlichen Entwicklung eine bloße Reaktion der Arbeitgeber auf die Gründung von Gewerkschaften dar, mit dem Ziel, die durch Gewerkschaften entstehende Durchsetzungskraft der Arbeitnehmerseite bei der Aushandlung der Arbeits- und Wirtschaftsbedingungen wieder zu begrenzen, trotz Gründung von Gewerkschaften nach Möglichkeit also die alten Machtverhältnisse aufrechtzuerhalten. Mit dieser Zielrichtung einmal entstanden, ist die

266 Im Ergebnis ebenso BAG 11.9.1991, AP Nr. 29 Internationales Privatrecht (mit zustimmender Anm. von *Arnold*, a. a. O., und zustimmender Anm. von *Zachert*, AuR 1992, 125); *Däubler/Peter*, § 2 Rn. 91; Henssler, ZfA 1998, 540; a. A. *Löwisch/Rieble*, § 2 Rn. 148.

267 *Windbichler*, Konzern, 463ff.; *Löwisch/Rieble*, § 2 Rn. 148; siehe auch BAG 10.11.1993, AP Nr. 43 zu § 1 TVG Tarifverträge: Einzelhandel; BAG 24.11.1993, AP Nr. 39 zu § 1 TVG Tarifverträge: Einzelhandel.

268 Hierzu *Däubler*, ZIAS 1995, 1.

269 BGBl. I 1994, 2328.

270 Wie *Däubler* in ZIAS 1995, 1, nachweist.

Vereinigungsfreiheit von Arbeitgebern dann mit Art. 165 Abs. 1 Satz 2 WRV und danach mit Art. 9 Abs. 3 GG in Beschreibung des geschichtlich gewachsenen Zustandes (hierzu Grundl. Rn. 67ff. und § 2 Rn. 1ff.) verfassungsrechtlich anerkannt worden, so dass Arbeitgebern das **Recht zur Koalition** (individuelle Koalitionsfreiheit) heute durch den einfachen Gesetzgeber ebenfalls nicht mehr in Frage gestellt werden kann. Darüber hinaus schützt Art. 9 Abs. 3 GG auf Arbeitgeberseite auch die Koalition selbst in ihrem Bestand und ihrer Betätigung zur Wahrung und Förderung der Arbeits- und Wirtschaftsbedingungen, zu der auch die Befugnis zu suspendierenden verhältnismäßigen Abwehraussperrungen gehört.[271]

Die Frage, in welchem Umfange **Art. 9 Abs. 3 GG** auch Arbeitgeberverbände schützt und welche Anforderungen an die Tariffähigkeit eines Arbeitgeberverbandes zu stellen sind, war über lange Zeit ohne praktische Relevanz. Erst Überlegungen zu einer Erweiterung der Unternehmensmitbestimmung über den Bereich der Montan-Mitbestimmungsgesetze hinaus haben seit Ende der 60er Jahre zu intensiven Diskussionen um die Unabhängigkeit von Vereinigungen von Arbeitgebern sowie von einzelnen Arbeitgebern vom sozialen Gegenspieler geführt (zur diesbezüglichen Argumentation § 2 Rn. 62). Außerdem wirft die marktförmig-demokratische Legitimationsstruktur des tariflichen Normsetzungsverfahrens (Grundl. Rn. 69ff.) zunehmend Fragen nach der inneren Struktur der Arbeitgeberverbände auf (dazu § 2 Rn. 114). 100

## 1. Freiwillige Vereinigung von Arbeitgebern zur Förderung der Arbeits- und Wirtschaftsbedingungen ihrer Mitglieder, insbesondere durch Aushandlung von Tarifverträgen

Dass auch Vereinigungen von Arbeitgebern **auf freiwilliger Basis gegründet** sein müssen, folgt ebenso wie bei den Gewerkschaften aus ihrer sozialgeschichtlichen Entwicklung und ist damit auch dem juristischen Begriff der Vereinigung von Arbeitgebern in § 2 Abs. 1 TVG, der auf das geschichtlich tatsächlich Gewachsene Bezug nimmt, immanent. Darüber hinaus wäre bei einer staatlich angeordneten Bildung von Arbeitgeberverbänden mit Zwangsmitgliedschaft die eigenverantwortliche Regelung der Arbeits- und Wirtschaftsbedingungen durch die unmittelbar Betroffenen als eine der wesentlichen Grundlagen der Tarifautonomie in Frage gestellt[272] (zum Problem der staatlichen Verleihung der Tariffähigkeit auch an Zwangsverbände auf Arbeitgeberseite vgl. später § 2 Rn. 124ff.). 101

Arbeitgebervereinigungen können, wie sich aus Art. 9 Abs. 3 GG ergibt, nur solche Organisationen sein können, die sich die **Interessenvertretung** ihrer Mitglieder (einzelne Arbeitgeber) **im Bereich der Arbeits- und Wirtschaftsbedingungen** zur Aufgabe gestellt haben. Ob Vereinigungen von Arbeitgebern sich dabei außerdem noch andere Aufgaben (insbesondere Wahrnehmung auch der wirtschaftspolitischen Interessen ihrer Mitglieder) stellen, ist für ihre rechtliche Einordnung im Rahmen des § 2 Abs. 1 TVG und des Art. 9 Abs. 3 GG ohne Belang. Entscheidend ist allein, dass Vereinigungen von Arbeitgebern zu erkennen geben, dass sie die Interessen ihrer Mitglieder im Bereich der **Tarifautonomie** wahrnehmen wollen. Ist dies gegeben, sind sie tariffähig. Welche weitere Zielrichtung sie verfolgen, interessiert nicht.[273] 102

---

271 BVerfG 26.6.1991, E 84, 212.
272 Vgl. auch Wiedemann/*Oetker*, § 2 Rn. 216ff.
273 Weitere Überlegungen zu diesem Problem bei Wiedemann/*Oetker*, § 2 Rn. 220ff.

103 Eine die zuvor genannten Voraussetzungen erfüllende und damit tariffähige Vereinigung von Arbeitgebern kann die vom Gesetz vorgesehene Tariffähigkeit nicht dadurch wieder beseitigen, dass sie – etwa im Anschluss an eine gewerkschaftliche Aufforderung zum Abschluss eines Tarifvertrages – erklärt, der Abschluss von Tarifverträgen gehöre nicht zu ihren Aufgaben, sie wolle die Interessenvertretung vielmehr auf eine allgemeine Beratung ihrer Mitgliedsunternehmen oder ähnliches beschränken (**Problem der gewollten Tarifunfähigkeit**). In der Weimarer Zeit war dies ein beliebter Weg der Arbeitgeber, sich der damals geltenden Zwangsschlichtung zu entziehen (dazu Grundl. Rn. 30 ff.). Der Verzicht auf die Tariffähigkeit ist einer Vereinigung von Arbeitgebern vielmehr nur dadurch möglich, dass die Vereinigung generell die Interessenvertretung ihrer Mitglieder im Bereich der Arbeits- und Wirtschaftsbedingungen aufgibt und damit z. B. nur noch als Wirtschafts- bzw. Industrieverband tätig wird (zu den sich hierdurch ergebenden Problemen betreffend die Fortgeltung abgeschlossener Tarifverträge vgl. § 2 Rn. 138 ff. und § 3 Rn. 71 ff.). Hier gilt tatsächlich der Grundsatz »Alles oder nichts«.[274] Weder Art. 9 Abs. 3 GG noch das TVG sehen Teilzuständigkeiten für die tarifliche Regelung von Arbeits- und Wirtschaftsbedingungen vor. Die **Tarifwilligkeit** ist daher **keine zusätzliche Voraussetzung der Tariffähigkeit** einer Arbeitgebervereinigung, sondern historisch begründetes, **konstituierendes Merkmal der Arbeitgebervereinigung** im Sinne des § 2 Abs. 1 TVG.[275] Erklärt ein Zusammenschluss von Arbeitgebern von Beginn an nach Außen und in der Satzung, nicht am Tarifgeschehen teilnehmen zu wollen, handelt es sich bei ihm weder um eine Arbeitgebervereinigung im tarifrechtlichen Sinne noch um eine Koalition gemäß Art. 9 Abs. 3 GG; verfassungsrechtlich liegt ein Gebrauchmachen von der Vereinigungsfreiheit nach Art. 9 Abs. 1 GG vor.[276] § 2 Abs. 3 TVG, der für die Spitzenorganisation satzungsgemäße Tarifwilligkeit fordert kann im vorliegenden Zusammenhang nicht als Gegenargument angeführt werden, da diese Vorschrift die Verbände vor den Spitzenorganisationen schützen soll.[277] Zur Mitgliedschaft ohne Tarifbindung vgl. § 2 Rn. 116 ff.

## 2. Überbetrieblichkeit; parteipolitische Unabhängigkeit

104 Während das Merkmal der Überbetrieblichkeit (§ 2 Rn. 65) hier schon aus praktischen Gründen bedeutungslos ist, lassen sich bei der Frage nach der Unabhängigkeit von Staat, Kirche und politischen Parteien zum Teil ähnliche Erwägungen anstellen, wie bei den Gewerkschaften. Das gilt allerdings nicht, soweit eine Arbeitgebervereinigung lediglich staatliche, kirchliche oder Arbeitgeber von Tendenzbetrieben erfasste. Im Übrigen entspringt auch hier die Forderung nach Staatsunabhängigkeit der nach der freiwilligen Gründung (§ 2 Rn. 5 und Rn. 33). Da für Arbeitgeberverbände das Demokratiegebot nur in eingeschränkter Weise gilt, wird man es – anders als bei den Arbeitnehmervereinigungen – kaum für die Forderung nach parteipolitischer Unabhängigkeit verwenden können. Die Grenze ist dort zu ziehen, wo die Vereinigung in Tarifvertragsverhandlungen aufgrund der Einflussnahme einer Partei auf interne Willensbildungsprozesse

---

274 *Löwisch*, ZfA 1974, 34 ff. *Löwisch/Rieble*, § 2 Rn. 59 ff.

275 Nur im Ergebnis ähnlich BAG 10. 9. 1985 und 25. 11. 1986, AP Nr. 34 und 36 zu § 2 TVG; BVerfG 20. 10. 1981, E 58, 233, 248 f. = AP Nr. 31 zu § 2 TVG; *Löwisch/Rieble*, § 2 Rn. 57.

276 Zutreffend *Gamillscheg*, Kollektives Arbeitsrecht I, § 14 6a, 528.

277 Vgl. *Stein*, Rn. 42.

nicht mehr primär Kapitalinteressen, sondern Unterstützung einer parteipolitischen Richtung anstrebt (vgl. § 2 Rn. 70). Das ist zwar aktionsbezogen denkbar, langfristig aber wohl ausgeschlossen. Der bloße Gleichlauf von parteipolitischen Zielsetzungen und solchen eines Arbeitgeberverbands wie auch personelle »Doppelmitgliedschaften« stellt noch keine Abhängigkeit im angeführten Sinne her. Arbeitgeberzusammenschlüsse als Untergruppierungen in Parteien schließlich sind ohnedies keine Arbeitgeberverbände im Sinne des § 2 TVG, da sie als solche nicht den Abschluss von Tarifverträgen anstreben.

### 3. Notwendigkeit einer Unabhängigkeit vom sozialpolitischen Gegenspieler?

Auch Vereinigungen von Arbeitgebern müssen von den ihnen als Tarifvertragspartei gegenüberstehenden Gewerkschaften nach ganz überwiegender, aber fragwürdiger Auffassung unabhängig sein, wollen sie an der Tarifautonomie teilnehmen. Ein solches Erfordernis auch für Vereinigungen von Arbeitgebern wird heute vor allem mit **Überlegungen zum Funktionieren eines Vertrages**, der auf jeder Seite »Interessenträger« verlangt, also im Wesentlichen ebenso wie das Unabhängigkeitserfordernis bei Gewerkschaften begründet.[278] Das Bundesverfassungsgericht spricht insoweit in ständiger Rechtsprechung davon, dass Koalitionen beider Seiten in ihrer Gesamtstruktur gerade gegenüber dem Gegner unabhängig genug sein müssen, um die Interessen ihrer Mitglieder wirksam und nachhaltig vertreten zu können.[279] Es bestehen erhebliche Zweifel, ob diese Auffassung richtig sein kann. **105**

Das **Unabhängigkeitserfordernis** wurzelt nämlich in der **Gewerkschaftsbewegung**, speziell im Gegenmachtsgedanken (vgl. § 2 Rn. 62ff.) sowie im Gedanken der Legitimation gewerkschaftlichen Handelns (vgl. Grundl. Rn. 67ff.) und ist sozialgeschichtlich als Schutzprinzip zugunsten der Arbeitnehmer entstanden.[280] Von daher ist seine **Übertragung auch auf die Arbeitgeberseite**, sei es auf den einzelnen tariffähigen Arbeitgeber, sei es auf Vereinigungen von Arbeitgebern, **nicht selbstverständlich**. Im Gegenteil belegt die uneingeschränkte Erklärung der Tariffähigkeit des einzelnen Arbeitgebers durch den Gesetzgeber, dass die Teilnahme des einzelnen Arbeitgebers an der Tarifautonomie von keinerlei Bedingung bzw. Einschränkung abhängig gemacht werden sollte, dass vielmehr jeder Arbeitgeber wegen seiner typischen Machtposition ausnahmslos als tariffähig betrachtet werden muss; dies entspricht den realen gesellschaftlichen Verhältnissen (vgl. schon § 2 Rn. 10 und Rn. 88ff.). Auf **Arbeitnehmerseite** besteht anders als auf Arbeitgeberseite infolge der Eigentums- und Organisationsmacht eine ständige **Abhängigkeit**, die soweit als möglich durch die Unabhängigkeit der Gewerkschaften ausgeglichen werden soll. Im Übrigen kann ein einzelner Arbeitgeber auch jederzeit aus seinem Arbeitgeberverband austreten und seine Interessen in unmittelbaren Tarifvertragsverhandlungen mit der Gewerkschaft selbst wahrnehmen. Man kann daher ein Verlangen nach Unabhängigkeit vom sozialen Gegenspieler bei einer Vereinigung von Arbeitgebern nicht mit vergleichbar zwingenden Überlegungen begründen, wie das für Gewerkschaften möglich und geboten ist (hierzu im Einzelnen § 2 Rn. 62ff.). **106**

---

278 Vgl. etwa Wiedemann/*Oetker*, § 2 Rn. 238ff. mit weiteren Nachweisen.

279 BVerfG 18. 11. 1954, E 4, 96, 107; BVerfG 6. 5. 1964, E 18, 18, 28; BVerfG 1. 3. 1979, E 50, 290, 373; dem folgend BAG 17. 2. 1998 (1 AZR 364/97), AP Nr. 87 zu Art. 9 GG.

280 Vgl. hierzu auch *Kübler/W. Schmidt/Simitis*, Mitbestimmung, 197ff.

107 Die Überlegungen zum **Vertragsmechanismus**, nach denen bei Abhängigkeit einer Vertragspartei von der anderen ein echter Vertrag nicht zustande kommen kann, man sich in einem solchen Falle vielmehr in der Nähe eines In-sich-Geschäftes (Gedanke des § 181 BGB) bewege[281], sind nicht schlüssig. Die Anwendung des § 181 BGB oder des darin enthaltenen Rechtsgedankens setzt voraus, dass auf beiden Seiten eines Vertrages dieselben Personen tätig werden. Die Vorschrift beruht auf der Überlegung, dass das Mitwirken derselben Person auf beiden Seiten des Rechtsgeschäfts die Gefahr eines Interessenkonflikts und damit der Schädigung des einen oder anderen Teils in sich birgt.[282] Eine solche Personenidentität ist selbst im Falle des Abschlusses von Tarifverträgen durch mitbestimmte Unternehmen nicht gegeben. Die Möglichkeit, dass infolge von Unternehmensmitbestimmung die Arbeitnehmerseite auf die Arbeitgeberseite einen gewissen Einfluss auszuüben vermag, reicht insoweit nicht. Über die Heranziehung dieses Rechtsgedankens könnte man allenfalls dann diskutieren, wenn die Arbeitnehmer eines Unternehmens zugleich Unternehmenseigentümer wären, also bei selbstverwalteten Unternehmen. Würde man darüber hinaus den Rechtsgedanken des § 181 BGB bereits zur Anwendung bringen, müsste die Rechtsordnung vielen Verträgen des täglichen Lebens die Anerkennung versagen, weil wechselseitige Einflussmöglichkeiten auf die Vertragspartner bestehen.

108 Darüber hinaus zielt das Erfordernis der Unabhängigkeit von Gewerkschaften im Rahmen der Tarifautonomie wie im Übrigen jede Mitbestimmung der Arbeitnehmer gerade auf die Herstellung einer gleichen vertraglichen Situation zugunsten der Arbeitnehmer, die tatsächlich nicht besteht. Dann aber ist es **sinnwidrig**, das Mittel, das zur Herstellung einer gewissen Gleichheit der Arbeitnehmer eingesetzt wird, zugleich wieder als Mittel für eine Stärkung der Arbeitgeberseite und damit des erneuten Abbaus der Gleichheit zwischen beiden Seiten zu gebrauchen.

109 Diese Überlegungen stellen zugleich auch weitere vorgebrachte Argumente für eine **Gleichstellung von Gewerkschaften und Arbeitgeberverbänden** und für eine Übertragung des Unabhängigkeitsprinzips auf Arbeitgeberverbände in Frage. Dies gilt insbesondere für die Argumentation von *Zöllner/Seiter*, nach denen die (wechselseitige) Unabhängigkeit der sozialen Gegenspieler Voraussetzung für ein Kräftegleichgewicht, ohne das die angebliche Richtigkeitsgewähr von Tarifverträgen in Frage gestellt wäre, und Ausfluss eines umfassenden »Gegengewichtsprinzips« sei.[283] Dies gilt auch für den Versuch von *Badura/Rittner/Rüthers*[284], Gegnerfreiheit und Gegnerunabhängigkeit der Koalition beider Seiten als nebeneinander stehende tragende Systemprinzipien der Tarifautonomie zu bezeichnen und eine Theorie der Tarifautonomie als eines Konzeptes der Arbeitsmarktgestaltung durch gleich- und gegengewichtige Verbände als Ordnungsfaktoren zu entwerfen.[285]

---

281 Hierzu statt vieler Wiedemann/*Oetker*, § 2 Rn. 239, unter Bezugnahme insbesondere auf *Zöllner/Seiter*, 34ff.

282 Vgl. BGH 9.12.1968 und 19.4.1971, Z 51, 209, 210 und Z 56, 97, 101.

283 *Zöllner/Seiter*, 34.

284 *Badura/Rittner/Rüthers*, 154f.

285 Zur Argumentation gegen letzteres auch *Däubler/Hege*, Koalitionsfreiheit, Rn. 74ff., 121ff.; siehe im Übrigen das Mitbestimmungsurteil des Bundesverfassungsgerichts, BVerfG 1.3.1979, E 50, 290, 366ff., 373, das sich mit solchen Überlegungen kaum auseinandersetzt und – allerdings unter Forderung der Unabhängigkeit auch von Vereinigungen von Arbeitgebern – eine durch Unternehmensmitbestimmung bewirkte Abhängigkeit dieser Vereinigungen verneint.

All dem entspricht es, dass in der Entwicklung bis zur Entstehung des Tarifvertragsgesetzes und des Grundgesetzes keine Notwendigkeit zu einer solchen Einschränkung der Tariffähigkeit entstanden ist und dass darüber auch keine Auseinandersetzung erfolgte. Dies wiederum führt zu der rechtlichen Konsequenz, dass der Gesetzgeber in § 2 Abs. 1 TVG und in Art. 9 Abs. 3 GG auch nicht einen solchen modifizierten Arbeitgebervereinigungsbegriff normiert hat. **110**

Das Verlangen nach einem Tariffähigkeitskriterium der Unabhängigkeit ebenso wie nach anderen Gegenmächtigkeitskriterien (vgl. § 2 Rn. 34 ff.) auch von Arbeitgebervereinigungen bzw. sogar von einzelnen Arbeitgebern, könnte **allenfalls rechtsfortbildend** begründet werden, was auch von vielen Autoren versucht wird.[286] Diese und ähnliche Überlegungen (vgl. zuvor § 2 Rn. 103 ff.) sind jedoch mit dem dargestellten sozialgeschichtlichen Ursprung der Tarifautonomie, der den gesetzgeberischen Entscheidungen zunächst in der Tarifvertragsverordnung 1918 und der Weimarer Reichsverfassung und später im Tarifvertragsgesetz und dem Grundgesetz zugrunde liegt, nicht mehr in Einklang zu bringen (vgl. zuvor § 2 Rn. 18 f.).[287] Vielmehr zielen sie auf eine Umfunktionierung des gesetzgeberischen Konzepts einer tarifautonomen Regelung der Arbeits- und Wirtschaftsbedingungen, die wegen der sozialstaatlichen Absicherung dieses Konzepts in Art. 9 Abs. 3 GG und Art. 20 Abs. 1 GG der Rechtsprechung und dem einfachen Gesetzgeber verwehrt ist (Art. 20 Abs. 3 GG) und darüber hinaus wegen Art. 79 Abs. 3 GG nicht einmal vom verfassungsändernden Gesetzgeber bewirkt werden könnte. **111**

### 4. Keine weiteren Anforderungen an den Begriff der Vereinigungen von Arbeitgebern

Weil Vereinigungen von Arbeitgebern eine (Komplementär-)Funktion als Gegenspieler der Gewerkschaften zukommt und weil der Gesetzgeber sie in Art. 9 Abs. 3 GG und im Tarifvertragsgesetz nur in dieser Funktion anerkannt hat, sind auch weitere Anforderungen an sie nicht zu stellen. Ein ausdrückliches Verlangen etwa nach **Leistungsstärke und Mächtigkeit**, nach einer dauernden und leistungsfähigen Organisation sowie nach der **Bereitschaft zum Arbeitskampf** (d.h. zur Aussperrung!) auch von Vereinigungen von Arbeitgebern ist nach der gesetzgeberischen Konzeption der Tarifautonomie nicht funktionsnotwendig. Wie dargestellt sind solche Attribute nur von Gewerkschaften zur Gegenmachtbildung gegenüber den kraft ihrer Ausgangsposition bereits mächtigen Arbeitgebern und Vereinigungen von Arbeitgebern zu fordern. Folglich ist eine bestimmte »Durchsetzungsfähigkeit« nicht Voraussetzung der Tariffähigkeit eines Arbeitgeberverbandes.[288] Dass Arbeitgeberkoalitionen aus anderen Gründen einmal ihre vom Gesetzgeber vorausgesetzte Mächtigkeit verlieren und den **112**

---

286 Vgl. statt vieler *G. Müller*, Wandlungen, 427 ff., wo dieser noch einmal seine bereits in vielen früheren Veröffentlichungen dargelegten Überlegungen zur gemeinwohlorientierten und ordnungspolitischen Funktion der Tarifautonomie skizziert, sowie *Scholz*, ZfA 1980, 357.

287 Ebenso im Ergebnis BAG 20.11.1990, AP Nr. 40 zu § 2 TVG.

288 BAG 20.11.1990, AP Nr. 40 zu § 2 TVG; LAG Berlin 29.11.2002 (2 Sa 1359/02), NZA-RR 2003, 426, Vorinstanz zu BAG 29.6.2004 (1 AZR 143/03), EzA § 1 TVG Nr. 46 – dort als nicht entscheidungserheblich angesehen; *Gamillscheg*, Kollektives Arbeitsrecht I, § 9 IV 3 f, 438 f. mit weiteren Nachweisen; *Däubler/Peter*, § 2 Rn. 116; a.A. etwa MünchArbR/*Löwisch/Rieble*, § 255 Rn. 9 ff.; Wiedemann/*Oetker*, § 2 Rn. 315 f.; Hanau, NZA 2003, 128 f.

ihnen gegenüberstehenden Gewerkschaften unterlegen sein könnten, ist in Anbetracht des bestehenden Wirtschaftssystems kaum denkbar. Von daher besteht kein Anlass, weitergehende theoretische Überlegungen darüber anzustellen, wie in einem solchen Falle zu reagieren wäre. Insbesondere besteht auch kein Anlass, mit Rücksicht auf eine solche Utopie das zuvor dargestellte, in die Verfassung sowie in das Tarifvertragsgesetz eingegangene Konzept der Tarifautonomie zu ändern.

**113** Dies ist entgegen der Auffassung von *Gitter*[289] auch **nicht im Gemeinsamen Protokoll über die Leitsätze des Staatsvertrages** vom 18. Mai 1990[290] geschehen. Dort heißt es unter A. III. 2. zwar, dass »tariffähige Gewerkschaften und Arbeitgeberverbände« in der Lage sein müssten, »durch Ausüben von Druck auf den Tarifpartner zu einem Tarifabschluss zu kommen«. Wie Art. 4 des Staatsvertrags jedoch betont, sollen die im Gemeinsamen Protokoll vereinbarten Rechtssätze für die erforderliche **Rechtsanpassung in der DDR** gelten. Eine Änderung des Tarifvertragsgesetzes der damaligen Bundesrepublik, das insofern mit der Tariffähigkeit des einzelnen Arbeitgebers eine (im Wege des Größenschlusses) eindeutige Aussage getroffen hat (vgl. § 2 Rn. 91), war nicht angestrebt. Zudem spricht die begrenzte Geltungsdauer des Staatsvertrages samt Protokoll bis zum 30. September 1990 gegen eine solche Absicht. Aus diesem Grunde ist auch die Alternative abzulehnen, das Protokoll im Hinblick auf die Arbeitgeberverbände als verbindliche Auslegungsregel[291], d.h. praktisch als heimlich-konkludente Gesetzesänderung anzusehen[292] (vgl. auch § 2 Rn. 75). Selbst wenn man aber die angeführte Regelung des Gemeinsamen Protokolls als (zeitlich begrenzte?) verbindliche gesetzliche Auslegungsregel für § 2 Abs. 1 TVG oder als zu beachtende Interpretationshilfe auffasst, so kann dies nur im Hinblick auf Gewerkschaften gelten.[293] Das Protokoll bündelt an dieser Stelle die Kriterien, die weitgehend unstreitig an eine Gewerkschaft gestellt werden. Dabei nimmt es unzutreffend eine Gleichsetzung hinsichtlich der ebenfalls darzustellenden Arbeitgebervereinigungen vor, möglicherweise in Übernahme von Fehlformulierungen, die sich insbesondere auch in älteren Entscheidungen des Bundesarbeitsgerichts finden. Es kann, zumal angesichts der damals bestehenden engen zeitlichen Grenzen, nicht davon ausgegangen werden, dass eine über die Konstatierung des gesicherten rechtlichen Bestands hinausgehende gestaltende Regelung erfolgen sollte.[294]

**114** Der **Verwirklichung demokratischer Grundsätze** in Vereinigungen von Arbeitgebern kommt schon wegen ihres strukturell unterschiedlichen Aufbaus anders als bei den Gewerkschaften keine Bedeutung zu (zur verfassungstheoretischen Begründung vgl. zuvor Grundl. Rn. 82 ff.). Dementsprechend sind ihre Satzungsbestimmungen am wirtschaftlichen Gewicht ihrer Mitglieder und nicht primär

---

289 *Gitter*, FS Kissel, 268 ff.; ebenso *Schrader*, 140 ff.; *ders.*, NZA 2001, 1337.

290 In Verbindung mit dem Zustimmungsgesetz, BGBl. II, 518, 537, 545.

291 *Kissel*, NZA 1990, 549; *Gitter*, FS Kissel, 271 ff.; *Schrader*, 140 ff.; *ders.*, NZA 2001, 1337; ähnlich Wiedemann/*Oetker*, § 2 Rn. 315 f.; *G. Müller* DB 1992, 273; in der Tendenz auch BAG 6.6.2000 (1 ABR 21/99), AP Nr. 9 zu § 97 ArbGG 1979, sowie die Parallelentscheidung vom gleichen Tag BAG 6.6.2000 (1 ABR 10/99), EzA § 2 TVG Nr. 24.

292 Im Ergebnis ebenso MünchArbR/*Löwisch/Rieble*, § 242 Rn. 19; *Rieble*, SAE 1991, 317.

293 Die in der vorletzten Fn. zitierten Entscheidungen des BAG betrafen nur Anforderungen an eine Gewerkschaft; zu weitgehend daher die Folgerung *Schraders*, NZA 2001, 1337, ein Rechtsprechungswandel habe stattgefunden.

294 Zu den andernfalls bestehenden verfassungsrechtlichen Bedenken im Hinblick auf die Funktionsfähigkeit der Tarifautonomie siehe *Zachert*, AR-Blattei Vereinigungsfreiheit/Koalitionsfreiheit 165.1 Rn. 139; *ders.*, FS Kehrmann 1997, 335.

an demokratischen Prinzipien ausgerichtet. Nachdem inzwischen deutlich geworden ist, dass es sich bei der Tarifautonomie um ein zugleich marktförmig und demokratisch legitimiertes Normsetzungsverfahren handelt (vgl. Grundl. Rn. 80 ff.), welches innerhalb der Koalitionen einen grundrechtlichen Mindeststandard für die interne tarifliche Willensbildung (vgl. Grundl. Rn. 143 und Rn. 197 ff.) sowie eine Bindung der Tarifnormen an die Grundrechte der normgebundenen Mitglieder voraussetzt, bedarf die **innere Struktur der Arbeitgeberverbände** größerer Aufmerksamkeit. Sie vertreten primär die Nachfrageseite des Arbeitsmarktes aufgrund ihrer Verfügungsbefugnis über Arbeitsplätze. Dieses arbeitsrechtliche Verfügungs- und Vergaberecht kann **grundrechtlich** beim Eigentümer-Arbeitgeber primär in Art. 14 GG und auch in Art. 12 GG, beim angestellten Management primär in Art. 12 GG und sodann (vertretungsweise) in Art. 14 GG sowie beim öffentlichen Dienst im demokratischen Mandat des Dienstherrn sowie der staatlichen Funktion des jeweiligen Dienstbereichs oder des öffentlich gebundenen Eigentums (Art. 14 GG) begründet sein. Die in dieser grundrechtlichen »Gemengelage« überwiegenden Eigentümerinteressen legen es nahe, Arbeitgeberkoalitionen zunächst prinzipiell nach Maßgabe der arbeitsmarktförmigen Bedeutung des jeweiligen Verbandsmitglieds zu ordnen, also etwa nach der Zahl der Arbeitsplätze, über die ein Arbeitgeber verfügt. Die Willensbildung innerhalb der Vereinigung, möge sie als eingetragener oder als nicht rechtsfähiger Verein verfasst sein, muss sich deshalb nach dem **wirtschaftlichen Gewicht** der Beteiligten richten. Prinzipiell braucht hier nicht nach »Köpfen« mehrheitlich demokratisch abgestimmt zu werden, weil dies der Funktion des Verbandes am Arbeitsmarkt widerspräche. Das unterscheidet die Arbeitgeberkoalition von einer Gewerkschaft, welche die persönlich gebundene Arbeitskraft ihrer Mitglieder repräsentieren soll und deshalb nach dem demokratischen Prinzip der persönlichkeitsschützenden Stimmengleichheit zu organisieren ist, weil andernfalls die ebenso streng personengebundene individuelle Koalitionsfreiheit der Gewerkschaftsmitglieder verletzt würde. Arbeitsmarktadäquat und tarifrechtlich folgerichtig wird in Arbeitgeberverbänden entsprechend der Beschäftigtenzahl, der Lohn- und Gehaltssumme oder des beschäftigtenabhängigen Mitgliedsbeitrags der Unternehmer abgestimmt.[295] Andererseits kann auch das in den Arbeitgeberkoalitionen vertretene unternehmerische **Eigentum eine eigene persönlichkeitsentfaltende Funktion** haben – und zwar um so ausgeprägter, je mehr das Unternehmen von der persönlichen Arbeit des Unternehmers aktuell geprägt ist, also seinen Arbeitsplatz als Stätte seiner eigenen beruflichen Entfaltung nach Art. 12 GG bildet.[296] Vor allem in Betrieben mit wenigen Arbeitsplätzen wird dies oft gegeben sein. Deshalb besteht die Gefahr, dass der herkömmliche Abstimmungsmodus nach Unternehmensgröße gerade die Mitglieder übermäßig majorisiert, die ihre unternehmerische Tätigkeit persönlich als Beruf ausüben und daher über Art. 12 GG in ihrer beruflichen Selbstentfaltung zusätzlich besonders geschützt sind. Nur wenn für solche Grundrechtsträger die individuelle Koalitionsfreiheit im Verband durch satzungsrechtlichen Minderheitenschutz, durch besondere Abstimmungsverfahren in existentiellen Fragen (z. B. Vetopositionen oder Entscheidung nach Köpfen) sowie durch die Kommunikationsgrundrechte der Informations-, Meinungs- und Versammlungsfreiheit

295 Vgl. *Löwisch/Rieble*, § 2 Rn. 31.
296 So BVerfG 1. 3. 1979, E 50, 290, 339 ff.

speziell befestigt ist, kollidiert der Verband nicht mit Art. 9 Abs. 3 Satz 2 GG und ist folglich tariffähig.[297]

115 Ebenso wenig wie auf Gewerkschaftsseite ist zu erkennen, aus welchen Gründen man von Vereinigungen von Arbeitgebern eine **Anerkennung des geltenden Tarifrechts** oder sogar der geltenden Rechtsordnung als Tariffähigkeitsvoraussetzung fordern sollte (vgl. insoweit für den Gewerkschaftsbegriff § 2 Rn. 72 ff.). Sollte Anlass zu einer solchen Forderung das Problem der gewollten Tarifunfähigkeit gewesen sein (vgl. zuvor § 2 Rn. 103), kann diesem auf andere Art und Weise begegnet werden (hierzu § 2 Rn. 138 ff.). Schließlich gilt für die Frage nach einem **bestimmten Organisationsprinzip** von Vereinigungen von Arbeitgebern das für den Gewerkschaftsbegriff Gesagte (vgl. § 2 Rn. 76). Auch für die Tariffähigkeit einer Vereinigung von Arbeitgebern ist die Frage, nach welchen Überlegungen diese sich organisieren, ohne Bedeutung. Es handelt sich insoweit um eine autonom von der Arbeitgebervereinigung zu treffende Entscheidung.

### 5. Mitgliedschaft; OT-Mitgliedschaft

116 Die Entscheidung darüber, wer Mitglied ist, richtet sich nach vereinsrechtlichen Grundsätzen[298]; als Mitglieder kommen natürliche oder juristische Personen (zur Mitgliedschaft von Gesellschaften siehe § 3 Rn. 16), die Arbeitgeber sind, auch Arbeitgebervereinigungen[299], in Betracht. Wegen der koalitionsrechtlich zwingenden Wirkung des § 3 Abs. 1 TVG (vgl. unten § 2 Rn. 118) kommt es dabei **nicht** auf die **Bezeichnung** als »Mitglied« an. Tarifgebundene Mitglieder sind vielmehr alle Arbeitgeber, die an der Willensbildung der Vereinigung satzungsgemäß zu beteiligen sind. So genannte OTMitglieder (dazu nachfolgende Rn.) können deshalb nach § 3 Abs. 1 TVG tarifgebunden sein. Dagegen wären so genannte **Gastmitglieder**, die lediglich gastweise am Vereinsleben teilnehmen dürfen, d.h. ohne wesentliche Mitgliedschaftsrechte, wie Stimmrecht in den Mitgliederversammlungen und aktives und passives Wahlrecht in den Vereinsorganen, nicht tarifgebunden, weil sie keine Mitglieder im Sinne des § 3 Abs. 1 TVG sind.[300] Im Übrigen beginnt die Mitgliedschaft mit dem Zeitpunkt des Eintritts, sofern nicht eine aufschiebende Bedingung oder Befristung vereinbart ist. Eine rückwirkende Beitrittsabrede ist ausgeschlossen, da die Rechtsfolgen der §§ 3 Abs. 1 und 4 Abs. 1 TVG nicht zur Disposition stehen.[301] Zur Beendigung der Mitgliedschaft durch Austritt siehe § 3 Rn. 18 ff.

117 Seit Beginn der 90er Jahre besteht in Arbeitgeberverbänden die Tendenz zu satzungsförmigen Verankerung einer – gegenüber der Vollmitgliedschaft mit Tarifbindung – minderen **Mitgliedschaft ohne Tarifbindung (so genannte OT-Mitgliedschaft**[302]); sie wird verschiedentlich bereits praktiziert.[303] Dies geschieht

297 Vgl. im Übrigen MünchArbR/*Löwisch/Rieble*, § 255 Rn. 3 ff.

298 BAG 16.2.1962, AP Nr. 12 zu § 3 TVG Verbandszugehörigkeit; BAG 4.5.1994, NZA 1995, 638.

299 BAG 22.3.2000, AP Nr. 49 zu § 2 TVG.

300 BAG 25.9.2002 (4 AZR 294/01), EzA § 3 TVG Bezugnahme auf Tarifvertrag Nr. 24 = NZA 2003, 803; BAG 16.2.1962, AP Nr. 12 zu § 3 TVG Verbandszugehörigkeit; BAG 20.2.1986, AP Nr. 8 zu § 11 ArbGG 1979 Prozessvertreter.

301 BAG 22.11.2000 (4 AZR 688/99), AP Nr. 20 zu § TVG Tarifgebundenheit.

302 Zur Entwicklung *Buchner* NZA 1994, 2; *Stumpfe*, NZA 2000, SonderBeilage zu Heft 24, 2 f.; siehe auch *Zachert*, AR-Blattei Vereinigungsfreiheit/Koalitionsfreiheit 1650.1 Rn. 140 ff.

303 Z.B. beim Verband der Holz- und Kunststoffverarbeitenden Industrie Rheinland-Pfalz e.V.; Verband der Lippischen Holzindustrie und Kunststoffverarbeitung e.V., dazu LAG Rheinland-Pfalz 17.2.1995, NZA 1995, 800.

hauptsächlich in zwei Verbandstypen.[304] Bei dem so genannten **Aufteilungsmodell** gibt der frühere Arbeitgeberverband als solcher seine Tariffähigkeit (und damit seine Eigenschaft als Arbeitgeberverband im Sinne des TVG) auf und agiert nur noch als Verband zur Vertretung der allgemeinpolitischen Interessen aller seiner Mitglieder und deren Rechtsberatung (wegen der Grenzziehung zum Arbeitgeberverband mit – unbeachtlichem – Verzicht auf Tariffähigkeit siehe oben § 2 Rn. 101 ff.). Daneben bilden die tarifwilligen Mitglieder eine besondere »Tarifgemeinschaft«[305], deren Ziel der Abschluss von entsprechenden Verbandstarifverträgen ist.[306] Sofern diese Tarifgemeinschaft über eigene, in ihrer tariflichen Willensbildung dem Gesamtverband gegenüber satzungsrechtlich völlig selbständige Organe verfügt, ist sie als solche eine Koalition im Sinne des Art. 9 Abs. 3 GG und ein Arbeitgeberverband im Sinne des § 2 Abs. 1 TVG. Dies gilt selbst dann, wenn die Tarifgemeinschaft nur als ein nicht rechtsfähiger, aber vereinsrechtlich autonomer Zweigverein (§ 54 BGB) mit dem rechtsfähigen Gesamtverband organisatorisch verkoppelt sein sollte – vorausgesetzt, sie erfüllt die übrigen Voraussetzungen der Freiwilligkeit, Überbetrieblichkeit, Neutralität.[307] Damit dürfte die organisatorisch-technische Verkoppelung eines allgemeinen Arbeitgeberinteressenverbandes mit einem als »Tarifgemeinschaft« bezeichneten Zusammenschluss eines Teils seiner Mitglieder zu einem verselbständigten Arbeitgeberverband tarifrechtlich unproblematisch, vereinsrechtlich aber kompliziert sein.[308]

Dem gegenüber ist der Ausschluss der Tarifbindung bei der OT-Mitgliedschaft des so genannten **Stufenmodells** im Schrifttum umstrittenen[309]; höchstrichterliche Entscheidungen fehlten bislang[310] und auch von einer instanzgerichtlichen Anerkennung kann gegenwärtig nicht gesprochen werden.[311] Bei diesem Modell sind im Verband gerade keine Mitgliedschaften in zwei prinzipiell selbständigen Vereinigungen vorgesehen, sondern zwei differenzierte Mitgliedstypen im selben Verband, nämlich die Mitgliedschaft ohne Tarifbindung (OT) und die mit Tarifbindung. Nimmt man nicht an, dass hierdurch die Tariffähigkeit des Verbandes insgesamt entfällt[312], dann müssen die OT-Mitglieder, da sie vereinsrechtlich als Mitglieder des Verbandes anzusehen sind, die Konsequenz der Tarifbindung **118**

304 Zu Varianten Buchner, NZA 1994, 2ff.

305 Der Begriff scheint hier üblich geworden zu sein, obwohl er wegen der offenbar angestrebten Verbandsstruktur Anderes bezeichnet als die in § 2 Rn. 89 angeführte Tarifgemeinschaft.

306 Beispiel für die Anwendung des Aufteilungsmodells ist etwa der Verband Deutscher Reeder, dazu *Thüsing* ZTR 1996, 481.

307 *Röckl*, DB 1993, 2382; *Buchner*, NZA 1994, 10.

308 *Otto*, NZA 1996, 626; ähnlich *Schlochauer*, FS Schaub, 714; siehe aber auch *Däubler*, NZA 1996, 232.

309 Zulässigkeit verneint etwa von *Röckl*, DB 1993, 2382; *Däubler*, ZTR 1994, 453, fortgeführt in NZA 1996, 230; *Schaub*, BB 1994, 2007 und NZA 1998, 621 f.; *Zachert*, AR-Blattei Vereinigungsfreiheit/Koalitionsfreiheit 1650.1 Rn. 140 ff.; *Däubler/Peter*, § 2 Rn. 118 ff.; *Däubler/Lorenz*, § 3 Rn. 361; bejaht bei *Buchner* NZA 1994, 4 ff. und NZA 1995, 761; *Otto* NZA 1996, 628; *Reuter* RdA 1996, 203; *Thüsing*, Der Außenseiter im Arbeitskampf, 1996, 148 ff.; *Besgen*, Mitgliedschaft, 36 ff.; Wiedemann/*Oetker*, § 3 Rn. 102; MünchArbR/*Löwisch*/*Rieble*, § 251 Rn. 2, § 267 Rn. 7.

310 Die Revision gegen das Urteil des LAG RheinlandPfalz (10 Sa 1092/94), 17. 2. 1995, NZA 1995, 800, endete mit der Aussetzung des Verfahrens durch Beschluss des BAG, 23. 10. 1996 (4 AZR 409/95), AP Nr. 15 zu § 3 TVG Verbandszugehörigkeit; das Verfahren wurde nicht weiter betrieben. Siehe aber jetzt BAG 23. 2. 2005 (4 AZR 186/04), DB 2005, 2305 (mit Anm. von Melot de Beauregard), offenbar weitgehend von einem Ausschluss der Tarifbindung ausgehend.

311 So aber z. B. *Thüsing*, ZTR 1996, 482, der jedoch lediglich das zuvor zitierte Urteil des LAG Rheinland-Pfalz und die erstinstanzliche Entscheidung des ArbG Ludwigsburg nachweist.

312 So insbesondere *Glaubitz*, FS Stege, 43 ff.; *ders.*, NZA 2003, 141; zweifelnd *Schaub*, § 199 Rn. 7 ff., 10; *ders.*, NZA 1998, 621 f.; ähnlich *Däubler* NZA 1996, 231.

auf sich nehmen. Ohne Bedeutung ist insoweit, ob ihnen die Satzung das aktive und passive Wahlrecht für Tarifkommissionen verwehrt.[313] Anders wäre das nur, wenn die Regelung des § 3 Abs. 1 TVG, der die Tarifbindung der Mitglieder des Verbandes festlegt, zur Disposition der Satzung und der Vereinbarung zwischen dem Mitglied und dem Arbeitgeberverband stünde. Für eine Abdingbarkeit dieser Vorschrift bestehen jedoch keinerlei Anhaltspunkte; Entsprechendes gilt für die gleichfalls von der Tarifbindung der Mitglieder einer Arbeitgebervereinigung ausgehenden §§ 3 Abs. 2 und 3, 4 Abs. 1 und 2, 5 Abs. 4 und 9 TVG. Bei § 3 Abs. 1 TVG handelt es sich um eine koalitionsverfassungsrechtlich fundierte – und deshalb satzungsfeste – gesetzliche Grundentscheidung. Auch eine Teiltariffähigkeit kommt nach einhelliger Auffassung nicht in Betracht. Die vereinzelt vorgeschlagene teleologische Reduktion des § 3 Abs. 1 TVG[314] scheitert daran, dass die Bestimmung nicht lückenhaft ist, wenn sie die Tarifgebundenheit auch bei gewollter und satzungsmäßig umgesetzter Abstinenz des Mitglieds von der Teilnahme an der tarifpolitischen Willensbildung eintreten lässt. Richtig ist, dass die Tarifbindung nach § 3 Abs. 1 TVG durch die Mitgliedschaft legitimiert wird. Die rechtsgeschäftliche Vereinbarung, in einem bestimmten Bereich Mitglied ohne Recht und Bindung zu sein, beseitigt jedoch nicht den Legitimationszusammenhang; sie führt allenfalls zu einem vereinsrechtlichen Widerspruch zu den Zwecken des Verbandes. Die Alternative, die das Gesetz belässt, ist das Fernbleiberecht.

**119** Es wird jedoch verschiedentlich angenommen, da die Tarifvertragsparteien autonom ihre **Tarifzuständigkeit** bestimmten, könnten sie von ihr auch **personale Ausnahmen** machen; es trete daher keine Tarifbindung der OT-Mitglieder ein, wenn sich aufgrund Satzungsbestimmung die (personelle) Tarifzuständigkeit lediglich auf die T-Mitglieder erstrecke.[315] Hieran ist zwar zutreffend, dass der Verband festlegen kann, für welchen räumlichen, betrieblich/fachlichen und persönlichen Geltungsbereich er Tarifverträge vereinbaren will (vgl. im Einzelnen, auch zur Begründung des Merkmals Tarifzuständigkeit, unten § 2 Rn. 147 ff.). Dabei kann dahinstehen, dass die Frage nach der persönlichen Tarifzuständigkeit in der Vergangenheit lediglich nicht selbstreflexiv, sondern im Hinblick auf die Gegenseite betrachtet worden ist, etwa, ob eine Gewerkschaft ihre Zuständigkeit erweiternd auf einen bestimmten Arbeitgeber erstrecken könne. Entscheidend erscheint, dass das (richtig organisierte) OT-Mitglied grundsätzlich dem persönlichen Zuständigkeitsbereich des Arbeitgeberverbandes zuzurechnen wäre. Es fehlt dem Verband also nicht die Zuständigkeit für den Abschluss eines dieses Mitglied bindenden Tarifvertrags – was sich schon darin zeigt, dass dieser ohne weiteres gilt, wenn der Arbeitgeber den (regelmäßig ohne Fristen zugelassenen) Wechsel in die T-Mitgliedschaft vornimmt. Der Tarifvertrag soll nur nicht gelten, weil Arbeitgeberverband und Mitglied vereinbart haben, dass er nicht gelten soll. Die von *Reuter*[316] vermisste Ermächtigung des Verbandes durch den betroffenen Arbeitgeber liegt im Verbandsbeitritt. Ließe man allein wegen fehlender Ermächtigung zur Tarifbindung deren Ausschluss zu, würden auch vereinbarte, satzungsgemäße Teilausschlüsse hingenommen

313 Anders *Löwisch/Rieble*, § 2 Rn. 34, 88.

314 Etwa Wiedemann/*Oetker*, § 3 Rn. 102.

315 Erstmals wohl von *Buchner*, NZA 1994, 4 ff. in die Diskussion eingeführt; dem folgend *Otto*, NZA 1996, 629; *Reuter*, RdA 1996, 203; *Thüsing*, ZTR 1996, 483 ff.

316 RdA 1996, 203.

werden müssen – bei Auflösung jeglicher Kalkulierbarkeit der Wirkungen von Verbandstarifen und damit der Funktion des Tarifvertragssystems. Die Situation ist eine andere als bei einer in der Satzung niedergelegten zulässigen personalen Beschränkung der Organisation insgesamt und ihrer Zuständigkeit (etwa: Arbeitgeberverband der X-Branche für Arbeitgeber mit weniger als 1000 Beschäftigten). In einem solchen Fall hängen Organisierbarkeit und Tarifbindung nicht von einer Potestativbedingung, der Erklärung, als Mitglied dem Verbandstarif unterliegen zu wollen, sondern von der Tatsache ab, ob der Arbeitgeber in einem für ihn zuständigen Verband organisiert ist.[317] Die Bindung ist Folge der Zuständigkeit, nicht umgekehrt die Zuständigkeit Folge der (vereinbarten) Bindung.[318] Das von den die Tarifzuständigkeit verneinenden Autoren angestrebte Ergebnis (entgegen § 3 Abs. 1 TVG keine Tarifbindung trotz Mitgliedschaft) scheint nicht erreichbar. Ohne rechtliche Bedenken wäre es dagegen, ein Verbandsmitglied im Tarifvertrag selbst von der Geltung des Tarifvertrags auszunehmen.[319] – Zur bloßen Gastmitgliedschaft siehe oben § 2 Rn. 116.

Nicht zu leugnen ist allerdings der **fehlende Wille des OT-Mitglieds** eine Tarifbindung einzugehen. Die Ursache für die insoweit mangelnde Legitimation des Verbandes liegt aber darin, dass der ansonsten legitimierende Verbandseintritt unter einem Vorbehalt erfolgte, der von der Rechtsordnung nicht anerkannt wird.[320] Ob man für diesen Konflikt auf der Grundlage der §§ 116, 117 BGB eine überzeugende Lösung finden kann, ist zweifelhaft. Geht man zutreffend von der Wirksamkeit des Beitritts und der aus § 3 Abs. 1 TVG folgenden Unbeachtlichkeit des OT-Vorbehalts aus, könnte Anfechtbarkeit nach § 119 Abs. 1 BGB angenommen werden; diese wirkte insbesondere wegen der Betroffenheit Dritter (insbesondere der Arbeitnehmer) aber wohl nur ex nunc, so dass letztlich dieselben Folgen einträten wie bei einem Verbandsaustritt. 120

Zu den oben geäußerten grundsätzlichen Bedenken kommt hinzu, dass eine Zulassung des Stufenmodells zu **Rechtsunsicherheit** führte, da der verbandsangehörige Arbeitgeber zwischen Vollmitgliedschaft und OT-Mitgliedschaft – unter Umständen kurzfristig – pendeln könnte[321]; für Außenstehende wäre dies nicht erkennbar, weil der Wechsel einen verbandsinternen Vorgang darstellt. Daran änderte auch ein umfassender Auskunftsanspruch der Gewerkschaft gegen Arbeitgeberverband und Arbeitgeber[322] nur wenig, zumal da die Verbands(satzungs)praxis Statusänderungen flexibilisiert.[323] Vor allem aber muss eine Tarifvertragspartei von ihrem organisatorischen Aufbau und ihren Willensbildungsstrukturen her in der Lage sein, die zu schaffenden Tarifnormen marktgerecht und grundrechtsadäquat zu legitimieren. Für die Arbeitgebervereinigung bedeutet dies, dass sie – unter Beachtung der Zahl der von einem Mitglied reprä- 121

---

317 Ähnlich wohl *Däubler*, NZA 1996, 231, der personale Begrenzungen nur nach abstrakten Merkmalen zulassen will; dem insoweit folgend Wiedemann/*Oetker*, § 2 Rn. 64 (abstrakt generelle Verankerung von Kriterien in der Satzung).

318 Das verkennt *Otto*, NZA 1996, 629.

319 Vgl. etwa BAG 24.2.1999 (4 AZR 62/98), AP Nr. 17 zu § 3 TVG Verbandszugehörigkeit (mit Anm. von *Streckel*, EzA § 3 TVG Nr. 16 und Anm. von *Zachert*, RdA 2000, 104).

320 A. A. LAG Rheinland-Pfalz 17.2.1995, NZA 1995, 800.

321 Vgl. insgesamt *Däubler*, ZTR 1994, 453; *Säcker*, AR-Blattei, Tarifvertrag, II, D II; *Schaub*, BB 1994, 2007; a. A. LAG Rheinland-Pfalz 17.2.1995, NZA 1995, 800; Otto, NZA 1996, 628.

322 Konsequenterweise bejaht bei *Buchner*, NZA 1994, 4, unter Hinweis auf BAG 9.4.1991 (1 AZR 332/90), AP Nr. 116 zu Art 9 GG Arbeitskampf (Auskunftsanspruch über Verbandszugehörigkeit bei drohendem Streik); ausführlich *Blanke* AiB 2000, 267 ff.; a. A. *Gaumann/Schafft*, NZA 2001, 1132 ff.

323 Vgl. *Stumpfe*, NZA 2000, SonderBeilage zu Heft 24, 3; *Blanke*, AiB 2000, 267 f.; *Berg* AuR 2001, 393.

sentierten Arbeitsplätze – **gleichheitliche Entscheidungsstrukturen** für ihre betroffenen Mitglieder zu gewährleisten hat (vgl. § 2 Rn. 106). Daran fehlt es jedoch, sobald »OT-Mitglieder« das aktive und passive Wahlrecht zum Vorstand haben sowie über Höhe, Verwaltung, Art und Auszahlung von Arbeitskampfunterstützungen mit entscheiden.[324] Da sie im gemeinsamen Verband die Tarifpolitik zwangsläufig mit beeinflussen würden, verlöre eine solche Arbeitgebervereinigung durch die Einführung gestaffelter Mitgliedschaften ihre Tariffähigkeit, sobald die »OT-Mitglieder« die Mehrheit bildeten.[325] Damit wäre eine erhebliche Rechtsunsicherheit verbunden, da sich der Zeitpunkt des Fortfalls der Tariffähigkeit unter Umständen erst nachträglich und nur unter Schwierigkeiten feststellen ließe. Die Zulassung der OT-Mitgliedschaft belastete die Funktionsfähigkeit der Tarifautonomie erheblich, da sie die Feststellung der Tariffähigkeit des Verbandes und der vom Tarifvertrag erfassten Mitglieder von weiteren Tatsachenermittlungen abhängig machte (Wechsel von OT-Mitgliedschaft zur T-Mitgliedschaft und umgekehrt; Verhältnis der Mitgliedergruppen zueinander; Ausgestaltung der satzungsgemäßen Stimmrechte bei tarifpolitischen Fragen; Einfluss der OT-Mitglieder auf Streikfonds). Auch deshalb muss an der Forderung differenzierungsloser Mitgliedschaft mit der Konsequenz der Tarifgebundenheit festgehalten werden.

### 6. Prozessführungsbefugnis

**122** Wegen der Entstehung der Arbeitsgerichtsbarkeit aus dem Schiedsverfahren der Tarifvertragsparteien und der hierfür vorausgesetzten tariflichen Spezialkenntnisse der Verbandsvertreter, sowie wegen ihrer unbeschränkten Postulationsfähigkeit im Rahmen der verbandlichen Prozessführungsbefugnis nach § 11 Abs. 1 Satz 2 ArbGG ist der dortige Begriff »Vereinigungen von Arbeitgebern« mit demselben Ausdruck in § 2 Abs. 1 TVG rechtlich identisch. Die **Postulationsfähigkeit** nach § 11 Abs. 1 Satz 2 ArbGG setzt daher die **Tariffähigkeit des Arbeitgeberverbandes** voraus.[326] Die Gegenauffassung, der zufolge die Tariffähigkeit keine Zulassungsvoraussetzung für Verbandsvertreter vor den Arbeitsgerichten sein soll[327], beruft sich zu Unrecht darauf, dass auch Vertreter von »Spitzenorganisationen« in § 11 Abs. 1 Satz 1 ArbGG für postulationsfähig erklärt werden, obwohl solche Verbands-Zusammenschlüsse selbst nach § 2 TVG nicht tariffähig sein müssen. Dabei wird jedoch übersehen, dass Mitgliedsverbände solcher Spitzenorganisationen nach §§ 2 Abs. 2 TVG, 11 Abs. 1 Satz 2 ArbGG jedenfalls ihrerseits selbst tariffähig sein müssen, so dass stets mindestens mittelbare Tariffähigkeit vorliegen muss. Damit aber muss der prozessual vertretene Arbeitgeber nach § 11 Abs. 1 Satz 2 ArbGG ein tarifgebundenes Verbandsmitglied sein, so dass die Vertretungsbefugnis für »Gastmitglieder« (dazu § 2 Rn. 116) entfällt.[328] Gleiches ist in Ansehung der so genannte **OT-Mitglieder** anzunehmen, sofern sie nach dem Aufteilungsmodell (oben § 2 Rn. 117) organi-

324 So auch *Buchner* NZA 1995, 767.

325 *Röckl*, DB 1993, 2383ff.; *Däubler*, ZTR 1994, 453; zweifelnd auch *Schlochauer*, FS Schaub, 705; a. A. *Otto*, NZA 1996, 629f.

326 BAG 20.2.1986, AP Nr. 8 zu § 11 ArbGG 1979 Prozessvertreter; GMGP, § 11 Rn. 54ff., 62; *Grunsky*, § 11 Rn. 8.

327 BAG 16.11.1989, AP Nr. 11 zu § 11 ArbGG 1979 Prozessvertreter; *Buchner*, NZA 1994, 11.

328 BGH 20.2.1986, AP Nr. 8 zu § 11 ArbGG 1979 Prozessvertreter; GMGP, § 11 Rn. 64; a. A. BAG 16.11.1989, AP Nr. 11 zu § 11 ArbGG 1979 Prozessvertreter; *Buchner*, NZA 1994, 11.

siert sind.[329] Beim Stufenmodell (oben § 2 Rn. 118) ergeben sich insoweit keine Probleme, weil die OT-Mitglieder nach der hier vertretenen Auffassung Mitglieder im Sinne des § 3 Abs. 1 TVG sind.

## III. Zusammenschluss von Arbeitgebervereinigungen (Spitzenorganisationen)

Ebenso wie Zusammenschlüsse von Gewerkschaften können auch Zusammenschlüsse von Vereinigungen von Arbeitgebern (Arbeitgeber-Spitzenorganisationen wie z. B. die Bundesvereinigung der Arbeitgeberverbände) im Namen der ihnen angeschlossenen Arbeitgebervereinigungen Tarifverträge abschließen, wenn sie eine entsprechende Vollmacht haben (§ 2 Abs. 2 TVG). Darüber hinaus können sie selbst Partei eines Tarifvertrages sein, wenn der Abschluss von Tarifverträgen zu ihren satzungsgemäßen Aufgaben gehört (§ 2 Abs. 3 TVG). Es gelten insoweit dieselben Grundsätze wie für gewerkschaftliche Spitzenorganisationen[330] (vgl. § 2 Rn. 79 ff.). Der Status als Spitzenorganisation wird nicht dadurch beseitigt, dass der Zusammenschluss von Arbeitgebervereinigungen auch einzelne Arbeitgeber als Mitglieder aufnimmt. In einem solchen Fall ist die Gesamtorganisation tariffähig im angeführten Sinne als Spitzenorganisation nach § 2 Abs. 3 TVG und als Arbeitgebervereinigung nach § 2 Abs. 1 TVG.[331] Zur Bindung des einzelnen Arbeitgebers an die von Spitzenorganisationen geschlossenen Tarifverträge vgl. § 3 Rn. 17.[332] 123

## IV. Weitere tariffähige Vereinigungen auf Arbeitgeberseite

Obwohl auch Vereinigungen von Arbeitgebern grundsätzlich auf freiwilliger Basis gegründet sein müssen (§ 2 Rn. 101), hat der Gesetzgeber auf Arbeitgeberseite das Prinzip der freiwilligen Regelung der Arbeits- und Wirtschaftsbedingungen durch von den Betroffenen gegründete Koalitionen durchbrochen, was nur im Hinblick auf den anderen Stellenwert der Koalitionen von Arbeitgebern in der Tarifautonomie (vgl. dazu Grundl. Rn. 82 ff., § 2 Rn. 10, Rn. 87 und Rn. 99) zu rechtfertigen ist. 124

So verleiht der Gesetzgeber den **Handwerksinnungen**, die Körperschaften des öffentlichen Rechts (§ 53 Satz 1 HandwO) allerdings ohne Beitrittszwang sind, und den Innungsverbänden die Tariffähigkeit (vgl. §§ 54 Abs. 3 Ziff. 1, 82 Ziff. 3 und 85 Abs. 2 in Verbindung mit 82 Ziff. 3 HandwO). Das Bundesverfassungsgericht[333] hat diese gesetzliche Verleihung der Tariffähigkeit an Handwerksinnungen und Innungsverbände unter anderem deswegen für zulässig erklärt, weil der Gesetzgeber »jedenfalls auf der Seite der Arbeitgeber« nicht darauf beschränkt sei, die Tariffähigkeit nur echten arbeitsrechtlichen Vereinigungen 125

---

329 A. A. BAG 16. 11. 1989 AP Nr. 11 zu § 11 ArbGG 1979 Prozessvertreter: Tariffähigkeit als Voraussetzung der Postulationsfähigkeit ablehnend; dem zustimmend *Buchner*, NZA 1994, 11.

330 Siehe im Übrigen zu diesem Problem *Däubler*, Tarifvertragsrecht, Rn. 71; ferner *Löwisch/Rieble*, § 2 Rn. 108 ff. Zu Fragen der Tarifzuständigkeit von Spitzenverbänden insbesondere der Arbeitgeber siehe *Rieble* DB 2001, 2194.

331 BAG 22. 3. 2000 (4 ABR 79/98), AP Nr. 49 zu § 2 TVG.

332 Siehe auch BAG 6. 5. 2003 (1 AZR 241/02), EzA § 2 TVG Nr. 26.

333 BVerfG 19. 10. 1966, E 20, 312; von der Wirksamkeit der Verleihung geht auch das BAG in ständiger Rechtsprechung aus, etwa BAG 10. 12. 1997 (4 AZR 247/96), AP Nr. 20 zu § 3 TVG.

zuzuerkennen[334] und weil die zusätzliche Bildung von Arbeitgeberverbänden im Bereich des Handwerks dennoch frei bleibe. Obwohl damit[335] das Prinzip der staatsfreien, eigenverantwortlichen Regelung der Arbeits- und Wirtschaftsbedingungen (dazu zuvor § 2 Rn. 33) in Frage gestellt wird, ist ein solcher staatlicher Eingriff in das Koalitionsrecht der Arbeitgeber eben deswegen zulässig, weil die Bedeutung des arbeitgeberseitigen Koalitionsrechts nicht mit dem Koalitionsrecht der Arbeitnehmerseite vergleichbar ist und den Arbeitgeberkoalitionen als Tarifvertragspartei lediglich eine Komplementärfunktion als Gegenspieler der Gewerkschaften zukommt (dazu § 2 Rn. 10, Rn. 87, Rn. 99 und Grundl. Rn. 82 ff.). Die gesetzliche Begründung einer tariffähigen Arbeitnehmervereinigung entsprechend dem Vorbild der Handwerksinnungen wäre demgegenüber unzulässig[336] (dazu schon § 2 Rn. 86). Handwerksinnungen können Mitglied in einem Arbeitgeberverband sein. Da sie nach § 54 Abs. 3 Nr. 1 HandwO Tarifverträge abschließen dürfen, soweit und solange solche nicht durch den Innungsverband für sie vereinbart wurden, vermögen sie in diesen Grenzen die Tarifvereinbarungsbefugnis auch auf die Spitzenorganisation zu übertragen.[337]

**126** **Kreishandwerkerschaften** (§ 86 ff. HandwO) und **Handwerkskammern** (§ 90 ff. HandwO) sind dagegen nicht tariffähig.[338]

**127** Aufgrund besonderer zwischenstaatlicher Verträge, die der Bundesgesetzgeber ratifiziert hat (**Nato-Truppenstatut** vom 30. März 1955[339] und dazugehöriges Zusatzabkommen vom 3. August 1959[340] und vom 21. Oktober 1971[341]), ist die Bundesrepublik Deutschland (Arbeitgeber-)Tarifvertragspartei für die Regelung der Arbeits- und Wirtschaftsbedingungen der bei Nato-Truppen beschäftigten Arbeitnehmer.[342] Eine begrenzte Zuständigkeit für den Abschluss von Tarifverträgen für **Postunternehmen** hat die Bundesanstalt für Post und Telekommunikation gemäß § 23 Abs. 2 Postpersonalrechtsgesetz in Verbindung mit § 14 BAPost.[343]

**128** Umstritten ist schließlich, ob **Lotsenbrüderschaften** und **Bundeslotsenkammern** gemäß dem Gesetz über das Seelotsenwesen vom 13. Oktober 1954[344] tariffähige Arbeitgeberverbände sind. Dies dürfte zu verneinen sein.[345]

---

334 BVerfG 19. 10. 1966, E 20, 312, 318.

335 Nicht zuletzt auch wegen der mittelbaren Zwänge zum Beitritt in die Innungen, BVerfG 19. 10. 1966, E 20, 312, 321 f.

336 Weiteres zum Problem der Tariffähigkeit der Innungen bei Wiedemann/*Oetker*, § 2 Rn. 27 ff., 224 ff., 232 ff., die aber auch hier zu Unrecht nicht zwischen den Koalitionen beider Seiten unterscheiden.

337 BAG 6. 5. 2003 (1 AZR 241/02), EzA § 2 TVG Nr. 26.

338 Zu den Kreishandwerkerschaften vgl. BAG 10. 12. 1960 und 27. 1. 1961, AP Nr. 12 und 26 zu § 11 ArbGG 1953; siehe auch Wiedemann/*Oetker*, § 2 Rn. 230.

339 BGBl. II, 405.

340 BGBl. II 1961, 1218.

341 BGBl. II 1972, 1022; vgl. auch Art. 36 des Abkommens vom 28. 9. 1994, BGBl. II 1994, 2598.

342 Zu Näherem vgl. BArbBl. 1973, 298; Wiedemann/*Oetker*, § 2 Rn. 100.

343 Dazu *Wiedemann-Oetker*, § 2 Rn. 100; *Rieble*, FS Stahlhacke, 459.

344 BGBl. II, 1035.

345 Zu Einzelheiten vgl. LAG Schleswig-Holstein 28. 10. 1969, AP Nr. 27 zu § 2 TVG; Wiedemann/*Oetker*, § 2 Rn. 231.

## D. Konsequenzen aus der Möglichkeit des Nebeneinanders von Firmentarifverträgen und Verbandstarifverträgen

### Literatur:

*De Beauregard*, Das Arbeitskampfrecht im Spiegel der jüngeren Rechtsprechung, NZA-RR 2003, 618; *Becker*, Bausteine der Flexibilisierung, AuA 2000, 18; *Blanke*, Flankenschutz für die Tarifautonomie, AuR 2004, 130; *Buchner*, Möglichkeiten und Grenzen betriebsnaher Tarifpolitik, DB 1970, 2025 und 2074; *Däubler*, Arbeitskampfrecht, 2. Aufl., 1987; *Hanau/Thüsing*, Streik um Anschlusstarifverträge, ZTR 2002, 506; *Heinze*, Tarifzuständigkeit von Gewerkschaften und Arbeitgebern/Arbeitgeberverbänden, DB 1997, 2122; *Hensche*, Zur Zulässigkeit von Firmentarifverträgen mit verbandsangehörigen Unternehmen, RdA 1971, 9; *Henssler*, Firmentarifverträge und unternehmensbezogene Verbandstarifverträge als Instrumente einer »flexiblen«, betriebsnahem Tarifpolitik, ZfA 1998, 517; *Heß*, Rechtsfragen zum »betriebsnahen Tarifvertrag« unter Berücksichtigung von Tarifpluralitäten, ZfA 1976, 45; *Hohenstatt/Schramm*, Zulässigkeit eines Verbandsarbeitskampfs gegen einen Außenseiter-Arbeitgeber?, DB 2005, 774; *v. Hoyningen-Huene*, Die Rolle der Verbände bei Firmenarbeitskämpfen, ZfA 1980, 453; *Jacobs*, Die Erkämpfbarkeit von firmenbezogenen Tarifverträgen mit verbandsangehörigen Arbeitgebern, ZTR 2001, 249; Konzen, Die Rechtsstellung des Außenseiter-Arbeitgebers beim Verbandsarbeitskampf, GS Heinze, herausgegeben von Söllner und anderen, 2005, 516; *Kurz-Scherf*, Zeit(t)räume per Tarifvertrag. Oder: Die Renaissance der betriebsnahen Tarifpolitik, WSI-Mitt. 1987, 492; *Lieb*, Erkämpfbarkeit von Firmentarifverträgen mit verbandsangehörigen Arbeitgebern, DB 1999, 2059; *Matthes*, Der Arbeitgeber als Tarifvertragspartei, FS Schaub, 1998, 477; *Meyer, C.*, Das Verhältnis von Verbands- und firmenbezogenem Verbandstarifvertrag im Vergleich zum Haustarifvertrag, NZA 2004, 366; *Reuter*, Können verbandsangehörige Arbeitgeber zum Abschluss von Haustarifverträgen gezwungen werden?, NZA 2001, 1097; *Richter*, Firmenstreiks gegen verbandsangehörige Arbeitgeber, ZTR 2004, 390; *Rolfs/Clemens*, Erstreikbarkeit firmenbezogener Verbandstarifverträge?, DB 2003, 1678; *Schleusener*, Rechtmäßigkeit kampfweiser Durchsetzung von Firmentarifverträgen gegenüber verbandsangehörigen Arbeitgebern, NZA 1998, 239; *Schmidt-Eriksen*, Tarifvertragliche Betriebsnormen, 1992; *Stein, A.*, Der Abschluss von Firmentarifverträgen, RdA 2000, 129; *Thüsing*, Die Erstreikbarkeit von Firmentarifverträgen verbandsangehöriger Arbeitgeber, NZA 1997, 294; *Wendeling-Schröder*, Betriebliche Ergänzungstarifverträge, NZA 1998, 624; *Weyand*, Die tarifvertragliche Mitbestimmung unternehmerischer Personal- und Sachentscheidungen, 1989; *Zachert*, Firmentarifvertrag als Alternative?, NZA 2000, Sonderbeilage zu Heft 24, 17; *ders.*, Dezentralisierung des Tarifvertrages: der einzelne Arbeitgeber als Tarifpartei, FS Wissmann, 2005, 202.

**Übersicht** Rn.

## I. Tarifkonkurrenz

129 Die Entscheidung des Gesetzgebers, den einzelnen Arbeitgeber und Vereinigungen von Arbeitgebern gleichermaßen für tariffähig zu erklären (vgl. § 2 Rn. 88ff.), kann dazu führen, dass ein **organisierter Arbeitgeber**, für dessen Unternehmen ein von seinem Arbeitgeberverband abgeschlossener Verbandstarifvertrag gilt, **zusätzlich** von der Gewerkschaft zum Abschluss eines **Firmentarifvertrags** gezwungen wird oder auch freiwillig einen solchen abschließt (»betriebsnahe Tarifpolitik«). Ebenso ist der umgekehrte Fall möglich, dass eine Gewerkschaft gegenüber einem Arbeitgeberverband einen Verbandstarifvertrag durchsetzt, obwohl mit einem Mitgliedsunternehmen dieses Arbeitgeberverbandes bereits ein Firmentarifvertrag abgeschlossen wurde. Der gleichzeitige Abschluss von Verbandstarifverträgen einerseits und von Firmentarifverträgen bzw. unternehmensbezogenen Verbandstarifverträgen andererseits (zu diesen Begriffen vgl. näher § 1 Rn. 28ff.) ist nach ganz herrschender Auffassung zulässig (§ 2 Rn. 94). Soweit dem Arbeitgeber aufgrund seiner Mitgliedschaft im Arbeitgeberverband ein solches Vorgehen verbandsrechtlich verboten ist, hat dies keine Auswirkungen auf das Tarifrecht und damit auf die Zulässigkeit des Firmentarifvertrages.[346] Kommt es zu einem solchen Nebeneinander verschiedener Tarifverträge, ist das Verhältnis zwischen diesen nach den Grundsätzen der Tarifkonkurrenz zu lösen, wobei Firmentarifverträge als speziellere Regelung stets dem Verbandstarif vorgehen sollen[347] (dazu § 4 Rn. 177ff.). Zur Möglichkeit tarifautonomer Regelung der Konkurrenzfrage siehe § 4 Rn. 176.[348]

## II. Erstreikbarkeit eines Firmentarifs gegenüber dem verbandsangehörigen Arbeitgeber

### 1. Grundsätzliche Zulässigkeit

130 Nach zutreffender, wohl herrschender Meinung[349], der sich im Jahre 2002 auch das Bundesarbeitsgericht angeschlossen hat[350], ist die **kampfweise Durchsetzung** eines Firmentarifvertrages gegenüber einem organisierten Arbeitgeber

---

346 BAG 24.1.01 (4 AZR 655/99), EzA § 4 TVG Tarifkonkurrenz Nr. 14 (unter II 1b cc) mit insoweit zust. Anm. Jacobs; BAG 25.9.1996 (1 ABR 4/96), AP Nr. 10 zu § 2 TVG Tarifzuständigkeit (unter II 4c); *Wiedemann-Oetker*, § 2 Rn. 112, 114; *Gamillscheg*, Kollektives Arbeitsrecht I, § 14 I 2b, 524; *v. Hoyningen-Huene*, ZfA 1980, 462f. mit weiteren Nachweisen; zu weiteren Überlegungen zur betriebsnahen Tarifpolitik: *Kurz-Scherf*, WSI-Mitt. 1987, 500ff.

347 Ständige Rechtsprechung, etwa BAG 24.1.2001 (4 AZR 655/99), EzA § 4 TVG Tarifkonkurrenz Nr. 14; BAG 20.4.1999 (1 AZR 631/98), EzA § 77 BetrVG 1972 Nr. 64.

348 Siehe auch *Waas*, ZTR 2000, 341, speziell zum Verhältnis von Firmentarifvertrag und verbandstarifvertraglicher »Meistbegünstigungsklausel«.

349 LAG Köln 21.11.2001 (5 Sa 816/01), DB 2002, 1840; LAG Köln 14.7.1996 (4 Sa 177/96), AP Nr. 149 zu Art. 9 GG Arbeitskampf; LAG Hamm, 8.8.1985, DB 1985, 2155; LAG Düsseldorf, 19.9.1985, DB 1986, 324; ArbG Wesel, 24.7.1985, DB 1985, 2051; ArbG Kiel (5 Ga 10b/03), AuR 2003, 192; *Bayreuther*, DB 2003, 1120; *Blanke* ZTR 2000, 213; *Hensche*, RdA 1971, 9; *Henssler*, ZfA 1998, 535; *v. Hoyningen-Huene*, ZfA 1980, 465; *Jacobs*, ZTR 2001, 251ff. (mit umfangreichen weiteren Nachweisen in Rn. 55 bis 57); *A. Stein*, RdA 2000, 138ff.; *Wendeling-Schröder* NZA 1998, 628ff.; *Zachert* NZA 2000, SonderBeilage zu Heft 24, 22f.; *ders.*, FS Wissmann, 205ff.; *Däubler*, Grundrecht, 433ff.; *Däubler/Peter*, § 2 Rn. 127, 140ff.; *Gamillscheg*, Kollektives Arbeitsrecht I, § 21 II 5c, 1007; MünchArbR/*Otto*, § 285 Rn. 66; vgl. auch Wiedemann/*Oetker*, § 2 Rn. 129ff. mit weiteren Nachweisen.

350 BAG 10.12.2002 (1 AZR 96/02), AP Nr. 162 zu Art. 9 GG Arbeitskampf (mit Anm. von *Franzen*, EzA Art. 9 GG Arbeitskampf Nr. 134), wobei der Senat darauf hinweist, bereits im Urteil vom 4.5.1955, BAGE 2, 75, hiervon ausgegangen zu sein.

grundsätzlich zulässig. Zu der in Art. 9 Abs. 3 GG garantierten Betätigungsfreiheit der Gewerkschaften gehört auch die Wahl des Mittels Arbeitskampf zur Herbeiführung eines Tarifvertrags. Da der einzelne Arbeitgeber tariffähig ist, muss es auch möglich sein, gegen ihn in den allgemeinen Grenzen des Arbeitskampfrechts zu streiken. Besondere Gründe dies im Hinblick auf einen verbandsangehörigen Arbeitgeber zu verwehren, bestehen nicht.

Demgegenüber hält eine inzwischen eher in **Minderheit** befindlichen Auffassung jede kampfweise Durchsetzung eines Firmentarifvertrages für **verboten**, wenn der betroffene **Arbeitgeber Mitglied eines Arbeitgeberverbandes** ist, ohne dass es auf eine sich aus Verbandstarifverträgen ergebenden Friedenspflicht ankomme[351]; die Gewerkschaften seien auf die Möglichkeit des Erstreikens von firmenbezogenen Verbandstarifen verwiesen. Begründet wird dies im Wesentlichen folgendermaßen: Die Erzwingung zusätzlicher Firmentarifverträge verstoße generell und nicht nur bei einer bereits vorhandenen (verbands-) tarifvertraglichen Regelung gegen die kollektive und individuelle Koalitionsfreiheit der Arbeitgeber, gegen die – von den Befürwortern der Unzulässigkeit zusätzlicher Firmentarifverträge stark erweiterte – tarifvertragliche Friedenspflicht (vgl. dazu § 1 Rn. 675 ff.) sowie gegen das Gebot der Kampfparität. Der Arbeitgeber müsse in der Lage sein, sich mit seinem Anschluss an einen Arbeitgeberverband davor zu bewahren, dass er erneut als Kampfgegner eines Firmentarifvertrages in Anspruch genommen werde; anderenfalls würde der Arbeitgeberverband nur dazu dienen, das Wirken der Gewerkschaften zu erleichtern. Aufgrund der Rechtsprechung zur Konkurrenz von Firmen- und Verbandstarifvertrag (§ 4 Rn. 177 ff.) werde die Mitgliedschaft im Verband und damit die individuelle Koalitionsfreiheit faktisch entwertet.[352] Zudem sei ein Streik mit dem Ziel, den Arbeitgeber aus der Tarifgemeinschaft heraus zu brechen, wegen Art. 9 Abs. 3 Satz 2 GG verboten. Einem solchen Versuch der Desolidarisierung könne nur mit dem (verfassungs)rechtlichen Schutz des Vorrangs der Regelungsmacht der Verbände vor der ihrer Mitglieder begegnet werden.[353] 131

Diese ausschließlich verfassungsrechtlich argumentierende Ansicht[354] bleibt auf der Behauptungsebene, wenn sie annimmt, die durch Art. 9 Abs. 3 GG auch Arbeitgebern garantierte **individuelle Koalitionsfreiheit** (Recht zur ungehinderten Koalitionsbildung und zum Beitritt) gehe so weit, dass ein Arbeitgeber mit seinem Beitritt zum Arbeitgeberverband Anspruch darauf habe, von Firmentarifverträge fordernden Gewerkschaften unbehelligt zu bleiben. Ebenso wie eine Gewerkschaft keinen Anspruch darauf hat, dass ein Arbeitgeber oder Arbeitgeberverband mit ihr verhandelt (vgl. mit Nachweisen § 2 Rn. 32), besteht auch kein Anspruch des Arbeitgebers, dass von ihm kein Firmentarifvertrag gefordert, mit ihm nicht verhandelt und nicht gegen ihn gestreikt wird. Die Verweisung auf betriebsbezogene Verbandstarifverträge ist nur auf dem Hintergrund einer Ablehnung jeglicher Erstreikbarkeit von Firmentarifverträgen zu verstehen (»second worst«). Materiell schützt sie den Arbeitgeber nicht vor 132

---

351 Vgl. etwa LAG Schleswig-Holstein NZA-RR 2000, 143; *Brox-Rüthers*, Arbeitskampfrecht, Rn. 137; *Buchner*, DB 1970, 2029 f.; *Hanau/Thüsing*, ZTR 2002, 509 f.; *Heinze* DB 1997, 2126; *Heß*, ZfA 1976, 60 ff.; *Krichel*, NZA 1986, 731, mit weiteren Nachweisen; *Lieb* DB 1999, 2059 ff. (mit umfangreichen Nachweisen in Rn. 10 bis 12); *Richter*, ZTR 2004, 391 ff.; *Thüsing*, Anm. zu BAG AP Nr. 163 zu Art. 9 GG Arbeitskampf; *Schleusener*, NZA 1998, 241 f.

352 *Schleusener*, NZA 1998, 242.

353 *Reuter*, NZA 2001, 1101 ff.

354 Die zu Recht auf *Henssler* ZfA 1998, 353 »artifiziell« wirkt; dagegen *Lieb* DB 1999, 2059.

Abweichungen vom Verbandstarifvertrag, vor »Desolidarisierung« und vor einem Arbeitskampf. Sie nähme ihm faktisch noch die Tariffähigkeit, da er wegen der fehlenden Möglichkeit durch Streik auf ihn Druck auszuüben, als Verhandlungspartner nur von geringer Bedeutung wäre. Im übrigen würde die dargestellte Auffassung, Firmentarifverträge dürften bei bereits bestehenden Verbandstarifverträgen nicht streikweise durchgesetzt werden, im Ergebnis dazu führen, dass dem einzelnen Arbeitgeber durch dessen Beitritt zum Arbeitgeberverband weiterreichende Vorteile zukommen, als dies beim Beitritt des Arbeitnehmers zu einer Gewerkschaft, der den Arbeitnehmer ja keineswegs vor Kündigung, Versetzung, Ausgründung und dem Verlust nicht tarifvertraglich abgesicherter Leistungen schützt, jemals der Fall sein kann.[355] Schließlich wird auch die Freiheit des Arbeitgebers, im Verband zu bleiben, nicht beeinträchtigt. Es mag durchaus sein, dass der Arbeitskampf gegen einzelne Arbeitgeber gegen dessen individuelle und gegen die **kollektive Koalitionsfreiheit** des Verbandes verstieße, wenn er (vorrangig?) bezweckte, den Arbeitgeber »heraus zu brechen« und den Verband durch den Verlust vieler oder der sie tragenden Mitglieder zu schwächen.[356] Doch abgesehen davon, dass es organisationspolitisch kontraproduktiv wäre, eine Atomisierung der Vertragsgegner herbeizuführen[357], bleibt der primäre Zweck gewerkschaftlicher Betätigung die Verbesserung der Arbeitsbedingungen[358]; nur er wäre auch streikenden Arbeitnehmern zu vermitteln. Nach dem Gesagten kann dem Bundesarbeitsgericht auch nicht in der Einengung zugestimmt werden, die kollektive Koalitionsfreiheit des Arbeitgeberverbandes rechtfertige eine Streikuntersagung »zumindest (nicht) soweit bestimmte Arbeitsbedingungen durch Verbandstarifverträge weder geregelt sind noch demnächst geregelt werden sollen«.[359] Wie die Relativierung (»zumindest«) und die Fortführung der Ausführungen zeigen, sollten aber wohl nur keine über die Fallkonstellation hinausweisenden Festlegungen erfolgen. Angemerkt sei, dass die ganz herrschende Meinung in anderem Zusammenhang, bei der (dynamischen) arbeitsvertraglichen Bezugnahme auf den Tarifvertrag (dazu § 3 Rn. 143ff.), die Möglichkeit der Schwächung von Gewerkschaften in der Regel nicht einmal erwähnt; verfassungsrechtliche Bedenken werden von ihr, soweit ersichtlich, nirgendwo erhoben. – Der Gesetzgeber geht, wie er mit der dem einzelnen Arbeitgeber zuerkannten Tariffähigkeit zeigt, von einem bei abstrakt-typisierter Betrachtung anzunehmenden **Kampfgleichgewicht** diesem und den Gewerkschaften aus; es ist nicht typischerweise die Verteidigungsfähigkeit des verbandsfernen Arbeitgebers geringer als die des verbandsangehörigen.[360]

---

355 BAG 10.12.2002 (1 AZR 96/02), AP Nr. 162 zu Art. 9 GG Arbeitskampf – unter B I 1b (2); Wiedemann/*Oetker*, § 2 Rn. 132; *Däubler*, Tarifvertragsrecht, Rn. 607; vgl. auch den umgekehrten Fall des Streiks gegen einen Verbandsaußenseiter BAG 9.4.1991, AP Nr. 116 zu Art. 9 GG Arbeitskampf.

356 So etwa Wiedemann/*Oetker*, § 2 Rn. 133, mit weiteren Nachweisen; *Schleusener* NZA 1998, 243.

357 Vgl. nur die umgekehrte Zielsetzung – Erhaltung der Verbandszugehörigkeit – in dem BAG 10.12.2002 (1 AZR 96/02), AP Nr. 162 zu Art. 9 GG Arbeitskampf, zugrundeliegenden Sachverhalt.

358 Zurückhaltend in der Annahme einer »Zerschlagungsabsicht« auch etwa *Schleusener* NZA 1998, 243.

359 BAG 10.12.2002 (1 AZR 96/02), AP Nr. 162 zu Art. 9 GG Arbeitskampf – unter B I 1b bb (2). Das BAG hat hier keine Erweiterung der Friedenspflicht vorgenommen, wie *Rolfs/Clemens* DB 2003, 1681, offenbar annehmen.

360 BAG 10.12.2002 (1 AZR 96/02), AP Nr. 162 zu Art. 9 GG Arbeitskampf – unter B I 1b (1).

## 2. Begrenzung durch die Friedenspflicht

Zu den allgemeinen Begrenzungen eines Streikrechts und der relativen der tarifvertraglichen Friedenspflicht aus mit der Gewerkschaft abgeschlossenen Firmentarifverträgen, kann bei dem verbandsangehörigen Arbeitgeber die aus Verbandstarifverträgen herrührende Friedenspflicht treten (zu der aus der tarifvertraglichen Übereinkunft sich ergebende Friedenspflicht vgl. näher § 1 Rn. 675 ff.). Auch bei prinzipieller Anerkennung eines Streikrechts zur Erzielung eines Firmentarifvertrags bei dem verbandsangehörigen Arbeitgeber soll der Streik dann **unzulässig** sein, wenn die erstrebten Tarifvertragsinhalte **bereits in einem bestehenden Verbandstarifvertrag geregelt** sind. Dessen Auslegung ergibt die sachliche Reichweite der Friedenspflicht. Haben die Tarifvertragsparteien eine bestimmte Materie erkennbar umfassend ausgelegt, so ist davon auszugehen, dass sie diesen Bereich der Friedenspflicht unterwerfen und für die Laufzeit des Tarifvertrags die kampfweise Durchsetzung weiterer Regelungen unterbinden wollen.[361] Dem ist grundsätzlich zuzustimmen. Tatsächlich werden Gewerkschaften, die Arbeits- und Wirtschaftsbedingungen in einem Verbandstarifvertrag geregelt haben, damit zugleich ihre Bindung an diese Regelungen des Vertrages auch im Verhältnis zu den einzelnen Mitgliedsunternehmen des Arbeitgeberverbandes erklären. Damit könnte ihr Recht, diese Arbeits- und Wirtschaftsbedingungen einseitig im Bereich einzelner Unternehmen durch die Erkämpfung eines Firmentarifvertrages neu zu regeln, (tarif-)vertraglich beschränkt sein. Diese Überlegung greift jedoch schon dann nicht mehr, wenn die Tarifvertragsparteien im Verbandstarifvertrag durch eine Öffnungsklausel ausdrücklich vorsehen, dass zusätzliche Firmentarifverträge (Ergänzungstarifverträge)[362] oder firmenbezogene Verbandstarifverträge nicht ausgeschlossen sein sollen. Auch im Übrigen aber ist die Annahme einer solchen vertraglichen Bindung der Gewerkschaften durch den Verbandstarifvertrag nicht stets gerechtfertigt. Gewerkschaften wollen nämlich mit dem Abschluss von Verbandstarifverträgen niemals bessere Arbeitsbedingungen in betriebsnäheren Firmentarifverträgen ausschließen. Im Hinblick auf die unterschiedliche Leistungskraft der von einem Verbandstarifvertrag erfassten Unternehmen, die Ausrichtung des Verbandstarifvertrages an den schwächeren Mitgliedern des Arbeitgeberverbandes und die Interessenlage auf Seiten der Gewerkschaften, die insoweit nicht das »Günstigkeitsprinzip« außer Kraft setzen wollen, kann daher ein solcher Vertragswille nur begrenzt angenommen werden (zur Bedeutung des Vertragswillens für die Bestimmung des Umfanges der Friedenspflicht vgl. § 1 Rn. 677 ff.)[363]; zumindest müssen sich Anhaltspunkte für eine dahingehende Vereinbarung ergeben. Dies gilt umso mehr, als Art. 9 Abs. 3 GG, konkretisiert in § 2 Abs. 1 TVG, den Firmentarifvertrag ebenso wie den Verbandstarifvertrag verfassungsrechtlich absichert.[364] Wirkt der Verbandstarifvertrag nur noch nach, ist jegliche durch die Friedenspflicht in ihm enthaltene Arbeitskampfsperre entfallen (§ 4 Rn. 560). 133

361 So die Formulierung in BAG 10.12.2002 (1 AZR 96/02), AP Nr. 162 zu Art. 9 GG Arbeitskampf – unter B I 2 a; siehe auch die Vorinstanz: LAG Köln, ZTR 2002, 531.
362 Dazu ausführlich *Wendeling-Schröder*, NZA 1998, 626 ff.
363 Vgl. auch *Wendeling-Schröder*, NZA 1998, 629 f.; *A. Stein*, RdA 2000, 139.
364 Ebenso *Weyand*, 158.

134 Insbesondere für die herrschende Auffassung bereitet die Konstellation Schwierigkeiten, in der ein **verbandsangehöriger Arbeitgeber in der Vergangenheit bereits Firmentarifverträge abgeschlossen** hat. Betreffen diese dasselbe Regelungsgebiet wie Verbandstarifverträge und enden sie zu unterschiedlichen Terminen, so würde beim Auslaufen des einen Tarifvertrags die Friedenspflicht aus dem anderen Tarifvertrag jeweils Arbeitskampfmaßnahmen verbieten. Bezieht man hier die Friedenspflicht nur auf den betroffenen Tarifvertrag, dann unterläge der Arbeitgeber einem doppelten Streikrisiko. Beide Lösungen, insbesondere aber aus verfassungsrechtlichen Gründen die zuerst genannte, erscheinen nicht überzeugend. Aber auch die Annahme eines ohne Weiteres im Abschluss des Firmentarifvertrags liegenden Verzichts auf Arbeitskampfmaßnahmen zur Erzielung eines neuen Verbandstarifvertrags löst Bedenken aus, da bei konjunkturellen oder strukturellen Veränderungen das Interesse der Gewerkschaft an einem die gesamte Branche erfassenden Streik bestehen kann. Sind hier etwa die nach Arbeitnehmerzahl und Wirtschaftskraft wichtigsten Arbeitgeber ausgenommen, weil mit ihnen Firmentarifverträge abgeschlossen wurden, könnte die Streikdrohung, zumal bei geringerem gewerkschaftlichen Organisationsgrad der bei den übrigen Arbeitgebern Beschäftigten, wenig effektiv sein; die für den Arbeitgeberverband in dieser Situation entstehenden organisationspolitischen Schwierigkeiten können in diesem Zusammenhang allerdings keine Rolle spielen. Letztlich wird wiederum nur die Auslegung des Firmentarifvertrags ergeben können, ob etwa zeitlich begrenzt während der Geltung einer unternehmensspezifischen Sonderregelung Arbeitskämpfe um Verbandstarifverträge ausgeschlossen sein sollen. Jedoch kann die Friedenspflicht aus einem geltende Verbandstarifvertrag den Arbeitskampf um einen Nachfolgetarifvertrag für den beendeten Firmentarifvertrag nur unter den oben (§ 2 Rn. 133) beschriebenen generellen Voraussetzungen verhindern; die Situation ist im Allgemeinen dieselbe wie in jenen Fällen, in denen noch kein Firmentarif vereinbart worden war. Das gilt insbesondere im Hinblick darauf, dass eine Legitimation des Firmentarifvertrags durch entsprechende Formulierung im Verbandstarifvertrag die Friedenspflicht einschränkt. Auf der anderen Seite ließe sich schon in der Vereinbarung eines Firmentarifvertrags der Verzicht des Arbeitgebers auf die Friedenspflicht aus dem Verbandstarifvertrag sehen.[365] Die Gefahr einer »Verewigung« von Firmentarifverträgen besteht wohl nicht[366], da dann, wenn die Auslegung des Verbandstarifvertrags ergibt, dass Arbeitskämpfe zur Herbeiführung von Firmentarifverträgen nicht geführt werden dürfen, ein Streik gegen schuldrechtliche Verpflichtungen verstieße. Sieht man allerdings im Abschluss eines Verbandstarifvertrags regelmäßig die »konkludente Willenserklärung« der Gewerkschaft, auf Durchsetzung der Forderung nach einem Firmentarifvertrag mit Mitteln des Arbeitskampfes zu verzichten, so liegt es nahe, von dieser Annahme abzurücken, falls der Arbeitgeber dadurch, dass er jahrelang Firmentarifverträge abgeschlossen hat, Vertrauen erweckte, dies werde auch in Zukunft geschehen.[367]

365 So LAG Frankfurt a. M. BB 1985, 2109.
366 A. A. insoweit LAG Köln 14. 6. 1996 (4 Sa 177/96), AP Nr. 149 zu Art. 9 GG Arbeitskampf.
367 LAG Köln 14. 6. 1996 wie zuvor; weitgehend zustimmend *Thüsing*, NZA 1997, 295 f. A. A. *Reuter*, NZA 2001, 1104, der die Annahme einer Vereinbarung wegen des angeblich zwingenden Charakters der Friedenspflicht (dazu § 1 Rn. 675 ff., 695) für unvertretbar hält.

Im Falle der (immer häufigeren) tariflichen **Öffnungsklausel für ergänzende Betriebsvereinbarungen** nach § 77 Abs. 3 BetrVG kommt es vor, dass die intendierten Betriebsvereinbarungen entweder überhaupt nicht oder entgegen den tariflich zwingenden Vorgaben abgeschlossen werden[368] (vgl. Grundl. Rn. 326 ff.). Sofern der konkrete Verbandstarifvertrag nichts Anderes aussagt, wäre hier auch der Abschluss eines (die Betriebsvereinbarung ersetzenden) ergänzenden Firmentarifvertrages zulässig, welcher (wegen fehlender verbandstariflicher Regelung und damit mangels Friedenspflicht in diesem Sektor) auch durch Streik erzwungen werden könnte. Das Arbeitskampfverbot des § 74 Abs. 2 Satz 1 BetrVG ist auf solche Arbeitskämpfe tariffähiger Parteien ausdrücklich nicht anwendbar[369], selbst wenn es um die Vereinbarung betrieblicher oder betriebsverfassungsrechtlicher Normen gehen sollte.[370] 135

Hinsichtlich der Arbeitgeber, die **OT-Mitglieder** ihres Verbandes sind, ergeben sich keine Besonderheiten. Im Aufteilungsmodell (§ 2 Rn. 117) sind sie schon nicht Mitglieder eines Arbeitgeberverbandes im Sinne des § 2 Abs. 1 TVG. Für die Mitgliedschaft beim Stufenmodell (§ 2 Rn. 118) gelten nach der hier vertretenen Auffassung (§ 2 Rn. 118 ff.) dieselben Rechtsfolgen wie bei der »Normalmitgliedschaft«. Für die wohl herrschende Meinung dagegen tritt keine Bindung an die Verbandstarifverträge ein, so dass sich auch nicht die Frage einer aus diesen erwachsenden Friedenspflicht stellt. 136

## III. Verbandsarbeitskampf gegenüber einem Außenseiter-Arbeitgeber

Zu einem vermittelten Zusammentreffen kommt es, wenn ein Firmentarifvertrag eines verbandsfernen Unternehmens dynamisch auf einen Verbandstarifvertrag verweist. In einem solchen Fall stellt sich – hier: nur – die Frage, ob das Unternehmen in den Arbeitskampf um einen neuen Verbandstarif einbezogen werden darf. Sie ist mit dem Bundesarbeitsgericht[371] zu bejahen. Weder wird durch einen solchen Streik die negative Koalitionsfreiheit verletzt noch geht es um einen Arbeitskampf, der allein um der »Demonstration der Stärke« geführt würde und damit gegen das Ultima-Ratio-Prinzip verstieße. Das Kampfmittel ist nicht völlig ungeeignet.[372] Es handelt sich auch nicht um einen Sympathiestreik.[373] Vielmehr rechtfertigt die durch den verweisenden Firmentarifvertrag autonom herbeigeführte unmittelbare Teilhabe[374] an den Ergebnissen des Verbandsarbeitskampfes die Einbeziehung des unorganisierten Arbeitgebers.[375] Ein Verstoß gegen die firmentarifvertragliche Friedenspflicht liegt deshalb nicht vor, weil davon auszuge- 137

---

368 BAG 20.8.1991, AP Nr. 2 zu § 77 BetrVG Tarifvorbehalt.

369 Vgl. *Weyand*, 154, 158.

370 Vgl. auch *Schmidt-Eriksen*, 144 ff.; *Schumann*, in: Däubler, Arbeitskampfrecht, Rn. 183 ff.; *Fitting*, § 74 BetrVG Rn. 13.

371 BAG 18.2.2003 (1 AZR 142/02), AP Nr. 163 zu Art. 9 GG Arbeitskampf (mit Anm. von *Thüsing*, a. a. O., und ablehnender Anm. von *Rieble*, EzA Art. 9 GG Arbeitskampf Nr. 135) dazu Nichtannahmebeschluss der 2. Kammer des Ersten Senats des BVerfG 20.9.2004 (1 BvR 1191/03), EzA Art. 9 GG Arbeitskampf Nr. 136.

372 Anderer Ansicht *Konzen*, GS Heinze, 520 ff., es sei, worauf es ankomme, typischerweise nicht geeignet.

373 Anderer Ansicht *Hohenstatt/Schramm*, DB 2005, 774 ff.

374 Kritisch gegenüber dem Partizipationsgedanken *Blanke*, AuR 2004, 132.

375 Zustimmend etwa *Zachert*, FS Wissmann, 207 ff., mit umfangreichen Nachweisen in Rn. 26 f.; ebenso *Gamillscheg*, Kollektives Arbeitsrecht I § 21 I 5b, 1005; MünchArbR/*Otto*, § 285 Rn. 68; ablehnend *Hohenstatt/Schramm*, DB 2005, 774 (mit weiteren Nachweisen in Rn. 155); *Konzen*, GS Heinze, 519 ff.; wohl auch *Löwisch*, AR-Blattei ES 170.1 Nr. 48, 49.

hen ist, dass die Parteien des Firmentarifvertrags sie nur für die Zeit bis zum Ablauf des Verbandstarifvertrags vereinbart haben. Nach dessen Ablauf wird auch der Firmentarifvertrag (regelmäßig) lediglich nachwirken.

## E. Verlust der Tariffähigkeit

### Literatur:

*Belling/Hartmann*, Die Tarifbindung in der Insolvenz, NZA 1998, 57; *Buchner*, Die tarifrechtliche Situation bei Verbandsaustritt und bei Auflösung eines Arbeitgeberverbandes, RdA 1997, 259; *Däubler*, Tarifausstieg – Erscheinungsform und Rechtsfolgen, NZA 1996, 225; *Kunze*, Änderungen auf Arbeitgeberseite von Kollektivvereinbarungen, RdA 1976, 31; *Peter*, Abschied vom Konsens – Mangelnde Tariftreue und Erosion der Arbeitgeberverbände, FS Däubler, 1999, 479; *Röckl*, Auswirkungen einer Arbeitgeberverbandsfusion auf laufende Tarifverträge, BB 1993, 1653.

**Übersicht**



### I. Wegfall der Tariffähigkeit des Verbandes

**138** Ein Wegfall der Tariffähigkeit kann auf **Gewerkschaftsseite** durch die Auflösung einer Gewerkschaft[376] oder auch dadurch eintreten, dass einzelne der Tariffähigkeitsvoraussetzungen (etwa die ausreichende Gegenmächtigkeit, vgl. § 2 Rn. 34 ff.) entfallen. Bei einem **Arbeitgeberverband** kommt als Grund für einen Wegfall der Tariffähigkeit nur seine Auflösung oder sein völliger Verzicht auf eine Tätigkeit als Koalition im Sinne von Art. 9 Abs. 3 GG in Betracht. Nicht dagegen kann er durch eine Erklärung, dass der Abschluss von Tarifverträgen nicht mehr zu seinen Aufgaben gehöre (so genannte gewollte Tarifunfähigkeit), beseitigen (dazu § 2 Rn. 103).

**139** Der Gesetzgeber hat zu den Rechtsfolgen des Verlustes der Tariffähigkeit keine Regelung getroffen. Fest steht, dass die Möglichkeit, einen neuen Tarifvertrag zu schließen, entfällt. Soweit es jedoch um die Auswirkungen auf geschlossene Tarifverträge geht, sind die Konsequenzen im Einzelnen umstritten. Im Falle der **Auflösung eines Arbeitgeberverbandes** hat zudem eine nicht konsistente Rechtsprechung dazu beigetragen, die Zweifel zu vermehren.[377]

**140** Erst im Jahre 2000 legte sich das BAG[378] darauf fest, dass nicht schon mit der Eröffnung eines **Insolvenzverfahrens**[379] über das Vermögen eines Arbeitgeberverbandes ein Fortfall der Tarifbindung erfolgt. Zwar verliere der Arbeitgeberverband als Verein im Zeitpunkt des Eröffnungsbeschlusses gemäß § 42 BGB seine Rechtsfähigkeit. Doch gelte er in entsprechender Anwendung des § 49 Abs. 2 BGB als fortbestehend, soweit der Abwicklungszweck dies erfordere.

376 Vgl. BAG 25.9.1990, AP Nr. 8 zu § 9 TVG.
377 Dazu Buchner, RdA 1997, 261 ff. mit Nachweisen.
378 BAG 27.6.2000 (1 ABR 31/99), AP Nr. 56 zu § 2 TVG = EzA § 3 TVG Nr. 18.
379 Im entschiedenen Fall noch: Konkursverfahrens.

Abzuwickeln seien die nicht beendeten Rechtsverhältnisse, zu denen auch Tarifverträge gehörten. Es liege daher im Rahmen des Liquidationszwecks, wenn der hierzu berufene Insolvenzverwalter eine tarifvertraglich zulässige Kündigung des Tarifvertrags ausspricht. Mit dieser Lösung werde auch eine nicht zu rechtfertigende Differenzierung zwischen Verbandstarifvertrag und Haustarifvertrag vermieden. Zudem entspreche sie dem sich in § 3 Abs. 3 äußernden Rechtsgedanken, eine einmal begründete Tarifgebundenheit bestehen zu lassen und die Flucht aus dem Tarifvertrag zu verhindern. Damit ist auch ein Recht zur außerordentlichen Kündigung zu verneinen. Die Lösung des Bundesarbeitsgerichts führt dazu, dass bis zu dem für die Kündigung maßgeblichen Zeitpunkt, bei befristeten Tarifverträgen bis zum Ablauf der Frist, der Tarifvertrag unverändert normativ gilt (§ 4 Abs. 1, § 3 Abs. 1).[380] Danach tritt Nachwirkung gemäß § 4 Abs. 5 ein. Zur Bindung an den Tarifvertrag siehe auch § 3 Rn. 71.

141 Ob damit auch die bisherige Rechtsprechung zur **Auflösung eines Verbandes durch Beschluss** hinfällig geworden ist[381], erscheint nicht unzweifelhaft, zumal das Gericht betont, »jedenfalls« für den Fall der Insolvenz sei der Tarifvertrag nicht automatisch mit der Insolvenzeröffnung beendet. Der Rechtsgedanke der Verhinderung von Tarifflucht würde hierfür bei einer Auflösung in noch stärkerem Maße als bei einer Insolvenz sprechen – wenngleich es auch gewillkürte Insolvenzen geben mag. Das Bundesarbeitsgericht ist aber in früheren Entscheidungen im Falle der Auflösung eines Arbeitgeberverbandes vom Wegfall der Tarifgebundenheit seiner Mitglieder nach § 3 Abs. 1 TVG und damit praktisch des gesamten Tarifvertrages ausgegangen. Es nahm an, die Tarifnormen wirkten gemäß § 4 Abs. 5 TVG in den Einzelarbeitsverhältnissen nach[382], wobei unklar war, ab welchem Zeitpunkt der wegen des Verlustes der zwingenden normativen Wirkung nur beschränkter Schutz eintreten sollte.

142 Von der Literatur wird diese Auffassung wohl überwiegend **abgelehnt**.[383] Man muss zwar davon ausgehen, dass ein Arbeitgeberverband in Liquidation regelmäßig die grundrechtlichen Voraussetzungen koalitionsgerechter verbandsförmiger Willensbildung (vgl. § 2 Rn. 114) nicht länger voll erfüllt und der schuldrechtliche Teil der Tarifverträge damit entfällt[384] (vgl. auch § 3 Rn. 72). Gerade dann besteht jedoch die normative Tarifgebundenheit der Verbandsmitglieder nach § 3 Abs. 3 TVG fort (§ 3 Rn. 72f.). Zumindest ist diese Vorschrift aber entsprechend anzuwenden.[385] Vom Sinn des § 3 Abs. 3 TVG her macht es keinen wesentlichen Unterschied, ob die Mitglieder sukzessive oder gleichzeitig austreten und den Verband auflösen. Der Schutzzweck des Tarifvertrages könnte nicht erfüllt werden, würde der Wegfall der Tariffähigkeit die Beendigung des Tarifvertrages nach sich ziehen. Ein Arbeitgeberverband könnte andernfalls einen von ihm abgeschlossenen Tarifvertrag durch seine Auflösung zum Erlöschen

---

380 Anders *Däubler/Peter*, § 2 Rn. 155, die von einer Anwendung des § 3 Abs. 3 TVG ausgeht.

381 So *Däubler/Peter*, § 2 Rn. 155, 159; anders offenbar *Löwisch/Rieble*, § 2 Rn. 70, bei Ablehnung der Entscheidung.

382 BAG 15.10.1986, AP Nr. 4 zu § 3 TVG (mit ablehnender Anm. von *Wiedemann*).

383 *Peter*, FS Däubler, 489ff.; *Kunze*, RdA 1976, 31, mit weiteren Nachweisen; *Wiedemann*, Anm. zu BAG 15.10.1986, AP Nr. 4 zu § 3 TVG; *Blomeyer*, SAE 1972, 203; *Buchner*, AR-Blattei, Tarifvertrag III Entscheidung 4; *Reuter*, JuS 1987, 666; *v. Stebut*, SAE 1987, 203; zustimmend dagegen, auch für den Fall der Insolvenz, *Löwisch/Rieble*, § 2 Rn. 68ff.

384 Im Ergebnis ebenso BAG 11.11.1970, AP Nr. 28 zu § 2 TVG.

385 *Däubler/Peter*, § 2 Rn. 156.

bringen. Der Gesetzgeber hat mit § 3 Abs. 3 TVG angeordnet, dass die Tarifgebundenheit durch einen Austritt aus einem Arbeitgeberverband oder einer Gewerkschaft bis zum Ende des geltenden Tarifvertrages nicht berührt wird (zu Näherem vgl. § 3 Rn. 37ff., 66ff.). Er wollte damit unter anderem jegliche Flucht aus einem einmal abgeschlossenen Tarifvertrag ausschließen.[386] Da eine solche aber außer durch einen Verbandsaustritt dann auch durch eine Beseitigung der Tariffähigkeit erreicht werden könnte, wenn der Wegfall der Tariffähigkeit die Beendigung des Tarifvertrages zur Folge hat, gilt die Regel des § 3 Abs. 3 TVG auch in diesen Fällen. Des Rückgriffs auf § 3 Abs. 3 TVG bedürfte es allerdings dann nicht, wenn man keine Beendigung der Tarifverträge im Falle der Liquidation annähme.[387] Denn die Mitgliedschaft, jetzt im Liquidationsverein, besteht fort und endet erst mit Abschluss der Liquidation. Diese kann aber erst erfolgen, wenn die Verpflichtungen aus den tarifvertraglichen Schuldverhältnissen beendet sind.[388] Allenfalls stellte sich die Frage, ob eine außerordentliche Kündigung des Tarifvertrags durch den Verband in Liquidation in Betracht kommt). Das ist jedoch im Hinblick auf den Zweck des § 3 Abs. 3 TVG zu verneinen.[389]

**143** Die Auflösung eines Arbeitgeberverbandes (in Form des rechtsfähigen Vereins) beendet zwar nicht die vereinsrechtliche Existenz, doch unterwirft sie seine Entscheidungs- und Willensbildung nach §§ 48, 49 BGB den Beschlüssen der Liquidatoren, d.h. primär vermögensrechtlichen Kriterien. Da **im Liquidationsstadium** die Gestaltung der Arbeits- und Wirtschaftsbedingungen gemäß Art. 9 Abs. 3 GG allenfalls die Folge der handlungsleitenden Vermögensabwicklung ist, entfallen **die schuldrechtlichen Pflichten** aus den Tarifverträgen, insbesondere die Durchführungspflicht[390], doch sind dann entsprechende Schadensersatzansprüche aus früheren Tarifvertragsverletzungen auch gegen den Liquidationsverein möglich (vgl. § 3 Rn. 72).

**144** Im Hinblick auf den Schutzzweck des Tarifvertrages scheidet auch die Zulässigkeit einer **außerordentlichen Kündigung** durch die **andere Tarifvertragspartei** wegen des Wegfalls der Tariffähigkeit ihres Gegenübers aus. Ließe man in solchen Fällen eine außerordentliche Kündigung zu, könnte z.B. beim Eintritt der Tarifunfähigkeit einer Gewerkschaft der tarifvertragschließende Arbeitgeber oder Arbeitgeberverband mit seiner Kündigung die betroffenen Arbeitnehmer weitgehend schutzlos stellen. § 3 Abs. 3 TVG belegt, dass der Gesetzgeber ein solches Ergebnis vermeiden wollte. Auch beim Wegfall der Tariffähigkeit kann die Beendigung eines von der tarifunfähig gewordenen Partei abgeschlossenen Tarifvertrages nur im Wege einer ordentlichen Kündigung durch die Gegenpartei herbeigeführt werden, es sei denn, es liegt ein befristeter und damit automatisch auslaufender Tarifvertrag vor. Bei der Liquidation eines einzelnen Unternehmens wird darüber hinaus ein von diesem geschlossener Firmentarifvertrag mit der Beendigung des letzten Arbeitsverhältnisses gegenstandslos.[391]

---

386 Vgl. *Herschel*, ZfA 1973, 192.

387 So etwa Wiedemann/*Oetker*, § 2 Rn. 35.

388 Zutreffend *Buchner*, RdA 1997, 264; siehe auch *Wiedemann*, Anm. zu BAG 15.10.1986, AP Nr. 4 zu § 3 TVG.

389 Anderer Ansicht für den Einzelfall Wiedemann/*Oetker*, § 2 Rn. 35; enger *Buchner*, RdA 1997, 264 (regelmäßig zu verneinen).

390 BAG 11.11.1970, AP Nr. 28 zu § 2 TVG; anderer Ansicht *Buchner*, RdA 1997, 262; *Wiedemann*, Anm. zu BAG 15.10.1986, AP Nr. 4 zu § 3 TVG.

391 Vgl. *Kunze*, RdA 1976, 33; anderer Ansicht *Buchner*, RdA 1997, 264.

## II. Wegfall der Tariffähigkeit des Arbeitgebers

Weder Verbandsaustritt oder Verbandswechsel eines Arbeitgebers, noch das Herausfallen eines Arbeitgebers aus dem Geltungsbereich eines Tarifvertrages, noch die Veräußerung eines Unternehmens oder die sonstige Übertragung eines Unternehmens auf einen anderen Inhaber führen zu einem Verlust der Tariffähigkeit. Jedoch entstehen bei diesen Sachverhalten – ähnlich wie bei einem Wegfall der Tariffähigkeit – Probleme der Fortgeltung von Tarifverträgen (dazu § 3 Rn. 37 ff.); unter Umständen kann zusätzlich eine Konkurrenz unterschiedlicher Tarifverträge auftreten (dazu § 4 Rn. 150 ff.). **145**

Zum **Wegfall der Tariffähigkeit** eines einzelnen Arbeitgebers kann es kommen, wenn ein Unternehmen seine **Tätigkeit einstellt und liquidiert** wird. Bei der Liquidation wird ein von diesem geschlossener Firmentarifvertrag, sofern er nicht vorher endet, erst mit der Beendigung des letzten Arbeitsverhältnisses gegenstandslos.[392] Entsprechendes gilt im Falle der **Insolvenz**; ein Firmentarifvertrag wird durch die Eröffnung der Insolvenz nicht in seinem Bestand berührt.[393] Geht ein Unternehmen im Wege der **Gesamtrechtsnachfolge** über, etwa kraft Erbfolge oder bei einer Verschmelzung, so tritt der Nachfolger in die Rechtsposition des Vorgängers ein und wird zur Partei des Firmentarifvertrags (zur Konsequenz hinsichtlich eines Verbandstarifs siehe § 3 Rn. 41 ff.). **146**

## F. Sachliche Zuständigkeit für den Abschluss von Tarifverträgen (Tarifzuständigkeit)

### Literatur:

*Ankersen*, Neues AÜG seit 1.3.2003 bundesweit in Kraft, NZA 2003, 421; *Bauer/Haußmann*, Tarifwechsel durch Branchenwechsel, DB 2003, 610; *Berg/Platow/Schoof/Unterhinninghofen*, Tarifvertragsgesetz und Arbeitskampfrecht, 2005; *Blank*, Die Tarifzuständigkeit der DGB-Gewerkschaften, 1996; *ders.*, Tarifzuständigkeiten nach der Gründung von ver.di, FS 50 Jahre BAG, 2004, 597; *Däubler* (Hrsg.), Arbeitskampfrecht, 2. Aufl., 1987; *Dutti*, Die Überschneidung der Tarifzuständigkeit von Industriegewerkschaften, DB 1969, 218; *Feudner*, Tarifzuständigkeit der Gewerkschaften, BB 2004, 2297; *Hanau*, Verbands-, Tarif- und Gerichtspluralismus, NZA 2003, 128; *Heinze*, Tarifzuständigkeit von Gewerkschaften und Arbeitgebern/Arbeitgeberverbänden, DB 1997, 2122; *Jacobs*, Tarifeinheit und Tarifkonkurrenz, 1999; *Kempen*, Aktuelles zu Tarifpluralität und Tarifkonkurrenz, NZA 2003, 415; *Konzen*, Tarifbindung, Friedenspflicht und Kampfparität beim Verbandswechsel des Arbeitgebers, ZfA 1975, 401; *ders.*, Die Tarifzuständigkeit im Tarif- und Arbeitskampfrecht, FS Kraft, 1998, 291; *Kraft*, Abschied von der »Tarifzuständigkeit« als Wirksamkeitsvoraussetzung eines Tarifvertrages, FS Schnorr von Carolsfeld, 1972, 255; *Kutscher*, Die Tarifzuständigkeit, 1993; *Melms*, Tarifwechsel und ver.di, NZA 2002, 296; *Schmidt-Eriksen*, Tarifvertragliche Betriebsnormen, 1992; *van Venrooy*, Auf der Suche nach der Tarif-

392 Vgl. *Kunze*, RdA 1976, 33.

393 BAG 27.6.2000 (1 ABR 31/99), AP Nr. 56 zu § 2 TVG = EzA § 3 TVG Nr. 18; Belling/Hartmann, NZA 1998, 63, mit weiteren Nachweisen in Rn. 93, die jedoch unzutreffend aus dem Gedanken der Unzumutbarkeit die verfassungsrechtlich geschützte (vgl. § 4 Rn. 14) zwingende Wirkung entfallen lassen wollen.

zuständigkeit, ZfA 1983, 49; *Weyand*, Die tarifvertragliche Mitbestimmung unternehmerischer Personal- und Sachentscheidungen; *Wiedemann*, Zur Tarifzuständigkeit, RdA 1975, 78; *Zachert*, Rechtsfragen bei der Durchsetzung der Tarifzuständigkeit, AuR 1982, 181.

**Übersicht** Rn.



## I. Begriff und Bedeutung der Tarifzuständigkeit

**147** Das Tarifvertragsgesetz erwähnt die Tarifzuständigkeit nicht, lediglich im Arbeitsgerichtsgesetz (ArbGG) ist von ihr in § 2 Abs. 1 Nr. 4 insoweit die Rede, als bestimmt wird, dass Streitigkeiten über die Tariffähigkeit und die Tarifzuständigkeit einer Vereinigung im Beschlussverfahren zu klären sind. § 97 ArbGG enthält Konkretisierungen für dieses Verfahren, § 10 ArbGG benennt die beteiligten Personen und Stellen. Trotz des Fehlens einer materiellen gesetzlichen Regelung ist die Tarifzuständigkeit von fundamentaler Bedeutung für das Tarifrecht, denn nach ganz h. M. können **wirksame Tarifverträge nur von tarifzuständigen Vereinigungen erkämpft und vereinbart** werden. Eine fehlende Tarifzuständigkeit macht den entsprechenden Tarifvertrag nichtig.[394]

**148** Die Tarifzuständigkeit wird allgemein definiert als die Befugnis eines tariffähigen Verbandes, Tarifverträge mit einem **bestimmten räumlichen, betrieblich-fachlichen und persönlichen Geltungsbereich** abzuschließen[395] (zur Problematik der **OT-Mitgliedschaft** vgl. § 2 Rn. 116 ff.).

Einen sachlich beschränkten Geltungsbereich kann es demgegenüber nach allgemeiner und zutreffender Meinung nicht geben. Der sachliche Geltungsbereich umfasst immer den gesamten Bereich der Arbeits- und Wirtschaftsbedingungen, eine Ausgrenzung bestimmter Fragen (»**Tabu-Katalog**«) und damit eine »Teil-Tarifzuständigkeit« widerspräche Art. 9 Abs. 3 GG.[396]

---

394 BAG 29.6.2004 (1 ABR 14/03), AP Nr. 10 zu § 97 ArbGG, NZA 2004, 1236; BAG 24.7.1990 (1 ABR 46/89), AP Nr. 7 zu § 2 TVG Tarifzuständigkeit; *Däubler/Peter*, § 2 Rn. 172; ErfK/*Schaub*, § 2 Rn. 43; Wiedemann/*Oetker*, § 2 Rn. 45; a. A. *Konzen*, FS Kraft, 299 ff.; *Kraft*, FS Schnorr von Carolsfeld, 255 und *van Venrooy*, ZfA 1983, 49. Differenzierend nach offensichtlicher und nicht offensichtlicher Unzuständigkeit: *Blank*, Die Tarifzuständigkeit, 90 ff.

395 Ständige Rechtsprechung vgl. BAG 22.2.1957 und 11.6.1975, AP Nr. 2 und 29 zu § 2 TVG; BAG 27.11.1964 und 17.2.1970, AP Nr. 1 und 2, 3 zu § 2 TVG Tarifzuständigkeit; BAG 27.7.1956, AP Nr. 3 zu § 4 TVG Geltungsbereich; aus der Literatur zuletzt *Däubler/Peter*, § 2 Rn. 164.

396 H.M. vgl. Wiedemann/*Oetker* § 2 Rn. 66, mit zahlreichen Nachweisen.

Maßgeblich für die Bestimmung der Tarifzuständigkeit ist die **Satzung**: da kein Koalitionstypenzwang besteht, obliegt die Ausgestaltung des Geschäftsbereiches dem einzelnen Berufsverband. Jeder abgeschlossene Tarifvertrag muss außerdem seinen Geltungsbereich auf der Grundlage der satzungsgemäßen Zuständigkeit der Tarifvertragsparteien bestimmen, damit klar wird, für welche Arbeitnehmer er unmittelbare und zwingende Wirkung entfaltet. Die freie Entscheidung der Verbände über ihren Geschäftsbereich in der Satzung schließt das Recht ein, diese Satzung zu ändern.[397] 149

Weicht die Tarifzuständigkeit der Gewerkschaft von der des Arbeitgeberverbandes ab, so können Verbandstarifverträge nur insoweit wirksam abgeschlossen werden, wie sich die Tarifzuständigkeiten decken.[398] Beim Haustarifvertrag stellt sich das Problem der Tarifzuständigkeit auf der Arbeitgeberseite nicht, weil der jeweilige Einzelarbeitgeber für alle seine Betriebe tarifzuständig ist.[399]

Im Ergebnis ist der herrschenden Auffassung zu folgen, die die **Tarifzuständigkeit als Wirksamkeitsvoraussetzung eines Tarifvertrages** sieht. Dies lässt sich jedoch weder mit dem Industrieverbandsprinzip und damit zusammenhängenden Überlegungen zur Tarifeinheit, noch mit der heutigen Berücksichtigung der Tarifzuständigkeit durch den Gesetzgeber in §§ 2a Ziff. 4, 10, 97 ArbGG begründen.[400] Ausweislich der Gesetzesmaterialien sollte mit den Verfahrensregeln im ArbGG keine materiell-rechtliche Festschreibung erfolgen.[401] Das erst nach dem 2. Weltkrieg tatsächlich weitgehend wirksam gewordene Industrieverbandssystem ist gesetzlich nicht verbindlich. Es gelten dieselben Regeln wie beim Prinzip der Einheitsgewerkschaft, das ebenfalls keine rechtliche Bindungswirkung entfaltet. Hinter diesen Prinzipien steht das gesellschaftspolitische und rechtspraktische Bemühen um möglichst einheitliche Regelungen in jedem Betrieb, kein Rechtsgrundsatz.[402] Tatsächlich lässt sich die **Tarifzuständigkeit (nur) aus der Tarifautonomie selbst begründen**.[403] Die Tarifautonomie garantiert den Mitgliedern der Verbände die Schaffung von Tarifnormen auf der Grundlage freier und in einem demokratischen Verfahren zustande gekommener Entscheidungen (vgl. § 2 Rn. 33), die in der Satzung manifestiert werden. **Mangels demokratischer Legitimation ist ein Tätigwerden über diesen Bereich hinaus unzulässig**. Die Unwirksamkeit eines außerhalb des satzungsgemäßen Zuständigkeitsbereichs abgeschlossenen Tarifvertrages beruht somit darauf, dass die verfassungsrechtliche (Art. 9 Abs. 3 GG) Legitimation für die Schaffung von Normen nicht gegeben ist. Andernfalls könnte die Koalitionssatzung durch satzungskompetenzüberschreitende Tarifpolitik faktisch und von den Mitgliedern nicht kontrollierbar ausgeweitet werden.[404] 150

Man kann auch nicht in Anlehnung an § 177 Abs. 1 BGB von einer **schwebenden Unwirksamkeit** eines in Überschreitung der satzungsgemäßen Befugnis vom Vorstand einer Gewerkschaft abgeschlossenen Tarifvertrages bis zu einer möglichen Genehmigung durch die Koalitionsmitglieder sprechen.[405] Die Regeln des 151

397 BAG 12.12.1995 (1 ABR 27/95), AP Nr. 8 zu § 2 TVG Tarifzuständigkeit.
398 BAG 19.11.1985, AP Nr. 4 zu § 2 TVG Tarifzuständigkeit; ErfK/*Schaub*, § 2 Rn. 39.
399 ErfK/*Schaub*, § 2 Rn. 42.
400 Zu weiteren Ansätzen vgl. *Stein*, Rn. 67.
401 BT-Drucks. 8/1567, 27, sowie ausführlich *Blank*, Die Tarifzuständigkeit, 43 f.
402 Vgl. Wiedemann/*Oetker*, § 2 Rn. 54, mit weiteren Nachweisen.
403 Ebenso *Kutscher*, Die Tarifzuständigkeit, 13 f.
404 Ebenso BAG 24.7.1990, AP Nr. 7 zu § 2 TVG Tarifzuständigkeit.
405 So *Kraft*, 261 f.

BGB über den Abschluss eines Vertrages durch einen vollmachtlosen Vertreter lassen sich wegen der ganz anderen Qualität des Tarifrechts und wegen der deshalb notwendigen demokratischen Legitimation dieser Rechtsetzung insoweit nicht auf den Abschluss von Tarifverträgen übertragen, als es um tarifliche Normativbestimmungen geht.[406]

**152** Entsprechendes gilt auch für die Überlegungen in der Literatur, die Grundsätze des **Vereinsgewohnheitsrechts** heranzuziehen und auf dieser Basis jedenfalls bei einer lang andauernden und von gemeinsamen Rechtsüberzeugung getragenen Übung von einer faktischen Satzungserweiterung auszugehen.[407]

**153** Etwas Anderes kann jedoch für die schuldrechtlichen Bestimmungen eines Tarifvertrages gelten.

## II. Die Festlegung der Tarifzuständigkeit durch die Satzung

### 1. Die autonome Festlegung der Tarifzuständigkeit

**154** Die Entscheidung darüber, in welchem räumlichen, betrieblich-fachlichen und persönlichen Bereich eine Gewerkschaft als Tarifvertragspartei tätig werden kann und will, liegt – wie dargelegt – ausschließlich bei dem jeweiligen Verband. **Art. 9 Abs. 3 GG garantiert eine autonome Entscheidung.**[408]
So kann eine Gewerkschaft sich z.B. für ein Tätigwerden nur für Unternehmen aus bestimmten Wirtschaftsbereichen, für Unternehmen verschiedener Wirtschaftsbereiche, für den Ein- oder Ausschluss branchenfremder Nebenbetriebe in ihrem Organisationsbereich, für den Ein- oder Ausschluss fachgleicher Nebenbetriebe in anderen Organisationsbereichen, für die Organisation nur bestimmter Arbeitnehmer in bestimmten oder allen Wirtschaftsbereichen oder insgesamt für eine nicht an Unternehmen, sondern an Betrieben orientierte Struktur entscheiden.

**155** **Die Praxis der DGB-Gewerkschaften geht dahin, Tarifverträge für alle Arbeitnehmer eines bestimmten Wirtschaftsbereiches unter Einschluss auch dort tätiger branchenfremder Arbeitnehmer abzuschließen.** Es besteht keine koalitions- oder tarifrechtliche Verpflichtung einer Gewerkschaft, ihren eigenen Zuständigkeitsbereich nicht auf Branchen, Gebiete oder bestimmte Arbeitnehmer zu erstrecken, die bereits von anderen Gewerkschaften erfasst werden.[409] Ebenso wenig sind Gewerkschaften verpflichtet, eine lückenlose und jede Zuständigkeitsüberschneidung ausschließende Kompetenzabgrenzung vorzunehmen. Beides wäre mit dem Koalitionspluralismus des Art. 9 Abs. 3 GG unvereinbar. Bei der in der **DGB-Satzung** vorgesehenen **Abgrenzung der Zuständigkeitsbereiche** handelt es sich um eine **freiwillig begründete Verpflichtung der im DGB zusammengeschlossenen Gewerkschaften.**

**156** Die Geltung von **Tarifverträgen einer Konkurrenzgewerkschaft** hat keine Rechtsfolgen für die Tarifzuständigkeit. Das gilt auch im Falle von betrieb-

---

406 Ähnlich auch *Konzen*, ZfA 1975, 416.

407 So etwa *BPSU*, § 2 Rn. 73; *Däubler/Peter*, § 2 Rn. 172; *Löwisch/Rieble*, § 2 Rn. 94.

408 Vgl. insbesondere BAG 27.11.1964, AP Nr. 1 zu § 2 TVG Tarifzuständigkeit, 3f.: »... würde es einen unzulässigen, mit Art. 9 GG nicht zu vereinbarenden Eingriff in die Entschließungsfreiheit und Selbstbestimmungsbefugnis der Gewerkschaft darstellen, wollte man ihr versagen, ihren Zuständigkeitsbereich selbst zu bestimmen«, sowie BAG 19.11.1985, AP Nr. 4 zu § 2 TVG Tarifzuständigkeit. Vgl. im Übrigen *Gamillscheg*, Kollektives Arbeitsrecht I, § 14 II 2, 531 ff.

409 Ebenso BAG 27.11.1964 und 19.11.1985, AP Nr. 1 und 4 zu § 2 TVG Tarifzuständigkeit; *Kraft*, 269.

lichen und betriebsverfassungsrechtlichen Normen eines Tarifvertrags im Sinne von § 3 Abs. 2 TVG. Entstehende Probleme sind nach den Grundsätzen der Tarifpluralität bzw. der Tarifkonkurrenz zu lösen (im Einzelnen dazu § 4 Rn. 150 ff.).[410]

Nach der Rechtsprechung richtet sich die Zuständigkeit einer Gewerkschaft bei einem **Firmentarifvertrag** immer nach dem **überwiegenden Unternehmensgegenstand.**[411] In der Literatur ist darauf hingewiesen worden, dass diese Sicht im Einzelfall zu problematischen Ergebnissen führen könne. Wenn ein Unternehmen Betriebe in unterschiedlichen Branchen habe, sei es sachgerechter, auf den Zweck und Gegenstand des einzelnen Betriebes abzustellen.[412] Ob man dem ohne Grundlage in der Satzung folgen kann, ist fraglich. 157

Wenn die **Gewerkschaft** aber **betriebsbezogen organisiert** ist, ist es unstreitig möglich, für die Betriebe Vereinbarungen abzuschließen, die in ihren Bereich fallen, auch wenn das Unternehmen insgesamt branchenfremd ist.[413]

Bei einem **Mischbetrieb** kommt es für dessen fachliche Zuordnung im Tarifrecht darauf an, auf welche Geschäftstätigkeit die **überwiegende Arbeitszeit der Arbeitnehmer** entfällt.[414] Wirtschaftliche Gesichtspunkte können lediglich ergänzend mit herangezogen werden.[415]

## 2. Die Auslegung der Satzung

Soweit sich aufgrund der Satzungsbestimmungen eine abschließende und lückenlose Regelung der Tarifzuständigkeit nicht ohne weiteres ergibt, ist diese Frage zunächst im Wege der Auslegung der einzelnen Satzungsbestimmungen zu klären. 158

Nach der Rechtsprechung ist bei der **Auslegung der Satzung** ihr normähnlicher Charakter zu berücksichtigen: Da eine Satzung für Rechtsbeziehungen zu künftigen Mitgliedern und auch zu Dritten maßgeblich ist, muss sie aus sich heraus und einheitlich ausgelegt werden. Es kommt also nicht entscheidend auf den wirklichen Willen des Satzungsgebers im Sinne von §§ 133, 157 BGB an, sondern – wie beim Tarifvertrag – auf den objektivierten Willen. Zu berücksichtigen ist bei der Auslegung damit, **was sich aus Wortlaut, Sinn und Zweck, Entstehungszeit sowie aus dem Zusammenhang der einzelnen Regelungen ergibt.** Zu berücksichtigen sind auch die **Anschauungen der beteiligten Berufskreise**[416] und die **tatsächliche Handhabung der Satzung.**[417] Diese Rechtsprechung hat Kritik erfahren. Problematisch sei, dass auf diese Weise Satzungsergänzungen ohne Legitimation möglich seien und vor allem, dass die Arbeitgeberseite ein zu hohes Unsicherheitsrisiko trage.[418] Dem kann nicht gefolgt werden. Die dar-

---

410 Siehe auch *Dutti*, DB 1969, 220 und *van Venrooy*, ZfA 1983, 67 ff., der bei seinen Überlegungen aber fälschlich davon ausgeht, mit dem Kriterium Tarifzuständigkeit im Sinne der h.M. solle jede Tarifkonkurrenz und -pluralität in einem Betrieb verhindert werden.

411 BAG 22.11.1988 (Az. 1 ABR 6/87), AP Nr. 5 zu § 2 TVG Tarifzuständigkeit.

412 *Däubler/Peter*, § 2 Rn. 168; *BPSU*, § 2 Rn. 71.

413 BAG 25.9.1996 (1 ABR 4/96), AP Nr. 10 zu § 2 TVG Tarifzuständigkeit.

414 Ständige Rechtsprechung zuletzt BAG 19.2.2003 (4 AZR 118/02), AP Nr. 17 zu § 2 Tarifzuständigkeit.

415 BAG 25.11.1987 ( 4 AZR 361/87), AP Nr. 18 zu § 1 TVG Tarifverträge: Einzelhandel.

416 BAG 29.6.2004 (1 ABR 14/03), NZA 2004, 1236, 1238; BAG 12.12.1995 (1 ABR 27/95), AP Nr. 8 zu § 2 TVG Tarifzuständigkeit.

417 BAG 14.12.1999 ( 1 ABR 74/98), AP Nr. 14 zu § 2 TVG Tarifzuständigkeit.

418 *Feudner*, BB 2004, 2297, 2299 ff.

gelegten Grundsätze der Rechtsprechung mit ihrer Orientierung am objektivierten Willen sind im Gegenteil geeignet, Rechtsklarheit für alle Beteiligten zu schaffen.[419]

### 3. Das Schiedsverfahren der DGB-Gewerkschaften

159 Für Streitigkeiten zwischen DGB-Gewerkschaften um die Tarifzuständigkeit gibt es eine verbandsinterne Schiedsverfahren in der Satzung (§§ 15, 16).[420] Nach der ständigen Rechtsprechung des BAG werden die Gewerkschaftssatzungen durch einen Schiedsspruch, der im Verfahren nach den §§ 15, 16 der Satzung des DGB ergeht, **authentisch interpretiert** oder **ergänzt.**[421] Streiten mehrere Gewerkschaften aus dem DGB um die Zuständigkeit für denselben Betrieb und verlangen sie eine Entscheidung des DGB nach § 16 der DGB-Satzung, so hat der **Schiedsspruch verbindliche Wirkung nicht nur für die streitenden Gewerkschaften, sondern auch für die Arbeitgeberseite.**[422] Einer **Einigung** der beteiligten Gewerkschaften über die Tarifzuständigkeit in einem Vermittlungsverfahren nach § 16 der DGB-Satzung kommt die **gleiche Bindungswirkung** zu wie einem Schiedsspruch.[423] Solange das Schiedsverfahren nicht stattgefunden hat, bleibt es bei der Tarifzuständigkeit der Gewerkschaft, die vor der Entstehung der Konkurrenzsituation als zuständig angesehen worden ist.[424]

160 Diese Rechtsprechung ist auf Kritik gestoßen, zum einen, weil den Schiedsverfahren Dritt- bzw. Außenwirkung zukomme, zum anderen, weil die Legitimation des Schiedsverfahrens fehle.[425] Die Kritik überzeugt nicht, sie ist überzogen. In der Entscheidung des BAG vom 19. November 1985 heißt es wörtlich, dass damit den »Satzungsbestimmungen des DGB hinsichtlich des Organisationsbereiches der Mitgliedsgewerkschaften **nicht schlechthin eine Außenwirkung zuerkannt**« werde, sondern mit einem Schiedsspruch nach der DGB-Satzung lediglich **»verbindlich festgelegt sei, in welchen Zuständigkeitsbereich ein bestimmtes Unternehmen falle«**.[426] Die Zuständigkeit der nach dem Schiedsspruch für zuständig erklärten Gewerkschaft müsse sich gleichwohl aus deren Satzung ergeben, die durch den Schiedsspruch lediglich dahin näher bestimmt werde, dass diese nicht mit der Zuständigkeit einer anderen DGB-Gewerkschaft konkurriere. Dass ein DGB-Schiedsspruch nicht ohne entsprechende Grundlage in der jeweiligen Gewerkschaftssatzung die Tarifzuständigkeit zuerkennen kann, ist damit ausdrücklich betont. Die Legitimation des Schiedsgerichtsverfahrens folgt aus der Tatsache, dass die DGB-Gewerkschaften alle Teil des Dachverbandes sind; der Dachverband ist somit nichts Fremdes, eine Fremdbestimmung besteht nicht.[427]

---

419 Ebenso Wiedemann/*Oetker*, § 2 Rn. 73.

420 Zu Besetzung und Bedeutung der Schiedsstelle vgl. genauer *Hanau*, NZA 2003, 130.

421 BAG 22.11.1988 (1 ABR 6/87), AP Nr. 5 zu § 2 TVG Tarifzuständigkeit.

422 BAG 25.9.1996 (1 ABR 4/96), AP Nr. 10 zu § 2 TVG Tarifzuständigkeit; ein Beschluss des Schiedsgerichtes des DGB vom 4.4.2002 ist in AP unter Nr. 16 zu § 2 TVG Tarifzuständigkeit abgedruckt; zur Arbeitsweise des Schiedsgerichts vgl. auch *Blank*, Die Tarifzuständigkeit, 121 ff.; *ders.*, FS 50 Jahre BAG, 604 ff.; *Hanau*, NZA 2003, 130 f.

423 BAG 14.12.1999 (1 ABR 74/98), AP Nr. 14 zu § 2 TVG Tarifzuständigkeit.

424 BAG 12.11.1996 (1 ABR 33/96), AP Nr. 11 zu § 2 TVG Tarifzuständigkeit.

425 *Löwisch/Rieble*, § 2 Rn. 98 ff.; *Feudner*, BB 2004, 2301 ff.

426 BAG 19.11.1985, AP Nr. 4 zu § 2 TVG Tarifzuständigkeit (mit Anm. von *Reuter*).

427 ErfK/*Schaub*, § 2 Rn. 41; *Blank*, FS 50 Jahre BAG, 597 ff.

Deshalb hat das BVerfG zu Recht eine Verfassungsbeschwerde gegen diese Rechtsprechung nicht zur Entscheidung angenommen.[428] Schließlich ist darauf hinzuweisen, dass die Kriterien zur Abgrenzung in den **Richtlinien zur Satzung**[429] recht umfassend sind. Es wird zwischen fixen, variablen und ausgeschlossenen Kriterien unterschieden, es besteht also kein Spielraum für satzungsabweichende Entscheidungen.

Die Rechtsprechung zum Schiedsverfahren hat die praktisch wichtige Konsequenz, dass ein Arbeitgeber vor Gericht unterliegen würde, wenn er nach einem solchen Schiedsspruch ein arbeitsgerichtliches Beschlussverfahren gemäß §§ 2a Abs. 1 Ziff. 4, 97 ArbGG mit dem Antrag auf Feststellung einleitet, eine andere DGB-Gewerkschaft sei tarifzuständig. Die Tarifautonomie, die auch die Festlegung der Tarifzuständigkeit umfasst, bewirkt in diesen Fällen, dass das **vom Staat zur Verfügung gestellte arbeitsgerichtliche Beschlussverfahren** (im Einzelnen dazu § 2 Rn. 178ff.) nur noch dann notwendig und möglich ist, **wenn eine verbindliche innergewerkschaftliche Zuständigkeitsabgrenzung unterbleibt**. In den anderen Fällen fehlt es am Rechtsschutzinteresse.[430] **161**

## 4. Gewerkschaftsfusionen und Tarifgemeinschaften

Aufgrund der erheblichen Strukturänderungen in der Wirtschaft, aber auch im Interesse einer Stärkung ihrer Durchsetzungskraft haben sich in der letzten Zeit bedeutende **Fusionen** von Gewerkschaften innerhalb des DGB ergeben. So hat sich 1997 die Gewerkschaft IG Chemie-Papier-Keramik mit der IG Bergbau und mit der Gewerkschaft Leder zur IG BCE (Bergbau, Chemie und Energie) verbunden, 1998 hat die IG Metall die Gewerkschaft Textil-Bekleidung und 2000 die Gewerkschaft Holz und Kunststoff integriert und 2001 sind die Gewerkschaften DAG, ÖTV, HBV, IG Medien und die Deutsche Postgewerkschaft zur Vereinten Dienstleistungsgewerkschaft ver.di fusioniert. **Langfristig** dürfte diese Konzentrationstendenz zu einer **Verminderung der Konflikte** um die Tarifzuständigkeit innerhalb des DGB führen. Derzeit ist jedoch eher ein **übergangsbedingtes Anwachsen von Zuständigkeitsstreitigkeiten** zwischen den DGB-Gewerkschaften zu verzeichnen, insbesondere in den bisher nicht erfassten Bereichen der Informations- und Kommunikationsbranche.[431] **162**

Eine wichtige Rolle zur Minimierung dieser Probleme können **Tarifgemeinschaften** spielen. Die vereinbarte Zusammenarbeit verschiedener Gewerkschaften ist aus dem öffentlichen Dienst seit langem bekannt und von der Rechtsprechung akzeptiert.[432] Es spricht viel dafür, dass diese Instrumente zukünftig auch in anderen Bereichen genutzt werden.[433] **163**

---

428 BVerfG 26.2.1999 (1 BvR 522/97), AuR 1999, 395.

429 Ausführlich dazu *Blank*, Die Tarifzuständigkeit, 125ff.; vgl. auch *Löwisch/Rieble*, § 2 Rn. 95ff. und *Hanau*, NZA 2003, 130.

430 ErfK/*Eisemann*, § 97 ArbGG Rn. 3.

431 *Blank*, FS 50 Jahre BAG, 597ff.; *Bauer/Haußmann*, DB 2003, 611f.; *Kempen*, NZA 2003, 415; *Melms*, NZA 2002, 296; *Feudner*, BB 2004, 2297; zum Fall IBM jetzt LAG Frankfurt am Main 11.3.2004 (9 TaBV 174/03), Juris Nr. KARE 600010774 – nicht rechtskräftig.

432 BAG 16.12.1976, AP Nr. 3 zu § 611 BGB Ausbildungsverhältnis; *Löwisch/Rieble*, § 2 Rn. 165ff.; einen anderen – ungewöhnlichen – Begriff der Tarifgemeinschaft verwendet Wiedemann/*Oetker*, § 2 Rn. 64.

433 Ausführlich dazu *Blank*, FS 50 Jahre BAG, 608ff.; siehe auch ErfK/*Schaub*, § 2 Rn. 41; *Ankersen*, NZA 2003, 424; *Hanau*, NZA 2003, 131.

### III. Streik und Tarifzuständigkeit

164 Da es im deutschen Recht keinen Verhandlungsanspruch gibt, ist der Streik für die Gewerkschaften bisweilen das einzige Mittel, um mit dem Tarifpartner »ins Gespräch zu kommen«.[434] Die Gewerkschaften sind rechtlich nicht gezwungen, vor einem Streik ein Schiedsverfahren nach der DGB-Satzung oder ein Beschlussverfahren nach §§ 2a Abs. 1 Ziff. 4, 97 ArbGG durchzuführen.

165 Sollte sich im Falle eines Streiks später jedoch die Unzuständigkeit der streikführenden Gewerkschaft herausstellen, ist der Streik nach herrschender Auffassung rechtswidrig. Auch wenn hier die Rechtsprechung zu berücksichtigen ist, nach der Gewerkschaften bei Zweifelsfragen eine Vermutung des rechtmäßigen Handelns zustehen muss, um die Tarifpolitik nicht unangemessen zu behindern[435], geht eine Gewerkschaft mit der Eröffnung eines Arbeitskampfes ohne Durchführung des Schlichtungsverfahrens ein nicht unerhebliches Risiko ein.[436]

### IV. Rechtsfolgen fehlender oder entfallener Tarifzuständigkeit

166 Auch wenn nach alledem ein von einer **nicht zuständigen Koalition abgeschlossener Tarifvertrag** unwirksam ist, stellt sich die Frage nach den Konsequenzen für die Betroffenen jedenfalls dann, wenn der Tarifvertrag bereits angewandt worden ist. Ähnlich problematisch ist die Situation, wenn während der Anwendungsphase eines Tarifvertrages die Tarifzuständigkeit einer der Tarifvertragsparteien entfällt, z.B. aufgrund einer Satzungsänderung. Hier ist zu fragen, ob dadurch auch der bereits bestehende Tarifvertrag mit dem Zeitpunkt der Zuständigkeitsänderung »automatisch« unwirksam wird.

167 Das Tarifvertragsgesetz regelt diese Fragen nicht. Jedoch lässt der Gesetzgeber sowohl in § 3 Abs. 3 TVG als auch in § 4 Abs. 5 TVG erkennen, dass bei wesentlichen Änderungen der tarifrechtlichen Situation, sei es durch Beendigung der Tarifgebundenheit, sei es durch den Ablauf des Tarifvertrages die tarifvertragliche Schutzwirkung nicht sofort und nicht vollständig entfallen soll (näher hierzu § 3 Rn. 37ff. und § 4 Rn. 541ff.). Auch wenn man einen direkten Rückgriff auf diese Vorschriften ablehnt[437], ist wegen der gesetzesähnlichen Wirkung tarifvertraglicher Bestimmungen (§ 4 Abs. 1 TVG) jedenfalls **ein gewisser (Vertrauens-)Schutz geboten.**[438]

#### 1. Das Fehlen der Tarifzuständigkeit

168 Wird die Unwirksamkeit eines Tarifvertrages wegen fehlender Tarifzuständigkeit von Anfang an behauptet und später bestätigt und kommt es erst gar nicht zur Anwendung eines dennoch abgeschlossenen Tarifvertrages, können **Rechte aus diesem nicht geltend gemacht werden**. In diesem Fall ist eine Heranziehung der Rechtsgedanken einer fortdauernden tarifvertraglichen Regelung solcher Arbeits- und Wirtschaftsbedingungen, die in einem Tarifvertrag geregelt worden

434 *Hanau*, NZA 2003, 129.
435 BAG 21.3.1978, AP Nr. 62 zu Art. 9 GG Arbeitskampf; für die Rechtmäßigkeit des Streiks im Falle des Irrtums ErfK/*Schaub*, § 2 Rn. 43.
436 Vgl. dazu mit Nachweisen *Zachert*, AuR 1982, 183ff.
437 Vgl. BAG 14.6.1994, AP Nr. 2 zu § 3 TVG Verbandsaustritt.
438 Im Ansatz ebenso *Däubler/Peter*, § 2 Rn. 174.

sind, nicht geboten. Auch der Vertrauensschutzgedanke greift hier nicht.[439] Die betroffenen Arbeitnehmer sind von dem Tarifvertrag tatsächlich noch gar nicht begünstigt worden. Eine Abwägung zwischen ihrem Interesse an einer Geltung des Tarifvertrages und der Notwendigkeit einer Anerkennung nur solchen Tarifrechts, das satzungsgemäß zustande gekommen ist, lässt es gerechtfertigt erscheinen, letzterem den Vorzug zu geben.

Diese Lösung überzeugt aber **nicht, wenn die Bestimmungen des Tarifvertrages schon angewandt worden sind und die betroffenen Arbeitnehmer auf ihren Bestand vertrauen (können).** In der Literatur wird in diesem Fall zum einen die analoge Anwendung von § 4 Abs. 5 TVG befürwortet[440], zum anderen wird die Nichtigkeitsfolge in diesem Falle abgelehnt.[441] Beiden Ansätzen kann im Ergebnis nicht gefolgt werden: Die analoge Anwendung von § 4 Abs. 5 TVG kommt nur in Betracht, wenn der Tarifvertrag irgendwann einmal gültig war. Der Regelungszweck erfasst nicht die Situation der Nichtigkeit von Anfang an. Wenn davon auszugehen ist, dass nicht einmal eine nachträgliche Satzungsänderung den nichtigen Tarifvertrag »heilen« kann[442], kann ein Inkraftsetzen ebenfalls keine Heilungswirkung entfalten.[443] Im Ergebnis überzeugt aber auch die Ansicht nicht, die eine Nichtigkeit in einem solchen Fall ganz ablehnt. Es ist nicht akzeptabel, nach Feststellung der Unwirksamkeit wegen fehlender Tarifzuständigkeit gleichwohl eine Geltung des Tarifvertrages (mit Kündigungsoption) anzunehmen. Dagegen spricht die oben dargelegte Legimationsnotwendigkeit der Normativbestimmungen im Tarifvertrag. Im Hinblick auf den Vertrauensschutz, die Besonderheiten des Arbeitsrechts und auf die Schwierigkeiten einer Rückabwicklung wird man aber davon auszugehen haben, dass in einem solchen Fall eine **Nichtigkeit nicht ex tunc sondern nur ex nunc**[444] wirken kann. 169

Die Interessen der Arbeitnehmer an geregelten Arbeitsbedingungen lassen sich in diesen Fällen **durch Umdeutung nach § 140 BGB** wahren.[445] Entweder ergibt die Umdeutung dann – speziell beim nichtigen Firmentarifvertrag – einen gleichlautenden schuldrechtlichen Vertrag mit der Gewerkschaft zugunsten ihrer Mitglieder auf entsprechende Gestaltung der Arbeitsverträge oder – beim nichtigen Verbandstarifvertrag – eine entsprechende Betriebsübung zugunsten der betroffenen Arbeitnehmer. 170

War der Arbeitgeber einem unzuständigen Arbeitgeberverband beigetreten und hatte er dessen Tarife in seinem Unternehmen angewendet, so ist diese fehlerhafte Tarifpraxis **nach § 140 BGB** in entsprechende arbeitsvertragliche Bezugnahmen auf eben jene Tarife umzudeuten.[446] 171

---

439 Vgl. auch die für eine rückwirkende Tarifänderung entwickelten Grundsätze in BAG 23.11.1994, AP Nr. 12 zu § 1 TVG Rückwirkung.
440 *Däubler/Peter*, § 2 Rn. 174.
441 Wiedemann/*Oetker*, § 2 Rn. 50.
442 BAG 24.7.1990, AP Nr. 7 zu § 2 TVG Tarifzuständigkeit; *Däubler/Peter*, § 2 Rn. 172; Wiedemann/*Oetker*, § 2 Rn. 42.
443 A. A. *Däubler/Peter*, § 2 Rn. 183.
444 Ähnlich *Blank*, Die Tarifzuständigkeit, 150f.
445 So mit Betonung des Einzelfalles wohl auch Wiedemann/*Oetker*, § 2 Rn. 80.
446 Ebenso *Däubler/Peter*, § 2 Rn. 174.

## 2. Der Wegfall der Tarifzuständigkeit

172 In der Praxis kann es zu einem Wegfall der Tarifzuständigkeit – auch wenn dies selten der Fall sein wird – dadurch kommen, dass eine Gewerkschaft oder eine Arbeitgebervereinigung ihre **Satzung nachträglich ändert** (z.B. Aufgabe der bisherigen Zuständigkeit für einen bestimmten Wirtschaftsbereich bei gleichzeitiger Übernahme der Zuständigkeit durch eine andere Koalition). Demgegenüber handelt es sich bei den Fällen der **Produktionsumstellung** (z.B. Umstellung von Metall- auf Kunststoffverarbeitung) oft um ein Problem des Geltungsbereiches von Tarifverträgen (dazu § 4 Rn. 98ff.). Bisweilen kann hier aber auch die Tarifzuständigkeit in Frage stehen.

173 Der Gesetzgeber hat die Folgen eines Wegfalls der Tarifzuständigkeit ebenso wenig wie die anfängliche Tarifunzuständigkeit geregelt. Die verfassungsrechtliche Legitimation zur Schaffung von Tarifnormen war in den Fällen des Wegfalls der Tarifzuständigkeit zunächst gegeben, die **Tarifverträge sind also legitimiert**. Deshalb ist hier eine andere Beurteilung geboten, als beim anfänglichen Fehlen der Tarifzuständigkeit.

Ändert eine **Gewerkschaft ihre satzungsgemäße Zuständigkeit**, ist zunächst eine gleichzeitige Regelung der Folgen für bestehende Tarifverträge durch die Koalition nahe liegend. So kann z.B. beschlossen werden, dass Tarifverträge, für die nach der Satzungsänderung keine Zuständigkeit mehr besteht, bis zu einer Neuregelung durch andere Tarifverträge von der Änderung nicht berührt werden (**Übergangszuständigkeit**). Geschieht dies, wird die Fortgeltung bestehender Tarifverträge trotz im Übrigen geänderter Tarifzuständigkeit in keiner Weise berührt, weil die Mitglieder über die Zuständigkeit und damit auch über eine solche Regelung autonom entscheiden können.[447]

174 Welche Rechtsfolgen beim Wegfall der Tarifzuständigkeit eintreten, wenn eine derartige Übergangszuständigkeit nicht beschlossen wird, ist bisher nicht höchstrichterlich entschieden. Das BAG hat lediglich entschieden, dass das **Herausfallen aus dem bisherigen Geltungsbereich** eines Tarifvertrages **durch Produktionsumstellung**[448] zur Nachwirkung der Tarifverträge nach § 4 Abs. 5 TVG führt. § 3 Abs. 3 sei in solchen Fällen nicht anwendbar, weil diese Norm lediglich die fehlende Verbandsmitgliedschaft ersetzen solle, um Anreize zum Verbandsaustritt zu minimieren. Die Regelung könne aber nicht dazu genutzt werden, Bindungen zu schaffen, die auch beim Fortbestehen der Verbandsmitgliedschaft nicht (mehr) bestehen würden, weil der Tarifvertrag fachlich beschränkt sei. Dem ist zuzustimmen. Nicht überzeugend ist es demgegenüber, wenn das BAG die Anwendung von § 4 Abs. 5 generalisiert und auf alle **Fälle des Wegfalls der Tarifbindung ohne Verbandsaustritt** anwendet, auch auf den nachträglichen Verlust der Tariffähigkeit durch Verbandsauflösung.[449] Diese Grundsätze sind allerdings nicht ohne Widerspruch in der Literatur geblieben. Insbesondere ist eingewendet worden, dass man nach den Gründen für den Verlust der Tarifbindung differenzieren sollte: so sollte für die gewollte Tarifunfähigkeit oder -unzuständigkeit die Nachbindung nach § 3 Abs. 3 TVG anzunehmen sein.[450]

---

447 Zu eng insoweit *Löwisch/Rieble*, § 2 Rn. 85, die Satzungsregeln dieser Art weitgehend für zu unbestimmt halten.

448 BAG 10.12.1997 (4 AZR 193/97), AP Nr. 21 zu § 3 TVG.

449 BAG 18.3.1992 (4 AZR 339/91), AP Nr. 13 zu § 3 TVG; BAG 28.5.1997 (4 AZR 546/95), AP Nr. 26 zu § 4 TVG Nachwirkung.

450 *BPSU*, § 2 Rn. 51; *Bepler*, Besprechung von Löwisch/Rieble, Tarifvertragsgesetz, 2004, RdA 2005, 62.

Eine Analogie zu § 3 Abs. 3 erscheint im Ergebnis für die Probleme der Tarifzuständigkeit nicht tragfähig, denn dort wird die Beendigung der Mitgliedschaft (sei es durch Austritt oder durch Auflösung der Tarifvertragspartei) vorausgesetzt. Außerdem geht es bei § 3 Abs. 3 TVG in erster Linie um den Schutz vor Manipulationen (Tarifflucht). Dies wird bei Satzungsänderungen mit der Folge der Tarifunzuständigkeit nur selten maßgeblich sein.[451]

Auch auf **Arbeitgeberseite** führt eine Satzungsänderung mit der Wirkung eines Wegfalls der Tarifzuständigkeit nicht zum sofortigen Wegfall bestehender Tarifverträge. Eine analoge Anwendung von § 3 Abs. 3 kommt ebenfalls nicht in Betracht. Auch hier greift vielmehr die analoge Anwendung des § 4 Abs. 5. **175**

Ändert im Fall von Firmentarifverträgen ein einzelner Arbeitgeber seine **Produktion** umfassend und fällt das Unternehmen/der Betrieb deswegen in den Zuständigkeitsbereich einer anderen Gewerkschaft, gelten dieselben Grundsätze: der »alte« Tarifvertrag wirkt nach § 4 Abs. 5 nach, bis die nun zuständige Gewerkschaft einen neuen Tarifvertrag abgeschlossen hat. Entsprechendes gilt für Verbandstarifverträge. Zwar mag hier manchmal auch eine Veränderung des Tarifniveaus angestrebt werden. Gleichwohl ist das Geschehen insgesamt viel näher an dem Herauswachsen aus dem Geltungsbereich im oben dargelegten Sinne mit der Rechtsfolge des § 4 Abs. 5 als am Verbandsaustritt oder der Verbandsauflösung. **176**

### 3. Kündigung und Aufhebung

Eine **Kündigung** der Tarifverträge wegen fehlender oder entfallener Tarifzuständigkeit ist **nicht möglich und auch nicht nötig**. Die oben dargelegte Funktion der Tarifzuständigkeit als Wirksamkeitsvoraussetzung führt dazu, dass das Fehlen der Tarifzuständigkeit **ipso jure** wirkt (wenn auch mit den dargelegten Grenzen).[452] **177**

Wegen der ipso-jure-Wirkung der Tarif(un)zuständigkeit ist es auch nicht möglich, »freiwillige« Firmentarifverträge mit tarifunzuständigen Gewerkschaften wirksam abzuschließen.[453]

Selbstverständlich bleibt es den beteiligten Koalitionen möglich, bestehende Tarifverträge in all diesen Fällen im Wege eines **Aufhebungsvertrages** einvernehmlich zu beenden.

## G. Arbeitsgerichtliches Beschlussverfahren zur Entscheidung über die Tariffähigkeit und die Tarifzuständigkeit

### Literatur:

*Ascheid u.a.*, Gemeinschaftskommentar zum Arbeitsgerichtsgesetz, Loseblatt; *Düwell*, Arbeitsgerichtsgesetz, 2. Aufl., 2005; *Germelmann/Matthes/Prütting/Müller-Glöge*, Arbeitsgerichtsgesetz, 5.Aufl., 2004; *Grunsky*, Arbeitsgerichtsgesetz, 7. Aufl., 1995; *Hauck/Helml*, Arbeitsgerichtsgesetz, 2. Aufl., 2003; *Schwab/Weth*, Kommentar zum Arbeitsgerichtsgesetz, 2004.

451 Insoweit a.A. *Däubler/Peter*, § 2 Rn. 176; *Däubler*, Tarifvertragsrecht, Rn. 92.

452 Wie hier *Löwisch/Rieble*, § 2 Rn. 185ff.; wohl auch *Stein*, Rn. 127; a.A. Wiedemann/*Oetker*, § 2 Rn. 46.

453 Wie hier Wiedemann/*Oetker*, § 2 Rn. 75f.; *Blank*, Die Tarifzuständigkeit, 149; a.A. *Kutscher*, 92.

**Übersicht** Rn.



## I. Allgemeines

178 Der Gesetzgeber stellt mit §§ 2a Abs. 1 Ziff. 4, 97 ArbGG ein **spezielles arbeitsgerichtliches Verfahren zur Klärung der Tariffähigkeit** und **Tarifzuständigkeit** zur Verfügung. In diesem Verfahren gelten die allgemeinen Regelungen des Beschlussverfahrens sowie einige in § 97 ArbGG im Einzelnen aufgeführte Besonderheiten. So wird durch § 97 Abs. 4 die Wiederaufnahme des Verfahrens erleichtert: Anders als § 580 Nr. 1 ZPO, der eine vorsätzliche oder fahrlässige eidliche Falschaussage verlangt, genügen hier absichtlich unrichtige Angaben oder Aussagen eines Beteiligten.[454] Eine komplette eigene Verfahrensordnung ist aber nicht geschaffen worden.[455]

## II. Aussetzung anderer Verfahren

179 Die Tariffähigkeit oder Tarifzuständigkeit kann gemäß § 97 Abs. 5 ArbGG **nicht als Vorfrage** in einem anderen Verfahren geklärt werden; erforderlich ist vielmehr **die Aussetzung des jeweiligen Verfahrens** und die Durchführung des Beschlussverfahrens nach § 97 ArbGG. Die Aussetzungspflicht besteht aber **nicht im Verfahren der einstweiligen Verfügung**, weil dies der Eilbedürftigkeit widerspräche und ein einstweiliger Rechtsschutz im Feststellungsverfahren selbst nicht möglich ist.[456]

180 Für die Aussetzung ist ein entsprechender Antrag einer Partei nicht notwendig; das **Gericht hat von Amts wegen auszusetzen.**[457] Es muss aber Veranlassung bestehen, an der Tariffähigkeit oder -zuständigkeit zu zweifeln.[458] Das Verfahren nach § 97 ArbGG wird durch den Aussetzungsbeschluss nicht von Amts wegen eingeleitet, sondern nur auf Antrag. Die Antragsberechtigung ergibt sich aus § 97 Abs. 1 ArbGG, antragsberechtigt sind gemäß § 97 Abs. 5 Satz 2 ArbGG ebenso die Parteien des Ausgangsverfahrens.[459]

## III. Beteiligtenfähigkeit und Antragsbefugnis

181 Da das Beschlussverfahren keine Parteien, sondern nur Beteiligte kennt, wird die rechtliche Fähigkeit, wirksam am Beschlussverfahren teilzunehmen, als **Beteiligten- oder Beteiligungsfähigkeit** bezeichnet. Nach § 10 ArbGG steht im Verfah-

---

454 ErfK/*Eisemann*, § 97 ArbGG Rn. 3.
455 GK-ArbGG-*Leinemann*, § 97 Rn. 2; ErfK/*Eisemann*, § 97 ArbGG Rn. 1.
456 *Hauck/Helml*, § 97 ArbGG Rn. 8; *Löwisch/Rieble*, § 2 Rn. 208.
457 BAG 23.10.1996 (3 AZR 514/95), AP Nr. 15 zu § 3 TVG Verbandszugehörigkeit; ErfK/*Eisemann*, § 97 ArbGG Rn. 6; GMM-GP, § 97 Rn. 13.
458 BAG 25.9.1996 (4 AZR 195/952), AP Nr. 4 zu § 97 ArbGG 1979, mit Anm. von *Oetker*.
459 GK-ArbGG-*Leinemann*, § 97 Rn. 65f.

ren zur Feststellung der Tariffähigkeit und der Tarifzuständigkeit den Arbeitgeber- und Arbeitnehmervereinigungen die Beteiligtenfähigkeit ebenso zu, wie den obersten Arbeitsbehörden des Bundes oder der Länder, auf deren Bereich sich die Tätigkeit einer Vereinigung erstreckt.
Wer im konkreten Verfahren zu beteiligen ist, richtet sich nach den allgemeinen Grundsätzen, d.h. danach, ob eine unmittelbare Betroffenheit besteht.[460] Im Falle der Aussetzung eines anderen Verfahrens zur Klärung der Tariffähigkeit oder der Tarifzuständigkeit sind nach § 97 Abs. 5 Satz 2 ArbGG auch die Parteien des ursprünglichen Verfahrens zu beteiligen.

Die **Antragsbefugnis** bestimmt sich nach § 97 Abs. 1 ArbGG. Danach kann ein Beschlussverfahren gemäß § 97 ArbGG auf Antrag einer jeden Gewerkschaft oder Arbeitnehmervereinigung und einer jeden Arbeitgebervereinigung eingeleitet werden, soweit diese räumlich und sachlich zuständig ist. Weiter sind die obersten Arbeitsbehörden des Bundes (Bundesminister für Wirtschaft und Arbeit) und der Länder (Arbeitsministerien der Länder) antragsberechtigt, wenn sich die Tätigkeit der in Frage stehenden Koalition auf ihr Hoheitsgebiet erstreckt (§ 97 Abs. 1 ArbGG). **182**

Darüber hinaus ist davon auszugehen, dass – obwohl im Gesetz nicht ausdrücklich erwähnt – auch ein einzelner Arbeitgeber berechtigt ist, einen Antrag gemäß § 97 ArbGG zu stellen. Der einzelne Arbeitgeber kann nämlich ebenso wie eine Koalition ein Interesse an der Klärung der Tariffähigkeit oder Tarifzuständigkeit einer ihn auf den Abschluss eines Haustarifvertrages in Anspruch nehmenden Gewerkschaft haben.[461] **183**

## IV. Rechtsmittel

Gegen eine erstinstanzliche arbeitsgerichtliche Entscheidung über die Tarifzuständigkeit oder Tariffähigkeit steht dem Unterliegenden das Recht zur **Beschwerde beim Landesarbeitsgericht** zu (§§ 97 Abs. 2, 87 ArbGG). Gegen Entscheidungen des Landesarbeitsgerichts ist die Rechtsbeschwerde zum Bundesarbeitsgericht zulässig, wenn diese vom Landesarbeitsgericht zugelassen wird (§§ 97 Abs. 2, 92 ArbGG). Gegen eine Nichtzulassung der Rechtsbeschwerde ist die Nichtzulassungsbeschwerde – insbesondere wegen grundsätzlicher Bedeutung – eröffnet (§§ 97 Abs. 2, 92a ArbGG). **184**

## V. Rechtskraft

Wird im arbeitsgerichtlichen Beschlussverfahren die Tariffähigkeit oder auch die Tarifzuständigkeit einer Koalition rechtskräftig entschieden, steht die Rechtskraft dieser Entscheidung einer erneuten Entscheidung so lange entgegen, als sich nicht der Sachverhalt wesentlich geändert hat.[462] Im Übrigen entfalten Entscheidungen über die Tarifzuständigkeit nach § 97 ArbGG Rechtskraft gegenüber jedermann.[463] Die rechtliche Situation ist der in § 9 TVG vergleichbar. **185**

---

460 Vgl. im Einzelnen ErfK/*Eisemann*, § 97 Rn. 5.

461 BAG 17.2.1970, AP Nr. 2 zu § 2 TVG Tarifzuständigkeit; *Hauck/Helml*, § 97 ArbGG Rn. 4; Wiedemann/*Oetker*, § 2 Rn. 92.

462 BAG 6.6.2000 (1 ABR 21/99), AP Nr. 9 zu § 97 ArbGG.

463 BAG 25.11.1986, AP Nr. 36 zu § 2 TVG; ErfK/*Eisemann*, § 97 ArbGG Rn. 3; GMM-GP, § 97 Rn. 28; *Löwisch/Rieble*, § 2 Rn. 202, a.A. GK-ArbGG-*Leinemann*, § 97 Rn. 69.

## § 3 Tarifgebundenheit

**(1) Tarifgebunden sind die Mitglieder der Tarifvertragsparteien und der Arbeitgeber, der selbst Partei des Tarifvertrags ist.**
**(2) Rechtsnormen des Tarifvertrags über betriebliche und betriebsverfassungsrechtliche Fragen gelten für alle Betriebe, deren Arbeitgeber tarifgebunden ist.**
**(3) Die Tarifgebundenheit bleibt bestehen, bis der Tarifvertrag endet.**

**Gesamtübersicht:** Rn.

## Literaturübersicht:

*Bachner*, Individualarbeits- und kollektivrechtliche Auswirkungen des neuen Umwandlungsgesetzes, NGU 1995, 2881; *Backhaus*, Die arbeitnehmerbegünstigende betriebliche Übung in der Rechtsprechung des Bundesarbeitsgerichts, AuR 1983, 65; *Bauer/Diller*, Beschäftigungssicherung in der Metallindustrie, NZA 1994, 353; *dies.*, Flucht aus Tarifverträgen, DB 1993, 1085; *Bauer/Lingemann*, Das neue Umwandlungsrecht und seine arbeitsrechtlichen Auswirkungen, NZA 1994, 1057; *Bauschke*, Zur Problematik der tariflichen Bezugnahmeklauseln, ZTR 1993, 416; *Beuthien/Meik*, Wenn Tariftreue unzumutbar wird, DB 1993, 1518; *Bieback*, Tarifrechtliche Probleme des Verbandswechsels von Arbeitgebern, DB 1989, 477; *Biedenkopf*, Grenzen der Tarifautonomie, 1964; *ders.*, Zum Problem der negativen Koalitionsfreiheit, JZ 1961, 346; *Birk*, Tarifrechtliche Folgen von Strukturveränderungen im Unternehmens- und Betriebsbereich, AuR 1975, 312; *Blinkert*, Konzeptionelle Probleme bei arbeitsrechtlichen Teilreformen, JZ 1979, 747; *Boecken*, Der Übergang zu Arbeitsverhältnissen bei Spaltung nach dem neuen Umwandlungsrecht, ZIP 1994, 1087; *Boemke*, Fragerecht des Arbeitgebers nach Mitgliedschaft im Arbeitgeberverband? NZA 2004, 142; *Buchner*, AR-Blattei D Tarifvertrag IV Geltungsbereich A II; *ders.*, Der Umfang tariflicher Abschlussnormen über betriebliche Fragen; RdA 1966, 208; *ders.*, Tarifvertragsgesetz und Koalitionsfreiheit, 1964; *Clemens*, Die Verweisung von einer Rechtsnorm auf andere Vorschriften, AöR 111 (1986), 63; *Däubler*, Tarifflucht – eine aussichtsreiche Strategie zur Reduzierung von Lohnkosten?, ZTR 1994, 448; *ders.*, Das Arbeitsrecht im neuen Umwandlungsgesetz, RdA 1995, 136; *Deinert*, Arbeitsrechtliche Rahmenbedingungen und Folgen nationaler und transnationaler Umstrukturierungen von Betrieben und Unternehmen in Deutschland, RdA 2001, 368; *Dieterich*, Die betrieblichen Normen nach dem Tarifvertragsgesetz vom 9. April 1949,

1964; *ders.*, Zur Verfassungsmäßigkeit tariflicher Betriebsnormen, FS Däubler, 1999, 451; *Dorndorf*, Differenzierung nach der Gewerkschaftsangehörigkeit beim Vorruhestand, BB 1988, 555; *ders.*, Tarifvertragliche und tarifvertragsgesetzliche Differenzierung am Beispiel der Vorruhestandstarifverträge, AuR 1988, 1; *Düwell*, Umstrukturierung von Unternehmen – legislatorische Defizite und rechtspolitische Forderungen, AuR 1994, 357; *Eickhof*, Eine Theorie der Gewerkschaftsentwicklung, 1973; *Etzel*, Tarifordnung und Arbeitsvertrag, NZA 1987, Beilage 1; *Föhr*, Der neue Tarifvertrag über die Betriebsverfassung des rheinisch-westfälischen Steinkohlenbergbaus, RdA 1977, 285; *ders.*, Willensbildung in den Gewerkschaften und Grundgesetz, 1974; *Galperin*, Gutachten zum Problem des Solidaritätsbeitrages für die Industriegewerkschaft Bau-Steine-Erden, gedrucktes Manuskript 1961; *Gamillscheg*, Die Differenzierung nach der Gewerkschaftszugehörigkeit, 1966; *Gaul*, Schranken der Bezugnahme auf einen Tarifvertrag, ZTR 1993, 355; *ders.*, Erstreckungsinhalt und Umfang einer tariflichen Bezugnahmeklausel auf den BAT, ZTR 1991, 188; *Giesen*, Tarifliche Rechtsgestaltung für den Betrieb, 2002; *Gussen/Dauck*, Die Weitergeltung von Betriebsvereinbarungen und Tarifverträgen bei Betriebsübergang und Umwandlung, 2. Aufl., 1997; *Hanau*, Der Tarifvertrag in der Krise, RdA 1998, 65; *ders./Kania*, Stufentarifverträge, DB 1995, 1229; *dies.*, Gestaltung einer Gewerkschaftsfusion, AuR 1994, 205; *ders./Thüsing*, Tarifverträge zur Beschäftigungssicherung, ZTR 2001, 1 und 49; *ders./Vossen*, Die Auswirkungen des Betriebsinhaberwechsels auf Betriebsvereinbarungen und Tarifverträge, FS Hilger und Stumpf, 1983, 271; *Henrich*, Der Vorruhestand im System des Arbeitsrechts, ArbRGgw 25 (1987), 19; *Henssler*, Aufspaltung, Ausgliederung und Fremdvergabe, NZA 1994, 294; *ders.*, Tarifautonomie und Gesetzgebung, ZfA 1998, 1; *ders.*, Unternehmensumstrukturierung und Tarifvertrag, FS Schaub, 1998, 311; *Herbst*, Arbeitsrecht im neuen Umwandlungsgesetz, AiB 1995, 5; *Herschel*, Zur Entstehung des Tarifvertragsgesetzes, ZfA 1973, 183; *ders.*, Die individualrechtliche Bezugnahme auf einen Tarifvertrag, DB 1969, 659; *ders.*, Gratifikationsrückzahlung und Tarifvertrag, DB 1967, 245; *ders.*, Die Behinderung der Allgemeinverbindlichkeitserklärung von Tarifverträgen, AuR 1966, 193; *Hertwig*, Die Verweisung eines Gesetzes auf einen Tarifvertrag und die Folgen für das Verständnis der Tarifautonomie, RdA 1985, 282; *Heuberger*, Sachliche Abhängigkeit als Kriterium des Arbeitsverhältnisses, 1982; *Hoffmann*, Tarifwirkung für später eingetretene Verbandsmitglieder, AuR 1964, 169; *v. Hoyningen-Huene*, Die Bezugnahme auf einen Firmentarifvertrag durch Betriebsvereinbarung, DB 1994, 2026; *ders.*, Die Rolle der Verbände bei Firmenarbeitskämpfen, ZfA 1980, 453; *ders.*, Die Bezugnahme auf den Tarifvertrag – ein Fall der Tarifbindung, RdA 1974, 138; *Hueck, G.*, Der Grundsatz der gleichmäßigen Behandlung im Privatrecht, 1958; *Jung*, Die Weitergeltung kollektivvertraglicher Regelungen (Tarifverträge, Betriebsvereinbarungen) bei einem Betriebsinhaberwechsel, RdA 1981, 360; *KahnFreund*, Arbeit und Recht, 1979; *Kania*, Tarifbindung bei Ausgliederung und Aufspaltung eines Betriebs, DB 1995, 625; *Käppler*, Die Rechtsprechung des Bundesarbeitsgerichts im Jahre 1993, ZfG 1995, 271; *Kempen*, Überraschungen bei der »Bildung gesamtdeutscher Gewerkschaften?«, AuR 1990, 372; *ders.*, Betriebsübergang und Tarifvertrag, BB 1991, 2007; *ders.*, Die beschäftigungspolitische Zuständigkeit der Tarifvertragsparteien, FS Hanau, 1999, 529; *Knevels*, Der Beginn der tariflichen Friedenspflicht beim Eintritt eines Betriebes in den Arbeitgeberverband, DB 1964, 1663; *Konzen*, Tarifbindung, Friedenspflicht und Kampfparität beim Verbandswechsel des Arbeitgebers, ZfA 1975, 401; Krauss, Die neue Freiheit ohne Verbandstarif?, DB 1995, 1562; *Kreiling*, Die Erstreckung betrieblicher und betriebsverfassungsrechtlicher Tarifnormen auf Außenseiter, 2003; *Krejcí*, Betriebsübergang und Arbeitsverhältnis, 1972; *Kreuder*, Desintegration und Selbststeuerung, 1998; *Kübler*, Sondersituationen bei Unternehmensfortführung und Unternehmenskauf im Konkurs, ZGR 1982, 498; *Küttner*, Aufnahmezwang für Gewerkschaften?, NJW 1980, 968; *Kukuck*, Zum Problem der politischen Komponente im Richterrecht, 1980; *Kunze*, Änderungen auf der Arbeitgeberseite von Kollektivvereinbarungen, RdA 1976, 31; Leber, Auswirkungen der Rechtsentwicklung contra Gewerkschaften, Der Grundstein 1959, Heft 24, I; *Leventis*, Tarifliche Differenzierungsklauseln nach dem Grundgesetz und nach dem Tarifvertragsgesetz, 1974, *Lieb*, Begriff, Geltungsweise und Außenseiterproblematik der Solidarnormen, RdA 1967, 441; *Loritz*, Aktuelle Rechtsprobleme des Betriebsübergangs nach § 613a BGB, RdA 1987, 65; *Löwisch*, Der Einfluss der Gewerkschaften auf Wirtschaft, Gesellschaft und Staat, RdA 1975, 53; *ders.*, Blankettverweisung und Überraschungsklauseln, NZA 1985, 317; *ders.*, Viertagewoche durch Änderungskündigung?, BB 1993, 2371; *ders.*, Tarifliche Kompensation versicherungsmathematischer Rentenabschläge, BB 2000, 821; *Müller, G.*, Die Tragweite der tariflichen Bezugnahmeklauseln, RdA 1990, 321; *ders.*, Gedanken zum Solidaritätsbeitrag, gedrucktes Manuskript 1961; *Nagel*, Fusionskontrolle und Schutz von Arbeitsplätzen, AuR 1982, 207; *Popp*, Die Willensbildung innerhalb der Verbände, JöR 26 (1977), 145; *Posth*, Arbeitsrechtliche Probleme beim Betriebsinhaberwechsel, 1978; *Quander*, Betriebsinhaberwechsel bei Gesamtrechtsnachfolge, 1990; *Radke*, Tarifbindung und Geltungsbereich des Tarifvertrages, BB 1964, 1490; *Reinecke, G.*, Kontrolle Allgemeiner Arbeitsbedingungen nach dem Schuldrechtsmodernisierungsgesetz, DB 2002, 582; *Reuter*, Die Fusion von Gewerkschaften, DZWIR 1993, 404; *ders.*, Möglichkeiten und Grenzen der arbeitsvertraglichen Gestaltung durch Betriebsnormen – Beispiel Arbeitszeit DZWir 1995, 353; *ders.*, Das Verhältnis von Tarif- und Betriebsautonomie, FS Schaub, 1998, 605; *Richardi*, Streitfragen aus dem Ersten Arbeitsrechtsbereinigungsgesetz, ZfA 1971, 73; *ders.*, Kollektivgewalt und Individualwille bei der Gestaltung des Arbeitsverhältnisses, 1968; *Ridder*, Gestattet das Grundgesetz für die Bundesrepublik Deutschland die Erhebung sogenannten Solidaritätsbeiträge?, gedrucktes Manuskript 1961; *Rieble*, Die Bildung gesamtdeutscher Gewerkschaften, AuR 1990, 365; *ders.*, Beschäftigungspolitik durch Tarifvertrag, ZTR 1993, 54; *ders.*, Urteilsanmerkung, SAE 1994, 158; *ders.*, Arbeitgeberfrage nach der Gewerkschaftsmitgliedschaft, GS Heinze, 2005, 687; *Röckl*, Die Auswirkungen einer Arbeitgeberverbandfusion auf laufende Tarifverträge, BB 1993, 1653; *Säcker*, Die Tarifgebundenheit, AR-Blattei D Tarifvertrag III; *Schaub*, Aktuelle Streitfragen zur Kostensenkung bei der Arbeitsvergütung, BB 1994, 2005; *ders.*, Formularsammlung zum Arbeitsrecht, 5. Aufl., 1990; *Schleusener*, Der Begriff der betrieblichen Norm im Lichte der negativen Koalitionsfreiheit (Art. 9 Abs. 388) und des Demokratieprinzips (Art. 20 GG), ZTR 1998, 100; *Scholz*, Rechtsfragen zur Verweisung zwischen Gesetz und Tarifvertrag, FS G. Müller, 1981, 509; *ders.*, Unvereinbarkeit des »closed shop« mit der Europäischen Menschenrechtskonvention, AöR 106 (1981), 79; *Schreiber*, Das Arbeitsverhältnis beim Übergang des Betriebes, RdA 1982, 136; *Schubert, C.*, Ist der Außenseiter vor der Normsatzung durch Tarifvertragsparteien geschützt? RdA 2001, 199; *Schubert, J.M.*, Die Behandlung kollektivvertraglicher Normenkollisionen nach Verschmelzung und Spaltung von Unternehmen, 2003; *Schwab*, Mindestarbeitsbedingungen nach Verbandsaustritt des Arbeitgebers, BB 1994, 781; *Seitenzahl/Zachert/Pütz*, Vorteilsregelungen für Gewerkschaftsmitglieder, 1976; *Seiter*, AR-

Blattei D Betriebsinhaberwechsel; *ders.*, Tarifverträge und Betriebsvereinbarungen beim Betriebsinhaberwechsel DB 1980, 877; *Söllner*, Vorrang der Organisierten beim Vorruhestand?, DB 1986, 2435; *Stahlhacke*, Tarifliche Zuschläge für Sonntags-, Feiertags- und Nachtarbeit, DB 1967, 1984; *Stein, A.*, Verweisungen auf Tarifverträge, AuR 2003, 361; Steinberg, Koalitionsfreiheit und tarifliche Differenzierung, RdA 1975, 99; *Tennstedt*, Sozialgeschichte der Sozialpolitik in Deutschland, 1981; *Vetter, Chr.*, Zur Zulässigkeit tarifvertragsübernehmender Betriebsvereinbarungen, DB 1991, 1833; *Waas*, Das Spannungsverhältnis von Tarifvertrag und Gesetz beim Grundsatz der Entgeltgleichheit im neuen AÜG, BB 2003, 2175; *Wank*, Die Geltung von Kollektivvereinbarungen nach einem Betriebsübergang, NZA 1987, 505; *Wendeling-Schröder*, Die Entscheidung des Arbeitsgerichts Hamburg zum Begriff des Rechtsgeschäfts im Sinne des § 613a BGB, AiB 1986, 45; *Wiedemann*, Die deutschen Gewerkschaften – Mitgliederverband oder Berufsorgan?, RdA 1969, 321; *ders.*, Die Gestaltungsaufgabe der Tarifvertragsparteien, RdA 1997, 297; *Wolter*, Standortsicherung, Beschäftigungssicherung, Unternehmensautonomie, Tarifautonomie, RdA 2002, 218; *Zachert*, Rechtsfragen zu den aktuellen Tarifverträgen über Arbeitszeitverkürzung und Beschäftigungssicherung, AuR 1995, 1; *ders.*, Beschäftigungssicherung durch Tarifvertrag als Prüfstein für Umfang und Grenzen der Tarifautonomie, DB 2001, 1198; *ders.*/Metzke/Hamer, Die Aussperrung, 1978; *Zanetti*, Gewerkschaftsfreiheit und obligatorische Beiträge der nicht-organisierten Arbeitnehmer in der Schweiz, RdA 1973, 77; *Zöllner*, Das Wesen der Tarifnormen, RdA 1964, 443; *ders.*, Tarifmacht und Außenseiter, RdA 1962, 453; *ders.*, Die Zulässigkeit einzelvertraglicher Verlängerung der tariflichen Wochenarbeitszeit, DB 1989, 2121; *ders.*, Veränderung und Angleichung tarifvertraglich geregelter Arbeitsbedingungen nach Betriebsübergang, DB 1995, 1401; *Zuleeg*, Wege der Einwirkung des Gemeinschaftsrechts auf das Privatrecht, VersR 1995, 861.

## A. Die Tarifgebundenheit bei Inhalts-, Abschluss- und Beendigungsnormen gemäß § 3 Abs. 1 TVG

### Literatur:

*Buchner*, AR-Blattei D Tarifvertrag IV Geltungsbereich A II; *Dorndorf*, Tarifvertragliche und tarifvertragsgesetzliche Differenzierung am Beispiel der Vorruhestandstarifverträge, AuR 1988, 1; *Föhr*, Willensbildung in den Gewerkschaften und Grundgesetz, 1979; *Herschel*, Zur Entstehung des Tarifvertragsgesetzes, ZfA 1973, 183; *Hoffmann*, Tarifwirkung für später eingetretene Verbandsmitglieder, AuR 1964, 169; *v. Hoyningen-Huene*, Die Rolle der Verbände bei Firmenarbeitskämpfen, ZfA 1980, 453; *Knevels*, Der Beginn der tariflichen Friedenspflicht beim Eintritt eines Betriebes in den Arbeitgeberverband, DB 1964, 1663; *Konzen*, Tarifbindung, Friedenspflicht und Kampfparität beim Verbandswechsel des Arbeitgebers, ZfA 1975, 401; *Küttner*, Aufnahmezwang für Gewerkschaften?, NJW 1980, 968; *Löwisch*, Der Einfluss der Gewerkschaften auf Wirtschaft, Gesellschaft und Staat, RdA 1975, 53; *Popp*, Die Willensbildung innerhalb der Verbände, JöR 26 (1977), 145; *Radke*, Tarifbindung und Geltungsbereich des Tarifvertrages, BB 1964, 1490; *Säcker*, Die Tarifgebundenheit, AR-Blattei D Tarifvertrag III; *Schliemann*, Tarifgeltung und arbeitsvertragliche Bezugnahme auf Tarifverträge in der neueren Rechtsprechung des BAG, ZTR 2004, 502; *Wank*, Die Geltung von Kollektivvereinbarungen nach einem Betriebsübergang, NZA 1987, 505.

**Übersicht** Rn.



## I. Begriff und Bedeutung der Tarifgebundenheit

**Tarifgebundenheit** im Sinne von § 3 Abs. 1 TVG tritt ein für diejenigen Arbeitnehmer, die Mitglied einer tarifvertragsschließenden Gewerkschaft sind, und für diejenigen Arbeitgeber, die Mitglied eines tarifvertragsschließenden Arbeitgeberverbandes sind oder selbst einen (Firmen-)Tarifvertrag mit einer Gewerkschaft abgeschlossen haben. Nur wenn Arbeitnehmer und Arbeitgeber eines Arbeitsverhältnisses organisiert sind (auf Seiten des Arbeitgebers kommt auch der unmittelbare Abschluss eines Firmentarifvertrages in Betracht), gelten die (Normativ-)Bestimmungen eines Tarifvertrages unmittelbar und zwingend (§ 4 Abs. 1 TVG), unabdingbar (§ 4 Abs. 3 TVG), unverzichtbar und unverfallbar (§ 4 Abs. 4 TVG). Erst durch die Tarifgebundenheit beider Seiten wird also grundsätzlich die Entfaltung der vollen Schutzwirkung des Tarifvertrages zugunsten der Arbeitnehmer sichergestellt. Der Arbeitnehmer, der nicht organisiert ist oder ein Arbeitsverhältnis mit einem nicht organisierten und auch nicht durch einen Firmentarifvertrag gebundenen Arbeitgeber eingeht, kann diese Wirkung tarifvertraglicher Normen grundsätzlich nicht für sich in Anspruch nehmen. **1**

**Ausnahmen** von diesem Grundsatz sieht der Gesetzgeber des Tarifvertragsgesetzes lediglich vor in § 3 Abs. 2 TVG für Tarifnormen über betriebliche und betriebsverfassungsrechtliche Fragen (für deren tarifliche Geltung genügt die einseitige Tarifbindung des Arbeitgebers, im Einzelnen § 3 Rn. 22ff.) und in § 5 TVG für den Fall der Allgemeinverbindlicherklärung eines Tarifvertrages (bei dieser setzt die Tarifgeltung überhaupt keine Mitgliedschaft voraus, im Einzelnen § 5 Rn. 41, zum Sonderproblem der Tarifgebundenheit bei Gemeinsamen Einrichtungen vgl. § 4 Rn. 244; zu den Fällen gesetzlicher Anordnung der Tarifgeltung, die nicht zu einer Tarifgebundenheit im Sinne von §§ 3 und 4 TVG führen, vgl. § 3 Rn. 146 und Rn. 148ff.). Nur in diesen Fällen kann sich auch der nichtorganisierte Arbeitnehmer (Außenseiter) auf die besondere Wirkung tarifvertraglicher Normen, wie sie in § 4 Abs. 1, Abs. 3, Abs. 4 TVG angeordnet ist, berufen (§§ 4 Abs. 1 Satz 2, 5 Abs. 4 TVG). Demgegenüber kommt der in der Praxis vielfach üblichen (einzelvertraglichen) Zusage von Arbeitgebern, dass bestehende Tarifverträge für alle Arbeitnehmer unter Einschluss der Außenseiter gelten sollen, eine andere Rechtsqualität zu. Solche Zusagen bewirken lediglich einzelvertragliche Ansprüche des begünstigten Arbeitnehmers auf Beachtung der Tarifverträge[1] (vgl. dazu § 3 Rn. 151ff.). Nicht dagegen führen sie zu einer unmittelbaren und zwingenden Wirkung der Tarifverträge im Sinne von § 4 Abs. 1 **2**

1 Zur Rechtsprechung über die Bezugnahme vgl. *Stein*, AuR 2003, 361; *Schliemann*, ZTR 2004, 502.

TVG. Das hat zur Folge, dass die so zugestandenen tariflichen Rechte entgegen § 4 Abs. 3 TVG abdingbar und entgegen § 4 Abs. 4 TVG verzichtbar und verfallbar sind. Entsprechendes gilt für die Weitergeltung von Tarifnormen beim Betriebsübergang gemäß § 613a BGB. Diese Vorschrift sieht für den Fall eines Betriebsübergangs nur einen individualrechtlichen, nicht aber einen tarifrechtlich-zwingenden Bestand der beim Arbeitgeber kraft beiderseitiger Tarifgebundenheit geltenden Tarifnormen vor (vgl. näher § 3 Rn. 93ff.). Unmittelbaren und zwingenden tarifrechtlichen Schutz können die Arbeitnehmer nach einem Betriebsübergang nur über den Abschluss neuer Tarifverträge oder dadurch erreichen, dass sie durch beiderseitigen Koalitionsbeitritt bereits geltende Tarifverträge eines anderen Wirtschaftsbereichs für sich zur Geltung bringen (vgl. § 613a Abs. 1 Satz 3 BGB).[2]

3 Die grundsätzliche **Begrenzung der Tarifbindung**[3] – und damit die Festlegung, welcher Personenkreis überhaupt der Normsetzungsbefugnis der Tarifvertragsparteien unterliegt – auf Mitglieder der tarifvertragsschließenden Parteien war dem Gesetzgeber des Tarifvertragsgesetzes durch das deutsche kollektive Arbeitsrecht traditionell vorgegeben. Alle gesetzlichen und satzungsrechtlichen Änderungen der mitgliedschaftlichen Legitimationsstruktur sind deshalb entsprechend geprägt. Wie in den Grundlagen dargelegt (Grundl. Rn. 80ff.), beruht die Begründung der tariflichen Rechtsetzungsbefugnis durch Art. 9 Abs. 3 GG nämlich auf der besonderen demokratischen Legitimation der zwingend demokratisch und freiwillig aufgebauten Gewerkschaften (zur Freiwilligkeit gewerkschaftlicher Organisationen vgl. auch § 2 Rn. 33). Nur Mitglieder von Gewerkschaften und Arbeitgeberverbänden sowie Einzelarbeitgeber sind deswegen befugt, über ihre Organisationen eine Regelung ihrer Arbeits- und Wirtschaftsbedingungen durch außerstaatliche tarifvertragliche Normen herbeizuführen.[4] Will der Gesetzgeber dieses Prinzip durchbrechen und die tarifautonome Rechtsetzungsbefugnis auf Außenseiter ausdehnen, wie dies in § 3 Abs. 2 und § 5 TVG geschehen ist, bedarf dies besonderer Voraussetzungen (dazu näher § 3 Rn. 2ff. und § 5 Rn. 18ff.). Prinzipiell dürfen solche Ausnahmen nicht zum Regelfall werden oder dazu führen, dass die weit überwiegende Anzahl der Arbeitsverträge unabhängig von der Mitgliedschaft der betroffenen Arbeitnehmer auf diesem Wege erfasst wird. Der dann eintretende Attraktiviätsverlust der Gewerkschaften (wie er bei der betrieblichen Rechtsetzungsbefugnis in § 77 Abs. 3 und § 87 Abs. 1 Eingangssatz BetrVG berücksichtigt worden ist, vgl. dazu Grundl. Rn. 326ff.) würde sonst deren Stellung und damit die Tarifautonomie als solche schwächen und in Frage stellen (vgl. auch die Erörterung der Bezugnahme auf den Tarifvertrag im Einzelarbeitsvertrag, § 3 Rn. 141ff.; grundsätzlich zur Bedeutung starker Gewerkschaften für die Tarifautonomie Grundl. Rn. 92ff.).

4 **Gesetzliche Mindestarbeitsbedingungen**, die nach §§ 1 Abs. 2 und 4 des Gesetzes über die Festsetzung von Mindestarbeitsbedingungen[5] durch die hierfür zu errichtenden Fachausschüsse mit Zustimmung des Bundesministeriums für Wirtschaft und Arbeit festgelegt werden können, sind nach dessen § 4 Abs. 3 Satz 2 **Rechtsverordnungen**. Selbst wenn sie nach Art und Umfang an tarifver-

---

2 BAG 19.3.1986 (4 AZR 640/84), AP Nr. 49 zu § 613a BGB (mit Anm. von *v. Stebut*); BAG 30.8.2000, 4 AZR 581/99, AP Nr. 12 zu § 1 TVG Bezugnahme auf TV (mit Anm. von *Waas*).

3 Zur Entstehung dieses Begriffs vgl. *Herschel*, ZfA 1973, 190.

4 Zu dieser im Ergebnis fast unbestrittenen Auffassung siehe auch *Säcker*, AR-Blattei D Tarifvertrag III Tarifgebundenheit A, mit weiteren Nachweisen.

5 Vom 11.1.1952 in der Fassung vom 25.11.2003, BGBl. I, 2304.

tragliche Regelungen anknüpfen sollten, enthalten sie staatliche Bestimmungen. Sie setzen also gerade keine Tarifgebundenheit voraus, obwohl das Gesetz hinsichtlich ihrer arbeitsrechtlichen Wirkungsweise in § 8 auf das Tarifvertragsgesetz verweist.[6] Ebenfalls durch Rechtsverordnung des Bundesministeriums für Wirtschaft und Arbeit können die Rechtsnormen eines Tarifvertrages nach **§ 1 Abs. 3a AEntG** bei grenzüberschreitenden Dienstleistungen des Baugewerbes für nicht tarifgebundene Arbeitnehmer und Arbeitgeber ausgedehnt werden. Infolge dieser **Spezialregelung** für den Bereich der **Arbeitnehmerentsendung** werden die Tarifnormen insoweit in staatliches Recht transformiert. Anders ist es bei der gewerblichen Arbeitnehmerüberlassung. Dort dürfen nach § 9 Nr. 1 Satz 1 AÜG dagegen grundsätzlich keine schlechteren Arbeitsbedingungen vereinbart werden als sie im Entleihbetrieb für vergleichbare Arbeitnehmer gelten. Dieses so genannte Equal-pay-Prinzip enthält ein Diskriminierungsverbot, demzufolge der Leiharbeiter die Gewährung gleichwertiger Arbeitsbedingungen verlangen kann (§ 10 Abs. 4 AÜG). Er wird also gerade nicht selbst an die dort geltenden Tarifverträge (tarif-)gebunden.[7] Wenn in einem Arbeitsvertrag die Höhe der Vergütung für die vergütungspflichtige Arbeitsleistung nicht festgelegt worden ist und mangels Tarifbindung auch kein Entgelttarifvertrag gilt, dann ist nach **§ 612 Abs. 2 BGB** »die übliche Vergütung als vereinbart anzusehen«. Die Rechtsprechung bestimmt die Höhe dieser üblichen Vergütung regelmäßig nach den einschlägigen Entgelt-Tarifverträgen.[8] Hierbei handelt es sich um eine gesetzliche Auslegungsvorschrift, welche nur zur Tarifanwendung, nicht aber zu einer Tarifbindung führt. Dasselbe gilt auch für Tarifverträge, die bei der Überprüfung der Angemessenheit von allgemeinen arbeitsvertraglichen Geschäftsbedingungen nach § 307 Abs. 1 Satz 1 BGB als Vergleichsmaßstab herangezogen werden.[9]

Die vorstehenden Überlegungen verdeutlichen die Problematik der Entscheidung des Bundesarbeitsgerichts zur Berechnung der in den **Überforderungsschutzklauseln von Vorruhestandstarifverträgen** vereinbarten Prozentmengen der Belegschaft, die Anspruch auf eine Vorruhestandsvereinbarung haben.[10] Der dortigen Auffassung des Bundesarbeitsgerichts, wonach auch nicht tarifgebundene Arbeitnehmer bei Ermittlung des Anspruchsrahmens dieser Tarifverträge zu berücksichtigen seien, kann wegen der Regelungen über die Tarifbindung in §§ 4 Abs. 1, 3 Abs. 1 TVG nicht gefolgt werden. Die genannten Vorruhestandstarifverträge geben den von ihnen erfassten und geschützten, also den tarifgebundenen Arbeitnehmern, einen Anspruch auf eine Vorruhestandsregelung, »soweit durch Inanspruchnahme die Grenze von 2% (oder 5%) der Arbeitnehmer des Betriebes … nicht überschritten wird«. Damit ist im Tarifvertrag eine objektive Belastungs- bzw. Obergrenze (2 oder 5% aller Arbeitnehmer eines Betriebes) gesetzt worden, bis zu der die vom Tarifvertrag erfassten, also tarifgebundenen Arbeitnehmer bei Erfüllung bestimmter Voraussetzungen einen tarifvertraglichen Anspruch auf vorzeitiges Ausscheiden haben. Ansprüche nicht tarifgebundener Arbeitnehmer konnten und durften die Parteien dieser Tarifverträge demgegenüber mangels einer entsprechenden Verhandlungsbefugnis auf Seiten der Ge- 5

6 Zum Mindestarbeitsbedingungsgesetz vgl. *Peter*, in: Peter/Kempen/Zachert, Die Sicherung tariflicher Mindeststandards, 2004, 83ff.
7 Vgl. *Waas*, BB 2003, 2175.
8 Z.B. BAG 26.2.1990 (5 AZR 112/90), AP Nr. 9 zu § 2 BeschFG 1985; BAG 26.5.1993 (4 AZR 461/92), AP Nr. 2 zu § 612 BGB Diskriminierung; ErfK/*Preis*, § 612 BGB Rn. 38ff. mit weiteren Nachweisen.
9 *G. Reinecke*, DB 2002, 583, 585; *Däubler/Lorenz*, § 3 Rn. 5.
10 BAG 21.1.1987, AP Nr. 47 zu Art. 9 GG.

werkschaften nicht regeln. Der zusätzliche freiwillige Abschluss von Vorruhestandsvereinbarungen der tarifgebundenen Arbeitgeber mit nicht tarifgebundenen Arbeitnehmern kann deshalb den Regelungsbereich des Tarifvertrages nicht berühren, entsprechende Vereinbarungen dürfen nicht zu einer Anrechnung auf die tarifvertraglichen Belastungsgrenzen führen.[11] Diese Möglichkeit zeigt zugleich, dass es sich bei den entsprechenden tariflichen Vorruhestandsregelungen nicht um Betriebsnormen handelt.[12]
Dasselbe Problem stellt sich auch bei § 3 Abs. 1 Nr. 3 ATG: Danach erhält ein Arbeitgeber Zuschüsse zu **Altersteilzeitvereinbarungen** nur dann, wenn diese nicht mehr als 5 von Hundert seiner Belegschaft betreffen. Auch hier will die Rechtsprechung[13] im Falle einer tariflichen Regelung auch die nicht tarifgebundenen Arbeitnehmer entgegen §§ 3, 4 Abs. 1 TVG in die Berechnung der Quote mit einbeziehen.[14]

**6** § 3 TVG spricht, wie sich aus dem dargestellten (§ 3 Rn. 1f.) Zusammenwirken mit § 4 TVG ergibt, lediglich die Bindung hinsichtlich des **normativen Teils** des Tarifvertrages, **nicht** aber bezüglich des **schuldrechtlichen Teils** an. Die schuldrechtlichen, nur zwischen den Tarifvertragsparteien (Gewerkschaften und Arbeitgeberverband oder einzelne Arbeitgeber) geltenden Bindungen, wie vor allem die Friedenspflicht und die Pflicht zur Durchführung abgeschlossener Tarifverträge, werden vom Tarifvertragsgesetz überhaupt nicht unmittelbar geregelt. Sie können damit nur die Parteien des Tarifvertrages, nicht aber auch deren Mitglieder erfassen[15], während für Normativregelungen durch § 4 Abs. 1 in Verbindung mit § 3 TVG eine solche unmittelbare Erfassung auch der Mitglieder der Tarifvertragspartei und damit die ausreichende Wirksamkeit des Instituts Tarifvertrag im Interesse der geschützten Arbeitnehmer überhaupt sichergestellt ist (dazu auch § 4 Rn. 1ff.). Von einer Friedenspflichtverletzung würden die Gewerkschaftsmitglieder nur mittelbar betroffen, weil sie z.B. bei einem rechtswidrigen Streik ihre arbeitsvertraglichen Verpflichtungen brechen könnten. Außer von der Tarifbindung ist die (tarif-)rechtliche Geltung von Tarifverträgen für Arbeitsverhältnisse davon abhängig, dass auch der zwischen den Tarifvertragsparteien zu vereinbarende Geltungsbereich des Tarifvertrages (§ 4 Rn. 21ff., Rn. 98ff., Rn. 105ff. und Rn. 108ff.) das Arbeitsverhältnis erfasst. Während die Tarifbindung, die in § 3 TVG gesetzlich festgeschrieben ist und von den Tarifvertragsparteien nicht verändert werden kann, dabei festlegt, welcher Personenkreis überhaupt der Normsetzungsbefugnis der Tarifvertragsparteien unterliegt, legt der zwischen diesen frei vereinbarte Geltungsbereich fest, für welche tarifgebundenen Arbeitsverhältnisse im Einzelnen ein Tarifvertrag unter räumlichen, betrieblich-fachlichen und persönlichen Gesichtspunkten Anwendung finden soll.[16]

---

11 *Dorndorf*, AuR 1988, 1, mit weiteren Nachweisen auf Literatur und Rechtsprechung zu diesem Problem.
12 BAG 18.9.2001 (9 AZR 397/00), AP Nr. 3 zu § 3 ATG; *Däubler/Hensche*, § 1 Rn. 613; *Löwisch/Rieble*, § 3 Rn. 124.
13 BAG 18.9.2001 (9 AZR 397/00), AP Nr. 3 zu § 3 ATG.
14 Wie hier dagegen *Däubler/Hensche*, § 1 Rn. 620.
15 Zu weitergehenden verbandsrechtlichen Gestaltungsmöglichkeiten vgl. Wiedemann/*Oetker*, § 3 Rn. 10, sowie *Säcker*, AR-Blattei D Tarifvertrag III Tarifgebundenheit C.
16 Vgl. zu diesen Zusammenhängen auch *Buchner*, AR-Blattei D Tarifvertrag IV Geltungsbereich A II.

## II. Beginn und Ende der Tarifgebundenheit

### 1. Beginn durch Mitgliedschaft in der Koalition

Die potenzielle Tarifbindung wird durch die Mitgliedschaft in der Gewerkschaft oder im Arbeitgeberverband begründet. Entscheidend ist der Zeitpunkt, zu dem die Mitgliedschaft wirksam wird. Dieser richtet sich nach den Vereinbarungen der Betroffenen (etwa Antrag auf Beitritt zu einem bestimmten Zeitpunkt) und den Satzungsbestimmungen einer Koalition, die in der Regel einen schriftlichen Aufnahmeantrag, eine Entscheidung des Vorstandes und einen Mitgliedschaftsbeginn nach Vorliegen von beidem vorsehen. Im Übrigen gilt das Vereinsrecht.[17] Nicht entscheidend ist die Bezeichnung als »Mitglied«. § 3 Abs. 1 ist nämlich eine (aus koalitionsrechtlichen Gründen, vgl. § 2 Rn. 34 und Rn. 37 ff.) **zwingende Vorschrift**. Danach sind tarifgebundene Mitglieder alle Personen, die satzungsrechtlich an der Willens- und Entscheidungsbildung der Koalition beteiligt werden. Auch die so genannten OT-Mitglieder (= ohne Tarifbindung) mancher Arbeitgeberverbände können somit nach § 3 Abs. 1 tarifgebunden sein (vgl. dazu § 2 Rn. 117 ff.). Dagegen wären die lediglich zu Informationszwecken vorübergehend aufgenommenen »Gastmitglieder« nicht tarifgebunden[18] (vgl. § 2 Rn. 116). 7

Die **Mitgliedschaft** in der Gewerkschaft oder dem Arbeitgeberverband **beginnt** mit dem Abschluss des Mitgliedschaftsvertrages, d.h. mit der Annahme des Mitgliedschaftsaufnahmeantrages durch den Verband. Einzelheiten sind regelmäßig satzungsrechtlich geregelt. Ansonsten bedarf es mindestens einer entsprechenden Willenserklärung eines vertretungsberechtigten Verbandsorgans. Die Satzung kann auch eine **rückwirkende Aufnahme** der Mitgliedschaft vorsehen.[19] Dann stehen dem rückwirkend beigetretenen Mitglied rückwirkend auch die vorgesehenen Leistungen des Verbandes (z.B. Rechtsschutz, Arbeitskampfunterstützung) zu. Nach allgemeiner Auffassung führt die Vereinbarung eines rückwirkenden Beginns der Mitgliedschaft jedoch **nicht** zu einem rückwirkenden Beginn der **Tarifgebundenheit**.[20] Der Grund hierfür liegt allerdings nicht im Vertrauensschutz für die andere Tarifpartei. Der Arbeitnehmer ist nämlich keineswegs verpflichtet, seine Verbandsmitgliedschaft bei Arbeitsvertragsabschluss zu offenbaren (vgl. § 3 Rn. 9) und hat dennoch später Ansprüche auf tarifliche Leistungen für die Dauer seiner Tarifbindung. Auch lassen sich mögliche tatsächliche Manipulationen nicht über ein Rückwirkungsverbot wirksam ausschließen. Wohl aber haben beide Tarifparteien ihre Mitglieder permanent zur **Durchführung** des Tarifvertrages anzuhalten (so genannte Durchführungspflicht, vgl. dazu § 1 Rn. 664 ff.). Diese Pflicht ist rückwirkend nicht mehr zu erfüllen und führt deshalb dazu, dass die Tarifgebundenheit regelmäßig erst nach Abschluss des Mitgliedschaftsverhältnisses beginnt. Eine rückwirkend festgelegte Mitgliedschaft darf deshalb nicht gleichzeitig auch die Rückwirkung der Tarifgebundenheit nach sich ziehen. Gerade wegen der schuldrechtlich wirkenden Durchführungspflicht können die Tarifparteien andererseits aber **übereinstimmend** auch den Beginn der Mitgliedschaft samt der Tarifgebundenheit vorverlegen, d.h. vertrag- 8

17 Vgl. BAG 16.2.1962, AP Nr. 12 zu § 3 TVG Verbandszugehörigkeit; BAG 4.5.1994, NZA 1995, 638.
18 BAG 16.2.1962, AP Nr. 12 zu § 3 TVG Verbandszugehörigkeit.
19 BAG 22.11.2000 (4 AZR 688/99), AP 20 zu § 3 TVG Verbandszugehörigkeit; *Däubler/Lorenz*, § 3 Rn. 18 f.
20 BAG 22.11.2000 (4 AZR 688/99), AP Nr. 20 zu § 3 TVG Verbandszugehörigkeit; *Däubler/Lorenz*, § 3 Rn. 19; *Löwisch/Rieble*, § 3 Rn. 31; Wiedemann/*Oetker*, § 3 Rn. 29.

lich eine entsprechende Fiktion **vereinbaren**, während dies einseitig nicht zulässig wäre.[21]

9 Die **Frage nach der Verbandsmitgliedschaft** ist nach allgemeiner Auffassung **vor** Abschluss eines Arbeitsvertrages bei den Einstellungsverhandlungen sowohl für den Arbeitgeber[22] wie für den Arbeitnehmer[23] **unzulässig** (vgl. § 3 Abs. 9 BDSG).[24] Der Grund hierfür liegt freilich nicht nur im Schutzbedürfnis des gewerkschaftlich organisierten Arbeitnehmers vor Diskriminierung[25] und einem entsprechenden Annexschutz des Arbeitgebers jeweils nach Art. 9 Abs. 3 Satz 2 GG.[26] Vielmehr wäre die Beantwortung einer derartigen Frage ohne sachlichen Informationswert für die Gegenseite, weil Arbeitgeber und Arbeitnehmer anschließend den jeweiligen Tarifparteien beitreten oder sie verlassen können. Damit fehlt es bereits vor Vertragsabschluss an einem schutzwerten Informationsinteresse des jeweiligen Vertragspartners, welches das »informationelle Selbstbestimmungsrecht« des Gegenübers aus Art. 2 Abs. 1 GG durchdringen könnte. Da diese Unsicherheit über zukünftige Verbandsbeitritte während der gesamten Dauer des Arbeitsverhältnisses bestehen bleibt, ist die Frage nach jeweiliger Mitgliedschaft auch nach Vertragsabschluss weiterhin unzulässig.[27] Infolge der allgemeinen Benennungspflicht anwendbarer Tarifverträge (§ 2 Abs. 1 Nr. 10 NachweisG) und der Auslagepflicht für maßgebende Tarifverträge (§ 8 NachweisG) wird der Arbeitnehmer indirekt über die Verbandszugehörigkeit des Arbeitgebers informiert werden. Umgekehrt erfährt der Arbeitgeber die Gewerkschaftszugehörigkeit eines Arbeitnehmers, sobald dieser tarifliche Rechte geltend macht. Unterlässt der Arbeitnehmer die Geltendmachung, so verliert er seine tariflichen Rechte in der Regel wegen entsprechender tariflicher Ausschlussklauseln (§ 4 Abs. 4 Satz 3 TVG, vgl. § 4 Rn. 458ff.) nach relativ kurzer Zeit. Auch deshalb besteht kein entsprechendes Informationsbedürfnis der Arbeitgeberseite.[28] Eine spezielle arbeitsvertraglich vereinbarte Informationspflicht des Arbeitnehmers über Änderungen seiner Gewerkschaftszugehörigkeit wäre unangemessen (vgl. § 307 Abs. 1 BGB) und verstieße gegen das »informationelle Selbstbestimmungsrecht« der Arbeitnehmer nach Art. 2 Abs. 1 GG.[29]

10 Duldet ein Arbeitgeber zurechenbar, dass ein Arbeitgeberverband, dessen Mitglied er nicht ist, ihn tarifvertraglich vertritt, so muss er sich behandeln lassen, als sei er tarifgebunden.[30] Es handelt sich dabei um eine **Tarifbindung kraft Duldungsvollmacht**[31], die letztlich wie eine Art Verbandsmitgliedschaft durch selbst gesetzten Rechtsschein wirkt.

11 **Existiert bei Beginn einer Mitgliedschaft bereits ein Tarifvertrag** (Beispiel: Ein Arbeitnehmer eines bereits organisierten oder firmentarifgebundenen Arbeitgebers tritt der Gewerkschaft bei, die den Tarifvertrag abgeschlossen hat) und er-

---

21 A.A. *Löwisch/Rieble*, § 3 Rn. 31.
22 BAG 25.3.1992 (1 ABR 72/98), AP Nr. 4 zu § 2 BetrVG: Frage nach Gewerkschaftszugehörigkeit.
23 BAG 19.3.2003 (4 AZR 33/02), AP Nr. 33 zu § 1 TVG Bezugnahme auf Tarifvertrag: Frage nach Arbeitgeberverbandsmitgliedschaft.
24 Z.B. *Boemke*, NZA 2004, 142ff.; *Rieble*, GS Heinze, 687.
25 So aber *Rieble*, GS Heinze, 690.
26 So aber *Boemke*, NZA 2004, 144.
27 A.A. *Rieble*, GS Heinze, 693ff.
28 A.A. *Rieble*, GS Heinze, 693ff.
29 A.A. *Rieble*, GS Heinze, 703; wie hier dagegen im Ergebnis *Däubler/Lorenz*, § 3 Rn. 38ff.
30 Ebenso im Ergebnis BAG 2.12.1992 (4 AZR 277/92), AP Nr. 14 zu § 3 TVG; Wiedemann/*Oetker*, § 3 Rn. 103; *Däubler/Lorenz*, § 3 Rn. 20; *Löwisch/Rieble*, § 3 Rn. 24.
31 Vgl. dazu auch BAG 29.6.2004 (1 AZR 143/03), Pressemitteilung 49/04.

fasst dieser Tarifvertrag mit seinem Geltungsbereich (§ 4 Rn. 21 ff., Rn. 98 ff., Rn. 105 ff. und Rn. 108 ff.) das Arbeitsverhältnis, tritt die konkrete Tarifbindung bzgl. dieses Tarifvertrages sofort ein. Der Arbeitnehmer kommt deshalb sofort in den Genuss aller tariflichen Rechte. Dies gilt grundsätzlich auch für Abschlussnormen (zum Begriff vgl. § 1 Rn. 69 und Rn. 430), also für tarifvertragliche Normativbestimmungen, die beim Abschluss des Arbeitsvertrages zu beachten sind, wie z. B. Schriftformgebote für Arbeitsverträge, Beschäftigungsverbote, Gebote, dass befristete Arbeitsverhältnisse nur bei Vorliegen eines sachlichen Grundes zulässig sind.[32] Soweit die entsprechenden tarifvertraglichen Bestimmungen vor Eintritt des Arbeitnehmers in die tarifvertragsschließende Gewerkschaft nicht eingehalten worden waren, ist dies nachzuholen. Die Frage spielt in der Praxis zum Beispiel dann eine Rolle, wenn ein nicht tarifgebundener Arbeitnehmer im Geltungsbereich eines Tarifvertrages, der entgegen § 14 Abs. 2, 2a und 3 TzBfG die Befristung des Arbeitsverhältnisses weiterhin von einem sachlichen Grund abhängig macht[33], ohne Vorliegen eines solchen sachlichen Grundes einen befristeten Arbeitsvertrag abschließt und anschließend der tarifvertragsschließenden Gewerkschaft beitritt. Nach der hier vertretenen Auffassung kann der Vollzug dieser tarifvertraglichen Normativbestimmung nachgeholt werden, indem die Befristung nachträglich darauf überprüft wird, ob für sie ein sachlicher Grund vorlag. Ist das nicht der Fall, wird die Befristung des Arbeitsvertrages unwirksam. Liegt ein sachlicher Grund vor, bleibt der befristete Arbeitsvertrag wirksam. Die gegenteilige Meinung des Bundesarbeitsgerichts, der zufolge für die Zulässigkeit einer arbeitsvertraglichen Befristung alleine die Umstände im Zeitpunkt des Vertragsabschlusses entscheidend sind[34], verkennt, dass es hier nicht um die individualrechtliche Ebene des sachlichen Grundes, sondern um das Verhältnis des individuellen Arbeitsvertrages zum kollektiven Tarifvertrag geht. Ein solches Problem ist nach den Grundsätzen über den Eintritt der Tarifbindung zu lösen.

Wie zuvor ausgeführt, tritt die Tarifbindung immer sofort mit dem Beitritt zur Gewerkschaft ein. Eine Ausnahme hiervon kommt nur dann in Betracht, wenn bei einem Eintritt in die Gewerkschaft nach Abschluss des individuellen Arbeitsvertrages die Tarifnormen nicht mehr vollzogen werden können. Beim zuvor genannten Beispiel ist das gerade nicht der Fall. Dementsprechend kann auch der Auffassung der zuvor zitierten Urteile, dass bei Abschlussnormen der spätere Eintritt eines Arbeitnehmers in die tarifschließende Gewerkschaft nicht mehr zur **rückwirkenden Tarifbindung** führen könne, nicht gefolgt werden. Das einzige hierfür vorgetragene Argument, die rückwirkende Anwendung einer tariflichen Abschlussnorm würde den auch im Tarifrecht zu beachtenden Geboten der Rechtssicherheit und Rechtsklarheit widersprechen[35], erscheint nicht überzeugend. Diese Argumentation könnte man entsprechend auf jegliches spätere Inkrafttreten tarifvertraglicher Normen durch einen Gewerkschaftseintritt im Verlaufe des Arbeitsverhältnisses anwenden. Ob einschlägiges Tarifrecht in einem Arbeitsverhältnis gilt, ist immer zweifelhaft, je nachdem, ob der Arbeitnehmer 12

32 A. A. aber BAG 27.4.1988, AP Nr. 4 zu § 1 BeschFG 1985 für tarifvertragliche Regelungen, nach denen Arbeitnehmer nur befristet beschäftigt werden dürfen, wenn dafür sachliche oder in der Person des Arbeitnehmers liegende Gründe gegeben sind.

33 Beispiel: Protokollnotiz Nr. 1 zu Nr. 1 SR II y BAT.

34 Vgl. BAG 27.4.1988; AP Nr. 4 zu § 1 BeschFG 1985; zuletzt BAG 14.2.1990 (7 AZR 68/89), AP BeschFG 1985 § 1 Nr. 12, mit weiteren Nachweisen zur Rechtsprechung zum befristeten Arbeitsvertrag.

35 BAG AP Nr. 4 zu § 1 BeschFG 1985, Ziff. 1 der Entscheidungsgründe am Ende.

Mitglied der tarifvertragsschließenden Gewerkschaft wird. Die dadurch eventuell bestehende Rechtsunsicherheit ist Folge der gesetzlichen Regelung über den Eintritt der Tarifgebundenheit und die Wirkung von Tarifnormen gemäß § 3 und § 4 TVG. Nichts Anderes gilt im Übrigen bei Beendigungsnormen, als die die zuvor genannten Tarifnormen vom ArbG Berlin[36] angesehen worden sind. Tarifnormen über die Beendigung von Arbeitsverhältnissen gelten gemäß §§ 3 Abs. 1, 4 Abs. 1 TVG erst recht unmittelbar und zwingend für die bei Beendigung des Arbeitsverhältnisses tarifgebundenen Arbeitnehmer unabhängig davon, zu welchem Zeitpunkt der Arbeitnehmer der tarifvertragsschließenden Gewerkschaft beigetreten ist.[37] Ausnahmen von dem Grundsatz, dass Tarifnormen für jeden Tarifgebundenen sofort, das heißt ab seinem rechtswirksam zustande gekommenen Gewerkschaftsbeitritt gelten, lassen sich dem TVG nicht entnehmen.

13 **Besteht bei Beginn der Mitgliedschaft noch kein Tarifvertrag**, entsteht die Tarifbindung sofort mit Inkrafttreten eines später abgeschlossenen Tarifvertrages, immer vorausgesetzt, das betroffene Arbeitsverhältnis wird auch vom Geltungsbereich des Tarifvertrages erfasst. Deshalb entsteht ein tariflicher Urlaubsanspruch auch dann in voller Länge, wenn der Arbeitnehmer erst während des Urlaubsjahres beitritt.[38] Beginnt die Mitgliedschaft zu einem Zeitpunkt, in dem ein Tarifvertrag nur noch gemäß § 4 Abs. 5 TVG **nachwirkt**, kann nach hier vertretener, umstrittener Auffassung ebenfalls noch die konkrete Tarifbindung an den nachwirkenden Tarifvertrag eintreten (dazu im Einzelnen § 4 Rn. 535 mit weiteren Nachweisen). In der Praxis wird zusätzlich meist vereinbart, dass nachwirkende Tarifverträge auch den neu eintretenden Arbeitnehmer erfassen.

### 2. Beginn bei rückwirkenden Tarifverträgen

14 Bei einem zulässigerweise vereinbarten rückwirkenden Inkrafttreten eines Tarifvertrages (dazu im Einzelnen § 4 Rn. 111 ff.) sowie zu den Grenzen der Rückwirkung tariflicher Regelungen[39] (vgl. Grundl. Rn. 260) tritt die konkrete Tarifbindung für alle Arbeitsverhältnisse ein, die zum Zeitpunkt des rückdatierten Inkrafttretens und zum Zeitpunkt des (späteren) Vertragsschlusses tarifgebunden sind. Wer erst während des Rückwirkungszeitraumes, also nach dem Tag des Inkrafttretens des Tarifvertrages, Mitglied der tarifvertragsschließenden Koalition wird, unterliegt bis zu diesem Tag nicht der Tarifbindung.[40] Eine rückwirkende Tarifgeltung kann tarifliche Rechte und Pflichten nicht für Zeiten begründen, in denen keine Mitgliedschaft bestanden hat, weil für diesen Zeitraum die Rechtssetzungsbefugnis nicht gegeben ist.[41] Lag im Rückwirkungszeitraum Tarifgebundenheit vor, ist diese aber zum Zeitpunkt des Tarifvertragsabschlusses etwa aufgrund einer Kündigung nicht mehr gegeben, können Tarifbindung und damit Tarifgeltung grundsätzlich ebenfalls nicht mehr eingreifen. In solchen Fällen wird man jedoch unter Umständen einen Anspruch des begünstigten Mitglieds aus einem Vertrag zugunsten Dritter[42] bejahen können (vgl. auch § 1 Rn. 757). Im

---

36 AG Berlin 26.2.1987 (20 Ca 97/86), nicht veröffentlicht.
37 Ebenso *Däubler*, Tarifvertragsrecht, Rn. 294.
38 LAG Düsseldorf 12.6.1991, DB 1991, 2144; *Däubler*, Tarifvertragsrecht, Rn. 294; a. A. *Löwisch/Rieble*, § 3 Rn. 78.
39 Vgl. BAG 14.4.1995, AP Nr. 12 zu § 1 TVG Rückwirkung.
40 Wiedemann/*Oetker*, § 3 Rn. 38; *Däubler*, Tarifvertragsrecht, Rn. 295; a. A. *Löwisch/Rieble*, § 3 Rn. 77 ff.
41 BAG 13.9.1994, DB 1995, 1133.
42 Wiedemann/*Oetker*, § 3 Rn. 40.

Interesse der **Rechtssicherheit** ist es im Übrigen generell empfehlenswert, die Rückwirkung im Tarifvertrag ausdrücklich auch auf später eingetretene Koalitionsmitglieder auszudehnen, soweit und sofern das gewollt ist.

### 3. »Flucht in den Arbeitgeberverband«

Es kommt vor, dass ein bisher nicht organisierter Arbeitgeber, von dem eine **15**
Gewerkschaft den Abschluss eines Firmentarifvertrages fordert und der deswegen vielleicht sogar bestreikt wird, einem Arbeitgeberverband beitritt. Erreicht werden soll damit, dass sich der Arbeitgeber nicht mehr mit der Forderung nach Abschluss eines Firmentarifvertrages auseinandersetzen muss und dass die fordernde Gewerkschaft durch die sofort eintretende Bindung des Arbeitgebers an den Verbandstarifvertrag der Friedenspflicht (§ 1 Rn. 675 ff.) des Verbandstarifvertrages unterliegt (so genannte Flucht in den Arbeitgeberverband). Entgegen einer Auffassung, die ein solches Ergebnis zu Gunsten des Arbeitgebers bejaht, wird ein Arbeitgeber sich damit jedoch in aller Regel dem Begehren nach Abschluss eines zusätzlichen Firmentarifvertrages nicht entziehen können.[43] Jedenfalls werden von der Gewerkschaft eingeleitete Kampfmaßnahmen dadurch nicht wegen eines Verstoßes gegen die aus dem Verbandstarifvertrag resultierende Friedenspflicht rechtswidrig. Firmentarifverträge können nämlich immer neben Verbandstarifverträgen abgeschlossen werden: problematisch kann dabei lediglich sein, inwieweit ihre Erzwingbarkeit durch einen Arbeitskampf dann zu verneinen ist, wenn die relative Friedenspflicht wegen konkreter Deckungsgleichheit der Regelungen des Verbandstarifvertrages und des Firmentarifvertrages eingreift und auch keine Öffnungsklausel für zusätzliche Firmentarifverträge existiert (vgl. zu allem näher § 2 Rn. 129 ff.). Selbst wenn man im Einzelfall die Auffassung vertritt, dass der Abschluss eines zusätzlichen Tarifvertrages nicht zulässig sei, kann dies nicht dazu führen, dass der Arbeitgeber durch den Beitritt zum Arbeitgeberverband sofort in den Genuss der Friedenspflicht aus dem laufenden Verbandstarifvertrag kommt und dass dadurch die Aufwendungen der Gewerkschaft, die diese in den Streik investiert hat, sinnlos würden. Vielmehr wäre dann der Grundgedanke des § 3 Abs. 3 TVG (vgl. dazu § 3 Rn. 37 ff.) sinngemäß anzuwenden, mit der Folge, dass nach Abschluss eines Firmentarifvertrages bzw. nach Beginn eines rechtmäßigen Streiks um den Abschluss eines Firmentarifvertrages zwar der Beitritt zum Arbeitgeberverband nicht ausgeschlossen ist, eine Tarifgebundenheit an den Verbandstarifvertrag für den Arbeitgeber aber erst nach Kampfende bzw. nach Ablauf des eventuell erkämpften Firmentarifvertrages eintritt, so dass der rechtmäßige Arbeitskampf um den Abschluss eines Firmentarifvertrages durch den Beitritt des unorganisierten Arbeitgebers zum Arbeitgeberverband nicht rechtswidrig wird.[44] Der immer tariffähige einzelne Arbeitgeber wäre sonst in der Lage, das tarifautonome Verfahren zumindest zeitweise in Frage zu stellen.[45] Für die Richtigkeit der hier vertretenen Lösung spricht auch, dass der Außenseiter-Arbeitgeber sich umgekehrt auch einer Verbandsaussperrung anschließen darf.[46]

---

43 Wie hier *v. Hoyningen-Huene*, ZfA 1980, 469, mit weiteren Nachweisen; *Konzen*, ZfA 1975, 425; wie hier jetzt BAG 10.12.2002 (1 AZR 96/02), AP Nr. 162 zu Art. 9 GG Arbeitskampf.

44 Siehe zu allem *Säcker*, AR-Blattei D Tarifvertrag III E 1.

45 Zustimmend *Däubler/Lorenz*, § 3 Rn. 12; zu anderen Lösungen dieses Problems vgl. auch *Hoffmann*, AuR 1964, 169 und *Radke*, BB 1964, 1490; gegen deren Überlegungen, die in der Tat problematisch erscheinen, *Konzen*, ZfA 1975, 425.

46 BVerfG 26.6.1991, E 84, 212, 225.

### 4. Mitgliedschaft von Gesellschaften auf Arbeitgeberseite

16 Bei **Kapitalgesellschaften** (Aktiengesellschaft, Gesellschaft mit beschränkter Haftung, Versicherungsverein auf Gegenseitigkeit usw.) tritt die Tarifgebundenheit dadurch ein, dass die juristische Person Mitglied des tarifvertragsschließenden Arbeitgeberverbandes wird. Ist bei Konzernen die Obergesellschaft Mitglied eines Arbeitgeberverbandes, wird dadurch nicht auch die Tarifgebundenheit abhängiger Tochtergesellschaften bewirkt. Diese müssen, solange sie rechtlich selbständige Gesellschaften sind, zur Herbeiführung der eigenen Tarifgebundenheit ihrerseits Mitglied des Arbeitgeberverbandes werden[47] oder einen gemeinsamen Arbeitgeberverband gründen. Bei **Personengesellschaften** (Kommanditgesellschaft, offene Handelsgesellschaft usw.) wird die Tarifgebundenheit ebenfalls durch die Mitgliedschaft der Gesellschaft als solcher ausgelöst. Allerdings hat das Bundesarbeitsgericht[48] festgestellt, dass dann, wenn der einzige persönlich haftende Gesellschafter einer Kommanditgesellschaft Mitglied einer tariffähigen Arbeitgeberorganisation ist, davon auszugehen sei, dass die Gesellschaft selbst Mitglied des Verbandes und damit tarifgebunden sei. Das gilt auch, wenn die Komplementärin juristische Person ist.[49] Bei Personengesellschaften mit mehreren Gesellschaftern dürfte es deswegen ausreichen, wenn alle Gesellschafter Verbandsmitglieder sind.[50] Feststeht dagegen, dass auch BGB-Gesellschaften als Arbeitgeber Mitglied von Arbeitgeberverbänden sein können.[51]

### 5. Tarifgebundenheit beim Abschluss von Tarifverträgen durch Spitzenorganisationen

17 Schließen Spitzenorganisationen gemäß § 2 Abs. 3 TVG Tarifverträge ab (vgl. dazu § 2 Rn. 79 und Rn. 123), werden die einzelnen Arbeitnehmer und Arbeitgeber als Mitglieder der in der Spitzenorganisation zusammengefassten Verbände tarifgebunden. Dies gilt sowohl dann, wenn Spitzenorganisationen den Tarifvertrag im Namen ihrer Mitgliedsorganisationen abschließen, als auch dann, wenn sie dies im eigenen Namen tun. Obwohl eine solche Folge jedenfalls beim Abschluss von Tarifverträgen durch Spitzenorganisationen im eigenen Namen im Tarifvertragsgesetz nicht ausdrücklich geregelt ist, ergibt sich dies doch aus Sinn und Zweck der Regelung von Arbeits- und Wirtschaftsbedingungen durch Tarifverträge. Nur der für die Parteien des Arbeitsvertrages unmittelbar und zwingend geltende Tarifvertrag, der gemäß § 4 Abs. 1 TVG die Tarifgebundenheit voraussetzt, entfaltet seine volle Schutzwirkung zugunsten der betroffenen Arbeitnehmer[52] (dazu näher § 4 Rn. 1 und § 3 Rn. 1).

---

47 BAG 11.9.1991 (4 ABR 274/81), AP Nr. 29 zu IPR Arbeitsrecht.
48 BAG 22.2.1957, AP Nr. 2 zu § 2 TVG.
49 BAG 4.5.1994, EzA § 3 TVG Nr. 10.
50 Ebenso *Däubler/Lorenz*, § 3 Rn. 33.
51 Vgl. BGH 29.1.2001 (II ZR 331/00), Z 146, 341; *Löwisch/Rieble*, § 3 Rn. 17.
52 Vgl. auch Wiedemann/*Oetker*, § 3 Rn. 112f.

### 6. Beendigung der Tarifgebundenheit durch Beendigung der Mitgliedschaft

Die Tarifgebundenheit endet grundsätzlich durch die Beendigung der Mitgliedschaft in der tarifvertragsschließenden Koalition. **§ 3 Abs. 3** ist demgegenüber quasi eine **Ausnahme**, denn er durchbricht die allgemeine Rechtswirkung einer Kündigung der Verbandsmitgliedschaft. Deren Zulässigkeit und Wirksamkeit richtet sich wiederum nach den Regelungen in der Satzung in Verbindung mit den hier anzuwendenden vereinsrechtlichen Bestimmungen, insbesondere § 39 BGB. Dabei darf die Kündigungsfrist regelmäßig nicht mehr als sechs Monate betragen.[53] Umgekehrt würde ein jederzeitiges fristloses Austrittsrecht die Dauerhaftigkeit der Koalition und damit ihre Tariffähigkeit gefährden.[54] Deshalb könnte die Kündigungsfrist bei Arbeitgeberverbänden mit wenigen Mitgliedern auch mehr als sechs Monate betragen.[55] Die Mitgliedschaft einer juristischen Person des Privatrechts in einem Arbeitgeberverband setzt sich nicht bei deren Rechtsnachfolgerin fort[56] Dasselbe dürfte für die Mitgliedschaft der (nicht rechtsfähigen) DGB-Gewerkschaften im Dachverband des DGB gelten. Die Mitgliedschaft muss von den Nachfolgern neu begründet werden.[57] Um ein Unterlaufen des tarifvertraglichen Schutzes durch eine Beendigung der Mitgliedschaft in einer Koalition zu verhindern, hat der Gesetzgeber jedoch in § 3 Abs. 3 TVG angeordnet, dass die Tarifgebundenheit bestehen bleibt, bis der Tarifvertrag endet. 18

Die **Verschmelzung von eingetragenen Vereinen** nach dem Umwandlungsgesetz (§§ 99 ff. UmwG) lässt die dort bestehenden Mitgliedschaften im Wege der gesetzlichen Gesamtrechtsnachfolge (§ 20 Abs. 1 Nr. 1 UmwG) auf den verbleibenden oder neu zu gründenden Verein übergehen. Dasselbe gilt auch für die zuvor abgeschlossenen Tarifverträge samt deren normativer Wirkung.[58] Auf diesem Wege ist z. B. die Verschmelzung von fünf DGB-Gewerkschaften zur Vereinten Dienstleistungsgewerkschaft ver.di am 2. Juli 2001 durchgeführt worden.[59] Zur Gesamtrechtsnachfolge bei natürlichen Personen (Tod des Verbandsmitglieds) vgl. § 3 Rn. 48. 19

Nach § 314 BGB ist eine **fristlose Kündigung** der Mitgliedschaft auch in Arbeitgeberverbänden und Gewerkschaften möglich.[60] Dies setzt so gravierende Verletzungen verbandlicher Satzungspflichten voraus, dass dem Mitglied ein Verbleiben bis zum Ablauf der ordentlichen Kündigungsfrist unzumutbar wäre. Deshalb rechtfertigen wirtschaftliche Notlagen des Mitglieds infolge ungünsti- 20

---

53 BGH 4. 7. 1977 und 22. 9. 1980, AP Nr. 25 und 33 zu Art. 9 GG.

54 Vgl. auch ArbG Berlin 8. 5. 2003 (96 Ca 5296/03), DB 2003, 1519 (mit Anm. von *Bauer/Rolf*).

55 So *Oetker*, ZfA 1991, 68.

56 BAG 10. 11. 1993, AP Nr. 13 zu § 3 TVG Verbandszugehörigkeit.

57 Zu den Anforderungen an eine Austrittserklärung aus dem Arbeitgeberverband siehe BAG 9. 11. 1956, AP Nr. 1 zu § 3 TVG Verbandszugehörigkeit; zum Ausschluss von Gewerkschaftsmitgliedern aus einer Gewerkschaft vgl. BGH 30. 5. 1983, DB 1983, 2300, sowie BGH 22. 9. 1980, DB 1982, 130; BGH 19. 1. 1981, ARSt 1981, 21; zum Aufnahmezwang von Arbeitnehmern in eine Gewerkschaft vgl. BGH 19. 10. 1987, NJW 1988, 552; *Küttner*, NJW 1980, 968; *Löwisch*, RdA 1975, 57; generell zum Thema der inneren Willensbildung in den Gewerkschaften *Föhr*, Willensbildung und *Popp*, JöR 26 (1977), 145.

58 Wiedemann/*Thüsing*, WM 1999, 2237, 2277, 2281 ff.; für den Firmentarif BAG 24. 6. 1998, 4 AZR 208/97, AP Nr. 1 zu § 20 UmwG.

59 Vgl. *Kempen* u. a., JbArbR 39 (2002), 65.

60 *Löwisch/Rieble*, § 3 Rn. 53 ff., *Däubler/Lorenz*, § 3 Rn. 53.

ger Tarifabschlüsse oder eine Insolvenz keine fristlose Kündigung.[61] Neben der Möglichkeit der fristlosen Kündigung durch den Verband aus wichtigem Grund, d.h. bei nachhaltigen Verstößen gegen wesentliche Satzungspflichten, kann die Satzung auch bei anderen, einfacheren Satzungsverstößen eines Mitgliedes dessen **Ausschluss** vorsehen. Dazu gehört auch Nichtabführung von Aufsichtsratsvergütungen an die Hans-Böckler-Stiftung, wenn eine entsprechende Verpflichtung bestand.[62] Auch die Kandidatur auf einer gewerkschaftsfremden Liste zur Betriebsratswahl kann den Ausschluss rechtfertigen.[63] Im Ausschlussverfahren sind rechtsstaatliche Grundsätze einzuhalten, insbesondere ist rechtliches Gehör zu gewähren.

## B. Die Tarifgebundenheit bei betrieblichen und betriebsverfassungsrechtlichen Normen gemäß § 3 Abs. 2 TVG

### Literatur:

*Buchner*, Der Umfang tariflicher Abschlussnormen, insbesondere ihre Abgrenzung zu den Normen über betriebliche Fragen, RdA 1966, 208; *ders.*, Tarifvertragsgesetz und Koalitionsfreiheit, 1964; *Dieterich*, Die betrieblichen Normen nach dem Tarifvertragsgesetz vom 9. April 1949, 1962; *Föhr*, Der neue Tarifvertrag über die Betriebsverfassung des rheinisch-westfälischen Steinkohlenbergbaus, RdA 1977, 285; *Hanau/Thüsing*, Tarifverträge zur Beschäftigungssicherung, ZTR 2001, 1 (Teil 1) und 49 (Teil 2); *Hanau, H.*, Zur Verfassungsmäßigkeit von tarifvertraglichen Betriebsnormen am Beispiel der qualitativen Besetzungsregelungen, RdA 1996, 158; *Herschel*, Zur Entstehung des Tarifvertrages, ZfA 1973, 183; *Kreiling*, Die Erstreckung betrieblicher und betriebsverfassungsrechtlicher Tarifnormen auf Außenseiter, 2004; *Kreuder*, Desintegration und Selbststeuerung, 1998; *Lieb*, Begriff, Geltungsweise und Außenseiterproblematik der Solidarnormen, RdA 1967, 441; *Richardi*, Kollektivgewalt und Individualwille bei der Gestaltung des Arbeitsverhältnisses, 1968; *Runggaldier*, Kollektivvertragliche Mitbestimmung bei Arbeitsorganisation und Rationalisierung, 1983; *Säcker/Oetker*, Grundlagen und Grenzen der Tarifautonomie, 1992; *Schmidt-Eriksen*, Tarifvertragliche Betriebsnormen, 1992; *Scholz*, Rechtsfragen der Verweisung zwischen Gesetz und Tarifvertrag, FS 25 Jahre BAG, 1979, 511; *Weyand*, Die tarifvertragliche Mitbestimmung unternehmerischer Personal- und Sachentscheidungen, 1989; *Wiedemann*, Die deutschen Gewerkschaften, Mitgliederverband oder Berufsorgan?, RdA 1969, 321; *Zöllner*, Tarifmacht und Außenseiter, RdA 1962, 453; *ders.*, Das Wesen der Tarifnormen, RdA 1964, 443.

**Übersicht**



61 A.A. *Löwisch/Rieble*, § 3 Rn. 55.
62 Vgl. OLG Frankfurt, 22.8.2001 (23 U 177/00), nicht veröffentlicht.
63 BVerfG 24.2.1999 (1 BvR 123/93), AP Nr. 18 zu § 20 BetrVG.

## I. Überblick: Bedeutung des § 3 Abs. 2 TVG

Nach § 3 Abs. 2 TVG, ist die beiderseitige Tarifgebundenheit als Grundvoraussetzung einer Geltung von Tarifverträgen ausnahmsweise insoweit verzichtbar, als der Tarifvertrag betriebliche und betriebsverfassungsrechtliche Fragen regelt. Deren Geltung im Sinne von §§ 4, 3 TVG setzt lediglich voraus, dass der Arbeitgeber tarifgebunden ist (§ 3 Abs. 2, § 4 Abs. 1 Satz 2 TVG). Ist somit ein Arbeitgeber Mitglied des tarifvertragsschließenden Arbeitgeberverbandes oder Partei eines Firmentarifvertrages, gelten betriebliche und betriebsverfassungsrechtliche Normen des Tarifvertrages auch für die bei ihnen Beschäftigten, welche nicht oder in einer anderen Gewerkschaft (nicht Tarifpartei) organisiert sind, wenn sie vom Geltungsbereich des Tarifvertrages erfasst werden. Die Formulierung des Gesetzgebers »gelten für alle Betriebe« ist dabei nicht ganz glücklich geraten. Gemeint ist in Anbetracht der systematischen Einordnung des § 3 Abs. 2 TVG offensichtlich, dass bei nur einseitiger Tarifgebundenheit des Arbeitgebers insgesamt Tarifgebundenheit gegeben sei, dass die Tarifgebundenheit also über § 3 Abs. 1 TVG hinaus erweitert werden soll, mit der Folge, dass tarifvertragliche Normen über betriebliche und betriebsverfassungsrechtliche Fragen für alle Arbeitsverhältnisse mit diesem Arbeitgeber unmittelbar und zwingend im Sinne von § 4 Abs. 1 TVG gelten (vgl. § 4 Abs. 1 Satz 2 TVG; zur unmittelbaren und zwingenden Geltung im Einzelnen § 4 Rn. 1 ff.). Der Gesetzgeber hat mit § 3 Abs. 2 TVG also eine generelle Allgemeinverbindlicherklärung für Tarifnormen über betriebliche und betriebsverfassungsrechtliche Fragen im Sinne einer **Geltungserstreckung**[64] für alle Arbeitsverhältnisse eines tarifgebundenen Arbeitgebers getroffen. Nicht etwa sollen tarifvertragliche Normen über betriebliche und betriebsverfassungsrechtliche Fragen nur schuldrechtlich zwischen den Tarifvertragsparteien wirken.[65] Dies wäre deshalb nicht sinnvoll gewesen, weil betriebliche und betriebsverfassungsrechtliche Fragen regelmäßig nur einheitlich für alle betroffenen Arbeitnehmer geregelt werden können. Eine Geltung etwa von Regelungen über das Verhalten der Arbeitnehmer im Betrieb oder über erweiterte Rechte des Betriebsrates nur für organisierte Arbeitnehmer wäre praktisch nur schwer durchführbar.[66] Allerdings sind solche praktischen Durchführungsprobleme keine zwingenden Voraussetzungen für alle betrieblichen und betriebsverfassungsrechtlichen Normen (vgl. § 3 Rn. 22 und Rn. 28).[67] 21

## II. Betriebliche und betriebsverfassungsrechtliche Normen im Sinne von § 3 Abs. 2 TVG

Außer in § 3 Abs. 2 TVG spricht der Gesetzgeber betriebliche und betriebsverfassungsrechtliche Normen auch in § 1 Abs. 1 TVG an. Zwischen den Begriffen in beiden Vorschriften besteht Deckungsgleichheit. Betriebliche wie betriebsverfassungsrechtliche Normen werden im Gegensatz zu Inhalts-, Abschluss und Beendigungsnormen zunächst dadurch charakterisiert, dass sie sich auf die Betriebsmittel und auf die organisatorische Zusammenfassung des Ganzen beziehen[68], 22

---

64 Vgl. *Kreiling*, Erstreckung, 157 ff.

65 Ausführlich hierzu mit weiteren Nachweisen *Wiedemann*, in: Wiedemann, § 1 Rn. 271, § 3 Rn. 128.

66 Zur Entstehung dieser Vorschrift *Herschel*, ZfA 1973, 191; ansonsten wie hier Wiedemann/*Oetker*: § 3 Rn. 138; *Däubler/Lorenz*, § 3 Rn. 61.

67 Vgl. *Wiedemann*, RdA 1969, 323.

68 *Dieterich*, Normen, 39.

dass sie nach ihrem Regelungsinhalt einheitlich für alle Arbeitnehmer oder bestimmte Arbeitnehmergruppen gelten sollen[69] und dass sie dem einzelnen Arbeitnehmer als Mitglied der Belegschaft zugute kommen. Es geht also um für alle kollektiv wirkende Regelungsbereiche, die sich zwar theoretisch auch auf den einzelnen Arbeitnehmer alleine beziehen können (eine Nutzung von Sozialeinrichtungen verliert ihren Sinn nicht dadurch, dass sie nur für einen einzelnen Arbeitnehmer gilt), die aber **praktisch**, vor allem unter Gesichtspunkten der **Gerechtigkeit** und **Gleichbehandlung**, alle Arbeitnehmer eines Betriebes betreffen müssen, in der sozialen Wirklichkeit aus tatsächlichen oder rechtlichen Gründen nur einheitlich gelten können und sich nicht auf den betrieblichen Einzelfall beziehen.[70]
Tarifliche Betriebsnormen knüpfen an die Organisationsgewalt des Arbeitgebers an und enthalten im Sinne der früheren Unterscheidung zwischen formellen und materiellen Arbeitsbedingungen im wesentlichen formelle Arbeitsbedingungen; als betriebliche Normen können daher »nur solche Regelungen verstanden werden, die das gesteuerte Zusammenarbeiten vieler Arbeitnehmer zur Erzielung eines einheitlichen Produktions- oder Dienstleistungszieles erst ermöglichen«.[71] Abstrakter bejaht das Bundesarbeitsgericht[72] eine Betriebsnorm dann, wenn »eine individualrechtliche Regelung **wegen evident sachlogischer Unzweckmäßigkeit** ausscheide«.[73] Keinesfalls kann man demgegenüber durch ein »erweitertes Verständnis der betrieblichen Normen« alles, »was erfahrungsgemäß betriebseinheitlich geregelt wird (Bestimmung der täglichen Arbeitszeit, der Lage der Pausen, der Zeit der Lohnzahlung; Kündigungsgründe und Kündigungsfristen usw.)« unter den Begriff der Betriebsnormen packen.[74] Eine solche Vorgehensweise beseitigt die gesetzgeberische Unterscheidung zwischen Inhalts-, Abschluss- und Beendigungsnormen, deren Geltung beiderseitige Tarifgebundenheit voraussetzt, und betrieblichen und betriebsverfassungsrechtlichen Normen, deren Geltung lediglich die Tarifgebundenheit des Arbeitgebers voraussetzt, und stellt damit das Regel-(beiderseitige Tarifgebundenheit als Geltungsvoraussetzung)/Ausnahmesystem (unter bestimmten Voraussetzungen Tarifgeltung auch ohne beiderseitige Tarifgebundenheit) des Tarifvertragsgesetzes auf den Kopf. Gerade weil es sich bei § 3 Abs. 2 TVG um eine **Ausnahmevorschrift** handelt und eine Tarifgeltung im Sinne von § 4 TVG ohne beiderseitige Tarifgebundenheit verfassungsrechtlich problematisch ist (vgl. schon § 3 Rn. 2), muss § 3 Abs. 2 TVG demgegenüber eng ausgelegt werden.[75]

**23** Die Erörterungen zur Zulässigkeit von Betriebsnormen haben gezeigt, dass der **Zweck des § 3 Abs. 2** darin besteht, die Bereitstellung, Wahrung und Sicherung von Kollektivgütern durch Tarifvertrag auch dann zu ermöglichen, wenn nicht – oder anders organisierte Arbeitnehmer vorhanden sind.[76] Ansonsten wären derartige Regelungen nur streng einzelbetriebsbezogen über betriebsverfassungs-

---

69 *Dieterich*, Normen, 42.
70 BAG 21.1.1987, AP Nr. 46 und 47 zu Art. 9 GG; BAG 27.4.1988, AP Nr. 4 zu § 1 BeschFG 1985; BAG 17.6.1997 (1 ABR 3/97), AP Nr. 2 zu § 3 TVG Betriebsnormen.
71 LAG Berlin 22.7.1987 (12 Sa 35/87), nicht veröffentlicht.
72 BAG 26.4.1990, AP Nr. 57 zu Art. 9 GG; BAG 17.6.1997 (1 ABR 3/97), AP Nr. 2 zu § 3 TVG Betriebnormen.
73 Ähnlich *Säcker/Oetker*, 141 ff.
74 So aber *Wiedemann/Stumpf*, § 1 Rn. 244; vorsichtiger Wiedemann/*Wank*, § 1 Rn. 565 ff.
75 In der Tendenz auch das Bundesverfassungsgericht, BVerfG 14.6.1983, E 64, 208, 215; zurückhaltender Wiedemann/*Wiedemann*, § 1 Rn. 566 ff.
76 LAG Niedersachsen, 28.5.1998 (1 TaBV 41/97), LAGE 1 TVG Betriebsnorm Nr. 2.

rechtliche Vereinbarungen mit dem Betriebsrat möglich[77], nicht aber durch Verbandstarifverträge, welche kollektive Zwecksetzungen meist erst effektivieren. § 3 Abs. 2 TVG sichert insofern die Funktionsfähigkeit der Tarifautonomie als Verfahren zur arbeitsmarktbezogenen Regelung des kollektiven Betriebsverbandes.[78] Es handelt sich um eine gebotene Konsequenz aus dem grundrechtlichen Mandat der Koalitionen zur Regelung der Arbeits- und Wirtschaftsbedingungen (Art. 9 Abs. 3 GG).[79] Bei den Betriebsnormen geht es um eine **gesetzliche Delegation von Regelungsbefugnissen** auf die Tarifvertragsparteien, welche insoweit (wie der Gesetzgeber selbst) unmittelbar an die Grundrechte der Außenseiter gebunden sind.[80] Dieser grundrechtliche Schutz der Außenseiter wirkt dann zwangsläufig auch zu Gunsten der nach § 3 Abs. 1 Tarifgebundenen.

Die gesetzliche Delegation von normativen Regelungsbefugnissen durch § 3 **24**
Abs. 2 war deshalb notwendig, weil die Betriebsnormen nur auf Arbeitgeberseite mitgliedschaftlich legitimiert sind. Dagegen fehlt es für die Außenseiter-Arbeitnehmer (im Unterschied zur Allgemeinverbindlicherklärung) an einer kollektiven Legitimation. Dieses Legitimationsdefizit mag dort unbeachtlich sein, wo der Arbeitgeber in seinem Betrieb kraft der (ihm individualarbeitsvertraglich übertragenen) Direktions- und Organisationsbefugnis ohnehin allgemein regelungsberechtigt ist. Man hat hieraus deshalb ableiten wollen, dass die Betriebsnormen mangels weiterreichender verbandlicher Regelungsmacht inhaltlich auf solche Gegenstände beschränkt seien, die ohnedies bereits der arbeitsvertraglichen Organisationsgewalt des Arbeitgebers unterliegen.[81] Richtigerweise wäre dann daraus zu folgern, dass Betriebsnormen nur firmentarifvertraglich vereinbart werden dürften. Eine solche Beschränkung enthält § 3 Abs. 2 indessen nicht. Tatsächlich können die angestrebten Kollektivgüter vielfach ausschließlich durch Verbandstarifverträge normativ sichergestellt werden (z.B. arbeitsmarktpolitische Regelungen). Auch rein schuldrechtliche Verbandsvereinbarungen werden die hierfür notwendige Durchsetzungskraft oft nicht erreichen. Folglich sind derartige Konstruktionen wenig geeignet, um die gesetzesentlastende Wirkung zu erzielen, welche die Betriebsnormen ermöglichen sollen.[82] Für ihre kollektive Geltungserstreckung bedarf es folglich ausnahmsweise einer nicht mitgliedschaftlich fundierten Legitimation solcher speziellen Tarifverträge. Deshalb ist es nach dem Wortlaut des § 3 Abs. 2 auch **nicht erforderlich, dass** auch nur **ein Arbeitnehmer** des jeweiligen Betriebs **tarifgebunden** ist.[83]

Betriebliche Normen betreffen etwa Arbeitnehmerschutzvorschriften, Sozialein- **25**
richtungen und sanitäre Anlagen für die Belegschaft, d.h. so genannte **Solidarnormen**[84], Fragen des Verhaltens der Arbeitnehmer im Betrieb, früher zumeist als Arbeitsordnung bezeichnet[85], d.h. so genannte **Ordnungsnormen** (z.B. Türkontrollen, Rauchverbote)[86], fachliche Anforderungen an bestimmte Arbeitneh-

---

77 Dies befürwortet *Henssler*, ZfA 1998, 34f.

78 *Weyand*, Mitbestimmung, 93; *Kreiling*, Erstreckung, 174; *Däubler/Lorenz*, § 3 Rn. 70.

79 *Kempen*, FS Schaub, 364; *Farthmann/Coen*, Handbuch Verfassungsrecht, Teil 2, § 19 Rn. 66; *Kreiling*, Erstreckung, 174; a. A. *Reuter*, DZWiR 1995, 356; *Buchner*, AR-Blattei (50), Tarifvertrag V Rn. 268ff.

80 *Kempen*, FS Hanau, 544f.; *Kreiling*, Erstreckung, 213f., 241ff.

81 Vgl. *Dieterich*, FS Däubler, 451ff.; *Schiemann*, FS Hanau, 589.

82 Vgl. *Wiedemann*, Anm. zu BAG 1.8.2001 (4 AZR 388/99), AP Nr. 5 zu § 3 Betriebnormen.

83 BAG 5.9.1990 und 20.3.1991, AP Nr. 19 und 20 zu § 4 TVG Tarifkonkurrenz; *Kreiling*, Erstreckung, 176ff.; Wiedemann/*Oetker*, § 3 Rn. 130; *Däubler/Lorenz*, § 3 Rn. 69; a. A. *Löwisch/Rieble*, § 3 Rn. 103.

84 *Dieterich*, FS *Däubler*, 453.

85 Wiedemann/*Wank*, § 1 Rn. 243.

86 *Dieterich*, FS *Däubler*, 453.

mergruppen, das zahlenmäßige Verhältnis bestimmter Arbeitnehmergruppen zur Gesamtzahl der Mitarbeiter eines Betriebs[87] oder – in anderen Worten – Regelungen zur Organisation eines Betriebes etwa im Hinblick auf Personalstruktur und Entscheidungshierarchien.[88] Soweit die betrieblichen Arbeitsabläufe davon betroffen sind und sachnotwendig nicht nur für tarifgebundene Arbeitnehmer gelten können, zählen auch Regelungen über die Einführung und Ausgestaltung von Arbeitssystemen wie etwa die »lean production« oder »quality circles« sowie die zum Gesundheitsschutz der Arbeitnehmer erforderlichen besonderen **Produktionsverfahren** zu den Betriebsnormen.[89] Dasselbe gilt für Bestimmungen über das äußere Erscheinungsbild der Beschäftigten (so genanntes **corporate design**). Hierher gehören ferner die qualitativen **Besetzungsregeln**[90], die vom Normcharakter her den früher häufigeren »Lehrlingsskalen« entsprechen[91], aber auch die quantitativen Besetzungsregeln, welche die Anzahl der auf einem Arbeitsplatz einzusetzenden Arbeitnehmer festlegen und damit den ebenfalls als Betriebsnorm zu qualifizierenden Regelungen der Personalbemessung[92] nahe kommen. Die tarifliche Festlegung von Ladenschlusszeiten stellt sich gleichfalls als eine dem Arbeitnehmerschutz dienende Betriebsnorm dar.[93] Ausschließlich unternehmensbezogene Entscheidungen (z.B. Investitionen) lassen sich dagegen grundsätzlich auch nicht über Betriebsnormen tariflich regeln[94], sind möglicherweise aber schuldrechtlich regelbar.[95] Der für eine Betriebsnorm erforderliche notwendige betriebseinheitliche Sachzusammenhang muss sich nicht unbedingt auf den gesamten Betrieb beziehen, sondern kann auch hinsichtlich technisch einheitlich organisierter kleinerer Betriebseinheiten (z.B. Werkstatt) gegeben sein.[96]

26 **Betriebsverfassungsrechtliche Normen** betreffen den gesamten Regelungsbereich des Betriebsverfassungsgesetzes, also etwa Fragen der Beteiligungsbefugnisse, der Geschäftsführung, der Freistellung, der Sachmittelausstattung des Betriebsrates, der in § 76 Abs. 8 BetrVG vorgesehenen Ersetzung der Einigungsstelle durch eine tarifliche Schlichtungsstelle und alle in § 3 Abs. 1 BetrVG genannten Regelungstatbestände.[97] Hierher gehören auch Tarifverträge über die betriebliche Interessenvertretung der im Flugbetrieb beschäftigten Arbeitnehmer nach § 117 Abs. 2 BetrVG. Vor allem werden die Tarifnormen, welche die **Mitbestimmung** des Betriebsrats **erweitern**[98] hierzu gezählt. Sie betreffen vor allem die Gegenstände der personellen (§§ 92ff. BetrVG) und der sozialen (§ 87 BetrVG) Mitwirkung sowie den Bereich der Arbeitsgestaltung und Arbeitsbedingungen (§§ 90, 91 BetrVG).[99]

87 *Dieterich*, Normen, 42.
88 *Kreiling*, Erstreckung, 28ff.; *Wiedemann*, in: Wiedemann, § 1 Rn. 579ff.
89 Vgl. *Runggaldier*, Mitbestimmung 137; *Weyand*, Mitbestimmung 97f.; *Kreuder*.
90 BAG 26.4.1990, AP Nr. 57 zu Art. 9 GG.
91 BAG 19.9.1960, AP Nr. 1 zu § 4 TVG Lehrlingsskalen.
92 BAG 3.4.1990, AP Nr. 56 zu Art. 9 GG.
93 BAG 27.6.1989, AP Nr. 113 zu Art. 9 GG Arbeitskampf; BAG 7.11.1995 (3 AZR 676/94), AP Nr. 1 zu § 3 TVG Betriebsnormen vgl. auch *Schmidt-Eriksen*, Betriebsnormen, 231ff.
94 *Weyand*, Mitbestimmung 98; *Däubler*, Tarifvertragsrecht, Rn. 1110.
95 *Weyand*, Mitbestimmung 101ff.
96 *Säcker/Oetker*, 142.
97 Zur Neufassung des § 3 BetrVG von 2001 vgl. DKK-*Trümner*, § 3 Rn. 1ff. Rn. 21ff.
98 Z.B. BAG 9.5.1995 (1 ABR 56/94), AP Nr. 2 zu § 76 BetrVG Einigungsstelle; BAG 10.2.1998 (1 ABR 70/86), AP Nr. 53 zu § 99 BetrVG; BAG 18.8.1987 (2 AZR 709/96), AP Nr. 23 zu § 77 BetrVG.
99 Ebenso *Däubler/Hensche*, § 1 Rn. 812ff.; Wiedemann/*Oetker*, § 1 Rn. 598ff.; a.A. z.B. *Reuter*, FS Schaub, 618f.

Ob Tarifregelungen Normen im Sinne von § 3 Abs. 2 TVG sind, kann nicht pauschal für alle Normen eines Tarifvertrages beantwortet werden, sondern ist für jede Tarifnorm unter Berücksichtigung des für die **Tarifauslegung** maßgebenden tariflichen Gesamtzusammenhangs (dazu Grundl. Rn. 393) getrennt zu prüfen.[100] Dabei kann ein Tarifvertrag nebeneinander Inhaltsnormen, betriebliche Normen und betriebsverfassungsrechtliche Normen enthalten. In der Praxis macht es häufig Schwierigkeiten, durch Auslegung festzustellen, ob sich im Einzelfall eine konkrete Tarifbestimmung primär mit dem einzelnen Arbeitsverhältnis befasst und damit Inhalts-, Abschluss- oder Beendigungsnorm ist, oder vorrangig mit der Zusammensetzung des Betriebskollektivs zu tun hat und damit Betriebsnorm im Sinne von § 3 Abs. 2 TVG ist.[101] Bloß schuldrechtlich wirkende Tarifvereinbarungen können jedenfalls keine Betriebsnormen darstellen.[102] 27

Problematisch ist die Frage, ob die tariflichen Regelungen über die **wöchentliche Arbeitszeit** in den Arbeitszeittarifverträgen des so genannten Leber-Kompromisses von 1984 mit Öffnungsklauseln gemäß § 77 Abs. 3 Satz 2 BetrVG für Betriebsvereinbarungen Inhalts- oder betriebliche Normen waren[103] (vgl. dazu § 1 Rn. 253 ff.). Im Zweifel sind alle tariflichen Arbeitszeitnormen aus den zuvor (§ 3 Rn. 22) genannten Gründen als Inhaltsnormen, nicht aber als für alle Arbeitnehmer eines Betriebes unabhängig von ihrer Tarifgebundenheit geltende betriebliche Normen im Sinne von § 3 Abs. 2 TVG anzusehen. Nur ausnahmsweise dann, wenn tarifliche Arbeitszeitnormen dem tarifgebundenen Arbeitgeber aus betriebsorganisatorischen Gründen keine andere Wahl lassen, als die Normen für alle Arbeitnehmer, also auch für die Nichtorganisierten, zur Anwendung zu bringen, wird man insoweit von betrieblichen Normen sprechen können (vgl. auch zuvor § 3 Rn. 22 zu den an betriebliche Normen zu stellenden abstrakten Anforderungen). Die Tatsache alleine, dass eine Qualifizierung als Inhaltsnormen zur Geltung unterschiedlichen Rechts im Betrieb führt, mag die Einstufung solcher Normen als betriebliche Norm noch nicht zu rechtfertigen. Aus denselben Gründen sind tarifliche Normen gemäß § 1 Abs. 3 Nr. 1 AÜG über die Nichtanwendbarkeit des Arbeitnehmerüberlassungsgesetzes bei Arbeitgebern desselben Wirtschaftszweiges zur Vermeidung von Kurzarbeit oder Entlassungen ebenfalls als Inhaltsnormen, nicht aber als für alle Arbeitnehmer des Betriebes geltende betriebliche Normen im Sinne von § 3 Abs. 2 TVG anzusehen (vgl. § 1 Rn. 353). 28

Sehr umstritten ist die Praxis einer **tariflichen Beschäftigungssicherung** durch Betriebsnormen. Hierbei geht es vorrangig um die Festlegung von **Höchstarbeitszeiten** (Stichwort Arbeitszeitverkürzung) durch Tarifvertrag mit dem Ziel der Zurückdrängung von Arbeitslosigkeit. Ihre Effektivität hängt davon ab, dass möglichst alle Beschäftigten im tariflichen Geltungsbereich, also auch Außenseiter erfasst werden. Wenn es sich bei diesen Höchstgrenzen (meist der Wochenarbeitszeit) um Betriebsnormen handelte, wäre das möglich. Das Bundesarbeitsgericht ist der Frage bislang ausgewichen, wenn der Tarifvertrag selbst nicht alle Einzelheiten der Arbeitszeitverkürzung regelte und deshalb durch weitere Regelungen konkretisierungsbedürftig war.[104] Das LAG Niedersachsen hat dagegen 29

---

100 BAG 21.1.1987, AP Nr. 46 und 47 zu Art. 9 GG.

101 Vgl. insoweit etwa BAG 21.1.1987, AP Nr. 46 und 47 zu Art. 9 GG zu den Überforderungsschutzklauseln von Vorruhestandtarifverträgen.

102 BAG 1.8.2001 (4 AZR 388/99), AP Nr. 5 zu § 3 TVG Betriebsnormen.

103 Offengelassen von BAG 18.8.1987, AP Nr. 23 zu § 77 BetrVG.

104 BAG 1.8.2001 (4 AZR 388/99), AP Nr. 5 zu § 3 TVG Betriebsnormen (mit Anm. von *Wiedemann*); kritisch dazu *Däubler/Lorenz*, § 3 Rn. 72.

eine abschließend geregelte Höchstarbeitszeit als zulässige Betriebsnorm gesehen, die durch die arbeitsmarktpolitische Zielsetzung des Tarifvertrages auch verfassungsrechtlich legitimiert sei.[105]

30 Die ebenfalls umstrittene Vorfrage, ob den Tarifvertragsparteien überhaupt ein **beschäftigungspolitisches Mandat** zustünde[106], ist deshalb positiv zu beantworten, weil jede kollektivvertragliche (und letztlich auch jede individualarbeitsvertragliche) Regelung der Arbeits- und Wirtschaftsbedingungen sich zwangsläufig auf die Arbeitsmärkte auswirkt und damit beschäftigungspolitische Effekte zeitigen kann – sei dies nun beabsichtigt oder auch nicht.[107] Wenn derartige beschäftigungspolitische Zwecke zulässigerweise tarifvertraglich verfolgt werden (z.B. um durch Wochenarbeitsverkürzung Neueinstellungen zu veranlassen), dann bringen derartige Tarife (über die individuelle Arbeitszeitverkürzung hinaus) so genannte **Kollektivgüter** hervor (Verringerung der Arbeitslosigkeit). Derartige Kollektivgüter (z.B. Verbesserung der »Volksgesundheit« als Folge tariflicher Verlängerung der Entgeltfortzahlungsdauer) sind ein wesentlicher Legitimationsgrund der koalitionsrechtlich garantierten Tarifautonomie. Wenn sich derartige tarifliche Kollektivgüter nun praktisch ausschließlich dadurch verwirklichen und umsetzen lassen, dass die Tarifaußenseiter mit in die Regelung einbezogen werden, dann liegt eine (beschäftigungspolitische) Betriebsnorm vor. Die Zulässigkeit derartiger Betriebsnormen ist also stets danach zu prüfen, ob sich der (von Art. 9 Abs. 3 Satz 1 GG gedeckte) Tarifzweck auch ohne Außenseiter-Erstreckung gemäß § 3 Abs. 2 TVG schon über die mitgliedschaftliche Tarifbindung des § 3 Abs. 1 TVG erreichen ließe. Ist das nicht möglich, bedarf es der Regelung durch Betriebsnormen.

31 Hinsichtlich der hierdurch verpflichteten Außenseiter unterliegen diese betriebsnormativen Regelungen allerdings der vollen **Grundrechtsbindung**. Infolgedessen können beschäftigungspolitisch wirksame Betriebsnormen zwar die Berufsausübung auch der Außenseiter regeln (z.B. durch Arbeitszeitverkürzungen), müssen dabei aber deren Berufsfreiheit (Art. 12 Abs. 1 GG) respektieren, d.h. insbesondere durch »vernünftige Erwägungen des Gemeinwohls«[108] (bezogen auf den tariflich geregelten Arbeitsmarktbereich) gedeckt sein.[109] Die Zulässigkeit beschäftigungssteuernder Betriebsnormen ist daher einzelfallabhängig. Für die Praxis empfiehlt es sich folglich, die Außenseiter zusätzlich durch entsprechende arbeitsvertragliche Verweisungsklauseln einzubeziehen.[110]

---

105 LAG Niedersachsen 28.5.1998 (1 TaBV 41/97), LAGE § 1 TVG Betriebsnorm Nr. 2; kritisch dazu *Kreiling*, Erstreckung, 269f.

106 Bejahend z.B. BAG 25.6.2003 (4 AZR 405/02), EzA Art. 3 GG Nr. 99; BAG 28.6.2001 (6 AZR 114/00), EZA § 4 TVG Beschäftigungssicherung Nr. 7 (mit Anm. von *Rieble*); *Wiedemann*, RdA 1997, 297, 301; *Hanau*, RdA 1998, 65, 68; *Gamillscheg*, Kollektives Arbeitsrecht II, § 7 III 6, 344f.; *Kempen*, FS Hanau, 530f.; *Zachert*, DB 2001, 1199; *Hanau/Thüsing*, ZTR 2001, 1 (Teil 1), 49 (Teil 2); *Wolter*, RdA 2002, 223; *Däubler/Lorenz*, § 3 Rn. 72; a.A. *Zöllner*, DB 1989, 2121; *Rieble*, ZTR 1993, 54; *Löwisch*, BB 2000, 824.

107 Vgl. dazu *Kempen*, FS Hanau, 530ff.

108 Vgl. BVerfG 11.6.1958, E 7, 377.

109 *Kempen*, FS Hanau, 544f.; *Kreiling*, Erstreckung, 213f., 241ff.; a.A. *Gießen*, Tarifliche Rechtsgestaltung, 258.

110 Vgl. z.B. BAG 25.6.2003 (4 AZR 405/02), EzA Art. 3 GG Nr. 99.

## III. Verfassungsmäßigkeit des § 3 Abs. 2 TVG

In den Grundlagen ist ausführlich dargelegt, dass Art. 9 Abs. 3 GG die Gewerkschaften zu verbindlicher Rechtsetzung für ihre Mitglieder ermächtigt, weil das tarifliche Verfahren einen dem staatlichen Rechtsetzungsverfahren grundsätzlich vergleichbaren Legitimationsansatz, nämlich die Mit- und Selbstbestimmung der Betroffenen aufweist. Entscheidende Voraussetzung der tarifautonomen Normsetzung ist also die Mitgliedschaft in der tarifvertragsschließenden Koalition (siehe auch § 3 Rn. 1). Für eine Regelung der Arbeits- und Wirtschaftsbedingungen von Nichtmitgliedern fehlt den Koalitionen demgegenüber die Legitimation. Von daher stellt sich die Frage, ob eine Geltung von Tarifverträgen auch für Außenseiter, wie sie in § 3 Abs. 2 TVG bei nur einseitiger Tarifgebundenheit des Arbeitgebers und in § 5 TVG ohne jegliche Tarifgebundenheit angeordnet ist, überhaupt zulässig sein kann. In der Literatur ist diese Frage – zum Teil unter anderen Prämissen – umfassend diskutiert und die Verfassungsmäßigkeit von § 3 Abs. 2 TVG wegen Fehlens demokratischer Legitimation und ausreichender Rechtsstaatlichkeit der tariflichen Rechtsetzung sowie wegen Verstoßes gegen die so genannte »negative Koalitionsfreiheit« von einigen verneint worden.[111] Diese Bedenken haben sich allerdings nicht durchsetzen können. Die **überwiegende Meinung bejaht** mit unterschiedlicher Begründung die Möglichkeit einer begrenzten Erfassung auch von Außenseitern.[112] Das Bundesverfassungsgericht[113] hat dies für die Allgemeinverbindlicherklärung gemäß § 5 TVG ausdrücklich festgestellt.[114] 32

Man kann die Rechtsgültigkeit des § 3 Abs. 2 TVG nur sehr bedingt mit Überlegungen des Bundesverfassungsgerichts in seiner Entscheidung zur Zulässigkeit der Allgemeinverbindlicherklärung gemäß § 5 TVG[115] begründen. Anders als bei § 3 Abs. 2 TVG wird nämlich die Allgemeinverbindlicherklärung gemäß § 5 TVG von weiteren Verfahrensabläufen begleitet, die ihr eine zusätzliche demokratische Legitimation geben (Anhörung der Betroffenen gemäß § 5 Abs. 2 TVG, öffentliche Bekanntmachung der Allgemeinverbindlicherklärung gemäß § 5 Abs. 7 TVG, dazu im Einzelnen bei § 5 Rn. 35 ff. und Rn. 38). Das Bundesverfassungsgericht hat gerade dies in seiner Entscheidung ausdrücklich hervorgehoben, wenn es ausführt: »Die Ausdehnung der Tarifgebundenheit auf Außenseiter bedarf einer zusätzlichen Rechtfertigung. Sie findet sich in der Allgemeinverbindlicherklärung, die das Gesetz der zuständigen, parlamentarisch verantwortlichen Arbeitsbehörde, dem Bundesminister oder – im Fall des § 5 Abs. 3 TVG – der Bundesregierung, anvertraut hat«[116], und betont, dass die Normsetzungsbefugnis der Koalitionen sich grundsätzlich nur auf die Mitglieder der tarifvertragsschließenden Parteien erstreckt und schließlich allgemeinverbindliche Tarifnormen gegenüber den Außenseitern durch die staatliche Mitwirkung als »noch ausreichend demokratisch legitimiert« ansieht.[117] Eine vergleichbare zusätzliche Legi- 33

---

111 *Buchner*, Tarifvertragsgesetz, 67 ff.; *ders.*, RdA 1966, 209; *Richardi*, Kollektivgewalt, 225, 229, 236; *Zöllner*, RdA 1962, 458; *ders.*, RdA 1964, 447, *Lieb*, RdA 1967, 441 ff.

112 Vgl. *H. Hanau*, RdA 1996, 158 ff., 165 ff. mit weiteren Nachweisen; *Däubler/Lorenz*, § 3 Rn. 62 ff.; Wiedemann/*Oetker*, § 3 Rn. 25 ff.

113 BVerfG 24.5.1977, E 44, 322.

114 Ausführliche Behandlung dieses Themas unter Bejahung der Verfassungsmäßigkeit bei *Däubler*, Grundrecht, 280 ff. mit weiteren Nachweisen; *Kreiling*, Erstreckung, 157 ff.

115 BVerfG 24.5.1977, E 44, 322.

116 BVerfG a.a.O., 348.

117 BVerfG a.a.O., 347.

timation hat der Gesetzgeber bei der Ausdehnung der Tarifgebundenheit betrieblicher und betriebsverfassungsrechtlicher Normen auf Außenseiter in § 3 Abs. 2 TVG gerade nicht geschaffen.

34 Der Gesetzgeber hat jedoch mit dem Tarifvertragsgesetz, also in rechtsstaatlich einwandfreier Weise, die Erstreckung von Tarifnormen auf Außenseiter angeordnet (»Geltungserstreckung«), sofern **nur der Arbeitgeber tarifgebunden** ist. Tatsächlich handelt es sich bei § 3 Abs. 2 TVG um eine (auf Art. 74 Nr. 12 GG beruhende) **spezielle gesetzliche Regelung der allgemeinen arbeitsrechtlichen Organisationsbefugnis jedes Arbeitgebers**, der hier vermittels Verbandsbeitritts die einheitliche Geltung tariflicher Betriebsnormen in seinem Betrieb herbeiführen kann. Dies soll praktisch die Realisierung der tarifautonomen Rechtssetzungskompetenz für betriebliche und betriebsverfassungsrechtliche Probleme insbesondere dort sicherstellen, wo ansonsten auch die gesetzliche Mitbestimmung nach § 87 BetrVG greift, also den Tarifvorbehalt des § 87 Abs. 1 Eingangssatz BetrVG stärken, ohne sie freilich auf diesen Sektor zu begrenzen.[118] Verfassungsrechtlich handelt es sich um die **gesetzliche Regelung eines Grundrechtskonflikts** zwischen Tarifautonomie (Art. 9 Abs. 3 GG) und Berufsfreiheit (Art. 12 Abs. 1 GG) als normativem Fundament der Betriebsverfassung.[119] Dabei enthält § 3 Abs. 2 TVG hinsichtlich der tariflichen Außenseiter eine (den Gesetzesvorbehalt des Art. 12 Abs. 1 Satz 2 GG ausfüllende) **Berufsausübungsregelung**.[120] Sofern im Betrieb allerdings noch die Betriebsnormen eines gekündigten Tarifvertrages nachwirken (§ 4 Abs. 5 TVG) sollten, würde ein neuer Tarifvertrag mit einer anderen Organisation, an den ausschließlich der Arbeitgeber tarifgebunden ist, diese Nachwirkung nicht ohne weiteres beenden. Dazu bedürfte es nach § 4 Abs. 5 TVG einer anderen »Abmachung«, welche zwischen den Arbeitsvertragsparteien einverständlich zustande kommen müsste (vgl. § 4 Rn. 562). Die individualvertragliche Nachwirkung könnte deshalb weder durch Änderungskündigung des Arbeitgebers[121] noch durch dessen einseitige Tarifbindung an einen anderen Tarifvertrag beendet werden, wohl aber durch konsensuale Änderung der nachwirkenden Vertragsregelungen oder durch eine Betriebsvereinbarung, für die der andere Tarif jedoch insoweit keine Bindungswirkung nach § 87 Abs. 1 Einleitungssatz BetrVG zu entfalten vermöchte, weil seine Geltung kraft Nachwirkung entsprechend eingeschränkt wäre.

35 Als nicht ganz unbedenklich könnte § 3 Abs. 2 TVG demgegenüber im Hinblick auf die durch Art. 9 Abs. 3 GG garantierte **(positive) Koalitionsfreiheit** erscheinen. Bedenken bestehen hier allerdings nur insoweit, als eine Ausdehnung der Geltung für Außenseiter zu einem Mitgliederschwund und damit zu einer Schwächung der Gewerkschaften führen kann. Außenseiter könnten aus diesem Grunde nämlich eine Mitgliedschaft in der Gewerkschaft für überflüssig erachten, weil ihnen die Vorteile des Tarifvertrages auch ohne Mitgliedschaft »kostenlos« zugute kommen (vgl. schon § 3 Rn. 3). Dies wird jedoch erst dann problematisch, wenn in erheblichem Umfange Tarifnormen auch für Außenseiter gelten. Die Ausdehnung betrieblicher und betriebsverfassungsrechtlicher Normen in § 3 Abs. 2 TVG und die Möglichkeit zur Allgemeinverbindlicherklärung in § 5 TVG hat in der Praxis nicht zu einem Erreichen dieser verfassungsrechtlich beacht-

118 Vgl. *Schmidt-Eriksen*, Betriebsnormen, 206, 228.
119 *Scholz*, FS G. Müller, 534 f.; *Schmidt-Eriksen*, Betriebsnormen, 206.
120 Vgl. *H. Hanau*, RdA 1996, 172 ff.
121 A. A. BAG 27.9.2001 (2 AZR 236/00), AP Nr. 40 zu § 4 TVG Nachwirkung; *Däubler/Bepler*, § 4 Rn. 910.

lichen Grenze geführt (insoweit stellt die Bezugnahme auf Tarifverträge in Einzelarbeitsverträgen eine viel größere Gefahr dar, vgl. § 3 Rn. 143ff.). Auch kann man keine Verletzung der (positiven) Koalitionsfreiheit aus dem Umstand herleiten, dass § 3 Abs. 2 TVG bei der Existenz mehrerer, von unterschiedlichen Gewerkschaften abgeschlossener Tarifverträge in einem Betrieb dazu führen kann, dass ein Arbeitnehmer die Tarifverträge einer fremden Gewerkschaft für sich gelten lassen muss, obwohl er selbst in einer anderen tarifvertragsschließenden Gewerkschaft organisiert ist. Sollte es ausnahmsweise in der Praxis zu solchen echten Tarifkonkurrenzen (dazu § 4 Rn. 150) kommen, lassen sie sich mit Hilfe der allgemeinen Tarifkollisionsregeln lösen (vgl. § 4 Rn. 177ff.). Im Übrigen begründet die Tariferstreckung des § 3 Abs. 2 auf anders organisierte Arbeitnehmer keine Friedenspflicht für diese Personen und ihre Gewerkschaft, weil der Tarifvertrag von anderen Parteien abgeschlossen worden ist und nur zwischen jenen schuldrechtliche Verpflichtungen hervorbringt.

Die so genannte **negative Koalitionsfreiheit**, die nur als Garantie der Freiwilligkeit des kollektiven Zusammenschlusses in einer Koalition verstanden werden kann (dazu Grundl. Rn. 166ff.), vermag dagegen keine Zweifel an der Verfassungsmäßigkeit von § 3 Abs. 2 TVG zu begründen.[122] Die Kritik mangelnder demokratischer Beteiligung der Außenseiter an der Entstehung von Betriebsnormen[123] trifft angesichts der Möglichkeit des Beitritts sowie der Beteiligung an Streiks für Außenseiter und der bekannten Folgen eines niedrigen Organisationsgrades nicht zu, denn es handelt sich dabei primär um gewollte Abstinenz. In dem legitimatorisch vergleichbaren Fall des § 87 BetrVG reicht diese Bestimmung im Übrigen als gesetzliche Legitimation von Betriebsvereinbarungen auch für solche Arbeitnehmer, die nicht an der Betriebsratswahl beteiligt waren, weil sie erst danach eingestellt worden sind. Das ist ein dem § 3 Abs. 2 demokratisch entsprechender vergleichbarer Vorgang.[124] **36**

## C. Fortdauer der Tarifgebundenheit gemäß § 3 Abs. 3 TVG

### Literatur:

*Bachner*, Individualarbeits- und kollektivrechtliche Ausführungen des neuen Umwandlungsgesetzes, NJW 1995, 2881; *Bachner/Köstler/Matthießen/Trittin*, Arbeitsrecht bei Unternehmensumwandlung und Betriebsübergang, 2. Aufl., 2003; *Bachner/Köstler/Trittin/Trümner*, Unternehmensumwandlung 1977; *Bauer, J.H.*, Flucht aus Tarifverträgen: Königs- oder Irrweg? FS Schaub, 1998, 19; *Bauer/Diller*, Flucht aus Tarifverträgen, DB 1993, 1085; *Bauer/Lingemann*, Das neue Umwandlungsrecht und seine arbeitsrechtlichen Auswirkungen, NZA 1994, 1057; *Beuthien/Meik*, Wenn Tariftreue unzumutbar wird, DB 1993, 1518; *Bieback*, Tarifrechtliche Probleme des Verbandswechsels von Arbeitgebern, DB 1989, 477; *Biedenkopf*, Grenzen der Tarifautonomie, 1964; *Binkert*, Konzeptionelle Probleme bei arbeitsrechtlichen Teilreformen, JZ 1979, 747; *Birk*, Tarifrechtliche Folgen von Strukturveränderungen im Unternehmens- und Betriebsbereich, AuR 1975, 312; *Blank*, Tarifzuständigkeit nach der Gründung von ver.di, FS 50 Jahre BAG, 597;

122 Vgl. ausführlich *Schmidt-Eriksen*, 157ff., 202; vgl. auch die Argumentation im BVerfG (Kammer) 29.12.2004 (1 BvR 2283/03), DB 2005, 110.

123 *Schleusener*, ZTR 1998, 105ff.; *C. Schubert*, RdA 2001, 207.

124 Vgl. *Kempen*, FS Hanau, 540ff., 543.

*Blanke*, Personalüberleitungstarifvertrag bei Privatisierungen, ZTR 2000, 211; *Boecken*, Der Übergang zu Arbeitsverhältnissen bei Spaltung nach dem neuen Umwandlungsrecht, ZIP 1994, 1087; *ders.*, Unternehmensumwandlungen und Arbeitsrecht, 1996; *Büdenbender*, Tarifbindung trotz Austritt aus dem Arbeitgeberverband – eine notwendige oder korrekturbedürftige Regelung?, NZA 2000, 509; *Clemens*, Die Verweisung von einer Rechtsnorm auf andere Vorschriften, AöR 111 (1986), 63; *Däubler*, Die Unkündbarkeit von Arbeitsverhältnissen – ein Fremdkörper im Arbeitsrecht?, GS Heinze, 2005, 121; *ders.*, Das Arbeitsrecht im neuen Umwandlungsgesetz, RdA 1995, 136; *ders.*, Tarifflucht – eine aussichtsreiche Strategie zur Reduzierung von Lohnkosten?, ZTR 1994, 448; *Deinert*, Arbeitsrechtliche Rahmenbedingungen und Folgen nationaler und transnationaler Umstrukturierungen von Betrieben und Unternehmen in Deutschland, RdA 2001, 368; *Düwell*, Umstrukturierung von Unternehmen – legislatorische Defizite und rechtspolitische Forderungen, AuR 1994, 357; *Gaul, B.*, Das Schicksal von Tarifverträgen und Betriebsvereinbarungen bei der Umwandlung von Unternehmen, NZA 1995, 717; *Gussen/Dauck*, Die Weitergeltung von Betriebsvereinbarungen und Tarifverträgen bei Betriebsübergang und Umwandlung, 2. Aufl., 1997; *Hanau/Kania*, Stufentarifverträge, DB 1995, 1229; *dies.*, Gestaltung einer Gewerkschaftsfusion, AuR 1994, 205; *Hanau/Vossen*, Die Auswirkungen des Betriebsinhaberwechsels auf Betriebsvereinbarungen und Tarifverträge, FS Hilger und Stumpf, 1983, 271; *Henssler*, Aufspaltung, Ausgliederung und Fremdvergabe, NZA 1994, 294; *Herbst*, Arbeitsrecht im neuen Umwandlungsgesetz, AiB 1995, 5; *Henssler*, Aufspaltung, Ausgliederung und Fremdvergabe, NZA 1994, 294; *ders.*, Unternehmensumstrukturierung und Tarifvertrag, FS Schaub, 1998, 311; *Herschel*, Zur Entstehung des Tarifvertragsgesetzes, ZfA 1973, 183; *Heuberger*, Sachliche Abhängigkeit als Kriterium des Arbeitsverhältnisses, 1982; *Jung*, Die Weitergeltung kollektivvertraglicher Regelungen (Tarifverträge, Betriebsvereinbarungen) bei einem Betriebsinhaberwechsel, RdA 1981, 360; *Jakobs*, Die Erkämpfbarkeit von firmenbezogenen Tarifverträgen mit verbandsangehörigen Arbeitgebern, ZTR 2001, 249; *Kania*, Tarifbindung bei Ausgliederung und Aufspaltung eines Betriebs, DB 1995, 625; *Käppler*, Die Rechtsprechung des Bundesarbeitsgerichts im Jahre 1993, ZfA 1995, 271; *Kempen*, Aktuelles zur Tarifpluralität und zur Tarifkonkurrenz, NZA 2003, 415; *ders.*, Betriebsübergang und Tarifvertrag, BB 1991, 2007; *ders.*, Überraschungen bei der »Bildung gesamtdeutscher Gewerkschaften?«, AuR 1990, 372; *ders.*, Aktuelles zur Tarifpluralität und zur Tarifkonkurrenz, NZA 2003, 415; *Kempen/Lörcher/Platow/Tiefenbacher/M. Trümner*, ver.di – die neue Dienstleistungsgewerkschaft. Koalitions- und tarifrechtliche Aspekte, JbArbR 39 (2002), 65; *Konzen*, Tarifbindung, Friedenspflicht und Kampfparität bei Verbandswechsel des Arbeitgebers, ZfA 1975, 401; *Koopmann*, Gewerkschaftsfusion und Tarifautonomie, 2000; *Krauss*, Die neue Freiheit ohne Verbandstarif?, DB 1995, 1562; *Krejcí*, Betriebsübergang und Arbeitsverhältnis, 1972; *Kübler*, Sondersituationen bei Unternehmensfortführung und Unternehmenskauf im Konkurs, ZGR 1982, 498; *Kunze*, Änderungen auf der Arbeitgeberseite von Kollektivvereinbarungen, RdA 1976, 31; *Loritz*, Aktuelle Rechtsprobleme des Betriebsübergangs nach § 613a BGB, RdA 1987, 65; *Nagel*, Fusionskontrolle und Schutz von Arbeitsplätzen, AuR 1982, 207; *Posth*, Arbeitsrechtliche Probleme beim Betriebsinhaberwechsel, 1978; *Quander*, Betriebsinhaberwechsel bei Gesamtrechtsnachfolge, 1990; *Reuter*, Die Fusion von Gewerkschaften, DZWIR 1993, 404; *Richardi*, Kollektivgewalt und Individualwille bei der Gestaltung des Arbeitsverhältnisses, 1968; *ders.*, Gewerkschaftsfusion und Tarifautonomie, FS Kraft, 1998, 509; *Rieble*, Kollektivwiderspruch nach § 613a IV BGB, NZA 2005, 1; *ders.*, Urteilsanmerkung, SAE 1995, 77; *ders.*, Die Bildung gesamtdeutscher Gewerkschaften, AuR 1990, 365; *Röckl*, Die Auswirkungen einer Arbeitgeberverbandsfusion auf laufende Tarifverträge, BB 1993, 1653; *Schaub*, Aktuelle Streitfragen zur Kostensenkung bei der Arbeitsvergütung, BB 1994, 2005; *Schubert, J. M.*, Die Behandlung kollektivvertraglicher Normenkollisionen nach Verschmelzung und Spaltung von Unternehmen, 2003; *Schumacher-Moler*, Tarifwechsel als Mittel zur Flexibilisierung von Arbeitsbedingungen, GS Heinze, 2005, 842; *Scholz*, Rechtsfragen zur Verweisung zwischen Gesetz und Tarifvertrag, FS G. Müller 1981, 509; *Schreiber*, Das Arbeitsverhältnis beim Übergang des Betriebes, RdA 1982, 136; *Seiter*, AR-Blattei D, Betriebsinhaberwechsel; *ders.*, Tarifverträge und Betriebsvereinbarungen beim Betriebsinhaberwechsel, DB 1980, 877; *Sieg/Maschmann*, Unternehmensumstrukturierung aus arbeitsrechtlicher Sicht, 2005; *Wank*, Die Geltung von Kollektivvereinbarungen nach einem Betriebsübergang, NZA 1987, 505; *Wendeling-Schröder*, Die Entscheidung des ArbG Hamburg zum Begriff des Rechtsgeschäfts im Sinne des § 613a, AiB 1986, 45; *Willemsen/Hohenstatt/Schweibert/Seibt*, Umstrukturierung und Übertragung von Unternehmen, 2. Aufl., 2003; *Willemsen/Lembke*, Die Neuregelung von Unterrichtung und Widerspruchrecht der Arbeitnehmer beim Betriebsübergang, NJW 2002, 1159; *Zachert*, Firmentarifvertrag und Arbeitskampfrecht gegenüber dem Verbandsaußenseiter, FS Kehrmann, 1997, 335; *Zöllner*, Veränderung und Angleichung tarifvertraglich geregelter Arbeitsbedingungen nach Betriebsübergang, DB 1995, 1401; *Zuleeg*, Wege der Einwirkung des Gemeinschaftsrechts auf das Privatrecht, VersR 1995, 861.

**Übersicht** Rn.

## I. Zweck und Bedeutung des § 3 Abs. 3 TVG

**37** Die Aussage des § 3 Abs. 3 TVG, demzufolge die Tarifgebundenheit bestehen bleibt, bis der Tarifvertrag endet, scheint im Hinblick auf die normative Tarifwirkung eine Selbstverständlichkeit zu sein. Sie geht indessen auf § 1 Abs. 2 der Tarifvertragsverordnung von 1918 zurück, welche die Tarifbindung zwar prinzipiell ebenfalls bis zum Ende des Tarifvertrages bestehen ließ, dies jedoch von der »Dauer des Arbeitsverhältnisses« abhängig machte. Deshalb war es den Arbeitgebern damals möglich, die Arbeitnehmer durch Kündigung und Neuabschluss des Arbeitsvertrages vorzeitig dem tariflichen Schutz zu entziehen. Vor allem dieses **Unterlaufen des Schutzzweckes** von Tarifverträgen wird jetzt **ausgeschlossen**, indem § 3 Abs. 3 TVG die Dauer der Tarifgebundenheit ausschließlich an den zeitlichen Bestand des Tarifvertrages selbst knüpft.[125] Gleichzeitig wird damit auch ein gewisser Schutz der Arbeitgeberverbände vor Austritten erreicht und folglich der Abschluss von Verbandstarifen gefördert. Der 4. Senat des BAG bezeichnet die nach § 3 Abs. 3 fortgeltende Tarifgebundenheit als »**Nachbindung**«.[126]

**38** § 3 Abs. 3 TVG bestätigt zugleich die in diesem Kommentar durchgehend vertretene Auffassung, dass es sich beim Abschluss von Tarifverträgen um einen Akt kollektiver Selbstbestimmung der Beteiligten (d.h. nicht nur der Vertragsparteien, sondern auch ihrer Mitglieder) handelt. Im vorliegenden Zusammenhang ist hierbei nicht so sehr das Ziel der Selbstbestimmung entscheidend, sondern die Tatsache, dass die tarifliche Rechtsetzung kollektiv erfolgt. § 3 Abs. 3 TVG legt nämlich fest, dass man sich der einmal durch eigene Verbandsmitgliedschaft begründeten Mitwirkung am Abschluss eines Tarifvertrages nicht nachträglich durch den Austritt aus dem Verband wieder entziehen kann. Dies gilt sowohl für Arbeitgeber (bei Verbandstarifverträgen) wie für Arbeitnehmer (bei Verbands- und Firmentarifverträgen), d.h. die Tarifgebundenheit endet nach § 3 Abs. 3 TVG weder durch Arbeitgeberverbandsaustritt noch durch den Austritt aus der Gewerkschaft. Es liegt in der Konsequenz grundrechtlich verankerter kollektiver Rechtsetzung, dass deren Folgen (Tarifgebundenheit) nicht durch individuelle Rechtsgeschäfte wieder rückgängig gemacht werden können. Selbst wenn Arbeitgeber und Arbeitnehmer aus ihren jeweiligen Verbänden austreten sollten, bliebe die beiderseitige Tarifgebundenheit nach § 3 Abs. 3 TVG bestehen. Während ihrer Verbandsmitgliedschaft haben sie abstrakt und generell wirkende Rechtsnormen (§ 4 Abs. 1 TVG) geschaffen. § 3 Abs. 3 TVG dient daher dem **Vertrauensschutz** innerhalb der hierdurch geregelten Arbeitsvertragsverhältnisse und damit auch der (tariflichen) **Rechtssicherheit**. Deshalb endet die Tarifgebundenheit gemäß § 3 Abs. 3 TVG auch dann nicht, wenn die Verbandsmitgliedschaft unfreiwillig durch **Ausschluss** beendet wird.[127]

125 Vgl. *Herschel*, ZfA 1973, 193.
126 BAG 17.5.2000 (4 AZR 363/99), AP Nr. 8 zu § 3 TVG.
127 Wiedemann/*Oetker*, § 3 Rn. 46.

Die gegen § 3 Abs. 3 TVG erhobenen **verfassungsrechtlichen Bedenken**[128] greifen nicht durch.[129] Die Anerkennung kollektiver Rechtsetzungsautonomie der Tarifvertragsparteien in Art. 9 Abs. 3 Satz 1 GG geht mit ihrer normativen Wirkung über die Autonomie der sonstigen Verbände nach Art. 9 Abs. 1 GG hinaus. Diese normative Wirkung, d.h. die Unbeachtlichkeit abweichender individueller Vereinbarungen (§ 4 Abs. 1, Abs. 4 Satz 1 und 2 TVG), mit Ausnahme des Günstigkeitsgrundsatzes (§ 4 Abs. 4 TVG), ist die Voraussetzung für eine durchgreifende Gestaltung der Arbeits- und Wirtschaftsbedingungen. Wer einer arbeitsrechtlichen Koalition freiwillig beitritt, überträgt hierdurch also entsprechende individuelle Gestaltungsmöglichkeiten und gewinnt dafür verbandsförmigen Einfluss auf die kollektive Regelung tariflicher Arbeitsbedingungen. Deren Geltung kann dann auch nur kollektiv, nicht aber durch individuellen Verbandsaustritt beendet werden. Dementsprechend haben zwar die nach dem Austritt abgeschlossenen Tarifverträge – weil nicht mehr durch die frühere Verbandsmitgliedschaft legitimiert – auch keine Wirkung mehr für das ausgetretene Mitglied. Die Tarifgebundenheit bleibt aber hinsichtlich der früheren – durch damalige Mitgliedschaft legitimierten – Tarifverträge für deren Geltungsdauer bestehen. Diese Tarifbindung beruht deshalb nicht etwa allein auf § 3 Abs. 3 TVG[130] oder auf »privatautonomer Gestaltung«[131] und schon gar nicht auf einer Art Allgemeinverbindlichkeitseffekt, sondern allein auf freiwilliger Wahrnehmung der kollektiven Koalitionsfreiheit, d.h. auf verfassungsrechtlicher Legitimation, die das Tarifvertragsgesetz lediglich nachvollzieht.[132] 39

Die eigentliche Bedeutung des § 3 Abs. 3 TVG erschließt sich erst, wenn man berücksichtigt, dass die **Gewerkschaften** in allen Tarifverhandlungen die von ihnen **repräsentierte Arbeitskraft** ihrer Mitglieder, die **Arbeitgeberverbände** jedoch die von ihnen **repräsentierten Arbeitsplätze** in den Betrieben ihrer Mitglieder vertreten.[133] Letzteres wird im Allgemeinverbindlichkeits-Quorum des § 5 Abs. 1 Satz 1 Nr. 1 TVG besonders deutlich. Dementsprechend richtet sich die Vertretung der Einzelgewerkschaften im DGB nach der Zahl der jeweiligen Mitglieder (§ 7 Nr. 6 DGBSatzung), die Vertretung des einzelnen Arbeitgeberverbandes in der BDA nach der Zahl der bei seinen Betrieben beschäftigten Arbeiter und Angestellten, d.h. nach der Zahl der vom Verband repräsentierten Arbeitsplätze. Dementsprechend sind auch die Organisationen der einzelnen **Gewerkschaften personenbezogen** und der einzelnen **Arbeitgeberverbände arbeitsplatzbezogen**. Aus dieser unterschiedlichen Personen- bzw. Arbeitsplatzbezogenheit ergibt sich ein wichtiges Auslegungskriterium für § 3 Abs. 3 TVG, welches bislang nicht hinreichend beachtet worden ist: Die Tarifgebundenheit des Arbeitnehmers endet zwar nicht mit seinem Austritt aus der vertragsschließenden Gewerkschaft, wohl aber mit seinem Tode, da hiermit die höchstpersönliche Verpflichtung zur Arbeitsleistung, d.h. die tatsächliche Basis der Tarifgeltung endet. Die Tarifgebundenheit auf Arbeitgeberseite endet ebenfalls nicht mit dem Verbandsaustritt, aber auch nicht mit der Insolvenz (§ 80 InsO) des Unternehmers und grundsätzlich auch nicht mit einem Wechsel des Rechtsträgers (Gesamtrechtsnachfolge) bzw. nach einem Arbeitgeberwechsel (vgl. § 613a BGB, dazu § 3 40

128 Vgl. insbesondere *Biedenkopf*, Tarifautonomie, 99f. Rn. 147, 231f.
129 Ebenso BAG 4.8.1993, AP Nr. 15 zu § 3 TVG; Wiedemann/*Oetker*, § 3 Rn. 47; *Däubler/Lorenz*, § 3 Rn. 82.
130 So aber *Biedenkopf*, Tarifautonomie, 232.
131 So aber *Richardi*, Kollektivgewalt, 222.
132 Ebenso *Schaub*, BB 1994, 2006.
133 In dieser Richtung auch *Loritz*, RdA 1987, 67, unter Hinweis auf *Heuberger*, 153ff.

Rn. 93ff.). Auf Arbeitgeberseite überdauert die Bindung damit die Existenz des Verbandsmitglieds (z.B. den Tod des Arbeitgebers oder die Liquidation einer juristischen Person). Sie endet erst mit dem vollständigen Wegfall aller betrieblichen Arbeitsplätze, d.h. mit der endgültigen Einstellung des Betriebes als der tatsächlichen Basis der Tarifgeltung. Oder aber durch ein tatsächliches Herausfallen des Betriebes aus dem tariflichen Geltungsbereich z.B. durch Produktionsumstellung oder Verlegung. § 3 Abs. 3 TVG macht deutlich, dass die Tarifbindung des Arbeitgebers zwar über seine (persönliche) Verbandsmitgliedschaft begründet wird, ihre normative Wirkung und Dauer jedoch unabhängig hiervon auf seine reale Betriebsinhaberschaft bezogen ist, also an seine rechtliche »Verfügungsbefugnis« über einschlägig ausgerichtete Arbeitsplätze anknüpft, d.h. **arbeitsplatzvermittelt** ist.[134]

## II. Voraussetzungen der Fortgeltung der Tarifgebundenheit über die Dauer der Verbandsmitgliedschaft hinaus

### 1. Frühere Verbandsmitgliedschaft und Geltungsbereich

**41** Die Fortgeltung der Tarifgebundenheit nach § 3 Abs. 3 TVG setzt nur voraus, dass **während der Laufdauer des Tarifvertrages einmal eine Tarifbindung gemäß § 3 Abs. 1 TVG bestanden hat**. Nicht erforderlich ist es dagegen, dass dies schon bei Inkrafttreten des Tarifvertrages der Fall war, denn das Mitglied legitimiert mit seinem Verbandsbeitritt alle von der Organisation abgeschlossenen Tarife. Arbeitnehmer, die erst während des Fortgeltungszeitraums (d.h. nach Beendigung der Verbandszugehörigkeit des Betriebes) eingestellt werden, unterliegen also dem Tarifvertrag, wenn sie nur selbst Mitglieder der entsprechenden Gewerkschaft sind.

**42** Wenn ein schon im Betrieb beschäftigter Arbeitnehmer erst **während des Weitergeltungszeitraums** der den Tarifvertrag abschließenden Gewerkschaft **(nachträglich) beitritt**, so entsteht jetzt die beiderseitige Tarifbindung, derzufolge dieser Arbeitnehmer die entsprechenden tariflichen Leistungen nach § 3 Abs. 1 und 3 TVG fordern kann.[135] Dasselbe gilt für einen Arbeitnehmer, der während der Nachbindung neu eingestellt wird und gewerkschaftlich organisiert ist oder wird.

**43** Die an dieser gesetzeskonformen Lösung wegen der damit verbundenen lang dauernden Bindungswirkungen für den Arbeitgeber geübte **Kritik** hat zum Vorschlag einer Änderung des § 3 Abs. 3 TVG in Richtung auf einfache Nachwirkung im Sinne des § 4 Abs. 5 TVG bei Verbandsaustritt geführt.[136] Empfohlen wird aus denselben Erwägungen auch eine »teleologische Reduktion« des § 3 Abs. 3 TVG in dieselbe Richtung[137], was auf eine unzulässige richterliche Gesetzesänderung hinausliefe. Es trifft jedoch nicht zu, dass die Vorschrift allein die Flucht aus dem Arbeitgeberverband verhindern soll und damit praktisch über ihr Ziel hinausschießt.[138] Vielmehr geht es ebenso um den Schutz des Vertrauens der Arbeitnehmer (und Arbeitgeber) in den Bestand objektiver Regelungen eines

---

134 Vgl. *Loritz*, RdA 1987, 67f.; *Kempen*, BB 1991, 2007; *J. M. Schubert*, 213, 221ff.

135 BAG 4.8.1993, AP Nr. 15 zu § 3 TVG; *Löwisch/Rieble*, § 3 Rn. 82; Wiedemann/*Oetker*, § 3 Rn. 50; *Schaub*, BB 1994, 2006; *Däubler*, ZTR 1994, 449; *Krauss*, DB 1995, 1562; *Käppler*, ZfA 1995, 333.

136 *Beuthien/Meik*, DB 1993, 1519.

137 *Löwisch/Rieble*, § 3 Rn. 91ff.

138 *Rieble*, SAE 1994, 159.

Arbeitsmarktsektors sowie ihrer Arbeitsverhältnisse, also um eine gesetzliche Konsequenz aus der Befugnis zur kollektiven Normsetzung[139], die § 3 Abs. 3 legislativ angemessen regelt. Es werden lediglich die Folgen aus den von den »verbandsflüchtigen« Arbeitgebern vorher mitgetragenen Tarifentscheidungen gezogen: Hätten sie befristete Tarifverträge geschlossen, so entfiele die Weitergeltung, welche sich im Übrigen auch durch den Abschluss von spezielleren Firmentarifen im Weitergeltungszeitraum beseitigen ließe. Eine faktische Verhinderung der koalitionsgrundrechtlichen Freiheit des Verbandsaustritts bewirkt § 3 Abs. 3 TVG deshalb[140] keineswegs (vgl. § 3 Rn. 47).

§ 3 Abs. 3 TVG setzt voraus, dass das Arbeitsverhältnis **weiterhin** dem **Geltungsbereich des Tarifvertrages** sowie der Zuständigkeit der Tarifparteien (vgl. § 2 Rn. 150) prinzipiell unterfällt. Verändert der Arbeitgeber den Gegenstand seiner betrieblichen Tätigkeit oder verlegt er deren Ort, so dass er aus dem fachlichen oder räumlichen Geltungsbereich des Tarifvertrages ausscheidet, so wird der Tarifvertrag unabhängig von § 3 Abs. 3 TVG unanwendbar. Dasselbe gilt für den Fall, dass der Arbeitnehmer aus dem persönlichen Geltungsbereich des Tarifvertrages herausfällt (er z. B. eine Angestelltentätigkeit übernimmt und bislang von einer Tarifregelung für gewerbliche Arbeitnehmer erfasst war). In diesen Fällen tritt eine **Nachwirkung analog § 4 Abs. 5 TVG** ein.[141] Dies stellt sicher, dass die Arbeitsverhältnisse nicht nunmehr »inhaltsleer« werden, bis eine andere Abmachung erfolgt. **Satzungsänderungen** der Tarifvertragsparteien beeinträchtigen die Nachbindung der früher abgeschlossenen Tarifverträge – und damit auch die Wirkung des § 3 Abs. 3 TVG – nicht.[142] **44**

Nach § 3 Abs. 3 TVG besteht die arbeitgeberseitige Tarifbindung zwar aufgrund (ursprünglicher) Verbandsmitgliedschaft, wirkt aber sogleich normativ, d.h. unabhängig von solcher Mitgliedschaft weiter abstrakt und generell für alle Arbeitsverhältnisse, die ein solcher Arbeitgeber danach im Geltungsbereich der von ihm verbandlich (mit) legitimierten Tarifverträge begründet (vgl. § 3 Rn. 41). Es ist deshalb gleichgültig, ob die realökonomische Grundlage solcher Arbeitsverhältnisse, nämlich die entsprechend besetzten Arbeitsplätze, bereits während seiner Verbandsmitgliedschaft vorhanden waren oder erst danach (durch **Betriebserweiterung**) hinzugekommen sind. Sobald sie mit Gewerkschaftsmitgliedern besetzt werden oder schon Beschäftigte der zuständigen Gewerkschaft beitreten, gilt folglich die Tarifbindung.[143] **45**

Die zuvor genannten Beispiele tatsächlicher Betriebserweiterung zeigen, dass die verbandstarifliche Rechtssetzungsbefugnis auf Arbeitgeberseite wegen ihrer normativen Wirkung legitimatorisch auf **zwei Voraussetzungen** ruht. Einerseits muss der Arbeitgeber **Verbandsmitglied** sein und andererseits als Arbeitgeber über solche Arbeitsplätze verfügungsberechtigt sein, die auf dem tariflich geregelten Arbeitsmarktsektor durch Arbeitnehmer »besetzt« werden. Er muss also **46**

139 Von *Lieb*, NZA 1994, 337, als »unentbehrliche Ordnungsfunktion« bezeichnet, vom BAG 4.8.1993, a. a. O., zu sehr verkürzt.

140 Entgegen *Rieble*, SAE 1994, 159; wie hier dagegen Wiedemann/*Oetker*, § 3 Rn. 47.

141 BAG 18.3. und 2.12.1992, AP Nr. 13 und 14 zu § 3 TVG; BAG 5.10.1993, AP Nr. 42 zu § 1 BetrAVG Zusatzversorgungskassen; offen in BAG 14.6.1994, AP Nr. 2 zu § 3 TVG Verbandsaustritt, dazu *Rieble*, SAE 1995, 77, der praktisch zu ähnlichen Ergebnissen gelangt.

142 BAG 26.9.1979, AP Nr. 17 zu § 613a BGB; LAG Düsseldorf 7.10.1981, DB 1982, 808; Wiedemann/*Oetker*, § 3 Rn. 53.

143 Vgl. BAG 4.8.1993, AP Nr. 15 zu § 3 TVG; Wiedemann/*Oetker*, § 3 Rn. 50; *Deinert*, RdA 2001, 369; *Stein*, Rn. 170.

außerdem als Arbeitsvertragspartei im tariflichen Geltungsbereich unternehmerisch aktiv tätig, d.h. als **Unternehmer-Arbeitgeber** zu den Beteiligten der jeweiligen Arbeitsmarktvorgänge gehören. Als rechtspolitische Konsequenz ihrer tariflichen Normsetzungsbefugnis müssen sich die Tarifvertragsparteien wie andere Normgeber an die Gebote des Vertrauensschutzes und der Rechtssicherheit halten. Sie können sich daher nicht durch einseitige Handlungen der Bindung an die selbst geschaffenen oder mit legitimierten Normen wieder entziehen: Die Tarifbindung überdauert deshalb gemäß § 3 Abs. 3 TVG die fehlende Verbandsmitgliedschaft in Form der Nachbindung.

**47** Der in § 3 Abs. 3 TVG enthaltene Vorrang der normativen Wirkung des Tarifvertrages gegenüber seiner vertraglichen Strukturkomponente führt dazu, dass bei der Nachbindung auf die Verbandsmitgliedschaft als Tatbestandsvoraussetzung der Tarifbindung (§ 3 Abs. 1 TVG) verzichtet wird. Deshalb ist es für die Nachbindung auch nach dem Wortlaut des § 3 Abs. 3 TVG unbeachtlich, ob das Ende der Verbandsmitgliedschaft durch **Verbandsaustritt** oder durch **Wechsel in eine so genannte OT-Mitgliedschaft** (vgl. § 3 Rn. 76), durch **Ausschluss, Aufhebungsvertrag, Verbandsauflösung** (vgl. § 3 Rn. 71 f.) oder durch **Insolvenz** des Mitglieds herbeigeführt worden ist.[144]

## 2. Personenidentität und/oder wirtschaftlich unternehmerische Identität

**48** Umstritten ist, ob die tarifliche Nachbindung des § 3 Abs. 3 TVG neben der früheren mitgliedschaftlichen Tarifbindung zusätzlich voraussetzt, dass zwischen dem ehemaligen Verbandsmitglied und dem nachgebundenen Rechtsträger (meist Arbeitgeber) **Personenidentität** besteht.[145] Tatsächlich gilt dies für **natürliche Personen**, wie der Wortlaut des § 3 Abs. 1 in Verbindung mit Abs. 3 TVG nahe legt. Deshalb endet die Tarifgebundenheit mit dem Tode des Arbeitgebers[146], sofern seine Verbandsmitgliedschaft nicht auf Grund entsprechender Satzungsregelung (§§ 38, 40 BGB) ausnahmsweise vererblich war. Da die Arbeitsverhältnisse aber jedenfalls durch Gesamtrechtsnachfolge unverändert auf den Erben übergehen, wird insoweit eine Nachwirkung der Tarifverträge gemäß § 4 Abs. 5 TVG vorgeschlagen[147], doch dürfte die Nachbindung analog § 3 Abs. 3 TVG der Interessenlage bei Gesamtrechtsnachfolge besser entsprechen.[148]

**49** Handelt es sich beim früheren Arbeitgeber dagegen um eine **juristische Person**, die durch **umwandlungsrechtliche Verschmelzung oder Aufspaltung untergeht** (§§ 20 Abs. 1 Nr. 2, 131 Abs. 1 Nr. 2 UmwG), so ist zu differenzieren. Auch hier gehen deren Rechtsverhältnisse einschließlich der Arbeitsverträge durch Gesamtrechtsnachfolge auf einen neuen Rechtsträger über. Ebenso wie bei der natürlichen Person wird die Arbeitgeberverbandsmitgliedschaft der juristischen Person von dieser Universalsukzession nicht erfasst, d.h. der Rechtsnachfolger wird nicht »automatisch« Verbandsmitglied.[149] Im Falle von **Umwandlungen nach dem UmwG** werden die Mitgliedschaftsanteile der untergehenden (verschmolzenen, aufgespalteten) juristischen Person jedoch in Mitgliedschaftsanteile

---

144 Vgl. *Löwisch/Rieble*, § 3 Rn. 86; ErfK/*Schaub*, § 3 TVG Rn. 32.
145 So Wiedemann/*Oetker*, § 3 Rn. 49; *Däubler/Lorenz*, § 3 Rn. 85.
146 H.M. z.B. *Däubler/Lorenz*, § 3 Rn. 85.
147 So *Löwisch/Rieble*, § 3 Rn. 87.
148 Treffend *Gamillscheg*, Kollektives Arbeitsrecht I, § 17 I 4 b, 724.
149 BAG 4.12.1974, AP Nr. 2 zu § 3 TVG; BAG 5.10.1993, AP Nr. 42 zu § 1 BetrVG Zusatzversorgungskassen; BAG 13.7.1994, AP Nr. 14 zu § 3 Verbandszugehörigkeit; *Bange*, 48 ff.

am neuen Rechtsträger (außer bei der Vermögensübertragung) umgewandelt. Die Eigentümerposition am neuen Unternehmen bleibt daher mit derjenigen am »untergegangenen« Rechtsträger **identisch**, was insbesondere auch für die jeweils übertragenen betrieblichen Arbeitsplätze gilt. Wirtschaftlich sind die übergegangenen Arbeitsplätze hier also – anders als beim Erbfall – **demselben Eigentümer** zuzuordnen.[150]

Die bei umwandlungsgesetzlichen Abspaltungen und Verschmelzungen aufrecht erhaltene **Eigentümeridentität** hinsichtlich der Unternehmensanteile und Arbeitsplätze des früheren Rechtsträgers reicht jedoch nicht aus, um eine Nachbindung des neuen Rechtsträgers gemäß § 3 Abs. 3 TVG zu begründen. Im »klassischen« Fall des § 3 Abs. 3 TVG ist das frühere (Arbeitgeber-)/Verbandsmitglied **personenidentisch** mit dem später (z.B. durch Austritt) verbandsfreien Arbeitgeber. Er bleibt jedoch nur deshalb weiter an die fortgeltenden Verbandstarife gebunden, weil er diese durch seine vorherige Verbandsmitgliedschaft nicht nur mit legitimiert hatte, sondern sich fortdauernd mit seinem Unternehmen und dessen Arbeitsplätzen weiterhin auf demselben Arbeitsmarktsektor (d.h. tariflichen Geltungsbereich) betätigt. Es scheint also gerade die Personenidentität zu sein, welche die ihm durch § 3 Abs. 3 TVG im Interesse des Vertrauensschutzes auferlegte »Vertragstreue« rechtfertigt. Tatsächlich ist diese Personenidentität jedoch nur eine Chiffre für die stets persönlich ausgeübte (und juristisch unterschiedlich zugeordnete) Verfügungsmacht über unternehmerisch gesteuerte Arbeitsplätze, welche den Grund, das Stimmgewicht und die Grenze der Mitgliedschaft im Arbeitgeberverband bilden. Wenn diese Mitgliedschaft einer juristischen Person durch deren gesellschaftsrechtliche Umwandlung (insbesondere Spaltung oder Verschmelzung) beendet wird, der neue Rechtsträger aber über dieselben Arbeitsplätze (kraft universalsukzessiver Anteilsübertragung) unverändert verfügt und den entsprechenden Betrieb zusätzlich in seine bisherige Unternehmensorganisation einfügt, dann liegt eine **wirtschaftlich-unternehmerische Identität in der Ausübung der Arbeitgeberfunktion** vor. Entscheidend ist dabei also, dass der neue Rechtsträger (bei Abspaltung) oder der aufnehmende Rechtsträger (bei Verschmelzung) die Arbeitsplätze, d.h. den Betrieb, wieder in die ursprüngliche Unternehmensorganisation einbringt.[151] Die tarifliche Nachbindung des § 3 Abs. 3 TVG ist auf diese **unternehmensinterne Umwandlung**[152] vom Wortlaut und vom Normzweck her anzuwenden.[153] Das gilt insbesondere auch, wenn der neue Rechtsträger in einen **Beherrschungskonzern nach § 18 AktG** auf der Position eingegliedert wird, die der vorherige Rechtsträger als Arbeitgeberverbandsmitglied dort schon inne hatte – sei es als abhängiges oder als herrschendes Unternehmen.[154] Wesentlich ist damit für eine unternehmensinterne Umwandlung die arbeitstechnisch und unternehmerisch unveränderte Ausrichtung der Arbeitsplätze, welche vor der Umwandlung im Arbeitgeberverband stimmbildend – und damit als **Legitimationsgrundlage** für die Tarifnormsetzung – gewirkt haben. Lehnt man dagegen eine Nachbindung in solchen Fäl- 50

150 Vgl. *Bange*, 112ff., 127ff.

151 Vgl. *J. M. Schubert*, 217f., 219ff.

152 Zum Begriff vgl. *J. M. Schubert*, 217f.; vgl. dagegen das begrifflich abweichende Verständnis bei *Gussen/Dauck*, Weitergeltung, Rn. 290, 365.

153 Ebenso *Bange*, 112ff., 234; *J. M. Schubert*, 219ff., 221ff., 302; ferner *Birk*, AuR 1975, 314; *Kempen*, BB 1991, 211; *Däubler*, RdA, 1994, 142; *Quander*, Betriebsinhaberwechsel, 249ff.; *Posth*, Betriebsinhaberwechsel, 246; *Bieback*, DB 1989, 478.

154 Vgl. auch BAG 11.9.1991, AP Nr. 29 Internationales Privatrecht, Arbeitsrecht.

len ab, so böte die unternehmensinterne Umwandlung einen gesetzlichen Weg zur Umgehung des § 3 Abs. 3 TVG.[155] Dennoch wendet die **h. M. (einschließlich der älteren Rechtsprechung)** § 3 Abs. 3 TVG nicht auf unternehmensinterne Umwandlungen (Spaltung, Verschmelzung) an[156] (zu ihrer Begründung vgl. § 3 Rn. 51).

51 Die **h. M.** lehnt es ab, § 3 Abs. 3 TVG auf die Fälle einer unternehmensinternen Spaltung oder Verschmelzung anzuwenden (vgl. § 3 Rn. 54) und zieht stattdessen **§§ 324 UmwG, 613a Abs. 1 Satz 2 bis 4 BGB** heran. Sie **begründet** dies damit, dass der **Wortlaut** des § 3 Abs. 3 TVG nur den Verbandsaustritt erfasse und deshalb Personenidentität zwischen früherem Mitglied und nachgebundenem Arbeitgeber gebiete.[157] Tatsächlich verweist der Text des § 3 Abs. 3 TVG nur auf das zeitliche Ende des Tarifvertrages[158], nicht aber auf eine (ausschließlich) mitgliedschaftliche Entstehung dieser Tarifgebundenheit. Sie könnte allenfalls aus einer systematischen Zusammenschau mit § 3 Abs. 1 TVG hergeleitet werden, doch behandelt bereits der (dem Abs. 3 direkt vorangestellte) Abs. 2 einen Fall der (arbeitnehmerseitigen) Tarifgebundenheit ohne Verbandsmitgliedschaft. Der Wortlaut des § 3 Abs. 3 TVG deckt auch die Nachbindung eines wirtschaftlich identischen Rechtsnachfolgers im Falle unternehmensinterner Umwandlung.

52 Das zweite Argument der h. M. geht sodann irrig davon aus, dass § 3 Abs. 3 TVG bei umwandlungsgesetzlichen Verschmelzungen und Spaltungen allenfalls analog anwendbar sei. Dann fehle es aber an einer (für jede Analogie notwendigen) Regelungslücke, weil § 324 UmwG insoweit auf § 613a BGB verweise, der diese Fälle damit abschließend nominiert habe. Im Ergebnis bedeutet dies, dass nach dieser Auffassung auch bei unternehmensinternen Umwandlungen allein § 613a BGB anwendbar sei.[159] Demgegenüber stellt **§ 324 UmwG** in Verbindung mit § 613a Abs. 1 Satz 2 von seiner Textfassung her jedoch lediglich eine **Auffangregelung** (»bleibt unberührt«) für solche Fälle dar, in denen ein Tarifvertrag nicht kollektivrechtlich für den neuen Unternehmensträger gilt.[160] Auch unter dem Aspekt seines kollektivrechtlichen Schutzzwecks verdrängt **§ 3 Abs. 3** TVG als **Spezialvorschrift** folglich den § 613a BGB mit seiner individualrechtlichen Transformation des Tarifrechts.[161] Er bewirkt dann die Nachbindung bei unternehmensinternen Spaltungen und Verschmelzungen. Werden diese Umwandlungen dagegen **unternehmensextern** durchgeführt, d. h. wenn mit ihnen eine örtliche Verlegung und/oder inhaltliche Veränderung der Betriebstätigkeit verbunden ist, dann fehlt die arbeitsmarktwirtschaftliche Identität zwischen den Rechtsträgern, welche die Nachbindung herbeiführt. Hier gilt deshalb nach fast einhelliger treffender Auffassung § 613a BGB.[162]

53 Bei einer spaltungs- oder verschmelzungsbedingten Gesamtrechtsnachfolge nach dem UmwG reicht es für die Nachbindung deshalb aus, dass das vorherige Arbeitgeberverbandsmitglied nach der umwandlungsbedingten Beendigung die-

---

155 Vgl. *Gussen/Dauck*, Weitergeltung, Rn. 205.

156 BAG 4. 12. 1974, AP Nr. 2 zu § 3 TVG (mit Anm. von *Wiedemann*); BAG 13. 7. 1994, AP Nr. 14 zu § 3 TVG Verbandszugehörigkeit; *Boecken*, Unternehmensumwandlungen, Rn. 184; *Däubler*, RdA 1994, 140; *Henssler*, NZA 1994, 300; *Löwisch/Rieble*, § 3 Rn. 88; Wiedemann/*Oetker*, § 3 Rn. 165.

157 So z. B. Wiedemann/*Oetker*, § 3 Rn. 49, 165.

158 *Bange*, 75f.

159 So *Henssler*, FS Schaub, 315f.

160 BAG 20. 6. 1998 (4 AZR 208/97), AP Nr. 1 zu § 20 UmwG; BAG 29. 8. 2001 (4 AZR 332/00), EzA BGB 613a Nr. 201; *J. M. Schubert*, 224f.; *Däubler/Lorenz*, § 3 Rn. 146; *Bange*, 76ff.

161 Hierzu ausführlich *Bange*, 77ff.

162 Z. B. *Löwisch/Rieble*, § 3 Rn. 88.

ser Mitgliedschaft auch weiterhin über seine **arbeitstechnisch unveränderten Betriebsarbeitsplätze unternehmerisch verfügt**. Im Falle einer solchen **unternehmerisch-wirtschaftlichen Identität** des Arbeitgebers bedarf es damit nicht der von der h.M. geforderten (juristischen) Personenidentität zwischen ehemaligem Verbandsmitglied und gemäß § 3 Abs. 3 TVG nachgebundenem Arbeitgeber.

## 3. Spaltung und Verschmelzung nach UmwG

Die **Konsequenzen** der hier (§ 3 Rn. 48ff.) vertretenen Auffassung sind folgende: **54** Wenn der Arbeitgeber seinen vorher einheitlichen Gesamtbetrieb in mehrere Betriebe aufteilt oder Betriebsteile ausgliedert, ohne sie auf einen neuen Inhaber zu übertragen oder ihre arbeitstechnische Ausrichtung zu verändern (**unternehmensinterne Betriebsabspaltung**), fallen auch diese nunmehr verselbständigten Betriebsteile nach § 3 Abs. 3 TVG weiterhin unter die weiter geltende Tarifbindung, sofern sie von deren Geltungsbereich erfasst werden.[163] Dies gilt gleichermaßen für die **Spaltung eines Unternehmens** nach §§ 123ff. UmwG, weil auch hier der Inhaber des abgespaltenen Unternehmensteils und der Inhaber des aufgespaltenen Unternehmens wirtschaftlich identisch bleiben. Ökonomisch sind die Arbeitsplätze auch nach einer Unternehmensspaltung demselben Inhaber zugeordnet, der sie ursprünglich durch seine Verbandsbindung normativ gestaltet hatte. Bei der Verschmelzung (§§ 2ff. UmwG) von zwei Unternehmen, von denen das eine verbandstarifvertraglich gebunden war, das andere jedoch verbandsunabhängig gewesen ist, überträgt sich die Verbandsmitgliedschaft nicht kraft Gesamtrechtsnachfolge auf das neugegründete oder aufnehmende Unternehmen.[164] Wohl aber bleibt die Tarifbindung für die betroffenen Arbeitsplätze nach § 3 Abs. 3 TVG erhalten, wenn das neue oder das aufnehmende Unternehmen mit dem verschmolzenen tarifgebundenen Unternehmen insoweit wirtschaftlich identisch ist (vgl. § 3 Rn. 49f.). § 613a BGB wird insoweit wiederum durch § 3 Abs. 3 TVG spezialgesetzlich verdrängt.[165]

Da die Mitwirkung im Arbeitgeberverband immer auf der Rechtsstellung als **55** Arbeitgeber-Unternehmer basiert, ist sie arbeitsmarktförmig begründet. Sie ist deshalb stärker **funktional** strukturiert als die ausschließlich personenbasierte Gewerkschaftsmitgliedschaft, bei der es nur um die Vertretung der persönlichen Arbeitsleistung der Mitglieder geht. § 3 Abs. 3 TVG legt insofern lediglich fest, dass die Tätigkeit des Mitglieds als Unternehmer auf dem von ihm tariflich mitgestalteten Teilarbeitsmarkt nach Beendigung der Verbandszugehörigkeit tarifgebunden bleibt. Es handelt sich damit um eine gesetzliche Verpflichtung aus vorangegangenem normativen Tun (nach Art des venire contra factum proprium-Prinzips[166]). Sie greift zweckgerecht und nach dem Wortlaut der Vorschrift auch dann ein, wenn er seine Mitgliedschaft ohne Kündigung rechtlich dadurch aufgibt, dass er die Arbeitsplätze einem anderen Unternehmen veräußert, welches er jedoch (als Unternehmer hinter dem Unternehmer) wirtschaftlich vollständig

163 Vgl. *Kania*, DB 1995, 629.

164 Vgl. BAG 5.10.1993, AP Nr. 42 zu § 1 BetrAVG Zusatzversorgungskassen; BAG 13.7.1994, AP Nr. 14 zu § 3 TVG Verbandszugehörigkeit.

165 Das übersieht *Bachner*, NJW 1995, 2283f., ebenso wie bei der Unternehmensspaltung; ähnlich *Gaul*, NZA 1995, 719; vgl. dagegen die treffenden Überlegungen in BAG 5.2.1991, AP Nr. 89 zu § 613a BGB, Bl. 565; BAG 27.7.1994, AP Nr. 118 zu § 613a BGB; offen gelassen in BAG 13.7.1994, AP Nr. 14 zu § 3 TVG Verbandszugehörigkeit, Bl. 1013 R.

166 Vgl. auch *Schaub*, BB 1994, 2006: »Vertragstreue«.

beherrscht. Solchenfalls betätigt er sich nämlich unternehmerisch weiterhin unverändert auf dem von ihm tariflich mitgestalteten Arbeitsmarkt, ohne selbst Verbandsmitglied zu sein. Deshalb bleibt seine Tarifgebundenheit ebenfalls nach § 3 Abs. 3 TVG bestehen, bis der Tarifvertrag endet.[167] Diese Regelung, die schon bei Inkrafttreten des § 613a BGB bestand, geht dessen Absatz 1 Sätze 2 und 3 spezialgesetzlich vor – zumal dieser den bestehenden kollektivrechtlichen Schutz der Arbeitnehmer[168] nicht verschlechtern wollte.[169] Dabei war die hier vertretene Auffassung 1980 (Inkrafttreten des § 613a Abs. 1 Sätze 2 und 3 BGB) nicht etwa umstritten[170], sondern sie betraf nur einen damals praktisch seltenen Fall **faktischen Verbandsaustritts.**[171] Wenn bei der Betriebsspaltung – wie hier vorausgesetzt – Veräußerer und Erwerber wirtschaftlich identisch sind, handelt es sich außerdem faktisch nicht um einen »neuen Inhaber« im Sinne des § 613a Abs. 1 Sätze 2 und 3 BGB, so dass ein Rechtsformenmissbrauch naheliegt.[172]
Handelt es sich dagegen tatsächlich nicht um dieselbe Person, weil der Betriebserwerber ein außenstehender Dritter (**unternehmensexterne Betriebsabspaltung**) ist, so läge ein Betriebsübergang nach § 613a BGB vor, nicht jedoch der in § 3 Abs. 3 TVG geregelte Fall des faktischen Verbandsaustritts. Selbst wenn der Betriebsveräußerer wirtschaftlich an dem Erwerber beteiligt wäre und ihn sogar konzernförmig beherrschte (§ 18 AktG), würde dies nicht von vornherein zu einer konzernweiten Erstreckung der Tarifbindung nach § 3 Abs. 1 TVG führen.[173] Dann aber kann bei einer nachträglichen konzernförmigen Betriebsausgliederung § 3 Abs. 3 TVG ebenso wenig angewendet werden[174] – es sei denn, die Ausgliederung diente ausschließlich dem Zweck, diese Vorschrift missbräuchlich zu umgehen, was nur bei minimaler Fremdbeteiligung am Erwerber-Unternehmen angenommen werden kann).

**56** Die Nachbindung des § 3 Abs. 3 TVG ist auch auf tarifgebundene Arbeitsverhältnisse des **öffentlichen Dienstes** anwendbar. Das gilt sowohl für den Fall des Verbandsaustritts einer öffentlich-rechtlichen Körperschaft (z.B. des Landes Hessen aus der Tarifgemeinschaft deutscher Länder, TdL, im Jahre 2003) wie auch für eine unternehmensinterne Umwandlung, bei der ein öffentlicher Eigentümer-Arbeitgeber mit einem privaten Rechtsträger verschmolzen oder abgespalten wird, um den Betrieb sodann privatrechtlich fortzuführen (so z.B. bei der Ausgliederung kommunaler Krankenhäuser auf private Träger im Gemeindeeigentum nach § 168 UmwG). § 168 UmwG ist allerdings nur auf Ausgliederungen von einer öffentlich-rechtlichen Körperschaft auf einen privaten Rechtsträger anwendbar. Werden dagegen lediglich Verwaltungsaufgaben von einem öffentlich-rechtlichen Rechtsträger auf einen anderen übertragen, so liegt keine umwandlungsgesetzliche Gesamtnachfolge vor. Für derartige **Ausgliederungen innerhalb der öffentlichen Verwaltung** auf einen anderen Träger öffentlichen Rechts gilt das Umwandlungsgesetz nämlich nicht.[175] Sollte diese Ausgliederung im Rahmen der Landesverwaltung erfolgen (z.B. bei der Umwandlung von Uni-

167 Ebenso im Ergebnis *Seiter*, AR-Blattei (D) Betriebsinhaberwechsel B VII 5 b.
168 Vgl. *Hanau/Vossen*, FS Hilger und Stumpf, 288.
169 A.A. *Löwisch/Rieble*, § 3 Rn. 89; *Kania*, DB 1995, 630; *Bauer/Diller*, DB 1993, 1088.
170 Wie etwa *Löwisch/Rieble*, § 3 Rn. 89 meinen.
171 Vgl. *Wiedemann*, Anm. zu BAG 4.12.1974, AP Nr. 2 zu § 3 TVG.
172 Vgl. *Henssler*, NZA 1994, 298.
173 Vgl. BAG 11.9.1991, AP Nr. 29 zu Internationales Privatrecht/Arbeitsrecht.
174 *Henssler*, NZA 1994, 300.
175 BAG 8.5.2001 (9 AZR 95/00), AP Nr. 219 zu § 613a BGB.

versitäten/Fachbereichen in Stiftungen öffentlichen Rechts), dann könnte das betreffende Land diesen identitätswahrenden Formwechsel[176] daher im Rahmen seiner konkurrierenden Zuständigkeit (Art. 74 Abs. 1 Nr. 11, 12 GG) gesondert landesgesetzlich regeln.[177] Unterbleibt seine solche zusätzliche Landesregelung, so handelt es sich um eine »klassische« Gesamtrechtsnachfolge, bei der der neue Rechtsträger in die insgesamt unveränderten Arbeitsverhältnisse (einschließlich der tariflichen Regelungen) eintritt.[178]

Vielfach führt eine Betriebsabspaltung dazu, dass der verselbständigte Betriebsteil nicht länger unter den **fachlichen Geltungsbereich** der früheren Tarifbindung fällt, weil es sich bei dem ausgegliederten Bereich z. B. um einen Nebenbetrieb oder eine Betriebsabteilung innerhalb eines fachlich insgesamt anders geprägten Unternehmens handelte (Kfz-Reparaturwerkstatt in Bauunternehmen). Sofern der durch Ausgliederung verselbständigte Teil nunmehr als solcher fachlich einem anderen Tarifvertrag unterliegt, ist § 3 Abs. 3 TVG nicht anwendbar.[179] Vielmehr gilt der jetzt »passende« Tarif.[180] **57**

Wenn für den (unternehmensintern) verselbständigten Betriebsteil dagegen überhaupt **keine fachspezifischen Tarifverträge** bestehen, also weder die alte noch eine neue Tarifregelung zutrifft (so im Fall der Ausgliederung des IBM-Software-Bereichs aus der IBM-Deutschland GmbH[181]), würde die frühere (nach § 3 Abs. 3 TVG verlängerte) Tarifbindung nunmehr analog § 4 Abs. 5 TVG nachwirken, bis sie durch eine andere Abmachung ersetzt wird.[182] Sollte es sich dabei nicht um eine unternehmensinterne Betriebsabspaltung, sondern um eine (externe) Drittveräußerung des abgespaltenen Betriebsteils handeln, so gelten § 613a Abs. 1 Sätze 2 und 3 BGB. Die aus der Zeit vor der Betriebsabspaltung nachwirkenden Tarifbestimmungen werden dann also für ein Jahr zum Inhalt des Arbeitsverhältnisses zwischen dem neuen Inhaber und dem Arbeitnehmer und dürfen dort vorher nur durch einen anderen Tarifvertrag oder durch eine Betriebsvereinbarung (auch nachteilig) geändert werden. **58**

Der Tarifvertrag – und damit die **Weitergeltung** nach § 3 Abs. 3 TVG – endet mit Ablauf der Zeit, für die er eingegangen war. Ist er auf unbestimmte Dauer abgeschlossen, so endet er erst mit einer wirksamen Kündigung oder einer einverständlichen Aufhebung (vgl. dazu im Einzelnen § 4 Rn. 128 ff.). Unrichtig ist es, die Weitergeltung im Sinne des § 3 Abs. 3 TVG schon mit dem Zeitpunkt seiner erstmaligen Kündigungsmöglichkeit enden zu lassen[183], denn der Wille der Tarifvertragsparteien hatte gerade auch die Fortführung des Tarifvertrages ohne Kündigung umfasst; andernfalls hätte man ihn befristen können und müssen.[184] Sofern im Tarifvertrag vorgesehene Kündigungsmöglichkeiten von den Tarifvertragsparteien nicht wahrgenommen werden, läuft der Vertrag weiter. Eine Kündigungserklärung, die von dem Erklärenden rechtzeitig widerrufen wird (vgl. § 130 Abs. 1 Satz 2 BGB), beendet den Tarifvertrag nicht. Dasselbe gilt für die einverständliche Rücknahme einer der Gegenseite bereits zugegangenen Kündi- **59**

176 Vgl. Löwisch/Rieble, § 3 Rn. 216.
177 BAG 22. 10. 2002 (3 AZR 629/01), AP Nr. 2 zu § 2 RuhegeldG Hamburg.
178 A. A. *Löwisch/Rieble*, § 3 Rn. 89: Nachwirkung.
179 BAG 14. 6. 1994, AP Nr. 2 zu § 3 TVG Verbandsaustritt; a. A. *Däubler/Lorenz*, § 3 Rn. 88.
180 Vgl. *Henssler*, NZA 1994, 300.
181 Vgl. *Henssler*, NZA 1994, 300; *Bauer/Diller*, DB 1993, 1088.
182 Vgl. BAG 18. 3. 1992, AP Nr. 13 zu § 3 TVG mit ablehnender Anm. von *Löwisch/Rieble*.
183 So aber *Löwisch/Rieble*, § 3 Rn. 91.
184 Vgl. *Däubler*, ZTR 1994, 449 f.; Wiedemann/*Oetker*, § 3 Rn. 65 f.

gung. Letzteres stellt nur dann eine Beendigung des Tarifvertrages im Sinne des § 3 Abs. 3 TVG dar, wenn der einzelne Arbeitgeber oder Arbeitnehmer in der Zeit zwischen der Kündigungserklärung und der einverständlichen Rücknahme dieser Erklärung aus seinem Verband ausgetreten ist.

60 **Änderungen des fortgeltenden Tarifvertrages** beenden nur die Nachbindung an die geänderten Regelungen im Sinne des § 3 Abs. 3 TVG, weil die frühere Mitgliedschaft derartige (nach dem Ausscheiden erfolgte) Veränderungen grundsätzlich nicht länger legitimiert.[185] Dagegen gelten die ungeänderten Tarifregelungen jedenfalls insoweit fort wie sie allein und aus sich heraus sinnvoll bleiben.[186]

61 Dagegen lässt das **BAG** die Nachbindung des Tarifvertrages bei **jeder** (auch ganz geringfügigen) **Änderung** einer Tarifnorm entfallen.[187] Zwar trifft es zu, dass das frühere Verbandsmitglied den Tarifwortlaut ausschließlich in der nicht geänderten Fassung legitimiert hatte und deshalb nur insoweit nachgebunden werden darf. Daraus ist indessen nicht zu schließen, dass die Nachbindung bei jeder Veränderung entfällt, sondern lediglich, dass das frühere Mitglied auch ausschließlich an den unveränderten alten Text gebunden bleibt.[188] Soweit der ursprüngliche Text allerdings durch neue Regelungen **ersetzt** wird, entstehen in dieser früheren Fassung Lücken. Sie schließen die Weitergeltung des restlichen Tarifwerks aber nur dann aus, wenn sie keine weiterhin praktizierbare, d.h., abgeschlossene und aus sich heraus weiter verständliche Lösung mehr bilden.[189] Deshalb beenden spätere klarstellende Ergänzungen, Zusätze, Protokollnotizen und authentische Interpretationen der Tarifverfassungsparteien die Nachbindung nicht.[190]

62 Die Gegenauffassung, nach der jede Tarifänderung die Nachbindung beenden soll (vgl. vorige Rn.), glaubt hierdurch mehr Rechtssicherheit zu erreichen.[191] Tatsächlich werden neue Unsicherheiten dann im Bereich der anschließenden Nachwirkung gemäß § 4 Abs. 5 TVG in Folge der Dispositivität der Tarifregelung auftauchen. Wegen der juristischen Meinungsverschiedenheit über das Ende der Nachbindung empfiehlt es sich aber für die **Praxis**, innovative und zusätzliche Regelungen nicht in hergebrachte Tarifwerke zu integrieren, sondern in **eigenständige Tarifverträge** zu fassen, wenn man eine Beseitigung der Nachbindung vermeiden will. Dieser »nachbindungsneutrale« Effekt tritt freilich nicht ein, sofern sich der neue Zusatztarif mit den vorangegangenen Tarifregelungen inhaltlich auch nur teilweise deckt, diese deshalb verdrängt und damit letztlich ändert. Die den Nachbindungseffekt schützende Tarifstrategie entspricht dem in § 3 Abs. 3 TVG auch enthaltenen Schutzzweck zugunsten der Arbeitgeberverbände, die Weitergeltung der Tarifnormen für ausgetretene Verbandsmitglieder in der von ihnen mit legitimierten Fassung weitestgehend zu sichern, anstatt eine (auch historisch nicht gewollte[192]) leichte Flucht aus der Verbandsbindung vor allen Ta-

---

185 Vgl. BAG 18.3.1992, AP Nr. 13 zu § 3 TVG (mit Anm. von *Löwisch/Rieble*); Wiedemann/*Oetker*, § 3 Rn. 76; *Löwisch/Rieble*, § 3 Rn. 94; a.A. *Däubler/Lorenz*, § 3 Rn. 122.

186 Zu strikt insoweit Wiedemann/*Oetker*, § 3 Rn. 79; *Löwisch/Rieble*, § 3 Rn. 94; wie hier *Däubler/Lorenz*, § 3 Rn. 122; *A. Stein*, Anm. zu BAG 15.10.2003 (4 AZR 473/02), AuR 2005, 392; ErfK/*Schaub*, § 3 TVG Rn. 36; *Gamillscheg*, Kollektives Arbeitsrecht II, § 17 I 5d, 728.

187 BAG 7.11.2001 (4 AZR 703/00), AP Nr. 11 zu § 3 TVG (mit Anm. von *Gutzeit*); BAG 27.9.2001 (2 AZR 236/00), AP Nr. 40 zu § 4 TVG Nachwirkung: zustimmend *Löwisch/Rieble*, § 3 Rn. 94.

188 Wie hier ErfK/*Schaub*, § 3 TVG Rn. 36; *Gamillscheg*, Kollektives Arbeitsrecht II, § 17 I, 728; *Däubler/Lorenz*, § 3 Rn. 123; a.A. *Löwisch/Rieble*, § 3 Rn. 94; Wiedemann/*Oetker*, § 3 Rn. 77.

189 Wie hier *Däubler/Lorenz*, § 3 Rn. 122.

190 Ebenso *BPSU*, § 3 Rn. 55.

191 Wiedemann/*Oetker*, § 3 Rn. 76, mit weiteren Nachweisen.

192 Vgl. *Schaub*, BB 1994, 2006.

rifvertragsänderungen zu ermöglichen und die notwendige Kompromissfähigkeit innerverbandlicher Mehrheiten von vornherein entscheidend zu beeinträchtigen. Dies aber wäre der tatsächliche Effekt der Gegenmeinung, während die von ihr beabsichtigte Klärung der individuellen Arbeitsvertragsbeziehungen nach Verbandsaustritt ebenso wie bei der hier vertretenen »differenzierten Betrachtung«[193] des § 3 Abs. 3 TVG letztlich nur durch (entsprechend ergänzende) arbeitsvertragliche Regelungen erfolgen kann und schon aus praktischen Gründen in der Regel auch erfolgen wird.

Bei **Stufentarifverträgen** ist hinsichtlich der Weitergeltung nach Verbandsaustritt gemäß § 3 Abs. 3 TVG mit *Hanau/Kania*[194] zwischen unmittelbaren und mittelbaren Verträgen zu unterscheiden. Der **unmittelbare Stufentarifvertrag** legt bei seinem Abschluss die einzelnen Stufen der vorgesehenen Rechtsveränderungen in zeitlicher Reihenfolge nach Daten konkret und materiell verbindlich fest, hat also von vornherein eine normativ inhaltlich und zeitlich genau bestimmte Gesamtlaufzeit (z.B. die stufenweise Arbeitszeitverkürzung in der Metallindustrie[195]). Wer also bei seinem Abschluss Verbandsmitglied gewesen ist, hat den gesamten Stufentarifvertrag mit legitimiert und ist deshalb nach § 3 Abs. 3 TVG auch im Falle seines vorzeitigen Verbandsaustritts an die nachfolgend »automatisch« in kraft tretenden Tarifstufen weiter gebunden.[196] Dies gilt auch, falls der unmittelbare Stufentarifvertrag zwischenzeitliche Kündigungsmöglichkeiten vorgesehen hatte, die jedoch nicht wahrgenommen sind[197] (vgl. § 3 Rn. 59). Die Nachbindung aus einem unmittelbaren Stufenvertrag wird nicht dadurch beseitigt, dass die künftigen Stufen lediglich im schuldrechtlichen Teil des Vertrages konkret und abschließend festgeschrieben, d.h. positiv legitimiert worden sind.[198] Der **mittelbare Stufentarifvertrag** verweist dagegen verbindlich auf bestimmte normative Inhalte der von denselben Tarifvertragsparteien erst künftig noch abzuschließenden Tarifverträge in anderen Tarifbereichen, die in festgelegter zeitlicher Stufenfolge übernommen werden sollen.[199] Da die zu den jeweiligen Stichtagen vorgesehenen Regelungen hier bei Abschluss des mittelbaren Stufentarifvertrages noch nicht konkret feststehen, haben die vor der jeweiligen Stufe ausgetretenen Verbandsmitglieder dies nicht mit legitimiert. Sie sind daher an die später in kraft gesetzten stufenweisen Neuregelungen nicht mehr nach § 3 Abs. 3 TVG gebunden.[200] Dagegen bleibt die Tarifbindung an die bis zum Austritt wirksam gewordenen Tarifstufen nach § 3 Abs. 3 TVG bestehen, wenn diese Regelungen auch als solche eigenständig sinnvoll bleiben[201] (vgl. § 3 Rn. 62). 63

**Nach Beendigung des Tarifvertrages** im Sinne des § 3 Abs. 3 TVG wirken dessen Normen für die bislang davon erfassten Arbeitsverhältnisse nach, wenn die Voraussetzungen der **Nachwirkung** des § 4 Abs. 5 TVG gegeben sind[202] (dazu § 4 64

193 Vgl. *Schaub*, BB 1994, 2006; ErfK/*Schaub*, § 3 TVG Rn. 36.
194 *Hanau/Kania*, DB 1995, 1229.
195 Laut Schlichtungsspruch vom 21.6.1984, RdA 1984, 362.
196 *Hanau/Kania*, DB 1995, 1231 ff.; *Däubler/Lorenz*, § 3 Rn. 125; Wiedemann/*Oetker*, § 3 Rn. 60.
197 *Hanau/Kania*, a.a.O., 1232 f.
198 *Hanau/Kania*, DB 1995, 1231; a.A. Wiedemann/*Oetker*, § 3 Rn. 60.
199 Z.B. bei der stufenweisen Entgeltanpassung für die Tarifbereiche in den »neuen« Bundesländern an die Regelungen der »alten« Bundesländer, vgl. *Hanau/Kania*, DB 1995, 1230.
200 *Hanau/Kania*, DB 1995, 1233.
201 A.A. *Hanau/Kania*, DB 1995, 1232, die jedoch eine Nachwirkung nach § 4 Abs. 5 eintreten lassen wollen.
202 BAG 13.12.1995 (4 AZR 1062/94), AP Nr. 3 zu § 3 TVG Verbandsaustritt (mit Anm. von *Rieble*); *Bieback*, DB 1989, 478 f.

Rn. 530 ff.), weil die Nachwirkungsregel des § 4 Abs. 5 auf jeden Fall wegen des Wegfalls der Tarifbindung anzuwenden ist.[203] Das gilt auch dann, wenn der Zeitpunkt der Beendigung der Mitgliedschaft mit demjenigen der Beendigung des Tarifvertrages zusammenfällt.[204] Dies entspricht sowohl dem Wortlaut der §§ 3 Abs. 3 und 4 Abs. 5 TVG wie auch dem Zweck der Nachwirkung, einen übergangslosen Fortfall tariflicher Normen mit entsprechend »ausgehöhlten« Arbeitsverträgen zu vermeiden.[205] Sie ist eine gesetzliche Konsequenz aus der Doppelnatur des Tarifvertrages als einem Vertrag mit Normsetzungsfunktion, welcher die Privatautonomie mit der demokratischen Eigenkreation abstrakten und generellen Rechtsnormen kombiniert. *Löwisch/Rieble*[206], die ihre Ablehnung einer Nachwirkung nach Ablauf des (gemäß § 3 Abs. 3 TVG) weiterwirkenden Tarifvertrages mit der hierfür entfallenen Legitimation seitens der ausgeschiedenen Arbeitgeberverbandsmitglieder begründen möchten, übersehen, dass deren Mitgliedschaft verbandliche Normen (und nicht nur schuldrechtliche Verträge) legitimierte, denen der Gesetzgeber aus rechtsstaatlichen Vertrauensschutz-Gründen einen (gegenüber Verträgen) nachwirkenden, dispositiven Bestandsschutz auch über die vertraglich gewollte Tarif-Beendigung hinaus beigemessen hat. Die über jede privatautonome Vertragsregelung hinausreichende (quasi-legislative) Rechtssetzungsmacht der Tarifvertragsparteien über eine unbestimmte Vielzahl von Fällen und Personen zieht eben auch eine besondere (quasi-rechtsstaatliche) Verantwortung der Koalitionsmitglieder für den Bestandsschutz selbst geschaffener Normen nach sich, die deren negative Beseitigung durch schlichte private Willenserklärung (Kündigung einer Verbandsmitgliedschaft) ausschließt.[207] Insofern unterscheiden sich Begriff und Tragweite der demokratischen Legitimation zur Normsetzung von der privaten Legitimation zum Vertragsschluss sehr erheblich – eine Differenz, die *Löwisch/Rieble* mit ihrem pauschal verwendeten Legitimationsargument immer wieder zu sehr verwischen.

**65** Die **Nachbindung** des § 3 Abs. 3 TVG ist eine rechtspolitisch **sinnvolle Konsequenz** aus der mitgliedschaftlich legitimierten **Normwirkung** von Tarifverträgen. Wegen des hierdurch gebotenen Vertrauensschutzes zu Gunsten der Normunterworfenen wären alle zeitlichen Beschränkungen der Nachbindung willkürlich. Entsprechende rechtspolitische Vorschläge[208] sind daher als schutzzweckwidrig abzulehnen.[209]

### III. Arbeitgeberverbandsaustritt, Arbeitgeberverbandswechsel und Arbeitgeberverbandsauflösung

**66** Am häufigsten ändern sich die verbandlichen Bindungen des Arbeitgebers durch **Austritt** aus seinem bisherigen Verband. Dies ist der »Normalfall« des § 3 Abs. 3 TVG, der die alte Tarifbindung weiter bestehen lässt. Der Fortbestand gilt jedoch nur für den normativen, nicht dagegen für den schuldrechtlichen Teil des Tarifvertrages. Die schuldrechtlichen Verpflichtungen treffen beim Verbandstarifvertrag allein die vertragsschließenden Verbände. Deshalb besteht nach dem

203 H.M., vlg. z.B. *Löwisch/Rieble*, § 4 Rn. 409.
204 BAG 13.12.1995 (4 AZR 1062/94), AP Nr. 3 zu § 3 TVG Verbandsaustritt.
205 *Schaub*, BB 1994, 2006.
206 *Löwisch/Rieble*, Anm. zu BAG 18.3.1992, AP Nr. 13 zu § 3 TVG.
207 Vgl. BAG 13.7.1994, AP Nr. 14 zu § 3 TVG Verbandszugehörigkeit, Bl. 1014f.
208 Z.B. *Löwisch/Rieble*, § 3 Rn. 93; Wiedemann/*Oetker*, § 3 Rn. 65.
209 *BPSU*, § 3 Rn. 57, mit weiteren Nachweisen.

Verbandsaustritt eines Arbeitgebers diesem gegenüber **keine** gewerkschaftliche **Friedenspflicht** mehr, weil auch die verbandsrechtlichen Einwirkungsmöglichkeiten auf diesen Arbeitgeber nunmehr entfallen sind.[210] Die Gewerkschaft kann versuchen, den fortwirkenden alten Verbandstarif durch Abschluss eines neuen Firmentarifvertrages zu verbessern und dies **streikweise** durchzusetzen.[211] Da beim Scheitern eines solchen Arbeitskampfes die Normen des alten Verbandstarifvertrages weitergelten, entfallen die aus dem Schutzprinzip des § 3 Abs. 3 TVG abgeleiteten Bedenken des Bundesarbeitsgerichts[212] hiergegen. Da das Bundesarbeitsgericht heute fast nur noch Abwehraussperrungen anerkennt[213], stellt sich die Frage nach der Zulässigkeit einer Angriffsaussperrung des aus dem Verband ausgetretenen Arbeitgebers kaum mehr.[214]

Immer öfter verlangt eine Gewerkschaft von dem aus seinem Verband ausgetretenen Arbeitgeber anschließend den Abschluss eines so genannten **Anerkennungstarifvertrages**, der die nach § 3 Abs. 3 TVG weiter geltenden Normen des Verbandstarifvertrages ohne inhaltliche Änderung nunmehr als Firmentarifvertrag aufnehmen soll. Falls dies abgelehnt wird, wäre ein hierauf gerichteter Streik aber trotz des § 3 Abs. 3 TVG nicht deshalb rechtswidrig, weil Anerkennungstarifvertrag und weiterwirkender Verbandstarif inhaltlich identisch wären. Im Unterschied zum Verbandstarif würde der Firmentarifvertrag das Unternehmen nämlich auch wieder schuldrechtlich binden und die Unsicherheit beseitigen, der die Nachbindung bei späteren Veränderungen des Verbandstarifvertrages ausgesetzt ist. Firmentarifverträge treten dann an die Stelle des weiter geltenden früheren Verbandstarifs, den sie als eigenständige, fachlich speziellere Regelung ablösen. Deshalb geht ein Anerkennungstarifvertrag prinzipiell über den weiter geltenden Verbandstarif hinaus und enthält damit erstreikbare günstigere Bedingungen als dieser. § 3 Abs. 3 TVG stellt auch insoweit keine Arbeitskampfsperre dar[215] (hierzu auch § 1 Rn. 701). Die Rechtslage ist folglich anders als im Verhältnis zwischen einem vollwirksamen Verbandstarif und einem zusätzlichen Firmentarif.[216] **67**

Tritt der Arbeitgeber einem anderen Verband bei, so ändert dieser **Arbeitgeberverbandswechsel** nichts an der in § 3 Abs. 3 TVG festgelegten Fortgeltung der bisherigen Tarifgebundenheit. Freilich unterliegt der Betrieb dann möglicherweise auch den Tarifverträgen des zweiten Verbandes nach § 3 Abs. 1 TVG. Es handelt sich jedoch nicht um einen Fall der »Tarifkonkurrenz«.[217] Das hier entstehende »Nebeneinander« zweier Tarifverträge ist nämlich prinzipiell zugunsten der einstweiligen Fortgeltung des früheren Tarifvertrages nach § 3 Abs. 3 TVG zu **68**

210 *Konzen*, ZfA 1975, 420ff.; *Bieback*, DB 1989, 481; *Däubler/Lorenz*, § 3 Rn. 117; a. A. Wiedemann/*Oetker*, § 3 Rn. 59; *J. H. Bauer*, FS Schaub, 22f.; LAG Hamm 31.1.1991, DB 1991, 1196, 1197; vgl. auch BAG 18.2. 2003 (1 AZR 142/02), AP Nr. 169 zu Art. 9 GG Arbeitskampf.

211 LAG Frankfurt am Main 23.4.1985 (5 Sa/Ga 507/85), LAGE Nr. 1 zu § 1 TVG Friedenspflicht; LAG Hamm 31.1.1991 (16 Sa 119/91), LAGE Nr. 2 zu § 1 TVG Friedenspflicht; LAG Rheinland-Pfalz 20.12.1996 (7 Sa 124/96), LAGE Nr. 3 zu § 1 TVG Friedenspflicht; *Kissel*, Arbeitskampfrecht, § 126 Rn. 36; *Däubler/Lorenz*, § 3 Rn. 117; *Zachert*, FS Kehrmann, 341f.; a. A. *Gamillscheg*, Kollektives Arbeitsrecht I, § 17 I 5 f, 729; Wiedemann/*Oetker*, § 3 Rn. 59, mit weiteren Nachweisen; *Jacobs*, ZTR 2001, 255.

212 BAG 4.5.1955, AP Nr. 2 zu Art. 9 GG Arbeitskampf.

213 Vgl. BAG 10.6.1980, AP Nr. 65 zu Art. 9 GG Arbeitskampf.

214 Ablehnend schon früher *Konzen*, ZfA 1975, 420f.

215 Vgl. *Konzen*, ZfA 1975, 421.

216 Dazu BAG 10.12.2002 (1 AZR 96/02), AP Nr. 162 zu Art. 9 GG Arbeitskampf.

217 Anders BAG 26.10.1983, AP Nr. 3 zu § 3 TVG, welches dann jeweils dem spezielleren Tarif den Vorrang einräumt; kritisch dazu *Kempen*, NZA 2003, 116ff.

lösen, weil der Arbeitgeber die bei ihm beschäftigten Arbeitnehmer andernfalls entgegen dem Gesetzeszweck doch durch einseitigen Verbandsaustritt aus der schützenden Tarifgeltung herausnehmen könnte[218], insbesondere um sodann »billigere« Tarifbedingungen anwenden zu können. Dieser Gedanke gilt jedoch dann nicht, wenn der neue Tarifvertrag die Arbeitnehmer ähnlich wie bisher stellt. Das Günstigkeitsprinzip des § 4 Abs. 3 TVG greift hier allerdings nicht ein, weil es nicht zwischen zwei Tarifverträgen gilt[219], doch könnte vielleicht das arbeitsrechtliche Gleichbehandlungsgebot und die Durchführungspflicht hier eine vertragliche Angleichung der Arbeitsbedingungen im tarifgebundenen Betrieb nach Maßgabe der Mehrheitstarifgebundenheit nahe legen.[220]

**69** Nur sofern es sich dabei überdies um einen oder zwei **allgemeinverbindlich erklärte Tarifverträge** handelt[221], scheidet jede Wahlmöglichkeit aus, weil sonst die von der Allgemeinverbindlicherklärung bezweckte Einheitlichkeit der Tarifverhältnisse innerhalb des tariflichen Geltungsbereichs nicht länger gewährleistet wäre. Wenn ein Tarifvertrag also durch Allgemeinverbindlicherklärung allseits bindendes Recht geworden ist, besteht auch im Bereich des § 3 Abs. 3 TVG nur noch die Möglichkeit, den im engsten Sinne »passenden« Tarifvertrag anzuwenden: Dies ist nach allgemeinen Rechtsgrundsätzen (und damit unabhängig vom – hier nicht einschlägigen – Sonderproblem der »Tarifkonkurrenz«) immer der speziellere (praktisch meist der allgemeinverbindliche) Tarifvertrag.[222]

**70** Wenn der nach einem **Verbandswechsel** mitgliedschaftlich geltende neue **Tarifvertrag mit derselben Gewerkschaft** abgeschlossen worden sein sollte wie die (nach § 3 Abs. 3 TVG) weiter geltende Tarifregelung, dann handelt es sich abermals nicht um eine Tarifkonkurrenz. Das zur Auflösung derartiger Tarifkonkurrenzen anwendbare Spezialitätsprinzip[223] würde solchenfalls den von § 3 Abs. 3 TVG bezweckten Vertrauens- und Rechtssicherheitsschutz unterlaufen. Es bleibt deshalb auch hier bei der Nachbindung des § 3 Abs. 3 TVG an den früheren Tarif.[224] Die Durchführungspflicht aus dem neuen, mitgliedschaftlich wirkenden Tarifvertrag gebietet es dem Arbeitgeber nach Verbandswechsel jedoch, den von der Nachbindung weiterhin erfassten Arbeitnehmern dessen Konditionen anzubieten, wenn diese günstiger als die früheren Regelungen sein sollten.

**71** Die **Auflösung des Arbeitgeberverbandes** berührt die Fortgeltung der von ihm abgeschlossenen Tarifverträge nach § 3 Abs. 3 TVG nicht. Die schuldrechtlichen Verpflichtungen aus solchen Tarifverträgen (vor allem Friedenspflicht und Durchführungspflicht) enden dagegen mit dem Wirksamwerden des verbandlichen Auflösungsbeschlusses. Eine später möglicherweise nachfolgende Vermögensliquidation des Vereins stellt keine tarifrechtliche Betätigung mehr dar.[225] Die Gegenmeinung[226] übersieht, dass es im Liquidationsstadium des Vereins an

---

218 *Konzen*, ZfA 1975, 428f.; Wiedemann/*Oetker*, § 3 Rn. 80; *Däubler/Lorenz*, § 3 Rn. 89; *Kempen*, NZA 2003, 415; jetzt auch *Löwisch/Rieble*, § 4 Rn. 157; a. A. *Hromadka/Maschmann/Wallner*, Tarifwechsel, Rn. 518.

219 *Konzen*, ZfA 1975, 429; Wiedemann/*Oetker*, § 3 Rn. 80.

220 Vgl. LAG Sachsen-Anhalt 8.5.2001 (9 Sa 723/00), AuR 2002, 308; *Däubler/Lorenz*, § 3 Rn. 89.

221 Wie im Fall BAG 26.10.1983, AP Nr. 3 zu § 3 TVG.

222 Im Ergebnis ebenso mit einer allerdings über den besonderen Fall zweier allgemeinverbindlicher Tarifverträge hinausgehenden und insofern unrichtigen Begründung BAG 26.10.1983, AP Nr. 3 zu § 3 TVG; ferner *Hanau*, ZfA 1984, 460.

223 Vgl. BAG 26.10.1983, AP Nr. 3 zu § 3 TVG; *Däubler/Lorenz*, § 3 Rn. 90.

224 Wiedemann/*Oetker*, § 3 Rn. 81.

225 BAG 11.11.1970, AP Nr. 28 zu § 2 TVG (mit ablehnender Anm. von *Wiedemann*); zustimmend *Kunze*, RdA 1976, 32.

226 *Wiedemann*, Anm. zu BAG 11.11.1970, AP Nr. 28 zu § 2 TVG; *Röckl*, BB 1993, 1655; *Reuter*, JuS 1987, 666.

der verfassungsrechtlich notwendigen innerverbandlichen Willensbildung fehlt. Dasselbe gilt auch im Fall der **Insolvenz eines Arbeitgeberverbandes**, dessen Mitglieder dann ebenfalls der Nachbindung unterliegen.[227] Bei Insolvenz haftet der in Liquidation befindliche Verband weiter auf Schadensersatz, wenn seine früheren Mitglieder die von ihm abgeschlossenen und nach § 3 Abs. 3 TVG weiter geltenden Tarifverträge nicht durchführen, denn insoweit handelt es sich auch um Verbindlichkeiten des früheren Arbeitgeberverbandes.

Wird der **Arbeitgeberverband aufgelöst**, so **endet** nicht nur seine Durchführungspflicht (vgl. vorige Rn.), sondern auch die entsprechende **Friedenspflicht** **72**
der vertragsschließenden Gewerkschaften. Die früheren Mitgliedsunternehmen können daher spätestens nach der Verbandsauflösung jederzeit mit dem Ziel einer firmentariflichen Verbesserung des (gemäß § 3 Abs. 3 TVG) weiter geltenden Tarifvertrages bestreikt werden, soweit dies nicht ohnehin schon vorher möglich war (vgl. dazu § 2 Rn. 130 ff.). Bleiben die Bemühungen um einen verbesserten Neuabschluss erfolglos, so gilt der alte Tarifvertrag fort.

Entgegen der Auffassung des Bundesarbeitsgerichts[228] enthält § 3 Abs. 3 TVG **73**
hinsichtlich des Problems der Fortgeltung des normativen Teils des Tarifvertrages im Falle einer **Arbeitgeberverbandsauflösung keine Gesetzeslücke**. Die Auflösung des Verbandes stellt nämlich einen mindestens mehrheitlichen Willensakt seiner Mitglieder dar und ist insofern dem Verbandsaustritt der daran beteiligten Arbeitgeber gleichzusetzen. Da § 3 Abs. 3 TVG die fehlende Verbandsmitgliedschaft ersetzen soll, um verbandsrechtlichen Umgehungen des Tarifschutzes vorzubeugen, so folgt daraus, dass ein Auflösungsbeschluss die Tarifbindung der Arbeitgeberverbandsmitglieder ebenso wenig beenden kann wie ein kollektiver Austritt ganzer Gruppen. Eine zweckgerichtete Auslegung des § 3 Abs. 3 TVG ergibt also, dass die normative Wirkung der Verbandstarifverträge im Liquidationsfall nicht beendet wird, es sei denn, dies wäre tariflich bereits ausdrücklich vorgesehen oder später vereinbart.[229] Ansonsten bedarf es einer entsprechenden Willenserklärung (meist Kündigung) des Arbeitgeberverbandes, die gegebenenfalls mit der Liquidation zu beschließen wäre. Bis zu deren Wirksamwerden bleibt der normative Teil der Tarifverträge bestehen und bildet die Grundlage der fortgeltenden Tarifbindung aller ehemaligen Mitglieder.[230] Erst danach kommt eine Nachwirkung gemäß § 4 Abs. 5 TVG in Betracht. Die vom Bundesarbeitsgericht[231] plakativ herausgestellte Befürchtung, dass der Tarifvertrag »für alle Zukunft unabdingbar aufrechterhalten« bleiben müsste, wenn der Arbeitgeberverband ihn vor seiner Auflösung nicht mehr ordnungsgemäß beende (z.B. kündige), ist unbegründet. In einem solchen Fall gehört es nämlich zu den Liquidationsgeschäften des Verbandes, dessen Tarifverträge in der vertraglich vorgesehenen Weise außer Kraft zu setzen, also in der Regel sie zu kündigen. Ob die Mitteilung der Verbandsauflösung als konkludente Kündigung zum vertraglich vorgesehenen Zeitpunkt anzusehen ist, muss einzelfallweise durch Auslegung ermittelt werden.[232] Da es also an der vom Bundes-

227 A.A. BAG 27.6.2000 (1 ABR 31/99), AP Nr. 56 zu § 2 TVG (mit Anm. von *Buchner*), das eine fortdauernde Tarifbindung aus § 3 Abs. 1 annimmt; kritisch dazu *Löwisch/Rieble*, § 2 Rn. 70.

228 BAG 15.10.1986, AP Nr. 4 zu § 3 TVG.

229 Ebenso im Ergebnis *Wiedemann*, Anm. zu BAG 15.10.1986, AP Nr. 4 zu § 3 TVG; *Däubler/Lorenz*, § 3 Rn. 98; Wiedemann/*Oetker*, § 3 Rn. 54; *Röckl*, BB 1993, 1655 f.; *Otto*, NZA 1996, 626.

230 Diese Möglichkeit wird auch in BAG 15.10.1986, a.a.O., hypothetisch erörtert.

231 BAG 15.10.1986, AP Nr. 4 zu § 3 TVG.

232 Vgl. BAG 15.10.1986, AP Nr. 4 zu § 3 TVG; *Röckl*, BB 1993, 1655 f.

arbeitsgericht vorausgesetzten »Gesetzeslücke« fehlt, lässt sich eine automatische Vertragsbeendigung infolge Auflösung der Tarifvertragspartei endlich auch nicht mit Hilfe von »Wertungen« des (auf ganz unterschiedliche Problemlagen zielenden) § 613a BGB konstruieren.[233]

**74** Ebenso wie die Auflösung des Verbandes lässt auch der **Verlust der Tariffähigkeit** den Fortbestand der Tarifverträge unberührt.[234] Hinsichtlich der schuldrechtlichen Pflichten ist die Rechtslage ebenfalls gleich (vgl. § 2 Rn. 145 ff. und § 3 Rn. 71 ff.).

**75** Die **Fusion von Arbeitgeberverbänden**, die als eingetragene Vereine verfasst sind, ist im Wege der Verschmelzung nach §§ 99 bis 104 UmwG über die Aufnahme des einen (zu beendenden) Verbandes in einen anderen oder über die Gründung eines neuen eingetragenen Vereins durch die aufzulösenden fusionierenden Verbände möglich (vgl. § 99 Abs. 2 UmwG). Die auf Grund der Verschmelzung bewirkte **Gesamtrechtsnachfolge** (vgl. §§ 20 ff., 36 Abs. 1 UmwG) lässt sowohl die schuldrechtlichen Verpflichtungen aus früher abgeschlossenen Tarifverträgen wie auch deren Normen (wegen der mit den individuellen Verbandsmitgliedschaften übergegangenen Tarifzuständigkeit) auf den aufnehmenden oder auf den neu gegründeten Verein übergehen, sofern und soweit dies satzungsförmig festgelegt wird. Erfolgt die Verschmelzung unter Verzicht oder Teilverzicht auf die Tariffähigkeit, greift insoweit die Weitergeltung nach § 3 Abs. 3 TVG wie bei der Arbeitgeberverbandsauflösung (vgl. § 3 Rn. 71).

**76** Wechselt der Arbeitgeber innerhalb des Arbeitgeberverbandes von der Mitgliedschaft mit voller Tarifbindung in eine tarifbindungsfreie so genannte **OT-Mitgliedschaft**, so kommt das hinsichtlich der Nachbindung des § 3 Abs. 3 TVG einer Kündigung gleich, d.h. es treten die Rechtswirkungen der Nachwirkung ein (zur OT-Mitgliedschaft vgl. § 2 Rn. 117).

## IV. Gewerkschaftsaustritt, Gewerkschaftswechsel und Gewerkschaftsauflösung

**77** Der **Austritt** eines tarifgebundenen Mitglieds **aus der Gewerkschaft** beendet die Tarifgebundenheit dieses Arbeitnehmers nach § 3 Abs. 3 TVG nicht. Vielmehr gelten die Normen des Tarifvertrages bis zu dessen Beendigung für das Arbeitsverhältnis fort.[235] Bei Änderungen des nachbindenden Tarifvertrages gelten die Ausführungen zu § 3 Rn. 60 ff. entsprechend.

**78** Ein **Wechsel der Gewerkschaftsmitgliedschaft** könnte zu einem »Nebeneinander« zweier Tarifverträge führen, wenn der Arbeitgeber mit beiden Gewerkschaften einschlägige Tarifverträge abgeschlossen hat, was bei Konkurrenzorganisationen möglich ist. Die Grundsätze zur Lösung von Tarifkonkurrenzen werden hier regelmäßig nicht anwendbar sein, weil der Geltungsbereich beider Tarifverträge in der Regel deckungsgleich sein wird. Das Günstigkeitsprinzip des § 4 Abs. 3 TVG ist dagegen grundsätzlich nicht bei ranggleichen Normen einschlägig. Hier bedarf jedoch der Arbeitnehmer, welcher die Gewerkschaft freiwillig gewechselt hat, ebenso wenig eines Schutzes aus § 3 Abs. 3 wie sein Arbeitgeber, welcher auch der zweiten Gewerkschaft gegenüber tariflich gebunden ist. Der entsprechende Arbeitsvertrag unterfällt nunmehr nämlich der unmittelba-

---

233 So aber BAG, 15.10.1986, AP Nr. 4 zu § 3 TVG.

234 Vgl. *Kunze*, RdA 1976, 32.

235 BAG 4.4.2001 (4 AZR 237/00), AP Nr. 27 zu § 4 TVG Tarifkonkurrenz.

ren Tarifbindung nach § 3 Abs. 1 TVG, so dass die Tarifbindung gemäß § 3 Abs. 3 TVG sofort davon verdrängt wird. Anders ist es dagegen, wenn der Arbeitgeber des die Gewerkschaft wechselnden Arbeitnehmers mit dessen neuer Organisation keine einschlägigen Tarifverträge geschlossen hat. Dann entsteht auch keine neue unmittelbare Tarifbindung, die die Regelung des § 3 Abs. 3 TVG verdrängt. Die früheren Tarifnormen wirken in solchen Fällen also nach § 3 Abs. 3 TVG weiter.

Im Falle eines **Schiedsspruchs nach § 16 DGB-Satzung**, kann die tarifpolitische Handlungslegitimation einer bislang für den umstrittenen Arbeitsmarktsektor aktiven Gewerkschaft künftig zugunsten einer anderen, im Schiedsverfahren obsiegenden Gewerkschaft entfallen (vgl. § 2 Rn. 159f.). Sofern die unterlegene Gewerkschaft zuvor bereits Tarifverträge abgeschlossen hatte, untersagt der Schiedsspruch ihr selbst und ihren Mitgliedern im Rahmen dieser Organisation weitere einschlägige tarifliche Tätigkeiten (dem entspricht ein Tarif-Unterlassungsanspruch der obsiegenden Gewerkschaft). Für die tarifgebundenen Arbeitgeber kommt das in seiner Wirkung praktisch einem Austritt der bislang tarifgebundenen Arbeitnehmer aus der (unterlegenen) Gewerkschaft gleich, weil auch er an das Ergebnis des Schiedsspruchs gebunden wird.[236] Der Schutzzweck des § 3 Abs. 3 TVG könne es daher nahe legen, die Vorschrift auch auf einen durch Schiedsspruch nach § 16 DGB-Satzung festgelegten Tarif-Unterlassungsanspruch entsprechend anzuwenden. Dies verbietet sich jedoch deshalb, weil die tarifrechtliche Konsequenz des Schiedsspruchs von den Mitgliedern der unterlegenen Gewerkschaft einerseits nicht freiwillig gezogen wurde und die Wirkung des Schiedsspruchs praktisch wieder aufhöbe. Wohl aber ist § 4 Abs. 5 TVG beim Wegfall der Tarifbindung durch Schiedsspruch entsprechend anzuwenden. Sinn und Zweck der Nachwirkung des § 4 Abs. 5 TVG ist es, die bisherigen tariflichen Regelungen jedenfalls für eine Übergangszeit zu erhalten (Überbrückungsfunktion[237]).[238] Danach liegt es nahe, dass die betreffenden Gewerkschaftsmitglieder aus der bisherigen Organisation austreten (weil sie von ihr nicht länger tariflich vertreten werden können) und zu der obsiegenden Gewerkschaft überwechseln, sobald diese ihr tarifliches Mandat entweder durch den Abschluss von neuen Tarifverträgen oder durch vertraglichen Beitritt zu den schon bestehenden Tarifen (auch hier wäre die Zustimmung der Arbeitgeberseite erforderlich) selbständig wahrnimmt. Die Nachwirkung des § 4 Abs. 5 TVG würde folglich meist nur eine kürzere Übergangszeit betreffen. Sollte auch die obsiegende Gewerkschaft bereits vor dem Schiedsspruch Tarifverträge abgeschlossen haben, so würden die Arbeitnehmer mit dem Gewerkschaftswechsel nunmehr der neuen Tarifbindung nach § 3 Abs. 1 TVG unterfallen (vgl. § 3 Rn. 78). **79**

Wenn die Mitglieder ihre **alte Gewerkschaftszugehörigkeit** dagegen auch nach dem DGB-Schiedsspruch **beibehielten** oder aber (ohne Gewerkschaftswechsel) nur austräten, würde die frühere Tarifbindung mit dem Inkrafttreten des von der (im Schiedsspruch für allein handlungslegitimiert erklärten) anderen DGB-Gewerkschaft geschlossenen Tarifverträge entfallen. Anders als beim (vom Arbeitgeber möglicherweise herbeigeführten[239]) Gewerkschaftsaustritt (vgl. § 3 Rn. 77) **80**

236 Vgl. BAG 14.12.1999 (1 ABR 74/98), AP Nr. 107 zu Art. 9 GG; BAG 25.9.1996 (1 ABR 4/96), AP Nr. 10 zu § 3 TVG Tarifzuständigkeit.

237 Vgl. BAG 13.7.1994, AP Nr. 14 zu § 3 TVG Verbandszugehörigkeit, Bl. 1014f.

238 Ebenso *Däubler/Lorenz*, § 3 Rn. 97.

239 Vgl. *Löwisch/Rieble*, § 3 Rn. 85.

wäre hier der Übertritt in die zuständige andere Organisation im DGB verbandsrechtlich zumutbar. Die Zugehörigkeit zum DGB und die Regelung des § 16 DGB-Satzung vermittelt den in dieser Dachorganisation zusammengeschlossenen Gewerkschaften und deren Mitgliedern nämlich einen lückenlosen Tarifschutz durch Gewerkschaftsübertritt in die durch den Schiedsspruch legitimierte Gewerkschaft und deren Tarifbindung, so dass in solchen Fällen der Missbrauch des Verbandsaustritts ohnehin ausgeschlossen ist.

**81** Die Gewerkschaftsmitglieder werden oft nach einem DGB-Schiedsspruch nicht bereit sein, ihre bisherige Organisation zu verlassen. Deshalb ist es denkbar, dass diese Gewerkschaft der (im Schiedsverfahren für tarifzuständig erklärten) anderen Gewerkschaft nunmehr den Auftrag und die Vollmacht erteilt, ihre verbliebenen Mitglieder künftig tarifpolitisch mit zu vertreten. Eine solche Vollmacht kann den verbliebenen Mitgliedern allerdings (mangels entsprechender Tarifzuständigkeit) keine neue Tarifbindung mehr vermitteln. Bei entsprechendem Einverständnis des jeweiligen Arbeitgebers oder Arbeitgeberverbands kann die bevollmächtigte und zuständige Gewerkschaft jedoch mit ihm einen **Vertrag zu Gunsten Dritter**, nämlich dieser anderen Gewerkschaftsmitglieder, schließen (§ 328 BGB). Sie müssten dann von Arbeitgeberseite gemäß dieser – nur schuldrechtlich wirkenden – **Tarifanwendungsvereinbarung** so behandelt werden, als seien sie tarifgebunden.[240]

**82** Die **Auflösung einer Gewerkschaft** wird zwar praktisch selten sein, kann jedoch etwa bei einer Fusion mehrerer Organisationen zu einer neuen Gewerkschaft (z.B. »IG Medien – Druck und Papier, Publizistik und Kunst«) gelegentlich vorkommen. Auch in diesem Fall bleibt die Tarifgebundenheit nach § 3 Abs. 3 TVG prinzipiell bestehen. Die Rechtslage entspricht dabei der bei Auflösung eines Arbeitgeberverbandes (vgl. dazu § 3 Rn. 69 f.).

**83** Sofern der Auflösungsbeschluss jedoch einem **Gewerkschaftszusammenschluss** dient, ist zu unterscheiden: Die Fusion kann zunächst derart erfolgen, dass eine bestehende Gewerkschaft eine andere, die sich auflöste und deren Mitglieder (wegen des starken personalen Bezugs der Koalitionsfreiheit vor allem auf Arbeitnehmerseite, vgl. Grundl. Rn. 67 f.) persönlich übertreten, als solche übernimmt (so im Falle der Fusion der IG Bau, Steine, Erden mit der Gewerkschaft Gartenbau, Landwirtschaft und Forsten 1995). *Reuter* schlägt hier einen Vertragsbeitritt durch dreiseitigen Vertrag unter Beteiligung der jeweiligen Arbeitgeberseite für jeden einzelnen Tarifvertrag vor.[241] Praktisch liefe das auf ein außerordentliches, fristloses Kündigungsrecht für Tarifverträge im Falle von Gewerkschaftszusammenschlüssen hinaus, obwohl es hierfür keine inhaltliche Rechtfertigung gibt (soweit auch die tarifgebundenen Mitglieder übergetreten sind). Die nicht übergetretenen Arbeitnehmer würden ihre bisherige Tarifgebundenheit in jedem Fall mit der Gewerkschaftsfusion verlieren. § 3 Abs. 3 TVG ist hier nicht anwendbar, weil der Verlust der Mitgliedschaft auf eigenem Entschluss beruhte sowie eine Weiterführung der bisherigen Tarifbindung durch Gewerkschaftswechsel möglich und zumutbar wäre (vgl. § 3 Rn. 80).

**84** Daneben bietet sich noch ein anderer Weg zum übergangslosen Fortgelten von einzelgewerkschaftlichen Tarifverträgen bei einer Gewerkschaftsfusion an: Die zu verschmelzenden Gewerkschaften bilden eine **gemeinsame Kartellgewerkschaft**, die über einen längeren Zeitraum die Tarifverträge ihrer Mitgliedsge-

---

240 Dieser Fall wird von *Blank*, FS 50 Jahre BAG, 597, nicht behandelt.
241 *Reuter*, DZWIR 1993, 408.

werkschaften mit unterzeichnet. Sobald diese Einzelgewerkschaften sich aufgelöst haben, treten ihre Mitglieder als Personen in die dadurch zur Mitgliedsgewerkschaft umgewandelte Kartellgewerkschaft ein, wobei die Tarifbindung erhalten bliebe.[242] Gewerkschaftsmitglieder, die nicht überwechseln wollen, fielen aus der Tarifbindung heraus, weil § 3 Abs. 3 TVG wiederum nicht anwendbar wäre.

Ein solch aufwendiger, tarifrechtlich aber gleichwohl nicht unproblematischer (die Tarifverträge hätten gegenüber der Kartellgewerkschaft nur schuldrechtliche Wirkungen) Prozess lässt sich seit 1995 entscheidend vereinfachen und zugleich effektivieren, wenn eine **Verschmelzung der fusionierenden Gewerkschaften nach § 99 UmwG** erfolgte. Voraussetzung wäre freilich, dass die zu verschmelzenden Gewerkschaften sich zuvor als rechtsfähige Vereine ins Vereinsregister eintragen ließen und auch der gemeinsame Verein rechtsfähig würde (§ 99 Abs. 2 UmwG), gleichgültig, ob der eine Verein den anderen aufnähme oder ob beide gemeinsam einen neuen Verein bildeten. Diesen Weg sind die Gewerkschaften DAG, DPG, HBV, IG Medien und ÖTV 2001 gegangen als sie sich zur Dienstleistungsgewerkschaft ver.di verschmolzen haben.[243] Die Rechtsform des eingetragenen Vereins müsste dann nicht permanent beibehalten werden, hätte aber den Vorteil, dass die verschmolzenen Vereine jeweils »als Ganzes« auf den anderen oder den neu gegründeten Verein übergingen (§ 20 Abs. 1 Nr. 1 UmwG). Die damit gesetzlich angeordnete Gesamtrechtsnachfolge lässt neben den Gewerkschaftsvermögen und den Mitgliedschaften auch die laufenden Tarifverträge der verschmolzenen Gewerkschaftsvereine unmittelbar auf den neuen/anderen Verein übergehen, so dass die Tarifbindung der übernommenen Mitglieder bruchlos erhalten bleibt.[244] Dies ist vom BAG für den vergleichbaren Fall der Gesamtrechtsnachfolge in eine firmenvertragliche Tarifbindung bestätigt.[245] **85**

Eine **entsprechende Anwendung der §§ 99ff. UmwG auf nicht rechtsfähige Vereine** ist (im Gegensatz zu anderen vereinsrechtlichen Vorschriften) wegen der konstitutiven Registereintragung der Verschmelzung (§ 104 Abs. 1 Satz 2 UmwG) nicht möglich, so dass den meisten Gewerkschaften diese Form der Fusion nur nach entsprechendem Rechtsformenwechsel eröffnet wird. Wenn sie diesen Weg ablehnt, wird eine verfassungskonforme Anwendung des § 20 UmwG deshalb geboten sein, weil die nicht rechtsfähig verfassten Gewerkschaften auch sonst zum Schutze ihrer Koalitionsfreiheit (Art. 9 Abs. 3 GG) als rechtsfähig behandelt werden müssen.[246] Bei der Fusion von Großvereinen sollte aus Rechtssicherheitsgründen allerdings der Weg der Registereintragung gewählt werden. **86**

Wenn die fusionierenden Gewerkschaften dagegen **keinen direkten Übergang der Tarifbindung** realisieren, dann gilt § 3 Abs. 3 TVG für die vorher tarifgebundenen Mitglieder. Hier trifft der Schutzzweck des § 3 Abs. 3 TVG, den einzelnen vor einem von ihm nicht beherrschbaren »Herausfallen« aus der bisherigen Tarifbindung zu bewahren (anders als beim individuellen Gewerkschaftswechsel), zu. Daher bleibt die Tarifgebundenheit also gemäß § 3 Abs. 3 TVG erhalten, doch **87**

242 So *Hanau/Kania* AuR 1994, 211ff. für die 1996 zu vollziehende Fusion der Industriegewerkschaften Bergbau und Energie, Chemie-Papier-Keramik und Leder.

243 Vgl. *Kempen/Lörcher/Platow/Tiefenbacher/M. Trümner*, ArbGw 2002, 65ff.

244 Vgl. Wiedemann/*Thüsing*, WM 1999, 2237ff., 2277ff.

245 BAG 24.6.1998 (4 AZR 208/97), AP Nr. 1 zu § 20 UmwG. Die abweichende Auffassung von *Koopmann*, Gewerkschaftsfusion, 127ff. und *Richardi*, FS Kraft, 514, dürfte sich damit praktisch erledigt haben. Wie hier dagegen *Däubler/Lorenz*, § 3 Rn. 104ff.; *Löwisch/Rieble*, § 2 Rn. 72.

246 Im Ergebnis ebenso *Däubler/Lorenz*, § 3 Rn. 106; *Löwisch/Rieble*, § 2 Rn. 73.

wird man den Auflösungsbeschluss dann im Zweifel zugleich als Willenserklärung der aufgelösten Gewerkschaft verstehen müssen, die von ihr abgeschlossenen Tarifverträge zum nächstmöglichen Zeitpunkt zu beenden.[247] Nur wenn deren Mitglieder zur fusionierten Gewerkschaft übergewechselt sind und diese in der Zwischenzeit schon einen neuen Tarifvertrag für sie abschlösse und in Kraft setzte, wäre für § 3 Abs. 3 TVG kein Raum mehr. Solchenfalls fehlte es am vorausgesetzten Schutzbedürfnis, weil die betroffenen Arbeitnehmer letztlich freiwillig dem neuen Verband beigetreten und daher ausschließlich durch diesen tarifgebunden sind (zum Gewerkschaftswechsel vgl. § 3 Rn. 78).

## V. Fortgeltung des Tarifvertrages bei Betriebsinhaberwechsel und Umwandlung (Unternehmensumstrukturierung)

### 1. Grundsätze

88 Die Frage, ob die bis dahin geltenden Tarifvorschriften auch nach dem Übergang der Arbeitsplätze des Betriebes dem Rechtsnachfolger des Arbeitgebers (der sie z.B. durch Kauf, Pacht, Unternehmenszusammenschluss oder Erbschaft erworben haben kann) gegenüber fortgelten, ist 1972 durch Einfügung des § 613a ins Bürgerliche Gesetzbuch nur teilweise geklärt worden. Das Arbeitsrechtliche EGAnpassungsgesetz vom 13. August 1980 regelt nach den Änderungen von 1994 und 2002 gesetzlich einige Probleme der Weitergeltung von Tarifverträgen beim **Wechsel des Betriebsinhabers** in **§ 613a Abs. 1 Satz 4 bis 6 BGB** folgendermaßen:

*»(1) Geht ein Betrieb oder Betriebsteil durch Rechtsgeschäfte auf einen anderen Inhaber über, so tritt dieser in die Rechte und Pflichten aus den im Zeitpunkt des Übergangs bestehenden Arbeitsverhältnissen ein. Sind diese Rechte und Pflichten durch Rechtsnormen eines Tarifvertrages oder durch eine Betriebsvereinbarung geregelt, so werden sie Inhalt des Arbeitsverhältnisses zwischen dem neuen Inhaber und dem Arbeitnehmer und dürfen nicht vor Ablauf eines Jahres nach dem Zeitpunkt des Übergangs zum Nachteil des Arbeitnehmers geändert werden. Satz 2 gilt nicht, wenn die Rechte und Pflichten bei dem neuen Inhaber durch Rechtsnormen eines anderen Tarifvertrags oder durch eine andere Betriebsvereinbarung geregelt werden. Vor Ablauf der Frist nach Satz 2 können die Rechte und Pflichten geändert werden, wenn der Tarifvertrag oder die Betriebsvereinbarung nicht mehr gilt oder bei fehlender beiderseitiger Tarifgebundenheit im Geltungsbereich eines anderen Tarifvertrags dessen Anwendung zwischen dem neuen Inhaber und dem Arbeitnehmer vereinbart wird.*

…

*(4) Die Kündigung des Arbeitsverhältnisses eines Arbeitnehmers durch den bisherigen Arbeitgeber oder durch den neuen Inhaber wegen des Übergangs eines Betriebs oder eines Betriebsteils ist unwirksam. Das Recht zur Kündigung des Arbeitsverhältnisses aus anderen Gründen bleibt unberührt.*

*(5) Der bisherige Arbeitgeber oder der neue Inhaber hat die von einem Übergag betroffenen Arbeitnehmer vor dem Übergang in Textform zu unterrichten über:*

*1. den Zeitpunkt oder den geplanten Zeitpunkt des Übergangs,*

*2. den Grund für den Übergang,*

247 Vgl. BAG 15.10.1986, AP Nr. 4 zu § 3 TVG.

*3. die rechtlichen, wirtschaftlichen und sozialen Folgen des Übergangs für die Arbeitnehmer und*
*4. die hinsichtlich der Arbeitnehmer in Aussicht genommenen Maßnahmen.*
*(6) Der Arbeitnehmer kann dem Übergang des Arbeitsverhältnisses innerhalb eines Monats nach Zugang der Unterrichtung nach Absatz 5 schriftlich widersprechen. Der Widerspruch kann gegenüber dem bisherigen Arbeitgeber oder dem neuen Inhaber erklärt werden.«*

Trotz dieser Neuregelung auf dem bis dahin vielfach umstrittenen Problemfeld des Betriebsinhaberwechsels[248] ist das Gesetz unvollständig geblieben und hat neue Fragen aufgeworfen.

Der mit § 613a BGB angestrebte Rechtsschutz der Arbeitsverhältnisse entspricht – **89** soweit es um die Fortgeltung tariflicher Normen geht (§ 613a Abs. 1 Satz 2 bis 4 BGB) – dem Zweck des § 3 Abs. 3 TVG (vgl. oben § 3 Rn. 37f.). Er ist insoweit also verfassungsrechtlich von Art. 9 Abs. 3 GG und dem die Koalitionsfreiheit überwölbenden Sozialstaatsprinzip gedeckt. Für die **Auslegung des § 613a BGB** ist dies richtungsweisend, weil der Gesetzeszweck **im Zweifel eine europarechtliche Entscheidung zu Gunsten des tariflichen Bestandsschutzes** gebietet. Die Schutzrichtung der Vorschrift und ihre Stellung im Einzelarbeitsrecht des BGB zeigen, dass man mit § 613a BGB die individualrechtlichen Lücken der kollektivrechtlichen Regelung vor allem des § 3 Abs. 3 TVG schließen wollte. Dass der Gesetzgeber des § 613a Abs. 1 Satz 2 BGB dies durch einen Statutenwandel der bisherigen Tarifvertragsnormen in einzelarbeitsvertragliche Regelungen realisiert (und damit die Tarifgebundenheit insoweit beseitigt) hat, verändert diese Schutzrichtung als solche nicht. § 613a BGB und § 3 Abs. 3 TVG ergänzen sich also gegenseitig. Jede Auslegung dieser Vorschriften, welche die eine Regelung auf Kosten der anderen zurückdrängte, würde nicht nur den gemeinsamen Schutzzweck verfehlen, sondern verkennen, dass § 613a BGB eine komplementär ergänzende Verstärkung des tarifrechtlichen Bestandsschutzes auf einzelvertraglicher Ebene darstellt[249] (vgl. § 3 Rn. 40). Da der Gesetzgeber also von vornherein nicht die Absicht einer umfassenden Neuregelung der Arbeitsrechtsfragen beim Betriebsinhaberwechsel hatte, können Unvollständigkeiten und Lücken in § 613a BGB im Umkehrschluss nicht so verstanden werden, als habe der Gesetzgeber insoweit keinen Bestandsschutz gewollt.[250] Vielmehr muss in diesen Fällen stets nach einer anderweitigen, zumeist kollektivrechtlichen Regelung offener Fragen gesucht werden. Unter diesem Gesichtspunkt werden nunmehr die tarifrechtlichen Probleme des Betriebsübergangs durch Gesamtrechtsnachfolge – sowie durch Einzelrechtsnachfolge bei unverändertem und verändertem Betriebszweck untersucht.

Entsprechend seinem Zweck, die Arbeitnehmer im Falle eines Betriebsübergangs **90** vor Vertragsverlust (vgl. vorige Rn. 89) und den früheren Arbeitgeber vor Haftungsrisiken zu schützen, gilt § 613a BGB für alle **privatwirtschaftlichen Branchen** sowie den **öffentlichen Dienst**. Soweit die (Neu-)Vergabe öffentlicher Aufträge im Wege eines öffentlichen Vergabeverfahrens (z.B. nach RL 92/50/EWG)

248 Vgl. *Seiter*, AR-Blattei »Betriebsinhaberwechsel I«.
249 Im Ergebnis ebenso *Jung*, RdA 1981, 363; ErfK/*Preis*, § 613a BGB Rn. 2; unmissverständlich auch BAG 5.2.1991, AP Nr. 89 zu § 613a BGB Bl. 565; BAG 27.7.1994, NZA 1994, 222, 225, gegenüber 15.10.1986, AP Nr. 4 zu § 3 TVG Bl. 650 R.
250 A.A. *Boecken*, Unternehmensumwandlung, Rn. 56ff.

zu einem Betriebsinhaberwechsel führt, ist die Vorschrift ebenso anwendbar[251] wie bei Tendenzbetrieben. Der **Geltungsbereich** des § 613a BGB umfasst ferner alle im Zeitpunkt des Betriebsübergangs bestehenden Arbeitsverhältnisse. Dazu zählen auch Auszubildende, Volontäre und Praktikanten.[252] **Nicht erfasst** werden freie Mitarbeiter, Werkvertragsnehmer, selbständige Handelsvertreter[253], Heimarbeiter[254], Beamte und Organmitglieder juristischer Personen[255], wohl aber leitende Angestellte.[256] **Arbeitsverhältnisse**, die erst **nach dem Wechsel** des Arbeitgebers durch Betriebsübergang entstanden sind, fallen **nicht** unter § 613a Abs. 1 Satz 1 bis 4 BGB. Anders als bei der Nachbindung des § 3 Abs. 3 TVG werden daher solche Arbeitnehmer, die erst nach Wegfall der Tarifbindung eingestellt werden, nicht mehr vom Schutz des § 613a BGB erfasst. Für sie gelten die Tarifnormen, an welche der Betriebsveräußerer gebunden war, daher nicht einmal in individualrechtlich transformierter Form weiter. Nur wenn auch der Betriebserwerber selbst einer eigenen Tarifbindung an denselben Tarifvertrag unterliegt, gilt dieser dann bei ihm für alle alten und neuen Arbeitnehmer nach §§ 3 Abs. 1, 4 Abs. 1 TVG unmittelbar und zwingend.

**91** Die gesetzliche **Transformation** der beim früheren Betriebsinhaber für die übergangenen Arbeitsverhältnisse geltenden Tarifnormen in Einzelarbeitsvertragsrecht durch den Statutenwechsel des § 613a Abs. 1 Satz 2 BGB ist mit einer Veränderungssperre für die **Dauer eines Jahres nach Betriebsübergang** verbunden. Die Zeitsperre gilt nicht für Änderungen des transformierten Rechts zu Gunsten des Arbeitnehmers. Diese wesentliche Abschwächung des normativen Tarifschutzes wird in der Praxis betrieblicher Umstrukturierungen und Ausgliederungen (»Outsourcing«) zunehmend auch schon innerhalb der einjährigen gesetzlichen Schutzfrist für unzulässige vertragliche Verschlechterungen genutzt.[257] Nach Fristablauf bietet sie aber vielfältige strategische Möglichkeiten zum Tarifwechsel oder zur »Tarifflucht«, so dass man den Betriebsübergang aus arbeitgebernaher Sicht bereits als »Königsweg« der Tarifflucht gekennzeichnet hat.[258]

**92** Der durch § 613a Abs. 1 Satz 2 BGB eröffnete Fluchtweg aus der Tarifbindung wird zusätzlich durch **extensive Auslegung des § 324 UmwG** für die (rechtsgeschäftliche) **Gesamtrechtsnachfolge** verstärkt: »§ 613a Abs. 1, 4 bis 6 des Bürgerlichen Gesetzbuches bleibt durch die Wirkungen der Eintragung einer Verschmelzung, Spaltung oder Vermögensübertragung unberührt« lautet der Text dieser Vorschrift. Versteht man die Worte »bleibt … unberührt« textwidrig im Sinne von »ist auf … anwendbar«, dann werden auch alle Fälle der Gesamtrechtsnachfolge durch Verschmelzung, Spaltung oder Vermögensübertragung von § 613a BGB erfasst[259] Richtigerweise belegt aber der Wortlaut den **Auffangcharakter** der Vorschrift für die (von § 613a BGB nicht erfasste) Gesamtrechtsnachfolge. Die Auffangwirkung kann jedoch nur dort greifen, wo keine tarifliche Bindung der universalsukzessiv übergangenen Arbeitsplätze besteht, der neue

---

251 EuGH 25.1.2001, EAS RL 77/187/EWG Art. 1 Nr. 22.
252 ErfK/*Preis*, § 613a Rn. 67.
253 BAG 13.2.2003 (8 AZR 59/02), AP Nr. 249 zu § 613a BGB.
254 BAG 24.3.1998 (9 AZR 218/97), AP Nr. 178 zu § 613a BGB (mit Anm. von *Hromadka*); ErfK/*Preis*, § 613a BGB Rn. 67.
255 BAG 13.2.2003 (8 AZR 654/01), AP Nr. 24 zu § 611 BGB Organvertreter.
256 BAG 22.8.1978, AP Nr. 11 zu § 613a BGB.
257 Vgl. *BPSU*, § 3 Rn. 59.
258 *Löwisch/Rieble*, § 3 Rn. 169.
259 So z.B. *Boecken*, Unternehmensumwandlung, Rn. 186; *Henssler*, FS Schaub, 316f.; ErfK/*Preis*, § 613a Rn. 183.

Rechtsträger also nicht schon kollektiv (z.B. über § 3 Abs. 3 TVG) gebunden ist. Der Vorrang der kollektiven Bindung gegenüber einzelvertraglicher Transformation ergibt sich aus Art. 9 Abs. 3 GG und ist auch in § 613a Abs. 1 Satz 3 BGB niedergelegt. Er entspricht dem Text, der Entstehungsgeschichte sowie der Zwecksetzung des § 324 UmwG[260], so dass auch eine analoge Anwendung des § 613a BGB auf die umwandlungsrechtliche Gesamtrechtsnachfolge ausscheidet.[261] Soweit also in den umwandlungsgesetzlichen Fällen der Gesamtrechtsnachfolge keine kollektive Tarifbindung des neuen Rechtsträgers nach § 3 Abs. 1, Abs. 2 oder Abs. 3 TVG sowie auf Grund eines allgemeinverbindlichen Tarifvertrages nach § 5 TVG eingreift, ist § 613a Abs. 1, Abs. 4 bis 6 BGB wegen der Verweisung des § 324 UmwG anzuwenden.

## 2. Betriebsinhaberwechsel durch Einzelrechtsnachfolge

### a) Betriebsübergang nach § 613a BGB

Vollzieht sich der Übergang des Betriebes auf einen neuen Inhaber durch **Einzelrechtsgeschäft**, so tritt dieser als neuer Arbeitgeber in die bestehenden Arbeitsverträge nach § 613a BGB ein. Der Übergang selbst vollzieht sich mit dem **Wechsel der Betriebsinhaber**, d.h. sobald der bisherige Inhaber seine wirtschaftliche Tätigkeit zu Gunsten des Erwerbers einstellt[262] und der Erwerber die Betriebsleitung übernimmt.[263] Im Gegensatz zur rechtsgeschäftlichen Gesamtrechtsnachfolge wird das Vermögen bei diesem Betriebsübergang nicht durch einen einzigen Rechtsakt insgesamt übertragen, sondern durch Übertragung der einzelnen betrieblichen Vermögensgegenstände auf den Erwerber. Auf diese Weise muss der Betrieb dann gänzlich, nämlich als **wirtschaftliche Einheit** auf den Erwerber übergehen.[264] Der Übergang eines »Betriebsteils« fällt ebenfalls unter § 613a BGB. Dabei muss es sich um eine **selbständige abtrennbare organisatorische Einheit** handeln, die einen Teilzweck innerhalb des betrieblichen Gesamtzwecks verfolgt[265], wobei dies auch nur ein Hilfszweck sein kann.[266] **93**

Bei **Produktionsbetrieben** erfordert der Betriebsübergang die Übertragung der wesentlichen sächlichen und immateriellen Betriebsmittel, zu welchen auch EDV-Programme zählen können.[267] Im produzierenden Gewerbe bilden allerdings die **Sachmittel** (Maschinen, Gebäude, Rohstoffe usw.) oft die Substanz des Betriebes, so dass dort ein Betriebsübergang ganz ausnahmsweise auch dann vorliegen kann, wenn der Erwerber die Beschäftigten nur noch vereinzelt mit übernimmt.[268] Normalerweise ist dies jedoch ein Indiz dafür, dass kein Betriebsübergang vorliegt. **94**

---

260 *Bange*, 20ff.

261 BAG 13.7.1994, AP Nr. 14 zu § 3 TVG Verbandszugehörigkeit (mit Anm. von *Müller/Peters*); Wiedemann/*Oetker*, § 3 Rn. 170; a.A. *Däubler/Lorenz*, § 3 Rn. 170.

262 BAG 27.4.1995 (8 AZR 197/94); AP Nr. 128 zu § 613a BGB.

263 BAG 12.11.1998 (8 AZR 282/97), AP Nr. 186 zu § 613a BGB; einer ausdrücklichen Übertragung der Leitungsmacht bedarf es allerdings nicht, BAG 22.7.2004 (8 AZR 350/03), BB 2004, 2696.

264 BAG 13.11.1997 (8 AZR 295/95 und 8 AZR 375/96), AP Nr. 169 und 170 zu § 613a BGB; BAG 16.5.2002 (8 AZR 319/01), AP Nr. 237 zu § 613a BGB.

265 BAG 8.8.2002 (8 AZR 583/01), EzA Nr. 209 zu § 613a BGB.

266 BAG 9.2.1994 (2 AZR 666/93), EzA Nr. 105 zu § 613a BGB.

267 BAG 19.1.1988, AP Nr. 70 zu § 613a BGB; BAG 14.7.1995, EzA Nr. 122 zu § 613a BGB.

268 EuGH 20.11.2003 (Rs. C 340/01), AP Nr. 34 zu EWG-Richtlinie Nr. 77/187 (»Sodexho«); BAG 22.7.2004 (8 AZR 350/03), BB 2004, 2696.

**95** Im **Handels- und Dienstleistungsbereich** bildet die menschliche Arbeitsleistung oft den Kern der betrieblichen Tätigkeit, so dass hier die **Belegschaften** vielfach als die wesentlichen Betriebsmittel anzusehen sind. Dabei realisieren sie ihre Leistungen meist im Rahmen von Rechtsbeziehungen (z.B. Lizenzverträgen, Warenzeichen, Gebrauchsmustern und Kundennetzen), welche letztlich als »know how« und »goodwill« die wirtschaftliche Substanz des Betriebes darstellen. Hier kann es für einen Betriebsübergang nach § 613a BGB deshalb schon ausreichen, wenn der Erwerber einen von seiner Sachkunde und Zahl her wesentlichen Teil des Personals übernimmt.[269] Wenn bei einer Auftrags- oder Funktionsnachfolge (»Outsourcing«) die Arbeitsorganisation und die Betriebsmethoden übernommen werden, dann reicht es für einen Betriebsübergang im Sinne des § 613a BGB, dass ein wesentlicher Teil der Belegschaft übernommen wird.[270] Die tatsächliche Fortführung der Betriebsfunktion ist deshalb auch dann als Betriebsinhaberwechsel anzusehen, wenn dazu nur die Belegschaft, nicht aber sächliche Betriebsmittel übertragen werden.[271]

**96** Wegen der Übertragung des Betriebsvermögens in Einzelakten ist es möglich, dass sich der Betriebsübergang nach § 613a BGB **schrittweise** vollzieht. Übergegangen ist der Betrieb dann erst, wenn die für die Funktionsfähigkeit wesentlichen Teile übertragen sind, d.h. wirtschaftliche Einheit in den Verfügungsbereich des Erwerbers übergegangen ist.[272]

**97** Unerheblich für § 613a BGB ist es, dass in dem Betrieb keine wirtschaftlichen oder gewerblichen Zwecke verfolgt werden. Deshalb können auch Betriebe gemeinnütziger Stiftungen, Vereine oder Empfänger staatlicher Subventionen unter diese Regelung fallen.[273] Dasselbe gilt auch für den Übergang von Betrieben von einer **öffentlich-rechtlichen Körperschaft** auf eine andere (z.B. kommunale Krankenhäuser) oder wenn die öffentliche Hand einen Privatbetrieb übernimmt bzw. einen eigenen Betrieb privatisiert.[274]

**98** § 613a BGB legt die **Art des Rechtsgeschäfts**, aufgrund dessen der Betriebsübergang erfolgt, nicht fest. Entscheidend ist nur, ob der neue Betriebsinhaber die Befugnis zur Betriebsführung rechtsgeschäftlich erworben hat. In Betracht kommen daher unmittelbare Rechtsgeschäfte zwischen Veräußerer und Erwerber wie z.B. Verpachtung[275], Nießbrauchseinräumung, Leasing, Vermietung, Schenkung, Vermächtnis, aber auch mittelbare Rechtsgeschäfte, bei denen der Erwerber die Verfügungsbefugnis über den Betrieb »durch ein Bündel von verschiedenen Rechtsgeschäften über einzelne wesentliche Betriebsmittel mit verschiedenen Dritten erhält«[276], z.B. durch Bildung von Auffanggesellschaften[277], durch Gesellschaftsvertrag[278], durch Erwerb über Sicherungseigentümer von wesentlichen

---

269 BAG 13.11.1997 (8 AZR 295/95), AP Nr.169 zu § 613a BGB; BAG 18.3.1999 (8 AZR 196/98), AP Nr.190 zu § 613a BGB.

270 EuGH 11.3.1997 (Rs. C 13/95), AP Nr.14 zu EWG-Richtlinie Nr.77/187.

271 ErfK/*Preis*, § 613a BGB Rn.37ff.

272 BAG 16.2.1993, AP Nr.15 zu § 1 BetrAVG Betriebsveräußerung.

273 EuGH 19.5.1992, EAS Nr.7 zu Art. 1 RL 77/187/EWG.

274 EuGH 26.9.2000 (Rs. C-175/99), EuroAS 2000, 191; LAG Brandenburg 12.3.1998 (3 Sa 746/97), LAGE Nr.73 zu § 613a BGB.

275 Dazu BAG 2.10.1974, 15.11.1978, AP Nr.3, 14 zu § 613a BGB.

276 BAG 3.7.1986, AP Nr.53 zu § 613a BGB (mit Anm. von *Loritz*); BAG 12.2.1987, AP Nr.67 zu § 613a BGB.

277 BAG 20.11.1984, AP Nr.38 zu § 613a BGB (mit Anm. von *Willemsen*); BAG 25.6.1985, AP Nr.23 zu § 7 BetrAVG (mit Anm. von *Kraft*).

278 BAG 20.6.2002 (8 AZR 459/01), AP Nr.10 zu § 113 InsO.

Betriebsmitteln[279] oder durch Leasing von solchen Betriebsmitteln, die im Sicherungseigentum von Banken stehen.[280] Generell kann davon ausgegangen werden, dass der Gesetzgeber einen lückenlosen Rechtsschutz für die Arbeitsverhältnisse bei jedem Betriebsinhaberwechsel (mit Ausnahme der Gesamtrechtsnachfolge, vgl. dazu § 3 Rn. 133ff.) gewollt hat.[281] § 613a BGB ist deshalb **nicht** zu Lasten der Arbeitnehmer vertraglich **abdingbar**.[282] Er gilt insbesondere auch in den Fällen der so genannten Betriebsaufspaltung[283], soweit er hier nicht von § 3 Abs. 3 TVG verdrängt wird (dazu § 3 Rn. 54ff.).

### b) Transformation des Tarifrechts in Individualarbeitsrecht

Nach § 613a Abs. 1 Satz 2 BGB werden die **Tarifnormen**, die das Arbeitsverhältnis bislang regelten, nunmehr **»Inhalt des Arbeitsverhältnisses«** mit dem neuen Inhaber. Sie verlieren damit ihren bisherigen tarifrechtlichen Charakter und wirken nicht länger normativ, d.h. unmittelbar und zwingend, sondern werden Teil des Arbeitsvertrages[284], was erhebliche tarifrechtliche Probleme aufgeworfen hat (dazu unten § 3 Rn. 101ff.). Diese Umwandlung von Tarifrecht in Arbeitsvertragsrecht bedeutet, dass der Arbeitgeber diese früheren Tarifregelungen (nach Ablauf der Jahresfrist) auch einseitig durch Änderungskündigung beseitigen kann, wenn er nicht schon entsprechende einverständliche Vertragsänderungen mit den Arbeitnehmern erreicht hat. Die organisierten Arbeitnehmer werden hierdurch (ebenso wie die nicht organisierten) ökonomisch vereinzelt – eine Chance, die von den Arbeitgebern druckförmig wahrgenommen wird.[285] Um die damit mögliche Umgehung der Schutzwirkung des § 613a BGB einzudämmen, dürfen die umgewandelten Tarifregelungen grundsätzlich (Ausnahme: § 613a Abs. 1 Satz 4 BGB) nicht vor Ablauf eines Jahres zum Nachteil des Arbeitnehmers geändert werden (§ 613a Abs. 1 Satz 2 BGB). Wegen ihrer zwingenden Anwendung auf die übergeleiteten Arbeitsverträge kommt dies ausschließlich einer Nachwirkung der betreffenden Tarifnormen gemäß § 4 Abs. 5 TVG sehr nahe. Der Wortlaut des § 613a Abs. 1 Satz 2 BGB und das von der Laufdauer des Tarifvertrages weitgehend unabhängige Verschlechterungsverbot von einem Jahr zeigen jedoch, dass es sich hier um eine besondere gesetzliche Lösung handelt.[286] **99**

Der Gesetzgeber hat mit § 613a BGB nur halbherzig die Konsequenz aus der funktional-arbeitsplatzbezogenen Tarifgebundenheit des Arbeitgebers (vgl. § 3 Rn. 55) gezogen: Zwar wird auch der rechtsgeschäftliche Übernehmer eines Betriebes an das dort bislang geltende Tarifrecht gebunden, aber nur in arbeitsvertraglicher Form und zwingend nur für ein Jahr (vgl. § 613a Abs. 1 Satz 2 bis 4 BGB). Allerdings handelt es sich um eine **Auffangregelung**[287] die nur dann eingreift, wenn das übergegangene Arbeitsverhältnis nicht auch beim neuen Arbeitgeber (Übernehmer) einer Tarifbindung unter fällt. Praktisch ist das eher selten. **100**

279 BAG 22.5.1985, AP Nr. 43 zu § 613a BGB.
280 BAG 12.2.1987, AP Nr. 53 zu § 613a BGB.
281 *Wendeling-Schröder*, AiB 1986, 45.
282 H.M., z.B. BAG 20.7.1982, AP Nr. 31 zu § 613a BGB; *Loritz*, RdA 1987, 80; a.A. nur *Krejcí*, 274f.
283 Vgl. dazu – allerdings einschränkend – *Loritz*, RdA 1987, 77ff., mit weiteren Nachweisen.
284 Vgl. BAG 13.11.1985, AP Nr. 46 zu § 613a BGB (mit Anm. von *Scholz*).
285 Vgl. *Henssler*, FS Schaub, 318f.
286 A.A. *Zöllner*, DB 1995, 1402.
287 ErfK/*Preis*, § 613a BGB Rn. 109; *Löwisch/Rieble*, § 3 Rn. 198.

101 Dogmatisch führt die Transformation von Tarifnormen in Einzelarbeitsvertragsrecht zusätzlich zu einer Einschränkung der inhaltlichen **Reichweite des transformierten Rechts**. Nicht alle Normen eines Tarifvertrages sind rechtlich in Individualvereinbarungen transformierbar. Tatsächlich leitet § 613a Abs. 1 BGB primär die **Inhaltsnormen** des Tarifvertrages über[288], denn vor allem sie können auch einzelvertraglich vereinbart werden. Dasselbe gilt für **Abschluss- und Beendigungsnormen**, da Einzelverträge transformierbar sind, weil sie z.B. den Abschluss von Änderungsvereinbarungen oder Übergangszahlungen bei Vertragsauflösung regeln.[289]

102 Grundsätzlich sind auch **betriebliche und betriebsverfassungsrechtliche Normen** transformierbar soweit aus ihnen individuelle Ansprüche auf Einzelleistungen abzuleiten wären. Dazu ist es nicht erforderlich, dass es sich um so genannte Doppelnormen handelt, die gleichermaßen betriebs- und inhaltsnormativen Charakter tragen.[290] Vielmehr reicht es aus, dass der Regelungsgegenstand einer Betriebsnorm auch durch vertragliche Einheitsbedingungen regelbar wäre (z.B. Einrichtung einer Kantine, Zustimmungserfordernis des Betriebsrates bei Kündigungen), ist § 613a BGB auch insoweit anwendbar.[291] Betriebliche oder betriebsverfassungsrechtliche Tarifbestimmungen, die über einheitliche Vertragsbedingungen nicht erfassbar und deshalb einer Überleitung nach § 613a BGB entzogen sind, werden selten sein. Kann der Arbeitgeber in solchen Fällen seine aus einer Betriebsnorm (jetzt in individuelles Schuldrecht) umgewandelte Vertragsverpflichtung nicht oder nicht mehr erfüllen (z.B. ein Rauchverbot im übernommenen und mit einem anderen Betrieb zusammengelegten Betriebsteil), so ist er möglicherweise schadensersatzpflichtig. Bei betriebsverfassungsrechtlichen Normen wird eine entsprechende Abrede mit dem Betriebsrat nach Betriebsübernahme und/oder Betriebszusammenlegung (z.B. wenn eine tarifliche Wochenarbeitszeitverkürzung unter Erweiterung der betrieblichen Mitbestimmungsrechte aus § 87 Abs. 1 Nr. 2 BetrVG bestand) fast immer möglich sein, weil § 613a BGB die damit verbundene Differenzierung innerhalb der alten und der übernommenen Belegschaft rechtfertigt.

103 Ganz ausgeschlossen ist die automatische Überleitung von **Normen über Gemeinsame Einrichtungen der Tarifvertragsparteien** (§ 4 Abs. 2 TVG), wie z.B. Urlaubskassen, weil diese Einrichtungen prinzipiell nur Verbandsmitglieder aufnehmen und auch bei Allgemeinverbindlichkeit des zugrunde liegenden Tarifvertrages voraussetzen, dass der übernommene Betrieb weiterhin unter dessen fachlichen Geltungsbereich fällt. Andererseits erbringen gemeinsame Einrichtungen per Umlage meistens solche Leistungen, die auch ein Einzelarbeitgeber gewähren müsste oder könnte (Urlaubsgeld, Zusatzversorgung, Ausbildungsvergütung). Wo das der Fall ist, verpflichtet § 613a Abs. 1 BGB den Betriebsübernehmer zu einer gleichwertigen arbeitsvertraglichen Zusage.[292]

---

288 MünchKomm/*Schaub*, § 613a Rn. 111; *Hanau/Vossen*, FS Hilger und Stumpf, 291; *Löwisch/Rieble*, § 3 Rn. 176; *Binkert*, JZ 1979, 751; *Seiter*, DB 1980, 878; Wiedemann/*Oetker*, § 3 Rn. 194.

289 *Löwisch/Rieble*, § 3 Rn. 176.

290 So aber *Löwisch/Rieble*, § 3 Rn. 177; ErfK/*Preis*, § 613a BGB Rn. 114.

291 *Kempen*, BB 1991, 2009, *Schreiber*, RdA 1982, 146; zu eng dagegen *Seiter*, DB 1980, 878; *Binkert*, JZ 1979, 751; *Däubler/Lorenz*, § 3 Rn. 196.

292 BAG 5.10.1993, AP Nr. 42 zu § 1 BetrAVG Zusatzversorgungskassen; *Hanau/Vossen*, FS Hilger und Stumpf, 291; MünchKomm/*Schaub*, § 613a Rn. 111; *Kempen*, BB 1991, 2009; *Däubler/Lorenz*, § 3 Rn. 196; einschränkend Wiedemann/*Oetker*, § 3 Rn. 194; *Löwisch/Rieble*, § 3 Rn. 180.

Befand sich der beim früheren Arbeitgeber geltende Tarifvertrag im Augenblick des Betriebsübergangs im Stadium der **Nachbindung gemäß § 3 Abs. 3** TVG, dann wirkte er noch vollständig normativ und wird dementsprechend nach § 613a Abs. 1 Satz 2 BGB zu Individualrecht transformiert. Die einjährige Veränderungssperre endet insoweit auch nicht, wenn jener Tarifvertrag schon vorher enden sollte.[293] Ohne den Betriebsübergang würden dessen Tarifnormen nunmehr nämlich in den Arbeitsverhältnissen nachwirken (§ 4 Abs. 5 TVG), d.h. in das Stadium dispositiver Normenwirkung treten. Da sie auch im Zustand der Nachwirkung transformiert werden, und da auch insoweit die Zeitsperre gilt (vgl. nächste Rn. 105), bleibt der neue Arbeitgeber jedenfalls für ein Jahr an die gemäß § 3 Abs. 1 TVG weiter geltenden und anschließend nachwirkenden Tarifnormen gebunden. Demgegenüber lässt die h.M. es zu, dass nachwirkende Tarifnormen zwar über § 613a Abs. 1 Satz 2 BGB transformiert, dann aber jederzeit (d.h. vor Jahresfrist) zum Nachteil der Arbeitnehmer abgeändert werden dürfen.[294] **104**

Wenn der bisherige Arbeitgeber im Zeitpunkt des Betriebsübergangs nur noch **105** **kraft Nachwirkung** an einen Tarifvertrag **gebunden war** (§ 4 Abs. 5 TVG), dann werden dessen Normen ebenfalls in die Einzelverträge beim neuen Arbeitgeber transformiert. Ihre Normwirkung war allerdings schon beim Veräußerer dahin abgeschwächt, dass sie durch andere Abmachungen abgelöst werden konnte. Diese abgeschwächte Wirkung würde mit der Transformation nach § 613a Abs. 1 Satz 2 BGB deshalb nicht nochmals verschlechtert. Sie würde sogar gestärkt, wenn die Abänderungsmöglichkeit gemäß § 4 Abs. 5 TVG nunmehr der zeitlichen Veränderungssperre von einem Jahr unterläge. Die h.M. sieht nun den Zweck des § 613a BGB auch darin, dass die Arbeitnehmer durch den Betriebsübergang nicht besser gestellt werden sollten als sie bei ihrem bisherigen Arbeitgeber stünden. Dies soll aus § 613a Abs. 1 Satz 4 BGB zu entnehmen sein. Deshalb gelte im Falle eines nur noch nachwirkenden Tarifvertrages bei Betriebsübergang die einjährige Veränderungssperre nicht.[295] Diese Begründung erscheint wenig überzeugend: Zunächst regelt § 613a Abs. 1 Satz 4 BGB lediglich, dass die zeitliche Veränderungssperre ausnahmsweise durchbrochen wird, wenn sich die Tarifrechtssituation beim **neuen** Arbeitgeber ändert. Diese Ausnahmen gelten ebenso für den Fall der Transformation von nur noch nachwirkenden Tarifnormen. Ob die Zeitsperre dagegen bestehen bleibt, wenn jene Ausnahmen gerade nicht vorliegen, ist dem § 613a Abs. 1 Satz 4 BGB nirgends zu entnehmen. Außerdem lässt sich das angebliche Verbot der Begünstigung von Arbeitnehmern bei Betriebsübergängen auch sonst nirgends nachweisen – zumal sich deren Rechtssituation nach § 613a BGB regelmäßig sehr verschlechtert (was bekanntlich zu dessen Nobilitierung als »Königsweg« der Tarifflucht[296] geführt hat). Selbst wenn der Tarif beim bisherigen Arbeitgeber nur noch nachgewirkt hat, verlieren die Arbeitnehmer mit dem Betriebsübergang doch den Tarifvertragspartner und »gewinnen« über die Zeitsperre wenige Monate arbeitsvertraglicher Beständigkeit mit unkalkulierbaren Ausnahmen (§ 613a Abs. 1 Satz 4 BGB) und Aussichten. Für eine entgegen dem Wortlaut des § 613a Abs. Satz 2 BGB zu begründende

293 A.A. *Löwisch/Rieble*, § 3 Rn. 178; *Däubler/Lorenz*, § 3 Rn. 211.

294 BAG 1.8.2001 (4 AZR 82/00), AP Nr. 225 zu § 613a BGB; *Löwisch/Rieble*, § 3 Rn. 181; ErfK/*Preis*, § 613a BGB Rn. 117; *Däubler/Lorenz*, § 3 Rn. 211; *Sieg/Maschmann*, Unternehmensumstrukturierung, Rn. 237.

295 BAG 1.8.2001 (4 AZR 82/00), AP Nr. 225 zu § 613a BGB; *Löwisch/Rieble*, § 3 Rn. 181; ErfK/*Preis*, § 613a BGB Rn. 117; *Däubler/Lorenz*, § 3 Rn. 211; *Sieg/Maschmann*, Unternehmensumstrukturierung, Rn. 237.

296 *Löwisch/Rieble*, § 3 Rn. 169.

Nichtanwendung der Zeitsperre im Falle eines lediglich nachwirkenden Tarifvertrages fehlt es an überzeugenden Argumenten.[297]

106 Ein **Tarifvertrag**, der als verbands- oder firmentarifliche Regelung, auf die Normen eines anderen Tarifvertrages in der jeweils geltenden Fassung (**dynamische Verweisung**) verweist, wird ebenfalls nach § 613a Abs. 1 Satz 2 BGB bei Betriebsübergang transformiert. Nach h.M. geschieht dies derart, dass der Inhalt des in Bezug genommenen Vertragswerks mit dem Betriebsübergang in die Arbeitsverhältnisse statisch aufgenommen wird. Damit wird die Dynamik solcher **Anerkennungsverträge/Anschlussverträge** also durch Transformation im Zustand der dann gerade geltenden Fassung gestoppt. Sie werden faktisch behandelt als wirkten sie nunmehr nach (§ 4 Abs. 5 TVG), denn der Erwerber dürfte nicht schlechter stehen als bei unmittelbarer Geltung des Verbandstarifs.[298] Die Vorschrift des § 613a Abs. 1 Satz 2 BGB bezieht sich indessen weder auf einen Verbandstarif noch verweist sie auf § 4 Abs. 5 TVG. Vielmehr transformiert sie ausschließlich die Normen des die Arbeitsverhältnisse »regelnden« Tarifs in die Arbeitsverträge. Das ist allein der bislang einschlägig dynamische Verweisungstarif. Seine Transformation bedeutet, dass es sich nunmehr um eine **arbeitsvertragliche dynamische Verweisung** auf den (zuvor normativ in Bezug genommenen) entsprechenden Tarifvertrag handelt. Die **Verweisung bleibt** also als arbeitsvertragliche noch ein Jahr **dynamisch gültig**.

107 Bestand für den übernommenen Betrieb ein **Firmentarifvertrag**, so tritt der Rechtsnachfolger des Arbeitgebers auch als Tarifvertragspartei an die Stelle des früheren Arbeitgebers. Wenn der Betriebsübergang auf einer Umwandlung (Spaltung, Verschmelzung) beruhte, dann tritt der neue Inhaber aufgrund §§ 20 Abs. 1 Nr. 1, 131 Abs. 1 Nr. 1 UmwG als Gesamtrechtsnachfolger auch in die Rechte und Pflichten aus bestehenden Firmentarifverträgen ein.[299] Der Hinweis in § 324 UmwG auf § 613a BGB trifft insoweit nicht zu, weil die unveränderte Tarifbindung gemäß § 3 Abs. 1 an den Firmentarif, in den der Gesamtrechtsnachfolger schuldrechtlich und normativ eintritt, § 613a BGB spezialgesetzlich verdrängt. Werden die Arbeitsverhältnisse allerdings unter völliger Veränderung ihrer betrieblichen Zwecksetzung überführt, so dass der fachliche Regelungsbereich des Firmentarifvertrags nicht länger identisch bleibt, dann entfällt auch die Tarifbindung des § 3 Abs. 1 TVG. Nunmehr füllt § 613a BGB entsprechend der zugrunde liegenden EG-Richtlinie vom 14. Februar 1977 richtlinienkonform die entstandene Lücke im Tarifschutz.[300]

108 Handelt es sich dagegen um den **einzelrechtsgeschäftlichen Übergang** eines Betriebes, für den ein **Firmentarifvertrag** abgeschlossen ist, so scheint § 613a BGB unmittelbar anwendbar zu sein, weil und soweit der neue Arbeitgeber nicht (durch Vertragsbeitritt) selbst Partei des Tarifvertrages ist.[301] Demgegenüber ist jedoch zu bedenken, dass auch schon vor Inkrafttreten des § 613a BGB die für einen Betrieb abgeschlossenen Firmentarifverträge auch bei Betriebsübergang als kol-

297 Wobei sich das BAG 1.8.2001 (4 AZR 82/00), AP Nr. 225 zu § 613a BGB, bezeichnenderweise insoweit auch jeder Begründung enthalten hat.

298 BAG 20.6.2001 (4 AZR 295/00), AP Nr. 18 zu § 1 TVG Bezugnahme auf den Tarifvertrag; BAG 29.8.2001 (4 AZR 332/00), AP Nr. 17 zu § 1 TVG Bezugnahme auf den Tarifvertrag; *Löwisch/Rieble*, § 3 Rn. 179; *Sieg/Maschmann*, Unternehmensumstrukturierung, Rn. 203.

299 Vgl. *Kempen*, BB 1991, 2011; *Bachner*, NJW 1995, 2882 f.; a. A. MünchArbR/*Wank*, § 120 Rn. 172 – überholt.

300 *Kempen*, BB 1991, 2011.

301 So MünchArbR/*Wank*, § 120 Rn. 172; *Hanau/Vossen*, 296; *Zöllner*, DB 1995, 1401.

lektive Regelungen nach h.M. bestehen blieben, weil man jedenfalls für derartige Haustarife den Betrieb als Organisationseinheit insoweit als eigentliche Tarifvertragspartei ansah und damit der Arbeitsplatzbezogenheit der firmenvertraglichen Tarifbindung auch unabhängig vom Wechsel der Person des Arbeitgebers Rechnung trug.[302] Dies ließ und lässt sich freilich nur auf § 3 Abs. 3 TVG stützen: Wenn die in § 3 Abs. 1 TVG als firmentariflicher Anknüpfungstatbestand allein vorausgesetzte Rechtsstellung als Arbeitgeber von einem anderen Rechtssubjekt übernommen werden kann (z.B. durch Betriebsübergang nach § 613a Abs. 1 BGB), dann bezieht sich der in § 3 Abs. 3 TVG festgelegte Fortbestand der Tarifgebundenheit beim Firmentarif nicht nur auf den Wechsel der Arbeitnehmer, sondern auch auf den Austausch der Arbeitgeberposition. Folglich galten und gelten beim Betriebsübergang die Normen eines Firmentarifvertrages für die übergegangenen Arbeitsplätze nach § 3 Abs. 3 TVG auch ohne einen Vertragsbeitritt des einzelrechtsgeschäftlichen Betriebsübernehmers weiter, während die schuldrechtlichen Verpflichtungen nur durch Vertragsbeitritt übernommen werden können[303] (vgl. § 3 Rn. 66). Der hierdurch gegebene kollektive Schutz über den Betriebsinhaberwechsel hinaus ist also stärker als die individuelle Schutzbestimmung des § 613a Abs. 1 Satz 2–4 BGB. Da auch diese später eingeführte arbeitsvertragliche Vorschrift demselben Bestandsschutz wie das Tarifrecht dienen soll, ist anzunehmen, dass sie dort nicht gilt, wo (wie bei einem Firmentarifvertrag) bereits ein (stärkerer) kollektivrechtlicher Schutz bestanden hat.[304] Schließlich wollte der aufgrund der EG-Richtlinie vom 14. Februar 1977[305] tätig gewordene Gesetzgeber die Stellung der betroffenen Arbeitnehmer verbessern, nicht aber verschlechtern. Eine solche Verschlechterung müsste übrigens auch auf verfassungsrechtliche Bedenken aus Art. 9 Abs. 3 GG und dem Sozialstaatsprinzip stoßen.[306]

Nach **Auffassung des Bundesarbeitsgerichts**[307] gehen Firmentarife nicht auf den Betriebserwerber über, sondern werden (wie Verbandstarife) in Individualrecht transformiert, weil eine Betriebsübernahme nicht zu einer Tarifparteinachfolge führe.[308] Dies soll durch Einfügung der Sätze 2 bis 4 in § 613a Abs. 1 BGB neu geregelt worden sein. Die Gesetzesbegründung gibt jedoch keinen Hinweis darauf, dass die Neufassung des § 3 Abs. 3 TVG (welcher nach hiesiger Meinung anzuwenden ist, vgl. vorherige Rn.) nunmehr verdrängen wollte. In jedem Fall endet ein Firmentarifvertrag beim Betriebsinhaberwechsel aber dann, wenn der Übernehmer den Betriebszweck und die Arbeitsplätze so entscheidend verändert, dass sie dem bisherigen tariflichen Geltungsbereich nicht länger unterfallen oder wenn nur einzelne Arbeitsverhältnisse übernommen werden. Dann wirkt er aber gemäß § 4 Abs. 5 TVG nach.[309] 109

Bestand für den übernommenen Betrieb ein **Verbandstarifvertrag**, so gilt dieser unverändert kollektivrechtlich nach § 3 Abs. 1 TVG weiter, wenn der Übernehmer bereits dem entsprechenden Arbeitgeberverband angehörte oder dort bei- 110

302 Vgl. BAG 4.12.1974, AP Nr. 2 zu § 3 TVG; Wiedemann/*Oetker*, § 3 Rn. 190; Soergel/*Kraft*, § 613a Rn. 47; MünchKomm/*Schaub*, § 613a Rn. 92.

303 *Gamillscheg*, Kollektives Arbeitsrecht II, § 17 V 3, 778f.; *BPSU*, § 3 Rn. 66f.; *Kempen*, BB 1991, 2008; *Däubler*, Tarifvertragsrecht, Rn. 1534; a.A. *Zöllner*, DB 1995, 1401, mit weiteren Nachweisen.

304 *Jung*, RdA 1981, 362.

305 RdA 1977, 162.

306 Vgl. *Seiter*, DB 1980, 882.

307 BAG 20.6.2001 (4 AZR 295/00), AP Nr. 18 zu § 1 TVG Bezugnahme auf Tarifvertrag.

308 Ebenso Wiedemann/Oetker, § 3 Rn. 158 und Rn. 190; *Löwisch/Rieble*, § 2 Rn. 158; *Däubler/Lorenz*, § 3 Rn. 176.

309 MünchKomm/*Schaub*, § 613a Rn. 82.

tritt. Auch insoweit ist es nötig § 613a BGB (der dem Wortlaut nach auch diesen Fall erfasst) durch einschränkende Interpretation auszuschließen, weil der mit dieser Vorschrift bezweckte arbeitsrechtliche Bestandsschutz von § 3 Abs. 1 TVG umfassender erfüllt wird und die vom Gesetzgeber angestrebte Besserstellung der Arbeitnehmer andernfalls zu einer Schlechterstellung geworden wäre (vgl. § 3 Rn. 89). Dagegen greift § 613a BGB ein, wenn der neue Arbeitgeber dem Verband fernbleibt, welcher den einschlägigen Verbandstarif abgeschlossen hatte.[310] Entfällt die Tarifbindung des neuen verbandstarifgebundenen Arbeitgebers aber nur deshalb, weil er den Betriebszweck mit der Übernahme entscheidend verändert und die Arbeitsplätze damit dem Geltungsbereich des Tarifvertrages entzogen hat, dann tritt Nachwirkung gemäß § 4 Abs. 5 TVG ein.

111 Wenn ein selbständig abtrennbarer **Betriebsteil** (dazu § 3 Rn. 93) auf einen anderen Inhaber übertragen wird (»**Outsourcing**«) und dieser Betriebsteil zuvor über den Hauptbetrieb tarifgebunden war, dann gelten die Normen der bisher einschlägigen Tarifverträge beim neuen Betriebsinhaber auch dann individualrechtlich weiter, wenn die frühere Tarifbindung nur wegen Hilfsfunktionen dieses Betriebsteils gegenüber dem Hauptbetrieb begründet war. Wird also der Küchenbetrieb eines kommunalen Krankenhauses, der mit diesem den Tarifverträgen des öffentlichen Dienstes unterlag, verselbständigt einem Gastronomie-Unternehmen übertragen, denn gilt § 613a BGB mit seiner Veränderungssperre (soweit nicht eine neue beiderseitige Tarifbindung begründet wird, § 613a Abs. 1 Satz 3 BGB). Dies gebietet der Schutzzweck des § 613a und des Art. 3 Abs. 3 RL 2001/23/EG. Danach behält der übergegangene Arbeitnehmer die bisherigen Arbeitsbedingungen in gleichem Maße wie sie für den Veräußerer vorgesehen »waren«.[311] Dementsprechend werden die Tarifnormen transformiert, die zuvor beim Veräußerer gegolten haben auch wenn ein Betriebsteil aus einem **Mischbetrieb** herausgelöst worden ist.[312]

### c) Ablösung der transformierten Tarifnormen durch Tarifvertrag

112 Der für den Fall des Betriebsübergangs durch § 613a BGB zugunsten des Arbeitnehmers verfügte Rechtsschutz durch **Transformation** ist **teilweise tarifdispositiv**. Dies hat zu dogmatischen Schwierigkeiten geführt. Zunächst transformiert § 613a Abs. 1 Satz 2 BGB die für den veräußerten Betrieb bislang geltenden tariflichen und betrieblichen Normen in (für ein Jahr nach der Übernahme weiter geltendes) Individualarbeitsrecht[313] (vgl. § 3 Rn. 99). Folgerichtig können nur die zur Zeit des Betriebsübergangs geltenden Tarifnormen übergeleitet werden, so dass sie von nachfolgenden kollektiven Änderungen des jeweils zugrunde liegenden Tarifvertrages unberührt bleiben.[314] Es handelt sich also um eine **statische Transformation**.[315]

---

310 Vgl. BAG 13.9.1994, AP Nr. 11 zu § 1 TVG Rückwirkung.

311 A. A. *Löwisch/Rieble*, § 3 Rn. 183.

312 Vgl. BAG 5.10.1993 (3 AZR 586/92), AP Nr. 42 zu § 1 BetrAVG Zusatzversorgungskassen; BAG 1.4.1987 (4 AZR 77/86), AP Nr. 64 zu § 613a BGB; Wiedemann/*Oetker*, § 3 Rn. 193; *Gamillscheg*, Kollektives Arbeitsrecht II, § 17 V 4b, 780; *Löwisch/Rieble*, § 3 Rn. 184.

313 Vgl. BAG 13.11.1985, AP Nr. 46 zu § 613a BGB (mit Anm. von *Scholz*), der seine entgegen gesetzte frühere Auffassung, FS G. Müller, 514, insoweit aufgegeben hat.

314 BAG 13.11.1985, AP Nr. 46 zu § 613a BGB (mit Anm. von *Scholz*); BAG 13.9.1994, AP Nr. 11 zu § 1 TVG Rückwirkung.

315 Wiedemann/*Oetker*, § 3 Rn. 195; *Däubler/Lorenz*, § 3 Rn. 198.

Umstritten war dagegen die Weitergeltung der Tarifnormen aufgrund dieser statischen Transformation des § 613a Abs. 1 Satz 2 BGB für den Fall, dass die übergeleiteten Arbeitsverhältnisse **während der Jahresfrist** einer **neuen Tarifbindung** unterfallen würden; z. B. weil die Arbeitnehmer später einer Gewerkschaft beitreten, die mit dem Arbeitgeberverband des Betriebsübernehmers einschlägige Tarifverträge abschließt. Hier entnahm das Bundesarbeitsgericht[316] dem »Sinn und Zweck des § 613a Abs. 1 Satz 2 und 4 BGB« einen Vorrang des »Prinzips der Tarifeinheit« vor dem Günstigkeitsprinzip des § 4 Abs. 3 TVG mit der Folge, dass die neuen Tarifnormen auch dann gelten sollen, wenn sie ungünstiger als das mit Betriebsübernahme individualrechtlich transformierte Tarifrecht sind.[317] Selbst wenn man ein »Prinzip der Tarifeinheit« anerkennen wollte (kritisch dazu § 4 Rn. 156 ff. mit weiteren Nachweisen), so käme es doch allenfalls als Lösung von Tarifkonkurrenzen in Betracht, während es bei § 613a Abs. 1 BGB um das Verhältnis von höherrangigem späteren Tarifrecht und einfachem (transformiertem) Arbeitsvertragsrecht geht.[318] Das deshalb an sich einschlägige Günstigkeitsprinzip ist jedoch aufgrund der Spezialnorm des § 613a Abs. 1 Satz 3 BGB ausgeschlossen (dies wird möglich, weil das Günstigkeitsprinzip des § 4 Abs. 3 nicht verfassungsrechtlich garantiert ist, vgl. Grundl. Rn. 158 ff. und § 4 Rn. 263 ff.). Sinn und Zweck des § 613a Abs. 1 Satz 2 und 4 BGB ist jedoch nicht die Wahrung der Tarifeinheit, sondern die **Wahrung der kollektiven Selbstbestimmung** der betroffenen Arbeitnehmer, die durch einen rechtsgeschäftlichen Betriebsübergang ihre mitgliedschaftlich legitimierte frühere kollektivrechtliche Position zunächst nicht verlieren sollen.[319] Hiermit ist es beispielsweise vereinbar, dass die Beendigung oder Änderung der transformierten Tarifnorm durch die »alten« Tarifvertragsparteien die nach § 613a Abs. 1 Satz 2 BGB fortgeltenden Arbeitsvertragsregelungen nicht aufhebt oder ändert[320], weil die betroffenen Arbeitnehmer nach Betriebsübergang wegen der Transformation insoweit nicht länger tarifpolitisch beteiligt bleiben. **113**

Vor Ablauf der Jahresfrist kann deshalb nicht etwa jeder nunmehr auf den Betrieb des Übernehmers anwendbare Tarifvertrag umstandslos an die Stelle des übergeleiteten Arbeitsvertragsrechts treten.[321] **Ablösende Wirkung** entfalten nur **qualitativ gleichermaßen mitgliedschaftlich legitimierte Tarifnormen** – mögen diese auch insgesamt ungünstiger sein. Wie § 613a Abs. 1 Satz 3 und 4 BGB nunmehr deutlich zeigen, will der Gesetzgeber eben keinen Bestandsschutz schlechthin, sondern einen Selbstbestimmungsschutz für Arbeitnehmer gewähren. Bei bloß einseitiger Tarifbindung des neuen Arbeitgebers ist § 613a Abs. 1 Satz 3 BGB daher nicht anwendbar.[322] Nur ein Tarifvertrag, an den sowohl der neue Arbeitgeber wie die übernommenen Arbeitnehmer **beiderseits** (kraft Mitgliedschaft oder Allgemeinverbindlichkeit) **gebunden** sind (»**kongruente Tarifbindung**«), vermag das transformierte Recht gemäß § 613a Abs. 1 Satz 3 **114**

316 BAG 19.3.1986, AP Nr. 49 zu § 613a BGB (mit Anm. von *v. Stebut*).
317 Ebenso *Seiter*, AR-Blattei, Betriebsinhaberwechsel I, Abschn. B VIII 6 a und b a.a.
318 *V. Stebut*, Anm. zu BAG 19.3.1986, AP Nr. 49 zu § 613a BGB; BAG 4.8.1999, NZA 2000, 154.
319 Vgl. im Ergebnis auch *Löwisch/Rieble*, § 3 Rn. 199.
320 BAG 13.11.1985, AP Nr. 45 zu § 613a BGB (mit Anm. von *Scholz*).
321 So aber anscheinend BAG 19.3.1986, AP Nr. 49 zu § 613a BGB (mit Anm. von *v. Stebut*).
322 MünchArbR/*Wank*, § 120 Rn. 217; MünchKomm/*Schaub*, § 613a Rn. 136; *Kania*, DB 1995, 626; a. A. *Zöllner*, DB 1995, 1403 f.; *Henssler*, FS Schaub, 319.

BGB abzulösen, weil die darin enthaltenen Bestimmungen hierdurch »geregelt« werden.[323]

**115** Die Ablösung der transformierten Normen durch einen Tarifvertrag, an den der neue Arbeitgeber gebunden ist, tritt nach § 613a Abs. 1 Satz 3 BGB dann ein, wenn der Arbeitnehmer der tarifschließenden Gewerkschaft beitritt und deren Tarifabschlüsse dadurch legitimiert. Die **Fusion von Gewerkschaften** kann dazu führen, dass Arbeitnehmer, die nach § 613a BGB übernommen worden sind ohne an den beim neuen Arbeitgeber bestehenden Tarif gebunden zu sein, nunmehr aufgrund der Erweiterung ihrer Gewerkschaftsmitgliedschaft nach § 3 Abs. 1 TVG neu an diesen Tarif gebunden werden: Ein Speditionsunternehmen übernimmt einen Papierbetrieb, dessen Arbeitnehmer der IG Medien angehörten, nach § 613a BGB. Der Papierindustrie-Tarif wird dann in die Einzelverträge transformiert, weil die Arbeitnehmer nicht zur ÖTV wechseln und die für das übernehmende Speditionsunternehmen geltenden Speditionstarife mangels beiderseitiger Tarifbindung unanwendbar sind. Infolge der Fusion beider Gewerkschaften zur Dienstleistungsgewerkschaft ver.di durch umwandlungsgesetzliche Verschmelzung ist ver.di zwar als Tarifvertragspartei in alle Verträge der Gründungsgewerkschaften eingetreten. Zur Vermeidung dadurch entstehender Tarifkonkurrenzen hat sie jedoch in § 95 Satz 2 ihrer Satzung geregelt, dass die persönliche und fachliche Tarifbindung zunächst unverändert bleibt, so dass die Mitglieder ausschließlich an ihre übernommenen Tarife gebunden bleiben.[324] Deshalb kann hier keine »**kongruente Tarifbindung**« entstehen und keine Ablösung eintreten. Im Beispielfall hatte wegen der Transformation der früheren Tarife jedoch insoweit schon keine Tarifbindung mehr bestanden. Deshalb konnte infolge der Gewerkschaftsfusion auch keine Tarifkonkurrenz entstehen. Das Tarifwerk des Speditionsgewerbes ist hier allein einschlägig mit der Folge der Anwendung des Speditionstarifs kraft beiderseitiger Tarifgebundenheit nach § 613a Abs. 1 Satz 3 BGB.[325]

**116** Sollte nach Betriebsübernahme ein einschlägiger Tarifvertrag für **allgemeinverbindlich erklärt** werden, so gehen dessen Normen dem transformierten »alten« Vertragsrecht vor (gleichgültig, ob dieser Tarif vor oder nach dem Inhaberwechsel entstanden ist), weil § 5 TVG ein besonderes, eigenes Legitimationsverfahren voraussetzt (vgl. § 5 Rn. 35ff.).

**117** Ein beim Erwerber geltender Tarifvertrag löst die transformierten früheren Tarifregelungen nach § 613a Abs. 1 Satz 3 BGB bei »kongruenter Tarifbindung« nur dann ab, wenn er **dieselben Rechte und Pflichten** regelt. Allein dies entspricht dem Schutzzweck des § 613a Abs. 1 Satz 2 BGB.[326] Wesentlich ist also, dass sich die (legitimierten) Regelungsbereiche decken – während es **nicht** darauf ankommt, ob der beim Erwerber geltende Tarif **günstiger** ist.[327] Fehlt jedoch ein Regelbereich des transformierten Rechts im neuen Tarif (z.B. die Gewährung eines 13. Monatseinkommens), so kann er auch nicht tariflich abgelöst werden. Solchenfalls bleibt insoweit die transformierte Regelung **neben** dem neuen Tarif be-

---

323 H.M.: BAG 30.8.2000 (4 AZR 581/99), AP Nr.12 zu § 1 TVG Bezugnahme auf Tarifvertrag; BAG 21.2.2001 (4 AZR 18/00), AP Nr.20 zu § 4 TVG; *Löwisch/Rieble*, § 3 Rn.207; *Däubler/Lorenz*, § 3 Rn.101; ErfK/*Preis*, § 613a BGB Rn.78.

324 Vgl. *Kempen*, NZA 2003, 419ff.

325 BAG 11.5.2005 (4 AZR 315/04), Pressemitteilung Nr.25/05.

326 BAG 22.1.2003 (10 AZR 227/02), AP Nr.242 zu § 613a BGB, *Hanau/Vossen*, FS Hilger und Stumpf, 292; *Däubler/Lorenz*, § 3 Rn.203; *Sieg/Maschmann*, Unternehmensumstrukturierung, Rn.214.

327 BAG 19.3.1986 (4 AZR 640/84), AP Nr.49 zu § 613a BGB; *Däubler/Lorenz*, § 3 Rn.204.

stehen (d.h. ein arbeitsvertragliches 13. Monatseinkommen).[328] Dagegen widerspräche es dem in § 613a Abs. 1 Satz 3 BGB ausgedrückten Schutz der kollektiven Selbstbestimmung, wenn man nur auf den Gesamtzweck eines »Tarifwerks« abstellte (z.B. Entgelt) und es dann generell alle diesbezüglichen Regelungen (z.B. Erschwerniszuschläge, Zahlungsweise usw.) ablösen ließe.[329] Vielmehr muss der Erwerber-Tarif ein dem transformierten Veräußerer-Tarif vergleichbares Schutzniveau erreichen.[330] Andererseits ist es im Interesse des nach § 613a Abs. 1 Satz 3 BGB ebenfalls geschützten Prinzips der Tarifeinheit nicht erforderlich, dass der ablösende Erwerber-Tarif schon zum Zeitpunkt des Betriebsübergangs in Kraft war. Die ablösende Wirkung tritt auch dann ein, wenn der beiderseits mitgliedschaftlich legitimierte Tarifvertrag erst nach der Jahresfrist des § 613a Abs. 1 Satz 2 BGB abgeschlossen und wirksam wird.[331]

### d) Fortgeltung der bisherigen Tarifverträge

Die den bisherigen Arbeitgeber bindenden **Tarifverträge gelten** auch nach einem **118** Betriebsübergang **originär** (d.h. ohne Transformation gemäß § 613a Abs. 1 Satz 2 BGB) **fort**, wenn der neue Arbeitgeber **demselben Arbeitgeberverband** angehört, der den **Verbandstarifvertrag** geschlossen hat oder dort bis zum Betriebsübergang beitritt. Dasselbe gilt, wenn der bisherige Tarifvertrag für **allgemeinverbindlich** erklärt worden war (§ 5 TVG) oder bis zum Betriebsübergang erklärt wird. Die unmittelbare Tarifbindung des neuen Arbeitgebers nach § 3 Abs. 1 TVG bedarf der Verbandsmitgliedschaft, die nicht aufgrund einer einzelrechtsgeschäftlichen Betriebsübernahme erworben wird, sondern als persönliches Recht (vgl. § 38 BGB) eine eigene Beitrittswillenserklärung erfordert. Je nach Vereinssatzungsrecht könnte sie allerdings auch konkludent erfolgen. Ein zwischen dem Betriebsveräußerer und dem Erwerber geschlossener Vertrag in welchem der Erwerber verspricht, die bisherigen Tarifverträge inhaltlich auch weiter auf die übernommenen Arbeitsverhältnisse anzuwenden, hätte als **Vertrag zu Gunsten Dritter** (§ 328 BGB) dagegen nur schuldrechtliche Wirkung, wäre aber wirksam[332], weil er nicht an die Zeitschranke des § 613a Abs. 1 Satz 2 BGB gebunden ist und deshalb für längere Zeit mit dynamischer Verweisung auf künftige Tarifänderung vereinbart werden darf (dazu § 3 Rn. 177).

Eine **analoge Anwendung des § 3 Abs. 3** TVG auf den durch Betriebsübergang **119** nach § 613a BGB in die Arbeitsverhältnisse neu eingetretenen Arbeitgerber/Erwerber ist **nicht möglich**, wenn dieser nicht Arbeitgeberverbandsmitglied war und weil hier lediglich eine Einzelrechtsnachfolge vorliegt.

Wenn der bisherige Arbeitgeber an einen **Firmentarifvertrag** gebunden war, dann **120** soll diese Tarifbindung in Folge eines Betriebsübergangs durch Einzelrechtsnachfolge nach überwiegender Auffassung **beendet** werden (anders als bei einer Gesamtrechtsnachfolge, vgl. § 3 Rn. 140).[333] Der Firmentarifvertrag sei schließlich

---

328 BAG 20.4.1994 (4 AZR 342/93), AP Nr. 108 zu § 613a BGB; *Sieg/Maschmann*, Unternehmensumstrukturierung, Rn. 214f.

329 So aber *Löwisch/Rieble*, § 3 Rn. 203; *Willemsen/Hohenstatt/Schweibert/Seibt*, E Rn. 134.

330 BAG 23.6.2004 (10 AZR 553/03), ZTR 2004, 588; *BPSU*, § 3 Rn. 105.

331 BAG 19.3.1986, AP Nr. 49 zu § 613a BGB; Wiedemann/*Oetker*, § 3 Rn. 199; *Sieg/Maschmann*, Unternehmensumstrukturierung, Rn. 226; a.A. *Bachner/Köstler/Matthießen/Trittin*, Rn. E 201; *BPSU*, § 3 Rn. 106.

332 BAG 20.4.2005 (4 AZR 292/04), Pressemitteilung 20/05.

333 BAG 20.6.2001 (4 AZR 295/00), AP Nr. 18 zu § 1 TVG Bezugnahme auf Tarifvertrag; Wiedemann/*Oetker*, § 3 Rn. 158; *Löwisch/Rieble*, § 3 Rn. 174; *Willemsen/Hohenstatt/Schweibert/Seibt*, Umstrukturierung, E Rn. 88.

von der Gewerkschaft mit dem bisherigen Arbeitgeber geschlossen worden, dessen Rechtsposition als Tarifvertragspartei insoweit wegen der Transformation des § 613a Abs. 1 Satz 2 BGB vom neuen Arbeitgeber/Erwerber gerade nicht übernommen werde. Dieses Argument ist jedoch weniger »eindrucksvoll«[334] als vielmehr zirkelschlüssig. Legitimationsgrundlage eines Firmentarifvertrages ist nämlich keineswegs – wie beim Verbandstarif – eine Kombination von unternehmerischer Verfügungsbefugnis über Arbeitsplätze **plus** Verbandsmitgliedschaft. Hier genügt stattdessen die Arbeitgeberposition als solche. Sie entfaltet allein über eine entsprechende Einigung mit der kollektiven Interessenvertretung der Arbeitnehmer normative Wirkung – sei es als Firmentarifvertrag oder als Betriebsvereinbarung. Beim Betriebsübergang geht die Arbeitgeberposition auf den Erwerber über und die Arbeitnehmer bleiben Gewerkschaftsmitglieder. Die konstituierenden Voraussetzungen der Firmentarifvertragsbindung bleiben also erhalten. Deshalb wirkt ein **Firmentarif** beim Erwerber nach Betriebsübergang gemäß § 3 Abs. 1 TVG **normativ weiter**.[335] Dies war auch schon vor Einführung des § 613a BGB die ganz überwiegende Meinung.[336] Als Auffangregelung konnte und wollte § 613a BGB diesen stärkeren kollektiven Schutz nicht verdrängen[337] und auch die Richtlinie 77/187/EWG diente der Verbesserung der Stellung von Arbeitnehmern bei Betriebsübergang und nicht der Verschlechterung.[338]

**121** Schließt man sich der heute überwiegenden Meinung (vgl. vorige Rn. 120) an, so führt die Transformation der Normen eines Firmentarifvertrages bei Betriebsübergang nach § 613a Abs. 1 Satz 2 BGB zur Verschlechterung der Rechtsstellung der übergeleiteten Arbeitnehmer. Wenn diese Wirkung allerdings dazu benutzt wird, den Arbeitnehmern einer **innerhalb des Konzerns** ausgegliederten **Tochtergesellschaft** den normativen Schutz des Firmentarifvertrages zu entziehen, so wäre das **rechtsmissbräuchlich**. Deshalb bestünde dann eine Einwirkungspflicht des ausgliedernden Unternehmens gegenüber der Tochter mit dem Ziel der fortgesetzten Anwendung des Firmentarifs.[339]

**122** Oft enthalten **Firmentarifverträge als so genannte Anschlusstarife** lediglich dynamische Verweise auf einen Verbandstarif in der jeweils geltenden Fassung (den meist dieselbe Gewerkschaft abgeschlossen hat). Hier zeigt sich dann wie sehr die Weigerung des BAG, die normative Fortgeltung von Firmentarifen bei Betriebsübergang anzuerkennen[340] (vgl. § 3 Rn. 120) zur Schwächung der Arbeitnehmerrechte beiträgt. Die vom BAG angenommene Transformation eines solchen dynamischen Firmen-Anschlusstarifs in Einzelarbeitsvertragsrecht soll nämlich dazu führen, dass diese tarifliche dynamische Verweisung im Augenblick des Betriebsübergangs auf dem dann erreichten Stand »eingefroren« wird.[341] Schließt man sich der hier vertretenen Gegenauffassung (§ 3 Rn. 120) an,

---

334 So aber *Löwisch/Rieble*, § 3 Rn. 174.

335 Ebenso *Däubler*, Anm. zu BAG 29.8.2001 (4 AZR 332/00), RdA 2001, 303f.; *Däubler/Lorenz*, § 3 Rn. 176; *BPSU*, § 3 Rn. 66ff.

336 BAG 4.12.1974, AP Nr. 2 zu § 3 TVG; MünchKomm/*Schaub*, § 613a BGB Rn. 133, mit weiteren Nachweisen.

337 Vgl. *Jung*, RdA 1981, 362.

338 *Däubler*, RdA 2002, 304.

339 *Henssler*, FS Schaub, 328; *Däubler*/Lorenz, § 3 Rn. 178; *BPSU*, § 3 Rn. 68; wohl auch *Sieg/Maschmann*, Unternehmensumstrukturierung, Rn. 193.

340 BAG 20.6.2001 (4 AZR 295/00), AP Nr. 18 zu § 1 TVG Bezugnahme auf Tarifvertrag.

341 BAG 29.8.2001 (4 AZR 332/00), AP Nr. 17 zu § 1 TVG Bezugnahme auf Tarifvertrag; ebenso *Löwisch/Rieble*, § 3 Rn. 179; *Sieg/Maschmann*, Unternehmensumstrukturierung, Rn. 203; a.A. *Däubler/Lorenz*, § 3 Rn. 176.

so gilt der Anschluss-Firmentarif dynamisch weiter. Aber auch die vom BAG befürwortete Transformation der dynamischen tariflichen Verweisung in Einzelarbeitsrecht kann richtigerweise nur bewirken, dass die vorher normative Verweisung nunmehr als **einzelvertragliche dynamische Verweisung** gilt (vgl. § 3 Rn. 148 und Rn. 176), so dass die Dynamik auch dann nicht gestoppt wird. Der vom BAG teleologisch gezogene Vergleich mit § 4 Abs. 5 TVG geht schon deshalb fehl, weil der Gesetzgeber des § 613a BGB einen diesbezüglichen Willen mit einem Verweis auf § 4 Abs. 5 TVG hätte ausdrücken können und müssen.[342]

### e) Ablösung der transformierten Regelungen durch Betriebsvereinbarung

Neben der Ablösung des bei Betriebsübergang transformierten Rechts durch beiderseits legitimierte Tarifverträge (dazu § 3 Rn. 113ff.) lässt § 613a Abs. 1 Satz 3 BGB auch die **sofortige Ablösung** durch **»eine andere Betriebsvereinbarung«** zu. Die Annahme, diese Alternative betreffe dann aber nur transformierte Betriebsvereinbarungen aus der Zeit vor dem Betriebsübergang[343] wird zwar vom Wortlaut abgedeckt, widerspricht aber dem Zweck der Betriebsübergangsrichtlinie vom 12. März 2001[344], die eine Ablösung durch »Kollektivvereinbarungen« vorsieht und damit nicht die deutsche Unterscheidung zwischen Tarifvertrag und Betriebsvereinbarung vornimmt. Da im Übrigen auch nach § 77 Abs. 3 BetrVG tarifersetzende Betriebsvereinbarungen zulässig (soweit weder Tarifregelungen bestehen noch üblich) sind, kann unter dieser Voraussetzung eine Betriebsvereinbarung beim Erwerber das transformierte Tarifrecht ebenfalls ablösen (so genannte **Überkreuz-Ablösung**).[345] Die dabei vorausgesetzte Aufhebung der »Tarifsperre« des § 77 Abs. 3 BetrVG wird vor allem dann gegeben sein, wenn der Betrieb oder Betriebsteil durch den Übergang auf den Erwerber aus dem fachlichen oder räumlichen Geltungsbereich der vorherigen Tarifbindung heraus gefallen ist.[346] **123**

### f) Ablösung nach Ende der Zeitsperre

Die Ablösung der transformierten Regelungen kann gemäß § 613a Abs. 1 Satz 4 (2. Alt.) auch durch **Änderungsvertrag** zwischen dem übergeleiteten Arbeitnehmer und dem Erwerber vereinbart werden. Wegen der heute vielfach vereinbarten Schriftform und/oder dem Sinn des § 2 Nachweisgesetz wird dies praktisch **nicht konkludent** möglich sein.[347] Die Ablösung durch einen Änderungsvertrag ist aber nicht vor **Ablauf eines Jahres** seit Betriebsübergang zulässig (§ 613a Abs. 1 Satz 2 BGB – **zeitliche Veränderungssperre**). **124**

Die **zeitliche Veränderungssperre** für Änderungsverträge **entfällt** jedoch dann, wenn der Tarifvertrag oder die Betriebsvereinbarung, aus denen die bei Betriebsübergang transformierten Regelungen stammten, **»nicht mehr gilt«** (**§ 613a** **125**

342 Vgl. auch *Däubler,* RdA 2002, 305.
343 So *Staudinger/Richardi/Annuß,* § 613a BGB Rn. 185.
344 2001/23/EG, ABl. Nr. L 82, 13.
345 H.M., z.B. *Kania,* DB 1995, 626; *Löwisch/Rieble,* § 3 Rn. 206; *Däubler/Lorenz,* § 3 Rn. 206; ErfK/*Preis,* § 613a BGB Rn. 122.
346 *Henssler,* FS Schaub, 321f.; *Däubler/Lorenz,* § 3 Rn. 207; *Sieg/Maschmann,* Unternehmensumstrukturierung, Rn. 233.
347 A. A. *Sieg/Maschmann,* Unternehmensumstrukturierung, Rn. 236.

**Abs. 1 Satz 4, 1. Alt. BGB**). Dieses Geltungsende tritt regelmäßig ein, wenn die betreffende Kollektivvereinbarung durch Zeitablauf (Befristung) oder durch Kündigung beendet wird. Eine mögliche Nachwirkung (§ 4 Abs. 5) hindert die sofortige Aufhebung der Veränderungssperre nicht, denn diese Nachwirkung wäre ebenfalls durch Änderungsvertrag jederzeit zu beseitigen.[348] Die volle normative Weitergeltung (Nachbindung) des § 3 Abs. 3 TVG beendet die Sperrfrist deshalb nicht.

**126** Die **zeitliche Veränderungssperre** für Änderungsverträge entfällt auch dann, »wenn bei fehlender beiderseitiger Tarifgebundenheit **im Geltungsbereich eines anderen Tarifvertrags dessen Anwendung** zwischen dem neuen Inhaber und dem Arbeitnehmer **vereinbart wird**« (**§ 613a Abs. 1 Satz 4, 2. Alt. BGB**). Hier wird also vorausgesetzt, dass für den übergegangenen Betrieb ein anderer, von seinem Geltungsbereich her einschlägiger Tarifvertrag existiert, an den jedoch weder der nach § 613a BGB übernommene Arbeitnehmer noch der neue Arbeitgeber gebunden ist. Beide sollen eine solche von anderen Tarifvertragsparteien bereit gelegte normative Regelung vertraglich sofort übernehmen können. Die dadurch bewirkte Ablösung der einjährigen Veränderungssperre wäre auch damit zu erreichen, dass beide Seiten der jeweiligen Tarifvertragspartei des einschlägigen Tarifvertrages beitreten. Deshalb ist es gerechtfertigt, § 613a Abs. 1 Satz 4, 2. Alt. BGB auch dann anzuwenden, wenn über den Wortlaut (»bei fehlender beidseitiger Tarifbindung«) hinaus eine der Arbeitsvertragsparteien bereits mitgliedschaftlich an den einschlägigen Tarifvertrag gebunden sein sollte.[349] Auf jeden Fall ist es aber erforderlich, dass der gesamte einschlägige Tarifvertrag durch die Änderungsvereinbarung arbeitsvertraglich übernommen wird. Die Ausnahme von der Veränderungssperre durch vertragliche Bezugnahme gemäß § 613a Abs. 1 Satz 4, 2. Alt. BGB ist nämlich nur durch das gesetzliche Vertrauen in die Ausgewogenheit des gesamten einschlägigen Tarifgefüges gerechtfertigt.[350]

### 3. Besondere Maßnahmen zum Arbeitnehmerschutz bei Betriebsübergang

#### a) Widerspruch nach § 613a Abs. 6 BGB

**127** Gemäß **§ 613a Abs. 6 BGB** kann der Arbeitnehmer dem Übergang des Arbeitsverhältnisses innerhalb eines Monats schriftlich **widersprechen**, nachdem ihn der bisherige Arbeitgeber oder der neue Inhaber vor dem Übergang pflichtgemäß (§ 613a Abs. 5 BGB) textlich (§ 126b BGB) unterrichtet hat. Der Gesetzgeber hat mit dieser Regelung 2002 das zuvor von der Rechtsprechung aus Art. 2 Abs. 1, Art. 1 Abs. 1 GG abgeleitete Widerspruchsrecht[351] kodifiziert und formalisiert. Der Widerspruch verhindert den Übergang des Arbeitsverhältnisses, nicht aber des Arbeitsplatzes, auf den Erwerber. Infolge des Arbeitsplatzwegfalls besteht dann die Gefahr, dass der bisherige Arbeitgeber dem verbliebenen Arbeitnehmer aus betriebsbedingten Gründen kündigt. Da es sich um ein **bedingungsfeindliches Gestaltungsrecht** handelt, kann der Widerspruch nicht unter den Vorbe-

348 *Däubler/Lorenz*, § 3 Rn. 211; ErfK/*Preis*, § 613a BGB Rn. 117.

349 *Kania*, DB 1994, 531; *Staudinger/Richardi/Annuß*, § 613 BGB Rn. 119; *Sieg/Maschmann*, Unternehmensumstrukturierung, Rn. 238; *BPSU*, § 3 Rn. 98; a. A. *Vorafl.*, § 3 Rn. 61; *Däubler/Lorenz*, § 3 Rn. 212.

350 *Däubler/Lorenz*, § 3 Rn. 210; ErfK/*Preis*, § 613a BGB Rn. 118; *Sieg/Maschmann*, Unternehmensumstrukturierungen, Rn. 237.

351 BAG 30. 10. 1986, 21. 5. 1992 und 22. 4. 1993, AP Nr. 55, 96 und 102 zu § 613a BGB.

halt des Ausschlusses einer solchen Kündigung gestellt werden.[352] Es ist auch nicht einseitig rücknehmbar, sondern nur im Einverständnis des Veräußerers und des Erwerbers.[353] Möglich ist jedoch die (rückwirkende) Anfechtung nach § 123 Abs. 1 BGB, wenn der Arbeitnehmer bei der Unterrichtung nach § 613a Abs. 5 BGB arbeitgeberseitig bewusst getäuscht worden ist.[354]

Die **Ausübung des Widerspruchrechts** bedarf zu ihrer Wirksamkeit **keines sachlichen Grundes**. Die Motive, aus denen heraus ein Arbeitnehmer es wahrnimmt, sind unbeachtlich, denn § 613a Abs. 6 BGB stellt insoweit keine Anforderungen.[355] Zulässig ist auch die Erklärung des Widerspruchs durch eine Vielzahl oder auch durch alle betroffenen Arbeitnehmer (so genannter **Kollektivwiderspruch**)[356] Das kollektive Widerspruchsrecht soll allerdings »nicht institutionell missbraucht« werden dürfen (§ 242 BGB), d.h. es soll nicht die Verhinderung des Betriebsübergangs »als solchen« beabsichtigen oder Vergünstigungen erstreben, auf die die Arbeitnehmer keinen Rechtsanspruch hätten.[357] Die Abgrenzung und der Nachweis von Missbrauchsabsichten (vom Arbeitgeber zu erbringen) dürften schwierig sein. Der Versuch, den Kollektivwiderspruch im Zweifel als Druckausübung gegenüber dem Arbeitgeber den Schranken des Arbeitskampfrechts zu unterstellen[358], wäre allenfalls dann diskutabel, wenn er die (stets kollektive) Arbeitgeberdrohung mit Betriebsausgliederungen und Verlegungen ebenfalls als Kampfmaßnahme gegenüber den Arbeitnehmern (z.B. mit dem Ziel einer Arbeitzeitverlängerung ohne Entgeltausgleich) bewerten und beschränken würde. Stattdessen erscheint es konsequent, das Verhalten der Arbeitgeberseite bei Betriebsübergängen nun ebenfalls nach § 242 BGB unter eine Kontrolle hinsichtlich institutionellen Missbrauchs zu stellen. 128

Der Widerspruch muss **schriftlich**, d.h. durch ein vom Arbeitnehmer eigenhändig unterzeichnetes Schriftstück (§ 126 BGB) erfolgen und dem Empfänger zugehen (§ 613a Abs. 6 Satz 1 BGB). Konkludente Erklärungen (z.B. durch Weiterarbeiten beim bisherigen Arbeitgeber) reichen nicht. Inhaltlich muss klar ausgedrückt sein, dass der Arbeitnehmer dem Übergang seines Arbeitsverhältnisses widerspricht. Dabei braucht der **Begriff »Widerspruch«** nicht zu fallen, sollte aber durchaus verwendet werden weil inhaltliche Unklarheiten bei der Auslegung der Erklärung (§§ 133, 157 BGB) zu Lasten des Erklärenden gehen können. Eine **Begründung** der Erklärung ist nicht erforderlich. Der Widerspruch kann sowohl dem Betriebsveräußerer wie dem Erwerber gegenüber erklärt werden (§ 613a Abs. 6 Satz 2 BGB). 129

Die **Frist** zur Erklärung des Widerspruchs beträgt **einen Monat** ab Zugang der Unterrichtung in Textform über den Betriebsübergang gemäß § 613a Abs. 5 BGB. Sollte diese Unterrichtung, welche mehr Informationen als die bloße Tatsache des Betriebsübergangs umfasst, erst **nach** dem Übergang erfolgen, dann beginnt sie also dennoch erst mit dem Zugang der erforderlichen Informationen zu laufen.[359] Wenn der betroffene Arbeitnehmer dagegen nicht oder nicht ausreichend 130

352 ErfK/*Preis*, § 613a BGB Rn. 92.
353 BAG 30.10.2003 (8 AZR 491/02), NZA 2004, 481.
354 *Willemsen/Lembke*, NJW 2002, 1164.
355 BAG 30.9.2004 (8 AZR 462/03), BB 2005, 605, 607.
356 BAG 30.9.2004 (8 AZR 462/03), BB 2005, 605, 607; ErfK/*Preis*, § 613a Rn. 106; *Sieg/Maschmann*, Unternehmensumstrukturierungen, Rn. 135; a.A. *Rieble*, NZA 2005, 3ff.
357 BAG 30.9.2004 (8 AZR 462/03), BB 2005, 605, 609.
358 So *Rieble*, NZA 2005, 4ff.
359 BAG 29.5.2005 (8 AZR 398/04), Pressemitteilung Nr. 29/05; ErfK/*Preis*, § 613a BGB Rn. 96; die bisherig Rechtsprechung BAG 22.4.1993, AP Nr. 103 zu § 613a BGB ist damit überholt.

unterrichtet worden sein sollte, beginnt die Widerspruchsfrist nach dem Willen des Gesetzgebers nicht zu laufen und endet dementsprechend auch nicht.[360] Das führt allerdings nicht zur vollständigen Unkündbarkeit des betroffenen Arbeitnehmers durch den Betriebsveräußerer aus betriebsbedingten Gründen. Vielmehr gibt es auch in den Fällen vereinbarter »Unkündbarkeit« von Arbeitsverhältnissen ausnahmsweise Beendigungsmöglichkeiten.[361] In solchen Fällen kommt jedoch ein vertraglicher Schadensersatzanspruch des Arbeitnehmers in Betracht, denn andernfalls bliebe die Verletzung des § 613a Abs. 5 BGB sanktionslos. Ein **Verzicht** des Arbeitnehmers auf sein Widerspruchsrecht ist erst **nach** der ordnungsgemäßen Unterrichtung gemäß § 613a Abs. 5 BGB zulässig.[362] Es muss persönlich und schriftlich erfolgen, d.h., eine entsprechende Regelung in einer Betriebsvereinbarung oder in einem Tarifvertrag wäre nur wirksam, wenn sie von den Betroffenen einzeln gegenüber dem Arbeitgeber schriftlich bestätigt würde.

### b) Überleitungsvereinbarungen

**131** Die ungünstigen Folgen eines Betriebsübergangs und die Lücken in der Regelung des § 613a BGB können auch durch **Überleitungsvereinbarungen** ausgeglichen werden. Möglich sind **individuelle Verträge** zwischen den beteiligten Arbeitgebern und den Arbeitnehmern, doch wird dies eher selten sein, weil der Arbeitnehmer die (wegen der zwingenden Wirkung des § 613a BGB allein zulässigen) Verbesserungen meist wirtschaftlich nicht durchsetzen kann. Da das Mandat des Betriebs-/Personalrats regelmäßig nicht über den Betrieb/die Dienststelle hinausreicht, dürften auch **Betriebs-/Dienstvereinbarungen** vielfach nicht genügen. Entscheidend ist nämlich, dass der neue Arbeitgeber/Übernehmer hinsichtlich der übernommenen Arbeitnehmer an derartige Vereinbarungen gebunden wird. Würden sie lediglich mit dem alten Arbeitgeber vereinbart, so könnte es sich oft um einen unzulässigen Vertrag zu Lasten Dritter (des Übernehmers) handeln. Die Bindung des neuen Arbeitgebers lässt sich jedoch erreichen, wenn die Gewerkschaft auch für ihn zuständig ist und mit ihm einen entsprechenden **Überleitungstarifvertrag** schließt (Firmentarif oder Verbandstarif).[363] Da dies oft nicht der Fall ist, weil die Ausgliederung des betreffenden Betriebs zu einem (beabsichtigten) Branchenwechsel führt, könnten die Überleitungsbestimmungen (z.B. fortgesetzte dynamische Anwendung der bisher geltenden Tarifverträge) zwischen den beiden beteiligten Arbeitgebern vereinbart werden. Dies wäre ein zulässiger Vertrag zu Gunsten Dritter (§ 328 BGB), nämlich der betroffenen Arbeitnehmer.[364] Unzulässig wäre es dagegen, den Betriebserwerber mit dem Ziel weiterer Tarifbindung zur Mitgliedschaft in dem Arbeitgeberverband zu verpflichten, der die bisher geltenden Tarife abgeschlossen hatte. Das verstieße gegen die negative Koalitionsfreiheit des Art. 9 Abs. 3 Satz 1 GG. Denkbar sind schließlich schuldrechtlich wirkende (Überleitungs-)Tarifverträge mit dem Veräußerer, in welchem dieser (z.B. als Allein- oder Mehrheitsgesellschafter beim Betriebsübernehmer) garantiert, dass die bisherigen Tarife nach Betriebsüber-

360 BAG 29.5.2005 (8 AZR 398/04), Pressemitteilung 29/05.
361 Dazu *Däubler*, GS Heinze, 121.
362 Vgl. BAG 15.2.1984 und 19.3.1998, AP Nr. 37 und 177 zu § 613a BGB.
363 Vgl. *Däubler*, ZTR 2000, 241.
364 BAG 20.4.2005 (4 AZR 292/04), Pressemitteilung 20/05.

gang weiterhin dynamisch angewendet werden. Bei einem Verstoß des Erwerbers gegen diese Verpflichtung wäre der Veräußerer den betreffenden Arbeitnehmern gegenüber schadensersatzpflichtig.[365]

## 4. Arbeitsvertragliche Verweisungsklauseln auf Tarifverträge

Die in vielen Arbeitsverträgen enthaltenen dynamischen Verweisungsklauseln **132** auf Tarifverträge werden nach § 613a Abs. 1 Satz 2 BGB bei Betriebsübergang vom neuen Arbeitgeber (mit der zeitlichen Jahressperre) übernommen. Zu den – weiterhin umstrittenen – Wirkungen derartiger Vertragsgestaltungen vgl. § 3 Rn. 143ff.

## 5. Umwandlungsgesetzliche Gesamtrechtsnachfolge

Ein Wechsel des Betriebsinhabers durch **Gesamtrechtsnachfolge** hat zur Folge, **133** dass die bisherigen Arbeitsverhältnisse automatisch und unverändert mitsamt der Tarifbindung auf den Gesamtrechtsnachfolger übergehen. In solchen Fällen wird nämlich das Gesamtvermögen des bisherigen Rechtsträgers einschließlich der Schulden durch einen einmaligen Rechtsakt (Gegensatz: Einzelrechtsnachfolge, bei der jeder einzelne Vermögensgegenstand und jede einzelne Schuld gesondert zu übertragen ist) auf den Nachfolger übertragen. Die Fälle der Gesamtrechtsnachfolge sind gesetzlich abschließend geregelt. Am häufigsten ist der **Erbfall**, bei dem der Erbe des Betriebs als Arbeitgeber in das unveränderte Arbeitsverhältnis eintritt (§ 1922 Abs. 1 BGB), also auch die darin enthaltenen Tarifregelungen erhalten bleiben. Tarifrechtlich bedeutsam sind vor allem die seit dem 1. Januar 1995 im Umwandlungsgesetz geregelten Möglichkeiten der **Verschmelzung** und **Spaltung** (Aufspaltung, Abspaltung, Ausgliederung) von inländischen Rechtsträgern als Unternehmern von Betrieben oder Betriebsteile, die ganz oder teilweise im Wege der Umwandlung auf einen anderen Rechtsträger übertragen werden. Im Falle der Verschmelzung oder der Spaltung von Unternehmen handelt es sich jeweils um Fälle der Gesamtrechtsnachfolge (§§ 20 Abs. 1 Nr. 1, 131 Abs. 1 Nr. 1 UmwG). Zu den nach altem Recht gemäß §§ 339ff. AktG, § 1 UmwG a.F. geregelten Umwandlungsfällen war die ganz h.M. deshalb treffend davon ausgegangen, dass es sich nicht um den in § 613a BGB tatbestandlich vorausgesetzten einzelrechtsgeschäftlichen Betriebsübergang handelte, sondern um eine dort nicht geregelte Gesamtrechtsnachfolge, die ohnehin einen rechtlich unveränderten Übergang der betroffenen Arbeitsverträge nach sich zieht, d.h. auch ohne § 613a BGB Bestandsschutz sichert.[366]

In **§ 324 UmwG** ist nun jedoch festgelegt, dass »§ 613a Abs. 1, 4 bis 6 des Bürger- **134** lichen Gesetzbuchs … durch die Wirkungen der Eintragung einer Verschmelzung, Spaltung oder Vermögensübertragung unberührt« bleiben soll. Der gesetzesterminologisch ganz ungewöhnliche Ausdruck »**unberührt**« ordnet eben nicht die (dogmatisch ohnehin nur analogieförmig mögliche) entsprechende Anwendung des § 613a Abs. 1, 4 bis 6 BGB auf alle einschlägigen Umwandlungsfälle an.[367] Die

365 Zu weiteren Gestaltungsmöglichkeiten vgl. *Blanke*, ZTR 2000, 211; *Bachner/Köstler/Matthießen/Trittin*, Arbeitsrecht, Rn. E 285ff., 292ff.

366 *Seiter*, AR-Blattei, E II; BGBRGRK-*Ascheid*, § 613a Rn. 3, 76; *Jung*, RdA 1981, 360; *Oetker/Busche*, NZA 1991, Beilage 1, 20; a.A. Palandt/*Putzo*, § 613a, Anm. 2b.

367 So aber insbesondere *Boecken*, ZIP 1994, 1089ff., der die entgegenstehende wörtliche Auslegung freilich völlig übergeht.

legislatorische Anweisung, § 613a Abs. 1, 4 bis 6 BGB bei einer Umwandlung »unberührt« zu lassen, kann angesichts der bis dahin herrschenden Auffassung (derzufolge die Fälle der Gesamtrechtsnachfolge von § 613a BGB überhaupt nicht erfasst worden sind) nur dahin verstanden werden, dass der Schutzzweck des § 613a BGB im Wege der Umwandlung nicht unterlaufen werden dürfe.[368] Dies entspricht auch den EG-Richtlinien 77/187 vom 14. Februar 1977 und 2001/23/EG vom 12. März 2001, welche den arbeitsrechtlichen Schutz bei Betriebsübergang sowohl im Falle »vertraglicher Übertragung« wie auch im Falle von »Verschmelzungen« sicherstellen wollte. Soweit daher die mit einer Umwandlung verbundene Gesamtrechtsnachfolge ausschließlich den Austausch der Arbeitgeberposition innerhalb rechtlich unveränderter Arbeitsverträge und Tarifbindungen bewirkt, wäre der (tarifrechtlich weniger wirksame) Schutzbereich des § 613a Abs. 1 BGB nicht tangiert, d.h. diese Vorschrift bliebe unanwendbar.[369] Bei umwandlungsbedingten Betriebsübergängen ist deshalb zunächst immer zu prüfen, ob die Tarifbindung für übergeleitete Arbeitsverhältnisse nicht bereits nach § 3 Abs. 3 TVG erhalten bleibt (vgl. § 3 Rn. 48ff. und Rn. 54).

### a) Verbandstarifvertrag

**135** Wenn es sich im Umwandlungsfall nach § 324 UmwG um die Bindung an einen **Verbandstarifvertrag** handelte, ist bei **Spaltung und Verschmelzung der Rechtsträger** danach zu unterscheiden, ob der neue Rechtsträger nach entsprechender Satzungsvorschrift des Arbeitgeberverbandes auch hinsichtlich der dortigen Mitgliedschaft Rechtsnachfolger geworden ist (vgl. §§ 38 Abs. 1, 40 BGB). Dann tritt er in die kollektive Tarifbindung ein.[370]

**136** Bei einer **Spaltung** könnte der neue Arbeitgeber entweder kraft partieller Universalsukzession aufgrund entsprechenden Satzungsrechts oder durch Beitritt Mitglied des Arbeitgeberverbandes werden, so dass die Tarifbindung nach § 3 Abs. 1 TVG bestehen bliebe. Fehlt es daran, so können die Tarifverträge dennoch gemäß § 3 Abs. 3 TVG weiterwirken. Zwar ist der neue abgespaltene Rechtsträger nicht Mitglied des Arbeitgeberverbandes gewesen, doch sind die von ihm übernommenen Arbeitsplätze von seinem Rechtsvorgänger als Arbeitgeberverbandsmitglied dort bei der tariflichen Willensbildung stimmrechtsbildend eingesetzt worden. Entscheidend kommt hinzu, dass der alte und der neue Arbeitgeber nach der Spaltung wirtschaftlich identisch geblieben sind. Die in **§ 3 Abs. 3 TVG** festgelegte tariflich fortdauernde Verantwortung für mitgliedschaftlich legitimierte vorangegangene Tarifentscheidungen ist also auch hier tatbestandlich erfüllt, so dass die Tarifbindung als **Nachbindung** weiter gilt[371] und § 613a BGB unanwendbar bleibt. Dies gilt indessen zunächst nur für die **Abspaltung** (§ 123 Abs. 2 UmwG), bei der der übertragende Rechtsträger bestehen bleibt und lediglich Teile seines Vermögens (etwa Betriebe oder Betriebsteile) auf einen oder mehrere bestehende oder neu gegründete Rechtsträger überträgt. Daneben gilt es auch für die **Ausgliederung** (§ 123 Abs. 3 UmwG), bei der derselbe Vorgang wie bei der Abspaltung vorliegt, nur dass der übertragende als Gegenleistung

---

368 Vgl. *Düwell*, AuR 1994, 359; *Däubler/Lorenz*, § 3 Rn. 164.
369 Im Ergebnis auch *Däubler*, RdA 1995, 140; wenig überzeugend dagegen a.A. *Boecken*, Rn. 63ff.
370 ErfK/*Preis*, § 613a Rn. 182.
371 Vgl. *Birk*, AuR 1975, 314; *Kempen*, BB 1991, 2011; *Däubler*, Tarifvertragsrecht, Rn. 1577 b; *ders.*, RdA 1995, 142, Rn. 88; a. A. *B. Gaul*, NZA 1995, 719.

entsprechende Anteile am übernehmenden Rechtsträger erwirbt. In beiden Fällen bleiben die Arbeitsplätze, die die mitgliedschaftlich-unternehmerische Legitimationsgrundlage des Tarifvertrages gebildet hatten, in einer kleineren unternehmerischen Einheit im selben Arbeitsmarktsektor erhalten, so dass diese Tarifverträge nach § 3 Abs. 3 TVG bis zu ihrer Beendigung weiter gelten.[372]

Fallen die Arbeitsplätze nach der Spaltung allerdings aus dem **fachlichen Geltungsbereich** der bisherigen Tarifbindung **heraus**, so wird der Schutzzweck des § 613a Abs. 1 BGB berührt. § 324 UmwG führt jetzt in Verbindung mit § 613a Abs. 1 Sätze 2 bis 4 BGB zur mindestens einjährigen Weitergeltung jenes Tarifvertrages, sofern dieser nicht durch eine andere beiderseitige Tarifbindung beim neuen Arbeitgeber verdrängt wird (vgl. § 3 Rn. 57 und Rn. 114).[373] **137**

Wenn der Betriebsübergang dagegen nicht auf einer Spaltung, sondern auf der **Verschmelzung** zweier Rechtsträger beruht, dann ist der neue Rechtsträger als Gesamtrechtsnachfolger wiederum weiterhin tarifgebunden, wenn er entweder auch satzungsrechtlich Nachfolger in den Verbandsmitgliedschaften der Rechtsvorgänger wird oder in die entsprechenden Arbeitgeberverbände neu eintritt (§ 3 Abs. 1 TVG). Geschieht beides nicht, so ist wieder § 3 Abs. 3 TVG zu prüfen. Da bei der Verschmelzung kein Rechtsvorgänger mehr juristisch existiert, der die »alten« Verbandstarifverträge zuvor mitgliedschaftlich legitimiert hatte, schließt die h. M. in allen Verschmelzungsfällen eine Anwendung des § 3 Abs. 3 TVG aus und wendet stattdessen § 613a Abs. 1 Sätze 1 bis 4 BGB an.[374] Nach der hier zu den Fällen der Spaltung vertretenen Anwendbarkeit des § 3 Abs. 3 TVG ist es jedoch geboten, dass auch bei der Verschmelzung die tarifliche **Nachbindung** greift. Tatsächlich geht der frühere Rechtsträger sowohl bei der Aufspaltung wie bei der Verschmelzung unter. Auch hier fallen die mitgliedschaftlichen Anteile den Anteilseignern der verschmolzenen Rechtsträger zu, die ihre Anteile an den verschmolzenen Rechtsträgern gegen solche am neuen Rechtsträger eintauschen. Wie bei der Spaltung (§ 128 UmwG) ist auch bei der Verschmelzung die Zustimmung der Anteilseigner notwendig (§ 13 Abs. 1 UmwG). Sie betrifft zugleich den Übergang der schon tariflich legitimierten Arbeitsverhältnisse unter Wahrung der wirtschaftlichen Identität. Hinter dem neuen Rechtsträger/Arbeitgeber stehen also die früheren Arbeitgeber als weiterhin Verfügungsbefugte. Gemäß § 3 Abs. 3 TVG gebietet diese (mittelbare) Verfügungsbefugnis daher eine Nachbindung – zumal die Vorschrift anderenfalls in vielen Umwandlungsfällen über die Konstruktion von Verschmelzungen leicht umgangen werden könnte.[375] Sollten in den Betrieben der verschmolzenen Rechtsträger unterschiedliche Tarife gegolten haben, so entstünde nach der Verschmelzung insoweit eine (von den beteiligten Arbeitgebern selbst veranlasste) **Tarifpluralität**. **138**

In den Fällen der **Spaltung, Ausgliederung und Verschmelzung** gehen auf Grund der **Nachbindung** des § 3 Abs. 3 TVG grundsätzlich alle Normen des Ta- **139**

372 *J. M. Schubert*, 218ff., 235; *Bange*, 120ff., 123ff.; *Büdenbender*, NZA 2000, 509ff.; *Däubler/Lorenz*, § 3 Rn. 175; a. A. z. B. diejenigen die bei § 3 Abs. 3 von notwendiger individueller Personenidentität zwischen früherem Verbandsmitglied und Arbeitgeber ausgehen (vgl. dazu § 3 Rn. 48); Wiedemann/*Oetker*, § 3 Rn. 174ff.; ErfK/*Preis*, § 613a BGB Rn. 182; *Hergenröder*, AR-Blattei SD 500.2 Rn. 86; *Löwisch/Rieble*, § 3 Rn. 218.

373 So schon für § 1 SpTrUG *Kempen*, BB 1991, 2011.

374 BAG 4.12.1974, AP Nr. 2 zu § 3 TVG; BAG 13.7.1994 (4 AZR 555/93), AP Nr. 14 zu § 3 Verbandszugehörigkeit; BAG 24.6.1998 (4 AZR 208/97), AP Nr. 1 zu § 20 UmwG; *Bauer/Lingemann*, NZA 1994, 1061f.; *Bachner*, NJW 1995, 2882; Wiedemann/*Oetker*, § 3 Rn. 162; *Däubler/Lorenz*, § 3 Rn. 168.

375 Überzeugend *Bange*, 125f.; *J. M. Schubert*, 235; die Gegenauffassung, *Voraufl.*, § 3 Rn. 27, wird aufgegeben.

rifvertrages auf den neuen Rechtsträger über. Bei den Inhalts- und Beendigungsnormen entspricht dies Art. 3 Abs. 2 RL 77/187/EWG, welcher allgemein den Übergang von »Arbeitsbedingungen« gebietet.[376] Hinsichtlich der **betrieblichen und betriebsverfassungsrechtlichen Normen** kommt es darauf an, ob die universalsukzessiv übergegangenen Arbeitsverhältnisse noch als gesonderte technische Betriebseinheit innerhalb des Unternehmens bestehen. Sollte das nicht der Fall sein, so bleiben diejenigen betrieblichen Normen erhalten, auf welchen die Realisierung von Inhalts- und Beendigungsnormen beruht und die deshalb lediglich deren technische Durchführungsbestimmungen bilden.[377] Dasselbe gilt für betriebsverfassungsrechtliche Normen (z.B. Zustimmung des Betriebsrats als Kündigungsvoraussetzung). Sollte es weder eine fortexistierende betriebliche Einheit noch eine solche rechtliche Verknüpfung mit den Inhalts- und Beendigungsnormen geben, dann enden die entsprechenden betrieblichen und betriebsverfassungsrechtlichen Regeln durch die Umwandlung.[378] Das gebietet eine geltungserhaltende Reduktion des § 3 Abs. 3 TVG, bei dessen Erlass die Fälle der umwandlungsgesetzlichen Gesamtrechtsnachfolge noch unbekannt waren, dessen Wortlaut und Zweck aber gerade auch diese Gestaltungsformen erfassen.

### b) Firmentarifvertrag

**140** Sofern die bei einem Betriebsübergang infolge Umwandlung kraft Gesamtrechtsnachfolge übergegangenen Arbeitsverhältnisse beim Rechtsvorgänger-Arbeitgeber durch einen **Firmentarifvertrag** geregelt waren, rückt der Gesamtrechtsnachfolger grundsätzlich auch als Tarifvertragspartei in die Rechtsstellung des alten Arbeitgebers ein (vgl. § 3 Rn. 136 und Rn. 138). Die **Tarifbindung** bleibt also auch **nach Spaltung, Verschmelzung oder Vermögensübernahme** gemäß § 3 Abs. 1 TVG unverändert **bestehen**.[379] Als Gesamtrechtsnachfolger übernimmt der neue Rechtsträger gemäß § 20 Abs. 1 UmwG die schuldrechtlichen und normativen Regelungen.[380] Dies gilt auch dann, wenn im Falle einer Verschmelzung die verschmolzenen Rechtsträger vorher unterschiedliche Firmentarifverträge abgeschlossen hatten. Beide gelten nach der Fusion für die erfassten übergegangenen Arbeitsverhältnisse fort, so dass im neuen Gesamtunternehmen eine entsprechende Firmentarifpluralität entsteht.[381] Dies ist von den beteiligten Arbeitgebern legitimiert, umwandlungsrechtsgeschäftlich bestätigt und daher anzuerkennen. Bei Firmentarifverträgen verweist § 324 UmwG also gerade nicht auf § 613a Abs. 1 und 4 BGB.[382] Nur sofern die Umwandlung des firmentarifgebundenen Unternehmens seine arbeitstechnische Zwecksetzung wesentlich verändert, es also nicht als kollektivrechtlich abgrenzbare Organisationseinheit auf den neuen Inhaber übergeht und der firmentariflich nach § 3 Abs. 1 TVG

---

376 Vgl. *Gussen/Dauck*, Weitergeltung, Rn. 211.

377 Ebenso *BPSU*, § 3 Rn. 93.

378 Vgl. *J. M. Schubert*, 241 f.

379 BAG 24.6.1998 (4 AZR 208/97), AP Nr. 1 zu § 20 UmwG; Wiedemann/*Oetker*, § 3 Rn. 153; *Däubler/Lorenz*, § 3 Rn. 179; Löwisch/Rieble, § 3 Rn. 217; *BPSU*, § 3 Rn. 73 ff.; *Bachner/Köstler/Trittin/Trümner*, Unternehmensumwandlung, 118.

380 ErfK/*Preis*, § 613a BGB Rn. 183.

381 Vgl. *Lutter/Joost*, UmwG, § 324 Rn. 19; *Däubler/Lorenz*, § 3 Rn. 182; a.A. ErfK/*Preis*, § 613a BGB Rn. 183.

382 *Däubler*, RdA 1995, 140; *Bachner*, NJW 1995, 2882.

zuvor erfasste arbeitsrechtliche Zusammenhang – umwandlungsbedingt – zerrissen wird, ist auch für eine Weitergeltung nach § 3 Abs. 3 TVG kein Raum mehr. Solchenfalls ist aber wieder der subsidiäre Schutzzweck des § 613a BGB von der Umwandlung berührt, so dass nunmehr dessen tarifliche Regelungen für den Betriebsübergang greifen (vgl. § 3 Rn. 57 und Rn. 99ff.).[383]

### 6. Insolvenz des Arbeitgebers und Zwangsverwaltung

Wenn über das Vermögen des Arbeitgebers das **Insolvenzverfahren** eröffnet **141**
wird und ein Insolvenzverwalter den Betrieb fortführt, dann handelt dieser für den Arbeitgebers; d.h. die Arbeitsverhältnisse bleiben bestehen (§ 108 Abs. 1 InsO).[384] Dementsprechend bleibt die Tarifgebundenheit der Arbeitsverhältnisse in der Insolvenz unberührt. Sollte der Insolvenzverwalter aus dem Arbeitgeberverband austreten, so dauert die Tarifbindung nach § 3 Abs. 3 TVG fort. Da Bestandsschutz der Arbeitsverhältnisse bereits hierdurch gesichert wird, ist § 613a BGB insoweit unanwendbar.[385] Sofern der Insolvenzverwalter den Betrieb jedoch im Verlauf des Insolvenzverfahrens an einen Dritten veräußert, liegt ein rechtsgeschäftlicher Betriebsübergang vor mit der Folge, dass § 613a BGB grundsätzlich anzuwenden ist[386], sofern nicht schon § 3 Abs. 1 oder Abs. 3 TVG zutreffen[387] (vgl. dazu § 3 Rn. 98).

Wird über das Grundstück, auf welchem der Arbeitgeber seinen Betrieb unter- **142**
hält, die **Zwangsverwaltung** eröffnet, so erfasst die Beschlagnahme zwar unter Umständen auch Betriebsgegenstände (§§ 148 Abs. 1 in Verbindung mit 21 Abs. 1, 2 ZVG), doch wird der Zwangsverwalter nicht etwa gesetzlicher Rechtsnachfolger des Arbeitgebers. Er ist berechtigt, aber nicht verpflichtet, den Betrieb zu übernehmen (wirtschaftliches Ermessen nach § 152 Abs. 1 ZVG). Übernimmt er, dann handelt er rechtsgeschäftlich und tritt nach § 613a BGB gegebenenfalls in die Arbeitsverhältnisse des Betriebes ein.[388] Hinsichtlich der für den Betrieb geltenden Tarifverträge kann § 613a Abs. 1 Satz 2 bis 4 BGB dann allerdings möglicherweise schon von § 3 Abs. 1, 3 TVG verdrängt werden, wenn ein Firmentarifvertrag vorliegt oder der Zwangsverwalter dem Arbeitgeberverband beitritt (vgl. dazu unten § 3 Rn. 113f.).

## D. Sonstige Möglichkeiten der Anwendung von Tarifnormen

### Literatur:

*Annuß*, Die einzelvertragliche Bezugnahme auf Tarifverträge, BB 1999, 2558; *ders.*, Das BAG und die »kleine dynamische Bezugnahme«, AuR 2002, 361; *Backhaus*, Die arbeitnehmerbegünstigende betriebliche Übung in der Rechtsprechung des Bundesarbeitsgerichts, AuR 1983, 65; *Bauer/Diller*, Beschäftigungssicherung

383 Vgl. *Kempen*, BB 1991, 2008, 2011.

384 H.M.: BAG 13.12.1978, AP Nr. 6 zu § 112 BetrVG 1972 zur KO; diese Rechtsprechung gilt auch für die InsO, BAG 20.6.2002 (8 AZR 459/01), AP Nr. 10 zu § 113 InsO.

385 *Däubler/Lorenz*, § 3 Rn. 92; *Schreiber*, RdA 1982, 142.

386 BAG 17.1.1980, AP Nr. 18 zu § 613a BGB; MünchKomm/*Schaub*, § 613a Rn. 29.

387 Vgl. *Kübler*, ZGR 1982, 498. Zur Problematik des § 613a BGB im Insolvenzfall vgl. ferner BAG 4.12.1986 und 13.11.1986, AP Nr. 56 (mit Anm. von *Willemsen*) und Nr. 57 zu § 613a BGB; BAG 18.11.2003 (9 AZR 95/03), DB 2004, 1267.

388 BAG 9.1.1980, AP Nr. 19 zu § 613a BGB (mit Anm. von *Vollkommer*).

in der Metallindustrie, NZA 1994, 353; *Bauer/Haußmann*, Tarifwechsel durch Verbandswechsel, DB 1999, 1114; *dies.*, Tarifwechsel durch Branchenwechsel, DB 2003, 610; *Bauer/Krieger*, Bezugnahmeklausel und Statusveränderung – Alterssicherung für leitende Angestellte?, NZA 2004, 464; *Bauschke*, Zur Problematik tariflicher Bezugnahmeklauseln, ZTR 1993, 416; *Bayreuther*, Die Rolle des Tarifvertrags bei der AGB-Kontrolle von Arbeitsverträgen, RdA 2003, 81; *Boemke*, Fragerecht des Arbeitnehmers nach Mitgliedschaft im Arbeitgeberverband?, NZA 2004, 142; *Däubler*, Die Auswirkungen der Schuldrechtsmodernisierung auf das Arbeitsrecht, NZA 2001, 1329; *Däubler/Dorndorf*, AGB-Kontrolle im Arbeitsrecht, 2004; *Diehn*, AGB-Kontrolle von arbeitsvertraglichen Verweisungsklauseln, NZA 2004, 129; *Eickhof*, Eine Theorie der Gewerkschaftsentwicklung, 1973; *Etzel*, Tariförnung und Arbeitsvertrag, NZA 1987, Beilage 1, 19; *Fischer*, Geheime Tarifverträge und Betriebsvereinbarungen, BB 2000, 354; *Frieges*, Wegfall der Tarifbindung und einzelvertragliche Inbezugnahme von Tarifverträgen, DB 1996, 1281; *Gaul, B.*, Die einzelvertragliche Bezugnahme auf einen Tarifvertrag bei Tarifwechsel des Arbeitgebers, NZA 1998, 9; *ders.*, Einzelvertragliche Bezugnahmeklausel beim Übergang des Arbeitsverhältnisses auf nicht tarifgebundenen Arbeitgeber, BB 2000, 1086; *ders.*, Bezugnahmeklauseln – zwischen Inhaltskontrolle und Nachweisgesetz, ZfA 2003, 75; *Gaul, D.*, Erstreckungsinhalt und Umfang einer tariflichen Bezugnahmeklausel auf den BAT, ZTR 1991, 188; *ders.*, Schranken der Bezugnahme auf einen Tarifvertrag, ZTR 1993, 355; *Hanau*, Die Rechtsprechung des BAG zur arbeitsvertraglichen Bezugnahme auf Tarifverträge, NZA 2005, 489; *Hanau/Kania*, Die Bezugnahme auf Tarifverträge durch Arbeitsvertrag und betriebliche Übung, FS Schaub, 1998, 239; *Henssler*, Tarifbindung durch betriebliche Übung, in: 50 Jahre Bundesarbeitsgericht, 2004, 683; *ders.*, Unternehmensumstrukturierung und Tarifrecht, FS Schaub, 1998, 311; *Henssler/Heiden*, Wirkung kleiner dynamischer Bezugnahmeklauseln bei Verbandsaustritt des Arbeitgebers, RdA 2004, 241; *Herschel*, Die individualrechtliche Bezugnahme auf einen Tarifvertrag, DB 1969, 659; *ders.*, Zur Entstehung des Tarifvertragsgesetzes, ZfA 1973, 183; *Hertwig*, Die Verweisung eines Gesetzes auf einen Tarifvertrag und die Folgen für das Verständnis der Tarifautonomie, RdA 1985, 282; *v. Hoyningen-Huene*, Die Bezugnahme auf den Tarifvertrag – ein Fall der Tarifbindung, RdA 1974, 138; *ders.*, Die Bezugnahme auf einen Firmentarifvertrag durch Betriebsvereinbarung, DB 1994, 2026; *Hromadka/Maschmann/Wallner*, Der Tarifwechsel, 1996; *Hueck, G.*, Der Grundsatz der gleichmäßigen Behandlung im Privatrecht, 1958; *Kania*, Tarifbindung bei Ausgliederung und Aufspaltung eines Betriebs, DB 1995, 625; *ders.*, Die arbeitsvertragliche Bezugnahme auf Tarifverträge bei Veränderung der tariflichen Strukturen im Betrieb, NZA 2000, Sonderbeilage zu Heft 3, 45; *Koch, U.*, Der fehlende Hinweis auf tarifliche Ausschlussfristen und seine Folgen, FS Schaub, 1998, 421; *Kraft*, Einzelvertragliche Bezugnahme auf Tarifverträge, Tarifpluralität und das Prinzip der Tarifeinheit, FS Zöllner, Bd. II, 1998, 831; *Lakies*, AGB-Kontrolle: Ausschlussfristen vor dem Aus?, NZA 2004, 569; *Linde / Lindemann, V.*, Der Nachweis tariflicher Ausschlussfristen, NZA 2003, 649; *Lindemann, V.*, Einseitige Leistungsbestimmungsrechte auf dem Prüfstand, AuR 2004, 201; *Löwisch*, Blankettverweisung und Überraschungsklauseln, NZA 1985, 317; *ders.*, Viertagewoche durch Änderungskündigung?, BB 1993, 2371; *Meyer, C.*, Bezugnahme-Klauseln und neues Tarifwechselkonzept des BAG, NZA 2003, 1126; *Müller, G.*, Die Tragweite der tariflichen Bezugnahmeklauseln, RdA 1990, 321; *Oetker*, Arbeitsvertragliche Bezugnahme auf Tarifverträge und AGB-Kontrolle, FS Wiedemann, 2002, 383; *Preis*, Grundfragen der Vertragsgestaltung im Arbeitsrecht, 1993; *ders.*, Arbeitsvertragliche Verweisungen auf Tarifverträge, FS Wiedemann, 2002; *ders.* (Hrsg.), Der Arbeitsvertrag, 2. Aufl., 2005; *Reichel*, Die arbeitsvertragliche Bezugnahme auf den Tarifvertrag, 2001; *ders.*, Die Auslegung arbeitsvertraglicher Bezugnahmeklauseln bei überraschenden Tarifentwicklungen unter Berücksichtigung der Schuldrechtsreform, AuR 2003, 366; *ders.*, Quasi-Verbandsaustritt – Ein Weg zur Lossagung von in Bezug genommenen Tarifverträgen, NZA 2003, 832; *Richardi*, Kollektivgewalt und Individualwille bei der Gestaltung von Arbeitsverhältnissen, 1968; *ders.*, Streitfragen aus dem Ersten Arbeitsrechtsbereinigungsgesetz, ZfA 1971, 73; *ders.*, Arbeitsvertrag und Tarifgeltung, ZfA 2003, 655; *Rieble*, Arbeitgeberfrage nach der Gewerkschaftsmitgliedschaft, GS Heinze, 2005, 687; *Schaub*, Arbeitsrechtliche Formularsammlung, 8. Aufl., 2004; *ders.*, Die arbeitsvertragliche Bezugnahme von Tarifverträgen, ZTR 2000, 259; *Schiefer*, Tarifwechsel beim Betriebsübergang – neue Möglichkeiten?, DB 2003, 390; *Schliemann*, Jüngere Rechtsprechung des Vierten Senats des Bundesarbeitsgerichts zum Tarifwechsel, FS Wiedemann, 2002, 543; ders., Arbeitsvertragliche Verweisung auf Tarifverträge, NZA 2003, Sonderbeilage zu Heft 16, 3; *ders.*, Tarifgeltung und arbeitsvertragliche Bezugnahme auf Tarifverträge in der neueren Rechtsprechung des BAG, ZTR 2004, 502; *Schnorr*, Das arbeitsrechtliche Diskriminierungsverbot nach Art. 48 Abs. 2 EWG-Vertrag, AuR 1963, 193; *Schrader*; Neues zu Ausschlussfristen, NZA 2003, 346; *ders.*, Die arbeitsvertragliche Bezugnahme auf Tarifverträge, BB 2005, 714; *Schrader/Schubert*, AGB-Kontrolle von Arbeitsverträgen – Grundsätze der Inhaltskontrolle arbeitsvertraglicher Vereinbarungen, NZA 2005, 169, 225; *Schumacher-Mohr*, Der Tarifwechsel als Mittel zur Flexibilisierung von Arbeitsbedingungen, GS Heinze, 2005, 843; *Seitz/Werner*, Arbeitsvertragliche Bezugnahmeklauseln bei Unternehmensumstrukturierungen, NZA 2000, 1257; *Stahlhacke*, Tarifliche Zuschläge für Sonntags-, Feiertags- und Nachtarbeit, DB 1967, 1984; *Stein, A.*, Verweisungen auf Tarifverträge – ein kritischer Blick auf die BAG-Rechtsprechung, AuR 2003, 361; *Thüsing*, Inhaltskontrolle von Formulararbeitsverträgen nach neuem Recht, BB 2002, 2666; *ders.*, Statische Rechtsprechung zur dynamischen Bezugnahme, NZA 2003, 1184; *ders.*, Equal pay bei Leiharbeit, DB 2003, 446; *Thüsing/Lambrich*, Arbeitsvertragliche Bezugnahme auf Tarifnormen, RdA 2002, 193; *dies.*, AGB-Kontrolle arbeitsvertraglicher Bezugnahmeklauseln – Vertragsgestaltung nach der Schuldrechtsreform, NZA 2002, 1361; *Tschöpe*, Sind Entgeltabreden der Inhaltskontrolle nach §§ 305 ff. BGB unterworfen?, BB 2002, 1830; *Chr. Vetter*, Zur Zulässigkeit tarifvertragsübernehmender Betriebsvereinbarungen, DB 1991, 1833; *Waas*, Zur Rechtsnatur der Bezugnahme auf einen Tarifvertrag nach deutschem Recht, ZTR 1999, 540; *Wahlig*, Bezugnahmeklauseln auf Tarifverträge, AuA 2001, 346; *Wiedemann*, Die deutschen Gewerkschaften – Mitgliederverband oder Berufsorgan?, RdA 1969, 321; *Witt*, Keine AGB-Kontrolle tariflicher Regelungen?, NZA 2004, 135; *Wulff*, Aktuelle Rechtsprechung zur individualrechtlichen Anwendung von Tarifverträgen durch arbeitsvertragliche Bezugnahmeklauseln, AiB 2004, 288; *Zachert*, Rechtsfragen zu den aktuellen Tarifverträgen über Arbeitszeitverkürzung und Beschäftigungssicherung, AuR 1991, 1.

**Übersicht** Rn.



## I. Bezugnahme auf den Tarifvertrag im Einzelarbeitsvertrag

### 1. Zum tatsächlichen Hintergrund und den Zielen der Bezugnahme

**143** Außerordentlich verbreitet ist die Praxis, im Einzelarbeitsvertrag auf tarifliche Regelungen vollständig oder auch teilweise zu verweisen.[389] Nach einer von *Preis*[390] vorgenommenen Untersuchung bei Großunternehmen waren bezogen auf die Jahre 1988 und 1989 in rund 90 Prozent aller Arbeitsverträge Verweisungen auf Tarifverträge enthalten. Selbst wenn dieser Anteil in kleinen und mittleren Unternehmen geringer sein wird, ist sicherlich insgesamt die Mehrzahl der schriftlich vereinbarten Verträge betroffen.

**144** Mit solchen Verweisungen verfolge der Arbeitgeber, wie es meist heißt, das **betriebswirtschaftliche Ziel**, zur Reduzierung von Sozial- und Verwaltungskosten eine Gleichbehandlung aller Arbeitnehmer und eine einheitliche Gestaltung der betrieblichen Arbeitsbedingungen herbeizuführen.[391] Diese Begründung über-

---

389 Vgl. z.B. die verschiedenen Formulararbeitsvertragsmuster bei *Schaub*, Arbeitsrechtliche Formularsammlung, 8. Aufl., 2004; *Preis*, Der Arbeitsvertrag, Teil C, 1525ff.

390 *Preis*, Vertragsgestaltung, 51ff., 55, 62; *ders.*, Arbeitsvertrag, I B Rn. 1ff.; dem folgend *Reichel*, Bezugnahme, 1ff.

391 Wiedemann/*Oetker*, § 3 Rn. 210; ausführlich auch *v. Hoyningen-Huene*, RdA 1974, 138, 148.

zeugt allenfalls im Ansatz. Jede Weitergabe tariflicher Entgelterhöhungen kann jene Kosten übersteigen. Zudem wird in der personalwirtschaftlichen Literatur wie in der betrieblichen Praxis häufig die Wichtigkeit von Leistungsanreizen und Anreizsystemen hervorgehoben. Das kann im Ergebnis aber nur die Propagierung individuell zu messender und zu entlohnender Leistung sein – eine Individualisierung, bei der offenbar der Verwaltungskostenaspekt als nachrangig erscheint gegenüber der als erreichbar angesehenen höheren Effizienz. Schließlich trägt die Computerisierung des Personalwesens dazu bei, differenzierte Regelungen von Arbeitsbeziehungen als weniger verwaltungsaufwendig erscheinen zu lassen. Die Problematik, zulässigerweise die Gruppe tarifunterworfener und nicht unterworfener Arbeitnehmer zu bilden und die Gewerkschaftszugehörigkeit zu dokumentieren, erscheint gering angesichts einer Vielzahl von Ausfächerungen nach Merkmalen (Alter, Schwangerschaft, Schwerbehinderteneigenschaft, Dauer der Betriebszugehörigkeit, Entgeltgruppen etc.), welche Verschiedenheiten der zu verwaltenden Personaldaten verursachen.[392] Unter Kostengesichtspunkten beachtlich, wenngleich nicht berechenbar, erscheint allerdings, dass in der grundsätzlichen Gleichbehandlung aller Arbeitnehmer ein Faktor gesehen wird, der sozialen Frieden schafft – und damit so genannte »social costs« erspart.

Der in der Rechtsprechung verschiedentlich angeführte Fortfall einer (vermeintlichen) faktischen Notwendigkeit, Arbeitnehmer – verbotenerweise – **nach** ihrer **Gewerkschaftszugehörigkeit zu fragen**, ist demgegenüber von untergeordneter Bedeutung.[393]

Eine **rechtspolitische Bewertung** dieser Praxis darf nicht außer Acht lassen, dass die geläufige Bezugnahme auf den Tarifvertrag in Einzelarbeitsverträgen die Stellung der Gewerkschaften und damit die Tarifautonomie zum Teil außerordentlich schwächt. Sofern die Unternehmer nämlich die Nichtorganisierten an den Ergebnissen der Gewerkschaftspolitik freiwillig teilhaben lassen, ohne dass diese die Kosten einer Mitgliedschaft tragen müssten, bewirken sie tendenziell eine Verringerung des gewerkschaftlichen Organisationsgrades und damit der gewerkschaftlichen Schlagkraft.[394] Dieser Zusammenhang zwischen Bezugnahme und Neigung, der Gewerkschaft fernzubleiben, wird auch durch das BAG benannt, wenn es formuliert, der Arbeitgeber wolle Anreize zum Gewerkschaftsbeitritt vermeiden.[395] Für Arbeitnehmer entsteht im Übrigen ein »Allmende-Dilemma«: Während kurzfristig die Nichtmitgliedschaft ihrem wirtschaftlichen Individualinteresse dient, vermag langfristig nur die Gewerkschaftszugehörigkeit Vieler zu gewährleisten, dass überhaupt eine Verweisung auf einen (für Arbeitnehmer günstigeren) Tarifvertrag erfolgen kann. **145**

Die vorstehend formulierten rechtspolitischen Bedenken stellen sich im Prinzip auch bei **Verweisungen** im Arbeitsvertrag **auf der Grundlage so genannter gesetzlicher Zulassungsnormen** (Tariföffnungsnormen). Nach einigen Gesetzen gelten tarifvertragliche Bestimmungen, die von im Einzelnen aufgeführten gesetzlichen Schutznormen abweichen, auch für nicht tarifgebundene Arbeitneh- **146**

392 Den ökonomischen Gründen stärkeres Gewicht beimessend *Rieble*, Arbeitsmarkt und Wettbewerb, 1996, 518ff. Rn. 1719ff.

393 Anders *Gamillscheg*, Kollektives Arbeitsrecht I, § 17 II 1a; dagegen zutreffend *Danne*, SAE 1998, 115.

394 Vgl. *Zachert*, Tarifvertrag, 107; näher zum sozialwissenschaftlichen Hintergrund: *Eickhof*, 37ff.; relativierend *v. Hoyningen-Huene*, RdA 1974, 152.

395 Etwa BAG 20.2.2002 (4 AZR 123/01), EzA § 3 TVG Bezugnahme auf Tarifvertrag Nr. 20 = NZA 2003, 933 – unter I 2b (Parallelentscheidungen vom selben Tag 4 AZR 741/00 und 124/01).

mer, wenn im Arbeitsvertrag auf sie Bezug genommen wird. Hierzu gehören insbesondere tarifliche Modifikationen der Kündigungsfristen nach § 622 Abs. 4 BGB und der Möglichkeiten, ein Arbeitsverhältnis ohne sachlichen Grund zu befristen (§ 14 TzBfG) sowie eine anderweitige Berechnung des fortzahlenden Arbeitsentgelts bei Krankheit (§ 4 Abs. 4 EFZG), der Arbeitszeit (§ 7 Abs. 3 ArbZG) ebenso wie tariflich zulässige Änderungen weiter Bereiche des Urlaubsrechts (§ 13 Abs. 1 BUrlG) und des Rechts der betrieblichen Altersversorgung nach § 17 Abs. 3 BetrAVG (zum tarifdispositiven Gesetzesrecht: Grundl. Rn. 283). Das Gebrauchmachen von derartigen Zulassungsnormen durch die Parteien des Einzelarbeitsvertrages führt faktisch ebenfalls zu einheitlichen Regelungen. Insoweit handelt es sich jedoch um eng begrenzte Ausnahmebestimmungen oder jedenfalls um solche, die überschaubare Teilbereiche betreffen, so dass eine Schwächung der Koalitionen (Gewerkschaften) durch eine prinzipielle Gleichstellung von Gewerkschaftsmitgliedern und Unorganisierten auf dem Gebiet des Tarifvertrags nicht zu befürchten ist.[396] Im Übrigen besteht – zumindest bei einigen dieser gesetzlichen Tariföffnungsnormen – das rechtspolitische Motiv gerade darin, flexible und im Einzelfall auch ungünstigere Regelungen als die des Gesetzes zuzulassen.[397] Machen die Parteien von dieser Möglichkeit Gebrauch, so kann eine Erstreckung derartiger Tarifnormen auf die Außenseiter die Stellung der Koalitionen ohnehin nicht beeinträchtigen.

**147** Der Rechtsprechung zufolge kann durch Bezugnahme im Einzelarbeitsvertrag auch **vom tarifdispositiven Richterrecht**[398] **abgewichen** werden (zur Problematik des tarifdispositiven Richterrechts: Grundl. Rn. 295 ff.).

## 2. Begriffliches

**148** Zur Kennzeichnung der verschiedenen Verweisungsklauseln hat sich in der Praxis eine auch im folgenden Text verwandte Terminologie herausgebildet, die vorweg dargestellt werden soll. Die erste, grundlegende Unterscheidung betrifft die zeitliche Dimension. Wird ausschließlich und abschließend auf bestimmte gegenwärtige oder abgelaufene Tarifverträge verwiesen wird, liegt eine **statische Verweisung** vor (Beispiel: »Die Arbeitszeit richtet sich nach den Regelungen des Tarifvertrags für private Krankenanstalten im Lande L vom …«). Werden dagegen auch künftige, die gegenwärtigen tariflichen Regelungen ändernde Tarifverträge einbezogen, erfolgt dies durch eine **dynamische Verweisung** (Beispiel: »Es gelten die tariflichen Regelungen für private Krankenanstalten im Lande L in ihrer jeweiligen Fassung«). Beschränkt sich die Dynamik auf die zeitliche Entwicklung des Tarifsystems, wird die Klausel als teil- oder **halbdynamisch** oder als kleine Verweisungsklausel bezeichnet (Beispiel wie zuvor). Soll jedoch zudem mit betrieblichen Entwicklungen, die zur Einschlägigkeit anderer Tarifverträge führen, auch eine Veränderung des Verweisungsobjekts erfolgen, spricht man von einer **volldynamischen** Verweisung aufgrund **Tarifwechselklausel** oder **Tariftransformationsklausel** bzw. großer Verweisungsklausel (Beispiel: »Maßgeblich sind die jeweils für den Betrieb einschlägigen Tarifverträge«). In einem solchen Fall würde sich die Verweisung etwa bei einem Wechsel des Betriebes

396 Zutreffender Ansatz z.B. bei *Stahlhacke*, Bundesurlaubsgesetz, § 13 Rn. 14, der für das Urlaubsrecht in diesem Zusammenhang auf Bedürfnisse der Praxis verweist.
397 Vgl. z.B. KR-*Hillebrecht/Spilger*, § 622 BGB Rn. 119.
398 BAG 31.3.1966, AP Nr. 54 zu § 611 BGB Gratifikation.

in den Geltungsbereich anderer Tarifverträge, nunmehr auf diese Tarifverträge beziehen.

Besondere Bedeutung hat der Begriff der **Gleichstellungsabrede** erlangt. Er wird verwandt, wenn eine **dynamische Verweisung in Arbeitsverträgen eines tarifgebundenen Arbeitgebers** mit Ziel erfolgt, die nicht tarifgebundenen Arbeitnehmer den tarifgebundenen gleich zu stellen. Die Konsequenz soll sein, dass die Verweisungswirkung der Klausel entfällt, wenn für die gewerkschaftlich organisierten Arbeitnehmer künftige Tarifverträge, auf die verwiesen ist, nicht mehr normativ wirken, weil die Tarifbindung des Arbeitgebers – zum Beispiel aufgrund Verbandsaustritts – entfallen ist. Genauer zur Problematik siehe unten § 3 Rn. 179 ff. und Rn. 189 ff. **149**

In Übereinstimmung mit dem allgemeinen Sprachgebrauch wird eine Verweisung, die erst die Geltung des Tarifvertrags als Bestandteil der arbeitsvertraglichen Abreden herbeiführt, als **konstitutiv** bezeichnet. Betroffen sind damit jene Arbeitsverhältnisse, in denen entweder eine Vertragspartei nicht (bzw. nicht in der zuständigen Organisation) organisiert ist oder in denen eine Verweisung auf einen fremden Tarifvertrag geschieht. **Deklaratorisch** wäre damit die Bezugnahme in Arbeitsverhältnissen, in denen kraft beiderseitiger Tarifgebundenheit oder Allgemeinverbindlicherklärung der Tarif bereits rechtsnormativ gilt. Mit dieser Beschreibung ist jedoch noch keine Aussage darüber getroffen, welche Bedeutung die deklaratorische Verweisung bei Wegfall der Tarifbindung erlangt (dazu unten § 3 Rn. 184 und Rn. 199). **150**

## 3. Rechtsnatur der Bezugnahme

Die theoretische Einordnung der Bezugnahme des Arbeitsvertrages auf den Tarifvertrag ist kaum noch streitig. **151**

Unter der Geltung der TVVO vom 23. Dezember 1918 waren nach deren § 1 Abs. 2 auch diejenigen tarifgebunden, die einen Arbeitsvertrag unter Berufung auf den Tarifvertrag abgeschlossen hatten. Im Tarifvertragsgesetz blieb der Problembereich ungeregelt. Die Entstehungsgeschichte des § 3 TVG weist aus, dass ein Zurückgreifen auf den früheren Rechtszustand nicht in Betracht kommen sollte.[399] **152**

Die ganz herrschende Meinung geht unter anderem vor dem Hintergrund der Entstehungsgeschichte des § 3 TVG zu Recht davon aus, dass die einzelarbeitsvertragliche Bezugnahme auf den Tarifvertrag **lediglich eine arbeitsvertragliche Wirkung** entfalte. Rechtsdogmatisch ist die Verweisung Teil des individuellen Arbeitsvertrages wie jede andere Vereinbarung auch. Inhaltlich handelt es sich um eine verkürzte Absprache der Parteien über den Vertragsinhalt, die anstelle ausdrücklicher Benennung der Regelungsbereiche den Tarifvertrag in den Arbeitsvertrag einbezieht.[400] **153**

---

399 *Herschel*, ZfA 1973, 191.

400 Ständige Rechtsprechung, vgl. etwa den Ausgangspunkt von BAG 30.8.2000 (4 AZR 581/99), AP Nr. 12 zu § 1 TVG Bezugnahme auf Tarifvertrag (mit Anm. von *Waas*, a. a. O., und Anm. von *A. Stein*, SAE 2001, 15); BAG 28.5.1997 (4 AZR 546/95), AP Nr. 6 zu § 1 TVG Bezugnahme auf Tarifvertrag (mit Anm. von *Dauner-Lieb*, SAE 1999, 41); BAG 6.12.1990, AP Nr. 2 zu § 1 TVG Bezugnahme auf Tarifvertrag; Wiedemann/*Oetker*, § 3 Rn. 213 ff., 226; *Hueck/Nipperdey/Stahlhacke*, § 3 Rn. 4; *Zachert*, Tarifvertrag, 106; *Stein*, Rn. 232 f.; *Löwisch/Rieble*, § 3 Rn. 223 ff., 240 f.; *Bauschke*, ZTR 1993, 418; *D. Gaul*, ZTR 1993, 357 – jeweils mit weiteren Nachweisen; zweifelnd wohl *Gamillscheg*, Kollektives Arbeitsrecht I, § 17 II 3.

154 Nach anderer Ansicht, treffen die Parteien mit der Bezugnahmevereinbarung eine **Rechtswahl**, die mit der Entscheidung für die Rechtsordnung im internationalen Privatrecht vergleichbar sei.[401] Bei dieser Position bleibt unklar bzw. offen, ob der Bezugnahme eine arbeitsvertragliche Wirkung beizumessen ist oder ob hierdurch eine Tarifgebundenheit der Parteien im Sinne des § 3 TVG entsteht[402], so dass dieser Ansatz bei der Lösung von Einzelfragen einer Konkretisierung bedarf.[403] Allein die Tatsache, dass einzelne Rechtsfolgefragen, etwa die der Auslegung des in Bezug genommenen Tarifvertrags (dazu § 3 Rn. 208ff.) sich überzeugender darstellen lassen[404], vermag eine solche Analogie nicht zu rechtfertigen.

155 Zumindest bei Verweisungen aufgrund gesetzlicher Zulassungsnormen soll nach einer **Mindermeinung** eine **Tarifgebundenheit nach § 3 TVG** eintreten.[405] Diese Ansicht, die sich auf den Wortlaut einzelner Zulassungsnormen stützt (»Geltung« des Tarifvertrags) ist abzulehnen. Gegen sie sprechen zum einen praktische Überlegungen: Sie führte zu einer nicht überzeugenden Unterscheidung zwischen Bezugnahmevereinbarungen auf Tarifverträge, in denen (zufällig) eine gesetzliche Zulassungsnorm ausgenutzt wird, und anderen Bezugnahmeabreden, in denen diese Voraussetzung fehlt.[406] Zum anderen handelt es sich bei den gesetzlichen Zulassungsnormen um sachlich begründete und begrenzte Ausnahmeregelungen, die nach allgemeinen methodischen Auslegungsgrundsätzen[407] eng auszulegen sind.[408] Die Tragfähigkeit einer Interpretation der (unterschiedlichen) Formulierungen in den einzelnen Zulassungsnormen schließlich ist ohnedies gering.

156 Auch **andere Durchbrechungen des Grundsatzes einer** lediglich **individualrechtlichen Wirkung** der Bezugnahme sind nicht anzuerkennen. So soll nach vereinzelt vertretener Ansicht beim Verweis auf den gesamten einschlägigen Tarifvertrag die Tarifgebundenheit der Parteien zu bejahen sein.[409] Dem steht entgegen, dass einem Verweis auf den gesamten Tarifvertrag lediglich eine quantitative Bedeutung zukommt. Hiermit ändert sich nichts an dem individualrechtlichen Regelungsgrund. Für eine Rechtsfortbildung[410] ist im Hinblick auf die verfassungsrechtlich geschützte Tarifvertragsautonomie, deren gesetzliche Ausformung unter anderem in der zwingenden Wirkung des Tarifvertrages zum Ausdruck kommt (§ 4 Rn. 1ff.), kein Raum.

---

401 *Herschel*, DB 1967, 248, *ders.*, DB 1969, 660; *Kohte* AuA 1997, 171f.; ähnlich *Stahlhacke*, DB 1967, 1986; ferner *Schaub*, § 208 III Rn. 8; *Däubler*, Tarifvertragsrecht, Rn. 338; *Däubler/Lorenz*, § 3 Rn. 223.

402 Zutreffend Wiedemann/*Oetker*, § 3 Rn. 220ff. mit weiteren Nachweisen; ablehnend auch *Waas*, ZTR 1999, 540.

403 Für größeren Bestandsschutz: *Däubler*, Tarifvertragsrecht, Rn. 338f.

404 So *Däubler/Lorenz*, § 3 Rn. 223 zur Begründung des »tarifrechtlichen Ansatzes«.

405 *V. Hoyningen-Huene*, RdA 1974, 142ff.; dagegen ausführlich *Waas*, ZTR 1999, 540.

406 Wiedemann/*Oetker*, § 3 Rn. 225.

407 Vgl. *Larenz/Canaris*, Methodenlehre, 355f.

408 Im Ergebnis wie hier: Wiedemann/*Oetker*, § 3 Rn. 225; *Thüsing/Lambrich* RdA 2002, 195; *Reichel*, Bezugnahme, 11f.; *Waas*, ZTR 1999, 540; KR-*Hillebrecht*, § 622 BGB Rn. 163; *Richardi*, Kollektivgewalt, 242, jeweils mit weiteren Nachweisen.

409 *V. Hoyningen-Huene*, RdA 1974, 147ff.

410 *V. Hoyningen-Huene*, RdA 1974, 147ff., 152.

## 4. Zulässigkeit der Bezugnahme

Die Zulässigkeit der einzelvertraglichen Bezugnahme wird allgemein anerkannt. Es entspreche dem Grundsatz der Vertragsfreiheit (vgl. § 311 BGB), die Bestimmungen eines Tarifvertrages in einen Arbeitsvertrag zu übernehmen, so dass sie auch für die nicht tarifgebundenen Tarifvertragsparteien Wirksamkeit haben können.[411] In der neueren Rechtsprechung bleibt dies, als Selbstverständlichkeit, ohne Erwähnung.[412] 157

Dennoch ist nicht zu übersehen, dass bei einer umfassenden Gestaltung von Verweisungen im Individualarbeitsvertrag durchaus Reibungen und Kollisionen mit der verfassungsrechtlich geschützten Tarifautonomie (Art. 9 Abs. 3 GG) auftreten können, deren Grundstruktur gerade darin besteht, zwischen Tarifgebundenen und Außenseitern zu unterscheiden.[413] Es besteht die **Gefahr**, dass von diesem – auch durch die Gegner der hier vertretenen Position anerkannten – Grundprinzip des Tarifrechts[414] faktisch wenig übrig bleibt.

Von diesen zutreffenden Feststellung ausgehend, waren in der Vorauflage **konkrete Konsequenzen** gezogen worden: Die Verweisung müsse bestimmt sein, eine »stillschweigende« Bezugnahme scheide aus und es sei rechtlich nur möglich, auf einen Tarifvertrag insgesamt, nicht auch auf Teile von ihm zu verweisen. Hinzuzufügen wäre, dass im Zweifel eine statische Bezugnahme anzunehmen sein müsste, da die dynamische wegen ihrer Zukunftsgerichtetheit ungleich stärker verhaltenssteuernd als Anreiz, der Gewerkschaft fernzubleiben, wirken kann. Diese Auffassung wird aufgegeben. Das Bestimmtheitserfordernis ergibt sich schon aus vertragsrechtlichen Prinzipien. Andere Restriktionen privilegierten lediglich das formal exakte Verhalten, führten aber nicht zu einer Stärkung der Tarifautonomie; Unklarheiten würden zudem – entgegen der allgemeinen Regel – nicht zu Lasten des den Vertrag Formulierenden, sondern zu Lasten des Arbeitnehmers gehen. Das Verbot einer Teilbezugnahme liefe im praktisch wichtigsten Fall, der Verweisung auf die tarifliche Entlohnungsregelung (»Die Vergütung erfolgt entsprechend …«) ohnedies häufig leer, da bei einer dahingehenden generell im Betrieb geltenden Vergütungsstruktur im Falle der Klauselnichtigkeit über § 612 Abs. 2 BGB wieder dasselbe Ergebnis einträte. Im Übrigen ließen sich alle teilweisen Bezugnahmen materiell auch in anderer Weise herbeiführen, die statischen durch wörtliches Zitat, die dynamischen durch Vertragsanpassungsvereinbarungen (genauer unten § 3 Rn. 173). Dem Arbeitnehmer lästige Teilbezugnahmen stellen keine Gefährdung der Tarifautonomie dar, da sie eher noch Anreiz sein könnten, der Gewerkschaft beizutreten, um in den Genuss auch der begünstigenden Regelungen zu gelangen. Gewährt allerdings ein tarifgebundener Arbeitgeber durch Einzelverweisung ausschließlich begünstigende Positionen, dann kann ein Verstoß gegen Art. 9 Abs. 3 Satz 2 GG vorliegen (unten § 3 Rn. 173). 158

Entscheidender Punkt ist die Zulassung einer einzelarbeitsvertraglichen Übernahme des Tarifvertrags überhaupt. Ist dieser Schritt aus Gründen der Privatautonomie zu vollziehen, wird ein Weniger nicht als die Tarifautonomie stärker 159

411 Statt aller Wiedemann/*Oetker*, § 3 Rn. 227; *v. Hoyningen-Huene*, RdA 1974, 139, mit weiteren Nachweisen.

412 Ansatzweise allenfalls in BAG 13.12.2000 (10 AZR 168/00), AP Nr. 2 zu § 241 BGB; LAG Hamburg, NZA 2001, 562.

413 BAG 20.7.1960, AP Nr. 7 zu § 4 TVG; *G. Hueck*, 66.

414 *V. Hoyningen-Huene*, RdA 1974, 139.

oder zusätzlich belastend angesehen werden können. Da das TVG dem tarifgebundenen Arbeitgeber die »**Nachahmung« des tariflichen Zustandes** in Arbeitsverträgen mit tarifungebundenen Arbeitnehmern nicht verbietet, könnte ein Schutz der Tarifautonomie hiervor nur tarifautonom in der Form von tariflichen Differenzierungsklauseln erfolgen. Defizitär wird die Rechtslage erst dadurch, dass gerade diese Schutzmöglichkeit versagt wird (vgl. § 3 Rn. 246 ff.). Das ist um so problematischer, als die privatautonome Vereinbarung der Geltung tariflicher Gestaltungen nicht als Abrede aufgefasst wird, welche die Tarifautonomie »einschränken oder zu behindern« sucht (Art. 9 Abs. 3 Satz 2 GG), wohingegen die Verhinderung solcher Abreden die von der Rechtsprechung ebenfalls auf Art. 9 Abs. 3 GG gestützte negative Koalitionsfreiheit verletzen soll (ausführlich § 3 Rn. 242 ff. mit weiteren Nachweisen).[415]

## 5. Voraussetzungen der Bezugnahme

### a) Allgemeines

160 Die Bezugnahme muss in dem Sinne **bestimmt** sein, dass erkennbar ist, ob überhaupt[416], auf welchen Tarifvertrag und gegebenenfalls auch auf welche Bestimmungen eines Tarifvertrages verwiesen werden soll.[417] Das war stets unstreitig und ergibt sich heute aus der Unklarheitenregel und dem Transparenzgebot der §§ 305c Abs. 2, 307 Abs. 1 Satz 2 BGB (zur Anwendung des AGB-Rechts siehe § 3 Rn. 163 und Rn. 212 ff.). **Im Zweifel** bezieht sich die arbeitsvertragliche Bezugnahme hinsichtlich eines nicht näher bezeichneten Tarifvertrages auf den **einschlägigen Tarifvertrag**. Ist der Betrieb, in dem der Arbeitnehmer beschäftigt wird, nicht am Sitz des Unternehmens, so gilt im Zweifel der für den Beschäftigungsbetrieb und nicht der für den Unternehmenssitz einschlägige Tarifvertrag.[418] An § 305c Abs. 1 BGB wird die Bezugnahme in aller Regel nicht scheitern, da mit Verweisungen auf Tarifverträge zu rechnen ist. Das gilt grundsätzlich auch für Teilverweisungen; im Einzelfall kann jedoch etwa eine formal überraschende, den Arbeitnehmer belastende Klausel (etwa die im Vertragstext versteckte Verweisung auf eine Ausschlussfrist) nicht Vertragsbestandteil geworden sein.

161 Auch eine lediglich stillschweigende Bezugnahme soll nach herrschender Meinung möglich sein.[419] Wenn damit die **schlüssige Vereinbarung** gemeint ist, kann dem unter allgemeinen vertragsrechtlichen Aspekten nicht widersprochen werden, da kein gesetzliches Schriftformerfordernis besteht. Schlüssige Vereinbarung scheidet jedoch aus, wenn im Arbeitsvertrag Schriftform vereinbart wurde; eine – mögliche – konkludente Abbedingung des Formerfordernisses wird nicht stets festzustellen sein. Die »stillschweigende« Bezugnahme ist nur

415 Vgl. auch *Zachert*, AR-Blattei Vereinigungsfreiheit/Koalitionsfreiheit, Rn. 57 ff., 66.

416 BAG 27.10.2004 (10 AZR 138/04), EzA § 3 TVG Bezugnahme auf Tarifvertrag Nr. 28; BAG 10.2.1988, AP Nr. 33 zu § 87 BetrVG 1972; BAG 25.2.1987, AP Nr. 3 zu § 52 BAT.

417 BAG 27.10.2004 (10 AZR 138/04), EzA § 3 TVG Bezugnahme auf Tarifvertrag Nr. 28; Korrekt ArbG Berlin 3.7.1973, BB 1975, 559; ähnlich Wiedemann/*Oetker*, § 3 Rn. 256; BAG 23.2.1988, AP Nr. 17 zu § 1 BetrAVG; sehr weit gehend, allerdings bei mündlichem Globalbezug, LAG Hamm 12.1.1993, BB 1993, 1217.

418 LAG Frankfurt am Main 21.1.1992, NZA 1992, 840.

419 BAG 19.1.1999 (1 AZR 606/98), AP Nr. 9 zu § 1 TVG Bezugnahme auf Tarifvertrag (mit Anm. von *Oetker*); BAG 11.8.1988, AP Nr. 5 zu § 625 BGB; Wiedemann/*Oetker*, § 3 Rn. 256; *Däubler/Lorenz*, § 3 Rn. 239; *Etzel*, NZA 1987, Beilage 1, 27; dagegen *Voraufl.*, § 3 Rn. 73.

dann anzunehmen, wenn sich aus dem Verhalten der Beteiligten eindeutig der Wille ergibt, die Bestimmungen des Tarifvertrages insgesamt zum Inhalt der Einzelarbeitsverträge zu machen.[420] Zu weit geht deshalb die Ansicht des LAG Hamm[421], eine stillschweigende arbeitsvertragliche Inbezugnahme tariflicher Bestimmungen zum 13. Monatseinkommen werde nicht dadurch ausgeschlossen, dass der Arbeitgeber die Berechnung des 13. Monatseinkommens in den letzten beiden Jahren nicht nach dem Tarifvertrag vorgenommen hat. – Das Gesagte gilt in gleicher Weise im Hinblick auf gesetzliche Zulassungsnormen. Zwar wird dort die Anwendung der Tarifnormen von einer »Vereinbarung« abhängig gemacht (§§ 622 Abs. 4 BGB, 4 Abs. 4 EFZG, 7 Abs. 3 ArbZG, 13 Abs. 1 BUrlG, 17 Abs. 3 BetrAVG). Es entspricht jedoch nicht der Gesetzestechnik und allgemeinen Auslegungsprinzipien, mit diesem Begriff nur die ausdrückliche Übereinkunft zu kennzeichnen.[422]

Die **Darlegungs- und Beweislast** für Bezugnahmevereinbarungen trifft im 162
Streitfall denjenigen, der sich auf die Geltung des Tarifwerks oder einzelner Bestimmungen beruft.[423] Dabei kann der Streit darüber, ob ein Tarifvertrag (und welcher) kraft Bezugnahme auf das Arbeitsverhältnis Anwendung findet, im Wege der Feststellungsklage verfolgt werden.[424]

### b) §§ 305 Abs. 2 BGB, 8 TVG und 2 NachwG als Wirksamkeitsanforderungen?

Arbeitsvertragliche Verweisung auf einen Tarifvertrag sind **Vereinbarungen** 163
**vorformulierte Vertragsbedingungen**, unbeschadet der Tatsache, dass der Gegenstand auf den verwiesen wird, Rechtsnormen enthält. Damit werden die das Recht der allgemeinen Geschäftsbedingungen regelnden §§ 305ff. BGB grundsätzlich anwendbar; die unter der Geltung des AGB-Gesetzes bis zum Jahr 2002 bestehende Nichtanwendbarkeitsvorschrift für Arbeitsverträge existiert nicht mehr (§ 310 Abs. 4 Satz 2 BGB). Ein Eingreifen des AGB-Rechts ist auch nicht erst dann anzunehmen, wenn die Bezugnahmeklausel für eine Vielzahl von Fällen vorformuliert ist (vgl. § 305 Abs. 1 Satz 1 BGB). Da Arbeitnehmer zutreffender Ansicht zufolge als Verbraucher im Sinne des § 310 Abs. 3 BGB anzusehen sind[425], finden gemäß dessen Ziffer 2 die §§ 306, 307 bis 309 BGB bereits bei einer nur einmalig beabsichtigten Verwendung Anwendung, sofern – wie es bei einer Verweisung auf den Tarifvertrag praktisch immer der Fall ist – der Arbeitnehmer aufgrund der Vorformulierung keinen inhaltlichen Einfluss nehmen konnte. Unter der Geltung noch des AGB-Gesetzes erschien es zweifelhaft, ob die Verweisung

---

420 LAG Bremen 3.2.1965, BB 1965, 495; einschränkend auch BAG 6.6.1958, AP Nr. 1 zu § 4 TVG Nachwirkung.

421 LAG Hamm, 28.2.1992, AiB 1992, 539 (mit Anm. von *Ihle*).

422 Bei zum Teil anderem Ansatz abweichend *Voraufl.*, § 3 Rn. 73.

423 Wiedemann/*Oetker*, § 3 Rn. 233.

424 Ständige Rechtsprechung, etwa BAG 25.9.2002 (4 AZR 294/01), EzA § 3 TVG Bezugnahme auf Tarifvertrag Nr. 24 = NZA 2003, 807; BAG 25.10.2000 (4 AZR 506/99), AP Nr. 13 zu § 1 TVG Bezugnahme auf Tarifvertrag (mit Anm. von *A. Stein*); BAG 28.5.1997 (4 AZR 546/95), AP Nr. 6 zu § 1 TVG Bezugnahme auf Tarifvertrag (mit Anm. von *Dauner-Lieb*, SAE 1999, 41); siehe auch BAG 20.3.2002 (4 AZR 011/01), EzA § 613a BGB Nr. 208 = NZA 2002, 1402; BAG 28.6.2001 (6 AZR 114/00), EzA § 4 TVG Beschäftigungssicherung Nr. 7; BAG 20.3.1991, AP Nr. 20 zu § 4 TVG Tarifkonkurrenz, mit weiteren Nachweisen.

425 BAG 25.5.2005 (5 AZR 572/04), ZIP 2005, 1699; aus dem Schrifttum insbesondere *Singer*, RdA 2003, 195ff.; *Däubler*, in: *Däubler*/Dorndorf, AGB-Kontrolle, Einl. Rn. 60ff., jeweils mit umfangreichen Nachweisen der bestehenden Kontroverse; *Lindemann*, AuR 2004, 207f.

auf einen Tarifvertrag entsprechend § 2 AGBG nur dann wirksam war, wenn dem Arbeitnehmer vom Arbeitgeber **bei Vertragsschluss** der **Text des Tarifvertrags** in zumutbarer Weise **zugänglich** gemacht wurde.[426] Diese Frage hat heute nur noch für vor dem In-Kraft-Treten des Schuldrechtsreformgesetzes am 1. Januar 2002 abgeschlossene Verträge Bedeutung. Nach der ausdrücklichen Regelung des seitdem geltenden § 310 Abs. 4 Satz 2 BGB ist **§ 305 Abs. 2 BGB**, der inhaltlich dem früheren § 2 AGBG entspricht, auf Arbeitsverträge **nicht anwendbar**. Damit ist die Möglichkeit, in den Erfordernissen für die Vereinbarung allgemeiner Geschäftsbedingungen gegenüber Verbrauchern ein allgemeineres Schutzprinzip zu sehen, das auch für den Arbeitnehmer eingreifen muss, verschlossen.

**164** Die Wirksamkeit der Bezugnahme kann nach zutreffender h.M. ebenso wenig an der **mangelnden Bekanntgabe gemäß § 8 TVG** scheitern.[427] Schon wegen des anderen Schutzzwecks (vgl. § 8 Rn. 1) scheidet eine ohnedies nur in Betracht kommende analoge Anwendung aus. Zudem wäre als Rechtsfolge einer Verletzung der Vorschrift allenfalls eine Schadensersatzpflicht des Arbeitgebers anzunehmen (siehe demgegenüber § 8 Rn. 7 ff.).[428] Das **NachwG** schließlich fordert in seinem § 2 Abs. 1 Satz 1 die schriftliche Niederlegung der wesentlichen Vertragsbedingungen, wozu nach Abs. 1 Satz 2 mindestens auch die Tarifverträge gehören, die auf das Arbeitsverhältnis anzuwenden sind (Ziff. 10). Selbst wenn hier nur die Anwendbarkeit bei beiderseitiger Tarifgebundenheit gemeint sein sollte, fällt doch auch die Bezugnahme auf einen Tarifvertrag unter nicht beiderseits Tarifgebundenen unter die wesentlichen Vertragsbedingungen im Sinne des Abs. 1 Satz 1. Konsequenz eines unterbliebenen Hinweises ist jedoch wiederum nicht die Nichtigkeit der Vereinbarung, sondern, im Verzugsfalle, unter Umständen ein Schadenersatzanspruch des Arbeitnehmers (genauer § 4 Rn. 487). Die hier geschilderte Problematik kann – ohnedies eher selten – Bedeutung nur erlangen bei einer mündlichen oder schlüssigen Bezugnahme[429]; sie wird sich allerdings regelmäßig stellen, wenn Geltung des Tarifvertrags kraft betrieblicher Übung (unten § 3 Rn. 220 ff.) anzunehmen ist. Auch Veränderungen des Tarifwerks insgesamt oder in Teilen, wie sie bei der dynamischen Verweisung und dort insbesondere bei einer so genannten großen dynamischen Verweisungsklausel (Tarifwechsel- oder Tariftransformationsklausel) erfolgen, sind nach § 3 NachwG mitzuteilen. Eine weitere Frage ist, ob zudem wesentliche Inhalte des Tarifvertrags zu benennen sind, soweit dies nicht bereits nach § 2 Abs. 1 Satz 2 NachwG zu geschehen hat. Für die Ausschlussfrist hat das BAG das – verallgemeinerungsfähig – verneint[430]; es genüge nach § 2 Abs. 1 Nr. 10 NachwG die allgemeine

---

426 So *Stein*, Rn. 242; a.A. Wiedemann/*Oetker* § 3 Rn. 235; siehe auch *Preis*, Arbeitsvertrag, II V 40 Rn. 8.

427 BAG 23.1.2002 (4 AZR 56/01), EzA § 2 NachwG Nr. 3 (mit kritischer Anm. von *Lambrich*, NZA 2002, 803 f.); LAG Bremen, NZA-RR 2001, 98; a.A. *U. Koch*, FS Schaub, 434 ff.; offenbar auch *Preis*, Grundfragen, 395 f.

428 Verneinend BAG 23.1.2002 (4 AZR 56/01), EzA § 2 NachwG Nr. 3 (insoweit ablehnend Anm. von *Lambrich*, NZA 2002, 803 f.); LAG Niedersachsen, NZA-RR 2001, 145 (Vorinstanz).

429 Im Falle schriftlicher Bezugnahme ist wegen der notwendigen Bestimmtheit (§ 3 Rn. 160) der Nachweis erbracht.

430 BAG 29.5.2002 (5 AZR 105/01), EzA § 2 NachwG Nr. 4; BAG 17.4.2002 (5 AZR 89/01), AP Nr. 6 zu § 2 NachwG (mit Anm. von *A. Lindemann*); BAG 23.1.2002 (4 AZR 56/01), EzA § 2 NachwG Nr. 3 (mit Anm. von *Lambrich*, NZA 2002, 803 f.); ebenso LAG Rheinland-Pfalz 16.7.2002, NZA-RR 2003, 30; LAG Köln, NZA-RR 2002, 591; LAG Niedersachsen, NZA-RR 2001, 145 (Vorinstanz zu BAG 17.4.2002 (5 AZR 89/01), AP Nr. 6 zu § 2 NachwG); LAG Bremen, NZA-RR 2001, 98; a.A. LAG Schleswig, NZA-RR 2000, 196; *Koch*, FS Schaub, 421 ff., 439; *Preis*, Arbeitsvertrag, II V 40 Rn. 12 f.: qualifizierter Nachweis gemäß § 2 Abs. 3 NachwG; für Bezugnahme ebenso *Linde/Lindemann*, NZA 2003, 654 f.; *Lambrich*, Anm. zu BAG 23.1.2002 (4 AZR 56/01), EzA § 2 NachwG Nr. 3, in: NZA 2002, 803 f.

Benennung des Tarifvertrags (vgl. auch § 4 Rn. 487). Dem ist zuzustimmen, zumal da auch bei tarifgebundenen Arbeitnehmern ein solcher Hinweis nicht erfolgen muss. Die Tatsache, dass regelmäßig in den Arbeitsverträgen von Gewerkschaftsmitgliedern ebenfalls eine Bezugnahme erfolgt, ändert daran nichts. Wirkt die Verweisung hier nur deklaratorisch (dazu § 3 Rn. 199), könnten diese Arbeitnehmer aus der fehlenden Erwähnung von Verfallklauseln keine Rechte herleiten.[431]

## 6. Gegenstand der Bezugnahme

Erkennt man trotz der oben geäußerten Bedenken (§ 3 Rn. 145 ff. und Rn. 158) die einzelvertragliche Bezugnahme auf Tarifvorschriften als Ausfluss der Vertragsfreiheit grundsätzlich an, bedeutet dies gleichzeitig, dass die Vertragsparteien des Arbeitsvertrages entscheiden können, **welcher Tarifvertrag** Inhalt der Bezugnahme sein soll.[432] Der Gegenstand der Bezugnahme ist durch – unter Umständen ergänzende – Auslegung zu ermitteln. Hat ein nicht tarifgebundener Arbeitgeber auf die für das Unternehmen einschlägigen Tarifverträge verwiesen, so ist vorrangig darauf abzustellen, welcher Tarifvertrag bei beiderseitiger Tarifgebundenheit normativ gelten würde.[433] Ist die Bezugnahmeklausel, wie fast stets[434], vorformuliert, versteht das BAG sie als Rechtsnorm, legt sie selbst aus und überprüft ihre Interpretation durch die Untergerichte.[435] Fehlt eine nähere Bezeichnung des betreffenden Tarifvertrages, so ist davon auszugehen, dass die Arbeitsvertragsparteien denjenigen Tarifvertrag zum Gegenstand ihres Vertrages machen wollten, der bei vorhandener Tarifbindung anzuwenden wäre.[436] Konkurrieren in einem Unternehmen ein Firmentarif und ein für allgemeinverbindlich erklärter Flächentarifvertrag, und ist im Arbeitsvertrag auf »den Manteltarif« verwiesen, so soll sich die Verweisung auf den zuerst genannten Tarifvertrag beziehen.[437] **165**

Auch die **Bezugnahme auf einen »fremden« Tarifvertrag,** d.h. auf einen örtlich, fachlich oder persönlich nicht einschlägigen Tarifvertrag, ist jedenfalls dann zulässig, wenn beide Vertragsparteien nicht Mitglieder der zuständigen Tarifvertragsparteien sind bzw. diese noch keine Tarifverträge abgeschlossen haben.[438] Soweit eine Tarifnorm nicht passt, etwa bei Verweisungen in der Privatwirtschaft auf den BAT, ist durch Auslegung zu ermitteln, ob und inwieweit ihre entsprechende Anwendung in Betracht kommt.[439] In einem solchen Fall kann es aber be- **166**

---

431 Insoweit unzutreffend *Lambrich*, Anm. zu BAG 23.1.2002 (4 AZR 56/01), EzA § 2 NachwG Nr. 3, in: NZA 2002, 803 f.

432 BAG 13.11.1959, AP Nr. 54 zu § 611 BGB Urlaubsrecht; Wiedemann/*Oetker*, § 3 Rn. 236.

433 BAG 13.11.2002 (4 AZR 393/01), EzA § 3 TVG Bezugnahme auf Tarifvertrag Nr. 25.

434 Vgl. die Untersuchung von *Preis*, Vertragsgestaltung, 51 ff., 56 (weit über 90%).

435 Vgl. mit weiteren Nachweisen BAG 25.9.2002 (4 AZR 294/01), EzA § 3 TVG Bezugnahme auf Tarifvertrag Nr. 24; BAG 26.1.2001 (10 AZR 197/01), NZA 2002, 640 (LS); BAG 30.8.2000 (4 AZR 581/99), AP Nr. 12 zu § 1 TVG Bezugnahme auf Tarifvertrag (mit Anm. von *Waas*, a.a.O., und insoweit ablehnender Anm. von *A. Stein*, SAE 2001, 298); *A. Stein*, Anm. zu BAG 25.10.2000 (4 AZR 506/99), AP Nr. 13 zu § 1 TVG Bezugnahme auf Tarifvertrag.

436 Zustimmend *Däubler*, Tarifvertragsrecht, Rn. 334; Wiedemann/*Oetker*, § 3 Rn. 236; zur möglicherweise hier entstehenden Tarifkonkurrenz siehe *v. Hoyningen-Huene*, RdA 1974, 149.

437 BAG 16.5.2001 (10 AZR 357/00), EzA § 3 TVG Nr. 23.

438 Für den letzteren Fall BAG 10.6.1965, AP Nr. 13 zu § 9 TVG a.F.

439 *Däubler/Lorenz*, § 3 Rn. 242; zum Problembereich auch *D. Gaul*, ZTR 1991, 195; LAG Köln, ZTR 2001, 88 (LS).

sonders nahe liegen[440], die Verweisung auf den fremden Tarifvertrag als für den Arbeitnehmer überraschend und damit als nicht wirksam erfolgt anzusehen[441] (§ 310 Abs. 4 Satz 3 BGB in Verbindung mit § 305c Abs. 1 BGB). Ist der Arbeitgeber nicht an den einschlägigen Tarifvertrag gebunden, weil er nicht Mitglied des vertragsschließenden Arbeitgeberverbandes ist, dann bestehen gegenüber der Bezugnahme auf einen fremden Tarifvertrag auch gegenüber einem Mitglied der zuständigen Gewerkschaft keine tarifrechtlichen Bedenken.[442] Denn die Tatsache der richtigen Organisation des Arbeitnehmers kann die Vertragsgestaltungsfreiheit des Arbeitgebers nicht auf eine Übernahme des Tarifvertrags eines Verbandes, dem er nicht angehört, verengen. **Bei bestehender Tarifgebundenheit beider Arbeitsvertragsparteien** dagegen ist die Möglichkeit der Bezugnahme auf einen fremden Tarifvertrag abzulehnen.[443] Es kann dahinstehen, ob die Auffassung *Nikischs*[444] zutrifft, mit ihrer Vereinbarung »anstelle« des normativ geltenden Tarifvertrags würden die gesetzlichen Vorschriften über die Tarifgebundenheit geändert, was einzelvertraglich nicht möglich ist. Zu berücksichtigen ist jedoch, dass die grundsätzliche Zulassung der Bezugnahme schon eine faktische Gefährdung der Tarifautonomie bedeutet (§ 3 Rn. 157 und Rn. 159). Ihre uneingeschränkte Zulassung würde zu einer weiteren Auflösung der normierten Tarifbindung führen und die Gefahr mit sich bringen, dass Tarifvertragsparteien gegeneinander ausgespielt werden.[445] Für die Unzulässigkeit einer derartigen Bezugnahme sprechen insoweit auch die gesetzlichen Bezugnahmeklauseln, die ausdrücklich die »einschlägigen« Tarifbestimmungen bezeichnen (siehe dazu auch folgende Rn.). Im Übrigen tragen die zur Legitimation der Verweisungsklauseln angeführten Gründe (oben § 3 Rn. 144) hier gerade nicht. Die angeführten Bedenken scheinen allerdings nicht durchschlagend, wenn **Betriebe eines Unternehmens in verschiedenen Tarifbezirken** liegen und der Arbeitgeber die regionalen Unterschiede der tariflichen Regelungen über eine Bezugnahme vereinheitlichen will.[446] Bei tarifgebundenen Arbeitnehmern führt das zur Anwendung des fremden Tarifvertrags als arbeitsvertragliche Vereinbarung nur insoweit, als dieser günstiger ist (§ 4 Abs. 3 TVG).[447] – Keine Bedenken bestehen gegen die Bezugnahme auf einen (einschlägigen) Tarifvertrag, in dessen persönlichen Geltungsbereich der Arbeitnehmer nicht fällt, weil dem Personenkreis der AT-Angestellten zuzurechnen ist.[448]

**167** Der Gegenstand der Bezugnahme bei den **gesetzlichen Zulassungsnormen** der §§ 13 Abs. 1 BUrlG, 4 Abs. 4 EFZG, 7 Abs. 3 ArbZG, 622 Abs. 4 BGB und 17 Abs. 3 BetrAVG ist nach ganz herrschender Meinung schon durch den Wortlaut der Vor-

---

440 Anders anscheinend *B. Gaul*, ZfA 2003, 86, der meint, damit es überhaupt zur Anwendung des fremden Tarifvertrags komme, müsse der Hinweis so deutlich sein, dass der überraschende Charakter entfällt.

441 Vgl. auch *Preis*, Arbeitsvertrag, I C Rn. 81, mit weiteren Nachweisen; differenzierend (Überprüfung von Einzelklauseln) *Diehn*, NZA 2004, 132f.

442 Offenbar zu einem solchen Fall BAG 22. 1. 2002 (9 AZR 601/00), EzA § 13 BUrlG Nr. 58.

443 A. A. Wiedemann/*Oetker*, § 3 Rn. 230; *Etzel*, NZA 1987, Beilage 1, 27; *Reichel*, Bezugnahme, 29.

444 So *Nikisch* in Anm. zu BAG 10. 6. 1965, AP Nr. 13 zu § 9 TVG a. F.

445 Vgl. in diesem Zusammenhang BAG 15. 2. 1957, AP Nr. 33 zu § 1 KSchG.

446 So etwa im Sachverhalt der Entscheidung BAG 17. 4. 2002 (5 AZR 644/00), NZA 2002, 1340.

447 A. A. – Tarifkonkurrenz – offenbar BAG 20. 3. 1991 (4 AZR 455/90), AP Nr. 20 zu § 4 TVG Tarifkonkurrenz; siehe demgegenüber aber BAG 22. 9. 1993 (10 AZR 207/92), EzA § 4 TVG Tarifkonkurrenz Nr. 8, bestätigt durch BAG 17. 4. 2002 (5 AZR 644/00), NZA 2002, 1340: kollektiver Günstigkeitsvergleich; ausführlich und zutreffend *Kraft*, FS Zöllner, 840ff.

448 Zu den Besonderheiten bei einem späteren Herauswachsen aus dem persönlichen Geltungsbereich *Bauer/Krieger*, NZA 2004, 464.

schriften eindeutig benannt: Ein Bezug auf einen fremden Tarifvertrag ist nicht zulässig.[449] Zur fehlenden Möglichkeit, nur auf von Zulassungsnormen Gebrauch machenden Teile des Tarifvertrags zu verweisen, siehe § 3 Rn. 174f.

Kaum noch umstritten ist, dass ein **Tarifvertrag im Nachwirkungszeitraum** selbst Bezugnahmeobjekt der Verweisungsabrede sein kann. Nach der hier vertretenen Meinung erfasst die Nachwirkung des § 4 Abs. 5 TVG auch solche Arbeitsverhältnisse, die zur Zeit der Geltung des Tarifvertrags noch nicht begründet waren (§ 4 Rn. 535ff.).[450] Schon das spricht für die Möglichkeit auch der Bezugnahme. Letztlich entscheidend ist jedoch, dass die Vertragsfreiheit es grundsätzlich gestattet, die Geltung jeglicher Texte zu vereinbaren, ungeachtet des rechtlichen Zusammenhangs, in dem diese sich befinden.[451] Die höchstrichterliche Rechtsprechung ist in dieser Frage nicht einheitlich.[452] Bejaht man – zu Recht – die Möglichkeit, auf einen nachwirkenden Tarifvertrag zu verweisen, dann bestehen auch keine besonderen Vereinbarungserfordernisse. Die Annahme, es sei hier eine klare und ausdrückliche Bezugnahme zu fordern[453] ist, soweit sie über allgemeine Anforderungen hinausgeht, rechtlich nicht begründet. Nach dem Gesagten kann daher auch auf einen **nicht mehr geltenden**, da durch einen Folgetarifvertrag abgelösten **Tarifvertrag** verwiesen werden. Konsequenterweise können die Arbeitsvertragsparteien daher wirksam selbst auf einen **fehlerhaften Tarifvertrag,** etwa eine Vereinbarung die von einer nicht tariffähigen Vereinigung abgeschlossen wurde, verweisen, wenngleich die Auslegungsregel gilt, dass sie einen Tarifvertrag nur so in Bezug nehmen wollen, wie er tariflich gilt.[454] **168**

Im Hinblick auf die in Bezug genommenen **Normtypen** wird es sich vorrangig um Inhalts- oder Beendigungsnormen handeln. Jedoch kommen grundsätzlich auch betriebliche Tarifnormen in Betracht.[455] Eine Bezugnahme auf Tarifnormen über Gemeinsame Einrichtungen erscheint nicht zulässig, da diese zu Leistungen verpflichtet würden, die im Tarifvertrag nicht vorgesehen sind.[456] **169**

## 7. Reichweite der Bezugnahmeklausel

Nicht nur über den Gegenstand, sondern auch über den Umfang der Bezugnahme können die Parteien des Einzelarbeitsvertrages grundsätzlich frei entscheiden.[457] **170**

---

449 Wiedemann/*Oetker*, § 3 Rn. 257; KR-*Hillebrecht*, § 622 BGB Rn. 151f.; *Kehrmann/Pelikan*, § 2 LFZG Rn. 30, jeweils mit weiteren Nachweisen.

450 Vgl. auch *Stein*, Rn. 130ff.; a. A. das BAG, zuletzt BAG 2. 3. 2004 (1 AZR 271/03), EzA § 87 BetrVG 2001 Betriebliche Lohngestaltung Nr. 4 (mit insoweit ablehnender Anm. von *A. Stein*, SAE 2005, 162); BAG 7. 11. 2001 (4 AZR 703/00), EzA § 3 TVG Nr. 24.

451 Im Ergebnis ebenso etwa *Däubler/Lorenz*, § 3 Rn. 243; Wiedemann/*Oetker*, § 3 Rn. 241; umfassende Nachweise bei KR-*Hillebrecht*, § 622 BGB Rn. 158; *Etzel* NZA 1987, Beilage 1, 26f.

452 Ablehnend BAG 15. 2. 1965, AP Nr. 6 zu § 13 BUrlG; dafür BAG 27. 6. 1978, AP 12 zu § 13 BUrlG; BAG 29. 1. 1975, AP Nr. 8 zu § 4 TVG Nachwirkung; BAG 1. 6. 1995, AP Nr. 5 zu § 1 BAT-O – zu einem nicht mehr geltenden Tarifvertrag.

453 Vgl. BAG 6. 6. 1958, AP Nr. 1 zu § 4 TVG Nachwirkung.

454 BAG 22. 1. 2002 (9 AZR 601/00), EzA § 13 BUrlG Nr. 58.

455 Zu Grenzen im Hinblick auf betriebsverfassungsrechtliche Tarifnormen: *G. Müller*, RdA 1990, 321, 323; differenzierend *Däubler*, Tarifvertragsrecht, Rn. 342.

456 So auch *Löwisch/Rieble*, § 3 Rn. 254 und *Däubler/Lorenz*, § 3 Rn. 241, die jedoch eine Verpflichtung des Arbeitgebers annehmen, ein vergleichbares Leistungsniveau herzustellen.

457 Wiedemann/*Oetker*, § 3 Rn. 236ff.; *LAG Düsseldorf* 13. 4. 1962, BB 1962, 922.

### a) Gesamtverweisung – Teilverweisung

171 In Fällen, in denen auf einen **kompletten Tarifvertrag oder auf die geltenden Tarifverträge** Bezug genommen wird, werden sämtliche Tarifvorschriften Inhalt des Einzelarbeitsvertrages, also auch die insoweit enthaltenen zweischneidigen[458] oder ungünstigen Regelungen wie Ausschlussfristen oder Rückzahlungsklauseln.[459] In diesen Fällen ist der Arbeitnehmer auch entsprechend der in Bezug genommenen Vergütungsgruppen nach den tariflichen Tätigkeitsmerkmalen zu entlohnen.[460] Allerdings bedenklich ist, dass dies selbst dann gelten soll, wenn der Einzelarbeitsvertrag eine andere Vergütungsgruppe ausdrücklich bestimmt, weil es sich hierbei im Falle einer die Gleichstellung bezweckenden dynamischen Verweisung im Zweifel nur um einen deklaratorischen Hinweis handle.[461]

172 Die herrschende Meinung lässt die Bezugnahme auf **nur einzelne Tarifbestimmungen** zu.[462] Auch dies wird mit der den Arbeitsvertragsparteien zustehenden Vertragsfreiheit begründet.

173 Gegen diese Auffassung spricht zwar, dass sie im Ergebnis zu einer Schwächung der Gewerkschaften führen und damit die Tarifautonomie untergraben kann (siehe bereits grundsätzlich oben § 3 Rn. 145ff.), da auf nur für den Arbeitnehmer ungünstige Regelungen in der Praxis kaum verwiesen wird. Zudem trifft für derartige Bezugnahmen die gegebene rechtspolitische Begründung der Vereinheitlichung der betrieblichen Arbeitsbedingungen gerade nicht zu.[463] Da Art. 9 Abs. 3 jedoch **kein** – ohnedies nicht praktikables – **Nachbildungsverbot** enthält gestattet es die Vertragsfreiheit den Vertragsparteien, anstelle eine Bezugnahme vorzunehmen, einzelne Regelungen des Tarifvertrags inhaltlich in den Arbeitsvertrag einzuformulieren. Selbst eine Anpassung an künftige Änderungen des Tarifvertrags, die ähnlich wirkte wie eine dynamische Verweisung, ist im Wege der Vertragsgestaltung möglich. Von daher lässt sich eine Gleich- oder sogar Besserstellung der nicht organisierten Arbeitnehmer nicht verhindern. Es würden mit dem Verbot der Verweisung auf Einzelbestimmungen allenfalls durch förmliche Anforderungen an den Vertragstext Hürden geschaffen, die ohnedies nur kleine und mittlere Arbeitgeber aufgrund des ihnen fehlenden Rechtsstabs schwerer überwinden könnten. Wegen ihrer mangelnden Eignung, die Tarifautonomie zu schützen, wird daher die in der Vorauflage vertretene Ansicht, Einzelverweisungen seien generell unwirksam, nicht geteilt (zu dieser Problematik § 3 Rn. 158).[464]

---

458 BAG 6.9.1990, AP Nr. 1 zu § 2 BAT.

459 BAG 5.11.1963, AP Nr. 1 zu § 1 TVG Bezugnahme auf Tarifvertrag; LAG Bremen 14.4.1967, AP Nr. 60 zu § 611 BGB Gratifikation; LAG Hamm 28.1.1970, AuR 1970, 286; LAG Hamm 12.1.1993, BB 1993, 1217 (Ausschlussfrist).

460 BAG 4.10.1957, AP Nr. 7 zu § 1 TOA.

461 BAG 28.6.2001 (6 AZR 114/00), EzA § 4 TVG Beschäftigungssicherung Nr. 7 zu einer Arbeitszeitangabe; BAG 1.8.2001 (4 AZR 7/01), EzA § 133 BGB Nr. 23 und BAG 1.9.1982, BAGE 39, 358, 371, jeweils zu einer Vergütungsgruppenangabe.

462 BAG 19.1.1999 (1 AZR 606/98), AP Nr. 9 zu § 1 TVG Bezugnahme auf Tarifvertrag (mit Anm. von *Oetker*); BAG 23.2.1988, AP Nr. 17 zu § 1 BetrAVG Zusatzversorgungskasse; BAG 3.12.1985, AP Nr. 20 zu § 4 TVG Tarifkonkurrenz; LAG Düsseldorf 13.4.1962, BB 1962, 922; LAG Berlin 8.6.1967, DB 1968, 316; LAG Hamm 9.4.1975, DB 1975, 1515; Wiedemann/*Oetker*, § 3 Rn. 236, 238; *Etzel*, NZA 1987, Beilage 1, 25f.; *Schaub*, § 208 Rn. 12; *Bauschke*, ZTR 1993, 417.

463 Vgl. den zutreffenden Ansatz bei BAG 27.3.1987, AP Nr. 29 zu § 242 BGB Betriebliche Übung.

464 Siehe aber auch *Däubler/Lorenz*, § 3 Rn. 237, der Übernahme zumindest von Regelungskomplexen fordert.

Sind allerdings aus einem Regelungskomplex **ausschließlich die** den Arbeitnehmer **begünstigenden**, nicht auch die belastenden **Bestimmungen** in Bezug genommen, so liegt zumindest dann, wenn damit eine kollektive Besserstellung der unorganisierten Arbeitnehmer verfolgt wird und erreicht würde, ein Verstoß gegen Art 9 Abs. 3 Satz 2 GG vor.[465] Diese Konstellation kann sich insbesondere auf der Grundlage einer angenommenen Verweisung durch betriebliche Übung ergeben (unten § 3 Rn. 220 ff.). Vielfach wird jedoch das für die tarifgebundenen Arbeitnehmer eingreifende Günstigkeitsprinzip bei einer selektiven begünstigenden Verweisung auf den Tarifvertrag in sämtlichen Arbeitsverhältnissen eine Benachteiligung der Gewerkschaftsmitglieder verhindern. Hält man abgesehen von dieser Problematik die Einzelverweisung für zulässig, dann muss auch die Bezugnahme auf den gesamten Tarifvertrag bei individualvertraglicher Abweichung in einzelnen Punkten möglich sein.[466]

Im Rahmen der **gesetzlichen Zulassungsnormen** ist in allen Fällen nach herrschender Meinung eine Bezugnahme nur auf den **Gesamtkomplex** der Zulassungsnorm möglich; eine Bezugnahme auf Teilbereiche (wie z.B. auf Kündigungsfristen nur im Probearbeitsverhältnis oder auf Übertragungsbestimmungen des Urlaubs auf das folgende Jahr) ist unzulässig.[467] Begründet wird dies damit, dass nur eine Übernahme des Gesamtkomplexes einen ausgewogenen Ausgleich von Vor- und Nachteilen sicherstelle und darüber hinaus nur so eine einheitliche Regelung im Betrieb erreichbar sei.[468] Im Falle des § 89a Abs. 2 SeemG, des § 48 Abs. 2 ArbGG und des § 613a Abs. 1 Satz 4 BGB muss dagegen nach der ausdrücklichen gesetzlichen Anordnung der gesamte Tarifvertrag vereinbart sein. 174

Im **Gegensatz zur herrschenden Auffassung** erscheint es richtig, bei gesetzlichen Zulassungsnormen stets, also nicht nur in den in der vorigen Rn. am Ende genannten Fällen, die Wirksamkeit der Bezugnahme von der Übernahme des **gesamten Tarifvertrags** abhängig zu machen.[469] Die These, es sei anhand von Gesamtkomplexen die Ausgewogenheit einer tariflichen Regelung festzustellen (woraus sich dann die Legitimation der Bezugnahme ergebe) überzeugt nicht. Es mag zwar sein, dass sich in einfachen Sachverhalten die sachliche Zusammengehörigkeit von Reglungen nach den Vorstellungen der Tarifvertragsparteien und/oder der Systematik des Tarifvertrags feststellen lässt. Vielfach jedoch wird sich die Ausgewogenheit einer Lösung nur im Zusammenspiel von Regelungen ergeben, welche inhaltlich nicht notwendig im Zusammenhang mit der vom tarifdispositiven Recht abweichenden Norm stehen. Die herrschende Auffassung führt zu Rechtsunsicherheit, da sie diese schon tatsächlich schwierige Frage klären müsste, ehe sie die Wirksamkeit der Bezugnahme feststellen könnte. Gegen die hier vertretene Position kann auch kaum der unterschiedliche Wortlaut der Zu- 175

---

465 Ähnlich *Däubler/Lorenz*, § 3 Rn. 236 f.

466 Vgl. BAG 21. 2. 2001 (5 AZR 96/99), EzA § 3 TVG Bezugnahme auf Tarifvertrag Nr. 14; BAG 19. 1. 1999 (1 AZR 606/98), AP Nr. 9 zu § 1 TVG Bezugnahme auf Tarifvertrag (mit Anm. von *Oetker*).

467 *Löwisch/Rieble*, § 3 Rn. 258; KR-*Hillebrecht*, § 622 BGB Rn. 155 f.; *v. Hoyningen-Huene*, RdA 1974, 138, 146; Wiedemann/*Oetker*, § 3 Rn. 258; *Kehrmann/Pelikan*, § 2 LFG Rn. 30; *Neumann/Fenski*, § 13 Rn. 23, jeweils mit weiteren Nachweisen.

468 V. *Hoyningen-Huene*, RdA 1974, 146; Wiedemann/*Oetker*, § 3 Rn. 258; zur Begründung dieses Ergebnisses speziell für § 622 Abs. 3 a. F. BGB im Vergleich mit § 13 Abs. 1 Satz 2 BUrlG siehe KR-*Hillebrecht*, § 622 BGB Rn. 156.

469 Zutreffend *Richardi* ZfA 1971, 73, 84; siehe auch *Stein*, Rn. 249; gewisse Einschränkungen gegenüber der h. M. bei Wiedemann/*Oetker* § 3 Rn. 258; anderer Ansicht im Hinblick auf § 3 Abs. 1 Nr. 3 und § 9 Nr. 2 AÜG sowie § 14 Abs. 2 Satz 4 TzBfG *Thüsing*, DB 2003, 449.

lassungsnormen (vgl. § 3 Rn. 174) als Argument angeführt werden. Es ist nicht erkennbar, dass der Gesetzgeber eine Teilverweisung bei jenen Vorschriften zulassen wollte, bei denen er auf die Formulierung, es müsse auf den gesamten Tarifvertrag verwiesen werden, verzichtete. Das gilt auch für das Arbeitszeitrechtsgesetz, in dem, sachlich nicht nachvollziehbar, die insoweit verschiedenen Regelungen des § 89a SeemG und des § 7 ArbZG getroffen wurden.

### b) Statische Verweisung – dynamische Verweisung

176 Den Arbeitsvertragsparteien steht es frei, **in zeitlicher Hinsicht** die Bezugnahme zu begrenzen oder zu erweitern.[470] Begrenzt ist die Bezugnahme, wenn sie sich auf einen konkreten, gegenwärtig geltenden oder abgelaufenen Tarifvertrag bezieht (**statische Verweisung**). In der Praxis ungleich üblicher ist die Verweisung auf die jeweils geltende Fassung eines Tarifvertrags (so genannte **dynamische Verweisung** insbesondere durch Jeweiligkeitsklausel; zu den verwandten Begriffen genauer oben § 3 Rn. 148 ff.), mit der Folge, dass spätere Änderungen des Tarifvertrags bzw. Folgetarifverträge auch den Inhalt des Arbeitsvertrags ändern. Dabei lässt sich zudem danach differenzieren, ob sich die Dynamik lediglich auf ein bestimmtes, konkret benanntes Tarifwerk bezieht (»… die für den Einzelhandel NRW jeweils geltenden Tarifverträge«, so genannte kleine dynamische oder teildynamische Verweisung) oder generell Tarifverträge in Bezug genommen sind, die auf den Betrieb bei Tarifgebundenheit des Arbeitgebers Anwendung finden können ( »… die auf den Betrieb jeweils anwendbaren Tarifverträge«, so genannte große dynamische oder volldynamische Verweisung bzw. Tarifwechselklauseln oder Tariftransformationsklausel).[471] Weil § 310 Abs. 4 Satz 2 BGB ausdrücklich § 305 Abs. 2 BGB für nicht auf Arbeitsverträge anwendbar erklärt, entsteht bei vorformulierten dynamischen Verweisungsklauseln insoweit auch nicht im Falle späterer Tarifvertragsänderungen das Bedenken fehlenden Hinweises und fehlender Zugänglichkeit.[472]

177 Bei einer dynamischen Verweisung sollen die **späteren tariflichen Vereinbarungen** nur dann erfasst sein, wenn sie im Bereich des **Angemessenen** bleiben[473]; schlechterdings nicht vorhersehbare oder billigerweise nicht zu erwartende Änderungen würden nicht zum Inhalt des Arbeitsvertrags.[474] Die Rechtsprechung legt an dynamische Verweisungen im Arbeitsvertrag also einen engeren Maßstab an als an solche im Tarifvertrag auf andere Tarifverträge (§ 1 Rn. 799). Wenig hilfreich ist allerdings die Formulierung des BAG, bei dynamischen Verweisungen könne der grundsätzlich zu bejahende Schutz vor überraschenden Regelungen »in Ausnahmefällen« durchgreifen.[475] Überraschende tarifliche Entwicklun-

---

470 Wiedemann/*Oetker*, § 3 Rn. 240.

471 Zur Abgrenzung bei einer in einem kirchlichen Arbeitsverhältnis verwandten Verweisungsklausel BAG 20. 3. 2003 (4 AZR 101/01), NZA 2002, 1402.

472 Zur Problematik während der Geltung des AGBG siehe *Preis*, Vertragsgestaltung, 401.

473 BAG 14. 3. 1961, AP Nr. 78 zu § 242 BGB Ruhegehalt; vgl. auch BAG 4. 5. 1994, DB 1994, 2338; zustimmend *Kort*, Anm. zu BAG 25. 10. 2000 (4 AZR 438/99), AP Nr. 1 zu Tarifverträge: Internationaler Bund, unter IV.; *Löwisch*, NZA 1985, 317; *Löwisch/Rieble*, § 3 Rn. 256; *Reichel*, AuR 2003, 366 ff.; *Thüsing/Lambrich*, NZA 2002, 1364 f., bei Betonung der Anwendung von § 305c Abs. 1 BGB; ablehnend *Gamillscheg*, Kollektives Arbeitsrecht I, § 17 II 4c; *Hanau/Kania*, FS Schaub, 249 f.; *Kania* NZA 2000, SonderBeilage zu Heft 3, 45 ff., 46 f.; *Annuß* BB 1999, 2558 f.

474 BAG 27. 2. 2002 (9 AZR 562/00), AP Nr. 36 zu § 1 TVG Tarifverträge: Rundfunk.

475 BAG 28. 6. 2001 (6 AZR 114/00), EzA § 4 Beschäftigungssicherung Nr. 7.

gen werden stets Ausnahmefälle sein; möglicherweise will das Gericht auf die Schwere der Belastung abstellen. Der Schutzes vor nicht vorhersehbaren Änderungen soll aber dann nicht greifen, wenn diese in Haustarifverträgen erfolgen, da hier der nicht tarifgebundene Arbeitnehmer nicht erwarten könne, der Arbeitgeber werde ihn hinsichtlich der von ihm selbst vereinbarten Tarifklauseln anders oder besser behandeln als die tarifgebundenen Arbeitnehmer.[476] Diese Erwartung könnte der Arbeitnehmer, wenn der hier anklingende Gleichstellungsgedanke (dazu § 3 Rn. 179 ff.) trüge, auch bei einem Verbandstarif nicht haben; zudem stehen für ihn Vorhersehbarkeit und Belastung nicht in Zusammenhang damit, welche Tarifvertragspartei auf Arbeitgeberseite tätig wird. So erscheint insgesamt eher der Ansatz verfehlt, die Verweisung auch auf künftige Tarifverträge einer »**Restkontrolle**« zu unterziehen, während eine Inhaltskontrolle des arbeitsvertraglich in Bezug genommenen Tarifvertrags schon kraft Gesetzes ausscheidet (§ 3 Rn. 212). Allenfalls wäre es konsequent, die dynamische Verweisungsklausel selbst für unwirksam zu halten, sofern sie die Gefahr unvorhersehbarer und billigerweise nicht zu erwartender übermäßig belastender Veränderungen enthielte. Das ist aber, wenn man eine ex post Prognose auf die Tarifentwicklung der letzten Jahrzehnte anwendet, bislang nicht der Fall gewesen. Es fällt im Übrigen auf, dass der »großen dynamischen Verweisungsklausel«, die bei Betriebsübergängen im Outsourcing nahezu stets zu erheblichen Einschnitten für Arbeitnehmer führt, sehr viel weniger Bedenken entgegengebracht werden (§ 3 Rn. 205 ff.).

Selbst wenn man Kontrollgedanken und -maßstab des Bundesarbeitsgerichts akzeptiert, spricht das nicht gegen die Wirksamkeit von dynamischen Bezugnahmen, falls es zu tariflichen Verkürzungen oder Verlängerungen der Arbeitszeit kommt. Exemplarisch seien hier die Arbeitszeitverkürzungen angeführt, wie sie mit dem Unternehmen Volkswagen und auch in Branchentarifverträgen des Metallbereichs zu Beginn des Jahres 1994 abgeschlossen worden waren. Gemessen an der bereits lange zurückliegenden öffentlichen Debatte über den Zusammenhang von tariflicher Arbeitszeitverkürzung und Beschäftigungssicherung war es weder subjektiv überraschend noch mit Blick auf die in den fraglichen Tarifverträgen intendierte Beschäftigungssicherung objektiv unbillig, wenn die unorganisierten Arbeitnehmer über die individualrechtliche Verweisung die Effekte der Tarifverträge mittrugen.[477] Ähnliches würde unter heutigen Bedingungen im Hinblick auf Verlängerungen der Arbeitszeit gelten. **178**

### c) Auslegung der Verweisungsklausel; Gleichstellungsabrede

Häufig wird formuliert, wegen der Bedeutung einer Dynamisierung des Einzelarbeitsvertrags müsse sich die Jeweiligkeitsklausel eindeutig aus der Bezugnahmeerklärung ergeben.[478] **179**

Insbesondere die neuere Rechtsprechung betont demgegenüber, es sei **sofern die Auslegung nicht ein Anderes ergibt**, von einer **dynamischen Verweisung** aus- **180**

---

476 So BAG 27.2.2002 (9 AZR 562/00), AP Nr. 36 zu § 1 TVG Tarifverträge: Rundfunk.

477 *Bauer/Diller*, NZA 1994, 353; *Zachert*, AuR 1995, 8 f.; *Hanau/Kania*, FS Schaub, 250; differenzierend auch *Schaub*, § 208 Rn. 13; a. A. *Löwisch*, BB 1993, 2371 f.; *Kort*, Anm. zu BAG 25.10.2000 (4 AZR 438/99), AP Nr. 1 zu Tarifverträge: Internationaler Bund, unter IV.

478 BAG 6.4.1955, AP Nr. 7 zu Art. 3 GG; LAG Düsseldorf 8.8.1955, BB 1956, 595; Wiedemann/*Oetker*, § 3 Rn. 240; *Etzel*, NZA 1987, Beilage 1, 27.

zugehen.[479] Da die dynamische Verweisung im Vergleich mit der statischen wegen ihrer Zukunftswirkung die Neigung, der Gewerkschaft fernzubleiben, stärker fördert, wirft eine solche Annahme unter dem Blickwinkel des Art. 9 Abs. 3 GG Zweifel auf. Wie oben (§ 3 Rn. 157 ff.) ausgeführt, scheint es jedoch kein gangbarerer Weg, über Formulierungsfragen die Tarifautonomie zu schützen. Betrachtet man daher die Fragestellung ausschließlich als eine solche der Vertragsauslegung, so wird man grundsätzlich der h.M. zustimmen, weil eine solche Zweifelsregel den Interessen und Vorstellungen beider Vertragsparteien meist entsprechen wird.[480] Das gilt dann etwa, wenn ohne Datumsangabe von dem »für das Unternehmen geltenden Tarifvertrag« die Rede ist.[481] Wird jedoch in einem Arbeitsvertrag auf einen mit Datum bezeichneten, bestimmten Tarifvertrag Bezug genommen, so handelt es sich falls abweichende Anhaltspunkte fehlen um eine statische und nicht um eine dynamische Bezugnahme auf den jeweils gültigen Tarifvertrag.[482] Verweist andererseits ein Arbeitsvertrag auf die jeweils gültigen Versorgungsvereinbarungen, so ist auf sie dynamisch verwiesen; anzuwenden sind die beim Ausscheiden des Arbeitnehmers aus dem Arbeitsverhältnis maßgeblichen tariflichen Bestimmungen. Wollen die Parteien des Arbeitsvertrages keine dynamische Verweisung, sondern bestimmte tarifliche Versorgungsregelungen zum Inhalt des Arbeitsvertrages machen (statische Verweisung), müssen sie dies wegen der weit reichenden Folgen einer derartigen Verweisung – keine betriebseinheitlichen Versorgungsregelungen – eindeutig klarstellen.[483]

181 Bei der Auslegung der dynamischen Bezugnahmeklausel hat der **Zweck, der mit ihr von einem tarifgebundenen Arbeitgeber verfolgt wird**, besondere Bedeutung erlangt. Handelt es sich um eine so genannte **Gleichstellungsabrede**[484], mit der die sozialpolitische Gleichstellung und einfachere Abwicklung des Arbeitsverhältnisses erreicht werden soll, dann bestimmt diese Zweckhaftigkeit das weitere Ergebnis: Nicht tarifgebundene Arbeitnehmer erhalten aufgrund arbeitsvertraglicher Vereinbarung das, was ihnen zustünde, wenn sie Mitglied der Gewerkschaft wären. Konkrete Konsequenzen hieraus erwachsen in den Fällen des Betriebsübergangs (unten § 3 Rn. 203 ff.) und des Verbandsaustritts bzw. -wechsels des Arbeitgebers (unten § 3 Rn. 200 ff.).[485] Aus ihnen entsteht ein kritischer Unterschied im Vergleich mit der Situation in Arbeitsverhältnissen tarifungebundener Arbeitgeber. Sie können sich bei einer dynamischen Verweisung, anders

---

479 Vgl. BAG 26.9.2001 (4 AZR 544/00), AP Nr. 21 zu § 1 TVG Bezugnahme auf Tarifvertrag (mit Anm. von *Thüsing*, a.a.O., Anm. von *Gravenhorst*, EzA § 3 TVG Bezugnahme auf Tarifvertrag Nr. 19, Anm. von *Lambrich*, BB 2002, 1264 und Anm. von *Bayreuther*, DB 2002, 1005); BAG 23.9.1997 (3 AZR 529/96), AP Nr. 23 zu § 1 BetrAVG Ablösung; BAG 20.3.1991, AP Nr. 20 zu § 4 TVG Tarifkonkurrenz; BAG 29.1.1991, AP Nr. 23 zu § 18 BetrAVG; LAG Hamburg 15.11.2000, NZA 2001, 562; ebenso *Seibert* NZA 1995, 730 f.; *Schwab* BB 1994, 783; *Bauschke* ZTR 1993, 416, 417; differenzierend *G. Müller* RdA 1990, 321.

480 Siehe auch *Stein*, Rn. 237.

481 BAG 27.2.2002 (9 AZR 562/00), AP Nr. 36 zu § 1 TVG Tarifverträge: Rundfunk; BAG 20.3.1991 (4 AZR 455/90), AP Nr. 20 zu § 4 TVG Tarifkonkurrenz (mit Anm. von *Hanau/Kania)*.

482 LAG Frankfurt am Main 15.1.1988, BB 1988, 1390.

483 BAG 29.1.1991, AuR 1991, 250.

484 Zur Entwicklung dieser Rechtsfigur in der Rechtsprechung des BAG siehe *Thüsing/Lambrich*, RdA 2002, 196 ff.

485 Dazu, dass die Verweisung in Arbeitsverträgen einer selbständigen Unterorganisation auf die in der Organisation (DRK) geltende Arbeitsbedingungen auch bei deren Übereinstimmung mit Tarifverträgen keine Gleichstellungsabrede ist, siehe BAG 27.11.2002 (4 AZR 663/01), EzA § 3 TVG Bezugnahme auf Tarifvertrag Nr. 26.

als tarifgebundene nach der Rechtsprechung des Bundesarbeitsgerichts (unten § 3 Rn. 200 f.), nicht durch Verbandsaustritt von der Anwendbarkeit künftiger Tarifverträge lösen. Es verbleibt nur die Möglichkeit einer Änderungskündigung; diese sperrte auch eine rechtlich ohnehin nicht begründbare einseitige Lossagungserklärung, einen »Quasi-Verbandsaustritt«.[486] Andernfalls würde die Geltung künftiger Tarifverträge bei der dynamischen Verweisung zur jederzeitigen Disposition des Arbeitgebers gestellt. Verursacht wird diese Problematik jedoch nicht durch Defizite der rechtlichen Bewertung von Arbeitsbeziehungen verbandsferner Arbeitgeber, sondern durch die Rechtsprechung zur Gleichstellungsabrede.

Die **höchstrichterliche Rechtsprechung** geht sehr weit in der Annahme einer Gleichstellungsabrede. So sollte nach Auffassung des BAG der vom Arbeitgeber verfolgte Gleichstellungszweck dazu führen, dass selbst die Verweisung auf einen konkreten bezeichneten Tarifvertrag in seiner jeweiligen Fassung bei einem Verbandswechsel des Arbeitgebers »korrigierend« dahingehend auszulegen, es sei eine Verweisung auf den jeweils für den Betrieb geltenden Tarifvertrag erfolgt.[487] Die hier erfolgte Abweichung von den Prinzipien der Vertragsauslegung, auch wenn diese wie bei Allgemeinen Geschäftsbedingungen überindividuell erfolgen soll, wurde später von demselben (4.) Senat teilweise berichtigt[488]: Da die Arbeitsvertragsparteien die Rechtsfolge des Tarifwechsels bei Änderung des Betriebszwecks und/oder Betriebsübergang ausdrücklich vereinbaren könnten, müssten für eine dahingehende Annahme bei Bezugnahmen auf ein bestimmtes Tarifwerk besondere Umstände hinzukommen; allein die Gleichstellungsfunktion der Klausel reiche nicht. **182**

Erstmals im Jahre 2001, in einer Entscheidung zum Verbandsaustritt des Arbeitgebers bei nachfolgendem Abschluss neuer Verbandstarifverträge, begründete der 4. Senat des BAG die bereits mehrfach gemachte[489] Aussage, in einer **dynamischen Verweisung des tarifgebundenen[490] Arbeitgebers** auf den Tarifvertrag sei **typischerweise eine Gleichstellungsabrede** zu sehen.[491] Spätere Entscheidungen bekräftigten das und versuchten, die im Schrifttum, aber auch von Un- **183**

486 So aber *Reichel*, Bezugnahme, 86 ff.; *ders.*, NZA 2003, 832; ähnlich *Löwisch/Rieble*, § 3 Rn. 316.

487 BAG 4. 9. 1996 (4 AZR 135/95), EzA § 3 TVG Bezugnahme auf Tarifvertrag Nr. 7 (mit zustimmender Anm. von *Buchner* und *Gaul*); zustimmend *Bauer/Haußmann* DB 1999, 1114 ff., 1116; ablehnend etwa *Kohte* AuA 1997, 171; *Annuß* BB 1999, 2559 f.; *Dauner-Lieb* SAE 1999, 47.

488 BAG 30. 8. 2000 (4 AZR 581/99), AP Nr. 12 zu § 1 TVG Bezugnahme auf Tarifvertrag (mit Anm. von *Waas*, a. a. O., und Anm. von *A. Stein*, SAE 2001, 15).

489 Vgl. schon BAG 19. 1. 2000 (4 AZR 752/98), EzA § 4 TVG Bundespost Nr. 11 (mit weiteren Nachweisen mit kritischer Anm. von *Annuß/Thüsing*); siehe auch BAG 30. 8. 2000 (4 AZR 581/99), AP Nr. 12 zu § 1 TVG Bezugnahme auf den Tarifvertrag (mit Anm. von *Waas*, a. a. O., und kritischer Anm. von *A. Stein*, SAE 2001, 15); BAG 4. 8. 1999 (5 AZR 642/98), EzA § 613a BGB Nr. 184 (mit zustimmender Anm. von *Rolfs*); dazu den Besprechungsaufsatz von *B. Gaul*, BB 2000, 1086; BAG 4. 9. 1996 (4 AZR 135/95), EzA § 3 TVG Bezugnahme auf Tarifvertrag Nr. 7 (mit zustimmender Anm. von *Buchner* und *Gaul*); BAG 20. 3. 1991, AP Nr. 20 zu § 4 TVG Tarifkonkurrenz; LAG Köln NZA-RR 1998, 549; a. A. LAG Frankfurt am Main, NZA-RR 2000, 93.

490 Dazu, dass eine Gleichstellungsabrede schon definitorisch bei Bezugnahmen nicht tarifgebundener Arbeitgeber ausscheidet siehe BAG 1. 12. 2004 (4 AZR 50/04), DB 2005, 778 = NZA 2005, 478; BAG 25. 9. 2002 (4 AZR 294/01), EzA § 3 TVG Bezugnahme auf Tarifvertrag Nr. 24 = NZA 2003, 807 (für bloßes Gastmitglied im Arbeitgeberverband); BAG 5. 12. 2001 (10 AZR 197/01), EzA § 3 TVG Bezugnahme auf Tarifvertrag Nr. 18 = NZA 2002, 640 (LS).

491 BAG 26. 9. 2001 (4 AZR 544/00), AP Nr. 21 zu § 1 TVG Bezugnahme auf Tarifvertrag (mit ablehnender Anm. von *Thüsing*, a. a. O., und *Gravenhorst*, EzA § 3 TVG Bezugnahme auf Tarifvertrag Nr. 19, sowie mit kritscher Anm. von *Lambrich*, BB 2002, 1264 und von *Bayreuther*, DB 2002, 1005).

tergerichten, geäußerte Kritik zu widerlegen.[492] Der vom Arbeitgeber verfolgte Zweck, die Interessenlage und die »soziotypische« Ausgangslage sprächen für eine solche nicht auf den Wortlaut des (Formular)Arbeitsvertrags abstellende Auslegung. Sie rechtfertige sich daraus, dass der – tarifgebundene – Arbeitgeber bei der Einstellung nicht nach der Gewerkschaftszugehörigkeit des Arbeitnehmers fragen dürfe. Daher müsse er, um die erstrebte Gleichstellung von tarifgebundenen und nicht tarifgebundenen Arbeitnehmern zu erreichen, in alle Arbeitsverträge die Bezugnahmeklausel aufnehmen. Die Bezugnahme solle die fehlende Tarifgebundenheit des Arbeitnehmers ersetzen; der Arbeitnehmer solle so gestellt werden, als sei er tarifgebunden. Sie habe zur Folge, dass der Arbeitnehmer an der Tarifentwicklung teilnimmt, wie wenn er tarifgebunden wäre. Damit trage die Verweisung auch gegenüber Tarifungebundenen nicht mehr, wenn ein neuer Tarifvertrag infolge Verbandsaustritts des Arbeitgebers für die Gewerkschaftsmitglieder nicht wirkt. Interessen des Arbeitnehmers seien bei dieser Auslegung nicht verletzt, da in der Regel keine Anhaltspunkte dafür bestünden, dass der Arbeitnehmer sich über die Gleichstellung mit den Gewerkschaftsmitgliedern hinaus eine dauerhafte Teilhabe an der Tarifentwicklung sichern wolle. Wolle er das, stehe es ihm frei, auf einer »arbeitgeberverbandsaustrittsfesten« Bezugnahmeklausel zu bestehen. Der Arbeitnehmer habe es kraft seines Rechts, den Arbeitgeber nach seiner Verbandszugehörigkeit zu befragen, in der Hand, Schwierigkeiten, die Bezugnahmeklausel zu bewerten, auszuräumen.[493] Auch die Unklarheitenregel greife nicht, da angesichts der Interessenlage und der »soziotypischen« Ausgangslage Zweifel an der Auslegung der Bezugnahmeklausel nicht als berechtigt anerkannt werden könnten. Allein die Möglichkeit einer eindeutigeren Formulierung begründe noch keinen Zweifel im Sinne der Unklarheitenregel.

**184** Soweit die Klausel in Arbeitsverträgen mit tarifgebundenen Arbeitnehmern verwandt werde, komme es auch bei einem **Verbandsaustritt** des Arbeitgebers nicht darauf an, ob man sie als konstitutiv oder als deklaratorisch auffasst (dazu § 3 Rn. 199). Denn nach der Auslegung des Gerichts soll sie nur die fehlende Tarifgebundenheit des Arbeitnehmers überwinden. Die fehlende Tarifgebundenheit des Arbeitgebers könne sie nicht ersetzen. Das bedeutet, dass auch Gewerkschaftsmitglieder keine Ansprüche aus dem Verbandsaustritt des Arbeitgebers nachfolgenden Verbandstarifverträgen haben.[494]

**185** Einen Schritt weiter noch geht die Annahme, eine Gleichstellungsklausel liege insgesamt auch dann vor, wenn von den mit dem tarifgebundenen Arbeitgeber begründeten Arbeitsverhältnissen **nur ein Teil in den räumlichen Geltungsbereich** des Tarifvertrags **fällt**, auf den verwiesen wurde.[495] Beschäftigt ein regional organisierter und an ein regionales Tarifwerk gebundener Arbeitgeber außerhalb

---

492 BAG 19.3.2003 (4 AZR 331/02), NZA 2003, 1207; BAG 16.10.2002 (4 AZR 467/01), EzA § 3 TVG Bezugnahme auf Tarifvertrag Nr. 22; BAG 20.2.2002 (4 AZR 123/01), EzA § 3 TVG Bezugnahme auf Tarifvertrag Nr. 20 = NZA 2003, 933 (Parallelentscheidungen vom selben Tag 4 AZR 741/00 und 124/01); BAG 21.8.2002 (4 AZR 263/01), EzA § 3 TVG Bezugnahme auf Tarifvertrag Nr. 21 = NZA 2003, 443; siehe auch BAG 27.11.2002 (4 AZR 661/01), NZA 2003, 1296 (LS). Vgl. auch ArbG Ulm 12.2.2004 (1 CA 201/03), NZA-RR 2004, 421, nicht rechtskräftig: Verneinung einer Gleichstellungsabrede wegen Vorliegens besonderer Umstände.

493 Ausf. BAG 19.3.2003 (4 AZR 331/02), NZA 2003, 1207.

494 Vgl. zusammenfassend und mit weiteren Nachweisen BAG 27.11.2002 (4 AZR 540/01), AP Nr. 29 zu § 1 TVG Bezugnahme auf Tarifvertrag = NZA 2003, 1278.

495 BAG 21.8.2002 (4 AZR 263/01), EzA § 3 TVG Bezugnahme auf Tarifvertrag Nr. 21 = NZA 2003, 443.

dieses Gebietes Arbeitnehmer und unterliegen diese Arbeitsverhältnisse selbst bei Gewerkschaftszugehörigkeit des Arbeitnehmers nicht jenen Tarifverträgen, so soll die Verweisung auf den Tarifvertrag auch insoweit Gleichstellungsfunktion haben. Die Klausel ersetzt also nicht mehr nur die fehlende Tarifbindung des Arbeitnehmers[496], sondern sie wird auch als gleichstellend für Arbeitnehmer in einem anderen Tarifgebiet aufgefasst, seien sie organisiert oder nicht.

**Stellungnahme**: Die oben angeführte Rechtsprechung ist von Anfang an auf Widerspruch aus dem Schrifttum gestoßen[497]; sie hat sich jedoch als weitgehend kritikresistent erwiesen. Die Meinungsverschiedenheit geht im Wesentlichen nicht um die Rechtsfolgen einer Gleichstellungsabrede, sondern um die Voraussetzungen, unter denen eine dynamische Verweisung im Arbeitsvertrag eines tarifgebundenen Arbeitgebers als Gleichstellungsabrede auszulegen ist. **186**

Entgegen der Auffassung des BAG **trägt der Arbeitgeber das Risiko**, wenn der Wortlaut der Klausel den von dem Arbeitgeber als Formulierendem gewünschten Zweck nicht herbeiführen kann. Das ergibt sich bereits aus der Unklarheitenregel, die allgemein den trifft, der einen Vertragstext bestimmt; für Formular(arbeits)verträge gilt dies aufgrund des speziellen § 305c Abs. 2 BGB in Verbindung mit § 310 Abs. 4 Satz 2 BGB. Das Motiv des Arbeitgebers für die Formulierung der Klausel kann die Auslegung nicht steuern[498] – wobei noch dahin steht, ob im Zeitpunkt der Vorformulierung ein solches Motiv (Vorsorge für den Fall des Verbandsaustritts oder den der Betriebsveräußerung) überhaupt vorlag. Sowohl gegenüber dem Argument, der Arbeitgeber dürfe nicht nach der Gewerkschaftszugehörigkeit fragen als auch hinsichtlich der Vorsorge für den Fall des Verbandsaustritts ist festzustellen, dass der Arbeitgeber es in der Hand hat, durch entsprechende Formulierungen das Gewollte zum Vertragsinhalt werden zu lassen.[499] Gerade diesen Gesichtspunkt hat der Vierte Senat ausschlaggebend sein lassen, als er eine spezielle dynamische Verweisung nicht als Verweisung auf den jeweils für den Betrieb geltenden Tarifvertrag auslegte[500] (siehe § 3 Rn. 182). Von den Füßen auf den Kopf gestellt werden die faktischen wie die rechtlichen Verhältnisse, wenn der Arbeitnehmer bei eindeutigem Wortlaut einer vom Arbeitgeber vorgefertigten dynamischen Verweisungserklärung gezwungen sein soll, diese Eindeutigkeit durch Forderung nach einer »arbeitgeberverbandsaustrittsfesten« Formulierung (erst) herbeizuführen.[501] Es kann also nur auf die **allgemeinen Grundsätze** zurückgegriffen werden. Zu fragen ist, wie ein verständiger Arbeitnehmer bei Würdigung der gesamten Umstände die Klausel verstehen **187**

---

496 So aber die ständige Formulierung des 4. Senats, vgl. die Nachweise zur vorigen Rn. und zudem BAG 16.10.2002 (4 AZR 467/01), EzA § 3 TVG Bezugnahme auf Tarifvertrag Nr. 22 = NZA 2003, 390, wo im ersten Orientierungssatz insoweit zutreffend formuliert wird, die Gleichstellungsabrede ersetze nur die ungeklärt gebliebene Tarifgebundenheit des Arbeitnehmers.

497 Vgl. etwa neben den bereits zuvor und in den folgenden Fußnoten Angeführten, jeweils mit weiteren Nachweisen, *Annuß*, AuR 2002, 362ff.; *Lambrich*, BB 2002, 1267ff.; *A. Stein*, AuR 2003, 362ff.; *Thüsing*, NZA 2003, 1185; *Wulff*, AiB 2004, 293f.; zustimmend *Hanau/Kania*, FS Schaub, 246; *Kania*, SonderBeilage zu NZA 3/2000, 45ff. (durchgängig); siehe aber auch die Kritik *Hanaus*, NZA 2005, 489; *Reichel*, Bezugnahme, 82, sowie *Schliemann* (früherer Vorsitzender Richter des 4. Senats), SonderBeilage zu NZA 16/2003, 7f. Im Ergebnis der Rechtsprechung beipflichtend, jedoch den Weg über eine ergänzende Auslegung nehmend *Henssler/Heiden*, RdA 2004, 241.

498 Zutreffend *Lambrich* BB 2002, 1267, 1268; *Thüsing/Lambrich* RdA 2002, 193, 200; siehe zudem die bei Rn. 182f. nachgewiesenen Urteilsanmerkungen; vgl. auch LAG Frankfurt am Main, NZA-RR 2000, 93.

499 Dazu auch *Annuß*, AuR 2002, 364.

500 BAG 30.8.2000 (4 AZR 581/99), AP Nr. 12 zu § 1 TVG Bezugnahme auf Tarifvertrag (mit Anm. von *Waas*, a.a.O., und *A. Stein*, SAE 2001, 15).

501 Zutreffend die klare, in der Wortwahl maßvolle Kritik bei *Thüsing/Lambrich* RdA 2002, 199.

musste. Im Gegensatz zur Annahme des BAG vermag dieses Auslegungsverfahren – auch bei Berücksichtigung der »soziotypischen Ausgangslage«[502] – nicht dazu zu führen, dass bei jeder formularmäßigen arbeitsvertraglichen Vereinbarung der Anwendung der für den Arbeitgeber einschlägigen, konkret benannten Tarifverträge regelmäßig von einer Gleichstellungsabrede auszugehen ist. Das gilt umso mehr, als auch nicht tarifgebundene Arbeitgeber dynamische Verweisungen auf Tarifverträge in Arbeitsverträgen aufnehmen[503], wobei die Angleichung der Rechtsstellung des tarifungebundenen Arbeitnehmers an die des Gewerkschaftsmitglieds gar nicht intendiert sein kann. Der Arbeitnehmer ist nicht gehalten, zur Sinnermittlung einer Klausel bei Begründung des Arbeitsverhältnisses zunächst den Arbeitgeber nach seiner Zugehörigkeit zum Arbeitgeberverband zu befragen.[504] – Ein nicht geoffenbarter Vorbehalt, die Verweisung solle nur gelten, solange der Arbeitgeber Verbandsmitglied ist, wäre ohnedies nach § 116 BGB unbeachtlich.[505]

**188** Bei **tarifgebietsübergreifenden Unternehmen**, die nur an dieses regionale Tarifwerk gebunden sind, hat die Verweisung auf die dann örtlich nicht einschlägigen Tarifverträge in Arbeitsverhältnissen außerhalb des Tarifgebiets eine andere Zielrichtung als die, Gleichstellung der tarifungebundenen mit den tarifgebundenen Arbeitnehmern herbeizuführen (siehe auch oben § 3 Rn. 183). Angestrebt ist eine unternehmenseinheitliche Gestaltung der Arbeitsbedingungen, wobei dem insoweit nicht einschlägigen Flächentarif Leitfunktion gegeben wird. Weder das Argument, der Arbeitgeber dürfte nicht nach der Gewerkschaftszugehörigkeit fragen, noch das, er wolle nicht zum Gewerkschaftseintritt anreizen, zählt hier. Die Klausel ersetzt auch nicht die fehlende Tarifbindung des Arbeitnehmers; sie allein kann vielmehr nur den Inhalt des Tarifvertrags in das Arbeitsverhältnis einführen. Damit ist die Situation nicht anders als bei einer Verweisung durch den tarifungebundenen Arbeitgeber, der auch nach der Rechtsprechung des Bundesarbeitsgerichts keine Gleichstellungsfunktion zukommt (oben § 3 Rn. 181 f.). Wenn das BAG dem mit der lakonischen Feststellung begegnet, »fachfremdes« Tarifwerk stehe »ortsfremden« nicht gleich[506], bewegt es sich auf rein begrifflicher Ebene. Die oben geäußerten Bedenken gegen die Auslegung (und ihre Konsequenzen) bestehen hier in noch stärkerem Maße.

### 8. Rechtsfolgen der Bezugnahme

#### a) Allgemeine Rechtsfolgen

**189** Die Bezugnahme auf den Tarifvertrag bewirkt, dass auf individualrechtlicher Ebene **grundsätzlich gleiche Rechte und Pflichten** bestehen wie bei tarifgebundenen Arbeitnehmern.[507] Allerdings ergeben sich für die Rechtsfolgen Unter-

---

502 Es ist unklar, ob damit das zivilrechtlich in anderem Zusammenhang bedeutsame (bzw. bedeutsam gewesene) sozialtypische Verhalten gemeint ist und welche Konsequenzen daraus erwachsen sollen. Ein Bezug auf die Memetik war sicher nicht beabsichtigt.

503 Zu den weiteren Gründen, welche eine Bezugnahme motivieren siehe *Thüsing/Lambrich* RdA 2002, 200.

504 Schon das Fragerecht des Arbeitnehmers verneint *Boemke*, NZA 2004, 142; anderer Ansicht offensichtlich BAG 19.3.2003 (4 AZR 331/02), NZA 2003, 1207; *Rieble*, GS Heinze, 692 f.

505 LAG Frankfurt am Main 23.3.1999 NZA-RR 2000, 93.

506 BAG 21.8.2002 (4 AZR 263/01), EzA § 3 TVG Bezugnahme auf Tarifvertrag Nr. 21 = NZA 2003, 443.

507 Allgemeine Meinung: z. B. LAG Frankfurt am Main 24.3.1971, BB 1972, 359; für Tarifverträge des öffentlichen Dienstes: BAG 21.10.1992, AP Nr. 27 zu § 23 a BAT; ständige Rechtsprechung.

schiede, die aus dem verschiedenartigen Rechtsgeltungsgrund resultieren (siehe auch § 4 Rn. 6).

Für die Auflösung eines **Widerspruchs** zwischen der individualarbeitsvertraglichen Vereinbarung und dem in Bezug genommenen Tarifvertrag kommen verschiedene Lösungen in Betracht, auch je nachdem, ob die Einzelabrede günstiger ist als der Tarifvertrag oder nicht. Grundsätzlich muss der **Vorrang der Individualabrede** nach § 305b BGB einsetzen, da der Arbeitgeber mit der Verweisung auf den Tarifvertrag Allgemeine Geschäftsbedingungen im Sinne des § 305 Abs. 1 BGB verwendet (vgl. auch § 310 Abs. 4 Satz 1 BGB). Eine günstigere Individualabrede setzt sich gegenüber dem verwiesenen Tarifvertrag durch. Auf das Günstigkeitsprinzip des § 4 Abs. 3 TVG ist nicht zurückzugreifen, zumal dieses nur anwendbar ist, wenn der Tarifvertrag normativ wirkt. Entsprechendes ist ausschlaggebend im umgekehrten Fall, bei der ungünstigeren Einzelabrede. Sie scheitert nicht an der zwingenden Wirkung des Tarifvertrags; § 4 Abs. 1 TVG findet nur bei dessen normativer Geltung Anwendung. Soll die Verweisung auf den Tarifvertrag durch einen tarifgebundenen Arbeitgeber im Sinne einer Gleichstellungsabrede (§ 3 Rn. 181) gewerkschaftsangehörige und tarifungebundene Arbeitnehmer gleichstellen, so wäre individualvertragliche Abweichungen zu Ungunsten des Arbeitnehmers vermieden, wenn inhaltlich zugleich die Wirkungen des § 4 Abs. 1 TVG vereinbart wären. Der Ausschluss des Vorrangs der Individualabrede ist durch allgemeine arbeitsvertragliche Bedingungen jedoch nicht herbeizuführen. In jenen Fällen, in denen die vom Tarifvertrag abweichende Vereinbarung ihrerseits in einem Formulararbeitsvertrag enthalten ist, greift der Vorrang der Individualabrede nicht. Zumindest dort, wo eine Gleichstellungsabrede vorliegt, würde sich über eine Mitvereinbarung der Wirkungen des § 4 TVG letztlich die jeweils günstigere Regelung durchsetzen. 190

Ob auf tarifliche Rechte, die über eine Bezugnahme im Arbeitsvertrag vereinbart wurden, **verzichtet** werden kann, ist streitig.[508] § 4 Abs. 4 Satz 1 TVG schließt das für tarifliche Rechte prinzipiell aus. Hierbei handelt es sich um eine Sonderregelung als Konsequenz der zwingenden Wirkung des Tarifvertrages. Nach den Grundsätzen der Vertragsfreiheit, die für derartige Bezugnahmevereinbarungen im Arbeitsvertrag gelten, muss deshalb prinzipiell ein Verzicht möglich sein (vgl. § 397 BGB). Grenzen ergeben sich aus allgemeinen vertragsrechtlichen Prinzipien (§ 138 BGB), z.B. bei Ausübung eines unzulässigen Drucks durch den Arbeitgeber. Für einen darüber hinausgehenden Vertrauensschutz der Außenseiter gibt es keinen Anhaltspunkt, da sie bewusst die in Bezug genommenen Regelungsinhalte der individualrechtlichen Rechtsgeltung unterstellen[509] (siehe auch § 4 Rn. 7). Der Hinweis darauf, die Arbeitsvertragsparteien hätten in der Regel auch die Wirkungen des § 4 Abs. 4 Satz 1 TVG vereinbart[510], hilft im Übrigen nicht weiter, da die Vereinbarung insoweit privatautonom aufgehoben werden könnte. Zudem erscheint ein dahingehender Regelungswille selbst bei einer Gleichstellungsabrede fraglich, da die Vertragparteien mit ihr wohl nur den Inhalt des Tarifvertrags, nicht aber die gesetzliche Ausgestaltung der Rechtsdurchsetzung vereinbaren wollen. 191

508 Streitstand bei Wiedemann/*Oetker*, § 3 Rn. 246; bejahend Wiedemann/*Wank* § 4 Rn. 672; *v. Hoyningen-Huene*, RdA 1974, 150.

509 Zutreffend *Etzel*, NZA 1987, Beilage 1, 28.

510 Wiedemann/*Oetker*, § 3 Rn. 246; *Gamillscheg*, Kollektives Arbeitsrecht I, § 17 II 3.

192 Im Hinblick auf gesetzliche **Zulassungsnormen** wird ein **Teilverzicht** auf einzelne Bestimmungen (z.B. der Kündigung-, Lohnfortzahlungs- und Urlaubsregelungen) von der herrschenden Meinung abgelehnt, weil dies gerade dem Zweck der Einheitlichkeit mit allen Vor- und Nachteilen widersprechen würde.[511] Durch Auslegung wird zu ermitteln sein, ob gegebenenfalls ein grundsätzlich zulässiger Gesamtverzicht (§ 3 Rn. 191) von den Parteien gewollt war.

193 Hinsichtlich des – praktisch wohl seltenen – Falles der **Verwirkung** von Rechten, die durch Bezugnahme auf einen Tarifvertrag begründet wurden, gilt im Grundsatz Entsprechendes wie beim Verzicht (§ 3 Rn. 191). § 4 Abs. 4 Satz 2 TVG, der die Verwirkung von tariflichen Rechten ausschließt, ist als Ausfluss der zwingenden Wirkung des Tarifvertrages eine Sonderregelung und auf Verweisungen deshalb grundsätzlich nicht anwendbar. Wenn die Parteien der Bezugnahme die individualrechtliche Grundlage für die Anwendung der Tarifnormen gewählt haben, müssen sie insoweit auch die allgemeinen zivilrechtlichen Grundsätze über die Verwirkung von Rechten gegen sich gelten lassen.[512]

194 Nach § 4 Abs. 4 Satz 3 TVG können **Ausschlussfristen** für tarifliche Rechte nur im Tarifvertrag vereinbart werden. Deshalb kann zweifelhaft sein, ob eine Bezugnahme im Individualarbeitsvertrag möglich ist.[513] Selbst bei allgemeinen rechtskonstruktiven Bedenken ist wegen der Unzulässigkeit eines Teilverweises auf lediglich günstige Tarifnormen (§ 3 Rn. 173) der befürwortenden Ansicht zuzustimmen. § 4 Abs. 4 Satz 3 stellt kein generelles Verbot von individualarbeitsvertraglichen Ausschlussfristen dar, sondern schützt lediglich tarifliche Ansprüche vor untertariflichem Ausschluss. Da die über eine Bezugnahme geltenden Bestimmungen des Tarifvertrags in ihrer Rechtsnatur Individualvereinbarungen sind, besteht kein aus der genannten Vorschrift folgender Grund, sie nicht einer Ausschlussfrist zu unterwerfen. Mit über Verweisung geltenden Ausschlussfristen muss der Arbeitnehmer auch rechnen; Unwirksamkeit der Fristbestimmung gemäß §§ 310 Abs. 4 Satz 2, 305c BGB tritt nicht ein. Zur umstrittenen Frage, ob das NachwG verlangt, eine existierende Ausschlussfrist gesondert in der Vertragsniederschrift anzuführen (vgl. oben § 3 Rn. 164). Konsequenterweise sollte das zu verneinen sein, da auch bei tarifgebundenen Arbeitnehmern ein solcher Hinweis nicht erfolgen muss. Es genügt hier wie dort die in Abs. 1 Satz 1 bzw. Satz 2 Ziff. 10 der Bestimmung geforderte Benennung der anzuwendenden Tarifverträge.

195 Während zwischen tarifgebundenen Arbeitnehmern und Arbeitgebern die Rechtsnormen des Tarifvertrags gemäß § 4 Abs. 5 TVG nach seinem Ablauf weiter gelten, bis sie durch eine andere Abmachung ersetzt werden (zur Bedeutung dieser Bestimmung siehe § 4 Rn. 530ff.), tritt eine solche Folge bei Bezugnahmen auf einen Tarifvertrag nicht ohne weiteres ein. Es ist vielmehr eine Frage der **Auslegung**, ob mit dem **Ablauf des Tarifvertrags** die Bezugnahme wegen Fortfalls des verwiesenen Objekts wirkungslos werden soll oder nicht. Bei einer dynamischen Verweisung wird im Zweifel von der schlüssig vereinbarten Weitergeltung auszugehen sein, insbesondere dann, wenn erkennbar die Gleichstellung von organisierten und nicht organisierten Arbeitnehmern beabsichtigt war.[514] Für die

511 Nachweise bei *v. Hoyningen-Huene*, RdA 1974, 150.

512 A.A. die wohl herrschende Meinung, vgl. Wiedemann/*Oetker* § 3 Rn. 246; *v. Hoyningen-Huene*, RdA 1974, 151, mit weiteren Nachweisen.

513 Ablehnend *v. Hoyningen-Huene*, RdA 1974, 151; dafür z.B. LAG Hamm 12.1.1993, BB 1993, 1217.

514 BAG 26.1.2005 (10 AZR 331/04), NZR-RR 2005, 389.

statische Verweisung kommt es darauf an, inwieweit zumindest der im Tarifvertrag gewährte Besitzstand des Arbeitnehmers erhalten bleiben sollte. Das wird zumeist zu bejahen sein, zumal die Arbeitsvertragsparteien nicht an einem weitgehend ungeregelten Zustand interessiert sind.[515] Wurde die statische Verweisung auf der Grundlage gesetzlicher Zulassungsnormen vorgenommen, so ist mit dem Fortfall des Tarifvertrags und seiner Nachwirkung die Legitimation für eine Abweichung vom tarifdispositiven Recht entfallen; die Verweisung wird unwirksam. Demgegenüber kann nicht eingewandt werden, die Richtigkeitsgewähr des Tarifvertrags sei erhalten geblieben; der Fortfall des Tarifvertrags erfolgt regelmäßig, weil die Tarifvertragsparteien unter geänderten Bedingungen die gefundene Lösung nicht mehr als angemessen ansehen.

Verweisungen in Arbeitsverträgen, die im **öffentlichen Dienst** abgeschlossen **196** werden, wirken nach – möglicherweise missverständlicher – Auffassung des BAG regelmäßig nur deklaratorisch, da der Arbeitnehmer annehmen müsse, dass ihm der Arbeitgeber die Leistungen gewähren will, zu denen er gesetzlich oder tariflich verpflichtet ist; im Zweifel gelte Normvollzug.[516] So soll der BAT-O für ein Arbeitsverhältnis, das in dessen Geltungsbereich fällt, anzuwenden sein, auch wenn auf BAT verwiesen ist[517]; ein irrtümlich nach der arbeitsvertraglichen Verweisung auf eine Tarifgruppe zu hoch eingruppierter Arbeitnehmer muss die Rückgruppierung hinnehmen.[518] Nimmt man hier nicht Geltung der Tarifverträge kraft betrieblicher Übung an[519], dann könnten Ausschlussfristen, die gegen den nicht tarifgebundenen Arbeitnehmer laufen sollen, nicht begründet werden; für die Pfändung tariflicher Positionen fehlte der Anspruch.

Wird ein Tarifvertrag für **allgemeinverbindlich** erklärt, so gelten die in Bezug **197** genommenen Normen nunmehr als tarifliche; die Bezugnahmeklausel wird also für die Laufzeit des Tarifvertrages überlagert.[520]

## b) Rechtsfolgen bei Inkrafttreten eines neuen Tarifvertrags

Tritt ein neuer Tarifvertrag in Kraft, so ist es bei nur einseitiger oder bei beidseitig **198** fehlender Tarifgebundenheit im Falle der statischen Verweisung eine Frage der Auslegung, ob die in Bezug genommene Rechtsordnung des Vorgängertarifvertrags weiter gilt oder ersatzlos entfällt (§ 3 Rn. 195). Erfolgte eine dynamische Verweisung wird der Inhalt des neuen Tarifvertrags den bisherigen verwiesenen Text ersetzender Inhalt des Arbeitsvertrags, verschlechternd wie verbessernd. Die Arbeitsbedingungen tarifgebundener und nicht tarifgebundener Arbeitnehmer sind synchronisiert; bei Gewerkschaftsmitgliedern kommt es nicht darauf an, ob die mit ihnen vereinbarte Verweisung konstitutiv oder nur deklaratorisch ist.

Die Wirkungen einer Bezugnahme auf den einschlägigen Tarifvertrag **bei bei-** **199** **derseitiger Tarifgebundenheit** ist im Übrigen weitgehend ungeklärt.[521] Enthält der neue Tarifvertrag Verbesserungen für Arbeitnehmer, gelten sie in dieser Arbeitsbeziehung jedenfalls gemäß § 4 Abs. 1 Satz 1 TVG. Unerheblich ist dabei,

515 Im Ergebnis h.M., vgl. Wiedemann/*Oetker*, § 3 Rn. 247; *Gamillscheg*, Kollektives Arbeitsrecht I, § 17 II 3.
516 Mit weiteren Nachweisen BAG 16.11.2000 (6 AZR 377/99), AP Nr. 17 zu § 1 BAT-O (mit Anm. von *Kamanabrou*); BAG 29.6.2000 (6 AZR 165/99), ZTR 2001, 509.
517 BAG 16.11.2000 (6 AZR 377/99), AP Nr. 17 zu § 1 BAT-O.
518 BAG 11.6.1997 (10 AZR 724/95), AP Nr. 6 zu § 20 BMT-G II = EzA § 4 TVG Eingruppierung Nr. 7.
519 So etwa Wiedemann/*Oetker*, § 3 Rn. 274.
520 *G. Müller*, RdA 1990, 324.
521 *Gamillscheg*, Kollektives Arbeitsrecht I, § 17 II 1a: »eine offene Wunde der Dogmatik«.

ob eine statische oder dynamische Verweisung vorliegt. Die Frage nach den Konsequenzen einer Verweisung gewinnt dann Bedeutung, wenn bei einer statischen Verweisung der spätere Tarifvertrag Verschlechterungen für Arbeitnehmer enthält oder, gleichgültig ob statisch oder dynamisch verwiesen ist, wenn die Tarifgebundenheit entfällt. Wurde statisch verwiesen und wirkt die Bezugnahme auch gegenüber Gewerkschaftsmitgliedern, so könnte das bei einer späteren tariflichen Verschlechterung gemäß § 4 Abs. 3 TVG zum Erhalt der alten Bedingungen führen. Nicht selten wird allerdings als Ergebnis einer Auslegung der Verweisungsklausel angenommen, die Bezugnahme sei gegenüber Gewerkschaftsmitgliedern regelmäßig nur deklaratorisch, falls ihr Zweck Gleichstellung ist, also nicht ein Mindestschutz mit ihr beabsichtigt sei.[522] Es wird zunehmend jedoch auch vertreten, die Klausel sei in diesem Fall konstitutiv und führe zu verschiedenen Anspruchsgrundlagen mit derselben Rechtsfolge[523] oder sie werde konstitutiv, sobald die beiderseitige Tarifgebundenheit nicht mehr besteht.[524] Damit scheint in der Tat vermieden, dass es zu einer Besserstellung der nicht organisierten Arbeitnehmer kommt. Entsprechendes gilt von der zutreffenden Annahme, die Verweisung sei auch gegenüber tarifgebundenen Arbeitnehmern stets konstitutiv, werde aber, da nicht günstiger, durch den normativ wirkenden Tarifvertrag verdrängt und lebe als andere Abmachung im Sinne des § 4 Abs. 5 TVG wieder auf, falls der Arbeitgeber aus dem Arbeitgeberverband austritt und der Tarifvertrag nach § 3 Abs. 3 TVG endet.[525] Die (einfache) Vertragsauslegung wird allerdings an dieser Stelle häufig überfordert sein.[526]

### c) Rechtsfolgen bei Verbandsaustritt bzw. -wechsel des Arbeitgebers

**200** Der **Verbandsaustritt des Arbeitgebers** führt dazu, dass sich nach der Beendigung des Tarifvertrags die Bezugnahme auf nachwirkende Tarifnormen erstrecken müsste (vgl. allgemein § 4 Rn. 535). Ob das der Fall sein soll, muss durch Auslegung ermittelt werden (§ 3 Rn. 168 und Rn. 170). Hiervon ist im Zweifel auszugehen.[527] Entsprechendes gilt bei einem **Verbandswechsel** des Arbeitgebers. Allerdings will das BAG in einem solchen Fall eine Verweisungsklausel, die auf einen konkret benannten Tarifvertrag in seiner jeweiligen Fassung verweist, dahingehend ergänzend auslegen, dass die Verweisung auf den jeweils für den Betrieb geltenden Tarifvertrag erfolgt sei (so genannte große dynamische Verweisungsklausel)[528]; das solle jedenfalls dann gelten, wenn die Tarifverträge

522 *Schwab* BB 1994, 783; *Frieges*, DB 1996, 1282. Auch die Rechtsprechung wurde gelegentlich in diesem Sinne interpretiert.

523 Etwa BAG 19.3.2003 (4 AZR 331/02), NZA 2003, 1207; wohl auch BAG 26.9.2001 (4 AZR 544/00), EzA § 3 TVG Bezugnahme auf Tarifvertrag Nr. 19; siehe auch BAG 24.11.1999 (4 AZR 666/98), AP Nr. 34 zu § 4 TVG Nachwirkung (insoweit zustimmende Anm. von *Jacobs*); *Seitz/Werner* NZA 2000, 1260, mit weiteren Nachweisen.

524 Wiedemann/*Oetker*, § 3 Rn. 231 f.; insgesamt zweifelnd *Gamillscheg*, Kollektives Arbeitsrecht I, § 17 II 3.

525 *Thüsing/Lambrich*, RdA 2002, 204 f.

526 Vgl. auch *Hanau/Kania*, FS Schaub, 248, die im Zweifel konstitutive Vereinbarung annehmen; *Kania* NZA 2000, SonderBeilage zu Heft 3, 46; ebenso *Annuß/Thüsing*, Anm. zu BAG 19.1.2000 (4 AZR 752/98), EzA § 4 TVG Bundespost Nr. 11.

527 Zutreffend LAG Frankfurt am Main, ZTR 2000, 25; LAG Düsseldorf, ZTR 2000, 267; LAG Hamm, NZA-RR 1999, 315.

528 BAG 4.9.1996 (4 AZR 135/95), EzA § 3 TVG Bezugnahme auf Tarifvertrag Nr. 7 (mit im Ergebnis zustimmender Anm. von *Buchner*; *Gaul*); zustimmend *Seitz/Werner*, NZA 2000, 1263; *B. Gaul*, NZA 1998, 13; kritische Anm. von *Kohte*, AuA 1997, 171 und *Danne* SAE 1998, 111; *Hanau/Kania*, FS Schaub, 247; ablehnend *Thüsing/Lambrich* RdA 2002, 207 f.

von derselben Gewerkschaft abgeschlossen wurden. Gegen die Auffassung des BAG spricht, dass ein dahingehender hypothetischer Parteiwille, der bei einer ergänzenden Auslegung vorliegen muss, auf Arbeitnehmerseite nicht erkennbar ist.[529] Von daher erscheint der Streit darüber, ob die ergänzende Auslegung auch zulässig sei, wenn eine konkurrierende Gewerkschaft den Tarifvertrag mit dem neuen Arbeitgeberverband geschlossen hat[530] bedeutungslos. Im Übrigen ist es angesichts der späteren Absetzbewegung von dieser Entscheidung (vgl. § 3 Rn. 182) in den Fällen der Betriebsveräußerung zweifelhaft, ob das BAG bei erneuter Befassung mit dieser Frage hieran festhalten würde.

**Nach dem Austritt** aus dem Verband von diesem **abgeschlossene Tarifverträge** **201**
werden durch die dynamische Verweisung nicht mehr erfasst, wenn es sich bei ihr um eine Gleichstellungsabrede handelt. Es gelten weiterhin noch die Bedingungen des Tarifvertrags, an den der Arbeitgeber vor dem Verbandsaustritt gebunden war.[531] Für den tarifgebundenen Arbeitnehmer folgt das aus der sich an die Weitergeltung gemäß § 3 Abs. 3 TVG anschließenden Nachwirkung des Tarifvertrags, für den nicht tarifgebundenen aus der Gleichstellungswirkung.[532] Von einer Gleichstellungsabrede ist jedoch nur auszugehen, wenn die Vertragsauslegung dies ergibt. Bestehen hierfür keine weiteren Anhaltspunkte, behält die Bezugnahmevereinbarung ihre Wirkung; da die Verbandsmitgliedschaft des Arbeitgebers in der Regel keine Vertragsgrundlage darstellt, kann diese auch nicht entfallen.[533] Demgegenüber vertritt das BAG die Auffassung, dies sei bei der dynamischen Verweisung auf den einschlägigen Tarifvertrag in einem von einem tarifgebundenen Arbeitgeber vorformulierten Vertrag typischerweise anzunehmen (siehe Nachweise bei § 3 Rn. 183).[534]

Das Gesagte gilt entsprechend im Falle eines **Verbandswechsels** des Arbeit- **202**
gebers bzw. beim Wechsel vom Firmentarif zum Verbandstarif. Eine Umgestaltung der arbeitsvertraglichen Bedingungen in solche des anderen Tarifsystems, an das der Arbeitgeber jetzt gebunden ist, tritt nur bei der »großen« dynamischen Verweisungsklausel (Tarifwechsel- oder Transformationsklausel; Beispiel: Der jeweils gültige Tarifvertrag findet Anwendung) ein. Dabei muss der ursprünglich angewandte Tarifvertrag auch einschlägig und der Arbeitgeber an ihn gebunden gewesen sein.[535] Unklar ist die Begründung für eine Gleichstellungsfunktion, wenn bei einem Verbandswechsel des Arbeitgebers der neue Verband mit einer anderen Gewerkschaft einen Tarifvertrag geschlossen hat, da »richtig« organisierte Arbeitnehmer, mit denen eine Gleichstellung erfolgen soll, in aller Regel nicht vorhanden sein werden. Hier würde wahrscheinlich mit einer künftigen Gleichstellung argumentiert.

---

529 Vgl. auch *Schaub* ZTR 2000, 261.

530 Verneinend *Kania*, NZA 2000, SonderBeilage zu Heft 3, 48; gegen ihn *Seitz/Werner* NZA 2000, 1264.

531 BAG 19.3.2003 (4 AZR 331/02), NZA 2003, 1207; BAG 16.10.2002 (4 AZR 467/01), EzA § 3 TVG Bezugnahme auf Tarifvertrag Nr. 22; BAG 26.9.2001 (4 AZR 544/00), AP Nr. 21 zu § 1 TVG Bezugnahme auf Tarifvertrag (mit Anm. von *Thüsing*, a. a. O., von *Gravenhorst*, EzA § 3 TVG Bezugnahme auf Tarifvertrag Nr. 19, von *Lambrich*, BB 2002, 1264 und von *Bayreuther*, DB 2002, 1005).

532 Vgl. BAG 26.1.2005 (10 AZR 331/04), NZA-RR 2005, 389.

533 Auch insoweit zutreffend LAG Hamburg 15.11.2000, NZA 2001, 562; siehe auch *Thüsing/Lambrich* RdA 2002, 205 (Einzelfallbetrachtung).

534 In der Rechtsprechung der Instanzgerichte wie hier etwa LAG Düsseldorf, ZTR 2000, 267; LAG Frankfurt am Main, NZA-RR 2000, 93; LAG Hamm, NZA-RR 1999, 315; vgl. auch LAG Hamburg, NZA 2001, 562.

535 BAG 16.10.2002 (4 AZR 467/01), EzA § 3 TVG Bezugnahme auf Tarifvertrag Nr. 22.

### d) Rechtsfolgen bei einem Betriebsübergang

203 Die seit etwa einem Jahrzehnt stark angestiegenen Outsourcing-Prozesse in vielen Branchen führten im Zusammenhang mit der Regelung des § 613a BGB zunehmend zu Kontroversen darüber, welche Konsequenzen ein Betriebsübergang für die Arbeitsbedingungen hat, wenn arbeitsvertraglich eine Bezugnahmeklausel vereinbart ist. Parallel dazu entwickelte sich eine Kautelarpraxis, die das Ziel verfolgt, durch Gestaltung der Verweisungsklausel zu erreichen, dass für den Fall der Betriebsveräußerung die Arbeitsbedingungen der zu übernehmenden Arbeitnehmer ohne weiteres denen der beim Erwerber beschäftigten angeglichen war. Da in aller Regel insbesondere das Lohnniveau bei den Erwerberunternehmen niedriger ist, wird deren Bestreben darauf gerichtet sein, eine Absenkung zu erreichen. Zudem schlägt sich eine zusätzliche Kostenbelastung, die dem Erwerber aufgrund der nach § 613a übergehenden Arbeitsverhältnisse entsteht, in dem zwischen ihm und der Veräußerer zu vereinbarenden Kaufpreis nieder. Damit entsteht auch ein Interesse des Veräußerers daran, die Arbeitsverhältnisse im Hinblick auf einen Übergang zu flexibilisieren.[536]

204 Allgemeiner Ausgangspunkt der Problematik ist **§ 613a Abs. 1 BGB**. Nach dessen Satz 1 tritt der Erwerber bei einem rechtsgeschäftlichen Betriebsübergang in die Rechte und Pflichten der bestehenden Arbeitsverhältnisse ein.[537] Sind diese bei einem nicht tarifgebundenen Arbeitnehmer durch Bezugnahmeklauseln auf den im Veräußererunternehmen geltenden Tarifvertrag bestimmt, so bleiben sie in diesem Zustand erhalten, gleichgültig, ob es sich um eine statische oder eine dynamische Verweisung handelt. Nach dem Betriebsübergang erfolgte Änderungen des verwiesenen Tarifvertrags bleiben ohne Wirkung. Das ergibt sich aus der insgesamt begrenzenden Schutzfunktion des § 613a Abs. 1 Satz 1.[538] Da die Bezugnahme nur zur rechtsgeschäftlichen, nicht zu einer normativen Geltung des Tarifvertragsinhalts führt (§ 3 Rn. 153), kommt eine Veränderungssperre nach § 613a Abs. 1 Satz 2 nicht in Betracht; auch die entsprechende Anwendung des Satzes 3 ist ausgeschlossen.[539] Damit steht die arbeitsvertragliche Vereinbarung sofort zur Disposition der Arbeitsvertragsparteien, wobei der Arbeitnehmer einen beschränkten rechtlichen Schutz durch das Kündigungsverbot des § 613a Abs. 4 Satz 1 genießt. Faktisch wird er sich kaum bei Behalt des Arbeitplatzes langfristig einer Änderungsvereinbarung entziehen können.

205 Verweist dagegen der Arbeitsvertrag des nicht tarifgebundenen Arbeitnehmers auf den »für den Betrieb jeweils geltenden Tarifvertrag« (so genannte **große dy-**

536 Zu den einzelnen Konstellationen des Tarifwechsels und möglichen Klauselformulierungen etwa *C. Meyer*, NZA 2003, 1128ff.; *Bauer/Haußmann*, DB 2003, 610.

537 Zur mangelnden unmittelbaren oder entsprechenden Geltung bei gesetzlich angeordneten Übergängen – Post – siehe BAG 19.1.2000 (4 AZR 752/98), EzA § 4 TVG Bundespost Nr. 11.

538 Im Ergebnis ebenso BAG 21.8.2002 (4 AZR 263/01), EzA § 3 TVG Bezugnahme auf Tarifvertrag Nr. 21 = NZA 2003, 443; BAG 29.8.2001 (4 AZR 332/00), DB 2002, 431, allerdings mit der Tragweite einer – ohne weiteres angenommenen – Gleichstellungsklausel argumentierend; siehe auch BAG 20.6.2001 (4 AZR 295/00), NZA 2002, 517 = AP Nr. 18 zu § 1 TVG Bezugnahme auf Tarifvertrag.

539 Ausführlich *A. Stein*, SAE 2001, 20ff.; a.A. MünchKomm/*Schaub*, § 613a Rn. 195; *Henssler*, FS Schaub, 322; wie hier wohl h.M. etwa Wiedemann/*Oetker*, § 3 Rn. 278; *Hromadka/Maschmann/Wallner*, Tarifwechsel, Rn. 411ff.; *Staudinger/Richardi* § 613a Rn. 181; *ArbG Mainz* DB 1996, 2500; offen gelassen in BAG 30.8.2000 (4 AZR 581/99), AP Nr. 12 zu § 1 TVG Bezugnahme auf Tarifvertrag (mit Anm. von *Waas*, a.a.O., und Anm. von *A. Stein*, SAE 2001, 15).

**namische Verweisungsklausel** oder Tarifwechselklausel)[540], dann gelten nach herrschender Auffassung mit dem Betriebsübergang die Vorschriften des Tarifvertrags, der auf den Erwerberbetrieb Anwendung findet, als arbeitsvertragliche Vereinbarung. Ist beispielsweise die Kantine eines in öffentlicher Trägerschaft stehenden Krankenhauses auf ein Cateringunternehmen übergegangen, so sind für das Kantinenpersonal nun nicht mehr die Vorschriften des BAT, sondern die für das Gaststättengewerbe bestehenden Tarifregelungen anwendbar. Gilt in dem Erwerberbetrieb mangels Tarifbindung des Arbeitgebers kein Tarifvertrag und ist die Bezugnahmeklausel als Gleichstellungsabrede zu interpretieren, dann geht sie mit dem Betriebsübergang ins Leere.[541] Für die tarifgebundenen Arbeitnehmer werden die Normen des Tarifvertrags nach § 613a Abs. 1 Satz 2 BGB in dem Zustand, in dem sie sich bei Betriebsübergang befanden (»statisch«), zu arbeitsvertraglichen Regelungen.[542] Derselbe Rechtszustand tritt aufgrund der Gleichstellungsabrede bei jenen Arbeitnehmern ein, die nicht der Gewerkschaft angehören.

Auch wenn eine Klausel, die auf konkret benannte Tarifverträge in ihrer jewei- **206**
ligen Fassung verweist als Gleichstellungsabrede aufzufassen ist (vgl. oben § 3 Rn. 181 ff.), bedeutet dass nicht, dass die Rechtsfolge des Tarifwechsels bei Änderung des Betriebszwecks und/oder Betriebsübergang kraft Verweisungsautomatik eintritt. Nur wenn es **ausdrücklich vereinbart** ist oder weitere Umstände hierfür sprechen, kann angenommen werden, dass die Verweisungsklausel im Veräußerungsfall auch Tarifwerke einbeziehen soll, die im Erwerberbetrieb gelten.[543] Ist auf einen Tarifvertrag verwiesen, in dessen fachlichen Geltungsbereich weder der Betrieb noch das Unternehmen fällt, so scheidet ohne weiteres die Annahme einer großen dynamischen Verweisungsklausel aus.[544]

Die **Tarifwechselklausel** birgt bei einem Outsourcing von Betrieben oder Be- **207**
triebsteilen die **Gefahr**, dass es für nicht tarifgebundene Arbeitnehmer zu erheblichen Entgelteinbußen kommt, wenn der Übernehmer einer anderen Branche mit anderer Tarifstruktur angehört (»klassisches« Beispiel wie oben: Ein Krankenhaus, für das die Tarifverträge des öffentlichen Dienstes gelten, übergibt die Küche einem Gastronomiebetrieb). Während Gewerkschaftsmitglieder noch gewissen Schutz über § 613a Abs. 1 Satz 2 BGB erhalten, gleiten unorganisierte Arbeitnehmer ohne weiteres sofort über die Verweisungsklausel und § 613a Abs. 1 Satz 1 BGB in die Bezahlung nach dem für den Erwerber maßgeblichen Tarif.[545] Mit der Klausel führt der potenzielle Veräußerer zugleich eine Fernsteuerung der Personalkosten für den Fall des Betriebsübergangs herbei, die sich für ihn günstig im zu erzielenden Verkaufserlös für den Betrieb niederschlägt. Auch

540 Zu weit gehend *B. Gaul*, ZfA 2003, 96f., der im Wege der (ergänzenden) Auslegung offenbar eine Tarifwechselklausel selbst bei ausdrücklicher Benennung eines Tarifvertrags annimmt.

541 BAG 4.8.1999 (5 AZR 642/98), EzA § 613a BGB Nr. 184 (mit zustimmender Anm. von Rolfs); dazu Besprechungsaufsatz von *B. Gaul*, BB 2000, 1086.

542 BAG 16.10.2002 (4 AZR 467/01), EzA § 3 TVG Bezugnahme auf Tarifvertrag Nr. 22 = NZA 2003, 390; BAG 29.8.2001 (4 AZR 332/00), EzA § 613a BGB Nr. 201; siehe aber auch den Vorlagebeschluss an den EuGH des LAG Düsseldorf 8.10.2004 (9 Sa 817/04), DB 2005, 455.

543 BAG 30.8.2000 (4 AZR 581/99), AP Nr. 12 zu § 1 TVG Bezugnahme auf Tarifvertrag (mit Anm. von *Waas*, a.a.O., und Anm. von *A. Stein*, SAE 2001, 15), bestätigt in BAG 25.9.2002 (4 AZR 294/01), EzA § 3 TVG Bezugnahme auf Tarifvertrag Nr. 24 = NZA 2003, 807; anderer Ansicht *Löwisch/Rieble*, § 3 Rn. 289.

544 BAG 25.10.2000 (4 AZR 506/99), AP Nr. 13 zu § 1 TVG Bezugnahme auf Tarifvertrag (mit Anm. von *A. Stein*); BAG 5.12.2001, NZA 2002, 640 – Fortführung der zuvor angeführten Entscheidung.

545 Vgl. auch *Preis*, in: Preis, Der Arbeitsvertrag, Verweisungsklauseln, Rn. 91.

wenn das Bundesarbeitsgericht davon ausgeht, eine Verweisungsklausel sei im Zweifel nicht als Tarifwechselklausel zu verstehen (vgl. § 3 Rn. 206), bestehen erhebliche Bedenken, ob die Klausel den Anforderungen der §§ 308, 307 Abs. 1 BGB genügt.[546]

### 9. Die Auslegung von in Bezug genommenen Tarifnormen

208 Nimmt man mit der zutreffenden herrschenden Meinung an, dass die Bezugnahme keine normative, sondern lediglich einzelarbeitsvertragliche Wirkungen entfaltet (§ 3 Rn. 153), wäre es nahe liegend, auch bei der Auslegung der durch Bezugnahme in den Arbeitsvertrag gelangten Regelungen die Grundsätze anzuwenden, nach denen Arbeitsverträge auszulegen sind: Im Vordergrund der Auslegung stünde danach der wirkliche Wille der Vertragsparteien (siehe Grundl. Rn. 370). Da aber die herrschende Meinung in der Literatur und mit ihr das Bundesarbeitsgericht die Auslegung von Tarifnormen grundsätzlich **nach objektiven Grundsätzen** entsprechend der Auslegung von Gesetzen vornimmt (siehe im Einzelnen Grundl. Rn. 372 ff.), entsteht hier für sie ein dogmatischer Widerspruch.[547] Die Auflösung geschieht dadurch, dass aus Gründen der Rechtssicherheit und Praktikabilität die Notwendigkeit einer einheitlichen Auslegung festgestellt und die objektive Auslegung im Anschluss daran als die richtige Auslegungsart bezeichnet wird.[548] Diese Begründung mag zwar praktischen Erfordernissen Rechnung tragen, sie orientiert sich aber am gewünschten Ergebnis und beantwortet nicht die dogmatischen Widersprüche.[549]

209 Sind dagegen, wie hier vertreten (Grundl. Rn. 374)[550], Tarifnormen nach den Grundsätzen der subjektiven Theorie **wie Verträge** auszulegen sind, entstehen weder dogmatische Widersprüche, noch werden die Bedürfnisse der Rechtssicherheit missachtet. Im Ergebnis werden die Parteien des Arbeitsvertrages mit der Bezugnahme auf einen Tarifvertrag regelmäßig die Tarifnormen so anwenden wollen, wie sie für die tarifgebundenen Arbeitnehmer gelten. Deshalb entspricht es im Allgemeinen dem Willen der Arbeitsvertragsparteien, die in Bezug genommenen Tarifnormen nach den Grundsätzen der Tarifauslegung zu interpretieren.[551] Damit entsteht auch nicht die Gefahr, dass bei vorformulierten Verweisungsklauseln eines tarifgebundenen Arbeitgebers über §§ 310 Abs. 4 Satz 2, 305 Abs. 2 BGB eine Auslegung zu Gunsten des Arbeitnehmers zu dessen Besserstellung gegenüber organisierten Arbeitnehmern führt.[552] Für die Rechtsprechung ist das über die oben in § 3 Rn. 208 dargestellte Begründung hinaus insbesondere bei einer angenommenen Gleichstellungsfunktion (§ 3 Rn. 181 ff.) zwingend. Wenn die Bezugnahme nur die Gleichstellung der tarifungebundenen mit den gewerkschaftsangehörigen Arbeitnehmern erreichen soll und kann, dann vermag sie eine Besserstellung der zuerst Genannten nicht herbeizuführen.

546 Dazu A. Stein, AuR 2003, 364 f.

547 *V. Hoyningen-Huene*, RdA 1974, 150.

548 BAG 12. 8. 1959, AP Nr. 1 zu § 305 BGB (mit zustimmender Anm. von *Tophoven*); BAG 31. 3. 1966, AP Nr. 54 zu § 611 BGB Gratifikation; *Herschel*, DB 1969, 662; *Löwisch/Rieble*, § 3 Rn. 245.

549 *V. Hoyningen-Huene*, RdA 1974, 150.

550 Siehe aber auch *Stein*, Rn. 80 ff., 84 ff.

551 *Etzel*, NZA 1987, Beilage 1, 28; ähnlich mit weiteren Differenzierungen: *Däubler*, Tarifvertragsrecht, Rn. 341.

552 So aber *Däubler/Däubler*, Einl. Rn. 520.

Andere Prinzipien gelten, wenn **einzelne Klauseln** aus dem tariflichen Zusammenhang gelöst und in den arbeitsvertraglichen eingebettet werden. Bei Widersprüchen zwischen verwiesenem Text des Tarifvertrags und sonstigen arbeitsvertraglichen Vereinbarungen gilt der Vorrang der Individualabrede, auch wenn diese für den Arbeitnehmer ungünstiger ist. Soll jedoch mit der Verweisung ein Zustand herbeigeführt werden, wie er bei normativer Geltung des Tarifvertrags bestünde, dann muss der Konflikt in derselben Weise gelöst werden wie bei Anwendung des § 4 Abs. 1 und 3 TVG (dazu oben § 3 Rn. 201). 210

Nach ganz überwiegender Auffassung kann sich die **Bindungswirkung des § 9 TVG** bezüglich der Auslegung tarifvertraglicher Bestimmungen durch die Arbeitsgerichte auch auf Parteien des Einzelarbeitsvertrages, die tarifliche Normen in Bezug genommen haben, erstrecken.[553] Das wird damit begründet, dass mit der Bezugnahme die Geltung von § 9 TVG vereinbart wurde.[554] Dem ist in dieser Form nicht zuzustimmen. § 9 TVG erweitert die Rechtskraftwirkung von Entscheidungen, die in Rechtsstreitigkeiten über den Tarifvertrag zwischen Tarifvertragsparteien ergangen sind, im Hinblick auf Streitigkeiten zwischen tarifgebundenen Parteien aus dem Tarifvertrag. Vorausgesetzt ist damit die normative Geltung des Tarifvertrags, nicht die individualarbeitsrechtliche, sei es auch in der Form der Bezugnahme oder der textlichen Übernahme. Eine unmittelbare Anwendung auf Kontroversen über die Verweisung, wenn nur eine Partei des Arbeitsvertrags tarifgebunden ist, scheidet gleichfalls aus, da die andere Partei nicht Dritter im Sinne des § 9 ist (vgl. § 9 Rn. 18). Zutreffend erscheint demgegenüber, **lediglich** dann, wenn die Verweisung den Zweck hat, unorganisierte und organisierte Arbeitnehmer **gleichzustellen**, eine Vereinbarung der Bindung an die Auslegung im Falle des § 9 TVG anzunehmen. Damit würde die Entscheidung zwischen den Tarifvertragsparteien nicht im Sinne der Rechtskraftwirkung präjudiziell; sie hätte aber als Auslegungsvereinbarung faktisch ähnliche Wirkung. Schon weil der Ausgangspunkt (Gleichstellung organisierter und nicht organisierter Arbeitnehmer) nicht zutrifft, kann das nicht gelten, wenn beide Arbeitsvertragsparteien nicht tarifgebunden sind. Im Übrigen würde das auch aus den in § 9 Rn. 18 genannten Gründen ausscheiden.[555] 211

## 10. Inhaltskontrolle

Der **Tarifvertrag unterliegt** wegen der in ihm enthaltenen Richtigkeitschance **keiner** richterlichen **Billigkeitskontrolle** (Grundl. Rn. 94 ff.); § 307 Abs. 4 Satz 1 BGB enthält insoweit nur eine Klarstellung. Ein durch Bezugnahme arbeitsvertraglich vereinbarter Inhalt des Tarifvertrags könnte jedoch bei formaler Betrachtung der Inhaltskontrolle nach §§ 307 ff. BGB unterliegen, da es dabei nicht um die Anwendung dieser Vorschriften auf einen Tarifvertrag, sondern um die auf einen Arbeitsvertrag ginge (vgl. § 310 Abs. 4 Satz 2 BGB). Ein solches Ergebnis wäre schon sozialpolitisch unerwünscht und aus ähnlichen Gründen, wie sie bei der Auslegung vorgebracht werden (§ 3 Rn. 208 ff.) zu verwerfen.[556] Es führte im Übrigen zu einer Privilegierung der nicht organisierten Arbeitnehmer, wenn sie 212

553 Wiedemann/*Oetker*, § 3 Rn. 111; *Schnorr*, AuR 1963, 195; *v. Hoyningen-Huene*, RdA 1974, 150.
554 Wiedemann/*Oetker*, § 3 Rn. 245.
555 A.A. Wiedemann/*Oetker* § 9 Rn. 36.
556 Wohl einhellige Meinung, vgl. etwa BAG 6.2.1985, AP Nr. 1 zu § 1 TVG Tarifverträge: Süßwarenindustrie; *Hromadka/Maschmann/Wallner*, Tarifwechsel, Rn. 90.

das durch Übereinkunft der Tarifvertragsparteien herbeigeführte Ergebnis einer weniger legitimierten richterlichen Angemessenheitskontrolle unterziehen lassen könnten. Da § 310 Abs. 4 Satz 3 BGB Tarifverträge den Rechtsvorschriften im Sinne des § 307 Abs. 3 Satz 1 BGB gleichstellt, scheidet für Bezugnahmeklauseln – soweit sie, wie nahezu stets, als allgemeine Geschäftsbedingungen aufzufassen sind – schon kraft ausdrücklicher gesetzlicher Anordnung eine Inhaltskontrolle aus. Denn eine Abweichung im Sinne des § 307 Abs. 3 Satz 1 BGB liegt nicht vor.[557]

**213** Etwas anderes ist anzunehmen, wenn auf einen **nicht einschlägigen** oder **nicht mehr geltenden Tarifvertrag verwiesen** wurde. Soweit hier nicht bereits grundsätzliche Bedenken gegen die Verweisung bestehen (§ 3 Rn. 166 und Rn. 168), kann sich aus der mangelnden Eignung einzelner Tarifnormen für die betroffene Arbeitsbeziehung die fehlende Richtigkeitschance ergeben. Die Tarifvertragsparteien haben ihre Übereinkunft eben nicht für diese Arbeitsverhältnisse bzw. für diese Zeit getroffen. §§ 310 Abs. 4 Satz 3 in Verbindung mit § 307 Abs. 3 Satz 1 BGB sind insoweit restriktiv zu interpretieren, als nur die Übereinstimmung mit einschlägigen Tarifverträgen kontrollfest sein soll.[558] Erst recht muss das gelten, wenn **einzelne Klauseln** aus dem tariflichen Zusammenhang gelöst wurden.[559] Die Angemessenheitsannahme bezieht sich auf den Tarifvertrag insgesamt. Im Prozess seines Aushandelns kann es dazu kommen, dass Teilregelungen die eine Arbeitsvertragspartei stärker, vielleicht sogar unangemessen, belasten, jedoch Kompensation durch Entlastung an anderer Stelle geschieht. Fände eine Kontrolle nicht statt, könnte eine nur selektive Bezugnahme zu einer arbeitsvertraglichen Regelung führen, welche die Tarifvertragsparteien nicht akzeptiert hätten. Die in §§ 310 Abs. 4 Satz 3, § 307 Abs. 3 Satz 1 BGB vorausgesetzte Richtigkeitschance fehlt. Nicht anders ist es, wenn nur **einzelne Regelungen** des Tarifvertrags **ausgelassen** werden oder in **einzelnen Punkten**[560] vom Tarifvertrag **abgewichen** wird. Stets unterliegt der gesamte Text der Inhaltskontrolle. Ob für **Teilverweisungen auf** ganze **Regelungskomplexe** die angeführten Vorschriften anwendbar bleiben, eine Kontrolle also nicht stattfindet, ist umstritten. Für die Anwendbarkeit spricht schon der Wortlaut des § 307 Abs. 3 Satz 1 BGB; Abweichung von einer Rechtsvorschrift (Tarifvertrag) ist auch ihre nur teilweise Übernahme.[561] Der Vorzug der **Kontrollverschonung** ist gerechtfertigt **nur** bei jenen Verweisungen, die samt und sonders geschehen, **bei Übernahme aller Vor- und Nachteile**. Abgesehen davon kann der die Kontrollfreiheit von Regelungskomplexen bejahenden Gegenauffassung[562] schon die inhaltliche Eingrenzung dessen, was ein Regelungskomplex ist, wie ausgeführt (§ 3 Rn. 175), Schwierigkeiten bereiten. Selbst wenn sie gelingt, bliebe zu klären, ob ein Regelungskomplex

---

557 Zur Problematik der Inhaltskontrolle bei Verweisung auf die nicht als Tarifverträge aufzufassenden kirchlichen Arbeitsrechtsregelungen siehe BAG 19.2.2003 (4 AZR 11/02), NZA 2004, 54, mit weiteren Nachweisen.

558 Im Ergebnis ebenso *Thüsing/Lambrich* NZA 2002, 1363; *Däubler*, in: *Däubler/Dorndorf*, AGB-Kontrolle, § 310 Rn. 49; *Diehn*, NZA 2004, 131; *Preis*, FS Wiedemann, 442f.; *Witt*, NZA 2004, 137.

559 Vgl. auch *Preis*, Vertragsgestaltung, 398; *ders.*, FS Wiedemann, 443f.; *Diehn*, NZA 2004, 130; *Hanau/Kania*, FS Schaub, 245; *Däubler*, in: *Däubler/Dorndorf*, AGB-Kontrolle, § 310 Rn. 51ff.

560 Dazu etwa BAG 21.2.2001 (5 AZR 96/99), EzA Bezugnahme auf Tarifvertrag Nr. 14.

561 So *Thüsing/Lambrich*, NZA 2002, 1363; *Lakies*, NZA 2004, 572; *Däubler*, in: *Däubler*/Dorndorf, AGB-Kontrolle, § 310 BGB Rn. 51f.; im Ergebnis auch *Löwisch/Rieble*, § 3 Rn. 264.

562 Etwa *Bayreuther*, RdA 2003, 81, 91; *B. Gaul*, ZfA 2003, 88; *V. Lindemann*, AuR 2004, 204; grundsätzlich auch *Diehn*, NZA 2004, 131; *Preis*, FS Wiedemann, 444ff.

nicht bei der Vereinbarung des Tarifvertrags seine Ausgestaltung gerade im Hinblick auf andere Komplexe erhalten hat. Nur ein Beispiel dafür waren Tarifverträge, in denen auf die (vorübergehende) gesetzliche Absenkung der Lohnfortzahlung im Krankheitsfall durch Aufstockung reagiert wurde, gleichzeitig aber andere Leistungen (etwa Arbeitsfreistellung bei bestimmten persönlichen Verhinderungen, Zahl der Urlaubstage, Urlaubsgeld) verringert wurden. Eine Verweisung allein auf den von § 616 BGB abweichenden tariflichen Regelungskomplex der Verhinderungsfälle löste den tarifpolitisch hergestellten Zusammenhang zwischen verschiedenen Regelungskomplexen auf. In anderem Gewand taucht dieselbe Problematik auf, wenn als entscheidend angesehen wird, ob die Tarifvertragsparteien auch den in Bezug genommenen Tarifvertrag als isolierten Tarifvertrag abgeschlossen hätten.[563]

Nicht zuzustimmen ist der Ansicht, bei einer Verweisung auf einen Tarifvertrag, der **Abweichungen von einer Zulassungsnorm** (dazu § 3 Rn. 174f.) enthalte, müsse stets eine Inhaltskontrolle stattfinden. Da eine inhaltlich entsprechende Abweichung nur auf Grund Individualarbeitsvertrags nicht erlaubt sei, der organisierte Arbeitnehmer sich bei normativer Geltung des Tarifvertrags durch Gewerkschaftsaustritt der Belastung entziehen könne, müsse dem Individualschützenden Auftrag der §§ 307ff. BGB nachgekommen werden.[564] Dabei wird jedoch übersehen, das nach der Vorstellung des Gesetzgebers gerade die **Zulassung** nur der Verweisung auf den Tarifvertrag als **hinreichend individualschützend** angesehen wird. Hätte der Gesetzgeber die arbeitsvertragliche Inhaltskontrolle (die es bereits vor dem Inkrafttreten der neuen §§ 305ff. BGB gegeben hat) gewollt, würde es der Zulassungsnormen nicht bedurft habe. Zudem fände auf der Grundlage dieser Auffassung eine indirekte Billigkeitskontrolle des Tarifvertrags stattfände. – Schließt man sich der oben (§ 3 Rn. 175) vertretenen Meinung an, Verweisung auf von Zulassungsnormen abweichenden Tarifverträge könnten nur insgesamt erfolgen, hat sich jedenfalls insoweit die Frage nach der Inhaltskontrolle für **Teilverweisungen** erledigt; die Teilverweisung ist unwirksam. 214

## II. Bezugnahme auf den Tarifvertrag in Betriebsvereinbarungen

### 1. Allgemeine Bezugnahmeklauseln

Nach ganz überwiegender Auffassung sind Bezugnahmen in Betriebsvereinbarungen auf einen Tarifvertrag **unzulässig**, wenn auch eine eigenständige Regelung durch eine Betriebsvereinbarung nach **§ 77 Abs. 3 Satz 1 BetrVG** ausgeschlossen wäre und der Tarifvertrag **keine Öffnungsklausel** enthält (§ 77 Abs. 3 Satz 2 BetrVG).[565] Jede andere Lösung würde zu einer Allgemeinverbindlichkeit von Tarifnormen auf betrieblicher Ebene führen und damit die Tarifautonomie des Art. 9 Abs. 3 GG unterlaufen[566] (zum grundsätzlichen Verhältnis von Tarifvertrag zur Betriebsvereinbarung, siehe Grundl. Rn. 318ff.). Entsprechendes gilt hinsichtlich der Sperre des § 87 Abs. 1 BetrVG. 215

563 So *Witt*, NZA 2004, 138, der jedoch, im gegebenen Zusammenhang durchaus hilfreich, eine dies verneinende Zweifelsregel gelten lassen will.

564 *Thüsing/Lambrich*, NZA 2002, 1364.

565 Wiedemann/*Oetker*, § 3 Rn. 265f.; Fitting, § 77 Rn. 98ff.; DKK-*Berg*, § 77 Rn. 98; *Dietz/Richardi*, § 77 Rn. 220; GK-*Kreutz*, § 77 Rn. 111; *Neumann/Fenski*, § 13 Rn. 28; a. A. HSG, § 77 Rn. 162.

566 KR-*Hillebrecht*, § 622 BGB Rn. 161.

216 Die Rechtsprechung hält unabhängig davon grundsätzlich **dynamische Verweisungen** in einer Betriebsvereinbarung auf den jeweils geltenden (Rahmen-)Tarifvertrag für unzulässig. Dies ergebe sich aus dem zeitlich begrenzten, höchstpersönlichen Mandat des Betriebsrates. Die Gegenposition würde zu einem Verzicht auf eine vorhersehbare und bestimmbare eigene inhaltliche Gestaltung führen.[567] Die Inbezugnahme eines Tarifvertrags, der zum Zeitpunkt des Abschlusses der Betriebsvereinbarung bereits bestand (statische Verweisung), sah das Bundesarbeitsgericht als zulässig an, da sich im konkreten Fall keine Bedenken aus der Sperre des § 77 Abs. 3 oder § 87 Abs. 1 BetrVG ergaben.[568]

217 Eine vereinzelt vertretene Meinung will tarifvertragsübernehmende Betriebsvereinbarungen dann zulassen, wenn nicht der ganze Tarifvertrag, sondern nur **einzelne Tarifbestimmungen** oder einzelne Regelungskomplexe in der Betriebsvereinbarung in Bezug genommen werden.[569] Als Begründung wird angeführt, dass in diesen Fällen der Zweck der Bezugnahme nicht in der Ausdehnung des persönlichen Geltungsbereichs auf die nicht tarifgebundenen Arbeitnehmer liege, sondern die Bezugnahme hier der Schaffung einer einheitlichen betrieblichen Ordnung diene, die auf diesem Wege einfacher, sicherer und vollständiger erreichbar sei als durch eine Vielzahl individueller Abreden. Diese Begründung überzeugt nicht. Im Ergebnis hätten derartige Bezugnahmen zur Folge, dass jedenfalls in Teilbereichen – eine Allgemeinverbindlichkeit auf Betriebsebene und damit die faktische Ausdehnung des Geltungsbereichs auf nicht tarifgebundene Arbeitnehmer erfolgen würde. Gerade dies zu verhindern, ist aber anerkanntermaßen der Zweck der Sperrwirkung von § 77 Abs. 3 BetrVG. Hinzu kommen die Überlegungen, die – jedenfalls bei allgemeinen Bezugnahmeklauseln – grundsätzlich gegen die Bezugnahme einzelner Tarifbestimmungen sprechen (siehe § 3 Rn. 172 f.). Gesichtspunkte der Praktikabilität[570] können die grundsätzlichen Bedenken nicht beseitigen, vielmehr verstärken sie diese noch, da praktikable Umgehungsmöglichkeiten erst recht eine Gefahr für die durch § 77 Abs. 3 BetrVG geschützte Tarifautonomie sind.[571]

218 Auch der Ansicht *v. Hoyningen-Huenes*[572] kann nicht gefolgt werden, wonach **Firmentarifverträge** inzidenter eine **Öffnungsklausel** für Betriebsvereinbarungen enthalten, so dass in diesen Fällen eine Bezugnahme der Betriebsvereinbarung auf den Tarifvertrag zulässig sei. Eine ergänzende Auslegung[573] stößt bei dem klaren Wortlaut des § 77 Abs. 3 Satz 2 BetrVG, der eine ausdrückliche Öffnung für ergänzende Betriebsvereinbarungen verlangt, bereits auf methodische Grenzen.[574] Die in diesem Zusammenhang als Beleg herangezogene Rechtsprechung zum BetrVG 1952 ist nach dem neu konzipierten BetrVG von 1972 ebenfalls überholt.[575] Schließlich verkennt diese Position die dualistische Struktur betrieblicher und gewerkschaftlicher Interessenvertretung, die trotz vielfacher Dialektik in

567 BAG 23. 6. 1992, AP Nr. 55 zu § 77 BetrVG 1972; bestätigt von BAG 22. 3. 1994, 1 ABR 47/93, EzA § 4 TVG Geltungsbereich Nr. 10; LAG Hamburg, 7. 6. 1995, AuR 1996, 75, 76.

568 BAG 23. 6. 1992, AP Nr. 55 zu § 77 BetrVG 1972.

569 Wiedemann/*Oetker*, § 3 Rn. 268 f.; KR-*Hillebrecht*, § 622 BGB Rn. 162.

570 So KR-*Hillebrecht*, § 622 BGB Rn. 162.

571 Für eine grundsätzliche Unzulässigkeit der Bezugnahme unter anderem DKK-*Berg*, § 77 Rn. 67; *Fitting*, § 77 Rn. 98; *Neumann/Fenski*, § 13 Rn. 28, mit weiteren Nachweisen.

572 *V. Hoyningen-Huene*, DB 1994, 2031.

573 *V. Hoyningen-Huene*, DB 1994, 2031.

574 *Larenz/Canaris*, Methodenlehre, 353.

575 So überzeugend und umfassend *Chr. Vetter*, DB 1991, 1833.

der Praxis das normative Leitbild der industriellen Beziehungen ist. Das gilt nicht nur im Verhältnis des Branchentarifvertrages, sondern auch des Firmentarifvertrages (Art. 9 Abs. 3 GG, § 3 Abs. 1 TVG) zur Betriebsvereinbarung (§ 77 BetrVG). So kann der Gewerkschaft auch beim Firmentarifvertrag nicht der Wille unterstellt werden, die tariflichen Leistungen, etwa Lohnerhöhungen, unterschiedslos allen Arbeitnehmern zukommen zu lassen.

## 2. Gesetzliche Zulassungsnormen (Bezugnahmenormen)

Soweit gesetzliche Zulassungsnormen für Betriebe nicht tarifgebundener Arbeitgeber die **Bezugnahme durch Betriebsvereinbarung** auf den Tarifvertrag **gestatten** (§ 7 Abs. 3 ArbZG, § 21a Abs. 2 JArbSchG, § 89a Abs. 2 SeemG) stellen sie spezielle Regelungen gegenüber den allgemeinen Verbotsvorschriften der §§ 77 Abs. 3 und 87 Abs. 1 BetrVG dar. Die Verweisung ist zulässig. In den übrigen Fällen (§§ 622 Abs. 4 BGB, 13 Abs. 1 Satz 2 BUrlG, 4 Abs. 4 EFZG, 17 Abs. 3 BetrAVG, 14 Abs. 2 TzBfG sowie 48 Abs. 2, 101 Abs. 2 Satz 1 und 3 ArbGG) ist nur für Vereinbarungen zwischen Arbeitgebern und Arbeitnehmern, also für Arbeitsverträge, die Möglichkeit der Bezugnahme eröffnet. Da hier inhaltlich fast ausschließlich Arbeitsentgelte oder sonstige Arbeitsbedingungen im Sinne des § 77 Abs. 3 Satz 1 bzw. des § 87 Abs. 1 BetrVG betroffen sind[576] scheidet die Bezugnahme in einer Betriebsvereinbarung schon aus diesem Grund in der Regel aus (vgl. § 3 Rn. 215). 219

## III. Tarifanwendung durch betriebliche Übung?

Häufig werden innerhalb eines Betriebes Arbeitnehmer, unabhängig von ihrer Tarifgebundenheit, in gleicher Weise entlohnt. Fehlt eine ausdrückliche Bezugnahmeregelung im Einzelarbeitsvertrag, fragt es sich, ob unter dem Gesichtspunkt der betrieblichen Übung die Geltung der Tarifbestimmungen zur Anwendung kommt. 220

Die Übernahme der tariflichen Bestimmungen – insbesondere des Tariflohnes – ist schon immer dann nicht möglich, wenn sie gegen ein einzelarbeitsvertragliches **Schriftformerfordernis** verstößt. Einen solchen Verstoß verneint das Bundesarbeitsgericht, wenn die Schriftform durch die betriebliche Übung abbedungen ist. Das soll bei einer einfachen Schriftformklausel (»Änderungen bedürfen der Schriftform«) der Fall sein können, selbst wenn die Parteien nicht an das Formerfordernis gedacht haben. Die »doppelte Schriftformklausel« dagegen (»Änderungen bedürfen der Schriftform. Mündliche Vereinbarungen über die Aufhebung dieses Erfordernisses sind nichtig«) kann nicht durch eine betriebliche Übung überwunden werden.[577] Die Feststellung, dass eine tarifliche Schriftformvorschrift für Änderungen oder Ergänzungen des Arbeitsvertrages einzelvertraglich nicht aufgehoben werden kann und damit auch die Entstehung einer betrieblichen Übung verhindert[578], ist im vorliegenden 221

576 *DKK-Berg*, § 77 Rn. 63 ff.; *Dietz/Richardi*, § 77 Rn. 184 ff.; *BPSU*, § 4 Rn. 136; zur betrieblichen Altersversorgung BAG 30.11.1973, AP Nr. 164 zu § 242 BGB Ruhegehalt.

577 Vgl. ausführlich BAG 24.6.2003 (9 AZR 302/02), EzA § 125 BGB 2002 Nr. 2 mit weiteren Nachweisen auch des zum Teil abweichenden Schrifttums; siehe auch BAG 18.9.2002 (1 AZR 477/01), AP Nr. 59 zu § 242 BGB Betriebliche Übung = EzA § 242 BGB Betriebliche Übung Nr. 48; weitergehend *Däubler/Lorenz*, § 3 Rn. 273.

578 BAG 27.3.1987, AP Nr. 29 zu § 242 Betriebliche Übung.

Zusammenhang ohne wesentliche Bedeutung, da es gerade um die Wirksamkeit der Bezugnahme auf diesen Tarifvertrag geht. Für den tarifgebundenen Arbeitnehmer hat sie allerdings zur Folge, dass bei Verweisung auf den einschlägigen Tarifvertrag ausschließlich eine normative Wirkung bestehen kann.

**222** Ist im Einzelarbeitsvertrag keine – bzw. keine im angeführten Sinne konstitutive – Schriftform vereinbart, so sehen das BAG wie die Instanzrechtsprechung keinen Erörterungsbedarf, wenn sie die **Grundsätze der Betriebsübung** auch auf die Geltung tariflicher Vorschriften erstrecken.[579] Dafür könnte sprechen, dass sich der möglicherweise entstandene Rechtsanspruch aus dem durch die betriebliche Übung ergänzten Einzelarbeitsvertrag bzw. aus dem Rechtsinstitut der betrieblichen Übung ergibt.[580] Dies gilt unabhängig davon, ob man rechtsdogmatisch die betriebliche Übung als Inhalt des einzelnen Arbeitsverhältnisses kraft schlüssiger Vereinbarung ansieht[581], den Vertrauenstatbestand als Anknüpfungspunkt für mögliche Rechtsansprüche wählt[582] oder sie als eigenständiges arbeitsrechtliches Rechtsinstitut ansieht.[583] Dennoch erscheint diese Auffassung **nicht unproblematisch**. Die Anerkennung von Bezugnahmeklauseln durch betriebliche Übung würde zu dem zunächst widersprüchlich erscheinenden Ergebnis gelangen, dass einerseits Betriebsvereinbarungen mit derartigen Klauseln unzulässig wären (siehe oben § 3 Rn. 215 ff.), die betriebsweit praktizierte stillschweigende Bezugnahme auf tarifliche Bestimmungen aber andererseits zu einer gültigen Anwendung der Tarifvorschriften führte. Sieht man den Geltungsgrund der betrieblichen Übung in einer schlüssigen arbeitsvertraglichen Vereinbarung, muss dieser Aspekt – der ohnedies für betriebsratlose Betriebe kaum heranzuziehen ist – wohl letztlich unbeachtlich bleiben. Nichts Anderes ist anzunehmen, wenn man die betriebliche Übung als einen Fall der Vertrauenshaftung auffasst. Der die Unzulässigkeit der Betriebsvereinbarung begründende § 77 Abs. 3 BetrVG hat einen anderen rechtspolitischen Hintergrund. Er erreicht nicht einzelarbeitsvertragliche Vereinbarungen, auch wenn sie gebündelt auftreten wie bei einer betrieblichen Übung.

**223** Ausgehend von der Zulässigkeit einer Verweisung auf den Tarifvertrag durch betriebliche Übung, müssen – wohl die Kardinalfrage – **Ob und Umfang der Verweisung** geklärt werden. Als erforderlich für das Vorliegen einer betrieblichen Übung wird ein gleichförmiges und wiederholtes Verhalten des Arbeitgebers angesehen, das den Inhalt des Arbeitsverhältnisses gestaltet und geeignet ist, vertragliche Ansprüche der Arbeitnehmer auf eine Leistung zu begründen, wenn die Arbeitnehmer aus dem Verhalten des Arbeitgebers nach Treu und Glauben schließen durften, ihnen werde die Leistung auch künftig gewährt; auf einen Ver-

---

579 BAG 3. 11. 2004 (5 AZR 622/03), EzA § 242 BGB 2002 Betriebliche Übung Nr. 4; BAG 19. 1. 1999 (1 AZR 606/98), AP Nr. 1 zu § 1 TVG Bezugnahme auf Tarifvertrag (mit Anm. von *Oetker*); LAG Schleswig-Holstein, 15. 12. 1982, DB 1983, 249; LAG Düsseldorf 11. 6. 1975 (8 Sa 482/73); LAG Hamburg 7. 6. 1995, AuR 1996, 75; zur Entwicklung der Rechtsprechung siehe *Henssler*, 50 Jahre BAG, 693 f.; ebenso *Däubler*, Tarifvertragsrecht, Rn. 345.

580 Zu derartigen Fällen *Etzel*, NZA 1987, Beilage 1, 28.

581 So insbesondere die Rechtsprechung des BAG, abgesehen vielleicht von der des 3. Senats, etwa BAG 30. 1. 2002 (10 AZR 359/01), EzA § 4 TVG Ablösungsprinzip Nr. 2, mit weiteren Nachweisen; zusätzliche Nachweise bei *Singer*, ZfA 1993, 491.

582 Im Schrifttum wohl herrschende Auffassung, vgl. *Singer*, ZfA 1993, 494 ff.; MünchArbR/*Richardi*, § 13 Rn. 13 ff. Zum Streitstand *Henssler*, 50 Jahre BAG, 683; *Backhaus*, AuR 1983, 65 ff.

583 So *Henssler*, 50 Jahre BAG, 690 f.

pflichtungswillen des Arbeitgebers kommt es nicht an.[584] Der einzelne Arbeitnehmer wird jedoch nur selektiv die Wiederholung bestimmter Begünstigungen wahrnehmen (Gewährung des längeren tariflichen Urlaubs, Weihnachtsgratifikation, Lohnerhöhung bei Erhöhung des Tariflohns). Inwieweit er das als Offerte verstehen darf bzw. inwieweit ein dahingehendes Vertrauen erweckt wird, die tariflichen Leistungen künftig (und eventuell auch angepasst bei Änderungen des Tarifvertrags) zu erhalten, hängt von den Umständen ab. Für die Annahme einer dynamischen Verweisung kraft betrieblicher Übung im Unternehmen eines nicht tarifgebundenen Arbeitgebers verlangt das BAG zu Recht deutliche Anhaltspunkte im Verhalten des Arbeitgebers dafür, dass er auf Dauer Tariflohnerhöhungen übernehmen wolle.[585]

Im Übrigen ist unter dem Aspekt des Vertragscharakters der betrieblichen Übung regelmäßig **in der Gewährung der Leistung** lediglich die Offerte zu sehen, an der betrieblichen Übung hinsichtlich dieser Leistung teilzunehmen. Einen weitergehenden, erklärten Verpflichtungswillen des Arbeitgebers, den **Tarifvertrag in seiner Gesamtheit** anwendbar zu machen, wie auch eine entsprechende Annahmeerklärung des Arbeitnehmers hinsichtlich der ihm nachteiligen Folgen wird man nicht annehmen können.[586] Auch das Auslegen des Tarifvertrags im Betrieb ist wegen der Obliegenheit des tarifgebundenen Arbeitgebers gemäß § 8 TVG kein Indiz.[587] Die in diesem Zusammenhang am häufigsten erörterte Frage der **Geltung von Ausschlussfristen** lässt sich auch in anderer Weise lösen, als durch die Annahme, es sei auf den gesamten Tarifvertrag verwiesen. Ausschlussklauseln in Tarifverträgen sind rechtsvernichtende Normen, welche sich auf den Inhalt des betroffenen Anspruchs beziehen (§ 4 Rn. 457 ff.). Sie sind als zeitliche Begrenzung des Geltendmachens der Forderung Teil ihres Bestandes. Wenn also kraft betrieblicher Übung ein tariflicher Anspruch gewährt wird, dann ist er dies in derselben Art und Weise wie der Tarifvertrag es vorsieht, unter Einschluss der Verfallfrist.[588] Außertarifliche Ansprüche, auf die sich die Verfallfrist beziehen kann, (§ 4 Rn. 470 ff.) werden dagegen nicht erfasst. **224**

Demgegenüber argumentiert das BAG mit der Vorstellung der **Gleichstellungsabrede** (oben § 3 Rn. 181 ff.) und differenziert[589]: Bei einem **tarifgebundenen Arbeitgeber** sei, anders als bei einem tarifungebundenen, im Zweifel die Bezugnahme auf den **gesamten Tarifvertrag** gewollt; die Bezugnahme habe generellen Charakter. Diese Auffassung überzeugt nicht. Gerade der tarifgebundene Arbeitgeber kann durch entsprechende Verweisungsklausel im Arbeitsvertrag eine gewünschte Gleichbehandlung der Arbeitnehmer herbeiführen. Zudem kennen die Arbeitnehmer häufig die Tarifbindung des Arbeitgebers nicht, so dass kein **225**

---

584 Ständige Rechtsprechung, etwa BAG 24.6.2003 (9 AZR 302/02), EzA § 125 BGB 2002 Nr. 2; BAG 25.6.2002 (3 AZR 360/01), EzA § 1 BetrAVG Betriebliche Übung Nr. 3 = NZA 2003, 875, mit weiteren Nachweisen; ähnlich BAG 30.1.2002 (10 AZR 359/01), EzA § 4 TVG Ablösungsprinzip Nr. 2; anderer Ansicht hinsichtlich des Verpflichtungswillens offenbar LAG Hamm (18 Sa 740/02), NZA-RR 2003, 144.

585 BAG 16.1.2002 (5 AZR 715/00), NZA 2002, 632.

586 Zutreffend *Annuß*, BB 1999, 2562.

587 Zutreffend *Annuß*, BB 1999, 2562; a. A. Wiedemann/*Oetker* § 3 Rn. 272 im Anschluss an LAG Bremen, BB 1965, 495.

588 So auch *B. Gaul*, ZfA 2003, 78 f.; *Hanau/Kania*, FS Schaub, 259; *Thüsing/Lambrich*, NZA 2002, 1367.

589 BAG 19.1.1999 (1 AZR 606/98), AP Nr. 9 zu § 1 TVG Bezugnahme auf Tarifvertrag (mit Anm. von *Oetker*); siehe auch BAG 17.4.2002 (5 AZR 89/01), AP Nr. 6 zu § 2 NachwG (mit Anm. von *A. Lindemann*) = EzA § 2 NachwG Nr. 5 = NZA 2002, 1096; zustimmend *Seitz/Werner* NZA 2000, 1258; ähnlich *Hanau/Kania*, FS Schaub, 258 f.

Grund besteht, in ihrer Entgegennahme einer bestimmten Leistung die Erklärung einer darüber hinausgehenden Annahme zu sehen. Das kann allerdings dazu führen, dass der nicht tarifgebundene Arbeitnehmer eines tarifgebundenen Arbeitgebers anders als die Gewerkschaftsmitglieder ausschließlich die ihm günstigen Rechtspositionen des Tarifvertrags erhält. Sieht man hierin zu Recht einen Verstoß gegen Art. 9 Abs. 3 Satz 2 GG[590] (oben § 3 Rn. 173), dann ist die Verweisung aufgrund betrieblicher Übung unwirksam. Dieses Ergebnis wird auch nicht durch die »Auslegung der betrieblichen Übung« dergestalt, dass der Arbeitgeber im Zweifel keine rechtswidrige Praxis im Betrieb einführen wolle und deshalb insgesamt verweise, vermeidbar.[591] Denn es fehlte an einer dahingehenden korrespondierenden, in der Entgegennahme der Leistung zu sehenden Willenserklärung des Arbeitnehmers. Höchst zweifelhaft erscheint, ob insoweit eine ergänzende Auslegung der Bezugnahmevereinbarung möglich wäre. Erbringt der Arbeitgeber nur einzelne Leistungen, andere nicht, dann ist die Zweifelsregel des BAG, auch wenn man im Übrigen dem Ansatz des Gerichts folgte, unanwendbar.[592]

**226** Trotz der Notwendigkeit wiederholten Verhaltens für die Entstehung einer betrieblichen Übung besteht Klärungsbedarf für die Frage, ob die Verweisung **statisch oder dynamisch** sei. In der Regel werden zwar im Wiederholungszeitraum tarifliche Veränderungen erfolgt sein, an deren Weitergabe ablesbar ist, ob nur ein bestimmter Tarifvertrag gelten soll. Ist eine betriebliche Übung anzunehmen und war (ausnahmsweise) der Tarifvertrag unverändert geblieben, so kann (zunächst) nur von einer statischen Verweisung ausgegangen werden.[593] Sind Änderungen erfolgt und nachvollzogen worden, so wird differenziert: Bei einem **nicht tarifgebundenen Arbeitgeber** geht das BAG jedenfalls hinsichtlich des Entgelts im Zweifel von einer **statischen** Verweisung aus. Beim Fehlen weiterer Anhaltspunkte allein spreche die wiederholte Anpassung des Entgelts an erfolgte Tariflohnerhöhungen noch nicht für eine dynamische Verweisung. Die Dynamik der Tarifentwicklung sei – anders als bei Sonderleistungen – nicht überschaubar und zudem habe der Arbeitgeber nicht die Möglichkeit sich ihrer durch Verbandsaustritt zu entziehen.[594] Für eine Dynamik der Verweisung spricht demgegenüber bei einem tarifgebundenen Arbeitgeber der Gleichstellungsgedanke.[595]

**227** Ist Geltung des gesamten Tarifvertrags aufgrund einer Bezugnahme durch betriebliche Übung anzunehmen und wurde unter Verstoß gegen § 2 Abs. 1 Nr. 10 NachwG **nicht** in einer Niederschrift des Arbeitsvertrags auf den Tarifvertrag **hingewiesen**, so bleibt gleichwohl die Vereinbarung wirksam. Der Arbeitnehmer kann ihm aus dem Tarifvertrag erwachsende Verpflichtungen nach Auffassung des BAG in der Regel auch nicht mit dem Einwand des Rechtsmissbrauchs abwehren.[596] Es soll ihm aber nach §§ 280 Abs. 1 und 2, 286 in Verbindung mit § 249

590 Insoweit zutreffend *Hanau/Kania*, FS Schaub, 242, 259.
591 So aber *Hanau/Kania*, FS Schaub, 242, 259.
592 Insoweit zutreffend *Seitz/Werner*, NZA 2000, 1258f.
593 Dazu auch *Kania*, SonderBeilage zu NZA 3/2000, 50.
594 BAG 3.11.2004 (5 AZR 622/03), EzA § 242 BGB 2002 Betriebliche Übung Nr. 4; ähnlich *Henssler*, 50 Jahre BAG, 696f.
595 So wohl auch *Henssler*, 50 Jahre BAG, 697, siehe aber auch 711 (III.).
596 BAG 17.4.2002 (5 AZR 89/01), AP Nr. 6 zu § 2 NachwG (mit Anm. von *A. Lindemann*) = EzA § 2 NachwG Nr. 5 = NZA 2002, 1096.

BGB ein Schadenersatzanspruch zustehen können, wenn der fehlende Hinweis ursächlich war etwa für das Verstreichenlassen einer Ausschlussfrist (genauer § 4 Rn. 487).[597] Ein Anspruch aus § 823 Abs. 2 BGB erwachse dagegen nicht, da im Sinne dieser Vorschrift § 2 NachweisG mangels Sanktionierung seiner Nichtbeachtung kein Schutzgesetz sei.[598] Enthält der Tarifvertrag die Verpflichtung des Arbeitgebers, dem Arbeitnehmer den Text auszuhändigen, dann vermag das Unterlassen zu einem Schadenersatzanspruch nach § 280 Abs. 1 BGB zu führen. Da in einer solchen Tarifnorm nicht lediglich eine Ordnungsvorschrift zu sehen sei, versteht das LAG Frankfurt am Main sie (zugleich) als Schutzgesetz im Sinne des § 823 Abs. 2 BGB.[599]

Bei Bestehen von **Zulassungsnormen** kommt eine Bezugnahme durch betriebliche Übung auf Tarifvorschriften, die von tarifdispositivem Recht abweichen, aus tatsächlichen Gründen kaum in Betracht. Da in einem solchen Fall eine Teilverweisung ausscheidet (§ 3 Rn. 174 f.), müsste aus dem Verhalten der Arbeitsvertragsparteien zu ersehen sein, dass sie den Tarifvertrag insgesamt in ihre Arbeitsbeziehung übernehmen wollen. Solches wird in aller Regel nicht erkennbar sein, wobei es angesichts des § 2 NachwG ohnedies fragwürdig ist, wenn keine Dokumentation erfolgt. 228

Zur Möglichkeiten des Arbeitgebers, sich von der Bindung durch eine betriebliche Übung durch »negative betriebliche Übung« zu lösen[600], siehe § 4 Rn. 354. 229

## IV. Andere Rechtsgrundlagen der Tarifanwendung?

### 1. Tarifanwendung durch den Gleichbehandlungsgrundsatz?

Der Gleichbehandlungsgrundsatz verbietet die willkürliche, d.h. sachfremde Schlechterstellung einzelner Arbeitnehmer gegenüber anderen Arbeitnehmern, die sich in einer vergleichbaren Lage befinden.[601] Damit wird untersagt, zwischen Arbeitnehmern in einer bestimmten Ordnung sachfremd zu differenzieren.[602] Das Hauptanwendungsgebiet des arbeitsrechtlichen Gleichbehandlungsgrundsatzes besteht somit darin, dem zu Unrecht von einer **allgemein gewährten betrieblichen Leistung** ausgeschlossenen Arbeitnehmer einen Anspruch auf Gleichstellung einzuräumen.[603] 230

Nach herrschender Meinung in Rechtsprechung und Literatur ist jedoch eine **Unterscheidung von Gewerkschaftsmitgliedern und Außenseitern** bei Leistungen aus einem Tarifvertrag zulässig.[604] Nur vereinzelt wird demgegenüber die Auffassung vertreten, dass die Gewerkschaftsmitgliedschaft eine sachwidrige Differenzierung darstelle mit der Folge, dass der Arbeitgeber auch im Bereich des Tarifvertrages organisierte und nichtorganisierte Arbeitnehmer gleich 231

597 BAG 17.4.2002 (5 AZR 89/01), AP Nr. 6 zu § 2 NachwG.
598 BAG 17.4.2002 (5 AZR 89/01), AP Nr. 6 zu § 2 NachwG.
599 LAG Frankfurt am Main, NZA-RR 2002, 427 – auf vertragliche Ansprüche nicht eingehend.
600 Dazu auch *Henssler*, 50 Jahre BAG, 704 ff.
601 Ständige Rechtsprechung des BAG 3.4.1957, 28.2.1962 und 30.9.1970, AP Nr. 4, 31 und 34 zu § 242 Gleichbehandlung.
602 *Schaub*, § 112 Rn. 5.
603 BAG 28.4.1982, AP Nr. 3 zu § 2 KSchG 1969.
604 BAG 20.7.1960, AP Nr. 7 zu § 4 TVG; *Däubler*, Tarifvertragsrecht, Rn. 329, mit weiteren Nachweisen; *Stein*, Rn. 263; *Zöllner/Loritz*, § 36 I 8.

zu behandeln habe.[605] *Wiedemann*[606] beruft sich dabei auf zwei Gerichtsentscheidungen (dazu ausführlich unten § 3 Rn. 246ff. bei der Behandlung der Zulässigkeit von Differenzierungsklauseln)[607], die seiner Meinung nach eine derartige Differenzierung nicht mehr erlauben. Darüber hinaus seien wegen der Mitbestimmungsrechte in § 87 BetrVG die Arbeitgeber zu einer Gleichbehandlung verpflichtet, weil sonst die nichtorganisierten Arbeitnehmer wegen der Tarifvorbehalte der §§ 77 Abs. 3 und 87 Abs. 1 BetrVG dem Mitbestimmungsrecht des Betriebsrates entzogen seien.

**232** Mit der herrschenden Meinung ist daran festzuhalten, dass die Differenzierung nach Gewerkschaftsmitgliedern und Außenseitern in der Sache gerechtfertigt ist. Das Tarifvertragsgesetz geht in seiner gesamten Konzeption davon aus, dass nur tarifgebundene Arbeitnehmer Anspruch auf die Leistungen des Tarifvertrages haben. Dies zeigt nicht nur § 3 TVG, sondern auch die gesetzlich geregelte Ausnahme der Allgemeinverbindlicherklärung (§ 5 TVG; siehe hierzu § 3 Rn. 3). Die Schaffung eines Rechtsanspruches für Nichtorganisierte im Wege des Gleichbehandlungsgrundsatzes würde die Tarifautonomie in ihrem Kern berühren und zur Folge haben, dass auf Dauer die Tarifvertragsparteien die Arbeits- und Wirtschaftsbedingungen nicht mehr eigenverantwortlich regeln könnten. Auch der Einwand, die Tarifvorbehalte des Betriebsverfassungsgesetzes bei den Mitbestimmungsrechten des Betriebsrats in materiellen Arbeitsbedingungen erforderten die Gleichbehandlung aller Arbeitnehmer im Betrieb, rechtfertigt derartige Überlegungen nicht: Die Vorschriften der §§ 77 Abs. 3 und 87 Abs. 1 Eingangssatz BetrVG haben gerade den Sinn, die Tarifautonomie zu sichern und nicht durch eine Gleichbehandlung auszuhöhlen (siehe näher hierzu Grundl. Rn. 318ff.).

**233** Die Unterscheidung zwischen organisierten und nicht- (oder anders) organisierten Arbeitnehmern ist jedoch unstreitig dann eine sachfremde Schlechterstellung, wenn es sich um **Leistungen** handelt, die **nicht auf einem Tarifvertrag beruhen.**[608]

**234** Der Gleichbehandlungsgrundsatz ist darüber hinaus auch anwendbar, wenn den nichtorganisierten Arbeitnehmern die gleichen Arbeitsbedingungen wie den Gewerkschaftsmitgliedern gewährt werden und nur **im Einzelfall** bei einem Außenseiter eine Ausnahme gemacht wird.[609] Hier ergibt sich die Gleichbehandlung aber nicht aus dem Vergleich mit dem Gewerkschaftsmitglied, sondern aus dem Vergleich zu den übrigen Unorganisierten.

**235** Schließlich kommt auch ein **mittelbarer Zwang** zur Gleichbehandlung nicht dadurch zustande, dass für Arbeitnehmer ungünstige Abweichungen vom Tarifvertrag von einem bestimmten Ausmaß an als unbillig anzusehen sind. § 310 Abs. 4 Satz 3 in Verbindung mit § 307 Abs. 3 BGB kann in diesem Zusammenhang nicht als Argument angeführt werden, da diese Vorschriften nur die mit dem Tarifvertrag synchronisierten Vertragsbedingungen von einer Inhaltskontrolle ausnehmen sollen (vgl. oben § 3 Rn. 212).[610] Eine andere Frage ist, ob man bei der

605 *Wiedemann*, RdA 1969, 333; ausschließlich für arbeitskampfbeteiligte Gewerkschaftsmitglieder *Thüsing*, ZTR 1997, 436.
606 *Wiedemann*, RdA 1969, 333.
607 *BVerfG* 15.1.1969, E 25, 101; BAG 29.11.1967, AP Nr. 13 zu Art. 9 GG.
608 Wiedemann/*Oetker*, § 3 Rn. 283.
609 *Däubler*, Tarifvertragsrecht, Rn. 330.
610 *Thüsing/Lambrich* RdA 2002, 196, mit weiteren Nachweisen; im Ergebnis ebenso *Annuß*, BB 2002, 460; *Reinecke* DB 2002, 585; *Tschöpe* DB 2002, 1833f.; a. A. *Däubler* NZA 2001, 1334f.

Inhaltskontrolle von (Formular-)Arbeitsverträgen nach § 310 Abs. 4 Satz 2 in Verbindung mit § 307 Abs. 1 BGB bei der Feststellung der unangemessenen Benachteiligung entgegen den Geboten von Treu und Glauben auf allgemeine Wertungen in Tarifverträgen zurückgreifen kann, wie es ähnlich bei der Feststellung der Sittenwidrigkeit eines Arbeitsvertrags geschehen mag. Das bedarf jedoch hier keiner weiteren Erörterung.

## 2. Tarifanwendung durch Außenseiterklauseln?

Vereinbarungen der Tarifvertragsparteien, dass nichtorganisierte Arbeitnehmer mit den Gewerkschaftsmitgliedern gleich zu behandeln sind, sind nach überwiegender Auffassung zulässig.[611] Diese Klauseln haben keine normative, sondern lediglich schuldrechtliche Wirkung. Ein Beispiel aus der Tarifpraxis stellte die Präambel des VW-Tarifvertrages zur Arbeitszeitverkürzung und Beschäftigungssicherung vom Januar 1994 dar[612], wonach zwischen den Tarifparteien Einvernehmen besteht, dass entsprechende Regelungen auch für Außenseiter gelten sollen und VW dies durch geeignete Vereinbarungen und Maßnahmen sicherstellt.[613] Wird tarifvertraglich z.B. vereinbart, dass nach einem Arbeitskampf auch Nichtorganisierte wieder einzustellen sind, bindet diese Verpflichtung ebenfalls nur die Tarifvertragspartei selbst, nicht deren Mitglieder. Gegebenenfalls kann ein Vertrag zugunsten Dritter vorliegen.[614] **236**

Zum Teil wird darüber hinaus die Auffassung vertreten, dass die Tarifvertragsparteien verpflichtet sind, derartige **Gleichstellungsklauseln** zu vereinbaren.[615] Diese Verpflichtung sei gegeben, weil die Gewerkschaft die Nichtorganisierten in der Regel ja zur Teilnahme am Arbeitskampf auffordere und somit eine »**tarifliche Kampfgemeinschaft**« entstehe. Dann müsse sie aber auch dafür Sorge tragen, dass die Unorganisierten in den Genuss aller durch den Arbeitskampf erlangten Vorteile kommen. Diese Überlegungen lassen sich aus geltendem Recht nicht herleiten: Es steht dem unorganisierten Arbeitnehmer frei, einer etwaigen Aufforderung zur Arbeitskampfteilnahme zu folgen. Will er Risiken für sich wegen der Teilnahme ausschließen, kann er dem Arbeitskampf fernbleiben. Aber selbst wenn er am Arbeitskampf teilnimmt, kann er nicht automatisch die gleiche Rechtsstellung wie ein Mitglied erwerben, also etwa sogar Streikgelder beanspruchen. »Tarifvertragliche Kampfgemeinschaft« kann im Übrigen nur die Gemeinschaft der Mitglieder sein. Nur diese beschließt einen Arbeitskampf und geht von vornherein das Risiko des Scheiterns ein. Nehmen nichtorganisierte Arbeitnehmer zu irgendeinem Zeitpunkt im Wissen am Arbeitskampf teil, dass wahrscheinliche Erfolge des Arbeitskampfes auch ihnen zugute kommen, weil der Arbeitgeber von sich aus auch ihnen die tariflichen Leistungen erbringt, kann von einem übernommenen Risiko nur schwerlich gesprochen werden. Auch Arbeitgeberverbände würden derartige Eingriffe von Nichtmitgliedern in ihre Verbandshoheit zu Recht zurückweisen. **237**

---

611 BAG 29.11.1967, AP Nr. 13 zu Art. 9 GG; Wiedemann/*Oetker*, § 3 Rn. 280; *Wiedemann*, FS Fleck, 1988, 454; a. A. *Hueck/Nipperdey*, Bd. II/1, 330.

612 Abgedruckt in AuR 1994, 230f.

613 Zur rechtlichen Einschätzung: *Zachert*, AuR 1995, 9.

614 Wiedemann/*Oetker*, § 3 Rn. 280; *Däubler*, Tarifvertragsrecht, Rn. 328.

615 *Wiedemann*, RdA 1969, 321, 333; Wiedemann/*Oetker*, § 3 Rn. 281, mit weiteren Nachweisen.

## E. Tarifvertragliche Organisationsklauseln

### Literatur:

*Behrens/Hamann*, Editorial: Gewerkschaftskrise am Ende? – Ansätze und Dimensionen der Revitalisierung, WSI-Mitt. 2003, 518; *Bötticher*, Tarifvertragliche Vereinbarungen im Dienste der organisationspolitischen Zwecke einer Tarifvertragspartei, RdA 1966, 401; *ders.* Die gemeinsamen Einrichtungen der Tarifvertragsparteien, 1966; *Däubler*, Tarifliche Leistungen nur für Gewerkschaftsmitglieder?, BB 2002, 1643; *Dorndorf*, Tarifvertragliche und tarifvertragsgesetzliche Differenzierung am Beispiel der Vorruhestandsverträge, AuR 1988, 1; *Ebbinghaus*, Die Mitgliederentwicklung deutscher Gewerkschaften im historischen und internationalen Vergleich, in *Schröder/Weßels (Hrsg.)*, Die Gewerkschaften in Politik und Gesellschaft der Bundesrepublik Deutschland, 2003, 174; *Fechner*, Ein Schritt voran – Rechtsgutachten zur Vorsorgeklasse des deutschen Holzgewerbes, 1966; *Fischer*, Über das Trittbrettfahren, Editorial NJW 39/2003; *Gamillscheg*, Die Differenzierung nach der Gewerkschaftszugehörigkeit, 1966; *ders.*, Differenzierung nach der Gewerkschaftszugehörigkeit beim Vorruhestand, BB 1988, 555; *ders.*, Ihr naht Euch wieder, schwankende Gestalten. »Tarifbonus« für Gewerkschaftsmitglieder, NZA 2005, 146; *Georgi*, Die Zulässigkeit von Differenzierungs- und Tarifausschlussklauseln in Tarifverträgen, 1971; *Giesen*, Tarifbonus für Gewerkschaftsmitglieder? NZA 2004, 1317; *Franzen*, Tarifrechtssystem und Gewerkschaftswettbewerb – Überlegungen zur Flexibilisierung des Flächentarifvertrags, RdA 2001, 1; *Heery*, Gewerkschaftliche Strategien gegen den Mitgliederschwund, WSI-Mitt. 2003, 522; *Hueck*, Tarifausschlussklausel und verwandte Klauseln im Tarifvertragsrecht, 1966; *Kissel*, Verblassende negative Koalitionsfreiheit?, FS Hanau, 1999, 547; *Leventis*, Tarifliche Differenzierungsklauseln nach dem Grundgesetz und dem Tarifvertragsgesetz, 1974; *Leydecker*, Der Tarifvertrag als exklusives Gut: Die rechtliche Zulässigkeit und Erstreikbarkeit von Differenzierungsklauseln, 2005; *Schubert*, Ist der Außenseiter vor der Normsetzung durch die Tarifvertragsparteien geschützt?, RdA 2001, 199; *Schuhmann*, Negative Freiheitsrechte, Zugleich ein Beitrag zu negativen Koalitionsfreiheit, 1997; *Seitenzahl/Zachert/Pütz*, Vorteilsregelungen für Gewerkschaftsmitglieder, 1976; *Söllner*, Vorrang von Organisierten beim Vorruhestand?, DB 1986, 2435; *Weller*, Zur Frage Differenzierungsklausel, AuR 1970, 161; *Wimmer*, Die Gestaltung internationaler Arbeitsverhältnisse durch kollektive Normenverträge, 1992; *Zachert*, Renaissance der tariflichen Differenzierungsklausel?, DB 1995, 322; *ders.*, Tarifpolitik ohne Trittbrettfahrer? Das Konzept tariflicher Vorteilsregelungen, in: Bispinck (Hrsg.), Tarifpolitik der Zukunft. Was wird aus dem Flächentarifvertrag?, 1995.

**Übersicht** Rn.

## I. Tarifvertragliche Organisationsklauseln

Tarifvertragliche Organisationsklauseln haben in den sechziger und siebziger Jahren des vergangenen Jahrhunderts eine gewisse Rolle im Tarifrecht und in der Tarifpolitik gespielt.[616] Unter den heutigen Bedingungen ist es denkbar, dass diese Debatten eine Renaissance erleben. Erste Ansätze dazu finden sich in Firmentarifverträgen im Tarifgebiet der IG Metall NRW: dort wird zunehmend ein Mitglieder – Bonus ausgehandelt oder gefordert, der zum Teil in Sonderzahlungen, zum Teil in zusätzlichem Urlaub, zum Teil aber auch im Ausschluss betriebsbedingter Kündigungen besteht.[617] **238**

Tarifvertragliche Organisationsklauseln versuchen generell, **Anreize für den Beitritt zu Gewerkschaften zu schaffen**. Solche Anreize könnten für die Gewerkschaften von wachsendem Interesse sein:

Die Notwendigkeit der Koalitionsfreiheit und der freien Bildung und Betätigung von Gewerkschaften ist in allen europäischen Ländern anerkannt. In der Bundesrepublik folgt diese Anerkennung aus Art. 9 Abs. 3 GG. Im Verfassungsvertragsentwurf der EU und der dort integrierten europäischen Grundrechtscharta findet sich ebenfalls eine grundrechtliche Verankerung des Koalitionsrechts (Art. II – 28). Die Rolle der Sozialpartner bei der Generierung und Umsetzung europäischen Gemeinschaftsrechts ist kontinuierlich gewachsen (Art. 139 EGV). Trotz dieser grundsätzlichen Akzeptanz findet sich in allen europäischen Ländern, auch in Deutschland, eine **Tendenz zu sinkenden Mitgliederzahlen** bei den Gewerkschaften, die aktuelle Organisationsquote beläuft sich auf etwa 20% der Arbeitnehmer.[618] Gleichwohl fallen in der Bundesrepublik wesentlich mehr Arbeitsverhältnisse unter die Geltung von Tarifverträgen, ohne dass die Basis dafür in Allgemeinverbindlichkeitserklärungen nach § 5 TVG zu finden wäre. Meist handelt es sich um die individualrechtlich vereinbarte Bezugnahme auf einen Tarifvertrag im Arbeitsvertrag. Auf dieser Basis gewähren die meisten Arbeitgeber ihren nichtorganisierten Arbeitnehmern dieselben Leistungen, die sie den Gewerkschaftsmitgliedern tarifvertraglich zu zahlen verpflichtet sind. Die damit bewirkte breite Anwendung der Tarifverträge entspricht im Kern völlig den gewerkschaftlichen Zielen. Gleichwohl entstehen Probleme: **Faire Arbeitsbedingungen** lassen sich regelmäßig nämlich nur dann durchsetzen, wenn eine so große Zahl der Arbeitnehmer gewerkschaftlich organisiert ist, dass die Gewerkschaft auf Grund glaubhafter Streikdrohungen einen hinreichenden **sozialen Druck** auf die Arbeitgeberseite ausüben kann (vgl. genauer auch Grundl. Rn. 34).[619] Durch individualvertragliche tarifgleiche Leistungen an alle **239**

616 Vgl. die Angaben *Däubler/Hensche*, § 1 Rn. 868ff.; Wiedemann/*Wiedemann*, Einl. Rn. 285ff. sowie ausführlich *Leydecker*, 23f.

617 *Gamillscheg*, NZA 2005, 150; *Giesen*, NZA 2004, 1317.

618 *Ebbinghaus*, 174ff.; *Behrens/Hamann*, WSI-Mitt. 2003, 518ff.; *Heery*, WSI-Mitt. 2003, 522.

619 Vgl. BAG 6.6.2000 (1 ABR 10/99), AP Nr. 55 zu § 2 TVG. In der früheren Rechtsprechung des BAG wird die Durchsetzungsfähigkeit der Gewerkschaften plastisch als Mächtigkeit bezeichnet.

können die Voraussetzungen dafür unterminiert werden, denn eine Mitgliedschaft in den Gewerkschaften erscheint nicht (mehr) erforderlich. Gleichzeitig gibt es einen Negativanreiz: Als »**Trittbrettfahrer**«[620] profitieren die Nichtorganisierten von den Leistungen der Gewerkschaften, ohne die Lasten der Gewerkschaftsmitgliedschaft zu tragen. Da die DGB-Gewerkschaften grundsätzlich ein Prozent des Bruttolohns als Gewerkschaftsbeitrag verlangen, handelt es sich um durchaus relevante finanzielle Dimensionen.[621]
Zudem ist mit der neueren Diskussion zusätzlich zu bedenken, dass die Arbeitgeberseite den maßgeblichen Einfluss darauf hat, ob die Trittbrettfahrerinteressen der Außenseiter überhaupt realisiert werden können.[622] Dies legt es nahe, hier nach gleichgewichtigeren Lösungen zu suchen.

## II. Varianten in der Praxis

### 1. Satzungsgebundene Vorteilsregelungen

240 Die Gewerkschaften steigern die Attraktivität ihrer Organisation für Außenstehende traditionell dadurch, dass sie in ihren Gewerkschaftssatzungen eigene, d.h. aus dem Beitragsaufkommen finanzierte **besondere Mitgliederleistungen** gewähren. So wird etwa das Streikgeld nur an streikende oder ausgesperrte Gewerkschafter, nicht an alle betroffenen Arbeitnehmer gezahlt. Der gewerkschaftliche Rechtsschutz vor den Arbeits- und Sozialgerichten aller Instanzen ist ebenfalls nur Mitgliedern zugänglich. Auch eine Vielzahl von Bildungsangeboten richtet sich an die organisierten Arbeitnehmer. Darüber hinaus bieten manche Organisationen Versicherungen als Gruppenversicherungen zu vergünstigten Bedingungen für ihre Mitglieder an. All diese Leistungen sind **rechtlich unproblematisch**.

### 2. Solidaritätsbeiträge

241 In der Vergangenheit ist darüber hinaus diskutiert worden, so genannte Solidaritätsbeiträge direkt **von nichtorganisierten Arbeitnehmern an die Gewerkschaft zahlen** zu lassen. Dahinter steht der eingangs bereits erwähnte Gedanken, dass die Außenseiter von der Tarifentwicklung profitieren und sie dementsprechend auch einen Teil der Kosten der Gewerkschaftsarbeit tragen müssen. In der Bundesrepublik Deutschland hatte die damalige IG Bau-Steine-Erden in den sechziger Jahren versucht, den Vorschlag eines Solidaritätsbeitrags unter Hinweis auf das Schweizer Vorbild durchzusetzen, war jedoch am Widerstand der Arbeitgeberseite gescheitert.[623] Seither haben die Solidaritätsbeiträge in der konzeptionellen Diskussion und erst recht in der Tarifpraxis keinerlei Rolle mehr gespielt.[624]

---

620 Zum generellen Trend zum »Trittbrettfahren« vgl. *U. Fischer*, Editorial zu NJW 39/2003, ähnlich auch *Rieble*, F.A.Z. vom 17.11.2004, 23.

621 *Däubler/Hensche*, § 1 Rn. 868, *Gamillscheg*, Kollektives Arbeitsrecht I, 360; AK-GG-*Kittner/Schiek*, Art. 9 Abs. 3 GG Rn. 110.

622 *Leydecker*, 253; *Gamillscheg*, NZA 2005, 147.

623 *Seitenzahl/Zachert/Pütz*, Vorteilsregelungen, 3.

624 *Däubler/Hensche*, § 1 Rn. 872.

### 3. Tarifvertragliche Differenzierungsklauseln

Rechtliche Kontroversen bestanden und bestehen in der Frage der Zulässigkeit von tarifvertraglichen Differenzierungsklauseln. Bei diesen soll sich die Arbeitgeberseite im Tarifvertrag verpflichten, bestimmte **Tarifvorteile nur an Organisierte** zu leisten. In der Diskussion sind dabei vor allen Dingen die folgenden drei Varianten (wobei die Bezeichnungen in Literatur und Praxis nicht ganz einheitlich sind)[625]: 242

#### a) tarifvertragliche Absperrklauseln

In diesem Fall soll der Arbeitgeber verpflichtet werden, **keine nichtorganisierten Arbeitnehmer in seinem Unternehmen zu beschäftigen**. Entsprechendes soll in der Regel auch für anders organisierte Arbeitnehmer gelten. Derartige »Closed-Shop-Vereinbarungen« sind aus dem Ausland bekannt; deutsche Gewerkschaften haben keine Initiativen in diese Richtung entwickelt. Absperrklauseln sind nach deutschem Recht fragwürdig: **der Ausschluss anders organisierter Arbeitnehmer konfligiert mit deren positiver Koalitionsfreiheit, der Ausschluss Nichtorganisierter steht in Konflikt zu ihrer negativen Koalitionsfreiheit**.[626] Regelmäßig wird eine rechtliche Unzulässigkeit von Closed-Shop-Regeln auch befürwortet, wenn eine ausländische Regelung auf das deutsche Arbeitsrecht ausstrahlt.[627] Dem ist zuzustimmen; maßgeblich ist in diesem Zusammenhang Art. 6 EGBGB. Auf die Frage, ob die ausländischen Regelungen Art. 11 EMRK widersprechen oder nicht, kommt es nicht an.[628] 243

#### b) Tarifausschluss- oder Differenzierungsklauseln

Hier geht es darum, die Gewährung tariflicher Arbeitsbedingungen an nicht oder anders organisierte Arbeitnehmer durch Vertrag auszuschließen. Kerngedanke ist, dass **nur die Gewerkschaftsmitglieder von den gewerkschaftlichen Fortschritten profitieren** sollen. Diese Form der Klauseln steht im Mittelpunkt der rechtlichen Debatte. Sie sind nicht so einschränkend für betroffene Außenseiter wie die genannten Closed-Shop-Vereinbarungen, weil die Abschlussfreiheit des Arbeitgebers nicht tangiert wird, immerhin aber wird die Gestaltungs- und Inhaltsfreiheit des Arbeitgebers deutlich reduziert.[629] 244

#### c) Spannen-, Spannensicherungs- oder Abstandsklauseln

Mit diesen Regelungen soll gesichert werden, **dass die Gewerkschaftsmitglieder immer einen bestimmten Entgeltvorsprung behalten,** indem der Arbeitgeber zwar auch gewerkschaftsfremde Arbeitnehmer an den gewerkschaftlichen Erfolgen teilhaben lassen darf, gleichzeitig aber sichern muss, dass der Abstand zwischen den Organisierten und den Nicht- oder anders Organisierten erhalten 245

---

625 *Franzen*, RdA 2001, 9f.

626 Vgl. *Däubler/Schiek* Einl. Rn. 282, mit weiteren Nachweisen.

627 Wiedemann/*Wiedemann*, § 1 Rn. 81; *Däubler/Däubler*, Einl. Rn. 658.

628 Der Report der Menschenrechtskommission vom 14.12.1979 (EuGRZ 1980, 450ff.) hatte nur solche Regelungen als Verstoß gegen Art. 11 EMRK angesehen, die auf ein bereits vorher begründetes Arbeitsverhältnis angewendet werden sollen. Vgl. im Übrigen *Leydecker*, 321ff.; *Wimmer*, 79.

629 *Däubler/Schiek*, Einl. Rn. 283.

bleibt.[630] Eine derartige Regelung ist in den sechziger Jahren vom Grossen Senat des BAG für unzulässig gehalten worden.[631] Eine gegen diese Entscheidung eingelegte Verfassungsbeschwerde wurde als unzulässig abgewiesen und nicht zur Entscheidung angenommen.[632] Gleichwohl kann die rechtliche Debatte um die Zulässigkeit solcher Klauseln nicht als abgeschlossen angesehen werden.

### III. Rechtsprechung zu tarifvertraglicher Differenzierungsklauseln

#### 1. Zur Entscheidung des Großen Senats des BAG

246 Die bereits genannte Entscheidung des Großen Senats des BAG[633] betraf die Spannenklausel einer Urlaubsgeldregelung, mit der den Gewerkschaftsmitgliedern ein um 60 DM höheres Urlaubsgeld gesichert werden sollte. Ausgangspunkt der Betrachtung des Großen Senats ist die Feststellung, dass man die Zulässigkeit der Spannenklauseln nicht schon deshalb verneinen kann, weil sie Außenseiter betreffen, die nicht unter die Tarifmacht der Tarifparteien fallen. Jedenfalls **schuldrechtliche Regelungen** in Tarifverträgen sind möglich, mit denen sich die Tarifparteien dem Partner gegenüber zu einem bestimmten Verhalten verpflichten. In diesem Zusammenhang wird unter anderem auf die allgemein anerkannten Maßregelungsverbote und Wiedereinstellungsklauseln verwiesen. Aber es müsse dem **Gerechtigkeitsempfinden der Außenseiter** widersprechen, mit unübersichtlichen Ausgleichsbelastungen überzogen zu werden. Deshalb sei es auch **unzumutbar für die Arbeitgeber**, eine solche Regelung umzusetzen. Erst nach diesen Erwägungen zu den vermuteten Rechtsvorstellungen nicht- oder anders organisierter Arbeitnehmer und Arbeitgeber setzt sich das Gericht mit den beiden Kernpunkten der juristischen Debatte um die Spannenklauseln auseinander: mit der Frage, **ob und inwieweit die negative Koalitionsfreiheit von Art. 9 Abs. 3 GG geschützt ist**[634] **und ob es sich bei einer solchen Spannenklausel um (verbotenen) massiven Druck handelt**[635] **oder nur um (zulässigen) milden Druck**[636] **oder ob es überhaupt an einer Drucksituation fehle**.[637] Das Gericht stellt zunächst mit Entschiedenheit fest, dass Art. 9 Abs. 3 GG auch die negative Koalitionsfreiheit schütze. Ein Eingehen auf die Frage der Druckintensität wird hingegen explizit vermieden: es komme nicht auf die Intensität, auf den Grad des Druckes an, sondern auf die Sozialadäquanz. Weiter heißt es ohne zusätzliche Darlegungen, ein sozialinadäquater Druck sei in den vorliegenden Fällen gegeben: es verletze das Gerechtigkeitsempfinden gröblich, wenn die Gewährung des Urlaubs, Urlaubsentgelts und zusätzlichen Urlaubsgeldes und ähnlicher tariflicher Leistungen von Fragen der Organisationszugehörigkeit abhängig gemacht werde.

---

630 *Däubler/Schiek*, Einl. Rn. 283.

631 BAG 29.11.1967 (GS 1/67), AP Nr. 13 zu Art. 9 GG.

632 BVerfG 4.5.1971 (1 BVR 761/67), AP Nr. 19 zu Art. 9 GG.

633 BAG 29.11.1967 ( GS 1/67), AP Nr. 13 zu Art. 9 GG. Da die Parteien das Ruhen des Verfahrens vereinbart hatten, wird die bindende Wirkung der Entscheidung z. T. angezweifelt, so von *Däubler*, BB 2002, 1644; *Däubler/Hensche*, § 1 Rn. 873. Das BAG ist allerdings in seinem Urteil vom 21.3.1978 (1 AZR 11/76), AP Nr. 62 zu Art. 9 GG Arbeitskampf, explizit von einer solchen Wirkung ausgegangen.

634 Vgl. die Nachweise zum damaligen Diskussionsstand im Urteil und in *Hueck/Nipperdey*, Bd. II/1, 154 ff.

635 *Hueck/Nipperdey*, Bd. II/1, 177.

636 *Gamillscheg*, Differenzierung nach der Gewerkschaftszugehörigkeit, 62.

637 *Weller*, AuR 1970, 166.

## 2. Zur neueren Rechtsprechung der Arbeitsgerichte

In einer weiteren Entscheidung hat das BAG **die Entscheidung des Großen Senates bestätigt.**[638] Es geht in der Sache allerdings nicht um eine grundlegend andere Regelung, sondern um die Frage, ob eine entsprechende Regelung erstreikbar ist. Eine Schadensersatzklage der Arbeitgeberseite wegen eines rechtswidrigen Arbeitskampfes war wegen der Klärung der Hauptfrage ausgesetzt worden und wurde nun nach der Entscheidung des Großen Senates wieder aufgegriffen. Das BAG bestätigt in dieser Entscheidung die Rechtswidrigkeit der Differenzierungsklausel, lehnt aber einen Schadensersatzanspruch gegen die Gewerkschaft wegen nicht vorwerfbaren Rechtsirrtums ab. 247

Mittelbar einschlägig ist aber eine Entscheidung des BAG, in der das Gericht unter anderem aus dem Verbot von Differenzierungsklauseln die Zulässigkeit der Aussperrung von arbeitswilligen Außenseitern folgert, da diese vom Tarifabschluss profitierten.[639] Diese Rechtsprechung ist allerdings durch die Entscheidung des Gerichtes vom 22. März 1994[640] bedeutungslos geworden, da es nunmehr in der freien Entscheidung des Arbeitgebers liegt, einen Betrieb im Arbeitskampf (teil)stillzulegen. 248

Auch in seinen beiden Urteilen zur Auslegung von **Vorruhestandstarifverträgen** hat das BAG auf die Rechtsprechung des Großen Senates zurückgegriffen.[641] Diese Entscheidungen sind durch die Entscheidung des BAG vom 18. September 2001 zur Altersteilzeit[642] mittelbar bestätigt worden. 249

**Explizit abweichend** von der Entscheidung des Großen Senates des BAG hat das **LAG Düsseldorf** entschieden, dass eine Differenzierung zwischen Organisierten und Außenseitern nur dann rechtlich unzulässig ist, wenn der Druck auf den Gewerkschaftsbeitritt »empfindlich« ist.[643] Auch das **LAG Hamm** hat in einer Entscheidung vom 11. Januar 1994[644] eine Differenzierung für zulässig gehalten: durch Firmentarifvertrag hätten Gewerkschaftsmitglieder, die eine Urlaubskasse der Tarifvertragsparteien beigetreten waren, Anspruch auf ein zusätzliches Urlaubsgeld. Während das BAG eine Besserstellung der Gewerkschaftsmitglieder in Höhe von 60 DM pro Jahr für sozialinadäquat gehalten hatte, sah das LAG Hamm in einer Erholungsbeihilfe von jährlich maximal 1200 DM keinen sozialinadäquaten Druck. Es hat den Begriff der Sozialadäquanz aber auch nicht im Sinne des BAG unter Verzicht auf eine quantitative Betrachtung interpretiert, sondern wie das Bundesverfassungsgericht (siehe unten § 3 Rn. 251 ff.), das LAG Düsseldorf und der Großteil der Literatur die »Erheblichkeit des Drucks« in den Mittelpunkt der rechtlichen Argumentation gestellt. Die Revision war vom LAG Hamm nicht zugelassen worden, die Nichtzulas- 250

---

638 BAG 21.3.1978, AP Nr. 62 zu Art. 9 GG Arbeitskampf.

639 BAG 10.6.1980, BAGE 33, 202 f. = AP Nr 66 zu Art 9 GG Arbeitskampf.

640 BAG 22.3.1994, NZA 1994, 1097, bestätigt durch BAG 31.1.1995, DB 1995, 1817.

641 BAG 21.1.1987, AP Nr. 46 und 47 zu Art. 9 GG (mit gemeinsamer Anm. von *Scholz*). Die Problematik dieser Entscheidungen liegt jedoch nicht in der Fortführung der Rechtsprechung zu den Differenzierungsklauseln. Problematisch ist hier vor allen Dingen, dass eine möglich Benachteiligung von Außenseitern in der Weise »konstruiert« wird, dass eine wirtschaftliche Zwangslage »zwischengeschaltet« wird, sodass es zu einer zwar nicht rechtlichen, aber wirtschaftlichen Benachteiligung von Außenseitern kommen kann. Vgl. dazu eingehend *Dorndorf*, AuR 1988, 1 ff.

642 BAG 18.9.2001 (9 AZR 397/00), AP Nr. 3 zu § 3 ATG.

643 LAG Düsseldorf 29.1.1974 ( 8 Sa 482/73), LAGE Nr. 2 zu Art. 9 GG.

644 (11 SA 979/93), LAGE § 4 TVG Nr. 4, siehe dazu auch *Zachert*, DB 1995, 324.

sungsbeschwerde dagegen war vor dem BAG aber erfolgreich; in der Sache kam es aber nicht zu einer Entscheidung, weil die Parteien sich außergerichtlich geeinigt hatten.[645]

### 3. Die Rechtsprechung des Bundesverfassungsgerichts

**251** Entscheidungen des Bundesverfassungsgerichts zu tarifvertraglichen Organisationsklauseln liegen nicht vor. Zwar war gegen den Beschluss des Großen Senates Verfassungsbeschwerde erhoben worden, diese wurde aber mangels gegenwärtiger Beschwer nicht zur Entscheidung angenommen.[646]

**252** Aus der sonstigen Rechtsprechung des Gerichtes zur negativen Koalitionsfreiheit lässt sich jedoch entnehmen, dass das Gericht immer darauf abstellt, ob es sich um einen (zulässigen) Anreiz oder um einen (unzulässigen) Druck oder gar Zwang zum Beitritt handelt. Bei der Abgrenzung spielt die Intensität der Einflussnahme die entscheidende Rolle; Kriterien wie das Gerechtigkeitsempfinden werden nicht herangezogen.[647]

## IV. Möglichkeiten und Grenzen tarifvertraglicher Organisationsklauseln

**253** **Der Entscheidung des Großen Senates des BAG kann nicht gefolgt werden.** Dies gilt insbesondere im Hinblick auf die dortigen Überlegungen zum Gerechtigkeitsempfinden, zur Zumutbarkeit und allgemein zur Sozialadäquanz.[648]

**254** Ausgangspunkt für die Beurteilung der Zulässigkeit tarifvertraglicher Differenzierungsklauseln muss die Frage sein, ob diese grundsätzlich von der **Tarifmacht aus Art. 9 Abs. 3 GG** erfasst sind. Dies ist nach allgemeiner Meinung – auch nach Meinung des BAG in der kritisierten Entscheidung – der Fall. Allerdings ist eine Vereinbarung nur im schuldrechtlichen Teil des Tarifvertrages möglich.[649]

**255** Für die Frage des **Verstoßes gegen die negative Koalitionsfreiheit** kommt es – ohne dass man sich an dieser Stelle darauf festlegen müsste, ob die negative Koalitionsfreiheit wirklich von Art. 9 Abs. 3 GG oder nicht doch eher von Art. 2 Abs. 1 GG geschützt wird – darauf an, ob die Freiwilligkeit des Koalitionsbeitritts und damit die Freiwilligkeit des Koalitionszusammenschlusses aufgehoben wird. Das gesamte tarifvertragliche System hängt nämlich von dieser Freiwilligkeit ab (siehe Grundl. Rn. 54). **Der zentrale Gesichtspunkt ist damit der Schutz vor Beitrittszwang.**

**256** Dies belegt schon die frühe geschichtliche Entwicklung des Tarifvertragsrechts. So untersagte § 49 Abs. 2 der Gewerbeordnung für das Königreich Sachsen von 1861 die »Anmaßung von Strafgewalt über die Genossen, Verrufserklärungen und jede Anwendung physischer oder moralischer Zwangsmittel« und § 153 der

---

645 Nach *Zachert*, DB 1995, 324.

646 BVerfG 4.5.1971, AP Nr. 19 zu Art. 9 GG.

647 BVerfG 20.7.1971, E 31, 297, 302 (gewerkschaftliche Prozessvertretung); BVerfG 24.5.1977, E 44, 322, 352 (Allgemeinverbindlichkeit von Tarifverträgen); BVerfG 15.7.1980, E 55, 7, 22 (Voraussetzungen der Gewerkschaftseigenschaft); BVerfG 14.6.1983, E 64, 208, 213f. (dynamische Verweisung); BVerfG 10.9.1991 (1 BvR 561/89), AP Nr. 27 zu § 5 TVG, ZTR 1992, 22; BVerfG 18.7.2000 (1 BvR 948/00), AP Nr. 4 zu § 1 AEntG, NJW 2000, 3705. Vgl. auch die Zusammenfassung bei *M. Schuhmann*, 76ff.

648 Vgl. aus der neueren Lit. mit zahlreichen Nachweisen *Däubler/Hensche*, § 1 Rn. 874ff.; *Däubler*, BB 2002, 1643ff.; *Gamillscheg*, NZA 2005, 146ff.

649 Gegen die Anerkennung der Möglichkeit, im schuldrechtlichen Teil des Tarifvertrages Anderes und mehr zu vereinbaren, als im normativen Teil *Giesen*, NZA 2004, 1319.

Gewerbeordnung für den Norddeutschen Bund von 1869 kriminalisierte die Erzwingung von Beitritten durch »Anwendung körperlichen Zwanges, durch Drohungen, durch Ehrverletzungen oder durch Verrufserklärung«.

Differenzierungsklauseln sind damit **nur dann rechtlich unzulässig, wenn sie einen Beitrittszwang in diesem Sinne** hervorrufen. Ein solcher Zwang kann in Fragen finanzieller Anreize, um die es hier geht, frühestens dann einsetzen, wenn die »exklusiven« Vorteile für die Gewerkschaftsmitglieder die Summe der Gewerkschaftsbeiträge deutlich übersteigen.[650] Die Chance des »Trittbrettfahrens« ist nicht geschützt. Im Falle nicht-monetärer Anreize, wie z.B. dem Kündigungsausschluss, sind solche Grenzziehungen nicht so einfach möglich, sie lassen sich gleichwohl nach den genannten Kriterien durchführen. **257**

In Bezug auf die **praktische Durchsetzung** tarifvertraglich vereinbarter Differenzierungsklauseln ist je nach Praxisvariante zu unterscheiden: **258**

**Abstandsklauseln lassen sich als Inhaltsnormen** vereinbaren, so dass sie normativ wirken. Der einzelne Arbeitnehmer hat damit einen Anspruch auf die Sonderleistung, den er eigenständig einklagen kann.

Bei Tarifausschlussklauseln kann regelmäßig nicht davon ausgegangen werden, dass es sich um Inhaltsnormen im Sinne § 1 TVG handelt, denn das Arbeitsverhältnis des einzelnen tarifunterworfenen Arbeitnehmers wird nicht umgestaltet; das Gewerkschaftsmitglied profitiert nicht unmittelbar davon, dass andere die tarifliche Leistung nicht erhalten. **Tarifausschlussklauseln** werden deshalb regelmäßig mit **schuldrechtlicher Wirkung** vereinbart. Unter diesen Bedingungen hat die Gewerkschaft nur im Falle des Firmentarifvertrages einen unproblematisch durchsetzbaren Erfüllungsanspruch. Beim Verbandstarifvertrag hingegen hat die Gewerkschaft zwar einen Anspruch gegenüber dem Arbeitgeberverband, nicht aber ohne weiteres gegenüber dem einzelnen Arbeitgeber. Zwar wird man grundsätzlich auch in diesen Fällen den Unterlassungsanspruch der Gewerkschaften aus §§ 1004, 823 BGB in Verbindung mit Art. 9 Abs. 3 GG (vgl. dazu § 4 Rn. 215) zuerkennen können, aber Voraussetzung für dessen Eingreifen ist eine kollektive, tarifunterlaufende Maßnahme des Arbeitgebers. Einzelne Verstöße in Einzelarbeitsverträgen reichen nicht aus.[651]

Aus praktischen Gründen werden Differenzierungsklauseln meist durch **Gemeinsame Einrichtungen** im Sinne § 4 Abs. 2 TVG durchgeführt. Dies ändert die Rechtslage aber nur dann, wenn man § 3 Abs. 2 TVG analog auf betriebs- und unternehmensbezogene gemeinsame Einrichtungen anwenden kann.[652]

## § 4 Wirkung der Rechtsnormen

**(1) Die Rechtsnormen des Tarifvertrags, die den Inhalt, den Abschluss oder die Beendigung von Arbeitsverhältnissen ordnen, gelten unmittelbar und zwingend zwischen den beiderseits Tarifgebundenen, die unter den Geltungsbereich des Tarifvertrags fallen. Diese Vorschrift gilt entsprechend für Rechtsnormen des Tarifvertrags über betriebliche und betriebsverfassungsrechtliche Fragen.**

---

650 So die wohl h.L.: Wiedemann/*Wiedemann*, Einl. Rn. 303ff.; *Däubler/Hensche*, § 1 Rn. 874ff.; *Jarass/Pieroth*, Art. 9 Rn. 39; *AK-GG-Kittner/Schiek*, Art. 9 Abs. 3 Rn. 110, *Gamillscheg*, Kollektives Arbeitsrecht I, § 7, 360, ders., NZA 2005, 246ff. Zum Teil wird auch der doppelte Gewerkschaftsbeitrag als Basiswert angenommen, so vor allem *Däubler*, BB 2002, 1647.

651 *Leydecker*, 39.

652 So insbesondere *Bötticher*, 79ff.; *Däubler*, Tarifvertragsrecht, Rn. 1153.

**(2) Sind im Tarifvertrag gemeinsame Einrichtungen der Tarifvertragsparteien vorgesehen und geregelt (Lohnausgleichskassen, Urlaubskassen usw.), so gelten diese Regelungen auch unmittelbar und zwingend für die Satzung dieser Einrichtung und das Verhältnis der Einrichtung zu den tarifgebundenen Arbeitgebern und Arbeitnehmern.**
**(3) Abweichende Abmachungen sind nur zulässig, soweit sie durch den Tarifvertrag gestattet sind oder eine Änderung der Regelungen zugunsten des Arbeitnehmers enthalten.**
**(4) Ein Verzicht auf entstandene tarifliche Rechte ist nur in einem von den Tarifvertragsparteien gebilligten Vergleich zulässig. Die Verwirkung von tariflichen Rechten ist ausgeschlossen. Ausschlussfristen für die Geltendmachung tariflicher Rechte können nur im Tarifvertrag vereinbart werden.**
**(5) Nach Ablauf des Tarifvertrags gelten seine Rechtsnormen weiter, bis sie durch eine andere Abmachung ersetzt werden.**

**Gesamtübersicht:** Rn.

## A. Die unmittelbare und zwingende Geltung von Tarifverträgen (§ 4 Abs. 1 TVG)

### Literatur:

*Buchner*, Der Geltungsbereich des Tarifvertrages, AR-Blattei SD, Tarifvertrag IV, IV Geltungsbereich, 1550.4; *Grobys/Schmidt/Brocker*, Verfassungsmäßigkeit von »Equal Pay«?, NZA 2003, 777; *Herschel*, Der nachwirkende Tarifvertrag, insbesondere seine Änderung, ZfA 1976, 89; *Houben*, Die Rückwirkung von Tarifverträgen, im Erscheinen; *Kempen*, Struktur- und Funktionsunterschiede zwischen Tarifvertrag und Betriebsvereinbarung, ArbRGgw 31 (1993), 17; *Möller/Rührmair*, Die Bedeutung der Grundrechte für die verfassungsrechtlichen Anforderungen an rückwirkende Gesetze, NJW 1999, 908; *Neuner*, Die Rückwirkung von Tarifverträgen, ZfA 1998, 83; *Richardi*, Rechtswirkungen des Tarifvertrages, in: AR-Blattei D Tarifvertrag VI; *Rieble/Klebeck*, Lohngleichheit für Leiharbeit, NZA 2003, 23; *Schüren/Riederer Frfr. v. Paar*, Risiken nichtiger Tarifverträge in der Leiharbeit, AuR 2004, 241; *Sinzheimer*, Der Tarifgedanke in Deutschland, in: Kahn-Freund/Ramm (Hrsg.), Arbeitsrecht und Rechtssoziologie, Bd. 1, 1976, 150; *Thüsing*, Der Anspruch des Nichtorganisierten auf Tariflohn, ZTR 1997, 433; *ders.*, Equal pay bei Leiharbeit, DB 2003, 446; *Zachert*, Deregulierung des Tarifvertrags – ein taugliches Mittel zur Lösung der Arbeitsmarktprobleme?, DB 1991, 1221; *ders.*, Drei aktuelle Vorschläge zur Öffnung des Flächentarifvertrages, JbArbR 41 (2004), 85.

**Übersicht** Rn.



## I. Überblick

### 1. Bedeutung bei beiderseitiger Tarifgebundenheit

1 Die in § 4 Abs. 1 TVG geregelte unmittelbare und zwingende Wirkung der Rechtsnormen eines Tarifvertrages für das Arbeitsverhältnis **zwischen tarifgebundenen Arbeitnehmern und Arbeitgebern** stellt ein Kernstück des Tarifvertragsrechts dar. Erst durch sie wird die Verwirklichung des von der Tarifautonomie verfolgten Zwecks, des Schutzes der Arbeitnehmer vor einer Ausnutzung ihrer Arbeitskraft zu unwürdigen Bedingungen und zu unzureichendem Lohn (dazu näher Grundl. Rn. 76 ff. und § 2 Rn. 716), garantiert. Würde das, was die

Tarifvertragsparteien aushandeln und in Tarifverträgen festlegen, nicht unmittelbar, ohne weitere arbeitsvertragliche Gestaltungsnotwendigkeit und zwingend, ohne Möglichkeit der einzelvertraglichen Einschränkung, auf die Arbeitsverhältnisse der betroffenen Arbeitnehmer einwirken, könnte aller Erfolg eines erstrittenen Tarifvertrages nach dessen Abschluss wieder in Frage gestellt werden. Der Gesetzgeber eröffnet mit dieser Regelung den Weg, zugunsten der Arbeitnehmer gesetzesähnliches, objektives (nicht nur für zwei Vertragsparteien, sondern allgemein geltendes) und unabänderbares Recht zu schaffen, eine Möglichkeit, die den Grundgedanken des Tarifrechts ausmacht[1] und an der verfassungsrechtlichen Gewährleistung der Tarifautonomie teilnimmt.[2]

2 **Ausnahmen** vom **Prinzip der zwingenden Geltung** tarifvertraglicher Rechtsnormen sind bei einem Vorliegen der Voraussetzungen des § 4 Abs. 1 TVG (bzw. des § 5 Abs. 4 TVG) daher nur dann zulässig, wenn der Tarifvertrag selbst sie ausdrücklich gestattet, also einräumt, dass Arbeitgeber und Arbeitnehmer entgegen tarifvertraglicher Vorschrift etwas Anderes vereinbaren können oder wenn sie eine Änderung der tarifvertraglichen Regelungen zugunsten der Arbeitnehmer enthalten (§ 4 Abs. 3 TVG, vgl. § 4 Rn. 247 ff.).

3 Aus den gleichen Gründen kommt auch ein **Wegfall einmal entstandener Ansprüche** aus unmittelbar und zwingend auf das Arbeitsverhältnis einwirkenden Rechtsnormen nur dann in Betracht, wenn der Tarifvertrag selbst einen solchen Untergang vorsieht (ablösender Tarifvertrag mit Rückwirkung) oder wenn (bei einem Verzicht auf tarifliche Rechte) die Tarifvertragsparteien eine entsprechende Vereinbarung zwischen tarifgebundenem Arbeitgeber und tarifgebundenem Arbeitnehmer billigen (§ 4 Abs. 4 TVG, vgl. § 4 Rn. 442 ff.).

4 Nach § 4 Abs. 2 TVG gelten auch **tarifvertragliche Regelungen über Gemeinsame Einrichtungen** der Tarifvertragsparteien unmittelbar und zwingend für die Satzungen dieser Einrichtungen und für ihr Verhältnis zu den tarifgebundenen Arbeitgebern und Arbeitnehmern (zu Näherem vgl. § 4 Rn. 225 ff.).

5 Zum weiteren Sonderfall der **Allgemeinverbindlicherklärung** von Tarifverträgen vgl. § 5.

## 2. Tarifgebundenheit nur des Arbeitgebers

6 Die kraft Gesetzes eintretende und nicht abänderbare Geltung tarifvertraglicher Normen über den Abschluss, die Beendigung und den gesamten Inhalt von Arbeitsverhältnissen (zur Art tarifvertraglicher Normen vgl. § 1 Rn. 60 ff.) ist nur für die tarifgebundenen Arbeitsvertragsparteien vorgesehen. Die heute übliche **Gleichstellung** aller Arbeitnehmer eines tarifgebundenen Arbeitgebers **durch einzelvertragliche Bezugnahme** auf bestehende Tarifverträge (dazu im Einzelnen § 3 Rn. 143 ff.) ohne Rücksicht auf die Gewerkschaftszugehörigkeit führt also **nicht** dazu, dass unorganisierte Arbeitnehmer **in gleicher Weise** wie organisierte **geschützt** werden. So kann eine vertragliche Zusage auf Anwendung von Tarifverträgen bei nicht Organisierten grundsätzlich unter Widerrufsvorbehalt ge-

---

1 Vgl. dazu z.B. die theoretischen Überlegungen vor Schaffung des ersten Tarifrechts 1918 von *Sinzheimer*, Tarifgedanke, 157, 162; allgemein zur Wirkungsweise tarifvertraglicher Normen und zu diesbezüglichen rechtsdogmatischen Begründungen vgl. etwa *Herschel*, ZfA 1976, 92 ff.; siehe auch mit weiteren Nachweisen *Stein*, Rn. 13.

2 BVerfG, E 44, 322, 341 = EzA § 5 TVG Nr. 5 (mit zustimmender Anm. *Badura*, a.a.O., und Anm. *Kempen*, AuR 1977, 380) – mit weiteren Nachweisen; siehe auch BVerfG 3.4.2001, E 103, 293, 305; vgl. bereits BVerfG, E 4, 96, 106 = EzA Art. 9 GG Nr. 10.

stellt werden, die Bezugnahme bei Vorliegen der kündigungsrechtlichen Voraussetzungen einseitig gekündigt werden, vertragliche Änderungen der so versprochenen tariflichen Leistungen und Rechte sind anders als bei zwingender Geltung des Tarifvertrages nicht verboten. Der nicht tarifgebundene Arbeitnehmer kann auf einzelvertraglich zugesagte tarifliche Leistungen und Rechte im Gegensatz zum organisierten (§ 4 Abs. 4 TVG) verzichten (Beispiel: Ausgleichsquittung).

Der nicht organisierte Arbeitnehmer hat bei Tarifgebundenheit des Arbeitgebers auch **keinen Anspruch auf Gleichbehandlung** mit Gewerkschaftsmitgliedern. Der Gleichbehandlungsanspruch[3] verbietet eine Gruppenbildung nur dann, wenn sie sachfremd ist, das heißt, wenn es für die unterschiedliche Behandlung keine billigenswerten Gründe gibt. Das Gebot der Gleichbehandlung greift immer dann ein, wenn der Arbeitgeber Leistungen nach einem erkennbar generalisierenden Prinzip auf Grund einer abstrakten Regelung gewährt. Von einer solchen Regelung darf er Arbeitnehmer nur aus sachlichen Gründen ausschließen.[4] Einfachrechtlich könnte schon bezweifelt werden, ob die Differenzierung zwischen Gewerkschaftsmitgliedern und Nichtmitgliedern überhaupt auf einer Entscheidung des Arbeitgebers zur Gruppenbildung beruht, da die Verpflichtungen gegenüber den zuerst Genannten auf Grund §§ 3 Abs. 1, 4 Abs. 1 TVG normativ vorgegeben ist und der Arbeitgeber insoweit lediglich vollziehen muss. Der sachliche Grund liegt in der Gewerkschaftszugehörigkeit und der fehlenden Erstreckung der normativen Wirkung auf Nichtorganisierte. Entscheidend erscheint jedoch, dass einer Verpflichtung zur Gleichbehandlung die in Art. 9 Abs. 3 GG garantierte Tarifautonomie in Frage stellte. Im Verhältnis zu Art. 3 GG ist Art. 9 Abs. 3 GG eine vorgehende Spezialvorschrift. Dieser verfassungsrechtlichen Lage trägt der Gesetzgeber mit den §§ 3 und 4 TVG Rechnung[5] (dazu auch § 3 Rn. 1 ff. und Rn. 230 ff.). Das ist ganz herrschende Meinung[6]; Abweichendes kann auch nicht den Entscheidungen des Bundesverfassungsgerichts[7] zur Steuerfreiheit von Zuschlägen und des Großen Senats des Bundesarbeitsgericht[8] zu Differenzierungsklauseln entnommen werden. – Eine andere und zu verneinende Frage ist es, ob der Arbeitgeber, der etwa über arbeitsvertragliche Verweisung auf den Tarifvertrag eine Gleichstellung der nichtorganisierten Arbeitnehmer mit den Gewerkschaftsmitgliedern herbeigeführt hat, einzelne Arbeitnehmer hiervon ohne sachlichen Grund ausnehmen kann. 7

Nur eingeschränkt geteilt wird die herrschende Auffassung von *Wiedemann*[9], der unter anderem im Hinblick auf den **Ausschluss des zwingenden Mitbestim-** 8

3 Wie immer dieser juristisch begründet werden mag, vgl. dazu BAG 30.9.1970, 11.9.1974 und 4.2.1976, AP Nr. 34, 39 und 40 zu § 242 BGB Gleichbehandlung; siehe auch BAG 28.7.1992 (3 AZR 173/92), AP Nr. 18 zu § 1 BetrAVG Gleichbehandlung, mit weiteren Nachweisen; MünchArbR/*Richardi*, § 14 Rn. 6 ff.

4 Ständige Rechtsprechung, vgl. etwa BAG 21.3.2002 (6 AZR 144/01), EzA § 242 BGB Gleichbehandlung Nr. 88, mit weiteren Nachweisen; BAG 19.2.2002 (1 AZR 342/01), EzA § 4 TVG Ausschlussfristen Nr. 149.

5 Zu allem BAG 20.7.1960, AP Nr. 7 zu § 4 TVG, mit weiteren Nachweisen.

6 BAG AP Nr. 7 zu § 4 TVG; ohne Weiteres hiervon ausgehend etwa BAG 26.1.1999 (3 AZR 381/97), AP Nr. 48 zu § 1 BetrAVG Zusatzversorgungskassen; aus dem Schrifttum statt aller Wiedemann/*Oetker*, § 3 Rn. 286; *Däubler/Lorenz*, § 3 Rn. 276; *Thüsing*, ZTR 1997, 433.

7 BVerfG 15.1.1969, E 25, 101.

8 BAG GS 29.11.1967, AP Nr. 13 zu Art. 9 GG.

9 *Wiedemann*, RdA 1969, 323 ff., sowie in Wiedemann/*Wiedemann* Einl. Rn. 248 ff.; offen gelassen bei *Schaub*, § 112 Rn. 33.

**mungsrechts** bei Vorliegen einer tarifvertraglichen Regelung in § 87 BetrVG den einzelnen Arbeitgeber verpflichtet sieht, organisierte und nicht organisierte Arbeitnehmer auch im Bereich des Tarifvertrages gleich zu behandeln. *Wiedemann* verkennt dass § 87 Abs. 1 Eingangssatz BetrVG jede einseitige Entscheidungsbefugnis des Arbeitgebers im Bereich der dort genannten Arbeitsbedingungen ohne Mitwirkung durch den Betriebsrat oder die Tarifparteien nach Möglichkeit verhindern will, nicht aber Gleichstellung garantiert. Selbst wenn man die Richtigkeit dieser Argumentation unterstellt, verstieße sie – wie bereits ausgeführt – gegen Art. 9 Abs. 3 GG (zu Weiterem vgl. § 3 Rn. 2f. und Rn. 32f.).

**9** Eine **besondere Anordnung zur Gleichbehandlung** enthalten die §§ 9 und 10 AÜG in der seit dem 1. Januar 2004 geltenden (§ 19 AÜG) Fassung[10] **für Leiharbeitnehmer**. Nach § 9 Abs. 2 AÜG sind Vereinbarungen des Verleihers mit dem Leiharbeitnehmer, die schlechtere Arbeitsbedingungen vorsehen, als sie im Entleiherbetrieb bestehen, von Ausnahmen abgesehen[11] unwirksam. § 10 Abs. 4 AÜG spricht in einem solchen Fall dem Arbeitnehmer einen Anspruch gegen den Verleiher auf Gewährung der im Entleiherbetrieb für vergleichbare Arbeitnehmer geltenden wesentlichen Arbeitsbedingungen einschließlich des Entgelts (»equal pay«) zu.[12] Soweit der Entleiher tarifgebunden ist, kann das unter Umständen bedeuten, dass dem Leiharbeitnehmer die Rechte aus dem Tarifvertrag zustehen. Dies beruht jedoch nicht auf der normativen Wirkung des Tarifvertrags. Es handelt sich vielmehr um einen gesetzlich geregelten vertraglichen Anspruch[13], dessen Rechtsfolge sich inhaltlich aus dem Tarifvertrag ergibt. Die Situation ähnelt der der arbeitsvertraglichen Bezugnahme auf den Tarifvertrag. Allerdings ist anders als dort eine spätere **einverständliche Unterschreitung des Tarifniveaus** (durch § 9 Nr. 2 AÜG) **verboten** und auch der **Verzicht** auf im Tarifvertrag enthaltene »wesentliche« Rechte **scheidet aus** – nicht wegen § 4 Abs. 4 Satz 1 TVG, sondern aufgrund des Schutzzwecks der angeführten Vorschrift des AÜG. Unterschiede zur normativen Geltung des Tarifvertrags können sich noch daraus ergeben, dass **sachliche Gründe** in einzelnen Punkten **gegen eine Gleichbehandlung** sprechen[14] oder der aus § 10 AÜG verpflichtete Entleiher die Leistung des Verleihers an dessen Stammbelegschaft rein tatsächlich nicht erbringen kann (etwa Betriebskindergarten). Im Übrigen ist hinsichtlich des Anspruchs auf die tariflich geregelten Arbeitsbedingungen grundsätzlich zu differenzieren: Ist der für den Entleiherbetrieb geltende Tarifvertrag allgemeinverbindlich, stehen dem Leiharbeiter ohne weiteres die dort geregelten Bedingungen zu. Anders kann es sein, wenn die Tarifbindung des Entleihers auf dessen Verbandszugehörigkeit oder einem Unternehmenstarif beruht. Nur dann, wenn sämtliche Arbeitnehmer des Entleihunternehmens unabhängig von ihrer Gewerkschaftsmitgliedschaft,

---

10 Durch das Erste Gesetz für moderne Dienstleistungen am Arbeitsmarkt vom 23.12.2002, BGBl I, 4607.

11 Zu denen auch ein insoweit abweichender Tarifvertrag zählt, der für die Arbeitsbeziehung zwischen Verleiher und Leiharbeitnehmer gilt; siehe dazu die seit dem 1.1.2004 geltenden, zwischen den DGB-Gewerkschaften geschlossenen Tarifverträge vom 22.7.2003. Zu den Grenzen der Tarifdispositivität allgemein Grundl., § 4 Rn. 283ff. und im vorliegenden Zusammenhang *Schüren/Behrend*, RdA 2003, 525.

12 Zum Streit um die Verfassungsgemäßheit der Regelung siehe einerseits *Grobys/Schmidt/Brocker*, NZA 2003, 777 (bejahend), andererseits *Rieble/Klebeck*, NZA 2003, 23 (verneinend); zweifelnd *Thüsing*, DB 2003, 446ff.; *Waas* BB 2003, 2175 (»erhebliche Bedenken«). Eine Verletzung von Grundrechten der Verleihunternehmungen verneint BVerfG (Kammer) 29.12.2004 (1 BVR 2582, 2283 und 2504/03), NZA 2005, 153 (Nichtzulassungsbeschluss).

13 Ebenso *Däubler/Deinert*, § 4 Rn. 572d.

14 *Däubler/Deinert*, § 4 TVG Rn. 572g; a. A. *Thüsing*, DB 2003, 446, 447.

sei es aufgrund einzelvertraglicher Bezugnahme[15], sei es aufgrund betrieblicher Übung, die im Tarifvertrag verankerten Leistungen erhalten, kann auch der Leiharbeitnehmer sie beanspruchen. Werden, was seltener ist, nur die organisierten Arbeitnehmer nach Tarif bezahlt und erhalten nur sie sonstige wesentliche tarifliche Leistungen, dann gibt es bei dem Leiharbeitnehmer vergleichbaren Beschäftigten zwei sich durch die Gewerkschaftszugehörigkeit unterscheidende Kategorien. Es liegt nahe, bei der Zuordnung des Leiharbeitnehmers entsprechend dem Vorliegen bzw. Nichtvorliegen dieses Merkmals zu verfahren. Dies bedeutete, dass er die tariflichen Bedingungen nur beanspruchen kann, wenn er organisiert ist[16], wobei das allerdings lediglich dann gelten sollte, wenn er Mitglied einer Gewerkschaft ist, die derselben Dachorganisation angehört wie die Partei des Tarifvertrags auf Arbeitnehmerseite. Damit wäre eine Konsequenz aus dem Industrieverbandsprinzip gezogen, das es dem Leiharbeitnehmer nicht gestattet, vorausschauend Mitglied der jeweils zuständigen Gewerkschaft zu sein. Die Zugehörigkeit zu einer Gewerkschaft eines anderen Dachverbands kann dagegen einen Anspruch auf die tariflichen Leistungen nicht auslösen, da der Leiharbeitnehmer auch als Arbeitnehmer des Entleihers nicht tarifgebunden wäre.

Auch Unorganisierte profitieren insoweit von der unmittelbaren und zwingen- **10**
den Wirkung tarifvertraglicher Vorschriften, als es sich um **Rechtsnormen über betriebliche und betriebsverfassungsrechtliche Fragen** handelt. Solche Normen gelten für alle Arbeitnehmer, unabhängig von deren Gewerkschaftszugehörigkeit, wenn nur der Arbeitgeber tarifgebunden ist (§ 3 Abs. 2 TVG, zu Näherem vgl. § 3 Rn. 21 ff.), unmittelbar und zwingend (§ 4 Abs. 1 Satz 2 TVG). Damit werden solche Normen (z.B. über zusätzliche Freistellungen von Betriebsräten über die Mindestzahlen gemäß § 38 BetrVG hinaus; zu weiteren Beispielen vgl. § 3 Rn. 25 f.) ebenfalls zu objektivem Recht, von dem ein tarifgebundener Arbeitgeber selbst mit Zustimmung des Betriebsrates oder betroffener Arbeitnehmer nicht mehr abweichen kann. Abweichungen sind ebenso wie bei Inhaltsnormen nur im Rahmen des § 4 Abs. 3 und 4 TVG zulässig (dazu im Einzelnen § 4 Rn. 247 ff. und Rn. 442 ff.).

### 3. Der schuldrechtliche Teil des Tarifvertrags

Die unmittelbare und zwingende Geltung kommt nur den Normativbestimmun- **11**
gen im Tarifvertrag zu. Die so genannten **schuldrechtlichen Bestimmungen** (zum normativen und schuldrechtlichen Teil des Tarifvertrages vgl. näher § 1 Rn. 59) gelten demgegenüber nur zwischen den beiden Tarifvertragsparteien, ohne dass die Betroffenen (beim Verbandstarifvertrag einzelne Arbeitgeber als Mitglieder des den Verbandstarifvertrag schließenden Arbeitgeberverbandes und Arbeitnehmer als Mitglieder der den Tarifvertrag schließenden Gewerkschaft) aus ihnen unmittelbar verpflichtet werden oder Rechte herleiten können. Eine unmittelbare Verpflichtung des einzelnen Arbeitgebers kann jedoch auf Grund eines Firmentarifvertrags herbeigeführt werden[17]; die Wirkung des § 4 Abs. 1 TVG tritt aber auch hierbei nicht für den schuldrechtlichen Teil ein.

---

15 Zur hier durch die Verweisung auf »Unterbietungstarife« entstehenden Problematik siehe *Schüren/Riederer Frfr. v Paar*, AuR 2004, 241 ff.

16 So auch, ohne weitere Differenzierung, *Däubler/Deinert*, § 4 Rn. 572c; generell von der Geltung tariflicher Regelungen ausgehend *Ausschuss für Wirtschaft und Arbeit* BT-Drucks. 15/91, 17; *Rieble/Klebeck*, NZA 2003, 23, 24, 28 (als Grundlage zusätzlicher verfassungsrechtlicher Bedenken).

17 Hierzu auch *Däubler*, Tarifvertragsrecht, Rn. 174.

## II. Begriff der unmittelbaren Geltung

12 **Unmittelbare Geltung** bedeutet, dass (normative) Tarifbestimmungen auf die im Geltungsbereich des Tarifvertrages bestehenden und zukünftig entstehenden tarifgebundenen Arbeitsverhältnisse **wie Gesetze einwirken**, das Arbeitsverhältnis also »automatisch«, ohne dass es einer entsprechenden Mitwirkung oder Zustimmung der Arbeitsvertragsparteien bedarf, gestalten.[18] Das heißt zugleich, dass auch die fehlende Kenntnis von der Existenz eines geltenden Tarifvertrages dessen unmittelbare Einwirkung nicht hindern kann.

13 Nach heute wohl allgemeiner Auffassung werden Rechtsnormen eines Tarifvertrages jedoch **nicht zum Inhalt des Einzelarbeitsvertrages**, sondern wirken auf diesen lediglich wie sonstige Rechtsnormen beherrschend ein.[19] Davon geht auch der Gesetzgeber in § 613a BGB aus, da eine Transformation somit nicht in Betracht käme. Diese in der Weimarer Zeit lange umstrittene Frage ist heute unter Geltung des § 4 Abs. 5 TVG ohne größere praktische Bedeutung[20], da auch während des Nachwirkungszeitraums der Tarifvertrag weiterhin normativ gilt (dazu § 4 Rn. 530ff.). Die Auffassung, dass tarifvertragliche Bestimmungen nicht zum Inhalt des Arbeitsvertrags werden, führt allerdings dazu, dass sie das Arbeitsverhältnis nicht mehr beeinflussen können, wenn der Tarifvertrag entfällt und entgegen § 4 Abs. 5 TVG keine Nachwirkung eintritt (etwa weil die Tarifvertragsparteien diese ausgeschlossen haben, dazu näher bei § 4 Rn. 548). Es bedarf dann auch nicht einer zusätzlichen Kündigung der tarifvertraglichen Bestimmungen durch den Arbeitgeber oder einer Aufhebung durch die Arbeitsvertragsparteien. Nur wenn der später ohne Nachwirkung wegfallende Tarifvertrag für einzelne Arbeitnehmer nicht lediglich vorübergehend **statusbestimmende Vertragsansprüche** normierte und diese bereits realisiert worden sind, d.h. die betroffenen arbeitsrechtlichen Grundverhältnisse etwa durch Wettbewerbsverbote, Altersversorgungsregelungen, Unkündbarkeit oder Eingruppierungen tariflich umgestaltet wurden, bleibt die entsprechende Statusveränderung erhalten, weil diese Grundpositionen der späteren Verfügungsmacht der Tarifparteien (auch über tarifliche Verfallfristen, vgl. § 4 Rn. 478ff.) entzogen sind.[21] Soweit arbeitsvertragliche Vereinbarungen aufgrund der zwingenden Wirkung verdrängt wurden, leben sie wieder auf (dazu unten § 4 Rn. 15). Zu den Auswirkungen der gleichzeitigen Verweisung auf den Tarifvertrag in Arbeitsverhältnissen tarifgebundener Vertragsparteien siehe § 3 Rn. 199.

---

18 Vgl. Wiedemann/*Wank*, § 4 Rn. 300; *Däubler*, Tarifvertragsrecht, Rn. 180; *Löwisch/Rieble*, § 4 Rn. 21; *Zachert*, Tarifvertrag, 107.

19 BAG 15.1.1987 (6 AZR 589/84), EzA § 4 TVG Rundfunk Nr. 14; BAG 1.12.1992 (1 AZR 234/92), EzA § 77 BetrVG Nr. 50 (obiter); Wiedemann/*Wank*, § 4 Rn. 300; *Däubler/Deinert*, § 4 Rn. 471; *Däubler*, Tarifvertragsrecht, Rn. 180; *Löwisch/Rieble*, § 4 Rn. 21.

20 Zur – unter dem Gesichtspunkt der Nachwirkung diskutierten – rechtsgeschichtlichen und dogmatischen Entwicklung der Einwirkung von Tarifnormen vgl. *Herschel*, ZfA 1976, 92ff.

21 Im Ergebnis für die nachträgliche Änderung tariflicher Tätigkeitsmerkmale BAG 19.10.1989, ZTR 1991, 159, 161 und – weitergehend – *Däubler*, Tarifvertragsrecht, Rn. 180; vgl. auch *Däubler/Deinert*, § 4 Rn. 493.

## III. Begriff der zwingenden Geltung

Zwingende Geltung bedeutet, dass über die normative[22] Einwirkung tarifvertraglicher Bestimmungen auf erfasste Arbeitsverhältnisse (unmittelbare Geltung) hinaus, diese **Tarifnormen selbst dann gelten, wenn die Arbeitsvertragsparteien ausdrücklich gegenteilige oder auch nur andere Bedingungen vereinbart haben**, es sei denn, diese Bedingungen sind für den Arbeitnehmer günstiger oder der Tarifvertrag selbst erlaubt abweichende Vereinbarungen (vgl. § 4 Abs. 3 TVG); Entsprechendes gilt für Abweichungen durch eine betriebliche Übung.[23] Die zwingende Geltung der Tarifnormen bringt in Verbindung mit dem (ebenfalls ökonomisch konkurrenzregelnd wirkenden) Günstigkeitsprinzip des § 4 Abs. 3 erst die Kartellwirkung von Tarifverträgen hervor[24] und gehört folglich zu den konstituierenden Elementen des deutschen Tarifsystems[25]; ein genereller Verzicht hierauf verstieße gegen Art. 9 Abs. 3 GG. Sie führt dazu, dass der tarifgebundene Arbeitnehmer sofort von tariflichen Bestimmungen begünstigt wird und verhindert auch jede Möglichkeit eines arbeitgeberseitigen Drängens auf »einverständliche« Vereinbarung abweichender, schlechterer Arbeitsbedingungen. Bestehen beim In-Kraft-Treten eines neuen Tarifvertrages oder beim »Wirksamwerden« eines schon bestehenden Tarifvertrages durch den Gewerkschaftsbeitritt eines erfassten Arbeitnehmers bereits **abweichende, ungünstigere arbeitsvertragliche Absprachen**, werden diese unanwendbar (genauer folgende Rn.). Der Arbeitnehmer kann in einem solchen Fall vom Datum des In-Kraft-Tretens eines neuen Tarifvertrages oder dem Datum seines Gewerkschaftsbeitritts an die im Tarifvertrag vorgesehenen Rechte unabhängig von allen früheren einzelvertraglichen Vereinbarungen geltend machen (vgl. auch § 3 Rn. 7). Dies gilt auch dann, wenn ein Arbeitnehmer der den Tarif abschließenden Gewerkschaft erst **während des Weiterwirkungszeitraums** nach § 3 Abs. 3 TVG **beitritt**.[26] Ein Arbeitnehmer, der es ablehnt, sich einer tarifwidrigen Anordnung des Arbeitgebers oder einer tarifwidrigen Vereinbarung entsprechend zu verhalten, verstößt daher nicht gegen arbeitsvertragliche Pflichten.[27] Abmahnungen, Verwarnungen und Kündigungen durch den Arbeitgeber wegen eines solchen Verhaltens oder wegen der Berufung eines Arbeitnehmers auf die Einhaltung tarifvertraglicher Bestimmungen sind nach § 134 BGB in Verbindung mit § 612a BGB unwirksam[28]; soweit eine Unwirksamkeit nicht in Betracht kommt, etwa bei tatsächlichen Handlungen, ist der Arbeitnehmer so zu stellen, als wäre die Maßregelung nicht erfolgt.[29] Um die Kenntnis der geltenden Tarifverträge auf Seiten der Arbeitnehmer zu gewährleisten, verpflichtet das Gesetz den Arbeitgeber, diese an geeigneter Stelle im Betrieb auszulegen (§ 8 TVG). **14**

Wie oben (§ 4 Rn. 13) ausgeführt, hat wegen § 4 Abs. 5 TVG die Frage, welche Bedeutung dem Arbeitsvertrag noch zukommt, soweit der Tarifvertrag abwei- **15**

---

22 Die normative Wirkung ist allein dem Merkmal der unmittelbaren Geltung zuzuordnen, zutreffend *Däubler/Deinert*, § 4 Rn. 469.

23 Wiedemann/*Wank*, § 4 Rn. 369; *Däubler/Deinert*, § 4 Rn. 533.

24 Vgl. *Kempen*, ArbRGgw 31 (1993), 115 ff.

25 *Däubler/Deinert*, § 4 Rn. 532, mit weiteren Nachweisen; *Zachert*, DB 1991, 1225; auch BVerfG 3.4.2001 (1 BvL 32/97), EzA Art. 9 GG Nr. 75 geht hiervon aus.

26 BAG 4.8.1993, AP Nr. 15 zu § 3 TVG.

27 So ausdrücklich BAG 7.6.1961, AP Nr. 108 zu § 1 TVG Auslegung.

28 BAG AP Nr. 1 zu § 612a BGB = EzA § 612a BGB Nr. 1; Wiedemann/*Wank*, § 4 Rn. 369, mit weiteren Darlegungen.

29 BAG 12.6.2002 (10 AZR 340/01), EzA § 612a BGB Nr. 2.

chende Regelungen trifft, keine sonderlichen praktischen Auswirkungen. Das gilt auch hinsichtlich solcher **vertraglichen Vereinbarungen**, die im Verhältnis zum Tarifvertrag neutral oder für den Arbeitnehmer ungünstiger sind und deshalb aufgrund der zwingenden Wirkung des Tarifvertrags nicht zum Tragen kommen. In bestimmten Fällen kann jedoch relevant werden, ob sie **vernichtet** oder nur **verdrängt** werden, latent also bestehen bleiben. Dies ist zu entscheiden, wenn sie zwischen tarifgebundenen Arbeitsvertragsparteien wegen eines in Kraft tretenden Tarifvertrages unanwendbar wurden, später aber die Tarifbindung wieder entfällt (etwa weil der Arbeitnehmer aus der Gewerkschaft austritt) oder der Tarifvertrag vereinbarungsgemäß ohne Nachwirkung (zu dieser Möglichkeit § 4 Rn. 548) und Folgetarifvertrag entfällt oder wenn Tarifbestimmungen in Kraft treten, die ungünstiger sind als die ursprünglichen einzelvertraglichen Vereinbarungen. Eine Vernichtung der individualvertraglichen Absprachen führte in den zuerst genannten Fällen zu arbeitsvertraglich ungeregelten Situationen; allerdings bestünde bei einem Gewerkschaftsaustritt zunächst weiterhin Tarifbindung nach § 3 Abs. 3 TVG und nachdem der Tarifvertrag endete Nachwirkung gemäß § 4 Abs. 5 TVG (vgl. § 3 Rn. 64). Im zuletzt angeführten Fall würde der neue Tarifvertrag gelten, obwohl eine ihm gegenüber günstigere arbeitsvertragliche Vereinbarung geschlossen worden war. Ist der Arbeitsvertrag dagegen nur überdeckt worden, würde er in allen angeführten Beispielen wieder aktiviert, wobei das in der zuletzt angeführten Alternative wegen § 4 Abs. 3 TVG geschähe. Während das **BAG**[30] und die **wohl herrschende Lehre**[31] die **Verdrängungsthese** vertreten, wird zum Teil auch ein Unwirksamwerden der arbeitsvertraglichen Vereinbarung angenommen.[32] Es findet sich zudem eine Position, die die Folgen von der Auslegung des Tarifvertrags und des Arbeitsvertrags abhängig machen will.[33] Richtigerweise ist davon auszugehen, dass tarifvertragliche Bestimmungen entgegenstehende ungünstige (oder gleich günstige)[34] einzelvertragliche Abmachungen nicht vernichten, sondern sie **lediglich auf Zeit verdrängen.** Das folgt aus dem Schutzzweck des Tarifvertrags, der dem Arbeitnehmer einen Mindeststandard garantiert, nicht aber nach Wegfall seiner Wirkungen den Verlust von vertraglich vereinbarten, wenngleich unter Tarifniveau liegenden Rechten bewirken soll. Daher ist der Tarifvertrag, obwohl Gesetz im Sinne des BGB (vgl. Art. 2 EGBGB), in aller Regel kein Verbotsgesetz, dessen Verletzung zur Nichtigkeit der vertraglichen Vereinbarung nach § 134 BGB führte.[35] Die wegen Verstoßes gegen Tarifverträge eintretende Unanwendbarkeit einzelner arbeitsvertraglicher Bestimmungen beeinflusst somit nicht die Wirksamkeit des übrigen Arbeitsvertrages; das wäre allerdings auch bei einer (entsprechenden) Anwendung des § 139 BGB nicht der Fall.[36] Durch die Verdrängung entstehende Regelungslücken sind nach allgemeinen Grundsätzen zu schließen.[37]

---

30 BAG 21.9.1989 (1AZR 454/88), EzA § 77 BetrVG 1972 Nr. 33 = AP Nr. 43 zu § 77 BetrVG 1972 (mit Anm. von *Löwisch*).

31 Etwa *Däubler/Deinert*, § 4 Rn. 461, 484, mit weiteren Nachweisen.

32 *Gamillscheg*, Kollektives Arbeitsrecht I, § 18 I 1b (2), 792; jetzt auch (anders noch Voraufl.) *Löwisch/Rieble*, § 4 Rn. 22.

33 Wiedemann/*Wank*, § 4 Rn. 370 ff.; wohl auch ErfK/*Schaub*, § 4 Rn. 32.

34 § 4 Abs. 3 TVG lässt nur günstigere Abmachungen zu.

35 Zutreffend *Däubler/Deinert*, § 4 Rn. 487, der als Ausnahme Abschlussverbote anführt. § 10 Abs. 1 BAT (Verbot der Geschenkannahme) ist dagegen schon wegen seiner Zielrichtung kein Verbot im Sinne des § 134, BGH 14.12.1999 (X ZR 34/98), NJW 2000, 1187.

36 Im Einzelnen Wiedemann/*Wank*, § 4 Rn. 373; LAG Köln 20.7.1991, DB 1992, 533.

37 BAG 28.2.1990, AP Nr. 14 zu § 1 BeschFG 1985; siehe auch BAG 25.8.1983, AP Nr. 7 zu § 77 BetrVG 1972.

Da die Nachwirkung ihrerseits eine Folge der tariflichen Normativität darstellt, können die durch den zwingenden Tarifvertrag **verdrängten früheren Vertragsabsprachen erst dann wieder aufleben**, wenn auch die **Nachwirkung endet**.[38] Eine dies vorweg abbedingende arbeitsvertragliche Vereinbarung ist unwirksam[39], denn § 4 Abs. 5 TVG selbst ist nicht dispositiv. Diese Vorschrift bietet dem Arbeitnehmer noch einen Restschutz vor Verschlechterungen – für ihn günstigere Abreden wären schon nach § 4 Abs. 3 nicht verdrängt –, indem ihm der Status quo erhalten bleibt, sofern keine (erneute) vertragliche Abmachung erfolgt. 16

## B. Der Geltungsbereich von Tarifverträgen (§ 4 Abs. 1 TVG) und die Beendigung des Tarifvertrages

### Literatur:

*Bauer/Diller*, Flucht aus Tarifverträgen DB 1993, 1085; *Belling*, Die außerordentliche Anpassung von Tarifverträgen an veränderte Umstände, NZA 1996, 906; *Belling/Hartmann*, Die Tarifbindung in der Insolvenz, NZA 1998, 57; *Belling/Hartmann*, Die Unzumutbarkeit als Begrenzung der Bindung an den Tarifvertrag, ZfA 1997, 87; *Bieback*, Rechtliche Probleme von Mindestlöhnen, insbesondere nach dem Arbeitnehmer-Entsendegesetz, RdA 2000, 207; *Birk*, Die Tarifautonomie in rechtsvergleichender Sicht, RdA 1995, 71; *ders.*, Internationales Tarifvertragsrecht – eine kollisionsrechtliche Skizze, FS Beitzke, 1979, 831; *ders.*, Tarifverträge über Sozialleistungen in rechtsvergleichender und internationalrechtlicher Sicht, Vierteljahresschrift für Sozialrecht (VSSR) 5 (1977) 1; *ders.*, Das Arbeitskollisionsrecht der Bundesrepublik Deutschland, RdA 1984, 129; *Blank, M.*, Die Tarifzuständigkeit der DGB-Gewerkschaften, 1996; *Bosch/Knuth*, Beschäftigungsgesellschaften in den alten und neuen Bundesländern, WSI-Mitt. 1992, 431; *Britz/Volkmann*, Tarifautonomie in Deutschland und Europa, 2003; *Bruun/Hellsten* (eds.), Collective Agreement and Competition in the EU, 2001; *Buchner*, Der Geltungsbereich des Tarifvertrages, AR-Blattei D Tarifvertrag IV Geltungsbereich; *ders.*, Kündigung der Tarifregelungen über die Entgeltanpassung in der Metallindustrie der östlichen Bundesländer, NZA 1993, 289; *Büdenbender*, Die Erklärung der Allgemeinverbindlichkeit von Tarifverträgen nach dem Arbeitnehmer-Entsendegesetz, RdA 2000, 193; *Däubler*, Die internationale Zuständigkeit der deutschen Arbeitsgerichte – Neue Regeln durch die Verordnung (EG) Nr. 44/2001, NZA 2003, 1297; *ders.*, Neue Akzente im Arbeitskollisionsrecht, RIW 2000, 255; *ders.*, Die Anpassung von Tarifverträgen an veränderte wirtschaftliche Umstände, ZTR 1996, 241; *ders.*, Ein Antidumping-Gesetz für die Bauwirtschaft, DB 1995, 726; *ders.*, Wahl des anwendbaren Arbeitsrechts durch Tarifvertrag?, NZA 1990, 673; *ders.*, Das zweite Schiffsregister, 1988; *Deinert*, Der europäische Kollektivvertrag, 1999; *ders.*, Arbeitnehmerentsendung im Rahmen der Erbringung von Dienstleistungen innerhalb der Europäischen Union, RdA 1996, 339 ff; *Dubois*, Multinationale Unternehmen und die Möglichkeiten des Abschlusses internationaler Tarifverträge, AuR 1975, 129 (Teil I) und 172 (Teil II); *Ebenroth/Fischer/Sorek*, Das Kollisionsrecht der Fracht-, Passage- und Arbeitsverträge im internationalen Seehandelsrecht, ZVglRWiss 88 (1989), 124; *Eichenhofer*, Arbeits-

38 BAG 14.2.1991, AP Nr. 10 zu § 3 TVG; LAG Berlin 19.10.1990, DB 1991, 811; *Däubler/Deinert*, § 4 Rn. 488; *Däubler*, Tarifvertragsrecht, Rn. 183.
39 Zutreffend *Däubler/Deinert*, § 4 Rn. 488.

bedingungen bei Entsendung von Arbeitnehmern, ZIAS 1996, 55; *Eser*, Kollisionsrechtliche Probleme bei grenzüberschreitenden Arbeitsverhältnissen, RIW 1992, 1; *Etzel*, Tarifordnung und Arbeitsvertrag, NZA 1987, Beilage 1, 19; *Feudner*, Grenzüberschreitende Anwendung des § 613a BGB?, NZA 1999, 1184; *Fischer*, Der internationale Betrieb – Prüf- oder Stolperstein für das Territorialitätsprinzip?, RdA 2002, 160; *Franzen*, Der Betriebsinhaberwechsel nach § 613a BGB im internationalen Arbeitsrecht, 1994; *Freihube*, Probleme der Tarifbindung in der Unternehmenskrise, 2001; *Friedrich*, Probleme der Tarifverträge mit Auslandswirkungen, RdA 1980, 109; *Gallner*, Fortschreitende europäische Integration, Konstitutionalisierung der Europäischen Union und europäisches Arbeitsrecht 2003, Jahrbuch des Arbeitsrechts 41 (2003), 2004, 21 ff; *Gamillscheg*, Internationales Arbeitsrecht (Arbeitsverweisungsrecht), 1959; *Grundmann*, Das Internationale Privatrecht der E-Commerce-Richtlinie – was ist kategorial anders im Kollisionsrecht des Binnenmarkts und warum?, RabelsZ 67 (2003), 246; *Hanau*, Aktuelles zu Betrieb, Unternehmen und Konzern im Arbeitsrecht, ZfA 1990, 115; *Hanau/Kania*, Stufentarifverträge, DB 1995, 1229; *Hauschka/Henssler*, Ein »Billigarbeitsrecht« für die deutsche Seeschiffahrt, NZA 1988, 597; *Henssler*, Firmentarifverträge und unternehmensbezogene Verbandstarifverträge als Instrumente einer »flexiblen, betriebsnahen Tarifpolitik, ZfA 1998, 517; *ders.*, Flexibilisierung der Arbeitsmarktordnung, ZfA 1994, 487; *Hergenröder*, Der Arbeitskampf mit Auslandsberührung, 1987; *Herschel*, Der nachwirkende Tarifvertrag, insbesondere seine Änderungen, ZfA 1976, 89; *Hey*, Wegfall der Geschäftsgrundlage bei Tarifverträgen, ZfA 2002, 275; *Hoppe*, Die Entsendung von Arbeitnehmern ins Ausland: Kollisionsrechtliche Probleme und internationale Zuständigkeit, 1999; *Houben*, Die Rückwirkung von Tarifverträgen, erscheint demnächst; *Hoyningen-Huene v.*, Die Anwendung des branchenfremden Tarifvertrags, NZA 1996, 617; *Hueck*, Die Beendigung des Tarifvertrages, AR-Blattei D VIII; *Junker*, Das Internationale Arbeitsrecht im Spiegel der Rechtsprechung, in: 50 Jahre BAG, 2004, 1197; *Junker*, Internationales Arbeitsrecht im Konzern, 1992; *ders./Wichmann*, Das Arbeitnehmer-Entsendegesetz – Doch ein Verstoß gegen Europäisches Recht?, NZA 1996, 505; *Kast/Freihube*, Die fristlose Kündigung von (Haus-)Tarifverträgen, BB 2003, 956; *Kempen*, Der verfassungsrechtliche Vorrang der Tarifautonomie im arbeitsrechtlichen Regelungsgefüge, AuR 1996, 336; *ders.*, Struktur- und Funktionsunterschiede zwischen Tarifvertrag und Betriebsvereinbarung, ArbRGgw 31 (1993), 97; *Kittner*, Öffnung des Flächentarifvertrags, FS Schaub, 1998, 389; *Kloss*, The enforceability of Foreign Collective Agreements, MLR 46 (1983), 774; *Kocher*, Anmerkung zur Entscheidung des BAG vom 29. Mai 2002 – 5 AZR 141/01, JR 2004, 87; *dies.*, Selbstverpflichtungen von Unternehmen zur sozialen Verantwortung. Erfahrungen mit sozialen Verhaltenskodizes in der transnationalen Produktion, RdA 2004, 27; *Kronke*, Regulierungen auf dem Arbeitsmarkt, 1990; *Le Friant*, Die Tarifverhandlungen in grenzüberschreitenden Unternehmen, NZA 1994, 158; *Lecher*, Konturen gewerkschaftlicher Tarifpolitik, WSI-Mitt. 1991, 204; *Löwisch*, Tariföffnung bei Unternehmens- und Arbeitsplatzgefährdung, NJW 1997, 905; *Magnus*, Englisches Kündigungsrecht auf deutschem Schiff, IPRax 1991, 382; *ders.*, Anmerkung zu BAG, 3.5.1995, SAE 1997, 35; *Mankowski*, Der gewöhnliche Arbeitsort im Internationalen Privat- und Prozessrecht, IPRax 1999, 332; *Meyer, C.*, Chancen und Grenzen der Anpassung von Tarifverträgen, RdA 1998, 142; *Möller/Rührmair*, Die Bedeutung der Grundrechte für die verfassungsrechtlichen Anforderungen an rückwirkende Gesetze, NJW 1999, 908; *Müller, C./Frik*, Reform des französischen Tarifvertragsrechts, RdA 2005, 126; *Neuner*, Die

Rückwirkung von Tarifverträgen, ZfA 1998, 83; *Oetker*, Die Kündigung von Tarifverträgen, RdA 1995, 82; *Otto*, Die Kündigung des Tarifvertrages aus wirtschaftlichen Gründen, FS Kissel 1994, 787; *Rebhahn*, Rechtsvergleichendes zur Tarifbindung ohne Verbandsmitgliedschaft, RdA 2002, 214; *Reiter*, Anwendbare Rechtsnormen bei der Kündigung ins Ausland entsandter Arbeitnehmer, NZA 2004, 1251; *Reß*, Arbeitsförderungsgesellschaften, AuA 1991, 288; *Richter*, Probleme beim grenzüberschreitenden Betriebsübergang, AuR 1992, 65; *Rüthers*, Nachwirkungsprobleme bei Firmentarifen desselben Arbeitgebers mit verschiedenen Gewerkschaften, FS G. Müller, 1981, 445; *Schaub*, Die arbeitsvertragliche Bezugnahme von Tarifverträgen, ZTR 2000, 259; *Schlachter*, Grenzüberschreitende Dienstleistungen: Die Arbeitnehmerentsendung zwischen Dienstleistungsfreiheit und Verdrängungswettbewerb, NZA 2002, 1242; *dies.*, Grenzüberschreitende Arbeitsverhältnisse, NZA 2000, 57; *Schliemann*, Tarifkollision – Ansätze zur Vermeidung und Auflösung, NZA 2000, Sonderbeilage zu Heft 24, 24; *Schmidt, F./Neal*, Collective Agreements and Collective Bargaining, in: Hepple (Hrsg.), International Encyclopedia of comparative law, vol. 15: Labour Law, Chapter 12, 1984; *Simitis*, Internationales Arbeitsrecht – Standort und Perspektiven, FS Kegel, 1977, 153; *Steffan*, Ein (zu)langer Tarifvertrag, JuS 1993, 1027; *Taschner*, Arbeitsvertragsstatut und zwingende Bestimmungen nach dem Europäischen Schuldübereinkommen, 2003; *Thüsing*, Günstigkeitsvergleich und Ausweichklausel in Art. 30 EGBGB, BB 2003, 898; *ders.*, Rechtsfragen grenzüberschreitender Arbeitsverhältnisse, NZA 2003, 1303; *ders./Müller, C.*, Geklärtes und Ungeklärtes im internationalen Tarifrecht, BB 2004, 1333; *Walker*, Die Rechtmäßigkeit von Arbeitsniederlegungen wegen Kündigung eines Tarifvertrages, NZA 1993, 769; *Walz*, Multinationale Unternehmen und internationaler Tarifvertrag, 1980; *Wank*, Kündigung und Wegfall der Geschäftsgrundlage bei Tarifverträgen, FS Schaub, 1998, 761; *Wiese*, Mehrere Unternehmen als gemeinsamer Betrieb im Sinne des Betriebsverfassungsrechts, FS D. Gaul 1992, 559; *Wimmer*, Minderer Grundrechtsschutz bei internationalen Arbeitssachverhalten, NZA 1995, 250; *ders.*, Neuere Entwicklungen im internationalen Arbeitsrecht – Überlegungen zur Politik des Arbeitskollisionsrechts, IPRax 1995, 207; *ders.*, Die Gestaltung internationaler Arbeitsverträge durch kollektive Normenverträge, 1992; *Windbichler*, Arbeitsrecht im Konzern, 1989; *Winkler v. Mohrenfels*, Abschluss des Arbeitsvertrages und anwendbares Recht, EAS, B 3000 (1998); *Winter/Zekau*, Außerordentliche Kündigung von Tarifverträgen, AuR 1997, 89; *Wisskirchen/Goebel*, Arbeitsrechtliche Aspekte der Verlagerung von Arbeitsplätzen ins Ausland (Off-Shoring), DB 2004, 1937; *Zachert*, Drei aktuelle Vorschläge zur Öffnung des Flächentarifvertrages, JbArbR 41 (2004), 85; *ders.*, Tarifverträge in globalisierter Wirtschaft, NZA 2000, 121; *ders.*, Europäische Tarifverträge – von korporatistischer zu autonomer Normsetzung?, FS Schaub, 1998, 811; *ders.*, Krise des Flächentarifvertrages?, RdA 1996, 140; *ders.*, Der Streit um den Streikparagraphen – eine Zwischenetappe!, ZRP 1995, 445; *ders.*, Möglichkeit der fristlosen Kündigung von Tarifverträgen in den neuen Bundesländern, NZA 1993, 299; *ders.*, Tarifrecht, Tarifstrukturen und Tarifpraxis in Spanien, ZIAS 1992, 1; *ders.* (Hrsg.), Die Wirkung des Tarifvertrages in der Krise, 1991; *Zöllner*, Das Wesen der Tarifnormen, RdA 1964, 443.

**Übersicht** Rn.

## I. Überblick

17 Gemäß § 4 Abs. 1 Satz 1 TVG gelten die Rechtsnormen des Tarifvertrages, die den Inhalt, den Abschluss oder die Beendigung von Arbeitsverhältnissen ordnen, unmittelbar und zwingend nur **zwischen den Tarifgebundenen** (dazu § 3 Rn. 1 ff.), **die unter den Geltungsbereich des Tarifvertrages fallen**. Gleiches gilt für die sonstigen Normen eines Tarifvertrages, denen unmittelbare und zwingende Wirkung zukommen kann (dazu § 4 Rn. 4 f. und Rn. 10). Der Gesetzgeber betont mit dieser Formulierung lediglich die Selbstverständlichkeit, dass ein Tarifvertrag nicht für Arbeitsverhältnisse Geltung beanspruchen kann, die die Tarifvertragsparteien überhaupt nicht regeln wollten. Der in Tarifverträgen festzulegende Geltungsbereich bestimmt sich seinerseits nach der Zuständigkeit der Tarifvertragsparteien. Wie dargelegt, entscheiden über diese alleine die Koalitionen (zu Einzelheiten und zu den Regelungsmechanismen bei Streitigkeiten über die Tarifzuständigkeit vgl. ausführlich § 2 Rn. 154 ff.).

18 Die Festlegung des Geltungsbereiches eines Tarifvertrages auf der Grundlage der autonom zu bestimmenden Tarifzuständigkeit der ihn abschließenden Koalitionen muss zunächst in **räumlicher, betrieblich-fachlicher und persönlicher** Hinsicht erfolgen.[40] Außerdem muss im Tarifvertrag der Zeitpunkt des In-Kraft-Tretens festgelegt sein; Regelungen über seine Beendigung sind demgegenüber zwar sinnvoll, aber nicht zwingend geboten (**zeitlicher Geltungsbereich**).

19 Im Rahmen ihrer satzungsgemäßen Zuständigkeit können die Koalitionen den Geltungsbereich von Tarifverträgen **beliebig bestimmen**.[41] Eine Begrenzung kann dieses Recht nur durch die Grundrechte und das EG-Recht erfahren[42] (vgl. näher Grundl. Rn. 188 ff., Rn. 217 ff. und Rn. 303 ff.). Darüber hinausgehende Begrenzungen etwa aus einem allgemeinen Ordnungsauftrag der Koalitionen[43] sind rechtlich nicht begründbar, weil sie auf unzutreffenden Überlegungen zur Zielrichtung und zum Zweck der Tarifautonomie des Art. 9 Abs. 3 GG in Verbindung mit dem Tarifvertragsgesetz beruhen (hierzu ausführlich § 2 Rn. 6 f.).

20 Da Koalitionen mit Tarifverträgen zwingendes Recht schaffen (§ 4 Rn. 14) und der Geltungsbereich von Normen einerseits für alle Betroffenen erkennbar sein muss, sind die Tarifvertragsparteien andererseits gehalten, den Geltungsbereich

---

40 Übliche Unterscheidung; eingehend mit kritischen, aber praktisch wenig bedeutsamen Anmerkungen zu dieser Unterteilung, Wiedemann/*Wank*, § 4 Rn. 96 ff., die ihrerseits die Kategorien räumlicher, branchenmäßiger, persönlicher (persönlicher im engeren Sinne und fachlicher) und zeitlicher Geltungsbereich vorsehen. Siehe auch *Däubler/Deinert*, § 4 Rn. 180 ff.

41 Etwa BAG 6.10.1994 (6 AZR 32/94) = AP Nr. 2 zu § 1 BAT-O; BAG 23.11.1988 (4 AZR 419/88), AP Nr. 100 zu § 1 TVG Tarifverträge: Bau = EzA § 4 TVG Bauindustrie Nr. 48, mit weiteren Nachweisen; Wiedemann/*Wank*, § 4 Rn. 107; *Däubler/Deinert*, § 4 Rn. 190; *Däubler*, Tarifvertragsrecht, Rn. 252; *Löwisch/Rieble*, § 4 Rn. 22.

42 Im Ergebnis ähnlich *Etzel*, NZA 1987, Beilage 1, 21.

43 So *Wiedemann/Stumpf*, § 4 Rn. 54 f.; zweifelnd jetzt Wiedemann/*Wank*, § 4 Rn. 109; wie hier *Däubler/Deinert*, § 4 Rn. 191.

festzulegen. Soweit sie dieser Verpflichtung[44] nicht nachkommen oder die Festlegungen nicht eindeutig sind, ist der Geltungsbereich – wenn möglich – durch eine Auslegung des Tarifvertrages zu bestimmen (zur Auslegung siehe Grundl. Rn. 358ff.).[45] Das wird meist erfolgreich sein. Gelingt es (ausnahmsweise) nicht, ist der Tarifvertrag unwirksam. Diese Rechtsfolge lässt sich allerdings in aller Regel vermeiden, wenn man annimmt, der Tarifvertrag gelte für alle Arbeitnehmer und Arbeitgeber in der gemeinsamen Tarifzuständigkeit der Tarifvertragsparteien.[46]

## II. Räumlicher Geltungsbereich

21 Der Tarifvertrag muss das **geographische Gebiet**, für das er Geltung beansprucht, bestimmen. Auf welchen Bereich er sich dabei erstreckt, ob auf die gesamte Bundesrepublik Deutschland, ein oder mehrere Bundesländer, bestimmte Gebiete unabhängig von staatlichen Gebietsaufteilungen usw., obliegt der freien Entscheidung der Tarifvertragsparteien. Diese müssen lediglich die entsprechende satzungsgemäße Tarifzuständigkeit (dazu § 2 Rn. 147ff.) auch in räumlicher Hinsicht besitzen. In der Praxis überwiegen bei den Verbandstarifverträgen – mit Zentralisierungstendenz – so genannte Bezirkstarifverträge, wobei Tarifbezirke teilweise staatlichen Gebietsaufteilungen entsprechen, überwiegend aber unabhängig von staatlichen Kreis-, Regierungs-, Bezirks- und Ländergrenzen, bestimmten Wirtschaftsräumen oder sonst miteinander verbundenen Gebieten sind. Manteltarifverträge gelten häufig für Bundesländer, seltener im ganzen Bundesgebiet. Die Tarifautonomie erlaubt es den Tarifvertragsparteien auch, bei Festlegung eines bestimmten räumlichen Geltungsbereichs einzelne Gebiete innerhalb dieses Bereichs auszunehmen.[47] Es ist ebenfalls zulässig, für ausschließlich im Ausland zu erfüllende Arbeitsverträge Tarifverträge abzuschließen.[48] Bei Firmentarifverträgen fallen räumlicher und betrieblicher Geltungsbereich zusammen; hat das Unternehmen an verschiedenen Stellen Betriebe, definieren deren Standorte den räumlichen Geltungsbereich.

22 Ausschlaggebend für die räumliche Erfassung von Arbeitsverhältnissen ist dessen Erfüllungsort; das ist **im Zweifel die Lage des Betriebes**, in den der Arbeitnehmer eingestellt wurde.[49] Gilt ein Tarifvertrag für einen bestimmten Bezirk und liegen nicht sämtliche Betriebe eines Unternehmens innerhalb dieses Bezirks, erfasst der Tarifvertrag nur die in seinem Bezirk liegenden Betriebe.[50] Entsprechendes gilt, wenn die Lage von Betrieben eines Unternehmens und der Sitz des Unternehmens in verschiedenen Tarifbezirken liegen. Abweichend vom Regelfall der Anknüpfung an den Betrieb (die Dienststelle) können die Tarifver-

---

44 Mit Rücksicht auf die negative Folge beim Fehlen der Geltungsbereichsangabe, kann hier von Pflicht (eher Obliegenheit) gesprochen werden, so auch *Däubler/Deinert*, § 4 Rn. 189.

45 *Däubler*, Tarifvertragsrecht, Rn. 253; Wiedemann/*Wank*, § 4 Rn. 106.

46 So MünchArbR/*Löwisch/Rieble*, § 264 Rn. 1.

47 BAG 9.11.1956, AP Nr. 1 zu § 3 TVG Verbandszugehörigkeit; *Buchner*, Geltungsbereich, Rn. 45ff., mit weiteren Nachweisen.

48 BAG 11.9.1991, AP Nr. 29 Internationales Privatrecht/Arbeitsrecht.

49 BAG 25.6.1998 (6 AZN 475/96), EzA § 4 TVG Geltungsbereich Nr. 12; BAG 3.12.1985, AP Nr. 5 zu § 1 TVG Tarifverträge: Großhandel; LAG Hamm 21.7.1971, DB 1971, 1822; Wiedemann/*Wank*, § 4 Rn. 124; *Däubler/Deinert*, § 4 Rn. 208ff., 238ff.; *Däubler*, Tarifvertragsrecht, Rn. 256; wohl a. A. *Löwisch/Rieble*, § 4 Rn. 69; Rieble, ZTR 2000, 439 für Individualnormen: Ort, an dem der Schwerpunkt des Arbeitsverhältnisses liegt.

50 Vgl. BAG 13.6.1957, AP Nr. 6 zu § 4 TVG Geltungsbereich.

tragsparteien allerdings auch an selbständige Betriebsabteilungen oder an den Sitz des Unternehmens oder des Konzerns anknüpfen.

Erbringen Arbeitnehmer eines im räumlichen Geltungsbereich eines Tarifvertrages gelegenen Betriebes **Arbeiten außerhalb dieses Geltungsbereichs** (Entsendung durch den Arbeitgeber, Beispiel: Montagearbeiten), wird dadurch die Geltung des am Betriebssitz geltenden Tarifvertrages auch für diese Arbeitnehmer grundsätzlich nicht in Frage gestellt[51] (manche Tarifverträge regeln eine solche »Ausstrahlung« auf Tätigkeiten außerhalb des örtlichen Geltungsbereichs ausdrücklich[52]). Dies gilt nur dann nicht mehr, wenn an dem außerhalb des räumlichen Geltungsbereichs liegenden Ort, an dem ein entsandter Arbeitnehmer seine Arbeit ständig erbringt, eine eigene dauerhafte Betriebsstätte besteht.[53] Nicht ausreichend für die Anwendung des am Arbeitsort geltenden Tarifvertrages ist dabei allerdings das Vorliegen »einer gewissen betrieblichen Grundlage«, ohne dass es auf das Bestehen einer besonderen Betriebsabteilung oder eines Nebenbetriebs des entsendenden Arbeitgebers überhaupt ankomme.[54] Diese Auffassung würde nämlich dazu führen, dass der Tarifschutz des Arbeitnehmers durch arbeitsorganisatorische Maßnahmen des entsendenden Arbeitgebers ohne weiteres in Frage gestellt werden könnte.[55] Folglich muss der Arbeitseinsatz von der außerhalb liegenden »Betriebsstätte« organisatorisch gesteuert werden.[56] Zu den Besonderheiten der tariflichen Zuordnung von Arbeitsbeziehungen mit Bezügen zu den alten und den neuen Bundesländern siehe unten § 4 Rn. 25 ff. **23**

Von **tarifpolitischer Bedeutung** ist die Abgrenzung des räumlichen Geltungsbereichs insbesondere beim Arbeitskampf: Der räumliche Geltungsbereich steckt das Gebiet ab, in dem der (nachfolgende) Tarifvertrag gegebenenfalls durch einen Arbeitskampf durchgesetzt werden muss.[57] Die Frage, ob der Umfang einer Aussperrung nach der Rechtsprechung des Bundesarbeitsgerichts[58] gegen das Übermaßverbot verstößt und die Aussperrung deswegen rechtswidrig ist, bestimmt sich nach der Zahl der tarifbetroffenen Arbeitnehmer. Werden Arbeitnehmer innerhalb des räumlichen Geltungsbereiches eines umkämpften Tarifvertrages ohne Aussperrung unter Berufung auf die Arbeitskampfrisikolehre des Bundesarbeitsgerichts von der Arbeit suspendiert (so genannte »Kalte Aussperrung«), haben sie – anders als möglicherweise Arbeitnehmer außerhalb des Geltungsbereichs – keinen Anspruch auf Arbeitslosen- oder Kurzarbeitergeld gemäß § 146 bzw. § 174 SGB III.[59] **24**

---

51 *Däubler/Deinert*, § 4 Rn. 222 f.; *Däubler*, Tarifvertragsrecht, Rn. 256; LAG Hamm 6. 2. 1970, BB 1970, 753; LAG Niedersachsen 3. 4. 1981, BB 1981, 848.

52 Vgl. z. B. § 1 Abs. 1a Lohnrahmenabkommen für gewerbliche Arbeitnehmer des Groß- und Außenhandels in Nordrhein-Westfalen vom 14. 3. 1980.

53 BAG 3. 12. 1985, AP Nr. 5 zu § 1 TVG TV: Großhandel; *Däubler/Deinert*, § 4 Rn. 222; Wiedemann/*Wank*, § 4 Rn. 129; *Däubler*, Tarifvertragsrecht, Rn. 258, mit weiteren Nachweisen.

54 So LAG Hamm 21. 7. 1971, DB 1971, 1822 f. und wohl auch *Buchner*, Geltungsbereich, Rn. 64.

55 *Däubler*, Tarifvertragsrecht, Rn. 258; vgl. auch Wiedemann/*Wank*, § 4 Rn. 129.

56 So auch BAG 25. 6. 1998 (6 AZN 475/96), EzA § 4 TVG Geltungsbereich Nr. 12. Zur einvernehmlichen Änderung des maßgeblichen Betriebs hinsichtlich eines Auslösungsanspruchs bei Entsendung des Arbeitnehmers an eine andere Niederlassung BAG 19. 5. 1999 (3 AZR 10/98), AP Nr. 224 zu § 1 TVG Tarifverträge: Bau = EzA § 4 TVG Bauindustrie Nr. 96.

57 *Zachert*, JbArbR 41 (2004), 93 f.

58 Vgl. BAG 10. 6. 1980, AP Nr. 64 und 65 zu Art. 9 GG Arbeitskampf.

59 Zur inhaltlich übereinstimmenden früheren Regelung des § 116 AFG vgl. etwa BVerfG 4. 7. 1995 (1 BvF 2/86), E 92, 365 und *Zachert*, ZRP 1995, 445.

## III. Spezifische Probleme in den neuen Bundesländern: Interlokales Tarifrecht

**25** Rechtsprobleme zu Tarifverträgen aus der Zeit des Übergangs der zusammen brechenden DDR bis zur Vereinigung beider deutscher Staaten stellen sich aktuell kaum noch bzw. sind bereits höchstrichterlich entschieden. Von **Bedeutung** sind allerdings nach wie vor die Unterschiede im tariflichen Niveau zwischen alten und neuen Bundesländern.

Zum Jahresende 1994 lag das Tarifniveau in der Mehrzahl der Tarifbereiche im Osten zwischen 80 und 90% des Westniveaus, und das Tempo der Tarifangleichung hat sich in den vergangenen zehn Jahren deutlich verlangsamt. Überwiegend gelten Stufenpläne; so sollen in der chemischen Industrie (Ost) die Entgelte der rund 30000 Beschäftigten bis zum Jahr 2009 auf 100% des Westniveaus angehoben werden. Insgesamt lag im Jahre 2004 das Tarifniveau Ost bei ca. 92,8% des Westniveaus, mit großen Unterschieden zwischen den unterschiedlichen Tarifbereichen.[60]

**26** Die Vorschläge, wegen der eklatanten Unterschiede des Lohn- und Gehaltsniveaus unmittelbar nach der Vereinigung beider deutscher Staaten bei Entsendung von Arbeitnehmern aus dem Tarifgebiet Ost in das Tarifgebiet West Regeln des internationalen Privat- oder Tarifrechts[61] oder besondere Grundsätze anzuwenden[62], wurden von der höchstrichterlichen Rechtsprechung nicht aufgegriffen. Jedoch hat das Bundesarbeitsgericht unter **Auslegung der tariflichen Regelungen über den jeweiligen Anwendungsbereich** versucht, nicht gerechtfertigten Unterschieden im Tarifniveau entgegen zu wirken.

Da die Tarifverträge in der Regel auf den Betriebssitz bzw. den gewöhnlichen Arbeitsort abstellen[63], entspricht diese Herangehensweise den Grundsätzen des interlokalen Tarifrechts, wonach der gewöhnliche Arbeitsort darüber entscheidet, welches Recht (hier: welcher Tarifvertrag) anwendbar ist.[64]

**27** Auch **§ 5 Ziff. 6 BRTV-Bau** vom 19. Mai 1992 wird in diesem Sinne als tarifvertragliche Kollisionsnorm interpretiert. Hiernach ist derjenige Tarifvertrag anzuwenden, in dessen Geltungsbereich die Baustelle liegt. Diese Bestimmung gelte bei beiderseitiger Tarifbindung auch zugunsten von Arbeitnehmern, die von einem Betrieb in den neuen Bundesländern (Ost) aus auf einer Baustelle in den alten Bundesländern (West) tätig werden.[65]

**28** Der BAT und der BAT-O schließen sich wegen ihrer unterschiedlichen Geltungsbereiche gegenseitig aus.[66] Dabei wird der **räumliche Geltungsbereich des BAT-O** jedoch nicht unmittelbar durch den Arbeitsort, sondern dadurch bestimmt, ob das Arbeitsverhältnis in dem in Art. 3 des Einigungsvertrags genannten Gebiet begründet ist. Nach Meinung des BAG ist dies dann der Fall, wenn das Arbeitsverhältnis einen Bezug zum Beitrittsgebiet aufweise, der im Zeitpunkt des Konflikts noch bestehe. Werde ein Angestellter für eine Tätigkeit im

---

60 WSI-Tarifarchiv auf www.boeckler.de.

61 Für die Anwendung von Regeln des Internationalen Tarifrechts *Kempen*, AuR 1991, 135.

62 *Däubler*, DB 1991, 1622: Argumentation aus Art. 9 Abs. 3 GG; Vorrang des Arbeitsbetriebs vor dem Einstellungsbetrieb; *Kempen*, AuR 1991, 129: spezifische Überlegungen in entsprechender Anwendung des Art. 30 EGBGB.

63 *Kempen*, AuR 1991, 135.

64 *Kempen*, AuR 1991, 130; *Däubler*, DB 1991, 1623.

65 BAG 10.11.1993 (4 AZR 316/93), AP Nr. 169 zu § 1 TVG Tarifverträge: Bau.

66 BAG 9.12.1999 (6 AZR 299/98), BAGE 93, 63; siehe auch BAG 27.5.2004 (6 AZR 6/03, AP Nr. 13 zu § 37 BAT.

Beitrittsgebiet eingestellt und auf unbestimmte Zeit dort beschäftigt, so sei dieser Bezug gegeben. Weder komme es auf Ort und Zeitpunkt des Arbeitsvertragsschlusses, den Wohnort des Angestellten noch darauf an, ob die Beschäftigungsdienststelle ihren Sitz im Beitrittsgebiet habe.[67] Der Zweck des BAT-O, den im Verhältnis zu den alten Bundesländern ungünstigeren wirtschaftlichen Bedingungen der neuen Bundesländer Rechnung zu tragen, mache es erforderlich, für die Tarifgeltung auf die Lage des Arbeitsplatzes abzustellen.[68]
Dies gelte auch für die **Entsendung** von Arbeitnehmern. Werde ein tarifgebundener Angestellter, dessen Arbeitsverhältnis im Sinne des § 1 Abs. 1 BAT-O im Beitrittsgebiet begründet ist, auf unbestimmte Zeit im räumlichen Geltungsbereich des BAT (West) beschäftigt, dann finde dieser Tarifvertrag auf das Arbeitsverhältnis so lange Anwendung, bis der Angestellte wieder auf einen Arbeitsplatz im Beitrittsgebiet (Ost) zurück kehrt und umgekehrt. Nach Meinung des BAG gilt dies jedenfalls dann, wenn der Endzeitpunkt der Entsendung bei Beginn der Entsendung nicht bestimmt war.[69] Für eine Entsendung, die von vornherein als vorübergehende geplant war, kann dies jedoch anders zu beurteilen sein (zu den entsprechenden Grundsätzen im internationalen Privatrecht siehe auch § 4 Rn. 72ff.).

Zu beachten ist jeweils auch der allgemeine Gleichbehandlungsgrundsatz. Zu **29**
Recht hat das Bundesarbeitsgericht einem nur in Berlin-Ost beschäftigten Arbeitnehmer die übertarifliche Leistung zugesprochen, die das Land anderen Arbeitnehmern freiwillig weiter zahlte, die vorübergehend in den Westteil der Stadt versetzt worden waren.[70]

## IV. Tarifverträge/Kollektivvereinbarungen mit Auslandsberührung

Eine **Auslandsberührung** von Tarifverträgen/Kollektivvereinbarungen[71] kann **30**
dadurch entstehen, dass Arbeit nicht in dem Land erbracht wird, in dem die (Arbeits- oder Tarif-)Vertragsparteien ihren Sitz haben, aber auch durch den ausländischen Sitz einer der Parteien oder durch die (arbeits- oder tarif-)vertragliche Wahl ausländischen Rechts.[72] In diesen Fällen stellt sich die Frage, ob und wie Tarifverträge Arbeitsverhältnisse mit Auslandsberührung gestalten können – eine Frage, die mit fortschreitender Integration des europäischen Binnenmarktes sowie weltweiter Öffnung der Arbeitsmärkte im Rahmen der Globalisierung zunehmende Bedeutung erlangt.[73]

---

67 BAG 24.2.1994 (6 AZR 588/93), AP Nr. 1 zu § 1 BAT-O; bestätigt durch BAG 23.2.1995 (6 AZR 329/94), AP Nr. 2 zu § 1 TV-Angestellte Bundespost.

68 BAG 30.7.1992 (6 AZR 11/92), AP Nr. 1 zu § 1 TVAngestellte Bundespost; BAG 24.2.1994 (6 AZR 588/93), AP Nr. 1 zu § 1 BAT-O; BAG 6.10.1994 (6 AZR 324/94), AP Nr. 2 zu § 1 BAT-O; BAG 23.2.1995 (6 AZR 614/94), AP Nr. 1 zu § 1 BMT-G II; siehe auch BAG, 26.3.1998 (6 AZR 550/96), AP Nr. 9 zu § 1 BAT-O.

69 BAG 6.10.1994 (6 AZR 324/94), AP Nr. 2 zu § 1 BAT-O; BAG 23.2.1995 (6 AZR 329/94), AP Nr. 2 zu § 1 TV-Angestellte Bundespost. Anders *Kempen*, AuR 1991, 135, der in Anlehnung an § 95 Abs. 3 BetrVG für eine zeitliche Grenze von einem Monat eintritt; genauso *Däubler*, DB 1991, 1624.

70 BAG 26.10.1995 (6 AZR 125/95), AP Nr. 7 zu § 1 BAT-O; die gegen das Urteil eingelegte Verfassungsbeschwerde wurde nicht zur Entscheidung angenommen.

71 Zur Begrifflichkeit siehe zum Beispiel *Birk*, RdA 1984, 135 (»Tarifvertrag« = ein für die Tarifvertragsparteien rechtlich bindender Vertrag) und *Deinert*, Europäischer Kollektivvertrag, 29 (Vertrag zwischen einer organisierten Mehrheit von Arbeitnehmern und einer Mehrheit von Arbeitgebern bzw. einem einzelnen Arbeitgeber zur Regelung von Arbeitsbedingungen). Im Folgenden wird vorrangig der Begriff des Tarifvertrags verwandt.

72 Zum Begriff der Auslandsberührung ErfK/*Schlachter*, Art. 34 EGBGB Rn. 3 und Rn. 15.

73 Siehe auch *Schlachter*, NZA 2000, 58.

### 1. Erscheinungsformen von Tarifverträgen mit Auslandsberührung

31 Üblicherweise erstrecken sich Tarifverträge auf das Territorium der Bundesrepublik, zu dem auch Schiffe und Flugzeuge unter deutscher Flagge gehören, nicht aber Botschaften.[74] Die Tarifpraxis kennt aber seit langem auch Vereinbarungen, in denen Arbeitsverhältnisse und Arbeiten im Ausland geregelt werden. Einige Gewerkschaften, etwa ver.di, haben ausdrücklich ihre satzungsgemäße Tarifzuständigkeit und ihr folgend den **Geltungsbereich** von Tarifverträgen auf das Ausland ausgedehnt.[75]

Eine ausdrückliche Erstreckung des Geltungsbereichs von Tarifverträgen kommt in der Praxis zum Beispiel dort vor, wo Beschäftigte für längere Zeit im Ausland tätig sind wie im diplomatischen Dienst, beim Goethe-Institut oder im Zusammenhang mit der Entwicklungszusammenarbeit bei der Gesellschaft für Technische Zusammenarbeit GTZ[76], der Luftfahrt[77] oder der Seeschifffahrt (zur Tarifpolitik der ITF siehe auch § 4 Rn. 35). Die einzige ausdrückliche gesetzliche Regelung für Tarifverträge mit Auslandsberührung gibt es in § 21 IV 2 FlaggenrechtsG für die Seeschifffahrt.

32 Auslandsberührung kommt ebenfalls in der umgekehrten Konstellation vor, dass deutsche Tarifparteien Mindeststandards für Arbeitnehmer setzen, die lediglich **vorübergehend nach Deutschland entsandt** wurden. Auf diese Fallgruppen beziehen sich auch die europäische Entsenderichtlinie sowie das deutsche AEntG (siehe dazu § 4 Rn. 44 und Rn. 56).

33 Im Zusammenhang mit der Tätigkeit multinationaler Unternehmen wird darüber hinaus über die Möglichkeit **internationaler Tarifverträge** diskutiert. Gegenüber einem in mehreren Staaten tätigen Unternehmen mit einheitlicher Leitung versagt das auf eine nationale Regelung der Arbeits- und Wirtschaftsbedingungen ausgerichtete Tarifrecht. Ein Schutz der in solchen Unternehmen tätigen Arbeitnehmer könnte durch eine koordinierte Tarifpolitik in mehreren Ländern erreicht werden, aber auch durch den Abschluss internationaler Tarifverträge, die in mehreren Staaten wirksam sein müssten. Dann würde einer grenzüberschreitenden unternehmerischen Tätigkeit eine entsprechende grenzüberschreitende Tarifpolitik gegenüberstehen.[78]

Die Tatsache, dass im deutschen Recht wie auch in zahlreichen ausländischen Rechtsordnungen der Konzern nicht ausdrücklich als Tarifpartei anerkannt ist, bildet rechtskonstruktiv kein unüberwindliches Hindernis für den Abschluss von Tarifverträgen auf Konzernebene.[79] Auch in der Rechtsprechung des Bundesarbeitsgerichts finden sich Hinweise für die Anerkennung **internationaler**

---

74 *Löwisch/Rieble*, Grundl. Rn. 90.

75 Siehe § 3 Nr. 2 der Satzung (zuletzt geändert im Jahre 2003), wonach das Organisationsgebiet auch Organisationseinheiten im Ausland einschließen kann.

76 Siehe auch den »Tarifvertrag zur Regelung der Arbeitsbedingungen der bei den Zweigstellen des Goethe-Instituts im Ausland beschäftigten deutschen nicht entsandten Angestellten« (Ortskräfte) vom 28. September 1973 mit ständigen Aktualisierungen zwischen GEW und dem Goethe-Institut e.V. – dazu BAG 11. 9. 1991 (4 AZR 71/91), AP Nr. 29 zu Internationales Privatrecht/Arbeitsrecht.

77 Hier sind die Tarifverträge der Gewerkschaft ver.di mit den Fluggesellschaften PanAm und BA zu erwähnen (*Däubler/Däubler*, Einl. Rn. 662). Siehe auch die zahlreichen Entscheidungen des BAG unter AP § 1 TVG Tarifverträge: Luftfahrt bzw. Lufthansa.

78 Siehe zum Beispiel *Däubler/Däubler*, Einl. Rn. 663 ff.; *Stiller*, ZIAS 1991, 208.

79 Ausführlich z. B. *Windbichler*, Arbeitsrecht im Konzern, 461 ff.; Walz, 35 ff.; *Junker*, Internationales Arbeitsrecht im Konzern, 455; siehe auch Wiedemann/*Wiedemann*, § 1 Rn. 92 ff. zu Gestaltungsformen.

**Konzerntarifverträge.**[80] Ein auf Konzernebene abgeschlossener Tarifvertrag wird in der Regel so auszulegen sein, dass das im Sinne des § 18 AktG herrschende Unternehmen sich als Tarifvertragspartei schuldrechtlich dazu verpflichtet, auf abhängige Unternehmen im Sinne einer Anwendung der tariflichen Standards einzuwirken – falls nicht ohnehin alle Unternehmen Tarifpartei werden (mehrgliedriger Tarifvertrag).[81] Praktische Beispiele für internationale Konzerntarifverträge gibt es bislang allerdings kaum.[82]

Schon wegen der Globalisierung der Arbeitsmärkte ist eine **grenzüberschreitende Tarifpolitik** über Konzerngrenzen hinaus erforderlich. Darüber hinaus verlangt auch das europäische Recht nach einer europaweiten Koordinierung der Tarifpolitik, wenn es in Art. 126 Abs. 2 EG-V indirekt eine Koordinierung der mitgliedstaatlichen Beschäftigungspolitiken vorschreibt.[83] 34

Auch Entwicklungen in der nationalen Gesetzgebung verlangen zunehmend nach einer grenzüberschreitenden Tarifpolitik: So wird bei werkunternehmerischen Arbeitsgemeinschaften, die sich über die deutschen Grenzen hinaus erstrecken, auf den sozialen Schutz von Tarifverträgen verzichtet (§ 1 Abs. 1 Satz 3 AÜG)[84]; sozialpolitisch ließe sich diese Lücke nur durch Ausdehnung des Geltungsbereichs der einschlägigen Tarifverträge füllen.

Für eine **branchenbezogene internationale Tarifpolitik** außerhalb von Firmen- und Konzernzusammenhängen werden sowohl die Vereinbarung von Muster-Tarifverträgen, die Koordinierung gleichlautender Tarifverträge[85], der Abschluss mehrgliedriger Tarifverträge, zu denen einzelnen Unternehmen oder Verbände beitreten können, als auch der Abschluss von Vereinbarungen mit unmittelbarem Regelungsanspruch (also »echten Tarifverträgen«) durch gemeinsame Tarifkommissionen diskutiert.[86] Eine internationale Tarifpolitik in diesem zuletzt genannten Sinne betreibt in der Praxis bislang fast ausschließlich die Internationale Transportarbeiter-Vereinigung ITF; sie schließt sowohl mit Arbeitgebervereinigungen als auch mit einzelnen Reedern Tarifverträge für Seeleute unterschiedlichster Nationalitäten und für Schiffe unter den unterschiedlichsten Flaggen ab.[87] Mitte Oktober 2004 haben auch die Gewerkschaft ver.di und die größte britische Einzelgewerkschaft UNISON Kooperationsbeziehungen aufgenommen, in deren Rahmen mit Blick auf die Interessenvertretung gegenüber multinationalen Konzernen gemeinsame Strategien für Tarifverhandlungen entwickelt sowie Arbeitskämpfe koordiniert werden sollen.[88] Hingegen leistet der Europäische 35

---

80 BAG 11.9.1991 (4 AZR 71/91), AP Nr. 29 zu Internationales Privatrecht/Arbeitsrecht (mit Anm. von *Zachert*, AuR 1992, 125).

81 Siehe *Windbichler*, Arbeitsrecht im Konzern, 469 ff.

82 *Däubler/Däubler*, Einl. Rn. 663, nennt insofern Kollektivvereinbarungen auf Konzernebene zur Gründung eines Europäischen Betriebsrats, wie sie vor Inkrafttreten des EBRG abgeschlossen wurden; genauso *Zachert*, FS Schaub, 820 f.

83 *Britz*, in: Britz/Volkmann, Tarifautonomie, 56 f.

84 Die Vorschrift geht auf das Urteil des EuGH vom 25.10.2001 (C-493/99), AP Nr. 3 zu Art. 49 EG zurück.

85 Vgl. *Däubler/Däubler*, Einl. Rn. 664.

86 *Ojeda Avilés*, FS Däubler, 523. Für europäische Kollektivverträge *Deinert*, Europäischer Kollektivvertrag, 162 ff. Skeptisch hinsichtlich einer internationalen Tarifpolitik *Walz*, Multinationale Unternehmen, 121 ff.; vgl. auch schon *Simitis*, FS Kegel, 181 ff.

87 Siehe dazu die Entscheidungen des BAG vom 16.2.2000 (4 AZR 14/99), AP Nr. 54 zu § 2 TVG und 14.4.2004 (4 AZR 322/03), veröffentlicht in der juris-Datenbank Nr. KARE 600011101. Zur Tariffähigkeit der ITF *Zachert*, NZA 2000, 122 f. (dort auch genauer zur Tarifpolitik); Däubler, Einl. Rn. 674; a. A. *Thüsing/Goertz*, Anm. zu BAG, AP Nr. 54 zu § 2 TVG.

88 Ähnlich schon das bilaterale Partnerschaftsabkommen von 1993 zwischen der damaligen IG Chemie-Papier-Keramik und der britischen Gewerkschaft GMB (General, Municipal and Boilermakers' Union). Vgl. *Zachert*, FS Schaub, 819 f.

Verband der Wanderarbeiter lediglich grenzüberschreitende Betreuung und Beratung und entwickelt keine eigenständige Tarifpolitik.[89]
Beispiele für internationale kollektivrechtliche Vereinbarungen sind auch die »**Framework Agreements**«, in denen internationale gewerkschaftliche Organisationen mit einzelnen Unternehmen bzw. Konzernen vereinbaren, dass diese bei der Produktion in Drittländern bestimmte Sozialstandards (insbesondere die ILO-Kernarbeitsnormen) anwenden (zur Rechtsqualität siehe § 4 Rn. 97).[90]
Spezielle Fälle grenzüberschreitender Kollektivvereinbarungen sind die **Sozialpartner-Vereinbarungen auf europäischer Ebene**. Für sie gibt es mittlerweile im EG-Vertrag einen supranationalen Rechtsrahmen (vgl. dazu § 1 Rn. 711 ff.).

### 2. Grenzüberschreitende Tarifmacht im deutschen Tarifrecht

#### a) Die Regelungskompetenz der Tarifparteien

36 Die Tarifautonomie nach Art. 9 Abs. 3 GG beschränkt sich grundsätzlich weder auf das Gebiet der Bundesrepublik Deutschland noch auf Personen deutscher Staatsangehörigkeit oder Organisationen mit Sitz in Deutschland. Auch ausländische Verbände oder Arbeitgeber können Tarifverträge nach deutschem Recht abschließen, wenn sie die Voraussetzungen der Tariffähigkeit erfüllen.[91] Tarifverträge nach dem TVG können Auslandssachverhalte erfassen und Arbeitsverhältnisse im Ausland regeln. Dies gilt auch für Arbeitsverhältnisse, die ausländischem Arbeitsrecht unterliegen.[92] Maßgeblich für die grenzüberschreitende Geltung des TVG sind nicht inhärente Begrenzungen der Tarifmacht, sondern allein die allgemeinen Regeln des internationalen Privatrechts (dazu § 4 Rn. 46 ff.).
Die Rechtsprechung hat dies im Fall des Goethe-Instituts zwar zunächst anerkannt[93]; im Jahre 2003 hat das BAG jedoch in Fortsetzung einer Entscheidung von 1977 über die Sozialkassen des Baugewerbes den deutschen Tarifvertragsparteien die Regelungskompetenz für Arbeitsverhältnisse, die ausländischem Arbeitsrecht unterliegen, abgesprochen.[94] Es nannte dafür weder eine Rechtsgrundlage noch eine Begründung, so dass unklar bleiben musste, ob es sich tatsächlich um eine Entscheidung über die **Regelungskompetenz** nach dem Tarifvertragsgesetz handelt, oder ob lediglich internationalprivatrechtliche Grenzen der tarif-

89 Siehe unter www.migrant-workers-union.org, besteht seit Oktober 2004.

90 Zu Vorkommen und Inhalten genauer *Kocher*, RdA 2004, 27.

91 ErfK/*Schlachter*, Art. 34 EGBGB Rn. 27; *Birk*, RdA 1984, 135; *ders.*, FS Beitzke, 840; MünchArbR/*Birk*, § 21 Rn. 32 ff.; *Wimmer*, Gestaltung internationaler Arbeitsverträge, 27; *Däubler/Däubler*, Einl. Rn. 667; *Löwisch/Rieble*, Grundl. Rn. 96; *Birk*, FS Beitzke, 836; zur Tariffähigkeit der ITF siehe zum Beispiel *Thüsing/Goertz*, Anm. zu BAG 16.2.2000 (4 AZR 14/99), AP Nr. 54 zu § 2 TVG.

92 Ganz h.M., etwa *Däubler/Däubler*, Einl. Rn. 617 ff. mit weiteren Nachweisen; ErfK/*Schlachter*; Art. 34 EGBGB Rn. 27; *Thüsing/Müller*, BB 2004, 1335; MünchArbR/*Birk*, § 21 Rn. 51 (Rn. 42 für allgemeinverbindliche Tarifverträge); *Hergenröder*, Arbeitskampf mit Auslandsberührung, 205, 211; *Friederich*; RdA 1980, 111; *Junker*, Internationales Arbeitsrecht im Konzern, 438; *Wimmer*, Gestaltung internationaler Arbeitsverträge, 63 ff., 207; a. A. *Löwisch/Rieble*, Grundl. Rn. 93 ff.

93 BAG 11.9.1991 (4 AZR 71/91), AP Nr. 29 zu Internationales Privatrecht/Arbeitsrecht (mit Anm. von *Zachert*, AuR 1992, 125); vgl. auch LAG Rheinland-Pfalz 16.6.1981, Internationales Privatrecht: Rechtsprechung 1981, Nr. 44 (97); BAG 10.9.1985 (1 ABR 28/83), AP Nr. 3 zu § 117 BetrVG 1972 (mit Anm. von *Beitzke*); BAG 24.8.1989 (2 AZR 3/89), AP Nr. 30 Internationales Privatrecht/Arbeitsrecht.

94 BAG 9.7.2003 (10 AZR 593/02), AP Nr. 261 zu § 1 TVG Tarifverträge: Bau mit insoweit ablehnender Anm. *Schlachter*; anders schon *Birk*, RdA 1984, 136, allerdings unter der Prämisse, die Tarifbindung sei keine Frage des Arbeitsverhältnisstatuts (anders unter § 4 Rn. 60 ff.).

lichen Regelung (zu diesen zusammen fassend § 4 Rn. 60 ff. und Rn. 91) bezeichnet werden sollten. Angesichts dieser Unklarheit kann jedenfalls von einer ständigen Rechtsprechung dahingehend, dass die Regelungskompetenz von Tarifverträgen nur Arbeitsverhältnisse deutschen Rechts erfasse, keine Rede sein.

Auch der **Gesetzgeber** geht in § 1 Abs. 1 AEntG[95] sowie § 21 Abs. 4 Satz 2 **37**
FlaggenrechtsG[96] davon aus, dass die Regelungskompetenz nach dem TVG nicht auf Arbeitsverhältnisse begrenzt ist, die deutschem Recht unterliegen. Beide Regelungen setzen die Möglichkeit voraus, dass für ausländisches Personal und Arbeitsverträge mit ausländischem Statut Tarifverträge nach deutschem Recht abgeschlossen werden können.

§ 1 Abs. 1 Satz 3 AÜG, in dem sich der unspezifische und unklare Begriff des »deutschen Tarifvertrags« findet[97], geht jedenfalls von der Möglichkeit aus, Tarifverträge nach dem TVG könnten auch für Arbeitgeber mit Geschäftssitz in einem anderen Mitgliedstaat der europäischen Gemeinschaft gelten.

Anlässlich der verfassungsrechtlichen Auseinandersetzung um das Internatio- **38**
nale Seeschifffahrtsregister (Zweitregister)[98] sind diese Grundlagen durch das **Bundesverfassungsgericht** bestätigt worden. Das Recht, ausländische Arbeitsverhältnisse über deutsches Tarifvertragsrecht zu regeln, ergibt sich danach aus der Schutzfunktion des verfassungsrechtlichen Schutzes der Tarifautonomie (Art. 9 Abs. 3 GG).[99] Denn es gehört zur Koalitionsfreiheit einer Gewerkschaft, Tarifverträge für alle bei ihr organisierten Arbeitnehmer abschließen zu können.[100] Die Tatsache, dass die Ausübung der Koalitionsfreiheit auch die Rechtsordnungen anderer Staaten berührt, spielt allenfalls eine Rolle für den Umfang der Gestaltungsbefugnis des Gesetzgebers.[101] Diese Regelungskompetenz der Tarifvertragsparteien ist umso unproblematischer, als Tarifverträge nach deutschem Tarifrecht ohnehin keine Wirkungen gegenüber Nicht-Mitgliedern haben.[102]

Vor diesem Hintergrund erklärte das Bundesverfassungsgericht § 21 Abs. 4 Satz 3 FlaggenrechtsG zu Recht für verfassungswidrig. Die Norm bestimmte, dass sich deutsche Tarifverträge auf Rechtsverhältnisse ausländischer Seeleute nur dann beziehen, wenn dies im einschlägigen Tarifvertrag ausdrücklich vorgesehen ist.

**§ 21 Abs. 4 Satz 2 FlaggenrechtsG** beschränkt sich hingegen nicht darauf zu **39**
bestätigen, dass die Arbeitsbedingungen ausländischer Arbeitnehmer auf deut-

---

95 So auch das BAG 9.7.2003 (10 AZR 593/02), AP Nr. 261 zu § 1 TVG Tarifverträge: Bau (mit insoweit zustimmender Anm. von *Schlachter*). Das BAG hält die Regelung dort aber zu Unrecht für konstitutiv.

96 *Wimmer*, NZA 1995, 253; *Däubler/Däubler*, Einl. Rn. 619. Vgl. *Ebenroth/Fischer/Sorek*, ZVglRWiss 88 (1989), 146.

97 Die Vorschrift geht auf das Urteil des EuGH vom 25.10.2001 (C-493/99), AP Nr. 3 zu Art. 49 EG zurück, das in Rn. 17 allerdings von der unzutreffenden Annahme ausgeht, die Geltung »deutscher« Tarifverträge setze eine Niederlassung in Deutschland voraus.

98 Gesetz zur Einführung eines Seeschifffahrtsregisters für deutsche Handelsschiffe im internationalen Verkehr vom 23.3.1989, BGBl. I, 550.

99 Ausführlich zu dieser Schutzfunktion *Kempen*, KritV 1994, 441; siehe schon *Birk*, FS Beitzke, 836 f. zum internationalen Geltungsbereich des Art. 9 Abs. 3 GG; so auch wieder MünchArbR/*Birk*, § 21 Rn. 4 ff.; kritisch *Junker*, Internationales Arbeitsrecht im Konzern, 433 f. *Wimmer*, Gestaltung internationaler Arbeitsverträge, 28 ff., 31.

100 BVerfG 10.1.1995 (1 BvF 1/90, 342/90, 348/90), AP Nr. 76 zu Art. 9 GG, unter B.II.1.c)bb). So auch *Däubler/Däubler*, Einl. Rn. 613; MünchArbR/*Birk*, § 21 Rn. 7 ff.

101 BVerfG 10.1.1995 (1 BvF 1/90, 342/90, 348/90), AP Nr. 76 zu Art. 9 GG; *Wimmer*, NZA 1995, 250, 253.

102 *Birk*, FS Beitzke, 854 f.

schen Schiffen durch Tarifverträge ausländischer Gewerkschaften geregelt werden können. Die Norm nimmt darüber hinaus diese Tarifverträge entgegen Art. 30 EGBGB (siehe § 4 Rn. 61) von der Geltung des kollisionsrechtlichen Günstigkeitsprinzips aus. Damit greift sie in die durch Art. 9 Abs. 3 GG geschützte Tarifautonomie ein.[103] Deutsche Arbeitgeber (Reeder) werden damit in die Lage versetzt, die von ihnen mit deutschen Gewerkschaften vereinbarten Tarifverträge dadurch zu unterlaufen, dass sie ausländisches Personal zu »Billigtarifen« beschäftigen. Dies hat das Bundesverfassungsgericht jedoch für mit dem Grundgesetz im Wesentlichen vereinbar gehalten[104], und der Europäische Gerichtshof hat einen Verstoß gegen europäisches Recht verneint.[105]

**40** Gegen eine grenzüberschreitende Tarifautonomie wird zwar vereinzelt eingewandt, die Geltung des TVG sei wegen des völkerrechtlichen **Territorialitätsprinzips** auf das Gebiet der Bundesrepublik Deutschland beschränkt.[106] Das Territorialitätsprinzip sagt jedoch nichts darüber aus, welcher Art der Tatbestand sein muss, der in Deutschland verwirklicht sein muss, damit das Gesetz Anwendung findet.[107] Dies ist eine Frage des (deutschen) Internationalen Privatrechts. Die **Parallele zum BetrVG**, die hier vereinzelt gezogen wird, führt in die Irre: Im Falle des BetrVG ist internationalprivatrechtlich auf die arbeitsorganisatorische Einbindung in einen Betrieb in Deutschland abzustellen, die internationalrechtliche Anknüpfung ist also selbst eine territoriale. Demgegenüber ist die Anwendung des TVG nicht ausschließlich betriebsbezogen und deshalb von örtlich gebundenen Tatbeständen wie dem des »Betriebs« unabhängig.[108] Auch die Tariffähigkeit nach § 2 TVG ist weder notwendig vom Sitz einer Tarifvertragspartei noch von der Staatsangehörigkeit ihrer Mitglieder abhängig (siehe § 2 Rn. 13 ff.).

**41** Da das TVG die nach Art. 9 Abs. 3 GG gewährleistete Tarifautonomie umsetzt und insofern Ausdruck der Schutz- und Gewährleistungsfunktion dieses Grundrechts ist, muss sich auch seine internationalprivatrechtliche Reichweite an Art. 9 Abs. 3 GG messen lassen. Der Abschluss von Tarifverträgen nach deutschem Recht muss danach jedenfalls für Arbeitsverhältnisse von natürlichen oder juristischen Personen mit Wohnsitz bzw. Sitz in Deutschland möglich sein sowie zur Regelung der Arbeits- und Wirtschaftsbedingungen in Deutschland (genauer zur internationalprivatrechtlichen Anknüpfung § 4 Rn. 46 ff., insbesondere Rn. 49 f.).

---

103 Vgl. im Einzelnen zur verfassungsrechtlichen Einschätzung des Gesetzes *Däubler*, Das zweite Schiffsregister, 45 ff.

104 BVerfG 10.1.1995 (1 BvF 1/90, 342/90, 348/90), AP Nr. 76 zu Art. 9 GG (mit Anm. von *Wank*); hierzu auch *Wimmer*, NZA 1995, 250.

105 EuGH 17.3.1993/1992 (C-72/91, C-73/91), Slg. 1993, 927 (»Sloman Neptun«). Siehe aber für den völkerrechtlichen Verstoß gegen Art. 18 EVÜ *Taschner*, Arbeitsvertragsstatut, 147 f.; Däubler, Das zweite Schiffsregister, 25 ff.

106 *Löwisch/Rieble*, Grundl. Rn. 90 f., die dies in Rn. 93 ff. aber selbst relativieren (ohne jedoch zwischen schuldrechtlichen und normativen Wirkungen zu unterscheiden); vgl. auch Wiedemann/*Wiedemann*, § 1 Rn. 62 und Rn. 80.

107 *Junker*, Internationales Arbeitsrecht im Konzern, 335. Kritisch zur Anwendung eines »Territorialitätsprinzips« im Betriebsverfassungsrecht *Beitzke*, Anm. zu BAG, 9.11.1977 (5 AZR 132/76), AP Nr. 13 zu IPR-Arbeitsrecht; *E. Lorenz*, Anm. zu BAG, 7.12.1989 (2 AZR 228/89), AP Nr. 27 zu IPR-Arbeitsrecht; *Fischer*, RdA 2002, 160.

108 *Walz*, Multinationale Unternehmen, 150.

### b) Vereinbarkeit mit gemeinschaftsrechtlichen Freiheiten

Bei der Anwendung deutschen Tarifrechts auf ausländische Beschäftigte und ausländische Unternehmen ist auch die Frage nach der Vereinbarkeit mit den Grundfreiheiten des Europäischen Rechts zu stellen. Nur eine geringe Rolle spielt dabei die **Arbeitnehmerfreizügigkeit** (Art. 39 EG-V). Sie kann durch eine bestimmte Gestaltung des materiellen Sachrechts beeinträchtigt werden, jedoch kaum unmittelbar durch internationalprivatrechtliche Regelungen.[109] **42**

Anderes gilt für die **Dienstleistungsfreiheit** des Gemeinschaftsrechts (Art. 49 EG-V). Hier hat der Europäische Gerichtshof wiederholt festgestellt, dass im Falle der grenzüberschreitenden Tätigkeit von Unternehmen und der Entsendung von Arbeitnehmern ein Eingriff in die Dienstleistungsfreiheit vorliegen kann, wenn einem Unternehmen zusätzlich zu den Bestimmungen des Herkunftslandes auch Lasten des Aufnahmelandes auferlegt werden. Allerdings hindere die Dienstleistungsfreiheit die Mitgliedstaaten nicht, im Interesse des sozialen Schutzes »ihre Rechtsvorschriften über die Mindestlöhne oder die Tarifverträge der Sozialpartner auf alle Personen [auszudehnen], die in ihrem Staatsgebiet, und sei es auch nur vorübergehend, eine unselbständige Erwerbstätigkeit ausüben und zwar unabhängig davon, in welchem Land der Arbeitgeber ansässig ist«.[110] **43**

Die Frage, wieweit das Europarecht dennoch das Kollisionsrecht beeinflusst[111], hat der EuGH in den letzten Jahren in zahlreichen Entscheidungen zu behandeln gehabt. Dabei war zunächst klar zu stellen, dass die Dienstleistungsfreiheit keine Schlechterstellung ausländischer Arbeitgeber gegenüber inländischen Arbeitgebern erlaubt. Andererseits wurde zu Recht deutlich gemacht, dass die Dienstleistungsfreiheit aus **zwingenden Gründen des Allgemeininteresses** durchaus beschränkt werden darf. Zu diesen Gründen zählen zwar nicht der protektionistische Schutz der inländischen Wirtschaft oder andere wirtschaftliche Überlegungen.[112] Der Schutz der Arbeitnehmer kann aber ein zwingender Grund des Allgemeininteresses sein, insbesondere im Bausektor.[113] Und im Oktober 2004 hat der EuGH anerkannt, dass auch die Verhinderung von Lohndumping und eines entsprechenden unlauteren Wettbewerbs ein zwingendes Erfordernis zur Beschränkung der Dienstleistungsfreiheit darstellen kann.[114]

Bei der Frage, ob ein zwingender Grund mit einer Regelung verfolgt wird, kommt es allerdings nicht auf die Motive des Gesetzgebers, sondern auf eine **objektive Beurteilung** an.[115] Es ist also jeweils im Einzelnen zu prüfen, ob tatsäch-

---

109 MünchArbR/*Birk*, § 20 Rn. 223ff.

110 EuGH 3.2.1982 (C-62 und 63/81), E I 1982, 223 (»Seco«); EuGH 27.3.1990 (C-113/89), E I 1990, 1439 (»Rush Portuguesa«) und EuGH 9.8.1994 (C-43/93), E I 1994, 3818 (»Vander Elst«); EuGH 23.11.1999 (C-369/96 und 376/96), E 1999, 8453 (»Arblade« und »Leloup«) und EuGH 24.1.2002 (C-164/99), E I 2002, 787 (»Portugaia Construções«), zur Entsenderichtlinie; EuGH 25.10.2001 (C49/98), E I 2001, 7831 (»Finalarte«) und EuGH 12.10.2004 (C-60/03), AP Nr. 9 zu Art. 49 EG (»Wolff & Müller«), zum AEntG; zustimmend zum Beispiel *Britz*, in: Britz/Volkmann, Tarifautonomie, 50ff.

111 MünchArbR/*Birk*, § 20 Rn. 229, äußert sich grundsätzlich unzufrieden über diese Einflussnahme.

112 So insbesondere EuGH 25.10.2001 (C-49/98), E I 2001, 7831 (»Finalarte«); EuGH 24.1.2002 (C-164/99), E I 2002, 787 (»Portugaia Construções«).

113 EuGH, 28.3.1996 (C-272/94), E I 1996, 1905 (»Guiot«), speziell für die Bauwirtschaft; vgl. auch *Britz*, in: Britz/Volkmann, Tarifautonomie, 52.

114 EuGH 12.10.2004 (C-60/03), AP Nr. 9 zu Art. 49 EG (»Wolff & Müller«).

115 EuGH 25.10.2001 (C-49/98), E I 2001, 7831 (»Finalarte«); EuGH 24.1.2002 (C-164/99), E I 2002, 787 (»Portugaia Construções«); EuGH 12.10.2004 (C-60/03), AP Nr. 9 zu Art. 49 EG (»Wolff & Müller«).

lich Lohndumping verhindert wird bzw. ob sich mit der Regelung tatsächliche Vorteile der Beschäftigten ergeben, die deutlich zu ihrem sozialen Schutz beitragen.[116] Die Anwendung des Arbeitsortprinzips ist danach möglich, soweit der jeweilige Schutz nicht bereits durch das Herkunftsland gewährleistet wird[117] und die Regelung sich insgesamt als verhältnismäßig erweist.

**44** Unter diesen Voraussetzungen können deutsche Tarifverträge Entsende-Arbeitsverhältnisse, die ausländischem Arbeitsrecht unterliegen, erfassen. Insbesondere sind auch die Regelungen des deutschen **AEntG** mit der Dienstleistungsfreiheit vereinbar.[118]

**45** Hieran würde sich voraussichtlich auch nichts ändern, wenn in einer künftigen **Dienstleistungsrichtlinie** das Herkunftslandprinzip verallgemeinert würde.[119]

### 3. Kollisionsrecht: Allgemeine Grundsätze

#### a) Das Tarifstatut nach Art. 27ff. EGBGB

**46** Das TVG enthält keine eigenständigen Kollisionsnormen, die angeben würden, unter welchen Voraussetzungen es auf Sachverhalte mit Auslandsberührung anzuwenden ist. Welche Voraussetzungen in einem bestimmten Sachverhalt gegeben sein müssen, damit das TVG angewandt werden kann, ist deshalb nach allgemeinem **Internationalen Privatrecht** zu entscheiden. Rechtsquelle ist insoweit das **EGBGB**, in dem das Internationale Privatrecht 1986 unter Übernahme der Vorgaben des Römischen Übereinkommens (EVÜ)[120] kodifiziert wurde.

Für Schuldverhältnisse gilt nach Art. 27 EGBGB zunächst, dass die Vertragsparteien das anwendbare Recht selbst wählen können. Haben sie dies nicht getan, so sieht Art. 28 EGBGB Regeln für eine objektive Anknüpfung vor, nach denen das Recht des Staates anzuwenden ist, mit dem der Vertrag die engsten Verbindungen aufweist. Art. 30 EGBGB enthält für den Individualarbeitsvertrag zusätzlich ein kollisionsrechtliches Günstigkeitsprinzip sowie eine spezielle Regelung für die objektive Anknüpfung (Recht des Arbeitsorts).

**47** Art. 30 EGBGB gilt unmittelbar nur für den Individualarbeitsvertrag. Tarifverträge werden nicht erfasst.[121] Auch die allgemeinen vertragsrechtlichen Regeln der Art. 27 und 28 EGBGB sind für Individualverträge bestimmt. Allerdings enthalten sie allgemeine Grundsätze für das privatrechtliche vertragliche Handeln,

---

116 EuGH 3.2.1982 (C-62 und 63/81), E I 1982, 223 (»Seco«); EuGH 24.1.2002 (C –164/99), E I 2002, 787 (»Portugaia Construções«); siehe auch BAG 20.7.2004 (9 AZR 343/03), AP Nr. 18 zu § 1 AEntG.

117 Vgl. *Schlachter*, NZA 2002, 1246.

118 Siehe zuletzt zum Beispiel EuGH, 14.5.2005 (C-341/02). Zur Verfassungsmäßigkeit BVerfG, 18.7.2000 (1 BvR 948/00), SAE 2000, 265; vgl. schon *Bieback*, RdA 2000, 207. Siehe dazu auch *Winkler v. Mohrenfels*, EAS, B 3000 Rn. 114; *Britz*, in: Britz/Volkmann, Tarifautonomie, 51f.

119 Nach Art. 17 Nr. 5, 23 und 24 des Entwurfs der Kommission vom Februar 2004 (der allerdings einer erheblichen Überarbeitung unterworfen wird) bliebe auch der Vorrang der Entsenderichtlinie 96/71/EG erhalten (Vorschlag der Kommission vom 25.2.2004 für eine Richtlinie über Dienstleistungen im Binnenmarkt, KOM(2004) 2 endgütig). Zum Stand siehe *Schlichting/Spelten*, EuZW 2005, 240.

120 Römisches EWG-Übereinkommen über das auf vertragliche Schuldverhältnisse anzuwendende Recht vom 19.6.1980 (BGBl. 1986 II, 810).

121 Materialien zur Entstehungsgeschichte des EGBGB, *Giuliano/Lagarde*, BT-Drucks. 10/503, 36, 57 und Begründung des Regierungsentwurfs, BT-Drucks. 10/504, 81; MünchArbR/*Birk*, § 19 Rn. 6 und § 21 Rn. 20; ErfK/*Schlachter*, Art. 34 EGBGB Rn. 3 und Rn. 22; *Däubler/Däubler*, Einl. Rn. 594; Wiedemann/*Wiedemann*, § 1 TVG Rn. 60.

soweit es an speziellen Regeln fehlt. Deshalb können diese Regeln zumindest **analog auch auf Kollektivverträge** angewandt werden.[122]
Zwar wird dem mit der Begründung widersprochen, Tarifverträge seien auf entsprechende gesetzliche Rahmen und Ermächtigungen angewiesen[123], Ausfluss tragender Vorstellungen über Staat, Gesellschaft und Verbände und deshalb nicht »beliebig austauschbar«.[124] Jedoch sind Tarifverträge dem Privatrecht zuzurechnen[125] und unterscheiden sich jedenfalls in ihren schuldrechtlichen Wirkungen kaum von anderen privaten Verträgen (zu den schuldrechtlichen Wirkungen im Einzelnen § 1 Rn. 664ff.). Jedenfalls insoweit sind die Art. 27, 28 EGBGB analog anwendbar; es gilt das Recht der Wahl durch die Parteien und hilfsweise der engsten Verbindung. Einer beliebigen Austauschbarkeit von Tarifvertragsordnungen steht ohnehin Art. 27 Abs. 3 EGBGB entgegen.

Sowohl bei grenzüberschreitenden wie bei internationalen Tarifverträgen wird dementsprechend die **Wahl des schuldrechtlichen Statuts** durch die Tarifparteien für zulässig erachtet.[126] So ist es zum Beispiel unbestritten, dass die Art der wechselseitigen Gebundenheit (ob Gentlemen's Agreement oder einklagbare Verpflichtung) der Vereinbarungsautonomie unterliegt.[127] **48**
Die Rechtswahl kann ausdrücklich oder stillschweigend erfolgen. Für eine stillschweigende Rechtswahl kann außer der verwendeten Sprache sprechen, dass den tariflichen Regelungen im Einzelfall eine bestimmte Arbeitsrechtsordnung implizit oder ausdrücklich zu Grunde gelegt wurde oder dass der Tarifvertrag zu einem bestimmten Tarifregister angemeldet wurde.[128] Ein Indiz ist es auch, wenn beide Tarifvertragsparteien den Sitz in demselben Staat haben.

Hat eine Rechtswahl nicht stattgefunden, ist nach Art. 28 EGBGB objektiv auf den Schwerpunkt des (Tarif-)Vertrages und den Ort der »**vertragscharakteristischen Leistung**« abzustellen. Diese Regelung ist für individuelle Austauschverträge gemacht, in denen eine Seite Geld und die andere Seite eine (den Vertrag charakterisierende) Sach- oder Dienstleistung erbringt. Dies passt nicht ohne weiteres auf die schuldrechtlichen Aspekte von Tarifverträgen, in denen beide Seiten sich zu Handlungen (z.B. Durchsetzung und Anwendung der tariflichen Standards) bzw. Unterlassungen (z.B. Friedenspflicht) verpflichten.[129] **49**
Diese schuldrechtlichen Leistungen sind aber zumindest mittelbar immer auf die Regelung individueller Arbeitsverhältnisse bezogen. In der Literatur wird deshalb für die objektive Anknüpfung auf den **Regelungsschwerpunkt** des Tarifvertrags abgestellt und zu Recht berücksichtigt, in welchem Land die erfass-

122 Siehe zum Beispiel ErfK/*Schlachter*, Art. 34 EGBGB Rn. 26; *Ebenroth/Fischer/Sorek*, ZVglRWiss 88 (1989), 144.
123 *Birk*, RdA 1984, 136; MünchArbR/*Birk*, § 21 Rn. 20; *Löwisch/Rieble*, Grundl. Rn. 91, die ebenfalls nicht zwischen schuldrechtlichen und normativen Wirkungen unterscheiden.
124 Wiedemann/*Wiedemann*, § 1 Rn. 90: nur Klarstellung möglich.
125 BAG 11.9.1991 (4 AZR 71/91), AP Nr. 29 zu Internationales Privatrecht/Arbeitsrecht (Goethe-Institut); ErfK/*Schlachter*, Art. 34 EGBGB Rn. 26; rechtsvergleichend *F. Schmidt/Neal*, International Encyclopedia, 101ff.; anders MünchArbR/*Birk*, § 21 Rn. 27 und Rn. 31.
126 *Walz*, Multinationale Unternehmen, 138ff., 182; a.A. *Löwisch/Rieble*, Grundl. Rn. 91; MünchArbR/*Birk*, § 28 Rn. 28ff.; *ders.*, RdA 1984, 129, 136; *ders.*, FS Beitzke, 847f.; wie hier auch *Junker*, Internationales Arbeitsrecht im Konzern, 419.
127 *Däubler/Däubler*, Einl. Rn. 670.
128 Vgl. ErfK/*Schlachter*, Art. 34 EGBGB Rn. 26. *Wimmer*, Gestaltung internationaler Arbeitsverträge, 59.
129 A.A. *Ojeda Avilés*, FS Däubler, 536: Der Gewerkschaftsverband sei das Subjekt der prägenden Leistung, es sei also das Recht des Staates, in dem dieser seinen Sitz habe, anzuwenden.

ten Arbeitsverhältnisse **durchgeführt** werden.[130] Dies entspricht auch der Reichweite des Art. 9 Abs. 3 GG, wonach das TVG wegen seiner arbeitsmarktsteuernden Funktionen für alle Tarifverträge gelten muss, deren Regelungsgegenstand ein Segment des deutschen Arbeitsmarkts erfasst (zu den verfassungsrechtlichen Grundlagen siehe § 4 Rn. 41).[131]

**50** Dieses Kriterium passt allerdings nicht, wenn das Unternehmen oder der Arbeitgeberverband, der Tarifpartei ist, gar nicht selbst Arbeitgeber der erfassten Beschäftigten ist. Denn dann übernimmt er mit dem Tarifvertrag nur Einwirkungs-, nicht Durchführungspflichten. In diesen Fällen ist auf die **Einwirkungspflichten** abzustellen und deutsches Tarifrecht (TVG) dann anzuwenden, wenn die Tarifparteien die Arbeitsaktivitäten von Deutschland aus initiieren und lenken.[132] Im Fall des Goethe-Instituts (siehe dazu § 4 Rn. 31 und Rn. 36) hat das BAG insofern zu Recht deutsches und nicht mexikanisches Tarifrecht angewandt: Obwohl der Tarifvertrag sich ausschließlich auf Arbeitsverhältnisse in Mexiko bezog, war Tarifpartner und Träger der maßgeblichen schuldrechtlichen Durchführungspflichten das Goethe-Institut mit Sitz in Deutschland; das rechtlich selbstständige mexikanische Tochterunternehmen war aus dem Tarifvertrag nicht selbst verpflichtet.

### b) Inhalt des Tarifstatuts und Qualifikation tariflicher Bestimmungen

**51** Die hier behandelte Frage, ob auf einen Kollektivvertrag das TVG oder ausländisches Tarifrecht anzuwenden ist, ist identisch mit der Frage nach dem »Tarifstatut«. Zum **Inhalt des Tarifstatuts** gehören nach allgemeiner Auffassung die Voraussetzungen des Abschlusses von Tarifverträgen wie die Tariffähigkeit[133] (nach deutschem Recht § 2 TVG, nach ausländischem Recht oft die Anforderung der repräsentativen oder repräsentativste Gewerkschaft[134]), ferner Formvorschriften (im ausländischen in der Regel wie im deutschen Recht nach § 1 Abs. 2 TVG die Schriftform).[135]

**52** Eine der wichtigsten Streitfragen des internationalen Tarifrechts lautet, ob das Tarifstatut auch für die normativen oder anderen besonderen Wirkungen gilt, die eine Vereinbarung zwischen Verbänden oder zwischen einem Unternehmen und

---

130 ErfK/*Schlachter*, Art. 34 EGBGB Rn. 26 (die ebenfalls Art. 28 anwendet); MünchArbR/*Birk*, § 21 Rn. 22; *Ebenroth/Fischer/Sorek*, ZVglRWiss 88 (1989), 146; *Hauschka/Henssler*, NZA 1988, 600; *Däubler/Däubler*, Einl. Rn. 672; ähnlich wie hier insofern aber Wiedemann/*Wiedemann*, § 1 Rn. 87.

131 Zu marktorientierten Kriterien hinsichtlich der Anknüpfung des Individualarbeitsvertragsstatuts ausführlich *Mankowski*, IPRax 1999, 332. Vgl. in diese Richtung auch *Birk*, RdA 1984, 136, der das TVG nur auf solche Tarifverträge anwenden will, deren Regelungsgegenstand schwerpunktmäßig im Inland liegt.

132 ErfK/*Schlachter*, Art. 34 EGBGB Rn. 27; MünchArbR/*Birk*, § 21 Rn. 22 für den Fall, dass ein Tarifvertrag vor allem Arbeitsverhältnisse im Ausland regelt; *Wimmer*, Gestaltung internationaler Arbeitsverträge, 52 f (Schwerpunkt des Tarifvertrags).

133 *Junker*, Internationales Arbeitsrecht im Konzern, 427 ff.; *Hauschka/Henssler*, NZA 1988, 600; *Birk*, RdA 1984, 136; Wiedemann/*Wiedemann*, § 1 Rn. 88. Anders *Walz*, Multinationale Unternehmen, 163. Anderer Auffassung war auch noch *Gamillscheg*, Internationales Arbeitsrecht, Rn. 337: Die Tariffähigkeit bestimme sich nach dem »Heimatrecht« eines Verbandes; rechtsvergleichend *Birk*, RdA 1995, 74.

134 *Birk*, RdA 1995, 74. Vgl. zum spanischen Recht: *Zachert/Ojeda Avilés/Pérez Pérez*, in: Zachert (Hrsg.), Die Wirkung des Tarifvertrages in der Krise, 61 ff.; zum französischen Recht: *Le Friant*, in: Zachert, a. a. O., 117 ff.; *C. Müller/Frik*, RdA 2005, 126 f.; rechtsvergleichendes insoweit schon bei *Gamillscheg*, Internationales Arbeitsrecht, Rn. 330 ff.; *ders.*, Kollektives Arbeitsrecht I, 494 ff.

135 *Junker*, Internationales Arbeitsrecht im Konzern, 427 ff. Anders *Walz*, Multinationale Unternehmen, 166; anders auch *Däubler/Däubler*, Einl. Rn. 676, der insoweit nach Art. 11 Abs. 1 EGBGB die Vorschriften am Ort des Vertragsschlusses anwenden will.

einer Gewerkschaft erst zu einer besonderen Kollektivvereinbarung oder gar einem »Tarifvertrag« machen.

Überwiegend wird vertreten, dass auch **grundsätzliche Strukturelemente** wie die obligatorische Wirkung, die normative Wirkung oder die Tarifbindung dem Tarifstatut unterfallen.[136] Allerdings geht die Qualifikation als »Vertrag« im Sinne der Art. 27ff. EGBGB von einer strukturellen Ähnlichkeit zwischen privaten Verträgen und Tarifverträgen aus. Diese gilt uneingeschränkt nur für die schuldrechtlichen Pflichten. Unmittelbare und zwingende Wirkungen im Einzelnen Arbeitsverhältnis sind kollektivrechtliche Rechtsfolgen, die einerseits einen »Tarifvertrag« von einem gewöhnlichen privatrechtlichen Vertrag unterscheiden und die andererseits in den einzelnen Rechtsordnungen ganz unterschiedlich ausgestaltet ist. So ist die Tarifbindung nach deutschem Recht grundsätzlich auf die Mitglieder der Tarifparteien beschränkt (§ 3 Abs. 1 TVG), während sie sich nach ausländischem Recht oft auf Nichtmitglieder erstreckt[137]; im englischen Recht erhalten Tarifverträge eine Bindungswirkung gar erst durch individualrechtliche Transformation.[138] In einigen ausländischen Arbeitsrechtsordnungen (insbesondere der englischen) besteht eine Besonderheit von Tarifverträgen bzw. Kollektivverträgen darin, dass sie mit besonderen Verhandlungsrechten und -ansprüchen verbunden sind.[139]

Die Kernfrage beim Tarifstatut liegt darin zu entscheiden, welche Ansprüche und Rechte aus einem und in Bezug auf einen Tarifvertrag sich als **Ansprüche aus einem »Vertrag«** im Sinne der Art. 27ff. EGBGB qualifizieren lassen. Dies ist für Ansprüche zwischen den Tarifvertragsparteien über die gegenseitigen Wirkungen der Fall, nicht aber für die Wirkungen gegenüber den Mitgliedern. Diese lassen sich nicht mehr als Teil der schuldrechtlichen Beziehungen begreifen. Nur in schuldrechtlicher Hinsicht lässt sich jedoch der Tarifvertrag als Vertrag im Sinne der Art. 27ff. EGBGB zu qualifizieren. **53**

**Art. 27ff. EGBGB** sind damit **analog** anwendbar auf alle Streitigkeiten zwischen (Tarif-)Vertragsparteien um die gegenseitige Bindung und ihre Reichweite[140], um besondere gegenseitige Verhandlungs- oder Auskunftsansprüche[141], besondere Interpretationsbefugnisse[142] oder um etwaige eigenständige Verbandsklagen und Unterlassungsansprüche (siehe § 4 Rn. 97ff.). Damit können die Parteien eines Kollektivvertrags wie die Parteien anderer privatrechtlicher Verträge durch Rechtswahl festlegen, ob sich ihre gegenseitigen Rechte und Pflichten sowie der

---

136 ErfK/*Schlachter*, Art. 34 EGBGB Rn. 26; *Birk*, RdA 1984, 135; *ders.*, FS Beitzke, 860.

137 Siehe rechtsvergleichend *Birk*, RdA 1995, 75; *Rebhahn*, RdA 2002, 214. Vgl. zum spanischen Recht auch: *Pérez*, in: *Zachert* (Hrsg.), Die Wirkung des Tarifvertrages in der Krise, 68ff., zum französischen Recht: *Le Friant*, in: Zachert (Hrsg.), a. a. O., 123f.; zum italienischen Recht *Kronke*, Regulierungen auf dem Arbeitsmarkt, 317f.

138 *Hepple/Fredman*, 98f., 252f. Rechtsvergleichendes insoweit schon bei *Gamillscheg*, Internationales Arbeitsrecht, Rn. 330ff.; *ders.*, Kollektives Arbeitsrecht I, 494ff. Siehe auch *F. Schmidt/Neal*, International Encyclopedia, 110ff.

139 *Birk*, RdA 1995, 73f.; vgl. auch *ders.*, FS Beitzke, 844 zum schwedischen Recht. Ausführliche Vergleiche der europäischen Tarifsysteme enthalten auch die Beiträge in *Bruun/Hellsten*, Collective Agreement and Competition in the EU.

140 Vgl. Court of Appeal (1982) 3 AllER 841 (Shipping Co Ltd. v. International Transport Workers' Federation) (mit zustimmender Anm. *Kloss*), Modern Law Review 46 (1983), 774ff.

141 *Däubler/Däubler*, Einl. Rn. 673 für die Anwendung des Tarifstatuts auf den Verhandlungsprozess; so auch schon *Birk*, FS Beitzke, 844; MünchArbR/*Brik*, § 21 Rn. 36, auch für die Einschaltung Dritter über Schlichtungs- und Vermittlungsverfahren.

142 Es gibt sie zum Beispiel im schwedischen Recht, wo die gewerkschaftliche Tarifinterpretation vorläufig gültig ist (vgl. *Däubler/Däubler*, Einl. Rn. 659).

Charakter des jeweiligen Vertrags im Verhältnis zur anderen Tarifvertragspartei nach dem TVG oder nach einer ausländischen Rechtsordnung bestimmen.[143] Für die Wirkungen im Individualarbeitsrecht gilt das Tarifstatut nach Art. 27ff. EGBGB jedoch nicht analog anwendbar.

### c) Tarifrecht und Tarifverträge als Eingriffsnormen

**54** Die Frage, ob Beschäftigte, deren Arbeitsverhältnis unter den Geltungsbereich eines grenzüberschreitenden Tarifvertrags fällt, sich in gerichtlichen Streitigkeiten mit dem Arbeitgeber unmittelbar auf diesen berufen können, muss auf anderem Wege als über das Tarifstatut beantwortet werden. Ob sich die **individualvertragliche Anwendung und Wirkung eines Tarifvertrags** nach dem Recht des Arbeitsvertragsstatuts bestimmen, ist seit Langem streitig. Das Internationale Privatrecht des EGBGB bestimmt das Statut zunächst grundsätzlich auf einzelne Sachverhalte bezogen (Art. 3 Abs. 1 EGBGB). Es folgt insofern nicht einem statutistischen Ansatz und macht keine allgemeinen Aussagen über die kollisionsrechtliche Einordnung einer Norm.[144]
Die einzige Ausnahme von diesem Prinzip sind die Regelungen über Eingriffsnormen nach Art. 34 EGBGB sowie hilfsweise der Vorrang der öffentlichen Ordnung (ordre public) der Bundesrepublik Deutschland nach Art. 6 EGBGB. Nach der hier zum Umfang des Tarifstatuts vertretenen Auffassung (§ 4 Rn. 53), könnte man also in einer individualarbeitsrechtlichen Streitigkeit, die sich nach ausländischem Arbeitsrecht bestimmt, vor deutschen Gerichten[145] nur dann unproblematisch das deutsche Tarifrecht anwenden, wenn es sich beim Tarifrecht generell um Eingriffsrecht im Sinne des Art. 34 EGBGB handeln würde.

**55** Im Einzelnen ist noch ungeklärt, inwieweit Tarifrecht unter die zwingenden Vorschriften des **Art. 34 EGBGB** fällt.[146] Zum Teil wird davon ausgegangen, dass Koalitionsfreiheit und Tarifautonomie wegen ihrer hohen Sozialordnungsrelevanz insgesamt als gesellschaftspolitische Grundentscheidungen eines Gemeinwesens zu den international zwingenden Vorschriften des Art. 34 EGBGB zählen.[147]
Die **Rechtsprechung** verlangt für die Annahme einer international zwingenden Eingriffsnorm, dass diese nicht nur den Ausgleich zwischen individuellen Parteiinteressen regle und Schutzcharakter habe, sondern dass sie darüber hinaus aus Gemeinwohlinteressen unbedingte Geltung verlange. Dies ist zum Beispiel für den Schutz von Betriebsräten, die Entgeltfortzahlung im Krankheitsfall oder den Schwerbehinderten- und Mutterschutz (für den auch öffentlich-rechtliche Stellen eingeschaltet werden) angenommen worden, nicht aber für den allgemeinen Kündigungsschutz oder das Betriebsübergangsrecht.[148]

---

143 Anders für die Rechtswahl *Birk*, RdA 1984, 135 (das TVG stehe nicht zur Disposition); einschränkend *Walz*, Multinationale Unternehmen, 163 für die Tariffähigkeit sowie Fragen der Tarifkonkurrenz und der Form.

144 *E. Lorenz*, Anm. zu BAG, 7.12.1989 (2 AZR 228/89), AP Nr. 27 zu IPR-Arbeitsrecht; *Junker*, Internationales Arbeitsrecht im Konzern, 43ff.

145 Zu weiteren Voraussetzungen der Anwendung des Art. 34 EGBGB siehe auch ErfK/*Schlachter*, Art. 34 EGBGB Rn. 16.

146 Zur Diskussion: *Walz*, Multinationale Unternehmen, 160ff.

147 Für eine umfassende Bewertung als Eingriffsnormen *Wimmer*, Gestaltung internationaler Arbeitsverträge, 1992, 202ff.; vgl. auch *Stiller*, ZIAS 1991, 218.

148 Ausführlich BAG, 24.8.1989 (2 AZR 3/89), AP Nr. 30 zu IPR-Arbeitsrecht; BAG, 29.10.1992 (2 AZR 267/92), AP Nr. 31 zu IPR-Arbeitsrecht; *Schlachter*, NZA 2000, 58. Überblick bei *Junker*, FS 50 Jahre BAG, 1211, sowie ErfK/*Schlachter*, Art. 34 EGBGB Rn. 17ff.

Das Tarifrecht und damit die Gestaltbarkeit des Individualvertrags durch Tarifnormen stellen zwar sozialpolitische Grundentscheidungen dar, die die Arbeitsbedingungen quantitativ weit reichend und inhaltlich tief greifend im Interesse eines Ausgleichs der Machtungleichgewichte im Arbeitsverhältnis strukturieren.[149] Art. 34 EGBGB ist jedoch als Ausnahmevorschrift **eng auszulegen**. Die international zwingende Wirkung bewirkt, dass die Rechtsordnung des Gerichtsorts in das Regelungsgefüge eines ausländischen Statuts eingreift. Eine tendenziell weite Auslegung des Art. 34 EGBGB würde einer nationalen Verengung Vorschub leisten.[150] Für das Tarifvertragssystem als Ganzes lässt sich die Schutz- und Demokratiefunktion nicht gegen die Gemeinwohlfunktion ausspielen: Beide greifen ineinander. Eine international zwingende Wirkung kann insofern nicht angenommen werden.

Anders ist dies im Falle allgemeinverbindlicher Tarifverträge. Hier kann sich die Einordnung als Eingriffsnormen bereits aus dem Charakter der **Allgemeinverbindlicherklärung** ergeben. **56**

Jedenfalls für den Anwendungsbereich des **§ 1 AEntG** ist es allgemeine Meinung, dass hier konkretisiert wird, was gemeinschaftsweit als zwingendes Recht des aktuellen Beschäftigungsortes anzusehen ist.[151]

Für andere Fälle von allgemeinverbindlichen Tarifverträgen hat das BAG allerdings seine Entscheidung vom 4. Mai 1977[152], die lange Zeit ganz überwiegend und zu Recht als überholt angesehen worden war[153], kürzlich bestätigt[154]: Die allgemeinverbindlich erklärten Tarifverträge über **Sozialkassen im Baugewerbe** seien nicht auf ausländische Arbeitnehmer, deren Arbeitsverhältnis ausländischem Recht untersteht, anzuwenden. Es handele sich nicht um Eingriffsnormen. Dies übersieht aber, dass die Allgemeinverbindlicherklärung nach deutschem Recht gerade voraussetzt, dass sie im öffentlichen Interesse, also einem **Gemeinwohlinteresse**, geboten erscheint (§ 5 Abs. 1 Satz 1 Nr. 2 TVG; ausführlich dazu § 5 Rn. 31 ff.). Allgemeinverbindlich erklärte Tarifverträge sind deshalb als zwingende Bestimmungen des deutschen Rechts im Sinne des Art. 34 EGBGB anzusehen.[155] Die Tatsache, dass § 5 TVG über das öffentliche Interesse hinaus noch weitere Voraussetzungen aufstellt, spricht nicht dagegen.[156] Diese weisen lediglich darauf hin, dass nicht jedes Gemeinwohlinteresse an sich schon die Allgemeinverbindlicherklärung rechtfertigt; dies nimmt jedoch dem Gemeinwohlinteresse nicht seinen Charakter. Das BAG versäumt es in seiner Entscheidung, das öffentliche Interesse, das der Allgemeinverbindlicherklärung zu Grunde lag, zu

149 *Wimmer*, Gestaltung internationaler Arbeitsverträge, 198 f.

150 Vgl. *Däubler/Däubler*, Einl. Rn. 653 f.

151 BAG 25.6.2002 (9 AZR 405/00), AP Nr. 12 zu § 1 AEntG; *Schlachter*, NZA 2000, 58; *Deinert*, RdA 1996, 339, 344; *Eichenhofer*, ZIAS 1996, 69 f.; *Taschner*, Arbeitsvertragsstatut, 259 ff. Zu den Eingriffsnormen nach § 7 AEntG *Däubler*, RIW 2000, 257 ff.

152 BAG 4.5.1977 (4 AZR 10/76), AP Nr. 30 zu § 1 TVG Tarifverträge: Bau, vor Inkrafttreten des IPR-Gesetzes vom 25.7.1986 ergangen und noch zum Grundsatz des ordre public (jetzt Art. 6 EGBGB); zustimmend z. B. Wiedemann/*Wiedemann*, § 1 Rn. 69.

153 *Hickl*, NZA 1987, Beilage 1, 10 ff.; *Däubler/Däubler*, Einl. Rn. 656; einschränkend *Wimmer*, Gestaltung internationaler Arbeitsverträge, 208 f.; vgl. auch *Walz*, Multinationale Unternehmen, 154, mit weiteren Nachweisen; a. A. *Junker/Wichmann*, NZA 1996, 506.

154 BAG 9.7.2003 (10 AZR 593/02, AP Nr. 261 zu § 1 TVG Tarifverträge: Bau.

155 So auch *Däubler/Däubler*, Einl. Rn. 655; *Eichenhofer*, ZIAS 1996, 69 f.; vgl. *Büdenbender*, RdA 2000, 204; *Schlachter*, Anm. zu BAG 9.7.2003 (10 AZR 593/02), AP Nr. 261 zu § 1 TVG Tarifverträge: Bau; anders *Deinert*, RdA 1996, 344; anders auch Wiedemann/*Wiedemann*, § 1 Rn. 68.

156 So aber BAG 9.7.2003 (10 AZR 593/02), AP Nr. 261 zu § 1 TVG Tarifverträge: Bau.

benennen und ernst zu nehmen, und begibt sich so der Möglichkeit, es zum Gemeinwohlinteresse im Sinne des Art. 34 EGBGB in Beziehung zu setzen.
Zu beachten bleiben jedoch die Anforderungen aus der gemeinschaftsrechtlichen **Dienstleistungsfreiheit** (genauer zu dieser Problematik § 4 Rn. 42 ff.).[157] Danach wird als öffentliches Interesse für eine gemeinschaftsweit wirksame Allgemeinverbindlicherklärung mindestens verlangt, dass aus objektiver Sicht der Schutz der betroffenen Arbeitnehmer verbessert oder Lohndumping verhindert wird.

**57** Auch bei allgemeinverbindlichen Tarifverträgen ist natürlich Voraussetzung ihrer Anwendung über Art. 34 EGBGB, dass die Tarifnorm den betreffenden Sachverhalt überhaupt erfassen will.[158]

**58** Einzelne Tarifverträge bzw. **einzelne Tarifnormen** können je nach Beurteilung im Einzelfall darüber hinaus als **Eingriffsnormen** zu bewerten sein.[159] Zwar reicht allein die privatrechtlich zwingende Wirkung tariflicher Vorschriften hierfür nicht aus.[160] Auch kann die international zwingende Wirkung im Sinne des Art. 34 EGBGB nicht allein vom Regelungswillen der Tarifparteien abhängen; die Tarifparteien können mit der Festlegung des Tarifstatuts nicht die zwingende Wirkung nach Art. 34 EGBGB bestimmen.[161]
Die Frage, ob eine tarifliche Regelung Gemeinwohlinteressen dient, ist aus objektiver Sicht zu beurteilen. So dienen zum Beispiel Regelungen zum Beschäftigungsschutz und zur Arbeitsplatzsicherung allgemeinen wirtschaftspolitischen Zwecken und nicht ausschließlich dem Arbeitnehmerschutz. Solche tariflichen Regelungen können trotz der nach deutschem Recht auf die Tarifgebundenen beschränkten Tarifwirkung Gemeinwohlinteressen verwirklichen.[162]

**59** Der **ordre public** des Art. 6 EGBGB bildet nur die äußerste Grenze für die internationalprivatrechtliche Wirksamkeit ausländischen Rechts.[163] Weder der Regelungswille der Tarifparteien noch allein die Tatsache, dass eine Regelung eine national zwingende Wirkung zum Zwecke wirtschaftlicher Regulierung verfolgt, können für die Annahme eines »ordre public social« ausreichen.[164] Allerdings können Vorschriften in ausländischen Rechtsnormen einschließlich Tarifverträgen bei Verstößen gegen Grundrechte nach Art. 6 EGBGB unangewendet bleiben.[165]

---

157 Vgl. *Taschner*, Arbeitsvertragsstatut, 185 f.

158 *Winkler v. Mohrenfels*, EAS, B 3000 Rn. 93; siehe auch Rn. 90 zum Erfordernis hinreichenden Inlandsbezuges für die Anwendung des Art. 34 EGBGB.

159 ErfK/*Schlachter*, Art. 34 EGBGB Rn. 19; *Wimmer*, Gestaltung internationaler Arbeitsverträge, 199; Wiedemann/*Wiedemann*, § 1 Rn. 68 ff.

160 BAG 9.7.2003 (10 AZR 593/02, AP Nr. 261 zu § 1 TVG Tarifverträge: Bau.

161 So *Thüsing/Müller*, BB 2004, 1333.

162 Anders noch *Deinert*, RdA 1996, 344.

163 *Simitis*, FS Kegel, 159: »Notbremse«.

164 So aber die Tendenz bei *Simitis*, Anm. zu BAG, 25.4.1978 (4 AZR 580/76), AP Nr. 16 zu IPR-Arbeitsrecht. Zur heute geringen Bedeutung des Art. 6 EGBGB siehe insbesondere ErfK/*Schlachter*, Art. 34 EGBGB Rn. 20.

165 BAG, 24.8.1989 (2 AZR 3/89, AP Nr. 30 zu IPR-Arbeitsrecht; BAG, 29.10.1992 (2 AZR 267/92), AP Nr. 31 zu IPR-Arbeitsrecht. Vgl. insoweit für den »Closed Shop« *Däubler/Däubler*, Einl. Rn. 658; Wiedemann/*Wiedemann*, § 1 Rn. 81.

### d) Abhängigkeit der Tarifwirkungen vom Arbeitsvertragsstatut

60 Wie dargestellt (§ 4 Rn. 53 f.), kann das nach Art. 27 ff. EGBGB analog ermittelte Tarifstatut außer in den wenigen Fällen des Art. 34 EGBGB nur für kollektivrechtliche Streitigkeiten unmittelbare Geltung beanspruchen. In individuellen Arbeitsvertragsstreitigkeiten stößt die Anwendung des Tarifstatuts auf »**kollisionsrechtliche Grenzen**«.[166] Denn hier gelten vor deutschen Gerichten die Art. 27 ff. EGBGB unmittelbar, das heißt bezogen auf die Arbeitsvertragsparteien und deren Rechtswahl (zur Rechtswahl durch Tarifvertrag siehe § 4 Rn. 84 ff.). Die grenzüberschreitende Anwendung des Tarifvertrags im Einzelnen Arbeitsverhältnis hängt dann davon ab, ob der jeweilige Tarifvertrag zum »anwendbaren Recht« gehört, also als **Teil des Arbeitsverhältnisstatuts** zu betrachten ist.[167] Kommt man für die individualrechtliche Streitigkeit zur Anwendung deutschen Sachrechts, so sind auch das deutsche Tarifrecht und das TVG anzuwenden – sowie alle normativ wirkenden Tarifverträge, was auch Tarifverträge ausländischer Tarifvertragsparteien und ausländische oder internationale Tarifverträge einschließen kann (siehe § 4 Rn. 36 ff.).

61 Der Einwand, es würde zu einer Umgehung zwingenden Tarifrechts verleiten, wenn man die Tarifwirkungen nach dem Arbeitsvertragsstatut bestimmen und damit einer individualvertraglichen Rechtswahl unterwerfen würde (Art. 27 EGBGB)[168], übersieht, dass die Rechtswahl nach Art. 30 EGBGB einem kollisionsrechtlichen **Günstigkeitsprinzip** unterliegt. Mindeststandard ist immer das Recht am Arbeitsort einschließlich der nach dieser Rechtsordnung normativ geltenden Tarifverträge.

Trotz einer etwaigen Wahl ausländischen Rechts findet das deutsche Tarifrecht immer Anwendung, soweit es günstiger ist (falls Tarifbindung vorliegt). Denn Art. 30 EGBGB erfasst auch Tarifverträge[169] und setzt damit voraus, dass eine deutsche Tarifnorm das ausländische Arbeitsvertragsrecht überlagern kann.[170] Das kollisionsrechtliche Günstigkeitsprinzip hat Vorrang vor Art. 34 EGBGB.[171] Dies gilt für alle tariflichen Vorschriften, die nicht dispositiv sind, die sich also nach § 4 Abs. 3 TVG gegenüber individualvertraglichen Vereinbarungen durchsetzen; auch Bestimmungen zu Arbeitsentgelt und Arbeitszeit gehen bei Günstigkeit nach Art. 30 Abs. 1 EGBGB dem gewählten Recht vor.[172]

62 Die **Beschränkung der Tarifwirkung** durch die Abhängigkeit vom Arbeitsvertragsstatut ist gerechtfertigt. Basis und Prämisse der Orientierung am jeweiligen Streitverhältnis im Gegensatz zur statutistischen Methode ist gerade die Gleichrangigkeit der nationalen Sachrechte.[173] Der Respekt vor ausländischen Rechtsordnungen, der das Internationale Privatrecht bestimmt, muss auch die Tarifvertragsordnungen sowie die nach ausländischem Recht geltenden Tarifverträge erfassen.

---

166 Siehe *Voraufl.*, § 4 Rn. 64 ff.

167 *Junker*, Internationales Arbeitsrecht im Konzern, 435 ff., 415 als Ergebnis einer Synthese der Rechtsprechung. *Gamillscheg*, Kollektives Arbeitsrecht I, 492.

168 *Walz*, Multinationale Unternehmen, 149; *Däubler/Däubler*, Einl. Rn. 603.

169 Vgl. die Gesetzesbegründung, BT-Drucks. 10/504, 81. *Schlachter*, NZA 2000, 61.

170 Ebenso *Däubler/Däubler*, Einl. Rn. 618; im Ergebnis *Hergenröder*, Arbeitskampf mit Auslandsberührung, 211; im Grundsatz genauso Wiedemann/*Wiedemann*, § 1 Rn. 67.

171 *Winkler v. Mohrenfels*, EAS, B 3000 Rn. 98 ff.

172 Anders Wiedemann/*Wiedemann*, § 1 Rn. 67.

173 *Junker*, Internationales Arbeitsrecht im Konzern, 63 ff.; *Schlachter*, NZA 2000, 58.

Im Ergebnis ergeben sich auch kaum Unterschiede zur Rechtsmeinung, die die normativen Wirkungen im individuellen Arbeitsverhältnis allein nach dem Tarifstatut bestimmen will. Denn auch sie geht davon aus, dass in einem Arbeitsverhältnis, das ausländischem Arbeitsvertragsstatut unterliegt, grundsätzlich das ausländische Arbeitsrecht zu berücksichtigen ist[174], und dass die Frage, ob ein deutscher Tarifvertrag gegen zwingendes Recht des anderen Staates verstößt, nach den dort geltenden Grundsätzen zu entscheiden ist.[175]

63 Im **Ergebnis** können also Arbeitsverhältnisse mit ausländischem Arbeitsvertragsstatut nur über das kollisionsrechtliche Günstigkeitsprinzip unmittelbar und mit normativer Wirkung von Tarifverträgen im Sinne des TVG erfasst werden, d.h. wenn ausländisches Recht gewählt wurde, der ständige Arbeitsort (§ 4 Rn. 70 ff.) in Deutschland liegt und das deutsche Recht in Bezug auf den geltend gemachten Anspruch günstiger ist.[176] Umgekehrt ist auch die Geltung des deutschen (Tarif-)Rechts durch das kollisionsrechtliche Günstigkeitsprinzip des Art. 30 EGBGB begrenzt, wenn die Anwendbarkeit deutschen Rechts auf einer Rechtswahl durch die Arbeitsvertragsparteien beruht und das Recht am ständigen Arbeitsort (§ 4 Rn. 70 ff.) günstiger ist.

Selbstverständlich setzt die Geltung der Tarifverträge dabei jeweils voraus, dass Tarifbindung besteht und das Arbeitsverhältnis dem Geltungsbereich des Tarifvertrags zuzuordnen ist.[177]

64 Dies bedeutet für die **internationale Tarifkonkurrenz** (die auf Grund der Regeln für die individualrechtliche Tarifbindung praktisch selten vorkommen wird)[178]: Die Regeln eines am ausländischen Arbeitsort geltenden Tarifvertrags begrenzen keineswegs generell die Anwendung eines inländischen Tarifvertrags.[179] Bei einer Rechtswahl deutschen Rechts tritt der nach deutschem Recht anwendbare Tarifvertrag bei im Ausland durchzuführenden Arbeitsverhältnissen nur dann hinter ausländisches (Tarif-)Recht zurück, soweit dies günstiger ist. Auch bei Rechtswahl ausländischen Rechts bei im Inland durchzuführenden Arbeitsverhältnissen ist der Günstigkeitsvergleich nach Art. 30 EGBGB anzuwenden.[180]

65 Die dargestellte Abhängigkeit der Tarifwirkungen vom Arbeitsvertragsstatut wird durch die **Möglichkeit der tariflichen Rechtswahl für das Arbeitsverhältnis** begrenzt (dazu § 4 Rn. 85 ff.). Außerdem kann der Abschluss von Arbeitsverträgen nach ausländischem Statut in bestimmten Fällen (insbesondere bei Betriebsverlagerungen) gegen **schuldrechtliche Verpflichtungen** aus einem Tarifvertrag des deutschen Rechts verstoßen.[181]

---

174 *Däubler/Däubler*, Einl. Rn. 635 ff.; siehe auch *ders.*, Das zweite Schiffsregister, 12 ff. zur Begrenzung der Reichweite von Tarifverträgen durch das Arbeitsvertragsstatut.

175 *Voraufl.*, § 4 Rn. 64. Anders aber wohl die Annahme von *Hergenröder*, Arbeitskampf mit Auslandsberührung, 211 (das Arbeitsvertragsstatut trete insoweit zurück).

176 *Wimmer*, Gestaltung internationaler Arbeitsverträge, 37; vgl. bereits *Gamillscheg*, Internationales Arbeitsrecht, Rn. 338; *ders.*, Kollektives Arbeitsrecht I, 489. Zu weit aber *Walz*, Multinationale Unternehmen, 148 Rn. 16.

177 Ausführlich zu dieser Frage auch BAG 9.7.2003 (10 AZR 593/02), AP Nr. 261 zu § 1 TVG Tarifverträge: Bau.

178 Eine solche internationale Tarifkonkurrenz kann insbesondere in den (seltenen) Fällen eintreten, wenn ein Ortstarifvertrag für allgemeinverbindlich erklärt wurde oder die Tarifbindung des Arbeitgebers ausreicht; ähnlich *Däubler/Däubler*, Einl. Rn. 639.

179 So aber *Walz*, Multinationale Unternehmen, 151.

180 So im Ergebnis auch *Däubler/Däubler*, Einl. Rn. 639 f. Anders *Reiter*, NZA 2004, 1252; *Birk*, FS Beitzke, 863 f.; MünchArbR/*Birk*, § 21 Rn. 56 (Spezialitätsprinzip).

181 So allgemein sowie insbesondere für Seearbeitsverhältnisse nach § 21 Abs. 4 Satz 2 FlaggenrechtsG *Ebenroth/Fischer/Sorek*, ZVglRWiss 88 (1989), 147.

### e) Grenzüberschreitende Kollektivvereinbarungen und tarifdispositives Recht

Wie dargestellt (§ 4 Rn. 51 ff. und Rn. 60 ff.) sind die Tarifwirkungen abhängig davon, in welchem Streitverhältnis Rechtswirkungen eines Tarifvertrags geltend gemacht werden. Dies hat auch Konsequenzen für die Frage, ob eine Kollektivvereinbarung wirksam **tarifdispositives Recht abbedingen** kann – was zum Beispiel für § 13 BUrlG, §§ 7, 12 ArbZG, §§ 13 Abs. 3, 22 Abs. 2 TzBfG, § 622 Abs. 4 BGB, § 4 Abs. 4 EFG, § 21a JArbSchG, § 3 Abs. 1 Nr. 3 Satz 2 und 3 AÜG oder § 3 BetrVG relevant sein kann (zum tarifdispositiven Recht siehe § 2 Rn. 37). 66

Das Tarifstatut gilt lediglich für die schuldrechtlichen Beziehungen und bei Streitigkeiten zwischen den Tarifvertragsparteien (siehe § 4 Rn. 46 ff.). Die Frage, ob eine grenzüberschreitende Kollektivvereinbarung einen »Tarifvertrag« im Sinne des dispositiven Rechts darstellt, bestimmt sich damit nicht nach dem Tarifstatut, sondern nach der **Auslegung der jeweiligen tarifdispositiven Norm**. Die Tarifvertragsparteien können damit nicht selbst festlegen, ob und inwiefern eine Kollektivvereinbarung eine zwingende gesetzliche Vorschrift wirksam abbedingt.

Bei der Auslegung deutschen tarifdispositiven Rechts selbst ist allgemein davon auszugehen, dass in der Anordnung von Tarifdispositivität **Vertrauen des Gesetzgebers in die Richtigkeitsgewähr** gesetzesvertretenden Tarifrechts Ausdruck findet (dazu genauer § 2 Rn. 37). Im deutschen Recht wird vom Instrument der Tarifdispositivität dann Gebrauch gemacht, wenn der Gesetzgeber davon ausgeht, dass die Tarifvertragsparteien in der Lage sein werden, kollektive und individuelle Interessen angemessen auszugleichen, und so insgesamt ein Schutzniveau gewährleisten können, das dem jeweiligen gesetzlichen gleichwertig ist. Im Hinblick auf diese Zielsetzung ist auch der Begriff des »Tarifvertrags« im tarifdispositiven Recht auszulegen. 67

Angesichts der grundsätzlichen Äquivalenz unterschiedlicher Tarifsysteme ist dabei nicht davon auszugehen, dass nur Tarifverträge nach dem TVG die Voraussetzungen für die Rechtswirkungen einer tarifdispositiven Vorschrift erfüllen. Allerdings werden die tarifdispositiven Vorschriften in der Regel so auszulegen sein, dass der Begriff des »Tarifvertrags« die nach ausländischem Recht geltenden Kollektivvereinbarungen bzw. Tarifverträge nur erfasst, soweit diese Tarifverträgen im Sinne des TVG **funktionell gleichwertig** sind (zu entsprechenden Anforderungen im Rahmen des § 613a Abs. 1 Satz 2 bis 4 BGB siehe § 4 Rn. 79). Damit sind mindestens Repräsentativität, Gegnerunabhängigkeit und Durchsetzungsstärke der Tarifvertragsparteien Voraussetzung für die tarifliche Abbedingung individual-rechtlich zwingender gesetzlicher Normen.

Ob tarifdispositive Normen des deutschen Rechts selbst auf einen grenzüberschreitenden Sachverhalt anwendbar sind, bestimmt sich wiederum danach, ob nach dem **Internationalen Privatrecht der jeweiligen Streitigkeit** deutsches Arbeitsrecht anzuwenden ist. Wo es um individuelle Rechte geht (wie in §§ 13 BUrlG, 7 und 12 ArbZG oder 13 Abs. 3 und 22 Abs. 2 TzBfG), ist hierfür das Arbeitsvertragsstatut maßgeblich; für den Anwendungsbereich der Betriebsverfassung (für § 3 BetrVG) wird überwiegend das Recht des Betriebsortes angewandt (siehe auch § 4 Rn. 40). 68

### 4. Grenzüberschreitende individualrechtliche Wirkung von Tarifverträgen

#### a) Internationale Zuständigkeit deutscher Arbeitsgerichte

69 Die Tarifwirkungen im individuellen Arbeitsverhältnis sind also vom Arbeitsverhältnisstatut im Sinne der Art. 27 ff. EGBGB abhängig – deren Anwendbarkeit wiederum davon abhängig ist, dass die deutschen Gerichte zuständig sind.

Diese **Zuständigkeit** bestimmt sich im Verhältnis zu den Gerichten anderer Mitgliedstaaten der EU nach der EuGVO[182] und im Verhältnis zu EFTA-Staaten nach dem LugÜ.[183] Danach können Unternehmen, Organisationen und Personen mit Sitz oder Niederlassung in Deutschland hier verklagt werden (Art. 2 und 18 Abs. 2 EuGVO; Art. 2 LugÜ). Individualarbeitsrechtliche Streitigkeiten können aber auch dann vor deutsche Gerichte gebracht werden, wenn der gewöhnliche Arbeitsort in Deutschland liegt. Falls kein gewöhnlicher Arbeitsort zu ermitteln ist, kann der Arbeitgeber hilfsweise am Gerichtsstand der einstellenden Niederlassung verklagt werden (Art. 19 Nr. 2 EuGVO bzw. Art. 5 Nr. 1, 2. und 3. Halbsatz LugÜ).

Im Verhältnis zu nicht-europäischen Staaten gelten die §§ 46 Abs. 2 Satz 1 ArbGG, 12 ff. ZPO.[184] Die deutschen Arbeitsgerichte sind danach zuständig für Klagen für Personen, Unternehmen oder Organisationen mit (Wohn-)Sitz, Niederlassung oder Vermögen in Deutschland (§§ 12, 17, 21 und 23 ZPO).[185] Alternativ kann nach § 29 ZPO am Erfüllungsort des Arbeitsverhältnisses geklagt werden.[186]

Die Schiedsgerichtsfeindlichkeit des deutschen Arbeitsprozessrechts (§§ 4 und 101 ArbGG) gilt auch in Auslandssachverhalten.[187]

#### b) Das Arbeitsvertragsstatut bei objektiver Anknüpfung

70 Der Begriff des gewöhnlichen Arbeitsorts als wesentlicher **Anknüpfungstatbestand** für das materielle Statut des Arbeitsverhältnisses nach Art. 30 Abs. 2 EGBGB sowie für das kollisionsrechtliche Günstigkeitsprinzip ist der zentrale Begriff des Arbeitskollisionsrechts. Sind die deutschen Gerichte zuständig und haben die Vertragsparteien keine Rechtswahl getroffen, so gilt im individuellen Arbeitsverhältnis hinsichtlich der Anwendung des materiellen Arbeitsrechts einschließlich des Tarifrechts grundsätzlich das **Recht des Arbeitsortes** (Art. 30 Abs. 2 Nr. 1 EGBGB) oder hilfsweise das der Niederlassung, die den Arbeitnehmer eingestellt hat (Art. 30 Abs. 2 Nr. 2 EGBGB). Nach der Ausnahmeklausel des

182 Verordnung Nr. 44/2001/EG. Das Brüsseler Übereinkommen (EuGVÜ) ist nur noch für Klagen anwendbar, die vor dem 1.3.2002 erhoben wurden; es gilt außerdem weiterhin im Verhältnis zu dänischen Gerichten.

183 Lugano-Übereinkommen vom 16.9.1988. Zu den »störenden« kleinen Unterschieden zwischen EuGVO und LugÜ siehe *Junker*, ZZPInt 3 (1998), 195.

184 BGH (GS), 14.6.1965 (GSZ 1/65), Z 44, 46 ff.; BGH, 27.5.2003 (IX ZR 203/02), NJW 2003, 2916 f.; BAG, 10.4.1975 (2 AZR 128/74), AP Nr. 12 Internationales Privatrecht; BAG, 17.7.1997 (8 AZR 328/95), AP Nr. 13 zu § 38 ZPO Internationale Zuständigkeit; GMM-GP, § 1 Rn. 30; *Krasshöfer*, in: Düwell/Lipke, Arbeitsgerichtsgesetz, 1. Aufl., 2000, § 46 ArbGG Rn. 55.

185 BAG, 26.2.1985 (3 AZR 1/83), AP Nr. 23 zu IPR-Arbeitsrecht; BAG, 17.7.1997 (8 AZR 328/95), AP Nr. 13 zu § 38 ZPO Internationale Zuständigkeit. Siehe auch die Sonderregelung des § 8 AEntG.

186 Zur Anwendung dieser Norm siehe neuerdings ausführlich und lehrreich BAG, 20.4.2004 (3 AZR 301/03), AP Nr. 8 zu § 269 BGB.

187 *Walz*, Multinationale Unternehmen, 177.

Art. 30 Abs. 2, 2. Halbsatz EGBGB[188] ist das so bestimmte Arbeitsvertragsstatut dann nicht maßgeblich, wenn der Arbeitsvertrag oder das Arbeitsverhältnis engere Verbindungen zu einem anderen Staat aufweist. Der Begriff des gewöhnlichen Arbeitsortes stimmt inhaltlich mit dem entsprechenden Begriff im internationalen Zuständigkeitsrecht (Art. 19 Nr. 2a EuGVO bzw. Art. 5 Nr. 1 Hs. 2 LugÜ) im Wesentlichen überein. Obwohl der EuGH nur für Auslegungsfragen hinsichtlich der EuGVO und des LugÜ angerufen werden kann, ist die Rechtsprechung des EuGH deshalb auch für die Auslegung von Art. 30 EGBGB praktisch von großer Bedeutung.[189]

### aa) Gewöhnlicher Arbeitsort: Allgemeine Grundsätze

Nach der ständigen Rechtsprechung des EuGH ist für die **Ermittlung des gewöhnlichen Arbeitsorts** maßgeblich, wo der Arbeitnehmer seine Pflichten gegenüber dem Arbeitgeber tatsächlich hauptsächlich erfüllt, der Ort, »den der Arbeitnehmer zum tatsächlichen Mittelpunkt seiner Berufstätigkeit gemacht hat«, »an dem oder von dem aus er unter Berücksichtigung aller Umstände des Einzelfalls den wesentlichen Teil seiner Verpflichtungen gegenüber seinem Arbeitgeber tatsächlich erfüllt«.[190] Gegenüber dem gewöhnlichen Arbeitsort als Anknüpfungspunkt tritt die Bedeutung der Staatsangehörigkeit fast vollständig zurück.[191] 71

Maßgeblich für den gewöhnlichen Arbeitsort ist in der Regel der **Betriebssitz**, falls dieser auch der Arbeitsort ist; dann fällt er mit dem »Schwerpunkt« oder wirtschaftlich-technischen Mittelpunkt des Arbeitsverhältnisses zusammen.[192] Auch bei Zweigstellen ausländischer Unternehmen im Inland kommt es auf den Betrieb und nicht auf den Hauptsitz des Unternehmens an.[193]

### bb) Entsendefälle und wechselnde Arbeitsorte

Problematisch sind in der Praxis die Fälle, in denen Arbeit nicht in einer örtlich verankerten Betriebsstruktur geleistet wird, insbesondere Fälle der Entsendung[194] und ständig wechselnder Einsatzorte, aber auch Botschaftspersonal, Seeleuten und Flugpersonal. 72

Der EuGH hatte bisher vor allem über **Entsendefälle** und solche Beschäftigte zu entscheiden, die ein Büro in einem Mitgliedstaat unterhielten, von dem aus sie arbeiteten und zu dem sie regelmäßig zurück kehrten. In diesen Fällen ist der

---

188 BAG 24.8.1989 (2 AZR 3/89), AP Nr. 30 zu Internationales Privatrecht/Arbeitsrecht; siehe jetzt auch wieder BAG, 20.4.2004 (3 AZR 301/03), AP Nr. 8 zu § 269 BGB.

189 *Winkler v. Mohrenfels*, EAS, B 3000 Rn. 24 zur einheitlichen europäischen Auslegung des Art. 30 EGBGB.

190 EuGH 13.7.1993 (C-125/92), Slg. 1993, 4075 (»Mulox IBC«); EuGH 9.1.1997 (C-383/95), AP Nr. 2 zu Art. 5 Brüsseler Abkommen (»Rutten«); EuGH 27.2.2002 (C-37/00), AP Nr. 4 zu Art. 5 Brüsseler Abkommen (»Weber«); zur Rechtsprechung vor Änderung des EuGVÜ 1989 siehe insbesondere EuGH 26.5.1982 (C-44/81), Slg 1982, 1891 (»Ivenel«). Einen Überblick über die Rechtsprechung gibt zum Beispiel *Rauscher*, FS Schütze, 695 ff. Überblick über die entsprechende Rechtsprechung des BAG (Art. 30 EGBGB) bei *Junker*, FS 50 Jahre BAG, 1202 f.

191 *Birk*, RdA 1984, 139.

192 BAG 13.5.1959 (1 AZR 258/57), AP Nr. 3 zu IPR/Arbeitsrecht; BAG 3.12.1985 (4 AZR 325/84), AP Nr. 5 zu § 1 TVG Tarifverträge Großhandel.

193 BAG 9.5.1959 (2 AZR 474/58), AP Nr. 2 zu IPR/Arbeitsrecht.

194 Zum Begriff ausführlich ErfK/*Schlachter*, Art. 34 EGBGB Rn. 9, insbesondere auch in Abgrenzung zum Entsendebegriff des AEntG.

Ort, von dem aus die Entsendung erfolgt oder an dem das Büro unterhalten wird, der Ort, »den der Arbeitnehmer zum tatsächlichen Mittelpunkt seiner Berufstätigkeit gemacht hat«. Besteht keine Anbindung an einen Betrieb des Arbeitgebers, kann der gewöhnliche Arbeitsort insofern auch der Wohnsitz des Beschäftigten sein.[195]

Dies gilt allerdings nur, wenn die Entsendung »**vorübergehend**« ist. Die Dauer der Entsendung ist dabei zwar ein Bewertungskriterium; jedoch kann keine bestimmte Zeitgrenze gezogen werden. Es kommt darauf an, ob bei einem Auslandseinsatz im Einzelfall eine enge Beziehung zum inländischen Entsendungsbetrieb erhalten bleibt (siehe auch die entsprechenden Grundsätze für die Anwendung des BAT/BAT-O § 4 Rn. 28).[196] Als wesentliches Kriterium dafür, ob eine enge Bindung an den inländischen Betrieb fortbesteht, ist es insbesondere anzusehen, wenn der Arbeitgeber ein Recht auf jederzeitige Beendigung des Auslandseinsatzes hat.[197]

**73** Diese Bestimmung des Arbeitsorts im Falle der Entsendung bewirkt für die Anwendung tariflicher Normen im Ergebnis die so genannte **Ausstrahlung** von Tarifverträgen.[198] Für einen tarifgebundenen Arbeitnehmer, der üblicherweise im Inland arbeitet, bleibt danach bei einer vorübergehenden Tätigkeit im Ausland das inländische Arbeitsrecht einschließlich der Tarifverträge nach dem TVG wirksam.[199] Dies gilt auch spiegelbildlich, was vor allem in Hinblick auf den Einsatz ausländischer Billigkräfte, etwa in der Baubranche, von Bedeutung ist: Im Fällen vorübergehender Entsendung ins Inland, bei denen eine enge Beziehung zum ausländischen Entsendungsbetrieb erhalten bleibt, können ausländische Tarifverträge auf Arbeit im Inland einwirken (Einstrahlung).[200]

**74** Auch bei **ständig wechselnden Einsatzorten** ist zur Bestimmung des Arbeitsvertragsstatuts nach einem tatsächlichen Schwerpunkt des Arbeitsverhältnisses zu suchen.[201] Lässt sich der Schwerpunkt nicht qualitativ nach der Bedeutung der Tätigkeiten bestimmen, so ist eine quantitative Betrachtung maßgeblich. So hat das EuGH bei einem Koch, der nacheinander in unterschiedlichen Mitgliedstaaten gearbeitet hatte, den gewöhnlichen Arbeitsort im Sinne der internationalen Zuständigkeit danach bestimmt, wie viel Zeit an den einzelnen Orten verbracht worden war.[202] Bei ständig wechselnden Einsatzorten kann ein gewöhnlicher Ar-

---

195 BAG, 12.6.1986 (2 AZR 398/85), AP Nr. 1 zu Art. 5 Brüsseler Abkommen.

196 *Däubler/Däubler*, Einl. Rn. 627; gegen eine feste zeitliche Grenze auch *Walz*, Multinationale Unternehmen, 69 mit Rn. 140 und wohl auch das BAG 25.4.1978 (6 ABR 2/77), AP Nr. 16 Internationales Privatrecht/Arbeitsrecht (mit Anm. von *Simitis*); siehe auch die Zeitangaben bei ErfK/*Schlachter*, Art. 34 EGBGB Rn. 9; *Kempen*, AuR 1991, 135.

197 *Hess/Kropshofer*, BlStSozArbR 1979, 102.

198 *Däubler*, RIW 1987, 249, 251; Wiedemann/*Wiedemann*, § 1 Rn. 77f.; kritisch zum Begriff der Ausstrahlung *Däubler/Däubler*, Einl. Rn. 593.

199 *Walz*, Multinationale Unternehmen, 147, mit weiteren Nachweisen.

200 Zum Begriff der Einstrahlung im Sozialrecht siehe auch § 5 SGB IV. Im Übrigen vgl. den Fall der jugoslawischen Bauarbeiter: BAG 4.5.1977 (4 AZR 10/76), AP Nr. 30 zu § 1 TVG Tarifverträge: Bau (mit Anm. von *E. Lorenz*; siehe auch die Anm. von *Beitzke*, SAE 1977, 302); genauso wieder BAG 9.7.2003 (10 AZR 593/02), AP Nr. 261 zu § 1 TVG Tarifverträge: Bau; zu dieser Fallgruppe auch schon ausführlich *Birk*, VSSR 5 (1977), 21ff.; *Wimmer*, Gestaltung internationaler Arbeitsverträge, 208.

201 BAG 29.5.2002 (5 AZR 141/01), AP Nr. 17 zu § 38 ZPO Internationale Zuständigkeit (mit Anm. von *Mankowski*) in Anknüpfung an die Rechtsprechung des EuGH, insbesondere EuGH 9.1.1997 (C-383/95), AP Nr. 2 zu Art. 5 Brüsseler Abkommen (»Rutten«); siehe auch wieder EuGH 27.2.2002 (C-37/00), AP Nr. 4 zu Art. 5 Brüsseler Abkommen (»Weber«) (mit Anm. von *Mankowski*, IPRax 2003, 21).

202 EuGH 27.2.2002 (C-37/00), AP Nr. 4 zu Art. 5 Brüsseler Abkommen (»Weber«); ihm folgend BAG 29.5.2002 (5 AZR 141/01), AP Nr. 17 zu § 38 ZPO Internationale Zuständigkeit (mit Anm. von *Kocher*, JR 2004, 87).

beitsort vollständig fehlen. Dann ist nach Art. 30 Abs. 2 Nr. 2 EGBGB auf die einstellende Niederlassung abzustellen.[203]

Für **Botschaftspersonal** führen diese Regeln dazu, dass für die Arbeitsverhältnisse der Ortskräfte das ausländische Recht vor Ort[204] und für die Arbeitsverhältnisse des entsandten Personals deutsches Arbeitsrecht anwendbar ist.[205] **75**

Für die **Beschäftigungsverhältnisse auf Seeschiffen** ist als ständiger Arbeitsort in der Regel die Flagge maßgeblich.[206] Hier kommen in der Realität häufig Fälle vor, in denen die Ausnahmebestimmung des Art. 30 Abs. 2, 2. Hs. EGBGB anwendbar ist.[207] Für Besatzungsmitglieder eines im internationalen Seeschifffahrtsregister (Zweitregister) eingetragenen Schiffes, die im Inland keinen Wohnsitz oder ständigen Aufenthalt haben, trifft § 21 Abs. 2 Satz 1 FlaggenrechtsG nun eine Auslegungsregel dahingehend, dass ihre Arbeitsverhältnisse bei Fehlen einer Rechtswahl nicht allein schon aufgrund der Tatsache, dass das Schiff die Bundesflagge führt, dem deutschen Recht unterliegen. Entgegen der Auffassung des BAG ist die Auslegungsregel widerleglich; die Flagge kann im Einzelfall durchaus eine wichtige Rolle spielen.[208] **76**

Für **Flugpersonal**, das auf wechselnden Linien eingesetzt wird und bei dem kein örtlicher Schwerpunkt zu erkennen ist, stellt das BAG nach Art. 30 Abs. 2 Nr. 2 EGBGB auf das Recht der einstellenden Niederlassung ab.[209] **77**

### *cc) Betriebsverlagerung ins Ausland*

Bei der Verlagerung von Betrieben von Deutschland aus ins Ausland oder umgekehrt handelt es sich individualvertraglich um eine wesentliche **Veränderung des Leistungsortes**, die in der Regel vom Arbeitsvertrag nicht mehr abgedeckt ist und deshalb ohne Änderungskündigung oder Änderungsvertrag nicht durchführbar sein wird.[210] **78**

Internationalprivatrechtlich wird eine zulässige Verlagerung darüber hinaus meist zur Folge haben, dass der gewöhnliche Arbeitsort verlagert wird; damit ändert sich nach den dargestellten allgemeinen Grundsätzen bei objektiver Anknüpfung das **Arbeitsvertragsstatut** bzw. im Falle der Rechtswahl der Bezugsrahmen des kollisionsrechtlichen Günstigkeitsvergleichs. Lediglich für bereits

203 ErfK/*Schlachter*, Art. 34 EGBGB Rn. 11. Allerdings hat der EuGH den dritten Halbsatz des Art. 5 Nr. 1 bislang noch nicht angewandt; ihm ist es bislang immer gelungen, einen »gewöhnlichen Arbeitsort« festzustellen; vgl. dazu auch *Kocher*, JR 2004, 87; für eine extensive Auslegung des 2. Halbsatzes auch *Holl*, IPRax 1997, 90; zur Kritik *Mankowski*, IPRax 1999, 333.

204 So schon LAG Düsseldorf 12. 7. 1956, AP Nr. 1 zu Internationales Privatrecht/Arbeitsrecht nach altem Recht; auch *Däubler/Däubler*, Einl. Rn. 631.

205 Überblick bei *Junker*, FS 50 Jahre BAG, 1206; *Winkler v. Mohrenfels*, EAS, B 3000 Rn. 82 ff.

206 ErfK/*Schlachter*, Art. 34 EGBGB Rn. 8; *Junker*, FS 50 Jahre BAG, 1207 f.

207 ErfK/*Schlachter*, Art. 34 EGBGB Rn. 8. Siehe zum Beispiel BAG 3. 5. 1995 (5 AZR 15/94, AP Nr. 32 zu IPR-Arbeitsrecht.

208 So auch *Magnus*, SAE 1997, 36; *Däubler*, Das zweite Schiffsregister, 25 ff. zur entsprechenden Vorgabe im EVÜ; genauso *Taschner*, Arbeitsvertragsstatut, 147 f.; a. A. BAG 3. 5. 1995 (5 AZR 15/94), AP Nr. 32 zu IPR-Arbeitsrecht; *Winkler v. Mohrenfels*, EAS, B 3000 Rn. 80; *Junker*, FS 50 Jahre BAG, 1205; *Taschner*, Arbeitsvertragsstatut, 147 f.; vgl. BVerfG 10. 1. 1995 (1 BvF 1/90, 342/90, 348/90), AP Nr. 76 zu Art. 9 GG, unter B II. 1b)aa).

209 BAG 12. 12. 2001 (5 AZR 255/00), AP Nr. 10 zu Art. 30 EGBGB; ErfK/*Schlachter*, Art. 34 EGBGB Rn. 8.

210 BAG 20. 4. 1989 (2 AZR 431/88), AP Nr. 81 zu § 613a BGB (Verlagerung von Berlin nach Lyon; Übergang der Arbeitsverhältnisse mit bisherigem Inhalt).

abgeschlossene Tatbestände bleibt das bisher anwendbare Recht uneingeschränkt weiter anwendbar.[211]

Die bislang geltenden Tarifverträge gelten zwar kollektivrechtlich auf Grund der Grenzen ihres **örtlichen Geltungsbereichs** häufig nicht mehr.[212] Allerdings spricht das internationale Tarifrecht wie dargestellt (§ 4 Rn. 36ff. und Rn. 60ff.) nicht gegen die grundsätzliche Wirksamkeit von tariflichen Regelungen über Ländergrenzen hinweg bzw. tariflichen Regelungen der Rechtsfolgen von Betriebsverlagerungen.

**79** Ist die Betriebsverlagerung von Deutschland ins Ausland mit einem Betriebsinhaberwechsel verbunden, so stellt sich zusätzlich die Frage nach den Rechtsfolgen des Arbeitgeberwechsels. **§ 613a BGB** gilt bei grenzüberschreitenden Betriebsverlagerungen.[213] Die Norm ist allerdings nur bei deutschem Arbeitsvertragsstatut unproblematisch anwendbar.[214] In diesen Fällen ist § 613a Abs. 1 Satz 2–4 BGB im Sinne eines grenzüberschreitenden Bestandsschutzes so zu interpretieren, dass der Begriff des »Tarifvertrags« auch die nach ausländischem Recht geltenden Kollektivvereinbarungen bzw. Tarifverträge erfasst, soweit diese Tarifverträge im Sinne des TVG funktionell gleichwertig sind (für die Voraussetzungen der funktionellen Gleichwertigkeit siehe § 4 Rn. 67).[215]

**80** Bei einer Verlagerung von Deutschland ins Ausland, mit der ein Wechsel des Arbeitsvertragsstatuts verbunden ist, gilt § 613a BGB zunächst nur für Tatbestände, die vor der Verlagerung abgeschlossen werden[216], also jedenfalls für den Anwendungsbereich des Kündigungsverbots in § 613a Abs. 4 BGB.[217]

**81** Umstritten ist die internationalprivatrechtliche Reichweite des § 613a BGB für die Rechtsfolgen des Übergangs des Arbeitsvertrags und insbesondere die **Fortsetzungspflicht** und die individualrechtliche Weitergeltung bisherigen Tarifrechts nach § 613a Abs. 1 Satz 2–4 BGB (soweit dieses kollektivrechtlich zur Anwendung kommen würde). Weder § 613a BGB selbst noch der europäischen Betriebsübergangsrichtlinie[218] können unmittelbar wirkende kollisionsrechtliche Entscheidungen entnommen werden.[219]

Gegen die Einordnung des § 613a BGB als **Eingriffsnorm** im Sinne des Art. 34 EGBGB spricht vor allem, dass dessen Zielrichtung im Wesentlichen im Arbeitnehmerschutz und nicht in der Verfolgung darüber hinaus gehender Gemeinwohlinteressen besteht (zu den Anforderungen des Art. 34 EGBGB siehe § 4 Rn. 55).[220]

---

211 *Franzen*, Betriebsinhaberwechsel, 105; *Däubler/Däubler*, Einl. Rn. 644 (Grundsätze der unechten Rückwirkung); anders und weiter gehend *Feudner*, NZA 1999, 1188.

212 *Franzen*, Betriebsinhaberwechsel, 172. Hier sind allerdings die Grenzen der §§ 3 Abs. 3, 4 Abs. 5 TVG zu beachten; vgl. *Däubler/Däubler*, Einl. Rn. 645.

213 *Feudner*, NZA 1999, 1186f.; *Richter*, AuR 1992, 67; *Wisskirchen/Goebel*, DB 2004, 1938.

214 *Franzen*, Betriebsinhaberwechsel, 74ff.; *Winkler v. Mohrenfels*, EAS, B 3000 Rn. 139; *Richter*, AuR 1992, 68; *Däubler/Däubler*, Einl. Rn. 647. Auf den Übernahmevertrag und dessen Statut kommt es also nicht an (*Franzen*, Betriebsinhaberwechsel, 70; anders *Deinert*, RdA 2001, 374.

215 *Franzen*, Betriebsinhaberwechsel, 174; genauso mit derselben Einschränkung wie hier *Wisskirchen/Goebel*, DB 2004, 1938; vgl. auch Däubler, Einl. Rn. 649, der die Gleichwertigkeit für rechtlich nicht verbindliche »Gentlemen's Agreement« verneint.

216 *Franzen*, Betriebsinhaberwechsel, 105; *Däubler/Däubler*, Einl. Rn. 644.

217 Vgl. auch *Franzen*, Betriebsinhaberwechsel, 112ff.

218 Richtlinie über die Wahrung von Ansprüchen der Arbeitnehmer beim Übergang von Unternehmen, Betrieben oder Betriebsteilen 77/187/EWG, geändert durch die Richtlinie 2001/23/EG.

219 *Franzen*, Betriebsinhaberwechsel, 62; *Winkler v. Mohrenfels*, EAS, B 3000 Rn. 141.

220 BAG, 29.10.1992 (2 AZR 267/92), AP Nr. 31 zu IPR-Arbeitsrecht; *Winkler v. Mohrenfels*, EAS, B 3000 Rn. 140; *Deinert*, RdA 2001, 374; *Franzen*, Betriebsinhaberwechsel, 110, 134. Anders *Feudner*, NZA 1999, 1186; *Däubler/Däubler*, Einl. Rn. 648f.

Allerdings wird seit einigen Jahren diskutiert, ob nicht richtlinienumsetzende Vorschriften generell internationalprivatrechtlich als zwingend im Sinne des Art. 34 EGBGB qualifiziert werden können.[221] Normen, die sich in gleichartiger Weise in zahlreichen Rechtsvorschriften finden, seien als zwingend anzuerkennen.[222] Das **Binnenmarktkollisionsrecht** könnte auch generell unter dem Gesichtspunkt der Grundfreiheiten betrachtet werden. So könnte man alle Normen, die als zwingende Normen des Allgemeininteresses die Dienstleistungsfreiheit einzuschränken geeignet sind (siehe zu diesen Anforderungen § 4 Rn. 43 ff.), auch als internationalprivatrechtlich zwingend betrachten.[223] Die Regelungen der Betriebsübergangsrichtlinie könnten so grenzüberschreitend unter Beachtung eines strengen individualrechtlichen Günstigkeitsprinzips Anwendung finden. 82
Diese Herangehensweise findet jedoch ihre Grenzen zum einen an Sachverhalten, die über die Grenzen der EU hinaus reichen.[224] Zum anderen kann sie gerade die praktisch wichtige Fallgruppe der Umflaggung von Seeschiffen nicht erfassen; denn auf diese ist zwar § 613a BGB anwendbar, nicht jedoch die Betriebsübergangsrichtlinie 2001/23/EG (Art. 1 (3)).

Unabhängig davon kann sich jedenfalls aus einem Firmentarifvertrag auch die **schuldrechtliche Pflicht** ergeben, auf den Übernehmer einzuwirken, dass auf die Arbeitsverhältnisse weiterhin deutsches Recht angewendet wird (vgl. dazu auch § 4 Rn. 65 und Rn. 86).[225] Eine solche Vereinbarung kann ausdrücklich im Rahmen eines Sozialplanes oder einer entsprechenden tariflichen Vereinbarung getroffen werden.[226] Auch tarifliche Vereinbarungen mit den jeweiligen Übernehmern kommen in der Praxis vor.[227] Sie können auch berechtigende Verträge zu Gunsten Dritter darstellen.[228] 83

### c) Wahl des Arbeitsvertragsstatuts nach Art. 27 EGBGB

#### *aa) Allgemeine Grundsätze*

Nach Art. 27 EGBGB kann im individuellen Arbeitsvertrag grundsätzlich eine **Rechtswahl** getroffen werden. Dies ist auch in Allgemeinen Arbeitsbedingungen möglich. 84
Durch die Rechtswahl können aber wegen des kollisionsrechtlichen **Günstigkeitsprinzips** des Art. 30 Abs. 2 EGBGB nur Regelungen wirksam werden, die für die Beschäftigten günstiger sind als die zwingenden Vorschriften des gewöhnlichen Arbeitsorts. Zu den zwingenden Normen, die hier angesprochen werden, gehört auch das jeweilige Tarifrecht und die danach geltenden Tarifverträge.[229]

---

221 *Taschner*, Arbeitsvertragsstatut, 187 ff.; für einen rechtsvergleichenden Überblick in Hinblick auf die Einordnung des Betriebsübergangsrechts ebenda, 271 ff.

222 *Magnus*, IPRax 1991, 382 (385).

223 Ausführlich auch *Grundmann*, RabelsZ 67 (2003), 254 ff., 268 ff.

224 *Franzen*, Betriebsinhaberwechsel, 56 f., 65 ff.; siehe auch *Däubler/Däubler*, Einl. Rn. 648.

225 Siehe insbesondere BAG 11.9.1991 (4 AZR 71/91), AP Nr. 29 zu Internationales Privatrecht/Arbeitsrecht (Goethe-Institut). Ein Beispiel für einen schuldrechtlich wirkenden Rechtswahltarifvertrag wird besprochen bei *Däubler*, NZA 1990, 673 ff.

226 *Däubler/Däubler*, Einl. Rn. 649. Anders *Feudner*, NZA 1999, 1186.

227 So wird zum Beispiel für die Beschäftigten der Finnlines Deutschland AG ein entsprechender Tarifvertrag zwischen ver.di und den zuständigen norwegischen Gewerkschaften auf der einen und dem Erwerber auf der anderen Seite angestrebt (Firmentarifvertrag vom 10.3.2004).

228 Vgl. dazu auch BAG 14.4.2004 (4 AZR 232/03), DB 2004, 2703.

229 ErfK/*Schlachter*, Art. 34 EGBGB Rn. 14.

Die gesetzliche wie tarifliche Rechtslage nach Rechtswahl ist danach immer mit der gesetzlichen wie tariflichen Rechtslage nach objektiver Anknüpfung (im Regelfall mit dem Recht des Arbeitsortes, siehe dazu § 4 Rn. 70ff.) zu vergleichen. Dabei hat ein Sachgruppenvergleich stattzufinden.[230]
Dies führt dazu, dass auf ein und dasselbe Arbeitsverhältnis zwei unterschiedliche Rechtsordnungen nebeneinander anzuwenden sein können. Bei Wahl eines ausländischen Arbeitsvertragsstatuts und inländischem gewöhnlichem Arbeitsort setzen sich Tarifverträge, die nach deutschem Tarifrecht anwendbar sind, gegenüber ausländischem Recht sowie gegenüber ausländischen Tarifverträgen durch, soweit sie günstiger sind. Bei Wahl des deutschen Arbeitsvertragsstatuts und ausländischem gewöhnlichem Arbeitsort setzen sich umgekehrt die günstigeren Tarifverträge durch, die nach ausländischem Recht anwendbar wären.

### *bb) Rechtswahl durch Tarifvertrag*

**85** Da nach der hier vertretenen Auffassung die Frage der rechtlichen Wirkungen von Tarifverträgen im individuellen Arbeitsverhältnis vom Arbeitsvertragsstatut abhängt (§ 4 Rn. 60ff.), handelt es sich um eine **Schlüsselfrage des Internationalen Tarifrechts**, ob das Arbeitsverhältnisstatut auch durch Tarifvertrag bestimmt werden kann. Diese Meinung wird zunehmend vertreten.[231]
Die Rechtswahl durch Tarifvertrag spielt vor allem eine Rolle, wenn ein Tarifvertrag sich auf Mitglieder der Tarifvertragsparteien erstrecken soll, die dauerhaft im Ausland tätig sind.[232] Große **Bedeutung** hätte sie aber auch für europäische und internationale Tarifverträge unter Beteiligung von Tarifvertragsparteien aus unterschiedlichen Staaten. Um eine einheitliche Anwendung sicherstellen zu können, wäre es hilfreich, wenn Tarifparteien unterschiedlicher Länder ein einheitliches Tarifstatut wählen könnten (siehe dazu § 1 Rn. 719).[233]

**86** Unproblematisch ist die **schuldrechtliche Vereinbarung**, auf bestimmte Arbeitsverhältnisse eine bestimmte Rechtsordnung anzuwenden (siehe schon § 4 Rn. 65 und Rn. 83).[234] Die tarifliche Rechtswahl ist insofern schon allein wegen ihrer Klarstellungsfunktion sinnvoll.[235] Bei Streitigkeiten um einen solchen Rechtswahltarifvertrag ist das Tarifstatut anzuwenden.[236]

**87** Die **individualrechtliche Wirksamkeit** der tariflichen Wahl des Arbeitsverhältnisstatuts folgt allerdings nicht unmittelbar aus Art. 27 EGBGB, weil sich diese Bestimmung auf Individualverträge bezieht und die Rechtswahl durch die jeweiligen Vertragsparteien selbst meint. Den Verfassern des Römischen Übereinkom-

---

230 Ausführlich *Junker*, Internationales Arbeitsrecht im Konzern, 253ff.; *Schlachter*, NZA 2000, 61; ErfK/*Schlachter*, Art. 34 EGBGB Rn. 14; *Winkler v. Mohrenfels*, EAS, B 3000 Rn. 41; *Thüsing*, NZA 2003, 1307; *ders.*, BB 2003, 899f.; im Ergebnis *Taschner*, Arbeitsvertragsstatut, 109f.; siehe auch MünchArbR/*Birk*, § 20 Rn. 24ff.; *Winkler v. Mohrenfels*, EAS, B 3000 Rn. 43.

231 ErfK/*Schlachter*, Art. 34 EGBGB Rn. 6; *Däubler/Däubler*, Einl. Rn. 601ff.; MünchArbR/*Birk*, § 21 Rn. 38; *Winkler v. Mohrenfels*, EAS, B 3000 Rn. 51; a.A. *Löwisch/Rieble*, Grundl. Rn. 100.

232 Siehe den Fall des Goethe-Instituts: BAG 11.9.1991 (4 AZR 71/91), AP Nr. 29 zu Internationales Privatrecht/Arbeitsrecht (mit Anm. von *Zachert*, AuR 1992, 125). Zu den Gestaltungsmöglichkeiten siehe auch *Däubler/Däubler*, Einl. Rn. 604.

233 Zu solchen Statuskontrakten siehe *Deinert*, Europäischer Kollektivvertrag, 83f. mit Beispielen; vgl. auch *Junker*, Internationales Arbeitsrecht im Konzern, 416; *Zachert* (Hrsg.), Die Wirkung des Tarifvertrages in der Krise; *Kronke*, Regulierungen auf dem Arbeitsmarkt.

234 So geschehen im Rechtswahltarifvertrag zwischen ÖTV und der Reederei TT-Linie über die Beibehaltung des deutschen Arbeitsrechts für die Beschäftigten; dazu *Däubler*, NZA 1990, 674ff.

235 *Wimmer*, IPRax 1995, 212; vgl. auch Wiedemann/*Wiedemann*, § 1 Rn. 90.

236 Etwas unklar insofern *Junker*, Internationales Arbeitsrecht im Konzern, 436ff.

mens, das die Grundlage für Art. 27ff. EGBGB ist, hatten jedoch an die Möglichkeit einer kollektivrechtlichen Rechtswahl nicht gedacht und wollten diese auch nicht ausschließen.[237]

Ihre Legitimation findet die tarifliche Rechtswahl auch nicht allein im TVG oder unmittelbar in Art. 9 Abs. 3 GG.[238] Die Frage der anwendbaren Rechtsordnung gehört zwar zu den elementaren Bestandteilen der Arbeits- und Wirtschaftsbedingungen, zu deren Wahrung die Koalitionen aufgerufen sind.[239] Jedoch sind das Tarifrecht und seine konkreten Voraussetzungen und Wirkungen stark durch nationale Arbeitsrechtsgeschichte, die politischen Strukturen sowie die Wirtschaftskultur geprägt. Ob ein Kollektivvertrag ein »Tarifvertrag« ist und wie er wirkt, kann sich nicht nach den unterschiedlichen nationalen Verfassungsrechten bestimmen, sondern ist eine Frage des Internationalen Privatrechts – dessen Auslegung allerdings durch Art. 9 Abs. 3 GG beeinflusst ist.

**Internationalprivatrechtlich** ist insofern zu fragen, ob tarifliche Rechtswahlvereinbarungen als Wahl »durch die Parteien« im Sinne des **Art. 27 EGBGB** qualifiziert werden können. Aus verfassungsrechtlicher Sicht spricht jedenfalls die Tarifautonomie dafür, dass die kollisionsrechtliche Autonomie der Individualvertragsparteien auch kollektivvertraglich ausgeübt werden können muss.[240] **88**

Wenn man den Tarifvertrag entsprechend seiner historischen Entwicklung und Bedeutung als **privatrechtliches Instrument** versteht, dessen Wirkungen für die Mitglieder zwar auf den besonderen Kollektivcharakter zurück zu führen, aber letztlich privatautonom legitimiert sind (zur Begründung nach deutschem Recht siehe Grundl. Rn. 194ff.)[241], handelt es sich – bei Freiwilligkeit der Koalitionsmitgliedschaft – bei der tariflichen Rechtswahl keineswegs um Fremdbestimmung.[242] Sogar die besonderen Tarifwirkungen lassen sich letztlich aus der individuellen Privatautonomie begründen; ein möglicher Vorrang kollektiver Selbstgestaltung rechtfertigt sich daraus, dass die Tarifparteien auf der Ebene relativer Ebenbürtigkeit verhandeln.[243]

Das Verfassungsrecht kann das Internationale Privatrecht insofern überlagern, denn die Regeln des EGBGB sind deutsches Gesetzesrecht, bei dessen Auslegung die Gerichte verfassungsrechtliche Vorgaben zu beachten haben.[244] Das Bundesverfassungsgericht hat in der Entscheidung zum Zweiten Schifffahrtsregister insofern bestätigt, dass das internationalprivatrechtliche Anknüpfungssystem in internationalen Arbeitsrechtssachverhalten auch die Koalitionsfreiheit ausländischer Beschäftigter sowie der deutschen Gewerkschaften zu beachten hat; die Tatsache, dass die Ausübung der Koalitionsfreiheit die Rechtsordnungen anderer Staaten berühre, spiele nur eine Rolle für den Umfang der Gestaltungsbefugnis des Gesetzgebers.[245]

---

237 MünchArbR/*Birk*, § 20 Rn. 8.

238 So aber MünchArbR/*Birk*, § 20 Rn. 8; *Hergenröder*, Arbeitskampf mit Auslandsberührung, 158ff.

239 *Däubler*, NZA 1990, 673, 674; *Däubler/Däubler*, Einl. Rn. 602.

240 *Wimmer*, Gestaltung internationaler Arbeitsverträge, 63ff. Dagegen *Junker*, Internationales Arbeitsrecht im Konzern, 91ff. mit dem Argument mangelnder Sachnähe der Tarifparteien.

241 Zu den unterschiedlichen Begründungsansätzen ausführlich *Ojeda Avilés*, FS Däubler, 528ff.

242 So aber *Thüsing*, NZA 2003, 1304; Wiedemann/*Wiedemann*, § 1 Rn. 84; zur Konstruktion berechtigender Verträge zugunsten Dritter siehe auch wieder BAG 14.4.2004 (4 AZR 232/03), DB 2004, 2703.

243 Vgl. *Däubler/Däubler*, Einl. Rn. 668, der in Rn. 669 auch auf die Bestätigung der Rechtswahlfreiheit der Tarifparteien in § 21 Abs. 4 Satz 2 FlaggenrechtsG hinweist.

244 BVerfG 10.1.1995 (1 BvF 1/90, 342/90, 348/90), AP Nr. 76 zu Art. 9 GG; zu Voraussetzungen und Grenzen dieses Verhältnisses schon grundlegend BVerfG 4.5.1971 (1 BvR 636/68), BVerfG, E 31, 58, 72ff.

245 BVerfG 10.1.1995 (1 BvF 1/90, 342/90, 348/90), AP Nr. 76 zu Art. 9 GG; *Wimmer*, NZA 1995, 250, 253.

Allerdings beantworten unterschiedliche Rechtsordnungen die Legitimation tariflicher Vorschriften durch die Individualvertragsparteien auf unterschiedliche Art und Weise. Kollisionsrechtlich ist hier auf **Art. 31 EGBGB** zu verweisen, wonach die Frage des Zustandekommens eines Vertrags im Zweifel nach dem Recht zu beurteilen ist, das anzuwenden wäre, wenn der Vertrag wirksam wäre. Entsprechend diesen Grundsätzen ist die Frage zu beantworten, ob eine tarifliche Vereinbarung als durch die Arbeitsvertragsparteien legitimiert anzusehen ist. Die Antwort richtet sich in den Fällen, in denen der Tarifvertrag deutsches Recht für anwendbar erklärt, ebenfalls nach deutschem Recht.

**89** Eine solche Auslegung des Art. 27 EGBGB ist auch **konventionskonform** in Hinblick auf das EVÜ. Es ist nicht nur das nationale Verfassungsrecht, das die Auslegung insoweit überlagert. Die Kollektivvereinbarungsautonomie ist **gemeineuropäischer Rechtsstandard** (genauer dazu § 1 Rn. 710)[246], wird in Art. II/88 des Verfassungsvertrags der Europäischen Union garantiert[247] und gehört zu den Kernarbeitsnormen des internationalen Arbeitsrechts.[248] Das Tarifrecht hat rechtliche und funktionale Äquivalente in allen Rechtsordnungen.

**90** In der Rechtslehre besteht darüber hinaus Streit über den **Normtyp** und damit über den Umfang der Bindungswirkung einer tariflichen Rechtswahlklausel. Die Tatsache, dass mit der Klausel der Abschluss von Arbeitsverträgen unter die Geltung des deutschen Arbeitsrechts gestellt wird, spreche für Abschlussnormen[249]; der Zweck, den Vertrag inhaltlich zu gestalten, spreche für Inhaltsnormen.[250] Leitet man die Möglichkeit der tariflichen Rechtswahl für das individuelle Arbeitsverhältnis aus Art. 27 EGBGB ab, so können deutsches Tarifrecht und dessen Unterscheidungen unterschiedlicher Normtypen in Fragen der Bindungswirkung nur angewendet werden, wenn die tarifliche Rechtswahl auf das deutsche Recht als anwendbares Tarifrecht verweist (Art. 31 EGBGB analog). In diesem Fall legitimiert § 4 Abs. 1 TVG die unmittelbare Geltung der Rechtswahlklausel als Inhaltsnorm. Hingegen lässt sich eine Rechtswahlklausel, die lediglich festlegt, dass eine bestimmte Quote von Arbeitsverhältnissen einem bestimmten Recht unterstehen muss, allein als schuldrechtliche Verpflichtung zwischen den Tarifparteien einordnen.[251]

**91** Die Bindung von Nicht-Mitgliedern wie zum Beispiel im Falle einer **Rechtswahl durch allgemeinverbindlichen Tarifvertrag** kann nach diesen Grundsätzen nicht begründet werden.

---

246 *Deinert*, Europäischer Kollektivvertrag, 254ff., für das europäische Recht, 289ff., rechtsvergleichend.

247 Verfassungsvertrag für die Europäische Union vom 16.12.2004, ABl. C 310/41 für die Grundrechtecharta. Er kann erst nach Ratifizierung durch die Mitgliedstaaten in Kraft treten (das Europäische Parlament rechnet insofern mit einem Termin frühestens zum Winter 2006); zur Wirkungsweise siehe *Gallner*, Jahrbuch des Arbeitsrechts 41 (2003), 37ff., 41ff.

248 Siehe Erklärung der ILO zu den Kernarbeitsnormen aus dem Jahre 1998, 86. Sitzung, www.ilo.org/dyn/declaris/declarationweb.indexpage; dazu auch *Kocher*, RdA 2004, 27. Für einen Überblick über die völkerrechtlichen Garantien der Tarifautonomie siehe auch *Zachert*, AR-Blattei, 1650.1 Rn. 27ff.

249 *Däubler*, NZA 1990, 674; *Däubler/Däubler*, Einl. Rn. 606; *Junker*, Internationales Arbeitsrecht im Konzern, 493, mit weiteren Nachweisen; Wiedemann/*Wiedemann*, § 1 Rn. 84; so auch schon *Birk*, FS Beitzke, 849.

250 *Vorauf*l., § 4 Rn. 62; *Winkler v. Mohrenfels*, EAS, B 3000 Rn. 52; vgl. auch *Wimmer*, Gestaltung internationaler Arbeitsverträge, 68 (Doppelcharakter).

251 A. A. (zur Betriebsnorm) *Junker*, Internationales Arbeitsrecht im Konzern, 439; *Wimmer*, Gestaltung internationaler Arbeitsverträge, 68f.; *Däubler*, NZA 1990, 674; *Däubler/Däubler*, Einl. Rn. 607.

### cc) *Grenzen der Rechtswahl*

Die tarifliche unterliegt wie die unmittelbar individualvertragliche Rechtswahl nicht nur den Grenzen von Art. 34 und 6 EGBGB, sondern auch dem **Günstigkeitsvergleich** nach Art. 30 EGBGB im Sinne eines Sachgruppenvergleichs.[252] Insoweit kann der Tarifvertrag bei einer Wahl deutschen Rechts bei dauerhaft im Ausland durchzuführenden Arbeitsverhältnissen hinter ausländisches Recht zurücktreten.[253] 92

## 5. Internationale Tarifverträge unter Beteiligung von Tarifvertragsparteien aus verschiedenen Staaten

### a) Kollisionsrechtliche Grenzen

Für internationale Konzerntarifverträge sowie **internationale Kollektivvereinbarungen** mit international tätigen Arbeitgeberverbänden und Gewerkschaften gelten diese Grundsätze entsprechend.[254] Die besondere Problematik dieser Vereinbarungen liegt darin, dass sie in mehreren Staaten durchzuführen sein können. Wegen der Abhängigkeit der Tarifwirkungen vom Arbeitsvertragsstatut und damit vom gewöhnlichen Arbeitsort können auf ein und denselben internationalen oder Konzerntarifvertrag unterschiedliche Rechtsordnungen zur Anwendung kommen. Auch die Wirksamkeit einer tariflichen Rechtswahl kann in unterschiedlichen kollisionsrechtlichen Zusammenhängen immer wieder anders beantwortet werden. 93

Damit ist für den Internationalen Tarifvertrag ohne eine supranationale Rechtsgrundlage (siehe § 1 Rn. 709 ff.) **keine einheitliche Anwendung und Auslegung** gewährleistet.[255] Damit ist letztlich keine wirklich internationale Tarifpolitik möglich. In der Praxis wird dem Bedürfnis nach abgestimmter tariflicher Regelung häufig durch den parallelen Abschluss mehrerer nationaler Tarifverträge genügt.[256]

### b) Wahl des Gerichtsstands durch Tarifvertrag

Für die Zukunft des internationalen Tarifvertrags wäre es praktisch von großer Bedeutung, wenn nicht nur das anwendbare Recht durch Tarifvertrag gewählt, sondern auch eine tarifliche Vereinbarung über die gerichtliche Zuständigkeit getroffen werden könnte.[257] 94

Die Vereinbarung eines ausschließlichen Gerichtsstands ist für individualrechtliche Streitigkeiten jedoch **unzulässig**. § 48 Abs. 2 ArbGG gilt zwar auch für die

---

252 *Däubler/Däubler*, Einl. Rn. 610; MünchArbR/*Birk*, § 21 Rn. 38; *Junker*, Internationales Arbeitsrecht im Konzern, 423; *Wimmer*, Gestaltung internationaler Arbeitsverträge, 207; siehe auch *Winkler v. Mohrenfels*, EAS, B 3000 Rn. 52.

253 Weitergehend wohl ErfK/*Schlachter*, Art. 34 EGBGB Rn. 6.

254 Ausführlich *Walz*, Multinationale Unternehmen, 183 ff.; *Junker*, Internationales Arbeitsrecht im Konzern, 445 ff.

255 So auch *Walz*, Multinationale Unternehmen, 141; *Wimmer*, Gestaltung internationaler Arbeitsverträge, 59; *Stiller*, ZIAS 1991, 215; *Zachert*, NZA 2000, 124 für ITF-Tarifverträge; *Birk*, FS Beitzke, 848.

256 *Kempen*, KritV 1994, 51; *Birk*, FS Beitzke, 841; MünchArbR/*Birk*, § 21 Rn. 26; *Löwisch/Rieble*, Grundl. Rn. 103 f.

257 *Däubler/Däubler*, Einl. Rn. 677 ff.

internationale Zuständigkeit.[258] Für Unternehmen, die in der EU über eine Niederlassung verfügen, wird er jedoch durch Art. 21 Nr. 2 EuGVO eingeschränkt, wonach eine Wahl des Gerichtsstands nur zulässig ist, wenn sie die Wahl des Gerichtsstands durch den Arbeitnehmer erweitert.[259]
Auf kollektivrechtliche Streitigkeiten ist die EuGVO jedoch nicht anwendbar. Für diese können also Gerichtsstandsvereinbarungen getroffen werden.[260]

### c) Auslegung internationaler und anderer grenzüberschreitender Kollektivvereinbarungen

**95** Soweit deutsches Tarifrecht in kollektiv- oder individualrechtlichen Streitigkeiten anzuwenden ist, stellt sich gerade bei internationalen Kollektivvereinbarungen häufig auch die Frage nach der **Auslegung** im Sinne der §§ 133 und 157 BGB. Denn internationale Vereinbarungen werden typischerweise nicht in Hinblick auf eine bestimmte Rechtsordnung abgeschlossen, sondern sollen für unterschiedliche Rechtsordnungen tragbare Grundlagen bereitstellen. Vor dem Hintergrund der völkerrechtlichen Garantien der Koalitions- und Tarifverhandlungsfreiheit andererseits bedarf es insofern einer Auslegung, welche die Internationalität des Sachverhalts und die dargestellte besondere Problematik internationaler Kollektivvereinbarungen berücksichtigt.[261]
Im deutschen Recht stellt sich dabei regelmäßig die Frage nach der **Qualifikation als schuldrechtlich oder normativ wirkende Vereinbarung**. Auch die Auslegung als schuldrechtlicher Normenvertrag oder ein schuldrechtlicher Normenvertrag zugunsten Dritte (§ 328 BGB) kommt in Betracht (siehe auch § 1 Rn. 722 ff.).[262]

**96** So ist dem BAG in seiner **Auslegung des Sondervertrags zum ISR-Flottenvertrag** zwischen IFT und deutschen Reedern für unter deutscher Flagge fahrende Seeschiffe zu widersprechen. Reeder verpflichten sich nach § 1 des Vertrags, »die Seeleute entsprechend den [festgelegten] Bedingungen zu beschäftigen und mit jedem einzelnen Seemann einen persönlichen Arbeitsvertrag zu unterzeichnen, in dem die Bedingungen des vorliegenden Vertrages festgehalten sind (ITF-Arbeitsvertrag)«. Zwar hat das BAG in zwei Entscheidungen aus den Jahren 2000 und 2004 zu Recht deutsches Arbeitsrecht als das Recht des Flaggenstaates angewendet.[263] Die Auslegung, es handele sich um eine nur schuldrechtlich wirkende Vereinbarung, und nicht um einen Koalitionsvertrag zugunsten Dritter[264], beruht jedoch auf der Annahme, die Tarifparteien seien nach dem TVG rechtlich in der Lage, unmittelbar und zwingend geltende Tarifnormen zu vereinbaren, und deshalb könne ein schuldrechtlicher Normenvertrag nur bei ausdrücklicher Bezeich-

258 So auch *Däubler/Däubler*, Einl. Rn. 611; vgl. *Wimmer*, Gestaltung internationaler Arbeitsverträge, 70. Anders *Walz*, Multinationale Unternehmen, 173.

259 *Däubler/Däubler*, Einl. Rn. 679; vgl. aber für den früheren Art. 17 EuGVÜ *Wimmer*, Gestaltung internationaler Arbeitsverträge, 71 ff.

260 Genauso *Däubler/Däubler*, Einl. Rn. 678.

261 Hingegen erklärt das BAG 14.4.2004 (4 AZR 322/03), veröffentlicht in der juris-Datenbank Nr. KARE 600011101, die »Internationalität des Sachverhalts« schlicht für »rechtlich nicht relevant«.

262 BAG 14.4.2004 (4 AZR 232/03), DB 2004, 2703 für ein Personalkonzept.

263 BAG 16.2.2000 (4 AZR 14/99), AP Nr. 54 zu § 2 TVG (es ist Verfassungsbeschwerde eingelegt); so auch implizit ohne weiter auf die Anwendbarkeit deutschen Rechts einzugehen die Folgeentscheidung BAG 14.4.2004 (4 AZR 322/03), veröffentlicht in der juris-Datenbank Nr. KARE 600011101.

264 BAG 16.2.2000 (4 AZR 14/99), AP Nr. 54 zu § 2 TVG; bestätigt in BAG 14.4.2004 (4 AZR 322/03), veröffentlicht in der juris-Datenbank Nr. KARE 600011101.

nung angenommen werden. Diese Annahme gilt jedoch nur innerhalb der deutschen Rechtsordnung. Bei der ITF handelt es sich um einen internationalen Zusammenschluss, und entsprechende Vereinbarungen werden nicht allein in Hinblick auf die deutsche Rechtsordnung abgeschlossen, sondern berücksichtigen zum Beispiel, dass Tarifverträge in vielen Ländern nicht einklagbar sind oder jedenfalls keine normative Wirkung haben; so erklärt sich die Vorschrift über die Inkorporierung in den Arbeitsvertrag. Im Rahmen der deutschen Rechtsordnung ist die Vereinbarung in Hinblick auf den ersichtlichen Willen der Tarifvertragsparteien auf möglichst effektive Durchsetzung hingegen als normativ wirkend auszulegen.[265]

Anders ist dies jedoch im Falle derjenigen internationalen »**Framework Agreements**«, in denen Konzerne sich dazu verpflichten, in ihrer transnationalen Tätigkeit bestimmte Sozialstandards anzuwenden.[266] entfalten in der Regel nur schuldrechtliche Wirkungen. So enthält die VW-Sozialcharta die ausdrückliche Bestimmung: »Aus dieser Erklärung können durch Dritte keinerlei Ansprüche geltend gemacht werden.«[267] **97**

## V. Betrieblich-fachlicher Geltungsbereich

Durch die Festlegung des betrieblich-fachlichen Geltungsbereiches wird abgegrenzt, welche Wirtschaftsbereiche vom Tarifvertrag erfasst werden sollen. Die Terminologie ist insoweit nicht einheitlich.[268] Einige Autoren[269] sprechen vom betrieblich-branchenmäßigen oder nur vom branchenmäßigen Geltungsbereich, womit sie das meinen, was hier als betrieblich-fachlicher Geltungsbereich umschrieben wird, und zusätzlich vom fachlichen Geltungsbereich, der angeben soll, für welche Arbeitnehmergruppen unter beruflich-fachlichen Gesichtspunkten ein Tarifvertrag innerhalb eines Betriebes gilt.[270] Was diese Autoren als fachlichen Geltungsbereich definieren, bezeichnet jedoch eher den persönlichen Geltungsbereich.[271] Die Erfassung bestimmter Arbeitnehmergruppen gleich nach welchen Merkmalen wird hier demgegenüber als ein Problem des **persönlichen, nicht des fachlichen Geltungsbereichs** verstanden. **98**

Sofern ein Tarifvertrag den Begriff des Betriebes ohne eigene zusätzliche Konkretisierung bei der Beschreibung des Geltungsbereichs (oder auch anderswo) verwendet, ist davon auszugehen, dass der **Betriebsbegriff des Tarifvertragsgesetzes** gemeint ist, wie er in § 3 Abs. 2 und § 8 TVG verwendet wird. In § 3 Abs. 2 TVG dient der Betriebsbegriff dazu, die Tarifgebundenheit über den Kreis der Mitglieder der Tarifvertragsparteien (§ 3 Abs. 1 TVG) hinaus auf alle in den vom Geltungsbereich eines Tarifvertrages erfassten »Betrieben« tätigen Arbeitnehmer auszudehnen, soweit es um tarifliche Rechtsnormen über »betriebliche und betriebsverfassungsrechtliche Fragen« geht. Allerdings ist zwischen den Normen über betriebliche und über betriebsverfassungsrechtliche Fragen nochmals zu differenzieren, weil beide unterschiedliche Regelungsbereiche erfassen, **99**

---

265 So auch *Zachert*, NZA 2000, 124; ähnlich *Thüsing/Goertz*, Anm. zu BAG 16.2.2000 (4 AZR 14/99), AP Nr. 54 zu § 2 TVG.
266 Genauer *Kocher*, RdA 2004, 27.
267 VW-Sozialcharta vom 6.6.2002, AuR 2002, 343.
268 Wie hier *Däubler*, Tarifvertragsrecht, Rn. 266; *Löwisch/Rieble*, § 4 Rn. 76.
269 *Wiedemann/Stumpf*, § 4 Rn. 71 ff. und 90 ff., sowie *Etzel*, NZA 1987, Beilage 1, 22.
270 Ebenso *Buchner*, Geltungsbereich, Rn. 82 ff., 115 ff.; Wiedemann/*Wank*, § 4 Rn. 174.
271 So ausdrücklich Wiedemann/*Wank*, § 4 Rn. 174.

die aus Gründen der negativen Koalitionsfreiheit der Außenseiter möglichst exakt einzugrenzen sind. Dementsprechend sind »**Betriebsnormen**« nur solche Bestimmungen, die »in der sozialen Wirklichkeit aus tatsächlichen oder rechtlichen Gründen nur einheitlich gelten können«.[272] Das ist etwa bei den so genannten Sozialeinrichtungen wie Betriebskantinen, Waschräumen, Arbeitssicherheitsvorschriften oder Rauch- und Alkoholverboten der Fall (vgl. § 1 Rn. 90ff.). Der dabei normativ vorausgesetzte Betriebsbegriff ist auf die technisch-organisatorisch notwendige und arbeitsrechtlich vorgeschriebene Einheitlichkeit der funktional als Belegschaft zusammengefassten Arbeitsplätze zu begrenzen.[273] Er deckt sich also weitgehend mit der **»klassischen« Definition des Betriebes** als einer organisatorischen Einheit, innerhalb derer ein Unternehmer allein oder in Gemeinschaft mit seinen Mitarbeitern mit Hilfe von sachlichen und immateriellen Mitteln bestimmte arbeitstechnische Zwecke fortgesetzt verfolgt.[274] Nur für Normen über **betriebsverfassungsrechtliche Fragen** ist dagegen der **betriebsverfassungsgesetzliche Betriebsbegriff** maßgebend[275], soweit tarifvertraglich nichts Abweichendes bestimmt ist. Demgegenüber wird in § 8 TVG der Betrieb wieder als technisch-organisatorische Einheit des arbeitsrechtlichen Leistungsorts, d.h. durchaus »klassisch« verstanden, weil es bei der Tarifauslagepflicht um eine für die Kenntnisnahme der Arbeitnehmer örtlich geeignete Stelle im Betrieb geht. Beim betrieblich-fachlichen Geltungsbereich ist deshalb im Zweifel von der herkömmlichen Betriebsdefinition auszugehen, die dem Tarifvertragsgesetz insgesamt zugrunde liegt. Die Tarifvertragsparteien können aber auch abweichende Begriffe (insbesondere den Unternehmensbegriff) verwenden.[276]

**100** In der **Praxis** sind die Gewerkschaften und Arbeitgebervereinigungen ganz überwiegend nach **Wirtschaftsbereichen** strukturiert. Insbesondere die DGB-Gewerkschaften erstreben eine lückenlose Abgrenzung und Abdeckung aller Wirtschaftsbereiche in ihren Satzungen (vgl. näher § 2 Rn. 154ff.). Von daher ist die Festlegung des betrieblich-fachlichen Geltungsbereiches heute relativ unproblematisch.[277] Schwierigkeiten ergeben sich vorrangig bei der Einführung neuer Produktionsmethoden, die nicht ohne weiteres dem einen oder anderen herkömmlichen Wirtschaftsbereich zugeordnet werden können. Beispiel: Gehört die Verflüssigung und Vergasung von Kohle zum Bergbau oder zur Chemie? In den meisten Fällen lassen sich diese Fragen durch eine Auslegung der bestehenden Tarifverträge unter Berücksichtigung der Satzungen der beteiligten Koalitionen sowie der koalitions- und wirtschaftsgeschichtlichen Entwicklung klären.[278] Im zuvor genannten Beispiel der Kohleverflüssigung und -vergasung spricht deren Zuordnung zur Bergbauwirtschaft in § 4 Abs. 3 BBergG für eine Zuständigkeit der Bergbauverbände und gegebenenfalls bei Vorliegen der Tarifbindung für

---

272 BAG 17.6.1999 (2 AZR 456/98), EzA § 1 KSchG Betriebsbedingte Kündigung Nr. 103; BAG 17.6.1997 (1 ABR 3/97), EzA § 99 BetrVG 1972 Einstellung Nr. 4, mit weiteren Nachweisen; BAG 26.4.1990, AP Nr. 57 zu Art. 9 GG.

273 *Löwisch/Rieble*, § 1 Rn. 118, 127.

274 *Hueck/Nipperdey*, Bd. I, 93; *Wiese*, FS Gaul, 559.

275 Vgl. z.B. BAG 10.2.1988, AP Nr. 53 zu § 99 BetrVG.

276 Zur eigenständigen, von der des BetrVG abweichenden Definition des Betriebes im Tarifvertrag für das baugewerbliche Sozialkassenverfahren BAG 24.11.2004 (10 AZR 169/04), DB 2005, 1065; zum Begriff »außerbetriebliche Arbeitsstelle« im Bundesmontagetarifvertrag Eisen-, Metall- und Elektroindustrie BAG 11.11.1997 (3 AZR 187/96, 162/96), EzA § 4 TVG Metallindustrie Nr. 113, 114.

277 Zu einigen praktischen Varianten siehe *Schliemann*, NZA 2000, SonderBeilage zu Heft 24, 27.

278 Vgl. als Beispiel bezogen auf das Parallelproblem einer Feststellung der Tarifzuständigkeit die Entscheidung BAG 27.11.1964, AP Nr. 1 zu § 2 TVG Tarifzuständigkeit.

eine Geltung der von diesen geschlossenen Tarifverträge, obwohl eine gesetzliche Terminologie die Tarifvertragsparteien nicht bindet, wie das Beispiel der Entsorgungswirtschaft zeigt. Eine solche Auslegung von Tarifverträgen ist eben nur so lange entscheidend, wie in den Satzungen der Koalitionen und darauf beruhend in den von diesen abgeschlossenen Tarifverträgen nicht eindeutige Regelungen getroffen werden. Die Autonomie der Koalitionen ist auch insoweit absolut und kann vom Gesetzgeber und den Gerichten nicht eingeschränkt werden.

Bei **gemischten Tätigkeiten** in einem Betrieb gilt unter dem betrieblich-fach- 101
lichen Gesichtspunkt regelmäßig derjenige Tarifvertrag, der die überwiegend vorgenommenen Tätigkeiten erfasst[279]; bestimmend sind **die den Betrieb prägenden Tätigkeiten**, nicht wirtschaftliche Gesichtspunkte wie Umsatz oder handels- und gewerberechtliche Kriterien wie Handelsregistereintragung oder Registrierung bei einer Kammer.[280] In Mischbetrieben, in denen Tätigkeiten unterschiedlicher Fachrichtungen verrichtet werden, ist derjenige Tarifvertrag maßgebend, welcher der überwiegenden Arbeitszeit der Arbeitnehmer entspricht.[281] Ergibt sich aus dem so einschlägigen Tarifvertrag nichts Anderes, umfasst dieser im Zweifel alle Arbeitsverhältnisse in einem Betrieb und in dazugehörigen Nebenbetrieben auch solche, die fachfremde Beschäftigungen zum Gegenstand haben. Dies wird im Rahmen einer Auslegung des Willens der Tarifvertragsparteien zum Umfang des betrieblich-fachlichen Geltungsbereichs in einem Betrieb überwiegend aus dem (gesetzlich allerdings nicht verbindlichen, vgl. § 2 Rn. 155ff.) Prinzip der Tarifeinheit geschlossen[282] und gilt deswegen nicht, wenn sich dem Tarifvertrag ein anderer Wille der Tarifvertragsparteien entnehmen lässt[283] (zum Ein- oder Ausschluss fachfremder Tätigkeiten in einem Betrieb oder in Nebenbetrieben vgl. im Übrigen § 2 Rn. 154ff.). Streitigkeiten mehrerer DGB-Gewerkschaften um die ausschließliche Zuständigkeit werden nach der DGB-Satzung durch die Schiedsstelle des DGB entschieden; der Schiedsspruch hat Verbindlichkeit auch für die Arbeitgeberseite.[284]

Soweit der Tarifvertrag nicht ein Anderes bestimmt, erfasst sein fachlicher Gel- 102
tungsbereich die Arbeitsverhältnisse in dem einschlägigen **Betrieb von dessen Beginn bis zu seiner Beendigung**. Er gilt daher auch in der **Insolvenz** weiter, selbst wenn der Insolvenzverwalter die Arbeitnehmer nicht mehr mit den bisherigen Tätigkeiten, sondern nur noch mit Abwicklungsarbeiten beschäftigt.[285]

Wird der überwiegende oder der gesamte arbeitstechnische **Zweck der betrieb- 103
lich zusammengefassten Arbeitsplätze** so **geändert**, dass er nicht länger unter

279 »Mit welchen Tätigkeiten die Arbeitnehmer des Betriebes überwiegend beschäftigt werden«, BAG 25.11.1987, AP Nr. 18 zu § 1 TVG Tarifverträge Einzelhandel.

280 Ständige Rechtsprechung, etwa BAG 26.8.1998 (4 AZR 471/97), AP Nr. 66 zu § 1 TVG Tarifverträge: Einzelhandel = EzA § 4 TVG Einzelhandel Nr. 37; BAG 14.9.1994, NZA 1995, 537; BAG 7.4.1993 (10 AZR 618/90), NZA 1993, 1090; BAG 5.9.1990 (4 AZR 59/90), AP Nr. 19 zu § 4 TVG Tarifkonkurrenz = EzA § 4 TVG Tarifkonkurrenz Nr. 5; *Däubler*, Tarifvertragsrecht, Rn. 268; *Löwisch/Rieble*, § 4 Rn. 82; *von Hoyningen-Huene*, NZA 1996, 619.

281 BAG 24.8.1994, DB 1995, 329; BAG 5.9.1990, AP Nr. 19 zu § 4 TVG Tarifkonkurrenz.

282 BAG 31.3.1955, AP Nr. 1 zu § 4 TVG Geltungsbereich; BAG 19.12.1958, AP Nr. 61 zu § 4 TVG Tarifkonkurrenz; LAG Saarbrücken 24.4.1963, AP Nr. 10 zu § 4 TVG Geltungsbereich; Wiedemann/*Wank*, § 4 Rn. 146, mit weiteren Nachweisen; *Etzel*, NZA 1987, Beilage 1, 19, 22.

283 Vgl. für einen solchen Fall BAG 8.10.1975, AP Nr. 25 zu § 1 TVG Tarifverträge: Bau.

284 Dazu BAG 25.9.1996 (1 ABR 4/96), AP Nr. 10 zu § 2 TVG Tarifzuständigkeit = EzA § 2 TVG Tarifzuständigkeit Nr. 5.

285 BAG 28.1.1987, AP Nr. 14 zu § 4 TVG Geltungsbereich (mit Anm. von *Zilius*).

den betrieblich-fachlichen Geltungsbereich des Tarifvertrages fällt (**Betriebs-/ Produktionszweckänderung**), ohne dass dies mit einem Betriebsinhaberwechsel (dazu vgl. § 3 Rn. 88 ff.) verbunden ist, so muss man unterscheiden. Wenn dort ein **Firmentarifvertrag** bestand, gilt dieser zunächst ungeachtet der Produktionsänderung weiter – es sei denn, für diesen Fall wären schon besondere Regeln vorgesehen und anwendbar (zur Möglichkeit einer außerordentlichen Kündigung oder eines Wegfalls der Geschäftsgrundlage vgl. § 4 Rn. 134 und Rn. 148). Umstritten ist dagegen, welche Rechtsfolge eintritt, wenn die betreffenden Arbeitsverhältnisse einem **Verbandstarifvertrag** unterlagen und keine neue unmittelbare Tarifbindung eintritt. Nach herrschender Auffassung entfällt die entsprechende Tarifbindung mit der (außerhalb des betrieblich-fachlichen Geltungsbereichs liegenden) Zweckänderung. Es soll jetzt analog § 4 Abs. 5 TVG Nachwirkung des Verbandstarifs eintreten, bis dieser durch eine andere Abmachung ersetzt wird; § 4 Abs. 5 TVG sei nach Sinn und Zweck der Vorschrift auf jeden Fall des Wegfalls der Tarifbindung entsprechend anzuwenden.[286] Demgegenüber erscheint die entsprechende Anwendung von § 3 Abs. 3 TVG vorzugswürdig. Zwar soll die Vorschrift dem Arbeitgeber (nur) den Anreiz nehmen, durch Austritt aus dem Arbeitgeberverband den Bindungen des Tarifvertrags zu entfliehen (vgl. auch § 3 Rn. 37). Normzweck und Interessenlage sprechen jedoch für die Analogie in jenen Fällen, in denen der Arbeitgeber durch technisch/organisatorische Maßnahmen die Tarifbindung abstreifen könnte. Eine solche Lösung verhindert Rechtsunsicherheit hinsichtlich des Zeitpunkts des Herauswachsens aus dem Tarifvertrag bei kontinuierlichen Veränderungen der Produktionsbedingungen.[287] Zudem vermeidet sie Wertungswidersprüche mit der Regelung des § 613a Abs. 1 Satz 2 BGB, der auch bei einer mit der Betriebsveräußerung eintretenden Veränderung des Betriebsgepräges soweit nicht Satz 3 eingreift jedenfalls für ein Jahr unabdingbar die alten tariflichen Bedingungen belässt.[288]

104 **Allgemeine Beschäftigungsgesellschaften**[289], welche die berufliche Qualifikation der dort Beschäftigten verbessern oder spezielle regionale Strukturmaßnahmen planen und umsetzen sollen, beabsichtigen keine oder nur rudimentäre Gewinnerzielung. Sie stellen keine Gewerbe- oder Industriebetriebe im herkömmlichen Sinne dar. Daher sind sie nicht tarifgebunden, wenn der betrieblich-fachliche Geltungsbereich auf gewerbliche oder industrielle Betriebe abgestellt ist[290], doch können für sie spezielle Haustarifverträge abgeschlossen werden.

## VI. Persönlicher Geltungsbereich

105 Der Tarifvertrag muss neben der Festlegung seines räumlichen und betrieblich-fachlichen Geltungsbereichs schließlich noch **die Arbeitnehmer, für die er gelten soll, nach persönlichen Merkmalen** bezeichnen. Darunter fallen z. B. Art der Tä-

---

286 Ständige Rechtsprechung des BAG, etwa BAG 10.12.1997 (4 AZR 247/96, 193/97), AP Nr. 20, 21 zu § 3 TVG = EzA § 4 TVG Nachwirkung Nr. 25, 26 – jeweils mit weiteren Nachweisen; BAG 18.3.1992, AP Nr. 13 zu § 3 TVG; aus dem Schrifttum Wiedemann/*Wank*, § 4 Rn. 144; Schaub, ZTR 2000, 12; *Hanau*, ZfA 1990, 115; ebenso die *Vorauf1.*, § 4 Rn. 27; bei BAG 14.6.1994, AP Nr. 2 zu § 3 TVG Verbandsaustritt, handelte es sich um einen Sonderfall.

287 Dazu *Stein*, Rn. 110.

288 Zutreffend *Däubler/Deinert*, § 4 Rn. 290, 219; *Däubler*, Tarifvertragsrecht, Rn. 271, 264.

289 Zu den in den neuen Bundesländern aufgrund der »Rahmenvereinbarung zur Bildung von Gesellschaften zur Arbeitsförderung, Beschäftigung und Strukturentwicklung (ABS)« vom 17.7.1991 gebildeten Gesellschaften vgl. *Reß*, AuA 1991, 288; *Bosch/Knuth*, WSI-Mitt. 1992, 431.

290 *Däubler/Deinert*, § 4 Rn. 276; *Däubler*, Tarifvertragsrecht, Rn. 1821; *Löwisch/Rieble*, § 4 Rn. 77.

tigkeit, Umfang der Beschäftigung (Teilzeitarbeit), sozialversicherungsrechtliche und arbeitsrechtliche Einordnung als Angestellte oder Arbeiter, Auszubildende, arbeitnehmerähnliche Personen (vgl. § 12a TVG), Heimarbeitnehmer (§ 17 HAG), Art der Ausbildung, Alter usw. Die Tarifvertragsparteien sind auch bei dieser Umschreibung des persönlichen Geltungsbereichs in ihrer Entscheidung, für welche Arbeitnehmer innerhalb eines betrieblich-fachlichen Geltungsbereichs ein Tarifvertrag gelten soll, **grundsätzlich frei.**[291] **Begrenzt** wird die Tarifautonomie hier allerdings in stärkerem **Umfang durch die Schutzpflichtfunktion der Arbeitnehmergrundrechte**[292] (vgl. näher Grundl. Rn. 188 ff. und Rn. 217 ff.), insbesondere durch Art. 3 GG. Für unterschiedliche Behandlungen von Arbeitnehmern innerhalb eines betrieblich-fachlichen Bereichs haben daher sachgerechte Gründe vorzuliegen (zu Weiterem vgl. Grundl. Rn. 232). Mögliche Begrenzungen des persönlichen Geltungsbereichs müssen sich nicht unbedingt aus ausdrücklichen Ausnahmeregelungen des Tarifvertrages ergeben. Sie können auch der Gesamtgestaltung des Tarifvertrages, etwa dem Aufbau des Lohngruppenkatalogs, der Nichterwähnung einer Beschäftigtenkategorie, zu entnehmen sein.[293]

In der Praxis verstärkt sich die **Tendenz**, von der früher gängigen getrennten **106**
Regelung der Arbeitsbedingungen von Angestellten und Arbeitern abzugehen und für beide Arbeitnehmergruppen **einheitliche Tarifverträge** abzuschließen (dazu näher § 1 Rn. 142). Unter dem Gesichtspunkt der Gleichbehandlungsverpflichtung (Art. 3 GG, dazu zuvor § 4 Rn. 105) stellt sich die Frage, ob solche einheitlichen Tarifverträge für Arbeiter und Angestellte nicht geboten sind, weil sachliche Gründe für eine Ungleichbehandlung der Arbeitnehmergruppen fehlen (dazu Grundl. Rn. 232 und § 4 Rn. 105). Im übrigen kennt die Praxis vor allem besondere Tarifverträge für Auszubildende, für Teilzeitbeschäftigte und für Arbeitnehmer, die atypische Tätigkeiten erbringen (z. B. Conti und Montagearbeitnehmer), wobei in der Regel besondere Arbeitsbedingungen nur insoweit vereinbart werden, als dies wegen der Unterschiede in der Tätigkeit im Vergleich zu den sonstigen Arbeitnehmern eines Wirtschaftsbereichs notwendig erscheint und im Hinblick auf den Gleichbehandlungsgrundsatz erlaubt ist. Der Abschluss gesonderter Tarifverträge für Arbeitnehmer mit einer bestimmten Ausbildung (Beispiel: Manteltarifvertrag und Tarifvertrag über Mindestjahresbezüge für akademisch gebildete Angestellte in der chemischen Industrie) kann gewerkschaftspolitisch problematisch sein und ist auf Kritik gestoßen.[294] Gemäß § 12a TVG können schließlich unter gewissen Voraussetzungen Tarifverträge für arbeitnehmerähnliche Personen abgeschlossen werden. Insoweit hat der Gesetzgeber des Tarifvertragsgesetzes die Tarifautonomie ausgedehnt, um bestimmte Gruppen von wirtschaftlich abhängig tätigen Personen zu schützen[295] (vgl. bei § 12a).

**Fallen in der Person des Arbeitnehmers** die Anwendung des Tarifvertrags be- **107**
dingende **Merkmale fort** (etwa Beförderung zum AT-Angestellten; Wechsel vom Außen- in den Innendienst, bei einem Tarifvertrag, der nur für im Außendienst Beschäftigte gilt; Berufswechsel) und gilt für den Arbeitnehmer nun kein anderer

291 BAG 10. 4. 1991, AP Nr. 141 zu § 1 TVG Tarifverträge Bau.
292 Dazu BAG 27. 5. 2004 (6 AZR 129/03), EzA Art. 3 GG Nr. 101; siehe auch *Kempen*, AuR 1996, 339 f.
293 Vgl. BAG 18. 8. 1999 (4 AZR 247/98), AP § 3 TVG Nr. 22 (mit kritischer Anm. von *A. Stein*); LAG Saarbrücken 24. 4. 1963, AP Nr. 10 zu § 4 TVG Geltungsbereich.
294 *Däubler*, Tarifvertragsrecht, Rn. 276.
295 Vgl. näher *Zachert*, Tarifvertrag, 98.

Tarifvertrag, soll § 4 Abs. 5 TVG entsprechend anzuwenden sein.[296] Richtig ist, dass eine Analogie zu § 3 Abs. 3 TVG ausscheidet, da es sich nicht um eine vom Arbeitgeber veranlasste Maßnahme handelt oder handeln muss.[297] Allerdings erscheint auch die entsprechende Anwendung des § 4 Abs. 5 TVG problematisch. Soweit in der Vergangenheit entstandene tarifliche Rechte in Frage stehen (etwa Ruhegeld), bleiben sie ohnedies erhalten. Für künftige Ansprüche wird man die Wirkung des § 4 Abs. 5 TVG auf jene Teile des Tarifvertrags beschränken müssen, deren Anwendung noch sachgerecht erscheint. In der arbeitsvertraglichen Vereinbarung der künftigen Tätigkeit als leitender oder AT-Angestellter sollte zudem zugleich eine abweichende Abmachung im Sinne des § 4 Abs. 5 TVG zu sehen sein (siehe aber generell zur Problematik der abweichenden Abmachung § 4 Rn. 562ff.).

## VII. Zeitlicher Geltungsbereich

**108** Voraussetzung dafür, dass der Tarifvertrag innerhalb seines räumlichen, betrieblich-fachlichen und persönlichen Geltungsbereichs unmittelbare und zwingende Wirkung entfalten kann, ist sein **In-Kraft-Treten** (1.). Nach In-Kraft-Treten beseitigt die **Beendigung** des Tarifvertrages (2.) durch Kündigung, einverständliche Aufhebung, Zeitablauf oder Bedingungseintritt wegen der in § 4 Abs. 5 TVG angeordneten Nachwirkung nach herrschender Auffassung die zwingende Wirkung; die unmittelbare Wirkung entfällt dagegen nur, wenn die Tarifvertragsparteien dies vereinbart haben (im Einzelnen vgl. § 4 Rn. 548ff.).

### 1. In-Kraft-Treten des Tarifvertrages

**109** Der Zeitpunkt des In-Kraft-Tretens des normativen Teils eines Tarifvertrages (dazu § 1 Rn. 59ff.) und damit der Beginn der unmittelbaren und zwingenden Einwirkung seiner Bestimmungen auf die Arbeitsverhältnisse innerhalb seines Geltungsbereiches ist im Tarifvertrag zu vereinbaren. Fehlt eine solche Vereinbarung, ist davon auszugehen, dass der Tarifvertrag sofort mit seinem Abschluss, also ab dem Tag seiner Unterzeichnung durch beide Tarifvertragsparteien, in Kraft tritt. Forderungen aus dem schuldrechtlichen, beide Tarifvertragsparteien verpflichtende Teil des Tarifvertrages (dazu § 1 Rn. 664ff.), sind im Zweifel sofort mit Vertragsschluss fällig (vgl. auch § 271 Abs. 1 BGB).[298]

#### a) Sofortiges oder späteres In-Kraft-Treten

**110** Vereinbarter Zeitpunkt des In-Kraft-Tretens eines Tarifvertrages ist üblicherweise ein Termin nach seiner Unterzeichnung. Für Arbeitsverhältnisse, die nach diesem Zeitpunkt begründet werden, gelten dann ohne weiteres sämtliche tarifvertraglichen Bestimmungen, unabhängig davon, ob es sich um Inhalts-, Abschluss- oder betriebliche Normen handelt (vgl. hierzu zudem § 3 Rn. 7 und § 4 Rn. 12). Aber auch zu diesem Zeitpunkt bereits bestehende Arbeitsverhältnisse werden im Zweifel, soweit sich aus dem Tarifvertrag nichts Anderes ergibt, ebenfalls in vol-

---

296 *Däubler/Deinert*, § 4 Rn. 445; *Löwisch/Rieble*, § 4 Rn. 110ff.; offen gelassen bei ErfK/*Schaub*, § 4 Rn. 30.

297 *Däubler/Deinert*, § 4 Rn. 445.

298 Wiedemann/*Wank*, § 4 Rn. 1 unterscheiden insoweit zwischen In-Kraft-Treten (der Tarifnormen) und dem Wirksamwerden (des schuldrechtlichen Teils); vgl. auch *Buchner*, Geltungsbereich, Rn. 149.

lem Umfang erfasst.[299] Probleme stellen sich insoweit bei Abschlussnormen (dazu § 1 Rn. 64ff.), etwa wenn in einem Tarifvertrag zum ersten Mal der schriftliche Abschluss von Arbeitsverträgen vorgeschrieben oder ein Beschäftigungsverbot (z.B. nach Beendigung des 65. Lebensjahres) vereinbart wird. Weil Tarifverträge immer eine gleiche Behandlung aller Arbeitnehmer eines Betriebes anstreben, ist im Zweifel, bei fehlender Regelung im Tarifvertrag, davon auszugehen, dass solche Abschlussnormen auch für bereits bestehende Arbeitsverhältnisse gelten sollen.[300] Es entsteht dann grundsätzlich eine Verpflichtung, bestehende Arbeitsverträge den neuen tarifvertraglichen Bestimmungen anzupassen. Bei Einführung der Schriftform müsste also eine nachträgliche schriftliche Formulierung bestehender Arbeitsverträge erfolgen. Im Beispiel des Beschäftigungsverbots für Arbeitnehmer, die das 65. Lebensjahr vollendet haben, bedeutete dies nach Auffassung des Landesarbeitsgericht Düsseldorf[301], dass ein dem entgegenstehender Arbeitsvertrag zwar nicht sofort gemäß § 134 BGB nichtig ist, dass jedoch eine Pflicht zur Auflösung eines entgegen einer solchen Verbotsnorm abgeschlossenen Vertrages entsteht. Dem wird nicht zuzustimmen sein, weil man sich hier im Grenzbereich zur Vereinbarung einer rückwirkenden Geltung tarifvertraglicher Bestimmungen befindet; diese ist wegen ihrer für den Arbeitnehmer belastenden Wirkung als unzulässig anzusehen[302] (vgl. die folgenden Rn.). Ist eine Anpassung bestehender Arbeitsverträge tatsächlich nicht möglich (etwa wenn der neue Tarifvertrag vorsieht, dass Arbeitsplätze vor ihrer Besetzung in bestimmter Form ausgeschrieben werden müssen), entfällt diese Anpassungsverpflichtung.

### b) Rückwirkung

Als Zeitpunkt des In-Kraft-Tretens eines Tarifvertrages können die Tarifvertragsparteien grundsätzlich auch einen **Termin** bestimmen, **der vor dem Tag des Vertragsschlusses liegt**. Sie können in den im Folgenden aufgezeigten Grenzen eine rückwirkende Geltung des Tarifvertrages vereinbaren. Eine solche Rückwirkung muss im Interesse der Rechtssicherheit und Rechtsklarheit deutlich und unmissverständlich vereinbart werden[303]; fehlt es daran, gilt der Tarifvertrag im Zweifel nur ab dem Tage seiner Unterzeichnung. Liegt ein rückwirkender Tarifvertrag vor, so gilt die zeitliche Rückbeziehung für seinen gesamten Inhalt, soweit sich aus dem Tarifvertrag nicht ein Anderes ergibt.[304] **111**

#### *aa) Zulässigkeit rückwirkender Tarifverträge*

Die mitgliedschaftlich legitimierte Tarifautonomie gestattet es grundsätzlich auch, Regelungen rückwirkend in Kraft zu setzen.[305] Der Unterschied zwischen einer rückwirkenden und einer künftigen Verschlechterung von tariflichen **112**

299 Zu einem solchen Fall vgl. BAG 11.12.1974, AP Nr. 124 zu § 1 TVG Auslegung.

300 Anders Wiedemann/*Wank*, § 4 Rn. 232, die »alte« Arbeitsverhältnisse häufig als von Abschlussnormen nicht erfasst ansehen und für Formvorschriften eine dahingehende Zweifelsregel annehmen.

301 LAG Düsseldorf 17.5.1966, AP Nr. 1 zu § 4 TVG Abschlussverbote, Bl. 3.

302 Vgl. auch Wiedemann/*Wank*, § 4 Rn. 233.

303 BAG 1.12.1977, BB 1978, 358; BAG 5.3.1957 und 20.6.1958, AP Nr. 1 und 2 zu § 1 TVG Rückwirkung.

304 Wiedemann/*Wank*, § 4 Rn. 241; *Däubler/Deinert*, § 4 Rn. 16.

305 Keine Rückwirkung liegt vor, wenn die Tarifvertragsparteien nach In-Kraft-Treten des Tarifvertrags lediglich deklaratorisch seinen Geltungsbeginn feststellen, BAG 23.10.1996 (4 AZR 262/96), EzA § 1 TVG Form Nr. 2.

Rechtpositionen liegt für die Betroffenen im Wesentlichen nicht in der stärkeren wirtschaftlichen Belastung, sondern in der mangelnden Planbarkeit. Während nach Ablauf des Tarifvertrags stets mit einer Verschlechterung der tariflichen Regelungen gerechnet werden muss, ist das Vertrauen auf den Bestand der Normen des Tarifvertrags während seiner Laufzeit schutzbedürftig. Ein solcher Schutz wird zumindest zum Teil durch die allgemeinen Grenzen der Tarifautonomie bewirkt (Grundl. Rn. 188ff.). Das gilt insbesondere dort, wo eine Rückwirkung Eigentumsrechte des Arbeitnehmers beeinträchtigen würde. Auch die (entsprechende) Anwendung des § 138 BGB kann in extremen Fällen zur Unwirksamkeit der rückwirkenden Belastung führen. Bei einer nachträglichen Minderung des bereits erhaltenen Entgelts würde zudem häufig § 818 Abs. 3 BGB einer Rückforderung durch den Arbeitgeber entgegenstehen (genauer unten § 4 Rn. 115). Erweitert man den verfassungsrechtlichen Begriff des Eigentums ähnlich wie bei den vermögenswerten subjektiv öffentlichen Rechten auf jene privatrechtlichen Positionen, die Äquivalent eigener Leistung sind, so wird auch die erlangte Unkündbarkeit des Arbeitnehmers vor rückwirkendem Entzug geschützt.[306] Gleiches gilt dagegen nicht in dem Zeitraum bis zum Erreichen der Unkündbarkeit.[307]

**113** Nach ständiger Rechtsprechung des BAG[308], der das überwiegende Schrifttum zustimmt[309], bestehen jedoch weiter gehende **Restriktionen gegenüber rückwirkenden Tarifverträgen**. Sie werden in den rechtsstaatlichen Grundsätzen gefunden, die verfassungsrechtlich als Grenze der **Rückwirkung staatlicher Gesetze** gesehen werden.[310] Tarifliche Regelungen trügen zwar während ihrer Laufzeit den immanenten Vorbehalt ihrer rückwirkenden Abänderbarkeit durch Tarifvertrag in sich, denn nur dann können die Tarifvertragsparteien aufgrund demokratischer Willensbildung das von ihnen geschaffene Recht neuen Entwicklungen und Erkenntnissen anpassen.[311] Angesichts des Rechtsnormcharakters der Tarifnormen müssten jedoch die Grenzen für ihre Rückwirkung die gleichen sein wie bei derjenigen von Gesetzen. Demnach sei zu unterscheiden zwischen unechter und echter Rückwirkung.[312] Im zuerst genannten Fall werde auf in der Vergangenheit angelegte, noch nicht abgeschlossene Sachverhalte für die Zukunft eingewirkt. Das sei zulässig, wenn die bisherige Regelung nicht geeignet war, Ver-

---

306 Im Ergebnis auch, wenngleich mit anderer Begründung, BAG AP Nr. 11 zu § 4 TVG Günstigkeitsprinzip; Wiedemann/*Wank* § 4 Rn. 254; *Däubler/Deinert*, § 4 Rn. 61; bloße Modifikationen sind dagegen zulässig, vgl. BAG 15. 11. 1995 (2 AZR 521/95), AP Nr. 20 zu § 1 TVG Tarifverträge: Lufthansa = EzA § 315 BGB Nr. 45.

307 Anders, differenzierend, *Däubler/Deinert*, § 4 Rn. 63.

308 BAG 22. 10. 2003 (10 AZR 152/03), NZA 2004, 444; BAG 19. 2. 2003 (4 AZR 11/02), EzA § 611 BGB Kirchliche Arbeitnehmer Nr. 1; BAG 20. 8. 2002 (9 AZR 235/01), EzA § 4 TVG Luftfahrt Nr. 6; BAG 14. 11. 2001 (10 AZR 698/00), EzA § 4 TVG Tarifkonkurrenz Nr. 16; BAG 17. 5. 2000 (4 AZR 216/99), AP Nr. 19 zu § 1 TVG Rückwirkung = EzA § 1 TVG Rückwirkung Nr. 5; BAG 29. 1. 1999 (1 AZR 267/01), EzA § 77 BetrVG 1972 Nr. 71; BAG 20. 4. 1999 (1 AZR 631/98), AP Nr. 12 zu § 77 BetrVG 1972 Tarifvorbehalt = EzA § 77 BetrVG 1972 Nr. 64; BAG 15. 11. 1995 (2 AZR 521/95), AP Nr. 20 zu § 1 TVG Tarifverträge: Lufthansa = EzA § 315 BGB Nr. 45; BAG 23. 11. 1994, AP Nr. 12 zu § 1 TVG Rückwirkung = EzA § 1 TVG Rückwirkung Nr. 3.

309 Statt vieler Wiedemann/*Wank*, § 4 Rn. 237ff., 243ff.; *Däubler/Deinert*, § 4 Rn. 22ff.; Darstellung der Entwicklung der Rechtsprechung und des Schrifttums bei *C. Meyer*, RdA 1998, 143ff.

310 Dazu etwa BVerfG, E 95, 64, 86 = NJW 1997, 722; BVerfG, E 76, 220, 244 = NZA 1988, 73.

311 Grundlegend und ausführlich BAG 23. 11. 1994, AP Nr. 12 zu § 1 TVG Rückwirkung= EzA § 1 TVG Rückwirkung Nr. 3, unter Aufgabe von BAG 28. 9. 1983, AP Nr. 9 zu § 1 TVG Rückwirkung.

312 So die Differenzierung des Ersten Senats des BVerfG. Der Zweite Senat verwendet eine andere Terminologie (Rückwirkung von Rechtsfolgen bzw. tatbestandliche Rückanknüpfung), meint aber wohl nichts grundsätzlich Anderes, vgl. BVerfG, E 72, 200, 242 und dazu *Möller/Rührmair*, NJW 1999, 908f.

trauen des Betroffenen in den Fortbestand zu begründen oder wenn die für die Änderung sprechenden Gründe bei Abwägung dem Vertrauensschutz vorgehen. Der nachträgliche Eingriff in bereits abgewickelte Tatbestände (echte Rückwirkung) könne dagegen nur erfolgen, wenn der Tarifunterworfene im maßgeblichen Zeitpunkt bereits mit einer Änderung der bestehenden Regelung rechnen musste und deshalb keinen Vertrauensschutz genießen kann. Das sei etwa der Fall, wenn eine Regelung sich als ungültig erweist und durch eine rechtlich einwandfreie ersetzt wird.[313]

Der von der **herrschenden Meinung** gewählte Ansatz ist – unbeschadet der Schwierigkeiten einer Abgrenzung zwischen unechter und echter Rückwirkung[314] – in mehrfacher Hinsicht **problematisch.**[315] Er basiert zunächst schon auf der verfehlten Gleichstellung von tariflicher Rechtsnorm und staatlichem Gesetz und der Vorstellung von einer staatlichen Delegation zur Normsetzungsbefugnis (dazu Grundl. Rn. 193 ff.). Zudem hat die für die Begrenzung der Zulässigkeit rückwirkender Gesetze aus dem Rechtsstaatsprinzip entwickelte Doktrin eine Zielrichtung, die grundsätzlich nicht auf die Ausgangslage bei der Vereinbarung von Tarifverträgen übertragbar ist. Dort geht es um den Schutz der Privatautonomie vor dem Staat im allgemeinen Gewaltverhältnis, um die Abwehr staatlicher Omnipotenz und Ingerenz. Demgegenüber ist der Tarifvertrag nicht Ausdruck einseitiger Organisationsmacht, sondern privatautonom legitimiertes Ergebnis von Verhandlungen einander gegenüberstehender Organisationen der am Arbeitsvertrag Beteiligten. Diese Legitimation schließt auch die Zulässigkeit der Vereinbarung rückwirkender Tarifverträge ein. Schließlich werden auch die in der Rechtsprechung des Bundesverfassungsgerichts gezogenen Grenzen zulässiger Rückwirkung allenfalls durch gelegentliche Erwähnung nachvollzogen. So findet die im Falle rückwirkender Gesetze grundlegende Abwägung zwischen Gemeinwohl und Vertrauen des Einzelnen auf Fortbestand der Rechtslage kaum je statt.[316] Hierin dokumentiert sich wohl auch die fehlende Überzeugung von der unmittelbaren Übertragbarkeit der für Gesetze geltenden Restriktionen auf den Tarifvertrag – unbeschadet der ohnedies bestehenden allgemeinen Bedenken gegen eine Gemeinwohlbindung der Tarifvertragsparteien (dazu Grundl. Rn. 172 ff.). Der Schlüssel zum Verständnis der Auffassung des BAG liegt in den Ausführungen, die der 4. Senat anlässlich seiner Änderung der Rechtsprechung in der Entscheidung vom 23. November 1994[317] gemacht hat. Bis dahin galten auch nach Entscheidungen dieses Senats so genannte wohl erworbene Rechte aufgrund ihres vom Arbeitsverhältnis unabhängig gewordenen »Eigendaseins« als geschützt und in die Individualsphäre des Arbeitnehmers gehörend, gleichwohl sollten sie bei Bestehen eines dringenden Bedürfnisses nach einer generellen Regelung noch beeinträchtigt werden können. Das Gericht führt nun aus, es sei nicht zu erkennen, weshalb dann noch eine Veränderung erfolgen können solle; »daher« bedürfe die Frage der Grenzen eines rückwirkenden Eingriffs 114

313 Etwa BAG 22.10.2002 (3 AZR 496/01), AP Nr. 10 zu § 1 BetrAVG Überversorgung.

314 Dazu *Gamillscheg*, Kollektives Arbeitsrecht I, § 17 IV 3a (3), 763; *Däubler/Deinert*, § 4 Rn. 30.

315 Zur Kritik genauer *Stein*, Rn. 116; ähnlich *Neuner*, ZfA 1998, 97 ff., der zivilrechtlichen Vertrauensschutz über den Gedanken des Missbrauchs der Verbandsmacht herbeiführen will; gegen diese Kritik, nicht überzeugend, *Däubler/Deinert*, § 4 Rn. 32, mit dem allerdings weitgehend zutreffenden Hinweis, im praktischen Ergebnis ändere sich nichts; grundsätzlich ablehnend *Zöllner*, RdA 1964, 447.

316 Eine Ausnahme bildet BAG AP Nr. 2 zu § 1 TVG Vorruhestand, wo vom Wohl einer Branche gesprochen wird; zustimmend *Däubler*, Tarifvertragsrecht, Rn. 287.

317 BAG 23.11.1994 (4 AZR 879/93), EzA § 1 TVG Rückwirkung Nr. 3.

in bereits entstandene Ansprüche einer anderen dogmatischen Begründung. Offensichtlich wird angesichts fehlender Möglichkeit einer Inhaltskontrolle des Tarifvertrags der Versuch unternommen, in den den staatlichen Gesetzgeber treffenden Bindungen eine spezielle Grenzen für die Rückwirkung von Tarifverträgen aufzufinden. Versteht man dieses Vorgehen als Abwägung des im Rechtsstaatsprinzip allgemein – und für Arbeitnehmer überdies im Sozialstaatsprinzip – enthaltenen Vertrauensschutzes gegen die Tarifautonomie, wird man das akzeptieren können. Eine Verpflichtung der Tarifvertragsparteien, das Gemeinwohl oder ein diffuses »Branchenwohl« zu beachten, scheidet dabei jedoch aus; allenfalls bei Firmentarifverträgen wäre sie konkretisierbar. Zudem darf die Formel des BAG von der immanenten Schwäche des Tarifvertrags beziehungsweise dem immanenten Vorbehalt seiner rückwirkenden Änderung nicht dahingehend missverstanden werden, dass sie von vorneherein jeglichem Vertrauen die Grundlage entziehen soll. Im Übrigen würde eine Rechtskontrolle unter Verzicht auf die Gleichsetzung von staatlichem Recht und Tarifnorm, wie auch Entscheidungen zeigen, regelmäßig wohl kaum zu anderen Ergebnissen führen.[318]

**115** Arbeitgeber belastende wie Arbeitnehmer belastende rückwirkende Tarifnormen sind daher grundsätzlich **zulässig, soweit der Vertrauensschutz nicht greift**. Das soll nach neuerer Auffassung des Bundesarbeitsgerichts auch für bereits entstandene und fällig gewordene, aber noch nicht abgewickelte Ansprüche des Arbeitnehmers (so genannte **»wohl erworbene Rechte«**) gelten, die aus einer Tarifnorm folgen.[319] Dies erscheint zu undifferenziert. Soweit die betreffenden Tarifansprüche bereits erfüllt sind, könnte das Geleistete ohnehin in aller Regel wegen § 818 Abs. 3 BGB nicht zurückgefordert werden, es sei denn, es hätte ein entsprechender Rückgewährvorbehalt oder eine auflösende Bedingung vorgelegen; die für den Ersatzanspruch des Arbeitgebers nach § 819 Abs. 1 BGB in Verbindung mit §§ 292, 987ff. BGB erforderliche Kenntnis des mangelnden Grundes liegt nicht schon deshalb vor, weil der Arbeitnehmer von dem »immanenten Vorbehalt« rückwirkender Änderung des Tarifvertrags weiß. Ansonsten besteht Eigentumsschutz aus Art. 14 GG. Einen vergleichbaren Eigentumsschutz genießen aber auch (noch nicht abgewickelte) Anwartschaften, z.B. solche auf betriebliche oder überbetriebliche Versorgungsleistungen für die Arbeitnehmer, zumindest dann, wenn sie nicht unwesentlich durch eigene Arbeitnehmerbeiträge mit finanziert worden sind.[320] Entsprechendes gilt für eine noch nicht fällige Jahressonderzahlung, wenn sie als Vergütungsbestandteil anzusehen ist, weil sie weder eine Wartezeit noch den Bestand des Arbeitsverhältnisses bis zum Auszahlungszeitpunkt voraussetzt.[321] Dem gegenüber kann die Entstehung von geschützten Rechten nicht aufgrund der Formel vom »immanenten Vorbehalt rückwirkender Änderung« geleugnet werden[322], da es sich bei ihr nicht um die Beschreibung einer Bedingung im Rechtssinn, sondern um die Kennzeichnung

---

318 Vgl. BAG 29.10.2002 (1 AZR 573/01), EzA § 77 BetrVG Nr. 72 – Kontrolle einer Betriebsvereinbarung; BAG 19.2.2003 (4 AZR 11/02), EzA § 611 BGB 2002 Kirchliche Arbeitnehmer Nr. 1 – Billigkeitskontrolle arbeitsvertraglicher Regelungen anhand des § 315 BGB.

319 BAG 22.10.2003 (10 AZR 152/03), NZA 2004, 444; BAG 29.1.2002 (1 AZR 267/01), EzA § 77 BetrVG 1972 Nr. 71; BAG 17.5.2000 (4 AZR 216/99), AP Nr. 19 zu § 1 TVG Rückwirkung = EzA § 1 TVG Rückwirkung Nr. 5; BAG 20.4.1999 (1 AZR 267/01), EzA § 77 BetrVG 1972 Nr. 71; BAG 23.11.1994, AP Nr. 12 zu § 1 TVG Rückwirkung = EzA § 1 TVG Rückwirkung Nr. 3.

320 Vgl. BVerfG 28.2.1980, E 53, 257, 289ff., ständige Rechtsprechung.

321 BAG 22.10.2003 (10 AZR 152/03), NZA 2004, 444, wo dann allerdings noch geprüft wird, ob der Berechtigte Vertrauensschutz genießt.

322 So aber *Däubler/Deinert*, § 4 Rn. 37, bei eigenem anderen Ausgangspunkt.

tariflicher Macht zur rückwirkenden Inkraftsetzung handelt. Es geht hier aber gerade um die Feststellung der Grenzen dieser Macht.

Im Übrigen wird die Gestaltungsfreiheit der Tarifvertragsparteien zur rückwirkenden Änderung sonstiger tarifvertraglicher Regelungen nach herrschender Auffassung begrenzt durch den rechtsstaatlichen Grundsatz des **Vertrauensschutzes**[323] (vgl. dazu oben). Rückwirkende belastende Eingriffe sind deshalb nur zulässig, wenn die betroffenen Arbeitnehmer mit Änderungen rechnen mussten und auf den Fortbestand der bisherigen Regelungen nicht vertrauen konnten, z.B. weil sich die Tarifvertragsparteien von vornherein eine Veränderung ausdrücklich vorbehalten und den Betroffenen gegenüber bekannt gemacht hatten (genauer § 4 Rn. 120ff.). Dabei soll mit nur geringfügigen Modifizierungen zumindest bei tariflichen Ausnahmeregelungen stets zu rechnen sein.[324] Greift der Tarifvertrag in noch nicht abgeschlossene Sachverhalte und Rechtsbeziehungen ein, die zwar in der Vergangenheit begründet worden sind, aber nur für die Zukunft verändert werden sollen (unechte Rückwirkung)[325], ohne dass gleichzeitig eine eigentumsgeschützte Anwartschaft entstanden ist, so ist das zulässig, wenn nicht das Vertrauensschutzprinzip verletzt wird, auch wenn damit praktisch doch der gesamte Anspruch entwertet wird. Das Vertrauensschutzprinzip hat hier geringeres Gewicht als bei der echten Rückwirkung und soll einer verhältnismäßigen Abwägung mit übergeordneten Gesamtinteressen (z.B. des Erhalts der Arbeitsplätze im Unternehmen oder in der Branche) unterliegen.[326] Angesichts der demographischen und der wirtschaftlichen Entwicklung werden hier vor allem Fälle tariflicher Alters- und Invalidensicherung betroffen sein. Dann erscheinen diese Abwägungskriterien jedoch gegenüber den betroffenen individuellen (und daher zwangsläufig minoritären) Rechtspositionen bei der unechten Rückwirkung tariflicher Regelungen weniger effektiv. Wegen der tariflichen Normwirkung dürfen sie jedoch nicht auf das Schutzniveau des § 1 KSchG gegenüber betriebsbedingten Änderungskündigungen abgesenkt werden. 116

In der Praxis spielen vor allem **rückwirkende Erhöhungen von Tariflöhnen** und -gehältern eine Rolle. Diese sind – anders als rückwirkende Lohn- oder Gehaltsminderungen – ohne weiteres zulässig. Das gilt schon deshalb, weil sie für den Arbeitgeber nicht belastender sind, als eine Verpflichtung zur (künftigen) Einmalzahlung; zudem werden sie in eine Gesamtkostenberechnung einbezogen und wirken sich unter Umständen mindernd auf die zu vereinbarende Lohnsteigerung aus. Problematisch sind allerdings die Konsequenzen für übertarifliche Lohnbestandteile. Das Bundesarbeitsgericht[327] hält auch die rückwirkende Anrechnung von Tariflohnerhöhungen auf übertarifliche Lohn-/Gehaltsbestandteile für zulässig (dazu und zu Weiterem vgl. § 4 Rn. 355ff.). Zur **Rückwirkung von Ausschlussfristen** siehe § 4 Rn. 501. 117

Für die überwiegend als zulässig angesehene **rückwirkende Genehmigung einer gegen § 77 Abs. 3 BetrVG verstoßenden Betriebsvereinbarung** durch Ta- 118

323 Vgl. auch BVerfG 14.5.1986, E 72, 200, 241ff.

324 BAG 15.11.1995 (2 AZR 521/95), AP Nr. 20 zu § 1 TVG Tarifverträge: Lufthansa = EzA § 315 BGB Nr. 45 (mit zutreffend kritischer Anm. von *Ahrens*).

325 Vergleichbar entsprechenden gesetzlichen Eingriffen, BVerfG 23.3.1971, E 30, 392, 402ff. ständige Rechtsprechung.

326 BAG 10.10.1989, AP Nr. 3 zu § 1 TVG Vorruhestand mit zustimmender Anm. von Wiedemann/*Arnold*; *Däubler*, Tarifvertragsrecht, Rn. 287.

327 BAG 10.3.1982, AP Nr. 47 zu § 242 BGB Gleichbehandlung; anders LAG Düsseldorf 30.11.1973, BB 1974, 231.

riföffnungsklausel[328] gilt das Gesagte entsprechend. Ihre Wirkung ist begrenzt durch den Grundsatz des Vertrauensschutzes (siehe auch § 4 Rn. 422 f.).[329]

### *bb) Von der Rückwirkung erfasste Arbeitsverhältnisse*

**119** Eine rückwirkende Änderung des Tarifvertrags durch Tarifvertrag hat nur für jene Arbeitsverhältnisse Bedeutung, in denen sowohl der alte Tarifvertrag als auch der spätere kraft beiderseitiger Tarifgebundenheit galt bzw. gilt. Schwierigkeiten treten hier auf, wenn das Arbeitsverhältnis in der Zwischenzeit beendet worden ist. Zwar können die Tarifvertragsparteien vereinbaren, dass rückwirkende Bestimmungen für bereits ausgeschiedene Arbeitnehmer gelten. Nach Auffassung des Bundesarbeitsgerichts[330] ist dies im Zweifel sogar von den Tarifvertragsparteien gewollt. Dem ist zuzustimmen, soweit es um Anschlusstarifverträge geht. Vorausgesetzt für eine Erstreckung des Tarifvertrags auf den ausgeschiedenen Arbeitnehmer wird dessen Tarifgebundenheit sowohl zur Zeit des (rückdatierten) In-Kraft-Tretens als auch zur Zeit des (später liegenden) Tarifvertragsabschlusses. Nur derjenige Arbeitnehmer könne also nach Beendigung des Arbeitsverhältnisses z. B. noch von einer Lohnerhöhung profitieren, der an den ursprünglichen Tarifvertrag gebunden und zum Zeitpunkt des späteren Abschlusses des Tarifvertrages, also nach seinem Ausscheiden, Mitglied der tarifvertragsschließenden Gewerkschaft war. Das Bundesarbeitsgericht begründet dies damit, dass sonst durch eine Rückwirkung die Tarifautonomie, die Normen nur für Mitglieder der vertragsschließenden Koalitionen schaffen kann, ausgedehnt würde.[331] Nicht dagegen muss der ausgeschiedene Arbeitnehmer auch wieder im betrieblich-fachlichen Geltungsbereich des Tarifvertrages bei einem anderen Arbeitgeber beschäftigt sein. Im Ergebnis führt das zu einer Differenzierung zwischen Arbeitnehmern, die unter Beibehaltung ihrer Gewerkschaftszugehörigkeit nun bei einem anderen Arbeitgeber arbeiten oder arbeitslos sind und solchen, die einen Gewerkschaftswechsel vornahmen, weil der neue Arbeitgeber an einen mit einer anderen Gewerkschaft geschlossenen Tarifvertrag gebunden ist oder die arbeitslos geworden sind und möglicherweise die Gewerkschaft verlassen haben. Der arbeitsrechtliche Gleichbehandlungsgrundsatz kann hier nicht die fehlende Tarifbindung überwinden[332] – wie auch sonst nicht bei »falscher« Organisationszugehörigkeit im Rahmen des § 4 Abs. 1 TVG; die Zugehörigkeit zur tarifvertragsschließenden Organisation ist sachliches Differenzierungsmerkmal.

---

328 BAG 29. 1. 2002 (1 AZR 267/01), EzA § 77 BetrVG 1972 Nr. 71; BAG 20. 4. 1999 (1 AZR 631/98), AP Nr. 12 zu § 77 BetrVG 1972 Tarifvorbehalt = EzA § 77 BetrVG Nr. 64; kritisch *Kittner*, FS Schaub, 414 ff.; siehe auch *Zachert*, JbArbR 41 (2004), 96.

329 BAG, wie zuvor.

330 BAG 20. 6. 1958, 19. 6. 1962 und 30. 4. 1969, AP Nr. 2, 5 und 6 zu § 1 TVG Rückwirkung.

331 Vgl. insbesondere BAG 30. 4. 1969, AP Nr. 6 zu § 1 TVG Rückwirkung, mit weiteren Nachweisen und kritischer, im Ergebnis aber zustimmender Anm. von *Schnorr*; BAG 13. 12. 1995 (4 AZR 603/94), AP Nr. 15 zu § 1 TVG Rückwirkung; BAG 13. 9. 1994 (3 AZR 148/94), AP Nr. 11 zu § 1 TVG Rückwirkung = EzA § 613a BGB Nr. 125 – Übergang des Arbeitsverhältnisses auf nicht tarifgebundenen Arbeitgeber; Wiedemann/*Wank*, § 4 Rn. 242; *Däubler/Deinert*, § 4 Rn. 17, mit weiteren Nachweisen; dagegen mit beachtlichen Gründen *Gamillscheg*, Kollektives Arbeitsrecht I, § 17 IV 3b (2), 765.

332 Anderer Ansicht *Däubler*, Tarifvertragsrecht, Rn. 280, der es für ausreichend ansieht, dass das Arbeitsverhältnis bis zu seinem Ende der Tarifbindung unterlag und einen Anspruch des bei Abschluss des rückwirkenden Tarifvertrages nicht mehr tarifgebundenen Arbeitnehmers aus dem Gleichbehandlungsgrundsatz bejaht.

### cc) *Fehlende Schutzbedürftigkeit*

Nach den oben angeführten Grundsätzen ist die tarifliche Anordnung einer Rückwirkung unproblematisch, wenn die rückwirkenden Normen die Betroffenen **lediglich begünstigen**. Eine ausschließliche Begünstigung aller Betroffenen kann beim Tarifvertrag jedoch niemals eintreten, weil jede Begünstigung der einen Seite (meist der Arbeitnehmer) mit einer Belastung der anderen Seite verbunden ist. Dennoch sind **rückwirkende Belastungen der Arbeitgeber** auch ohne Vorliegen der nach der Rechtsprechung notwendigen Voraussetzungen immer dann ohne weiteres zulässig, wenn der Arbeitgeber **selbst über seine Belastung entscheidet**. Dies ist vor allem beim Firmentarifvertrag der Fall. Der einen Firmentarifvertrag abschließende Arbeitgeber bedarf keines Schutzes vor einem »übergeordneten« Normgeber. Unterzeichnet er einen ihn belastenden Firmentarifvertrag mit rückwirkender Geltung, der in den zeitlichen Geltungsbereich eines vorhergehenden Tarifvertrages eingreift, ist dieser in jedem Fall wirksam.[333] Dasselbe gilt ohne weiteres für den Abschluss eines Tarifvertrages, den ein Arbeitgeberverband im Auftrag eines Arbeitgebers für diesen abschließt (firmenbezogener Verbandstarifvertrag, vgl. dazu § 1 Rn. 29ff.). Aber selbst beim rückwirkenden, einen Arbeitgeber belastenden Verbandstarifvertrag, könnte von einem die Rückwirkung hindernden Verstoß gegen Vertrauensschutzprinzip nur dann gesprochen werden, wenn der betroffene Arbeitgeber den Abschluss des Verbandstarifvertrages tatsächlich nicht unmittelbar beeinflussen konnte, wenn er also einer normsetzenden Gewalt ohne unmittelbare eigene Einflussmöglichkeit »machtlos« gegenüberstand. Die (auch dem Arbeitnehmer offen stehende) Möglichkeit, sich dem zu erwartenden Tarifvertrag durch Austritt aus dem Verband zu entziehen, muss bei dieser Betrachtung wegen ihrer Unzumutbarkeit unberücksichtigt bleiben. Allerdings könnte der Arbeitgeber durch den Wechsel in eine OT-Mitgliedschaft – soweit möglich und zulässig (§ 2 Rn. 116ff.) – allein die Bindung an den Tarifvertrag abstreifen und sich die weiteren Vorteile einer Arbeitgeberverbandszugehörigkeit erhalten. Jedenfalls bedarf der Arbeitgeber keines Vertrauensschutzes, wenn der vertragsschließende Arbeitgeberverband den Abschluss oder das In-Kraft-Treten eines Verbandstarifvertrages von der Einwilligung oder der Genehmigung eines jeden Mitgliedes abhängig macht. Von daher stellen sich rechtliche Probleme bei der Vereinbarung einer Rückwirkung in erster Linie bei Eingriffen in Arbeitnehmerpositionen, der Verschlechterung tarifvertraglicher Bestimmungen zu Lasten der Arbeitnehmer.[334] **120**

Das Vertrauen darauf, dass eine tarifliche Regelung keine rückwirkende Änderung erfährt ist insbesondere dann **nicht schutzwürdig**, wenn mit dieser **gerechnet werden musste**. Dabei kommt es nur auf die Kenntnis der jeweils betroffenen Gruppe (der »betroffenen Kreise«), nicht auf die des Einzelnen an.[335] Insbesondere im Nachwirkungszeitraum eines Tarifvertrags wird damit gerechnet werden müssen, dass Folgetarifverträge rückwirkend in Kraft gesetzt werden[336]; das In-Kraft-Treten von Anschlusstarifverträge knüpft meist an den Zeitpunkt an, zu **121**

---

333 So auch BAG 11.7.1995 (3 AZR 154/95), AP Nr. 56 zu § 1 TVG Tarifverträge: Einzelhandel = EzA § 613a BGB Nr. 130.

334 Wie hier: *Däubler*, Tarifvertragsrecht, Rn. 286; anders Wiedemann/*Wank*, § 4 Rn. 249, sowie *Buchner*, Geltungsbereich, Rn. 162ff., jeweils mit weiteren Nachweisen.

335 BAG 23.11.1994, AP Nr. 12 zu § 1 TVG Rückwirkung = EzA § 1 TVG Rückwirkung Nr. 3.

336 BAG 25.6.2002 (3 AZR 167/01), EzA § 4 TVG Tariflohnerhöhung Nr. 38; BAG 8.9.1999 (4 AZR 661/98), AP Nr. 33 zu § 1 TVG Nachwirkung = EzA § 1 TVG Rückwirkung Nr. 4.

dem der Vorgängertarifvertrag ausgelaufen oder gekündigt worden war. Aber auch eine unklare oder umstrittene Rechtslage oder widersprüchliche Rechtsprechung, über die die Verbände ihre Mitglieder unterrichtet haben, kann die rückwirkende Belastung zulässig erscheinen lassen. Auf eine nichtige Tarifnorm kann Vertrauen nicht gründen.[337] Mit der rückwirkenden Änderung eines noch geltenden Tarifvertrags ist ferner zu rechnen, wenn (und sobald) die Tarifvertragsparteien dies in gemeinsamer Erklärung angekündigt haben oder falls der Verlauf der Tarifvertragsverhandlungen und die Informationen der Koalition jener Arbeitsvertragspartei, für die Einschnitte erfolgen sollen, ohne weiteres eine Rückwirkung erwarten lassen.[338] Allein die Ankündigung der einen Tarifvertragspartei wird jedoch nicht ausreichen, den Vertrauensschutz zu beseitigen. Entsprechendes gilt, wenn die Übernahme einer bestimmten, im konkreten Tarifbereich noch nicht eingeführten Tarifpraxis (Verkürzung der Arbeitszeit ohne vollen Lohnausgleich) zu erwarten sein kann.[339] Dagegen entzieht die Mitteilung eines »Verhandlungsergebnisses« der Tarifvertragsparteien auf einer Betriebsversammlung von diesem Zeitpunkt an den Schutz.[340] Keine Vertrauensgrundlage besteht schließlich, wenn sich die Tarifvertragsparteien von vornherein eine Veränderung ausdrücklich vorbehalten und das den Betroffenen gegenüber bekannt gemacht hatten.[341]

**122** Ohne weiteres kann einer authentischen **Interpretation** (dazu Grundl. Rn. 383) oder einer Klarstellung rückwirkende Geltung zukommen.[342] Die rückwirkende Veränderung des Geltungsbereichs eines bestehenden Tarifvertrages hält das Bundesarbeitsgericht[343] dagegen für nicht zulässig.

### *dd) Überwiegendes Interesse*

**123** Auch wenn das Vertrauen schutzwürdig ist, kann eine Rückwirkung nach herrschender Auffassung zulässig sein, sofern das **mit dem Tarifvertrag verfolgte Interesse überwiegt** (vgl. § 4 Rn. 113). Das wird in erster Linie bei einer unechten Rückwirkung der Fall sein können. Bemerkenswerte Unklarheit herrscht in der Bestimmung des beachtlichen Regelungsinteresses. Während einerseits die »**Gründe des Gemeinwohls**« als solches angeführt werden und dabei insbesondere das Interesse auf Erhaltung der Arbeitsplätze Erwähnung findet[344], wird andererseits das »**Branchenwohl**«[345] oder, neutral, das sich im Tarifvertrag niederschlagende (beiderseitige) **Regelungsinteresse**[346] benannt. Es erscheint banal festzustellen, dass bei einem Tarifvertragsschluss beide Tarifvertragsparteien stets das Ziel (mit)verfolgen, die Existenz der vom Tarifvertrag betroffenen Un-

337 Vgl. auch *Gamillscheg*, Kollektives Arbeitsrecht I, § 17 IV 3a (4), 763; *Däubler/Deinert*, § 4 Rn. 39.
338 Vgl. BAG 17.5.2000 (4 AZR 216/99), AP Nr. 19 zu § 1 TVG Rückwirkung = EzA § 1 TVG Rückwirkung Nr. 5, für entschiedenen Sachverhalt nicht unproblematisch.
339 Zutreffend *Däubler/Deinert*, § 4 Rn. 42.
340 BAG 14.11.2001 (10 AZR 698/00), EzA § 4 TVG Tarifkonkurrenz Nr. 16.
341 BAG 3.11.1982, AP Nr. 18 zu § 5 TVG; BAG 23.11.1994, AP Nr. 12 zu § 1 TVG Rückwirkung = EzA § 1 TVG Rückwirkung Nr. 3.
342 BAG 20.6.2000 (9 AZR 309/99), AP Nr. 15 zu § 3 BUrlG Fünf-Tage-Woche = EzA § 3 BUrlG Nr. 21; BAG 15.11.1995 (2 AZR 521/95), AP Nr. 20 zu § 1 TVG Tarifverträge: Lufthansa = EzA § 315 BGB Nr. 45; BAG 28.5.1980, AP Nr. 8 zu § 1 TVG Tarifverträge: Metallindustrie.
343 BAG 23.9.1981, AP Nr. 35 zu § 1 TVG Tarifverträge: Bau.
344 *Gamillscheg*, Kollektives Arbeitsrecht I, § 17 IV 3a (4), 763.
345 BAG AP Nr. 2 zu § 1 TVG Vorruhestand.
346 *Däubler/Deinert*, § 4 Rn. 45 ff.

ternehmen dieser Branche nicht zu gefährden – was gelegentlich für die Arbeitgeberseite angesichts der internen Wettbewerbssituation schwieriger sein kann als für die Gewerkschaften, die Erhalt jeden Arbeitsplatzes anstreben müssen. Dass die Förderung einer Branche zugleich dem Gemeinwohl dient, kann im Einzelfall zwar zweifelhaft, wird im Allgemeinen aber zu bejahen sein. Auf der anderen Seite ist der willkürliche Umgang der Tarifvertragsparteien mit rückwirkenden Normen nicht zu erwarten. Gibt man demgegenüber dem Schutz der verfassungsrechtlich garantierten Rechte und Rechtsgüter Raum, so wird für die verbleibenden Fälle die Tarifautonomie regelmäßig den Vorrang haben. Damit erweist es sich auch als zutreffend, wenn *Gamillscheg* das Vorliegen eines »klaren Verstoßes« für das Kassieren einer tariflichen Verpflichtung verlangt.[347]

### ee) Nicht rückwirkend Vollziehbares

Begrenzt wird eine grundsätzlich zulässige Rückwirkung außerdem dadurch, dass das rückwirkend Gebotene nachträglich nicht mehr vollziehbar ist.[348] Dies gilt insbesondere für Betriebsnormen im Sinne von § 3 Abs. 2 TVG (z.B. zwingende Einschaltung des Betriebsrates bei Kündigungen über die Regelungen des § 102 BetrVG hinaus) und für Abschlussnormen (z.B. Abschlussgebote und Abschlussverbote bei beabsichtigten Einstellungen). In der Regel werden solche Vorschriften dann jedoch in Verpflichtungen umzudeuten sein, in der Gegenwart einen entsprechenden Zustand herzustellen.[349] **124**

### ff) Besonderheiten bei Bezugnahme

Ist in einem Arbeitsvertrag auf einen Tarifvertrag in seiner jeweiligen Fassung Bezug genommen (dynamische Verweisung, § 3 Rn. 176), so gilt die Bezugnahme auch im Hinblick auf einen rückwirkend ändernden Tarifvertrag. Ob hier noch Vertrauensschutz aus allgemeinen verfassungsrechtlichen Prinzipien hergeleitet werden kann, ist zweifelhaft; auf Grund der Billigkeitskontrolle werden jedoch ähnliche Ergebnisse zu erwarten sein. Bei der Frage, ob die Grundlage für das Vertrauen auf die bestehende Rechtslage beseitigt wurde ist zudem zu berücksichtigen, dass die Kenntnis unorganisierter Arbeitnehmer – als der »beteiligten Kreise« – von den Tarifvertragsverhandlungen geringer sein können als die der gegebenenfalls unterrichteten Gewerkschaftsmitglieder. Soweit eine Gleichstellungsabrede vorliegt (§ 3 Rn. 179ff.) wäre es jedoch konsequent, unterschiedslos zu verfahren. **125**

**Scheidet der Arbeitnehmer** aus dem Arbeitsverhältnis **aus**, erlöschen die Rechte und Pflichten, so dass eine rückwirkende Änderung des Tarifvertrags auf den verwiesen wurde, etwa eine nachträgliche Entgelterhöhung, ins Leere ginge. Allerdings kann die Auslegung der arbeitsvertraglichen Bezugnahmeklausel ergeben, dass künftige, rückwirkende Änderungen des Tarifvertrags auch bereits beendete Arbeitsverhältnisse erfassen sollen.[350] Dann würden insoweit die vertraglichen Verpflichtungen noch nicht erloschen sein. Auch hier gilt jedoch, dass **126**

347 *Gamillscheg*, Kollektives Arbeitsrecht I, § 17 IV 3a (3), 764.

348 *Buchner*, Geltungsbereich, Rn. 171ff.; *Däubler*, Tarifvertragsrecht, Rn. 288; Wiedemann/*Wank*, § 4 Rn. 246.

349 Ausführlich *Däubler/Deinert*, § 4 Rn. 27f.; *Däubler*, Tarifvertragsrecht, Rn. 288; vgl. auch Wiedemann/*Wank*, § 4 Rn. 257, mit weiteren Nachweisen.

350 Zutreffend BAG 6.8.2002 (1 AZR 247/01), EzA § 112 BetrVG 2001 Nr. 1.

die Bezugnahme, wenn sie als Gleichstellungsabrede aufzufassen ist (§ 3 Rn. 179 ff.)[351], im Ergebnis nicht anders wirken kann als bei normativer Geltung des Tarifvertrags für eine beendete Arbeitsbeziehung des tarifgebundenen Arbeitnehmers (oben § 4 Rn. 119). Da dessen Begünstigung nach der Rechtsprechung von seinem weiteren Verweilen in der Gewerkschaft abhängig gemacht wird (oben § 4 Rn. 119), fehlt die homogene Vergleichsgruppe. Ersetzt die Gleichstellungsabrede lediglich die fehlende Tarifgebundenheit des Arbeitnehmers im bestehenden Arbeitsverhältnis, wäre es konsequent, dem nicht Tarifgebundenen den Anspruch zu versagen, denn für seine Erlangung reicht die ursprüngliche Tarifgebundenheit des Gewerkschaftsmitglieds nicht aus.

#### *gg) Rückwirkung von Allgemeinverbindlicherklärungen*

**127** Zur Rückwirkung von Allgemeinverbindlicherklärungen vgl. § 5 Rn. 42.

### 2. Beendigung des Tarifvertrages

**128** Üblicherweise werden Tarifverträge durch **Kündigung** (dazu unter § 4 Rn. 131 ff.) einer der Tarifvertragsparteien beendet. Die Beendigung kann außerdem durch eine **einverständliche Aufhebung** (dazu unter § 4 Rn. 144 f.) und bei auf einen bestimmten Zeitpunkt befristeten oder bei auflösend bedingten Tarifverträgen durch **Fristablauf** oder den **Eintritt der Bedingung** (dazu unter § 4 Rn. 146) eintreten. Weitere, für schuldrechtliche Verträge denkbare Beendigungsgründe wie **Anfechtung** oder **Wegfall der Geschäftsgrundlage** kommen beim Tarifvertrag nicht zur Anwendung (dazu unter § 4 Rn. 147 ff.). Ihre Voraussetzungen lassen aber unter Umständen ein außerordentliches Kündigungsrecht entstehen.

**129** Die **Beendigung** eines Tarifvertrages **auf andere Art und Weise** als durch Kündigung, Fristablauf, Eintritt einer Bedingung oder Aufhebungsvertrag ist nicht möglich. Der Wegfall der Tariffähigkeit (dazu näher § 2 Rn. 138 ff. und § 4 Rn. 141) oder der Tarifzuständigkeit einer Tarifvertragspartei (dazu näher § 2 Rn. 177), die Veräußerung eines Unternehmens und der Untergang einer Tarifvertragspartei (dazu näher § 3 Rn. 66 ff.) lassen die Geltung des Tarifvertrags im Interesse der geschützten Arbeitnehmer unberührt.

**130** Von den Möglichkeiten zur Beendigung eines Tarifvertrages **zu unterscheiden** ist die **Unwirksamkeit** oder **Nichtigkeit** tarifvertraglicher Bestimmungen. Bei Nichteinhaltung der Schriftform des § 1 Abs. 2 TVG und bei Verstößen gegen die Verfassung oder zwingende einfache Gesetze sind tarifvertragliche Bestimmungen von Anfang an unwirksam. Der Tarifvertrag tritt gar nicht erst in Kraft; es stellt sich insoweit also nicht die Frage seiner Beendigung.

### a) Beendigung durch Kündigung

#### *aa) Ordentliche Kündigung*

**131** In aller Regel enthalten Tarifverträge Bestimmungen darüber, mit welcher Frist und zu welchem Zeitpunkt sie ordentlich gekündigt werden können. Den Tarifvertragsparteien ist es auch insoweit **freigestellt, was sie festlegen**. Sie können

---

351 Mangels Tarifbindung des Arbeitgebers kam dies in der zuvor angeführten Entscheidung nicht in Betracht.

sogar die jederzeitige fristlose Kündigung sowie die im Arbeitsvertragsrecht grundsätzlich ausgeschlossene Teilkündigung (vgl. dazu auch § 4 Rn. 142) vereinbaren. Ein praktisches Beispiel hierfür ist § 74 Abs. 2 Unterabs. 4 BAT. Diese Tarifnorm erlaubt die fristlose Kündigung der Anlagen 1a und 1b (Vergütungsordnung) zum BAT und beinhaltet damit jedenfalls nach Auffassung des Bundesarbeitsgerichts[352] zugleich das Recht zur Teilkündigung.[353]

**Fehlt eine Kündigungsvereinbarung** im Tarifvertrag, wird teilweise die Zulässigkeit einer jederzeitigen fristlosen Kündigung[354], überwiegend aber die Geltung einer Kündigungsfrist von drei Monaten analog der für Betriebsvereinbarungen geltenden Regel des § 77 Abs. 5 BetrVG angenommen.[355] Keine dieser Auffassungen ist zwingend begründbar. Allein aus dem Fehlen jeglicher tarifvertragsgesetzlicher Kündigungsregelungen kann angesichts des Diskussionsstands zur Zeit der Entstehung der Tarifvertragskodifikation[356] nicht schon auf einen Ausschluss jeder nicht tariflich vorgesehenen Kündigungsmöglichkeit geschlossen werden.[357] Da sich die Erwartungen des Verordnungsgebers von 1918 auf künftige legislative Klärung der Kündigungsmodalitäten nicht erfüllt haben und das Problem bei der Entstehung des Tarifvertragsgesetzes 1948/49 nicht mehr diskutiert wurde, war nunmehr hinsichtlich der Kündigung von Tarifverträgen mit unbestimmter Dauer eine Lücke entstanden. Zwar werden Fälle selten sein, in denen die Tarifvertragsparteien nicht selbst eine Kündigungsmöglichkeit vorsehen würden. In Verbandstarifen treten sie fast niemals auf, doch sind sie insbesondere bei Firmentarifverträgen nicht ganz auszuschließen. So bleibt ein Bedarf, die gesetzliche Lücke zu schließen. Wegen der normähnlichen Wirkung von Betriebsvereinbarungen und der auch sonst den Firmentarifen vergleichbarer Interessenlage erscheint deshalb eine Analogie zu § 77 Abs. 5 BetrVG gerechtfertigt. Der ohne eigene Kündigungsregel auf unbestimmte Dauer geschlossene Tarifvertrag kann deshalb mit einer Frist von drei Monaten gekündigt werden. **132**

Eine andere Situation besteht bei den so genannten **überlangen Tarifverträgen**. Sie sind fest für eine bestimmte, erhebliche Zeit abgeschlossen, ohne dass während dieser Zeit eine Kündigung erfolgen können soll (z.B. Stufentarife, vgl. § 3 Rn. 63). Es fehlt hier nicht die gesetzliche Regelung einer Kündigungsmöglichkeit, sondern diese ist einverständlich auf Zeit ausgeschlossen. Zwar mag es dabei befristet zu einem weitgehenden Verzicht der Tarifvertragsparteien auf ihre eigene Regelungsmacht kommen.[358] Doch ist dieser Fall nicht mit dem der dynamischen Dauerbezugnahme auf die jeweiligen Tarife anderer Tarifvertragsparteien vergleichbar, welche wegen gänzlichem Verzicht auf die eigene Rege- **133**

---

352 BAG 3.12.1985, AP Nr. 1 und 2 zu § 74 BAT.

353 Kritisch zu dieser Auffassung *Hagemeier*, PersR 1984, 20f.

354 So heute nur noch *Koberski/Clasen/Menzel*, § 1 Rn. 181.

355 Herrschende Meinung, Wiedemann/*Wank*, § 4 Rn. 22, mit weiteren Nachweisen; *Löwisch/Rieble*, § 1 Rn. 507; *Däubler*, Tarifvertragsrecht, Rn. 1435; *Oetker*, RdA 1995, 91f.; ausdrücklich dahingehende Tendenz formuliert in BAG 18.6.1997 (4 AZR 710/95), EzA § 1 TVG Fristlose Kündigung Nr. 3; offen gelassen in BAG 10.11.1982, AP Nr. 8 zu § 1 TVG Form = EzA § 1 TVG Nr. 16.

356 Allgemeine Anerkennung eines ordentlichen Kündigungsrechts, aber Streit über die Tatbestandsvoraussetzungen, vgl. *Oetker*, RdA 1995, 83f.

357 *Oetker*, RdA 1995, 88.

358 Allgemein »besonders lange« Kündigungsfristen als Verstoß gegen die immanenten Grenzen der Tarifautonomie ansehend BAG 17.5.2000 (4 AZR 363/99), EzA § 3 TVG Nr. 19, im Hinblick auf den Stufentarifvertrag Metallindustrie Sachsen-Anhalt von 1991 eine Grundrechtsverletzung jedoch verneinend; siehe auch BAG 10.11.1982, EzA § 1 TVG Nr. 16.

lungsmacht unzulässig ist.[359] Beim überlangen Tarifvertrag bleibt der gesamte Inhalt der langfristig vereinbarten Regelungen Ergebnis der unmittelbaren Entscheidung der Tarifvertragsparteien selbst zugunsten der (jederzeit einverständlich oder gegebenenfalls auch durch außerordentliche Kündigung – vgl. § 4 Rn. 134 ff. – wieder aufhebbaren) Dauerregelung. Es wäre deshalb eine unzulässige Tarifzensur, hier pauschal die Regelung des § 624 BGB (Kündigungsmöglichkeit nach Ablauf von fünf Jahren) analog anwenden zu wollen, zumal die kollektive Koalitionsfreiheit auch außerhalb der Tarifautonomie durch andersartige Regelungen kollektiver Selbstbestimmung wahrnehmbar ist.[360]

### *bb) Kündigung aus wichtigem Grund*

**134** Unabhängig von tarifvertraglichen Vereinbarungen über fristgemäße (ordentliche) Kündigungen können – auch befristete (unten § 4 Rn. 146) Tarifverträge, die Regelungen von Arbeitsbedingungen enthalten, gemäß § 314 BGB fristlos gekündigt werden, wenn ein wichtiger Grund dafür vorliegt. Dabei kann dahin stehen, ob die Vorschrift unmittelbar oder nur analog anwendbar ist. Gegen eine unmittelbare Anwendung spricht der (auch) normative Charakter der tariflichen Regelungen. Auf der anderen Seite wurde in § 314 BGB nur ein allgemeines Prinzip in das Gesetz aufgenommen, dessen Geltung auch im Hinblick auf die Rechtsnormen des Tarifvertrags nicht umstritten war. Nach der angeführten Vorschrift ist ein Vertrag, der ein Dauerschuldverhältnis begründet[361], ohne Einhaltung einer Kündigungsfrist kündbar, sofern Tatsachen vorliegen, aufgrund derer dem Kündigenden unter Berücksichtigung aller Umstände des Einzelfalles und unter Abwägung der Interessen beider Vertragsteile die Fortsetzung des Vertrages bis zur vereinbarten Beendigung des Vertrages oder bis zum Ablauf der Kündigungsfrist nicht zugemutet werden kann. Gemäß § 314 Abs. 3 BGB muss in einem solchen Fall die Kündigung außerdem innerhalb einer angemessenen Frist nach Kenntnis des Kündigungsberechtigten von den für die fristlose Kündigung maßgebenden Tatsachen erfolgen. Bei Vorliegen des sonst »typischen« außerordentlichen Kündigungsgrundes, nämlich bei einer schwerwiegenden, Vertrauens zerstörenden Vertragsverletzung, ist die Kündigung erst nach erfolglosem Ablauf einer zur Abhilfe bestimmten Frist bzw. nach erfolgloser Abmahnung möglich (§ 314 Abs. 2 BGB). Nicht entsprechend anwendbar sind die restriktiven Regeln des § 314 Abs. 2 BGB jedoch auf die viel problematischeren Fälle der fristlosen Tarifvertragskündigung aus wirtschaftlichen Gründen. Schon dies zeigt, dass eine wirtschaftliche Notlage als »wichtiger Grund« im Sinne des § 314 Abs. 1 BGB nur in seltenen und eng begrenzten Ausnahmesituationen überhaupt zulässig sein kann.

**135** **Wirtschaftliche Unzumutbarkeit** kommt **als wichtiger Grund** für die fristlose Kündigung eines Tarifvertrages nur dann in Betracht, wenn die bei Tarifvertragsschluss zu Grunde gelegten ökonomischen Bedingungen sich so fundamental verändert haben, dass sie **völlig außerhalb des eingegangenen Vertragsrisikos** liegen. Eine solche Kündigung ist nicht schon bei jeder Veränderung der wirt-

---

359 Vgl. BAG 9.7.1980, AP Nr. 7 zu § 1 TVG Form.

360 Anderer Ansicht *Löwisch/Rieble*, § 1 Rn. 174 f., 508; *Hanau/Kania*, DB 1995, 1230, die § 624 analog heranziehen.

361 Das wäre bei einem Tarifvertrag dann nicht der Fall, wenn er lediglich eine einmalige Leistungsverpflichtung – etwa als bloß schuldrechtliche Abrede – enthielte.

schaftlichen Verhältnisse zulässig. Um das Festhalten an einem Tarifvertrag als einer Tarifvertragspartei nicht mehr zumutbar ansehen zu können, bedarf es schwerwiegender, den Tarifvertragsparteien bei Abschluss des Vertrages unvorhersehbarer Ereignisse.[362] Jeder Tarifvertrag trägt als Dauerrechtsverhältnis das notwendige prognostisch kalkulierte Risiko einer günstigen oder ungünstigen Veränderung der wirtschaftlichen Rahmenbedingungen (z.B. Konjunkturverlauf, Währungsrelationen, Belastung mit öffentlichen Abgaben usw.) nach Vertragsabschluss in sich. Seine normative Wirkung soll die ökonomische Situation der Tarifgebundenen gerade angesichts solcher allfälligen Unsicherheiten durch kollektives Versprechen wenigstens individuell stabilisieren helfen; es bleibt trotzdem noch ein erhebliches persönliches Risiko für die einzelnen Arbeitgeber wie Arbeitnehmer durch Insolvenz und Kündigung bestehen. Auf kollektiver Ebene existieren hinreichende Möglichkeiten der Abfederung des Risikos von wirtschaftlichen Fehleinschätzungen, indem angemessene Laufzeiten, Kündigungsfristen und gegebenenfalls auch (z.B. lebenshaltungskostenbestimmte) Anpassungsklauseln vereinbart werden. Die fristlose Tarifkündigung aus wirtschaftlicher Unzumutbarkeit setzt deshalb tendenziell voraus, dass die mögliche Beendigung des Tarifvertrages weit entfernt liegt.[363] Mit der zeitlichen Entfernung wächst die wirtschaftliche Belastung und zudem wird ein Abwarten unzumutbarer (dazu folgende Rn.). Da jede Tarifvertragspartei ihr eigenes typisches Markt- und Wirtschaftsrisiko ohnehin zu tragen hat[364], das ihr durch Einräumung einer außerordentlichen Kündigung auch nicht abgenommen werden darf, sind bei der inhaltlichen Bewertung des wichtigen Grundes für die Kündigung nur Entwicklungen und Veränderungen solcher wirtschaftlicher Bedingungen bedeutsam, von denen beide Tarifvertragsparteien beim Abschluss nachweisbar übereinstimmend ausgegangen waren.[365] Der entsprechende Nachweis muss sich dabei nicht ausdrücklich in Verhandlungsniederschriften, Protokollnotizen oder gemeinsamen Verlautbarungen finden, sondern kann auch anhand von einzelnen Presseerklärungen, Interviews, Beiträgen in Verbandszeitschriften, Mitgliederrundschreiben oder ähnlichem geführt werden. Bereits bei Vertragsschluss vorhandene und erkennbare Gründe rechtfertigen die außerordentliche Kündigung nicht.[366] Mit dem Erfordernis der **schwerwiegenden Veränderung der bei Abschluss des Vertrages zugrunde gelegten Bedingungen** werden zugleich auch dogmatische Elemente der Lehre vom Wegfall der Geschäftsgrundlage aufgenommen[367], wobei zudem hier wie dort im Rahmen der Zumutbarkeit eine gewisse beiderseitige Abwägung der Individualinteressen verlangt wird; doch ist diese Theorie und damit auch § 313 BGB hier gerade nicht selbständig anwendbar (vgl. § 4 Rn. 148).[368]

362 *Däubler*, Tarifvertragsrecht, Rn. 1444, der als Beispiel eine hoheitlich verordnete Betriebsschließung und eine Entwertung von Tariflöhnen durch inflationäre Entwicklungen von mehr als 40 % seit Tarifabschluss nennt. Im Ergebnis ähnlich *Wiedemann/Stumpf*, 5. Aufl., § 4 Rn. 23, 28, deren Begründung jedoch nicht akzeptiert werden kann, weil auch hier eine angebliche Ordnungsaufgabe des Tarifvertrages unter Außerachtlassung des eigentlichen Sinns von Tarifverträgen in den Vordergrund gestellt wird, vgl. dazu näher § 2 Rn. 5 ff.

363 *Löwisch/Rieble*, § 1 Rn. 528 f.; *Zachert*, RdA 1996, 149.

364 Vgl. *Wiedemann/Stumpf*, § 4 Rn. 28; anders jetzt Wiedemann/*Wank*, § 4 Rn. 56.

365 Vgl. *Oetker*, RdA 1995, 94; *Zachert*, RdA 1996, 149.

366 Zutreffend Wiedemann/*Wank*, § 4 Rn. 29.

367 Vgl. *Oetker*, RdA 1995, 94; *Zachert*, Vortrag, 1.

368 *Henssler*, ZfA 1994, 493.

136 Vorausgesetzt für eine fristlose Kündigung des Tarifvertrags ist zudem, dass der wichtige Grund es der **Vertragspartei unzumutbar** macht, den Vertrag bis zu seinem programmierten Ende weiterzuführen (vgl. auch den Wortlaut des § 314 Abs. 1 Sätze 1 und 2 BGB). Vertragsparteien sind beim Verbandstarifvertrag nur die Verbände, so dass es lediglich darauf ankommt, ob für einen von ihnen das Festhalten am Tarifvertrag unzumutbar ist. Lediglich beim Firmentarifvertrag kommt es insoweit auf den individuellen Arbeitgeber an.[369] Der Arbeitgeberverband kann daher die Kündigung nicht darauf stützen, die Durchführung sei Mitgliedern unzumutbar, da sie durch das Festhalten am Vertrag in unvorhergesehene wirtschaftliche Schwierigkeiten gerieten und Unternehmen und Arbeitsplätze gefährdeten. Das wäre zudem schon deshalb nicht hinzunehmen, da andernfalls das, aus welchen Gründen auch immer, ökonomisch schwächste Mitglied als »Sollbruchstelle« Ob und Wann der außerordentlichen Kündigung für alle verbandsangehörigen Arbeitgeber definierte. Entgegen einer insbesondere im Schrifttum verbreiteten Auffassung[370] ist aber auch nicht auf die Unzumutbarkeit für eine Mehrzahl von Arbeitgebern oder für Arbeitgeber, die im Verband die Mehrzahl von Arbeitsverhältnissen bündeln, abzustellen, mag das auch ein Anlass für eine einverständliche Vertragsrevision sein. Allerdings schlagen die ökonomischen Probleme der Mitglieder zwangsläufig (z.B. durch Beitragsrückgänge oder Austritte) auf deren Tarifvertragsparteien durch, so dass diese mittelbar von der ökonomischen Lage der Mitglieder abhängen.[371] Die fristlose Kündigung eines kollektiven Vertrages lässt sich jedoch nur über die Unzumutbarkeit seiner Fortführung für den Arbeitgeberverband bzw. die Gewerkschaft begründen. Demzufolge läuft die Unzumutbarkeit als inhaltliche Voraussetzung für eine fristlose Kündigung hier darauf hinaus, dass die Fortsetzung des Tarifvertrages den weiteren Bestand der kündigenden Tarifpartei im jeweiligen Arbeitsmarktsektor (Geltungsbereich) direkt und objektiv gefährdet und damit auch die Durchführung des Tarifvertrages selbst unmittelbar in Frage gestellt ist.[372] Aus einer solchen Situation, in der auch die Regelungskompetenz der betreffenden Koalition im Bereich der Arbeits- und Wirtschaftsbedingungen ernstlich zweifelhaft wird, kann im Übrigen ohnehin die tarifliche Gegenseite gehalten sein, Verhandlungen über Entlastungsmöglichkeiten aus dem Gedanken komplementärer Tarifverantwortung für den entsprechenden Tarifsektor zu führen; dem entspricht allerdings (wegen Unvereinbarkeit mit der Tarifautonomie) kein konkret durchsetzbarer Anspruch auf Tarifverhandlungen (siehe auch folgende Rn.).[373]

137 Sollten alle erforderlichen Voraussetzungen vorliegen, so kann eine fristlose Tarifkündigung dennoch weiterhin unzulässig sein, wenn noch **andere Möglichkeiten** bestehen, die wirtschaftlich bedingte Gefährdung einer Tarifvertragspartei zu beseitigen. Die fristlose Kündigung muss also immer das äußerste Mittel (**ultima ratio**) sein.[374] Sie wäre rechtswidrig, wenn die Anlass gebenden Schwie-

369 Dazu, im konkreten Fall wirtschaftliche Unzumutbarkeit verneinend, BAG 9.12.1999 (6 AZR 299/98), AP Nr. 14 zu § 1 BAT-O = EzA § 4 TVG Geltungsbereich Nr. 13; siehe auch *Kast/Freihube*, BB 2003, 957ff.

370 *Oetker*, RdA 1995, 95; *Otto*, FS Kissel, 797; Wank, FS Schaub, 769; wohl auch BAG 18.2.1998 (4 AZR 363/96), AP Nr. 3 zu § 1 TVG Kündigung (mit Anm. von *A. Stein*, SAE 1999, 103); *Buchner*, NZA 1993, 298. Zur Problematik der Unzumutbarkeitsfeststellung auf dieser Grundlage siehe *A. Stein*, a.a.O.

371 Vgl. *Otto*, FS Kissel, 205; a.A. *Oetker*, RdA 1995, 95; *Buchner*, NZA 1993, 298; *Löwisch/Rieble*, § 1 Rn. 531.

372 Vgl. auch *Däubler/Deinert*, § 4 Rn. 135f.

373 Vgl. *Oetker*, RdA 1995, 95; auch BAG 14.11.1958, AP Nr. 4 zu § 1 TVG Friedenspflicht, a.A. *Otto*, FS Kissel, 792f.

374 *Zachert*, RdA 1996, 149; *Oetker*, RdA 1995, 95f.

rigkeiten z.B. durch verbandsinterne Mittel beseitigt werden können. Sieht der Tarifvertrag die Möglichkeit von Teilkündigungen (dazu § 4 Rn. 142) vor, so ist zunächst diese auszusprechen. Da die Vertragsanpassung im Verhältnis zur außerordentlichen Kündigung des Tarifvertrags das mildere Mittel ist, obliegt es der die Kündigung planenden Tarifvertragspartei auch wenn der Tarifvertrag keine Nachverhandlungsklausel enthält, den Versuch zu unternehmen, einen Änderungstarifvertrag zu vereinbaren. Unterlässt sie das, ist eine gleichwohl ausgesprochene Kündigung wegen Verstoßes gegen das Ulima-Ratio-Prinzip unwirksam.[375] Eine fristlose »Änderungskündigung« des Tarifvertrages wäre ohne ausdrückliche tarifvertragliche Vereinbarung dagegen angesichts der Ablehnung des erfolgten Änderungsangebots kein milderes Mittel gegenüber der Beendigungskündigung, sondern nur eine mögliche Verhandlungsstrategie im Zusammenhang mit einer ohnehin erforderlichen Beendigungskündigung.[376] Bedeutsam für die Prüfung des Ulima-Ratio-Prinzips ist ferner, dass die fristlose Kündigung des Tarifvertrages nicht die Nachwirkung seiner Rechtsnormen gemäß § 4 Abs. 5 TVG für die bestehenden Arbeitsverhältnisse beendet. Da die individualrechtlich fortgeltenden Tarifregelungen danach individuell (z.B. durch Änderungskündigungen oder Änderungsverträge) außer Kraft gesetzt werden dürfen, macht die Nachwirkung den Konfliktlösungseffekt der fristlosen Tarifkündigung aus wirtschaftlicher Unzumutbarkeit auch keineswegs zunichte, so dass für eine »teleologische Reduktion« des § 4 Abs. 5 TVG in solchen Fällen kein Anlass besteht.[377]

Bekanntestes Beispiel einer wirtschaftlich motivierten fristlosen Tarifkündigung war die Kündigung der Stufentarifverträge in der Metall- und der Stahlindustrie (1991) in den »neuen« Bundesländern durch die Arbeitgeberseite von 1993, welche freilich erfolgte, obwohl eine tariflich vorgesehene Revisionsklausel nicht wahrgenommen wurde und die deshalb gegen das Ulima-Ratio-Prinzip (vgl. § 4 Rn. 137) verstoßen haben dürfte.[378] Die Rechtmäßigkeit der hiergegen gerichteten Arbeitsniederlegungen ist umstritten geblieben[379], dürfte jedoch entweder (bei Wirksamkeit der Kündigung) arbeitskampfrechtlich ganz unproblematisch oder (bei Unwirksamkeit der Kündigung) unter dem Aspekt des Zurückbehaltungsrechts nach § 273 BGB individualrechtlich zulässig gewesen sein.[380] Die rasche tarifpolitische Lösung jenes Konflikts zeigt im Übrigen, dass *Oetkers* rechtspolitische Bedenken gegen die Zulässigkeit von Arbeitsniederlegungen im Falle wirtschaftlich begründeter fristloser Tarifkündigungen[381] wenig realistisch sind. Überdies wäre die Berufung der fristlos kündigenden Partei auf eine fortbestehende Friedenspflicht aus dem umstrittenen Tarifvertrag widersprüchlich 138

---

375 BAG 18.12.1996 (4 AZR 129/96), AP Nr. 1 zu § 1 TVG Kündigung = EzA § 1 TVG Fristlose Kündigung Nr. 2 (mit insoweit zustimmender Anm. von *Rieble*); *Belling*, NZA 1996, 906, 911; siehe auch *Oetker*, RdA 1995, 62.

376 Anderer Ansicht *Oetker*, RdA 1995, 96; *Löwisch* NJW 1997, 908f.; *Wank*, FS Schaub, 778ff.; differenzierend (außerordentliche Beendigungskündigung mit Auslauf- und Verlängerungsfrist) *C. Meyer*, RdA 1998, 150.

377 *Buchner*, NZA 1993, 299; *Zachert*, NZA 1993, 301; *Rieble*, Anm. zu BAG 18.12.1996 (4 AZR 129/96), EzA § 1 TVG Fristlose Kündigung Nr. 2; a.A. *Bauer/Diller*, DB 1993, 1030; *Belling* NZA 1996, 911; *Otto*, FS Kissel, 794; *Oetker*, RdA 1995, 95; de lege ferenda *C. Meyer*, RdA 1998, 150.

378 Dazu *Buchner*, NZA 1993, 289 einerseits und *Zachert*, NZA 1993, 299 andererseits.

379 Zulässig: ArbG Stralsund 13.5.1993, AuA 1993, 219 (mit zustimmender Anm. von *Zachert*); *Walker*, NZA 1993, 769ff.; unzulässig: *Otto*, FS Kissel, 808; *Steffan*, JuS 1993, 1032; *Oetker*, RdA 1995, 101ff.

380 *Walker*, NZA 1993, 769ff.

381 *Oetker*, RdA 1995, 102.

und daher treuwidrig. Gerade angesichts einer Zunahme von Firmentarifverträgen darf die nur ganz ausnahmsweise zulässige fristlose Tarifkündigung aus wirtschaftlichen Gründen nicht ohne wirtschaftliche Sanktionsmöglichkeiten für die Gegenseite bleiben, weil sie andernfalls zur praktisch weitgehend risikolosen »Notbremse« des Tarifvertrages werden könnte.

**139** In der Praxis ist die **fristlose Kündigung** von Tarifverträgen **wegen einer Pflichtverletzung** (vgl. § 314 Abs. 2 BGB) von geringer Bedeutung. Fälle einer schweren Vertragsverletzung durch eine Tarifvertragspartei, die den Fortbestand des Tarifvertrages für die Gegenseite als unzumutbar erscheinen lassen, sind selten. Das Bundesarbeitsgericht[382] hat z.B. einer Gewerkschaft das Recht zur fristlosen Kündigung von Tarifverträgen für den Fall zugestanden, dass der Arbeitgeberverband zugesagte Tarifvertragsverhandlungen später ablehnt oder den Eintritt in diese Verhandlungen in nicht angemessener Weise schuldhaft verzögert. *Wiedemann/Wank*[383] nennen als Beispiel einen Verstoß gegen die Friedenspflicht durch tarifwidrige Aussperrung oder tarifwidrigen Streik, weisen dabei aber zu Recht darauf hin, dass auch dies nur dann einen Grund zur außerordentlichen Kündigung gibt, wenn die Verstöße derart schwerwiegend sind, dass nicht nur eine Zusammenarbeit zwischen den Tarifvertragsparteien, sondern gerade das Weitergelten der Norm für eine der Tarifvertragsparteien unzumutbar ist und dass eine fristlose Kündigung nur als letztes Mittel in Betracht kommt.

**140** Eine **Pflicht zur unverzüglichen Mitteilung des Kündigungsgrundes** auf Verlangen des anderen Teils ist in § 314 BGB, anders als in der speziellen Vorschrift des § 626 Abs. 2 Satz 3 BGB nicht vorgesehen. Sie ergibt sich jedoch bei der wirtschaftlichen Unzumutbarkeit zwangsläufig aufgrund der durch das Ultima-Ratio-Prinzip geforderten Obliegenheit nachzuverhandeln, ehe gekündigt wird (oben § 4 Rn. 137), im Falle des § 314 Abs. 2 BGB durch die Abmahnung bzw. die Notwendigkeit, eine Frist zur Abhilfe zu setzen.[384] Die Kündigung muss innerhalb angemessener Frist nach Kenntnis des Kündigungsgrundes erfolgen. Während in den Fällen der Pflichtverletzung eine Orientierung an der kurzen Zweiwochenfrist des § 626 Abs. 2 BGB erfolgen kann, scheint das für die Kündigung wegen wirtschaftlicher Unzumutbarkeit – zumal bei schleichenden Entwicklungen – zu schematisch. Ein sehr langes Abwarten des Kündigungsberechtigten nährte allerdings Zweifel an der Schwere der Belastung und der Unzumutbarkeit der Erfüllung des Tarifvertrags bis zu seiner ordentlichen Kündigung.

**141** **Kein Grund für eine außerordentliche Kündigung** kann schließlich im Wegfall der Tariffähigkeit[385] oder in der Auflösung einer Tarifvertragspartei gesehen werden (vgl. dazu im Einzelnen § 2 Rn. 138ff.). Ebenso rechtfertigen der Wegfall der Tarifzuständigkeit einer Tarifvertragspartei (dazu näher § 2 Rn. 177) und die Veräußerung eines Unternehmens (dazu näher § 3 Rn. 88ff.) keine außerordentliche Kündigung.[386]

---

382 BAG 14.11.1958, AP Nr. 4 zu § 1 TVG Friedenspflicht.

383 Wiedemann/*Wank*, § 4 Rn. 54.

384 In der Begründung anders *Däubler/Deinert*, § 4 Rn. 122: Analogie zu § 626 BGB.

385 Anderer Ansicht Wiedemann/*Wank*, § 4 Rn. 51; für Ausnahmefälle und nur für die Partei, deren Tariffähigkeit oder -zuständigkeit entfällt, *Däubler/Deinert*, § 4 Rn. 126.

386 Ebenso *Däubler*, Tarifvertragsrecht, Rn. 1447.

### cc) Teilkündigung

142 In der Regel kann eine Kündigung nur den gesamten Tarifvertrag erfassen. Teilkündigungen von nur einzelnen tarifvertraglichen Bestimmungen oder von Regelungsabschnitten eines Tarifvertrages sind jedoch möglich, wenn dies im Tarifvertrag vereinbart worden ist[387] (vgl. im Übrigen schon zuvor § 3 Rn. 131 mit praktischem Beispiel). Wegen des in Tarifverträgen vorhandenen wirtschaftlichen Zusammenhangs sämtlicher Regelungen und der vielfachen kompensatorischen Gestaltung einzelner Komplexe im Hinblick auf andere Regelungsbereiche ist es nicht zulässig, allein aus der Tatsache einer in sich geschlossenen Teilregelung auf die Vereinbarung ihrer isolierten Kündbarkeit zu schließen.

### dd) Form der Kündigung

143 Für die Kündigung von Tarifverträgen ist gesetzlich keine Schriftform vorgeschrieben. Diese wird jedoch in der Regel in Tarifverträgen vereinbart und empfiehlt sich aus Gründen der Rechtssicherheit dringend, obwohl bei Fehlen der Formvereinbarung auch die (eindeutig erklärte) formlose Kündigung wirksam ist – wie der Umkehrschluss aus § 1 Abs. 2 TVG ergibt.[388] Kündigungsberechtigt ist die Partei des Tarifvertrags. Hat der im Tarifvertrag Bezeichnete, etwa eine Spitzenorganisation, als Vertreter gehandelt und ist das Vertretungsverhältnis nicht schriftlich aufgenommen worden, so findet mangels weiterer Anhaltspunkte § 164 Abs. 2 BGB Anwendung; der Bezeichnete ist Partei und allein zu Kündigung befugt.[389] Ist Schriftform für die Kündigung vereinbart und nicht eingehalten worden, so ist die Kündigung nichtig (§ 125 Satz 2 BGB). Allerdings wird man bei einer Hinnahme der Kündigung und ihre Duldung durch den Erklärungsempfänger, jedenfalls wenn dies über längere Zeit geschieht, einen Formverzicht sehen und die spätere Berufung auf den Formverstoß als treuwidrig verwerfen können.[390] Auch im Übrigen gelten für die Kündigung die Grundsätze des BGB.[391] Insbesondere können Kündigungen als einseitig empfangs bedürftige Willenserklärungen nach Zugang beim Empfänger nicht mehr zurückgenommen werden.

## b) Einverständliche Aufhebung

144 Tarifverträge können auch einverständlich durch Aufhebungsvertrag beendet werden. Dieser bedarf entgegen einer überwiegend abgelehnten Entscheidung des Bundesarbeitsgerichts[392] der Schriftform des § 1 Abs. 2 TVG. Das Schriftformerfordernis folgt schon daraus dass der Abschluss des Aufhebungsvertrags »actus contrarius« zum – der Schriftform unterliegenden – Abschluss des Tarif-

---

387 *Däubler/Deinert*, § 4 Rn. 173; *Löwisch/Rieble*, § 1 Rn. 362; Wiedemann/*Wank*, § 4 Rn. 24; *Zachert*, AuR 1993, 294; a. A. *Oetker*, RdA 1995, 98; *Kast/Freihube*, BB 2003, 959.

388 Im Ergebnis ebenso Wiedemann/*Wank*, § 4 Rn. 21; *Däubler*, Tarifvertragsrecht, Rn. 1433; *Oetker*, RdA 1995, 99 f.; *Wank*, FS Schaub, 775; a. A. *Löwisch/Rieble*, § 1 Rn. 545; *Däubler/Deinert*, § 4 Rn. 111, unter Hinweis auch auf die Einführung der Schriftform in § 623 BGB durch das Arbeitsrechtliche Beschleunigungsgesetz.

389 BAG 26. 4. 2000 (4 AZR 170/99) EzA § 1 TVG Nr. 42 = AP Nr. 4 zu § 1 TVG Kündigung.

390 Zutreffend *Däubler/Deinert*, § 4 Rn. 113, mit weiteren Nachweisen.

391 So ausdrücklich BAG 26. 9. 1984, AP Nr. 21 zu § 1 TVG (mit Anm. von *Brackmann*).

392 BAG 8. 9. 1976, AP Nr. 5 zu § 1 TVG Form (mit zust. Anm. *Wiedemann*); a. A. *Däubler/Deinert*, § 4 Rn. 97; Wiedemann/Wank, § 4 Rn. 15; *Löwisch/Rieble*, § 1 Rn. 544; *Däubler*, Tarifvertragsrecht, Rn. 1442.

vertrag ist. Daher müssen für ihn aus Gründen der Rechtssicherheit und Rechtsklarheit dieselben formalen Anforderungen gestellt werden (vgl. auch §§ 6 und 7 TVG). Der Zeitpunkt einer Beendigung des Tarifvertrages ist im Aufhebungsvertrag zu bestimmen. Wie auch bei sonstigen Aufhebungsverträgen müssen dabei für Kündigungen etwa vereinbarte Fristen nicht eingehalten werden. Im gegenseitigen Einverständnis können Tarifvertragsparteien unter Umgehung einer vereinbarten Kündigungsfrist einen Tarifvertrag also sofort beenden. Möglich ist auch eine rückwirkende Aufhebung eines Tarifvertrages, verbunden mit dem Abschluss eines neuen Tarifvertrages. In einem solchen Falle gelten die Prinzipien über die Zulässigkeit des rückwirkenden Inkraftsetzens von Tarifverträgen (dazu § 4 Rn. 111 ff.).

**145** Inhaltlich Aufhebungsvertrag ist auch die **Ablösung** eines Tarifvertrags durch einen nachfolgenden **Änderungstarifvertrag**. Einer ausdrücklichen Regelung bedarf es insoweit nicht, da die Zeitkollisionsregel gilt – der spätere Tarifvertrag löst den früheren ab. Nötigenfalls muss durch Auslegung ermittelt werden, ob die Aufhebung sich auf den gesamten Tarifvertrag oder nur auf einzelne Regelungskomplexe bezieht.

### c) Fristablauf und Bedingungseintritt

**146** Die Tarifvertragsparteien können schließlich vereinbaren, dass ein Tarifvertrag nur für einen bestimmten Zeitraum gelten und mit Erreichung des genannten Zeitpunktes ablaufen soll (**befristeter Tarifvertrag**). In diesem Fall bedarf es bei Erreichung des genannten Zeitpunktes keiner Kündigung und keines Aufhebungsvertrages mehr. Der Tarifvertrag endet vielmehr automatisch. Auch der befristete Tarifvertrag kann bei Vorliegen eines wichtigen Grundes (dazu § 4 Rn. 134 ff.) noch vor seinem Ablauf fristlos gekündigt werden.[393] Eine ordentliche Kündigung kommt dagegen nur in Betracht, wenn sie im Tarifvertrag ausdrücklich zugelassen worden ist. Haben die Tarifvertragsparteien eine den Tarifvertrag **auflösende Bedingung** (vgl. § 158 Abs. 2 BGB) vereinbart und tritt diese ein, endet der Tarifvertrag. So wäre z. B. eine Vereinbarung darüber denkbar, dass bei Erreichen eines bestimmten Kaufkraftschwundes seit Tarifabschluss der Tarifvertrag automatisch enden soll (zur Problematik solcher so genannte Indexklauseln vgl. § 1 Rn. 120 ff.).[394] Im Interesse der Rechtssicherheit muss sich eine solche Bedingung aber ohne weiteres aus dem Tarifvertrag ergeben.[395]

### d) Anfechtung; Wegfall der Geschäftsgrundlage

**147** Die Herbeiführung der Nichtigkeit eines nicht nur schuldrechtliche Regelungen enthaltenden Tarifvertrags durch **Anfechtung** wegen Irrtums, Täuschung oder Drohung gemäß §§ 119, 123 und 142 BGB, scheidet aus. Selbst wenn man aus Gründen der Rechtssicherheit und des Schutzes des Arbeitnehmers § 142 BGB korrigierend auslegte und keine rückwirkende Vernichtung der Tarifnormen, sondern lediglich Wirkung vom Zeitpunkt der Erklärung an annähme, wäre die

---

393 Unstreitig, vgl. BAG 18.2.1998 (4 AZR 363/96), AP Nr. 3 zu § 1 TVG Kündigung (mit Anm. von *A. Stein*, SAE 1999, 103); BAG 18.12.1996 (4 AZR 129/96), AP Nr. 1 zu § 1 TVG Kündigung = EzA § 1 TVG Fristlose Kündigung Nr. 2; Wiedemann/*Wank*, § 4 Rn. 26; *Däubler/Deinert*, § 4 Rn. 119.

394 Ablehnend auch *Däubler/Deinert*, § 4 Rn. 75 f.

395 Wiedemann/*Wank*, § 4 Rn. 18.

Anwendung der Anfechtungsvorschriften auf ein Normsetzungsverfahren nicht interessengerecht.[396] In gravierenden Fällen der arglistigen Täuschung oder der Drohung werden ohnedies die Voraussetzungen für eine außerordentliche Kündigung gegeben sein.[397] Für die Irrtumsfälle wird das regelmäßig nicht gelten. Insoweit fehlt es aber wohl an der praktischen Relevanz der Fragestellung; ein nicht zur Anfechtung berechtigender Kalkulationsirrtum könnte allerdings unter besonderen Umständen als Kündigungsgrund im Sinne des § 314 BGB zu bewerten sein.

Die Regeln über die Rechtsfolgen bei einer **Störung der Geschäftsgrundlage** **148** können ebenfalls nicht im Hinblick auf den normativen Teil eines Tarifvertrags gelten. Das war vor der mit § 313 BGB vorgenommenen Kodifizierung[398] der früheren Lehre von der Geschäftsgrundlage sehr umstritten. Ein Teil des Schrifttums und, mit Schwankungen, auch die höchstrichterliche Rechtsprechung verneinten dies zu Recht, da die vorgesehene richterliche Anpassung von Vertragsbedingungen an geänderte Umstände nicht in das auf kollektiver Autonomie beruhende Tarifvertragsrecht passt.[399] In diesem Sinne scheint die Frage nunmehr auch durch das Gesetz geklärt. Mit der Neuregelung eines allgemeinen Kündigungsrechtes für Dauerschuldverhältnisse aus wichtigem Grund (§ 314 BGB) und der Feststellung in § 313 Abs. 3 Satz 2, dass dieses Recht an die Stelle eines Rücktrittsrechts tritt, wenn eine Vertragsanpassung bei Störung der Geschäftsgrundlage nicht möglich ist, wird § 313 Abs. 1 und 2 unanwendbar. Als Eingriff in die Tarifautonomie ist eine richterliche Vertragsanpassung in diesem Sinne unmöglich. Daran ändert auch die Tatsache nichts, dass § 313 Abs. 1 Satz 1 BGB zunächst einen Anpassungsanspruch gegen die andere Vertragspartei gibt[400], selbst wenn dieser mit dem Tarifvertragsrecht vereinbar wäre (zur Ablehnung schon eines Verhandlungsanspruchs siehe § 1 Rn. 27 und § 4 Rn. 136). Bei einem Scheitern der Verhandlungen käme es dann doch wieder zu einer gerichtlichen Gestaltung nach dahingehendem Klageantrag. Soweit aus der Lehre über den Fortfall der Geschäftsgrundlage ein eigenständiges Kündigungsrecht hergeleitet wurde (und wird) besteht für dieses neben dem des § 314 BGB kein Bedarf.[401] Es gilt daher, dass schwerwiegende Änderungen der Geschäftsgrundlage ausnahmsweise eine außerordentliche Kündigung zu rechtfertigen vermögen. Die Berücksichtigung von Änderungen in der Geschäftsgrundlage hat ausschließlich durch die Tarifvertragsparteien über Änderungen der Tarifverträge – gegebenenfalls nach vorheriger fristloser Kündigung – zu erfolgen.[402]

---

396 Dazu auch *Stein*, Rn. 94 ff. Rn. 84 ff.

397 *Däubler/Deinert*, § 4 Rn. 142 f.; *Däubler*, Tarifvertragsrecht, Rn. 161 f., 1446; *Hueck*, A III 2, mit weiteren Nachweisen; a. A. Wiedemann/*Wank*, § 4 Rn. 50 (Lossagungsrecht ohne Unzumutbarkeitsprüfung); *Löwisch/Rieble*, § 1 Rn. 493 f.; zur Anfechtung eines Vorvertrages zum Abschluss eines Tarifvertrages vgl. BAG 19. 10. 1976, AP Nr. 6 zu § 1 TVG Form.

398 Durch das Schuldrechtmodernisierungsgesetz vom 29. 11. 2001, BGBl I, 3138.

399 BAG 20. 8. 2002 (9 AZR 235/01), EzA § 4 TVG Luftfahrt Nr. 6; BAG 18. 12. 1996 (4 AZR 129/96), AP Nr. 1 zu § 1 TVG Kündigung = EzA § 1 TVG Fristlose Kündigung Nr. 2; BAG 12. 9. 1984 (4 AZR 336/82), EzA § 1 TVG Auslegung Nr. 14 (mit Anm. von *Belling*); herrschende Lehre, z. B. Wiedemann/*Wank* § 1 Rn. 821; *Däubler/Deinert*, § 4 Rn. 161 ff.; *Löwisch/Rieble*, § 1 Rn. 523 f.; *Bauer/Diller*, DB 1993, 1090; *Oetker*, RdA 1995, 96 f.; *Wank*, FS Schaub, 787; *Zachert*, Vortrag, 1; teilweise abweichend *Otto*, FS Kissel, 793.

400 Anderer Ansicht *Hey*, ZfA 2002, 292 ff., der (noch nach altem Recht) annimmt, mit dem Erfordernis, den Wegfall der Geschäftsgrundlage geltend zu machen, sei die Tarifautonomie gewahrt.

401 So auch *Wank*, FS Schaub, 788 ff.

402 Vgl. BAG 15. 12. 1976, AP Nr. 1 zu § 1 TVG Arbeitsentgelt (mit Anm. von *Wiedemann*); BAG 5. 3. 1957, AP Nr. 1 zu § 1 TVG Rückwirkung; BAG 12. 9. 1984, AP Nr. 135 zu § 1 TVG Auslegung; Wiedemann/*Wank*, § 4 Rn. 62 ff.; *Däubler*, Tarifvertragsrecht, Rn. 1443.

149 Die Annahme einer **relativen**, für den einzelnen verbandsangehörigen Arbeitgeber im Falle wirtschaftlicher Unzumutbarkeit ipso iure eintretenden **Beendigung der zwingenden Wirkung** des Tarifvertrags[403], lässt sich dogmatisch nicht begründen. Wie § 275 BGB einerseits und die Existenz eines Insolvenzverfahrens andererseits zeigen, führt die wirtschaftliche Belastung, selbst wenn sie von dem Verpflichteten nicht mehr getragen werden kann, nicht zu einem Fortfall der Verbindlichkeit. Auch die verschiedentlich erwogene individuelle Kündigung der Tarifbindung[404] scheitert an der fehlenden rechtsgeschäftlichen Beteiligung der Betroffenen am Tarifvertrag. Es bleibt das tarifautonome Lösungsmittel der, unter Umständen rückwirkenden, Vereinbarung einer Öffnungsklausel für das betroffene Unternehmen oder der Abschluss eines den Verbandstarifvertrag verdrängenden Haustarifvertrags.

## C. Das Nebeneinander mehrerer Tarifverträge in einem Betrieb (Tarifkonkurrenz und Tarifpluralität)

### Literatur:

*Band*, Tarifkonkurrenz, Tarifpluralität und der Grundsatz der Tarifeinheit, 2003; *Th. Bauer/Meinel*, Vereinheitlichung der Arbeitsbedingungen im Betrieb – Individualrechtliche Lösung statt Grundsatz der Tarifeinheit, NZA 2000, 181; *Bieback*, Tarifrechtliche Probleme des Verbandswechsels von Arbeitgebern, DB 1989, 477; *Bruhn*, Tarifeinheit im Betrieb als Eingriff in die Koalitionsfreiheit, 1997; *Buchner*, Der »Funktionseliten«-Streik – zu den Grenzen der Durchsetzbarkeit von Spartentarifverträgen, BB 2003, 2121; *ders.*, Tarifpluralität und Tarifeinheit, FS 50 Jahre BAG, 2004, 631; *ders.*, Tarifverträge im Wettbewerb, ZfA 2004, 229; *Ehrich*, Fragerecht des Arbeitgebers bei Einstellungen und Folgen der Falschbeantwortung, DB 2000, 421; *Fenn*, Der Grundsatz der Tarifeinheit, FS Kissel, 1994, 213; *Friedrich*, Nachwirkender Tarifvertrag und seine Ablösung durch einen Tarifvertrag eines anderen Arbeitgeberverbandes mit einer anderen Gewerkschaft, FS Schaub, 1998, 193; *Fuchs*, Tarifvertragsrecht. Ein Leitfaden, 2003; *Hanau*, Verbands-, Tarif- und Gerichtspluralismus, NZA 2003, 128; *Hanau/Kania*, Die Bezugnahme auf Tarifverträge durch Arbeitsvertrag und betriebliche Übung, FS Schaub, 1998, 239; *Heinze/Ricken*, Verbandsaustritt und Verbandsauflösung im Spannungsfeld von Tarifeinheit und Tarifpluralität, ZfA 2001, 159; *Heß*, Rechtsfragen zum »betriebsnahen Tarifvertrag« unter Berücksichtigung von Tarifpluralitäten, ZfA 1976, 45; *Hillgruber*, Richterliche Rechtsfortbildung als Verfassungsproblem, JZ 1996, 118; *Hohenstatt*, Problematische Ordnungsvorstellungen des BAG im Tarifrecht – Tarifpluralität und Tarifeinheit, DB 1992, 1678; *Hromadka/Maschmann/Wallner*, Der Tarifwechsel. Tarifvertrag und Arbeitsvertrag bei Änderung von Verbandsmitgliedschaft, Betriebszweck und Betriebsinhaber, 1996; *Jacobs*, Tarifeinheit und Tarifkonkurrenz, 1999; *Kania*, Tarifpluralität und Industrieverbandsprinzip, DB 1996, 1921; *Kempen*, Aktuelles zur Tarifpluralität und Tarifkonkurrenz, NZA 2003, 415; *Konzen*, Die Tarifeinheit im Betrieb, RdA 1978, 146; *Kraft*, Tarifkonkurrenz, Tarifpluralität und das Prinzip der Tarifeinheit, RdA 1992, 161; *Ph. Merten*, Das Prinzip der Tarifeinheit als arbeitsrechtliche Kollisionsnorm, BB 1993, 572;

403 So *Belling/Hartmann*, NZA 1998, 65f.; siehe auch *dies.*, ZfA 1997, 140ff.

404 Etwa *Däubler*, ZTR 1996, 244; *Löwisch*, NJW 1997, 907; dagegen auch *Belling/Hartmann*, ZfA 1998, 141f.

*Müller, B.*, Tarifkonkurrenz und Tarifpluralität, NZA 1989, 449; *Nauditt*, Tarifrechtliche Entwicklungen unter besonderer Berücksichtigung der neuen Bundesländer, AuR 2002, 288; *Reuter*, Die problematische Tarifeinheit, JuS 1992, 105; *Säcker/Oetker*, Tarifeinheit im Betrieb – ein Akt unzulässiger richterlicher Rechtsfortbildung?, ZfA 1993, 1; *Schaub*, Aktuelle Fragen des Tarifvertragsrechts, BB 1995, 2003; *Schliemann*, Tarifkollision – Ansätze zur Vermeidung und Auflösung, NZA 2000, Sonderbeilage zu Heft 24, 24; *Waas*, Tarifkonkurrenz und Tarifpluralität, 1999; *Wendeling-Schröder*, Ein oder mehrere Tarifverträge im Betrieb, AuR 2000, 339; *Wiedemann/Arnold*, Tarifkonkurrenz und Tarifpluralität in der Rechtsprechung des Bundesarbeitsgerichts, ZTR 1994, 399, 443; *Witzig*, Der Grundsatz der Tarifeinheit und die Lösung von Tarifkonkurrenzen, 1992.

**Übersicht** Rn.



## I. Tarifkonkurrenz, Tarifpluralität und der Grundsatz der Tarifeinheit

**Tarifkonkurrenz** liegt vor, wenn **im Arbeitsverhältnis mehrere konkurrierende Tarifverträge aufeinander treffen** und wenn dadurch derselbe Regelungsgegenstand mehrfach tarifvertraglich geregelt ist. Dazu muss jeder der zeitlich geltenden Tarifverträge dasselbe Arbeitsverhältnis mit seinem persönlichen, räumlichen und betrieblich-fachlichen Geltungsbereich erfassen und auch tatsächlich gelten.[405] Dies ist z.B. für die Gewerkschaftsmitglieder der Fall, wenn ein ver- **150**

405 Vgl. BAG 20.3.1991 (4 AZR 455/90), AP Nr. 20 zu § 4 TVG Tarifkonkurrenz; BAG 22.9.1993 (10 AZR 207/92), AP Nr. 21 zu § 4 TVG Tarifkonkurrenz; *Däubler/Zwanziger*, § 4 Rn. 923; ErfK/*Schaub*, § 4 TVG Rn. 11 ff.; *Löwisch/Rieble*, § 4 Rn. 115 ff.; Wiedemann/*Arnold*, ZTR 1995, 406; Wiedemann/*Wank*, § 4 Rn. 264 ff.; *Band*, 19, mit weiteren Nachweisen.

bandsangehöriger Arbeitgeber bei bestehendem Verbandstarifvertrag mit derselben Gewerkschaft einen Haustarifvertrag abschließt.[406]

**151** Tarifpluralität ist demgegenüber gegeben, wenn zwar nicht im Einzelnen Arbeitsverhältnis, aber im Betrieb konkurrierende Tarifverträge aufeinander treffen und diese, jeweils unterschiedliche, Arbeitnehmer erfassen.[407] Das ist beispielsweise dann der Fall, wenn ein Teil der Arbeitsverhältnisse aufgrund einer Tarifbindung zur Gewerkschaft X geregelt ist, während ein anderer Teil von Arbeitsverhältnissen aufgrund einer Tarifbindung zur Gewerkschaft Y geregelt wird und der Arbeitgeber gegenüber beiden Koalitionen durch Tarifvereinbarungen gebunden ist. Praktisch wird diese Konstellation, wenn ein Haustarifvertrag mit einer Konkurrenzgewerkschaft vereinbart wird. Solche Fälle von gewillkürter Tarifpluralität können zur Verschlechterung der Arbeitsbedingungen bzw. zur Tarifflucht benutzt werden. Die in den Medien viel diskutierten Fälle IBM (Konkurrenzvereinbarung mit der DAG) und Jenoptik (Konkurrenzvereinbarung mit dem CGM) belegen dies.[408] Tarifpluralität kann aber auch auf andere Weise entstehen, z.B. aufgrund technischer Entwicklungen oder durch Umorganisation.[409]

**152** Die **höchstrichterliche Rechtsprechung** löst die Probleme der Tarifkonkurrenz und der Tarifpluralität **traditionell** einheitlich: immer soll der **Grundsatz der Tarifeinheit** gelten.[410] Danach kann in jedem Arbeitsverhältnis, aber auch in jedem Betrieb **nur ein Tarifvertrag gelten** und zwar grundsätzlich der speziellere, d.h. der räumlich, betrieblich, fachlich und persönlich am nächsten stehende. Ein Firmentarifvertrag verdrängt damit regelmäßig einen Verbandstarifvertrag.[411] Bei Tarifverträgen gleicher Sachnähe entscheidet jeweils die größere Zahl der tariflich erfassten Arbeitnehmer.[412] Allerdings gilt der Tarifvertrag, der als spezieller ermittelt wird, in Anbetracht der §§ 3 Abs. 1 und 4 Abs. 1 TVG unmittelbar und zwingend nur für diejenigen Arbeitnehmer, die Mitglied der tarifschließenden Gewerkschaft sind. Für nicht und vor allem für anders organisierte entsteht ein tariffreier Raum.[413]

**153** Die **neuere Rechtsprechung** des BAG lässt allerdings ein **vorsichtiges Abrücken** von diesen Grundsätzen erkennen. So hat der 4. Senat in seinem Urteil vom 11. Februar 2004[414] entschieden, dass unterschiedliche Arbeitszeiten von ver-

---

406 BAG 24.1.2001 (4 AZR 655/99), AP Nr. 173 zu § 1 TVG Tarifverträge: Metallindustrie; BAG 4.4.2001 (4 AZR 237/00), AP Nr. 26 zu § 4 TVG Tarifkonkurrenz.

407 BAG 20.3.1991 (4 AZR 455/90), AP Nr. 20 zu § 4 TVG Tarifkonkurrenz; BAG 26.1.1994 (10 AZR 611/92), AP Nr. 22 zu § 4 TVG Tarifkonkurrenz; *Däubler/Zwanziger*, § 4 Rn. 940ff.; ErfK/*Schaub*, § 4 TVG Rn. 110; *Löwisch/Rieble*, § 4 Rn. 125ff.; Wiedemann/*Wank*, § 4 Rn. 271ff.

408 Vgl. genauer *Nauditt*, AuR 2002, 288ff.; *Wendeling-Schröder*, AuR 2000, 339ff.

409 Vgl. *Schliemann*, 24f.

410 BAG 29.3.1957 (1 AZR 208/55), AP Nr. 4 zu § 4 TVG Tarifkonkurrenz; BAG 24.9.1975 (4 AZR 471/74, AP Nr. 11 zu § 4 TVG Tarifkonkurrenz; BAG 29.11.1978 (4 AZR 304/77), AP Nr. 12 zu § 4 TVG Tarifkonkurrenz; BAG 14.6.1989 (4 AZR 200/89), AP Nr. 16 zu § 4 TVG Tarifkonkurrenz; BAG 5.9.1990 (4 AZR 59/90), AP Nr. 19 zu § 4 TVG Tarifkonkurrenz; BAG 20.3.1991 (4 AZR 455/90), AP Nr. 20 zu § 4 TVG Tarifkonkurrenz; BAG 26.1.1994 (10 AZR 611/92), AP Nr. 22 zu § 4 TVG; BAG 25.7.2001 (10 AZR 599/00), AP Nr. 242 zu § 1 TVG Tarifverträge: Bau; BAG 4.12.2002 (10 AZR 113/02), AP Nr. 28 zu § 4 TVG Tarifkonkurrenz; zustimmend *Buchner*, BB 2003, 2124; *Heinze/Ricken*, ZfA 2001, 174ff.; *Säcker/Oetker*, ZfA 1993, 9ff.

411 BAG 24.1.2001 (4 AZR 655/99), AP Nr. 173 zu § 1 TVG.

412 BAG 25.7.2001 (10 AZR 599/00), AP Nr. 242 § 1 TVG Tarifverträge Bau; BAG 4.12.1002 (10 AZR 113/02), AP Nr. 28 zu § 4 TVG Tarifkonkurrenz.

413 BAG 24.9.1975 (4 AZR 471/74), AP Nr. 11 zu § 4 TVG Tarifkonkurrenz; BAG 14.6.1989 (4 AZR 200/89), AP Nr. 16 zu § 4 TVG Tarifkonkurrenz.

414 4 AZR 94/03, *juris* KARE 600010437; vgl. zum Problem der Spartengewerkschaften (auch) im Flugbetrieb *Buchner*, ZfA 2004, 248ff.

schieden organisierten Arbeitnehmern im Flugbetrieb (Cockpit und Kabinenpersonal) bei der Auslegung von Tarifverträgen unter dem Gesichtspunkt der »**gewillkürten Tarifpluralität**« hinzunehmen sind. Ähnliches gilt für die Sonderproblematik des § 1 Abs. 3 AEntG. In einer Entscheidung nach § 45 Abs. 3 Satz 3 ArbGG hat der 10. Senat auf eine Anfrage des 9. Senates durch Beschluss seine bisherige Rechtsprechung[415] zum Vorrang eines spezielleren Tarifvertrages vor einem für allgemeinverbindlich erklärten Tarifvertrag **für den Geltungsbereich des § 1 Abs. 3 AEntG explizit aufgegeben**[416]: Der Gesetzgeber habe in § 1 Abs. 3 AEntG die zwingende Anwendung der für allgemeinverbindlich erklärten tariflichen Bestimmungen vorgeschrieben. Dem könne man sich nicht mit dem Hinweis auf den Grundsatz der Tarifeinheit entziehen, zumal dieser **im TVG keinerlei Niederschlag** gefunden habe. Auch die Prinzipien der Rechtssicherheit und Rechtsklarheit, die zur Begründung des Grundsatzes der Tarifeinheit herangezogen werden, könnten **jedenfalls hier die Anwendung des Grundsatzes der Tarifeinheit nicht legitimieren**.

Eine gesetzliche Grundlage für die Auflösung von Tarifkollisionen gibt es im TVG – anders als in der Vorläuferregelung, der Tarifvertragsverordnung von 1918 – nicht. Nach § 2 Abs. 2 TVVO sollte im Kollisionsfall der Tarifvertrag gelten, »der für die größere Zahl von Arbeitsverträgen in dem Betrieb oder der Betriebsabteilung Bestimmungen enthält«. Der Gesetzgeber des TVG in der frühen Nachkriegszeit hielt hingegen Regelungen zur Auflösung von Tarifkollisionen nicht für nötig.[417] **154**

## II. Die Begründung des Prinzips der Tarifeinheit

Das BAG leitet das Prinzip der Tarifeinheit im Betrieb aus den übergeordneten Grundsätzen der **Rechtssicherheit** und **Rechtsklarheit** sowie aus **Praktikabilitätserwägungen** her: nur die Geltung eines einzigen Tarifvertrages im Betrieb gewährleiste eine praktisch handhabbare und durchschaubare Regelung. Nur so habe man vom Belegschafts- und Gewerkschaftswechsel unabhängige Arbeitsbedingungen. Die Anwendung unterschiedlicher Tarifverträge im Betrieb je nach Verbandszugehörigkeit führe hingegen zu praktischen Komplikationen. Außerdem sei im Bereich der Betriebsnormen ohnehin nur ein Tarifvertrag anwendbar; dasselbe müsse in Anbetracht der Abgrenzungsschwierigkeiten zwischen Inhaltsnormen und Betriebsnormen auch für die Inhaltsnormen gelten. Wenn einzelne Arbeitnehmer durch diese Grundsätze ihren Tarifschutz verlören, sei dies im Interesse der genannten Grundsätze in Kauf zu nehmen. Die betroffenen Arbeitnehmer könnten durch Beitritt zur anderen Gewerkschaft erneut Tarifschutz erlangen. Auch wenn der Grundsatz der Tarifeinheit im Betrieb nicht direkt aus dem TVG ablesbar sei, handele es sich bei seiner Anerkennung um eine zulässige Rechtsfortbildung.[418] **155**

---

415 BAG 4.12.2002 (10 AZR 113/02), AP Nr. 28 zu § 4 TVG Tarifkonkurrenz; BAG 25.7.2001 (10 AZR 599/00), AP Nr. 242 zu § 1 TVG Tarifverträge: Bau.

416 BAG 13.5.2004 (10 AS 6/04), IBR 2004, 462.

417 *Herschel*, Materialien zur Entstehung des Tarifvertrages vom 9.4.1949, ZfA 1973, 129, 146; *Däubler/Zwanziger*, § 4 Rn. 945 f.; *Schliemann*, 24.

418 BAG 29.3.1957 (1 AZR 208/55), AP Nr. 4 zu § 4 TVG Tarifkonkurrenz; BAG 24.9.1975 (4 AZR 471/74, AP Nr. 11 zu § 4 TVG Tarifkonkurrenz; BAG 29.11.1978 (4 AZR 304/77), AP Nr. 12 zu § 4 TVG Tarifkonkurrenz; BAG 14.6.1989 (4 AZR 200/89), AP Nr. 16 zu § 4 TVG Tarifkonkurrenz; BAG 5.9.1990 (4 AZR 59/90), AP Nr. 19 zu § 4 TVG Tarifkonkurrenz; BAG 20.3.1991 (4 AZR 455/90), AP Nr. 20 zu § 4

### III. Die wesentlichen Kritikpunkte

156 Der Großteil der Literatur[419] und ein Teil der Instanzrechtsprechung[420] folgen der Rechtsprechung des BAG nur in Bezug auf die Problematik der Tarifkonkurrenz (Tarifeinheit im Arbeitsverhältnis), nicht aber in Bezug auf die Problematik der Tarifpluralität (Tarifeinheit im Betrieb). Dabei beziehen sich die Kritiker zum einen darauf, dass sich der Grundsatz der Tarifeinheit im Betrieb bei Tarifpluralität auch unter dem Gesichtspunkt der Rechtsfortbildung nicht mit Wortlaut und Sinn des TVG vereinbaren lässt. Außerdem wird zutreffend hervorgehoben, dass die Rechtssicherheits- und Praktikabilitätsargumente nicht einleuchtend sind. Schließlich wird richtig erkannt, dass der Grundsatz der Tarifeinheit im Betrieb bei seiner praktischen Anwendung auf die Tarifpluralität gegen Art. 9 Abs. 3 GG verstößt. Dies gilt sowohl für die individuelle wie auch für die kollektive Koalitionsfreiheit.

#### 1. Tarifeinheit im Betrieb und TVG

157 Der Grundsatz der Tarifeinheit findet **im Tarifvertragsgesetz** für den Bereich der Inhaltsnormen **keine gesetzliche Grundlage**. Das Gesetz stellt vielmehr in den Bestimmungen der §§ 3 Abs. 1, 4 Abs. 1 Satz 1 TVG explizit auf die **Tarifgebundenheit der Arbeitsvertragsparteien** ab. Damit ist nach dem Gesetz für den Inhalt der Arbeitsverhältnisse maßgeblich, wer in welcher Gewerkschaft organisiert ist.

158 Auch eine **ergänzende Auslegung** des TVG kommt **nicht** in Betracht, weil es an einer **Regelungslücke fehlt**. Die Bestimmungen der §§ 3 und 4 TVG regeln die Frage der Anwendbarkeit von Tarifverträgen abschließend. Ein etwaiger Wille des Gesetzgebers, generell die Anwendung verschiedener Tarifverträge in einem Betrieb nebeneinander gesetzlich auszuschließen, ist nicht zu erkennen. Allein die Tatsache, dass die Tarifeinheit im Betrieb nicht verboten ist, kann hier nicht ausreichen. Dementsprechend argumentieren die Autoren, die gleichwohl die Tarifeinheit im Betrieb befürworten[421], komplexer, nämlich mit der **geschichtlichen Entwicklung**: Der historische Gesetzgeber habe die Problematik der Tarifeinheit im Betrieb bewusst ausgeklammert; sie sei wegen der organisatorischen Entwicklung der Gewerkschaften, die das Industrieverbandprinzip in den Mittelpunkt gestellt hatten, als nicht regelungsbedürftig angesehen worden. Das TVG sei aber lückenhaft **geworden**, als sich herausgestellt habe, dass es in der Tarifpraxis doch zu Tarifpluralitäten gekommen sei.

---

TVG Tarifkonkurrenz; BAG 26.1.1994 (10 AZR 611/92), AP Nr. 22 zu § 4 TVG; BAG 4.12.2002 (10 AZR 113/02), AP Nr. 28 zu § 4 TVG Tarifkonkurrenz; BAG 25.7.2001 (10 AZR 599/00), AP Nr. 242 zu § 1 TVG Tarifverträge: Bau.

419 *BPSU*, § 4 Rn. 58; *Däubler/Zwanziger*, § 4 Rn. 943 ff.; ErfK/*Dieterich*, Art. 9 GG Rn. 82; ErfK/*Schaub*, § 4 TVG Rn. 114 ff.; *Fuchs*, Tarifvertragsrecht, Rn. 99; *Löwisch/Rieble*, § 4 Rn. 132 ff.; *Stein*, Rn. 284; Wiedemann/*Wank*, § 4 Rn. 277; *Jacobs*, 411 ff.; *Waas*, 1 ff.; *Band*, 21 und 51 ff.; *Bruhn*, 1 ff., jeweils mit weiteren Nachweisen; eine differenzierende Lösung vertritt *Schliemann*, 30 ff. (keine Auflösung der Tarifkollision bei gewillkürter Tarifpluralität).

420 LAG Niedersachsen 14.6.1989 (14 Sa 1783/89), LAGE Nr. 1 zu § 4 TVG Tarifpluralität (mit Anm. von *Ladewig/Knauß-Klug*, AiB 1991, 28); LAG Niedersachsen 12.11.1999 (3 Sa 780/99), LAGE Nr. 3 zu § 4 TVG Tarifpluralität (mit Anm. von *Wendeling-Schröder*); LAG Bremen 28.8.1990 (1 Sa 67/90), LAGE Nr. 2 zu § 4 TVG Tarifpluralität; LAG Brandenburg 17.3.1995 (5 Sa 671/94), LAGE Nr. 3 zu § 4 TVG Nachwirkung; vgl. im Übrigen die Übersicht bei *Jacobs*, 79 ff.

421 *Säcker/Oetker*, ZfA 1993, 8 f.

Dies überzeugt nicht: Das Problem der Tarifpluralität war dem Gesetzgeber im Hinblick auf die Situation der Weimarer Zeit nicht unbekannt. Im Nachkriegsdeutschland ist die Gewerkschaft DAG fast zeitgleich mit den DGB-Gewerkschaften bereits im Jahre 1945 gegründet worden, also deutlich vor der Verabschiedung des TVG. Damit war klar, dass es Gewerkschaftskonkurrenz geben wird. Die damit mögliche Tarifkollision ist im TVG auch durchaus akzeptiert: die Beschränkung der normativen Wirkung von Individualnormen auf die Arbeitsverhältnisse beiderseits tarifgebundener Arbeitsvertragsparteien kann geradezu als darauf bezogenes Strukturprinzip des TVG angesehen werden. Dies gilt insbesondere im Hinblick § 3 Abs. 2 TVG, der für Betriebsnormen von dem Grundsatz der beiderseitigen Tarifbindung abweicht und im Umkehrschluss zu der Aussage der **Maßgeblichkeit einer beiderseitigen Tarifbindung** für alle anderen Normen führt.[422] 159

## 2. Zur Abgrenzung von Inhaltsnormen und Betriebsnormen

Das BAG argumentiert weiter damit, dass man die Individualnormen nach § 3 Abs. 1 TVG und die Betriebsnormen nach § 3 Abs. 2 TVG schlecht oder nicht gegeneinander abgrenzen könne.[423] 160

Daran ist richtig, dass die Abgrenzung zwischen Inhalts-, Abschluss- und Beendigungsnormen einerseits und betrieblichen und betriebsverfassungsrechtlichen Normen andererseits schwierig ist und oft nicht trennscharf gelingt. Da dieses Rechtsproblem sich aber in den verschiedensten Anwendungskontexten stellt und die Abgrenzung auch nach der Meinung des 4. Senates selbst[424] wie auch der anderen Senate des BAG[425] durchaus durchführbar ist, können die **unbestreitbaren Schwierigkeiten nicht zur Korrektur einer gesetzlich vorgeschriebenen Differenzierung** verwendet werden.[426] Im Gegenteil macht die bestehende gesetzliche Differenzierung unzweifelhaft deutlich, dass auch in der Rechtsanwendung zu differenzieren ist.[427]

## 3. Das Effizienzargument

Insbesondere Teile des Schrifttums verweisen weiter darauf, dass durch die Geltung unterschiedlicher Tarifverträge im Betrieb die Verwaltungskosten des Arbeitgebers erhöht werden, weil die **Effizienzgewinne** tariflicher Arbeitsbedingungen durch neue Durchführungskosten sowie Informations- und Verhandlungskosten **aufgesogen** werden.[428] 161

Diese Argumente haben zumindest eine deutlich abnehmende Bedeutung. In dem Maße, in dem immer mehr Personalabteilungen immer besser mit **elektronischer Datenverarbeitung** arbeiten, reduzieren sich die genannten Schwierigkeiten. Der relativ geringe organisatorische Aufwand der Anwendung mehrerer Tarifverträge nebeneinander wurde im Übrigen schon 1992/1993 empirisch be-

422 So auch *Jacobs*, 377.
423 Vor allem BAG 20.3.1991 (4 AZR 455/90), AP Nr. 20 zu § 4 TVG.
424 Z.B. BAG 21.1.1987, AP Nr. 46 und 47 zu Art. 9 GG.
425 Z.B. BAG 18.8.1987, AP Nr. 23 zu § 77 BetrVG 1972.
426 Wie hier *Löwisch/Rieble*, FS Schaub 1998, 461; Wiedemann/*Arnold*, ZTR 1994, 445f.
427 *Waas*, 114ff.
428 So insbesondere *Säcker/Oetker*, ZfA 1993, 1.

legt.[429] Weiter ist darauf hinzuweisen, dass wegen der in der Praxis nach wie vor verbreiteten übertariflichen Entgeltbestandteile sowie in Anbetracht differenzierter Arbeitszeiten ohnehin oft differenzierte Verdienstabrechnungen zu erstellen sind.[430]

#### 4. Die Unkenntnis der Arbeitgebers über die Gewerkschaftszugehörigkeit

162 Eines der zentralen **Praktikabilitätsargumente** für die Tarifeinheit im Betrieb besteht in folgender Überlegung: Um zu wissen, wer nach welchem Tarifvertrag zu behandeln ist, müsste der Arbeitgeber, wenn Tarifeinheit nicht besteht, nach der Gewerkschaftszugehörigkeit fragen. Dies aber sei nach ganz h.M. unzulässig; **eine Differenzierung der Arbeitsbedingungen nach Gewerkschaftszugehörigkeit lasse sich somit nicht realisieren.**

In der Tat ist es praktisch unumstritten, dass die Frage nach der Gewerkschaftszugehörigkeit vor Abschluss des Arbeitsvertrages unzulässig ist[431], ob sie während der Durchführung des Arbeitsvertrages möglich sein soll, ist hingegen streitig.[432] Tatsächlich bedarf es aber eines solchen Fragerechts nicht. Der Arbeitnehmer, der sich auf den »eigenen« Tarifvertrag beruft, muss seine Gewerkschaftszugehörigkeit mitteilen, wenn er seine Rechte wahren will. Insofern ist die Situation materiellrechtlich identisch mit der prozessualen Situation, bei der die Verbandszugehörigkeit des Arbeitnehmers darzulegen und im Streitfalle zu beweisen ist (vgl. § 3 Rn. 9).

#### 5. § 87 Abs. 1 BetrVG als Argument für die Tarifeinheit im Betrieb?

163 Ein **weiteres Praktikabilitätsargument** bezieht sich auf § 87 Abs. 1 BetrVG und betont unauflösbare Schwierigkeiten, wenn mehrere und damit unterschiedliche Tarifverträge im Betrieb mit **mitbestimmungsausschließender Wirkung** gelten.

Nun ist unstreitig, dass eine Vielzahl der Regelungstatbestände des § 87 Abs. 1 BetrVG sich auf betriebliche Fragen im Sinne der tarifvertraglichen Betriebsnormen im Sinne des § 3 Abs. 2 TVG bezieht, bei denen nach dem Gesetz die Tarifbindung des Arbeitgebers als Geltungsbasis ausreicht. Eine Doppelbindung des Arbeitgebers führt hier zur Tarifkonkurrenz, die unbestritten nach den Regeln zur Tarifeinheit gelöst werden muss. In den verbleibenden Konstellationen, also im Falle der Inhaltsnormen z.B. zur Arbeitszeit, die einer Regelung nach § 87 Abs. 1 BetrVG zugrunde liegen, kann und muss es hingegen bei der Geltung der unterschiedlichen Tarifverträge bleiben. Abgrenzungsschwierigkeiten sind der Praxis auch sonst nicht unbekannt: z.B. gibt es im Rahmen des Tarifgefüges einer einzigen Gewerkschaft für unterschiedliche Beschäftigtengruppen unterschiedliche Arbeitszeiten, die in das Konzept der betrieblichen Arbeitszeit zu integrieren sind.[433]

---

429 *Salje*, Anm. zu BAG vom 20.3.1991, SAE 1993, 80; *Witzig*, Der Grundsatz, 41.

430 So auch LAG Brandenburg 17.3.1995 (5 Sa 671/94), LAGE Nr. 3 zu § 4 TVG Nachwirkung.

431 BAG 28.3.2000 (1 ABR 16/99), AP Nr. 27 zu § 99 BetrVG 1972 Einstellung, ErfK/*Preis* § 611 BGB Rn. 349.

432 *Ehrich*, DB 2000, 421 ff.

433 BAG vom 18.8.1987, AP Nr. 23 zu § 77 BetrVG 1972.

## 6. Rechtssicherheit und Rechtsklarheit

Die Gebote der Rechtssicherheit und Rechtsklarheit folgen aus dem im Art. 1, 20 und 79 Abs. 3 GG verankerten **Rechtsstaatsprinzip**. Rechtliche Regelungen müssen danach so klar, bestimmt und eindeutig sein, dass die Normunterworfenen eine verlässliche Dispositionsgrundlage haben.[434] Im Hinblick auf die normative Wirkung von Tarifregelungen haben diese Prinzipien grundsätzlich auch im Tarifrecht Bedeutung (siehe Grundl. Rn. 260f.). 164
Sofern nun das BAG und ihm folgend ein Teil der Instanzrechtsprechung und die Mindermeinung in der Literatur argumentieren, ein Abstellen auf den Grundsatz der Tarifeinheit im Betrieb gewährleiste, dass die tarifliche Situation vom Wechsel der Gewerkschaftsmitgliedschaften unabhängig sei und das tatsächliche Unzuträglichkeiten des Nebeneinanders von Tarifverträgen vermieden würden, ist dies sicher in der Sache richtig, hat aber mit Rechtssicherheit nicht viel zu tun. Wenn auf **jeden Arbeitsvertrag genau der Tarifvertrag anzuwenden ist, an den die Tarifparteien gebunden sind, ist das durchaus »eine klare Sache« im Sinne der Rechtssicherheit.** Man kann sogar sagen, dass für die Arbeitnehmer mehr Planungssicherheit besteht, weil sie so nicht fürchten müssen, dass ein fremder Tarifvertrag »ihren« Tarifvertrag aus dem Betrieb und damit auch aus ihrem Arbeitsverhältnis drängt. Auch für die Arbeitgeber kann man davon ausgehen, dass die Anwendung der jeweils passenden Tarifverträge klarer ist, als die Ermittlung des verdrängenden speziellen Tarifvertrags.

## 7. Die Funktionsfähigkeit des Tarifvertrages

Auch die Funktionsfähigkeit des Tarifvertrages erfordert nicht die Geltung des Prinzips der Tarifeinheit: Sieht man mit dem BAG in der vereinheitlichenden und typisierenden Wirkung des Tarifvertrags dessen funktionellen Kern, so lässt sich dieser im Falle der Gewerkschaftskonkurrenz ohnehin nicht komplett verwirklichen, auch durch das Prinzip der Tarifeinheit nicht. Die »Falschorganisierten« werden ja nicht dem spezielleren Tarifvertrag unterworfen, die Arbeitsverhältnisse werden vielmehr tariflos, so dass **eine wirkliche Vereinheitlichung gerade nicht besteht.** 165

## 8. Die verfassungsrechtliche Dimension des Problems

Letztendlich entscheidend sind jedoch die verfassungsrechtlichen Überlegungen. Vor allem dann, wenn man mit der hier vertretenen Meinung davon ausgeht, dass das Tarifvertragsrecht im Kern auf dem Kollektiv**vertrag** basiert, sprechen die überzeugenderen Argumente dafür, ein Nebeneinander von unterschiedlichen Tarifverträgen soweit wie möglich zu tolerieren. 166

### a) Die individuelle Koalitionsfreiheit

Die Geltung des Prinzips der Tarifeinheit im Betrieb lässt sich kaum mit der individuellen Koalitionsfreiheit der Arbeitnehmer aus Art. 9 Abs. 3 GG vereinbaren. Die individuelle Koalitionsfreiheit von Arbeitnehmern und Arbeitgebern umfasst nämlich nicht nur die Befugnis, sich zu Koalitionen zusammen zu schlie- 167

434 *Maunz/Dürig/Herzog*, Art. 20 Abschnitt VII Rn. 58 und 61ff.

ßen, einer bestehenden Koalition beizutreten, in ihr zu verbleiben und sich für sie zu betätigen, sondern vor allem – das ist sogar der Hauptzweck der Mitgliedschaft – die **»Früchte der Aktivitäten der Koalition«**, in erster Linie also den Schutz der Tarifverträge, in Anspruch nehmen zu können.[435] Die Anwendung des Grundsatzes der Tarifeinheit im Betrieb entzieht dem betroffenen Arbeitnehmer durch die Verdrängung des für ihn bisher geltenden Tarifvertrags sozusagen den Ertrag seiner Verbandsmitgliedschaft, er wird faktisch zu einem tariflichen Außenseiter: Für ihn gilt weder der verdrängte Tarifvertrag noch der neue Tarifvertrag.

**168** Wenn der 4. Senat des BAG demgegenüber argumentiert, der Arbeitnehmer könne ja jederzeit der Gewerkschaft beitreten, die den spezielleren Tarifvertrag abgeschlossen hat[436], erscheint dies nicht überzeugend. Sicher ist es grundsätzlich richtig, dass derjenige, der die Vorteile einer gewerkschaftlichen Mitgliedschaft genießen will, dieser Gewerkschaft beitreten muss, weil es keine generelle Allgemeinverbindlichkeit der Tarifverträge gibt. Damit lässt sich aber nicht begründen, dass man die Vorteile einer bereits bestehenden Mitgliedschaft **ersatzlos entzieht**. Außerdem dient Art. 9 Abs. 3 GG in diesem Zusammenhang dem Schutz der Entscheidung, einer **bestimmten** Gewerkschaft beizutreten.[437]

**169** Hinzu kommt das Problem, dass einige der Konkurrenzgewerkschaften des DGB, insbesondere der CGB, **nicht** für alle Arbeitnehmer »**beitrittsgeeignet**« sind. Zu denken ist vor allem an die nicht christlichen Arbeitnehmer, aber auch an die Arbeitnehmer, deren Weltanschauung dem Bild des CGB zur Partnerschaft von Kapital und Arbeit widerspricht.

**170** Auch der Hinweis darauf, dass die »Alt-Gewerkschaft« ihrerseits einen neuen Haustarifvertrag vereinbaren könnte, überzeugt in diesem Zusammenhang nicht. Es widerspricht dem Grundgedanken des Tarifrechts, jedenfalls für die Laufzeit der Tarifverträge von gesicherten Ansprüchen ausgehen zu können, wenn **während der Laufzeit** um **die Erhaltung** des Tarifniveaus verhandelt, möglicherweise sogar gekämpft werden muss.

### b) Die kollektive Koalitionsfreiheit

**171** Teilweise wird darüber hinaus auch eine Verletzung der kollektiven Koalitionsfreiheit gesehen: durch die Verdrängung »ihres« Tarifvertrages werde die kollektive Koalitionsfreiheit der Tarifvertragsparteien dieses Vertrages tangiert. Es drohe **Mitgliederverlust** bzw. die **Unattraktivität für neue Mitglieder**. Ein solcher Eingriff in die Betätigungsfreiheit der Koalitionen sei allenfalls zum Schutz der Grundrechte Dritter oder anderer mit Verfassungsrang ausgestatteter Rechte zulässig. Daran fehle es in diesem Kontext.[438]

**172** Nun ist zu bedenken, dass in vielen Fällen nur ein kleiner Einzelbereich der Geltung des Verbandstarifvertrages betroffen sein wird, wenn ein verdrängender Firmentarifvertrag anerkannt würde. Selbst im Hinblick darauf, dass die Kernbe-

---

435 Vgl. für die ganz h.M. BVerfG 4.7.1995 (1 BvF 2/86), E 92, 365, 393; *Maunz/Dürig/Scholz*, Art. 9 Abs. 3 Rn. 169.

436 BAG 14.6.1989 (4 AZR 200/89), AP Nr. 16 zu § 4 TVG Tarifkonkurrenz; BAG 20.3.1991 (4 AZR 455/90), AP Nr. 20 zu § 4 TVG Tarifkonkurrenz.

437 So auch LAG Brandenburg 17.3.1995 (5 Sa 671/94), LAGE Nr. 3 zu § 4 TVG Nachwirkung; ähnlich LAG Bremen 28.8.1990 (1 Sa 67/90), LAGE Nr. 2 zu § 4 TVG Tarifpluralität.

438 LAG Bremen 28.8.1990 (1 Sa 67/90), LAGE Nr. 1 zu § 4 TVG Tarifpluralität; *Däubler*, Tarifvertragsgesetz, Rn. 1505; *Kraft*, RdA 1992, 161 (168), Wiedemann/*Wank*, § 4 Rn. 277.

reichslehre, auf die sich das BAG zur Legitimation seiner Ansicht beruft, vom BVerfG inzwischen aufgegeben wurde[439], kann wohl nicht jeder Eingriff in den durch Tarifvertrag geregelten Bereich zu einem Problem der kollektiven Koalitionsfreiheit führen. In Einzelfällen, insbesondere dann, wenn den **Tarifparteien praktisch der Zugang zu einem Sektor der Wirtschaft verschlossen** würde, könnte aber in der Tat an einen Verstoß auch gegen die kollektive Koalitionsfreiheit zu denken sein.

## IV. Grundsätze für die Auflösung von Tarifkollisionen

### 1. Scheinkollisionen

Keine Tarifkonkurrenz liegt vor, wenn einer der kollidierenden Tarifverträge nur **einzelvertraglich in Bezug genommen** wurde. Rechtlich handelt es sich bei der Inbezugnahme nicht um eine Maßnahme, um den Tarifvertrag normativ zur Geltung zu bringen[440], sondern lediglich um eine Variante der individualvertraglichen Regelung (vgl. dazu § 3 Rn. 143ff.).[441] **173**

Keine auflösungsbedürftige Tarifkollision besteht auch, wenn einer der Tarifverträge nach § 4 Abs. 5 nur **nachwirkt**. Dies folgt daraus, dass der dispositive, nachwirkende Tarifvertrag einen unmittelbar und zwingend geltenden Tarifvertrag nicht verdrängen kann und dass der zwingende Tarifvertrag sich als »andere Abmachung« im Sinne von § 4 Abs. 5 TVG darstellt (zur Nachwirkung allgemein siehe § 4Rn. 530ff.).[442] **174**

Bei der **Beteiligung mehrerer DGB-Gewerkschaften** auf der Arbeitnehmerseite kann es kaum zu Tarifkollisionen kommen. Diese Gewerkschaften haben durch ihre Organisation nach dem Industrieverbandssystem (**ein Betrieb – eine Gewerkschaft**) und die hierauf abstellende Klärung der Tarifzuständigkeit durch ein internes Verfahren (vgl. dazu § 2 Rn. 159ff.) ein System entwickelt, das Überschneidungen der Zuständigkeit und damit Tarifkollisionen praktisch ausschließt.[443] Eine partielle Geltung des Grundsatzes der Tarifeinheit nur unter DGB-Gewerkschaften[444] ist deshalb nicht nötig. **175**

### 2. Die Bedeutung der Auslegung

Nicht selten werden sich die Probleme der Tarifkollision durch eine sachgerechte Auslegung vermeiden lassen. In erster Linie ist dies möglich, wenn die Vereinbarungen selbst Anhaltspunkte bieten.[445] **176**

Unproblematisch sind in diesem Kontext die Fälle, bei denen sich aus dem **Wortlaut und aus dem Willen der Beteiligten** ergibt, welcher Tarifvertrag im Kolli-

---

439 BVerfG 14. 11. 1995, AP Nr. 80 zu Art. 9 GG.

440 So aber BAG 20. 3. 1991 (4 AZR 455/90), AP Nr. 20 zu § 4 TVG Tarifkonkurrenz; BAG 23. 3. 2003 (4 AZR 203/04), NZA 2005, 1003.

441 So richtig BAG 22. 9. 1993 (10 AZR 207/92), AP Nr. 21 zu § 4 TVG Tarifkonkurrenz; *Däubler/Zwanziger*, § 4 Rn. 938; *Löwisch/Rieble*, § 3 Rn. 240; § 4 Rn. 123; Wiedemann/*Oetker*, § 3 Rn. 226.

442 BAG 28. 5. 1997 (4 AZR 546/95), AP Nr. 26 zu § 4 TVG Nachwirkung; BAG 28. 5. 1997 (4 AZR 545/97), AP Nr. 27 zu § 4 TVG Nachwirkung; *Däubler/Zwanziger*, § 4 Rn. 938; *Löwisch/Rieble*, § 4 Rn. 124; A. A., aber mit einem identischen Ergebnis, Wiedemann/*Wank*, § 4 Rn. 282.

443 Ebenso *Hanau*, NZA 2003, 132; *Rieble* in der Anm. zu BAG 14. 12. 1999 (1 ABR 74/98), AP Nr. 14 zu § 2 TVG Tarifzuständigkeit.

444 *Kania*, DB 1996, 1923.

445 Vgl. als Beispiel BAG 26. 8. 1998 (4 AZR 471/97), AP Nr. 66 zu § 1 TVG Tarifverträge: Einzelhandel.

sionsfalle zurücktritt. Eine solche Auslegung lässt sich regelmäßig bei Tarifverträgen, die nacheinander abgeschlossen werden (Zeitkollisionsregel) vornehmen. Explizite Klauseln finden sich aber auch im Bereich allgemeinverbindlicher Tarifverträge: die Allgemeinverbindlicherklärung wird dann nur für einen kleineren, kollisionsfreien Bereich ausgesprochen (**Einschränkungsklausel oder Selbstbeschränkungsklausel**). Auch Innungstarifverträge enthalten oft **Subsidiaritätsklauseln**.[446]

Problematisch ist es demgegenüber grundsätzlich, wenn ein Tarifvertrag sich selbst den **Vorrang** vor einem anderen Tarifvertrag zuweist. Geschieht dies gegenüber dem Tarifwerk einer Konkurrenzgewerkschaft, muss eine solche Klausel nach unbestrittener Meinung ohne Rechtswirkung bleiben.[447] Entsprechendes muss aber auch dann gelten, wenn es um die Konkurrenz zwischen Verbands- und Sanierungs-(Haus)Tarifvertrag geht. Hier lässt sich der – im Ergebnis allgemein befürwortete – Vorrang des Haustarifvertrages nicht mit den Mitteln der Auslegung erreichen, sondern nur nach den Regeln der Auflösung einer Tarifkonkurrenz.

### 3. Entscheidungskriterien für die Auflösung der Tarifkonkurrenz

#### a) Spezialitätsgrundsatz

177 In Rechtsprechung und Literatur wird zur Auflösung von Tarifkonkurrenzen überwiegend auf den **Grundsatz der Spezialität** abgestellt. Danach soll jeweils der Tarifvertrag gültig sein, der den Erfordernissen und Eigenarten des betreffenden Betriebes und der darin tätigen Arbeitnehmer am besten gerecht wird. Das sei im Zweifel der Tarifvertrag, der persönlich, betrieblich-fachlich und räumlich am nächsten stehe.[448] Dies bedeutet, dass z.B. ein Firmentarifvertrag immer einem Verbandstarifvertrag, ein regionaler Tarifvertrag immer einem Bundestarifvertrag und ein Fachtarifvertrag immer einem allgemeinen Tarifvertrag vorgeht. Wo dieser Grundsatz nicht greift, entscheidet jeweils die größere Zahl der tariflich erfassten Arbeitnehmer (**Mehrheitsprinzip**).[449]

178 Dem ist im Grundsatz zuzustimmen. Mit dem Grundsatz der Spezialität lassen sich aber nicht alle Fälle von Tarifkonkurrenz sinnvoll lösen.[450] Rechtsdogmatisch setzt der Grundsatz, demzufolge bei Anwendbarkeit mehrerer Normen auf denselben Sachverhalt die speziellere Regelung die allgemeinere verdrängt, voraus, dass beide in einem übergeordneten Sachzusammenhang stehen. Dies ist nur bei **identischen Normgebern** oder aufgrund einer **höherrangigen Ordnung**, welche auch unterschiedliche Normgeber bindet, der Fall.[451] Eine solche höher-

---

446 BAG 13.5.2004 (10 AS 6/04), IBR 2004, 462; *Fuchs*, Tarifvertragsrecht, Rn.95; *Löwisch/Rieble*, § 4 Rn.128; *Schliemann*, 27; eher kritisch *Stein*, Rn.125.

447 BAG 24.9.1975 (A AZR 471/74), AP Nr.11 zu § 4 TVG Tarifkonkurrenz; *Löwisch/Rieble*, § 4 Rn.158; Wiedemann/*Wank*, § 4 Rn.280.

448 Vgl. etwa BAG 22.2.1957, 24.9.1975 und 14.6.1989, AP Nr.2, 11 und 16 zu § 4 TVG Tarifkonkurrenz; *Däubler/Zwanziger*, § 4 Rn.925ff.; ErfK/*Schaub*, § 4 TVG Rn.111; Wiedemann/*Wank*, § 4 Rn.289ff.

449 BAG 25.7.2001 (10 AZR 599/00), AP Nr.242 § 1 TVG Tarifverträge Bau; BAG 4.12.1002 (10 AZR 113/02), AP Nr.28 zu § 4 TVG Tarifkonkurrenz.

450 Jedenfalls im Rahmen eines Verfahrens wegen einer einstweiligen Verfügung gegen einen Arbeitskampf ebenso LAG Frankfurt am Main 22.7.2004 (9 SaGa 593/04), NZA-RR 2005, 262, 264.

451 Vgl. dazu ausführlich *Kempen*, NZA 2003, 415; Zu eng *Löwisch/Rieble*, § 4 Rn.142; *Band*, 158ff.; *Hromadka/Maschmann/Wallner*, Tarifwechsel, Rn.141; *Witzig*, Tarifeinheit, 84, die ausschließlich auf die Identität der Normgeber abstellen.

rangige Ordnung sieht das Bundesarbeitsgericht traditionell im Prinzip der Tarifeinheit.[452] Nach der hier vertretenen Ansicht ist dies nicht zutreffend.

Daraus folgt, dass die Spezialitätsregel praktisch dann legitimiert ist, wenn die **Tarifvertragsparteien beider Tarifwerke identisch sind**. Dasselbe gilt aber auch dann, wenn ein verbandstariflich erfasstes Arbeitgeberverbandsmitglied mit derselben Gewerkschaft einen zusätzlichen Firmentarifvertrag schließt. Obwohl hier keine vollständige Identität der Tarifvertragsparteien vorliegt, reicht die **mitgliedschaftliche Bindung** des Arbeitgebers aus, um die Anwendung des Spezialitätsprinzips mit dem Ziel der Tarifeinheit im Zweifel aus der einheitlichen »(Mit-)Urheberschaft« heraus zu rechtfertigen. 179

Der solchermaßen auf das Vorliegen doppelter Tarifbindung verengte Spezialitätsansatz ist dann auch zur Lösung von Tarifkonkurrenzen geeignet, bei denen einer der beiden Tarifverträge zusätzlich für allgemeinverbindlich erklärt wird (wobei für Nichtorganisierte dann jedenfalls der allgemeinverbindliche, für Gewerkschaftsmitglieder der speziellere Tarif gilt). Wenn beide Tarifverträge betriebliche/betriebsverfassungsrechtliche Normen enthalten, ist das Spezialitätsprinzip zwar zur Herstellung von Tarifeinheit grundsätzlich anwendbar, es wird die Konkurrenz aber **mangels Unterscheidbarkeit** der Tarifverträge nach dem Kriterium der Spezialität bisweilen nicht lösen können. 180

### b) Sonstige Konkurrenzlösungskriterien

Soweit das Spezialitätsprinzip nicht zur Auflösung von Tarifkonkurrenzen geeignet ist, muss ein Anderes **Konkurrenzlösungskriterium** gefunden werden. Drei Vorschläge stehen im Mittelpunkt der Diskussion[453]: Zum einen wird auf die Art der Legitimation der konkurrierenden Normen (**Legitimationsverfahren**), zum anderen auf die Günstigkeitsregel beziehungsweise ein Wahlrecht des Arbeitnehmers (**Qualität des Tarifinhalts**) und schließlich auf die Zahl der an die konkurrierenden Tarifwerke tarifgebundenen Personen (**Intensität der Legitimation**) abgestellt. 181

Unter Anknüpfung an die unterschiedlichen **Legitimationsverfahren** konkurrierender Tarifverträge wird für die Konkurrenz zwischen **staatlich legitimierter** (allgemeinverbindlicher) und »**mitgliedschaftlich legitimierter**« Tarifbindung vorgeschlagen, den für allgemeinverbindlich erklärten Tarif aus Gründen des Art. 9 Abs. 3 GG stets gegenüber dem Tarifwerk (Anders)organisierter zurücktreten zu lassen.[454] 182

Dem ist zu Recht unter Hinweis darauf, dass das Tarifvertragsgesetz **keine Tarifgeltung erster und zweiter Klasse** kennt, widersprochen worden.[455] Hinsichtlich der Allgemeinverbindlicherklärung überzeugt diese Auffassung auch deshalb nicht, weil die allgemeinverbindlichen Tarife mehrfach legitimiert sind durch die tarifgebundenen Mitglieder und auch durch die hiervon betroffenen Andersorganisierten, welche am Allgemeinverbindlichkeitsverfahren über ihre Organisationen nach § 5 Abs. 2 beteiligt sind, sowie durch das notwendige öffentliche Interesse (§ 5 Abs. 1 Satz 1 Nr. 1), welches entsprechende Bereichsausnahmen der 183

---

452 Vgl. BAG 29.3.1957, 24.9.1975, 29.11.1978, 14.6.1989 und 20.3.1991, AP Nr. 4, 11, 12, 16 und 20 zu § 4 TVG Tarifkonkurrenz; zustimmend *Säcker/Oetker*, ZfA 1993, 9ff.

453 Zu weiteren Ansätzen vgl. *Band*, 157ff.

454 *Löwisch/Rieble*, § 4 Rn. 144ff.

455 *Däubler/Zwanziger*, § 4 Rn. 926; Wiedemann/*Wank*, § 4 Rn. 294.

Allgemeinverbindlicherklärung zugunsten anderer Tarifregelungen erfordern kann.

184 Traditionell ist auch das **Günstigkeitsprinzip** zur Lösung von Tarifkonkurrenzen in Betracht gezogen worden.[456] Tatsächlich könnte dadurch die Schutzfunktion des Tarifvertrages für den Einzelnen optimal erfüllt werden. Das tarifvertragliche Günstigkeitsprinzip des § 4 Abs. 3 TVG ist jedoch nach Inhalt und Funktion nicht auf diese Probleme anwendbar, es stellt im Kern die Privatautonomie wieder her, wo die Kollektivautonomie nicht nötig ist.[457] Zudem bestehen praktische Bedenken: In den betroffenen Arbeitsverhältnissen entstünde nämlich ein unübersichtliches Gemenge unterschiedlicher Vorschriften.[458]

185 Entsprechendes gilt für die Versuche, die Tarifkonkurrenz durch das **Wahlrecht des einzelnen Arbeitnehmers** entscheiden zu lassen.[459] Die Auflösung von Tarifkonkurrenzen durch individuelle Tarifauswahl widerspricht mindestens teilweise auch dem kollektiven Zweck der Tarifautonomie.

186 Damit bleibt für die Auflösung von Tarifkonkurrenzen neben dem Spezialitätsprinzip nur das Kriterium der zahlenmäßig intensiveren Legitimationsqualität einer der Tarifverträge; d.h. **das Mehrheitsprinzip**: Es setzt sich der Tarifvertrag durch, an den die größere Zahl von Arbeitnehmern im Betrieb tarifgebunden ist.[460] Anhand dieses Kriteriums lässt sich vor allem die praktisch bedeutsame Konkurrenz mehrerer Betriebsnormen-Tarifverträge lösen und die gemäß § 3 Abs. 2 notwendige Tarifeinheit im Betrieb zugunsten der am stärksten legitimierten Regelungen herstellen.

### c) Rechtsfolge der Auflösung der Tarifkonkurrenz

187 Ist nach alledem die Auflösung von Tarifkonkurrenzen entweder nach dem Spezialitätsprinzip oder nach dem Mehrheitsprinzip vorzunehmen, stellt sich die Frage nach dem rechtlichen Schicksal des Tarifvertrages, der nach den genannten Regeln nicht zur Anwendung kommt. Hier besteht Einigkeit, dass der **»unterlegene« Tarifvertrag lediglich verdrängt wird**. Besteht dann der vorrangige Tarifvertrag nicht mehr, kann der verdrängte Tarifvertrag wieder zur Wirkung kommen.[461]

### d) Keine Auflösung bei Tarifpluralität

188 Während Tarifkonkurrenzen entweder nach dem Spezialitäts- oder dem Mehrheitsprinzip zu lösen sind, ist die Tarifpluralität, bei der mehrere Tarifverträge im Betrieb gelten nach der hier vertretenen Ansicht grundsätzlich hinzunehmen, d.h. die entsprechenden Tarife sind jeweils auf die unterschiedlich gebundenen Arbeitsverhältnisse anzuwenden.

---

456 *Däubler*, Tarifvertragsrecht, Rn. 1493.

457 BAG 22.2.1957 (1AZR 536/55), AP Nr. 2 zu § 4 TVG Tarifkonkurrenz; BAG 20.3.1991 (4 AZR 455/90), AP Nr. 20 zu § 4 TVG Tarifkonkurrenz; BAG 24.1.2001 (4 AZR 655/99), AP Nr. 173 zu § 1 TVG Tarifverträge: Metallindustrie; *Stein*, Rn. 272; Wiedemann/*Wank*, § 4 Rn. 283.

458 *Bieback*, DB 1989, 479; *Ph. Merten*, BB 1993, 573; Wiedemann/*Arnold*, ZTR 1994, 407.

459 *Etzel*, NZA 1987, Beilage 1, 19f.; jedenfalls z.T. auch *Jacobs*, 275.

460 BAG 14.6.1989 (4 AZR 200/89), AP Nr. 16 zu § 4 TVG Tarifkonkurrenz; BAG 20.3.1991 (4 AZR 455/90), AP Nr. 20 zu § 4 TVG Tarifkonkurrenz; Wiedemann/*Wank*, § 4 Rn. 295; Wiedemann/*Arnold*, ZTR 1994, 409; jedenfalls für Betriebsnormen auch *Däubler/Zwanziger*, § 4 Rn. 935f.; *Löwisch/Rieble*, § 4 Rn. 151.

461 BAG 19.1.1962 AP Nr. 11 zu § 5 TVG; *Däubler/Zwanziger*, § 4 Rn. 937; Wiedemann/*Wank*, § 4 Rn. 299.

## D. Die tatsächliche Durchsetzung tarifvertraglicher Ansprüche

**Literatur:**

*Annuß*, Schutz der Gewerkschaften vor tarifwidrigem Handeln der Betriebsparteien?, RdA 2000, 287; *Bauer*, Betriebliche Bündnisse für Arbeit vor dem Aus?, NZA 1999, 897; *Bauer/Haussmann*, Betriebliche Bündnisse für Arbeit und gewerkschaftlicher Unterlassungsanspruch, NZA 2000, Sonderbeilage zu Heft 24, 42; *Berg*, Durchsetzung des »vollen Lohnausgleichs« nach Arbeitszeitverkürzung, AiB 1987, 147; *Berg*, Tarifwidrige Arbeitsbedingungen im Betrieb – Überlegungen zur Begründung eines Unterlassungsanspruchs der Gewerkschaft, FS Däubler 1999, 495; *Berg/Bobke*, Tarifvertragliche Besetzungsregeln – Rechtsgrundlagen für die Möglichkeiten ihrer betrieblichen Realisierung, WSI-Mitt. 1982, 237; *Berg/Platow*, Unterlassungsanspruch der Gewerkschaften gegen tarifwidrige betriebliche Regelungen, DB 1999, 2362; *Brox/Rüthers*, Arbeitskampfrecht, 2. Aufl., 1982; *Buchner*, Der Unterlassungsanspruch der Gewerkschaft – Stabilisierung oder Ende des Verbandstarifvertrages?, NZA 1999, 897; *Buschmann*, Zum Unterlassungsanspruch der Gewerkschaften bei tarifwidrigen betrieblichen Regelungen, PersR 1999, 531; *Däubler*, Gewerkschaftsrechte im Betrieb, 2. Aufl., 1980; *ders.*, Perspektiven des Arbeitskampfrechts, AuR 1982, 361; *ders.*, Arbeitskampfrecht, 2. Aufl., 1987; *ders.*, Gewerkschaftliches Klagerecht gegen tarifwidrige Betriebsvereinbarungen, BB 1990, 2256; *ders.*, Das neue Klagerecht der Gewerkschaften bei Tarifbruch des Arbeitgebers, AiB 1999, 481; *Dieterich*, Arbeitsgerichtlicher Schutz der kollektiven Koalitionsfreiheit, AuR 2005, 121 und in FS Wissmann, 2005, 114; *Feudner*, Die Durchsetzung von Tarifverträgen, DB 1991, 1118; *Gamillscheg*, Die Durchsetzung tariflicher Ansprüche, FS Henckel, 1995, 215; *ders.*, Durchsetzungsschwächen des Tarifvertrags, AuR 1996, 354; *Glaubitz*, Unterlassungsanspruch der Gewerkschaften und Günstigkeitsprinzip nach der Entscheidung des BAG vom 20.04.1999, FA 2000, 276; *Grunsky*, Antragsbefugnis der Gewerkschaften zur Feststellung der Tarifvertragswidrigkeit einer Betriebsvereinbarung, DB 1990, 526; *Höland/Reim/Brecht*, Flächentarifvertrag und Günstigkeitsprinzip. Empirische Beobachtungen und rechtliche Betrachtungen der Anwendung von Flächentarifverträgen in den Betrieben, 2000; *dies.*, Tarifliche Vorgaben und betriebliche Realität, AuA 2001, 358; *Hromadka*, Betriebliche Bündnisse für Arbeit vor dem »Aus«?, AuA 2000, 13; *ders.*, Zum Unterlassungsanspruch gegen tarifwidrige Bündnisse für Arbeit, ZTR 2000, 253; *Kast/Freihube*, Neue Hoffnung für betriebliche »Bündnisse für Arbeit« nach dem Urteil des BAG vom 19.3.2003?, BB 2003, 2569; *Kast/Stuhlmann*, Sind betriebliche Bündnisse für Arbeit noch durchführbar?, BB 2000, 614; *Kempen*, Warnstreik, Sympathiestreik und gewerkschaftliche Demonstration im grundgesetzlichen Arbeitsverfassungsrecht, AuR 1990, 237; *Kittner*, Rechtsschutz für Tarifverträge, FS Stahlhacke, 1995, 247; *Kocher*, Materiell-rechtliche und prozessuale Fragen des Unterlassungsanspruchs aus Art. 9 Abs. 3 GG, AuR 1999, 382; *dies.*, Bestimmtheit und Streitgegenstand beim koalitionsrechtlichen Unterlassungsanspruch gegen tarifwidrige Einheitsregelungen, NZA 2005, 140; *Konzen*, Grundlagen und Grenzen des vorbeugenden Rechtsschutzes unter Tarifparteien, FS Kissel, 1994, 571; *Loritz*, Das Bundesarbeitsgericht und die »Neue Beweglichkeit«, ZfA 1985, 185; *Löwisch*, Deliktsschutz gegen abtrünnige Mitglieder? – Zur Tarifbruch-Unterlassungsentscheidung des BAG, BB 1999, 2080; *Matthießen*, Auftragsbefugnisse der Tarifparteien im arbeitsgerichtlichen Beschlussverfahren, DB 1988, 285; *Moll*,

Zum Verhältnis von Streik und kollektiv ausgeübten Zurückbehaltungsrechten, RdA 1976, 100; *H.-P. Müller*, Privatautonomie gegen Kollektivgewalt, DB 1999, 2310; *Müller/Guercke*, Gewerkschaftliche Betätigung in den Betrieben? Eine rechtsvergleichende Untersuchung im Rahmen der EG, 1980; *Pfarr/Kocher*, Kollektivverfahren im Arbeitsrecht, 1998; *Ramm*, Zur Bedeutung der Rechtssoziologie für das Arbeitsrecht, KJ 1970, 175; *ders.*, Zur Bedeutung der Rechtssoziologie für das Arbeitsrecht, in: Naucke/Trappe (Hrsg.), Rechtssoziologie und Rechtspraxis, 1970, 169; *ders.*, Die Parteien des Tarifvertrages, 1961; *Richardi*, Tarifvorbehalt und Tarifgebundenheit, FS Schaub, 639; *ders.*, Tarifautonomie und Betriebsautonomie als Formen wesensverschiedener Gruppenautonomie im Arbeitsrecht, DB 2000, 42; *Rieble*, Tarifnormenkontrolle durch Verbandsklage, RdA 1992, 250; *ders.*, Die Burda-Entscheidung des BAG, ZTR 1999, 483; *ders.*, Arbeitgeberfrage nach der Gewerkschaftsmitgliedschaft, GS Heinze, 2005, 687; *Schmidt, K.*, Die normative Tarifgeltung am Beispiel des allgemeinen koalitionsrechtlichen Unterlassungsanspruchs, RdA 2004, 152; *Thüsing*, Der Schutz des Tarifvertrags vor den tarifvertraglich Geschützten, DB 1999, 1552; *Trappehl/Lambrich*, Unterlassungsanspruch der Gewerkschaft – das Ende für betriebliche »Bündnisse für Arbeit«?, NJW 1999, 3217; *Walker*, Zur Rechtmäßigkeit von Arbeitsniederlegungen wegen der Kündigung eines Tarifvertrages, NZA 1997, 769; *ders.*, Der tarifvertragliche Einwirkungsanspruch, FS Schaub, 1998, 743; *ders.*, Rechtsschutz der Gewerkschaften gegen tarifwidrige Vereinbarungen, ZfA 2000, 29; *Wallisch*, Die tarifvertraglichen Einwirkungspflichten, 1998; *Weyand*, Möglichkeiten und Grenzen der Verlagerung tariflicher Regelungskompetenzen auf die Betriebsebene, AuR 1989, 193; *Wolf*, Die Klagebefugnis der Verbände, 1971; *Wohlfarth*, Stärkung der Koalitionsfreiheit durch das BAG, NZA 1999, 962; *Zachert*, Neue Kleider für die Allgemeinverbindlichkeitserklärung?, NZA 2003, 132.

**Übersicht** Rn.

Die Anordnung der unmittelbaren und zwingenden Wirkung der Rechtsnormen eines Tarifvertrages (§ 4 Abs. 1 TVG, dazu § 4 Rn. 1 ff.), die Verbote der Vereinbarung schlechterer Arbeitsbedingungen (§ 4 Abs. 3 TVG, dazu § 4 Rn. 247 ff.) sowie des Verzichts auf tarifliche Rechte und der Verwirkung tariflicher Rechte (§ 4 Abs. 4 TVG, dazu § 4 Rn. 442 ff.) garantieren den tarifgebundenen Arbeitnehmern einen weitgehenden rechtlichen Schutz. Der Gesetzgeber hat damit jedenfalls die materiellrechtlichen Bedingungen geschaffen, die notwendig sind, um den beabsichtigten Schutz der Arbeitnehmer durch Tarifverträge zu ermöglichen. Weitere Vorschriften wie die Anmeldepflicht aller Tarifverträge zum Tarifregister beim Bundesministerium für Wirtschaft und Arbeit (§ 6 TVG), das Einsichtsrecht für jedermann in diese zum Tarifregister angemeldeten Tarifverträge (§ 14 Satz 1 TVG-DVO) und die Verpflichtung, Tarifverträge an geeigneter Stelle im Betrieb auszulegen (§ 8 TVG), fördern im bescheidenen Rahmen die Information über tarifliche Rechte und damit deren tatsächliche Verwirklichung[462] (dazu näher § 6 und § 8). Mit allem ist aber keineswegs sichergestellt, dass Tarifverträge in der Praxis auch immer korrekt und umfassend angewandt werden. Vielmehr lassen sich viele Fälle belegen, in denen Arbeitgeber von Gewerkschaften erstrittene tarifvertragliche Ansprüche tatsächlich nicht oder nur eingeschränkt gewähren.[463] Besonders problematisch für die Durchsetzung tariflicher Ansprüche sind Tarifverträge zur Verteilung der Wochenarbeitszeit, welche selbst keine unmittelbar wirkenden Tarifnormen enthalten, sondern lediglich Rahmenvorschriften, die durch Betriebsvereinbarungen aufgrund entsprechender Öffnungsklauseln (§ 77 Abs. 3 BetrVG) oder Tarifvorbehalte (§ 87 Abs. 1 Eingangssatz BetrVG) zu konkretisieren sind und damit speziell den Arbeitnehmern noch keine unmittelbaren Ansprüche verschaffen.[464] In der Praxis kommt es häufig zu unterschiedlichen Auffassungen über die richtige tarifvertragliche Eingruppierung. Hierbei stellt sich die Frage nach den tatsächlichen Durchsetzungsmöglichkeiten tarifvertraglicher Ansprüche zugunsten der erfassten Arbeitnehmer. Da erfahrungsgemäß einzelne Arbeitnehmer im Verlaufe eines bestehenden Arbeitsverhältnisses sich nur selten dafür entscheiden, ihnen zustehende Ansprüche auch einzuklagen (dazu § 4 Rn. 190), sind die außerhalb individueller Vorgehensweisen bestehenden Möglichkeiten zur Realisierung tarifvertraglicher Ansprüche (dazu § 4 Rn. 197 ff.) von besonderem Interesse (zu speziellen Durchsetzungsproblemen im Hinblick auf Eingruppierungsstreitigkeiten vgl. auch § 1 Rn. 187 ff.). **189**

---

462 Dazu auch *Däubler*, Tarifvertragsrecht, Rn. 1375; *Gamillscheg*, FS Henckel, 216; *Kittner*, FS Stahlhacke, 248.

463 Vgl. etwa *Berg/Bobke*, WSI-Mitt. 1982, 237 f., mit weiteren Nachweisen, zur Realisierung des Tarifvertrages über die Einführung und Anwendung rechnergesteuerter Textsysteme in der Druckindustrie vom 20. 3. 1978; *Berg*, AiB 1987, 147 ff. zur Umsetzung der Arbeitszeittarifverträge 1984; *Zachert*, Tarifvertrag, 212.

464 Vgl. BVerfG 29. 6. 1993, AP Nr. 2a zu § 77 BetrVG Tarifvorbehalt.

## I. Rechte des einzelnen Arbeitnehmers zur Durchsetzung tarifvertraglicher Ansprüche

### 1. Klage des einzelnen Arbeitnehmers vor dem Arbeitsgericht

190 Tarifnormen begründen für den tarifgebundenen und unter den Geltungsbereich des Tarifvertrages fallenden Arbeitnehmer gegenüber seinem tarifgebundenen Arbeitgeber einen unmittelbaren und zwingenden arbeitsvertraglichen Anspruch auf ihre Erfüllung (vgl. näher § 4 Rn. 1 ff.). Besteht insgesamt Streit darüber, ob ein Tarifvertrag auf das Arbeitsverhältnis Anwendung findet, ist eine dahingehende Feststellungsklage zulässig.[465] Verweigert der Arbeitgeber tariflich vereinbarte Leistungen, kann der einzelne Arbeitnehmer sie **vor dem Arbeitsgericht einklagen**. Nur ausnahmsweise[466] vermag er sich zusätzlich die Leistungen durch eine einstweilige Verfügung beim Arbeitsgericht zu sichern, um den unter Umständen langen Zeitraum bis zu einer rechtskräftigen und vollstreckbaren gerichtlichen Entscheidung zu überbrücken. So klar und eindeutig dies ist, lehrt doch die Erfahrung, dass Arbeitnehmer in der Praxis den Weg zum Arbeitsgericht selten beschreiten (siehe auch § 4 Rn. 200 am Ende). Eine Untersuchung von *Ramm*[467] aus dem Jahre 1970 hat insoweit ergeben, dass etwa 80 % aller gewerkschaftlich organisierten Arbeitnehmer erst nach Beendigung des Arbeitsverhältnisses gegen ihren Arbeitgeber prozessieren, um ihnen nach ihrer Auffassung zustehende Ansprüche durchzusetzen und dass die ca. 20 % der Arbeitnehmer, die dies schon während des Bestehens des Arbeitsverhältnisses tun, überwiegend im öffentlichen Dienst und zu einem kleineren Teil in Großbetrieben tätig waren. Daran hat sich bis heute nichts Wesentliches verändert.[468] Bestandsstreitigkeiten und Klagen auf Zeugniserteilung und -berichtigung (insgesamt im Jahre 2002 rund 340 000) überwiegen gegenüber den Klagen auf Arbeitsentgelt und Urlaub (2002 insgesamt 230 000)[469], wobei in den Klagen auf Arbeitsentgelt – im Kündigungsschutzprozess typischer Weise – ein hoher Anteil an Beendigungsauseinandersetzungen enthalten sein wird. Offensichtlich befürchtet also der einzelne Arbeitnehmer Nachteile für sich, wenn er bei bestehendem Arbeitsverhältnis den Arbeitgeber auf tarifliche Leistungen verklagt.

---

465 Ständige Rechtsprechung, vgl. BAG 20.7.1992, AP Nr. 1 zu § 1 TV AngBundespost; BAG 20.3.1991, AP Nr. 20 zu § 4 TVG Tarifkonkurrenz; weitere Nachweise bei § 3 Rn. 162 (zu Bezugnahmefällen); a. A. LAG Köln, ZTR 2000, 220.

466 So die ganz herrschende Auffassung, da eine Vorwegnahme der Entscheidung in der Hauptsache vermieden werden soll, vgl., jeweils mit Nachweisen aus der untergerichtlichen Rechtsprechung, GMM-GP, § 62 Rn. 77a, 81 ff.; *Schaub*, Arbeitsgerichtsverfahren, § 56 Rn. 45; MünchArbR/*Brehm*, § 393 Rn. 14 f.; MünchArbR/*Hanau*, § 72 Rn. 31 ff.; siehe auch den Hinweis in BAG 20.1.1994, AP Nr. 115 zu § 626 BGB = EzA § 626 BGB Nr. 153 – (zum Urlaubsanspruch).

467 *Ramm*, in: Naucke/Trappe, 1970, 169; vgl. auch *ders.*, KJ 1970, 181; allgemein *Blankenburg/Schönholz/Rogowski*, Zur Soziologie des Arbeitsgerichtsverfahrens, 1979.

468 So auch *Gamillscheg*, Kollektives Arbeitsrecht I, § 15 X 2c, 631, sowie 643, 818 und 834. Es liegt wohl nicht am Befund, dass sich hier das rechtssoziologische Forschungsinteresse seit den 70er-Jahren zurückentwickelt hat.

469 *BMWA*, Referat III A 1: Ergebnisse der Statistik der Arbeitsgerichtsbarkeit.

## 2. Ausübung von Leistungsverweigerungsrechten durch den einzelnen Arbeitnehmer

Über den Weg einer Anrufung des Arbeitsgerichts hinaus hat der einzelne Arbeitnehmer weitere Möglichkeiten, allein oder auch mit anderen betroffenen Arbeitnehmern gemeinsam den Arbeitgeber zur Erfüllung tarifvertraglicher Ansprüche zu bewegen: Er kann als Selbsthilfe bis zur Erfüllung bisher nicht gewährter Leistungen ein **Leistungsverweigerungsrecht** geltend machen, **ohne jedoch den Anspruch auf die Gegenleistung zu verlieren** oder zur Nachleistung verpflichtet zu sein (§§ 615 Satz 1, 298 BGB). Vielen Arbeitnehmern ist diese in den §§ 273 und 320 BGB vorgesehene Möglichkeit jedoch entweder unbekannt oder sie wagen ein solches Vorgehen noch weniger als eine Klage beim Arbeitsgericht. In der Praxis sind Fälle einer solchen Leistungsverweigerung jedenfalls kaum bekannt geworden.[470] Mit der Erwitte-Entscheidung hatte das Bundesarbeitsgericht darüber hinaus durch eine einschränkende Auslegung des § 273 BGB[471] zunächst dazu beigetragen, dass die Wahrnehmung dieses Rechts erschwert wird (zu weiteren Tendenzen einer restriktiven Auslegung des § 273 BGB durch das Bundesarbeitsgericht siehe § 4 Rn. 196). 191

Einzelheiten: Nach **§ 273 Abs. 1 BGB** kann ein Arbeitnehmer, der aus dem Arbeitsvertrag einen fälligen Anspruch gegen den Arbeitgeber hat (z.B. tarifvertraglichen Anspruch), die von ihm geschuldete Leistung (Erbringung der Arbeit) verweigern, bis die ihm gebührende Leistung (hier: aus dem Tarifvertrag) vom Arbeitgeber erbracht wird (Zurückbehaltungsrecht). Der Arbeitgeber kann die Ausübung dieses Zurückbehaltungsrechts durch den Arbeitnehmer allerdings dadurch verhindern, dass er eine Sicherheitsleistung anbietet (§ 273 Abs. 3 Satz 1 in Verbindung mit §§ 232ff., 372ff. BGB). Bei tarifvertraglichen Ansprüchen, die nicht auf Geld gerichtet sind (etwa Urlaubsansprüche), dürfte eine Abwehr des Zurückbehaltungsrechts durch Sicherheitsleistung dagegen ausscheiden. 192

Da der Arbeitsvertrag ein gegenseitiger Vertrag ist, kann ein Arbeitnehmer sich bei Ausübung eines Zurückbehaltungsrechts auch auf **§ 320 Abs. 1 BGB** berufen.[472] Nach dieser Vorschrift, die nach herrschender Ansicht eine Unterart des Zurückbehaltungsrechtes gemäß § 273 BGB darstellt, kann die einem Arbeitnehmer obliegende Leistung (Erbringung der Arbeit) bis zur Erbringung **der im Gegenseitigkeitsverhältnis stehenden Leistung** des Arbeitgebers (hier: Gewährung tarifvertraglichen Entgelts) vom Arbeitnehmer verweigert werden. Das gilt selbst dann, wenn eine Vorleistungspflicht des Arbeitnehmers besteht, was in der Praxis für die Entgeltansprüche, die erst am Monatsende erfüllt werden müssen, zutrifft (vgl. auch § 614 BGB). In einem solchen Fall kann der Arbeitnehmer gleichwohl vorher die Arbeit unter Berufung auf § 320 Abs. 1 BGB verweigern, wenn die Nichterfüllung seines Bezahlungsanspruches vom Arbeitgeber bereits

---

470 Vgl. BAG 14.2.1978, AP Nr. 58 zu Art. 9 GG Arbeitskampf = DB 1978, 1403, zum Fall Erwitte; BAG 25.10.1984, AP Nr. 3 zu § 273 BGB (mit Anm. von *Hirschberg*, SAE 1987, 23), zur Verweigerung der Arbeit wegen Ausbleibens der Lohnzahlung); LAG Frankfurt am Main, 13.9.1984, NZA 1985, 431, zur Verweigerung mit dem Ziel der Durchsetzung einer vertragsgerechten Beschäftigung.

471 Unter anderem kein Zurückbehaltungsrecht bei Verstößen gegen das BetrVG, weil in der Regel das einzelne Arbeitsverhältnis davon nicht betroffen sei, vgl. BAG 14.2.1978, AP Nr. 58 zu Art. 9 GG Arbeitskampf = DB 1978, 1403.

472 Zum umstrittenen Verhältnis beider Vorschriften zueinander vgl. *Hirschberg*, Anm. zu BAG 25.10.1984, SAE 1987, 27, mit weiteren Nachweisen; MünchArbR/*Blomeyer*, § 49 Rn. 51; Soergel/*M. Wolf*, BGB, § 273 Rn. 71; *Walker*, NZA 1997, 771f.

angekündigt worden ist.[473] Denn die Vorleistungspflicht ist nach Treu und Glauben entfallen.[474] Sind Ansprüche nach dem Tarifvertrag fällig, kommen weitere Vorleistungsverpflichtungen des Arbeitnehmers ohnedies kaum in Betracht. Die Ausübung des Zurückbehaltungsrechts gemäß § 320 Abs. 1 BGB kann anders als bei § 273 BGB **nicht durch Sicherheitsleistung** des Arbeitgebers **ausgeschlossen** werden (§ 320 Abs. 1 Satz 3 BGB). Da das Zurückbehaltungsrecht als Einrede ausgestaltet ist, muss der Arbeitgeber vom Arbeitnehmer zur Leistungserbringung aufgefordert worden sein[475]; bei bestrittenen Forderungen ist ihm angemessene Zeit zur Prüfung zu belassen.

**193** Die **Ausübung des Zurückbehaltungsrechts** sowohl nach **§ 273 Abs. 1** als auch nach **§ 320 Abs. 1** BGB durch den Arbeitnehmer kommt dann nicht in Betracht, wenn der Arbeitgeber einen Anspruch bereits teilweise erfüllt hat und die Leistungsverweigerung durch den Arbeitnehmer nach den Umständen, insbesondere wegen verhältnismäßiger Geringfügigkeit[476] des rückständigen Teils **gegen Treu und Glauben verstoßen** würde (§ 320 Abs. 2 BGB, der einen allgemeinen Rechtsgedanken aus § 242 BGB enthält[477]). Selbst falls die Differenz nur gering ist, kommt aber eine Ausübung des Zurückbehaltungsrechts dann in Betracht, wenn ihre Entstehung generell auf der Weigerung des Arbeitgebers beruht, die tariflichen Verpflichtungen zu erfüllen. Denn hier würde dem Arbeitnehmer zugemutet, auch in Zukunft zu untertariflichen Bedingungen zu arbeiten.[478]

**194** Arbeitnehmer, die ein Zurückbehaltungsrecht geltend machen, sind dafür im Streitfall darlegungs- und beweisbelastet (zur Auflockerung der Beweislast bei Eingruppierungsstreitigkeiten vgl. § 1 Rn. 187ff.). Um Risiken zu vermeiden, bedarf die Ausübung des Zurückbehaltungsrechts daher **sorgfältiger Vorbereitung** (genaue Prüfung des Anspruchs, Sicherstellung von Beweismitteln usw.).

**195** Die rechtmäßige Ausübung eines Zurückbehaltungsrechts durch einen Arbeitnehmer, d.h. die Verweigerung der Arbeit, weil der Arbeitgeber tarifliche Ansprüche nicht erfüllt, beseitigt nicht etwa wie beim Streik die Entgeltzahlungspflicht des Arbeitgebers. Vielmehr gerät **der Arbeitgeber** in einem solchen Fall **in Annahmeverzug** gemäß § 615 BGB.[479] Der Arbeitgeber hat also die nicht geleistete Arbeit zu bezahlen, ohne dass der Arbeitnehmer sie nachleisten muss.

**196** Ein Zurückbehaltungsrecht gemäß §§ 273, 320 BGB kann auch **von mehreren Arbeitnehmern**, deren tarifvertragliche Ansprüche nicht erfüllt werden, **gemeinsam ausgeübt** werden.[480] In ihrer Erscheinungsform weist die Arbeitsniederlegung dann Ähnlichkeit mit einem Streik auf, von dem sie sich jedoch in den Voraussetzungen, der Rechtsnatur und den Rechtsfolgen (insbesondere hinsichtlich der Lohnzahlungspflicht) wesentlich unterscheidet. Gleichwohl kann von

---

473 Gleiches gilt bei § 273 BGB, der einen fälligen Anspruch voraussetzt.

474 Anders *Voraufl.*, wie hier etwa MünchArbR/*Blomeyer*, § 49 Rn. 54, mit weiteren Nachweisen.

475 Vgl. auch Soergel/*M. Wolf*, BGB, § 273 Rn. 41, 57.

476 Dazu ArbG Hannover 11.12.1996 (9 Ca 138/96), EzA § 273 BGB Nr. 6, zu Recht eineinhalb Monatsverdienste nicht für geringfügig haltend.

477 Vgl. näher BAG 9.5.1996 (2 AZR 387/95), AP Nr. 5 zu § 273 BGB = EzA § 626 BGB Nr. 161; BAG 25.10.1984, AP Nr. 3 zu § 273 BGB (mit Anm. von *Hirschberg*, SAE 1987, 23); Soergel/*M. Wolf*, BGB, § 273 Rn. 41, 49.

478 Zutreffend *Rieble*, Anm. zu BAG EzA § 1 TVG Fristlose Kündigung Nr. 2 a.E.

479 BAG 20.12.1963, AP Nr. 32 zu Art. 9 GG Arbeitskampf; *Däubler*, Tarifvertragsrecht, Rn. 1424; *Moll*, RdA 1976, 105.

480 BAG 20.12.1963, 17.12.1976 und 14.2.1978, AP Nr. 32, 52 und 58 zu Art. 9 GG Arbeitskampf; so auch geschehen im Fall BAG 25.10.1984, AP Nr. 3 zu § 273 BGB.

dem Arbeitnehmer nicht verlangt werden, dass er, wie das BAG[481] meint, in jeden Zweifel ausschließender Weise den Arbeitgeber davon in Kenntnis setzt, es werde ein Zurückbehaltungsrecht ausgeübt. Eine solche Pflicht zur rechtlichen Qualifikation wird auch sonst nirgendwo von der Rechtsordnung gefordert.[482] An einer gemeinsamen Ausübung des Zurückbehaltungsrechts dürfen sich nach herrschender Meinung jedoch nur tatsächlich betroffene Arbeitnehmer beteiligen. Verweigert ein Arbeitgeber einer großen Zahl von Arbeitnehmern eines Betriebes tarifliche Rechte und entschließen diese sich zu einem gemeinsamen Vorgehen, sind danach Solidaraktionen unter Beteiligung nicht betroffener Arbeitnehmer nicht zulässig.[483] Zudem hat das Bundesarbeitsgericht[484] bei einem gemeinsamen solidarischen Vorgehen betroffener und nicht (unmittelbar) betroffener Arbeitnehmer selbst die zulässige Ausübung eines Zurückbehaltungsrechts durch die Betroffenen dann in Frage gestellt hat, wenn bei der gemeinsamen Aktion streikähnliche Verhaltensweisen im Vordergrund stehen. Träfe das zu, könnten Arbeitnehmer die Rechte der §§ 273, 320 BGB ohne Risiko nur begrenzt kollektiv wahrnehmen (zur Frage, ob unabhängig von der gemeinsamen Wahrnehmung eines Zurückbehaltungsrechts Streikmaßnahmen zur Durchsetzung tariflich bestehender Ansprüche zulässig sind, vgl. § 4 Rn. 220).[485] Würde die Beteiligung nicht Zurückbehaltungsberechtigter den Anspruch der Berechtigten aus §§ 273, 320 BGB praktisch beseitigen[486], dann liefe das auf ein – dem bürgerlichen Recht unbekanntes – Verhalten zu Lasten Dritter (möglicherweise sogar auf einen unzulässigen Vertrag zu Lasten Dritter) hinaus.[487] Hinsichtlich der nicht zurückbehaltungsberechtigten Beteiligten ist jeweils zu prüfen, ob es sich nicht um eine zulässige gewerkschaftliche Demonstration handelt[488], die unter § 616 Abs. 1 BGB fällt.

## II. Gewerkschaftliche Rechte zur Durchsetzung normativer tarifvertraglicher Ansprüche

### 1. Klage von Gewerkschaften zugunsten ihrer Mitglieder

#### a) Klage auf Erfüllung eines Firmentarifvertrags

Die Parteien des Tarifvertrages sind wie andere Parteien eines jeden schuldrechtlichen Vertrages einander verpflichtet, den von ihnen abgeschlossenen Vertrag zu erfüllen, ohne dass dies besonders vereinbart werden muss (vgl. dazu § 4 Rn. 219 sowie § 1 Rn. 664 und Rn. 666 ff.). Verweigert ein Arbeitgeber als Partei 197

481 BAG 20.12.1963, AP Nr. 32 zu Art. 9 GG Arbeitskampf.

482 Ebenso *Brox/Rüthers*, § 17 Rn. 606, mit weiteren Nachweisen; *Däubler*, Tarifvertragsrecht, Rn. 1423 f.; *Walker* NZA 1997, 773.

483 Zu Recht kritisch zu dieser herrschenden Auffassung unter Berufung auf den Solidargedanken, der sonst von der herrschenden Meinung etwa beim Arbeitskampf und bei der Betriebsrisikolehre hervorgehoben wird, *Moll*, RdA 1976, 104, mit weiteren Nachweisen sowie *Müller/Guercke*, Gewerkschaftliche Betätigung, 352 ff.

484 BAG 20.12.1963, AP Nr. 32 zu Art. 9 GG Arbeitskampf.

485 Zur möglichen Abgrenzungsproblematik zwischen der kollektiven Ausübung eines Zurückbehaltungsrechts und Arbeitskampfmaßnahmen *Moll*, RdA 1976, 100, sowie BAG 20.12.1963, AP Nr. 32 zu Art. 9 GG Arbeitskampf.

486 So BAG 20.12.1963, AP Nr. 32 zu Art. 9 GG Arbeitskampf.

487 Im Ergebnis wie hier *Brox/Rüthers*, § 17 Rn. 607; *Däubler*, Tarifvertragsrecht, Rn. 1422.

488 Vgl. *Kempen*, AuR 1990, 242 f.

eines Firmentarifvertrages den Arbeitnehmern seines Betriebes tarifliche Rechte, kann ihn die Gewerkschaft daher als andere Vertragspartei vor dem Arbeitsgericht (Zuständigkeit gemäß § 2 Abs. 1 Ziff. 1 ArbGG) auf Erfüllung des Tarifvertrages gegenüber den Arbeitnehmern verklagen. Beim Firmentarifvertrag besteht damit durch die unmittelbare gewerkschaftliche Klage eine für den Arbeitnehmer risikolose und wahrscheinlich von ihm bevorzugte zusätzliche Realisierungschance. Die bei einer nur individuellen Durchsetzung tariflicher Ansprüche bestehenden Probleme (vgl. zuvor § 4 Rn. 190f.) stellen sich hier nicht.[489]

### b) Klage gegen an einen Verbandstarifvertrag gebundene Arbeitgeber

#### *aa) Klage auf Erfüllung*

**198** In ihrer überwiegenden Zahl sind die in der Bundesrepublik Deutschland abgeschlossenen Tarifverträge jedoch Verbandstarifverträge, wobei diese im Vergleich mit Firmentarifverträgen überproportional mehr Arbeitsbeziehungen erfassen. Tarifvertragspartei auf Arbeitgeberseite ist also in der Regel nicht der einzelne Arbeitgeber, sondern ein Arbeitgeberverband. Von diesem abgeschlossene Tarifverträge verpflichten die einzelnen Arbeitgeber als Mitglieder des Arbeitgeberverbandes zwar ebenfalls unmittelbar und zwingend, soweit es sich um tarifliche Normen handelt (§§ 3 Abs. 1, 4 Abs. 1 TVG). Der einzelne Arbeitnehmer kann deswegen seinen organisierten Arbeitgeber auf Erfüllung des Tarifvertrages verklagen. Jedoch bestehen keine unmittelbaren Vertragsbeziehungen zwischen der vertragsschließenden Gewerkschaft und den einzelnen Mitgliedsunternehmen des Arbeitgeberverbandes. Die **Gewerkschaften sollen daher nach weit verbreiteter Ansicht** beim Verbandstarifvertrag **den einzelnen organisierten Arbeitgeber** anders als beim Firmentarifvertrag **nicht auf Erfüllung des Tarifvertrages in Anspruch nehmen können.**[490] Es wird ihnen verwehrt, im eigenen Namen Ansprüche ihrer Mitglieder gegen den einzelnen Arbeitgeber geltend zu machen[491]; eine gesetzliche Prozessstandschaft bestehe nicht (dazu unten § 4 Rn. 209ff.). Die praktischen Konsequenzen dieser Rechtsauffassung zeigen sich insbesondere in jenen, euphemistisch als betriebliche Bündnisse für Arbeit bezeichneten Fällen, in denen durch Betriebsvereinbarung oder Regelungsabreden – unter Umständen bei zeitlich begrenztem Ausschluss betriebsbedingter Kündigung – tarifliche Rechte eingeschränkt werden.[492] Nach neuerer Rechtsprechung kann die Gewerkschaft allerdings gegen den Arbeitgeber auf Unterlassung tarifwidrigen Verhaltens klagen (dazu folgende Rn.).

489 Vgl. BAG 14.6.1995, AP Nr. 4 zu § 1 TVG Durchführungspflicht.

490 Zur rechtspolitischen Forderung eines Verbandsklagerechts siehe *Pfarr/Kocher*, NZA 1999, 358.

491 BAG 8.11.1957 und 8.2.1963, AP Nr. 7 und 42 zu § 256 ZPO; BAG 12.9.1984, AP Nr. 81 zu Art. 9 GG Arbeitskampf; ebenso *Löwisch/Rieble*, § 4 Rn. 42; GMM-GP, § 81 Rn. 68; allgemein zur Problematik und zu verschiedenen Lösungsvorschlägen *Gamillscheg*, AuR 1996, 354.

492 Zum Sachverhalt siehe etwa *Zachert* ZTR 1998, 97ff.; weitere Nachweisen bei *Berg/Platow*, DB 1999, 2362f.; *Kocher*, AuR 1999, 382, Rn. 2).

### *bb) Unterlassungsklage*

199 Die neuere, durch die »Burda«-Entscheidung[493] eingeleitete Rechtsprechung des BAG lässt unter bestimmten Bedingungen eine auf **§§ 1004 Abs. 1 Satz 2, 823 BGB in Verbindung mit Art. 9 Abs. 3 GG** gestützte **Unterlassungsklage** der Gewerkschaft gegen den einzelnen unter Verstoß gegen den Tarifvertrag Ansprüche der Arbeitnehmer schmälernden Arbeitgeber zu. Zu unterlassen ist die tatsächliche Schlechterstellung gegenüber dem Tarifvertrag. Anerkannter allgemeiner Ausgangspunkt ist, dass der Koalition gegenüber Eingriffen in ihr verfassungsrechtlich geschütztes Recht auf Bestand und Betätigung ein Unterlassungsanspruch nach den angeführten Bestimmungen zusteht.[494] Erstmals in der »Burda«-Entscheidung erklärt das Gericht, ein solcher Eingriff durch Einschränkung oder Behinderung der Koalitionsfreiheit könne auch in der Form von Abreden oder Maßnahmen erfolgen, die nicht die Entstehung oder den rechtlichen Bestand eines Tarifvertrags betreffen, sondern die darauf gerichtet sind, die Wirkung des Tarifvertrags zu vereiteln bzw. leer laufen zu lassen.[495] Es genüge bereits, wenn im Vergleich mit dem Tarifvertrag ungünstigere[496] Absprachen faktisch geeignet sind, an die Stelle der tarifvertraglichen Regelung zu treten, mögen sie auch nach Art. 9 Abs. 3 Satz 2 GG nichtig sein. Berührt sei die Tarifautonomie allerdings nur dann, wenn eine Tarifnorm als kollektive Ordnung verdrängt werden solle. Das setze eine betriebliche Regelung voraus, die einheitlich wirken und an die Stelle der Tarifnorm treten soll. Bei tarifnormwidrigen Betriebsvereinbarungen sei das im Zweifel ebenso anzunehmen wie bei vertraglichen Einheitsregelungen, insbesondere dann, wenn diese auf einer Regelungsabrede beruhen.

200 Der im Wege der Rechtsfortbildung gewonnenen, heftig diskutierten[497] Auffassung des Bundesarbeitsgerichts ist **zuzustimmen**[498], wenngleich sie für den Arbeitnehmer aus materiell- und vollstreckungsrechtlicher Sicht gegenüber einer gesetzlichen Prozessstandschaft möglicherweise nur die zweitbeste Lösung

---

493 BAG 20.4.1999 (1 ABR 72/98), AP Nr. 89 zu Art. 9 GG (mit Anm. von *Richardi*, a. a. O., und Anm. von *C. Fischer*, EzA Art. 9 GG Nr. 65) = NZA 1999, 887; BAG 13.3.2001 (1 AZB 19/00), AP Nr. 17 zu § 2a ArbGG 1979 = EzA § 2a ArbGG 1979 Nr. 4; dem folgend SächsLAG 13.11.2001 (7 Sa 118/01), AuR 2002, 310 (mit Anm. von *Jacobs*) – Vorinstanz der Entscheidung BAG 19.3.2003 (4 AZR 271/02), EzA § 253 ZPO 2002 Nr. 1; LAG Sachsen-Anhalt 8.5.2001 (9 (5) Sa 723/00), AuR 2002, 308.

494 Vgl. BAG 2.6.1987 (1 AZR 651/85), AP Nr. 49 zu Art. 9 GG = EzA Art. 9 GG Nr. 43, mit weiteren Nachweisen.

495 Dazu, dass damit weder Vorsatz noch ein »finales Element« noch Bewusstsein der Tarifwidrigkeit gefordert werden, zutreffend *Fischer*, Anm. zu BAG 20.4.1999 (1 ABR 72/98), EzA Art. 9 GG Nr. 65, 36; anderer Ansicht (Bewusstsein der Tarifwidrigkeit) *Kocher*, AuR 1999, 384.

496 Zur Feststellung der Günstigkeit in den Fällen der »betrieblichen Bündnisse für Arbeit« siehe § 4 Rn. 321.

497 Zustimmend etwa *Däubler/Reim*, § 1 Rn. 1091 ff.; *Buschmann*, PersR 1999, 531; *Däubler* AiB 1999, 481, 539; *Dieterich*, AuR 2005, 121 ff.; *Kocher*, AuR 1999, 382; *K. Schmidt*, RdA 2004, 153 f.; Wohlfarth, NZA 1999, 962 ff.; *Fitting*, BetrVG § 77 Rn. 236; ablehnend beispielsweise MünchArbR/*Löwisch-Rieble*, § 275 Rn. 11 ff.; *Löwisch/Rieble*, § 4 Rn. 46 ff.; *Annuß*, RdA 2000, 293 ff.; *Buchner*, NZA 1999, 897; *Fischer*, Anm. zu BAG 20.4.1999 (1 ABR 72/98), EzA Art. 9 GG Nr. 65, 41 ff. (Rückkehr zu einem auch für die Fälle des § 87 BetrVG auf § 77 Abs. 3 BetrVG gestützten Unterlassungsanspruch); *Hromadka*, AuA 2000, 13; *Löwisch*, BB 1999, 2080; *H.-P. Müller*, DB 1999, 2310, 2311 (»Rechtsfortbildung gegen das [Grund-] Gesetz); *Richardi*, DB 2000, 44 ff.; *Walker*, ZfA 2000, 29; *Wiedemann*, RdA 2000, 169; Zweifel an der Notwendigkeit der Rechtsfortbildung bei Buchner, NZA 1999, 897 f.; nur referierend ErfK/*Schaub*, § 1 TVG Rn. 73a bis f; umfangreiche weitere Nachweise bei *K. Schmidt*, RdA 2004, 152, Rn. 3 und 4.

498 Schon vor zwei Jahre vor der Entscheidung meinte *Gamillscheg*, Kollektives Arbeitsrecht I, § 15 X 2d, 634, es bedürfte nur eines kleinen Schritts richterlicher Rechtsfortbildung.

darstellt (dazu unten § 4 Rn. 209). Für sie sprechen materiell ähnliche Gründe, wie sie hier zur Annahme einer gesetzlichen Prozessstandschaft angeführt werden. Das gilt insbesondere im Hinblick auf die Erstreckung des Schutzes der Koalitionsfreiheit auf Maßnahmen, welche die Effektivität der Kollektivnormen beeinträchtigen.[499] Es mag sein, dass man sich an dieser Stelle weitere Ausführungen des Gerichts gewünscht hätte. Demgegenüber geht aber der Einwand, Tarifverträge liefen erst recht bei Betriebseinstellungen und Standortverlagerungen leer, ohne dass der Schutz des Art. 9 Abs. 3 GG greife[500], am Problem vorbei. Es geht hier um die (Befolgung und) Durchsetzung des anzuwendenden Rechts. Die Ursachen für den individuellen Rechtsdurchsetzungsverzicht der Arbeitnehmer sind komplexer, als sie mit der häufig angeführten Einsicht in die betriebliche Notwendigkeit gekennzeichnet und als Ausfluss der Privatautonomie hochstilisiert werden. Wenn die Vertragsfreiheit des Arbeitnehmers beim Aushandeln von Arbeitsbedingungen Funktionsdefizite aufweist und der Arbeitnehmer daher des kollektiven (tarifvertraglichen) Schutzes bedarf, dann gilt das im stärkeren Maße noch für die Rechtsverfolgung, da er für ihr Ingangbringen zudem erst »einen Feind definieren muss, was das Ausgangssystem nicht immer verträgt«.[501]

**201** Zu folgen ist dem Gericht auch darin, wenn es **keine weiteren Anforderungen** an das **Gewicht der Tarifvertragsverletzung** stellt[502], bei der Herleitung des Anspruchs **keine Abwägung** der Koalitionsfreiheit gegen die individuelle Vertragsfreiheit des Arbeitnehmers vornimmt[503] und insbesondere nicht im Rahmen der Rechtswidrigkeitsprüfung in eine Interessen- und Güterabwägung eintritt. Eine dahingehende Forderung[504], die sich auf Parallelen zur Verletzung des Allgemeinen Persönlichkeitsrechts bezieht, übersieht, dass der Verstoß gegen die Rechtsordnung in den hier behandelten Sachverhalten bereits fest steht. Gegenstand des Unterlassungsanspruchs ist ein Verhalten, das unwirksame Betriebsvereinbarungen oder unwirksame arbeitsvertragliche Regelungen umzusetzen versucht. Eher absurdes Ergebnis jener These könnte die Aussage sein, die Betriebsvereinbarung sei nichtig, weil sie gegen Rechtsnormen verstößt, ihre Anwendung aber rechtmäßig. Aus der Entscheidung ist auch nicht zu entnehmen, dass der Unterlassungsanspruch nur bestehen soll, wenn bei der kollektiv wirkenden Abweichung der Betriebsrat (durch Betriebsvereinbarung oder Regelungsabrede) mitgewirkt hat.[505] Eine solche Einschränkung wäre systemwidrig, da der Anspruch nicht aus dem BetrVG und seiner Kompetenzordnung, sondern aus dem verfassungsrechtlichen Schutz der Tarifautonomie vor ihrer faktischen Schwächung hergeleitet wird (siehe auch im Folgenden).

---

499 Insoweit zustimmend auch *Annuß*, RdA 2000, 294; *Richardi*, Anm. zu BAG AP Nr. 89 zu Art. 9 GG.

500 *H.-P. Müller*, DB 1999, 2311.

501 *Luhmann*, Rechtssoziologie, Bd. II, 1. Aufl., 1975, 272. Zur Problematik der Rechtsdurchsetzung exemplarisch *Luhmann*, a. a. O., 276ff. Vgl. im Übrigen oben § 4 Rn. 190.

502 Zustimmend *Berg/Platow*, DB 1999, 2365; anderer Ansicht (bei grundsätzlicher Ablehnung des Anspruchs und Verweisung auf § 826 BGB) etwa MünchArbR/*Löwisch-Rieble*, § 275 Rn. 13 bzw. *Löwisch/Rieble*, § 4 Rn. 48: besonders schwer wiegende Tarifverletzung.

503 So aber die Forderung etwa von *Löwisch*, BB 1999, 2080; *Thüsing* DB 1999, 1553; *Trappehl/Lambrich*, NJW 1999, 3217, 3219.

504 Aufgestellt etwa von *Löwisch*, BB 1999, 2081; ihm folgend *Walker*, ZfA 2000, 46; ebenso *Hromadka*, ZTR 2000, 255.

505 So aber *Bauer*, NZA 1999, 958f.; siehe auch *Bauer/Haussmann*, NZA 2000, SonderBeilage zu Heft 24, 45; dagegen zutreffend *Buchner*, NZA 1999, 900.

Allerdings erscheinen zwei in den entschiedenen Sachverhalten nicht relevante Ergänzungen erforderlich. Gerade im Hinblick auf Art. 9 Abs. 3 Satz 2 GG muss der **Unterlassungsanspruch auch dann** bestehen, **wenn** nicht über Betriebsvereinbarungen, Regelungsabrede oder vertragliche Einheitsregelungen, sondern **aufgrund einseitiger kollektiv wirkender Maßnahmen ein Verstoß** gegen den Tarifvertrag **erfolgt** (etwa: verweigerte Weitergabe einer Tariflohnerhöhung).[506] Denn die tarifnormwidrige Ausübung der tatsächlichen Macht kann nicht gegenüber dem Versuch, unter Verstoß gegen den Tarifvertrag eine Betriebsvereinbarung zu treffen, privilegiert werden. Die zweite notwendige Klärung betrifft die Frage, ob bei einem tarifgebundenen Arbeitgeber die Verdrängung einer Tarifnorm als kollektive Ordnung nur dann anzunehmen ist wenn eine größere Anzahl tarifgebundener Arbeitnehmer betroffen ist. Es liegt nahe, hier an konkrete Relationen zwischen Gewerkschaftsmitgliedern und unorganisierten Beschäftigten zu denken[507] oder nur darauf abzustellen, dass es nicht eine (orientiert am durchschnittlichen Organisationsgrad der Branche) verschwindende Minderheit sein dürfe. In der Praxis wird dies häufig schon deshalb unproblematisch sein, weil tarifgebundene Arbeitgeber in der Regel mit der gleichstellenden Bezugnahme (dazu § 3 Rn. 179 ff.) die kollektive Geltung des Tarifvertrags für alle Beschäftigten herbeiführen.[508] Erfolgt der Verstoß gegen den Tarifvertrag auf Grund einseitiger Maßnahmen des Arbeitgebers, ist die Unterlassungsklage **nicht erst** begründet, **wenn bei sämtlichen organisierten Arbeitnehmern** Tarifnormverletzungen auftreten. Auch hier muss es genügen, dass mehrfache nachhaltige Tarifvertragsrechtsverletzungen erfolgen. Bereits bei einer solchen massiven Vereitelung der Umsetzung tariflicher Normen auf arbeitsvertraglicher Ebene ist primär das kollektivrechtliche Interesse der Tarifvertragspartei an der Durchsetzung der Tarifnormen verletzt, während die damit einhergehenden einzelnen Rechtsverletzungen demgegenüber als solche in den Hintergrund treten. Im Übrigen kann es nicht in die Hand des Arbeitgebers gelegt werden, dass er sich durch ausnahmsweises tarifkonformes Verhalten dem Unterlassungsanspruch entzieht. – **Abzulehnen** ist hier wie generell die zum Teil im Schrifttum vertretene Auffassung, bei der Annahme eines Eingriffs in die Tarifautonomie komme es darauf an, ob **im gesamten Tarifgebiet** durch zahlreiche tarifwidrige betriebliche Regelungen die ordnende Wirkung des Tarifvertrags in Frage gestellt werde.[509] Diese Vorstellung führte zu dem materiellrechtlich wie prozessual inakzeptablen Ergebnis, dass ein gegen den einzelnen Arbeitgeber gegebener Anspruch von dem Verhalten – quantitativ unbestimmter (überwiegende Zahl der Betriebe, überwiegende Zahl möglicherweise nur der tarifgebundenen Arbeitnehmer) anderer Arbeitgeber abhinge. Der Verbandstarifvertrag erfasst sämtliche verbandsangehörigen Arbeitgeber, nicht nur ihre Mehrheit. 202

Im **Nachwirkungszeitraum** können untertarifliche Vereinbarungen den Unterlassungsanspruch entfallen lassen, nicht, wie häufig formuliert wird, weil der Tarifvertrag keine normative Geltung mehr hätte, sondern weil er dispositiv 203

506 In diesem Sinne wohl ebenfalls *Berg/Platow*, DB 1999, 2364; auch nach MünchArbR/*Löwisch-Rieble*, § 275 Rn. 17, bzw. *Löwisch/Rieble*, § 4 Rn. 52, ist dies eine notwendige Konsequenz bei Annahme des (von ihnen abgelehnten) Anspruchs aus § 1004 BGB.

507 So etwa am Maß des § 17 KSchG eine »kritische Grenze« bestimmend *Kocher*, AuR 2004, 159; *K. Schmidt*, RdA 2004, 158; anderer Ansicht *BPSU*, § 4 Rn. 134: Vertretensein der Gewerkschaft im Betrieb genügt.

508 Zutreffend *Kocher*, AuR 2004, 159.

509 So *Walker*, ZfA 2000, 44; siehe auch *Bauer*, NZA 1999, 959.

wird (dazu § 4 Rn. 530 ff.). Das heißt aber zugleich, dass der Anspruch besteht, wenn keine ändernde Abmachung im Sinne des § 4 Abs. 5 TVG erfolgt, also bei einer kollektiv wirkenden individuellen Nichtgewährung der tariflichen Rechte – auch wenn dies auf einer nicht arbeitsvertraglich umgesetzten Regelungsabrede erfolgt. – Zu den Besonderheiten **bei Verstößen gegen § 77 Abs. 3 BetrVG** siehe § 4 Rn. 215.

**204** **Prozessual entwertet** wird der Anspruch, wenn der 4. Senats des BAG für die Bestimmtheit des Klageantrags im Sinne von § 253 Abs. 2 Nr. 2 ZPO verlangt, die Gewerkschaft habe beim Geltendmachen ihres eigenen Anspruchs, die Anwendung untertariflicher Arbeitsbedingungen zu unterlassen, die **Namen der betroffenen Mitglieder** bekannt zu geben.[510] Der 1. Senat hatte dies anders gesehen[511]: Die Gewerkschaft müsse (erst) wenn sie im Vollstreckungsverfahren einen Verstoß gegen das Unterlassungsgebot geltend mache, die Arbeitnehmer benennen. Das erscheint in der Tat zutreffend. Für die Begründetheit der Klage genügt es, wenn die Gewerkschaft, um deren Rechtsposition es geht, darlegt und gegebenenfalls beweist, dass mindestens soviel organisierte Arbeitnehmer tarifwidrig behandelt werden, dass von einer kollektiven Regelung gesprochen werden kann; dabei ist eine Orientierung an den insoweit zu § 87 BetrVG entwickelten Prinzipien sinnvoll.[512] Selbst das ist nicht erforderlich, falls nur eine einheitlich geltende Regelung beabsichtigt war – etwa wenn die gegen den Tarifvertrag verstoßende Betriebsvereinbarung sämtliche Beschäftigte betreffen sollte –, sofern man die Ansicht des 1. Senats teilt, die Gewerkschaft könne ausnahmsweise[513], auch Unterlassung gegenüber den Nichtmitgliedern verlangen.[514] Aber auch wenn man dem Ansatz des 4. Senats folgt, ist die Namensnennung für die Bestimmtheit des Klageantrags bei Abwägung des Interesses des Beklagten, sich gegen die Klage verteidigen zu können, gegen das Interesse des Klägers an einem wirksamen Rechtsschutz nicht notwendig.[515] Dabei ist zu berücksichtigen, dass es gerade die für eine Individualklage bestehenden Schranken und Barrieren sind, die zur verfassungsrechtlich gebotenen Annahme einer Klagemöglichkeit der Gewerkschaft geführt haben, weil andernfalls der Rechtsschutz gegen tarifnormwidrige betriebliche Regelungen ineffektiv wäre. Ohne Zustimmung der betroffenen Arbeitnehmer wäre jedoch ihre Benennung durch die Gewerk-

---

510 BAG 19.3.2003 (4 AZR 271/02), EzA § 253 ZPO 2002 Nr. 1 (mit ablehnender Anm. *Kocher*, AuR 2004, 155) unter Berufung auf *Glaubitz*, FA 2000, 278; ausführlich und zutreffend die Ablehnung *Kochers*, NZA 2005, 140 und *Dieterichs*, AuR 2005, 121 ff.; zustimmend *Rieble*, GS Heinze, 688 f.; *Kast/Freihube*, BB 2003, 2570, die feststellen, der Unterlassungsanspruch sei nun »erheblich schwieriger« durchzusetzen.

511 Das BAG weist in der »Burda«-Entscheidung, BAG 20.4.1999 (1 ABR 72/98), AP Nr. 89 zu Art. 9 GG = EzA Art. 9 GG Nr. 65 = NZA 1999, 887, unter III. 2.b., darauf hin, dass hier – anders als in der zuvor genannten Entscheidung – kein Streit darüber bestand, dass der Arbeitgeber gewerkschaftsangehörige Arbeitnehmer beschäftigte. Löwisch, BB 1999, 2080, nimmt zu Unrecht an, der 1. Senat habe die zur Begründetheit gehörende Frage der Betroffenheit von Gewerkschaftsmitgliedern ins Vollstreckungsverfahren verwiesen.

512 So *Annuß*, RdA 2000, 295; dem folgend *K. Schmidt*, RdA 2004, 157; siehe auch *Kocher*, Anm. zu BAG 19.3.2003 (4 AZR 271/02), AuR 2004, 159.

513 Ob die Gleichbehandlung organisierter und nicht organisierter Arbeitnehmer nicht der Regelfall ist, sei dahingestellt (vgl. daher § 3 Rn. 143 ff.).

514 BAG 20.4.1999 (1 ABR 72/98), AP Nr. 89 zu Art. 9 GG = EzA Art. 9 GG Nr. 65 = NZA 1999, 887, unter III. 2.b.; Bedenken bei Thüsing, DB 1999, 1554; siehe demgegenüber *Kocher*, Anm. zu BAG 19.3.2003 (4 AZR 271/02), AuR 2004, 156 ff.

515 Zutreffend *K. Schmidt*, RdA 2004, 157 f., unter Hinweis auf die nicht veröffentlichten Entscheidungen BAG 9.5.1995 (1 ABR 58/94) und BGH 28.11.2002 (I ZR 168/00); *Kocher*, NZA 2005, 144.

schaft im Klage- oder Beschlussverfahren unzulässig. Der Druck auf Arbeitnehmer kann sich zudem dadurch erhöhen, dass der Arbeitgeber – wie von rechtsberatender Seite empfohlen wird[516] – sie darauf hinweist, die gegen ihn gerichtete Klage sei ohne ihre Zustimmung aussichtslos. Müssten also Namen der betroffenen Arbeitnehmer im Erkenntnisverfahren genannt werden, könnte die Unterlassungsklage durch die Gewerkschaft ihre verfassungsrechtliche notwendige Funktion nicht erfüllen, da eine gewillkürte Prozessstandschaft oder auch nur eine Prozessvertretung durch die Koalition kaum auf mehr Hindernisse bei den Arbeitnehmern stieße. Bloße petitio principii ist es schließlich, wenn der 4. Senat[517] die Übernahme der Rechtsprechung zur Zulässigkeit mittelbaren Beweises für den Nachweis des Vertretenseins einer Gewerkschaft im Betrieb (§ 2 Abs. 2 BetrVG)[518] mit der Begründung ablehnt, dieser Anspruch erfordere anders als der Unterlassungsanspruch nicht die namentliche Benennung der Gewerkschaftsmitglieder. Nur angemerkt sei, dass eine Fortsetzung der Rechtsprechung des 4. Senats den Erfüllungsanspruch der Gewerkschaft bei einem Firmentarifvertrag (§ 4 Rn. 197) gleichfalls zu »kleiner Münze« machte.

Umstritten ist, ob der Unterlassungsanspruch auch dann besteht, wenn der **205** durch eine kollektive Regelung im Betrieb missachtete Tarifvertrag ausschließlich kraft **Allgemeinverbindlicherklärung** gilt.[519] Das ist zu bejahen, wenn man davon ausgeht, dass die Allgemeinverbindlicherklärung auch dem Schutz der Tarifautonomie dienen kann (vgl. § 5 Rn. 14), diese zum Teil ohne das Instrument der Allgemeinverbindlicherklärung leer liefe (dazu § 5 Rn. 5ff.).

Kontroversen bestehen über die Frage, in welchem **Verfahren** der Unterlas- **206** sungsanspruch geltend zu machen ist. Während das Bundesarbeitsgericht der Auffassung ist, das Beschlussverfahren nach § 2a Abs. 1 Ziff. 1 ArbGG sei die richtige Verfahrensart[520], wird im Schrifttum überwiegend das Urteilsverfahren gemäß § 2 Abs. 1 Ziff. 1 ArbGG präferiert.[521] Nur das zuletzt Genannte kommt unstreitig in Betracht, wenn die betriebseinheitliche Regelung ohne Beteiligung eines Betriebsrats herbeigeführt worden ist. Im Übrigen, d.h. bei Vorliegen einer Betriebsvereinbarung oder einer Regelungsabrede, ist die Rechtsnatur des geltend gemachten Unterlassungsanspruchs zwar auch nicht dem Betriebsverfassungsrecht zuzuordnen, so dass es sich im engeren Sinne um keine »Angelegenheit aus dem Betriebsverfassungsgesetz« handelt. Dieser Begriff ist jedoch weit auszulegen; es sollen alle Streitfälle aus dem Betriebsverfassungsrecht schlechthin im Beschlussverfahren entschieden werden.[522] Jedenfalls inhaltlich geht es im vorliegenden Zusammenhang zugleich um die Wirksamkeit betriebsverfas-

---

516 *Kast/Freihube*, BB 2003, 2574.

517 BAG 19.3.2003 (4 AZR 271/02), EzA § 253 ZPO 2002 Nr. 1.

518 Dazu BAG 25.3.1992 (7 ABR 65/90), AP Nr. 4 zu § 2 BetrVG 1972 = EzA § 2 BetrVG 1972 Nr. 14; BVerfG 21.3.1994 (1 BVR 1485/93), AP Nr. 4a zu § 2 BetrVG 1972 = EzA § 2 BetrVG 1972 Nr. 14a.

519 Bejahend etwa *Däubler*, AiB 1999, 485; verneinend *Kocher*, AuR 1999, 384.

520 BAG 13.3.2001 (1 AZB 19/00), AP Nr. 17 zu § 2a ArbGG 1979 = EzA § 2a ArbGG 1979 Nr. 4, mit zahlreichen Nachweisen des Schrifttums; bereits obiter in der »Burda«-Entscheidung BAG 20.4.1999 (1 ABR 72/98), AP Nr. 89 zu Art. 9 GG = EzA Art. 9 GG Nr. 65 = NZA 1999, 887; offen geblieben in BAG 19.3.2003 (4 AZR 271/02), EzA § 253 ZPO 2002 Nr. 1.

521 Etwa *Löwisch/Rieble*, § 4 Rn. 54; *Bauer*, NZA 1999, 957, 958; *Bauer/Haussmann*, NZA 2000, SonderBeilage zu Heft 24, 47f.; *Buchner*, NZA 1999, 899; *Hromadka*, ZTR 2000, 255f.; *Löwisch*, BB 1999, 2081; *Reuter*, SAE 1999, 264f.; *Richardi*, DB 2000, 45; *Rieble*, ZTR 1999, 483, 486; *Walker*, ZfA 2000, 49f.; dem BAG stimmen demgegenüber zu ErfK/*Eisemann*, BetrVG, § 23 Rn. 24; *Fitting*, BetrVG, § 77 Rn. 237; *Seifert*, Anm. zu BAG EzA § 2a ArbGG 1979 Nr. 4; *Berg/Platow*, DB 1999, 2367f.; *Kocher*, AuR 1999, 385.

522 BAG 8.12.1978, EzA Art. 9 GG Nr. 28, unter I.2.

sungsrechtlicher Regelungen und um die Kompetenzabgrenzung zwischen Betriebsrat und Gewerkschaft. Von daher erscheint das Beschlussverfahren vorzugswürdig, zumal auch nur hier die (sinnvolle) Beteiligtenfähigkeit des Betriebsrats besteht.

**207** Angesichts der häufig befristeten Dauer der »betrieblichen Bündnisse für Arbeit« wird die Effektivität des nur für die Zukunft wirkenden gewerkschaftlichen Unterlassungsanspruchs dadurch geschmälert, dass in jenem Zeitpunkt, in dem die rechtskräftige Entscheidung ergeht, die Frist bereits zu einem guten Teil oder vollständig abgelaufen sein wird. Zudem summieren sich im Laufe des gerichtlichen Verfahrens die Ansprüche der Arbeitnehmer, ohne dass sie auch nur mittelbar zum Gegenstand des Prozesses würden. Eine **einstweilige Verfügung** (§ 62 Abs. 2 ArbGG in Verbindung mit §§ 935 ff. ZPO; im Beschlussverfahren über § 85 Abs. 2 ArbGG) ließe eine rasche Intervention zu. Nach § 940 ZPO kommt eine Regelungsverfügung in Betracht, wenn sie insbesondere bei dauernden Rechtsverhältnissen zur Abwendung wesentlicher Nachteile notwendig erscheint. Dieser Rechtsbehelf scheidet jedoch regelmäßig aus, wenn die Entscheidung in der Hauptsache vorweggenommen würde; einstweilige Verfügungen sollen nicht dazu verhelfen, ein beschleunigtes Verfahren in der Hauptsache betreiben zu können. Mit diesem Argument verneint ein Teil des Schrifttums die Zulässigkeit der Verfügung, wobei auf die angeführte Kurzlebigkeit von »betrieblichen Bündnissen für Arbeit«, aber auch die Notwendigkeit einer schnellen, ungestörten »Initialzündung« hingewiesen wird.[523] Dem stünde jedoch der geschilderte, gleichfalls durch die angenommene Flüchtigkeit der betrieblichen Maßgabe bedingte (Teil-)Verlust des Unterlassungsanspruchs gegenüber. Man wird daher in einer Abwägung der Parteiinteressen Zulässigkeit der einstweiligen Verfügung annehmen, wenn es sich um gravierend belastende Abweichungen von der tariflichen Regelung handelt.

#### *cc) Feststellungsklage*

**208** Ohne Bedeutung dürfte im gegebenen Zusammenhang nunmehr sein, dass das Bundesarbeitsgericht bisher ein Recht der Gewerkschaften verneinte, durch Feststellungsklage gemäß § 256 ZPO gegen einen einzelnen organisierten Arbeitgeber die Klärung von (Tarif-)Rechtsverhältnissen herbeizuführen, weil zwischen beiden insoweit kein Rechtsverhältnis existiere.[524] Die Feststellungsklage wäre gegenüber der Unterlassungsklage regelmäßig subsidiär.

### c) Gesetzliche Prozessstandschaft?

**209** Da eine ausdrückliche gesetzliche Regelung fehlt, könnte die Befugnis der Gewerkschaft **tarifliche Rechte der Arbeitnehmer unabhängig von deren Mitwirkung** einzuklagen, nur im Wege der Rechtsfortbildung gewonnen werden. Für ein **eigenständiges Klagerecht** der Gewerkschaften gegen einzelne organisierte Arbeitgeber spricht insbesondere, dass die gesetzliche Prozessstandschaft,

523 Etwa *Bauer/Haussmann*, NZA 2000, SonderBeilage zu Heft 24, 48 (allenfalls bei erheblichen Abweichungen vom Tarifvertrag); anderer Ansicht – Zulässigkeit einer einstweiligen Verfügung – *Berg/Platow*, DB 1999, 2368; *K. Schmidt*, RdA 2004, 160.

524 BAG 8. 11. 1957, EzA Art. 9 GG Nr. 28 und 8. 2. 1963, AP Nr. 42 zu § 256 ZPO; insoweit anderer Ansicht Wiedemann/*Wiedemann*, § 1 Rn. 728.

die Befugnis fremde Rechte (hier Rechte der betroffenen Arbeitnehmer aus einem Tarifvertrag) durch andere im eigenen Namen (hier unmittelbar durch eine tarifvertragsschließende Gewerkschaft) geltend zu machen, unserer Rechtsordnung nicht fremd ist, vgl. § 14 des Gesetzes über die Festsetzung von Mindestarbeitsbedingungen vom 11. Januar 1952[525], § 25 des Heimarbeitsgesetzes vom 14. März 1951.[526] Darüber hinaus gibt es gesetzliche Prozessstandschaften für Parteien kraft Amtes, etwa den Insolvenzverwalter (§§ 80, 85 InsO), den Nachlassverwalter (§§ 1985 Abs. 1, 1984 Abs. 1 Satz 3 BGB) oder den Testamentsvollstrecker (§§ 2212, 2213 Abs. 1 Satz 1 BGB). In all diesen Fällen erlaubt der Gesetzgeber Dritten, ein fremdes Recht im eigenen Namen einzuklagen.[527] Es trifft sicherlich zu, dass in den angeführten Fällen die arbeitsrechtsbezogenen Regelungen gegen eine Analogie sprechende Ausnahmen darstellen.[528] Zudem sind die Prozessführungsbefugnisse der Parteien kraft Amtes wesentlich dadurch gekennzeichnet, dass dem Rechtsinhaber das Recht genommen ist, in eigener Sache zu klagen; dem eine Situation gleichzustellen, in der Berechtigte klagen dürfen, dies aber überwiegend aus tatsächlichen Gründen unterlassen, wirft zumindest Zweifel auf. Doch könnte die Tarifautonomie ihre verfassungsrechtliche Funktion der »Wahrung und Förderung« von Arbeits- und Wirtschaftsbedingungen nach Art. 9 Abs. 3 GG ohne eine wirksam einsetzbare Klagebefugnis der kollektiven Grundrechtsträger nicht hinreichend ausfüllen, weil der hiermit verbundene Schutzauftrag gegenüber den Arbeitnehmern[529] andernfalls gerade in schwierigen Arbeitsmarktsituationen zu weithin praktisch unverbindlichem »soft law« werden müsste.[530] Es spricht daher viel für die Anerkennung einer **gesetzliche Prozessstandschaft** im Wege der Rechtsfortbildung.[531]

Dem gegenüber verweist die **herrschende Ansicht** auf so genannte Einwirkungsklagen gegen den Arbeitgeberverband (dazu § 4 Rn. 219); es bestehe zudem die allgemeine Möglichkeit von Feststellungsklagen der Gewerkschaften gegen den Arbeitgeberverband (dazu § 4 Rn. 217 f.) sowie das besondere Verfahren gemäß § 9 TVG (vgl. dazu § 9 Rn. 1). Unter bestimmten Bedingungen anerkannt ist allerdings die Abtretung von Lohnansprüchen einzelner Arbeitnehmer auf die zuständige Gewerkschaft und ihre Einklagbarkeit durch sie.[532] Auch die durch das BAG im Jahre 1999 entwickelte Unterlassungsklage der Gewerkschaft gegen den einzelnen Arbeitgeber wird nun gegen die Notwendigkeit einer Prozessstandschaft angeführt (»faktische Prozessstandschaft«). **210**

---

525 BGBl. I, 17.

526 BGBl. I, 191.

527 Zu weiteren gesetzlichen Regelungen siehe *Rosenberg/Schwab/Gottwald*, Zivilprozessrecht, 16. Aufl., 2004, § 46, 235 ff.

528 So die Begründung für eine Ablehnung, vgl. etwa BAG 20.8.1991, AP Nr. 2 zu § 77 BetrVG 1972 Tarifvorbehalt; Wiedemann/*Wiedemann*, § 1 Rn. 728; *Löwisch/Rieble*, § 4 Rn. 42; GMM-GP, § 81 Rn. 68; *Annuß*, RdA 2000, 291 f.; *Walker*, ZfA 2000, 41, der sich jedoch insoweit wohl unzutreffend auf BAG 20.4.1999 (1 ABR 72/98), AP Nr. 89 zu Art. 9 GG = EzA Art. 9 GG Nr. 65 = NZA 1999, 887, bezieht.

529 Vgl. BVerfG 26.6.1991, E 84, 212, 229; BVerfG 29.6.1993, AP Nr. 2a zu § 77 BetrVG Tarifvorbehalt.

530 Vgl. *Däubler*, Tarifvertragsrecht, Rn. 1387; zum tatsächlichen Befund *Höland/Reim/Brecht*, Flächentarifvertrag und Günstigkeitsprinzip, 2000 – Kurzfassung in AuA 2001, 358.

531 Vgl. auch etwa *Däubler*, Tarifvertragsrecht, Rn. 1384 ff.; *Berg/Bobke*, WSI-Mitt. 1982, 240; *Ramm*, Parteien, 92 ff. *Wolf*, Klagebefugnis, 46; *Gamillscheg*, Kollektives Arbeitsrecht I, § 15 X 2d, 632 ff. (wohl de lege ferenda); *Kittner*, FS Stahlhacke, 251 ff.

532 Vgl. BAG 10.6.1980, AP Nr. 64, 66 und 67 zu Art. 9 GG Arbeitskampf. Das BAG ließ die Abtretung des unpfändbaren Entgeltteils zu, weil die Gewerkschaft durch Streikunterstützung den pfändungsfreien Betrag bereits erbracht hatte.

211 Die Zulässigkeit von Feststellungsklagen der Gewerkschaften gegen Arbeitgeberverbände (dazu § 4 Rn. 217f.) ist nicht ausreichend. Die Möglichkeit einer Abtretung des durchzusetzenden Arbeitnehmeranspruchs an die Gewerkschaft[533] stellt einen unnötigen und unter Umständen mit Schwierigkeiten (vgl. §§ 398ff. BGB – etwa: Urlaubsanspruch, § 399 BGB) verbundenen Umweg dar, der denselben psychischen Hemmnissen begegnet wie der direkte individuelle Klageweg. Einzuräumen ist jedoch, dass der vom 1. Senat des Bundesarbeitsgerichts in der »Burda«-Entscheidung[534] eingeschlagene Weg (§ 4 Rn. 199ff.) durchaus auch im Hinblick auf die Rechtsposition des Arbeitnehmers Vorzüge hat. Zwar erhält dieser selbst hier (anders als bei einer etwa der des HAG entsprechenden gesetzlichen Prozessstandschaft) keinen vollstreckbaren Titel. Zudem bleiben die in der Vergangenheit liegenden Verstöße gegen den Tarifvertrag insoweit unberücksichtigt, als nur für die Zukunft Unterlassung verlangt werden kann; Ausgleich zurückliegender Einbußen des Arbeitnehmers ist mit der Unterlassungsklage ohnedies nicht herbeiführbar.[535] Die Nichteinhaltung des Tarifvertrags steht jedoch nun unter der Drohung der Festsetzung eines Ordnungsmittels (vgl. § 890 ZPO), für das die Gewerkschaft das Antragsrecht hat; ein Tätigwerden der Arbeitnehmer ist nicht erforderlich. Es kann vermutet werden, dass demgegenüber die Zwangsvollstreckung durch Arbeitnehmer aus einem von der Gewerkschaft erstrittenen Leistungsurteil gegen den Arbeitgeber bei den Anspruchsberechtigten auf noch stärkere Zurückhaltung stieße als schon die Klage.[536] Auch für eine (kollektive) gesetzliche Prozessstandschaft gälte, dass mit der – abzulehnenden – Forderung nach namentlicher Benennung der betroffenen Gewerkschaftsmitglieder und deren dazu erklärtem Einverständnis (dazu § 4 Rn. 204ff.) die eingeräumte Klagebefugnis als kollektives Mittel weitgehend sinnlos würde; unter diesen Bedingungen reichte die gewillkürte Prozessstandschaft aus. Die spezifisch kollektivrechtliche Prägung des Unterlassungsanspruchs führt jedoch zu den oben geschilderten Defiziten im Hinblick auf die materiellrechtliche und prozessrechtliche Rechtsstellung des Arbeitnehmers. Von daher handelt es sich um etwas Anderes als um ein Instrument, (nur) die Rechtsdurchsetzung der Arbeitnehmer herbeizuführen. Gleichwohl wird man einräumen müssen, dass de lege lata neben einer rechtsfortbildend gefundenen Unterlassungsklage für eine ebenso zu entwickelnde gesetzliche Prozessstandschaft kein Platz mehr ist, mag man sie auch für zumindest rechtspolitisch geboten halten.

### d) Gewillkürte Prozessstandschaft

212 Ist es mithin der verfassungsrechtliche Schutzzweck der Koalitionsfreiheit, welcher eine eigenständige Klagebefugnis der Tarifvertragspartei selbst gebietet, so bleibt dabei vorausgesetzt, dass bei jedem Tarifrechtsverstoß auf arbeitsvertrag-

533 Vgl. BAG 10.6.1980, AP Nr. 64, 66 und 67 zu Art. 9 GG Arbeitskampf.

534 BAG 20.4.1999 (1 ABR 72/98), AP Nr. 89 zu Art. 9 GG = EzA Art. 9 GG Nr. 65 = NZA 1999, 887.

535 Zur hier bestehenden Möglichkeit einer auf § 1004 Abs. 1 Satz 1 BGB gestützten Beseitigungsklage siehe *Däubler* AiB 1999, 483; Kittner/Zwanziger/*Kittner*, § 18 Rn. 114; auch *Walker*, ZfA 2000, 38, hielte dies für konsequent; zweifelnd dagegen *Berg/Platow*, DB 1999, 2366, hinsichtlich der Nachzahlungsansprüche von Arbeitnehmern; ablehnend diejenigen, die bereits den Unterlassungsanspruch negieren.

536 Siehe auch die Schilderung des Verhaltens von Heimarbeitnehmerinnen bei *Pfarr/Kocher*, Kollektivverfahren, 164ff.

licher, individueller Ebene mindestens auch kollektive Interessen betroffen sind. Tatsächlich berührte nun jede individuelle Tarifrechtsverletzung indirekt zugleich den normativen Geltungsanspruch der Tarifregelungen als solchen, so dass dies dann zu einer quasi gesetzlichen Prozessstandschaft der Gewerkschaften für ihre Mitglieder führen müsste – eine Aufgabe, die einerseits das organisatorisch-finanzielle Leistungsvermögen der Koalitionen übersteigen und andererseits wenig Raum für persönliche Entscheidungen der Mitglieder über die prozessuale Verfolgung ihrer arbeitsrechtlichen Interessen im Einzelfall ließe.[537] Deshalb kommt im Falle einzelner Tarifvertragsverletzungen nur eine so genannte **gewillkürte Prozessstandschaft** der Gewerkschaft für das Einzelmitglied in Betracht. Dahingehende Regelungen können bereits in die **Satzung** aufgenommen werden; das Gewerkschaftsmitglied stimmt durch Beitritt zu. Ist die Ermächtigung zur Prozessstandschaft aus der Satzung zu entnehmen[538], kann sie gegebenenfalls durch ausdrückliche Erklärung gegenüber der Gewerkschaft vorweg auch (einzelfallweise oder generell) widerrufen werden.[539] Das Verzichtsverbot des § 4 Abs. 4 Satz 1 TVG enthält eben keine prozessuale Durchsetzungspflicht.[540]

Die Zulässigkeit einer Ermächtigung zur Prozessstandschaft wird von der Rechtsprechung im Allgemeinen davon abhängig gemacht, dass der mit der Prozessführung im eigenen Namen Beauftragte ein rechtliches Interesse an dieser Prozessführung hat.[541] Dieses **rechtliche Interesse der Gewerkschaft** wurde in den im Vergleich mit der Spruchpraxis des BGH[542] restriktiveren Entscheidungen des **BAG stets verneint**.[543] Es ergibt sich jedoch unter anderem daraus, dass den Gewerkschaften notwendig auch an einer tatsächlichen Realisierung der von ihnen durchgesetzten Tarifverträge gelegen sein muss.[544] **213**

## e) Rechte des Arbeitnehmers

Ein eigenständig einklagbarer Tarifstörungsanspruch (§ 4 Rn. 199) der Gewerkschaften nimmt dem einzelnen Arbeitnehmer ebenso wenig wie die gewillkürte Prozessstandschaft (§ 4 Rn. 212) sein selbständiges Klagerecht. Ebenso wird dessen Recht, Gewerkschaftsfunktionären für eine Individualklage Prozessvollmacht zu erteilen, davon nicht berührt. Auch lässt sich einem eigenständigen Klagerecht der Gewerkschaften nicht entgegenhalten, dass damit der einzelne Arbeitnehmer »bevormundet« werde. Im Gegenteil belegt die Zurückhaltung einzelner Arbeitnehmer bei der eigenständigen Durchsetzung tariflicher Rechte, **214**

537 Vgl. *Gamillscheg*, Kollektives Arbeitsrecht I, § 15 X 2d, 635 f.

538 Zur Auslegungsproblematik bei fehlender ausdrücklicher Regelung siehe *Pfarr/Kocher*, Kollektivverfahren, 55 ff., mit weiteren Nachweisen; *Konzen*, FS Kissel, 607 f.; ablehnend ArbG Marburg NZA 1996, 1339.

539 Vgl. *Kittner*, FS Stahlhacke, 258.

540 Anderer Ansicht *Däubler*, Tarifvertragsrecht, Rn. 1385.

541 Ständige Rechtsprechung, etwa BAG 29.1.1985 und insbesondere 12.9.1984, AP Nr. 81, 83 zu Art. 9 GG Arbeitskampf = EzA Art. 9 GG Arbeitskampf Nr. 54, 56; BGH 7.6.2001 (I ZR 49/99), NJW-RR 2002, 21, mit weiteren Nachweisen; BGH 12.10.1987, DB 1988, 798; BGH 24.10.1985, Z 96, 151, 152 ff.; *BLAH*, § 50 Rn. 29 ff.; *Zöllner*, vor § 50 V. III., mit weiteren Nachweisen.

542 BGH 12.10.1987, DB 1988, 798; BGH 24.10.1985, Z 96, 151, 152 ff.; dazu etwa *Loritz*, ZfA 1985, 196 ff.

543 Vgl. BAG 29.1.1985 und 12.9.1984, AP Nr. 81 und 83 zu Art. 9 GG Arbeitskampf = EzA Art. 9 GG Arbeitskampf Nr. 54 und 56.

544 Im Ergebnis ebenso *Däubler*, Tarifvertragsrecht, Rn. 1385; *Gamillscheg*, FS Henckel, 228 f.; *Annuß*, RdA 2000, 292; *Loritz*, ZfA 1985, 195 ff.; *Pfarr/Kocher*, Kollektivverfahren, 53 ff.

die sicherlich nicht auf deren Verzichtsbereitschaft oder Verzichtswillen beruht, eine solche Notwendigkeit – zumal es nur bei nachhaltigen kollektiven Störungen in Betracht kommt.

### f) Anhang: Unterlassungsanspruch bei nach §§ 77 Abs. 3, 87 Abs. 1 BetrVG tarifvertragswidriger Betriebsvereinbarung

215 Nicht entschieden wurde in der »Burda«-Entscheidung[545] die allgemeine Frage, ob der Gewerkschaft ein **Unterlassungsanspruch gegen den Arbeitgeber** auch dann zusteht, wenn unter Verstoß gegen § 87 BetrVG eine **tarifvertragswidrige Betriebsvereinbarung** erfolgt. Diese Problematik ist insbesondere im Zusammenhang mit der tariflichen Verkürzung der Wochenarbeitszeit von Bedeutung, bei der die Tarifvertragsparteien seit 1984 dazu übergegangen sind, die Ausfüllung tariflicher Rahmenregelungen durch entsprechende Öffnungsklauseln gemäß § 77 Abs. 3 Satz 2 BetrVG oder durch ergänzungsbedürftige Vorgaben nach § 87 Abs. 1 Eingangssatz BetrVG einer betrieblichen Regelung zu überlassen.[546] Schließen die Betriebsparteien dann Betriebsvereinbarungen über solche Gegenstände ab, ohne sich an die tariflichen Bestimmungen halten[547], fragt es sich, ob die Tarifvertragsparteien aus eigenem Recht gegen solche tarifdurchbrechenden Betriebsvereinbarungen vorgehen können, obwohl die betroffenen Arbeitnehmer (anders als bei einem einzelvertraglichen Tarifverstoß) ihrerseits durch den Betriebsrat als gewählte betriebliche Repräsentanz vertreten worden sind. Es geht also nicht lediglich um den effektiven Schutz der Tarifautonomie, sondern zugleich um das Verhältnis von betriebsverfassungsrechtlicher und gewerkschaftlicher Interessenvertretung. Dieses ist zwar durch §§ 77 Abs. 3, 87 Abs. 1 Einleitungssatz BetrVG bereits zugunsten eines Tarifvorrangs/-vorbehalts gelöst, doch blieb die Frage nach einem selbständigen Klagerecht der Tarifvertragsparteien im Falle tarifwidriger Betriebsvereinbarungen gesetzlich ungeregelt. Dabei durfte die Tarifdurchsetzung hier noch weniger als bei arbeitsvertraglichen Tarifverstößen dem einzelnen Arbeitnehmer überlassen bleiben, weil ihm insoweit zugemutet würde, gegen Arbeitgeber *und* Betriebsrat als Parteien der angegriffenen Betriebsvereinbarung vorzugehen. Es war deshalb konsequent, den Tarifvertragsparteien eine eigene Klagebefugnis zur Überprüfung der Tarifrechtmäßigkeit derartiger Betriebsvereinbarungen zuzusprechen.[548] Diese auch heute noch im Schrifttum wohl herrschende Auffassung[549] ist in der Rechtsprechung inzwischen aufgegeben worden.[550] Stattdessen soll die Gewerkschaft nur berechtigt sein, nach § 23 Abs. 3 BetrVG die Unterlassung der Durchführung einer Betriebsvereinbarung[551] zu verlangen, welche gegen § 77 Abs. 3 BetrVG

545 BAG 20.4.1999 (1 ABR 72/98), AP Nr. 89 zu Art. 9 GG = EzA Art. 9 GG Nr. 65 = NZA 1999, 887.

546 Vgl. dazu BAG 18.8.1987, AP Nr. 23 zu § 77 BetrVG.

547 Zur Möglichkeit der Tarifvertragsparteien den tarifgebundenen Arbeitgeber bei einer Regelungsermächtigung zugunsten der Betriebsparteien schuldrechtlich zu tarifkonformen Angeboten zu zwingen siehe *Kempen*, AuR 1989, 270f.

548 So BAG 16.9.1960, AP Nr. 1 zu § 2 ArbGG Betriebsvereinbarung; BAG 1.2.1963, 21.2.1967 und 8.12.1970, AP Nr. 8, 25 und 26 zu § 59 BetrVG 1952.

549 Vgl. statt aller *Fitting*, BetrVG § 77 Rn. 235, mit umfangreichen Nachweisen.

550 BAG 18.7.1987 und 23.2.1988, AP Nr. 6 und 9 zu § 81 ArbGG.

551 Nach Ansicht des BAG erfasst die Vorschrift nicht auch Regelungsabreden, vgl. BAG 20.4.1999 (1 ABR 72/98), AP Nr. 89 zu Art. 9 GG = EzA Art. 9 GG Nr. 65 = NZA 1999, 887; dagegen zutreffend etwa *Annuß*, RdA 2000, 291, mit weiteren Nachweisen; auch Buchner NZA 1999, 900, meint, die Mühe, die Regelungsabrede hier auszugrenzen, lohne nicht mehr.

verstößt. Bei der genannten Vorschrift handle es sich um eine betriebsverfassungsrechtliche »Fundamentalnorm«, während ein solcher Unterlassungsanspruch bei Verstößen gegen § 87 Abs. 1 Eingangssatz BetrVG ausscheide, weil insofern nur ein Verstoß gegen höherrangiges (Tarif-)Recht (bei an sich gegebener Regelungszuständigkeit der Betriebsparteien) vorliege.[552]

Tatsächlich geht es aber in beiden Vorschriften (§§ 77 Abs. 3, 87 Abs. 1 Eingangssatz BetrVG) gleichermaßen um die verfassungsrechtliche Priorität der Tarifautonomie, d.h. um die Normsetzungsprärogative gegenüber der betrieblichen Mitbestimmung.[553] Sie lässt sich ebenfalls aufgrund der staatlichen Schutzpflicht für Art. 9 Abs. 3 GG nur über einen **eigenen Unterlassungsanspruch der Tarifvertragsparteien** gegen tarifwidrige Betriebsvereinbarungen effektiv verwirklichen.[554] Die Gegenmeinung[555] beruft sich vor allem darauf, dass ein solcher direkter Unterlassungsanspruch nicht aus Art. 9 Abs. 3 GG ableitbar sei, weil er für die Existenz der Koalitionen nicht »unerlässlich« erscheine und damit außerhalb des gesetzesfesten »Kernbereichs« der Koalitionsfreiheit liege. Nun hat das Bundesverfassungsgericht seine »Kernbereichs«-Lehre inzwischen zu Recht aufgegeben[556], so dass dieses Argument entfällt. Ein Ersatz für unmittelbare Unterlassungsklagen stellt das Verfahren nach § 23 Abs. 3 BetrVG, welches nur grobe Verstöße betrifft, nicht dar.[557] Es läge auch auf der Linie einer durch die »Burda«-Entscheidung eingeleiteten Entwicklung der Rechtsprechung, in den hier behandelten Fällen der Gewerkschaft einen Unterlassungsanspruch nach §§ 823, 1004 BGB in Verbindung mit Art. 9 Abs. 3 GG zuzusprechen.[558] Allerdings würde das nur für jene Sachverhalte, in denen der Arbeitgeber tarifgebunden ist, die Heranziehung des auf §§ 23 Abs. 3, 77 Abs. 3 BetrVG gestützten Anspruchs überflüssig machen.[559] Ist der **Arbeitgeber nicht tarifgebunden**, greift die Betriebsvereinbarung zwar nicht dadurch in die Koalitionsfreiheit ein, dass sie darauf gerichtet wäre, die Wirkung des Tarifvertrags auf das einzelne Arbeitsverhältnis zu beeinträchtigen. Die Anwendung des § 77 Abs. 3 BetrVG auf den nicht tarifgebundenen Arbeitgeber[560] entspricht jedoch dem Normzweck der Vorschrift, die »ausgeübte und aktualisierte Tarifautonomie« vor Konkurrenzregelungen zu schützen.[561] Mit dieser, anderen Akzentuierung ließe sich auch der auf Art. 9 Abs. 3 GG, §§ 823, 1004 BGB gestützte Unterlassungsanspruch begründen.[562] 216

552 BAG 20.8.1991, AP Nr. 2 zu § 77 BetrVG Tarifvorbehalt; die Verfassungsbeschwerde hiergegen wurde nicht angenommen, vgl. BVerfG 2. Kammer des Ersten Senats 29.6.1993, AP Nr. 2a zu § 77 BetrVG 1972 Tarifvorbehalt = EzA § 77 BetrVG 1972 Nr. 41a – bei Bedenken gegenüber dem generellen Ausschluss von Schutzansprüchen bei Verletzung des § 87 BetrVG.

553 Auch das BAG hält nunmehr in der »Burda«-Entscheidung (BAG 20.4.1999 (1 ABR 72/98), AP Nr. 89 zu Art. 9 GG = EzA Art. 9 GG Nr. 65 = NZA 1999, 887) Zweifel an der Differenzierung für angebracht.

554 Ebenso *Matthießen*, DB 1988, 288ff.; *Grunsky*, AuR 1990, 526; *Weyand*, AuR 1989, 199; *Däubler*, BB 1990, 2256; *ders.*, Tarifvertragsrecht, Rn. 1391; *Kittner*, FS Stahlhacke, 254f., 258; *Gamillscheg*, FS Henckel, 231f.; DKK-*Berg*, § 77 Rn. 85; *Fitting*, BetrVG § 77 Rn. 235.

555 *Löwisch/Rieble*, § 4 Rn. 45; GK-*Kreutz*, BetrVG § 77 Rn. 348; *Feudner*, DB 1991, 1120.

556 BVerfG 14.11.1995, E 93, 352, 358ff.

557 Vgl. BAG 22.6.1993, AP Nr. 22 zu § 23 BetrVG.

558 So auch *Fischer*, Anm. zu BAG 20.4.1999 (1 ABR 72/98), EzA Art. 9 GG Nr. 65, 38.

559 Zutreffend *Fischer*, Anm. zu BAG 20.4.1999 (1 ABR 72/98), EzA Art. 9 GG Nr. 65, 60; siehe aber auch *Kocher* AuR 1999, 384f.

560 BAG 24.1.1996 (1 AZR 697/95) und 5.3.1997 (4 AZR 532/95), AP Nr. 8 und 10 zu § 77 BetrVG 1972 Tarifvorbehalt = EzA § 77 BetrVG 1972 Nr. 55 und 58; im Schrifttum umstritten, zustimmend etwa *Fitting*, BetrVG § 77 Rn. 78, mit weiteren Nachweisen; anderer Ansicht z. B. *Richardi*, FS Schaub, 644.

561 BAG 24.1.1996 (1 AZR 697/95) und 5.3.1997 (4 AZR 532/95), AP Nr. 8 und 10 zu § 77 BetrVG 1972 Tarifvorbehalt; umfangreiche Nachweise bei *Fitting*, BetrVG § 77 Rn. 67.

562 A. A. insoweit *K. Schmidt*, RdA 2004, 159.

## 2. Feststellungs- und Einwirkungsklagen von Gewerkschaften gegen Arbeitgeberverbände; sonstige Handlungsmöglichkeiten

### a) Feststellungsklage

217 Gewerkschaften können bei Streitigkeiten über die Anwendung von Tarifverträgen gegenüber dem Arbeitgeberverband als anderer Tarifvertragspartei arbeitsgerichtliche Feststellungsurteile (z.B. über die Auslegung eines Tarifvertrages) erwirken. § 2 Abs. 1 Ziff. 1 ArbGG legt unter anderem für Rechtsstreitigkeiten zwischen Tarifvertragsparteien aus Tarifverträgen die Zuständigkeit der Arbeitsgerichte fest. Ebenso erwähnt § 9 TVG Entscheidungen der Arbeitsgerichte, die in Rechtsstreitigkeiten zwischen Tarifvertragsparteien aus dem Tarifvertrag oder über das Bestehen oder Nichtbestehen eines Tarifvertrages ergangen sind, und bestimmt, dass diese bei Rechtskraft in Rechtsstreitigkeiten zwischen anderen bindend sind (im Einzelnen dazu § 9). Aufgrund dessen erkennt das Bundesarbeitsgericht in ständiger Rechtsprechung Feststellungsklagen zwischen Verbänden gemäß § 256 ZPO über den Inhalt und die Auslegung tariflicher Normen als zulässig an, bejaht also das nach dieser Vorschrift erforderliche besondere Rechtsschutzbedürfnis für eine arbeitsgerichtliche Feststellung.[563] In diesen Entscheidungen betont das Bundesarbeitsgericht auch ausdrücklich die besondere Bedeutung einer einheitlichen Klärung von Tarifrechtsstreitigkeiten auf Feststellungsklage einer Gewerkschaft oder eines Arbeitgeberverbandes[564] und möchte damit einen gewissen Ausgleich dafür schaffen, dass es den weiteren und effektiveren Schritt der Anerkennung eines unmittelbaren Klagerechts zugunsten der Mitglieder verneint (dazu zuvor § 4 Rn. 209ff.). Jedoch sind die Wirkungen eines etwa gegenüber einem Arbeitgeberverband ergehenden Feststellungsurteils begrenzt.[565] Ein solches Urteil ist nicht vollstreckbar. Es gibt dem einzelnen Arbeitnehmer, dem tarifliche Rechte vorbehalten bleiben, nicht die Möglichkeit, seine Rechte durchzusetzen. Vielmehr muss er auch nach Erlass eines für ihn positiven Urteils noch selbständig eine Leistungsklage gegen seinen Arbeitgeber einreichen, wenn dieser tarifliche Ansprüche weiterhin nicht erfüllt. Im Falle kurzer Ausschlussfristen wäre die individuelle Leistungsklage parallel zur Verbandsklage nach § 9 zu erheben, so dass diese hierfür keine Erleichterung brächte. Für eine solche Leistungsklage entfalten dann allerdings rechtskräftige Entscheidungen der Arbeitsgerichte in einem Feststellungsverfahren bindende Wirkung (§ 9 TVG). Demgegenüber bindet die Entscheidung nach § 9 aber gerade die Einigungsstelle nicht[566], so dass sie auch keine Erleichterung für die besonders prekäre Situation bei tarifergänzenden Betriebsvereinbarungen (vgl. § 4 Rn. 215) bringt.

218 In der Praxis spielen solche Feststellungsklagen kaum eine Rolle. Sie werden insbesondere von Gewerkschaften nur selten eingereicht. Dies erscheint in Anbetracht der begrenzten Wirkung eines Feststellungsurteils und der Tatsache, dass nur eine unmittelbare Leistungsklage des einzelnen Arbeitnehmers Ausschluss- und Verjährungsfristen hemmt und damit die Möglichkeit zur effekti-

---

563 Vgl. BAG 12.4.1957, AP Nr. 3 zu § 9 TVG; BAG 15.11.1957, AP Nr. 1 zu § 8 TVG; BAG 19.2.1965, AP Nr. 4 zu § 8 TVG (mit Anm. von *v. Carolsfeld*).

564 Vgl. BAG 19.2.1965, AP Nr. 4 zu § 8 TVG.

565 Vgl. *Rieble*, RdA 1992, 256ff.

566 *Gamillscheg*, FS Henckel, 231f.; anderer Ansicht wohl *Rieble*, RdA 1992, 256.

ven Durchsetzung tariflicher Ansprüche eröffnet, verständlich. Dennoch können solche gewerkschaftlichen Feststellungsklagen dann ihren Sinn haben, wenn Gewerkschaften gleichzeitig einzelne Arbeitgeber dazu veranlassen, sich einer rechtskräftigen Feststellung zu unterwerfen und gegenüber den betroffenen Arbeitnehmern auf eine Berufung auf Ausschluss- und Verjährungsfristen zu verzichten. Effektiver wäre es dann jedoch, für solche Streitigkeiten ein Schiedsgericht tarifvertraglich zu schaffen, dessen Sprüche nach § 108 Abs. 4 ArbGG dieselbe Bindungswirkung entfalten wie eine arbeitsgerichtliche Entscheidung nach § 9.[567] Die grundsätzlichen Schwächen der Feststellungsklage nach § 9 wären hierdurch freilich nicht beseitigt[568] (vgl. vorige Rn.).

### b) Einwirkungsklage

Schließlich können Gewerkschaften als Partei eines Verbandstarifvertrages den 219
tarifvertragsschließenden **Arbeitgeberverband auffordern, auf seine Mitgliedsunternehmen einzuwirken** und diese anzuhalten, Tarifverträge tatsächlich zu erfüllen (**Einwirkungsklage**). Zu einer solchen Einwirkung ist der Arbeitgeberverband aus dem Tarifvertrag verpflichtet[569] (so genannte **Durchführungspflicht**, vgl. näher § 1 Rn. 666ff.). Kommen die einzelnen Arbeitgeber einer entsprechenden Aufforderung ihres Verbandes jedoch nicht nach oder hält der Arbeitgeberverband seine Mitglieder eher zum Schein, aber nicht wirklich ernsthaft zur Erfüllung an oder setzt er nicht alle ihm nach der Satzung zur Verfügung stehenden Mittel ein, kann die Gewerkschaft nach herrschender Auffassung aus eigenem Recht (die Übernahme von Rechtsschutz für betroffene Arbeitnehmer bleibt selbstverständlich unberührt) nur wenig erreichen. Unter Aufgabe seiner früheren Auffassung[570] geht das Bundesarbeitsgericht inzwischen zwar davon aus, dass der Einwirkungsanspruch gegenüber dem Arbeitgeberverband grundsätzlich auch im Wege einer Leistungsklage verfolgt werden kann[571]; es hat diese Leistungsklage auch dann für zulässig erklärt, wenn kein bestimmtes Einwirkungsmittel benannt wird.[572] Eine Einwirkungspflicht einer Tarifvertragspartei auf ihre Mitglieder, eine bestimmte Regelung der Arbeitsbedingungen zu unterlassen, bestehe aber nur dann, wenn die Auslegung des Tarifvertrages eindeutig ergibt, dass die Regelung nicht dem Tarifvertrag entspricht oder ein entsprechendes rechtskräftiges Urteil bzw. eine verbindliche Entscheidung einer tariflichen Schiedsstelle vorliegt oder die Tarifvertragspartei selbst von der Tarifwidrigkeit der Regelung ausgeht.[573] Diese Einschränkung überzeugt nicht, weil das Gericht die strittige Tarifauslegung zunächst als Vorfrage entscheiden könnte.[574] Der Kläger hätte sodann die Wahl des Einwirkungsmittels (auch außerhalb der satzungsrechtlich vorgesehenen Möglichkeiten), entsprechend § 315 BGB aus dem Tarif-

---

567 BAG 20.5.1960, AP Nr. 8 zu § 101 ArbGG; *Däubler*, Tarifvertragsrecht, Rn. 167; GMM-GP, § 108 Rn. 31.
568 *Kittner*, 252f.
569 Vgl. BAG 3.2.1988, AP Nr. 20 zu § 1 TVG Tarifverträge: Druckindustrie und 9.6.1982, AP Nr. 1 zu § 1 TVG Durchführungspflicht.
570 BAG 9.6.1982, AP Nr. 1 zu § 1 TVG Durchführungspflicht (mit Anm. von *Grunsky*).
571 BAG 3.2.1988, AP Nr. 20 zu § 1 TVG Tarifverträge Druckindustrie.
572 BAG 29.4.1992, AP Nr. 3 zu § 1 TVG Durchführungspflicht.
573 BAG 29.4.1992, AP Nr. 3 zu § 1 TVG Einwirkungspflicht; BVerfG 29.6.1993, AP Nr. 2a zu § 77 BetrVG Tarifvorbehalt.
574 Ebenso Wiedemann/*Wiedemann*, § 1 Rn. 723; *Löwisch/Rieble*, § 1 Rn. 397; *Däubler/Reim*, § 1 Rn. 1070; *Annuß*, RdA 2000, 287, 288; *Walker*, FS Schaub, 750; vgl. auch *Stein*, Rn. 671.

verhältnis heraus zu treffen.[575] Nicht zuletzt auch wegen der vom BAG gestellten Bedingungen ist die Einwirkungsklage in der Praxis wenig bedeutsam. Hinzu kommt, dass die Arbeitgeber, die gegen den Tarifvertrag verstoßen, sich durch Verbandsaustritt der Einwirkung entziehen können[576]; verhalten sich alle Betroffenen während des Prozesses gegen den Verband in dieser Weise, kann der Einwirkungsklage nicht mehr stattgegeben werden.

### 3. Arbeitskampfmaßnahmen zur Durchsetzung von Tarifverträgen

**220** Eine gewerkschaftliche Organisation von Arbeitskampfmaßnahmen mit dem Ziel, die Nichtbeachtung, Unterlaufung oder tarifwidrige Auslegung von Tarifnormen zu unterbinden, ist nach überwiegender Auffassung nicht zulässig.[577] Die herrschende Meinung erkennt bis heute nur den tarifbezogenen Streik an, d.h., nur solche Streiks sollen zulässig sein, die auf den Abschluss eines Tarifvertrages mit tariflich regelbaren Fragen zielen.[578] Streitigkeiten aus einem abgeschlossenen Tarifvertrag dürfen demgegenüber nicht mit Hilfe von Arbeitskampfmaßnahmen gelöst werden (»Vorrang des Gerichtsschutzes«).[579] Zu Recht weisen *Berg/Bobke*[580] demgegenüber darauf hin, dass es bei einem Unterlaufen von Tarifverträgen, auf welchem Wege auch immer, um nichts Anderes als um eine Fortsetzung der Auseinandersetzungen um die zurückliegende Regelungsstreitigkeit geht und dass durch die Begrenzung des Streikrechts die ursprüngliche kollektive Aktion der Erkämpfung des Tarifvertrages auf der betrieblichen Ebene bei der Realisierung der bekämpften Normen individualisiert wird. Gerade die Möglichkeit, tarifvertragliche Ansprüche durch individuelle Klage arbeitsgerichtlich im Einzelfall durchzusetzen, ist die eigentliche Rechtfertigung der **tariflichen Friedenspflicht**, welche kollektive Auseinandersetzungen zum gleichen Zweck verbietet.[581] Voraussetzung der Friedenspflicht ist folglich die Garantie eines effektiven Rechtsschutzes, den die Rechtsprechung durch den 1. Senat des BAG in der »Burda«-Entscheidung zwar gewährt, mit der vom 4. Senat formulierten Forderung nach namentlicher Benennung der betroffenen Gewerkschaftsmitglieder aber wieder erheblich einschränkt (dazu oben § 4 Rn. 204). Bei der jetzigen Ausgestaltung des Streikrechts durch die Rechtsprechung des Bundesarbeitsgerichts, die in diesem Bereich wie ein Arbeitskampfgesetz wirkt[582], aber kaum das letzte Wort in diesem Bereich sein kann[583], ist der gewerkschaftliche organisierte Streik zur Durchsetzung bestehender Tarifverträge daher mit erheblichen Haftungsrisiken verbunden. Dies gilt erst recht

575 *Gamillscheg*, FS Henckel, 229f.; *Däubler/Reim*, § 1 Rn. 1067; anderer Ansicht hinsichtlich der Wahl der Mittel *Löwisch/Rieble*, § 1 Rn. 283; ausführlich und differenzierend *Annuß*, RdA 2000, 289f.

576 *Annuß*, RdA 2000, 290.

577 Vgl. näher bei *Berg/Bobke*, WSI-Mitt. 1982, 239, mit weiteren Nachweisen.

578 Vgl. etwa BAG 7.6.1988, AP Nr. 106 zu Art. 9 GG Arbeitskampf sowie die Aussperrungsentscheidungen des BAG 10.6.1980, AP Nr. 64 und 65 zu Art. 9 GG Arbeitskampf; aus dem Schrifttum etwa *Gamillscheg*, Kollektives Arbeitsrecht I, § 23 I 6, 1112ff.; MünchArbR/*Otto*, § 285 Rn. 29.

579 Nachweise zu dieser herrschenden Meinung ebenso wie zur gegenteiligen Auffassung bei *Gamillscheg*, Kollektives Arbeitsrecht I, § 23 I 6, 1112ff.; MünchArbR/*Otto*, § 285 Rn. 29; *Berg/Bobke*, WSI-Mitt. 1982, 239; *Däubler*, Arbeitskampfrecht, 147ff.

580 *Berg/Bobke*, WSI-Mitt. 1982, 239.

581 Vgl. *Klingen*, ArbRGgw 31 (1993), 120ff.

582 Vgl. *Däubler*, Arbeitsrecht I, 5.1.

583 Zur Kritik an der Eingrenzung des Streikrechts durch die Rechtsprechung vgl. zusammenfassend mit Nachweisen *Däubler*, AuR 1982, 361.

für einen nur von betroffenen Arbeitnehmern organisierten, nicht gewerkschaftlichen Streik, weil dieser nach der Rechtsprechung des Bundesarbeitsgerichtes grundsätzlich rechtswidrig ist[584] (zu den Möglichkeiten einer kollektiven Ausübung der Zurückbehaltungsrechte gemäß §§ 273, 320 BGB vgl. § 4 Rn. 196).

### 4. Weitere gewerkschaftliche Handlungsmöglichkeiten zur Durchsetzung von Tarifverträgen

Über die hier aufgezeigten Möglichkeiten hinaus können Gewerkschaften die tatsächliche Realisierung vereinbarter Tarifverträge durch die ihnen zur Verfügung stehenden **allgemeinen Mittel gewerkschaftlicher Tätigkeit** fördern. Dazu gehören neben der Führung von Prozessen für Mitglieder im Rahmen des Rechtsschutzes insbesondere die ständige Betreuung von Mitgliedern und Betriebsräten durch Beratung und Information einschließlich der damit verbundenen Tätigkeit vor Ort am Arbeitsplatz der Betroffenen, um auf diese Weise die notwendigen Detailkenntnisse für eine Umsetzung des tariflich Vereinbarten zu erhalten.[585] Die tarifliche Vereinbarung einer **gemeinsamen Einrichtung**, zu deren Aufgaben Überwachung der Einhaltung des Tarifvertrags und Erbringung von Leistungen an untertariflich bezahlte tarifgebundene Arbeitnehmer bei Abtretung der Ansprüche gegen den Arbeitgeber gehört, wird wohl nur in Ausnahmefällen realisierbar sein.[586] **221**

## III. Aufgaben des Betriebsrats bei der Durchsetzung tariflicher Rechte

Anders als einzelne Arbeitnehmer und im zuvor dargestellten Umfange Gewerkschaften können Betriebsräte die tatsächliche Verwirklichung tariflicher Normen über den Inhalt, den Abschluss oder die Beendigung von Arbeitsverhältnissen nicht gerichtlich durchsetzen. Abweichendes gilt für betriebliche und betriebsverfassungsrechtliche Normen eines Tarifvertrages im Sinne von § 3 Abs. 2 TVG (z. B. tarifvertragliche Regelungen über zusätzliche, über § 38 BetrVG hinausgehende Freistellungen von Betriebsräten). Bei Streitigkeiten über solche **betrieblichen Tarifnormen** kommt für Betriebsräte die Einleitung eines Beschlussverfahrens gemäß §§ 2a Abs. 1 Ziff. 1, 80 ff. ArbGG in Betracht. Daraufhin ergehende arbeitsgerichtliche Beschlüsse sind im Rahmen von § 85 ArbGG für den Betriebsrat vollstreckbar. Demgegenüber haben Betriebsräte keine Möglichkeit, einen Streit über die Auslegung von Tarifverträgen abstrakt im Wege eines Beschlussverfahrens klären zu lassen.[587] **222**

Zur Verwirklichung der weitaus häufigeren tariflichen **Inhalts-, Abschluss- und Beendigungsnormen** steht den Betriebsräten allerdings das **gesamte Spektrum ihrer Betätigungsmöglichkeiten** insbesondere nach dem Vierten Teil (§§ 74 bis **223**

---

584 Zur Auflockerung dieser Rechtsprechung über Abwägungen im Rahmen von § 626 BGB vgl. KR-*Hillebrecht*, § 626 BGB Rn. 305.

585 Vgl. auch *Berg/Bobke*, WSI-Mitt. 1982, 241; generell zu den in diesem Zusammenhang wichtigen gewerkschaftlichen Rechten im Betrieb *Däubler*, Gewerkschaftsrechte.

586 Zum Beispiel des Tarifvertrags über das Prüf- und Beratungsstellenverfahren im Berliner Gebäudereiniger-Handwerk vom 15. 2. 2000 vgl. BAG 22. 10. 2003 (10 AZR 13/03), AP Nr. 16 zu § 1 TVG Tarifverträge: Gebäudereinigung (mit zustimmender Anm. *Zachert*), die Wirksamkeit der Regelung bejahend; dagegen *Löwisch/Rieble*, § 4 Rn. 44; siehe auch *Zachert*, NZA 2003, 139 f.

587 Vgl. im einzelnen BAG 24. 2. 1987, AP Nr. 28 zu § 80 BetrVG.

113) des Betriebsverfassungsgesetzes zur Verfügung.[588] Der Umfang der Handlungsmöglichkeiten des Betriebsrates richtet sich dabei jeweils nach dem zugrunde liegenden Einzelfall. So kann der Betriebsrat z.B. bei einer tarifvertraglichen Ausdehnung seiner Mitbestimmungsrechte gemäß § 102 BetrVG entsprechend § 102 Abs. 6 BetrVG (die in der Praxis allerdings selten vorkommt) die Entscheidung der Einigungsstelle herbeiführen. Bei Verstoß einer personellen Einzelmaßnahme des Arbeitgebers gegen tarifvertragliche Vorschriften kann er gemäß § 99 Abs. 2 Ziff. 1 BetrVG seine Zustimmung verweigern und auf diesem Wege eine Entscheidung des Arbeitsgerichts (§ 99 Abs. 4 BetrVG) erzwingen. Werden Regelungen eines Tarifvertrags über zumutbare Weiterbeschäftigungsmöglichkeiten und Fortbildungsmaßnahmen vor Ausspruch von Kündigungen nicht eingehalten und widerspricht der Betriebsrat deswegen gemäß § 102 Abs. 3 Ziff. 3 bis 5 BetrVG, kann er die Weiterbeschäftigung des betroffenen Arbeitnehmers bis zu einer rechtskräftigen arbeitsgerichtlichen Entscheidung durchsetzen (§ 102 Abs. 5 BetrVG; generell zur Erweiterung von Rechten der Betriebsräte durch Tarifvertrag: § 1 Rn. 557 ff.).

**224** Unabhängig von solchen möglichen Einzelfallgestaltungen hat der Betriebsrat gemäß **§ 80 Abs. 1 Ziff. 1 BetrVG** ständig darüber zu wachen, dass sämtliche Tarifverträge vom Arbeitgeber eingehalten werden. Verstößt der Arbeitgeber gegen seine Verpflichtung zur Einhaltung geltender Tarifverträge, kann der Betriebsrat ihn zur Abhilfe mahnen und drängen. Durchsetzungsmaßnahmen stehen ihm im zuvor aufgezeigten Rahmen nur dann zu, wenn zugleich Mitbestimmungsrechte berührt sind.[589]

## E. Normen über Gemeinsame Einrichtungen der Tarifvertragsparteien (§ 4 Abs. 2 TVG)

### Literatur:

*Ballerstedt*, Empfiehlt es sich, das Recht der Gemeinsamen Einrichtungen der Tarifvertragsparteien (§ 4 Abs. 2 des TVG) gesetzlich näher zu regeln, gegebenenfalls wie?, Referat zum 48. DJT, 1970, Bd. II, Q 7; *Bötticher*, Die Gemeinsamen Einrichtungen der Tarifvertragsparteien 1966; *Farthmann/Hensche*, Die Gemeinsamen Einrichtungen der Tarifvertragsparteien aus der Sicht der Arbeitnehmerseite, ArbRGgw 10 (1972), 95; *Fechner*, Rechtsgutachten zur Problematik der gemeinsamen tariflichen Einrichtungen nach § 4 Abs. 2 TVG, 1965; *Hanau*, Gemeinsame Einrichtungen der Tarifvertragsparteien als Instrument der Verbandspolitik, RdA 1970, 161; *Hanau/Preis*, Gemeinsame Einrichtungen der Tarifparteien wären eine Lösung, in: Lafontaine, Das Lied vom Teilen, Die Debatte über Arbeit und politischen Neubeginn, 1989, 145; *Hauck*, Die Sozialkassentarifverträge des Baugewerbes in der aktuellen Rechtsprechung des Bundesarbeitsgerichts, FS Schaub, 1998, 263; *Henrich*, Das Verhältnis von tarif- und gesellschaftsrechtlicher Struktur der Gemeinsamen Einrichtungen der Tarifvertragsparteien, 1969; *ders.*, Der Vorruhestand im System des Arbeitsrechts, ArbRGgw 24 (1986), 19; *Herschel*, Empfiehlt es sich, das Recht der Gemeinsamen Einrichtungen der Tarifvertragsparteien näher gesetzlich zu regeln?, JZ 1970, 461; *Hesse*, Tariffonds in der Tarif-

---

588 Vgl. hierzu am Beispiel der Durchsetzung tarifvertraglicher Besetzungsregeln *Berg/Bobke*, WSI-Mitt. 1982, 241 ff. sowie BAG 24.2.1987, AP Nr. 28 zu § 80 BetrVG.

589 Zu weiteren Einzelheiten vgl. *Berg/Bobke*, WSI-Mitt. 1982, 241 ff.; DKK-*Buschmann*, § 80 Rn. 6.

und Vermögenspolitik, DB 1986, 1210; *v. Hoyningen-Huene*, Die Allgemeinverbindlicherklärung der Vorruhestandstarifverträge im Baugewerbe; *Hromadka*, Gemeinsame Einrichtungen der Tarifvertragsparteien, NJW 1970, 1441; *Kettner*, Die Gemeinsamen Einrichtungen der Tarifvertragsparteien – aus der Sicht der Arbeitgeberseite, ArbRGgw 10 (1972), 85; *Kissel*, Die Zusatzversorgungskasse des Baugewerbes im Gesamtgefüge der Tarifautonomie, ZfA 1985, 39; *Koberski/Asshoff/Hold*, Arbeitnehmer-Entsendegesetz, 2002; *Koch, H.-J.*, Die Zusatzversorgungskasse des Baugewerbes, 1994; *Köbele*, Berufliche Bildung durch Tarifvertrag, GMH 1979, 394; *Matthes*, Das Sozialklassensystem im Baugewerbe der Bundesrepublik Deutschland, in: *Köbele/Sahl*, Die Zukunft der Sozialkassensysteme der Bauwirtschaft im Europäischen Binnenmarkt, 1993; *Otto/Schwarze*, Tarifnormen über Gemeinsame Einrichtungen und deren Allgemeinverbindlicherklärung, ZfA 1995, 639; *Mayer-Maly*, Gemeinsame Einrichtungen im Spannungsfeld von Tarifmacht und Organisationspolitik, BB 1965, 829; *Schelp*, Gemeinsame Einrichtungen der Tarifvertragsparteien, FS Nipperdey, 1965, Bd. 2, 579; *Schlachter*, Allgemeinverbindlich-Erklärung des Vorruhestandstarifvertrages im Baugewerbe, BB 1987, 758; *Schliemann*, Tarifrecht für die Entgeltumwandlung bei Betriebsrenten, DB 2001, 2554; *Sinzheimer*, Ein Arbeitstarifgesetz, 1916; *Sperner/Brocksiepe/Egger/Henrich/Unkelbach*, Die Sozialkassen der Bauwirtschaft, 1979; *Weyand*, Die tarifvertragliche Mitbestimmung unternehmerischer Personal- und Sachentscheidungen, 1989; *Stang/Bachner/Asshoff*, Arbeitsrecht im Baugewerbe, 2002; *Wiedemann*, Rationalisierungsschutz, Tarifmacht und Gemeinsame Einrichtungen, RdA 1968, 420; *ders.*, Zur Wirksamkeit der Allgemeinverbindlicherklärung von Vorruhestandstarifverträgen, RdA 1987, 262; *Zöllner*, Empfiehlt es sich, das Recht der Gemeinsamen Einrichtungen der Tarifvertragsparteien (§ 4 Abs. 2 TVG) gesetzlich näher zu regeln?, Gutachten zum 48. DJT, 1970.

**Übersicht** Rn.



## I. Begriff und Zweck der tariflichen Regelung Gemeinsamer Einrichtungen

### 1. Begriff

Neben den in § 1 Abs. 1 TVG ausdrücklich genannten Norm- und Regelungsbereichen von Tarifverträgen stehen die erst in § 4 Abs. 2 TVG erwähnten Vorschriften über »Gemeinsame Einrichtungen der Tarifvertragsparteien«. Bei diesen »Einrichtungen« handelt es sich um gemeinsam von Gewerkschaft und Arbeitgeber bzw. Arbeitgeberverband tariflich geschaffene privatrechtliche Institutionen. Zweck solcher Gemeinsamen Einrichtungen ist es, bestimmte Pflichten aus den Arbeitsbeziehungen zwischen den einzelnen Arbeitgebern und Arbeit- 225 nehmern selbständig zu übernehmen und abzuwickeln, z.B. im Urlaubsbereich die Berechnung, Erhebung, Verwaltung und Auszahlung von Urlaubsgeld gegenüber den angeschlossenen Betrieben und den dort Beschäftigten (so genannte **Urlaubskassen**). Es werden also bestimmte Funktionen aus den Arbeitsbeziehungen zwischen Arbeitgebern und Arbeitnehmern »vergemeinschaftet«[590] und einer dritten Einrichtung zur rechtlich selbständigen Erledigung übertragen. Hierzu ist es notwendig, dass die Gemeinsame Einrichtung ihrerseits in unmittelbare Rechtsbeziehungen zu den tarifgebundenen Arbeitgebern und Arbeitnehmern tritt, wie es § 4 Abs. 2 TVG vorsieht. Vom juristischen Begriff her gesehen, handelt es sich dabei **nicht um** die kollektive **Ausformung** der bereits auf **individueller** Ebene bestehenden **Arbeitsbeziehungen** durch Entgelt- oder Manteltarifverträge. Diese tarifliche Ausgestaltung der individuellen Rechtsverhältnisse ist Gegenstand des § 1 Abs. 1 TVG. Sie setzt vertragliche Beziehungen zwischen Arbeitgeber und Arbeitnehmer voraus, die dann durch Abschluss-, Inhalts- und Beendigungsnormen tariflich zwingend konkretisiert werden. Tarifverträge über Gemeinsame Einrichtungen begründen dagegen **neue Rechtsbeziehungen** zwischen den Tarifgebundenen und einem Dritten, nämlich der Gemeinsamen Einrichtung.[591] Sie sind deshalb keine Inhaltsnormen im Sinne des § 1 Abs. 1 TVG.[592] Dies schließt nicht aus, dass im Rahmen des mit der Gemeinsamen Einrichtung tariflich begründeten »gesetzlichen Schuldverhältnisses«[593] auch Inhaltsnormen (z.B. über die Zahlung eines zusätzlichen Urlaubsgeldes) oder betriebliche Normen (z.B. über die Errichtung von betrieblichen Ausbildungsstätten oder Pensionskassen) geschaffen werden.[594] Notwendig ist eine solche Kombination indessen nicht. Vielmehr werden Gemeinsame Einrichtungen häufig gerade deshalb gegründet, weil bestimmte Leistungen im Rahmen individueller Arbeitsverhältnisse rechtlich oder tatsächlich nicht regelbar wären. So könnte eine Verpflichtung zur Zahlung von **Insolvenzgeld**, d.h. zur vollständigen Befriedigung von Arbeitsentgeltforderungen in der Insolvenz des Arbeitgebers, wegen entgegenstehender Vorschriften der Insolvenzordnung arbeitsvertraglich nicht wirksam vereinbart werden; wohl aber dürfte eine Gemeinsame Einrichtung diese Schulden übernehmen und ein entsprechendes Insolvenzgeld zahlen, wie dies im Tarifvertrag über ein Konkursausfallgeld im Baugewerbe von 1974 geschehen ist. Andererseits wäre es zwar juristisch möglich, manche überbetrieblichen Leistungen, die man heute über Gemeinsame Einrichtungen abwickelt (z.B. **überbetriebliche zusätzliche Altersversorgung**), auch einzelarbeitsvertraglich zu regeln, doch wird dies in einer wettbewerbsorientierten privaten Marktwirtschaft kaum ein Arbeitgeber tun, wenn er nicht sicher sein kann, dass Gleiches auch für seinen Konkurrenten zutrifft. Sobald eine derartige Leistung jedoch von einer Gemeinsamen Einrichtung zu erbringen ist, kann sie nicht mehr Inhalt des (zweiseitigen) Arbeitsverhältnisses und damit Inhaltsnorm im Sinne von § 1 Abs. 2 TVG sein. Sie ist dann nur noch von der Tarifbindung (§ 3 Abs. 1 TVG) und vom Bestehen eines Arbeitsverhältnisses abhängig, das vom Tarifvertrag über die Gemeinsamen Einrichtungen erfasst wird. Der eigentliche Tarifanspruch richtet sich dann gerade nicht gegen den Arbeitgeber bzw.

590 Vgl. *Zöllner*, 48. DJT, 22.
591 Wiedemann/*Oetker*, § 1 Rn. 664.
592 BAG 3.2.1965, AP Nr. 12 zu § 5 TVG; *Bötticher*, Einrichtungen, 28f.; *Zöllner*, 48. DJT, 64f.
593 So *Zöllner*, 48. DJT, 64f.
594 Vgl. *Farthmann/Hensche*, ArbRGgw 10 (1972), 98f.

den Arbeitnehmer des zweiseitigen Arbeitsvertrages, sondern gegen die Gemeinsame Einrichtung als Dritten. Aus dem Rechtsverhältnis zur Gemeinsamen Einrichtung können sich allenfalls parallele arbeitsvertragliche Nebenpflichten (z.B. richtige Berechnung der Beiträge, Ausfüllung und Herausgabe von Beitragsbescheinigungen und ähnliches) gegenüber dem Arbeitnehmer ergeben.

Vor ihrer Normierung in § 4 Abs. 2 TVG waren die Gemeinsamen Einrichtungen gesetzlich nirgends erwähnt, obwohl auch in der Weimarer Republik schon tariflich begründete Gemeinsame Einrichtungen bestanden und von der Rechtsprechung anerkannt wurden.[595] Meist handelte es sich dabei um eine zusätzliche Altersversorgung der Arbeitnehmer (vor allem in künstlerischen Berufen[596]). Wenn das Tarifvertragsgesetz also weder eine Zwecksetzung noch eine Definition der Gemeinsamen Einrichtungen bereithält, so zeigen doch die beispielhaften Hinweise in § 4 Abs. 1 (»Lohnausgleichskassen, Urlaubskassen usw.«), dass man insofern – ebenso wie auch sonst im Tarifrecht – eher an bestehende soziale Sachverhalte bzw. an die Programmatik der Koalitionen anknüpfen wollte, als absolut neue gesetzliche Tatbestände zu begründen.[597] Auch im Bereich der Gemeinsamen Einrichtungen scheint der Gesetzgeber daher eher deskriptiv als normativ zu arbeiten. Gerade weil die 1949 hierzu vorliegenden Erfahrungen jedoch noch recht bescheiden waren und weil sich das vor 1933 bestehende Tarifvertragssystem als elastisch genug erwiesen hatte, diese »Experimente« der Tarifvertragsparteien rechtlich zu bewältigen, hätte § 4 Abs. 2 TVG eigentlich überflüssig erscheinen müssen. Wenn diese Vorschrift dennoch ins Gesetz aufgenommen und nicht mit einer abschließenden, sondern mit einer beispielhaften Aufzählung entsprechender Institutionen gesetzlich erläutert worden ist, so bedeutet dies, dass man den Tarifvertragsparteien künftig einen weiten und **offenen Gestaltungsspielraum hinsichtlich der Zwecksetzung und Ausgestaltung der Gemeinsamen Einrichtungen** geben wollte.[598] 226

## 2. Zweck

Zwar haben die Tarifvertragsparteien (wie in der vorigen Rn. dargelegt) bei der Zwecksetzung einer von ihnen gegründeten Gemeinsamen Einrichtung einen sehr weiten **Gestaltungsspielraum**, doch ist auch dieser durch die verfassungsrechtliche **Kompetenz** der Koalition zur **Wahrung und Förderung der Arbeits- und Wirtschaftsbedingungen (Art. 9 Abs. 3 GG) inhaltlich festgelegt und begrenzt**. Zu eng wäre es hingegen, die Gemeinsamen Einrichtungen auf eine bloße Zwischenfinanzierung arbeitgeberseitiger Leistungspflichten aus dem Arbeitsverhältnis zu beschränken.[599] Solche Institutionen werden nämlich meist deshalb geschaffen, weil der einzelne Arbeitgeber die von der Gemeinsamen Einrichtung erbrachten Leistungen aus finanziellen, organisatorischen, psychologischen oder sonstigen Gründen nicht individuell erbringen könnte.[600] Folglich geht es nicht um die bloße Verlagerung von bisher betrieblich erfüllten Pflichten auf einen beauftragten Erfüllungsgehilfen. Dann nämlich wären die Vorschriften über Gemeinsame Einrichtungen in der Regel Inhaltsnormen, und die in § 4 Abs. 2 TVG 227

595 Vgl. RAG 27.10.1928, E 2, 279ff.
596 Vgl. *Fechner*, Rechtsgutachten, 13f.
597 Vgl. BVerfG 18.11.1954 und 1.3.1979, E 4, 96, 102 und E 50, 290, 367; *Hromadka*, NJW 1970, 1442.
598 Vgl. BAG 29.11.1967, AP Nr. 13 zu Art. 9 GG; *Däubler/Hensche*, § 1 Rn. 634.
599 So aber *Ballerstedt*, 48. DJT, 11ff.
600 *Bötticher*, Einrichtungen, 10ff.; Wiedemann/*Oetker*, § 1 Rn. 268; *Zöllner*, 48. DJT, 22f.

angeordneten unmittelbaren Rechtsbeziehungen zu den Betroffenen müssten überflüssig erscheinen. Aus demselben Grunde sollte man die Gemeinsamen Einrichtungen auch nicht als »Gesamtarbeitgeber« bezeichnen[601], denn das Ganze ist hier – gerade auf Arbeitgeberseite – mehr als die Summe seiner Teile. Außerdem legt jene Bezeichnung den falschen Eindruck nahe, es handele sich um reine Arbeitgebereinrichtungen.[602] Zweck ist jedoch die überbetriebliche Organisation sozialer Verpflichtungen gegenüber Arbeitnehmern, wobei in der Regel ein **Lastenausgleich** zwischen den beteiligten Arbeitgebern erforderlich ist. Der **mögliche Regelungsbereich** Gemeinsamer Einrichtungen ist also weiter als die (grundsätzlich nur synallagmatisch geprägte Tarifzuständigkeit des § 1 Abs. 1[603], jedoch strikt auf die Arbeits- und Wirtschaftsbedingungen des Art. 9 Abs. 3 begrenzt.[604]

**228** Dieser Zweckbestimmung entsprechen auch alle derzeit existierenden Gemeinsamen Einrichtungen. Die meisten sind von den Tarifvertragsparteien der **Bauwirtschaft** eingerichtet worden. Das Fehlen stationärer Arbeitsplätze und die Witterungsabhängigkeit der Betriebe führten in diesem Gewerbezweig zu saisonabhängiger hoher Fluktuation der Beschäftigten.
Infolge der dann häufiger wechselnden Arbeitsverhältnisse und der witterungsbedingten Arbeitsunterbrechungen besonders im Winter kam es zu Einkommensverlusten der Bauarbeiter, zu verringerten Leistungsansprüchen gegenüber den Sozialversicherungsträgern und vielfach auch zum gänzlichen Fortfall von Urlaubsansprüchen, weil die sechsmonatige Wartezeit nach dem Bundesurlaubsgesetz nicht erfüllt war. Zum Ausgleich hierfür gründeten die Tarifvertragsparteien als Gemeinsame Einrichtungen die so genannten Sozialkassen der Bauwirtschaft: Die **Urlaubs- und Lohnausgleichskasse** sorgt auf tariflicher Grundlage für eine Lohnfortzahlung zwischen Weihnachten und Neujahr sowie für die Gewährung und Bezahlung des Urlaubs unabhängig von der Dauer der individuellen Betriebszugehörigkeit; die **Zusatzversorgungskasse VVaG**[605] gewährt zusätzliche, nur an die Dauer der Gewerbezugehörigkeit gebundene Alters/Invalidenrenten für Arbeiter und Angestellte[606] sowie Vorruhestandsleistungen nach dem Vorruhestandsgesetz.[607] Die Milliarden-Beiträge zu diesen Kassen werden durch allgemeinverbindliche tarifliche Beiträge in Höhe von etwa 20% der Bruttolohnsumme aller tarifgebundenen Baubetriebe aufgebracht.[608] Wegen ähnlicher Strukturprobleme bestehen vergleichbare Gemeinsame Einrichtungen auch im Dachdecker-, Maler- und Lackierer, Steinmetz- und Gerüstbau-Gewerbe.

**229** Außerhalb der Bauwirtschaft findet man Gemeinsame Einrichtungen heute im Bereich der Land- und Forstwirtschaft, der Nahrungs- und Genussmittel-Branche, im Bergbau, in der Textilwirtschaft sowie im Chemiebereich. Auch im öffentlichen Dienst sowie für Bühnenangehörige bestehen auf öffentlich-rechtlicher

---

601 So aber *Bötticher,* Einrichtungen, 12ff.; *Zöllner,* 48. DJT, 22.

602 Vgl. *Gitter,* AuR 1968, 145.

603 Irrig daher *Löwisch/Rieble,* § 4 Rn. 168.

604 *Blomeyer,* ZfA 1980, 71; *Bötticher,* Einrichtungen, 147f.; *Weyand,* Mitbestimmung, 101; Wiedemann/*Oetker,* § 1 Rn. 627; wohl auch *Otto/Schwarze,* ZfA 1995, 662f.

605 Hierzu *Kissel,* ZfA 1985, 39; *H.-J. Koch,* Zusatzversorgungskasse; *Matthes,* Sozialkassensystem, 41f.

606 Zu den Einzelheiten vgl. *Sperner/Brocksiepe/Egger/Henrich/Unkelbach,* 172ff.; *Stang/Bachner/Asshoff,* Baugewerbe, 33ff.

607 BGBl. 1984 I, 601, dazu *Henrich,* ArbRGgw 24 (1986), 33ff. mit weiteren Nachweisen einerseits und *v. Hoyningen-Huene,* BB 1986, 1909, andererseits.

608 Vgl. dazu *Koberski/Asshoff/Hold,* AEntG, § 1 Rn. 283ff.

Grundlage Versorgungsanstalten, die jedoch mit den zuvor genannten Gemeinsamen Einrichtungen der Tarifvertragsparteien nur den Zweck einer zusätzlichen Altersversorgung teilen. Lediglich für die chemische Industrie existiert als Gemeinsame Einrichtung ein Unterstützungsfonds, der (sozusagen als Lohnausgleichskasse) bei Kurzarbeit und Arbeitslosigkeit aus Arbeitgeberbeiträgen Zuschüsse zum staatlichen Kurzarbeiter- und Arbeitslosengeld zahlt. Dahinter steht der Gedanke einer Gesamtverantwortung des Gewerbezweiges auch für Arbeitnehmer, die aufgrund individuellen Management-Versagens oder sektoraler Konjunktureinbrüche Einkommenseinbußen erleiden. Ähnliche Überlegungen hatten in der Bauwirtschaft 1974 zur Vereinbarung eines tariflichen **Konkursausfallgeldes** geführt, das von der Lohnausgleichskasse (vgl. vorige Rn.) zu zahlen war und das schließlich zum unmittelbaren Vorbild des 1974 gesetzlich eingeführten Konkursausfallgeldes (heute §§ 183ff. SGB III) wurde. Wiederum im Baubereich wurde schließlich gänzliches Neuland beschritten, als man im Tarifvertrag über die **Berufsbildung** im Baugewerbe 1975 unter anderem beschloss, die Vergütung für Auszubildende am Bau über eine branchenweite Umlage zu finanzieren und damit auch die nicht ausbildenden Betriebe an den Ausbildungskosten (sowie an der Finanzierung überbetrieblicher Ausbildungsstätten) zu beteiligen.[609] Diese partielle tarifliche Vorwegnahme des insoweit nie angewendeten Gesetzes zur Förderung des Angebotes an Ausbildungsplätzen vom 7. September 1976[610] war nur möglich, weil die Urlaubs- und Lohnausgleichskasse der Bauwirtschaft die institutionellen Voraussetzungen für eine Erhebung und Verteilung der Umlage bot. Vor allem in den wirtschaftlichen Krisenzeiten der Baubrache kann so die notwendige Nachwuchsförderung überbetrieblich gesichert werden.

Vergleichbaren Zwecken dient die Gründung **überbetrieblicher Ausbildungsstätten** einschließlich der Aus- und Weiterbildung von Ausbildern durch Gemeinsame Einrichtungen (z.B. im Garten-, Landschafts- und Sportplatzbau). Dagegen dient die als Gemeinsame Einrichtung geführte »Innovationsstelle für das holz- und kunststoffverarbeitende Handwerk« primär dem **Arbeitsschutz und der menschengerechten Arbeitsgestaltung.**[611] Nachdem auch ein **Gesamthafenbetrieb** höchstrichterlich treffend als Gemeinsame Einrichtung qualifiziert worden ist[612], werden auch Beschäftigungsgesellschaften als Gemeinsame Einrichtungen interessant.[613] **Beschäftigungspolitischen Zwecken** kann endlich eine Gemeinsame Einrichtung dienen, die Beiträge der tarifgebundenen Arbeitgeber einzieht, um sie sodann als Zuschüsse für die Einrichtung neuer Arbeitsplätze oder als Existenzgründungsdarlehen in der jeweiligen Branche zu vergeben[614], bzw. selbst eine Beschäftigungs- und Qualifikationsgesellschaft zu betreiben.[615] **230**

Dass Tarifverträge materiell wie sozialpolitische Gesetzgebung wirken können, wurde schon früh hervorgehoben.[616] Gerade wenn jedoch effektive tarifliche So- **231**

609 Vgl. dazu *Köbele*, GMH 1979, 394ff.

610 BGBl. I, 2658.

611 Dazu kritisch *Otto/Schwarze*, ZfA 1995, 645ff. in Auseinandersetzung mit einem unveröffentlichten Gutachten von *Kohte*.

612 BAG 25.1.1989, AP Nr. 5 zu § 1 GesamthafenbetriebsG (mit Anm. von *Zeuner*).

613 Vgl. *Kaiser*, NZA 1992, 193; *Löwisch/Rieble*, § 4 Rn. 162.

614 *Hanau*/Preis, 146ff.; *Däubler*, Tarifvertragsrecht, Rn. 1148; a.A. *Löwisch/Rieble*, § 4 Rn. 169.

615 *Däubler/Hensche*, § 1 Rn. 934.

616 *Sinzheimer*, Grundzüge, 196.

zialpolitik betrieben werden soll, wie dies durch die Berufsbildungs-, Altersversorgungs- und Arbeitslosen-Zuschlagsregelungen (vgl. dazu vorige Rn.) bereits geschehen ist, bedarf es zur Durchführung in der Regel eines ständigen professionellen Verwaltungsapparates, über den die Tarifvertragsparteien nicht verfügen. Hier müssen Gemeinsame Einrichtungen die Aufgabe technisch-organisatorischer Ausführung übernehmen, wobei sie von den Tarifvertragsparteien kontrolliert und angeleitet werden. Wenn die institutionellen Voraussetzungen für eine entsprechend weisungsgebundene Organisation bestehen, können auch weiterreichende Zukunftsaufgaben übernommen werden. Hierzu gehört insbesondere die Reform der Altersversicherung, welche sozialpolitisch in Verbindung mit einer zusätzlichen Altersversorgung sinnvoll ist und daher auf absehbare Zeit nicht allein über die staatlichen Versorgungssysteme zu finanzieren sein dürfte. Die mit dem **Altersversicherungsgesetz** vom 26. Juni 2001 eingeleitete Reform in Richtung auf eine so genannte **zweite Säule der betrieblichen Alterssicherung** kann über Gemeinsame Einrichtungen eine überbetriebliche, d.h. umfassendere Struktur erhalten, ohne dass dabei auf die steuerliche Förderung dieser privaten Vorsorge nach EStG verzichtet werden müsste. Daneben ist an die Einbeziehung und Verwaltung überbetrieblicher Vermögensbildungsanteile auf tariflicher Grundlage zu denken. Die gegen solche **tariflichen Vermögensbildungsfonds** wegen der damit möglicherweise verbundenen Gewinne erhobenen Bedenken[617] überzeugen nicht, weil die Vermögensbildung der primäre sozialpolitische Tarifzweck (vgl. dazu § 4 Rn. 227) ist und daraus weiter erwirtschaftete Erträge lediglich einen – durchaus erwünschten – Zusatzeffekt darstellten. Diese Profite dürften freilich nicht den Tarifvertragsparteien als Trägern der gemeinsamen Einrichtung, sondern deren Mitgliedern als Destinatären zugute kommen.[618] Freilich muss betont werden, dass derart weit reichende sozialpolitische Maßnahmen meist die Allgemeinverbindlichkeit der entsprechenden Tarifverträge voraussetzen. Nur wenn alle Betriebe erfasst sind, können Anwartschaftsverluste bei Arbeitsplatzwechsel und Wettbewerbsverzerrungen vollständig vermieden werden, doch wird es bei der Frage der Öffnung einer Gemeinsamen Einrichtung für Außenseiter stets auf die besonderen Verhältnisse der Branche und der Art der tariflichen Leistungen ankommen (vgl. dazu § 5 Rn. 6ff.). Die einer Gemeinsamen Einrichtung zugrunde liegenden Tarifverträge müssen also weder notwendig allgemeinverbindlich sein, noch kann eine der beteiligten Tarifvertragsparteien von der anderen eine allgemeine Zulassung von Außenseitern rechtlich erzwingen. Letzteres würde gegen die gesetzlich normierte »Gemeinsamkeit« der Einrichtung verstoßen.[619]

### 3. Koalitionspolitische Bedeutung

**232** Sowohl von Arbeitgeber- wie von Arbeitnehmerseite sind immer wieder koalitionspolitische Bedenken gegen Gemeinsame Einrichtungen erhoben worden. Während die Arbeitgeber eine Störung des arbeitsvertraglichen Leistungsgefüges durch Auslagerung wichtiger Arbeitgeberleistungen befürchten[620], sieht man auf Gewerkschaftsseite hier zum Teil eine sozialpartnerschaftliche »goldene Fes-

617 *Bötticher*, Einrichtungen, 147ff.; wohl auch *Hesse*, DB 1986, 1212f.
618 Ebenso *Zöllner*, 48. DJT, 40, den *Hesse*, DB 1986, 1212, insoweit mißversteht.
619 Ähnlich *Farthmann/Hensche*, ArbRGgw, 10 (1972), 96, Rn. 5; a.A. *Hanau*, RdA 1970, 164.
620 *Kettner*, ArbRGgw 10 (1972), 88.

sel«, durch die ernsthafte Tarifauseinandersetzungen erschwert würden.[621] Beide Argumente sind indessen nicht zwingend. Zum einen enthält das Tarifvertragssystem selbst bereits bewusst eine gewisse Schwächung der Bindung des Arbeitnehmers an den Betrieb. Außerdem können die Unternehmer die Politik ihres Arbeitgeberverbandes hinreichend beeinflussen. Dabei hat die Arbeitgeberseite häufig stärkere, nämlich verbands- und konkurrenzpolitische, Interessen an einer Gemeinsamen Einrichtung als die Gewerkschaft. Die Gemeinsame Einrichtung entlastet die tarifgebundenen Betriebe durch die zentralisierte Übernahme bestimmter Aufgaben und übt damit eine Sogwirkung zum Verbandsbeitritt aus. Die Verbände werden aber auch dadurch gestützt, dass sie es sind, die die Einrichtung in der Regel verwalten.

Die Arbeitgeber dürften im Falle eines Arbeitskampfes daher mindestens ebenso sehr an einem Fortbestand der entsprechenden Tarifverträge interessiert sein. Folglich können die Arbeitnehmer mit dem Hinweis auf eine bestehende Gemeinsame Einrichtung nicht einseitig unter Druck gesetzt werden. Vielmehr sind die Bindungen durchaus gegenseitig. Hieraus ist häufig geschlossen worden, solche Institutionen förderten eine besonders sozialpartnerschaftliche Koalitionspolitik.[622] Bedenkt man jedoch, dass der im Eigentum des sozialen Gegenspielers stehende Arbeitsplatz die Existenzgrundlage praktisch aller Gewerkschaftsmitglieder darstellt, so kann die hierdurch stets gegebene Grundabhängigkeit der Arbeitnehmerorganisation von der anderen Seite auch durch Gemeinsame Einrichtungen nicht mehr wesentlich verstärkt, sondern eher gelockert werden. Es ist im Übrigen nicht einzusehen, warum die mit der Schaffung Gemeinsamer Einrichtungen verbundene überbetriebliche Kooperation auf begrenzten Gebieten in dieser Hinsicht bedenklicher sein soll als die mit der Unternehmensmitbestimmung institutionalisierte Zusammenarbeit zwischen Arbeitgebern und Arbeitnehmern.[623]

Konkreter erscheint dagegen die **Gefahr**, dass sich die Gemeinsamen Einrichtun- **233**
gen von einem bloß weisungsabhängigen Instrument zur Ausführung von Tarifverträgen immer **mehr verselbständigen zu einer weithin unabhängigen bürokratischen Expertenorganisation**, welche aufgrund hauptberuflich spezialisierten Sachverstandes die Entscheidungen der Tarifvertragsparteien maßgebend zu beeinflussen vermag. Solchen Tendenzen kann jedoch durch entsprechende Vorkehrungen in der Satzung der Gemeinsamen Einrichtungen entgegengewirkt werden. Darin müssen permanente und effektive **Steuerungsmöglichkeiten** sowie laufende **Kontrollen** durch die Tarifvertragsparteien gesichert sein.[624] Hierzu gehören insbesondere die periodische Wahl der leitenden Organe einer Gemeinsamen Einrichtung, weitgehende Kompetenzen der von den Tarifvertragsparteien beschickten Aufsichtsgremien und die personelle wie institutionelle Dezentralisierung mehrerer im Zuständigkeitsbereich derselben Tarifvertragsparteien gegründeten Gemeinsamen Einrichtungen. Die koalitions- und tarifpolitische Koordinierung eines ganzen Systems derartiger Institutionen muss rechtlich und faktisch bei den sie tragenden arbeitsrechtlichen Koalitionen verbleiben.[625]

621 *Zachert*, Tarifvertrag, 162.
622 *Bötticher*, Einrichtungen, 21; *Zöllner*, 48. DJT, 22; *Gamillscheg*, Kollektives Arbeitsrecht I, § 15 IX 3, 620; *Kettner*, ArbRGgw, 10 (1972), 88.
623 Vgl. *Däubler/Hensche*, § 1 Rn. 933.
624 Grundsätzlich BAG 28.4.1981, AP Nr. 3 zu § 4 TVG Gemeinsame Einrichtung.
625 BAG 25.1.1989, AP Nr. 5 zu § 1 GesamthafenbetriebsG.

## II. Die rechtliche und organisatorische Konstruktion Gemeinsamer Einrichtungen

### 1. Rechtsform

234 Die Gründung einer Gemeinsamen Einrichtung kann **nur in einem Tarifvertrag oder auf dessen Grundlage** erfolgen. Sofern die gewählte Rechtsform keine weiteren gesetzlichen Formvorschriften einzuhalten gebietet, ist es möglich, die Gemeinsame Einrichtung unmittelbar durch Tarifvertrag zu gründen und damit zugleich ihre Organisation (Satzung) festzulegen, ohne dass es eines weiteren Gründungsaktes bedürfte.

Soll die Gemeinsame Einrichtung etwa in Form einer BGB-Gesellschaft geführt werden, dann wäre ein entsprechender Tarifvertrag zugleich der Gesellschaftsvertrag nach §§ 705 ff. BGB. Handelte es sich um einen nicht rechtsfähigen Verein, so könnte der Gründungstarifvertrag auch dessen Satzung nach § 54 BGB enthalten. Da der Tarifvertrag in solchen Fällen das Organisationsstatut bildet, fallen Tarifabschluss und Gründungsakt zusammen. Sofern die ohnedies notwendige Schriftform des Tarifvertrages (§ 1 Abs. 2 TVG) den gesetzlichen Erfordernissen der für die Gemeinsame Einrichtung gewählten Rechtsform nicht genügt (z.B. weil ein Versicherungsverein auf Gegenseitigkeit gegründet werden soll, der einer besonderen Genehmigung der Bundesanstalt für Finanzdienstleistungsaufsicht (»BAFin«) nach § 15 VAG bedürfte), kann der Tarifvertrag zwar die Rechtsform und die Organisation (Satzung) dieser Gemeinsamen Einrichtung ebenfalls bereits festlegen. Er bleibt allerdings nur ein (tarifrechtlich verbindlicher) Vorvertrag mit der Verpflichtung zur Gründung einer entsprechenden Gemeinsamen Einrichtung in der vorgeschriebenen Form. Denkbar wäre es schließlich auch, die Rechtsform der Gemeinsamen Einrichtung im zugrunde liegenden Tarifvertrag überhaupt nicht festzulegen[626], doch muss die dann später zu wählende Konstruktion auf jeden Fall gewährleisten, dass die Einrichtung zwingend an entsprechende tarifliche Grundlagen gebunden bleibt, weil es sich andernfalls nicht um eine Institution im Sinne des § 4 Abs. 2 TVG handelte.

235 Bei der **Wahl der Rechtsform** sind die Tarifvertragsparteien nach herrschender Meinung an die vom Privatrecht bereitgestellten Möglichkeiten gebunden, d.h. sie können von sich aus prinzipiell keine neuen, gesetzlich nicht vorgesehenen Organisationsformen schaffen.[627] Dem kann aus folgenden Gründen nur mit Einschränkung zugestimmt werden. Etliche privatrechtliche Organisationsformen sind für Gemeinsame Einrichtungen von vornherein ungeeignet, weil in ihnen die Ziele der **Koalitionsfreiheit** (»Wahrung und Förderung der Arbeits- und Wirtschaftsbedingungen«, Art. 9 Abs. 3 GG) und damit des Tarifrechts nicht erreichbar wären. So dienen z.B. Genossenschaft, OHG und KG gewerblichen Zwecken. In Aktiengesellschaften muss der Vorstand weisungsunabhängiger bleiben, als dies die Tarifabhängigkeit der Satzung einer Gemeinsamen Einrichtung (vgl. § 4 Abs. 1 TVG) erlaubt. Unbedenklich wären dagegen alle Vereinsformen des BGB, der Versicherungsverein auf Gegenseitigkeit – VVaG – und möglicherweise auch die GmbH[628] sowie die privatrechtliche Stiftung (§ 80 BGB). Sollte der Gesetzgeber diesen Kreis möglicher Gestaltungsformen durch Än-

---

626 Wiedemann/*Oetker*, § 1 Rn. 629.

627 *Däubler/Hensche*, § 1 Rn. 936; *Löwisch/Rieble*, § 4 Rn. 194; Wiedemann/*Oetker*, § 1 Rn. 630.

628 H.M., im einzelnen *Bötticher*, Einrichtungen, 162 ff.; *Henrich*, Einrichtungen, 42 ff.

rung des Gesellschaftsrechts so stark einschränken, dass für Gemeinsame Einrichtungen praktisch keine tarifadäquate Rechtsform mehr bleibt, dann wäre hierdurch die Tarifautonomie berührt. Es ist daher ein entsprechendes gesellschaftsrechtliches System bereitzustellen. Fehlt es, so können die Tarifvertragsparteien aufgrund ihrer autonomen Organisationszuständigkeit unabhängig hiervon Gemeinsame Einrichtungen als **Rechtssubjekte** eigener Art schaffen. Diese Gemeinsamen Einrichtungen würden dann nur an solche privatrechtlichen Normen gebunden sein, denen auch die Tarifvertragsparteien unterliegen. Dass die privat-gesellschaftsrechtlichen Gestaltungsformen keine zwingende Grenze für die Organisationstypen Gemeinsamer Einrichtungen bilden, zeigt die Möglichkeit, eine bestehende Anstalt des öffentlichen Rechts zu übernehmen.[629]

Der zuletzt als Möglichkeit erörterte Widerspruch zwischen Tarifrecht und **236** privatem Vereins- oder Gesellschaftsrecht ist – hinsichtlich eines Teilaspektes – bereits aufgetreten und wie hier (wegen Art. 9 Abs. 3 Satz 1 GG) zugunsten der Tarifautonomie gelöst worden: Alle in der traditionellen Form des nichtrechtsfähigen Vereins verfassten Gewerkschaften wären nämlich eigentlich überhaupt nicht befähigt, ihrerseits einen Verein oder eine Gesellschaft zu gründen, weil dies nach dem privaten Recht nur natürliche bzw. juristische Personen tun können. Dennoch haben die Gewerkschaften bereits eine Fülle von Gemeinsamen Einrichtungen als **Vereine nach §§ 21, 22 BGB oder als VVaG** wirksam mit gegründet, obwohl sie selbst nicht rechtsfähige Vereine im Sinne des § 54 BGB sind. Der Grund hierfür ist nicht etwa die heute weithin praktizierte Gleichstellung des nicht rechtsfähigen mit dem eingetragenen Verein[630], denn damit wären beide Vereinsformen völlig gleichgestellt und ihre gesetzliche Unterscheidung überflüssig. Vielmehr kann es nur den arbeitsrechtlichen Koalitionen erlaubt werden, trotz mangelnder eigener Rechtsfähigkeit juristische Personen zu gründen, wenn die juristischen Personen ihrerseits nach Art. 9 Abs. 3 Satz 1 GG zur Wahrung und Förderung der Arbeits- und Wirtschaftsbedingungen tätig werden. Dies ist z.B. gemäß § 4 Abs. 2 TVG bei der Gründung von Gemeinsamen Einrichtungen immer der Fall, so dass hier auch Gewerkschaften als nicht rechtsfähige Vereine aufgrund der höherrangigen Koalitionsfreiheit entgegen sonstigem Gesellschafts- und Vereinsrecht Mitglieder eines Vereins oder einer Gesellschaft werden können. Im Übrigen aber sind die Tarifvertragsparteien an die jeweils gültigen zivil- oder öffentlich-rechtlichen Genehmigungserfordernisse (z.B. § 22 BGB) gebunden. Da der zugrunde liegende Tarifvertrag zugleich auch unmittelbar zwingendes Satzungsrecht der Gemeinsamen Einrichtung darstellt, haben sich die Tarifnormen an die für die gewählte Rechtsform (z.B. e.V.; VVaG; GmbH) existierenden Vorschriften (z.B. BGB, VAG, GmbHG) zu halten, soweit es sich dabei um zwingendes Recht handelt, wie etwa beim vorgeschriebenen Mindestgrundkapital oder beim organisatorischen Aufbau.[631]

## 2. Institutionelle Erfordernisse

Nach § 4 Abs. 2 TVG binden die Vorschriften des Tarifvertrages die Satzung **237** der darauf beruhenden Gemeinsamen Einrichtung. Soweit der Tarifvertrag daher organisatorische Festlegungen trifft, **müssen Tarifrecht und Satzungsrecht**

629 BAG 28.4.1981, AP Nr. 3 zu § 4 TVG Gemeinsame Einrichtungen.
630 So aber *Bötticher*, Einrichtungen, 28 Rn. 3; *Henrich*, Einrichtungen, 44f.
631 *Zöllner*, 48. DJT, 33; *Henrich*, Einrichtungen, 58ff.

**übereinstimmen**. Die Tarifvertragsparteien sind daher als Mitglieder der Gemeinsamen Einrichtung an ihr eigenes tariflich festgelegtes Statut gebunden.[632] Dies folgt nicht nur aus dem Gesetzeswortlaut, sondern entspricht auch dem Sinn der Vorschrift, die eine solche Rechtsetzungsmacht allein den Tarifvertragsparteien als den Grundrechtsträgern der Koalitionsfreiheit zugesteht und damit das Zustandekommen eines Tarifvertrages mit allen seinen historisch gewachsenen und organisationspolitisch notwendigen gewerkschaftlichen wie arbeitgeberverbandlichen Prozeduren voraussetzt. Sollte die Satzung einer Gemeinsamen Einrichtung dennoch vom Tarifvertrag abweichen, so sind die Tarifvertragsparteien schuldrechtlich zu einer Anpassung verpflichtet.[633] Bis dahin gilt die Satzung weiter, doch haben die abweichenden Satzungsbestimmungen keine rechtlich verpflichtende Wirkung für die tarifgebundenen Arbeitgeber und Arbeitnehmer, ehe sie nicht angepasst worden sind. Das ist deshalb wichtig, weil die **Gemeinsame Einrichtung** auch **unternehmerisch** tätig sein und **Gewinne erzielen** darf.[634]

238 **Mitglieder einer Gemeinsamen Einrichtung** können auch nicht tarifgebundene Rechtssubjekte sein; etwa wenn bereits vorhandene Institutionen von den Tarifvertragsparteien als Gemeinsame Einrichtung benutzt werden (es wird z.B. ein bestehender VVaG oder eine bestehende Anstalt des öffentlichen Rechts mit der Durchführung einer tariflichen Altersversorgung betraut[635]). Dann entsteht eine Gemeinsame Einrichtung im Sinne des § 4 Abs. 2 TVG erst, wenn sich die nicht tarifgebundenen Mitglieder der Einrichtung den jeweils geltenden Tarifnormen schuldrechtlich unterworfen haben. Fallen diese nicht tarifgebundenen Mitglieder aber ohnehin unter den Geltungsbereich eines Tarifvertrages (z.B. als unorganisierte Arbeitgeber), so genügt es auch, dass dieser für **allgemeinverbindlich** erklärt wird (vgl. § 5 TVG). Jedenfalls muss aber satzungsrechtlich sichergestellt sein, dass die nicht tarifgebundenen Mitglieder der Gemeinsamen Einrichtung keinen bestimmenden Einfluss auf deren Willensbildung haben, deren technische Durchführung sie (mit-)gewährleisten sollen. Als **Destinatäre solcher Einrichtungen** kommen dagegen nach § 4 Abs. 2 TVG **nur Mitglieder der Tarifvertragsparteien** (keine OT-Mitglieder, vgl. § 2 Rn. 217 ff.) **oder kraft Allgemeinverbindlichkeit** (§§ 3 Abs. 2, 5 TVG) **Tarifgebundene** in Betracht. Deshalb ist auch eine Mitgliedschaft über arbeitsvertragliche Bezugnahme nicht möglich.[636]

239 § 4 Abs. 2 TVG schließt nicht aus, dass die Gemeinsame Einrichtung auf einem **Firmentarifvertrag** beruht und daher nur betrieblich wirkt.[637] Die betrieblichen **Sozialeinrichtungen des § 87 Abs. 1 Nr. 8 BetrVG** können mithin auch tariflich über Gemeinsame Einrichtungen betrieben werden. Sie wären dann etwas unabhängiger vom wirtschaftlichen Schicksal des Unternehmens. Der Weg über die Gemeinsame Einrichtung empfiehlt sich daher z.B. für eine zusätzliche betriebliche Altersversorgung, die im Rahmen eines langfristigen tarifpolitischen Konzeptes zur Verkürzung der Lebensarbeitszeit ohne wesentlichen Einkommensverlust durchgeführt wird. Wegen der generellen Wirkung einer entsprechenden Betriebsvereinbarung nach § 87 Abs. 1 Nr. 8 BetrVG wird es hier manchmal nötig sein, den Tarifvertrag für allgemeinverbindlich erklären zu lassen (das öffent-

---

632 *Bötticher*, Einrichtungen, 28, 30; Wiedemann/*Oetker*, § 1 Rn. 278; a.A. *Zöllner*, 48. DJT, 50 f., 54 f.
633 Wiedemann/*Oetker*, § 1 Rn. 278.
634 *Däubler/Hensche*, § 1 Rn. 934; Wiedemann/*Oetker*, § 1 Rn. 627.
635 Vgl. auch Wiedemann/*Oetker*, § 1 Rn. 276; BAG 28.4.1981, AP Nr. 3 zu § 4 TVG Gemeinsame Einrichtungen.
636 *Löwisch/Rieble*, § 4 Rn. 201; a.A. BAG 10.4.1996 (10 AZR 722/95), AP Nr. 4 zu § 101 ArbGG 1979.
637 Wiedemann/*Oetker*, § 1 Rn. 615; *Däubler/Hensche*, § 1 Rn. 942; *Löwisch/Rieble*, § 4 Rn. 175.

liche Interesse an einer Allgemeinverbindlicherklärung nach § 5 Abs. 1 Nr. 2 TVG ist in der relativen wirtschaftlichen Unabhängigkeit dieser Gemeinsamen Einrichtung vom Unternehmen zu sehen.[638] Meistens dürften die Tarifnormen über die Gemeinsame Einrichtung auf Betriebsebene jedoch ohnehin nur **betriebliche Fragen** regeln und bereits deshalb (wie eine Betriebsvereinbarung) nach § 3 Abs. 2 TVG für alle Arbeitnehmer des Betriebes gelten.

Die gesetzlich angeordnete Gemeinsamkeit der Einrichtung erzwingt **keine paritätische Verwaltung oder Besetzung ihrer Organe**[639] oder Kontrollorganisation.[640] Ein solches Gebot lässt sich weder dem Tarifvertragsgesetz noch Art. 9 Abs. 3 GG entnehmen. Die in § 4 Abs. 2 TVG festgelegte Abhängigkeit der Satzung vom Tarifvertrag ermöglicht einen gegenseitigen Interessenausgleich im tariflichen Verhandlungsweg auch hinsichtlich des Organisations- und Verwaltungsaufbaus. In der **Praxis** hat dies ganz **überwiegend** zur **paritätischen Verwaltung und Kontrolle** der vorhandenen Gemeinsamen Einrichtungen geführt, doch können auch abweichende Konstruktionen vereinbart werden. So gibt es Beispiele, in denen die Verwaltung ausschließlich durch die Gewerkschaft erfolgt.[641] Darüber hinaus sorgt das auf die Gemeinsame Einrichtung jeweils anwendbare Vereins- und Gesellschaftsrecht für hinreichende Informations-, Kontroll- und Mitverwaltungsmöglichkeiten der Mitglieder. Gerade weil die Tarifvertragsparteien bei der Gründung von Gemeinsamen Einrichtungen meist nicht nur wirtschaftliche, sondern auch tarif- und sozialpolitische Zwecke verfolgen, sollte die Verwaltung hier durch entsprechende Satzungsbestimmungen noch stärker an den Willen der Tarifvertragsparteien gebunden werden als bei vergleichbaren privaten, an rein wirtschaftlichen Interessen ausgerichteten Institutionen. Es muss rechtlich sichergestellt werden, dass das Management sich nicht verselbständigt und von den tariflichen Zielen entfernt sowie dass die Existenz der Gemeinsamen Einrichtung als solche (nicht dagegen ihre organisatorische Durchführung) der paritätischen Entscheidung unterliegt.[642] 240

### 3. Beendigung und Nachwirkung

Die **Gemeinsame Einrichtung endet**, wenn ihre Mitglieder sie rechtswirksam **auflösen**. Dasselbe gilt, sobald der zugrunde liegende **Tarifvertrag ausläuft** (bei Befristung) oder einverständlich aufgehoben bzw. gekündigt (zum Ablauf der Kündigungsfrist) wird. Sofern die Existenz der Institution nicht satzungsmäßig an den Bestand des Tarifvertrages gebunden worden ist, kann die Einrichtung als solche im letzten Fall weiter bestehen, nur ist sie dann wegen fehlender tariflicher Grundlage meist keine Gemeinsame Einrichtung der Tarifvertragsparteien mehr. Sofern der beendete Tarifvertrag allerdings noch Nachwirkung entfaltet (vgl. nächste Rn.), kann die Gemeinsame Einrichtung zur **Abwicklung** der dann weiter bestehenden **Tarifrechtsbeziehungen** fortgeführt werden. Im Übrigen muss die Gemeinsame Einrichtung nach Beendigung entsprechend den für sie geltenden allgemeinen rechtlichen Regeln **liquidiert** werden, d.h. es sind insbe- 241

638 Vgl. *Zöllner*, 48. DJT, 43.

639 *Däubler/Hensche*, § 1 Rn. 938; Wiedemann/*Oetker*, § 1 Rn. 612; *Farthmann/Hensche*, ArbRGgw 10 (1972), 97; *Herschel*, JZ 1970, 462; a. A. *Löwisch/Rieble*, § 4 Rn. 182; *Bötticher*, Einrichtungen, 129 ff.; *Henrich*, 36; *Hueck/Nipperdey*, Bd. II/1, 299 f.; *Kettner*, ArbRGgw 10 (1972), 89; *Mayer-Maly*, BB 1965, 831.

640 So aber *Zöllner*, 48. DJT, 37.

641 Vgl. *Zachert*, Tarifvertrag, 162.

642 Vgl. BAG 25. 1. 1989, AP Nr. 5 zu § 1 GesamthafenbetriebsG.

sondere die offenen Beitragsforderungen zu realisieren und die fälligen Leistungen zu erbringen. Soweit es sich um Versorgungsansprüche handelt, die der Versicherungsaufsicht unterliegen, werden aufgrund des versicherungs-rechtlichen Deckungsprinzips die notwendigen Mittel zur Befriedigung entstandener Ansprüche regelmäßig vorhanden sein.

**242** Zweifelhaft ist, ob Tarifverträge über Gemeinsame Einrichtungen nach Ablauf eine **Nachwirkung** im Sinne des § 4 Abs. 5 TVG entfalten können. Zum Teil wird dies mit der Begründung bejaht, dass für die Gemeinsamen Einrichtungen dieselben Grundsätze wie für Inhaltsnormen gelten, so dass die Tarifbindung gegenüber der Gemeinsamen Einrichtung erst dann verloren ginge, wenn das Arbeitsverhältnis eines organisierten Arbeitnehmers nach Ablauf des Tarifvertrages gelöst wird.[643] Der – die **Nachwirkung** grundsätzlich bejahenden – überwiegenden Meinung[644] ist **zuzustimmen**. Die – jede Nachwirkung ablehnende – Gegenmeinung verweist einerseits darauf, dass die Normen über Gemeinsame Einrichtungen gerade keine Inhaltsnormen seien.[645] Andererseits wird betont, dass die Nachwirkung gegenüber der Gemeinsamen Einrichtung praktisch auf eine volle Weiterwirkung des Tarifvertrages hinauslaufen würde, weil sie nicht durch einzelvertragliche Leistungen, sondern nur durch neuen Tarifvertrag abgelöst werden könne.[646] Keine dieser Gegenauffassungen überzeugt. Zwar trifft es zu, dass es sich bei § 4 Abs. 2 TVG nicht um Inhaltsnormen handelt, doch setzt die Nachwirkung des § 4 Abs. 5 TVG dies schon dem Wortlaut nach keineswegs voraus. Daneben schwächt der Übergang ins Nachwirkungsstadium sehr wohl die Geltungsbreite auch eines Tarifvertrages über Gemeinsame Einrichtungen entscheidend da durch, dass von nun an jedes neu begründete Arbeitsverhältnis nicht mehr unter den Tarifvertrag fällt, weil infolge der Nachwirkung die zwingende Beitragspflicht des Arbeitgebers gegebenenfalls entfiele.[647] Während der Nachwirkungszeit sinkt die Zahl der tarifunterworfenen Arbeitsverhältnisse also entsprechend der Fluktuation auf dem Arbeitsmarkt. Prinzipiell ist folglich auch eine **Nachwirkung der Tarifverträge über Gemeinsame Einrichtungen möglich**; sie kommt dabei keineswegs der Vollwirkung gleich. Allerdings setzt die Nachwirkung derartiger Tarifnormen voraus, dass die Gemeinsame Einrichtung über die Laufdauer des Tarifvertrages hinaus fortbesteht, denn anderenfalls könnten weder Beiträge noch Leistungen erbracht werden. Soweit eine Gemeinsame Einrichtung daher satzungsrechtlich mit Ablauf des Tarifvertrages endet, wird keine Nachwirkung eintreten. Ist eine solche unmittelbare Koppelung dagegen nicht vorgesehen, tritt die Nachwirkung selbst dann ein, wenn sich die Gemeinsame Einrichtung in Liquidation befindet. Dementsprechend haben die Tarifvertragsparteien es in der Hand, die Nachwirkung jederzeit zu beenden, indem sie die Gemeinsame Einrichtung nach Tarifablauf auflösen, sofern nicht satzungs- oder aufsichtsrechtliche Vorschriften entgegenstehen.[648]

---

643 *Bötticher*, Einrichtungen, 67; *Nikisch*, Bd. II, 409; *Ballerstedt*, 18.

644 *Däubler/Hensche*, § 1 Rn. 951; Wiedemann/*Oetker*, § 1 Rn. 641; Stein, Rn. 134; *Gamillscheg*, Kollektives Arbeitsrecht I, § 18 VII 2a; *Lund*, Anm. zu BAG 3.9.1986, AP Nr. 12 zu § 4 TVG Nachwirkung; offen BAG (10 AZR 722/95), AP Nr. 4 zu § 101 ArbGG 1979; Löwisch/Rieble, § 4 Rn. 200.

645 *Henrich*, Einrichtungen, 94.

646 *Zöllner*, 48. DJT, 82.

647 Zu dem Sonderfall des Ausscheidens eines einzelnen Arbeitgebers aus dem fachlichen Geltungsbereich des Tarifvertrages durch Änderung des Betriebszweckes vgl. BAG 5.10.1993, AP Nr. 42 zu § 1 BetrAVG Zusatzversorgungskassen.

648 Ebenso *Däubler/Hensche*, § 1 Rn. 951; Wiedemann/*Oetker*, § 1 Rn. 641.

Ein **spezielles Weiterwirkungs- und Nachwirkungsproblem** ergibt sich bei Tarifverträgen über gemeinsame Einrichtungen dann, wenn ein Arbeitgeber mit seinem Betrieb wegen Änderung des Betriebszwecks, d.h. durch **Branchenwechsel**, aus dem fachlichen Geltungsbereich heraus fällt. Dabei ist es freilich unerheblich, ob dieser Arbeitgeber danach noch Mitglied des die Einrichtung tragenden Verbandes bleibt, denn das Ausscheiden aus dem Geltungsbereich führt stets zur Beendigung der in § 4 Abs. 2 TVG vorausgesetzten Tarifbindung und damit auch zum Ende der Beitragspflicht[649] (vgl. § 3 Rn. 44). Anders ist es nur dann, wenn das fachliche Herausfallen aus dem Geltungsbereich der Gemeinsamen Einrichtung dadurch herbeigeführt wird, dass das betreffende Unternehmen des Arbeitgebers mit einem fachlich anders ausgerichteten Unternehmen desselben Arbeitgebers **verschmolzen** wird, um dem Gesamtunternehmen nach Verschmelzung ein überwiegend fachfremdes Gepräge zu geben. Solchenfalls bleibt der bisher beitragspflichtige Betriebsteil nach dem Zweck des § 3 Abs. 3 TVG auch weiterhin tarifgebunden (vgl. § 3 Rn. 54) und beitragspflichtig, so dass **Tarifpluralität** entsteht.[650] Dabei ist es gleich, ob seine bisherige Tarifbindung auf Allgemeinverbindlichkeit oder auf Verbandsmitgliedschaft beruhte. Auch im zweiten Fall liegt keine (gegen Art. 9 Abs. 3 Satz 1 GG verstoßende) Zwangsmitgliedschaft der verschmolzenen Unternehmensträger im Arbeitgeberverband vor, wenn beide wirtschaftlich identisch sind.[651] Selbst wenn der Tarifvertrag über die Gemeinsame Einrichtung im Zeitpunkt der Verschmelzung nur noch nachwirkt, würde sich hieran solchenfalls grundsätzlich nichts ändern (zur Nachwirkung vgl. aber vorige Rn.). Wenn die beiden verschmolzenen Rechtsträger dagegen wirtschaftlich nicht identisch waren und eine überwiegend fachfremde neue Betriebseinheit entsteht, endet die Tarifgebundenheit nach § 4 Abs. 2 TVG; d.h. die §§ 3 Abs. 3, 4 Abs. 5 TVG sind (wie sonst auch) nicht mehr anwendbar.[652] 243

## 4. Tarifbindung und Allgemeinverbindlichkeit

Nach § 4 Abs. 2 TVG erfasst ein Tarifvertrag über Gemeinsame Einrichtungen nur die tarifgebundenen Arbeitnehmer und Arbeitgeber, d.h. nur der verbandsgebundene Arbeitgeber ist beitragspflichtig und nur der organisierte Arbeitnehmer ist leistungsberechtigt. Dies entspricht dem allgemeinen Grundsatz der Tarifgebundenheit, der in § 3 Abs. 1 TVG festgelegt wurde. Während jedoch § 4 Abs. 1 Satz 1 TVG für die Inhaltsnormen beiderseitige Tarifgebundenheit verlangt, wiederholt § 4 Abs. 2 TVG für die Normen über Gemeinsame Einrichtungen dieses Erfordernis der Beiderseitigkeit nicht, so dass im Umkehrschluss **einseitige Tarifbindung** genügt. Mag der Wortlaut des § 4 Abs. 2 TVG insofern auch nicht ganz klar sein, so bestätigt der Rechtsgedanke des § 3 Abs. 2 TVG doch diese Auffassung, weil die Anwendung der Normen über Gemeinsame Einrichtungen meist nur betriebseinheitlich möglich ist.[653] Demnach kann ein tarifgebundener Arbeitnehmer auch dann Leistungsansprüche gegen eine Gemeinsame Einrichtung haben, wenn sein Arbeitgeber nicht Verbandsmitglied 244

---

649 Insofern waren die entsprechenden Ausführungen in BAG 5.10.1993, AP Nr. 42 zu § 1 BetrAVG Zusatzversorgungskassen überflüssig.

650 Ebenso *Däubler/Hensche*, § 1 Rn. 953; a. A. Wiedemann/*Oetker*, § 4 Rn. 644.

651 Zu undifferenziert daher BAG 5.10.1993, AP Nr. 42 zu § 1 BetrAVG Zusatzversorgungskassen.

652 Insofern dürfte BAG 5.10.1993, AP Nr. 42 zu § 1 BetrAVG Zusatzversorgungskassen im konkreten Fall treffend entschieden sein.

653 *Däubler/Hensche*, § 1 Rn. 946; Wiedemann/*Oetker*, § 1 Rn. 645.

ist – und umgekehrt kann ein verbandsgebundener Unternehmer auch dann von der Gemeinsamen Einrichtung zu Beitragsleistungen herangezogen werden, wenn er zugleich oder ausschließlich Nichtorganisierte beschäftigt. Anders ist es dagegen, sofern der Tarifvertrag ausdrücklich beiderseitige Tarifgebundenheit vorsieht, also nur tarifgebundene Arbeitsverhältnisse erfassen will. Die hier dargelegte Rechtsauffassung, welche ein erheblicher Teil des Schrifttums vertritt[654], wird von der älteren Literatur überwiegend bestritten.[655] Dort wird ein beiderseits tarifgebundenes Arbeitsverhältnis verlangt, weil Zahlungen tarifgebundener Arbeitgeber für die Arbeitnehmer ihrer nicht verbandsangehörigen Konkurrenten unzumutbar seien. Hiergegen spricht jedoch nicht nur der erwähnte Umkehrschluss aus § 4 Abs. 1 und 2 TVG, sondern auch die Überlegung, dass eine Gemeinsame Einrichtung nicht dritter Vertragsteil der tarifunterworfenen Arbeitsverhältnisse wird, sondern eine von dem einzelnen Unternehmen losgelöste kollektive, d.h. überbetriebliche Institution der Tarifvertragsparteien für ihre jeweiligen Mitglieder sein soll. Gerade die geschichtliche Herkunft dieser Tarifrechtsfigur aus dem Bedürfnis, auch den Rentnern als aus dem Arbeitsverhältnis ausgeschiedenen (!) Arbeitnehmern Leistungsansprüche zu gewähren, lässt sich mit der angeblich notwendigen beiderseitigen Tarifgebundenheit ebenso wenig vereinbaren wie das frühe Ziel der Urlaubskassen, dem vor Erfüllung der betrieblichen Wartezeit ausgeschiedenen (!) Arbeitnehmer den Urlaubsanspruch zu sichern. Kennzeichnend für den gesetzlichen Zweck der Gemeinsamen Einrichtung ist die gemeinsam wahrgenommene Verantwortung der Tarifvertragsparteien für den Arbeitsmarkt des jeweiligen Tarifbereichs, wie die Zahlung von Konkursausfallgeld und Kurzarbeitergeld sowie die Berufsbildungsfinanzierung zeigen. Speziell der Tarifvertrag über Konkursausfallgeld im Baugewerbe (vgl. § 4 Rn. 229) zeigte zugleich, dass die Arbeitgeber es keineswegs für unzumutbar halten, für die Arbeitsentgeltschulden ihrer wirtschaftlich gescheiterten ehemaligen Konkurrenten einzutreten.

**245** Da nach § 4 Abs. 2 TVG Beitrags- und Leistungsbeziehungen nur gegenüber den jeweils tarifgebundenen Arbeitgebern und Arbeitnehmern bestehen, darf eine Gemeinsame Einrichtung die **Nichtorganisierten** beider Seiten hiervon **ausnehmen**, sofern der Tarifvertrag nichts Anderes vorsieht oder er nicht für allgemeinverbindlich erklärt worden ist.[656] Die demnach grundsätzlich zulässige **Differenzierung nach der Gewerkschaftszugehörigkeit** darf im Jahr zunächst unbedenklich zwei Gewerkschaftsjahresbeiträge erreichen.[657] Darüber hinaus sind solche Leistungen nur dann zulässig, wenn sie sich nicht als unwiderstehlicher Zwang auswirken (zur Begründung hierzu und zur Auseinandersetzung mit der herrschenden Gegenmeinung vgl. § 3 Rn. 246 und Rn. 253 ff.).

**246** Das Problem der Tarifbindung stellt sich in der Praxis kaum, weil für die meisten Tarifverträge über Gemeinsame Einrichtungen eine Allgemeinverbindlicherklärung beantragt und ausgesprochen wird. **Verfassungsrechtliche Bedenken** gegen die Allgemeinverbindlichkeit derartiger Tarifverträge **bestehen nicht**[658] (vgl.

---

654 *Wiedemann*, RdA 1968, 422 f.; *Farthmann/Hensche*, ArbRGgw 10 (1972), 99 f.; *Däubler/Hensche*, § 1 Rn. 946; Wiedemann/*Oetker*, § 3 Rn. 122.

655 *Schelp*, Einrichtungen, 600; *Bötticher*, Einrichtungen, 61 ff.; *Hueck/Nipperdey*, Bd. II/1, 493; *Zöllner*, 48. DJT, 72 ff.; ebenso *Löwisch/Rieble*, § 3 Rn. 115.

656 Ebenso *Däubler/Hensche*, § 1 Rn. 948.

657 A. A. BAG GS 29. 11. 1967, AP Nr. 13 zu Art. 9 GG.

658 BVerfG 15. 7. 1980, E 55, 7, 24 ff.; BVerfG 8. 1. 1987, AP Nr. 8 zu § 4 TVG Gemeinsame Einrichtungen; Wiedemann/*Oetker*, § 1 Rn. 651.

auch § 5 Rn. 7 und Rn. 58ff.). In diesen Fällen erledigt sich das Problem der Konkurrenz zwischen den Tarifgebundenen auf Arbeitgeber- und Arbeitnehmerseite einerseits und der Nichtorganisierten beider Organisationsbereiche andererseits von selbst, weil damit alle Arbeitgeber und Arbeitnehmer im Geltungsbereich des Tarifvertrages erfasst werden. Das nach § 5 Abs. 1 Satz 1 Nr. 2 TVG hierfür erforderliche öffentliche Interesse folgt in der Regel bereits aus dem Zweck solcher Tarifverträge, die von der Gemeinsamen Einrichtung erbrachten sozialen Leistungen branchenweit und damit unabhängig vom Arbeitsplatzwechsel zu sichern (z. B. bei der zusätzlichen Altersversorgung). Dies gilt auch für **tarifliche Vorruhestandsleistungen** nach dem Vorruhestandsgesetz vom 13. April 1984, bei denen öffentliche arbeitsmarktpolitische Interessen hinzukamen[659], sowie für die Entgeltumwandlung nach § 17 Abs. 3 Satz 1 BetrAVG in eine tarifliche »Riester-Rente«.[660] Wenn die Allgemeinverbindlicherklärung beschlossen ist, fallen auch die im Geltungsbereich aufgrund ausländischer Arbeitsverträge tätigen Arbeitgeber und Arbeitnehmer unter jene Tarifverträge mit der Folge, dass Beiträge gezahlt und Leistungen beansprucht werden können.

## F. Die Abänderbarkeit tarifvertraglicher Vorschriften durch andere Vereinbarungen, insbesondere das Günstigkeitsprinzip (§ 4 Abs. 3 TVG)

**Literatur:** siehe direkt unter I., II. und IV.

**Übersicht** Rn.



659 *Henrich*, ArbRGgw 24 (1986), 33ff.; *Schlachter*, BB 1987, 758ff., *Wiedemann*, RdA 1987, 264ff.; a. A. *v. Hoyningen-Huene*, BB 1986, 1909, 1911ff.
660 Vgl. *Schliemann*, DB 2001, 2554; *Hauck*, FS Schaub, 263.

## I. Das Günstigkeitsprinzip

### Literatur:

*Adomeit*, Das Günstigkeitsprinzip neu verstanden, NJW 1984, 26; *ders.*, Arbeitsplätze und Solidarität, NJW 1994, 837; *ders.*, Regelung von Arbeitsbedingungen und ökonomische Notwendigkeiten, 1996; *Ahrend*, Die ablösende Betriebsvereinbarung im Ruhegeldrecht – ein Beitrag zum sozialen Fortschritt, FS Hilger und Stumpf, 1983, 17; *Andelewski/Eckert*, Kippt das kirchliche Arbeitsrecht den Tarifvorrang des § 77 III BetrVG?, NZA 2005, 662; *Backhaus*, Die arbeitnehmerbegünstigende betriebliche Übung in der Rechtsprechung des BAG, AuR 1983, 65; *Beck, U.*, Risikogesellschaft, 1986; *Belling*, Das Günstigkeitsprinzip im Arbeitsrecht, 1984; *ders.*, Das Günstigkeitsprinzip im Betriebsverfassungsrecht, DB 1982, 2513; *Bengelsdorf*, Tarifliche Arbeitszeitbestimmungen und Günstigkeitsprinzip, ZfA 1990, 563; *Berg*, Durchsetzung des »vollen Lohnausgleichs« nach Arbeitszeitverkürzung, AiB 1987, 147; *Beuthien*, Tarifvertragsklauseln zwecks Arbeitsplatzsicherung, BB 1983, 1992; *Beyer* (Hrsg.), Wir kämpften und gaben nicht nach, Streik im Bibliographischen Institut AG, 1981; *Bieback*, Staatliches Besoldungsangleichungsrecht und die Arbeitsvertragsfreiheit öffentlicher Bediensteter, ZfA 1979, 453; *Biedenkopf*, Grenzen der Tarifautonomie, 1964; *Bispinck*, Betriebsräte,

Arbeitsbedingungen und Tarifpolitik, WSI-Mitt. 2005, 301; *ders.*, Kontrollierte Dezentralisierung der Tarifpolitik – Eine schwierige Balance, WSIMitt. 2004, 237; *ders.*, Zeitfragen- Streitfragen, WSI-Mitt. 1996, 414; *Bispinck/Schulten*, Verbetrieblichung der Tarifpolitik? Aktuelle Tendenzen und Einschätzungen aus Sicht von Betriebs- und Personalräten, WSI-Mitt. 2003, 157; *Blomeyer*, Der Bestandsschutz der Ruhegeldanwartschaften bei einer Einschränkung der betrieblichen Altersversorgung, FS Hilger und Stumpf, 1983, 41; *ders.*, Das neue Günstigkeitsprinzip – Bemerkungen zum Beschluss des Großen Senats des Bundesarbeitsgerichts vom 16. September 1986, DB 1987, 634; *Bonin*, Standortsicherung versus Tarifbindung, 2003; *Bösche/Grimberg*, Standards setzen für betriebliche Leistungen, Die Mitbestimmung, 1991, 614; *Brecht/Höland/Reim*, Flächentarifverträge in der tariflichen Praxis, RdA 2002, 28; *Buchner*, Möglichkeiten und Grenzen betriebsnaher Tarifpolitik, DB 1970, 2025; *ders.*, Der Abbau arbeitsvertraglicher Ansprüche durch Betriebsvereinbarungen im System der Mitbestimmung in sozialen Angelegenheiten (§ 87 BetrVG), DB 1983, 877; *ders.*, Arbeitszeit und Günstigkeitsprinzip, DB 1989, 20; *ders.*, Die Umsetzung der Tarifverträge im Betrieb, RdA 1990, 1; *ders.*, Tarifliche Arbeitszeitbestimmungen und Günstigkeitsprinzip, DB 1990, 1715; *ders.*, Wirkliche und vermeintliche Gefährdungen der Tarifautonomie, FS Kissel, 1994, 97; *ders.*, Beschäftigungssicherung unter dem Günstigkeitsprinzip – Betriebliche Arbeitsplatzgarantien gegen Verzicht auf tarifliche Positionen?, DB 1996, Beilage 12, 3; *Bunge*, Tarifinhalt und Arbeitskampf, 1980; *Buschmann*, Die Günstigkeit der Nachtarbeit, NZA 1990, 387; *Canaris*, Die allgemeinen Arbeitsbedingungen im Schnittpunkt von Privat- und Kollektivautonomie, RdA 1974, 18; *Clasen*, Tarifverträge 2002: Neue Öffnungsklauseln, BArbBl. 3/2003, 20; *Däubler*, Verschlechterung der Arbeitsbedingungen durch Betriebsvereinbarung?, AuR 1984, 1; *ders.*, Der gebremste Sozialabbau, AuR 1987, 349; *ders.*, Individuum und Kollektiv im Arbeitsrecht, NZA 1988, 857; *ders.*, Der Arbeitsvertrag, ein Mittel zur Verlängerung der Wochenarbeitszeit?, DB 1989, 2534; *Deinert*, Das Synallagma, AuR 2004, 173; *Dieterich*, Flexibilisiertes Tarifrecht und Grundgesetz, RdA 2002, 1; *Dieterich/Hanau/Henssler/Oetker/Wank/Wiedemann*, Empfehlungen zur Entwicklung des Tarifvertragsrechts, RdA 2004, 65; *Dietz*, Verbot der Verabredung übertariflicher Arbeitsbedingungen durch Beschluss eines Arbeitgeberverbandes, DB 1965, 591; *Dorndorf*, Das Verhältnis von Tarifautonomie und individueller Freiheit als Problem dogmatischer Theorie, FS Kissel, 1994, 139; *Dreschers*, Die Entwicklung des Rechts des Tarifvertrages in Deutschland, 1994; *Ehmann/Schmidt*, Betriebsvereinbarungen und Tarifverträge, NZA 1995, 193; *Ehrlich*, Grundlegung der Soziologie des Rechts, 4. Aufl., 1989 (1913); *Etzel*, Zur Zulässigkeit tariflicher Effektivklauseln, AuR 1969, 257; *ders.*, Tarifordnung und Arbeitsvertrag, NZA 1987, Beilage 1, 19; *Gamillscheg*, Betriebliche Übung, FS Hilger und Stumpf, 1983, 222; *ders.*, Der Große Senat zur ablösenden Betriebsvereinbarung, ArbRGgw 26 (1988), 49; *ders.*, 50 Jahre deutsches Arbeitsrecht im Spiegel einer Festschrift, RdA 2005, 79; *Gitter*, Zum Maßstab des Günstigkeitsvergleichs, FS Wlotzke, 1996, 297; *Goos*, Mitbestimmung bei betrieblichen Zulagen, NZA 1986, 701; *Gotthardt*, Grenzen von Tarifverträgen zur Beschäftigungssicherung durch Arbeitszeitverkürzung, DB 2000, 1462; *Hanau*, Die Deregulierung von Betriebsvereinbarungen durch Tarifverträge als Problem der Koalitionsfreiheit, RdA 1993, 1; *ders.*, Tarifvertragliche Beschränkung der Entgeltumwandlung, DB 2004, 2266; *Hanau/Thüsing*, Tarifverträge zur Beschäftigungssicherung, ZTR 2001, 1 (Teil 1) und 49 (Teil 2); *Hansen*, Betriebsvereinbarungsbezogene Besitzstands- und Effektivklauseln, 1984; *ders.*, Die begrenzte Effektivklausel, RdA 1985, 82;

*Heinze*, Tarifautonomie und so genanntes Günstigkeitsprinzip, NZA 1991, 329; *Hensche*, Zur Zulässigkeit von Firmentarifverträgen mit verbandsangehörigen Unternehmen, RdA 1971, 9; *Herbst*, Umfang des Mitbestimmungsrechts bei freiwilligen übertariflichen Zulagen, DB 1987, 738; *Herschel*, Übertragung der Beamtenarbeitszeit auf Arbeitnehmer des öffentlichen Dienstes, AuR 1965, 65; *Heß*, Die Zulässigkeit betriebsnaher Tarifverträge, 1975; *Hesse/Peters*, Tariföffnungsklauseln in der Tarif- und Vermögenspolitik, Sozialer Fortschritt 1987, 36; *Höfling/Burkiczak*, Das Günstigkeitsprinzip – ein grundrechtsdogmatischer Zwischenruf, NJW 2005, 469; *Hölters*, Harmonie normativer und schuldrechtlicher Abreden in Tarifverträgen, 1973; *Hönsch*, Mitbestimmung des Betriebsrats bei Anrechnung von Tariflohnerhöhungen auf freiwillige übertarifliche Zulagen, BB 1988, 2312; *v. Hoyningen-Huene*, Die Rolle der Verbände bei Firmenarbeitskämpfen, ZfA 1980, 458; *ders./Meier-Krenz*, Mitbestimmung trotz Tarifvertrages?, NZA 1987, 793; *dies.*, Flexibilisierung des Arbeitsrechts durch Verlagerung tariflicher Regelungskompetenzen auf den Betrieb, ZfA 1988, 293; *Hromadka*, Übertarifliche Zulagen mitbestimmungspflichtig?, DB 1986, 1921; *ders.*, Änderung und Ablösung von Einheitsbedingungen, NZA 1987, Beilage 3, 1; *ders.*, Betriebsvereinbarung über mitbestimmungspflichtige soziale Angelegenheiten bei Tarifüblichkeit: Zwei-Schranken-Theorie ade? DB 1987, 1991; *ders.*, Gehaltsindexierung per Gleichbehandlung?, DB 1987, 2519; *ders.*, Zur Mitbestimmung bei allgemeinen übertariflichen Zulagen, DB 1988, 2636; *ders.*, Privat- versus Tarifautonomie – Ein Beitrag zur Arbeitszeitdiskussion, DB 1992, 1042; *ders.*, Bündnis für Arbeit – Angriff auf die Tarifautonomie, DB 2003, 42; *ders.*, Gesetzliche Tariföffnungsklauseln – Unzulässige Einschränkung der Koalitionsfreiheit oder Funktionsbedingung der Berufsfreiheit, NJW 2003, 1274; *Jobs*, Die Betriebsvereinbarung als kollektives Regelungsrecht zur Änderung von arbeitsvertraglichen Individual- und Gesamtzusagen, DB 1986, 1120; *Joost*, Tarifliche Grenzen der Verkürzung der Wochenarbeitszeit, ZfA 1984, 173; *Kaden*, Individuelle Bündnisse für Arbeit und Günstigkeitsprinzip, 2003; *Käppler*, Tarifvertragliche Regelungsmacht, NZA 1991, 745; *Kappes*, Mitbestimmungsrecht des Betriebsrats bei übertariflichen Zulagen?, DB 1986, 1520; *Kauffmann*, Normsetzungsbefugnis der Tarifpartner, NJW 1966, 1681; *Kempen*, Die Effektivklausel als Instrument tariflicher Sozialpolitik, AuR 1982, 50; *ders.*, Betriebsverfassung und Tarifvertrag, RdA 1994, 140; *ders.*, Kollektivautonomie contra Privatautonomie: Arbeitsvertrag und Tarifvertrag, NZA 2000, Beilage 3, 7; *ders.*, Die beschäftigungspolitische Zuständigkeit der Tarifparteien, FS Hanau, 1999, 529; *ders.*, Der verfassungsrechtliche Vorgang der Tarifautonomie im arbeitsrechtlichen Regelungsgefüge, AuR 1996, 336; *ders.*, Das Dilemma des Günstigkeitsprinzips im Rechtssystem der heutigen Arbeitsbeziehungen in: Rüthers, Hrsg., Der Konflikt zwischen Kollektivautonomie und Privatautonomie im Arbeitsleben, 2002, 75; *Kittner*, Schuldrecht, 3. Aufl., 2003; *Körner*, Zum Verständnis des tarifvertraglichen Günstigkeitsprinzips, RdA 2000, 140; *Kort, M.*, Reformbedarf bei der betriebsverfassungsrechtlichen Mitbestimmung in Fällen von Strukturveränderungen in Betrieb und Unternehmen, ZfA 2000, 329; *Kraft*, Die betriebliche Lohngestaltung im Spannungsfeld von Tarifautonomie, betrieblicher Mitbestimmung und Vertragsfreiheit, FS Molitor, 1988; *Kramer*, Einzelvertragliche Verlängerbarkeit tariflich festgelegter Arbeitszeit, DB 1994, 426; *Krauss*, Der bunte Korb der Günstigkeit, NZA 1996, 294; *ders.*, Günstigkeitsprinzip und Autonomiestreben am Beispiel der Arbeitszeit, 1995; *Kreis*, Die Zulässigkeit von Höchstarbeitsbedingungen, RdA 1961, 97; *Kriebel*, Zentralisation und Dezentralisation im Tarifsystem, 1984; *Krummel*, Die Geschichte des

Unabdingbarkeitsgrundsatzes und des Günstigkeitsprinzips im Tarifvertragsrecht, 1991; *Kübler/Schmidt, W./Simitis*, Mitbestimmung als gesetzgebungspolitische Aufgabe, 1978; *Küchenhoff, G.*, Verbandsautonomie, Grundrechte und Staatsgewalt, AuR 1963, 321; *Lauschke*, Betriebsnahe Tarifpolitik und Koalitionsschutz, AuR 1965, 102; *Le Friant*, Die Rechtsprechung des BAG zum Günstigkeitsprinzip aus französischer und deutscher Sicht, NZA 2000, 81; *Leinemann*, Wirkung von Tarifverträgen und Betriebsvereinbarungen auf das Arbeitsverhältnis, DB 1990, 732; *Lieb*, Mehr Flexibilität im Tarifvertragsrecht, Moderne Tendenzen auf dem Prüfstand, NZA 1994, 289 und 337; *Linnenkohl/Rauschenberg/Reh*, Abschied vom Leberkompromiss durch das Günstigkeitsprinzip?, BB 1990, 628; *Loritz*, Rechtsprobleme der tarifvertraglichen Reglung des »freien Wochenendes«, ZfA 1990, 133; *Löwisch*, Die Freiheit zu arbeiten – nach dem Günstigkeitsprinzip, BB 1991, 59; *ders.*, Viertagewoche durch Änderungskündigung?, BB 1993, 2371; *Massa-Wirth/Seifert*, Betriebliche Bündnisse für Arbeit nur mit begrenzter Reichweite?, WSIMitt. 2004, 246; *Matthes*, Die Rechtsprechung des Bundesarbeitsgerichts zur Mitbestimmung des Betriebsrates bei Entgeltfragen, NZA 1987, 289; *Maus*, Mindest- und Höchstarbeitsbedingungen in Tarifverträgen, RdA 1958, 241; *Mayer-Maly*, Zur Problematik betriebsnaher Tarifpolitik, DB 1965, 32; *Meyer C.*, Beschäftigungssichernde Tarifverträge, ZTR 2005, 394; *Möschel*, BB-Forum: Tarifvertragsreform zwischen Ökonomie und Verfassung, BB 2005, 490; *ders.*, Dezentrale Lohnfindung und Tarifautonomie, BB 2003, 1951; *Molitor*, Höchstbegrenzungen von Tarifnormen, BB 1957, 85; *Müller, G.*, Einflüsse des kollektiven Arbeitsrechts auf das Arbeitsverhältnis, DB 1967, 903; *Natzel*, Gesetzliche Öffnungsklauseln im Kommen?, NZA 2005, 903; *Nikisch*, Inhalt und Grenzen des tariflichen Günstigkeitsprinzips, DB 1963, 1254; *Nogler*, Hugo Sinzheimer, Lavoro e Diritto, 1997, 689; *Oppolzer*, Individuelle Freiheit und kollektive Sicherheit im Arbeitsrecht, AuR 1998, 45; *Pahl*, Funktionen der Günstigkeit im kollektiven Arbeitsrecht, 2003; *Pfarr*, Mitbestimmung bei der Ablösung und Verschlechterung allgemeiner Arbeitsbedingungen, BB 1983, 2001; *Picker*, Die Tarifautonomie in der deutschen Arbeitsverfassung, Sonderdruck Bd. 37, Veröffentlichung der Walter-Raymond-Stiftung, 2000; *ders.*, Privatautonomie und Kollektivautonomie – Arbeitsrecht als Freiheitsproblem, in Picker/Rüthers (Hrsg.), Recht und Freiheit, 2003, 25; *ders.*, Tarifmacht und tarifliche Arbeitsmarktpolitik, 1998; *ders.*, Tarifmacht und tarifvertragliche Arbeitsmarktpolitik, ZfA 1998, 573; *Pieper*, Die Übergangsregelung zu § 15 Abs. 7 BAT, Der PersR 1994, 117; *Preis, U.*, Anrechnung und Widerruf über- und außertariflicher Entgelte – vertragsrechtlich betrachtet, FS Kissel, 1994, 879; *ders.*, Grundfragen der Vertragsgestaltung im Arbeitsrecht, 1993; *Raab*, Betriebliche Bündnisse für Arbeit-Königsweg aus der Beschäftigungskrise?, ZfA 2004, 371; *Radke*, Was ist betriebliche Tarifpolitik?, DB 1965, 1176; *Rauschenberg*, Flexibilisierung und Neugestaltung der Arbeitszeit, 1992; *Reinecke*, Vertragskontrolle im Arbeitsverhältnis, NZA 2000, Beilage 3, 23; *Reuter*, Betriebsverfassung und Tarifvertrag, RdA 1994, 169; *Richardi*, Die arbeitsvertragliche Einheitsregelung und ihr Verhältnis zu Kollektivvereinbarungen, RdA 1965, 49; *ders.*, Kollektivgewalt und Individualwille bei der Gestaltung des Arbeitsverhältnisses, 1968; *ders.*, Rechtsprobleme einer betriebsnahen Tarifpolitik, JurA, 1971, 3; *ders.*, Eingriff in eine Arbeitsvertragsregelung durch Betriebsvereinbarung, RdA 1983, 201; *ders.*, Der Beschluss des Großen Senat des Bundesarbeitsgerichts zur ablösenden Betriebsvereinbarung, NZA 1987, 185; *ders.*, Arbeitszeitverlängerung nach der Tarifvertragsregelung in der Metallindustrie, DB 1990, 1513; *ders.*, Kollektivvertragliche Arbeitszeitregelung, ZfA 1990, 1613; *Rieble*, Arbeitsmarkt und Wettbewerb, 1996; *ders.*, Tarifvertrag und Beschäftigung, ZfA 2004, 1; *ders.*, Öffnungsklauseln und Tarifverantwortung, ZfA 2004, 405; *Robert*, Betriebliche Bündnisse für Arbeit versus Tarifautonomie?, NZA 2004, 633; *Rüthers* Hrsg., Der Konflikt zwischen Kollektivautonomie und Privatautonomie im Arbeitsleben, 2002; *Säcker*, Gruppenautonomie und Übermachtkontrolle im Arbeitsrecht, 1972; *Säcker / Oetker*, Grundlagen und Grenzen der Tarifautonomie, 1992; *Schirge*, Mitbestimmung bei der Lohngestaltung und bei Anrechnungen, AiB 1993, 665; *Schliemann*, Tarifliches Günstigkeitsprinzip und Bindung der Rechtsprechung, NZA 2003, 122; *ders.*, Tarifvorbehalt des § 77 III BetrVG und kirchliches Arbeitsrecht, NZA 2005, 976; *Schlüter*, Die Grenzen der Tarifmacht bei Regelungen der Wochenarbeitszeit, FS Stree und Wessels, 1993, 1061; *Schmidt, G.*, Der Einfluss eines Tarifvertragsabschlusses auf bestehende günstigere Abmachungen, RdA 1952, 305; *Schmidt, Th. B.*, Das Günstigkeitsprinzip im Tarifvertrags- und Betriebsverfassungsrecht, 1994; *Schneider*, Die Anrechnung von Tarifverbesserungen, insbesondere Tariflohnerhöhungen, auf übertarifliche Vergütungsbestandteile, DB 1993, 2530; *Schudlich*, Zum Verhältnis von gewerkschaftlicher Tarifpolitik und betrieblicher Lohnpolitik, WSI-Mitt. 1980, 78; *Schulin*, Die Rechtsprechung des Bundesarbeitsgerichts im Jahre 1980, ZfA 1981, 577; *Schulze, P.*, Das Günstigkeitsprinzip im Tarifvertragsrecht, 1985; *Schwab*, Offene Fragen und Rechtsanwendungsprobleme nach dem Zulagen-Beschluss des Bundesarbeitsgerichts, BB 1993, 495; *Schweibert*, Die Verkürzung der Wochenarbeitszeit durch Tarifvertrag, 1994; *Siebert*, Kollektivnorm und Individualrecht im Arbeitsverhältnis, FS Nipperdey, 1955, 119; *Singer*, Neue Entwicklung im Recht der Betriebsübung, ZfA 1993, 487; *Stein, A.*, Der Abschluss von Firmentarifverträgen, RdA 2000, 129; *Steiner R.*, Beschäftigung und Beschäftigungsförderung aus grundgesetzlicher Sicht, NZA 2005, 657; *Steinmetz*, Begegnungen vor Gericht, 2002; *Streeck/Rehder, Der Flächetarifvertrag*: Krise, Stabilität und Wandel, Industrielle Beziehungen, 2002, 341; *Thon*, Regelungsschranken des § 77 III BetrVG im System der tarifvertraglichen Ordnung des TVG, NZA 2005, 858; *Trittin*, Vollständige Streichung übertariflicher Zulagen – mitbestimmungsfrei?, AiB 1988, 81; *Vollmer*, Bestandssicherung existenzgefährdeter Unternehmen durch Kürzung von Löhnen und Leistungen, DB 1982, 1670; *Weber/Hoß*, Die Umsetzung der Entscheidung des Großen Senats zur Mitbestimmung bei der Anrechnung übertariflicher Zulagen durch die Rechtsprechung des 1. Senats, NZA 1993, 961; *Weiss*, Zum Verhältnis von Individuum und Kollektiv im Arbeitsrecht, FS Simitis, 2000, 467; *Weyand*, Die normativen Rahmenbedingungen der betrieblichen Lohngestaltung nach der Entscheidung des Großen Senats vom 3. Dezember 1993, AuR 1993, 1; *Wiedemann*, Übertarifliches Entgelt und tarifliche Effektivklauseln, GS Dietz, 1973, 361; *Wlotzke*, Das Günstigkeitsprinzip im Verhältnis des Tarifvertrages zum Einzelarbeitsvertrag und zur Betriebsvereinbarung, 1957; *Wolter*, Anrechnung übertariflicher Lohnbestandteile, AiB 1983, 38; *ders*, Standortsicherung, Beschäftigungssicherung, Unternehmensautonomie, Tarifautonomie, RdA 2002, 218; *Zachert*, Neue Entwicklungen zur Tarifautonomie und betrieblichen Mitbestimmung, NZA 1988, 185; *ders.*, Aufhebung der Tarifautonomie durch »freiwillige Regelungen« im Arbeitsvertrag?, DB 1990, 986; *ders.*, Tarifrecht, Tarifstrukturen und Tarifpraxis in Spanien, ZIAS 1992, 1; *ders.*, »Das System der Kollektivvereinbarungen darf nicht zerbrochen werden«, AuR 1993, 65; *ders.*, Rechtsfragen zu den aktuellen Tarifverträgen über Arbeitszeitverkürzung und Beschäftigungssicherung, AuR 1995, 1; *ders.*, Tarifautonomie zwischen Wirtschaftsliberalismus und Wiederentdeckung des Individuums, WSI-Mitt. 1993, 481; *ders.*, Grenzen für eine gesetzliche Absenkung tariflicher Schutzstandards, NZA 1994, 529; *ders.*, Krise des Flächentarifvertrages?, RdA 1996, 140; *ders.*, Drei aktuelle Vorschläge zur Öffnung des Flächentarifvertrages, JbArbR (41) 2004, 85; *ders.*, Firmentarifverträge als Alternative?, NZA 2000, Beilage 24, 17; *ders.*, Hugo Sinzheimer, praktischer Wissenschaftler und Pionier des modernen Arbeitsrechts, RdA 2001, 104; *ders.*, Individuum und Kollektiv im Arbeitsrecht: alte Fragen – neue Probleme, AuR 2002, 41; *ders.*, Legitimation arbeitsrechtlicher Regelungen aus historischer und aktueller Sicht, RdA 2004, 1; *ders.*, Vereinigungs- und Koalitionsfreiheit, AR-Blattei Vereinigungsfreiheit/Koalitionsfreiheit 1650.1; *ders.*, Tarifvertrag, Günstigkeitsprinzip und Verfassungsrecht, AuR 2004, 121; *ders.*, Beschäftigungssicherung durch Tarifvertrag als Prüfstein für Umfang und Grenzen der Tarifautonomie, DB 2001, 1198; *ders.* (Hrsg.), Die Wirkung des Tarifvertrages in der Krise, 1991; *Zander*, Neue Tendenzen in der Personalpolitik, BB 1983, 1109; *Zeuner*, Günstigkeitsprinzip und Verbandsbeschluss zur Verhinderung übertariflicher Arbeitsbedingungen, DB 1965, 630; *Ziepke*, Die Anrechnung von Tariferhöhungen, BB 1981, 61; *ders.*, Der rückwirkende Lohntarifvertrag, DB 1981, 474; *Zöllner*, Flexibilisierung des Arbeitsrechts, ZfA 1988, 265. *ders.*, Die Zulässigkeit einzelvertraglicher Verlängerung der tariflichen Wochenarbeitszeit, DB 1989, 2121. *ders.*, Kollektivautonomie contra Privatautonomie: Arbeitsvertrag und Tarifvertrag, NZA 2000, Beilage 3, 1.

## 1. Normative Wirkung und Günstigkeitsprinzips

247 Die **normative (zwingende) Wirkung** des Tarifvertrages (zur Begrifflichkeit genauer § 4 Rn. 14ff.) nach § 1 Abs. 1 TVG ist **Grundbestandteil des geltenden Tarifrechts**. Zu den begrenzten Ausnahmen, die das Tarifvertragsgesetz selbst vorsieht, zählt § 4 Abs. 3 TVG. Danach sind abweichende Vereinbarungen nur zulässig, soweit sie der Tarifvertrag gestattet oder wenn sie eine Änderung der tariflichen Regelungen zugunsten des Arbeitnehmers enthalten. Bezugspunkt ist in beiden Fällen der Arbeitsvertrag. Das Verhältnis des Tarifvertrages zur Betriebsvereinbarung regelt § 77 Abs. 3 BetrVG (siehe Grundl. Rn. 316ff.). Die normative Wirkung des Tarifvertrages gehört zum verfassungsrechtlichen Gewährleistungsbereich des Art. 9 Abs. 3 GG.[661] Deshalb sind Ausnahmen lediglich insoweit möglich, als sie diesen Grundsatz als grundlegendes Strukturprinzip nicht infrage stellen.[662] Öffnungsklauseln in Tarifverträgen sind Ausdruck des Gedankens autonomer Gestaltung der Arbeits- und Wirtschaftsbedingungen durch die Tarifparteien selbst und deshalb ein genuiner Weg zur Flexibilisierung und Dezentralisierung des Tarifvertrages (zu den Grenzen der Selbstentäußerung: § 4 Rn. 411ff.).[663] Bei dem sehr offen formulierten Günstigkeitsprinzip des § 4 Abs. 3 TVG trägt die Rechtsprechung dem verfassungsrechtlichen Schutzgehalt der normativen Wirkung des Tarifvertrages durch eine enge Auslegung des Günstigkeitsvergleichs zwischen tariflicher und arbeitsvertraglicher Regelung Rechnung.[664] Dies wird jedoch seit einigen Jahren von einem beachtlichen Teil der Rechtslehre infrage gestellt (zur Diskussion § 4 Rn. 297ff.).

---

661 BVerfG 18.11.1954 (1 BvR 629/52), E 7, 106; BVerfG 24.5.1977 (2 BvL 11774), E 44, 322, 340f. (mit Anm. von *Kempen*, AuR 1977, 380).

662 So zu Eingriffen des Gesetzgebers: BVerfG 3.4.2001 (1 BvL 32/97), E 103, 293, 305.

663 ErfK/*Dieterich*, Art. 9 GG Rn. 61.

664 So traditionell die Rechtsprechung des BAG, aus neuerer Zeit: BAG 20.4.1999 (1 ABR 72/98), AP Nr. 89 zu Art. 9 GG (mit Anm. von *Richardi*, a.a.O., und Anm. von *Kocher*, AuR 1999, 404); ferner BAG

## 2. Zur Entstehungsgeschichte des Günstigkeitsprinzips

Bereits § 1 der Tarifvertragsverordnung von 1918 (Grundl. Rn. 25) hat eine Regelung über das Günstigkeitsprinzip enthalten. Übertarifliche Leistungen konnten jedoch nach der Formulierung des § 1 Abs. 1 Satz 2 Tarifvertragsverordnung 1918 durch gemeinsame Entscheidung der Tarifvertragsparteien ausgeschlossen werden. Somit war es möglich, die tariflich vereinbarten Bedingungen mit normativer Wirkung zu Höchstarbeitsbedingungen zu erklären, ohne dass allerdings diese rechtliche Befugnis eine nennenswerte praktische Bedeutung erlangt hätte.[665] 248

Das Tarifvertragsgesetz von 1949 will, wie sich aus den Ausschussberatungen ergibt, an die Rechtslage in der Weimarer Republik anknüpfen[666] (ferner Grundl. Rn. 42 ff.). Ein Rückgriff auf das Gesetz zur Regelung der nationalen Arbeit von 1934 (Arbeitsordnungsgesetz), um im Rahmen der historischen Auslegung Anhaltspunkte für das geltende Tarifvertragsgesetz zu gewinnen[667], ist schon deshalb verfehlt, weil von Tarifautonomie in dieser geschichtlichen Periode auch nicht ansatzweise die Rede sein konnte (Grundl. Rn. 36).

Obwohl – im Unterschied zur Rechtslage in der Weimarer Republik – eine ausdrückliche Möglichkeit der Vereinbarung von Höchstlöhnen durch die Tarifvertragsparteien in § 4 Abs. 3 TVG nicht mehr vorgesehen ist, geben die Ausschussunterlagen keinen durchschlagenden Hinweis dafür, dass der Gesetzgeber des Tarifvertragsgesetzes von 1949 insoweit bewusst von der Situation in Weimar abrücken wollte. Im Gegenteil sprechen die, insgesamt allerdings wenig aussagekräftigen, Hinweise eher für das Gegenteil: Ergebnis der Ausschussdebatte war, dass das Günstigkeitsprinzip elastisch formuliert sein müsse.[668]

Die umfassende **Debatte in der Zeit der Weimarer Republik** zum Günstigkeitsprinzip lässt bereits wesentliche Facetten der aktuellen Kontroverse erkennen.[669] Die herrschende Meinung ging zur Feststellung der Günstigkeit von einem objektiv-hypothetischen Bezugsmaßstab aus, um so eine möglichst unparteiische Nachprüfung zu gewährleisten.[670] 249

## 3. Praktische Bedeutung und Grundsatzfragen des Günstigkeitsprinzips

### a) Praktische Bedeutung

Die Möglichkeit einer Vereinbarung günstigerer Regelungen als im Tarifvertrag festgelegt, ist die rechtliche Grundlage für so genannte **übertarifliche Leistungen**. Diese spielen in der Praxis vor allem bei wirtschaftlicher Hochkonjunktur eine Rolle, werden jedoch auch in Zeiten arbeitsmarktpolitischer Schwierigkeiten als personalwirtschaftliches Anreizsystem eingesetzt. Allerdings variiert ihre Höhe je nach Branche und Betriebsgröße (Einzelheiten § 1 Rn. 206). Die Diskussion um die Auslegung des Günstigkeitsprinzips seit etwa Mitte der 80er Jahre 250

---

28.6.2001 (6 AZR 114/00), AP Nr. 24 zu § 611 BGB Arbeitzeit und BAG 7.11.2002 (2 AZR 742/00), AP Nr. 100 zu § 615 BGB (mit Anm. von *Franzen*, RdA 2003, 368).

665 *Nikisch*, DB 1963, 1254.

666 Ausführliche Dokumentation der Entstehungsgeschichte bei *Säcker*, Gruppenautonomie, 49 ff.

667 Besonders ausgeprägt in der älteren Literatur, z. B. *Dietz*, DB 1965, 592.

668 *Säcker*, Gruppenautonomie, 51; a. A. z. B. Wiedemann/*Wank*, § 4 Rn. 382.

669 Umfassend *Dreschers*, Entwicklung, 396 ff.; *Krummel*, Geschichte, 230 ff.

670 *Dreschers*, Entwicklung, 407 f.; *Krummel*, Geschichte, 235, mit Nachweisen.

zeigt jedoch, dass dessen Bedeutung weit über die vorstehend angesprochene praktische Wirkung hinausreicht. Hinter den vielfältigen Auslegungsvarianten und rechtspolitischen Veränderungsvorschlägen verbergen sich nämlich grundlegend unterschiedliche Konzeptionen über die Bedeutung des individuellen und kollektiven Arbeitsrechts.

### b) Anwendungsbereich von § 4 Abs. 3 TVG

251 Zunächst besteht Übereinstimmung darüber, dass das Günstigkeitsprinzip des § 4 Abs. 3 TVG lediglich den **Ausschnitt einer umfassenden Kollisionsregel** darstellt, wonach beim Zusammentreffen von arbeitsrechtlichen Gestaltungsfaktoren **unterschiedlichen Ranges** die rangniedrigere Regelung zugunsten des Arbeitnehmers von der ranghöheren abweichen kann.[671] Dementsprechend sieht auch das Bundesarbeitsgericht[672] in dem durch § 4 Abs. 3 TVG nur unvollkommen geregelten Günstigkeitsprinzip den Ausdruck eines umfassenden Grundsatzes, der unabhängig von der Art der Rechtsquelle und auch außerhalb des Tarifvertragsgesetzes Geltung beansprucht. Alle arbeitsrechtlichen Gestaltungsfaktoren könnten im Verhältnis zu rangniedrigeren Regelungen Verbesserungen nicht ausschließen, soweit solche nicht von vornherein untersagt seien (z.B. § 77 Abs. 3 BetrVG). Sie könnten nur **einseitig-zwingendes Recht** schaffen.

252 Umstritten ist bereits, worauf der Anwendungsbereich des § 4 Abs. 3 TVG ausgerichtet ist. Mit der überwiegenden Meinung ist davon auszugehen, dass das tarifliche Günstigkeitsprinzip ausschließlich das Verhältnis des **Tarifvertrages** zum **Einzelarbeitsvertrag** oder **zur vertraglichen Einheitsregelung** betrifft.[673] Das Verhältnis des Tarifvertrages zur Betriebsvereinbarung normiert dagegen § 77 Abs. 3 TVG eindeutig im Sinne des Vorrangs der Tarifautonomie (Grundl. Rn. 316ff.).

### c) Grundlagen und Ableitung des Günstigkeitsprinzips

253 Auch zu den Grundlagen (dem »inneren Grund«) des Günstigkeitsprinzips werden unterschiedliche Ansichten vertreten, die – zum Teil unausgesprochen – zu divergierenden Ergebnissen bei der Auslegung von Einzelfragen führen.

#### *aa) Günstigkeitsprinzip/Leistungsprinzip, Günstigkeitsprinzip/Kartellwirkung*

254 Eher fern liegend und teilweise überholt sind Auffassungen, die das Günstigkeitsprinzip des § 4 Abs. 3 TVG aus weiten und allgemeinen Grundsätzen ableiten. Sie beschreiben zwar einen Teil der Realität zutreffend, vermögen jedoch keine Erklärung für die innere Rechtfertigung des tariflichen Günstigkeitsprin-

671 Allgemeine Meinung z.B. Wiedemann/*Wank*, § 4 Rn. 386; *Däubler/Deinert*, § 4 Rn. 574; *Gamillscheg*, Kollektives Arbeitsrecht I, § 18 V I a, 835.

672 BAG GS 16.9.1986, AP Nr. 17 zu § 77 BetrVG 1972; zum verfassungsrechtlichen Gehalt: *Kempen*, AuR 1996, 340ff.

673 Deutlich z.B. *Dieterich/Hanau/Henssler u.a.*, RdA 2004, 65, 69; *Gamillscheg*, Kollektives Arbeitsrecht I, § 18 V I b, 837; Wiedemann/*Wank*, § 4 Rn. 418ff.; *Däubler/Deinert*, § 4 Rn. 609; in der Sache auch BAG 20.4.1999 (1 ABR 72/98), AP Nr. 89 zu Art. 9 GG (mit Anm. von *Richardi*, a.a.O., und Anm. von *Kocher*, AuR 1989, 404); a.A. z.B. MünchArbR/*Löwisch-Rieble*, § 272 Rn. 6ff. und *Löwisch/Rieble* § 4 Rn. 259ff., jeweils mit Nachweisen.

zips zu geben. Das gilt vor allem für das so genannte **Leistungsprinzip**, demzufolge die übertarifliche Bezahlung als Anreiz für besondere Leistungen möglich sein müsste.[674] Weder ist dessen sozialwissenschaftlicher und normativer Inhalt geklärt[675], noch sind die Motive für die Zahlung von übertariflichen Leistungen aus Arbeitgebersicht ausschließlich auf den Leistungsgedanken beschränkt. Vielmehr ist mit ihnen ein breites Spektrum unterschiedlicher Zielsetzungen verbunden, z. B. die Bindung der Arbeitnehmer an die Unternehmen, die flexible Anpassung der Entgelte an die wirtschaftliche Lage usw.[676]

Die Ansicht, wonach eine Funktion des Günstigkeitsprinzips darin besteht, die so **255**
genannte **Kartellwirkung des Tarifvertrages** inhaltlich zu begrenzen[677], vermag ebenfalls nicht zu überzeugen. Der Kartellwirkung des Tarifvertrages kommt eine wichtige, allerdings im Wesentlichen rechtspolitische Bedeutung zu (Grundl. Rn. 103). Richtig ist, dass die Festlegung möglichst gleicher Standards im Bereich der Lohn- und Arbeitsbedingungen einer Branche durch das Günstigkeitsprinzip eingeschränkt wird, wenngleich der Tarifvertrag immer der Bezugspunkt der übertariflichen Leistungen bleibt. Weitergehende rechtliche Schlussfolgerungen zur Einschränkung tarifautonomer Spielräume im Sinne von Kartellverboten lassen sich jedoch dem Günstigkeitsprinzip nicht entnehmen.[678]

### *bb) Günstigkeitsprinzip/Privatautonomie*

Heute besteht weitgehend Übereinstimmung darüber, dass das Günstigkeits- **256**
prinzip des § 4 Abs. 3 TVG Ausdruck der **Privatautonomie** des Arbeitnehmers ist. Der Beitritt zur Gewerkschaft soll ihn nicht daran hindern, die individuellen Marktchancen auf **bessere vertragliche Bedingungen** wahrzunehmen.[679] Die Freiheit günstigerer Abmachungen ist die Wiederherstellung der individuellen Vertragsfreiheit in dem Bereich, in dem sie die **Schutzaufgabe des Arbeitsrechts** nicht gefährdet.[680]

Dieser grundsätzliche Konsens trägt jedoch wenig zur Entschärfung der Ausle- **257**
gungsprobleme des Günstigkeitsprinzips bei, weil über die Tragweite und Wirksamkeit der Privatautonomie im Arbeitsrecht unterschiedliche Einschätzungen bestehen.[681] Wer meint, dass sich ein fairer Interessenausgleich grundsätzlich auf der Ebene des Arbeitsvertrages herstellen lässt[682], wird bei der Kontroverse über den Stellenwert des tariflichen Günstigkeitsprinzips der Individualvereinbarung im Zweifel Vorrang gegenüber der tariflichen Regelung einräumen. Gegen diese

---

674 *Hueck/Nipperdey*, Bd. II/1, 572; *Nikisch*, Bd. II, 421; *Siebert*, FS Nipperdey, 126.

675 *Hölters*, Harmonie, 167 ff.

676 *Gamillscheg*, Kollektives Arbeitsrecht I, § 18 V 1b, 838; Wiedemann/*Wank*. § 4 Rn. 388; *Däubler/Deinert*, § 4 Rn. 580.

677 Verbot schuldrechtlicher Kartellabsprachen: MünchArbR/*Löwisch-Rieble*, § 272 Rn. 4, *Löwisch/Rieble*, § 4 Rn. 257.

678 *Däubler/Deinert*, § 4 Rn. 588; Wiedemann/*Wank*, § 4 Rn. 401.

679 Deutlich: *Dieterich/Hanau/Henssler u.a.*, RdA 2004, 69; mit unterschiedlichen Akzenten: Wiedemann/*Wank*, § 4 Rn. 388; *Däubler/Deinert*, § 4 Rn. 585; MünchArbR/*Löwisch-Rieble*, § 272 Rn. 37 und *Löwisch/Rieble* § 4 Rn. 258; aus der älteren Literatur *Wlotzke*, Günstigkeitsprinzip, 62 ff.

680 So zutreffend *Gamillscheg*, Kollektives Arbeitsrecht I, § 18 V 1b, 837; deutlich in diesem Sinne auch *Stein*, Rn. 589.

681 Z. B. einerseits: *Rieble*, Arbeitsmarkt, Rn. 905 ff., 269 ff.; *Kittner*, Schuldrecht, Rn. 138 ff., 53 ff.

682 Beispielhaft und prononciert aus der fortdauernden Diskussion: *Picker*, Tarifautonomie, 39 ff., 139; *ders.*, ZfA 1998, 673 ff.; *ders.*, Recht, 2003, 94; paradigmatisch für unterschiedliche Ansätze einerseits: *Zöllner*, NZA 2000, Beilage 3, 1, tendenziell pro Privatautonomie; andererseits: *Kempen*, NZA 2000, Beilage 3, 7, grundsätzlich pro Tarifautonomie.

Auffassung sprechen allerdings nicht nur erdrückende empirische Belege[683], sie ist auch nicht mit der Rechtsprechung des Bundesverfassungsgerichts zu vereinbaren. Das Bundesverfassungsgericht hat die **Legitimationsdefizite des Arbeitsvertrages** nicht nur klar beschrieben, sondern zugleich Schlussfolgerungen gezogen, wie seine Schwäche kompensiert werden könne: Das dem Vertragsrecht zugrunde liegende Prinzip der Privatautonomie sei nur in der Lage hinreichenden Schutz zu gewährleisten, soweit die Bedingungen freier Selbstbestimmung gegeben sind. Wo es an einem annähernden Kräftegleichgewicht der Beteiligten fehle, sei mit dem Mitteln des Vertragsrechts allein kein sachgerechter Ausgleich der Interessen zu gewährleisten. Das sei bei Abschluss von Arbeitsverträgen typischerweise der Fall.[684] Diese **strukturelle Unterlegenheit des einzelnen Arbeitnehmers** beim Aushandeln des Arbeitsvertrages werde durch die **Tarifautonomie ausgeglichen**, die darauf angelegt sei, ein annähernd gleichgewichtiges Aushandeln der Lohn- und Arbeitsbedingungen zu ermöglichen.[685]

### *cc) Privatautonomie, kollektive Autonomie und Günstigkeitsprinzip*

**258** Mit dieser Auseinandersetzung hängt die Frage zusammen, wie das Verhältnis zwischen Festlegung der Arbeitsbedingungen auf der Ebene des Arbeits- und der des Tarifvertrages einzuschätzen ist. Teilweise wird davon ausgegangen, dass zwischen individueller Vertragsgestaltung und kollektiver Normsetzung ein grundsätzlicher (antagonistischer) Gegensatz besteht.[686] Auf verfassungsrechtlicher Ebene spiegelt sich diese Auffassung in der Position, wonach die Interessen der Koalitionen als Grundrechtsträger nach Art. 9 Abs. 3 GG hinter denen der Mitglieder als Träger der individuellen Koalitionsfreiheit im Zweifel zurückstehen müssten.[687] Auch diese Ansicht führt bei Auslegungsstreitigkeiten über Einzelprobleme dazu, im Zweifel einen weiten Geltungsbereich der individuellen Vertragsfreiheit zu Lasten der kollektiven Autonomie anzunehmen. Richtigerweise **ergänzen sich individuelle und kollektive Freiheiten**, zwischen ihnen gibt es also keinen grundsätzlichen, schon gar keinen antagonistischen Gegensatz.[688] Dabei ist die kollektive Freiheit Mittel, um individuelle Freiheiten wirksam(er) zu realisieren. Deshalb muss auch im Rahmen von Art. 9 Abs. 3 GG das Individuum Ausgangspunkt des Schutzzwecks der Verfassungsnorm sein, jedoch besteht zwischen individuellen und kollektiven Freiheiten eine Wechselbeziehung. Das zeigt sich in der Arbeitsrechtspraxis in vielfacher Hinsicht, etwa in den verbreiteten individualvertraglichen Bezugnahmeklauseln auf den Tarifvertrag oder auch bei übertariflichen Zahlungen, deren Referenzsystem die kollektive tarifliche Regelung bleibt.[689]

**259** Im Zusammenhang mit der Kontroverse über individuelle und kollektive Autonomie in ihrer Auswirkung auf das Günstigkeitsprinzip ist ferner der Aspekt der

---

683 Grundlegend nach wie vor *Preis*, Grundfragen; zur AGB-Diskussion nur: *Reinecke*, NZA 2000, Beilage 3, 25ff.; wiederholt weist auf diese Tatbestände *Gamillscheg* hin, eindringlich z.B. RdA 2005, 79, 81.

684 BVerfG 28.1.1992 (1 BvR 1025/82, 1 BvL 16/83 und 10/91), E 85, 191, 213; zum Ausgangspunkt dieser Rechtsprechung und zur Schutzgebotswirkung der Grundrechte: BVerfG 7.2.1990 (1 BvR 26/84)), E 81, 242, 254, sowie BVerfG 19.10.1993 (1 BvR 567 und 1044/89), E 89, 214.

685 BVerfG 20.6.1991, E 84, 212, 229.

686 Z.B. *Belling*, Günstigkeitsprinzip im Arbeitsrecht, 60ff.

687 *Höfling/Burkiczak*, NJW 2005, 469.

688 ErfK/*Dieterich*, Art. 9 GG Rn.62; *Zachert*, Vereinigungs- und Koalitionsfreiheit, AR-Blattei 1650.1 Rn.1ff. und Rn.40ff.

689 Grundsätzlich auch zu verbleibenden Widersprüchen: *Zachert*, AuR 2002, 41ff. mit Nachweisen.

**Legitimation des Tarifvertrages** von Bedeutung. Eine neuere Auffassung geht davon aus, diese sei nicht auf staatliche Ermächtigung zurückzuführen. Vielmehr ist sie die Fortsetzung der Individualvertragsfreiheit mit anderen Mitteln auf anderer, nämlich kollektiver Ebene und deshalb privatautonom begründet. Die privatautonome Legitimation wird durch den freiwilligen Beitritt in die Koalitionen vermittelt. Das stellt die Grundlage für ein marktmäßiges Aushandeln der Arbeitsbedingungen durch sachnahe und annähernd gleich starke Vertragspartner dar.[690] Aus der **privatautonomen Legitimation der Tarifautonomie** als kollektiver (gebündelter) Ausdruck individueller Selbstbestimmung folgt, dass der Beitritt zur Gewerkschaft und der Beitritt zum Arbeitgeberverband zugleich Disposition über Freiheitsrechte im Sinne eines insgesamt wirksameren Schutzes der Verbandsmitglieder ist, als wenn die Betroffenen ihre Rechte außerhalb der Koalitionen jeweils isoliert wahrnehmen würden. Damit stellt sich der Abschluss des Tarifvertrages kategorial nicht als Beschränkung, sondern als Ausübung von Berufsfreiheit dar (im Einzelnen Grundl. Rn. 197 ff.).[691]

**Verfehlt** erscheint es, aus der privatautonomen Legitimation der Tarifautonomie auf eine **Gleichrangigkeit von individuellen und kollektiven Freiheiten** zu schließen.[692] Diese Auffassung verkennt, dass kollektive Autonomie zwar dieselben Wurzeln wie die Individualvertragsfreiheit hat, jedoch zugleich Ausdruck einer qualitativ neuen Entwicklung ist[693], die auch ihren verfassungsrechtlichen Ausdruck gefunden hat: Als Element sozialstaatlicher Demokratie ist die Tätigkeit der Koalitionen auf dem Gebiet des Tarifrechts durch Art. 9 Abs. 3 GG, einem neuen Grundrechtstyp in besonderer Weise geschützt.[694] Dies bedeutet auch, dass die Tarifparteien frei sind, ob sie Tarifverträge schließen. Eine Regelungspflicht gibt nicht. Wenn sie jedoch tariflich tätig werden, gelten die spezifischen Grundsätze der Koalitions- und Tarifautonomie nach Art. 9 Abs. 3 GG mit weiteren (verfassungs-)rechtlichen Verpflichtungen (Obliegenheiten) etwa im Hinblick auf die Aspekte eines Regelungsverzichtes und Transparenzgebots bei Tariföffnungen, die nicht vorrangig mit privatrechtlichen Kategorien zu erfassen sind (genauer Grundl. Rn. 76 ff.).[695]

Wie auch immer im Übrigen die Tarifautonomie legitimiert wird, am Grundtatbestand der **Machtasymmetrie zu Lasten** des prinzipiell schutzbedürftigen **Arbeitnehmers** ändert sich nichts. Gerade die Ansicht, wonach die Tarifautonomie ihre innere Rechtfertigung durch freiwillige Mitgliedschaft in den Koalitionen findet, legt nahe, dass sich die Ergebnisse der Koalitionsaktivitäten mit ihrem genuinen Mittel, dem Tarifvertrag, gegenüber individuellen Absprachen im Zweifel durchsetzen. Nur so ist die Chance auf ein annähernd gleichgewichtiges Aushandeln der Lohn- und Arbeitsbedingungen gegeben.[696]

Im **Ergebnis** greift deshalb die Ansicht zu kurz, welche das Günstigkeitsprinzip **260**
als Resultat einer Abwägung im Sinne praktischer Konkordanz von Privatauto-

---

690 Darstellung und Überblick zur Rechtsprechung des BAG: ErfK/*Dieterich*, Einl. GG Rn. 21 f.; *Dieterich*, Anm. zu BAG 27.5.2004, RdA 2005, 177.

691 A.A. z.B. *Löwisch/Rieble*, Grundl. Rn. 40 und § 4 Rn. 255, die Art. 9 GG durch Verhältnismäßigkeitsabwägungen mit Art. 12 GG, dem sie die Vertragsfreiheit zuordnen, einschränken; kritisch ErfK/*Dieterich*, Art. 9 GG Rn. 74 ff-, jeweils mit Nachweisen.

692 *Rieble*, ZfA 2004, 40 f.

693 Umfassend neuestens *Zachert*, RdA 2001, 104 ff.; *ders.*, RdA 2004, 1 ff. mit Nachweisen.

694 Schon BVerfG 17.8.1956, E 5, 85, 353; im Einzelnen z.B. *Zachert*, Vereinigungs- und Koalitionsfreiheit, AR-Blattei 1650.1 Rn. 10 ff. mit Nachweisen.

695 Das ist der grundsätzliche Einwand gegen *Rieble*, ZfA 2004, 416 oder 423.

696 BVerfG 20.6.1991, E 84, 212, 229.

nomie (Art. 2 GG) und Handlungsfreiheit im Berufsleben (Art. 12 GG) einerseits mit der Tarifautonomie (Art. 9 Abs. 3 GG) andererseits versteht. Sie verkennt die Wechselwirkung zwischen individueller und kollektiver Autonomie, die strukturelle Machtdisparität auf der Ebene des Arbeitsvertrages und die besonders hervorgehobene Stellung der vorbehaltlos gewährleisteten Tarifautonomie, die eine differenzierte Grenzziehung zu anderen Grundrechten nach der Schutzpflichtfunktion der Grundrechte erfordert (im Einzelnen Grundl. Rn. 197 ff.).

#### *dd) Günstigkeitsprinzip als Schutz gegen vertikale Verbandsstrukturen?*

**261** **Unrichtig** ist es auch, das **Günstigkeitsprinzip als Schutz gegen innerverbandliche Majorisierung** (»Bevormundung«)[697] zu begreifen. Die Wirkung des Günstigkeitsprinzips setzt **nach** Tarifabschluss ein. Es schützt vor Einschnürungen durch Vereinbarungen der Tarifparteien. Die grundrechtlichen Sicherungen der innerverbandlichen Demokratie sind demgegenüber auf den Willensbildungsprozess **vor** Tarifabschluss ausgerichtet[698], deren Einhaltung durch andere (verfassungsrechtliche) Maßstäbe überwacht werden.[699]

#### *ee) Günstigkeitsprinzip/arbeitsrechtliches Schutzprinzip/Normativwirkung*

**262** Das Günstigkeitsprinzip des § 4 Abs. 3 TVG ist vor dem Hintergrund der **normativen Wirkung des Tarifvertrages**, zu dessen begrenzten Ausnahmen es zählt, zu sehen und zu interpretieren (§ 4 Rn. 247). Über die Terminologie der »tariflichen Normativwirkung« und ihrer genauen begrifflichen Zuordnungen besteht zwar keine völlige Übereinstimmung.[700] In der Sache geht es hier darum, dass der zwingende Charakter des Tarifvertrages, der den tarifgebundenen Arbeitnehmern eine **Mindestniveaugarantie** im Sinne sicherer Mindestbedingungen gewährleistet, durch das tarifliche Günstigkeitsprinzip nicht in Frage gestellt werden darf.[701] Insoweit ist der Günstigkeitsgrundsatz auch zugleich Ausdruck des **arbeitsrechtlichen Schutzgedankens.**[702]
Die **zwingende Wirkung des Tarifvertrages** als Bestandteil seiner Normativwirkung ist, wie das Bundesverfassungsgericht bereits in seiner frühen Rechtsprechung anerkannte und in Folgeentscheidungen bestätigte[703], durch Art. 9 Abs. 3 GG verfassungsrechtlich geschützt. Interventionen des Gesetzgebers in die Tarifautonomie, die das BVerfG in Einzelfällen bislang mit Vorbehalten und in engen Grenzen billigte[704], betrafen bislang keine Eingriffe in **strukturelle Rah-**

---

697 *Löwisch/Rieble*, Grundl. 40 und § 4 Rn. 255, die mit Bezug auf *Picker u.a.*, Tarifautonomie, 39 ff. von einer vertikalen, undemokratischen Struktur der deutschen Gewerkschaften auszugehen scheinen.

698 *Kempen*, NZA 2000, Beilage 3, 12.

699 BVerfG 2.4.1999, E 100, 233; zum Erfordernis innergewerkschaftlicher Demokratie *Weiss*, FS Simitis, 481.

700 Wiedemann/*Wank*, § 4 Rn. 301 und *Däubler/Deinert*, § 4 Rn. 460 ff. zum in diesem Zusammenhang verwandten Begriff der »Unabdingbarkeit«; *Stein*, Rn. 100, bezieht die Normativwirkung nur auf die »unmittelbare« Wirkung des Tarifvertrages.

701 Z.B. *Dorndorf*, FS Kissel, 157 f.; *Stein*, Rn. 539; zum verfassungsrechtlichen Gehalt umfassend: *Kempen*, AuR 1996, 340 ff.

702 *Wlotzke*, Günstigkeitsprinzip, 62 ff.; *Löwisch/Rieble*, § 4 Rn. 253.

703 BVerfG 8.11.1954, E 7, 106; BVerfG 24.5.1977, E 44, 322, 340 f. = AuR 1977, 388 (mit Anm. von *Kempen*); BVerfG 3.4.2000, E 103, 293, 305, mit Hinweis auf die engen Spielräume des Gesetzgebers zur Veränderung der normativen Wirkung.

704 BVerfG 24.4.1996, E 94, 268; BVerfG 27.4.1999, E 100, 271; BVerfG 3.4.2001, E 103, 293.

**menbedingungen der Tarifautonomie.**[705] Demgegenüber stellte eine weite Auslegung des Günstigkeitsprinzips, die dazu führt, dass der Tarifvertrag lediglich zu einer unverbindlichen Leitlinie degeneriert, eine in der deutschen und darüber hinaus kontinental-europäischen Rechtsordnung über viele Jahrzehnte gewachsene Entwicklung in Frage. Dies wäre etwa der Fall, wenn Beschäftigungsaussichten in den Günstigkeitsvergleich einbezogen würden. Für ein derart **grundsätzliches Umsteuern**[706] erscheinen allgemeine rechtspolitische Erwägungen[707], der Hinweis auf das angloamerikanische Arbeitsrechtssystem[708], das anderen Traditionen folgt[709], oder auch die Berufung auf die Selbstbeschränkung des Bundesverfassungsgerichts[710], weder angemessen noch ausreichend.[711] Eine Analyse der Rechtsprechung des BVerfG zu Art. 9 Abs. 3 GG ergibt, dass das Gericht bei einer derart schweren Grundrechtsbeeinträchtigung einen besonders strengen Prüfungsmaßstab anlegen wird (siehe auch § 4 Rn. 304).[712]
Dies gilt auch im Hinblick auf einschlägige Bestimmungen verschiedener **Gesetzesentwürfe zur Neubestimmung des Günstigkeitsprinzips.**[713] Zwar haben die Tarifparteien kein Entscheidungsmonopol zur Festlegung der Arbeitsbedingungen wie Entgelt Arbeitszeit oder auch der Arbeitsplatzsicherung (zu letzterem § 4 Rn. 319). Jedoch würde ihre Gestaltungsfreiheit (Autonomie), die wegen ihrer besonderen Kompetenz (Sachnähe) in diesen Fragen weit reicht[714], durch die vorgelegten Entwürfe in einer Weise beeinträchtigt, dass wirksame Vereinbarungen überhaupt in Frage gestellt wären (siehe ferner Grundl. Rn. 149 ff. und § 4 Rn. 403 ff.). Dies ist mit dem Schutzbereich von Art. 9 Abs. 3 GG nicht zu vereinbaren.[715]

### *ff) Verfassungsrang des Günstigkeitsprinzips?*

Das in § 4 Abs. 3 TVG niedergelegte Günstigkeitsprinzip ist mit der Verfassung vereinbar, jedoch nicht verfassungsrechtlich geboten (ausführlich Grundl. Rn. 158 ff.).[716] **263**

705 Das verkennen *Löwisch/Rieble*, § 4 Rn. 253.

706 Eindringlich *Lieb*, NZA 19994, 293.

707 *Rieble*, ZfA 2004, 39: »verfassungsrechtliche Prinzipienreiterei, die Arbeitnehmer in die Arbeitslosigkeit treibt«; *Löwisch/Rieble*, § 4 Rn. 41: »Tarifliche Arbeitsbedingungen schützen Arbeitnehmer zu Tode«.

708 *Rieble*, ZfA 2004, 39: »Am deutschen Wesen müsse die Welt auch im Tarifrecht nicht genesen«.

709 Zur unterschiedlichen Entwicklung in beiden Rechtskulturen vertiefend: *Steinmetz*, Begegnungen, 31 ff., 260 ff., 461 ff., 635 ff.; zur Rezeption der Gedanken von Sinzheimer in Italien und anderen europäischen Ländern z. B. *Nogler*, Lavoro e Diritto, 1997, 698 ff.

710 *U. Steiner*, NZA 2005, 657.

711 Umfassend *Dieterich*, RdA 2002, 1 ff.; *Zachert*, AuR 2004, 121 ff.; *ders.*, JbArbR 41 (2004), 85 ff.; radikale Gegenposition *Rieble*, ZfA 2004, 1 ff. – jeweils mit Nachweisen.

712 *Zachert*, AuR 2004, 122 ff.

713 Z. B. Gesetzesentwurf zur »Modernisierung des Arbeitsrechts« der CDU/CSU, BT-Drucks. 15/1182 vom 18. 6. 2003, 31 ff.

714 Z. B. BVerfG 2. 3. 1993 (1 BvR 1213/85), E 88, 103, 114.

715 *Dieterich*, RdA 2002, 1 ff.; *Zachert*, AuR 2004, 121 ff.; *ders.*, JbArbR (41) 2004, 85; a. A. z. B. *Rieble*, ZfA 2004, 1 ff.

716 Strittig, a. A. unter Bezug auf die unzutreffenden Erklärungsansätze *Nipperdeys*: BAG 15. 12. 1960, AP Nr. 2 und 3 zu § 4 TVG Angleichungsrecht; *Th. Schmidt*, Günstigkeitsprinzip; ferner *Belling*, Günstigkeitsprinzip, 64 f. allerdings mit Einschränkungen nach dem Verhältnismäßigkeitsgrundsatz; ähnlich *Löwisch/Rieble*, Grundl. Rn. 40 und § 4 Rn. 255; wie hier mit unterschiedlichen Akzenten: BVerwG 13. 3. 1964, AP Nr. 4 zu § 4 TVG Angleichungsrecht; Wiedemann/*Wank*, § 4 Rn. 393 ff.; *Gamillscheg*, Kollektives Arbeitsrecht I, § 18 V 3 a, 343 f.; *Däubler/Deinert*. § 4 Rn. 585; *Stein*, Rn. 551.

**264** Eine **Einschränkung des Günstigkeitsgrundsatzes** durch den **Gesetzgeber** ist deshalb prinzipiell möglich. Dies zeigt § 613 a Satz 3 BGB, der im Falle des Betriebsübergangs einen Vorrang kollektivrechtlicher gegenüber den in § 613 a Satz 2 BGB geregelten individualrechtlichen Verpflichtungen zum Ausdruck bringt.[717] Auch § 77 Abs. 3 BetrVG legt in verfassungskonformer Weise den Vorrang des Tarifvertrages vor Betriebsvereinbarungen fest, für einen Günstigkeitsvergleich ist hier kein Raum (siehe Grundl. Rn. 327).[718]

**265** Zugleich besteht weitgehende Übereinstimmung darüber, dass eine **Aufhebung des Günstigkeitsprinzips** durch den **Gesetzgeber** unzulässig wäre.[719] Sie würde in unverhältnismäßiger Weise in die Privatautonomie (Art. 2 GG) und die Berufsfreiheit (Art. 12 GG) eingreifen.[720]

**266** Zu Thema, ob und inwieweit eine **Ausgestaltung des Günstigkeitsvergleichs** durch den **Gesetzgeber** möglich ist: § 4 Rn. 303 folgend.

**267** Eher theoretischer Natur ist die Frage, ob es verfassungsrechtlich zulässig sei, dass es der Gesetzgeber **den Tarifparteien selbst** überlässt, zu bestimmen, ob und wie der Individualvertrag den Tarifvertrag ergänzen soll. Dass dies grundsätzlich zu bejahen ist[721], zeigen die gesetzlichen Öffnungsklauseln für differenzierte Lösungen durch die Tarifparteien auch zugunsten der Arbeitsvertragsparteien (§ 4 Abs. 3 TVG und § 77 Abs. 3 BetrVG), von denen zunehmend Gebrauch gemacht wird (Grundl. Rn. 411 ff.).[722]

### *gg) Rechtspolitische Bedeutung des Günstigkeitsprinzips*

**268** Das Günstigkeitsprinzip des § 4 Abs. 3 TVG erweist sich im Ergebnis als ein **wichtiges Scharnier zur Ausbalancierung individueller und kollektiver Interessen**. Grundsätzlich ist es Aufgabe der **Tarifparteien**, der Vielfalt von Interessen und Bedürfnissen der Beschäftigten und ihren berechtigten Differenzierungswünschen im Tarifvertrag selbst Rechnung zu tragen, ohne dass damit verlässliche Strukturen in Parzellierung oder sogar Auflösung umschlagen.[723] Im Zweifel steht ihnen eine **Einschätzungsprärogative** zu.[724]

Dem berechtigten Anliegen, individuelle Belange auf der tariflichen Ebene nicht unangemessen zu verkürzen, wird dadurch Rechnung getragen, dass es einen Mechanismus »**endogener Korrektur**« gibt, der in der Struktur freier Verbandsbildung angelegt ist.[725] Hierauf hat das Bundesarbeitsgericht in der so genannten »Burda-Entscheidung« zutreffend hingewiesen. Es hebt hervor, die Kompetenz zur Festlegung der Maßstäbe, die eine tarifpolitische Wertung durch die Tarifparteien selbst voraussetzen, könnten diese in der Praxis nicht beliebig ausschöpfen. Sie ständen nämlich unter koalitionspolitischem Konkurrenzdruck. So müsste die Gewerkschaft den Verlust von Mitgliedern befürchten, wenn sie bei ihrer Ta-

---

717 BAG 11.5.2005 (4 AZR 315/04), DB 2005, 2141, 2443.

718 Streitig, aber h.M., z.B. Wiedemann/*Wank*, § 4 Rn. 419; *Gamillscheg*, Kollektives Arbeitsrecht I, § 18 I 1 d, 841 f.; *Däubler/Deinert*, § 4 Rn. 613 – jeweils mit Nachweisen.

719 Z.B. Wiedemann/*Wank*, § 4 Rn. 389.

720 Art. 12 GG ist lex specialis, vgl. Wiedemann/*Wank*, § 4 Rn. 394; jedoch ist die Grenzziehung nicht scharf: ErfK/*Dieterich*, Art. 2 Rn. 10 und Art. 12 Rn. 15, jeweils mit Nachweisen der Rechtsprechung.

721 *Bieback*, ZfA 1979, 477.

722 *Bispinck*, WSI-Mitt. 2004, 237 ff.; *Massa-Wirth/Seifert*, WSI-Mitt. 2004, 246 ff.

723 *Zachert*, AuR 2002, 46, 48, mit Nachweisen.

724 Zur verfassungsrechtlichen Diskussion der Einschätzungsprärogative des *Gesetzgebers*: ErfK/*Dieterich*, Einl. GG Rn. 43, mit Nachweisen.

725 Grundsätzlich anders *Löwisch/Rieble*, Grundl. Rn. 4 und § 4 Rn. 255, mit Nachweisen.

rifpolitik deren Günstigkeitsvorstellungen, z. B. von Arbeitsentgelt und Arbeitsplatzsicherheit nicht hinreichend berücksichtige. Auf Arbeitgeberseite komme als Korrektiv der Wettbewerb mit Unternehmen hinzu, die nicht der Tarifbindung unterliegen.[726]

### 4. Die Tragweite des Günstigkeitsprinzips im Hinblick auf normative Regelungen des Tarifvertrages

Das Günstigkeitsprinzip ist grundsätzlich auf so genannte **Inhaltsnormen** des Tarifvertrages (§ 1 TVG) zugeschnitten. Es setzt im Allgemeinen ein bestehendes Arbeitsverhältnis voraus, dessen Bedingungen durch Vereinbarung zwischen Arbeitnehmer und Arbeitgeber verbessert werden. Im Einzellfall kann sein Anwendungsbereich jedoch darüber hinausgehen.[727] **269**

Für **Abschluss- und Beendigungsnormen** erlangt § 4 Abs. 3 TVG nur eine beschränkte Bedeutung.[728] Aus dem arbeits- und tarifrechtlichen Schutzgedanken ergeben sich immanente Schranken des Günstigkeitsprinzips insbesondere im Hinblick auf **Abschlussverbote**. So kann ein tarifliches Akkordverbot[729] oder auch ein Verbot von Schichtarbeit nicht durch Vereinbarungen im Individualvertrag kompensiert bzw. aufgehoben werden.[730] **270**

Derartige Bedenken bestehen jedoch bei **Abschlussgeboten und Beendigungsnormen** regelmäßig nicht.[731] Beispielsweise könnten durch Einzelarbeitsverträge tarifliche Kündigungsfristen zugunsten von Arbeitnehmern individualarbeitsvertraglich verlängert werden.

Sehr schmal ist der Geltungsbereich des Günstigkeitsprinzips bei **betrieblichen und betriebsverfassungsrechtlichen Tarifnormen.**[732] **271**

Dies gilt im Hinblick auf **Betriebsnormen** vor allem dann, wenn man der engen Abgrenzung des Bundesarbeitsgerichts folgt, wonach diese nur vorliegen, sofern eine Regelung wegen evident sachlogischer Unzweckmäßigkeit nicht Inhalt des Individualarbeitsvertrages sein kann.[733]

Die Anwendung des Günstigkeitsprinzips auf **betriebsverfassungsrechtliche Normen** begegnet grundsätzlichen Bedenken. Da der Betriebsrat keine Kompetenz zur Änderung von Einzelarbeitsverträgen hat, kann der Vorteil einer betriebsverfassungsrechtlichen Norm nur in der gemeinsamen (solidarischen) Ausübung von Rechten liegen. Dies spricht dafür, dass für das Günstigkeitsprinzip überhaupt kein Raum ist. Jedenfalls darf eine Anwendung des Günstigkeitsprinzips nicht dazu führen, dass der Wille der Tarifparteien konterkariert wird,

---

726 BAG 20.4.1999 (1 ABR 72/98), AP Nr. 89 zu Art. 9 GG (mit Anm. von *Richardi*, a. a. O., und Anm. von *Kocher*, AuR 1999, 404).

727 Wiedemann/*Wank*,§ 4 Rn. 405; *Däubler/Deinert*, § 4 Rn. 599; MünchArbR/*Löwisch-Rieble*, § 272 Rn. 15.

728 Grundsätzlich ablehnend die ältere Auffassung, der die *Voraufl.*, § 4 Rn. 141, folgt; besonders ausführlich *Wlotzke*, 26 ff.

729 BAG 7.12.1956, AP Nr. 1 zu § 817 BGB.

730 Im Ergebnis wohl ebenso, in der Begründung jedoch teilweise abweichend: Wiedemann/*Wank*, § 4 Rn. 407 und Rn. 414; *Däubler/Deinert*, § 4 Rn. 602; *Stein*, Rn. 594; weitergehend: MünchArbR/*Löwisch-Rieble*, § 272 Rn. 16 und *Löwisch/Rieble*, § 4 Rn. 271.

731 *Däubler/Deinert*, § 4 Rn. 601; MünchArbR/*Löwisch-Rieble*, § 272 Rn. 16.

732 Im Grundsatz ebenso, allerdings mit unterschiedlichen Akzenten in der Begründung: Wiedemann/Wank, § 4 Rn. 416 ff.; *Däubler/Deinert*, § 4 Rn. 604; *Stein*, Rn. 596; weitergehend wohl: MünchArbR/*Löwisch-Rieble*, § 272 Rn. 20 f. und *Löwisch/Rieble*, § 4 Rn. 275 ff.; dagegen noch enger als hier: *Schaub*, § 204 VII 1 b Rn. 34, 2112.

733 BAG 26.4.1990, AP Nr. 57 zu Art. 9 GG.

eine Gesamtregelung anzustreben, die für alle Beschäftigten des Betriebes oder eine bestimmte Beschäftigtengruppe einheitlich zum Tragen kommen soll.[734] Die höchstrichterliche Rechtsprechung ist ebenfalls zurückhaltend, hat allerdings offen gelassen, ob bei betriebsverfassungsrechtlicher Besserstellung des Arbeitnehmers anders zu entscheiden sei.[735]

**272** Weitgehend theoretisch ist die Frage, ob das Günstigkeitsprinzip auf die tariflichen Vereinbarungen **Gemeinsamer Einrichtungen** (§ 4 Abs. 2 TVG) Anwendung findet.[736] Es erscheinen nämlich kaum arbeitsvertragliche Vereinbarungen denkbar, die im Rahmen eines Günstigkeitsvergleichs eine kompensatorische Wirkung entfalten könnten.[737] Auch diejenigen, welche das Günstigkeitsprinzip hier für anwendbar halten, räumen ganz überwiegend ein, dass sich der Arbeitgeber seiner Beitragspflicht gegenüber der Gemeinsamen Einrichtung durch höhere Leistungen an Einzelne im Arbeitsvertrag nicht entziehen kann. Deshalb können Normen über die Gemeinsame Einrichtung nicht durch günstigere Abreden zwischen Arbeitgebern und Arbeitnehmern beeinflusst werden.[738]

### 5. Die Tragweite des Günstigkeitsprinzips im Hinblick auf schuldrechtliche Regelungen des Tarifvertrages

**273** Die Frage, ob das Günstigkeitsprinzip auch für **schuldrechtliche Vereinbarungen im Tarifvertrag** gilt, war im Zusammenhang mit Initiativen, die Zahlung übertariflicher Leistungen im **öffentlichen Dienst** zu unterbinden, in den 60er Jahren Gegenstand ausführlicher juristischer Debatten und auch von Grundsatzurteilen des Bundesarbeits- und Bundesverwaltungsgerichts.[739] Im öffentlichen Dienst versuchte der **Gesetzgeber** teilweise, die Gewährung übertariflicher Leistungen zu untersagen.

**274** Im Hinblick auf **tarifliche Initiativen** misst mehrheitlich vertretene Position dem Günstigkeitsprinzip eine absolute Bedeutung bei und wendet es unterschiedslos auf normative sowie schuldrechtliche Regelungen an: Verbandsinterne Vereinbarungen dürften nicht weitergehen als verbandsexterne Absprachen.[740]

**275** Die gegenteilige Ansicht[741] erkennt lediglich eine **beschränkte Bedeutung des Günstigkeitsprinzips** an. Soweit nicht auf angebliche Besonderheiten des öffentlichen Dienstes abgestellt wird, verweist man auf entstehungsgeschichtliche sowie grammatikalische und systematische Gesichtspunkte des § 4 Abs. 3 TVG. Zum einen habe der Gesetzgeber des Tarifvertragsgesetzes keine starre, absolute

---

734 Wiedemann/*Wank*, § 4 Rn. 446.

735 BAG 18.12.1997, AP Nr. 46 zu § 2 KSchG 1969 (mit Anm. von *Wiedemann*) =AuR 1998, 212 (mit Anm. von *Zachert*).

736 Im Ergebnis wie hier *Däubler/Deinert*, § 4 Rn. 604; *Stein*, Rn. 596; anders MünchArbR/*Löwisch-Rieble*, § 272 Rn. 33 und *Löwisch/Rieble*, § 4 Rn. 283.

737 Im Ergebnis ebenso BAG 5.3.1958, AP Nr. 1 zu § 4 TVG Ausgleichskasse.

738 Wiedemann/*Wank*, § 4 Rn. 417; *Däubler/Deinert*, § 4 Rn. 605; *Stein*, Rn. 598; a.A. MünchArbR/*Löwisch-Rieble*, § 271 Rn. 27 ff. und *Löwisch/Rieble*, § 4 Rn. 283.

739 Die Geltung des Günstigkeitsprinzips im öffentlichen Dienst ist unstreitig, z.B. Wiedemann/*Wank*, § 4 Rn. 422, mit Hinweis auf die Ausnahmevorschrift des § 19 ArbZG.

740 So mit unterschiedlichen Akzenten in der Begründung aus der älteren Literatur: *Biedenkopf*, Grenzen, 75; *Herschel*, AuR 1965, 68; *Hueck/Nipperdey*, II/1, 575; *Kauffmann*, NJW 1966, 1683; *Kreis*, RdA 1961, 99; *G. Küchenhoff*, AuR 1963, 323; *Nikisch*, DB 1963, 1254; *Wlotzke*, Günstigkeitsprinzip, 24 ff.; ferner Wiedemann/*Wank*, § 4 Rn. 396; wohl auch BAG 15.12.1960, AP Nr. 2 und 3 zu § 4 TVG Angleichungsrecht.

741 *Dietz*, DB 1965, 594; *Molitor*, BB 1957, 86; *Richardi*, Kollektivgewalt, 373 ff.; *Zeuner*, DB 1965, 631; *Däubler/Deinert*, § 4 Rn. 551 f.; *Stein*, Rn. 599; BVerwG 13.3.1964, AP Nr. 4 zu § 4 TVG Angleichungsrecht, allerdings mit Rückgriff auf die inzwischen aufgegebene »Kernbereichslehre«.

Geltung des Günstigkeitsprinzips gewollt[742], zum anderen sei das Günstigkeitsprinzip seinem Wortlaut und seiner systematischen Stellung nach als Beschränkung der tariflichen Normwirkung ausgestaltet.[743] Im Übrigen wird innerhalb dieser Positionen teilweise noch danach differenziert, ob es sich um schuldrechtliche Abreden im Tarifvertrag selbst oder um einen verbandsinternen Beschluss des Arbeitgeberverbandes handelt, übertarifliche Leistungen auszuschließen. Ersteres soll unzulässig, letzteres rechtlich möglich sein.[744]

Geht man von der hier vertretenen Auffassung aus, dass der Tarifvertrag Ausdruck kollektiver Selbstbestimmung ist, so erscheint es folgerichtig, maßgeblich auf den Willen der Tarifvertragsparteien abzustellen. Unter dem Aspekt, dass § 4 Abs. 3 TVG schuldrechtliche Einschränkungen des Günstigkeitsprinzips nicht ausdrücklich untersagt, bestehen deshalb grundsätzlich keine Bedenken dagegen, dass die **Tarifvertragsparteien** selbst das **Günstigkeitsprinzip einschränken.**[745] Unverzichtbare Voraussetzung ist allerdings ein entsprechender im Tarifvertrag ausdrücklich geäußerter Wille. Ein einseitiger Beschluss des Arbeitgeberverbandes reicht hierzu nicht aus.[746] Für diese Ansicht spricht, dass sich **Höchstbegrenzungen** im Rahmen eines tarifautonomen Schutzkonzeptes als sinnvoll erweisen können.[747] Allerdings ist diese Frage rechtspolitisch zur Zeit nicht aktuell.[748] **276**

Tarifliche Klauseln, durch die die regionalen und lokalen Tarifvertragsparteien angehalten werden sollen, höhere Entgeltdifferenzierungen, die sich aus der Anpassung der bisherigen regionalen Lohn- und Gehaltsgruppen an die Bewertungsgruppen eines bundesweiten Tarifvertrages ergeben, nicht sofort wirksam werden zu lassen, sondern zu gleichen Teilen innerhalb eines bestimmten Zeitraums anzupassen, sind als **schuldrechtliche Vereinbarungen** wirksam. Derartige **Anpassungsklauseln** geben nach Maßgabe der tariflichen Rahmenregelung einen unabdingbaren Anspruch auf die tarifliche Entlohnung.[749] **277**

### 6. Die Grundlage der günstigeren Regelung (Arbeitsvertrag, Allgemeine Arbeitsbedingungen, Betriebsvereinbarungen usw.)

§ 4 Abs. 3 TVG setzt eine »Abmachung zugunsten des Arbeitnehmers« voraus. Hierunter sind in erster Linie **Einzelarbeitsverträge** zwischen Arbeitgeber und Arbeitnehmer zu verstehen.[750] **278**

Mit eingeschlossen sind so genannte **vertragliche Einheitsregelungen/allgemeine Arbeitsbedingungen.**[751] Sie beruhen in der Regel auf vom Arbeitgeber vorformulierten Musterarbeitsverträgen[752] oder auch auf betrieblicher Übung.[753] **279**

742 Z.B. *Zeuner*, DB 1965, 633.
743 Z.B. *Molitor*, BB 1957, 86; *Richardi*, Kollektivgewalt, 373.
744 Deutlich z.B. *Richardi*, Kollektivgewalt, 373, mit weiteren Nachweisen.
745 Offengelassen von BVerwG 8.3.1974, AP Nr. 10 § 4 TVG Angleichungsrecht.
746 Das verkennt BVerwG 8.3.1974, AP Nr. 10 § 4 TVG Angleichungsrecht.
747 Gamillscheg, Kollektives Arbeitsrecht I, § 18, V 3 a, 844; ErfK/*Dieterich*, Art. 9 GG Rn. 62; *Bieback*, ZfA 1979, 476; a.A. Wiedemann/*Wank*, § 4 Rn. 397.
748 ErfK/*Dieterich*, Art. 9 GG Rn. 62.
749 BAG 10.11.1976, AP Nr. 1 zu § 1 TVG Tarifverträge: Brauereien.
750 Allgemeine Meinung, z.B. *Däubler/Deinert*, § 4 Rn. 538; *Löwisch/Rieble*, § 4 Rn. 254.
751 Vgl. BAG GS 16.9.1986, AP Nr. 17 zu § 77 BetrVG 1972; auch BAG 20.4.1999 (1 ABR 72/98), AP Nr. 89 zu Art. 9 GG GG (mit Anm. von *Richardi*, a.a.O., und Anm. von *Kocher*, AuR 1999, 404).
752 Z.B. BAG 11.10.1967, AP Nr. 1 zu § 1 TVG Tarifverträge: Rundfunk.
753 Z.B. BAG 10.12.1965, AP Nr. 1 zu § 4 TVG Tariflohn und Leistungsprämie.

280 Schließlich entspricht es gefestigter Auffassung, dass auch **Betriebsvereinbarungen** prinzipiell die Rechtsgrundlage für über den Tarifvertrag hinausgehende Leistungen sein können.[754] Allerdings muss bei gleichen Regelungsinhalten wegen des **Vorrangs des Tarifvertrages vor betrieblichen Regelungen** nach §§ 77 Abs. 3 bzw. 87 Abs. 1 BetrVG eine Öffnungsklausel für zusätzliche Betriebsvereinbarungen aufgenommen sein (§ 4 Rn. 415ff.).[755]

Aus dem Wortlaut von § 4 Abs. 3 und 5 TVG lässt sich für eine Auslegung nichts entnehmen, dass trotz des entgegenstehenden Wortlauts von § 77 Abs. 3 BetrVG günstigere Regelungen durch Betriebsvereinbarungen möglich sind, die den Tarifvertrag außer Kraft setzen. § 4 Abs. 3 TVG geht § 77 Abs. 3 BetrVG vor. Die stärkere Wirkung von Betriebsvereinbarungen gegenüber Tarifverträgen in deren Nachwirkungszeitraum nach § 4 Abs. 5 TVG erschließt sich zwanglos aus dem Verlust der zwingenden Wirkung des nachwirkenden Tarifvertrages.[756]

281 Der grundsätzliche Einwand gegen den Versuch, mit Hilfe des **Günstigkeitsprinzips** das **Rangverhältnis zwischen Tarifvertrag und Betriebsvereinbarung umzukehren**[757], geht dahin, dass sie mit dem Schutz der Koalitionsfreiheit und der Tarifautonomie nach Art. 9 Abs. 3 GG nicht zu vereinbaren ist. Eine Verdrängung der **Tarifparteien** oder auch die Reduzierung ihrer Aufgaben auf eine bloße Signatarfunktion durch tarifändernde Vereinbarungen der Betriebsparteien entspricht nicht ihrem **verfassungsrechtlichen Gestaltungsauftrag** nach Art. 9 Abs. 3 GG.[758] Den Betriebsparteien ist es untersagt, ein konkurrierendes kollektives Instrument in der Weise einzusetzen, dass hierdurch die Gestaltungsaufgabe der Tarifpolitik konterkariert werden kann.[759] In ihrer Wirkung liefe dies darauf hinaus, dass Nichtmitglieder über tarifverdrängende Betriebsvereinbarungen die Rechtspositionen der Gewerkschaftsmitglieder verändern. Das wäre eine nichtige Maßnahme im Sinne von Art. 9 Abs. 3 Satz 2 GG. Sie ist auch mit geltenden völkerrechtlichen Verträgen, vor allem dem ILO-Abkommen Nr. 135, nicht zu vereinbaren.[760]

Ferner haben Betriebsräte eine andere Legitimation[761] und engere, nämlich auf den Betrieb bezogene Aufgaben als die Koalitionen, ihre Mitbestimmungsrechte sind im Kern auf personelle und soziale Angelegenheiten begrenzt, die Konfliktlösung ist die betriebliche Einigungsstelle, nicht der Arbeitskampf. Deshalb fehlt es im Verhältnis der Betriebsparteien zueinander an der in **der Tarifautonomie angelegten Chancengleichheit** (»Richtigkeitsgewähr«).

282 Im Ergebnis verletzten rechtspolitische Vorschläge, die darauf abzielen oder hinauslaufen, dass durch das **Hineinblenden** eines **weit verstandenen Günstig-**

---

754 BAG 14.12.1966, AP Nr. 27 zu § 59 BetrVG 1952; BAG 26.4.1961, AP Nr. 5 zu § 4 TVG Effektivklausel.

755 Zum Gesamtkomplex wie hier Wiedemann/*Wank*, § 4 Rn. 419; *Däubler/Deinert*, § 4 Rn. 612f.; *Gamillscheg*, Kollektives Arbeitsrecht I, § 18 V 1 d, 841; *Stein*, Rn. 626, jeweils mit Nachweisen; a.A. MünchArbR/*Löwisch-Rieble*, § 272 Rn. 6ff. und *Löwisch/Rieble*, § 4 Rn. 260ff., mit Nachweisen.

756 A.A. *Löwisch/Rieble*, § 4 Rn. 260ff.

757 Z.B. Adomeit, NJW 1984, NJW 1984, 26, 27; Th. *B. Schmidt*, Günstigkeitsprinzip 113ff., 130f., ebenso *Ehmann/Schmidt*, NZA 1995, 193; *Buchner*, DB 1996, Beilage 12; *Hromadka*, DB 2003, 42 und NJW 2003, 1279; *Löwisch/Rieble*, § 4 Rn. 260ff.

758 Der Gedanke der »Kirchenautonomie« (Art. 140 GG in Verbindung mit Art. 137 Abs. 3 WRV) führt in diesem Zusammenhang nicht weiter. Vorrangfragen nach neuen Regelungen in Mitarbeitergesetzen sind für diesen eingeschränkten Bereich zu diskutieren. Weitergehend *Andelewski/Eckert*, NZA 2005, 662; wie hier *Schliemann*, NZA 2005, 976.

759 BAG 24.2.1987, AP Nr. 21 zu § 77 BetrVG 1972; ArbG Marburg (1 Bv 6/96), AuR 1996, 46.

760 Ausführlich *Zachert*, AuR 2004, 126f. mit Nachweisen.

761 Hierzu umfassend *Kempen*, Das Dilemma des Günstigkeitsprinzips, 845ff.

**keitsprinzips in § 77 Abs. 3 BetrVG** oder durch entsprechende **Gesetzesänderung** das Vorrangverhältnis des Tarifvertrages gegenüber der Betriebsvereinbarung auf den Kopf gestellt wird, zum einen den Grundsatz der **normativen Geltung des Tarifvertrages** (§ 4 Rn. 14ff. und Rn. 247). Sie verstoßen zudem gegen den Grundsatz der **positiven Koalitionsfreiheit** der Gewerkschaften und die **durch Art. 9 Abs. 3 Satz 2 GG geschützten Individualpositionen** der Gewerkschaftsmitglieder und verletzen schließlich das vertragskonstituierende **Paritätsprinzip.**[762]

Die Ansicht, wonach das **Günstigkeitsprinzip** als Ausdruck des **Subsidiaritätsgrundsatzes** ein verfassungsrechtliches Strukturprinzip des kollektiven Arbeitsrechts sei und im Zweifel die Betriebsvereinbarung als kleinere Einheit dem Tarifvertrag vorgehe[763] vermag ebenfalls nicht zu überzeugen. Das Subsidiaritätsprinzip kann sowohl nach der katholischen Soziallehre als auch nach der verfassungspolitischen Debatte zur Kompetenzabgrenzung staatlich organisierter Entscheidungsträger zueinander oder auch gesellschaftlich organisierter Entscheidungsebenen zum Staat beitragen.[764] Es passt jedoch nicht als Zuständigkeitsregel der arbeitsrechtlichen Ebenen Arbeitsvertrag, Betriebsvereinbarung und Tarifvertrag, die jeweils unterschiedlichen Strukturbedingungen unterliegen.[765] Im Ergebnis entspricht deshalb die Zuordnung des Kompetenzverhältnisses zwischen Tarifvertrag und Betriebsvereinbarung mit Öffnungsoptionen durch die Tarifparteien selbst dem durch Art. 9 Abs. 3 GG geforderten Vorrang der tariflichen Regelung.[766] 283

Auch einzelvertragliche, durch das Günstigkeitsprinzip nicht gedeckte Vereinbarungen – etwa in Form eines **betrieblichen Referendums** – vermögen einen Verstoß gegen § 77 Abs. 3 BetrVG nicht zu heilen.[767] Der Schutz der Tarifautonomie vor konkurrierenden Betriebsvereinbarungen darf nicht dadurch unterlaufen werden, dass mit Hilfe individueller Massenvereinbarungen, deren Autonomiecharakter wegen einer typischerweise bestehenden Drucksituation in der Praxis oft zweifelhaft erscheint, derselbe Effekt erreicht wird wie durch eine rechtswidrige Betriebsvereinbarung.[768] Auch derartige Initiativen erweisen ich gegenüber den Gewerkschaftsmitgliedern als eine nichtige Maßnahme nach Art. 9 Abs. 3 Satz 2 GG. 284

## 7. Zeitliche Aspekte: Dem Tarifvertrag nachfolgende und vorgehende Abmachungen

### a) Individualabsprachen

§ 4 Abs. 3 TVG ist auf günstigere Abmachungen anzuwenden, die **nach Abschluss des Tarifvertrages** vereinbart wurden. Der Gesetzgeber mag bei der Formulierung des § 4 Abs. 3 TVG sogar primär an Abmachungen gedacht haben, 285

762 *Dieterich*, RdA 2002, 1, 12f.; *Zachert*, JbArbR 41 (2004), 85ff.; *ders.*, AuR, 2004, 123ff., jeweils mit Nachweisen; grundsätzlich anders insoweit *Raab*, der dem Betriebsrat eine »Wächertfunktion« im Hinblick auf Interessengerechtgkeit der abgeschlossenen Veinbarung einräumt, ZfA 2004, 396ff.

763 *Th. B. Schmidt*, Günstigkeitsprinzip, 79ff. und 130f.

764 *Kempen*, KritV 1994, 13ff.

765 Vgl. BVerfG 26.6.1991, E 84, 212, 229.

766 *Dieterich*, RdA 2002, 4f., 12f.; *Zachert*, AuR 2004, 125 und JbArbR 41 (2004), 88ff. mit Nachweisen; *Thon*, NZA 2005, 858.

767 So aber *Rieble*, ZfA 2004, 63.

768 Rechtsvergleichend instruktiv das Spanische Verfassungsgericht 1.7.1992, AuR 1993, 95f. mit Besprechungsaufsatz *Zachert*, AuR 1993, 65; *ders*,. AuR 2004, 124f.

die nach Inkrafttreten des Tarifvertrages getroffen werden, weil die Arbeitsvertragsparteien dann auf der Grundlage des bekannten Kollektivvertrages die Besonderheiten des Einzelarbeitsvertrages berücksichtigen können.[769]
Dennoch gilt das Günstigkeitsprinzip nach inzwischen ganz überwiegender Meinung grundsätzlich auch für günstigere Abmachungen, die **vor Abschluss des Tarifvertrages** getroffen wurden.[770] Wortlaut und Entstehungsgeschichte des § 4 Abs. 3 TVG liefern in der Tat keine zwingenden Argumente gegen eine derartige Interpretation. Sie wird im Übrigen dem arbeitsrechtlichen Schutzgedanken gerecht und berücksichtigt, dass bestehende vermögensrechtliche Ansprüche gegebenenfalls bereits den Schutz des Art. 14 GG erlangt haben können.[771]
Was **vortarifliche Individualabsprachen** betrifft, so ist diese Auffassung allgemein anerkannt.[772]

### b) Allgemeine Arbeitsbedingungen/betriebliche Einheitsregelungen (Ordnungsprinzip)

**286** Die Rechtsprechung[773] und ein Teil der Rechtslehre[774] machen jedoch eine Ausnahme, soweit es sich um das Verhältnis des Tarifvertrages zu **vortariflichen allgemeinen Arbeitsbedingungen/betrieblichen (vertraglichen) Einheitsregelungen** handelt. Demnach könnte ein Tarifvertrag diese »kollektiven Ordnungen« gegebenenfalls auch zuungunsten der Arbeitnehmer ablösen. Zur Begründung wird vor allem darauf verwiesen, derartige Vereinbarungen knüpften ebenso wie der Tarifvertrag an allgemeine Tatbestände an bzw. enthielten eine generelle Regelung und seien deshalb dem Kollektivbereich zuzurechnen.[775]
Der theoretische Ausgangspunkt dieser Auffassung lässt sich historisch auf das von *Nipperdey* entwickelte so genannte **Ordnungsprinzip** zurückführen. Dies soll immer dann zum Tragen kommen, wenn eine -gegebenenfalls auch günstigere- bestehende allgemeine gesamtheitliche betriebliche Ordnung mit einer neuen kollektivrechtlichen Ordnung des gleichen Bereichs zusammentreffe.[776]
Demgegenüber hat der Große Senat des BAG die Geltung des Ordnungsprinzips jedenfalls im Verhältnis von Betriebsvereinbarung zu vertraglicher Einheitsregelung abgelehnt.[777] Dem ist zuzustimmen.[778] Zum einen handelt es sich hinsichtlich Durchsetzbarkeit und Legitimation jeweils nicht um Kollektivregelungen gleichen Ranges und gleicher Qualität. Zum anderen hat die so genannte Ordnungsaufgabe des Tarifvertrages unterschiedliche Bezugspunkte wie individuelle Rechtssicherheit oder auch kollektiver Natur und aus Arbeitgebersicht

---

769 Wiedemann/*Wank*, § 4 Rn. 421.
770 Überholt: *G. Schmidt*, RdA 1952, 305ff.
771 Hierzu ausführlich: *Däubler*, AuR 1984, 6ff.
772 Wiedemann/*Wank*, § 4 Rn. 421 und 644; *Gamillscheg*, Kollektives Arbeitsrecht I, § 18 V 1b, 837; *Löwisch/Rieble*, § 4 Rn. 266; *Stein*, Rn. 600.
773 BAG 4.2.1960, AP Nr. 7 zu § 4 TVG Günstigkeitsprinzip; offengelassen allerdings von BAG 11.10.1967, AP Nr. 1 zu § 1 TVG Tarifverträge: Rundfunk.
774 110*Hueck/Nipperdey*, Bd. II/1, 588f.; *Säcker*, Gruppenautonomie, 294, 308ff.; *Gamillscheg*, Kollektives Arbeitsrecht I, § 18 V 6 b, 861f., der die Grenze des Schutzes individueller Positionen aus Art. 14 GG herleitet.
775 *Hueck/Nipperdey*, Bd. II/1, 593; *Gamillscheg*, Kollektives Arbeitsrecht I, § 18 V 6 b, 861f. stellt demgegenüber auf die »Richtigkeitsvermutung« des Tarifvertrages ab.
776 *Hueck/Nipperdey*, Bd. II/1, 593.
777 BAG GS 16.9.1986, AP Nr. 17 zu § 77 BetrVG 1972.
778 So auch die überwiegende Lehrmeinung, z.B. Wiedemann/*Wank*, § 4 Rn. 627ff.; *Löwisch/Rieble*, § 4 Rn. 267; wohl auch *Däubler/Reim*, § 4 Rn. 620.

unter anderem die Schaffung sicherer Kalkulationsgrundlagen. Schon deshalb kann ihr lediglich eine formale Bedeutung in dem Sinne zukommen, dass insoweit auf bestimmte Auswirkungen des Tarifvertrages deskriptiv hingewiesen wird.

Zusammenfassend findet das Günstigkeitsprinzip des § 4 Abs. 3 TVG auf vortarifliche Abmachungen in Individualverträgen sowie in allgemeinen Arbeitsbedingungen/betrieblichen Einheitsregelungen in gleicher Weise Anwendung. Diese Abmachungen werden durch einen nachfolgenden Tarifvertrag nicht beeinträchtigt.[779] **287**

#### c) Zeitlich vorausgehende Betriebsvereinbarungen

Im Verhältnis zu **Betriebsvereinbarungen,** die dem Tarifvertrag zeitlich vorausgehen, gelten die gesetzlichen Vorrangregeln des § 77 Abs. 3 oder § 87 Abs. 1 BetrVG (Grundl. Rn. 326 ff. und Rn. 345 ff.).[780] **288**

### 8. Das Günstigkeitsprinzip im Verhältnis von Betriebsvereinbarung zu zeitlich vorausgehender vertraglicher Einheitsregelung

Vor allem im Zusammenhang mit dem Abbau bisher gewährter Sozialleistungen vor dem Hintergrund arbeitsmarktpolitischer Schwierigkeiten hat die Frage Bedeutung erlangt, ob die Betriebsparteien, Arbeitgeber und Betriebsrat, einzelvertraglich begründete Ansprüche (»Einheitsregelungen«, »allgemeine Arbeitsbedingungen«, »Gesamtzusagen«) auf betriebliche Sozialleistungen, z.B. Ruhegeldansprüche, gegebenenfalls auch zu Lasten der Arbeitnehmer bzw. einzelner Arbeitnehmergruppen verändern können.[781] Dies ist keine Frage des tariflichen Günstigkeitsprinzips, vielmehr geht es darum, ob und inwieweit der **Günstigkeitsgrundsatz** auch **im Verhältnis einer Betriebsvereinbarung zum Arbeitsvertrag** Anwendung findet.[782] **289**

Obwohl das Betriebsverfassungsgesetz, insbesondere § 77 Abs. 4 BetrVG, keine dem Günstigkeitsprinzip des § 4 Abs. 3 TVG entsprechende Regelung enthält, hat die ganz überwiegende Meinung in Rechtsprechung und Literatur keine Bedenken, den tarifvertraglichen **Günstigkeitsgedanken** auf das Verhältnis von betrieblichen Vereinbarungen zu rangniedrigeren Normen **entsprechend** anzuwenden.[783] Wenn man der hier vertretenen Ansicht folgt, das Günstigkeitsprinzip sei nicht verfassungsrechtlich geboten (§ 4 Rn. 263 ff.), erscheint diese Analo- **290**

---

779 Wiedemann/*Wank*, § 4 Rn. 650; *Löwisch/Rieble*, § 4 Rn. 266; *Däubler/Zwanziger*, § 4 Rn. 1051, wohl auch *Däubler/Deinert*, § 4 Rn. 620; *Canaris*, RdA 1974, 24; *Richardi*, RdA 1965, 49 ff.; *Wlotzke*, Günstigkeitsprinzip, 49 ff., jeweils mit weiteren Nachweisen; a. A. *Gamillscheg*, Kollektives Arbeitsrecht I, § 18 V 6 b, 861 f. mit Grenzen für individualrechlichen Schutz aus Art. 14 GG.

780 A.A. die ältere Rechtsprechung: BAG 20.12.1957, AP Nr. 11 zu Art. 44 Gruppenvertrag; vgl. auch BAG 17.4.1959, AP Nr. 1 zu § 4 TVG Günstigkeitsprinzip; wie hier z.B. Wiedemann/*Wank*, § 4 Rn. 650; *Löwisch/Rieble*, § 4 Rn. 266.

781 Aus der älteren Diskussion: *Ahrend*, FS Hilger und Stumpf, 17; *Backhaus*, AuR 1983, 74 f.; *Belling*, DB 1982, 2513; *Blomeyer*, FS Hilger und Stumpf, 41; *Buchner*, DB 1983, 877; *Däubler*, AuR 1984, 1; *Pfarr*, BB 1983, 2001, ferner das Schwerpunktheft RdA 4/1983 mit Beiträgen verschiedener Autoren, jeweils mit weiteren Nachweisen.

782 Zum Vorlagebeschluss des 5. Senats des Bundesarbeitsgerichts an den Großen Senat: BAG 8.12.1982, AP Nr. 6 zu § 77 BetrVG 1972.

783 Namentlich *Belling*, DB 1982, 2513; *Däubler*, AuR 1984, 10 f., jeweils mit weiteren Nachweisen; BAG GS 16.9.1986 und 7.11.1989, AP Nr. 17 und 46 zu § 77 BetrVG 1972.

gie notwendig, um den Günstigkeitsgrundsatz überhaupt auf Betriebsvereinbarungen zu erstrecken. Der herrschenden Meinung ist zustimmen. Für sie spricht neben Hinweisen aus der Entstehungsgeschichte des § 77 Abs. 4 BetrVG[784] vor allem der Gesichtspunkt, dass der arbeitsrechtliche Schutzgedanke auch im Verhältnis von Betriebsvereinbarung zu rangniedrigeren Ansprüchen in der Form des Einzelarbeitsvertrages oder auch der vertraglichen Einheitsregelung zum Tragen kommen muss.[785] Auf dieser Ebene stellt sich dann wiederum die Frage der Reichweite des Günstigkeitsprinzips. Nach den vorangegangenen Ausführungen kann es zunächst grundsätzlich keinen Unterschied machen, ob es sich um einzelvertragliche Ansprüche oder solche aufgrund einer so genannten vertraglichen Einheitsregelung handelt. Ferner ist es für die rechtliche Bewertung unerheblich, ob die Abmachung gegenüber der Betriebsvereinbarung zeitlich nachrangig ist oder ihr gegebenenfalls auch zeitlich vorgeht.

**291** Der **Große Senat des Bundesarbeitsgerichts**[786] hat diese Ansicht jedoch modifiziert, indem er einen **Kompromiss** zwischen der Auffassung suchte, nach der eine verschlechternde Betriebsvereinbarung wegen des Schutzes individualrechtlicher Positionen durch das Günstigkeitsprinzip unzulässig sei[787] und der Ansicht, die davon ausging, auch derartige Veränderungen seien prinzipiell möglich, allerdings unter der Voraussetzung der betrieblichen Mitbestimmung und einer strengen Billigkeitskontrolle.[788]

Zunächst komme es nicht darauf an, ob die in der Betriebsvereinbarung geregelten Angelegenheiten der erzwingbaren Mitbestimmung unterliegen oder nur als freiwillige Betriebsvereinbarungen zustande kommen.[789] Vertraglich begründete Ansprüche der Arbeitnehmer auf Sozialleistungen, die auf eine vom Arbeitgeber gesetzte Einheitsregelung oder eine Gesamtzusage zurückgehen, könnten im Grundsatz nicht durch eine **verschlechternde (»verbösernde«) Betriebsvereinbarung** gegen den Willen der begünstigten Arbeitnehmer eingeschränkt werden. Solche Ansprüche seien vertragliche Ansprüche. Für das Verhältnis vertraglicher Ansprüche zu den Normen einer nachfolgenden Betriebsvereinbarung sei grundsätzlich das Günstigkeitsprinzip anwendbar. Etwas Anderes gelte jedoch für sog. **umstrukturierenden Betriebsvereinbarungen**, die lediglich die Sozialleistungen unter Beibehaltung ihres Gesamtumfangs anders verteilen. Hier werden in den Grenzen der unveränderten Gesamtdotierung die Regelungsbefugnisse der Betriebsparteien in der praktischen Konsequenz erweitert und das Günstigkeitsprinzip ist insoweit eingeschränkt.[790] Der Große Senat hat diese Ansicht auf das von ihm zu § 77 Abs. 4 BetrVG eingeführte »**kollektive Günstigkeitsprinzip**« gestützt, das in der Rechtslehre überwiegend auf Kritik stieß.[791]

Die **vom Bundesarbeitsgericht verwandten Begriffe** führen wegen ihrer **Unschärfe** in der Praxis zu einer Reihe von Schwierigkeiten. So ist offen, ob der Per-

---

784 *Belling*, DB 1982, 2516.

785 Weitere Überlegungen bei *Däubler*, AuR 1984, 10f.

786 BAG GS 16.9.1986, AP Nr. 17 zu § 77 BetrVG 1972.

787 So unter anderem *Pfarr*, BB 1983, 2001; *Richardi*, RdA 1983, 201, mit unterschiedlichen Akzenten in der Begründung.

788 In diesem Sinne z.B. *Jobs*, DB 1986, 1120.

789 So aber BAG 12.8.1982, AP Nr. 4 zu § 77 BetrVG 1972.

790 Ein Beispiel in einer Folgeentscheidung zum Urteil des GS: BAG 3.11.1987, AP Nr. 25 zu § 77 BetrVG 1972.

791 In der Tendenz kritisch zur Entscheidung: unter anderem *Belling*, DB 1987, 1888; *Blomeyer*, DB 1987, 634; *Hromadka*, NZA 1987, Beilage 3, 2; in der Tendenz trotz Detailkritik zustimmend: *Däubler*, AuR 1987, 349; *Gamillscheg*, ArbRGgw 26 (1988), 49; *Richardi*, NZA 1987, 185.

sonenkreis und die Mitbestimmungstatbestände (»Leistungstöpfe«) identisch sein müssen, um von einer umstrukturierenden Betriebsvereinbarung zu sprechen. Beides wird zu bejahen sein. Wegen dieser und weiterer Probleme erscheint es sinnvoll, die Grundsätze der Entscheidung lediglich auf den Bereich der betrieblichen Altersversorgung anzuwenden, über die der Senat entschieden hat.[792]

## 9. Der Günstigkeitsvergleich

### a) Zum Hintergrund und zur Bedeutung der Kontroverse

#### *aa) Traditionelle Bewertungsmaßstäbe*

Schwierige **Auslegungsprobleme** können sich bei der Frage ergeben, ob die Re- **292**
gelung im Tarifvertrag einerseits oder im Individualarbeitsvertrag andererseits die günstigere ist. Welche Bestimmungen hierbei heranzuziehen, welcher Bewertungsmaßstab zugrunde zu legen und auf wessen Interessen maßgeblich abzustellen ist, war bereits in der Weimarer Zeit Gegenstand einer facettenreichen (Methoden-)Kontroverse in der Rechtslehre. (§ 4 Rn. 297 ff.).

In den ersten drei Jahrzehnten der Bundesrepublik hatte sich mit Bezug auf **293**
die h.M. in der Weimarer Republik[793] eine gefestigte Meinung herausgebildet, die von folgenden Konstanten ausging: Maßgebend sei eine **objektive Beurteilung**, der subjektiv reale Wille des jeweiligen Arbeitnehmers bleibe also außer Betracht. Durch Auslegung von Arbeitsvertrag und Tarifvertrag sei festzustellen, welche Regelungen in sachlichem Zusammenhang stehen (**Sachgruppenvergleich**), ein Gesamtvergleich komme im Allgemeinen nicht in Betracht, da er schwer durchzuführen sei und im Zweifel dem Parteienwillen nicht gerecht werde. Schließlich gelte eine **Unklarheitenregel**, wonach es bei Zweifeln über die Frage, ob die Bestimmung im Arbeitsvertrag gegenüber der tariflichen günstiger sei, die tarifliche Norm gelte.[794]

#### *bb) Arbeitszeitverkürzung als Anstoß für eine neue Dimension des Günstigkeitsvergleichs*

Mitte der 80er Jahre wurde dem Günstigkeitsprinzip des § 4 Abs. 3 TVG teilweise **294**
eine Dimension zugemessen, die über die traditionelle Auslegung weit hinausgeht.[795] Gesellschaftspolitischer Hintergrund der Kontroverse war vor allem die schrittweise Einführung der 35-Stunden-Woche durch Tarifvertrag in den Jahren 1984, 1987 und 1990. Sie war nach der harten Auseinandersetzung des Jahres 1984 mit Flächenstreiks, kalten und heißen Aussperrungen und dem Ergebnis eines schwierigen Schlichtungsverfahrens, so genannter »Leber-Kompromiss« (§ 1 Rn. 238), auf Grenzen der Akzeptanz vor allem der Arbeitgeberseite gesto-

792 Enger Anwendungsbereich in ähnlichem Sinn: BAG 21.9.1989, AP Nr. 43 zu § 77 BetrVG 1972; vgl. auch BAG GS 7.11.1989, AP Nr. 46 zu § 77 BetrVG 1972, unter C II 2; BAG 17.6.2003 (3 ABR 43/02), NZA 2004, 1111, 1115 = RdA 2004, 304 (mit Anm. von *Däubler*); weitere Einzelheiten in der Kommentarliteratur zum BetrVG, z.B. DKK-*Berg*, § 77 Rn. 21 ff.; *Fitting*, § 77 Rn. 205 ff.

793 Z.B. ausdrücklich: *Wiedemann/Stumpf*, § 4 Rn. 240.

794 Grundlegend *Wiedemann/Stumpf*, § 4 Rn. 240 Rn. 243 und Rn. 251, mit Rechtsprechungsnachweisen.

795 Zum Ausgangspunkt der Debatte: *Joost*, ZfA 1984, 173; stärker rechtspolitisch: *Adomeit*, NJW 1984, 595.

ßen. Eine Auslegung, die individuellen Regelungen Vorrang vor tariflichen einräumt, ermöglicht zumindest eine partielle Korrektur des Formelkompromisses zur wöchentlichen Arbeitszeitverkürzung mit tariflich zugestandenen Differenzierungsmöglichkeiten. Es kommt hinzu, dass wegen Veränderungen von Wertvorstellungen die Wünsche und Bedürfnisse zahlreicher Arbeitnehmer auch im Hinblick auf die Arbeitzeit vielfältiger geworden sind.[796] Deshalb stellt sich ebenfalls verstärkt die Frage, auf welcher Regelungsebene einer differenzierteren Arbeitswelt angemessen Rechnung getragen werden kann.

### *cc) Neubestimmung der Günstigkeit durch die Tarifparteien selbst*

**295** Abgesehen von existenziellen ökonomischen und politischen Krisenzeiten hat sich die Tariflandschaft kaum radikaler verändert als in den Jahren seit dem so genannten »Leber-Kompromiss« zur 35-Stunden-Woche von 1984 mit Öffnungen für differenzierte Lösungen der Arbeitszeitdauer.[797] Das betrifft vor allem eine Tendenz der Verlagerung von Kompetenzen vom (Flächen-)Tarifvertrag auf die betriebliche und mit Einschränkungen auch auf die arbeitsvertragliche Ebene. Inzwischen gibt es Öffnungen in den klassischen Regelungsbereichen mit relativ präzisen Vorgaben (unter anderem Eingruppierungsbestimmungen, Leistungsentgelte, Arbeitszeit), tarifliche Vorgaben mit einem hohen betrieblichen Umsetzungsbedarf (z.B. Qualifizierung, gemeinsame Entgelt-Rahmen-Abkommen für Arbeiter und Angestellte, etwa in der Metallindustrie vom Frühjahr 2002) und schließlich Öffnungen für das befristete und unbefristete Abweichen von tariflichen Leistungen: Einstiegstarife, Kleinbetriebsklauseln, allgemeine Härtefallklauseln, gespaltene Entgelttabellen, Öffnungsklauseln zu einzelnen Tarifregelungen, ertragsabhängige Vergütungsbestandteile unter anderem gehören seit langem zum Regelungsbestand der Tarifpolitik (zu rechtlichen Spielräumen und Grenzen: § 4 Rn. 394ff.).

Die vorhandenen Möglichkeiten einer flexiblen betrieblichen Anwendung tariflicher Vorgaben werden in der Praxis reichlich genutzt. Eine Betriebs- und Personalrätebefragung aus dem Jahr 2002 ergab, dass in 35% der Betriebe und 22% der Dienststellen tarifliche Öffnungsklauseln angewendet werden.[798] Nach einer entsprechenden Erhebung 2004/2005 wuchs die Zahle der Betriebsräte, die tarifliche Öffnungs- und Differenzierungsklauseln nutzten, auf drei Viertel.[799] Darüber hinaus machen die Tarifparteien zunehmend von der Möglichkeit betriebsnaher Anpassung des Flächentarifvertrages durch Firmen- und Ergänzungstarifverträge Gebrauch[800] (siehe § 4 Rn. 394ff.).

Derartige Veränderungen bedürfen allerdings einer gewissen Zeit, weil sie die Balance großer Mitgliederverbände wie der Gewerkschaften berühren.[801] Den-

796 Grundsätzlich: *U. Beck*, Risikogesellschaft, 115ff., 240ff.; ferner *Oppolzer*, AuR 1998, 51ff.; *Zachert*, AuR 2002, 41ff.

797 Bestätigt durch BAG 18.8.1987, AP Nr. 23 zu § 77 BetrVG 1972.

798 Alles dies ist vielfach dokumentiert, z.B. *Bispinck/Schulten*, WSI-Mitt. 2003, 160; *Bispinck*, WSI-Mitt. 2004, 237; *Massa-Wirth/Seifert*, WSI-Mitt. 2004, 246; *Clasen*, BArbBl. 3/2003, 20; ferner das Schwerpunktheft 2/2003 der Industriellen Beziehungen mit Beiträgen verschiedener Autoren, jeweils mit umfassenden Nachweisen.

799 *Bispinck*, WSI-Mitt. 2005, 303.

800 Allein aktuell ca. 26500 Firmentarifverträge: *Clasen*, BArbBl. 3/2003, 20; umfassende statistische Nachweise und rechtliche Einschätzung von *A. Stein*, RdA 2000, 129; *Zachert*, NZA 2000, Beilage 24, 17.

801 Z.B. *Brecht/Höland/Reim*, RdA 2002, 28.

noch sprechen alle Anzeichen dafür, dass dieser Prozess einer Anpassung des Flächentarifvertrages durch tarifliche Öffnungen unterschiedlicher Art, durch Firmentarifverträge in wachsender Zahl oder Ergänzungstarifverträge fortgesetzt wird – eine Entwicklung die sich bereits in den vergangenen Jahren mit erstaunlicher Geschwindigkeit umgesetzt hat.[802]

#### dd) Eine neue Dimension des Günstigkeitsvergleichs als Mittel zur Lösung der Arbeitsmarktprobleme?

Gleichwohl hat die Kontroverse um die Auslegung des Günstigkeitsvergleichs an Schärfe nicht abgenommen. Vor dem Hintergrund fortbestehender arbeitsmarktpolitischer Probleme sind einige Vertreter der Rechtswissenschaft der Ansicht, dass vor allem eine individualvertraglich zugesicherte Beschäftigungssicherung im Rahmen des Günstigkeitsvergleichs untertarifliche Entgelt- und Arbeitszeitstandards kompensieren könne.[803] Darüber hinaus wurden entsprechende Vorschläge gemacht, durch eine Änderung des § 4 Abs. 3 TVG dieses weite Günstigkeitsverständnis gesetzlich zu legitimieren.[804] **296**

#### ee) Überblick der Positionen der Rechtslehre einer neuen Dimension des Günstigkeitsvergleichs

Die Positionen, welche die Rechtslehre zum Günstigkeitsvergleich vorschlägt, sind inzwischen kaum noch zu überblicken.[805] Gemeinsames Ziel oder jedenfalls Ergebnis der unterschiedlichen methodischen Ansätze eines **neuen Vergleichsmaßstabs** des Günstigkeitsprinzips ist es jedoch, vor allem beschäftigungssichernde Zusagen in den Günstigkeitsvergleich mit einzubeziehen. Die zwingende Wirkung des Tarifvertrages soll aufgelockert werden, weil sich diese beschäftigungsfeindlich auswirke.[806] Typisierend[807] lassen sich folgende Ansichten unterscheiden. **297**

Am weitesten geht die Auffassung, wonach die Kompensation untertariflicher Leistungen durch beschäftigungssichernde Zusagen **verfassungsrechtlich geboten** sei (Art. 12 GG).[808] **298**

Vereinzelt wird die zwingende Wirkung des Tarifvertrages dadurch in Frage gestellt, dass man bei der Günstigkeitsabwägung einen **Gesamtvergleich** der **299**

---

802 U.a. *Streeck/Rehder*, Industrielle Beziehungen, 2003, 341.

803 Z.B. *Löwisch/Rieble*, § 4 Rn. 326ff.; dagegen z.B. *Däubler/Deinert*, § 4 Rn. 636ff. – jeweils mit Nachweisen.

804 Z.B. Gesetzesentwurf zur »Modernisierung des Arbeitsrechts« der CDU/CSU vom 18.6.2003, BT-Drucks. 15/1182 vom 18.6.2003. Einen Kompromissvorschlag macht *Natzel*, NZA 2005, 903, nachdem die Tarifparteien durch eine so genannte »Ausschließlichkeitserklärung« das Heft des Handelns in der Hand behalten; soweit damit der gegenwärtige Rechtszustand »paraphiert« wird, ist dagegen nichts einzuwenden, jedoch erscheint die Regelung dann unnötig.

805 Vgl. den anschaulichen Titel des Beitrags von *Krauss*, »Der bunte Korb der Günstigkeit«, NZA 1996, 294ff. auf der Grundlage der Dissertation Günstigkeitsprinzip, 1995.

806 Explizit *Rieble*, ZfA 2004, 31; kritisch hierzu aus ökonomischer und arbeitsmarktpolitischer Sicht trotz ähnlicher rechtspolitischer Vorschläge z.B. *Möschel*, BB 2003, 1953.

807 Tatsächlich überlagern sich die Argumente.

808 Z.B. *Hromadka*, DB 2003, 42, 43; *Schliemann*, NZA 2003, 128; aus der älteren Literatur entsprechend zum Thema tariflicher Arbeitszeitverkürzung: *Zöllner*, DB 1989, 2121; anschaulicher Überblick hierzu: *Schlüter*, FS Stree und Wessels, 1063ff.

verschiedenen Regelungskomplexe des Tarifvertrages und des Arbeitsvertrages zugrunde legt.[809]

300 In die gleiche Richtung zielen die Vorschläge, welche statt eines objektivierenden Bewertungsmaßstabes bei der Auslegung der Günstigkeit auf den **subjektiven Willen** des oder der betroffenen Arbeitnehmer abstellen.[810]

301 Modifiziert wird die Ansicht eines subjektiven Günstigkeitsvergleichs durch Positionen, welche dem betreffenden Arbeitnehmer ein **generelles Wahlrecht** einräumen.[811] Auch damit würde im Zweifel ein Abweichen von der tariflichen Normsetzung ermöglicht. Der Arbeitnehmerschutz wäre maßgeblich entwertet.[812]

302 Die Auffassungen eines erweiterten Günstigkeitsvergleichs unter Berücksichtigung beschäftigungspolitischer Aspekte führen darüber hinaus zu einer Verlagerung tarifpolitischer Wertungen, etwa über die Ernsthaftigkeit arbeitgeberseitiger Zusagen einer Beschäftigungssicherung, auf die juristische Ebene: Statt der Tarifparteien entscheiden im Zweifel die **Gerichte** darüber, **was günstiger ist**. Ihnen obliegt die Aufgabe, Bewertungen zu korrigieren, die – jedenfalls implizit – Gegenstand der Tarifverhandlungen waren.[813] Das würde nicht nur erhebliche Bewertungsunsicherheiten aufwerfen[814], sondern den traditionellen Auslegungsprinzipien der Rechtsprechung widersprechen, die durch eine Zurückhaltung gekennzeichnet sind, tarifpolitische Entscheidungen durch Richterspruch in Frage zu stellen (siehe Grundl. Rn. 396 und Rn. 403).

303 Wenn das Bundesarbeitsgericht in einem obiter dictum angedeutet hat, dass eine **Typisierung betrieblicher Interessenlagen** und ihre Aufnahme in das Prüfungsprogramm eines **Günstigkeitsvergleichs** durch den **Gesetzgeber** denkbar sei[815], so steht dies unter einem doppelten Vorbehalt. Erstens darf es sich – im Unterschied zu den die bekannten rechtspolitischen Vorschlägen – nicht um einen umgestaltenden Eingriff in die strukturellen Rahmenbedingungen des Tarifrechts

---

809 Z. B. *Rüthers*, Der Konflikt, 107, 109; *Kort*, ZfA 2000, 364; *Krauss*, Günstigkeitsprinzip, 85; im Ergebnis auch *Schliemann*, NZA 2003, 124; rechtsvergleichend ist das Urteil des Cour de Cassation vom 19. 2. 1997, Dr. Soc. 1997, 432 (mit Anm. von *Couturier*), das einen Globalvergleich zulässt, nicht überzubewerten: Abgesehen davon, dass es französischer Tradition folgend, nicht differenziert begründet ist, bezieht es sich auf das Verhältnis Flächen-/Firmentarifvertrag, wird in der französischen Lehre nahezu einhellig kritisiert und entspricht den Gepflogenheiten der französischen Rechtsprechung, unternehmerische Entscheidungen allgemein stärker zu überprüfen, als dies in Deutschland der Fall ist. Ausführlich: *Pahl*, Funktionen der Günstigkeit, 131 ff. mit Nachweisen; aus französischer Sicht in deutscher Sprache: *Le Friant*, NZA 2000, 81; zur Kontrollintensität richterlicher Entscheidungen: *Körner*, RdA 2000, 146.

810 Z. B. *Adomeit*, NJW 1984, 27; *Gitter*, FS Wlotzke, 300 ff.; *Heinze*, NZA 1991, 332 ff.; *Krauss*, Günstigkeitsprinzip, 110 ff.; *Löwisch*, BB 1991, 59; *Picker*, Die Tarifautonomie, 61 ff.; *Zöllner*, DB 1989, 2121; *Kaden*, Bündnisse, 111 ff.

811 *Löwisch/Rieble*, § 4 Rn. 318 ff.; *Löwisch*, BB 1991, 62 f.; *Buchner*, DB 1996, Beilage 12, 10; *Hromadka*, DB 1992, 1043; dagegen z. B. grundsätzlich Wiedemann/*Wank*, § 4 Rn. 466, mit Nachweisen.

812 Probleme »der Grenzziehung« räumen auch ein: *Löwisch/Rieble*, § 4 Rn. 322.

813 Zutreffend BAG 20. 4. 1999 (1 ABR 72/98), AP Nr. 82 zu Art. 9 GG.

814 Paradigmatisch die Eingrenzungsversuche von *Löwisch/Rieble*, § 4 Rn. 330 f. oder auch von *Hromadka*, DB 2003, 42, 47, letzterer mit dem Vorschlag der gerichtlichen Überprüfung einer Günstigkeitsvermutung der Sicherung von Arbeitsplätzen bei entsprechendem Belegschaftsquorum; *Robert*, NZA 2004, 638 ff. will den Arbeitsrichter die Insolvenzreife feststellen lassen und schlägt zugleich eine Vielzahl von Kriterien vor, die »betriebliche Bündnisse für Arbeit« gegen den Tarifvertrag ermöglichen sollen; siehe auch die Konkretisierungsbemühungen von *Bonin*, Standortsicherung, 460 ff., der lediglich enge Abweichungen vom Tarifvertrag bei »Existenzgefährdung« zulassen will; kritisch zu allen diesen Eingrenzungsversuchen zu Recht *Raab*, ZfA 2004, 387.

815 BAG 20. 4. 1999 (1 ABR 72/98), AP Nr. 82 zu Art. 9 GG.

handeln.[816] Zweitens ergeben sich enge Grenzen aus der nach Art. 9 Abs. 3 GG gebotenen und bislang von den Gerichten bei allen Unschärfen im Einzelfall durchgehend respektierten »Arbeitsteilung« zwischen tarifpolitischer Entscheidung der Tarifparteien einerseits und der rechtlichen Interpretation der Tarifnormen durch die Gerichte andererseits[817] (siehe § 4 Rn. 302).

#### *ff) Die neue Dimension des Günstigkeitsvergleichs – ein Paradigmenwechsel*

Im Ergebnis laufen alle Spielarten einer »neuen Dimension des Günstigkeitsvergleichs« auf einen **Paradigmenwechsel im (kollektiven) Arbeitsrecht** hinaus. Der Inhalt des Tarifvertrages würde der Disposition der Parteien des Individualarbeitsvertrages überantwortet. Der **Tarifvertrag** verlöre seine zwingende Wirkung zugunsten eines Regelungssystems, in dem er lediglich noch eine **Leitlinie** darstellt. Damit würden die gesamten bisherigen Tarifstrukturen aufs Spiel gesetzt (zu verfassungsrechtlichen Aspekten: § 4 Rn. 262).[818] **304**

### b) Allgemeine Auslegungsgrundsätze

#### *aa) Personeller Bezugspunkt*

Hinsichtlich des **personellen Bezugspunktes** kommt es bei tarifvertraglich begründeten **Individualrechten** auf das Interesse des jeweiligen Arbeitnehmers an.[819] Dies folgt daraus, dass das Günstigkeitsprinzip die individuelle Vertragsfreiheit sichert (siehe § 4 Rn. 256f.). **305**

Bei tariflichen **Betriebsnormen** oder **betriebsverfassungsrechtlichen Normen** ist, soweit das Günstigkeitsprinzip Anwendung findet (vgl. § 4 Rn. 271) vorrangig auf das Interesse der betroffenen Gruppe oder der Gesamtbelegschaft des Betriebes abzustellen.[820] Diese Normen räumen einer Gruppe oder der Belegschaft Rechtspositionen ein, das Recht des Einzelnen stellt hier lediglich einen Reflex dar.[821]

Das **Interesse der Koalitionen** muss jedoch zumindest insoweit berücksichtigt werden, als die Abmachungen nicht gegen die Durchführung des Tarifvertrages gerichtet sein dürfen.[822] Wollen die Tarifvertragsparteien ihren Vorstellungen eine stärkere Geltung verschaffen, so können sie die Vertragsfreiheit durch partielle Abschlussverbote, z.B. Verbot von Akkordarbeit[823], Schichtarbeit usw., **306**

---

816 Siehe die Unterscheidung zwischen »Ausgestaltung« und »Umgestaltung«, ErfK/*Dieterich*, Art. 9 GG Rn. 80ff.; *Zachert*, AuR 2004, 121ff.

817 Zutreffend insoweit *Raab*, ZfA 2004, 387: »kaum justiziabel«, der dann allerdings eine gesetzliche Öffnung des § 77 Abs. 3 BetrVG für zulässig hält; überhaupt nicht berücksichtigt z.B. von *Möschel*, BB 2005, 493.

818 So eindringlich und zutreffend: *Lieb*, NZA 1994, 293; ferner aus der älteren Debatte: *Däubler*, DB 1989, 2534; *Zachert*, DB 1990, 986; im Ergebnis ebenfalls die h.M. der Literatur zum TVG: Wiedemann/*Wank*, § 4 Rn. 436ff.; *Däubler/Deinert*, TVG § 4 Rn. 647; *Gamillscheg*, Kollektives Arbeitsrecht I, § 18 V 5 b, 856; *Stein*, Rn. 602, jeweils mit Nachweisen.

819 Allgemeine Meinung: Wiedemann/*Wank*, § 4 Rn. 446; *Däubler/Deinert*, § 4 Rn. 668f.; *Löwisch/Rieble*, § 4 Rn. 291 – jeweils mit weiteren Nachweisen.

820 Wiedemann/*Wank*, § 4 Rn. 447 mit Differenzierungen; *Däubler/Deinert*, § 4 Rn. 670; *Löwisch/Rieble*, § 4 Rn. 447 – jeweils mit weiteren Nachweisen.

821 Zutreffend *Löwisch/Rieble*, § 4 Rn. 294.

822 Insoweit ist *Keppler*, NZA 1991, 745 und *Stein*, Rn. 603, zuzustimmen.

823 BAG 7.12.1956, AP Nr. 1 zu § 817 BGB.

einschränken und damit einem Günstigkeitsvergleich die Grundlage entziehen. Diese Frage ist aktuell kaum relevant.[824]

### *bb) Auslegungsmethode: objektivierender Maßstab*

307 Bei der Auslegungsmethode[825] ist, um eine gleichmäßige und vorhersehbare Beurteilung zu gewährleisten, ein **objektivierender Maßstab** zugrunde zu legen. Im Rahmen einer typisierenden Bewertung sind die subjektiven Anschauungen der betroffenen Arbeitnehmer ein Anhaltspunkt. Jedoch kommt es auf die spezifischen Wünsche des betreffenden Arbeitnehmers nicht an. Ein **subjektiver Günstigkeitsvergleich** ist **abzulehnen** (hierzu § 4 Rn. 297 ff. mit Nachweisen). Es ist darauf abzustellen, wie ein verständiger Arbeitnehmer die arbeitsvertraglichen und tariflichen Inhalte unter Berücksichtigung der Verkehrsanschauung und der spezifischen Branchenverhältnisse beurteilen würde.[826]

308 Ein so verstandener objektivierender Ansatz erhält schärfere Konturen, wenn der **Wille der Tarifparteien** als das »gebündelte Individualinteresse der Verbandsmitglieder« mit einbezogen wird, soweit er im Tarifvertrag seinen Ausdruck gefunden hat[827] (siehe § 4 Rn. 306).

309 Eine Ausnahme von der größtmöglichen Respektierung des Parteiwillens besteht dann, wenn es sich um Abweichungen von **zwingenden arbeitsrechtlichen Schutzvorschriften** handelt. Gesundheits- und Persönlichkeitsschutz stehen nicht zur Disposition.[828]

### *cc) Inhaltlicher Vergleichsmaßstab: Sachgruppenvergleich*

310 Im Hinblick auf den **inhaltlichen Vergleichsmaßstab** ist mit der Rechtsprechung[829] und überwiegenden Ansicht der Rechtslehre[830] darauf abzustellen, ob die Regelungen in einem **offensichtlichen sachlichen (inneren) Zusammenhang (Sachgruppenvergleich)** stehen.

Damit scheidet ein **Gesamtvergleich** aus, der ohnehin schwer durchführbar erscheint und zudem zu einer Gegenüberstellung von Inhalten führen würde, die dem Parteiwillen widersprechen[831] (hierzu grundsätzlich: § 4 Rn. 297 ff.).

---

824 Beispiel in der *Voraufl.*, § 4 Rn. 186; ferner bei *Däubler/Deinert*, § 4 Rn. 677.

825 Hierzu ausführlich: *Wlotzke*, Günstigkeitsprinzip, 72 ff.; *Belling*, Günstigkeitsprinzip, 179 ff.

826 So die überwiegende Meinung, unter anderem mit geringfügig unterschiedlichen Akzenten: Wiedemann/*Wank*, § 4 Rn. 451; *Däubler/Deinert*, § 4 Rn. 689; *Gamillscheg*, Kollektives Arbeitsrecht I, § 18 V 5 b, 855 f.; *Löwisch/Rieble*, § 4 Rn. 310 f.; *Wlotzke*, Günstigkeitsprinzip, 78 f.; *Belling*, Günstigkeitsprinzip, 175; LAG Baden-Württemberg, 14.6.1989 (9 Sa 145/88), DB 1989, 2029; LAG München, 4.5.1990 (2 Sa 128/90), LAGE § 4 Günstigkeitsprinzip Nr. 3 = DB 1990, 2273.

827 Zutreffend *Däubler/Deinert*, § 4 Rn. 674; *Stein*, Rn. 603.

828 Beispiel in BAG 25.11.1958, AP Nr. 1 zu § 10 UrlaubsG Hamburg.

829 LAG Hamm 28.2.1958, DB 1958, 519; LAG Kiel 27.2.1958, BB 1958, 449; BAG 8.10.1958, AP Nr. 1 zu Art. 7 UrlaubsG Bayern; BAG 23.5.1984 (4 AZR 129/82), AP Nr. 9 zu § 339 BGB; LAG Baden-Württemberg 14.6.1988 (9 Sa 145/88), DB 1989, 2028; LAG München 4.5.1990 (2 Sa 128/90), LAGE Günstigkeitsprinzip Nr. 3 = DB 1990, 2273; BAG 20.4.1999 (1 ABR 72/98), AP Nr. 89 zu Arb. 9 GG.

830 Aus der (Kommentar-)Literatur zum TVG: Wiedemann/*Wank*, § 4 Rn. 462 ff.; *Löwisch/Rieble*, § 4 Rn. 302; *Gamillscheg*, Kollektives Arbeitsrecht I, § 18 V 5 a, 852 ff.; *Stein*, Rn. 605; *Fuchs*, Tarifvertragsrecht, Rn. 204 f., 153 f.; jeweils mit Nachweisen; kritisch *Däubler/Deinert*, § 4 Rn. 663 ff.

831 Wiedemann/*Wank*, § 4 Rn. 471; *Däubler/Deinert*, § 4 Rn. 654; *Gamillscheg*, Kollektives Arbeitsrecht I, § 18 V 5 a, 852 f.; *Löwisch/Rieble*, § 4 Rn. 471, jeweils mit Nachweisen; Ausnahme: Zusammenziehung von Kündigungsfrist und Kündigungstermin beim Vergleich nach § 622 Abs. 5 BGB: BAG 4.7.2001 (2 AZR 469/00), DB 2002, 96.

Auch ein **isolierter Vergleich**, im Rahmen dessen jede einzelne Bestimmung des Arbeitsvertrages jeder einzelnen Bestimmung des Tarifvertrages gegenübergestellt und jeweils nur die günstigere angewandt wird[832], kommt als allgemeine Auslegungsmethode nicht in Betracht.[833] Der Vergleich jeder einzelnen Tarifbestimmung mit der einzelnen Bestimmung des Arbeitsvertrages birgt das Risiko, dass im Sinne »einer Rosinentheorie« die jeweils günstigere Lösung herausgegriffen werden könnte. Der isolierte Vergleichsmaßstab ist allerdings dann anzuwenden, wenn es sich um Regelungen handelt, die nach den Vorstellungen der Tarifparteien nicht zusammenhängen.

Als **Rechtsfolge des Gruppenvergleichs** kann folgendes eintreten: Möglich ist, dass ein Sachzusammenhang verneint wird. Dann sind (wie beim isolierten Vergleich) die einzelnen Bestimmungen beider Regelungen zu vergleichen mit dem Ergebnis, dass die ungünstigere Bestimmung des Arbeitsvertrages (der allgemeinen Arbeitsbedingungen, gegebenenfalls der Betriebsvereinbarung) durch die entsprechend günstigere des Tarifvertrages ersetzt wird. Ansonsten bleibt die vorteilhaftere Bedingung des Arbeitsvertrages nach § 4 Abs. 3 TVG aufrechterhalten und verdrängt die Tarifnorm. Wird der Sachzusammenhang bejaht, so gilt grundsätzlich das Gleiche mit dem Unterschied, dass nicht die einzelnen Bestimmungen gegenüberzustellen sind, sondern dass ein Gruppenvergleich vorgenommen werden muss. **311**

Die Frage, wann zwischen den Bestimmungen im Arbeitsvertrag (der allgemeinen Arbeitsbedingungen, gegebenenfalls der Betriebsvereinbarung) und denen des Tarifvertrages **ein offensichtlicher (innerer) Sachzusammenhang** gegeben ist, kann schwierig zu beantworten sein, denn die Konturen der in Verbindung stehenden Regelungskomplexe sind im Einzelfall nicht leicht zu bestimmen.[834] Um eine Beliebigkeit des Austausches unterschiedlicher tariflicher Regelungskomplexe mit Individualvereinbarungen zu vermeiden, erscheint ein mehrstufiges Prüfungsverfahren angemessen. **312**

Ausgangspunkt ist, ob die Bestimmungen **denselben Gegenstand** betreffen.[835] Als typische Beispiele werden unter anderem die Dauer des Urlaubs, die Länge der Wartezeit und die Höhe des Urlaubsgeldes genannt.[836] Aber auch hier ist Behutsamkeit angezeigt. So erscheint es bereits im Hinblick auf die Berücksichtigung subjektiver Interessen der Beteiligten[837] in den angeführten Tatbeständen nicht zwingend, einen offensichtlichen Sachzusammenhang zwischen der Ausweitung der tariflichen Wartezeit im Arbeitsvertrag und einer gleichzeitigen Erhöhung des Urlaubsgeldes anzunehmen.

Darüber hinaus ist ein Gruppenvergleich nur dann zu Grunde zu legen, wenn es konkrete Anhaltspunkte im Tarifvertrag dafür gibt, dass die Tarifparteien mehrere Einzelregelungen bewusst zu einer Einheit zusammenfassen wollten.[838] Die

---

832 Beispiel, wenn auch unter speziellen Sachverhaltsbedingungen: LAG Frankfurt am Main 16.4.1958, AP Nr. 5 zu § 1 ArbKrankhG.

833 Z. B.; Wiedemann/*Wank*, § 4 Rn. 467; *Gamillscheg*, Kollektives Arbeitsrecht I, § 18 V 5 a, 853; *Stein*, Rn. 606; referierend *Däubler/Deinert*, § 4 Rn. 655 ff.

834 Hierzu *Stein*, Rn. 606.

835 Das liegt nicht vor bei Akkordlohn und Wegegeld: LAG Düsseldorf 28.3.1950, AP 51 Nr. 280.

836 *Wlotzke*, Günstigkeitsprinzip, 85 f.; weitere Beispiele im Rechtsprechungsüberblick § 4 Rn. 328 ff.

837 Vgl. insoweit z. B. die gründliche Analyse von BAG 10.12.1965, AP Nr. 1 zu § 4 TVG Tariflohn und Leistungsprämie; ferner BAG 19.12.1958, AP Nr. 1 zu § 4 TVG Sozialzulage; zu den Grenzen: BAG 12.4.1972, AP Nr. 13 zu § 4 TVG Günstigkeitsprinzip.

838 *Däubler/Deinert*, § 4 Rn. 664 f.; *Stein*, Rn. 603 ff., mit der zutreffender Parallelwertung zum Verzicht des § 4 Abs. 4 1 TVG; *Schweibert*, Wochenarbeitszeit, 191; wohl auch *Löwisch/Rieble*, § 4 Rn. 302.

**Tarifparteien** haben auch insoweit eine **Einschätzungsprärogative.**[839] Auf die Wertung der Parteien des Arbeitsvertrages kann es in diesem Zusammenhang nicht maßgeblich ankommen.[840] Dies würde zu einer Aushöhlung der Schutzfunktion des Tarifvertrages führen.[841] Ein solcher Bezugspunkt stößt damit auf dieselben Bedenken wie der subjektive Günstigkeitsvergleich (dazu § 4 Rn. 307 ff.).

**Im Ergebnis** wird der Sachzusammenhang deshalb nur bejaht werden können, wenn die eine ohne die andere Bestimmung den **gleichen Regelungsgegenstand** betrifft und nach **Vorstellung der Tarifparteien isoliert sinnlos oder nicht verständlich wäre.**[842]

### *dd) Ambivalente Bestimmungen*

313 **Ambivalente Bestimmungen** in Individualverträgen, die sich je nach den Umständen als günstig oder ungünstig auswirken können – z. B. einzelvertraglich für beide Seiten veränderte Kündigungsfristen – unterliegen nicht dem Günstigkeitsvergleich, soweit sich nicht im Voraus feststellen lässt, wie sie sich für den betreffenden Arbeitnehmer auswirken werden. Es bleibt dann beim Vorrang des Tarifvertrages.[843]

### *ee) Günstigkeitsneutrale Regelungen*

314 Entsprechendes gilt für so genannte **günstigkeitsneutrale Regelungen.**[844] Hier stellt sich vor allem die Frage, wann eine arbeitsvertragliche Regelung »günstigkeitsneutral« ist. Legt man diesen Begriff weit aus[845] und hebt zusätzlich auf die subjektive Bewertung des oder der Betroffenen ab, dann liegt nahe, dass die Normwirkung des Tarifvertrages auf diesem Wege entscheidend geschwächt werden kann. Das Günstigkeitsprinzip und nicht die zwingende Wirkung des Tarifvertrages ist jedoch die Ausnahme[846] (§ 4 Rn. 247 ff.). Auch in diesen Fällen verbleibt es deshalb beim Vorrang der einschlägigen Tarifnorm(en).

---

839 Zur verfassungsrechtlichen Debatte der Einschätzungsprärogative des *Gesetzgebers*: ErfK/*Dieterich*, Einl. GG Rn. 43, mit Nachweisen.

840 Wiedemann/*Wank*, § 4 Rn. 471, allerdings weitgehend mit ähnlichen Ergebnisse wie hier; *Bengelsdorf*, ZfA 1990, 594.

841 *Däubler/Deinert*, § 4 Rn. 663 ff.; auch *Belling*, Günstigkeitsprinzip, 177, 184, 187; *P. Schulze*, Günstigkeitsprinzip, 22 f.

842 Damit ist den berechtigten Bedenken von *Däubler/Deinert* § 4 Rn. 663 ff., die einen anderen methodischen Ausgangspunkt wählen, Rechnung getragen.

843 BAG 17. 4. 2002 (5 AZR 644/00), NZA 2002, 1340; Wiedemann/*Wank*, § 4 Rn. 452; Überblick über weitere Positionen: *Däubler/Deinert*, § 4 Rn. 680.

844 So bei untertariflicher Auslösung und übertariflichem Stundenlohn: BAG 12. 4. 1972 (4 AZR 21 1/71), AP Nr. 13 zu § 4 TVG Günstigkeitsprinzip (mit Anm. von *Wiedemann*); ebenso *Gamillscheg*, Kollektives Arbeitsrecht I, § 18 V 5 c, 857; *Däubler/Deinert*, § 4 Rn. 690; a. A. allerdings bei engem Vergleichsmaßstab: Wiedemann/*Wank*, § 4 Rn. 453 und Rn. 465 ihm folgend *Hanau*, DB 2004, 2269 bei tarifvertraglichen Beschränkungen von Entgelt in betriebliche Altersversorgung; für ein sehr begrenztes Wahlrecht: ErfK/*Schaub*, § 4 Rn. 71.

845 Z. B. Änderungen der Arbeitszeitlage: *Löwisch/Rieble*, § 4 Rn. 317; dagegen zutreffend Wiedemann/*Wank*, § 4 Rn. 465.

846 Zutreffend *Däubler/Deinert*, § 4 Rn. 690.

### *ff) Günstigkeit eines Wahlrechts?*

Wie bereits ausgeführt (§ 4 Rn. 301) ist ein **generelles Wahlrecht** des Arbeitnehmers zwischen arbeitsvertraglicher und tariflicher Regelung abzulehnen, da es den Arbeitnehmerschutz und die normative Wirkung des Tarifvertrages in Frage stellt. **315**

Abgesehen davon, dass sich das Günstigkeitsprinzip auf den inhaltlichen Vergleich zweier Regelungskomplexe und nicht auf Verfahrensmodalitäten bezieht[847], unterschätzt diese Position die bei typisierender Betrachtung feststellbaren Funktionsdefizite des Arbeitsvertrages zu Lasten der Arbeitnehmer.[848]

Die Entscheidung des Großen Senats zur **Wahlfreiheit zwischen Ruhestand und Weiterarbeit**[849] ist in diesem Zusammenhang untypisch, da beim Austritt aus dem Arbeitsverhältnis ein Machtungleichgewicht regelmäßig nicht vorliegt und der Arbeitnehmer es in der Hand hat, durch Kündigung sein Arbeitsverhältnis zu beenden.[850]

### *gg) Zeitpunkt des Günstigkeitsvergleichs*

**Maßgeblicher Zeitpunkt** für die Beurteilung der Günstigkeit ist der Augenblick, in dem die abweichende Vereinbarung getroffen wurde.[851] Eine Kompensation untertariflicher und übertariflicher Vertragsleistungen erscheint nur zulässig, wenn sich im voraus und mit Sicherheit für einen überschaubaren Zeitraum feststellen und berechnen lässt, dass in der Gesamtsituation des Arbeitsverhältnisses eine Verbesserung eintritt. Es ist eine **ex-ante Betrachtung** zu Grunde zu legen.[852] **316**

Bleibt dagegen **unsicher**, ob die übertariflichen Leistungen den Arbeitnehmer innerhalb des in Frage kommenden Vergleichszeitraumes überhaupt besser stellen, scheidet eine Anwendung des § 4 Abs. 3 TVG aus, und es gilt der Tarifvertrag.[853]

**Ändern sich** die tatsächlichen oder rechtlichen **Verhältnisse** in einem für die Günstigkeitseinschätzung relevanten Ausmaß, so ist die Bewertung neu vorzunehmen.[854] Allerdings können dem Arbeitnehmer gegebenenfalls unentziehbare Anwartschaften entstanden sein.[855]

---

847 Zutreffend *Schlüter*, FS Stree und Wessels 1993, 1078.

848 BVerfG 28.1.1992, E 85, 191, 213; zum hier behandelten Problembereich: *Däubler/Deinert*, § 4 Rn. 714 und 734; *Buschmann*, NZA 1990, 388.

849 BAG GS 7.11.1989, AP Nr. 46 zu § 77 BetrVG 1972.

850 Im Ergebnis ebenso: *Gamillscheg*, Kollektives Arbeitsrecht I, § 18 V 4 c; Wiedemann/*Wank*, § 4 Rn. 492; *Däubler/Deinert*, § 4 Rn. 714 und Rn. 734 und *Däubler/Hensche*, § 1 Rn. 513; *Stein*, Rn. 624; eng ebenfalls: ErfK/*Schaub*, § 4 Rn. 71.

851 BAG 20.7.1961, AP Nr. 3 zu § 10 UrlaubsG Hamburg (mit Anm. von *G. Hueck*); BAG 12.4.1972, AP Nr. 13 zu § 4 TVG Günstigkeitsprinzip (mit Anm. von *Wiedemann*); LAG München 4.5.1990 (2 Sa 128/90), LAGE Günstigkeitsprinzip Nr. 3= DB 1990, 2273; Wiedemann/*Wank*. § 4 Rn. 475; *Däubler/Deinert*, § 4 Rn. 692 ff.; *Löwisch/Rieble*, § 4 Rn. 314; *Gamillscheg*, Kollektives Arbeitsrecht I, § 18 V 5 b, 856 f.; aus der älteren Literatur: *Etzel*, NZA 1987, Beilage 1, 24.

852 Vgl. BAG 22.10.1973, AP Nr. 31 zu § 1 FeiertagslohnzahlungsG (mit Anm. von *Herschel*); Wiedemann/*Wank*, § 4 Rn. 475.

853 Wiedemann/*Wank*, § 4 Rn. 475; *Däubler/Deinert*, § 4 Rn. 692.

854 *Gamillscheg*, Kollektives Arbeitsrecht I, § 18 V 5b, 857; *Löwisch/Rieble*, § 4 Rn. 316; *Däubler/Deinert*, § 4 Rn. 693.

855 Wiedemann/*Wank*, § 4 Rn. 475.

#### *hh) Unklarheitenregel: in dubio pro Tarifnorm*

317 Keine Anwendung findet § 4 Abs. 3 TVG, soweit **unklar** bleibt, ob die betreffende Vereinbarung für den einzelnen Arbeitnehmer **günstiger** ist oder nicht. In diesen Fällen wird die Grundregel der zwingenden Geltung des Tarifvertrages nicht durch das Günstigkeitsprinzip modifiziert.[856] Im Zweifel ist auch hier von der **Einschätzungsprärogative** der **Tarifparteien** auszugehen.[857]

### c) Einzelfragen der Anwendung des Günstigkeitsvergleichs

#### *aa) Vorfragen: Beschäftigungspolitisches Mandat und Höchstarbeitszeiten*

318 Wie dargelegt (§ 4 Rn. 294 ff.), werden die heftigsten Kontroversen um die Frage geführt, ob die Tarifparteien eine verbindliche Festlegung der Arbeitszeiten treffen können, um damit neben anderen Zwecken arbeitsmarktpolitische Ziele zu verfolgen.

319 Die Ansicht, den Tarifparteien stehe grundsätzlich kein Mandat zur **Arbeitsmarkt- und Beschäftigungspolitik** zu, sondern dies sei seines Gesamtbezuges wegen ausschließlich Aufgabe der demokratisch gewählten und legitimierten Staatsorgane[858], überzeugt nicht. Die Sicherung von Beschäftigung ist Ausdruck einer **kombinierten Verantwortung des Staates** nach Art. 20 Abs. 1 sowie Art. 74 Nr. 11, 12, 14 GG **und der Tarifparteien nach** Art. 9 Abs. 3 GG. Ziel und Wirkung des Tarifvertrages ist in aller Regel nicht nur der Interessenausgleich im Einzelfall und der Schutz individueller Positionen (»**Privatnützigkeit**«). Darüber hinaus gestaltet er die (Rechts-)Wirklichkeit im Hinblick auf kollektive Interessen (»**Sozialnützigkeit**«).[859] Dazu gehört die Sicherung von Beschäftigung, die dem historisch überkommenden Verständnis der Tarifautonomie entspricht.[860] Die gegenteilige Auffassung wird diesen Grundelementen der Tarifautonomie, die in einer Wechselbeziehung stehen, nicht gerecht (im Einzelnen Grundl. Rn. 104, Rn. 107 und Rn. 109).

320 Einwände gegen den Vorrang der tariflichen Vereinbarung aus dem Gesichtspunkt eines Verbots der Fixierung von Höchstarbeitsbedingungen gehen ebenfalls fehl.[861] Den Tarifparteien ist es grundsätzlich nicht verwehrt, auch **Höchst-**

---

856 BAG 12. 4. 1972, AP Nr. 13 zu § 4 Günstigkeitsprinzip (mit Anm. von *Wiedemann*); BAG 19. 12. 1958, AP Nr. 1 zu § 4 TVG Sozialzulagen; BAG 22. 10. 1973, AP Nr. 31 zu § 1 FeiertagslohnzahlungsG (mit Anm. von *Herschel*).; LAG Mannheim 8. 7. 1953, AP 54 Nr. 34; LAG Düsseldorf 26. 8. 1952, DB 1952, 1090; Wiedemann/*Wank*, § 4 Rn. 478; *Gamillscheg*, Kollektives Arbeitsrecht I, § 18 V 5 c, 857; aus der älteren Literatur: *Etzel*, NZA 1987, Beilage 1, 24.

857 Zur verfassungsrechtlichen Diskussion einer Einschätzungsprärogative des *Gesetzgebers*: ErfK/*Dieterich*, Einl. GG Rn. 43.

858 *Zöllner*, DB 1989, 2121 ff.; *Loritz*, ZfA 1990, 154 ff.; *Bengelsdorf*, ZfA 1990, 563 ff.; *Buchner*, DB 1990, 1718 f.; *Rieble*, ZfA 2004, 8 ff.

859 Grundsätzlich *Kempen*, FS Hanau, 529 ff.; ferner *Schweibert*, Verkürzung der Wochenarbeitszeit, 80.

860 BAG 27. 4. 2004 (9 AZR 18/03), NZA 2005, 821; *Hanau/Thüsing*, ZTR 2001, 6; im Ergebnis ebenso mit unterschiedlichen Akzenten in der Begründung: ErfK/*Dieterich*, Art. 9 Abs. 3 Rn. 73, Wiedemann/*Wank*, § 4 Rn. 482 ff.; *Däubler/Deinert*, § 4 Rn. 699 f.; *Gamillscheg*, Kollektives Arbeitsrecht I, § 7 III 5 a, 344 f.; *Stein*, Rn. 617; *Kempen*, FS Hanau, 529; *Schweibert*, Verkürzung der Wochenarbeitszeit, 137 ff.; *Wolter*, RdA 2002, 218; *Zachert*, DB 2001, 1199; BAG 28. 6. 2001 (6 ATR 114/00); AP Nr. 24 zu § 611 BGB Arbeitszeit; zweifelnd in einem obiter dictum im Hinblick auf ein »ausschließlich beschäftigungspolitisches Mandat der Tarifparteien«: BAG 25. 10. 2000 (4 AZR 438/99), AP Nr. 1 zu § 1 TVG Tarifverträge: Internationaler Bund= AuR 2001, 225 (mit Anm. von *Gamillscheg*); sehr eng auch *C. Meyer*, ZTR 2005, 400 ff.

861 So z. B. *Th. B. Schmidt*, Günstigkeitsprinzip, 138; *Heinze*, NZA 1991, 395.

**arbeitszeiten** festzulegen. Ein prinzipielles Verbot von Höchstarbeitszeiten ist weder historisch (§ 4 Rn. 248) noch verfassungsrechtlich (§ 4 Rn. 263ff.) abzuleiten.[862] Die Grenzen einer »unbeschränkt verordneten Teilzeit« müssen hier nicht näher diskutiert werden. Insoweit geht es um die Frage eines unverzichtbaren Gehalts des allgemeinen Persönlichkeitsrechts (Art. 2 GG) und der Berufsfreiheit (Art. 12 GG) von Arbeitnehmer und Arbeitgeber[863] (Grundl. Rn. 212ff.).

In den typischen Fällen der Tarifpraxis handelt es sich dagegen um eine zeitlich begrenzte Rückführung der wöchentlichen Arbeitszeit, in der Regel mit Öffnungen für längere und flexible Arbeitszeiten, die mit Gegenleistungen, üblicherweise einem Teillohnausgleich und einer befristeten Beschäftigungsgarantie, verbunden sind. Dies begegnet im Rahmen der Grenzziehung der Reichweite der Tarifautonomie oder ihrer Abwägung mit anderen Grundrechten keinen Bedenken. Um Risiken einer Anfechtbarkeit auszuschließen, erscheint ein solcher kompensatorischer Teilausgleich allerdings auch erforderlich.[864] Auf die kontrovers diskutierte, abstrakte Frage, ob eine (weitere) Arbeitszeitverkürzung durch Gedanken des Gesundheitsschutzes oder von Freizeitwerten als tarifvertraglich geschütztes Gut legitimiert ist[865], kommt es in diesem Zusammenhang nicht an.

### *bb) Arbeitsvertragliche Arbeitszeitverlängerung/Beschäftigung/Entgelt*

Der praktisch wichtigste und rechtlich sowie rechtspolitisch umstrittenste Aspekt **321** ist der, ob eine **arbeitsvertragliche Verlängerung der tariflich vereinbarten Arbeitszeit,** verbunden mit einer zeitlich begrenzten Beschäftigungssicherung und gegebenenfalls mit Entgelterhöhungen günstiger ist als die Tarifregelung.[866] Dies ist zu verneinen.

Bei der Auslegung des Günstigkeitsvergleichs ist – wie bereits im Einzelnen dar- **322** gelegt-, von einem engen Sachgruppenvergleich (§ 4 Rn. 310) unter Zugrundelegung eines objektivierenden Beurteilungsmaßstabes auszugehen, in den der Willen der Tarifparteien mit einbezogen wird. Damit **verbietet sich** ein **Quervergleich** zwischen unterschiedlichen Themenkomplexen wie Arbeitszeit gegen Beschäftigung und/oder Entgelt. Die gegenteilige Ansicht verstößt augenfällig gegen den verfassungsrechtlich gesicherten Grundsatz der Normativwirkung des Tarifvertrages und denaturiert ihn im Ergebnis zu einer unverbindlichen Leitlinie (§ 4 Rn. 297ff.).[867]

---

862 Wiedemann/*Wank*, § 4 Rn. 498; *Gamillscheg*, Kollektives Arbeitsrecht I, § 18 V 3 a, 844; ausführlich *Däubler/Hensche*, § 1 Rn. 506ff.

863 ErfK/*Dieterich*, Einl. GG Rn. 67.

864 Siehe die Fälle BAG 25.10.2000 (4 AZR 438/99), AP Nr. 1 zu § 1 TVG Tarifverträge Internationaler Bund = AuR 2001, 225 (mit Anm. von *Gamillscheg*) und BAG 28.6.2002 (6AZR 114/00), AP Nr. 24 zu § 611 BGB; zum Thema: *Gotthardt*, DB 2000, 1462.

865 *Däubler/Hensche*, § 1 Rn. 512 und *Stein*, Rn. 615ff., jeweils mit Nachweisen.

866 Vgl. so genannte »Burda«-Fall: BAG 20.4.1999 (1 ABR 72/98), AP Nr. 89 zu Art. 9 GG oder, mit gewisser Abweichung, der Konflikt beim Heizungshersteller »Vissmann« ArbG Marburg 7.8.1986 (1 Bv 6/96) AuR 1996, 461.

867 Wie hier mit unterschiedlichen Akzenten: BAG 20.4.1999 (1 ABR 72/98), AP Nr. 89 zu Art. 9 GG; ebenso BAG 17.11.2002 (2 AZR 742/00), DB 2003, 828 = RdA 2003, 368 (mit Anm. von *Franzen*); Wiedemann/*Wank*, § 4 Rn. 443ff.; *Däubler/Deinert*, § 4 Rn. 636ff.; *Gamillscheg*, Kollektives Arbeitsrecht I, § 18 V 4 c, 88 f: a. A. *Löwisch/Rieble*, § 4 Rn. 326ff., jeweils mit Nachweisen.

### *cc) Tarifliche Arbeitszeitverlängerung/Beschäftigung/Entgelt*

**323** Unterschiedlich ist die rechtliche Bewertung im umgekehrten Fall **der tariflichen Verlängerung individualarbeitsvertraglich vereinbarter Arbeitszeit**, die mit einer Beschäftigungssicherung verbunden ist. Insoweit kann davon ausgegangen werden, dass kürzere Arbeitszeiten nach der Verkehrsanschauung prinzipiell günstiger zu bewerten sind als eine längere Arbeitszeitdauer.[868]
Diese Frage wird (nur) für die gewerkschaftlich organisierten Arbeitnehmer relevant, da Arbeitszeitregelungen grundsätzlich tarifliche Inhaltsnormen, also keine »allgemein wirkenden« Betriebsnormen darstellen (§ 1 Rn. 92).
Haben die Tarifparteien mehrere – gegebenenfalls auch heterogene – Einzelregelungen bewusst zu einer Einheit zusammengefasst, so erfolgen die zeitlichen Vorgaben und die Festlegung der anderen inhaltlichen Rahmenbedingungen durch die Tarifparteien selbst. Dies ist Ausdruck des Autonomiegedankens von Art. 9 Abs. 3 GG.[869]
Um Einwänden zu begegnen, damit könnte gegebenenfalls der **Vertrauensschutz** im Hinblick auf erworbene verfassungsrechtlich geschützte Positionen einer individualrechtlich kürzeren Arbeitszeitdauer verletzt werden (Art. 2, 6 und 12 GG), sollte die tarifliche Arbeitszeitverlängerung – ebenso wie in den Fällen einer tariflichen Arbeitszeitverkürzung (Beispiel 28,8 Stunden- Woche bei Volkswagen im Jahr 1994)[870] möglichst nachhaltig mit einer Beschäftigungssicherung verbunden werden. Darüber hinaus sollte der im Hinblick auf die längere Arbeitszeit entstehende prozentuale Einkommensverlust begrenzt bleiben und eine Rückkehr zur kürzeren Arbeitszeit nach Überwindung der wirtschaftlichen Schwierigkeiten vorgesehen sein.

### *dd) Tarifliche Arbeitszeitverkürzung/Beschäftigung/Entgelt*

**324** Bei einer **tariflichen Verkürzung der Arbeitszeit unter das arbeitsvertraglich vereinbarte Niveau** im Falle von Betriebs- oder Branchenkrisen gelten die vorstehend dargestellten Grundsätze entsprechend.

**325** **Im Rahmen des Günstigkeitsvergleichs** rechtfertigen Arbeitszeitverkürzungen auch ohne vollständigen Lohnausgleich den Vorrang vor individualrechtlich längerer Arbeitszeit, verbunden mit mehr Entgelt durch den gleichzeitigen Ausschluss oder die Erschwerung betriebsbedingter Kündigungen. Aus dem Prinzip des **Vertrauensschutzes** individueller Rechtspositionen von Verfassungsrang (Art. 2 und 12 GG) folgt wiederum, dass die tarifliche Arbeitszeitverkürzung greifbar mit einer Beschäftigungssicherung verknüpft wird und sich die Entgeltminderung in Höhe und Zeit in Grenzen hält.[871]

---

868 Im Ergebnis zutreffend, wenn auch aus der damaligen Situation heraus zu pauschal in der Argumentation: LAG Baden-Württemberg 14.6.1989 (9 Sa 145/88), DB 1989, 2028 (mit kritischen Anm. von *Buchner*); zu Recht differenzierend im Hinblick auf die positive Einschätzung der Zunahme von Freizeit: *Stein*, Rn. 617.

869 Vgl. *Schweibert*, Verkürzung der Wochenarbeitszeit, 191 im Hinblick auf tarifliche Arbeitszeitreduzierungen.

870 Vgl. *Zachert*, AuR 1995, 11 f.

871 BAG 25.10.2000 (4 AZR 438/99), AP Nr. 1 zu § 1 TVG Tarifverträge: Internationaler Bund= AuR 2001, 225 (mit Anm. von *Gamillscheg*); BAG 28.6.2001 (6 AZR 114/00), AP Nr. 24 zu § 611 BGB Arbeitszeit; *Gotthardt*, DB 2000, 1462; *Zachert*, AuR 1995, 11 f.

### *ee) Lebensarbeitszeit/tarifliche Altersgrenzen*

**Einzelvertragliche Vereinbarungen, über die tariflich festgelegte Altersgrenze hinaus** zu arbeiten (§ 1 Rn. 270 ff.), sind im Rahmen des Günstigkeitsvergleichs **zulässig.**[872] Die entsprechende Rechtsprechung des Großen Senats des BAG wird jedoch überbewertet, wenn hieraus abgeleitet wird, dass ein Wahlrecht **generell** die Günstigkeit begründen könne (hierzu näher § 4 Rn. 301 und Rn. 315).[873] 326

### *ff) Sonstige Fallkonstellationen*

**Andere Fallkonstellationen** zum Günstigkeitsprinzip[874] sind nach den **allgemeinen Grundsätzen** durch einen engen Sachgruppenvergleich und eine objektivierende Auslegungsmethode zu lösen. Im Zweifel gilt eine Einschätzungsprärogative der Tarifparteien. 327

### d) Rechtsprechungsüberblick zum Günstigkeitsvergleich

Arbeitsvertragliche Arbeitszeitverlängerung/Beschäftigung/Entgelt 328
Tariflich vereinbarte Arbeitszeit oder Arbeitsentgelt einerseits und eine (zeitlich begrenzte) Beschäftigungsgarantie im Arbeitsvertrag andererseits sind völlig unterschiedlich geartete Regelungsgegenstände, für deren Bewertung es keinen gemeinsamen Maßstab gibt. Sie können im Rahmen des Sachgruppenvergleichs nicht miteinander verglichen werden. Eine arbeitsvertragliche Beschäftigungsgarantie ist nicht geeignet, Verschlechterungen beim Arbeitsentgelt oder bei der Arbeitszeit zu rechtfertigen. Nur dieses Verständnis entspricht dem Zweck des Tarifvertragsgesetzes, welches zum Schutz der Arbeitnehmer die Normwirkung von Tarifverträgen gewährleistet.[875]

Arbeitsvertragliche Arbeitszeitverlängerung/Entgelt 329
Im Hinblick auf eine längere arbeitsvertragliche Arbeitszeit, verbunden mit mehr Lohn im Vergleich zu einer kürzeren tariflichen Arbeitszeit, entschied das LAG Baden-Württemberg: Zwischen Entgeltanspruch und Arbeitszeitregelung fehlt ein objektiver Zusammenhang. Zwar kann die Arbeitszeit entsprechend dem Verdienst des Arbeitnehmers in einen Entgeltanspruch umgerechnet werden, doch gibt das Umrechnungsergebnis nicht die Wertigkeit wieder, die Arbeitnehmer üblicherweise diesem Entgeltanspruch zubilligen. Bei der Wertschätzung des Freizeitanspruchs und des Entgeltanspruchs ist nicht von den subjektiven Vorstellungen des Betroffenen auszugehen, sondern von einem verständigen Arbeitnehmer bei Berücksichtigung der in der Metallindustrie verbreiteten Verkehrsanschauung. In der gegenwärtigen Phase der Arbeitszeitverkürzung hat eine verlängerte Freizeit aus den verschiedensten Gründen für den Arbeitneh-

---

872 BAG GS 7.11.1989 (GS 3/85), AP Nr. 46 zu § 77 BetrVG.

873 So *Löwisch/Rieble*, § 4 Rn. 317 ff. mit Nachweisen; a. A. die überwiegende Meinung: *Gamillscheg*, Kollektives Arbeitsrecht I, § 18 V 4 c; Wiedemann/*Wank*, § 4 Rn. 492; *Däubler/Deinert*, § 4 Rn. 714 und Rn. 734; *Stein*, Rn. 624; eng auch: ErfK/*Schaub*, § 4 Rn. 71.

874 Besonders *Däubler/Deinert*, § 4 Rn. 695; Wiedemann/*Wank*, § 4 Rn. 479; *Stein*, Rn. 608 ff.

875 BAG 20.4.1999 (1 ABR 72/98), AP Nr. 89 zu Art. 9 GG (mit Anm. von *Richardi*, a. a. O., und Anm. von *Kocher*, AuR 1999, 404), so genannter »Burda«-Fall; ebenso BAG 28.6.2001 (6 AZR 114/00), AP Nr. 24 zu § 611 BGB Arbeitszeit; BAG 7.11.2002 (2 AZR 742/00), AP Nr. 100 zu § 615 BGB (mit Anm. von *Franzen*, RdA 2003, 368).

mer einen anderen, in der Regel höheren Stellenwert als ein korrespondierender Entgeltanspruch.[876]

330 Arbeitsvertragliche Arbeitszeitverlängerung/Arbeitszeitlage
Es bestehen erhebliche Bedenken, Vergleichsgegenstand könne lediglich der jeweils sachlich zusammenhängende Regelungskomplex sein. Zu vergleichen sein dürften vielmehr die einschlägige tarifliche und die abweichende vertraglicher Regelung. Dies ergibt sich bereits aus dem Wortlaut von § Abs. 1 und 3 TVG, wonach die tarifliche Regelung mit der abweichenden Abmachung, nicht mit den Lebensumständen zu vergleichen ist, die ohne die Abmachung beständen. Danach erscheint zweifelhaft, ob ein Arbeitszeitmodell unter Einschluss einer tarifwidrigen Samstagsarbeit bis 22.30 Uhr günstiger sei als die bisherige Arbeitszeitregelung ohne Samstagsarbeit.[877]

331 Tarifliche Arbeitszeitverkürzung/Beschäftigungssicherung
Tarifnormen, die bezwecken, die Arbeit durch Absenkung regelmäßiger Arbeitszeit auf mehr Arbeitnehmer zu verteilen, sind durch Art. 9 Abs. 3 GG gedeckt. Dies zeigt sich auch darin, dass der Gesetzgeber gerade diese auf Verschlechterung der Arbeitsbedingungen von Arbeitsplatzbesitzern gerichtete Regelungsbefugnis der Tarifvertragsparteien gegen unberechtigte Ausübung durch Dritte umfassend geschützt hat. Arbeitsvertragliche Vereinbarungen dieses Inhalts sind durch § 4 Abs. 3 TVG ebenso ausgeschlossen wie dahingehende schuldrechtliche Regelungsabreden der Betriebspartner und auf ihnen beruhende einzelvertragliche Einheitsregelungen. Eine Tarifregelung, die wegen Arbeitsmangels (für sechs Jahre zeitlich befristet) die regelmäßige Arbeitszeit auf 87 % und die Vergütung entsprechend herabsetzt, greift zwar in die Berufsfreiheit (Art. 12 GG) der Arbeitnehmer ein. Sie ist jedoch durch sachbezogene Gründe nach Art. 12 Abs. 1 GG in Verbindung mit Art. 3 Abs. 1 GG und Art. 20 Abs. 1 GG gerechtfertigt.[878]
Ein Firmentarifvertrag, der in teilweiser Abänderung des Firmenmanteltarifvertrages die regelmäßige wöchentliche Arbeitszeit von 38,5 Stunden vorübergehend zur Beschäftigungssicherung durch eine besondere regelmäßige Arbeitszeit von 30,5 Stunden wöchentlich bei Teillohnausgleich und partiellem Schutz gegen betriebsbedingte Kündigungen während der Laufzeit des betriebsbezogenen Tarifvertrages ersetzt, verstößt nicht gegen höheres Recht.[879]

332 Lebensarbeitszeit/Altersgrenzen
Die Möglichkeit, über das Ende des Arbeitsverhältnisses und im Falle der Einführung einer Altersgrenze praktisch über das Ende des Berufslebens entscheiden zu können, ist ein rechtlicher Vorteil. Eine Altersgrenzenregelung ist für den Arbeitnehmer umso günstiger, je länger er die Wahlmöglichkeit zwischen Arbeit und Ruhestand hat. Jede Verkürzung der Wahlmöglichkeit ist ungünstiger.[880]

---

876 LAG Baden-Württemberg 14.6.1989 (9 Sa 145/88), DB 1989, 2028 (mit kritischer Anm. von *Buchner*); auch ArbG Stuttgart 7.9.1995, NZA-RR 1996, 139; ähnlich wohl LAG München 4.5.1990 (2 Sa 128/90), DB 1990, 2273 = LAGE Günstigkeitsprinzip Nr. 3; für den Vorrang des Individualarbeitsvertrag bei Freiwilligkeit: LAG Hamm 20.10.1990, BB 1991, 477.

877 BAG 18.12.1997 (2 AZR 709/96 ) AuR 1998, 212 (mit Anm. von *Zachert*).

878 BAG 28.6.2001 (6 AZR 114/00), AP Nr. 24 zu § 611 BGB Arbeitszeit.

879 BAG 25.10.2000 (4 AZR 438/99), AP Nr. 1 zu § 1 TVG Tarifverträge: Internationaler Bund (mit Anm. *Gamillscheg*, AuR 2001, 225), zu »Zumutbarkeitsabwägungen« Zulässigkeit der Arbeitszeitreduzierung um 25 % bejaht von BAG 18.4.1996 (6AZR 607/95), DB 1997, 781; dagegen bei 37,5 % unter Vollzeitvolumen im Vergleich zu einer Verringerung des betrieblichen Gesamtarbeitsvolumens von nur 25 % verneint von BAG 30.1.1997 (6 AZR 895/95), DB 1997, 2626.

880 BAG GS 7.11.1989 (GS 3/85), AP Nr. 46 zu § 77 BetrVG 1972.

Entgelt/Überstunden-(Mehrarbeits-)Zuschläge **333**

**Pauschalabgeltung von tariflichen Überstunden- bzw. Mehrarbeitszuschlägen**: Sieht der Tarifvertrag die Bezahlung von Mehrarbeit bzw. Überstunden vor, so werden durch übertarifliche Leistungen nicht tarifliche Mehr- und Überstundenzuschläge abgegolten. Nach der Rechtsprechung ist es jedoch möglich, die Mehrarbeitsvergütung durch eine Abgeltungspauschale abzugelten. Es muss dabei allerdings deutlich ersichtlich gemacht werden, ob überhaupt ein Teil des Gehalts und in welcher Höhe die Pauschalabgeltung für Überstundenbezahlung vereinbart wird. Diese Regelung muss unmissverständlich deutlich sein. Die Gewährung eines übertariflichen Gehalts reicht für sich allein nicht aus. Die Pauschale muss zumindest die Höhe der tariflichen Zuschläge erreichen. (früher galt als Maßstab der des durch das AZG ersatzlos aufgehobene § 15 AZO).[881] Werden tarifliche Überstunden- bzw. Mehrarbeitszuschläge durch eine Pauschale abgegolten, so kann es sich nur insoweit um übertariflichen Lohn/Gehalt handeln, als die Pauschale über die tariflichen Zuschläge hinausgeht.

Zu weitgehend erscheinen die Urteile, die in diesem Zusammenhang eine konkludente Vereinbarung für möglich halten. Immerhin verlangen auch sie, dass die Tatumstände zweifelsfrei sind.[882]

Sollen nach dem Arbeitsvertrag Überstunden mit dem »übertariflichen Gehalt« abgegolten sein, liegt eine gegenüber der tariflichen Einzelvergütung von Überstunden günstigere Regelung allenfalls dann vor, wenn im Voraus feststeht, dass sich die einzelvertragliche Regelung für den Arbeitnehmer vorteilhaft auswirkt. Ambivalente Vereinbarungen setzen sich gegenüber tariflichen Regelungen nicht durch.[883]

**Mehrverdienst des Akkordarbeiters**: Überschreitet der Akkordlohn den Akkordrichtsatz, so ist der tatsächliche Verdienst tariflicher Lohn, soweit er auf der überdurchschnittlichen Leistung des Akkordarbeiters beruht.[884] Eine Anrechnung oder Reduzierung im Rahmen des Günstigkeitsvergleichs kommt deshalb nicht in Betracht.

Entgelt/Zulagen **334**

**Zulage als Bestandteil des Tariflohns oder übertarifliche Zulage**: Ob eine Zulage neben dem Tarifgehalt zu zahlen ist, richtet sich in erster Linie nach der getroffenen Vereinbarung des Arbeitsvertrages. Bilden danach Grundgehalt und Zulage nur Berechnungsposten einer einheitlichen Vergütung, so ist für die Beurteilung, ob der Arbeitnehmer tarifgerecht entlohnt wird, das vereinbarte Gesamtentgelt mit der tariflichen Vergütung zu vergleichen.[885] Stellt sich dagegen die Zulage nach dem Willen der Vertragsparteien als ein relativ selbständiger, gesondert neben der Grundvergütung stehender Lohnbestandteil dar, so ist für die Feststellung, ob die vereinbarte Vergütung tarifgerecht ist, allein die vereinbarte Grundvergütung mit der tariflichen Grundvergütung zu vergleichen. Die übertarifliche Zulage hat hierbei außer Betracht zu bleiben[886] (hierzu § 4 Rn. 205).

---

881 LAG München 28.2.1951, AP 52 Nr. 10; LAG Mannheim 8.7.1953, AP 54 Nr. 34; LAG Frankfurt am Main 7.12.1949, AP 50 Nr. 228.

882 LAG Frankfurt am Main 22.8.1951, AP 52 Nr. 133; LAG Düsseldorf 26.8.1952, DB 1952, 1090; LAG Mannheim 30.9.1953, AP 54 Nr. 131; LAG Frankfurt am Main 22.8.1951, BB 1952, 30.

883 BAG 17.4.2002 (5 AZR 644/00), NZA 2002, 1340.

884 BAG 28.6.1961 und 17.10.1962, AP Nr. 15 und 16 zu § 611 BGB Akkordlohn.

885 Z.B. BAG 19.7.1978 (5 AZR 180/77), AP Nr. 10 zu § 611 BGB Übertariflicher Lohn und Tariflohnerhöhung; BAG 7.2.1996 (1 AZR 657/95), AP Nr. 85 zu § BetrVG 1972 Lohngestaltung.

886 BAG 16.7.1976 (5 AZR 270/75), AP Nr. 7 zu § 611 BGB Lohnzuschläge.

Für die Auslegungsfrage, ob eine Zulage gesondert neben der Grundvergütung gewährt ist, ist vor allem von Bedeutung, ob diese als Leistungszulage ausgewiesen ist. Bei ihr handelt es sich regelmäßig um einen selbständigen Lohnbestandteil[887] (Einzelheiten § 4 Rn. 359 f.).

**Abgeltung von tariflichen Sozialzulagen durch übertarifliches Gehalt**: Bei der Vereinbarung eines übertariflichen Gehalts kann im Zweifelsfalle eine tarifliche Sozialzulage gesondert neben dem vereinbarten übertariflichen Gehalt gefordert werden. Jedoch ist eine Vereinbarung bei Einstellung oder nachher dahin möglich, dass die Sozialzulage durch das übertarifliche Gehalt mit abgegolten sein soll. Eine solche Vereinbarung kann nach der Rechtsprechung auch konkludent erfolgen, was bedenklich erscheint. Immerhin wird verlangt, dass die (konkludente)) Vereinbarung eindeutig sein muss. Die Beweislast für das Bestehen einer solchen von der Regel abweichenden Vereinbarung trägt der Arbeitgeber.[888]

**335** Entgelt/Sonstiges

**Aufwandsentschädigung**: Sieht der Tarifvertrag bei auswärtigen Arbeiten eine tägliche Aufwandsentschädigung in Höhe von 350 % des Stundenlohnes neben Zahlung des Fahrgeldes vor, so ist eine vertragliche Vereinbarung auf freie Beförderung zur Baustelle und Bezahlung von nur zwei Arbeitsstunden täglich auch dann ungünstiger und deshalb unwirksam, wenn der Arbeitnehmer bei Anwendung der tariflichen Regelung wegen schlechter Bahnverbindung keine Überstunden auf der Baustelle hätte machen können.[889]

**Auslösung**: Die individualvertragliche Vereinbarung des Ausgleichs einer untertariflichen Auslösung durch einen übertariflichen Stundenlohn ist dann unzulässig, wenn nicht eindeutig und von vornherein festgestellt werden kann, dass die Zahlung des übertariflichen Lohnes zum Ausgleich der untertariflichen Auslösung für den Arbeitnehmer günstiger ist.[890]

**336** Befristung

Die Einschränkung der Befristung im Tarifvertrag[891] oder auch Einzelarbeitsvertrag[892] ist im Verhältnis zum BeschFG (jetzt TzBfG) die günstigere Regelung.

**337** Urlaub

Siehe § 4 Rn. 307 und Rn. 327.

**338** Kündigungsfristen

Ob eine im Arbeitsvertrag vereinbarte längere beiderseitige Kündigungsfrist für den Arbeitnehmer günstiger ist als eine kürzere tarifliche Kündigungsfrist, kann nur von Fall zu Fall beurteilt werden. Dabei ist das Interesse des Arbeitnehmers, auf die Chance eines Stellenwechsels schnell reagieren zu können, gegen sein Interesse abzuwägen, im Falle einer Arbeitgeberkündigung längere Zeit zum Aufsuchen einer anderen Stelle aufbringen zu müssen. Im Einzelnen sind das Lebensalter des Arbeitnehmers, der örtliche Arbeitsmarkt und die Gegebenheiten der Branche zu berücksichtigen.[893]

---

887 BAG 10.12.1965, AP Nr. 1 zu § 4 TVG Tariflohn und Leistungsprämie; BAG 3.6.1987 (4 AZR 44/87), AP Nr. 58 zu § 1 TVG Tarifverträge Metallindustrie.

888 BAG 19.12.1958, AP Nr. 1 zu § 4 TVG Sozialzulagen; überholt deshalb LAG Hamm 20.6.1954, DB 1954, 654.

889 LAG Hamm 18.3.1952, AP 53 Nr. 99.

890 BAG 12.4.1972, AP Nr. 13 zu § 4 TVG Günstigkeitsprinzip.

891 BAG 25.9.1987, AP Nr. 1 zu § 1 BeschFG 1985.

892 BAG 27.1.1988, PersR 1988, 192 (mit Anm. von *Peiseler*).

893 LAG München, 4.5.1990, DB 1990, 2273 (rechtskräftig); dagegen Vorrang der längeren beiderseitigen Kündigungsfristen des Arbeitsvertrages im Leitsatz, jedoch ausdrücklich offen gelassen in den Gründen: BAG 29.8.2001 (4 AZR 337/00) NZA 2002, 1346.

Die einzelvertragliche Vereinbarung von Kündigungsfrist und Kündigungstermin ist mangels anderer Anhaltspunkte regelmäßig als Einheit zu betrachten. Für den Günstigkeitsvergleich zwischen vertraglicher und gesetzlicher Regelung ist daher ein Gesamtvergleich vorzunehmen.[894]

## II. Verschiedene Ebenen der Absicherung übertariflicher Leistungen

### Literatur:

*Berkowsky*, Die Änderungskündigung, NZA-RR 2003, 449; *Bepler*, Betriebliche Übungen, RdA 2004, 226; *Bispinck*, Tarifstandards unter Druck – Tarifpolitischer Jahresbericht 2004, WSI-Mitt. 2005, 59; *Blomeyer*, Besitzstandswahrung durch Tarifvertrag, ZfA 1980, 1; *Boemke/Seifert*, Mitbestimmung bei vollständiger und gleichmäßiger Anrechnung von Tariflohnerhöhungen auf übertarifliche Zulagen, BB 2001, 985; *Däubler/Dorndorf*, AGB-Kontrolle im Arbeitsrecht, 2004; *Diekmann/Bieder*, Wirksamkeit von Widerrufsvorbehalten in Formulararbeitsverträgen bei Gewährung freiwilliger Leistungen, DB 2005, 722; *Dorndorf*, Mehr Individualvertragsfreiheit im Arbeitsrecht?, FS Gnade, 1992, 39; *Freitag*, Über die Freiwilligkeit freiwilliger Leistungen, NZA 2000, 294; *Hanau/Hromadka*, Richterliche Kontrolle flexibler Entgeltregelungen in Allgemeinen Arbeitsbedingungen, NZA 2005, 73; *Hansen*, Ist die begrenzte Effektivklausel wirklich eine unmögliche Konstruktion?, RdA 1985, 78; *Hoß*, Neue Rechtsprechung zur Anrechnung der Tariflohnerhöhung, NZA 1997, 1129; *v. Hoyningen-Huene*, Vergütungsregelungen und Mitbestimmung des Betriebsrats (§ 87 I Nr. 10 BetrVG), NZA 1998, 1081; *Hümmerich*, Widerrufsvorbehalte in Formulararbeitsverträgen, NJW 2005, 1759; *ders.*, Geltung von Arbeitsverträgen nach der Schuldrechtsreform, NZA 2003, 753; *Kittner*, Leichter kündigen als änderungskündigen?, NZA 1997, 968; *Kriebel*, Zentralisation und Dezentralisation im Tarifsystem, 1984; *Lindemann*, Einseitige Leistungsbestimmungsrechte auf dem Prüfstand, AuR 2004, 201; *dies.*, Flexible Gestaltung von Arbeitsbedingungen nach der Schuldrechtsreform, 2003; *Preis*, Widerrufsvorbehalte auf dem höchstrichterlichen Prüfstand, NZA 2004, 1014; *Reuter*, Inhaltskontrolle im Arbeitsrecht (§ 310 Abs. 4 BGB), in: 50 Jahre Bundesarbeitsgericht, 2004, 177; *Richardi*, Der Große Senat des BAG zur Mitbestimmung bei der Anrechnung einer Tariflohnerhöhung auf übertarifliche Zulagen, NZA 1882, 961; *Sauerbier*, Übertarifliche Entlohnung und Tariflohnerhöhung, AR-Blattei SD 1540 (Stand 2001); *Schiefer*, Die schwierige Handhabung der Jahressonderzahlungen, NZA 2000, 561; *Schimmelpfennig*, Inhaltskontrolle eines formularmäßigen Änderungsvorbehalts, NZA-RR 2005, 603; *Schmidt, I.*, Mitbestimmungsrecht und übertarifliche Zulagen, AuA 1996, 337; *Schneider, R.*, Anrechnung von Tariferhöhungen, DB 2000, 922; *Schüren*, Mitbestimmung des Betriebsrats bei Zulagen und betrieblichen Entgeltsystemen, RdA 1996, 14; *Singer*, Arbeitsvertragsgestaltung nach der Reform des BGB, RdA 2003, 194; *Strick*, Freiwilligkeitsvorbehalt und Widerrufsvorbehalt, NZA 2005, 723; *Ziepke/Schneider*, Anrechnung und Widerruf, 2. Aufl., 2000.

894 BAG 4.7.2001 (2 AZR 469/00), DB 2002, 96.

### 1. Die Interessenlage im Hinblick auf übertarifliche Leistungen

339 Die **Auswirkungen (außertariflicher bzw.) übertariflicher**[895] **Leistungen** für den einzelnen Arbeitnehmer sind zweischneidig (zu den Fakten: § 1 Rn. 206). Einerseits erhält er mehr Lohn, als die Tarifvertragsparteien kollektiv vereinbart haben.[896] Andererseits nehmen die übertariflichen Lohnbestandteile nicht an der Mindestniveaugarantie des Tarifvertrages teil. Damit besteht die Gefahr, dass ein Teil des Lebensunterhaltes nicht abgesichert ist. Zudem kann es auf Grund vertraglicher Gestaltung geschehen, dass bei einer Tariflohnerhöhung keine Steigerung des Nominallohns eintritt, da der übertarifliche Anteil durch die Erhöhung ganz oder teilweise aufgezehrt wird. Entscheidend aus Arbeitnehmersicht erscheint daher, inwieweit es gelingt, die Absicherung der übertariflichen Leistungen in rechtlich verbindlicher Weise zu gewährleisten. Das Interesse des Arbeitgebers wird demgegenüber grundsätzlich darin bestehen, darüber, ob diese Leistungen erbracht werden, möglichst frei je nach betrieblichen und gesamtwirtschaftlichen Bedingungen entscheiden zu können.[897]

340 Für die Absicherung übertariflicher Leistungen kommen bei unterschiedlicher praktischer Relevanz drei Ebenen in Betracht. Dies sind der Einzelarbeitsvertrag, ferner die Betriebsvereinbarung und schließlich der Tarifvertrag, der die übertariflichen Leistungen dann möglicherweise zu tariflichen machen würde.

### 2. Absicherung übertariflicher Leistungen im Einzelarbeitsvertrag

341 Die schwächsten Chancen der Absicherung übertariflicher Leistungen aus Arbeitnehmersicht ergeben sich auf der **einzelvertraglichen Ebene**.[898] Ob Arbeitnehmern bei der Gewährung übertariflicher Leistungen auch für die Zukunft entsprechende Ansprüche zustehen, hängt davon ab, welche individualvertraglichen Vereinbarungen getroffen sind. Die Leistungen können unter Freiwilligkeits-, Widerrufs- oder Anrechnungsvorbehalt stehen, wobei die entsprechende Einordnung der in der Praxis verwandten Formulierungen nicht selten erhebliche Auslegungsschwierigkeiten bereitet. Zudem könnten Zulagen befristet oder auflösend bedingt[899] sein, wobei im Falle der Bedingung wohl eine Billigkeitskontrolle stattzufinden hat.

---

895 Außertarifliche Leistungen betreffen Gegenstände, die im Tarifvertrag nicht vorgesehen sind, übertarifliche gehen über die dort geregelten hinaus, vgl. BAG AP Nr. 9 zu § 4 TVG Effektivklausel = EzA § 4 TVG Effektivklausel Nr. 1. Für den folgenden Text spielt die Unterscheidung, soweit nicht ausdrücklich erwähnt, keine Rolle.

896 Unzutreffend wird die Differenz zwischen Tariflohn und Effektivlohn im Schrifttum vereinzelt als Lohndrift (wage drift) bezeichnet. Dieser Begriff kennzeichnet vielmehr die Differenz zwischen Tariflohn*erhöhung* und Effektivlohn*erhöhung*, die als ökonomischer Indikator dient.

897 Zu den Motiven übertariflicher Leistungen *Däubler/Deinert*, § 4 Rn. 747 ff.; Wiedemann/*Wank*, § 4 Rn. 500 ff.; *Gamillscheg*, Kollektives Arbeitsrecht I, § 18 V 1b, 838 f.; *v. Hoyningen-Huene*, NZA 1998, 1084; *Zachert*, Tarifvertrag, 167, mit weiteren Nachweisen aus der sozialwissenschaftlichen Literatur.

898 *Zöllner/Loritz*, 1 ff.

899 Im Ergebnis zutreffend die Auslegung bei BAG 6. 2. 1985 [4 AZR 370/83], AP Nr. 16 zu § 4 TVG Übertariflicher Lohn und Tariflohnerhöhung, wonach die Formulierung, die Zulage erfolge »zum augenblicklichen Tariflohn« nicht schon bei jeglicher Veränderung des Tariflohns zum Wegfall der Zulage führt, sondern erst dann, wenn der Tariflohn das übertarifliche Gehalt übersteigt.

### a) Leistung unter Freiwilligkeitsvorbehalt (Einmaligkeitsvorbehalt)

Hat der Arbeitgeber vor oder bei der Gewährung der Leistung erklärt, sie erfolge freiwillig und **ohne rechtliche Verpflichtung für die Zukunft**, dann ist die Verbindlichkeit auf den einzelnen zugesagten Betrag begrenzt. Es handelt sich lediglich um eine in der Regel durch Gesamtzusage vertraglich begründete **Einmalzahlung**.[900] Das BAG[901] allerdings beschreibt die Zahlung als außerhalb der Rechtsbeziehungen der Arbeitsvertragsparteien liegend und verneint damit möglicherweise auch einen Rechtsanspruch auf die schon zugesagte Leistung. Eine Rückforderung des Geleisteten müsste aber auch bei dieser Betrachtung ausscheiden, da dann der Arbeitgeber in Kenntnis einer Nichtschuld gehandelt hat (§ 814 BGB). **342**

Angesichts der **Mehrdeutigkeit des Begriffs der freiwilligen Leistung** – in der betrieblichen Praxis soll er häufig nur die Freiwilligkeit der Anspruchsbegründung, d.h. das Fehlen einer auf Gesetz, Tarifvertrag oder Betriebsvereinbarung beruhenden Verpflichtung kennzeichnen[902] – ist nach allgemeinen Prinzipien zu verlangen, dass die **Einmaligkeit der Leistung**, der fehlende Fortsetzungswille, in der Erklärung des Arbeitgebers **deutlich erkennbar** wird. Formulierungsunklarheiten gehen zu dessen Lasten (vgl. auch § 305c Abs. 2 BGB). Bei einer Klausel wie »Gewährung der Leistung freiwillig und unter Vorbehalt jederzeitigen Widerrufs« in vorformulierten Arbeitsverträgen[903] muss das dazu führen, dass die Annahme eines Freiwilligkeitsvorbehalts ausscheidet.[904] Das gilt umso mehr, als Widerrufbarkeit eine fortwirkende Verpflichtung voraussetzt, die bei einer freiwilligen Leistung für die Zukunft gerade nicht besteht. Damit kommt auch eine Bindung des künftigen Verhaltens an das billige Ermessen, wie das beim Widerrufsvorbehalt der Fall ist (dazu § 4 Rn. 348), nicht in Betracht. **343**

Selbst **wiederholte Leistung** führt nicht zu künftigen Ansprüchen, sofern der Vorbehalt stets beigefügt oder die Zusage erkennbar jeweils nur für ein bestimmtes Kalenderjahr erfolgt ist.[905] Allenfalls der arbeitsrechtliche **Gleichbehandlungsgrundsatz** kann anspruchsbegründend wirken, wenn anderen Arbeitnehmern gegenüber ein vorbehaltsloses Leistungsversprechen erfolgt und der Ausschluss des einzelnen Arbeitnehmers willkürlich ist (vgl. dazu auch § 4 Rn. 349f.). Die Nichtberücksichtigung von Arbeitnehmern bei der Leistungsvergabe aufgrund von krankheitsbedingten Fehlzeiten ist wegen § 4a EFZG in den dort gesetzten Grenzen als sachlich gerechtfertigt anzusehen.[906] Ergibt die Auslegung der Leistungszusage jedoch nicht, dass sie unter Freiwilligkeitsvorbehalt **344**

900 Von daher scheidet eine AGB-Kontrolle (§ 4 Rn. 346) aus, da der »Vorbehalt« keine Vertragsbedingung darstellt (zutreffend *Hanau/Hromadka*, NZA 2005, 75).

901 BAG 26.3.1997 (10 AZR 612/96), AP Nr. 50 zu § 242 Betriebliche Übung = EzA § 242 BGB Betriebliche Übung Nr. 38; missverständlich *Lindemann*, AuR 2004, 202; demgegenüber zutreffend LAG Köln 20.11.2003 (10[13] Sa 366/03), BeckRS 2004, 40580; *Hanau/Hromadka*, NZA 2005, 73.

902 Zutreffend BAG 28.4.04 (10 AZR 481/03), BeckRS 2004, 41006, wonach die Formulierung »freiwillige Sozialleistung« auch nicht als Widerrufsvorbehalt verstanden werden muss.

903 *U. Preis*, FS Kissel, 879.

904 Siehe aber BAG 26.3.1997 (10 AZR 612/96), AP Nr. 50 zu § 242 Betriebliche Übung = EzA § 242 BGB Betriebliche Übung Nr. 38, wo diese Formulierung – weitergehend – als Bekräftigung des Freiwilligkeitsvorbehalts angesehen wurde; hiergegen zutreffende Bedenken *Richardts*, Anm zu BAG 4.5.1999 (10 AZR 290/98), EzA § 242 BGB Betriebliche Übung Nr. 43.

905 Vgl. BAG 25.9.2002 (10 AZR 554/01), EzA § 4 TVG Tariflohnerhöhung Nr. 40; BAG 16.4.1997 (10 AZR 705/97), AP Nr. 53 zu § 242 BGB Betriebliche Übung.

906 Dazu BAG 7.8.2002 (10 AZR 709/01), EzA § 4a EFZG Nr. 3 = DB 2002, 2384.

stehen soll, dann kann bei mehrfacher Gewährung unter dem Gesichtspunkt der betrieblichen Übung eine auch künftige Leistungsverpflichtung erwachsen (dazu § 4 Rn. 352ff.).

### b) Leistung unter Widerrufsvorbehalt

345 Der häufigere Fall ist wohl der, dass sich der Arbeitgeber den Widerruf der übertariflichen Zulagen vorbehalten hat. Auch hier ist die Rechtsstellung des Arbeitnehmers tendenziell schwach. Zwar erhält er ein Leistungsversprechen, das für die Zukunft gelten soll.[907] Dieses ist jedoch durch die Möglichkeit des jederzeitigen, allerdings nach billigem Ermessen auszuübenden (dazu § 4 Rn. 348) Widerrufs bedroht.[908] Die Widerruflichkeit muss **ausdrücklich** vereinbart sein. Allein die Bezeichnung als »freiwillige Sozialleistung« lässt noch nicht den Schluss auf einen vorbehaltenen Widerruf zu.[909] Auch bei besonders hohen Zulagen ist kein schlüssig erklärter Vorbehalt anzunehmen.[910]

#### *aa) Wirksamkeit des Vorbehalts*

346 **Generell unwirksam** ist der Vorbehalt, falls der Widerruf wesentlich in das Verhältnis von Leistung und Gegenleistung eingriffe und so eine **objektive Umgehung des gesetzlichen Änderungskündigungsschutzes** darstellte. Das soll nach der Rechtsprechung erst dann anzunehmen sein, wenn die zu widerrufenden Zulagen 25 % bis 30 % der Gesamtvergütung ausmachen.[911] Abgesehen von der Beliebigkeit solcher Prozentsätze ist einzuräumen, dass zumindest bei mittleren und höheren Lohngruppen übertarifliche Zulagen häufig eher jenseits der Grenze des als schutzbedürftig anzusehenden bloßen Konsumtiveinkommens liegen werden. Betrachtet man jedoch allein die Leistungsrelation, scheint eine Abwertung des Gegenwerts der Arbeit um ein Viertel durchaus wesentlich.[912]

347 Zudem wird in den meisten Sachverhalten der Widerrufsvorbehalt einer Inhaltskontrolle nach dem Recht der **Allgemeinen Geschäftsbedingungen** (§§ 305ff. BGB) unterliegen. Das ist nicht erst dann anzunehmen, wenn es sich bei ihm um eine für eine Vielzahl von Fällen vorformulierte Vertragsbedingung (Formulararbeitsvertrag, Übernahme eines Musters etc.) nach § 305 Abs. 1 Satz 1 und 2 BGB

---

907 Anders *Freitag*, NZA 2002, 295, der erst bei dreimaliger Gewährung aus dem Gesichtspunkt der betrieblichen Übung einen bis zum Widerruf bestehenden Rechtsanspruch annimmt.

908 *V. Hoyningen-Huene*, NZA 1998, 1084, hält den Freiwilligkeitsvorbehalt daher »für empfehlenswerter« (für den Arbeitgeber), da kein Rechtsanspruch gegeben ist und keine Bindung an das billige Ermessen erfolgt.

909 BAG 23.10.2002 (10 AZR 48/02), EzA § 611 BGB Nr. 169 Gratifikation, Prämie.

910 BAG 16.7.1976, AP Nr. 7 zu § 611 BGB Lohnzuschläge.

911 Genauer BAG 12.1.2005 (5 AZR 364/04), NZA 2005, 465 = NJW 2005, 1820; BAG 7.8.2002 (10 AZR 282/01), AP Nr. 81 zu § 315 BGB = EzA § 315 BGB Nr. 51; BAG 15.11.1995 (2 AZR 521/95), AP Nr. 20 zu § 1 TVG Tarifverträge: Lufthansa; BAG 21.4.1993 (7 AZR 297/92), AP Nr. 4 zu § 2 KSchG 1969 = EzA § 2 KSchG Nr. 20; BAG 13.5.1987 (5 AZR 125/86), AP Nr. 4 zu § 305 Billigkeitskontrolle = EzA § 315 BGB Nr. 34; LAG Berlin 30.3.2004 (3 Sa 2206/03), BeckRS 2004, 41507; siehe auch allgemein und zur Änderungskündigung BAG 16.5.2002 (2 AZR 292/01), EzA § 2 KSchG Nr. 46; BAG 4.8.1987, AP Nr. 89 zu Art. 9 GG Arbeitskampf sowie BAG 28.5.1997 (5 AZR 125/96), AP Nr. 36 zu § 611 BGB Arzt-Krankenhausvertrag = EzA § 611 BGB Krankenhausarzt Nr. 7 (zur Anpassungsklausel im Chefarztvertrag). Gegen die Berücksichtigung der Wesentlichkeit beim Widerruf »freiwilliger Leistungen« *Diekmann/Bieder*, DB 2005, 723f.

912 Zweifelnd auch *Singer*, RdA 2003, 202, der letztlich nur wegen der Schwierigkeiten einer Änderungskündigung der Rechtsprechung zustimmt.

handelt. Da Arbeitnehmer zutreffender Ansicht zufolge als Verbraucher im Sinne des § 310 Abs. 3 BGB anzusehen sind[913], finden gemäß dessen Ziffer 2 die §§ 306, 307 bis 309 BGB bereits bei einer nur einmalig beabsichtigten Verwendung Anwendung, sofern der Arbeitnehmer aufgrund der Vorformulierung keinen inhaltlichen Einfluss nehmen konnte. Die Vereinbarungskontrolle nach AGB-Recht hat zwei Konsequenzen. Zum einen muss, damit der Widerrufsvorbehalt wirksam ist, der **Widerrufsgrund** in der Klausel **benannt** sein.[914] Das folgt aus § 308 Nr. 4 BGB und zudem aus dem Transparenzgebot des § 307 Abs. 1 Satz 2 BGB[915]; das Erfordernis, Gründen zu benennen entfällt auch nicht aufgrund angemessener Berücksichtigung der im Arbeitsrecht geltenden Besonderheiten (§ 310 Abs. 4 Satz 2 BGB).[916] Der Widerrufsvorbehalt ändert an der Tatsache eines in § 308 Nr. 4 BGB vorausgesetzten Leistungsversprechens und damit an der grundsätzlichen Anwendbarkeit der Vorschrift nichts[917]; er ist als Recht, die Leistung zu ändern oder von ihr abzuweichen anzusehen. Zudem wird wohl unbestritten im allgemeinen zivilrechtlichen Anwendungsbereich des § 308 Nr. 4 BGB eine ausdrückliche Grundangabe bei Änderungsklauseln für notwendig gehalten.[918] Zu benennen sind Richtung (wirtschaftliche Gründe, Leistung oder Verhalten des Arbeitnehmers) und Grad der Störung (etwa wirtschaftliche Notlage des Unternehmens, schwerwiegende Pflichtverletzungen des Arbeitnehmers).[919] Zum anderen muss schon die **Vereinbarung des Widerrufs** unter Berücksichtigung der Interessen des Arbeitgebers dem Arbeitnehmer **zumutbar** sein (§ 308 Nr. 4, 2. Halbsatz BGB).[920] Ob damit ein schärferer Maßstab als der unten in § 4 Rn. 348 geschilderte anzuwenden ist[921], kann dahinstehen. Jedenfalls muss der – benannte – Grund hinreichend konkretisiert sein und bei einer generellen Abwägung der Interessen nicht unangemessen erscheinen.[922] Bloße Leerformeln (»wirtschaftliche Gründe«, »konjunkturelle Entwicklung«) werden nicht ausreichen. Fehlt die Angabe des Widerrufsgrundes in **Altverträgen**, d.h. in solchen

---

913 BAG 25.5.2005 (5 AZR 572/04), ZIP 2005, 1699; aus dem Schrifttum insbesondere *Singer*, RdA 2003, 195ff.; *Däubler* in *Däubler*/Dorndorf, AGB-Kontrolle, Einl. Rn. 60ff., jeweils mit umfangreichen Nachweisen der bestehenden Kontroverse; *Lindemann*, AuR 2004, 207f.

914 So jetzt auch im Anschluss an die zivilgerichtliche Rechtsprechung BAG 12.1.2005 (5 AZR 364/04), NZA 2005, 465 = NJW 2005, 1820; LAG Hamm 11.5.2004, NZA-RR 2004, 515; anders noch vor Inkrafttreten des Gesetzes zur Modernisierung des Schuldrechts am 1.1.2002 etwa BAG 13.5.1987 (5 AZR 125/86), AP Nr. 4 zu § 305 Billigkeitskontrolle = EzA § 315 BGB Nr. 34.

915 Etwa LAG Hamm 11.5.2004 (19 Sa 2132/03) NZA-RR 2004, 515; ArbG Düsseldorf, DB 2004, 81; ErfK/*Preis*, §§ 305 bis 310 Rn. 59ff.; *Richardi*, NZA 2002, 1057, 1063; umfangreiche weitere Nachweise bei LAG Berlin 30.3.2004 (3 Sa 2206/03), BeckRS 2004, 41507.

916 BAG 12.1.2005 (5 AZR 364/04), NZA 2005, 465 = NJW 2005, 1820; *Diekmann/Bieder*, DB 2005, 725f.; a.A. LAG Berlin 30.3.2004 (3 Sa 2206/03), NZA-RR 2005, 20; *Annuß*, BB 2002, 458, 462. Allgemein zu diesem Merkmal ausführlich und mit zusammenfassender Darstellung der im Schrifttum vertretenen Ansichten BAG 4.3.2004 (8 AZR 196/03), AP Nr. 3 zu § 309 BGB = EzA § 309 Nr. 1.

917 A.A. *Hümmerich*, NZA 2003, 753, 760, der jedoch Freiwilligkeits- und Widerrufsvorbehalt vermengt.

918 BGH 17.2.2004 (XI ZR 140/03), Z 158, 149; zu dem identischen § 10 Nr. 4 AGBG bereits BGH NJW 1998, 3114; BGH NJW 1987, 1886; Soergel/*U. Stein*, § 10 AGBG Rn. 43.

919 BAG 12.1.2005 (5 AZR 364/04), NZA 2005, 465 = NJW 2005, 1820.

920 Insoweit anderer Ansicht *Lindemann*, AuR 2004, 204 und *dies.*, Flexible Gestaltung, § 10: Anwendung des § 307 Abs. 1 BGB.

921 So offenbar *Däubler*, NZA 2001, 1336; siehe auch *Annuß*, BB 2002, 462; weitere Nachweise bei *Hümmerich*, NZA 2003, 760. *Hanau/Hromadka*, NZA 2005, 77f. wollen jeden sachlichen Grund ausreichen lassen; ebenso *Reuter*, 50 Jahre BAG, 190: »wie im Verbandsrecht« wegen zu berücksichtigender Besonderheiten des Arbeitsrechts.

922 Zu weiteren Differenzierungen ErfK/*Preis*, §§ 305 bis 310 BGB Rn. 61ff.; *Däubler/Dorndorf*, AGB-Kontrolle, 2004, § 308 Nr. 4 BGB Rn. 26ff.

vertraglichen Vereinbarungen, die vor dem Inkrafttreten des Gesetzes zur Modernisierung des Schuldrechts am 1. Januar 2002 getroffen wurden, nimmt das BAG insoweit eine ergänzende Vertragsauslegung vor.[923]

### *bb) Wirksamkeit des Widerrufs*

**348** Von der oben behandelten Frage der Wirksamkeit des Widerrufsvorbehalts zu unterscheiden ist die **Überprüfung der Ausübung des Widerrufs**. Bei dem Widerruf handelt es sich um ein Gestaltungsrecht, durch das der Arbeitgeber einseitig seine Leistung bestimmt (zur Mitbestimmung des Betriebsrats bei kollektiv wirkendem Widerruf siehe § 4 Rn. 370 ff.). Die Ausübung ist nicht bereits in der Vorenthaltung der Leistung zu sehen – wobei nach deren Fälligkeit ein Widerruf ohnedies ausscheidet –, so dass letztlich eine **ausdrückliche Erklärung** zu fordern ist.[924] Als einseitiges Gestaltungsrecht kann der Widerruf im Zweifel (soweit der Vorbehalt nicht an die Bedingung einer Tariflohnerhöhung geknüpft ist, dazu § 4 Rn. 356) nur **nach billigem Ermessen** ausgeübt werden (§ 315 Abs. 1 BGB bzw. § 106 Satz 1 GewO). Das Bundesarbeitsgericht hat dies zunächst im Hinblick auf Leistungszulagen entschieden. Das billige Ermessen im Sinne des § 315 BGB sei in einem solchen Fall gewahrt, wenn der Arbeitgeber für die Kürzung einen sachlichen Grund hat.[925] Diese Rechtsprechung zur Ausübungskontrolle wurde fortentwickelt und präzisiert.[926] Ein Widerruf von Leistungszulagen mit Widerrufsvorbehalt entspricht nur dann billigem Ermessen, wenn die wesentlichen Umstände abgewogen und die beiderseitigen Interessen berücksichtigt sind.[927] Auf Arbeitgeberseite soll dabei ein schlechtes Ergebnis des Betriebs, in dem der Widerruf gegenüber den Arbeitnehmern erfolgt, auch dann Berücksichtigung finden, wenn das Unternehmen insgesamt Gewinn erzielt.[928] Jederzeit widerrufliche so genannte **Arbeitsmarktzulagen** dürfen nicht wegen Minderleistung widerrufen werden.[929] Dasselbe gilt, wenn sich die Arbeitsmarktsituation nicht geändert hat.[930] Prinzipiell ist in allen diesen Fällen eine soziale Rechtfertigung am Maßstab der **Änderungskündigung** (§ 2 KSchG) zu verlangen (siehe auch § 4

---

923 Vgl. genauer BAG 12.1.2005 (5 AZR 364/04), NZA 2005, 465 = NJW 2005, 1820; im Ergebnis wohl ähnlich *Singer*, RdA 2003, 203 (geltungserhaltende Reduktion); gegen das BAG in diesem Punkt *Diekmann/Bieder*, DB 2005, 726 f., die jedoch auf die Unterscheidung des Gerichts zwischen Alt- und Neufällen nicht genauer eingehen; insoweit auch undeutlich *Hümmerich*, NJW 2005, 1759, 1761 (unter II 1 b dd).

924 So auch BAG 10.5.1996 (10 AZR 648/94), NZA 1996, 1096.

925 BAG 16.7.1976, AP Nr. 7 zu § 611 BGB Lohnzuschläge; BAG 19.7.1978, AP Nr. 10 zu § 4 TVG Übertariflicher Lohn und Tariflohnerhöhung; zustimmend etwa *Singer*, RdA 2003, 202 f.; weitergehend *Däubler*, NZA 2001, 1336, der einen triftigen, die Interessen der Arbeitnehmer berücksichtigenden Grund verlangt; a. A. *Diekmann/Bieder*, DB 2005, 727, die wegen der stattfindenden Inhaltskontrolle und des Rechtsmissbrauchsverbots die Notwendigkeit einer Ausübungskontrolle verneinen.

926 Zuletzt BAG 12.1.2005 (5 AZR 364/04), NZA 2005, 465 = NJW 2005, 1820; entgegen *Hümmerich*, NZA 2003, 753 war auch BAG 10.5.1995 (10 AZR 648/94), EzA § 611 BGB Gratifikation, Prämie Nr. 125 = NZA 1995, 1098, hiervon nicht abgekehrt.

927 BAG 4.8.1987, AP Nr. 89 zu Art. 9 GG Arbeitskampf.

928 LAG Köln 20.11.2003 (10[13] Sa 366/03), BeckRS 2004, 40580, mit insoweit zutreffendem Hinweis darauf, dass nach der Rechtsprechung des BAG (vgl. BAG 17.11.1998 [1 AZR 147/98], AP Nr. 162 zu § 242 BGB Gleichbehandlung = EzA § 242 BGB Gleichbehandlung Nr. 79) auch bei unternehmensbezogener Anwendung des arbeitsrechtlichen Gleichbehandlungsgrundsatzes betriebliche Gründe Differenzierungen rechtfertigen können.

929 BAG 16.12.1982 (2 AZR 147/81).

930 ArbG Gelsenkirchen 27.1.1986, DB 1986, 1981.

Rn. 353).[931] Aufgrund der neueren Entwicklung zur Vereinbarungskontrolle von Widerrufsvorbehalten (§ 4 Rn. 347) muss Deckungsgleichheit zwischen dem vereinbarten Widerrufsgrund und dem bei der Ausübung geltend gemachten bestehen.

Im Übrigen ergibt sich bei **allen Arten von Zulagen** (Leistungszulage, allgemeine Zulage, Zulage ohne nähere Bezeichnung) eine Grenze für einen denkbaren Widerruf aus dem verfassungsrechtlichen (Art. 3 GG) bzw. arbeitsrechtlichen **Gleichbehandlungsgrundsatz**.[932] Er verbietet hinsichtlich der Zulagen bzw. deren Widerrufs eine willkürliche Schlechterstellung einzelner Arbeitnehmer bzw. Arbeitnehmergruppen[933], etwa eine Differenzierung zwischen Frauen und Männern (vgl. auch § 612 Abs. 3 BGB)[934], zwischen noch tätigen oder ausgeschiedenen Arbeitnehmern bei rückwirkender Erhöhung der Tariflöhne und übertariflicher Lohnbestandteile[935] oder eine Benachteiligung von Arbeitnehmern wegen entschuldigter Fehlzeiten.[936] Der Arbeitgeber darf einzelne Arbeitnehmer von allgemeinen Gehaltserhöhungen aus Leistungsgründen nicht völlig ausnehmen, wenn die Erhöhungen auch dem Kaufkraftausgleich dienen.[937] Auch von freiwilligen Lohn- und Gehaltserhöhungen dürfen einzelne Arbeitnehmer oder Gruppen nicht ohne ausreichenden sachlichen Grund ausgeschlossen werden.[938] Es verstößt ferner gegen den Gleichbehandlungsgrundsatz, wenn ein Arbeitgeber denjenigen Arbeitnehmern die Zulage kürzt bzw. sie von einer übertariflichen Zulage ausschließt, die an einer gewerkschaftlichen Protestveranstaltung teilgenommen haben.[939] Entsprechendes gilt bei einmaliger rechtswidriger Arbeitsniederlegung im Hinblick auf eine Gruppe von Arbeitnehmern.[940] **349**

Die **Grenzen des Gleichbehandlungsgrundsatzes** werden in folgenden Urteilen deutlich, die zwar zum Teil den Anspruch auf Leistungsgewährung betreffen, entsprechend aber für den Leistungswiderruf Geltung beanspruchen können: Keine Verletzung des Gleichbehandlungsgrundsatzes bei unterschiedlicher Anrechnung von übertariflichen Leistungen bei Tariferhöhung, wenn ansonsten bestimmte Arbeitsplätze nicht besetzt werden können[941]; keine Verletzung des Gleichbehandlungsgrundsatzes bei unterschiedlich hohen außertariflichen Zulagen, wenn an unterschiedliche Tätigkeiten angeknüpft wird[942]; keine Verletzung des Gleichheitsgrundsatzes bei Anrechnung übertariflicher Entgeltbestandteile **350**

---

931 A. A. BAG 15.8.2000 (1 AZR 458/99), nicht veröffentlicht; LAG Hamm 11.5.2004 (19 Sa 2132/03), NZA-RR 2004, 515; LAG Hamm 19.4.1999 (16 Sa 562/98), NZA-RR 1999, 568; *Gamillscheg*, Kollektives Arbeitsrecht I, § 18 VI 1b, 863.

932 *Ziepke*, BB 1981, 63f.

933 BAG 7.8.2002 (10 AZR 709/01), EzA § 4a EFZG Nr. 3 = DB 2002, 2384; BAG 27.10.1998 (9 AZR 299/97), AP Nr. 211 zu § 611 BGB Gratifikation = EzA § 242 BGB Gleichbehandlung Nr. 80; BAG 22.8.1979, AP Nr. 11 zu § 4 TVG Übertariflicher Lohn und Tariferhöhung; zur Darlegungs- und Beweislast vgl. BAG 7.8.2002 (wie zuvor); LAG Hamm 11.12.2003 (8 Sa 1204/03), LAG-Report 2004, 266.

934 LAG Hamm 7.7.1982, AiB 1982, 140 (mit Anm. von *Unterhinninghofen*); vgl. auch § 7 E-ADG.

935 BAG 10.3.1982, AP Nr. 47 zu § 242 BGB *Gleichbehandlung*, das eine Ausnahme zulässt, wenn die Tarifvertragsparteien selbst ausscheidende Arbeitnehmer von der rückwirkenden Lohnerhöhung ausnehmen; grundsätzlich gegen die BAG-Rechtsprechung: *Ziepke*, DB 1981, 475f.

936 Überholt BAG 9.6.1982, AP Nr. 51 zu § 242 BGB Gleichbehandlung soweit die Entscheidung zur krankheitsbedingten Arbeitsunfähigkeit betrifft, da § 4a EFZG heute eine begrenzte Kürzung gestattet.

937 BAG 11.9.1985, AP Nr. 76 zu § 242 BGB Gleichbehandlung; in der Begründung abweichend *Hromadka*, DB 1987, 2519.

938 BAG 27.4.1988 (5 AZR 332/87), nicht veröffentlicht.

939 LAG Rheinland-Pfalz 10.4.1987, NZA 1987, 599.

940 ArbG Oberhausen 27.6.1986, AiB 1986, 232 (mit Anm. von *Herbst*).

941 BAG 6.4.1986, DB 1987, 1542; BAG 11.5.1988, NZA 1989, 854.

942 BAG 12.11.1986, AP Nr. 1 zu § 6 TVAL II.

für Arbeiter mit Stundenlohn im Unterschied zu Arbeitnehmern mit Monatslohn oder Monatsgehalt[943]; keine Verletzung des Gleichheitsgrundsatzes, wenn nur für Arbeitnehmer auf solchen Arbeitsplätzen, deren Besetzung wegen der Arbeitsmarktlage schwierig ist, eine Zulage gewährt wird[944]; keine Verletzung des Gleichheitsgrundsatzes bei Zahlung von Weihnachtsgeld nur an die Stammbelegschaft, wenn das Vergütungsniveau der bei einer Betriebsübernahme übernommenen Arbeitnehmern höher liegt.[945] Regelmäßig verstößt der Arbeitgeber auch nicht gegen den Gleichheitsgrundsatz, wenn er zwischen Alt-Belegschaft und Neu-Belegschaft differenziert (Stichtagsprinzip).[946] Die Besserstellung der Altbelegschaft ist durch den für sie wirkenden Gedanken des Bestandsschutzes gerechtfertigt.[947] Von daher kann offen bleiben, ob bereits die unternehmerische Entscheidung für einen selbst gesetzten Stichtag den Sachgrund in sich trägt, wie das BAG in anderem Zusammenhang formulierte.[948] Eine tarifliche Regelung, die andere Arbeitnehmer von der Zulage ausschließt, obwohl sie im Einzelfall ähnlichen oder gleich zu erachtenden Erschwernissen unterworfen sind, verstößt noch nicht gegen das Verfassungsgebot des allgemeinen Gleichheitssatzes; die Tarifvertragsparteien haben insoweit einen weiten Gestaltungsspielraum. Danach hat es das Bundesarbeitsgericht als zulässig hingenommen, dass im öffentlichen Dienst zum Teil Erschwerniszulagen von der formalen Zugehörigkeit zu bestimmten Dienststellen abhängig gemacht werden, bei denen besondere Erschwernisse typischerweise auftreten. Müssen Arbeitnehmer anderer Dienststellen nur zeitweise in denselben Räumen arbeiten und deshalb vergleichbare Erschwernisse hinnehmen, so erwerben sie dieser Rechtsprechung zufolge dadurch allein noch keinen Anspruch auf die gleiche Erschwerniszulage.[949]

**351** Schließlich darf ein Widerruf von Zulagen im Einzelfall nicht gegen **zwingende gesetzliche Vorschriften** verstoßen. So ist ein Widerruf unwirksam, der unter Verstoß gegen das Maßregelungsverbot (§ 612a BGB) erfolgt.[950] Eine vollständige Kürzung jährlich gezahlter Anwesenheitsprämien wegen krankheitsbedingter Fehlzeiten verletzte die zwingende Vorschrift des § 4a EFZG. Dabei kommt es nicht darauf an, ob die Parteien eine Gesetzesumgehung beabsichtigen. Vielmehr entscheidet allein die objektive Funktionswidrigkeit der Abrede.[951]

### *cc) Anspruch aus betrieblicher Übung bei fehlendem Vorbehalt*

**352** Fehlt ein Widerrufsvorbehalt und ist in der Leistungsgewährung nicht schon das Versprechen auch künftiger Leistung enthalten, so kann sich der Anspruch auf weitere Gewährung aus dem Gesichtspunkt einer **betrieblichen Übung** ergeben.

---

943 BAG 28.10.1987, BB 1988, 702.

944 BAG 21.3.2001 (10 AZR 444/00), AP Nr. 17 zu § 33a BAT = EzA § 242 BGB Gleichbehandlung Nr. 84, mit weiteren Nachweisen.

945 LAG Düsseldorf 25.3.2003 (16 [5] Sa 1504/02), nicht veröffentlicht.

946 BAG 28.7.2004 (10 AZR 19/04), NJW 2004, 3652.

947 Siehe auch BAG v. 18. 11. 2003 (1 AZR 604/02), EzA § 77 BetrVG 2001 Nr. 9.

948 BAG 2.3.2004 (1 AZR 271/03), EzA § 87 BetrVG 2001 Betriebliche Lohngestaltung Nr. 4 (mit Anm. von *A. Stein*, SAE 2005, 162). Dagegen zutreffend einen speziellen Sachgrund etwa bei Besserstellung der Neueingestellten fordernd MünchArbR/*Hanau*, § 62 Rn. 88.

949 BAG 30.11.1982, AP Nr. 54 zu § 242 BGB Gleichbehandlung.

950 Dazu etwa LAG Hamm 8.6.2004 (19 Sa 337/04), nicht veröffentlicht.

951 Noch zum alten Lohnfortzahlungsrecht BAG 19.5.1982, AP Nr. 12 zu § 611 BGB Anwesenheitsprämie unter Aufgabe der früheren Rechtsprechung; siehe ferner BAG 9.6.1982, AP Nr. 51 zu § 242 BGB Gleichbehandlung.

Eine betriebliche Übung liegt vor, wenn der Arbeitgeber bestimmte Verhaltensweisen regelmäßig wiederholt, aus denen die Arbeitnehmer schließen können, dass ihnen eine Leistung oder Vergünstigung auf Dauer gewährt werden soll. Aufgrund einer Willenserklärung, die nach allgemeinen Regeln konkludent sein kann und welche von den Arbeitnehmern ausdrücklich oder durch schlüssiges Verhalten angenommen wird (§ 151 BGB), erwachsen dann vertragliche Ansprüche auf die üblich gewordenen Vergünstigungen.[952] Die betriebliche Übung vermag also nach der Rechtsprechung des Bundesarbeitsgerichts nur dann rechtliche Bedeutung für das Arbeitsverhältnis zu erlangen, wenn sie Inhalt des Arbeitsvertrages geworden ist.[953] Dabei kommt es auf den Erklärungswert des Arbeitgeberverhaltens aus Empfängersicht an.[954] Auch aus einer fehlerhaften Zahlung über einen längeren Zeitraum könne nicht ohne weiteres auf eine betriebliche Übung oder ein konkludentes Änderungsangebot des Arbeitgebers geschlossen werden.[955]

Ist jedoch eine Verpflichtung anzunehmen, bleibt dem Arbeitgeber zur **Beseitigung der betrieblichen Übung** in aller Regel nur das Instrument der **Änderungskündigung**. Die neuere Rechtsprechung des Bundesarbeitsgerichts[956] knüpft eine solche Kündigung soweit sie auf die Änderung von vertraglichen Nebenabreden gerichtet ist an weniger enge Bedingungen als eine Änderungskündigung, die zur Entgeltabsenkung erfolgt.[957] Da die in Betracht kommenden Nebenabreden – das BAG[958] nennt als Beispiele etwa Zusagen von Fahrtkostenzuschuss oder Mietzuschuss – regelmäßig Entgeltbezug haben, stellt sich auf dieser Basis in Zukunft ein Abgrenzungsproblem. **353**

Ausnahmsweise, nämlich dann wenn die betroffenen Beschäftigten nicht intervenieren, soll durch eine über mehrere Leistungsperioden erfolgte Nichtleistung eine **gegenläufige (negative) betriebliche Übung** entstehen können.[959] Zwar hat das Bundesarbeitsgericht eine zunächst[960] nicht aufgestellte Bedingung hinzugefügt, der Arbeitgeber müsse unmissverständlich deutlich machen, die bisherige betriebliche Übung einer vorbehaltlosen Zahlung solle beendet und durch eine Leistung ersetzt werden, auf die in Zukunft kein Rechtsanspruch mehr bestehe.[961] Auf einen Verzichtswillen des Arbeitnehmers soll es jedoch nicht an- **354**

---

952 Seit BAG 5.2.1971, AP Nr. 10 zu § 242 BGB Betriebliche Übung; zuletzt etwa BAG 28.7.2004 (10 AZR 19/04), NJW 2004, 3652; BAG 16.6.2004 (4 AZR 417/03), www.bundesarbeitsgericht.de; BAG 24.6.2003 (9 AZR 302/02), AP Nr. 63 zu § 242 BGB Betriebliche Übung.

953 Zur Kritik an dieser dogmatischen Grundlage der betrieblichen Übung *Backhaus*, AuR 1983, 65ff., der für die Anerkennung eines richterlich geschaffenen Rechtsinstituts plädiert, ähnlich *Gamillscheg*, Arbeitsrecht I, § 2 5d, 37ff.; kritisch auch *Singer*, ZfA 1993, 487.

954 Dazu im Einzelnen BAG 28.7.2004 (10 AZR 19/04), NJW 2004, 3652, mit weiteren Nachweisen; siehe auch schon BAG 4.9.1985, AP Nr. 22 zu § 242 BGB; aus dem Schrifttum etwa Bepler, RdA 2004, 226, 237.

955 BAG 26.5.1993, AP Nr. 2 zu § 12 AVR Diakonisches Werk.

956 BAG 27.3.2003 (2 AZR 74/02), EzA § 2 KSchG Nr. 48 (mit zustimmender Anm. von *K. Gamillscheg*).

957 Zur Entgeltkürzung durch betriebsbedingte Änderungskündigung siehe BAG 27.9.2001 (2 AZR 236/00), BB 2002, 1914; BAG 23.11.2000 (2 AZR 547/99), AP Nr. 64 zu § 2 KSchG 1969 = EzA § 2 KSchG Nr. 40; *Berkowsky*, NZA-RR 2003, 451ff.; *Kittner*, NZA 1997, 971.

958 BAG 27.3.2003 (2 AZR 74/02), EzA § 2 KSchG Nr. 48.

959 BAG 4.5.1999 (10 AZR 290/98), AP Nr. 55 zu § 242 Betriebliche Übung = EzA § 242 BGB Betriebliche Übung Nr. 43; vgl. schon BAG 26.3.1997 (10 AZR 612/96), AP Nr. 50 zu § 242 Betriebliche Übung = EzA § 242 BGB Betriebliche Übung Nr. 38.

960 BAG 26.3.1997 (10 AZR 612/96), AP Nr. 50 zu § 242 Betriebliche Übung = EzA § 242 BGB Betriebliche Übung Nr. 38.

961 BAG 4.5.1999 (10 AZR 290/98), AP Nr. 55 zu § 242 Betriebliche Übung = EzA § 242 BGB Betriebliche Übung Nr. 43.

kommen; es genüge, wenn dieser durch sein Verhalten (d.h. hier: Unterlassen) beim Arbeitgeber Vertrauen erweckt, die geänderte betriebliche Übung werde akzeptiert.[962] Auf dem Hintergrund der rechtsgeschäftlichen Erklärung der betrieblichen Übung erscheint diese These fragwürdig, da aus dem Ausbleiben einer Reaktion der Arbeitnehmer auf die Einstellung der Sonderleistung kein schlüssiges Annahmeverhalten im Sinne des § 151 BGB oder gar ein rechtsgeschäftlich erklärter Verzicht entnommen werden kann. Der Arbeitnehmer mag glauben, der Arbeitgeber sei berechtigt, die Leistung einzustellen[963], zumal wenn sie, wie häufig, als freiwillige bezeichnet war (dazu § 4 Rn. 343 und Rn. 345), er mag sich auch nur nicht wehren. Das Gericht muss eine Widerspruchsobliegenheit des Arbeitnehmers annehmen, deren Herkunft unklar bleibt. Im Übrigen würden bei kurzen Leistungsperioden Ausschluss- und Verjährungsfristen, die ja Untätigkeit des Anspruchsinhabers voraussetzen, überflüssig, da schon eine den Anspruch vernichtende gegenläufige betriebliche Übung entstanden sein soll.

### c) Leistung unter Vorbehalt der Anrechnung von Tariflohnerhöhungen

#### *aa) Anrechnungsvorbehalt*

**355** Enthält der Arbeitsvertrag[964] eine Klausel, der zu Folge Tariflohnerhöhungen auf übertarifliche Entgeltbestandteile anzurechnen seien, ist durch **Auslegung** zu ermitteln, welche außer- bzw. übertariflichen Leistungen betroffen und welche Art von tariflichen Verbesserungen angerechnet werden soll. Anrechungsvorbehalte unterliegen wie Widerrufsvorbehalte der AGB-Inhaltskontrolle (dazu § 4 Rn. 347), wenngleich die Angemessenheit eher bejaht werden kann, da eine Anrechnung anders als der Widerruf nicht zu einer Einkommensminderung führt.[965] Greift die Anrechnungsklausel ein, verliert der Arbeitnehmer – vorbehaltlich eines Mitbestimmungsrechts des Betriebsrats (dazu § 4 Rn. 370 ff.) – ganz oder teilweise die außertariflichen Bestandteile des Entgelts, wenn und soweit der Arbeitgeber die Anrechnung vornimmt. Ob, wie zutreffend erscheint, der Arbeitgeber eine **Anrechnungserklärung** abgeben muss oder ob sich die Anrechnung kraft Tarifautomatik vollzieht[966], ist wenig bedeutsam, weil sich die Erklärung in der Regel aus der Entgeltabrechnung ergibt; sie könnte jedoch relevant werden, wenn der Arbeitgeber versehentlich eine Anrechnung unterlässt. Wird allerdings die Leistung als »anrechenbar« bezeichnet bzw. formuliert, sie könne

---

962 BAG 26.3.1997 (10 AZR 612/96), AP Nr. 50 zu § 242 Betriebliche Übung = EzA § 242 BGB Betriebliche Übung Nr. 38 für den Übergang zum Freiwilligkeitsvorbehalt; zustimmend *Freitag* NZA 2002, 294, 295; zweifelnd LAG Hamm 11.12.2003 (8 Sa 1204/03), LAG-Report 2004, 266; zum Ganzen siehe auch *Bepler*, RdA 2004, 238 ff. mit weitern Nachweisen aus Rechtsprechung und Schrifttum.

963 Leistet der Arbeitgeber rechtsirrtümlich, weil er glaubt verpflichtet zu sein, soll dem gegenüber keine betriebliche Übung entstehen, wenn dies dem Arbeitnehmer erkennbar ist, vgl. BAG 16.6.2004 (4 AZR 417/03), www.bundesarbeitsgericht.de.

964 Anrechnungsbestimmungen wie -verbote können sich zulässigerweise auch in Tarifverträgen befinden, vgl. BAG 5.9.1985, AP Nr. 1 zu § 4 TVG Besitzstandsklausel = EzA § 4 TVG Tariflohnerhöhung Nr. 7; BAG 3.3.1993 (10 AZR 42/92), AP Nr. 151 zu § 611 BGB Gratifikation, Prämie = EzA § 611 BGB Gratifikation, Prämie Nr. 101.

965 Anderer Ansicht *Preis*, in: Preis, Der Arbeitsvertrag, 1508, der offenbar lediglich eine Transparenzkontrolle für erforderlich hält.

966 So die ganz überwiegende Auffassung, BAG 25.6.2002 (3 AZR 167/01), EzA § 4 TVG Tariflohnerhöhung Nr. 38 = NZA 2002, 1216; aus dem Schrifttum *Richardi*, NZA 1992, 961, 964; umfangreiche Nachweise bei *Gamillscheg*, Kollektives Arbeitsrecht I, § 18 VI 1 b (4), 866.

angerechnet werden, so ist auch nach Auffassung des Bundesarbeitsgerichts eine Ausübung des Bestimmungsrechts erforderlich.[967]

Ist arbeitsvertraglich ein **Widerrufsvorbehalt** formuliert, müsste an sich ein Widerruf erklärt werden, der dann auch die Anrechnung überflüssig machte. Damit wären jedoch auch die Tariflohnerhöhung überschießende Verpflichtungen beseitigt. Bliebe hier der Teilwiderruf als Möglichkeit, falls der Arbeitgeber nur die tarifliche Veränderung auffangen will, ließe sich dasselbe Ergebnis auch dadurch erzielen, dass man im Widerrufsvorbehalt den Anrechnungsvorbehalt enthalten sieht.[968] Diese Frage ist aber schon aus den in der folgenden Rn. geschilderten Gründen nahezu bedeutungslos. **356**

Selbst wenn ein **ausdrücklicher Anrechnungsvorbehalt fehlt**, lässt das **Bundesarbeitsgericht** unter Zustimmung eines großen Teils des Schrifttums unter bestimmten Voraussetzungen eine Anrechnung durch den Arbeitgeber zu. Ausgangspunkt muss auch hier das Erfordernis individualvertraglicher Vereinbarung einer Anrechnungsbefugnis sein, denn ohne sie ließe sich die fehlende Weitergabe der Tariflohnerhöhung nicht erklären. Auf der anderen Seite bleibt eine Tariflohnerhöhung auch ohne Zutun des Arbeitgebers für den Arbeitnehmer folgenlos, wenn dieser ein in einer Summe ausgewiesenes übertarifliches Entgelt erhält, das selbst nach der Änderung des Tarifvertrags noch die tarifliche Vergütung übersteigt. Das Bundesarbeitsgericht versucht dem Rechnung zu tragen, indem es eine Anrechnung auf nicht als selbstständige Lohnbestandteile deklarierte Sonderleistungen zulässt. Es sieht die Gewährung von den Tariflohn übersteigendem Entgelt darin legitimiert, dass den Parteien des Arbeitsvertrags der Tariflohn nicht ausreichend erscheine. Wenn anschließend die Tariflöhne steigen, dann sei **mangels anderer Anhaltspunkte**[969] anzunehmen, dass eine entsprechende »**Aufsaugung**« der bisher übertariflichen Lohnteile dem Willen der Parteien entspreche.[970] In der Sache unternimmt es dabei wohl eine ergänzende Vertragsauslegung. Die dabei erfolgende einseitige Orientierung an der Zielsetzung des Arbeitgebers lässt sich allerdings nicht damit rechtfertigen, dass der Arbeitgeber den Zweck der zusätzlichen Leistung bestimme.[971] Bei der Vertragsauslegung ist Auslegungsgrundlage der gemeinsame Wille der Vertragsparteien.[972] Dabei kann auch die nur von einer Partei verfolgte Zielsetzung Bedeutung erlangen, wenn die andere Vertragspartei dem zustimmt. Ist der Zweck im Vertrag benannt, ergeben sich regelmäßig keine Zweifel. Fehlt seine Angabe und lässt er sich bei der Vertragsauslegung aufgrund anderer Anhaltspunkte nicht feststellen, so bleibt er unbeachtliches Motiv. **357**

---

967 BAG 17.9.2003 (4 AZR 533/02), EzA § 4 TVG Tariflohnerhöhung Nr. 42 = NZA 2004, 437.

968 In diese Richtung weisen wohl auch die Ausführungen in BAG 22.4.1997 (1 ABR 77/96), AP Nr. 88 zu § 87 BetrVG 1972 Lohngestaltung = EzA § 87 BetrVG 1972 Betriebliche Lohngestaltung Nr. 60; ähnlich das LAG Hamm 21.9.2004 (19 Sa 575/04), nicht veröffentlicht, das als Widerrufsklausel unklare Formulierungen als Anrechnungsvorbehalt interpretiert.

969 Gegen die damit formulierte Zweifelsregel (für eine Anrechnung) zutreffend *Gamillscheg*, Kollektives Arbeitsrecht I, § 18 VI 1c, 865 f.; *Däubler/Deinert*, § 4 Rn. 770; wie das BAG etwa Wiedemann/*Wank*, § 4 Rn. 514 f.

970 So ausdrücklich die Begründung in BAG 15.3.2000 (5 AZR 557/98), AP Nr. 35 zu § 4 TVG Übertariflicher Lohn und Lohnerhöhung = EzA § 4 TVG Tariflohnerhöhung Nr. 34 (mit weiteren Nachweisen aus der Rechtsprechung), bestätigt in BAG 8.6.2004 (1 AZR 308/03), DB 2005, 722; BAG 27.1.2004 (1 AZR 105/03), EzA § 64 ArbGG 1979 Nr. 39: siehe auch *Jacobs*, Anm. zu BAG 3.6.1998 (5 AZR 616/97), SAE 1999, 199 f.

971 Wiedemann/*Wank*, § 4 Rn. 515; dagegen zutreffend *Däubler/Deinert*, § 4 Rn. 770.

972 Etwa Soergel/*M. Wolf*, § 133 BGB Rn. 57.

### *bb) Grenzen der Anrechenbarkeit*

358 Trotz einer ausdrücklichen oder (wie vorstehend geschildert) schlüssigen allgemeinen Anrechnungsvereinbarung kann sich insbesondere aus dem **Zweck der Sonderzulage** ein **Ausschluss** der Anrechnungsbefugnis ergeben. Selbständige, anrechnungsfeste Lohnbestandteile sind anzunehmen, wenn die Zulage als Ausgleich für besondere Leistungen, Erschwernisse, Funktionen, als Familienzulage, zur Besitzstandswahrung[973] oder aus anderen eigenständigen Gründen bezahlt wird und der Tariflohn diese Zwecke nicht erfasst.[974] Auf unbenannte übertarifliche Leistungen sind Tariflohnerhöhungen[975] daher anzurechnen, auf selbständige, die den Anrechnungsvorbehalt ausdrücklich enthalten dagegen nur solche tariflichen Verbesserungen, die in der Art der übertariflichen Leistung entsprechen. Soweit die übertarifliche Leistung nicht ausdrücklich als anrechnungsfest gekennzeichnet ist[976], hängt die Anrechnungsbefugnis des Arbeitgebers daher von der Art der Leistung ab.

359 Im Einzelnen: Die Anrechnung ist **bei allgemeinen**, nicht näher bezeichneten **Zulagen** grundsätzlich **frei**.[977] Der Arbeitgeber kann die Zulage mit Tariferhöhungen »verrechnen«, ohne dass eine Prüfung am Maßstab des billigen Ermessens stattfindet; allerdings ist eine willkürliche oder offenbar unbillige Entscheidung in jedem Fall unverbindlich.[978] Zulässig ist auch die nachträgliche Anrechnung rückwirkend vereinbarter Tariflohnerhöhungen auf die bereits für den Rückwirkungszeitraum geleisteten übertariflichen Zahlungen[979]; das gilt selbst dann, wenn die rückwirkende Erhöhung nicht prozentual, sondern als Pauschalzahlung erfolgen soll.[980] Demgegenüber sind Tariflohnerhöhungen auf übertarifliche Lohnbestandteile, die als **selbständige Entgeltbestandteile** besondere Leistungen des Arbeitnehmers vergüten sollen (**benannte Leistungszulagen**), grundsätzlich nicht anrechenbar.[981] Das gilt auch, wenn sich aus einer Betriebsvereinbarung eindeutig ergibt, dass der Arbeitgeber für eine genau bestimmte Leistung eine genau definierte Zulage gewährt.[982] Zu Leistungszulagen mit Widerrufsvorbehalt siehe § 4 Rn. 348. – So genannte **Sozialzulagen** (Zu-

---

973 Dazu BAG 14.8.2001 (1 AZR 744/00), EzA § 88 BetrVG 1972 Nr. 1, für den konkreten Fall verneinend.

974 BAG 19.5.2004 (5 AZR 354/03), EzA § 4 TVG Tariflohnerhöhung Nr. 43; BAG 21.1.2003 (9 AZR 546/01), EzA § 611 BGB 2002 Gratifikation, Prämie Nr. 5; BAG 7.2.1995 (3 AZR 402/94), AP Nr. 6 zu § 4 TVG Verdienstsicherung = EzA § 4 TVG Tariflohnerhöhung Nr. 30 – jeweils mit weiteren Nachweisen.

975 Nach Ansicht des BAG auch tariflich vereinbarte Einmalzahlungen, die dem Ausgleich der Erhöhung von Lebenshaltungskosten dienen, vgl. BAG 19.5.2004 (5 AZR 354/03), EzA § 4 TVG Tariflohnerhöhung Nr. 43.

976 Das kann auch in einer Betriebsvereinbarung geschehen, die die übertarifliche Leistung festlegt, vgl. BAG 23.3.1993 (1 AZR 520/92), AP Nr. 26 zu § 87 BetrVG 1972 Tarifvorrang = EzA § 4 TVG Tariflohnerhöhung Nr. 24.

977 Z.B. BAG 3.6.2003 (1 AZR 314/02), www.bundesarbeitsgericht.de; BAG 21.1.2003 (1 AZR 125/02), AP Nr. 118 zu § 87 BetrVG 1972 Lohngestaltung = EzA § 4 TVG Tariflohnerhöhung Nr. 41 m. w. Nachw.; BAG 25.6.2002 (3 AZR 167/01), EzA § 4 TVG Tariflohnerhöhung Nr. 38 = NZA 2002, 1216; BAG 31.10.1995 (1 AZR 276/95), AP Nr. 80 zu § 87 BetrVG 1972 Lohngestaltung = EzA § 87 BetrVG 1972 Betriebliche Lohngestaltung Nr. 54; BAG 6.9.1994, BB 1994, 2493.

978 LAG Rheinland-Pfalz 10.3.1987, NZA 1987, 393; zum Prüfungsmaßstab bei einzelvertraglich widerrufbarem Treueurlaub: BAG 26.5.1992, AP Nr. 2 zu § 1 BUrlG Treueurlaub.

979 Vgl. BAG 3.6.2003 (1 AZR 314/02), www.bundesarbeitsgericht.de.

980 BAG 21.1.2003 (1 AZR 125/02), AP Nr. 118 zu § 87 BetrVG 1972 Lohngestaltung = EzA § 4 TVG Tariflohnerhöhung Nr. 41; BAG 25.6.2002 (3 AZR 167/01), EzA § 4 TVG Tariflohnerhöhung Nr. 38 = NZA 2002, 1216; BAG 16.4.2002 (1 AZR 363/01), EzA § 4 TVG Tariflohnerhöhung Nr. 39 = NZA 2003, 224.

981 BAG 23.1.1980, AP Nr. 12 zu § 4 TVG Übertariflicher Lohn und Tariflohnerhöhung.

982 BAG 10.11.1992 (1 AZR 293/90), nicht veröffentlicht.

lagen für kinderreiche Familien, Alters- und Dienstzulagen) werden im Zweifel schon aus dem Gesichtspunkt des Vertrauensschutzes ebenfalls nicht anrechenbar sein.[983]

Hinsichtlich der Frage, ob es sich um eine nicht anrechenbare Leistungszulage handelt, kann auf folgende **Auslegungsregeln** zurückgegriffen werden (hierzu auch § 4 Rn. 348): Getrennte Festsetzung von Tariflohn und übertariflichem Zuschlag, getrennte lohnbuchmäßige Behandlung sprechen indiziell für die Annahme einer Leistungszulage. Denn damit wird auch äußerlich die Unabhängigkeit dieser Zulage von dem Grundstundenlohn zum Ausdruck gebracht.[984] Die Ausweisung eines einheitlichen Gesamtlohns, also eines einheitlichen Betrages, der nicht in Tariflohn und übertarifliche Zulage aufgeschlüsselt ist oder die unterschiedslose übertarifliche Bezahlung an alle oder viele ohne Rücksicht auf die Einzelqualifikation des Arbeitnehmers[985] sprechen dagegen für eine Anrechenbarkeit.[986] **360**

Demgegenüber ist der Bestandsschutz von so genannten **allgemeinen Zulagen** geringer. Allgemeine Zulagen sind Zulagen, die weitgehend von zeitlichen (Konjunktur) und/oder örtlichen (regionaler Arbeitsmarkt) Faktoren abhängig sind und die im Allgemeinen dazu dienen, geeignete Arbeitskräfte zu gewinnen oder ihre Abwanderung zu verhindern (man spricht teilweise auch von Arbeitsmarkt- oder Teuerungszulagen). Eine im Zweifel durch Auslegung zu ermittelnde präzise Zweckbestimmung der Zulage – etwa zur Anwerbung qualifizierter Fachkräfte – wird regelmäßig für eine entsprechende Selbstbindung des Arbeitgebers sprechen, so dass eine Anrechnung nicht in Betracht kommt.[987] In jedem Fall besteht insoweit eine Grenze, als allgemein übertarifliche Zulagen nicht willkürlich angerechnet werden können.[988] So hat das Landesarbeitsgericht Düsseldorf bei einer Konjunktur-/Teuerungszulage die wirtschaftliche Lage des Unternehmens gegen die Steigerung der Lebenshaltungskosten abgewogen.[989] Auch wäre es ermessensmissbräuchlich im Sinne des § 315 BGB, wenn Arbeitsmarktzulagen wegen Leistungsmängeln widerrufen würden, da beide Aspekte nichts miteinander zu tun haben.[990] **361**

Selbst wenn eine grundsätzliche Anrechenbarkeit der Tariflohnerhöhung auf die außertarifliche Leistung feststeht, kann sie durch die Art und Weise der Lohnsteigerung ausgeschlossen sein. Ist die Erhöhung des zeitbezogenen Lohns als teilweiser **Ausgleich für eine verringerte** wöchentliche **tarifliche Arbeitszeit** erfolgt (so genannte unechte Tariflohnerhöhung), scheidet nach dem geschilderten Zweck der Anrechenbarkeit auch nach Auffassung des Bundesarbeitsgerichts eine »Aufsaugung« aus.[991] Das gilt selbst dann, wenn die übertarifliche **362**

---

983 *Wolter*, AiB 1983, 41 f.

984 BAG 1.11.1956, AP Nr. 5 zu § 4 TVG Übertariflicher Lohn und Tariflohnerhöhung.

985 Vgl. auch BAG 31.3.1955, AP Nr. 4 zu § 4 TVG; LAG Baden-Württemberg 26.2.1985, BB 1986, 64 = AiB 1986, 21 (mit Anm. von *Lörcher)*.

986 Zu Vorstehendem *Wolter*, AiB 1983, 41 f.

987 *Wolter*, AiB 1983, 42.

988 LAG Düsseldorf 20.3.1975 (14 Sa 1394/74), nicht veröffentlicht; ArbG Gelsenkirchen 27.1.1986, DB 1986, 1981.

989 LAG Düsseldorf 20.3.1975 (14 Sa 1394/74), nicht veröffentlicht.

990 BAG 16.12.1982 (2 AZR 147/81).

991 BAG 3.6.1998 (5 AZR 616/97), AP Nr. 34 zu § 4 TVG Übertariflicher Lohn und Tariflohnerhöhung (mit Anm. von *Oetker*, AuA 1999, 571) = EzA § 4 TVG Tariflohnerhöhung Nr. 33, unter ausdrücklicher Abweichung von der Rechtsprechung des früher zuständigen 4. Senats; ähnlich bereits BAG 7.2.1996 (1 AZR 657/95), NZA 1996, 832; ebenso *Jacobs*, SAE 1999, 201 ff.; *Däubler/Deinert*, § 4 Rn. 775; *Gamill-*

Zulage auf den Stundenlohn geleistet und dieser (bis zur Grenze des vollständigen Ausgleichs) erhöht worden war. Denn das tarifliche Gesamteinkommen des Arbeitnehmers bezogen auf eine größere Zeiteinheit (Woche, Monat oder Jahr) hat sich nicht vergrößert.[992]

363 Entsprechendes muss aber auch gelten, wenn sich die **Wochenarbeitszeit ohne vollständigen Lohnausgleich verlängert**. Die (schlüssige) Vereinbarung der Anrechnung von Tariflohnerhöhungen trägt lediglich bei gleich bleibendem Arbeitsvolumen. Anders ausgedrückt: Wenn der Grund für den Tariflohn übersteigendes Entgelt darin zu sehen ist, dass den Parteien des Arbeitsvertrags der Tariflohn nicht ausreichend erscheint (siehe § 4 Rn. 357), dann hätten die Vertragsparteien für eine verlängerte Arbeitszeit bei redlicher Betrachtung die Zulage nicht entfallen lassen, sofern die Vergütung nicht überproportional zum Volumen der Arbeitsleistung steigt.

364 Für die Anrechnung übertariflicher Leistungen beim **Akkordlohn**[993] finden grundsätzlich dieselben Prinzipien Anwendung. Da eine Erhöhung des Zeitlohns nicht zugleich als Erhöhung des Geldfaktors bei dem üblich gewordenen Zeitakkord zu verstehen sein soll[994], bedeutet erst eine tarifliche Aufstockung des Geldfaktors bei gleich bleibender Leistung Erhöhung des Effektiveinkommens. Übertariflicher Lohn wäre bei einer im Vergleich mit dem Tarifvertrag höheren Vorgabezeit oder einem höheren Geldfaktor gegeben. Angesichts des Rückgangs der Akkordentlohnung und der offenbar seltenen Anweichung (nach oben) vom Geldfaktor des tariflichen Akkordlohns, scheint insoweit die Frage der Anrechnung wenig bedeutungsvoll.

365 Schließlich muss zwischen der anzurechnenden tariflichen Leistung und der arbeitsvertraglichen, auf die angerechnet werden soll, **Zweckidentität** bestehen. Eine Erhöhung tariflicher Leistungszulagen beispielsweise kann nicht auf die übertarifliche Grundvergütung oder auf eine andere, benannte Zulage angerechnet werden.

#### *cc) Anrechnungsausschluss aufgrund betrieblicher Übung*

366 Bei wiederholter anrechnungsfreier Zahlung der Zulagen stellt sich die Frage, ob gegebenenfalls ein Anspruch aus Gründen **betrieblicher Übung** entstehen kann (dazu grundsätzlich § 4 Rn. 352). Dies wird vom Bundesarbeitsgericht bei Zulagen mit Zweckbindung grundsätzlich bejaht.[995] Dagegen hält das Bundesarbeitsgericht bei nicht näher bezeichneten Zulagen, die aus konjunkturellen Gründen gezahlt werden, eine Anrechnung für zulässig, auch wenn die Zulage über län-

---

*scheg*, Kollektives Arbeitsrecht I, § 18 VI 1d, 866 f.; ablehnend *Raab*, Anm. zu BAG EzA § 4 TVG Tariflohnerhöhung Nr. 33; *Hoß*, NZA 1997, 1130; Wiedemann/*Wank*, § 4 Rn. 523; siehe auch BAG 7.2.1996 (1 AZR 657/95), AP Nr. 85 zu § 87 BetrVG 1972 Lohngestaltung (mit insoweit ablehnender Anm. von *Kraft*, EzA § 87 BetrVG 1972 Betriebliche Lohngestaltung Nr. 55).

992 BAG 15.3.2000 (5 AZR 557/98), AP Nr. 35 zu § 4 TVG Übertariflicher Lohn und Tariflohnerhöhung = EzA § 4 TVG Tariflohnerhöhung Nr. 34, in Fortführung von BAG 3.6.1998 (5 AZR 616/97), AP Nr. 34 zu § 4 TVG Übertariflicher Lohn und Tariflohnerhöhung (mit Anm. von *Oetker*, AuA 1999, 571) = EzA § 4 TVG Tariflohnerhöhung Nr. 33. Zu den Bedenken gegen die frühere Rechtsprechung siehe *Voraufl.*, § 4 Rn. 227.

993 Darstellung der Besonderheiten des Akkordlohns bei *Lang/Meine/Ohl* (Hrsg.), Handbuch Arbeit – Entgelt – Leistung, 3. Aufl., 2001, 5.3, 223 ff.

994 So das BAG in Entscheidungen aus den 50er Jahren, etwa AP Nr. 1, 7, 12, 15 und 16 zu § 611 BGB Akkordlohn. Weitere Nachweise bei Wiedemann/*Wank*, § 4 Rn. 519 f.

995 BAG 31.3.1955, AP Nr. 4 zu § 4 TVG.

gere Zeit zusätzlich zum Tariflohn gezahlt wurde. Die entsprechende Anwendung der Grundsätze zur Gratifikationsrechtsprechung, wonach z.B. die dreimalige vorbehaltslose Zahlung einer Weihnachtsgratifikation einen Rechtsanspruch begründet, sei nicht möglich, weil mit der Gratifikation besondere Zwecke verfolgt würden wie Bindung an den Betrieb und Ansporn für zukünftige Treuepflichterfüllung.[996] Diese Unterscheidung überzeugt nicht, da eine klare Grenzziehung hinsichtlich der Motive der Zahlung von Gratifikation und übertariflicher Zulage kaum möglich erscheint und das Vertrauen der Arbeitnehmer in beiden Fällen gleichermaßen schutzbedürftig ist. Allerdings darf der zitierten Bundesarbeitsgerichts-Entscheidung[997] schon deshalb keine zu weit reichende Bedeutung beigemessen werden, weil das Bundesarbeitsgericht im fraglichen Fall aus einer Reihe von konkreten Hinweisen geschlossen hatte, dass der Arbeitgeber von vornherein eine anrechenbare Zulage gewollt hatte.

Prinzipiell kann also auch bei nicht näher bezeichneten Zulagen der Gesichtspunkt der **betrieblichen Übung** zu einem Ausschluss bzw. einer Einschränkung der Anrechnungs- oder Aufsaugungsmöglichkeiten führen.[998] Das Bundesarbeitsgericht[999] stellt in diesem Zusammenhang maßgeblich darauf ab, ob über die tatsächliche vorbehaltlose Zahlung einer übertariflichen Zulage hinaus weitere Umstände vorliegen, aus denen auf eine arbeitsvertragliche Absprache über die Zahlung der Zulage zum jeweiligen Tariflohn auch bei künftigen Tariferhöhungen geschlossen werden könne. Dies sei im Einzelfall durch Auslegung zu ermitteln. Die restriktive Auslegung des Entstehens betrieblicher Übung bei **Zulagen ohne Zweckbindung** zeigt sich gleichfalls in der Verneinung einer betriebliche Übung gegenüber außertariflichen Angestellten, selbst wenn der Arbeitgeber mehrere Jahre am 1. Januar die AT-Gehälter erhöht hat.[1000] Auch aus einer fehlerhaften Zahlung über einen längeren Zeitraum könne nicht ohne weiteres auf eine betriebliche Übung oder ein konkludentes Änderungsangebot des Arbeitgebers geschlossen werden.[1001] **367**

Eine weitere Einschränkung macht das Bundesarbeitsgericht in diesem Zusammenhang zum Teil für den **öffentlichen Dienst**: Aus Haushaltsgründen sei hier davon auszugehen, dass im Zweifel nur die tariflich vorgeschriebenen Leistungen erbracht werden sollen. Allein aus der Gewährung einer übertariflichen Leistung könne der Arbeitnehmer hier nicht schließen, dass eine zusätzliche Vergütung auf Dauer zugesagt sei.[1002] Bei Zulagen mit Zweckbindungen (Erschwerniszulage) hat das Bundesarbeitsgericht allerdings – entsprechend seiner allgemeinen Rechtsprechung – auch im öffentlichen Dienst das Entstehen einer betrieblichen Übung bejaht.[1003] **368**

---

996 BAG 4.6.1980, AP Nr. 13 zu § 4 TVG Übertariflicher Lohn und Tariflohnerhöhung (mit Anm. von *Herschel*).

997 BAG 4.6.1980, AP Nr. 13 zu § 4 TVG Übertariflicher Lohn und Tariflohnerhöhung (mit Anm. von *Herschel*).

998 *Wolter*, AiB 1983, 41.

999 BAG 8.12.1982, AP Nr. 1S zu § 4 TVG.

1000 BAG 4.9.1985, AP Nr. 22 zu § 242 BGB.

1001 BAG 26.5.1993, AP Nr. 2 zu § 12 AVR Diakonisches Werk.

1002 BAG 6.3.1984, AP Nr. 16 zu § 242 BGB Betriebliche Übung; BAG 24.3.1993, AP Nr. 38 zu § 242 Betriebliche Übung; BAG 14.9.1994, DB 1995, 327; zustimmend *Bepler*, RdA 2004, 230 f.; zu Recht kritisch *Singer*, ZfA 1993, 498 ff.

1003 BAG 22.4.1987, AP Nr. 4 zu § 21 TVAL II.

### d) Übertarifliche Leistungen aufgrund von Zielvereinbarungen

369 Die angeführten Prinzipien gelten in entsprechender Weise im Hinblick auf übertarifliche Leistungen aufgrund arbeitsvertraglicher **Zielvereinbarungen**.[1004]

## 3. Absicherung übertariflicher Leistungen durch betriebliche Mitbestimmung?

370 Nach § 77 Abs. 3 bzw. § 87 Abs. 1 BetrVG sind Betriebsvereinbarungen über Arbeitsentgelte oder sonstige Arbeitsbedingungen, die bereits in einem Tarifvertrag geregelt wurden oder üblicherweise geregelt werden, unwirksam, es sei denn, es besteht eine so genannte Öffnungsklausel im Tarifvertrag.[1005] Damit sind einer Absicherung freiwilliger übertariflicher Leistungen in **Betriebsvereinbarungen** oder durch **Ausübung des Mitbestimmungsrechts** Grenzen gesetzt, die das Bundesarbeitsgericht bei einigen Schwankungen seiner Rechtsprechung ursprünglich tendenziell eng gezogen hat.[1006] Später hat die Rechtsprechung die Spielräume zur Ausübung betrieblicher Mitbestimmungsrechte auch in dem Bereich freiwilliger übertariflicher Leistungen erheblich erweitert. In der Frage, ob die weitergehende Tarifsperre des § 77 Abs. 3 neben der engeren des § 87 Abs. 1 BetrVG anzuwenden sei (so genannte Zwei-Schranken-Theorie) oder ob § 87 Abs. 1 BetrVG als spezielle Regelung dem § 77 Abs. 1 BetrVG vorgeht (so genannte Vorrangtheorie), vertritt das Bundesarbeitsgericht seit geraumer Zeit zu Recht den letzteren Standpunkt[1007] (Grundl. Rn. 326). Im Hinblick auf § 77 Abs. 3 BetrVG führt nicht schon die bloße Erörterung eines tariflichen Gegenstandes in Verhandlungen der Tarifparteien zum Eintritt der Sperrwirkung dieser Bestimmung.[1008] Zu § 87 Abs. 1 BetrVG betont das Bundesarbeitsgericht, das Mitbestimmungsrecht des Betriebsrates nach dem Katalog dieser Rechtsnorm entfalle nur, wenn die **tarifliche Regelung** die mitbestimmungspflichtige Angelegenheit selbst **abschließend und zwingend** regele und damit dem Schutzzweck des sonst gegebenen Mitbestimmungsrechts Genüge tue. Damit scheitert das Mitbestimmungsrecht des Betriebsrates bei übertariflichen Zulagen (d.h. Zulagen, die das tarifliche Entgelt erhöhen) nicht bereits deshalb an der Sperrwirkung des § 87 Abs. 1 BetrVG, weil Vergütungstarifverträge bestehen. Diese enthalten als Mindestbedingungen im Hinblick auf zusätzliche Leistungen des Arbeitgebers keine erschöpfenden Regelungen[1009], auch wenn das nicht, wie etwa in § 1 1.2 des Tarifvertrags über Entgelte und Ausbildungsvergütungen für Beschäf-

---

1004 Dazu *Lindemann*, AuR 2004, 205f. Zur Zielvereinbarung siehe § 1 Rn. 201.

1005 Zum Mitbestimmungsrecht des Personalrats nach dem PersVG Berlin siehe BAG 26.1.2005 (10 AZR 331/04), www.bundesarbeitsgericht.de.

1006 Z.B. BAG 13.8.1980, AP Nr. 2 zu § 77 BetrVG 1972; BAG 31.1.1984, AP Nr. 3 zu § 87 BetrVG 1972 Tarifvorrang.

1007 Seit BAG 24.2.1987, AP Nr. 21 zu § 77 BetrVG 1972, bestätigt durch BAG GS 3.12.1991, AP Nr. 51 zu § 87 BetrVG 1972 Lohngestaltung (mit Anm. von *Gaul*, EzA § 87 BetrVG 1972 Betriebliche Lohngestaltung Nr. 30 und Anm. von *Trittin*, AiB 1992, 575), ständige Rechtsprechung; zur Entscheidung des Großen Senats etwa *v. Hoyningen-Huene/Meier-Krenz*, NZA 1987, 793; *Hromadka*, DB 1987, 1991; *Zachert*, NZA 1988, 185.

1008 BAG 23.10.1985, AP Nr. 33 zu § 1 TVG Tarifverträge: Metallindustrie.

1009 BAG GS 3.12.1991, AP Nr. 51 zu § 87 BetrVG 1972 Lohngestaltung (mit Anm. von *Gaul*, EzA § 87 BetrVG 1972 Betriebliche Lohngestaltung Nr. 30 und Anm. von *Trittin*, AiB 1992, 575); BAG 17.12.1985, AP Nr. 5 zu § 87 BetrVG 1972 Tarifvertrag.

tigte der Metall- und Elektroindustrie in Baden-Württemberg[1010], ausdrücklich im Tarifvertrag benannt ist. Daher hat der Betriebsrat mitzubestimmen, wenn der Arbeitgeber zum tariflich geregelten Entgelt allgemein eine betriebliche Zulage gewährt.[1011] Ob und in welchem Umfang (Dotierungsrahmen) dies geschieht, legt der Arbeitgeber allerdings aufgrund einer autonomen Entscheidung fest. Hat er mit dem Betriebsrat eine dahingehende freiwillige Betriebsvereinbarung geschlossen, so kann er diese durch Kündigung beseitigen, ohne dass es zu einer Nachwirkung kommt.[1012]

### a) Das Mitbestimmungsrecht nach § 87 Abs. 1 Nr. 10 BetrVG

Maßgebend für die **Bestimmung des Mitbestimmungsrechts und seiner Reichweite** bei einer individualarbeitsvertraglich zugelassenen Anrechnung ist heute ein Beschluss des Großen Senats aus dem Jahre 1991.[1013] Der Senat entschied, dass die Aufstellung wie die Änderung der Verteilungsgrundsätze infolge der Anrechnung einer Tariflohnerhöhung auf über-/außertarifliche Zulagen **grundsätzlich** der **Mitbestimmung** des Betriebsrates nach § 87 Abs. 1 Nr. 10 BetrVG unterliegt. Das Mitbestimmungsrecht entfällt jedoch, soweit ihm tatsächliche oder rechtliche Hindernisse entgegenstehen. Ein **tatsächliches Hindernis** soll bei Reduzierung des Zulagenvolumens auf Null vorliegen, ein **rechtliches Hindernis** sei bei einer vollständigen und gleichmäßigen Anrechnung einer Tariflohnerhöhung auf über-/außertarifliche Zulagen gegeben.[1014] Bis zur Einigung mit dem Betriebsrat kann der Arbeitgeber das Zulagenvolumen kürzen. Er muss aber die Verteilungsgrundsätze beibehalten. Verletzt der Arbeitgeber das Mitbestimmungsrecht, dann sind Anrechnung oder Widerruf unwirksam (so genannte Theorie der Wirksamkeitsvoraussetzung).[1015] Der Betriebsrat kann den allgemeinen Unterlassungsanspruch gegen den Arbeitgeber geltend machen[1016], nötigen- 371

1010 Vom 12.2.2004; der Tarifvertrag gilt für Betriebe, die den ERA-TV (Entgeltrahmentarifvertrag) eingeführt haben.

1011 BAG 17.12.1985, AP Nr. 5 zu § 87 BetrVG 1972 Tarifvertrag; ebenso BAG 27.3.1987, AP Nr. 29 zu § 242 BGB Betriebliche Übung, unter Aufgabe der früheren Rechtsprechung BAG 31.1.1984, AP Nr. 3 zu § 87 BetrVG 1972 Tarifvorrang; ferner BAG 10.2.1988, AP Nr. 33 zu § 87 BetrVG 1972 Lohngestaltung; zustimmend *Löwisch*, AR-Blattei, Betriebsverfassung XIV B, Entsch. 91; *Herbst*, DB 1987, 738; *Hromadka*, DB 1986, 1921, aber modifizierend *ders.*, DB 1988, 2636; kritisch *Hönsch*, BB 1988, 2312; *Kraft*, Anm. zu AP Nr. 5 zu § 87 BetrVG 1972 Tarifvorrang; *ders.*, FS Molitor, 207; *Kappes*, DB 1986, 1520; *Goos*, NZA 1986, 7014.

1012 Vgl. BAG 11.5.1999 (3 AZR 21/98), EzA § 1 BetrAVG Betriebsvereinbarung Nr. 1 (unter IV 1.).

1013 BAG GS 3.12.1991, AP Nr. 51 zu § 87 BetrVG 1972 Lohngestaltung (mit Anm. von *Gaul*, EzA § 87 BetrVG 1972 Betriebliche Lohngestaltung Nr. 30 und Anm. von *Trittin*, AiB 1992, 575). Anrufungsbeschluss: BAG 13.2.1990, AP Nr. 43 zu § 87 BetrVG 1972 Lohngestaltung. Zu der bis dahin bestehenden widersprüchlichen Rechtsprechung vgl. *HKZZ*, § 4 Rn. 175.

1014 Kritisch hierzu *Fitting*, § 87 Rn. 472; weit. Kritikpunkte benennt MünchArbR/*Matthes*, § 341 Rn. 46, mit weiteren Nachweisen, der zwar zu Recht fehlende Systemkonformität und Geschlossenheit der Lösung beanstandet, die Frage aber für die Praxis für erledigt hält.

1015 Aus der Rechtsprechung nach der Entscheidung des Großen Senats etwa BAG 8.6.2004 (1 AZR 308/03), DB 2005, 722; BAG 19.5.2004 (5 AZR 354/03), EzA § 4 TVG Tariflohnerhöhung Nr. 43; BAG 3.6.2003 (1 AZR 314/02), www.bundesarbeitsgericht.de; BAG 14.8.2001 (1 AZR 744/00), AP Nr. 4 zu § 77 BetrVG 1972 Regelungsabrede = EzA § 88 BetrVG 1972 Nr. 1; der Theorie der Wirksamkeitsvoraussetzung folgen etwa Fitting, BetrVG, § 87 Rn. 599; GK-*Wiese*, BetrVG, § 87 Rn. 98; a. A. Richardi, BetrVG, § 87 Rn. 116. Zur Debatte nach der Entscheidung des Großen Senats: *Unterhinninghofen/Zachert*, Gewerkschaftsjahrbuch 1993, 447.

1016 Ständige Rechtsprechung des BAG seit BAG 3.5.1994 (1 ABR 24/93), AP Nr. 23 zu § 23 BetrVG 1972 = EzA § 23 BetrVG 1972 Nr. 36; zuletzt BAG 27.1.2004 (1 ABR 7/03), EzA § 87 BetrVG 2001 Kontrolleinrichtung Nr. 1.

falls im Wege der einstweiligen Verfügung. Ist die **Anrechnung** bereits **individualarbeitsvertraglich unzulässig** und rechnet der Arbeitgeber gleichwohl an, **kommt ein Mitbestimmungsrecht nicht in Betracht.**[1017] Beruht der Beteiligungsanspruch des Betriebsrats lediglich auf einer Regelungsabrede, führt deren Missachtung durch den Arbeitgeber dagegen nicht zur Unwirksamkeit der Anrechnung im Verhältnis zum Arbeitnehmer.[1018]

### *aa) Erfordernis der kollektiven Regelung*

**372** Das Mitbestimmungsrecht des Betriebsrats nach § 87 Abs. 1 Nr. 10 BetrVG bei der Anrechnung von Tariflohnerhöhungen auf übertarifliche Zulagen erstreckt sich nur auf **kollektive Tatbestände.**[1019] Um solche handelt es sich, wenn es um Strukturformen des Entgelts einschließlich ihrer näheren Vollzugsformen geht.[1020] Das trifft auch bei einer Anrechnung auf Steigerungen des Tarifentgelts wegen Höhergruppierung zu.[1021] Wird die Tariflohnerhöhung gegenüber einem Teil der Arbeitnehmer angerechnet, etwa weil sie nach Auffassung des Arbeitgebers zu viele Tage in Folge Krankheit gefehlt haben, ist regelmäßig von einem kollektiven Tatbestand auszugehen, weil die Leistungen der einzelnen Arbeitnehmer notwendigerweise zueinander in ein Verhältnis gesetzt werden müssen.[1022] Dasselbe gilt, wenn der Arbeitgeber die Tariflohnerhöhung gegenüber einzelnen Arbeitnehmern wegen Minderleistung anrechnet, während er sie an andere vollständig weitergibt[1023] oder wenn die Tariflohnerhöhung nur bei Arbeitnehmern angerechnet wird, deren jetzige Tätigkeit nicht mehr mit ihrer durch eine tarifliche Alterssicherung geschützten Eingruppierung übereinstimmt.[1024] Entsprechendes gilt bei Anrechnung wegen erst kurzer Dauer der Betriebszugehörigkeit von Arbeitnehmern bzw. wegen der absehbaren Beendigung des Arbeitsverhältnisses oder wegen einer zuvor durchgeführten Gehaltsanhebung.[1025] Entgeltdifferenzierungen, mit denen der Arbeitgeber auf Gegebenheit des Arbeitsmarktes reagiert, lassen sich nicht generell als kollektiver oder individueller Regelungsgegenstand einordnen. Sie können individuell bedingt sein, z.B. dann, wenn ein Arbeitnehmer nur gegen ein Gehalt, das über demjenigen vergleichbarer Arbeitnehmer liegt, zum Eintritt in den Betrieb oder zum Verbleib bereit ist und der Arbeitgeber ihn aus bestimmten Gründen keinesfalls verlieren will. Sie spielen jedoch auch bei der kollektiven Bestimmung des Arbeitsentgelts eine Rolle. Die Notwendigkeit, durch Sonderzahlungen eine erwünschte Betriebsbindung herzustellen, ergibt sich vielfach als personalwirtschaftliches Erfordernis, bezogen

---

1017 BAG 7.2.1996 (1 AZR 657/95), NZA 1996, 832.

1018 BAG 14.8.2001 (1 AZR 744/00), AP Nr. 4 zu § 77 BetrVG 1972 Regelungsabrede = EzA § 88 BetrVG 1972 Nr. 1.

1019 BAG GS 3.12.1991, AP Nr. 51 zu § 87 BetrVG 1972 Lohngestaltung (mit Anm. von *Gaul*, EzA § 87 BetrVG 1972 Betriebliche Lohngestaltung Nr. 30 und Anm. von *Trittin*, AiB 1992, 575).

1020 Vgl. mit weiteren Nachweisen BAG 3.6.2003 (1 AZR 314/02), www.bundesarbeitsgericht.de; BAG 29.2.2000 (1 ABR 4/99), AP Nr. 105 zu § 87 BetrVG 1972 Lohngestaltung = EzA § 87 BetrVG 1972 Betriebliche Lohngestaltung Nr. 69.

1021 BAG 3.6.2003 (1 AZR 314/02), www.bundesarbeitsgericht.de; BAG 29.2.2000 (1 ABR 4/99), AP Nr. 105 zu § 87 BetrVG 1972 Lohngestaltung.

1022 BAG 22.9.1992, AP Nr. 60 zu § 87 BetrVG 1972 Lohngestaltung.

1023 BAG 27.10.1992, AP Nr. 61 zu § 87 BetrVG 1972 Lohngestaltung; BAG 22.9.1992, AP Nr. 56 zu § 87 BetrVG 1972 Lohngestaltung; ebenso bei individuellem Sonderbonus: BAG 14.6.1994, DB 1995, 680.

1024 BAG 23.3.1993, AP Nr. 64 zu § 87 BetrVG 1972 Lohngestaltung.

1025 BAG 27.10.1992, AP Nr. 61 zu § 87 BetrVG 1972 Lohngestaltung.

auf bestimmte Arbeitnehmergruppen oder sogar ganze Belegschaften. In diesen Fällen ist ein kollektiver Bezug zu bejahen.[1026] Kein kollektiver Tatbestand ist dagegen etwa anzunehmen, wenn die Anrechnung auf Wunsch eines Arbeitnehmers zur Vermeidung steuerlicher Nachteile durchgeführt wird.[1027]

### *bb) Reichweite des Mitbestimmungsrechts*

Soll eine generelle Regelung erfolgen, so setzt das Mitbestimmungsrecht des Betriebsrats nach der ständigen Rechtsprechung des BAG im Anschluss an die Entscheidung des Großen Senats[1028] voraus, dass sich durch die Anrechnung die bisher bestehenden **Verteilungsrelationen ändern** und für die Neuregelung innerhalb des vom Arbeitgeber mitbestimmungsfrei vorgegebenen Dotierungsrahmens ein **Gestaltungsspielraum** besteht.[1029] Zweck des Mitbestimmungsrechts nach § 87 Abs. 1 Nr. 10 BetrVG sei es, den Arbeitnehmer vor einer einseitig an den Interessen des Unternehmers ausgerichteten oder willkürlichen Lohngestaltung zu schützen und innerbetriebliche Lohngerechtigkeit herbeizuführen. Eine Änderung der Verteilungsgrundsätze durch die Anrechnung (den Widerruf) unterliegt daher in gleicher Weise der Mitbestimmung wie die Aufstellung von Verteilungsgrundsätzen. Dabei muss die Zulage nicht notwendig neben dem Tariflohn ausdrücklich ausgewiesen sein. Vielmehr kommt es entscheidend darauf an, ob auf das Arbeitsverhältnis ein Lohn- oder Gehaltstarifvertrag angewendet und die Gesamtvergütung in einen tariflichen und einen übertariflichen Bestandteil aufgeteilt werden kann. Hat der Betriebsrat bei Einführung eines Zulagensystems zugestimmt, so löst eine Änderung der Verteilungsgrundsätze durch unterschiedliche Anrechnung einer Tariflohnerhöhung auf die Zulagen einzelner Arbeitnehmer dann ein erneutes Mitbestimmungsrecht aus, wenn diese Regelung die Ursache allein im Vollzug der mitbestimmten Regelung hat.[1030] **373**

Der Betriebsrat hat nach § 87 Abs. 1 Nr. 10 BetrVG mitzubestimmen, wenn eine Tariferhöhung gleichmäßig, aber **nur teilweise auf die übertarifliche Zulage angerechnet** werden soll; das gilt auch, falls sich die Tariferhöhung aus einer prozentualen Erhöhung des künftigen Entgelts und einem Pauschalbetrag für die Vergangenheit zusammensetzt.[1031] Gibt der Arbeitgeber hierbei die Pauschale ungekürzt weiter und rechnet vollständig nur die prozentuale Erhöhung an, so bestand Verteilungsspielraum, bei dessen Gestaltung der Betriebsrat mitzuwirken hat.[1032] Dem Mitbestimmungsrecht unterliegt auch eine Anrechnung, die der Arbeitgeber vornimmt, um das durch die Anrechnung eingesparte Zulagenvolumen künftig nach anderen Grundsätzen zu verteilen. Erfolgt in einem solchen Fall die Anrechnung ohne Beteiligung des Betriebsrats, so ist sie gegenüber den einzelnen Arbeitnehmern unwirksam.[1033] Rechnet der Arbeitgeber eine **374**

---

1026 BAG 14.6.1994, DB 1995, 680.

1027 BAG 27.10.1992, AP Nr. 61 zu § 87 BetrVG 1972 Lohngestaltung.

1028 BAG GS 3.12.1991, AP Nr. 51 zu § 87 BetrVG 1972 Lohngestaltung (mit Anm. von *Gaul*, EzA § 87 BetrVG 1972 Betriebliche Lohngestaltung Nr. 30 und Anm. von *Trittin*, AiB 1992, 575).

1029 Vgl. mit weiteren Nachweisen BAG 2.6.2003 (1 AZR 314/02), www.bundesarbeitsgericht.de; BAG 21.9.1999 (1 ABR 59/98), NZA 2000, 898. Zu Fragen der Berechnung der Verteilungsrelationen siehe LAG Köln 20.11.2003 (10[13] Sa 366/03), BeckRS 2004, 40580; *I. Schmidt*, AuA 1996, 338.

1030 BAG 22.9.1992, AP Nr. 55 zu § 87 BetrVG 1972 Lohngestaltung.

1031 BAG 21.1.2003 (1 AZR 125/02), AP Nr. 118 zu § 87 BetrVG 1972 Lohngestaltung = EzA § 4 TVG Tariflohnerhöhung Nr. 41; a. A. Wiedemann/*Wank*, § 4 Rn. 517.

1032 BAG 21.9.1999 (1 ABR 59/98), NZA 2000, 898.

1033 BAG 11.8.1992, AP Nr. 53 zu § 87 BetrVG 1972 Lohngestaltung.

Tariflohnerhöhung auf die übertarifliche Zulage an, erhöht aber zeitgleich oder in zeitlicher Nähe (etwa sechs bis acht Monate) dazu bei einigen Arbeitnehmern die übertariflichen Zulagen, so unterliegt dies ebenfalls dem Mitbestimmungsrecht des Betriebsrats nach § 87 Abs. 1 Nr. 10 BetrVG. Wurde der Betriebsrat nicht beteiligt, dann ist die Anrechnung gegenüber den anderen Arbeitnehmern unwirksam.[1034] Entscheidend ist, ob die Anrechnung einer Tariflohnerhöhung und die wenig später erklärte Zusage einer neuen übertariflichen Leistung auf einer **einheitlichen Konzeption des Arbeitgebers** beruht. Ist dies der Fall, so handelt es sich um eine insgesamt mitbestimmungspflichtige Änderung der Entlohnungsgrundsätze.[1035] Schließlich liegt eine mitbestimmungspflichtige Änderung der übertariflichen Vergütung von Angestellten vor, wenn die übertariflichen Gehaltsgruppen aus Anlass und im zeitlichen Zusammenhang mit einer Tariflohnerhöhung ungleich angehoben werden, so dass sich ihr Verhältnis zueinander sowie zur höchsten Tarifgruppe ändert.[1036]

**375** Die **Zulage** zur Abgeltung der mit dem Vier-Schicht-Betrieb verbundenen **besonderen Belastungen** ist tarifbeständig, wenn kein Anrechnungsvorbehalt ausdrücklich vereinbart worden ist. Bei der Neuverteilung dieses Zulagenvolumens aufgrund einer teilweisen, aber prozentual gleichen Anrechnung hat der Betriebsrat mitzubestimmen, wenn sich die Verteilungsgrundsätze geändert haben.[1037]

**376** Der Betriebsrat hat auch bei der Anrechnung einer **in einer Betriebsvereinbarung festgelegten Prämienlohnerhöhung** auf übertarifliche Leistungen mitzubestimmen. Kündigt der Arbeitgeber eine solche Maßnahme vor ihrer Durchführung an, tritt aber nicht an den Betriebsrat heran, und gibt der Betriebsrat von sich aus keine Stellungnahme ab, so kann in dem Verhalten des Betriebsrats keine Zustimmung zu dem Vorhaben gesehen werden.[1038]

**377** **Kein Mitbestimmungsrecht** des Betriebsrats besteht, wenn durch die Anrechnung das **Zulagenvolumen vollständig aufgezehrt** oder die **Tariferhöhung vollständig und gleichmäßig** auf die übertarifliche Zulage **angerechnet** wird oder wenn bei einer Anrechnung keine andere Verteilungsmöglichkeit besteht.[1039] Rechnet daher der Arbeitgeber die nur einen einzelnen Arbeitnehmer bei unveränderter Tätigkeit betreffende Tariflohnerhöhung infolge Wechsels der Tarifgruppe (hier nach Erreichen einer bestimmten Zahl von Berufsjahren) ganz oder teilweise auf eine übertarifliche Zulage an, so besteht hinsichtlich dieser Anrechnung kein Mitbestimmungsrecht des Betriebsrats nach § 87 Abs. 1 Nr. 10 BetrVG. Zwar ändert sich die Relation zwischen Zulage und sonstigem Entgelt nur bei dem betroffenen Arbeitnehmer; für eine anderweitige Verteilung der Kürzung ist jedoch kein Regelungsspielraum, da mangels allgemeiner Erhöhung

1034 ArbG Frankfurt am Main 16.3.1994, AiB 1994, 695 (mit Anm. von *Schirge*); ArbG Mainz 26.2.1993, AiB 1993, 729 (mit Anm. von *Schirge*).

1035 BAG 17.1.1995, DB 1995, 1410; dasselbe Ergebnis bei Verrechnung der zweiten Stufe der Tariferhöhung bei einheitlichem Regelungskonzept des Arbeitgebers: BAG 14.2.1995, DB 1995, 1411 (mit kritischer Anm. von *Sowka*).

1036 BAG 28.9.1994, DB 1995, 678.

1037 BAG 23.3.1993, AP Nr. 26 zu § 87 BetrVG 1972 Tarifvorrang.

1038 BAG 10.11.1992, AP Nr. 58 zu § 87 BetrVG 1972 Lohngestaltung.

1039 Ständige Rechtsprechung, BAG 27.1.2004 (1 AZR 105/03), EzA § 64 ArbGG 1979 Nr. 39; BAG 2.6.2003 (1 AZR 314/02), www.bundesarbeitsgericht.de; BAG 21.1.2003 (1 AZR 125/02), AP Nr. 118 zu § 87 BetrVG 1972 Lohngestaltung = EzA § 4 TVG Tariflohnerhöhung Nr. 41; BAG 14.8.2001 (1 AZR 744/00), AP Nr. 4 zu § 77 BetrVG 1972 Regelungsabrede = EzA § 88 BetrVG 1972 Nr. 1; BAG 21.9.1999 (1 ABR 59/98), NZA 2000, 898.

des tariflichen Entgelts niemand sonst für eine Kürzung in Betracht kommt.[1040] Anderes gilt, wenn (zugleich) eine allgemeine Tariflohnerhöhung erfolgt.[1041] Wird die Tariflohnerhöhung gegenüber einem einzelnen Arbeitnehmer mit Rücksicht darauf angerechnet, dass dieser trotz Umsetzung auf einen tariflich niedriger bewerteten Arbeitsplatz unverändert die bisherige Vergütung erhält, so handelt es sich dabei regelmäßig ebenfalls nicht um einen der Mitbestimmung unterliegenden Tatbestand.[1042]

### b) Rechtsfolgen bei unwirksamer Betriebsvereinbarung

Verstößt die Betriebsvereinbarung gegen § 77 Abs. 3 bzw. § 87 Abs. 1 BetrVG, so **378** erlangen die mit dem Arbeitgeber getroffenen Abmachungen erst dann verbindliche Kraft für den einzelnen Arbeitnehmer, wenn sie ausdrücklich oder stillschweigend **in die Arbeitsverträge übernommen** wurden. Praktisch geschieht dies meist so, dass die Einigung im Betrieb (etwa durch Aushang) als gebündeltes Vertragsangebot bekannt gemacht und von den Arbeitnehmern stillschweigend, d.h. durch Weiterarbeit in Kenntnis der neuen Bedingungen angenommen wird.[1043] Allerdings kommt eine derartige Umdeutung nach Auffassung des BAG nur in Betracht, wenn Umstände die Annahme rechtfertigen, der Arbeitgeber habe sich unabhängig von der Betriebsvereinbarung auf jeden Fall verpflichten wollen, seinen Arbeitnehmern die dort vorgesehenen Leistungen zu gewähren.[1044] Ob rechtlich problematische oder unzulässige Betriebsvereinbarungen trotz der angesprochenen Schwierigkeiten aufrechterhalten werden können, ist eine betriebspolitische Frage (zu Ambivalenzen im Rahmen von § 77 Abs. 3 BetrVG siehe § 4 Rn. 415ff.), wenn die Solidarität aller Arbeitnehmer gewährleistet ist.

### c) Anrechnungsverbot durch Betriebsvereinbarung

Da das Bundesarbeitsgericht von der Unzulässigkeit tariflicher Anrechnungs- **379** verbote für individualarbeitsvertraglich vereinbarte übertarifliche Leistungen ausgeht (§ 4 Rn. 382ff.), kann nach seiner Auffassung § 77 Abs. 3 BetrVG schon grundsätzlich nicht einem in einer Betriebsvereinbarung niedergelegten Anrechnungsverbot entgegenstehen.[1045] Folgt man diesem Ansatz nicht, so wird die Betriebsvereinbarung regelmäßig gleichwohl deshalb wirksam sein, da entsprechende tarifliche Regelungen fehlen.[1046]

---

1040 BAG 22.9.1992, AP Nr. 54 zu § 87 BetrVG 1972 Lohngestaltung = EzA § 87 BetrVG 1972 Betriebliche Lohngestaltung Nr. 33.

1041 BAG 3.6.2003 (1 AZR 314/02), www.bundesarbeitsgericht.de.

1042 BAG 22.9.1992, AP Nr. 60 zu § 87 BetrVG 1972 Lohngestaltung; zu den Grenzen bei Angestellten in Leitungsfunktionen: BAG 19.9.1995, DB 1996, 736; Rechtsprechungsüberblick: *Schirge*, AiB 1993, 395; *U. Mayer*, AiB 1993, 400; speziell zum Umsetzungsproblem der Entscheidung des BAG GS 3.12.1991, AP Nr. 51 zu § 87 BetrVG 1972 Lohngestaltung; *Weyand*, AuR 1993, 1; *R. Schneider*, DB 1993, 2530; *Schwab*, BB 1993, 495; *Weber/Hoß*, NZA 1993, 632.

1043 BAG 29.10.2002 (1 AZR 573/01), AP Nr. 18 zu § 77 BetrVG 1972 Tarifvorbehalt = EzA § 77 BetrVG 1972 Nr. 72; BAG 5.3.1997 (4 AZR 532/95), AP Nr. 10 zu § 77 BetrVG 1972 Tarifvorbehalt = EzA § 77 BetrVG 1972 Nr. 58; BAG 13.8.1980, AP Nr. 2 zu § 77 BetrVG 1972; BAG 23.8.1989, AP Nr. 42 zu § 77 BetrVG 1972; DKK-*Berg*, § 77 Rn. 65; Fitting, § 77 Rn. 105f.; *Däubler*, Tarifvertragsrecht, Rn. 1636.

1044 BAG 29.10.2002 (1 AZR 573/01), AP Nr. 18 zu § 77 BetrVG 1972 Tarifvorbehalt = EzA § 77 BetrVG 1972 Nr. 72.

1045 BAG 9.12.1997 (1 AZR 319/97), AP Nr. 11 zu § 77 BetrVG 1972 Tarifvorbehalt = EzA § 77 BetrVG 1972 Nr. 61.

1046 Vgl. LAG Düsseldorf 1.2.2005 (8 Sa 1427/04), BB 2005, 1576 = Beck RS 2005 40664.

### 4. Absicherung übertariflicher Leistungen im Tarifvertrag

380 Zu den tarifpolitischen Bemühungen, im Tarifvertrag zumindest einen Teil der übertariflichen Zulagen »einzufangen« und damit rechtlich abzusichern: § 1 Rn. 210ff.

## III. Effektiv-, Verdienstsicherungs- und Besitzstandsklauseln

### 1. Zum tarifpolitischen Hintergrund von Effektivklauseln

381 Wie oben (§ 4 Rn. 341) dargestellt sind Arbeitgeber in der Lage, Steigerungen tariflicher Leistung (insbesondere etwa Lohnerhöhungen) ganz oder teilweise nicht wirksam werden lassen, indem sie für übertarifliche Leistungen individualarbeitsvertraglich vereinbarte Freiwilligkeits-, Widerrufs- oder Anrechnungsvorbehalte nutzen. Selbst bei vorbehaltsloser Zahlung eines über dem Tariflohn liegenden Gesamtlohns kann nach h.M. die Anrechenbarkeit der Tariflohnerhöhung im Wege der ergänzenden Auslegung anzunehmen sein (§ 4 Rn. 357). Tarifliche Effektivklauseln (im weitesten Sinn) sollen nun das Durchschlagen der Verbesserung in das Einzelarbeitsverhältnis sichern. Angesichts der gegenwärtig verbreiteten Übung, übertarifliche Lohnbestandteile abzubauen[1047], läge es nahe, das Ziel der Aufnahme dahingehender Klauseln in Tarifverträge zu verfolgen. Solches geschah im Verlaufe der Wirtschaftskrise 1966/67, als zu (begrenzten) Effektivklauseln als Gegenmittel gegriffen wurde. Ob das unter den aktuellen ökonomischen Bedingungen durchsetzbar ist, kann allerdings bezweifelt werden.

382 Die Verfolgung einer dahingehenden tarifpolitischen Zielsetzung wird zudem dadurch rechtlich erschwert, dass das Bundesarbeitsgericht unter Zustimmung des größeren Teils der Schrifttums die **allgemeinen Effektivklauseln** (oder auch: **Effektivgarantieklauseln**)[1048] für unwirksam hält. Diese bezweckten, übertarifliche Lohnbestandteile zu tariflichen zu machen, um sie damit am vollen Schutz des Tarifvertrages teilhaben zu lassen. Seit einer Aufsehen erregenden und tarifpolitisch bedeutsamen Entscheidung[1049] erklärt das BAG darüber hinaus und im Widerspruch zu seiner früheren Rechtsprechung[1050] auch **begrenzte Effektivklauseln**[1051] für unzulässig.[1052] Für die als **Auslegungsregel** formulierte vertragsergänzende begrenzte Effektivklausel (»im Zweifel keine Anrechnung«) muss dann Gleiches gelten[1053]; sie soll dagegen – inkonsequenter Weise – nach Auffassung eines Teils des Schrifttums, das dem Ansatz des BAG folgt, wirksam sein.[1054]

---

1047 Dazu *Bispinck*, WSI-Mitt. 2005, 62; *Wendeling-Schröder*, Mitbestimmung 2005, 23.

1048 Formulierungsbeispiel: »Der Grundlohn wird auf 12,50 Euro/Stunde festgelegt. Bisher gezahlte übertarifliche Zulagen sind dem Grundlohn hinzuzurechnen und gelten als Bestandteile des Tariflohnes.«

1049 Relativierend: *Wiedemann*, Entgelt, 363f. Sehr deutlich weist *Kriebel*, 73ff., auf die begrenzte, weil nur kurzfristige Wirkung von Effektivklauseln im Rahmen gewerkschaftlicher Lohnpolitik hin und sieht sie als defensivstrategisches Mittel.

1050 BAG 1.3.1956, 13.6.1958 und 26.4.1961, AP Nr. 1, 2 und 5 zu § 4 TVG Effektivklausel.

1051 Beispiel für eine begrenzte Effektivklausel: »Die tarifliche Erhöhung muss je Arbeitnehmer und Stunde voll wirksam werden.« Bei dieser Formulierung sollen die übertariflichen Lohnbestandteile nicht zum tariflichen Entgelt werden.

1052 BAG 14.2.1968, AP Nr. 7 zu § 4 TVG Effektivklausel (mit Anm. von *Bötticher*) = EzA § 4 TVG Nr. 18.

1053 So auch BAG AP Nr. 8 zu § 4 TVG Effektivklausel (mit Anm. von *Wiedemann*).

1054 *Wiedemann/Stumpf*, § 4 Rn. 268, mit weiteren Nachweisen; dagegen Wiedemann/*Wank*, § 4 Rn. 539f.; zur Fragestellung ausführlich *Däubler/Deinert*, § 4 Rn. 798.

In der Frage, ob (schon) eine für unzulässig gehaltene begrenzte Effektivklausel vorliegt oder eine noch rechtmäßige Regelung, etwa eine Alterssicherungs- oder eine Verdienstsicherungsklausel (dazu § 4 Rn. 388ff.), anzunehmen sei, geht das Bundesarbeitsgericht davon aus, die Tarifvertragsparteien strebten **im Zweifel** eine gesetzes- bzw. **rechtsprechungskonforme Lösung** an. Damit verlagert sich gelegentlich die Argumentation auf die Auslegungsproblematik. Offenbar auch unter dem Eindruck der im Schrifttum geäußerten Kritik, wies das Gericht jedoch mehrfach darauf hin, die Tarifvertragsparteien seien nicht gehindert, eine Effektivklausel zu vereinbaren, um die Rechtsprechung zur Überprüfung ihres Standpunkts zu veranlassen. Eine dahingehende Intention sei aber nur anzunehmen, wenn ein solcher Wille im Tarifvertrag deutlich zum Ausdruck gebracht ist.[1055] 383

## 2. Rechtsprobleme von Effektivklauseln

An die Rechtsprechung des Bundesarbeitsgerichts[1056] schloss sich eine intensive Diskussion im juristischen Schrifttum an. Diese Kontroverse gehört neben der Auseinandersetzung um die Zulässigkeit von Differenzierungsklauseln (§ 3 Rn. 238ff.) zu den »klassischen Problemen« des Tarifrechts.[1057] 384

Das **Bundesarbeitsgericht** hält die tarifliche Begründung eines arbeitsvertraglichen Anspruchs auf übertarifliche Leistungen für einen Widerspruch in sich.[1058] Nur deren normative Übernahme sei denkgesetzlich möglich. Dann aber seien **gegen die Wirksamkeit** einer begrenzten Effektivklausel dieselben **Gründe** anzuführen, wie sie bei der Effektivgarantieklausel bestünden:

Für die getroffene Vereinbarung fehle es an der nach § 1 Abs. 2 TVG vorgeschriebenen Schriftform, da sich der Tariflohn nicht aus der schriftlichen Urkunde ermitteln lasse.

Ferner verstoße die begrenzte Effektivklausel gegen den verfassungsrechtlichen Gleichheitsgrundsatz des Art. 3 Abs. 1 GG, weil für gleiche Tatbestände ohne sachliche Rechtfertigung unterschiedliche Mindestlöhne festgesetzt würden.

Schließlich seien durch derartige Klauseln Grundprinzipien des Tarifrechts verletzt, da – wie sich aus § 4 Abs. 1 und 3 TVG ergäbe – Gegenstand tariflicher Inhaltsnormen nur die Festsetzung allgemeiner und gleicher Mindestarbeitsbedingungen sein könne. Darüber hinausgehende, dem Arbeitnehmer günstigere Regelungen müssten der freien Vereinbarung durch den Einzelarbeitsver-

1055 So schon BAG 21.7.1993 (4 AZR 468/92), AP Nr. 144 zu § 1 TVG Auslegung = EzA § 1 TVG Auslegung Nr. 28; BAG 9.12.1997 (1 AZR 319/97), EzA § 77 BetrVG 1972 Nr. 61; BAG 15.10.1997 (3 AZR 443/96), EzA § 4 TVG Verdienstsicherung Nr. 4; zuletzt etwa BAG 16.6.2004 (4 AZR 408/03), AP Nr. 24 zu § 4 TVG Effektivklausel (mit Anm. von *A. Stein*).

1056 Zur Effektivgarantieklausel BAG AP Nr. 2 zu § 4 TVG Effektivklausel (mit Anm. von *Tophoven*); zur begrenzten Effektivklausel ständige Rechtsprechung seit BAG 14.2.1968, AP Nr 7 zu § 4 TVG Effektivklausel (mit Anm. von *Bötticher*) = EzA § 4 TVG Nr. 18; bestätigt durch BAG 18.8.1971, AP Nr. 8 zu § 4 TVG Effektivklausel; vgl. auch die Nachweise in BAG 3.6.1987 EzA § 4 TVG Effektivklausel Nr. 2 (mit Anm. von *Hirschberg*) = AP Nr. 15 zu § 4 TVG Effektivklausel); rechtlicher Ausgangspunkt der in der vorigen Fn. zitierten Entscheidungen; offen gelassen in BAG 7.2.1995 (3 AZR 402/94), AP Nr. 6 zu § 4 TVG Verdienstsicherung = EzA § 4 TVG Tariflohnerhöhung Nr. 30; a. A. als das BAG: LAG Hamburg 12.7.1990, AuR 1991, 120 (mit Anm. von *Engel*, AiB 1991, 63).

1057 Umfassende Nachweise bei Wiedemann/*Wank*, § 4 Rn. 529, Rn. 504; *Däubler*, Tarifvertragsrecht, Rn. 590ff.; *Löwisch/Rieble*, § 1 Rn. 823ff.

1058 Im Anschluss an *Nikisch* (Bd. II, 453, *ders.*, BB 1956, 468 und *ders.*, BB 1961, 1205); dazu *Hansen*, RdA 1985, 79ff.; *Däubler/Deinert*, § 4 Rn. 794.

trag vorbehalten bleiben. Effektivklauseln stellten einen Eingriff in einen Bereich dar, der der individuellen einzelvertraglichen Gestaltung vorbehalten sei.

385 Ergebnis und Argumente dieses höchstrichterlichen Urteils stießen auf **Widerspruch eines Teiles der Rechtslehre.**[1059] Die Kritik erscheint berechtigt. Grundsätzlich ist gegen die Ansicht des Bundesarbeitsgerichts einzuwenden, dass sie von einem verkürzten, weil statischen Verständnis der Tarifvertragsautonomie ausgeht: Die kollektiven Regelungen des Tarifvertrages mit Effektivklauseln greifen entgegen der Vorstellung des Bundesarbeitsgerichts nicht gleichsam von außen in eine absolut geschützte Individualsphäre der Parteien des Arbeitsvertrages ein.[1060] Beide Ebenen, die kollektive und die individuelle, können nicht modellhaft voneinander getrennt werden. Dies zeigt sich unter anderem daran, dass in der Praxis zahlreiche Regelungen des Einzelarbeitsvertrages auf tarifliche Regelungen zurückgehen oder Bezug nehmen, also durch kollektives Recht erst zur Entfaltung kommen. Auf der anderen Seite können etwa tarifliche Ausschlussklauseln auch dort, wo der Tarifvertrag keine eigene materielle Regelung trifft, in individualarbeitsvertragliche Ansprüche eingreifen (dazu § 4 Rn. 469 ff.). Es findet also zumindest inhaltlich auch in anderen Zusammenhängen die als systemwidrig angesehene Vermischung zweier Rechtskreise statt. Das Tarifvertragsgesetz selbst verbietet nicht die tarifliche Absicherung des übertariflichen Bereichs.[1061] Die These des Bundesarbeitsgerichts, es gebe einen Raum, der der einzelvertraglichen Gestaltung vorbehalten sei[1062], berücksichtigt nicht, dass aufgrund des strukturellen Übergewichts des Arbeitgebers die einzelvertraglichen Freiräume typischerweise diesem zukommen.[1063] Die weitgehende Einschränkung der unternehmerischen Gestaltungsfreiheit hinsichtlich der Arbeitsbedingungen ist von Beginn an eine zentrale Funktion der Tarifverträge gewesen[1064] (zur historischen Entwicklung: Grundl. Rn. 1 ff.). Die Ansicht des Bundesarbeitsgerichts wird ferner dem durch Art. 9 Abs. 3 GG geschützten dynamischen Charakter der Tarifvertragsautonomie nicht gerecht, wonach die Gestaltung der Arbeits- und Wirtschaftsbedingungen vorbehaltlos gewährleistet ist. Hieraus folgt eine Vermutung zur **umfassenden Selbstregulierung** der Arbeits- und Wirtschaftsbedingungen durch die Koalitionen (Grundl. Rn. 53 ff. und Rn. 105 ff.).

386 Zu den Argumenten des BAG im Einzelnen: Wenig überzeugend ist zunächst der Hinweis des Bundesarbeitsgerichts[1065], Tarifverträge mit Effektivklauseln verstießen gegen die **Schriftform** (§ 1 Abs. 2 TVG). Die Lohnhöhe jedes einzelnen Beschäftigten, gegebenenfalls aufgeteilt in tarifliche und übertarifliche Bestand-

---

1059 *Bötticher* in Anm. zu BAG 14. 2. 1968, AP Nr. 7 zu § 4 TVG Effektivklausel; *Wiedemann*, Entgelt, 361 ff.; *Däubler/Deinert*, § 4 Rn. 788 ff.; *Hansen*, RdA 1985, 78; *Gamillscheg*, Kollektives Arbeitsrecht, Band 1, § 18 VI 2, 867 ff., mit weiteren Nachweisen in Rn. 515 und 519 und rechtsvergleichenden Hinweisen; *Kempen*, AuR 1982, 50 ff.; *Söllner*, Grundriss des Arbeitsrechts, 12. Aufl., 128; siehe auch die Argumentation bei LAG Düsseldorf 1. 2. 2005 (8 Sa 1427/04), BB 2005, 1576 = Beck RS 2005 40664; dem BAG folgen etwa Wiedemann/*Wank*, § 4 Rn. 533 ff. mit umfangreichen Nachweisen zum Meinungsstand in Rn. 510; *Löwisch/Rieble*, § 1 Rn. 823 ff.; *Brox/Rüthers/Henssler*, Arbeitsrecht, Rn. 716; zweifelnd Dütz, Arbeitsrecht, Rn. 553; offen gelassen bei *Söllner/Waltermann*, Rn. 369.

1060 *Zachert*, Tarifvertrag, 173; ähnlich *Däubler*, Tarifvertragsrecht, Rn. 601; insofern auch im Ausgangspunkt zutreffend *Wiedemann/Stumpf*, § 4 Rn. 270; a. A. *Löwisch/Rieble*, § 1 Rn. 828.

1061 *Däubler/Deinert*, § 4 Rn. 792.

1062 Die dann aber auch für eine Auslegungsregel gelten müsste (§ 4 Rn. 382).

1063 BVerfG 26. 6. 1991, E 84, 212, 229; MünchArbR/*Richardi*, § 12 Rn. 2; *Dorndorf*, FS Gnade, 41 ff.; *U. Preis*, Vertragsgestaltung, 51 ff. – jeweils mit weiteren Nachweisen, auch aus der Praxis.

1064 *Kempen*, AuR 1982, 51.

1065 In den BAG 14. 2. 1968, AP Nr. 7 zu § 4 TVG Effektivklausel (mit Anm. von *Bötticher*) = EzA § 4 TVG Nr. 18, nachfolgenden Entscheidungen allerdings nicht mehr aufgegriffen.

teile, ist nach dem neuen Tarifvertrag in gleichem Umfang bestimmbar wie nach dem alten Tarifvertrag ohne Effektivklausel. § 1 Abs. 2 TVG dient nicht wie andere Formvorschriften dem Schutz vor Übereilung, sondern der Rechtsklarheit. Es genügt daher, wenn sich die Lohnhöhe aufgrund näher bezeichneter, außerhalb des Tarifs liegender Tatsachen bestimmen lässt.[1066] Wollte man das Erfordernis der Schriftform so strikt interpretieren wie das Bundesarbeitsgericht in diesem Fall, so bestände die Gefahr, dass eine große Anzahl von Lohnrahmentarifverträgen mit teilweise recht weiten Definitionen der Eingruppierungskataloge wegen Verstoßes gegen die Schriftform als unwirksam angesehen werden müssten (zur Schriftform im Einzelnen: § 1 Rn. 764 ff.).

Auch der **Gleichheitsgrundsatz (Art. 3 Abs. 1 GG)** wird durch den Tarifvertrag mit Effektivklauseln nicht verletzt. Denn der neue Tarifvertrag führt keine tatsächliche Ungleichheit bei der Lohnzahlung herbei. Diese bestand vielmehr schon vorher aufgrund besonderer einzelvertraglich zulässiger Vereinbarungen.[1067] Was **begrenzte Effektivklauseln** betrifft, so ändern sie bereits von ihrer Zielsetzung her den individualrechtlichen Charakter der übertariflichen Leistungen nicht. Sie übernehmen vielmehr lediglich die auf einzelvertraglicher Ebene vorgefundene Differenzierung.[1068] Eine andere Frage ist es, ob zwischen Arbeitnehmergruppen differenzierende Anrechnungserschwerungen oder -verbote im Einklang mit dem Gleichheitsgrundsatz stehen.[1069]

Für die rechtliche Zulässigkeit von Effektivgarantieklauseln nach dem Maßstab des Art. 3 Abs. 1 GG spricht unter anderem, dass es auch in ein und demselben Tarifvertrag durchaus üblich ist, nach unterschiedlichen sozialen Merkmalen (z. B. Alter, Familienstand, Dauer der Betriebszugehörigkeit), erforderlichen Ausbildungsvoraussetzungen und Kenntnissen sowie nach Leistungskriterien (Akkordtarifverträge) zu differenzieren, ohne dass dies bisher juristisch als gleichgewichtswidrig angesehen worden wäre.[1070] Nichts Anderes kann gelten, wenn die Tarifvertragsparteien im Rahmen ihrer Gestaltungsmacht nach Art. 9 Abs. 3 GG unterschiedliche übertarifliche Leistungen durch eine Effektivgarantieklausel in den tariflichen Regelungsbereich übernehmen. Im Übrigen tritt Verschiedenheit aber auch – kraft Gesetzes – bei einer Tariflohnerhöhung ein, falls bislang sämtliche Beschäftigten das tarifliche Entgelt erhielten. Denn nun haben lediglich organisierte Arbeitnehmer Anspruch auf den höheren Lohn. Ein Verstoß gegen Art 3 Abs. 1 GG wird in diesem Fall nicht angenommen, da der Grund für die Differenzierung in der Gewerkschaftszugehörigkeit liegt.

Schließlich können die **tarifrechtlichen Einwände des Bundesarbeitsgerichts** gegen Effektivklauseln nicht überzeugen. Bereits der Ausgangspunkt des Bundesarbeitsgerichts erscheint zweifelhaft. Wenn § 1 Abs. 1 TVG von »Rechtsnormen« spricht, so ist damit kein engerer Begriff gemeint als der des »Gesetzes« im Sinne des Grundgesetzes. In der verfassungsrechtlichen Diskussion besteht kein

---

1066 *Däubler*, Tarifvertragsrecht, Rn. 602.

1067 *Zachert*, Tarifvertrag, 173.

1068 Ähnlich mit unterschiedlichen Akzenten *Kempen*, AuR 1982, 52 f.: Rechtfertigung im Rahmen des Art. 9 Abs. 3 GG; *Däubler*, Tarifvertragsrecht, Rn. 596 f.: Keine Sachwidrigkeit im Rahmen des Art. 3 Abs. 1 GG.

1069 Vgl., jeweils Verstoß gegen Art. 3 GG annehmend, BAG 6.2.1985, AP Nr. 12 zu § 4 TVG Effektivklausel = EzA Art. 3 GG Nr. 16: Abhängigkeit der Anrechnung vom Einvernehmen mit dem Betriebsrat nur bei altersgesicherten Arbeitnehmern; BAG 7.2.1995 (3 AZR 402/94), AP Nr. 6 zu § 4 TVG Verdienstsicherung = EzA § 4 TVG Tariflohnerhöhung Nr. 30: Anrechnungsverbot nur bei altersgesicherten Arbeitnehmern.

1070 Vgl. *Kempen*, AuR 1982, 52.

Zweifel mehr daran, dass bei abstrakter Formulierung prinzipiell auch solche Gesetze erlassen werden dürfen, die im Ergebnis nur Einzelfälle betreffen.[1071] Auch wenn man diesen Ausgangspunkt nicht teilt, spricht gegen die Überlegungen des Bundesarbeitsgerichts, dass Effektivklauseln durchaus allgemeine und gleiche Regelungen treffen, da sie für eine unbestimmte Vielzahl von Fällen gelten und jeweils dasselbe anordnen. Lediglich die Konsequenzen sind angesichts unterschiedlicher realer Bedingungen notwendigerweise gegebenenfalls verschieden. Schließlich wird das **Günstigkeitsprinzip** des § 4 Abs. 3 TVG durch Effektivklauseln nicht verletzt. Zum einen ist es durch die Tarifvertragsparteien einschränkbar (§ 4 Rn. 267 und Rn. 276).[1072] Zum anderen ist es den Parteien des Individualarbeitsvertrages nach wie vor nicht verwehrt, über den neuen Tarifvertrag hinausgehende zusätzliche Arbeitsbedingungen für die Arbeitnehmer festzusetzen. Damit ist dem tarifvertraglichen Günstigkeitsprinzip Rechnung getragen.[1073]

**387** In einer neueren Entscheidung relativierte das BAG seinen Standpunkt allerdings insofern, als es die tarifliche Absicherung einzelvertraglicher Lohnbestandteile als zulässig ansah, wenn die Verfügung hierüber den Arbeitsvertragsparteien **nicht gegen ihren Willen** entzogen wird.[1074] Das Einverständnis von Arbeitnehmer und Arbeitgeber entnahm es dabei einer arbeitsvertraglichen Klausel, wonach die Regelungen des Tarifvertrags zum Inhalt des Arbeitsverhältnisses werden sollten, gleichgültig ob sie günstiger oder ungünstiger wären. Die Begründung ist fragwürdig, da individualarbeitsvertragliche Gestaltungen die – angenommenen – Grenzen der Tarifmacht nicht erweitern können; mit einem schlichten »Wer einverstanden ist, dem geschieht kein Unrecht« (volenti non fit iniuria) lässt sich das von dem Gericht selbst aufgebaute Argumentationspotenzial gegen Effektivklauseln wohl nicht beiseite schieben. Im Übrigen wäre die Folge unter Umständen relativ unwirksames Tarifrecht, da das Gericht der Tarifnorm dort, wo Arbeitsverträge keine dahingehende »Öffnungsklausel« enthielten, Gültigkeit absprechen müsste.[1075]

Zusammenfassend ergibt sich, dass entgegen dem Bundesarbeitsgericht nicht nur **begrenzte** (einschließlich der vertragsergänzenden), sondern auch **allgemeine Effektivklauseln** (Effektivgarantieklauseln) wirksam vereinbart werden können.[1076]

### 3. Verdienstsicherungsklauseln

**388** Verdienstsicherungsklauseln, die Gewerkschaften in einer Reihe von Tarifverträgen zugunsten bestimmter Arbeitnehmergruppen durchgesetzt haben, begegnen gleichfalls keinen rechtlichen Bedenken. Mit ihnen soll erreicht werden, dass

---

1071 BVerfG 2.3.1999 (1 BvL 2/91), E 99, 367; BVerfG 7.5.1969, E 25, 371; *Wiedemann*, Entgelt, 370.

1072 Zur insoweit wenig aussagekräftigen Entstehungsgeschichte des Günstigkeitsprinzips Stein, Rn. 337.

1073 *Etzel*, AuR 1969, 265; *Hansen*, RdA 1985, 82.

1074 BAG 2.3.2004 (1 AZR 271/03), EzA § 87 BetrVG 2001 Betriebliche Lohngestaltung Nr. 4 (mit Anm. von *A. Stein*, SAE 2005, 162).

1075 Dass es sich im Sachverhalt der Entscheidung des BAG vom 2.3.2004 (wie vorige Fußnote) um einen Firmentarifvertrag handelte, lässt das Ergebnis verständlicher erscheinen, beseitigt aber nicht die dogmatischen Defizite – es sei denn, hier deutete sich ein Abrücken von der These an, begrenzte Effektivklauseln seien unwirksam.

1076 *Däubler*, Tarifvertragsrecht, Rn. 603, geht sogar von der Wirksamkeit derartiger Klauseln aufgrund Gewohnheitsrechts oder wegen des Verbots des sozialen Rückschritts aus.

Arbeitnehmer, die aus besonderem Anlass, namentlich infolge Alters, Krankheit oder Rationalisierungsmaßnahmen, versetzt werden, zumindest für eine gewisse Zeit keine Einkunftsminderungen hinnehmen müssen.

Die **Gültigkeit derartiger Klauseln**, die eine Gleichstellung der betroffenen älteren bzw. die qualifizierten Arbeitnehmer nicht nur hinsichtlich ihres tariflichen Entgelts normieren, sondern darüber hinaus auch übertarifliche und außertarifliche Leistungen absichern sollen, wurde und wird teilweise in Frage gestellt.[1077] Das Bundesarbeitsgericht geht von ihrer Wirksamkeit aus.[1078] Es sieht in derartigen Klauseln keine Effektivklauseln, da nicht bestimmt sei, dass eine Tariflohnerhöhung auf die effektive Vergütung aufzustocken ist (begrenzte Effektivklausel) oder der bisherige über- oder außertarifliche Lohnbestandteil nunmehr zum Tariflohn werden soll (Effektivgarantieklausel). In die vertraglichen Beziehungen der Arbeitsvertragsparteien werde durch diese tarifvertragliche Regelung nicht eingegriffen. Der Arbeitgeber könne weiterhin einzelvertraglich vereinbarte Zulagen zum Tariflohn im Rahmen der allgemein anerkannten arbeitsrechtlichen Grundsätze abbauen und mit späteren Tariflohnerhöhungen ganz oder teilweise »verrechnen«. Bei der Einbeziehung übertariflicher Zulagen in die Verdienstsicherung handle es sich nur um eine Feststellung der Berechnungsgrundlage. Auch bei Verdienstsicherungen gelte für Zulagen dasselbe, was für alle Arbeitnehmer hinsichtlich des Abbaues und der Anrechnung gültig sei. In diesem Sinne legt das Bundesarbeitsgericht die Formulierung »Verdienstsicherung für ältere Arbeitnehmer« dahin aus, dass diese Personengruppe durch altersbedingte Leistungsabnahme keine Verdiensteinbußen erleiden dürfen, jedoch betrieblich vereinbarte Lohnzulagen (Prämienobergrenze) gegen sich gelten lassen müssen.[1079] 389

Auch wenn man entgegen der Auffassung des Bundesarbeitsgerichts davon ausgeht, es werde sehr wohl in die vertraglichen Beziehungen der Arbeitsvertrags- oder Betriebsparteien tariflich eingegriffen, weil eine Individualisierung der außer-/übertariflichen Entgelte für die Betroffenen künftig untersagt sei, bestehen keine Bedenken gegen eine derartige Absicherungsklausel, da die zugrunde gelegten Unterscheidungsmerkmale sowohl gleichheitssatzkonform als auch vom Sinn und Zweck der Koalitionsautonomie gedeckt sind.[1080] Ein wesentlicher Gesichtspunkt in diesem Zusammenhang ist, dass Verdienstsicherungsklauseln im Unterschied zu Effektivklauseln **nicht sämtliche Effektivlöhne** aus Anlass einer Tarifvertragserhöhung absichern. Sie verfolgen vielmehr das sozialpolitische Anliegen, zur Vermeidung von Härten **in Einzelfällen** individuellen Schutz vor krassen Einkommensverlusten zu gewährleisten. Derartige Klauseln sind daher verfassungsrechtlich vom Sozialstaatsprinzip (Art. 20 Abs. 1 Satz 1 GG) gedeckt. Da die Koalitionsfreiheit eine Konkretisierung dieses Grundsatzes darstellt, neh- 390

1077 *Brox/Rüthers/Henssler*, Arbeitsrecht, Rn. 717; *Löwisch/Rieble*, § 1 Rn. 830 (wenn Verdienstsicherung nicht nur für eine Übergangszeit erfolgt); a. A. die herrschende Lehre, etwa *Zöllner/Loritz*, § 36 IV 3; *Konzen*, Anm. zu BAG EzA § 4 TVG Effektivklausel Nr. 1; aus der tarifpolitischen Diskussion: Nachweise bei *Zachert*, Tarifvertrag, 174.

1078 BAG 16. 6. 2004 (4 AZR 408/03), AP Nr. 24 zu § 4 TVG Effektivklausel (mit Anm. von *A. Stein*) unter III 3. mit umfangreichen Rechtsprechungsnachweisen; BAG 28. 7. 1999 (4 AZR 295/97), AP Nr. 14 zu § 4 TVG Verdienstsicherung = EzA § 4 TVG Verdienstsicherung Nr. 7; BAG 7. 2. 1995 (3 AZR 402/94), AP Nr. 6 zu § 4 TVG Verdienstsicherung = EzA § 4 TVG Tariflohnerhöhung Nr. 30; BAG 28. 5. 1980, AP Nr. 8 zu § 1 TVG Tarifverträge: Metallindustrie.

1079 BAG 16. 5. 1995, NZA 1996, 153 = AiB 1995, 611 (mit kritischer Anm. von *Unterhinninghofen)*; vgl. auch BAG 7. 2. 1995, NZA 1995, 894.

1080 *Kempen*, AuR 1982, 53; siehe auch *Blomeyer*, ZfA 1980, 56 ff.

men die Tarifvertragsparteien mit der Vereinbarung solcher Absicherungsklauseln eine typische Koalitionsgrundrechtsfunktion nach Art. 9 Abs. 3 GG wahr.[1081] Dieser Gesichtspunkt fällt neben den Argumenten, die bereits für die Zulässigkeit von Effektivklauseln angeführt worden sind, zugunsten der Rechtswirksamkeit von Verdienstsicherungsklauseln noch zusätzlich ins Gewicht.[1082]

391 Aus den angeführten Gründen bestehen auch keine Bedenken gegen eine Klausel: »Teilzeitbeschäftigte haben an den **betrieblichen Leistungen** mindestens nach Maßgabe des Verhältnisses ihrer tatsächlichen Arbeitszeit teil«. Die Rechtsprechung müsste nach den von ihr zu den Verdienstsicherungsklauseln entwickelten Grundsätzen hierin eine rechtswirksame Berechnungsgrundlage sehen[1083] (zum Diskriminierungsverbot bei Teilzeitarbeit: § 1 Rn. 397 ff.).

## 4. Besitzstandsklauseln

392 Durch Klauseln im Tarifvertrag kann bestimmt werden, dass günstigere einzelvertragliche Bestimmungen aus Anlass des Inkrafttretens eines Tarifvertrages nicht verdrängt bzw. verschlechtert werden dürfen.[1084] Derartige **Bestands- oder Besitzstandsklauseln**[1085] verfolgen einen ähnlichen Zweck wie Effektivklauseln. Dies hat zur Folge, dass die privatrechtlichen Mittel des Arbeitgebers, sich von übertariflichen Pflichten zu befreien (Änderungskündigung, Ausübung eines vorbehaltenen Widerrufs usw.), zwar nicht beseitigt werden, dass aber die Ausübung solcher Gestaltungsrechte nicht mit dem Inkrafttreten des Tarifvertrages motiviert werden darf. Ob auch dann, wenn man die Überlegungen der Bundesarbeitsgerichts-Rechtsprechung zu den Effektivklauseln zugrunde legt, gegen derartige Klauseln Bedenken bestehen, bedarf keiner weiteren Erörterung. Das Bundesarbeitsgericht verneint das Vorliegen einer (unwirksamen) Effektivklausel mit der Begründung, es wäre unverständlich, wenn die Tarifvertragsparteien die Macht besäßen, die Ausübung von Gestaltungsrechten an bestimmte Fristen zu knüpfen, nicht jedoch in der Lage wären, einen bestimmten Anlass für die materiellrechtliche Ausübung eines Gestaltungsrechts abzubedingen.[1086] Selbst wenn eine begrenzte Effektivklausel vorläge, wäre dies nach der hier vertretenen Auffassung (§ 4 Rn. 384 ff.) unschädlich. Soweit mit Besitzstandsklauseln lediglich auf den Rechtsgedanken des § 4 Abs. 3 TVG (Günstigkeitsprinzip) hingewiesen werden soll, sind sie als lediglich deklaratorische Regelung ohnedies wirksam.[1087]

---

1081 *Kempen*, AuR 1982, 53.

1082 *Zachert*, Tarifvertrag, 174; zustimmend auch *Schulin*, ZfA 1981, 588; *Löwisch/Rieble*, § 1 Rn. 830.

1083 So auch *Kempen*, AuR 1982, 53.

1084 Vgl. BAG 4.2.1960, AP Nr. 7 zu § 4 TVG Günstigkeitsprinzip; BAG 9.2.1957, AP Nr. 5 zu § 9 TVG; BAG 5.9.1985, AP Nr. 1 zu § 3 TVG Besitzstand; BAG 5.9.1995, BB 1996, 1276; zu einer speziellen Besitzstandsklausel des BAT: BAG 15.7.1993, AP Nr. 26 zu § 15 BAT; hierzu *Pieper*, PersR 1994, 117.

1085 Hier als eigene Klausel, nicht als auch Verdienstsicherungsklauseln umfassender Oberbegriff verstanden; zur Terminologie *Däubler/Deinert*, § 4 Rn. 781.

1086 BAG 5.9.1985, AP Nr. 1 zu § 4 TVG Besitzstand = EzA § 4 TVG Tariflohnerhöhung Nr. 7; im Ergebnis ebenso: *Söllner*, Grundriss des Arbeitsrechts, 12. Aufl., 127; *Däubler*, Tarifvertragsrecht, Rn. 585 ff. jeweils mit Nachweisen aus der Literatur; *Etzel*, NZA 1987, Beilage 1, 31; a.A. Wiedemann/Wank, § 4 Rn. 524.

1087 Vgl. auch *Däubler/Deinert*, § 4 Rn. 782; Wiedemann/*Wank*, § 4 Rn. 524.

### 5. Anhang: So genannte negative Effektivklauseln (Anrechnungsklauseln)

Wer Effektivklauseln wegen eines rechtswidrigen Eingriffs in den Arbeitsvertrag für unwirksam hält (§ 4 Rn. 382 ff.), muss konsequenter Weise auch Tarifvertragsklauseln verwerfen, die eine **Anrechnung** von Tariflohnerhöhungen auf übertarifliche Leistungen **vorschreiben**.[1088] Dennoch wird zum Teil trotz dieses Ausgangspunktes ein Anrechnungsgebot für wirksam gehalten. Nur unter praktischen Erwägungen ist das nachvollziehbar: Findet kraft Tarifvertrags eine Anrechnungsautomatik statt, kann der Arbeitgeber im nächsten Zug erneut übertarifliche Leistungen vereinbaren. Er gewinnt materiell sogar Vertragsfreiheit, da er – vorbehaltlich der Mitbestimmungsrechte des Betriebsrats (§ 4 Rn. 371 ff.) – eine Neuordnung des Zulagensystems vorzunehmen vermag; der generelle Ausschluss von übertariflichen Leistungen (»tariflicher Höchstlohn«) kommt nicht in Betracht. Das BAG differenziert. Soweit Vergütungsbestandteile »neben« dem Tariflohn zu zahlen seien, verbiete das Günstigkeitsprinzip den tarifvertraglichen Eingriff in einzelvertragliche Ansprüche. Sind diese dagegen nicht »tariffest« (dazu § 4 Rn. 359 ff.), könne eine im Tarifvertrag vereinbarte Sonderzahlung bedingt durch die Kürzung um bestimmte einzelvertragliche Zahlungen eingeräumt werden.[1089] Nach der hier vertretenen Ansicht, der zufolge Effektivklauseln wirksam sind (§ 4 Rn. 348 ff.), bestehen auch keine rechtlichen Bedenken gegen eine »negative Effektivklausel«.[1090] 393

## IV. Öffnungsklauseln in Verbandstarifverträgen: »Betriebsnahe Tarifpolitik«/»betriebliche Bündnisse für Arbeit«

### Literatur:

*Adomeit*, Das Günstigkeitsprinzip neu verstanden, NJW 1984, 26; *ders.*, Arbeitsplätze und Solidarität, NJW 1994, 837; *ders.*, Regelung von Arbeitsbedingungen und ökonomische Notwendigkeiten, 1996; *Baumann*, Die Delegation tariflicher Rechtssetzungsbefugnisse, 1992; *Belling*, Das Günstigkeitsprinzip im Arbeitsrecht, 1984; *Bispinck*, Betriebsräte, Arbeitsbedingungen und Tarifpolitik, WSI-Mitt. 2005, 321; *Böker*, Tarifunterschreitung durch Betriebsvereinbarung und Arbeitsvertrag, 2001; *Brecht*, Die Umsetzung von Tarifverträgen auf Betriebsebene, 2003; *Britz*, Tarifautonomie in der Europäischen Union, in: Britz/Volkmann, Tarifautonomie in Deutschland und Europa, 2003, 39; *Britz/Volkmann*, Tarifautonomie in Deutschland und Europa, 2003; *Buchner*, Wirkliche und vermeintliche Gefährdungen der Tarifautonomie, FS Kissel, 1994, 97; *ders.*, Unternehmensbezogene Tarifverträge – tarif-, verbands- und arbeitskampfrechtlicher Spielraum, DB 2001, Beilage 9, 4; *Busch*, Flächentarifvertrag und betrieblicher Differenzierungsbedarf in der Metall- und Elektro-Industrie, IndBez 2003, 320; *Dieterich*, Tarifautonomie und Gesetzgebung, 2003; *ders.*, Zukunft der Tarifautonomie, AuR 2000, 441; *ders.*, Flexibilisiertes Tarifrecht und Grundgesetz, RdA 2002, 1, aktualisierte Fassung: AuR 2005, 121; *ders.*, Arbeitsgerichtlicher Schutz

---

1088 So etwa Wiedemann/*Wank*, § 4 Rn. 543; *Söllner/Waltermann*, Rn. 370.

1089 BAG 3.3.1993 (10 AZR 42/92), AP Nr. 151 zu § 611 BGB Gratifikation, Prämie, mit weiteren Nachweisen; siehe auch BAG 26.2.1986 (4 AZR 535/84), AP Nr. 12 zu § 4 TVG Ordnungsprinzip = EzA § 4 TVG Tariflohnerhöhung Nr. 8; ähnlich Löwisch/Rieble, § 1 Rn. 833.

1090 Ebenso etwa *Gamillscheg*, Kollektives Arbeitsrecht I, § 18 V 4, 871; ausführlich *Däubler*/Deinert, § 4 Rn. 801 ff.

der kollektiven Koalitionsfreiheit, FS Wissmann, 2005, 114; *Friese*, Tarifverträge nach § 3 BetrVG im System des geltenden Tarif- und Arbeitskampfrechts, ZfA 2003, 237; *Fuchs*, Tarifvertragsrecht, 2003; *Hack*, Zur Diskussion zum Thema: Tariflandschaft im Wandel, in: Lehmann, Krise des Flächentarifvertrages, 2002, 44; *Hanau*, Wege zu einer beschäftigungsorientierten Arbeitsmarktordnung: Spannungsverhältnis Individualvertrag, Betriebsvereinbarung, Tarifvertrag, FS Wiedemann, 2002, 283; *Heinze*, Tarifautonomie und so genanntes Günstigkeitsprinzip, NZA 1991, 329; *Hensche*, Zur Zulässigkeit von Firmentarifverträgen mit verbandsangehörigen Unternehmen, RdA 1971, 9; *Henssler*, Firmentarifverträge und unternehmensbezogene Verbandstarifverträge als Instrumente einer »flexiblen«, betriebsnahen Tarifpolitik, ZfA 1998, 517; *Heß*, Die Zulässigkeit betriebsnaher Tarifverträge, 1975; *Höland/Reim/Brecht*, Flächentarifvertrag und Günstigkeitsprinzip, 2002; *v. Hoyningen-Huene*, Die Einführung und Anwendung flexibler Arbeitszeiten im Betrieb, NZA 1989, 9; *Hromadka*, Gesetzliche Tariföffnungsklausel – unzulässige Einschränkung der Koalitionsfreiheit oder Funktionsbedingung der Berufsfreiheit?, NJW 2003, 1273; *ders.*, Privat- versus Tarifautonomie – Ein Beitrag zur Arbeitszeitdiskussion, DB 1992, 1042; *Huber/Hofmann*, Anteil haben am Gewinn, Mitbestimmung 6/2003, 24; *Kempen*, Betriebsverfassung und Tarifvertrag, RdA 1994, 140; *Kissel*, Das Spannungsfeld zwischen Betriebsvereinbarung und Tarifvertrag, NZA 1986, 73; *Kittner*, Öffnung des Flächentarifvertrages, FS Schaub, 1998, 389; *Körner*, Zum Verständnis des tarifvertraglichen Günstigkeitsprinzips, RdA 2000, 140; *Kocher*, Bestimmtheit und Streitgegenstand beim koalitionsrechtlichen Unterlassungsanspruch gegen tarifwidrige Einheitsregelungen, NZA 2005, 140; *Kraft*, Die betriebliche Lohngestaltung im Spannungsfeld von Tarifautonomie, betrieblicher Mitbestimmung und Vertragsfreiheit, FS Molitor, 1988; *Lehmann*, Bevormundung der Betriebspartner durch die Tarifpartner, in: ders., Krise des Flächentarifvertrages, 2002, 110; *ders.*, Der Flächentarifvertrag in veränderter Gestalt: tarifliche Module mit unternehmens- und betriebsnahen Arbeitsbedingungen, in: ders., Krise des Flächentarifvertrages, 2002, 25; *Lieb*, Erkämpfbarkeit von Firmentarifverträgen mit verbandsangehörigen Arbeitgebern, DB 1999, 2058; *Linnenkohl/Rauschenberg/Reh*, Abschied vom Leberkompromiß durch das Günstigkeitsprinzip?, BB 1990, 628; *Löwisch*, Die Freiheit zu arbeiten – nach dem Günstigkeitsprinzip, BB 1991, 59; *Möschel*, Dezentrale Lohnabfindung und Tarifautonomie, BB 2003, 1951; *ders.*, Tarifvertragsreform zwischen Ökonomie und Verfassung, BB 2005, 490; *Natzel*, Gesetzliche Öffnungsklauseln im Kommen?, NZA 2005, 903; *Oberberg/Schoof*, Erstreikbarkeit eines Ergänzungstarifvertrags für den Betrieb eines verbandsangehörigen Arbeitgebers, AiB 2002, 169; *Pfab*, Wirkungsweise und Reichweite tarifvertraglicher Öffnungsklauseln, 2004; *Richardi*, Kollektivgewalt und Individualwille bei der Gestaltung des Arbeitsverhältnisses, 1968; *ders.*, Betriebsverfassungsgesetz Kommentar, 9. Aufl., 2004; *ders.*, Verhandlungen des 61. DJT, 1996, Gutachten B: Empfiehlt es sich, die Regelungsbefugnisse der Tarifparteien im Verhältnis zu den Betriebsparteien neu zu ordnen?; *Raab*, Betriebliche Bündnisse für Arbeit – Königsweg aus der Beschäftigungskrise?, ZfA 2004, 371; *Rieble*, Tarifvertrag und Beschäftigung, ZfA 2004, 1; *ders.*, Öffnungsklausel und Tarifverantwortung; ZfA 2004, 405; *Ruoff*, Die Flexibilisierung der Tarifverträge, 1999; *Säcker*, Gruppenautonomie und Übermachtkontrolle im Arbeitsrecht, 1972; *Schaub*, Wege und Irrwege aus dem Flächentarifvertrag, NZA 1998, 617; *Schaub/Koch/Linck*, Arbeitsrechts-Handbuch, 10. Aufl., 2002; *Schild/Wagner*, Flächentarifvertrag und betriebliche Differenzierung?, IndBez 2003, 326; *Schmidt, Th. B.*, Das

Günstigkeitsprinzip im Tarifvertrags- und Betriebsverfassungsrecht, 1994; *Schubert*, Die Behandlung kollektivvertraglicher Normkollisionen nach Verschmelzung und Spaltung von Unternehmen, 2003; *Schwarze*, Der Betriebsrat im Dienste der Tarifvertragsparteien, 1991; *Seufert*, Zur Diskussion zum Thema: Tariflandschaft im Wechsel, in: Lehmann, Krise des Flächentarifvertrages?, 2002, 43; *Stein, A.*, Der Abschluss von Firmentarifverträgen, RdA 2000, 129; *Unterhinninghofen*, Tarifverträge schützen – Tarifverträge nützen (7. bis 10. Teil), AiB 2000, 31, 77, 200 und 331; *Waltermann*, Zu den Grundlagen der Tarifautonomie, ZfA 2000, 53; *Wendeling-Schröder*, Auf der Suche nach einem modernen Tarifvertragsrecht, FS Wissmann, 2005, 174; *dies.*, Kontrollierte Flexibilität. Ein juristischer Blick auf betriebliche Bündnisse, Mitbestimmung, 3/2005, 21; *dies.*, Das Arbeitsrecht in Betrieben ohne Betriebsrat, DB 2002, 206; *dies.*, Betriebliche Ergänzungstarifverträge, NZA 1998, 624; *dies.*, Empfiehlt es sich, die Regelungsbefugnisse der Tarifparteien im Verhältnis zu den Betriebsparteien neu zu ordnen?, Referat zum 61. DJT, 1996, Bd. II/1, 7; *Wendeling-Schröder/Schubert*, Rechtsprobleme zweistufiger Tarifvertragssysteme, NZA 2003, 772; *Wendeling-Schröder/Welkoborsky*, Beschäftigungssicherung und Transfersozialplan, NZA 2002, 1370; *Wiedemann*, Tarifvertragliche Öffnungsklauseln, in: Arbeitsrecht und Sozialpartnerschaft, FS Hanau, 1999, 607; *Windbichler*, Das Spannungsverhältnis von Kollektivautonomie und Privatautonomie, in: Rüthers, Der Konflikt zwischen Kollektivautonomie und Privatautonomie im Arbeitsleben, 2002, 101; *Wisskirchen*, Über Abweichungen von den Normen eines Tarifvertrages, in: Arbeitsrecht und Sozialpartnerschaft, FS Hanau, 1999, 623; *Zabel*, Tarifvertrag Qualifizierungsmaßnahmen bei Betriebsänderungen, AiB 1998, 615; *Zachert*, Drei aktuelle Vorschläge zur Öffnung des Flächentarifvertrages. Verfassungsrechtliche Eckpunkte und rechtspolitische Bewertung, Jahrbuch des Arbeitsrechts, Band 41, 2004, 85; *ders.*, Zukunft des Flächentarifvertrages, AiB 2000, 204; *ders.*, Firmentarifvertrag als Alternative?, NZA 2000, Sonderbeilage 24, 17.

### 1. Tarif- und rechtspolitischer Hintergrund

Das Konzept der so genannten **betriebsnahen Tarifpolitik** stellt traditionell einen Versuch dar, die **Spanne zwischen Tarif- und Effektivlöhnen zu reduzieren und die Tarifverträge zu dezentralisieren**. Dazu werden typischerweise Öffnungsklauseln in Flächentarifverträgen vereinbart, die es ermöglichen, für einzelne Betriebe zusätzliche Tarifverträge abzuschließen und gegebenenfalls zu erstreiken oder entsprechende Betriebsvereinbarungen abzuschließen. Teilweise werden auch den Arbeitsvertragsparteien selbst Kompetenzen zugewiesen. **394**

Die seit den fünfziger Jahren des letzten Jahrhunderts geführte Diskussion um die betriebsnahe Tarifpolitik hat durch die anhaltenden arbeitsmarktpolitischen und ökonomischen Unsicherheiten und die Globalisierung **neue Akzente** erfahren. Die Tarifvertragsparteien sehen sich derzeit vor allem dem Vorwurf gegenüber, unflexible und nicht mehr zeitgemäße Instrumente anzubieten.[1091] Maßgeblich ist deshalb heute die Forderung nach mehr Flexibilisierung und De- **395**

1091 Zur juristischen Debatte vgl. vor allem FS *Schaub*, 1998, mit zahlreichen Beiträgen zu diesem Problem sowie *Dieterich*, AuR 2000, 441ff.; *Unterhinninghofen*, AiB 2000, 31ff., 77ff., 200ff., 331ff.; *Waltermann*, ZfA 2000, 53ff.; *Zachert* AiB 2000, 204ff.; *Britz/Volkmann*, Tarifautonomie in Deutschland und Europa, 2003, mit kritischer Rezension von *Dieterich*, RdA 2003, 317.

zentralisierung; zum Teil verbergen sich hinter diesen Hauptforderungen aber auch explizite Interessen an einer **Senkung der Arbeitskosten**[1092]

396 Ein wichtiger Bereich ist dabei die Schaffung von Möglichkeiten für die Betriebsparteien, so genannte **betriebliche Bündnisse für Arbeit** zu vereinbaren. Gemeint sind damit z.B. **Abweichungen vom vereinbarten Tarifniveau nach unten als Gegenleistung für den Ausschluss von betriebsbedingten Kündigungen.**[1093] Schon traditionell ist in diesem Kontext die rechtspolitische Forderung nach einer Verlagerung von Regelungsaufgaben von den Tarifvertragsparteien auf die Betriebsparteien, insbesondere **die Forderung nach gesetzlichen Öffnungsklauseln in den Tarifverträgen für die Betriebsparteien.**[1094] Das Gesetz zur Reform des BetrVG vom 28. Juli 2001 ist diesen Vorschlägen nicht gefolgt.[1095] Auch die neuen Gesetze zur Reform des Arbeitsmarktes[1096], enthalten keine derartigen Regelungen. Demgegenüber liegen mehrere Gesetzentwürfe der Opposition vor[1097], die beschäftigungsorientierte Abweichungen von Tarifverträgen durch Änderungen des TVG und des BetrVG zulassen.

397 Ob und inwieweit eine entsprechende **Gesetzesänderung zugunsten der Betriebsparteien in Anbetracht von Art. 9 Abs. 3 GG überhaupt möglich** wäre, soll hier nicht vertieft untersucht werden (vgl. Grundl. Rn. 149 ff., § 4 Rn. 258 ff. und Rn. 281 ff.). Entsprechendes gilt für den gemeinschaftsrechtlichen Schutz der Tarifautonomie.[1098] Es ist jedoch grundsätzlich davon auszugehen, dass ein Bedarf für einen Eingriff in den bestehenden Schutzbereich des Art. 9 Abs. 3 GG nachgewiesen werden müsste; dies ist in Anbetracht der Flexibilität des derzeitigen Tarifrechts schwer möglich.[1099] Festzuhalten ist darüber hinaus, dass die Vorstellung, wegen der Zulässigkeit und Existenz von tarifvertraglich vereinbarten Tariföffnungsklauseln müssten auch gesetzlich festgelegte Tariföffnungsklauseln möglich sein[1100], unzutreffend ist. Die Vereinbarung einer Regelung, auch einer Öffnung für Ergänzungen durch andere, ist Ausdruck und Ergebnis autonomen Handelns, eine gesetzliche Vorgabe hingegen schließt diese Autonomie gerade aus.

---

1092 So z. B. auch in dem Gutachten »Tarifautonomie auf dem Prüfstand« des wissenschaftlichen Beirats beim Bundesministerium für Arbeit vom 11.10.2003, www.bmwa.bund.de/Redaktion/Inhalte/Downloads.

1093 *Höland/Reim/Brecht*, 24 f., 346 f., 349 ff.; *Däubler/Däubler*, Einl. Rn. 55.

1094 Vgl. dazu ausführlich: Verhandlungen des 61. DJT 1996, Empfiehlt es sich, die Regelungsbefugnis der Tarifvertragsparteien im Verhältnis zu den Betriebsparteien neu zu ordnen?, *Hanau*, Gutachten zum 63. DJT 2000; Antrag der CDU/CSU vom 4.4.2001, BT-Drucks. 14/5753; Antrag der FDP vom 4.4.2001, BT-Drucks. 14/5764.

1095 BGBl. I, 1852.

1096 Vom 23.12.2002, BGBl. I, 4607; vom 23.12.2002, BGBl. I, 4621; vom 23.12.2003, BGBl. I, 2848–2935 und vom 24.12.2003, BGBl. I, 2954 (»Agenda 2010« = »Hartz I bis IV«)

1097 Gesetzentwurf der CDU/CSU (BT-Drucks. 15/1182), Gesetzentwürfe des Abgeordneten Brüderle u.a. und der Fraktion der FDP (BT-Drucks. 15/1225 und 15/590), Gesetzentwurf des Bundesrates vom 5.2.2003 (BT-Drucks. 15/406) mit ablehnender Stellungnahme der Bundesregierung (ebenda, Anlage 2); Gesetzesantrag des Landes Niedersachsen vom 2.7.2003 (BR-Drucks. 456/03) und der Freistaaten Bayern und Sachsen vom 4.7.2003 (BRDrucks. 464/03) sowie Gesetzesantrag des Freistaats Bayern vom 25.9.2003 (BR-Drucks. 701/03) und Gesetzesantrag der FDP (BT-Drucks. 15/2861, AuR 2004, 221 f.).

1098 *Britz*, Tarifautonomie in der Europäischen Union, in: *Britz/Volkmann*, Tarifautonomie in Deutschland und Europa, 39 ff.

1099 *Däubler/Däubler*, TVG, Einl. Rn. 57; *Fuchs*, 187; *Wendeling-Schröder*, Referat zum 61. DJT 1996; *Hanau*, FS Wiedemann, 294; im Ansatz auch *Natzel*, NZA 2005, 903.

1100 So *Hromadka*, NJW 2003, 1277.

Schließlich und vor allem ist zu bedenken, dass **gesetzliche Öffnungsklauseln zum Unterbietungswettbewerb führen** können und so **der Zielsetzung der Tarifautonomie entgegenwirken.**[1101] Grundvoraussetzung für die Notwendigkeit des Wechsels von der Privatautonomie zur Kollektivautonomie ist die Feststellung von Defiziten der Privatautonomie. In der Tat geht die h.M. davon aus, dass es auf der individualvertraglichen Ebene im Arbeitsrecht ein **strukturelles Ungleichgewicht der Vertragsparteien gibt, welches einen Korrekturbedarf** auslöst.[1102] **398**

Nicht ganz selten wird im Gegensatz dazu erklärt, **dass heutzutage ein tarifvertragliches Korrektiv nicht mehr nötig sei**. Dies gelte umso mehr, als jedenfalls die Formulararbeitsverhältnisse durch die Schuldrechtsreform der gerichtlichen AGB-Kontrolle unterworfen sind.[1103] Vor allem werden **neue Personaltechniken**, wie etwa flachere Hierarchien in den Betrieben, abnehmende direkte Kontrolle, Vertrauensarbeitszeit etc. in Bezug genommen. All diese neuen Strukturen im Arbeitsleben sind in der Tat vorhanden[1104], sie **ändern aber nichts am wirtschaftlichen Grundsachverhalt**, der die Anknüpfung für die Notwendigkeit der Kollektivautonomie bildet: **an der Tatsache, dass der Arbeitnehmer auf den Verkauf der Arbeitskraft angewiesen ist und deshalb ein so vitales Interesse am Arbeitsplatz hat, dass Erpressbarkeit entsteht**. Diese Erpressbarkeit zeigt sich in der Bereitschaft, (immer) schlechtere Bedingungen zu akzeptieren, um den Arbeitsplatz zu bekommen/zu behalten (Unterbietungswettbewerb). Der Arbeitsvertrag bietet unter diesen Bedingungen keinen gerechten Interessenausgleich; der Arbeitsmarkt ist und bleibt ein »Sondermarkt«. **Zwar erfolgt die Überlassung von Arbeitskraft unter Marktregeln, die Arbeitskraft ist aber keine Ware, die für den Verkauf am Arbeitsmarkt hergestellt wird; ihre »Produktion« richtet sich vielmehr nach außerökonomischen Prinzipien**. Die Bindung der Arbeitskraft an die Person führt zu einer eingeschränkten Verfügbarkeit: So kann ein sinkender Lohn typischerweise nicht mit einem sinkenden Arbeitskraftangebot beantwortet werden, weil der permanente Einsatz der Arbeitskraft für alle, die nur ihre Arbeitskraft zum Lebensunterhalt haben, unverzichtbar ist.[1105] **399**

Auch die Alternative einer direkten Vermarktung der Arbeitskraft in Form der selbständigen Arbeit steht nicht vielen offen, weil es nicht ausreichend viele Berufe gibt, in denen man mit relativ wenig Kapital auskommt.[1106] **Unter diesen Bedingungen ist eine rechtliche Kompensation im Bereich der Austauschgerechtigkeit (Lohn-Leistung), eben die Tarifautonomie, unerlässlich.**[1107] Diese Kompensation kann nur in engen Grenzen auch durch **gesetzliche Mindestarbeitsbedingungen** erfolgen (»Gesetz über die Festsetzung von Mindestarbeitsbedingungen« vom 1. Januar 1952). In § 1 Abs. 1 dieses Gesetzes ist ein ausdrücklicher Vorrang tarifautonomer Regelungen der Arbeitsbedingungen vorgeschrieben; nur in Bereichen, die ganz ohne tarifvertragliche Regelungen **400**

1101 Vgl. genauer *Wendeling-Schröder*, FS Wissmann, 174ff.
1102 Vgl. dazu nur BVerfG 29.6.1991, E 84, 212, 229.
1103 So im Ansatz *Reichold*, RdA 2002, 321.
1104 *Boltanski/Chiapello*, Der neue Geist des Kapitalismus, 2003; *Pongratz/Voß*, Arbeitskraftunternehmer. Erwerbsorientierungen in entgrenzten Arbeitsformen, 2003; *Supiot*, WSI-Mitt. 2004, 119.
1105 Den Aspekt der fehlenden Marktmacht des Arbeitnehmers aus diesen Gründen unterschlägt *Rieble*, ZfA 2004, 2, in seiner aktuellen Analyse zum Tarifrecht völlig und kommt deshalb zu ganz einseitigen Bewertungen.
1106 *Niechoj*, Kollektive Akteure, 273f.
1107 Vgl. ausführlicher *Wendeling-Schröder*, RdA 1999, 141, mit weiteren Nachweisen.

sind, kommt also eine staatliche Festsetzung der Arbeitsbedingungen in Betracht.[1108]

401 Die gerichtliche Kontrolle vertraglicher Regelungen z.B. unter dem Gesichtspunkt der Sittenwidrigkeit (Lohnwucher)[1109] kann ebenfalls eine tarifliche Regelung der Arbeitsbedingungen nicht ersetzen. Eine solche Kontrolle bezieht sich immer nur auf Auswüchse, deren Feststellung setzt aber gerade die Existenz eines »Normallohnes«, des Tariflohnes, voraus.

402 Der Kern der Tarifautonomie liegt also in dem zwingenden Charakter der Regelungen, die Unterbietungswettbewerb verhindern sollen: nur so unterscheidet sich die Koalition gemäß Art. 9 Abs. 3 GG von den Vereinigungen nach Art. 9 Abs. 1 GG. Die Freiheit des einzelnen Tarifgebundenen zur individuellen Unterbietung der Tarife wird unter diesen Bedingungen insofern eingeschränkt, als entsprechende Vereinbarungen nicht rechtswirksam sind. Man mag dies als Einschränkung der Freiheit des Einzelnen sehen, diese ist aber beim Gewerkschaftsbeitritt und beim Verbleib in der Gewerkschaft wohl erwogen erfolgt, denn nur so lässt sich Marktmacht auf der Arbeitnehmerseite schaffen.

403 **Gesetzliche Öffnungsklauseln** für betriebliche Bündnisse zur Unterbietung des Tarifniveaus würden im Kern demselben Mechanismus folgen wie eine gesetzliche Ermöglichung der individuellen Tarifunterbietung, die allgemein als unvereinbar mit den Kernelementen der Tarifautonomie angesehen wird. Ihre grundsätzliche Unzulässigkeit gehört damit ebenfalls zu den **tarifrechtlichen Kernelementen**. Das Argument, dass viele Arbeitnehmer aber (zum Abwenden des Arbeitsplatzverlustes) zu einem Arrangement bereit sind, kann rechtlich ebenso wenig Bedeutung gewinnen, wie das Interesse des einzelnen Arbeitnehmers, die anderen zu unterbieten, um den Arbeitsplatz zu bekommen oder zu behalten.

Da dem Gesetzgeber ebenso wie der Rechtsprechung die Problematik der Unternehmenskrise durchaus präsent war und ist, gibt es – wie im Detail sogleich dargelegt wird – zur Reduzierung der Arbeitskosten sowohl die Möglichkeit, einen **Sanierungstarifvertrag** zu schließen als auch eine **Öffnungsklausel zu vereinbaren**.

404 Dieser Ansatz setzt auf eine **prozedurale Lösung, nicht auf einen Akteurswechsel** und ist deshalb mit den Grundstrukturen des Zivilrechts wesentlich besser kompatibel als die Vorschläge für gesetzliche Öffnungsklauseln, die Dritten eine Vertragsänderung ermöglichen. **Nimmt man das Kernelement des Zivilrechts, die Vertragstreue (pacta sunt servanda) Ernst, so kann eine Vertragsänderung nur von den Vertragspartnern (also den Tarifvertragsparteien) erfolgen.**[1110] Zu bedenken ist schließlich, dass derjenige Tarifgebundene Schutz verdient, der auf die Bestandskraft des Tarifvertrags vertraut. Wie sollte ihm gegenüber legitimiert werden, dass Dritte seine unter Umständen erkämpften, jedenfalls aber über die Verbandsmitgliedschaft »bezahlten« Ansprüche reduzieren? **Insgesamt haben die Novellierungsvorschläge – bewusst oder unbewusst – eine überschießende Tendenz**. Sie beschränken sich nicht auf Verbesserungsvorschläge für Anpas-

---

1108 *Peter*, Mindestarbeitsbedingungengesetz, in: *Peter/Kempen/Zachert*, Die Sicherung, 83.

1109 BAG 23.5.2001, AuR 2001, 509f. mit Anm. von *Peter*; BAG 24.3.2004, DB 2004, 1432ff.; BGHSt 22.4.1997, AuR 1997, 453f. mit Anm. von *Reinecke*; *Peter*, Richterrechtliche Entgeltkorrekturen, in: *Peter/Kempen/Zachert*, Die Sicherung, 104.

1110 Unter Umständen unter Zuhilfenahme der Gerichte z.B. bei der Störung der Geschäftsgrundlage nach § 313 BGB. So auch *Dieterich/Hanau/Henssler/Oetker/Wank/Wiedemann*, RdA 2004, 68; *Möschel*, BB 2003, 1954.

sungsverhandlungen, sondern stellen das Regelungsinstrument Tarifvertrag insgesamt in Frage, indem sie die **Verhandlungsmacht Dritten überantworten.**
**Bei unveränderter Gesetzeslage ist eine Verlagerung von Kompetenzen von den Tarifparteien auf die Betriebsparteien von der Rechtsprechung unzweideutig abgelehnt worden.** Mit der Entscheidung des Bundesarbeitsgerichts vom 20. April 1999[1111] sind die Möglichkeiten der Gewerkschaften, aktiv gegen tarifwidrige Betriebsvereinbarungen rechtlich vorzugehen, verbessert worden.[1112] **405**

Die »Verbetrieblichung« von Tarifverträgen kann sich rechtlich auf drei Wegen vollziehen: **1. durch Dezentralisierungselemente im Flächentarifvertrag selbst, 2. durch Öffnungsklauseln für Tarifverträge sowie 3. durch Öffnungsklauseln für Betriebsvereinbarungen.** Zur ersten Gruppe zählen alle die Fälle, in denen der Tarifvertrag selbst besondere Regelungen für einzelne Unternehmen enthält. Hierzu gehören außer der Möglichkeit der Vereinbarung von Firmen- oder Haustarifverträgen, die hier nicht im Mittelpunkt der Debatte stehen (vgl. dazu § 1 Rn. 32ff.), der unternehmensbezogene Verbandstarifvertrag, tarifliche Modul- oder Cafeteria-Modelle und – mit Einschränkungen – Systeme mit Zustimmungsvorbehalten für die Tarifvertragsparteien. Die zweite Gruppe wird durch die so genannten Ergänzungstarifverträge gebildet, bei denen die Flächentarifverträge nur den Rahmen bilden und Konkretisierungen auf dezentralen tariflichen Ebenen vorgenommen werden. Die dritte und praktisch wichtigste Gruppe bezieht sich auf tarifvertragliche Öffnungsklauseln für die Betriebsparteien. Eine gewisse Sonderrolle spielen die zweistufigen Tarifvertragssysteme, die in der tarifpolitischen Debatte stehen, Öffnungsklauseln in Verbandstarifverträgen für die Arbeitsvertragsparteien sowie Öffnungsklauseln in Firmentarifverträgen. **406**

## 2. Dezentralisierungselemente im Verbandstarifvertrag selbst

### a) Unternehmensbezogene (firmenbezogene) Verbandstarifverträge

Arbeitgeberverbände können mit den Gewerkschaften nicht nur Verbandstarifverträge abschließen, die in der Fläche bzw. für eine bestimmte Branche oder eine Gruppe von Unternehmen (z.B. Kleinbetriebs- oder Mittelstandsklauseln) gelten[1113] und damit für eine Vielzahl von Unternehmen wirken, sondern auch solche, die nur ein einzelnes Unternehmen betreffen. Es handelt sich dabei nicht um Firmentarifverträge, da Vertragspartner der entsprechenden Gewerkschaft nicht der einzelne Arbeitgeber ist.[1114] Vertragspartner bleibt vielmehr der Arbeitgeber- **407**

---

1111 BAG 20.4.1999 (1 ABR 72/98), AP Nr. 89 zu Art. 9 GG = BAGE 91, 221, bestätigend BAG 13.3.2001 (1 AZB 19/00), AP Nr. 17 zu § 2a ArbGG 1979 (mit Anm. von *Leipold*, SAE 2002, 287). Restriktiv aber der 4. Senat des BAG in seinem Urteil vom 19.3.2003 (4 AZR 271/02), AP Nr. 41 zu § 253 ZPO bezüglich der Bestimmtheit des Klageantrags. Das Gericht verlangt hier die namentliche Benennung der Arbeitnehmer, die Mitglieder der klagenden Gewerkschaft sind. Dies vermag weder unter dem Gesichtspunkt des Diskriminierungsrisikos noch unter dem Gesichtspunkt des eigenständigen Rechts der Gewerkschaft als Organisation aus Art. 9 Abs. 3 GG zu überzeugen. Vgl. die grundsätzliche Kritik der Entscheidung von *Dieterich*, FS Wissmann, 114; *ders.*, AuR 2005, 121; *Kocher*, NZA 2005, 140; Den Effekt der Erschwerung der Klagemöglichkeiten betonen (zustimmend) auch *Kast/Freihube*, BB 2003, 2569ff.

1112 Vgl. im Einzelnen Kittner/Zwanziger/*Kittner*, § 18 Rn. 88ff.

1113 Vgl. dazu BMWA, Tarifliche Arbeitsbedingungen im Jahre 2003, www.bmwa.bund.de/Arbeit/Arbeitsrecht/Downloads, 41f.

1114 *Clasen*, Tarifverträge 2003 – Zweijährige Abschlüsse, Bundesarbeitsblatt 3/2004, 19.

verband. **Das TVG schließt solche unternehmensbezogenen (firmenbezogenen) Verbandstarifverträge nicht aus.** Insbesondere kann nicht aus § 2 TVG gefolgert werden, dass Verbandstarifverträge stets mehr als ein Unternehmen betreffen müssen.[1115] Wenn in der Rechtslehre zum Teil eingewandt wird, der Arbeitgeberverband dürfe nur Differenzierungen vornehmen, die sich aus dem Ziel gemeinsamer Interessenverfolgung ergeben[1116], so wird damit ein verbands-, kein tarifrechtliches Problem angesprochen. Diese Ansicht schreibt dem Gleichbehandlungsgrundsatz eine Dimension zu, die ihm der Sache nach nicht zukommt: Der Gleichbehandlungsgrundsatz enthält ein Willkürverbot, untersagt dagegen nicht sachgerechte Differenzierungen. Solche liegen aber vor, wenn Tarifverträge an ökonomisch vorgegebene Unterschiede auf der Unternehmensseite anknüpfen.[1117]

### b) Tarifliche Modulsysteme

408 Ein weiteres Modell der Verbetrieblichung durch Tarifvertrag stellen tarifliche Modulsysteme dar. Schon während der Laufzeit eines Tarifvertrages werden hier auf Unternehmens- oder Betriebsebene Gespräche unter den Betriebsparteien geführt. Die dort erzielten Ergebnisse werden in einem zweiten Schritt den Tarifvertragsparteien vorgelegt, die innerhalb eines Tarifvertrages Module schaffen, welche die Ergebnisse der Betriebsparteien aufgreifen. Bei den Tarifverhandlungen werden die Betriebsparteien also vorbereitend und beratend tätig. **Tarifrechtlich bleibt es hier bei der klassischen tarifvertraglichen Ebene.** Der neue Tarifvertrag enthält zwar ein bestimmtes Modul für jeden beteiligten Betrieb, die Betriebe verhandeln aber nicht mehr nach Abschluss des Tarifvertrages. Aus diesem Grunde bedarf es auch keiner Tariföffnungsklausel.[1118]

### c) »Cafeteria«-Modelle und Optionsmodelle

409 Eine solche betriebsspezifische Vorfelddiskussion fehlt bei den so genannten Cafeteria- oder Optionsmodellen. Hier stellen die Tarifvertragsparteien selbst mehrere Angebote (Optionen) zur Verfügung, aus denen die Betriebsparteien (zu den Arbeitsvertragsparteien siehe unter § 4 Rn. 440) nach dem Muster eines Selbstbedienungsladens (»Cafeteria«) auswählen kann. Das Problem liegt hier zum einen in der Frage, ob die Varianten wirklich gleichwertig sind, zum anderen ist die Legitimationsebene in der Literatur kritisch diskutiert worden: Die Betriebsparteien handelten auf der selben Legitimationsstufe wie die Tarifvertragsparteien selbst, ohne eine entsprechende Legitimationsbasis zu besitzen.[1119] Dies ist im Ergebnis nicht überzeugend: Es liegt in der Hand der Tarifvertragsparteien, für eine Gleichwertigkeit zu sorgen. **Mit der zur Verfügungstellung verschiedener Varianten haben die Tarifvertragsparteien** im Übrigen **ihre Kompetenzen genutzt**. Diese Gestaltungsfähigkeit wird auch durch Auswahl-

---

1115 BAG 20.3.1991 (4 AZR 455/90), AP Nr. 20 zu § 4 TVG Tarifkonkurrenz; *Däubler/Reim*, § 1 Rn. 65; *Däubler/Peter*, § 2 Rn. 148; Wiedemann/*Wiedemann*, § 1 Rn. 51.

1116 *Buchner*, DB 2001, Beilage 9, 4.

1117 Ebenso *Henssler*, ZfA 1998, 537 f.

1118 Insgesamt hierzu *Lehmann*, in: Lehmann, Krise des Flächentarifvertrages?, 27; ebenda *Hack*, 47, zum Modell AR.DI und ver.di.

1119 Kritisch *Kittner*, FS Schaub, 411, im Ergebnis zustimmend Wiedemann/*Wiedemann*, § 1 Rn. 260.

rechte der Betriebsparteien nicht in Frage gestellt. Die Situation ähnelt insoweit der Situation bei tariflichen Modulsystemen.

### d) Zustimmungsvorbehalte

Zweistufige Systeme, die die Letztentscheidungskompetenz bei den Tarifvertragsparteien belassen, sind aus denselben Erwägungen grundsätzlich zulässig. **410**
Dazu zählen die in der Praxis nicht seltenen Vereinbarungen mit nachträglicher Zustimmungskompetenz der Tarifvertragsparteien. Beispiele sind die Tarifverträge aus der chemischen Industrie, die es gestatten, dass die Betriebsparteien mit Zustimmung der Tarifvertragsparteien die Nichtauszahlung einer Jahresleistung vereinbaren.[1120] Einschränkend ist jedoch darauf hinzuweisen, dass sich auch im Falle einer nachträglichen Zustimmungskompetenz der Tarifvertragsparteien die Kompetenzen der Betriebsparteien an den sogleich unter § 4 Rn. 417 ff. und Rn. 426 ff. diskutierten Grenzen ausrichten müssen.

## 3. Öffnungsklauseln in Verbandstarifverträgen für andere Tarifverträge

### a) Ergänzungstarifverträge

**Ergänzungstarifverträge** stellen Tarifverträge dar, die **für einzelne Unternehmen vereinbart werden, die sich allerdings auf einen Rahmentarifvertrag stützen**. Sie können als unternehmensbezogene Verbandstarifverträge oder als Firmen- oder Haustarifverträge vereinbart werden. Ein Beispiel ist die Vereinbarung zwischen der IG Metall-Bezirksleitung Hannover und der Firma VB Autobatterie aus dem Jahre 2001, in welcher für den Bereich der vermögenswirksamen Leistungen Abweichungen vom Verbandstarifvertrag zugunsten der Arbeitnehmer vereinbart wurden. Zum anderen ist ein Ergänzungstarifvertrag zwischen der IG Metall und der Sartorius AG, Göttingen, bekannt, der in Entgeltfragen und Fragen der Arbeitsbedingungen für Studenten im Praxisverbund (ähnlich Werkstudenten) Lücken des Verbandstarifvertrages ausfüllt. Für Ergänzungstarifverträge dieser Art gelten die allgemeinen Erwägungen, insbesondere zum Verhältnis Verbandstarifvertrag/Firmentarifvertrag siehe § 4 Rn. 150 ff.). **411**

### b) Ergänzungstarifverträge auf der Basis von Öffnungsklauseln

Ergänzungstarifverträge sind auch in der Art und Weise denkbar, dass im **Verbandstarifvertrag eine Öffnungsklausel** vereinbart wird, die Konkretisierungen oder Ergänzungen durch weitere Tarifverträge möglich macht. Die Öffnungsklausel hat in diesem Zusammenhang die Bedeutung, dass die Friedenspflichtproblematik geregelt ist. Wenn nämlich im Flächentarifvertrag von vornherein Öffnungsklauseln für Ergänzungstarifverträge vereinbart werden, stellen sich die Probleme der Friedenspflicht nicht, die ansonsten, insbesondere bei der Vereinbarung von Haustarifverträgen, entstehen können.[1121] **412**

---

1120 LAG Köln 6.9.2002 (4 Sa 503/02), AiB Newsletter 01/2003, 1; vgl. allgemein zum Zustimmungsvorbehalt *Hack*, 47; Bedenken bei *Kittner*, FS Schaub, 415.

1121 BAG 10.12.2002 (1 AZR 96/02), SAE 2003, 277 (mit Anm. von *Besgen*); *Schaub*, § 204 Rn. 27; *Gamillscheg*, Kollektives Arbeitsrecht I, § 18, 813; *Oberberg/Schoof*, AiB 2002, 185; *Wendeling-Schröder*, NZA 1998, 628; *Zachert*, NZA 2000, SonderBeilage 24, 17 ff.; *Zabel*, AiB 1998, 615 ff. Kritisch *Lieb*, DB 1999, 2058 ff.

### c) »Betriebliche Bündnisse für Arbeit« durch Haustarifverträge

413 So genannte betriebliche Bündnisse für Arbeit, das heißt Regelungen, die den (zeitlich begrenzten) Ausschluss betriebsbedingter Kündigungen gegen Entgeltverzicht und/oder Verlängerung oder Flexibilisierung der Arbeitszeit enthalten, können durch Betriebsvereinbarung, Regelungsabreden oder sonstige Einheitsregelungen **nicht rechtwirksam werden, wenn nicht eine entsprechende Öffnungsklausel im Tarifvertrag besteht**. Dies ist vom BAG mit Zustimmung der Instanzrechtsprechung und eines großen Teils der Literatur in gefestigter Rechtsprechung entschieden worden.[1122] **Dem ist im Hinblick auf die Bedeutung der Sicherung der Tarifautonomie vor einem Unterbietungswettbewerb der Betriebe zu folgen.**

414 Es gibt **tarifrechtsgemäße Alternativen** der Reaktion auf betriebliche Krisen: Neben den **Möglichkeiten des § 4 Abs. 4 TVG** sind hier auch die **Möglichkeiten des Haustarifvertrages** zu nennen. Auch wenn eine Bindung an den Flächentarifvertrag besteht, kann nach der Rechtsprechung durch einen Haustarifvertrag, der aus Gründen der Spezialität dem Flächentarifvertrag vorgeht, eine dezentrale Regelung getroffen werden[1123], selbst wenn diese zu Lasten der Arbeitnehmer geht. Dies gilt natürlich nur, wenn der Haustarifvertrag von den tarifschließenden Gewerkschaften abgeschlossen wird.[1124] Nach der Rechtsprechung kann sogar in entstandene tarifliche Ansprüche (wohlerworbene Rechte) eingegriffen werden, wenn und soweit der Vertrauensschutz der Arbeitnehmer gewährt wird.[1125]

Die in der Tarifpraxis zu verzeichnende erhebliche Zunahme von Haustarifverträgen (seit 1990 um das Dreifache) hat in solchen Bestrebungen einen Grund.[1126]

## 4. Öffnungsklauseln in Verbandstarifverträgen für Betriebsvereinbarungen

415 Die gängigste Form der »Verbetrieblichung« eines Tarifvertrages ist die tarifvertragliche Öffnungsklausel, die Abweichungen vom Tarifvertrag durch Betriebsvereinbarung erlaubt (»**kontrollierte Flexibilität**«).[1127]

Die praktischen Varianten reichen dabei von lediglich konkretisierenden Regelungen über Härteklauseln, bis hin zu Bandbreitenregelungen oder Korridorsystemen, bei denen der Tarifvertrag nur den Rahmen des Entgeltes angibt, während in Betriebsvereinbarungen die endgültige Lohnhöhe festgesetzt

---

1122 BAG 20.4.1999 (1 ABR 72/98), AP Nr. 89 zu Art. 9 GG = BAGE 91, 210ff.; bestätigend BAG 13.3.2001 (1 AZB 19/00), AP Nr. 17 zu § 2a ArbGG 1979; zur juristischen Diskussion um diese Entscheidung vgl. *Küttner/Bauer/Röller*, Personalhandbuch 2004, § 205 Rn. 32; zuzustimmen ist hier insbesondere der Einschätzung, dass eine Änderung dieser Rechtsprechung in absehbarer Zeit nicht zu erwarten ist.

1123 BAG 10.12.2002 (1 AZR 96/02), SAE 2003, 277 (mit Anm. von *Besgen*); BAG 24.1.2001 (4 AZR 655/99), AP Nr. 173 zu § 1 TVG Tarifverträge: Metallindustrie; BAG 7.11.2000 (1 AZR 175/00), AP Nr. 14 zu § 77 BetrVG 1972 Tarifvorbehalt (Konsolidierungsvertrag). Dem BAG folgend auch LSG Baden-Württemberg 24.1.2002 (L 12 AL 116 4/01), AiB 2002, 784f. (mit Anm. von *Petri*); ErfK/*Kania*, § 77 BetrVG Rn. 67; ErfK/*Schaub*, § 4 TVG Rn. 54a ff.; *Henssler*, ZfA 1998, 517; a. A. *A. Stein*, RdA 2000, 132, *Zachert*, NZA 2000, Beilage 24, 18f.

1124 LAG Sachsen-Anhalt 8.5.2001 (9 [5] Sa 723/00), AuR 2002, 308ff.

1125 BAG 22.10.2003 (10 AZR 152/03), DB 2004, 551.

1126 Clasen, Bundesarbeitsblatt 3/2004, 20.

1127 Zur Tarifpraxis vgl. *Bispinck*, WSI-Mitt. 2005, 59ff.; vgl. im Übrigen BAG 12.5.2004 (4 AZR 59/03), DB 2005, 394; Wiedemann/*Wiedemann*, § 1 Rn. 262ff.; *Gamillscheg*, Kollektives Arbeitsrecht I, § 18, 811ff.

wird.[1128] Die beschriebene Tendenz ist tarifpolitisch nicht unproblematisch. Zwar lässt sich einerseits durch Öffnungsklauseln für Betriebsvereinbarungen die Tarifpolitik differenzierter gestalten. Andererseits ist aber nicht zu verkennen, dass die Vereinbarung einer Öffnungsklausel für den Abschluss von Betriebsvereinbarungen die »schwächste Art« betriebsnaher Tarifpolitik darstellt. Im Konfliktfall in Bezug auf die betriebsnahe Regelung bleibt den Betriebsräten nämlich lediglich die Möglichkeit der gesetzlichen Einigungsstelle oder eines vereinbarten tariflichen Schlichtungsverfahrens. Vor allem Optionen für ein betriebliches Unterschreiten des Tarifniveaus bergen im Übrigen das Risiko eines schrittweisen Abbaus des sozialen Niveaus im Sinne einer Spirale nach unten.[1129]

Grundsätzlich gilt bei solchen Öffnungsklauseln, dass die untere Ebene **ermächtigt wird, ihrerseits aber nicht verpflichtet ist**, die Öffnungsklausel zu nutzen; sie kann, aber muss nicht den gegebenen Spielraum verwenden.[1130] Praktische Probleme entstehen, wenn in einem Betrieb ein Betriebsrat fehlt, sei es, weil er nicht gewählt wurde, sei es, weil die Wahl nichtig war oder der Betrieb nicht betriebsratsfähig ist. In diesen Fällen bleibt es grundsätzlich bei der – begrenzten – Regelung im Tarifvertrag, die Konkretisierung ist dann nicht möglich.[1131] 416

### a) Das Gebot der Rechtsklarheit

Öffnungsklauseln müssen klar und eindeutig sein, so dass sie **von Dritten ohne Probleme verstanden werden.**[1132] Dies folgt zum einen daraus, dass Tarifregelungen wegen ihrer normativen Kraft rechtsklar formuliert sein müssen. Im Falle der Tariföffnungsklauseln gilt es zudem zu bedenken, dass tarifändernde oder -ergänzende Betriebsvereinbarungen ohne Öffnungsklauseln wegen Verstoßes gegen den Tarifvorbehalt rechtswidrig sind. Die Betriebsparteien müssen also abschätzen können, welche Regelungsspielräume sie tariflich eröffnet bekommen haben. Das ist nur bei klaren, auch für Dritte verständlichen Regelungen möglich.[1133] 417

### b) Tarifvorbehalt und Tariföffnung

Der **Tarifvorbehalt** des § 77 Abs. 3 Satz 1 BetrVG normiert eine Sperrwirkung für Betriebsvereinbarungen zugunsten der von den Tarifvertragsparteien ausgeübten und aktualisierten Tarifautonomie. Diese Sperre gilt bereits bei »Tarifüblichkeit«. Sie dient der Funktionsfähigkeit der Tarifautonomie durch Schutz vor betrieblicher Konkurrenz (beitragsfreie Ersatzgewerkschaften). Geschützt werden damit die Tarifvertragsparteien, insbesondere die Gewerkschaften aber auch das einzelne Mitglied unter dem Gesichtspunkt der kollektiven beziehungsweise individuellen Koalitionsfreiheit. Eine Tarifgebundenheit des jeweili- 418

1128 Vgl. zu allem *Richardi/Richardi*, BetrVG, § 77 Rn. 299; *Schaub*, NZA 1998, 622; *Kittner*, FS Schaub, 389 ff.

1129 Bedenken auch bei DKK-*Berg*, § 77 Rn. 75.

1130 *Gamillscheg*, Kollektives Arbeitsrecht I, § 18, 812; vgl. auch *Schwarze*, 49 ff., 194 und 260 ff., der zwischen betriebsverfassungsrechtlichen Tarifnormen und Inhaltsnormen unterscheidet.

1131 LAG Hamm 15. 11. 2001 (8 Sa 720/01), NZA-RR 2003, 93; *Wendeling-Schröder*, DB 2002, 206 ff.

1132 Kittner/Zwanziger/*Kittner*, § 18 Rn. 48; Wiedemann/*Wiedemann* § 4 Rn. 264; *Löwisch/Rieble*, § 4 Rn. 202 ff.; *Löwisch/Kaiser*, § 77 Rn. 70; *Richardi/Richardi*, BetrVG, § 77 Rn. 302; *Stein*, Rn. 586.

1133 Recht weitgehend unter diesem Aspekt BAG 29. 10. 2002 (1 AZR 573/01), AP Nr. 18 zu § 77 BetrVG 1972 Tarifvorbehalt = EZA Nr. 72 zu § 77 BetrVG 1972.

gen Arbeitgebers ist ebenso wenig erforderlich wie die des Arbeitnehmers (vgl. Grundl. Rn. 316).[1134]

419 Sowohl § 77 Abs. 3 Satz 2 BetrVG als auch § 4 Abs. 3 1. Alt. TVG ermöglichen es den Tarifvertragsparteien, die Regelungssperre aufzuheben. Der Wortlaut des § 77 Abs. 3 BetrVG lässt aber nur »ergänzende« Betriebsvereinbarungen zu. In § 4 Abs. 3 TVG heißt es demgegenüber »abweichende Abmachungen«. In der Vergangenheit wurde deshalb vielfach unter dem Gesichtspunkt dieser Begrifflichkeit darüber debattiert, welche inhaltlichen Anforderungen an die Abweichungsintensität zu stellen sind. Inzwischen sind diese Debatten um ergänzende oder abweichende Betriebsvereinbarungen nahezu verstummt, sie haben nurmehr Bedeutung im Zusammenhang mit der **Problematik der pauschalen Kompetenzübertragung.** Diskutiert wird unter diesem Gesichtspunkt, wie weit die tarifliche Regelungskompetenz den Betriebsparteien überlassen werden darf.

### *aa) Die Entwicklung der Rechtsprechung*

420 Das Bundesarbeitsgericht hat sich zu tariflichen Öffnungsklauseln zugunsten der Betriebsparteien in vielfältiger Weise geäußert. Die Entwicklung in der jüngeren Rechtsprechung reicht dabei von Entscheidung zum »Leber-Kompromiss« aus dem Jahre 1987 über die Rechtsprechung zur nachträgliche Genehmigung einer tarifwidrigen Betriebsvereinbarung (1999) bis hin zur Entscheidung aus dem Jahre 2001, wonach von einer Beschränkung von Tariföffnungsklauseln auf bereits bestehende Betriebsvereinbarungen grundsätzlich nicht ausgegangen werden kann. **Im Ergebnis zeigen diese neueren Entscheidungen die Tendenz, den Tarifvertragsparteien eine größere Kompetenz zur Öffnung für die Betriebsparteien zuzusprechen.** Allerdings ist zu bedenken, dass alle vorgestellten Entscheidungen nur zu Sachverhalten ergingen, bei denen im Tarifvertrag selbst Vorgaben für die Betriebsparteien vorlagen.

### *bb) Die Entscheidung zum »Leber-Kompromiss«*

421 In dieser Entscheidung aus dem Jahre 1987 ging es um die Wirksamkeit des Spruchs einer tariflichen Schlichtungsstelle und darum, inwieweit **von der tariflich festgelegten regelmäßigen Arbeitszeit via Öffnungsklausel durch Betriebsvereinbarung abgewichen werden kann.**[1135]

Zunächst stellte das Gericht hier fest, dass es keinen Verstoß gegen die negative Koalitionsfreiheit darstellt, wenn durch Öffnungsklauseln auch nicht tarifgebundene Arbeitnehmer berührt werden, indem den Betriebsparteien, deren Vereinbarungen alle Arbeitnehmer treffen, Kompetenzen der Tarifvertragsparteien (Arbeitszeit) übertragen werden. Die lediglich mittelbare Beeinflussung des Arbeitsverhältnisses nichttarifgebundener Arbeitnehmer stelle **keinen Verstoß gegen Art. 9 Abs. 3 GG** dar. Im gleichen Urteil heißt es weiter, dass eine unbegrenzte Delegation (z. B. die gänzliche Übertragung von Arbeitszeitfragen, Lohngestaltungsfragen, Arbeitsorganisationsfragen etc.) durch Öffnungsklauseln vor

---

1134 BAG GS 3.12.1991 (GS 1/90), AP Nr. 51 zu § 87 BetrVG 1972 Lohngestaltung; BAG 20.4.1999 (1 ABR 72/98), AP Nr. 89 zu Art. 9 GG = NZA 1999, 890; BAG 24.1.1996 (1 AZR 597/95), AP Nr. 8 zu § 77 BetrVG 1972 Tarifvorbehalt; *Richardi*, § 77 Rn. 245 f.; ErfK/*Kania*, § 77 BetrVG Rn. 49 f.; DKK-*Berg*, § 77 Rn. 62; Wiedemann/*Wank*, § 4 Rn. 562, *Dieterich*, RdA 2002, 1 ff. mit weiteren Nachweisen; *Lehmann*, in: Lehmann, 111.

1135 BAG 18.8.1987( 1 ABR 30/86), AP Nr. 23 zu § 77 BetrVG 1972.

dem Hintergrund der Tarifautonomie bedenklich wäre. Diese Grenze wurde allerdings im konkreten Fall nicht berührt, da es exakte Vorgaben im Tarifvertrag gab (Festlegung eines Gesamtvolumens) und die Betriebsvereinbarungen deshalb nur ergänzenden Charakter hatten. Die besondere Bedeutung der Tarifautonomie konkretisiert durch § 77 Abs. 3 BetrVG wurde in den Entscheidungen aus dem Jahre 1996 und aus dem Jahre 1999 bestätigt.[1136]

### *cc) Erweiterung der Möglichkeiten zur Tariföffnung durch die neue Rechtsprechung*

In der Entscheidung aus dem Jahre 1999 ging es wieder um Fragen der Arbeitszeit. Das BAG gestattete es hier den Tarifvertragsparteien, ursprünglich tarifwidrige Betriebsvereinbarungen nachträglich rechtwirksam werden zu lassen, und zwar **durch Genehmigung im Rahmen einer späteren Öffnungsklausel**.[1137] Auf den ersten Blick scheint mit dieser Entscheidung der Spielraum der Betriebsparteien fast uferlos ausgeweitet zu sein. Es ist jedoch zu bedenken, dass in diesem Falle die Tarifvertragsparteien die in Frage stehende Betriebsvereinbarung genau kennen. Bei einer Genehmigung ist also die Herrschaft der Tarifvertragsparteien über die Regelung nicht wirklich eingeschränkt. Praktisch kann sich allerdings ein gewisser »Genehmigungsdruck« ergeben. **422**

Das BAG begründet diese Entscheidung im Kern mit der **Eigenverantwortung der Tarifvertragsparteien**: Ihnen bleibt es vorbehalten, Abweichungen vom Tarifvertrag zu gestatten oder nicht. Die eigene Gestaltungsmacht kann daher grundsätzlich auf die Betriebsparteien übertragen werden. Dies sei im Verhältnis zu den Betriebsparteien auch deshalb möglich, weil auch diese selbst Normsetzungskompetenz vom Gesetzgeber zugewiesen bekommen haben (§ 77 BetrVG). Die Betriebsparteien weisen nämlich ebenfalls ausreichende (wenn auch andere) Legitimationsstränge auf. **423**

Diese Entscheidung des BAG ist in der Instanzrechtsprechung positiv aufgenommen worden. Die Genehmigung muss danach allerdings – wie die Öffnungsklausel selbst – ausdrücklich erfolgen, eine stillschweigende Zustimmung ist nicht möglich.[1138]

### *dd) Erweiterung dieser Rechtsprechung auf Entgeltfragen*

Im Jahre 2001 hat das BAG in einem Fall, in dem es um **Sonderzahlungen** ging, entschieden, dass eine Beschränkung einer tariflichen Öffnungsklausel auf Betriebsvereinbarungen, die bereits zum Zeitpunkt des Erlasses des Tarifvertrages bestanden haben, im Regelfall nicht gewollt ist. Vielmehr kann auch die Öffnungsklausel durch neue Betriebsvereinbarungen in der Weise genutzt werden, dass die Betriebsparteien inhaltliche Veränderungen nachschieben können.[1139] **424**

Damit scheint die Öffnungsklausel denkbar weit gefasst. Zu bedenken ist aber, dass es in diesem Fall exakte Vorgaben im Tarifvertrag selbst gab, also die Höhe

1136 BAG 24.1.1996 (1 AZR 597/95), AP Nr. 8 zu § 77 BetrVG 1972 Tarifvorbehalt; BAG 20.4.1999 (1 ABR 72/98), AP Nr. 89 zu Art. 9 GG.

1137 BAG 20.4.1999 (1 ABR 72/98), BAGE 91, 244ff. = AP Nr. 89 zu Art. 9 GG; zustimmend *Fitting*, § 77 Rn. 119.

1138 LAG Düsseldorf 2.12.1999 (5 Sa 992/99), NZARR 2000, 139; ebenso Kittner/Zwanziger/*Kittner*, § 18 Rn. 63f.

1139 BAG 20.2.2001 (1 AZR 233/00), AP Nr. 15 zu § 77 BetrVG 1972 Tarifvorbehalt.

der Sonderzulage zur Betriebszugehörigkeit mit jeweils gestückelten Abstufungen vorgegeben war.

In dieselbe Richtung weist das Urteil des ersten Senates vom 29. Oktober 2002, in dem festgestellt wird, dass eine tarifliche Öffnungsklausel für Betriebsvereinbarungen auch dann vorliegt, wenn aus einer Formulierung im Tarifvertrag (hier einer Anrechnungsbestimmung) eindeutig zu erkennen ist, dass der Abschluss von Betriebsvereinbarungen über **betriebliche Sonderleistungen** erlaubt ist.[1140]

**425** Schließlich ist ein weiteres Urteil aus dem Jahre 2001 zu beachten, in welchem **Vergütungsregelungen für Gewerkschaftsbeschäftigte** behandelt wurden. Im Einzelnen ging es um die Verkürzung der Wochenarbeitszeit um eine Stunde ohne Lohnausgleich durch Betriebsvereinbarung.[1141]

Das BAG sah hier keine Verletzung des Tarifvorrangs, da für Beschäftigte von Gewerkschaften entsprechende Tarifverträge weder bestehen noch tarifüblich sind, können doch aus der in diesem Falle gegebenen Doppelnatur der Gewerkschaften (Arbeitgeber und Gewerkschaft) nie Tarifverträge entstehen.

Aus dieser Begründung wird aber deutlich, dass es sich bei dem vorliegenden Sachverhalt um einen **nicht übertragungsfähigen Sonderfall** gehandelt hat, der auch kein Indiz für eine schwächere Bewertung des Tarifvorrangs darstellt. Nicht umsonst stellt das Gericht für andere Sachverhalte fest, dass außerhalb der Arbeitsverhältnisse von Gewerkschaftsbeschäftigten solche – materiellen – Arbeitsbedingungen meist durch Tarifverträge geregelt werden.

### c) Ergebnisse

**426** Trotz der neuen Entscheidungen ist denjenigen Stimmen in der Literatur, die eine Tariföffnung im Hinblick auf die Außenseiterinteressen möglichst »vorbehaltlos« für nötig halten und letztlich eine volle Verlagerung der Regelungskompetenz befürworten, nicht zu folgen.[1142]

**427** Diesen Annahmen muss zunächst entgegen gehalten werden, dass das BAG an keiner Stelle der neueren Entscheidungen den Tarifvorrang aufgegeben oder relativiert hat. Insbesondere sind **keine pauschalen Kompetenzübertragungsmöglichkeiten für die Betriebsparteien eröffnet, etwa nach dem Muster einer Vereinbarung im Tarifvertrag: »Die Höhe des Entgeltes wird durch Betriebsvereinbarung geregelt«.**

**428** Eine so extreme Öffnung würde zunächst dem Wortlaut der einschlägigen Bestimmungen widersprechen. So heißt es in § 4 Abs. 3 TVG »abweichende Abmachungen« und in § 77 Abs. 3 BetrVG »ergänzende Betriebsvereinbarungen«. Aus dem Zusammenspiel beider Normen wird deutlich, dass mit Öffnungsklauseln zwar einzelne Abweichungen, aber keine gänzliche Ersetzung einer Normsetzungsebene durch eine andere (Übertragung des tariflichen Kernbereichs) ermöglicht werden soll, mit anderen Worten: **es muss etwas geben, was ergänzt oder von dem abgewichen wird**.[1143]

---

1140 BAG 29.10.2002 (1 AZR 573/01), AP Nr. 18 zu § 77 BetrVG 1972 Tarifvorbehalt.

1141 BAG 20.2.200 (1 AZR 322/00), AP Nr. 107 zu § 87 BetrVG 1972 Lohngestaltung.

1142 So z.B. *Ruoff*, Die Flexibilisierung der Tarifverträge, 95ff. mit weiteren Nachweisen.

1143 Wiedemann/*Wank*, § 4 Rn. 591; Kittner/Zwanziger/*Kittner*, § 18 Rn. 56; ebenso *Baumann*, Die Delegation tariflicher Rechtssetzungsbefugnisse, 1992, 100.

Weiter ist an den – in der Lehre unbestrittenen – **rechtlichen Qualitätsunterschied zwischen Tarifautonomie und Betriebsautonomie** zu erinnern. Dieser wird – neben den in den verfassungsrechtlichen Unterschieden – besonders auch in den Legitimationsunterschieden deutlich. Während die Tarifvertragsparteien jeweils einen freiwilligen Beitritt als Legitimation vorweisen können[1144], haben die Betriebsparteien den Vorgang der Betriebsratswahl sowie den Konsens zwischen Arbeitgeber und Betriebsrat aufzuweisen. An der Betriebsratswahl müssen allerdings nicht alle Arbeitnehmer teilgenommen haben, neu eingestellte Arbeitnehmer hatten überdies zu keinem Zeitpunkt eine Chance zur Teilnahme an der Legitimationsvermittlung. Auch können Belegschaftsmitglieder schlicht überstimmt worden sein, also einen anderen als den gewählten Kandidaten bevorzugt haben. In solchen Fällen haben Betriebsvereinbarungen einen »Zwangscharakter« inne, der sich nur über den Begriff der Regulierung der betrieblichen Ordnung, aber auch aus der Tatsache der Möglichkeit zur Schaffung günstigerer Regelungen durch einzelvertragliche Abmachungen rechtfertigen lässt.[1145] Aus Legitimationsbedenken kann deshalb die Befugnis zum Erlass von Normen nicht gänzlich auf eine qualitativ andere Legitimationsebene übertragen werden.[1146] **429**

Im Übrigen ist zu bedenken, dass Tarifverträge das Ergebnis der Ausübung eines Grundrechtes darstellen (Art. 9 Abs. 3 GG), während Betriebsvereinbarungen auf einem einfach-gesetzlichen Verfahren beruhen.[1147] **430**

Die **grundsätzliche »Hierarchie« zwischen Tarif- und Betriebsautonomie** wird überdies an den Streitlösungssystemen deutlich. Im Bereich der Tarifautonomie kann und darf es zu Arbeitskämpfen kommen. Die Betriebsautonomie ist dagegen durch ein striktes Arbeitskampfverbot und eine Konfliktlösung durch die Einigungsstelle (§ 76 BetrVG) geprägt.[1148] **431**

**Völkerrechtlich** wird der Tarifvorrang schließlich untermauert durch Art. 5 ILO-Übereinkommen Nr. 135 mit dem Verbot der Bildung von beitragsfreien Ersatzgewerkschaften sowie durch Art. 6 der Europäischen Sozialcharta, deren Verbindlichkeit sich nach Art. 25, 59 GG bestimmt.[1149] **432**

Auch wenn man nach alledem auf eine Anwendung des Rechtsgedankens aus Art. 80 Abs. 1 Satz 2 GG mit seinen sehr strengen Anforderungen (Selbstentscheidungserfordernis, Programmvorgabeerfordernis etc.)[1150] verzichten muss, weil eine Gleichartigkeit der Sachverhalte nicht zu erkennen ist, bleiben einige Überlegungen, die von den Vertretern dieser Lehre erarbeitet wurden, doch gültig. Insbesondere gilt, dass eine Tariföffnungsklausel um so eher rechtmäßig ist, je mehr sie konkrete Vorgaben für eine nachfolgende Betriebsvereinbarung enthält.[1151] Zu Recht wird in diesem Zusammenhang auch davon gesprochen, **den Tarifvertrag nicht lediglich als Orientierungspunkt miss zu verstehen.**[1152] **433**

---

1144 Freiwillige beiderseitige Mitgliedschaft, *Löwisch/Rieble*, § 3 TVG Rn. 3; *Schubert*, 163 ff.

1145 Vgl. *Schaub*, NZA 1998, 623; *Richardi*, Gutachten B zum 61. DJT 1996, 25, 27.

1146 Eine ähnliche Bewertung nimmt *Richardi* vor, Gutachten B zum 61. DJT 1996, 29; ebenso DKK-*Berg*, § 77 Rn. 74., *Dieterich*, RdA 2002, 4.

1147 *Dieterich*, RdA 2002, 2.

1148 *Dieterich*, RdA 2002, 4.

1149 ErfK/*Dieterich*, Art. 9 GG Rn. 102, 105.

1150 DKK-*Berg*, § 77 Rn. 74; Kittner/Zwanziger/*Kittner*, § 18 Rn. 55; *Zachert*, RdA 1996, 140 ff.; *Böker*, 138 ff.; a. A. *Gamillscheg*, Kollektives Arbeitsrecht I, § 18, 816 f.; *Wisskirchen*, FS Hanau, 632, *Brecht*, Die Umsetzung von Tarifverträgen auf Betriebsebene, 2003, 266 ff.

1151 Wie hier *Däubler/Zwanziger*, § 4 Rn. 1009 ff.

1152 *Körner*, RdA 2000, 146; vgl. auch *Dieterich*, RdA 2002, 4.

Innerhalb dieses Rahmens sind die Tarifvertragsparteien aber hinsichtlich einer Delegation auf die Betriebsparteien allerdings frei. Zu weitgehend erscheint es, den Betriebsrat hier als »Beauftragten« zu sehen.[1153]

#### d) Sonderrolle für betriebliche »Bündnisse für Arbeit«?

434 Nach § 80 Abs. 1 Nr. 8 BetrVG gehört die **Förderung und Sicherung der Beschäftigung im Betrieb** zu den (neu geregelten) Aufgaben des Betriebsrates.[1154] Die entsprechenden Kompetenzen umfassen aber **nicht die Befugnis, tarifwidrige Betriebsvereinbarungen und ähnliche Absprachen mit dem Arbeitgeber abzuschließen.**

435 Solche Varianten der Bündnisse für Arbeit werden von der Rechtsprechung ausnahmslos nicht anerkannt. Die Gerichte sehen keine rechtliche Bindungswirkung der Vereinbarungen: jeder Arbeitnehmer kann auf das uneingeschränkte Entgelt klagen. Insbesondere haben die Gerichte einhellig entschieden, dass das **Günstigkeitsprinzip in § 4 Abs. 3 TVG nicht in der Weise interpretierbar ist, dass eine kollektive Arbeitsplatzsicherung in einen Günstigkeitsvergleich zu Entgelt und/oder Arbeitszeit gestellt wird.**[1155] Das Günstigkeitsprinzip des § 4 Abs. 3 TVG ermöglicht es dem Arbeitnehmer, bessere Bedingungen, als die im Tarifvertrag vereinbarten, auszuhandeln, wenn er die Marktmacht dafür hat. Es ist die Basis der übertariflichen Leistungen. Konzeptionell wird in diesem Falle die Kollektivautonomie zugunsten der klassischen Privatautonomie zurück genommen, weil hier die Schutzfunktion des Tarifvertrages weder nötig ist noch die Funktionsweise des Tarifvertrages durch den abweichenden Individualvertrag unterhöhlt wird. Eine Günstigkeit in diesem Sinne kann aber nur bestehen, wenn der Individualvertrag nach Sachgruppen mit dem Tarifvertrag verglichen wird (Entgelt, Arbeitszeit, Urlaub etc). Eine pauschalisierende Gesamtbetrachtung ebenso wie ein Vergleich Arbeitsplatzsicherheit gegen Entgeltverzicht passt nicht in diese Systematik. Dies hat das Bundesarbeitsgericht mit der Formel: kein Vergleich von Äpfeln und Birnen umschrieben.[1156]

436 **Auch die Beteiligung eines kollektivrechtlichen Gremiums wie des Betriebsrates erlaubt keine andere Betrachtung.** Der Betriebsrat ist nach dem geltenden Recht von der Aushandlung der Preise der Arbeitskraft bewusst ausgeschlossen, er hat auch nicht das Recht auf einen Arbeitskampf. Das duale System von Gewerkschaft einerseits und Betriebsrat andererseits basiert auf einer deutlichen Funktionsabgrenzung.

437 Die Gewerkschaften haben gegen solche Regelungen aufgrund ihres Unterlassungsanspruch aus § 1004 BGB in Verbindung mit Art. 9 Abs. 3 GG Möglichkeiten der gerichtlichen Gegenwehr.[1157]

438 Ist eine tarifändernde Konsolidierungsvereinbarung zwischen Gewerkschaft, Betriebsrat und Arbeitgeber getroffen worden, ist nach der Rechtsprechung des BAG im Zweifel davon auszugehen, dass die Wirksamkeit der Regelung intendiert wurde; ein solches Vertrag ist damit als Haustarifvertrag, der dem Flächen-

---

1153 So aber *Gamillscheg*, Kollektives Arbeitsrecht I, § 7, 325.
1154 Vgl. im Einzelnen *Wendeling-Schröder/Welkoborsky*, NZA 2002, 1370.
1155 Ausführlich dazu *Dieterich/Hanau/Henssler/Oetker/Wank/Wiedemann*, RdA 2004, 69.
1156 BAG 20.4.1999 (1 ABR 72/98), AP Nr. 89 zu Art. 9 GG.
1157 BAG 20.4.1999 (1 ABR 72/98), AP Nr. 89 zu Art. 9 GG; BAG 13.3.2001 (1 AZB 19/00), AP Nr. 17 zu § 2a ArbGG 1979; BAG 19.3.2003 (4 AZR 271/02), AP Nr. 41 zu § 253 ZPO.

tarifvertrag aufgrund der Spezialität vorgeht, anzusehen.[1158] Allerdings muss mit hinreichender Klarheit deutlich werden, dass Arbeitgeber und Gewerkschaft von ihrer Tarifmacht Gebrauch machen.[1159]

### 5. Zweistufige Tarifvertragssysteme

Insbesondere in der IG Metall wird das Modell zweistufiger Tarifvertragssysteme diskutiert.[1160] Dabei werden Rahmenbedingungen in einem Verbandstarifvertrag festgelegt und auf einer zweiten betrieblichen Stufe die tatsächliche Entgelthöhe ausgehandelt. Diese zweite Stufe besteht nicht aus den Betriebsparteien oder den Tarifvertragsparteien in ihrer klassischen Besetzung, hier agieren vielmehr Kommissionen/Ausschüsse, die in unterschiedlichem »Mischungsverhältnis« mit Vertretern der Betriebs- und Tarifparteien besetzt sind. **Solche zweistufigen Tarifvertragssysteme sind zulässig**, wenn und soweit die Herrschaft der Tarifvertragsparteien letztlich gewahrt bleibt.[1161] **439**

### 6. Öffnungsklauseln in Verbandstarifverträgen für die Arbeitsvertragsparteien

Von den vorgestellten Modelle sind solche abzugrenzen, die abweichende Regelungen durch die Arbeitsvertragsparteien gestatten[1162], auch diese nennt man teilweise Cafeteria-Systeme.[1163] **440**

Sie spielen insofern keine herausragende Rolle, da Vereinbarungen der Arbeitsvertragsparteien der Vertragsfreiheit und dem Günstigkeitsprinzip unterfallen und keine normative Wirkung wie Tarifverträge und Betriebsvereinbarungen entfalten.[1164]

### 7. Exkurs: Öffnungsklauseln in Firmentarifverträgen

Die Vereinbarung von Öffnungsklauseln in Firmentarifverträgen ist aus tatsächlichen Gründen eher selten, da hier ohnehin das einzelne Unternehmen Bezugspunkt ist. Ausnahmen können aber bestehen, wenn ein Unternehmen eine Vielzahl von Betrieben aufweist. **441**

**Auch beim Firmentarifvertrag greift die Sperrwirkung des § 77 Abs. 3 BetrVG;** dies folgt aus dem Wortlaut der Norm ebenso wie aus der Tatsache, dass Hauptzweck der Regelung die Sicherung der aktualisierten Tarifautonomie ist, nicht eine überbetriebliche Ordnung der Arbeitsbedingungen oder ähnliches (Grundl. Rn. 316 ff.). In jedem Fall enthalten Firmentarifverträge keine automatische Öff-

---

1158 BAG 7.11.2000 (1 AZR 573/01), AP Nr. 14 zu § 77 BetrVG 1972 Tarifvorbehalt (Konsolidierungsvertrag), kritisch dazu *Löwisch/Rieble*, Grundl. Rn. 70; Wiedemann/*Wiedemann*, § 1 Rn. 22.

1159 LAG Hamm 9.3.2000 (8 Sa 1995/99), LAGE Nr. 27 zu § 77 BetrVG 1972.

1160 *Huber/Hofmann*, Mitbestimmung 6/2003, 24 ff.; *Schild/Wagner*, IndBez 2003, 326 ff.; *Busch*, IndBez 2003, 320 ff.

1161 *Wendeling-Schröder/Schubert*, NZA 2003, 772 ff.; einen ähnlichen Ansatz schlägt *Windbichler*, 101, vor, wenn sie »Verbesserungsklauseln« befürwortet.

1162 *Böker*, 156 ff. Zu tarifvertraglichen Regelungen, die den Arbeitgeber verpflichten, Vereinbarungen mit dem Arbeitnehmer abzuschließen, vgl. BAG 10.12.2002 (1 AZR 96/02), AP Nr. 162 zu Art. 9 GG Arbeitskampf = BB 2003, 1125 ff.

1163 Vgl. *Lehmann/Seufert*, 44, ebenda *Hack*, 48.

1164 Zu einigen Praxisbeispielen siehe *Löwisch/Rieble*, § 4 Rn. 202 ff.

nungsklausel im Sinne des § 77 Abs. 3 Satz 2 BetrVG[1165], vielmehr gelten die allgemeinen Regeln.[1166] Deshalb kann eine Öffnungsklausel nur von den Parteien des zu öffnenden Tarifvertrages vereinbart werden, weswegen ein Firmentarifvertrag nicht einen Verbandstarifvertrag für eine Betriebsvereinbarung öffnen kann.[1167] Davon zu trennen ist die Situation, dass ein Firmentarifvertrag vorliegt, der im Wege der Spezialität dem Verbandstarifvertrag vorgeht.
Nach den **Sonderregeln des § 3 BetrVG** ist zu entscheiden, unter welchen Bedingungen in Firmentarifverträgen Öffnungsklauseln für Spartenbetriebsvereinbarungen (§ 3 Abs. 1 Nr. 2 BetrVG) anerkannt werden können.[1168]

## G. Der Verlust tarifvertraglicher Rechte durch Verzicht, Verwirkung, Verjährung und Ausschlussfristen (§ 4 Abs. 4 TVG)

### Literatur:

*Bauer, J.-H.*, Beiderseitige und einseitige Ausschlussfristen, NZA 1987, 440; *Bauschke*, Zur Zulässigkeit tariflicher Ausschlussfristen, ZTR 1996, 49; *Becker/Bader*, Bedeutung der gesetzlichen Verjährungsfristen und tariflichen Ausschlussfristen im Kündigungsrechtsstreit, BB 1981, 1709; *Bepler*, Der Nachweis von Ausschlussfristen, ZTR 2001, 241; *Busse*, Die Ausschlussfrist im Geflecht arbeitsrechtlicher Gestaltungsfaktoren, 1991; *Coen*, Das Recht auf Arbeit und Bestandsschutz des gekündigten Arbeitsverhältnisses, 1979; *Etzel*, Tarifliche Ausschlussfristen und Ansprüche aus unerlaubten Handlungen, RdA 1968, 179; *ders.*, Tarifordnung und Arbeitsvertrag, NZA 1987, Beilage 1, 19; *Fenski*, Die Pflicht des Arbeitgebers zum Hinweis auf tarifvertragliche Ausschlussfristen, BB 1987, 2293; *ders.*, Ausschlussklauseln in Allgemeinen Arbeitsbedingungen, AuR 1989, 168; *Fromm*, Zweistufige tarifliche Ausschlussfristen nach der Schuldrechtsreform, ZTR 2003, 70; *Gaul, D.*, Tarifliche Ausschlussfristen, 1964; *ders.*, Inhalt und Wirkung tariflicher Ausschlussfristen, ZTR 1988, 123; *Gotthardt/Beck*, Elektronische Form und Textform im Arbeitsrecht: Wege durch den Irrgarten, NZA 2002, 876; *Grunsky*, Ausschlussfristen und Verjährung, FS Kissel, 1994, 281; *Kiefer*, Ausschlussfristen – überholte Regelungen?, NZA 1988, 785; *ders.*, Neue Tarifverträge und Ausschlussfrist, ZTR 1995, 205; *Koch*, Der fehlende Hinweis auf tarifliche Ausschlussfristen und seine Folgen, FS Schaub, 1998, 421; *Klebe/Schumann*, Das Recht auf Beschäftigung im Kündigungsschutzprozess, 1981; *Konow*, Die Erkennbarkeit von Ansprüchen als Verfallvoraussetzung, ZTR 1987, 108; *Krause, R.*, Vereinbarte Ausschlussfristen, RdA 2004, 36 (Teil 1) und RdA 2004, 106 (Teil 2); *Langer*, Gesetzliche und vereinbarte Ausschlussfristen im Arbeitsrecht, 1993; *Leser*, AR-Blattei, Ausschlussfristen 1; *Linde/Lindemann, V.*, Der Nachweis tariflicher Ausschlussfristen, NZA 2003, 649; *Peters-Lange*, Tarifliche Ausschlussfristen und Sozialversicherungsbeiträge, NZA 1995, 657; *Plüm*, Tarifliche Ausschlussfristen im Arbeitsverhältnis, MDR 1993, 14; *Preis*, Auslegung und Inhaltskontrolle von Ausschlussfristen in Arbeitsverträgen, ZIP 1989, 885; *Reinecke*, Rückforderung von überbezahltem Arbeitsentgelt und tarifliche Ausschlussfristen, FS Schaub, 1998, 593; *Rewolle*, Unterbricht die Erhebung der Kündigungsschutzklage die

1165 So auch *Däubler/Zwanziger*, § 4 Rn. 1006; GK-*Kreutz*, § 77 Rn. 103.
1166 BAG 20.4.1999 (1 AZR 631/98), AP Nr. 12 zu § 77 BetrVG Tarifvorbehalt.
1167 Vgl. GK-*Kreutz*, § 77 Rn. 103, mit weiteren Nachweisen.
1168 Vgl. zu Tarifverträgen nach § 3 BetrVG allgemein *Friese*, ZfA 2003, 237 ff.

Verjährung der Lohn- und Gehaltsansprüche?, DB 1980, 1696; *Richardi*, Ausschlussfristen bei unabdingbaren gesetzlichen Ansprüchen, RdA 1962, 62; Röger, Gesetzliche Schriftform und Textform bei arbeitsrechtlichen Erklärungen, NJW 2004, 1766; Schaub, Aufrechnung und tarifliche Verfallfristen, NJW 1967, 91; *Schrader*; Neues zu Ausschlussfristen, NZA 2003, 346; *Schulte*, Rechtsfragen der Ausgleichsquittung bei Beendigung des Arbeitsverhältnisses, DB 1981, 937; *Thomas*, Der Verzicht auf tarifliche Ansprüche im arbeitsrechtlichen Verfahren, 1961; *Vögele*, Die Ausschlussfrist des § 70 BAT in der Rechtsprechung des BAG, NZA 1988, 190; *Weber*, Die Ausschlussfrist im Arbeitsrecht, 1983; *Weyand*, Die tariflichen Ausschlussfristen in Arbeitsrechtsstreitigkeiten, 2. Aufl., 1995.

**Übersicht** Rn.



## I. Verzicht (§ 4 Abs. 4 Satz 1 TVG)

Das in § 4 Abs. 4 Satz 1 TVG enthaltene weitgehende **Verbot eines Verzichts** auf tariflich entstandene Rechte soll verhindern, dass der Arbeitnehmer vom Arbeitgeber dazu gedrängt wird, seine gewerkschaftlich durchgesetzten Tarifvertragsansprüche einzelvertraglich wieder aufzugeben. Dass diese Gefahr einer Vernichtung des Kollektivrechts durch individuell erzwungenen Rechtsverzicht angesichts der sozialen Übermacht des Unternehmers insbesondere in Zeiten der Unterbeschäftigung nicht theoretisch ist, zeigen entsprechende Erfahrungen nicht nur aus der Weimarer Republik, sondern auch aus den vergangenen Jahren **442** bis heute. Die Tarifverordnung von 1918 kannte zwar kein entsprechendes Tarifverzichtsverbot, doch machte das Reichsarbeitsgericht später Einschränkungen bei der Annahme von Verzichtserklärungen, die tendenziell auf ein solches Verbot hinausliefen.

443 Vor diesem Hintergrund ist es erstaunlich, dass auch diese für den Schutz der Tarifautonomie unerlässliche – und daher von Art. 9 Abs. 3 Satz 1 GG gebotene – Norm dem Verdacht ausgesetzt wird, »eine Art Rechtsunmündigkeit des Arbeitnehmers« zu bewirken.[1169] Richtig ist, dass die Vorschrift die Vertragsfreiheit einschränkt.[1170] Das geschieht aber bereits nach § 4 Abs. 1 Satz 1, Abs. 3 TVG, wonach von den Tarifvertragsparteien nicht zugelassene untertarifliche Vereinbarungen zwischen Arbeitgeber und Arbeitnehmer ausgeschlossen sind. Das Verzichtsverbot hat daher im Hinblick auf entstandene Ansprüche insoweit insbesondere Komplementärfunktion.[1171] Erreicht wird ein mit der Tarifautonomie erstrebter Sozialschutz für Arbeitnehmer, welcher **grundrechtlich abgesichert** ist. Angesichts der Freiwilligkeit des Gewerkschaftsbeitritts und wegen der Spezialität des Art. 9 Abs. 3 GG gegenüber Art. 2 GG und gegenüber dem Sozialstaatsprinzip des Art. 20 Abs. 1 GG[1172] bestehen keine Zweifel an der Verfassungsmäßigkeit des § 4 Abs. 4 Satz 1 TVG.

### 1. Begriff des Verzichts

444 Das Verbot, auf tarifliche Rechte zu verzichten, betrifft nicht nur den **einseitig** vom Arbeitnehmer **erklärten Verzicht** im engeren Sinn, der im Wesentlichen lediglich Gestaltungsrechte erfasste. Nach dem Schutzzweck der Vorschrift sind vielmehr gerade vertragliche Vereinbarungen, durch die Ansprüche des Arbeitnehmers zum Erlöschen gebracht werden sollen, insbesondere also **Erlassverträge und negative Schuldanerkenntnisse** nach § 397 BGB, einbezogen.[1173] Damit sind zugleich »Ausgleichsquittungen« betroffen, soweit in ihnen das Nichtbestehen entstandener tariflicher Rechte erklärt wird (§ 4 Rn. 448). Verzicht in diesem Sinne sind wegen ihrer ähnlichen Wirkung auch **Vereinbarungen über die Stundung** von Arbeitnehmeransprüchen oder darüber, diese **Ansprüche nicht einzuklagen**.[1174] Entsprechendes muss für **wirtschaftlich gleichwertige Alternativen** gelten, etwa für die darlehnsweise Gewährung des dem Arbeitnehmer geschuldeten Betrags an den Arbeitgeber[1175] oder für eine Schuldübernahme[1176] durch den Arbeitnehmer. Das gilt jedoch nur, wenn hierfür keine anderen Gründe als die Tatsache des zwischen beiden bestehenden Arbeitsverhältnisses erkennbar sind. Zulässig wären daher gesetzliche Vermögensbildungsmodelle mit entsprechender Absicherung, nicht aber »private« Darlehnsaufforderungen des Unternehmers an seine Beschäftigten. Abhelfen könnte in

---

1169 *Wiedemann/Stumpf*, § 4 Rn. 324; ähnlich jetzt Wiedemann/*Wank*, § 4 Rn. 683; kritisch auch *Gamillscheg*, Kollektives Arbeitsrecht I, § 18 II 1a, 801, mit Erwägungen de lege ferenda.

1170 Wiedemann/*Wank*, § 4 Rn. 683.

1171 Aus heutiger Sicht erscheint eher die Regelung des § 619 BGB verfehlt, soweit sie den nachträglichen Verzicht zulässt.

1172 Dieser grundrechtssystematische Zusammenhang bleibt bei *Thomas*, Verzicht, 11 ff. unklar.

1173 H.M. vgl. z.B. BAG 29.5.1991 (7 AZR 79/90), AP Nr. 43 zu § 611 BGB Bühnenengagementsvertrag = EzA § 4 TVG Bühnen Nr. 3; *Däubler/Zwanziger*, § 4 Rn. 1063; *Löwisch/Rieble*, § 4 Rn. 346.

1174 *Löwisch/Rieble*, § 4 Rn. 347; a.A. hinsichtlich der Stundung KassArbR/*Dörner* 8.1 Rn. 233.

1175 A.A. Wiedemann/*Wank*, § 4 Rn. 655.

1176 *Löwisch/Rieble*, § 4 Rn. 348; a.A. Wiedemann/*Wank*, § 4 Rn. 655.

wirtschaftlichen Notlagen des Unternehmens insoweit nur Öffnungsklauseln im Tarifvertrag oder von den Tarifvertragsparteien gebilligte Vergleiche (§ 4 Abs. 4 Satz 1 TVG).

## 2. Geschützte Ansprüche

Trotz des allgemeinen Wortlauts des § 4 Abs. 4 Satz 1 TVG bezieht sich seine **445** Schutzwirkung nur auf die **Arbeitnehmerseite**. Der Arbeitgeber kann stets wirksam auf seine tariflichen Rechte verzichten; das setzt das Günstigkeitsprinzip des § 4 Abs. 3 TVG voraus. Geschützt sind sämtliche tariflichen Ansprüche des Arbeitnehmers, d.h. solche, die ihm aufgrund der normativen Geltung des Tarifvertrags zustehen. Dazu gehören etwa auch der Anspruch auf Wiedereinstellung nach Arbeitskämpfen aufgrund so genannter Maßregelungsklauseln[1177] oder auf Verdienstabsicherung für ältere bzw. leistungsgeminderte Arbeitnehmer. Gleichfalls um ein Recht handelt es sich bei der tariflichen Kündigungsfrist, da sie dem Arbeitnehmer den Entgeltanspruch für die Zeit ihres Laufs erhält.[1178] Geht man davon aus, dass nur **nachwirkende tarifvertragliche** Regelungen zur Disposition auch der Arbeitsvertragsparteien stehen (dazu § 4 Rn. 530 ff.), dann ist auch ein Verzicht auf in diesem Zeitraum entstandene Rechte zulässig. Werden den nicht gewerkschaftlich organisierten und deshalb nicht tarifgebundenen Arbeitnehmern einzelvertraglich tarifliche Leistungen zugesagt, so gewinnen sie hierdurch nicht den Rechtscharakter von Tarifansprüchen (vgl. § 3 Rn. 153 und Rn. 191). Daher kann auf solche einzelvertraglichen Leistungen trotz § 4 Abs. 4 Satz 1 TVG wirksam verzichtet werden. Diese Vorschrift **schützt nur die** Wirksamkeit kollektiv begründeten **tariflichen Rechte**.[1179] Selbst wenn etwa bei einer **Verweisung** auf den Tarifvertrag § 4 Abs. 4 Satz 1 TVG mit einbezogen sein sollte, ändert das nichts an der privatautonomen Verfügbarkeit[1180] (genauer § 3 Rn. 191; die Beteiligung der Tarifvertragsparteien an einem Vergleich scheidet ohnedies aus). Vertrauensschutz auf Gleichbehandlung kann gegenüber freiwilligem Rechtsverlust nicht erfolgen.[1181] Auf Ansprüche von Arbeitnehmern aus einem **schuldrechtlichen Normenvertrag** zu Gunsten Dritter (dazu § 1 Rn. 743 ff.) findet § 4 Abs. 4 TVG nach Auffassung des BAG keine entsprechende Anwendung.[1182]

Das Verzichtsverbot dient nicht dazu, den Arbeitnehmer gegen seinen Willen zur **446** Leistung der versprochenen Arbeit (Arbeitszwang) zu zwingen. § 4 Abs. 4 Satz 1 TVG erfasst daher **nicht** die vereinbarte **Verkürzung der Arbeitszeit** (Kurzarbeit, Übergang zur Teilzeitarbeit), die vorübergehende Aussetzung der Arbeitspflicht (**Suspendierung**) oder den »Verzicht« auf Einhaltung tariflicher Kündigungsfristen durch vorzeitigen **Aufhebungsvertrag**.[1183] Ebenso wenig soll es aufgrund des Günstigkeitsprinzips (§ 4 Abs. 3 TVG) dem Schutzzweck des § 4 Abs. 4 Satz 1

---

1177 Vgl. BAG 22.2.1961, AP Nr. 106 zu § 1 TVG Auslegung.

1178 BAG 18.11.1999 (2 AZR 147/99), AP Nr. 18 zu § 4 TVG EzA = § 4 TVG Verzicht Nr. 4.

1179 Ebenso z.B. LAG Schleswig-Holstein 16.12.1980, DB 1981, 900; *Hueck/Nipperdey*, Bd. II, 485; *Däubler*, Tarifvertragsrecht, Rn. 1315; Wiedemann/*Wank*, § 4 Rn. 672.

1180 Zutreffend *Däubler/Zwanziger*, § 4 Rn. 1061.

1181 So aber *Wiedemann/Stumpf*, § 4 Rn. 335, die das mit der einzelvertraglichen Bezugnahme angeblich begründete »Vertrauen« des Unorganisierten auf quasi tarifliche Sicherheit nicht enttäuschen wollen.

1182 BAG 14.4.2004 (4 AZR 232/03), EzA § 1 TVG Nr. 45 = DB 2004, 2703.

1183 BAG 24.1.1985 (2 AZR 317/84), AP Nr. 8 zu § 1 TVG Tarifverträge Einzelhandel = EzA § 4 TVG Einzelhandel Nr. 2.

TVG widersprechen, wenn Arbeitgeber und Arbeitnehmer eine **geringfügige Herabsetzung des tariflichen Entgelts** vereinbaren, **um** hierdurch den Steuer- oder Sozialversicherungsbeitragssatz zu verringern und dadurch im Ergebnis das **Nettoeinkommen des Arbeitnehmers zu erhöhen**.[1184] Gegenüber dieser rechtlich nicht unproblematischen Lösung erscheint es sinnvoller, eine solchermaßen begrenzte Verzichtsmöglichkeit im Tarifvertrag selbst vorzusehen, soweit sich ein Bedürfnis hierfür bei Vertragsabschluss bereits erkennen lässt. Das geschieht verschiedentlich bereits[1185] und ist allgemein durch die Tarifautonomie, speziell durch § 4 Abs. 3 TVG (Öffnungsklausel) und letztlich durch § 4 Abs. 4 TVG selbst gedeckt – wenn die Tarifvertragsparteien im Einzellfall zu disponieren vermögen, müssen sie das auch abstrakt/generell können.

### 3. Rechtsfolge des Verzichts

**447** § 4 Abs. 4 Satz 1 TVG erlaubt den Verzicht auf entstandene tarifliche Rechte nur in einem von den Tarifvertragsparteien gebilligten Vergleich; im Übrigen ist er also unzulässig. Insoweit handelt es um ein gesetzliches Verzichtsverbot mit der Folge, dass jeder Verstoß hiergegen die **Nichtigkeit** des entsprechenden Rechtsgeschäfts gemäß § 134 BGB nach sich zieht. Der Arbeitnehmer kann seine entstandenen tariflichen Rechte daher trotz einer früher erfolgten Verzichtserklärung später noch ungehindert geltend machen. Ein **Zwang**, alle Tarifansprüche auch wirklich **durchzusetzen**, besteht für den einzelnen Arbeitnehmer freilich nicht. Deshalb ist z.B. die Klagerücknahme im Prozess ebenso zulässig wie das Unterlassen der Zwangsvollstreckung aus gerichtlich festgestellten tariflichen Rechten, weil der Anspruch selbst in beiden Fällen bestehen bleibt. Würde sich der Arbeitnehmer dagegen vertraglich zur Klagerücknahme oder zum Verzicht auf die zwangsweise Durchsetzung seiner Ansprüche auf Dauer verpflichten, so wäre eine derartige Absprache wegen Verstoßes gegen § 4 Abs. 4 Satz 1 TVG ebenso nichtig wie ein prozessualer Anspruchsverzicht nach § 306 ZPO.[1186]

### 4. Ausgleichsquittung und Vergleich

**448** Bei der so genannten **Ausgleichsquittung** bestätigt der Arbeitnehmer, meist bei Beendigung des Arbeitsverhältnisses, ganz allgemein, keine Forderungen mehr gegen den Arbeitgeber zu haben. Eine Verpflichtung, derart unbestimmte Erklärungen abzugeben, besteht nicht[1187], zumal es sich nicht (lediglich) um das Quittieren tatsächlich empfangener konkreter Leistungen zum Zweck de Erfüllungsnachweises gemäß § 368 BGB handelt. Vielmehr sollen mit der Ausgleichsquittung auch alle noch bestehenden, dem Erklärenden jedoch nicht (oder nicht genau) bekannten Ansprüche erlöschen. Wird die Erklärung trotz des Fehlens

---

1184 So BSG 28.02.1990 (10 RKg 15/89), EzA § 4 TVG Günstigkeitsprinzip Nr. 3 = DB 1990, 1976 (zur Erlangung des Anspruchs des anderen Elternteils auf Kindergeld); BSG 27.4.1988 AP Nr. 71 zu § 613a BGB; Wiedemann/*Wank*, § 4 Rn. 664; *Däubler*, Tarifvertragsrecht, Rn. 1309.

1185 Vgl. z.B. § 4 Lohn- und Gehalts-TV Einzelhandel Sachsen-Anhalt; § 3 Lohn- und Gehalts-TV Friseurhandwerk Hessen; § 5 Tarifvertrag über die ab 1.5.1983 gültigen Vergütungen für Auszubildende und Jungbergleute im rheinisch-westfälischen Steinkohlenbergbau: »Der Auszubildende kann widerruflich auf einen Teil der Vergütung verzichten, soweit sich dieser Verzicht wirtschaftlich zu seinen Gunsten auswirkt«.

1186 Ebenso zur Verpflichtung, die Klage zurückzunehmen BAG 19.11.1996 (3 AZR 461/95), AP Nr. 9 zu § 4 TVG Verdienstsicherung = EzA TVG § 4 Verdienstsicherung Nr. 2.

1187 Ebenso MünchArbR/*Wank*, § 127 Rn. 2; *Plander*, DB 1986, 1874f.

einer dahingehenden Verpflichtung abgegeben, so ist zu prüfen, ob sie ein negatives Schuldanerkenntnis oder einen Erlassvertrag nach § 397 BGB enthält. Das ist aber nur dann anzunehmen, wenn der Arbeitnehmer ein entsprechendes Erklärungsbewusstsein hatte[1188], die Textfassung der Ausgleichsquittung, den betreffenden Anspruch also eindeutig bezeichnete.[1189] Sollte auch das zutreffen, so sind gleichwohl die unverzichtbaren Tarifansprüche wegen § 4 Abs. 4 Satz 1 TVG von der Ausgleichsquittung ausgenommen.[1190] Von der Verzichtswirkung einer Ausgleichsquittung erfasst werden dagegen sonstige über- oder außertarifliche Ansprüche, insbesondere Gratifikationen, Leistungszulagen, Treuegelder usw. Ist eine Ausgleichsquittung aus den genannten Gründen teilweise wirksam, hinsichtlich der noch offenen Tarifansprüche jedoch wegen § 4 Abs. 4 Satz 1 TVG nichtig, muss geprüft werden, ob nach § 139 BGB das ganze Rechtsgeschäft (also die Ausgleichsquittung insgesamt) nichtig ist. Das ist zu verneinen[1191], da davon ausgegangen werden kann, dass der Arbeitgeber die Ausgleichsquittung auch hinsichtlich des Restes als für ihn vorteilhaft gewollt hätte. Bei einer gegenseitigen Ausgleichsquittung (»Die Arbeitsvertragsparteien bestätigen, keine Forderungen mehr aus dem Arbeitsverhältnis zu haben«) würde sich der Schutz des § 4 Abs. 4 Satz 1 TVG andernfalls zudem zu Lasten des Arbeitnehmers auswirken können, wenn noch Forderungen des Arbeitgebers bestanden.

Nach § 4 Abs. 4 Satz 1 TVG ist ein Verzicht auf entstandene tarifliche Rechte nur **449**
in einem **von den Tarifvertragsparteien gebilligten Vergleich** zulässig. Hieraus ergibt sich im Umkehrschluss, dass andere Vergleiche unzulässig sind, soweit in ihnen auf Tarifrechte verzichtet wird. Das gilt auch für den **Prozessvergleich**, da nach § 779 BGB ganz allgemein ein Vergleich ein Vertrag ist, der den »Streit oder die Ungewissheit der Parteien über ein Rechtsverhältnis im Wege gegenseitigen Nachgebens« beseitigt. Wird daher in einem arbeitsgerichtlichen Prozessvergleich auf tarifliche Rechte verzichtet, so wäre dies nach § 4 Abs. 4 Satz 1 TVG unwirksam. Das gilt auch dann, wenn sich die Prozessparteien vergleichsweise über die Auslegung von Tarifvorschriften, ihre Geltung oder eine Eingruppierung einigen wollen. Damit nun nicht jede vergleichsweise Regelung im Arbeitsgerichtsprozess von vornherein unter das Verbot des § 4 Abs. 4 Satz 1 TVG fällt, ist von der **herrschenden Meinung** die Figur des so genannten **Tatsachenvergleichs** entwickelt worden: Soweit es bei der vergleichsweisen Einigung nicht um Rechtsfragen (z.B. Auslegung einer tariflichen Überstundenvorschrift), sondern um Tatsachenfragen, also um das tatsächliche Vorliegen bestimmter Tatbestandsmerkmale einer Tarifnorm geht (z.B. Zahl der wirklich geleisteten Überstunden), soll ein Vergleich zulässig sein.[1192] Der Gesetzeswortlaut deckt diese Unterscheidung zwischen Tatsachen- und Rechtsvergleich, welche sich auch

---

1188 *Schaub*, § 72 II 2 Rn. 7ff.

1189 BAG 29.6.1978 und 3.5.1979, AP Nr. 5 und 6 zu § 4 KSchG 1979; LAG Hamm, 14.12.1984, DB 1985, 818; zur Auslegung vgl. *Preis*, AuR 1979, 97; *Plander*, DB 1986, 1874ff.

1190 Dasselbe gilt hinsichtlich anderer unverzichtbarer Ansprüche, etwa der aus Betriebsvereinbarungen, § 77 Abs. 4 BetrVG oder der Urlaubsansprüche, § 13 BUrlG.

1191 Wiedemann/*Wank*, § 4 Rn. 660; zweifelnd *Voraufl.*, § 4 Rn. 246; a.A. *Däubler/Zwanziger*, § 4 Rn. 1064 (Erhöhung der Unklarheit); Däubler, Tarifvertragsrecht, Rn. 1305.

1192 Vgl. BAG 5.11.1997 (4 AZR 622/95), AP Nr. 17 zu § 4 TVG (mit zutreffender Anm. von Zachert) = EzA § 4 TVG Verzicht Nr. 3; BAG 30.11.1994 (5 AZR 702/93), AP Nr. 16 zu § 4 TVG = EzA § 4 TVG Nr. 43; BAG 20.8.1980, AP Nr. 12 zu § 6 LohnFG; Wiedemann/*Wank*, § 4 Rn. 680, mit weiteren Nachweisen; *Löwisch/Rieble*, § 4 Rn. 355; *Gamillscheg*, Kollektives Arbeitsrecht I, § 18 II 1c, 803; MünchArbR/*LöwischRieble*, § 274 Rn. 15; *Schaub*, § 204 IX 1c Rn. 65; kritisch KassArbR/*Dörner*, 8.1 Rn. 234f.

praktisch kaum überzeugend durchführen lässt[1193], nicht. Das Argument, in solchen Fällen gehe das Bedürfnis nach gütlicher Einigung dem Schutzzweck des § 4 Abs. 4 Satz 1 TVG vor[1194], würde letztlich auch die vollständige Beseitigung des Verzichtsverbots rechtfertigen. Das Gesetz hat dem »Bedürfnis nach gütlicher Einigung« aber bereits dadurch Rechnung getragen, dass es den seitens der Tarifvertragsparteien gebilligten Vergleich als wirksam anerkennt. Für die von der h.M. angenommene teleologische Reduktion fehlt daher schon der Nachweis, dass ein in der gesetzlichen Regelung enthaltener Zweck die einschränkende Interpretation trägt.[1195] Fehl geht auch der Hinweis, der Tatsachenvergleich müsse zulässig sein, da es dem Arbeitnehmer ohnedies frei stehe, welche Tatsachen er in den Prozess einführt.[1196] Unterlässt der Arbeitnehmer den Vortrag anspruchsbegründender Tatsachen in Abrede mit dem Arbeitgeber, liegt eben ein Vergleich vor, dessen materiellrechtliche Wirksamkeit damit nicht begründet wäre. Konsequenterweise müsste man dann im Übrigen auch den einseitigen Verzicht zulassen, sofern er erfolgt, weil der Arbeitnehmer einem Streit über Tatsachen ausweichen will. Da allerdings § 4 Abs. 4 Satz 1 TVG ausschließlich tarifliche Rechte betrifft und daher nur bei arbeitsgerichtlichen Vergleichsbemühungen zwischen tarifgebundenen Arbeitgebern und Arbeitnehmern anwendbar wäre, wird zumindest der Arbeitnehmer häufig aufgrund des gewerkschaftlichen Rechtsschutzes durch einen Gewerkschaftsvertreter als Prozessbevollmächtigten vertreten sein. Dieser müsste erforderlichenfalls mit Billigung der Gewerkschaft ebenso wie der Verbandsvertreter der Arbeitgeberseite mit Billigung des Verbandes einem entsprechenden Prozessvergleich ausdrücklich zustimmen. Soweit diese Praxis von den Tarifvertragsparteien auf den oben umschriebenen, einzelfallbezogenen Sektor des »Tatsachenvergleichs« beschränkt wird, besteht auch nicht die Gefahr der Tarifrechtszersplitterung. Ihr kann in allen übrigen Fällen ohnehin nur dadurch begegnet werden, dass sich die Tarifvertragsparteien auf der Ebene, welche die strittigen Tarifvorschriften ausgehandelt hat, über den Rechtsvergleich einigen, d.h. ihn gemäß § 4 Abs. 4 Satz 1 TVG ausdrücklich billigen. Zusammengefasst: § 4 Abs. 4 Satz 1 erfasst den arbeitsgerichtlichen Prozessvergleich sowohl in der Form des Tatsachenvergleichs wie in der Form des Rechtsvergleichs. Dem praktischen Bedürfnis nach Verständigung in Einzelfragen kann jedoch dadurch Rechnung getragen werden, dass die meist ohnehin schon beteiligten Verbandsvertreter zustimmen. Diese Verbandsvertreter müssten dann freilich von den Tarifvertragsparteien entsprechend (generell durch Tarifvertrag oder speziell durch Einzelvollmacht) hierzu legitimiert werden.

## II. Verwirkung (§ 4 Abs. 4 Satz 2 TVG)

**450** Nach § 4 Abs. 4 Satz 2 TVG ist auch die Verwirkung tariflicher Rechte ausgeschlossen, d.h. der Arbeitgeber kann gegenüber einem vom Arbeitnehmer geltend gemachten Tarifanspruch nicht einwenden, dieses Recht sei untergegangen, weil der Arbeitnehmer durch längere Untätigkeit und/oder entsprechende Äu-

1193 Ebenso *Gamillscheg*, Kollektives Arbeitsrecht I, § 18 II 1c, 804.

1194 So BAG 5.11.1997 wie zuvor; Wiedemann/*Wank* § 4 Rn. 682.

1195 Dazu, dass auch die Entstehungsgeschichte hiergegen spricht siehe *Gamillscheg*, Kollektives Arbeitsrecht I, § 18 II 1c, 803.

1196 MünchArbR/*Löwisch-Rieble*, § 274 Rn. 15.

ßerungen den Eindruck erweckt habe, er werde den fraglichen Anspruch nicht mehr geltend machen.[1197] Das **Bundesarbeitsgericht**[1198] und die herrschende Meinung legen den **Begriff der Verwirkung** freilich **enger** aus, indem sie nur den Rechtsmissbrauch durch illoyal verspätete Rechtsausübung unter § 4 Abs. 4 Satz 2 TVG fallen lassen: Sobald der Arbeitnehmer nicht nur durch demonstrative Untätigkeit signalisiere, dass er seinen Anspruch nicht mehr einfordern werde, sondern dies darüber hinaus auch ausdrücklich oder durch schlüssiges Verhalten bekundet habe, dürfe sich der Arbeitgeber trotz § 4 Abs. 4 Satz 2 TVG auf den (aus dem Prinzip von »Treu und Glauben« des § 242 BGB abgeleiteten) »Einwand der Arglist« berufen. § 4 Abs. 4 Satz 2 TVG verbiete nämlich nur den engeren, ersten Einwand illoyal verspäteter Geltendmachung, nicht jedoch den weiteren, zweiten Einwand allgemeiner Arglist durch zusätzliches, widersprüchliches Verhalten (venire contra factum proprium).[1199] Die Rechtsprechung sieht also die Verwirkung infolge Zeitablaufs als Unterfall der »unzulässigen Rechtsausübung«, einer Erscheinungsform des § 242 BGB an.[1200] Diese den Schutzbereich des § 4 Abs. 4 Satz 2 TVG stark einschränkende Auffassung ist, wenngleich mit Hinblick auf diese Norm »ein strenger Maßstab bei Annahme eines Rechtsmissbrauchs anzulegen sei«[1201], unzutreffend. Satz 1 der Vorschrift erklärt nämlich sogar den viel weiter gehenden ausdrücklichen vertraglichen Verzicht des Arbeitnehmers für unbeachtlich, obwohl die arbeitnehmerseitige Verzichtszusage einen noch größeren Widerspruch zur späteren Geltendmachung des Anspruchs darstellt als ein nur allgemeines widersprüchliches Verhalten im Sinne des § 242 BGB. Folgerichtig lässt das Tarifvertragsgesetz in § 4 Abs. 4 Satz 2 erst recht keine Berufung darauf zu, dass der Arbeitnehmer lediglich durch sein sonstiges Verhalten den Eindruck erweckt hat, seinen Anspruch nicht mehr geltend machen zu wollen. § 4 Abs. 4 Satz 2 TVG verbietet also entgegen herrschender Meinung (als schwächere Form widersprüchlichen Verhaltens gegenüber Satz 1) auch den Einwand der allgemeinen Arglist nach § 242 BGB.[1202] § 4 Abs. 4 Satz 1 und 2 TVG sollen die Effektivität tariflicher Ansprüche und damit die Funktion der Tarifautonomie nämlich unabhängig vom subjektiven Verhalten der Arbeitsvertragsparteien im Einzelfall schützen.[1203] Schadenersatzansprüche nach § 826 BGB werden dagegen nicht ausgeschlossen.

Die **Schutzwirkung** des § 4 Abs. 4 Satz 2 TVG gilt **nur für tarifliche Rechte**, auch **451**
soweit sie auf einem für allgemeinverbindlich erklärten Tarifvertrag erwachsen. Über- und außertarifliche Leistungen werden nicht erfasst; sie unterliegen der

1197 Ebenso *Joachim*, RdA 1954, 7.

1198 Auffallend ist, dass die weit überwiegende Zahl der Entscheidungen aus den 50er Jahren stammt, vgl. die Nachweise in der folgenden Fn. sowie die zum Teil aus der untergerichtlichen Rechtsprechung bei *Gamillscheg*, Kollektives Arbeitsrecht I, § 18 II 3b, 809; Wiedemann/*Wank*, § 4 Rn. 703 ff.

1199 So z. B. BAG 22.6.1956, AP Nr. 9 zu § 611 BGB Urlaubsrecht; BAG 13.11.1957, AP Nr. 7 zu § 611 BGB Ärzte Gehaltsansprüche; BAG 16.4.1958, AP Nr. 35 zu § 3 TOA; BAG 17.7.1958, AP Nr. 10 zu § 611 BGB Lohnanspruch; BAG 11.12.1957, AP Nr. 7 zu § 9 TVG; BAG 7.12.1956, AP Nr. 1 zu § 817 BGB; Wiedemann/*Wank*, § 4 Rn. 693 ff., 703 ff. mit weiteren Nachweisen; *Löwisch/Rieble*, § 4 Rn. 360; ErfK/*Schaub*, § 4 TVG Rn. 93; KassArbR/*Dörner*, 8.1 Rn. 236.

1200 BAG 7.11.2001 (4 AZR 724/00), EzA § 4 TVG Einzelhandel Nr. 50.

1201 BAG 26.1.1983 (4 AZR 179/80), AP Nr. 14 zu § 1 TVG Tarifverträge Metallindustrie = EzA § 4 TVG Metallindustrie Nr. 15.

1202 Ebenso im Ergebnis *Joachim*, RdA 1954, 7; *Däubler/Zwanziger*, § 4 Rn. 1075 f., mit der Ausnahme des arglistigen Abhaltens des Arbeitgebers von rechtswahrenden Handlungen; *Däubler*, Tarifvertragsrecht, Rn. 1319; siehe auch *Stein*, Rn. 650.

1203 Das übersehen *Löwisch/Rieble*, § 4 Rn. 360, 361, wenn sie meinen, die hier vertretenen Auffassung wolle dem arglistigen oder betrügerischen Arbeitnehmer seine Rechte erhalten.

allgemeinen Verwirkung.[1204] Der Normzweck (vgl. vorige Rn.) erlaubt insofern[1205] auch keine Analogie. Bei übertariflichen Leistungen wird man im Einzelfall allerdings praktisch dann kaum Verwirkung einwenden können, wenn diese für den tariflich begründeten Sockelbetrag derselben Leistung wegen § 4 Abs. 4 Satz 2 TVG ausgeschlossen ist (z.B. tariflicher Stundenlohn mit übertariflicher Leistungszulage). Ebenfalls außerhalb des Schutzbereichs von § 4 Abs. 4 Satz 2 TVG bleiben nicht gewerkschaftlich organisierte Arbeitnehmer, denen im Arbeitsvertrag Tarifbedingungen zugesagt worden sind; das gilt auch, wenn die Zusage die Gleichstellung mit den Tarifgebundenen bewirken sollte (genauer § 3 Rn. 193). Wirksam geschützt gegen den Verwirkungseinwand sind dagegen alle Leistungen aus nachwirkenden Tarifverträgen (vgl. § 4 Abs. 5 TVG), da es sich hierbei um tariflich begründete Rechte handelt.[1206]

**452** Nach § 4 Abs. 4 Satz 2 TVG ausgeschlossene **Fälle der Verwirkung** liegen etwa vor, wenn der Arbeitnehmer sich bei der Einstellung oder während des Arbeitsverhältnisses mit untertariflicher Vergütung einverstanden erklärt und später den Tariflohn fordert[1207] oder wenn er die tarifliche Mehrarbeitsvergütung verlangt, nachdem er aufgrund nichtiger Vereinbarung unbezahlt Mehrarbeit geleistet hat.[1208] Schon **nicht »verwirkt«** sind die wegfallenden tariflich geschuldeten Leistungen des Arbeitgebers im Krankheitsfall des Arbeitnehmers. Soweit das Entgelt betroffen ist, entfällt der Fortzahlungsanspruch nach sechs Wochen kraft Gesetzes (§ 3 EFZG). Ist der Arbeitnehmer über diesen Zeitraum hinaus arbeitsunfähig erkrankt, verringert sich eine ausschließlich arbeitsleistungsbezogene Sonderzahlung (das kann ein 13. Monatsgehalt sein) in dem Maße, in dem die überschießenden Krankheitstage zur Gesamtzahl der geschuldeten Arbeitstage stehen. Diese Rechtsfolge tritt ebenfalls kraft Gesetzes aufgrund des Gegenseitigkeitsverhältnisses von Arbeitsleistung und Entgelt (§ 326 Abs. 1 BGB) ein.[1209] Verfolgt eine Sonderleistung noch zusätzliche Zwecke (etwa Belohnung von Treue, etwa bei Weihnachtsgratifikationen), dann ist nach § 4a EFZG eine vertragliche, bei tariflichen Sonderleistungen also eine tarifvertragliche Kürzungsvereinbarung zulässig. Sie kann sich aufgrund ergänzender Auslegung des jeweiligen Tarifvertrags ergeben, wenn dieser keine eindeutige Regelung für Kürzungen bei langdauernden Erkrankungen enthält, ein entsprechender Wille der Tarifvertragsparteien aber erkennbar ist. – Auch bei dem vereinbarten »Verwirken« eines Teils des rückständigen Lohns bei grundloser Niederlegung der Arbeit geht es nicht um die Verwirkung im Sinne des § 4 Abs. 4 Satz 2 TVG; vielmehr liegt eine Vertragsstrafe vor, deren Wirksamkeit sich nach allgemeinen Prinzipien, im Falle der Vorformulierung nach §§ 307ff. BGB richtet.

### III. Verjährung

**453** Angesichts des Verbreitungsgrades sehr viel kürzerer Ausschlussfristen (§ 4 Rn. 465ff.) hat die Frage der Verjährung tariflicher Ansprüche geringe praktische Bedeutung. Sie stellt sich regelmäßig nur dann, wenn ein Anspruch von der Aus-

---

1204 Ebenso *Etzel*, NZA 1987, Beilage 1, 25.
1205 Entgegen *Wiedemann/Stumpf*, § 4 Rn. 353; wie hier jetzt auch Wiedemann/*Wank*, § 4 Rn. 698.
1206 Ebenso Wiedemann/*Wank*, § 4 Rn. 700; a.A. *Däubler*, Tarifvertragsrecht, Rn. 1321.
1207 BAG AP Nr. 1 zu § 3 TOA; *Gamillscheg*, Kollektives Arbeitsrecht I, § 18 II 3a, 808; Wiedemann/*Wank*, § 4 Rn. 706.
1208 ArbG Stuttgart 7.9.1995 (21 Ca 806/95), EzA § 4 TVG Günstigkeitsprinzip Nr. 8.
1209 BAG 21.3.2001 (10 AZR 28/00), AP Nr. 1 zu § 4b EFZG = EzA § 611 BGB Gratifikation, Prämie Nr. 163.

schlussfrist nicht erfasst wird, etwa weil sich die Frist nicht auf Ansprüche dieser Art bezieht oder weil die Ausschlussnorm noch nicht oder nicht mehr[1210] (vgl. zu dieser Frage § 4 Rn. 463ff.) anwendbar ist. Zwar können auch Ansprüche, die innerhalb der Ausschlussfrist geltend gemacht wurden, noch verjähren, sofern sie nicht befriedigt werden. Wegen des nicht selten in tariflichen Ausschlussklauseln geforderten gerichtlichen Geltendmachens (während dessen die Verjährung gehemmt ist (§ 204 Abs. 1 Nr. 1 BGB), steht am Ende jedoch ein vollstreckbarer Titel. Wird er rechtskräftig, tritt Verjährung erst nach 30 Jahren ein (§ 197 Abs. 1 Nr. 1 BGB).

Die Verjährung von Tarifansprüchen ist im Tarifvertragsgesetz nicht speziell geregelt und bestimmt sich daher nach den **allgemeinen Vorschriften der §§ 194ff. BGB**. Seit der Schuldrechtsreform[1211] unterliegen sämtliche Ansprüche aus dem Arbeitsverhältnis wie aus dem Ausbildungsverhältnis der regelmäßigen Verjährungsfrist von drei Jahren (§ 195 BGB); früher bestehende Sondervorschriften sind entfallen. Entfallen ist für den Öffentlichen Dienst auch die Differenzierung der Fristlängen zwischen Arbeitnehmern und Beschäftigten in öffentlich-rechtlichen Beschäftigungsverhältnissen, insbesondere Beamten. Die **Verjährungsfrist beginnt** mit dem Schluss des Jahres, in dem der Anspruch entstanden ist und der Gläubiger von den den Anspruch begründenden Umständen und der Person des Schuldners Kenntnis erlangt oder ohne Fahrlässigkeit erlangen müsste (§ 199 Abs. 1 BGB). **454**

Die Verjährungsfrist kann nach § 202 BGB grundsätzlich vertraglich **verkürzt** (Ausnahme hinsichtlich Haftung wegen Vorsatzes) oder bis zur Länge von 30 Jahren **ausgedehnt** werden. Jedoch ist eine Verkürzung der Verjährungsfrist ist für tarifliche Rechte nicht möglich, weil hierdurch die nach § 4 Abs. 4 Sätze 1 und 3 TVG ausdrücklich den Tarifvertragsparteien vorbehaltene Entscheidung über Tarifverzicht und Ausschlussfristen unterlaufen und damit der Schutzzweck des Tarifvertrages umgangen werden könnte.[1212] **455**

Außerordentlich umstritten war die Frage, ob eine **Unterbrechung der Verjährung** eintrat, wenn der gekündigte Arbeitnehmer zwar die **Kündigungsschutzklage** erhob, nicht aber daneben noch zusätzlich seine tariflichen Entgeltansprüche, vergangene wie den »Annahmeverzugslohn« nach § 615 BGB, einklagte, diesen Anspruch also nicht im Wortsinne gerichtlich geltend machte. Bei einer Unterbrechung der Verjährung würde der Zeitraum vor Erhebung der Kündigungsschutzklage und die Dauer des Prozesses für den Ablauf der Verjährungsfrist auch hinsichtlich der Vergütungsansprüche nicht mitgerechnet haben. Andernfalls hätte nur eine zusätzliche Lohnklage den Lauf der Verjährungsfrist des Lohnanspruchs unterbrechen können.[1213] Die Problematik hat sich aus faktischen Gründen insoweit entschärft, als an die Stelle einer zweijährigen eine dreijährige Verjährungsfrist getreten ist, so dass regelmäßig noch hinreichend Zeit bleibt, **456**

---

1210 Z.B. wegen Insolvenz des Schuldners, vgl. BAG 12.6.2002 (10 AZR 199/01), EzA § 4 TVG Ausschlussfristen Nr. 154.

1211 Gesetz zur Modernisierung des Schuldrechts vom 26.11.2001, BGBl. I, 3128, in Kraft seit dem 1. Januar 2002; Überleitungsvorschrift für die Verjährung von Ansprüchen aus Arbeitsverhältnissen in Art 229 § 5 Satz 2, § 6 EGBGB.

1212 H.M. vgl. Wiedemann/*Wank*, § 4 Rn. 688, mit weiteren Nachweisen; *Däubler*, Tarifvertragsrecht, Rn. 1324; *Löwisch/Rieble*, § 4 Rn. 364.

1213 So insbesondere die Rechtsprechung, vgl. BAG 1.2.1960 und 29.5.1961 und 7.11.1991, AP Nr. 1, 2 und 6 zu § 209 BGB; ebenso Wiedemann/*Wank*, § 4 Rn. 689ff.; *Hueck*, § 4 Rn. 9; zum Meinungsstreit im Einzelnen *Voraufl.*, § 4 Rn. 253.

nach der Kündigungsschutzklage das Entgelt einzuklagen.[1214] Im Rechtlichen allerdings hat sich aufgrund der Änderungen durch die Schuldrechtsreform eine Verschiebung zu Gunsten der Ablehnung einer Verjährungsunterbrechung für den Entgeltanspruch durch bloße Kündigungsschutzklage ergeben. Entgegen in einem frühen Stadium der Reformdiskussion geäußerten Vorschlägen[1215] ist der Gesetzgeber in § 204 Abs. 1 Nr. 1 BGB dabei geblieben, dass **nur die Erhebung der Klage auf Leistung oder Feststellung** des Anspruchs die Verjährung **hemmt.**[1216] Die auch in diesem Kommentar erwogene Analogie zu § 202 Abs. 1 a. F. BGB, einer Vorschrift, der zufolge die Hemmung eintrat, wenn der Verpflichtete vorübergehend zur Leistungsverweigerung berechtigt war[1217], scheitert heute daran, dass die Nachfolgebestimmung des § 205 BGB ausdrücklich lediglich Leistungsverweigerungerechte aufgrund Vereinbarungen zwischen Gläubiger und Schuldner regelt. Zudem könnte der Zeitraum vor Klageerhebung nicht mehr erfasst werden, da ausschließlich der Zeitraum der Hemmung nicht in die Verjährungsfrist eingerechnet wird (§ 209 BGB), ein Neubeginn der Verjährungsfrist wie bei der früheren Unterbrechung also nicht erfolgt. Schließlich wird auch angesichts der Diskussion dieser Frage im Vorfeld des Gesetzgebungsverfahrens zur Schuldrechtsreform der für jede Analogie erforderliche Nachweis einer planwidrigen Regelungslücke – anders als auf der Grundlage des »alten« BGB – schwer fallen. Das Ergebnis bleibt höchst bedenklich, solange die Frage eines **Weiterbeschäftigungsanspruchs** des gekündigten Arbeitnehmers nicht von der Rechtsprechung oder Gesetzgebung hinreichend geklärt ist.[1218] Bejaht man nämlich einen Weiterbeschäftigungsanspruch ganz allgemein, so ist der Lohn während der Dauer des Kündigungsschutzprozesses fortzuzahlen und verjährt nicht.[1219] Verteilt man dagegen das Weiterbeschäftigungsrisiko, wie es der Große Senat des Bundesarbeitsgerichts[1220] tut, dann trägt der Arbeitnehmer nicht nur regelmäßig das volle Kostenrisiko des Kündigungsschutzverfahrens in erster Instanz, sondern zusätzlich dasjenige seiner Lohnklage. Wird mit der in diesem Kommentar vertretenen Auffassung indessen ein Weiterbeschäftigungsanspruch des gekündigten Arbeitnehmers aus § 611 BGB für die Dauer des Kündigungsschutzverfahrens angenommen[1221], dann stellt sich das Problem der Verjährung tariflicher Entgeltansprüche insoweit nicht mehr.

---

1214 Ausführlich zum Rechtstatsächlichen (noch vor Änderung des BGB durch die Schuldrechtsreform) *Teske*, Anm. zu BAG 7.11.1991 (2 AZR 159/91), AP Nr. 6 zu § 209 BGB.

1215 Dazu etwa *Teske*, Anm. zu BAG 7.11.1991 (2 AZR 159/91), AP Nr. 6 zu § 209 BGB.

1216 Die frühere Unterscheidung zwischen Unterbrechung und Hemmung ist entfallen; es gibt nur noch die zuletzt Genannte.

1217 Das wurde für die Zahlungsverpflichtung des Arbeitgebers während des Kündigungsschutzprozesses angenommen, vgl. *Voraufl.*, § 4 Rn. 253.

1218 Zum Weiterbeschäftigungsanspruch zusammenfassend: *Coen* und *Klebe/Schumann* sowie *Gamillscheg*, Anm. zu BAG 27.2.1985, AP Nr. 14 zu § 611 BGB Beschäftigungspflicht.

1219 A. A. Wiedemann/*Wank*, § 4 Rn. 692, gegen *Wiedemann/Stumpf*, § 4 Rn. 348.

1220 BAG GS 27.2.1985, AP Nr. 14 zu § 611 BGB Beschäftigungspflicht (mit Anm. von *Gamillscheg*, EzA Nr. 9 zu § 611 BGB Beschäftigungspflicht).

1221 Zur Begründung hierfür vgl. insbesondere *Klebe/Schumann*.

## IV. Ausschlussfristen

### 1. Regelungsgehalt des § 4 Abs. 4 Satz 3

Ausschlussfristen (Verfallfristen) sind in der Tarifpraxis stets anzutreffen, häufig als Zwei- oder Dreimonatsfristen. Es gibt wohl keinen Mantel- bzw. Rahmentarifvertrag, der sie nicht enthält.[1222] § 4 Abs. 4 Satz 3 TVG regelt nun nicht etwa Voraussetzungen und Wirkungsweise solcher Fristen. Der eigentliche Regelungsgehalt der angeführten Vorschrift ist sehr schmal; selbst soweit eine Normierung erfolgt hat sie weitgehend nur klarstellende Bedeutung. An dieser Stelle **verbietet** das Gesetz lediglich, die **Geltendmachung tarifliche Rechte anders als durch Tarifvertrag**, also in der Betriebsvereinbarung oder im Arbeitsvertrag, **einer Ausschlussfrist zu unterwerfen**. Ein solches Verbot ergibt sich aber für dem Arbeitnehmer schädliche Ausschlussfristen bereits aus der zwingenden Wirkung des Tarifvertrags (§ 4 Abs. 1 und 3 TVG). Ob die Bestimmung zugleich tarifliche Ausschlussnormen legitimiert, kann dahinstehen (siehe § 4 Rn. 463); jedenfalls setzt sie ihre Existenz wie auch das Rechtsinstitut der Ausschlussfrist voraus. **457**

### 2. Wirkung von tariflichen Ausschlussfristen

Ausschlussfristen finden sich in Gesetzen (etwa §§ 4 Abs. 1 KSchG, 626 Abs. 2 BGB); sie können grundsätzlich auch privatautonom vereinbart werden. Ihre besondere Wirkung zeigt sich in der Gegenüberstellung mit Verjährungsfristen. Während das Verstreichen der Verjährungsfrist nach § 214 Abs. 1 BGB dem Schuldner lediglich das Recht gibt, die Leistung zu verweigern, die Forderung also bestehen bleibt, **erlischt** bei der Ausschlussfrist **der Anspruch**. Die materiellrechtlichen Konsequenzen dieses Unterschiedes erscheinen zunächst gering, sieht man einmal davon ab, dass eine Ausschlussfrist aus praktischen Gründen stets wesentlich kürzer gehalten sein wird als die gesetzliche Verjährungsfrist. Leistet jedoch der Schuldner nach Eintritt der Verjährung, kann er die Leistung nicht zurückfordern (§ 214 Abs. 2 Satz 1 BGB), da sie nicht rechtsgrundlos erfolgte (vgl. § 812 BGB), denn die Forderung bestand noch. Dagegen kann die Leistung bei einem bereits ausgeschlossenen Anspruch nach § 812 BGB zurückverlangt werden; der Rechtsgrund war entfallen.[1223] Folgen aus den unterschiedlichen Wirkungen ergeben sich auch für die Aufrechnung. § 215 BGB lässt die Aufrechnung mit einer verjährten Forderung zu, wenn sie vor der Verjährung bereits der Gegenforderung aufrechenbar gegenübergestanden hatte. Da insoweit eine Regelung für ausgeschlossene Ansprüche fehlt, käme nur die entsprechende Anwendung der genannten Bestimmung in Betracht. Sie ist zu verneinen[1224], allerdings nicht weil die verfallene Forderung nicht mehr existent ist, sondern weil der »Entspannungszweck« der tariflichen Ausschlussfrist dem entgegensteht. **458**

**Prozessuale Konsequenz** hieraus ist, dass Verfallfristen – anders als Verjährungsfristen (vgl. § 214 Abs. 1 BGB) – nicht als bloße Einrede, sondern als Ein- **459**

---

1222 Siehe auch *R. Krause*, RdA 2004, 36; *WSI (Hrsg.)*, Tarifhandbuch 2005, 2005, 205ff.

1223 Ablehnend *Gamillscheg*, Kollektives Arbeitsrecht I, § 18 IV 1j, 833, der § 214 Abs. 2 BGB entsprechend anwenden will.

1224 Ebenso – noch zu der entsprechenden Bestimmung des früheren § 390 Satz 2 BGB – der Vorlagebeschluss an den Gemeinsamen Senat der Obersten Gerichtshöfe des Bundes, BAG 30.3.1973 (4 AZR 259/72), AP Nr. 4 zu § 390 BGB (mit Anm. von *Wiedemann*); BGH JZ 1974, 29; KassArbR/*Dörner*, 8.1 Rn. 277.

wendung wirken. Sie sind von Amts wegen zu beachten, d.h. das Gericht muss ihre Rechtsfolge berücksichtigen, selbst wenn sich der Schuldner im Prozess nicht auf den Verfall seiner Schuld beruft.[1225] Der Gläubiger hat damit die Fristeinhaltung darzulegen und gegebenenfalls zu beweisen.[1226] Trotz der etwas unklaren Formulierung für tarifliche Ausschlussfristen in § 4 Abs. 4 Satz 3 TVG (»Geltendmachung«) wird nur ihre **Beachtung von Amts wegen** dem Zweck solcher Klauseln gerecht. Es handelt sich mithin um einen Sonderfall der Befristung (§ 163 BGB) von Forderungen.[1227] Aus dem Grundsatz, dass tarifvertragliche Ausschlussfristen in jedem Stadium des Verfahrens von Amts wegen zu berücksichtigen sind, folgt aber keine Verpflichtung des Gerichts, von sich aus zu ermitteln, ob im Streitfall ein Tarifvertrag eingreift.[1228] Vielmehr obliegt es demjenigen, der sich auf die Ausschlusswirkung beruft, die Tatsachen für die Geltung des Tarifvertrags darzulegen und gegebenenfalls zu beweisen. Wird dem Gericht allerdings im Laufe eines Rechtsstreits, selbst nach einmaliger oder mehrmaliger Zurückverweisung der Sache durch das Revisionsgericht, bekannt, dass das streitige Arbeitsverhältnis einem Tarifvertrag unterliegt, so muss es eine in diesem enthaltene Ausschlussfrist beachten. Es muss allerdings, um eine Überraschungsentscheidung zu vermeiden, den Parteien Gelegenheit geben, zu der Frage der Ausschlussfrist Stellung zu nehmen.[1229] – Der Tarifvertrag kann auch bestimmen, dass bei Versäumung der Frist nur eine verjährungsartige Wirkung eintritt[1230] (Tarif-Auslegungsfrage, vgl. Grundl. Rn. 330 ff.). Im Zweifel aber lassen Ausschlussklauseln den erfassten Anspruch erlöschen.

**460** Tarifliche Ausschlussklauseln sind in dem Maße privatautonomer arbeitsvertraglicher Gestaltung entzogen, wie das für andere Tarifnormen gilt. Sie wirken **unmittelbar und zwingend**, soweit nicht § 4 Abs. 3 TVG abweichende Abmachungen gestattet (dazu § 4 Rn. 247 ff.). Daher können beiderseitig wirkende (»zweischneidige«) Ausschlussnormen nicht einzelvertraglich verlängert werden, weil in einer solchen individuellen Fristenverlängerung immer zugleich eine Begünstigung (hinsichtlich der eigenen Ansprüche) und eine Belastung (hinsichtlich der Arbeitgeberansprüche) des Arbeitnehmers, d.h. ein Verstoß gegen das Günstigkeitsprinzip des § 4 Abs. 3 TVG läge.[1231] Zulässig wäre dagegen eine einzelvertragliche Verlängerung der Verfallfrist ausschließlich zugunsten der Arbeitnehmeransprüche.

**461** Zur **Nachwirkung** gemäß § 4 Abs. 5 TVG siehe § 4 Rn. 530 ff.; dabei ist zu beachten, dass im Falle einer Nachwirkung tariflicher Ausschlussklauseln etwaige anders lautende frühere Abmachungen nicht wieder aufleben (vgl. § 4 Rn. 565 mit weiteren Nachweisen).[1232] Die zunehmend praktizierten, vom Bundesarbeitsgericht grundsätzlich anerkannten[1233] – wenn auch umstrittenen[1234] – einzel-

1225 BAG 17.7.1958, AP Nr. 10 zu § 611 BGB Lohnanspruch; BAG 15.3.1960, AP Nr. 9 zu § 15 AZO; BAG 27.3.1963, AP Nr. 9 zu § 59 BetrVG 1952, ständige Rechtsprechung.

1226 KassArbR/*Dörner* 8.1 Rn. 242.

1227 Ebenso Wiedemann/*Wank*, § 4 Rn. 719.

1228 BAG 15.6.1993, AP Nr. 123 zu § 4 TVG Ausschlussfristen.

1229 So zutreffend BAG 12.7.1972, AP Nr. 51 zu § 4 TVG Ausschlussfristen.

1230 Z.B. BAG 23.6.1961, AP Nr. 27 zu § 4 TVG Ausschlussfristen; *R. Krause*, RdA 2004, 39.

1231 LAG Frankfurt am Main 11.10.1979, AP Nr. 70 zu § 4 TVG Ausschlussfristen.

1232 *Weyand*, Ausschlussfristen, Rn. 68.

1233 Etwa BAG 13.12.2000 (10 AZR 168/00), AP Nr. 2 zu § 241 BGB = EzA § 611 BGB Inhaltskontrolle Nr. 8, mit weiteren Nachweisen; BAG 17.6.1997 (9 AZR 801/95), AP Nr. 2 zu § 74b HGB = EzA § 74 HGB Nr. 60.

1234 Vgl. *Preis*, ZIP 1989, 885.

arbeitsvertraglichen Verfallklauseln werden also im Nachwirkungszeitraum nicht wieder wirksam.

Zulässig ist die Übernahme einer tariflichen Verfallsfrist durch **Bezugnahme** auf den Tarifvertrag im Einzelarbeitsvertrag. Sie verliert dadurch jedoch ihre normative Wirkung. Wegen Einzelfragen, insbesondere zur Inhaltskontrolle, siehe § 3 Rn. 194 und Rn. 212 ff. **462**

### 3. Rechtsstruktur, Zweck und notwendige Gegenseitigkeit von Ausschlussnormen

Der soziale Schutzzweck des Tarifvertrages gebietet es, die individuelle Vertragsfreiheit in seinem Geltungsbereich insoweit einzuschränken, als tarifliche Rechte durch einzelvertragliche Regelung weder verschlechtert (»Günstigkeitsprinzip« des § 4 Abs. 3 TVG) noch gänzlich aufgehoben (Verzichtsverbot des § 4 Abs. 4 Satz 1 TVG) oder zeitlich verkürzt (Verwirkungs- und Verjährungsverkürzungsverbot des § 4 Abs. 4 Satz 2 TVG) werden können. An die Stelle der verdrängten Individualautonomie tritt die Kollektiv- oder Tarifautonomie. Da der Schutz der Arbeitnehmer grundrechtlich einer autonomen Tarifvertragsgestaltung vorbehalten worden ist (Art. 9 Abs. 3 Satz 1 GG), dürfen folgerichtig allein die Tarifvertragsparteien nachteilige Abänderungen zulassen oder bei einem Vergleich über den Bestand tariflicher Rechte entscheiden (§ 4 Abs. 3 und 4 Satz 1 TVG). Wenn aber das schon das Nichtregeln in ihrer Macht steht, dann müssen sie erst recht auch die Existenz tariflicher Ansprüche durch Ausschlussfristen verkürzen können. **Rechtsdogmatisch** ist § 4 Abs. 4 Satz 3 TVG daher eine **Konsequenz der Tarifautonomie**, welche das erfasste tarifliche Recht aufgrund entsprechender normativer Vereinbarung erlöschen lässt. **463**

**Zweck** der tariflichen Ausschlussfristen ist es herrschender Meinung zufolge, nach der Fälligkeit arbeitsrechtlicher Ansprüche schnellstmöglich Klarheit über die Rechtsbeziehungen zwischen den Arbeitsvertragsparteien zu schaffen und die gegenseitigen Forderungen rasch abzuwickeln. Entscheidender Antrieb hierfür ist die Ausschlussfrist, nach deren Ablauf der Schuldner nicht mehr mit dem Anspruch konfrontiert werden kann und der Gläubiger ihn endgültig verliert. Wegen dieses wirtschaftlichen Hintergrunds (drohender Rechtsverlust als Motiv für unverzügliche Rechtsverfolgung) soll der Fristablauf, sofern der Tarifvertrag nicht ein Anderes bestimmt, zum Erlöschen des erfassten tariflichen Rechts führen. Aufgrund der für viele Arbeitsverhältnisse noch immer geltenden Vorleistungspflicht des Arbeitnehmers kommen derartige Klauseln normalerweise praktisch vor allem den Arbeitgebern zugute. Da sich die Klarstellungsfunktion im Falle des wirtschaftlichen Zusammenbruches des Arbeitgebers (z.B. Insolvenz) erledigt, werden dann zumindest die Lohn- und Gehaltszahlungsansprüche nicht länger von tarifrechtlichen Ausschlussfristen erfasst (genauer § 4 Rn. 490). **464**

Ausschlussfristen fördern zwar die Flexibilität des Arbeitsmarktes und die Rechtssicherheit, doch es wird zugleich das wirtschaftliche Risiko der arbeitgeberseitigen Kündigung gemindert. Mit zunehmender (auch von den Tarifvertragsparteien zu verantwortender) Komplizierung der Entgelts- und Zulagenstruktur ist der Arbeitnehmer heute immer weniger in der Lage, die ihm vorgelegten Abrechnungen schnell genug zu kontrollieren. Damit – und nicht zuletzt auch durch den üblich gewordenen Einsatz von EDV-Abrechnungsverfahren und die durch diese verursachte Scheinobjektivität – werden kurze Ausschlussfristen zu **465** einer einseitigen Belastung des Arbeitnehmers. **Sehr knappe tarifliche Ausschlussfristen** können dann praktisch zur ungeprüften Hinnahme – anstelle einer Gegenkontrolle – zwingen. Hieraus war in der Vorauflage[1235] die Konsequenz gezogen worden, die Ausschlussnorm könne wegen Verstoßes gegen das Verzichtsverbot des § 4 Abs. 4 Satz 1 TVG (welches den Tarifvertragsparteien nur die Verfügung über schon »entstandene« tarifliche Rechte einräumt) nichtig sein, wenn die solchermaßen erzwungene Hinnahme einer fehlerhaften Entgelt-Abrechnung sich praktisch als vorweggenommener Verzicht auf (noch nicht entstandene) tarifliche Rechte auswirkt. Problematisch an dieser Vorstellung erscheint bereits, dass Normadressaten des Verzichtsverbots nicht die Tarifvertragsparteien sind und sein können. Ein überindividuell angelegter Zwang zum »Verzicht« – nur er könnte auf sich auf die Tarifnorm auswirken – wäre aber wiederum durch die Tarifautonomie abgedeckt, wenn diese nicht in anderer Weise begrenzt ist. Von daher ist wegen der zu verneinenden Inhaltskontrolle von Tarifnormen (zur Frage der Bezugnahme § 3 Rn. 194 und Rn. 212 ff.) nach Ansicht des Verf. nur der Weg über die auch für die Tarifvertragsparteien geltende rechtsstaatlichen Prinzipien gangbar. Zu diesen gehört auch das Verhältnismäßigkeitsprinzip und sein Verbot, übermäßig Rechte beschneidender Fristen.[1236] Eindeutigere Ergebnisse sind allerdings auch damit nicht vorgezeichnet.

**466** **Tarifpolitisch** ist hier daher künftig **größere Zurückhaltung** geboten.[1237] Die Annahme, es bestehe wegen des Bedeutungsgewinns des gewerkschaftlichen Rechtsschutzes ein gewerkschaftliches Interesse an Ausschlussfristen, ist unzutreffend, relativiert doch das Erlöschen der Ansprüche (neben der Arbeitsentlastung) den Wert der Rechtsschutzgewährung erheblich. Ausschlussfristen begünstigen in erster Linie die Arbeitgeberseite[1238]; dem ist auch bei der arbeitsvertraglichen Bezugnahme auf sie Rechnung zu tragen (§ 3 Rn. 194 und Rn. 212 ff.).

**467** Nur soweit die grundrechtliche Aufgabe der »Wahrung und Förderung der Arbeits- und Wirtschaftsbedingungen« des Art. 9 Abs. 3 Satz 1 GG eine rasche Abwicklung der beiderseitigen Ansprüche im Arbeitsverhältnis rechtfertigt, sind Ausschlussfristen zulässig. In dieser Funktion liegt die einzige Legitimation tariflicher Ausschlussklauseln. Ihr werden damit lediglich solche Ausschlussregelungen gerecht, welche die **beiderseitigen Forderungen** zum Erlöschen bringen. Entgegen der Rechtsprechung des Bundesarbeitsgerichts[1239] und einem

---

1235 *Voraufl.*, § 4 Rn. 261.

1236 Im Ergebnis ähnlich, meist aber an § 138 oder § 242 BGB orientiert, etwa BAG 22.09.1999 (10 AZR 839/98), AP Nr. 226 zu § 1 TVG Tarifverträge: Bau (zwei Monate als wirksam angesehen); BAG 24.3.1988 (2 AZR 630/87), AP Nr. 1 zu § 241 BGB; BAG 6.11.1965, AP Nr. 30 zu § 4 TVG Ausschlussfristen; siehe auch BAG 13.12.2000 (10 AZR 168/00), AP Nr. 2 zu § 241 BGB (Wirksamkeit einer arbeitsvertraglich vereinbarten einmonatigen Frist, mit umfangreicher Darstellung gesetzlicher und tariflicher Fristen); ArbG Hamburg 18.5.1998, DB 1998, 1523; ArbG Hamburg 5.3.1997, EzA § 4 TVG Ausschlussfristen Nr. 126 (Verstoß vierwöchiger bzw. einmonatiger Frist gegen das Willkürverbot); Wiedemann/*Wank*, § 4 Rn. 783, *Däubler/Zwanziger*, § 4 Rn. 1090 f.; *Leser*, BB 1961, 1088; *Gamillscheg*, Kollektives Arbeitsrecht I, § 18 IV 1e, 825 (Art. 14 GG).

1237 Vereinbarung längerer Fristen, vgl. *Gaul*, Ausschlussfristen, 93 ff.; *ders.*, ZTR 1989, 123; kritisch auch *Däubler/Hensche* § 1 Rn. 928 ff.; *Weyand*, Ausschlussfristen, Rn. 336; positiv dagegen *Kiefer*, NZA 1988, 786 ff.

1238 Ausführlich *Däubler/Hensche*, § 4 Rn. 929.

1239 BAG 4.12.1997 (2 AZR 809/96), AP Nr. 143 zu § 4 TVG Ausschlussfristen (mit zustimmender Anm. von *K. Gamillscheg*, EzA § 4 TVG Ausschlussfristen Nr. 127); BAG 12.10.1989 (8 AZR 276/88), AP Nr. 97 zu § 611 BGB Haftung des Arbeitnehmers; BAG 27.9.1967, AP Nr. 1 zu § 1 TVG Tarifverträge: Fernverkehr (mit Anm. von *Crisolli*).

Großteil der Literatur[1240] ist eine **einseitige Verfallklausel** (meist zu Lasten der Arbeitnehmer, gelegentlich aber auch der Arbeitgeber) rechtlich **unzulässig**, weil vom grundgesetzlichen Zweck der Tarifautonomie nicht gedeckt.[1241] Dieser Zweck besteht in der Herabsetzung des typischen Risikos bei einer Durchsetzung entstandener tariflicher Ansprüche sowie in dem mit der Frist verbundenen Schutz vor späteren Überraschungen. Nur der einheitliche Lauf der Frist zur Klärung möglicher Zweifel garantiert die damit letztlich bezweckte soziale Entspannung in den individuellen Arbeitsbeziehungen. Die infolgedessen gebotene Beiderseitigkeit von Verfallklauseln entspringt also nicht einem abstrakten »Grundsatz der Parität« und gestattet folglich auch nicht eine einseitige Berücksichtigung des Unternehmerrisikos durch differenzierende Befreiung der Arbeitgeberseite von der Frist.[1242] Gleiches gilt im Hinblick auf unterschiedliche Fristlängen und Anforderungen.[1243] Der Begründung für eine längere Ausschlussfrist für den Arbeitgeber, Ansprüche des Arbeitnehmers gegen den Arbeitgeber stellten einen Massentatbestand, demgegenüber aber Ansprüche des Arbeitgebers gegen einen Arbeitnehmer aus dem Arbeitsverhältnis einen Ausnahmefall dar[1244], lässt sich ebenso eine für das Gegenteil gegenüberstellen: Da der Arbeitgeber zumindest in größeren Unternehmen tendenziell über mehr technische Möglichkeiten der Datenspeicherung und -verwaltung sowie über einen Rechtsstab verfügt, fällt ihm die Rechtsverfolgung leichter. – Die Argumentation in der auf der Grundlage der §§ 307ff. BGB stattfindende Diskussion um die Zulässigkeit einseitiger individualarbeitsvertraglicher Ausschlussklauseln ist nicht hierher übertragbar, zivilrechtlich schon deshalb nicht, weil § 310 Abs. 4 Satz 1 BGB die Anwendung der angeführten Vorschriften auf Tarifverträge ausschließt. Zur Rechtslage bei Bezugnahmen auf den Tarifvertrag siehe § 3 Rn. 194 und Rn. 212ff.

Als Ausschnitt aus dem gesamten Problembereich der Verschiedenbehandlung **468**
von **Arbeitern und Angestellten** (dazu § 1 Rn. 142ff.) stellt sich auch die Frage dar, ob eine tariflichen **Differenzierung** der Ausschlussfristen für diese Arbeitnehmergruppen zulässig ist. Letztlich wird dies nur bei einer sachlichen Rechtfertigung für die konkrete Regelung der Fall sein[1245], wobei unter Umständen anstelle der genannten Gruppenaufteilung nach Funktionen im Unternehmen unterschieden werden müsste. Es mag sein, dass bei Angestellten eine größere Vertrautheit mit bürokratischen Vorgängen erwartet und damit eine kürzere Ausschlussfrist als bei Arbeitern gerechtfertigt sein kann.[1246] Gezielt ist dabei aber eher auf Angestellte der Unternehmensverwaltung, nicht auf den Verkäufer oder Kassierer im Einzelhandel.

---

1240 *Gaul*, Ausschlussfristen, 49; *Hueck/Nipperdey*, Bd. II/1, 928ff.; *Leser*, C I; Wiedemann/*Wank*, § 4 Rn. 765ff.; *R. Krause*, RdA 2004, 46, mit weiteren Nachweisen in Rn. 236.

1241 Ebenso im Ergebnis ArbG Hamburg 7. 10. 1950, AP 51, Nr. 210 (mit Anm. von *Tophoven*); ArbG Essen, 13. 4. 1961, BB 1961, 676; ArbG Heilbronn, 2. 7. 1986, NZA 1987, 466; *BPSU*, § 4 Rn. 160; KassArbR/*Dörner* 8.1 Rn. 250; *Däubler*, Tarifvertragsrecht, Rn. 1334, sowie *Weyand*, Ausschlussfristen, Rn. 35, deren Begründung aus Art. 3 Abs. 1 GG freilich auf eine – der spezielleren Koalitionsautonomie des Art. 9 Abs. 3 GG widersprechende – umfassende richterliche Tarifkontrolle unter Willkürgesichtspunkten hinausliefe.

1242 So aber *J.-H. Bauer*, NZA 1987, 441.

1243 Anderer Ansicht BAG 4. 12. 1997 (2 AZR 809/96), AP Nr. 143 zu § 4 TVG Ausschlussfristen; wie hier *Däubler/Zwanziger*, § 4 Rn. 1094.

1244 BAG 4. 12. 1997 (2 AZR 809/96), AP Nr. 143 zu § 4 TVG Ausschlussfristen.

1245 Vgl. auch BAG 4. 12. 1997 (2 AZR 809/96), AP Nr. 143 zu § 4 TVG Ausschlussfristen; *Däubler/Zwanziger*, § 4 Rn. 1094.

1246 So das Beispiel bei *Däubler/Zwanziger*, § 4 Rn. 1094.

### 4. Sachliche Reichweite der Ausschlussfristen

469 Die sachliche, zeitliche und persönliche Reichweite einer Ausschlussnorm wird zunächst durch ihren Wortlaut bestimmt. In der Tarifpraxis finden sich häufig Formulierungen, wonach »alle beiderseitigen Ansprüche aus dem Arbeitsverhältnis und solche, die mit dem Arbeitsverhältnis in Verbindung stehen« erlöschen sollen.[1247] Eine derartige allgemeine Klausel deutet auf eine möglichst umfassende Reichweite der Verfallfrist; erfasst sind damit auch etwa Abfindungsansprüche wegen des Verlusts des Arbeitsplatzes.[1248] Andere wiederum sollen nur tarifliche Rechte betreffen (Tarifklausel)[1249], führen die erfassten tariflichen Rechte detailliert auf[1250], beziehen sich nur Ansprüche aus dem Tarifvertrag, in dem sie sich befinden[1251] oder nehmen ausdrücklich bestimmte Ansprüche aus (»Für die Ansprüche wegen unerlaubter Handlungen bleibt es bei der gesetzlichen Regelung«). Wie weit der **Geltungsbereich** reichen soll, muss durch **Auslegung** ermittelt werden. Wohl unbestritten ist, dass § 4 Abs. 4 Satz 3 TVG keine Festlegung dergestalt enthält, dass im Tarifvertrag nur tarifliche Ansprüche für verfallbar erklärt werden können. Es bestehen jedoch **im Einzelnen umstrittene Grenzen** für die Unterwerfung von Rechten unter eine Ausschlussfrist, sowohl im Hinblick auf die Herkunft des Anspruchs (Gesetz, Betriebsvereinbarung, Arbeitsvertrag), als auch hinsichtlich des Gegenstandes des Anspruchs.

#### a) Differenzierung nach Herkunft des Anspruchs

470 Das **Bundesarbeitsgericht** billigt die Erstreckung der Ausschlusswirkung auf **gesetzliche Ansprüche**, gleichgültig ob diese auf zwingenden oder dispositiven Vorschriften beruhen.[1252] Diese sehr weit gehende Erfassung auch unabdingbarer gesetzlicher Ansprüche wird damit begründet, dass deren Unabdingbarkeit die Art und den Umfang des gesetzlichen Anspruchs betreffe, während eine Ausschlussklausel zulässigerweise lediglich im Interesse der Rechtsklarheit Ansprüche zeitlich begrenze und ihre Geltendmachung beschränke.[1253] Das ist auch heute noch Auffassung des Bundesarbeitsgerichts. *Wank*[1254] kam zwar im Jahre 1999 aufgrund einer (zutreffenden) Analyse von Entscheidungen des BAG und

---

1247 § 16 BRTV Bau, vgl. dazu *Blumensaat/Sperner*, Kommentar zum Bundesrahmentarifvertrag für das Baugewerbe, 4. Aufl., 1978, 302ff.

1248 Vgl. BAG 31.1.2002 (6 AZR 41/01), EzA § 4 TVG Ausschlussfristen Nr. 153 = ZTR 2002, 596, mit weiteren Nachweisen.

1249 Dazu ausführlich *R. Krause*, RdA 2004, 43.

1250 Vgl. die Formulierungen in den Tarifbeispielen bei *Gaul*, Ausschlussfristen, 97ff.

1251 BAG 4.6.2003 (10 AZR 577/02), EzA § 4 TVG Aisschlussfristen Nr. 165 (MTV Systemgastronomie).

1252 Siehe BAG 28.10.1960, AP Nr. 81 zu § 611 BGB Urlaubsrecht; BAG 28.10.1960, AP Nr. 1 zu Artikel 10 UrlaubsG Bayern; BAG 5.11.1963, AP Nr. 1 zu § 1 TVG Bezugnahme auf Tarifvertrag; BAG 3.12.1970, AP Nr. 9 zu § 5 BurlG (jeweils Urlaub, siehe aber § 4 Rn. 473); BAG 23.6.1961, AP Nr. 27 zu § 4 TVG Ausschlussfristen (ehemaliger Hausarbeitstag); BAG 12.3.1971, AP Nr. 9 zu § 1 Feiertagslohnzahlungsgesetz Berlin (Feiertag); BAG 24.5.1973 und 15.11.1973, AP Nr. 52 und 53 zu § 4 TVG Ausschlussfristen (Lohnfortzahlung); BAG 25.3.1971, AP Nr. 5 zu § 57 BetrVG, 29.11.1983, AP Nr. 10 zu § 113 BetrVG (Abfindung nach § 113 BetrVG).

1253 BAG 16.1.2002 (5 AZR 430/00), EzA § 12 EntgfzG Nr. 1, mit weiteren Nachweisen; BAG 26.8.1960, AP Nr. 6 zu § 4 TVG Ausschlussfristen; ebenso *Schaub*, § 205 II 1 Rn. 7; siehe demgegenüber aber die in anderem Zusammenhang stehenden Ausführungen bei BAG 26.9.1990 (5 AZR 218/90), AP Nr. 109 zu § 5 TVG Ausschlussfristen; tendenziell ähnlich BAG 5.4.1984, AP Nr. 16 zu § 13 BUrlG (mit Anm. von *Weber*).

1254 Wiedemann/*Wank*, § 4 Rn. 715ff.

den in ihnen meist »obiter« gemachten Aussagen zu dem Ergebnis, faktisch habe das Gericht diese Rechtsprechung aufgegeben. Diese Einschätzung wurde jedoch durch ein drei Jahre später ergangenes Urteil widerlegt, in dem es heißt, es sei eben nicht der Inhalt des Anspruchs, sondern dessen Geltendmachung und zeitliche Begrenzung betroffen.[1255]

Bei der **Kritik** der Rechtsprechung des Bundesarbeitsgerichts ist davon auszugehen, dass die Ausschlussklauseln ihre Rechtfertigung nur aufgrund der Tarifautonomie des Art. 9 Abs. 3 Satz 1 GG erhalten, daher lediglich soweit gehen können wie es von der Schutzfunktion der Tarifautonomie gedeckt wird. Die tariflichen Ausschlussfristen des § 4 Abs. 4 Satz 3 TVG bringen das betroffene tarifliche Recht zum Erlöschen. Es handelt sich daher um rechtsvernichtende Inhaltsnormen.[1256] Deshalb trifft die Annahme des Bundesarbeitsgerichts, dass Art und Umfang des jeweiligen Anspruchs unberührt blieben, nicht zu.[1257] Je nach der Normqualität des möglicherweise tariflich verfallenden Rechts ist daher zu entscheiden, ob die Tarifautonomie stärker wirkt und deshalb den Anspruch zum Erlöschen bringen kann. **471**

Tarifliche Ausschlussfristen sind durch die Tarifautonomie gerechtfertigt. Ihre Reichweite geht daher nicht weiter als die Tarifkompetenz, so dass sie nur solche gesetzlichen Ansprüche erfassen kann, die prinzipiell vertraglich abänderbar (dispositiv) oder aber zumindest tariflichen Abmachungen gegenüber nachgiebig sind (tarifdispositives Gesetzesrecht, z. B. §§ 622 Abs. 3 Satz 1 BGB, 13 Abs. 2 BUrlG). Dementsprechend unterliegen grundsätzlich nur (tarif)dispositive gesetzliche Ansprüche den Verfallfristen, während zwingendes Gesetzesrecht unangetastet bleibt.[1258] Nicht von derartigen Tarifklauseln erfasst werden daher Ansprüche, die der Gesetzgeber selbst ausdrücklich als vertraglich nicht abänderbar normiert hat (z. B. die Schutzpflichten des § 618 BGB, vgl. § 619 BGB) oder jene, die als Arbeitsschutz- oder soziale Schutzgesetze (z. B. Mutterschutzgesetz, Jugendarbeitsschutzgesetz, Schwerbehindertengesetz) gestaltet sind. Vielfach regeln solche Vorschriften in erster Linie das »Statusverhältnis« des Arbeitnehmers und sind daher schon aus diesem Grunde vom Geltungsbereich der Verfallklauseln ausgenommen (dazu § 4 Rn. 478ff.). **472**

Im Gegensatz zu der hier vertretenen Auffassung sieht das Bundesarbeitsgericht überwiegend[1259] die eigentliche Grundlage auch jedes zwingenden gesetzlichen Anspruchs im konkreten Einzelarbeitsvertrag, der lediglich vom entsprechenden Gesetz ausgestaltet sei. Deshalb unterwirft die **Rechtsprechung** prinzipiell auch die folgenden, nicht dispositiven Ansprüche den tariflichen Verfallfristen, weil es sich um einfache arbeitsvertragliche Forderungen handele (während solche Ansprüche nach der von diesem Kommentar vertretenen Auffassung wegen ihres unnachgiebigen gesetzlichen Charakters unangetastet bleiben): **Entgeltfort-** **473**

---

1255 BAG 16. 1. 2002 (5 AZR 430/00), EzA § 12 EntgfzG Nr. 1, mit weiteren Nachweisen. Das Gericht geht a. a. O. weder auf die im Schrifttum geäußerte Kritik noch auf die in der Rechtsprechung des BAG, allerdings nicht entscheidungserheblichen, abweichenden Formulierungen ein.

1256 Wiedemann/*Wank*, § 4 Rn. 714, mit weiteren Nachweisen.

1257 *Richardi*, RdA 1962, 62; *Weber*, Ausschlussfrist, 51ff.; *Weyand*, Ausschlussfristen, Rn. 30ff.; Wiedemann/*Wank*, § 4 Rn. 757, 758; *Däubler*, Tarifvertragsrecht, Rn. 1336f.; KassArbR/*Dörner*, 8.1 Rn. 253; *Gamillscheg*, Kollektives Arbeitsrecht I, § 18 IV 1c, 819f.; a. A. *Löwisch/Rieble*, § 1 Rn. 663; im Ergebnis dem BAG zustimmend *R. Krause*, RdA 2004, 41; differenzierend *Däubler/Zwanziger*, § 4 Rn. 1082.

1258 Ebenso *Däubler*, Wiedemann/*Wank*, KassArbR/*Dörner* wie vorige Fn.; *Weber*, Ausschlussfrist, 51ff.; tendenziell wohl auch BAG 5. 4. 1984, AP Nr. 16 zu § 13 BUrlG (mit Anm. von *Weber*).

1259 Anders tendenziell BAG 5. 4. 1984, AP Nr. 16 zu § 13 BUrlG.

**zahlung** im Krankheitsfall[1260]; **Feiertagslohn**[1261]; **Nachteilsausgleich** bei Betriebsänderungen gemäß § 113 BetrVG[1262]; **Lohnsteuerfreistellungs-** und **Erstattungsansprüche**[1263]; **Auskunftsansprüche** nach § 87c Abs. 2 und 3 HGB[1264]; **Zeugnis.**[1265] Für den **Urlaubs- und den Urlaubsabgeltungsanspruch** hatte des BAG ursprünglich dieselbe Ansicht (Erfassung von der Ausschlussfrist) vertreten.[1266] In einer jüngeren Entscheidung schließt es jedoch aus der Ausgestaltung der Urlaubsvorschriften im Tarifvertrag und im Gesetz, die den Arbeitnehmer lediglich zwingen, seine Ansprüche rechtzeitig vor Ablauf des Urlaubsjahres oder des Übertragungszeitraumes zu verlangen, dass daneben eine tarifliche **Ausschlussfrist nicht anwendbar** sei.[1267] Das müsste dann aber auch für das **Urlaubsentgelt** anzunehmen sein, da die unbezahlte Freistellung von der Arbeit kein Urlaub im Sinne des BUrlG und des Tarifrechts ist. Demgegenüber behandelt das BAG jedoch den Anspruch auf Urlaubsentgelt wie jeden anderen Entgeltanspruch und lässt eine (allgemeine) Ausschlussklausel für ihn gelten.[1268]

474 **Öffentlich-rechtliche Ansprüche** werden von einer tariflichen Ausschlussfrist nicht erfasst, weil sie auf zwingenden gesetzlichen Vorschriften beruhen und auch (vgl. vorige Rn.) nicht zu arbeitsvertraglichen werden. So können Lohnsteuererstattungsansprüche[1269] wie überzahlte Krankenkassenbeiträge[1270] und Sozialversicherungsbeiträge noch geltend gemacht werden, selbst wenn die zugrunde liegenden Entgeltforderungen verfallen sind.[1271]

475 **Ansprüche aus Betriebsvereinbarungen** unterfallen den tariflichen Ausschlussfristen uneingeschränkt. Dies folgt aus dem Vorrang des Tarifvertrages nach §§ 77, 87 BetrVG gegenüber der Betriebsvereinbarung.[1272] Zu den Ansprüchen aus dem Arbeitsverhältnis gehört dann auch ein der auf Zahlung einer einmali-

---

1260 BAG 24.5.1973, AP Nr. 52 (mit Anm. von *Brackmann*), 15.11.1973, AP Nr. 53 (mit Anm. von *Hessel*) zu § 4 TVG Ausschlussfristen; anders wohl 5.4.1984, AP Nr. 16 zu § 13 BUrlG.

1261 BAG 12.3.1971, AP Nr. 9 zu § 1 FeiertagslohnzahlungsG Berlin, vgl. aber BAG 10.12.1986, AP Nr. 51 zu § 1 FeiertagslohnzahlungsG.

1262 BAG 20.6.1978 und 22.2.1983, AP Nr. 3 und 7 zu § 113 BetrVG 1972; BAG 22.9.1982, AP Nr. 42 zu § 1 TVG Tarifverträge: Bau.

1263 BAG 20.6.2002 (8 AZR 488/01), EzA § 611 BGB Arbeitgeberhaftung Nr. 11; BAG 14.6.1974 AP Nr. 20 zu § 670 BGB (mit Anm. von *Wiedemann*). Siehe dazu auch *R. Krause*, RdA 2004, 109.

1264 BAG 23.3.1982, AP Nr. 18 zu § 87c HGB.

1265 BAG 30.1.1991, EzA § 630 Nr. 13 (am Ende); BAG 23.2.1983, AP Nr. 10 zu § 70 BAT; LAG Hamm 10.4.2002 (3 Sa 1598/01), NZA-RR 2003, 463; LAG Hamm 24.8.1977, BB 1977, 1704; a.A. ArbG Hamburg 5.3.1997, EzA § 4 TVG Nr. 126; ArbG Siegen 30.5.1980, EzA Nr. 43 zu § 4 TVG Ausschlussfristen.

1266 BAG 28.10.1960, AP Nr. 81 zu § 611 BGB Urlaubsrecht; BAG 3.12.1970, AP Nr. 9 zu § 5 BUrlG (mit Anm. von *Thiele*); BAG 3.2.1971, AP Nr. 9 zu § 7 BUrlG Abgeltung (mit Anm. von *Thiele*); BAG 5.2.1970, AP Nr. 7 zu § 11 BUrlG (mit Anm. von *Söllner*); BAG 28.10.1960, AP Nr. 1 zu Art. 10 UrlG Bayern; BAG 23.6.1961 und 30.3.1962, AP Nr. 27 und 28 zu § 4 TVG Ausschlussfristen; offengelassen hinsichtlich der nach dem BUrlG garantierten 24 Mindesturlaubstage von BAG 25.8.1992, DB 1993, 1371.

1267 BAG 24.11.1992 (9 AZR 549/91), AP Nr. 23 zu § 1 BUrlG; bestätigt in BAG 22.1.2002 (9 AZR 601/00), AP Nr. 55 zu § 11 BUrlG; dem für den Urlaubsabgeltungsanspruch als Surrogat des Urlaubsanspruchs folgend LAG Nürnberg 13.2.2004 (9 [6] Sa 651/02), NZARR 2005, 37, nicht rechtskräftig; ablehnend im Hinblick auf den Urlaubsabgeltungsanspruch *R. Krause*, RdA 2004, 45.

1268 BAG 22.1.2002 (9 AZR 601/00), AP Nr. 55 zu § 11 BUrlG; a.A. *R. Krause*, RdA 2004, 45.

1269 A.A BAG 14.6.1974 und 20.3.1984, AP Nr. 20 und 22 zu § 670 BGB.

1270 BAG 15.3.1960, AP Nr. 11 zu § 4 TVG Ausschlussfristen.

1271 BSG 22.6.1994 und 30.8.1994, AP 125, 128 zu § 4 TVG Ausschlussfristen = NZA 1995, 704 und 701; zustimmend *R. Krause*, RdA 2004, 41; a.A. *Gagel*, FS Hanau, 663; *Peters-Lange*, NZA 1995, 657.

1272 Ebenso Wiedemann/*Wank* § 4 Rn. 749; im Ergebnis auch BAG 30.10.1962, AP Nr. 1 zu § 4 TVG Ordnungsprinzip.

gen Abfindung aus einem Sozialplan anlässlich der Beendigung des Arbeitsverhältnisses.[1273] Die Ausschlussfrist greift selbst dann, wenn die Betriebsvereinbarungsansprüche bei Inkrafttreten des Tarifvertrages schon entstanden waren. Anders ist es nur, sofern die Tarifvertragsparteien bestimmte Betriebsvereinbarungen ausdrücklich von der tariflichen Ausschlussfrist ausnehmen oder den Anwendungsbereich der Verfallklausel auf tarifliche Ansprüche beschränken.

Die kollektive Regelung der Arbeitsbedingungen zielt primär auf den Schutz des Arbeitnehmers vor den wirtschaftlichen Gefahren einzelvertraglicher Abmachungen. Folgerichtig haben die Tarifnormen gegenüber dem **Einzelarbeitsvertrag** zwingende Wirkung (§ 4 Abs. 1 Satz l TVG). Daraus ergibt sich zugleich, dass eine tarifliche Ausschlussklausel neben den tariflichen Ansprüchen erst recht die nur arbeitsvertraglich begründeten Forderungen zum Erlöschen bringen kann (z.B. einen individuell vereinbarten Verpflegungszuschuss). Das Günstigkeitsprinzip des § 4 Abs. 3 TVG gestattet es jedoch, bessere als die tariflichen Abmachungen weiter gelten zu lassen: Sollen daher bestimmte einzelvertragliche Ansprüche von der tariflichen Verfallfrist ausgenommen sein (also »günstiger« behandelt werden), so müsste die tarifliche Frist im Arbeitsvertrag für diesen Bereich verlängert oder ganz ausgeschlossen werden. Notwendig ist hierbei freilich eine eindeutige arbeitsvertragliche Ausschlussfrist-Verlängerung, die ausschließlich zugunsten des Arbeitnehmers wirkt. Nicht ausreichend wäre dagegen die bloße Verlängerung einer beiderseitigen tariflichen Verfallklausel im Arbeitsvertrag, weil dies auch die Ansprüche des Arbeitgebers beträfe und deshalb den Arbeitnehmer zugleich belasten würde.[1274] – Im Vergleich mit dem nicht tarifgebundenen Arbeitnehmer ist das Gewerkschaftsmitglied durch die arbeitsvertraglich begründete Rechte erfassende Ausschlussklausel benachteiligt. Auf der anderen Seite stehen dem organisierten Arbeitnehmer tarifliche Rechte zu; Unorganisierte erhalten diese über eine Bezugnahme auf den Tarifvertrag nur dann, wenn auch die belastenden Bestimmungen – hier: die Ausschlussfrist – gelten (§ 3 Rn. 173 und Rn. 224). 476

Eine tarifliche Ausschlussklausel kann sowohl die individuell vereinbarten **übertariflichen Leistungen** (welche an tarifliche Mindestbedingungen an knüpfen) wie auch die ebenfalls individuell vereinbarten **außertariflichen Leistungen**[1275] erfassen.[1276] Dies setzt freilich eine entsprechend deutliche Formulierung der tariflichen Verfallklausel voraus. 477

## b) Differenzierung nach Gegenstand des Anspruchs

Von einer tariflichen Ausschlussklausel unberührt bleiben solche einzelvertraglichen Ansprüche des Arbeitnehmers, welche sein »**Grundverhältnis**« als Arbeitnehmer betreffen. Hierunter werden diejenigen Vertragsvereinbarungen verstanden, die den Status des Betroffenen als Arbeitnehmer regeln, also die **statusbestimmenden Vertragsansprüche**. Tarifgebundenheit (und damit die Anwendbarkeit einer Ausschlussfrist) setzt nämlich voraus, dass ein Arbeitsverhältnis überhaupt besteht.[1277] Ohne die statusbegründende Grundlage des Ar- 478

1273 BAG 27.1.2004 (1 AZR 148/03), EzA § 77 BetrVG 2001 Nr. 7.
1274 LAG Frankfurt am Main 11.10.1979, AP Nr. 70 zu § 4 TVG Ausschlussfristen.
1275 Welche tariflich nicht geregelte Gegenstände betreffen; zu den Begriffen vgl. BAG 16.4.1980, AuR 1982, 70.
1276 Ebenso Wiedemann/*Wank*, § 4 Rn. 747.
1277 Die Besonderheit des § 12a spielt in diesem Zusammenhang keine Rolle.

beitsvertrages sind tarifliche Normen gar nicht anwendbar. Alle Rechtsbeziehungen zwischen Arbeitgeber und Arbeitnehmer, die nicht dem Direktions- oder Weisungsrecht (d.h. der »Leitungsmacht«) des Arbeitgebers unterliegen, betreffen das Arbeitsverhältnis als solches, also das Grundverhältnis zwischen den Vertragsparteien. Dieses arbeitsrechtliche »Stammrecht« wird vom Tarifrecht als Basis vorausgesetzt.[1278] Die Grundposition des Rechtssubjekts als Arbeitnehmer oder als Arbeitgeber, d.h. ihr arbeitsrechtlicher Status, ist die selbständige Grundlage der Tarifbindung und unterliegt folglich prinzipiell nicht der Verfügungsmacht der Tarifvertragsparteien, etwa durch tarifliche Verfallfristen; so könnte der grundsätzliche Anspruch auf Vergütung (anders als die sich periodisch erneuernden Einzelansprüche auf Bezahlung der geleisteten Arbeit) nicht verfallen. Dieser Sektor ist im Prinzip durch das Grundrecht auf freie Entfaltung der Persönlichkeit (Art. 2 Abs. 1 GG) und durch andere **Grundrechte des Arbeitnehmers** (z.B. Meinungs- und Berufsfreiheit; Art. 5 Abs. 1 und Art. 12 Abs. 1 GG) auch verfassungsrechtlich gegenüber allen Gestaltungsbefugnissen Dritter (d.h. gegen heteronome Einflüsse) im Kern abgesichert (vgl. Grundl. Rn. 188ff.). Insofern trifft der Hinweis, es handele sich um »absolute Ansprüche« in dem Arbeitsverhältnis, zwar rechtsdogmatisch nicht zu, bezeichnet aber den richtigen Effekt.[1279]

**479** Das gilt grundsätzlich auch für tarifliche Zugriffe. Zwar sollen Koalitionsfreiheit und Tarifautonomie die Selbstbestimmung des Arbeitnehmers auf dem Arbeitsmarkt schützen und fördern; ein Ziel, das aufgrund des koalitionsförmigen Tarifverhandlungsverfahrens auch selten verfehlt wird. Dies umschließt daher auch die tarifliche Regelung grundrechtlicher Positionen und erlaubt es, sie in den Kompromiss des gesamten Tarifgefüges einzubringen. Der sozialstaatliche Zweck der Tarifautonomie verleiht indessen nur die Befugnis zur Intensivierung solcher grundrechtlich vorgegebenen individuellen Positionen durch Tarifverträge, nicht dagegen eine komplette Verfügungsmacht über diese Fundamentalrechte bis hin zu ihrer vollständigen Beseitigung durch tarifliche Verfallklauseln (»Wesensgehaltsgrenze« des Art. 19 Abs. 2 GG). Solche Klauseln kommen deshalb nur für das tarifvertraglich gestaltete »Betriebsverhältnis« in Betracht, also für die eigentliche Abwicklung der gegenseitigen Vertragsleistungen, wie z.B. für die einzelnen Lohn-/Gehaltsansprüche[1280], für Weihnachtsgelder, Gratifikationen, Rückzahlung überzahlten Entgelts, Nachholung schuldhaft versäumter Arbeitsstunden usw. Aus der Unverfallbarkeit des Grundverhältnisses folgt dann auch zwingend, dass der Arbeitgeber Sozialversicherungsbeiträge selbst für solche Arbeitsentgeltansprüche entrichten muss, die der Arbeitnehmer wegen einer tariflichen Ausschlussklausel nicht mehr geltend machen kann (siehe auch § 4 Rn. 474).[1281]

**480** **Von einer Verfallfrist unangetastet** bleiben deshalb die den vertraglichen Status des Arbeitnehmers bestimmenden Grundpositionen, welche weiterhin geltend gemacht werden können: z.B. das Recht auf eine der Tätigkeit entsprechende **Eingruppierung**[1282] oder **Höhergruppierung** (nicht dagegen die aus der falschen

---

1278 So auch *Weyand*, Ausschlussfristen, Rn. 25.

1279 Vgl. BAG 15.5.1991, AP Nr. 23 zu § 611 BGB Beschäftigungspflicht. – Dass absolute Rechte ebenso wenig der Ausschlussfrist wie einer Verjährungsfrist unterliegen, dürfte unstreitig sein.

1280 Wobei unter sozialstaatlichen Aspekten zu erwägen wäre, ob dies auch hinsichtlich des unpfändbaren Teils der Vergütung gilt, eine Frage, die in Krisensituationen von Unternehmen gelegentlich praktische Relevanz hat.

1281 Im Ergebnis ebenso BSG 30.8.1994, NZA 1995, 701; kritisch dazu *Peters-Lange*, NZA 1995, 657.

1282 BAG 14.7.1965, AP Nr. 5 zu § 1 TVG Tarifverträge: BAVAV (mit Anm. von *Crisolli*); *R. Krause*, RdA 2004, 44: kein Anspruch, sondern Rechtsanwendung.

Eingruppierung folgenden Differenzforderungen); der Anspruch auf **Herabsetzung der Arbeitszeit** nach § 8 TzBfG[1283] oder § 15 BErzGG; Anspruch auf Verschaffung einer **Altersversorgung**[1284] sowie auf laufende **Versorgungsbezüge**[1285]; wohl auch die **Vergütungsansprüche aus schöpferischen Sonderleistungen** (z.B. Erfindungen) des Arbeitnehmers[1286]; Ansprüche wegen Eingriffs in das **Persönlichkeitsrecht** des Art. 2 Abs. 1 GG[1287] oder auf **Karenzentschädigung** wegen eines vertraglichen Wettbewerbsverbots[1288], deren eigentliche Grundlage Art. 12 Abs. 1 GG ist; **Vergleichs-Abfindungen** nach §§ 9, 10 KSchG.[1289] Hierher wäre auch der Anspruch auf **Wiedereinstellung** nach einer betriebsbedingten Kündigung zu zählen; angesichts der sachlichen und zeitlichen Restriktionen, die für diesen Anspruch angenommen werden[1290], hätte eine Ausschlussfrist ohnehin wohl kaum praktische Bedeutung.

Das Bundesarbeitsgericht begründet dies allerdings wenig überzeugend mit der **481**
allgemeinen Erwägung, dass Verfallklauseln nur für Geschäfte des täglichen Lebens gelten sollen, bei denen der durch Fristversäumnis eintretende Rechtsverlust nicht allzu schwer wiegt.[1291] Ähnlich unpräzise ist die von *Löwisch/Rieble*[1292] herangezogene Allerweltsformel der »Verhältnismäßigkeit« (wessen?), an deren Wurzeln sie freilich auf das Problem des Grundrechtsbezugs gestoßen wären. Demgegenüber scheint die hier vertretene Trennung in ein grundrechtsgeprägtes (und daher verfallklauselfestes) arbeitsrechtliches »Statusverhältnis« und in ein vertraglich geprägtes (und daher verfallbares) Betriebsverhältnis des Arbeitnehmers dogmatisch einsichtiger und besser abgrenzbar[1293] – zumal es auf eine traditionelle Unterscheidung im grundrechtsgeprägten, verwandten Bereich des Beamtenrechts zurückgeht. Es erscheint daher verfehlt, wenn das Bundesarbeitsgericht ohne nähere Begründung von seiner früheren Rechtsprechung abweicht und auch Versorgungsansprüche für verfallbar erklärt[1294], während der Anspruch auf Verschaffung einer Zusatzversorgung im öffentlichen Dienst unverfallbar sein soll.[1295] Tendenziell treffend ist es dagegen, den vertraglichen

1283 Ebenso, jedoch mit der Begründung systematischer Unvereinbarkeit, LAG Niedersachsen (17 Sa 487/02), ZTR 2003, 294.

1284 BAG 12.1.1974, 24.5.1974 und 15.5.1975, AP Nr. 5, 6 und 7 zu § 242 BGB Ruhegehalt VBL.

1285 BAG 29.3.1983, AP Nr. 11 zu § 70 BAT, LAG Hamm 12.1.1974, DB 1987, 1254; a.A. BVerfG 30.1.1978, AP Nr. 1 zu § 1 BetrAVG mit irriger, weil die oben genannten Grenzen der Tarifautonomie nicht beachtender Auslegung des § 16 Abs. 2 BRTV-Bau.

1286 BAG 21.6.1979, AP Nr. 4 zu § 9 ArbNErfG (zur Auslegung einer allgemeinen Verfallklausel).

1287 BAG 25.4.1972, AP Nr. 9 zu § 611 BGB Öffentlicher Dienst.

1288 BAG 24.4.1970, AP Nr. 25 zu § 74 HGB; irrig daher die entgegenstehenden späteren Entscheidungen BAG 18.12.1984, AP Nr. 87 zu § 4 TVG Ausschlussfristen; BAG 27.11.1991, AP Nr. 22 zu § 4 TVG Nachwirkung.

1289 BAG 25.6.1987 (2 AZR 504/86), NZA 1988, 466; BAG 13.1.1982, AP Nr. 7 zu § 9 KSchG 1969.

1290 Dazu BAG 12.11.1998 (8 AZR 265/97), AP Nr. 5 zu § 1 KSchG 1969 Wiedereinstellung; BAG 13.11.1997 (8 AZR 295/95), AP Nr. 169 zu § 613a BGB (mit Anm. *Peters/Thüsing*, EzA § 613a BGB Nr. 154); BAG 27.2.1997 (2 AZR 160/96), AP Nr. 1 zu § 1 KSchG Wiedereinstellung = EzA § 1 KSchG Wiedereinstellung Nr. 1.

1291 BAG 16.6.1955, AP Nr. 5 zu § 242 BGB Ruhegehalt VBL; BAG 21.6.1979, AP Nr. 4 zu § 9 ArbNErfG; BAG 27.2.1990, AP Nr. 107 zu § 4 TVG Ausschlussfristen hinsichtlich des »Stammrechts«.

1292 *Löwisch/Rieble*, § 1 Rn. 661.

1293 Ebenso *Weyand*, Ausschlussfristen, Rn. 26.

1294 BAG 19.7.1983, AP Nr. 1 zu § 1 BetrAVG Zusatzversorgungskassen.

1295 Ständige Rechtsprechung, vgl. BAG 7.3.1995 (3 AZR 282/94), AP Nr. 26 zu § 1 BetrAVG Gleichbehandlung (mit Anm. von *Bauschke*); BAG 15.9.1992 (3 AZR 438/91), AP Nr. 39 zu § 1 BetrAVG Zusatzversorgungskassen; BAG 12.1.1974, 24.5.1974 und 15.5.1975, AP Nr. 5, 6 und 7 zu § 242 BGB Ruhegehalt-VBL.

**Beschäftigungsanspruch** aus Art. 2 Abs. 1 GG abzuleiten und von der Ausschlussfrist auszunehmen, doch hat dies weniger mit der Anerkennung des allgemeinen Persönlichkeitsrechts als eines absoluten Rechts im Sinne des § 823 Abs. 1 BGB zu tun.[1296] Auch der **Zeugnisanspruch** (§ 630 BGB) wurzelt im persönlichkeitsbestimmten Grundverhältnis und ist deshalb von den Ausschlussfristen auszunehmen[1297] (vgl. ferner § 4 Rn. 529 Zeugnisanspruch). Dasselbe gilt auch für den Anspruch des Arbeitnehmers auf **Entfernung einer Abmahnung** aus der Personalakte.[1298] Das den Angehörigen zustehende tarifliche **Sterbegeld** lässt sich vielleicht als Unterstützung der persönlichkeitsrechtlichen Totenfürsorge, Ausdruck der Pietät und damit auch Rücksichtnahme auf ein überwiegend anerkanntes postmortales Persönlichkeitsrecht ansehen. Da es sich bei ihm nicht um einen Anspruch des Arbeitnehmers handelt, kann man bei formaler Betrachtung auch die Anwendung der allgemeinen Ausschlussklausel deswegen verneinen, weil diese nur die Ansprüche der Parteien des Arbeitsvertrags betreffen soll.[1299]

**482** Die **Position als Betriebsratsmitglied/Personalratsmitglied** hat ebenfalls ihren Ursprung im Status- bzw. Grundverhältnis des betreffenden Arbeitnehmers, so dass Ansprüche aus dieser Tätigkeit den tariflichen Verfallbestimmungen entzogen sind.[1300] Ausschlussfristen können sich ferner auch nicht auf **Ansprüche** erstrecken, die der Arbeitnehmer z.B. **gemäß § 40 Abs. 1 BetrVG** aus seiner Tätigkeit als Betriebsratsmitglied erwirbt, denn deren Ursprung ist sein betriebsverfassungsrechtliches Amt.[1301] Nicht folgerichtig ist es dann, einen **Freizeitausgleichsanspruch** aufgrund personalvertretungs- oder betriebsverfassungsgesetzlicher Normen wiederum der Ausschlussfrist unterwerfen zu wollen.[1302]

**483** Ungeachtet der Frage, ob dingliche Rechte der Verfügungsmacht der Tarifvertragsparteien entzogen sind[1303] ist davon auszugehen, dass zum Status des Arbeitgebers das **Eigentum** an den Produktionsmitteln gehört. Der Anspruch des Arbeitgebers aus § 985 BGB auf Herausgabe überlassener Arbeitsmittel unterliegt daher nicht einer Ausschlussklausel.[1304] Anderes gilt für die aus diesem Recht wegen seiner Verletzung entstehenden Ansprüche, etwa den Schadenersatzanspruch gemäß § 823 Abs. 1 BGB. Entsprechendes ist, wenn auch unter Umständen aus verschiedenen Gründen (Eigentum an den Produktionsmitteln, Persönlichkeitsrecht), für die Urheber- und Erfinderrechte beider Arbeitsvertragsparteien anzunehmen.

1296 So aber BAG 15.5.1991, AP Nr. 23 zu § 611 BGB Beschäftigungspflicht.

1297 Ebenso ArbG Hamburg 5.3.1997, EzA § 4 TVG Nr. 126; ArbG Siegen 30.5.1980, EzA Nr. 43 zu § 4 TVG Ausschlussfristen; *Weyand*, Ausschlussfristen, Rn. 185; *R. Krause*, RdA 2004, 44, mit dem zutreffenden Hinweis auch auf Art. 12 GG; a.A. BAG 30.1.1991, EzA § 630 Nr. 13 (am Ende); BAG 23.2.1983, AP Nr. 10 zu § 70 BAT; LAG Hamm 10.4.2002 (3 Sa 1598/01), NZA-RR 2003, 463; LAG Hamm 24.8.1977, BB 1977, 1704.

1298 BAG 14.12.1994 (5AZR 137/94), AP Nr. 15 zu § 611 BGB Abmahnung = EzA TVG § 4 TVG Ausschlussfristen Nr. 109, unter Aufgabe früherer entgegengesetzter Rechtsprechung.

1299 So BAG 4.4.2001 (4 AZR 242/00), ZTR 2002, 86.

1300 Ebenso im Ergebnis BAG 30.1.1973, AP Nr. 3 zu § 40 BetrVG 1972 (mit Anm. von *Buchner*); a.A. *Weber*, Ausschlussfrist, 79ff.

1301 BAG 30.1.1973, AP Nr. 3 zu § 40 BetrVG 1972 (mit Anm. von *Buchner*); kritisch dazu *Weber*, Ausschlussfrist, 79ff.

1302 So aber irrig BAG 26.2.1992, AP Nr. 18 zu § 46 BPersVG = EzA § 4 TVG Ausschlussfristen Nr. 99.

1303 Bejahend Löwisch/*Rieble*, § 1 Rn. 62, 659; verneinend *Däubler/Zwanziger*, § 4 Rn. 1089.

1304 *Däubler/Zwanziger*, § 4 Rn. 1089, 1123f. will dies – wie generell – im Wege der Auslegung lösen.

### c) Auslegung

Da die Ausschlussklauseln den betroffenen Anspruch verfallen lassen und deshalb erhebliche Nachteile für den betroffenen Gläubiger mit sich bringen, gebietet der Schutzzweck des Art. 9 Abs. 3 GG eine **enge Auslegung** bei Unklarheiten über den (sachlichen) Umfang der erfassten Ansprüche.[1305] Eine im Manteltarifvertrag enthaltene Verfallfrist für Ansprüche »aus diesem Tarifvertrag« erstreckt sich daher nicht auf Forderungen, die auf der Grundlage eines mit diesem nicht verbundenen, selbständigen Tarifvertrags erhoben werden.[1306] Dagegen bezieht sich eine Klausel, die ihrem Wortlaut nach nur »tarifliche Ansprüche« anspricht, auch auf gesetzliche oder vertragliche Ansprüche, deren Bestand von einem tariflichen ausgestalteten Anspruch abhängt oder mit ihm in einem rechtlichen Zusammenhang steht.[1307] **484**

Sehr häufig findet sich in den tariflichen Ausschlussklauseln die Formulierung, dass »alle Ansprüche aus dem Arbeitsverhältnis« davon erfasst werden sollen; gelegentlich sind auch solche Ansprüche erwähnt, die »mit dem Arbeitsverhältnis in Verbindung stehen« (z. B. § 16 BRTV-Bau), wobei dann schon jeder tatsächliche Zusammenhang genügt.[1308] Es handelt sich hierbei um eine so genannte **allgemeine Ausschlussklausel**. Dies bedeutet zunächst, dass alle beiderseitigen, also Arbeitgeber- wie Arbeitnehmerforderungen in gleichem Umfang gemeint sind[1309]; einseitige Klauseln wären ohnehin nicht zulässig[1310] (vgl. § 4 Rn. 467). Die Formel »alle Ansprüche aus dem Arbeitsverhältnis/Arbeitsvertrag« (vgl. z. B. § 70 BAT) erstreckt die Wirkung der Ausschlussklauseln auf alle Ansprüche, welche die Arbeitsvertragsparteien aufgrund ihrer durch den Arbeitsvertrag (das Arbeitsverhältnis) begründeten Rechtsstellung aus Gesetz, Tarifvertrag Betriebsvereinbarung oder Arbeitsvertrag gegeneinander haben, soweit sie nach dem oben Gesagten von einer Ausschlussfrist erfasst werden können.[1311] Dazu zählen auch Ansprüche auf Rückzahlung überzahlten Entgelts aus **§ 812 BGB**[1312], **Lohnvorauszahlungen**[1313] oder **Ausbildungsbeihilfen**[1314] und von **Darlehen** die der Arbeitgeber dem Arbeitnehmer mit Rücksicht auf das Arbeitsverhältnis gewährt hat.[1315] Auch **Provisionen** für Verkäufe von Baumaterial, die ein Bauar- **485**

---

1305 H. M., z. B. BAG 27. 3. 1958, AP Nr. 4, 5 zu § 670 BGB; BAG 17. 7. 1958, AP Nr. 10 zu § 611 BGB Lohnanspruch; BAG 19. 11. 1968, AP Nr. 39 zu § 4 TVG Ausschlussfristen; *Däubler*, Tarifvertragsrecht, Rn. 1338; *Gaul*, Ausschlussfristen, 48; Wiedemann/*Wank*, § 4 Rn. 799 f.; wohl auch *Weyand*, Ausschlussfristen, Rn. 108 ff., 112; a. A. *Däubler/Zwanziger*, § 4 Rn. 1103 f. (allgemeine Interpretationsregeln); *R. Krause*, RdA 2004, 39; *Weber*, Ausschlussfrist, 82 ff. mit weiteren Nachweisen.

1306 Zutreffend BAG 4. 6. 2003 (10 AZR 577/02), EzA § 4 TVG Ausschlussfristen Nr. 165.

1307 BAG 1. 10. 2002 (9 AZR 215/01), NZA 2003, 567 = NJW 2003, 2403, mit weiteren Nachweisen; BAG 19. 1. 1999 (9 AZR 637/97), AP Nr. 34 zu § 1 TVG Tarifverträge: Druckindustrie (mit Anm. von *Hogräfer*) = EzA § 4 TVG Ausschlussfristen Nr. 129.

1308 BAG 10. 10. 2002 (8 AZR 8/02), NZA 2003, 329.

1309 BAG 1. 12. 1967, AP Nr. 17 zu § 670 BGB (mit Anm. von *Isele*).

1310 A. A BAG 27. 9. 1967, AP Nr. 1 zu § 1 TVG Tarifverträge Fernverkehr (mit Anm. von *Crisolli*).

1311 BAG 22. 2. 1972, AP Nr. 3 zu § 70 BAT; vgl. auch BAG 10. 8. 1967, AP Nr. 37 zu § 4 TVG Ausschlussfristen.

1312 BAG 19. 1. 1999 (9 AZR 405/97), AP Nr. 1 zu § 70 BAT-O = EzA § 4 TVG Ausschlussfristen Nr. 131; BAG 14. 9. 1994, AP Nr. 127 zu § 4 TVG Ausschlussfristen; BAG 28. 2. 1979 und 11. 6. 1980, AP Nr. 6 und 7 zu § 70 BAT (mit Anm. von *Weber*); BAG 26. 4. 1978, AP Nr. 64 zu § 4 TVG Ausschlussfristen; im Ergebnis ablehnend hinsichtlich des Anspruchs aus § 717 Abs. 3 ZPO BAG 19. 3. 2003 (10 AZR 597/01).

1313 BAG 19. 3. 1986, AP Nr. 67 zu § 1 LohnFG.

1314 BAG 22. 6. 1972 und 12. 12. 1979, AP Nr. 1 und 4 zu § 611 BGB Ausbildungsbeihilfe.

1315 BAG 10. 10. 2002 (8 AZR 8/02), EzA § 4 TVG Ausschlussfristen Nr. 158 = NZA 2003, 329; BAG 20. 2. 2001 (9 AZR 11/00), AP Nr. 5 zu § 611 BGB Arbeitnehmerdarlehen = EzA § 4 TVG Ausschluss-

beiter nebenher verdient, könnten tariflich geregelt sein und daher einer entsprechend weit gefassten Ausschlussklausel (§ 16 BRTV-Bau) unterfallen.[1316] Desgleichen erfassen allgemeine Ausschlussklauseln Ansprüche auf eine sich aus einer Betriebsvereinbarung ergebende **Sozialplanabfindung**[1317], denn dabei handelt es sich nicht um Rechte aus dem persönlichkeitsgeprägten Grundverhältnis[1318] (vgl. § 4 Rn. 478). **Zinsansprüche** sind akzessorische Ansprüche und können immer geltend gemacht werden, wenn die Hauptforderung der Ausschlussfrist unterliegt und diese eingehalten wurde.[1319]

486 Hierunter fallen auch **Ansprüche aus unerlaubter Handlung** gegenüber der anderen Vertragspartei. Sie treffen meist mit einem gleichartigen Schadensersatzanspruch aus vertraglicher Pflichtverletzung zusammen, der zweifelsfrei unter die Ausschlussfristen fiele. Abgesehen von einer älteren Entscheidung des 4. Senat des Bundesarbeitsgerichts, der zufolge solche deliktischen Forderungen keine »Ansprüche aus dem Arbeitsverhältnis« und daher von einer entsprechenden Verfallklausel ausgenommen seien[1320], vertritt das Bundesarbeitsgericht in ständiger Rechtsprechung die gegenteilige Auffassung. Bei einer gleichermaßen vertraglich wie deliktisch schadensersatzpflichtigen Handlung handele es sich »um einen aus einem einheitlichen Lebensvorgang resultierenden Anspruch, so dass eine unterschiedliche Beurteilung bei der im Übrigen allgemeinen Fassung der Tarifnorm nicht zulässig« sei.[1321] Letztlich geht es um eine bloße Auslegungsfrage, d.h. es kommt lediglich darauf an, ob die Tarifvertragsparteien den Willen hatten, auch deliktische Forderungen zu erfassen. Davon ging auch der 4. Senat aus, denn er wollte deliktische Forderungen einer entsprechend umfassend formulierten Ausschlussfrist (z.B. § 9 BRTV-Bau a.F.: »Alle Ansprüche ... die mit dem Arbeitsverhältnis in Verbindung stehen«) sehr wohl unterwerfen.[1322] Gleiches muss dann aber auch für die ebenfalls umfassende[1323] Formel »alle Ansprüche aus dem Arbeitsvertrag/Arbeitsverhältnis« gelten. Schließlich entspricht dies dem anerkannten Zweck einer raschen Abwicklung der Rechtsbeziehungen zwischen den Parteien des Arbeitsvertrages (vgl. § 4 Rn. 464). Für Ansprüche we-

---

fristen Nr. 140; BAG 18.6.1980, AP Nr. 68 zu § 4 TVG Ausschlussfristen; siehe auch BAG 21.2.1990 (5 AZR 169/89), AP Nr. 3 zu § 179 VVG = EzA § 611 BGB Fürsorgepflicht Nr. 54; a. A. LAG Köln ZTR 2001, 475.

1316 BAG 27.11.1984, AP Nr. 89 zu § 4 TVG Ausschlussfristen.

1317 BAG 27.3.1996 (10 AZR 668/95), AP Nr. 134 zu § 4 TVG Ausschlussfristen = EzA § 4 TVG Ausschlussfristen Nr. 123, mit weiteren Nachweisen; BAG 30.11.1994, AP Nr. 88 zu § 112 BetrVG; LAG Hamburg 4.6.1999, AuA 2000, 551.

1318 LAG Berlin 24.3.1993, NZA 1994, 425.

1319 BAG 21.1.2003 (9 AZR 546/01), insoweit nicht in EzA § 611 BGB Nr. 5 Gratifikation, Prämie abgedruckt.

1320 BAG 28.6.1967, AP Nr. 36 zu § 4 TVG Ausschlussfristen (mit insoweit kritische Anm. von *Sieg*); ebenso *Etzel*, RdA 1968, 180ff.; *C. Müller* RdA 1968, 472ff.; *E. Wolf*, Anm. zu BAG 8.2.1972, AP Nr. 49 zu § 4 TVG Ausschlussfristen.

1321 Vgl. aus der jüngeren Rechtsprechung etwa BAG 15.11.2001 (8 AZR 95/01), EzA § 611 BGB Arbeitnehmerhaftung Nr. 68, mit weiteren Nachweisen zum Teil nicht veröffentlichter Entscheidungen; BAG 16.9.1997 (9 AZN 133/97), EzA § 72a ArbGG Nr. 82; BAG 10.8.1967, AP Nr. 37 zu § 4 TVG Ausschlussfristen (mit Anm. von *Herschel*); BAG 6.5.1969, AP Nr. 42 zu § 4 TVG Ausschlussfristen (mit Anm. von *Kittner*); BAG 8.2.1972, AP Nr. 49 zu § 4 TVG Ausschlussfristen (mit Anm. von *E. Wolf*); BAG 12.7.1972 und 10.1.1974, AP Nr. 51 und 54 zu § 4 TVG Ausschlussfristen (beide mit Anm. von *Wiedemann*); BAG 26.5.1981, AP Nr. 71 zu § 4 TVG Ausschlussfristen; BAG 13.4.1956, AP Nr. 2 zu § 4 TVG Ausschlussfristen (mit Anm. von *Gaul*); BAG 29.11.1957, AP Nr. 3 zu § 4 TVG Ausschlussfristen (mit Anm. von *Spiertz*).

1322 BAG 28.6.1967, AP Nr. 36 zu § 4 TVG Ausschlussfristen.

1323 Und von der h.M. seit langem so verstandene, vgl. Wiedemann/*Wank*, § 4 Rn. 807.

gen vorsätzlich begangenen (strafbaren) Handlungen gilt nichts Anderes[1324], ebenso wenig für solche aus ungerechtfertigter Bereicherung.[1325] Wenn also Ausnahmen von dieser weit reichenden Wirkung gewollt sind, müssen die Tarifvertragsparteien dies deutlich im Tarifvertrag formulieren; das geschieht zunehmend. – Dagegen werden von vornherein solche Ansprüche nicht erfasst, die mit dem Arbeitsverhältnis nichts zu tun haben. Hierzu zählen deliktische Schadensersatzansprüche der Arbeitnehmer untereinander, selbst wenn sie (z.B. nach § 6 EFZG) auf den Arbeitgeber übergehen.[1326] Dasselbe gilt für Ansprüche aus Miet- und Kaufverträgen, die der Arbeitgeber mit dem Arbeitnehmer zwar mit Rücksicht auf dessen Firmen- oder Betriebszugehörigkeit abschließt, für die das Arbeitsverhältnis aber keine rechtliche Bedeutung hat.[1327]

## 5. Persönliche Reichweite

Tarifliche Ausschlussfristen gelten für die von ihnen erfassten Ansprüche der **Arbeitsvertragsparteien** (zur notwendigen Gegenseitigkeit § 4 Rn. 467) **bei beiderseitiger Tarifgebundenheit**; zur Rechtslage im Falle der arbeitsvertraglichen Bezugnahme siehe § 3 Rn. 194. Ihr Eingreifen hängt **weder** davon ab, dass der Tarifvertrag **nach § 8 TVG ausgelegt** war (vgl. dort Rn. 6) noch davon, dass der **Anspruchsberechtigte sie kannte oder kennen musste**.[1328] Geltungsvoraussetzung ist auch nicht die Aufnahme in der Niederschrift des Arbeitsvertrags gemäß **§ 2 Abs. 1 NachwG**. Nach Satz 2 Ziff. 10 dieser Bestimmung genügt der in allgemeiner Form gehaltene Hinweis auf die anzuwendenden Tarifverträge; eine besondere Erwähnung der in ihnen enthaltenen Verfallfristen ist nicht zu verlangen.[1329] Ist der **Hinweis** allerdings **unterblieben** und hat der Arbeitnehmer die Ausschlussfrist versäumt, kann ihm wegen des – einen Monat nach vereinbartem Beginn des Arbeitsverhältnisses (§ 2 Abs. 1 Satz 1 NachwG) eintretenden – Verzugs des Arbeitgebers nach zutreffender Ansicht des Bundesarbeitsgerichts ein **Schadenersatzanspruch** aus §§ 280 Abs. 1 und 2, 286 BGB zustehen. Aufgrund dieses Anspruchs ist der Arbeitnehmer so zu stellen, wie er stünde, wenn der Tarifvertrag benannt worden wäre. Dabei ist zu seinen Gunsten (widerleglich) zu vermuten, dass er in diesem Fall die Frist nicht versäumt hätte. Im Ergebnis kann 487

1324 BAG 16.9.1997 (9 AZN 133/97), EzA § 72a ArbGG Nr. 82, mit weiteren Nachweisen; BAG 6.5.1969 und 12.7.1972, AP Nr. 42 und 51 zu § 4 TVG Ausschlussfristen; a.A. wegen der Wertung des § 202 Abs. 1 BGB *R. Krause*, RdA 2004, 45.

1325 BAG 1.10.2002 (9 AZR 215/01), NZA 2003, 567 = NJW 2003, 2403; BAG 27.3.1996, AP Nr. 26 zu § 70 BAT = EzA § 4 TVG Ausschlussfristen Nr. 124.

1326 BAG 7.4.1977, AP Nr. 61 zu § 4 TVG Ausschlussklauseln (mit Anm. von *Wiedemann*); BAG 16.3.1995, DB 1995, 1667.

1327 BAG 20.1.1982, AP Nr. 72 zu § 4 TVG Ausschlussfristen.

1328 Wohl unstreitig, vgl. etwa BAG 23.1.2002 (4 AZR 56/01), AP Nr. 5 zu § 2 NachwG (mit Anm. von *Lambrich*, EzA § 2 NachwG Nr. 3 ) = NZA 2002, 800; BAG 22.1.1997 (10 AZR 459/96), AP Nr. 27 zu § 70 BAT = EzA § 4 TVG Nr. 125, mit weiteren Nachweisen. – Der Rechtsanwalt, der eine Ausschlussklausel übersieht, macht sich jedoch seinem Mandanten gegenüber schadensersatzpflichtig, BGH NJW 1983, 1665; siehe auch BerlVerfGH 24.1.2003 (VerfGH 8/02), NZA 2003, 509.

1329 BAG 29.5.2002, 5 AZR 105/01, EzA § 2 NachwG Nr. 4; BAG 17.4.2002 (5 AZR 89/01), AP Nr. 6 zu § 2 NachwG (mit Anm. von *A. Lindemann*) = EzA § 2 NachwG Nr. 5 = NZA 2002, 1096; BAG 23.1.2002 (4 AZR 56/01), AP Nr. 5 zu § 2 NachwG (mit Anm. von *Lambrich*, EzA § 2 NachwG Nr. 3) = NZA 2002, 800; ebenso LAG Rheinland-Pfalz NZA-RR 2003, 30; LAG Köln, NZA-RR 2002, 591; LAG Niedersachsen, NZA-RR 2001, 145, Vorinstanz zu BAG 17.4.2002, a.a.O.); LAG Bremen, NZA-RR 2001, 98; *Schrader*, NZA 2003, 345, 346; a.A. LAG Schleswig, NZA-RR 2000, 196 (dazu Anm. *Bergsdorf/Buschkröger*, AiB 2001, 241); *Koch*, FS Schaub, 439; *Linde/V. Lindemann*, NZA 2003, 654f.; *Preis*, Arbeitsvertrag, II V 40 Rn. 12f. (qualifizierter Nachweis gemäß § 2 Abs. 3 NachwG).

der Arbeitnehmer damit berechtigte Ansprüche trotz verstrichener Frist durchsetzen.[1330] Trifft ihn allerdings ein Mitverschulden, weil er oder ein von ihm bevollmächtigter Rechtsanwalt noch während des Laufes der Frist von der Anwendbarkeit der Verfallklausel auf das Arbeitsverhältnis erfährt, dann ist der Schadenersatzanspruch erloschen, da das Fehlen eines Hinweises auf den Tarifvertrag nicht mehr die Ursache für den eingetretenen Schaden (Erlöschen der Ansprüche) ist.[1331] Ein Anspruch aus § 823 Abs. 2 BGB erwachse dagegen nicht, da im Sinne dieser Vorschrift § 2 NachweisG mangels Sanktionierung seiner Nichtbeachtung kein Schutzgesetz sei.[1332] Die angeführten Prinzipien gelten entsprechend, wenn der Arbeitgeber es entgegen **§ 3 Abs. 1 NachweisG** versäumt, den Arbeitnehmer auf einen erstmals abgeschlossenen, auf das Arbeitsverhältnis anwendbaren Haustarifvertrag hinzuweisen[1333], oder wenn in einem Ausbildungsbetrieb der Auszubildende nicht nach **§ 4 Abs. 1 Ziff. 9 BBiG** auf den geltenden Tarifvertrag hingewiesen wird.[1334] Dagegen soll im Falle eine Fristversäumung wegen fehlender Information nach **§ 613a Abs. 5 BGB** über den Inhaberwechsel die »Berufung auf die Ausschlussfrist« treuwidrig sein.[1335]

**488** Bestimmt ein Tarifvertrag, dass Ansprüche **nicht erlöschen**, wenn der Tarifvertrag dem Arbeitnehmer **nicht ausgehändigt** oder im Betrieb **nicht ausgelegt oder ausgehängt ist** worden ist, dann ist von dem Arbeitgeber mehr verlangt als nur das Zugänglichmachen im Sinne des § 8 TVG. Erfüllt der Arbeitgeber diese Verpflichtung nicht, dann bleibt der Anspruch des Arbeitnehmers trotz Verstreichens einer Ausschlussfrist erhalten.[1336]

**489** Ausschlussfristen gelten auch gegenüber dem **Rechtsnachfolger** des Gläubigers der jeweiligen Forderungen. Es handelt sich nämlich um »Einwendungen«, die der Schuldner nach § 404 BGB auch dem neuen Gläubiger entgegenhalten kann[1337], ohne dass es auf dessen Tarifgebundenheit oder darauf ankommt, ob dieser die Ausschlussfrist kannte oder kennen musste. Das gilt auch für den gesetzlichen Forderungsübergang (§ 412 BGB)[1338] und für private Versicherungen bei Haftpflichtleistungen wegen unerlaubter Handlungen gemäß § 62 VVG[1339] sowie für die Bundesanstalt für Arbeit, welche bei Zahlung von Insolvenzgeld § 187 SGB III Gläubigerin der übergangenen Arbeitsentgeltforderungen wird[1340] sofern dies dem tariflichen Zweck der jeweiligen Ausschlussklausel entspricht.

---

1330 Grundlegend BAG 17.4.2002, 5 AZR 89/01, AP Nr. 6 zu § 2 NachwG (mit Anm. von *A. Lindemann*) = EzA § 2 NachwG Nr. 5 = NZA 2002, 1096; ähnlich, allerdings auf die allgemeine Pflichtverletzung (§ 280 Abs. 1 BGB) gestützt, LAG Brandenburg 10.8.2001 (4 Sa 265/01), NZA-RR 2003, 314 im Anschluss an *Bepler*, ZTR 2001, 245 und ErfK/*Preis*, NachwG, Einf. Rn. 11. Zu einem »Altfall« (Arbeitsvertragsabschluss vor In-Kraft-Treten des NachwG) LAG Nürnberg 13.2.2004 (9 [6] Sa 651/02), NZA-RR 2005, 38, nicht rechtkräftig, den Anspruch verneinend – zu Recht, vgl. § 4 NachwG.

1331 BAG 29.5.2002, 5 AZR 105/01, EzA § 2 NachwG Nr. 4.

1332 BAG 17.4.2002, 5 AZR 89/01, AP Nr. 6 zu § 2 NachwG (mit Anm. von *A. Lindemann*).

1333 BAG 5.11.2003 (5 AZR 469/02), EzA § 3 NachwG Nr. 1.

1334 BAG 24.10.2002 (6 AZR 743/00), NZA 2004, 105.

1335 BAG 13.2.2003 (8 AZR 236/02), AP Nr. 244 zu § 613a BGB = EzA § 4 TVG Ausschlussfristen Nr. 162; a.A. *Däubler/Zwanziger*, § 4 Rn. 1149: Hinausschieben der Fälligkeit; *R. Krause*, RdA 2004, 120: Schadenersatz.

1336 BAG 11.11.1998 (5 AZR 63/98), EzA § 4 TVG Ausschlussfristen Nr. 128.

1337 BAG 19.11.1968, AP Nr. 40 zu § 4 TVG Ausschlussfristen (mit Anm. von *Sieg/Gärtner*).

1338 BAG 4.5.1973 und 15.11.1973, AP Nr. 52 und 53 zu § 4 TVG Ausschlussfristen – zum Übergang des Lohnfortzahlungsanspruchs auf gesetzliche Krankenkassen nach dem früheren § 182 Abs. 10 RVO (mit Anm. von *Brackmann* und *Hessel*).

1339 BAG 19.11.1968, AP Nr. 40 zu § 4 TVG Ausschlussfristen (mit Anm. von *Sieg/Gärtner*).

1340 BAG 8.8.1979, AP Nr. 67 zu § 4 TVG Ausschlussfristen (noch zum AFG ergangen).

Bei einem **Betriebsübergang** nach § 613a BGB kann der Betriebserwerber die Ausschlussfrist und gegebenenfalls ihren Ablauf dem Arbeitnehmer gegenüber ebenso geltend machen wie es der Betriebsveräußerer könnte; umgekehrt muss sich der Erwerber die zur Fristwahrung vorgenommenen Handlungen des Arbeitnehmers gegenüber dem Veräußerer zurechnen lassen.[1341] Im Falle der **Insolvenz des Arbeitgebers** ist zu differenzieren. Arbeitet ein Arbeitnehmer nach Insolvenzeröffnung beim Insolvenzverwalter als dem anstelle des früheren Arbeitgebers Verwaltungs- und Verfügungsbefugten weiter, so gelten insoweit auch die Tarifnormen einschließlich etwaiger Ausschlussklauseln fort.[1342] Scheidet der Arbeitnehmer dagegen vor Insolvenzeröffnung aus, so hat er seine Ansprüche (soweit sie nicht schon vorher tariflich verfallen sein sollten) gemäß der Insolvenzordnung als Gläubiger im Insolvenzverfahren geltend zu machen. Hierfür bestehen insolvenzrechtlich nicht nur andere Formen der Geltendmachung als nach Tarifrecht, sondern auch andere Fristen. Die insolvenzrechtlichen Verfahrensvorschriften verdrängen im Zweifel die Ausschlussklausel, weil diese regelmäßig nicht der Insolvenzabwicklung dienen soll, sondern der Klärung von Rechtsfragen zwischen den Parteien eines Arbeitsvertrages.[1343] Gleiches gilt für Rückgewähransprüche des Insolvenzverwalters gegen (ehemalige) Arbeitnehmer auf Grund einer Insolvenzanfechtung (§§ 129ff. InsO).[1344] 490

Bestand zwischen den Arbeitsvertragsparteien ein **scheinbares »Leiharbeitsverhältnis«**, für das nach § 10 Abs. 1 AÜG (wegen unerlaubter Arbeitnehmerüberlassung) ein Arbeitsvertrag mit dem »Entleiher« fingiert wird, so werden die hieraus abgeleiteten Ansprüche des Arbeitnehmers gegenüber dem »Entleiher« (= Arbeitgeber) erst dann (im Sinne einer Ausschlussklausel) »fällig«, wenn der »Entleiher« seine Schuldnerstellung als Arbeitgeber eingeräumt hat.[1345] Die mit der Verfallfrist bezweckte Entspannung der arbeitsrechtlichen Beziehungen kann schließlich nicht eintreten bevor zwischen den Parteien die arbeitsvertragliche Natur ihres Rechtsverhältnisses geklärt ist. 491

## 6. Fristbeginn, Fristberechnung

### a) Fristbeginn

Die Ausschlussfrist beginnt in dem vom Tarifvertrag bestimmten Zeitpunkt (etwa Entstehung des Anspruchs, Fälligkeit, Beendigung des Arbeitsverhältnisses, Ablehnung der Forderung durch den Gläubiger). Ist das jener der **Beendigung**, kommt es auf das rechtliche Ende des Arbeitsverhältnisses an, nicht darauf, wann es nicht mehr vollzogen wird.[1346] Das rechtliche Ende bestimmt regelmäßig auch dann die Fälligkeit und damit den Beginn der Ausschlussfrist, 492

1341 BAG 21.3.1991, AP Nr. 49 zu § 615 BGB; vgl. aber auch BAG 10.8.1994, AP Nr. 126 zu § 4 TVG Ausschlussfristen.

1342 BAG 18.12.1984, AP Nr. 88 § 4 TVG Ausschlussklauseln (mit Anm. von *Zeuner*).

1343 BAG 12.6.2002 (10 AZR 199/01), EzA § 4 TVG Ausschlussfristen Nr. 154, mit weiteren Nachweisen; BAG 18.12.1984, AP Nr. 88 zu § 4 TVG Ausschlussfristen (mit Anm. von *Zeuner*); ähnlich BAG 8.6.1983, AP Nr. 78 zu § 4 TVG Ausschlussfristen (mit Anm. von *Gagel*).

1344 BAG 19.11.2003 (10 AZR 110/03), NZA 2004, 208.

1345 BAG 27.7.1983, AP Nr. 6 zu § 10 AUG.

1346 BAG 22.9.1999 (10 AZR 839/98), AP Nr. 226 zu § 1 TVG Tarifverträge: Bau = EzA § 4 TVG Ausschlussfristen Nr. 132; BAG 8.8.1985 (2 AZR 459/84), AP Nr. 94 zu § 4 TVG Ausschlussfristen, mit weiteren Nachweisen. So auch BAG 18.11.2004 (6 AZR 651/03), NZA 2005, 516 (arbeitsvertragliche Ausschlussfrist für Rückzahlung von Ausbildungskosten).

wenn eine Jahressonderleistung anteilig »bei Beendigung« des Arbeitsverhältnisses zu erbringen ist; darauf, dass im Übrigen die Leistung erst zum Jahresende geschuldet wäre, kommt es nicht an.[1347]

**493** Ist als Fristbeginn die Aushändigung einer (Lohn-)**Abrechnung** festgelegt, gilt dies nicht für den in der Abrechnung enthaltenen – und hierdurch inzidenter zwischen den Parteien bestätigten – Betrag, weil dieser damit gerade »streitlos« gestellt worden ist.[1348] Ein zusätzliches Geltendmachen erübrigt sich auch dann, wenn der schon abgerechnete Betrag vom Arbeitgeber später doch bestritten wird.[1349] Nicht zur »Abrechnung« in solchem Sinne gehört das bloße Aufmass von Akkordarbeiten. Aus einer Akkord-Abrechnung müssen sich vielmehr die Akkordsätze, Zulagen und Lohnstunden ergeben.[1350]

**494** Sieht der Tarifvertrag nichts Anderes vor und enthält auch der Arbeitsvertrag keine für den Arbeitnehmer günstigere Regelung, beginnt der Lauf der Ausschlussfrist mit der **Fälligkeit** des Anspruchs. Das würde allein bei Anwendung des § 271 BGB bedeuten, dass die Frist sofort nach Entstehung des Anspruchs läuft, soweit keine abweichende Leistungszeit bestimmt oder aus den Umständen zu entnehmen ist. Es besteht jedoch ein allgemeiner Grundsatz für den Beginn von Ausschlussfristen, der in der Rechtsprechung bereits seit längerem einzelfallweise konkretisiert worden ist. Danach entspricht dem »Entspannungszweck« solcher Fristen, dass der damit verbundene Rechtsverlust nur dann eintritt, wenn der Gläubiger die Möglichkeit hatte, ihn zu verhindern. Der Fristablauf muss deshalb subjektiv zurechenbar sein. Folglich beginnt die Frist erst zu laufen, wenn die betroffene Forderung dem Grunde nach benennbar und wenigstens annähernd bezifferbar ist.[1351] Dies wird regelmäßig nur dann der Fall sein, wenn der Berechtigte die **anspruchsbegründenden Tatsachen und Rechtsvorschriften kennt oder ohne Fahrlässigkeit kennen konnte.**[1352] Angesichts der vielfach sehr komplizierten, einander ergänzenden und untereinander verweisenden tariflichen Entgeltregelungen (insbesondere im öffentlichen Dienst) sowie den entsprechend differenzierten (EDV-)Abrechnungen reicht die bloße Kenntnisnahme(-möglichkeit) des jeweiligen Tarifwerks durch den Arbeitnehmer vielfach nicht aus, um den Lauf der Frist in Gang zu setzen.[1353] Andernfalls würde zwangsläufig das notwendige Mindestvertrauen insbesondere in die (Entgelt-)Abrechnung gestört und der Arbeitnehmer veranlasst, sich alles (während der Arbeitszeit) ständig genauestens erläutern zu lassen. Das enthebt den Arbeitnehmer freilich nicht der Aufgabe, die Abrechnungen im Rahmen zumutbarer Sorgfaltspflicht auf Plausibilität zu überprüfen.[1354] Die notwendigen Differenzierungen sind also aufgrund der jeweiligen Tarifrechtslage und der hierdurch beeinflussten Möglichkeit subjektiv-tatsächlicher Geltendmachung

---

1347 BAG 23.6.2004 (10 AZR 496/03), www.bundesarbeitsgericht.de.

1348 BAG 10.10.2002 (8 AZR 8/02), NZA 2003, 329; BAG 21.4.1993, AP Nr. 124 zu § 4 TVG Ausschlussfristen; BAG 29.5.1985, AP Nr. 92 zu § 4 TVG Ausschlussfristen.

1349 BAG 21.4.1993, AP Nr. 124 zu § 4 TVG Ausschlussfristen.

1350 BAG 6.11.1985, AP Nr. 93 zu § 4 TVG Ausschlussfristen.

1351 BAG 16.11.1965, 12.7.1972, 26.5.1981, 16.5.1984, 27.11.1984 und 19.3.1986, AP Nr. 30, 51, 71, 85, 89 und 95 zu § 4 TVG Ausschlussfristen, BAG 22.2.1972, AP Nr. 3 zu § 70 BAT, dazu *Weber*, Ausschlussfrist, 88ff., 98ff. In der Begründung anderer Ansicht *R. Krause*, RdA 2004, 107, mit weiteren Nachweisen: Nicht die Fälligkeit sei zu subjektivieren, sondern der Fristlauf zu hemmen.

1352 Kritisch dazu *Weyand*, Ausschlussfristen, Rn. 167f.

1353 Vgl. *Vögele*, NZA 1988, 191f.

1354 Wohl weitergehend LAG Baden-Württemberg, 6.3.1986, DB 1986, 2677 und *Vögele*, NZA 1988, 191f.; vgl. aber auch § 4 Rn. 525.

anhand des allgemeinen »Entspannungs«-zwecks von Ausschlussklauseln (nicht nach § 242 BGB) vorzunehmen.[1355] Soweit es dabei um **Nachzahlungsansprüche** des Arbeitnehmers geht, wird man die Verfallfrist im Zweifel erst mit der Kenntnis des Arbeitnehmers hiervon beginnen lassen können, während der Fristlauf bei der **Rückforderung von Überzahlungen** durch den Arbeitgeber im Regelfall schon mit der Entstehung des Anspruchs, d.h. mit der ungerechtfertigten Auszahlung selbst einsetzt (siehe auch § 4 Rn. 498).[1356] Diese Auslegungsregeln ergeben sich aus § 611 BGB und der Tatsache, dass die Abrechnung in der Sphäre des Arbeitgebers stattfindet; demzufolge muss auch das Risiko unrichtiger Abrechnungen bei ihm liegen. Es ist nicht Zweck tariflicher Ausschlussfristen, diese prinzipielle Risikoverteilung umzukehren. Nur wenn der Arbeitgeber die Überzahlung nicht erkennen konnte, etwa weil der Arbeitnehmer für die Berechnung maßgebliche Mitteilungen unterlassen hatte, kann die Fälligkeit des Rückzahlungsanspruchs (§ 812 BGB) ausnahmsweise erst zu einem Zeitpunkt, der nach der Überzahlung selbst liegt, eintreten.[1357] Haben die Vertragsparteien ihre Rechtsbeziehung **irrig als freies Mitarbeiterverhältnis** behandelt, läuft eine für das Arbeitsverhältnis bestehende tarifliche Verfallfrist im Hinblick auf Rückzahlungsansprüche des Arbeitgebers wegen Überzahlung nicht bevor dieses feststeht, bei einer gerichtlichen Feststellungsklage also erst ab **Rechtskraft der (Status)Entscheidung**; andernfalls würde von dem Arbeitgeber ein widersprüchliches Verhalten verlangt, weil er Rückzahlung mit der Begründung verlangen müsste, der Verpflichtete sei Arbeitnehmer. Dagegen hindere der Statusstreit den Dienstverpflichteten nicht an der Geltendmachung seines Rechts.[1358] Ist ein **Jahresarbeitszeitkonto** vereinbart, beginnt der Lauf jedenfalls einer zweistufigen Ausschlussfrist mit dem Ende des Abrechnungszeitraums, dem Schließen des Kontos, nicht schon mit der monatlichen Abrechnung; sonst müsste der Arbeitnehmer bei jedem unrichtigen Zwischensaldo klagen, obwohl nicht feststeht, dass ihm am Ende des Zeitraums Ausgleichsansprüche zustehen.[1359] **Annahmeverzugslohn** wird – auch im Falle des Betriebsübergangs – so fällig, wie wenn die Dienste tatsächlich geleistet worden wären.[1360]

Ansprüche, die erst **nach Beendigung des Arbeitsverhältnisses fällig** werden **495** (z.B. Karenzentschädigung bei nachvertraglichem Wettbewerbsverbot gemäß § 74 HGB oder Ruhegeldansprüche; siehe aber auch § 4 Rn. 492) können ebenfalls tariflichen Ausschlussfristen unterworfen werden[1361], doch muss der Tarifvertrag insoweit eindeutig und unmissverständlich formuliert sein. Außerdem müssen sie entsprechend den geforderten nachvertraglichen Beziehungen der Arbeitsvertragsparteien großzügiger (länger) als vorher bemessen sein, denn Ausschlussfristen dienen letztlich der effektiven Vertragsdurchführung,

---

1355 So auch BAG 20.7.1984, AP Nr. 85 zu § 4 TVG Ausschlussklauseln (mit Anm. von *Seibert/Lück*).

1356 Ebenso BAG 27.3.1996 (5 AZR 336/94), AP Nr. 26 zu § 70 BAT = EzA § 4 TVG Ausschlussfristen Nr. 124; BAG 1.6.1995 (6 AZR 972/94), EzA § 4 TVG Ausschlussfristen Nr. 114; BAG 20.7.1989, AP Nr. 2 zu § 1 KSchG 1969 Sicherheitsbedenken.

1357 BAG 27.3.1996 (5 AZR 336/94), AP Nr. 26 zu § 70 BAT = EzA § 4 TVG Ausschlussfristen Nr. 124; BAG 14.9.1994, AP Nr. 127 zu § 4 TVG Ausschlussfristen; siehe auch *Reinecke*, FS Schaub, 596ff.

1358 BAG 5.11.2003 (5 AZR 469/02), EzA § 3 NachwG Nr. 1; BAG 29.5.2002 (5 AZR 680/00), AP Nr. 27 zu § 812 BGB = EzA § 4 TVG Ausschlussfristen Nr. 155; BAG 14.3.2001 (4 AZR 152/00), EzA § 4 TVG Ausschlussfristen Nr. 143 = NZA 2002, 155; a.A. LAG Köln 13.8.1999, ZTR 2000, 133 (Ls.).

1359 BAG 5.9.2002 (9 AZR 244/01), AP Nr. 17 zu § 3 BurlG = NZA 2003, 726.

1360 BAG 13.2.2003 (8 AZR 236/02), AP Nr. 244 zu § 613a BGB = EzA § 4 TVG Ausschlussfristen Nr. 162.

1361 Vgl. BAG 18.12.1984 und 27.2.1990, AP Nr. 87 und 107 zu § 4 TVG Ausschlussfristen.

d.h. der reibungslosen Umsetzung des akuten vorausgesetzten Vertragszwecks.[1362]

496 Die Fälligkeit von **Schadensersatzansprüchen** der Arbeitsvertragsparteien gegeneinander oder von Rückgriffs-(Regress-)Forderungen des Arbeitgebers gegen den Arbeitnehmer, wenn dieser einen Dritten zurechenbar geschädigt hatte, beginnt erst, wenn der Anspruch nach Schadenseintritt dem Gläubiger (Arbeitgeber) bekannt wird. Sollte der Schaden dem ersatz-(regress-)berechtigten Gläubiger unbekannt geblieben sein, so wird sein Anspruch trotzdem fällig, wenn er davon wissen musste, seine Unkenntnis also auf eigene Fahrlässigkeit zurückgeht.[1363] Fällig werden die Schadensersatzansprüche also erst dann, wenn sie in ihrem Bestande feststellbar sind und geltend gemacht werden können. Geltend gemacht werden können sie, sobald der Gläubiger in der Lage ist, sich den erforderlichen Überblick ohne schuldhaftes Zögern zu verschaffen und seine Forderungen wenigstens annähernd zu beziffern.[1364] Liegt der Schädigung jedoch eine strafbare Handlung des Arbeitnehmers zugrunde, so kann der Arbeitgeber bis zum Ausgang eines klärenden Strafverfahrens warten, ehe er seine Ersatzansprüche geltend macht.

497 Dies gilt auch für **Rückgriffs-(Regress-)Ansprüche** des Arbeitgebers gegen den Arbeitnehmer (z.B. für Schadensersatzleistungen an Auftraggeber, die für Schlechtarbeit des Arbeitnehmers zu erbringen waren). Auch hier beginnt also die tarifliche Verfallfrist, wenn der Arbeitgeber den entstandenen Schaden kennt oder kennen muss. Kennen muss der Arbeitgeber den Schaden spätestens bei seiner internen Abnahme der von seinem Betrieb erbrachten Leistungen. Da er diese mängelfrei zu erbringen hat, ist er zu laufender Kontrolle verpflichtet. Deshalb tritt sein Schaden (und damit der Ersatzanspruch, § 271 Abs. 1 BGB) regelmäßig bereits mit der Schlechtarbeit selbst ein, so dass auch die Verfallfrist von da an zu laufen beginnt.[1365] Eine ähnliche Auffassung vertritt auch das Bundesarbeitsgericht.[1366] Wird der Schaden sodann geltend gemacht, beginnt bei einer zweistufigen Klausel auch die Frist für die nächste Stufe zu laufen.[1367] Sofern im Einzelfall weniger intensive Anforderungen an die Überwachungspflicht des Arbeitgebers zu stellen sein sollten (d.h., der Fristablauf z.B. erst mit seiner Kenntnis des Schadensereignisses beginnt), müsste der Arbeitgeber diese Umstände darlegen und beweisen.[1368] Wenn es sich dagegen um so genannte versteckte Mängel, die bei ihrer Entstehung nicht erkennbar waren, gehandelt haben sollte, wird der Schadensersatzanspruch des Arbeitgebers erst mit der Schadensfeststellung (z.B. durch Sachverständigengutachten) fällig.[1369]

---

1362 Vgl. auch *Weyand*, Ausschlussfristen, Rn. 91.

1363 BAG 3.2.1961, 16.3.1966, 8.1.1970, 16.12.1971, 17.10.1974, 26.5.1981 und 16.5.1984, AP Nr. 14, 32, 33, 43, 48, 55, 71 und 85 (mit Anm. von *Seibert/Lück*) zu § 4 TVG Ausschlussfristen; BAG 18.1.1966 und 25.4.1974, AP Nr. 37, 76 zu § 611 BGB Haftung des Arbeitnehmers; BAG 24.4.1974, AP Nr. 4 zu § 611 BGB Akkordkolonne.

1364 Ständige Rechtsprechung, zusammenfassend BAG 20.6.2002 (8 AZR 488/01), EzA § 611 BGB Arbeitgeberhaftung Nr. 11; siehe auch BAG 26.5.1981 AP Nr. 71 zu § 4 TVG Ausschlussfristen und BAG 16.5.1984, AP Nr. 85 zu § 4 TVG Ausschlussfristen, mit weiteren Nachweisen.

1365 Ebenso Wiedemann/*Wank*, § 4 Rn. 816.

1366 BAG 27.10.1970, AP Nr. 44 zu § 4 TVG Ausschlussfristen (mit Anm. von *Lieb*); BAG 24.7.1969, AP Nr. 48 zu § 611 BGB Haftung des Arbeitnehmers.

1367 BAG 16.3.1995, DB 1995, 1667.

1368 BAG 16.5.1984, AP Nr. 85 zu § 4 TVG Ausschlussfristen (mit Anm. von *Seibert/Lück*).

1369 BAG 24.7.1958, AP Nr. 4 zu § 611 BGB Akkordkolonne, *Weyand*, Ausschlussfristen, Rn. 176.

Entsprechende Prinzipien gelten im Hinblick auf **Bereicherungsansprüche** der Arbeitsvertragsparteien gegeneinander. Der Anspruch des Arbeitgebers auf Rückzahlung überzahlter, weil fehlerhaft berechneter Vergütungsbeträge wird allerdings in der Regel bereits im Zeitpunkt der Überzahlung fällig. Die zu viel gezahlte Summe kann sofort zurückverlangt werden. Auf die Kenntnis des Arbeitgebers von seinem Rückzahlungsanspruch kommt es nicht an. Fehler bei der Berechnung der Löhne fallen im Normalfall in seine Sphäre und können von ihm eher durch Kontrollmaßnahmen entdeckt werden als vom Empfänger der Leistung.[1370] Anderes gilt, wenn es dem Gläubiger des Rückzahlungsanspruchs praktisch unmöglich ist, den Anspruch mit seinem Entstehen geltend zu machen. Das ist insbesondere der Fall, wenn die rechtsbegründenden Tatsachen in der Sphäre des Schuldners liegen und der Gläubiger es nicht durch schuldhaftes Zögern versäumt hat, sich Kenntnis von den Voraussetzungen zu verschaffen, die er für die Geltendmachung benötigt.[1371] Diese Situation kann sich bei Entgeltüberzahlungen für den Arbeitgeber als Bereicherungsgläubiger ausnahmsweise ergeben, etwa dann, wenn der Arbeitnehmer es pflichtwidrig unterlassen hat Umstände mitzuteilen, die eine Erhebung des Rückzahlungsanspruchs innerhalb der Frist ermöglicht hätte.[1372] Gleiches soll gelten, wenn der Arbeitnehmer erkennt (nicht: erkennen musste), dass es infolge eines Fehlers zu einer erheblichen Überzahlung gekommen ist und er dies nicht anzeigt (zur Frage treuwidrigen Verhaltens § 4 Rn. 521 ff.).[1373] **498**

Ist mit dem Arbeitnehmer eine wirksame[1374] **Vertragsstrafe** für den Fall des Vertragsbruchs vereinbart, so lässt das Bundesarbeitsgericht[1375] die Verfallfrist nicht schon mit der Fälligkeit dieser »Strafe«, also mit dem Vertragsbruch beginnen. Hier setze der Fristablauf vielmehr erst ein, wenn der Arbeitgeber die Vertragsstrafe geltend mache, denn die Wirksamkeit jenes Anspruchs (nicht die Fälligkeit) hänge von seiner Geltendmachung ab. Diese unterschiedliche Behandlung von Vertragsstrafen gegenüber Schadensersatzansprüchen (vgl. § 4 Rn. 496) überzeugt nicht, weil die mit einer Verfallklausel bezweckte rasche Abwicklung gegenseitiger Ansprüche nicht davon abhängen kann, dass der Arbeitgeber eine Bedenkfrist für die Geltendmachung seiner Rechte hat. Schließlich steht es ihm auch im Schadensersatzfall frei, sein Recht später geltend zu machen, ohne dass der Ablauf einer Verfallfrist hierdurch gehemmt würde.[1376] **499**

Tritt die **beiderseitige Tarifbindung erst nach Abschluss des Arbeitsvertrags** ein (z. B. weil Arbeitgeber oder Arbeitnehmer erst jetzt der entsprechenden Organisation beitreten oder weil es zunächst noch gar keinen anwendbaren Tarifvertrag gab oder, bei fehlender Organisationszugehörigkeit, weil ein Tarifvertrag nun für allgemeinverbindlich erklärt wurde), dann stellt sich die Frage, ob, und wenn ja, ab wann die bereits früher entstandenen Ansprüche aus dem (zunächst **500**

1370 Ständige Rechtsprechung, zusammenfassend BAG 19.2.2004 (6 AZR 664/02), EzA § 4 TVG Ausschlussfristen Nr. 174; BAG 16.11.1989 (6 AZR 114/88), EzA § 4 TVG Ausschlussfristen Nr. 81).

1371 BAG 19.2.2004 (6 AZR 664/02), EzA § 4 TVG Ausschlussfristen Nr. 174; BAG 23.5.2001 (5 AZR 374/99), EzA § 818 BGB Nr. 12 = ZTR 2002, 84; BAG 16.11.1989 (6 AZR 114/88), EzA § 4 TVG Ausschlussfristen Nr. 81.

1372 BAG 31.1.2002 (6 AZR 41/01), EzA § 4 TVG Ausschlussfristen Nr. 153 = ZTR 2002, 596; BAG 1.6.1995 (6 AZR 912/94), ZTR 1996, 32.

1373 BAG 19.6.1985 (5 AZR 569/82), nicht veröffentlicht.

1374 Vgl. dazu die vieldiskutierte Entscheidung BAG 4.3.2004 (8 AZR 196/03), EzA § 307 BGB 2002 Nr. 1.

1375 BAG 7.11.1969, AP Nr. 1 zu § 340 BGB (mit Anm. von *H. P. Westermann*).

1376 Ebenso Wiedemann/*Wank*, § 4 Rn. 821 ff.; *R. Krause*, RdA 2004, 109; *Weyand*, Ausschlussfristen, Rn. 183; vermittelnd *Löwisch/Rieble*, § 1 Rn. 728.

nicht tarifunterworfenen) Arbeitsverhältnis unter die Ausschlussklauseln fallen. Das **Bundesarbeitsgericht lehnt**, soweit sich nicht aus dem Tarifvertrag selbst ein Anderes ergibt, die **Anwendung der Ausschlussklausel** auf bereits entstanden Ansprüche **ab**, da in diese andernfalls wesentlich inhaltlich eingegriffen würde.[1377] Demgegenüber soll nach einer im Schrifttum vertretenen Auffassung die Wirkung der Ausschlussfrist ebenso wie die der anderen Vorschriften desselben Tarifvertrages mit der Tarifbindung gemäß § 3 Abs. 1 TVG einsetzen. Die Ausschlussklausel erfasse auch bereits entstandene und fällige Forderungen, allerdings frühestens mit Beginn der Tarifbindung, so dass die Frist erst von diesem Zeitpunkt an laufe.[1378] Der Meinung des Bundesarbeitsgerichts ist zuzustimmen, nicht zuletzt weil Tarifnormen im Zweifel nicht zurückwirken sollen[1379]; auch der Gedanke des Günstigkeitsprinzips spricht jedenfalls bei dem Arbeitnehmer zustehenden Ansprüchen für dieses Ergebnis.

501 Die **rückwirkende Einführung von Verfallfristen**, also eine ausdrückliche Verlegung des Wirkungsbeginns derartiger Fristen vor den Zeitpunkt des Abschlusses des Tarifvertrages, ist rechtlich umstritten. Während die Rechtsprechung keine Bedenken gegen eine solche Rückwirkung hat, sofern der in der Zukunft liegende Teil der Frist nur genügend Zeit zur Geltendmachung der Forderung lässt[1380], sehen andere hierin einen Verstoß gegen den rechtsstaatlichen Grundsatz des Vertrauensschutzes.[1381] Erkennt man prinzipiell die Notwendigkeit und Möglichkeit rückwirkender Tarifverträge an (z.B. um einen wegen länger dauernder Verhandlungen entstandenen tariflosen Zustand nachträglich zu beseitigen), muss diese Rückwirkung auch für die in einem solchen Vertragswerk enthaltene regelmäßige Ausschlussfrist gelten (allgemein zur Rückwirkung § 4 Rn. 111 ff.). Sie ist jedoch nur dann rechtmäßig, wenn der bei Inkrafttreten des Tarifvertrages noch nicht abgelaufene Teil der Frist angemessene Zeit zur Geltendmachung der erfassten Forderungen lässt.[1382] Sofern dieser verbleibende Fristteil auch für sich als besondere Ausschlussklausel hätte vereinbart werden können, bestehen keine Bedenken gegen die Rückwirkung. Im Ergebnis ist dem Bundesarbeitsgericht daher zuzustimmen.[1383]

### b) Fristberechnung

502 Bei der Berechnung der Frist wird nach § 187 BGB der Fälligkeitstag nicht mitgerechnet. Eine nach Wochen oder Monaten zu berechnende Frist endet mit dem Ablauf des Tages, welcher durch seine Benennung dem Fälligkeitstag entspricht (§ 188 Abs. 2 BGB). Gesetzliche Regelungen über eine **Hemmung** der Ausschlussfrist fehlen. Enthält der Tarifvertrag insoweit keine Regelung, käme nur

1377 BAG 26.9.1990 (5 AZR 218/90), AP Nr. 109 zu § 5 TVG Ausschlussfristen = EzA § 4 TVG Ausschlussfristen Nr. 87, in Ablehnung nicht entscheidungserheblicher Aussagen früherer Entscheidungen; zustimmend *R. Krause*, RdA 2004, 47.

1378 *Voraufl.*, § 4 Rn. 274; Wiedemann/*Wank*, § 4 Rn. 777 (entsprechende Anwendung der Regelndes intertemporalen Rechts, vgl. Art. 169 Abs. 2 EGBGB), jeweils bei unzutreffender Einordnung der Entscheidung BAG 26.9.1990 (5 AZR 218/90), AP Nr. 109 zu § 5 TVG Ausschlussfristen.

1379 Zutreffend *Däubler*, Tarifvertragsrecht, Rn. 1342.

1380 So BAG 14.7.1965, AP Nr. 5 zu § 1 TVG Tarifverträge BAVAV; zustimmend Wiedemann/*Wank*, § 4 Rn. 776.

1381 Z.B. *Däubler*, Tarifvertragsrecht, Rn. 1343.

1382 Vgl. Sächsisches LAG 23.8.1994, ZTR 1995, 223; hierzu im konkreten BAT-O-Fall treffend *Kiefer*, ZTR 1995, 205.

1383 Ebenso *Weyand*, Ausschlussfristen, Rn. 42; *R. Krause*, RdA 2004, 47, bei Abweichungen im Einzelnen.

eine entsprechende Anwendung der hierzu für die Verjährung bestehenden Vorschriften (§§ 203 ff. BGB) in Betracht. Diese Frage ist im Schrifttum umstritten[1384]; das Bundesarbeitsgericht hat bislang nur eine Hemmung wegen höherer Gewalt (§ 206) anerkannt.[1385] Wenn auch manches für eine Analogie spricht, scheint der praktische Bedarf gering zu sein. Angesichts des Hinausschiebens des Fristbeginns durch subjektive Anforderungen (§ 4 Rn. 494) und des breiten Bereichs, den die Anwendung des § 242 BGB bei der »Berufung« auf treuwidriges Verhalten hat, bleiben nur wenige Lücken, die mit den §§ 203 ff. BGB gefüllt werden müssten. Von Bedeutung erscheint dabei insbesondere die (als allgemeine Vorschrift neue) Regelung des § 203 Satz 1 BGB, wonach Verhandlungen über den Anspruch oder über anspruchsbegründende Umstände den Fristablauf solange hemmen, bis ein Teil die Fortsetzung der Verhandlungen verweigert. Gegenüber der allgemeinen und eher vagen Berufung auf treuwidriges Verhalten (§ 4 Rn. 521 ff.) scheint dies eine handhabbarere Lösung.

**Unterscheiden sich die Verfallfristen** für das laufende Arbeitsverhältnis und die für das Erheben von Ansprüchen nach dessen Beendigung und ist die zuletzt genannte – wie in der Praxis regelmäßig – kürzer, dann gilt bei einem Ausscheiden aus dem Arbeitsverhältnis von da an immer die kürzere verbleibende Zeitspanne. Entweder ist das der Rest der schon angelaufenen Frist oder die Beendigungsfrist.[1386] **503**

## 7. Geltendmachung des Anspruchs

### a) Erforderliche Erklärung

Bei dem Geltendmachen handelt es sich um eine so genannte geschäftsähnliche Handlung, auf die die Vorschriften des BGB über Willenserklärungen entsprechend anwendbar sind. Mit ihm **fordert** der Gläubiger den Schuldner unbedingt zur **Erfüllung** seines Anspruchs auf. Eine bestimmte Wortwahl ist nicht erforderlich, doch können zu zurückhaltende Formulierungen (»Prüfen Sie doch bitte nach ...«, »Überlegen Sie doch noch einmal«, »Ich behalte mir das Geltendmachen meiner Ansprüche vor«) nicht ausreichen, mit der Konsequenz des Verstreichens der Frist.[1387] **504**

Obwohl die Ausschlussfrist regelmäßig erst ab Fälligkeit des Anspruchs läuft, kann der Gläubiger, wie das Bundesarbeitsgericht nunmehr, nach Schwankungen, annimmt, einen **bereits entstandenen Anspruch** auch vor Eintritt der Fälligkeit geltend machen.[1388] Eine Erklärung für künftige, noch nicht entstandene **505**

1384 Bejahend etwa Wiedemann/*Wank*, § 4 Rn. 779; *Gamillscheg*, Kollektives Arbeitsrecht I, § 18 IV 1h, 829; *Däubler/Zwanziger*, § 4 Rn. 1097; verneinend *Löwisch/Rieble*, § 1 Rn. 735; *R. Krause*, RdA 2004, 110, der allerdings durchgängig auf den Gedanken der Hemmung zurückgreift.

1385 BAG 8.3.1976 AP Nr. 4 zu § 496 ZPO.

1386 BAG 16.3.1995 (8 AZR 58/92), AP Nr. 129 zu § 4 TVG = EzA § 4 TVG Ausschlussfristen Nr. 110; Wiedemann/*Wank*, § 4 Rn. 834, mit weiteren Nachweisen.

1387 Vgl. BAG 10.7.2003 (6 AZR 283/02), EzA § 4 TVG Ausschlussfristen Nr. 168; BAG 20.2.01 (9 AZR 46/00), AP Nr. 11 zu § 1 TVG Tarifverträge: Gaststätten = EzA § 4 TVG Ausschlussfristen Nr. 139; BAG 10.12.1997 (4 AZR 228/96), AP Nr. 234 zu BAT 1975 §§ 22, 23; BAG 5.4.1995 (5 AZR 961/93), AP Nr. 130 zu § 4 Ausschlussfristen = EzA § 4 TVG Ausschlussfristen Nr. 111.

1388 BAG 28.4.2004 (10 AZR 481/03), EzA § 4 TVG Ausschlussfristen Nr. 172; BAG 11.12.2003 (6 AZR 539/02), EzA § 4 TVG Ausschlussfristen Nr. 170; BAG 13.2.2003 (8 AZR 236/02), AP Nr. 244 zu § 613a BGB = EzA § 4 TVG Ausschlussfristen Nr. 162; anders noch BAG 17.5.2001 (8 AZR 366/00), AP Nr. 2 zu § 70 BAT-O = EzA § 4 TVG Ausschlussfristen Nr. 136.

Ansprüche (»auf Vorrat«) ist dagegen ausgeschlossen.[1389] Sieht allerdings der Tarifvertrag vor, dass die Geltendmachung von Ansprüchen von Arbeitnehmern »durch den Betriebsrat dem Grunde nach« auch »für sich anschließende Ansprüche« ausreichen soll, so können auch noch nicht entstandene Ansprüche dem Verfall entzogen werden.[1390]

506 Nicht notwendig ist es für die Geltendmachung, dass der **Rechtsgrund der Forderung** angegeben wird, doch muss der Schuldner zur Erfüllung des Anspruchs aufgefordert werden.[1391] Der Schuldner muss lediglich erkennen können, um welche Art Forderung es sich handelt. Für diese Spezifizierung reicht es aus, dass der zugrunde liegende tatsächliche Sachverhalt (z.B. »Überstunden im Januar 2006«, »Urlaubsabgeltung 2006«, »Auslösung für Montagearbeiten von … bis … in …«, »Weihnachtsgeld 2005« usw.) stichwortartig angegeben wird. Auch das ist nicht erforderlich, wenn der Schuldner weiß, um welchen Vorgang es sich handelt oder dies z.B. aus der Höhe des Anspruchs entnehmen kann. **Inhaltsänderungen** eines geltend gemachten Anspruchs, etwa weil aus dem Freistellungsanspruch des Arbeitgebers gegen den Arbeitnehmer wegen von diesem Dritten zugefügten Schäden auf Grund von Zahlung durch den Arbeitgeber ein Erstattungsanspruch wird, führen nicht dazu, dass nunmehr ein erneutes Geltendmachen nötig wäre. Umgekehrt hat die Versäumung der Frist für den Ursprungsanspruch auch das Verfallen der Frist im Hinblick auf den gewandelten Anspruch zur Folge.[1392]

507 Eine genaue **Bezifferung** des Anspruchs ist nicht erforderlich, falls dem Schuldner, wie es insbesondere bei Entgeltforderungen der Fall ist, wenigstens annähernd die Höhe der Forderung bekannt oder errechenbar ist; anderenfalls hat er keine konkrete Grundlage für seine Reaktion hierauf.[1393] So genügt es, wenn sich der Betrag aus der Bezeichnung des Anspruchs (z.B. »zusätzliches Urlaubsgeld«) mühelos errechnen lässt[1394] oder dem Schuldner ohnehin bereits bekannt ist.[1395] Bei einer Forderung, Überstunden zu bezahlen, hat der Arbeitnehmer allerdings im Einzelnen darzulegen, an welchen Tagen und zu welchen Tageszeiten sie stattgefunden haben.[1396] Überflüssig ist eine Bezifferung dann, wenn die Gegenseite die hierfür von ihr zu liefernden Angaben verweigert (der Arbeitgeber z.B. keine Auskunft über den Umsatz gibt, von dessen Höhe die Umsatzprovision des Arbeitnehmers abhängt). Zur Geltendmachung reicht es freilich nicht aus,

---

1389 BAG 9.3.2005 (5 AZR 385/02), NZA 2005, 1016 (Leitsätze); BAG 10.7.2003 (6 AZR 283/02), EzA § 4 TVG Ausschlussfristen Nr. 168; anders der 10. Senat des BAG, 27.3.1996 (10 AZR 668/95), AP Nr. 134 zu § 4 TVG Ausschlussfristen = EzA § 4 TVG Ausschlussfristen Nr. 123; zurückhaltend BAG 28.4.2004 (10 AZR 481/03), EzA § 4 TVG Ausschlussfristen Nr. 172.

1390 BAG 28.4.2004 (10 AZR 481/03), EzA § 4 TVG Ausschlussfristen Nr. 172.

1391 BAG 17.5.2001 (8 AZR 366/00), AP Nr. 2 zu § 70 BAT-O = EzA § 4 TVG Ausschlussfristen Nr. 136; BAG 5.4.1995, AP Nr. 130 zu § 4 TVG Ausschlussfristen.

1392 BAG 16.3.1995 (8 AZR 58/92), EzA § 4 TVG Ausschlussfristen Nr. 110; siehe auch BAG 16.3.1999 (9 AZR 428/98), AP Nr. 25 zu § 7 BUrlG Übertragung = EzA § 7 BUrlG Nr. 107 (Urlaubsanspruch/Schadenersatzanspruch wegen nicht gewährten Urlaubs); BAG 13.2.2002 (5 AZR 470/00), § 4 EntgeltfzG Nr. 5 (Zeitgutschrift/Zahlungsanspruch wegen Schließung des Zeitkontos).

1393 BAG 26.3.2003 (5AZR 223/02), EzA § 4 TVG Ausschlussfristen Nr. 163; BAG 16.3.1966, 8.1.1971 und 17.10.1974, AP Nr. 33, 43 und 55 (mit Anm. von *Wiedemann*) zu § 4 TVG Ausschlussfristen; weitergehend *R. Krause*, RdA 2004, 112, der einen grundsätzlichen Verzicht auf das Kriterium der Bezifferung vorschlägt.

1394 Vgl. BAG 16.6.1976, AP Nr. 56 zu § 4 TVG Ausschlussfristen.

1395 BAG 16.12.1971, 8.2.1972 und 17.10.1974, AP Nr. 48, 49 und 55 zu § 4 TVG Ausschlussfristen.

1396 BAG 17.4.2002 (5 AZR 644/00), EzA § 4 TVG Ausschlussfristen Nr. 148.

dass dem Schuldner irgendein Betrag mitgeteilt oder bekannt wird, der erheblich unter dem Betrag bleibt, den der Gläubiger von ihm verlangen will.[1397]

Der Anspruch ist, soweit nichts Abweichendes im Tarifvertrag bestimmt ist, **nicht** vom Gläubiger **persönlich** geltend zu machen (zur unter Umständen erforderlichen Schriftform siehe § 4 Rn. 510). Es ist also möglich, einen **Vertreter** hierfür zu bevollmächtigen. Die Vollmacht bedarf in keinem Fall einer Form (vgl. § 168 Abs. 2 BGB); aus Beweisgründen empfiehlt sich jedoch ihre schriftliche Erteilung. Legt der Bevollmächtigte beim Geltendmachen der Forderung keine Vollmachtsurkunde vor, soll die Erklärung nicht entsprechend § 174 Satz 1 BGB unwirksam sein, wenn der Schuldner sie deshalb zurückweist.[1398] Vertreter der Arbeitnehmer kann auch der **Betriebsrat** sein, wobei hier wegen § 80 Abs. 1 Nr. 1 BetrVG keine ausdrückliche Bevollmächtigung erforderlich ist.[1399] Gelegentlich wird der Betriebsrat auch tarifvertraglich entsprechend bevollmächtigt.[1400] Dies ist zulässig und angesichts hierzu bestehender Unsicherheiten[1401] auch sinnvoll. Zwar können alle arbeitsrechtlichen Ansprüche (sofern nicht ausdrücklich Anderes bestimmt ist) auch durch vollmachtslose Vertreter (§ 179 BGB) in Geschäftsführung ohne Auftrag (§§ 677 ff. BGB) geltend gemacht werden, wenn dies dem wirklichen oder mutmaßlichen Willen des Arbeitnehmers entspricht.[1402] Da jedoch das **Bundesarbeitsgericht** generell, also nicht nur nach Fristablauf, beim Geltendmachen des Anspruchs entsprechend § 180 Satz 1 BGB **Vertretung ohne Vertretungsmacht** und auch ihre Genehmigung nach Satz 2 **ausschließt**[1403], muss ein solches Vorgehen ausscheiden. **508**

Der Anspruch kann (sofern der Tarifvertrag nichts Anderes vorschreibt) nicht nur **dem Schuldner gegenüber**, sondern auch gegenüber dessen Vertreter (z. B. den hierfür zuständigen Angestellten des Arbeitgebers) erhoben werden; als betrieblicher Repräsentant der Arbeitnehmerinteressen ist der Betriebsrat insoweit nicht zur Vertretung des Arbeitgebers berufen.[1404] Ein Tätigwerden des Betriebsrats als auftragsloser Empfangsbote des Arbeitnehmers andererseits würde kaum dessen wirklichen oder mutmaßlichen Willen entsprechen[1405] (§ 677 BGB). Sind nach dem Tarifvertrag Ansprüche »gegenüber der Personalabteilung oder einer entsprechend zuständigen Stelle« geltend zu machen, so reicht Geltendmachung gegenüber demjenigen, der im Rechtsstreit über den Anspruch Prozessbevollmächtigter des Arbeitgebers ist.[1406] **509**

---

1397 BAG 8. 2. 1972, AP Nr. 49 zu § 4 TVG Ausschlussfristen (mit Anm. von *E. Wolf*).

1398 BAG 14. 8. 2002 (5 AZR 341/01), NZA 2002, 1344 = BB 2003, 51 (ablehnende Anm. von *Ulrici*); LAG Brandenburg 17. 5. 2000 (7 Sa 113/00), NZA-RR 2002, 201.

1399 Anders wohl BAG 28. 4. 2004 (10 AZR 481/03), EzA § 4 TVG Ausschlussfristen Nr. 172; offengelassen in BAG 5. 4. 1995, AP Nr. 132 zu § 4 TVG Ausschlussfristen; wie hier dagegen BAG 7. 12. 1962, AP Nr. 23 zu § 1 HausarbeitstagsG Nordrhein-Westfalen; *Gaul*, Ausschlussfristen, 63; *Däubler*, Tarifvertragsrecht, Rn. 1362; *Weyand*, Ausschlussfristen, Rn. 209, a. A. Wiedemann/*Wank*, § 4 Rn. 840; *Löwisch/Rieble*, § 1 Rn. 749; *Rieble*, Anm. zu BAG 5. 4. 1995 (5 AZR 961/93), EzA § 4 TVG Ausschlussfristen Nr. 111; *R. Krause*, RdA 2004, 113.

1400 Z. B. § 18. 2 des MTV Metallindustrie Südbaden vom 8. 5. 1990; dazu BAG 28. 4. 2004 (10 AZR 481/03), EzA § 4 TVG Ausschlussfristen Nr. 172.

1401 Vgl. LAG Berlin 5. 10. 1987, NZA 1988, 442.

1402 A.A *Rieble*, Anm. zu BAG 5. 4. 1995 (5 AZR 961/93), EzA § 4 TVG Ausschlussfristen Nr. 111, 17 f., dessen berechtigte Bedenken gegenüber einer allgemeinen Rechtsvertretungsbefugnis von Betriebsräten jedoch nicht auf die außergerichtliche Geltendmachung zur Fristwahrung zutreffen.

1403 BAG 14. 8. 2002 (5 AZR 341/01), NZA 2002, 1344 (ablehnende Anm. von *Ulrici*, BB 2003, 51).

1404 A.A *Gaul*, Ausschlussfristen, 62 f.

1405 Im Ergebnis ebenso BAG 14. 6. 1974, AP Nr. 20 zu § 670 BGB (mit Anm. von *Wiedemann*).

1406 BAG 27. 2. 2002 (9 AZR 545/00), EzA § 4 TVG Metallindustrie Nr. 125.

### b) Form der Erklärung

510 Sehr häufig schreiben tarifliche Verfallklauseln die **schriftliche Geltendmachung** des Anspruchs vor. Da der normative Teil des Tarifvertrags im Sinne des BGB Gesetz ist (Art. 2 EGBGB), würde das bei Anwendung der §§ 125 Satz 1 und 126 BGB bedeuten, dass jedes Geltendmachen nichtig ist, das nicht in einer eigenhändig unterschriebene Urkunde (bzw. notariell beurkundet) erfolgt. Wie ausgeführt (§ 4 Rn. 504) ist das Geltendmachen jedoch eine geschäftsähnliche Handlung, so dass die angeführten, für Willenserklärungen bestehenden Vorschriften insoweit lediglich entsprechend anzuwenden sind.[1407] Das erlaubt Abweichungen im Hinblick auf die Rechtsfolge wie hinsichtlich der zugelassenen Formen, soweit der Zweck der Ausschlussfristen dies trägt. Die tariflich geforderte Schriftlichkeit dient vor allem Beweiszwecken. Es kann für den Regelfall, d.h. solange der Tarifvertrag keine andere Regelung trifft, nicht angenommen werden, dass die Frist nicht gewahrt sein soll, wenn unbestritten oder bewiesenermaßen ein rechtzeitiges Geltendmachen in anderer Form (etwa mündlich) erfolgt ist.[1408] Die Wirksamkeit der Geltendmachung hängt damit nicht von der Schriftform ab, doch wird sie sich anders häufig kaum nachweisen lassen.[1409] Selbst wenn man nicht mit der hier vertretenen Auffassung mündliche Erklärung ausreichend sein lässt, genügt Geltendmachen durch (unterschriebenes) **Telefax**.[1410] Von dieser Position ausgehend, wäre es bei Auslegung der Tarifnorm ein nur geringer Unterschied, auch die telekommunikative Übermittlung (etwa E-Mail) zuzulassen[1411], obwohl das BGB diese Formerleichterung für Willenserklärungen nur bei rechtsgeschäftlich bestimmter Schriftform vorsieht (vgl. § 127 Abs. 2 Satz 1 BGB). Das BAG schließt das jedoch aus, indem es bei der zugelassenen Erklärung durch Telefax die bildliche Wiedergabe der Originalunterschrift als wesentlich ansieht.[1412] Nicht ausreichend ist die Anzeige eines (durch unerlaubte Handlung verursachten) Schadens bei der Polizei, oder die Bekanntgabe einer Forderung gegenüber dem Betriebs-/Personalrat, weil die Geltendmachung jeweils gegenüber dem Schuldner erfolgen muss.[1413]

511 Aus den angeführten Gründen reicht es hingegen für die **Erfüllung der Schriftform** aus, wenn der Gläubiger sofort gerichtlich **Klage** erhebt, anstatt seinen Anspruch zunächst schriftlich geltend zu machen.[1414] Die Klage muss dann jedoch

1407 Zutreffend BAG 11.10.2000 (5 AZR 313/99), AP Nr. 153 zu § 4 TVG Ausschlussfristen = EzA § 4 TVG Ausschlussfristen Nr. 134; a. A. im Hinblick auf § 126 BGB *Röger*, NJW 2004, 1766.

1408 Vgl. BAG 10.1.1974, AP Nr. 54 zu § 4 TVG Ausschlussfristen (mit Anm. von *Wiedemann*); a. A. *Löwisch/Rieble*, § 1 Rn. 752, 764; KassArbR/*Dörner*, 8.1 Rn. 268; *Weyand*, Ausschlussfristen, Rn. 236; *Schaub*, § 205 V 3 Rn. 33; Wiedemann/*Wank*, § 4 Rn. 847.

1409 Wie hier *Däubler*, Tarifvertragsrecht, Rn. 1358.

1410 So BAG 17.9.2003 (4 AZR 540/02), DB 2004, 764 (zustimmende Besprechung *Gitter*, RdA 2004, 268); BAG 11.10.2000 (5 AZR 313/99), AP Nr. 153 zu § 4 TVG Ausschlussfristen = EZA § 4 TVG Ausschlussfristen Nr. 134; *Röger*, NJW 2004, 1767 (Textform des § 126b BGB); a. A. *Löwisch/Rieble*, § 1 Rn. 752; *Schmitt*, SAE 2001, 307. Dazu, dass sich der Zugang des Telefax nicht aus dem »o.k.«-Vermerk im Sendebericht folgt siehe BAG 14.8.2002 (5 AZR 169/01), EzA § 130 BGB Nr. 129.

1411 Vgl. auch *Däubler/Zwanziger*, § 4 Rn. 1153, der die Formen zulassen will, die für die Klageerhebung vorgesehen sind.

1412 BAG 17.9.2003 (4 AZR 540/02), DB 2004, 764.

1413 BAG BAG 10.1.1974, AP Nr. 54 zu § 4 TVG Ausschlussfristen; BAG 14.6.1974, AP Nr. 20 zu § 670 BGB (mit Anm. von *Wiedemann*).

1414 BAG 24.6.1960, AP Nr. 5 zu § 4 TVG Ausschlussfristen; BAG 4.11.1969 und 8.3.1976, AP Nr. 3 und 4 zu § 496 ZPO; BAG 18.1.1974, AP Nr. 4 zu § 345 ZPO; BAG 14.6.1974, AP Nr. 20 zu § 670 BGB; BAG 24.7.1969, AP Nr. 48 zu § 611 BGB Haftung des Arbeitnehmers; BAG 9.8.1990 AP Nr. 46 zu § 615 BGB.

innerhalb der Ausschlussfrist dem beklagten Schuldner **zugestellt** werden, da der Gläubiger eine einfachere und beeinflussbare Alternative (Schreiben) zum rechtzeitigen Geltendmachen gehabt hätte. Im Einzelfall kann auch eine **Kündigungsschutzklage** als schriftliche Geltendmachung ausreichen, wenn nach den gesamten Umständen der Arbeitgeber die Kündigungsschutzklage dahin verstehen musste, damit würden auch Gehaltsansprüche geltend gemacht.[1415] Diese zu § 70 BAT erarbeitete Auslegung ist heute ganz allgemein dahin ausgedehnt worden, dass die Fristen tariflicher Ausschlussklauseln, die schriftliche Geltendmachung der Ansprüche aus dem Arbeitsverhältnis verlangen, für solche Ansprüche, die vom Ausgang des Kündigungsschutzprozesses abhängen (z.B. aus § 615 BGB), auch durch Erhebung und Durchführung der Kündigungsschutzklage gewahrt werden können[1416]; schließlich wird mit der Kündigungsschutzklage nicht nur die Sicherung des Arbeitsplatzes, sondern auch das damit verbundene Einkommen erstrebt. Das soll jedoch **nicht für solche Ansprüche** gelten, die über den Bestand des Arbeitsverhältnisses hinaus noch **weitere Tatbestandsmerkmale** voraussetzen, wie etwa ein Verzugsschaden wegen verspäteter Lohnzahlung.[1417] Für Ansprüche, welche die Beendigung des Arbeitsverhältnisses voraussetzen (etwa Karenzentschädigung), kommt ein Geltendmachen durch Kündigungsschutzklage ohnedies nicht in Betracht. – Soweit die Kündigungsschutzklage die Frist wahrt, **entfällt** diese **Wirkung** hier (zur anderen Situation bei einer Klagefrist § 4 Rn. 513) auch **nicht** bei einer **Klagerücknahme** oder einem Prozessstillstand.[1418]

Der **Klageabweisungsantrag des Arbeitgebers** im Kündigungsschutzprozess ist 512
nicht als die vom Tarifvertrag geforderte ausdrückliche oder schriftliche Ablehnung anzusehen, wenn der Arbeitnehmer bereits konkrete Ansprüche (etwa auf Annahmeverzugsentgelt) benannt hat; es fehlt die erforderliche Warn- und Signalfunktion.[1419] Erst recht kann er kann nicht als (schriftliches) Geltendmachen von Rückzahlungsansprüchen wegen über das festgestellte Ende des Arbeitsverhältnisses hinaus gezahlter Bezüge angesehen werden.[1420]

Einige tarifliche Ausschlussklauseln schreiben die **gerichtliche Geltendmachung** der Forderungen aus dem Arbeitsverhältnis vor. Hier sind Klageerhebung 513
und Durchführung des Prozesses zur Fristwahrung erforderlich, doch ist eine spätere Klagerücknahme entgegen der Auffassung des Bundesarbeitsgerichts jedenfalls dann unschädlich, wenn binnen sechs Monaten erneut geklagt wird

1415 BAG 16.6.1976, AP Nr. 57 zu § 4 TVG Ausschlussfristen.

1416 Ständige Rechtsprechung, etwa BAG 20.6.2002 (8 AZR 488/01), EzA § 611 BGB Arbeitgeberhaftung Nr. 11; BAG 24.8.1999 (9 AZR 804/98), EzA § 615 BGB Nr. 96 = NZA 2000, 818; BAG 7.11.1991 (2 AZR 34/91), AP Nr. 114 zu § 4 TVG Ausschlussfristen = EzA TVG § 4 Ausschlussfristen Nr. 93; BAG 9.8.1990, AP Nr. 46 zu § 615 BGB; BAG 13.9.1984 (6 AZR 379/81), EzA § 4 TVG Ausschlussfristen Nr. 62; BAG 26.3.1977 AP Nr. 59 zu § 4 TVG Ausschlussfristen (mit Anm. von *Wiedemann*); vgl. auch BAG 26.2.2003 (5 AZN 757/02), ZTR 2003, 293, mit dem Hinweis darauf, dass für den öffentlichen Dienst (§ 70 BAT) dasselbe gelte wie in der privaten Wirtschaft.

1417 BAG 20.6.2002 (8 AZR 488/01), EzA § 611 BGB Arbeitgeberhaftung Nr. 11, mit weiteren Nachweisen.

1418 BAG 7.11.1991 (2 AZR 34/91), AP Nr. 114 zu § 4 TVG Ausschlussfristen = EzA TVG § 4 Ausschlussfristen Nr. 93.

1419 BAG 11.12.2001 (9 AZR 510/00), EzA § 4 TVG Ausschlussfristen Nr. 145: BAG 4.5.1977 (5 AZR 187/76), EzA § 4 TVG Ausschlussfristen Nr. 31.

1420 Zutreffend BAG 19.1.1999 (9 AZR 405/97), AP Nr. 1 zu § 70 BAT-O = EzA § 4 TVG Ausschlussfristen Nr. 131; siehe aber auch BAG 19.3.2003 (10 AZR 597/01): Antrag im Revisionsverfahren auf Aufhebung des auch Zahlungsanträgen stattgebenden Berufungsurteils.

(analog § 204 Abs. 2 Satz 1, Abs. 3 BGB).[1421] Jedenfalls genügt es (anders als bei schriftlicher Geltendmachung, vgl. § 4 Rn. 511), dass die Klage innerhalb der Ausschlussfrist beim Arbeitsgericht eingeht.[1422] Sofern der Anspruch erst nach Auskunft des Schuldners beziffert werden kann, reicht auch die Erhebung einer Stufenklage nach § 254 ZPO aus.[1423] Die gerichtliche Form wird auch durch Mahnbescheid (§ 46a ArbGG in Verbindung mit §§ 688ff. ZPO) oder durch Widerklage gewahrt. Dasselbe gilt für die Streitverkündung und die Prozessaufrechnung[1424], weil sie die vorgesehene gerichtliche Klärung des Anspruchs sichern.

### c) Besonderheiten zweistufiger Verfallfristen

**514** Problematisch sind so genannte **zweistufige Verfallfristen**. Hier wird zunächst die schriftliche Geltendmachung des Anspruchs (1. Stufe) und – sofern sich das als fruchtlos erweist – nach weiterem Fristablauf eine entsprechende gerichtliche Klage (2. Stufe) vorgeschrieben (so z. B. § 16 BRTV-Bau). Nun lässt die Rechtsprechung für die **erste Stufe** zwar eine **Kündigungsschutzklage** des Arbeitnehmers **als schriftliche Geltendmachung** der damit zusammenhängenden weiteren Ansprüche zu (vgl. § 4 Rn. 511). Nicht zuzustimmen ist dem BAG allerdings, wenn es bei einer zweistufigen Verfallklausel offenbar ein zusätzliches Erkennbarmachen der Tatsache verlangt, dass der Arbeitnehmer mit der Bestandsklage zugleich auch die Frist zur schriftlichen Geltendmachung seiner Ansprüche wahrnehmen wolle. Dem Arbeitnehmer soll es obliegen, in der Klageschrift zum Bestandsstreit oder in sonst geeigneter Weise dem Arbeitgeber gegenüber zu verdeutlichen, dass und welche Ansprüche zur Vermeidung des Erlöschens geltend gemacht werden. Denn die fristwahrende Wirkung der Bestandsklage entspreche nicht notwendig dem Interesse des Arbeitnehmers, da sich die Gesamtfrist verkürze.[1425] Richtig ist, dass durch die vor Fälligkeit der Ansprüche erhobene Klage die Frist der ersten Stufe verkürzt wird oder wegfällt und vom Zeitpunkt der Fälligkeit des (Annahmeverzugs-)Anspruchs dann sofort die Frist der zweiten Stufe läuft. Warum aber der Arbeitnehmer, der Bestandsklage erhoben hat, sich die Überlegungsfrist der ersten Stufe erhalten soll, bleibt unklar. Nicht überzeugend ist auch, dass für eine einstufige Ausschlussfrist weniger Anforderungen zu stellen wären; auch hier kann durch die Klageerhebung eine Fristverkürzung eintreten.[1426]

**515** Die **zweite Stufe** der gerichtlichen Geltendmachung der Entgeltansprüche soll mit einer Kündigungsschutzklage deshalb nicht erfüllt werden können, weil nur das Weiterbestehen des (gekündigten) Arbeitsverhältnisses prozessualer Streit-

---

1421 A. A. hinsichtlich der entsprechenden Anwendung des früheren § 212 BGB bei zweistufiger Ausschlussfrist BAG 19. 2. 2003 (4 AZR 168/02), EzA § 4 TVG Ausschlussfristen Nr. 164; BAG 11. 7. 1990 (5 AZR 609/89), AP Nr. 108 zu § 4 TVG Ausschlussfristen = EzA § 4 TVG Ausschlussfristen Nr. 84 – Aufgabe der im Urteil vom 24. 5. 1973 (5 AZR 21/73), AP Nr. 52 zu § 4 TVG Ausschlussfristen = EzA § 4 TVG Ausschlussfristen Nr. 15, vertretenen Ansicht; Wiedemann/*Wank*, § 4 Rn. 856; wie hier dagegen *Wiedemann/Stumpf*, § 4 Rn. 443.

1422 BAG 8. 3. 1976, AP Nr. 4 zu § 496 ZPO; BAG 13. 5. 1987, AP Nr. 3 zu § 209 BGB.

1423 BAG 23. 2. 1977, AP Nr. 58 zu § 4 TVG Ausschlussfristen (mit Anm. von *Wiedemann*).

1424 Näher *Weyand*, Ausschlussfristen, Rn. 248 ff.

1425 BAG 24. 8. 1999 (9 AZR 804/98), EzA § 615 BGB Nr. 96.

1426 Vgl. zutreffend die Ausführungen in LAG Hamm 7. 11. 2002 (8 (13) Sa 837/02), NZA-RR 2003, 484.

gegenstand sei[1427], nicht aber die damit verbundenen Forderungen. Wenn also eine (zweistufige) Ausschlussklausel bestimme, dass die Ansprüche nach erfolgloser schriftlicher Geltendmachung innerhalb einer bestimmten weiteren Frist gerichtlich geltend gemacht werden müssen, so könne dies nur durch eine (neben einer eventuellen Kündigungsschutzklage gesondert erhobenen) **Zahlungsklage** geschehen. Diese muss dann im Hinblick auf den Annahmeverzugslohn unter Umständen stetig erweitert werden.

Die Praxis muss sich hierauf einstellen, mag man auch diese prozessualistische Auffassung (angesichts der richterlichen Gleichsetzung einer Kündigungsschutzklage mit der schriftlichen Geltendmachung entsprechender Entgeltforderungen, vgl. § 4 Rn. 511) für formalistisch halten[1428] und eine entsprechende Anwendung der für die Hemmung der Verjährung geltenden §§ 203, 204 BGB[1429] bevorzugen. Das Bundesarbeitsgericht[1430] hat bereits darauf hingewiesen, dass dem aus einer zweistufigen Ausschlussklausel folgenden Zwang, Lohnklagen noch vor Beendigung des Kündigungsschutzverfahrens zu erheben, dadurch begegnet werden kann, dass der Arbeitgeber erklärt, er werde sich bezüglich solcher Zahlungsansprüche, die vom Fortbestand des Arbeitsverhältnisses abhängen, vor Ablauf der – von der Beendigung des Kündigungsschutzverfahrens an berechneten – Klagefrist auf die Ausschlussfrist nicht berufen. Auf diesen Hinweis sind unterdessen einige zweistufige **Ausschlussklauseln tariflich** dahin **ergänzt** worden, dass die Verfallfristen für Entgeltforderungen im Falle einer Kündigungsschutzklage erst **nach rechtskräftigem Abschluss des Kündigungsschutzprozesses** zu laufen beginnen (so z. B. § 23 Abs. 3 MTV Metall- und Elektroindustrie Sachsen-Anhalt; § 14 Nr. 5 MTV Metallindustrie Berlin; § 16 Nr. 2 Sätze 2 und 3 BRTV-Bau). Es ist dringend zu empfehlen, alle zweistufigen Ausschlussklauseln der Rechtsprechung entsprechend anzupassen, um überflüssige Prozessrisiken bzw. Forderungsverluste zu vermeiden. Ist das geschehen und der **Fristbeginn** auf den Zeitpunkt des Abschlusses des Kündigungsschutzprozesses **verlegt**, so soll nach Ansicht des Bundesarbeitsgerichts[1431] die Geltendmachung der entsprechenden Entgeltansprüche auch nicht früher (also vor Rechtskraft des Kündigungsschutz-Urteils) möglich sein. Das steht in gewissem Widerspruch zu der großzügigeren Auslegung bei allgemeinen Fälligkeitsklauseln (§ 4 Rn. 505). Zudem erfasst die Klausel nach der – engen – Interpretation des Gerichts nicht andere Bestandsklagen, etwa die auf Weiterbeschäftigung und Feststellung der Unwirksamkeit einer Kündigung durch den Arbeitnehmer.[1432] Ist gegen das rechtskräftige Urteil erfolgreich Verfassungsbeschwerde eingelegt, 516

---

1427 BAG 8. 8. 2000 (9 AZR 418/99), AP Nr. 151 zu § 4 TVG Ausschlussfristen = EzA § 4 TVG Ausschlussfristen Nr. 133; BAG 24. 8. 1999 (9 AZR 804/98), EzA § 615 BGB Nr. 96 = NZA 2000, 818; BAG 9. 3. 1966, 8. 1. 1970 und 22. 2. 1978, AP Nr. 31, 43 und 63 zu § 4 TVG Ausschlussfristen; ebenso die Instanzgerichte, etwa ArbG Halle (1 Ca 2046/03), NZA-RR 2004, 188 (zum Annahmeverzugslohn).

1428 So die von BAG 22. 2. 1978, AP Nr. 63 zu § 4 TVG Ausschlussfristen ausdrücklich abgelehnte Entscheidung ArbG Hamburg 29. 4. 1977, AP Nr. 62 zu § 4 TVG Ausschlussfristen; *Gamillscheg*, Kollektives Arbeitsrecht I, § 18 IV 1i, 830ff. (»Begriffsjurisprudenz«); *Fromm*, ZTR 2003, 70, 71; zustimmend *R. Krause*, RdA 2004, 116, mit umfangreichen Nachweisen zum Diskussionsstand.

1429 So etwa Fromm, ZTR 2003, 72f.

1430 BAG 22. 2. 1978, AP Nr. 63 zu § 4 TVG Ausschlussfristen.

1431 BAG 22. 10. 1980, AP Nr. 69 zu § 4 TVG Ausschlussfristen; siehe aber auch BAG 27. 3. 1996 (10 AZR 668/95), AP Nr. 134 zu § 4 TVG Ausschlussfristen.

1432 BAG 8. 8. 2000 (9 AZR 418/99), AP Nr. 151 zu § 4 TVG Ausschlussfristen = EzA § 4 TVG Ausschlussfristen Nr. 133; BAG 24. 8. 1999 (9 AZR 804/98), EzA § 615 BGB Nr. 96 = NZA 2000, 818; BAG 12. 11. 1998 (8 AZR 301/97), AP Nr. 188 zu § 613a BGB.

so beginnt die Frist erst mit Rechtskraft des Urteils, das in dem dann fortgesetzten Verfahren ergeht.[1433]

517 Im Falle der allgemeinen **zweistufigen Verfallklausel ohne** die angeführte **Ergänzung** beginnt die (an die mit der Kündigungsschutzklage reduzierte erste Stufe anschließende) zweite Stufe der Frist für die gerichtliche Geltendmachung mit der Erklärung des Arbeitgebers, er beantrage, die Kündigungsschutzklage abzuweisen, wenn nach dem Tarifvertrag der Fristbeginn nur von der Ablehnung der Ansprüche des Arbeitnehmers durch den Arbeitgeber abhängt.[1434] Verlangt die zweistufige Ausschlussklausel eine fristgebundene Klageerhebung, wenn die Ansprüche innerhalb einer Frist zur Geltendmachung erhoben, aber vom Anspruchsgegner bestritten werden, so beginnt die Klagefrist regelmäßig mit dem Bestreiten des Anspruchs.[1435]

518 Solange die **Forderung noch nicht fällig** ist, läuft auch die für die zweite Stufe geforderte Klagefrist nicht, da der Anspruch regelmäßig prozessual nicht durchgesetzt werden könnte.[1436] Im Übrigen kann der Schuldner ohne vorausgegangene schriftliche Geltendmachung des Gläubigers nicht durch die Erklärung, er lehne die Forderung ab, die Frist für die gerichtliche Geltendmachung in Lauf setzen.[1437]

519 Verlangt der Tarifvertrag zur Erfüllung der 2. Stufe nur allgemein »Erhebung einer Klage« oder »Rechtshängigkeit«, so kommt neben der Leistungsklage auch eine **Feststellungsklage** in Betracht. Bedingung ist allerdings, dass sie den Zweck einer tariflichen Ausschlussklausel, welche die gerichtliche Geltendmachung eines Anspruchs verlangt, erfüllt, dem Schuldner die Möglichkeit zu geben, die Begründetheit und die Erfolgsaussichten des vom Gläubiger behaupteten Anspruchs dem Grunde und der Höhe nach zu prüfen.[1438]

520 Es kommt vor, dass bei zweistufigen Ausschlussfristen in die Zeit zwischen der ersten (schriftlichen) und der zweiten (gerichtlichen) Stufe der Geltendmachung ein **Betriebsübergang (Betriebsinhaberwechsel)** nach § 613a BGB oder nach dem Umwandlungsgesetz stattfindet. Solchenfalls muss der neue Betriebsinhaber die (korrekte) Rechtshandlung gegenüber seinem Vorgänger auch gegen sich gelten lassen (ebenso wie einen von jenem bewirkten Annahmeverzug). Dies folgt aus dem Schutzzweck des § 613a BGB[1439] oder dem Prinzip der Gesamtrechtsnachfolge bei Umwandlungen (nicht aus § 324 UmwG). Ob ein Betriebsübergang nach § 613a BGB (oder gar eine Umwandlung) als »Ausscheiden« des Arbeitnehmers aus dem bisherigen Arbeitsverhältnis im Sinne einer entsprechenden Ausschlussklausel zu bewerten ist, muss sich klar aus deren Formulierung ergeben, weil nach dem Wortlaut des § 613a BGB das Arbeitsverhältnis als solches übergeht, der Arbeitnehmer im Zweifel also gerade nicht »ausscheidet«.[1440]

---

1433 BAG 16.1.2003 (2 AZR 735/00), EzA § 4 TVG Ausschlussfristen Nr. 166.

1434 BAG 13.9.1984, AP Nr. 86 zu § 4 TVG Ausschlussfristen.

1435 BAG 16.3.1995, AP Nr. 129 zu § 4 TVG Ausschlussfristen.

1436 BAG 26.9.01 (5 AZR 699/00), NZA 2002, 1218; BAG 27.3.1996 (10 AZR 668/95), AP Nr. 134 zu § 4 TVG Ausschlussfristen = EzA § 4 TVG Ausschlussfristen Nr. 123; siehe auch LAG Schleswig-Holstein 23.3.2004 (2 Sa 530/03), NZA-RR 2004, 571.

1437 BAG 7.12.1983, AP Nr. 84 zu § 4 TVG Ausschlussfristen.

1438 Vgl. mit weiteren Nachweisen BAG 21.2.2001 (4 AZR 18/00), AP Nr. 20 zu § 4 TVG, insoweit nicht in EzA § 613a BGB Nr. 195, enthalten.

1439 BAG 21.3.1991, AP Nr. 49 zu § 615 BGB.

1440 Zu pauschal daher BAG 10.8.1994, AP Nr. 126 zu § 4 TVG Ausschlussfristen.

## 8. Unanwendbarkeit der Ausschlussfrist wegen unzulässiger Rechtsausübung

Trotz des zeitlichen Ablaufs einer Ausschlussfrist kann im Einzelfall die Forderung noch durchsetzbar sein, weil der Schuldner ein arglistiges oder **treuwidriges (§ 242 BGB) Verhalten** gezeigt hat, das den Gläubiger von der rechtzeitigen Verfolgung seines Anspruchs abhielt. Es geht prozessual nicht darum, dass der Schuldner sich rechtsmissbräuchlich verhält, wenn er sich auf die Ausschlussfrist »beruft«; vielmehr hat der Gläubiger zur Begründetheit seines Anspruchs darzulegen und gegebenenfalls zu beweisen, dass ausnahmsweise der Fristablauf unbeachtlich ist.[1441] In solchen Fällen bleibt der Anspruch also trotz Fristablaufs erhalten. Hierbei kann einerseits die Fristversäumnis selbst arglistig herbeigeführt sein. Der Gläubiger kann andererseits auch ganz arglos vom Schuldner veranlasst worden sein, die Forderung nicht geltend zu machen. Im zweiten Fall ist dann jedenfalls die spätere »Berufung« des Gläubigers auf die Ausschlussfrist (deren Ablauf er selbst verursacht hat) eine treuwidrig **unzulässige Rechtsausübung**. 521

Ob Arglist vorliegt, kann nur anhand des konkreten Einzelfalls entschieden werden, doch lassen sich bestimmte Fallgruppen in der Rechtsprechung[1442] feststellen: Wenn der Schuldner den **Anspruch anerkennt**, dann kann nicht zu seinen Gunsten der Fristablauf berücksichtigt werden, gleichgültig, ob sein Verhalten zunächst arglistig war oder nicht und selbst dann nicht, wenn er das Anerkenntnis später in Frage stellt.[1443] Nichts Anderes ist anzunehmen, wenn der Schuldner in anderer Weise beim Gläubiger den Eindruck erweckt, er werde die Forderung schon noch erfüllen, etwa indem er sich erkundigt, wann er den Gläubiger »in der nächsten Woche« antreffen könne, um ihm das Geld zu übergeben.[1444] Das gilt auch während eines Kündigungsschutzprozesses (z. B. wenn der Arbeitgeber den Arbeitnehmer vorsorglich zur Auskunft über anderweiten Verdienst auffordert und sie auch unwidersprochen erhält, um sich anschließend gegenüber der hiervon abhängigen Karenzentschädigung auf Fristablauf zu berufen[1445]). Ebenfalls unbeachtlich bleibt die Verfallfrist, wenn der **Schuldner den Gläubiger treuwidrig davon abbringt**, seinen Anspruch fristgerecht geltend zu machen. Das ist etwa der Fall, wenn der Arbeitgeber dem Arbeitnehmer die Abrechnung verspätet erteilt[1446] oder er eine angekündigte Rückgruppierung unterlässt und so den Arbeitnehmer veranlasst, den Anspruch auf den Mehrbetrag nicht in der erforderlichen Form geltend zu machen.[1447] Der Arbeitnehmer handelt beispielsweise treuwidrig indem er dem Arbeitgeber eine strafbare Handlung ver- 522

---

1441 Zutreffend KassArbR/*Dörner*, 8.1 Rn. 278.

1442 Zur allgemeinen Formulierung vgl. zusammenfassend etwa BAG 10.10.2002 (8 AZR 8/02), EzA § 4 TVG Ausschlussfristen Nr. 158 = NZA 2003, 329, mit weiteren Nachweisen.

1443 BAG 10.10.2002, wie zuvor, – anders, wenn er im Rahmen einer negative Feststellungsklage die Nichtigkeit des Anerkenntnisses beweist.

1444 BAG 27.3.1963, AP Nr. 9 zu § 59 BetrVG 1952 (mit Anm. von *Neumann-Duesberg*); BAG 22.12.1971, Nr. 2 zu § 6 LohnFG; Nr. 46 (mit Anm. von *Schnorr v. Carolsfeld*); BAG 24.5.1973, AP Nr. 52 zu § 4 TVG Ausschlussfristen (mit Anm. von *Brackmann*).

1445 BAG 18.12.1984, AP Nr. 87 zu § 4 TVG Ausschlussfristen.

1446 BAG 8.8.1985 (2 AZR 459/84), AP Nr. 94 zu § 4 TVG Ausschlussfristen; BAG 27.11.1984 (3 AZR 596/82), AP Nr. 89 zu § 4 TVG Ausschlussfristen = EzA § 4 TVG Ausschlussfristen Nr. 64; siehe auch BAG 22.9.1999 (10 AZR 839/98), AP Nr. 226 zu § 1 TVG Tarifverträge: Bau = EzA § 4 TVG Ausschlussfristen Nr. 132.

1447 BAG 5.6.2003 (6 AZR 249/02), EzA § 4 TVG Ausschlussfristen Nr. 167.

schweigt[1448] oder arglistig die Kenntnisnahme von Mängeln seiner Arbeitsleistung verhindert.[1449] In diesen Fällen wäre allerdings nach dem oben Gesagten (§ 4 Rn. 494) zum Teil davon auszugehen, dass schon die Fälligkeit nicht eingetreten ist. Veranlasst der Arbeitgeber den Arbeitnehmer infolge eines fehlerhaften Anschlags am »Schwarzen Brett« zur verzögerten Geltendmachung, so kann er sich ebenfalls nicht mehr auf die Ausschlussklausel berufen.[1450] Dies gilt erst recht, wenn er die **tarifgebundenen Arbeitnehmer** zunächst bewusst **untertariflich entlohnt**, um sich sodann späteren Klagen gegenüber auf die Fristversäumnis zu berufen[1451]; das wird anders sein, wenn der Arbeitnehmer den Tarifvertragsbruch kennt.[1452] Ist dagegen bei beiderseitiger Tarifgebundenheit die tarifliche Vergütung eines Arbeitnehmers auf Grund einer **wegen § 77 Abs. 3 BetrVG nichtigen Betriebsvereinbarung** gekürzt worden, soll sich der Arbeitgeber gegenüber dem Anspruch auf Entgeltnachzahlung auf die tarifliche Ausschlussfrist berufen dürfen.[1453] Dass hier die untertarifliche Bezahlung auf der Missachtung der Priorität des Tarifvertrags durch eine Betriebsvereinbarung zurückgeht, wird offenbar als weniger gewichtig erachtet als ein »autonomer« Verstoß des Arbeitgebers. Die Mitwirkung des Betriebsrats kann dem Arbeitnehmer nicht zugerechnet werden; beide Fälle sind jedenfalls gleich zu behandeln.

523 Sofern der **Arbeitnehmer** wegen drohender Kündigung **unter besonderem Druck** gestanden und die rechtzeitige Geltendmachung seiner Ansprüche deshalb unterlassen hat, wäre die Ausschlussfrist unbeachtlich.[1454] Nicht einfach zu beweisen, aber in der Sache ebenfalls hier einzuordnen, sind Drucksituationen anderer Art (befürchtetes schikanöses Verhalten bei der Arbeitszuweisung, erwartetes Übergehen bei Beförderungen).[1455] Gleiches gilt, wenn der Anspruch des Arbeitnehmers zwar fällig geworden ist, dieser aber wegen in seiner Person liegender Gründe schuldlos nicht in der Lage ist, zu erkennen, ob der Anspruch vom Arbeitgeber auch tatsächlich erfüllt worden ist oder wenn er die Nichterfüllung zwar erkennt, jedoch schuldlos nicht in der Lage ist, seinen Anspruch innerhalb der Verfallfristen geltend zu machen.[1456] Schließlich wird als im Rahmen von Treu und Glauben beachtlich angesehen, wenn infolge des Verfalls von Forderungen die wirtschaftliche Existenz des Arbeitnehmers gefährdet würde.[1457]

524 Die **Verletzung von Hinweispflichten** durch den Arbeitgeber wird unterschiedlich beurteilt. Macht der Arbeitnehmer seinen Anspruch nur **mündlich** geltend, obwohl eine **strengere Form** (Schriftlichkeit; siehe aber § 4 Rn. 510) tariflich vorgeschrieben ist, so hat ihn der Arbeitgeber aus dem Schutzgedanken des § 8 TVG

---

1448 BAG 6.5.1969, AP Nr. 42 zu § 4 TVG Ausschlussfristen (mit Anm. von *Kittner*).

1449 BAG 27.10.1970, AP Nr. 44 zu § 4 TVG Ausschlussfristen (mit Anm. von *Lieb*).

1450 BAG 23.6.1961, AP Nr. 27 zu § 4 TVG Ausschlussfristen (mit Anm. von *A. Hueck*).

1451 BAG 26.8.1960, AP Nr. 6 zu § 4 TVG Ausschlussfristen; LAG Frankfurt am Main 11.10.1950, DB 1951, 272; LAG Düsseldorf 18.3.1955, DB 1955, 511; *Schaub*, § 205 VII 2. Rn. 40; *Däubler/Zwanziger*, § 3 Rn. 1190; *R. Krause*, RdA 2004, 120; zum Teil a. A. Wiedemann/*Wank*, § 4 Rn. 789; *Löwisch/Rieble*, § 1 Rn. 799; *Weyand*, Ausschlussfristen, Rn. 310.

1452 BAG 19.12.1958, AP Nr. 4 zu § 611 BGB Urlaubskarten; *Däubler/Zwanziger*, § 4 Rn. 1190; *R. Krause*, RdA 2004, 120.

1453 BAG 19.2.2001 (1 AZR 342/01), EzA § 4 TVG Ausschlussfristen Nr. 149.

1454 *Däubler/Zwanziger*, § 4 Rn. 1189; *Schaub*, § 205 VII Rn. 40; differenzierend Wiedemann/*Wank*, § 4 Rn. 795.

1455 Zutreffend *Däubler/Zwanziger*, § 4 Rn. 1189, unter Hinweis auf den Rechtsgedanken des Schikaneverbots, § 612a BGB.

1456 BAG 13.12.2000 (10 AZR 168/00), EzA § 611 BGB Inhaltskontrolle Nr. 8; siehe auch BAG 27.2.2002 (9 AZR 543/00), EzA § 138 BGB Nr. 30.

1457 RAG 27.2.1940, ARS 38, 355, 362 (mit Anm. von *Nipperdey*); LAG Berlin 30.1.1978, DB 1979, 120.

heraus hierauf aufmerksam zu machen und kann sich deshalb entgegen der Rechtsprechung des Bundesarbeitsgerichts[1458] später nicht auf den Verfall der Forderung berufen[1459], doch wird sich die dann stets erforderliche rechtzeitige mündliche Geltendmachung kaum beweisen lassen. Dogmatisch liegt hier allerdings kein Fall der Arglist, sondern eine Verletzung der Obliegenheit aus § 8 TVG zur Auslage des Tarifvertrages vor[1460] (vgl. auch weiter unten sowie § 8 Rn. 7 ff. Allein der Verstoß gegen die aus **§ 2 NachwG** folgende Verpflichtung, auf den die Ausschlussfrist enthaltenden Tarifvertrag hinzuweisen (§ 4 Rn. 487), begründet noch nicht den Einwand des Rechtsmissbrauchs[1461], nach Auffassung des BAG ebenso wenig der Verstoß gegen die Auslegungspflicht nach **§ 8 TVG**[1462]; wegen des jedenfalls bei der Verletzung der Nachweispflicht bestehenden Schadenersatzanspruchs (§ 4 Rn. 487) ist dem zuzustimmen. Diese Lösung ist auch regelmäßig der Annahme eines arglistigen Verhaltens in Fällen vorzuziehen, in denen der gegen § 8 TVG verstoßende Arbeitgeber die mündliche Erklärung des Arbeitnehmers entgegennimmt, um sich später auf die fehlende vom Tarifvertrag geforderte Schriftform zu berufen.[1463]

Auch das **bloße Verneinen eines Anspruchs** des Arbeitnehmers durch den Arbeitgeber, die unzutreffende Auskunft, es bestehe kein Anspruch, wird **nicht als treuwidrig** angesehen[1464]; trifft den Arbeitgeber hierbei ein Verschulden, sollte nach § 280 BGB ein Anspruch auf Ersatz des Schadens, der im Erlöschen der Forderung besteht, gegeben sein, wobei ein eventuelles Mitverschulden des Arbeitnehmers (§ 254 BGB) zu berücksichtigen wäre.[1465] Da den Arbeitnehmer im Allgemeinen keine Verpflichtung trifft, seine Entgeltabrechnung zu überprüfen[1466], ist der Verfall **überbezahlter Vergütung** nicht allein schon, weil er dies auch nicht getan hat, ausgeschlossen. Anderes ist anzunehmen, wenn der Arbeitnehmer selbst, etwa durch falsche Angaben, die Überbezahlung veranlasst und dem Arbeitgeber nicht angezeigt hat. Es soll aber auch schon das Unterlassen treuwidrig sein können, wenn eine erhebliche und erkennbare Überbezahlung vorliegt.[1467] Wirkt sich das Unterlassen der Anzeige nicht ursächlich auf das Verstreichenlassen der Verfallfrist aus, weil der Arbeitgeber den Fehler rechtzeitig 525

1458 BAG 13.4.1956 und 30.3.1962, AP Nr. 2 und 28 zu § 4 TVG Ausschlussfristen; ArbG Frankfurt am Main 19.2.1988, BB 1988, 1461; ebenso wie das BAG *Schaub*, § 205 VII Rn. 41; Wiedemann/*Wank*, § 4 Rn. 792.

1459 Ebenso *Däubler*, Tarifvertragsrecht, Rn. 1367; anderer Ansicht *Däubler/Zwanziger*, § 4 Rn. 1188.

1460 Ähnlich *Fenski*, BB 1983, 2296 f. und *Weber*, Ausschlussfrist, 93 (Verletzung einer vertraglichen Nebenpflicht); skeptisch *Däubler*, Tarifvertragsrecht, Rn. 130.

1461 Ausführlich BAG 17.4.2002 (5 AZR 89/01), AP Nr. 6 zu § 2 NachwG (mit Anm. von *A. Lindemann*) = EzA § 2 NachwG Nr. 5 = NZA 2002, 1096; anders die Mehrzahl der vor dieser Entscheidung ergangenen LAG-Entscheidungen, vgl. LAG Düsseldorf ZTR 2001, 521; weitere Nachweise bei LAG Brandenburg 10.8.2001 (4 Sa 265/01), NZA-RR 2003, 314.

1462 BAG 23.1.2002 (4 AZR 56/01), AP Nr. 5 zu § 2 NachwG = EzA § 2 NachwG Nr. 3 (mit Anm. von *Lambrich*) = NZA 2002, 800; a.A. ArbG Hamburg 26.5.1986, AiB 1986, 260 (mit Anm. von *Grimberg*); *Däubler*, Tarifvertragsrecht, Rn. 1367.

1463 Arglist bejahen Wiedemann/*Wank*, § 4 Rn. 792; *Weyand*, Ausschlussfristen, Rn. 308 f.; nunmehr verneinend, auch im Hinsicht auf einen Schadenersatzanpruch wegen Spezialität des § 2 NachwG, *Löwisch/Rieble*, § 8 Rn. 14 f. – anders in der *Voraufl.*, § 1 Rn. 514.

1464 BAG 22.1.1997 (10 AZR 459/96), AP Nr. 27 zu § 70 BAT = EzA § 4 TVG Nr. 125.

1465 Ebenso, aber nur bei fehlendem Verschulden des Arbeitnehmers, *R. Krause*, RdA 2004, 119.

1466 BAG 10.3.2005 (6 AZR 217/04), NZA 2005, 813 mit weiteren Nachweisen; BAG 1.6.1995 (6 AZR 972/94), EzA § 4 TVG Ausschlussfristen Nr. 114, mit weiteren Nachweisen.

1467 BAG 1.6.1995, wie zuvor; a.A. *Löwisch/Rieble*, § 1 Rn. 799, 804, die in Extremfällen einen Sekundäranspruch (wegen Pflichverletzung, § 280 BGB) geben wollen. Zur Überzahlung von Ortszuschlägen im öffentlichen Dienst ausführlich *Reinecke*, FS Schaub, 600 ff.

erkannt hat, bleibt es bei dem Fristablauf, wenn der Arbeitgeber die Rückforderung nicht vorher geltend macht.[1468] Der Vorwurf widersprüchlichen, treuwidrigen Verhaltens ist verfehlt[1469], wenn auf Wunsch des Arbeitnehmers eine Verkürzung seiner Arbeitszeit erfolgt und er sich später gegenüber der Rückforderung wegen Nichtberücksichtigung der Arbeitszeitverkürzung überzahlten Entgelts auf die Ausschlussfrist beruft. Vielmehr muss es auch hier bei den zuvor geschilderten Grundsätzen bleiben.

**526** Sofern bei so genannten **Massenklagen** ausdrücklich oder stillschweigend Musterverfahren durchgeführt werden, wäre die Berufung auf Verfallfristen in den übrigen Fällen eine unzulässige Rechtsausübung gegenüber einer solchen Musterprozessvereinbarung liegenden Verpflichtung der Arbeitgeber, sich auch in den nicht rechtshängigen Verfahren an die Entscheidung im Musterprozess zu halten.[1470] Schließt die Gewerkschaft eine solche Vereinbarung für ihre betroffenen Mitglieder mit der Arbeitgeberseite, so handelt es sich um einen Vertrag zugunsten Dritter (§ 328 BGB), d.h. der Mitglieder.[1471]

**527** Auf ein treuwidriges Verhalten des Schuldners können sich auch **Dritte** berufen, denen eine Forderung nach Ablauf der Verfallfrist abgetreten worden ist (vgl. § 404 BGB). Das gilt erst recht, wenn der Schuldner dem Dritten gegenüber den Bestand der Forderung zugesichert hat (so etwa, wenn der Arbeitgeber eine Verdienstbescheinigung nach § 316 SGB III ausgestellt hat, auf welche sich das Arbeitsamt nach Forderungserwerb durch Zahlung von Insolvenzgeld beruft[1472]).

**528** **Fallen die Gründe weg**, welche die »Berufung« auf das treuwidrige Verhalten rechtfertigten (etwa nachträgliche Erteilung der für die Rechtsdurchsetzung notwendigen Information), soll nach Auffassung des BAG keine neue Ausschlussfrist laufen; der Gläubiger sei vielmehr gehalten die Ansprüche innerhalb einer kurzen, nach den Umständen des Falles sowie Treu und Glauben zu bestimmenden Frist geltend zu machen.[1473] Diese Rücksichtnahme, noch dazu die Beachtung von Treu und Glauben gegenüber dem sich treuwidrig Verhaltenden, scheint nicht geboten. Zutreffender und rechtsklarer erschiene es, von einer Hemmung des Fristablaufs seit Fälligkeit auszugehen[1474] und entsprechend § 209 BGB die Frist mit dem Ereignis, das den Verstoß gegen § 242 beendete, beginnen zu lassen.

---

1468 BAG 24.6.1992 (5 AZR 463/91), juris. Siehe auch BAG 10.3.2005 (6 AZR 217/04), NZA 2005, 813: Treuwidriges Verhalten des Arbeitnehmers, der sich trotz Kenntnis und unterlassener Anzeige auf Ausschlussfrist beruft, solange Arbeitgeber den Fehler nicht erkannt hat.

1469 Anders BAG 28.2.1979 (5 AZR 728/77), AP Nr. 6 zu § 70 BAT = EzA § 70 BAT Nr. 10; wie hier etwa *Löwisch/Rieble*, § 1 Rn. 799; *R. Krause*, RdA 2004, 118.

1470 BAG 18.2.1992, AP Nr. 115 zu § 4 TVG Ausschlussfristen.

1471 *Däubler*, Tarifvertragsrecht, Rn. 1368; *Weyand*, Ausschlussfristen, Rn. 304f.

1472 BAG 8.8.1979, AP Nr. 67 zu § 4 TVG Ausschlussfristen (mit Anm. von *Uhlenbruck)* zum damaligen § 141h AFG.

1473 BAG 13.2.2003 (8 AZR 236/02), AP Nr. 244 zu § 613a BGB = EzA § 4 TVG Ausschlussfristen Nr. 162. Die Annahme *R. Krauses*, RdA 2004, 121, mit weiteren Nachweisen, dies sei (nur) die Position der älteren Rechtsprechung, bestätigt sich daher nicht.

1474 Weitergehend *R. Krause*, RdA 2004, 121, der den Schuldner für nicht mehr (durch eine Ausschlussfrist) schutzwürdig hält.

## 9. Alphabetischer Rechtsprechungsüberblick zu den Ausschlussfristen

**Abmahnung**: Das Recht des Arbeitnehmers auf Entfernung einer Abmahnung aus der Personalakte (oder die Möglichkeit des Arbeitgebers abzumahnen) unterfällt keiner Ausschlussfrist.[1475] 529

**Abrechnung:** Der in einer Abrechnung enthaltene – und hierdurch inzidenter zwischen den Parteien bestätigten – Betrag ist »streitlos« gestellt und muss vom Arbeitnehmer nicht mehr innerhalb der Ausschlussfrist geltend gemacht werden (§ 4 Rn. 493). Hat der Arbeitgeber keine Abrechnung erteilt, läuft gegen den Arbeitnehmer keine Ausschlussfrist, sei es, weil die Fälligkeit des Anspruchs fehlt, sei es weil der Arbeitgeber treuwidrig handelt (§ 4 Rn. 494).

**Altersversorgung**: Der Anspruch auf Verschaffung einer Altersversorgung unterliegt keiner Ausschlussfrist (»Stammrecht«).[1476] Für die laufenden Versorgungsbezüge ist dies umstritten.[1477]

**Anrechnungsfähige Beschäftigungszeiten** (Übergangsrecht Vereinigung): Die Ausschlussfrist für den Nachweis anrechnungsfähiger Beschäftigungszeiten nach § 21 BAT-O beginnt mit dem Zusendung des Vordrucks auf Anerkennung der Beschäftigungszeiten und der Aufforderung, den beruflichen Werdegang lückenlos darzustellen.[1478]

**Anzeige bei der Polizei**: Die Anzeige eines durch unerlaubte Handlung verursachten Schadens bei der Polizei wahrt nicht die für die Geltendmachung eines Anspruchs tariflich vorgeschriebene Schriftform.[1479]

**Arbeitnehmerüberlassung**: Lohnforderungen aus einem nach § 10 Abs. 1 AÜG fingierten Arbeitsvertrag, die der Arbeitnehmer gegenüber dem Entleiher geltend macht, werden erst dann im Sinne der Ausschlussklausel des § 16 BRTV-Bau fällig, wenn der Entleiher seine Schuldnerstellung eingeräumt hat[1480] (vgl. § 4 Rn. 491).

**Arbeitnehmerweiterbildung:** Anders als der gesetzlich befristete Anspruch auf Weiterbildung nach den Weiterbildungsgesetzen unterliegt der Schadenersatzanspruch wegen nicht gewährter Weiterbildung der allgemeinen Ausschlussfrist. Da der vertragliche Schadenersatzanspruch bereits ein Erfüllungsverlangen auf Freistellung voraussetzt, bedarf es nicht noch seines zusätzlichen Geltendmachens zur Vermeidung des Verfalls[1481] – es sei denn, besondere Formvorschriften für das Geltendmachen waren nicht erfüllt.

**Arglist** bei der Geltendmachung einer Verfallfrist führt zu Unzulässigkeit der Rechtsausübung[1482] (vgl. § 4 Rn. 521).

---

1475 BAG 14.12.1994, EzA § 4 TVG Ausschlussfristen Nr. 109.

1476 BAG 12.1.1974, 24.5.1974 und 24.10.1974, AP Nr. 5, 6 und 7 zu § 242 BGB Ruhegehalt VBL; BAG 27.2.1990, AP Nr. 107 zu § 4 TVG Ausschlussfristen.

1477 BAG 29.3.1983, AP Nr. 11 zu § 70 BAT; LAG Hamm, 11.11.1986, BB 1987, 1254, wenden hierauf keine Verfallfrist an; dagegen lässt BAG 7.7.1977, AP Nr. 1 zu § 1 BetrAVG Wartezeit zu, die bei laufenden Ansprüche unter § 16 Abs. 2 BRTV-Bau fallen; doch soll dies nur bei klarer und eindeutiger Regelung, also nicht im Zweifel, gelten, so BAG 27.2.1990, AP Nr. 107 zu § 4 TVG Ausschlussfristen.

1478 BAG 26.4.2000 (4 AZR 124/99), ZTR 2000, 510.

1479 BAG 10.1.1974, AP Nr. 54 zu § 4 TVG Ausschlussfristen.

1480 BAG 27.7.1983, AP Nr. 6 zu § 10 AÜG.

1481 BAG 24.10.1995 (9 AZR 547/94), AP Nr. 11 zu § 7 BildungsurlaubsG Nordrhein-Westfalen.

1482 BAG 27.3.1967, AP Nr. 9 zu § 59 BetrVG 1952 (mit Anm. von *Neumann-Duesberg*); BAG 22.12.1971, AP Nr. 2 zu § 6 LohnFG (mit Anm. von *Töns*); BAG 24.5.1973, AP Nr. 52 zu § 4 TVG Ausschlussfristen (mit Anm. von *Brackmann*); BAG 23.6.1961, AP Nr. 27 zu § 4 TVG Ausschlussfristen (mit Anm. von *A. Hueck*) (fehlerhafter Aushang); BAG 6.5.1969, AP Nr. 42 zu § 4 TVG Ausschlussfristen (mit Anm. von *Rittner*) (Verschweigen einer strafbaren Handlung); BAG 27.10.1970, AP Nr. 44 zu § 4 TVG Aus-

**Auskunftsanspruch** nach § 87c Abs. 2 und 3 HGB wird von Ausschlussfrist erfasst[1483] (kritisch dazu § 4 Rn. 473).

**Betriebsänderungen, Nachteilsausgleich** gemäß § 113 Abs. 2 und 3 BetrVG wird von Ausschlussfrist erfasst[1484] (kritisch dazu § 4 Rn. 473). Dabei wird ein Anspruch nach § 113 Abs. 3 BetrVG auch dann mit der Beendigung des Arbeitsverhältnisses fällig, wenn über die Kündigung, die zur Beendigung des Arbeitsverhältnisses geführt hat, noch ein Kündigungsschutzprozess anhängig ist.

**Betriebsrat/Personalrat** kann die Ansprüche der Arbeitnehmer auch ohne ausdrückliche Bevollmächtigung gegenüber dem Arbeitgeber geltend machen und damit den Ablauf der Verfallfrist verhindern[1485] (vgl. aber § 4 Rn. 508). Demgegenüber reicht es zur Geltendmachung nicht aus, dass der Arbeitgeber dem Betriebsrat gegenüber erklärt, er werde eine bestimmte Forderung gegenüber einem Arbeitnehmer geltend machen.[1486]

**Betriebsratsmitglied/Personalratsmitglied**: Ansprüche aus der Tätigkeit als Betriebsratsmitglied/Personalratsmitglied unterfallen keiner Ausschlussfrist[1487], doch soll der Anspruch auf Freizeitausgleich für eine solche Tätigkeit verfallen können[1488] (kritisch dazu § 4 Rn. 482).

**Bezifferung** des geltend gemachten Anspruchs ist (zur Vermeidung des Verfalls der Forderung) insoweit erforderlich, als der Schuldner die Höhe des Anspruchs annähernd erkennen oder berechnen können muss.[1489]

**Eingruppierung**: Der tarifliche Anspruch auf eine tätigkeitsgerechte Eingruppierung unterliegt als solcher keiner Ausschlussfrist.[1490] Bei fehlerhafter Eingruppierung beginnt die Frist für den eingruppierungsgerechten Entgeltanspruch jeweils mit dessen Fälligkeit selbst dann, wenn der Arbeitgeber die Eingruppierung nicht ausdrücklich mitgeteilt hat.[1491] Dies überspannt die Sorgfaltspflichten des Arbeitnehmers.[1492]

---

schlussfristen (mit Anm. von *Lieb*) (Verhinderung der Kenntnisnahme mangelhafter Arbeit); BAG 13.4.1956 und 30.3.1962 zu AP Nr. 2 und 28 zu § 4 TVG Ausschlussfristen (keine Arglist, wenn Arbeitgeber den Arbeitnehmer nicht auf Formvorschriften bei der Geltendmachung hinweist); BAG 18.12.1984, AP Nr. 87 zu § 4 TVG Ausschlussfristen (Arglist, wenn sich der Arbeitgeber im Kündigungsschutzprozess anderweiten Verdienst des Arbeitnehmers widerspruchslos mitteilen lässt, um sich später dann doch auf den Verfall der davon abhängigen Karenzentschädigung zu berufen). BAG 18.2.1992, AP Nr. 115 zu § 4 TVG Ausschlussfristen (nach Abschluss einer Musterprozessvereinbarung darf sich der Arbeitgeber in den anderen Fällen noch nicht auf die Ausschlussfrist berufen). ArbG Hamburg 26.5.1986, AiB 1986, 260 (mit Anm. von *Grimberg*) (Arglist, wenn Tarifvertrag entgegen § 8 TVG nicht ausgelegen hat); a. A. ArbG Frankfurt am Main 19.2.1988, BB 1988, 1461; RAG 27.2.1940, ARS 38, 355 (mit Anm. von *Nipperdey*) (wirtschaftliche Notlage des Arbeitnehmers); LAG Frankfurt am Main 11.10.1950, DB 1951, 272.

1483 BAG 23.3.1982, AP Nr. 18 zu § 87c HGB.

1484 BAG 20.6.1978, AP Nr. 3 zu § 113 BetrVG 1972; BAG 22.9.1982, AP Nr. 42 zu § 1 TVG Tarifverträge: Bau; BAG 22.3.1983, 29.11.1983 und 18.12.1984, AP Nr. 7, 10 und 11 zu § 113 BetrVG 1972.

1485 BAG 7.12.1962, AP Nr. 23 zu § 1 HausarbeitstagsG Nordrhein-Westfalen.

1486 BAG 14.6.1974, AP Nr. 20 zu § 670 BGB (mit Anm. von *Wiedemann*).

1487 BAG 30.1.1973, AP Nr. 3 zu § 40 BetrVG (mit Anm. von *Buchner*).

1488 BAG 26.6.1992, NZA 1993, 423.

1489 BAG 16.3.1966, 8.1.1970, 17.10.1974 und 16.6.1976 AP Nr. 33, 43, 55 (mit Anm. von *Wiedemann*) und 56 zu § 4 TVG Ausschlussfristen; BAG 22.2.1983 und 29.11.1983, AP Nr. 7 und 10 zu § 113 BetrVG 1972 (bei gerichtlicher Geltendmachung eines Abfindungsanspruchs nach § 113 BetrVG genügt es, die Höhe der zu zahlenden Abfindung in das Ermessen des Gerichts zu stellen, wenn die für die Bemessung maßgebenden Umstände in der Klageschrift mitgeteilt werden).

1490 BAG 14.7.1965, AP Nr. 5 zu § 1 TVG Tarifverträge BAVAV (mit Anm. von *Crisolli*).

1491 BAG 16.1.1991, AP Nr. 21 zu § 1 TVG Tarifverträge: Einzelhandel.

1492 Kritisch auch *Weyand*, Ausschlussfristen, Rn. 186.

**Einseitige Verfallklauseln** sind nach herrschender Auffassung zulässig.[1493]
**Entgeltfortzahlung** siehe Lohnfortzahlung im Krankheitsfall.
**Erfindungen**: Vergütungen für schöpferische Sonderleistungen des Arbeitnehmers unterfallen nicht den Ausschlussfristen.[1494]
**Fälligkeit** der Forderung setzt die Ausschlussfrist in Gang. Sie beginnt bei Schadensersatzansprüchen, sobald der Gläubiger den erforderlichen Überblick ohne schuldhaftes Zögern gewinnen und seine Forderung wenigstens annähernd beziffern konnte[1495] und bei Rückgriffs-(Regress-)Ansprüchen, wenn der Arbeitgeber (der von seinem Arbeitnehmer z.B. wegen Schlechtleistung in Regress genommen wird) den entstandenen Schaden kennt oder kennen muss, d.h. (wegen laufender Kontrollpflicht) in der Regel sofort bei Schlechtleistung.[1496]
**Feiertag(-slohnzahlung)** wird von Ausschlussfrist erfasst, obwohl es sich selbst dann um einen gesetzlichen Anspruch handelt, wenn die Vergütung für den Feiertag tariflich geregelt ist[1497] (kritisch dazu § 4 Rn. 472f.).
**Fortsetzungserkrankung** (Lohnrückzahlungsansprüche, wenn der Arbeitgeber das Vorliegen einer fortgesetzten Erkrankung im Sinne des § 3 Abs. 1 EFZG nicht kannte.[1498]
**Haftpflichtversicherung**: Ansprüche, die auf einen Haftpflichtversicherer gemäß § 62 VVG übergehen, werden von einer Ausschlussklausel weiterhin erfasst.[1499]
**Herabsetzung der Arbeitszeit** nach § 8 TzBfG[1500] oder § 15 BErzGG: Die Ansprüche verfallen nicht.
**Insolvenz(geld)**: (a) Die im Zeitpunkt der Insolvenzeröffnung über das Vermögen eines Arbeitgebers bestehenden Forderungen eines Arbeitnehmers müssen als Insolvenzforderungen nach den Vorschriften der Insolvenzordnung angemeldet werden (§§ 174ff. InsO). Neben diesen gesetzlichen Regelungen können (noch laufende) tarifliche Ausschlussfristen, die dem Erhalt und der Befriedigung der Forderung dienen, nicht mehr angewendet werden[1501] (vgl. § 4 Rn. 490). (b) Hat das Arbeitsamt für eine Forderung des Arbeitnehmers Insolvenzgeld aufgrund einer Verdienstbescheinigung des Arbeitgebers gezahlt (§§ 183ff., 316 SGB III), so kann sich der Arbeitgeber später nicht mehr gegenüber der Bundesanstalt für Arbeit auf den Ablauf einer Ausschlussfrist berufen.[1502]
**Jahresarbeitszeitkonto**: Die Ausschlussfrist beginnt jedenfalls bei einer zweistufigen Verfallklausel erst mit der Schließung des Kontos.[1503]

---

1493 BAG 4.12.1997 (2 AZR 809/96), AP Nr. 143 zu § 4 TVG Ausschlussfristen = EzA § 4 TVG Ausschlussfristen Nr. 127; dagegen ausführlich § 4 Rn. 467.

1494 BAG 21.6.1979, AP Nr. 4 zu § 9 ArbNErfG.

1495 BAG 26.5.1981, AP Nr. 71 zu § 4 TVG Ausschlussfristen.

1496 BAG 27.10.1970, AP Nr. 44 zu § 4 TVG Ausschlussfristen (mit Anm. von *Lieb*), differenzierend BAG 24.7.1969, AP Nr. 48 zu § 611 BGB Haftung des Arbeitnehmers.

1497 BAG 12.3.1971, AP Nr. 9 zu § 1 FeiertagslohnzahlungsG Berlin; BAG 10.12.1986, AP Nr. 51 zu § 1 FeiertagslohnzahlungsG.

1498 BAG 19.3.1986, AP Nr. 67 zu § 1 LohnFG.

1499 BAG 19.11.1968, AP Nr. 40 zu § 4 TVG Ausschlussfristen (mit Anm. von *Sieg/Gärtner*).

1500 Ebenso, jedoch mit der Begründung systematischer Unvereinbarkeit, LAG Niedersachsen (17 Sa 487/02), ZTR 2003, 294.

1501 BAG 12.6.2002 (10 AZR 199/01), EzA § 4 TVG Ausschlussfristen Nr. 154, mit weiteren Nachweisen; BAG 18.12.1984, AP Nr. 88 zu § 4 TVG Ausschlussfristen (mit Anm. von *Zeuner*); ähnlich BAG 8.6.1983, AP Nr. 78 zu § 4 TVG Ausschlussfristen (mit Anm. von *Gagel*).

1502 BAG 8.8.1979, AP Nr. 67 zu § 4 TVG Ausschlussfristen (mit Anm. von *Uhlenbruck*) zum damaligen § 141h AFG.

1503 BAG 5.9.2002 (9 AZR 244/01), NZA 2003, 726.

**Karenzentschädigung**: Ansprüche auf Karenzentschädigung (bei vertraglichem Wettbewerbsverbot für Arbeitnehmer) unterfallen der Ausschlussfrist nach jetziger Rechtsprechung.[1504]
**Kaufvertrag**: Ansprüche des Arbeitgebers aus einem Kaufvertrag mit dem Arbeitnehmer (z.B. über Baumaterial) fallen nicht unter eine Ausschlussfrist.[1505]
**Krankengelderstattungsanspruch** (nach § 115 SGB X) wird von Ausschlussfrist erfasst.[1506]
**Krankenkassenbeiträge**: Rückzahlungsanspruch des Arbeitnehmers wegen Differenz zwischen Ersatzkassen- und Pflichtkassenbeitrag unterfällt der tariflichen Ausschlussfrist nicht.[1507]
**Kündigungsschutzklage**: Schreibt eine Ausschlussklausel die formfreie oder die schriftliche Geltendmachung der Ansprüche aus dem Arbeitsverhältnis vor, so genügt insofern die Erhebung und Durchführung der Kündigungsschutzklage für solche Ansprüche, die vom Ausgang des Kündigungsschutzprozesses abhängen.[1508] Erfordert die Ausschlussfrist eine gerichtliche Geltendmachung (Klage), so erstrecken sich Kündigungsschutzklage oder allgemeine Feststellungsklage nicht auf die Entgeltansprüche, welche daher durch Klageerweiterung oder gesondert rechtshängig gemacht werden müssen.[1509]
**Lohnabrechnung**: siehe unter »Abrechnung«.
**Lohnfortzahlung im Krankheitsfall** wird von Ausschlussfrist erfasst[1510] (kritisch dazu § 4 Rn. 473).
**Lohnnachweiskarte**: Anspruch auf Herausgabe der Lohnnachweiskarte im Baugewerbe (nach § 985 BGB) unterfällt nicht der Ausschlussfrist.[1511] Wohl aber trifft die Ausschlussfrist den Anspruch auf richtige und vollständige Ausfüllung der Lohnnachweiskarte (nach den Tarifverträgen über die Sozialkassen des Baugewerbes).[1512]
**Lohnsteuer**: Freistellungsanspruch des Arbeitnehmers und Erstattungsanspruch des Arbeitgebers wird von Ausschlussfrist erfasst[1513] (kritisch dazu § 4 Rn. 473).
**Mietvertrag**: Arbeitgeberansprüche aus Mietverträgen mit dem Arbeitnehmer fallen nicht unter eine Ausschlussfrist.[1514]
**Nachteilsausgleich**: siehe unter »Betriebsänderungen«.
**Personalakte**: Anspruch auf Entfernung einer Abmahnung fällt nicht unter die Ausschlussfrist des § 70 BAT.[1515]
**Personalrat**: siehe unter »Betriebsrat«.

---

1504 BAG 17.6.1997 (9 AZR 801/95), AP Nr. 2 zu § 74b HGB = EzA § 74 HGB Nr. 60; BAG 27.11.1991, AP Nr. 22 zu § 4 TVG Nachwirkung (kritisch dazu § 4 Rn. 480); BAG 18.12.1984, AP Nr. 87 zu § 4 TVG Ausschlussfristen, anders dagegen noch BAG 24.4.1970, AP Nr. 25 zu § 74 HGB (mit Anm. von *Simitis*).
1505 BAG 20.1.1982, AP Nr. 72 zu § 4 TVG Ausschlussfristen.
1506 BAG 24.5.1973, AP Nr. 52 zu § 4 TVG Ausschlussfristen (mit Anm. von *Brackmann*); BAG 15.11.1973, AP Nr. 53 zu § 4 TVG Ausschlussfristen (mit Anm. von *Hessel*).
1507 BAG, 16.4.1985, AP Nr. 91 zu § 4 TVG Ausschlussfristen.
1508 BAG 16.6.1976, AP Nr. 56, 57 zu § 4 TVG Ausschlussfristen (mit Anm. von *Wiedemann*).
1509 BAG 22.2.1978, AP Nr. 63 zu § 4 TVG Ausschlussfristen; BAG 13.9.1984, AP Nr. 86 zu § 4 TVG Ausschlussfristen (ständige Rechtsprechung).
1510 BAG 24.5.1973, AP Nr. 52 zu § 4 TVG Ausschlussfristen (mit Anm. von *Brackmann*); BAG 15.11.1973, AP Nr. 53 zu § 4 TVG Ausschlussfristen.
1511 LAG Düsseldorf, 13.11.1953, BB 1954, 29.
1512 LAG Stuttgart, 12.12.1952, AP 1954, Nr. 31.
1513 BAG 14.6.1974 und 19.1.1979, AP Nr. 20 und 21 § 670 BGB (mit Anm. von *Wiedemann*).
1514 BAG 20.1.1982, AP Nr. 9 zu § 4 TVG Ausschlussfristen.
1515 BAG 14.12.1994, NZA 1995, 676.

**Persönlichkeitsrecht**: Schadensersatzansprüche (Schmerzensgeld) wegen Verletzung des allgemeinen Persönlichkeitsrechts unterliegen keiner Ausschlussfrist.[1516]
**Rückwirkung** von Ausschlussfristen ist zulässig, soweit dem Arbeitnehmer nach Inkrafttreten des Tarifvertrags noch angemessene Zeit zum Geltendmachen des Anspruchs verbleibt.[1517]
**Rückzahlung**: Der Anspruch des Arbeitgebers auf Rückzahlung überzahlten Entgelts (§ 812 BGB) wird von allgemeinen Ausschlussklauseln erfasst.[1518] Dasselbe gilt für die Rückzahlung eines Gehaltsvorschusses[1519] oder die Rückzahlung eines zu Unrecht geleisteten Vorschusses auf ein Urlaubsgeld.[1520] Sofern nicht Anderes bestimmt ist, erstreckt sich eine Klausel, die den Verfall von »Ansprüchen aus Mehrarbeit« regelt, auch auf die Rückforderung irrtümlich gezahlter Mehrarbeitsvergütung.[1521]
**Schmerzensgeld**: siehe unter »Persönlichkeitsrecht«.
**Sonderleistungen** des Arbeitnehmers, schöpferische (z.B. Erfindungen): Anspruch auf Vergütung hierfür unterliegt keiner Ausschlussfrist.[1522]
**Sozialversicherungsbeiträge** können auch gefordert werden, wenn der zugrunde liegende Anspruch verfallen ist.[1523]
**Sterbegeld** unterliegt in der Regel nicht der Ausschlussfrist für Ansprüche aus dem Arbeitsverhältnis.[1524]
**Straftaten**: Ansprüche aus vorsätzlich begangenen strafbaren Handlungen unterfallen einer allgemeinen (»alle Ansprüche«) Verfallklausel.[1525]
**Stufenklage** nach § 254 ZPO reicht aus, um eine an die gerichtliche Geltendmachung der Forderung geknüpfte Ausschlussfrist zu wahren, sofern der Anspruchswert nach Auskunft des Schuldners beziffert werden kann.[1526]
**Unerlaubte Handlungen** unterfallen einer allgemeinen (»alle Ansprüche«) Verfallklausel.[1527]
**Urlaub, Urlaubsabgeltung**: Ansprüche auf Urlaub und Urlaubsabgeltung werden nach neuerer Rechtsprechung nicht von der Ausschlussfrist erfasst.[1528] An-

1516 BAG 25.2.1972, AP Nr. 72 zu § 611 BGB Öffentlicher Dienst, AP Nr. 14 zu § 611 BGB Persönlichkeitsrecht.
1517 BAG 14.7.1965, AP Nr. 5 zu § 1 TVG Tarifverträge BAVAV; Sächsisches LAG 23.8.1994, ZTR 1995, 223 (mit Anm. von *Kiefer*, ZTR 1995, 205).
1518 BAG 26.4.1978, AP Nr. 64 zu § 4 TVG Ausschlussfristen.
1519 BAG 18.6.1980, AP Nr. 68 zu § 4 TVG Ausschlussfristen.
1520 BAG 1.10.2002 (9 AZR 215/01), NZA 2003, 567 = NJW 2003, 2403.
1521 BAG 14.9.1994, AP Nr. 127 zu § 4 TVG Ausschlussfristen = Eza § 4 TVG Ausschlussfristen Nr. 106.
1522 BAG 21.6.1979, AP Nr. 4 zu § 9 ArbNErfG.
1523 BSG 30.8.1994, AP Nr. 128 zu § 4 TVG Ausschlussfristen.
1524 BAG 4.4.2001 (4 AZR 242/00), ZTR 2002, 86.
1525 BAG 6.5.1969 und 12.7.1972, AP Nr. 42 und 51 zu § 4 TVG Ausschlussfristen.
1526 BAG 23.2.1977, AP Nr. 58 zu § 4 TVG Ausschlussfristen (mit Anm. von *Wiedemann*).
1527 BAG 10.8.1967, AP Nr. 37 zu § 4 TVG Ausschlussfristen (mit Anm. von *Herschel*); BAG 6.5.1969, AP Nr. 42 zu § 4 TVG Ausschlussfristen (mit Anm. von *Kittner*); BAG 8.2.1972, AP Nr. 49 zu § 4 TVG Ausschlussfristen (mit Anm. von *E. Wolf*); BAG 12.7.1972 und 10.1.1974, AP Nr. 51 und 54 zu § 4 TVG Ausschlussfristen (beide mit Anm. von *Wiedemann*); BAG 26.5.1981, AP Nr. 71 zu § 4 TVG Ausschlussfristen; BAG 13.4.1956, AP Nr. 2 zu § 4 TVG Ausschlussfristen (mit Anm. von *Gaul*); BAG 29.11.1957, AP Nr. 3 zu § 4 TVG Ausschlussfristen (mit Anm. von *Spiertz*); BAG 5.3.1981, AP Nr. 9 zu § 70 BAT. A.A. nur BAG 28.6.1967, AP Nr. 36 zu § 4 TVG Ausschlussfristen (mit Anm. von *Sieg*).
1528 BAG 24.11.1992 (9 AZR 549/91), AP Nr. 23 zu § 1 BUrlG = EzA § 4 TVG Ausschlussfristen Nr. 102; bestätigt in BAG 22.1.2002 (9 AZR 601/00), AP Nr. 55 zu § 11 BUrlG = EzA § 13 BUrlG Nr. 58.

deres gilt für den Vergütungsanspruch für die Zeit des Urlaubs, das Urlaubsentgelt.[1529] Vgl. insgesamt § 4 Rn. 473.

**Verkehrsunfall.** Nimmt eine Ausschlussfrist Ansprüche des Arbeitgebers gegen den Arbeitnehmer wegen von diesem begangener strafbarer Handlungen aus, dann erfasst die Ausnahme auch strafbare Verstöße gegen die Straßenverkehrsordnung[1530]

**Vertragsstrafe**: Ist eine für den Fall des Vertragsbruchs vereinbarte Vertragsstrafe erst innerhalb einer bestimmten Frist nach Fälligkeit geltend zu machen, so beginnt die Ausschlussfrist erst zu laufen, wenn der Arbeitgeber dem Arbeitnehmer erklärt, dass er die Vertragsstrafe geltend mache[1531] (kritisch dazu § 4 Rn. 499).

**Zeugnisanspruch** (§ 630 BGB) fällt unter Ausschlussfrist. Dabei soll der Zeugnisanspruch selbst mit der Beendigung des Arbeitsverhältnisses fällig werden. Erweist sich das erteilte Zeugnis jedoch als fehlerhaft, so soll die Ausschlussfrist für den daraus entstehenden Zeugnisberichtigungsanspruch nunmehr zusätzlich neu zu laufen beginnen (kritisch dazu § 4 Rn. 473).[1532]

## H. Nachwirkung tarifvertraglicher Normen (§ 4 Abs. 5 TVG)

### Literatur:

*Adam*, Der Grundrechtsverzicht des Arbeitnehmers, AuR 2005, 129; *Bauer/Diller*, Flucht aus Tarifverträgen, DB 1993, 1085; *Behrens/Hohenstatt*, Nachwirkung betriebsverfassungsrechtlicher Normen nach Ablauf des Tarifvertrags (§ 4 Abs. 5 TVG)?, DB 1991, 1877; *Belling/Hartmann*, Die Unzumutbarkeit als Begrenzung der Bindung an den Tarifvertrag, ZfA 1997, 87; *Frölich*, Eintritt und Beendigung der Nachwirkung von Tarifnormen, NZA 1992, 1105; *Kempen*, Die Organisation der Betriebsverfassung durch Tarifvertrag, FS Schaub, 1998, 356; *Kiesow*, Das Alphabet des Rechts, 2004; *Lieb*, Mehr Flexibilität im Tarifvertragsrecht? »Moderne« Tendenzen auf dem Prüfstand, NZA 1994, 289, 337; *Oetker*, Nachwirkende Tarifnormen und Betriebsverfassung, FS Schaub, 1998, 353; *ders.*, Die Kündigung von Tarifverträgen, RdA 1995, 82; *Otto*, Die Kündigung des Tarifvertrages aus wirtschaftlichen Gründen, FS Kissel, 1994, 787; *Rotter*, Nachwirkung der Normen eines Tarifvertrages, 1992; *Wissmann, T.*, Tarifvertragliche Gestaltung der betriebsverfassungsrechtlichen Organisation, 2000; *Zachert*, Möglichkeit der fristlosen Kündigung von Tarifverträgen in den neuen Bundesländern, NZA 1993, 299.

**Übersicht** Rn.



1529 BAG 22.1.2002 (9 AZR 601/00), AP Nr. 55 zu § 11 BUrlG = EzA § 13 BUrlG Nr. 58.
1530 BAG 19.11.1968, AP Nr. 39 zu § 4 TVG Ausschlussfristen.
1531 BAG 7.11.1969, AP Nr. 1 zu § 340 BGB (mit Anm. von *H. P. Westermann*).
1532 BAG 23.2.1983, AP Nr. 10 zu § 70 BAT.

## I. Nachwirkung als (dispositive) Normwirkung

Gemäß § 4 Abs. 5 TVG gelten nach Ablauf des Tarifvertrages seine Rechtsnormen weiter, bis sie durch eine andere Abmachung ersetzt werden. Der normative (dazu § 1 Rn. 59) Teil eines beendeten Tarifvertrages bleibt danach also trotz seiner Beendigung weiter in Kraft. Der rechtliche Charakter und die Wirkungsintensität dieser gesetzlich angeordneten »Weitergeltung« sind teilweise umstritten. Sie werden allgemein als »**Nachwirkung**« bezeichnet, obwohl das Gesetz diesen Ausdruck nicht kennt. **530**

Nach herrschender Auffassung bedeutet diese Nachwirkung lediglich, dass zwar die unmittelbare Geltung des Tarifvertrages erhalten bleibt, die **zwingende Geltung der Tarifnormen** aber **entfällt**.[1533] Nachwirkende tarifvertragliche Normen sollen danach einzelvertraglich oder durch Betriebsvereinbarung abänderbar (dispositiv) sein, wobei auch im Vergleich zum Tarifvertrag ungünstigere Arbeitsbedingungen vereinbart werden können. Das Günstigkeitsprinzip des § 4 Abs. 3 TVG gilt dann also teilweise nicht mehr. Änderungen zu Ungunsten des Arbeitnehmers können während der Nachwirkung nämlich vereinbart werden, ohne dass es dazu einer entsprechenden Gestaltung im Tarifvertrag oder durch Tarifvertrag bedürfte. **531**

Dem Wortlaut des § 4 Abs. 5 TVG ist dieser bedeutsame Ausschluss der zwingenden Wirkung allerdings nicht ohne weiteres zu entnehmen.[1534] Man muss dazu schon durch das Wort »Abmachung« auch alle nicht tarifvertraglichen Vereinbarungen mit erfasst ansehen. Nach dem **Wortlaut** des § 4 Abs. 5 TVG ist es ebenso denkbar, dass der Gesetzgeber die unmittelbare und zwingende Weitergeltung tarifvertraglicher Normen bis zu deren Ersetzung durch einen anderen Tarifvertrag angeordnet hat. Der angebliche Ausschluss der zwingenden Geltung tarifvertraglicher Bestimmungen im Nachwirkungsstadium wird jedoch mit der **rechtsgeschichtlichen Entwicklung** begründet: Der Gesetzgeber wollte nach *Herschel*[1535] den unter der Geltung der Tarifvertragsverordnung von 1918 aufgekommenen Streit um die Nachwirkung tarifvertraglicher Normen beenden und eine »Umwandlung der zwingenden Tarifvertragsnormen bei Beendigung des **532**

1533 BAG 3.12.1985, AP Nr. 2 zu § 74 BAT; BAG 29.1.1975, AP Nr. 8 zu § 4 TVG Nachwirkung; BAG 2.12.1981, 11.11.1981 und 9.2.1983, AP Nr. 52, 55 und 76 zu §§ 22, 23 BAT; *Herschel*, ZfA 1973, 192f.; *ders.*, ZfA 1976, 95; Wiedemann/*Wank*, § 4 Rn. 322; *Däubler/Bepler*, § 4 Rn. 813ff.; *Löwisch/Rieble*, § 4 Rn. 384.

1534 Zu den Auswirkungen der herrschenden Auffassung, vgl. BAG 3.12.1985, 13.8.1986 und 27.5.1987, AP Nr. 1, 2, 4 und 6 zu § 74 BAT.

1535 *Herschel*, ZfA 1973, 192f. und *ders.*, ZfA 1976, 98f.

Tarifvertrages in eine besondere Art dispositiven Rechts«[1536] bewirken. Nach einer in der Weimarer Zeit überwiegenden Auffassung sollten Tarifvertragsnormen nämlich korrigierend in den Inhalt von Arbeitsverträgen eingehen, mit der Folge ihrer einzelvertraglichen Weitergeltung nach Ende des Tarifvertrages. Nach anderer, heute **herrschender Auffassung** (vgl. schon § 4 Rn. 12f.), waren sie demgegenüber (wie sonstige Rechtsnormen) Arbeitsverhältnisse zwingend beherrschendes Recht, das mit Ablauf des Tarifvertrages an sich ohne Nachwirkung entfällt[1537] (zur unmittelbaren Einwirkung von Tarifvertragsnormen vgl. im Übrigen § 4 Rn. 14). Folglich verlängert § 4 Abs. 5 TVG die bisherige Normwirkung des Tarifvertrages mit der Maßgabe, dass seine Normen nunmehr dispositiv weiter gelten.

533 Die gesetzliche Nachwirkung bezweckt mithin als eine **Arbeitnehmerschutzvorschrift**, die bisherigen tariflichen Regelungen für eine Übergangszeit (dispositiv) zu erhalten und hat damit eine **Überbrückungsfunktion**, durch welche vermieden wird, dass das Arbeitsverhältnis nun inhaltsleer und durch dispositive Gesetze sowie einseitige Arbeitgeberweisungen ersetzt wird.[1538] Vermieden wird auch, dass das ohne eine Nachwirkungsanordnung inhaltsleer werdende Arbeitsverhältnis über § 612 Abs. 2 BGB mit branchen- und ortsüblichen Vergütungsregelungen aufgefüllt wird. Dies könnte nicht nur einschlägige Rechtsstreitigkeiten provozieren, sondern mit Ablauf des Tarifvertrages das Leistungsgefüge auf dem tariflich geregelten Arbeitsmarkt abrupt und unübersehbar verändern. Der Zweck des § 4 Abs. 4 TVG umfasst daher sowohl die Überbrückung möglicher Wirksamkeitslücken und den Schutz der Individualvertragsinhalte[1539] wie auch die Sicherung der **Kontinuität der tariflichen Ordnung**.[1540] Alle diese treffend benannten Teilzwecke der tariflichen Nachwirkung münden aber in eine umfassende Funktion, nämlich den **Schutz der (tariflichen) Normativität**: Vorhersehbare Rechtsgarantie und kontinuierliche Rechtssicherheit sind die konstituierenden Elemente aller normativen Ordnungen, mit Hilfe derer sie die notwendigen juristischen Entscheidungen unter dem Diktat moderner »Zeitnot« zu bewältigen helfen sollen.[1541]

534 Zweifel an der **Verfassungsmäßigkeit** des § 4 Abs. 5 TVG unter dem Aspekt der so genannten negativen Koalitionsfreiheit sind vor allem deshalb nicht begründet, weil der von der Nachwirkung erfasste Arbeitgeber sich wegen der Dispositivität der nachwirkenden Tarifnormen vertraglich von ihnen lösen kann.[1542]

535 Abgesehen von der Entscheidung für eine Nachwirkung tarifvertraglicher Normen als dispositives Recht hat der Gesetzgeber weitere Streitfragen im Zusammenhang mit der Nachwirkung nur indirekt entschieden. Deshalb besteht bis heute keine Einigkeit darüber, ob die Nachwirkung sich nur auf solche Arbeitsverhältnisse erstreckt, die bereits zur Zeit der Geltung des Tarifvertrages begründet waren[1543] oder ob sie sich darüber hinaus auch auf Arbeitsverhältnisse er-

---

1536 *Herschel*, ZfA 1973, 193.

1537 Vgl. Wiedemann/*Wank*, § 4 Rn. 321ff.; *Däubler/Bepler*, § 4 Rn. 805ff.

1538 BAG 18.3.1992 und 13.7.1994, AP Nr. 13 und 14 zu § 3 TVG Verbandszugehörigkeit.

1539 *Löwisch/Rieble*, § 4 Rn. 371ff.

1540 *Däubler/Bepler*, § 4 Rn. 817; Wiedemann/*Wank*, § 4 Rn. 329.

1541 Vgl. *Kiesow*, Alphabet, 285ff.

1542 H.M. BVerfG 3.7.2000 (1 BvR 945/00), AP Nr. 36 zu § 4 TVG Nachwirkung; BAG 15.10.2003 (4 AZR 573/02), AuR 2005, 29 (mit Anm. von *Stein*); *Löwisch/Rieble*, § 4 Rn. 377; *Däubler/Bepler*, § 4 Rn. 881.

1543 So in ständiger Rechtsprechung das BAG seit 6.6.1958, AP Nr. 1 zu § 4 TVG Nachwirkung; BAG 10.12.1997 (4 AZR 247/96), AP Nr. 20 zu § 3 TVG; BAG 22.7.1998 (4 AZR 703/00), AP Nr. 32 zu § 4

streckt, die erst im Nachwirkungszeitraum begründet werden.[1544] Wenn es im Gesetz heißt, dass die Rechtsnormen eines Tarifvertrages weiter gelten, kann dem ohne Kenntnis der dargestellten rechtsgeschichtlichen Entwicklung der Norm keine Begrenzung auf solche Arbeitsverhältnisse entnommen werden, die bereits zur Zeit der Geltung des Tarifvertrages begründet waren. Vielmehr ordnet der Gesetzgeber damit eine allgemeine, dispositive Wirkung tarifvertraglicher Normen auf alle tarifgebundenen Arbeitsverhältnisse im Geltungsbereich des betreffenden Tarifvertrages an. Die rechtsgeschichtliche Entwicklung, der bei der Auslegung des gesamten Tarifvertragsgesetzes eine besondere Rolle zukommt (Grundl. Rn. 129ff.), spricht demgegenüber für die dargestellte Auffassung des Bundesarbeitsgerichts, also für eine Erstreckung der Nachwirkung nur auf Arbeitsverhältnisse, die bereits zur Zeit der Geltung des Tarifvertrages begründet waren. Allerdings gilt der ursprüngliche dogmatische Ausgangspunkt (§ 4 Rn. 532) heute nicht mehr, so dass man mit Hilfe der historischen Auslegung nicht mehr zu sachgerechten Ergebnissen kommen kann. Vom **Sinn** nachwirkender Normativität und vom **Wortlaut** her betrachtet, spricht der tarifvertragliche Schutzgedanke gegen die Auffassung des Bundesarbeitsgerichts und damit für die wohl überwiegende Literaturauffassung, nach der die Nachwirkung **auch** die erst **nach Ablauf** des nachwirkenden **Tarifvertrages begründeten Arbeitsverhältnisse** erfasst.[1545] Nur so gelten seine Regelungen als »Rechtsnormen« weiter, nämlich abstrakt und generell (anstatt nur in den schon konkret vorhandenen Arbeitsverhältnissen).

Eine Erfassung aller später begründeten Arbeitsverhältnisse durch einen nachwirkenden Tarifvertrag mag in der Praxis demgegenüber vielleicht zugleich bewirken, dass die Tarifvertragsparteien ein besonderes Interesse an der Aushandlung eines neuen Tarifvertrages verlieren, insbesondere, dass auf Gewerkschaftsseite der Antrieb der Mitglieder zu einer besonderen Druckentfaltung ihrer Gewerkschaft in dieser Richtung verringert wird. Dadurch könnte eine lange Aufrechterhaltung des irgendwann einmal Erreichten gefördert und eine dynamische Weiterentwicklung des Tarifrechts behindert werden. Andererseits kann die fehlende Erfassung im Nachwirkungszeitraum begründeter Arbeitsverhältnisse ebenso dazu führen, dass die betroffenen Arbeitnehmer ein Interesse am Gewerkschaftsbeitritt verlieren. Auch wird es den Gewerkschaften schwer fallen, bei nur relativ wenig betroffenen »neuen« Arbeitnehmern im Fall der Nichterfassung dieser Arbeitsverhältnisse ausreichend Druck für den Abschluss eines neuen Tarifvertrages zu entfalten. Auch teleologisch spricht entgegen dem Bundesarbeitsgericht daher mehr dafür, dass von nachwirkenden Tarifverträgen nicht nur solche Arbeitsverhältnisse erfasst werden, die bereits zur Zeit der Geltung des Tarifvertrages begründet waren. **536**

Bei den nachwirkenden tariflichen Bestimmungen handelt es sich materiell um Tarifnormen. Lediglich ihre rechtliche Fortgeltung beruht auf der formellen gesetzlichen Anordnung des § 4 Abs. 5 TVG, welche jedoch gerade nicht von einer inhaltlichen Überprüfung (wie etwa am Maßstab des »öffentlichen Interesses« **537**

---

TVG Nachwirkung; BAG 7.11.2001 (4 AZR 703/00), AP Nr. 11 zu § 3 TVG; BAG 11.6.2002 (1 AZR 390/01), AP Nr. 113 zu § 87 BetrVG (mit Anm. von *Wiese*).

1544 So die wohl überwiegende Auffassung in der Literatur, vgl. etwa *Herschel*, ZfA 1976, 98f.; Wiedemann/*Wank*, § 4 Rn. 330ff.; *Däubler/Bepler*, § 3 Rn. 815ff., 820; *Gamillscheg*, Kollektives Arbeitsrecht I, § 18 VII 6, 879; *Stein*, Rn. 130f.; a.A. Staudinger/*Richardi*, § 611, Vorbemerkung Rn. 755, *Löwisch/Rieble*, § 4 Rn. 380.

1545 Vgl. hierzu anhand einiger Beispiele aus der Praxis auch *Hagemeier*, PersR 1984, 20ff.

bei der Allgemeinverbindlicherklärung, vgl. § 5 Abs. 1 TVG) abhängt. Die Tarifregelungen wandeln sich also nicht etwa in gesetzliches Recht[1546], sondern »gelten« als solche im Wortsinne »weiter«.[1547] Die **Legitimation** der nachwirkenden Tarifnormen beruht ebenso auf der **Verbandsmitgliedschaft** wie diejenige der laufenden Tarifverträge, welche zu ihrer zwingenden Wirkung ebenso des § 4 Abs. 1 TVG bedürfen wie ihre dispositive Nachwirkung dann auf § 4 Abs. 5 TVG beruht. Auch dies spricht entgegen der Ansicht des Bundesarbeitsgericht[1548] dafür, dass ein Arbeitsverhältnis, welches erst im Nachwirkungszeitraum begründet worden ist, den nachwirkenden Tarifbestimmungen normativ unterfällt (vgl. § 4 Rn. 535).

**538** Sogar in den Fällen des **Austritts aus dem Arbeitgeberverband** rechtfertigt sich die Weitergeltung des Tarifvertrags aufgrund der kraft Gesetzes fortbestehenden Tarifbindung (§ 3 Abs. 3 TVG) aus der ursprünglichen mitgliedschaftlichen Legitimation seiner Normen (und nur dieser Normen! – vgl. § 3 Rn. 60) durch den Arbeitgeber. Folgerichtig tritt die Weiterwirkung des § 3 Abs. 3 TVG auch dann ein, wenn ein Arbeitnehmer erst im Weiterwirkungszeitraum der zuständigen Gewerkschaft beitritt[1549] (vgl. auch § 3 Rn. 42). Ebenso unterfällt das Arbeitsverhältnis der tariflichen **Nachwirkung**, wenn ein Arbeitnehmer **erst im Nachwirkungszeitraum der Gewerkschaft beitritt** (vgl. § 4 Rn. 535).[1550]

**539** **Auszubildende**, die sich vor Beendigung eines Tarifvertrages noch in einem Ausbildungsverhältnis befanden, das sich im Nachwirkungszeitraum in ein Arbeitsverhältnis umwandelt, werden auch nach Auffassung des Bundesarbeitsgerichts[1551] von der Nachwirkung erfasst.

**540** Die Tarifvertragsparteien können nach überwiegender Auffassung die **Nachwirkung** gemäß § 4 Abs. 5 TVG im Tarifvertrag **ausschließen**.[1552] Trotz § 4 Abs. 5 TVG wird man ihnen dieses Recht als Teil ihrer durch Art. 9 Abs. 3 GG geschützten Autonomie zur Regelung der Arbeitsbedingungen zugestehen müssen. Umgekehrt sind die Tarifvertragsparteien aus diesem Grund dann aber auch berechtigt, im Tarifvertrag die von § 4 Abs. 5 TVG nach herrschender Auffassung nicht vorgesehene **zwingende Geltung** nachwirkender tarifvertraglicher Bestimmungen zu **vereinbaren**[1553], doch wird man dann auch eine entsprechende Ausdehnung der Friedenspflicht annehmen müssen (vgl. § 4 Rn. 220).

---

1546 So aber BAG 29.1.1975, AP Nr. 8 zu § 4 TVG Nachwirkung, dagegen zutreffend in der Anm. hierzu *Wiedemann*; vgl. auch *Löwisch/Rieble*, Anm. zu BAG 18.3.1992, AP Nr. 13 zu § 3 TVG.

1547 Ebenso *Däubler/Bepler*, § 4 Rn. 816; *Rotter*, 46ff., 99.

1548 BAG 29.1.1975, AP Nr. 8 zu § 4 TVG Nachwirkung.

1549 BAG 4.8.1993, AP Nr. 15 zu § 3 TVG.

1550 Ebenso *Däubler/Bepler*, § 4 Rn. 820.

1551 BAG 28.1.1987 (5 AZR 323/86), AP Nr. 16 zu § 4 TVG Nachwirkung (mit Anm. von *Wiedemann*); *BPSU*, § 5 Rn. 203.

1552 BAG 3.9.1986, AP Nr. 12 zu § 4 TVG Nachwirkung; BAG 6.10.1965 und 26.4.1966, AP Nr. 1 und 2 zu §§ 22, 23 BAT Zulagen; Wiedemann/*Wank*, § 4 Rn. 362; *Däubler/Bepler*, § 4 Rn. 828; *Löwisch/Rieble*, § 4 Rn. 410; a. A. *Herschel*, ZfA 1976, 97 und *Richardi*, Anm. AR-Blattei D Tarifvertrag VI Rechtswirkungen, zu Entscheidungen 20/21.

1553 Wiedemann/*Wank*, § 4 Rn. 361, lehnen dies unter Berufung auf die »traditionelle Verbindung« zwischen Friedenspflicht und zwingender Wirkung ab; ähnlich *Löwisch/Rieble*, § 4 Rn. 412; wie hier dagegen *Däubler/Bepler*, § 4 Rn. 895.

## II. § 4 Abs. 5 TVG als Auffangregelung nach Ablauf eines Tarifvertrages

541 Als **Auffangregelung** für die Fälle des »Ablaufs« eines Tarifvertrages ist § 4 Abs. 5 TVG **weit auszulegen**, weil die tarifgebundenen Arbeitsverhältnisse nicht mit den tariflich vorgesehenen Zeitablauf inhaltsleer werden sollen (normative Überbrückungsfunktion). Die Nachwirkung tritt deshalb mit dem **Ablauf der Frist** ein, wenn der Tarifvertrag **befristet** war. Wird der Tarifvertrag durch **Aufhebungsvereinbarung** der Tarifvertragsparteien beendet, gilt vom vereinbarten Ende an die Nachwirkung. Im Falle der **ordentlichen Kündigung** des Tarifvertrages wirkt dieser ab Ablauf der Kündigungsfrist nach. Bei der seltenen **außerordentlichen Kündigung** muss der kündigenden Partei ein Festhalten am Tarifvertrag bis zum Ablauf der Kündigungsfrist unzumutbar sein. Dies spricht jedoch nicht gegen die Anwendung des § 4 Abs. 5 TVG auf die Arbeitsverhältnisse, denn die Dispositivität der nachwirkenden Normen ermöglicht es dem Kündigenden, sich auch aus der Nachwirkung zu lösen.[1554] Insofern schwächt § 4 Abs. 5 TVG das Recht der außerordentlichen Tarifkündigung als Konsequenz der normativen Wirkung ab.

542 Wenn sich der Tarifvertrag (z.B. wegen Verbandsaustritts) im Stadium der **Nachbindung** befand und deshalb nach **§ 3 Abs. 3** TVG unverändert weiter galt, dann schließt sich nach Ablauf dieser Nachbindung nunmehr die Nachwirkung gemäß § 4 Abs. 5 an.[1555]

543 Geht man mit der hier vertretenen Auffassung (§ 3 Rn. 47) davon aus, dass auch die (arbeitgeberische oder gewerkschaftliche) **Verbandsauflösung** zur Nachbindung gemäß § 3 Abs. 3 TVG führt, dann schließt sich die Nachwirkung erst an, wenn die vom aufgelösten Verband geschlossenen Tarifverträge abgelaufen sind. Lehnt man dagegen eine Nachbindung in solchen Fällen ab, so tritt die Nachwirkung des § 4 Abs. 5 TVG schon mit erfolgter Verbandsauflösung ein.[1556]

544 Sofern der Betrieb infolge einer Sitzverlegung oder einer Tätigkeitsveränderung dem **räumlichen oder dem fachlichen Geltungsbereich** eines Tarifvertrages **nicht mehr unterfällt**, liegt an sich kein Fall des »Ablaufs« dieses Tarifvertrages vor. Da eine gesetzliche Regelung fehlt, muss die dadurch entstehende Überbrückungslücke **analog § 4 Abs. 3** TVG gefüllt werden, d.h. die tariflichen Rechtsnormen wirken dispositiv nach soweit sie noch weiter anwendbar bleiben.[1557]

545 Im Falle eines **Betriebsinhaberwechsels** kraft **landesrechtlichen Hoheitsaktes** (z.B. **Universitätskliniken**), der von § 613a BGB nicht geregelt ist, wird ebenfalls § 4 Abs. 5 TVG angewendet.[1558] Sollte damit jedoch ein **Verbandsaustritt** bei faktischer Arbeitgeberidentität gegeben sein, gilt die Nachbindung gemäß § 3 Abs. 3 TVG unmittelbar (vgl. § 3 Rn. 45 und Rn. 5). Alle Versuche, von § 3 Abs. 3 TVG abweichende landesgesetzliche Sonderbestimmungen einzuführen, scheitern an der mangelnden arbeitsrechtlichen Länderzuständigkeit (vgl. Art. 74 Abs. 1 Nr. 12 GG).

---

1554 Wiedemann/*Wank*, § 4 Rn. 46; *Löwisch/Rieble*, § 4 Rn. 409; *Däubler/Bepler*, § 4 Rn. 855ff.; *Zachert*, NZA 1993, 301; *Stein*, Rn. 124; a.A. *Otto*, FS Kissel 794; *Belling/Hartmann*, ZfA 1997, 129f.; *Oetker*, RdA 1995, 95; offen BAG 18.6.1997 (4 AZR 710/95), AP Nr. 2 zu § 1 TVG Kündigung.

1555 BAG 13.12.1995 (4 AZR 1062/94), AP Nr. 3 zu § 3 TVG Verbandsaustritt (mit Anm. von *Rieble*); Wiedemann/*Oetker*, § 3 Rn. 78; *Lieb*, NZA 1994, 338; *Löwisch/Rieble*, § 4 Rn. 409; *Däubler/Bepler*, § 4 Rn. 880.

1556 Wie hier *Däubler/Lorenz*, § 3 Rn. 98; a.A. *Frölich*, NZA 1992, 1108.

1557 BAG 10.12.1997 (4 AZR 247/96), AP Nr. 20 zu § 3 TVG; BAG 10.12.1997 (4 AZR 193/97), AP Nr. 21 zu § 3 TVG; *Däubler/Bepler* § 4 Rn. 886ff., 890; Wiedemann/*Wank*, § 4 Rn. 337.

1558 BAG 13.7.1994 (3 AZR 555/93), AP Nr. 14 zu § 3 TVG Verbandszugehörigkeit; *Löwisch/Rieble*, § 3 Rn. 409; *BPSU*, § 4 Rn. 183.

546 Auch wenn ein für **allgemeinverbindlich erklärter Tarifvertrag** endet, wirkt dieser für nicht tarifgebundene, »der Allgemeinverbindlicherklärung das Objekt liefernde« Arbeitsverhältnisse nach.[1559] Insoweit besteht kein Unterschied zu einem beendeten Tarifvertrag, der unmittelbar kraft Tarifgebundenheit galt. Darüber hinaus greift die Nachwirkung nach der Rechtsprechung des Bundesarbeitsgerichts[1560] auch dann für die nicht tarifgebundenen Arbeitnehmer ein, wenn zwar nicht der Tarifvertrag, aber die Allgemeinverbindlicherklärung endet.[1561] Aus dem Wortlaut des § 4 Abs. 5 TVG lässt sich ein solches Ergebnis aber nicht begründen, weil in diesem Fall nicht der Tarifvertrag, sondern die Allgemeinverbindlicherklärung abläuft. Da in § 5 TVG keine Nachwirkung nach Ablauf der Allgemeinverbindlicherklärung angeordnet ist, lässt sich die Auffassung des Bundesarbeitsgerichts nur mit einer analogen Anwendung des § 4 Abs. 5 TVG begründen (vgl. auch § 5 Rn. 46).

547 Wenn ein allgemeinverbindlicher Tarifvertrag ausläuft (z.B. durch Zeitablauf oder durch Kündigung), dann erfasst seine Nachwirkung auch die nicht organisierten Arbeitnehmer, deren Arbeitsverhältnisse von der Allgemeinverbindlichkeit betroffen waren.[1562] Werden die Arbeitsverhältnisse der gewerkschaftlich organisieren Arbeitnehmer danach durch neuen (nicht allgemeinverbindlichen) Tarifvertrag geregelt, so endet für sie die Nachwirkung des früheren Tarifs – während die Nichtorganisierten weiterhin unter dessen Nachwirkung fallen.

### III. Tarifvertragliche Regelung der Nachwirkung

548 Die Tarifvertragsparteien können die Nachwirkung tarifvertraglich **ausschließen**, **zeitlich begrenzen** (befristen) oder auf Teile der Tarifnormen **inhaltlich beschränken**.[1563] Dies sollte **ausdrücklich** geschehen, kann sich aber auch konkludent aus dem textlichen tariflichen Regelungszusammenhang ergeben.[1564] Da die Nachwirkungsvorschrift des **§ 4 Abs. 5** TVG keinen zwingenden Bestandteil der tariflichen Normwirkung darstellt, sondern **tarifdispositiv** ist, lässt sich ihre Einschränkung auch **nachträglich** durch Zusatz – oder Änderungstarifvertrag **vereinbaren**.[1565]

549 Als unzulässig erachtet es das Bundesarbeitsgericht, dass die Tarifvertragsparteien einen nur nachwirkenden Tarifvertrag ändern und ihn dabei im Zustand der Nachwirkung belassen oder dass sie von vornherein einen **nur nachwirken-**

1559 *Herschel*, ZfA 1976, 98.

1560 BAG 27.11.1991 (4 AZR 211/91), AP Nr. 22 zu § 4 TVG Nachwirkung; BAG 25.10.2000 (4 AZR 212/00), AP Nr. 38 zu § 4 TVG Nachwirkung (mit Anm. von *Hohenstatt*); Wiedemann/*Wank*, § 4 Rn. 336; *Löwisch/Rieble*, § 3 Rn. 382.

1561 Ebenso Wiedemann/*Wank*, § 4 Rn. 336, mit weiteren Nachweisen; *Frölich*, NZA 1992, 1107; dagegen *Herschel*, ZfA 1976, 98.

1562 BAG 25.10.2000 (4 AZR 212/00), AP Nr. 38 zu § 4 TVG Nachwirkung (mit Anm. von *Hohenstatt*); Wiedemann/*Wank*, § 4 Rn. 336; *Däubler/Bepler*, § 4 Rn. 884.

1563 BAG 8.5.1974 (4 AZR 288/73), AP Nr. 1 zu §§ 22, 23 BAT Zulagen; BAG 18.9.1974 (4 AZR 536/73), AP Nr. 2 zu §§ 22, 23 BAT Zulagen; BAG 3.9.1986 (5 AZR 319/85), AP Nr. 12 zu § 4 TVG Nachwirkung; BAG 8.10.1997 (4 AZR 87/96), AP Nr. 29 zu § 4 TVG Nachwirkung; Wiedemann/*Wank*, § 4 Rn. 362; *Löwisch/Rieble*, § 4 Rn. 410; *Däubler/Bepler*; § 4 Rn. 828; a.A. *Herschel*, ZfA 1976, 97.

1564 Vgl. BAG 3.9.1986 (5 AZR 319/85), AP Nr. 12 zu § 4 TVG Nachwirkung (mit Anm. von *Lund*); BAG 24.11.1999 (4 AZR 666/98), AP Nr. 34 zu § 4 TVG Nachwirkung (mit Anm. von *Jacobs*); Wiedemann/*Wank*, § 4 Rn. 363; *Däubler/Bepler*, § 4 Rn. 828; a.A. LAG Nürnberg 12.5.1989 (6 Sa 89/87), NZA 1991, 279; *Löwisch/Rieble*, § 4 Rn. 410.

1565 *Däubler/Bepler*, § 4 Rn. 828.

**den Tarifvertrag vereinbaren.**[1566] Diese Auffassung des Bundesarbeitsgerichts wird in der Literatur zu Recht überwiegend abgelehnt.[1567] Ebenso wie die Tarifvertragsparteien von vornherein dispositives Recht schaffen können (§ 4 Abs. 3 TVG), muss es ihnen unbenommen bleiben, durch Änderung eines nachwirkenden Tarifvertrages oder durch eine Vereinbarung, dass ein nachwirkender Tarifvertrag durch einen anderen auch nur nachwirkenden Tarifvertrag ersetzt wird, neues nachwirkendes und damit nach herrschender Auffassung dispositives Tarifrecht zu schaffen. Die Verneinung einer solchen Möglichkeit ist mit der Koalitionsfreiheit des Art. 9 Abs. 3 GG nicht vereinbar. Sie kann ohnehin durch Kündigung eines Tarifvertrages jederzeit herbeigeführt werden.[1568] Deshalb ist auch die bei einem nur nachwirkenden Tarifvertrag fehlende Friedenspflicht (vgl. § 4 Rn. 560) kein Argument gegen diese Gestaltungsmöglichkeit.[1569]

## IV. Nachwirkende Tarifnormen

Die Nachwirkung erfasst prinzipiell **alle Rechtsnormen** eines Tarifvertrages[1570], **550**
nicht dagegen die schuldrechtlichen Vereinbarungen. Die Tarifvertragsparteien dürfen aber auch neue schuldrechtliche Regelungen zu den nachwirkenden Tarifnormen vereinbaren oder die alten schuldrechtlichen Tarifbestimmungen neu abschließen. Dies wird seltener der Fall sein. Die Nachwirkung aller normativen Regelungen ist dagegen erforderlich, um das wirtschaftliche und soziale Gesamtgefüge des Tarifs über dessen Laufdauer hinaus zu erhalten. Unter dieser Voraussetzung bleibt die Richtigkeitschance der Tarifverträge auch im Nachwirkungsstadium erhalten. Sie wiederum bildet den inneren Grund dafür, dass legislative Regelungen als **tarifdispositives Gesetz** nach dem Willen des Gesetzgebers hinter die einschlägigen Tarifbestimmungen zurücktreten – selbst wenn der Tarif für die Arbeitnehmer ungünstiger sein sollte (z. B. §§ 622 Abs. 4 BGB, 4 Abs. 4 EFZG). Folgerichtig verdrängen selbst nachwirkende Tarifverträge noch das tarifdispositive Gesetz[1571] und das ebenfalls tarifdispositive Richterrecht. Vorausgesetzt ist dabei allerdings, dass der **tarifliche Regelungszusammenhang** auch im Nachwirkungszeitraum erhalten bleibt. Wird er dagegen (z. B. durch einzelvertragliche neue Abmachungen) aufgelöst, dann **endet** auch die **dispositive Wirkung** der noch aufrecht erhaltenen und nachwirkenden Teilbestände des Tarifvertrags.

Im Bereich der gewerbsmäßigen **Arbeitnehmerüberlassung** gilt seit 2004 das **551**
so genannte **Equal-pay-Prinzip** des § 9 Nr. 2, 1. Alt. AÜG. Danach dürfen Leiharbeitnehmer während ihrer Überlassung an einen Entleiher hinsichtlich ihrer wesentlichen Arbeitsbedingungen nicht schlechter gestellt werden als die beim Verleiher beschäftigten vergleichbaren Arbeitnehmer. Von diesem Gleichbehandlungsgebot abweichende Vorschriften sind lediglich in einem Tarifvertrag zulässig, dem der Verleiher unterliegt (**§ 9 Nr. 2, letzter Halbsatz AÜG**: »… ein

---

1566 BAG 14.10.1973 (4 AZR 176/72), AP Nr. 6 zu § 4 TVG Nachwirkung; BAG 29.1.1975 (4 AZR 218/74), AP Nr. 8 zu § 4 TVG Nachwirkung.

1567 Wiedemann/*Wank*, § 4 Rn. 364 ff.; *Däubler/Bepler*, § 4 Rn. 829 f.; *Herschel*, ZfA 1976, 102; a. A. *Löwisch/Rieble*, § 4 Rn. 413.

1568 Vgl. BAG 14.2.1973, AP Nr. 6 zu § 4 TVG.

1569 Vgl. Wiedemann/*Wank*, § 4 Rn. 366.

1570 BAG 18.5.1997 (4 AZR 47/76), AP Nr. 4 zu § 4 BAT (mit Anm. von *Wiedemann*); *Löwisch/Rieble*, § 4 Rn. 402; *Däubler/Bepler*, § 4 Rn. 863.

1571 Wiedemann/*Wank*, § 4 Rn. 335; *Däubler/Bepler*, § 4 Rn. 845 ff.; *Löwisch/Rieble*, § 4 Rn. 373; *Stein*, Rn. 133; a. A. *Herschel* ZfA 1976, 99 f.

Tarifvertrag kann abweichende Regelungen zulassen; im Geltungsbereich eines solchen Tarifvertrages können nicht tarifgebundene Arbeitgeber und Arbeitnehmer die Anwendung der tariflichen Regelungen vereinbaren.«). Diese tarifliche Abdingbarkeit des Equal-pay-Prinzips gilt **auch für** nur noch **nachwirkende Tarifverträge** kraft ihrer Normativität und Richtigkeitschance[1572] solange der Tarif in seinem gesamten Regelungszusammenhang nachwirkt. Wegen der damit möglicherweise eintretenden Unsicherheit kann es sich empfehlen, die Nachwirkung einschlägiger Tarifverträge von vornherein auszuschließen.

**552** Die Nachwirkung des § 4 Abs. 5 TVG erfasst vor allem die **Inhaltsnormen** des Tarifvertrages, also insbesondere die Entgelt-, Arbeitszeit- und Leistungsregelung. Dasselbe gilt für **Abschlussnormen** – zumal nach hier vertretener Auffassung die Nachwirkung auch Arbeitsverhältnisse erfasst, die im Nachwirkungszeitraum abgeschlossen werden. Gerade bei Einstellungsuntersuchungen oder Einstellungsfragerechten kann dies auch bei Vertragsänderungen während der Nachwirkung eine Rolle spielen.[1573]

**553** Die Nachwirkung umfasst auch **Betriebsnormen** im Sinne von § 3 Abs. 2 TVG.[1574] Eine andere Abmachung, die die Nachwirkung von Betriebsnormen beendet, kann anders als nach herrschender Auffassung bei Inhaltsnormen dann aber nur ein Kollektivvertrag (Tarifvertrag oder Betriebsvereinbarung) sein. Individualrechtlich wirkende Einheitsregelungen genügen nicht.[1575] Betriebsnormen sind Kollektivnormen und können nicht zu Individualnormen gemacht werden. Änderungen sind nur auf **kollektiver** Ebene möglich.[1576]

**554** Dasselbe wie bei Betriebsnormen (vgl. § 4 Rn. 553) gilt für die Nachwirkung **betriebsverfassungsrechtlicher Normen** gemäß § 4 Abs. 5 TVG. Von ihrer Funktion her lässt sich die Nachwirkung hier allenfalls durch eine kollektive Regelung beenden.[1577] Derartige Normen, bei denen es sich häufig um besondere tarifliche Betriebsvertretungen nach **§ 3 Abs. 1 BetrVG** handeln wird, wirken auch dann gemäß § 4 Abs. 5 TVG nach, wenn ihr Inhalt ein tarifdispositives Gesetz ersetzen sollte. In allen Fällen der Tarifdispositivität (also auch in § 3 Abs. 1 BetrVG) hat der Gesetzgeber seine eigene Entscheidung zugunsten der (regelmäßig als sachnäher eingeschätzten) ausgeübten Tarifautonomie zurückgenommen. An dieser gesetzesersetzenden Wirkung der Tarifnormen ändert sich so lange nichts, wie diese Regelungen unverändert nachwirken, d.h. nicht ihrerseits durch »andere Abmachungen« dispensiert worden sind. Da das bei betriebsverfassungsrechtlichen Normen wiederum nur durch Kollektivvereinbarung möglich ist, bestehen gegen deren Nachwirkung keine durchgreifenden Bedenken.[1578] Für die Praxis empfiehlt es sich aber, die Nachwirkung von Organisationstarifverträgen gemäß § 3 BetrVG zu **befristen** oder **auszuschließen**.[1579]

---

1572 *Däubler/Bepler*, § 4 Rn. 827a.

1573 Vgl. *Däubler/Bepler*, § 4 Rn. 867; a. A. *Löwisch/Rieble*, § 4 Rn. 402.

1574 Ebenso Wiedemann/*Wank*, § 4 Rn. 344; *Löwisch/Rieble*, § 4 Rn. 403; *Oetker*, FS Schaub 537 ff.; *Rüthers*, FS Müller, 456; *Andresen*, DB 1978, 1277; a. A. *Behrens/Hohenstatt*, DB 1991, 1878.

1575 Offengelassen von *Rüthers*, FS Müller, 456.

1576 Ebenso BAG 24.6.1990 (1 ABR 84/87), AP Nr. 57 zu Art. 9 GG; *Löwisch/Rieble*, § 4 Rn. 390, 403; Wiedemann/*Wank*, § 4 Rn. 344; *Oetker*, FS Schaub, 538; *Däubler/Bepler*, § 4 Rn. 874.

1577 *Löwisch/Rieble*, § 4 Rn. 390; *Däubler/Bepler*, § 3 Rn. 874.

1578 Ebenso BAG 18.5.1977, AP Nr. 4 zu § 4 BAT; BAG 14.2.1989, AP Nr. 52 zu Art. 9 GG; Kempen, FS Schaub, 368 ff.; Wiedemann/*Wank*, § 4 Rn. 344; *Löwisch/Rieble*, § 4 Rn. 391, 403; *Däubler/Bepler*, § 4 Rn. 836 ff., 873, 875; a. A. *Behrens/Hohenstatt*, DB 1991, 1877; DKK-*Trümner*, BetrVG, § 3 Rn. 166; FKHES, BetrVG, § 3 Rn. 21; *Richardi*, BetrVG, § 3 Rn. 37; *T. Wissmann*, Gestaltung, 175.

1579 *Kempen*, FS Schaub, 370; *Däubler/Bepler*, § 3 Rn. 839.

Soweit der **Tarifvorrang des § 87 Abs. 1 BetrVG** durch betriebsverfassungsrechtliche oder betriebliche Tarifnormen wahrgenommen wird, reicht deren **Nachwirkung nicht** aus, um die einzelnen Mitbestimmungsrechte des § 87 BetrVG zu verdrängen[1580], weil dies nur durch eine abschließende und zwingende Tarifregelung möglich ist. Ebenso ist es bei lediglich nachwirkenden Inhaltsnormen, die einzelarbeitsvertraglich ersetzt werden können und deshalb die Möglichkeit einseitiger arbeitgeberischer Anordnung bieten. Da § 87 BetrVG aber gerade dies verhindern will, greift die Sperrwirkung des Tarifvertrags nicht bei nachwirkenden Inhaltsnormen (vgl. Grundl. Rn. 350) also z. B. nicht mehr bei Regelungen im Bereich des § 87 Abs. 1 Nr. 10 f. BetrVG. 555

Zur Nachwirkung von Normen über **Gemeinsame Einrichtungen** im Sinne von § 4 Abs. 2 TVG vgl. § 4 Rn. 242. 556

Der Nachwirkung unterliegen auch **prozessuale Tarifnormen**, also z. B. Schiedsklauseln oder die Festlegung von Gerichtsständen.[1581] Dagegen regeln Schlichtungsstellen für Streitigkeiten zwischen den Tarifparteien deren schuldrechtliche Beziehungen und unterfallen deshalb nicht der Nachwirkung.[1582] 557

## V. Nachwirkung und Tarifsperre des § 77 Abs. 3 BetrVG

Grundsätzlich sind nachwirkende Tarifverträge geeignet, die **Sperrwirkung des § 77 Abs. 3 BetrVG** auszulösen.[1583] Diese Sperre dient dem Schutz der Tarifautonomie, deren Ergebnis auch die nach § 4 Abs. 5 TVG nachwirkenden Tarifnormen sind. Es widerspräche der normativen Überbrückungsfunktion, wenn die Betriebsparteien im Nachwirkungszeitraum abweichende kollektive Regelungen treffen könnten. Andererseits gilt eine tarifliche Öffnungsklausel nach § 77 Abs. 3 Satz 2 BetrVG auch im Stadium der Nachwirkung zu Gunsten ergänzender Betriebsvereinbarungen. 558

Der **nachwirkende Tarifvertrag** ist ausgeübte Tarifautonomie und **»regelt«** Arbeitsentgelte und sonstige Arbeitsbedingungen **im Sinne des § 77 Abs. 3 Satz 1 BetrVG**. Er sperrt diese geregelten Gegenstände also nicht etwa deshalb für die Betriebsparteien, weil es sich um «üblicherweise» tarifvertraglich normierte Bereiche handelte.[1584] Die Gegenauffassung, nach welcher die Nachwirkung zugleich auch die Tarifüblichkeit gemäß § 77 Abs. 3 Satz 1 BetrVG indiziert[1585], übergeht dabei, dass jene Tarifüblichkeit (und damit die Sperre) immer dann entfiele, wenn die Nachwirkung auf einem Wegfall der Tariffähigkeit, der Tarifzuständigkeit oder des Herausfallens der Arbeitsverhältnisse aus dem Geltungsbereich (vgl. § 4 Rn. 544) beruhte. Diese Nachwirkungsfälle könnten also keine Sperrwirkung entfalten, obwohl doch auch insoweit die jeweiligen Arbeitsbedingungen tariflich «geregelt» sind. Deshalb gilt auch insoweit § 77 Abs. 3 Satz 1, 1. Alt. BetrVG mit der Folge, dass die nachwirkenden Tarifnormen nur durch andere individual- oder tarifvertragliche Abmachung, nicht jedoch durch Betriebsvereinbarung abgelöst werden können. 559

---

1580 BAG GS 3. 12. 1991 (GS 2/90), AP Nr. 51 zu § 87 BetrVG Lohngestaltung; DKK-*Klebe*, BetrVG, § 87 Rn. 31; *Däubler/Bepler*, § 3 Rn. 835.

1581 BAG 3. 9. 1986 (5 AZR 319/85), AP Nr. 12 zu § 4 TVG Nachwirkung.

1582 *Däubler/Bepler*, § 4 Rn. 872.

1583 Wiedemann/*Wank*, § 4 Rn. 564; *Löwisch/Rieble*, § 4 Rn. 388; *Däubler/Bepler*, § 4 Rn. 836.

1584 *Oetker*, FS Schaub, 550.

1585 *Löwisch/Rieble*, § 3 Rn. 388; *Fitting*, BetrVG, § 77 Rn. 83, 90 f.; offengelassen bei *Däubler/Bepler*, § 3 Rn. 836.

## VI. Nachwirkung und Friedenspflicht

560 Im Stadium der Nachwirkung tarifvertraglicher Bestimmungen besteht **keine Friedenspflicht** mehr.[1586] Diese beruht auf dem schuldrechtlichen Teil des Tarifvertrages, der nicht gemäß § 4 Abs. 5 TVG nachwirkt. Außerdem dient die Nachwirkung geradezu dazu, für den Zeitraum neuer Tarifvertragsverhandlungen nach Beendigung eines Tarifvertrages die sonst unter Umständen bestehende Lücke in der Regelung der Arbeitsbedingungen auszufüllen. Vereinbaren die Tarifvertragsparteien dagegen tarifvertraglich, dass den nachwirkenden Normen (wieder) zwingende Wirkung zukommen soll, so lebt die Friedenspflicht (welche auf der gerichtlichen Durchsetzbarkeit zwingender Normen beruht) wieder auf.

561 Sofern ein **Anschluss- oder Anerkennungstarifvertrag** auf die Regelungen eines anderen Tarifvertrages inhaltlich verweist und dieser in Bezug genommene Tarif nur noch nachwirkt oder später ins Nachwirkungsstadium kommt, bleibt der verweisende Tarif voll wirksam. Die Verweisungsbestimmung ist nämlich ihrerseits eine tarifliche Rechtsnorm.[1587] Handelt es sich um eine dynamische Bezugnahme auf die jeweils geltende Fassung des anderen Tarifs und wird um diesen Tarif ein Arbeitskampf geführt, dürfen sich die dem Anerkennungstarif unterfallenden Arbeitnehmer auch dann an dem Streik beteiligen, wenn dieser Anerkennungstarif selbst noch nicht gekündigt sein sollte.[1588]

## VII. Beendigung der Nachwirkung (»andere Abmachung«)

562 Eine die Nachwirkung beendende **andere Abmachung** kann bei Inhaltsnormen eines Tarifvertrages ein neuer Tarifvertrag, nach herrschender Auffassung (vgl. zuvor § 4 Rn. 559) eine Betriebsvereinbarung und eine einzelvertragliche Vereinbarung sein (andere Voraussetzungen gelten bei Betriebsnormen und bei Normen über Gemeinsame Einrichtungen, vgl. dazu § 4 Rn. 350). Sowohl der Betriebsrat (vorbehaltlich der Sperre des § 77 Abs. 3 BetrVG, dazu Grundl. Rn. 326 ff.) als auch der einzelne Arbeitnehmer können der Nachwirkung also im Einverständnis mit dem Arbeitgeber ein Ende setzen. Kommt es nicht zu einer solchen Übereinkunft und bleibt auch der Abschluss eines neuen Tarifvertrages aus, gilt der alte Tarifvertrag unbefristet weiter.

### 1. Tarifvertrag als »andere Abmachung«

563 Ein Tarifvertrag kann die Nachwirkung des § 4 Abs. 5 TVG nur dann beenden, wenn er die noch nachwirkenden tariflichen Normen durch ein entsprechendes neues Regelwerk ersetzt. Notwendig ist deshalb zunächst, dass er selbst **normersetzende Bestimmungen** enthält. Eine nur schuldrechtlich wirkende Vereinbarung der Tarifvertragsparteien reicht dafür nicht aus. Tarifliche **Vorverträge** – mögen sie auch schon die Einzelheiten noch abzuschließender Tarife umfassen – sind daher keine nachwirkungsbeendenden »anderen Abmachungen«. Normersetzende andere Abmachung ist ein neuer Tarifvertrag ferner nur dann, wenn er für

---

1586 Ebenso *Herschel*, ZfA 1976, 103 ff.; Wiedemann/*Wank*, § 4 Rn. 351; *Däubler/Bepler*, § 4 Rn. 842.
1587 Vgl. BAG 24.11.1999 (4 AZR 666/98), AP Nr. 34 zu § 4 TVG Nachwirkung (mit Anm. von *Jacobs*).
1588 BAG 18.2.2003 (1 AZR 142/02), AP Nr. 163 zu Art. 9 GG Arbeitskampf (mit Anm. von *Thüsing*); *BPSU*, § 4 Rn. 219.

das jeweilige Arbeitsverhältnis kraft **Tarifbindung** durch Mitgliedschaft (§ 3 Abs. 1 TVG) oder durch **Allgemeinverbindlichkeit** (§ 5 TVG) gilt.[1589] Sofern Arbeitgeber und/oder Arbeitnehmer also während der Nachwirkung ihre Mitgliedschaft bei der jeweiligen Tarifvertragspartei beenden, löst ein entsprechender neuer Tarifabschluss dieses Verbandes/dieser Gewerkschaft die Nachwirkung nicht ab (es sei denn, der neue Tarif würde für allgemeinverbindlich erklärt). Dasselbe gilt, wenn der Verbandsaustritt noch während der vollen Geltung des »alten« Tarifs erfolgte, dieser aber gemäß § 3 Abs. 3 TVG zunächst unverändert weiter gilt (»Nachbindung«) und sodann (z.B. nach Zeitablauf) gemäß § 4 Abs. 5 TVG nachwirkt. Auch hier würde ein neuer Tarifabschluss diese Nachwirkung mangels mitgliedschaftlicher Tarifbindung nicht ablösen.

Um als »andere Abmachung« die Nachwirkung beenden zu können, muss der **564** Tarifvertrag die nachwirkenden Normen ersetzen, d.h. er muss das jeweilige Arbeitsverhältnis auch von seinem **Geltungsbereich** her erfassen. Nicht erforderlich ist es dagegen, dass die nachwirkenden Bestimmungen im Einzelnen ersetzt, verändert oder bestätigt werden. Zur Ablösung reicht es vielmehr, den jeweiligen Regelungsgegenstand neu zu normieren (z.B. Urlaub, Zuschläge). Dies ist auch dann der Fall, wenn keinerlei neue Regelung erfolgt, weil z.B. eine vorherige Leistung (etwa Weihnachtsgeld) nach dem Willen der Tarifvertragsparteien künftig entfallen soll. Werden dagegen bewusst nur Teilbereiche eines nachwirkenden Tarifwerks neu geregelt (z.B. Urlaub), dann bleibt es im Übrigen bei de Nachwirkung.[1590] Mögliche Unklarheiten[1591] sollten die Tarifvertragsparteien durch entsprechende Hinweise (z.B. in Protokollnotizen) ausschließen.

Grundsätzlich ist es möglich, dass vor Eintritt der Tarifbindung getroffene ar- **565** beitsvertragliche Regelungen nach Wegfall der Tarifbindung wieder aufleben, weil sie von der zwingenden Wirkung des Tarifvertrages (§ 4 Abs. 1 TVG) nur verdrängt worden sind[1592], doch ist eine solche Wiederbelebung alter individueller Absprachen als »andere Abmachung« im Nachwirkungszeitraum nicht möglich. § 4 Abs. 5 TVG regelt nicht die arbeitsvertraglichen Beziehungen nach Wegfall der Tarifbindung. Hier wird vielmehr gerade der (wenn auch dispositiv gewordene) Fortbestand der Tarifbindung durch Nachwirkung so lange angeordnet, »bis« sie vermittels anderer Abmachung »ersetzt« wird. Die den nachwirkenden Tarif ersetzende **Abmachung muss** folglich **zeitlich später**, d.h. erst während des Nachwirkungszeitraums **getroffen** werden. Frühere tarifabweichende Abmachungen leben also in der Nachwirkungsphase nicht wieder auf und stellen deshalb keine andere Abmachung im Sinne des § 4 Abs. 5 TVG dar.[1593]

Ursache für den Ablauf des Tarifvertrages kann neben einer Kündigung oder **566** Befristung auch der **Wegfall der Tarifzuständigkeit** einer oder beider Tarifvertragsparteien sein. In solchen Fällen scheint die Beendigung der Nachwirkung durch Neuabschluss eines Tarifvertrages oft nicht möglich, wenn keine anderen, nun zuständigen Verbände vorhanden sind oder tätig werden können. Es ist je-

---

1589 BAG 28.5.1997 (4 AZR 546/95), AP Nr. 26 zu § 4 TVG Nachwirkung (mit Anm. von *Kania*); BAG 28.5.1997 (4 AZR 545/95), AP Nr. 27 zu § 4 TVG Nachwirkung; *Däubler/Bepler*, § 4 Rn. 898; *Löwisch/Rieble* § 4 Rn. 394.

1590 Z.B. BAG 23.10.2001 (3 AZR 74/01), AP Nr. 33 zu § 1 BetrVG Ablösung.

1591 Dazu *Däubler/Bepler*, § 4 Rn. 900.

1592 BAG 14.12.1991, AP Nr. 10 zu § 3 TVG; vgl. auch oben § 4 Rn. 12; a.A. *Frölich*, NZA 1992, 1110, der § 134 BGB anwendet.

1593 BAG 14.12.1991, AP Nr. 10 zu § 3 TVG; *Däubler/Bepler*, § 4 Rn. 908; *Stein*, Rn. 138; *Frölich*, NZA 1992, 1111; a.A. LAG Berlin 5.12.1994, NZA 1995, 1174.

doch davon auszugehen, dass die bisherigen Tarifvertragsparteien eine nachwirkungsindizierte Koalitionszuständigkeit besitzen, wenn und solange sie noch Mitglieder in ihrem alten Organisationsbereich haben, für die sie als Koalitionen nach Art. 9 Abs. 3 GG weiter verantwortlich sind und Leistungen zu erbringen haben (z.B. allgemeine soziale und wirtschaftliche Interessenvertretung, Rechtsschutz). Aus dieser nachwirkungsbedingt fortdauernden Pflicht zur Wahrung und Förderung der Arbeits- und Wirtschaftsbedingungen dieser Mitglieder folgt dann eine entsprechende nachwirkende Tarifzuständigkeit der Koalition für den Abschluss von Tarifverträgen, welche die Nachwirkung beenden und den Übergang in andere Koalitionsbindungen oder in tariflich nicht gebundene Arbeitsverhältnisse regeln.

### 2. Betriebsvereinbarung als »andere Abmachung«

567 Die Tarifsperre des **§ 77 Abs. 3 Satz 1** 1. Alt. BetrVG führt dazu, dass **Betriebsvereinbarungen** regelmäßig **nicht** als »**andere Abmachung**« im Sinne des § 4 Abs. 5 TVG die Nachwirkung von Tarifnormen beenden können (vgl. § 4 Rn. 559).[1594] Die über den Tarifvertrag ausgeübte Tarifautonomie verdrängt die Betriebsvereinbarungsbefugnis, weil sie markt- und damit sachgerechter als das betriebliche Regelungsverfahren ist. Nur wenn der Tarifvertrag Öffnungsklauseln für den Fall seiner Nachwirkung vorsehen sollte (§ 77 Abs. 3 Satz 2 BetrVG), könnten sie dessen Nachwirkung insoweit beenden. Möglich wäre es deshalb auch, die Nachwirkung durch einen späteren Tarifvertrag ausschließlich über nachfolgende Betriebsvereinbarungen beseitigen zu lassen. Sie wäre dann **betriebsvereinbarungsdispositiv**, aber nicht einzelvertragsdispositiv.

568 Der nachwirkende Tarifvertrag verdrängt nicht länger die **Mitbestimmungsrechte nach § 87 Abs. 1 (Eingangssatz) BetrVG** (vgl. § 4 Rn. 555), weil der Betriebsrat insoweit ein **erzwingbares** Mitbestimmungsrecht besitzt.[1595] Da der Eintritt der Nachwirkung meist zeitlich absehbar ist, wäre es lebensfremd, den Betriebsparteien untersagen zu wollen, für diesen Fall entsprechende Vereinbarungen vorsorglich noch während der vollen Tarifbindung abzuschließen oder vorzubereiten. Wenn dies freilich in der erkennbaren Absicht geschieht, einen anschließenden Firmen- oder Verbandstarifvertrag zu verhindern, wären derartige Aktivitäten als Abreden oder Maßnahmen zu bewerten, welche die Tarifautonomie einschränken sollen. Sie wären deshalb nach Art. 9 Abs. 3 Satz 2 GG rechtswidrig oder nichtig.[1596]

### 3. Einzelarbeitsvertrag als »andere Abmachung«

569 **Einzelvertragliche Änderungen** des Arbeitsvertrags im Nachwirkungszeitraum beenden die Nachwirkung der jeweils betroffenen Tarifnormen.[1597] Wenn kein tarifliches oder arbeitsvertragliches Schriftformerfordernis gilt, können sie auch **stillschweigend** sowie durch Betriebsübung oder durch vertragliche Einheits-

---

1594 *Däubler/Bepler*, § 4 Rn. 902; *Löwisch/Rieble*, § 4 Rn. 388.

1595 BAG 27.11.2002 (4 AZR 660/01), AP Nr. 34 zu § 87 BetrVG; *Löwisch/Rieble*, § 4 Rn. 389; *BPSU*, § 4 Rn. 214.

1596 Nur insoweit ist *Oetker*, FS Schaub, 546f., zuzustimmen; ähnlich *BPSU*, § 4 Rn. 214; a.A. *Löwisch/Rieble*, § 4 Rn. 389.

1597 Wiedemann/*Wank*, § 4 Rn. 354; *Löwisch/Rieble*, § 4 Rn. 384; *Däubler/Bepler*, § 4 Rn. 907.

regelung vereinbart werden.[1598] Individuelle Änderungsverträge werden dabei allerdings regelmäßig auch nur nachwirkende Individualnormen ersetzen können, denn für betriebliche oder betriebsverfassungsrechtliche **Kollektivnormen** fehlt es (meist) an einer entsprechenden Regelungskompetenz. Die kollektive Wirkung kann jedoch möglicherweise dann hergestellt werden, wenn sich derselbe Effekt durch inhaltsgleiche Einzelabmachungen mit allen betroffenen Arbeitnehmern erreichen lässt.[1599]

Nach ganz überwiegender Meinung stellt der individuelle Änderungsvertrag auch dann eine »andere Abmachung« dar, wenn er über eine **Änderungskündigung** durchgesetzt worden ist.[1600] Teilweise wird dies damit begründet, dass die abweichenden Abmachungen generell nicht einverständlich erfolgen müssten[1601], doch stimmt dies mit dem Begriff »Abmachung« nicht überein, der eine **freie Vereinbarung** in gegenseitigem Einverständnis indiziert. Teilweise wird darauf hingewiesen, dass nicht die Änderungskündigung als solche diese »Abmachung« darstelle, sondern erst die daraus folgende Änderungsübereinkunft der Arbeitsvertragsparteien.[1602] Das trifft zwar zu, doch wurde der Arbeitnehmer zuvor ultimativ vor die Wahl gestellt, entweder das Änderungsangebot anzunehmen oder den Arbeitsplatz zu verlieren (entsprechendes gilt für die Änderungskündigung seitens des Arbeitnehmers). Unter dem Aspekt der erforderlichen anderen »Abmachung« problematisch ist deshalb nicht die rechtliche Qualität des Änderungsvertrages selbst. Bedenklich ist vielmehr die Art des Zustandekommens dieser Regelung auf Grund eines Ultimatums, welches immer öfter kündigungsschutzrechtlich nicht kontrolliert werden kann, weil das Arbeitsverhältnis nicht unter das Kündigungsschutzgesetz fällt. Immerhin beseitigt der Änderungsvertrag den Schutz der Tarifautonomie, welche in den nachwirkenden Normen konkretisiert worden war. Insofern geht es beim Abschluss des Änderungsvertrages nach § 4 Abs. 5 TVG immer auch um einen **indirekten Verzicht auf das Koalitionsgrundrecht des Art. 9 Abs. 3 GG**. Solche im Arbeitsvertragsrecht allfälligen und durchaus zulässigen Grundrechtsverzichte sind aber nur wirksam, wenn sie ohne unverhältnismäßigen Druck oder in Zwangslagen erfolgen.[1603] Gerade bei Änderungskündigungen zur Beseitigung nachwirkender Tarifnormen gemäß § 4 Abs. 5 TVG dürfte eine solche Zwangslage nicht selten sein. Bei verfassungskonformer Auslegung des Begriffs »Abmachung« in § 4 Abs. 5 TVG müssen die durch Änderungskündigung oktroyierten individuellen Vertragsänderungen (entsprechend dem Rechtsgedanken des § 315 BGB) auf Antrag innerhalb der tariflichen Ausschlussfrist **nach § 138 BGB richterlich überprüft** werden. Die Möglichkeit der **Anfechtung** des Änderungsvertrages **nach § 123 Abs. 1 BGB** wegen Drohung[1604] erscheint demgegenüber unter dem Aspekt der Effektivität des Grundrechtsschutzes zu eng. 570

1598 BAG 28.6.1972 (4 AZR 362/71), AP Nr. 55 zu §§ 22, 23 BAT.

1599 *Däubler/Bepler*, § 4 Rn. 907; vgl. auch BAG 19.6.2001 (1 AZR 463/00), AP Nr. 3 zu § 3 BetrVG.

1600 BAG 27.9.2001 (2 AZR 236/00), AP Nr. 40 zu § 4 TVG Nachwirkung; Wiedemann/*Wank*, § 4 Rn. 356; *Löwisch/Rieble*, § 4 Rn. 386; *Däubler/Bepler*, § 4 Rn. 910.

1601 BAG 27.9.2001 (2 AZR 236/00), AP Nr. 40 zu § 4 TVG Nachwirkung; *Löwisch/Rieble*, § 4 Rn. 386.

1602 BAG 27.9.2001 (2 AZR 236/00), AP Nr. 40 zu § 4 TVG Nachwirkung, dessen Begründung insoweit nicht ganz konsequent erscheint; *Däubler/Bepler*, § 4 Rn. 910.

1603 ErfK/*Dieterich*, Einl. GG Rn. 65; *Adam*, AuR 2005, 129.

1604 BAG 28.1.1987 (5 AZR 323/86), AP Nr. 16 zu § 4 TVG Nachwirkung; *BPSU*, § 4 Rn. 216.

## VIII. Nachwirkung dynamisch gestalteter Tarifnormen

571 Die Nachwirkung lässt die Regelungen des abgelaufenen Tarifvertrags grundsätzlich in der Fassung weiter gelten, in der sie sich zum Zeitpunkt des Tarifablaufs gerade befanden.[1605] Der bisherige Rechtszustand soll für die bestehenden Arbeitsverhältnisse materiell erhalten bleiben, bis sie durch eine andere Abmachung ersetzt werden (**Tarifstandardgarantie**). Wenn der abgelaufene Tarifvertrag bereits abschließende Regelungen für eine nach Zeitabschnitten bemessene Veränderung bestimmter Leistungen (z.B. Urlaubsdauer oder Jahressonderzahlungen nach Dauer der Betriebszugehörigkeit) oder Rechtspositionen (z.B. nach Alter gestaffelte Kündigungsfristen) vorgesehen hatte und die Tatbestandsvoraussetzungen hierfür Einzelfall weise erst im Nachwirkungszeitraum eintreten (also die vorgesehene Betriebszugehörigkeitsdauer oder Altersgrenze werden erst nach Tarifablauf erreicht), dann tritt die solchermaßen bereits geregelte Rechtsfolge (z.B. Verlängerung des Urlaubs oder der Kündigungsfrist) infolge der Nachwirkung auch später noch ein.[1606]

572 Dasselbe muss gelten, sobald sich die für die Höhe eines tariflichen Anspruchs abstrakt genannten **gesetzlichen Berechnungsgrößen** (z.B. Übernahme des Arbeitnehmerbeitrags zur gesetzlichen Krankenversicherung durch den Arbeitgeber; Reisekostenerstattungsanspruch in Höhe der steuergesetzlichen Kfz-Kilometergeldpauschale) im Nachwirkungszeitraum verändern.

573 Auch wenn im Tatbestand einer Tarifnorm des abgelaufenen Vertrages für den Umfang eines Anspruchs auf **andernorts tariflich geregelte Berechnungsgrößen** verwiesen worden ist (z.B. auf Beiträge zu einer als Gemeinsame Einrichtung gemäß § 4 Abs. 2 TVG geführten Zusatzversorgungskasse), ändern sich die nachwirkenden Tarifansprüche mit deren Veränderungen (**dynamische Bezugsgrößen-Verweisung**). In allen diesen Nachwirkungsfällen hatten die Tarifvertragsparteien selbst eine vollständige normative Regelung (mit teilweise bedingten oder befristeten Tatbestandsmerkmalen) getroffen, welche daher als solche komplett nachwirkt und nicht etwa infolge der Nachwirkung »eingefroren« wird. Nach zutreffender Auffassung handelt es sich bei der Nachwirkung eben nicht um tarifgleiches Gesetzesrecht, sondern um dispositiv weiter geltende Tarifnormen.[1607]

574 Handelt es sich dagegen im Tarifvertrag um eine bloße **Blankettverweisung auf einen anderen Tarifvertrag**, so besteht die – als solche unvollständige – Regelung des verweisenden Tarifs bei dessen Ablauf inhaltlich aus den Normen des in Bezug genommenen Tarifvertrags, welche zu diesem Zeitpunkt galten. Folglich wirkt allein diese Fassung des anderen Tarifvertrags gemäß § 4 Abs. 5 TVG nach, während seine späteren Änderungen die Nachwirkung nicht mehr beeinflussen können.[1608] Die Gegenauffassung, welche die Dynamik der Blankettverweisung

---

1605 BAG 24.11.1999 (4 AZR 666/98), AP Nr. 343 zu § 4 TVG Nachwirkung (mit Anm. von *Jacobs*); BAG 17.5.2000 (4 AZR 363/99), AP Nr. 8 zu § 3 TVG Verbandsaustritt (mit Anm. von *Zachert*); BAG 4.4.2001 (4 AZR 215/00), AP Nr. 9 zu § 3 TVG Verbandsaustritt; *Däubler/Bepler*, § 4 Rn. 821 ff.

1606 Vgl. BAG 16.8.1990, AP Nr. 19 zu § 4 TVG Nachwirkung hinsichtlich einer »Urlaubsstaffel«; *Zachert*, AiB 1991, 158; *Däubler/Bepler*, § 4 Rn. 822.

1607 *Däubler/Bepler*, § 4 Rn. 822.

1608 BAG 10.3.2004 (4 AZR 140/03), EzA § 4 TVG Nachwirkung Nr. 36; BAG 10.11.1982, AP Nr. 8 zu § 1 TVG Form; BAG 20.6.2001 (4 AZR 295/00), AP Nr. 18 zu § 1 TVG Bezugnahme auf Tarifvertrag; *Däubler/Bepler*, § 4 Rn. 824.

auch in der Nachwirkung weiterführen will[1609], übersieht, dass die Zulässigkeit derartiger dynamischer Verweisungen auf »fremde« Normsysteme durch **Anschluss- oder Anerkennungstarif** die autonome Herrschaft der Tarifvertragsparteien über ihre Verweisungsnorm erfordert. Im Nachwirkungsstadium ist diese Autonomie aber nur noch eingeschränkt vorhanden.[1610]

## IX. »Absolutes« Ende der Nachwirkung?

Da die Nachwirkung nach § 4 Abs. 5 TVG **zeitlich nicht begrenzt** ist, können Tarifverträge gelegentlich sehr lange nachwirken. Obwohl dies wegen der Dispositivität der Nachwirkung bislang kaum praktische Probleme nach sich zog, gibt es Vorschläge diese »ewige« Nachwirkung absolut zu begrenzen. So soll ein absolutes Ende der Nachwirkung **analog** der Zeitsperre des **§ 613a Abs. 1 Satz 2 BGB** binnen **Jahresfrist** eintreten.[1611] Noch radikaler soll die Nachwirkung **analog § 77 Abs. 6 BetrVG** ganz **entfallen**, wenn sie nicht schon im Tarifvertrag ausgeschlossen oder befristet worden ist.[1612] Derartige Vorschläge widersprechen jedoch der gesetzlichen Überbrückungsfunktion der Nachwirkung, deren Flexibilität gerade kein absolutes Ende verträgt, so dass es an einer – durch Analogie zu schließenden – Gesetzeslücke fehlt.[1613] 575

## § 5 Allgemeinverbindlichkeit

**(1) Das Bundesministerium für Wirtschaft und Arbeit kann einen Tarifvertrag im Einvernehmen mit einem aus je drei Vertretern der Spitzenorganisationen der Arbeitgeber und der Arbeitnehmer bestehenden Ausschuss auf Antrag einer Tarifvertragspartei für allgemeinverbindlich erklären, wenn**

**1. die tarifgebundenen Arbeitgeber nicht weniger als 50 vom Hundert der unter den Geltungsbereich des Tarifvertrags fallenden Arbeitnehmer beschäftigen und**

**2. die Allgemeinverbindlicherklärung im öffentlichen Interesse geboten erscheint.**

**Von den Voraussetzungen der Nummern 1 und 2 kann abgesehen werden, wenn die Allgemeinverbindlicherklärung zur Behebung eines sozialen Notstands erforderlich erscheint.**

**(2) Vor der Entscheidung über den Antrag ist Arbeitgebern und Arbeitnehmern, die von der Allgemeinverbindlicherklärung betroffen werden würden, den am Ausgang des Verfahrens interessierten Gewerkschaften und Vereinigungen der Arbeitgeber sowie den obersten Arbeitsbehörden der Länder, auf deren Bereich sich der Tarifvertrag erstreckt, Gelegenheit zur schriftlichen Stellungnahme sowie zur Äußerung in einer mündlichen und öffentlichen Verhandlung zu geben.**

**(3) Erhebt die oberste Arbeitsbehörde eines beteiligten Landes Einspruch gegen die beantragte Allgemeinverbindlicherklärung, so kann das Bundesministerium für Wirtschaft und Arbeit dem Antrag nur mit Zustimmung der Bundesregierung stattgeben.**

---

1609 *Gamillscheg*, Kollektives Arbeitsrecht I, § 18 VII 3, 873; *BPSU*, § 4 Rn. 219.
1610 *Däubler/Bepler*, § 4 Rn. 824.
1611 *Löwisch/Rieble*, § 4 Rn. 399.
1612 *Behrens/Hohenstatt*, DB 1991, 1877.
1613 BAG 15.10.2003 (4 AZR 573/02), AP Nr. 41 zu § 4 TVG Nachwirkung = AuR 2005, 29 (mit Anm. von *Stein*); *Däubler/Bepler*, § 4 Rn. 881.

**(4) Mit der Allgemeinverbindlicherklärung erfassen die Rechtsnormen des Tarifvertrags in seinem Geltungsbereich auch die bisher nicht tarifgebundenen Arbeitgeber und Arbeitnehmer.**
**(5) Das Bundesministerium für Wirtschaft und Arbeit kann die Allgemeinverbindlicherklärung eines Tarifvertrags im Einvernehmen mit dem in Absatz 1 genannten Ausschuss aufheben, wenn die Aufhebung im öffentlichen Interesse geboten erscheint. Die Absätze 2 und 3 gelten entsprechend. Im Übrigen endet die Allgemeinverbindlichkeit eines Tarifvertrags mit dessen Ablauf.**
**(6) Das Bundesministerium für Wirtschaft und Arbeit kann der obersten Arbeitsbehörde eines Landes für einzelne Fälle das Recht zur Allgemeinverbindlicherklärung sowie zur Aufhebung der Allgemeinverbindlichkeit übertragen.**
**(7) Die Allgemeinverbindlicherklärung und die Aufhebung der Allgemeinverbindlichkeit bedürfen der öffentlichen Bekanntmachung.**

**Übersicht**



## Literatur:


*Aigner*, Ausgewählte Probleme im Zusammenhang mit der Erteilung der Allgemeinverbindlicherklärung von Tarifverträgen, DB 1994, 2545; *Ansey/Koberski*, Die Allgemeinverbindlicherklärung von Tarifverträgen, AuR 1987, 230; *Bachof*, Satzungsgenehmigung und Satzungsoktroi, Verwaltungsakte mit Doppelnatur?, FS W. Weber, 1974, 515; *Backhaus/Wenner*, Können Tarifparteien auf Allgemeinverbindlicherklärung eines Tarifvertrages klagen?, DB 1988, 1, 15; *Bettermann*, Rechtssetzungsakt, Rechtssatz und Verwaltungsakt – Satzungsgenehmigung und Allgemeinverbindlicherklärung, FS Nipperdey II, 723; *Bieback*, Rechtliche Probleme von Mindestlöhnen, insbesondere nach dem Arbeitnehmer-Entsendegesetz, RdA 2000, 207; *Birk*, Arbeitsverhältnisse mit Auslandsberührung in der Bauwirtschaft der Bundesrepublik Deutschland, in: Köbele/Sahl (Hrsg.), Die Zukunft der Sozialkassensysteme der Bauwirtschaft im Europäischen Binnenmarkt, 1993, 143; Bundesminister für Arbeit und Sozialordnung, Verzeichnis der für allgemeinverbindlich erklärten Tarifverträge, Stand 1. Januar 1996 (erscheint vierteljährlich); *Bispinck*, Das deutsche Tarifsystem in Zeiten der Krise – Streit um Flächentarif, Differenzierung und Mindeststandards, WSI-Mitt. 2003, 395; *Blanke*, Die Neufassung des Arbeitnehmer-Entsendegesetzes: Arbeitsmarktregulierung im Spannungsverhältnis von Dienstleistungsfreiheit, Arbeitnehmerschutz und Tarifautonomie, AuR 1999, 417; *Büdenbender*, Die Erklärung der Allgemeinverbindlichkeit von Tarifverträgen nach dem Arbeitnehmer-Entsendegesetz, RdA 2000, 193; *Burgess*, Mindeststandards für Arbeitseinkommen – ein europäischer Überblick zu Allgemeinverbindlichkeit und gesetzlichem Mindestlohn, WSI-Mitt. 2003, 436; *Däubler*, Die Entsende-Richtlinie und ihre Umsetzung in das deutsche Recht, EuZW 1997, 613; *ders.*, Ein Antidumping-Gesetz für die Bauwirtschaft, DB 1995, 726; *Deinert*, Arbeitnehmerentsendung im rahmen der Erbringung von Dienstleistungen innerhalb der Europäischen Union, RdA 1996, 339; *Gastell*, Neue Risiken und Chancen im Bereich des Arbeitnehmer-Entsendegesetzes, EuroAS 1998, 71; *Heyden*, Internationales Arbeitsrecht, 1959; *ders.*, Die Entwicklung des Internationalen Arbeitsrechts 1959–1964, ArbRGgw 3 (1965), 19; *Heyden*, Hilfen zum Aufbau Osteuropas, BABl. 1993, Heft 6, 26; *Hickl*, Auswirkung und Probleme des Entsendegesetzes, NZA 1997, 514; *Hönsch*, Die Neuregelung des internationalen Privatrechts aus arbeitsrechtlicher Sicht, NZA 1988, 113; *v. Hoyningen-Huene*, Die Allgemeinverbindlicherklärung der Vorruhestandstarifverträge im Baugewerbe, BB 1986, 1909; *Kempen*, Anmerkung zum Urteil des BVerfG vom 24. 4.1977, AuR 1977, 384; *ders.*, Staatliche Schutzpflichten gegenüber der Tarifautonomie? Das Beispiel des § 3 ASAV, FS Gitter, 1995, 427; *Kirsch*, Die Allgemeinverbindlicherklärung von Tarifverträgen – ein Instrument in der Krise, WSI-Mitt. 2003, 405; *Koberski/Asshoff/Hold*, Arbeitnehmer-Entsendegesetz, 2. Aufl., 2002; *Köbele*, Berufliche Bildung durch Tarifvertrag, GMH 1979, 394; *Kreiner-de Fries*, Die Allgemeinverbindlicherklärung von Tarifverträgen, in: Bispinck (Hrsg.) Tarifpolitik der Zukunft, 1995, 203; *Lindena/Höhmann*, Weniger allgemein als allgemein angenommen, Der Arbeitgeber 1988, 564; *Löwisch*, Landesrechtliche Tariftreue als Voraussetzung der Vergabe von Bau- und Verkehrsleistungen, DB 2004, 810; *Lund*, Allgemeinverbindlicherklärung von Tarifverträgen und Verwaltungsverfahrensgesetz, DB 1977, 1314; *Mäßen/Mauer*, Allgemeinverbindlicherklärung von Tarifverträgen und verwaltungsgerichtlicher Rechtsschutz, NZA 1996, 121; *Marschner*, Neuregelung zum Schlechtwettergeld, DB 1999, 2263; *ders.*, Reform der Förderung der ganzjährigen Beschäftigung in der Bauwirtschaft (Winterausfallgeld), DB 1997, 2330; *Nipperdey/Heussner*, Die Rechtsnatur der Allgemeinverbindlicherklärung von Tarifverträgen, FS Staatsbürger und Staatsgewalt, 1963, 211; *Peter/Kempen/Zachert*, Die Sicherung tariflicher Mindeststandards, 2004; *Peter/Wiedemuth*, Tarifliche und gesetzliche Mindeststandards für Erwerbseinkommen – Ansätze der gewerkschaftlichen Diskussion, WSI-Mitt. 2003, 429; *Pulte*, Allgemeinverbindliche Tarifverträge – eine systematische Aufstellung mit Adressverzeichnis, 1991; *Rebhahn*, Rechtsvergleichendes zur Tarifbindung ohne Verbandsmitgliedschaft, RdA 2002, 214; *Reichel*, Zwanzig Jahre Allgemeinverbindlicherklärung von Tarifverträgen, BABl. 1969, 359; *Reuter*, Das Verhältnis von Individualautonomie, Betriebsautonomie und Tarifautonomie, RdA 1991, 193; *Schlachter*, Allgemeinverbindlicherklärung des Vorruhestandstarifvertrages im Baugewerbe, BB 1987, 758; *Schwab*, Die vergaberechtliche »Tariftreueerklärung« im Spannungsfeld von Arbeitsrecht und Wettbewerb, NZA 2001, 701; *Seifert*, Rechtliche Probleme von Tariftreueerklärungen, ZFA 2001, 1; *Simitis*, Entwicklungstendenzen im Tarifvertrags- und Streikrecht, Krise und Reform der Industriegesellschaft II, 1976; *Sinzheimer*, Der korporative Arbeitsnormenvertrag, 1908; *ders.*, Grundzüge des Arbeitsrechts, 2. Aufl., 1927; *Sperner/Brocksiepe/Egger/Henrich/Unkelbach*, Die Sozialkassen der Bauwirtschaft, 1979; *Stahlhacke*, Die Allgemeinverbindlicherklärung von Tarifverträgen über das Arbeitszeitende im Verkauf, NZA 1988, 344; *Stolleis*, Hundert Jahre Sozialversicherung in Deutschland, ZVersWiss 1980, 155; *Strohmaier*, Die Verfassungswidrigkeit des Arbeitnehmerentsendegesetzes, RdA 1998, 339; *Tennstedt*, Sozialgeschichte der Sozialpolitik in Deutschland, 1981; *Walz*, Multinationale Unternehmen und internationaler Tarifvertrag, 1981; *Webers*, Das Arbeitnehmer-Entsendegesetz, DB 1996, 574; *Wiedemann*, Zur Wirksamkeit der Allgemeinverbindlicherklärung von Vorruhestandstarifverträgen, RdA 1987, 262; *Wimmer*, Die Gestaltung internationaler Arbeitsverhältnisse durch kollektive Normenverträge, 1992; *Wonneberger*, Die Funktion der Allgemeinverbindlicherklärung von Tarifverträgen, 1992; *Zachert*, Neue Kleider für die Allgemeinverbindlichkeitserklärung?, NZA 2003, 132; ders., Reformperspektiven der Allgemeinverbindlicherklärung aus arbeitsrechtlicher Sicht, WSI-Mitt. 2003, 413; *ders.*, Deregulierung des Tarifvertrags – ein taugliches Mittel zur Lösung der Arbeitsmarktprobleme?, DB 1991, 1221; *Zöllner*, Die Rechtsnatur der Allgemeinverbindlicherklärung von Tarifverträgen, DB 1967, 334.

## A. Geschichte und Bedeutung der Allgemeinverbindlicherklärung

1 Die Möglichkeit einer Allgemeinverbindlicherklärung von Tarifnormen hatte der Gesetzgeber schon in **§ 1 Abs. 2 Tarifverordnung** vom 23. Dezember 1918 vorgesehen, um die organisierten tarifgebundenen Arbeitnehmer gegebenenfalls vor der »**Schmutzkonkurrenz**« untertariflich Arbeitender zu schützen. Zweck dieses von *Hugo Sinzheimer* erdachten Tarifrechtsinstituts[1] ist es also zunächst, die tariflichen Arbeitsbedingungen zwingend auf alle Arbeitnehmer im Geltungsbereich des Tarifvertrages auszudehnen. Dies soll die Arbeitgeber in Zeiten der Arbeitslosigkeit, d.h. bei verschärfter Konkurrenz um Arbeitsplätze, daran hindern, bevorzugt Unorganisierte einzustellen, sofern diese zu untertariflichen Bedingungen arbeiten, was den Gewerkschaften schon wegen der Unabdingbarkeit der Tarifansprüche unmöglich wäre. Insofern stellt die Allgemeinverbindlicherklärung das arbeitsmarktpolitische Gegenstück zum Verbot des Tarifverzichts (»Unabdingbarkeit«, vgl. § 4 Abs. 4 TVG) dar.

2 Tatsächlich sind die Allgemeinverbindlicherklärungen während der Weimarer Republik vor allem unter solchen **Konkurrenzschutzgesichtspunkten** ausgesprochen worden. Die damalige hohe Arbeitslosigkeit spiegelte sich folgerichtig auch in der hohen Zahl der allgemeinverbindlich erklärten Tarifverträge, denen schließlich mehr als 50 % aller tarifgeregelten Arbeitsverhältnisse unter fielen. Als Reflex der Allgemeinverbindlicherklärung ergab sich gleichzeitig ein entsprechender sozialer Schutz für die betroffenen Außenseiter. Da weiterhin auch nichtorganisierte Arbeitgeber von ihrer Wirkung zwingend erfasst werden, hat die Allgemeinverbindlicherklärung auch auf Arbeitgeberseite eine **wettbewerbslenkende Funktion** gegenüber verbandsförmig nicht bzw. anders gebundenen Unternehmen. Dieser in der Literatur vielfach übersehene Aspekt dürfte ein entscheidender Grund für das Interesse der Arbeitgeberverbände an der Allgemeinverbindlicherklärung sein. Er indiziert damit aber noch nicht allein ein »öffentliches Interesse« an der Allgemeinverbindlicherklärung.[2]

1 Vgl. *Sinzheimer*, Arbeitsnormenvertrag, 297; *ders.*, Grundzüge, 271.
2 Vgl. *Schlachter*, BB 1987, 759.

3 Die seit 1928 einsetzende Zerstörung des Weimarer Tarifvertragssystems durch Notverordnungs- und Arbeitgeberverbandspolitik mag der Anlass dafür gewesen sein, dass die Möglichkeit der Allgemeinverbindlicherklärung nach dem 2. Weltkrieg in Art. 38 Abs. 2 VerfBaden und Art. 169 Abs. 2 VerfBayern sogar **landesverfassungsrechtlich abgesichert** worden ist (wobei die bayerische Grundrechtsgewährleistung gemäß Art. 142 GG weiter gilt), bevor sie 1949 wieder ins Tarifvertragsgesetz aufgenommen wurde.

Dennoch hat die Allgemeinverbindlicherklärung bislang nicht mehr die frühere **Verbreitung** gefunden: Von 1949 bis 1968 wurde die Allgemeinverbindlicherklärung insgesamt 2501mal beantragt[3], doch steigen die Anträge seither ständig. Während 1968 insgesamt 158 Allgemeinverbindlicherklärungen bestanden, waren es 1974 = 448, 1975 = 479, 1976 = 504, 1977 = 572, erst 1978 sank die Zahl wieder auf 202 für allgemeinverbindlich erklärte Tarifverträge.[4] Immerhin wurden am 1. Januar 1979 mehr als 4,4 Mio. Arbeitnehmer (2,6 Mio. Arbeiter und 1,8 Mio. Angestellte) wenigstens teilweise hiervon erfasst. Das entspricht 20% aller abhängig Beschäftigten. Die – im Vergleich mit der Weimarer Zeit – geringere Bedeutung der Allgemeinverbindlicherklärung kann man mit dem hohen Beschäftigungsstand zwischen 1950 und 1973 erklären, um sodann den Anstieg seit 1974 auf die damals einsetzende Wirtschaftskrise zurückzuführen, welche schließlich 1977 überwunden war und 1981 wieder voll aufbrach.[5] Seither ist der Stand etwa gleich geblieben. Am 1. Januar 1987 waren 513 Tarifverträge allgemeinverbindlich. **Nach der Vereinigung** waren 1991 in den alten Bundesländern 622 und in den neuen Ländern sieben Tarifverträge für allgemeinverbindlich erklärt. Danach entwickeln sich die Zahlen in beiden Teilgebieten, die als Tarifregionen West und Ost jeweils homogen tarifiert worden sind, genau gegenläufig: 2002 sind die Allgemeinverbindlicherklärungen im Westen auf 354 gesunken, im Osten auf 188 gestiegen. Dabei liegt die Rate der allgemeinverbindlichen Tarifverträge gegenüber der Gesamtzahl der jeweils geltenden Tarife unter 1% (2004 waren es 476 von ca. 61800, wobei ca. 500000 Arbeitsverhältnisse von der Allgemeinverbindlichkeit betroffen waren.[6]

4 Angesichts der in beiden Tarifregionen gestiegenen Arbeitslosigkeit zeigt sich, dass ein unmittelbarer Zusammenhang zwischen dem Konjunkturverlauf am Arbeitsmarkt und der Anzahl allgemeinverbindlicher Tarifverträge nicht besteht. Eine solche Korrelation wäre allenfalls dann denkbar, wenn die Allgemeinverbindlichkeit überwiegend der Abwehr des Unterbietungswettbewerbs von Arbeitslosen diente. Das wiederum setzte aber voraus, dass die allgemeinverbindlichen Verträge ganz überwiegend Entgeltregelungen enthielten.

Tatsächlich entfällt ein gewisser Anteil der gesamten Allgemeinverbindlicherklärungsanträge auf derartige Entgelt-Tarifverträge, doch sinkt deren Anteil (2004 waren es 44 von 476). Deshalb lassen sich hieraus keine verlässlichen Schlüsse auf die jeweilige Arbeitsmarktsituation ziehen. Der neuere **Rückgang der Erklärungen** dürfte eher auf ein entsprechendes Verhalten der Arbeitgeber zurückzuführen sein, die die Allgemeinverbindlichkeitsanträge im Tarifausschuss des Bundesministeriums ablehnen (2004 = 20%) oder den Verbänden fernbleiben, so dass die 50%-Quote des § 5 Abs. 1 Satz 1 Nr. 1 TVG nicht erreicht wird.[7] Künftig

3 Vgl. *Reichel*, BABl. 1969, 359ff.
4 RdA 1980, 266f.
5 So etwa Wiedemann/*Wank*, § 5 Rn. 5.
6 Quelle: BMWA – Tarifbericht 2004.
7 Vgl. *Berg/Platow/Schoof/Unterhimminghofen*, § 5 Rn. 11.

dürften die Allgemeinverbindlicherklärungen auch deshalb abnehmen, weil das zuständige Bundesministerium im **Arbeitnehmerentsende**-Gesetz 2004 zusätzlich ermächtigt worden ist, Tarifverträge des Baugewerbes, deren Allgemeinverbindlichkeit lediglich **beantragt** worden ist, durch Rechtsverordnung für allgemein rechtsverbindlich zu erklären (§ 1 Abs. 3a AEntG).

5 Im Gegensatz zur Weimarer Zeit lässt sich die Bedeutung der Allgemeinverbindlicherklärung heute nicht nur an der Zahl der Anträge ablesen, sondern eher an der Zahl der den jeweiligen Tarifverträgen unterfallenden Arbeitnehmer. Hier aber zeigt sich, dass die allgemeinverbindlichen Lohn- und Gehaltstarifverträge meist nur regionale und kurzfristige Bedeutung haben. Da sie zudem überwiegend für kleine Branchen gelten, werden hiervon meist nur relativ wenige Arbeitsverhältnisse erfasst (derzeit Frisörhandwerk, Wäschereien, Wach- und Sicherheitsgewerbe[8]). Entsprechende Anträge mögen daher ein Konjunkturbarometer sein, einen Maßstab für die heutige Funktion der Allgemeinverbindlicherklärung geben sie aber keineswegs. Die statistischen Angaben bei *Ansey/Koberski*[9] und bei *Däubler/Lakies*[10] sind deshalb wenig aussagekräftig, geben aber auch keinen Anlass für marktliberale Besorgnisse.[11] Auch die wesentlich differenzierteren Zahlenangaben von *Wonneberger*[12] erweisen die Allgemeinverbindlichkeitserklärung heute primär als ein Phänomen der Baubranche, welches insgesamt weniger als 5% aller Arbeitnehmer über einzelne allgemeinverbindliche Tarifverträge erfasst.[13]

6 Geht man dagegen von der **Zahl der Betroffenen** aus, so liegt der Schwerpunkt auf den bundesweit geltenden Allgemeinverbindlicherklärungen[14], wie sie insbesondere im **Bau- und Bauausbaugewerbe** häufig sind. Hier handelt es sich nicht um Entgelt-Tarifverträge, sondern um ein ausgedehntes **Programm tariflicher Sozialpolitik**, das nur auf der Grundlage allgemeinverbindlich erklärter Tarifnormen wirksam durchgeführt werden kann. Es geht dabei vor allem um branchenweite überbetriebliche zusätzliche Altersversorgungstarife, ebenfalls überbetriebliche Urlaubsregelungen, die vom Erfordernis mindestens sechsmonatiger Betriebszugehörigkeit absehen (vgl. §§ 4, 13 Abs. 2 BUrlG), sowie um Tarifverträge über einen Lohnausgleich der arbeitsfreien Zeit zwischen dem 24. und 31. Dezember im Baugewerbe. Diese Regelungen sollten bauspezifische Nachteile ausgleichen, die infolge häufig wechselnder Arbeitsverhältnisse am Bau bzw. der wetterbedingten Winterarbeitslosigkeit in der Bauwirtschaft entstanden. Sie mussten deshalb für allgemeinverbindlich erklärt werden, weil der tarifgebundene Arbeitnehmer andernfalls bei jedem Arbeitsstellenwechsel die entsprechenden Ansprüche oder Anwartschaften auf zusätzliche Altersversorgung, Urlaub und Lohnausgleich verlieren würde, wenn sein neuer Arbeitgeber nicht tarifgebunden wäre.

7 Die Allgemeinverbindlicherklärung solcher Tarifverträge zielt damit also nicht so sehr auf die »Schmutzkonkurrenz« nicht- bzw. anders organisierter Arbeitnehmer als auf eine umfassende Verpflichtung der nichtorganisierten Arbeitgeber,

---

8 Vgl. Kirsch, WSI-Mitt. 2003, 411.
9 *Ansey/Koberski*, AuR 1987, 235.
10 *Däubler/Lakies*, § 5 Rn. 13ff.; vgl. auch *Kirsch*, WSI-Mitt. 2003, 407.
11 Vgl. *Lindena/Höhmann*, Der Arbeitgeber 1988, 465.
12 *Wonneberger*, 27ff.; vgl. auch die Angaben bei *Kremer-de Fries*, in: Bispinck (Hrsg.), Tarifpolitik, 203.
13 *Lindena/Höhmann*, Der Arbeitgeber 1988, 48.
14 Von insgesamt 476 betrafen den Baubereich 186, das Reinigungsgewerbe 49, den Nahrungsmittelbereich 15 und den Hotel- und Gaststättensektor 15 Erklärungen des Jahres 2004.

ohne die jenes ausgedehnte sozialpolitische Konzept nicht durchführbar gewesen wäre. Diese gänzlich veränderte Zielrichtung der Allgemeinverbindlicherklärung wird auch daran deutlich, dass die insofern führende Industriegewerkschaft Bauen-Argar-Umwelt gerade auch hinsichtlich der allgemeinverbindlichen Tarifverträge zu den entschiedensten Befürwortern von Differenzierungsklauseln (vgl. Grundl. Rn. 162ff. und § 3 Rn. 242ff.) gehört. Weitere Voraussetzung derartiger tariflicher Sozialpolitik ist im Übrigen die Abwicklung der finanziellen und organisatorischen Durchführung über »**Gemeinsame Einrichtungen**« der Tarifvertragsparteien[15] (vgl. dazu § 4 Rn. 225ff.), welche auch die überbetriebliche Finanzierung eines Konkursausfallgeldes (1973) und der Berufsbildung im Baugewerbe (1975)[16] auf allgemeinverbindlicher Grundlage erleichterten. Angesichts verschärften internationalen Wettbewerbs insbesondere am Arbeitsmarkt des Baugewerbes tritt die Bekämpfung von »Schmutzkonkurrenz« als Zweck der Allgemeinverbindlicherklärung wieder in den Vordergrund (vgl. § 5 Rn. 14).

Insbesondere hinsichtlich der **überbetrieblichen zusätzlichen Altersversorgung** **8**
sind inzwischen auch **andere Branchen** zur Regelung durch allgemeinverbindliche Tarifverträge übergegangen (z.B. Landwirtschaft, Backwarenindustrie und Bäckereihandwerk, Holz- und Kunststoffhandwerk, Seeschifffahrt, Publizistik). Die Finanzierungsschwierigkeiten der staatlichen Altersversorgung werden hier vermutlich ebenso sehr Impulse geben, wie die Schwierigkeiten bei der Erhebung einer gesetzlichen Berufsbildungsabgabe Anlass zu weiteren tariflichen Regelungen dieser Art sein können. Die Tarifverträge zur **Entgeltumwandlung** als Voraussetzung gesetzlicher Förderungsleistungen sowie die darauf aufgebauten Altersvorsorgeinstitute der Tarifparteien (»Metallrente«, »Pensionsfonds Chemie«) sind freilich nicht allgemeinverbindlich. Die Notwendigkeit einer Allgemeinverbindlicherklärung solcher sozialpolitisch wirkenden Tarifverträge ergibt sich aber letztlich daraus, dass hierdurch ein Feld besetzt wird, das seit Bismarcks Sozialpolitik immer stärker dem Gesetzgeber überlassen worden war.[17] Gesetzliche Regelungen aber wirken stets generell, d.h. überbetrieblich und behindern die Mobilität des Arbeitnehmers folglich nicht. Speziell im Bereich der Altersversorgung haben die Unternehmer deshalb seit Jahren betriebliche »Pensions«-Regelungen geschaffen, um ihre »Stammbelegschaft« an sich zu binden. Die Beteiligung der Betriebsräte an solchen Versorgungskassen nach § 87 Abs. 1 Nr. 8 BetrVG verdrängte die Gewerkschaften zusätzlich aus diesem wichtigen sozialpolitischen Problembereich.[18] Erst das Gesetz zur Verbesserung der betrieblichen Altersversorgung vom 19. Dezember 1974 hat die »goldenen Fesseln« derartiger Sozialeinrichtungen gelockert und damit zugleich die Chance tariflicher Altersversorgungsregelungen auf überbetrieblicher Grundlage erhöht. Die für eine tarifliche Altersversorgung notwendige Zustimmung der Arbeitgeberseite wird sich indessen nur erreichen lassen, wenn derartige Tarifverträge allgemeinverbindlich erklärt werden. Nur so können nämlich Wettbewerbsverzerrungen gegenüber nicht verbandsgebundenen Unternehmen ebenso vermieden werden wie Mobilitätsverluste auf Arbeitnehmerseite.

Im Bereich der auf Mittel- und Langfristigkeit angelegten sozialpolitischen Leistungen wie z.B. Berufsbildung, Altersversorgung, Vermögensbildung vermeidet

15 Sowie *Sperner/Brocksiepe/Egger/Henrich/Unkelbach*, 13f., 220ff., 291ff.
16 Dazu *Köbele*, GMH 1979, 394ff.
17 Vgl. *Stolleis*, 177ff.; *Tennstedt*, 127ff., 167ff.
18 Vgl. dazu *Simitis*, Entwicklungstendenzen, 65.

eine Allgemeinverbindlicherklärung also die Mobilitätshemmnisse bloß betrieblicher Lösungen und die Nachteile der Undifferenziertheit global wirkender Gesetze, indem sie branchenweite, praxisnahe und flexible Gestaltungen ermöglicht, die der Tarifpolitik sozialpolitische Felder öffnen.

## B. Moderner Funktionswandel der Allgemeinverbindlicherklärung

9 Die damit angedeutete neue Funktion der Allgemeinverbindlicherklärung ist freilich nicht für jeden Tarifvertrag sinnvoll, selbst wenn die Voraussetzungen des § 5 TVG gegeben sein sollten. Gerade weil die Tarifbindung hierdurch auch auf Nichtorganisierte erstreckt wird, kann sie den **Mitgliedsbestand der beteiligten Tarifvertragsparteien gefährden**, weil man auch ohne Mitgliedschaft die ausgehandelten Tarifvorteile erhält. Organisationspolitisch muss es sich daher um Einzelfälle handeln, die ein insgesamt »normales« Tarifwerk ergänzen. Alle unmittelbaren Leistungen, die der Arbeitgeber tarifvertraglich schuldet (z.B. Lohn/Gehalt, Erschwernis- und Mehrarbeitszuschläge, Urlaub, zusätzliches Urlaubsgeld, Auslösungen, Weihnachtsgeld, aber auch Rationalisierungsschutz) werden in direktem Zusammenhang mit der geleisteten Arbeit und in meist periodischem, aber kurzem zeitlichem Abstand hierzu berechnet und gewährt. Sie können daher von den Arbeitnehmern untereinander direkt verglichen werden, weshalb sie der Arbeitgeber den Unorganisierten erfahrungsgemäß »freiwillig« weitergibt. Bei derartigen Tarifleistungen kommt eine Allgemeinverbindlicherklärung daher lediglich zur Verhinderung von Schmutzkonkurrenz in Betracht. Von einer »**Teilkodifikation**« des Individualarbeitsrechts durch Allgemeinverbindlichkeitserklärungen wird man also kaum sprechen können.[19]

10 Anders liegt es dagegen bei **mittelbaren Leistungen** (Berufsbildung, Konkursausfallgeld überbetriebliche Vermögensbildung, tarifliche Mitbestimmung, überbetriebliche Alters- und Invalidenbeihilfen – auch in Verbindung mit der Lebensarbeitszeitverkürzung – usw.), welche in einem nur indirekten Bezug zur eigentlichen Arbeitsleistung stehen, weil sie regelmäßig entweder vor der eigentlichen Berufstätigkeit (Berufsbildung) oder danach (Altersversorgung) erbracht werden. Sie sind meist nicht nur auf die (künftige oder zurückliegende) Tätigkeit in einem, sondern in mehreren Betrieben bezogen und wegen dieser branchenweiten Wirkung einer unmittelbaren Kosten-/Nutzenanalyse des Einzelunternehmers weniger zugänglich. Dasselbe gilt für direkte Vergleiche der Arbeitnehmer untereinander. Aus diesem Grunde scheint es sich bei solchen eher generellen Vor-/Nachsorgeleistungen um allgemeine Regelungsbereiche zu handeln, die typischerweise der Allgemeinheit, also der staatlichen Sozialpolitik anstelle der kapitalistischen Einzelwirtschaft überlassen werden. Das staatliche Gesetzgebungsinstrumentarium aber kommt den ständig (nicht zuletzt aufgrund der internationalen Wirtschaftskonkurrenz) steigenden Anforderungen in diesem Sektor kaum noch nach. Stattdessen flüchtet sich der Gesetzgeber in demokratisch teilweise bedenkliche Rechtsverordnungsermächtigungen an die Bürokratie bzw. in Kompetenzverlagerungen auf die Arbeitsverwaltung und Arbeitsgerichte oder auch in eine als Deregulierung kaschierte, meist finanzpolitisch motivierte Untätigkeit. Die direkten Mitwirkungsmöglichkeiten der Koalitionen sind dort überall gering. Neben der demokratiegebotenen Forderung nach verstärkter Mitbestimmung in diesen Institutionen aber können allgemein-

19 So aber die schlichte Behauptung bei Wiedemann/*Wank*, § 5 Rn. 6; *Däubler/Lakies*, § 5 Rn. 7.

verbindlich erklärte Tarifverträge als praxisnahe, flexible, grundrechtlich fundierte und staatlich kontrollierte Rechtssetzung das überlastete gesetzliche Legitimationssystem funktionsgerecht ergänzen. Vor allem deshalb wird vielfach ein öffentliches Interesse (§ 5 Abs. 1 Satz 1 Nr. 2 TVG) an der Allgemeinverbindlichkeit solcher sozialpolitischer Tarifregelungen bestehen.[20] Die sozialpolitische Funktion der Allgemeinverbindlicherklärung ist folglich inzwischen weithin anerkannt.[21]

Die solchermaßen akzentuierte tarifliche Sozialpolitik wird freilich überall dort **11**
auf die Allgemeinverbindlicherklärung entsprechender Tarifverträge verzichten können, wo die Arbeitgeberseite vollständig verbandsgebunden, d.h. organisiert ist (z. B. im Montanbereich). Auch hier bleiben allerdings Unsicherheiten, wenn einzelne Unternehmen aus dem tarifschließenden Arbeitgeberverband austreten und der Tarifvertrag danach neu abgeschlossen bzw. geändert wird, so dass die Weiterwirkung des § 3 Abs. 3 TVG endet. Die vielfach aus Arbeitnehmerschutzgründen notwendige Sicherheit gibt auch dann nur eine Allgemeinverbindlicherklärung.

Es ist bereits betont worden, dass derartige allgemeinverbindlich erklärte Tarifverträge immer nur ergänzender Teil eines im Übrigen ausschließlich für Tarifgebundene (§ 3 Abs. 1, 2 TVG) wirksamen Tarifwerks sein sollten. Da sie aus organisationspolitischer Sicht nicht unbedenklich sind, sollte darauf geachtet werden, dass die »freiwillige« Übertragung der vereinbarten Leistungen an Außenseiter durch Vereinbarung von Differenzierungsklauseln (vgl. Grundl. Rn. 162 und § 4 Rn. 295) verhindert wird. Konsequenterweise sind vor allem solche Gewerkschaften an derartigen Klauseln interessiert, die allgemeinverbindliche Tarifverträge abgeschlossen haben (zu dieser unterschiedlichen Einschätzung vgl. § 3 Rn. 231).

Nachdem sich im Gefolge der deutschen Vereinigung von 1990 der sowjetisch **12**
dominierte »Rat für gegenseitige Wirtschaftshilfe« (RGW) aufgelöst hat und der **Maastricht-Vertrag** über eine Europäische Union die gemeinschaftlichen Märkte 1992 weiter integrierte und sodann im Mai 2004 zehn überwiegend **mittelosteuropäische Staaten in die EU** aufgenommen worden sind, ist auch die nationale Abgrenzung der europäischen Arbeitsmärkte durchlässiger geworden. Seither drängen ausländische Arbeitnehmer auf den deutschen Arbeitsmarkt, wo sie die nationalen Tarifentgelte erheblich unterbieten, weil sie von ihren heimatlichen Arbeitgebern zu heimatlichen Konditionen im Rahmen von Subunternehmerverträgen (mit deutschen Hauptunternehmern) zeitweilig nach Deutschland entsandt werden. Voraussetzung dieser aktuellen **Form des »Lohn-Dumpings«** sind die unterschiedlichen Lebenshaltungskonstenniveaus, aber auch das Fehlen grenzüberschreitender Tarifvertragsregelungen sowie kriminelle Verstöße gegen nationale Verbote (wegen Arbeitslosigkeit unterstützte Ausländer arbeiten heimlich in Deutschland). Da diese Arbeitnehmer nur »vorübergehend« nach Deutschland »entsandt« sind, fallen sie gemäß Art. 30 Abs. 2 Nr. 1 EGBGB nicht unter die Günstigkeitsregel des Art. 30 Abs. 1 EGBGB. Nach der umstrittenen (vgl. § 5 Rn. 53) Rechtsprechung[22] zählen selbst allgemeinverbindliche Tarifverträge nicht zum arbeitsrechtlichen ordre public des Art. 30 EGBGB und folglich nicht zu den Eingriffsnormen des Art. 34 EGBGB, so dass insbesondere die So-

20 Diesen Aspekt übersieht *v. Hoyningen-Huene*, BB 1986, 1910f.
21 Vgl. z.B. *Wiedemann*, RdA 1987, 265f.; *Löwisch/Rieble*, § 5 Rn. 5; *Zachert*, NZA 2003, 133.
22 BAG 1.5.1977, AP Nr. 30 zu § 1 TVG Tarifverträge: Bau.

zialkassenregelungen im Baugewerbe bei nur vorübergehend entsandten Bauarbeitern entfallen. Mit dem Arbeitnehmer-Entsendegesetz vom 1. März 1996 ist dieses Problem der Baubranche dann gelöst worden (vgl. § 5 Rn. 67).

**13** Die tarifexempten Arbeitsverhältnisse von Ausländern sind von der Bundesregierung durch den Abschluss zwischenstaatlicher Regierungsabkommen über die Beschäftigung von Arbeitnehmern auf der Grundlage von Werkverträgen (§§ 631 BGB ff.) mit den Staaten Mittel- und Osteuropas gemäß § 3 Anwerbestoppausnahme-Verordnung[23] massiv gefördert worden[24], um die Unterstützung dieser Staaten beim Abschluss des Vertrages über die abschließende Regelung in Bezug auf Deutschland vom 12. September 1990 (so genannte Zwei-Plus-Vier-Vertrag) zu honorieren.[25] Dieser staatlich organisierte Import tarifexempter Arbeit, mit welchem die Bundesregierung gegen ihre Schutzpflicht für die Tarifautonomie des Art. 9 Abs. 3 GG verstoßen hat[26], ist unterdessen ersetzt und umfänglich überholt durch die – unter internationalen Arbeitsrechtsaspekten gleichartige – Beschäftigung von Arbeitnehmern aus anderen EG-Staaten, die über Werkverträge (oft als Subunternehmer) ihrer ausländischen Arbeitgeber zeitweilig in Deutschland (nicht nur in der Bauwirtschaft) tätig werden. Wegen der insoweit bestehenden Freizügigkeit und Dienstleistungsfreiheit ist der Staat an dieser Entwicklung, welche den deutschen Arbeitsmarkt durch Unterbietungskonkurrenz massiv beeinflusst und die entsprechenden Tarifabschlüsse entscheidend mit beeinflusst, nicht direkt beteiligt. Für die Arbeitnehmer aus den der EU 2004 beigetretenen Staaten ist der deutsche Arbeitsmarkt noch sieben Jahre nur teilweise geöffnet. Sie kommen seither meist als illegale Arbeitnehmer nach Deutschland. Deshalb besteht praktisch keine Chance, die werkvertragsförmig tätigen Ausländer gewerkschaftlich zu organisieren und somit die durch ausländische Dumpinglöhne hervorgerufene deutsche Arbeitslosigkeit über marktangemessene Tarifabschlüsse zu steuern.

**14** Um die mit der Beschäftigung ausländischer Arbeitnehmer nach ausländischem Arbeitsrecht über Subunternehmer-Werkverträge im Inland verbundene Funktionsstörung der Tarifautonomie zu verhindern, hatte die Kommission der Europäischen Gemeinschaft eine so genannte Entsende-Richtlinie[27] vorgelegt.[28] Nachdem dieser Entwurf jedoch im Rat der EG gescheitert war, hat der deutsche Gesetzgeber ein eigenes Arbeitnehmer-Entsendegesetz verabschiedet, welches am 1. März 1996 in Kraft getreten ist. Nunmehr sind auf ein Arbeitsverhältnis zwischen einem Arbeitgeber mit Sitz im Ausland und seinem im räumlichen Geltungsbereich eines für allgemeinverbindlich erklärten Tarifvertrages des Baugewerbes beschäftigten Arbeitnehmer die allgemeinverbindlichen Tarifnormen zwingend anzuwenden. Diese Regelung erstreckt sich auf das Bauhaupt- und das Baunebengewerbe sowie Baumontageleistungen (Metall-, Heizungs- und Elektroarbeiten) und die so genannte Seeschifffahrtsassistenz (insbesondere die Schleppdienste im Hamburger Hafen). Nach Erlass der europäischen Entsende-Richtlinie 96/71/EG am 16. Dezember 1996[29] ist der Bundesarbeitsminister

23 Vom 21.12.1990, BGBl. I, 3012 in der Fassung vom 1.9.1993, BGBl. I, 1528.

24 Vgl. dazu *Kempen*, FS Gitter, 432ff.

25 Vgl. *Heyden*, BABl. 1993, 6/26.

26 *Kempen*, FS Gitter, 439ff.

27 Vom 18.8.1991 und 16.6.1993, ABl. EG 1991 Nr. C 225, 1993 Nr. C 187.

28 Zum ersten Richtlinien-Entwurf vgl. *Birk*, in: Köbele (Hrsg.) Zukunft 160ff., Zur Entstehungsgeschichte des AEntG vgl. *Koberski/Asshoff/Hold*, AEntG, Einl. Rn. 2ff., 17ff.

29 Abl. EG 1997 Nr. 2 18/1.

durch **Novelle 1999 im § 1 Abs. 3a AEntG** ermächtigt worden, auch solche Tarifverträge durch Rechtsverordnung bundesrechtlich für generell zwingend zu erklären, deren Allgemeinverbindlichkeit nach § 5 TVG **lediglich beantragt** worden war.[30] Mit dem Allgemeinverbindlichkeitsantrag für derartige Entgelttarifverträge in der Bauwirtschaft tritt damit erneut die ursprüngliche Funktion dieses Instituts, nämlich die Unterbindung von »Schmutzkonkurrenz« durch Dumpinglöhne[31] in den Vordergrund. Das geschieht nun allerdings nicht länger nur im Allgemeinverbindlichkeitsverfahren nach § 5 TVG, der diese Funktion für die Baubranche eingebüßt hat[32] (vgl. § 5 Rn. 7). Basis dieser – arbeitsmarktpolitisch umstrittenen – Regelung ist die Rechtsprechung des Europäischen Gerichtshofs, der zufolge die Mitgliedsstaaten Tarifverträge über Mindestlöhne auf alle Arbeitnehmer ausdehnen dürfen, die im Inland eine – auch nur vorübergehende – unselbständige Erwerbstätigkeit ausüben.[33] Hieran wird gleichzeitig deutlich, dass die Allgemeinverbindlicherklärung nicht allein dem Schutz nichtorganisierter Arbeitnehmer dient[34], sondern ebenso dem Schutz der Tarifautonomie und der durch sie geprägten Wettbewerbsbedingungen.[35]

Während das Arbeitnehmer-Entsendegesetz Mindestentgelt-Tarifverträge durch 15
ein staatliches Rechtsverordnungsverfahren mit allseits zwingender Geltung ausstattet, d.h. die ausgeübte Tarifautonomie stützt, zielt das **Gesetz über die Festsetzung von Mindestarbeitsbedingungen**[36] gerade auf solche Arbeitsmarktbereiche, in denen keine Tarifverträge bestehen oder die vorhandenen Tarife nur eine Minderheit der Arbeitnehmer oder Arbeitgeber umfassen (§ 1 Abs. 2 MindArbBG). Bei diesem (am 1. November 1952 in Kraft getretenen) bislang noch nie angewendeten Gesetz handelt es sich also um den Schutz der Arbeitnehmer durch hoheitliche Festlegung von Mindestentgelten. Es entstammt einer Zeit, in der die damalige Bundesrepublik selbst ein Niedriglohnland war. Seine Anwendung setzt voraus, dass in dem jeweiligen Wirtschaftszweig oder der entsprechenden Beschäftigungsart keine Gewerkschaften oder Arbeitgeberverbände existieren bzw. nur minderheitlich bindende Tarifverträge gelten und die Mindestentgeltfestsetzung außerdem »zur Befriedigung der notwendigen sozialen und wirtschaftlichen Bedürfnisse erforderlich« erscheint (§ 1 Abs. 2 lit. a und b). Schließlich ist die Mindestentgeltregelung **subsidiär** gegenüber der Allgemeinverbindlicherklärung des § 5 TVG, weil ein allgemeinverbindlicher Tarifvertrag die Anwendung des Gesetzes ausschließt (§ 1 Abs. 2 lit. c MindArbBG), um die ausgeübte Tarifautonomie nicht zu verdrängen.

Da Subsidiarität der Festsetzung von Mindestarbeitsbedingungen gegenüber der 16
Allgemeinverbindlicherklärung des § 5 TVG hilft bei der Klärung der **Anwendungsvoraussetzungen des § 1 Abs. 2 lit. a und b MindArbBG**. Da diese Voraussetzungen in Kenntnis des älteren § 5 TVG formuliert worden sind, kann dessen Text bei ihrer Auslegung herangezogen werden. Deshalb muss die ver-

30 Vom BVerfG, Kammerentscheidung 18.7.2000 (1 BvR 948/00), AP Nr. 4 zu § 1 AEntG, ist die Verfassungsmäßigkeit dieser Regelung bestätigt worden.

31 Vgl. *Däubler*, DB 1995, 726.

32 Vgl. *Zachert*, NZA 2003, 139.

33 EuGH 27.3.1990 (Rs. C 113/89, Rush Portuguesa), Slg. 1990, 1 – 1417 Rn. 18; EuGH 9.8.1994 (Rs. C 43/93, Vander Elst/OMI), AP Nr. 1 zu Art. 59 EWG-Vertrag; EuGH 25.10.2001 (Rs. C 49/98, Finalarte), AP Nr. 8 zu § 1 AEntG.

34 So aber BAG 24.1.1979, AP Nr. 16 zu § 5 TVG.

35 Ähnlich *Däubler/Lakies*, § 5 Rn. 7.

36 Vgl. dazu *Peter*, in: Peter/Kempen/Zachert, 83ff.

bandlich organisierte »**Minderheit der Arbeitnehmer oder Arbeitgeber**«, welche in § 1 Abs. 2 lit. a MindArbBG postuliert ist, jedenfalls niedriger als das 50%-Quorum des § 5 Abs. 1 Satz 1 Nr. 1 TVG sein. Könnte aber bis dort heranreichen, so dass die Anschlussfähigkeit beider Schutzmaßnahme-Typen gesichert ist.[37] Andererseits ist das Minderheitskriterium nicht erreicht, wenn sich eine größere Zahl von Arbeitgebern und Arbeitnehmern in mehreren Verbänden organisiert hat, die nun jeder für sich eine »Minderheit« erfassen. Hier wäre nämlich der Abschluss mehrgliedriger Tarifverträge möglich, welche als solche für allgemeinverbindlich erklärt werden könnten. Die »**Befriedigung der notwendigen sozialen und wirtschaftlichen Bedürfnisse der Arbeitnehmer**« (§ 1 Abs. 2 lit. b MindArbBG) ist dagegen mit dem »sozialen Notstand« in § 5 Abs. 1 Satz 2 TVG zu vergleichen. In solchen sozialen Notstandsfällen kann die Allgemeinverbindlichkeit auch dann erfolgen, wenn das 50%-Quorum nicht erreicht wird. Die damit ermöglichte Erstreckung der Tarifgeltung auf eine Mehrheit unorganisierter Betroffener hat für diese dieselbe Wirkung wie die gesetzliche Festlegung von Mindestarbeitsbedingungen. Dies rechtfertigt eine vergleichbare Eingriffsgrenze: Die notwendigen wirtschaftlichen und sozialen Mindestbedürfnisse der Arbeitnehmer sind spätestens dann unterschritten, wenn die Arbeitnehmer im betroffenen Wirtschaftszweig bei der für sie geltenden regelmäßigen Arbeitzeit weniger als 110% des entsprechenden Arbeitslosengeld-II-Betrages durch Arbeit erzielen.[38]

**17** Nachdem sich Deutschland von einem ökonomisch geschlossenem und militärisch besetzten Niedriglohnland in ein wirtschaftlich globalisiertes und politisch integriertes Hochlohnland mit sozial gefährdeten Niedriglohnsektoren verwandelt hat, bedarf auch das **Mindestarbeitsbedingungsgesetz von 1952[39] der Reform**. Wegen seiner hochgesteckten Anwendungsvoraussetzungen ist es kaum praktikabel.[40] Es sollte daher in Anlehnung an die Regelungen vergleichbarer EU-Staaten (z.B. Großbritannien, Frankreich, Niederlande, Österreich) ein einheitliches gesetzliches Mindestentgelt auf bundesweiter oder branchenweiter Grundlage ermöglichen.[41] Anwendungsvoraussetzungen sollten fehlende oder nur nachwirkende oder wirtschaftlich-sozial unzureichende Tarifbedingungen sein. Antragsberechtigt könnten die einschlägigen Tarifvertragsparteien oder die für den jeweiligen Arbeitsmarktsektor satzungsrechtlich zuständigen und tariffähigen Koalitionen werden. Dies würde nicht nur die Nähe zum Allgemeinverbindlichkeitsverfahren betonen, sondern auch die Bedenken aus koalitionsgrundrechtlicher Sicht[42] minimieren. Zu erwägen wäre schließlich die Dynamisierung des gesetzlichen Mindestentgelts – etwa nach Maßgabe des Lebenshaltungskostenindex.

---

37 Vgl. auch *Peter*, in: Peter/Kempen/Zachert, 90f.

38 Dieser Grenzwert entspricht der Grenze, bis zu der Arbeitnehmer, welche einem nachvertraglichen Wettbewerbsverbot unterliegen, nach § 74c HGB anrechnungsfrei hinzuverdienen können. Der niedrigere frühere Grenzwert der Sozialhilfe nach BSHG wird vorgeschlagen von Wiedemann/*Wank*, § 3 Rn. 77; *Gamillscheg*, Kollektives Arbeitsrecht I, § 19 5c, 897; *Däubler/Lakies*, § 3 Rn. 108; *Koberski/Clasen/Menzel*, § 5 Rn. 65.

39 Vom 11.1.1952, BGBl. 1, 17, zuletzt geändert durch Verordnung vom 25.11.2003, BGBl. 1, 2304.

40 Vgl. *Bispinck*, WSI-Mitt. 2003, 395.

41 Zum europäischen Vergleich *P. Burgess*, WSI-Mitt. 2003, 436; zur gewerkschaftlichen Diskussion *Peter/Wiedemuth*, WSI-Mitt. 2003, 429.

42 Vgl. Peter, in: Peter/Kempen/Zachert, 99.

## C. Voraussetzungen der Allgemeinverbindlicherklärung

Die Allgemeinverbindlicherklärung setzt einen **wirksamen Tarifvertrag** voraus, der **rechtsgültige Normen** enthält, die für allgemeinverbindlich erklärt werden sollen. Unerheblich ist, ob diese Normen unmittelbar **zwingend** oder nur **dispositiv** in Kraft sind. Bei unterschiedlicher Laufdauer einzelner Tarifvorschriften werden die abgelaufenen Regelungen demnach nicht länger von der Allgemeinverbindlicherklärung erfasst. Auch **dispositive** Tarifnormen können für allgemeinverbindlich erklärt werden. Das gilt sowohl für nur noch nachwirkende Tarifverträge (vgl. § 5 Rn. 23 und Rn. 46) wie auch für solche Regelungen, die auf Grund entsprechender **Öffnungsklauseln** (§§ 4 Abs. 3, 77 Abs. 3 Satz 2 BetrVG) durch Betriebsvereinbarungen geändert oder ergänzt werden dürfen.[43] Häufig ist die Wirksamkeit solcher tarifmodifizierenden betrieblichen Bestimmungen tarifvertraglich an die Genehmigung der Tarifvertragsparteien gebunden. Sie können auch dann für allgemeinverbindlich erklärt werden[44], obwohl die Nichtorganisierten insoweit einer gewissen verbandlichen Fremdbestimmung unterliegen. Tatsächlich ermöglicht das Institut der Allgemeinverbindlicherklärung als solches stets eine derartige Fremdbestimmung, die jedoch durch § 5 TVG gesetzlich legitimiert ist. Die Öffnungsklauseln fallen nicht aus diesem Rahmen, denn die Geltung jedes allgemeinverbindlichen Tarifvertrages ist seit jeher an die Entscheidung der Tarifvertragsparteien geknüpft, welche den Tarif jederzeit aufheben, ändern und teilweise außer Kraft setzen können. 18

Möglicherweise enthält ein von den Tarifvertragsparteien zur Allgemeinverbindlichkeit gestellter Tarifvertrag **Normen**, die **wegen Verstoßes gegen zwingendes höherrangiges Recht** (nicht tarifdispositive Gesetze oder Verfassungsnormen) **nichtig** sind (vgl. § 134 BGB). Wenn die zuständige staatliche Arbeitsbehörde die Allgemeinverbindlicherklärung dann trotzdem ausspricht, kann dies die Nichtigkeit der betreffenden Regelungen nicht heilen, denn hierzu wären allenfalls der Gesetz- oder der Verfassungsgeber befugt. Die zuständige Arbeitsbehörde ist dagegen als Teil der ausführenden Gewalt (die hier lediglich aufgrund des Art. 9 Abs. 3 GG akzessorisch an einer Normsetzung eigener Art beteiligt ist, vgl. dazu unten § 5 Rn. 51) dem in Art. 20 Abs. 3 GG niedergelegten Prinzip der Gesetzmäßigkeit der Verwaltung unterworfen. Sie hat deshalb jeden ihr zur Allgemeinverbindlicherklärung vorgelegten Tarifvertrag einer **formalrechtlichen Prüfung** auf seine Rechtsgültigkeit hin zu unterziehen. Ein **materielles Prüfungsrecht** steht ihr dagegen lediglich unter dem Gesichtspunkt des öffentlichen Interesses nach § 5 Abs. 1 Satz 1 Nr. 2 TVG (vgl. dazu unten § 5 Rn. 31) zu. Ansonsten ist auch hier **keine Tarifzensur** gestattet.[45] Hält sie eine Norm des Tarifvertrages aufgrund ihres formellen Prüfungsrechts für unwirksam, so hat sie das den Antragstellern unter Darlegung der Gründe mitzuteilen (analog § 8 TVG-DVO). Diese können den Tarifvertrag dann entsprechend ändern. Die Tarifautonomie würde hierdurch nicht berührt, sofern die fragliche Regelung ohnehin nichtig war. Bestehen dagegen zwischen der Arbeitsbehörde und den Antragstellern Meinungsverschiedenheiten über die Nichtigkeit, so könnte der Antrag jederzeit zurückgenommen[46] und der genannte Tariftext als »normaler« 19

---

43 *Däubler/Lakies*, § 5 Rn. 55.
44 A. A. *Löwisch/Rieble*, § 5 Rn. 22.
45 *Däubler/Lakies*, § 5 Rn. 52.
46 *Stahlhacke*, NZA 1988, 347.

Tarifvertrag für die Tarifgebundenen (§ 3 Abs. 1 TVG) weiter angewendet werden (wobei die umstrittene Teilnichtigkeit jederzeit noch in einem arbeitsgerichtlichen Verfahren feststellbar wäre).

**20** Wenn die Antragsteller jedoch trotz der Meinungsverschiedenheit auf ihrem Antrag beharren, so muss die Arbeitsbehörde nach dem Gesetzmäßigkeitsgrundsatz die Allgemeinverbindlicherklärung des ganzen Tarifvertrages ablehnen.[47] Ist der Tarifvertrag dagegen auch ohne die beanstandete Norm noch sinnvoll und liegt auch hinsichtlich der verbleibenden Regelungen noch öffentliches Interesse vor, dann wird sie lediglich eine entsprechend reduzierte teilweise Allgemeinverbindlicherklärung aussprechen. Das den gesamten staatlichen Tätigkeitsbereich beherrschende **Gebot der Verhältnismäßigkeit** schließt in solchen Fällen die globale Abweisung des Antrages aus und erfordert eine aus Rechtsgründen eingeschränkte Teil-Allgemeinverbindlicherklärung. Dies ist möglich, weil die Teilnichtigkeit eines Tarifvertrages wegen des arbeitsrechtlichen Schutzprinzips entgegen § 139 BGB nicht zwingend zur Gesamtnichtigkeit führt.[48] Da die Tarifvertragsparteien ihren Allgemeinverbindlicherklärungs-Antrag auch in diesem Fall noch zurücknehmen können, läge in einer solchen Teil-Allgemeinverbindlicherklärung auch kein Eingriff in die Tarifautonomie. Es wäre jedoch ebenfalls denkbar, die Streitfrage in einer Anfechtungsklage gegen die Teilablehnung nach § 42 Abs. 1 VwGO vor dem Verwaltungsgericht entscheiden zu lassen (vgl. dazu unten § 5 Rn. 56) und das Allgemeinverbindlicherklärungs-Verfahren bis dahin auszusetzen.

**21** Die Allgemeinverbindlichkeit umfasst prinzipiell **alle Rechtnormen** eines Tarifvertrages (§ 5 Abs. 4 TVG). Dagegen ist der **schuldrechtliche Teil nicht** allgemeinverbindlichkeitsfähig, so dass die Friedens- und Durchführungspflicht der Tarifparteien nicht gegenüber den jeweiligen Außenseitern besteht. Dennoch werden sich daraus keine zusätzlichen Probleme ergeben[49], weil die zuständige Gewerkschaft auch sonst berechtigt ist, gegenüber einem verbandstariflich gebundenen Arbeitgeber ergänzende Haustarifverträge zu erstreiken.[50] Von der Allgemeinverbindlichkeit erfasst werden auch tarifvertraglich vereinbarte **Gerichtsstandsfestlegungen** wie sie insbesondere für Streitigkeiten zwischen Außenseiter-Arbeitgebern und Gemeinsamen Einrichtungen der Tarifvertragsparteien (Beitragseinzug) verbreitet sind.[51] Dasselbe gilt für tarifliche **Schiedsgerichtsvereinbarungen**, wenn und soweit die jeweiligen Schiedssprüche arbeitsgerichtlich überprüfbar sind (vgl. § 110 ArbGG).[52]

**22** Auch **Firmentarifverträge** können für allgemeinverbindlich erklärt werden.[53] Die Vermutung, es werde insoweit am öffentlichen Interesse an der Allgemeinverbindlichkeit (§ 5 Abs. 1 Satz 1 Nr. 2 TVG) »regelmäßig« fehlen[54], übersieht, dass auch mehrere (ähnliche oder gleich lautende) **Firmentarifverträge nebeneinander** für allgemeinverbindlich erklärt werden können und sodann ganze

47 Dies jedenfalls, wenn die Rechtswidrigkeit der betreffenden Tarifregelung »offensichtlich und unzweifelhaft gegeben« ist, OVG Nordrhein-Westfalen, 23. 9.1983, BB 1984, 723.

48 So hinsichtlich arbeitsvertraglicher Regelungen zuletzt BAG 9.9.1981, AP Nr. 117 zu Art. 3 GG.

49 Entgegen der Befürchtung von *Löwisch/Rieble*, § 5 Rn. 20.

50 BAG 10.12.2002 (1 AZR 96/02), AP Nr. 162 zu Art. 9 GG Arbeitskampf; BAG 18.2.2003 (1 AZR 142/02), AP Nr. 163 zu Art. 9 GG Arbeitskampf (mit Anm. von *Thüsing*).

51 BAG 19.3.1975 (4 AZR 270/74), AP Nr. 14 zu § 5 TVG; *Däubler/Lakies*, § 5 Rn. 68.

52 Vgl. *Däubler/Lakies*, § 5 Rn. 66.

53 Wiedemann/*Wank*, § 5 Rn. 67; *Löwisch/Rieble*, § 5 Rn. 21; *Koberski/Clasen/Menzel*, § 5 Rn. 40, 167.

54 So *Löwisch/Rieble*, § 5 Rn. 21, 45; Wiedemann/*Wank*, § 5 Rn. 67, 74; *Däubler/Lakies*, § 5 Rn. 53.

Arbeitsmarktsektoren hierdurch geregelt sind. Das öffentliche Interesse folgt hier erst aus dem Systemverband der Tarife, deren Allgemeinverbindlichkeitserklärung beantragt ist – eine Gestaltung, die im Bereich der allgemeinverbindlichen Sozialkassentarifverträge des Baugewerbes schon lange praktiziert wird.

Ein Tarifvertrag, dessen Normen auf Grund der **Nachwirkung** des § 4 Abs. 5 TVG **dispositiv** sind, kann für allgemeinverbindlich erklärt werden.[55] Auch dispositive Tarifbestimmungen wirken abstrakt und generell, also normativ.[56] Sie verändern lediglich ihren Rang im arbeitsrechtlichen Regelungsgefüge und entfalten gemäß § 4 Abs. 5 TVG eine (gegenüber § 4 Abs. 1 TVG) schwächere normative Schutzwirkung (vgl. § 4 Rn. 530 und Rn. 537). Deshalb dürfen auch lediglich nachwirkende Tarifverträge für allgemeinverbindlich erklärt werden, ändern dadurch jedoch nicht ihren lediglich nachwirkend – dispositiven Charakter. Wenn dagegen ein »voll« wirksamer allgemeinverbindlicher Tarifvertrag ausläuft, dann wirkt er im gesamten Geltungsbereich – also auch gegenüber den Außenseitern – gemäß § 4 Abs. 5 TVG nach.[57] **23**

Möglich ist jedoch auch eine **Einschränkung des Allgemeinverbindlicherklärungs-Antrags** auf einen Teil des Tarifvertrages (teilweise Allgemeinverbindlicherklärung), sofern die Allgemeinverbindlicherklärung dieser Normen für sich noch im öffentlichen Interesse liegt, sie also auch insofern ein sinnvolles Tarifsystem bilden.[58] Die Gegenauffassung, die lediglich das von den Tarifvertragsparteien ausgehandelte Gesamttarifwerk für allgemeinverbindlicherklärungsfähig hält, übersieht, dass diese Parteien es praktisch ohnehin in der Hand haben, ihre tariflichen Vereinbarungen in mehrere getrennte Tarifverträge zu fassen, die dann gesondert bzw. nur zum Teil zur Allgemeinverbindlicherklärung gestellt werden[59] oder den ganzen Tarifvertrag zu kündigen und neu abzuschließen. Aus diesem Grunde ist es ebenfalls zulässig, die Allgemeinverbindlicherklärung hinsichtlich des räumlichen, fachlichen oder persönlichen Geltungsbereichs ausdrücklich einzuschränken.[60] Dies geschieht gelegentlich, um Überschneidungen mit anderen Tarifbereichen (Tarifkonkurrenz) zu vermeiden und Verfahrenseinsprüche gemäß § 5 Abs. 2 TVG solcher Koalitionen auszuschließen, deren Organisationsbereich von der zwingenden Wirkung der Allgemeinverbindlicherklärung beeinträchtigt werden könnte.[61] Sofern die Antrag stellenden Parteien ihren Antrag nicht entsprechend einschränken, ist der Bundesminister aber nicht verpflichtet, zur Vermeidung von Tarifkonkurrenzen die Allgemeinverbindlichkeitserklärung von sich aus, d.h. von Amts wegen einzuschränken. Dies ist auch dann nicht der Fall, wenn andere »am Ausgang des Verfahrens interessierte« Koalitionen aufgrund ihrer Beteiligungsrechte nach § 5 Abs. 2 TVG in Verbindung mit § 6 Abs. 3 TVG-DVO eine solche Einschränkung **24**

55 Wiedemann/*Wank*, § 5 Rn. 54, *Gamillscheg*, Kollektives Arbeitsrecht II, § 19 4a, 889; *Däubler/Lakies*, § 5 Rn. 58; a.A. nur *Löwisch/Rieble*, § 5 Rn. 23.

56 Wiedemann/*Wank*, § 4 Rn. 322ff., § 5 Rn. 54; a.A. *Löwisch/Rieble*, § 5 Rn. 23.

57 *Däubler/Lakies*, § 5 Rn. 58.

58 Ebenso *Hueck/Nipperdey*, 675; *Löwisch/Rieble*, § 5 Rn. 26f.; *Koberski/Clasen/Menzel*, § 5 Rn. 160; *Däubler/Lakies*, § 5 Rn. 171; a.A. Wiedemann/*Wank*, § 5 Rn. 57ff., *Wonneberger*, 147f.; OVG Nordrhein-Westfalen 23.9.1983, BB 1984, 723f.

59 *Stahlhacke*, NZA 1988, 344.

60 Ebenso BAG 20.3.1991 (4 AZR 455/90), AP Nr.20 zu § 4 TVG Tarifkonkurrenz; BAG 26.10.1983 (4 AZR 219/81), AP Nr.3 zu § 3 TVG; Wiedemann/*Wank*, § 5 Rn. 62; *Löwisch/Rieble*, § 5 Rn. 30; *Wonneberger*, 148.

61 Vgl. z.B. *Sperner/Brocksiepe/Egger/Henrich/Unkelbach*, § 1 Anm. 55.

fordern, weil sie eine Beeinträchtigung der eigenen Tarifmacht durch die uneingeschränkte Allgemeinverbindlicherklärung befürchten. Insbesondere wäre das öffentliche Interesse an der Allgemeinverbindlichkeit eines Tarifvertrages nicht allein deshalb ausgeschlossen, weil die beantragte Erklärung zu neueren Tarifkonkurrenzen führen könnte. Der Bundesminister hat nämlich nur zu prüfen, ob das öffentliche Interesse an der beantragten Erklärung deshalb fehlt, weil es bereits durch andere tarifliche Regelungen hinreichend befriedigt wird. Wenn nicht, kann die Allgemeinverbindlichkeit dessen ungeachtet in Ausübung pflichtgemäßen Ermessens[62] ergehen. Da kein prinzipieller Vorrang allgemeinverbindlicher Tarifverträge besteht, sind die dann möglicherweise entstehenden Tarifkonkurrenzen nach allgemeinen Grundsätzen (vgl. § 4 Rn. 150) gegebenenfalls in arbeitsgerichtlichen Verfahren (aber nicht vom Bundesarbeitsminister) zu lösen[63] (vgl. § 5 Rn. 57).

## D. Mindestquote und öffentliches Interesse

25 Eine Allgemeinverbindlicherklärung kann nur erfolgen, wenn **mindestens die Hälfte der unter den Geltungsbereich** des künftig allgemeinverbindlichen Vertrages **fallenden Arbeitnehmer** bei tarifgebundenen Arbeitgebern beschäftigt ist (§ 5 Abs. 1 Satz 1 Nr. 1 TVG). Bei den Arbeitnehmern wird hierbei also nicht zwischen Gewerkschaftsmitgliedern und Außenseitern unterschieden.

26 Deshalb kommt es hier nicht auf den gewerkschaftlichen Organisationsgrad an. Auch die Arbeitgeber müssen zahlenmäßig nicht mehrheitlich organisationsgebunden sein. Vielmehr geht der Gesetzgeber treffend davon aus, dass die Legitimationskraft eines Arbeitgeberverbandes von der **Zahl der durch die Verbandsmitglieder repräsentierten Arbeitsverhältnisse** abhängt. Die 50 % -Quote ist allerdings nur für **Verbandstarife** relevant, während der **Firmentarif** stets das Quorum erfüllt.[64]

27 Bei **mehrgliedrigen Tarifverträgen** wird hinsichtlich des 50 %-Quorums teilweise zwischen **echten mehrgliedrigen** und **parallelen inhaltsgleichen Tarifverträgen** unterschieden.[65] Beim echten mehrgliedrigen Tarif handelt es sich um einen einzigen Tarifvertrag, der auf Arbeitgeber- und/oder Gewerkschaftsseite von mehreren Parteien abgeschlossen wird (z.B. TVöD, Sozialkassentarifverträge des Baugewerbes). Hier wird das Quorum treffend anhand der bei allen beteiligten Arbeitgeberverbandsmitgliedern insgesamt beschäftigten Arbeitnehmer gemessen.[66] Die Begründung für diese Addition der Beschäftigungsquoten liegt hier ausschließlich darin, dass eine hinreichende Arbeitnehmermehrheit bereits verbandlich-mitgliedschaftlich an **dieselben Tarifnormen** gebunden war. Genau dieses Kriterium ist aber gleichermaßen bei Parallelverbands-Tarifverträgen erfüllt, wenn – und das ist entscheidend – jeweils für jeden dieser Tarifverträge von mindestens einer antragsberechtigten Vertragspartei der Allgemeinverbindlichkeitsantrag gestellt wird. Die weitergehende Differenzierung

---

62 Vgl. BVerfG 24.5.1977, E 44, 322, 344.

63 BVerfG 24.5.1977, E 44, 322, 352; a.A. wohl *Mäßen/Mauer*, NZA 1996, 124, die eine Klärung über die dafür ungeeignete Feststellungsklage nach § 43 Abs. 1 VwGO herbeiführen wollen.

64 Vgl. Wiedemann/*Wank*, § 5 Rn. 67; *Löwisch/Rieble*, § 5 Rn. 39.

65 So *Löwisch/Rieble*, § 5 Rn. 40; *Däubler/Lakies*, § 5 Rn. 91f.

66 BAG 14.6.1967 (4 AZR 282/66), AP Nr. 13 zu § 91a ZPO; *Löwisch/Rieble*, § 5 Rn. 40; *Däubler*/Lakies, § 5 Rn. 91.

zwischen den beiden Tariftypen[67] ist daher weder dogmatisch noch praktisch überzeugend.[68]

Angesichts erheblicher Widerstände der Arbeitgeberverbände gegen allgemeinverbindliche Verbandstarife[69] ist es nicht unrealistisch, dass die Allgemeinverbindlicherklärung mehrerer **paralleler Firmentarifverträge** mit **übereinstimmenden fachlichen Geltungsbereich** beantragt wird. Hier ist das 50 %-Quorum für jeden dieser Tarife stets erfüllt, doch wird die Frage der quantitativen Repräsentativität hier ausnahmsweise bei der Prüfung des »öffentlichen Interesses« (§ 5 Abs. 2 Satz 2 Nr. 2 TVG) zu berücksichtigen sein. Dort käme es also darauf an, ob die Arbeitgeber der parallel firmentarifgebundenen Unternehmen annähernd die Mehrheit der im fachlichen Geltungsbereich tätigen Arbeitnehmer beschäftigen. Die rechnerische Mehrheit müsste für das »öffentliche Interesse« allerdings gerade nicht nachgewiesen werden. 28

Die 50 %-Quote ist nur auf die Mehrheit der **potentiell tarifgebundenen Arbeitsverhältnisse** im Geltungsbereich eines Tarifvertrages bezogen. Sie setzt lediglich die Tarifbindung der Arbeitgeber, nicht jedoch die der Arbeitnehmer (§ 5 Abs. 1 Satz 1 Nr. 1 TVG) voraus. Deshalb dient diese Voraussetzung der Allgemeinverbindlicherklärung auch nicht primär dem Schutz der Berufsausübungs- und Vertragsfreiheit der Außenseiter-Arbeitgeber.[70] Die Zahl der allgemeinverbindlichkeitsbetroffenen Außenseiter-Arbeitnehmer ist nämlich im Verhältnis zu den organisiert-tarifgebundenen Arbeitnehmern regelmäßig wesentlich höher. Dennoch wird auch in ihre Berufsausübungs- und Vertragsfreiheit vergleichbar intensiv eingegriffen. Es geht bei dem Quorum also **nicht um einen Schutz von Außenseitern vor Majorisierung** durch eine tarifgebundene Minderheit (obwohl sich die 50 %Quote gelegentlich faktisch so auswirken kann), sondern primär darum, die **Repräsentativität des Tarifvertrages**, der für allgemeinverbindlich erklärt werden soll, sicherzustellen.[71] Die Gegenauffassung, welche hierin einen Schutz vor unverhältnismäßigen Eingriffen in das Außenseiter-Arbeitgeber-Grundrecht des Art. 12 GG sieht[72], verkennt, dass die (materielle) Rechtssetzungsbefugnis des Staates im Arbeitsrecht stets in die Berufsausübungsfreiheit des Art. 12 GG eingreifen kann, ohne dabei an konkret zustimmende Mehrheiten der Betroffenen gebunden zu sein. Wohl aber dient die 50 %-Quote des § 5 Abs. 1 Satz 1 Nr. 1 dem **Schutz der Tarifautonomie** der Tarifgebundenen und der Außenseiter beider Seiten (Art. 9 Abs. 3 GG). Die in der Allgemeinverbindlicherklärung liegende gemeinsame staatlich-tarifliche Rechtssetzung, welche **inhaltlich** an die vorgegebenen Tarifnormen gebunden ist, setzt deren förmliche Repräsentativität gemäß § 5 Abs. 1 Satz 1 Nr. 1 TVG voraus. Die Quote dient damit praktisch **formell** als Antrags- und Ermächtigungsvoraussetzung für das Allgemeinverbindlichkeitsverfahren. Demgegenüber ist das Problem eines materiellen Eingriffs in die Außenseiterrechte des Art. 12 GG eine Frage des »öffentlichen Interesses« an der Allgemeinverbindlichkeit gemäß § 5 Abs. 1 Satz 1 Nr. 2 TVG. Die derzeit an die 50 %-Grenze gebundene Repräsentativitäts-Quote ist deshalb nicht verfassungsrechtlich starr vorgegeben, sondern kann unter Berücksichti- 29

67 *Löwisch/Rieble*, § 5 Rn. 40; *Däubler/Lakies*, § 5 Rn. 91, 92 (wortgleich).

68 Von *Löwisch/Rieble* für den völlig konstruierten Fall des branchenübergreifenden Parallel-Tarifs mit unterschiedlichem fachlichen Geltungsbereich zwischenzeitlich nicht mehr erörtert.

69 Dazu *Zachert*, in: Peter/Kempen/Zachert, 14f.

70 A. A. *Löwisch/Rieble*, § 5 Rn. 41; *Koberski/Clasen/Menzel*, § 5 Rn. 51; *Däubler/Lakies*, § 5 Rn. 88.

71 *Gamillscheg*, Kollektives Arbeitsrecht II, § 19 5a 1, 892f.

72 So *Löwisch/Rieble*, § 5 Rn. 41; *Zachert*, in: Peter/Kempen/Zachert, 18f.

gung der Koalitionsfreiheit (wie andere demokratische Arbeitsrechtsordnungen zeigen[73]), auch an andere Repräsentativitätskriterien gebunden werden.[74]

30 Die für die 50 %-Quote notwendigen **Zahlenverhältnisse** lassen sich **nachweisen** aufgrund der Mitgliedsstatistiken der Arbeitgeberverbände sowie der Beschäftigtenzählungen von Industrie- und Handels- sowie Handwerkskammern bzw. der Veröffentlichungen des Statistischen Bundesamtes (»Wirtschaft und Statistik«) oder der Statistischen Landesämter. Bei mehrgliedrigen Tarifverträgen, die auf Arbeitgeberseite von mehreren Verbänden abgeschlossen worden sind (z.B. BRTV-Bau), sind deren Beschäftigtenzahlen zusammenzuziehen.[75] Gegebenenfalls reichen auch **sorgfältige Schätzungen**[76] aus, von deren Richtigkeit das Arbeitsgericht im Prozess um eine allgemeinverbindliche Norm ausgehen kann, bis sie durch entsprechend konkretes Parteivorbringen erschüttert werden.[77]

31 Die Allgemeinverbindlicherklärung muss ferner im **öffentlichen Interesse** geboten erscheinen. Aus dem Wortlaut des § 5 Abs. 1 Satz 1 Nr. 2 TVG (»geboten erscheint«) ergibt sich, dass hier ein **Beurteilungsspielraum** besteht[78], der gerichtlich **nur eingeschränkt** überprüfbar ist.[79] Es besteht aber auch bei gegebenem öffentlichen Interesse noch keine Allgemeinverbindlicherklärungspflicht, sondern zusätzlich ein politischer Beurteilungsspielraum, der anhand sozialstaatlicher Kriterien[80] wahrzunehmen ist[81] (vgl. § 5 Rn. 51 und Rn. 59). Aus § 5 Abs. 1 Satz 1 Nr. 2 TVG ergibt sich, dass ein öffentliches Interesse nicht erst dann vorliegt, wenn es ohne die beantragte Allgemeinverbindlicherklärung zu einem »sozialen Notstand« käme.[82] Vielmehr reicht es aus, dass die Allgemeinverbindlicherklärung drohende wesentliche Nachteile von einer beachtlichen Zahl betroffener Arbeitnehmer abzuwenden geeignet ist (z.B. untertarifliche Bezahlung, Verlust von Anwartschaften etwa auf Urlaub oder zusätzliche Altersversorgung bei Arbeitsstellenwechsel). Soweit eine tarifliche Sozialpolitik den Grundsätzen des Sozialstaatsprinzips (Art. 20 Abs. 1 GG) entspricht[83] und technisch nur über Gemeinsame Einrichtungen (§ 4 Abs. 2 TVG) zu verwirklichen ist (z.B. Berufsbildungsfinanzierung, Einführung der 35-Stunden-Woche in Verbindung mit einer »Tarifrente«, zusätzliches Kurzarbeitergeld und ähnliches), ist öffentliches Interesse gegeben.[84] Dies gilt insbesondere dann, wenn sich bestimmte Einrichtungen – wie etwa zusätzliche Alters- und Invalidenrentensysteme – in anderen Bereichen bereits bewährt haben und vom Gesetzgeber gefördert werden.[85]

---

73 Vgl. *Rebhahn*, RdA 2004, 214.

74 Im Ergebnis ähnlich *Zachert*, in: Peter/Kempen/Zachert, 19.

75 Vgl. *Wonneberger*, 67f.

76 *Koberski/Clasen/Menzel*, § 5 Rn. 52; *Däubler/Lakies*, § 5 Rn. 89.

77 BAG 24.1.1979, AP Nr. 16 zu § 5 TVG; BAG 28.3.1990 (4 AZR 536/89), AP Nr. 25 zu § 5 TVG; *Ansey/Koberski*, AuR 1987, 233; *Wonneberger*, 68; *Aigner*, DB 1994, 2546.

78 BAG 24.1.1979 (4 AZR 377/77), AP Nr. 16 zu § 5 TVG; *Däubler/Lakies*, § 5 Rn. 96.

79 BAG 22.9.1993 (10 AZR 371/92), AP Nr. 2 zu § 1 TVG Tarifverträge: Gerüstbau.

80 Vgl. hierzu die treffende Entscheidung des Minister für Arbeit, Gesundheit und Soziales des Landes Nordrhein-Westfalen vom 29.1.1987, DB 1987, 643; bestätigt durch BVerwG 3.11.1988, DB 1989, 529.

81 BAG 3.2.1965, AP Nr. 12 und 15 zu § 5 TVG: *Wiedemann*, RdA 1987, 265; *Schlachter*, BB 1987, 751f.; zu eng dagegen *v. Hoyningen-Huene*, BB 1986, 1910f.

82 BAG 24.1.1979, AP Nr. 16 zu § 5 TVG.

83 Z.B. bestehende gesetzliche Regelungen verbessert oder ergänzt; BAG 28.3.1990, AP Nr. 25 zu § 5 TVG.

84 Ebenso *Wiedemann*, RdA 1987, 266, zurückhaltend *v. Hoyningen-Huene*, BB 1986, 1910f.

85 BAG 28.3.1990, AP Nr. 25 zu § 5 TVG.

Sofern eine Allgemeinverbindlicherklärung unter dem Aspekt der staatlichen **Schutzpflicht gegenüber der Tarifautonomie** des Art. 9 Abs. 3 Satz 2 GG[86] geboten ist (vgl. § 5 Rn. 29), liegt sie auch im öffentlichen Interesse.[87] Bei der Ermittlung des öffentlichen Interesses ist zu unterscheiden, ob dieses nicht bereits hinreichend von konkurrierenden Tarifregelungen befriedigt wird (vgl. aber § 5 Rn. 24). Auch ansonsten ist die Allgemeinverbindlicherklärung als staatliche Rechtssetzung gegenüber den Außenseitern nach Art. 1 Abs. 3 GG **unmittelbar an die Grundrechte** gebunden. Zu prüfen sind insbesondere die Berufsausübungsfreiheit und die Arbeitsvertragsfreiheit des Art. 12 GG. Anders als gegenüber den Verbandsmitgliedern, die den Tarifvertrag in demokratischen innerverbandlichen Verfahren mehrheitlich legitimiert haben, besteht insoweit keine Bindung an koalitionsspezifische Gemeinwohlvorstellungen. Die Schranken der Berufsausübung müssen deshalb anhand allgemeiner vernünftiger Erwägungen des »Gemeinwohls« legitimiert sein und nicht nur an den Partikularinteressen der Tarifparteien.[88] 32

Sofern ein »sozialer Notstand« vorliegt und die Allgemeinverbindlicherklärung zu dessen Abhilfe »erforderlich erscheint«, braucht die 50 %-Marke nicht erreicht zu sein. Der Nachweis »öffentlichen Interesses« erübrigt sich bei sozialem Notstand. Speziell ein schwacher Organisationsgrad (etwa wegen eines hohen Anteils von Teilzeitbeschäftigten oder Ausländern im jeweiligen Gewerbebereich) ist häufig für derartige Notstände ursächlich, weil er zu erheblich schlechteren Arbeitsbedingungen führen kann. § 1 Abs. 2c des Gesetzes über die Festsetzung von Mindestarbeitsbedingungen[89] zeigt, dass die dort genannten extremen Voraussetzungen nicht gegeben sein müssen, sondern ungerechtfertigte, wesentliche soziale Verzerrungen ausreichen.[90] Andernfalls müssten die wegen sozialen Notstands allgemeinverbindlich erklärten Tarifverträge bei ihrer Beendigung regelmäßig durch gesetzliche Mindestarbeitsbedingungen ersetzt werden. 33

Hinsichtlich der **inhaltlichen Konkretisierung** des unbestimmten Rechtsbegriffs »sozialer Notstand« wird überwiegend angenommen, dass dieses Kriterium dann vorliegt, wenn ein erheblicher Teil der Beschäftigten einer Branche ein Arbeitseinkommen bezieht, das nahe oder unter den Regelsätzen der Sozialhilfe (vgl. §§ 27ff. SGB XII) liegt.[91] Da es sich jedoch in § 5 um die Festsetzung eines **Arbeitseinkommens** handelt, muss die Eingriffsgrenze heute mindestens über den **Regelleistungen des Arbeitslosengelds II** nach §§ 19ff. SGB II liegen. Da die Tarifverträge jedoch die Stärkeverhältnisse auf den jeweiligen Arbeitsmärkten abbilden, werden die in einem sozialen Notstandssektor vereinbarten Tarifentgelte ebenfalls nicht sehr erheblich über den Leistungen des Arbeitslosengeldes II liegen. Eine Allgemeinverbindlicherklärung nach § 5 Abs. 1 Satz 1 Nr. 2 TVG dürfte den »sozialen Notstand« daher kaum effektiv beheben. Hier liegt vielleicht die Ursache dafür, dass diese Alternative der Allgemeinverbindlicherklärung bislang noch nicht angewendet worden ist. Das Problem eines sozialen Notstandes auf bestimmten Arbeitsmärkten wird künftig folglich entweder durch 34

86 Hierzu *Kempen*, FS Gitter, 430f.
87 Im Ergebnis ebenso BVerwG 3. 11. 1988, AP Nr. 23 zu § 5 TVG; *Wonneberger*, 71f.
88 *Löwisch/Rieble*, § 5 Rn. 57.
89 Vom 11. 1. 1952, BGBl. I, 17.
90 Vgl. *Däubler/Lakies*, § 5 Rn. 109.
91 Wiedemann/*Wank*, § 5 Rn. 77; *Gamillscheg*, Kollektives Arbeitsrecht II, § 19 5c, 897; *Däubler/Lakies*, § 5 Rn. 108; *Zachert*, in: Peter/Kempen/Zachert, 25.

**staatliche Zuschüsse zu Niedrigeinkommen** oder durch einen **gesetzlich festgelegten Mindestlohn** zu lösen sein, der erheblich über dem Niveau des Arbeitslosengeldes II liegen müsste. Die für das Baugewerbe geltende Regelung des § 2 Abs. 3a AEntG, welche tarifliche Mindestlöhne durch staatliche Verordnung festzulegen ermöglicht, betrifft primär aus dem Ausland entsandte Arbeitnehmer und macht einen allgemeinen gesetzlichen Mindestlohn daher nicht etwa überflüssig.

## E. Verfahren der Allgemeinverbindlicherklärung

35 Das Allgemeinverbindlicherklärungsverfahren wird durch den **Antrag einer oder mehrerer Tarifvertragsparteien**, die den fraglichen Vertrag geschlossen haben, in Gang gesetzt. Bei mehrgliedrigen Tarifverträgen müssen alle auf einer Seite beteiligten Tarifvertragsparteien den Antrag stellen. Der Antrag ist – zweckmäßigerweise schriftlich unter Darlegung und Glaubhaftmachung der Voraussetzungen des § 5 Abs. 1 TVG – beim Bundesminister für Wirtschaft und Arbeit zu stellen, sofern dieser seine Befugnisse nicht der obersten Arbeitsbehörde eines Landes übertragen hat (§ 5 Abs. 6 TVG). Der Minister kann solche Anträge sofort ablehnen, wenn die gesetzlichen Voraussetzungen offensichtlich nicht vorliegen (§ 4 Abs. 2 TVG-DVO), oder anderenfalls den Antrag im Bundesanzeiger bekanntmachen (§ 4 Abs. 1 Satz 1 TVG-DVO). Die Bekanntmachung setzt zugleich eine mindestens zweiwöchige Frist, innerhalb derer die Verfahrens betroffenen Arbeitgeber und Arbeitnehmer, die am Verfahrensausgang interessierten Gewerkschaften und Arbeitgeberverbände sowie regional betroffene Landesarbeitsbehörden schriftlich Stellung nehmen können (§§ 5 Abs. 2 TVG, 4 Abs. 1 Sätze 2, 3 TVG-DVO).

36 Ebenfalls im Bundesanzeiger wird gleichzeitig der Termin zur mündlichen Verhandlung des Antrages vor dem **Tarifausschuss** festgesetzt, welcher aus je **drei Vertretern** der gewerkschaftlichen und Arbeitgeber-Spitzenorganisationen besteht (§ 5 Abs. 1 TVG) und der nach dieser öffentlichen Verhandlung mit einfacher Mehrheit (§ 3 Abs. 1 Satz 1 TVG-DVO) über den Antrag entscheidet. In der mündlichen Verhandlung können sich die Anhörungsberechtigten (§ 5 Rn. 35) äußern, auch wenn sie zuvor keine schriftliche Stellungnahme abgegeben hatten. Der geheim entscheidende (§ 2 Abs. 1 Satz 2 TVG-DVO) Tarifausschuss ist nur bei Anwesenheit aller Mitglieder beschlussfähig.
Stimmen mindestens **vier Ausschussmitglieder** (also die Ausschussmehrheit) zu, so ist der Bundesarbeitsminister dennoch nicht an diese Entscheidung gebunden, sondern hat die Voraussetzungen noch einmal selbständig nach pflichtgemäßem Ermessen zu prüfen und zu bescheiden. Das Ergebnis ist den Tarifvertragsparteien und dem Tarifausschuss unverzüglich (§ 121 BGB) mitzuteilen und im Ablehnungsfall auch zu begründen (§ 8 TVG-DVO). Sofern eine oberste Landesbehörde widersprochen hatte, muss jedoch die Bundesregierung der Allgemeinverbindlicherklärung zustimmen (§ 5 Abs. 3 TVG).

37 Wegen der für jede Allgemeinverbindlicherklärung notwendigen Mehrheit von vier Stimmen im Tarifausschuss haben die Arbeitgeberverbandsvertreter und die Gewerkschaften dort praktisch ein **Vetorecht**. Nachdem dies schon mehrfach von Arbeitgeberseite zur Verhinderung entsprechender Entscheidungen genutzt worden ist, wird die Möglichkeit erörtert, das **Verfahren der Allgemeinverbindlicherklärung** dahin **zu reformieren**, dass die Bindung der Behörde an das Votum des Tarifausschusses gelockert oder aufgehoben werden

kann.[92] Wenn auch keine durchgreifenden verfassungsrechtlichen Bedenken hiergegen bestünden (wie das Verfahren nach § 1 Abs. 3 AEntG zeigt[93]), so handelte es sich dann bei den für verbindlich erklärten Normen um rein staatliches Recht.

Die erfolgte Allgemeinverbindlicherklärung ist wiederum im **Bundesanzeiger** 38
**zu veröffentlichen** (vgl. § 5 Abs. 7 TVG) – allerdings ohne den Text des zugrunde liegenden Tarifvertrages. Dieser kann aber in den Betrieben (§ 8 TVG) bei den Tarifvertragsparteien (§ 3 TVG-DVO) oder im Tarifregister des Bundesarbeitsministers (§ 16 TVG-DVO) eingesehen bzw. seine Eintragung im Tarifregister angefordert werden. Wenn im Übrigen bei der Verfahrensdurchführung Zweifel entstehen, wird man das Verwaltungsverfahrensgesetz des Bundes[94] gegebenenfalls ergänzend heranziehen können, soweit Analogien zwischen dem dort geregelten Verwaltungsakt-Verfahren und der Allgemeinverbindlicherklärung als einem Rechtsetzungsverfahren eigener Art. (vgl. dazu § 5 Rn. 51) existieren.[95]

Das zunächst umständlich anmutende Allgemeinverbindlicherklärungsverfah- 39
ren hat sich bislang **in der Praxis durchaus bewährt**. Dies mag auch ein Grund dafür sein, dass es das Bundesverfassungsgericht als »noch ausreichend demokratisch legitimiert« anerkannt hat.[96] Tatsächlich erscheint aber die fehlende Veröffentlichungspflicht hinsichtlich des zur Allgemeinverbindlichkeit gestellten Tariftextes im Bundesanzeiger verfassungsrechtlich sehr bedenklich. Wer als Außenseiter den Gegenstand des Verfahrens nicht kennen kann, der kann daran weder mitwirken, noch darf seine Zustimmung bei fehlender Mitwirkung unterstellt werden.[97] Eine entsprechende Publizitätsvorschrift würde die Allgemeinverbindlicherklärung nicht erschweren, aber besser legitimieren. Die Verordnung zur Änderung der Verordnung zur Durchführung des Tarifvertragsgesetzes vom 16. Januar 1989[98] hat hieran dennoch nichts verbessert und ist insoweit höchstrichterlich gebilligt worden.[99] Im Übrigen werden die für allgemeinverbindlich erklärten Tarifverträge regelmäßig im Bundesarbeitsblatt aufgeführt.[100]

Die obersten **Arbeitsbehörden der Länder**, auf deren Bereich sich der allgemein- 40
verbindlich zu erklärende Tarifvertrag nach seinem räumlichen Geltungsbereich erstreckt, haben nicht nur Gelegenheit zur schriftlichen und mündlichen Stellungnahme im Verfahren (§ 5 Abs. 2 TVG), sondern gemäß § 5 Abs. 3 TVG das Recht zum **Einspruch** gegen die beantragte Allgemeinverbindlicherklärung. Der Einspruch führt indessen nur dazu, dass der Bundesminister danach die Zustimmung der Bundesregierung zu seiner Entscheidung benötigt.

## F. Wirkung der Allgemeinverbindlicherklärung (§ 5 Abs. 4 TVG)

Nach § 5 Abs. 4 TVG bewirkt die Allgemeinverbindlichkeit eines Tarifvertrages, 41
dass dessen **Rechtsnormen** (nicht die schuldrechtlichen Verpflichtungen) **künftig auch für Außenseiter gelten** – gleichgültig, ob diese nicht oder nur anders or-

92 Vgl. *Hensche*, ArbRGw 1997, 45; *Zachert*, in: Peter/Zachert/Kempen, Mindeststandards, 29f.
93 Vgl. BVerfG 18.7.2000 (1 BvR 948/00), AP Nr. 4 zu § 1 AEntG.
94 Vom 25.5.1976, BGBl. I, 1253.
95 Dazu *Lund*, DB 1977, 1314.
96 BVerfG 24.5.1977, E 44, 322.
97 *Kempen*, AuR 1977, 384.
98 BGBl. I, 76.
99 BAG 28.3.1990, AP Nr. 25 zu § 5 TVG.
100 Vgl. auch *Pulte* und die vom BMWA vierteljährlich herausgegebenen Verzeichnisse.

ganisiert sind. Systematisch handelt es sich dabei um eine Ausnahme von der begrenzten Wirkung des Tarifvertrages gemäß § 3 Abs. 1 TVG. Erfasst werden nunmehr grundsätzlich alle Arbeitgeber und Arbeitnehmer, die unter den räumlichen, betrieblich-fachlichen und persönlichen Geltungsbereich des Tarifvertrages fallen. Wegen dieses durchschlagenden Verdrängungseffektes auch gegenüber anderen Tarifverträgen wird der Allgemeinverbindlichkeits-Antrag gelegentlich eingeschränkt und entfaltet dann entsprechend begrenzte Wirkungen (z.B. nur für Nichtorganisierte im angrenzenden Tarifbereich, vgl. dazu § 5 Rn. 20 und Rn. 24).

### I. Beginn der Allgemeinverbindlicherklärung

42 Nach § 7 Satz 3 TVG-DVO »liegt« der **Beginn der Allgemeinverbindlichkeit** »in der Regel nicht vor dem Tage der Bekanntmachung des Antrags«, sofern es sich nicht nur »um die Erneuerung der Änderung eines allgemeinverbindlichen Tarifvertrages handelt«. Im letzten Fall bestehen gegen eine **Rückwirkung** keine Bedenken, weil hierdurch weder der Grundsatz der Rechtssicherheit noch des Vertrauensschutzes berührt wird. Diese Prinzipien könnten in den übrigen Fällen verletzt sein, wenn die Allgemeinverbindlicherklärung von dem Zeitpunkt der Antragsveröffentlichung zurückwirken würde. Dennoch erlaubt die Sollvorschrift des § 7 Satz 2 TVG-DVO auch dieses in dem Maß, in welchem die Rückwirkung einer entsprechenden gesetzlichen Regelung (diese Parallele liegt wegen der staatlichen Beteiligung am Rechtsetzungsakt der Allgemeinverbindlicherklärung nahe) zulässig wäre.[101] Voraussetzung einer zurückwirkenden Allgemeinverbindlicherklärung ist also stets, dass der Außenseiter mit einer Änderung der zuvor bestehenden Regelung rechnen konnte.[102] Sofern in einem Wirtschaftssektor also erstmals Tarifverträge für allgemeinverbindlich erklärt werden, darf diese Allgemeinverbindlicherklärung nur dann zurückwirken, wenn auf diese Möglichkeit schon bei Veröffentlichung des Antrags im Bundesanzeiger hingewiesen worden ist. Eine Rückwirkung jenseits dieses Veröffentlichungsdatums wäre unzulässig.[103] Dementsprechend hat die Arbeitsbehörde nach der Neufassung des § 4 TVG-DVO vom 16. Januar 1989 nunmehr in der Antragsbekanntmachung darauf hinzuweisen, dass die Allgemeinverbindlicherklärung mit Rückwirkung ergehen kann. Nur bei »zwingenden Gründen des Gemeinwohls« soll auch dieser Vertrauensschutz nach verfassungsrechtlicher Rechtsprechung zurücktreten können.[104] Zumindest im Falle des § 5 Abs. 1 Satz 2 TVG wird dies möglich sein. Eine Rückdatierung der Allgemeinverbindlicherklärung vor Inkrafttreten des Tarifvertrages ist nicht möglich, da es insoweit an der Geltung für die Tarifgebundenen fehlte.

---

101 Ebenso BAG 3.11.1982, AP Nr. 18 zu § 5 TVG, Wiedemann/*Wank*, § 5 Rn. 104; *Koberski/Clasen/Menzel*, § 5 Rn. 125.

102 Vgl. BVerfG 26.2.1969, E 25, 269, 289f.; BVerfG 23.3.1971, E 30, 392.

103 BAG 25.9.1996 (4 AZR 209/95), AP Nr. 30 zu § 5 TVG; BAG 3.11.1982, AP Nr. 18 zu § 5 TVG.

104 Vgl. BVerfG 31.3.1965, E 18, 429, 439; BVerfG 11.10.1962, E 14, 288, 299f.

## II. Ende der Allgemeinverbindlicherklärung (§ 5 Abs. 3 TVG)

Nach § 5 Abs. 5 Satz 3 TVG **endet** die Allgemeinverbindlichkeit mit dem »**Ablauf des Tarifvertrages**«, weil damit die inhaltliche Grundlage entfällt. Aus diesem Grund wird die Allgemeinverbindlichkeitswirkung entgegen dem Gesetzeswortlaut nicht nur aufgehoben, wenn ihre Laufdauer beendet ist, sondern bei jedem Außerkrafttreten, z.B. durch Aufhebungsvertrag oder außerordentliche Kündigung. Sofern mehrere Parteien den **(mehrgliedrigen) Tarifvertrag** unterzeichnet haben, tritt dieser erst dann außer Kraft, wenn seine Normen zwischen keinem der Unterzeichner mehr gelten. Das vorzeitige Ausscheiden einzelner Vertragspartner schadet der Allgemeinverbindlichkeit also nicht.[105] Wird eine Kündigung während der Kündigungsfrist wieder zurückgenommen, so bleiben Tarifvertrag und Allgemeinverbindlichkeit bestehen.[106] 43

Bei einer **Änderung des** für allgemeinverbindlich erklärten **Tarifvertrages**, welche den Tarifvertragsparteien jederzeit möglich bleibt, werden die geänderten Vorschriften nur dann wieder allgemeinverbindlich, wenn insoweit ein neues Verfahren durchgeführt wird. Andernfalls fehlt es an der notwendigen staatlichen Mitwirkung, so dass die geänderten Normen dann nur für die Tarifgebundenen gelten. Da die ursprüngliche Fassung überdies mit der Änderung aufgehoben ist, entfällt die Allgemeinverbindlichkeit auch dafür. Hinsichtlich der restlichen Normen des allgemeinverbindlichen Tarifvertrages bleibt die Allgemeinverbindlichkeit jedoch dann bestehen, wenn dieser Teil des Tarifwerks auch für sich sinnvoll, d.h. dem Zweck des § 5 Abs. 1 TVG nach wie vor gedeckte Regelungen enthält.[107] 44

Die **entgegen gesetzte Praxis** des Bundesministers für Wirtschaft und Arbeit, die Allgemeinverbindlichkeit in solchen Fällen insgesamt für beendet zu erklären, hat unterdessen dazu geführt, dass allgemeinverbindliche Tarifverträge kaum noch geändert werden und damit die vom Gesetzgeber gewollte Flexibilität verloren zugehen droht.

Da die staatliche Mitwirkung beim Verfahren vom öffentlichen Interesse geleitet ist (§ 5 Abs. 1 Satz 1 Nr. 2 TVG), kann die Allgemeinverbindlichkeit wieder aufgehoben werden, sobald das öffentliche Interesse dies gebietet (§ 5 Abs. 5 Satz 1 TVG). Auch bei dieser **Aufhebung der Allgemeinverbindlichkeit** muss der Tarifausschuss zustimmen und dies veröffentlichen (§ 5 Abs. 7 TVG). Schon daraus ist erkennbar, dass der bloße Fortfall des öffentlichen Interesses allein die Allgemeinverbindlichkeit nicht hinfällig macht, sondern ein darüber hinausgehendes »Aufhebungsinteresse« bestehen muss. Dasselbe gilt für eine zur Behebung eines sozialen Notstandes (§ 5 Abs. 1 Satz 2 TVG) ergangene Allgemeinverbindlicherklärung. 45

Sobald die Allgemeinverbindlichkeit wegen Ablaufs wegfällt, wirken die Rechtsnormen des Tarifvertrages für die Tarifgebundenen gemäß § 4 Abs. 5 TVG nach. Für die Außenseiter folgt dieselbe **Nachwirkung** nach Wortlaut und Interessenlage ebenfalls aus § 4 Abs. 5 TVG (vgl. § 4 Rn. 546).[108] Bei Aufhebung der Allge- 46

105 Wiedemann/*Wank*, § 5 Rn. 110.

106 *Däubler/Lakies*, § 5 Rn. 185.

107 BAG 16.11.1965, AP Nr. 30 zu § 4 TVG Ausschlussfristen; Wiedemann/*Wank*, § 5 Rn. 18; *Däubler/Lakies*, § 5 Rn. 179.

108 BAG 19.1.1962, AP Nr. 11 zu § 5 TVG; BAG 18.6.1980, AP Nr. 68 zu § 4 TVG Ausschlussfristen, BAG 27.11.1991, AP Nr. 22 zu § 4 TVG Nachwirkung; Wiedemann/*Wank*, § 4 Rn. 336; *Däubler/Lakies*, § 5 Rn. 193.

meinverbindlichkeit oder bei Änderung des Tarifvertrages bleiben die Tarifgebundenen unmittelbar vom Vertrag erfasst, während den Außenseitern wiederum Nachwirkung entsprechend § 4 Abs. 5 TVG zugute kommen kann, sofern die Interessenlage gleich ist (was von den Gründen abhängt, die zur Aufhebung der Beendigung der Allgemeinverbindlichkeit geführt haben). Da die Allgemeinverbindlichkeit von vornherein zeitlich begrenzt werden darf, kann auch ihre Nachwirkung ausgeschlossen werden.[109]

## G. Rechtsnatur der Allgemeinverbindlicherklärung

47 Über die **Rechtsnatur der Allgemeinverbindlicherklärung** wird seit der Tarifverordnung von 1918 gestritten. Aus der Entscheidung darüber, wie die Allgemeinverbindlicherklärung rechtstechnisch einzuordnen ist, folgt unter anderem, welche Gerichtsbarkeit für die Beurteilung der Wirksamkeit einer Allgemeinverbindlicherklärung zuständig ist. Während der **Weimarer Republik** ging die Auseinandersetzung vor allem darum, ob bei der Allgemeinverbindlicherklärung primär der Tarifvertrag (Vertragstheorie) oder die staatliche Entscheidung zur Erstreckung der Tarifnormen auf Außenseiter (Gesetzestheorie) grundlegend sei. Je nachdem sollte bei Ablauf des Tarifvertrages die Allgemeinverbindlicherklärung entweder ebenfalls wegfallen[110] oder aber fortgelten.[111] Nachdem § 5 Abs. 5 Satz 3 TVG das Problem nunmehr zugunsten der Abhängigkeit von Allgemeinverbindlicherklärung und Tarifvertrag (Vertragstheorie) gelöst hat, blieb die Frage nach der Rechtsnatur der Allgemeinverbindlicherklärung selbst weiterhin offen.

48 Teilweise wird aus § 5 Abs. 5 Satz 3 TVG geschlossen, es handle sich bei der Allgemeinverbindlicherklärung um einen einmaligen **Verwaltungsakt**, der die bereits tariflich gesetzten Normen auf Außenseiter erstrecke.[112] Demnach hätten die Verwaltungsgerichte nach § 42 VwGO über die Wirksamkeit der Allgemeinverbindlicherklärung zu entscheiden. Andere verweisen darauf, dass eine Allgemeinverbindlicherklärung die normative Wirkung des Tarifvertrages auf Außenseiter erstrecke und daher diesen gegenüber ihrerseits normative Wirkung habe. Da sie jedoch nicht vom Gesetzgeber selbst ausgesprochen werde, müsse man die Allgemeinverbindlicherklärung als **Rechtsverordnung** behandeln[113], mit der Folge, dass sie nur im Normenkontrollverfahren nach § 47 VwGO gerichtlich angefochten oder nach Art. 19 Abs. 4 GG in Verbindung mit § 40 Abs. 1 Satz 1 VwGO eingeklagt werden könne.

49 Die – früher überwiegende – Lehre von der **Doppelnatur der Allgemeinverbindlicherklärung** versucht die beiden anderen Auffassungen miteinander zu verbinden, indem sie die Allgemeinverbindlicherklärung den Außenseitern gegenüber als verordnungsähnlichen Rechtsetzungsakt auffasst, während sie den Antrag stellenden Tarifvertragsparteien gegenüber als Verwaltungsakt qualifiziert wird.[114] Die Tarifvertragsparteien könnten eine Ausnahme ihres Allgemeinverbindlichkeitsantrages demnach durch Verpflichtungsklage vor dem Verwaltungsgericht erzwingen (§§ 40, 42 VwGO), während die Arbeitsgerichte die

---

109 *Löwisch/Rieble*, § 5 Rn. 34.
110 RAG 6.12.1930, ARS 11, 273, 277.
111 *Sinzheimer*, Grundzüge, 272.
112 So z.B. *Nikisch*, Bd. II, 511ff.
113 So z.B. BVerwG 6.6.1958, 1.8.1957, AP Nr. 6, 7 zu § 5 TVG; *Zöllner*, DB 1967, 334ff.
114 So z.B. *Nipperdey/Heussner*, FS Staatsbürger und Staatsgewalt, 211ff.; Wiedemann/*Wank*, § 5 Rn. 45.

Wirksamkeit der Allgemeinverbindlicherklärung wie die jeder anderen Norm zu überprüfen hätten (allerdings nur soweit sie in Arbeitsgerichtsverfahren von Außenseitern entscheidungserheblich sind).

Unterdessen hat das **Bundesverfassungsgericht** aber mit Recht festgehalten, dass die Allgemeinverbindlicherklärung **keine Rechtsverordnung** darstellt.[115] Andernfalls wäre § 5 als Rechtsverordnungsermächtigung anzusehen und als solche sodann verfassungswidrig, weil dort entgegen Art. 80 Abs. 1 Satz 2 GG »Inhalt, Zweck und Ausmaß« jeder einzelnen Allgemeinverbindlicherklärung nicht hinreichend vorbestimmt sind. Jene inhaltlichen Kriterien werden aber nicht von § 5 TVG (vgl. Abs. 5 Satz 3 TVG), sondern von den zugrunde liegenden Tarifnormen und damit von den Antrag stellenden Tarifvertragsparteien festgelegt, die auch allein das Verfahren in Gang bringen. Insoweit ist mithin die Koalitionsfreiheit des Art. 9 Abs. 3 GG demokratische Legitimationsgrundlage der Allgemeinverbindlicherklärung, welche damit keiner zusätzlichen Rechtfertigung aus Art. 80 Abs. 1 GG mehr bedarf.[116] 50

Den Außenseitern gegenüber besteht indessen keine unmittelbare Regelungszuständigkeit der Koalitionen nach Art. 9 Abs. 3 GG. Bei einer förmlichen Geltungserstreckung von Tarifnormen muss folglich der Staat als demokratisch legitimierter Vertreter (auch) der Außenseiter mitwirken. Die Normsetzungsprärogative der Tarifvertragsparteien führt freilich dazu, dass die Allgemeinverbindlicherklärung von Tarifverträgen Vorrang vor der staatlichen Festsetzung von Mindestarbeitsbedingungen hat.[117] Aber auch im Allgemeinverbindlicherklärungsverfahren kommt dem zuständigen Bundes-/Landesminister eine eigenständige Rolle zu, da er an die Befürwortung des Tarifausschusses nicht gebunden ist, sondern nach pflichtgemäßem Ermessen insbesondere auch das Interesse der Außenseiter selbständig wahrzunehmen hat.[118] Erst wenn diese staatliche Entscheidung und der Allgemeinverbindlichkeits-Antrag sich auf der inhaltlichen Grundlage der koalitionsförmig legitimierten Tarifnormen decken, kann die Allgemeinverbindlicherklärung erfolgen. Sie ist daher »ein Rechtsetzungsakt eigener Art zwischen autonomer Regelung und staatlicher Rechtsetzung, der eine eigenständige Grundlage in Art. 9 Abs. 3 GG findet« und deshalb nicht an Art. 80 GG gemessen werden darf.[119] Notwendig ist ein selbständiges Zusammenwirken zweier (insoweit) voneinander unabhängig demokratisch legitimierter Instanzen zu gemeinsamer Rechtsetzung. Während eine Rechtsverordnung demgegenüber auf einheitlicher staatlicher Legitimation (die Art. 80 GG sicherstellen soll) beruht, ist der Staat hier nur Mitbeteiligter, dem die Tarifvertragsparteien in verfassungsrechtlich autonomer Position gegenüberstehen.[120] Freilich hat der Staat als prinzipiell umfassende politische Wirkungseinheit im Allgemeinverbindlichkeitsverfahren nicht nur die Interessen der Tarif-Außenseiter, sondern auch die der Tarifgebundenen (welche ebenso sehr »Volk« im Sinne des Art. 20 Abs. 2 Satz 1 GG sind) mit zu berücksichtigen.

---

115 BVerfG 24.5.1977, E 44, 322, dazu zustimmende Anm. von *Badura*, EzA Nr. 5 zu § 5 TVG und *Kempen*, AuR 1977, 380. Ebenso BVerwG 3.11.1988, AP Nr. 23 zu § S TVG; BAG 28.3.1990, AP Nr. 25 zu § S TVG.

116 Vgl. BVerfG 24.5.1977, E 44, 322, 343ff.

117 Vgl. § 1 Abs. 2c Gesetz über die Feststellung von Mindestarbeitsbedingungen vom 11.1.1952, BGBl. I, 17.

118 BVerfG 24.5.1977, E 44, 322, 344.

119 BVerfG 24.5.1977, E 44, 322.

120 Vgl. *Badura*, Anm. zu BVerfG 24.5.1977, EzA Nr. 5 zu § 5 TVG, 42; *Kempen*, AuR 1977, 385; *Wiedemann*, Anm. zu BAG 24.1.1979, AP Nr. 16 und 17 zu § 5 TVG.

51 Bei der **Allgemeinverbindlicherklärung** handelt es sich also um einen in Art. 9 Abs. 3 GG wurzelnden »**Rechtsetzungsakt eigener Art**«.[121] Er steht entgegen BVerfG 24. Mai 1977[122] allerdings nicht »zwischen« autonomer Regelung und staatlicher Rechtsetzung, sondern bildet eine **notwendige Kombination** von beiden. Die Allgemeinverbindlicherklärung ist daher als **Rechtsetzungsbefugnis zur gesamten Hand** zwischen Tarifvertragsparteien und Staat zu verstehen.[123] Wird diese Befugnis wahrgenommen, indem die beantragte **Allgemeinverbindlicherklärung erfolgt**, so beinhaltet der damit ergangene besondere Rechtsetzungsakt auch dogmatisch nicht etwa zugleich einen Verwaltungsakt des Inhalts, dass damit gleichzeitig automatisch über den Allgemeinverbindlichkeits-Antrag entschieden würde.[124] Rechtsetzung (zur gesamten Hand) kann nämlich niemals zugleich Rechtsanwendung (Verwaltungsakt) gegenüber einem einzelnen Beteiligten sein.[125] Nur wenn die zuständige Behörde den Allgemeinverbindlichkeits-Antrag **ablehnt**, also gerade kein Recht setzt, wird lediglich ein Einzelfall – nämlich der Antrag – geregelt. Es handelt sich dabei nicht um einen actus contrarius gegenüber der Allgemeinverbindlicherklärung wie bei deren Aufhebung.[126] Die **Antragsablehnung** stellt daher einen **Verwaltungsakt** dar (welcher nach § 8 TVG-DVO begründet werden muss), auf den prinzipiell das Verwaltungsverfahrensgesetz anwendbar ist[127] und der nach § 42 VwGO prozessual anzugreifen wäre.[128] Dasselbe gilt auch für die (als solche mögliche, vgl. oben § 5 Rn. 20) Teilablehnung einer Allgemeinverbindlicherklärung. Lediglich die Feststellungsklage wäre in diesen Fällen wegen § 43 Abs. 2 VwGO unzulässig. Die Gegenauffassung, der zufolge die Antragsablehnung nur eine »Mitteilung« über einen »negativen Rechtsetzungsakt« darstellt[129], übersieht, dass eine Allgemeinverbindlicherklärung die von Art. 9 Abs. 3 GG intendierte autonome Ordnung des Arbeitslebens »durch die Koalitionen« nur »abstützen« soll.[130] Die Antragsablehnung regelt folglich eine von der Koalitionsfreiheit mit umfasste Rechtsposition der Antragsteller, welche sich zur grundrechtlichen Schutzpflicht (vgl. Grundl. Rn. 112) intensivieren kann. Daraus resultiert freilich kein gerichtlich durchsetzbarer Rechtsanspruch auf Erlass der beantragten Entscheidung, weil für die staatliche Mitwirkung eigene, über die von Art. 9 Abs. 3 GG geschützten Koalitionsinteressen hinausreichende Gesichtspunkte zu beachten sind. Die Interessen der Tarifvertragsparteien werden hier nicht justitiell, sondern durch das gesamthänderisch organisierte Verfahren der Allgemeinverbindlicherklärung gesichert, so dass auch kein Anspruch auf fehlerfreie Ermessensausübung besteht.[131] Wohl

---

121 BVerfG 24.5.1977, E 44, 322, 340; ebenso BAG 28.3.1990 (4 AZR 536/89), AP Nr. 25 zu § 5 TVG; BVerwG 3.11.1988 (7 C 115/86), AP Nr. 23 zu § 5 TVG; *Däubler/Lakies*, § 5 Rn. 47; wohl auch *Löwisch/Rieble*, § 5 Rn. 60.

122 BVerfG 24.5.1977, E 44, 322, 340.

123 *Kempen*, AuR 1977, 384.

124 So aber *Bachof*, FS W. Weber, 525 f.; Wiedemann/*Wank*, § 5 Rn. 45.

125 Vgl. *Bettermann*, FS Nipperdey II, 729.

126 A.A. *Däubler/Lakies*, § 5 Rn. 50.

127 Vgl. dazu *Lund*, DB 1977, 1314.

128 Vgl. *Badura*, Anm. zu BVerfG 24.5.1977, EzA Nr. 5 zu § 5 TVG, 47; a.A. BVerwG 3.11.1988, AP Nr. 23 zu § 5 TVG; *Wonneberger*, 118, 142 ff.; *Mäßen/Mauer*, NZA 1996, 122, die eine Feststellungsklage nach § 43 Abs. 1 VwGO für nichtig halten, weil die Antragsablehnung keine regelnde Wirkung für die Antragsteller habe.

129 So *Backhaus/Wenner*, DB 1988, 118.

130 BVerfG 24.5.1977, E 44, 322, 342.

131 Vgl. *Wiedemann*, RdA 1987, 267, mit weiteren Nachweisen, VGH Baden-Württemberg 15.7.1986, DÖV 1986, 1066 f.

aber ist die Einhaltung der Verfahrensvorschriften sowie elementarer rechts- und sozialstaatlicher Grundprinzipien unter Wahrung der breiten Entscheidungsfreiheit (Gewaltenteilung) der jeweils zuständigen staatlichen Instanz nachprüfbar.[132] Die abweichende Auffassung, welche nur eine Feststellungsklage zulässt, muss das festzustellende Rechtsverhältnis auf § 5 und die Verfahrensvorschriften der TVG-DVO zurückführen und die gerichtliche Überprüfung damit ebenfalls auf Verfahrens- sowie schwerste Ermessensfehler beschränken.[133] Sie gelangt damit praktisch zu vergleichbaren Ergebnissen.[134]

Die **Tarifnormen werden** infolge der Allgemeinverbindlichkeit **nicht** etwa **staatliches Recht**, denn die Tarifvertragsparteien behalten bekanntlich die Verfügungsmacht über Inhalt und Geltungsdauer des Vertrages (vgl. § 5 Rn. 43f.). Lassen sich schon die ursprünglichen Tarifvorschriften nur als kollektiv legitimierte private Rechtsetzung (vgl. Grundl. Rn. 63 und Rn. 65) fassen[135], so gilt dies erst recht für die allgemeinverbindlichen Normen. Sie erhalten mit der Allgemeinverbindlicherklärung als einer »Rechtsetzung eigener Art zwischen autonomer Regelung und staatlicher Rechtsetzung«[136] nun ebenfalls diesen Charakter als **Rechtsnormen »eigener Art«**. 52

Dies hat Konsequenzen im Bereich des **internationalen Arbeitsrechts**. Dort gilt nämlich der Grundsatz, dass das öffentliche Arbeitsrecht auf jede Arbeit in der Bundesrepublik anwendbar ist, gleichgültig ob die Arbeitgeber Ausländer sind oder ein ausländisches Arbeitsrecht vertraglich vereinbart wurde.[137] Zwar enthalten allgemeinverbindlich erklärte Tarifverträge kein staatliches Recht, doch sind sie vom Bundesminister für Wirtschaft und Arbeit in den Rang verbindlicher Rechtssatzqualität erhoben worden, weil dies im öffentlichen Interesse geboten erschien (§ 5 Abs. 1 Nr. 2 TVG). Sie gleichen damit hinsichtlich ihres zwingenden Charakters dem öffentlichen Arbeitsrecht und sind daher auch auf Ausländer, die im deutschen Rechtsbereich arbeiten, anzuwenden. Mit der Allgemeinverbindlichkeit erhalten sie die Wirkung des einfachen zwingenden deutschen Gesetzesrechts, das vertraglich prinzipiell nicht umgangen werden kann.[138] Wenn die Arbeitsvertragsparteien ein ausländisches Arbeitsstatut vereinbart haben, würde sich nach der Günstigkeitsregel des Art. 30 EGBGB der deutsche allgemeinverbindliche Tarifvertrag durchsetzen, sofern die Arbeit gewöhnlich in Deutschland verrichtet wird und dem tariflichen Geltungsbereich unter fällt – es sei denn, die Vorschriften des gewählten ausländischen Arbeitsvertragsrechts wären unter Arbeitnehmerschutzaspekten günstiger als die deutschen allgemeinverbindlichen Tarifbestimmungen.[139] Insoweit ist Bundesarbeitsgericht[140] durch Art. 30 EGBGB heute überholt. Darüber hinaus war es damals[141] irrig von der privatrechtlichen Natur allgemeinverbindlicher Tarifverträge aus- 53

132 So jetzt auch BAG 28.3.1990, AP Nr. 25 zu § 5 TVG; ähnlich *Wiedemann*, RdA 1987, 267.
133 Vgl. BVerwG 3.11.1988, AP Nr. 23 zu § 5 TVG; *Wonneberger*, 144; zu weitgehend deshalb *Mäßen/Mauer*, NZA 1996, 123.
134 Vgl. BAG 28.3.1990, AP Nr. 25 zu § 5 TVG.
135 Vgl. BVerfG 24.5.1977, E 44, 322, 340f.; *Badura*, Anm. zu BVerfG 24.5.1977, E 44, 322, in: EzA Nr. 5 zu § 5 TVG, 42.
136 BVerfG 24.5.1977, E 44, 322.
137 *Gamillscheg*, ArbRGgw 2 (1964), 35.
138 MünchArbR/*Birk*, § 20 Rn. 17; *Gamillscheg*, ArbRGgw 2 (1964), 35.
139 Ebenso *Birk*, 158.
140 BAG 4.5.1977, AP Nr. 30 zu § 1 TVG Tarifverträge: Bau.
141 BAG 4.5.1977, AP Nr. 30 zu § 1 TVG Tarifverträge: Bau.

gegangen und ist insofern schon 1977 vom Bundesverfassungsgericht[142] überholt worden. Wegen des jeweils festgestellten »öffentlichen Interesses« handelt es sich nicht nur im Falle einer nach § 5 Abs. 1 Satz 2 TVG (sozialer Notstand) ergangenen Allgemeinverbindlicherklärung, um eine Konsequenz des sozialstaatlich gebotenen Arbeitnehmerschutzes (Art. 20 Abs. 1 GG) in Deutschland. Die entsprechenden allgemeinverbindlichen Tarifnormen sind daher so genannte **Eingriffsnormen**, die nach Art. 34 EGBGB auch auf Arbeitsverträge ausländischen Rechts in Deutschland anwendbar sind, weil sie »ohne Rücksicht auf das auf den Vertrag anzuwendende Recht den Sachverhalt zwingend« regeln.[143]

**54** Da die Normen eines allgemeinverbindlichen Tarifvertrages nach Auffassung des Bundesarbeitsgerichts (und entgegen der hier in der vorigen Rn. vertretenen mehrheitlichen Meinung) **nicht** nach Art. 34 EGBGB international zwingend gelten[144], konnten aus dem Ausland entsandte Arbeitnehmer nicht von derartigen deutschen Mindestbedingungen erfasst werden, sondern sich ihnen durch anderweite Rechtswahl (Art. 30 EGBGB) entziehen. Um das hinter der Allgemeinverbindlicherklärung stehende öffentliche Interesse dennoch in diesem Bereich durchzusetzen, ist das **Arbeitnehmer-Entsendegesetz** am 26. Februar 1996 beschlossen und am 23. Juli 2004 novelliert worden. Im Bereich des Bauhaupt- und des Baunebengewerbes sowie der Seeschifffahrtsassistenz ermöglicht es, die Normen eines bereits allgemeinverbindlichen Tarifvertrages oder eines Tarifvertrages, für den die Allgemeinverbindlichkeit zulässigerweise beantragt worden ist, durch (Bundes-)Rechtsverordnung zum Gegenstand des zwingenden deutschen Arbeitsrechts zu erklären (§ 1 Abs. 1 und 1a AEntG).

**55** Das mit den Prinzipien der Europäischen Entsende-Richtlinie vom 16. Dezember 1996 (RL 76/91/EG) übereinstimmende Arbeitnehmer-Entsendegesetz ist sowohl mit vorrangigem **Europarecht**[145] wie mit dem **Grundgesetz**[146] **vereinbar**. Die Erstreckung der Allgemeinverbindlicherklärung oder der Normen des zur Allgemeinverbindlichkeit beantragten Tarifvertrages durch Rechtsverordnung auf Grund des § 1 Abs. 3 und 3a AEntG führt dazu, dass die tariflichen Normen für die nicht mitgliedschaftlich tarifgebundenen Arbeitsverhältnisse nunmehr als **gesetzliche Mindestarbeitsbedingungen** gelten.[147] Für die tarifgebundenen Arbeitsverhältnisse bleibt es bei § 3 Abs. 1 TVG.[148] Erfasst werden davon auch **Leiharbeitsverhältnisse** (§ 1 Abs. 2a AEntG).

---

142 BVerfG 24.5.1977, E 44, 322.

143 Ebenso Wiedemann/*Wank*, § 5 Rn. 140; *Däubler/Däubler*, Einl. Rn. 624; *ders.*, DB 1995, 727; *Walz*, 154; *Wimmer*, Gestaltung, 208ff.; *Hönsch*, NZA 1988, 117; Deinert, RdA 1996, 345; abwägend Junker, 443f.; a.A. *Lorenz*, Anm. zu BAG 4.5.1977, AP Nr. 30 zu § 1 TVG Tarifverträge: Bau.

144 BAG 4.5.1977 (5 AZR 187/77), AP Nr. 30 zu § 1 TVG Tarifverträge: Bau.

145 EuGH 25.10.2001 (Rs. C 49/98, Finalarte), AP Nr. 8 zu § 1 AEntG; dazu Anm. von *Koenigs*, DB 2001, 2772; EuGH 24.1.2002 (Rs. C 164/99, Portugaria), DB 2002, 430 (mit Anm. von *Koenigs*); *Däubler/Lakies*, § 5 Anh. 2 Rn. 34ff.

146 BVerfG (Kammer) 18.7.2000 (1 BvR 948/00), AP Nr. 4 zu § 1 AEntG; BAG 25.6.2002 (9 AZR 405/00), AP Nr. 12 zu § 1 AEntG; *Däubler/Lakies*, § 5 Anh. 2 Rn. 54ff.; a.A. *Löwisch/Rieble*, § 5 Rn. 156.

147 BAG 20.7.2004 (9 AZR 343/03), AP Nr. 18 zu § 1 AEntG; *Däubler/Lakies*, § 5 Anh. 2 Rn. 90; a.A. *Berg/Platow/Schoof/Unterhiminghofen*, § 5 Rn. 53.

148 *Däubler/Lakies*, § 5 Anh. 2 Rn. 107.

## H. Prozessuale Probleme

Da die **Ablehnung** des Allgemeinverbindlichkeits-Antrages durch die zuständige Behörde einen **Verwaltungsakt** darstellt (vgl. § 5 Rn. 51), können die Antrag stellenden Tarifvertragsparteien hiergegen **Anfechtungsklage nach § 42 VwGO** vor dem Verwaltungsgericht erheben. Voraussetzung ist freilich, dass sie in ihren Rechten verletzt sind (§ 42 Abs. 2 VwGO). Dies ist nicht immer schon dann gegeben, wenn die Allgemeinverbindlichkeits-Bedingungen des § 5 TVG an sich erfüllt waren, der Antrag jedoch gleichwohl abgelehnt wird. Das dort vorausgesetzte »öffentliche Interesse« füllt den staatlichen Ermessensspielraum hinsichtlich der Beteiligung an der gesamthänderischen Rechtsetzung nicht vollständig aus, denn es können auch entgegengesetzte Gesichtspunkte vorliegen, die eine Allgemeinverbindlichkeit dennoch nicht ratsam erscheinen lassen. Diese entgegen gesetzten Gesichtspunkte müssten in der Antragsablehnung freilich – unter Erläuterung der Gründe für ihre Priorität – dargelegt werden (§ 8 TVG-DVO). Sofern diese Prioritätsentscheidung fehlerhaft getroffen worden ist, können die Antragsteller dadurch in ihrer Koalitionsfreiheit verletzt und klagebefugt sein.[149] Ein Anspruch auf fehlerfreie Ermessensentscheidung oder gar auf Erlass der beantragten Allgemeinverbindlicherklärung besteht jedoch nicht, weil dies die insoweit eigenständige staatliche Entscheidungsbefugnis berühren würde.[150] Wohl aber ist das Verfahren auf formale Fehler sowie auf die Verletzung elementarer rechts- und sozialstaatlicher Grundprinzipien (im Hinblick auf einer »schlechterdings unvertretbare« Überschreitung des weiten Ermessensspielraums) zu überprüfen[151] (vgl. § 5 Rn. 51). 56

Die betroffenen **Außenseiter** können die Allgemeinverbindlicherklärung als solche abstrakt nicht gerichtlich kontrollieren lassen, denn es liegt keine Rechtsverordnung vor, so dass das Normenkontrollverfahren nach § 47 VwGO ausscheidet. Wohl aber hat das Arbeitsgericht die allgemeinverbindlich erklärten Tarifnormen in jedem Verfahren von Amts wegen auf ihre Vereinbarkeit mit höherrangigem Recht ebenso zu überprüfen wie alle anderen Rechtsnormen im Range unterhalb des Gesetzesrechts.[152] Insofern ist die Allgemeinverbindlichkeit (in Bezug auf Außenseiter) staatlichen Rechtsverordnungen vergleichbar, die das Gericht selbst zu kennen und gegebenenfalls verfassungsrechtlich zu überprüfen hat. Ein Vorgehen nach § 293 ZPO, wie es bei nicht allgemeinverbindlichen Tarifverträgen geboten ist[153], kommt hier aber nicht in Betracht, weil die jeweilige allgemeinverbindliche Tarifvorschrift für den Außenseiter keine statutarische autonome Norm darstellt[154], sondern Rechtsetzung zur gesamten Hand unter direkter staatlicher Beteiligung. § 293 ZPO gilt jedoch nur für solche Normen, an denen innerstaatliche Instanzen nicht beteiligt sind. Da derartige Rechtssätze auch nicht amtlich bekannt gemacht werden müssen, braucht der Richter sie nicht zu kennen und hat sie erforderlichenfalls von Amts wegen zu ermitteln. Demgegenüber wird die Allgemeinverbindlicherklärung im Bundesanzeiger veröffentlicht (§ 11 TVG-DVO) und fällt damit nicht unter § 293 ZPO, sondern 57

149 Vgl. *Badura*, Anm. zu BVerfG 24.5.1977, E 44, 322, in: EzA Nr. 5 zu § 5 TVG, 47.
150 Insoweit teilweise treffend *Backhaus/Wenner*, DB 1988, 117f.; *Wonneberger*, 121ff.
151 BVerwG 3.11.1988, AP Nr. 23 zu § 5 TVG; BAG 28.3.1990, AP Nr. 25 zu § 5 TVG; *Wiedemann*, RdA 1987, 26f.
152 BAG 22.9.1993, AP Nr. 2 zu § 1 TVG Tarifverträge: Gerüstbau.
153 Vgl. BAG 29.3.1957, AP Nr. 4 zu § 4 TVG Tarifkonkurrenz.
154 A.A. *Wiedemann*, Anm. zu BAG 24.1.1979, AP Nr. 16 und 17 zu § 5 TVG, Bl. 839 R.

wird wie anderes »untergesetzliches« innerstaatliches Recht behandelt. Deshalb sind die Voraussetzungen der Allgemeinverbindlicherklärung nicht automatisch stets gerichtlich zu überprüfen, sondern nur dann, wenn die Parteien begründete Zweifel an ihrer formellen bzw. materiellen Rechtmäßigkeit vortragen oder Entsprechendes für das Gericht ohnehin ersichtlich ist.[155] Mag die Allgemeinverbindlicherklärung damit also auch nicht die Vermutung der Rechtmäßigkeit genießen, so spricht doch zumindest der erste Anschein hierfür. Daneben kommt eine verwaltungsgerichtliche Feststellungsklage der Außenseiter gegen die Behörde mangels eines (dieser gegenüber) bestehenden Rechtsverhältnisses (§ 43 Abs. 1 VwGO) nicht in Betracht[156], wohl aber (z.B. bei Verletzung von Art. 9 Abs. 3 GG) eine Verfassungsbeschwerde. Das gilt sowohl für den individuellen Außenseiter wie für die (nicht antragsberechtigte) Außenseiterkoalition.

## I. Verfassungsmäßigkeit der Allgemeinverbindlichkeit

58 **Zweifel an der Verfassungsmäßigkeit** der Allgemeinverbindlicherklärung beziehen sich seit langem auf die prinzipielle Frage, ob es neben Gesetz, Verordnung, Verwaltungsvorschrift und autonomer Satzung noch weitere Möglichkeiten staatlicher Rechtsetzung geben kann. Ferner werden Bedenken hinsichtlich der Publizität des Verfahrens und der »negativen Koalitionsfreiheit« der betroffenen Außenseiter erhoben. Keine dieser Überlegungen greift indessen – wie in der Entscheidung des Bundesverfassungsgerichts vom 24. Mai 1977[157] treffend dargelegt – wirklich durch.[158]

59 Die staatlichen Rechtsetzungsakte im engeren Sinn (Gesetz, Verordnung, Satzung) sind durch strenge verfassungsrechtliche Verfahrensvorschriften gekennzeichnet und erhalten so ihre notwendige demokratische Legitimation (Art. 20 Abs. 2, 70ff., 80, 28 Abs. 1 und 2 GG). Die Koalitionsfreiheit als ein egalitäres Freiheitsrecht (vgl. dazu Grundl. Rn. 62f.) hat jedoch eine vergleichbare demokratische Struktur und vermittelt diese über die Gewerkschaften auch den von ihnen abgeschlossenen Tarifnormen. Tarifverträge erfüllen damit das kollektive Selbstbestimmungsprinzip des grundgesetzlichen Sozialstaatssatzes und wurzeln folglich nicht im klassisch-individuell geprägten Privatrechtstypus. Sie können deshalb durchaus die normative, demokratische Basis für eine Mitwirkung des Staates bei der Rechtsetzung zur gesamten Hand in Form von Allgemeinverbindlicherklärungen bilden[159], zumal die Normsetzung durch Tarifverträge einschließlich Allgemeinverbindlicherklärung vom Verfassungsgeber bereits im vorkonstitutionellen Tarifvertragsgesetz vorgefunden und akzeptiert worden ist (dazu Grundl. Rn. 136).

60 Da die Außenseiter von den Tarifparteien jedenfalls nicht unmittelbar demokratisch vertreten werden, bedarf das Allgemeinverbindlicherklärungs-Verfahren einer entsprechenden **zusätzlichen demokratischen Legitimation gegenüber den Außenseitern**. Deren Interesse werden hierbei vom Bundesminister für Wirtschaft und Arbeit wahrgenommen, doch entspricht es dem demokratischen

---

155 Im Ergebnis ebenso BAG 3.2.1965, 19.3.1975 und 24.1.1979, AP Nr. 12, 14 und 16 zu § 5 TVG.

156 *Wonneberger*, 153ff.; a.A. *Mäßen/Mauer*, NZA 1996, 124.

157 BVerfG 24.5.1977, E 44, 322 (mit Anm. von *Badura*, EzA Nr. 5 zu § 5 TVG), *Kempen*, AuR 1977, 380 und *Wiedemann*, AP Nr. 15 zu § 5 TVG.

158 *Däubler/Lakies*, § 5 Rn. 27ff.; Wiedemann/*Wank*, § 5 Rn. 19ff.

159 Vgl. BVerfG 24.5.1977, E 44, 322, 338ff. und die Anm. von *Badura*, EzA Nr. 5 zu § 5 TVG; *Kempen*, AuR 1977, 380 und *Wiedemann*, AP Nr. 15 zu § 5 TVG, hierzu.

Mitbestimmungsprinzip, dass sich die Betroffenen auch selbst am Normsetzungsverfahren beteiligen können. Folgerichtig haben sie nach § 5 Abs. 2 TVG die Möglichkeit einer mündlichen oder schriftlichen Stellungnahme vor dem Tarifausschuss. Da die jeweiligen Anträge im Bundesanzeiger zu veröffentlichen sind (§ 4 Abs. 1 Satz 1 TVG-DVO), dürfte die für derartige Beteiligungsrechte notwendig vorhergehende Publizität gewahrt sein. Bedenklich bleibt indessen, dass der zur Allgemeinverbindlicherklärung gestellte Tariftext unveröffentlicht bleibt, so dass die Außenseiter insoweit auf Auskünfte aufgrund der Eintragung im (beim Bundesminister für Wirtschaft und Arbeit geführten) Tarifregister oder der Tarifvertragsparteien angewiesen sind. Da also die Möglichkeit der Kenntnisnahme besteht, hat das Bundesverfassungsgericht das Allgemeinverbindlicherklärungs-Verfahren auch hinsichtlich des **Öffentlichkeitsprinzips** für »noch ausreichend demokratisch legitimiert« erklärt.[160] Durch § 9 Abs. 2 TVG-DVO ist klargestellt, dass die erfassten nicht tarifgebundenen Arbeitgeber die für allgemeinverbindlich erklärten Tarifverträge an geeigneter Stelle im Betrieb auszulegen haben.

Die Allgemeinverbindlicherklärung unterwirft alle Außenseiter zwingend 61
einem von fremden Verbänden ausgehandelten Tarif und könnte es insoweit unklug erscheinen lassen, derartigen Organisationen weiter fernzubleiben. Eben dieses Fernbleiberecht wird jedoch nach Auffassung des Bundesverfassungsgerichts[161] von Art. 9 Abs. 3 GG als »**negative Koalitionsfreiheit**« mit umfasst und folglich möglicherweise durch eine Allgemeinverbindlicherklärung verletzt.[162] Die so genannte negative Koalitionsfreiheit besteht indessen lediglich als Reflex der Freiwilligkeit des arbeitsverbandlichen Zusammenschlusses vor allem gegenüber staatlichen Pressionen. Gegenüber den Verbänden selbst kann sie deshalb nur wirksam werden, wenn diese einen dem staatlichen Beitrittszwang vergleichbaren Druck auf die Außenseiter ausüben, der sich praktisch zur Pflichtmitgliedschaft verdichtet (vgl. Grundl Rn. 165ff.). Das ist jedoch bei der Allgemeinverbindlicherklärung einzelner Tarifverträge nicht gegeben, weshalb sowohl das Bundesverfassungsgericht[163] als auch das Bundesarbeitsgericht[164] insofern mit Recht keinerlei Bedenken äußern. Speziell auf Gewerkschaftsseite ist sogar eher der gegenteilige Effekt des Mitgliederschwunds zu befürchten, weil nunmehr auch Nichtorganisierte die Vorteile des allgemeinverbindlichen Tarifrechts »kostenlos« genießen und eine Mitgliedschaft daher überflüssig erscheinen könnte.

Alle Vorschläge zum **Abbau der Allgemeinverbindlicherklärung**[165] überschät- 62
zen deren praktische Bedeutung[166] oder unterschätzen die Alternative staatlicher Mindestarbeitsbedingungen.[167] Betrachtet man vergleichbare Institute im Arbeitsrecht der EU-Mitgliedsstaaten[168], so erweist sich § 5 als durchaus moderat und sollte auch im Hinblick auf die EU beibehalten werden.

160 BVerfG 24.5.1977, E 44, 322, 350f.; BVerfG 10.9.1991, AP Nr. 27 zu § 5 TVG.
161 Vgl. BVerfG 1.3.1979, E 50, 290, 367; BAG 24.1.1979, AP Nr. 17 zu § 5 TVG.
162 So *Wiedemann*, Anm. zu BAG 24.1.1979, AP Nr. 16 und 17 zu § 5 TVG.
163 BVerfG 24.5.1977, E 44, 322, 352.
164 BAG 24.1.1979, AP Nr. 17 zu § 5 TVG.
165 Z.B. *Reuter*, RdA 1991, 203.
166 Vgl. *Lindena/Höhmann*, ArbRGw 1988, 566.
167 Dazu auch *Zachert*, DB 1991, 1225.
168 Vgl. *Rebhahn*, RdA 2002, 214.

63 Bei den **Tariftreuegesetzen** der Länder Bayern[169], Berlin[170], Bremen[171], Niedersachsen[172], Nordrhein-Westfalen[173], Saarland[174], Sachsen-Anhalt[175] und Schleswig-Holstein[176] handelt es sich um die gesetzliche Ausfüllung eines Kriteriums sozialpolitischer Art nach § 97 GWB. Danach können **öffentliche Auftraggeber** den Auftragnehmern auferlegen, den bei der Auftragserfüllung eingesetzten Arbeitnehmern die **am Arbeitsort einschlägigen tarifvertraglichen Entgelte** zu leisten. Der Bundesgerichtshof nimmt an, es handele sich hierbei um Allgemeinverbindlicherklärungskompetenzen, welche die Bundesländer wegen Verstoßes gegen die abschließende tarifrechtliche Bundesregelungen des § 5 nicht erlassen dürften und welche zusätzlich gegen die negative Koalitionsfreiheit der Außenseiter (Art. 9 Abs. 3 Satz 1 GG) verstößt.[177] Tatsächlich handelt es sich bei derartigen **Tariftreueerklärungen** jedoch um rein **schuldrechtliche Verträge zu Gunsten Dritter** (§ 328 BGB): Der Auftragnehmer verpflichtet sich ausschließlich gegenüber dem Auftraggeber, die einschlägigen Tarifentgelte seinen im Rahmen des öffentlichen Auftrages eingesetzten Arbeitnehmern (als begünstigte Dritte) zu zahlen.[178] Folglich wird dabei weder rechtlich noch faktisch (denn die Arbeitnehmer könnten die Leistung ablehnen, § 333 BGB[179]) eine Tarifnorm wie bei der Allgemeinverbindlicherklärung auf Außenseiter erstreckt.[180] Die vom Bundesgerichtshof im Vorlagebeschluss vom 18. Januar 2000[181] aufgeworfenen Scheinprobleme sind allerdings bislang vom Bundesverfassungsgericht noch nicht entschieden.

## § 6 Tarifregister

**Bei dem Bundesministerium für Wirtschaft und Arbeit wird ein Tarifregister geführt, in das der Abschluss, die Änderung und die Aufhebung der Tarifverträge sowie der Beginn und die Beendigung der Allgemeinverbindlichkeit eingetragen werden.**

**Übersicht** Rn.



169 Vom 28.6.2000, GVBl. 2000, 364.
170 Vom 9.7.1999, GVBl. 1999, 369.
171 Vom 17.12.2002, GVBl. 2002, 594.
172 Vom 2.9.2002, GVBl. 2002, 370.
173 Vom 17.12.2002, GVBl. 2003, 8.
174 Vom 23.8.2000, ABl. 2000, 1846.
175 Vom 29.6.2001, GVBl. 2001, 234.
176 Vom 7.3.2003, GVBl. 2003, 136.
177 BGH 18.1.2000 (1 KVR 23/98), AP Nr. 1 zu § 20 GWB; ebenso *Löwisch/Rieble*, § 5 Rn. 176ff.
178 *Kempen*, in: Peter/Kempen/Zachert, 51ff.
179 Das übersehen *Löwisch/Rieble*, § 5 Rn. 179.
180 Im Ergebnis wie hier *Däubler/Lakies*, § 5 Anh. 1 Rn. 10d; a.A. *Löwisch*, DB 2004, 810.
181 BGH 18.1.2000 (1 KVR 23/98), AP Nr. 1 zu § 20 GWB.

**Literaturübersicht:**

*Beck, Th.*, Übersendungs- und Mitteilungspflicht, § 7 TVG, ZTR 2000, 15; *Bepler*, Der Nachweis von Ausschlussfristen, ZTR 2001, 241; *Fenski, Die* Pflicht des Arbeitgebers zum Hinweis auf tarifvertragliche Ausschlussfristen, BB 1987, 2293; *Foerster*, Bekanntmachungspflicht durch Aushänge und Verzeichnisse im Betrieb, BB 1964, Beilage 2; *Fischer, Fr.-W.*, Geheime Tarifverträge und Betriebsvereinbarungen, BB 2000, 354; *Gröbing*, Zur Wirksamkeit von Verweisungsklauseln in Tarifverträgen, AuR 1982, 116; *Herschel*, Zur Entstehung des Tarifvertragsgesetzes, ZfA 1973, 183; *Hohenhaus*, Die Bekanntmachung von Tarifverträgen im Betrieb, NZA, 2001,1107; *Koch*, Der fehlende Hinweis auf tarifliche Ausschlussfristen und seine Folgen, FS Schaub, 1998, 421; *Lindena*, Publizität von Tarifverträgen, DB 1988, 1114; *Lund*, Die Änderung der Verordnung zur Durchführung des Tarifvertragsgesetzes, DB 1989, 626; *Reinicke, G.*, Vertragskontrolle im Arbeitsverhältnis, NZA 2000, Beilage 3, 23; *Schelp*, Die Bedeutung des Tarifregisters beim Bundesministerium für Arbeit und Sozialordnung, BABl. 1964, 212; *Stahlhacke*, Neufassung der Verordnung zur Durchführung des Tarifvertragsgesetzes, NZA 1989, 334; *Zöllner*, Zur Publikation von Tarifvertrag und Betriebsvereinbarung, DVBl. 1958, 124.

## A. Zweck des Registers und rechtsstaatliche Legitimation

Das Tarifregister soll eine **lückenlose Information** über Bestehen und Geltungsbereich **aller abgeschlossenen Tarifverträge** ermöglichen. Im Unterschied zum Tarifregister der Tarifverordnung von 1918, das nur die für allgemeinverbindlich erklärten Tarifverträge enthielt, zählt das Register nunmehr sämtliche bestehenden Tarifverträge auf.[1] Zielgruppe der Unterrichtung sind die betroffenen Arbeitnehmer und Arbeitgeber, darüber hinaus Gerichte, Behörden, Rechtsanwälte, wissenschaftlich Interessierte usw. Voraussetzung hierfür ist, dass die Behörde die einschlägigen Tarifverträge erhält. Das stellt § 7 TVG sicher. Eine Konkretisierung der Registrierungs- und Informationspflichten findet sich in §§ 14ff. TVG-DVO. Aus ihr ergibt sich, dass außer dem **Tarifregister** auch ein **Tarifarchiv** geführt wird. Nach § 16 TVG-DVO ist die Einsicht in das Tarifregister sowie der registrierten Tarifverträge jedem gestattet und der BMWA erteilt auf Anfrage Auskunft über die Eintragungen. 1

Über den Informationszweck hinaus hat das Tarifregister keine weiteren Wirkungen. Namentlich kommt der Eintragung **keine konstitutive Bedeutung** zu.[2] Auch hat es **keine Publizitätswirkung** wie etwa § 15 HGB.[3]

Die geltende Regelung, deren Unzulänglichkeit teilweise beklagt wird[4], entspricht **rechtsstaatlichen Mindestanforderungen** nach Art. 20 Abs. 3 GG. Danach sind Normen so zu verlautbaren, dass sich die Betroffenen von ihrem Inhalt Kenntnis verschaffen können.[5] Für die große Mehrzahl der autonom ausgehan- 2

---

1 Zur Entstehungsgeschichte: Materialien, ZfA 1973, 131f. und *Herschel*, ZfA 1973, 196.

2 Das stand im Zentrum der Debatte zum TVG: *Herschel*, ZfA 1973, 196.

3 Allgemeine Meinung, z.B. *Däubler/Reinecke*, § 6 Rn. 18; Wiedemann/*Oetker*, § 6 Rn. 21; MünchArbR/*Löwisch-Rieble*, § 257 Rn. 22; *Löwisch/Rieble*, § 6 Rn. 7; *Koberski/Clasen/Menzel*, § 6 Rn. 9; *Lindena*, DB 1988, 1115; *Schelp*, BABl 1964, 213.

4 »Die Publizität der Tarifnorm ist ein trübes Kapitel«: *Gamillscheg*, Kollektives Arbeitsrecht I, § 13 II 2, 518.

5 Z.B. BVerfG 22.11.1983 (2 BvL 25/81), E 65, 283, 291; BVerfG 22.2.1994 (1 BvL 30/88), E 90, 60, 85; zur Diskussion in der Rechtslehre: *Zöllner*, DVBl. 1958, 124; Vorbehalte von *Gröbing*, AuR 1982, 118f.

delten und unmittelbar wirksamen Tarifverträge folgt aus ihrem privatautonom vermittelten Charakter die Pflicht der Tarifparteien, ihre Mitglieder zu unterrichten. Dem entspricht ein Auskunftsrecht gegenüber den Verbänden.[6]

3 **Allgemeinverbindliche Tarifverträge**, die zur Wirksamkeit der staatlichen Mitwirkung nach dem Verfahren des § 5 TVG bedürfen, hat das Bundesverfassungsgericht rechtsstaatlich noch als ausreichend legitimiert angesehen.[7] Vor allem das (allgemeine) Einsichtsrecht nach § 16 TVG-DVO und die Verpflichtung des Arbeitgebers zur Auslage der allgemeinverbindlichen Tarifverträge im Betrieb (§ 8 TVG-DVO alt, § 9 Abs. 2 TVG-DVO neu) stellen nach Ansicht des Gerichts ein ausreichendes Maß an Publizität sicher. Zugleich hat das Bundesverfassungsgericht dem Gesetzgeber aufgetragen, diese Vorschriften zu verbessern, damit berechtigten Bedürfnissen der Praxis besser entsprochen werden kann. Dies hat sich in der Neufassung der TVG-DVO vom 23. Dezember 1988[8] nur marginal niedergeschlagen.

4 Gleichwohl hat die höchstrichterliche Rechtsprechung anerkannt, dass die Verpflichtung des BMWA zur Führung des Tarifregisters nach § 6 TVG in Verbindung mit der Pflicht des Arbeitgebers zur Auslegung des Tarifvertrages im Betrieb nach § 8 TVG den **verfassungsrechtlichen Anforderungen an das Rechtsstaatsprinzip** genügt.[9]

## B. Zuständigkeit für das Tarifregister/andere Informationsquellen

5 Für die Führung des Tarifregisters ist der **Bundesminister für Wirtschaft und Arbeit (BMWA)** ausschließlich zuständig: BMWA: Scharnhorststraße 34–37, 10115 Berlin, Telefon: (01888) 615–0, Telefax: (01888) 615–7010, www.bmwa.bund.de. Jährlich wird über die Tarifentwicklung im Bundesarbeitsblatt (BABl.) berichtet.[10]

Werden derartige Register außerdem bei Behörden und Ländern geführt, so ersetzt die Eintragung in den Landesregistern eine Eintragung in das Bundesregister nicht.[11]

6 Dennoch gibt es in den einzelnen Bundesländern entsprechende **Landesregister**. Dies ist bei der Struktur des Flächentarifvertrages mit überwiegend auf die Region bezogenem räumlichen Geltungsbereich auch zweckmäßig. Deshalb verpflichtet § 7 Abs. 1 Satz 2 TVG die Tarifparteien ausdrücklich, den obersten Arbeitsbehörden der Länder, auf deren Bereich sich der Tarifvertrag erstreckt, Abschriften des Tarifvertrages zu übersenden. Ganz überwiegend werden die Landesregister von dieser Behörde (der »obersten Arbeitsbehörde«) geführt. Dem Informationsinteresse wird nicht entsprochen, wenn einzelne Länder diese Aufgabe anderen Ministerien übertragen.[12] Die Anschriften der zuständigen Behörden sind:

---

6 BAG 29.4.1992 (4 AZR 432/91), AP Nr. 3 zu § 1 TVG Durchführungspflicht; *Däubler/Reinecke*, § 6 Rn. 6f.; mit etwas unterschiedlichen Akzenten: Wiedemann/*Oetker*, § 6 Rn. 5.

7 BVerfG 24.3.1977 (2 BvL 11/74), E 44, 322, 350f.

8 BGBl. 1989 I, 77.

9 BverfG (Kammer) 10.9.1991 (1 BvR 561/89), AP Nr. 27 zu § 5 TVG; BAG 28.3.1990 (4 AZR 536/89), AP Nr. 25 zu § 5 TVG; BAG 25.6.2002 (9 AZR 405/01) und (9 AZR 439/01), AP Nr. 12 und 15 zu § 1 AEntG; a.A. *Stahlhacke*, NZA 1989, 336; rechtspolitische Vorschläge: *Däubler/Reinecke*, § 6 Rn. 10.

10 Zuletzt *Clasen*, BArBl. 2004, 18; jeweils im Internet unter bund.www.bmwa.de, Pfad Politikfelder, Rubrik »Arbeit« Stichwort »Arbeitsrecht«.

11 Wiedemann/*Oetker*, § 6 Rn. 7.

12 Z.B. in Bayern dem Versorgungsamt. Bei Anrufen wird durch Anrufbeantworter auf das BMWA-Register verwiesen.

| | |
|---|---|
| Baden-Württemberg | Ministerium für Arbeit und Soziales Baden-Württemberg, Schellingstraße 15, 70174 Stuttgart, Telefon (0711) 123–0, Telefax (0711) 123–3999, www.sm.badenwuerttemberg.de |
| Bayern | Bayerisches Staatsministerium für Arbeit und Sozialordnung, Familie und Frauen, Winzerstraße 9, 80797 München, Telefon (089) 1261–01, Telefax (089) 1261–1122, www.stmas.bayern.de |
| Berlin und Brandenburg | Senatsverwaltung für Arbeit, Soziales und Frauen, Gemeinsames Tarifregister Berlin und Brandenburg, Martin-Luther-Straße 105, 10825 Berlin, Telefon (040) 309013–0, Telefax (040) 309013–8455, www.berlin.de/SenWiArbFrau/arbeit/tarreg.htm |
| Bremen | Senator für Arbeit, Frauen, Gesundheit, Jugend und Soziales der Freien Hansestadt Bremen, Doventorscontrescarpe 172, Block D, 28195 Bremen, Telefon (0421) 361–0, www.bremen.de/sozialsenator/ |
| Hamburg | Freie und Hansestadt Hamburg, Behörde für Wirtschaft© und Arbeit, Amt für Arbeitsmarkt und Strukturpolitik, Alter Steinweg 4, 20459 Hamburg, Telefon (040) 42841–0, Telefax (040) 42841–1620, www.bwa.hamburg.de |
| Hessen | Hessisches Sozialministerium, Dostojewskistraße 4, 65187 Wiesbaden, (0611) 817–0, Telefax (0611) 809399, www.sozialministerium.hessen.de |
| Mecklenburg-Vorpommern | Ministerium für Arbeit und Bau des Landes Mecklenburg-Vorpommern, Schlossstraße 6 – 8, 19053 Schwerin, Telefon (0385) 588–0, Telefax (0385) 588–3982, www.am.mv-regierung.de |
| Niedersachsen | Niedersächsisches Ministerium für Wirtschaft, Arbeit und Verkehr, Friedrichswall 1, 30159 Hannover, Telefon (0511) 120–0, Telefax (0511) 120–995709, www.mw.niedersachsen.de |
| Nordrhein-Westfalen | Ministerium für Arbeit, Gesundheit und Soziales Nordrhein-Westfalen, Fürstenwall 25, 40219 Düsseldorf, Telefon (0211) 855–5, Telefax (0211) 855–3211, www.mags.nrw.de |
| Rheinland-Pfalz | Ministerium für Arbeit, Soziales, Familie und Gesundheit des Landes Rheinland-Pfalz, Bauhofstraße 9, 55116 Mainz, Telefon (06131) 16–0, www.masfg.rlp.de |
| Saarland | Ministerium für Wirtschaft und Arbeit, Am Stadtgraben 6–8, 66111 Saarbrücken, Telefon (0681) 501–00, Telefax (0681) 501–1620, www.wirtschaft.saarland.de |
| Sachsen | Sächsisches Staatsministerium für Wirtschaft und Arbeit, Wilhelm-Buck-Straße 2, 01097 Dresden, Telefon (0351) 564–0, www.smwa.sachsen.de |
| Sachsen-Anhalt | Ministerium für Wirtschaft und Arbeit, Hasselbachstaße 4, 39104 Magdeburg, Telefon (0391) 567–4245, Telefax (0391) 567–4234, www.sachsen-anhalt.de |
| Schleswig-Holstein | Ministerium für Justiz, Arbeit und Europa, Lorentzendamm 35, 24103 Kiel, Telefon (0431) 988–0, www.mjf.schleswig-holstein.de |
| Thüringen | Thüringer Ministerium für Wirtschaft, Technologie und Arbeit, Max-Reger-Straße 4 – 8, 99096 Erfurt, Telefon (0361) 3797–999, Telefax (0361) 3797–990, www.th-online.de |

7 Um den Mitgliedern der DGB-Gewerkschaften jederzeit einen Rückgriff auf den Wortlaut einzelner Tarifverträge zu ermöglichen, wird bei dem **Wirtschafts- und Sozialwissenschaftlichen Institut in der Hans-Böckler-Stiftung (dem wissenschaftlichen Institut des DGB)** ein vollständiges Tarifregister geführt (Hans-Böckler-Straße 39, 40476 Düsseldorf, Telefon (0211) 7778–0, www.tarifvertrag.de).
Dritte erhalten auf Anfrage Einzelauskünfte. Auch dieses Institut veröffentlicht jährlich einen Tarifbericht.[13]

8 Entsprechendes gilt für die Arbeitgeberseite. Bei der **Bundesvereinigung der Deutschen Arbeitgeberverbände (BDA)** gibt es ein Tarifregister (Breite Straße 29, 10178 Berlin, Telefon (030) 2033–0, www.arbeitgeber.de).
Die Praxis entspricht etwa der des Wirtschafts- und Sozialwissenschaftlichen **Instituts in der Hans-Böckler-Stiftung**.

9 Letztlich ist auf die Bibliothek des **Bundesarbeitsgerichts** (Hugo-Preuß-Platz 1, 99084 Erfurt)mit einem Bestand von über 70.000 Tarifverträgen hinzuweisen.

## C. Inhalt des Tarifregisters

10 Welche **Angaben** im Einzelnen in das **Tarifregister** eingetragen werden, ergibt sich aus § 6 in Verbindung mit § 11 Nr. 1 TVG und § 14 TVG-DVO. Zunächst ist der **Abschluss** des Tarifvertrages einzutragen. Dabei werden die Tarifverträge durch die Angabe der Tarifvertragsparteien, des Geltungsbereichs und des Zeitpunktes ihres Abschlusses und ihres Inkrafttretens bezeichnet. Hieraus folgt, dass der Wortlaut des Tarifvertrages nicht zu den eintragungspflichtigen Tatsachen gehört. Wegen des Rechts der jederzeitigen Einsichtnahme nach § 16 Satz 1 TVG-DVO und der Übersendungspflicht nach § 7 TVG ist jedoch der Wortlaut des Tarifvertrages jedenfalls als Anlage zum Tarifregister (**Tarifarchiv**) aufzunehmen.[14]

11 Einzutragen sind **alle Verträge**, die die **Rechtsqualität eines Tarifvertrages** haben. Auch nur schuldrechtlich wirkende Tarifverträge sind eintragungspflichtig. Nicht hierzu gehören sonstige Kollektivvereinbarungen wie die der Kirchen oder auch Vorverträge, denen selbst kein Tarifnormcharakter zukommt.
Auf den Geltungsbereich des Tarifvertrages kommt es nicht an, so dass neben Verbandstarifverträgen auch Firmentarifverträge eingetragen werden müssen.[15]

12 § 6 TVG legt fest, dass nicht nur der **Abschluss**, sondern auch die **Änderung** und die **Aufhebung** der Tarifverträge einzutragen ist. »Aufhebung« ist in weitem Sinne zu verstehen, d.h. neben der einvernehmlichen Aufhebung gehört hierzu die Kündigung, gegebenenfalls das Ende der Befristung, der Fortfall einer Tarifpartei usw.[16]

13 Im Hinblick auf **allgemeinverbindliche Tarifverträge** nennt § 6 TVG zusätzlich deren »Beginn« und die »Beendigung« der AVE als eintragungspflichtigen Tatbestand. Auch »Änderung« der AVE sind einzutragen, da das Register sonst unrichtig würde.[17] Ferner sollen nach § 15 Abs. 2 in Verbindung mit §§ 4, 11 TVG-DVO die Bekanntmachungen des BMWA im Bundesanzeiger im Tarifregister vermerkt werden.

---

13 Zuletzt *Bispinck/WSI Tarifarchiv*, WSI-Mitt. 2004, 63ff.
14 Wiedemann/*Oetker*, § 6 Rn. 11; MünchArbR/*Löwisch-Rieble*, § 257 Rn. 20; auch *Löwisch/Rieble*, § 6 Rn. 5.
15 Allgemeine Meinung: *Däubler/Reinecke*, § 6 Rn. 12; Wiedemann/*Oetker*, § 6 Rn. 11.
16 Wiedemann/*Oetker*, § 6 Rn. 13f.; *Däubler/Reinecke*, § 6 Rn. 14f.
17 Wiedemann/*Oetker*, § 6 Rn. 16, mit weiteren Nachweisen.

14 Zu den eintragungspflichtigen Tatsachen gehören schließlich die **bindenden Festsetzungen des Heimarbeitsausschusses** nach § 19 Abs. 3 Satz 1 HAG und die Festsetzung der **Mindestarbeitsbedingungen für fremde Hilfskräfte** entsprechend § 22 Abs. 1 und 2 HAG.
Ferner hat das BMWA rechtskräftige **Entscheidungen der Gerichte für Arbeitssachen** nach § 9 TVG auszuwerten und gegebenenfalls eintragungspflichtige Daten in das Tarifregister aufzunehmen.[18]

## D. Wirkung der Eintragung in das Tarifregister/Rechtsmittel

15 Die Eintragung in das Tarifregister hat lediglich eine **deklaratorische Wirkung**. Für die Rechtswirksamkeit des Tarifvertrages ist sie bedeutungslos. Auch weitere materiell tarifrechtliche Wirkungen entfaltet die Eintragung nicht. Wird z.B. ein Tarifvertrag von einer Arbeitnehmerkoalition abgeschlossen, die die Voraussetzungen nach § 2 Abs. 1 TVG nicht erfüllt, ändert die Eintragung in das Tarifregister nichts an der Unwirksamkeit dieses Tarifvertrages. Solche unrichtigen oder unzulässigen Eintragungen sind lediglich zu berichtigen.[19]
Dies gilt auch für **allgemeinverbindliche Tarifverträge**. Allerdings ist hier die Besonderheit zu beachten, dass deren Wirksamkeit die Bekanntmachung der Allgemeinverbindlichkeit im Bundesanzeiger voraussetzt: § 5 Abs. 7 TVG (im Übrigen § 5 Rn. 38).[20]

16 Der BMWA ist verpflichtet, die ihm mitgeteilten Angaben in dem festgelegten Umfang einzutragen. Ein **inhaltliches Prüfungsrecht** des Tarifvertrages steht ihm **nicht** zu. Er hat lediglich zu prüfen, ob die vorgelegte Vereinbarung tatsächlich ein Tarifvertrag ist, also ob er von tariffähigen Parteien abgeschlossen wurde und ob er normative oder schuldrechtliche Bestimmungen enthält.[21]

17 Nimmt der BMWA eine Eintragung nicht vor, von deren Eintragungspflichtigkeit die Tarifparteien ausgehen, so kommt keine Verpflichtungsklage, sondern wegen fehlender Rechtsgeltung nur der Rechtsweg der **allgemeinen Leistungsklage vor den Verwaltungsgerichten** in Betracht. Eine Klagemöglichkeit vor den Arbeitsgerichten scheidet aus, weil der Eintragung keine konstitutive Wirkung zukommt. Wird die Eintragung jedoch aus tarifrechtlichen Gründen abgelehnt, weil z.B. die Tariffähigkeit oder Tarifzuständigkeit verneint wird, ist diese Frage im arbeitsgerichtlichen Beschlussverfahren zu klären. Bei einem Streit um die Wirksamkeit eines bestimmten Tarifvertrages kommt das Verfahren nach § 9 TVG in Betracht. Beide Verfahren binde dann den BMWA (zu § 9 TVG Rn. 1ff.).[22]

## E. Reichweite der Öffentlichkeit des Registers/Durchsetzung der Informationsrechte

18 Entsprechend seinem Sinn und Zweck kann jedermann das Tarifregister einsehen: § 16 Satz 1 TVG-DVO. Dieses **Einsichtsrecht** erstreckt sich nicht nur auf das **Tarifregister**, sondern auch auf das **Tarifarchiv** mit den dort im Wortlaut verfüg-

---

18 *Däubler/Reinecke*, § 6 Rn. 17.
19 Vgl. Wiedemann/*Oetker*, § 6 Rn. 21; *Däubler/Reinecke*, § 6 Rn. 18.
20 *Däubler/Reinecke*, § 6 Rn. 19; Wiedemann/*Oetker*, § 6 Rn. 19.
21 *Däubler/Reinecke*, § 6 Rn. 21; Wiedemann/*Oetker*, § 6 Rn. 9; MünchArbR/*Löwisch-Rieble*, § 257 Rn. 23; *Löwisch/Rieble*, § 6 Rn. 8.
22 *Däubler/Reinecke*, § 6 Rn. 22f.; Wiedemann/*Oetker*, § 6 Rn. 10; MünchArbR/*Löwisch-Rieble*, § 257 Rn. 24; *Löwisch/Rieble*, § 6 Rn. 9.

baren Tarifverträgen. Ein besonderes Interesse muss nicht glaubhaft gemacht werden. Datenschutzrechtliche Bedenken bestehen nicht.[23] Das Einsichtsrecht schließt das Recht ein, **Aufzeichnungen** und vor allem – auf eigene Kosten – **Fotokopien** zu machen.[24]

19 Nach dem Wortlaut der bis zum 22. Dezember 1988 geltenden TVG-DVO hatte die Behörde auf Verlangen eine beglaubigte Abschrift von den Eintragungen oder eine Bescheinigung darüber zu erteilen, dass eine bestimmte Eintragung nicht erfolgt ist (so genannter Negativattest). Da diese Formulierung Anlass zu Fehlinterpretationen gab, ist der Umfang der Publizitätsaufgaben klarer umrissen worden.[25] Von den **Eintragungen**, nicht von den Tarifverträgen selbst, kann kostenlos eine **Abschrift** verlangt werden: § 16 Satz 2 TVG-DVO. Obwohl sich dieses Recht nicht auf die Tarifinhalte beschränkt, werden Defizite, die bei formaler Handhabung entstünden, durch eine großzügige Praxis der Behörde – fernmündliche Verlesung von Einzelvorschriften oder abgegrenzten Regelungskomplexen des Tarifvertrages – in gewisser Weise kompensiert.[26] Die Möglichkeit einer verwaltungsgerichtlichen Leistungsklage zur Durchsetzung dieser Ansprüche besteht[27], ihr wird jedoch nur eine theoretische Bedeutung zukommen.

20 Bei **allgemeinverbindlichen Tarifverträgen** hat der BMWA gegenüber den Tarifparteien eine **Benachrichtigungspflicht** über wesentliche Tatbestände: § 15 TVG-DVO.

## § 7 Übersendungs- und Mitteilungspflicht

**(1) Die Tarifvertragsparteien sind verpflichtet, dem Bundesministerium für Wirtschaft und Arbeit innerhalb eines Monats nach Anschluss kostenfrei die Urschrift oder eine beglaubigte Abschrift sowie zwei weitere Abschriften eines jeden Tarifvertrags und seiner Änderungen zu übersenden; sie haben ihm das Außerkrafttreten eines jeden Tarifvertrags innerhalb eines Monats mitzuteilen. Sie sind ferner verpflichtet, den obersten Arbeitsbehörden der Länder, auf deren Bereich sich der Tarifvertrag erstreckt, innerhalb eines Monats nach Anschluss kostenfrei je drei Abschriften des Tarifvertrags und seiner Änderungen zu übersenden und auch das Außerkrafttreten des Tarifvertrags innerhalb eines Monats mitzuteilen. Erfüllt eine Tarifvertragspartei die Verpflichtungen, so werden die übrigen Tarifvertragsparteien davon befreit.**

**(2) Ordnungswidrig handelt, wer vorsätzlich oder fahrlässig entgegen Absatz 1 einer Übersendungs- oder Mitteilungspflicht nicht, unrichtig, nicht vollständig oder nicht rechtzeitig genügt. Die Ordnungswidrigkeit kann mit einer Geldbuße geahndet werden.**

**(3) Verwaltungsbehörde im Sinne des § 36 Abs. 1 Nr. 1 des Gesetzes über Ordnungswidrigkeiten ist die Behörde, der gegenüber die Pflicht nach Absatz 1 zu erfüllen ist.**

---

23 Wiedemann/*Oetker*, § 6 Rn. 22; *Däubler/Reinecke*, § 6 Rn. 25ff., jeweils mit weiteren Nachweisen.

24 Wiedemann/*Oetker*, § 6 Rn. 26; *Däubler/Reinecke*, § 6 Rn. 28f.; *Gamillscheg*, Kollektives Arbeitsrecht I, § 13 II 2a; MünchArbR/*Löwisch-Rieble*, § 257 Rn. 21; *Löwisch/Rieble*, § 6 Rn. 6.

25 *Lund*, DB 1989, 628.

26 *Däubler/Reinecke*, § 6 Rn. 30.

27 Wiedemann/*Oetker*, § 6 Rn. 23; *Däubler/Reinecke*, § 6 Rn. 32.

**Übersicht** Rn.



**Literaturübersicht:** siehe § 6.

## A. Übersendungs- und Mitteilungspflicht

In § 6 DVG hat sich der Gesetzgeber dafür entschieden, das Tarifregister selbst zu führen und dies nicht den Tarifparteien selbst oder deren Spitzenorganisationen zu überlassen. Um die Führung eines vollständigen Tarifregisters durch den BMWA und damit die Erfüllung seiner Aufgaben sicherzustellen, ordnet er folgerichtig in § 7 Abs. 1 eine **Übersendungs- und Mitteilungspflicht** der Tarifparteien an. Gegenstand der Verpflichtung sind Vereinbarungen mit der Rechtsqualität von Tarifverträgen (§ 6 Rn. 10ff.). Der Wortlaut des Tarifvertrages und gegebenenfalls Änderungen sind in gesetzlich vorgeschriebener Form zu übersenden, das Außerkrafttreten des Tarifvertrages ist mitzuteilen. Zu den »Änderungen« gehört auch der Wechsel der Tarifpartei. Tritt eine neue Tarifpartei bei, so ist die Beitrittserklärung zu übersenden.[1] 1

**Form und Fristen** sind im Gesetz definiert. Für die »**Beglaubigung**« reicht, dass die Übereinstimmung der Ablichtung mit der Urschrift von einem zeichnungsberechtigten Vertreter der Tarifparteien durch handschriftliche Unterzeichnung bestätigt wird.[2] Wesentliche praktische Schwierigkeiten sind in diesem Zusammenhang nicht ersichtlich.[3] 2

Die Pflichten sind öffentlich-rechtlicher Natur.[4] Ihre Verletzung wird als Ordnungswidrigkeit geahndet.

## B. Adressatenkreis

Adressaten sind alle Tarifparteien, d.h. beim Firmentarifvertrag der einzelne Arbeitgeber, sonst die Gewerkschaften und Arbeitgeberverbände. Welche Personen bei den Verbänden die Pflichten des § 7 Abs. 1 TVG letztlich zu erfüllen haben, richtet sich entsprechend § 8 OWiG nach der Rechtspersönlichkeit der jeweiligen Tarifvertragspartei. Ist sie eine **juristische Person**, wird in der Regel nur diese verpflichtet.[5] Bei **nicht rechtsfähigen Personenvereinigungen** (nicht eingetragener Verein, bürgerlich-rechtliche Gesellschaft, Personenhandelsgesellschaft) sind 3

1 *Däubler/Reinecke*, § 7 Rn. 4; enger: Wiedemann/*Oetker*, § 7 Rn. 5.
2 *Koberski/Clasen/Menzel*, § 7 Rn. 4; *Däubler/Reinecke*, § 7 Rn. 6.
3 Weitere Einzelheiten bei Wiedemann/*Oetker*, § 7 Rn. 1ff.; *Däubler/Reinecke*, § 7 Rn. 3ff.; MünchArbR/*Löwisch-Rieble*, § 257 Rn. 11ff.; *Löwisch/Rieble*, § 7 Rn. 2.
4 *Schelp*, BABl. 1964, 213; *Hueck/Nipperdey*, Bd. II/1, 501.
5 Wiedemann/*Oetker*, § 7 Rn. 11.

die nach Satzung oder Gesellschaftsvertrag zur Vertretung berufene Mitglieder persönlich verpflichtet.[6]

4 Der Übersendungs- und Mitteilungspflicht wird genügt, wenn eine der Tarifparteien diesen Pflichten nachkommt: § 7 Abs. 1 Satz 3 TVG. Allein die vertragliche Absprache, dass eine Partei nach § 7 Abs. 1 TVG zu verfahren hat, befreit die andere Tarifpartei nicht von ihrer öffentlich-rechtlichen Verpflichtung. Derartige Vereinbarungen können dann bedeutsam werden, wenn sich bei Prüfung einer Ordnungswidrigkeit nach § 7 Abs. 2 TVG die Frage des Verschuldens stellt. Liegt eine Absprache vor, wird eine Ordnungswidrigkeit regelmäßig zu verneinen sein, weil es an einem Verschulden fehlt. Praktische Probleme sind bisher nicht bekannt.[7]

## C. Ordnungswidrigkeit

5 Die Unterlassung oder fehlerhafte Ausführung der Übersendungs- und Mitteilungspflicht stellt nach § 7 Abs. 2 TVG eine Ordnungswidrigkeit dar, die bei vorsätzlichem Verstoß mit Geldbußen zwischen 5 und 1000 EUR, bei fahrlässigem Verstoß zwischen 5 und 500 EUR geahndet werden kann: §§ 17 Abs. 1 und 2, 30 Abs. 2 Satz 2 OWiG.

## D. Pflichten des BMWA gegenüber den Ländern

6 Das BMWA hat gegenüber den Ländern ebenfalls eine Übersendungs- und Mitteilungspflicht: § 7 Abs. 1 Satz 2 TVG. Hieraus lässt sich der Wille des Gesetzgebers ableiten, dass auch bei den **Ländern Tarifregister** und **Tarifarchive** ordnungsgemäß geführt werden. Anderenfalls würde diese Vorschrift ins Leere laufen (§ 6 Rn. 6).

## E. Rechtspolitische Überlegungen

7 Vorschläge zur **Vereinfachung des Verfahrens**, die unter anderem vor dem Hintergrund neuer Möglichkeiten der EDV bedeutsam erscheinen[8], sollten nicht dazu führen, dass substanzielle Informationen verloren gehen.[9]

# § 8 Bekanntgabe des Tarifvertrages

**Die Arbeitgeber sind verpflichtet, die für ihren Betrieb maßgebenden Tarifverträge an geeigneter Stelle im Betrieb auszulegen.**

**Übersicht** Rn.



6 Wiedemann/*Oetker*, § 7 Rn. 11 f.; *Däubler/Reinecke*, § 7 Rn. 10.
7 *Däubler/Reinecke*, § 7 Rn. 10.
8 *Beck*, ZTR 2000, 15.
9 Z.B. die Führung eines Registers in den einzelnen Bundesländern.

**Literaturübersicht:** siehe § 6.

## A. Sinn und Zweck

Die Bekanntgabe der einschlägigen Tarifverträge durch den Arbeitgeber im Betrieb verfolgt vorrangig den Zweck, dem **einzelnen Arbeitnehmer** zu ermöglichen, durch die **Kenntniserlangung** die Tarifnormen gegebenenfalls in Anspruch zu nehmen.[1] Weitergehend als § 6 TVG schreibt § 8 TVG vor, dass der Arbeitgeber nicht nur die Tatsache der Existenz eines Tarifvertrages, seines Inkrafttretens oder etwaige Änderungen bekannt zu geben hat. Vielmehr besteht eine Verpflichtung zur Mitteilung des Wortlauts des Tarifvertrages. Trotz der Möglichkeit der Mitglieder der Tarifvertragsparteien, jederzeit von ihrem Verband den Wortlaut des Tarifvertrages zu erhalten, verpflichtet § 8 TVG den Arbeitgeber zu ausführlicher Bekanntgabe. Das gilt unabhängig davon, ob oder in welchem Umfang die Arbeitnehmer tarifgebunden sind oder nicht. Die Bestimmung bezweckt deshalb eine **Verbesserung der Rechtstellung** des einzelnen Arbeitnehmers, indem ihm tarifliche Schutz- und Anspruchsnormen zur Kenntnis gebracht werden.[2] **Verstärkt** wird § 8 TVG durch **§ 2 Abs. 1 Nr. 10 NachwG**, wonach der Arbeitgeber den Arbeitnehmer in allgemeiner Form auf Tarifverträge hinzuweisen hat, die für ihn einschlägig sind.[3] Im Ergebnis hat der Gesetzgeber mit dem so verstandenen Normzweck ein dringendes Bedürfnis aller Betroffenen ins Auge gefasst, dem umsichtige Arbeitgeber Rechnung tragen, dem in der Praxis jedoch längst nicht umfassend entsprochen wird.[4] 1

## B. Inhalt der Informationsverpflichtung

Vergleichbare Regelungen zur Bekanntgabe gesetzlicher Bestimmungen finden sich unter anderem in § 16 ArbZG, § 47 JArbSchG und § 18 MuSchG. Dementsprechend ist die Formulierung »Auslegen« nicht wörtlich zu verstehen. Seiner Verpflichtung kommt der Arbeitgeber immer dann nach, wenn er allen Arbeitnehmern die Kenntnisnahme des Tarifvertrages ohne weitere Schwierigkeiten ermöglicht. Wie dies zu geschehen hat (Auslegen, Aushändigung, Versendung), hängt von den Umständen des Einzelfalles ab. Die Auslage in der Personalabteilung[5] oder beim Betriebsrat[6] wird weder dem Gesetzeszweck noch praktischen 2

---

1 In der Sache besteht Übereinstimmung: Z.B. *Däubler/Reinecke*, § 8 Rn. 3; MünchArbR/*Löwisch-Rieble*, § 257 Rn. 4; *Löwisch/Rieble* § 8 Rn. 6; darüber hinaus stark allgemeine rechtsstaatliche Interessen an der Publizität betonend: Wiedemann/*Oetker*, § 8 Rn. 2.

2 *Foerster*, BB 1964, Beilage 2.

3 Wiedemann/*Oetker*, § 8 Rn. 2; *Däubler/Reinecke*, § 8 Rn. 2.

4 *F.-W. Fischer*, BB 2000, 254.

5 BAG 5.11.1963, AP Nr. 1 zu § 1 TVG, Bezugnahme auf den Tarifvertrag (mit Anm. von *Herschel*); ein kritisches Überdenken dieser Rechtsprechung deutet an: BAG 11.11.1998 (5 AZR 63/98), NZA 1999, 605 (mit Anm. von *Rudolph*, AiB 1999, 598).

6 LAG Hamm, RdA 1953, 273.

Bedürfnissen gerecht.[7] **Der Tarifvertrag** muss **ohne Hilfe Dritter einsehbar** sein (z.B. die Information am Schwarzen Brett bzw. in seinem Umfeld in einem ausgelegten Ordner).
Präzisierungen durch **tarifliche Regelungen** sind möglich und kommen vor.[8]

## C. Voraussetzungen

3 Die Voraussetzungen des § 8 TVG werden tendenziell weit ausgelegt. Es reicht die Tarifbindung **des Arbeitgebers** aus. Weitere Voraussetzungen, die Tarifbindung mindestens eines Arbeitnehmers, entsprechen nicht dem Wortlaut der Bestimmung (für den Betrieb »maßgebende«, nicht »gültige« Tarifverträge) und würden die Informationsverpflichtung von schwer überprüfbaren Zufälligkeiten abhängig machen.[9] Bei tariflichen Verweisen auf einen anderen Tarifvertrag ist auch dieser im Betrieb bekannt zu machen.[10]

4 Eine Verpflichtung zur Bekanntmachung für den Fall, dass Tarifvertrag lediglich kraft **arbeitsvertraglicher Bezugnahme** gilt, z.B. weil der Arbeitgeber keinem Verband angehört, wird lässt sich dem Zweck des § 8 TVG nicht entnehmen. Das Gesetz knüpft an den Abschluss normativ, nicht nur individualrechtlich vereinbarter Tarifnormen an.[11] In jedem Fall besteht jedoch die Informationspflicht in allgemeiner Form nach § 2 Nr. 10 NachwG.

5 **Allgemeinverbindliche Tarifverträge** sind bereits kraft § 9 Abs. 2 TVG-DVO im Betrieb auszulegen. Dies ist namentlich für Kleinbetriebe noch weit gehend unerfüllt, jedoch für die betroffenen Arbeitnehmer noch bedeutender als in Großbetrieben mit Tarifbindung und einer funktionierenden Personalabteilung.

6 **Zeitlich** besteht die Auslagepflicht **auch im Nachwirkungszeitraum** eines Tarifvertrages nach § 4 Abs. 5 TVG.[12]

## D. Rechtsfolgen

### I. Keine Wirksamkeitsvoraussetzung

7 Nach allgemeiner Auffassung hängt die Wirksamkeit tariflicher Normen nicht von der Bekanntgabe im Betrieb ab.[13] Das ergibt sich bereits aus einem Vergleich mit § 5 Abs. 7 TVG, wo dies der Gesetzgeber hinsichtlich der Wirksamkeitsvoraussetzung der Allgemeinverbindlicherklärung ausdrücklich festgelegt hat.

7 *Gamillscheg*, Kollektives Arbeitsrecht I, § 13 II 2b, 520; MünchArbR/*Löwisch-Rieble*, § 257 Rn. 8; *Löwisch/Rieble*, § 8 Rn. 6; *Däubler/Reinecke*, § 8 Rn. 13; einschränkender: Wiedemann/*Oetker*, § 8 Rn. 4.

8 BAG 11.11.1998 (5 AZR 63/98), NZA 1999, 605 (mit Anm. von *Rudolph*, AiB 1999, 598: Ausschlussfrist nur bei Aushändigung des Tarifvertrages).

9 Für Betriebsnormen reicht ohnehin die Bindung des Arbeitgebers nach § 3 Abs. 2 TVG; wie hier Wiedemann/*Oetker*, § 8 Rn. 10; *Däubler/Reinecke*, § 8 Rn. 8; *Bepler*, ZTR 2001, 246 Rn. 42; *Lindena*, DB 1988, 1114; a.A. MünchArbR/*Löwisch-Rieble*, § 257 Rn. 3 und *Löwisch/Rieble*, § 8 Rn. 1; noch weitergehend *Hohenhaus*, NZA 2001, 1109: »gewisse Bedeutung des Tarifvertrages«.

10 BAG 10.11.1982, AP Nr. 8 zu § 1 TVG Form, Bl. 1106; siehe auch *Däubler/Reinecke*, § 8 Rn. 8f.; Wiedemann/*Oetker*, § 8 Rn. 6f.

11 Offen gelassen von BAG 5.11.1963, AP Nr. 1 zu § 1 TVG Bezugnahme auf den Tarifvertrag und BAG 23.2.2002 (4 AZR 56/01), AP Nr. 5 zu § 2 NachWG; *Däubler/Reinecke*, § 8 Rn. 10; Wiedemann/*Oetker*, § 8 Rn. 11; *Löwisch/Rieble*, § 8 Rn. 3; *Hohenhaus*, NZA 2001, 1109.

12 Z.B. *Löwisch/Rieble*, § 8 Rn. 4.

13 Zur Rechtsprechung LAG Düsseldorf, DB 1955, 511; LAG Düsseldorf, DB 1962, 1146; Wiedemann/*Oetker*, § 8 Rn. 15; *Däubler/Reinecke*, § 8 Rn. 15; *Koch*. FS Schaub, 434f.

Die Bekanntmachung kann schon deshalb nicht als Wirksamkeitsvoraussetzung von Tarifnormen angesehen werden, weil diese ihre normative Wirkung auch bei Unkenntnis über Existenz oder Umfang entfalten (§ 4 Rn. 14).

## II. Ordnungsvorschrift oder Schutzgesetz?

Auch wenn nach allgemeiner Ansicht die Bekanntgabe des Tarifvertrages keine Voraussetzung für dessen Wirksamkeit ist, bedeutet dies nicht, dass die schuldhafte Missachtung der Vorschrift ohne rechtliche Konsequenzen für den Arbeitgeber wäre. Hiergegen spricht schon der Gesetzeswortlaut (»Die Arbeitgeber sind verpflichtet …«). Wird der Tarifvertrag schuldhaft nicht bekannt gegeben, kommt vor allem ein **Schadensersatzanspruch nach § 823 Abs. 2 BGB** in Verbindung mit § 8 TVG in Betracht. Dabei ist beispielsweise an den Fall zu denken, dass ein Arbeitnehmer einen tarifvertraglichen Anspruch nicht rechtzeitig geltend macht, wenn er eine Ausschlussfrist versäumt, weil der Arbeitgeber den Tarifvertrag – und damit auch die Ausschlussfrist – nicht bekannt gemacht hatte. Das Bundesarbeitsgericht hält § 8 TVG für kein Schutzgesetz im Sinne des § 823 Abs. 2 BGB, weil diese Norm eine bloße Ordnungsvorschrift darstelle.[14] Die Rechtslehre folgt dem teilweise und entwickelt zugleich eigene Lösungsvorschläge, um ein Leerlaufen der Vorschrift zu verhindern.[15] In jüngerer Zeit stößt die Position der höchstrichterlichen Rechtsprechung zunehmend auf grundsätzliche Kritik.[16] Dem ist zuzustimmen. 8

Die Qualifizierung einer Norm als »Ordnungsvorschrift« ist zunächst lediglich ein begriffliches Etikett. Zu Recht wird darauf verwiesen, dass dies nichts darüber aussagt, ob sie nicht (auch) den Schutz eines anderen bezweckt.[17] Dies ist bei § 8 TVG der Fall, denn **mit der Bekanntgabe** soll auch eine **Besserstellung des Einzelnen** erreicht werden (§ 8 Rn. 1).[18] Die Bedenken, eine Ableitung eines Schadensersatzanspruchs aus der Verletzung der Bekanntmachungspflicht würde die Bekanntmachung zur Wirksamkeitsvoraussetzung der tariflichen Norm machen[19], überzeugen letztlich nicht: Ein Schadensersatzanspruch ist an weitere Voraussetzungen, vor allem Kausalität und Verschulden, geknüpft.[20] Die Konsequenz, unter anderem Ausschlussfristen würden keine Wirkungen entfalten, wenn der Tarifvertrag nicht bekannt gemacht sei, ist deshalb nicht zu ziehen.[21] Wie dargelegt (§ 8 Rn. 6), ist die Bekanntgabe keine Wirksamkeitsvoraussetzung des Tarifvertrages, gleichwohl schließt das einen Schadensersatzanspruch nicht aus. Entscheidend ist, ob die Vorschrift neben anderen Zielen auch dem Individualschutz dient und ob der Wille des Gesetzgebers erkennbar ist, bei Verletzung 9

---

14 BAG 22.11.1963, AP Nr. 6 zu § 611 BGB Öffentlicher Dienst; BAG 8.1.1970, AP Nr. 43 zu § 4 TVG Ausschlussfristen; BAG 30.9.1970, AP Nr. 2 zu § 70 BAT; BAG 6.7.1972, AP Nr. 1 zu § 8 TVG 1969; BAG 23.2.2002 (4 AZR 56/01), AP Nr. 5.

15 Wiedemann/*Oetker*, § 8 Rn. 16ff.; *Voraufl.*, § 8 Rn. 4ff.; ErfK/*Schaub*, § 8 TVG Rn. 7; *Lindena*, DB 1988, 1114, 1116; *Hohenhaus*, NZA 2001, 1107, 1111.

16 *Däubler/Reinecke*, § 8 Rn. 18; *Bepler*, ZTR 2001, 247f.; *Koch*, FS Schaub, 428f.; noch *Löwisch/Rieble*, 1. Aufl., § 8 Rn. 10; anders jetzt 2. Aufl., § 8 Rn. 14; die amtliche Begründung des NachwG, sprich im Unterschied zu *Löwisch/Rieble* eher dafür eine Schutzpflicht zugunsten der Arbeitnehmer zu bejahen: *Bepler*, ZTR 2001, 247.

17 *Herschel*, Anm. zu BAG 6.7.1972, AP Nr. 1 zu § 8 TVG 1969.

18 Wiedemann/*Oetker*, § 1 Rn. 1f.

19 So *Voraufl.*, § 8 Rn. 5.

20 *Däubler/Reinecke*, § 8 Rn. 22, mit weiteren Nachweisen.

21 Die Auffassung in der *Voraufl.*, § 8 Rn. 5, wird deshalb aufgegeben.

des Gebots einen Schadensersatzanspruch entstehen zu lassen.[22] Der Gesetzeswortlaut lässt eine Auslegung im Sinne einer Sanktionsvorschrift zu.[23] Der Schutzzweck der Norm, den betroffenen Arbeitnehmern eine effiziente Information über den Tarifvertrag zu gewährleisten, spricht ebenfalls hierfür.[24]

10 Jedenfalls stellt die Nichtbeachtung des Transparenzgebotes die Verletzung einer arbeitsvertraglichen **Obliegenheit des Arbeitgebers** dar, deren Verletzung zum Schadensersatz führt.[25]

11 Praktische Bedeutung hat die Kontroverse vor allem bei **tariflichen Ausschlussfristen**. Wird der hier vertretenen Auffassung gefolgt, führt die schuldhafte Nichtbekanntmachung des Tarifvertrages mit der Folge, dass Arbeitnehmer Forderungen nicht rechtzeitig geltend machen dazu, dass der Anspruch nicht untergeht (§ 249 BGB).[26] Die Rechtsprechung[27] und teilweise die Lehre[28] helfen hier mit dem Institut der **unzulässigen Rechtsausübung** (§ 242 BGB). Sie liege jedenfalls vor, wenn der Arbeitgeber durch positives Tun oder pflichtwidriges Unterlassen die Geltendmachung des Anspruchs oder die Einhaltung der Frist erschwert oder unmöglich gemacht hat (näheres in § 4 Rn. 457ff.).

## E. Durchsetzungsmöglichkeiten der Gewerkschaft

12 Die Bekanntgabepflicht des Arbeitgebers ist Bestandteil der Durchführung des Tarifvertrages.[29] Bei einem Firmentarifvertrag hat die abschließende Gewerkschaft daher einen einklagbaren Erfüllungsanspruch, beim Verbandstarifvertrag ist der Arbeitgeberverband zur entsprechenden Einwirkung auf seine Mitglieder verpflichtet.

# § 9 Feststellung der Rechtswirksamkeit

**Rechtskräftige Entscheidungen der Gerichte für Arbeitssachen, die in Rechtsstreitigkeiten zwischen Tarifvertragsparteien aus dem Tarifvertrag oder über das Bestehen oder Nichtbestehen des Tarifvertrags ergangen sind, sind in Rechtsstreitigkeiten zwischen tarifgebundenen Parteien sowie zwischen diesen und Dritten für die Gerichte und Schiedsgerichte bindend.**

## Literaturübersicht:

*Dütz*, Kollektivrechtliche Fragestellungen im Arbeitsgerichtsverfahren, ArbRGgw 21 (1983), 33; *ders.*, Rechtskraftgrenzen im arbeitsgerichtlichen Beschlussverfahren, FS Kehrmann, 1997, 349; *Herschel*, Überindividuelles Rechtsschutzbedürfnis,

22 Z.B. Wiedemann/*Oetker*, § 8 Rn. 16, mit weiteren Nachweisen.
23 *Herschel*, ZfA 1973, 196f.; vgl. auch *Däubler/Reinecke*, § 8 Rn. 17.
24 So mit unterschiedlichen Akzenten, unter anderem aus verfassungsrechtlichen Erwägungen und dem NachWG: *F.-W. Fischer*, DB 2000, 354; *Koch*, FS Schaub, 428ff.; *Bepler*, ZTR 2001, 247f.; auch *E. Reinecke*, NZA 2000, Beilage 3, 27.
25 Im Ergebnis ebenso *Däubler/Reinecke*, § 8 Rn. 19, die allerdings die Verletzung einer »Nebenpflicht« annehmen. Damit wäre dem Arbeitnehmer ein Klagerecht eingeräumt; anders als hier z.B. Wiedemann/*Oetker*, § 8 Rn. 17, mit weiteren Nachweisen.
26 *Däubler/Reinecke*, § 8 Rn. 16.
27 BAG 22.11.1963 (1 AZR 17/63), AP Nr. 6 zu § 611 BGB Öffentlicher Dienst; BAG 6.7.1972, AP Nr. 1 zu § 8 TVG 1969 (mit Anm. von *Herschel*); BAG 14.6.1994 (9 AZR 284/93), AP Nr. 21 zu § 7 BUrlG Übertragung; aus der Instanzrechtsprechung z.B. ArbG Hamburg 26.5.1986, AuR 1987, 34.
28 Z.B. Wiedemann/Oetker, § 8 Rn. 18; vgl. auch *Flenski*, DB 1987, 2296f.
29 *Däubler/Reinecke*, § 8 Rn. 25.

insbesondere im arbeitsrechtlichen Verfahren, BB 1977, 1161; *ders.*, Zur Entstehung des Tarifvertragsgesetzes, ZfA 1973, 183; *Krause, R.*, Rechtskrafterstreckung im kollektiven Arbeitsrecht, 1996; *Nogler*, I profili processuali dell'interpretazione del contratto collettivo, Giornale di diritto del lavoro e relazione industriali, 1998, 723; *Rieble*, Tarifnormkontrolle durch Verbandsklage, NZA 1992, 250; *Sinzheimer*, Der Streit um den Tarifinhalt, Arbeitsrecht, 1927, Sp. 915.

**Übersicht** Rn.



## A. Funktion und Zweck der Vorschrift

§ 9 TVG erweitert die Rechtskraftwirkung arbeitsgerichtlicher Entscheidungen bei tariflichen Meinungsverschiedenheiten in der Weise, dass nach dieser Vorschrift in einem neuen Prozess keine Entscheidung ergehen kann, die im Gegensatz zu der rechtskräftigen Entscheidung dieses Verfahrens steht.[1] Jeder künftige Richter ist an die rechtskräftige Vorentscheidung gebunden.[2] § 9 TVG verfolgt damit den Zweck der **Rechtssicherheit und Rechtsklarheit**, da so eine Vielzahl von Einzelstreitigkeiten vermieden werden kann. Dieser Zweck, »eine allgemeinverbindliche Entscheidung«[3] herbeizuführen, entspricht dem praktischen Bedürfnis, zu einer **einheitlichen Auslegung und Anwendung des Tarifvertrages** beizutragen. Zugleich dient die Bestimmung der **Prozessökonomie**.[4] 1

Die Rechtsnorm ist vor dem Hintergrund zu verstehen, dass Tarifverträge aus einem normativen und einem schuldrechtlichen Teil bestehen. Nur der schuldrechtliche Teil des Tarifvertrages begründet Rechte und Pflichten zwischen den 2

1 Rechtsvergleichend: *Nogler*, Giornale di diritto del lavoro e relazione industriali, 1998, 723; zahlreiche Hinweise hierzu auch bei *Gamillscheg*, Kollektives Arbeitsrecht I, § 15 II 3, 549 ff.
2 BAG 28.9.1977, AP Nr. 1 zu § 9 TVG 1969 (mit Anm. von Wiedemann/*Moll*); *Hueck/Nipperdey*, Bd. I, § 97 IV 2; weitere Überlegungen: *Dütz*, ArbRGgw 21 (1983), 33.
3 *Stein*, Rn. 397.
4 Wiedemann/*Oetker*, § 9 Rn. 6; *Däubler/Reinecke*, § 9 Rn. 8, jeweils mit weiteren Nachweisen.

Tarifparteien, die Gegenstand einer Klage zwischen ihnen sein können. Zwar haben auch die Fachgerichte – vor allem die Arbeitsgerichte – in Rechtsstreitigkeiten über den normativen Teil des Tarifvertrages dessen Wirksamkeit oder Inhalt inzident als **Vorfrage** zu prüfen. Ferner können die Arbeitsvertragsparteien Wirksamkeit und Inhalt durch eine so genannte **Zwischenfeststellungsklage (Inzidentfeststellungsklage)** nach § 256 ZPO prüfen lassen.[5] Jedoch entfalten die Entscheidungen in diesen Verfahren lediglich **Wirkung zwischen den Parteien** und eine **begrenzte Rechtskraft**, wenn sie im Wege der Zwischenfeststellungsklage durchgeführt werden.[6]

3 Bereits das **Reichsgericht** hatte **richterrechtlich** anerkannt, dass Feststellungsklagen der Tarifparteien über den Inhalt einer Tarifnorm zulässig sind und zwischen den Mitgliedern der Verbände Rechtskraft schaffen.[7] Dies ist mit **§ 9 TVG kodifiziert** und wird zugleich im Hinblick auf die Reichweite der Bindungswirkung (»Tarifparteien und Dritte«) sowie die Adressaten (»Gerichte und Schiedsgerichte«) **klargestellt und erweitert**.[8]

## B. Dogmatische Einordnung der Vorschrift

4 Über die **rechtsdogmatische Einordnung** der durch § 9 TVG erweiterten Bindungswirkung besteht in der Rechtslehre nach wie vor keine Übereinstimmung.[9] Im Wesentlichen geht die Kontroverse darüber, ob Entscheidungen nach § 9 TVG eine **materielle Rechtskraft** zukommt, die über § 322 Abs. 1 ZPO hinausgeht. Dann hätte das Urteil dieselbe Rechtskraft, wie sie die fragliche Tarifnorm besitzt.[10] Die Gegenmeinung, der zuzustimmen ist, sieht in der Bindungswirkung des § 9 TVG lediglich eine Erweiterung der **subjektiven Rechtskraft**. Nicht nur die Prozessparteien der Feststellungsklage nach § 325 ZPO sind an das Urteil gebunden, sondern der Personenkreis wird darüber hinausgehend erweitert.[11] Die Rechtsprechung hat sich nicht festgelegt.[12] Die praktischen Probleme einer Teilnahme dritter Personen als Nebenintervenienten (§ 66 ZPO) im Prozess nach § 9 TVG und die Bindung bei Geltung des Tarifvertrages lediglich kraft einzelvertraglicher Bezugnahme lassen sich unabhängig von der dogmatischen Erfassung der Vorschrift zufrieden stellend lösen (§ 9 Rn. 8 und Rn. 15ff.).[13]

---

5 BAG 24.2.1987, AP Nr. 28 zu § 80 BetrVG; BAG 25.11.1987, AP Nr. 18 zu § 1 TVG Tarifverträge: Einzelhandel.

6 MünchArbR/*Löwisch-Rieble*, § 266 Rn. 1ff.; *Löwisch/Rieble*, § 9 Rn. 58ff.; ErfK/*Schaub*, § 9 TVG Rn. 1f.; *Däubler/Reinecke*, § 9 Rn. 5.

7 RAG 3.7.1929, Bensheimer Sammlung (ARS) 6, 241; RAG 26.11.1930, ARS 11, 101; in diesem Sinne bereits *Sinzheimer*, Arbeitsrecht (ArbR) 1927, Sp. 915, 919.

8 *Herschel*, ZfA 1973, 197f.; umfassend: Wiedemann/*Oetker*, § 9 Rn. 1ff.; auch *Däubler/Reinecke*, § 1 Rn. 1f.

9 Die Position einer »Prozessstandschaft« oder »Reflexwirkung« fand nur vereinzelt Befürworter, umfassend hierzu: Wiedemann/*Oetker*, § 9 Rn. 7ff.

10 MünchArbR/*Löwisch-Rieble*, § 266 Rn. 12f.; *Löwisch/Rieble*, § 9 Rn. 4; *Gamillscheg*, Kollektives Arbeitsrecht I, § 15 II 3a, 551, jeweils mit weiteren Nachweisen.

11 Wiedemann/*Oetker*, § 9 Rn. 9ff.; *Däubler/Reinecke*, § 9 Rn. 7ff.; GMM-GP, § 2 Rn. 19; *Dütz*, ArbRGgw 21 (1983), 37.

12 Die Entscheidung BAG 28.9.1977 (4 AZR 446/76), AP Nr. 1 zu § 9 TVG die eine Bindungswirkung nach § 318 ZPO annimmt, wird insoweit als verfehlt angesehen; z.B. nicht wiederholt von BAG 30.5.1984 (4 AZR 512/81), AP Nr. 3 zu § 9 TVG 1969; ausführlich hierzu *R. Krause*, Rechtskrafterstreckung, 99.

13 Zu dieser Frage im Hinblick auf arbeitsgerichtliche Beschlussverfahren ausführlich: *R. Krause*, Rechtskrafterstreckung, 178ff. und 184ff.; *Dütz*, FS Kehrmann, 349ff.

## C. Voraussetzungen der Bindungswirkung

### I. Die beiden Alternativen des § 9 TVG

§ 9 TVG enthält **zwei Alternativen**. Zum einen wird die Bindungswirkung erweitert, wenn die Tarifparteien das **Bestehen und Nichtbestehen eines Tarifvertrages** durch eine Klage klären. 5
Zum anderen gilt die erweiterte Bindung, wenn der **Inhalt des Tarifvertrages streitig** ist und die Tarifparteien dies durch gerichtliche Entscheidung im Verfahren nach § 9 TVG klären lassen.[14]

### II. Die Parteien des Verfahrens

Die Bindungswirkung tritt nur ein, wenn es sich um einen **Rechtsstreit zwischen den Tarifparteien** handelt, d.h. den Parteien, die sich nach § 2 Abs. 1 TVG als Verhandlungspartner gegenüberstanden. 6
Danach spielt keine Rolle, ob auf Arbeitgeberseite ein **Verband** oder **einzelner Arbeitgeber** stand. Dagegen ist eine von anderen Parteien angestrengte Verbandsklage unzulässig.[15] Urteile zwischen einer Tarifpartei und einem einzelnen Arbeitgeber oder Arbeitnehmer genügen grundsätzlich ebenfalls nicht.[16]
§ 9 TVG ist demgegenüber anwendbar, wenn ausnahmsweise **Spitzenorganisationen** (§§ 2 Abs. 2, 12 TVG) den Tarifvertrag abgeschlossen und dabei in eigenem Namen gehandelt haben.[17]

Bei **mehrgliedrigen Tarifverträgen** (hierzu § 1 Rn. 38ff.) bewirkt ein Rechtsstreit mit nur einem Verband grundsätzlich nicht die Bindungswirkung auch bei dem anderen Verband, weil sich die Rechtskraft grundsätzlich nur auf die am Prozess beteiligten Parteien erstreckt.[18] Eine notwendige Streitgenossenschaft im Sinne von § 62 ZPO ist nur beim Einheitstarifvertrag (hierzu § 1 Rn. 40) gegeben, für den Inhalt und Wirksamkeit lediglich einheitlich festgestellt werden können.[19] 7

Eine **Nebenintervention** nach § 66 ZPO im Verbandsklageverfahren ist möglich. Das rechtliche Interesse, das § 66 ZPO voraussetzt, ergibt sich aus der Bindungswirkung der Entscheidung nach § 9 TVG.[20] 8

---

14 Zur einvernehmlichen Änderung: BAG 23.9.1981, AP Nr. 35 zu § 1 Tarifverträge: Bau.

15 BAG 10.5.1989, AP Nr. 6 zu § 2 Tarifzuständigkeit.

16 Wiedemann/*Oetker,* § 9 Rn. 15; seltener Ausnahmefall: BAG 14.10.1960, AP Nr. 10 zu Art. 9 GG Arbeitskampf.

17 ErfK/*Schaub,* § 9 TVG Rn. 9; Wiedemann/*Oetker,* § 9 Rn. 14.

18 BAG 28.9.1977, AP Nr. 1 zu § 9 TVG 1969 (mit Anm. von Wiedemann/*Moll*).

19 BAG 15.7.1986 (1 AZR 654/80), AP Nr. 1 zu Art. 3 LTVG Bayern; allgemeine Meinung: MünchArbR/*Löwisch-Rieble,* § 266 Rn. 15 und Löwisch/*Rieble,* § 9 Rn. 15; *Däubler/Reinecke,* § 9 Rn. 12f.; Wiedemann/*Oetker,* § 9 Rn. 16.

20 So z.B. *Däubler/Reinecke,* § 9 TVG Rn. 13ff.; a.A. MünchArbR/*Löwisch-Rieble,* § 266 Rn. 13 und *Löwisch/Rieble,* § 9 Rn. 35, sowie *Gamillscheg,* Kollektives Arbeitsrecht I, § 15 II 3, 551, jeweils mit weiteren Nachweisen; diese Kontroverse ist akademischer Natur.

### III. Feststellungsinteresse

9 Auch für die Verbandsklage nach § 9 TVG wird als Zulässigkeitsvoraussetzung ein **Feststellungsinteresse** nach § 256 ZPO vorausgesetzt.[21] Es ist allerdings **großzügig** zu bewerten.[22] Beispielsweise schließt die Tatsache, dass die Tarifpartei die betreffende Norm selbst vereinbart hat, eine Klage nach § 9 TVG nicht aus.[23] Ferner ist das Feststellungsinteresse auch zu bejahen, wenn bereits **Musterprozesse** schweben[24], wenn bereits eine **höchstrichterliche Rechtsprechung** existiert[25] oder wenn die Wirksamkeit oder Auslegung des Tarifvertrages durch **staatliche Stellen oder Verbände** angezweifelt wird.[26]
Die höchstrichterliche Rechtsprechung verneint das Feststellungsinteresse, wenn die Frage **keine praktische Bedeutung** hat[27] oder wenn die Parteien über die Auslegung einig sind.[28]
Die Tatsache, dass der Tarifvertrag nur **nachwirkt**[29] oder bereits von einem anderen Tarifvertrag **abgelöst** ist[30] spricht grundsätzlich nicht gegen ein Feststellungsinteresse.

### IV. Streitgegenstand

10 Keine wesentlichen Probleme wirft die Alternative des Rechtsstreits »**über das Bestehen oder Nichtbestehen eines Tarifvertrages**« auf. In Betracht kommen Abschlussmängel, der Einwand fehlender Zuständigkeit, Beendigungsgründe jeder Art usw.[31]

11 Bei der Verbandsklage um **die Auslegung des Tarifvertrages** handelt es sich um **alle Normtypen des § 1 TVG**, also Abschluss-, Inhalts-, Beendigungs- und Betriebsnormen.[32] Der Tarifvertrag muss abgeschlossen sein, der **Streit über die Zulässigkeit** einer Tarifnorm kann **nicht** nach § 9 TVG ausgetragen wer-

---

21 BAG 3.2.1988, AP Nr. 20 zu § 1 TVG Tarifverträge: Druckindustrie; BAG 30.5.2001 (4 AZR 387/00), AP Nr. 64 zu § 256 ZPO 1977 (mit Anm. von *Albrecht/Schmitz*, AuR 2002, 253).

22 Zu den Schwierigkeiten bei der allgemeinen Feststellungsklage im Arbeitsrecht z.B. BAG 24.11.2001 (4 AZR 257/00), AP Nr. 69 zu § 256 ZPO 1977 (mit Anm. von *Zachert*).

23 BAG 23.3.1957 (1 AZR 64/56), AP Nr. 18 zu Art. 3 GG (mit Anm. von *Wiedemann*); BAG 25.9.1987, AP Nr. 1 zu § 1 BeschFG; *Däubler/Reinecke*, § 9 Rn. 22.

24 BAG 30.5.1984, AP Nr. 3 zu § 9 TVG 1965 (mit Anm. von *Wiedemann*); BAG 25.9.1987, AP Nr. 1 zu § 1 BeschFG; *Däubler/Reinecke*, § 9 Rn. 22.

25 A.A. LAG Düsseldorf 7.12.1973, EzA Nr. 1 zu § 9 TVG.

26 BAG 29.4.1992, AP Nr. 3 zu § 1 TVG Durchführungspflicht; enger wohl: BAG 30.5.2001 (4 AZR 378/00), AP Nr. 64 zu § 256 ZPO 1977 (mit Anm. von *Albrecht/Schmitz*, AuR 2002, 253) zum Thema: ErfK/*Schaub*, § 9 TVG Rn. 16.

27 BAG 14.6.1995 (4 AZR 915/93), AP Nr. 4 zu § 1 TVG Durchführungspflicht; Bedenken zu Recht: *Däubler/Reinecke*, § 9 Rn. 24.

28 BAG 30.5.2001 (4 AZR 387/00), AP Nr. 64 zu § 256 ZPO 1977 (mit Anm. von *Albrecht/Schmitz*, AuR 2002, 253); auch *Däubler/Reinecke*, § 9 Rn. 25.

29 Offen gelassen von BAG 28.9.1977, AP Nr. 1 zu § 9 TVG 1969; aber ganz überwiegende Meinung: *Gamillscheg*, Kollektives Arbeitsrecht I, § 15 II 3, 550; *Löwisch/Rieble*, 1. Aufl., § 9 Rn. 26, offen dagegen in 2. Aufl., § 9 Rn. 25; *Däubler/Reinecke*, § 9 Rn. 19; *Herschel*, AuR 1977, 138; *ders.*, BB 1977, 1162; Wiedemann/*Moll* in Anm. zu BAG 28.9.1977, AP Nr. 1 zu § 9 TVG; a.A. LAG Düsseldorf 7.12.1937, EzA § 9 TVG Nr. 1 und wohl ErfK/*Schaub*, § 9 TVG Rn. 13.

30 BAG 23.3.1957 (1 AZR 64/65), AP Nr. 18 zu Art. 3 GG; a.A. *Löwisch/Rieble*, § 9 Rn. 26.

31 Kündigung: BAG 18.12.1996 (4 AZR 129/96 und 4 AZR 710/95), AP Nr. 1 und 2 zu § 1 TVG Kündigung; *Däubler/Reinecke*, § 9 Rn. 20, mit weiteren Einzelheiten.

32 *Däubler/Reinecke*, § 9 Rn. 19, mit weiteren Nachweisen aus der Rechtsprechung.

den.[33] Streitgegenstand kann auch die Gültigkeit oder Auslegung **einzelner Normen des Tarifvertrages** sein.[34] So ist z.B. die Verbandsklage nach § 9 TVG durchzuführen, wenn es um die Frage geht, ob eine abgrenzbare Gruppe von Arbeitnehmern die Merkmale einer Entgeltgruppe des Tarifvertrages erfüllt.[35]
**Allgemeinverbindliche, nachwirkende** oder bereits **abgelöste Tarifverträge** können ebenfalls nach § 9 TVG zur Prüfung gestellt werden. Auch insoweit ist grundsätzlich das Feststellungsinteresse zu bejahen (siehe bereits § 9 Rn. 9).
Bei **schuldrechtlichen Bestimmungen des Tarifvertrages** wird trotz des offenen Wortlauts regelmäßig kein Bedürfnis für die Zulässigkeit der Klage nach § 9 TVG mit ihren besonderen Rechtskraftwirkungen bestehen.[36]

## V. Auslösung der Bindungswirkung: Rechtskräftige Entscheidungen

Die Bindungswirkung geht nur von **rechtskräftigen Urteilen** oder von **Beschlüssen** nach § 2a Abs. 1 Nr. 3 in Verbindung mit § 97 ArbGG aus, die in **materieller Rechtskraft** erwachsen. Ein **Prozessurteil**, das erlassen wird, wenn die prozessualen Voraussetzungen fehlen, reicht deshalb nicht. Das gleiche gilt für **Anerkenntnis-, Verzichts-** oder **Versäumnisurteile**. Sie erwachsen zwar in Rechtskraft, es fehlt aber an einer inhaltlichen Stellungnahme des Gerichts zur Überprüfung der tariflichen Normen.[37] **12**
Nicht unter § 9 TVG fällt der **Vergleich**, da die durch § 9 TVG grundsätzlich verlangte Legitimation von einem staatlichen Gericht fehlt.[38]
**Sprüche von Schiedsgerichten** erzeugen die Rechtswirkungen des § 9 TVG nicht, da es sich nicht um »rechtskräftige Entscheidungen der Gerichte« handelt.[39] Jedoch ist § 9 TVG entsprechend anzuwenden, denn § 108 Abs. 4 ArbGG stellt die Wirkung des Schiedsspruches den rechtmäßigen Urteilen der Arbeitsgerichte ausdrücklich gleich.[40] **13**

33 BAG 19.6.1984 (1 AZR 361/82), AP Nr. 3 zu § 1 TVG Verhandlungspflicht (mit Anm. von *Wiedemann*); *Däubler/Reinecke*, § 9 Rn. 19.

34 Allgemeine Meinung: BAG 28.9.1977, AP Nr. 1 zu § 9 TVG 1969; BAG 5.11.2002 (9 AZR 658/00), EzA BurlG § 11 Nr. 53; Wiedemann/*Oetker*, § 9 Rn. 21; ErfK/*Schaub*, § 9 TVG Rn. 11; *Stein.*, Tarifvertragsrecht, Rn. 397.

35 BAG 19.2.1965, AP Nr. 4 zu § 8 TVG (mit Anm. von *Schnorr von Carolsfeld*); Wiedemann/*Oetker*, § 9 Rn. 22: Grenzen regelmäßig bei Eingruppierung einzelner Arbeitnehmer.

36 BAG 8.2.1963, AP Nr. 2 zu § 265 ZPO; BAG 6.9.1982, AP Nr. 1 zu § 1 TVG Durchführungspflicht; *Gamillscheg*, Kollektives Arbeitsrecht I, § 15 II 3b, 551; *Löwisch/Rieble*, § 9 Rn. 17, a.A. *Dütz*, ArbRGgw 21 (1983), 38; Wiedemann/*Oetker*, § 9 Rn. 20.

37 Ganz überwiegende Meinung: z.B. Wiedemann/*Oetker*, § 9 Rn. 24f.; *Däubler/Reinecke*, § 9 Rn. 30; *Löwisch/Rieble*, § 9 Rn. 47ff.

38 Allgemeine Meinung: *Däubler/Reinecke*, § 9 Rn. 32; Wiedemann/*Oetker*, § 9 Rn. 29; *Gamillscheg*, Kollektives Arbeitsrecht I, § 15 II 4, 551; MünchArbR/*Löwisch-Rieble*, § 266 Rn. 36 und *Löwisch/Rieble*, § 9 Rn. 51.

39 Hierzu unter anderem *Rieble*, NZA 1992, 255.

40 So im Ergebnis auch die höchstrichterliche Rechtsprechung: BAG 20.6.1960 (1 AZR/57), AP Nr. 8 zu § 101 ArbGG 1952; BAG 24.2.1988, AP Nr. 2 zu § 1 TVG Tarifverträge: Schuhindustrie; *Gamillscheg*, Kollektives Arbeitsrecht I, § 15 II 4, 551 f.; dazu ferner *Däubler/Reim*, § 1 Rn. 1178; Wiedemann/*Wiedemann*, § 1 Rn. 735; ebenso, wenn normative Wirkung in der Schiedsgerichtsklausel vorgesehen ist: MünchArbR/*Löwisch-Rieble*, § 266 Rn. 38 f und *Löwisch/Rieble*, § 1 Rn. 40; dagegen *Däubler/Reinecke*, § 9 Rn. 31; Wiedemann/*Oetker*, § 9 Rn. 26ff., jeweils mit weiteren Nachweisen.

## D. Reichweite der Bindungswirkung/entsprechende Anwendung

### I. Inhaltliche Reichweite

14 Da § 9 TVG lediglich die subjektive (§ 325 Abs. 1 ZPO), nicht die objektive Rechtskraft (§ 322 Abs. 1 ZPO) erweitert (§ 9 Rn. 4), bleibt es bei den allgemeinen Grundsätzen der ZPO: Der **inhaltliche Umfang** der Bindungswirkung richtet sich nach den zivilprozessrechtlichen Grundsätzen der Rechtskraft. Gebunden werden die Gerichte nur an den Urteilstenor, nicht an die Gründe. Die Gründe können jedoch zur Auslegung des Urteilstenors verwendet werden.[41]

### II. Persönliche Reichweite

15 Der **persönliche Umfang** der Bindungswirkung umfasst zunächst die tarifgebundenen Parteien. Wer dies ist, entscheidet sich nach §§ 3 und 5 Abs. 4 TVG.

16 Ausdrücklich dehnt § 9 TVG die Bindungswirkung auch auf Rechtsstreitigkeiten aus, die zwischen tarifgebundenen Parteien und **Dritten** bestehen. Unter Dritten im Sinne von § 9 TVG werden die Rechtsnachfolger der tarifgebundenen Personen verstanden, die nicht selbst Berechtigte der tariflichen Vorschriften sind. Außerdem fallen hierunter die Begünstigten durch Vertrag zugunsten Dritter nach § 328 BGB.

17 Im Ergebnis besteht weitgehend Übereinstimmung darüber, dass die Bindungswirkung auch entsteht, wenn ein tarifgebundener Arbeitgeber den Rechtsstreit führt und der Tarifvertrag lediglich kraft **Bezugnahme im Arbeitsvertrag** gilt. Hierfür wird der Zweck der Vorschrift angeführt, die einheitliche Anwendung der Vorschrift sicherzustellen.[42] Diese Auffassung birgt die Gefahr einer Überdehnung des § 9 TVG.[43] Methodisch vorzuziehen ist deshalb die Ansicht, wonach die Verweisungsklausel so ausgelegt wird, dass die Arbeitsvertragsparteien mit ihr auch auf Entscheidungen nach § 9 TVG Bezug nehmen.[44]

18 Dagegen fallen Streitigkeiten zwischen **Außenseitern** nicht unter den Geltungsbereich von § 9 TVG.[45] Die gegenteilige Auffassung lässt sich bereits aus dem Wortlaut der Vorschrift nicht entnehmen. Auch »Bedürfnisse der Praxis« und die »Bedeutung des Tarifvertrages in der sozialen Wirklichkeit«[46] rechtfertigen dies nicht. Für eine entsprechende Anwendung bestehen auch keine anderen Anhaltspunkte: Eine planwidrige Lücke der Vorschrift liegt nicht vor. Die Tarifverträge hätten keine Bedeutung erlangt, wenn ohne zwingende Gründe organisierte und nicht tarifgebundene Arbeitnehmer ohne weiteres gleichgesetzt würden.[47] Es muss deshalb mindestens auf einer Seite der »Verbandsklage« eine tarifgebundene Partei bestehen. Die Bindungswirkung tritt nicht ein, wenn der Rechtsstreit von zwei Außenseitern geführt wird, auch wenn im Einzelarbeitsvertrag auf einen Tarifvertrag Bezug genommen ist.[48]

---

41 Wiedemann/*Oetker*, § 9 Rn. 30ff.; *Däubler/Reinecke*, § 9 Rn. 33, jeweils mit weiteren Einzelheiten.
42 *Däubler/Reinecke*, § 9 Rn. 38; Wiedemann/*Oetker*, § 9 Rn. 36, mit weiteren Nachweisen.
43 *Stein*, Rn. 262; *Löwisch/Rieble*, § 9 Rn. 64f.
44 MünchArbR/*Löwisch-Rieble*, § 266 Rn. 32; ErfK/*Schaub*, § 9 TVG Rn. 30; *Stein*, Rn. 262.
45 BAG 28.9.1977, AP Nr. 1 zu § 9 TVG 1969 (mit Anm. von *Wiedemann/Moll*); a.A. noch *Wiedemann/Stumpf*, § 9 Rn. 74; wie hier jetzt Wiedemann/*Oetker*, § 9 Rn. 38.
46 *Wiedemann/Stumpf*, § 9 Rn. 4.
47 Im Ergebnis ebenso *Löwisch/Rieble*, § 9 Rn. 64; auch *Däubler/Reinecke*, § 9 Rn. 40ff.; Wiedemann/*Oetker*, § 9 Rn. 38.
48 Wiedemann/*Oetker*, § 9 Rn. 38; *Däubler/Reinecke*, § 9 Rn. 40.

### III. Fachliche Reichweite

Die rechtskräftige Entscheidung entfaltet Bindungswirkung für die **Gerichte** 19
**aller Gerichtszweige**, also nicht nur für die Arbeitsgerichte. Ferner bezeichnet § 9 TVG **Schiedsgerichte** als Adressat seiner Bindung. Die **Verwaltung** ist nicht genannt. Die Bindungswirkung wird deshalb nicht über diese Vorschrift, sondern über die allgemeinen Grundsätze der »Rechtmäßigkeit des Verwaltungshandelns« (Art. 20 Abs. 3 GG) vermittelt.[49]

### IV. Zeitliche Reichweite

Die Dauer der Bindung richtet sich nach der materiellen Rechtskraft. Ändern sich 20
die tariflichen Verhältnisse, indem z.B. der Tarifvertrag oder ein tariflicher Normenkomplex entfällt, so verliert die Bindungswirkung faktisch ihre Bedeutung.[50]

### V. Entsprechende Anwendung von § 9 TVG auf andere Sachverhalte

Der § 9 TVG zugrunde liegende Gedanke einer **gleichmäßigen Auslegung** der 21
Tarifnorm ist offensichtlich so überzeugend, dass er auf **andere Sachverhalte** übertragen wird, die tatbestandlich nicht dieser Vorschrift unterfallen (auch § 9 Rn. 13)[51]: Entscheidung über die Tariffähigkeit und Tarifzuständigkeit einer Vereinigung nach § 97 ArbGG[52], Einigung der Gewerkschaften nach §§ 15, 16 DGB-Satzung über die Tarifzuständigkeit im Schlichtungsverfahren[53], Inhalt von Betriebsvereinbarungen zwischen den Betriebsparteien.[54]

## E. Übersendungspflicht

Um die Wirksamkeit der Vorschrift zu gewährleisten, sind rechtskräftige Urteile 22
nach § 9 TVG dem BMWA und den obersten Landesbehörden **zu übersenden**: § 63 ArbGG. Dies dient vor allem der Vollständigkeit des Tarifregisters.[55]

## F. Praktische Alternativen

Jedenfalls bei Haustarifverträgen können sich als schnellere und weniger auf- 23
wendiger Alternative zu § 9 TVG so genannte **Musterprozessvereinbarungen** empfehlen. In ihnen verspricht der Arbeitgeber, das Ergebnis eines Individualprozesses in gleich gelagerten Fällen auf andere, nicht klagende Arbeitnehmer zu übertragen.[56]

---

49 *Däubler/Reinecke*, § 9 Rn. 44f.; ähnlich Wiedemann/*Oetker*, § 9 Rn. 40.

50 *Däubler/Reinecke*, § 9 Rn. 46; etwas anders akzentuiert: Wiedemann/*Oetker*, § 4 Rn. 42f.

51 Es handelt sich um ein Beispiel für umfassend verstandenes Richterrecht; zum Thema: *Däubler/Reinecke*, § 9 Rn. 51, mit weiteren Nachweisen.

52 BAG 15.3.1977, AP Nr. 24 zu Art. 9 GG und BAG 25.11.1986, AP Nr. 36 zu § 2 TVG: ~~Tariffähigkeit;~~ BAG 10.5.1989 (4 AZR 80/89), AP Nr. 2 zu § 2 TVG Tarifzuständigkeit.

53 BAG 14.12.1999 (1 ABR 74/98), AP Nr. 14 zu § 2 TVG Tarifzuständigkeit.

54 BAG 10.11.1987 (1 AZR 360/86), AP Nr. 15 zu § 113 BetrVG 1972; BAG 17.12.1992 (10 AZR 448/91), AP Nr. 1 zu § 84 ArbGG 1979.

55 *Däubler/Reinecke*, § 9 Rn. 50; Wiedemann/*Oetker*, § 9 Rn. 44.

56 Kittner/Zwanziger/*Kittner*, § 21 Rn. 102; ausführlich hierzu: *Däubler/Reinecke*, § 9 Rn. 52ff. mit weiteren Nachweisen.

## § 10 Tarifvertrag und Tarifordnungen

**(1) Mit dem Inkrafttreten eines Tarifvertrags treten Tarifordnungen und Anordnungen auf Grund der Verordnung über die Lohngestaltung vom 25. Juni 1938 (Reichsgesetzblatt I, 691) und ihrer Durchführungsverordnung vom 23. April 1941 (Reichsgesetzblatt I, 222), die für den Geltungsbereich des Tarifvertrags oder Teile desselben erlassen worden sind, außer Kraft, mit Ausnahme solcher Bestimmungen, die durch den Tarifvertrag nicht geregelt worden sind.**
**(2) Das Bundesministerium für Wirtschaft und Arbeit kann Tarifordnungen und die in Absatz 1 bezeichneten Anordnungen aufheben; die Aufhebung bedarf der öffentlichen Bekanntmachung.**

1 Die Vorschrift regelt das Verhältnis von Rechtsvorschriften vor Inkrafttreten des Tarifvertragsgesetzes zu den Bestimmungen des Tarifvertragsgesetzes. Sie hat jedoch im Wesentlichen nur noch historische Bedeutung (siehe Grundl. Rn. 38ff.). **Tarifordnungen** sind Rechtsverordnungen, die nach dem Gesetz zur Ordnung der nationalen Arbeit (»AOG«) vom 20. Januar 1934[1] erlassen worden und an die Stelle der damals gültigen Tarifverträge getreten waren. Nachdem das AOG am 1. Januar 1947 durch das Kontrollratsgesetz Nr. 40 aufgehoben worden war, entfiel die Ermächtigungsgrundlage zum Erlass weiterer Tarifordnungen. Die bestehenden Tarifordnungen wurden zunächst durch Nachfolgetarifverträge ersetzt (§ 10 Abs. 1 TVG) bzw. später durch den Bundesminister für Wirtschaft und Arbeit aufgehoben (§ 10 Abs. 2 TVG).

2 Die Verordnung über die Aufhebung von Tarifordnungen und Lohngestaltungsordnungen vom 17. April 1968 erklärte mit ihrem Inkrafttreten am 1. Januar 1971[2] nur noch **drei Tarifordnungen** für **wirksam**: Die Tarifordnungen für die deutschen Theater (27. Oktober 1937), für die deutschen Kulturorchester (30. März 1938) und für die Mitglieder von Kurkapellen (1. August 1939).[3]

## § 11 Durchführungsbestimmungen

**Das Bundesministerium für Wirtschaft und Arbeit kann unter Mitwirkung der Spitzenorganisationen der Arbeitgeber und der Arbeitnehmer die zur Durchführung des Gesetzes erforderlichen Verordnungen erlassen, insbesonders über**
1. **die Errichtung und die Führung des Tarifregisters und des Tarifarchivs;**
2. **das Verfahren bei der Allgemeinverbindlicherklärung von Tarifverträgen und der Aufhebung von Tarifordnungen und Anordnungen, die öffentlichen Bekanntmachungen bei der Antragstellung, der Erklärung und Beendigung der Allgemeinverbindlichkeit und der Aufhebung von Tarifordnungen und Anordnungen sowie die hierdurch entstehenden Kosten;**
3. **den in § 5 genannten Ausschuss.**

1 Der Erlass von Durchführungsbestimmungen des Tarifvertragsgesetzes durch den Bundesminister für Wirtschaft und Arbeit (BMWA) ist nur unter Mitwirkung der Spitzenorganisationen der Arbeitgeber und Arbeitnehmer möglich. § 12 TVG schreibt **kein Zustimmungserfordernis** vor. Jedoch steht den Spitzenverbänden

1 RGBl. I, 45.
2 BAnz. Nr. 234, 1.
3 Siehe im Wortlaut Wiedemann/*Oetker* § 10 Rn. 12ff.

ein **Recht** zu, das die **Unterrichtung** und **Beratung** einschließt. Das über die Information hinausgehende Recht ist vor allem bei wesentlichen Änderungen erforderlich.[1] Auf diese Weise kann der Sachverstand der Verbände in das Verfahren der Verordnungsgebung eingebracht werden.[2] Wird gegen das Mitwirkungsgebot verstoßen, ist die Verordnung unwirksam (nichtig).[3]

Der **Wortlaut der Durchführungsverordnung** ist als Anhang abgedruckt. Im Einzelnen siehe hierzu die Kommentierung zu den §§ 5 und 6 TVG. 2

Eine über § 12 Nr. 1 bis 3 **hinaus gehende Ermächtigung** zur Regelung streitiger Fragen, etwa des Günstigkeitsprinzips oder der Tarifbindung durch Verordnung ist **abzulehnen**. Eine erweiternde Auslegung würde vor allem gegen das Bestimmtheitsgebot des Art. 80 Abs. 1 GG verstoßen.[4] 3

## § 12 Spitzenorganisationen

**Spitzenorganisationen im Sinne dieses Gesetzes sind – unbeschadet der Regelung in § 2 – diejenigen Zusammenschlüsse von Gewerkschaften oder von Arbeitgebervereinigungen, die für die Vertretung der Arbeitnehmer- oder der Arbeitgeberinteressen im Arbeitsleben des Bundesgebiets wesentliche Bedeutung haben. Ihnen stehen gleich Gewerkschaften und Arbeitgebervereinigungen, die keinem solchen Zusammenschluss angehören, wenn sie die Voraussetzungen des letzten Halbsatzes in Satz 1 erfüllen.**

**Übersicht** Rn.



### A. Bedeutung und Entstehungsgeschichte

1 Die Vorschrift enthält, anders als ihr Wortlaut zunächst vermuten lässt, keine allgemeine Definition der Spitzenorganisation. Wie sich aus dem in **Satz 1** gemachten Vorbehalt (»unbeschadet…«) ergibt, wird das Erfordernis der wesentlichen Bedeutung für das Arbeitsleben des Bundesgebietes gerade nicht für die Tariffähigkeit der Organisation aufgestellt. Es gilt lediglich im Hinblick auf die im Übrigen im Tarifvertragsgesetz für Spitzenorganisationen bestehenden Regelungen. Das sind jene, die deren Beteiligung bei dem **Verfahren der Allgemeinverbindlicherklärung** (§ 5 TVG in Verbindung mit § 1 TVG-DVO) und beim **Erlass von Rechtsverordnungen** (§ 11 TVG) vorsehen. Unabhängig von der Frage der Tariffähigkeit der Spitzenorganisationen nach § 2 Abs. 2 TVG (hierzu ausführlich § 2 Rn. 79 ff. und Rn. 123 ff.) werden damit grundsätzlich nur solche Organisationen mitwirkungsberechtigt nach §§ 5 Abs. 1, 11 TVG, die eine wesentliche Bedeutung bei ihrer Interessenvertretung im Arbeitsleben des Bundesgebiets haben.

1 *Däubler/Reinecke*, § 11 Rn. 4; ähnlich auch Wiedemann/*Oetker*, § 11 Rn. 4.
2 Vgl. *Herschel*, ZfA 1973, 199.
3 *Däubler/Reinecke*, § 11 Rn. 6.
4 Wie hier: *Däubler/Reinecke*, § 11 Rn. 8; a.A. trotz zutreffenden Ausgangspunktes: *Löwisch/Rieble*, § 11 Rn. 2.

Die Tariffähigkeit einer Spitzenorganisation nach § 2 Abs. 2 TVG führt somit nicht zwangsläufig zu Mitwirkungsrechten nach den genannten Bestimmungen. **Satz 2** eröffnet zudem bundesweit agierenden, bedeutenden Gewerkschaften und Arbeitgeberverbänden, die keine Spitzenorganisationen aufweisen, dieselbe Beteiligungsmöglichkeit. Damit hat § 12 TVG zwei Zielrichtungen: Zum einen werden unbedeutende Spitzenorganisationen von der Teilnahme an staatlichen Verfahren, die das Tarifwesen betreffen, ausgeschlossen. Zum anderen sollen Vereinigungen, die keinem Zusammenschluss angehören, jedoch bundesweit wesentliche Bedeutung für das Arbeitsleben habe, hier partizipieren können; ihnen wäre diese Möglichkeit anderenfalls wegen der in §§ 5 und 11 TVG aufgestellten Begrenzung auf Spitzenorganisationen verschlossen.

2 § 12 TVG ist durch das Gesetz zur Änderung des Tarifvertragsgesetzes vom 11. Januar 1952[1] zunächst als § 10a in das TVG aufgenommen worden. **Anlass** für Satz 2 war der organisatorische Aufbau der Deutschen Angestellten-Gewerkschaft (**DAG**), die eine Organisation ohne Dachverband darstellte. Trotz ihrer Bedeutung konnte sie daher bis zur Einfügung der Bestimmung nicht am staatlichen Verfahren der §§ 5 und 11 TVG teilnehmen. Außer der DAG – bis zu ihrer Verschmelzung mit den anderen in ver.di vereinigten Gewerkschaften – gab und gibt es bis heute keine weitere Organisation, die durch § 12 Satz 2 TVG den Spitzenorganisationen gleichgestellt wird (dazu auch unten § 4 Rn. 12). Satz 1 war notwendig geworden, damit nicht geringere Anforderungen an eine Spitzenorganisation gestellt werden als an einen bundesweit agierenden Verband ohne Überbau. Die Bestimmung ist gegenwärtig von geringer praktischer Relevanz.

## B. Geltungsbereich

3 Die Legaldefinition der Spitzenorganisationen und die Gleichstellung anderer Verbände ist nach dem Wortlaut des § 12 TVG **auf das Tarifvertragsgesetz beschränkt** und hat selbst hier wegen des in ihr gemachten Vorbehalts für die Feststellung der Tariffähigkeit keine Bedeutung. Gleichwohl kann diese Definition **auch über das Tarifvertragsgesetz hinaus** maßgeblich sein.[2] So ist in § 11 ArbnErfG ausdrücklich auf sie Bezug genommen. Wo im Übrigen in gesetzlichen Vorschriften von Spitzenorganisationen der Arbeitgeberverbände oder Gewerkschaften die Rede ist (vgl. etwa §§ 98 Abs. 2 AktG; 5 Abs. 1, 33 HAG; 6 MontanMitbG) hat zunächst eine gesetzesimmanente Auslegung zu erfolgen. Erbringt sie kein schlüssiges Ergebnis, kann auf die §§ 2 und 12 TVG zurückgegriffen werden, wobei wohl eine Orientierung an § 2 TVG zu erfolgen hat, wenn die Tariffähigkeit im Vordergrund steht, an § 12 Satz 1 TVG dagegen, sofern es, wie etwa bei § 37 Abs. 7 BetrVG[3], um die Beteiligung an staatlichen Verfahren geht.

1 BGBl. I, 19.
2 BAG 18.12.1973, AP Nr. 7 zu § 37 BetrVG 1972, unter III 2 der Gründe.
3 So im Ergebnis wohl auch BAG wie zuvor; offen gelassen bei *Fitting*, § 37 Rn. 213.

## C. »Wesentliche Bedeutung im Arbeitsleben des Bundesgebietes«

Nach dem ausdrücklichen Wortlaut muss die Spitzenorganisation bzw. der ihm gleichgestellte Verband im Arbeitsleben des gesamten **Bundesgebietes** bestehen; eine faktische oder satzungsgemäße Beschränkung der Aktivitäten auf Teile des Bundesgebietes, etwa auf ein Bundesland oder nur auf die neuen oder alten Bundesländer, genügt nicht.[4] Wesentliche **Bedeutung** kann nur eine tariffähige Organisation haben bzw. eine Spitzenorganisation, in der tariffähige Verbände zusammengeschlossen sind. Damit wird das von der Rechtsprechung für die Tariffähigkeit von Gewerkschaften geforderte Merkmal der sozialen Mächtigkeit (dazu § 2 Rn. 34ff.) auch hier wesentlich. Es kommt hinzu, dass die Bedeutung für »**das Arbeitsleben**« zu bestehen hat. Hierin ist eine qualitative und quantitative Forderung des Gesetzes zu sehen. Der Verband wird insbesondere zu messen sein an der Zahl seiner Mitglieder und seiner Tarifabschlüsse, seinem öffentlichen Ansehen und seinem sonstigen Einfluss auf die Sozialpolitik.[5] Verbände, in denen lediglich eine relativ begrenzte Zahl von Arbeitnehmern mit speziellen Merkmalen organisiert sein können, können nicht Spitzenorganisation im Sinne des § 12 Satz 1 oder ihr nach Satz 2 TVG gleichgestellt sein. Weder bei den nahezu über die ganze Breite des Arbeitslebens reichenden Verfahren der Allgemeinverbindlicherklärung noch beim Erlass von Verordnungen ist die Beteiligung von Vertretern enger partikularer Interessen sinnvoll. Das gilt insbesondere angesichts seiner begrenzten Mitgliederzahl im Hinblick auf den **Tarifausschuss** (vgl. § 1 VO TVG). So sind bei der Mitwirkung im Rahmen der §§ 5 und 11 TVG Verbände wie z.B. die Deutsche Orchestervereinigung (DOV) oder Cockpit nicht zu berücksichtigen. Im Übrigen wird dem Ministerium bzw. der nach § 5 Abs. 6 TVG bestimmten obersten Arbeitsbehörde eines Landes bei der Beurteilung der Frage, ob ein Verband bundesweit von wesentlicher Bedeutung ist, ein weiter Spielraum zugebilligt. 4

Die angeführten Bedingungen gelten in gleicher Weise, wenn nach § 5 Abs. 6 TVG das Recht der Allgemeinverbindlicherklärung sowie ihrer Aufhebung auf die **oberste Arbeitsbehörde eine Landes** übertragen wurde. Es reicht also auch hier nicht aus, wenn der Verband lediglich im betreffenden Bundesland für die Vertretung der Arbeitgeber- oder Arbeitnehmerinteressen wesentliche Bedeutung hat.[6] Dagegen kann nicht angeführt werden, weil nach § 12 TVG-DVO für die Tarifausschüsse der Länder die §§ 1 bis 11 der TVG-DVO (nur) sinngemäß gelten, müsse dies anders sein.[7] Die TVG-DVO definiert die Spitzenorganisation nicht; sie könnte insoweit auch nicht vom TVG abweichen, da § 11 TVG keine dahingehende Ermächtigung enthält. 5

Bei **Streitigkeiten** zwischen dem Bundesminister für Arbeit und Wirtschaft und einer Spitzenorganisation bzw. einem keiner Spitzenorganisation angehörenden Verband darüber, ob die Voraussetzungen des § 12 TVG vorliegen, ist die Klage vor den Verwaltungsgerichten gegeben. Ein arbeitsgerichtliches Beschlussverfahren – etwa entsprechend dem der Feststellung der Tariffähigkeit – 6

---

4 Soweit es um den Bundesausschuss des § 5 und um § 11 geht allgemeine Meinung: *Däubler/Reinecke*, § 12 Rn. 4; *Löwisch/Rieble*, § 12 Rn. 6; Wiedemann/*Oetker*, § 12 Rn. 9.

5 *Wiedemann/Stumpf*, Geschichte Rn. 19; *Däubler-Reinecke*, § 12 Rn. 5; siehe auch *Löwisch/Rieble*, § 12 Rn. 5.

6 *Däubler/Reinecke*, § 12 Rn. 6; Wiedemann/*Oetker*, § 12 Rn. 9.

7 So aber *Löwisch/Rieble*, § 12 Rn. 6.

scheidet aus: Ein derartiges Verfahren war zwar noch im Entwurf zum Arbeitsgerichtsgesetz vorgesehen, im verabschiedeten Gesetz aber nicht mehr enthalten. Als Klageziel wird in aller Regel nur die Feststellung, dass es sich bei dem fraglichen Verband um eine Organisation im Sinne des § 12 handelt, in Betracht kommen. Da aus Art. 9 Abs. 3 GG kein Recht der Koalitionen auf Beteiligung an der staatlichen Rechtssetzung erwächst[8], steht jedenfalls die Besetzung des Tarifausschusses nach § 5 TVG im pflichtgemäßen (Auswahl-)Ermessen der Behörde. Nur willkürliche Entscheidungen können die Koalitionsfreiheit verletzten. Eine Verpflichtungsklage oder allgemeine Leistungsklage, mit der die Aufnahme in den Ausschuss erstrebt würde, wird daher kaum einmal zu erwägen sein.[9]

## § 12a Arbeitnehmerähnliche Personen

**(1) Die Vorschriften dieses Gesetzes gelten entsprechend**

**1. für Personen, die wirtschaftlich abhängig und vergleichbar einem Arbeitnehmer sozial schutzbedürftig sind (arbeitnehmerähnliche Personen), wenn sie auf Grund von Dienst- oder Werkverträgen für andere Personen tätig sind, die geschuldeten Leistungen persönlich und im wesentlichen ohne Mitarbeit von Arbeitnehmern erbringen und**
   **a) überwiegend für eine Person tätig sind oder**
   **b) ihnen von einer Person im Durchschnitt mehr als die Hälfte des Entgelts zusteht, das ihnen für ihre Erwerbstätigkeit insgesamt zusteht; ist dies nicht voraussehbar, so sind für die Berechnung, soweit im Tarifvertrag nichts Anderes vereinbart ist, jeweils die letzten sechs Monate, bei kürzerer Dauer der Tätigkeit dieser Zeitraum, maßgebend,**

**2. für die in Nummer 1 genannten Personen, für die die arbeitnehmerähnlichen Personen tätig sind, sowie für die zwischen ihnen und den arbeitnehmerähnlichen Personen durch Dienst- oder Werkverträge begründeten Rechtsverhältnisse.**

**(2) Mehrere Personen, für die arbeitnehmerähnliche Personen tätig sind, gelten als eine Person, wenn diese mehreren Personen nach der Art eines Konzerns (§ 18 des Aktiengesetzes) zusammengefasst sind oder zu einer zwischen ihnen bestehenden Organisationsgemeinschaft oder nicht nur vorübergehenden Arbeitsgemeinschaft gehören.**

**(3) Die Absätze 1 und 2 finden auf Personen, die künstlerische, schriftstellerische oder journalistische Leistungen erbringen, sowie auf Personen, die an der Erbringung, insbesondere der technischen Gestaltung solcher Leistungen unmittelbar mitwirken, auch dann Anwendung, wenn ihnen abweichend von Absatz 1 Nr. 1 Buchstabe b erster Halbsatz von einer Person im Durchschnitt mindestens ein Drittel des Entgelts zusteht, das ihnen für ihre Erwerbstätigkeit insgesamt zusteht.**

**(4) Die Vorschrift findet keine Anwendung auf Handelsvertreter im Sinne des § 84 des Handelsgesetzbuchs.**

---

8 Unstreitig, vgl. *Däubler/Reinicke*, § 12 Rn. 7; *Löwisch/Rieble*, § 12 Rn. 2; Wiedemann/*Oetker*, § 12 Rn. 7.

9 Zutreffend *Löwisch/Rieble*, § 12 Rn. 7; *Däubler/Reinecke*, § 12 Rn. 10; wohl auch ErfK/*Schaub* § 12 Rn. 6, 7. Siehe auch OVG Saarland 3.3.1997 (8 R 30/94), nicht veröffentlicht.

**Übersicht** Rn.



## Literaturübersicht:

*Bauschke*, Auf dem Weg zu einem neuen Arbeitnehmerbegriff, RdA 1994, 209; *Berning*, Die Abhängigkeit des Franchise-Nehmers: Selbständigkeit durch vertikale Gruppenkoordination oder Auflösung des Normalarbeitsverhältnisses?, 1994; *Beuthien*, Arbeitsrecht und Vereinsfreiheit, FS 25 Jahre BAG, 1979, 1; *Beuthien/Wehler*, Stellung und Schutz der freien Mitarbeiter im Arbeitsrecht, RdA 1978, 2; *Buschmann*, Franchise-Arbeitnehmer, AiB 1988, 51; *ders.*, Rechtsprobleme der Scheinselbständigkeit, FS Gnade, 1992, 129; *Bonus/Wessels*, Ein Franchise-Nehmer – ein moderner Sklave, Volkswirtschaftliche Diskussionsbeiträge der Westfälischen Wilhelms-Universität Münster, Nr. 198, 1994; *Collardin*, Aktuelle Rechtsfragen der Telearbeit, 1995; *Falkenberg*, Arbeitnehmerähnliche Personen, AR-Blattei; *Godehardt*, Telearbeit, Rahmenbedingungen und Potentiale, Materialien und Berichte der ISDN-Forschungskommission NRW, Nr. 15, 1994; *Griebeling*, Der Arbeitnehmerbegriff und das Problem der »Scheinselbständigkeit«, RdA 1998, 208; *Hanau*, Entwicklungslinien im Arbeitsrecht, DB 1998, 69; *Hilger*, Rundfunkfreiheit und »freie Mitarbeiter«, RdA 1981, 265; *Hromadka*, Arbeitnehmerbegriff und Arbeitsrecht, NZA 1997, 569; *ders.*, Arbeitnehmerähnliche Personen, NZA 1997, 1249; *Kindle*, Der Arbeitgeberverband des privaten Rundfunks, Der Arbeitgeber 1994, 876; *Kretzschmar*, Die Rolle der Koalitionsfreiheit für Beschäftigungsverhältnisse jenseits des Arbeitnehmerbegriffs, 2003; *Kreuder*, Arbeitnehmereigenschaft und »neue Selbständigkeit« im Lichte der Privatautonomie, AuR 1996, 386; *Kunze*, Der neue § 12a des Tarifvertragsgesetzes, UFITA 74 (1975), 19; *Lieb*, Die Schutzbedürftigkeit arbeitnehmerähnlicher Personen, RdA 1974, 257; *ders.*, Rechtsformzwang und Rechtsformverfehlung im Arbeitsrecht, RdA 1975, 49; *ders.*, Unternehmerähnliche Arbeitnehmer, ZVersWiss 1976, 20; *ders.*, Zur Befristung von Beschäftigungsverhältnissen im Bereich der Rundfunkfreiheit, FS Hilger und Stumpf, 1983, 409; *Lund*, Tarifautonomie für arbeitnehmerähnliche Personen, BABl. 1974, 682; *Mayer, M.*, Zur Öffnung des persönlichen Geltungsbereichs von Tarifverträgen für Heimarbeiter und Handelsvertreter, BB 1993, 1513; *Mayer, U./Raasch*, Scheinselbständigkeit – ein neues Konzept in der

Personalpolitik, AiB 1987, 57; *von Olenhusen*, Die arbeitnehmerähnliche Person im Presse und Medienrecht, ZUM 1988, 557; *Ossenbühl*, Rechtsprobleme der Freien Mitarbeiter im Rundfunk, 1978; *Otto*, Rundfunkspezifischer Arbeitnehmerstatus?, AuR 1983, 1; *Peter*, Kernfragen der Telearbeit, DB 1998, 573; *Pfarr*, Tarifliche Normen und individuelle Gestaltung, in: Tarifpolitik im Strukturwandel, IG-Metall-Schriftenreihe Heft 6, 1988, 127; dies., Die arbeitnehmerähnliche Person, FS Kehrmann, 1997, 75; *Plander*, Rundfunkfreiheit und Arbeitnehmerstatus, BlStSozArbR 1982, 225; *Rancke*, Arbeitnehmerbegriff und sozio-ökonomischer Strukturwandel, AuR 1979, 9; *Reichel*, Änderung des Tarifvertragsgesetzes, DB 1975, 102; *Rewolle*, Der Rechtsanwalt als freier Mitarbeiter, DB 1978, 1497; *Rosenfelder*, Der arbeitsrechtliche Status des freien Mitarbeiters, 1982; *Rüthers*, Programmfreiheit der Rundfunkanstalten und Arbeitsrechtsschutz der freien Mitarbeiter, DB 1982, 1869; *ders.*, Rundfunkfreiheit und Arbeitsrechtsschutz, RdA 1985, 129; *Schliemann*, Flucht aus dem Arbeitsverhältnis – falsche oder echte Selbständigkeit?, RdA 1997, 322; *Schulz, B./Staiger*, Flexible Zeit, flexibler Ort, 1993; *Schwarze*, Arbeitnehmerbegriff und Vertragstheorie, ZfA 2005, 81; *Stolterfoth*, Die Selbständigkeit des Handelsvertreters, 1973; *Wank*, Arbeitnehmer und Selbständige, 1988; *ders.*, Die freien Mitarbeiter bei den Rundfunkanstalten und das Bundesverfassungsgericht, RdA 1982, 363; *ders.*, Die »neue Selbständigkeit«, DB 1992, 90; *Wedde*, Der Schutz der Telearbeit – eine Herausforderung an das Arbeitsrecht, AuR 1987, 325; *ders.*, Telearbeit, 2. Aufl., 1994; *Wiese*, Buchautoren als arbeitnehmerähnliche Personen, 1980; *Wlotzke*, Neuerungen im gesetzlichen Arbeitsrecht, DB 1974, 2252; *Zachert*, Die Sicherung und Gestaltung des Normalarbeitsverhältnisses durch Tarifvertrag, 1989; *ders.*, Vereinigungsfreiheit/Koalitionsfreiheit, AR-Blattei SD 1650.1.

## A. Geschichte und Bedeutung der Vorschrift

### I. Geschichtliche Entwicklung

1 Der das gesamte Arbeitsrecht beherrschende Gedanke sozialer Schutzbedürftigkeit der abhängigen Arbeit hatte schon 1911 dazu geführt, Heimarbeiter und Hausgewerbetreibende unbeschadet der dort bestehenden »rechtlichen Unterschiede gegenüber einem Arbeitsvertragsverhältnis, in einer wirtschaftlich und sozial bewertenden Betrachtung für den Bereich des Arbeitsrechts dem normalen Arbeitsvertrag« im **Heimarbeitsgesetz** teilweise gleichzustellen.[1] Dabei ging man davon aus, dass die zwischen Heimarbeitern und Hausgewerbetreibenden einerseits sowie ihren gewerblichen Auftraggebern andererseits bestehenden »freien« (privatautonomen) Verträge die Herstellung sozial angemessener Verhältnisse verhindert hatten. Zwingende arbeitsrechtliche Regelungen, später auch Tarifverträge und tarifgleiche bindende Festsetzungen der Heimarbeitsausschüsse (§§ 17 Abs. 1, 19 HAG)[2] sollen die heute nur noch etwa 100 000[3] Heimarbeiter und die ihnen Gleichgestellten (hierzu gehört seit 1974 auch die Büroangestellten-Heimarbeit) schützen. In ähnlicher wirtschaftlicher Abhängigkeit wie Heimarbeitnehmer, aber – wegen ihrer tatsächlichen Tätigkeitsbedingungen und

1 BVerfG 27.2.1973, E 34, 307, 317.
2 Zur Verfassungsmäßigkeit vgl. BVerfG 27.2.1973, E 34, 307.
3 Vgl. die Nachweise und eigenen Berechnungen bei MünchArbR/*Heenen*, § 238 Rn. 1. Wegen der problematischen Statusbestimmung von Telebeschäftigten bleiben die Zahlen insgesamt wohl ungesichert.

(teilweise) wegen ihres eigenen Selbstverständnisses – ohne den Schutz des Arbeitsrechts, können sich kleinere Handels- und Versicherungsvertreter[4] und die sehr unterschiedliche Berufsgruppen umfassenden so genannten freien Mitarbeiter befinden. Zu ihnen zählen etwa Journalisten, Schriftsteller, Künstler, sachverständige Mitarbeiter von Verlagen und Zeitschriften, Übersetzer, Dolmetscher, Beschäftigte in Forschung und Lehre bei privaten und staatlichen Organisationen sowie neuerdings auch Architekten und Rechtsanwälte.[5] Sie wurden vom Gesetzgeber als **»arbeitnehmerähnliche Personen«** von Anfang an der Arbeitsgerichtsbarkeit unterstellt (§ 5 Abs. 2 Satz 2 ArbGG), aber später nur im Urlaubs-, Arbeitsschutz- und im Betriebsrentenrecht als Gruppe speziell geschützt (vgl. §§ 2 Satz 2 BUrlG, 2 Abs. 2 Ziff. 3 ArbSchG, 17 Abs. 1 Satz 2 BetrAVG, 621 Nr. 5 BGB). Ansonsten blieb diese wachsende Gruppe jedoch vom Arbeitsrecht – und damit auch von der Möglichkeit tarifvertraglicher, kollektiver Selbstbestimmung – ausgenommen, so dass sich ihre Arbeits- und Wirtschaftsbedingungen aufgrund der besseren Marktposition der Auftraggeberseite immer weiter zu verschlechtern drohten.

Nachdem § 17 Abs. 1 HAG für die arbeitnehmerähnlichen Heimarbeiter bereits 2
die Festlegung allgemeiner Vertragsbedingungen zwischen Gewerkschaften und Auftraggebern vorsah, war es konsequent, den übrigen Gruppen der arbeitnehmerähnlichen Personen solche tarifvertraglichen Regelungen gleichfalls zuzugestehen. Zu diesem Zweck ist § 12a TVG **im Jahre 1974 in das Tarifvertragsgesetz eingefügt** worden.[6] Mit der damit erfolgten Anerkennung des kollektiven Selbstbestimmungsrechts der Arbeitnehmerähnlichen soll vor allem auch deren gewerkschaftliche Organisation gefördert werden. Sie ist die wichtigste Voraussetzung für den Abschluss entsprechender Tarifverträge – zumal es irgendwelche, den Heimarbeitsausschüssen nach §§ 17ff. HAG ähnlichen, gesetzlichen Organisationshilfen nicht gibt. Nach § 12a Abs. 4 TVG wurden allerdings Handels- und Versicherungsvertreter auf Wunsch der Mehrheit der entsprechenden Berufsverbände von dieser Regelung ausgenommen.[7] Damit schützt das Gesetz vor allem die dort bereits bestehenden Berufsorganisationen vor Gewerkschaftskonkurrenz; zu Wirksamkeitsbedenken siehe unten § 12a Rn. 29. Nicht zuletzt wegen dieser verbandspolitischen Interessengegensätze kam es in der **Vorgeschichte des Gesetzes** zu Änderungen des Regierungsentwurfs, der schließlich in der Fassung des Vermittlungsausschusses von Bundestag und Bundesrat beschlossen wurde.[8]

Eine Sonderregelung hat im Jahre 2002 das **Urhebervertragsrecht** erfahren. § 32 3
UrhG verschafft dem Urheber einen gesetzlichen Mindestanspruch auf angemessene Vergütung für die Nutzung des Werkes. Nach § 36 Abs. 1 UrhG können Vereinigungen von Urhebern mit Vereinigungen von Werknutzern oder einzelnen Werknutzern gemeinsame Vergütungsregelungen aufstellen, mit denen die Angemessenheit der Vergütung nach § 32 UrhG bestimmt wird.[9] Die Kollisionsmöglichkeit solcher Vergütungsregelungen mit Tarifverträgen, sei es für Arbeitneh-

---

4 Vgl. §§ 84, 92a HGB, dazu *Lieb*, ZVersWiss 1976, 20ff.

5 Dazu *Rewolle*, DB 1978, 1497f. Vgl. auch OLG München 24.11.1998 (29 W 3071/98), EzA § 5 ArbGG 1979 Nr. 31 (arbeitnehmerähnliche Rechtsanwälte).

6 Art. II § 1 des Heimarbeitsänderungsgesetzes vom 20. Oktober 1974, BGBl. I, 2879.

7 Vgl. *Wlotzke*, DB 1974, 2256.

8 Zur Entstehungsgeschichte vgl. *Lund*, BABl. 1974, 682.

9 Einzelheiten *Däubler/Hensche*, Einl. Rn. 900ff.; zu verfassungsrechtlichen Fragen siehe auch *Thüsing*, GRUR 2002, 203.

mer, sei es für Arbeitnehmerähnliche, wird nach § 36 Abs. 1 Satz 3 UrhG durch die Festlegung des Tarifvertragsvorrangs aufgelöst.

## II. Rechtstatsächliche Bedeutung der Vorschrift

4 Die praktische Bedeutung des § 12a TVG war von Anfang an schwer abzuschätzen, wenngleich zu erwarten war, dass der Schwerpunkt im Bereich der **Massenmedien** liegen würde. Nach dem vom Bundestag schon 1974 angeforderten, 1977 vorgelegten Erfahrungsbericht der Bundesregierung[10] waren damals erst acht Tarifverträge registriert, die ausnahmslos so genannte freie Mitarbeiter der in der Arbeitsgemeinschaft der Rundfunkanstalten Deutschlands (**ARD**) zusammengeschlossenen Länderrundfunkanstalten sowie des Zweiten Deutschen Fernsehens (**ZDF**) betrafen. Die zustande gekommenen Tarifverträge lehnen sich inhaltlich an entsprechende Arbeitnehmer-Tarifverträge an. Sie regeln im wesentlichen die vertraglichen Rahmenbedingungen der erfassten freien Mitarbeiter-Verträge, Sozialleistungen (z.B. Altersversorgungsbestimmungen), Leistungen bei Arbeitsunfähigkeit, Urlaub sowie den Bestandsschutz der Verträge durch Kündigungsfristen (welche nach dem Lebensalter und der Beschäftigungsdauer gestaffelt sind) sowie Übergangsgelder.

5 Inzwischen haben alle zur ARD gehörenden Anstalten entsprechende Tarifverträge abgeschlossen, die aber jedenfalls hinsichtlich des Bestandsschutzes der Verträge unbefriedigend sind. Dies liegt weniger an den verhältnismäßig kurzen Kündigungsfristen, sondern daran, dass die arbeitnehmerähnlichen Personen nicht unter die jeweiligen (am Arbeitnehmerbegriff orientierten) Personalvertretungsgesetze fallen, weshalb jede Mitwirkung des Personalrats bei der Kündigung ausscheidet. – Für einen großen Teil der hauptberuflichen freien Journalisten und Journalistinnen der **Tageszeitungen** gilt seit dem 1. August 2002 ein Tarifvertrag. Er ist auf Arbeitgeberseite vom Bundesverband Deutscher Zeitschriftenverleger in Vertretung einer Mehrzahl seiner Landesverbände geschlossen worden – es fehlen Hessen, MecklenburgVorpommern, Sachsen, Sachsen-Anhalt und Thüringen. Sein wesentlicher Inhalt ist die Festlegung von Zeilen bzw. Pauschalhonoraren, der Urheberrechte und eines Beendigungsschutzes in Form von Beendigungsfristen.

6 Die **aktuelle Tendenz** vieler Unternehmen, sich durch »Ausgründung« (Outsourcing) von bisher intern durch eigene Arbeitnehmer erbrachte Leistungen zu entlasten, indem diese rechtlich verselbständigt und sodann durch – häufig kombinierte – Darlehens-, Subunternehmer- und Franchise-Verträge langfristig und ausschließlich an das Unternehmen gebunden werden, hat einen neuen Typus von Vertragsverhältnissen hervorgebracht, bei dem der sich hinter scheinbar unternehmerischer Selbständigkeit verbergende Status schwer feststellbar ist.[11] In diesen Fällen (genauer unten § 12a Rn. 23f.) wird schon aus organisatorischen Gründen (kleine Einheiten, fehlende räumliche Nähe) regelmäßig ein spezieller Tarifvertrag für Arbeitnehmerähnliche ausscheiden. In Branchen, in denen die angeführten Erscheinungsformen der Arbeitnehmerähnlichkeit häufiger auftreten, wäre jedoch ein »Und«-Tarifvertrag (für Arbeitnehmer und Arbeitnehmerähnliche), der die Besonderheiten dieser Beschäftigungsform berücksichtigt, empfehlenswert und zulässig (dazu unten § 12a Rn. 32). Im Übrigen ist auch in

10 RdA 1978, 42.

11 »Scheinselbständigkeit«, vgl. *U. Mayer/Raasch*, AiB 1987, 57; *Buschmann*, FS Gnade, 129.

anderen Berufszweigen infolge häufiger Konjunkturschwankungen (z.B. Architekten) oder eines Überangebots von Berufsanfängern (Rechtsanwälte, Ärzte) mit einer zunehmenden Tendenz zu freien Mitarbeiter-Verträgen zu rechnen.

## B. Verfassungsrechtliche Einordnung

Verfassungsrechtliche Grundlage des § 12a TVG ist die **Tarifautonomie** des Art. 9 Abs. 3 GG.[12] Dies war bestritten worden, vor allem deshalb, weil schon die Tarifvertragsverordnung vom 23. Dezember 1918 ebenso wie das Tarifvertragsgesetz ursprünglich nur echte Arbeitsverhältnisse erfasste; die Regelung des § 12a TVG sei zwar verfassungskonform, nicht aber in Art. 9 Abs. 3 GG verfassungsrechtlich abgesichert.[13] Der historische Besitz- und Programmbestand der Gewerkschaften, wie er sich auch in Tarifgesetzen niederschlägt, ist indes nur ein gesetzlich unantastbarer Mindeststandard exemplarischer Interessenvertretung des Inhalts, dass überall dort, wo ein Bedürfnis dafür besteht (also der Individualvertrag keine sozial angemessenen Arbeitsbeziehungen sichern kann), organisierte Tarifparteien die Arbeits- und Wirtschaftsbedingungen regeln.[14] Da die Koalitionsfreiheit insofern neuen sozialen und wirtschaftlichen Entwicklungen gegenüber zukunftsoffen ist, hat das Bundesverfassungsgericht richtigerweise sogar die von den Heimarbeitsausschüssen nach § 19 HAG beschlossenen Entgelt- und Vertragsbedingungen verfassungsrechtlich auf Art. 9 Abs. 3 GG gestützt.[15] Für eine tarifliche Regelung der Beschäftigungsverhältnisse arbeitnehmerähnlicher Personen muss das erst recht gelten, wobei zudem der Gleichbehandlungssatz des Art. 3 Abs. 1 GG dies erfordert. Die Koalitionsfreiheit steht daher auch den arbeitnehmerähnlichen Personen zu. Soweit die in § 12a Abs. 4 TVG ausgenommenen Handelsvertreter tatsächlich den arbeitnehmerähnlichen Personen des § 12a Abs. 1 TVG vergleichbar schutzwürdig sind, könnten auch für sie Tarifverträge abgeschlossen werden (dazu unten § 12a Rn. 29). 7

Eine besondere Problemlage entsteht dort, wo die **Schutzwirkung des Art. 5 Abs. 1 Satz 2 bzw. Abs. 3 GG** eingreift, also bei der Rundfunkfreiheit, der Pressefreiheit und der Wissenschaftsfreiheit. Ausgangspunkt der rechtlichen Kontroverse hierüber waren insbesondere in den 70er Jahren zahlreiche arbeitsgerichtliche Klagen von Rundfunkbeschäftigten, die als freie Mitarbeiter geführt wurden, auf Feststellung eines (dem Kündigungsschutz unterliegenden) Arbeitsverhältnisses. Das **Bundesarbeitsgericht** hat seine Rechtsprechung zum Arbeitnehmerbegriff anhand dieser Fälle wesentlich verfeinert[16] und das bisherige Abgrenzungsmerkmal der »persönlichen Abhängigkeit« um tatsächliche soziale und wirtschaftliche Kriterien (sachlicher Hintergrund der vereinbarten Arbeitsbeziehungen, Tätigkeitsgestaltung, faktische Arbeitsmarktpositionen und ähnliches) erweitert.[17] Diese Rechtsprechung führte wegen der in einer gro- 8

---

12 Ebenso *Däubler/Reinecke*, § 12a Rn. 16; *Löwisch/Rieble*, § 12a Rn. 2; Wiedemann/*Wank*, § 12a Rn. 24, mit weiteren Nachweisen; ErfK/*Schaub*, § 12a TVG Rn. 2; *Gamillscheg*, Kollektives Arbeitsrecht I, § 7 II 4e, 338f.; *Zachert*, AR-Blattei 1650.1 Rn. 72f.; im Ergebnis auch ErfK/*Dieterich*, Art. 9 GG Rn. 28.

13 *Lieb*, RdA 1974, 267; offengelassen bei *Reichel*, DB 1975, 102.

14 Vgl. BVerfG 27.2.1973, E 34, 307, 316.

15 BVerfG 27.2.1973, E 34, 307, 320.

16 Vgl. dazu die Entscheidungen des BAG in AP zu § 611 BGB Abhängigkeit und EzA zu § 611 BGB Arbeitnehmerbegriff sowie unten § 12a Rn. 15ff.

17 Zusammenfassend zu diesem Zeitabschnitt BAG 15.3.1978, AP Nr. 26 zu § 611 BGB Abhängigkeit; hierzu vgl. *Rosenfelder*, Status, 114f.; *Ossenbühl*; *Beuthien/Wehler*, RdA 1978, 2; *Rancke*, AuR 1979, 9; *Hilger*, RdA 1981, 265.

ßen Zahl erfolgten Bejahung des Arbeitnehmerstatus dazu, dass die Rundfunkanstalten die bis dahin recht einseitig festgesetzten freien Mitarbeiterverhältnisse weitgehend einschränken mussten. Sie fühlten sich infolgedessen in ihrer durch Art. 5 Abs. 1 Satz 2 GG garantierten Programmfreiheit inhaltlich beeinträchtigt. Auf eine entsprechende Verfassungsbeschwerde hat sodann das **Bundesverfassungsgericht** entschieden, dass die Arbeitsgerichte bei der Entscheidung, »ob die Rechtsbeziehungen zwischen den Rundfunkanstalten und ihren in der Programmgestaltung tätigen Mitarbeitern als unbefristete Arbeitsverhältnisse einzuordnen sind«, die grundrechtliche Rundfunkprogrammfreiheit auch im Hinblick auf die ihr korrespondierende Freiheit der Personalpolitik zu beachten hätten.[18] Ausdrücklich betonte das Gericht, es sei ihm verwehrt, die Grenzziehung zwischen Arbeitsverhältnis und freier Mitarbeit selbst vorzunehmen.[19] Im **Schrifttum** entwickelte sich daraufhin eine Kontroverse darüber, ob bereits bei der Entwicklung von Kriterien zur Abgrenzung von Arbeitnehmern und freien Mitarbeitern Art. 5 GG zu berücksichtigen sei. Diese Frage ist deshalb von faktischer Bedeutung für die Anwendung des § 12a TVG, weil jede Verschiebung der Grenze zu Lasten des Arbeitnehmerstatus ein Anwachsen der Zahl der Arbeitnehmerähnlichen bedeuten kann. Das Bundesarbeitsgericht jedoch hält weiterhin prinzipiell an seiner bisherigen Rechtsprechung fest und lehnt es insbesondere ab, im Bereich der Rundfunkfreiheit besondere Kriterien für die Abgrenzung des Arbeitsvertrages von einem (freien) Dienstvertrag zu entwickeln, die mit dem allgemeinen Arbeitsrecht nicht übereinstimmen (genauer unten § 12a Rn. 18).

9 Bei dem Beschluss des Bundesverfassungsgerichts zum Problem der Festanstellung von Rundfunkmitarbeitern[20] ging es lediglich um die **Befristung von Arbeitsverhältnissen**, die nach der damaligen Rechtsprechung des BAG – vor Geltung des § 1 BeschFG und des diesen ablösenden § 14 TzBfG – aus Gründen des sozialstaatlich gebotenen Arbeitnehmerschutzes nur bei Vorliegen sachlicher Gründe zugelassen war.[21] Lediglich diese Beschränkung stand der von den Rundfunkanstalten beanspruchten personalpolitischen Programmfreiheit entgegen, und folglich war nur zu entscheiden, ob jener arbeitsrechtliche Bestandsschutz (Kündigungsrecht) den Art. 5 Abs. 1 Satz 2 GG als allgemeines Gesetz nach Art. 5 Abs. 2 GG einschränken könne.[22] Das Bundesverfassungsgericht hat dies verneint, indem es als Rechtsgrundlage des Bestandsschutzes der Rundfunkmitarbeiter letztlich nur das Sozialstaatsprinzip prüfte und feststellte, dass dieses Prinzip nicht geeignet sei, Grundrechte ohne nähere Konkretisierung durch den Gesetzgeber zu beschränken.[23]

10 Ein **weitgehender Bestands-(= Kündigungs-)Schutz für Arbeitnehmer und arbeitnehmerähnliche Personen** (»freie Mitarbeiter«) lässt sich trotz der Entschei-

---

18 BVerfG 13.1.1982, E 59, 231, mit abweichender Meinung von *Heussner*, 273; hierzu *Plander*, BlStSozArbR 1982, 225; *W. Schmidt*, NJW 1982, 1442; *Wank*, RdA 1982, 363; *Lieb*, Befristung, 409; *Otto*, AuR 1983, 28; siehe auch BVerfG 1. Kammer des Ersten Senats 18.2.2000 (1 BvR 491/93 u.a.), EzA Art. 5 GG Nr. 25; BVerfG 1. Kammer des Ersten Senats 22.8.2000 (1 BvR 2121/94), abgedruckt bei EzA § 611 BGB Arbeitnehmerbegriff Nr. 54; BVerfG 3. Kammer des Ersten Senats 3.12.1992 (1 BvR 1462/86), AP Nr. 5 zu Art. 5 Abs. 1 GG Rundfunkfreiheit = EzA § 611 BGB Arbeitnehmerbegriff Nr. 50.

19 BVerfG 13.1.1982, E 59, 231, 268.

20 BVerfG 13.1.1982, E 59, 231, 268.

21 Vgl. die damaligen Entscheidungen BAG, AP zu § 620 BGB befristeter Arbeitsvertrag.

22 BVerfG 13.1.1982, E 59, 231, 268; *Lieb*, Befristung, 410ff.

23 BVerfG 13.1.1982, E 59, 231, 262ff., 267.

dung des Bundesverfassungsgerichts vom 13. Januar 1982[24] auch im Bereich der Massenmedien durch entsprechende tarifvertragliche Regelungen erreichen. Darin müssten lediglich ein Befristungsverbot und die Geltung des Kündigungsschutzgesetzes (mit den entsprechenden betriebsverfassungs- und personalvertretungsrechtlichen Vorschriften) vereinbart werden, um nach § 4 Abs. 1 TVG zwingende Wirkung zu entfalten. Das Bundesverfassungsgericht hatte das »Recht auf Rundfunkanstalten, frei von fremdem Einfluss über Auswahl, Einstellung und Beschäftigung der Mitarbeiter zu bestimmen«, dadurch beeinträchtigt gesehen, dass die Arbeitsgerichte »ungeachtet des von den Parteien geschlossenen Vertrages« unbefristete Arbeitsverhältnisse feststellten.[25] Es ging also zuvörderst nicht um den Inhalt der jeweiligen Verträge, sondern um die Beeinträchtigung der Freiheit zur Vertragsgestaltung. Diese als Teil der Rundfunkautonomie verstandene Arbeitsvertragsfreiheit der elektronischen Medien wird indessen nicht durch tarifvertragliche Abmachungen beeinträchtigt. Auch insoweit besteht nämlich Abschlussfreiheit, wenn auch auf der kollektiven verfassungsrechtlichen Grundlage des Art. 9 Abs. 3 GG. Soweit die Rundfunkanstalten Arbeitsverträge oder Dienst- bzw. Werkverträge mit arbeitnehmerähnlichen Personen schließen, unterliegen sie der Tarifautonomie des Art. 9 Abs. 3 GG. Die Koalitionsfreiheit begrenzt insofern unmittelbar die Rechte aus Art. 5 Abs. 1 GG. Sie ist kein »allgemeines Gesetz« im Sinne des Art. 5 Abs. 2 GG, sondern der – stets nur arbeitsteilig realisierbaren – Rundfunkfreiheit verfassungsrechtlich vorgegeben. Auch die auf dieser Grundlage abgeschlossenen Tarifverträge haben nicht die Funktion »allgemeiner Gesetze«, weil sie – anders als staatliche Legislativakte – nur unter direkter Beteiligung der Anstalten selbst zustande kommen. Folglich unterliegen diese autonomen tarifvertraglichen Regelungen auch nicht den von der verfassungsgerichtlichen »Güterabwägungstheorie« gezogenen Schrankenbegrenzungen.[26] Der **Rundfunkmitarbeiter-Beschluss** ist daher grundsätzlich **nicht auf Tarifverträge** im Bereich der Rundfunkanstalten **anwendbar**. Auch hier setzt die Funktion der tarifunterworfenen Arbeitsplätze (wie bei jedem Tarifvertrag) sachliche Regelungsgrenzen, doch wird das von den Tarifvertragsparteien im Einzelnen selbst ausgehandelt. Da diese kollektive Verhandlungsfreiheit auf Arbeitgeberseite selbst Teil der Rundfunkfreiheit ist, wird sie dort zwar vom Programmauftrag geprägt, auf der Beschäftigtenseite jedoch von deren Interessen her relativiert. Die solchermaßen zu findenden Kompromisse sind dann nicht verfassungsrechtlich bis ins Einzelne vorgeprägt[27], sondern inhaltlich offen.[28]

Ihre **Grenzen** finden tarifliche Vereinbarungen mit den Rundfunkanstalten nur an solchen Positionen, die für die Programmfreiheit nachweisbar unerlässlich erscheinen. Nur wo eine Tarifvorschrift unausweichlich den »Wesensgehalt« (analog Art. 19 Abs. 2 GG) der Rundfunkfreiheit berührt, überschreitet sie die ihr gezogene Schranke der »Arbeits- und Wirtschaftsbedingungen«, indem sie das Programm (und nicht die Produktionsbedingungen) der elektronischen Medien tarifvertraglich gestalten würde. Jenseits dieser innersten Begrenzung besteht Tarifautonomie, welche insbesondere auch eine Vereinbarung unbefristeter Ver- **11**

24 BVerfG 13.1.1982, E 59, 231, 262ff., 267.
25 BVerfG 13.1.1982, E 59, 231, 270.
26 Vgl. BVerfG 13.1.1982, E 59, 231, 265; dazu *Wank*, RdA 1982, 369.
27 Etwa als Verbot unbefristeter Arbeitsverträge, vgl. BVerfG 13.1.1982, E 59, 231, 268.
28 Z.B. Vereinbarung unbefristeter Arbeitsverträge, aber Möglichkeit programmbedingter Kündigung, vgl. dazu auch *Otto*, AuR 1983, 7ff.

träge für Rundfunkmitarbeiter im Programmbereich zulässt, weil die erforderliche Programmflexibilität nicht ausschließlich durch befristete Arbeitsverträge (sondern z. B. auch durch betriebsbedingte Kündigungen) erreicht werden kann.[29]

## C. Anwendungsbereich

### I. Allgemeines

12 Der **Wortlaut** des § 12a Abs. 1 Ziff. 1 TVG legt die Annahme nahe, das Gesetz gehe von einem selbständigen Begriff der Arbeitnehmerähnlichkeit aus, definiert durch wirtschaftliche Abhängigkeit und dem Arbeitnehmer vergleichbare soziale Schutzbedürftigkeit, der dann zweifach eingeschränkt ist. Zum einen muss die Arbeitsleistung auf der Grundlage des Vertragstyps des Dienstvertrags oder des Werkvertrags erbracht werden. Damit wären andere typische oder atypische Verträge (etwa Pachtvertrag, Franchisevertrag) ausgeschlossen. Zum anderen soll das Tarifrecht für diese Personen nur dann entsprechend gelten, wenn die Arbeitsleistung persönlich und im Wesentlichen ohne Mitarbeit anderer erbracht wird und Alternative a) oder b) der Ziffer 1 vorliegt. Auffallend und systemwidrig ist am Gesetzeswortlaut, dass die persönliche Erbringung der Arbeitsleistung bei überwiegender Tätigkeit für eine Person (lit. a) oder Erzielung mehr als der Hälfte des Entgelts aus der Rechtsbeziehung zu einer Person die zuvor vorausgesetzte wirtschaftliche Abhängigkeit indiziert. So werden die angeführten Merkmale in anderen Zusammenhängen gerade zur Bestimmung der wirtschaftlichen Abhängigkeit und der hieraus folgenden Schutzbedürftigkeit benutzt. Es müsste also eine Mehrfachprüfung erfolgen[30], wobei die Frage bliebe, ob für die Bejahung der wirtschaftlichen Abhängigkeit weitere Bedingungen erfüllt sein müssen. Das erscheint aus den nachfolgenden Erwägungen nicht sinnvoll.

13 Grundlegende Voraussetzung bei der Bestimmung des von § 12a TVG erfassten Personenkreises ist, dass es sich **nicht um Arbeitnehmer** handelt; für diese gilt das Tarifrecht unmittelbar, sie können nicht »ähnlich« schutzbedürftig wie Arbeitnehmer sein. In einem System, das Arbeitnehmer als »persönlich abhängig« Tätige, Selbständige als nicht in dieser Weise abhängig ansieht, mögen sie auch marktmäßigen Bindungen unterliegen, stellen arbeitnehmerähnliche Personen eine **Untergruppe der Selbständigen** dar, die jedoch wegen ihrer wirtschaftlichen Abhängigkeit ähnlich **wie Arbeitnehmer sozial schutzbedürftig** erscheint. Denkt man in der Dichotomie Arbeitnehmer-Selbständige, muss bei der Beantwortung der Frage, ob jemand arbeitnehmerähnlich ist, zunächst nur eine Abgrenzung zum Arbeitnehmerstatus erfolgen. Steht fest, dass dieser zu verneinen ist, ist zugleich die Selbständigkeit bejaht. Im zweiten Schritt ist dann zu prüfen, ob aufgrund wirtschaftlicher Abhängigkeit eine ähnliche soziale Schutzbedürftigkeit wie bei Arbeitnehmern vorliegt. Das Merkmal der wirtschaftlichen Abhängigkeit wurde bei Bestimmung der Arbeitnehmerähnlichkeit vor Änderung des TVG in anderen rechtlichen Zusammenhängen (etwa § 5 Abs. 1 Satz 2 ArbGG) stets bejaht, wenn eine Person überwiegend für eine andere tätig war oder sie ihr Einkommen überwiegend aus diesem Beschäftigungsverhältnis bezog. Von daher

29 Vgl. *Wank*, RdA 1982, 370; *Plander*, BlStSozArbR 1982, 225; *Gamillscheg*, Arbeitsrecht I, § 5 1b, 172 f.; a. A. *Rüthers*, DB 1982, 1869.

30 So offenbar bei ErfK/*Schaub*, § 12a TVG Rn. 4; siehe demgegenüber zutreffend Wiedemann/*Wank*, § 12a Rn. 32 ff.

nimmt § 12a Abs. 1 Satz 1 TVG allenfalls eine Präzisierung vor; Abs. 3 stellt jedoch eine Erweiterung dar. Mehr war vom Gesetzgeber insoweit nicht beabsichtigt. – An diesen Feststellungen ändert sich im Grundsatz nichts, wenn man von einer Dreiteilung des Beschäftigtenstatus ausgeht (Arbeitnehmer – Selbständige – Arbeitnehmerähnliche).[31] Die Verneinung der Arbeitnehmereigenschaft führt dann zur Notwendigkeit, von der Gruppe der Selbständigen abzugrenzen, was wiederum nur durch das Merkmale der wirtschaftlichen Abhängigkeit und das der Arbeitnehmer vergleichbaren sozialen Schutzbedürftigkeit erfolgen kann. Es kann daher dahinstehen, ob die gesetzlichen Regelungen bereits zu einer derartigen Verfestigung geführt haben, dass von einer rechtlich eigenständigen Statusgruppe der Arbeitnehmerähnlichen gesprochen werden kann.

Über seinen Anwendungsbereich hinaus scheint sich § 12a TVG zu einer **allgemeineren Definition** des Arbeitnehmerähnlichen entwickelt zu haben.[32] Das gilt jedenfalls für seinen Abs. 1 im Hinblick auf § 5 Abs. 1 Satz 2 ArbGG und wohl auch auf § 2 BUrlG. Für die Personen, die erst nach § 12a Abs. 3 TVG als arbeitnehmerähnlich anzusehen sind, ist wegen des notwendigen Zusammenhangs generell (also nicht nur im Hinblick auf tarifvertragliche Fragen) der Rechtsweg zu den Arbeitsgerichten eröffnet.[33] Im Übrigen sollen sie nicht als arbeitnehmerähnlich anzusehen sein. 14

## II. Abgrenzung zu der Gruppe der Arbeitnehmer

Da arbeitnehmerähnlichen Personen im Unterschied zu Arbeitnehmern das Merkmal der persönlichen Abhängigkeit fehlt – an seine Stelle treten das der **wirtschaftlichen Abhängigkeit und das der Arbeitnehmern vergleichbaren Schutzbedürftigkeit** –, muss zunächst die Arbeitnehmereigenschaft zu verneinen sein. Im Wesentlichen ausgelöst durch die Vielzahl der Prozesse, die um den Status der als freie Mitarbeiter bezeichneten Beschäftigten der Rundfunk- und Fernsehanstalten geführt worden waren (oben § 12a Rn. 8), hat sich eine umfassende Judikatur entwickelt. Sie führte dazu, dass der zuständige (5.) Senat des Bundesarbeitsgerichts heute, zum Teil wortidentisch, in Abgrenzungsfällen häufig rechtssatzförmig seine allgemeinen Regeln zur Bestimmung des Arbeitnehmerstatus anführt. Danach zeigt sich die persönliche Abhängigkeit des Arbeitnehmers in seiner **Eingliederung in eine fremde Arbeitsorganisation**, die sich in dem **Weisungsrecht** des Arbeitgebers hinsichtlich Inhalt, Durchführung, Zeit, Ort und Dauer der Tätigkeit niederschlägt (vgl. auch § 106 GewO). Maßgeblich ist die **tatsächliche Durchführung** des Beschäftigungsverhältnisses, der wirkliche Geschäftsinhalt. Die **steuer- und sozialversicherungsrechtliche Behandlung** ist dabei jedoch **ohne Bedeutung**, da diese Rechtsgebiete nicht gleichlaufend mit der arbeitsrechtlichen Zuordnung anknüpfen[34] und zudem die faktische 15

---

31 So etwa BAG 20.9.2000 (5 AZR 61/99), AP Nr. 37 zu § 611 BGB Rundfunk = EzA § 611 BGB Arbeitnehmerbegriff Nr. 84, im Anschluss an *Hromadka* NZA 1997, 576; dagegen BAG 30.8.2000 (5 AZB 12/00), AP Nr. 75 zu § 2 ArbGG 1979 = EzA § 2 ArbGG Nr. 51 (Arbeitnehmerähnliche sind Selbständige); ausführlich *Däubler/Reinecke*, § 12a Rn. 24ff.

32 Siehe etwa jeweils zu § 5 ArbGG BAG 28.1.2000 (5 AZB 16/00), AP Nr. 9 zu § 2 ArbGG 1979 = EzA § 2 ArbGG 1979 Nr. 52; BGH 27.1.2000 (III ZB 67/99), EzA § 2 ArbGG 1979 Nr. 50 = NZA 2000, 390.

33 Zutreffend BAG 17.10.1990 (5 AZR 639/89), AP Nr. 9 zu § 5 ArbGG 1979 = EzA § 5 ArbGG 1979 Nr. 7.

34 Vgl. für das Beispiel einer GmbH-Geschäftsführerin BAG 26.5.1999 (AZR 664/98), AP Nr. 10 zu § 35 GmbHG = EzA § 611 BGB Arbeitnehmerbegriff Nr. 76; siehe aber auch BAG 26.5.1999 (5 AZR 469/98), AP Nr. 104 zu § 611 BGB Abhängigkeit = EzA § 611 BGB Arbeitnehmerbegriff Nr. 75 (unter Umständen Indiz).

Einordnung auch unzutreffend sein kann. Staatliche Akte im Bereich des Steuer- oder Sozialversicherungsrechts sind für die arbeitsrechtliche Statusermittlung nicht bindend.[35] Auf die **vertragliche Bezeichnung** der Rechtsbeziehung durch den nahezu stets vom Arbeitgeber formulierten Vertrag **kommt es** schon deshalb **nicht an**, weil sonst der Schutz des zwingenden Arbeitsrechts zur Disposition gestellt würde; Entsprechendes gilt hinsichtlich der Überbürdung vertraglicher Risiken. Auch die (übereinstimmend) gewünschte Rechtsfolge ist ohne Bedeutung. Das Merkmal der **persönlichen Abhängigkeit** steht damit in unmittelbarem **Gegensatz zu** der als allgemein verstandenen[36] Festlegung des **§ 84 Abs. 1 Satz 2 HGB**, wonach selbständig ist, wer im Wesentlichen frei seine Tätigkeit gestalten und seine Arbeitszeit bestimmen kann. Der Umfang der geschilderten persönlichen Abhängigkeit hängt auch von der **Eigenart der Tätigkeit** ab, so dass es stets auf den Einzelfall ankommen wird. Maßgebend ist eine **wertende Gesamtbetrachtung.**[37] Bei untergeordneten Arbeiten sei die Eingliederung in eine fremde Organisation eher anzunehmen als bei gehobenen Tätigkeiten.[38] Die Berechtigung, autonom eigenes Personal einzustellen und **die Leistung durch Dritte erbringen zu lassen** ist ein wesentliches Merkmal der Selbständigentätigkeit[39]; Arbeitnehmer haben dagegen (von unwesentlichen Ausnahmen abgesehen) ihre Arbeitsleistung in Person zu erbringen.

**16** Wegen des Schutzzwecks des Arbeitsrechts ist im **Zweifel zu Gunsten des Arbeitnehmerstatus** zu entscheiden.[40] Für eine solche Zweifelsregel spricht auch, dass vielfach der die Arbeitskraft Nachfragende über vertragliche Vereinbarungen versucht, ein hohes Maß an Bindung des zur Arbeit Verpflichteten bei fehlender Selbstbindung an das Arbeitsrecht zu erreichen (etwa in Franchisingverträgen oder in Partnerverträgen bei einem Outsourcing). Auch die Unklarheitenregel führt dann zu dem für die andere Vertragspartei im Allgemeinen günstigeren Arbeitnehmerstatus.

**17** Die in § 12a Rn. 15 wiedergegebene Rechtsprechung des BAG ist generell wie auch in Einzelfällen nicht immer auf Zustimmung der **Literatur** gestoßen.[41] Neben der geringen Operationalisierbarkeit der Kriterien wird die Beziehung zwischen Arbeitnehmerdefinition und Normzweck des Arbeitsrechts als zu schwach ausgeprägt beanstandet. Die am schärfsten formulierte Kritik, Arbeitsverhält-

---

35 Dazu auch BAG 25.1.2000 (3 AZR 769/98), EzA § 17 BetrAVG Nr. 9 = NZA 2001, 959; BAG 26.5.1999 (5 AZR 469/98), AP Nr. 104 zu § 611 BGB Abhängigkeit = EzA § 611 BGB Arbeitnehmerbegriff Nr. 75.

36 BAG 19.1.2000 (5 AZR 644/98), AP Nr. 33 zu § 611 BGB Rundfunk = EzA § 611 BGB Arbeitnehmerbegriff Nr. 81; BAG 20.9.2000 (5 AZR 61/99), EzA § 611 BGB Nr. 16.

37 Vgl. insgesamt statt vieler, jeweils mit Nachweisen der älteren Rechtsprechung, BAG 9.7.2003 (5 AZR 595/02) unter II. – insoweit nicht in EzA § 256 ZPO 2003 Nr. 3, enthalten; BAG 29.5.2002 (5 AZR 161/01), EzA § 611 BGB Arbeitnehmerbegriff Nr. 88; BAG 12.12.2000 (5 AZR 253/00), EzA § 611 BGB Arbeitnehmerbegriff Nr. 87; ausführlich insbesondere BAG 30.9.1998 (5 AZR 563/97), EzA § 611 BGB Arbeitnehmerbegriff Nr. 74 = AP Nr. 103 zu § 611 BGB Abhängigkeit und BAG 16.3.1994 (5 AZR 447/92), EzA § 611 BGB Arbeitnehmerbegriff Nr. 53 = AP Nr. 68 zu § 611 BGB Abhängigkeit; aus der älteren Rechtsprechung exemplarisch BAG 17.10.1990 (5 AZR 639/89), EzA § 5 ArbGG 1979 Nr. 7 = AP Nr. 9 zu § 5 ArbGG 1979. Siehe im Übrigen die weiteren an den angegebenen Stellen in AP und EzA veröffentlichten Entscheidungen.

38 BAG 26.5.1999 (5 AZR 469/98), EzA § 611 BGB Arbeitnehmerbegriff Nr. 75 = AP Nr. 104 zu § 611 BGB Abhängigkeit.

39 BAG 12.12.2001 (5 AZR 253/00), EzA § 611 BGB Arbeitnehmerbegriff Nr. 87; BGH 21.10.1998 (ZB 54/97), NZA 1999, 110.

40 Einschränkend Wiedemann/*Wank*, § 12a Rn. 47; a. A. BAG 14.2.1974, AP Nr. 12 zu § 611 BGB Abhängigkeit, demzufolge im Zweifel der vertraglich erklärte Wille entscheiden soll (mit Anm. von *Lieb*).

41 Vgl. den Überblick über die im Schrifttum vertretenen Gegenentwürfe bei MünchArbR/*Richardi*, § 24 Rn. 35ff., mit eigener Konzeption *Richardis*, 45ff.

nisse seien solche Rechtsverhältnisse, die der 5. Senat zu Arbeitsverhältnissen erklärt[42], hat insofern einen zutreffenden Kern, als allgemein die zu berücksichtigenden Umstände und ihre Gesamtwürdigung intersubjektiv nicht stets nachvollziehbar sind. Auf der anderen Seite war aber auch die sich in Satz 3 selbst wieder in Frage stellende mechanistische Arithmetik des inhaltlich inzwischen aufgehobenen § 7 Abs. 4 SGB IV (»drei aus fünf«) für das Arbeitsrecht und die dort stattfindende Statusbestimmung kaum geeignet. Offenbar trifft das aus der Industrialisierung erwachsene, an damals klar abgegrenzten sozialen Gruppen mit eindeutig formulierbaren, im engeren Sinne persönlichen Abhängigkeiten ausgerichtete Arbeitsrecht heute auf eine Vielzahl von Formationen mit fließenden Übergängen.[43] Das zeigen schon eigentlich absurde Begrifflichkeiten (soziologisch: »Arbeitskraftunternehmer«[44], politisch: »Ich-AG«). Verändert haben sich auch die Abhängigkeiten nach Grad, Qualität und Ursprung.[45] Solange das staatliche Rechtssystem hierauf nicht reagiert und es arbeitsrechtlich weitgehend – sieht man von der gesetzlich noch nicht deutlicher umrissenen und umfassender normierten Gruppe der Arbeitnehmerähnlichen ab – bei einem Alles (Arbeitnehmer) oder Nichts (Selbständiger) bleibt, ist die Definitionsmacht den Gerichten zugeordnet. Das ihnen zur Verfügung stehende Instrumentarium ist dabei wohl notwendigerweise wenig exakt.

**Besonderheiten**: Wenngleich das BAG stets betont, bei Beschäftigten der elektronischen **Massenmedien** trotz der Entscheidung des Bundesverfassungsgerichts zur Rundfunkfreiheit (oben § 12a Rn. 8) die allgemeinen Prinzipien zur Abgrenzung zu verwenden[46], lassen sich hier zwei spezifische Differenzierungen erkennen. Zum einen findet eine Unterscheidung zwischen **programmgestaltenden Tätigkeiten** und solchen, die es nicht sind, statt. Für die zuletzt Genannten gilt der Arbeitnehmerstatus als Regel.[47] Zum anderen hat die (einseitig erfolgte) Aufnahme in einen rechtlich oder faktisch bindenden **Dienstplan** bei den zuerst Angeführten erheblicheres Gewicht, als ihm sonst bei der Statusfeststellung zukommt.[48] Sie spricht dafür, dass es sich um Arbeitnehmer handelt. Dagegen wird der Angewiesenheit des programmgestaltenden Beschäftigten auf Apparat und Team in Abkehr von früherer Rechtsprechung in dieser Hinsicht keine Be- **18**

42 *Rüthers/Beninca*, Anm. zu BAG 30.11.1994 (5 AZR 704/93), EzA § 611 BGB Arbeitnehmerbegriff Nr. 55.

43 Vgl. dazu in *Beck/Lau* (Hrsg.), Entgrenzung und Entscheidung, 2004: *Hacket/Janowicz/Kühnlein*, Erwerbsarbeit, bürgerliches Engagement und Eigenarbeit, 281ff.; *Kratzer/Boes/Döhl/Marrs/Sauer*, Entgrenzung von Unternehmen und Arbeit – Grenzen der Entgrenzung, 329ff.

44 Zusammenfassend *Voss/Pongratz*, Der Arbeitskraftunternehmer, Kölner Zeitschrift für Soziologie und Sozialpsychologie, 1998, 131.

45 Dazu auch *Kretzschmar*, Rolle der Koalitionsfreiheit, 35ff.

46 Seit BAG 13.1.1983 (5 AZR 149/82), AP Nr. 42 zu § 611 BGB Abhängigkeit = EzA § 611 BGB Arbeitnehmerbegriff Nr. 26, ständige Rechtsprechung, etwa BAG 20.9.2000 (5 AZR 61/99), EzA § 611 BGB Arbeitnehmerbegriff Nr. 84 = AP Nr. 37 zu § 611 BGB Rundfunk, unter II., mit weiteren Nachweisen; BAG 22.4.1998 (5 AZR 342/97), EzA § 611 BGB Arbeitnehmerbegriff Nr. 67 = AP Nr. 26 zu § 611 BGB Rundfunk (mit Anm. von *Kamanabrou*) mit weiteren Nachweisen; BAG 20.7.1994 (5 AZR 627/93), AP Nr. 73 zu § 611 BGB Abhängigkeit (mit Anm. von *Mohr*) = EzA § 611 BGB Arbeitnehmerbegriff Nr. 54, mit Abdruck des die hiergegen eingelegte Verfassungsbeschwerde zurückweisenden Beschlusses BVerfG 1. Kammer des Ersten Senats 22.8.2000 (1 BvR 2121/94).

47 BAG 22.4.1998 (5 AZR 5/97), AP Nr. 24 zu § 611 BGB Rundfunk = EzA § 611 BGB Arbeitnehmerbegriff Nr. 71.

48 BAG 11.3.1998 (5 AZR 522/96), AP Nr. 23 zu § 611 BGB Rundfunk = EzA § 611 BGB Arbeitnehmerbegriff Nr. 64; BAG 20.7.1994 (5 AZR 627/93), AP Nr. 73 zu § 611 BGB Abhängigkeit (mit Anm. von *Mohr*) = EzA § 611 BGB Arbeitnehmerbegriff Nr. 54, mit weiteren Nachweisen; relativierend für den Fall der Anwendung eines Bestandsschutztarifvertrags für Arbeitnehmerähnliche BAG 20.9.2000 (5 AZR 61/99), EzA § 611 BGB Arbeitnehmerbegriff Nr. 84 = AP Nr. 37 zu § 611 BGB Rundfunk.

deutung mehr beigemessen.[49] Bei nicht programmgestaltenden Tätigkeiten ist die Verpflichtung, auf der Grundlage eines Dienstplans zu arbeiten, nur »zusätzliches Indiz von geringerer Bedeutung«.[50] – Soweit ersichtlich fehlt höchstrichterliche Rechtsprechung zur **Telearbeit**.[51] Bei ihr erfolgt die Beschäftigung in nahezu vollständige informationelle Abhängigkeit auf Informations- und Kommunikationstechnik gestützt räumlich entfernt vom Standort des Arbeit- oder Auftraggebers.[52] Da sie aber keineswegs nur in der Wohnung des Beschäftigten, sondern häufig alternierend in Satelliten- oder Nachbarschaftsbüros bzw. am Stammsitz des Unternehmens sowie mobil an wechselnden Orten stattfindet[53], wäre es irreführend, sie bei einem Offline-Betrieb als Heimarbeit erfassen zu wollen.[54] Angesichts der Möglichkeit, (nahezu) an jedem Ort zu jeder Zeit über das Internet auf Unternehmensdaten zuzugreifen, ist die Unterscheidung zwischen Online- und Offline-Betrieb ohnedies bedeutungslos geworden. Vielmehr kann es sich bei Telearbeit je nach ihrer Durchführung um die Tätigkeit von Arbeitnehmern, arbeitnehmerähnlichen Personen (einschließlich der Heimarbeit) oder Selbständigen handeln[55], wobei in den Fällen, in denen alternierend im Unternehmen gearbeitet wird, regelmäßig der Arbeitnehmerstatus zu bejahen ist. Wegen dieser Problematik sollten tarifvertragliche Regelungen der Telearbeit[56] in ihrem Geltungsbereich von vornherein auch arbeitnehmerähnliche Personen mit erfassen. Die Unterscheidung zwischen **Handelsvertretern** (Versicherungsvertretern) und mit der Vermittlung von Geschäften betrauten Abgestellten erfolgt nach der Rechtsprechung betont eng auf der Basis des § 84 Abs. 1 Satz 2, Abs. 2 HGB.[57] Ob dadurch im Einzelfall ein Anderes Ergebnis erzielt wird als bei Anwendung der allgemeinen Prinzipien, stehe dahin. Zur Möglichkeit von Tarifverträgen für arbeitnehmerähnliche Vertreter siehe unten § 12a Rn. 29. **Teilzeitbeschäftigung** als solche ist kein Indiz für ein arbeitnehmerähnliches Beschäftigungsverhältnis. Auch hier kommt es vielmehr ausschließlich auf Art und Inhalt der geschuldeten Tätigkeit an. Durch die Errichtung von Teilzeitarbeitsplätzen wird die dort zu erbringende echte Arbeitsleistung also nicht etwa »arbeitsähnlich« im Sinne des § 12a TVG. Demnach versteht man unter Teilzeitbeschäftigten echte Arbeitnehmer, die zwar nicht ganztägig arbeiten, aber unter § 1 TVG fallen (vgl. dazu im Übrigen § 1 Rn. 393ff.). Demgegenüber zählen arbeitnehmerähnliche Personen nicht etwa deshalb zu den »Teilzeitbeschäftigten«, weil sie z.B. nur einen Teil ihrer Arbeitszeit für einen einzigen Auftraggeber verwenden. Der

---

49 Ausdrücklich aufgegeben in BAG 17.10.1990 (5 AZR 639/89), EzA § 5 ArbGG 1979 Nr. 7 = AP Nr. 9 zu § 5 ArbGG 1979; zur früheren Rechtsprechung siehe BAG AP Nr. 42 zu § 611 BGB Abhängigkeit.

50 BAG 22.4.1998 (5 AZR 5/97), AP Nr. 24 zu § 611 BGB Rundfunk = EzA § 611 BGB Arbeitnehmerbegriff Nr. 71.

51 Sieht man von der einen atypischen Sachverhalt betreffenden Entscheidung BAG 25.3.1992 (7 ABR 52/91), AP Nr. 48 zu § 5 BetrVG 1972 ab.

52 *Godehardt*, Telearbeit, 8.

53 *B. Schulz/Staiger*, 103ff., 180ff.; *Godehard*, Telearbeit, 11.

54 So tendenziell *Wedde*, AuR 1987, 327; *Däubler*, Arbeitsrecht II, 1012.

55 Vgl. *Collardin*, 20.

56 Siehe z.B. die nach einer Pilotphase vereinbarten Tarifverträge über Telearbeit, alternierende Telearbeit und mobile Telearbeit zwischen der Deutschen Telekom AG und der Deutschen Postgewerkschaft, September 1998; Tarifvertrag über alternierende Telearbeit in Unternehmen der Deutschen Bahn AG, Juni 2002.

57 Vgl. etwa die Entscheidungen des BAG vom 15.12.1999 (5 AZR 169/99), EzA § 611 BGB Arbeitnehmerbegriff Nr. 82 = NZA 2000, 1162; (5 AZR 3/99), EzA § 611 BGB Arbeitnehmerbegriff Nr. 80 = NZA 2000, 534; (5 AZR 770/98), EzA § 611 BGB Arbeitnehmerbegriff Nr. 79 = NZA 2000, 481; (5 AZR 566/98), EzA § 611 BGB Arbeitnehmerbegriff Nr. 78 = NZA 2000, 481.

Begriff »Teilzeitbeschäftigung« bezeichnet mithin eine (zeitlich verkürzte) Form des echten Arbeitsverhältnisses (vgl. § 2 TzBfG).

**Tarifpolitisch** erscheint es angesichts der verbleibenden Unklarheiten sinnvoll, die Tarifverträge für Wirtschaftszweige, in denen es erfahrungsgemäß traditionell (z.B. Textilindustrie) oder aufgrund von Ausgründungen einzelner Arbeitsvorgänge und deren Übertragung auf frühere Arbeitnehmer in Form von Werkverträgen, d.h. Outsourcing (z.B. Speditionsgewerbe, Franchise-Verträge in Kaufhäusern, Gerüstbau, Kranken- und Altenpflege, Ingenieurleistungen), typischerweise arbeitnehmerähnlich erbrachte Produktions- oder Dienstleistungen gibt, von vornherein auf entsprechende Leistungen, die von arbeitnehmerähnlichen Personen erbracht werden, zu erweitern.[58] 19

## III. Voraussetzungen der Arbeitnehmerähnlichkeit

### 1. Persönliche Arbeitsleistung

Die Anwendbarkeit des § 12a TVG setzt nach Abs. 1 Nr. 1 voraus, dass die Betroffenen ihre Arbeit wie ein Arbeitnehmer persönlich »und **im wesentlichen ohne Mitarbeit von Arbeitnehmern**« erbringen. Das gesamte System gewerkschaftlicher Interessenvertretung und damit arbeitnehmerseitiger Tarifautonomie beruht auf dem persönlichen Arbeitseinsatz der Person, wie sich an der personalen Struktur der Gewerkschaften von jeher unschwer ablesen lässt. Der Begriff des »Arbeitnehmers« ist nur als »Arbeitsplatznehmer« – und der des Arbeitgebers als »Arbeitsplatzgeber« – treffend umschrieben. Sofern die arbeitnehmerähnliche Person gelegentlich von Familienangehörigen oder einer Aushilfskraft unterstützt wird, bleibt ihre Leistung noch persönlich. Dasselbe gilt für eine Entlastung bei technischen Hilfsarbeitern (z.B. wenn ein Journalist als freier Mitarbeiter eine Sekretärin oder mehrere Orchestermusiker einen Fahrer beschäftigen). Die eigentlich geschuldete Kern-Arbeitsleistung muss jedoch »in Person« und nicht von mehreren in Arbeitsteilung erbracht werden.[59] 20

### 2. Wirtschaftliche Abhängigkeit

Die in § 12a Abs. 1 Nr. 1 TVG vorausgesetzte wirtschaftliche Abhängigkeit umschreibt das Gesetz selbst unter den Buchstaben a) und b) abschließend alternativ: Entweder ist man wirtschaftlich abhängig im Sinne des § 12a Abs. 1 TVG, weil man (unter den sonstigen Voraussetzungen) nur für eine Person arbeitet (Nr. 1a) oder weil man (neben den sonstigen Voraussetzungen) die Erfordernisse der Nr. 1b erfüllt. Der »wenn«-Halbsatz des § 12a Abs. 1 TVG nennt daher die Merkmale einer arbeitnehmerähnlichen Person, welche die Anwendbarkeit des Tarifvertragsgesetzes nach sich ziehen.[60] 21

Die **Zahl der Auftraggeber** spielt für das Merkmal der wirtschaftlichen Abhängigkeit nur insofern eine Rolle, als die unter § 12a TVG fallenden Personen nach Abs. 1 Nr. 1a »überwiegend« für einen Auftraggeber tätig sein müssen, d.h. für diesen mehr als die Hälfte ihrer persönlichen Arbeitszeit aufbringen müssen. Ist 22

---

58 *Pfarr*, Tarifliche Normen, 136; *Zachert*, Tarifvertrag, 137.

59 Ähnlich Wiedemann/*Wank*, § 12a Rn. 71; ein Mehr fordert anscheinend *Däubler/Reinecke*, § 12a Rn. 31.

60 Vgl. *Lund*, BABl. 1974, 683; *Wlotzke*, DB 1974, 2257; Wiedemann/*Wank*, § 12a Rn. 33ff.; a.A. *Kunze*, UFITA 74 (1975), 33, der »wirtschaftliche Abhängigkeit« als zusätzliche Voraussetzung wertet.

das nicht der Fall, so reicht es nach Abs. 1 Nr. 1b aus, dass die arbeitnehmerähnliche Person mindestens die Hälfte ihres Gesamtarbeitseinkommens von einem Auftraggeber bezieht. Handelt es sich um künstlerische, schriftstellerische oder journalistische Leistungen, dann liegt gemäß Abs. 3 schon dann wirtschaftliche Abhängigkeit vor, wenn der Betreffende wenigstens ein Drittel seines Gesamtverdienstes von einem Auftraggeber bezieht. Dabei zählen zum Gesamteinkommen stets nur Arbeitseinkünfte aus aktiver Tätigkeit, während Einkommen aus Urheberrechten, Versorgungsleistungen, Versicherungen oder Vermögen für den Status als arbeitnehmerähnliche Person unerheblich ist.[61] Der Auftraggeber-Begriff ist dabei wirtschaftlich zu betrachten, so dass z.B. rechtlich in Besitz- und Produktionsgesellschaft getrennte ökonomische Organisationseinheiten als **ein Auftraggeber im Sinne des § 12a Abs. 2** TVG anzusehen sind[62] (genauer unten § 12a Rn. 30).

**23** Bei der **Kombination von Darlehens-, Subunternehmer- und Franchise-Verträge** verfügt der abhängige Vertragspartner nicht über wesentliches Eigenkapital, sondern über seine eigene Arbeitskraft und ist infolgedessen nicht in der Lage, selbständig auftragswerbend am Markt aufzutreten, so dass er lediglich/hauptsächlich für einen »Auftraggeber« arbeiten muss.[63] Er erfüllt dann alle Merkmale des § 12a Abs. 1 (zur Frage des Vertragstyps siehe unten § 12a Rn. 26). Wirtschaftliche und arbeitnehmerähnliche soziale Abhängigkeit entsteht dabei nicht unbedingt aufgrund des fehlenden Eigenkapitals (vgl. §§ 57, 421 Abs. 1 SGB III), sondern aufgrund einer charakteristischen **informationellen Abhängigkeit** vom Auftraggeber, der allein über die markt- und tätigkeitsrelevanten Informationen verfügt und diese Stellung vertraglich befestigt[64], wie dies etwa für Franchise-Verträge typisch ist.[65] Vor allem das so genannte Subordinations-Franchising kann so zu arbeitnehmerähnlichen Verhältnissen führen, weil ohne die Beziehung zum Franchisegeber praktisch keine Verdienstmöglichkeiten bestehen.[66] Noch stärker ist die informationelle Abhängigkeit bei der so genannten Telearbeit, also einer Tätigkeit, die durch Informations- und Kommunikationstechnik gestützt und räumlich entfernt vom Standort des Arbeit- oder Auftraggebers durchgeführt wird.[67]

**24** Bei **unechten Subunternehmern**, die am Markt nicht selbständig agieren, sondern ausschließlich Aufträge eines Hauptunternehmers ausführen, die dieser im Rahmen eigener Verträge zu erbringen hat, ist die Abhängigkeit primär wirtschaftlich und erst in zweiter Linie informationell begründet. Häufig handelt es sich um frühere Arbeitnehmer des Hauptunternehmers, die nunmehr ausgegliederte Bauleistungen (z.B. Gerüstbau), Transporte (Spedition mit eigenem Fahrzeug) oder Pflegeleistungen persönlich erbringen. Sofern es sich dabei um arbeitnehmerähnliche Personen handelt, sind Tarifverträge nach § 12a möglich, die insbesondere bei früheren Arbeitnehmern des Hauptunternehmers den alten tariflichen Besitzstand (z.B. betriebliche oder überbetriebliche Altersversorgung)

---

61 Ebenso Wiedemann/*Wank*, § 12a Rn. 75; a.A. *Reichel/Ansey*, § 12a Anm. 7b; *Kunze*, UFITA 74 (1975), 33.
62 *Däubler*, Tarifvertragsrecht, Rn. 316.
63 *Zachert*, Tarifvertrag, 135.
64 Vgl. *Buschmann*, FS Gnade, 139.
65 Dazu *Bonus/Wessels*, 7; *Buschmann*, AiB 1988, 51; wenig differenziert MünchArbR/*Richardi*, § 25 Rn. 126f.
66 Siehe BAG 16.7.1997 (5 AZB 29/96), AP Nr. 37 zu § 5 ArbGG 1979 = EzA § 5 ArbGG 1979 Nr. 24; *Berning*, Abhängigkeit, 155, 177.
67 *Godehardt*, Telearbeit, 8.

zu wahren hätten. Gelegentlich sind allerdings die Subunternehmer keine Einzelpersonen, sondern ihrerseits BGB-Gesellschaften, deren Gesellschafter faktisch persönlich abhängige Arbeit leisten, also Arbeitnehmer der Gesellschaft sein können.[68] Derartige Rechtsbeziehungen, die z.B. im Gerüstbaugewerbe (Mitglieder einer Gerüstbaukolonne bilden eine BGB-Gesellschaft) oder in der Alten- und Krankenpflege praktiziert werden, fallen an sich aus dem Anwendungsbereich des § 12a heraus, doch könnte es sich bei den Gesellschaftern auch faktisch um arbeitnehmerähnliche Beschäftigte des Hauptunternehmers im Sinne des § 12a handeln, wenn dieser etwa tatsächlich die Geschäfte der BGB-Gesellschaft führt. Auch insoweit kommt es für die Abgrenzung auf die tatsächliche wirtschaftlich-soziale Abhängigkeit und nicht auf die bloße Bezeichnung des Rechtsverhältnisses an.[69]

### 3. Soziale Schutzbedürftigkeit

§ 12a Abs. 1 TVG setzt ferner voraus, dass die arbeitnehmerähnliche Person »**vergleichbar einem Arbeitnehmer sozial schutzbedürftig**« ist, denn die soziale Schutzbedürftigkeit der abhängig Arbeitenden ist ein tragender Grund der Tarifautonomie. Soziale Schutzbedürftigkeit liegt vor, wenn das Maß der Abhängigkeit nach der Verkehrsanschauung einen solchen Grad erreicht, wie er im Allgemeinen nur in einem Arbeitsverhältnis vorkommt und die geleisteten Dienste nach ihrer **sozialen Typik** mit denen eines Arbeitnehmers vergleichbar sind.[70] Dabei darf dieses Merkmal aber nicht konkret auf die persönlichen Verhältnisse des einzelnen Betroffenen bezogen werden, sondern abstrakt auf die typischen sozialen Abhängigkeitsverhältnisse in der jeweiligen Tätigkeitssparte.[71] So vermag z.B. ein Lottogewinn weder die Arbeitnehmereigenschaft eines Facharbeiters noch die Arbeitnehmerähnlichkeit eines frei mitarbeitenden Rundfunkreporters aufzuheben, weil diese »vermögenden« Personen nunmehr nicht länger sozial schutzbedürftig seien.[72] Es kommt daher keineswegs darauf an, dass jemand zur Bestreitung seines Lebensunterhalts auf jene Tätigkeit angewiesen ist, sondern nur darauf, dass derartige Arbeitenden allgemein sozial schutzbedürftig sind.[73] Die Schutzbedürftigkeit muss also nur erwerbsarbeitsbezogen sein. Andernfalls würden schon die Eheschließung mit einem gut verdienenden Partner oder eigene Einkünfte aus Vermietung, Verpachtung und Kapital zur Aufhebung der Arbeitnehmerähnlichkeit führen können.[74] Unerheblich ist in der Regel **25**

68 Vgl. BAG 28.11.1990, AP Nr.137 zu § 1 TVG Tarifverträge: Bau, wo dies für den konkreten Fall allerdings verneint wurde.

69 Vgl. BAG 28.11.1990, AP Nr.137 zu § 1 TVG Tarifverträge: Bau.

70 So die Formel des BAG und des BGH, vgl. BAG 2.10.1990 (4 AZR 106/90), AP Nr.1 zu § 12a TVG = EzA § 12a TVG Nr.1; BGH 27.1.2000 (III ZB 67/99), EzA § 5 ArbGG 1979 Nr.50 = NZA 2000, 390, mit weiteren Nachweisen. Zutreffend kritisch *Gamillscheg*, Kollektives Arbeitsrecht I, § 4 I 3 f, 178: Gefragt werde, ob die Person einem Arbeitnehmer ähnlich sei.

71 Problematisch BAG 6.7.1995 (5 AZB 9/93), AP Nr.22 zu § 5 ArbGG 1979, die soziale Schutzbedürftigkeit wegen bestehender vereinsrechtlicher Mitgliedschaftsrechte (Rot-Kreuz-Schwestern) verneinend; siehe auch BAG 15.4.1993 (2 AZB 32/92), AP Nr., 12 zu § 5 ArbGG 1979 (mit Anm. von *Henssler*) (Mitglied einer Anwaltssozietät) = EzA § 5 ArbGG Nr.8.

72 Irrig insofern deshalb BAG 13.12.1962, AP Nr.3 zu § 611 BGB Abhängigkeit, wo der arbeitnehmerähnliche Status aufgrund der privaten Vermögenslage des Betroffenen verneint worden ist.

73 BGH 27.1.2000 (III ZB 67/99), EzA § 2 ArbGG 1979 Nr.50 = NZA 2000, 390 (Vergleichbarkeit der sozialen Typik der geleisteten Dienste).

74 Ausführlich und zutreffend *Däubler/Reinecke*, § 12a Rn. 53ff.; a.A. *Däubler*, Tarifvertragsrecht, Rn. 318; offen gelassen bei Wiedemann/*Wank*, § 12a Rn. 32.

die absolute Höhe des Einkommens aus der betreffenden Beschäftigung, da selbst erhebliche Vergütungen nicht zur Verneinung der Arbeitnehmereigenschaft führen (Chefärzte, Lizenzfußballspieler).[75] Dies gilt dann – wegen der notwendigen Vergleichbarkeit mit einem Arbeitnehmer – auch für arbeitnehmerähnliche Personen.[76] Wenn unter im Wesentlichen persönlichem Arbeitseinsatz bei entsprechenden Beschäftigungen Arbeitnehmer ähnliche Einkünfte erzielen, wird man die Schutzbedürftigkeit bejahen[77], liegen die Einkünfte des Selbständigen erheblich darüber, wird man sie eher verneinen.

### 4. Vertragstyp

26 Nach § 12a Abs. 1 Nr. 2 TVG müssen die arbeitnehmerähnlichen Personen bei ihren Auftraggebern aufgrund von »**Dienst- oder Werkverträgen**« beschäftigt sein. Damit wird grundsätzlich auf die im BGB unter den §§ 611 ff., 631 ff. geregelten Vertragstypen verwiesen. Dabei wäre der mit § 12a TVG bezweckte Schutz freilich wenig wirksam, wenn ausschließlich das dem gesetzlichen Vertragstyp entsprechende Beschäftigungsverhältnis erfasst würde. Der mit § 12a TVG verfolgte, verfassungsrechtlich durch Art. 9 Abs. 3 flankierte Schutz sozial ähnlich Schutzbedürftiger wie Arbeitnehmer würde verfehlt, wenn die Vertragstypenbildung des BGB die Grenze setzte – zumal die genannten bürgerlich-rechtlichen Vorschriften weitgehend abdingbar sind. Vielmehr sind **alle Vertragsverhältnisse** gemeint, die dem Grundtyp des Dienst- oder Werkvertrages entsprechen, mögen sie in der Einzelausgestaltung hiervon auch abweichen. Dazu gehören daher z. B. unter Umständen der **Verlagsvertrag** mit Buchautoren[78], aber auch der Vertrag, bei dem der Verpflichtete **Lieferung herzustellender oder zu erzeugender beweglicher Sachen** verspricht (§ 651 BGB), sofern die persönliche Arbeitsleistung – vom Zeitaufwand her betrachtet – bei der Herstellung überwiegt.[79] Dementsprechend fällt der so genannte **Geschäftsbesorgungsvertrag** (§ 675 BGB) jedenfalls unter § 12a Abs. 1 Nr. 2 TVG.[80] Auch bei anderen **gemischten Verträgen** (z. B. wenn die Arbeitsleistung an gepachteten oder gemieteten Geräten bzw. Arbeitsplätzen sowie aufgrund von Lizenzverträgen für den Verpächter, Vermieter, Lizenzgeber erfolgt) ist das Tarifvertragsgesetz anwendbar, falls die Tätigkeit für den Vertragspartner zeitlich überwiegt und die anderen Voraussetzungen des § 12a Abs. 1 TVG gegeben sind. **Pächter** von Bäckereien, Tankstellen[81] oder Toiletten können daher im Einzelfall arbeitnehmerähnliche Personen sein.[82] Diese weite Auslegung des § 12a Abs. 1 Nr. 2 TVG rechtfertigt sich aus der Überlegung, dass der »echte« Arbeitsvertrag durch die Veräußerung von Arbeitskraft »auf Zeit« gekennzeichnet ist. Der geschuldete Arbeitszeitumfang muss daher im Zweifelsfall das Kriterium für die Einbeziehung gemischter

---

75 BAG 27.7.1961, AP Nr. 24 zu § 611 BGB Ärzte Gehaltsanspruch; BAG 16.1.1971, AP Nr. 29 zu § 138 BGB.

76 So dass auch der Anspruch auf Ruhegelder Arbeitnehmerähnlichkeit nicht aufhebt; vgl. BAG 2.10.1990, AP Nr. 1 zu § 12a TVG.

77 Etwa BAG 17.6.1999 (5 AZB 23/98), AP Nr. 39 zu § 17a GVG; BGH 4.11.1998 (VIII ZB 12/98), EzA § 5 ArbGG 1979 Nr. 29.

78 Dazu *Wiese*, Buchautoren, 30 ff.

79 Ebenso *Däubler/Reinecke*, § 12a Rn. 16; *Löwisch/Rieble*, § 12a Rn. 8; abweichend Wiedemann/*Wank*, § 12a Rn. 63; a. A. *Wlotzke*, DB 1974, 2258.

80 Ebenso Wiedemann/*Wank*, § 12a Rn. 64; a. A. *Wlotzke*, DB 1974, 2258.

81 Hinsichtlich der Abgabe von Treibstoffen allerdings regelmäßig Handelsvertreter.

82 ErfK/*Schaub*, § 12a TVG Rn. 4; a. A. *Löwisch/Rieble*, § 12a Rn. 6.

Verträge in die Regelung des arbeitnehmerähnlichen Vertragsverhältnisses sein. Unerheblich ist es dagegen, ob die Tätigkeit aufgrund eines einzigen Vertrages fortgesetzt erfolgen soll oder ob mehrere Verträge (»nach Bedarf«) wiederholt werden bzw. unmittelbar aneinandergereiht (Kettenverträge) sind. Eine Kombination von Teilzeitbeschäftigung und Kettenverträgen dürfte aber regelmäßig für ein echtes Arbeitsverhältnis mit kapazitätsortientierter variabler Arbeitszeit (»Kapovaz«) sprechen (dazu § 1 Rn. 414f.).

### 5. Zweifelsregel

Ist es unklar, ob es sich um ein arbeitnehmerähnliches Verhältnis oder um eine bloße selbständige Tätigkeit handelt, so soll der Parteiwille entscheiden, da der Beschäftigte freiwillig das Unternehmerrisiko auf sich genommen habe.[83] Das Unternehmerrisiko wird jedoch auch durch die Anwendbarkeit des § 12a TVG nicht beseitigt. Von daher erscheint es zutreffender, **im Zweifel** von der einem Arbeitnehmer vergleichbaren Schutzbedürftigkeit und damit von einer **Arbeitnehmerähnlichkeit** auszugehen. 27

### 6. Ausgenommene Beschäftigtengruppen, insbesondere Abs. 4

Zwar hatte der Bundestagsausschuss für Arbeits- und Sozialordnung bei Beratung der Regelung des § 12a (oben § 12a Rn. 2) vor allem die »freien Mitarbeiter« der elektronischen und der Printmedien im Auge, doch nimmt der Gesetzestext nur die Handelsvertreter in Abs. 4 ausdrücklich aus, so dass die anderen arbeitnehmerähnlichen Gruppen insgesamt erfasst werden.[84] Das ergibt sich auch aus der Gegenüberstellung von Abs. 1 und Abs. 3. § 12a TVG kennt daher **keine Beschränkung für** Regelungen der Rechtsverhältnisse in so genannten **freien Berufen**, die einer öffentlich-rechtlichen (Kammer-)Aufsicht unterstehen (z.B. Architekten, Ärzte, Rechtsanwälte). Nach § 3 Abs. 1 TVG setzt die Anwendung der Tarifnormen eine freiwillige Gewerkschaftsmitgliedschaft voraus, so dass die jeweilige Berufsfreiheit hierdurch nicht berührt würde (so bestehen z.B. für angestellte Architekten bereits Tarifverträge). – **Heimarbeiter** dagegen fallen nicht in den Anwendungsbereich des § 12a TVG, da für sie adäquate spezielle Regelungen in §§ 17ff. HAG bestehen. 28

Gewichtig ist allerdings die in § 12a Abs. 4 TVG erfolgende Ausnahme für **Handelsvertreter** (§ 84 HGB) bzw. **Versicherungsvertreter** (vgl. § 92 Abs. 1 HGB); zur Entstehung oben § 12a Rn. 2. Während § 5 Abs. 3 ArbGG zumindest die so genannten Kleinen Einfirmenvertreter als fiktive Arbeitnehmer behandelt, bleiben selbst diese nach dem Gesetzeswortlaut von der Anwendung des Tarifvertragsrechts ausgeschlossen. Es ist wohl unbestritten, dass ein erwähnenswerter Anteil der Handelsvertreter die Voraussetzungen des Abs. 1 erfüllen würde, auch hinsichtlich ihrer sozialen Schutzbedürftigkeit ähnlich der von Arbeitnehmern. Geht man richtigerweise davon aus, dass die Koalitionsfreiheit arbeitnehmerähnlichen Personen wegen ihrer Schutzbedürftigkeit zusteht (oben § 12a Rn. 7), dann ist der Ausschluss der Handelsvertreter schon wegen Verstoßes gegen 29

---

83 So Wiedemann/*Wank*, § 12a Rn. 47.

84 Objektive Auslegung; vgl. auch Wiedemann/*Wank*, § 12a Rn. 58.

Art. 9 Abs. 3 GG nichtig[85], so dass es des argumentativen Rückgriffs auf eine (zu - bejahende) Verletzung des Gleichheitssatzes (Art. 3 Abs. 1 GG) nicht bedarf.

### 7. Auftraggeber

30 Um den Schutz der arbeitnehmerähnlichen Personen nicht wieder zu sehr einzuschränken und um möglichen Umgehungsversuchen der Auftraggeber zu begegnen, werden in § 12a **Abs. 2** TVG auch bestimmte vertragliche Formen der Zusammenarbeit von Auftraggebern als eine auftraggebende Person fingiert. Dies gilt zunächst für den **Zusammenschluss »nach der Art eines Konzerns** (§ 18 AktG)«, d.h. es reicht aus, dass mehrere Unternehmen, für welche die arbeitnehmerähnliche Person tätig wird, unter einheitlicher Leitung stehen.[86] Bei der »**Organisationsgemeinschaft**« knüpft § 12a Abs. 2 TVG an den entsprechenden Begriff in § 92a Abs. 2 Satz 1 HGB an. Demnach sind hierunter vertragliche Formen der unternehmerischen Zusammenarbeit gemeint, bei denen die Partner der Gemeinschaft Teile ihrer Geschäftstätigkeit organisatorisch ausgliedern und sodann gemeinsam betreiben, wobei die Rechtsform des gemeinsamen Tätigkeitsbereichs keine Rolle spielt (z.B. gemeinsame Werbung, Buchhaltung, Rechtsberatung oder »Matern«-Dienste bei Zeitungen). Der Begriff »**Arbeitsgemeinschaft**« schließlich soll vor allem die ARD[87] und deren abgestimmtes Verhalten gegenüber freien Mitarbeitern erfassen. Der Wortlaut umgreift aber auch die üblicherweise als »Arbeitsgemeinschaft« (ARGE) bezeichneten Zusammenschlüsse von Bau- oder Industrieunternehmen zur gemeinsamen Ausführung von Großaufträgen (meist in Form von Gesellschaften nach §§ 705ff. BGB). Gerade im letzten Fall wird jedoch häufig nur ein einziger Vertrag der Arbeitsgemeinschaft mit der arbeitnehmerähnlichen Person (z.B. Architekten oder Ingenieuren) bestehen. Der Zweck der Fiktion des § 12a Abs. 2 TVG liegt indessen darin, dass der Betroffene seinen Status als arbeitnehmerähnliche Person auch dann behält, wenn er mit den einzelnen Mitgliedern der Arbeitsgemeinschaft jeweils gesonderte Verträge hat, die zusammengerechnet (entweder nach dem gesamten Zeitaufwand gemäß § 12a Abs. 1 Nr. 1b TVG oder nach dem gesamten Entgelt gemäß Abs. 1 Nr. 1a) eine Arbeitnehmerähnlichkeit rechtfertigen würden.[88]

## D. Tarifvertragsrecht für arbeitnehmerähnliche Personen

31 § 12a TVG ordnet die »entsprechende« Geltung des Tarifvertragsgesetzes für arbeitnehmerähnliche Personen an. Dabei ist mit dem Zusatz »entsprechend« **keine inhaltliche Einschränkung** verbunden – zumal auch das Koalitionsgrundrecht keine Beschränkungen kennt. Art und Umfang der zu treffenden Regelungen unterliegen daher der autonomen Vereinbarungsbefugnis der Tarifvertragsparteien. Tarifverträge für arbeitnehmerähnliche Personen kennen insofern keine engeren Schranken als andere Tarifverträge. Sie können Inhalts-, Abschluss- und Beendigungsnormen, Betriebsnormen[89] sowie sonstige Tarifverein-

---

85 Im Ergebnis *Däubler*, Tarifvertragsrecht, Rn. 311; Wiedemann/Wank, § 12a Rn. 51ff.; MünchArbR/*Richardi*, § 29 Rn. 12; vgl. auch BVerfG 7.2.1990, E 81, 242; a.A. *Däubler/Reinecke*, § 12a Rn. 17; *Löwisch/Rieble*, § 12a Rn. 3, anders *Voraufl.*

86 Wiedemann/*Wank*, § 12a Rn. 66.

87 Dazu BAG 19.10.2004 (9 AZR 411/03), NZA 2005, 529 = DB 2005, 1010.

88 Ebenso Wiedemann/*Wank*, § 12a Rn. 69; *Däubler*, Tarifvertragsrecht, Rn. 316.

89 *Däubler/Reinecke*, § 12a Rn. 69ff.; vgl. auch *Stein*, Rn. 656; a.A. *Löwisch/Rieble*, § 12a Rn. 18.

barungen enthalten. Zwar sind die Merkmale der wirtschaftlichen Abhängigkeit und der sozialen Schutzbedürftigkeit nicht tarifdipositiv.[90] Zulässig ist es jedoch, die **Bedingungen der Arbeitnehmerähnlichkeit** zu konkretisieren und die Modalitäten ihres Nachweises festzulegen[91], wie das in § 3 des Tarifvertrags für arbeitnehmerähnliche (hauptberufliche) freie Journalisten und Journalistinnen an Tageszeitungen geschehen ist. Damit Schwankungen der Einkommensverteilung- oder Arbeitsverteilung auf verschiedene Auftraggeber nicht eine ständige Veränderung von Status und Bindung an den Tarifvertrag hervorrufen, können auch Pauschalfestlegungen erfolgen (Stichtagsprinzip oder Zeitraumprinzip). Im Hinblick auf die Beendigung des Vertragsverhältnisses ist an Normierungen die (zeitlichen) Bestandsschutz gewährleisten, zu denken. So enthalten die Tarifverträge für arbeitnehmerähnliche Beschäftigte bei den öffentlichrechtlichen Rundfunk- und Fernsehanstalten von Lebensalter und Dauer des Beschäftigungsverhältnisses abhängige Fristen für die Beendigungsmitteilung.[92]

Dem Schutzzweck des § 12a TVG wird es am ehesten entsprechen, wenn für die **32** arbeitnehmerähnlichen Leistungen, die der Verpflichtete erbringt, ein **tarifvertragliches Grundverhältnis mit Rahmenbedingungen** vereinbart wird, die sich nach Art und Inhalt möglichst eng an die Tarifverträge für entsprechende Arbeitnehmergruppen halten. Wichtig ist vor allem ein sozialer Bestandsschutz für das Vertragsverhältnis und die rechtlich verbindliche Möglichkeit, unter bestimmten Voraussetzungen einen Anspruch auf Festanstellung zu erwerben. Auch insoweit stehen der tarifautonomen Regelungsbefugnis im Bereich der Presse- und Rundfunkfreiheit sowie der Kunst- und Wissenschaftsfreiheit nur solche Schranken entgegen, die für die organisatorische Realisierung dieser Grundrechte unerlässlich sind[93] (vgl. oben § 12a Rn. 8ff.). Im Bereich der Telearbeit (§ 12a Rn. 18) wäre bei der tariflichen Regelung des Zugangs von Auftraggebern, Gewerkschaftsbeauftragten und Betriebsratsmitgliedern zur Arbeitsstätte in der Wohnung des Telearbeiters Art. 13 GG funktionsgerecht zu berücksichtigen. Im Übrigen ist es unbedenklich, im selben Tarifvertrag die Beschäftigungsverhältnisse von Arbeitnehmern und von arbeitnehmerähnlichen Personen zu regeln.[94]

Zulässig ist auch die tarifliche **Gründung Gemeinsamer Einrichtungen** für **33** arbeitnehmerähnliche Personen oder ihre Aufnahme in bereits bestehende Gemeinsame Einrichtungen für Arbeitnehmer – zumal die Betreffenden dort häufig bereits aus früherer Tätigkeit als Arbeitnehmer versichert oder anspruchsberechtigt (z.B. gegenüber Zusatzversorgungskassen) waren.[95] Da diese Gruppe nicht dem Betriebsverfassungsgesetz unterliegt, ist es sinnvoll und möglich, eine eigene betriebliche Vertretung für sie zu schaffen (betriebsverfassungsrechtliche Normen), deren Befugnisse den gesetzlichen Kompetenzen der Betriebs- und Personalräte nachgebildet sein könnten.[96] Denkbar wäre es auch, sie unmittelbar von diesen betrieblichen Vertretungen der Arbeitnehmer mit vertreten zu lassen,

---

90 Vgl. BAG 2.10.1990 (4 AZR 106/90), AP Nr. 1 zu § 12a TVG = EzA § 12a TVG Nr. 1; a.A. *BPSU*, § 12a Rn. 10; siehe aber auch BAG 19.10.2004 (9 AZR 411/03), NZA 2005, 529 = DB 2005, 1010, wo dahingestellt bleibt, ob insoweit Gestaltungsspielraum besteht.

91 Insoweit besteht Übereinstimmung mit *BPSU*, § 12a Rn. 10.

92 Zu einer solchen Regelung im Rahmentarifvertrag für arbeitnehmerähnliche Personen beim ZDF siehe BAG 20.1.2004 (9 AZR 291/02), EzA § 4 TVG Rundfunk Nr. 25.

93 Vgl. die Ausführungen bei *Rosenfelder*, Status, 3. und 4. Kap.

94 So auch Wiedemann/*Wank*, § 12a Rn. 90; *Däubler*, Tarifvertragsrecht, Rn. 156; a.A. *Lieb*, RdA 1974, 267.

95 Ebenso *Löwisch/Rieble*, § 12a Rn. 19.

96 *Däubler*, Tarifvertragsrecht, Rn. 319; einschränkend Wiedemann/*Wank*, § 12a Rn. 88; a.A. *Löwisch/Rieble*, § 12a Rn. 18.

doch erscheint dies wenig sinnvoll, weil die arbeitnehmerähnlichen Personen insoweit kein eigenes Wahlrecht haben und weil es daher an einer entsprechenden direkten demokratischen Legitimation fehlte. Die Aufnahme von betrieblichen Normen, insbesondere Ordnungsnormen, ist schon deshalb zulässig, weil diese notwendig auf die betriebseinheitliche Geltung abzielen.[97]

**34** Da den arbeitnehmerähnlichen Personen das Grundrecht der Koalitionsfreiheit im gleichen Umfang wie Arbeitnehmern zusteht, gilt auch das **Streikrecht** für sie entsprechend.[98] Schon wegen der häufig fließenden Übergänge zwischen den Rechtsverhältnissen von arbeitnehmerähnlichen Personen und den Arbeitnehmern des entsprechenden Tätigkeitsbereiches sowie wegen der wirtschaftlichen Verflechtung der jeweiligen Arbeitsmärkte sind auch Sympathiestreiks beider Gruppen füreinander zulässig.[99]

## § 12b Berlin-Klausel

**Dieses Gesetz gilt auch im Land Berlin, sofern es im Land Berlin in Kraft gesetzt wird. Rechtsverordnungen, die auf Grund dieses Gesetzes erlassen worden sind oder erlassen werden, gelten im Land Berlin nach § 14 des Dritten Überleitungsgesetzes vom 4. Januar 1952 (Bundesgesetzblatt I, S. 1).**

Die Berlin-Klausel hat lediglich noch eine historische Bedeutung[1], nachdem die Bundesrepublik gemäß Art. 7 des Vertrags über die abschließende Regelung in Bezug auf Deutschland vom 12. September 1990[2] ihre volle Souveränität in Berlin ausübt. Das TVG gilt ebenso wie die TVG-DVO in vollem Umfang.

## § 13 Inkrafttreten

**(1) Dieses Gesetz tritt mit seiner Verkündung in Kraft.**
**(2) Tarifverträge, die vor dem Inkrafttreten dieses Gesetzes abgeschlossen sind, unterliegen diesem Gesetz.**

Die Vorschrift regelt neben dem Inkrafttreten des Gesetzes am 22. April 1949 in der Fassung vom 9. April 1949 das Verhältnis zu Tarifverträgen, die vor diesem Zeitpunkt abgeschlossen worden waren. Dies bedeutet, dass hinsichtlich ihres Zustandekommens das alte Recht gilt, spätere Auswirkungen, wie z.B. Verzichte, Verwirkungen oder Nachwirkungen, sich aber nach den Vorschriften des Tarifvertragsgesetzes richteten.[3] Praktische Bedeutung hat die Vorschrift heute nicht mehr.

---

97 Wie hier Wiedemann/*Wank*, § 12a Rn. 87; a.A, ErfK/*Schaub*, § 12a TVG Rn. 11; *Löwisch/Rieble*, § 12a Rn. 18 (nur Individualnormen).

98 Wiedemann/*Wank*, § 12a Rn. 91; *Däubler*, Tarifvertragsrecht, Rn. 320; *Gamillscheg*, Kollektives Arbeitsrecht I, § 21 I 4, 992.

99 BAG 5.3.1985, AP Nr.85 zu Art. 9 GG Arbeitskampf für einen Ausnahmefall; allgemein bejahend *Däubler*, Tarifvertragsrecht, Rn. 320; Wiedemann/*Wank*, § 12a Rn. 92; a.A. *Lieb*, RdA 1974, 267; *Kunze*, UFITA 74 (1975), 37.

1 Dazu Wiedemann/*Oetker*, § 12b Rn. 1ff.

2 BGBl. II, 1317; ratifiziert am 15.3.1991, BGBl. II, 587.

3 Wiedemann/*Oetker*, § 13 Rn. 42ff.; *Däubler/Reinecke*, § 13 Rn. 6.

# Bekanntmachung der Neufassung der Verordnung zur Durchführung des Tarifvertrages

Vom 16. Januar 1989 (BGBl. I S. 76)

Auf Grund des Artikels 2 der Verordnung zur Änderung der Verordnung zur Durchführung des Tarifvertragsgesetzes vom 19. Dezember 1988 (BGBl. I S. 2307) wird nachstehend der Wortlaut der Verordnung zur Durchführung des Tarifvertragsgesetzes in der seit 23. Dezember 1988 geltenden Fassung bekannt gemacht. Die Neufassung berücksichtigt:

1. die am 28. Februar 1970 in Kraft getretene Verordnung vom 20. Februar 1970 (BGBl. I S. 193),
2. die am 23. Dezember 1988 in Kraft getretene eingangs genannte Verordnung.

Die Rechtsvorschriften wurden erlassen auf Grund des § 11 des Tarifvertragsgesetzes in der Fassung der Bekanntmachung vom 25. August 1969 (BGBl. I S. 1323).

Bonn, den 16. Januar 1989

Der Bundesminister für Arbeit und Sozialordnung

Norbert Blüm

# Verordnung zur Durchführung des Tarifvertragsgesetzes

## Erster Abschnitt
## Tarifausschuss

### § 1

Der Bundesminister für Wirtschaft und Arbeit errichtet den in § 5 TVG vorgesehenen Ausschuss (Tarifausschuss). Er bestellt für die Dauer von vier Jahren drei Vertreter der Spitzenorganisation der Arbeitgeber und der Arbeitnehmer sowie mindestens je drei weitere als stellvertretende Mitglieder auf Grund von Vorschlägen dieser Organisation.

### § 2

(1) Die Verhandlungen und Beratungen des Tarifausschusses leitet ein Beauftragter des Bundesministers für Wirtschaft und Arbeit. Die Verhandlungen sind öffentlich, die Beratungen nicht öffentlich.
(2) Der Tarifausschuss ist beschlussfähig, wenn alle Mitglieder anwesend sind.

### § 3

(1) Die Beschlüsse des Tarifausschusses bedürfen der Stimmen der Mehrheit seiner Mitglieder. Der Beauftragte des Bundesministers für Wirtschaft und Arbeit hat kein Stimmrecht.
(2) Die Beschlüsse des Tarifausschusses sind schriftlich niederzulegen und von den Mitgliedern, die bei dem Beschluss mitgewirkt haben, zu unterschreiben. Ist ein Mitglied verhindert, seine Unterschrift beizufügen, so ist dies von dem lebensältesten Mitglied der Seite, der das verhinderte Mitglied angehört, unter dem Beschluss zu vermerken.

## Zweiter Abschnitt
## Allgemeinverbindlicherklärung und Aufhebung der Allgemeinverbindlichkeit

### § 4

(1) Der Bundesminister für Wirtschaft und Arbeit macht einen Antrag auf Allgemeinverbindlicherklärung eines Tarifvertrages im Bundesanzeiger bekannt und weist in der Bekanntmachung darauf hin, dass die Allgemeinverbindlicherklärung mit Rückwirkung ergehen kann. Er bestimmt dabei eine Frist, während der zu dem Antrag schriftlich Stellung genommen werden kann. Die Frist soll mindestens drei Wochen vom Tage der Bekanntmachung an gerechnet betragen. Der Bundesminister für Wirtschaft und Arbeit

teilt den Tarifvertragsparteien und den obersten Arbeitsbehörden der Länder, auf deren Bereich sich der Tarifvertrag erstreckt, den Wortlaut der Bekanntmachung mit.
(2) Abweichend von den Vorschriften des Absatzes 1 kann der Bundesminister für Wirtschaft und Arbeit einen Antrag auf Allgemeinverbindlicherklärung abweisen, wenn die Voraussetzungen des § 5 Abs. 1 TVG offensichtlich nicht vorliegen.

## § 5

Ist ein Antrag auf Allgemeinverbindlicherklärung bekannt gemacht worden, so können Arbeitgeber und Arbeitnehmer, die von der Allgemeinverbindlicherklärung betroffen werden würden, von einer der Tarifvertragsparteien eine Abschrift des Tarifvertrages gegen Erstattung der Selbstkosten verlangen. Ist die Allgemeinverbindlicherklärung eines Änderungstarifvertrages beantragt worden, so ist auch eine Abschrift des geänderten Tarifvertrages zu übersenden. Selbstkosten sind die Papier- und Vervielfältigungs- oder Druckkosten sowie das Übersendungsporto.

## § 6

(1) Der Bundesminister für Wirtschaft und Arbeit beruft den Tarifausschuss zu einer Verhandlung über den Antrag auf Allgemeinverbindlicherklärung ein und macht den Zeitpunkt der Verhandlung im Bundesanzeiger bekannt. Der Zeitpunkt der Verhandlung muss nach Ablauf der Frist zur Stellungnahme (§ 4 Abs. 1 Satz 2) liegen.
(2) Der Bundesminister für Wirtschaft und Arbeit gibt den Mitgliedern des Tarifausschusses von den Stellungnahmen Kenntnis.
(3) Den in § 5 Abs. 2 TVG Genannten ist in der Verhandlung Gelegenheit zur Äußerung zu geben; der Tarifausschuss kann Äußerungen anderer zulassen. Die Äußerung in der Verhandlung setzt eine vorherige schriftliche Stellungnahme nicht voraus.

## § 7

Die Allgemeinverbindlicherklärung bedarf des Einvernehmens mit dem Tarifausschuss. Mit der Allgemeinverbindlicherklärung bestimmt der Bundesminister für Wirtschaft und Arbeit im Benehmen mit dem Tarifausschuss den Zeitpunkt des Beginns der Allgemeinverbindlichkeit. Dieser liegt, sofern es sich nicht um die Erneuerung oder Änderung eines bereits für allgemeinverbindlich erklärten Tarifvertrages handelt, in aller Regel nicht vor dem Tage der Bekanntmachung des Antrages.

## § 8

Der Bundesminister für Wirtschaft und Arbeit teilt seine Entscheidung über den Antrag den Tarifvertragsparteien, im Falle der Ablehnung auch den Mitgliedern des Tarifausschusses, die bei der Verhandlung über den Antrag mitgewirkt haben, mit. Die ablehnende Entscheidung ist zu begründen.

## § 9

(1) Arbeitgeber und Arbeitnehmer, für die der Tarifvertrag infolge der Allgemeinverbindlicherklärung verbindlich ist, können von einer der Tarifvertragsparteien eine Abschrift des Tarifvertrages gegen Erstattung der Selbstkosten verlangen. § 5 Satz 2 und 3 gilt entsprechend.

(2) Die in Absatz l genannten Arbeitgeber haben die für allgemeinverbindlich erklärten Tarifverträge an geeigneter Stelle im Betrieb auszulegen.

### § 10

Erwägt der Bundesminister für Wirtschaft und Arbeit die Aufhebung der Allgemeinverbindlichkeit eines Tarifvertrages, so gibt er den Tarifvertragsparteien und den obersten Arbeitsbehörden der Länder, auf deren Bereich sich der Tarifvertrag erstreckt, innerhalb einer bestimmten Frist Gelegenheit zur schriftlichen Stellungnahme. § 4 Abs. 1 und die §§ 6 bis 8 gelten sinngemäß.

### § 11

Die Allgemeinverbindlicherklärung, die Rücknahme oder Ablehnung des Antrages auf Allgemeinverbindlicherklärung, die Aufhebung der Allgemeinverbindlichkeit sowie Mitteilungen der Tarifvertragsparteien über das Außerkrafttreten und über die Änderung allgemeinverbindlicher Tarifverträge werden vom Bundesminister für Wirtschaft und Arbeit im Bundesanzeiger bekannt gemacht. Die Mitteilung über das Außerkrafttreten eines allgemeinverbindlichen Tarifvertrages braucht nicht bekannt gemacht zu werden, wenn der Tarifvertrag nur für eine bestimmte Zeit abgeschlossen war und diese Tatsache mit der Allgemeinverbindlicherklärung bekannt gemacht worden ist.

### § 12

Der Bundesminister für Wirtschaft und Arbeit kann der obersten Arbeitsbehörde eines Landes für dessen Bereich das Recht zur Allgemeinverbindlicherklärung oder zur Aufhebung der Allgemeinverbindlichkeit eines Tarifvertrages mit regional begrenztem Geltungsbereich übertragen. Die Vorschriften der §§ 1 bis 11 gelten sinngemäß.

## Dritter Abschnitt
## Aufhebung von Tarifordnungen und Anordnungen

### § 13

Der Bundesminister für Wirtschaft und Arbeit soll vor der Aufhebung einer Tarifordnung oder einer Anordnung (§ 10 Abs. 2 TVG) die obersten Arbeitsbehörden der Länder, auf deren Bereich sich die Tarifordnung oder Anordnung erstreckt, sowie den Tarifausschuss hören. Er macht die Aufhebung im Bundesanzeiger bekannt.

## Vierter Abschnitt
## Tarifregister

### § 14

Bei der Eintragung des Abschlusses von Tarifverträgen in das Tarifregister werden die Tarifverträge durch die Angabe der Tarifvertragsparteien, des Geltungsbereichs sowie des Zeitpunktes ihres Abschlusses und ihres Inkrafttretens bezeichnet.

## § 15

(1) Der Bundesminister für Wirtschaft und Arbeit benachrichtigt die Tarifvertragsparteien von der Eintragung der Allgemeinverbindlicherklärung, der Aufhebung der Allgemeinverbindlichkeit sowie von der Eintragung ihrer Mitteilungen über das Außerkrafttreten und über die Änderung allgemeinverbindlicher Tarifverträge.
(2) Die Bekanntmachungen nach § 4 Abs. 1 und § 11 sollen im Tarifregister vermerkt werden.

## § 16

Die Einsicht des Tarifregisters sowie der registrierten Tarifverträge ist jedem gestattet. Der für Wirtschaft und Arbeit erteilt auf Anfrage Auskunft über die Eintragungen.

# Fünfter Abschnitt
# Kosten

## § 17

Das Verfahren bei der Allgemeinverbindlicherklärung und bei der Beendigung der Allgemeinverbindlichkeit von Tarifverträgen ist kostenfrei.

# Sechster Abschnitt
# Schlussbestimmungen

## § 18

*(Inkrafttreten, Außerkrafttreten).*

# Stichwortverzeichnis

Die fett gedruckten Zahlen beziehen sich auf die Paragraphen des Kommentars, die mager gedruckten Zahlen auf die Randnummern.

## Stichwortverzeichnis

## Stichwortverzeichnis